ANTONIN ROUSSET

DICTIONNAIRE GÉNÉRAL DES FORÊTS

ADMINISTRATION ET LÉGISLATION

RECUEIL COMPLET, COMPRENANT :

le résumé et l'analyse des Arrêts, Arrêtés, Circulaires, Décisions, Décrets, Lois, Ordonnances et Règlements en vigueur

concernant les

FORÊTS DE L'ÉTAT, DES COMMUNES, DES ÉTABLISSEMENTS PUBLICS ET DES PARTICULIERS

DEUXIÈME ÉDITION

entièrement refondue, annotée et mise au courant jusqu'en 1894

PAR

Antonin ROUSSET, Inspecteur des Forêts en retraite ET **Jean BOUËR,** Inspecteur des Forêts

TOME DEUXIÈME

F — Z

DIGNE

IMPRIMERIE CHASPOUL ET Vve BARBAROUX, PLACE DE L'ÉVÊCHÉ, 20

1894

En vente chez les Auteurs

DICTIONNAIRE

GÉNÉRAL

DES FORÊTS

OUVRAGES PUBLIÉS PAR M. ANTONIN ROUSSET

Culture, exploitation et aménagement du chêne liège en France et en Algérie. — 1 vol. in-8°, 80 pages. — Paris, veuve Bouchard-Huzard, 1859. — Prix . . . . 2 fr.

Les études de maître Pierre sur l'agriculture et les forêts, 1 vol. in-8°, 92 pages. — Ouvrage couronné par l'Académie d'Aix. — Paris, librairie agricole de la Maison Rustique, 1863. — Prix . . . . 1 fr.

Dictionnaire général des forêts. — Législation et administration depuis 1672 jusqu'en 1871. — 1 vol. grand in-8°, 1200 pages, avec planches et modèles. — Nice, 1871. — (Epuisé.)

Réflexions et conseils sur l'agriculture. — Publication populaire de la Société d'agriculture de Nice et des Alpes-Maritimes. — Broch. in-8°, 60 pages. — Nice, 1874. — (Epuisé.)

Le fumier de ferme. — Son action, sa préparation et son emploi. — Conditions d'établissement d'une fumière. — Broch. petit in-8°, 56 pages. — Paris, Berger-Levrault, 1875. — Prix . . . . 1 fr.

Etudes sur le moyen de cultiver la vigne, de manière à la faire vivre et fructifier malgré le phylloxera. — Broch. petit in-8°, 28 pages. — Brignoles, 1876. — (Epuisé.)

Principes de l'éducation des vers à soie. — Broch. petit in-8°, 20 pages. — Brignoles, 1877. — (Epuisé.)

Le Pâturage sur les terrains gazonnés et boisés. — Règles pratiques du parcours. — Broch. in-8°, 40 pages. — Nice, 1878. — Prix. . . . . 1 fr.

Recherches expérimentales sur les écorces à tan du chêne yeuse, relativement à la production et à l'aménagement des forêts de cette essence. — Exposition universelle de 1878. — Broch. grand in-8°, 63 pages avec planches. — Paris, Imprimerie nationale, 1878.

Culture et exploitation des arbres, Etudes sur les relations et l'application des lois naturelles de la création, des conditions climatériques et des principes de la physiologie végétale comparée avec les conditions normales d'existence, de propagation, de culture et d'exploitation des arbres isolés ou en massif. 1 vol. in 8°, 450 pages. — Paris, Librairie agricole de la Maison Rustique, 1882. — Prix . . . . 7 fr.

En préparation :

Du droit et de la jouissance de l'usufruitier sur les végétaux ligneux isolés ou en massif.

ANTONIN ROUSSET

DICTIONNAIRE
GÉNÉRAL
DES FORÊTS

ADMINISTRATION ET LÉGISLATION

RECUEIL COMPLET, COMPRENANT :

le résumé et l'analyse des Arrêts, Arrêtés, Circulaires, Décisions, Décrets, Lois, Ordonnances et Règlements en vigueur

concernant les

FORÊTS DE L'ÉTAT, DES COMMUNES, DES ÉTABLISSEMENTS PUBLICS ET DES PARTICULIERS

DEUXIÈME ÉDITION

entièrement refondue, annotée et mise au courant jusqu'en 1894

PAR

Antonin ROUSSET, Inspecteur des Forêts en retraite ET **Jean BOUËR**, Inspecteur des Forêts

TOME DEUXIÈME

F — Z

DIGNE
IMPRIMERIE CHASPOUL ET Vve BARBAROUX, PLACE DE L'ÉVÊCHÉ, 20
1894

En vente chez les Auteurs

DICTIONNAIRE GÉNÉRAL

DES FORÊTS

ADMINISTRATION ET LÉGISLATION

F

FABRIQUE.

Régime forestier. — Les bois des fabriques sont soumis au régime forestier, comme appartenant à des établissements publics. (Ord. 7 mars 1817. Cod. For. 1.)

FAÇONNAGE.

Adjudication, 1.
Bois de feu, 9.
Coupes affouagères, 8.
Coupes ordinaires, 5.
Coupes par unités de produits, 6, 10, 11.
Définition, 1.
Délai, 5, 6.
Dommage, 3.
Emplacement, 10.
Frais, 9.
Pénalités, 7, 8.
Ramiers, 4, 5, 7, 8.
Retard, 2, 7, 8.
Usagers, 9.
Vérification, 11.

1. *Définition.* — Est compris sous le nom de façonnage, tout le travail que l'on fait subir au bois, pour le débiter et le réduire en cordes ou stères, en bois de charpente, en bois d'œuvre, etc. (Baudrillart.)

2. *Adjudication.* — L'entreprise du façonnage des coupes d'éclaircie, exploitées pour le compte de l'Etat, peut être adjugée au rabais. (Ord. 88.)

3. *Retard. Dommage.* — Le retard dans le façonnage des ramiers empêche le recru de pousser, et son enlèvement tardif nuit aux jeunes pousses déjà formées.

4. *Ramiers. Nettoiement.* — Le façonnage des ramiers fait partie du nettoiement des coupes. (Cass. 20 novembre 1834.) V. Nettoiement.

5. *Délai. Coupes ordinaires.* — Le façonnage des ramiers doit être terminé le 1er juin pour les bois non écorcés, et le 15 juillet pour les bois écorcés. (Cah. des ch. 21.)

6. *Délais. Coupes par unités de produits.* — Les délais de façonnage seront déterminés par les clauses spéciales. (Cah. des ch. 21.)

7. *Retard. Pénalités.* — Le retard dans le façonnage des ramiers est puni, comme infraction au cahier des charges, savoir :

Amende 50 à 500 fr. (Cod. For. 37.)
Dommages-intérêts ; minimum : amende simple. (Cod. For. 37 et 201.)

(Metz, inédit, 19 novembre 1842.)

8. *Coupe affouagère. Retard. Pénalités.* — Le retard dans le façonnage des ramiers d'une coupe affouagère ne peut donner lieu qu'aux condamnations de l'article 37 du code forestier ; l'article 40 est inapplicable. (Metz, inédit, 19 nov. 1842.)

9. *Frais. Bois de feu. Usager.* — Les usagers dans les forêts domaniales sont tenus au paiement des frais de façonnage des bois de feu mis en charge sur les coupes, pour leur être délivrés par les adjudicataires. (Trib. de Saint-Dié, 25 janvier 1851. Nancy, 14 février 1852.)

10. *Coupes par unités de produits. Emplacements. Désignation.* — Au fur et à mesure

du façonnage, les bois de toute nature, sauf les arbres en grume, seront, s'il y a lieu, réunis aux endroits indiqués par les clauses spéciales.

Dans tous les cas, ils seront disposés, pour le dénombrement, conformément aux indications des agents forestiers ou de leurs délégués. (Cah. des ch. 17.)

11. *Vérification. Coupes par unités de produits.* — Pendant le cours de l'exploitation, les agents pourront vérifier les bois, pour s'assurer de leur nombre et de leur nature ; les piles qui auront été défaites seront aussitôt rétablies par l'adjudicataire. (Cah. des ch. 19.)

FACTEURS DE CONVERSION.

Indication. — Facteurs servant à passer du cubage en grume au cubage :

Au quart sans déduction....... 0.78539
Au cinquième déduit........... 0.50265
Au sixième déduit.............. 0.54541

Pour revenir au cube en grume, il faut employer les facteurs ci-après :

Pour le cubage :

Au quart sans déduction........ 1.2732
Au cinquième déduit........... 1.9894
Au sixième déduit.............. 1.8335

Par rapport au volume en grume :

Le cubage :

Au quart sans déduct. fait perdre 21.5 p. 0/0
Au cinquième déduit — 49.7 p. 0/0
Au sixième déduit.. — 45.5 p. 0/0

FACTEUR. GARDE-VENTE.

Adjudicataire, 2, 10.
Agrément, 3.
Associé, 11.
Commission, 6.
Constatation, 16.
Coupe, 4.
Définition, 1.
Délit, 16.
Droit, 2.
Enregistrement, 5.
Frais, 6, 20.
Greffier, 7.
Interdiction, 8.
Obligation, 2, 7, 8.
Procès-verbaux, 14, 15.
Recours, 3.
Refus, 3, 18.
Registre, 12, 19.
Renvoi, 18.
Responsabilité, 9, 13.
Qualité, 17.
Serment, 5, 6.
Service, 18.
Témoignage, 17.

1. *Définition.* — Garde nommé par l'adjudicataire pour la surveillance des délits commis dans sa coupe et à l'ouïe de la cognée.

2. *Adjudicataire. Obligation. Droit.* — L'adjudicataire est tenu d'avoir un facteur ou garde-vente agréé par l'agent local et assermenté devant le juge de paix. Ce facteur est autorisé à dresser des procès-verbaux, tant dans la coupe qu'à l'ouïe de la cognée. Ces procès-verbaux sont soumis aux mêmes formalités que ceux des gardes forestiers et font foi jusqu'à preuve contraire. (Cod. For. 31.)

3. *Refus. Agrément. Recours.* — En cas de refus de la part des agents d'agréer un facteur présenté, l'adjudicataire peut se pourvoir devant leurs supérieurs et jusque devant le ministre, dont il pourrait en appeler devant le conseil d'Etat, par voie contentieuse.

4. *Coupes diverses.* — Le même facteur peut être agréé pour deux ou plusieurs coupes du même adjudicataire, lorsque la distance entre ces coupes le permet, sans nuire à la surveillance, ou lorsqu'elles sont dans la même forêt. (Circ. A 468. Circ. A 645.)

5. *Serment.* — Les prestations de serment des gardes-vente sont passibles du droit fixe de 4 fr. 50 en principal. (Décis. Min. du 15 juillet 1872.)

6. *Commission. Serment. Frais.* — La commission et le serment du garde-vente donnent lieu aux frais suivants, se décomposant, savoir :

		fr.	
Commission	Timbre......	0 60	4 35
	Enregistrement..	3 75	
Serment	Timbre de la minute du procès-verbal de la prestation.	0 60	6 48
	Droit d'enregistrement du procès-verbal..........	4 50	
	Décimes.........	1 13	
	Frais de mention au répertoire du greffe..........	0 25	
	Total...........		10 83

7. *Greffier. Obligation.* — Les greffiers n'ont pas le droit d'imposer les frais d'une expédition du procès-verbal de la prestation de serment, si elle n'est pas réclamée, et ils n'ont droit à aucun émolument pour les simples formalités, dont il est fait mention sommaire sur les pièces produites. Ils doivent donc mentionner, sans rétribution aucune, la prestation de serment sur les commissions des garde-ventes, car ce serment leur est nécessaire pour exercer leurs fonctions d'officiers de police judiciaire. (Circ. Min. de la justice du 11 novembre 1872. Lettre de l'Admin. du 12 mai 1873, n° 4714.)

8. *Interdiction. Obligations.* — Le facteur ne peut être allié ou parent du garde du triage ou des agents de la localité; il devra présenter son registre aux agents forestiers, pour être visé et arrêté par eux. (Cah. des ch. 16.)

9. *Responsabilité.* — Si l'adjudicataire exploite sans facteur ou garde-vente, il n'est pas déchargé de sa responsabilité. (Cass. 24 décembre 1813.)

10. *Adjudicataire.* — L'adjudicataire ou l'entrepreneur ne peut pas être facteur ou garde-vente de sa coupe. (Cass. 5 décembre 1834. Lettre de l'Admin. 21 novembre 1834.)

11. *Associé.* — L'associé de l'adjudicataire peut être garde-vente ou facteur ; mais, en cette qualité, ses procès-verbaux peuvent être annulés. (Cass. 5 décembre 1834.)

12. *Registre.* — Le facteur ou garde-vente de l'adjudicataire tiendra un registre sur papier *timbré,* coté et paraphé par l'agent forestier ; il y inscrira, jour par jour et sans lacune, la mesure et la quantité des bois qu'il aura débités et vendus, ainsi que les noms des personnes auxquelles il les aura livrés. (Ord. 94, 134.)

En cas d'infraction, pas de pénalités, mais on peut cesser de l'agréer comme facteur. (Circ. A 520 bis.)

13. *Responsabilité.* — L'adjudicataire est responsable de tous les délits et dommages commis par son facteur ou garde-vente, dans la coupe et à l'ouïe de la cognée. (Cod. For. 46.)

14. *Procès-verbaux.* — Le facteur doit remettre à l'agent local les procès-verbaux de délit dressés par lui, dans le délai de cinq jours, après celui où le délit a été commis. (Cod. For. 45. Cass. 14 août 1840.)

15. *Procès-verbaux. Délai.* — Le délai de cinq jours, pour la remise des procès-verbaux dressés par le facteur, court à partir du jour de la perpétration du délit et non de la rédaction des procès-verbaux. (Cass. 14 août 1840.)

16. *Délits. Constatation.* — Les procès-verbaux rédigés par les préposés de l'administration ne dispensent pas le facteur de faire son rapport. (Cass. 8 juillet 1853.)

17. *Qualité. Témoignage.* — Les facteurs peuvent être considérés comme les serviteurs à gage des propriétaires des coupes de bois, et, à ce titre, ils peuvent être reprochés comme témoins. (Paris, 24 avril 1858.)

18. *Service. Renvoi. Refus.* — Lorsqu'un facteur ou garde-vente ne fait pas son devoir, les agents ne peuvent pas obliger l'adjudicataire à le changer ; ils doivent surveiller la coupe avec plus de soin. On doit avertir les gardes-vente qui ne font pas leur devoir, qu'ils ne seront plus agréés à l'avenir. (Lettre de l'Admin. 21 mai 1829. Circ. A 520 bis.)

19. *Timbre. Registre.* — L'article 4 de la loi du 20 juillet 1837, qui a supprimé le timbre des livres de commerce, n'est pas applicable au registre des facteurs. (Décis. Min. 6 mars 1839.)

20. *Evaluation. Frais.* — Les frais pour la surveillance des facteurs s'évaluent, pour les coupes, à 25 francs par hectare environ.

FACTURE.

1. *Qualité. Timbre.* — La facture est un écrit qui énonce la nature, les quantités et prix des marchandises vendues, et, aux termes de l'article 109 du code de commerce, la facture acceptée a le caractère d'un acte de vente.

Acceptée ou non, la facture est un écrit destiné à faire titre ou à être produit pour obligation, demande ou défense, et, comme telle, elle doit être revêtue du timbre de dimension. (Circ. N 161.) V. Mémoire.

2. *Habillement.* — Le soumissionnaire présentera ses factures en double exemplaire, dont une sur timbre, à la fin de chaque semestre et, au plus tard, dans le délai d'un an, sous peine de déchéance.

Toutefois, en cas de fournitures considérables résultant de commandes faites en bloc et dont le montant dépasserait 10000 francs, le soumissionnaire pourra présenter sa facture aussitôt après la réception des effets par les commissions locales.

Des factures distinctes seront, en tout cas, établies pour les effets de première mise et les insignes de grade, d'une part, et pour les commandes, à titre de renouvellement, d'autre part, suivant d'ailleurs les instructions de l'administration. (Cah. des ch. 30.)

FAGOT.

1. *Chauffage. Dimension.* — Les fagots, pour le chauffage des gardes doivent avoir 1m,33 (4 pieds) de hauteur et 0m,83 (30 pouces) de tour. (Circ. A 395.)

2. *Exploitation par entreprise.* — Les fagots seront rangés par tas de 50 ou 100 fagots, disposés régulièrement. (Cah. des ch. 24.)

3. *Pénalités.* — Pour coupe et enlèvement de bois ayant moins de deux décimètres de tour, pénalités :

Amende.	Le jour.		Le jour avec scie, ou avec récidive, ou la nuit ; le jour avec scie et récidive, ou la nuit avec scie ou récidive ; la nuit avec scie et récidive.	
Par fagot, fouée ou charge d'homme.	2 fr.	C. F. 194.	4 fr.	C. F. 194. 201.

Emprisonnement facultatif de 5 jours au plus. (Cod. For. 194.)

Restitution des bois ou de leur valeur. (Cod. For. 198.)

Dommages-intérêts facultatifs ; minimum : amende simple. (Cod. For. 198 et 202.)

Confiscation des instruments du délit. (Cod. For. 198.)

4. *Nombre.* — Dans le cas d'enlèvement de bois ayant moins de 2 décimètres de tour, l'amende doit se calculer d'après le nombre des fagots réellement façonnés. Si plusieurs

fagots étaient réunis par un lien, le tout ne ferait plus qu'une charge d'homme. (Cass. 27 janvier 1829, 20 février 1829. Metz, inédit, 21 octobre 1834. *Revue*, avril 1878, p. 46.)

5. *Ligature*. — Il doit y avoir autant d'amendes qu'il y a de portions de bois entourées d'un lien séparé, encore bien que la totalité des bois coupés ne soit pas supérieure à une charge de bête de somme. (Cass. 17 février 1849.)

6. *Ligature. Transport*. — Il doit y avoir autant d'amendes qu'il y a de fagots liés, lorsqu'on ne connaît pas le mode de transport à employer et que les fagots sont restés sur place. (Cass. 27 janvier 1829 et 25 janvier 1856.)

Si les fagots sont déliés, mais si on trouve trace des liens, il y a lieu d'imposer une amende par fagot. V. Charge d'homme.

7. *Transport. Voiture*. — Dans une voiture, le nombre des fagots est indifférent pour la fixation de l'amende, qui est alors déterminée par le mode de transport. (Cass. 10 octobre 1834 et 25 janvier 1856.)

FAÏENCERIE. V. Tuilerie. Briqueterie. Etablissement incommode.

FAILLITE.

1. *Revendication. Bois sur pied*. — En cas de faillite de l'acheteur, le vendeur peut toujours revendiquer la partie non abattue des bois vendus. (Bourges, 26 mars 1855.)

2. *Conditions. Cahier des charges*. — En cas de faillite, les bois déposés sur le parterre de la coupe peuvent être revendiqués par le vendeur, lorsqu'il est stipulé par une clause du cahier des charges que le parterre de la coupe ne serait pas considéré comme le chantier ou magasin de l'acheteur. (Cass. 2 juin 1869.)

3. *Coupe. Chantier. Parterre*. — En cas de faillite, le droit de rétention, stipulé par le vendeur d'objet mobilier et réglé par l'article 577 du code de commerce, continue à subsister, quoique ces objets aient été modifiés par l'exploitation (arbres débités en planches), tant que ces objets n'ont pas quitté le chantier du vendeur et ne sont point entrés dans le magasin de l'acheteur, ou qu'il n'y a pas eu délivrance. (Agen, 26 mai 1868. Cass. 25 janvier 1869 et 2 août 1880. Cah. des ch. 15.) V. Parterre.

4. *Travaux*. — En cas de faillite de l'entrepreneur, le contrat sera résilié de plein droit. Les cautions, héritiers ou créanciers peuvent être admis à continuer les travaux. (Cah. des ch. 42.)

FAINE. FAINÉE.

1. *Définition. Règles*. — On appelle faînée le droit de ramasser les faînes.

Les règles relatives à la glandée sont applicables à la faînée, dans les pays où ce droit existe. V. Glandée.

2. *Défense*. — L'enlèvement ou le ramassage des faînes est défendu dans toutes les forêts en général. (Cod. For. 144.) V. Fruit. Enlèvement.

3. *Produit*. — La récolte des faînes est considérée comme menus produits dans les bois domaniaux (Arr. Min. 22 juin 1838. Circ. A 842), et comme produits accessoires dans les bois communaux. (Arr. Min. 1er septembre 1838. Circ. A 429.)

4. *Adjudication. Délivrance*. — Lorsque l'adjudication des faînes, dans les forêts domaniales, aura été tentée sans succès et sera reconnue impossible, l'administration est autorisée à en faire la délivrance, principalement en faveur des indigents et moyennant certaines conditions fixées par le conservateur, telles que l'abandon d'une certaine quantité de graines pour le repeuplement. (Décis. Min. 21 août 1840.)

5. *Ramassage*. — Les conservateurs autorisent le ramassage des faînes à charge des journées de prestations dans les forêts domaniales, et les maires dans les forêts communales. Les conservateurs règlent les conditions de ces extractions.

FAISAN.

1. *Passage*. — Le passage de faisans à travers un pré ne peut donner lieu à aucune indemnité au profit du propriétaire du pré. (Trib. de Senlis, 23 juin 1870.) V. Volailles.

2. *Blessures. Coups de pierres*. — Le fait de blesser, à coups de pierres, un faisan qu'on savait être échappé d'une volière ne constitue pas un fait de chasse, mais la contravention de dommage volontaire causé à la propriété mobilière d'autrui, prévue par l'article 479, § 1er, du code pénal. (Amiens, 9 mars 1882.)

FAIT.

Preuve. — Un fait qui n'est pas contraire aux énonciations du procès-verbal peut être prouvé, sans inscription de faux, quand bien même il pourrait entraîner l'acquittement du prévenu ou modifier les condamnations dans le cas de maximum ou minimum. (Cass. 9 décembre 1830.)

FAIT MATÉRIEL.

1. *Définition*. — On appelle faits matériels, par rapport à un délit, ceux qui tombent directement sous les sens du rédacteur du procès-verbal, qu'il peut apprécier et signaler, et non pas ses suppositions, inductions, opinions, etc. (Circ. A 577.)

2. *Vérification*. — Tous les faits matériels résultant d'une évaluation (mesurage, éten-

due) susceptibles d'erreur peuvent être vérifiés par voie d'expert commis par le tribunal. (Cass. 2 juin 1809.) V. Construction.

3. *Jurisprudence. Faits matériels.* — D'après la jurisprudence, sont réputés faits matériels, savoir :

1o La présence du garde à l'opération (Cass. 10 avril 1806);

2o L'état de défrichement d'un terrain qui était précédemment en nature de bois (Cass. 29 mars 1811, 14 janvier 1830, 26 septembre 1833);

3o L'identité des délinquants (Douai, 2 avril 1840);

4o Les aveux faits par les prévenus (Cass. 16 avril et 30 juillet 1835);

5o L'identité des bois (Cass. 15 avril 1833);

6o L'emploi de la scie par le prévenu (Cass. 10 décembre 1829);

7o La coupe de branches *principales* d'un arbre par l'adjudicataire d'une coupe de nettoiement, tandis qu'il ne devait couper que les branches *parasites* (Rouen, 18 avril 1845);

8o Le délit commis par le délinquant désigné dans le procès-verbal ; dès lors, le tribunal ne peut admettre la preuve testimoniale pour établir l'alibi du prévenu, au moment du délit (Nancy, 15 février 1833);

9o La *garde* de bestiaux dans une forêt par un prévenu qui ne se borne pas à y passer (Cass. 3 décembre 1819);

10o La désignation de la personne qui gardait les bestiaux (Cass. 20 février et 17 avril 1812);

11o Le délit de faire *faux chemin* dans la forêt avec chevaux et voiture, sans suivre la route qui existe (Cass. 18 décembre 1829);

12o Le délit commis sur un terrain soumis au régime forestier (Cass. 1er mars 1839);

13o Le consentement du prévenu à une visite domiciliaire, sans l'assistance d'un officier public (Cass. 17 mai 1833. Grenoble, inédit, 20 décembre 1834);

14o Le changement de destination des bois délivrés pour la reconstruction de sa maison (Cass. 26 avril 1845);

15o La désignation de l'emplacement sur lequel se trouvent des billes non marquées et destinées à l'exploitation d'une scierie, quand il fait partie de cette scierie (Cass. 13 mars 1829);

16o La contenance d'un terrain défriché dont on indique les confronts ; l'époque du défrichement, en indiquant qu'il a eu lieu de suite en suite. (Cass. 14 mai 1859.)

FAIT NON MATÉRIEL.

Jurisprudence. Fait non matériel. — D'après la jurisprudence, ne sont pas considérés comme faits matériels et peuvent être attaqués par la preuve testimoniale, savoir :

1o La déclaration d'un garde portant qu'un animal trouvé en délit de pâturage appartient à un tel individu, alors que celui-ci le dénie (Cass. 31 décembre 1824);

2o La déclaration faite par un témoin au garde rédacteur, sur le délit imputé au prévenu, ce qui n'est qu'un témoignage (Cass. 17 juillet 1806);

3o Les déclarations verbales du prévenu, en l'absence de tout fait matériel de contravention (Cass. 31 janvier 1817);

4o L'âge des bois où a été commis un délit de pâturage (Cass. 7 floréal an XII), excepté si l'âge des bois était indiqué par l'époque d'une coupe ; il y aurait alors là un fait matériel ;

5o L'identité des bois coupés avec ceux déjà équarris et employés à une construction (Metz, inédit, 11 mars 1840);

6o L'époque précise d'un défrichement (Colmar, 11 août 1836);

7o L'intention du prévenu, présumée par le garde, de porter du feu dans une forêt (Cass. 27 février 1812);

8o Les actes de rébellion, les injures et les violences (Cass. 18 octobre 1807);

9o La déclaration laissant dans le doute si un bois défriché avait plus de vingt ans (Cass. 18 décembre 1829);

10o L'indication du dommage *évalué* (Nancy, 15 juillet 1829);

11o Les dates qui ne sont que conjecturales. (Nancy, 5 décembre 1824.)

FALSIFICATION. V. Marteau. Empreinte. Griffe.

FAON.

Prohibition. — Il est défendu aux fermiers de la chasse d'enlever ou de détruire les faons. (Chasse, Cah. des ch. 19.)

FASCINE.

1. *Produit.* — Les délivrances de fascines sont considérées comme menus produits dans les bois domaniaux et comme produits accessoires dans les bois communaux. (Arr. Min. 22 juin et 1er septembre 1838. Circ. A 429. Circ. A 842.) V. Fagot. Place forte.

2. *Artillerie.* — Les fascines pour le service de l'artillerie seront coupées dans les bois de l'Etat. (Décr. du 10 août 1874. Circ. N 167.)

FAUCILLE.

Port. — L'introduction dans les bois, hors des routes et chemins, avec une faucille, n'est pas un délit, dans le sens de l'article 146 du code forestier, attendu qu'une faucille n'est pas un instrument à couper du bois. (Cass. 2 janvier 1830.)

FAULDE. V. Charbonnière.

FAUX.

SECT. I. — INSCRIPTION DE FAUX EN MATIÈRE FORESTIÈRE, 1.

SECT. II. — FAUX INCIDENT, FAUX PRINCIPAL, 2.

SECT. III. — FAUX INTELLECTUEL, FAUX INCIDENT, 3 — 13.

SECT. IV. — FAUX MATÉRIEL, FAUX PRINCIPAL, 14 — 26.

Acte administratif, 8.
Autorisation, 18.
Compétence, 8.
Cour d'assises, 21.
Décès, 19.
Définition, 3, 14.
Délai, 6,
Dépôt, 22.
Faux incident, 2, 3, 8.
Faux intellectuel, 3.
Faux matériel, 14.
Faux principal, 2, 14.
Fonctionnaire, 24, 25.
Inscription, 1, 4, 5, 17.
Pénalités, 12, 13, 24, 25, 26.
Pièce, 22, 23.
Plainte, 10, 16.
Plainte reconventionnelle, 11.
Poursuites, 1, 9, 15, 17, 20, 21.
Procédure, 1, 2, 7, 9.
Qualification, 4.
Remise, 23.
Réquisition, 13.
Usage, 26.

SECT. I. — INSCRIPTION DE FAUX EN MATIÈRE FORESTIÈRE.

1. *Procédure. Poursuites.* — La procédure fixée par le code forestier, pour l'inscription de faux, est spéciale à la poursuite des délits forestiers. Après la décision du tribunal, s'il y a lieu à admettre les moyens de faux, l'administration n'a plus à intervenir ; la poursuite en réparation de délit forestier se trouve suspendue ; le ministère public prend alors la direction de l'affaire en faux principal, s'il y a lieu, contre l'auteur du faux, et le garde rédacteur est renvoyé, soit devant la cour d'assises, soit devant la cour d'appel. (Instr. Crim. 448.)

En cas d'acquittement, l'administration reprend les poursuites comme s'il n'y avait pas eu inscription de faux, et le garde peut poursuivre le délinquant en dénonciation calomnieuse, en vertu de l'article 373 du code pénal. Ce délinquant est passible de l'amende édictée par l'article 246 du code de procédure civile.

En cas de condamnation du garde et si le procès-verbal est déclaré faux, le prévenu est acquitté de droit.

SECT. II. — FAUX INCIDENT. FAUX PRINCIPAL.

2. *Procédure.* — La fausseté d'une pièce pouvant être le résultat d'une erreur aussi bien que d'un crime, il en résulte que l'ordonnance de non-lieu, dans laquelle un juge d'instruction saisi de l'inculpation de faux s'est borné à nier le crime, ne met pas obstacle à ce qu'il soit ensuite démontré qu'une erreur a été la cause de la fausseté de la pièce incriminée. Spécialement, le prévenu qui s'est inscrit en faux contre un procès verbal et dont les moyens de faux ont été déclarés pertinents et admissibles par la juridiction saisie de l'action répressive, doit être admis à suivre, devant cette juridiction, la procédure de faux incident, lorsque l'information criminelle a été close, sans que le magistrat qui y a procédé se soit expliqué sur la vérité ou la fausseté du document argué de faux. (Cass. 25 juin 1881.)

SECT. III. — FAUX INTELLECTUEL, FAUX INCIDENT.

3. *Définition.* — Le faux intellectuel se rapporte à une assertion fausse relatée dans un procès-verbal régulier ; sa poursuite donne lieu à la procédure en faux incident.

4. *Inscription de faux. Qualification.* — La poursuite en inscription de faux, prévue par l'article 179 du code forestier, constitue le *faux incident*, parce qu'elle est intentée contre un acte, abstraction faite de ceux qui l'ont fabriqué ou falsifié, et qu'elle a pour but de protéger l'intérêt propre et exclusif du particulier qui l'intente.

5. *Inscription. Principe.* — L'inscription de *faux* ou *faux incident civil* n'appartient qu'au prévenu ; elle n'est dirigée par le prévenu que dans son intérêt privé et n'a d'autre but que de lui permettre de détruire des faits faux, pouvant donner lieu à sa condamnation ; elle est soumise à des règles et à une forme spéciales et ne peut être formée que dans un délai déterminé.

6. *Délai.* — Le contrevenant qui veut s'inscrire en faux contre un procès-verbal doit faire sa déclaration, au plus tard, à l'audience indiquée par l'assignation à fin de condamnation. (Paris, 9 juillet 1881.)

7. *Procédure.* — La procédure à suivre pour le faux incident est celle indiquée par l'article 179 du code forestier, et non pas celle des articles 458 et 459 du code d'instruction criminelle. (Cass. 14 mai 1813. Meaume, tome II, page 796, § 1282.) Pour la procédure du faux incident civil, voir le code de procédure civile, articles 214 à 251.

8. *Acte administratif. Faux incident. Compétence.* — Les tribunaux civils, juges d'un débat, sont exclusivement compétents pour statuer sur une inscription de faux incident formée par l'une des parties en cause et, par conséquent, sur son admissibilité, alors même qu'il s'agirait d'un acte passé en la forme administrative. (Cass. 14 janvier 1885.)

9. *Poursuite. Procédure.* — Le faux incident a presque toujours pour conséquence une poursuite en faux principal. Cependant, si, par suite de la mort du garde, du refus du ministère public ou du défaut d'autorisation de la part de l'administration, la poursuite en faux principal ne pouvait pas avoir lieu, comme l'inscription de faux ne peut pas être annulée, le tribunal correctionnel ferait le procès à la pièce et en discuterait la sincérité, suivant les règles tracées par

les articles 448, 459 et 460 du code d'instruction criminelle, et statuerait également sur la validité des moyens de faux. (Cass. 11 décembre 1825.)

Il en est de même, lorsque le garde est renvoyé par la cour d'assises, qui le déclare non *coupable de faux*; la question intentionnelle, ou de faux principal, étant résolue, il reste à examiner, par-devant le tribunal correctionnel, si le procès-verbal est faux ou non, d'après la procédure indiquée aux articles 459 et 460 du code d'instruction criminelle.

10. *Plainte.* — Un prévenu ne peut pas, par une plainte en faux incident, suppléer à l'inscription de faux. (Cass. 19 février 1825.)

11. *Plainte reconventionnelle.* — Le délinquant qui s'est inscrit en faux encourt une poursuite en dénonciation calomnieuse de la part du garde qui a dressé le procès-verbal, et une condamnation en dommages-intérêts.

12. *Pénalités.* — Le demandeur en faux incident civil qui succombe ou se désiste (Proc. Civ. 247) est condamné, savoir :

Amende : minimum, 300 francs.

Dommages-intérêts. (Proc. Civ. 246. Cass. 8 février 1845.)

13. *Conclusion.* — La condamnation pour amende et dommages-intérêts, contre le demandeur en faux incident civil qui se désiste ou succombe, ne peut être requise que par le ministère public et non pas par les agents forestiers, parce qu'elle n'est pas inscrite dans le code forestier. (Cass. 16 août 1838.)

SECT. IV. — FAUX MATÉRIEL. FAUX PRINCIPAL.

14. *Définition.* — Le faux matériel se rapporte à une falsification du procès-verbal ; sa poursuite donne lieu à la procédure en faux principal.

15. *Poursuite.* — Le faux principal est la poursuite dirigée contre les auteurs du faux par le ministère public, seul maître de l'action publique. (Cod. Civ. 1319.)

Cette poursuite appartient *spécialement* au ministère public, qui peut l'exercer en dehors de toutes les circonstances, sauf l'autorisation administrative.

16. *Plainte.* — Un prévenu ne peut, par une plainte en faux principal, suppléer à l'inscription de faux. (Cass. 19 février 1825.)

17. *Poursuite. Inscription de faux.* — La poursuite en faux principal ne dispense pas le prévenu de l'inscription de faux, qui, seule, peut suspendre, en ce qui le concerne, les effets du procès-verbal.

18. *Autorisation.* — Si l'administration refusait l'autorisation de poursuivre le garde en faux principal, le tribunal devrait procéder à l'instruction sur le faux incident, conformément à l'article 459 du code d'instruction criminelle. (Cass. 11 décembre 1835.)

19. *Décès.* — La mort du garde empêche la poursuite en faux principal ; elle éteint l'action publique.

20. *Poursuite.* — Lorsque l'inscription de faux est admise, le ministère public doit, s'il juge à propos d'exercer les poursuites en faux principal, demander l'autorisation administrative de poursuivre le garde rédacteur.

En cas d'autorisation, le garde, comme officier de police judiciaire, jouit du privilège de juridiction des articles 483 et 484 du code d'instruction criminelle.

Si le garde est renvoyé devant une cour d'assises et condamné pour avoir voulu faire passer pour vrais des faits faux, le procès-verbal n'étant plus qu'un acte faux, la poursuite tombe d'elle-même.

Si la cour d'assises acquitte le garde et déclare le procès-verbal exact et véritable, la poursuite est reprise devant le tribunal correctionnel, comme si l'inscription de faux n'avait pas eu lieu.

21. *Poursuite. Cour d'assises.* — Lorsque les gardes sont renvoyés des poursuites par la cour d'assises, qui les déclare non *coupables de faux*, la question intentionnelle ou de faux principal est résolue, et il reste à examiner si le procès-verbal est faux ou non, ce qui peut donner lieu à la procédure en faux incident.

22. *Pièce. Dépôt.* — La pièce arguée de faux, aussitôt qu'elle aura été produite, sera déposée au greffe, signée et paraphée à toutes les pages par le greffier, qui dressera un procès-verbal détaillé de l'état matériel où elle se trouve, et par la personne qui l'aura déposée, si elle sait signer, le tout à peine de 50 francs d'amende contre le greffier, en cas d'omission de ces formalités. (Instr. Crim. 448.)

23. *Pièce. Remise.* — Tout dépositaire de pièce arguée de faux est tenu, sous peine d'y être contraint par corps, de la remettre sur l'ordonnance du ministère public ou du juge d'instruction. Cette ordonnance et l'acte de dépôt lui serviront de décharge. (Instr. Crim. 452.)

24. *Fonctionnaire. Pénalités.* — Tout fonctionnaire qui, dans l'exercice de ses fonctions, aura commis un faux, soit par fausse signature, soit par altération des actes, écritures ou signatures, soit par supposition de personnes, soit par des écritures faites ou intercalées sur des registres ou actes publics depuis leur confection ou leur clôture, encourra, savoir :

Travaux forcés à perpétuité. (Cod. Pén. 145.)

25. *Fonctionnaire. Pénalités.* — Tout fonctionnaire qui, en rédigeant les actes de son ministère, en aura frauduleusement dénaturé la substance ou les circonstances, soit

en constatant comme vrais des faits faux, ou comme avoués des faits qui ne l'étaient pas, encourra, savoir :

Travaux forcés à perpétuité. (Cod. Pén. 146.)

26. *Emploi de faux. Pénalités.* — Ceux qui auront fait usage des écrits faux ou falsifiés encourront, savoir :

Amende : 100 à 3000 francs (un quart du bénéfice du faux). (Cod. Pén. 164.)
Travaux forcés à temps. (Cod. Pén. 148.)

FAUX ÉBÉNIER. (CYTISE.)

Classification. — Arbre de deuxième classe. (Cod. For. 192.)

FAUX NOM.

1. *Inconnu. Arrestation.* — L'emploi de faux nom, en cas de délit forestier, n'entraîne aucune aggravation de peine. Si le préposé, ne connaissant pas le délinquant, se doute qu'il donne un faux nom, il doit alors l'arrêter comme *inconnu* surpris en flagrant délit et le conduire devant le maire ou le juge de paix. (Cod. For. 163, 189.)

2. *Chasse.* — Les peines encourues seront doublées, si le délinquant a pris un faux nom. (Loi Chasse, art. 14.)

3. *Identité.* — Lorsqu'un prévenu a été condamné correctionnellement sous un autre nom que son nom véritable, il y a lieu, pour pouvoir procéder au recouvrement des peines pécuniaires prononcées contre lui, de revenir devant le tribunal et de provoquer un nouveau jugement statuant sur la question d'identité. (Trib. de Grenoble, 19 juin 1873.)

FAUX TÉMOIGNAGE. V. Témoin.

FAVEUR.

Pénalités. — Tout administrateur qui se sera décidé par faveur pour une partie sera coupable de forfaiture.

Peine : Dégradation civique. (Cod. Pén. 183.)

FEMME.

1. *Responsabilité.* — Les maris sont civilement responsables des délits et contraventions commis par leurs femmes. (Cod. For. 206.) V. Responsabilité.

2. *Incapacité.* — Les femmes mariées sont incapables de contracter, dans les cas exprimés par la loi. (Cod. Civ. 1124.)

3. *Procès.* — La femme ne peut ester en jugement sans l'autorisation de son mari (Cod. Civ. 215), excepté si elle est poursuivie en matière criminelle ou de police. (Cod. Civ. 216.) Elle ne peut aliéner ou acquérir sans le concours du mari dans l'acte ou son consentement par écrit. (Cod. Civ. 217.) Si elle est marchande, elle peut s'obliger pour ce qui concerne son négoce. (Cod. Civ. 220.) V. Mari.

4. *Délimitation.* — Les articles relatifs à des immeubles possédés par la femme sont signés par la femme et le mari. (Circ. N 64, art. 71. Cod. Civ. 1124.) V. Veuve. Pension. Bien dotal.

FENÊTRE.

1. *Mur mitoyen.* — L'un des voisins ne peut, sans le consentement de l'autre, pratiquer dans un mur mitoyen aucune fenêtre ou ouverture, en quelque manière que ce soit. (Cod. Civ. 675.)

2. *Grillage.* — Le propriétaire d'un mur non mitoyen, joignant immédiatement l'héritage d'autrui, peut pratiquer dans ce mur des jours ou fenêtres à fer maillé et à verre dormant. Ces fenêtres doivent être garnies d'un treillis de fer dont les mailles auront un décimètre d'ouverture au plus et d'un châssis à verre dormant. (Cod. Civ. 676.)

3. *Hauteur.* — Les fenêtres des jours ouverts dans un mur non mitoyen ne peuvent être établies qu'à 2m,60 au-dessus du plancher ou sol de la chambre qu'on veut éclairer, si c'est au rez-de-chaussée, et à 1m,90 au-dessus du plancher pour les étages supérieurs. (Cod. Civ. 677.)

4. *Vue droite. Distance.* — On ne peut avoir des vues droites ou fenêtres d'aspect, ni balcon ou autres semblables saillies, sur l'héritage clos ou non clos du voisin, s'il n'y a 1m,90 de distance entre les murs où on les pratique et ledit héritage. (Cod. Civ. 678.)

5. *Vue oblique. Distance.* — On ne peut avoir des vues obliques ou par côté sur l'héritage voisin, s'il n'y a 60 centimètres de distance. La distance se compte depuis le parement extérieur du mur ou la saillie extérieure des balcons, jusqu'à la ligne séparative des deux héritages. (Cod. Civ. 679 et 680.)

FENTE.

Souches. Délit. — L'action de fendre les souches, en abattant les arbres, constitue un délit d'exploitation. V. Abatage.

FÉODALITÉ.

Abolition. — La présomption de propriété qui, d'après la maxime : *nulle terre sans seigneur*, existait au profit des seigneurs sur les fonds compris dans la limite de leur seigneurie, a été abolie, dans son principe et ses effets, par la loi du 25 août 1792. (Cass. 7 mai 1866.)

FER.

1. *Fourniture.* — Les fers à marquer les bestiaux sont à la charge des usagers.

2. *Dépôt. Pénalités.* — Les adjudicataires du panage et les usagers doivent déposer le fer à marquer les bestiaux au bureau de l'agent local, avant l'ouverture du panage et du pâturage, sous peine de :

Amende : 50 fr. (Cod. For. 55 et 74. Ord. 121.)

Cette disposition est inapplicable à la jouissance des communes dans leurs propres bois. (Cod. For. 112.)

3. *Epoque du dépôt.* — Le dépôt du fer servant à la marque des animaux devra être effectué par l'usager avant l'époque fixée pour l'ouverture du pâturage et du panage, sous peine de poursuites en vertu de l'article 74 du code forestier.

L'agent forestier local donnera acte de ce dépôt. (Ord. 121.) Inapplicable aux communes. (Cod. For. 112.)

4. *Bois particulier.* — Le dépôt du fer ou de la marque n'est pas prescrit pour les usagers au pâturage dans les bois particuliers ; ceux-ci peuvent faire fabriquer des fers et les déposer au greffe ou à la mairie de la commune usagère. V. Marque.

FÉRIÉ. V. Jour férié.

FERMAGE.

Principe. — Le propriétaire bailleur d'un fonds rural à un privilège, pour le payement des fermages, sur les fruits de la récolte de l'année et sur le prix de tout ce qui garnit la ferme et de tout ce qui sert à l'exploitation. Ce privilège ne peut s'exercer que pour les fermages des deux dernières années échues, de l'année courante et d'une année à partir de l'expiration de l'année courante. (Loi du 19 février 1889, art. 1er.)

FERME.

Atelier, 10.
Constructions irrégulières, 5.
Décision, 8.
Définition, 1, 2.
Délai, 6, 7.
Demande, 3, 6.
Instruction, 4, 7.
Notification, 8.
Pénalités, 5, 10.
Reconstruction, 9.
Réparation, 9.
Visites, 10.

1. *Définition.* — Ne seront considérées comme *fermes,* dans le sens de l'article 153 du code forestier, que les maisons servant d'habitation, soit uniquement, soit avec l'adjonction de granges, écuries et autres dépendances destinées à une exploitation rurale. (Cass. 24 avril 1868.)

2. *Définition.* — Malgré la constatation de fait, on peut quelquefois qualifier *ferme* ou *maison* une construction qui complète un ensemble de bâtiments propres à une exploitation rurale, si modeste qu'on la suppose. (Cass. 15 novembre 1873.)

3. *Demande.* — Les demandes à fin d'autorisation pour construction de maisons ou fermes, en exécution des paragraphes 1 et 2 de l'article 153 du code forestier, seront remises à l'agent forestier supérieur de l'arrondissement, en double minute, dont l'une, revêtue du visa de cet agent, sera rendue au déclarant. (Ord. 178.) V. Construction. Maison.

4. *Instruction.* — Les agents doivent apporter la plus grande célérité dans l'examen des demandes en construction de maisons ou fermes à distance prohibée, sur lesquelles on doit statuer dans le délai de six mois, à partir de la date du visa constatant la remise de la demande à l'agent forestier. On doit procéder, dans les quinze jours de la réception de la demande, à la reconnaissance des lieux, en indiquant l'emplacement des constructions par rapport aux forêts voisines et aux habitations les plus rapprochées, et faire ressortir l'inconvénient de ces constructions, eu égard à la moralité et à la position des pétitionnaires. (Circ. A 437.) V. Contenance.

5. *Constructions irrégulières. Pénalités.* — Pour construction de maisons ou fermes, sans l'autorisation du préfet, à moins de 500 mètres des bois soumis au régime forestier, excepté des bois communaux d'une contenance au-dessous de 250 hectares, pénalités : *démolition.* (Cod. For. 153.)

Sont exceptées les maisons ou fermes faisant partie d'une population agglomérée. (Cod. For. 156.)

6. *Demande. Délai.* — Il doit être statué, dans le délai de six mois, sur les demandes en autorisation de construction de maison ou ferme ; passé ce délai, la construction peut être effectuée. (Cod. For. 153. Décr. du 25 mars 1852.)

C'est à partir de la date de la remise de la demande à l'agent forestier que court le délai de six mois, avant l'expiration duquel le préfet doit faire connaître sa décision. (Circ. A 437. Circ. A 686.)

7. *Instruction. Délai.* — Il faut qu'il soit *statué* dans le délai de six mois, à dater de la demande ; sans quoi, il en résulte une autorisation tacite et formelle de construire, qui libère définitivement la propriété de la servitude légale. (Cod. For. 153. Nancy, 29 octobre 1829.)

8. *Décision. Notification.* — La décision intervenue sur une demande en construction (refus) doit être notifiée au pétitionnaire, qui, sans cela, pourrait actionner le préfet en indemnité, pour les constructions commencées, qu'il serait obligé de démolir.

9. *Reconstruction. Réparation.* — Les maisons existant en 1827 sont maintenues, et on

peut les reconstruire, réparer ou augmenter sans autorisation. (Cod. For. 153.)

10. *Atelier. Visites. Pénalités.* — Les habitants des maisons ou fermes, existantes ou autorisées, situées à moins de 500 mètres des bois et forêts, ne peuvent y établir aucun atelier à façonner le bois, aucun chantier ou magasin pour faire le commerce de bois, sans la permission du préfet. En cas de contravention, pénalités :

Amende : 50 fr. Confiscation des bois. (C. F. 174.)
Récidive, *amende :* 100 francs. (Cod. For. 175, 201.)

Lorsque ceux qui auront obtenu cette permission auront subi une condamnation pour délit forestier, la permission pourra être retirée, excepté si la maison fait partie d'une population agglomérée. (C. F. 154, 156.)

Dans ces établissements autorisés, les gardes et agents forestiers pourront y faire toute perquisition, sans l'assistance d'un officier public, pourvu qu'ils se présentent au moins au nombre de deux, ou que l'agent ou garde soit accompagné de deux témoins domiciliés dans la commune. (Cod. For. 157.)

FERMIER.

Action civile, 6.
Affouage, 11, 12.
Ami, 2, 3.
Chasse, 1, 2, 3, 4, 5, 6, 7.
Consentement, 7.
Délit, 10.
Dommages-intérêts, 6.
Garde particulier, 8, 9.
Futaie, 11.
Indemnités, 10.
Indignité, 4.
Nombre, 3.
Permission, 2, 3.
Permissionnaires, 4.
Poursuites, 6.
Substitution, 7.

1. *Chasse.* — Le fermier pourra s'adjoindre, dans la jouissance de son bail, des cofermiers dont le nombre sera déterminé par les affiches et les procès-verbaux d'adjudication. (Cah. des ch. 12.)

2. *Amis. Permission. Chasse isolée.* — Les fermiers pourront se faire accompagner par trois personnes ou les autoriser à chasser isolément, en leur donnant, par écrit, des permissions spéciales et nominatives, dont ils fixeront la durée, sauf approbation de l'inspecteur des forêts. (Cah. des ch. 17.)

3. *Ami. Nombre. Permission.* — Le fermier qui ne désignera pas de cofermier, ou qui, dans cette désignation, n'atteindra pas le maximum déterminé par l'acte d'adjudication, pourra s'adjoindre autant de fois quatre personnes (amis) qu'il restera de cofermiers non désignés; il pourra les autoriser à chasser isolément et, avec l'agrément du conservateur, il pourra transférer cette faculté à l'un des cofermiers. (Cah. des ch. 17.)

4. *Permissionnaires. Indignité.* — Les agents forestiers ont la faculté d'interdire la chasse dans les bois de l'Etat aux permissionnaires désignés par les fermiers ou cofermiers et qui leur paraissent indignes, à un titre ou degré quelconque, et notamment à ceux qui ne peuvent justifier de la délivrance d'un permis de chasse. (Cah. des ch. 12, 16, 17. Trib. de Prades, 23 mars 1892. Circ. N 457.)

5. *Chasse. Bois communaux.* — Les fermiers de la chasse, dans les bois communaux, doivent se soumettre à toutes les prescriptions des arrêtés préfectoraux relatifs à l'exercice de la chasse. (Circ. A 576.)

6. *Poursuites. Action civile. Dommages-intérêts.* — Le fermier du droit de chasse, dans une forêt de l'Etat, a le droit de poursuivre directement, comme partie civile, devant les tribunaux correctionnels, la réparation civile des délits qui y sont commis; son action n'est nullement subordonnée aux poursuites exercées par l'administration ou le ministère public. (Angers, 19 juillet 1869.) Il peut intervenir dans les poursuites exercées par l'administration forestière et obtenir des dommages-intérêts. (Dijon, 21 janvier 1874.)

7. *Substitution. Consentement.* — Le fermier d'un droit de chasse ne peut substituer quelqu'un à son bail, sans le consentement de son associé, quand même cette substitution aurait été autorisée conformément au cahier des charges. (Cass. 24 avril 1876.)

8. *Gardes particuliers.* — Les préfets et sous-préfets sont fondés à refuser leur agrément aux fermiers que leurs propriétaires commissionnent comme gardes particuliers. (Décis. Min. 1838.) V. Garde particulier.

9. *Garde.* — Le fermier des *terres* peut, sans inconvénient, être commissionné garde des *bois* de son propriétaire.

10. *Délits. Indemnité.* — Un fermier, institué garde particulier, ne peut pas réclamer des indemnités pour les délits qu'il aurait constatés.

11. *Affouage. Futaie.* — Le fermier d'une maison, n'étant tenu qu'à des réparations locatives, ne peut pas recevoir les futaies, qui se délivrent d'après le toisé des bâtiments. (Curasson.)

12. *Affouage.* — Si les affouagistes doivent nécessairement avoir une habitation, un feu, dans la commune, leur droit n'est pas personnel et appartient, en leur nom et de leur chef, aux fermiers et métayers qui occupent les maisons louées. (Cass. 23 juillet 1884.)

FERREMENT.

Usagers. — L'usager au bois mort *en estant*, à la différence de celui qui n'a droit qu'au bois mort *gisant*, peut se servir de ferrements. (Cass. 4 août 1858. Dijon, 9 février 1881.) V. Crochet.

FÊTE. V. Jours fériés.

FEU.

Action civile, 8.
Adjudicataire, 13, 14, 15.
Algérie, 2, 3.
Atelier, 13.
Autorisation, 3.
Bois particulier, 9, 10, 11.
Charbonnière, 9.
Combustion, 5.
Conditions, 14.
Constatation des délits, 16.
Coupe, 15.
Définition, 1.
Distance, 7, 8.
Dommage, 6.
Estérel, 16.
Garde forestier, 11.
Incendie, 6, 7, 15.
Inflammation, 4.
Loge, 9, 13.
Maison, 12.
Pénalités, 2, 3, 4, 7, 13, 16.
Port, 4.
Procès-verbal, 5.
Région des Maures, 16.

1. *Définition.* — On ne doit pas compter le nombre de feux en comptant les maisons; le mot feu s'applique aux personnes et non pas aux bâtiments. (Bul. Offic. Min. Int. 1856, p. 171.)

2. *Algérie.* — Dans l'Algérie, pendant la période du 1er juillet au 1er novembre, il est interdit à tout le monde de porter ou d'allumer du feu, sous aucun prétexte, en dehors des habitations, à l'intérieur ou à 200 mètres des bois et forêts; l'emploi du feu dans les gourbis et autres abris situés dans cette zone sera fixé par un règlement d'administration publique. Pendant la même époque et dans un rayon de 4000 mètres des bois et forêts, nul ne pourra, sans autorisation, mettre le feu aux broussailles, herbes ou végétaux sur pied.

En cas d'infraction :

Amende : 20 à 500 francs.
Prison facultative : 6 jours à 6 mois.

(Loi du 17 juillet 1874.)

3. *Algérie. Autorisation. Pénalités.* — En dehors de la période du 1er juillet au 1er novembre et de la zone d'interdiction de 4 kilomètres des massifs forestiers prévue par la loi du 17 juillet 1874, nul ne peut mettre le feu aux herbes, broussailles et végétaux sur pied; l'emploi du feu pour la destruction des herbes, broussailles et végétaux sur pied est soumis à une autorisation préalable de la part de l'autorité administrative locale. Toute contravention est punie, savoir :

Amende : 20 à 500 francs.
Prison facultative : 6 jours à 6 mois.

(Loi du 9 décembre 1885, art. 8 et 14. Circ. N 357.) V. Algérie. Broussailles.

4. *Port. Inflammation. Pénalités.* — Le fait de porter et d'allumer du feu dans l'intérieur et à moins de 200 mètres des bois et forêts, en général, est puni, savoir:

Amende : 20 à 100 francs. (Cod. For. 148.)
En cas de nuit ou récidive, *amende :* 40 à 200 fr. (Cod. For. 148, 201.)
Dommages-intérêts, s'il y a lieu. (Cod. For. 148.)

En cas d'incendie involontaire, par feu allumé à moins de 100 mètres, pénalité :

Amende : 50 à 500 francs. (Cod. Pén. 458.)

En cas d'incendie volontaire, pénalité :

Travaux forcés à temps. (Cod. Pén. 434.)

5. *Combustion. Procès-verbal.* — L'individu trouvé assis avec d'autres personnes, près d'un feu allumé dans une forêt, ne peut être condamné pour le délit prévu par l'article 148 du code forestier, si le procès-verbal ne relate aucune autre circonstance établissant que c'est par cet individu ou avec sa participation que le feu a été allumé. (Cass. 5 juillet 1867.)

6. *Incendie. Dommages.* — Lorsqu'un délinquant a été poursuivi par le ministère public, pour incendie, et condamné aux peines portées par l'article 458 du code pénal, l'administration forestière n'en est pas moins fondée à poursuivre ce même délinquant, devant le tribunal correctionnel, pour dommages et intérêts proportionnés au préjudice causé par l'incendie. (Trib. Saint-Mihiel, 13 décembre 1849.)

7. *Feu. Incendie. Distance. Pénalités.* — Si un feu, allumé à moins de 100 mètres d'une forêt, a occasionné un incendie, la peine édictée par l'article 458 du code pénal peut être cumulée avec celle de l'article 148 du code forestier, puisqu'il y a deux délits distincts. Cette dernière peine serait seule applicable, si le feu avait été allumé à plus de 100 mètres et à moins de 200 mètres de la forêt. (Cass. 25 mars 1830.) V. Incendie.

8. *Distance. Action civile.* — Si le feu a été allumé à plus de 200 mètres, l'incendie qui en est la conséquence ne peut donner lieu qu'à une action civile en dommages-intérêts.

9. *Bois particulier. Charbonnière. Loge.* — Les particuliers propriétaires de bois ont le droit d'allumer des charbonnières dans leurs coupes et d'allumer du feu dans les baraques et loges ou ateliers qui s'y trouvent; les acheteurs des coupes de bois de particuliers peuvent exercer les même droits, si les propriétaires les leur concèdent. (Lettre du Dir. Gén. 19 septembre 1829.)

10. *Bois particulier. Propriétaire.* — Le délit des articles 458 du code pénal et 148 du code forestier n'existe que si le feu a été allumé à distance prohibée d'une forêt d'autrui. Tout propriétaire peut allumer du feu dans ses bois, si, à une distance de 200 mètres du feu allumé, le bois lui appartient. En cas de poursuite, un particulier peut élever une exception préjudicielle pour prouver que les bois situés à 200 mètres du feu allumé sont sa propriété et que, dès lors, le délit n'existe pas. (Grenoble, inédit, 20 février 1840.)

11. *Garde forestier.* — Les gardes forestiers qui allument du feu dans une partie de forêt, mais à moins de 200 mètres d'un bois particulier, sont passibles de l'amende édictée par l'article 148 du code forestier. (Dijon, 21 août 1874.)

12. *Maison.* — Le droit d'allumer du feu dans l'intérieur d'une maison située à moins de 200 mètres des forêts est restreint à l'intérieur de cette maison, et l'on ne peut pas en allumer au dehors, comme, par exemple, dans un pré, ou sous une chaudière à lessive établie sur un mur. (Cass. 25 juin 1835 et 11 avril 1845.)

13. *Adjudicataire. Loges. Ateliers. Pénalités.* — Il est défendu aux adjudicataires et à leurs facteurs ou ouvriers d'allumer du feu ailleurs que dans les loges et ateliers. En cas d'infraction, pénalités :

Amende : 10 à 100 francs. (Cod. For. 42.)

Réparation du dommage causé, que les tribunaux peuvent faire estimer par les experts. (Cod. For. 42. Cod. Civ. 1382. Cass. 16 mars 1833.)

S'il y a eu incendie involontaire, on applique les pénalités de l'article 458 du code pénal.

14. *Adjudicataire. Conditions.* — Si un adjudicataire allumait du feu, sans se conformer aux conditions imposées par le propriétaire, ces conditions inexécutées, faisant partie de la permission d'allumer du feu, ont pour conséquence d'annuler l'autorisation, puisqu'elle n'était que conditionnelle, et de rendre l'adjudicataire passible des poursuites correctionnelles.

15. *Coupe. Adjudicataire. Incendie.* — En cas d'incendie allumé dans une coupe, l'adjudicataire, qui, pour la simple omission de constater le fait, ne peut être atteint des peines édictées par les articles 434 et 458 du code pénal, reste cependant responsable de ce fait comme infraction à l'article 148 du code forestier, et ce, jusqu'à concurrence des dommages-intérêts. (Cass. 10 janvier 1852.)

16. *Région des Maures. Pénalités.* — Dans la région des Maures et de l'Estérel, pendant les mois de juin, juillet, août et septembre, l'emploi du feu est prohibé à tout le monde et dans tous les bois, soit à l'intérieur, soit à une distance de 200 mètres.

En dehors de ces mois, on peut allumer le petit feu pour nettoiement dans les bois entourés de tranchées, quelle que soit la distance de la propriété voisine ; mais, en cas d'incendie provenant de ce feu :

Amende : 50 à 500 francs. (Cod. Pén. 458.)

Dommages-intérêts, s'il y a lieu. (Lois, 6 juillet 1870, 8 août 1890, 3 août 1892 et 19 août 1893.)

Les gardes domaniaux et communaux peuvent rechercher et constater les délits de l'emploi du feu, pendant la période d'interdiction, dans tous les bois en général. (Lois, 6 juillet 1870, 8 août 1890, 3 août 1892 et 19 août 1893.) V. Ecobuage. Petit feu. Maures.

FEUILLE D'ARBRE.

1. *Pénalités.* — Pour extraction, mise en tas ou enlèvement non autorisés de feuilles d'arbres mortes ou vertes, dans toutes les forêts en général, pénalités :

Amende.	Le jour.		Le jour avec récidive, la nuit, ou la nuit avec récidive.	
Par bête attelée à une charrette.......	10 à 30 fr.	C. F. 144.	20 à 60 fr.	C. F. 144, 201.
Par charge de bête de somme..........	5 à 15 fr.		10 à 30 fr.	
Par charge d'homme...............	2 à 6 fr.		4 à 12 fr.	

Emprisonnement facultatif de 3 jours au plus. (Cod. For. 144.)

Restitution des objets enlevés ou de leur valeur. (Cod. For. 198.)

Dommages-intérêts facultatifs ; minimum : amende simple. (Cod. For. 198 et 202.)

Confiscation des instruments du délit. (Cod. For. 198.)

Amende double pour les adjudicataires du panage (Cod. For. 57) et les usagers. (Cod. For. 85.)

2. *Autorisation.* — L'extraction des feuilles mortes, quoique nuisible à l'amélioration du sol forestier, peut être autorisée comme celle des autres menus produits.

3. *Réduction. Possibilité.* — L'usage consistant en l'enlèvement des feuilles mortes peut être réduit, suivant la possibilité de la forêt. (Colmar, 16 avril 1861.)

4. *Enlèvement. Désignation. Condition.* — Les usagers, à qui leurs titres accordent le droit d'enlever les feuilles mortes, ne peuvent l'exercer que dans les endroits indiqués par les agents forestiers et avec les précautions prescrites, pour qu'il n'en résulte point de dommages. (Circ. du 20 juillet 1811. Cass. 24 février 1812.)

5. *Usage. Feuilles mortes. Râteau.* — Des usagers, à qui leurs titres donnent le droit de ramasser les feuilles mortes, dans une forêt particulière, en se servant d'un râteau à dents de fer, ne peuvent pas être privés de ce droit, sous le prétexte que les dispositions de la loi sur la conservation des forêts prohibent l'emploi d'un pareil instrument; il doit en être ainsi, alors surtout que le propriétaire ne prouve pas que l'emploi de cet instrument lui ait causé un dommage quelconque. (Cass. 2 février 1831.)

6. *Feuilles mortes. Bruyères. Usage.* — L'usage consistant dans la faculté d'enlever les bruyères d'une forêt n'autorise pas l'usager à enlever les feuilles mortes. (Cass. 13 octobre 1834.)

7. *Usufruitier.* — L'usufruitier a le droit de récolter les feuilles vertes des mûriers, ormes, frênes, tilleuls, peupliers, etc., en se conformant à l'usage. Mais il n'aurait pas

le droit d'enlever les feuilles mortes, parce qu'il enlèverait ainsi un des éléments naturels de la fertilité du sol.

FEUILLES DE JOURNÉES. (RESTAURATION DES MONTAGNES.)

1. *Etablissement. Affichage.* — Tout surveillant établi sur un chantier de travaux en régie doit tenir des feuilles de journées.

Le surveillant dresse le compte des ouvriers sur la feuille de journées. (Form. série 7, nº 48.)

Cette feuille, placée sous un cadre vitré, demeure constamment affichée sur le chantier. (Instr. Gén. 2 février 1885, art. 141 et 144. Circ. N 345.)

2. *Immatriculation. Appel.* — Le surveillant inscrit tout d'abord, sur la feuille de journées, les noms des ouvriers dans l'ordre d'immatriculation et le salaire quotidien alloué à chacun d'eux.

Le matin, au commencement de la journée, le surveillant procède à un premier appel des ouvriers et met immédiatement un zéro sur la feuille, en regard des noms des ouvriers qui ne répondent point. Ceux-ci ne peuvent plus être admis au travail qu'à la séance du soir.

Si la colonne de la feuille de journées réservée à l'inscription des noms des ouvriers n'est pas entièrement remplie, le surveillant met un zéro sur chacune des lignes non employées, jusqu'au bas de la colonne correspondant à la séance qui s'ouvre.

A la reprise du travail, le surveillant fait un second appel, met un zéro, pour la séance du soir, en regard du nom de tout ouvrier absent à ce moment, et marque aux autres la séance du matin.

A la fin de la journée, il fait un dernier appel et procède au pointage de la séance du soir.

Si les travaux sont interrompus pendant la journée, le surveillant note avec soin la durée de cette interruption, qui est évaluée en dixièmes de journées. (Instr. Gén. du 2 février 1885, art. 145. Circ. N 345.)

3. *Numérotage. Rectification.* — Les imprimés pour feuilles de journées ne sont mis à la disposition des surveillants qu'après avoir été numérotés et paraphés par l'agent régisseur.

Les surveillants doivent les employer dans l'ordre des numéros et justifier de l'emploi de toutes les feuilles qui leur ont été remises.

Toute surcharge ou rature sur les feuilles de journées est complètement interdite. S'il y a lieu de faire des rectifications, la mention inexacte est barrée légèrement, de façon à demeurer lisible, et l'indication qui doit la remplacer est inscrite immédiatement au-dessus, en interligne; un renvoi approuve et confirme la rectification. (Instr. Gén. du 2 février 1885, art. 146. Circ. N 345.)

4. *Visa. Récapitulation.* — La partie supérieure du verso de la feuille de journées est destinée au visa et aux observations de l'agent régisseur ou de son délégué, qui y mentionne la date de chaque vérification sur le terrain et les observations auxquelles elle a donné lieu.

La partie inférieure est consacrée à inscrire à la fin de la semaine :

1º La récapitulation de la comptabilité, qui a pour but de fournir la vérification des totaux de la première page;

2º Le résultat de l'emploi des journées.

Lorsque l'effectif d'un chantier oblige à tenir en même temps plusieurs feuilles de journées, le résultat de l'emploi des journées est indiqué, pour l'ensemble de celles-ci, au verso de la dernière d'entre elles. (Instr. Gén. du 2 février 1885, art. 147 et 148. Circ. N 345.)

5. *Affectation.* — La feuille de journées est affectée au chantier pour toute la durée de la semaine, quels que soient les changements survenus, pendant cette période, dans la nature et dans l'emplacement des travaux. (Instr. Gén. du 2 février 1885, art. 149. Circ. N 345.)

6. *Règlement de compte.* — A la fin de chaque semaine, le surveillant établit le règlement de compte de chaque ouvrier. Il emploie pour cette opération le tableau des comptes. (Form. série 7, nº 50.)

Le premier jour de travail de la semaine, le surveillant expose, pendant la durée de l'appel du matin, la feuille de journées arrêtée pour la semaine précédente. (Instr. Gén. 2 février 1885, art. 150. Circ. N 345.)

7. *Transmission.* — L'agent régisseur établit lui-même et adresse à son chef de service, après vérification, les feuilles de la semaine précédente, destinées à l'établissement du rôle-minute dans le bureau du chef de service, qui conserve ces feuilles de journées dans ses archives, à titre de justification de son certificat sur le rôle-minute. (Instr. Gén. 2 février 1885, art. 160 et 182. Circ. N 345.)

FEUILLE MATRICULE.

Compagnie. — Lorsqu'un préposé passe d'une conservation dans une autre, le conservateur qu'il quitte adresse à son collègue de la conservation dans laquelle il entre les deux exemplaires du feuillet mobile matricule afférent à ce préposé. (Circ. N 179.) V. Compagnie. Registre matricule.

FEUILLES DE NOTES.

1. *Envoi.* — Avant le 1er décembre, on fournit les feuilles de notes des agents et préposés, sur les formules série 1, nos 5 et 7. (Circ. N 435. Lettres Circ. de l'Admin. 29 octobre 1884 et 22 octobre 1891.) V. Notes.

2. *Campagnes. Situation militaire.* — Les feuilles de notes porteront mention des campagnes faites par les agents et préposés dans les armées de terre et de mer, et indiqueront la situation occupée par eux dans les unités de chasseurs forestiers ou dans les corps de troupes. (Réserve, armée territoriale.) (Circ. N 450.)

FEUILLE DE ROUTE.

Transports militaires. Visa. — Les conservateurs doivent ne soumettre au visa des fonctionnaires de l'intendance que des feuilles de route relatives à des déplacements rentrant dans l'une des catégories suivantes:

1° Déplacements effectués en conséquence d'une mobilisation ou nécessités par des grandes manœuvres;

2° Déplacements ayant pour objet le fonctionnement de l'organisation militaire du corps des chasseurs forestiers (exercices, revues, inspections), et après avoir indiqué nettement l'objet de ces déplacements. (Circ. N 421.)

FIEF.

1. *Définition.* — Domaine ou terre domaniale vaine ou vague, qu'on tenait d'un seigneur dominant, et qui était concédé à charge de foi et hommage et de quelques redevances.

2. *Fossés. Limites. Rejet de terres. Bornes.* — Les détenteurs de fiefs concédés par le roi, sur les limites de ses forêts, étaient tenus d'ouvrir des fossés entre leurs terres et le sol forestier et de les entretenir; mais ces fossés ne devaient pas être pris nécessairement sur leurs terrains. (Caen, 1er mars 1890.)

FILET.

Engin prohibé. — Un filet constitue un engin de chasse prohibé, alors même qu'il n'est employé que comme moyen auxiliaire. (Rouen, 2 mai 1866.)

FILLE.

Représentation. — Une fille prévenue d'un délit forestier ne peut se faire représenter à l'audience par un individu habitant avec elle et muni d'une approbation timbrée et enregistrée. (Grenoble, 13 novembre 1874.)

FILS D'AGENT OU DE PRÉPOSÉ.

1. *Vente.* — Les fils d'agent, de garde forestier et des agents forestiers de la marine ne peuvent, en aucune façon, prendre part aux ventes, dans toute l'étendue du territoire pour lequel ces agents ou gardes sont commissionnés. (Cod. For. 21.) V. Adjudication.

2. *Candidats. Préposés.* — La préférence pour les candidats fils de garde ne s'étend ni aux petits-fils, ni aux gendres. (Circ. A 474.) V. Candidat.

FIN CIVILE.

Jurisprudence. — On désigne sous ce nom le renvoi devant le tribunal civil du jugement d'une question qu'il est indispensable de résoudre, avant de pouvoir statuer sur une instance en réparation d'un délit poursuivi en police correctionnelle. Telle est, par exemple, la question préjudicielle élevée sur la propriété d'un bois où a été commis un délit forestier. V. Renvoi à fins civiles.

FIN DE NON-RECEVOIR.

1. *Définition.* — Moyen qui tend à écarter définitivement une action sans en atteindre le fond; c'est là une véritable *défense*, qui libère le défendeur. (Block.)

2. *Principes.* — Les fins de non-recevoir se tirent en général : 1° du défaut de qualité du demandeur; 2° du défaut d'autorisation de plaider, lorsqu'elle est nécessaire; 3° du défaut d'intérêt du demandeur; 4° de la chose jugée; 5° de l'acquiescement; 6° de l'extinction de l'obligation. (Block.)

3. *Rejet. Décision.* — Le juge, pour écarter les fins de non-recevoir ou les moyens de droit, doit indiquer dans son jugement les raisons de fait ou de droit sur lesquelles il appuie sa décision. (Loi du 20 avril 1810. Cass. 23 mars 1864.)

FLAGRANT DÉLIT.

1. *Définition.* — Le délit qui se commet ou qui vient de se commettre est un flagrant délit; de même, si le prévenu est poursuivi par la clameur publique, ou s'il est trouvé nanti d'effets, armes, instruments ou papiers faisant présumer qu'il est l'auteur du délit ou complice, pourvu que ce soit dans un temps voisin du délit. (Instr. Crim. 41.) V. Instruction. Maire. Secours.

2. *Principes. Définition.* — Toute infraction qui, par sa nature, est seulement punissable des peines correctionnelles, ne peut constituer un flagrant délit. Le flagrant délit doit être un véritable crime, c'est-à-dire une infraction contre laquelle une peine afflictive ou infamante est prononcée. (Décr. du 1er mars 1854, art. 250.)

3. *Arrestation.* — Tous les gardes, même ceux des particuliers, ont le droit d'arrêter tout individu *inconnu* surpris en flagrant délit (Cod. For. 163, 189) et tout individu *connu*, lorsque la peine encourue pour le délit commis est l'emprisonnement, ou une peine plus grave. (Instr. Crim. 16.)

4. *Contrebande.* — Les gardes doivent arrêter les fraudeurs et colporteurs de tabac, surpris en flagrant délit. (Loi du 28 avril 1816.)

5. *Instruction.* — En cas de flagrant délit, le directeur, les administrateurs et les conservateurs ont le droit de faire l'office des juges d'instruction. (Loi, 22 mars 1806.) V. Instruction.

6. *Agents. Préposés.* — Dans le cas de flagrant délit, il peut être procédé à l'arrestation et aux actes d'instruction contre les agents et préposés forestiers, sans autorisation préalable. (Cod. Pén. art. 121. Circ. N 39, art. 3.)

FLOTTAGE.

Approvisionnement, 20.
Arbres, 16, 18.
Chemin de halage, 14, 16, 17, 18.
Chômage, 6.
Compétence, 19.
Cotisation, 10.
Décision, 4.
Définition, 1.
Dégât, 8.
Dépôt, 11, 12, 13.
Dispositions générales, 2.
Entretien, 7.
Exercice, 1.
Fixation, 10.
Flot, 5.
Indemnité, 6, 12.
Marche-pied, 14, 15.
Mode, 1.
Passage, 5.
Réglementation, 1.
Responsabilité, 8.
Servitude, 16.
Tarif, 12.
Taxe, 9, 10.
Travaux, 5, 7.

1. *Définition. Mode.* — C'est une opération qui consiste à confier au cours de l'eau, dans les ruisseaux ou rivières, les bois destinés au chauffage ou à la construction. Il existe deux modes de flottage, l'un à bûches perdues, l'autre en trains ou radeaux.

2. *Exercice. Réglementation.* — Le flottage à bûches perdues, ne s'exerçant que sur les ruisseaux ou rivières ni navigables, ni flottables, est soumis à des règlements particuliers. C'est au préfet qu'il appartient d'autoriser ce flottage, lorsqu'il semble avoir un caractère d'utilité publique. (Décr. 22 janvier 1808.) Le flottage en trains est soumis aux règlements généraux qui ont pour but d'assurer la liberté et la sûreté de la navigation. (Block.)

3. *Disposition générale.* — Les marchands de bois flotté pourront faire jeter les bois, à bûches perdues, dans les rivières et ruisseaux, en avertissant les intéressés dix jours à l'avance. Afin que le flottage puisse être fait plus commodément, les propriétaires riverains sont tenus de laisser, de chaque côté du ruisseau, un chemin de quatre pieds (1m,30), pour le passage des ouvriers préposés pour pousser les bois à l'eau.

Les marchands pourront faire pêcher les bois canards pendant quarante jours après leur flot.

Les marchands qui auront des bois dans un flot seront tenus de les faire marquer d'une marque particulière et de les faire empiler séparément sur les ports; les piles auront huit pieds (2m,60) de haut, sur une longueur de quinze toises (29m,23), en ne laissant que deux pieds (0m,85) de distance entre les piles. (Ord. 1669. Ord. 7 septembre 1694. Loi du 28 juillet 1824.)

4. *Décision.* — La question de savoir si une rivière était anciennement navigable ou flottable, comme celle de savoir si elle l'est actuellement, est de la compétence exclusive de l'autorité administrative. (Cons. d'Etat, 23 juin 1841 et 17 août 1864.)

5. *Passage. Flot. Travaux.* — L'édit de 1672 et les ordonnances antérieures sur le flottage des bois, pour l'approvisionnement de Paris, ne soumettent les usines établies sur les cours d'eau employés au flottage qu'à livrer passage au flot par leurs écluses, vannes et pertuis; mais ils n'imposent pas aux usiniers l'obligation de construire des vannes et autres ouvrages à l'usage exclusif du flottage, ou de réparer ceux qui existent; l'établissement et l'entretien de ces ouvrages spéciaux sont à la charge des flotteurs. (Cass. 18 juillet 1864.)

6. *Chômage des moulins.* — En cas de chômage, l'indemnité à payer aux moulins est de 4 francs par vingt-quatre heures, quel que soit le nombre des tournants. (Loi du 28 juillet 1824.)

7. *Travaux. Entretien.* — Lorsque des digues et vannes ont été construites uniquement dans l'intérêt du flottage, l'obligation de les entretenir en bon état incombe aux flotteurs marchands de bois. (Paris, 1er février 1856.)

8. *Dégât. Responsabilité.* — Le propriétaire d'un train de bois n'est pas responsable des faits du maître flotteur, lorsque le train a occasionné des dégâts aux usines, ou aux bateaux en cours de navigation sur la rivière. La rupture des liens qui attachent les pièces de bois sont des cas fortuits et de force majeure, et le maître flotteur n'est pas responsable des avaries causées par les pièces de bois détachées du train. (Paris, 1er avril 1857.)

9. *Taxe.* — Les taxes pour le flottage des bois de charpente, de feu et pour le charbon destiné à l'approvisionnement de Paris ont été établies par ordonnance du 8 septembre 1847.

10. *Cotisation. Fixation.* — Les cotisations à percevoir sur les coupons, parts ou éclusées de bois de charpente, sciage et charronnage, flotté pour l'approvisionnement de Paris, sont fixées chaque année par un décret.

11. *Dépôt des bois.* — Une servitude est établie sur les fonds riverains de l'Yonne et de ses affluents, pour souffrir les dépôts de bois, qui doivent être amenés à Paris par trains. (Ord. 23 déc. 1672. Cass. 9 mai 1848.)

12. *Dépôt des bois. Tarif.* — L'indemnité à payer pour dépôt de bois est de 10 centimes par corde de bois (3 stères 839), sur une terre en labour, et de 15 centimes sur une terre

en pré. (Ord. décembre 1672. Loi du 28 juillet 1824.)

13. *Dépôt des bois.* — L'article 14 du chapitre VII de l'édit ou ordonnance de décembre 1672, qui oblige les propriétaires des terres proches les rivières navigables de recevoir le dépôt des bois destinés à l'approvisionnement de la ville de Paris, ne s'applique qu'aux rivières spécifiées dans l'édit et formant le bassin de la Seine ; il ne s'applique pas aux canaux creusés de main d'homme, encore bien que ces canaux affluent aux rivières dont il s'agit, et spécialement au canal d'Orléans, concédé postérieurement à l'ordonnance.

Du reste, cette disposition n'est pas applicable aux propriétés closes ; l'édit n'a pas en cela été modifié par les décrets des 21 août et 6 septembre 1852, concernant le service des ports, sur les voies navigables et flottables du bassin de la Seine. (Orléans, 6 août 1864.)

14. *Chemin de halage. Marche-pied.* — La servitude de halage ou de marche-pied, établie par l'article 7 du titre XXVIII de l'ordonnance de 1669, grève les terrains aboutissant aux rivières navigables, alors même que l'Etat ou ses représentants n'ont fait, sur ces terrains, aucun travail pour faciliter l'usage public de l'espace destiné à servir de chemin de halage. (Cons. d'Etat, 23 juin 1843.)

15. *Chemin. Marche-pied.* — Les dispositions de l'ordonnance de 1672 et de l'arrêté du 13 nivôse an V, qui veulent que les propriétaires aboutissant aux ruisseaux de flottage soient tenus de laisser un chemin de quatre pieds (1m,30), pour le passage des employés à la conduite des flots, s'applique aussi bien aux canaux artificiels creusés de main d'homme qu'aux ruisseaux naturels. (Cons. d'Etat, 30 juin 1846.)

16. *Chemin de halage. Servitude. Arbre.* — L'obligation de laisser un passage de quatre pieds n'est qu'une servitude créée dans un but d'utilité publique. Elle n'autorise pas, dans le but de faciliter le flottage, la plantation de pieux sur la propriété riveraine, afin de créer des berges artificielles et d'empêcher le bois de sortir du lit de la rivière ; elle n'est pas contraire, d'une façon absolue, à la conservation des arbres excrus sur le chemin de halage pour le flottage, sauf à enlever ou élaguer ces arbres, s'ils gênaient le service ou le passage des ouvriers flotteurs. (Cass. 12 décembre 1872.)

17. *Chemin de halage.* — Est entaché d'un double excès de pouvoir, l'arrêté par lequel un préfet, se fondant sur ce que l'Etat serait propriétaire du lit et d'une partie des bords d'un ruisseau servant au flottage à bûches perdues, autorise l'administration des forêts, faute par les riverains de l'avoir fait, dans un délai déterminé : 1° à abattre les arbres et les haies, à combler les fossés et à détruire les constructions existant le long de ce ruisseau, sur une largeur de 1m,33 à partir des berges, de manière à laisser aux flotteurs un chemin libre de tout obstacle ; 2° à élaguer les plantations situées à 1m,33 au moins et à 2 mètres au plus.

L'autorité compétente pour décider si un chemin libre de tout obstacle est dû et si, par suite, une contravention a été commise a seule le droit de prescrire la suppression des arbres, haies, fossés et constructions ; les contestations relatives à l'application de la servitude établie par l'article 672 du code civil sont du ressort exclusif de l'autorité judiciaire. (Cons. d'Etat, 12 février 1863.)

18. *Chemin de halage. Arbres.* — Lorsque les arbres excrus au bord d'un cours d'eau flottable gênent le passage des ouvriers flotteurs et le libre écoulement des bois flottés, les propriétaires peuvent être condamnés à enlever une partie des plantations et à indemniser les flotteurs du préjudice éprouvé. (Cass. 12 décembre 1872. Dijon, 8 juillet 1874.)

19. *Compétence.* — Les contestations entre les flotteurs et les propriétaires riverains sont du ressort de l'autorité administrative. (Ord. 1672. Cons. d'Etat, 4 février 1824.)

20. *Approvisionnement de Paris.* — Les décrets du 17 thermidor an XII (5 août 1804) et 11 janvier 1808, relatifs aux bois destinés à être flottés pour l'approvisionnement de Paris, sont abrogés. (Ord. 25 janvier 1829.)

FOI DUE AUX PROCÈS-VERBAUX.

SECT. I. — VALIDITÉ, FORMALITÉS, 1 — 18.

SECT. II. — PREUVES, 19 — 30.

SECT. III. — FAITS, 31 — 34.

SECT. IV. — CONCLUSIONS, 35 — 37.

Associé, 13.
Bois non soumis, 14, 17.
Certificat, 29, 30.
Chasse, 17, 18.
Conclusions, 35.
Constatation, 9, 32.
Déclaration, 15.
Délinquants, 11.
Délit commun, 10, 11.
Délits distincts, 3.
Délit forestier, 10.
Dénégation, 30.
Dimension, 33.
Discussion, 20.
Emprisonnement, 36.
Enonciation, 27.
Expert, 30.
Facteur, 12.
Fait matériel, 31.
Fait non matériel, 34.
Force majeure, 23.
Formalités, 7.
Garde champêtre, 4.
Garde étranger, 6.
Garde particulier, 5.
Injure, 16.
Jurisprudence, 30.
Marque de délivrance, 26.
Notoriété publique, 30.
Nullité, 8.
Pénalité variable, 37.
Preuve, 19, 24, 25, 26, 27.
Preuve légale, 21, 22.
Principes, 1, 2, 19.
Procès-verbal, 8.
Procès-verbal contraire, 28.
Réserve, 33.
Serment, 22.
Suisse, 6.
Témoin, 15, 22, 30.
Validité, 1.
Violence, 16.

SECT. I. — VALIDITÉ. FORMALITÉS.

1. *Principes. Validité.* — Les procès-verbaux revêtus de toutes les formalités prescrites par les articles 165 et 170 du code forestier et qui sont dressés et signés par deux agents ou gardes forestiers font preuve, jusqu'à inscription de faux, des faits matériels relatifs aux délits et contraventions qu'ils constatent, quelles que soient les condamnations auxquelles ces délits et contraventions peuvent donner lieu. (Cod. For. 176.) V. Procès-verbal.

2. *Principes.*— Les procès-verbaux revêtus de toutes les formalités prescrites, mais qui ne seront dressés et signés que par un seul agent ou garde, feront de même preuve suffisante jusqu'à inscription de faux, mais seulement lorsque le délit ou la contravention n'entraînera pas une condamnation de plus de 100 francs, tant pour amende que pour dommages-intérêts. (Cod. For. 177.)

3. *Délits distincts.* — Lorsqu'un de ces procès-verbaux constatera à la fois contre divers individus des délits ou contraventions distincts et séparés, il n'en fera pas moins foi, aux termes de l'article 177, pour chaque délit ou contravention qui n'entraînerait pas une condamnation de plus de 100 francs, tant pour amende que pour dommages-intérêts, quelle que soit la quotité à laquelle pourraient s'élever toutes les condamnations réunies. (Cod. For. 177.)

4. *Garde champêtre.* — Le procès-verbal dressé par un agent de police judiciaire (un garde champêtre) ne fait foi jusqu'à preuve contraire, que des faits constatés par l'agent rédacteur personnellement. (Cass. 15 mars 1878.)

5. *Garde particulier.* — Les procès-verbaux des gardes particuliers ne sont pas des actes authentiques; ils font seulement foi jusqu'à preuve contraire. (Cod. For. 188.)

6. *Gardes étrangers. Suisse-France. Frontière.* — Les procès-verbaux dressés par les gardes assermentés, dans chaque pays (Suisse-France), feront foi jusqu'à preuve contraire, devant les tribunaux étrangers. (Convention, 23 février 1882.)

7. *Formalités.* — Pour que les procès-verbaux fassent foi jusqu'à inscription de faux, il faut qu'ils soient dressés et signés par deux gardes ou agents, qui certifient ainsi, tous les deux, les faits matériels qu'ils ont tous les deux reconnus. Les procès-verbaux de l'espèce ont une présomption légale de vérité qui exclut toute preuve contraire. (Instr. Crim. 154, § 2. Cass. 1er février 1822.)

8. *Vice. Nullité. Rédacteur.* — Un procès-verbal qui, bien que rédigé par deux gardes, est entaché d'un vice radical relativement à un des signataires (défaut d'affirmation), est considéré comme n'étant dressé que par un seul garde. Si les condamnations excèdent 100 francs, il peut, dès lors, être combattu par la preuve testimoniale. (Cass. 15 juillet 1836.)

9. *Constatation. Rédaction.* — Dans la constatation des délits et pour que les procès-verbaux fassent foi jusqu'à inscription de faux, il faut absolument qu'ils soient rédigés par deux agents ou gardes forestiers, sans que, dans aucun cas, l'un des deux puisse être remplacé par un fonctionnaire public ou un officier de police judiciaire quelconque. Dans le cas contraire, si les condamnations excèdent 100 francs, le procès-verbal peut être combattu par la preuve testimoniale. (Nîmes, inédit, 31 mai 1833. Trib. de Chaumont, 26 février 1842.)

10. *Délits forestiers. Délits communs.* — Les procès-verbaux dressés par les gardes forestiers, pour constater les délits commis contre la propriété forestière, ne font foi jusqu'à inscription de faux que relativement aux délits prévus par le code forestier et à ceux pour la répression desquels les lois spéciales ont autorisé l'administration forestière à exercer l'action publique ; mais ils ne font pas foi jusqu'à inscription de faux, relativement aux délits qui ne sont prévus et punis que par le code pénal. (Cass. 4 janvier 1855.)

Il en est de même pour les délits de feu allumé dans la région des Maures. (Loi du 19 août 1893, art. 6.)

11. *Plusieurs délinquants. Délit commun.* — Si un procès-verbal, rédigé par un seul garde, constate le même délit contre plusieurs délinquants, non *complices*, ni *solidaires*, et que les condamnations, y compris les dommages-intérêts, soient, pour chacun d'eux, inférieures à 100 francs, bien que le total soit supérieur à cette somme, ce procès-verbal n'en fait pas moins foi jusqu'à inscription de faux contre tous les délinquants. (Cass. 26 septembre 1833.)

12. *Facteur.* — Les procès-verbaux des gardes-vente font foi jusqu'à preuve contraire. (Cod. For. 31.)

13. *Associé de l'adjudicataire.* — Les tribunaux peuvent refuser d'ajouter foi aux procès-verbaux dressés par l'associé de l'adjudicataire, s'il est facteur ou garde-vente et si les procès-verbaux ont été dressés en cette qualité. (Cass. 5 décembre 1834.)

14. *Bois non soumis.* — Les procès-verbaux dressés par les gardes particuliers, les gardes champêtres des communes, les gendarmes et tous officiers de police judiciaire pour des délits et contraventions en matière forestière, constatés et commis dans des bois non soumis au régime forestier, ne font foi que jusqu'à preuve contraire. (Cod. For. 188.

Loi du 18 juin 1859. Loi du 19 août 1893, art. 6.)

15. *Déclaration. Témoins.* — La déclaration faite par un témoin au garde rédacteur, sur le délit imputé à un prévenu, peut être attaquée par la preuve testimoniale. (Cass. 17 juillet 1806 et 20 janvier 1893.)

16. *Injures. Violences.* — Les procès-verbaux des gardes ne font pas foi jusqu'à inscription de faux des injures, voies de fait et violences commises envers eux, ni des dires et aveux des prévenus. (Cass. 18 octobre 1807.) V. Aveux. Fait matériel. Injure.

17. *Chasse.* — Les procès-verbaux des *agents* et gardes forestiers constatant des délits de chasse, dans les bois soumis au régime forestier, font foi jusqu'à inscription de faux, parce que les délits de l'espèce sont des délits forestiers. (Cass. 26 avril 1845. Rouen, 25 mai 1855.)

Les procès verbaux des agents et gardes forestiers, constatant des délits de chasse, en dehors des terrains soumis au régime forestier, ne font pas foi jusqu'à inscription de faux, mais seulement jusqu'à preuve contraire. (Loi du 3 mai 1844, art. 22. Montpellier, 14 février 1853. Orléans, 10 juin 1861.)

18. *Chasse.* — La déposition d'un seul témoin peut suffire pour détruire la foi due à un procès-verbal rédigé par un garde champêtre, et constatant un délit de chasse. (Cass. 23 janvier 1873.)

SECT. II. — PREUVES.

19. *Principe. Preuve.* — Il ne sera, en conséquence, admis aucune preuve outre ou contre le contenu des procès-verbaux faisant foi jusqu'à inscription de faux, à moins qu'il n'existe une cause légale de récusation contre l'un des signataires. (Cod. For. 176.)

20. *Discussion.* — Les procès-verbaux qui ne font point foi et preuve suffisante jusqu'à inscription de faux peuvent être corroborés et combattus par toutes les preuves légales, conformément à l'article 154 du code d'instruction criminelle. (Cod. For. 178.) V. Témoin.

21. *Preuves légales.* — Les procès-verbaux ne faisant pas foi jusqu'à inscription de faux ne peuvent être combattus que par les preuves légales. (Cass. 16 novembre 1844.)

22. *Preuve. Témoin. Serment.* — La preuve contraire, contre un procès-verbal, ne peut résulter que des dépositions de témoins entendus après avoir prêté serment, ou de preuves écrites, ayant un caractère authentique. (Cass. 28 mai 1880.)

23. *Preuve. Force majeure.* — Lorsqu'un procès-verbal fait foi jusqu'à inscription de faux, on ne peut admettre le prévenu à aucune preuve, alors même qu'il s'agirait d'un fait de force majeure excusant le délit, si cette allégation est contraire aux énonciations du procès-verbal. (Cass. 6 août 1834.) V. Force majeure.

24. *Preuve.* — Un jugement qui ordonne la preuve de faits déjà constatés par un procès-verbal régulier viole la foi due à ce procès-verbal, lorsqu'il fait foi jusqu'à inscription de faux. (Cass. 14 avril 1841.) V. Preuve.

25. *Preuve.* — Un tribunal ne peut, lorsqu'un procès-verbal régulier constate un délit, ordonner une interlocutoire pour contredire le fait résultant du procès-verbal. (Cass. 23 septembre 1847.)

26. *Marque. Délivrance.* — Est inadmissible l'offre de preuve testimoniale tendant à établir soit que des chablis vendus à un adjudicataire n'étaient pas tous frappés de l'empreinte du marteau de l'administration, soit que cette empreinte a disparu. (Cass. 14 janvier 1888.)

27. *Enonciation. Preuve.* — Il n'est pas nécessaire de s'inscrire en faux pour prouver un fait qui, bien que n'étant pas contraire aux énonciations du procès-verbal, peut cependant entraîner l'acquittement du prévenu, ou modifier les condamnations, surtout dans le cas de maximum ou minimum. (Riom, 4 juin 1829.)

28. *Procès-verbal contraire.* — On ne peut détruire un procès-verbal régulier, sous prétexte qu'il y en a un contraire, lorsque ce dernier n'est ni affirmé, ni enregistré. (Cass. 6 octobre 1832.)

29. *Certificat.* — La foi due à un procès-verbal ne peut être détruite par un certificat émané d'une autorité quelconque. (Cass. 20 juin 1828 et 29 avril 1833.)

30. *Jurisprudence.* — Les procès-verbaux, faisant foi jusqu'à preuve contraire, ne peuvent pas être détruits :

1° Par des certificats, qui ne sont que des témoignages dépourvus de la solennité des débats (Cass. 28 juin 1828) ;

2° Par les déclarations de témoins entendus sans prestation de serment (Cass. 14 décembre 1832) ;

3° Par la notoriété publique, ou par des faits dont les juges déclareraient avoir une connaissance personnelle (Cass. 24 juillet 1835) ;

4° Par la simple dénégation du prévenu (Cass. 16 janvier 1841) ;

5° Par le rapport d'un expert nommé par le tribunal, mais qui n'a pas prêté serment. (Cass. 24 juillet 1845.) V. Instance. Poursuite.

SECT. III. — FAITS.

31. *Faits matériels.* — Les procès-verbaux ne font foi jusqu'à inscription de faux qu'à l'égard des faits matériels, c'est-à-dire qui tombent sous les sens, et relatifs aux infractions constatées. (Cod. For. 176. Circ. A 577.)

32. *Constatation. Fait.* — Les procès-verbaux font foi jusqu'à inscription de faux des constatations opérées pour prévenir les délits. (Cass. 26 avril 1845.)

33. *Réserves. Dimensions.* — Lorsqu'un procès-verbal de récolement constate un déficit de réserves et en même temps l'impossibilité de constater l'essence et la dimension des réserves coupées, le tribunal peut, malgré cette assertion, admettre le prévenu à prouver, par témoin ou expertise, quelle est la dimension et l'essence des réserves coupées. (Besançon, inédit, 2 mars 1840.)

34. *Faits non matériels.* — Les procès-verbaux ne font pas foi jusqu'à inscription de faux des faits favorables au prévenu, surtout s'ils ne sont pas des faits matériels relatifs au délit pour lequel le prévenu est poursuivi. (Cass. 24 janvier 1846.)

SECT. IV. — CONCLUSIONS.

35. *Conclusions.* — La somme de 100 francs, qui détermine le degré d'autorité d'un procès-verbal dressé par un seul agent ou un seul garde, ne doit comprendre que *l'amende* et les *dommages-intérêts*. Les restitutions en nature ou en argent, ni la valeur des instruments confisqués (fusil, filet, serpe, scie, haches, voitures, etc.), ne peuvent être comptées dans le montant des condamnations. (Cass. 9 mai 1806, 26 janvier 1816 et 1er avril 1826.)

36. *Emprisonnement.* — La peine de l'emprisonnement étant supérieure à toutes les amendes, il en résulte que tout procès-verbal pouvant donner lieu à une demande d'emprisonnement ne fera foi jusqu'à inscription de faux que s'il est rédigé par deux agents ou gardes ; dans le cas contraire, la preuve testimoniale sera toujours admissible, quand bien même la peine d'emprisonnement ne serait pas demandée dans les conclusions. (Cass. 31 décembre 1819, 28 octobre 1824.)

37. *Pénalité double ou variable.* — Si un procès-verbal, rédigé par un seul agent ou garde, est susceptible d'une double pénalité, ou d'une amende variable, ainsi que le chiffre des dommages-intérêts, le chiffre de la pénalité et des amendes réunies fixant le degré d'autorité du procès-verbal est, quant à l'amende, le maximum applicable et, pour les dommages-intérêts, le chiffre indiqué aux conclusions. (Montpellier, inédit, 10 août 1835.)

FOLLE ENCHÈRE.

1. *Coupe. Adjudicataire.* — Lorsqu'un adjudicataire est déchu de son adjudication, il est procédé, dans les formes ordinaires, à une nouvelle adjudication à sa folle enchère. (Cod. For. 24.)

2. *Travaux. Cession.* — Si l'entrepreneur cède tout ou partie de son marché sans le consentement de l'administration, l'adjudication pourra être résiliée et il pourra être procédé à une nouvelle adjudication à la folle enchère de l'entrepreneur. (Cah. des ch. 21.)

3. *Travaux. Régie.* — En cas de mise en régie des travaux, le directeur pourra ordonner une nouvelle adjudication sur folle enchère.

Si l'adjudication sur folle enchère amenait une diminution dans les prix et les frais des ouvrages, l'entrepreneur ou sa caution ne pourrait réclamer aucune part de ce bénéfice, qui resterait acquis à l'administration. (Cah. des ch. 40.)

4. *Prix.* — Le fol enchérisseur est tenu de la différence entre son prix et celui de la revente, sans pouvoir réclamer l'excédant, s'il y en a. (Proc. Civ. 740.)

5. *Enregistrement.* — Sont enregistrées au droit fixe de 4 fr. 50 en principal les adjudications à la folle enchère, lorsque le prix n'est pas supérieur à celui de la précédente adjudication. (Loi du 28 avril 1816, art 44. Loi du 28 février 1872, art. 4.)

FONCTION.

Arrestation, 15.
Cessation, 5.
Définition, 1.
Délit, 14.
Distinction, 2.
Entrée, 3, 17.
Exercice, 8, 9, 10, 11, 12, 13, 15.
Exercice illégal, 18.
Interruption, 4.
Lieu, 13.
Pénalités, 16, 17, 18.
Rémunération, 7.
Serment, 17.
Témoignage, 9.
Uniforme, 6.
Usurpation, 16.

1. *Définition.* — Action propre à chaque emploi ; moyen d'action sur la chose publique. (Littré. Block.)

2. *Distinction.* — Les fonctions judiciaires sont distinctes et demeureront toujours séparées des fonctions administratives. (Loi des 16-24 août 1790.)

3. *Entrée.* — Avant d'entrer en fonctions, les employés forestiers doivent, après avoir prêté serment, faire enregistrer leur commission au greffe du tribunal de première instance. (Cod. For. 5.)

4. *Interruption.* — Aucun agent ou garde, sous peine d'être réputé démissionnaire, ne peut interrompre l'exercice de ses fonctions, pour quelque motif que ce soit dépendant de sa volonté, s'il n'a préalablement obtenu un congé. (Arr. Min. 25 avril 1854. Circ. N 91, art 1.)

5. *Cessation.* — Les gardes, en cessant leurs fonctions, sont tenus de remettre au chef de cantonnement leur livret, leur plaque, leur marteau et, en général, tous les objets qu'ils ont reçus de l'administration, sous peine de retenue du double de la valeur de ces objets. Cette retenue est opérée sur la portion du

salaire dû au moment de la cessation des fonctions. (Instr. 13 août 1840.)

6. *Uniforme.* — Les agents et les gardes forestiers seront toujours revêtus de leur uniforme, ou des marques distinctives de leur grade, dans l'exercice de leurs fonctions. (Ord. 34.)

7. *Rémunération.* — Les agents ou gardes ne pourront, sous aucun prétexte, rien exiger, ni recevoir des communes, des établissements publics et des particuliers, pour les opérations qu'ils auront faites à raison de leurs fonctions. (Ord. 35.)

8. *Exercice.* — Un garde est réputé en fonctions lorsqu'il recherche la constatation des délits, même hors de sa garderie. (Trib. de Neufchâtel, 3 juin 1844.)

9. *Exercice. Témoignage.* — Un garde champêtre, lorsqu'il est appelé à déposer, même sur un délit dont il aurait été témoin, ne fait pas un acte de ses fonctions. (Paris, 16 décembre 1872.)

10. *Exercice.* — Pour être dans l'exercice de ses fonctions, il n'est pas nécessaire qu'un garde prouve qu'il était revêtu de chacune des pièces de son costume. (Trib. de Neufchâtel, 3 juin 1844.)

11. *Exercice.* — Est réputé dans l'exercice de ses fonctions, l'agent qui, par suite de l'exercice de ses fonctions, se rend au lieu où il doit les exercer, alors surtout qu'il est revêtu de son uniforme et qu'il est accompagné des hommes qu'il commande. (Dijon, 26 janvier 1859.)

12. *Exercice.* — Un fonctionnaire (douanier) est réputé dans l'exercice de ses fonctions, lorsque, porteur de ses armes et marchant avec d'autres fonctionnaires (préposés), il se dirige vers le poste où il doit exercer ses fonctions. (Cass. 16 juin 1858.)

13. *Exercice. Lieu.* — L'exercice des fonctions résulte du fait lui-même, et non du lieu dans lequel ce fait s'accomplit. (Paris, 27 avril 1872.)

14. *Délits.* — Les délits commis par un garde, dans les bois confiés à sa surveillance, sont toujours considérés comme commis dans l'exercice de ses fonctions d'officier de police judiciaire. (Cass. 12 mars 1830.)

15. *Fonctionnaires. Exercice. Arrestation.* — Les préfets, sous-préfets, maires et officiers de police administrative ou judiciaire, lorsqu'ils rempliront publiquement quelque acte de leur ministère, exerceront aussi les fonctions de police, c'est-à-dire que si un ou plusieurs des assistants donnent des signes publics d'approbation ou d'improbation ou excitent du tumulte, de quelque manière que ce soit, ils les feront expulser; s'ils résistent, ou s'ils rentrent, après avoir fait saisir les perturbateurs, ils dresseront procès-verbal du délit et enverront ce procès-verbal, s'il y a lieu, ainsi que les prévenus, devant les juges compétents. (Instr. Crim. 504 et 509.)

16. *Usurpation. Pénalités.* — Quiconque, sans titre, se sera immiscé dans des fonctions publiques civiles, ou en aura fait les actes, sera puni, savoir :

Prison : 2 à 5 ans. (Cod. Pén. 258.)
Sans préjudice de la peine de faux, si l'acte en porte le caractère. (Cod. Pén. 258.)

17. *Serment. Entrée. Pénalités.* — Tout fonctionnaire public qui sera entré en exercice de ses fonctions, sans avoir prêté serment, pourra être poursuivi et sera puni, savoir :

Amende : 16 à 150 francs. (Cod. Pén. 196.)

18. *Exercice illégal. Pénalités.* — Tout fonctionnaire révoqué, destitué, suspendu ou interdit légalement, qui, après en avoir eu connaissance officielle, aura continué l'exercice de ses fonctions, sera puni, savoir :

Prison : 6 mois à 2 ans.
Amende : 100 à 500 francs.
Interdiction des fonctions publiques : 5 ans à 10 ans. (Cod. Pén. 197.)

FONCTIONNAIRE.

Autorité, 6.
Caractère, 6.
Catégorie, 15.
Classification, 5.
Définition, 1.
Député, 10.
Faveur, 13.
Forfaiture, 13.
Forestier, 15.
Hiérarchie, 9.
Inimitié, 13.
Intérêt, 14.
Obligation, 4.
Peines, 11.
Pénalités, 12.
Population, 8.
Principes, 3, 4.
Public, 7.
Qualité, 2, 5, 6.
Rapports, 8, 9.

1. *Définition.* — Celui qui remplit une fonction. (Littré.)

D'une manière générale, sont fonctionnaires ceux qui, à un titre quelconque, détiennent une portion de l'autorité publique ou concourent à la gestion des intérêts généraux. (Block.)

2. *Qualité.* — Le fonctionnaire n'est l'homme de personne ; il est le serviteur de l'Etat. (Vivien.)

3. *Principes.* — Il faut que les fonctionnaires demeurent, avant tout, les serviteurs de la loi et ne puissent jamais être non seulement contraints, mais autorisés à la violer. (Vivien.)

4. *Principes. Obligation.* — Le fonctionnaire créé par la loi ne peut faire que ce que la loi prescrit ; il doit faire tout ce qu'elle prescrit.

5. *Qualité. Classification.* — La qualité de fonctionnaire n'appartient qu'à ceux qui sont investis d'une portion de l'autorité et de la

puissance publique ; les commis ou employés, les agents de la force publique et les agents de police ne sont point rangés au nombre des fonctionnaires. (Block.)

6. *Qualité. Caractère. Autorité.* — Les fonctionnaires ont caractère public et autorité vis-à-vis de toutes personnes, sont officiellement connus du public et lui servent d'intermédiaire obligé avec le pouvoir exécutif, dont ils sont les agents directs ; les simples employés, sans caractère public et sans notoriété officielle, préparent le travail des agents directs et sont des agents auxiliaires. (Cabantous.)

7. *Public.* — Les fonctionnaires ne doivent pas perdre de vue que c'est le public qui les paye et qu'ils sont chargés de le servir ; les citoyens ont le droit d'exiger qu'on les traite avec déférence. (Vivien.)

8. *Rapport des fonctionnaires avec les populations.* — Les fonctionnaires doivent bien comprendre que leur devoir est de s'occuper avec soin des intérêts de tous et que celui qu'il faut accueillir avec le plus d'empressement et de bonté, c'est le plus humble et le plus faible ; la meilleure des politiques, c'est celle de la bienveillance des personnes et de la facilité des intérêts. Que la bureaucratie ne se croit pas créée pour l'objection, l'entrave et la lenteur, tandis qu'elle ne l'est que pour l'expédition et la régularisation. (Circ. Min. 20 janvier 1852.)

9. *Rapport entre fonctionnaires.* — Les rapports des fonctionnaires sont déterminés par l'ordre hiérarchique et, à égalité de grade et de classe, par l'ancienneté. (Vivien.) V. Préséance.

10. *Député.* — Tout fonctionnaire élu député doit être remplacé dans ses fonctions si, dans les huit jours qui suivent la vérification des pouvoirs, il n'a pas fait connaître qu'il n'accepte pas le mandat de député. (Loi du 30 novembre 1875, art. 8.)

11. *Peines.* — Les peines prononcées dans certains cas spéciaux, par le code forestier, contre des fonctionnaires, sont indépendantes des poursuites et peines dont ces fonctionnaires sont passibles pour malversation, concussion ou abus de pouvoir. (Cod. For. 207.)

12. *Pénalités.* — Hors les cas où la loi règle spécialement les peines encourues pour délits commis par les fonctionnaires, ceux qui auront participé aux délits qu'ils étaient chargés de surveiller et de réprimer seront, s'il s'agit d'un délit de police correctionnelle, punis du *maximum* de la peine. (Cod. Pén. 198.)

13. *Faveur. Indemnité. Pénalités.* — Tout administrateur qui se sera décidé par faveur pour une partie, ou par inimitié contre elle, sera coupable de forfaiture.

Peine : dégradation civique. (Cod. Pén. 183.)

14. *Ingérence dans les affaires dont il a la gestion. Pénalités.* — Tout fonctionnaire ou agent du gouvernement qui, directement ou indirectement, aura pris ou reçu quelque intérêt dans les adjudications, entreprises ou régies dont il avait, en tout ou en partie, l'administration ou la surveillance, encourra, savoir :

Prison : 6 mois à 2 ans.
Amende : maximum, le quart ; minimum, le douzième des restitutions ou indemnités.
Incapacité des fonctions publiques. (C. P. 175.)

15. *Administration forestière. Catégorie.* — L'administration reconnaît deux catégories de fonctionnaires : 1° les agents, comprenant : les conservateurs, inspecteurs, inspecteurs adjoints, gardes généraux et gardes généraux stagiaires ; 2° les préposés, comprenant : les brigadiers et gardes. Les brigadiers, gardes cantonniers, gardes communaux ou domaniaux sont considérés comme occupant le même grade, pour le serment. (Circ. N 51.)

FONDS.

1. *Comptabilité.* — Les agents forestiers ne sont pas des agents comptables de deniers. (Circ. A 183.)

2. *Dépôt.* — Les agents ne doivent point se rendre dépositaires des fonds pour l'exécution des travaux mis en charge sur les coupes. (Circ. A 183.)

3. *Interdiction.* — Toute perception et tout maniement de fonds sont interdits aux agents et préposés forestiers, excepté au directeur de l'école forestière. (Circ. A 149.)

4. *Secrétaire des ventes.* — Toute perception et tout maniement de fonds sont interdits aux secrétaires des ventes. (Circ. A 143. Circ. A 149.)

5. *Restauration des montagnes. Demande de fonds.* — Toute délivrance de mandat est provoquée par une demande de fonds. (Formule série 7, n° 60.)

Il est fait une demande de fonds spéciale pour chaque mandat, au nom d'un agent régisseur ou d'un créancier ayant produit un mémoire.

Il est fait une demande de fonds collective pour l'ensemble des mandats individuels de créanciers figurant sur un même état collectif de tâches ou fournitures ou sur un même rôle de journées. (Série 3, n° 14, et série 7, n° 54.)

Les rôles de journées et états collectifs de tâches ou fournitures sont annexés à la demande qui est adressée au conservateur, à la fin de chaque mois. (Instr. Gén. du 2 février 1885, art. 173 et 183. Circ. N 345.)

6. *Restauration des montagnes. Emploi. Justification.* — La justification de l'emploi des fonds avancés à l'agent régisseur doit parvenir au comptable qui a fait l'avance des fonds, par la voie hiérarchique, au plus tard dans le délai d'un mois à partir du jour où le mandat a été touché. (Règl. sur la comptabilité publique, art. 134. Instr. Gén. 2 février 1885, art. 169. Circ. N 345.)

7. *Restauration des montagnes. Reversement.* — Dans le cas où, avant la fin du délai de justification de l'emploi des fonds, une somme quelconque n'aurait pu être payée aux ouvriers portés sur les rôles, l'agent qui en serait détenteur en opérerait le reversement à la caisse du trésorier-payeur général ou du receveur des finances. (Instr. Gén. du 2 février 1885, art. 167 et 170. Circ. N 345.)

FONDÉ DE POUVOIR.

1. *Définition.* — Un fondé de pouvoir est un représentant constitué, pour un objet déterminé ou indéterminé, par acte spécial rédigé par un notaire. (Cod. Civ. 1984, 1985.)

2. *Adjudicataire.* — Pour représenter un adjudicataire et signer au procès-verbal d'adjudication, le fondé de pouvoir n'a pas besoin d'un acte authentique ; un acte sous signature privée suffit.

FONTAINE.

Droit de passage. — Le droit qu'ont des habitants de conduire leurs bestiaux à des fontaines situées dans un bois ne leur donne pas celui d'entrer dans les coupes, ou de les traverser, ni de sortir des chemins tracés. (Cass. 20 mars 1830.) V. Abreuvoir.

FORAIN.

1. *Pâturage.* — Lorsqu'une ordonnance ou un décret autorise le pâturage des moutons, dans les bois des communes et établissements publics, ce droit appartient à tous les propriétaires de la commune, quel que soit leur domicile. (Nîmes, inédit, 26 novembre 1835, 26 mai 1836.) V. Pâturage.

2. *Pâturage.* — Une convention, d'après laquelle des troupeaux hébergés hors du territoire de la commune et appartenant à des propriétaires étrangers pouvaient être admis au pâturage dans les bois de la commune, n'a rien de contraire à l'ordre public et doit être exécutée. (Cass. 8 février 1837.)

3. *Cantonnement. Droits.* — En cas de cantonnement de droits d'usage, les forains non résidants, mais possédant terre ou maison dans la commune, exercent le même droit que les autres habitants de la commune sur la portion de terrain attribuée en échange des droits d'usage. (Cass. 3 mai 1876.)

FORCE MAJEURE.

Admission, 3.
Affectataire, 12.
Affirmation, 7.
Appréciation, 5.
Chemin, 10.
Coupe d'arbres, 6.
Énonciation, 2.
Excuse, 1.
Preuve, 4.
Responsabilité, 8.
Travaux, 11.
Vidange, 9, 10.

1. *Excuse.* — La force majeure bien constatée excuse le délit. (Cass. 7 juillet 1827, 8 août 1840.)

2. *Enonciation du procès-verbal.* — Bien que la force majeure fasse disparaître le délit, cette preuve ne peut pas être admise, si elle est incompatible avec les énonciations du procès-verbal. (Cass. 13 févr. 2 et 6 août 1834.)

3. *Admission.* — La force majeure ne peut être admise comme excuse, que si elle résulte d'une preuve contraire au procès-verbal, faite à l'audience, et si le jugement de relaxe constate les circonstances invoquées et admises. (Cass. 17 mai 1850. Cass. 22 novembre 1856.)

4. *Preuve.* — Le fait de la force majeure ne peut être admis, que s'il est établi au moyen des preuves autorisées par la loi. (Cass. 28 avril 1865.)

La force majeure résultant de faits établis par la notoriété publique (événement de guerre) peut être admise sans enquête, surtout si ces faits ne sont pas en opposition avec ceux constatés au procès-verbal. (Cass. 2 décembre 1871.)

5. *Appréciation.* — Il appartient à la cour de cassation de vérifier si les faits relevés comme constitutifs de force majeure ont effectivement ce caractère. (Cass. 28 avril 1865.)

6. *Coupe d'arbres.* — Les coupes d'arbres nécessitées par un cas de force majeure (inondation, éboulement, etc.) peuvent être faites par les agents locaux, et elles sont ensuite approuvées, pour régularisation, par l'autorité compétente. (Lettre de l'Admin. du 9 juin 1856.) V. Délivrance d'urgence.

7. *Affirmation.* — Un cas de force majeure, tel qu'inondation, blessure, etc., bien constaté, qui aurait empêché le garde de faire affirmer son procès-verbal dans le délai légal, peut et doit tenir lieu d'affirmation, attendu qu'à l'impossible nul n'est tenu ; mais il faut que les motifs d'empêchement soient relatés dans le procès-verbal.

8. *Responsabilité.* — La responsabilité du garde, pour les délits non constatés, n'est suspendue que par la force majeure. (Cass. 23 août 1845.)

9. *Vidange.* — La force majeure n'excuse pas le délit de retard de vidange. (Cass. 24 décembre 1841.)

10. *Chemin. Vidange.* — La force majeure, résultant de l'impraticabilité des chemins

de vidange, n'est pas admissible pour les adjudicataires, qui doivent entretenir les chemins en bon état. (Cass. 4 juillet 1839.) V. Impraticabilité.

11. *Travaux.* — Les entrepreneurs n'ont droit à aucune indemnité pour des pertes résultant de force majeure, lorsqu'ils s'y sont exposés par leur fait. (Circ. N 22, art. 223.)

Il pourra être alloué une indemnité à l'entrepreneur qui aura signalé les cas de force majeure, dans le délai de dix jours au plus après l'événement. (Cah. des ch. 33.)

12. *Usine. Affectataire. Procès.* — On peut considérer comme force majeure, au point de vue de l'article 59 du code forestier, le fait d'un procès qui, ayant suspendu les délivrances à faire à une usine, aurait, par suite, suspendu sa marche pendant plus de deux ans. (Pau, 9 juin 1863.)

FORCE PUBLIQUE.

1. *Auxiliaires. Réquisition.* — Les gardes forestiers et tout agent assermenté et salarié par l'Etat ou les communes, requis par l'autorité militaire pour servir d'auxiliaire à la force publique, dans l'intérieur et pour le maintien de l'ordre, auront droit aux prestations en nature, logement, indemnités pour perte de chevaux et d'effets, solde pour les journées d'hôpitaux, payée par la guerre, et leur solde ordinaire, payée par le ministre de l'agriculture. (Ord. 27 août 1830. Circ. A 688. Ord. 31 mai 1831, art. 8. Décr. du 4 juin 1853.) V. Réquisition.

2. *Indemnités.* — Pour que les gardes et agents aient droit aux avantages accordés comme auxiliaires de la force publique, il ne suffit pas d'une réunion momentanée ou accidentelle ; mais il faut qu'ils soient mis à la disposition des autorités militaires, pour faire un service militaire entraînant un déplacement de plus d'un jour, hors de leur résidence. (Circ. A 688.) V. Compagnie de chasseurs forestiers. Chasseurs forestiers.

3. *Gendarmerie. Concours.* — Les gardes doivent leur concours à la gendarmerie pour la recherche des crimes et des délits et pour l'arrestation des prévenus. (Livret des préposés, art. 35.)

4. *Commissaire.* — Les gardes peuvent être requis par les commissaires de police, en cas de trouble, comme auxiliaires de la force publique. (Circ. A 727.) V. Commissaire de police.

5. *Indemnités.* — Des indemnités sont attribuées aux agents et préposés, en cas de concours donné à la force publique, ainsi qu'en cas de réquisition comme auxiliaire.

FORESTAGE.

1. *Définition.* — Dans un acte, la désignation de *la réserve de tout le forestage des forêts*, inscrite dans un titre d'aliénation, comprend la propriété même de ces forêts. (Cass. 20 mai 1840.)

2. *Usagers.* — Le droit *forestal* ou de *forestage* ne confère à l'usager aucun autre droit que celui de prendre, dans la forêt grevée, du bois pour son chauffage et la réparation de sa maison. Il ne lui attribue pas le droit de dépaissance. (Trib. de l'Argentière, 4 juillet 1840.)

FORÊT.

Définition. — Synonyme de bois ; ne s'applique en général qu'aux grandes masses boisées.

Terrain dont les produits principaux consistent en bois de chauffage ou bois d'œuvre. (Dalloz.)

FORÊT RÉSINEUSE.

1. *Aménagement.* — Pour les forêts d'arbres résineux, où les coupes se feront en jardinant, l'ordonnance d'aménagement déterminera l'âge ou la grosseur que les arbres devront atteindre, avant que la coupe puisse en être ordonnée. (Ord. 72.)

2. *Peuplement.* — Les forêts résineuses sont considérées comme futaie. (Cass. 20 février 1812.) V. Arbre.

FORFAITURE.

1. *Définition.* — Tout crime commis par un fonctionnaire public dans l'exercice de ses fonctions est une forfaiture. (Cod. Pén. 166.)

2. *Pénalité.* — Toute forfaiture, pour laquelle la loi ne prononce pas de peines plus graves, est punie de la dégradation civique. (Cod. Pén. 167.)

3. *Délit.* — Les simples délits ne constituent pas les fonctionnaires en forfaiture. (Cod. Pén. 168.)

FORGE.

Autorisation. — Sont abrogées les dispositions des articles 73 à 78 de la loi du 21 avril 1810, ayant pour objet de soumettre l'établissement des forges à l'obtention d'une permission préalable. (Loi du 9 mai 1866, art. 1er.)

FORMALITÉ.

1. *Définition.* — Règles à suivre pour la validité et la régularité des actes.

2. *Formalités légales.* — Les formalités légales sont celles que la loi rend obligatoires, à peine de nullité, pour l'acte qu'elles concernent ; telles sont, pour les procès-verbaux de délits dressés par les gardes forestiers : l'affirmation dans les vingt-quatre heures, l'enregistrement dans les quatre jours, etc., et celles qui, étant essentielles et constitutives des actes, tiennent à leur substance même et dont l'inobservation entraîne forcément la nullité.

3. *Inobservation.* — L'inobservation des formalités *essentielles* et *constitutives* d'un acte, et sans lesquelles il ne peut exister, entraîne forcément la nullité de cet acte.

4. *Exécution. Preuve.* — Tout acte doit comporter la preuve que les formalités auxquelles la loi l'a assujetti ont été remplies ; ainsi, toute formalité dont il ne certifie pas l'accomplissement est réputée avoir été omise. (Cass. 29 mars 1810.)

5. *Inexécution. Nullité.* — L'inobservation des formalités prescrites par l'article 165 du code forestier (signature, affirmation) entraîne la nullité des procès-verbaux de délit, et cette nullité peut être invoquée en tout état de cause. (Cass. 25 octobre 1824.)

FORMULE. V. *Imprimé.*

FORMULE EXÉCUTOIRE.

Fixation. — Formule qui commence et termine les expéditions des actes et qui contient l'invitation, au nom du chef du pouvoir, de les mettre à exécution.

La formule exécutoire actuelle des actes (au nom du président de la République) a été fixée par décret du 2 septembre 1871.

FORTUIT (CAS).

Principe. — Il n'y a lieu à aucuns dommages-intérêts, lorsque, par suite d'un cas fortuit, on est empêché de donner ou de faire ce à quoi on était obligé, ou on a fait ce qui était interdit. (Cod. Civ. 1148.)

FOSSE A CHARBON. V. Charbonnière.

FOSSÉ.

SECT. I. — GÉNÉRALITÉS, 1 — 7.
SECT. II. — DIMENSIONS, 8 — 11.
SECT. III. — ETABLISSEMENT, 12 — 28.
SECT. IV. — ENTRETIEN, 29 — 34.
SECT. V. — POURSUITES, PÉNALITÉS, 35 — 44.

Abatage, 6.
Action, 44.
Adjudicataire, 34.
Aménagement, 9.
Angle, 10.
Arbres, 7.
Assainissement, 8.
Berge, 8.
Bordier, 11.
Bornage, 10, 16, 17, 22 bis, 23 bis, 28.
Bornes, 23.
Bout, 10.
Chemin rural, 4.
Chemin vicinal, 27.
Comblement, 38, 39, 41, 42, 43.
Conservation, 32.
Constatation, 38.
Continu, 1.
Creusement, 35, 36.
Curage, 3, 4, 30, 31, 33, 35.
Délimitation, 28.
Destruction, 14, 43.
Dimensions, 8.
Eaux pluviales, 5 bis.
Ecoulement, 4, 29.
Entretien, 30.
Etablissement, 12, 16, 18.
Extraction, 37.
Fascine, 40.
Gueulards, 10.
Honoraires, 28.
Jet de terre, 13, 16, 20, 21, 22, 22 bis, 23 bis, 25.
Largeur, 11.
Limite, 22 bis, 23, 42.
Mitoyen, 12, 18, 35.
Mitoyenneté, 14, 19, 24.
Non-mitoyenneté, 13.
Ouverture, 26, 37.
Passage, 40, 41.
Pâturage, 2, 3.
Pénalités, 39.
Périmètre, 1, 8.
Poursuite, 36, 37, 38.
Principe, 29.
Propriétaire, 13, 14.
Propriété, 13, 15, 22, 23.
Régime forestier, 35.
Remplacement, 14.
Rigole, 8.
Route, 8, 11, 33.
Salubrité, 5 bis.
Séparation, 17.
Talus, 8.
Titre, 20.
Travaux, 28.
Usurpations, 44.

SECT. I. — GÉNÉRALITÉS.

1. *Périmètre. Fossés continus.* — L'établissement des fossés de périmètre continus doit être justifié, au point de vue des incursions du bétail. Le dommage causé à la forêt, et qu'il s'agit de prévenir, doit toujours être évalué en argent, afin que l'administration puisse en comparer l'importance avec le montant de la dépense proposée. Il faut indiquer la date de la délimitation et le degré de certitude qu'offrent, sur le terrain, les signes matériels de cette opération. (*Circ. N 22, art. 161.*)

2. *Pâturage.* — Le creusement de fossés, pour empêcher la divagation des bestiaux, le long des chemins désignés pour le pâturage et le panage, se fait à frais communs entre le propriétaire et l'usager. (Cod. For. 71.)

Le droit de demander l'ouverture d'un fossé est réciproque ; en cas de conflit sur l'utilité des fossés, le débat doit être porté devant les tribunaux ordinaires ; mais l'emplacement des fossés sera désigné par l'autorité administrative. V. Clôture.

3. *Curage. Pâturage.* — Le curage des fossés établis le long des chemins désignés pour le pâturage et le panage doit être fait à frais communs. En cas de discussion, le débat doit être porté devant le juge de paix, et les préfets ont seuls qualité pour représenter l'Etat dans ces instances, où ils peuvent, d'ailleurs, se faire représenter par un mandataire spécial. (Loi du 25 mai 1838, art. 5.)

4. *Chemin rural. Curage.* — Le maire n'a pas le droit d'obliger les propriétaires rive-

rains d'un chemin rural à curer les fossés appartenant à la commune. (Cass. 5 janvier 1855.)

5. *Ecoulement des eaux.* — Le droit qu'a l'administration publique de procurer le libre écoulement des eaux et de les diriger vers un but d'utilité générale l'autorise à contraindre un particulier à fermer un fossé creusé sur sa propriété, s'il nuit au libre écoulement des eaux. L'arrêté préfectoral prescrivant cette mesure est un acte de police administrative, inattaquable par voie contentieuse. (Cons. d'Etat, 15 avril 1843.)

5 bis. *Salubrité. Eaux pluviales.* — L'administration municipale a le droit, pour des raisons de salubrité, d'obliger les propriétaires de fossés à les curer de temps en temps ; mais ce droit n'existe qu'autant qu'il s'agit de fossés contenant des eaux d'une façon permanente. Quant aux fossés de clôture où passent seulement les eaux pluviales, ils ne sont pas soumis au curage périodique.

6. *Abatage.* — Les décisions régulières qui autorisent des travaux d'amélioration (fossés), dans les bois soumis au régime forestier, autorisent implicitement les abatages que ces travaux occasionnent. (Décis. Min. 15 mai 1862, Circ. A 819.)

7. *Arbres.* — Les arbres venus sur le côté des fossés adossés aux forêts domaniales ou communales appartiennent à ces forêts, et ceux venus sur le côté du riverain lui appartiennent. Chaque propriétaire a le droit de couper les arbres lui appartenant.

SECT. II. — DIMENSIONS.

8. *Dimensions.* — Les dimensions à donner aux fossés de périmètre, de routes ou d'assainissement sont fixées, sur la proposition des agents, d'après la nature et la consistance du sol. Les pentes doivent être calculées de manière à empêcher l'éboulement de terres.

On donne généralement une ouverture de 2 mètres aux fossés de périmètre, de 1m,50 aux fossés de route en plaine et de 1 mètre à 1m,50 aux rigoles et fossés d'assainissement. La profondeur et l'inclinaison des talus sont déterminées par les circonstances locales. (Circ. A 427. Circ. N 22, art. 151.)

9. *Aménagement.* — Les fossés de division de coupe seront établis dans le sens de la longueur des lignes séparatives; ils auront 2 mètres de longueur et seront espacés de 50 à 100 mètres, selon les accidents du terrain ; leur largeur dépendra de celle des lignes. (Instr. du 15 octobre 1860, art. 167.)

10. *Bornage. Fossés d'angle.* — Les bouts de fossé dits gueulards (fossés d'angle), à établir aux angles du périmètre, pour tenir lieu de bornes, ont 2 mètres de largeur et 4 mètres de longueur, répartis par moitié de chaque coté du sommet des angles.

Les bouts de fossés intermédiaires ont 3 mètres de longueur et sont espacés de 50 à 100 mètres, de telle sorte que deux hommes puissent s'apercevoir de l'un à l'autre. (Circ. N 64, art. 140.)

11. *Routes. Largeur.* — La largeur des fossés bordiers peut être portée à 1m,50 dans les forêts feuillues et dans les terrains bas et humides ; mais elle doit être restreinte à 1 mètre dans les forêts résineuses et dans les terrains nus. (Circ. N 22, art. 66.)

SECT. III. — ÉTABLISSEMENT.

12. *Mitoyens.* — Tous fossés entre deux héritages sont réputés mitoyens, à moins qu'il n'y ait titre, prescription ou marque contraire. (Cod. Civ. 666. Loi du 20 août 1881.)

13. *Non-mitoyenneté. Propriétaire.* — Pour les fossés, il y a marque de non-mitoyenneté lorsque la levée ou le rejet de terres se trouve d'un côté seulement du fossé. Le fossé est censé appartenir exclusivement à celui du côté duquel se trouve le rejet de la terre. (Cod. Civ. 666. Loi du 20 août 1881.) V. Clôture.

14. *Copropriétaire. Destruction. Remplacement.* — Le copropriétaire d'un fossé mitoyen, qui ne sert pas à l'écoulement de l'eau, peut le détruire, à charge de construire un mur sur la limite. (Cod. Civ. 668. Loi du 20 août 1881.)

15. *Propriété voisine.* — Si, aux termes de l'article 666 du code civil (Loi du 20 août 1881), tout fossé qui sépare des propriétés est réputé mitoyen, à moins qu'il n'y ait qu'une des propriétés en état de clôture, il ne s'ensuit pas que le propriétaire du fonds entièrement clos, soit légalement présumé propriétaire exclusif du fossé.

Le propriétaire voisin peut donc faire la preuve de la mitoyenneté ou même de la propriété du fossé, sans avoir à se heurter contre une présomption légale. (Orléans, 23 février 1893.)

16. *Bornage.* — Lorsqu'un bornage est fait à l'aide de fossés, il est exécuté aux frais de la partie requérante, et les fossés sont pris en entier sur son terrain ; la terre est alors jetée du côté du requérant, ce qui indique son fait de la propriété des fossés. (Cod. For. 14. Cod. Civ. 666.) V. Fiefs.

17. *Ligne délimitative.* — Lorsque le simple bornage, à frais communs, est fait avec des fossés d'angle, la ligne délimitative doit passer par l'axe de ces fossés. Dans ce cas, les fossés étant mitoyens, la terre doit être rejetée des deux côtés. (Trib. d'Issoudun, 19 août 1839.)

18. *Bornage mitoyen.* — Lorsque le bornage est fait au moyen de bouts de fossés, ceux-ci sont établis mitoyens, afin que les frais soient supportés par moitié par les

intéressés ; les experts doivent donner la position exacte de ces fossés. (Décis. Min. 29 juin 1829. Circ. N 64, art. 149.)

19. *Mitoyenneté. Bois domaniaux.* — La mitoyenneté d'un fossé peut être acquise par prescription, en vertu d'une possession bien déterminée et que le voisin a pu connaître. (Cass. 5 novembre 1859.)

20. *Titres. Rejet des terres.* — En l'absence de titres, un fossé, dont le rejet des terres est des deux côtés, peut établir une présomption délimitative qui n'existe plus en face des titres et des bornes. (Metz, inédit, 7 mai 1846.)

21. *Jet des terres.* — La marque de non-mitoyenneté d'un fossé, résultant de ce que le rejet des terres existe d'un seul côté, n'est pas détruite par la présence, de l'autre côté du fossé, d'un exhaussement de terrain purement accidentel. (Cass. 22 juillet 1861.)

22. *Rejet des terres. Propriété.* — La présomption de propriété résultant du rejet des terres des fossés de clôture est inapplicable aux fossés ouverts avant l'ordonnance de 1669, entre les forêts de l'ancien domaine et les bois des particuliers. A défaut de preuve contraire, ces fossés doivent être réputés appartenir aux riverains. (Trib. de Coulommiers, 27 août 1857. Cass. 12 août 1851.) V. Répare.

22 bis. *Rejet des terres. Bornage. Fixation des limites.* — Lorsqu'il est constaté par des procès-verbaux antérieurs à 1669 que, lors du creusement des fossés sur le périmètre d'une forêt royale, les terres ont été rejetées tantôt du côté de la forêt et tantôt sur les riverains, et qu'il a été procédé ensuite à une délimitation et à un bornage contradictoire pour séparer les bois du roi des héritages riverains, c'est aux bornes qu'il faut s'attacher pour déterminer aujourd'hui les limites de la forêt domaniale, lors même que les fossés se trouveraient ainsi compris entièrement dans le domaine de l'Etat. (Caen, 1er mars 1890.)

23. *Borne. Limite. Propriété.* — La présomption que le fossé appartient exclusivement à celui du côté duquel se trouve le rejet des terres s'applique dans le cas même où il existe des bornes, s'il est reconnu qu'elles ne peuvent servir de limite. Cette présomption est applicable aux fossés séparant les bois domaniaux et le terrain particulier non boisé, surtout s'il s'agit de fossé établi avant l'ordonnance de 1669. (Cass. 19 mars 1872.)

23 bis. *Bornage. Rejet des terres.* — L'acte de bornage fait la loi des parties, et les riverains ne peuvent opposer à ce titre légal de propriété des présomptions tirées, soit de l'article 668 du code civil, qui considère le rejet des terres comme un signe de propriété, ni de l'interprétation généralement donnée à l'article 4 du titre XXVII de l'ordonnance de 1669 et d'après laquelle les propriétaires riverains des forêts du roi auraient dû ouvrir, sur leurs propres fonds, les fossés de séparation. (Caen, 1er mars 1890.)

24. *Mitoyenneté.* — Lorsqu'il n'est pas prouvé que le fossé existant entre une forêt domaniale et une propriété riveraine a été creusé en exécution de l'ordonnance de 1669, ce fossé doit être réputé mitoyen, à moins de titres ou marques contraires. (Douai, 9 août 1854.)

25. *Jet des terres.* — Les terres provenant des fossés de périmètre sont jetées du côté de la forêt, assez loin, pour que le bord ne soit pas surchargé ; celles des fossés de routes doivent être employées au bombement et au nivellement, et celles des fossés d'assainissement sont jetées à la volée, de manière à ne pas faire obstacle à l'arrivée des eaux. (Circ. A 427. Circ. N 22, art. 152, 153 et 154.)

26. *Ouverture.* — L'établissement des fossés peut être effectué ou moyen de journées de prestation, après autorisation du conservateur. (Circ. N 22, art. 319, 321.)

27. *Chemin vicinal.* — Il est interdit aux propriétaires riverains d'ouvrir un fossé le long d'un chemin vicinal, à moins de 0m,75 de la limite de ce chemin ; il doit être entretenu de façon que les eaux ne nuisent pas au chemin. Si ce fossé, par sa profondeur, pouvait présenter des dangers pour la circulation, le maire ou le préfet pourrait enjoindre au propriétaire de prendre des mesures pour assurer la sécurité du passage. (Règl. Gén. du 15 avril 1872.)

28. *Honoraires. Travaux. Délimitation. Bornage.* — Il est alloué aux géomètres, pour la direction des travaux de bornage, savoir :

0 fr. 70 par fossé d'angle;

0 fr. 06 par mètre courant de fossés continus pour les 500 premiers mètres;

0 fr. 03 par mètre courant de fossés continus de 501 à 2000 mètres;

0 fr. 02 par mètre courant de fossés continus de 2001 mètres et au-dessus. (Circ. N 64, art. 176.)

SECT. IV. — ENTRETIEN.

29. *Principe.* — Tout fossé mitoyen doit être entretenu à frais communs; mais le voisin peut se soustraire à cette obligation, en renonçant à la mitoyenneté. Cette faculté cesse, si le fossé sert habituellement à l'écoulement des eaux. (Cod. Civ. 667. Loi du 20 août 1881.)

30. *Curage.* — Le curage des fossés bordiers, de limite, des rigoles et fossés d'assainissement, est considéré comme travail d'entretien ; on doit indiquer dans les rapports les dimensions des fossés à curer et leur développement total. (Circ. N 22, art. 25 et 27.) V. Curage.

31. *Curage.* — Le curage des fossés peut être effectué au moyen des journées de prestation, après autorisation du conservateur. (Circ. N 22, art. 319, 321.)

32. *Conservation.* — Les gardes, préposés et agents sont chargés de veiller à la conservation des fossés; les préposés en font une visite annuelle, du 1er août au 1er septembre, et en rendent compte à leur chef immédiat, qui provoque, s'il y a lieu, les réparations nécessaires. (Circ. N 64, art. 161.)

33. *Route. Curage.* — Les gardes cantonniers cureront les fossés de route et veilleront à leur conservation. (Instr. 13 août 1840. Livret des préposés, art. 43, 44.)

34. *Adjudicataire.* — Les adjudicataires doivent réparer les fossés endommagés ou détruits par le fait de l'exploitation. (Cah. des ch. 33. Circ. N 22, art. 330.) En cas d'inexécution, pas de pénalités; l'administration fait exécuter les travaux aux frais des adjudicataires. (Cod. For. 41.)

SECT. V. — POURSUITES. PÉNALITÉS.

35. *Mitoyen. Régime forestier.* — Le curage ou le creusement, par le propriétaire riverain, d'un fossé mitoyen, sans autorisation, est un délit, quand bien même les terres n'auraient pas été enlevées, mais jetées des deux côtés. Les fossés mitoyens qui séparent les propriétés particulières des bois de l'Etat, des communes ou des établissements publics, sont de plein droit soumis au régime forestier, comme les bois eux-mêmes; ils doivent être entretenus à frais communs. (Cod. Civ. 667. Paris, 26 novembre 1868.)

36. *Creusement. Poursuite.* — Le creusement d'un fossé, dans une forêt, sans autorisation et sans intention d'enlèvement de produits, ne peut donner lieu qu'à une action civile à porter devant les tribunaux compétents; ce fait peut constituer une usurpation, mais non un enlèvement ou extraction de terre. (Cass. 3 mars 1838. Chambéry, 20 juillet 1871.) V. Canal.

37. *Ouverture. Extraction. Poursuites.* — L'ouverture d'un fossé, en dehors de toute intention d'enlèvement, n'en constitue pas moins le délit d'extraction, passible de l'amende édictée par l'article 144 du code forestier. (Cass. 28 novembre 1872.)

38. *Comblement. Constatation. Poursuite.* — Les délits de comblement de fossés, commis dans les bois soumis au régime forestier, bien que prévus et punis par l'article 456 du code pénal, peuvent être constatés et poursuivis par l'administration des forêts, parce qu'il y a une atteinte directe portée à la propriété forestière et dont la répression donne lieu à une poursuite devant les tribunaux correctionnels.

Si les faits constatés ne donnaient lieu qu'à une action civile, les agents forestiers seraient incompétents pour poursuivre. (Dijon, inédit, 13 février 1833.)

39. *Comblement. Pénalités.* — Le comblement de fossés, en tout ou en partie, est puni, savoir :

Emprisonnement : 1 mois à 1 année. (C. P. 456.)

Amende : égale au 1/4 des restitutions et dommages-intérêts; minimum : 50 francs. (Cod. Pén. 456.)

Si le délit a été commis par un garde ou un officier de police, le maximum de la prison sera de 1/3 en sus. (Cod. Pén. 462.)

40. *Fascine. Passage.* — Le fait d'avoir placé des fascines dans un fossé, pour sortir d'une forêt, ne constitue pas un comblement de fossé, dans le sens de la loi pénale. (Cass. 17 novembre 1843.)

41. *Passage. Comblement.* — Un prétendu droit de passage ne donne pas le droit de combler un fossé qui intercepterait ce passage. (Cass. 27 novembre 1823.)

42. *Limite. Comblement.* — Les propriétaires qui, sous le régime de l'ordonnance de 1669, ont séparé, par des fossés, leur propriété des bois de l'Etat ou des communes ne peuvent combler ces fossés, sans avoir au préalable fait procéder à un nouvel abornement. (Décis. Min. 22 mai 1829.)

43. *Destruction. Comblement.* — Un riverain n'a pas le droit de combler un fossé ouvert sur son terrain, en vertu d'anciens règlements, et servant de limite; la conservation de ce fossé constitue pour l'Etat un droit acquis, maintenu par l'article 218 du code forestier, et sa destruction tombe sous l'application de l'article 456 du code pénal. (Angers, 16 janvier 1860.)

44. *Actions. Usurpations.* — Les actions pour usurpations de fossés, commises dans l'année, doivent être portées devant le juge de paix de la situation du litige. (Proc. Civ. 3.) V. Juge de paix.

FOUÉE. V. Fagot.

FOUGÈRE.

Enlèvement. — Le fait, en enlevant de la fougère dans un bois, d'avoir coupé des jeunes rejets de chênes mêlés à la fougère constitue le délit prévu par l'article 194 du code forestier. (Cass. 7 juillet 1836.) V. Herbe. Enlèvement.

FOUILLE.

1. *Individu. Engins prohibés.* — Les gardes ne peuvent, sans abus de pouvoir, fouiller un individu qu'ils soupçonnent porteur d'engins de chasse prohibés, alors que le port des engins n'est révélé par aucune circonstance extérieure. Le procès-verbal dressé à la suite de cette fouille est radicalement nul. (Rouen, 17 avril 1859.)

2. *Enlèvement. Produit.* — Les fouilles pratiquées pour effectuer l'enlèvement d'un produit quelconque du sol forestier suffisent pour constituer le fait délictueux d'extraction ou d'enlèvement, dans le sens de l'article 144 du code forestier. V. Extraction.

3. *Minerai.* — Pour les travaux de fouille ou de recherche de minerai, à moins d'une ordonnance du chef de l'État, il faut le consentement du propriétaire, et l'administration doit être consultée, pour les bois soumis au régime forestier. Toutefois, il y a lieu au paiement de l'indemnité préalable avant les travaux, et l'administration doit faire connaître s'il n'y a pas d'inconvénient à ce que les travaux s'exécutent. (Lettre du Dir. Gén. des mines, 10 mai 1839.)

4. *Mines.* — Le concessionnaire d'une mine n'a pas besoin de l'autorisation du propriétaire pour pratiquer des fouilles, dans le rayon de la concession. Toutefois, le paiement de l'indemnité due par le concessionnaire doit être préalablement fait au propriétaire, en exécution de l'article 10 de la loi du 21 avril 1810. V. Mines.

5. *Occupation temporaire.* — Lorsqu'il y a lieu d'occuper temporairement un terrain pour y faire des fouilles relatives à l'exécution de travaux publics, civils ou militaires, cette occupation est autorisée par un arrêté du préfet. (Loi du 29 décembre 1892, art. 3.) V. Extraction. Travaux publics.

FOUR A CHAUX, A PLATRE.

1. *Construction. Visites. Pénalités.* — Pour construction de four à chaux ou à plâtre, soit temporaire, soit permanent, dans l'intérieur, et à moins d'un kilomètre des forêts soumises au régime forestier, et sans l'autorisation du préfet, pénalités :

Amende : 100 à 500 francs. (Cod. For. 151.)
Démolition des établissements. (Cod. For. 151.)

Lorsque ces établissements sont construits par suite de l'autorisation préfectorale, ils sont soumis aux visites des agents et gardes forestiers, qui peuvent y faire toutes perquisitions, sans l'assistance d'un officier public, pourvu qu'ils se présentent au nombre de deux au moins, ou que l'agent ou garde forestier soit accompagné de deux témoins domiciliés dans la commune. (Cod. For. 157. Décr. du 25 mars 1852.) V. Construction. Etablissement incommode.

2. *Reconstruction.* — La reconstruction d'un ancien four à chaux, abandonné depuis longtemps, ne peut s'effectuer qu'avec l'autorisation du préfet. (Nancy, inédit, 30 décembre 1836.)

3. *Autorisation.* — Pour les fours à chaux ou à plâtre, il sera d'abord statué par les préfets sur les demandes d'autorisation, sans préjudice des droits des tiers et des oppositions qui pourraient s'élever ; il sera ensuite procédé suivant les formes prescrites par le décret du 15 octobre 1810 et les ordonnances des 14 janvier 1815 et 29 juillet 1818. (Ord. 177.) V. Etablissement insalubre ou incommode.

4. *Fours temporaires.* — Les fours temporaires sont ceux qui ne travaillent pas plus d'un mois par an. (Ord. 29 juillet 1818.)

5. *Fours temporaires.* — Pour les fours temporaires et sans maçonnerie, la permission porte sur l'autorisation d'allumer du feu ou de cuire de la chaux, plutôt que sur la construction. Celui qui ferait, sans autorisation, une cuisson de chaux dans un four précédemment autorisé serait passible des poursuites, en vertu de l'article 151 du code forestier. (Grenoble, inédit, 2 juillet 1835 et 2 juin 1839. Besançon, inédit, 13 mars 1832.)

6. *Fosse sans maçonnerie.* — Une décision ministérielle du 13 juillet 1841 a décidé que les fours pratiqués en terre pour la cuisson de la chaux, lorsqu'ils sont entièrement dépourvus de construction, peuvent être établis, dans l'intérieur et à moins de 200 mètres des forêts, avec l'autorisation du préfet, prise sur la proposition du conservateur, et en se conformant aux conditions arrêtées entre le préfet et le conservateur, sur l'avis des agents forestiers. En cas de dissentiment entre le conservateur et le préfet, il est statué par le ministre, sur la proposition de l'administration des forêts. (Circ. A 507.)

Dès lors, il n'y a pas de délit dans l'établissement d'un four volant dans la zone au delà de 200 mètres des forêts.

FOUR A PAIN.

Prescriptions. Pénalités. — Pour négligence d'entretien, réparation ou nettoyage des fours, pénalités :

Amende : 1 à 5 francs. (Cod. Pén. 471.)
En cas de récidive, en outre, *prison :* 3 jours au plus. (Cod. Pén. 474.)

FOURMI. V. Œuf.

FOURNEAU. V. Charbonnière. Écobuage.

FOURNISSEUR.

Travaux de restauration des montagnes. — Tout fournisseur, commerçant, etc., et en général tout titulaire d'une créance dont le montant est compris entre 10 et 1500 francs, n'ayant pas le caractère de salaires à la journée ou à la tâche, produit un mémoire (form.

série 7, n° 53) en deux exemplaires, dont l'un est timbré et signé.

Au dessus de 1500 francs, il ne peut être procédé que par voie d'adjudication publique ou de soumission directe préalablement approuvée. (Décr. du 18 novembre 1882. Instr. Gén. 2 février 1885, art. 160. Circ. N 345.)

FOURNITURE.

1. *Paiement. Régie.* — Les fournitures de peu d'importance sont payées au moyen d'avances faites au régisseur comptable. Celles qui ont une certaine importance sont mandatées individuellement, au nom des ayants droit, sur les certificats de payement de l'agent chargé de la direction des travaux. (Circ. N 22, art. 274, 275.)

2 *Travaux de restauration des montagnes.* — Les fournitures de matériaux nécessaires à l'exécution en régie sont soumises, sauf les cas de force majeure, aux dispositions des articles 1 à 22 du décret du 18 novembre 1882. (Instr. Gén. du 2 février 1885, art. 119. Circ. N 345.)

3. *Travaux. Bois.* — En cas de cherté des frais de transport ou rareté de l'essence de bois sur les marchés, le bois nécessaire à l'exécution des travaux pourra être exploité sous forme d'éclaircie ou d'extraction et employé après dessication convenable. Le prix de ce bois sera versé à la caisse des domaines par l'adjudicataire des travaux, d'après la valeur fixée au devis. (Décis. Min. du 15 février 1875. Circ. N 170.) V. Travaux.

4. *Restauration des montagnes.* — L'agent régisseur établit lui-même et adresse, en double expédition, à son chef de service, à la fin de chaque mois, l'état des fournitures dont le montant ne dépasse pas 10 francs. (L'une des expéditions est transmise au conservateur par le chef de service, et l'autre est conservée dans les archives de l'inspection.)

Après chaque paiement, l'agent régisseur envoie les quittances des fournitures (série 7, n° 57) au chef de service, qui les transmet immédiatement au conservateur. (Instr. Gén. du 2 février 1885, art. 160, 163, 171, 182 et 183. Circ. N 345.)

5. *Travaux en régie.* — Les fournitures faites par correspondance et sur simple facture ne sont pas soumises à l'approbation du conservateur. (Circ. N 22, art. 272.)

6. *Bureau. Travaux.* — L'administration peut, sur la proposition du conservateur, prendre à sa charge les fournitures de bureau de quelque importance, nécessitées pour la rédaction des projets de travaux. (Circ. N 22, art. 10.)

7. *Plaques.* — Les fournitures de plaques, etc., faites aux gardes et brigadiers communaux, par l'intermédiaire des agents, seront payées sur les crédits dont dispose l'administration, sauf remboursement ultérieur au moyen de retenues. Il est interdit de rembourser, par des paiements de la main à la main, le prix de ces fournitures. (Circ. N 76.)

8. *Habillement. Petit équipement.* — La commission locale ne doit recevoir aucune fourniture (effets d'habillement et objets de petit équipement), si elle ne porte pas l'estampille de la commission centrale. (Cah. des ch. 29.)

9. *Paiement. Mémoire.* — Il peut être suppléé aux marchés écrits par des achats sur simple mémoire, pour les objets qui doivent être livrés immédiatement, quand la valeur de chacun de ces achats n'excède pas 1500 francs. (Décr. du 18 novembre 1882, art. 22. Circ. N 304.)

FOURRIÈRE.

1. *Durée. Vente.* — Les animaux et tout objet périssable, pour quelque cause qu'ils aient été saisis, ne pourront rester en fourrière, ou sous le séquestre, plus de huit jours. Après ce délai, la main-levée provisoire pourra en être accordée. S'ils ne doivent ou ne peuvent être restitués, ils seront mis en vente et les frais de fourrière seront prélevés sur la vente, par privilège et préférence à tous autres. (Décr. du 18 juin 1811, art. 39.)

2. *Durée.* — D'après l'article 169 du code forestier, les bestiaux saisis ne peuvent rester plus de cinq jours en fourrière. V. Séquestre. Bétail.

3. *Frais.* — Les frais de fourrière des animaux saisis en délit ne sont pas soumis à la taxe du président du tribunal ; il suffit qu'ils soient visés par le directeur des domaines. (Décis. Min. du 9 juin 1855.)

FRAGMENT DE BOIS. V. Copeaux. Morceaux.

FRAGON.

Nettoiement. — L'extraction des fragons est comprise dans le nettoiement des coupes. (Poitiers, 25 avril 1861.)

FRAIS D'ADJUDICATION.

Aliénation, 10.
Avance, 4.
Coupe, 14, 15.
Coupes domaniales, 2.
Criées, 16.
Enregistrement, 9, 13, 14, 15.
Etat, 6.
Expédition, 17.
Liquidation, 11.
Menus produits, 7, 8.
Ordonnancement, 12.
Paiement, 4.
Publication, 16.
Produits domaniaux, 3.
Règlement, 5.
Taxe, 2, 3, 7.
Timbre, 13, 14, 15.
Travaux, 9.
Vente, 1.

1. *Vente.* — Les frais d'actes et autres accessoires à la vente sont à la charge de l'acquéreur. (Cod. Civ. 1593.)

2. *Coupes domaniales. Taxe.* — Les taxes mises à la charge des adjudicataires des coupes domaniales, tant pour droit fixe de timbre et d'enregistrement que pour tous autres frais, se trouvent portées de 1.50 à 1.60 pour cent, pour tenir compte de la surélévation des droits de timbre et d'enregistrement déterminée par les lois du 23 août 1871 et 28 février 1872. (Circ. N 130.)

3. *Produits domaniaux. Taxe.*— A l'avenir, il sera perçu uniformément pour toutes les adjudications des produits des forêts domaniales, sans exception (produits principaux, accidentels, chasse, carrières, etc.), une taxe de 1.60 pour cent. Cette taxe comprend les droits de timbre et d'enregistrement des actes relatifs à la vente, à l'exception des droits d'enregistrement du procès-verbal d'adjudication, de l'acte et du certificat de cautionnement. (Circ. N 160.)

4. *Avance. Paiement.* — L'administration fait l'avance des frais d'adjudication, et les agents ne peuvent exiger des adjudicataires aucune somme pour ces frais. (Circ. A 368. Décis. Min. 4 juillet 1836.)

5. *Règlement.* — Les frais d'adjudication sont réglés, au moment de la vente, en ce qui concerne les frais variables. Les frais fixes sont, pour les bois domaniaux, 1.60 pour cent du prix d'adjudication. (Circ. A 373. Circ. N 130. Circ. N 160.)

6. *Etat.* — Les frais à payer comptant par les adjudicataires seront réglés par le préfet, sur la proposition du conservateur, et l'état en sera affiché dans le lieu des séances, avant l'ouverture et pendant toute la durée de la séance d'adjudication. (Ord. 90.) V. Coupe. Adjudication.

7. *Menus produits. Taxe.* — Les adjudicataires des menus produits, dans les bois domaniaux, payeront les droits fixes de timbre, les droits proportionnels d'enregistrement et, à la caisse du receveur des domaines, à titre de remboursement de frais de vente, une taxe de 1.60 pour cent du prix principal de leur acquisition. (Arr. Min. 16 octobre 1838. Circ. N 160.)

8. *Menus produits.* — Les adjudicataires des menus produits, dans les bois des communes et des établissements publics, ne sont tenus qu'au paiement des droits fixes de timbre et du droit proportionnel d'enregistrement. (Arr. Min. 16 octobre 1838.)

9. *Travaux. Droits.* — Pour les frais d'adjudication de travaux, il est perçu, à titre de frais d'enregistrement, le droit de 1 pour cent du montant du marché et celui de 0.50 pour cent du cautionnement, lorsque chacun de ces droits proportionnels ne s'élève pas à 5 francs en principal. Pour les marchés de 500 à 5000 francs et pour les cautionnements de 1000 à 5000 francs, le droit est de 5 francs ; minimum de la perception : 25 centimes. (Loi du 28 février 1872. Circ. N 132.) Les travaux sont aujourd'hui soumis à un droit de 20 centimes pour cent. (Loi de finances du 28 avril 1893, art. 19) V. Enregistrement.

10. *Aliénation.* — Les frais à payer par les adjudicataires, à la caisse du receveur des domaines, étaient de 80 centimes pour cent du prix principal pour timbre et enregistrement. (Arr. Min. 21 sept. 1852. Anc. Cah. des ch. 17.)

11. *Liquidation.* — Les frais d'adjudication sont liquidés par le conservateur. (Circ. A 514. Circ. N 402.)

12. *Ordonnancement.* — Le montant des frais d'adjudication est ordonnancé au nom du président ou du secrétaire de la vente, qui est tenu de le distribuer aux ayants droit. (Décis. Min. 4 juillet 1836, art. 9.) On le mandate, en général, au nom des ayants droit.

13. *Produits accidentels. Timbre. Enregistrement.* — Les frais d'adjudication des menus produits à la charge des adjudicataires sont : les droits proportionnels d'enregistrement (2 pour cent) de la minute du procès-verbal d'adjudication ; les droits proportionnels de caution, 0.50 pour cent, et le droit fixe de certificateur de caution, 3 francs en principal.

Les frais de timbre de la minute du procès-verbal d'adjudication et des expéditions sont compris, pour les bois domaniaux, dans la taxe de 1.60 pour cent, payée par l'adjudicataire ; pour les bois communaux, les frais de timbre sont à la charge directe des acquéreurs, qui ne payent pas la taxe de 1.60 pour cent. (Arr. Min. 16 octobre 1838. Décis. Min. 10 septembre 1864. Circ. N 160.)

14. *Coupe. Timbre. Enregistrement.* — Les frais d'adjudication des coupes comprennent :

1° Les droits fixes de timbre et d'enregistrement des actes antérieurs à l'adjudication, à la charge de l'adjudicataire ;

2° Les droits fixes de timbre et les droits fixes et proportionnels d'enregistrement des actes constituant l'adjudication ou la vente proprement dite, à la charge de l'adjudicataire ;

3° Les droits fixes de timbre et les droits fixes et proportionnels d'enregistrement des actes postérieurs à l'adjudication, à la charge de l'adjudicataire ;

4° Les frais de copie et expédition des actes et pièces, et ceux de bougies, publications, criées, etc. ;

5° Les frais de facteur et de marteau, à la charge de l'adjudicataire. V. Facteur. Marteau. Coupe. Expédition.

15. *Coupes. Frais.* — Outre le prix principal de l'adjudication, il sera payé :

Par les adjudicataires des coupes de bois domaniaux,

1.60 pour cent du montant de l'adjudication, tant pour les droits fixes de timbre et d'enregistrement des procès-verbaux et actes relatifs à l'adjudication que pour tous autres frais (Arr. Min. 4 juillet 1836. Décis. du Min. des Fin. 19 juillet 1872 et 11 avril 1883) ;

Par les adjudicataires de bois indivis entre l'Etat et les communes et établissements publics, et par les adjudicataires des coupes de bois des communes et des établissements publics,

Les droits fixes de timbre et d'enregistrement du procès-verbal et des autres actes relatifs à l'adjudication. (Loi du 13 brumaire an VII, art. 12, § 1er. Loi du 18 mai 1850, art. 8. Loi du du 2 juillet 1862, art. 17. Loi du 23 août 1871, art. 1 et 2. Loi du 28 février 1872, art. 4. Loi du 30 décembre 1873, art. 2.)

Chaque adjudicataire des coupes de bois domaniaux, indivis, communaux et d'établissements publics, payera, de plus, le droit fixe afférent au certificat de caution, lorsqu'il y aura lieu, et les droits proportionnels d'enregistrement sur le montant de l'adjudication augmenté, pour les bois domaniaux, du 1.60 pour cent et, pour les bois indivis, communaux et d'établissements publics, des droits fixes de timbre et d'enregistrement des actes antérieurs et postérieurs à l'adjudication. (Loi du 22 frimaire an VII, art. 14, no 5, et 69, § 5, no 1. Loi du 23 août 1871, art. 1er. Loi du 30 décembre 1873, art. 2. Décis. du Min. des Fin. 7 avril 1883. Cah. des ch. 10.)

16. *Publication. Criées.* — Les frais de publications, bougies et criées, appropriation de la salle, etc., sont fixés, savoir :

Pour les coupes ordinaires et extraordinaires autorisées par l'état d'assiette ou par décrets spéciaux et dont le prix est versé aux caisses des receveurs généraux ou municipaux.	Par article...... fr.	2 00
	Minimum........	4 00
	Maximum.......	50 00
Pour tous les autres produits forestiers.	Par article..... fr.	1 00
	Minimum.......	2 00
	Maximum.......	10 00

Les frais ne sont dus que pour les articles adjugés ; toutefois, si aucun article n'était adjugé, le minimum des frais serait toujours accordé.

Les frais relatifs aux adjudications de travaux d'amélioration ou d'exploitation sont réglés par les conservateurs.

Lorsque des produits de natures diverses sont vendus à la même séance, les frais sont établis séparément pour chaque adjudication et sous des titres spéciaux.

Dans le même cas, les frais de publications réunis ne peuvent jamais dépasser le maximum correspondant à la nature des produits adjugés, qui comporte le maximum le plus élevé. (Arr. Min. 29 février 1864. Circ. A 840.) (1)

17. *Expéditions.* — Les frais des expéditions et extraits du procès-verbal d'adjudication, expéditions de devis et copies de plans, sont fixés, savoir :

Pour les ventes des coupes ordinaires et extraordinaires ; pour les adjudications de chasse et autres produits.	*(Pour les expéditions.)* Par article.... fr.	0 75
	(Pour les extraits.) Par article.... »	0 25
Pour les ventes de produits de coupes exploitées ; pour les coupes vendues par unités de produits ; pour les adjudications de travaux d'exploitation.	*(Pour les expéditions.)* Par rôle...... »	0 75
	(Pour les extraits.) Par article.... »	0 25

Si les adjudications comprennent moins de trois articles, les expéditions sont comptées par article au même prix que les extraits.

Chaque rôle doit contenir 25 lignes à la page.

Pour les ventes de chablis, élagages, bois incendiés et abroutis et autres menus produits.	Par lot...... fr. *(Pour chaque expédition.)*	0 50
Pour les adjudications de travaux d'amélioration et d'entretien.	Par article.... » (Circ. 22, art. 216.)	0 50
	Par rôle de copie des devis, détails estimatifs, etc. »	0 50

Les frais de copie des plans sont réglés par les conservateurs.

La minute n'est jamais comptée dans les frais d'adjudication.

Le nombre des expéditions et extraits à fournir est indiqué aux cahiers des charges et sur la formule des procès-verbaux d'adjudication. (Arr. Min. du 29 février 1864. Circ. A 840. Décis. Min. 8 juin 1875. Circ. N 181.) (1)

FRAIS D'ADMINISTRATION.

Aménagement, 25.
Assiette, 18.
Bois dépérissants, 11.
Bois hors du département, 40.
Bois indivis, 3, 4.
Bois mort, 11.
Calcul, 15.
Chablis, 10.
Charge, 16.
Condition, 17.
Cotisation, 13.
Coupe, 6, 26.
Coupe délivrée, 30, 31, 33.
Coupe non exploitée, 28.
Coupe refusée, 28.
Coupe vendue, 33.
Délivrance, 12, 19, 31.
Délivrance d'urgence, 9.
Estimation, 30.
Etat, 37.
Etat estimatif, 8, 27.
Etude, 39.
Exercice, 21, 26, 27, 28, 32, 33.
Exploitation accidentelle, 9.
Façonnage, 20.
Fixation, 12.
Fourniture, 20.
Garantie, 7.
Liquidation, 14.
Nomenclature, 2.
Paiement, 7, 29, 35, 36, 38.
Perception, 20, 22.
Portion de coupe, 7.
Principe, 1.
Produit délivré, 8.
Propriétaire, 34.
Réclamations, 39.
Redevance, 16.
Refus, 28.
Règlement, 37.
Remise, 5.
Réunion des coupes, 26.
Section, 23.
Taxe, 7, 15, 18, 21, 24, 25, 26.
Transport, 20.
Travaux, 16, 17, 18.
Valeur, 12.
Vente, 31.

(1) V. Errata.

1. *Principe.* — Pour indemniser l'Etat, des frais d'administration, il sera payé, au profit du Trésor, 5 centimes (5 pour cent) par franc en sus du prix principal, sur le prix des produits *principaux* vendus ou délivrés dans les bois des communes et des établissements publics. Il n'est rien perçu sur les produits accessoires.

Quant aux produits délivrés en nature, il sera perçu un vingtième (5 pour cent) de leur valeur sur les produits *principaux* seulement. La valeur de ces produits sera fixée par le ministre, sur les propositions des agents forestiers et les observations du conseil municipal, des administrateurs, et l'avis du préfet. (Loi du 25 juin 1841, art. 5. Loi du 19 juillet 1845, art. 6. Circ. A 583.)

Les frais d'administration ne peuvent pas, pour chaque commune et établissement public, dépasser annuellement la somme de 1 franc par hectare de bois leur appartenant. On ne tient pas compte de fractions d'hectares dans le calcul de contenance pour ces frais, dont on ne doit pas changer le chiffre d'une année à l'autre, sans motif sérieux. (Loi du 14 juillet 1856, art. 14. Décis. Min. 13 novembre 1874. Circ. N 162.)

2. *Nomenclature.* — Les dépenses générales, comprises sous le nom de frais d'administration des bois communaux et d'établissements publics, sont :

1° La portion du traitement des agents de tout grade ;

2° Les frais d'impression de l'administration centrale ;

3° Les frais de bureau du conservateur ;

4° Les frais de tournée ;

5° Les frais de correspondance ;

6° Les frais d'entretien des marteaux.

Les dépenses spéciales de frais de régie comprennent :

1° Gratifications, secours et indemnités aux gardes communaux et d'établissements publics ;

2° Arpentage des coupes ;

3° Impression des actes relatifs aux coupes vendues ou délivrées ;

4° Transport et apposition des affiches ;

5° Frais de citation pour réarpentage et récolement ;

6° Frais de poursuite non recouvrés, frais de perception des restitutions et dommages-intérêts pour les communes et établissements publics. (Budget de 1828. Décis. Min. 30 juin 1829.)

3. *Bois indivis.* — Le vingtième pour les bois indivis est exigible, suivant la part afférente au copropriétaire sur les produits principaux.

4. *Bois indivis.* — Pour calculer le maximum de 1 franc par hectare, en ce qui concerne les frais d'administration des bois indivis, on doit cumuler avec le chiffre de la contenance, possédée en propre, celui de la propriété indivise, dans la proportion de la quotité de la copropriété. A cet effet, le nom des communes copropriétaires par indivis figurera sur l'état des coupes vendues, ou sur l'état estimatif des coupes délivrées, avec une note indiquant la contenance correspondante au droit de chacun. (Circ. N 211.)

5. *Remise.* — La taxe du vingtième, ayant pour affectation particulière d'indemniser l'Etat de ses frais de gestion, n'est pas susceptible d'être remise. (Décis. Min. du 20 janvier 1858. Lettre de l'Admin. 29 avril 1858, n° 3125.)

6. *Coupes.* — Les coupes ordinaires et extraordinaires sont principalement affectées au paiement des frais d'administration. Si les coupes sont délivrées en nature et que la commune n'ait pas d'autres ressources, il en sera distrait une portion suffisante, pour être vendue aux enchères avant toute distribution et le prix en être employé au paiement des frais d'administration. (Cod. For. 109.) V. Taxe. Dépense communale.

7. *Portion de coupes. Paiement. Taxes garanties.* — Dans le cas prévu par l'article 109 du code forestier, paragraphe 2, le préfet, sur la proposition de l'agent forestier local et du maire de la commune, déterminera la portion de la coupe affouagère qui devra être vendue aux enchères, pour acquitter les frais de garde, la contribution foncière et l'indemnité attribuée au Trésor (frais d'administration) par les lois des 25 juin 1841, 19 juillet 1845 et 14 juillet 1846.

Le produit de cette vente sera versé à la caisse du receveur municipal, pour être employé à l'acquittement de ces charges. (Ord. 144.)

On doit délivrer les coupes en totalité, si les communes garantissent le paiement de ces frais, au moyen des taxes d'affouage. (Loi du 17 août 1828. Circ. A 185. Lettre de l'Admin. 3 septembre 1829.)

8. *Produits délivrés. Etat estimatif.* — Les conservateurs adressent aux préfets, avant le 1er septembre de chaque année et en triple expédition, les états estimatifs des produits délivrés en nature dans les bois des communes et établissements publics, en y joignant un double des procès-verbaux d'estimation de ces coupes ; avant le 10 septembre, ces états sont transmis par les préfets aux maires et présidents des commissions administratives, qui doivent les renvoyer, avant le 30 septembre, aux préfets, avec leurs observations et pièces à l'appui. Les préfets adressent les pièces au ministre de l'agriculture, avant le 20 octobre. On doit prévenir l'administration de l'envoi au préfet des états estimatifs des coupes et communiquer à l'administration la minute de l'état, qui sera renvoyé, avec le chiffre proposé par les maires et le préfet. (Circ. A 592 ter. Circ. A 583. Circ. A 613. Ord. 5 février 1846.)

9. *Exploitation accidentelle. Délivrance d'urgence. Bois communaux.* — Les produits des exploitations accidentelles ou délivrances d'urgence doivent figurer sur les états estimatifs dressés pour la perception des frais de régie, s'ils ont été délivrés en nature. (Circ. A 819.)

10. *Chablis.* — Les chablis non précomptés sont exempts de la taxe des frais de régie. (Circ. N 417.)

11. *Bois morts. Bois dépérissants.* — Les bois morts et dépérissants sont assujettis à la taxe des frais de régie. (Circ. N 417.)

12. *Valeur. Fixation. Délivrance.* — Les ministres fixent la valeur des produits principaux délivrés en nature.

Les décisions fixant la valeur des produits principaux délivrés en nature sont définitives, aux termes de la loi du 19 juillet 1845. (Décis. Min. 8 décembre 1865.)

13. *Cotisation. Maximum.* — La cotisation maximum, de 1 franc par hectare, s'applique à tout l'exercice et à toutes les coupes vendues ou délivrées. (Circ. A 760.)

14. *Liquidation.* — Le vingtième doit être liquidé sur le produit net des coupes, déduction faite des frais d'exploitation et des droits de timbre et d'enregistrement. (Décis. Min. 6 janvier 1851.)

15. *Taxe. Calcul.* — La taxe de 5 pour cent doit être calculée sur le prix principal de vente des coupes communales, et non pas sur ce prix augmenté de la valeur des bois réservés. (Décis. du Min. des Fin. 30 janvier 1888. Circ. N 393.)

16. *Charges. Travaux. Redevances.* — Lorsqu'il est procédé au sartage dans les coupes, le prix des sarts (redevance payée) doit être compris dans la valeur des coupes délivrées en nature, pour la perception du vingtième pour frais de régie ou d'administration. (Lettre de l'Admin. 26 juin 1868.)

17. *Travaux mis en charge. Conditions.* — La valeur estimative des travaux mis en charge sur les coupes de bois des communes et des établissements publics, en vue d'améliorer la propriété boisée, et les conditions de jouissance et d'exploitation ne doivent pas être ajoutées au prix de vente des coupes, pour la liquidation de la taxe du vingtième due au Trésor pour frais de régie. (Décis. Min. 7 juin 1876. Circ. N 211.)

18. *Travaux d'amélioration. Taxe. Assiette.* — La taxe du vingtième, perçue au profit du Trésor pour frais d'administration des bois communaux, ne doit être assise que sur le prix principal de l'adjudication, à l'exclusion des charges dont les communes consentiraient à grever leurs coupes, pour l'amélioration des forêts. (Lettres du Min. des Fin. du 18 mai 1891 et de l'Admin. du 25 juin 1891.)

19. *Délivrance de bois mis en charge.* — La taxe du vingtième doit toujours être appliquée aux délivrances de bois de toute nature imposées aux adjudicataires de coupes, sur la demande des communes et des établissements publics propriétaires; on doit ajouter à la valeur des bois le prix du transport imposé à l'adjudicataire. (Décis. Min. 7 juin 1876. Circ. N 211.)

20. *Fournitures de bois de chauffage. Façonnage. Transport. Perception.* — La perception du vingtième sur la valeur des fournitures de bois mises en charge doit s'effectuer sur le montant de l'estimation de ces bois, arrêtée par le ministre de l'agriculture, dans la forme adoptée pour les produits délivrés en nature. La valeur de ces bois doit être augmentée des frais de façonnage et de transport. (Décis. du Min. des Fin. du 30 janvier 1888. Circ. N 393.)

21. *Exercice. Taxe. Maximum.* — Il ne doit être perçu, pour chaque *exercice*, qu'une seule taxe (maximum : 1 franc par hectare), pour toutes les coupes ordinaires ou extraordinaires, vendues ou délivrées. (Décis. Min. 28 juillet 1860.)

22. *Perception.* — Pour la perception des frais d'administration, on prélève d'abord la taxe sur les coupes vendues, et ce n'est qu'en dessous du maximum de 1 franc par hectare qu'on calcule la taxe sur les produits délivrés. (Instr. des domaines, 4 mars 1857.)

23. *Sections.* — Lorsqu'une commune se compose de plusieurs sections, ayant chacune des bois particuliers, le vingtième se calcule, relativement au maximum de 1 franc par hectare, non pas d'après la contenance totale des bois de la commune, mais d'après la contenance des bois appartenant à chaque section. (Décis. Min. 28 juillet 1860.)

24. *Maximum. Taxe.* — Tant que le maximum pour chaque exercice (1 franc par hectare) n'est pas atteint, on prélève le vingtième sur les produits délivrés ou vendus jusqu'à concurrence de ce chiffre. Si le 5 pour cent des coupes délivrées donne ce chiffre, il n'est plus rien dû pour les coupes vendues, pendant l'exercice auquel appartient ce vingtième, et réciproquement.

25. *Aménagement. Taxe.* — La taxe du vingtième est due à l'époque où les produits du bois sont réalisables, d'après l'aménagement : chaque année, pour les coupes annuelles ; tous les deux ans, pour les coupes biennales ; tous les trois ans, pour les coupes triennales, etc., et c'est sur le prix total de ces coupes qu'est assise la taxe, sans qu'elle puisse dépasser 1 franc par hectare, que les coupes soient vendues ou délivrées; les coupes biennales ou triennales ne peuvent ainsi donner lieu qu'à la perception d'une seule taxe, quand on suit l'aménagement. (Décis. Min. 31 août 1857.)

26. *Coupe. Exercice. Réunion. Taxe.* — Lorsque plusieurs coupes appartenant à différents exercices sont vendues en une seule année, le maximum (1 franc par hectare) doit être appliqué au prix des coupes de chaque exercice, comme si elles avaient été vendues pendant l'exercice auquel elles appartenaient, de manière à ce qu'il n'y ait eu qu'ajournement dans la perception des droits de l'Etat. (Décis. Min. 31 août 1857. Circ. des domaines, 17 septembre 1857, nº 2005.)

27. *Exercices des coupes. Etats.* — Sur les états estimatifs des coupes délivrées et les états des coupes vendues, il faut signaler les exercices auxquels se réfère chaque article. A cet effet, les coupes seront groupées par paragraphe distinct, suivant l'exercice auquel elles appartiennent, en commençant par le plus ancien. (Circ. N 211.)

28. *Coupe refusée, non exploitée. Exercice.* — Les communes qui refusent ou n'exploitent pas leurs coupes sont dispensées d'en payer le vingtième pour frais de régie. Mais si une coupe refusée est ensuite exploitée, le vingtième de son estimation devient exigible. (Lettre de l'Admin. du 10 juillet 1873.)

29. *Paiement.* — Lorsqu'une coupe est délivrée à une commune, celle-ci est seule responsable du vingtième de l'estimation ; cependant, si une partie du bois était vendue, elle pourrait laisser à la charge de l'adjudicataire le paiement du vingtième de cette portion. Ce mode est facultatif pour les bois sur pied. Si les bois sont façonnés, la commune paye seule le vingtième et les acquéreurs ne doivent supporter aucune charge au profit du Trésor. (Lettre de l'Admin. 14 févr. 1842, nº 6905.)

30. *Coupes délivrées. Estimation.* — Lorsqu'une coupe communale invendue est exploitée par la commune, il doit être procédé, avant la délivrance du permis, à une revision de l'estimation, destinée à servir de base à la fixation du vingtième pour frais de régie, de telle sorte que les frais d'exploitation et les travaux mis en charge soient seuls défalqués de l'estimation brute. (Lettre de l'Admin. 16 mai 1850, nº 2706.)

31. *Délivrance. Vente.* — Lorsqu'une coupe délivrée en nature à une commune est mise en vente, façonnée ou non, par suite du refus des habitants d'en prendre possession, ou pour autre cause, elle doit être maintenue sur les états estimatifs des coupes délivrées arrêtés par le ministre, et la fixation des frais d'administration a lieu d'après la valeur portée sur ces états. (Décis. Min. 10 novembre 1863. Circ. A 843.)

32. *Exercice.* — Le vingtième de la valeur des coupes délivrées en nature appartient à l'exercice financier qui suit immédiatement celui pendant lequel les coupes ont été délivrées par l'administration des forêts. (Décis. Min. 26 décembre 1846.)

Le vingtième des coupes vendues appartient à l'exercice de l'année de la vente.

33. *Exercice. Coupes vendues. Coupes délivrées.* — La quotité exigible des frais de régie, jusqu'à concurrence de 1 franc par hectare, sera calculée sur le montant des coupes vendues, désignées par les états d'assiette de l'exercice courant, cumulé avec le montant de l'estimation des coupes délivrées en nature, figurant sur les états d'assiette de l'exercice précédent. (Décis. Min. 13 novembre 1874. Circ. N 162.)

Ainsi le vingtième des coupes délivrées en 1890 appartient à 1891 et se cumule avec le vingtième des coupes vendues en 1891.

34. *Propriétaire.* — Les frais d'administration sont toujours payés par le propriétaire des bois, et non par celui qui, d'après des conventions particulières, peut profiter des coupes ou des produits. (Décis. Min. 24 octobre 1861.)

35. *Paiement.* — La taxe destinée a indemniser l'Etat des frais d'administration des bois communaux et d'établissements publics est acquittée par les receveurs des communes et des établissements publics, que les coupes soient vendues ou délivrées. (Décis. Min. 11 juillet 1857. Circ. A 760.)

36. *Paiement. Caisse.* — Le vingtième du prix des *ventes* est versé au receveur des domaines du lieu de l'adjudication, et le vingtième du prix des produits *délivrés en nature* est versé à la caisse du receveur des domaines de la situation des bois. (Décis. Min. 14 décembre 1841.)

37. *Règlement. Etat.* — Après les ventes effectuées, les conservateurs adressent au directeur des domaines des états, par arrondissements communaux, indiquant le nom de la commune ou de l'établissement propriétaire, la contenance totale de la forêt, le prix principal de chaque coupe et l'exercice auquel elle appartient. (Décis. Min. 11 juillet 1857. Circ. A 760.)

38. *Paiement.* — Les agents n'ont pas à s'occuper du paiement des sommes revenant à l'Etat ; les préfets seuls prennent les mesures nécessaires à ce sujet. (Décis. Min. 18 décembre 1827. Circ. 15 janvier 1828.)

39. *Réclamation. Etude.* — Les réclamations sur les évaluations des frais de régie doivent être examinées avec le plus grand soin, et les résultats obtenus doivent être justifiés au moyen de vérifications, si elles sont praticables, ou du moins par un exposé détaillé et précis des données qui ont servi de base aux calculs et des circonstances qui en corroborent l'exactitude. (Circ. N 162.)

40. *Bois situés en dehors du département.* — Lorsqu'une commune ou un établissement public possède une forêt en dehors du département de sa situation, le conservateur de la

situation des bois fournit au directeur des domaines de la situation de la commune ou de l'établissement public propriétaire un extrait des coupes vendues ou délivrées et la contenance sur laquelle doit être calculé le vingtième, ainsi que celle de *tous* les bois possédés en propre par la commune ou l'établissement propriétaire. (Circ. N 211.)

FRAIS DE DÉLIMITATION ET DE BORNAGE.

Agent, 12.
Avance, 4.
Bois communaux, 1.
Bois indivis, 2.
Dépense spéciale, 1.
Enregistrement, 15.
Etablissements publics, 1
Etat, 8, 10, 11, 13.
Expert, 12, 15.
Extrait, 6.
Liquidation, 5.
Mémoire, 12.
Nomenclature, 3.
Propriétaire, 7.
Recouvrement, 4.
Renseignement, 8.
Répartition, 7, 9, 14.
Timbre, 13, 15.

1. *Bois communaux.* — Les frais de délimitation, de bornage et d'aménagement des bois des communes et établissements publics constituent des dépenses extraordinaires et spéciales à la charge particulière des propriétaires. Ces opérations sont en dehors de celles de conservation et de régie, que les agents forestiers doivent faire sans frais. (Cons. d'Etat, 21 août 1839. Circ. A 456.)

2. *Bois indivis.* — Les frais de délimitation des bois indivis seront supportés par les propriétaires, dans la proportion de leurs droits. (Cod. For. 115.)

3. *Nomenclature.* — Les frais de délimitation ou de bornage comprennent :

1° Les honoraires pour coopération de l'agent forestier agissant comme expert, ou comme expert et géomètre, pour une commune ou un établissement public ;

2° Les honoraires pour coopération du géomètre ;

3° Les salaires des bûcherons et porte-chaînes, lorsqu'un agent forestier opère comme géomètre ;

4° Les droits de timbre et d'enregistrement du procès-verbal ;

5° Les frais d'expédition, de papier et de reliure des actes constatant ces opérations ;

6° La fourniture et la plantation des bornes ;

7° Le timbre de l'état des frais à remettre au receveur (Circ. N 64, art. 173) ;

8° Le coût des citations aux riverains (délimitations et bornages généraux) ;

9° Les frais d'impression des arrêtés préfectoraux prescrivant la délimitation, annonçant le dépôt de la minute et faisant connaître la décision du gouvernement et le bornage (délimitations et bornages généraux). (Circ. N 64, art. 173, 209.)

4. *Avance. Recouvrement.* — Les frais de délimitation et de bornage sont avancés par le propriétaire de la forêt. (Cod. For. 115. Décis. Min. 10 avril 1841. Circ. N 64, art. 171.)

La portion de ces frais due par les riverains est ensuite recouvrée par l'administration des domaines, ou par les receveurs des communes et des établissements publics. (Ord. 66, 133. Circ. N 64, art. 172.)

5. *Liquidation.* — Il n'est pas nécessaire d'attendre que le bornage soit fait pour liquider les frais de délimitation ; les agents doivent, au contraire, se hâter de procéder à cette liquidation partielle. (Circ. N 64, art. 200.) V. Délimitation.

6. *Extrait.* — Les frais d'extrait des procès-verbaux de délimitation sont à la charge des requérants et se payent 0 fr. 75 par rôle. (Ord. 63.)

7. *Propriétaire. Répartition.* — Sont supportés par le propriétaire seul de la forêt :

1° La totalité des frais de coopération de l'agent forestier, agissant dans l'intérêt dudit propriétaire ;

2° Les frais d'expédition du procès-verbal de délimitation et de bornage à déposer à la conservation, à l'inspection, et pour la commune ou l'établissement propriétaire. (Ord. 23 juillet 1841. Circ. N 64, art. 188.)

Tous les autres frais se partagent par moitié entre le propriétaire de la forêt, d'une part, et tous les riverains, d'autre part, dans la proportion du développement de la ligne séparative qui les concerne, excepté pour les bois domaniaux ; auquel cas, le timbre de l'état de répartition est à la charge des riverains seuls. (Ord. 66. Décis. Min. 26 octobre 1841. Circ. A 651. Circ. N 64, art. 189.)

8. *Etat des frais. Délimitation. Renseignements.* — Le géomètre détermine, sous sa responsabilité, la longueur de la ligne séparative et dresse un état comprenant, par commune et par ordre alphabétique, les noms, prénoms et demeures des propriétaires riverains, le nombre et les numéros des articles du procès-verbal qui les concernent et, en regard, la longueur développée de la ligne de démarcation afférente à chacun d'eux. (Circ. A 617. Circ. N 64, art. 190.)

9. *Bornes. Répartition.* — Pour le bornage à frais communs, les riverains contribuent à la moitié de la dépense proportionnellement à l'utilité des travaux pour chacun d'eux ; un seul riverain peut être tenu de payer moitié du prix de plusieurs bornes, tandis que la moitié du prix d'une borne peut être répartie entre plusieurs riverains. Le géomètre fournit les renseignements nécessaires à ce sujet. (Circ. N 64, art. 191.)

10. *Etat général et de répartition des frais.* — Le conservateur dresse l'état général et de répartition des frais, au moyen de l'état des riverains et des mémoires des sommes dues aux agents, géomètres et à tous autres. Ces pièces lui sont adressées par le chef de service.

Cet état est soumis au visa pour timbre. (Loi du 13 brumaire an VII, art. 12. Ord. 66 et 133. Circ. A 481. Circ. A 617. Circ. N 64, art. 194 et 195.)

11. *Etat général des frais.* — L'état général des frais et l'état de répartition sont dressés en double et soumis au visa du préfet, qui, suivant que la forêt appartient à l'Etat, à une commune ou à un établissement public, transmet l'exemplaire timbré au receveur des domaines ou au receveur de la commune ou de l'établissement public ; l'exemplaire non timbré est renvoyé au conservateur. (Circ. N 64, art. 196.)

12. *Mémoires. Agent. Expert.* — Si le bois est communal ou d'établissement public, le conservateur joint, à l'appui, le mémoire des frais de coopération de l'agent comme expert et comme géomètre, ainsi que les mémoires des arpenteurs, ouvriers, fournisseurs, expéditionnaires, etc. (Circ. N 64, art. 197.)

13. *Etat de répartition. Timbre.* — Lorsque le bois délimité est domanial, les frais de timbre de l'état général et de répartition sont supportés par les riverains; si le bois appartient à une commune ou à un établissement public, les frais de timbre de l'état général et de répartition sont supportés, en commun, par les riverains et le propriétaire. (Loi du 13 brumaire an VII, art. 29. Circ. N 64, art. 198.)

14. *Répartition.* — Les frais de coût de citation et d'impression des arrêtés préfectoraux sont partagés par moitié entre le propriétaire et tous les riverains, qui y contribuent par portions égales. (Circ. N 64, art. 210.)

15. *Timbre. Enregistrement. Expert. Bois communaux et d'établissements publics.* — Pour les bois communaux et d'établissements publics, les conservateurs adressent aux directeurs des domaines un extrait certifié de l'état général et de répartition, en ce qui concerne le montant des droits de timbre et d'enregistrement et l'indemnité due pour la coopération des agents, comme experts dans l'intérêt des communes. (Circ. A 637.)

FRAIS DE JUSTICE.

SECT. I. — GÉNÉRALITÉS, PRINCIPES, 1 — 21.
SECT. II. — NOMENCLATURE, 22 — 25.
SECT. III. — LIQUIDATION, PAIEMENT, RECOUVREMENT, 26 — 50.
§ 1. *Frais généraux,* 26 — 37.
§ 2. *Frais spéciaux, Exploits, Poursuites,* 38 — 50.
SECT. IV. — TARIF, 51.

Administration, 5, 6.
Agent, 38.
Allocation, 38, 45.
Avance, 8, 27, 29.
Avocat, 32, 35.
Avoué, 32, 32 bis.
Brigadier, 46.
Casier judiciaire, 41.
Citation, 7.
Classification, 2.
Comptabilité, 22.
Condamnation, 1, 3, 4.
Contrainte par corps, 13.
Copie, 39.
Correspondance, 25.
Créance, 17.
Démence, 16.
Dépens, 31.
Dommages-intérêts, 9.
Epoque, 47, 50.
Etat, 47, 50.
Exécution, 19.
Exercice, 37.
Expert, 35 bis.
Fourrière, 28, 36.
Frais frustratoires, 21.
Frais urgents, 30.
Greffier, 40, 41, 51.
Héritiers, 11.
Honoraires, 35.
Huissier, 40, 48, 51.
Impression, 35, 35 bis.
Insolvable, 14.
Instance, 33.
Instance civile, 26, 34.
Instance criminelle, 23, 24.
Intérêt public, 6.
Interprète, 51.
Libération, 14.
Liquidation, 3.
Mémoire, 40.
Non-valeurs, 49, 50.
Nomenclature, 22.
Paiement, 22, 33, 49.
Partie civile, 10, 31.
Poursuites, 6, 27.
Préposé, 44, 45, 51.
Prescription, 20.
Prestation, 14.
Privilège, 18.
Procès-verbaux, 39.
Recouvrement, 12, 13.
Rédaction, 47.
Remboursement, 1, 36.
Remise des exploits, 44, 46.
Rétribution, 44.
Séquestre, 28, 36.
Signification, 44, 45, 46.
Sursis, 19.
Tarif, 51.
Taux, 51.
Taxe, 9, 43.
Témoin, 7.
Transaction, 15.
Tribunal correctionnel, 8, 9.
Voyage, 42.

SECT. I. — GÉNÉRALITÉS. PRINCIPES.

1. *Remboursement.* — Tout jugement d'un tribunal correctionnel ou de police, portant condamnation à une peine quelconque, prononcera, en même temps, au profit de l'Etat, le remboursement des frais auxquels la poursuite et la punition des délits auront donné lieu.

S'il y a plusieurs accusés, ils seront condamnés solidairement aux frais. Les frais seront liquidés et la liquidation rendue exécutoire par le président du tribunal. (Loi du 8 germinal an VII.)

2. *Classification.* — Les frais d'instance sont compris dans les réparations civiles. (Cass. 26 mars 1858.)

3. *Condamnation. Liquidation.* — Tout jugement de condamnation rendu contre le prévenu et contre les personnes civilement responsables du délit, ou contre la partie civile, les condamnera aux frais, même envers la partie publique. Les frais seront liquidés par le même jugement. Il en est de même en appel. (Instr. Crim. 162, 194 et 211.)

4. *Condamnation.* — L'accusé ou la partie civile qui succombera sera condamné aux frais envers l'Etat et envers l'autre partie. (Instr. Crim. 368.)

5. *Administration.* — Lorsque l'administration succombe, elle doit supporter non seulement les frais avancés, mais encore ceux faits par le prévenu, comprenant instruction, expédition et signification de jugement. Les honoraires d'avoués et d'avocats

ne sont pas compris dans les frais, en matière correctionnelle. (Loi du 18 juin 1811, art. 3. Cass. 2 avril 1836.)

6. *Poursuites. Intérêt public. Administration forestière.* — L'administration forestière est assimilée à la partie civile et condamnée aux frais, sauf recours contre le condamné, même lorsqu'elle exerce les poursuites au point de vue de l'intérêt public. (Trib. de Brignoles, 11 juin 1878.)

7. *Citation. Témoins.* — Les citations et significations faites à la requête des prévenus seront à leurs frais, ainsi que le salaire des témoins qu'ils feront entendre. (Loi du 5 pluviôse an XIII.)

8. *Tribunaux correctionnels. Avance.* — En matière de police correctionnelle, la partie civile sera personnellement chargée des frais de poursuite, instruction et signification des jugements. (Loi du 5 pluviôse an XIII.)

9. *Dommages-intérêts. Taxe.* — Les dommages-intérêts prononcés en matière correctionnelle, à la requête des agents forestiers, sont assujettis à la taxe de 3 pour cent. (Loi du 22 frimaire an VII. Loi du 26 janvier 1892, art. 16, § 7.)

10. *Partie civile. Paiement.* — Toutes les fois qu'il y aura partie civile en cause et qu'elle n'aura pas justifié de son indigence, les exécutoires pour les frais d'instruction, expédition et signification des jugements pourront être décernés directement contre elle. (Décr. du 18 juin 1811, art. 159.)

11. *Héritiers.* — Le paiement des frais d'une condamnation, passée en force de chose jugée, grève la succession du condamné et peut être poursuivi contre ses héritiers. C'est un remboursement d'avances faites.

12. *Recouvrement.* — Le recouvrement des frais est confié aux percepteurs des contributions directes. (Loi de Fin. 29 septembre 1873. Circ. N 149.)

13. *Recouvrement. Contrainte par corps.* — La contrainte par corps ne peut être prononcée contre les personnes civilement responsables, pour assurer le recouvrement des frais de justice. (Cass. 25 avril 1884.)

14. *Insolvables. Libération. Prestation.* — L'administration forestière pourra admettre les délinquants insolvables à se libérer des frais dus à l'Etat, pour délit dans tous les bois en général, au moyen de prestations en nature. (Cod. For. 215 et 218. Loi du 18 juin 1859.) V. Prestation.

15. *Transaction.* — Dans les transactions, les frais doivent toujours être payés, surtout ceux de timbre et d'enregistrement. (Circ. A 786.)

16. *Démence.* — Le prévenu acquitté pour cause de démence ne peut même pas être condamné aux frais. (Cass. 26 déc. 1842.)

17. *Créances.* — Les frais de justice sont des créances privilégiées sur la généralité des meubles et des immeubles; elles se conservent sans inscription hypothécaire. (Cod. Civ. 2101, 2104 et 2107.)

18. *Privilège.* — Le privilège pour les frais n'aura lieu qu'à la charge de l'inscription hypothécaire dans les deux mois, à dater du jour du jugement de condamnation. (Loi du 5 septembre 1807.)

19. *Sursis. Exécution.* — Le sursis à l'exécution de la peine que peut prononcer le tribunal, en faveur de l'inculpé condamné pour la première fois, ne comprend pas le payement des frais du procès. (Loi du 26 mars 1891, art. 2.)

20. *Prescription.* — Les frais de justice, en matière correctionnelle, se prescrivent par trente ans. (Décis. Min. 28 août et 6 septembre 1816. Cass. 23 janvier 1828.)

21. *Frais inutiles.* — Les frais frustratoires, c'est-à-dire inutiles, restent à la charge de la partie qui les a faits. (Proc. Civ. 1031.)

SECT. II. — NOMENCLATURE.

22. *Nomenclature. Comptabilité.* — Les frais de justice civile et correctionnelle comprennent :

1° Les honoraires des avoués et avocats, les dépens et dommages-intérêts (matière civile) ;

2° La rétribution aux gardes pour les actes de leur ministère (matière correctionnelle) ;

3° Les taxes à témoin (matière correctionnelle);

4° Le coût des actes d'huissier (matières civile et correctionnelle);

5° Le coût des expéditions et extraits de jugement (matières civile et correctionnelle) ;

6° Les honoraires des interprètes (matière correctionnelle) ;

7° Les frais de poursuite tombés en non-valeur (matière correctionnelle) ;

8° Les frais de fourrière et vente d'animaux saisis et non réclamés (matière correctionnelle);

9° Les frais de transport et séquestre des bois de délit (matière correctionnelle) ;

10° Les frais de nourriture et de couchage des prisonniers (matière correctionnelle) ;

11° Les frais de transport des condamnés (matière correctionnelle).

Les dépenses nos 3 à 11 seront liquidées par le conservateur sur des crédits de prévision délégués d'avance. (Circ. A 514.)

23. *Instance criminelle.* — Sont compris sous le nom de frais de justice criminelle et dont l'administration de l'enregistrement fera l'avance, pour les actes et procédure

ordonnés d'office ou à la requête du ministère public, sauf recouvrement :

1o Les frais de translation des prévenus et des pièces de conviction ;

2o ....

3o Les honoraires et vacations des médecins experts ou interprètes ;

4o Les indemnités aux témoins ;

5o Les frais de garde, de scellé et de mise en fourrière ;

6o Les droits d'expédition et autres alloués aux greffiers ;

7o Les salaires des huissiers (gardes) ;

8o L'indemnité pour transport des officiers de justice ;

....

14o Les dépenses pour inscription hypothécaire requise par le ministère public. (Décr. du 18 juin 1811, art. 1 et 2.)

24. *Frais de justice criminelle.* — Ne sont pas compris sous la dénomination de frais de justice criminelle :

1o Les honoraires des conseils ou défenseurs des accusés, non plus que les honoraires des avoués, dans le cas où leur ministère serait employé ;

2o Les indemnités de route des militaires en service et appelés comme témoins. (Décr. du 18 juin 1811, art. 3.)

25. *Correspondance. Port de lettres.* — L'article 18 de la loi du 5 mai 1855, concernant le port des lettres et paquets compris dans les frais de justice criminelle, n'est pas applicable aux affaires forestières, devant les tribunaux correctionnels. (Décis. Min. du 31 janvier 1856. Circ. A 748.)

SECT. III. — LIQUIDATION. PAIEMENT. RECOUVREMENT.

§ 1. *Frais généraux.*

26. *Instance civile.* — Les frais de poursuite et d'instance civile sont liquidés par les conservateurs. (Circ. N 402.)

27. *Poursuites. Avance.* — Les frais relatifs à la poursuite des délits de toute nature doivent être avancés par les receveurs des finances, pour le compte de l'administration des forêts, toutes les fois que l'affaire est engagée devant le tribunal correctionnel. (Circ. A 212 bis. Circ. A 431. Circ. N 149.)

28. *Fourrière. Séquestre.* — Les frais de fourrière et de séquestre sont dressés par les percepteurs et sont payés sur mémoires timbrés, dûment arrêtés. (Circ. N 104, § 141. Circ. N 149.)

29. *Avance.* —Les frais de justice en matière civile, exigibles en cours d'instance, sont avancés par le receveur de l'enregistrement et ne sont imputés en dépense à l'administration qu'à défaut de recouvrement sur la partie. (Règl. Min. 26 décembre 1866. Circ. N 104, p. 141.)

30. *Frais urgents.* — Les frais réputés urgents, tels que taxe à témoin, seront acquittés, sans mandat, par les receveurs des domaines, qui seront remboursés au moyen de mandats à délivrer sur pièces justificatives. (Décis. Min. 7 mars 1834.)

31. *Partie civile. Dépens.* — Lorsque l'administration agit comme partie civile, elle doit être condamnée aux dépens, si elle succombe dans son action. (Caen, 20 juin 1866.)

32. *Avocats. Avoués.* — Lorsque l'administration succombe dans une instance en matière correctionnelle, elle doit supporter les frais par elle avancés, ainsi que tous ceux faits par le prévenu pour sa justification, à l'exception des frais d'avoués et d'avocats. (Proc. Civ. 130. Décr. du 18 juin 1811, art. 157, 158. Cass. 2 avril 1836.)

32 bis. *Avoués. Frais et honoraires.* — Une réclamation de frais présentée par un avoué n'est pas recevable, si elle n'est pas accompagnée du registre prescrit par le décret de 1807.

En dehors des frais taxés, les tribunaux ne peuvent allouer aux avoués d'honoraires exceptionnels que pour faux frais, travaux extraordinaires et soins donnés aux intérêts de leurs clients, en dehors de ceux dont ils sont tenus par leurs fonctions. (Agen, 2 mars 1893.)

33. *Instance. Paiement.* — Les frais de l'instance dans laquelle l'Etat a succombé et dont les receveurs n'ont pas fait l'avance sont payés par l'administration, sur la production des pièces justificatives. (Décis. Min. 14 février 1839.)

34. *Instance civile.* — Les frais d'instance en matière civile, concernant les forêts de l'Etat, sont imputables sur le budget de l'administration des forêts et avancés par les receveurs des domaines, sauf recouvrement sur l'administration ou les parties. Ces avances sont faites sur la production des extraits de jugements ou des états de frais, dûment taxés. (Loi 20 du juillet 1837. Arr. Min. 2 novembre 1838. Circ. comptabilité, 12 décembre 1835.)

35. *Honoraires d'avocats. Impression.* — Les suppléments d'honoraires d'avocats et les frais d'impression de mémoires et autres frais non susceptibles d'entrer en taxe sont réglés par le préfet. Lorsque la dépense est supérieure à 2000 francs, l'approbation du ministre est nécessaire. (Règl. Min. 26 décembre 1866. Circ. N 104, p. 144.)

35 bis. *Expert. Honoraires.* — L'expert peut s'adresser, pour le règlement de ses honoraires, à toutes les parties dont il a été le mandataire, soit qu'elles l'aient fait nommer, soit qu'elles aient accepté sa nomination. Mais il ne peut rien réclamer au

défenseur qui n'a pas adhéré à sa nomination, au moins tacitement. (Trib. de la Seine, 29 décembre 1892.)

36. *Remboursement.* — L'administration des forêts rembourse toutes les avances faites par les receveurs des finances pour la poursuite ou l'exécution des jugements ; elle paye aux greffiers les extraits de jugements contradictoires ; elle rembourse les frais d'incarcération des délinquants, ceux de séquestre de bois de délit et de nourriture des animaux mis en fourrière, de même que pour la vente de ces animaux, de telle sorte qu'aucun de ces frais ou dépense ne peut être acquitté par prélèvement sur les recettes ou les produits réalisés. (Circ. A 431. Circ. N 149.)

37. *Exercice.* — C'est l'année pendant laquelle les mémoires des frais de poursuite et d'instance sont taxés par le président du tribunal, qui détermine l'exercice sur lequel ils devront être imputés. (Circ. N 88.)

§ 2. *Frais spéciaux. Exploits. Poursuites.*

38. *Agent. Allocation.* — Il n'est plus alloué de frais de justice ou de poursuites aux agents. (Circ. A 404 bis. Circ. A 405.)

39. *Procès-verbaux. Copie.* — A l'avenir, il ne sera plus admis, dans les mémoires relatifs aux frais de justice, des rôles de copie de procès-verbaux, à moins que les citations ne comprennent plusieurs procès-verbaux. (Décis. Min. 26 juillet 1831. Circ. A 285.)

40. *Greffier. Huissier.* — Les greffiers et huissiers présenteront leurs états aux agents chargés des poursuites, pour être vérifiés et arrêtés. (Décis. Min. 7 mars 1834. Circ. A 345.)

41. *Greffier. Casier judiciaire.* — Les greffiers ne peuvent, si les agents forestiers n'ont rien demandé, faire payer à l'administration forestière les bulletins du casier judiciaire. (Puton. *Revue*, octobre 1874, p. 133.)

42. *Voyage.* — Ne seront pas compris dans les états de frais de justice : 1° les frais de voyage des préposés forestiers, à moins que leur déplacement n'ait été ordonné par un mandat spécial du ministère public ; 2° les frais des affaires pouvant donner lieu à des peines afflictives ou infamantes. (Décis. Min. 7 mars 1834. Circ. A 345.)

43. *Taxe.* — Tous les actes des gardes forestiers, dans lesquels ils remplacent les huissiers, seront taxés comme ceux faits par les huissiers des juges de paix. (Décr. 1er avril 1808. Cod. For. 173.)

44. *Préposés. Remise des exploits. Rétribution.* — Il est alloué aux préposés forestiers 30 centimes par chaque citation, opposition ou signification. La somme afférente à chaque garde ou brigadier ne pourra pas s'élever à plus de 200 francs par an, et on ne doit pas donner à chaque préposé plus de citations ou significations que n'en comporte l'attribution de cette somme. (Décis. Min. 7 mars 1834. Circ. A 345. Circ. A 405. Circ. A 656. Circ. N 85. Circ. N 382.)

45. *Préposés. Allocation spéciale.* — Les préposés pourront recevoir des indemnités spéciales, calculées d'après les tarifs réglementaires, toutes les fois que les déplacements qui leur seront occasionnés par des actes de citation ou de signification entraîneront pour eux des dépenses hors de proportion avec l'indemnité fixe qui leur est allouée. (Décis. Min. 27 février 1886. Circ. N 382.)

46. *Exploit. Remise. Brigadier.* — Les brigadiers sans triage doivent faire tous les actes de citation, opposition et signification dans leur brigade ; mais les simples gardes peuvent aussi les faire, lorsque, à raison des distances ou de tout autre empêchement, les brigadiers ne peuvent en être chargés. (Circ. A 467. Circ. A 656.)

47. *Paiement.* — Les frais de justice sont payés aux préposés à l'expiration de chaque année, au vu d'un état collectif (form. série 11, n° 4), que l'inspecteur dresse en simple expédition, pour les préposés sous ses ordres, et qu'il transmet au conservateur, chargé de liquider cette dépense. (Circ. N 85. Circ. N 372. Circ. N 402.)

Lorsqu'une inspection comprend plusieurs départements, il est fourni un état distinct par département. (Circ. N 85.)

48. *Greffiers.* — Les greffiers ne peuvent percevoir aucun droit pour les simples formalités dont il est seulement fait mention sommaire sur les pièces produites. (Décr. du 28 mai 1854. Circ. du Min. de la justice, 11 novembre 1872.)

49. *Non-valeur. Paiement.* — Lorsque les poursuites tombent en non-valeur, le receveur particulier en dresse l'état sur la formule série 11, n° 2 ; le conservateur en arrête le montant et le mandate, dans les mêmes conditions que le paiement à faire aux huissiers et aux greffiers. (Circ. N 149.)

50. *Non-valeur. Etat. Epoque.* — L'état des frais de poursuite tombés en non-valeur est transmis par le trésorier général au receveur des finances, à la fin du mois de février de la deuxième année de l'exercice, et le conservateur doit délivrer le mandat avant le 31 mars, terme de rigueur. (Circ. N 165. Loi de finances du 25 janvier 1889. Circ. N 406.)

SECT. IV. — TARIF.

51. *Taux.* — Les frais des actes de justice ont été fixés ainsi qu'il suit (Décr. 18 juin 1811. Décr. 7 avril 1813. Décr. 7 août 1818. Décr. 18 février 1863):

NOM des parties prenantes.	NATURE DES ACTES.	COUT DES ACTES. Paris.	Villes de 40000 âmes et au-dessus.	Villes ou communes au-dessous de 40000 âmes.
		Fr. C.	Fr. C.	Fr. C.
Interprètes.	Pour chaque vacation et pour chaque rapport fait par écrit..................	5 »	4 »	3 »
	Pour chaque rôle de 30 lignes à la page et de 16 à 18 syllabes à la ligne, de traduction par écrit................	1 25	1 »	0 75
Greffiers.	Pour chaque rôle d'expédition de 28 lignes à la page et de 16 syllabes à la ligne..................................	0 40	0 40	0 40
	Pour chaque extrait, en matière forestière..............................	0 25	0 25	0 25
Huissiers et préposés forestiers.	Pour chaque original de citation ou de signification, etc.....................	1 »	0 75	0 50
	Pour copie des mêmes actes..........	0 75	0 60	0 50
	Pour chaque rôle de copie, non compris le premier (30 lignes à la page et 18 syllabes à la ligne)................	0 50	0 40	0 30
	Pour capture en vertu d'un mandat d'amener..............................	18 »	15 »	12 »
	Pour capture, si l'emprisonnement est de moins de 5 jours (solvables ou insolvables)..............................	5 »	4 »	3 »
	Pour chaque myriamètre parcouru, en allant et en revenant.................	1 50	1 50	1 50

FRAIS DE PAIEMENT.

Créance. — Les frais de paiement sont à la charge du débiteur. (Cod. Civ. 1248.) V. Monnaie.

FRAIS DE SERMENT. V. Serment.

FRAISE.

Cueillette. — Le fait d'avoir cueilli des fraises, dans un bois soumis au régime forestier, ne constitue pas un délit, s'il n'y a pas eu dommage. (Besançon, 26 décembre 1843.)

Ce fait devient délictueux, si, à raison du grand nombre de personnes qui ont pénétré dans la forêt, les jeunes plantes forestières ont souffert, s'il y a eu dommage et si les fraises étaient enlevées en grande quantité. (Besançon, 10 juin 1845.) V. Fruit.

FRAISIL.

Définition. — Cendre ou terre brûlée restant sur les places à charbon. V. Enlèvement. Extraction.

FRAMBOISE. V. Fruit.

FRANÇAIS.

1. *Nationalité.* — Tout individu né d'un Francais, en France ou à l'étranger, est Français. (Cod. Civ. 8. Loi du 26 juin 1889.)

2. *Nationalité.* — Tout homme né et résidant en France qui, âgé de vingt-un ans accomplis, s'est fait inscrire sur le registre civique de son arrondissement communal et a demeuré depuis pendant un an sur le territoire de la République est citoyen français. (Const. du 22 frimaire an VIII, art. 2.)

3. *Naturalisation.* — Tout individu né en France d'un étranger et qui n'y est pas domicilié à l'époque de sa majorité pourra, jusqu'à l'âge de vingt-deux ans accomplis, faire sa soumission de fixer en France son domicile et, s'il l'y établit dans l'année à compter de l'acte de soumission, réclamer la qualité de Français par une déclaration qui sera enregistrée au ministère de la justice. (Cod. Civ. 9. Loi du 26 juin 1889. Loi du 22 juillet 1893.)

4. *Naturalisation.* — L'étranger qui aura été autorisé, par décret, à fixer son domicile en France y jouira de tous les droits civils. L'effet de l'autorisation cessera à l'expiration de cinq années, s'il ne demande pas la naturalisation ou si la demande est rejetée. (Cod. Civ. 13. Loi du 26 juin 1889.)

Pour les formalités à remplir, voir le règlement d'administration publique du 13 août 1889.)

FRANC BORD. V. Répare.

FRANCHISE POSTALE.

Affiches, 5.
Agents, 7.
Bandes, 8.
Cahiers affiches, 5.
Conditions, 7.
Contre-seing, 7.
Correspondance, 1, 2.
Envoi, 8.
Exclusions, 5.
Formalités, 10.
Formules, 5.
Imprimés, 5.
Infraction, 6.
Journaux, 4.
Nomenclature, 3.
Paquets, 5, 8.
Pénalités, 6.
Poids, 6.
Principe, 1.
Service, 2.
Signature, 9.
Tableau, 11.
Taxe, 6, 10.

1. *Correspondance. Principe.* — Les agents et préposés forestiers sont autorisés à correspondre en franchise, par la poste, soit entre eux, soit avec des fonctionnaires dépendant d'autres administrations, dans des limites et sous certaines conditions qui seront indiquées ci-après. (Ord. du 17 novembre 1844, art. 1 et 2.)

Les agents ayant leur résidence dans la même ville, Paris excepté, ne sont pas admis à correspondre entre eux en franchise. (Décis. Min. du 13 juin 1851. Circ. N 46, art. 1.)

2. *Correspondance. Service.* — La correspondance des agents et préposés, admise à circuler en franchise, doit être exclusivement relative au service. (Ord. du 17 novembre 1844, art. 3. Circ. N 46, art. 2.)

3. *Nomenclature.* — Sont assimilés à la correspondance de service les objets ci-après désignés :

1° Les budgets, rapports, comptes rendus, circulaires, proclamations ou affiches et autres publications officielles faites directement par le gouvernement ou par ses agents, en son nom ;

2° Toutes autres publications ou tous imprimés concernant le service direct du gouvernement ;

3° Les décorations et médailles d'honneur décernées par le gouvernement ;

4° Les registres reliés et cartonnés. (Ord. du 17 novembre 1844, art. 8 et 9. Circ. N 46, art. 3.)

4. *Journaux.* — La Revue militaire de l'étranger et le Bulletin de l'industrie laitière sont admis à circuler en franchise sous le contre-seing et à l'adresse des agents forestiers, dans les conditions prévues par l'article 8, paragraphe 5, de l'ordonnance du 17 novembre 1844. (Circ. N 216.)

5. *Exclusions.* — Sont exclus du bénéfice de la franchise :

Les approvisionnements de formules d'imprimés, et généralement tous objets non désignés à l'article précédent. (Ord. du 17 novembre 1844, art. 10. Circ. N 46, art. 4.)

Sont considérées comme approvisionnement de formules imprimées, celles dont une partie en blanc est destinée à recevoir l'écriture à la main.

Ne sont pas considérées comme approvisionnement les formules imprimées, lorsque le poids total du paquet n'excède pas, savoir : cent grammes pour des formules du même modèle, et cinq cents grammes pour des formules de plusieurs modèles différents. Il est interdit de recevoir, dans un même bureau de poste et dans la même journée, plus d'un paquet de l'epèce, adressé par le même expéditeur au même destinataire. (Décis. Min. des finances du 25 juin 1856. Circ. A 754. Circ. N 46, art. 4.)

Les cahiers-affiches relatifs à la vente des coupes de bois, que les agents et préposés des forêts remettent aux personnes qui font le commerce de bois, sont transmis, sous contre-seing, par les chefs de service, soit à leurs collègues, soit à leurs subordonnés, à qui ils font connaître, dans leur correspondance ordinaire, les marchands de bois auxquels ils doivent être remis. Le nom de ces marchands ne doit pas être indiqué sur les cahiers-affiches. (Décis. Min. du 7 novembre 1856. Circ. A 756. Circ. N 46, art. 4.)

6. *Infraction. Pénalité. Poids.* — L'envoi des formules imprimées excédant 500 grammes constitue une infraction passible, aux termes du décret du 24 août 1848, d'une amende de 150 à 300 francs. Il donne lieu au paiement de la double taxe. (Circ. N 278.)

7. *Agents. Conditions. Contre-seing.* — Les fonctionnaires de l'administration des forêts n'ont la franchise, dans les limites où elle leur est accordée, que sous la condition de contre-seing.

Le contre-seing consiste dans la désignation des fonctions de l'envoyeur, suivie de sa signature.

La désignation des fonctions peut être imprimée sur l'adresse ou indiquée par un timbre; mais tous les agents et préposés sont tenus d'apposer, de leur main, sur l'adresse des lettres et paquets qu'ils expédient, leur signature au-dessous de la désignation de leurs fonctions. (Ord. du 17 novembre 1844, art. 13. Circ. N 46, art 5.)

8. *Paquets. Envoi.*— Les lettres et paquets relatifs au service s'expédient sous pli fermé ou sous bande, suivant la qualité des expéditeurs ou des destinataires.

Les bandes fermant les lettres ou paquets contre-signés ne doivent adhérer entre elles qu'au verso de la dépêche et à l'endroit où elle est cachetée. (Décis. Min. 11 août 1852.)

Les lettres fermées peuvent être pliées et cachetées sous la forme ordinaire ou mise sous enveloppe. (Ord. du 17 novembre 1844, art. 21. Circ. N 46, art. 13.)

FRANCHISE POSTALE.

9. *Signature.* — Les fonctionnaires, jouissant de la franchise sous bandes, doivent accréditer leur signature dans les bureaux de poste où ils déposent leur correspondance. (Postes.)

10. *Formalités. Taxe.* — Lorsque les formalités pour procurer la franchise manquent à une dépêche, le receveur de la poste en prévient le contre-signataire, pour opérer les rectifications, avant le départ du courrier; à défaut de quoi, la dépêche est taxée. (Ord. du 17 novembre 1844, art. 30. Circ. N 46, art. 31 et 32.)

11. *Tableau.* — Le tableau de franchise, annexé à la circulaire N 46, a été modifié ou complété par les circulaires N 134, N 150, N 164, N 174, N 182, N 434, N 441, et par la circulaire ministérielle nº 13 du 28 février 1890.

TABLEAU DES FRANCHISES POSTALES.

EXPLICATION DES SIGNES ET ABRÉVIATIONS EMPLOYÉS DANS CE TABLEAU.

Signe employé dans la colonne 2.

L'astérisque * placé à la suite de la désignation du fonctionnaire indique que le contre-seing est réciproque.

Abréviations employées dans la colonne 3.

L. F.......... Lettres fermées, c'est-à-dire sous enveloppe ou sous pli.
S. B.......... Sous bandes.
S. B*......... Sous bandes, avec faculté de fermer, c'est-à-dire de mettre sous enveloppe ou sous pli, *mais seulement en cas de nécessité.*

Abréviations employées dans la colonne 4.

Arr. s.-pr.................. Arrondissement de sous-préfecture.
Bass. for................... Bassin forestier.
Circ. corps d'armée........ Circonscription de corps d'armée.
Circ. for. de brig.......... Circonscription forestière de brigade.
Conserv. for................ Conservation forestière.
Conserv. for. et Dép. lim... Conservation forestière et départements limitrophes.
Conserv. for. et Dir. du gén. Conservation forestière et direction du génie.
C. app...................... Cour d'appel.
Dép......................... Département.
Dép. et Dép. lim............ Département et départements limitrophes.
Dir. du gén................. Direction du génie.
Div. mil.................... Division militaire.
Rég. mil.................... Région militaire.
T. la Rép................... Toute la République.

Franchise postale.

DÉSIGNATION DES FONCTIONNAIRES ET DES PERSONNES		FORME sous laquelle la correspondance circulant en franchise doit être présentée.	ARRONDISSEMENT, CIRCONSCRIPTION OU RESSORT dans l'étendue duquel la correspondance valablem. contresignée circule en franchise.
autorisés à contresigner leur correspondance de service.	auxquels la correspondance de service des fonctionnaires et des personnes désignés dans la colonne ci-contre doit être remise en franchise.		
Administrateurs des forêts en tournée.	Brigadiers forestiers*..............	S. B.	T. la Rép.
	Conservateurs des forêts*..............	S. B.	Id.
	Gardes forestiers*..............	S. B.	Id.
	Gardes généraux des forêts et gardes généraux stagiaires*..............	S. B.	Id.
	Inspecteurs adjoints des forêts*..............	S. B.	Id.
	Inspecteurs des forêts*..............	S. B.	Id.
	Maires*..............	S. B.	Id.
	Préfets et sous-préfets*..............	S. B.	Id.

DÉSIGNATION DES FONCTIONNAIRES ET DES PERSONNES autorisés à contresigner leur correspondance de service.	auxquels la correspondance de service des fonctionnaires et des personnes désignés dans la colonne ci-contre doit être remise en franchise.	FORME sous laquelle la correspondance circulant en franchise doit être présentée.	ARRONDISSEMENT, CIRCONSCRIPTION OU RESSORT dans l'étendue duquel la correspondance valablem. contresignée circule en franchise.
Agents forestiers (1).	Ingénieurs des ponts et chaussées*	S. B.	Conserv. for.
Agents ou préposés du service des forêts autorisés à exercer par délégation le contre-seing des conservateurs ou des inspecteurs en cours de tournée	Mêmes droits de contre-seing que les conservateurs ou les inspecteurs des forêts sous les ordres desquels ils sont placés	S. B.	»
	Conservateurs des forêts en cours de tournée*	S. B.	Conserv. for.
	Inspecteurs des forêts en cours de tournée*	S. B.	»
Agents voyers départementaux, chefs du service vicinal (1).	Conservateurs des forêts*	S. B.	Conserv. for.
	Gardes généraux des forêts*	S. B.	Id.
	Gardes généraux stagiaires des forêts*	S. B.	Id.
	Inspecteurs des forêts*	S. B.	Id.
	Inspecteurs adjoints des forêts*	S. B.	Id.
Brigadiers des forêts.	Conservateurs des forêts*	S. B.	Conserv. for.
	Gardes cantonniers des forêts*	S. B.	Arr. s.-pr.
	Gardes forestiers*	S. B.	Circ. for. de brig.
	Gardes généraux des forêts*	S. B.	Conserv. for.
	Gardes généraux stagiaires des forêts*	S. B.	Id.
	Inspecteurs des forêts*	S. B.	Id.
	Administrateurs des forêts en tournée	S. B.	T. la Rép.
	Receveurs de l'enregistrement, des domaines et du timbre*	S. B.	Conserv. for.
	Inspecteurs adjoints des forêts*	S. B.	Id.
Brigadiers des forêts à Charmes (Vosges).	Garde forestier à Saint-Remy (Meurthe-et-Moselle)*	S. B.	»
Brigadiers des forêts à Fourg (Doubs).	Garde général des forêts à Orchamps (Jura)*	S. B.	»
Conservateurs des forêts.	Adjoints à l'inspecteur des finances*	S. B*.	T. la Rép.
	Agents voyers départementaux, chefs du service vicinal*	S. B.	Conserv. for.
	Brigadiers des forêts*	S. B.	Id.
	Chefs du génie*	S. B.	Dir. du gén.
	Commandants de l'artillerie dans les corps d'armée et les régions militaires*	S. B.	T. la Rép.
	Commandants des brigades actives*	S. B*.	Id.
	Commandants des bureaux de mobilisation*	S. B*.	Id.
	Commandants des corps d'armée*	S. B*.	Id.
	Commandants des corps militaires*	S. B*.	Id.
	Commandants des dépôts de recrutement*	S. B*.	Id.
	Commandants des divisions actives*	S. B*.	Id.

(1) Extrait d'un décret en date du 14 décembre 1891.

DÉSIGNATION DES FONCTIONNAIRES ET DES PERSONNES autorisés à contresigner leur correspondance de service.	auxquels la correspondance de service des fonctionnaires et des personnes désignés dans la colonne ci-contre doit être remise en franchise.	FORME sous laquelle la correspondance circulant en franchise doit être présentée.	ARRONDISSEMENT, CIRCONSCRIPTION OU RESSORT dans l'étendue duquel la correspondance valablem. contresignée circule en franchise.
Conservateurs des forêts (*suite*).	Commandants de la division territoriale (Paris) et des divisions territoriales d'Alger, Constantine et Oran*............	S. B*.	»
	Commandants des subdivisions de régions militaires*.............	S. B*.	T. la Rép.
	Conservateurs des forêts des conservations limitrophes*.....................	S. B.	»
	Conservateurs des forêts en Algérie*....	S. B.	Algérie.
	Directeur du matériel de l'école d'artillerie de Valence....................	S. B.	Rég. mil.
	Directeurs d'artillerie*................	S. B.	T. la Rép.
	Directeurs des ateliers de construction*.	S. B.	Id.
	Directeurs des constructions navales chargés de la centralisation du service actif des bois de marine*............	S. B.	Id.
	Directeurs des contributions directes*..	S. B.	Conserv. for.
	Directeurs des contributions diverses en Algérie*................	S. B.	Algérie.
	Directeurs des contributions indirectes*.	S. B.	Conserv. for.
	Directeurs des écoles d'artillerie*......	S. B.	T. la Rép.
	Directeurs du dépôt central des poudres et salpêtres à Paris*......	S. B.	»
	Directeurs de l'enregistrement, des domaines et du timbre*.....	S. B.	Conserv. for.
	Directeurs du génie*................	S. B.	Conserv. for. et Dir. du gén.
	Directeurs des poudres et raffineries de soufre et de salpêtre*.....	S. B.	T. la Rép.
	Directeurs supérieurs du génie*.......»	S. B.	Conserv. for.
	Gardes cantonniers des forêts*......	S. B.	Id.
	Gardes forestiers*................	S. B.	Id.
	Gardes généraux des forêts*........	S. B.	Id.
	Gardes généraux stagiaires des forêts*................	S. B.	Id.
	Ingénieur directeur de la fabrique de coton-soufre du Moulin-Blanc*........	S. B.	»
	Ingénieurs du service des bois de marine, chefs de bassin ou en sous-ordre dans un bassin*......................	S. B.	Bass. for.
	Inspecteurs des finances*.............	S. B.	T. la Rép.
	Inspecteurs des forêts*................	S. B.	Id.
	Inspecteurs généraux des finances*......	S. B*.	Id.
	Inspecteurs des poudreries et raffineries de l'Etat*.............	S. B.	Id.
	Administrateurs des forêts en tournée...	S. B.	Id.
	Juges de paix*.....................	S. B.	Conserv. for.
	Maires*..........................	S. B.	Id.
	Officiers de gendarmerie*............	S. B.	Id.
	Percepteurs*......................	S. B.	Conserv. for. et Dép. lim.
	Préfets*.........................	S. B.	Id.

DÉSIGNATION DES FONCTIONNAIRES ET DES PERSONNES autorisés à contresigner leur correspondance de service.	auxquels la correspondance de service des fonctionnaires et des personnes désignés dans la colonne ci-contre doit être remise en franchise.	FORME sous laquelle la correspondance circulant en franchise doit être présentée.	ARRONDISSEMENT, CIRCONSCRIPTION OU RESSORT dans l'étendue duquel la correspondance valablem. contresignée circule en franchise.
Conservateurs des forêts (*suite*).	Procureurs généraux*........	L. F.	C. app.
	Procureurs généraux dans les conservations forestières limitrophes*........	S. B.	Conserv. for.
	Procureurs de la République*........	S. B.(1)	Conserv. for. (2)
	Receveurs de l'enregistrement, des domaines et du timbre*........	S. B.	Conserv. for.
	Receveurs particuliers des finances*.....	S. B.	Conserv. for. et Dép. lim.
	Inspecteurs adjoints des forêts*........	S. B.	Conserv. for.
	Sous-intendants militaires en Algérie....	S. B.	»
	Sous-préfets*........	S. B.	Conserv. for.
	Trésoriers-payeurs généraux*........	S. B.	Conserv. for. et Dép. lim.
Conservateurs des forêts en cours de tournée.	Agents du service des forêts sous leurs ordres autorisés à exercer, par délégation, leurs droits de contre-seing au siège de leur résidence légale*........	S. B.	Conserv. for.
Conservateurs des forêts en Algérie.	Administrateurs des communes mixtes et indigènes*........	S. B.	Algérie.
	Amiral commandant la marine*........	S. B.	Id.
	Chefs du génie du 19e corps d'armée*...	S. B.	Id.
	Commandants des cercles*........	S. B.	Id.
	Commandants supérieurs de l'Algérie*...	S. B.	Id.
	Commissaires enquêteurs pour la constitution de la propriété indigène en Algérie*........	S. B.	Id.
	Conservateurs des forêts de la métropole*.	S. B.	T. la Rép.
	Directeur central des contributions directes et du cadastre en Algérie*........	S. B.	Algérie.
	Directeurs des contributions diverses*...	S. B.	Id.
	Directeurs des douanes*........	S. B.	Id.
	Géomètre en chef du service topographique*........	S. B.	Id.
	Géomètres détachés près les commissions forestières*........	S. B.	Id.
	Ingénieurs des mines*........	S. B.	Id.
	Inspecteurs chefs de services départementaux des contributions directes en Algérie*........	S. B.	Dép.
	Inspecteurs chefs du service télégraphique*........	S. B.	Algérie.
	Inspecteurs du service de la propriété indigène en Algérie........	S. B.	Id.
	Intendants militaires*........	S. B.	Id.
	Receveurs des contributions diverses*...	S. B.	Id.
	Sous-Intendants militaires*........	S. B.	Id.
Conservateur des forêts à Alençon.	Directeur du haras du Pin (Orne)*........	S. B.	»

(1) L. F. dans l'arrondissement de sous-préfecture.

(2) Cette franchise s'étend même aux paquets sous bandes adressés par les conservateurs des forêts aux procureurs de la République dans les conservations forestières limitrophes à leur propre conservation.

DÉSIGNATION DES FONCTIONNAIRES ET DES PERSONNES		FORME sous laquelle la correspondance circulant en franchise doit être présentée.	ARRONDISSEMENT, CIRCONSCRIPTION OU RESSORT dans l'étendue duquel la correspondance valablem. contresignée circule en franchise.
autorisés à contresigner leur correspondance de service.	auxquels la correspondance de service des fonctionnaires et des personnes désignés dans la colonne ci-contre doit être remise en franchise.		
Conservateur des forêts à Aurillac.	Directeur du haras de Pompadour*......	S. B.	»
Conservateur des forêts à Bourges.	Directeur des forges de la Chaussade, à Guérigny*........................	S. B.	»
Conservateur des forêts à Châlons-sur-Marne.	Directeurs de l'enregistrement, des domaines et du timbre*........... Préfets.*............... } de la Haute-Marne et de la Meuse.	S. B.	»
Conservateur des forêts à Pau.	Présidents des commissions syndicales instituées dans l'arrondissement communal d'Oloron (Basses-Pyrénées), pour l'administration des bois communaux indivis*........................	S. B.	Dép.
Conservateur des forêts à Tours.	Maire de Bourbon-Lancy, président de la commission administrative de l'hospice d'Aligre*......................	S. B.	»
Directeur du domaine des Barres (Loiret).	Gardes généraux des forêts, chefs de service*............................	S. B.	T. la Rép.
	Inspecteurs adjoints des forêts, chefs de service*........................	S. B.	Id.
	Inspecteurs des forêts*................	S. B.	Id.
Directeur de l'école forestière de Nancy.	Commandants des bureaux de recrutement*	S. B.	T. la Rép.
Directeurs des forêts en tournée.	Conservateurs des forêts*...............	S. B.	T. la Rép.
	Directeur de l'école forestière à Nancy*..	S. B.	»
	Directeur de l'école des Barres*.........	S. B.	»
	Directeurs de l'enregistrement, des domaines et du timbre*...............	S. B.	T. la Rép.
	Gardes généraux des forêts et gardes généraux stagiaires*.................	S. B.	Id.
	Inspecteurs adjoints des forêts*.........	S. B.	Id.
	Inspecteurs des forêts*.................	S. B.	Id.
	Préfets*............................	S. B.	Id.
	Procureurs généraux*.................	S. B.	Id.
	Procureurs de la République*...........	S. B.	Id.
	Professeurs de l'école forestière de Nancy*.	S. B.	»
	Professeurs de l'école des Barres*.......	S. B.	»
	Sous-préfets*.........................	S. B.	T. la Rép.
	Brigadiers forestiers*..................	S. B.	Id.
	Gardes forestiers*.....................	S. B.	Id.
	Maires*.............................	S. B.	Id.
Directeur du haras du Pin (Orne).	Conservateur des forêts à Alençon*......	S. B.	»
	Garde général des forêts à Mortagne*....	S. B.	»
	Inspecteur des forêts à Mortagne*.......	S. B.	»
Directeur du haras de Pompadour.	Conservateur des forêts à Aurillac*......	S. B.	»
	Garde général des forêts à Tulle*.........	S. B.	»

DÉSIGNATION DES FONCTIONNAIRES ET DES PERSONNES autorisés à contresigner leur correspondance de service.	auxquels la correspondance de service des fonctionnaires et des personnes désignés dans la colonne ci-contre doit être remise en franchise.	FORME sous laquelle la correspondance circulant en franchise doit être présentée.	ARRONDISSEMENT, CIRCONSCRIPTION OU RESSORT dans l'étendue duquel la correspondance valablem. contresignée circule en franchise.
Gardes cantonniers des forêts.	Brigadiers des forêts*.	S. B.	Arr. s.-pr.
	Conservateurs des forêts*.	S. B.	Conserv. for.
	Gardes forestiers*.	S. B.	Arr. s.-pr.
	Gardes généraux des forêts*.	S. B.	Conserv. for.
	Gardes généraux stagiaires des forêts*.	S. B.	Id.
	Inspecteurs des forêts*.	S. B.	Id.
	Inspecteurs adjoints des forêts*.	S. B.	Id.
	Receveurs de l'enregistrement, des domaines et du timbre*.	S. B.	Id.
Gardes forestiers.	Administrateurs des forêts en tournée*.	S. B.	T. la Rép.
	Brigadiers des forêts*.	S. B.	Circ. for. de brig.
	Conservateurs des forêts*.	S. B.	Conserv. for.
	Gardes cantonniers des forêts*.	S. B.	Arr. s.-pr.
	Gardes généraux des forêts*.	S. B.	Conserv. for.
	Gardes généraux stagiaires des forêts*.	S. B.	Id.
	Inspecteurs des forêts*.	S. B.	Id.
	Inspecteurs adjoints des forêts*.	S. B.	Id.
	Receveurs de l'enregistrement, des domaines et du timbre*.	S. B.	Id.
Gardes forestiers à Arc-Senans, à Deffoy, à Fourg.	Garde général des forêts à Orchamps (Jura*)	S. B.	»
Garde forestier à Futeau (Meuse).	Inspecteur des forêts à Vitry-le-François (Marne)*.	S. B.	»
Garde forestier à St-Remy (Meurthe-et-Moselle).	Brigadier des forêts à Charmes (Vosges).	S. B.	»
	Receveur de l'enregistrement, des domaines et du timbre à Charmes (Vosges)*.	S. B.	»
	Inspecteur des forêts à Rambervillers (Vosges)*.	S. B.	»
	Garde général des forêts à Châtel (Vosges)*.	S. B.	»
Gardes généraux des forêts.	Adjoints à l'inspection des finances*.	S. B.	T. la Rép.
	Agents-voyers départementaux, chefs du service vicinal*.	S. B*.	Conserv. for.
	Agents du service des bois de la marine*.	S. B.	T. la Rép.
	Brigadiers des forêts*.	S. B.	Conserv. for.
	Chefs du génie.	S. B.	Dir. du gén. et Conserv. for.
	Chefs du génie dans la zone forestière*.	S. B.	Id.
	Conservateurs des forêts*.	S. B.	Conserv. for.
	Directeurs des constructions navales chargés de la centralisation du service actif des bois de marine*.	S. B.	»
	Directeurs de l'enregistrement, des domaines et du timbre*.	S. B.	Conserv. for.
	Gardes cantonniers des forêts*.	S. B.	Id.
	Gardes forestiers*.	S. B.	Id.
	Gardes généraux des forêts*.	S. B.	Id.
	Gardes généraux stagiaires des forêts*	S. B.	Id.
	Ingénieurs du service des bois de marine, chefs de bassin ou en sous-ordre dans un bassin*.	S. B.	Bass. for.
	Ingénieurs des ponts et chaussées*.	S. B.	Conserv. for.

DÉSIGNATION DES FONCTIONNAIRES ET DES PERSONNES		FORME sous laquelle la correspondance circulant en franchise doit être présentée.	ARRONDISSEMENT, CIRCONSCRIPTION OU RESSORT dans l'étendue duquel la correspondance valablem. contresignée circule en franchise.
autorisés à contresigner leur correspondance de service.	auxquels la correspondance de service des fonctionnaires et des personnes désignés dans la colonne ci-contre doit être remise en franchise.		
Gardes généraux des forêts *(suite)*.	Inspecteurs des finances*	S. B*.	T. la Rép.
	Inspecteurs des forêts*	S. B.	Conserv. for.
	Inspecteurs généraux des finances*	S. B*.	T. la Rép.
	Administrateurs des forêts en tournée*	S. B.	Id.
	Juges de paix*	S. B.	Conserv. for.
	Maires*	S. B.	Id.
	Percepteurs*	S. B.	Conserv. for. et Dép. lim.
	Préfets*	S. B.	Conserv. for.
	Procureurs de la République*	S. B. (1)	Id. (2)
	Receveurs de l'enregistrement, des domaines et du timbre*	S. B.	Id.
	Receveurs des établissements de bienfaisance*	S. B.	Dép.
	Receveurs particuliers des finances*	S. B.	Conserv. for. et Dép. lim.
	Inspecteurs adjoints des forêts*	S. B.	Conserv. for.
	Sous-préfets*	S. B.	Id.
	Trésoriers payeurs généraux*	S. B.	Conserv. for. et Dép. lim.
Gardes généraux des forêts en Algérie	Administrateurs des communes mixtes et indigènes*	S. B.	Dép,
	Chefs du génie*	S. B.	Div. mil.
	Commandants de cercles*	S. B.	Id.
	Commissaires enquêteurs pour la constitution de la propriété indigène en Algérie*	S. B.	Algérie.
	Contrôleurs des contributions diverses*	S. B.	Dép.
	Contrôleurs des douanes*	S. B.	Id.
	Géomètre en chef du service de la topographie*	S. B.	Id.
	Géomètres détachés par les commissions forestières*	S. B.	Id.
	Ingénieurs des mines*	S. B.	Id.
	Inspecteurs des contributions diverses*	S. B.	Id.
	Inspecteurs des douanes*	S. B.	Id.
	Intendants militaires*	S. B.	Div. mil.
	Présidents des commissions de séquestre en Algérie*	S. B.	Algérie.
	Receveurs des contributions diverses*	S. B.	Dép.
	Receveurs des douanes*	S. B.	Id.
	Sous-inspecteurs des douanes*	S. B.	Id.
	Sous-Intendants militaires*	S. B.	Div. mil.
Gardes généraux des forêts chefs de service.	Directeur du domaine forestier des Barres (Loiret)*	S. B.	»

(1) Lettre formée dans l'arrondissement de sous-préfecture.
(2) Cette franchise peut s'étendre aux conservations forestières limitrophes.

DÉSIGNATION DES FONCTIONNAIRES ET DES PERSONNES autorisés à contresigner leur correspondance de service.	auxquels la correspondance de service des fonctionnaires et des personnes désignés dans la colonne ci-contre doit être remise en franchise.	FORME sous laquelle la correspondance circulant en franchise doit être présentée.	ARRONDISSEMENT, CIRCONSCRIPTION OU RESSORT dans l'étendue duquel la correspondance valablem. contresignée circule en franchise.
Gardes généraux des forêts à Saint-Palais, et à Saint-Jean-Pied-de-Port.	Présidents des commissions syndicales instituées dans l'arrondissement communal de Mauléon (Basses-Pyrénées), pour l'administration des biens communaux indivis*........	S. B.	»
Gardes généraux stagiaires des forêts.	Adjoints à l'inspection des finances*.....	S. B*.	T. la Rép.
	Agents voyers départementaux, chefs du service vicinal*........	S. B.	Conserv. for.
	Brigadiers des forêts*........	S. B.	Id.
	Chefs du génie dans la zone frontière*...	S. B.	Id.
	Conservateurs des forêts*........	S. B.	Id.
	Directeurs des constructions navales chargés de la centralisation du service actif des bois de marine*........	S. B.	»
	Directeurs de l'enregistrement, des domaines et du timbre*.....	S. B.	Conserv. for.
	Gardes cantonniers des forêts*.....	S. B.	Id.
	Gardes forestiers*........	S. B.	Id.
	Gardes généraux des forêts*........	S. B.	Id.
	Gardes généraux stagiaires des forêts*........	S. B.	Id.
	Ingénieurs des ponts et chaussées*.....	S. B.	Id.
	Ingénieurs du service des bois de marine, chefs de bassin ou en sous-ordre dans un bassin*....	S. B.	Bass. for.
	Inspecteurs des finances*........	S. B*.	T. la Rép.
	Inspecteurs des forêts*........	S. B.	Conserv. for.
	Inspecteurs généraux des finances*......	S. B*.	T. la Rép.
	Juges de paix*........	S. B.	Conserv. for.
	Maires*........	S. B.	Id.
	Percepteurs*........	S. B.	Dép.
	Préfets*........	S. B.	Conserv. for.
	Procureurs de la République*........	S. B. (1)	Id. (2)
	Receveurs de l'enregistrement, des domaines et du timbre*.....	S. B.	Id.
	Receveurs des établissements de bienfaisance*........	S. B.	Dép.
	Receveurs municipaux*........	S. B.	Id.
	Receveurs particuliers des finances*....	S. B.	Id.
	Inspecteurs adjoints des forêts*........	S. B.	Conserv. for.
	Sous-préfets*........	S. B.	Id.
	Trésoriers-payeurs généraux des finances*.	S. B.	Dép.
Garde général des forêts à Argelès (Htes-Pyrénées)	Présidents des commissions syndicales instituées dans l'arrondissement d'Argelès (Hautes-Pyrénées), pour l'administration des biens communaux indivis*	S. B.	»

(1) Lettre formée dans l'arrondissement de sous-préfecture.
(2) Cette franchise peut s'étendre aux conservations forestières limitrophes.

DÉSIGNATION DES FONCTIONNAIRES ET DES PERSONNES autorisés à contresigner leur correspondance de service.	auxquels la correspondance de service des fonctionnaires et des personnes désignés dans la colonne ci-contre doit être remise en franchise.	FORME sous laquelle la correspondance circulant en franchise doit être présentée.	ARRONDISSEMENT, CIRCONSCRIPTION OU RESSORT dans l'étendue duquel la correspondance valablem. contresignée circule en franchise.
Garde général des forêts à Orchamps (Jura).	Brigadiers des forêts à Fourg*..........	S. B.	»
	Gardes des forêts à Arc-et-Senans*..........	S. B.	»
	Gardes des forêts à Deffoy, commune d'Arc-et-Senans*..............	S. B.	»
	Gardes des forêts à Fourg*..................	S. B.	»
Garde général des forêts à Mortagne.	Directeur du haras du Pin (Orne)*.......	S. B.	»
Garde général des forêts à Vitry-le-François (Marne).	Inspecteurs adjoints des forêts à Bar-le-Duc et à Vassy*......................	S. B.	»
Garde général des forêts à Châtel (Vosges)	Garde forestier à Saint-Rémy (Meurthe-et-Moselle)*......................	S. B.	»
Inspecteurs adjoints des forêts.	Adjoints à l'inspection des finances*.....	S. B*.	T. la Rép.
	Agents voyers départementaux, chefs du service vicinal*....................	S. B.	Conserv. for.
	Agents du service des bois de marine*...	S. B.	T. la Rép.
	Brigadiers des forêts*................	S. B.	Conserv. for.
	Chefs du génie dans la zone frontière*................	S. B.	Id.
	Chefs du génie militaire*.........	S. B.	Conserv. for. et Dir. du gén.
	Conservateurs des forêts*.............	S. B.	Conserv. for.
	Directeurs des constructions navales, chargés de la centralisation du service actif des bois de marine, à Paris*......	S. B.	»
	Directeurs de l'enregistrement, des domaines et du timbre*.....	S. B.	Conserv. for.
	Gardes cantonniers des forêts*......	S. B.	Id.
	Gardes forestiers*................	S. B.	Id.
	Gardes généraux des forêts*........	S. B.	Id.
	Gardes généraux stagiaires des forêts*................	S. B.	Id.
	Ingénieurs des ponts et chaussées*.....	S. B.	Id.
	Ingénieurs du service des bois de marine chefs de bassin*.....	S. B.	Bass. for.
	Ingénieurs du service des bois de marine, en sous-ordre dans un bassin*..............	S. B.	Id.
	Inspecteurs des finances*..............	S. B*.	T. la Rép.
	Inspecteurs des forêts*................	S. B.	Conserv. for. (1)
	Inspecteurs généraux des finances*......	S. B*.	T. la Rép.
	Juges de paix*......................	S. B.	Conserv. for.

(1) Cette franchise s'étend même aux conservations forestières limitrophes.

DÉSIGNATION DES FONCTIONNAIRES ET DES PERSONNES autorisés à contresigner leur correspondance de service.	auxquels la correspondance de service des fonctionnaires et des personnes désignés dans la colonne ci-contre doit être remise en franchise.	FORME sous laquelle la correspondance circulant en franchise doit être présentée.	ARRONDISSEMENT, CIRCONSCRIPTION OU RESSORT dans l'étendue duquel la correspondance valablem. contresignée circule en franchise.
Inspecteurs adjoints des forêts *(suite)*.	Maires*	S. B.	Conserv. for.
	Percepteurs*	S. B.	Conserv. for. et Dép. lim.
	Préfets*	S. B.	Conserv. for.
	Procureurs de la République*	S. B. (1)	Id. (2)
	Receveurs de l'enregistrement, des domaines et du timbre*	S. B.	Id. (2)
	Receveurs des établissements de bienfaisance et des hospices*	S. B.	Dép.
	Receveurs municipaux*	S. B.	Id.
	Receveurs particuliers des finances*	S. B.	Conserv. for. et Dép. lim.
	Inspecteurs adjoints des forêts*	S. B.	Conserv. for.
	Sous-préfets*	S. B.	Id.
	Trésoriers-payeurs généraux des finances*.	S. B.	Conserv. for. et Dép. lim.
Inspecteurs adjoints des forêts en Algérie.	Administrateurs des communes mixtes et indigènes	S. B.	Dép.
	Chefs du génie*	S. B.	Algérie.
	Commandants de cercles*	S. B.	Div. mil.
	Commissaires enquêteurs pour la propriété indigène, en Algérie*	S. B.	Algérie.
	Contrôleurs des contributions diverses*.	S. B.	Dép.
	Contrôleurs des douanes*	S. B.	Id.
	Géomètre en chef du service de la topographie*	S. B.	Id.
	Géomètres détachés près les commissions forestières*	S. B.	Id.
	Ingénieurs des mines*	S. B.	Id.
	Inspecteurs des contributions diverses*.	S. B.	Id.
	Inspecteurs des douanes*	S. B.	Id.
	Intendants militaires*	S. B.	Div. mil.
	Présidents des commissions de séquestre, en Algérie*	S. B.	Algérie.
	Receveurs des contributions diverses*.	S. B.	Dép.
	Receveurs des douanes*	S. B.	Id.
	Sous-inspecteurs des douanes*	S. B.	Id.
	Sous-intendants militaires*	S. B.	Div. mil.
Inspecteurs adjoints des forêts chefs de service.	Même franchise que les inspecteurs des forêts	S. B.	»
Inspecteurs adjoints des forêts à Bar-le-Duc et à Vassy.	Garde général des forêts à Vitry-le-François (Marne)	S. B.	»
Inspecteur adjoint chef de service à Tulle.	Directeur du haras de Pompadour*	S. B.	»

(1) Lettre formée dans l'arrondissement de sous-préfecture.
(2) Cette franchise s'étend même aux conservations forestières limitrophes.

DÉSIGNATION DES FONCTIONNAIRES ET DES PERSONNES		FORME sous laquelle la correspondance circulant en franchise doit être présentée.	ARRONDISSEMENT, CIRCONSCRIPTION OU RESSORT dans l'étendue duquel la correspondance valablem. contresignée circule en franchise.
autorisés à contresigner leur correspondance de service.	auxquels la correspondance de service des fonctionnaires et des personnes désignés dans la colonne ci-contre doit être remise en franchise.		
Inspecteurs adjoints des forêts à Laruns, à Oloron et à Mauléon.	Présidents des commissions syndicales instituées dans les arrondissements communaux d'Oloron et de Mauléon (Basses-Pyrénées), pour l'administration des biens communaux indivis*	S. B.	Dép.
Inspecteur adjoint des forêts à Rodez.	Maires de Grandval*	S. B.	»
	Maires de Nasbinals*	S. B.	»
	Maires de Recoules*	S. B.	»
	Maires de Saint-Urcize*	S. B.	»
	Receveurs de l'enregistrement, des domaines et du timbre à Aumont*	S. B.	»
	Receveurs de l'enregistrement, des domaines et du timbre à Chaudesaigues*	S. B.	»
	Receveurs de l'enregistrement, des domaines et du timbre à Saint-Chély*	S. B.	»
Inspecteurs des forêts (1).	Adjoints à l'inspection des finances*	S. B*.	T. la Rép.
	Agents voyers départementaux, chefs du service vicinal*	S. B.	Conserv. for.
	Brigadiers des forêts*	S. B.	Id.
	Chefs du génie*	S. B.	Dir. du gén. et Conserv. for.
	Commandant de la garde de Paris*	S. B.	Conserv. for.
	Commandant de l'artillerie dans les régions militaires*	S. B.	T. la Rép.
	Conservateurs des forêts*	S. B.	Conserv. for.
	Directeurs d'artillerie*	S. B.	T. la Rép.
	Directeurs des constructions navales, chargés de la centralisation du service actif des bois de marine*	S. B.	»
	Directeurs des contributions diverses en Algérie*	S. B.	Algérie.
	Directeurs du dépôt central des poudres et salpêtres à Paris*	S. B.	»
	Directeurs du domaine forestier des Barres (Loiret)*	S. B.	»
	Directeurs des eaux de Versailles, Marly, Meudon, et Saint-Cloud, à Versailles*	S. B.	Dép.
	Directeurs des écoles d'artillerie*	S. B.	T. la Rép.
	Directeurs de l'enregistrement, des domaines et du timbre*	S. B.	Conserv. for.
	Directeurs du génie*	S. B.	Conserv. for. et Dir. du gén.
	Directeurs des poudreries et raffineries de soufre et de salpêtre*	S. B.	T. la Rép.
	Directeurs supérieurs du génie*	S. B*.	Circ. corps d'armée et Conserv. for.

(1) Il est accordé, en outre, à quelques inspecteurs des forêts des droits de franchise et de contre-seing avec divers fonctionnaires. (Voir, pour le détail, le *Manuel des franchises* publié en 1875 par l'administration des postes, pp. 455 à 457.)

DÉSIGNATION DES FONCTIONNAIRES ET DES PERSONNES autorisés à contresigner leur correspondance de service.	auxquels la correspondance de service des fonctionnaires et des personnes désignés dans la colonne ci-contre doit être remise en franchise.	FORME sous laquelle la correspondance circulant en franchise doit être présentée.	ARRONDISSEMENT, CIRCONSCRIPTION OU RESSORT dans l'étendue duquel la correspondance valablem. contresignée circule en franchise.
Inspecteurs des forêts *(suite)*.	Directeur du matériel de l'école d'artillerie de Valence*	S. B.	»
	Gardes cantonniers des forêts*	S. B.	Conserv. for.
	Gardes généraux des forêts*	S. B.	Id.
	Gardes généraux stagiaires des forêts*	S. B.	Id.
	Gardes forestiers*	S. B.	Id.
	Ingénieur directeur de la fabrique de coton-poudre du Moulin-Blanc*	S. B.	»
	Ingénieurs du service des bois de marine, chefs de bassin ou en sous-ordre dans un bassin*	S. B.	Bass. for.
	Ingénieurs des ponts et chaussées*	S. B.	Conserv. for.
	Inspecteurs des finances*	S. B*.	T. la Rép.
	Inspecteurs des forêts*	S. B.	Conserv. for. (1)
	Inspecteurs généraux des finances*	S. B*.	T. la Rép.
	Administrateurs des forêts en tournée*	S. B.	Id.
	Inspecteurs des poudreries et raffineries de l'Etat*	S. B.	Id.
	Juges de paix*	S. B.	Conserv. for.
	Maires*	S. B.	Id.
	Officiers de gendarmerie*	S. B.	Id.
	Percepteurs*	S. B.	Conserv. for. et Dép. lim.
	Préfets*	S. B.	Conserv. for.
	Procureurs de la République*	S. B. (2)	Id. (1)
	Receveurs de l'enregistrement, des domaines et du timbre*	S. B.	Id. (1)
	Receveurs des établissements de bienfaisance*	S. B.	Dép.
	Receveurs des hospices*	S. B.	Id.
	Receveurs particuliers des finances*	S. B.	Conserv. for. et Dép. lim.
	Inspecteurs adjoints des forêts*	S. B.	Conserv. for.
	Sous-préfets*	S. B.	Id.
	Trésoriers-payeurs généraux des finances*	S. B.	Conserv. for. et Dép. lim.
Inspecteurs des forêts en Algérie.	Administrateurs des communes mixtes et indigènes*	S. B.	Dép.
	Chef du génie militaire en Algérie*	S. B.	Algérie.
	Commandants de cercles*	S. B.	Div. mil.
	Commissaires enquêteurs pour la constitution de la propriété indigène en Algérie*	S. B.	Algérie.
	Contrôleurs des contributions diverses*	S. B.	Dép.
	Contrôleurs des douanes*	S. B.	Id.

(1) Cette franchise peut s'étendre aux conservations forestières limitrophes.
(2) Lettre fermée dans l'arrondissement de sous-préfecture.

DÉSIGNATION DES FONCTIONNAIRES ET DES PERSONNES		FORME sous laquelle la correspondance circulant en franchise doit être présentée.	ARRONDISSEMENT, CIRCONSCRIPTION OU RESSORT dans l'étendue duquel la correspondance valablem. contresignée circule en franchise.
autorisés à contresigner leur correspondance de service.	auxquels la correspondance de service des fonctionnaires et des personnes désignés dans la colonne ci-contre doit être remise en franchise.		
Inspecteurs des forêts en Algérie (*suite*).	Directeurs des contributions directes et du cadastre*...........	S. B.	Dép.
	Directeurs des contributions diverses*.	S. B.	Id.
	Directeurs des douanes*............	S. B.	Id.
	Géomètre en chef du service de la topographie*........................	S. B.	Id.
	Géomètres détachés près des commissions forestières*......................	S. B.	Id.
	Ingénieurs des mines*...............	S. B.	Id.
	Inspecteurs des contributions diverses*.	S. B.	Id.
	Inspecteurs des douanes*............	S. B.	Id.
	Intendants militaires*................	S. B.	Id.
	Présidents des commissions de séquestre en Algérie*......................	S. B.	Algérie.
	Receveurs des contributions diverses*.	S. B.	Dép.
	Receveurs des douanes*............	S. B.	Id.
	Sous-inspecteurs des douanes*..........	S. B.	Id.
	Sous-intendants militaires*............	S. B.	Div. mil.
Inspecteurs des forêts en cours de tournée.	Agents ou préposés des forêts sous leurs ordres, autorisés à exercer par délégation leurs droits de contre-seing au siège de leur résidence légale*.......	S. B.	»
Inspecteurs des forêts à Bar-le-Duc et Vassy.	Inspecteur des forêts à Vitry-le-François*.	S. B.	»
Inspecteur des forêts à Mortagne.	Directeur des haras du Pin (Orne)*......	S. B.	»
Inspecteur des forêts à Bayonne.	Présidents des commissions syndicales instituées dans l'arrondissement communal de Mauléon (Basses-Pyrénées), pour l'administration des biens communaux indivis*.....................	S. B.	»
Inspecteur des forêts à Blois (Loir-et-Cher).	Maire de Bourbon-Lancy (Saône-et-Loire)*	S. B.	»
Inspecteur des forêts à Tarbes (Htes-Pyrénées).	Président des commissions syndicales chargées de l'administration des biens communaux indivis dans l'arrondissement d'Argelès*..................	S. B.	»
Inspecteur des forêts à Vitry-le-François	Inspecteurs des forêts à Bar-le-Duc et à Vassy*........	S. B.	»
	Procureurs de la République à Bar-le-Duc et à Vassy*......................	S. B.	»
	Receveurs de l'enregistrement, des domaines et du timbre à Bar-le-Duc, Vassy et Saint-Dizier*..................	S. B.	»

DÉSIGNATION DES FONCTIONNAIRES ET DES PERSONNES autorisés à contresigner leur correspondance de service.	auxquels la correspondance de service des fonctionnaires et des personnes désignés dans la colonne ci-contre doit être remise en franchise.	FORME sous laquelle la correspondance circulant en franchise doit être présentée.	ARRONDISSEMENT, CIRCONSCRIPTION OU RESSORT dans l'étendue duquel la correspondance valablem. contresignée circule en franchise.
Inspecteur des forêts à Pau.	Présidents des commissions syndicales instituées dans l'arrondissement communal d'Oloron (Basses-Pyrénées), pour l'administration des biens communaux indivis*.	S. B.	Dép.
Inspecteur des forêts à Rambervillers (Vosges).	Garde forestier à Saint-Rémy (Meurthe-et-Moselle*.	S. B.	»
Inspecteur des forêts à Vitry-le-François (Marne).	Garde forestier à Futeau (Meuse)*.	S. B.	»
Ministre de l'agriculture.	Administrateurs des forêts en tournée.	L. F.	T. la Rép.
	Conservateurs des forêts*.	L. F.	Id.
	Directeur des forêts en tournée.	L. F.	Id.
	Directeur de l'école des Barres.	L. F.	Id.
	Gardes généraux des forêts.	L. F.	Id.
	Gardes généraux stagiaires des forêts.	L. F.	Id.
	Inspecteurs adjoints des forêts.	L. F.	Id.
	Inspecteurs des forêts.	L. F.	Id.
	Professeurs de l'école des Barres.	L. F.	Id.

FRANCHISE TÉLÉGRAPHIQUE.

Agents. Préposés. — Les agents et préposés, en France et en Algérie, jouissent de la franchise télégraphique dans les cas spécifiés au tableau ci-après, extrait de la circulaire ministérielle du 28 février 1893, nº 13.

DÉSIGNATION DES FONCTIONNAIRES ayant droit à la franchise.	NATURE ET ÉTENDUE DE LA FRANCHISE.
SERVICE FORESTIER. — FRANCE.	
Préposés forestiers (brigadiers, gardes à triage ou gardes cantonniers).	Limitée aux télégrammes adressés, en cas d'incendie seulement, à l'agent sous les ordres duquel ils se trouvent placés (garde général, garde général stagiaire, inspecteur ou inspecteur adjoint). Nota. — Cette franchise n'est pas réciproque.
ALGÉRIE.	
Conservateur, chef de service des forêts.	Avec les agents placés sous ses ordres et l'autorité de la colonie avec lesquels il est en relation de service.
Préposés forestiers (brigadiers, gardes à triage ou agents cantonniers).	Même franchise qu'en France, en cas d'incendie.

FRAUDE.

Pénalité. — Lorsque les ventes sont déclarées nulles pour cause de fraude, les acquéreurs, outre les amendes et dommages-intérêts, seront condamnés à restituer les bois déjà exploités, ou à en payer la valeur sur le pied du prix de vente. (Cod. For. 205.)

FRÊNE.

Classification. — Arbre de première classe. (Cod. For. 192.)

FRÈRE.

1. *Hiérarchie.* — Les agents ne peuvent avoir sous leurs ordres leurs frères ou beaux-frères. (Ord. 33.)

2. *Ventes.* — Les frères et beaux-frères des agents et gardes forestiers et des agents forestiers de la marine ne peuvent en aucune façon (adjudicataires, associés ou cautions) prendre part aux ventes, dans l'étendue du territoire pour lequel ces agents ou gardes sont commissionnés. (Cod. For. 21.) V. Adjudication.

FRONTIÈRE (BOIS SITUÉS SUR LA).

SECT. I. — CONDITION DE SURVEILLANCE D'EXPLOITATION DES FORÊTS.

1. *Indications.* — Les conventions passées avec les pays frontières, pour la surveillance et l'exploitation des bois situés sur les frontières, sont les suivantes :

Avec l'Italie, convention du 7 mars 1861, homologuée par décret du 31 mars 1861.

Avec la Suisse, convention du 30 juin 1864, homologuée par décret du 28 novembre 1864. — Déclaration du 22 août 1866, homologuée par décret du 25 août 1866. — Convention du 23 février 1882, homologuée par décret du 13 mai 1882.

Avec l'Allemagne, convention additionnelle au traité de paix du 10 mai 1871 et signée le 11 septembre 1871. — Convention du 26 avril 1877 (délimitation), homologuée par décret du 2 mars 1878. (Bulletin des lois, 1878, p. 289.)

Avec la Belgique, décret du 2 novembre 1877, visant les lois belges des 30 décembre 1836 et 15 mars 1874 et relatif aux poursuites à exercer contre tout Français coupable, en Belgique, de délits en matière forestière. (Bulletin des lois, 1877, p. 589.)

2. *Extrait de la convention du 7 mars 1861 (France-Italie), homologuée par décret du 31 mars 1861.* (Circ. N 29.)

. . . .

ART. 3. Il est entendu que la fixation de la limite de souveraineté ne portera aucune atteinte aux droits de propriété et d'usage, non plus qu'aux servitudes actives et passives des particuliers, des communes et des établissements publics des pays respectifs.

Les Français propriétaires, à la date du traité d'annexion de la Savoie et du Comté de Nice à la France, de terres situées en Piémont dans le demi-myriamètre de la nouvelle frontière, et les Piémontais propriétaires, à la même date et dans les mêmes limites, de terres situées en France, jouiront de la liberté d'importer en France et dans les Etats-Sardes, sans avoir à acquitter aucun droit de douane, ni à la sortie, ni à l'entrée, soit du Piémont, soit de la France, les denrées provenant de la récolte de ces terres, ainsi que les *coupes de bois,* etc.

Dans les limites qui viennent d'être indiquées, les Français propriétaires dans les Etats-Sardes et les Piémontais propriétaires en France seront admis à transporter en franchise, d'un pays dans l'autre, les engrais destinés à l'amendement de leurs terres et les grains nécessaires aux semences.

ART. 4. Les produits ci-dessus mentionnés provenant, dans le Comté de Nice, des territoires piémontais entre la frontière et la crête des Alpes et appartenant, soit à des populations françaises, soit aux hameaux de Molières, de la Lionne et de la Guercia, soit aux deux communes de Tenda et de la Briga, entreront en France librement, sans avoir à acquitter aucun droit de douane.

ART. 5. Les communes françaises dont les territoires s'étendent au delà de la crête des Alpes jouiront, pour l'exploitation de la partie de leurs biens situés en arrière de cette crête, de toutes les immunités mentionnées dans les articles 3 et 4.

. . . .

ART. 7. Les délits et contraventions qui pourraient avoir lieu sur le Mont-Cenis et sur les territoires compris entre la ligne frontière et la crête des Alpes, depuis Colla-Lunga jusqu'au Mont-Clapier, seront constatés par les gardes champêtres des communes françaises auxquelles ces territoires appartiennent.

Ces gardes champêtres devront être assermentés devant un tribunal sarde, et leurs procès-verbaux seront mis en poursuite devant ce même tribunal.

ART. 8. Les bois appartenant à des communes françaises et situés dans le Comté de Nice, entre la ligne frontière et la crête des Alpes, seront administrés par les agents du gouvernement français ; toutefois, ces agents ne seront appelés qu'à constater les délits ou contraventions en matière forestière qui seraient commis par les Français résidant en France, et leurs procès-verbaux ne pourront être mis en poursuite que devant les tribunaux français.

. . . .

ART. 10. Les délais pour l'exportation et l'importation en franchise des produits énoncés en l'article 3, provenant de propriétés limitrophes, sont fixés ainsi qu'il suit :

Pour les *bois*... et les engrais, durant toute l'année.

ART. 11. Pour être admis au bénéfice de la franchise, à l'entrée, les produits... devront être présentés dans l'état même où l'agriculture est dans l'usage de les enlever du lieu de l'exploitation. Les *bois*, notamment, devront être bruts, etc.

. . . Les importations en France en franchise ne pourront s'effectuer que par les bureaux où les déclarations et les titres de propriété auront été déposés.

Chaque envoi devra, en outre, être accompagné d'une déclaration expresse du propriétaire, portant que la quantité de... provient réellement des terres qu'il possède dans les conditions de la présente convention, et qu'il affirme ne les avoir pas encore vendues.

3. *Convention du 23 février 1882 (France et Suisse), homologuée par décret du 13 mai 1882.*

ARTICLE PREMIER. Pour faciliter l'exploitation des biens fonds et forêts limitrophes des frontières, sont affranchis de tous droits d'importation ou de circulation : les céréales en gerbes ou en épis, les foins, la paille et les fourrages verts, les produits bruts des forêts, bois, charbons ou potasses, ainsi que les engrais, les semences, plantes, perches, échalas, animaux et instruments de toutes sortes servant à la culture des propriétés situées dans une zone de dix kilomètres, de chaque côté de la frontière, sous réserve du contrôle réglementaire existant dans chaque pays pour la répression de la fraude.

ART. 2. Dans le même rayon et sous les garanties énoncées à l'article précédent, sont également affranchis de tous droits d'importation, d'exportation ou de circulation les grains ou bois envoyés, par les habitants de l'un des deux pays, à un moulin ou à une scierie situés sur le territoire de l'autre, ainsi que les farines ou planches en provenant.

La même faculté est accordée aux nationaux des deux pays pour l'extraction de l'huile des semences recueillies sur leurs biens-fonds, le blanchiment des fils et toiles écrus, fabriqués avec les produits de la terre qu'ils cultivent.

ART. 3. Les produits agricoles ou forestiers seront transportés sur les chemins publics, sans autres indemnités que celles imposées par les lois du pays aux habitants de la localité.

Les chemins limitrophes qui suivent la frontière ou qui passent, suivant la configuration du terrain, d'un territoire à l'autre, ne pourront, dans aucun cas, être barrés ou fermés à la circulation desdits produits.

ART. 4. Dans chacun des deux pays, lorsqu'une forêt, ou tout autre immeuble exploité par un étranger, se trouvera à l'état d'enclave, un passage sera ouvert sur les propriétés voisines, à charge d'une indemnité qui sera réglée par les tribunaux, si les parties ne se sont pas entendues à l'amiable.

ART. 5. Les propriétaires ou cultivateurs français en Suisse et, réciproquement, les propriétaires ou cultivateurs suisses en France jouiront généralement, quant à l'exploitation de leurs biens, des mêmes avantages que les nationaux habitant la même localité, à la condition qu'ils se soumettront à tous les règlements administratifs ou de police applicables aux ressortissants du pays.

ART. 6. Les dispositions précédentes ne dérogent à aucune des conventions qui pourraient exister sur les divers points entre les municipalités frontières.

ART. 7. Lorsqu'une forêt appartenant soit à l'Etat, soit à une commune, soit à un établissement public, soit à un particulier suisse, sera située sur le territoire français, ou réciproquement, des gardes pourront être désignés par les propriétaires pour la surveillance desdites forêts.

Ces gardes devront remplir les conditions de nationalité et de capacité exigées par les lois et règlements du pays où la forêt sera située; ils seront commissionnés par l'autorité compétente de ce même pays et assermentés.

Leurs pouvoirs et leurs obligations seront les mêmes que ceux des gardes des forêts dont les propriétaires ne sont pas étrangers.

Les frais nécessités par leur nomination et l'exercice de leurs fonctions seront à la charge des propriétaires des forêts.

ART. 8. Pour mieux assurer la répression des délits et contraventions qui se commettent dans les forêts, sur la frontière, les deux hautes parties contractantes s'engagent à poursuivre ceux de leurs ressortissants qui auraient commis ces infractions sur le territoire étranger, de la même manière et par application des mêmes lois que s'ils s'en étaient rendus coupables dans les forêts de leur pays même.

La poursuite aura lieu sous la condition qu'il n'y ait pas eu jugement rendu dans le pays où l'infraction a été commise et sur transmission officielle du procès-verbal, par l'autorité compétente de ce pays, à celle du pays auquel appartient l'inculpé.

L'Etat où la condamnation sera prononcée percevra seul le montant des amendes et des frais ; mais les indemnités seront versées dans les caisses de l'Etat où les infractions auront été commises.

Les procès-verbaux dressés régulièrement par les gardes assermentés dans chaque pays feront foi, jusqu'à preuve contraire, devant les tribunaux étrangers.

ART. 9. Pour donner plus d'efficacité à la surveillance des propriétés forestières, tous les gardes forestiers qui constateront un délit ou une contravention dans la circonscription confiée à leur surveillance pourront suivre les objets enlevés, même de l'autre côté de la frontière, sur le territoire de l'Etat voisin, jusque dans les lieux où ils auraient été transportés, et en opérer la saisie.

Ils ne pourront, toutefois, s'introduire dans les maisons, bâtiments, cours adjacentes et enclos, si ce n'est en présence d'un fonctionnaire public, désigné à cet effet par les lois du pays dans lequel la perquisition aura lieu.

Les autorités compétentes, chargées de la police locale, sont tenues d'assister les gardes dans leurs recherches, sans qu'il soit nécessaire de réclamer la permission d'un fonctionnaire supérieur.

Les administrations compétentes de chacun des Etats se feront connaître réciproquement les noms des agents forestiers chargés de la surveillance des forêts limitrophes.

Art. 10. Dans le cas où des modifications dans la législation criminelle de l'un ou de l'autre Etat seraient jugées nécessaires pour assurer l'exécution des articles 8 et 9, les deux hautes parties contractantes s'engagent à prendre, aussitôt que faire se pourra, les mesures nécessaires à l'effet d'opérer ces réformes.

Art. 11. La présente convention entrera en vigueur le 16 mai 1882 et demeurera exécutoire jusqu'au 1er février 1892. Dans le cas où aucune des hautes parties contractantes n'aurait notifié, douze mois avant la fin de ladite période, son intention d'en faire cesser les effets, elle demeurera obligatoire jusqu'à l'expiration d'une année à partir du jour où l'une ou l'autre des hautes parties contractantes l'aura dénoncée.

Cette convention n'a pas été dénoncée. Elle est la reproduction de celle qui avait été signée le 30 juin 1864 et qui avait fait l'objet de la circulaire N 30.

Les produits, bois ou autres, sont admis en franchise sur la présentation d'une justification établissant qu'ils proviennent de la zone privilégiée. C'est au bureau de douane par lequel doit avoir lieu l'importation que cette justification doit être fournie ; c'est, par conséquent, avec ce même bureau qu'on doit, au préalable, se mettre d'accord sur le point de savoir sous quelle forme doit être fournie cette justification. (*Revue des eaux et forêts*, mars 1892.)

4. *Extrait de la convention additionnelle au traité de paix du 10 mai 1871, entre la France et l'Allemagne, et signée le 11 septembre 1871 (Alsace et Lorraine).*

. . . .

Art. 12. Pour faciliter l'exploitation des biens-fonds et forêts limitrophes des frontières, sont affranchis de tous droits d'importation, d'exportation ou de circulation, les céréales en gerbes ou en épis, les foins, la paille et les fourrages verts, les produits bruts des forêts, bois, charbons ou potasses, ainsi que les engrais, les semences, plantes, perches, échalas, animaux et instruments de toutes sortes servant à la culture des propriétés situées dans une zone de dix kilomètres, de chaque côté de la frontière, sous réserve du contrôle réglementaire existant dans chaque pays pour la répression de la fraude.

Dans le rayon et sous les garanties énoncées au paragraphe précédent, sont également affranchis de tous droits d'importation, d'exportation ou de circulation, les grains ou bois envoyés, par les habitants de l'un des deux pays, à un moulin ou à une scierie situés sur le territoire de l'autre, ainsi que les farines ou planches en provenant.

La même faculté est accordée aux nationaux des deux pays pour l'extraction de l'huile des semences recueillies sur leurs biens-fonds, le blanchiment des fils et toiles écrus, fabriqués avec les produits de la terre qu'ils cultivent.

SECT. II. — RÉPRESSION DES DÉLITS DE CHASSE SUR LA FRONTIÈRE.

5. *Convention entre la France et la Belgique, signée à Paris le 6 août 1885, rendue exécutoire par décret du 23 avril 1886.* (Circ. N 374.)

Article premier. Les deux hautes parties contractantes s'engagent à poursuivre ceux de leurs nationaux qui auraient commis sur le territoire de l'autre Etat des infractions en matière de chasse, de la même manière et par application des mêmes lois que s'ils s'en étaient rendus coupables dans leur pays.

La poursuite des infractions n'aura lieu que si l'inculpé est trouvé sur le territoire du pays à qui elle appartient, en vertu de la disposition précédente.

Elle ne pourra s'exercer si l'inculpé prouve qu'il a été jugé définitivement dans le pays où l'infraction a été commise.

Art. 2. La poursuite sera intentée sur la transmission du procès-verbal dressé par les officiers de police ou agents de l'autorité auxquels la loi du pays, où l'infraction a été commise, accorde qualité pour verbaliser en matière de chasse.

Pour les infractions commises en Belgique par des Français, les procès-verbaux seront transmis aux procureurs de la République, par l'intermédiaire des procureurs royaux, et, pour les infractions commises en France par des Belges, les procès-verbaux seront transmis aux procureurs royaux par l'intermédiaire des procureurs de la République.

Les procès-verbaux dressés régulièrement par les agents de chaque pays feront foi, jusqu'à preuve contraire, devant les tribunaux de l'autre pays.

Art. 3. L'Etat où la condamnation sera prononcée percevra seul le montant des amendes et des frais.

Art. 4. La présente convention sera ratifiée et les ratifications en seront échangées à

Paris, dans le plus bref délai possible. Elle sera mise à exécution deux mois après le jour de l'échange des ratifications.

Ladite convention sera considérée comme conclue pour un temps indéterminé et demeurera en vigueur, jusqu'à l'expiration d'une année, à partir du jour où la dénonciation en sera faite.

6. *Convention entre la France et la Suisse, signée à Paris le 31 octobre 1884 et ratifiée par décret des 7-12 août 1885.*

Article premier. Dans le but d'assurer la répression des délits et contraventions en matière de chasse, comme aussi de faciliter la poursuite pénale desdits délits et contraventions, les dispositions ci-après seront applicables dans une zone de dix kilomètres de chaque côté de la frontière, sous réserve du contrôle réglementaire existant dans chaque pays pour la répression des infractions aux lois sur la chasse.

Art. 2. Les citoyens de l'un des Etats contractants qui ont affermé une chasse dans la zone frontière de l'autre pays pourront préposer des gardes-chasse à sa surveillance. Ces gardes devront remplir les conditions de nationalité et de capacité exigées par les lois et règlements du pays où la chasse sera située ; ils seront commissionnés par l'autorité compétente de ce même pays et assermentés.

Leurs pouvoirs et leurs obligations seront les mêmes que ceux des gardes-chasse dont les fermiers ne sont pas étrangers.

Les frais nécessités par leur nomination et l'exercice de leurs fonctions seront à la charge des fermiers.

Art. 3. Pour mieux assurer la répression des délits et contraventions qui se commettent dans les districts de chasses limitrophes, les deux hautes puissances contractantes s'engagent à poursuivre ceux de leurs ressortissants qui auraient commis ces infractions sur le territoire étranger, de la même manière et par application des mêmes lois que s'ils s'en étaient rendus coupables dans leur pays même.

La poursuite aura lieu sous la condition qu'il n'y ait pas eu jugement rendu dans le pays où l'infraction a été commise et sur transmission officielle du procès-verbal, par l'autorité compétente de ce pays, à celle du pays auquel appartient l'inculpé.

L'Etat où la condamnation sera prononcée percevra seul le montant des amendes et des frais, mais les indemnités seront versées dans les caisses de l'Etat. où les infractions auront été commises.

Les procès-verbaux dressés régulièrement par les gardes assermentés dans chaque pays feront foi, jusqu'à preuve contraire, devant les tribunaux de l'autre pays.

Art. 4. Dans le cas où des modifications dans la législation pénale de l'un ou de l'autre Etat seraient jugées nécessaires pour assurer l'exécution des articles précédents, les deux hautes puissances contractantes s'engagent à prendre, aussitôt que faire se pourra, les mesures nécessaires à l'effet d'opérer ces réformes.

Art. 5. La présente convention additionnelle sera ratifiée, et les ratifications en seront échangées à Paris dans le délai d'un an, ou plus tôt, si faire se peut. Elle demeurera en vigueur aussi longtemps que la convention du 23 février 1882, sur les rapports de voisinage et la surveillance des forêts limitrophes, et ne pourra être dénoncée qu'en même temps et de la même manière que ladite convention.

FRUIT.

1. *Définition.* — Dans le sens de l'article 582 du code civil, le mot fruit comprend tous les émoluments ou productions de la propriété, c'est-à-dire tout ce qui se produit et se reproduit périodiquement, soit spontanément, soit par le travail de l'homme, et qui peut être régulièrement et périodiquement perçu et détaché du fonds, sans en altérer la substance.

2. *Fruit naturel. Propriétaire. Usufruitier. Bois.* — Les fruits naturels sont ceux qui sont le produit spontané de la terre. Le produit et le croît des animaux sont aussi des fruits naturels. (Cod. Civ. 583.) Ils appartiennent au propriétaire du fonds par droit d'accession (Cod. Civ. 547), ou à l'usufruitier. (Cod. Civ. 585.) La production ligneuse, est un fruit naturel, ne revenant à l'usufruitier que dans les massifs aménagés. (Cass. 8 janvier 1845.)

3. *Qualités.* — Les fruits pendants par branches ou par racines ne sont pas meubles; ils sont immeubles tant qu'ils ne sont pas récoltés. (Cod. Civ. 520. Cass. 10 décembre 1828.)

4. *Récolte.* — Les récoltes de fruits sont considérées comme menus produits dans les forêts domaniales, et comme produits accessoires dans les forêts communales. (Arr. Min. 22 juin et 1er septembre 1838. Circ. A 842.)

5. *Ramassage. Enlèvement. Pénalités.* — Pour ramassage, récolte ou enlèvement de fruits ou produits quelconques, dans toutes les forêts, pénalités :

Amende.	Le jour.		Le jour avec récidive, la nuit, ou la nuit avec récidive.	
Par bête attelée à une charrette.. .	10 à 30 fr.	C. F. 144.	20 à 60 fr.	C. F. 144, 201.
Par charge de bête de somme. . . .	5 à 15		10 à 30	
Par charge d'homme.	2 à 6		4 à 12	

En outre : *emprisonnement* facultatif de 3 jours au plus. (Cod. For. 144. Loi du 18 juin 1859.)

Restitution des objets enlevés ou de leur valeur. (Cod. For. 198.)

Dommages-intérêts facultatifs; minimum : amende simple. (Cod. For. 198, 202.)

Confiscation des instruments du délit. (C. F. 198.)

6. *Ramassage. Enlèvement. Adjudicataire. Usager. Pénalités.* — Si l'enlèvement, le ramassage, l'abatage et la récolte des fruits ou produits quelconques du sol forestier sont effectués par un adjudicataire du panage ou par des usagers, dans tous les bois en général, pénalités :

Amende.	Le jour.		Le jour avec récidive, la nuit, ou la nuit avec récidive.	
Par bête attelée à une charrette. . .	20 à 60 fr.	C. F. 57, 85, 112, 120, 144.	40 à 120fr.	C. F. 57, 85, 112, 120, 144, 201.
Par charge de bête de somme	10 à 30		20 à 60	
Par charge d'homme.	4 à 12		8 à 24	

En outre : *emprisonnement* facultatif de 3 jours au plus. (Cod. For. 57, 85, 112, 120, 144. Loi du 18 juin 1859.)

Restitution des objets enlevés ou de leur valeur. (Cod. For. 112, 120, 198.)

Dommages-intérêts facultatifs; minimum : amende simple. (Cod. For. 198, 202.)

Confiscation des instruments du délit. (Cod. For. 198.)

7. *Ramassage. Consommation. Pénalités.* — Pour avoir cueilli et mangé, sur les lieux mêmes, des fruits appartenant à autrui :

Amende : 1 à 5 francs. (Cod. Pén. 471.)

En cas de récidive, en outre, *prison* : 3 jours au plus. (Cod. Pén. 474.)

8. *Propriétaire. Frais.* — Les fruits produits par la chose n'appartiennent au propriétaire qu'à la charge de rendre les frais de labour, travaux et semences faits par des tiers. (Cod. Civ. 548.)

9. *Accession. Bonne foi.* — Le simple possesseur ne fait les fruits siens que dans le cas où il possède de bonne foi. (Cod. Civ. 549.)

10. *Maturité. Usufruitier.* — L'usufruitier ne peut récolter que les fruits mûrs, c'est-à-dire : les grains ou semences, lorsqu'ils ont acquis toute leur faculté germinative ; les produits d'alimentation, lorsqu'ils peuvent être utilisés pour cet usage ; les produits industriels, lorsqu'on en trouve le meilleur emploi ou le prix le plus avantageux, et les arbres, lorsqu'ils ont atteint l'âge d'exploitabilité fixé par le propriétaire du fonds.

FRUITIER. V. Arbre fruitier.

FRUITIÈRE.

1. *Définition.* — Etablissement pour la meilleure utilisation du lait et sa conversion en beurre ou en fromage.

2. *Principe.* — Des subventions peuvent être accordées aux fruitières, à raison des travaux entrepris par elles, pour l'amélioration, la consolidation du sol et la mise en valeur des pâturages. (Loi du 4 avril 1882, art. 5.)

3. *Demandes de subvention.* — S'il s'agit d'une fruitière, la demande de subvention doit être adressée au préfet, avec copie des statuts; celui-ci la transmet au conservateur, avec son avis motivé. (Décr. du 11 juillet 1882, art. 14.)

4. *Objet. Emploi.* — Les subventions accordées aux fruitières peuvent avoir pour but, soit l'amélioration même des pâturages, soit la construction ou l'entretien de fruitières d'été, ou autres bâtiments capables de contribuer directement à cette amélioration. (Instr. Gén. du 2 février 1885, art. 207. Circ. N 345.)

5. *Subventions. Améliorations.* — Lorsqu'il s'agit de favoriser l'amélioration des pâturages par le moyen d'encouragements donnés au développement de l'industrie fromagère, des subventions peuvent être allouées à des *fruitières-modèles*, ou à des *fruitières-écoles*, répondant au but que l'on se propose, sans qu'il y ait lieu d'exiger de ces établissements la constitution d'un périmètre de pâturages soumis à la réglementation. (Instr. Gén. du 2 février 1885, art. 218. Circ. N 345.)

6. *Construction. Agrandissement. Engagement. Vente. Partage du prix.* — Préalablement à tout paiement de subvention, accordée pour la construction ou l'agrandissement des bâtiments d'une fruitière, le président de l'association ou du syndicat doit, dans le cas où la destination des bâtiments serait changée dans une période de dix ans, à partir de la réception des travaux, s'engager, par un acte, à mettre en vente les bâtiments, si l'administration des forêts l'en requiert, et à partager avec elle le prix de vente, au prorata de la subvention qu'elle avait accordée.

Cet acte est dressé en triple original, dont l'un demeure dans les archives du chef de service, le second dans celles du conservateur, et le troisième est adressé à l'administration. (Instr. Gén. du 2 février 1885, art. 220. Circ. N 345.) V. Subvention.

7. *Subvention. Nature. Paiement.* — Les subventions qui consistent soit en délivrance de graines ou de plants, soit en argent, soit en travaux, sont accordées par le ministre de l'agriculture. (Décr. du 11 juillet 1882, art. 14.)

Toute subvention accordée à une association ou à un syndicat est régulièrement payée entre les mains de son président. (Instr. Gén. du 2 février 1885, art. 219. Circ. N 345.)

8. *Contrôle des fruitières des Pyrénées.* — Le contrôleur des fruitières réside au lieu fixé par le conservateur qui mandate son salaire. Il visite régulièrement et à des époques fixes toutes les fruitières subventionnées et donne aux fruitiers les indications ou renseignements utiles, sans s'ingérer dans la gestion, ni engager la responsabilité de l'administration. Il fournit un rapport après chaque tournée.

Il avise le conservateur de son arrivée dans sa conservation et de son départ.

Il est alloué au contrôleur des fruitières des indemnités de tournées réglées, savoir :

Indemnité de route par myriamètre...... { Chemin de fer. fr. 0 90 / Route de terre. 1 »

Indemnité de séjour hors de la résidence, y compris les jours de voyage, aller et retour.................. fr. 5 25

Avant le 5 de chaque mois, le contrôleur remet au conservateur un extrait sommaire de son livre-journal. (Règlement du Directeur des forêts, 21 février 1883.)

FURET.

1. *Qualités.* — Les furets ne sont pas des instruments de chasse et ils ne doivent pas être confisqués. (Poitiers, 10 mars 1865.)

2. *Furetage. Délit. Conditions.* — Le fait de placer dans un terrier des petits jalons en bois munis de papier, pour empêcher les lapins de sortir et pouvoir ainsi les fureter avec plus de certitude, constitue un commencement de furetage.

Dès lors, celui qui se livre à cet exercice, sans avoir pris un permis de chasse, commet le délit prévu et puni par l'article 11, paragraphe 1er, de la loi du 3 mai 1844. (Trib. de Compiègne, 23 novembre 1880.)

FURETAGE.

1. *Définition.* — Mode d'exploitation de taillis consistant dans l'enlèvement, sur les souches, des tiges ou *lances* ayant les dimensions marchandes. Ce genre d'exploitation s'applique surtout au hêtre, et il est, jusqu'à un certain point, comparable au jardinage des futaies.

2. *Exploitation.* — Dans ces exploitations, on revient ordinairement à trois reprises dans les mêmes coupes, pendant la durée de la révolution, et on enlève chaque fois, sur les cépées ou souches, les tiges ayant les dimensions marchandes. On peut ainsi, dans chaque exploitation, enlever le tiers ou le quart environ du matériel ligneux, sans interrompre le massif indispensable pour favoriser la production et le développement des nouvelles pousses et des jeunes plants. (Rousset, *Culture et exploitation des arbres.*)

3. *Emploi.* — L'emploi du furetage est recommandé pour régénérer les taillis ruinés, parce que ce mode d'exploitation maintient le sol toujours couvert et permet d'obtenir, au moyen des arbres âgés, une plus abondante production de semences. (Grandjean.)

FUSIL.

1. *Fourniture.* — L'armement des préposés est fourni par le département de la guerre, sur la demande faite par l'administration des forêts. (Décr. du 2 avril 1875. Circ. N 173. Décr. du 18 novembre 1890, art. 10. Circ. N 424.) Depuis 1890, les préposés forestiers sont armés du fusil modèle 1886. V. Arme. Armement.

2. *Cessation d'emploi. Changement de résidence.* — En cas de démission, révocation, mise à la retraite ou décès d'un préposé, son fusil doit être remis, après vérification, à son successeur. En cas de changement de résidence dans la même conservation, les préposés emportent leur fusil ; s'ils quittent la conservation, ils le laissent. (Circ. N 257. Circ. N 259.)

3. *Préposés éliminés.* — Les fusils modèle 1886 affectés à des préposés éliminés devront être déposés, dès le temps de paix, dans les magasins des corps de troupe ou de l'artillerie désignés pour les recevoir en temps de guerre. (Circ. N 440.)

4. *Détention.* — En cas de détention irrégulière de fusil (arme de guerre, sans autorisation) :

Amende : 16 à 1000 francs.
Prison : 1 mois à 2 ans. (Loi, 24 mai 1834, art. 3.) Applicable aux gardes qui ne rendent pas le fusil.

5. *Modification.* — Il est interdit aux gardes de modifier les fusils dont ils sont détenteurs. Ceux qui auraient été modifiés seront rétablis, sans retard, dans leur état primitif. (Circ. N 83.)

6. *Interdiction.* — Il est interdit aux gardes de porter des fusils de chasse. (Circ. N 72, art. 19.)

7. *Tournées.* — Les gardes, dans leur tournée, ne doivent être munis que du fusil réglementaire. (Ord. 30. Circ. N 55.)

FUTAIE.

Accroissement, 12.
Affouage, 16, 17.
Age, 4.
Aménagement, 9, 20.
Catégorie, 8.
Capital, 12.
Coupe, 7, 18.
Coupe extraordinaire, 20.
Croissance, 11.
Définition, 1.
Dénomination, 2.
Dot, 10.
Eclaircie, 20.
Essence, 4.
Exploitation, 10, 14, 15.
Fruit, 11, 13.
Guerre, 19.
Hêtre, 5.
Mari, 10.
Peuplier, 8.
Principe, 3.

Produit, 9, 11.
Qualité, 6, 7.
Qualification, 3, 4, 8.
Remploi, 13.
Sapin, 5.
Usufruit, 9, 11, 12.
Vente, 6, 13, 18.

1. *Définition.* — Forêt destinée à produire plus particulièrement des bois de fortes dimensions et à se régénérer par la semence. (Parade.) V. Arbre de futaie.

2. *Dénomination.* — On appelle *futaie sur taillis* un bois âgé de 40 ans; entre 40 et 60 ans, il est *demi-futaie*; de 60 à 120 ans, *haute futaie*, et au-dessus de 200 ans, *haute futaie sur le retour.* (Littré.)

3. *Principe. Qualification.* — On doit comprendre sous la dénomination de *bois de haute futaie*, les catégories d'arbres qui sont de nature à croître en haute futaie. (Besançon, 12 août 1852.)

4. *Qualification. Essence. Age.* — Un bois ne s'exploitant jamais en taillis, peuplé de résineux (pin), est un bois de futaie, quel que soit l'âge des arbres. (Cass. 20 février 1812.)

5. *Hêtre. Sapin. Classification.* — Les hêtres et les sapins doivent être rangés dans la catégorie des bois de haute futaie. (Besançon, 12 août 1852.)

6. *Qualité. Vente.* — Les arbres de futaie *sur pied*, étant considérés comme immeubles, ne peuvent pas être vendus publiquement et volontairement par un huissier. (Caen, 26 février 1863.)

7. *Coupe. Qualités.* — Les coupes ordinaires d'une futaie mise en coupes réglées ne deviennent meubles qu'au fur et à mesure que les arbres sont abattus. (Cod. Civ. 521.)

8. *Peuplier. Qualification. Catégorie.* — Le peuplier ne se reproduit pas lui-même comme les bois taillis et, par analogie, doit être plus tôt rangé dans la catégorie des arbres en futaie. (Dijon, 22 décembre 1842.)

(Cet arrêt est basé sur une erreur matérielle, attendu que, suivant son âge, la situation, le terrain et le mode d'exploitation, le peuplier repousse ou ne repousse pas de souche; l'analogie invoquée n'est donc pas fondée.) V. Arbre de futaie. Peuplier.

9. *Usufruitier. Produit. Aménagement.* — Il y a aménagement, dans le sens de l'article 591 du code civil et, par suite, l'usufruitier a droit aux produits des bois de haute futaie, lorsqu'il est établi que, depuis nombre d'années, l'ancien propriétaire exploitait ses bois en marquant annuellement un certain nombre d'arbres choisis dans toutes les parties de la forêt et qu'il les vendait à des tiers, bien qu'il n'y eût identité ni du nombre d'arbres coupés, ni de leur produit. (Riom, 19 juillet 1862.)

10. *Mari. Dot. Exploitation.* — Le mari n'a aucun droit sur les arbres de haute futaie d'une forêt, faisant partie de la dot de sa femme, à moins que cette forêt n'ait été soumise, avant le mariage, à des coupes régulières.

Il en est ainsi, lors même qu'il s'agit d'une forêt de pins qui serait restée inexploitée, avant le mariage, faute de voie de communication, et dont une sage administration exigeait l'exploitation pendant le mariage. (Pau, 8 février 1886.) V. Bien dotal.

11. *Croissance. Produit. Fruit du fonds.* — La croissance annuelle des arbres de haute futaie non aménagés n'est point un fruit du fonds; elle constitue un accessoire immobilier, qui s'incorpore à ce fonds et ne profite point à ceux qui, comme le mari ou l'usufruitier, n'ont droit qu'à la perception des fruits. (Lyon, 3 mars 1845.) V. Peuplier.

12. *Capital. Accroissement.* — La valeur totale des futaies existantes, au moment de l'ouverture de l'usufruit, et dans un bois de haute futaie mis en coupes réglées, forme un capital qui doit être conservé, de telle sorte que l'usufruitier a droit seulement aux augmentations que reçoit cette valeur, par l'effet de la croissance continuelle des réserves. (Cass. 8 janvier 1845.)

13. *Futaie non aménagée. Vente. Remploi.* — Lorsqu'une femme, mariée sous le régime dotal, s'est constitué en dot diverses futaies non aménagées, ces futaies ne peuvent être considérées comme des fruits dont le mari peut librement disposer en sa qualité d'administrateur, mais bien comme un capital inaliénable autrement qu'à charge de remploi. Les acquéreurs de ces futaies doivent être condamnés à restituer la valeur des arbres abattus. (Rennes, 17 mars 1892.)

14. *Exploitation.* — On ne doit exploiter les arbres de futaie que lorsqu'ils sont arrivés à maturité. On doit conserver tous les arbres, soit en massif, soit en bordure, tant qu'ils ne sont pas dépérissants. (Circ. A 120.)

15. *Exploitation.* — L'exploitation des futaies est fixée par les clauses spéciales. (Cah. des ch. 23.)

16. *Affouage.* — L'ordonnance de 1669 et les ordonnances de Lorraine étaient d'accord pour considérer la futaie des bois de l'Etat comme inaliénable et ne pouvant être abandonnée aux usagers comme affouage. (Metz, 25 juin 1861.)

17. *Affouage.* — La distribution de la futaie (en affouage) ne doit comprendre que les arbres (essence) habituellement employés dans la localité, comme bois de construction; les arbres qui, par leurs défauts, sont impropres à cet emploi doivent en être exclus. Il en est de même des branchages et remanents, à moins d'usage contraire.

18. *Vente. Coupe.* — Toute vente de coupe ou de massif réservé par l'aménagement pour croître en futaie est nulle, si elle n'est

autorisée par décret du chef de l'Etat, sauf le recours des adjudicataires contre les fonctionnaires ou agents qui ont ordonné ou autorisé ces coupes. (Cod. For. 16.)

19. *Guerre.* — L'état de guerre ne peut autoriser une partie belligérante de disposer des arbres de haute futaie, que la nature et la loi assimilent au fonds lui-même. (Cass. 16 avril 1873.) V. Guerre.

20. *Aménagement. Eclaircies. Coupes extraordinaires.* — Les aménagements des forêts domaniales seront réglés principalement dans l'intérêt des produits en matière et de l'éducation des futaies.

En conséquence, l'administration recherchera les forêts ou parties de forêts qui pourront être réservées pour croître en futaie, et elle en proposera l'aménagement, en indiquant celles où le mode d'exploitation par éclaircie pourra être le plus avantageusement employé. (Ord. 68.) Cet article ne s'applique pas aux majorats, aux apanages, ni aux bois communaux. (Ord. 125, 134.)

La coupe des bois ou portions de bois mis en réserve pour croître en futaie, et dont le terme d'exploitation n'a pas été fixé par l'ordonnance d'aménagement, est considérée comme coupe extraordinaire et ne peut avoir lieu qu'en vertu d'ordonnances spéciales. (Ord. 71, 134.)

G

GALLE.

Pénalités. — Les galles (excroissances venant sur les feuilles de chêne) étant une *production quelconque* sur sol forestier, leur ramassage ou leur enlèvement est passible des peines édictées par l'article 144 du code forestier. (Cass. 1er juin 1838 et 4 février 1841.) V. Enlèvement. Extraction.

GALONS.

Délivrance. — Les préposés (Algérie et France) reçoivent gratuitement, soit à titre de première mise, soit à titre de renouvellement, les galons de grade. (Arr. Min. du 3 août 1892, art. 4. Circ. N. 449. Arr. Min. 19 avril 1893. Lettre de l'Admin. 22 juin 1893.) V. Insignes.

GARANTIE.

Appel, 10, 11.
Autorisation, 12.
Bail, 4.
Conditions, 3, 5.
Coupe, 6.
Délai, 8, 9, 11.
Durée, 9.
Possession, 1.
Principe, 1, 2.
Travaux, 7, 8, 9.
Vente, 2.

1. *Possession. Principe.* — Le vendeur doit garantir la possession paisible de la chose vendue. (Cod. Civ. 1625.)

2. *Principe. Vente.* — Le vendeur doit garantir l'acquéreur de l'éviction qu'il souffre dans la totalité ou partie de l'objet vendu, ou des charges prétendues sur cet objet et non déclarées à la vente. (Cod. Civ. 1626 et suivants.)

3. *Conditions.* — La garantie pour cause d'éviction cesse, lorsque l'acquéreur s'est laissé condamner par un jugement en dernier ressort ou dont l'appel n'est plus recevable, sans appeler son vendeur et si celui-ci prouve qu'il existait des moyens suffisants pour faire rejeter la demande. (Cod. Civ. 1640.)

4. *Bail.* — Il est dû garantie au preneur pour tous les vices ou défauts de la chose louée, qui en empêchent l'usage, quand même le bailleur ne les aurait pas connus lors du bail. (Cod. Civ. 1721.)

5. *Conditions.* — Les parties peuvent convenir que le vendeur ne sera soumis à aucune garantie. (Cod. Civ. 1627.)

6. *Coupes.* — Les coupes sont adjugées en bloc et sans garantie du nombre d'arbres, de cubage, de contenance, d'essence, d'âge et de qualité. (Cah. des ch. 1.)

Mais l'administration ne renonce pas aux traditions de loyauté qu'elle a toujours observées à l'égard des acquéreurs de coupes, au préjudice desquels des erreurs graves de contenance étaient constatées. En pareil cas, les intéressés peuvent compter sur une appréciation équitable de leurs réclamations. (Circ. N 130.)

L'administration, à moins de circonstances exceptionnelles, devra opposer aux réclamations des adjudicataires une fin de non-recevoir pure et simple, tirée de l'article 1 du cahier des charges. (Décis. Min. du 4 avril 1874. Lettre de l'Admin. du 13 mars 1875.)

7. *Travaux.* — L'entrepreneur et sa caution seront responsables, pendant le délai de garantie, de la bonté et de la solidité des ouvrages et obligés de les entretenir. L'administration ne renonce pas à la faculté d'invoquer, au besoin, les dispositions des articles 1792 et 2270 du code civil, qui fixent à dix ans le délai de garantie pour les grosses constructions. (Cah. des ch. 44.)

8. *Travaux. Délai.* — Le délai de garantie est fixé, pour chaque travail, dans les clauses spéciales.

9. *Travaux. Durée. Délai.* — Lorsqu'il y a lieu de fixer un délai de garantie, il convient de lui donner une durée suffisante pour que la solidité des travaux soit complétement assurée. (Circ. N 73, art. 17.)

10. *Appel en garantie.* — Demande par laquelle le défendeur appelle un tiers dans une instance, pour prendre son fait et cause.

11. *Appel. Délai.* — Celui qui prétendra avoir droit d'appeler en garantie sera tenu de le faire dans la huitaine du jour de la demande originaire, plus un jour pour trois myriamètres. (Procéd. Civ. 175.)

12. *Autorisation irrégulière.* — L'autorisation irrégulière d'un agent forestier et qu'il ne pouvait pas donner ne permet pas à un adjudicataire, prévenu d'un délit (outre-passe), d'actionner cet agent forestier en garantie. (Cass. 26 février 1807.)

GARANTIE ADMINISTRATIVE.

1. *Principe. Abrogation.* — L'article 75 de la constitution de l'an VIII est abrogé. Sont également abrogées toutes autres dispositions des lois générales ou spéciales ayant pour objet d'entraver les poursuites dirigées contre des fonctionnaires publics de tout ordre. (Décr. du 19 septembre 1870.)

L'abrogation de l'article 75 de la constitution de l'an VIII n'a pas eu pour conséquences d'annihiler le principe de la séparation des pouvoirs ; elle n'a eu pour effet que de supprimer la fin de non-recevoir résultant du défaut d'autorisation, avec toutes ses conséquences légales, et de rendre ainsi aux tribunaux judiciaires toute leur liberté d'action, dans les limites de leur compétence, mais sans étendre les limites de leur juridiction et sans supprimer la prohibition qui leur est faite, par d'autres dispositions légales, de connaître des actes administratifs, ce qui est une règle de compétence absolue et d'ordre public. (Cons. d'Etat. Trib. des Conflits, 30 juillet 1873.)

Le décret du 19 septembre 1870 n'a pas abrogé les articles 479, 483 et suivants du code d'instruction criminelle, relatifs à la poursuite de délits commis par les fonctionnaires. (Cass. 5 novembre, 15 et 24 décembre 1874.) V. Poursuite. Prise à partie.

Les tribunaux civils sont compétents pour apprécier les faits reprochés aux fonctionnaires, afin de déterminer s'ils constituent réellement des faits administratifs, échappant à leur juridiction. (Dijon, 15 décembre 1876.)

2. *Poursuites. Prise à partie.* — Les officiers de police judiciaire ne peuvent être poursuivis directement devant les tribunaux pour les faits relatifs à leurs fonctions ; il ne peut être procédé contre eux que par la voie de la prise à partie, cette procédure n'ayant pas été comprise dans l'abrogation, par le décret du 19 septembre 1870, de l'article 75 de la constitution de l'an VIII, et les officiers de police devant être assimilés aux juges, dont parle l'article 505 du code de procédure civile, aussi bien au point de vue de la procédure, qui règle les actions dirigées contre eux, qu'au point de vue de la poursuite criminelle ou de l'instruction prescrite par l'article 483 du code d'instruction criminelle. (Cass. 4 mai 1880.)

GARDE CHAMPÊTRE.

Constatation, 10.
Définition, 1.
Délit, 10, 11.
Délit forestier, 11, 12, 13.
Garde particulier, 7.
Nombre, 3.
Nomination, 4.
Plaque, 6.
Qualité, 2.
Suppression, 5.
Surveillance, 11, 12.
Traitement, 9.

1. *Définition.* — Officier de police judiciaire spécialement chargé de veiller à la conservation des propriétés rurales et forestières. (Instr. Crim. 16.)

2. *Qualité* — Les gardes champêtres sont agents de la force publique. (Cass. 19 juin 1818.)

3. *Nombre.* — Toute commune peut avoir un ou plusieurs gardes champêtres. (Loi du 5 avril 1884, art. 102.) Cette loi ne permet pas aux communes, comme celle du 20 messidor an III, de s'associer entre elles pour avoir un garde champêtre commun, mais elle ne les oblige pas à en avoir un. (Block.)

4. *Nomination.* — Les gardes champêtres sont nommés par les maires. Ils doivent être agréés et commissionnés par le sous-préfet ou le préfet dans l'arrondissement du chef-lieu. (Loi du 5 avril 1884, art. 102.)

5. *Suppression d'emploi.* — Si un conseil municipal peut à toute époque supprimer l'emploi de garde-champêtre, cependant la délibération supprimant l'emploi ne peut avoir d'effet qu'après l'expiration de l'exercice pour lequel le traitement a été voté; une révocation ainsi déguisée constitue un excès de pouvoir, et le préfet a, dans ce cas, le droit de déclarer la nullité de la délibération. (Cons. d'Etat, 30 juillet 1884.)

6. *Plaque.* — Dans l'exercice de leurs fonctions, les gardes champêtres auront sur le bras une plaque de métal ou d'étoffe, où seront inscrits ces mots : *La loi,* le nom de la commune et le nom du garde. (Loi du 28 septembre-6 octobre 1791, sect. VII, art. 4.)

7. *Garde particulier.* — Les gardes champêtres peuvent être commissionnés gardes particuliers.

8. *Garde forestier.* — Les gardes champêtres ne peuvent pas être gardes forestiers. (Cod. For. 4.)

9. *Traitement.* — Le traitement du garde champêtre est considéré comme une dépense obligatoire du budget de la commune (Loi du

5 avril 1884, art. 136), mais seulement tant que l'emploi existe, et le conseil municipal peut, en supprimant l'emploi, soustraire la commune à cette obligation. (Block.)

10. *Délit. Constatation.* — Les gardes champêtres ont le droit de constater tous les délits et contraventions portant atteinte aux propriétés rurales et forestières. (Loi du 6 octobre 1791, section VII, art. 1 et 5. Instr. Crim. 16. Cass. 25 juin 1842.)

11. *Délit. Surveillance.* — Les gardes champêtres peuvent rechercher et constater les délits forestiers commis dans les bois non soumis au régime forestier. (Cod. For. 188.)

12. *Délit. Surveillance.* — Les gardes champêtres ont qualité pour rechercher et constater les délits forestiers commis dans les bois appartenant aux communes, pour lesquelles ils sont assermentés, même dans le cas où ces bois sont soumis au régime forestier. (Toulouse, 19 avril 1860.)

13. *Délit forestier. Constatation. Bois de l'Etat.* — Les gardes champêtres n'ont pas qualité pour rechercher et constater les délits forestiers commis dans les bois de l'Etat. (Cass. 13 janvier 1849.)

GARDE ÉTRANGER. (Bois frontière.) Voir Garde particulier.

GARDE FORESTIER.

SECT. I. — ATTRIBUTIONS, DEVOIRS, GÉNÉRALITÉS, 1 — 79.

SECT. II. — GARDE COMMUNAL ET D'ÉTABLISSEMENT PUBLIC, 80 — 92.

SECT. III. — GARDE MIXTE, 93 — 98.

SECT. IV. — GARDE CANTONNIER, 99 — 122.

§ 1. *Nomination, Organisation,* 99 — 106.

§ 2. *Travaux,* 107 — 122.

SECT. V. — GARDE DOMANIAL, 123 — 138.

SECT. VI. — GARDE SÉDENTAIRE, 139 — 149.

Abri, 119.
Absence, 28, 114.
Action civile, 7.
Adjudication, 22.
Admission, 15, 96.
Affirmation, 45.
Age, 15, 82, 101, 126, 127, 140, 147.
Algérie, 77, 126, 140.
Allié, 19.
Allumettes, 73.
Arbres morts, 40.
Arbres dépérissants, 40.
Armement, 77.
Arrestation, 59, 60, 67.
Assimilation, 88, 89.
Atelier, 64, 112.
Auberge, 22.
Avancement, 83, 106, 146, 148.
Baraque, 64.
Barrière, 57.
Bourre, 22.
Bois de délit, 38.
Boisson, 73.
Borne, 57.
Brigadier, 115.
Briqueterie, 64.
Candidat, 82, 101, 125, 128, 142.
Candidat forestier, 127.
Candidat militaire, 82, 126, 140.
Caractère, 4.
Cessation de fonctions, 76
Chablis, 38.
Chaîne, 37.
Chandelier, 40.
Chantier, 64.
Changement, 77.
Chasse, 43, 54.
Chauffage, 131, 145.
Circonscription, 9.
Classe, 102.
Commission, 23.
Commerce de bois, 22.
Compétence, 7.
Conditions, 82, 101, 126, 127, 128, 129, 140, 141.
Contrebande, 67.
Constatation, 10, 104.
Construction, 64.
Correspondance, 73, 73 bis, 149.
Crime, 69.
Définition, 1, 80, 93, 99, 123.
Défrichement, 56.
Délit, 10, 43, 54, 61, 62, 69, 92, 104.
Déplacement, 120.
Dimanche, 118.
Domesticité, 5.
Douane, 67.
Dunes, 79.
Elèves des Barres, 129.
Emploi, 108, 111, 113.
Emploi du temps, 122.
Enregistrement, 47.
Equipement, 77.
Exploit, 12.
Ferme, 64.
Feu, 55.
Feuille de procès-verbal, 44.
Fils d'agent, 127, 141.
Fonctions, 8, 149.
Force publique, 58, 68.
Fossé, 57.
Four à chaux, 64.
Fraude, 73.
Garde cantonnier, 99,
Garde communal, 80.
Garde d'établissement public, 80.
Garde domanial, 123.
Garde mixte, 93.
Garde sédentaire, 139.
Gazonnement, 137.
Gendarmerie, 67.
Gratification, 121.
Herbe, 135.
Heure, 117.
Hiérarchie, 26, 89, 90, 105.
Identité, 50.
Incompatibilité, 16.
Inconnu, 59, 62.
Indemnité, 71, 120, 130, 133, 144.
Installation, 23.
Instruction, 15, 82, 101, 125, 142.
Intempérie, 119.
Jour férié, 118.
Juridiction, 6.
Lait, 22.
Légumes, 22.
Limites, 57.
Livret, 39.
Loge, 64.
Logement, 133, 144.
Maison, 64.
Maison forestière, 74.
Maladie, 29.
Marteau, 37, 38.
Mur, 57.
Nombre, 84, 86, 87.
Nomination, 3, 81, 94, 95, 100, 124, 129, 139.
Obéissance, 26.
Occupation, 113.
Organisation, 103.
Outils, 109.
Ouvriers, 70, 71.
Panage, 136.
Parents, 19.
Pâturage, 134.
Pension, 14.
Perquisition, 50, 63.
Piqueur, 111.
Plaque, 37.
Police, 66.
Pont, 57.
Porc, 136.
Poteau, 57.
Poursuites, 12, 13, 34.
Préposé, 128.
Principes, 8.
Prise à partie, 7.
Procès-verbaux, 11, 35, 47, 52, 61.
Procès-verbaux annulés, 48.
Produit forestier, 22.
Prohibition, 19, 22.
Propriétés particulières, 138.
Punitions, 114.
Qualités, 1, 8, 99.
Rapatronage, 51.
Rature, 46.
Reboisement, 137.
Reconnaissance, 39.
Rémunération, 20, 71.
Renvoi, 46.
Réparations locatives, 74
Repos, 117.
Répression, 32.
Réquisition, 58.
Résidence, 2.
Responsabilité, 33, 34, 92.
Restauration des montagnes, 137.
Réunion, 85, 112.
Révocation, 25, 91, 94.
Saisie, 49, 52, 53.
Salaire, 78.
Scierie, 63, 64.
Séquestre, 53.
Serment, 23.
Service actif, 147, 148.
Service militaire, 126.
Sous-officier, 126, 130.
Station, 110.
Surcharge, 46.
Sûreté publique, 65.
Surveillance, 9, 27, 30, 31, 32, 41, 63, 92, 118.
Suspension, 24, 91.
Tabac, 72.
Tâche, 116.
Terrain, 75, 132.
Tournée, 18, 37.

Traitement, 98, 143.
Travaux, 17, 18, 41, 57, 70, 99, 107, 108, 115.
Triage, 85.
Triage mixte, 97.
Tuilerie, 64.
Uniforme, 36.
Usager, 78.
Vache, 134.
Ventes, 21.
Visite domiciliaire, 50.

V. Candidat. Militaire. Préposé.

SECT. I. — ATTRIBUTIONS. DEVOIRS. GÉNÉRALITÉS.

*1. *Définition. Qualité.* — Les gardes forestiers sont, comme officiers de police judiciaire, sous la surveillance du chef du parquet, sans préjudice de leur subordination à l'égard de leurs supérieurs dans l'administration. (Instr. Crim. 17. Cass. 16 février 1821.)

2. *Résidence.* — La direction générale déterminera le nombre et la résidence des gardes, ainsi que les arrondissements et triages dans lesquels ils devront exercer leurs fonctions. (Ord. 10.)

3. *Nomination.* — A l'avenir, les nominations des gardes indiqueront la date du commencement de la jouissance du traitement. (Circ. A 815.)

4. *Caractère.* — Les gardes ont le caractère d'agents de la force publique. (Cass. 16 décembre 1841.)

5. *Domesticité.* — Il est défendu d'exiger des actes de domesticité de la part des gardes. (Circ. A 562.)

6. *Juridiction.* — Les gardes jouissent du privilège de juridiction, à raison des faits accomplis dans l'exercice de leurs fonctions d'officiers de police judiciaire ; ils ne sont justiciables que des cours d'appel.

7. *Action civile. Compétence. Prise à partie.* — Les préposés forestiers ne peuvent être actionnés devant les tribunaux civils, pour faits accomplis dans leurs fonctions d'officiers de police judiciaire, que par la voie de la prise à partie. (Cass. 4 mai 1880. Circ. N 269.)

8. *Principes. Fonctions. Qualités.* — Les gardes champêtres et les gardes forestiers, considérés comme officiers de police judiciaire, sont chargés de rechercher, chacun dans le territoire pour lequel ils sont assermentés, les délits et contraventions de police, qui auront porté atteinte aux propriétés rurales et forestières. Ils dresseront des procès-verbaux à l'effet de constater la nature, les circonstances, le temps, le lieu des délits et contraventions, ainsi que les indices et preuves qu'ils auront pu recueillir. Ils suivront les choses enlevées dans les lieux où elles auront été transportées et les mettront en séquestre ; ils ne pourront, néanmoins, s'introduire dans les maisons, ateliers, bâtiments, cours adjacentes et enclos, si ce n'est en présence, soit du juge de paix, soit de son suppléant, soit du commissaire de police, soit du maire du lieu, soit de son adjoint, et le procès-verbal qui devra en être dressé sera signé par celui en présence duquel il aura été fait. Ils arrêteront et conduiront devant le juge de paix ou devant le maire tout individu qu'ils auront surpris en flagrant délit, ou qui sera dénoncé par la clameur publique, lorsque ce délit emportera la peine d'emprisonnement ou une peine plus grave. Ils se feront donner, pour cet effet, main-forte par le maire ou par l'adjoint du maire du lieu, qui ne pourra s'y refuser. (Instr. Crim. 16.)

9. *Limites de la surveillance.* — Indépendamment de la surveillance que les gardes exercent spécialement sur les bois qui leur sont confiés, ils ont le droit de rechercher et de constater, sur le territoire de l'arrondissement du tribunal pour lequel ils sont assermentés, les délits et contraventions qui portent atteinte aux propriétés soumises au régime forestier. (Cod. For. 160. Livret des préposés, art. 2.)

10. *Délits. Constatation.* — Les gardes sont incompétents pour constater les délits en dehors des forêts soumises au régime forestier, pour lesquelles ils sont commissionnés ; il leur est, d'ailleurs, défendu de se livrer à la surveillance des propriétés particulières. (Circ. A 545 bis.)

11. *Foi des procès-verbaux.* — Les procès-verbaux des gardes font foi en justice jusqu'à inscription de faux, mais seulement lorsque le délit ou la contravention n'entraîne pas une condamnation de plus de 100 francs, tant pour amende que pour dommages-intérêts. (Cod. For. 176, 177. Livret des préposés, art. 3.)

12. *Exploits.* — Les gardes peuvent, dans les actions et poursuites exercées au nom de l'administration, faire toutes citations et significations d'exploits. (Cod. For. 174. Livret des préposés, art. 4.)

13. *Poursuites.* — Les gardes ne peuvent instrumenter que pour l'administration et ils sont sans pouvoir en matière civile, dans les actions domaniales poursuivies à la requête du préfet.

14. *Pension.* — Les gardes ont droit à une pension de retraite, lorsqu'ils ont 55 ans d'âge et 25 ans de services rétribués par le Trésor. (Loi du 9 juin 1853, art. 5. Circ. N 80, art. 8.)

15. *Admission. Age. Instruction.* — Nul ne peut être admis à exercer un emploi de garde forestier, s'il est âgé de moins de 25 ans ou de plus de 35 ans et s'il ne sait lire et écrire. (Ord. 5 novembre 1832, art. 1. Circ. A 414.)

16. *Incompatibilité.* — L'emploi de garde forestier est incompatible avec toute autre fonction administrative. (Cod. For. 4. Livret des préposés, art. 5.)

17. *Travail.* — Le travail personnel des préposés est obligatoire, et les agents doivent leur désigner les travaux d'amélioration à exécuter. (Circ. N 22, art. 288.)

18. *Travail. Tournée.* — Les gardes doivent utiliser les loisirs de leurs tournées quotidiennes, en effectuant le repeuplement des clairières, le marcottage des taillis, la création et l'entretien de pépinières volantes, l'émondage des branches gourmandes et le dégagement des plants d'élite dans les jeunes coupes. Les conservateurs doivent examiner les résultats obtenus et désigner les gardes qui ont fait preuve de zèle et d'initiative. L'administration achètera les instruments nécessaires à ces travaux. (Circ. N 129.)

19. *Prohibition. Parents.* — Les parents ou alliés d'un garde ne peuvent être facteurs des coupes de son triage. (Livret des préposés, art. 6. Cah. des ch. 16.)

20. *Rémunération.* — Les gardes ne pourront, sous aucun prétexte, rien exiger, ni recevoir des communes, des établissements publics et des particuliers, pour les opérations qu'ils auront faites, à raison de leurs fonctions. (Ord. 35.)

21. *Ventes.* — Les gardes forestiers ne peuvent, dans toute l'étendue de la France, prendre part aux ventes, ni directement, ni indirectement, ni par eux-mêmes ou par personne interposée, ni comme partie principale, associé ou caution. En cas d'infraction, pénalités :

Amende : Maximum, le quart ; minimum, le douzième du montant de l'adjudication. (Cod. For. 21.)
Emprisonnement, 6 mois à 2 ans. (Cod. For. 21. Cod. Pén. 175.)
Interdiction des fonctions publiques. (Cod. For. 21. Cod. Pén. 175.)
Vente déclarée nulle. (Cod. For. 21.)

22. *Prohibitions.* — Il est interdit aux gardes :

1° De faire le commerce de bois directement ou indirectement (Ord. 31) ;

2° De tenir auberge ou de vendre des boissons en détail ;

3° De disposer des bois chablis ou de délits gisant dans les forêts et d'aucun produit du sol forestier ;

4° De faire commerce de lait, de légume ou de beurre. (Livret des préposés, art. 6.)

23. *Serment. Commission. Installation.* — Les préposés de l'administration forestière ne pourront entrer en fonctions qu'après avoir prêté serment devant le tribunal de première instance de leur résidence et avoir fait enregistrer leur commission et l'acte de prestation de leur serment, au greffe des tribunaux dans le ressort desquels ils devront exercer leurs fonctions.

Dans le cas d'un changement de résidence qui les placerait dans un autre ressort, en la même qualité, il n'y aura pas lieu à une autre prestation de serment. (Cod. For. 5.)

24. *Suspension.* — Les gardes peuvent être suspendus de leurs fonctions d'après l'ordre du conservateur, qui doit en rendre compte. (Ord. 38. Livret des préposés, art. 8.)

25. *Révocation.* — Lorsque les gardes ont encouru la révocation, elle n'est prononcée contre eux qu'après qu'ils ont été admis à présenter leurs moyens de justification et après une délibération du conseil des forêts, approuvée par le ministre de l'agriculture. (Ord. 39. Livret des préposés, art. 9.)

26. *Hiérarchie. Obéissance.* — Les gardes ont pour chefs immédiats les brigadiers. Ils leur doivent obéissance et soumission pour tous les objets du service. (Circ. A 470 ter. Livret des préposés, art. 10.)

27. *Surveillance.* — Les gardes non embrigadés sont placés sous la surveillance immédiate du chef de cantonnement. (Circ. A 470 ter. Livret des préposés, art. 10.)

28. *Absence.* — Les gardes ne peuvent quitter leur poste sans une permission du conservateur, sauf dans les circonstances graves nécessitant un déplacement immédiat, à charge d'en informer leur chef sans délai. (Livret des préposés, art. 11.)

29. *Maladie.* — En cas d'empêchement pour maladie, les gardes doivent en donner avis à leur supérieur immédiat, au plus tard dans les trois jours, afin qu'il soit suppléé à leur service. (Livret des préposés, art. 12.)

30. *Surveillance.* — Les gardes sont spécialement chargés de faire des visites journalières, dans les bois soumis au régime forestier, et de dresser procès-verbal de tous les délits et contraventions qui y auront été commis. (Ord. 24.)

31. *Surveillance.* — Les gardes veillent, de jour et de nuit, à la conservation des forêts qui leur sont confiées. (Livret des préposés, art. 13.)

32. *Surveillance. Répression.* — Les bons gardes ne sont pas ceux qui dressent les procès-verbaux les plus nombreux ; ce sont ceux qui, par une surveillance active, par l'autorité morale qu'ils exercent, par l'intelligence apportée dans la constatation des délits, savent le mieux faire respecter les forêts. (Lettre Circ. 10 décembre 1857.)

33. *Responsabilité.* — Les gardes sont responsables des délits, dégâts, abus et abroutissements qu'ils n'ont point constatés et reconnus, et passibles, dans ce cas, des amendes et indemnités encourues par les délinquants. (Cod. For. 6. Livret des préposés, art. 14.)

34. *Responsabilité. Poursuites.* — Pour défaut de constatation des délits commis dans leurs triages, les préposés forestiers doivent être traduits devant les tribunaux correc-

tionnels, qui sont seuls compétents pour connaître des actions en responsabilité exercées au nom de l'administration forestière. (Dommages-intérêts égaux à l'amende du délit et même l'amende.) (Cass. 4 mars 1822. Meaume, t. I, p. 128.)

35. *Procès-verbaux. Communication.* — Les procès-verbaux dressés contre les préposés qui n'ont pas constaté les délits commis dans leurs triages ne doivent être mis en poursuite que sur l'autorisation de l'administration et lui sont, par suite, transmis dès qu'ils ont été rédigés par les agents. (Circ. N 148.)

36. *Uniforme.* — Les gardes doivent être revêtus de leur uniforme ou des marques distinctives de leur grade, dans l'exercice de leurs fonctions. (Ord. 34.)

37. *Tournées.* — Les gardes doivent toujours, dans leurs tournées, être munis de la plaque, qu'ils portent ostensiblement, de leur marteau, d'une chaîne métrique et de leur livret. (Livret des préposés, art. 15.)

38. *Marteau.* — Le marteau des gardes est employé à marquer les chablis, volis, les souches et bois provenant de délits. (Livret des préposés, art. 16.)

39. *Reconnaissance. Livret.* — Le livret est destiné à inscrire jour par jour et sans lacune :

La transcription des procès-verbaux de délits ;

La reconnaissance des chablis et volis ;

Les délivrances dûment autorisées de harts, plants, feuilles, terres, pierres, sables et, en général, de toutes les productions du sol forestier ;

Les citations et significations, en désignant leur objet et le nom de la personne à qui la copie de l'exploit a été remise ;

Et les opérations auxquelles les gardes concourent.

Si, dans le cours de leur tournée journalière, les gardes n'ont rien remarqué qui intéresse le service, ils le disent sur le livret. (Livret des préposés, art. 17.)

40. *Arbres morts en cime et dépérissants. Chandeliers.* — Les gardes doivent constater le nombre, l'essence, la grosseur et le volume des chandeliers, des arbres morts en cime et présentant des signes d'un dépérissement assez avancé, pour être désormais hors d'état de servir soit à l'abri, soit à l'ensemencement du sol. Ils en dresseront, par forêt et sur la formule de reconnaissance des chablis, des procès-verbaux qu'ils remettront à leur chef immédiat, dans les dix jours de leur rédaction. (Décis. Min. 25 juillet 1872. Lettre de l'Admin. du 31 octobre 1872.)

41. *Travaux. Surveillance.* — Les gardes ne font que surveiller les travaux exécutés dans les forêts, sans pouvoir les commander. (Cass. 13 avril 1849.)

42. *Formes des procès-verbaux.* — Les procès-verbaux des gardes doivent indiquer :

Les circonstances, le temps et le lieu des délits et contraventions.

Les noms, prénoms, professions et demeures des prévenus.

Si l'auteur du délit est une femme mariée, un enfant mineur ou un domestique, les noms, prénoms, professions et demeures des mari, père, mère ou maître.

L'âge, l'essence, la grosseur et la quantité des bois objets du délit ; cette quantité est évaluée par charge d'homme, de bête de somme ou de voiture, lorsque les bois auront moins de deux décimètres de tour.

La circonférence des arbres coupés en délit doit être mesurée à un mètre du sol si les arbres ont été enlevés, la circonférence sera mesurée à la partie supérieure de la souche.

Les instruments, voitures et attelages employés pour commettre le délit,

La nature des autres productions du sol ; forestier frauduleusement coupées, extraites ou enlevées, et leur quantité évaluée par charge d'homme, de bête de somme ou de voiture, avec mention, dans ce dernier cas, du nombre des bêtes attelées : l'évaluation par charge d'homme n'a lieu que dans le cas d'insuffisance de matière pour former une charge de bête de somme ; elle n'a lieu par charge de bête de somme qu'en cas d'insuffisance pour former une charge de voiture.

La nature des objets saisis et leur description exacte.

Le nombre, l'espèce et le signalement des animaux trouvés en délit de pâturage ; l'âge des bois ou le délit a été commis ; la présence ou l'absence des propriétaires ou gardiens et toutes les circonstances qui peuvent faire apprécier matériellement le dommage causé au sol forestier.

S'il s'agit d'un délit de chasse, l'espèce d'armes, de pièges, de chiens employés par le délinquant, et l'espèce de gibier pris ou chassé.

Il est défendu aux gardes de désarmer les chasseurs, mais ils doivent donner une description exacte des armes et même leur évaluation approximative.

S'il s'agit de délit de pêche, les filets, engins, drogues et appâts employés pour prendre ou détruire le poisson, l'espèce de poisson et sa longueur métrique entre l'œil et la queue, et si le délit a été commis en temps de frai.

Pour toute espèce de délit, la circonstance qu'il a été commis de jour ou de nuit.

Les gardes écrivent eux-mêmes leurs procès-verbaux ; ils doivent les clore et les signer, autant que possible, le jour de la reconnaissance du délit. (Cod. For. 165, 192, 193, 194. Livret des préposés, art 18.)

43. *Chasse.* — Les gardes qui constatent un délit de chasse doivent déclarer verbalement leur procès-verbal au délinquant,

toutes les fois qu'ils pourront s'approcher de lui, et mentionner dans ledit procès-verbal que cette déclaration a été faite. (Circ. N 400.)

44. *Emploi des feuilles de procès-verbaux.* — Les gardes rédigent leurs procès-verbaux sur les feuilles qui leur seront remises numérotées et paraphées par le chef de cantonnement et dont le nombre est inscrit sur leur livret.

Dans le cas où une de ces feuilles n'aurait pu être employée par l'effet d'un accident quelconque, le garde doit la représenter au chef de cantonnement, dans l'état où elle se trouvera ; s'il ne peut la représenter, il doit, en justifier la cause. (Livret des préposés, art. 19.)

45. *Affirmation.* — Les procès-verbaux sont affirmés au plus tard le lendemain de leur clôture, par-devant le juge de paix du canton ou l'un de ses suppléants, ou par-devant le maire ou l'adjoint soit de la commune de la résidence du garde, soit de celle où le délit a été commis ou constaté.

Les procès-verbaux de chasse doivent être affirmés dans les vingt-quatre heures du délit.

Toutefois, si, par suite d'un empêchement quelconque, le procès-verbal est seulement signé par le garde, mais non écrit en entier de sa main, l'officier public qui en recevra l'affirmation devra lui en donner préalablement lecture et faire mention de cette formalité ; le tout, sous peine de nullité du procès-verbal. (Cod. For. 165. Livret des préposés, art. 20.)

46. *Renvoi. Surcharge.* — Tout renvoi, rature ou surcharge doit être approuvé et paraphé par le rédacteur du procès-verbal, par l'officier public qui a reçu l'affirmation et par le receveur de l'enregistrement. (Livret des préposés, art. 20.)

47. *Enregistrement.* — Les procès-verbaux doivent, sous peine de nullité, être enregistrés dans les quatre jours qui suivent celui de l'affirmation. Lorsque le quatrième jour est un dimanche ou une fête légale, il n'est pas compté dans le délai de quatre jours. (Cod. For. 170. Livret des préposés, art. 21.)

48. *Procès-verbaux annulés. Frais.* — L'administration a le droit de faire supporter, au garde rédacteur d'un procès-verbal annulé, le montant des condamnations encourues. Ordinairement, on se borne à exiger du garde le remboursement des frais. (Décis. Min. 21 avril 1823.)

49. *Saisies.* — Les gardes sont autorisés à saisir les bestiaux trouvés en délit et les instruments, voitures et attelages des délinquants, et à les mettre en séquestre. (Cod. For. 161. Livret des préposés, art. 22.)

50. *Perquisitions.* — Les gardes suivent les objets enlevés par les délinquants jusque dans les lieux où ils ont été transportés et les mettent également en séquestre. (Cod. For. 161.)

Les gardes ne peuvent s'introduire dans les maisons, bâtiments, cours et enclos, si ce n'est en présence soit du juge de paix ou de son suppléant, soit du maire du lieu ou de son adjoint, soit du commissaire de police.

Cette assistance n'est pas nécessaire : 1° pour les loges et autres établissements qui ne forment pas un domicile ou des ateliers permanents, dont la loi garantit l'inviolabilité ; 2° pour les usines, hangars et autres établissements autorisés en vertu des articles 151, 152, 154 et 155 du code forestier. Toutes perquisitions peuvent y être faites, pourvu que les gardes se présentent au nombre de deux au moins, ou que le garde soit accompagné de deux témoins domiciliés dans la commune.

Les fonctionnaires dénommés ci-dessus ne peuvent se refuser à accompagner sur le champ les gardes, lorsqu'ils sont requis par eux, pour assister à des perquisitions. (Cod. For. 162.)

Ils sont tenus, en outre, de signer le procès-verbal de séquestre ou de la perquisition faite en leur présence, sauf au garde, en cas de refus de leur part, à en faire mention au procès-verbal. (Cod. For. 162.)

Dans le cas où les fonctionnaires ci-dessus désignés refuseraient, après avoir été légalement requis, soit d'accompagner les gardes dans leurs visites et perquisitions, soit de recevoir l'affirmation des procès-verbaux dans le délai prescrit par la loi, les gardes rédigent procès-verbal du refus et adressent sur le champ ce procès-verbal au chef de cantonnement. (Ord. 182.)

Pour qu'un procès-verbal de perquisition fasse foi en justice, il ne suffit pas qu'il énonce que les bois de délit ont été trouvés dans la maison du prévenu ; il faut que le garde ait constaté l'identité entre ces bois et ceux pris en délit, c'est-à-dire que les bois pris en délit sont bien *les mêmes* que ceux trouvés chez le prévenu. (Cod. For. 176 et 177.)

En conséquence, les gardes qui reconnaissent que des bois ont été coupés et enlevés en délit doivent, avant de se livrer à des perquisitions, constater la dimension exacte de chaque souche, sa qualité, son essence, l'âge du bois, au moins par approximation, la qualité et la couleur de l'écorce, le temps présumé de la coupe, etc. Munis de ces renseignements, ils font alors les perquisitions nécessaires et comparent les signes et indices qu'ils ont ainsi recueillis avec ceux que présentent les bois trouvés.

Le procès-verbal de perquisition doit énoncer toutes les circonstances.

Le prévenu doit être interpellé d'assister au rapatronage ; en cas de refus, le garde en fait mention au procès-verbal. (Livret des préposés, art. 23.)

51. *Rapatronage.* — Le rapatronage doit toujours être opéré, en présence comme en l'absence du prévenu.

Lorsqu'un arbre enlevé en délit a été retrouvé dans une perquisition, le garde doit le marquer de son marteau aux deux extrémités du tronc, de manière à ce qu'il soit impossible au séquestre ou gardien de modifier ultérieurement la découpe et d'enlever ainsi les signes de reconnaissance et de rapprochement propres à établir l'identité entre l'arbre saisi et celui dont la souche a été reconnue en forêt.

Il doit avoir soin d'indiquer, dans le procès-verbal, les parties de l'arbre qu'il a marquées de son marteau et le nombre des empreintes qu'il a apposées. (Livret des préposés, art. 23.)

52. *Procès-verbal de saisie.* — Toute saisie de bois, instruments, bestiaux, attelages, etc., doit être constatée par procès-verbal. Dans le cas où le procès-verbal porte saisie, il en sera fait, aussitôt après l'affirmation, une expédition qui sera déposée par le garde, dans les vingt-quatre heures, au greffe de la justice de paix du canton. (Cod. For. 167. Livret des préposés, art. 23.)

53. *Saisie. Séquestre.* — Le procès-verbal de saisie et séquestre est fait sans déplacer, c'est-à-dire sur le lieu du séquestre; il est signé par le garde et par le gardien ou sequestre des objets saisis, en l'original et en l'expédition à déposer au greffe de la justice de paix. Si le séquestre ne sait pas signer, il en est fait mention, et il lui est laissé copie du procès-verbal.

Si la saisie a pour objet des bestiaux, l'original du procès-verbal doit être immédiatement transmis, par les soins du garde rédacteur, au chef de cantonnement, afin que cet agent puisse se concerter avec le juge de paix et le receveur des domaines pour la vente desdits bestiaux, à l'expiration du délai de cinq jours accordé par l'article 169 du code forestier au propriétaire, pour les réclamer.

Les gardes apportent une grande circonspection dans le choix des personnes qu'ils établissent séquestres et doivent s'attacher à ce qu'elles soient solvables.

Ils se livrent à toutes les recherches propres à faire découvrir le propriétaire des animaux saisis.

S'il y a détournement de l'objet saisi, le garde le constate par un procès-verbal régulier, dressé contre le séquestre. (Livret des préposés, art. 24.)

54. *Délits de chasse.* — Les gardes constatent les infractions à la loi du 3 mai 1844, sur la police de la chasse, et aux arrêtés préfectoraux rendus en exécution de ladite loi. Mais ils n'ont ce pouvoir que dans l'arrondissement pour lequel ils sont assermentés; partout ailleurs, ils sont incompétents. (Livret des préposés, art. 25.)

55. *Feu.* — Les gardes constatent, dans *tous les bois en général* situés dans la région des Maures et de l'Estérel, le délit résultant de l'emploi ou de la conflagration du feu, en temps d'interdiction. (Lois des 6 juillet 1870, 8 août 1890, 3 août 1892 et 19 août 1893, art. 6.)

56. *Défrichements.* — Les gardes constatent les défrichements opérés, dans les bois des particuliers, en contravention aux articles 219 et suivants du code forestier. (Livret des préposés, art. 26.)

57. *Limites. Travaux.* — Les gardes veilleront avec soin à la conservation des bornes et fossés, murs, ponts, barrières, poteaux et pierrés de leur triage. Ils constateront toutes les violations et dégâts qui y auraient été faits. (Livret des préposés, art. 27.)

58. *Réquisition de la force publique.* — Les gardes ont le droit de requérir directement la force publique, pour la répression des délits et contraventions en matière forestière, ainsi que pour la recherche et la saisie des bois coupés en délit, vendus ou achetés en fraude. (Cod. For. 164. Livret des préposés, art. 28.)

59. *Arrestation des délinquants inconnus.* — Les gardes arrêtent et conduisent devant le juge de paix ou devant le maire tout inconnu surpris en flagrant délit. (Cod. For. 163. Instr. Crim. 16. Livret des préposés, art. 29.)

60. *Arrestation.* — En exécution de l'article 106 du code d'instruction criminelle, tout dépositaire de la force publique et même toute personne doit saisir le prévenu surpris en flagrant délit ou poursuivi par la clameur publique et le conduire devant le chef du parquet, si le crime ou le délit emporte peine afflictive ou infamante.

61. *Délit passible d'une condamnation de plus de 100 francs.* — La constatation de tout délit emportant une condamnation de plus de 100 francs, tant pour l'amende que pour les dommages-intérêts, doit être faite par deux gardes au moins. (Cod. For. 176, 177.)

En conséquence, le garde qui aura reconnu un délit de quelque importance doit se faire assister d'un de ses collègues pour le constater.

Dans le cas où cette assistance serait impossible, il requiert celle du maire ou de l'adjoint, ou se fait accompagner par deux témoins domiciliés dans la commune.

Le procès-verbal est signé du maire, de l'adjoint ou des deux témoins.

Dans le cas où les témoins ne savent pas signer, il en est fait mention au procès-verbal. (Livret des préposés, art. 30.)

62. *Délits dont les auteurs sont inconnus.* — Tout délit dont l'auteur est inconnu est constaté par un procès-verbal, qui est revêtu

de toutes les formalités requises par la loi. (Livret des préposés, art. 31.)

63. *Scierie. Surveillance.* — Aucun arbre, bille ou tronce ne peut être reçu dans les scieries situées à moins de 2 kilomètres des bois et forêts soumis au régime forestier, sans avoir été préalablement reconnu par le garde forestier et marqué de son marteau. (Cod. For. 158.)

Cette reconnaissance doit avoir lieu dans les cinq jours de la déclaration faite des bois par l'exploitant de la scierie. (Cod. For. 158.)

Toute contravention à ces dispositions doit être constatée par deux gardes au moins.

Pour assurer l'exécution de l'article 158 précité du code forestier, les gardes visitent fréquemment les scieries susmentionnées, dans lesquelles ils ont le droit de faire toutes perquisitions, pourvu qu'ils soient au nombre de deux, ou qu'ils soient accompagnés de deux témoins domiciliés dans la commune de la situation de l'usine. (Cod. For. 157. Livret des préposés, art. 32.)

64. *Construction à distance prohibée.* — Les gardes portent leur surveillance au dehors des forêts, dans un rayon de 500 mètres à 2 kilomètres, afin d'assurer l'exécution des articles 151 à 155 du code forestier, relatifs aux constructions de fours à chaux ou à plâtre, briqueteries, tuileries, maisons sur perches, loges, baraques ou hangars, maisons ou fermes, usines à scier le bois, et à l'établissement non autorisé d'ateliers à façonner le bois, ou de chantiers ou magasins pour faire le commerce de bois, dans les maisons ou fermes actuellement existantes, situées à 500 mètres des forêts.

Toute contravention aux articles précités du code forestier doit être constatée par deux gardes au moins. (Livret des préposés, art. 33.)

65. *Gens suspects.* — Les gardes informent leur chef immédiat de l'apparition de gens suspects dans les forêts et de tout ce qui pourrait s'y passer de contraire à la sûreté publique. (Livret des préposés, art. 34.)

66. *Police.* — Les gardes doivent informer les commissaires de police de tout ce qui intéresse la tranquillité publique. (Décr. du 28 mars 1852.)

67. *Concours à la gendarmerie et aux préposés des douanes.* — Les gardes doivent leur concours à la gendarmerie, pour la recherche des crimes et délits et pour l'arrestation des prévenus ;

Aux préposés des douanes, pour la saisie des objets dont l'importation est défendue par les lois et pour l'arrestation des contrebandiers ; ils sont admis, dans ce cas, à la répartition du produit des amendes et confiscations. (Livret des préposés, art. 35.)

68. *Force publique.* — La loi du 9 floréal an XII, articles 17 et 18, avait organisé en corps les préposés forestiers sous le titre de *garde forestière*. Les gardes forestiers peuvent être accidentellement employés pour les services de police, ainsi que pour ceux de justice civile et militaire, dans l'étendue du *canton* où ils ont des fonctions à exercer.

Ils peuvent être employés comme gendarmes et concurremment avec eux.

69. *Crimes. Délits.* — Les gardes qui, dans l'exercice de leurs fonctions, acquerront la connaissance d'un crime ou d'un délit seront tenus d'en donner avis sur le champ au ministère public dans le ressort duquel le crime ou le délit aura été commis, ou dans lequel le prévenu pourrait être trouvé, et de transmettre à ce magistrat tous les renseignements, procès-verbaux et actes y relatifs. (Instr. Crim. 29.)

70. *Travaux. Ouvriers.* — Les gardes peuvent être employés comme ouvriers pour les travaux de cantonnement et d'aménagement. (Lettres des 25 juin 1858 et 16 juin 1864, n° 701.)

71. *Ouvriers. Indemnités.* — Les gardes employés comme ouvriers aux travaux d'aménagement reçoivent 1 franc par jour, s'ils rentrent chez eux, et 3 francs, lorsqu'ils découchent. (Circ. N 310, art. 11.)

72. *Tabac.* — Les gardes doivent constater, par procès-verbal, les plantations frauduleuses de tabac faites dans les forêts ; ils sont responsables des plantations de ce genre qu'ils n'auraient pas constatées. (Livret des préposés, art. 37.)

73. *Allumettes. Boisson. Fraude.* — Les gardes doivent surveiller la fraude sur les allumettes. Ils doivent aussi surveiller les infractions au sujet de la circulation des boissons ; ils ont, pour chaque contravention constatée, la moitié des amendes et confiscations. (Loi, 28 février 1872. Lettre-Circ. 21 mars 1872.)

73 bis. *Correspondance.* — Les gardes correspondent, en franchise, sous bandes, avec leurs chefs. (Livret des préposés, art. 38.)

74. *Gardes logés.* — Les gardes logés en maison forestière sont tenus des réparations locatives. (Livret des préposés, art. 39.)

75. *Terrain.* — Les gardes logés ont la jouissance de 1 hectare de terrain. Ceux qui ne sont pas encore logés peuvent obtenir la jouissance de ce terrain, en en faisant la demande. (Circ. N 125.)

76. *Cessation de fonctions.* — Les gardes, en cessant leurs fonctions, sont tenus de remettre au chef de cantonnement leur livret, leur plaque, leur marteau et, en général, tous les objets qu'ils ont reçus de l'administration, sous peine de retenue du double de la valeur des objets. Cette retenue est opérée sur la portion du salaire due

au moment de la cessation des fonctions. (Circ. A 454. Instr. 13 août 1840. Livret des préposés, art. 40.)

77. *Algérie. Armement. Equipement.* — Les préposés qui sont nommés de France en Algérie laissent leur armement et leur équipement aux préposés qui les remplacent numériquement dans le service de la métropole. (Note de l'Admin. 3 septembre 1875.)

78. *Usagers. Salaire.* — On ne peut contraindre les usagers au paiement des frais de garde, lorsque le titre ne les y oblige pas et lorsque, d'après l'usage, ils en ont été constamment affranchis. (Circ. 12 août 1806.)

79. *Dunes.* — Il pourra être établi des gardes pour la conservation des plantations existant actuellement sur les dunes ou qui y seraient faites à l'avenir ; leur nomination, leur nombre, leurs fonctions, leur traitement, leur uniforme seront réglés d'après le mode usité pour les gardes des bois communaux. (Décr. 14 décembre 1810, art. 7.)

SECT. II. — GARDE COMMUNAL ET D'ÉTABLISSEMENT PUBLIC.

80. *Définition.* — Officier de police judiciaire spécialement chargé de la surveillance de bois communaux et d'établissements publics.

81. *Nomination.* — Les gardes communaux et d'établissements publics sont nommés par les préfets, sur la présentation du conservateur. (Décr. du 25 mars 1852, art. 5, § 20.)

82. *Candidats. Conditions.* — Les gardes communaux sont choisis sur une liste de trois candidats, dressée par le conservateur.

Ces candidats doivent être âgés de vingt-cinq ans au moins et de trente-cinq ans au plus, savoir lire et écrire et être capables de rédiger un procès-verbal.

Ils sont choisis parmi les anciens militaires réengagés jusqu'à concurrence des trois quarts des vacances au moins, sauf insuffisance.

Ces gardes sont commissionnés par le conservateur. (Arr. Min. 3 mai 1852. Circ. A 684. Circ. A 715. Circ. N 110.)

83. *Avancement. Gardes domaniaux.* — Pour être nommés gardes domaniaux ou mixtes, les gardes communaux doivent avoir au moins quatre ans d'exercice et être âgés de moins de 35 ans, s'ils ne justifient de cinq ans de services militaires. Dans tous les cas, ils ne doivent pas avoir plus de 40 ans. (Circ. A 464. Circ. N 375.)

84. *Nombre.* — Les communes et établissements publics entretiendront, pour la conservation de leurs bois, le nombre de gardes qui sera déterminé par le maire et les administrateurs, sauf l'approbation du préfet, sur l'avis de l'administration forestière. (Cod. For. 94.)

85. *Triage. Réunion.* — Le préfet pourra, suivant les circonstances locales et sur l'avis du conservateur, placer sous la surveillance du même garde des bois appartenant à plusieurs communes ou établissements publics. (Arr. Min. 3 mai 1852. Circ. A 684.)

86. *Nombre.* — L'article 5 du décret du 25 mars 1852 n'abroge que les dispositions de l'article 95 du code forestier, en ce qui concerne la nomination des gardes ; mais toutes les autres attributions conférées par le même code aux communes et aux établissements publics, et plus spécialement celles de l'article 94, relatives au nombre de ces gardes et à leur salaire, loin d'être abrogées, sont virtuellement maintenues. (Cons. d'Etat, 6 août 1861.)

87. *Nombre. Instruction.* — Aux termes de l'avis du conseil d'Etat du 6 août 1861, l'article 5 du décret du 25 mars 1852, sur la décentralisation, qui confère aux préfets le pouvoir de nommer les gardes forestiers des communes, n'a pas abrogé l'article 94 du code forestier, d'après lequel il appartient aux communes de déterminer le nombre des gardes de leurs bois. Dès lors, ce nombre ne peut être modifié sans leur assentiment ; mais, d'un autre côté, il ne saurait être augmenté ou diminué, sur la proposition du conseil municipal, qu'avec l'approbation de l'autorité supérieure. Si donc l'autorité préfectorale juge nécessaire de maintenir le nombre actuel des gardes chargés de la surveillance des bois d'une commune, elle peut s'opposer à la suppression de l'un d'eux, en refusant d'approuver les délibérations municipales qui ont proposé cette mesure, ou toute réduction de traitement. (Lettre du ministre de l'intérieur. Extrait du Bulletin officiel du ministère de l'intérieur, 1867, nº 45. Décis. du Min. de l'Int. du 6 mai 1872.)

88. *Assimilation.* — Les gardes des bois communaux et d'établissements publics sont, en tout, assimilés aux gardes de l'Etat et soumis à l'autorité des mêmes agents ; ils prêtent serment dans la même forme, et leurs procès-verbaux font également foi en justice. (Cod. For. 99.)

89. *Assimilation. Hiérarchie.* — Les gardes communaux et d'établissements publics ne reçoivent d'ordres que des agents et préposés forestiers, leurs supérieurs. (Livret des préposés, art. 58.)

90. *Hiérarchie.* — Les gardes communaux et d'établissements publics sont placés sous les ordres exclusifs des agents forestiers. (Circ. N 21, art. 23.)

91. *Suspension. Révocation.* — L'administration forestière peut suspendre les gardes des bois communaux et des établissements publics ; s'il y a lieu à destitution, le préfet la prononcera, après avoir pris l'avis du

conseil municipal ou des administrateurs des établissements propriétaires, ainsi que de l'administration forestière. (Cod. For. 98. Cod. Pén. 197.)

92. *Surveillance. Délit. Responsabilité.* — Toute coupe de bois, toute extraction quelconque de productions du sol forestier, faite dans les bois communaux, sans délivrance légale ou sans autorisation émanée de l'administration des forêts, est un délit que les gardes de ces bois doivent, sous leur responsabilité, constater par procès-verbal, encore bien que la coupe ou l'extraction ait lieu dans l'intérêt de la commune propriétaire. (Livret des préposés, art. 58.)

SECT. III. — GARDE MIXTE.

93. *Définition.* — Officier de police judiciaire préposé à la surveillance des bois appartenant partie à l'État, partie à des communes ou à des établissements publics.

94. *Nomination. Révocation.* — Les gardes des bois indivis sont nommés par l'administration forestière, qui règle leur salaire et a seule le droit de les révoquer. (Cod. For. 115.)

95. *Nomination.* — Les gardes mixtes sont nommés par le ministre de l'agriculture. (Décr. 23 octobre 1883. Circ. N 322. Décr. 14 janvier 1888. Circ. N 394.)

96. *Admission.* — Les conditions d'admission des gardes mixtes sont les mêmes que celles des préposés domaniaux ; ils jouissent des mêmes avantages et ils sont soumis aux mêmes obligations. (Circ. A 524.)

97. *Triages mixtes.* — Si l'administration, les communes ou établissements publics jugent convenable de confier à un même garde la surveillance des bois communaux ou d'établissements publics et d'un bois domanial, la nomination de ce garde appartient à l'administration forestière. (Cod. For. 97.)

98. *Traitement.* — Pour les bois indivis, les frais de garde seront supportés par les propriétaires, chacun dans la proportion de ses droits. (Cod. For. 115.)

SECT. IV. — GARDE CANTONNIER.

§ 1. *Nomination. Organisation.*

99. *Définition. Travaux. Qualités.* — Les gardes cantonniers sont chargés des travaux de main d'œuvre de toute sorte, que peuvent exiger l'entretien et l'amélioration du sol forestier (routes, ponts, ponceaux, fossés, semis et plantations, pépinières, palissades, cordons de défense dans les dunes, barrages sur les torrents, etc.). (Instr. du 13 août 1840. Circ. N 22, art. 280.)

100. *Nomination.* — Les gardes cantonniers sont nommés par le ministre de l'agriculture. (Décr. du 23 octobre 1883, art. 7. Circ. N 322. Décr. du 14 janvier 1888. Circ. N 394.)

101. *Candidats. Conditions.* — Les gardes cantonniers sont choisis parmi les anciens militaires gradés, remplissant les conditions énoncées aux articles 84 de la loi du 15 juillet 1889, 5 et 7 du décret du 28 janvier 1892.

Ils doivent être âgés de moins de 35 ans, savoir lire, écrire, rédiger un procès-verbal, faire les quatre règles de l'arithmétique et connaître les éléments du système métrique. (Extrait du tableau annexé au décret du 28 janvier 1892.) V. Candidat.

102. *Classe.* — Il y a deux classes de gardes cantonniers : la première, à 800 francs, et la deuxième, à 700 francs de traitement. (Arr. Min. du 26 avril 1889. Circ. N 409.)

103. *Organisation.* — Les gardes cantonniers seront commissionnés et assermentés ; il leur sera assigné un numéro d'ordre ; ils seront soumis aux mêmes règles et à la même discipline que les gardes domaniaux ; ils porteront le même uniforme ; ils seront pourvus d'un marteau particulier et d'un livret. (Instr. 13 août 1840. Livret des préposés, art. 41.)

104. *Délit. Constatation.* — Les gardes cantonniers sont tenus de constater régulièrement tous les délits qu'ils ont occasion de reconnaître. (Circ. A 466.)

105. *Hiérarchie.* — Les gardes cantonniers sont placés sous la direction des agents et la surveillance des brigadiers. (Décis. du directeur général, 10 janvier 1840. Circ. A 466. Instr. 13 août 1840.)

106. *Avancement.* — Pour être nommés gardes domaniaux ou mixtes, les gardes cantonniers doivent avoir au moins quatre ans d'exercice.

Ils peuvent être nommés à tout âge à des postes domaniaux ou mixtes. (Arr. Min. 11 décembre 1886. Circ. N 375.)

§ 2. *Travaux.*

107. *Travaux.* — Les travaux des cantonniers consistent principalement dans l'entretien des routes empierrées, des fossés bordiers et de périmètre, des ponts et des ponceaux. Ils travaillent isolément à l'entretien de ces routes et dans des cantons déterminés.

Les gardes cantonniers peuvent être employés au curage des fossés de clôture et d'assainissement, à l'exécution et à l'entretien des semis, des repiquements, des pépinières, des plantations, des palissades et cordons de défense dans les dunes, des barrages sur les torrents, comme aussi à surveiller et à tenir les attachements de travaux à faire par économie. (Livret des préposés, art. 43.)

108. *Emploi. Travaux.* — Les gardes cantonniers ne pourront, sous aucun prétexte, être détournés de leurs fonctions officielles, soit pour des travaux de bureau ou des services personnels. (Circ. A 695.) V. Route.

109. *Outils. Achat.* — Les gardes cantonniers se procurent à leurs frais et entretiennent en bon état les instruments et outils indiqués par le conservateur. (Livret des préposés, art. 52.) V. Outil.

110. *Station.* — Chaque station de cantonnier doit être portée à 8 kilomètres, et on doit les faire aider, lorsqu'il y a lieu, par des ouvriers auxiliaires. (Circ. A 797.)

111. *Emploi. Piqueur.* — Les gardes cantonniers peuvent être employés comme piqueurs, dans les travaux exécutés en régie ou par entreprise. (Circ. N 22, art. 282.)

112. *Réunion. Atelier.* — On peut réunir les gardes cantonniers en ateliers, sous un chef désigné par l'agent forestier chargé de la surveillance des travaux. (Circ. N 22, art. 281. Livret des préposés, art. 43.)

113. *Emploi. Occupation.* — Les gardes cantonniers ne doivent jamais rester inoccupés ; si, à l'occasion des intempéries, les travaux ordinaires ne peuvent être continués, on doit les employer à des extractions de matériaux, cassage de pierres, etc. (Circ. N 22, art. 283.) V. Route. Ornières.

114. *Absence. Punition.* — Tout garde cantonnier qui n'est pas à son poste peut subir, la première fois, une retenue de trois jours de solde ; en cas de récidive dans le mois, une retenue de six jours ; à la troisième absence illicite, ou en cas de faute grave, il peut être provisoirement suspendu par le conservateur. (Instr. 13 août 1840. Livret des préposés, art. 55.)

115. *Travaux. Ordre. Brigadiers.* — Les brigadiers n'ont pas qualité pour inscrire, sur le livret des cantonniers, des ordres relatifs aux travaux, mais ils y mentionnent les absences et les observations qui leur paraissent nécessaires. (Circ. N 22, art. 285.)

116. *Tâche.* — Lorsque les circonstances l'exigent, l'agent forestier local inscrit sur le livret des cantonniers la tâche qu'ils doivent remplir, dans un temps donné, et en surveille l'exécution. (Instr. 13 août 1840. Circ. N 22, art. 284.)

117. *Heures de travail. Repos.* — Les heures de travail et de repos seront déterminées, dans chaque conservation, par un règlement particulier arrêté par le directeur des forêts, sur la proposition du conservateur. (Décis. Direct. Génér. 10 janvier 1840. Livret des préposés, art. 49.)

118. *Dimanche. Jours fériés. Surveillance.* — Les gardes cantonniers doivent, même le dimanche et les jours fériés, assister les gardes à triage dans la surveillance et la constatation des délits, si le service l'exige. Ils peuvent remplacer les gardes à triage, en cas d'absence ou de vacance d'emploi. (Instr. 13 août 1840. Livret des préposés, art. 42.)

119. *Intempérie. Abris.* — L'intempérie des saisons ne sera pas un motif d'absence pour les gardes cantonniers, qui devront alors redoubler de zèle et d'activité pour prévenir les dégradations et assurer la viabilité des routes.

Ils sont autorisés à se faire des abris fixes ou portatifs qui n'embarrassent pas la voie publique et qui soient à proximité et en vue de la route.

Ils doivent porter gratuitement aide et assistance aux voituriers et voitures, en cas d'accidents. (Instr. 13 août 1840. Livret des préposés, art. 50 et 51.)

120. *Déplacement. Indemnités.* — Les gardes cantonniers pourront être déplacés par le conservateur et, en cas de découcher, ils auront droit à une indemnité (maximum : 1/3 du salaire). (Instr. 13 août 1840.)

121. *Gratification.* — Lorsque les gardes cantonniers se sont distingués, dans le cours de l'année, par leur intelligence, leur zèle, leur bonne conduite et leur activité, il peut leur être accordé, sur la proposition du conservateur, une gratification. (Instr. 13 août 1840. Livret des préposés, art. 56.)

122. *Emploi du temps. Etat.* — L'état de l'emploi du temps des gardes cantonniers est supprimé. (Circ. N 416.)

SECT. V. — GARDE DOMANIAL.

123. *Définition.* — Officier de police judiciaire spécialement chargé de la surveillance des bois appartenant à l'Etat, soit exclusivement, soit par indivis avec les communes ou les particuliers.

124. *Nomination.* — Les gardes domaniaux sont nommés par le ministre de l'agriculture. (Décr. du 23 octobre 1883, art. 7. Circ. N 322. Décr. du 14 janvier 1888. Circ. N 394.)

125. *Candidats. Instruction.* — Pour être nommé garde forestier domanial, il faut savoir lire, écrire, rédiger un procès-verbal, faire les quatre règles de l'arithmétique et connaître les éléments du système métrique. (Arr. Min. 11 décembre 1886. Circ. N 375.)

126. *Candidats militaires. Conditions.* — Les emplois de garde domanial sont exclusivement attribués, en France dans la proportion de trois quarts et en Algérie pour la totalité, aux sous-officiers remplissant, pour l'âge et les années de service militaire, les conditions fixées par les articles 14 et 21 de la loi du 18 mars 1889 et, à défaut de ces candidats, aux anciens militaires gradés se trouvant dans les conditions prévues par les articles 84 de la loi du 15 juillet 1889, 5 et 7 du décret du 28 janvier 1892. V. Candidat.

127. *Candidats forestiers.* — Le surplus des emplois de garde domanial (un quart) est réservé aux fils d'agents ou de préposés domaniaux (âgés de moins de 35 ans), aux gardes cantonniers (de tout âge) et aux gardes communaux (âgés de moins de 35 ou de 40 ans) présentés par le conservateur. (Arr. Min. du 11 décembre 1886. Circ. N 375.)

128. *Candidats. Préposés.* — Les gardes cantonniers et les gardes communaux, ayant au moins quatre ans de service, peuvent être nommés gardes domaniaux ou mixtes, les premiers à tout âge, les seconds jusqu'à 35 ans ou 40 ans, s'ils justifient de cinq ans de services militaires. (Arr. Min. 11 décembre 1886. Circ. N 375.)

129. *Elèves de l'école des Barres. Conditions. Nomination.* — Les élèves de l'école pratique des Barres, munis du certificat de sortie, pourront, s'ils ont satisfait à la loi militaire et s'ils ont 25 ans, être nommés gardes forestiers domaniaux de 2e classe. (Arr. Min. 15 janvier 1888. Circ. N 394.)

130. *Indemnité. Sous-officiers.* — L'allocation de 100 francs, pour frais de premier établissement, attribuée aux sous-officiers nommés à des emplois de garde domanial, sera réduite du montant de la valeur de l'habillement qui leur sera fourni. (Arr. Min. 28 octobre 1875. Circ. N 189.) (1)

131. *Chauffage.* — Les gardes du service actif reçoivent, chaque année, du bois pour leur chauffage, ou une indemnité de 100 francs. V. Chauffage.

132. *Terrain.* — Les gardes logés en maison forestière ont la jouissance d'un terrain dépendant de leur habitation et propre à la culture ; la contenance de ce terrain est fixée à 1 hectare. (Circ. A 341. Circ. A 747.) Tous les gardes peuvent obtenir la concession d'un hectare de terrain. (Circ. N 125.)

133. *Logement. Indemnité.* — Les préposés domaniaux non logés, et appartenant au service actif, recevront une indemnité de logement de 90 francs par an. (Décis. Min. 7 avril 1874. Décis. Direc. Gén. 30 octobre 1875.)

134. *Pâturage. Vache.* — Tous les préposés domaniaux sont autorisés à entretenir deux vaches (et un suivant âgé de six mois au plus) et à les envoyer au pâturage dans les forêts domaniales. (Décis. Min. 18 juillet 1839. Circ. A 448.) V. Pâturage.

135. *Herbes.* — Les gardes ont la faculté de ramasser de l'herbe pour nourrir leurs vaches pendant l'hiver. (Circ. A. 669.) V. Herbe.

136. *Porcs. Panage.* — Les gardes peuvent introduire deux porcs dans les cantons défensables et sous la surveillance d'un gardien; le chef de service indique la durée, les époques et les conditions du panage. Les gardes sédentaires sont exclus du bénéfice de cette décision. (Circ. A 711.)

(1) V. Errata.

137. *Restauration et conservation des montagnes.* — Dans les communes assujetties à l'application de la loi sur la restauration et la conservation des terrains en montagne, les gardes domaniaux, appelés à veiller à l'exécution et à la conservation des travaux, dans les périmètres de reboisement et de gazonnement, seront chargés, en même temps, de la constatation des infractions aux mises en défens, aux règlements de pâturage, et de la surveillance des bois communaux. (Loi du 4 avril 1882, art. 22.)

138. *Propriétés particulières.* — Il est défendu aux préposés domaniaux de surveiller des propriétés particulières. (Circ. A 545 bis.)

SECT. VI. — GARDE SÉDENTAIRE.

139. *Nomination.* — Les gardes sédentaires sont nommés par le ministre de l'agriculture, comme les gardes domaniaux. (Décr. du 23 octobre 1883, art. 7. Circ. N 322. Décr. 14 janvier 1888. Circ. N 394.) V. Sédentaire. Commis.

140. *Candidats militaires. Conditions. Age.* — A défaut de sous-officiers remplissant, pour l'âge et les années de service militaire, les conditions énoncées aux articles 14 et 21 de la loi du 18 mars 1889, les emplois de garde forestier sédentaire, en France (trois quarts) et en Algérie (totalité), peuvent être attribués aux anciens militaires gradés, se trouvant dans les conditions prévues par les articles 84 de la loi du 15 juillet 1889, 5 et 7 du décret du 28 janvier 1892.

Pour les postes de France, les candidats doivent avoir moins de 35 ans ; pour ceux d'Algérie, la limite d'âge est fixée à 37 ans. (Extrait du tableau annexé au décret du 28 janvier 1892.) V. Candidat.

141. *Candidats forestiers. Conditions.* — Le surplus des emplois de garde sédentaire (un quart) est réservé aux fils d'agents ou des préposés domaniaux, aux gardes cantonniers et communaux, remplissant les mêmes conditions que celles des candidats gardes domaniaux.

142. *Candidats. Instructions.* — Les candidats doivent avoir une belle écriture courante et une bonne orthographe, savoir rédiger un procès-verbal, faire les quatre règles de l'arithmétique et connaître les éléments du système métrique. (Extrait du tableau annexé au décret du 28 janvier 1892.)

143. *Traitement.* — Le traitement des gardes sédentaires est fixé à 900 francs et à 950 francs pour les gardes médaillés. (Circ. N 224. Arr. Min. 26 avril 1889. Circ. N 409.)

144. *Logement. Indemnité.* — Les préposés domaniaux sédentaires non logés recevront

une indemnité annuelle de logement de 150 francs. (Arr. du sous-secrétaire d'Etat, 18 août 1879.)

145. *Chauffage.* — Les préposés du service sédentaire jouissent, dans les mêmes conditions que leurs collègues du service actif, des fournitures de bois de chauffage. Quand les bois ne pourront être délivrés en nature, l'ayant droit recevra une indemnité équivalente, qui, toutefois, ne devra en aucun cas dépasser 100 francs. (Circ. N 418.)

146. *Avancement.* — Les gardes sédentaires pourront être promus, sans déplacement, brigadiers. (Arr. Min. 14 août 1840. Circ. A 487.)

147. *Service actif. Age.* — Les gardes sédentaires ne pourront être employés dans le service actif que s'ils ont 25 ans accomplis. (Circ. autogr. n° 59, 29 février 1856.)

148. *Service actif. Avancement.* — Les gardes sédentaires ne peuvent entrer dans le service actif qu'après quatre années d'exercice, à moins qu'ils n'aient déjà appartenu à ce service, ou qu'ils ne se trouvent dans les conditions prévues pour être nommés gardes domaniaux. (Arr. Min. 14 août 1840. Circ. A 487. Arr. Min. 11 décembre 1886. Circ. N 375.) V. Garde domanial.

149. *Fonctions. Correspondance.* — Lorsque l'inspecteur est en tournée, les gardes sédentaires ne doivent pas donner des ordres aux agents ; ils peuvent transmettre les pièces. (Circ. A 487.)

GARDE GÉNÉRAL.

Accréditation, 9.
Avancement, 12.
Classe, 6.
Nombre, 3.
Nomination, 4.
Organisation, 2.
Paiement, 7.
Qualités, 10.
Recrutement, 5.
Résidence, 2.
Rétablissement, 1.
Retenue, 7.
Stage, 11.
Suppression, 1.
Suspension, 8.
Traitement, 6, 7.

V. Chef de cantonnement.

1. *Suppression. Rétablissement.* — La fonction de garde général avait été réduite à la fonction d'auxiliaire, par décret du 1er août 1882 (Circ. N. 301) ; la qualification ou le titre de garde général avait été supprimé par décret du 23 octobre 1883, art. 6. Circ. N 322. Sur un rapport du ministre de l'agriculture, approuvé par le président de la République, le 27 janvier 1884, les fonctions et le titre de garde général ont été rétablis. (Circ. N 322.)

2. *Organisation. Résidence.* — Le ministre de l'agriculture détermine le nombre et la résidence des gardes généraux et leur circonscription. (Ord. 10. Circ. N 220 et 289.)

3. *Nombre.* — A la fin de 1892, il y avait deux cent cinquante-six gardes généraux en fonctions.

4. *Nomination.* — Les gardes généraux sont nommés par le ministre de l'agriculture. (Décr. du 23 octobre 1883, art. 7. Circ. N 322. Décr. 14 janv. 1888, art. 7. Circ. N 394.)

5. *Recrutement.* — Les gardes généraux sont recrutés : 1° parmi les élèves de l'école nationale forestière ; 2° parmi les préposés du service actif ayant subi avec succès les examens de sortie de l'école secondaire des Barres ; 3° parmi les préposés du service actif ayant quinze ans de services et jugés aptes à exercer les fonctions d'agents. (Ord. 13. Décr. 14 janv. 1888, art. 4. Circ. N 394.)

6. *Classe. Traitement.* — Les gardes généraux sont divisés en trois classes, aux traitements de 2000, 2300 et 2600 francs. (Arr. Min. 15 mars 1879. Circ. N 245.)

7. *Traitement. Retenue. Paiement.* — Les gardes généraux sortant de l'école forestière doivent supporter, lors de leur installation, la retenue du premier douzième sur l'augmentation de leur traitement civil.

Ceux qui ont accompli leur stage militaire d'un an sont payés par le département de la guerre, jusqu'au 30 septembre inclusivement, et ont droit à leur traitement, sur le budget de l'administration, à partir du 1er octobre suivant. (Circ. N 447.)

8. *Suspension.* — Les conservateurs peuvent suspendre les gardes généraux, à charge d'en référer à l'administration. (Ord. 17 décembre 1844, art. 85.)

9. *Accréditation.* — Dès leur entrée en fonctions, les gardes généraux chefs de service sont tenus de s'accréditer auprès du préfet ou sous-préfet de leur résidence. (Circ. N 51, art. 10.) V. Accréditation.

10. *Qualités.* — Les gardes généraux ne sont qu'agents d'exécution et de surveillance (Circ. A 389) ; mais ils peuvent prendre l'initiative des propositions de travaux. (Circ. N 22, art. 4.)

11. *Stage.* — Les élèves qui, au classement final de deuxième année, auront obtenu dans l'ensemble des notations une moyenne générale de 15, seront nommés gardes généraux de 3e classe, mais ils accompliront leur stage, conformément à la règle générale. (Arr. Min. du 31 juillet 1886. Circ. N 368. Arr. Min. 12 octobre 1889, art. 29.)

12. *Avancement.* — Les gardes généraux sont tous admissibles aux emplois supérieurs, sans distinction d'origine et sans limite d'âge.

Ils seront promus au choix et au vu de leur inscription au tableau d'avancement. (Décr. du 14 janv. 1888, art. 6. Circ. N 394.)

GARDE GÉNÉRAL ADJOINT.

Suppression. — Le grade de garde général adjoint des forêts est supprimé. (Décr. du 1er août 1882, art. 3. Circ. N 301.)

Il est remplacé par celui de garde général stagiaire.

GARDE GÉNÉRAL STAGIAIRE.

Avancement, 8.
Emploi, 7.
Fonctions, 9.
Instruction, 7.
Nombre, 2.
Nomination, 1, 8.
Paiement, 5.
Rapport, 10.
Recrutement, 3.
Retenue, 5.
Stage, 6.
Traitement, 4, 5.

1. *Nomination.* — Les gardes généraux stagiaires sont nommés par le ministre de l'agriculture. (Décr. du 14 janvier 1888, art. 7. Circ. N 394.)

2. *Nombre.* — A la fin de 1892, il y avait quarante-quatre gardes généraux stagiaires en fonctions.

3. *Recrutement.* — Les gardes généraux stagiaires sont recrutés :

1o Parmi les élèves de l'école nationale forestière. (Circ. N 368. Arr. Min. du 12 octobre 1889, art. 29.)

2o Parmi les préposés du service actif ayant subi avec succès les examens de sortie de l'école secondaire des Barres. (Arr. Min. du 19 octobre 1888.)

3o Parmi les préposés du service actif ayant quinze ans de services et jugés aptes à exercer les fonctions d'agents. (Arr. Min. du 15 juin 1891. Circ. N 435.)

4. *Traitement.* — Le traitement des gardes généraux stagiaires est porté à 1500 francs. (Circ. N 276.)

5. *Traitement. Retenue. Paiement.* — Les gardes généraux stagiaires sortant de l'école forestière doivent supporter, lors de leur installation, la retenue du premier douzième, sur l'augmentation de leur traitement civil.

Ceux qui ont accompli leur stage militaire d'un an sont payés par le département de la guerre, jusqu'au 30 septembre inclusivement, et ont droit à leur traitement, sur le budget de l'administration, à partir du 1er octobre suivant. (Circ. N 447.)

6. *Stage.* — Les élèves de l'école nationale forestière qui ont satisfait à l'examen de sortie et qui ont obtenu dans l'ensemble des notations une moyenne inférieure à 15 sont nommés gardes généraux stagiaires et astreints à un stage, ayant pour objet de les initier à la pratique de la gestion administrative. (Arr. Min. du 31 juillet 1886. Circ. N 368. Arr. Min. du 12 octobre 1889.)

7. *Emploi. Instruction.* — Les stagiaires (élèves sortant de l'école forestière) coopèrent, avec les inspecteurs auxquels ils seront attachés, à la gestion d'un cantonnement, dont la résidence sera la même que celle de l'inspection ou de la chefferie.

Les chefs de service seront tout particulièrement chargés de procéder, sous leur responsabilité personnelle, à l'instruction administrative des jeunes agents et de les initier à tous les détails des opérations forestières et du service de bureau. (Arr. Min. du 31 juillet 1886. Circ. N 368.)

8. *Nomination. Avancement.* — Après l'accomplissement du stage, les jeunes agents seront pourvus de cantonnements, mais ils ne pourront être nommés titulaires sur place. (Arr. Min. du 31 juillet 1886. Circ. N 368.) V. Stage.

9. *Fonctions.* — Les gardes généraux stagiaires (anciens gardes généraux adjoints) peuvent être chargés de la direction ou de l'intérim d'un cantonnement. (Arr. Min. du 10 avril 1861. Circ. A 803.)

10. *Rapport.*— Les conservateurs adressent à l'administration des rapports semestriels sur les gardes généraux stagiaires, quelle que soit leur origine.

Le premier est fourni le 1er juin. Les feuilles de notes, transmises le 1er décembre, tiennent lieu du second rapport semestriel. (Circ. N 351. Circ. N 416.)

GARDE PARTICULIER.

SECT. I. — GARDE FORESTIER, 1 — 46.

SECT. II. — GARDE-CHASSE, 47 — 53.

SECT. III. — GARDE ÉTRANGER, 54 — 55.

Age, 25.
Aggravation de peine, 36, 37, 40.
Agrément, 7, 12, 13, 42.
Apanage, 46.
Arrêtés, 11, 13.
Autorisation, 50.
Auxiliaire, 52.
Chasse, 38, 39, 40, 49, 50
Citation, 44.
Commission, 10, 18, 54.
Compétence, 35.
Condition, 14, 54.
Congé, 20.
Décès, 5, 45.
Définition, 1.
Délai, 8.
Délit, 34, 35, 39, 44, 51.
Demande, 8.
Dénonciation, 33.
Domaine privé, 46.
Enregistrement, 16, 18, 19.
Fermier, 21, 22.
Fonctions, 5, 33, 39.
Formalités, 8.
Frontière, 54, 55.
Garde champêtre, 26.
Garde-chasse, 47.
Garde forestier, 1.
Garde de l'administration, 27.
Incompatibilité, 27.
Institution, 2, 4, 54.
Italie, 55.
Juridiction, 32, 39.
Majorat, 46.
Nomination, 6, 19, 54.
Nu-propriétaire, 4.
Port d'armes, 49.
Poursuites, 39, 44.
Préposés, 39.
Procès-verbaux, 28, 34.
Propriétaire, 5, 21.
Qualité, 3, 28, 29, 30, 31.
Refus, 23, 51.
Renvoi, 51.
Révocation, 11, 12, 41, 42, 43.
Serment, 14, 15, 16, 17, 48, 54, 55.
Subordination, 41.
Suisse, 54.
Témoins, 3.
Timbre, 18.
Uniforme, 53.
Usager, 24.
Visa, 9, 13, 19.

SECT. I. — GARDE FORESTIER.

1. *Définition.* — Officier de police judiciaire spécialement chargé de la surveillance des propriétés particulières boisées.

2. *Institution.* — Tout propriétaire aura le droit d'avoir, pour ses domaines, un garde champêtre particulier; il sera tenu de le faire agréer par le conseil général de la commune et confirmer par le district. Ce droit ne pourra l'exempter néanmoins de contribuer au traitement du garde de la commune. (Loi du 20 messidor an III, art. 4.)

3. *Qualités. Témoins.* — Un garde particulier ne saurait être considéré comme serviteur à gages de celui qui l'a commissionné, par cela seul qu'en dehors de ses fonctions il rend à ce dernier quelques services domestiques à l'intérieur de sa maison. Dès lors, il ne peut être reproché comme témoin en justice. (Trib. de Compiègne, 20 novembre 1883.)

Les gardes d'un particulier, bien que logés en maisons forestières et recevant des gratifications indépendamment de leur traitement, ne sont pas des serviteurs à gages, dans le sens de l'article 283 du code de procédure civile. (Trib. de Dieppe, 28 janvier 1881.)

4. *Nu-propriétaire. Institution.* — Le nu-propriétaire d'un domaine grevé d'usufruit peut préposer un garde à la surveillance de ce domaine. (Bourges, 13 août 1843.)

5. *Exercice de fonctions. Décès du propriétaire.* — Un garde particulier, nommé par le père de famille et ayant prêté serment, peut régulièrement exercer pour la femme survivante et les enfants héritiers directs. (Cass. 14 mars 1862. *Contra*, Orléans, 1er décembre 1874.)

6. *Nomination.* — La nomination d'un garde particulier doit être écrite sur papier timbré. (Décis. Min. 27 novembre 1830.)

7. *Sous-Préfet. Agrément.* — Les gardes institués par les particuliers, pour la surveillance de leurs bois, doivent être agréés par le sous-préfet de l'arrondissement, sauf recours au préfet, en cas de refus. Ils ne peuvent exercer leurs fonctions qu'après avoir prêté serment devant le tribunal de première instance. (Cod. For. 117.)

8. *Demande. Formalité. Délai.* — La demande tendant à faire agréer les gardes particuliers sera déposée à la préfecture ; il en sera donné récépissé. Après l'expiration du délai d'un mois, le propriétaire qui n'aura pas obtenu de réponse pourra se pourvoir devant le ministre. (Loi du 12 avril 1892, art. 2.)

9. *Visa. Sous-préfet.* — Si le sous-préfet croit devoir refuser son visa à une demande de présentation pour agrément d'un garde particulier, il en rendra compte au préfet, en lui indiquant les motifs de son refus. (Ord. 150.)

10. *Commissions.* — Les commissions seront inscrites dans les sous-préfectures sur un registre où seront relatés les noms et demeures des propriétaires et des gardes, ainsi que la désignation et la situation des bois. (Ord. 150.)

11. *Arrêtés. Révocation.* — Les préfets pourront, par décision motivée, le propriétaire et le garde entendus ou dûment appelés, rapporter les arrêtés agréant les gardes particuliers. (Loi du 12 avril 1892, art. 1.)

12. *Agrément. Révocation des arrêtés.* — Les sous-préfets ont, après comme avant la loi du 12 avril 1892, le droit de prendre des arrêtés pour agréer les gardes particuliers dans les arrondissements, autres que les arrondissements chefs-lieux.

Le droit de suspendre les effets desdits arrêtés n'appartient pas au préfet, auquel la loi ne confère que le droit de les rapporter. (Avis du Cons. d'Etat, 4 juill. 1892.)

13. *Arrêtés. Agrément.* — Les arrêtés par lesquels les sous-préfets agréent les gardes particuliers ne sont soumis ni au timbre, ni à l'enregistrement; toutefois, les extraits qui en sont délivrés doivent être sur papier timbré. (Loi du 15 mai 1818, art. 80. Décis. Min. du 20 juin 1828. Décis. Min. 2 septembre 1830.)

14. *Serment. Conditions.* — Lorsqu'un individu, porteur d'une commission de garde particulier, à lui délivrée par le propriétaire et régulièrement revêtue du visa approbatif du sous-préfet de l'arrondissement, est présenté au serment par le ministère public au tribunal de première instance, il n'appartient pas à ce tribunal, en l'absence de toute cause d'incapacité légale du commissionné, de refuser l'admission de celui-ci au serment, sous prétexte qu'il ne remplit pas les conditions de moralité exigées par la loi. (Cass. 30 juin 1890.)

15. *Serment.* — Les gardes particuliers ne seront admis à prêter serment qu'après que leurs commissions auront été visées par le sous-préfet de l'arrondissement. (Ord. 150.)

16. *Serment. Droit.* — Les actes de prestation de serment des gardes particuliers, dont le traitement n'excède pas 4000 francs, sont soumis au droit de 4 fr. 50, soit 6 fr. 48 avec les décimes, le timbre du procès-verbal (0f,60) et la mention au répertoire (0f,25). (Circ. N 339. Loi du 28 avril 1893, art. 26.)

17. *Serment. Tribunal.* — Les gardes particuliers prêtent serment devant le tribunal de première instance de l'arrondissement sur le territoire duquel ils doivent exercer leurs fonctions. Si les propriétés à surveiller étaient situées sur deux arrondissements différents,

il serait bon de faire prêter serment devant les deux tribunaux compétents.

Lorsque le terrain à surveiller ne comprend pas de bois, les gardes particuliers peuvent prêter serment devant le juge de paix de la circonscription. V. *Revue des eaux et forêts*, 1876, p. 81.

18. *Commission. Nomination. Timbre. Enregistrement.* — La nomination servant de commission à un garde particulier doit être visée pour timbre et enregistrée, avant d'être soumise à l'agrément du sous-préfet. (Loi du 22 frimaire an VII, art. 47. Loi du 15 mai 1818, art. 80.)

Il est dû autant de droits fixes de 3 francs qu'il y a de propriétaires donnant pouvoir au garde. (Décis. Min. 2 septembre 1830.)

19. *Nomination. Enregistrement. Visa. Sous-préfet.* — La nomination de garde particulier donne lieu à la perception d'un droit fixe d'enregistrement de 1 franc (Loi du 22 frimaire an VII, art. 11 et 68, § 1, n° 51); mais on perçoit 3 francs en principal, parce qu'on assimile la commission à un *pouvoir*. (Décis. Min. 2 septembre 1830. Loi du 28 février 1872.)

Le garde doit être agréé par le sous-préfet, qui mentionne cette formalité sur la commission et sans frais. (Décis. Min. 2 sept. 1830.)

20. *Congé.* — Un garde particulier doit être considéré comme un employé, que le maître peut congédier à son gré, en lui accordant une indemnité conforme aux usages. (Paris, 15 novembre 1892.)

Un arrêt de Rouen a été rendu en sens contraire.

21. *Fermier. Propriétaire.* — Les fermiers ont, comme les propriétaires, le droit de préposer des gardes particuliers à la surveillance des forêts; il en est de même des adjudicataires du droit de chasse. (Cass. 21 janvier 1837.)

22. *Fermier. Terres et bois.* — Le fermier des *terres* peut être commissionné, sans inconvénient, comme garde des *bois* du propriétaire.

23. *Refus.* — Les préfets et sous-préfets sont fondés à refuser leur agrément aux fermiers que leurs propriétaires commissionnent comme gardes particuliers. (Décis. Min. 1838.)

24. *Usagers.* — Les communes usagères dans les bois des particuliers n'ont pas le droit d'y établir des gardes particuliers, chargés de veiller à leurs intérêts. (Décis. Min. Bulletin officiel du ministère de l'intérieur, 1856, p. 169.)

25. *Age.* — Les gardes particuliers doivent être âgés de 25 ans. (Loi du 28 septembre-6 octobre 1791, titre I, sect. VII, art. 5.)

26. *Garde champêtre.* — Les gardes champêtres peuvent être gardes particuliers. Il n'y a pas incompatibilité légale entre ces deux fonctions.

27. *Gardes de l'administration.* — Les gardes de l'administration forestière ne peuvent pas être gardes particuliers, pour la surveillance des propriétés particulières. (Cod. For. 4. Circ. A 545 bis.)

28. *Qualités. Procès-verbaux.* — Les gardes particuliers sont officiers de police judiciaire (Instr. Crim. 9 et 16), et leurs procès-verbaux font foi en justice, jusqu'à preuve contraire. (Cass. 5 août 1841.)

29. *Qualités.* — Les gardes particuliers sont agents de la force publique. (Cass. 19 juin 1818.)

30. *Qualités.* — Les gardes forestiers des particuliers doivent être assimilés aux agents de la force publique, et, par suite, les violences exercées contre eux sont passibles des peines portées par les articles 230 et 231 du code pénal. (Cass. 2 juillet 1846.)

31. *Qualités.* — Le garde particulier n'est pas investi du caractère d'officier de police judiciaire, tant qu'il n'a pas prêté serment ; il n'est, dès lors, pas justiciable de la cour d'appel, pour les délits commis avant la prestation de serment. (Dijon, 21 août 1878.)

32. *Juridiction.* — Les gardes particuliers jouissent du privilège de juridiction des articles 483 et 489 du code d'instruction criminelle. (Cass. 16 février 1821. Cass. 5 août 1841.)

33. *Dénonciation. Fonctions.* — Un garde particulier qui adresse une dénonciation au parquet, sur un prétendu délit de chasse commis sur un terrain non confié à sa garde, n'agit pas dans l'exercice de ses fonctions ; il ne jouit pas, dès lors, du privilège de juridiction et le propriétaire n'est pas responsable du fait de son garde. (Paris, 10 mai 1872.)

34. *Délit. Procès-verbal.* — Les gardes particuliers ne peuvent dresser des procès-verbaux que pour les délits commis dans les bois ou propriétés pour lesquels ils sont commissionnés. (Cass. 4 mars 1828.)

35. *Délit. Compétence.* — Les gardes particuliers sont incompétents pour constater des délits particuliers commis au préjudice d'une personne, autre que celle qui les a fait assermenter. Les délits d'ordre public sont exceptés.

36. *Aggravation de peine.* — Les gardes particuliers ne subissent pas, pour les délits forestiers commis dans les bois confiés à leur surveillance, l'aggravation de peine édictée par l'article 462 du code pénal contre les gardes champêtres, pour les délits ruraux commis par eux dans leur circonscription. (Cass. 3 août 1833.) V. Prescription.

37. *Aggravation de peine.* — Les gardes particuliers, reconnus coupables de délits

forestiers, sont passibles de l'aggravation de peine (maximum) édictée par l'article 198 du code pénal. (Cass. 1er avril 1848.)

38. *Chasse.* — Les gardes particuliers, pour délit de chasse commis sur les terrains confiés à leur surveillance, sont passibles de l'aggravation de peine (maximum) édictée par l'article 198 du code pénal. (Metz, 4 décembre 1854.)

39. *Poursuite. Juridiction. Délits. Exercice de fonctions. Préposés.* — On doit considérer comme ayant commis un délit dans l'exercice de ses fonctions d'officier de police judiciaire et, par suite, comme étant directement justiciable de la cour d'appel, le garde forestier particulier qui commet un délit de chasse, dans les bois confiés à sa surveillance ;

Et les co-auteurs ou complices de ce délit doivent également être traduits devant la même juridiction.

Mais il en est autrement du garde forestier qui se rend coupable d'un délit de chasse en rase campagne, en dehors du triage forestier soumis à sa surveillance et pour lequel il est assermenté. (Amiens, 30 septembre 1882.)

40. *Chasse.* — L'aggravation de peine est applicable aux gardes particuliers, en cas de chasse sans permis dans les lieux confiés à leur surveillance. (Alger, 17 avril 1872.)

41. *Révocation. Subordination.* — Les gardes particuliers sont révocables par les propriétaires, soit en leur enlevant leur commission, soit en leur signifiant (par huissier) leur révocation et en la faisant signifier au greffe du tribunal par-devant lequel ils sont assermentés. Ils sont, en outre, soumis aux injonctions, réprimandes et condamnations des cours d'appel, en vertu des articles 17 et 279 à 282 du code d'instruction criminelle.

42. *Agrément. Révocation.* — Les gardes particuliers sont agréés, mais ne sont pas nommés par l'administration. Ils ne peuvent être révoqués par elle. Ce droit n'appartient qu'au propriétaire. (Cons. d'Etat, 19 mai 1882.)

Mais le retrait de l'agrément, que la loi de 1892 accorde au préfet, équivaut à une révocation. (Cons. d'Etat, 4 juillet 1892.)

43. *Révocation.* — Un garde particulier est, comme tout serviteur à gage, révocable à volonté. (Trib. de la Seine, 6 décembre 1862.)

44. *Délit. Poursuites. Citation.* — Comme officier de police judiciaire, le garde prévenu d'avoir commis, dans l'exercice de ses fonctions, un délit emportant une peine correctionnelle (délit forestier) ne peut être traduit devant la cour d'appel que sur l'assignation du procureur général. (Orléans, 28 janvier 1878.) Il en est de même en cas de délit de chasse commis par le garde particulier, sur les terres confiées à sa surveillance. (Chambéry, 30 oct. 1874. Nancy, 26 mars 1885.)

45. *Décès.* — Le décès du propriétaire qui a fait assermenter un garde particulier ne met pas, de droit, fin à la commission de ce garde. (Cass. 14 mars 1862.)

46. *Majorat. Apanage. Domaine privé.* — Les gardes des majorats, apanages et domaine privé ne sont que des gardes particuliers.

SECT. II. — GARDE-CHASSE.

47. *Garde-chasse.* — Les fermiers de la chasse peuvent, avec l'autorisation du conservateur, instituer des gardes particuliers de la chasse dans leurs lots respectifs. Le choix de ces gardes est également soumis à l'approbation du conservateur, qui peut exiger leur renvoi. (Cah. des ch. 26.)

48. *Serment.* — Les gardes particuliers de la chasse pourront être assermentés et dresser des procès-verbaux ; ils pourront, en cas d'empêchement du fermier, introduire à la chasse les amis dont le fermier aurait pu se faire accompagner. (Circ. A 838.)

49. *Chasse. Port d'armes.* — Les gardes particuliers de la chasse sont autorisés à porter des armes à feu ; ils pourront, avec l'autorisation du fermier, chasser même isolément et hors de la présence de celui-ci. (Cah. des ch. 26.)

50. *Chasse. Autorisation.* — L'autorisation de chasser isolément, accordée par le fermier aux gardes particuliers de la chasse, devra être donnée *par écrit* et remise au conservateur, qui en donnera avis aux agents et préposés. (Circ. A 838.)

51. *Renvoi. Refus. Délit.* — Le refus, par un fermier de la chasse dans un bois de l'Etat, de consentir au renvoi d'un garde particulier nommé par lui, renvoi exigé par le conservateur, constitue le délit prévu par l'article 11, paragraphe 5, de la loi du 3 mai 1844. (Trib. de Versailles, 26 mars 1884.)

52. *Auxiliaire.* — Le garde particulier, auxiliaire de chasse, dans une tenderie de grives, est, à ce titre, dispensé du permis de chasse, lorsqu'il se borne à aider son maître par les moyens qu'autorise l'arrêté préfectoral pour la chasse des oiseaux de passage. Mais, s'il introduit dans la tenderie des engins non autorisés par le préfet, il commet alors à la fois le délit de chasse sans permis et celui de chasse avec engins prohibés. (Nancy, 7 décembre 1892.)

53. *Uniforme.* — Il est interdit aux gardes particuliers de la chasse de porter un uniforme qui puisse être confondu avec celui des préposés forestiers. (Cah. des ch. 26.)

SECT. III. — GARDE ÉTRANGER. BOIS FRONTIÈRE.

54. *Suisse et France. Frontière.* — Les gardes établis par un propriétaire suisse, pour surveiller sa forêt située en France et réciproquement, seront désignés par les proprié-

taires et devront remplir les conditions de nationalité et de capacité exigées par les lois et règlements du pays où la forêt est située; ils seront commissionnés par l'autorité compétente de ce même pays et assermentés.

Leur pouvoir et leurs obligations seront les mêmes que ceux des gardes dont les propriétaires ne seront pas étrangers. Les frais nécessités par leur nomination et l'exercice de leurs fonctions seront à la charge des propriétaires des forêts.

Les gardes forestiers qui constateront un délit ou une contravention, dans la circonscription confiée à leur surveillance, pourront suivre les objets enlevés, même de l'autre côté de la frontière, sur le territoire de l'Etat voisin, jusque dans les lieux où ils auraient été transportés, et en opérer la saisie.

Ils ne pourront, toutefois, s'introduire dans les maisons, bâtiments, cours adjacentes et enclos, si ce n'est en présence d'un fonctionnaire public désigné à cet effet par les lois du pays dans lequel la perquisition aura lieu.

Les autorités compétentes sont tenues d'assister les gardes dans leurs recherches, sans qu'il soit nécessaire de réclamer la permission d'un fonctionnaire supérieur.

Les administrations compétentes se feront connaître réciproquement les noms des agents forestiers chargés de la surveillance des forêts limitrophes. (Conventions, 30 juin 1864 et 23 février 1882, art. 7 et 9.)

55. *Italie et France. Frontière.* — Les gardes champêtres des communes françaises propriétaires de bois sur le Mont-Cenis et entre la ligne frontière et la crête des Alpes, depuis Colla-Lunga jusqu'au Mont-Clapier, et qui doivent y constater les délits et contraventions commis, devront être assermentés devant un tribunal sarde. (Convention, 7 mars 1861.) V. Frontière.

GARDE SÉPARÉE.

1. *Définition.* — Le délit de pâturage à garde séparée consiste à garder un certain nombre d'animaux, en dehors du troupeau commun. V. Troupeau commun.

2. *Prohibition.* — La prohibition de conduire les troupeaux communaux des usagers à garde séparée est une mesure générale et d'ordre public, qui déroge à tous les titres et possessions contraires. (Cass. 7 mai 1835.)

3. *Prohibition.* — La prohibition de la garde séparée, quoique d'ordre public, n'est pas obligatoire dans les bois particuliers, si l'usager en est dispensé par une stipulation formelle de son titre.

4. *Division. Autorisation. Pâtre.* — Toute conduite de bestiaux à garde séparée dans les bois soumis aux droits d'usage, alors même qu'elle procède du fait de l'autorité municipale, qui aurait arbitrairement divisé le troupeau commun en plusieurs troupeaux pour l'exercice des droits d'usage, constitue un délit passible des pénalités édictées par l'article 72 du code forestier.

Le consentement du propriétaire à la division du troupeau peut cependant justifier le relaxe du prévenu.

Mais le pâtre conduisant des bêtes à cornes ne saurait être relaxé du délit de garde séparée, sur le fondement d'une autorisation qui aurait été donnée par le propriétaire, pour garder séparément les bêtes à laine. (Cass. 22 décembre 1888.)

5. *Excuse.* — Le délit de garde séparée disparaît, si le gardien justifie qu'il est pâtre communal régulièrement institué. (Besançon, 19 juin 1838.)

6. *Usager.* — La qualité d'usager n'est pas une excuse pour le délit de pâturage à garde séparée. (Cass. 25 mars 1837.)

7. *Nuit.* — Le délit de garde séparée de nuit ne peut pas exister; ce cas rentre alors dans le délit commun de pâturage non autorisé.

8. *Pénalités.* — Les habitants des communes ou usagers qui conduisent ou font conduire leurs troupeaux au panage ou au pâturage, à garde séparée, dans tous les bois en général, même dans les cantons défensables, encourent, savoir :

Amende : 2 francs par tête de bétail. (Cod. For. 72, 112, 120.)

En cas de récidive, *amende :* 4 francs par tête de bétail. (Cod. For. 72, 112, 120, 201.)

9. *Cantons défensables. Poursuites. Pénalités.* — Le délit de garde séparée en cantons défensables, prévu par l'article 72, paragraphe 1er, du code forestier, ne peut donner lieu à l'application d'une peine que contre les habitants usagers, propriétaires des bestiaux trouvés en délit, et non contre les pâtres ou gardiens.

Est non recevable la poursuite intentée, dans ces circonstances, contre le gardien des bestiaux, alors que, dans l'espèce, ce gardien était l'un des pâtres choisis par l'autorité municipale pour la conduite du troupeau commun. (Rennes, 5 décembre 1883.)

GARDE-VENTE.

1. *Obligation. Surveillance. Coupes.* — Chaque adjudicataire sera tenu d'avoir un facteur ou garde-vente, qui sera agréé par l'agent forestier local et assermenté devant le juge de paix.

Ce garde-vente sera autorisé à dresser des procès-verbaux, tant dans la vente qu'à l'ouïe de la cognée. Ses procès-verbaux seront soumis aux mêmes formalités que ceux des gardes forestiers et feront foi jusqu'à preuve contraire.

L'espace appelé *l'ouïe de la cognée* est fixé à la distance de 250 mètres, à partir des limites de la coupe. (Cod. For. 31.) V. Facteur.

2. *Coupes par unités de produits.* — L'adjudicataire ne sera tenu d'avoir un garde-vente, que si les clauses spéciales lui en imposent l'obligation. (Cah. des ch. 11.)

GARDIEN. V. Pâtre.

GAULER.

Délit. — L'action de gauler ou d'abattre les fruits, graines ou semences, constitue le délit, comme si l'enlèvement de ces produits avait été effectué. V. Enlèvement.

GAZON.

1. *Enlèvement. Terre.* — L'enlèvement autorisé de gazon n'implique pas l'autorisation d'enlever la terre adhérente aux racines. (Cass. 14 mars 1834, 10 mai 1837.)

2. *Pénalités.* — L'enlèvement du gazon est défendu, dans toutes les forêts en général, sous peine des amendes édictées par l'article 144 du code forestier. V. Extraction. Enlèvement. Herbe.

3. *Usagers.* — Les usagers qui ont le droit d'enlever le gazon ne peuvent exercer ce droit que dans le temps et les lieux désignés par l'administration. (Cass. 24 janvier 1812.)

GAZONNEMENT.

1. *Abrogation.* — La loi du 8 juin 1864 sur le gazonnement des montagnes et le décret du 10 novembre 1864, portant règlement d'administration publique pour l'exécution de cette loi et de celle du 28 juillet 1860 sur le reboisement, sont abrogés. Toutefois, les périmètres décrétés ont été maintenus, après une revision suivie de l'acquisition amiable ou par expropriation, dont le dernier délai a été fixé au 4 avril 1887. (Loi du 4 avril 1882, art. 16, 17, 18, 19, 20 et 21. Décr. 11 juillet 1882, art. 32.) V. Conservation des terrains en montagne. Mise en défens. Reboisement. Réglementation des pâturages.

2. *Travaux.* — Les travaux de gazonnement et d'enherbement sont compris dans ceux des restaurations de terrains en montagne. (Circ. N. 345.)

GELINOTTE.

Colportage. — Les gelinottes noires ou coqs de bruyère à queue fourchue, les gelinottes blanches ou lagopèdes des saules peuvent être transportées et vendues en tout temps. (Circ. Min. 22 février 1868.)

GEMMAGE.

Arbres morts, 8.
Bail, 10.
Chablis, 8.
Délit, 4, 5.
Droits, 10.
Elagage, 7.
Empreinte, 6.
Epoque, 1.
Frais, 10.
Infraction, 5.
Indemnité, 9.
Mode, 1.
Mutilation, 3.
Quarre, 1, 2, 5.
Résine, 6.

1. *Quarre. Mode. Époque.* — Les arbres à vie seront gemmés à une seule quarre, qui sera commencée au-dessus du collet de la racine et élevée toujours verticalement, savoir : la première année, de 55 centimètres; chacune des trois années suivantes, de 75 centimètres, et la cinquième, de 1 mètre, de manière que la hauteur totale de la quarre soit de 3m,80.

Dans le cas où la période de gemmage ne serait que de quatre années, la quarre serait élevée de 0m,65 la première, de 0m,95 chacune des deux années suivantes et de 1m,25 la quatrième, de façon à ce que la hauteur totale de la quarre soit aussi de 3m,80. La largeur des quarres ne pourra excéder 0m,09 dans la partie inférieure de l'arbre et 0m,08 dans la partie supérieure, c'est-à-dire au-dessus de la hauteur de la quarre de la troisième année.

Leur profondeur ne pourra excéder 0m,01, mesure prise sous corde tendue d'un bord à l'autre de l'entaille, à la naissance inférieure de la partie rouge de l'écorce.

Les quarres anciennes seront abandonnées, quelle que soit leur hauteur.

L'opération du gemmage sera limitée entre le 1er mars et le 15 octobre de chaque année ; mais l'adjudicataire pourra commencer à racler les pins qui devront être résinés et à placer les crampons, dès le 10 février.

Il pourra aussi récolter le barras jusqu'au 31 décembre de chaque année de la ferme, excepté la dernière année, où cette opération devra être terminée le 15 octobre. (Résines, Clauses spéciales, 7.)

2. *Quarre.* — Si les arbres à gemmer à mort sont abandonnés à l'adjudicataire, celui-ci pourra les travailler à son gré ; sinon, il devra les gemmer de manière à ne pas leur enlever leur valeur comme bois d'œuvre ou de chauffage. (Résines, Cah. des ch. 17.)

3. *Mutilation.* — Tout arbre gemmé contrairement aux conditions du cahier des charges et des clauses spéciales sera considéré comme mutilé, et l'adjudicataire sera passible des pénalités des articles 192 et 196 du code forestier ; il en sera de même s'il a été pratiqué des incisions circulaires au pied des arbres. (Résines, Cah. des ch. 18.)

4. *Délit.* — Le gemmage de jeunes pins, non autorisé, constitue le délit de mutilation d'arbre. (Cass. 16 février 1839.) Pénalités : article 196 du code forestier. V. Arbre.

5. *Quarres. Infraction. Délit.* — Les ouvriers employés au gemmage des pins maritimes commettent le délit prévu et puni par l'article 196 du code forestier (mutilation), lorsque la largeur et la profondeur des quarres excèdent les dimensions prescrites par le cahier des charges. (Trib. de Dax, 21 juillet 1881.)

6. *Empreintes. Résine.* — On devra éviter que les empreintes du marteau de l'Etat ne soient obstruées par la résine.

Les arbres sur lesquels l'empreinte aurait disparu seront considérés comme ne faisant pas partie de la ferme, et leur exploitation rendra l'adjudicataire passible des peines édictées par l'article 196 du code forestier. (Résines, Cah. des ch. 20.)

7. *Elagage.* — L'adjudicataire pourra élaguer les arbres à vie jusqu'à la hauteur de 4m,50. (Résines, Clauses spéciales, 8.)

8. *Arbres morts. Chablis.* — Les arbres morts ou les chablis seront, sur l'invitation qui lui en sera faite et dans un délai de quinze jours, exploités par l'adjudicataire, qui pourra s'en rendre acquéreur sur procès-verbal d'estimation contradictoire, dont il acquittera les frais et paiera le montant. (Résines, Cah. des ch. 22.)

9. *Indemnité.* — Si, pour une cause quelconque, des arbres faisant partie de la ferme étaient abattus, ou en étaient distraits par l'administration, une indemnité, égale au revenu moyen annuel produit par chaque arbre gemmé à vie, sera allouée à l'adjudicataire, pour chaque année du bail restant à courir. Semblable indemnité sera allouée pour les arbres à gemmer à mort, mais dans le cas seulement où leur abatage aurait lieu avant la troisième année du bail. (Résines, (Cah. des ch. 21.)

10. *Bail. Frais. Droits de vente mobilière.* — Le bail de résinage ou extraction de la résine des pins maritimes ne comporte ni la jouissance temporaire du sol, ni celle des arbres, mais bien la vente ou l'aliénation d'un produit forestier. Malgré la qualification de bail, on doit percevoir le droit proportionnel de vente mobilière, soit 2 pour cent sur le montant cumulé des annuités augmenté de 1.60 pour cent, pour les bois domaniaux et pour les bois communaux, du droit fixe de timbre et d'enregistrement.

La taxe de 1.60 pour cent doit, en outre, être liquidée sur le montant cumulé des annuités. (Lettre du directeur général de l'enregistrement, 5 février 1889.)

GENDARMERIE.

1. *Définition.* — La gendarmerie est une force instituée pour veiller à la sûreté publique et pour assurer le maintien de l'ordre et l'exécution des lois. (Décr. 1er mars 1854.)

2. *Aide. Main forte.* — Les brigades de la gendarmerie doivent prêter main forte, lorsqu'elle leur sera légalement demandée, savoir : par les administrateurs et agents forestiers, pour la répression des délits relatifs à la police et à l'administration forestière, lorsque les gardes forestiers ne seront pas en force suffisante pour arrêter les délinquants. (Loi du 28 germinal an VI, art. 133. Ord. 29 octobre 1820, art. 188, 189.)

3. *Action.* — L'action des autorités administratives sur la gendarmerie, en ce qui concerne son emploi, ne peut s'exercer que par réquisition. (Décr. 1er mars 1854.)

4. *Aide.* — La gendarmerie seconde les agents des forêts dans la poursuite et la répression des délits forestiers. (Décr. 1er mars 1854, art. 330.)

5. *Réquisition. Signature. Procès-verbaux.* — Les gendarmes requis pour prêter main-forte aux gardes et agents forestiers peuvent signer les procès-verbaux dressés par ces fonctionnaires, après en avoir pris connaissance. (Décr. 1er mars 1854, art. 490.)

6. *Concours.* — Les gardes doivent leur concours à la gendarmerie pour la recherche des crimes et délits et pour l'arrestation des prévenus. (Livret des préposés, art. 35.)

GENDRE.

Interdiction. — Les gendres des agents et gardes forestiers et des agents forestiers de la marine ne peuvent prendre part aux ventes dans la circonscription pour laquelle ces agents ou gardes sont commissionnés. (Cod. For. 21.) Pour les pénalités, voir Adjudication.

GENÊT.

Pénalités. — La coupe et l'enlèvement des genêts sont prohibés dans tous les bois en général, sous les peines édictées par l'article 144 du code forestier. La pénalité varie suivant les moyens d'enlèvement et les circonstances. V. Enlèvement. Extraction. Fagot.

GENÉVRIER, arbrisseau. V. Fagot.

GÉNISSE. V. Bœuf.

GÉOMÈTRE. V. Soumission. Délimitation. Expert. Honoraire.

GESTION.

Définition. — La gestion embrasse les actes d'un comptable, soit pendant l'année, soit pendant la durée de ses fonctions. (Décr. du 31 mai 1862. Règl. Min. 26 décembre 1866, art. 1. Circ. N 194.) V. Compte de gestion. Etat de gestion.

GIBIER.

Acceptation, 13.
Acte de chasse, 3, 12.
Conditions, 1.
Collet, 2 bis.
Destruction, 8.
Dommage, 9.
Engins prohibés, 6.
Fermier, 8.
Gibier mort, 3, 3 bis, 4.
— surabondant, 10.
Gibier tué, 11.
Indemnité, 9.
Offre, 13.
Possession, 2.
Preuve, 1.
Propriété, 1, 2, 11.
Recherche, 5.
Saisie, 7.
Temps prohibés, 4.
Transport, 4.

V. Achat. Battue. Dommage. Lapin.

1. *Propriété. Conditions. Preuve.* — Le gibier devient la propriété du chasseur par l'occupation, et l'occupation ne résulte pas seulement de la mainmise exercée sur le gibier, mais de tout fait qui le met dans l'impossibilité d'échapper, comme une blessure mortelle, accompagnée de la poursuite non discontinuée du chasseur.

Le fait que, dans sa poursuite, le chasseur aurait un instant cessé d'entendre la voix de ses chiens et de connaître, par là, la direction prise par le gibier, n'est qu'un incident de la chasse et n'en constitue pas la discontinuation.

Mais c'est au chasseur qui veut être déclaré propriétaire d'une pièce de gibier, prise par ses chiens, à prouver qu'il n'a pas discontinué la poursuite. (Trib. de Langres, 13 avril 1883.)

2. *Propriété. Prise de possession.* — Le gibier, *res nullius*, devient la propriété du premier occupant ; mais l'occupation ne résulte pas du simple fait de la poursuite.

En conséquence, lorsqu'un sanglier a été poursuivi simultanément par les chiens de deux chasseurs et a été capturé par l'un d'eux, la propriété de ce sanglier ne peut être attribuée, à titre de propriété commune, aux deux chasseurs. (Cass. 17 décembre 1879.)

2 bis. *Gibier pris au collet.* — Celui qui trouve un lièvre pris au collet, sur un terrain où il a le droit de chasser, peut légitimement s'en emparer. (Rouen, 24 mars 1893.)

3. *Gibier mort. Acte de chasse.* — Le fait de prendre un animal sauvage trouvé mort n'est pas un acte de chasse, alors que sa mort ne peut être considérée, ni directement, ni indirectement, comme la suite d'un acte volontaire du prévenu.

En conséquence, ne commet aucun délit celui qui, après la fermeture de la chasse, s'empare d'un lièvre qu'avait tué et que dévorait un chien étranger, sans qu'il eût participé à la poursuite de ce chien. (Rouen, 12 novembre 1880.)

3 bis. *Chasse. Gibier mort.* — Il n'y a pas délit de chasse dans le fait de celui qui cherche des pièces de gibier mortes, sur un terrain où l'on a chassé. La chasse ne s'entend que de la poursuite du gibier vivant. (Trib. d'Orange, 9 février 1893.)

4. *Gibier mort. Transport. Temps prohibé.* — Le fait de prendre, dans un champ, une pièce de gibier trouvée morte n'est pas un acte de chasse, alors que sa mort ne peut être considérée, ni directement, ni indirectement, comme la suite d'un acte volontaire du prévenu.

Le fait d'emporter chez soi l'animal capturé dans ces conditions ne constitue pas le délit de colportage de gibier en temps prohibé. (Trib. de Loudun, 26 août 1882.)

5. *Recherche.* — La recherche du gibier ne peut être faite que chez les marchands de comestibles, les aubergistes et dans les lieux ouverts au public. (Loi, Chasse, art. 4.)

6. *Engins prohibés.* — Le gibier qui paraît avoir été capturé avec des engins prohibés, tels que piège ou collet, ne peut pas être saisi sur le marché, pendant le temps où la chasse est permise. (Instr. Min. de l'Int. 11 février 1846.)

7. *Saisie.* — Le gibier saisi pendant la fermeture de la chasse ou trouvé pris à des pièges ou abandonné par les délinquants est livré à l'établissement de bienfaisance le plus voisin, en vertu d'une ordonnance du juge de paix, si c'est au canton, ou du maire. Cette ordonnance est délivrée à la requête des agents ou gardes qui ont fait la saisie et sur la présentation du procès-verbal régulièrement dressé. (Loi, Chasse, art. 4. Circ. N 72, art. 17.)

8. *Fermier. Destruction.* — Dans le cas où le conservateur reconnaîtra que la surabondance du gibier, et notamment du lapin, est de nature à porter préjudice aux peuplements forestiers ou aux propriétés riveraines, il devra mettre le fermier en demeure, par sommation extrajudiciaire, de détruire, dans un délai déterminé, les animaux dont le nombre et l'espèce lui seront indiqués.

Le fermier devra faire connaître à l'agent forestier, chef de cantonnement, au moins un jour à l'avance, les dates des jours où auront lieu les destructions.

Faute par le fermier de satisfaire à la mise en demeure, il sera procédé d'office à la destruction par les soins du service forestier. Le gibier abattu appartiendra à celui qui l'aura tué.

Les adjudicataires de la chasse à tir seront tenus de supporter les destructions de grands animaux effectuées au fusil par les adjudicataires de la chasse à courre, sur réquisition administrative, sans qu'il soit nécessaire de convoquer lesdits adjudicataires de la chasse à tir. (Cah. des ch. 20.)

9. *Dommage normal. Indemnité.* — Le voisin d'un bois est tenu de supporter le dommage normal, c'est-à-dire ordinaire, qui est causé par le gibier et qu'ont à souffrir les champs voisins des bois et forêts. Une indemnité n'est due au riverain que dans le cas où le dommage excède notoirement celui que

supportent habituellement les voisins des bois et forêts. (Trib. de Bar-sur-Seine, 29 juillet 1891.)

10. *Gibier surabondant.* — La destruction du gibier surabondant n'est pas considérée comme fait de chasse, quand elle s'effectue dans les conditions réglementaires. (Circ. N 65.)

11. *Gibier tué. Propriété.* — Le gibier tué dans une battue ou dans une chasse autorisée, pour la destruction du gibier surabondant, appartient à la personne qui l'aura tué. (Cah. des ch. 21. Cass. 22 juin 1843.) V. Battue.

12. *Acte de chasse. Poursuite.* — L'acte de chasse consiste non seulement dans la prise du gibier, mais aussi dans l'acte antérieur et préparatoire du gibier. (Rennes, 12 septembre 1891.)

13. *Offre. Acceptation.* — Il est interdit aux préposés forestiers d'offrir du gibier à leurs supérieurs, et il est defendu aux agents d'accepter aucune offre de l'espèce. (Circ. du 27 février 1818.)

GIBIER D'EAU.

Chasse. — La chasse au gibier d'eau doit s'entendre de la chasse sur les terrains bas et marécageux, contigus à une rivière. (Dijon, 18 avril 1873.)

GLACE.

Qualité. — La glace n'étant pas, à proprement parler, un produit des forêts, son enlèvement ou extraction n'est pas un délit, dans le sens de l'article 144 du code forestier; ce fait ne pourrait entraîner une condamnation que pour introduction d'animaux ou de voitures hors chemins et donner lieu à une action civile en dommages-intérêts. Néanmoins la glace pourrait peut-être, et jusqu'à un certain point, être considérée comme un produit indirect d'un terrain soumis au régime forestier.

GLACIÈRE.

1. *Etablissement.* — L'établissement d'une glacière en terre et sous le sol, sans autorisation, ne peut donner lieu qu'à des réparations civiles, s'il n'y a pas eu de construction, ni de coupe d'arbres, ni enlèvement de terre, pierres ou feuilles.

2. *Location.* — La location de glacière ne peut se faire que comme location de terrain.

GLACIS.

Réparation. — Les adjudicataires doivent réparer les glacis endommagés ou détruits par le fait de l'exploitation. (Cah. des ch. 33. Circ. 22, art. 330.) En cas d'inexécution, pas de pénalités; l'administration fait effectuer les travaux aux frais des adjudicataires. (Cod. For. 41.)

GLAISE (Terre). V. Enlèvement. Extraction.

GLAND.

1. *Enlèvement. Délit.* — L'enlèvement des glands est défendu dans tous les bois en général, sous les peines édictées par l'article 144 du code forestier. V. Enlèvement. Extraction. Fruit.

2. *Délivrance.* — Lorsque l'adjudication des glands, dans les forêts domaniales, aura été tentée sans succès et sera reconnue impossible, l'administration est autorisée à en faire la délivrance, principalement en faveur des indigents, moyennant certaines conditions fixées par le conservateur et principalement la livraison d'une certaine quantité de graines pour des semis. (Décis. Min. 21 août 1840.)

3. *Ramassage. Journées de prestation.* — Le ramassage des glands à charge de journées de prestations est autorisé dans les forêts domaniales, par le conservateur, et dans les bois communaux par le maire, qui dresse la liste des permissionnaires. Les conditions sont réglées par le conservateur.

GLANDÉE.

Adjudication, 8, 9, 10.
Cantons défensables, 2.
Conditions, 9.
Contestation, 7.
Définition, 1.
Droit, 11.
Durée, 3, 5.
Fixation, 3.
Ouverture, 3, 4, 6, 7.
Produit, 12.
Rachat, 11.

1. *Définition.* — Fructification du chêne. Récolte des glands.

La glandée est le droit de *panage*, c'est-à-dire le droit de mener les porcs au parcours dans les forêts de chênes. Ce mot désigne aussi le droit de ramasser les glands tombés naturellement; on appelait *arrière-glandée*, une période dans laquelle le droit de panage était libre, quant au nombre des animaux admis dans la forêt. (Cass. 9 novembre 1826.) V. Panage.

2. *Cantons défensables.* — Chaque année, les agents forestiers locaux constateront par des procès-verbaux, d'après l'âge et la situation des bois, l'état des cantons qui pourront être délivrés pour la glandée, dans les forêts soumises à ce droit; ils indiqueront le nombre des animaux qui pourront y être admis et les époques où l'exercice de ce droit d'usage pourra commencer et devra finir.

Les propositions des agents forestiers seront soumises au conservateur, avant le 1er août. (Ord. 119.) V. Chemins.

3. *Durée. Fixation. Ouverture.* — La durée de la glandée, dans les bois de l'Etat, des communes et des particuliers, ne pourra excéder trois mois, et l'administration (le conservateur) fixera, chaque année, l'époque de son ouverture. (Cod. For. 66, 112, 120. Ord. 119.)

4. *Ouverture.* — L'époque de l'ouverture de la glandée est fixée par le conservateur,

sauf recours au conseil de préfecture et au conseil d'Etat. (Cons. d'Etat, 25 mai 1835.)

5. *Durée.* — La glandée ne peut être exercée pendant plus de trois mois, malgré tous titres contraires. (Nancy, 30 juillet 1836. Cass. 31 décembre 1838.)

6. *Ouverture. Bois particuliers.* — Dans les bois particuliers, les propriétaires fixent l'ouverture de la glandée. (Cod. For. 120. Meaume, t. II, p. 297.)

7. *Ouverture. Contestation.* — En cas de contestation entre les particuliers propriétaires qui fixent l'ouverture de la glandée et les usagers, les tribunaux civils sont seuls compétents. (Cod. For. 121.)

8. *Adjudication.* — Le conservateur fera reconnaître, chaque année, par les agents forestiers locaux, les cantons des bois et forêts où des adjudications de glandée, panage et paisson pourront avoir lieu, sans nuire au repeuplement et à la conservation des forêts. Il autorisera, en conséquence, ces adjudications. (Ord. 100, 134.)

9. *Adjudication. Conditions. Coupes.* — Les adjudications de glandée ne pourront avoir lieu que lorsque la glandée ne portera aucun préjudice au repeuplement des forêts. Dans les forêts en pente, on ne doit adjuger que le droit de ramasser les glands, en défendant l'entrée des porcs. L'introduction de ces animaux est, au contraire, avantageuse dans les forêts en plaine. Dans tous les cas, la paisson ou introduction des porcs ne pourra avoir lieu que dans les cantons défensables. Les coupes à vendre dans l'année seront mises en défens, afin de conserver les graines pour leur repeuplement. (Circ. 6 vendémiaire an X. Circ. A 331 bis.)

10. *Adjudication. Bois communaux.* — Il ne pourra être fait, dans les bois des communes et établissements publics, aucune adjudication de glandée qu'en vertu d'autorisation spéciale du préfet, qui devra consulter, à ce sujet, les communes ou établissements propriétaires et prendre l'avis de l'agent forestier local. (Ord. 139.)

11. *Droit. Rachat.* — Le droit de glandée est toujours rachetable, quelle que soit la nécessité qu'il présente. (Colmar, 15 décembre 1841.)

12. *Produit.* — La glandée est considérée comme menus produits dans les forêts domaniales et comme produit accessoire dans les forêts communales. (Arr. Min. 22 juin et 1er septembre 1838. Circ. A 429. Circ. A 842.)

GLISSOIR.

1. *Définition.* — Les glissoirs sont des passages établis pour enlever les produits des forêts, en les faisant glisser sur la pente des montagnes. V. Chemin de vidange. Lançoir.

2. *Concession.* — La concession d'un glissoir se fait comme concession de passage ou de chemin de vidange.

GLU.

1. *Chasse. Délit.* — Le fait de chasser à l'aide de la glu constitue un fait de chasse prohibé. (Cass. Chambres réunies, 23 avril 1847.)

2. *Enclos. Chasse.* — Le fait de chasser à la glu, même dans un enclos attenant à une habitation, constitue le délit prévu par l'article 12 de la loi du 3 mai 1844. (Trib. de Saint-Etienne, 20 janvier 1891.)

GLUAUX.

Placement. — Le fait de placer des gluaux sur un arbre est un fait préparatoire à l'action de chasser, et non un fait de chasse. (Aix, 26 février 1856.)

GOMME.

Délit. — L'enlèvement ou extraction de gomme, sur les cerisiers et autres fruitiers, rentre dans les prohibitions prévues et punies par les prescriptions de l'article 144 du code forestier. V. Enlèvement. Extraction.

GOUDRON.

1. *Délit.* — Le fait de la fabrication illicite du goudron peut donner lieu à trois délits distincts : 1° extraction de souche ; 2° établissement d'une distillerie ; 3° feu allumé à distance prohibée.

S'il s'agit d'enlèvement de goudron fabriqué, c'est alors un vol que poursuit le ministère public. V. Etablissement dangereux.

2. *Algérie. Bois particulier.* — Un arrêté du gouverneur général a réglé les conditions de l'exploitation, vente ou exportation du goudron dans les forêts des particuliers de l'Algérie.

GOUVERNEUR GÉNÉRAL DE L'ALGÉRIE.

1. *Actes.* — Le gouverneur général de l'Algérie rend compte de ses actes aux ministres compétents, qui peuvent, selon les cas, les annuler ou les réformer. (Décr. du 26 août 1881, art. 5. Circ. N 371.)

2. *Avis. Propositions. Personnel.* — Le gouverneur général donne préalablement son avis ou fait des propositions sur toutes mutations ou nominations dans le personnel des services civils. (Décr. du 26 août 1881, art. 6. Circ. N 371.)

3. *Décisions. Désaccord.* — La décision du gouverneur général, dans tous les cas où elle lui appartient, n'est définitive que si elle est conforme aux propositions des conservateurs.

En cas de désaccord, il devra rendre compte de ses actes au ministre de l'agriculture, qui pourra, s'il y a lieu, les annuler ou les réformer. (Décr. 26 août 1881, art. 5. Décr. du 24 septembre 1886, art. 2. Circ. N 371.)

4. *Délégation. Attributions.* — Le gouverneur général de l'Algérie statuera, par délégation du ministre de l'agriculture, sur les objets ci-après :

Autorisation à donner pour le mariage des préposés, quand le conservateur est d'avis de s'y opposer ;

Coupes d'arbres endommagés, ébranchés, morts ou dépérissants, sauf en ce qui concerne les coupes d'éclaircie et de nettoiement dans les bois de plus de vingt ans ;

Vente des bois incendiés ou abroutis dans les bois domaniaux et communaux, quand la valeur des produits présumés est de 500 à 1000 francs, et exploitation des mêmes bois, quand les frais présumés se montent de 200 à 1000 francs ;

Elagage, sur les routes en lisières, des bois domaniaux, quand la dépense présumée de l'opération est de 200 à 1000 francs ;

Concessions de terrains vagues à charge de repeuplement, quand l'étendue est inférieure à cinq hectares et la durée de la concession supérieure à quatre ans, sans dépasser six ans ;

Délivrance de bois à la marine et aux autres services publics ;

Exploitation de bois de bourdaine et de fascinage, pour le compte du ministère de la guerre, jusqu'à concurrence d'une somme de 2000 francs par forêt et dans les limites des crédits délégués à cet effet ;

Projet de travaux neufs ou d'entretien dans les bois domaniaux, jusqu'à concurrence du montant des crédits délégués à cet effet, quand le montant du devis excède 500 francs sans dépasser 1000 francs (sous réserves de certains travaux spéciaux dont la nomenclature sera dressée ultérieurement) ;

Toutes les transactions sur délits forestiers ;

Délivrance de licences de chasse dans les bois domaniaux où la chasse n'est pas amodiée ;

Prolongation des délais d'emploi des bois délivrés aux usagers dans les forêts domaniales. (Décr. 26 août 1881. Circ. N 371.)

5. *Avis. Propositions.* — Le gouverneur général donne préalablement son avis ou fait des propositions sur toutes mutations ou nominations dans le personnel employé en Algérie, ainsi que sur les objets ci-après :

Changements dans les circonscriptions ;

Vœux des conseils généraux et renseignements à fournir aux Chambres ;

Délimitations générales et partielles ;

Affectations de parcelles du sol forestier à un service public ;

Soumission et distraction du régime forestier ;

Défrichement des bois des particuliers ; aliénation des bois des communes et des établissements publics ;

Exercice de la dépaissance dans les bois des communes et des établissements publics et autres tolérances ;

Etablissement de hauts fourneaux ou autres usines employant du bois pour combustible ;

Importation et exportation de produits forestiers ; régime douanier ;

Construction de routes, chemins et ponts ;

Cession de terrains pour ouverture de voies ferrées, de routes départementales ou vicinales ;

Questions de propriété, de servitudes, d'usages et d'affectation ;

Cantonnement et rachat de droits d'usage ;

Echanges et partages dans les bois domaniaux, communaux et d'établissements publics ;

Concessions temporaires, tolérance, dépaissance de bêtes à laine, dans les forêts domaniales. (Décr. du 26 août 1881. Circ. N 371.)

6. *Attribution. Extension.* — La délégation des pouvoirs faite au gouverneur général est étendue aux objets ci-après :

Nomination des gardes indigènes ; changements dans les circonscriptions de ces préposés ; — autorisation de congés, quelle qu'en soit la durée, aux agents et préposés ; — mesures disciplinaires contre les préposés ; réprimande, avec toute latitude de publicité ; retenues de traitements ; suspension à charge d'en rendre compte immédiat au ministre ;

Affectations temporaires à un service public de parcelles du sol forestier ; — cessions de terrains pour ouverture de voies ferrées, routes départementales, chemins vicinaux ;

Approbation des clauses spéciales pour la vente des coupes sur pied et par unités de produits ;

Autorisation de l'exploitation et de la vente de tous les produits accidentels : coupes d'arbres endommagés, ébranchés, morts ou dépérissants ; bois incendiés ou abroutis ; élagages de routes et de lisières, etc. ; — autorisation des dépenses pour frais d'exploitation au compte de l'Etat, jusqu'à concurrence de 2000 francs ; — exploitation, façonnage et transport des bois de chauffage des préposés ;

Amodiation du droit de chasse ; cession des baux de chasse ;

Concession, par voie d'adjudication publique, de produits quelconques du sol forestier, autres que les produits en bois, liège, résine, écorces à tan, récolte de l'alfa, du difs, du palmier nain ; — concession de carrières, mines, minières, etc. ;

Concession, dans la forme prévue par le décret du 18 août 1886, de produits ligneux limités, pour un même bénéficiaire et par an, à un volume de 200 stères pour les bois de feu, de 50 mètres cubes pour les bois d'œuvre, le tout d'une valeur de 200 francs au plus ;

Autorisation de travaux neufs et d'entretien de toute nature, quand le montant du devis est compris entre 500 et 2000 francs, sous réserve, toutefois, du règlement final des entreprises, quel qu'en soit le montant;

Augmentation, avant l'adjudication, du montant des devis, quand ils sont compris entre 500 et 2000 francs, sans que cette augmentation puisse excéder le dixième des évaluations primitives et à charge d'en rendre compte immédiat au ministre;

Réduction, en cas d'urgence, du délai ordinaire d'affichage pour les travaux qui ont été l'objet d'allocations spéciales;

Exécution des travaux par marché de gré à gré ou par régie, lorsque l'adjudication a été tentée sans succès;

Autorisation, en cours d'exécution des entreprises, des augmentations des dépenses de 500 à 2000 francs, sauf à en rendre compte immédiat au ministre;

Autorisation d'accorder aux entrepreneurs des prorogations de délai de plus de trois mois, sans jamais dépasser, toutefois, les limites de l'exercice;

Autorisation de décider, après le décès d'un entrepreneur, si les travaux seront achevés par voie de régie, d'adjudication ou de soumission directe;

Remise et modération de condamnations forestières; règlement des frais de justice;

Ouverture d'urgence des cantons défensables des forêts au parcours des troupeaux, en cas d'événement calamiteux, sauf à en rendre compte immédiat au ministre. (Décr. du 24 septembre 1886. Circ. N 371.)

7. *Dépenses.* — Le 10 de chaque mois, le gouverneur général adresse au ministre de l'agriculture, direction des forêts, un état donnant, avec la date des décisions et la désignation des chapitre, article et paragraphe, le montant et l'objet des dépenses qu'il aura autorisées pendant le mois précédent. (Arr. Min. 7 juillet 1882.)

8. *Comptabilité. Envoi.* — Toutes les pièces de comptabilité sont adressées par le conservateur au gouverneur général, et transmises par ses soins au ministre de l'agriculture. (Arr. Min. 7 juillet 1882.)

GRACE.

1. *Définition.* — La grâce est l'acte par lequel il est fait remise à un condamné de tout ou partie de sa peine.

2. *Principe.* — La grâce supprime la peine, mais n'efface pas la faute.

3. *Effets.* — La grâce laisse subsister les effets de la récidive; elle n'enlève que la peine. (Cass. 11 janvier 1825.)

4. *Conséquence.* — La grâce ne porte jamais préjudice aux droits des tiers. (Block.)

5. *Droit de grâce.* — Le doit de grâce est exercé par le président de la République. Loi organique du 25 février 1875, art. 3.) Il est absolu et peut s'étendre à tous les condamnés et à toutes les peines.

GRADE.

1. *Assimilation. Anciens élèves de l'école forestière.* — Les assimilations de grade et les emplois qui, en vertu de l'article 36 de la loi du 24 juillet 1873, peuvent être donnés dans l'armée aux élèves de l'école forestière, entrés dans le service forestier, sont déterminés par le tableau ci-après :

GRADE DANS L'ADMINISTRATION DES FORÊTS.	ASSIMILATION.	EMPLOI.
Garde général stagiaire	Sous-lieutenant de réserve ou de l'armée territoriale	Emplois de leur grade dans les unités de chasseurs forestiers, dans les unités d'infanterie de l'armée active ou territoriale ou dans les états-majors.
Garde général de 3e, de 2e et de 1re classe	Lieutenant de réserve ou de l'armée territoriale	
Inspecteur-adjoint	Capitaine de réserve ou de l'armée territoriale	
Inspecteur	Chef de bataillon de réserve ou de l'armée territoriale.	Missions spéciales ou emplois de leur grade dans les états-majors.
Conservateur	Lieutenant-colonel de réserve ou de l'armée territoriale	
Décr. 2 avril 1875, 20 mars 1876, 18 nov. 1890. Circ. N 173. Circ. N 175. Circ. N 424.		

2. *Assimilation. Agents non sortis de l'école forestière.* — Les mêmes assimilations sont établies pour les agents forestiers du grade de garde général et au-dessus, qui ne sortent pas de l'école forestière. Les mêmes emplois peuvent leur être attribués. (Décr. du 2 avril 1875. Circ. N 173. Décr. du 18 novembre 1890, art. 5. Circ. N 424.)

3. *Insignes.* — Les insignes de grade des chasseurs forestiers sont réglés par une décision des ministres de la guerre et de l'agriculture. (Décr. du 18 novembre 1890, art. 10. Circ. N 424.) V. Insignes.

4. *Sous-officiers. Choix.* — Les sous-officiers de chasseurs forestiers sont pris parmi les brigadiers forestiers et les caporaux, parmi les brigadiers ou les gardes forestiers de 1re classe. (Décr. 2 avril 1875. Circ. N 173. Décr. 18 novembre 1890, art. 5. Circ. N 424.)

5. *Gardes.* — Les gardes ont rang de soldats de 1re classe. (Décr. 2 avril 1875. Circ. N 173. Décr. 18 novembre 1890, art. 5. Circ. N 424.)

6. *Changement. Préposé.* — Tout préposé qui a un grade militaire dans une compagnie perd ce grade en changeant de compagnie. En cas de vacance dans la nouvelle compagnie, un grade militaire pourra lui être attribué par décision du conservateur. (Circ. N 179. Circ. N 362.)

7. *Ancienneté. Origine.* — La date de nomination des agents dans l'administration doit être considérée comme l'origine de leur ancienneté dans le grade militaire correspondant, qu'ils soient employés dans l'armée ou dans les unités de chasseurs forestiers. (Lettre du Min. de la Guerre, 3 novembre 1891. Circ. N 439.)

GRAINES.

Achat, 7, 8, 9.
Administration, 1.
Avis, 2.
Commerce, 7.
Commune, 17.
Compte, 21.
Concession, 5.
Crédit, 3.
Défaut de germination, 10.
Délivrance, 13.
Demande, 11, 12.
Emploi, 4, 5.
Entrepôt, 21.
Etat, 11.
Etranger, 8.
Estimation, 14, 15.
Fournisseur, 8.
Fourniture, 1, 6, 9, 22.
Fraude, 14.
Indemnité, 10.
Insolvables, 6.
Magasin, 20, 21.
Particuliers, 17.
Prix, 15.
Procès-verbal, 18, 19.
Réception, 16, 18, 19.
Récolte, 2, 3, 4, 23.
Remboursement, 17.
Renseignements, 18, 24.
Répétition, 14.
Restauration des montagnes, 11, 17.
Ressources, 20.
Subvention, 14, 15.
Transaction, 6.
Travaux, 4, 12, 22.
Travaux obligatoires, 17.

V. Subvention.

1. *Administration. Fourniture.* — L'administration fournit directement, pour les travaux de repeuplement, les graines de pin sylvestre, de pin noir, de pin à crochets, de pin d'Alep, de pin cembro, d'épicéa et de mélèze. (Note de la direction, 30 juin 1891.)

2. *Récolte. Avis.* — Lorsque les conservateurs reconnaissent la possibilité de faire récolter, en sus des besoins de leur service, des glands, faînes, graines de sapin ou toute autre semence forestière, susceptibles d'être expédiés, ils doivent en informer l'administration, en indiquant, par unité de poids ou de mesure, le prix probable de récolte ou d'emballage de ces graines. (Circ. N 22, art. 59.)

3. *Récolte. Crédit.* — Des demandes de crédit doivent être adressées, chaque année, en temps opportun, pour la récolte des graines qui ne sont pas fournies par l'administration. (Note de la direction, 30 juin 1891.)

4. *Récolte. Emploi. Travaux.* — Les récoltes et emplois de graines, dans les coupes de régénération, sont classés comme travaux d'entretien. (Circ. N 22, art. 25.)

5. *Concession. Emploi.* — Les graines obtenues par des concessions de menus produits ne pourront être employées que suivant l'affectation qui sera donnée par le conservateur, sur la proposition des agents locaux. (Circ. N 22, art. 319.)

6. *Transaction. Insolvables. Fourniture.* — Dans certaines circonstances, on peut admettre les délinquants insolvables à se libérer des sommes dues au Trésor, au moyen de la fourniture d'une certaine quantité de graines qu'ils récolteront, au lieu de fournir des journées de prestation en nature. (Circ. A 814. Circ. N 22, art. 326.)

7. *Achat. Commerce.* — On ne doit acheter des graines au commerce qu'en cas d'absolue nécessité. (Note de la direction, 30 juin 1891.)

8. *Achat. Fournisseurs étrangers.* — On ne doit avoir recours aux fournisseurs étrangers, pour les achats de graines, que lorsqu'il y aura impossibilité de se procurer ces graines en France ou que les prix demandés par les commerçants français dépasseront, d'une façon notable, ceux des commerçants étrangers. (Lettre de l'Admin. 29 décembre 1885.)

9. *Achat. Fourniture.* — A défaut de récolte dans les bois domaniaux de la localité, les semences ou graines sont achetées directement par les agents ou sont fournies par l'administration. Dans le premier cas, le devis des travaux doit toujours comprendre le prix des graines et les frais de transport. (Circ. N 22, art. 51.)

10. *Défaut de germination. Indemnité.* — Lorsque des graines, achetées pour être semées et dont la destination était connue du vendeur, n'ont pu germer, il y a là un vice caché, dont le vendeur doit garantie à l'acheteur, encore bien que ces graines aient été achetées sur échantillon, et si la preuve du défaut de qualité germinative des graines achetées ressort tant des déclarations et reconnaissances de l'acheteur que des faits et circonstances de la cause.

L'indemnité à allouer, en pareil cas, à l'acheteur doit comprendre, outre la restitution du prix des graines, les dépenses faites par l'acheteur pour la préparation des terres ensemencées et le gain dont l'acheteur a été privé. (Rouen, 22 mai 1886.)

11. *Demandes.* — Les demandes de graines à l'administration doivent être adressées, en même temps que les projets de travaux neufs,

avant le 1er septembre de l'année qui précède l'exécution des semis. On établit les demandes sur trois états, savoir : 1° semis dans les forêts domaniales ; 2° semis dans les dunes ; 3° semis dans les périmètres de restauration des montagnes. Ce dernier état, qui est établi sur la formule série 7, n° 41, doit accompagner l'envoi des projets annuels et parvenir à l'administration le 15 novembre de chaque année, au plus tard. (Instr. Gén. du 2 février 1885, art. 117. Circ. N 345.)

On doit indiquer dans les états si les graines doivent être ailées ou désailées ; les quantités des semences sont ensuite totalisées par espèce. (Circ. N 22, art. 52, 53 et 54, modèle annexe E.)

12. *Travaux. Demandes.* — Dans les demandes de graines à l'administration, on doit distinguer celles destinées aux travaux d'entretien, celles pour les travaux neufs et celles destinées à être semées par les préposés forestiers ou par les prestataires. (Circ. N 22, art. 55.)

13. *Délivrance.* — Il est accordé des délivrances de graines pour les travaux entrepris dans les pays de montagne et en dehors même des périmètres de restauration par les particuliers, les communes, les associations pastorales, les fruitières et les établissements publics, en vue de l'amélioration, la consolidation du sol et la mise en valeur des pâturages. (Loi, 4 avril 1882, art. 5.) V. Subvention.

14. *Subvention. Estimation. Répétition.* — Les subventions en graines sont accordées par le ministre ; elles sont estimées en argent et avant la délivrance ; l'estimation est notifiée aux propriétaires et acceptée par eux. Le montant des subventions en graines peut être répété par l'Etat, en cas d'inexécution de travaux, de détournement d'une partie des graines ou de mauvaise exécution constatée par le conservateur des forêts ou son délégué. (Décr. 11 juillet 1882.)

L'administration n'use de cette faculté qu'en cas de négligence coupable ou de détournement frauduleux. (Circ. A 851.)

15. *Subvention. Estimation. Prix.* — Pour les subventions de graines à délivrer en nature, l'estimation en argent doit être calculée en prenant pour base les prix moyens ci-après (graines désailées) :

Pin sylvestre d'Auvergne et des Alpes.........	6 fr.	»	le kilogr.
Pin à crochet..........	7	»	—
Pin cembro............	1	»	—
Pin d'Alep et noir d'Autriche..............	3	»	—
Pin maritime de Bordeaux..............	0	50	—
Epicea et mélèze.......	2	»	—

(Lettre de l'Admin. du 20 mai 1890.) V. Subvention.

16. *Réception.* — La réception des graines est constatée par l'agent destinataire, en présence du voiturier. On doit s'assurer que chaque colis renferme, outre la tare des sacs, le poids net des graines annoncées. (Circ. N 22, art. 56.) V. Avarie.

17. *Restauration des montagnes. Travaux obligatoires. Communes. Particuliers.* — Les graines nécessaires à l'exécution des travaux de restauration peuvent être délivrées aux propriétaires, s'ils en font la demande, à charge par ceux-ci d'en rembourser la valeur à l'État. (Instr. Gén. du 2 février 1885, art. 98. Circ. N 345.)

18. *Procès-verbal de réception. Renseignements.* — Les procès-verbaux de réception de graines expédiées directement aux agents par les fournisseurs de l'administration sont établis sur les formules série 3, n° 9, et doivent faire connaître les espèces de graines (ailées ou désailées), le poids total, le poids des graines, celui des sacs, la qualité de graines, la proportion des bonnes graines en tant pour cent et le poids du litre de graines. En cas d'avarie ou déficit, on doit procéder suivant l'article 106 du code de commerce. Si la graine paraît de mauvaise qualité, on doit expédier à l'administration un kilogramme de la graine douteuse, à titre d'échantillon. (Circ. N 22, art. 56. Circ. N 67, art. 19. Circ. N 94.) On peut soumettre les graines douteuses à des expériences de germination.

19. *Réception. Procès-verbal.* — Le procès-verbal, formule série 3, n° 9, pour la réception, constatant le poids et la qualité des graines et prescrit par la circulaire 22, article 57, ne sera plus produit que dans le cas où l'administration ferait expédier, directement par un marchand, des graines qu'elle n'aurait pas pu faire vérifier. (Circ. N 158.)

20. *Magasins. Ressources.* — Les conservateurs qui ont des magasins à graine doivent faire connaître à l'administration, avant le 1er novembre de chaque année : 1° les ressources en graines de chaque espèce, disponibles au mois de mars suivant ; 2° les quantités de graines ailées ou désailées qui peuvent être expédiées dans d'autres conservations, déduction faite des quantités nécessaires pour leur service. (Circ. N 22, art. 60.)

21. *Magasins. Entrepôt. Comptes.* — Les agents ou préposés, qui dirigent les entrepôts ou magasins de graines, doivent inscrire sur un registre spécial, au fur et à mesure de chaque opération :

1° Les quantités de graines ou de cônes récoltés ou achetés ;

2° Le prix de récolte ou d'achat et de transport, par unité de mesure ou de poids ;

3° Les quantités de graines obtenues après la manipulation ;

4° Les frais de manipulation ;

5° Les quantités de graines livrées par ordre du conservateur. (Circ. N 22, art. 61.)

22. *Travaux sur les coupes. Fourniture.*— Il est interdit aux agents de fournir des graines aux adjudicataires chargés d'effectuer des travaux mis en charge sur les coupes, ou d'être les intermédiaires entre les adjudicataires et les marchands de graines. Pour les travaux mis en charge, la quantité et le poids des graines doivent être spécifiés et elles ne peuvent être employées qu'en présence d'un agent. Les gardes doivent être présents à la reconnaissance, à la pesée et à l'emploi des graines et en faire mention sur leurs registres. (Circ. A 341 quater.)

On ne doit imposer sur les coupes que des semis ou plantations pour le repeuplement des places d'atelier. (Cah. des ch. 33. Circ. N 373.)

23. *Récolte. Renseignements.* — Les conservateurs doivent faire connaître à l'administration, pour le 1er août de chaque année :

1° La quantité de graines forestières de chaque espèce qu'ils présument pouvoir recueillir dans leur circonscription ;

2° Les prix sur la base desquels les récoltes pourront être effectuées et la dépense totale ;

3° Les quantités de graines qu'ils proposent d'employer dans leur arrondissement ;

4° Celles qui pourraient être mises à la disposition de l'administration, pour les autres arrondissements. (Circ. N 296.)

GRAND-MAITRE.

1. *Définition.* — Officier supérieur établi jadis dans une province pour veiller à l'exécution des lois forestières, administrer les forêts et juger les actions qui s'y rattachaient.

2. *Pouvoirs.* — Les grands-maîtres connaissaient, en première instance, mais non à l'exclusion des maîtrises, de toutes les actions intentées devant eux, dans le cours de leurs visites, ventes et réformations entre telles personnes et en quelque cas et matière que ce fût.

3. *Décision.*— Avant l'ordonnance de 1669, les grands-maîtres réformateurs des eaux et forêts avaient juridiction, non seulement pour statuer sur les abus commis dans les forêts, mais aussi sur les questions de propriété qui s'y rattachaient ; une sentence rendue en 1668 par les grands-maîtres réformateurs, prononçant par jugement souverain, avec l'assistance des magistrats et gradués prescrits, a tous les caractères d'une décision judiciaire et renferme l'autorité de la chose jugée. (Cass. 8 août 1853.)

4. *Compétence.* — Le tribunal de réformation institué en 1667, pour les forêts des Pyrénées, était compétent pour connaître de toutes les questions de propriété entre le roi, les communes et les particuliers. (Toulouse, 21 juin 1852.)

GRAND VENEUR.

Attribution. — L'administration des forêts remplit les fonctions attribuées au grand veneur. (Ord. 14 septembre 1830.) V. Louveterie.

GRANGE.

Qualification. — Une grange composée, au rez-de-chaussée, d'une écurie à retirer le bétail à certaines époques de l'année, au-dessus, d'un fenil et d'un batloir, alors même qu'un berger devrait y coucher pour garder les bestiaux, n'est pas une *ferme*, dans le sens de l'article 153 du code forestier, et ne peut pas être réparée sans autorisation. (Cass. 24 avril 1868.) V. Ferme. Maison.

GRANIT. V. Enlèvement. Pierre.

GRAPHOMÈTRE.

1. *Conditions.* — Le graphomètre devra avoir au moins 10 à 12 centimètres de rayon ; il sera muni d'une lunette plongeante, d'un vernier donnant la minute, d'un niveau, d'une petite boussole pour l'orientation des plans et d'une douille à genouillère, avec mouvement perpendiculaire à l'axe de cette genouillère. (Instr. 15 octobre 1860, art. 15.)

2. *Emploi.* — On peut étendre l'usage du graphomètre jusqu'aux lignes de 1000 mètres, dont on peut voir l'extrémité ou les deux tiers. (Instr. du 15 octobre 1860, art. 21, 54.) V. Instrument.

GRATIFICATION.

SECT. I. — TRAVAUX, 1 — 5.

SECT. II. — CHASSE, 6 — 17.

SECT. III. — PÊCHE, 18.

SECT. IV. — DIVERS, CONTREBANDE, ARRESTATION, 19 — 25.

Amende, 7.
Amnistie, 10.
Boissons, 21.
Chasse, 9.
Condamné, 25.
Contrebande, 22.
Constatation, 8.
Délinquant, 7.
Délit, 10.
Déserteur, 24.
Etat, 4, 5.
Formalités, 12.
Insoumis, 24.
Mandatement, 11.
Paiement, 12, 15, 16.
Pièces à fournir, 11.
Principe, 1.
Proposition, 3, 4.
Rapport, 3.
Remise d'amende, 13.
Restauration de montagnes, 2.
Roulage, 23.
Saisie, 22.
Tabac, 20.
Tarif, 6, 18, 19.
Transaction, 14, 17.

V. Allumettes. Arrestation. Cartes à jouer. Contrebande. Douanes. Garde cantonnier. Tabac.

SECT. I. — TRAVAUX.

1. *Principe.* — Des gratifications peuvent être accordées aux préposés, à raison des

travaux de main-d'œuvre de toute nature effectués par eux, ou des services exceptionnels rendus dans la direction des travaux, et plus particulièrement pour les repeuplements exécutés et pour la création de pépinières. On doit joindre un rapport spécial, sur les travaux de repeuplement, à l'appui des propositions de gratification. Ces travaux devront désormais être récompensés sur le budget même de l'exercice pendant lequel ils auront été exécutés. (Circ. N 22, art. 290 et 291. Circ. N 416.)

2. *Restauration des montagnes.* — Il n'est pas dérogé aux dispositions de l'article 290 de la circulaire N 22, en ce qui concerne les gratifications à accorder aux préposés, en raison soit des travaux de main-d'œuvre de toute nature que ceux-ci auraient pu exécuter personnellement, soit des services exceptionnels qu'ils auraient rendus ou d'une économie qu'ils auraient réalisée par leur activité intelligente dans la direction de travaux importants faits à prix d'argent. (Instr. Gén. du 2 février 1885, art. 130. Circ. N 345.)

3. *Rapport. Propositions.* — Avant le 1er novembre, les conservateurs adressent, avec les procès-verbaux de reconnaissance, l'état des travaux paraissant de nature à motiver des gratifications ; il est fourni deux états, l'un des travaux exécutés dans les forêts domaniales, l'autre pour les travaux dans les périmètres de restauration. (Circ. N 22, art. 292.)

4. *Propositions. Etats.* — Dans les états de proposition de gratification, les travaux neufs de semis ou plantation sont distincts des travaux divers, tels que gazonnement en montagne, défoncement de terrain, dégazonnement de coupe, récolte et conservation de graines, entretien des repeuplements et des gazonnements, ouverture et curage des fossés, établissement ou entretien de barrages et de palissades et direction spéciale des ouvriers pour les travaux de repeuplement sujets à garantie ; leur estimation doit représenter la valeur réelle des résultats obtenus. Pour les autres travaux, on doit indiquer la dépense qu'ils auraient occasionnée, s'ils avaient été faits à prix d'argent ; quant à la direction des travaux, on doit indiquer le nombre des journées passées sur le terrain, la distance des chantiers à la résidence des préposés et le montant des ouvrages exécutés. (Circ. N 22, art. 293, 294.)

5. *Etat.* — Les travaux des années précédentes et de peu de valeur peuvent être réunis à ceux de l'exercice courant, lorsque, réunis, ils sont susceptibles de gratification.

L'ensemble des travaux exécutés par chaque préposé est réuni en un seul article. Les travaux effectués en commun sont estimés pour la portion qui revient à chacun. (Circ. N 22, art. 295 et 296.)

SECT. II. — CHASSE.

6. *Tarif.* — Les agents verbalisateurs ont droit à des gratifications, à raison de 10 francs par condamnation prononcée en matière de chasse. (Loi de Fin. du 27 décembre 1890, art. 11. Circ. N 430.)

7. *Amende. Délinquant.* — La gratification est due pour chaque amende prononcée, quel que soit le nombre des délinquants. (Ord. 5 mai 1845. Décis. Min. 23 août 1849. Règl. Min. 26 décembre 1866. Circ. N 72, art. 28.)

8. *Constatation.* — Il n'est dû aucune gratification pour les gardes qui constatent un délit de chasse, alors que le fait s'est passé hors de leur présence. (Décis. Min. 23 août 1849.)

9. *Chasse en plaine.* — Quoique les gardes n'aient pas qualité pour constater un délit de chasse en plaine, ils ont droit à la gratification lorsque, par suite de leur dénonciation, il est prononcé une condamnation. (Décis. Min. 21 mai 1829.)

10. *Délit. Amnistie.* — Les gardes rédacteurs des procès-verbaux de chasse *amnistiés* ont droit à la gratification édictée par l'article 10 de la loi du 3 mai 1844. (Décis. Min. 1er juin 1846. Instr. des domaines, 25 juillet 1846.)

11. *Mandatement. Pièces à fournir.* — Pour les délits de chasse constatés par un préposé forestier, que les poursuites soient exercées par les agents forestiers ou le ministère public, l'inspecteur demeure chargé de provoquer le mandatement de la gratification. (Circ. N 171.)

Le mandatement des gratifications pour délits de chasse incombe au préfet, substitué au directeur des domaines. On doit transmettre au préfet les pièces justificatives des droits des préposés. (Circ. N 153.)

Pour être payé, le garde doit fournir un extrait du jugement délivré par le greffier, ou la copie de la transaction payée, délivrée par l'inspecteur ; ces pièces sont adressées au préfet, par l'intermédiaire du conservateur ; le préfet délivre le mandat et le fait parvenir au garde, par l'intermédiaire du maire ou des agents forestiers.

12. *Paiement. Formalités.* — Les mandats de paiement seront émis par les préfets, sur la demande des ayants droit et sur la production de tous les éléments nécessaires à l'attribution régulière des gratifications et notamment des extraits d'arrêts ou de jugements. (Loi de finances du 27 décembre 1890, art. 11. Circ. N 430.)

13. *Remise d'amende.* — En cas de remise ou de réduction d'amende, la gratification due aux gardes est réservée et doit toujours être payée. (Décis. Min. 1er juin 1846. Loi du 27 décembre 1890. Circ. N 430.)

14. *Transaction.* — En cas de transaction, les gardes rédacteurs des procès-verbaux de chasse ont droit à la gratification déterminée par la loi du 3 mai 1844.

On doit toujours réserver, outre les décimes et les frais, la somme nécessaire pour le paiement de la gratification au garde rédacteur. (Circ. A· 812. Circ. N. 72, art. 26. Loi du 27 décembre 1890. Circ. N 430.)

15. *Paiement.* — Les gratifications sont payées par les percepteurs, sur un mandat délivré par le préfet. (Circ. N 149. Circ. N 153. Circ. N 171.) Il n'est dû qu'une seule gratification par procès-verbal, quel que soit le nombre des gardes rédacteurs. (Ord. 5 mai 1845. Circ. N 72, art. 29.)

16. *Paiement.* — La gratification pour délit de chasse doit être payée dans tous les cas, même lorsque le délinquant n'aurait été condamné qu'aux frais, sans amende. (Circ. Min. 22 juillet 1851. Décis. Min. 14 juillet 1846.)

17. *Transaction. Jugement. Paiement.* — Lorsqu'un délit de chasse a donné lieu à une transaction, la gratification du garde est payée au vu de la copie, certifiée par l'inspecteur, de la décision qui autorise la transaction.

La copie certifiée de l'inspecteur doit faire connaître exactement le nom du garde, celui du délinquant, la nature du délit, la commune de la situation de la forêt, enfin l'article de la loi qui alloue la gratification au garde rédacteur.

S'il y a un jugement définitif, la gratification est payée au vu d'un extrait visé par le ministère public.

SECT. III. — PÊCHE.

18. *Tarif.* — Les agents verbalisateurs ont droit à des gratifications, à raison de 10 francs par condamnation prononcée en matière de pêche. (Loi de finances du 27 décembre 1890, art. 11. Circ. N 430.)

SECT. IV. — MATIÈRES DIVERSES. CONTREBANDE. ROULAGE. ARRESTATION.

19. *Matières diverses. Tarif.* — Les agents verbalisateurs ont droit à des gratifications, à raison de 1 fr. 25 par condamnation recouvrée, en toute autre matière donnant lieu à gratification. (Loi de finances du 27 décembre 1890, art. 11. Circ. N 430.)

20. *Tabac.* — Les gardes ont droit à une gratification de 15 francs pour chaque personne arrêtée, transportant du tabac en fraude. Cette prime n'est accordée qu'autant que le fraudeur est constitué prisonnier et elle est indépendante du nombre des gardes saisissants.

Les gardes ont, en outre, droit à 12 francs par chaque colporteur saisi hors du rayon des douanes, ayant au moins 30 kilogrammes de tabac, et 3 francs par chaque chien chargé de tabac et tué.

Les tabacs saisis doivent être conduits à l'entrepôt du chef-lieu où la saisie a été opérée, pour être expertisés et le prix en être réparti entre les verbalisants. (Circ. A 355.)

21. *Boissons.* — En cas de procès-verbal pour contravention à la circulation des boissons, les gardes rédacteurs du procès-verbal ont droit à une gratification de la moitié des amendes et confiscations encourues et prononcées. (Loi du 28 février 1872. Circ. du Directeur Gén. des Contrib. Indir. 20 mars 1872.)

22. *Saisie. Contrebande.* — En ce qui concerne les procès-verbaux dressés pour délit en matière de douanes, les gardes ont droit à une gratification de la moitié du produit net des amendes et confiscations. (Loi du 4 germinal an II, titre VI, art. 6.) V. Tabac. Cartes à jouer. Contrebande. Douane.

23. *Roulage.* — Pour les procès-verbaux en contravention à la police du roulage, les gardes ont droit au tiers de l'amende prononcée. (Loi du 30 mai 1851, art. 28. Décr. du 10 août 1852.)

24. *Déserteurs. Insoumis.* — Les préposés forestiers ont droit à une gratification de 25 francs, pour chaque arrestation de déserteur ou insoumis. (Décr. du 18 février 1863, art. 277.)

25. *Condamnés évadés.* — L'arrestation de tout condamné adulte, évadé d'un des établissements pénitentiaires dépendant du ministre de l'intérieur, donne lieu à une gratification de 50 francs. Il n'est dû que 50 francs par chaque détenu repris. (Décr. du 18 février 1863, art. 283. Circ. du Min. de l'Int. 26 septembre 1866.)

GRATTAGE.

1. *Délimitation. Procès-verbaux.* — Les grattages sont interdits sur les procès-verbaux de délimitation et autres actes. (Circ. N 64, art. 68.)

2. *Délimitation. Tracés géométriques.* — On doit éviter les grattages, quelque légers qu'ils soient, sur les tracés géométriques des procès-verbaux de délimitation. (Circ. N 57.)

GRAVIER. V. Enlèvement. Extraction. Pierre. Terre.

GREFFE. (ARBRE.)

Pénalités. — Pour destruction, avec esprit de malveillance, d'une ou plusieurs greffes, que l'on savait appartenir à autrui, on encourt les condamnations suivantes :

Prison : 6 jours à deux mois par greffe ; maximum : 2 ans. (Cod. Pén. 447.)

Amende : minimum, un quart des restitutions et dommages-intérêts. (Cod. Pén. 455.)

Si les arbres étaient plantés sur les rues, places et chemins :

Prison : minimum, 10 jours. (Cod. Pén. 448.)

Si les arbres appartiennent à un fonctionnaire et ont été détruits, en haine, à raison de ses fonctions, ou la nuit, on appliquera le maximum de la peine. (Cod.Pén. 450.)

Si le délit a été commis par un garde ou un officier de police :

Prison : minimum, 1 mois; maximum, un tiers en sus de celui fixé. (Cod. Pén. 462.)

GREFFIER.

1. *Définition.* — Officier qui tient le greffe; il assiste aux audiences, écrit les actes et les procès-verbaux du ministère public, en garde les minutes et en délivre des grosses ou expéditions.

2. *Qualité.* — Le greffier en chef d'un tribunal n'est pas membre de ce tribunal. (Cass. 4 juillet 1846.)

3. *Ouverture.* — Les greffes des tribunaux seront ouverts tous les jours, excepté les dimanches et fêtes, aux heures réglées par le tribunal, de manière, néanmoins, qu'ils soient ouverts huit heures par jour. (Décr. 30 mars 1808, art. 90.)

4. *Ventes.* — Les greffiers des tribunaux de première instance ne peuvent prendre part aux ventes, dans tout l'arrondissement de leur ressort.

En cas d'infraction, dommages-intérêts et annulation de la vente. (Cod. For. 21.)

5. *Frais. Mémoires.* — Les frais dus aux greffiers sont liquidés par le préfet, sur le vu des mémoires fournis en double expédition, dont une sur papier timbré, lorsque la somme à payer dépasse 10 francs. Ces mémoires devront être dûment visés et porter la mention que les extraits d'arrêts et de jugements ont été reçus dans les délais prescrits par les règlements. (Circ. N 430.)

6. *Mémoire.* — Les mémoires des greffiers indiqueront seulement et sur une seule ligne le nombre d'extraits délivrés et, sur une autre ligne, le nombre des expéditions. (Circ. autogr. 47, du 2 août 1853.)

7. *Droit illégal.* — Les greffiers qui exigent d'autres ou de plus forts droits que ceux fixés encourront :

Pénalité : Destitution.
Amende : 500 à 6000 francs. (Décr. du 18 juin 1811, art. 64.)

8. *Droits. Frais. Actes.* — Les greffiers n'ont droit à aucun émolument pour les actes et procès-verbaux reçus ou dressés par les magistrats, avec leur assistance. Cette obligation est une conséquence du traitement que l'Etat accorde aux greffiers. (Décr. du 28 mai 1854. Circ. du Min. de la Justice du 11 novembre 1872.)

9. *Prestation de serment.* — Il n'est rien dû aux greffiers pour la prestation du serment, si ce n'est le remboursement du prix de la feuille de papier timbré (0 fr. 60) employée pour la rédaction du procès-verbal et le paiement de la somme de 0 fr. 25 pour mention du répertoire. (Circ. A 744. Circ. N 51, § 6. Circ. N 339.) V. Serment. Facteur.

GRENOUILLE.

Qualité. Animal amphibie. — La capture des grenouilles constitue-t-elle un délit de pêche ou un délit de chasse? — Cette question n'a jamais été jugée, parce que la capture de ces animaux n'a jamais une grande importance.

GRÈVE.

Pénalités. — Quiconque, à l'aide de violences ou voies de fait, menaces ou manœuvres frauduleuses, aura amené ou maintenu, tenté d'amener ou maintenir une cessation concertée de travail, dans le but de forcer la hausse ou la baisse des salaires, ou de porter atteinte au libre exercice du travail, encourra :

Prison : 6 jours à 3 ans.
Amende : 16 à 3000 francs. (Cod. Pén. 414.)

S'il y a plan concerté :

Surveillance de la haute police, 2 à 5 ans (facultatif). (Cod. Pén. 415.)

Si l'auteur du délit est un garde ou un officier de police :

Prison : minimum, 1 mois; maximum, un tiers en sus de celui fixé. (Cod. Pén. 462.)

L'article 416 du code pénal est abrogé. (Loi du 21 mars 1884, art. 1er.)

GRIFFAGE.

Choix, 4.
Conditions, 10.
Définition, 1.
Eclaircie, 6, 7.
Emploi, 3.
Exécution, 4.
Fausse griffe, 8, 9.
Faux griffage, 6, 7, 10.
Griffage illicite, 11, 12.
Imitation, 8.
Indication, 10.
Marque, 2, 5.
Mode, 5.
Pénalités, 7.
Poursuites, 11.
Rouanne, 8.
Solution, 12.
Unités de produits, 6.

1. *Définition.* — Le griffage est un mode de désignation d'arbre de réserve (baliveau de l'âge), employé pour les arbres qui ne sont pas assez forts pour recevoir l'empreinte du marteau de l'Etat. (Ord. 79.)

2. *Marque.* — La marque, consistant dans l'enlèvement d'un léger ruban d'écorce, se fait au moyen d'un instrument appelé *griffe.*

3. *Emploi.* — On peut employer le griffage pour réserve des arbres dont les dimensions

permettraient l'empreinte du marteau. (Nancy, inédit, 21 décembre 1842.)

4. *Exécution. Choix.* — On ne doit pas laisser aux gardes le soin de griffer les baliveaux, même dans les bois où il ne peut être fait usage du marteau. (Circ. A 534 bis.)

5. *Marque. Mode. Coupe.* — On emploie le griffage dans les coupes d'éclaircie et on griffe tantôt en réserve et tantôt en délivrance, suivant que les arbres griffés doivent être exploités ou réservés. Lorsque les coupes sont exploitées par un entrepreneur, on griffe en délivrance et l'entrepreneur ne doit exploiter que les arbres griffés. Dans les coupes vendues en bloc et sur pied, on griffe en réserve et l'adjudicataire doit réserver tous les arbres griffés. Dans les coupes vendues par unités de produits, on griffe tantôt en réserve, tantôt en délivrance, suivant le genre des coupes et ce qui paraît le plus commode pour la surveillance et la bonne exploitation.

6. *Faux griffage. Eclaircie. Unités de produits.* — L'adjudicataire d'une coupe d'éclaircie, vendue par unités de produits, est passible des peines prévues par l'article 29 du code forestier, lorsque, pour augmenter le nombre des arbres délivrés au moyen d'un griffage, il emploie une fausse griffe pour en marquer les arbres non délivrés. (Trib. de Compiègne, 16 mars 1874.)

7. *Coupe d'éclaircie. Faux griffage. Coupe d'arbres. Pénalités.* — Le bûcheron qui abat dans une coupe d'éclaircie, après les avoir griffés, des brins qui n'ont pas été désignés pour être exploités, commet le délit de coupe de réserve, prévu par l'article 33 du code forestier et puni par l'article 34 du même code. (Trib. de Bar-sur-Aube, 22 septembre 1888.)

8. *Imitation de griffage. Fausse griffe ou rouanne.* — Le fait d'avoir imité, avec l'instrument appelé rouanne, les griffages opérés par les gardes de l'administration forestière et d'avoir, par ce moyen, marqué en réserve plusieurs brins abandonnés, en vue soit d'arriver à enlever des baliveaux réellement réservés, soit de remplacer ceux brisés par l'exploitation, ne tombe pas sous le coup de l'article 142 du code pénal, ni d'aucune autre disposition du même code. (Trib. de Compiègne, 2 mai 1883.)

9. *Usage de fausse griffe.* — Le fait d'avoir fait usage d'une fausse griffe, pour marquer en délivrance les arbres d'une coupe vendue par unités de produits, constitue le délit de droit commun prévu et puni par l'article 142 du code pénal. (Orléans, 30 avril 1877.)

10. *Faux griffage. Conditions. Indication.* — Le faux griffage ne consiste pas dans l'emploi d'une fausse griffe, parce que les griffes ou la marque des griffes ne sont pas déposées au greffe et qu'ainsi il ne peut pas y avoir de fausse griffe. Il consiste en un griffage illicite et frauduleux, effectué en dehors du concours des agents forestiers et ayant pour but de faire considérer comme réservés des arbres qui ne l'étaient pas et de permettre ainsi à un adjudicataire de couper et de s'approprier des arbres véritablement réservés. Ce faux griffage se reconnaît au bourrelet de l'écorce, attendu qu'il n'est généralement pas effectué à la même époque, ni à la même période de végétation que le vrai griffage.

La pénalité encourue serait alors celle de l'article 141 du code pénal :

Réclusion ou *prison :* 5 à 10 ans. (Cod. Pén. 21.)
Amende : minimum, 100 francs ; maximum, le quart du bénéfice du faux. (Cod. Pén. 164.)

11. *Griffage illicite. Coupe d'arbres. Poursuites.* — L'adjudicataire qui a fait un faux griffage et qui, par suite, a coupé des arbres réellement griffés en réserve peut être poursuivi par l'administration forestière, pour avoir coupé des arbres de réserve ou comme responsable du délit commis par ses ouvriers dans sa coupe. (Meaume.) V. Réserve.

12. *Griffage illicite. Solution.* — Lorsqu'un adjudicataire a griffé ou fait griffer un certain nombre de brins, pour les faire considérer comme des arbres réservés ou abandonnés, suivant la coupe, le plus simple est de considérer ces arbres comme non griffés administrativement (le bourrelet de l'écorce permet le plus souvent de faire la distinction), c'est-à-dire de ne les admettre, suivant les cas, comme marqués ni en réserve, ni en délivrance par les agents, et portant sur l'écorce une marque de fantaisie, faite par un tiers inconnu, mais dont les agents forestiers n'ont pas à tenir compte.

Pendant l'exploitation ou au moment du récolement, on dresse alors procès-verbal contre l'adjudicataire pour déficit de réserves ou coupe d'arbres réservés, sans signaler le griffage illicite, sauf à l'adjudicataire à se pourvoir pour faire reconnaître l'authenticité de la marque du griffage.

GRIFFE.

1. *Définition.* — Instrument en fer servant à griffer (marquer en griffage) les baliveaux et autres arbres, que l'on veut conserver ou reconnaître. On l'appelle aussi rouanne.

2. *Contrefaçon.* — La contrefaçon ou falsification ou tentative de contrefaçon des griffes ou griffages tombe sous l'application des pénalités de l'article 142 du code pénal, savoir :

Prison : 2 à 5 ans. (Nancy, 21 décembre 1842.)
Amende : 100 à 3000 francs ; un quart du bénéfice du faux. (Cod. Pén. 164.)
Privation pour 5 ans des droits civils, civiques ou de famille, facultatif. (Cod. Pén. 142.)
Surveillance de la haute police, 5 ans (facultatif). (Cod. Pén. 142.)

V. Griffage.

3. *Signature.* — L'emploi d'une griffe pour la signature des fonctionnaires est interdit. (Ord. 14 décembre 1825.)

GROSSE.

Définition. — Copie d'un acte authentique, revêtue de la formule exécutoire et faisant, en justice, la même foi que l'original ou la minute, si elle n'existe plus. (Cod. Civ. 1335.)

GROSSEUR. V. Circonférence.

GROUSSE.

Définition. Transport. — Les grousses d'Ecosse, espèce de gelinotte (oiseau de la famille des gallinacés, genre tétras), peuvent être transportées et vendues en tout temps. (Circ. Min. 20 novembre 1860.)

GRUE.

Bande. Dégât. Destruction. — Ce n'est pas un délit de chasse que de tirer un coup de fusil sur une bande de grues qui dévastent un champ, quand bien même on a tué un de ces oiseaux. (Nancy, 23 avril 1852.)

GRUERIE.

Définition. — Ancienne juridiction de premier ressort, où les officiers préposés à la garde des bois jugeaient les délits commis dans les forêts et sur les rivières.

GRUYER. Officier de gruerie.

GUERRE.

1. *Vente de coupes. Qualification.* — Les ventes faites par l'ennemi, pendant la guerre et l'invasion du territoire, sont des actes politiques. (Nancy, 12 novembre 1873.)

2. *Adjudicataire.* — Les adjudicataires de coupes ne sont pas responsables des délits provenant des événements de guerre. Les agents doivent se borner à constater les faits et les délits, sans intenter de poursuites. (Cass. 17 mai 1817.)

3. *Responsabilité. Force majeure.* — Les délits commis par une commune, par ordre de l'ennemi, dans un territoire occupé, doivent être considérés comme ayant été commis sous l'empire de la force majeure et ne peuvent donner lieu à la condamnation à l'amende, ni aux dommages-intérêts. (Amiens, 18 janvier 1873.)

4. *Réquisition. Commune. Coupe. Adjudicataire.* — Quand les habitants d'une commune, sous la pression de réquisitions faites par une armée ennemie, vont dans une coupe s'emparer des bois appartenant à un particulier qui s'en est rendu adjudicataire, la commune entière, profitant d'un fait sans lequel les maisons des habitants eussent été incendiées, devient débitrice de la coupe ainsi enlevée, de la même manière que si elle avait été régulièrement achetée ou réquisitionnée. (Rouen, 30 janvier 1872.)

5. *Occupation ennemie. Coupe. Lois françaises.* — L'occupation d'un département par des troupes ennemies n'a pas pour effet de faire perdre leur empire aux lois civiles et pénales de la France, qui demeurent obligatoires pour tous les sujets français ; et, sous les sanctions qu'elles édictent, le fait d'un sujet français de s'être rendu adjudicataire d'une coupe mise en vente à son profit par l'ennemi, et de l'avoir exploitée sans l'autorisation de l'administration française, constitue un délit forestier. (Nancy, 27 août 1872.)

6. *Futaie. Vente nulle.* — L'ennemi, qui, par le fait de l'occupation, n'a que la jouissance provisoire du domaine de l'Etat envahi, est sans droits pour consentir la vente des futaies, réservées dans les forêts domaniales, que la nature et la loi assimilent au fonds. Une telle vente est nulle. (Nancy, 3 août 1872. Cass. 16 avril 1873.) V. Futaie.

7. *Secours. Pertes.* — Le mode de constater les pertes occasionnées par la guerre, dont les ravages n'auraient pas été constatés ou suffisamment établis, sera déterminé par le ministre de l'intérieur et par lui prescrit aux administrations centrales. Le ministre ouvrira aux administrations centrales, dont le territoire aura été ravagé par la guerre, tel crédit qu'il jugera convenable, sur les sommes mises à sa disposition ; il en déterminera le mode de distribution. (Loi du 19 vendémiaire an VI.) V. Bois de construction. Délivrance.

GUET-APENS.

Définition. — Le guet-apens consiste à attendre plus ou moins de temps, dans un ou divers lieu, un individu, soit pour lui donner la mort, soit pour exercer contre lui des actes de violence. (Cod. Pén. 298.)

GUI.

Enlèvement. — L'enlèvement du gui peut être puni par les prescriptions de l'article 144 du code forestier. V. Enlèvement.

GYPSE.

Qualité. — Pierre à plâtre. V. Enlèvement. Extraction. Pierre.

H

HABILLEMENT.

Allocation, 1.
Cahier des charges, 9.
Cessation de service, 7.
Distribution, 3.
Durée, 4.
Elimination, 14.
Entretien, 3.
Essai, 12.
Fourniture, 8, 9.
Modèle, 10.
Nomenclature, 2.
Première mise, 3.
Propriété, 6.
Remplacement, 13.
Restitution, 7.
Retenue, 8.
Tailleur retoucheur, 11.
Tenue (grande et petite), 2, 5.
Versement, 14.

V. Commission d'habillement. Uniforme.

1. *Allocation.* — Le département de l'agriculture assure l'habillement de grande tenue des préposés domaniaux et communaux. (Décr. du 2 avril 1875. Circ. N 173. Décr. du 18 novembre 1890. Circ. N 424.) V. Uniforme.

2. *Grande tenue des préposés. Nomenclature.* — L'habillement de grande tenue comprend : 1° tunique ; 2° pantalon ; 3° képi ; 4° manteau. (Arr. Min. 31 juillet 1886. Circ. N 370.)

3. *Distribution. Première mise. Entretien.* — Les préposés forestiers, en France et en Algérie, recevront, lors de leur nomination, aux frais du Trésor et à titre de première mise, l'habillement de grande tenue. (Arr. Min. 28 octobre 1875. Circ. N 189. Arr. Min. 3 août 1892. Circ. N 449.) Il sera fait application de ces dispositions aux préposés, passant du service de la métropole à celui de l'Algérie, ou réciproquement. (Circ. N 449.) Les préposés pourvoient à l'entretien de leur grande tenue. (Arr. Min. 31 juillet 1886. Circ. N 370.)

4. *Durée.* — La durée des vêtements est fixée, savoir : tunique-jaquette, 5 ans; pantalon, 3 ans; képi, 3 ans; manteau à capuchon, 10 ans. (Arr. Min. 31 juillet 1886. Circ. N 370.)

En Algérie : dolman, 5 ans; pantalon, 2 ans; képi, 3 ans; collet à capuchon, 10 ans; veste de treillis, 2 ans. (Arr. Min. 3 août 1892. Circ. N 449.) (1)

5. *Petite tenue.* — Les préposés se pourvoient à leurs frais, sous la surveillance et le contrôle de leurs chefs, des effets de petite tenue. (Arr. Min. 28 octobre 1875. Circ. N 189.) V. Uniforme.

6. *Propriété.* — Les effets de première mise livrés aux préposés sont leur propriété, mais seulement après une année de service, à dater de leur réception. (Arr. Min. 28 janvier 1878. Circ. N 223.)

7. *Cessation de service. Restitution.* — Tout préposé qui quittera la carrière moins d'une année après avoir reçu ses effets de première mise devra les remettre à son chef immédiat. Ces effets seront distribués gratuitement, par les soins du conservateur, aux préposés les plus méritants. (Arr. Min. 28 janvier 1878. Circ. N 223.)

Cette disposition est applicable aux préposés de l'Algérie. (Arr. Min. 3 août 1892, art. 7. Circ. N 449.)

8. *Fournitures. Retenue.* — Les fournitures et l'entretien des effets d'habillement seront assurés par l'administration, au moyen des retenues opérées sur le traitement. Ces retenues, dont le chiffre est fixé à 15 francs par an, auront lieu par douzième pour les préposés domaniaux, et par quart pour les préposés communaux. Elles s'exerceront à partir du premier mois qui suivra la fourniture des effets. (Arr. Min. 28 octobre 1875. Circ. N 189.)

En Algérie, la retenue à opérer sur le traitement des préposés est fixée à 18 francs par an ; elle est effectuée par douzième, soit 1 fr. 50 par mois, à partir du 1er du mois qui suivra la fourniture du premier habillement. (Arr. Min. 3 août 1892, art. 6. Circ. N 449.) (1)

9. *Fourniture. Cahier des charges.* — Un cahier des charges, arrêté par le ministre de l'agriculture, porte toutes les clauses et conditions imposées aux adjudicataires de la fourniture. (Circ. N 370.)

10. *Modèles-types.* — Les effets et objets d'habillement doivent être conformes aux échantillons et aux modèles-types, qui restent déposés à la direction des forêts. (Cah. des ch. 14.)

11. *Tailleur retoucheur.* — Le soumissionnaire est tenu de se faire représenter, près de chaque commission locale, en province, par un tailleur qui devra résider, sauf dans des cas spéciaux, au siège de la commission. En Algérie, le tailleur d'Alger a la faculté d'employer des représentants voyageurs qui se transportent aux sièges des commissions locales. (Cah. des ch. 18.)

12. *Essai.* — Après l'arrivée des effets, la commission locale est convoquée, et l'essai a lieu en présence du tailleur représentant le soumissionnaire dans le cantonnement. (Cah. des ch. 29.) V. Commission d'habillement.

(1) V. Errata.

13. *Remplacement.* — A l'expiration de chaque semestre, les conservateurs font connaître les préposés dont les effets ont atteint la durée réglementaire et qui sont à remplacer. Les renouvellements ou réparations d'effets, nécessités par des détériorations provenant d'un service commandé, resteront à la charge de l'Etat. (Arr. Min. 28 octobre 1875. Circ. N 189. Note du 29 octobre 1892.)

14. *Elimination. Versement.* — En cas de mobilisation, les préposés éliminés du service militaire doivent verser, contre reçu, l'habillement de grande tenue dans le magasin de troupe désigné par le général commandant le corps d'armée. Ils ne porteront plus que la plaque pour tout insigne. (Circ. N 317.)

HABITANT.

1. *Coupe affouagère. Ouvriers.* — Les habitants peuvent exploiter les coupes affouagères, sous la responsabilité de l'entrepreneur. Toutefois, il ne doit être effectué aucun partage de bois sur pied; les lots ne doivent être effectués qu'après l'entière exploitation de la coupe, et les habitants façonnent, à leur gré, les bois compris dans leurs lots. (Décis. Min. 26 février 1828. Circ. A 171.)

2. *Coupe affouagère. Ouvriers.* — L'adjudicataire ou l'entrepreneur est le maître de faire considérer comme délinquant tout habitant de la commune qu'il déclarerait n'être pas son ouvrier et qui serait surpris traversant la coupe en exploitation avec scie, serpe ou cognée. (Cass. 21 février 1839.)

3. *Instance communale. Qualité.* — Les habitants non inscrits au rôle des contributions de leur commune sont sans qualités pour exercer les actions qu'ils croient à elle, ou à une de ses sections. (Angers, 20 janvier 1843.)

4. *Association. Instance.* — L'acte d'association intervenu entre plusieurs habitants d'une commune, dans le but de réclamer en justice un cantonnement, est licite ; mais il n'en résulte qu'un mandat essentiellement révocable par tel des associés qui juge à propos de se retirer. (Angers, 20 janv. 1843.)

5. *Territoire annexé. Droits.* — Les habitants d'un territoire annexé à une commune ne sont pas fondés à participer à l'exercice des droits d'usage appartenant à cette commune, avant l'annexion ; mais ils conservent ceux qu'ils pouvaient avoir comme habitants des communes dont ils ont été détachés. (Colmar, 12 mars 1861.)

HABITATION.

1. *Décision. Compétence. Chasse.* — Les tribunaux sont compétents pour décider si une construction attenante à un terrain clos est une habitation. (Cass. 29 avril 1858.)

2. *Chasse. Terrain clos.* — Pour se prévaloir du droit de chasse dans un terrain clos attenant à une habitation, il faut que la maison soit habitée ou destinée à l'être. (Cass. 29 avril 1858 et 20 juillet 1883.) V. Maison. Terrain clos.

HACHE. V. Hors chemin. Instrument de délit.

HACHURE. V. Plan.

HAIE.

Action, 9.
Arbre, 5.
Arrachis, 1.
Cession, 8.
Chemins vicinaux, 14.
Coupe, 12.
Destruction, 7, 13.
Distance, 1, 2, 3.
Entretien, 6.
Essence, 1.
Exploitation, 11.
Hauteur, 1, 2.
Juridiction, 9.
Mitoyenneté, 5, 6, 7, 8, 11, 12.
Mur, 7.
Pénalités, 12, 13.
Plantation, 1.
Plessée, 10.
Produit, 6.
Propriété, 4.
Régime forestier, 11, 12.
Terrain, 4.
Titre, 10.
Voisin, 3.

1. *Plantation. Essence. Hauteur. Distance.* — Les haies vives ne peuvent être plantées qu'à la distance prescrite par les règlements particuliers actuellement existants ou par des usages constants et reconnus et, à défaut de règlements et usages, à la distance d'un demi-mètre (0m,50) de la ligne séparative de deux héritages, lorsque les plantations ne dépassent pas deux mètres de hauteur.

Si la haie comprenait des arbres dont la hauteur dépasserait 2 mètres de hauteur, elle ne devrait être plantée qu'à la distance de 2 mètres de la ligne séparative des deux héritages. (Cod. Civ. 671. Loi du 20 août 1881.) V. Arbre de lisière.

2. *Distance. Arrachis.* — Si la haie se trouve à une distance moindre que celle fixée par l'article 671 du code civil, le riverain peut la faire arracher ou faire réduire la hauteur des plantations à la limite fixée par cet article, à moins qu'il n'y ait titre, destination de père de famille ou prescription trentenaire. (Cod. Civ. 672. Loi, 20 août 1881.)

3. *Terrain. Distance.* — Lorsqu'une haie est plantée à 0m,50 de la propriété voisine, le propriétaire de la haie n'en reste pas moins propriétaire du terrain (0m,50) situé en dehors de la haie et contigu à la propriété limitrophe. (Rouen, 29 avril 1862.)

4. *Terrain. Propriété.* — La plantation d'une haie sur son fonds n'établit pas une présomption légale de propriété sur le terrain qu'on doit laisser entre la plantation et l'héritage contigu, en vertu de l'article 671 du code civil. (Cass. 11 août 1875.)

5. *Mitoyenneté. Arbre.* — Toute haie est réputée mitoyenne, à moins qu'il n'y ait qu'un seul des héritages en état de clôture

ou s'il y a titre, prescription ou marque contraire. Les arbres qui se trouvent dans les haies mitoyennes sont mitoyens. (Cod. Civ. 666 et 670. Loi du 20 août 1881.)

6. *Haie mitoyenne. Entretien. Produit.* — La haie mitoyenne doit être entretenue à frais communs, et les produits en appartiennent aux propriétaires par moitié. Le propriétaire peut se soustraire à l'entretien d'une haie mitoyenne, en abandonnant la mitoyenneté. (Cod. Civ. 667 et 669. Loi du 20 août 1881.)

7. *Haie mitoyenne. Destruction.* — Le copropriétaire d'une haie mitoyenne peut la détruire jusqu'à la limite de sa propriété, à la charge de construire un mur sur cette limite. (Cod. Civ. 668. Loi du 20 août 1881.)

8. *Haie non mitoyenne. Cession.* — Le voisin dont l'héritage joint une haie non mitoyenne ne peut contraindre le propriétaire de cette haie à lui céder la mitoyenneté. (Cod. Civ. 668. Loi du 20 août 1881.)

9. *Action. Juridiction.* — Les actions pour usurpation de haies, commises dans l'année, doivent être portées devant le juge de paix de la situation du litige. (Proc. Civ. 3.)

10. *Plessée. Titre.* — Les haies formées aux dépens des bois ne peuvent faire titre que si elles sont comprises dans la contenance du terrain et si la possession est plus que trentenaire. (Dupin.) V. Plessée.

11. *Haie mitoyenne. Régime forestier. Exploitation.* — L'exploitation d'une haie mitoyenne avec un bois soumis au régime forestier ne peut avoir lieu qu'avec l'autorisation de l'administration, parce que, étant indivise, elle est, comme telle, soumise au régime forestier. (Cod. For. 1.)

12. *Coupe. Pénalités. Haie mitoyenne.* — Le copropriétaire qui coupe une haie mitoyenne avec un bois soumis au régime forestier et, par conséquent, indivise est passible, savoir :

Amende égale à la valeur des bois abattus. (Cod. For. 114.)

13. *Destruction. Pénalité.* — Pour destruction, coupe ou arrachis de haies vives ou sèches, pénalités :

Prison : 1 mois à 1 an. (Cod. Pén. 456.)
Amende, égale au quart des restitutions et des dommages-intérêts ; minimum : 50 francs. (Cod. Pén. 456.)
Si l'auteur du délit est un garde ou un officier de police, le maximum de la prison sera du tiers en sus. (Cod. Pén. 462.)

14. *Chemins vicinaux.* — En bordure des chemins vicinaux, les haies ne peuvent être plantées qu'à une distance d'au moins 0m,50 de la limite extérieure de ces chemins et leur hauteur ne doit jamais excéder 1 mètre, à moins de circonstances particulières et en vertu d'une autorisation spéciale.

HALAGE.

1. *Servitude.* — La servitude de halage et marchepied est applicable aux îles. (Arrêt du conseil, 24 juin 1777.)

2. *Servitude. Objet.* — La servitude de halage ou marchepied ne comporte que le service de la navigation et la manœuvre des bateaux. Dès lors, le propriétaire riverain, qui a conservé la propriété du sol grevé de la servitude, peut s'opposer au passage d'individus étrangers à ce service. (Trib. de paix du Blanc, 13 décembre 1878.)

3. *Chemins.* — La fixation des limites des chemins de halage est de la compétence exclusive de l'autorité administrative, qui doit aussi statuer sur l'action en dommages-intérêts, si des arbres appartenant au riverain ont été coupés pour l'usage de ces chemins. (Cons. d'État, 26 juin 1847.)

4. *Chemin. Largeur.* — L'obligation de laisser vingt-quatre pieds (7m,80) au moins en largeur, le long des bords des rivières navigables, constitue, pour les propriétaires riverains, une servitude et non une expropriation. Le décret du 22 janvier 1808 ne donne aux riverains droit à une indemnité que pour les rivières où la navigation n'existait pas à cette époque. (Cons. d'État, 6 mai 1836.) V. Cours d'eau.

5. *Flottage. Chemin. Largeur.* — Les riverains des rivières flottables à bûches perdues doivent laisser, de chaque côté de ces cours d'eau, un chemin de quatre pieds (1m,30) pour le passage des ouvriers préposés au soin de surveiller le flottage. (Ord. décembre 1672, titre XVII, art. 7.) V. Flottage.

6. *Plantation.* — Les propriétaires des héritages aboutissant aux rivières navigables laisseront, le long des bords, vingt-quatre pieds (7m,80) au moins de place en largeur pour chemin royal et traits de chevaux, sans qu'ils puissent planter ni arbres, ni tenir clôture ou haie plus près que trente pieds (9m,75), du côté que les bateaux se retirent, et dix pieds (3m,25) de l'autre bord, à peine de :

Amende : 500 francs. Confiscation des arbres, remise des chemins en état à leurs frais. (Edit, août 1669, titre XXVIII, art. 7.)

HANGAR.

1. *Maison ancienne.* — Si un hangar dépend d'une ancienne maison, il est alors protégé par les dispositions des articles 153 et 156 du code forestier et peut être réparé, reconstruit et augmenté sans autorisation. (Cass. 19 septembre 1840.) V. Construction.

2. *Ponts et chaussées. Travaux publics.* — Les hangars et autres constructions temporaires autorisés à distance prohibée, servant d'abri aux ouvriers, matériaux, etc., peuvent

être visités par les agents et gardes, sans l'assistance d'officier public. (Décis. Min. 24 juin 1851. Circ. A 668.)

HAMEAU. V. Construction. Population agglomérée.

HARNACHEMENT.

1. *Agent. Service militaire.* — Les agents, appelés à faire des périodes de service militaire, devant, s'ils sont montés, se munir d'un matériel de harnachement conforme à l'ordonnance, peuvent, aussitôt qu'ils auront été avisés de leur stage, demander à l'administration une des collections dont elle dispose. Chaque demande doit faire connaître la date du stage, ainsi que le nom et l'adresse de l'agent destinataire. (Lettre de l'Admin. 22 juin 1893.)

2. *Chasseurs forestiers.* — L'état des frais d'entretien concernant les harnachements des officiers de chasseurs forestiers est fourni au mois de juin de chaque année. (Note, 16 novembre 1891.) V. Etats fixes et périodiques.

3. *Lieutenant de louveterie.* — Le harnachement du cheval pour les lieutenants de louveterie et leurs piqueurs a été fixé, savoir : bride à la française, avec bossette, sur laquelle sera un loup ; — bridon de cuir noir ; — selle à la française en volaque blanc ou en velours cramoisi ; — housse cramoisie, garnie en galons or et argent ; — croupière noire unie, et la boucle plaquée ; — étriers noirs vernis ; — martingale noire unie ; — sangles à la française.

Cet uniforme est permis, mais non obligatoire. (Ord. 20 août 1814, art. 23 et 24.) V. Louveterie. Uniforme.

HART.

1. *Délivrance. Redevance.* — Les conservateurs autorisent la délivrance des harts et fixent la redevance à payer, s'il s'agit de bois domaniaux. Pour les bois communaux, la redevance est fixée par le préfet, sur la proposition du maire. (Ord. 4 décembre 1844, art. 6.)

2. *Délivrance. Frais.* — Les adjudicataires payent, en outre, les droits de timbre et d'enregistrement des procès-verbaux de délivrance de harts. V. Délivrance.

3. *Produit.* — Les délivrances de harts sont considérées comme menus produits dans les bois domaniaux (Arr. Min. 22 juin 1838. Circ. A 842), et comme produits accessoires dans les bois communaux. (Arr. Min. 1er septembre 1838. Circ. A 429.)

4. *Délivrance. Prix.* — Si un adjudicataire ne trouve pas assez de harts dans sa coupe, il lui en sera accordé, sur l'autorisation de l'agent forestier chef de service.

Pour les bois domaniaux ou indivis avec l'Etat, le prix est fixé dans le procès-verbal de comptage ; pour les bois communaux et d'établissements publics, le prix est fixé par le préfet. (Cah. des ch. 29.)

5. *Coupes par unités de produit.* — Les harts, pour les bourrées, fagots et écorces, provenant de la vente, seront délivrées gratuitement à l'adjudicataire, qui les fera exploiter à ses frais dans les lieux désignés par le chef de cantonnement, sous la surveillance du garde du triage. Si les agents forestiers jugent que cette extraction ne peut avoir lieu, ou qu'elle doit être limitée à certaines essences, mention en sera faite au procès-verbal d'adjudication. (Cah. des ch. 18.)

6. *Artillerie.* — Les harts nécessaires au service de l'artillerie seront coupées dans les forêts de l'Etat. (Décr. du 10 octobre 1874. Circ. N 167.) V. Artillerie.

7. *Introduction. Dépôt.* — L'introduction non autorisée de fagots de harts, dans une coupe qui ne peut pas fournir des brins propres à faire des harts pour lier les fagots, constitue le délit de dépôt de bois étrangers dans une coupe. (Nancy, 19 novembre 1851.) V. Dépôt.

8. *Emploi.* — L'obligation, imposée à un adjudicataire, de n'employer d'autres harts que celles qui lui seront délivrées par les agents forestiers entraîne pour l'adjudicataire, en cas d'inobservation et quand bien même les harts auraient une origine légitime, les peines édictées pour infraction aux conditions d'exploitation ; *amende :* 50 à 500 fr. (Cod. For. 37. Colmar, 27 décembre 1838.)

9. *Flottage.* — La décision ministérielle du 28 septembre 1843 sur la délivrance des harts pour le flottage, dans les départements de la Haute-Marne, de la Meurthe et des Vosges, a été abrogée par l'ordonnance du 4 décembre 1844.

HERBAGES. HERBES.

1. *Coupe. Délit.* — La coupe de l'herbe constitue le délit prévu et puni par l'article 144 du code forestier (extraction et enlèvement). (Cass. 19 novembre 1832.)

2. *Terrain essarté.* — La coupe et l'enlèvement d'herbes ne peuvent pas être justifiés par cela même qu'ils ont eu lieu sur un terrain essarté. (Metz, 9 décembre 1835.)

3. *Autorisation.* — Le conseil de préfecture est incompétent pour autoriser les habitants à prendre de l'herbe dans une forêt communale. (Cons. d'Etat, 15 juillet 1835.)

4. *Herbes. Plants. Coupe.* — Il y a délit, si, en coupant de l'herbe, on coupe des jeunes plants. (Cass. 7 juillet 1836.)

5. *Droit. Usager.* — Le droit de pâturage dans une forêt n'emporte pas le droit, pour

l'usager, de couper et d'enlever les herbes. (Trib. d'Etampes, 10 février 1857.)

6. *Préposés. Bois domaniaux. Récolte. Conditions.* — Les brigadiers et gardes domaniaux ont la faculté de ramasser de l'herbe pour nourrir leurs vaches, pendant l'hiver. Cette faculté ne doit porter aucun préjudice au bois; le chef de cantonnement désigne les endroits où peut se ramasser l'herbe et si elle doit être fauchée, faucillée ou arrachée à la main. Il est défendu de vendre, d'échanger ou d'employer cette herbe à une autre destination et de la faire récolter moyennant abandon d'une partie du produit. (Décis. Min. 18 juillet 1851. Circ. A 669.)

7. *Délivrance.* — La délivrance des herbes à charge de journées de travail est autorisée, dans les bois domaniaux, par le conservateur et, dans les bois communaux, par le maire. Les conditions sont fixées par le conservateur.

8. *Pénalités.* — L'extraction, la coupe et l'enlèvement non autorisés d'herbes, dans toutes les forêts en général, sont punis, savoir :

Amende.	Le jour.		Le jour avec récidive, la nuit, ou la nuit avec récidive.	
Par bête attelée à une charrette.. . .	10 à 30 fr.	Cod. For. 144.	20 à 60 fr.	C.F. 144, 201.
Par charge de bête de somme.	5 à 15 fr.		10 à 30 fr.	
Par charge d'homme.	2 à 6 fr.		4 à 12 fr.	

Emprisonnement facultatif de 3 jours au plus. (Loi du 18 juin 1859. Cod. For. 144.)

Restitution des objets enlevés ou de leur valeur. (Cod. For. 198.)

Dommages-intérêts facultatifs ; minimum : amende simple. (Cod. For. 198, 202.)

Confiscation des instruments du délit. (Cod. For. 198.)

L'amende doit être doublée, si le délit a été commis par les adjudicataires de panage ou les usagers. (Cod. For. 57, 85.)

HÉRITIER.

Travaux. — En cas de décès de l'entrepreneur, les héritiers peuvent être admis à continuer les travaux. (Cah. des ch. 42.)

HÊTRE.

1. *Définition.* — Arbre de 1re classe. (Cod. For. 192.)

2. *Classification.* — Les hêtres doivent être rangés dans la catégorie des bois de haute futaie. (Besançon, 12 août 1852.)

HEURE.

Légale. — Dans tous les actes où il est fait mention de l'heure, il convient d'ajouter qu'il s'agit de l'heure du temps moyen de Paris, reconnue comme l'heure légale en France et en Algérie par la loi du 14 mars 1891.

HIÉRARCHIE.

1. *Agents. Principes. Correspondances.* — Les agents correspondront avec le chef de service sous les ordres duquel ils seront placés immédiatement et lui rendront compte de leurs opérations. (Ord. 15.) V. Administration.

2. *Chef de service. Instructions.* — Les inspecteurs et les chefs de service doivent se conformer à toutes les instructions qu'ils reçoivent du conservateur. (Instr. du 23 mars 1821.) V. Ordre. Service.

3. *Agents. Ordres. Principes.* — Les agents forestiers du service ordinaire et du service spécial ne recevront d'ordre que de leurs chefs respectifs. (Instr. 15 mars 1845. Circ. A 575 ter.)

4. *Agents. Parents.* — Les agents forestiers ne pourront avoir sous leurs ordres leurs parents ou alliés en ligne directe, ni leurs frères ou beaux-frères, oncles ou neveux. (Ord. 33.)

5. *Préposés.* — Les gardes ont pour chefs immédiats les brigadiers et, à défaut, les chefs de cantonnement. Ils leur doivent obéissance et soumission, pour tous les objets du service. (Livret des préposés, art. 10.) V. Garde. Subordination.

HOMICIDE.

1. *État.* — L'état des homicides et tentatives d'homicide est supprimé ; il suffit de donner avis de l'événement par lettre spéciale. (Circ. A 621.)

2. *Pénalités.* — Quiconque, par maladresse, imprudence, inattention, négligence ou inobservation des réglements, aura commis involontairement un homicide ou en aura été involontairement la cause, sera puni, savoir :

Prison : 3 mois à 2 ans.
Amende : 50 à 600 fr. (Cod. Pén. 319.)

HOMOLOGATION.

1. *Définition.* — Approbation d'un acte par l'autorité supérieure.

2. *Délimitation générale.* — La sanction du chef de l'Etat donne, seule, toute valeur aux procès-verbaux de délimitation générale ou spéciale des bois domaniaux et communaux.

3. *Délimitation partielle.* — La sanction du chef de l'Etat est nécessaire pour toutes les délimitations partielles des bois communaux ; il n'y a pas de délai pour l'exécution de cette formalité. Elle n'est pas ordonnée pour les délimitations partielles des bois domaniaux, qui sont approuvées par le ministre. (Décis. Min. 14 octobre 1840. Circ. N 64, art. 96.)

4. *Délimitation générale. Délai.* — Dans le délai d'un an, à partir du dépôt du procès-verbal à la préfecture, le gouvernement est tenu de faire connaître sa décision relative à l'homologation du procès-verbal (Cod. For. 11); à défaut de quoi et passé ce délai, l'opération est comme non avenue et tous les frais restent à la charge de l'Etat.

5. *Refus. Délimitation.* — Le refus de l'homologation du gouvernement annule toutes les opérations de délimitation générale ou spéciale.

6. *Acte. Qualité.* — Le décret qui homologue le procès-verbal de délimitation d'un bois communal est un acte de simple administration (tutelle administrative), qui ne peut faire obstacle aux droits des tiers et n'est pas susceptible de recours, par voie contentieuse, devant le conseil d'Etat. (Cons. d'Etat, 26 août 1865.)

HONORAIRE.

SECT. I. — DIVERS, 1 — 3.

SECT. II. — TRAVAUX, 4 — 20.

§ 1. *Travaux en général*, 4 — 5.

§ 2. *Aménagement*, 6 — 11.

§ 3. *Délimitation, Bornage*, 12 — 18.

§ 4. *Aménagement et délimitation*, 19 — 20.

Acompte, 19.
Aménagement, 6.
Architecte, 4.
Arpentage, 7.
Avocat, 1.
Avoué, 1.
Bois communaux, 20.
Bornage, 10, 14.
Compétence, 20.
Coupe, 10.
Délimitation, 12.
Devis, 4, 5.
Expédition, 11, 17.
Filet, 8.
Fossés, 10, 15.
Géomètre, 6, 12.
Interprète, 2.
Ligne, 8, 9, 16.
Limites, 13.
Médecin, 3.
Murs, 10, 15.
Ouvrier, 18.
Papier, 18.
Piquet, 14.
Plan, 17.
Projets, 4.
Réclamation, 20.
Soumission, 6, 12.
Surveillance, 5.
Tarif, 4.
Travaux, 4.

SECT. I. — DIVERS.

1. *Avocat.* — Les suppléments d'honoraire d'avocat ou d'avoué, non susceptibles d'entrer en taxe, sont réglés par le préfet, en conseil de préfecture ; si la somme excède 2000 francs, ils sont réglés par le ministre. (Règl. Min. 26 décembre 1866. Circ. N 298.)

2. *Interprète.* — Les honoraires des interprètes sont liquidés par le conservateur. (Circ. A 514.)

3. *Médecins.* — Les honoraires du médecin sont payés par l'administration, lorsqu'elle a autorisé la constatation des infirmités d'un agent ou d'un préposé dont l'admission à la retraite doit être prononcée d'office, en dehors des conditions d'âge et de durée de service voulues par les règlements. Ces honoraires sont payés par l'agent ou le préposé, lorsqu'il demande lui-même à être admis exceptionnellement à faire valoir ses droits à pension. (Circ. N 81, art. 107.) V. Expert.

SECT. II. — TRAVAUX.

§ 1. *Travaux en général.*

4. *Architecte. Travaux. Tarif.* — Les honoraires à allouer aux hommes spéciaux, étrangers à l'administration, pour la rédaction des devis et la surveillance des travaux, sont réglés d'avance, de gré à gré et généralement à raison de 2.50 pour cent du prix d'adjudication, pour la rédaction du devis, et 2.50 pour cent du montant des travaux exécutés, pour la surveillance.

Il doit être, en outre, stipulé qu'en ce qui concerne la rédaction du projet, un acompte sera payé aussitôt après la vérification du travail par l'administration centrale ; que cet acompte n'excédera pas les 7/10 du montant des honoraires, basés provisoirement sur le prix du devis, et que le solde en sera acquitté dans le délai de deux ans, à dater de la remise du projet à l'administration, à moins que l'adjudication ne permette à l'Etat de se libérer plus tôt. (Circ. N 22, art. 8.)

5. *Plans. Surveillance.* — Les honoraires, pour rédaction de plans et devis et surveillance des travaux, font partie de leur dépense et doivent être compris dans leur évaluation. (Circ. A 510.)

§ 2. *Aménagement.*

6. *Géomètre. Soumission.* — Les prix de soumission seront établis par *hectare* pour les travaux d'aménagement. (Circ. A 798.)

7. *Arpentage.* — Prix fixé pour arpentage, division et calcul des contenances, minute du plan et cahier d'aménagement :

De 1	à 50	hect.	7 fr.	»	par hect.
51	à 100	—	5 fr.	»	—
101	à 200	—	4 fr.	»	—
201	à 300	—	3 fr.	50	—
301	à 400	—	2 fr.	75	—
401	à 500	—	2 fr.	50	—
501	à 600	—	2 fr.	25	—
601	à 700	—	2 fr.	»	—
701	à 800	—	1 fr.	75	—

(Circ. A 798.)

8. *Filets.* — Prix pour tracé, par des filets parallèles, des routes et laies sommières : 0 fr. 04 par mètre courant de ces routes. (Circ. A 798.)

9. *Lignes.* — Prix pour ouverture des lignes séparatives des coupes : 0 fr. 03 par mètre courant. (Circ. A 798.)

10. *Coupes. Bornage.* — Prix pour direction du bornage des coupes : 0 fr. 40 par borne, fossé ou mur. (Circ. A 798.)

11. *Expéditions.* — Prix pour écritures : 0 fr. 75 par rôle de 30 lignes et 20 syllabes à la ligne ; pour les plans, les prix dépendront du travail à faire. (Circ. A 798.)

§ 3. *Délimitation. Bornage.*

12. *Géomètre. Soumission.* — Les prix des soumissions pour les délimitations seront établis par *mètre courant* du périmètre développé. (Circ. A 798.)

13. *Limites. Reconnaissance. Fixation.* — Les honoraires à allouer aux géomètres, pour tous les travaux d'art, relatifs à la reconnaissance, à la fixation des limites, à l'arpentage, y compris la triangulation (quand cette opération est nécessaire), et à la rédaction des actes minutes constatant ces opérations, sont réglés ainsi qu'il suit :

Pour les bois de 100 hect. et au-dessous . .	0 fr. 06	Par mètre courant de périmètre développé.
Pour les bois de 101 à 300 hectares.	0 fr. 05	
Pour les bois de 301 hectares et au-dessus.	0 fr. 04	

A moins de circonstances exceptionnelles, dont il doit être justifié, ces prix ne peuvent pas être dépassés. (Circ. N 64, art. 176.)

14. *Bornage. Piquet.* — Prix pour rétablissement des piquets disparus et direction du bornage : 0 fr. 70 par borne, fossé ou mur d'angle. (Circ. N 64, art. 176.)

15. *Fossés. Murs.* — Prix pour direction de l'établissement de fossés ou de murs continus :

0 fr. 06 par mètre courant, pour les 500 premiers mètres ;

0 fr. 03 par mètre courant au delà de 500 mètres et jusqu'à 2000 mètres ;

0 fr. 02 par mètre courant, au delà de 2,000 mètres et au-dessus. (Circ. N 64, art. 176.)

16. *Lignes.* — Prix pour l'ouverture de lignes périmétrales boisées, lorsque le propriétaire de la forêt et les riverains sont d'accord pour exécuter cette opération : 0 fr. 03 par mètre courant. (Circ. N 64, art. 176.)

17. *Expéditions. Tracé géométrique.* — Prix pour les écritures ou expéditions : 0 fr. 75 par rôle, dont chaque page contient 30 lignes de 20 syllabes, et 3 francs par chaque tracé géométrique, quelle que soit l'échelle employée à sa construction. (Ord. 63. Circ. N 64, art. 176.)

18. *Ouvriers. Papier. Frais divers.* — Moyennant les prix fixés, les soumissionnaires sont chargés des frais de voyage, d'ouvriers, de fourniture de papiers (pour la minute seulement) et de travaux divers. (Circ. N 64, art. 176.)

§ 4. *Aménagement et délimitation.*

19. *Paiement. Acompte.* — Dans les entreprises concernant des travaux d'aménagement et de délimitation, aucun paiement ne sera stipulé avant acceptation sans réserve des plans par l'administration. Toutefois, quand il s'agira d'un travail considérable, les géomètres seront admis à présenter séparément à la vérification la triangulation d'abord, et successivement chacune des feuilles de détail. Dans ce cas seulement, des paiements pourront être effectués au cours de l'exécution ; mais ils ne devront jamais dépasser les deux tiers de la valeur du travail vérifié et accepté. Le dernier tiers ne sera soldé qu'après livraison et acceptation de l'ensemble de l'entreprise. (Circ. N 426.)

20. *Bois communaux. Réclamation. Compétence.* — L'autorité judiciaire est compétente pour statuer sur une demande formée par un géomètre contre une commune, en paiement d'honoraires, à raison de travaux exécutés pour la délimitation et l'aménagement des bois de la commune. (Trib. des conflits, 23 avril 1887.)

HONNEURS MILITAIRES.

1. *Officiers de chasseurs forestiers. Agents en uniforme.* — En cas de convocation, les agents du service forestier pourvus de grades dans le corps des chasseurs forestiers ont droit aux honneurs militaires attribués aux grades militaires correspondants, en vertu de l'assimilation déterminée par le décret du 20 mars 1876. Les agents forestiers revêtus de leur uniforme ont droit aux marques de respect indiquées à l'article 198 de l'ordonnance du 2 novembre 1833, savoir : la régularisation de la position pour la sentinelle et le salut militaire pour les autres militaires (soldats, brigadiers, caporaux et sous-officiers). (Lettre du Min. de la guerre du 5 mai 1876. Lettre de l'Admin. du 30 juin 1876.)

2. *Sentinelles. Port-d'arme.* — Les sentinelles de l'armée porteront et présenteront les armes, suivant le cas, aux officiers des compagnies de chasseurs forestiers, ainsi qu'aux agents forestiers assimilés aux officiers revêtus de leur uniforme. Il y aura réciprocité absolue de la part des sentinelles des chasseurs forestiers, à l'égard des officiers de l'armée. (Lettre du Min. de la guerre, 3 janvier 1878. Circ. N 222.)

3. *Officiers assimilés. Salut.* — Tout inférieur en grade devra le salut à son supérieur du grade d'officier, soit dans l'armée, soit dans les services des forêts.

A grade égal, le fonctionnaire ou employé assimilé au grade d'officier du service des forêts devra, le premier, le salut. (Lettre du Min. de la guerre, 3 janvier 1878. Circ. N 222.)

4. *Infraction. Plainte.* — Tout officier, soit de l'armée, soit du service des forêts,

qui aurait à se plaindre d'une infraction à ces obligations, devra en informer immédiatement le bureau de la place, qui préviendra le corps auquel appartiendra l'homme en faute et fera, en outre, connaître à l'officier intéressé la suite donnée à sa plainte. (Lettre du Min. de la guerre du 3 janvier 1878. Circ. N 222.)

5. *Intérim. Absence du titulaire.* — En cas d'intérim ou d'absence du titulaire, on n'a jamais droit qu'aux honneurs de son grade ou de son emploi. (Décr. du 24 messidor an XII.)

Les honneurs ne se délèguent pas.

6. *Appel à l'activité.* — A dater du jour de l'appel à l'activité, les compagnies, sections ou détachements de chasseurs forestiers font partie intégrante de l'armée et jouissent des mêmes droits, honneurs et récompenses que les corps de troupe qui la composent. (Décr. du 18 novembre 1890. Circ. N 424.)

HOPITAL.

1. *Admission. Agents.* — Tous les agents de l'administration des forêts sont admis, à charge de remboursement des frais, dans les hôpitaux militaires. (Décis. du Min. de la guerre, 22 mai 1888. Circ. N 399.)

2. *Admission. Préposés.* — En cas de blessure ou de maladie, les gardes et brigadiers domaniaux et mixtes du service actif ou sédentaire, ainsi que les préposés communaux, peuvent être admis, aux frais de l'administration, dans les hôpitaux militaires et dans les hospices civils. (Circ. N 13. Circ. N 144. Circ. N 266.)

3. *Préposés. Situation. Tarif.* — Les préposés forestiers, admis dans les hôpitaux militaires ou thermaux et dans les salles militaires des hospices civils, sont traités comme les sous-officiers de l'armée.

En conséquence, les journées de traitement sont décomptées d'après les tarifs applicables aux sous-officiers. (Circ. N 323.)

4. *Paiement. Hospice civil. Hôpital militaire.* — L'administration devant payer, à l'avenir, les frais de traitement des préposés forestiers (domaniaux et communaux), admis dans les hôpitaux militaires et hospices civils, les conservateurs ne devront plus, dans leur état trimestriel, faire connaître que le nombre de jours passés à l'hôpital. (Circ. N 144. Circ. N 266.)

5. *Hôpitaux militaires. Admission.* — Le sous-intendant militaire sera chargé de faire admettre dans les hôpitaux dépendant de leurs attributions, sur la demande du conservateur des forêts, les gardes et brigadiers forestiers dont l'état de maladie aura été dûment constaté. (Décis. du Min. de la guerre du 15 avril 1878. Circ. N 225.)

6. *Agents. Remboursement des frais. Récépissé.* — Les mandats individuels sont délivrés, sans tenir compte des frais d'hospitalisation ; mais ils sont accompagnés d'un ordre de versement du montant de ces frais, établi dans la forme indiquée sur l'imprimé série 11, n° 7.

L'agent intéressé doit, en touchant son traitement, effectuer ce versement et en réclamer un récépissé à adresser à la direction des forêts. (Circ. N 420.) V. Eaux thermales.

HORS ROUTE ET CHEMIN.

Adjudicataire, 3, 4, 5.
Animaux, 12.
Bestiaux, 12.
Bois particulier, 3, 11.
Circulation, 1.
Code pénal, 13.
Cognée, 9.
Compétence, 11.
Délit, 7, 10.
Dommage, 1, 6.
Hache, 9.
Instrument tranchant, 9.
Législation, 13.
Mutilation, 4.
Passage, 4, 5.
Pénalité, 5.
Présomption, 10.
Promenade, 1.
Responsabilité, 8.
Scie, 9.
Serpe, 9.
Troupeau, 2.
Voiture, 3, 12.

1. *Circulation. Promenade.* — La circulation à pied, sans circonstances aggravantes, dans une forêt, même hors des routes et chemins, n'est punie par aucune loi, sauf l'action civile en réparation du dommage qui aurait pu en résulter. (Rouen, 17 avril 1859.)

2. *Troupeau. Introduction.* — Le fait de l'introduction d'un troupeau dans une forêt soumise au régime forestier, hors des chemins ordinaires, est un délit, encore bien que cette introduction n'ait causé aucun préjudice. (Cass. 12 février 1847.)

3. *Bois particuliers. Adjudicataire. Voiture.* — Les articles 39 et 40 du code forestier étant spécialement réservés pour les bois soumis au régime forestier, l'article 147 de ce code est seul applicable aux adjudicataires de coupes dans les bois particuliers. (Cass. 5 juin 1841.)

4. *Adjudicataire. Passage. Mutilation.* — Si, en passant hors des routes et chemins, un adjudicataire écrase, casse, mutile ou écorce des arbres ou plantes, il se rend, en outre du délit de passage hors route, passible du délit prévu par l'article 196 du code forestier. (Cass. 5 juin 1841.) V. Mutilation.

5. *Passage. Pénalité. Adjudicataire.* — Lorsque le voiturier d'un adjudicataire est trouvé traversant la forêt, hors des routes et chemins, il y a lieu à l'application de la peine édictée par l'article 39 du code forestier (délit de vidange), et non pas celle édictée par l'article 147, qui ne concerne pas les adjudicataires. (Cass. 14 juin 1844.)

6. *Dommage.* — L'introduction d'une voiture hors des chemins ordinaires, c'est-à-dire dans les bois ou sur un chemin entretenu par

l'administration, ne peut pas s'effectuer sans un dommage quelconque; dès lors, le dommage existant nécessairement, la loi n'a pas voulu en laisser l'appréciation au tribunal. Si un procès-verbal constatait la présence d'animaux dételés et d'une voiture hors des chemins, la question des dommages-intérêts pourrait se discuter pour le délit de pâturage, mais non pas pour le délit d'introduction de voiture. V. Impraticabilité.

7. *Délit distinct.* — Si on trouve un véhicule dételé, avec les animaux broutant et des individus préparant la coupe ou l'enlèvement d'un produit quelconque, il y a là trois délits distincts et successifs, qui, suivant les circonstances, peuvent donner lieu à trois condamnations différentes.

Il n'y aurait qu'un seul délit, si tout était fait en même temps et dans un même but. V. Cumul de peine. Enlèvement.

8. *Responsabilité.* — Les propriétaires et les conducteurs des voitures et bestiaux trouvés hors chemins sont également et indistinctement passibles des poursuites, en vertu de l'article 147 du code forestier.

9. *Instrument tranchant. Port.* — Le port de serpes, cognées, haches, scies et autres instruments de même nature, dans les bois et forêts et hors des routes et chemins ordinaires, est puni, savoir :

Amende : Le jour, 10 francs. (Cod. For. 146.)
La nuit ou avec récidive, ou la nuit et avec récidive, 20 francs. (Cod. For. 146, 201.)
Confiscation des instruments. (Cod. For. 146.)

10. *Délit. Présomption.* — La présomption de délit établie par l'article 146 du code forestier disparaît dès qu'un délit est commis. (Cass. 21 novembre 1828.)

11. *Compétence. Bois particuliers.* — Pour les bois particuliers, la poursuite du délit prévu et puni par l'article 146 du code forestier doit avoir lieu devant le juge de paix, seul compétent, attendu que l'amende est inférieure à 15 francs. (Instr. Crim. 137 et 138.)

12. *Voitures. Bestiaux.* — Ceux dont les voitures, bestiaux, animaux de charge ou de monture seront trouvés dans les forêts, hors des routes et chemins ordinaires, seront condamnés, savoir :

BOIS DE DIX ANS ET AU-DESSUS.

Amende pour	Le jour.		Le jour avec récidive, la nuit, ou la nuit avec récidive.
Chaque voiture. . . .	10 fr.	C. F. 147, 199.	20 fr. (C. F. 147, 201.)
Chaque cheval ou autre bête de somme non attelé. . .	3 »		6 » (C.F.147,199,201.)
Chaque bœuf ou vache non attelé. . .	5 »		10 » (C.F.147,199,201.)

BOIS AU-DESSOUS DE DIX ANS.

Amende pour	Le jour.		Le jour avec récidive, la nuit, ou la nuit avec récidive.
Chaque voiture. . . .	20 fr.	C.F. 147,199,201.	40 fr. (C. F. 147, 201.)
Chaque cheval ou autre bête de somme non attelé. . .	6 »		12 » (C.F.147,199,201.)
Chaque bœuf ou vache non attelé. . .	10 »		20 » (C.F.147,199,201.)

Dommages-intérêts obligatoires : minimum : amende simple. (Cod. For. 147, 202.)
Saisie et séquestre, s'il y a lieu. (Cod. For. 161.)

NOTA. Le délit subsiste encore bien que l'introduction des animaux n'ait causé aucun préjudice à la forêt. (Cass. 12 février 1847.)

13. *Législation. Code pénal.* — L'article 147 du code forestier abroge l'article 475, nº 10, du code pénal, attendu que la loi générale s'efface devant la loi spéciale. (Cass. 13 mars 1834.)

HOSPICE CIVIL.

Forêt. — Les bois des hospices sont soumis au régime forestier comme bois d'établissement public. (Cod. For. 1.) V. Hôpital.

HOTTE. V. Charge d'homme.

HOUILLE. V. Minerai.

HOUPPIER.

Définition. — Ensemble des branches qui forment la tête ou le sommet de la tige d'un arbre. V. Arbre. Branche. Ecimer.

HOUX. Arbuste. V. Fagot.

HUISSIER.

1. *Définition.* — Officier ministériel chargé de signifier les exploits et actes de procédure, de faire les notifications extrajudiciaires et de mettre à exécution les ordonnances et jugements et autres actes authentiques et exécutoires.

2. *Action.* — L'action des huissiers pour leurs exploits se prescrit par un an. (Cod. Civ. 2272.)

3. *Droits.* — Les huissiers, pour exiger d'autres ou plus forts droits que ceux qui leur sont attribués, encourent :

Amende : 500 à 6000 francs. (Décr. du 18 juin 1811, art. 64 et 86.)

HYPOTHÈQUE.

Acquisition, 9, 10, 11, 21.
Adjudicataire, 16.
Bail, 14.
Bois, 2.
Cession, 12, 15.
Condamnation, 18, 20.
Conditions, 3.
Consignation, 2.
Conventionnelle, 8.
Date, 5.
Définition, 1.
Droit, 24.
Durée, 4.
Expropriation, 13, 22.
Fixation des émoluments des avoués, 26.
Formalités, 22, 28.
Frais, 19, 21, 22, 23, 25, 27, 28.
Paiement, 23.
Inscription, 5, 19.
Judiciaire, 7.
Jugement, 13.
Privilège, 6.
Prix, 2.
Procès-verbal d'adjudication, 7.
Purge, 9, 11, 25, 26, 27, 29.
Restauration des montagnes, 12, 13, 22.
Salaire, 22, 24.
Tarif, 24.
Transcription, 12, 13.
Travaux, 16.
Vente, 2.

1. *Définition.* — Droit réel sur les immeubles affectés à l'acquittement d'une obligation contractuelle ou d'une condamnation, et dont l'effet est surtout de conférer au créancier qui en est investi la préférence sur d'autres créanciers, dans la distribution des prix de ces immeubles, et aussi de suivre ces immeubles dans quelques mains qu'ils passent. (Cod. Civ. 2114.)

2. *Bois. Vente. Prix. Consignation.* — Le propriétaire dont l'immeuble est grevé d'hypothèques n'en conserve pas moins la faculté de disposer, même par anticipation, des bois de toute sorte qui croissent sur sa propriété.

Par suite, le créancier hypothécaire ne peut, en vertu de sa seule qualité, exiger la consignation du prix de vente des bois pour s'en faire attribuer le profit. (Dijon, 6 juillet 1883.)

3. *Conditions.* — Sont seuls susceptibles d'hypothèques, les biens immobiliers qui sont dans le commerce, leurs accessoires réputés immeubles et l'usufruit de ces biens et accessoires. (Cod. Civ. 2118.)

4. *Durée.* — Les inscriptions hypothécaires conservent le privilège pendant dix années, à compter du jour de leur date ou de leur renouvellement, avant l'expiration de ce délai. Les frais d'inscription sont à la charge du débiteur. (Cod. Civ. 2154, 2155.)

5. *Inscription. Date.* — L'hypothèque n'a de rang que du jour de l'inscription prise par le créancier sur les registres des conservateurs, dans la forme et de la manière prescrites par la loi, au bureau dans l'arrondissement duquel sont situés les biens. (Cod. Civ. 2134, 2146.) V. les articles 2148, 2153 du code civil pour les conditions d'inscriptions.

6. *Privilège.* — Les droits et créances auxquels l'hypothèque légale est attribuée sont ceux de l'Etat, des communes et établissements publics, sur les biens des receveurs et administrateurs comptables. (Cod. Civ. 2121.)

7. *Judiciaire.* — L'hypothèque judiciaire résulte des jugements en faveur de celui qui les a obtenus. (Cod. Civ. 2123.)

8. *Conventionnelle.* — L'hypothèque conventionnelle ne peut être consentie que par un acte passé en forme authentique. (Cod. Civ. 2127.)

9. *Purge. Acquisition.* — S'il s'agit d'une acquisition dont le prix est inférieur à 500 francs, la décision du ministre qui l'autorise peut dispenser définitivement de la purge des hypothèques légales. (Règl. de la comptabilité du 26 janvier 1846, § 531. Circ. N 6, art. 12.)

10. *Acquisition.* — La dispense de la purge des hypothèques légales des acquisitions peut être accordée conditionnellement, c'est-à-dire pour le cas où il résulterait de la vérification ultérieure des titres de propriété, de la position du vendeur comme mari ou tuteur, d'une renonciation formelle de sa femme à son hypothèque légale, etc., que la purge dont il s'agit n'est pas nécessaire. (Circ. N 6, art. 13.)

11. *Purge. Acquisition.* — La purge des hypothèques légales n'est pas nécessaire pour les acquisitions dont le prix ne s'élève pas à 100 francs. (Circ. N 6, note.)

12. *Restauration des montagnes. Cessions amiables. Transcription.* — Les contrats de cession amiable de terrains sont transcrits au bureau des hypothèques. (Instr. Gén. du 2 février 1885, art. 39. Circ. N 345.)

13. *Restauration des montagnes. Expropriation. Jugement. Transcription.* — La grosse exécutoire du jugement d'expropriation doit être déposée au bureau des hypothèques de l'arrondissement, pour y être transcrite conformément aux prescriptions de l'article 16 de la loi du 3 mai 1841. Les agents veillent à ce que ce dépôt, à effectuer par les soins de la préfecture, n'éprouve aucun retard. (Instr. Gén. du 2 février 1885, art. 58. Circ. N 345.)

14. *Bail.* — Les baux d'une durée de plus de dix-huit ans sont transcrits au bureau des hypothèques, conformément à l'article 2 de la loi du 23 mars 1855; la transcription est opérée gratuitement pour les baux souscrits par l'administration. (Circ. N 6, art. 44.)

15. *Cession gratuite.* — Le contrat de cession gratuite à l'Etat est enregistré et transcrit gratuitement au bureau des hypothèques. (Circ. N 6, art. 40.)

16. *Travaux. Adjudicataire.* — L'hypothèque ne doit être prise qu'après l'approbation de la soumission ou du marché, et les frais

sont à la charge de l'entrepreneur. L'hypothèque est prise sur la demande du conservateur, transmise au directeur des domaines, appuyée des pièces nécessaires. (Lettre de l'Admin. du 16 janv. 1851, n° 3122.)

17. *Procès-verbal d'adjudication.* — Les procès-verbaux d'adjudication, ni les traites, ne confèrent pas droit d'hypothèque. (Circ. du Min. des Fin. 30 novembre 1833.)

18. *Condamnations.* — Les receveurs doivent requérir des inscriptions hypothécaires pour les frais ou les amendes dus au Trésor, contre les condamnés qui ne se sont pas libérés après un premier avertissement, soit lorsqu'ils sont propriétaires d'immeubles, quelque faible qu'en soit la valeur, soit lorsque les parents auxquels ils peuvent être appelés à succéder possèdent des immeubles.

Toutefois, il faut que le montant des amendes, décimes et frais de justice s'élève à plus de 30 francs pour le même condamné.

L'inscription pour frais de justice doit être prise dans les deux mois du jugement. (Instr. de l'Enregistr. 16 janvier 1836.)

19. *Frais. Inscriptions.* — Les frais des inscriptions hypothécaires prises pour le recouvrement des amendes et frais, pour délits forestiers, ne sont pas à la charge de l'administration forestière. (Décis. Min. 26 mars 1828.)

20. *Condamnation.* — Les condamnations administratives emportent hypothèque sur les biens du condamné. (Cons. d'Etat, 16 thermidor an XII, 4 août 1804.)

21. *Acquisition pour l'Etat. Frais.* — Les conservateurs des hypothèques sont autorisés à percevoir, au taux déterminé par les tarifs en vigueur, le salaire des formalités concernant les acquisitions faites pour le compte de l'Etat, soit par voie d'expropriation, soit à tout autre titre. (Décis. Min. 14 mars 1879. Circ. N 248.)

22. *Expropriation. Formalités. Salaire.* — Les formalités hypothécaires accomplies pour le compte de l'État en matière d'expropriation sont exemptes de tout droit perçu au profit du Trésor ; mais les salaires qu'elles comportent doivent être payés au conservateur des hypothèques, d'après les tarifs en vigueur.

La formule de réquisition adressée au conservateur des hypothèques, après jugement d'expropriation, n'a besoin de comprendre que l'état des inscriptions ou un certificat de non-inscription. La réquisition ne doit pas demander les transcriptions sur saisies immobilières. (Instr. Gén. du 2 février 1885, art. 86. Circ. N 345.)

23. *Frais. Paiement.* — Les agents n'auront pas à payer directement aux conservateurs des hypothèques les salaires qui leur sont dus, pour l'accomplissement des formalités requises. Le règlement s'en fera tous les trimestres, par les soins des conservateurs, sur la production d'un mémoire ou d'un état visé par le directeur des domaines. (Circ. N 248. Circ. N 402.)

24. *Droit. Tarif.* — Droit : 1 pour mille, plus les décimes, soit pour 1000 francs....................... 1 25

Timbre du registre (0f,03 par ligne de 13 syllabes), soit pour 100 lignes. 3 »

Timbre du bulletin.............. 0 60

Timbre du dépôt............... 0 24

Salaire du conservateur......... 1 20

25. *Purge. Frais.* — Les frais qui résultent de la purge des hypothèques inscrites et qui sont colloqués sur le prix de vente, au profit de l'acquéreur, sont payés directement par l'administration, conformément à l'exécutoire des dépens. (Circ. N 6.) V. Frais.

26. *Purge. Fixation des émoluments des avoués.* — L'avoué qui procède, au nom du domaine, à la purge des hypothèques est considéré comme agissant à titre de mandataire de l'administration. Il n'y a pas lieu, par suite, de soumettre le règlement de la rémunération qui lui est due à la taxe du juge. C'est au préfet seul qu'il appartient, en conformité des arrêtés ministériels des 19 décembre 1833, 10 juin 1848 et du décret du 25 mars 1852 (art. 3, § 7 du tableau C), de liquider administrativement, en conseil de préfecture et sur les propositions conformes du directeur des domaines et du conservateur des forêts, le montant de ces émoluments, lorsque les sommes liquidées ne dépassent pas 2000 francs. (Circ. N 298. Circ. N 327.)

Les bases à adopter pour cette liquidation sont généralement déduites de celles fixées par le tarif du 16 février 1807, pour des actes analogues en matière civile. (Circ. N 298.)

27. *Frais. Purge.* — Les frais de purge des hypothèques légales, résultant de l'accomplissement des formalités prescrites par l'article 2194 du code civil, sont à la charge de l'Etat. (Circ. N 6, art. 26.)

28. *Frais. Formalités.* — Les frais des formalités hypothécaires étant payés par l'administration, au même titre que les particuliers, les agents doivent s'abstenir d'adresser des réquisitions au conservateur des hypothèques pour l'accomplissement de pareilles formalités. (Circ. N 248.)

29. *Purge.* — Pour la purge des hypothèques, voir code civil, articles 2181 et suivants.

I

IDENTITÉ.

1. *Délinquant.* — L'identité du délinquant constitue un fait matériel. (Douai, 2 avril 1840.) V. Faux-nom.

2. *Bois.* — L'identité des bois constitue un fait matériel. (Cass. 15 avril 1833.)

3. *Bois. Vérification.* — L'identité du bois constitue un fait matériel, faisant foi jusqu'à inscription de faux, si elle résulte des expériences et vérifications auxquelles les gardes se sont livrés. (Cass. 6 juin 1841.)

4. *Perquisition.* — Pour qu'un procès-verbal de perquisition fasse foi en justice, il ne suffit pas qu'il énonce que les bois de délit ont été trouvés dans la maison du prévenu ; il faut que le garde ait *constaté l'identité* entre ces bois et ceux pris en délit, c'est-à-dire que les bois pris en délit sont bien les *mêmes* que ceux trouvés chez le prévenu. (Livret des préposés, art. 23.)

5. *Bois. Souchetage. Signes.* — L'identité n'est admise, comme fait matériel, que lorsque le garde déclare l'avoir reconnue et vérifiée à l'aide des *faits matériels,* tels que souchetage ou rapatronage, marque de marteau, échantillons, veines du bois ou de l'écorce et signes particuliers, soit du bois, soit de la coupe.

Si, au contraire, le garde énonce l'identité des bois sans fournir la preuve qui a servi à déterminer sa conviction, il ne fait alors qu'indiquer un fait d'appréciation qui, n'étant plus un fait matériel, peut être combattu par la preuve testimoniale. (Meaume.)

6. *Bois équarris.* — L'identité des bois coupés, avec ceux déjà équarris et employés à une construction, peut être attaquée par la preuve testimoniale. (Metz, inédit, 11 mars 1840.)

7. *Bois. Vérification.* — Lorsque l'identité des bois est établie, si le procès-verbal ne constate pas la fraîcheur de la coupe, un tribunal ne peut pas, sous prétexte du silence du procès-verbal, ordonner une vérification pour constater ce fait. (Cass. 15 octobre 1824.)

IF.

Classification. — Arbre de 2me classe. (Cod. For. 192.)

IGNORANCE.

Principe. — L'ignorance ne peut jamais excuser un délit, parce que nul n'est censé ignorer la loi.

ILE.

1. *Propriété.* — Les îles qui se forment dans les rivières non navigables, ni flottables, appartiennent aux propriétaires riverains du côté où l'île s'est formée ; si l'île n'est pas formée d'un seul côté, elle appartient aux propriétaires riverains des deux côtés, à partir de la ligne qu'on suppose tracée au milieu du cours d'eau. (Cod. Civ. 561.)

2. *Submersion.* — L'île située dans une rivière navigable et appartenant à des particuliers ne cesse pas d'être une propriété privée, malgré la submersion dont elle a été l'objet, par suite d'une inondation. (Journal du ministère public, nº 1039. Cass. 1er février 1866.)

3. *Propriété.* — Si un cours d'eau, en se formant un bras nouveau, embrasse le champ d'un propriétaire riverain et en fait une île, le propriétaire en conserve la propriété. (Cod. Civ. 562.)

4. *Chasse. Clôture.* — Une île située dans une rivière navigable et sur laquelle il existe un chemin de halage n'est pas considérée comme un terrain clos. (Rennes, 17 août 1863.)

IMMATRICULATION.

Acquisitions. Immeubles. — Aucun payement pour acquisition d'immeuble par l'État ne peut avoir lieu, sans que le mandat fasse mention expresse du numéro sous lequel l'immeuble acquis a été immatriculé sur les sommiers du domaine. (Loi du 29 décembre 1873, art. 23.)

Les agents joignent, en conséquence, à tout envoi de pièces pour la liquidation, un certificat du directeur des domaines faisant connaître ce numéro. (Instr. Gén. du 2 février 1885, art. 83. Circ. N 345.)

IMMEUBLE.

1. *Propriété.* — Les fonds de terre et les bâtiments sont immeubles par leur nature. (Cod. Civ. 518.)

2. *Produits.* — Les récoltes pendantes par les racines et les fruits non recueillis sont immeubles. (Cod. Civ. 520.)

3. *Servitudes. Action.* — Sont immeubles par l'objet auquel ils s'appliquent : l'usufruit des choses immobilières, les servitudes ou services fonciers, les actions qui tendent à revendiquer un immeuble. (Cod. Civ. 526.)

4. *Taillis. Futaie. Coupe.* — Les coupes ordinaires des bois taillis ou des futaies mises en coupes réglées ne deviennent meubles qu'au fur et à mesure que les arbres sont abattus. (Cod. Civ. 521.)

5. *Entretien. Frais.* — Les frais d'entretien, d'amélioration ou de réparation des immeubles, ainsi que les contributions de toute nature, seront à la charge de l'administration qui en aura la jouissance. (Décis. Min. 11 octobre 1824.)

IMMIXTION. V. Empiétement.

IMPOT.

Bois domaniaux, 5, 6, 7.
Cadastre, 12.
Centimes communaux, 7.
Centimes départementaux, 7.
Charges, 9.
Chemins vicinaux, 6.
Chemins de fer, 6.
Dégrèvement, 14.
Dépense, 6, 7.
Diminution, 13.
Disparition, 12.
Établissement, 1, 2.
Etat, 11.
Loi, 2.
Principe, 5, 9.
Proportion, 4.
Propriété, 12.
Répartition, 3, 4.
Revenu, 13.
Surtaxe, 12.
Usager, 8.
Vérification, 10.

V. Contribution. Exemption d'impôt.

1. *Etablissement.* — Aucun impôt ne peut être établi, ni perçu, qu'en vertu d'une loi. L'impôt direct n'est consenti que pour un an. (Constitution, 4 novembre 1848.)

2. *Loi.* — Le corps législatif établit chaque année une imposition foncière; il en détermine annuellement le montant, en principal et en centimes. Elle est perçue en argent. (Loi du 3 frimaire an VII, art. 1.)

3. *Répartition.* — La répartition de l'impôt foncier est faite, par égalité proportionnelle sur toutes les propriétés foncières, à raison de leur revenu net imposable. (Loi du 3 frimaire an VII.)

4. *Répartition. Proportion.* — Il sera déterminé, chaque année, par le Corps législatif, une proportion générale de la contribution foncière avec les revenus territoriaux, au delà de laquelle la cote de chaque individu ne pourra être élevée. (Loi du 3 frimaire an VII, art. 7.)

5. *Bois domaniaux. Principe.* — Les bois de l'Etat ne sont pas imposables à la contribution foncière.(Loi du 19 ventôse an IX, art. 1.) Principe modifié en partie.

6. *Bois domaniaux. Chemins vicinaux. Chemins de fer.* — Les bois domaniaux contribuent, dans la même proportion que les propriétés privées, aux dépenses des chemins vicinaux et aux centimes extraordinaires que les communes et les départements s'imposent, pour l'exécution des chemins de fer d'intérêt local. (Loi du 21 mai 1836. Loi du 12 juillet 1865. Circ. N 68.)

7. *Bois domaniaux. Centimes départementaux. Centimes communaux.* — Les bois de l'Etat acquittent les centimes ordinaires et extraordinaires affectés aux dépenses départementales et communales, dans la même proportion que les propriétés privées. (Lois des 8 mai 1869, art. 7, et 5 avril 1884, art. 144.)

Ils supportent donc, aujourd'hui, l'intégralité des centimes départementaux et communaux.

8. *Usagers.* — Les bois domaniaux sont imposés sans acception des servitudes qui les grèvent; mais, lorsque les affectataires ou usagers ne sont pas, d'après leurs titres, exempts de tout impôt, les cotisations sont divisibles entre eux et l'Etat, en raison des produits leur revenant. (Décis. Min. 17 janvier 1838. Circ. A 415.)

9. *Charge. Principe.* — Les impôts assis sur une forêt sont une charge des produits et non du fonds; en conséquence, ils doivent être supportés proportionnellement par le propriétaire et par l'usager. (Cass. 25 février 1845.)

10. *Vérification.* — On doit s'assurer que le revenu imposable des forêts de l'Etat est en parfaite harmonie avec celui des bois et autres propriétés de la commune où ces forêts sont situées. (Circ. A 415.)

11. *Etat.* — L'état du montant des centimes départementaux et communaux imposés sur les forêts domaniales est établi sur la formule série 11, nº 26, par le directeur des contributions. V. Contribution foncière.

12. *Propriété. Cadastre. Surtaxe.* — Les propriétaires compris dans le rôle cadastral, pour les propriétés non bâties, ne seront plus dans le cas de se pourvoir en surtaxe, à moins que, par un événement extraordinaire, leur propriété ne vint à disparaître. (Loi du 15 septembre 1807, art. 37.)

13. *Revenu. Diminution.* — Les propriétaires ont la faculté de réclamer, à toute époque, lorsque la diminution dans leur revenu imposable provient de causes postérieures et étrangères au classement, telles que démolition, incendie, cession de terrain à la voie publique, disparition du fonds par l'effet de corrosion et d'envahissement par les eaux, enfin perte de revenu dans quelque propriété dont la valeur, justement évaluée dans le principe, aurait été détériorée par suite d'événements imprévus et indépendants de la volonté du propriétaire. (Ord. du 3 octobre 1821, art. 21.)

14. *Dégrèvement.* — C'est au préfet et non au conseil de préfecture qu'il appartient de statuer sur la demande de dégrèvement, remise ou modération d'impôt. (Cons. d'État, 6 janvier 1858.)

IMPRATICABILITÉ.

1. *Chemin. Principe.* — La disposition de l'article 41, titre II, de la loi des 28 septembre-6 octobre 1791, aux termes de laquelle, lorsqu'un chemin public (rural ou vicinal) est impraticable, tout voyageur est autorisé à se frayer, pour continuer sa route, un passage sur les fonds riverains, même en faisant une brèche dans leur clôture, est générale et ne comporte aucune distinction entre le cas où la voie publique, qui se trouve interceptée, est la seule qui puisse conduire le voyageur à sa destination et le cas où, pour s'y rendre, il peut prendre un autre chemin praticable dans tout son parcours. (Cass. 9 décembre 1885.)

2. *Chemin.* — Le cas d'impraticabilité ne s'applique qu'aux chemins communaux et nullement aux chemins spéciaux de la vidange des forêts, que les adjudicataires doivent entretenir, et, dès lors, ces derniers ne sont pas recevables à se prévaloir de la force majeure résultant de l'impraticabilité. (Cass. 5 décembre 1833 et 4 juillet 1839.) V. Chemin.

3. *Passage.* — Lorsqu'un chemin *public* est impraticable, le fait d'avoir pris passage sur les propriétés riveraines ne constitue aucune contravention (Cass. 27 juin 1845), même si la propriété est ensemencée (Cass. 21 juin 1844), ou si c'est une forêt; dans ce cas, si le chemin communal traverse la forêt, l'article 147 du code forestier est inapplicable. (Cass. chambres réunies, 21 novembre 1835.)

4. *Passage. Preuve.* — En cas de passage hors chemin, pour cause de l'impraticabilité d'un chemin communal existant, la preuve de ce dernier fait doit, en vertu de l'article 41, titre II, de la loi des 28 septembre-6 octobre 1791, résulter d'une décision rendue, après examen des lieux, par le juge de paix. (Cass. 16 août 1828.)

Mais la preuve testimoniale est aussi admissible pour ce fait. (Grenoble, 9 mai 1835.)

5. *Responsabilité.* — En cas d'impraticabilité des chemins communaux, la commune est responsable des dommages causés aux propriétés voisines sur lesquelles on passe, attendu que la commune doit entretenir ses chemins. (Loi des 28 septembre-6 octobre 1791, titre II, art. 41.) V. Clôture.

6. *Chemin rural. Responsabilité.* — Le recours en indemnité contre la commune, en vertu de l'article 41 de la loi de 1791, au profit du riverain dont la propriété est déclose et traversée, à cause de l'impraticabilité du passage sur un chemin public, n'est ouvert qu'autant qu'il s'agit d'un chemin vicinal. Il ne l'est point s'il s'agit d'un chemin *rural*, dont la loi ne met pas l'entretien à la charge des communes. (Montpellier, 26 novembre 1873. *Contra*, Cass. 9 décembre 1885.) V. Chemin rural.

7. *Commune. Responsabilité.* — Une commune ne peut être déclarée responsable de l'accident, dont a été victime un voyageur qui s'est imprudemment engagé, le soir, dans un chemin impraticable, au lieu de prendre la grande route. (Trib. de Sidi-bel-Abbès, 18 juillet 1892.)

IMPRESSION.

Affiches, 9, 10, 11.
Bois de délit, 11.
Bordereau, 2.
Chablis, 11.
Citation, 5.
Clauses spéciales, 8.
Contrôle, 1.
Coupe, 9, 10.
Délimitation, 5, 6.
Formules spéciales, 13.
Fourniture, 7.
Frais, 3, 15.
Imprimerie nationale, 1, 7.
Instance civile, 14.
Journaux, 3.
Liquidation, 15.
Mémoires, 1, 2, 3, 4, 6.
Modèle, 12.
Pièces, 15.
Règlement, 1, 14.
Taxe, 14.
Timbre, 4.
Vérification, 1.

1. *Mémoires. Vérification.* — Pour les impressions exécutées dans les départements par l'industrie privée, les mémoires doivent être soumis au règlement de l'imprimerie nationale, qui en fait la vérification. (Circ. A 514. Circ. N 52, art. 11. Règl. Min. 26 décembre 1866, § 305. Circ N 104.)

Cette vérification est opérée d'après les tarifs en vigueur *pour l'année en cours*. Il convient de rappeler ces dispositions au commerce, pour éviter des réclamations. (Note de la direction, 14 mai 1892.)

2. *Mémoire. Envoi.* — Les mémoires des imprimeurs, revêtus d'un certificat constatant la livraison des fournitures faites, sont adressés à l'administration en un seul envoi, par mois et par département, avec un exemplaire des imprimés fournis et un bordereau (form. série 11, nº 5) en simple expédition. (Circ. N 52, art. 12, 13, 14. Circ. N 372.)

3. *Frais. Journaux.* — Les mémoires de frais d'insertion dans les journaux doivent être établis sur les bordereaux fournis pour les frais d'impression. Ces mémoires sont fournis chaque mois et par département, en distinguant les frais d'insertion dans les journaux, qui sont conventionnels, des frais d'impression, qui sont susceptibles de réduction par suite du contrôle de l'imprimerie nationale. (Circ. N 98.)

4. *Mémoires. Timbre.* — Les mémoires des frais d'impression, dans les départements, sont toujours dressés sur papier timbré, quand bien même le montant est inférieur à 10 francs. Si le mémoire est quittancé, le mandat séparé, revêtu de l'acquit, n'est qu'une pièce d'ordre exempte de timbre.

5. *Délimitation. Citation.* — L'impression des formules de citation est à la charge des chefs de service, moyennant l'allocation de 20 centimes qui leur est faite, sur les frais de signification. (Décis. Min. 1er septembre et 2 décembre 1840.) Il n'en est pas de même pour l'impression des arrêtés des préfets annexés à ces formules. (Circ. N 64, art. 213.)

6. *Mémoires. Délimitation.* — Les imprimeurs doivent distinguer, sur leurs mémoires, la partie des frais de citations pour délimitation, qui est à la charge des chefs de service et qui, dès lors, ne doit pas être acquittée par le Trésor. (Circ. A 500. Circ. A 768.)

7. *Imprimerie nationale. Fournitures.* — Les fournitures de l'imprimerie nationale sont payées sur pièces non timbrées.

8. *Clauses spéciales.* — Les cahiers des clauses spéciales sont imprimés, dans les départements, à la diligence des conservateurs, sur l'autorisation de l'administration. (Règl. Min. 4 juillet 1836, art. 2. Circ. A 372. Circ. N 80, art. 32.)

9. *Affiches. Coupes.* — Les conservateurs font procéder, sans autorisation préalable, à l'impression des affiches en placard et en cahier pour la vente des coupes. (Instr. du 23 mars 1821, art. 94. Circ. N 514. Circ. N 52, art. 10.)

10. *Affiches. Coupes.* — Les affiches en placard et en cahier sont imprimées, dans les départements, à la diligence des inspecteurs, sur l'autorisation du conservateur.

Toutefois, quand, par application du décret du 29 juillet 1884, il n'est établi qu'une seule affiche en placard comprenant les coupes de toutes les inspections d'un département, l'impression a lieu à la diligence du conservateur. (Circ. N 337.)

11. *Affiches. Chablis. Bois de délit.* — Les conservateurs sont autorisés à faire procéder, sans autorisation préalable, à l'impression des affiches en placard et en cahier, lorsqu'il s'agit de ventes de chablis, de bois de délit, etc., assez importantes pour qu'il paraisse utile de leur donner une grande publicité. (Circ. N 252.)

12. *Affiches. Modèles.* — Lorsque les imprimés commandés par les agents ne seront pas conformes aux modèles de l'administration, les mémoires des imprimeurs seront laissés au compte des agents. (Circ. A 485.)

13. *Formules spéciales.* — Lorsque des formules spéciales leur paraissent utiles, les conservateurs en proposent l'adoption et demandent les crédits nécessaires pour les faire imprimer. (Circ. N 52, art. 9.)

14. *Instance civile. Taxe. Règlement.* — Les frais d'impression des mémoires non susceptibles d'entrer en taxe sont réglés par le préfet ; si la somme excède 2000 francs, ils sont réglés par le ministre. (Règl. Min. 26 décembre 1866, § 308. Circ. N 104. Circ. N 298.)

15. *Frais. Liquidation.* — Les frais d'impression sont liquidés par le conservateur, après règlement par l'imprimerie nationale, et sur la production des pièces suivantes : mémoire timbré de l'imprimeur suivi du certificat de réception de l'agent et exemplaire de chacun des imprimés fournis. Ces pièces sont accompagnées du bordereau série 11, n° 5. (Circ. A 514. Circ. N 22, art. 215. Circ. N 402.)

IMPRIMÉS.

Catalogue, 6.
Demande, 7, 8, 9.
Dépense, 15.
Distribution, 12.
Emploi, 14.
Envoi, 10.
Formule, 4.
Fourniture, 1, 2, 3.
Observation, 13.
Réception, 14.
Transport, 11.
Usage, 5.

1. *Fourniture.* — Les imprimés nécessaires au service de l'administration des forêts sont fournis par l'imprimerie nationale. (Bulletin des lois, n° 618. Circ. A 514.)

2. *Fourniture gratuite.* — Les imprimés nécessaires au service forestier, tels que sommiers, registres, livrets, calepins, formules d'états, de procès-verbaux, etc., sont fournis gratuitement aux agents et préposés.

3. *Fourniture. Administration.* — La fourniture des imprimés se fait par l'administration, attendu que l'article 107 du code forestier met à la charge du gouvernement tous les frais pour la régie des bois communaux et d'établissements publics. (Circ. A 172.)

4. *Formules.* — Les formules des procès-verbaux de toutes les opérations forestières et celles des actes d'adjudication, le cahier des charges générales, les permis d'exploiter et les citations aux adjudicataires sont imprimés et fournis par les soins de l'administration centrale. (Règl. Min. 4 juillet 1836, art. 2. Circ. A 372.)

5. *Usage.* — On ne doit, pour les actes de poursuites, se servir que des imprimés fournis par l'administration. (Circ. A 404 bis. Circ. A 405 bis.)

6. *Catalogue.* — Chaque année, l'administration adresse un catalogue des imprimés (série 12, n° 12) aux conservateurs, qui le lui renvoient, un mois après sa réception, après y avoir indiqué le nombre d'imprimés dont ils ont besoin pour l'année suivante. (Circ. A 434. Circ. A 592 quater. Circ. N 52.)

7. *Demandes.* — Les demandes d'imprimés doivent être faites avec modération, de manière à ne faire qu'un seul envoi par an (Circ. N 52 art. 3), et être réduites au strict nécessaire. (Circ. autogr. n° 34 du 15 novembre 1879.)

8. *Demandes supplémentaires.* — Lorsque, par suite de circonstances imprévues, des envois supplémentaires sont nécessaires, les demandes sont libellées sur la formule série 12, n° 9. (Circ. N 52, art. 4.) Cette formule ne figure plus sur le catalogue des imprimés.

9. *Demandes partielles.* — Il importe d'éviter autant que possible les demandes partielles d'imprimés, faites en cours d'exercice. (Lettre de la direction du 7 septembre 1882.)

10. *Envoi.* — Les imprimés sont expédiés directement au conservateur par le service central du matériel, avec un bulletin que le conservateur lui renvoie, revêtu d'un accusé de réception. (Circ. A 434. Circ. A 592 quater. Circ. N 52, art. 5.)

11. *Transport. Poste.* — Les envois d'imprimés (provenant de l'imprimerie nationale), du poids de 100 grammes, pour une seule formule, et 500 grammes, pour formules et modèles différents, ne sont pas considérés comme approvisionnement et peuvent être envoyés par la poste, sous bande. Un seul paquet par jour, à la même adresse. (Circ. A 592 quater. Circ. A 754. Décis. Min. 25 juin 1856. Circ. N 46, art. 4, note.) V. Franchise.

12. *Distribution.* — Les conservateurs répartissent les imprimés entre les chefs de service et veillent à ce qu'il n'en soit pas fait un emploi abusif. (Circ. A 592 quater. Circ. N 52. Circ. autogr. n° 34 du 15 novembre 1879.)

13. *Observations.* — Les observations auxquelles les fournitures d'imprimés peuvent donner lieu sont adressées à l'administration des forêts. (Circ. N 52, art. 6.)

14. *Emploi. Réception.* — Chaque agent reçoit annuellement le catalogue des imprimés; il indique, en regard de chaque article, sur le catalogue qui reste entre ses mains, la consommation de l'année expirée, les restes au 1er janvier, les quantités demandées et la date de leur réception. (Circ. N 52, art. 8.)

15. *Dépenses. Autorisation.* — Les dépenses ou fournitures d'imprimés non autorisées resteront à la charge des agents qui les auront provoquées. (Circ. A 520 ter.)

INCAPABLE.

1. *Définition.* — Celui qui n'a pas les qualités et les dispositions nécessaires pour faire ou recevoir quelque chose.

2. *Vente.* — Les incapables ne peuvent pas prendre part aux adjudications, ni être cautions ou certificateurs de caution. (Décis. Min. 6 mai 1830.)

INCAPACITÉ LÉGALE.

1. *Principe.* — Les incapacités sont de droit étroit et ne se présument pas.

2. *Adjudication.* — Les agents et gardes forestiers, leurs parents et alliés en ligne directe, les frères, beaux-frères, oncles et neveux des agents et gardes, les conseillers de préfecture, juges, officiers du ministère public, greffiers, maires, adjoints, administrateurs et receveurs des établissements publics sont, dans des cas déterminés, incapables de prendre part aux adjudications des coupes de bois. (Cod. For. 21, 101. Circ. N 80, art. 94 et 96.)

3. *Vente. Dommage.* — Les personnes incapables de prendre part aux adjudications peuvent, par application de l'article 1382 du code civil, être condamnées à des dommages-intérêts basés sur le préjudice résultant de l'annulation de la vente à laquelle ils auraient indûment pris part. (Circ. N 80, art. 96, nota.)

4. *Décès. Alliance.* — Le décès des personnes produisant l'alliance ne fait pas disparaître l'incapacité légale des agents, par rapport aux ventes. (Cass. 16 juin 1834.)

5. *Service. Pension.* — C'est à l'administration à laquelle un employé est attaché qu'il appartient d'apprécier s'il est en état ou non de continuer ses fonctions, et son incapacité de faire son service, pour avoir droit à pension. (Cons. d'Etat, 7 avril 1846.)

INCARCÉRATION. V. Emprisonnement.

INCENDIE.

Adjudicataire, 22, 23.
Affirmation, 12.
Algérie, 3, 12, 18, 20.
Avis, 6, 10.
Bois abattu, 33.
Chef de cantonnement, 6.
Cheminée, 35.
Communication, 32.
Contre-feu, 9, 9 bis.
Crime, 33.
Cumul, 27.
Dommages, 24, 28.
Ecobuage, 29.
Entrepreneur, 23.
Envoi, 12.
Feu à distance prohibée, 25, 27.
Franchise télégraphique, 5.
Gendarmerie, 7.
Incendie volontaire, 30, 31, 33.
Incendie involontaire, 22, 26.
Instruction, 1.
Interdiction, 18.
Loi spéciale, 3.
Maison forestière, 35.
Maures, 4, 29.
Menace, 34.
Négligence, 19, 21.
Pâturage, 18.
Pénalités, 15, 19, 20, 22, 25, 26, 27, 29, 30, 31, 32, 34, 35.
Précaution, 8.
Préposé, 5.
Préposé ambulant, 4.
Procès-verbal, 11, 12.
Rapport, 10.
Récompense, 14.
Refus, 15, 16, 19, 20.
Réquisition, 7, 19.
Riverain, 13.
Responsabilité, 23, 24.
Secours, 7, 8, 13, 14, 16, 20, 21.
Surveillance, 2, 4.
Transport, 6.
Usager, 15, 16, 17, 18.

1. *Instruction.* — L'incendie étant un flagrant délit, les conservateurs peuvent en faire l'instruction. (Loi du 22 mars 1806.) V. Instruction.

2. *Surveillance.* — Lorsqu'on a à craindre des incendies, les agents doivent organiser des rondes de jour et de nuit, pour prévenir

ou réprimer les sinistres, dans les forêts soumises au régime forestier. (Circ. A 684 ter.)

3. *Algérie. Législation spéciale.* — Une loi en date des 17-19 juillet 1874 a prescrit les mesures à prendre en vue de prévenir les incendies dans la région boisée de l'Algérie. V. Feu.

4. *Maures. Surveillance.* — Pour la surveillance et la répression des incendies, il a été organisé, dans la région des Maures et de l'Estérel, des gardes ambulants pour constater, dans tous les bois, les délits résultant de l'emploi irrégulier du feu. (Décis. Min. 18 juillet 1868.)

5. *Préposé. Franchise télégraphique.* — Les préposés jouissent de la franchise télégraphique limitée aux télégrammes adressés, en cas d'incendie seulement, à l'agent sous les ordres duquel ils se trouvent placés. Cette franchise n'est pas réciproque. (Arr. Min. du 19 juillet 1882.) V. Franchise télégraphique.

6. *Chef de cantonnement. Transport. Avis.* — En cas d'incendie, le chef de cantonnement doit se transporter sans retard sur les lieux et en informer son chef immédiat. (Instr. du 23 mars 1821.)

7. *Secours. Gendarmes. Réquisition.* — En cas d'incendie, les gendarmes doivent se rendre sur les lieux, au premier signal. S'il ne s'y trouve aucun officier de police ou autre autorité civile, les officiers ou brigadiers de gendarmerie font exécuter toutes les mesures d'urgence; ils peuvent requérir tous les habitants, qui sont tenus d'obtempérer à leur sommation; ils prennent toutes les mesures pour combattre l'incendie et ils ne doivent rentrer à leur résidence qu'après l'extinction du feu. (Décr. du 1er mars 1854, art. 278, 279 et 282.)

8. *Secours. Précautions.* — Le soin de prévenir, par des précautions convenables, et de faire cesser, par la distribution des secours nécessaires, les incendies est confié à la vigilance et à l'autorité des corps municipaux. (Loi des 16-24 août 1790, art. 3.)

9. *Contre-feu. Région des Maures.* — Dans le cas d'incendie, et notamment quand il sera nécessaire d'ordonner le contre-feu, la direction des secours appartiendra au maire de la commune ou à son adjoint et, en l'absence de ces magistrats municipaux, à l'agent ou au préposé le plus élevé en grade présent sur les lieux. Cette mesure ne pourra donner lieu à aucun recours en indemnité. (Loi du 19 août 1893, art. 12.)

9 bis. *Contre-feu. Bois particulier.* — Peut-on, pour combattre un incendie, allumer un contre-feu dans les bois particuliers? — L'affirmative paraît certaine, si cette mesure est ordonnée par le maire ou un délégué du corps municipal de la commune. Si le contre-feu devait consumer une certaine étendue de bois, les agents forestiers agiraient prudemment, en se mettant à couvert de toute réclamation de la part du propriétaire, au moyen d'un ordre du maire ou de la gendarmerie. Dans les bois soumis au régime forestier, cet inconvénient n'existe pas.

10. *Avis. Rapport.* — Il n'y a plus lieu d'adresser à l'administration des rapports sur tous les incendies; ceux présentant quelque importance sont seuls signalés, avec rapport à l'appui. (Circ. N 416.)

11. *Procès-verbal. Envoi.* — Les procès-verbaux constatant des incendies doivent être remis directement et sans délai au ministère public, avec tous les renseignements qui y sont relatifs. (Instr. Crim. 29. Circ. A 146.)

12. *Algérie. Procès-verbaux. Affirmation.* — Les procès-verbaux pour incendie sont dispensés d'affirmation. (Loi des 17-19 juillet 1874.)

13. *Riverain. Secours.* — Si, en cas d'incendie, les riverains appelés refusent de s'y rendre, il en sera fait mention dans le procès-verbal qui sera dressé et dont il sera transmis une copie au conservateur. (Instr. du 23 mars 1821, art. 60.)

14. *Secours. Récompense.* — Des récompenses peuvent être accordées aux préposés forestiers, ainsi qu'aux personnes étrangères à l'administration forestière, qui font preuve de dévouement, dans les incendies des forêts. (Instr. Gén. Projet, art. 415.)

15. *Usager. Refus. Pénalités.* — Tout usager qui, en cas d'incendie, *refuserait* de porter des secours dans les bois soumis à son droit d'usage sera puni, savoir :

Privation de son droit d'usage de 1 à 5 ans. (Cod. For. 149.)

Amende : 6 à 10 francs. (Cod. Pén. 475. Cod. For. 149.)

La poursuite doit s'exercer devant les tribunaux correctionnels. (Cod. For. 171.)

16. *Refus. Secours* — L'article 149 du code forestier ne punit que le *refus* de secours de la part des *usagers*, en cas d'incendie.

17. *Usagers. Privation de droit.* — La privation temporaire du droit d'usage s'étend aussi bien aux usagers en pâturage qu'aux usagers en bois; la loi ne fait pas de distinction, et ses prescriptions s'étendent à tous les bois en général.

Pour les bois soumis au régime forestier, les poursuites doivent être intentées devant les tribunaux correctionnels, en vertu de l'article 171 du code forestier.

18. *Algérie. Bois incendié. Pâturage. Interdiction.* — Tout pâturage au profit des usagers est interdit, pendant six ans, sur l'étendue des bois incendiés. (Loi des 17-19 juillet 1874.)

19. *Refus. Négligence. Réquisition. Pénalités.* — Tout individu qui, le pouvant, refuse ou *néglige* de porter secours, en cas d'incendie, s'il en est requis, sera puni :

Amende : 6 à 10 francs. (Cod. Pén. 475.)
Et en récidive, *prison* : maximum, 5 jours. (Cod. Pén. 478.)

20. *Algérie. Secours. Refus. Pénalités.* — En cas d'incendie, toute personne requise pour porter secours et qui aura refusé son concours, sans motif légitime, encourra :

Amende : 20 à 500 francs.
Prison facultative : 6 jours à 6 mois.
Privation du droit d'usage. (Loi des 17-19 juillet 1874.)

21. *Secours. Négligence.* — Le délit de *négligence* de porter secours est passible de poursuites en simple police. (Cod. Pén. 475.)

22. *Adjudicataire. Incendie involontaire. Pénalités.* — L'incendie involontaire, dans une baraque ou loge autorisée et provenant du défaut de surveillance de l'adjudicataire, sera puni, savoir :

Amende : 50 à 500 francs. (Cod. Pén. 458.)
Responsabilité du dommage causé.

23. *Responsabilité. Adjudicataire. Entrepreneur.* — L'adjudicataire ou l'entrepreneur qui n'a point fait constater régulièrement un incendie allumé dans sa coupe demeure responsable de ce délit, considéré comme infraction à la défense de porter du feu dans les bois, et cela, alors même que les gardes de l'administration auraient dressé procès-verbal et constaté que l'incendie semblait devoir être attribué à la malveillance et non à l'entrepreneur de la coupe ou à ses ouvriers. (Cass. 8 juillet 1853.) V. Charbonnière. Responsabilité.

24. *Dommages. Responsabilité.* — Le propriétaire de la forêt est responsable du dommage causé à une forêt voisine par l'incendie que ses bûcherons ont occasionné par leur imprudence. (Toulouse, 3 mars 1883.)

25. *Feu à distance prohibée. Pénalités.* — L'incendie causé dans une forêt, par des feux allumés à 150 mètres de distance, doit être puni par l'application de l'article 148 du code forestier. (Cass. 25 mars 1830.)

26. *Incendie involontaire. Pénalités.* — L'incendie involontaire, provenant du feu allumé à plus de 100 mètres et à moins de 200 mètres, sera puni, savoir :

Amende : 20 à 100 francs. (Cod. For. 148.)
Dommages-intérêts, s'il y a lieu. (Cod. For. 148. Cass. 25 mars 1830.)

Si l'incendie involontaire provient d'un feu allumé à moins de 100 mètres, il sera puni, savoir :

Amende : 50 à 500 francs. (Cod. Pén. 458.)
Dommages-intérêts, s'il y a lieu. (Cod. For. 148.)

27. *Feu à distance prohibée. Pénalités. Cumul.* — Dans le cas où un feu allumé à moins de 100 mètres d'une forêt a occasionné l'incendie d'une partie de cette forêt, il y a lieu d'appliquer cumulativement les peines édictées par les articles 148 du code forestier et 458 du code pénal. (Paris, 7 juillet 1888.)

28. *Dommages. Action civile.* — Si l'incendie provient d'un feu allumé à plus de 200 mètres, il n'y a lieu qu'à une action en dommages-intérêts, devant les tribunaux civils. V. Réparations civiles.

29. *Région des Maures. Ecobuage. Pénalités.* — Dans la région des Maures et de l'Estérel, en cas d'incendie occasionné par l'emploi du feu (écobuage, issard, taillard et petit feu), en temps d'interdiction (juin, juillet, août, septembre) ou en infraction aux arrêtés préfectoraux, la responsabilité prévue par l'article 206 du code forestier est applicable aux maris, pères, mères, tuteurs et, en général, à tous maîtres et commettants. (Lois des 6 juillet 1870, 8 août 1890, 3 août 1892, 19 août 1893.) V. Feu. Maures.

30. *Incendie volontaire. Pénalités.* — L'incendie volontaire des bois et forêts lui appartenant, lorsqu'il y a eu un dommage volontaire causé à autrui, sera puni, savoir :

Travaux forcés à temps. (Cod. Pén. 434.)

Celui qui aura mis le feu, sur l'ordre du propriétaire, sera puni de la même peine. (Cod. Pén. 434.)

31. *Incendie volontaire. Pénalités.* — Pour incendie volontaire de bois ou forêt à autrui, peine :

Travaux forcés à perpétuité. (Cod. Pén. 434.)
Feu à 200 mètres, *amende* : 20 à 100 francs. (Cod. For. 148.)
Dommages-intérêts, s'il y a lieu. (Cod. For. 148.)

Si l'incendie a occasionné la mort d'une ou de plusieurs personnes se trouvant dans les lieux incendiés, peine : *la mort.* (Cod. Pén. 434.)

32. *Communication. Pénalités.* — Celui qui aura communiqué l'incendie à des bois et forêts, en mettant volontairement le feu à des objets quelconques appartenant soit à lui, soit à autrui, sera puni de la même peine que s'il avait mis directement le feu aux bois et forêts. (Cod. Pén. 434.)

33. *Bois abattus. Crime.* — L'incendie volontaire des bois abattus et qui ne sont placés ni en tas, ni en stères, ne constitue le crime d'incendie qu'autant que ces bois sont encore en nature de récolte, ou qu'ils sont déposés dans des magasins ou chantiers, ou enfin qu'ils sont disposés de manière à communiquer le feu à des édifices ou à d'autres propriétés d'autrui. (Cass. 15 septembre 1826.)

34. *Menace. Pénalités.* — La menace d'incendie, sans condition ou ordre, par l'effet

d'une mine ou de toute substance explosible, sera punie, savoir :

Prison : 1 an à 3 ans. (Cod. Pén. 306, 436.)
Amende : 100 à 600 francs. (Cod. Pén. 306, 436.)
Facultatif, surveillance de la haute police, 5 ans à 10 ans. (Cod. Pén. 306 et 436. Loi, 2 avril 1892.)

Si l'auteur du délit est un garde ou un officier de police, le maximum de la prison est augmenté du tiers en sus. (Cod. Pén. 462.) V. Menace.

35. *Maison forestière. Cheminée. Pénalités.* — L'incendie causé par le défaut de nettoyage des cheminées est puni :

Amende : 50 à 500 francs. (Cod. Pén. 458.)

INCERTITUDE.

1. *Principe.* — En cas d'incertitude, le doute doit profiter au délinquant. (Grenoble, 8 avril 1840.)

2. *Interprétation. Convention.* — Dans le doute, la convention s'interprète contre celui qui l'a stipulée et en faveur de celui qui a contracté l'obligation. (Cod. Civ. 1162.)

3. *Interprétation. Vendeur.* — Tout pacte obscur ou ambigu s'interprète contre le vendeur. (Cod. Civ. 1602.)

4. *Usage. Contrat.* — Ce qui est ambigu s'interprète par ce qui est d'usage dans le pays où le contrat est passé. (Cod. Civ. 1159.)

INCIDENT.

1. *Définition.* — Point de droit qui surgit dans une instance et qu'il faut faire juger, avant de statuer sur le fond.

2. *Présentation.* — Les demandes incidentes seront formées par un simple acte contenant les moyens et les conclusions. (Proc. Civ. 337.)

INCOMPATIBILITÉ.

Adjoint, 10.
Conseil d'arrondissement, 4, 5, 6.
Conseil d'Etat, 15.
— général, 4, 5, 7.
— municipal, 11.
Définition, 1.
Député, 8.
Garde champêtre, 14.
Juré, 9.
Maire, 10.
Notaire, 13.
Option, 3.
Principe, 2.
Répartiteur, 12.

1. *Définition.* — Impossibilité légale que deux places ou emplois soient remplis, en même temps, par la même personne.

2. *Principe.* — Les emplois de l'administration forestière sont incompatibles avec toutes autres fonctions administratives ou judiciaires. (Cod. For. 4.)

3. *Option.* — L'agent forestier qui est nommé à une autre fonction doit opter, sous peine d'être remplacé.

4. *Conseil général. Conseil d'arrondissement.* — Ne pourront être élus membres des conseils généraux et d'arrondissement les agents forestiers, dans les cantons de leur ressort. (Loi, 22 juin 1833, art. 5. Décr. 3 juillet 1848. Loi, 10 août 1871, art. 8, § 15.)

5. *Conseil général et d'arrondissement.* — L'incompatibilité pour les conseils généraux et d'arrondissement est absolue pour le service des départements ; mais, pour les agents de l'administration centrale, elle atteint seulement ceux qui sont tenus de prêter le serment exigé par l'article 5 du code forestier. (Meaume, t. I, art. 16.) V. Emploi.

6. *Conseil d'arrondissement.* — L'incompatibilité pour les fonctions de conseiller d'arrondissement ne s'applique pas à un agent forestier qui, ayant le titre d'inspecteur, n'en exerce pas les fonctions et qui est conservateur d'une promenade publique communale, distraite du régime forestier. (Conseil de préfecture de la Seine, 10 novembre 1871.)

7. *Conseil général.* — D'après l'article 5 de la loi du 22 juin 1833 et 8 de la loi du 10 août 1871, l'incompatibilité pour les agents forestiers, en ce qui concerne les conseils généraux, ne s'applique qu'aux départements où ils sont en fonctions. (Cabantous.) Mais l'incompatibilité prescrite par l'article 4 du code forestier, conçue dans des termes plus généraux, exclut tous les agents de la participation à des fonctions administratives ou judiciaires.

8. *Député.* — Toute fonction publique rétribuée est incompatible avec le mandat de député. (Décr. du 2 février 1852, art. 29. Loi du 30 novembre 1875, art. 8.)

9. *Juré.* — Les fonctions de juré sont incompatibles avec celles d'agent ou de préposé des forêts du service actif. (Loi du 21 novembre 1872, art. 3.)

10. *Maire. Adjoint.* — Ne peuvent être ni maires, ni adjoints, les agents et gardes forestiers, ainsi que les gardes des établissements publics et des particuliers. (Loi du 5 avril 1884, art. 80.)

11. *Conseil municipal.* — D'après la loi du 5 avril 1884, il semble qu'il n'y a pas incompatibilité entre les fonctions d'agent forestier et celles de conseiller municipal, sous la condition d'avoir 25 ans ; mais l'interdiction prononcée par l'article 4 du code forestier paraît s'y opposer.

12. *Impôt. Répartition.* — Il y a incompatibilité entre les fonctions d'agent ou garde forestier et celles de membre de la commission des répartiteurs, pour répartir le contingent de l'impôt entre les contribuables de la commune. (Cabantous. Loi du 3 frimaire an VII.)

13. *Notaire.* — Les agents forestiers ne peuvent pas être notaires. (Circ. du 30 pluviôse an XI, 19 février 1803.)

14. *Garde forestier. Garde champêtre.* — Il y a incompatibilité entre les fonctions de garde champêtre et celles de garde forestier. (Cod. For. 4. Meaume. Dalloz. Lettre Min. 18 juillet 1868.) V. Interdiction.

15. *Conseil d'Etat.* — Le directeur et les administrateurs des forêts peuvent faire partie du conseil d'Etat. (Meaume, t. I, art. 16.)

INCOMPÉTENCE.

1. *Définition.* — Défaut de pouvoir d'un fonctionnaire ou d'une autorité. V. Procédure. Renvoi. Compétence.

2. *Définition.* — Il y a incompétence lorsqu'un tribunal administratif, dont la décision est attaquée, a empiété sur les droits d'un autre tribunal administratif. (Cabantous.)

3. *Déclinatoire.* — Les déclinatoires sur incompétence sont communiqués au ministère public. (Proc. Civ. 83.)

INCONNU.

Flagrant délit. — Les gardes de l'administration et les gardes particuliers arrêteront et conduiront, devant le juge de paix ou le maire, tout inconnu surpris en flagrant délit. (Cod. For. 163, 189.) V. Arrestation.

INDEMNITÉ.

SECT. I. — GÉNÉRALITÉS, 1 — 8.

SECT. II. — TARIF, 9 — 91.

§ 1. *Personnel*, 9 — 42.

A. *Administration centrale*, 9.

B. *Service ordinaire en France*, 10 — 12.

C. *Service ordinaire en Algérie*, 13 — 16.

D. *Service extraordinaire*, 17 — 18.

E. *Service des dunes*, 19.

F. *Service pastoral*, 20.

G. *Intérim*, 21 — 25.

H. *Missions*, 26 — 29.

I. *Ecoles, Examen*, 30 — 35.

J. *Premier établissement, Première mise*, 36 — 38.

K. *Chauffage*, 39.

L. *Logement, Résidence*, 40 — 41.

M. *Blessures, Pertes*, 42.

§ 2. *Travaux*, 43 — 75.

A. *Surveillance extraordinaire des travaux dans les périmètres de restauration*, 43 — 46.

B. *Aménagement, Délimitation, Bornage*, 47 — 50.

C. *Restauration des terrains en montagne, Travaux exécutés par les propriétaires*, 51 — 52.

D. *Conservation des terrains en montagne, Mise en défens*, 53 — 61.

E. *Occupation de terrains et extraction de matériaux pour cause d'utilité publique*, 62 — 65.

F. *Mines*, 66 — 67.

G. *Expropriation*, 68 — 75.

§ 3. *Exploitation*, 76 — 86.

A. *Opération des coupes*, 76 — 78.

B. *Délai d'exploitation et de vidange*, 79 — 80.

C. *Gemmage*, 81.

D. *Réserves*, 82 — 86.

E. *Exploitation de bois de bourdaine*, 84 — 85.

F. *Surveillance, Exploitation, Transport*, 86.

§ 4. *Poursuites*, 87 — 91.

Accord, 55.
Acquisition de terrain, 67, 75.
Administration centrale, 9.
Agents, 15, 17, 18, 20, 26, 38, 76.
Allocation, 44, 54.
Amélioration, 61.
Aménagement, 47, 48.
Arbres, 81.
Arrestation, 88.
Artillerie, 86.
Assistance, 85.
Autorisation, 21.
Avancement, 4.
Base, 80.
Bornage, 47, 49.
Bourdaine, 84.
Brigadiers, 19.
Bris de réserve, 83.
Bureau, 40 bis.
Candidats, 35.
Certificat, 59, 74.
Changement, 3, 4.
Chargé de cours, 32.
Chauffage, 39.
Chefs de cantonnement, 11, 12, 14.
Cheval, 15, 16.
Citations, 87, 90, 91.
Conditions, 51, 68.
Congé, 24.
Conseil de préfecture, 56, 57.
Conservateurs, 10, 13.
Coupes, 81.
Créanciers hypothécaires, 73.
Crédit, 44.
Déchéance, 51, 73.
Décision, 57, 64.
Déclaration, 72, 73, 74.
Délimitation, 47, 49, 50.
Déplacements, 5, 23, 87.
Dépréciation, 71.
Désaccord, 55, 63 bis.
Devis, 44.
Distance, 87.
Droits d'usage, 72.
Ecole forestière, 30, 31, 32.
Ecole secondaire des Barres, 33, 34, 35.
Enquête, 55.
Estimation, 67.
Etats, 6, 7, 29, 46, 78.
Evaluation, 62.
Exploitation en régie, 84.
Exploitation par entreprise, 85.
Fermier, 72.
Fouille, 80.
Fixation, 70, 79.
Frais de représentation, 30.
Habillement, 37.
Huissier, 89.
Indemnité hypothétique, 69.
Inspecteurs, 11, 12, 14.

Intérim, 21, 22, 23, 24, 25.
Interruption de culture, 66.
Intervention, 74.
Jours d'absence, 28.
Jury, 70.
Liquidation, 6, 7.
Litige, 69.
Locataire, 72, 73.
Logement, 40, 40 bis.
Mandats individuels, 45.
Matériaux, 62, 62 bis, 63, 64.
Mémoire, 56.
Menus produits, 8.
Mines, 66, 67.
Missions, 26, 27, 28, 29.
Notification, 54.
Opération, 76, 77.
Opposition, 90.
Payement, 3, 45, 52, 58, 60, 62 bis, 70, 75.
Pièces, 6.
Premier établissement, 37.
Première mise, 37 bis, 38.
Préposés, 16, 26, 34, 37 bis, 38, 39, 42, 48, 77.
Prescription, 64 bis.
Principe, 1.
Privation de culture, 63.
Privation de jouissance, 59.
Privation de pâturage, 53, 60.
Privilège, 65.
Procès-verbal, 52.
Produits accessoires, 8.
Professeurs, 31, 33.
Propositions, 54.
Réception, 52.
Règlement, 68.
Résidence, 41.
Retenues, 2, 3.
Séjour, 9, 28.
Servitude, 72.
Signification, 90, 91.
Sous-officiers, 36, 37.
Supplément colonial, 15.
Surveillance, 84, 85, 86.
Surveillance extraordinaire, 43, 44.
Taux, 43.
Tournées, 12, 13, 14, 22, 25.
Transport, 86.
Travaux obligatoires, 51.
Usufruit, 72.
Valeur, 71.
Vérification, 82.
Voyage, 28.

SECT. I. — GÉNÉRALITÉS.

1. *Principe.* — Les agents et préposés forestiers de tous grades ont droit, suivant le cas, à des indemnités de tournées ordinaires ou de missions. Les premières sont réglées d'une manière fixe et annuellement; les autres, proportionnellement, c'est-à-dire par journée de déplacement et suivant la distance parcourue. (Arr. Min. du 20 avril 1883, art. 1er. Circ. N 310. Circ. N 329.)

2. *Retenues.* — Les indemnités ne sont pas passibles des retenues énoncées dans l'article 3, paragraphes 1 et 2, de la loi du 9 juin 1853, pour la caisse des retraites. (Lettre de l'Admin. 22 janvier 1866, nº 2799.)

3. *Changement. Payement. Retenue.* — A moins de dispositions contraires, les indemnités fixes sont payées à partir du jour de l'installation. En cas de changement, on reçoit les indemnités de l'ancien poste jusqu'à la cessation de service. La retenue des indemnités fixes n'est jamais comprise dans les retenues par mesure disciplinaire. (Circ. N 279.)

4. *Avancement. Changement.* — L'agent ou le préposé faisant fonction de chef de cantonnement et qui est promu sur place cesse de toucher l'indemnité de grade, à dater du jour de sa nomination. Si, en recevant de l'avancement, il est appelé à une autre résidence, il touche l'indemnité de grade jusqu'au jour de son installation à son nouveau poste. L'agent ou le préposé qui cesse de remplir les fonctions de chef de cantonnement, pour reprendre celles de son grade, reçoit l'indemnité de grade jusqu'au jour de la remise du service de son cantonnement. (Circ. N 279.)

5. *Déplacements.* — Les déplacements, pour les préposés, comme pour les agents, ne peuvent donner lieu à une indemnité que s'ils ont été préalablement autorisés par l'administration. Cette règle est applicable aux opérations relatives aux coupes. (Lettre du 2 mai 1864. Circ. A 820. Circ. A 832.)

6. *Liquidation. Pièces. Etats.* — Lorsque les agents ont droit à des indemnités, les conservateurs en font la liquidation, en se servant :

1º Pour les missions diverses, des états série 11, nº 35 ;

2º Pour les coupes, des états série 11, nº 34. (Circ. N 26, art. 11.)

Le montant en est ensuite mandaté par le conservateur, sur les ordonnances de délégation. (Circ. A 514.)

7. *Liquidation. Etat.* — Les conservateurs fournissent, à la fin de chaque mois, un état des indemnités *fixes* mandatées pour le mois, pour le trimestre ou le semestre écoulés. Cet état, conforme à l'état série 11, nº 20, sera nominatif pour le mois de janvier; il sera divisé, suivant que les indemnités sont payables par mois, par trimestre ou par semestre. (Circ. N 260.) V. Comptabilité.

Les états d'indemnités fixes seront établis en simple expédition. (Circ. N 402.)

8. *Menus produits. Produits accessoires.* — Les indemnités pour prolongation de délais d'exploitation et de vidange et pour réserves abattues ou endommagées, ainsi que pour passage, prise d'eau et autres servitudes foncières, sont considérées comme menus produits dans les bois domaniaux et comme produits accessoires dans les bois communaux. (Arr. Min. 22 juin et 1er septembre 1838. Circ. A 429. Circ. A 842.)

SECT. II. — TARIF.

§ 1. *Personnel.*

A. *Administration centrale.*

9. *Séjour.* — Les inspecteurs et inspecteurs adjoints faisant partie des bureaux recevront une indemnité de séjour fixée à 500 francs pour les inspecteurs et à 400 francs pour les inspecteurs adjoints. (Décr. du 11 mai 1878. Arr. Min. 14 juin 1878. Circ. N 229.)

B. *Service ordinaire en France.*

10. *Conservateurs.* — Les conservateurs reçoivent une indemnité de 20 francs par jour pour leurs tournées générales et ventes, hors de leur résidence. (Ord. 22 novembre 1821. Circ. N 18. Circ. N 26, art. 1. Décr. 8 avril 1884. Circ. N 329.)

11. *Inspecteurs et chefs de cantonnement.* — Une allocation fixe est attribuée à chaque

poste d'inspecteur et de chef de cantonnement pour frais de tournées ordinaires. (Arr. Min. du 8 avril 1884. Circ. N 329.)

12. *Inspecteurs. Chefs de cantonnement. Tournées.* — Les indemnités pour frais de tournée allouées aux inspecteurs et aux chefs de cantonnement du service forestier de la métropole sont fixées ainsi qu'il suit (Décis. Min. 24 octobre 1890. Circ. N 422):

1re Cons. PARIS (1). — **Beauvais** (700) ; Beauvais (800) ; Senlis (500).

Compiègne (500) ; Compiègne-Nord (400) ; Compiègne-Est (400) ; Compiègne-Ouest (400).

Rambouillet (600) ; Rambouillet (400) ; Saint-Léger (300).

Paris (700) ; Paris (700) ; Versailles (500).

Saint-Germain, Chefferie (600).

Fontainebleau (400) ; Fontainebleau-Nord (500) ; Fontainebleau-Sud (400).

Coulommiers, Chefferie (700) ; Provins (500).

2e Cons. ROUEN. — **Rouen** (400) ; Rouen (300) ; Elbeuf (150).

Caudebec, Chefferie, rive droite (400) ; Caudebec, rive gauche (500).

Dieppe, Chefferie (700) ; Saint-Saëns (500).

Lyons-la-Forêt (500) ; Lyons (600) ; La Feuillie (600).

Louviers, Chefferie (600).

Senonches, Chefferie (600).

Bayeux, Chefferie (700).

3e Cons. DIJON. — **Beaune** (450) ; Beaune (350) ; Arnay-le-Duc (350).

Châtillon-Nord (450) ; Châtillon (250) ; Montigny-sur-Aube (150) ; Recey-Nord (250).

Châtillon-Sud (450) ; Châtillon-Sud (250) ; Recey-Sud (250).

Dijon-Est (450) ; Auxonne (300) ; Mirebeau (300) ; Dijon-Nord (250).

Dijon-Ouest (450) ; Dijon (300) ; Saint-Seine-l'Abbaye (250) ; Marey-sur-Tille (300).

Dijon-Sud (450) ; Dijon (300) ; Nuits (400).

Semur (550) ; Montbard (400) ; Saulieu (500).

4e Cons. NANCY. — **Briey** (460) ; Briey (450) ; Longuyon (300).

Lunéville-Nord (350) ; Lunéville (350) ; Cirey (400).

Lunéville-Sud (300) ; Baccarat (300) ; Lunéville (350).

Nancy-Nord (300) ; Nancy-Ouest (350) ; Pont-à-Mousson (300).

Nancy-Sud (300) ; Nancy-Est (350) ; Vézelize (350).

Toul-Nord (400) ; Toul (350) ; Noviant-aux-Prés (550).

Toul-Sud (300) ; Toul (300) ; Colombey-les-Belles (300).

5e Cons. CHAMBÉRY. — **Albertville** (600) ; Albertville-Sud (600) ; Albertville-Nord (600) ; Saint-Pierre-d'Albigny (500).

Chambéry (500) ; Chambéry (500) ; Pont-de-Beauvoisin (600) ; Le Châtelard (600).

Moûtiers (700) ; Moûtiers-Ouest (600) ; Moûtiers-Est (600) ; Bourg-Saint-Maurice (600).

Saint-Jean-de-Maurienne (700) ; Saint-Jean-de-Maurienne (600) ; La Chambre (600) ; Modane (600).

Annecy (500) ; Annecy (500) ; Faverges (600) ; Thônes (600).

Thonon (500) ; Thonon (500) ; Evian (500) ; Saint-Julien (600).

Bonneville (600) ; Bonneville (600) ; Sallanches (600) ; Taninges (600).

6e Cons. CHARLEVILLE. — **Charleville** (300) ; Charleville (450) ; Monthermé (350).

Mézières (450) ; Vouziers (550) ; Signy-l'Abbaye (450).

Rocroi (350) ; Rocroi (350) ; Fumay (350).

Sedan (500) ; Sedan (450) ; Mouzon (500).

Epernay (700) ; Epernay (500) ; Sézanne (300).

Vitry-le-François (400) ; Vitry-le-François (300) ; Sainte-Menehould (400).

7e Cons. AMIENS. — **Laon** (500) : Laon (400) ; Hirson (250) ; Saint-Gobain (300).

Villers-Cotterets (300) ; Villers-Cotterets-Nord (150) ; Villers-Cotterets-Sud (500).

Le Quesnoy (500) ; Le Quesnoy (500) ; Landrecies (500).

Lille, Chefferie (400) ; Valenciennes (250).

Boulogne, Chefferie no 1 (500) ; Boulogne no 2 (600).

Abbeville, Chefferie (500).

8e Cons. TROYES. — **Bar-sur-Aube, Chefferie** (600) ; Bar-sur-Aube-Sud (350).

Bar-sur-Seine (450) ; Bar-sur-Seine (400) ; Chaource (400).

Troyes (400) ; Troyes-Est (400) ; Troyes-Ouest (300).

Auxerre, Chefferie (650) ; Auxerre-Sud (550).

Avallon, Chefferie (600) ; Avallon-Nord (450).

Sens (500) ; Sens (400) ; Joigny (450).

Tonnerre (500) ; Tonnerre (450) ; Ancy-le-Franc (250).

9e Cons. EPINAL. — **Bruyères, Chefferie** (450) ; Bruyères-Est (250).

Darney (300) ; Darney-Est (400) ; Darney-Ouest (400).

Epinal (400) ; Epinal rive droite (200) ; Epinal rive gauche (200) ; Bains (200).

Mirecourt (400) ; Mirecourt (300) ; Châtel-sur-Moselle (250).

Neufchâteau-Nord (400) ; Neufchâteau rive droite (200) ; Neufchâteau rive gauche (200).

Neufchâteau-Sud (450) ; Neufchâteau (400) ; Lamarche (300.)

Rambervillers (350) ; Rambervillers rive droite (500) ; Rambervillers rive gauche (200).

Remiremont-Nord (400) ; Remiremont rive droite (300) ; Cornimont (250).

Remiremont-Sud (400) ; Remiremont rive gauche (250) ; Le Thillot (200).

(1) Les noms des sièges des conservations sont composés en petites capitales ; — les noms des sièges des inspections sont composés en grasses allongées ; — les noms des sièges des cantonnements sont composés en caractères ordinaires ; — les chiffres entre parenthèse indiquent le montant des indemnités.

Saint-Dié-Nord (350) ; Saint-Dié-Ouest (250) ; Saint-Dié-Est (300).
Saint-Dié-Sud (350) : Gérardmer (200) ; Fraize (250).
Senones (350) : Senones (200) ; Raon-l'Etape (200).

10e Cons. Gap. — **Briançon** (1000) ; Briançon (1000) ; Monêtier (1000) ; L'Argentière (1000).
Embrun-Est (1000) ; Aiguilles (1000) ; Guillestre (1000) ; Montdauphin (1000).
Embrun-Sud (1000) ; Embrun (1000) ; Remollon (1000) ; Savines (1000).
Gap (1000) ; Gap (1000) ; Serres (1000) ; Veynes (1000).
Saint-Bonnet, Chefferie (1000) ; Saint-Bonnet (1000) ; Pont-du-Fossé (1000).

11e Cons. Valence. — **Aubenas** (1000) ; Aubenas (900) ; Largentière (900) ; Montpezat (900).
Privas (1000) ; Entraigues (900) ; Bourg-Saint-Andéol (600).
Die (1000) ; Die (1000) ; Châtillon-en-Diois (1000) ; Luc (1000) ; Lus-la-Croix-Haute (1000).
Montélimar (1000) ; Montélimar (500) ; Malaucène (1000) ; Nyons (1000).
Valence (800) ; Valence (700) ; La Chapelle-en-Vercors (700).
Avignon (600) ; Apt (550) ; Carpentras (700) ; Cavaillon (700).

12e Cons. Besançon. — **Beaume-les-Dames-Nord** (400) ; Beaume-les-Dames (350) ; L'Isle-sur-le-Doubs (350).
Beaume-les-Dames-Sud (450) ; Beaume-les-Dames (300) ; Vercel (350).
Besançon (350) ; Besançon (350) ; Saint-Vit (350).
Montbéliard (450) ; Montbéliard (350) ; Maîche (300) ; Saint-Hippolyte (300).
Ornans (400) ; Ornans (350) ; Quingey (350).
Pontarlier (400) ; Levier (300) ; Mouthe (400).
Pontarlier, Chefferie (360) ; Morteau (300).
Belfort (450) ; Belfort-Nord (350) ; Belfort-Sud (350).

13e Cons. Lons-le-Saunier. — **Arbois** (300) ; Arbois (300) ; Salins (300).
Dôle (500) ; Dôle (500) ; Le Deschaux (250) ; Orchamps (200).
Lons-le-Saunier-Est (350) ; Lons-le-Saunier (200) ; Orgelet (350).
Lons-le-Saunier-Ouest (350) ; Lons-le-Saunier (400) ; Arinthod (200).
Poligny (500) ; Poligny (400) ; Champagnole (350).
Saint-Claude (700) ; Saint-Claude (650) ; Saint-Laurent (400).

14e Cons. Grenoble. — **Grenoble-Nord** (800) ; Saint-Laurent-du-Pont-Est (700) ; Saint-Laurent-du-Pont-Ouest (700) ; Grenoble (600).
Grenoble-Est (1000) ; Allevard (500) ; Bourg-d'Oisans (700) ; La Mure-Est (600).
Grenoble-Sud (900) ; Grenoble (600) ; La Mure-Ouest (700) ; Mens (700).
Grenoble-Ouest (900) ; Grenoble (800) ; Saint-Marcellin (500) ; Villard-de-Lans (500).
Lyon (800) ; Bourgoin (1000) ; Saint-Etienne (1000).

15e Cons. Alençon. — **Lorient, Chefferie** (900) ; Landerneau (600).
Rennes (600) ; Rennes (400) ; Fougères (300).
Le Mans (700) ; le Mans (600) ; Mamers (500).
Alençon (600) ; Alençon (600) ; Domfront (300.)
Mortagne, Chefferie (450) ; Mortagne-Nord (450).

16e Cons. Bar-le-Duc. — **Bar-le-Duc** (400) ; Bar-le-Duc (250) ; Triaucourt (250).
Commercy (400) ; Commercy (300) ; Vaucouleurs (200).
Ligny (400) ; Ligny (400) ; Gondrecourt (300).
Montmédy (400) ; Montmédy (450) ; Dun-sur-Meuse (250).
Saint-Mihiel (450) ; Saint-Mihiel (350) ; Pierrefite-Saint-Mihiel (250) ; Vigneulles (200).
Verdun-Est (475) ; Verdun (350) ; Etain (375).
Verdun-Ouest (400) ; Verdun (275) ; Clermont (325).

17e Cons. Macon. — **Autun** (500) ; Autun-Ouest (500) ; Autun-Est (300).
Châlon-sur-Saône (650) ; Châlon-sur-Saône-Sud (400) ; Châlon-sur-Saône-Nord (350) ; Louhans (350).
Mâcon (650) ; Mâcon (400) ; Charolles (350) ; Cluny (350).
Belley (550) ; Belley (400) ; Yon-Artemare (350).
Bourg (500) ; Bourg (400) ; Ambérieu-en-Bugey (350).
Gex (600) ; Gex (500) ; Châtillon-de-Michaille (400).
Nantua (550) ; Nantua (450) ; Oyonnax (400).

18e Cons. Toulouse. — **Foix-Est** (900) ; Foix (700) ; Ax (800) ; Quérigut (900).
Foix-Ouest (800) ; Foix (600) ; Tarascon (700).
Saint-Girons (800) ; Saint-Girons (700) ; Castillon (700) ; Seix (800).
Bagnères-de-Luchon (750) ; Bagnères-de-Luchon-Sud (600) ; Bagnères-de-Luchon-Nord (600) : Saint-Béat (700).
Saint-Gaudens (650) ; Saint-Gaudens (750) ; Aspet (700).
Toulouse, Chefferie (1000).

19e Cons. Tours. — **Tours** (500) ; Tours (600) ; Loches (250).
Blois (450) ; Blois-Ouest (400) ; Blois-Est (450).
Blain, Chefferie (450).
Lorris (400) ; Lorris (350) ; Châteauneuf (400).
Montargis, Chefferie (200).
Orléans (500) ; Orléans (500) ; Pithiviers (450) ; Vitry-aux-Loges (350).

20e Cons. Bourges. — **Bourges-Nord** (400) ; Bourges (500) ; Vierzon-Ville (350).
Bourges-Sud, Chefferie (600) ; Bourges-Est (500).
Châteauroux (400) ; Châteauroux (400) ; Issoudun (400).

INDEMNITÉ.

Clamecy (500); Clamecy (450); Lormes (500).
Cosne (400); La Charité (450); Douzy (400).
Nevers (500); Nevers (450); Decize (600).

21e Cons. Moulins. — **Montluçon** (450); Cérilly (500); Cosne-sur-l'Œil (400).
Moulins (500); Moulins (350); Gannat (450).
Guéret, Chefferie (900).
Clermont-Ferrand-Nord (»), Clermont-Ferrand (350); Pontgibaud (600); Rochefort (500).
Clermont-Ferrand-Sud (600); Issoire (500); Ambert (500);

22e Cons. Pau. — **Bayonne** (550); Bayonne (600); Saint-Palais (600).
Mauléon (800); Mauléon (700); Saint-Jean-Pied-de-Port (800).
Oloron (800); Oloron (700); Bedous (700).
Pau (550); Pau (500); Laruns (700).
Argelès (550); Argelès (600); Lourdes (500).
Arreau (700); Arreau-Nord (700); Arreau-Sud (700).
Bagnères-de-Bigorre (700); Bagnères-de-Bigorre (600); Lannemezan (700); Laures (700).
Tarbes (700); Tarbes-Nord (550); Tarbes-Sud (700); Auch (600).

23e Cons. Nice. — **Nice-Est** (600); Nice (600); Menton (600); Saint-Martin-de Lantosque (700).
Nice-Ouest (600); Grasse (600); Puget-Théniers (700); Saint-Sauveur (700).
Brignoles (600); Brignoles (600); Barjols (600).
Draguignan (600); Draguignan-Ouest (500); Draguignan-Est (500).
Toulon (600); Toulon (700); Fréjus (500).

24e Cons. Niort. — **Poitiers** (850); Poitiers (600); Angoulême (550).
Royan, Chefferie (1000).
Niort (750); Niort (650); Fontenay (400).
Les Sables-d'Olonne, Chefferie (1000).

25e Cons. Carcassonne. — **Carcassonne-Sud** (1000); Axat (700); Espezel (800); Limoux (800).
Carcassonne-Nord (1000); Carcassonne (600); Lagrasse (900).
Perpignan (1000); Céret (800); Prades-Est (900); Prades-Ouest (800).
Prades (1000); Formigères (800); Montlouis (800); Saillagouse (800).
Castres (500); Castres (400); Brassac (500); Grésigne (300).

26e Cons. Aix. — **Barcelonnette** (1000); Barcelonnette-Est (1000); Barcelonnette-Sud (1000); Barcelonnette-Ouest (1000).
Digne-Nord (1000); Digne-Ouest (900); Digne-Est (900); Seyne (900).
Digne-Sud (1000); Castellane (1000); Riez (1000); Saint-André (1000).
Sisteron (1000); Sisteron (900); Forcalquier (700); la Motte-du-Caire (1000).
Aix (500); Aix (650); Aubagne (550).

27e Cons. Nimes. — **Nimes-Ouest** (1000); Alais (1000); le Vigan (1000).
Nimes-Est (500); Nimes (500); Remoulins (500).
Uzès (900); Uzès (500); Bagnols-sur-Cèze (500); Pont-Saint-Esprit (500).
Montpellier (1000); Montpellier (550); Bédarieux (1000); Saint-Pons (1000).
Mende-Nord (1000); Langogne (800); Le Malzieu (700); Marvejols (700).
Mende-Sud (1000); Mende-Est (900); Mende-Sud (900); Florac (900).

28e Cons. — Aurillac. — **Aurillac** (800); Murat (900); Mauriac (700);
Le Puy (1000); le Puy (900); Langeac (900); Yssingeaux (900).
Rodez (800); Rodez (900); St-Affrique (900).

29e Cons. Bordeaux. — **Bordeaux** (800); Bordeaux (1000); Arès (700).
Lesparre (800); Lesparre (800); Moutchic (800).
Dax (950); Dax (850); Soustous (850).
Mont-de-Marsan (800); Mont-de-Marsan (800); Parentis-en-Born (800).

30e Cons. Ajaccio. — **Ajaccio** (1000); Ajaccio (650), Sainte-Marie-et-Sicche (650); Vico (750).
Bastia (1000); Bastia (650); Calvi (650).
Corte (1000); Corte (500); Ghisoni (500); Vivario (500).
Sartène (1000); Sartène (900); Porto-Vecchio (700); Solenzara (700).

31e Cons. Chaumont. — **Andelot** (450); Andelot (350); Bourmont (400).
Chaumont-Nord (450); Chaumont (300); Doulaincourt (350).
Chaumont-Sud (400); Chaumont (400); Châteauvillain (300).
Langres-Est (400); Langres (400); Bourbonne-les-Bains (300).
Langres-Ouest (400); Langres (400); Auberive (300).
Vassy (400); Vassy (350); Doulevant (300).

32e Cons. Vesoul. — **Gray-Nord** (350); Gray (300); Dompierre-sur-Salon (300).
Gray-Sud (350); Gray (300); Gy (300).
Lure-Nord (450); Plancher-les-Mines (350); Faucogney (300).
Lure-Sud (400); Lure (350); Héricourt (300).
Luxeuil (400); Luxeuil (300); Saint-Loup (350).
Vesoul-Nord (500); Vesoul (350); Jussey (400).
Vesoul-Sud (450); Vesoul (300); Rioz (350).

c. *Service ordinaire en Algérie.*

13. *Tournées. Conservateurs.* — Les conservateurs reçoivent une indemnité journalière de 40 francs, à titre de frais de tournées; la durée de ces tournées est fixée, chaque année, par l'administration. (Arr. Min. du 30 décembre 1885. Circ. N 358.)

14. *Tournées. Inspecteurs et chefs de cantonnement.* — Les indemnités pour frais de tournées, allouées aux inspecteurs du service

ordinaire et aux chefs de cantonnement, sont fixées ainsi qu'il suit (Arr. Min. du 30 décembre 1885. Circ. N 358) :

Cons. d'Alger (1). — **Alger** (1400) ; Blidah (550); Tablat (300); Tizi-Ouzou (500) ; Azazga (300).

Aumale (1400) ; Aumale (550); Bouïra (500).

Médéa (1400); Médéa (500) ; Boghar (450); Djelfa (450).

Milianah (1400) ; Milianah (350) ; Cherchell (450); Teniet-el-Haâd (500).

Orléansville (1400); Orléansville (500); Ténès (400).

Cons. d'Oran. — **Oran** (1400); Oran (300) ; Mostaganem (450); Ammi-Moussa (450).

Mascara (1400); Mascara (450); Saïda (400); Tiaret (400).

Sidi-bel-Abbès (1400); Sidi-bel-Abbès (400); Chanzy (350) ; Daya (400).

Tlemcen (1400); Tlemcen (400) ; Sebdou (300).

Cons. de Constantine. — **Constantine** (1400); Constantine (400); Aïn-Beïda (300); Tébessa (450).

Batna (1600); Batna (450) ; Belezma (400) ; Khenchela (550).

Bône (1400); Bône (550) ; Souk-Ahras (300); La Calle (450).

Bougie (1400); Bougie (450); Djidjelli (550); El-Kseur (350); Taher (350).

Philippeville (1400); Philippeville (550); Collo (450); El-Miliah (450);

Sétif (1400); Bou-Thaleb (550); Sétif (800); Bordj-Bou-Arreridj (800).

15. *Supplément colonial. Cheval. Agents.* — Les agents en fonctions avant le 1er janvier 1891 reçoivent, en outre, un supplément colonial du quart de leur traitement, et les chefs de cantonnement, une indemnité annuelle de 600 francs, pour frais d'entretien de cheval. (Arr. Min. du 30 décembre 1885, art. 4. Circ. N 358.)

16. *Cheval. Préposés.* — Les préposés des services actifs reçoivent une indemnité annuelle de 500 francs, pour entretien de cheval ; les gardes indigènes reçoivent 400 fr., pour le même objet. (Arr. Min. du 30 décembre 1885. Circ. N 358.)

D. *Service extraordinaire.*

17. *Agents.* — Une indemnité annuelle de 1000 francs, pour tous frais, est allouée aux agents qui appartiennent aux commissions du service extraordinaire (aménagements et reboisements).

(1) Les noms des sièges des conservations sont composés en petites capitales ; — les noms des sièges des inspections sont composés en grasses allongées ; — les noms des sièges des cantonnements sont composés en caractères ordinaires ; — les chiffres entre parenthèses indiquent le montant des indemnités.

Cette indemnité peut être portée jusqu'à 1200 francs pour les chefs de commission, en cas de dépenses au-dessus de 1000 francs, dont il serait justifié.

Le tout, sans préjudice des frais de route auxquels lesdits agents peuvent avoir droit, pour se rendre dans les forêts ou régions situées hors du département de leur résidence. (Circ. A 796. Circ. A 806. Arr. Min. du 20 avril 1883, art. 13. Circ. N 310.)

18. *Algérie.* — Les agents du service extraordinaire en Algérie reçoivent, pour tous frais, une indemnité annuelle fixée :

Pour les inspecteurs à .... 3000 fr.

Inspecteurs adjoints, gardes généraux, garde généraux stagiaires et brigadiers faisant fonctions d'agents, à .... 2100 fr

(Arr. Min. 30 décembre 1885. Circ. N 358.)

E. *Service des dunes.*

19. *Brigadiers.* — Une indemnité annuelle de 300 francs pourra être allouée aux brigadiers du service des dunes, obligés de se pourvoir d'un cheval. (Arr. Min. du 20 avril 1883, art. 14. Circ. N 310.)

F. *Service pastoral.*

20. *Chef de service. Agents.* — Il est alloué au chef et aux agents des circonscriptions du service pastoral une indemnité annuelle fixe de 1000 francs, pour les tournées qu'ils opèrent dans les départements de leur résidence.

Les frais de déplacement pour tournées en dehors de ces limites sont payés d'après les tarifs réglementaires. (Arr. Min. du 13 juin 1884, art. 4. Circ. N. 343.) V. Service pastoral.

G. *Intérim.*

21. *Autorisation.* — Les agents ou préposés ne doivent pas être chargés, sans l'autorisation préalable de l'administration, de faire des intérims pouvant donner lieu à indemnités. (Circ. A 461 bis.)

22. *Tournées.* — En cas d'intérim, les indemnités dues au titulaire du poste et destinées à couvrir les frais extraordinaires de déplacement ne doivent être allouées à l'intérimaire que si celui-ci a eu des frais extraordinaires de déplacement à supporter, pendant sa gestion. (Lettre du Dir. Gén. du 11 juillet 1862, n° 509.)

23. *Déplacement.* — Les agents et préposés chargés d'intérim, en dehors de leur circonscription, ont droit aux indemnités de route et de séjour du tarif des missions ; l'indemnité de séjour est payée intégralement pendant un mois ; à partir du deuxième mois, elle est réduite aux deux tiers. (Arr. Min. du 4 mars 1864. Circ. A 847. Circ. N 26. Décis. Min. du 24 décembre 1862. Circ. A

828. Arr. Min. du 20 avril 1883, art. 8. Circ. N 310.)

24. *Congé. Intérim.* — Le titulaire en congé n'a pas droit aux indemnités attribuées au poste, lorsque le service est fait par un intérimaire. (Circ. N 279.)

25. *Tournées.* — Les agents qui ont une indemnité annuelle et fixe pour leurs tournées (service spécial) n'ont pas droit à d'autre indemnité, lorsqu'ils sont chargés de l'intérim d'un cantonnement.

H. *Mission.*

26. *Tarifs. Agents et préposés.* — Les agents et préposés envoyés en mission reçoivent les indemnités de route et de séjour fixées ci-après (Arr. Min. du 20 avril 1883. Circ. N 310) :

DÉSIGNATION des fonctionnaires.	INDEMNITÉ DE ROUTE par myriamètre.		INDEMNITÉ DE SÉJOUR par journée.	
	Chemins de fer, bateau à vapeur.	Route de terre.	A Paris.	Ailleurs.
Directeur	2 fr. »	10 fr. »	» »	40 fr. »
Administrateurs	2 »	10 »	» »	20 »
Directeur de l'école de Nancy	1 25	6 »	15 fr. »	12 »
Conservateurs	1 25	6 »	15 »	12 »
Professeurs des écoles forest[res]. Inspecteurs et inspecteurs adj[ts].	0 90	2 50	12 »	7 50
Gardes généraux	0 90	1 50	7 »	5 25
Brigadiers et gardes	0 07	1 »	5 »	3 35

27. *Missions. Algérie.* — Les agents ou préposés de l'Algérie ont droit aux indemnités réglementaires de déplacement, conformément au tarif adopté par la métropole, toutes les fois qu'ils sont appelés à sortir de leur circonscription pour des tournées ou missions autorisées par le directeur des forêts. (Arr. Min. 30 décembre 1885, art 4. Circ. N 358.)

28. *Séjour. Absence. Jours d'absence.* — En cas de mission accomplie par ordre de l'administration, l'indemnité de séjour doit être allouée pour tous les jours d'absence, y compris le jour du départ et celui d'arrivée ou du retour. (Décis. du Dir. Gén. 19 décembre 1877.) On cumule alors les frais de séjour avec les indemnités de route.

29. *Etat.* — L'état des indemnités aux agents et préposés pour missions diverses est fourni en simple expédition. (Circ. N 372. Form. série 11, n° 35.)

I. *Écoles. Examens.*

30. *Directeur. Frais de représentation. Ecole forestière.* — Le directeur de l'école nationale forestière reçoit, à titre de frais de représentation, une indemnité annuelle de 2000 francs. (Décr. du 12 octobre 1889.)

31. *Professeurs. Ecole forestière.* — Les agents forestiers, chargés temporairement des fonctions de professeurs à l'école nationale forestière, reçoivent une indemnité fixe et annuelle de 2000 francs. (Décr. du 12 octobre 1889.)

32. *Chargés de cours. Ecole forestière.* — Les agents chargés de cours à l'école nationale forestière, reçoivent une indemnité fixe et annuelle de 1000 francs. (Décr. du 12 octobre 1889.)

33. *Professeurs. Ecole secondaire des Barres.* — Les agents professeurs à l'école secondaire reçoivent une allocation annuelle de 1000 francs, et le remboursement de leurs frais de déplacement. (Circ. N 118. Circ. N 260. Arr. Min. du 5 juin 1884. Circ. N 336.)

34. *Préposés. Ecole secondaire des Barres.* — Il est alloué aux préposés admis à suivre les cours de l'école secondaire des Barres une indemnité de séjour calculée à raison de 50 francs par mois et, en outre, une indemnité de route calculée d'après le tarif réglementaire, pour se rendre de leur résidence à l'école, ainsi que pour leur retour. (Arr. Min. du 5 juin 1884. Circ. N 336.)

35. *Ecole secondaire des Barres. Candidats.* — Les candidats à l'école secondaire reçoivent, à l'occasion des examens, les indemnités réglementaires de déplacement et de séjour. (Arr. Min. du 5 juin 1884, art. 2. Circ. N 336.)

J. *Premier établissement. Première mise.*

36. *Sous-officiers.* — Les sous-officiers nommés gardes forestiers domaniaux reçoivent une indemnité de 100 francs, pour premier établissement. (Loi du 24 juillet 1873.)

37. *Habillement. Premier établissement.* — L'allocation de 100 francs, attribuée aux sous-officiers pour premier établissement, sera réduite du montant de la valeur de l'habillement qui leur sera fourni. (Arr. Min. du 28 octobre 1875. Circ. N 189.) V. Errata.

37 bis. *Algérie. Préposés. Première mise.* — Tous les préposés nouvellement nommés en Algérie ou appelés de la métropole en Algérie ont droit à une indemnité, dite de première mise, de 300 francs. (Arr. Min. du 30 décembre 1885. Circ. N 358.)

38. *Algérie. Première mise. Agents. Préposés.* — Une indemnité, dite de première mise, de 1000 francs est allouée aux agents de la métropole nommés en Algérie, et aux préposés de la métropole nommés agents en Algérie ; les préposés de l'Algérie élevés au grade d'agents dans la colonie et qui ont déjà touché l'indemnité de 300 francs allouée aux préposés n'ont droit qu'à une indemnité de 700 francs. (Arr. Min. 30 décembre 1885. Circ. N 358.)

K. *Chauffage.*

39. *Chauffage. Préposés domaniaux.* — Les préposés domaniaux reçoivent leur chauffage en nature ; mais les préposés du reboisement et du service sédentaire reçoivent, pour cet objet, une indemnité de 100 francs. (Circ. Min. du 7 août 1861. Circ. N 418.)

L. *Logement. Résidence.*

40. *Logement. Préposés domaniaux.* — Une indemnité annuelle de logement est allouée aux préposés domaniaux non logés, savoir :

Service actif	90 fr.
— sédentaire	150 »

(Arr. Min. du 7 avril 1874. Arr. du Direct. Gén. du 30 octobre 1875. Arr. du sous-secrétaire d'Etat du 1er août 1879.)

40 bis. *Logement. Bureau. Algérie.* — Les conservateurs en Algérie touchent, à titre de frais de loyer et de bureau, une indemnité fixe annuelle de 4000 fr.

Les inspecteurs de service ordinaire	1000 »
Les préposés du service actif, qui ne sont pas logés en maison forestière, une indemnité de logement.	200 »
Les préposés du service sédentaire	500 »
Les gardes indigènes sédentaires.	400 »

(Arr. Min. du 30 décembre 1885. Circ. N 358.)

41. *Résidence. Algérie.* — Les agents et préposés résidant dans certaines localités du sud peuvent recevoir, à titre d'indemnité de résidence, une allocation spéciale fixée par décision ministérielle. (Arr. Min. du 30 décembre 1885. Circ. N 358.)

M. *Blessures. Pertes.*

42. *Préposés.* — Des indemnités peuvent être allouées aux préposés blessés dans l'exercice et à raison de leurs fonctions, ainsi que pour la perte d'effets mobiliers, par suite de l'exercice de leurs fonctions. (Arr. du Dir. Gén. 18 novembre 1848.)

§ 2. *Travaux.*

A. *Surveillance extraordinaire des travaux dans les périmètres de restauration des montagnes.*

43. *Taux.* — A moins de circonstances spéciales, la surveillance des travaux ne donne aux préposés droit à aucune rémunération particulière.

Toutefois, quand l'accomplissement de cette tâche leur occasionne des fatigues ou des frais exceptionnels, il peut leur être alloué, sous forme d'indemnité, un dédommagement proportionné aux charges supportées et aux services rendus. Dans ce cas, le taux de l'indemnité est fixé comme il suit :

1o De 50 centimes à 1 franc par jour, pour le préposé qui, chaque fois qu'il se rend à l'emplacement des travaux à surveiller, doit effectuer une marche dont la durée dépasse une heure ;

2o De 1 franc à 2 francs par jour, pour celui qui campe dans les périmètres, sans avoir de gîte à payer ;

3o Jusqu'à 3 francs par jour, pour le préposé qui, contraint de découcher, a un gîte à payer. (Instr. Gén. du 2 février 1885, art. 122, 123. Circ. N 345.)

44. *Restauration des montagnes. Crédit. Allocation. Devis.* — Les crédits nécessaires pour le payement des indemnités allouées aux préposés, pour surveillance de travaux, sont imputés sur le fonds du reboisement.

Les demandes d'allocation de ces crédits sont présentées par les agents forestiers, en même temps que celles relatives aux travaux auxquels elles se rapportent ; elles constituent un article spécial du devis de ces travaux. (Instr. Gén. du 2 février 1885, art. 125. Circ. N 345.)

45. *Restauration des montagnes. Paiement. Mandats individuels.* — Le payement des indemnités allouées aux préposés a lieu par mandats individuels délivrés par mois ou par trimestre, sur la proposition des chefs de service. (Instr. Gén. du 2 février 1885, art. 127. Circ. N 345.)

46. *Etat récapitulatif. Envoi.* — Les conservateurs adressent, chaque année, à l'administration, le 31 janvier au plus tard, l'état récapitulatif des sommes payées aux préposés, pendant la campagne écoulée, pour frais extraordinaires de surveillance de travaux de restauration des montagnes. (Instr. Gén. du 2 février 1885, art. 128. Circ. N 345.)

B. *Aménagement. Délimitation. Bornage.*

47. *Bois communaux et d'établissements publics.* — Les agents de tout grade du service ordinaire, employés à des travaux d'aménagement, délimitation et bornage généraux et partiels, dans les bois communaux et d'établissements publics, ont droit

à une indemnité de 7 francs par jour de travail sur le terrain et 4 francs par jour de travail au cabinet; les journées de voyage sont comptées comme ayant été employées sur le terrain. (Décr. du 25 août 1861. Décis. Min. 28 août 1861 et 7 janvier 1863. Circ. N 64, art. 205 et 206. Circ. N 310.)

48. *Préposés.* — Les préposés domaniaux employés comme ouvriers aux travaux d'aménagement entrepris au compte de l'Etat, soit dans les forêts domaniales, soit dans les forêts communales, reçoivent une indemnité de 1 franc par jour, s'ils peuvent rentrer chez eux, et de 3 francs, en cas de découcher. (Arr. Min. du 20 avril 1883, art. 11. Circ. N 310.)

49. *Bois domaniaux.* — Pour les délimitations et bornages exécutés dans les bois domaniaux, l'administration se réserve de régler, sur la proposition du conservateur, la somme à allouer aux agents du service ordinaire, à titre d'indemnité. (Circ. N 64, art. 208.) Les agents du service spécial recevant une rétribution particulière n'ont pas droit à des indemnités. (Circ. N 64, art. 207.)

50. *Délimitation. Algérie.* — Les agents du service ordinaire, chargés de procéder aux opérations de reconnaissance et de délimitation du sol forestier, ont droit à une indemnité de 7 francs par journée de présence sur le terrain. (Arr. Min. du 30 décembre 1885, art. 2. Circ. N 358.)

c. *Restauration des terrains en montagne. Travaux exécutés par les propriétaires.*

51. *Conditions. Déchéance.* — Il n'est alloué d'indemnité pour exécution de travaux par les propriétaires, dans les périmètres de restauration, que si lesdits propriétaires s'engagent, à peine de déchéance du droit de conserver leurs terrains, à ne jouir de ceux-ci que dans les limites déterminées par l'administration. (Instr. Gén. du 2 février 1885, art. 102. Circ. N 345.)

52. *Travaux neufs ou d'entretien. Paiement. Réception. Procès-verbal.* — L'indemnité accordée pour les travaux neufs ou d'entretien effectués par les propriétaires sur leurs terrains, en vue de la restauration des montagnes, n'est payée qu'après l'exécution des travaux, au vu d'un procès-verbal de réception dressé par l'agent forestier local et sur l'avis du conservateur. (Décr. du 11 juillet 1882, art. 12. Instr. Gén. 2 février 1885, art. 96. Circ. N 345.)

D. *Conservation des terrains en montagne. Mise en défens.*

53. *Privation de pâturage.* — Le décret prononçant la mise en défens fixe le délai pendant lequel les parties intéressées pourront procéder au règlement amiable de l'indemnité à accorder aux propriétaires, pour privation de jouissance. (Loi du 4 avril 1882, art. 8.)

54. *Propositions. Allocation. Notification. Acceptation.* — Lorsque les propositions des agents forestiers, relatives aux indemnités à allouer pour privation de jouissance, ont été approuvées par l'administration, le conservateur en notifie le montant aux intéressés. Ceux-ci font connaître leur acceptation dans le délai fixé par le décret qui a institué le périmètre. (Instr. Gén. du 2 février 1885, art. 234. Circ. N 345.)

55. *Accord. Désaccord. Enquête.* — En cas d'accord avec le propriétaire, le montant de l'indemnité annuelle est définitivement fixé par le ministre de l'agriculture.

Si, à l'expiration du délai fixé par le décret prononçant la mise en défens, l'accord ne s'est pas établi, il doit être statué par le conseil de préfecture, après enquête contradictoire, s'il y a lieu, sauf recours au conseil d'Etat, devant lequel il est procédé sans frais, dans les mêmes formes et délais qu'en matière de contributions publiques; il pourra n'être nommé qu'un seul expert. (Loi du 4 avril 1882, art. 8. Décr. du 11 juillet 1882, art. 21. Instr. Gén. du 2 février 1885, art. 235. Circ. N 345.)

56. *Conseil de préfecture. Mémoire.* — C'est au propriétaire des terrains qu'il appartient de saisir le conseil de préfecture. Toutefois, s'il paraissait utile, dans l'intérêt de l'Etat, que le chiffre de l'indemnité fût promptement fixé, afin de ne pas laisser les propriétaires profiter de la plus-value que les terrains pourraient acquérir, le conservateur saisirait lui-même le conseil de préfecture, en déposant au greffe un mémoire exposant la question, faisant connaître le montant des indemnités offertes par l'administration et les bases qui ont servi à les établir. (Instr. Gén. 2 février 1885, art. 236. Circ. N 345.)

57. *Conseil de préfecture. Décisions. Envoi à l'administration.* — Lorsque le conseil a statué, le conservateur transmet, sans retard, à l'administration le texte de la décision prise. Il y joint son appréciation et propose, s'il y a lieu, de se pourvoir devant le conseil d'Etat. (Instr. Gén. 2 février 1885, art. 238. Circ. N 345.)

58. *Paiement.* — L'indemnité court à partir du jour initial de la mise en défens et se calcule d'après le montant de l'annuité fixée, au prorata du nombre de mois et de jours écoulés. Elle est payée, pour chaque année écoulée, dans le courant du mois de janvier de l'année suivante. (Décr. 11 juillet 1882, art. 21. Instr. Gén. du 2 février 1885, art. 239. Circ. N 345.)

59. *Privation de jouissance. Certificat. Mandement.* — A la fin de chaque année, l'agent forestier dresse, pour chacun des

propriétaires de terrains mis en défens, un certificat de privation de jouissance destiné à provoquer le payement de l'indemnité.

Au vu de cette pièce et après autorisation de l'administration, les indemnités sont mandatées par le conservateur, aux noms des ayants droit ou de leurs représentants. (Instr. Gén. du 2 février 1885, art. 240. Circ. N 345.)

60. *Privation de pâturage. Payement.* — L'indemnité annuelle accordée aux communes, établissements publics ou particuliers, pour privation de pâturage mis en défens, pour la conservation des terrains en montagne, sera versée à la caisse municipale. La somme représentant la perte éprouvée par les communes, à raison de la suspension de l'exercice de leurs droits d'amodier les pâturages ou de les soumettre à des taxes locales, sera affectée aux besoins communaux, et le surplus ou même le tout, s'il y a lieu, sera distribué aux habitants, par les soins du conseil municipal. (Loi du 4 avril 1882, art. 9.)

61. *Amélioration. Travaux effectués.* — L'Etat ne pourra exiger aucune indemnité des propriétaires, pour les améliorations que les travaux exécutés auraient procurées à leurs propriétés pendant la mise en défens, sous la condition que ces travaux n'en aient pas changé la nature. (Loi du 4 avril 1882, art. 10.)

E. *Occupation de terrain et extraction de matériaux pour travaux d'utilité publique.*

62. *Evaluation.* — Dans l'évaluation de l'indemnité due pour occupation temporaire de terrain ou pour extraction de matériaux dans un but d'utilité publique, il doit être tenu compte tant du dommage fait à la surface que de la valeur des matériaux extraits. (Loi du 29 décembre 1892, art. 13.) V. Extraction. Occupation temporaire.

62 bis. *Matériaux. Payement.* — Il y a lieu au payement des matériaux extraits, lorsque, antérieurement à l'occupation, une autre exploitation portant sur les mêmes matériaux (meulière) avait été commencée sur une parcelle voisine appartenant au même propriétaire. (Cons. d'Etat, 12 avril 1889. Circ. N 458.)

63. *Privation de culture.* — Lorsque le propriétaire reçoit le prix des matériaux extraits, il ne peut prétendre à une indemnité pour privation de culture, qui n'est que la conséquence de l'exploitation de la carrière. (Cons. d'Etat du 12 avril 1889. Circ. N 458.)

63 bis. *Désaccord.* — A défaut d'accord sur l'indemnité, la partie la plus diligente saisit le conseil de préfecture, qui fait choix du tiers expert. (Loi, 29 décembre 1892, art. 10.)

64. *Décision.* — Les conseils de préfecture statueront sur le règlement des indemnités dues pour extraction de matériaux, destinés à l'exécution de projets de travaux publics, civils ou militaires. (Loi du 29 décembre 1892, art. 10.)

64 bis. *Prescription.* — L'action en indemnité est prescrite par un délai de deux ans, à compter du moment où cesse l'occupation. (Loi du 29 décembre 1892, art. 17.)

65. *Privilège.* — Les propriétaires des terrains occupés ou fouillés et les autres ayants droit ont, pour le recouvrement des indemnités qui leur sont dues, privilège et préférence à tous les créanciers sur les fonds déposés dans les caisses publiques, pour être délivrés aux entrepreneurs ou autres personnes auxquelles l'administration a délégué ses droits, dans les conditions de la loi du 25 juillet 1891. En cas d'insolvabilité de ces personnes, ils ont recours subsidiaire contre l'administration, qui doit les indemniser intégralement. (Loi, 29 décembre 1892, art. 18.)

F. *Mines.*

66. *Interruption de culture d'une année.* — Si les travaux entrepris par les explorateurs ou par les propriétaires des mines ne sont que passagers et si le sol où ils ont été faits peut être mis en culture au bout d'un an, comme il était auparavant, l'indemnité sera réglée à une somme double du produit net du terrain endommagé. (Loi, 21 avril 1810, art. 43. Loi, 27 juillet 1880.)

67. *Terrain dégradé. Acquisition. Estimation.* — Lorsque l'occupation des terrains pour la recherche ou les travaux des mines prive le propriétaire du sol de la jouissance du revenu pendant plus d'une année ou lorsque, après les travaux, les terrains ne sont plus propres à la culture, on peut exiger des propriétaires des mines l'acquisition des terrains à l'usage de leur exploitation ; si le propriétaire de la surface le requiert, les pièces de terre trop endommagées ou dégradées sur une trop grande partie de leur surface devront être achetées en totalité. Le terrain à acquérir sera toujours estimé au double de la valeur qu'il avait avant l'exploitation de la mine, et les contestations relatives aux indemnités seront soumises aux tribunaux civils. (Loi du 21 avril 1810, art. 44. Loi du 27 juillet 1880.)

G. *Expropriation. Restauration des terrains en montagne.*

68. *Règlement. Conditions.* — A moins du consentement formel et réciproque des parties, l'indemnité d'expropriation doit, à peine de nullité, être réglée en une somme d'argent.

Par suite, le jury ne saurait faire entrer dans la détermination de cette indemnité la création, au profit de l'exproprié, de charges ou servitudes sur le fonds compris dans l'expropriation.

En conséquence, la décision du jury, qui accorde à l'exproprié, en sus de l'indemnité en argent, le droit d'établir sur le chemin à ouvrir des entrées pour sa propriété et des barrières mobiles de clôture, doit être annulée, alors que le consentement de l'expropriant à ce mode de règlement n'est pas constaté. (Cass. 13 janvier 1886.)

69. *Litige sur le fond du droit. Indemnité hypothétique.* — Lorsqu'une parcelle de terrain appartenant à une commune a été expropriée, la question de savoir si des habitants de la commune, se présentant devant le jury comme membres de la collectivité assignée, ont le droit d'intervenir et de réclamer une certaine somme, à titre d'indemnité, au nom de la collectivité, constitue un litige sur le fond du droit.

Dès lors, le jury doit fixer une indemnité hypothétique et renvoyer les parties se pourvoir devant qui de droit; sa décision doit être cassée, s'il fixe une indemnité définitive. (Cass. 14 août 1888.)

70. *Fixation. Jury. Paiement.* — L'indemnité à fixer par le jury, pour l'expropriation pour cause d'utilité publique, doit être circonscrite entre le montant de la demande et le montant des offres; elle doit comprendre non seulement la valeur des objets expropriés, mais, en outre, la réparation du préjudice que le propriétaire dépossédé peut éprouver pour le restant de sa propriété. (Cabantous.) Cette indemnité doit être payée avant l'occupation du terrain. (Loi du 3 mai 1841.)

71. *Valeur. Augmentation. Dépréciation.* — Si l'exécution des travaux doit procurer une augmentation de valeur immédiate et spéciale au restant de la propriété, cette augmentation est prise en considération dans l'évaluation du montant de l'indemnité. (Loi du 3 mai 1841, art. 51.)

On doit aussi faire entrer en ligne de compte les dépréciations qui peuvent résulter du morcellement des propriétés ou de leur isolement. (Instr. Gén. du 2 février 1885, art. 31. Circ. N 345.)

72. *Fermiers. Locataires. Usufruit. Droits d'habitation et d'usage. Servitude. Déclaration.* — Dans la huitaine qui suit la notification du jugement, prescrite par l'article 15 de la loi du 3 mai 1841, le propriétaire est tenu d'appeler et de faire connaître à la préfecture les fermiers, les locataires, ceux qui ont des droits d'usufruit, d'habitation ou d'usage, tels qu'ils sont réglés par le code civil, et ceux qui peuvent réclamer des servitudes résultant des titres mêmes du propriétaire ou d'autres actes, dans lesquels il serait intervenu; sinon, il reste seul chargé envers ceux des indemnités que ces derniers pourront réclamer. (Loi du 3 mai 1841, art. 21. Instr. Gén. du 2 février 1885, art. 59. Circ. N 345.) V. Expropriation.

73. *Créanciers hypothécaires. Sous-locataires, etc. Déclaration. Déchéance.* — Les autres et divers intéressés sont tenus de se faire connaître, dans ce même délai de huitaine, à partir de la publication du jugement dans la commune : à défaut de quoi, ils sont déchus de tout droit à l'indemnité. (Instr. Gén. du 2 février 1885, art. 60. Circ. N 345.)

74. *Déclarations. Interventions. Certificat.* — A l'expiration du délai de huitaine après la notification du jugement, fixé par l'article 21 de la loi du 3 mai 1841, le conservateur fait prendre communication des déclarations reçues à la préfecture. Il se trouve, dès lors, légalement connaître toutes les parties intéressées au règlement de l'indemnité.

Dans le cas où aucun tiers ne s'est fait connaître, la préfecture délivre un certificat de non-intervention. (Instr. Gén. du 2 février 1885, art. 62. Circ. N 345.)

75. *Acquisition de terrain. Annuité. Payement.* — L'Etat aura la faculté de payer par annuités le montant des indemnités dues pour les terrains acquis en vue de la formation de nouveaux périmètres pour la restauration des montagnes. Chaque annuité ne pourra être inférieure au dixième de la valeur totale des terrains acquis.

Les annuités non payées porteront intérêt à 5 pour cent. L'état pourra se libérer en tout ou en partie par anticipation. (Loi du 4 avril 1882, art. 21.)

§ 3. *Exploitation.*

A. *Opérations des coupes.*

76. *Agents. Opérations.* — Les agents appelés par l'administration à concourir, en dehors de leur circonscription, aux opérations des coupes ont droit aux indemnités, d'après le tarif des missions.

Toutefois, il n'est pas dû d'indemnité spéciale aux inspecteurs adjoints pour les opérations des coupes dans l'étendue de l'inspection. (Circ. N 26.)

77. *Préposés. Opérations.* — Les préposés qui participent, en dehors de leur circonscription et avec l'approbation préalable de l'administration, aux opérations relatives aux coupes ont droit à une indemnité de 3 francs par jour, mais seulement en cas de découcher. (Circ. N 26. Arr. Min. du 20 avril 1883, art. 9. Circ. N 310.)

78. *Etat.* — L'état des indemnités dues aux agents et préposés pour participation, en dehors de leur circonscription, aux opérations relatives aux coupes, est fourni en simple expédition. (Circ. N 372. Form. série 11, n° 34.)

B. *Délai d'exploitation et de vidange.*

79. *Fixation.* — Pour fixer l'indemnité de prorogation de délai de coupe ou de vidange, les agents doivent faire connaître : 1° la contenance de la coupe ; 2° l'âge des bois ; 3° la date de l'adjudication ; 4° le prix principal à l'hectare ; 5° le terme de l'exploitation et de la vidange. (Circ. A 30.

Circ. A 568.) Ces renseignements figurent en marge de l'imprimé série 4, nº 44 ter, employé pour instruire les demandes en prorogation de délai.

80. *Base. Feuille.* — On ne doit pas toujours prendre le prix de la feuille pour base de l'indemnité de prolongation du délai d'exploitation ou de vidange ; mais on doit avoir égard au délai plus ou moins long demandé, aux causes du retard (négligence de l'adjudicataire), au plus ou moins de dommage qui en résulte pour les forêts et aux droits de l'adjudicataire. On doit s'assurer si la réclamation des adjudicataires est fondée, examiner leur exactitude à remplir leurs obligations ; l'indemnité doit être établie (en prenant pour base le prix d'une feuille) d'après la quantité de bois restant à couper ou à vider, d'après le temps demandé et le dommage qui doit en résulter, soit pour l'aménagement, soit pour les ventes à faire, soit pour la conservation des forêts. (Circ. A 132. Circ. A 568.)

c. *Gemmage.*

81. *Arbres. Coupes.* — L'indemnité pour la destruction ou l'abatage des arbres compris dans le bail sera égale au revenu moyen produit par chaque arbre, et elle sera allouée pour chaque année du bail restant à courir. Cette indemnité sera réglée contradictoirement entre le chef de cantonnement et l'adjudicataire ou son facteur et approuvée par le conservateur. (Cah. des ch. 21.)

D. *Réserves.*

82. *Vérification.* — L'indemnité pour comptage de réserves, si la demande est mal fondée, est de 10 francs par jour par agent et de 3 francs par jour et par garde. Cette indemnité est versée par l'adjudicataire au receveur des domaines. (Circ. N 97. Cah. des ch. 17.)

83. *Bris.* — L'indemnité pour bris de réserves est fixée par les clauses spéciales. (Cah. des ch. 27.)

E. *Exploitation des bois de bourdaine.*

84. *Surveillance. Exploitation en régie.* — Il est alloué aux préposés domaniaux et communaux chargés de la délivrance des bois de bourdaine une somme de 0 fr. 05 par botte ou 1 franc par cent de fagots, à titre d'indemnité. Cette indemnité est comprise dans les dépenses d'exploitation. (Décis. Min. 14 févr. 1876. Circ. N 167. Circ. N 192.)

85. *Assistance. Surveillance. Exploitation par entreprise.* — Il est alloué aux préposés forestiers chargés d'effectuer la délivrance des bois de bourdaine une indemnité de 1 centime par botte. Ces frais sont payés par l'entrepreneur, soit au receveur des domaines, soit au receveur municipal. (Règl. Min. 1er mars 1883. Circ. N 315.)

F. *Bois de fascinage pour l'artillerie.*

86. *Surveillance. Exploitation. Transport.* — Le taux des indemnités allouées par le service de l'artillerie aux préposés forestiers, pour la surveillance d'exploitation et de transport des bois de fascinage pour l'artillerie, est fixé ainsi qu'il suit :

1º Pour surveillance de l'exploitation :
0f,05 par fascine pour saucissons ;
0f,05 par cent de harts ;
0f,125 par fascine pour gabions ;
0f,012 par grande perche ;
0f,004 par piquet divers.

2º Pour surveilllance de transport :
25 pour cent des chiffres indiqués ci-dessus.

(Décis. du Min. de la guerre du 3 mai 1891. Circ. N 432.)

§ 4. *Poursuites.*

87. *Déplacement. Distance. Citation.* — Lorsqu'à raison des fonctions qu'ils doivent remplir, les gardes champêtres et forestiers sont obligés de se transporter à plus de deux kilomètres de leur résidence, pour remise de procès-verbaux, ils ont droit à une indemnité de 1 fr. 50 par myriamètre parcouru, aller et retour. (Instr. Crim. 20. Décr. 18 juin 1811, art. 90 et 91.)

88. *Arrestation.* — Il n'est dû aucun frais de voyage aux gardes champêtres et forestiers, tant pour la remise de leurs procès-verbaux que pour la conduite devant l'autorité compétente des personnes par eux arrêtées. (Décr. du 7 avril 1813, art. 3.)

89. *Huissier.* — Les gardes agissant en qualité d'huissier n'ont droit à aucune indemnité pour frais de voyage, à moins que le ministère public ne leur ait enjoint, pour cause grave et motivée, de se transporter hors des cantons où ils résident. (Décis. Min. du 21 juillet 1828. Circ. A 182 sexies.)

90. *Citation. Opposition. Signification.* — Il est alloué à chaque préposé une somme de 0 fr. 30 pour chaque citation, opposition et signification. (Décis. Min. 7 mars 1834. Circ. N 85.)

91. *Citation. Signification.* — Les préposés pourront recevoir des indemnités spéciales, calculées d'après les tarifs réglementaires, toutes les fois que les déplacements qui leur seront occasionnés par des actes de citation ou de signification entraîneront pour eux des dépenses hors de proportion avec l'indemnité fixe qui leur est allouée. (Décis. Min. du 27 février 1886. Circ. N 382.)

INDIGENT. V. Insolvable.

INDIVISION. V. Partage.

INFIRMITÉ.

1. *Pension.* — Le fonctionnaire que des infirmités, contractées dans l'accomplissement d'un acte de dévouement (soins aux cholériques), mettent dans l'impossibilité de continuer ses fonctions a droit à pension, quels que soient son âge et la durée de son activité, alors même que ses infirmités ne se seraient développées que lentement et n'auraient atteint qu'après plusieurs années le degré d'intensité qui a rendu impossible la continuation des services. (Cons. d'Etat, 27 août 1857.)

2. *Certificat.* — Les infirmités graves résultant de l'exercice des fonctions et leurs causes sont contrôlées par les médecins qui ont donné leurs soins au fonctionnaire et par un médecin assermenté désigné par l'administration. Les certificats sur timbre doivent être corroborés par l'attestation de l'autorité municipale et celle des supérieurs immédiats du fonctionnaire et les signatures doivent être légalisées. (Décr. du 9 novembre 1853, art. 35. Circ. N 81, art. 112.) V. Certificat.

3. *Demande de retraite. Examen.* — Lorsqu'une demande de retraite est produite avant l'âge réglementaire, on doit s'assurer avec le plus grand soin de l'existence des infirmités dont excipent les intéressés et de l'impossibilité réelle dans laquelle ils se trouvent de remplir désormais leurs fonctions. (Circ. N 450.)

INFRACTION. V. Contravention. Délit.

INGÉNIEUR.

Emploi. — On peut proposer à l'administration l'emploi d'un ingénieur, soit pour la rédaction des projets, soit pour la direction des travaux. (Circ. N 22, art. 8.) V. Honoraire. Travaux.

INGÉNIEUR DES PONTS ET CHAUSSÉES.

Abatage d'arbre. — Les ingénieurs des ponts et chaussées qui, pour étude ou confection de travaux publics, abattent, sans autorisation, des bois soumis au régime forestier ne sont pas susceptibles d'être poursuivis pour ce fait, parce qu'ils agissent dans l'exercice de leurs fonctions.

INGÉRENCE. V. Intérêt.

INIMITIÉ.

Pénalités. — Tout administrateur qui se sera décidé par inimitié contre une partie sera coupable de forfaiture.

Peine : Dégradation civique (Cod. Pén. 183.)

INITIATIVE.

1. *Agent.* — Les agents de tout grade peuvent prendre l'initiative des propositions de travaux. (Circ. N 22, art. 4.)

2. *Propositions.* — Lorsqu'un agent reconnaîtra l'utilité d'un travail, il établira cette utilité dans un rapport sommaire adressé à son chef direct, qui le transmet au conservateur avec son avis. S'il doit y être donné suite, le conservateur renvoie cette proposition, pour faire dresser les avant-projets nécessaires. (Instr. du 15 mars 1845. Circ. A 475 ter. Circ. A 500.)

INJURE.

Abus de pouvoir, 5.
Administration publique, 9.
Agent de la force publique, 10.
Compétence, 11, 12, 13.
Conditions, 13.
Défaut de motifs, 14.
Définition, 1.
Diffamation, 12.
Expression outrageante, 11.
Fonctionnaire, 8, 9, 11, 12.
Juré, 9.
Juridiction, 13.
Menaces, 12.
Officier ministériel, 10.
Pénalités, 7, 8, 9.
Poursuite, 2.
Preuve, 3, 4.
Provocation, 6.
Témoin, 9.

1. *Définition.* — Toute imputation outrageante, terme de mépris ou invective, qui ne renferme l'imputation d'aucun fait, est une injure. (Loi du 17 mai 1819, art. 13. Loi du 29 juillet 1881, art. 29.) V. Diffamation.

2. *Poursuite.* — Dans le cas d'injure envers les fonctionnaires publics, les dépositaires ou agents de l'autorité publique, la poursuite aura lieu, soit sur leur plainte, soit d'office, sur la plainte du ministre dont ils relèvent. (Loi du 29 juillet 1881, art. 47, § 3.)

3. *Preuve.* — La vérité des imputations injurieuses, mais seulement quand elles sont relatives aux fonctions, pourra être établie par les voies ordinaires. (Loi du 29 juillet 1881, art. 35.)

4. *Preuve.* — Les actes de rébellion, les injures, insultes, violences, peuvent être combattus par la preuve testimoniale. (Cass. 18 octobre 1807.) Les actes de l'espèce sont des faits matériels ; mais, comme les procès-verbaux des gardes n'ont un caractère authentique que pour les infractions portant atteinte à la propriété forestière et que les voies de fait commises contre eux par les délinquants ne sont que des délits communs, les actes qui les constatent n'ont, à cet égard, que la valeur d'un simple renseignement, à l'appui duquel le garde rapporte son témoignage. V. Voie de fait.

5. *Abus de pouvoir.* — Si un garde commet un excès de pouvoir (visite domiciliaire illégale), ceux qui, dans ce cas, commettent un outrage ne peuvent pas être punis comme ayant outragé un fonctionnaire dans l'exercice de ses fonctions. (Cass. 25 mars 1852.)

6. *Provocation.* — La provocation n'excuse pas l'insulte contre un fonctionnaire public, dans l'exercice de ses fonctions. (Rouen, 11 janvier 1844.)

7. *Pénalités.* — L'injure sans provocation sera punie, savoir :

Amende : 1 à 5 francs. (Cod. Pén. 471.)
En cas de récidive, en outre, *prison :* 3 jours au plus. (Cod. Pén. 474.)

8. *Fonctionnaires. Pénalités.* — Toute injure ou expression outrageante, autre qu'une dénonciation calomnieuse, faite par écrit aux officiers de justice ou d'administration, ne donnera lieu qu'à des peines de simple police. (Cod. Pén. 376.)

9. *Administration publique. Fonctionnaire. Juré. Témoin. Pénalités.* — L'injure commise envers une administration publique, soit par des discours, cris ou menaces proférés dans des lieux ou réunions publics, soit par des écrits, des imprimés vendus ou distribués, mis en vente ou exposés dans des lieux ou réunions publics, soit par des placards ou affiches, sera punie, savoir :

Prison : 6 jours à 3 mois.
Amende : 18 à 500 francs (ou de l'une de ces deux peines seulement).

Sera puni de la même peine, le délit commis de la même manière envers un fonctionnaire public, un juré ou un témoin, à raison de sa déposition. Si l'injure n'est pas publique, elle ne sera punie que de la peine prévue par l'article 471 du code pénal. (Loi du 29 juillet 1881, art. 33.)

10. *Agent de la force publique. Officier ministériel. Pénalités.* — L'outrage par gestes, menaces ou paroles, envers un officier ministériel ou agent dépositaire de la force publique, dans l'exercice de ses fonctions, ou à tout citoyen chargé d'un ministère de service public, sera puni, savoir :

Amende : 16 à 200 francs.
Prison : 6 jours à 1 mois ou de l'une de ces deux peines. (Cod. Pén. 224. Loi du 13 mai 1863.)
Facultatif : réparation à l'offensé, même par voie de contrainte par corps. (Cod. Pén. 227.)

Nota. — Les agents forestiers ne sont pas agents dépositaires de la force publique, dans le sens de l'article 224 du code pénal. (Nancy, inédit, 23 novembre 1842.)

11. *Expressions outrageantes. Fonctionnaire. Compétence.* — Les injures et expressions outrageantes, adressées publiquement à un fonctionnaire public, à l'occasion de l'exercice de ses fonctions, constituent le délit prévu et puni par l'article 222 du code pénal, non abrogé quant à ce par l'article 68 de la loi du 29 juillet 1881 ; et, par suite, ce délit est de la compétence de la juridiction criminelle. (Trib. de Saint-Lô, 26 décembre 1882.)

12. *Diffamation. Menaces. Fonctionnaires. Compétence.* — Les injures, diffamations, menaces, adressées publiquement à un fonctionnaire public, à l'occasion de l'exercice de ses fonctions, constituent les délits prévus et punis par les articles 31 et 33, § 1er, de la loi du 29 juillet 1881, et non les délits prévus par les articles 222 et suivants du code pénal, abrogés quant à ce par l'article 68 de la loi précitée, et, par suite, ne sont plus de la compétence de la juridiction correctionnelle, mais doivent être déférées à la cour d'assises, conformément aux articles 45 et 47 de la même loi. (Poitiers, 1er décembre 1882.)

13. *Juridiction. Compétence. Conditions.* — La compétence est déterminée par la nature de la demande, telle qu'elle résulte de la citation. En conséquence, une cour saisie de la prévention d'outrages par paroles, gestes ou menaces, envers un garde champêtre, dans l'exercice de ses fonctions, n'a pu se dessaisir, sous le prétexte que le prévenu aurait commis une diffamation publique envers le garde, sans même constater que le fait diffamatoire était relatif aux fonctions du garde.

Les articles 222 et 224 du code pénal punissent les outrages commis, avec ou sans publicité, envers les fonctionnaires ou officiers publics dans l'exercice « ou à l'occasion de l'exercice » de leurs fonctions.

L'article 33 de la loi du 29 juillet 1881 ne prévoit que les injures commises, à raison des fonctions, par la voie de la presse.

En conséquence, la juridiction correctionnelle est compétente pour connaître d'un délit d'outrage par paroles, gestes ou menaces commis, même avec la circonstance aggravante de publicité, envers un garde champêtre, à l'occasion de l'exercice de ses fonctions. (Cass. 15 mars 1883.)

Nota. — L'arrêt de la cour de Poitiers du 1er décembre 1882 a été réformé par l'arrêt de la cour de cassation du 15 mars 1883.

La théorie qui se prononce pour l'abrogation ne peut résister à cette considération du plus simple bon sens, d'après laquelle le législateur n'a jamais pu songer qu'il faudrait assembler quatre magistrats de la cour et douze jurés pour juger un individu, inculpé d'avoir injurié ou outragé un garde champêtre ou un garde forestier. (Meaume, *Répertoire de jurisprudence*, t. x. p. 328.)

14. *Défaut de motifs.* — L'arrêt qui renvoie un prévenu d'un délit d'injures, en se bornant à déclarer que la preuve de l'infraction ne résulterait pas suffisamment de l'instruction et des débats, est nul par défaut de motifs. (Cass. 21 juin 1884.)

INONDATION.

1. *Principe. Responsabilité.* — Personne ne pourra inonder l'héritage de son voisin, ni lui transmettre volontairement les eaux d'une manière nuisible, sous peine de payer

le dommage et une amende égale au dommage. (Loi des 28 septembre-6 octobre 1791, titre II, art. 15.) V. Étang.

2. *Pénalités.* — L'inondation des chemins et propriétés d'autrui, par suite de l'élévation des déversoirs des étangs, moulins et usines, est punie, savoir :

Amende : minimum, 50 francs ; maximum, le quart des restitutions et dommages-intérêts.

S'il en résulte des dégradations :

Outre l'amende, *prison :* 6 jours à 1 mois. (Cod. Pén. 457.)

Si l'auteur du délit est un garde ou un officier de police, le maximum de la prison sera du tiers en sus du maximum fixé, et le minimum un mois. (Cod. Pén. 462.)

3. *Secours.* — Tous individus qui, le pouvant, refusent ou négligent de porter secours, s'ils en sont requis, encourent :

Amende : 6 à 10 francs (Cod. Pén. 475, § 12.) A poursuivre en simple police.

4. *Propriété.* — L'inondation, quelque complète et prolongée qu'elle soit, ne suspend pas le droit du propriétaire du terrain sur lequel elle se produit ; elle ne doit point être confondue dans ses effets avec le changement de lit. (Demolombe.) V. Ile.

INSCRIPTION DE FAUX.

Admission, 24, 25, 28, 32.
Appel, 32.
Assises, 36.
Audience, 12, 14, 15, 19.
Autorisation, 35.
Calomnie, 37.
Comparution, 15.
Conditions, 4, 22.
Décision, 23.
Déclaration, 18.
Définition, 1.
Délai, 12, 13, 14, 15, 31.
Dépôt, 31.
Distance, 8.
Enonciation, 7.
Faculté, 1.
Fait, 7, 9, 20, 26, 27, 33.
Faux intellectuel, 3.
Faux matériel, 3.
Formalité, 4, 11.
Instruction, 29.
Jugement par défaut, 13.
Ouïe de la cognée, 8.
Moyens, 25, 26, 30, 31, 33, 34.
Plainte, 5.
Poursuites, 35.
Poursuite reconventionnelle, 38.
Preuve, 6, 18, 26.
Prévenus, 20.
Principe, 2.
Procédure, 21.
Procès-verbal nul, 10.
Procuration, 16.
Réception, 18.
Récolement, 8, 39.
Remise, 17.
Signification, 30.
Sursis, 8, 28, 29.
Témoin, 34.

1. *Définition. Faculté.* — L'inscription de faux est la seule manière légale de contredire les faits matériels d'un procès-verbal régulier, dressé par deux gardes ou agents, à moins qu'il n'existe contre l'un des signataires une cause légale de récusation. (Cod. For. 176.)

2. *Principe.* — L'inscription de faux, contre un procès-verbal, est une voie extraordinaire, qui ne peut être prise que quand toutes les autres voies sont fermées. Elle ne peut être dirigée que contre un procès-verbal faisant foi jusqu'à inscription de faux ; elle serait inutile contre un procès-verbal pouvant être combattu par la preuve testimoniale. (Cass. 15 oct. et 15 déc. 1808.)

3. *Faux matériel ou intellectuel.* — L'inscription de faux contre un procès-verbal peut frapper, soit un fait de *faux matériel,* c'est-à-dire une falsification du procès-verbal, soit un *faux intellectuel,* c'est-à-dire une assertion fausse relatée dans un procès-verbal régulier. (Cod. Pén. 145 et 146.)

4. *Formalités. Conditions.* — Les formalités tracées par la loi pour l'inscription de faux sont de rigueur ; leur inobservation entraîne la déchéance de cette faculté, sans pouvoir la faire revivre, et les nullités qui en résultent sont absolues.

5. *Plainte.* — Un prévenu ne peut pas, par une plainte en *faux principal,* suppléer à l'inscription de faux. (Cass. 19 févr. 1825.)

6. *Preuve.* — Les faits de l'inscription de faux doivent être de nature à détruire le procès-verbal. (Cass. 12 février 1825.)

7. *Fait non contraire aux énonciations.* — Il n'est pas nécessaire de s'inscrire en faux pour prouver un fait qui, bien que n'étant pas contraire aux énonciations du procès-verbal, peut cependant entraîner l'acquittement du prévenu, ou modifier les condamnations, surtout dans le cas de maximum ou de minimum.

8. *Ouïe de la cognée. Distance. Sursis. Récolement.* — Lorsqu'un procès-verbal dressé contre l'entrepreneur responsable d'une coupe affouagère, pour n'avoir pas fait constater en temps utile la coupe d'un certain nombre d'arbres à l'ouïe de la cognée, ne précise pas la distance à laquelle se trouvaient les souches des arbres du délit et que les gardes n'ont pas vérifié cette distance, le prévenu est fondé à s'inscrire en faux.

Néanmoins, il doit être sursis à l'admission des moyens de faux, lorsque l'administration reconnaît que certaines souches d'arbres de délit sont situées au delà de l'ouïe de la cognée.

Il en est ainsi, alors surtout qu'en appel le prévenu s'est associé à la demande de sursis formée en première instance par l'administration.

Dans ces circonstances, il y a lieu de surseoir à l'admission des moyens de faux, jusqu'à ce qu'il ait été procédé au récolement. (Chambéry, 30 août 1882.)

9. *Fait.* — On ne peut s'inscrire en faux que contre les faits pour lesquels le procès-verbal fait foi jusqu'à inscription de faux. (Cass. 15 décembre 1808.)

10. *Procès-verbal nul.* — L'inscription de faux ne peut pas être admise contre un procès-verbal nul, et, si la nullité n'était pas demandée, elle devrait être déclarée d'office par le tribunal. (Cass. 10 avril 1823.)

11. *Formalités légales.* — Le prévenu qui voudra s'inscrire en faux, contre un procès-verbal, sera tenu d'en faire, par écrit et en personne ou par un fondé de pouvoirs spécial par acte notarié, la déclaration au greffe du tribunal, avant l'audience indiquée par la citation.

Cette déclaration sera reçue par le greffier du tribunal; elle sera signée par le prévenu ou son fondé de pouvoir; et, dans le cas où il ne saurait ou ne pourrait signer, il en sera fait mention expresse.

Au jour indiqué pour l'audience, le tribunal donnera acte de la déclaration et fixera un délai de trois jours au moins et de huit jours au plus, pendant lequel le prévenu sera tenu de faire, au greffe, le dépôt des moyens de faux et des noms, qualités et demeures des témoins qu'il voudra faire entendre.

A l'expiration de ce délai, et sans qu'il soit besoin d'une citation nouvelle, le tribunal admettra les moyens de faux, s'ils sont de nature à détruire l'effet du procès-verbal, et il sera procédé sur le faux conformément aux lois. Dans le cas contraire, ou faute par le prévenu d'avoir rempli toutes les formalités prescrites, le tribunal déclarera qu'il n'y a lieu à admettre les moyens de faux et passera outre au jugement. (Cod. For. 179.)

12. *Délai. Audience.* — L'inscription de faux, que la loi prescrit de faire avant l'audience indiquée par la citation, ne peut pas être acceptée, si elle a lieu pendant cette audience, même avant l'appel de la cause. (Cass. 1er mars 1839.)

Si cependant elle avait été commencée avant l'ouverture de l'audience, elle serait valable, quand bien même elle n'aurait été terminée que pendant l'audience.

13. *Jugement par défaut. Délai.* — L'inscription de faux est recevable, pour le prévenu jugé par défaut, pendant le délai qui lui est accordé par la loi pour se présenter à l'audience, sur l'opposition par lui formée. (Cod. For. 180.)

14. *Audience. Délai.* — Si le prévenu ne se présente pas à l'audience et que, sans jugement, le tribunal remette la cause, l'inscription de faux doit être admise, si elle est faite avant la nouvelle audience. (Cass. 13 février 1847.)

15. *Délai. Audience. Comparution.* — Une inscription de faux contre un procès-verbal ne peut plus être formée après la comparution du prévenu à l'audience, alors même qu'à cette audience il n'aurait été prononcé qu'une simple remise de cause. (Cass. 17 février 1837 et 12 janvier 1838.)

16. *Procuration.* — La déclaration d'inscription de faux doit être faite par la personne elle-même, ou par un fondé de pouvoirs *spécial* par acte notarié. Dans ce cas, le prévenu ne peut pas être représenté par un fondé de pouvoirs, avec une procuration générale ou par un mandataire spécial dont le pouvoir ne serait pas donné par acte notarié.

17. *Remise.* — L'inscription de faux peut être remise par écrit, ou dictée au greffier par le prévenu, ou son fondé de pouvoirs par procuration spéciale et authentique.

18. *Déclaration. Réception. Preuve.* — Le prévenu qui s'inscrit en faux contre un procès-verbal est tenu de prouver que sa déclaration a été reçue par le greffier du tribunal, dans les formes et les délais déterminés par l'article 179 du code forestier.

19. *Audience.* — Lorsque l'inscription de faux a été formée le jour même de l'audience indiquée par la citation, sans que l'acte qui la constate mentionne l'heure à laquelle la déclaration du prévenu a été reçue au greffe du tribunal, cette déclaration doit être déclarée tardive, à moins que le prévenu ne prouve qu'elle a été réellement effectuée avant l'audience. Vainement, le prévenu établirait-il que l'acte de l'inscription de faux a été remis au président du tribunal avant l'appel des causes forestières; elle n'est pas admissible, s'il ne justifie d'un usage ou règlement local qui diviserait l'audience correctionnelle en deux audiences indépendantes et distinctes, l'une pour les affaires correctionnelles proprement dites et l'autre pour les affaires forestières. (Cass. 11 juillet 1867.) V. Foi due aux procès-verbaux.

20. *Plusieurs prévenus.* — Lorsqu'un procès-verbal sera rédigé contre plusieurs prévenus et qu'un ou quelques-uns d'entre eux seulement s'inscriront en faux, ce procès-verbal continuera à faire foi à l'égard des autres prévenus, à moins que le fait incriminé de faux ne soit indivisible et commun aux autres prévenus. (Cod. For. 181.)

21. *Procédure.* — La poursuite en faux est soumise, en ce qui concerne la procédure, aux règles tracées par l'article 179 du code forestier et non pas à celles des article 458 et 459 du code d'instruction criminelle. (Cass. 14 mai 1813.)

22. *Condition.* — L'inscription de faux n'est recevable que lorsque toutes les formalités prescrites par l'article 179 du code forestier ont été remplies (avant l'audience). Après cela, le tribunal, par un jugement préparatoire, donne acte de l'inscription de faux.

Ensuite le tribunal examine, avant de prononcer sur le faux, si l'inscription de faux est recevable et si toutes les formalités prescrites par la loi ont été remplies. (Cass. 17 février 1837 et 12 janvier 1838.)

23. *Décision.* — A l'expiration du délai fixé (Cod. For. 179 § 3), le tribunal doit admettre les moyens de faux, s'ils sont de nature à détruire l'effet du procès-verbal;

mais il n'est pas tenu de prononcer son jugement ce jour-là même ; il peut le renvoyer à une autre audience. (Cass. 26 avril 1845.)

24. *Admission.* — C'est au tribunal saisi qu'appartient le droit d'apprécier l'admissibilité de l'inscription de faux, attendu que le juge de l'action est aussi le juge de l'exception. (Cass. 24 mars 1809.)

25. *Moyens. Admission.* — Les moyens de faux ne doivent être admis qu'autant que les faits articulés sont de nature, s'ils viennent à être prouvés, à détruire l'existence du délit et à justifier pleinement le prévenu, ou à paralyser l'objet du procès-verbal dans ses parties essentielles et constitutives. Le jugement qui rejette ou admet une inscription de faux est un jugement *définitif*, sur la question d'admission ou de rejet, et dont on peut faire appel, avant le jugement sur le fond. (Cass. 18 mars 1836.)

26. *Moyens. Faits. Preuve.* — Les moyens de faux doivent contenir l'énonciation de faits positifs, constituant un ensemble de faits différents de ceux relatés au procès-verbal et tels que leur preuve démontre la fausseté du procès-verbal. (Cass. 23 novembre 1810.)

27. *Faits.* — L'inscription de faux ne peut être admise que pour établir des faits en contradiction avec ceux du procès-verbal. (Cass. 30 mai et 18 juillet 1831.)

28. *Admission. Sursis.* — Dès que l'inscription de faux est admise, le tribunal doit surseoir au jugement de l'infraction. (Bastia, 30 octobre 1865.)

29. *Sursis. Instruction.* — Lorsque le tribunal a admis, comme régulière et pertinente, l'inscription de faux formée par le prévenu, il ne peut charger son président d'instruire sur le faux.

Le tribunal doit surseoir à statuer sur le fond et ordonner qu'il sera instruit sur le faux, suivant les formes ordinaires, à la diligence du ministère public. (Pau, 18 avril 1885.)

30. *Moyens. Signification.* — Le prévenu d'un délit forestier qui s'inscrit en faux, contre le procès-verbal, n'est pas tenu de signifier à l'administration des forêts les moyens de faux dont il entend se prévaloir ; il doit seulement les déposer au greffe du tribunal. (Bastia, 30 octobre 1865.)

31. *Délai. Dépôt. Moyens.* — Les moyens de faux doivent, dans le délai fixé par le tribunal, être déposés au greffe du tribunal qui doit connaître du délit, soit par le prévenu lui-même, soit par un mandataire porteur d'un pouvoir sous seing privé, soit même par l'avoué saisi de l'affaire. (Cass. 1er juin 1827.)

32. — *Appel. Non-similitude des bois. Dimension. Admissibilité. Condamnations.* — Lorsqu'à l'appui d'une demande en inscription de faux, le prévenu offre de prouver que les bois trouvés en sa possession et dont il se prétend propriétaire ne coïncident nullement et ne présentent aucune similitude avec les souches des arbres coupés en délit et qu'il ajoute, devant la cour d'appel, que les circonférences sont différentes, ce moyen est pertinent, admissible, et ne peut être rejeté sans violation de la loi.

La cour d'appel, devant laquelle un renvoi a été ordonné par arrêt de la cour de cassation, est compétente pour statuer, comme l'auraient pu faire les premiers juges, non seulement sur les moyens de faux, mais encore sur le fond de l'affaire, notamment pour prononcer contre le prévenu les peines prévues par le code forestier. (Cass. 27 novembre 1890. Grenoble, 19 février 1892. Circ. N 455.)

33. *Moyens de faux. Faits.* — Les moyens de faux ne peuvent pas être une simple dénégation ; ils doivent contenir l'articulation de faits pouvant démontrer la fausseté du procès-verbal ; une simple requête ne suffirait pas. (Cass. 23 novembre 1810 et 28 septembre 1837.)

34. *Moyens. Témoins.* — Il est indispensable que le prévenu fasse connaître les noms, qualités et demeures des témoins, à l'aide desquels la fausseté du procès-verbal pourra être reconnue ; l'absence de l'une ou de l'autre de ces conditions emporte déchéance de l'inscription de faux. (Cass. 19 avril 1811.)

35. *Poursuite. Refus d'autorisation.* — Si l'administration refusait l'autorisation de poursuivre le garde en faux, le tribunal devrait procéder à l'instruction sur le faux incident, conformément à l'article 459 du code d'instruction criminelle. (Cass. 11 décembre 1835.)

36. *Assises.* — Si le garde est renvoyé devant une cour d'assises et condamné pour avoir voulu faire passer pour vrais des faits faux, le procès-verbal n'étant plus qu'un acte faux, la poursuite tombe d'elle-même.

Si la cour d'assises acquitte le garde et déclare le procès-verbal exact et véritable, la poursuite est reprise devant le tribunal correctionnel, comme si l'inscription de faux n'avait pas eu lieu.

Si la cour d'assises acquittait le garde, comme non coupable du faux, la question intentionnelle étant ainsi résolue, il resterait à examiner, par-devant le tribunal correctionnel, si le procès-verbal est faux ou non, d'après la procédure indiquée aux articles 459 et 460 du code d'instruction criminelle. V. Faux.

37. *Calomnie.* — Si l'inscription de faux n'est pas justifiée, les gardes ont le droit de poursuivre en dénonciation calomnieuse,

conformément à l'article 373 du code pénal, les délinquants qui se sont inscrits en faux contre leur procès-verbal.

38. *Poursuite reconventionnelle.* — Le délinquant qui s'inscrit en faux n'encourt qu'une poursuite en dénonciation calomnieuse de la part du garde et une condamnation en dommages-intérêts. Cependant, le tribunal d'Yvetot a décidé, le 8 novembre 1842, que celui qui intente une action en faux non justifiée est passible de l'amende de 300 francs édictée par les articles 246 et 247 du code de procédure civile. (Cass. 8 février 1845. Pau, 12 juillet 1865.)

Dans tous les cas, les agents forestiers n'ont pas qualité pour requérir cette condamnation, attendu qu'elle n'est pas inscrite dans le code forestier. (Cass. 16 août 1838.)

39. *Récolement.* — En ce qui concerne les procès-verbaux de récolement, après l'expiration du délai d'un mois fixé par l'article 50 du code forestier, on ne pourrait s'inscrire en faux que pour les indications de faits matériels autres que ceux de fausses énonciations, dont la vérification est réservée aux conseils de préfecture.

INSECTE.

1. *Recherches. Principes.* — Les insectes n'étant pas des produits forestiers (sol ou bois), leur extraction ou enlèvement ne peut pas être puni des peines édictées par le code forestier. Mais, si leur poursuite hors chemin causait du dommage au peuplement, il pourrait y avoir lieu à l'ouverture d'une action civile ; leur recherche, dans les végétaux, pourrait être qualifiée de mutilation, et les investigations dans le sol, de préparation à l'enlèvement. Dans tous ces faits, on ne pourrait poursuivre que l'abus ou l'intention de nuire.

2. *Insectes nuisibles. Destruction.* — Le préfet, après avis du conseil général, sauf dans les cas urgents, prescrit par un arrêté les mesures nécessaires pour prévenir les dommages causés par les insectes. Ces mesures doivent être exécutées par les propriétaires (Etat, communes et particuliers) ou fermiers, sur leurs immeubles, et dans les bois et forêts sur une lisière de 30 mètres seulement. En cas d'inexécution, procès-verbal est dressé par le maire..., le garde forestier. Pénalités :

Amende : 6 à 15 francs.
En cas de récidive, *amende* : 12 à 30 francs.
Prison facultative, maximum : 5 jours.

A défaut d'exécution des mesures dans le délai fixé par le jugement, il y est procédé d'office, par les soins du maire ou du commissaire de police, aux frais du contrevenant. (Loi du 24 décembre 1888.) V. Echenillage.

INSIGNES.

1. *Officiers. Chasseurs forestiers.* — Les insignes de grade des officiers de chasseurs forestiers consistent :

Sur la tunique. — En un ou plusieurs rangs de soutache d'argent de $0^{m},003$ de largeur, disposée en trèfle, de la forme et des dimensions réglementaires pour les corps d'infanterie. La soutache contourne tout le parement et se perd dans la couture.

Sur la capote. — En un ou plusieurs rangs de galon d'argent plat, à trait côtelé, de $0^{m},006$ de largeur.

Sur le képi. — En un ou plusieurs rangs de soutache d'argent de $0^{m},003$ de largeur.

Les gardes généraux stagiaires portent un rang de soutache ou de galon.

Les gardes généraux : deux rangs.

Les inspecteurs adjoints : trois rangs.

Les inspecteurs : quatre rangs.

Les conservateurs : cinq rangs.

Pour les conservateurs, le deuxième et le quatrième rang sont en or, tunique, capote et képi. (Arr. Min. du 30 octobre 1891. Circ. N 438.)

2. *Sergent-major.* — Les insignes des sergents-majors des chasseurs forestiers comprennent trois galons en argent de 22 millimètres de largeur, façon dite à *lézarde*, séparés de 3 millimètres l'un de l'autre, placés sur chaque avant-bras de la jaquette, plongeant de dehors en dedans, l'extrémité supérieure à 150 millimètres de l'orifice de la manche et l'extrémité inférieure immédiatement au-dessus du bord du parement. (Décis. Min. du 8 mai 1875. Circ. N 177. Décis. Min. du 15 octobre 1888. Circ. N 403.)

Si le préposé a un galon administratif, l'extrémité inférieure susdite est mise immédiatement au-dessus de ce galon, et l'extrémité supérieure est relevée d'autant. (Cah. des ch. 1893, p. 42.)

3. *Sergent.* — Les insignes de sergent comprennent deux galons de même nature et de même dimension que les galons de sergent-major et placés d'une manière identique. (Décis. Min. du 8 mai 1875. Circ. N 177. Décis. Min. du 15 octobre 1888. Circ. N 403.)

4. *Fourrier.* — Les insignes de fourrier comprennent les galons de sergent et, en outre, un galon de même dimension et de même nature, placé obliquement sur le haut de chaque bras, plongeant de dehors en dedans, l'extrémité supérieure à 90 millimètres de la couture de l'emmanchure et l'extrémité inférieure à 150 millimètres. (Décis. Min. du 8 mai 1875. Circ. N 177. Décis. Min. du 15 octobre 1888. Circ. N 403.)

5. *Caporal.* — Les insignes de caporal comprennent un seul galon en argent de même nature et de même dimension que le galon inférieur du sergent et placé de la même manière. Décis. Min. du 15 octobre 1888. Circ. N 403.)

6. *Clairon.* — Les insignes de clairon comprennent un galon tricolore, modèle de l'infanterie, placé au-dessous du passepoil du parement et le suivant sur chaque manche. (Arr. Min. 3 août 1892. Circ. N 449. Cah. des ch. 1893, p. 43.)

7. *Récompenses de tir.* — Les récompenses de tir consistent en un cor de chasse en argent fin, modèle de l'infanterie. (Circ. N 451.)

8. *Gratuité.* — Les préposés (France et Algérie) reçoivent, à titre gratuit, les insignes de grade (jaquette ou dolman, képi et cor de chasse pour prime de tir). (Arr. Min. 3 août 1892, art. 4. Circ. N 449. Arr. Min. 19 avril 1893. Lettre de l'Admin. 22 juin 1893.)

INSOLVABLE.

Calepin, 16.
Certificat, 1, 2, 3.
Citation, 6.
Détention, 9.
Etat, 12.
Etat de condamnations, 17.
Incarcération, 8, 17.
Jugement, 7.
Justification, 1.
Libération, 10, 13, 14.
Mise en liberté, 11.
Poursuites, 4, 5.
Prestation, 13, 14, 15.
Procès-verbal, 5.
Signification, 7.
Situation des poursuites, 18.
Travaux, 16.

1. *Justification. Certificat.* — Les délinquants insolvables doivent justifier de leur insolvabilité, en fournissant : 1° un extrait du rôle des contributions constatant qu'ils paient moins de 6 francs, ou un certificat du percepteur portant qu'ils ne sont pas imposés ; 2° un certificat d'indigence, à eux délivré par le maire de la commune de leur domicile ou par son adjoint, visé par le sous-préfet et approuvé par le préfet du département. (Instr. Crim. 420. Loi du 28 juin 1877.)

2. *Certificat.* — Les certificats d'insolvabilité sont délivrés par les maires, qui sont personnellement responsables des attestations qu'ils donnent. (Lettres du Min. de l'intérieur des 23 août 1802 et 17 novembre 1835. Circ. N 149.)

3. *Certificat.* — Le percepteur intervient pour indiquer le montant des impositions payées par l'individu présumé insolvable, et le chef du cantonnement fait connaître si le condamné est un délinquant d'habitude. (Circ. de l'enregistr. 30 novembre 1837. Circ. N 149.)

4. *Poursuite.* — Les actes de poursuites, en matière de délit forestier, seront, autant que possible, restreints aux délinquants solvables ; ils n'auront lieu contre les insolvables qu'autant qu'ils seront nécessaires pour assurer la répression des délits par l'emprisonnement, à défaut du paiement des condamnations. (Décis. Min. 12 avril 1834. Circ. A 348.) V. Emprisonnement.

5. *Poursuites. Procès-verbal.* — Lorsque plusieurs procès-verbaux auront été dressés contre un délinquant insolvable déjà condamné, les conservateurs sont autorisés à les abandonner ou à les poursuivre, selon que le bien du service ou l'intérêt du Trésor paraîtront l'exiger. (Décis. Min. 26 juillet 1831. Circ. A 285.)

6. *Citation.* — Il ne sera donné qu'une seule citation pour plusieurs procès-verbaux rapportés, pendant le mois, contre le même individu reconnu insolvable. (Décis. Min. 12 avril 1834. Circ. A 348.)

7. *Jugement. Signification.* — Lorsque plusieurs jugements par défaut auront été rendus contre un insolvable, il ne lui sera signifié que celui des jugements portant la peine la plus forte, lequel servira de base pour provoquer l'incarcération et fixer la durée de la détention. Les conservateurs sont autorisés à ne point faire signifier les autres jugements, prononçant des peines moindres, contre le même individu. (Décis. Min. 26 juillet 1831. Circ. A 285.)

8. *Incarcération.* — Lorsque plusieurs jugements auront été rendus contre le même individu, la poursuite en incarcération n'aura pas pour base le dernier jugement, mais celui dont les condamnations sont les plus élevées. (Décis. Min. 26 juillet 1831. Circ. A 285.)

9. *Détention.* — Les condamnés insolvables, en cas d'incarcération, seront mis en liberté après avoir subi quinze jours de détention, lorsque l'amende et les autres condamnations pécuniaires n'excéderont pas 15 francs. La détention ne cessera qu'au bout d'un mois, lorsque ces condamnations s'élèveront ensemble de 15 à 50 francs, et elle ne durera que deux mois, quel que soit le montant desdites condamnations.

En cas de récidive, la durée de la détention sera le double de ce qu'elle aurait été sans cette circonstance ; maximum : quatre mois. (Cod. For. 213. Loi du 22 juillet 1867.)

10. *Libération.* — Après l'emprisonnement, les insolvables sont *définitivement* libérés de leur dette, alors même qu'il leur surviendrait des moyens de libération. (Décis. Min. 2 novembre 1829 et 4 septembre 1862.)

11. *Mise en liberté.* — Les condamnés qui, en raison de leur insolvabilité, invoqueront l'application de l'article 213 du code forestier, présenteront leur requête, accompagnée des pièces justificatives prescrites par l'article 420 du code d'instruction criminelle, au ministère public, qui ordonnera, s'il y a lieu, que les condamnés soient mis en liberté à l'expiration des délais fixés par l'article 213 du code forestier et en donnera avis aux percepteurs. (Ord. 191. Circ. N 149.)

12. *Etat.* — Il est dressé, de concert entre le percepteur et l'agent forestier désigné par l'inspecteur, des états par commune de tous les condamnés pour délits forestiers qui sont reconnus insolvables. (Form. série 6, n° 13.)

En cas de dissentiment entre le percepteur et l'agent forestier, sur l'insolvabilité, ils forment un état distinct des condamnés dont la solvabilité aura été contestée et ils le transmettent chacun à leur chef immédiat, pour en être référé au préfet, chargé de statuer. En attendant qu'il ait été prononcé à cet égard par le préfet, sur les observations du trésorier général et du conservateur, les individus portés sur ces états sont considérés comme insolvables. Les états sont dressés en deux expéditions, destinées, l'une au percepteur, l'autre à l'agent forestier. Ils sont revisés et complétés pendant les mois de janvier et de juillet de chaque année. (Décis. Min. du 12 avril 1834, art. 2, 3 et 4. Circ. A 348. Circ. N 149.)

13. *Libération. Prestation.* — L'administration forestière pourra admettre les délinquants insolvables à se libérer des amendes, réparations civiles et frais, au moyen de prestations en nature consistant en travaux d'entretien et d'amélioration dans les forêts ou sur les chemins vicinaux. (Cod. For. 210. Loi du 18 juin 1859.)

Il en est de même pour les insolvables condamnés, en ce qui concerne l'amende et les frais, relativement aux délits commis dans les bois particuliers. (Cod. For. 215. Loi du 18 juin 1859.) V. Prestation.

14. *Libération. Prestation.* — On peut admettre les insolvables à se libérer par les prestations, sans recourir aux tribunaux, pourvu que leur insolvabilité soit régulièrement constatée et bien qu'ils ne figurent pas sur l'état des insolvables dressé en exécution de la décision ministérielle du 12 avril 1834. (Circ. A 814.)

15. *Journées de prestations. Bois domaniaux.* — Les prestations dues par les délinquants insolvables, dans les forêts domaniales, doivent être principalement employées au curage et à l'ouverture de fossés, extraction et cassage de matériaux, réparations aux chemins, menus travaux d'entretien, préparation du sol pour repeuplement, récolte et fourniture de graines, semis et plantations. Ces travaux sont dirigés, surveillés, exécutés et reçus de la même manière que ceux faits par les concessionnaires de menus produits, c'est-à-dire conformément aux indications et sous la surveillance des agents forestiers. (Circ. N 22, art. 326 et 327.)

16. *Travaux. Calepin.* — Les travaux des délinquants insolvables doivent toujours être constatés par des calepins d'attachement. (Circ. N 416.)

17. *Etat des condamnations. Incarcération.* — L'agent forestier chargé de la poursuite des délits dresse, tous les trois mois, un état des individus insolvables contre lesquels il existe des condamnations susceptibles d'exécution. (Form. série 6, nº 14.) Il communique cet état au procureur de la République et, après avoir recueilli son avis (consigné dans la colonne d'observations) sur le nombre d'individus dont l'incarcération est possible, il signale les condamnés les plus audacieux et les plus incorrigibles. Il transmet une expédition de cet état au conservateur, qui adresse au trésorier général l'état des insolvables dont le procureur de la République a reconnu l'incarcération possible, et le trésorier général donne immédiatement aux percepteurs, soit directement, soit par l'entremise de la recette particulière, les ordres nécessaires pour provoquer les incarcérations. (Décis. Min. du 12 avril 1834, art. 7. Circ. A 348. Circ. N 149.)

18. *Situation des poursuites.* — Tous les trois mois, les percepteurs adressent à la trésorerie générale, par l'intermédiaire de la recette des finances, l'état des poursuites contre les condamnés insolvables désignés pour être incarcérés. Si l'incarcération n'a pas eu lieu, ils en font connaître les motifs, en énonçant les diligences faites. Ces états sont communiqués par le trésorier général au conservateur. (Décis. Min. du 12 avril 1834, art. 8. Circ. A 348. Circ. N 149.)

INSPECTEUR.

1. *Définition.* — Agent forestier chef de service dans l'inspection à la tête de laquelle il est placé. V. Chef de service.

Les inspecteurs ont remplacé les maîtres particuliers. (Circ. du 18 septembre 1801.)

2. *Nombre.* — Le nombre des inspecteurs, en France, est fixé à deux cents; en Algérie, à dix-huit. (Décr. du 29 octobre 1887.)

3. *Classe.* — Les inspecteurs sont divisés, en quatre classes. (Arr. Min. du 1er août 1882. Circ. N 301.)

4. *Nomination.* — Les inspecteurs sont nommés par le ministre de l'agriculture, sur la proposition du directeur. (Ord. 12. Ord. du 17 décembre 1844, art. 84. Décr. du 14 janvier 1888. Circ. N 394.)

5. *Nombre. Circonscription.* — Le nombre et la circonscription des inspecteurs sont fixés par le ministre. (Ord. 10.) V. Organisation.

6. *Choix. Avancement.* — Les conservateurs seront choisis parmi les inspecteurs ayant au moins cinq ans de grade et deux ans de service dans les fonctions actives. (Arr. Min. du 15 juin 1891. Circ. N 435.) V. Avancement.

7. *Accréditation.* — Les inspecteurs doivent, dès leur entrée en fonctions, se présenter devant le préfet ou le sous-préfet de leur résidence. (Circ. N 51 art. 10.) V. Accréditation.

8. *Sommiers. Registres.* — L'inspecteur tient divers livres d'ordre ou sommiers, pour l'enregistrement sommaire des affaires, pour

l'emploi de son temps au service extérieur, pour les menus produits des forêts domaniales et les produits accessoires dans les forêts communales, pour les procès-verbaux et jugements, etc. (Instr. du 23 mars 1821. Circ. A 358. Circ. A 429. Circ. A 584.) V. Registre.

9. *Comptabilité.* — Les arrêtés de liquidation ou certificats de paiement relatifs aux acquisitions de terrains, travaux par entreprise et objets divers sont préparés par l'inspecteur. (Circ. N 402.)

INSPECTEUR ADJOINT.

Accréditation, 17.
Attributions, 9.
Autorisation, 13.
Avancement, 4, 5.
Chef de service, 17.
Classes, 7.
Délégation, 12.
Déplacement, 12, 13, 14.
Emploi, 11.
Fonctions, 8, 11.
Grade, 1.
Indemnité, 14, 15, 16.
Nombre, 2.
Nomination, 3.
Opérations, 14, 15.
Poursuites, 16.
Registre, 10.
Service, 6.
Traitement, 7.

1. *Grade.* — Le grade d'inspecteur adjoint remplace celui de sous-inspecteur. (Décr. du 1er août 1882. Circ. N 301.)

2. *Nombre.* — Le nombre des inspecteurs adjoints en France est fixé à deux cent quinze ; en Algérie, à dix-huit. (Décr. du 29 octobre 1887.)

3. *Nomination.* — Les inspecteurs adjoints sont nommés par le ministre de l'agriculture. (Décr. du 14 janvier 1888, art. 7. Circ. N 394.)

4. *Avancement.* — Les inspecteurs adjoints sont tous admissibles aux emplois supérieurs, sans distinction d'origine ; ils seront promus au grade d'inspecteur au choix et au vu de leur inscription au tableau d'avancement, institué par l'ordonnance du 17 décembre 1844. (Décr. du 23 octobre 1883, art. 6.)

5. *Avancement.* — Les inspecteurs seront choisis parmi les inspecteurs adjoints ayant au moins cinq ans de grade et trois ans dans le service actif. (Arr. Min. du 15 juin 1891. Circ. N 435.) V. Avancement.

6. *Service.* — En dehors de la circonscription permanente ou temporaire qui leur est assignée, les inspecteurs adjoints ont compétence pour procéder aux opérations forestières, dans tout ou partie de l'inspection, et remplir les missions qui leur seraient confiées par l'administration. (Décr. 27 octobre 1883, art. 2.)

7. *Classes. Traitement.* — Les classes et traitements des inspecteurs adjoints sont réglés ainsi qu'il suit :

Hors classe	4000 fr.
1re classe.............	3800
2e classe..............	3400
3e classe..............	3000

Le nombre des inspecteurs adjoints hors classe, en activité de service, ne peut jamais dépasser douze, et celui des inspecteurs adjoints de 1re classe ne devra jamais être supérieur à soixante-cinq. (Décr. du 14 octobre 1885. Circ. N 354.)

8. *Fonctions.* — Les inspecteurs adjoints paraissant, d'après le décret du 23 octobre 1883, remplir les mêmes fonctions que les sous-inspecteurs, on a relaté ci-dessous les prescriptions se rapportant aux anciens sous-inspecteurs et qui, dans ce cas, seraient applicables aux inspecteurs adjoints.

9. *Attributions.* — Les inspecteurs adjoints (sous-inspecteurs) exercent dans leur cantonnement les attributions des gardes généraux. (Décis. Min. 27 juillet 1844.)

10. *Registre.* — Les inspecteurs adjoints (sous-inspecteurs) tiennent les registres des chefs de cantonnement. V. Registre.

11. *Fonctions. Emploi.* — Un inspecteur adjoint (sous-inspecteur) est attaché à chaque inspection. Cet agent est chargé du cantonnement le plus voisin de l'inspection.

L'inspecteur, en cas d'empêchement, sera remplacé de droit par l'inspecteur adjoint (sous-inspecteur).

Hors ce cas, aucune des fonctions de l'inspecteur ne peut être confiée à l'inspecteur adjoint (sous-inspecteur) qu'en vertu d'une autorisation spéciale de l'administration. (Ord. 10. Arr. Min. du 27 juillet 1844. Circ. A 554.)

12. *Déplacement. Délégation.* — Les inspecteurs adjoints (sous-inspecteurs) seront tenus de concourir aux opérations des coupes dans toutes les parties de l'inspection, toutes les fois que leur assistance sera jugée indispensable. Le conservateur réglera cette partie du service, et son approbation est nécessaire pour toutes les délégations, soit générales, soit spéciales, qui, sauf le cas d'urgence, pourraient être données aux inspecteurs adjoints (sous-inspecteurs) par le chef de service. (Circ. A 532.)

13. *Déplacement. Autorisation.* — Sauf le cas où ils remplissent par intérim les fonctions d'inspecteur, les inspecteurs adjoints (sous-inspecteurs) ne peuvent être employés en dehors de leur cantonnement qu'en vertu d'une autorisation de l'administration. (Circ. A 569 bis.)

14. *Opération. Déplacement. Indemnité.* — Les inspecteurs adjoints (sous-inspecteurs) peuvent être appelés à opérer, sans indemnités de déplacement, dans toute l'étendue de l'inspection, lorsque l'intérêt du service l'exige. (Circ. A 592 septies.)

15. *Opération. Indemnité.* — Il ne sera plus accordé d'indemnité aux inspecteurs adjoints (sous-inspecteurs) pour leur concours aux opérations relatives aux coupes, dans toute l'étendue de l'inspection, parce que, aux termes de la circulaire A 532, ces opé-

rations rentrent dans leurs attributions. (Circ. A 852. Circ. N 26, art. 9.)

16. *Poursuites. Indemnités.* — Les inspecteurs adjoints (sous-inspecteurs) qui seront chargés des poursuites, sans être chefs de service, rempliront, pour tout ce qui concerne cette partie du service, les mêmes obligations que les inspecteurs et seront investis des mêmes attributions. Ils n'en resteront pas moins, toutefois, pour cet objet, sous la direction et le contrôle des inspecteurs, dont l'autorité ne saurait être scindée et qui devront alors exercer, à cet égard, sur les inspecteurs adjoints (sous-inspecteurs), l'action que les conservateurs exercent sur les inspecteurs. (Circ. A 532.)

17. *Chefs de service. Accréditation.* — Les inspecteurs adjoints (sous-inspecteurs) chefs de service doivent se présenter, dès leur entrée en fonction, devant le préfet ou le sous-préfet de leur résidence. (Circ. N 51, art. 10.) V. Accréditation. Chef de service.

INSPECTEUR DES ÉTUDES (A L'ÉCOLE FORESTIÈRE).

1. *Nomination.* — L'inspecteur des études est nommé par le ministre de l'agriculture. (Décr. du 12 octobre 1889, art. 4.)

2. *Choix.* — Il est choisi parmi les professeurs titulaires ou les chargés de cours. (Décr. du 12 octobre 1889, art. 4.)

3. *Attributions.* — Il est spécialement chargé d'assurer, sous l'autorité immédiate du sous-directeur, l'exécution des règlements de police et le maintien de la discipline, tant à l'intérieur qu'à l'extérieur de l'école. Il remplit cette fonction concurremment avec celle de professeur ou de chargé de cours. (Décr. du 12 octobre 1889, art. 4.)

INSPECTEUR DES FINANCES.

1. *Nomination.* — Les conditions requises pour entrer dans l'inspection comme adjoint sont les suivantes : appartenir aux finances de l'Etat depuis deux ans, avoir 22 ans au moins, 30 ans au plus ; être licencié en droit ou ancien élève de l'école polytechnique sorti admissible dans les services du gouvernement ; justifier d'un revenu de 2000 francs ; avoir subi enfin un examen d'aptitude.

Pour être admis au grade d'inspecteur de 4e classe, les adjoints doivent avoir fait au moins deux tournées d'inspection et avoir subi un examen de capacité. (Décr. 19 juin 1876 et 25 août 1879. Circ. N 199.)

2. *Contrôle. Suppression.* — Les inspecteurs des finances n'exercent plus de contrôle sur l'administration des forêts ; mais ils peuvent vérifier les procès-verbaux d'adjudication des produits forestiers, relativement aux travaux mis en charge. Les dossiers des ventes sont mis à leur disposition, sur leur demande. (Circ. N 286.)

INSPECTEURS GÉNÉRAUX (DES FORÊTS).

Création. Suppression. Remplacement. — Le corps des inspecteurs généraux des forêts, qui avait été créé par décret du 12 janvier 1878 (Circ. N 221) et dont les attributions avaient été fixées par arrêté ministériel du 13 mai 1878 (Circ. N 226), a été supprimé. (Décr. du 26 décembre 1887.)

Les inspecteurs généraux des forêts sont remplacés par des agents ayant le grade d'administrateurs. (Décr. du 14 janvier 1888, art. 2.) V. Administrateurs.

INSPECTION FORESTIÈRE.

1. *Définition.* — Etendue de la circonscription d'un inspecteur. Les inspections ont remplacé les anciennes maîtrises particulières.

2. *Nombre. Circonscription.* — Le nombre et la circonscription des inspections sont fixés par le ministre. (Ord. 10.)

3. *Composition.* — Il faut que la composition des inspections permette au chef de service de vaquer personnellement, suivant le vœu des règlements, aux opérations, aux audiences et à la surveillance générale du service. (Inspection des finances.)

INSPECTION GÉNÉRALE FORESTIÈRE.

Tournées. — L'inspection générale s'effectue par les administrateurs, dont les tournées sont réglées par le ministre, sur la proposition motivée du directeur. (Décr. du 14 janvier 1888, art. 2. Circ. N 394.)

INSPECTION GÉNÉRALE MILITAIRE.

Chasseurs forestiers. — Les compagnies ou sections de chasseurs forestiers sont, dans la période de paix, soumises à des inspections générales, dans la forme déterminée par le ministre de la guerre, de concert avec le ministre de l'agriculture. (Décr. du 18 novembre 1890, art. 11. Circ. N 424.)

INSTALLATION.

Armement, 10.
Avis, 4.
Certificat, 8.
Chef de cantonnement, 6
Chef de service, 5.
Délai, 2, 4.
Equipement, 11.
Indication, 12.
Maison forestière, 15.
Mobilier, 15.
Ordre de service militaire, 14.
Préposé, 7, 9, 12.
Procès-verbal, 9.
Retard, 3.
Santé, 8.
Service, 1.
Timbre, 13.
Traitement, 1.

1. *Service. Traitement.* — Le jour de l'installation compte comme service. Si le fonctionnaire doit prêter serment, le traite-

ment ne court que du jour de la prestation de serment; sinon, il est liquidé à partir du jour de l'installation. V. Service.

2. *Délai.* — Tout agent ou préposé, appelé d'une résidence à une autre, doit se rendre à sa nouvelle destination dans un délai de dix jours, à partir de la cessation de ses fonctions, à moins que l'administration ne fixe un plus long délai. (Circ. N 51, art. 24.)

3. *Retard.* — En aucun cas, le conservateur ne peut différer l'installation des agents envoyés dans sa circonscription. (Circ. N 51, art. 25.)

4. *Délai. Avis.* — Dans un délai de dix jours, les conservateurs donnent, par lettre spéciale, avis de la date de l'installation des nouveaux titulaires et de la cessation de service des anciens, en y joignant la date précise de la prestation de serment et de l'enregistrement de la commission. (Circ. A 167 bis. Circ. A 187 ter. Circ. A 216.) V. Accréditation. Commission. Serment.

5. *Chef de service.* — L'installation des chefs de service est faite par le conservateur. (Circ. N 51, art. 12.)

6. *Chef de cantonnement.* — L'installation des chefs de cantonnement est faite par les inspecteurs. (Circ. N 51, art. 12.)

7. *Préposés.* — Les chefs de cantonnement installent les préposés; ils dressent un procès-verbal d'installation, de vérification du triage et un état des lieux de la maison forestière. (Circ. N 51, art. 19. Form. série 1, nº 3, et série 3, nº 21.)

8. *Santé. Certificat.* — Tout préposé forestier nommé doit, avant son installation, fournir un certificat délivré par un médecin assermenté, constatant qu'il n'est atteint d'aucune infirmité ou vice de conformation et que sa constitution est suffisamment robuste pour résister aux fatigues d'un service pénible. (Circ. N 197.)

9. *Procès-verbal. Préposés.* — Le procès-verbal d'installation d'un garde, dans un triage, comprend la vérification du triage et la reconnaissance officielle des délits existants. Ce procès-verbal, dressé par le chef de cantonnement, reste déposé aux archives de l'inspection, pour être consulté au besoin; il limite, pour le nouveau garde, sa responsabilité pour les délits anciens non constatés. (Circ. A 529. Form. série 1, nº 3.)

10. *Armement.* — En cas de mutation, le préposé sortant qui ne quitte pas la conservation emporte son arme et les accessoires; s'il change de conservation, il remet son arme et les accessoires au chef de cantonnement, qui vérifie si ces objets sont en bon état. (Circ. N 259.)

11. *Equipement.* — En cas de mutation, les effets de grand équipement, y compris la bretelle du fusil, sont emportés par le garde sortant, quelle que soit sa nouvelle destination en France. (Circ. N 257.) V. Equipement.

12. *Préposé. Indication.* — Le procès-verbal d'installation doit être transcrit sur le livret du garde et mentionner :

1º La date de l'installation;

2º La date de la prestation de serment ou de l'enregistrement de la commission au greffe du tribunal;

3º Le nombre et la nature des délits constatés;

4º La remise de la plaque et du livret;

5º La remise du marteau et le prix de la cession;

6º Le nombre et la nature des objets mobiliers confiés au garde;

7º Le nombre des feuilles des procès-verbaux;

8º L'état des lieux de la maison forestière et le règlement de la jouissance du bois de chauffage et des récoltes avec le prédécesseur. (Puton.)

13. *Timbre.* — Les procès-verbaux d'installation ne sont pas soumis au timbre, ni à l'enregistrement, comme actes administratifs. (Loi du 23 frimaire an VII et 15 mai 1818, art. 80.)

14. *Ordre de service militaire.* — En cas de mutations, on effacera les indications au crayon portées sur les formules C et E des ordres de service militaire et on les remplacera, également au crayon, par celles concernant le nouveau titulaire. (Circ. N 401.)

15. *Maison forestière. Mobilier.* — A chaque mutation du chef de cantonnement ou du préposé, l'inventaire des objets mobiliers appartenant à l'Etat et déposés dans les maisons forestières sera revisé; on y mentionnera simplement, avec leur numéro, les changements survenus dans la composition des articles. (Circ. N 285.)

INSTANCE.

SECT. I. — ACTION COMMUNALE, 1 — 39.

SECT. II. — ACTION DOMANIALE, 40 — 80.

Acquiescement, 75.
Acte conservatoire, 24, 26.
Action civile, 31, 64.
Action possessoire, 24, 25.
Administration des domaines, 58.
Affouage, 37.
Aliénation des droits, 27.
Appel, 16, 17, 33, 76.
Assignation, 66, 68.
Autorisation, 3, 10, 11, 13, 14, 15, 16, 18, 19, 21, 26, 27, 29, 32, 33, 34, 35, 36.
Avis, 8, 9, 50, 52, 53, 62.
Avocat, 80.
Avoué, 55, 80.
Compétence, 35, 63.
Conciliation, 5, 41.
Conclusion, 19.
Condition, 30.
Conseil de préfecture, 47.
Conseil municipal, 8, 9.
Contentieux, 54.
Contribuable, 28, 29.
Copie, 70, 71.
Défense, 12, 17, 56, 59.
Délai, 13, 44.
Demande, 10.
Demande reconventionnelle, 20.
Directeur des domaines, 48, 50.

Etat de situation, 78.
Exécution de jugement, 22.
Faculté, 1.
Formalités, 2, 40, 49, 54, 58.
Frais, 79, 80.
Habitant, 37.
Hypothèques, 39.
Incident, 18.
Instruction, 57, 60, 61.
Introduction, 51, 65.
Jugement, 70, 71, 72, 73, 74.
Maire, 12, 23, 27.
Mémoire, 4, 5, 7, 8, 40, 41, 42, 43, 44, 49, 59.
Mise en cause, 30.
Nullité, 32, 33, 34.
Ouverture, 6, 51, 65.
Pâturage, 38.
Plaidoirie, 56.
Plan, 62.
Possessoire, 24, 25.
Pourvoi, 13, 15, 16.
Préfet, 45, 46, 47.
Prescription, 7, 63.
Principes, 1, 3.
Procédure, 30, 31.
Régime forestier, 38.
Remise de cause, 67.
Représentant, 23, 45, 46, 47, 48.
Requête civile, 77.
Signification, 69.
Tierce opposition, 77.
Titre, 62.

V. Abandon. Action. Appel. Conciliation. Frais. Possessoire. Poursuite. Procédure. Renvoi à fin civile.

SECT. I. — ACTION COMMUNALE.

1. *Principe. Faculté.* — En thèse générale, les communes ne peuvent pas être forcées de plaider contre leur gré. (Bulletin officiel du ministère de l'intérieur, 1858, p. 20.)

2. *Formalités.* — Les communes seront tenues, pour former une demande en justice, de se conformer aux lois administratives. (Proc. Civ. 1032.)

3. *Autorisation. Principe.* — Lorsqu'une action est intentée *par* ou *contre* une commune, à raison de son domaine patrimonial, et que cette action peut avoir pour résultat d'en modifier la valeur ou l'étendue, l'intervention administrative doit se manifester pour autoriser cette action.

4. *Mémoire.* — Quiconque voudra exercer une action contre une commune ou section de commune sera tenu d'adresser, préalablement, au préfet, un mémoire dont il lui sera donné un récépissé et contenant les motifs de la réclamation.

L'action ne pourra être intentée qu'après la décision du conseil de préfecture et dans le délai de deux mois après le dépôt du mémoire, ou de quatre mois, en cas d'appel au conseil d'Etat. La présentation du mémoire introductif d'instance interrompra la prescription et toutes les déchéances. (Loi du 5 avril 1884, art. 124.)

5. *Mémoire. Dépôt.* — Le dépôt du mémoire est considéré comme introductif d'instance; il tient lieu de préliminaire de conciliation. (Cons. d'Etat, 20 octobre 1830.)

6. *Ouverture.* — En cas de contestation avec une commune ou un établissement public, le prévenu est censé avoir commencé l'instance civile, dès qu'il a demandé au préfet l'autorisation d'actionner, en justice, la commune ou l'établissement public intéressé, et réciproquement, lorsque la commune a demandé au préfet l'autorisation de plaider. (Cass. 3 novembre 1842.)

7. *Mémoire. Prescription.* — Le mémoire adressé au préfet est, par lui seul, interruptif de prescription et n'a pas besoin, pour produire cet effet, d'être suivi d'une demande en justice, dans un délai déterminé. (Cass. 12 janvier 1875.)

8. *Mémoire. Avis du conseil municipal.* — La délibération de la commune, sur le mémoire présenté, sera transmise au conseil de préfecture, qui décidera, dans le délai de deux mois, à dater du récépissé du mémoire, si la commune doit être autorisée à ester en justice. (Loi du 5 avril 1884, art. 125.)

9. *Délibération. Avis.* — Les conseils municipaux *sont toujours appelés à donner leur avis sur les actions judiciaires et les transactions.* (Loi du 5 avril 1884, art. 70.)

10. *Demande. Autorisation.* — Nulle commune ou section de commune ne peut ester en justice, sans être autorisée par le conseil de préfecture, et, après tout jugement intervenu, la commune ne peut se pourvoir devant une autre juridiction qu'en vertu d'une nouvelle autorisation du conseil de préfecture. (Loi du 5 avril 1884, art. 121.)

11. *Autorisation. Refus.* — En cas de refus d'autorisation et après le délai de deux mois, le demandeur poursuit son instance contre la commune, qui est alors jugée par défaut. (Cass. 20 janvier 1838.)

12. *Commune défenderesse. Maire. Refus.* — La décision du conseil de préfecture, qui autorise une commune à défendre à une action dirigée contre elle, n'a pas d'effet obligatoire et coercitif; elle ne donne pas au préfet le droit de contraindre la commune à suivre l'instance, malgré la volonté du conseil municipal, et de charger, sur le refus du maire, un délégué spécial de la représenter en justice. Le maire, en se conformant à la volonté du conseil municipal, ne refuse, ni ne néglige de faire un acte qui lui soit prescrit par la loi et ne se trouve point, par suite, dans l'un des cas où le préfet peut agir en son lieu et place. (Cass. Chambres réunies, 3 avril 1867.)

13. *Autorisation. Délai. Pourvoi.* — Le délai de deux mois, fixé pour obtenir l'autorisation de plaider, est augmenté de deux mois si, en cas de refus du conseil de préfecture, la commune se pourvoit devant le conseil d'Etat, à l'effet d'obtenir l'autorisation de plaider. (Loi du 5 avril 1884, art. 121, 126.)

14. *Autorisation.* — Le conseil de préfecture, en accordant ou refusant l'autorisation de plaider, ne juge pas le fond du procès, mais seulement les chances du succès et l'intérêt que peut avoir la commune dans l'instance. (Cons. d'Etat, 14 janvier 1841.)

15. *Autorisation. Refus. Pourvoi au conseil d'Etat.* — En cas de refus d'autorisation de

la part du conseil de préfecture, la commune peut se pourvoir devant le conseil d'Etat, qui statuera, dans le délai de deux mois. (Loi du 5 avril 1884, art. 126.)

16. *Autorisation. Pourvoi. Appel.* — En cas de pourvoi en cassation, l'autorisation de plaider est aussi nécessaire à une commune que pour suivre son appel. (Cons. d'Etat, 28 janvier 1841. Loi du 5 avril 1884, art. 122.)

17. *Commune défenderesse. Appel.* — Si la commune a succombé en première instance et qu'elle veuille exercer le recours devant une juridiction supérieure, il lui faut une nouvelle autorisation de plaider. (Cass. 14 janvier 1840.) Mais, si la commune a obtenu gain de cause en première instance et que l'appel soit formé par son adversaire, la commune n'a pas besoin d'une nouvelle autorisation pour plaider et se défendre devant cette nouvelle juridiction. (Cass. 4 mai 1840. Cass. 10 février 1868.)

18. *Autorisation. Incident.* — L'autorisation de plaider, une fois obtenue, s'étend à tous les incidents auxquels cette action peut donner lieu, pourvu qu'ils se rattachent à l'action principale. (Cass. 23 juin 1840.)

19. *Autorisation. Conclusions nouvelles.* — Lorsqu'au cours d'une instance, dans laquelle une commune a été autorisée à plaider, il se produit des conclusions nouvelles et qui ne sont pas un simple accessoire de la demande originaire, la commune a besoin d'une nouvelle autorisation pour se défendre contre cette nouvelle demande. (Cass. 23 juin 1858.)

20. *Demande reconventionnelle.* — Une commune autorisée à se défendre ne peut, sans une autorisation spéciale, former contre son adversaire une action reconventionnelle. (Grenoble, 2 août 1837.)

21. *Autorisation. Régularisation.* — Bien qu'une commune ne puisse ester en justice sans y avoir été dûment autorisée, l'autorisation obtenue postérieurement à l'introduction de l'instance a pour effet de valider et régulariser la procédure. (Besançon, 15 juillet 1853.)

22. *Exécution des jugements.* — Les communes n'ont pas besoin d'autorisation pour plaider sur l'exécution des jugements qu'elles ont obtenus. (Cass. 7 mars 1842.)

23. *Représentant.* — Dans les instances, la commune est représentée par le maire et, en son absence, par l'adjoint, ou par le conseiller municipal qui en remplit les fonctions, ou par un habitant, s'il a rempli les formalités prescrites. (Loi du 5 avril 1884, art. 90, 123.)

24. *Action possessoire. Actes conservatoires.* — Le maire peut, sans autorisation préalable, intenter toute action possessoire ou y défendre et faire tous autres actes conservatoires ou interruptifs des déchéances. (Loi du 5 avril 1884, art. 124.)

25. *Action possessoire.* — Lorsqu'il s'agit d'action possessoire, il n'y a pas lieu à présentation du mémoire préalable au préfet. (Loi du 5 avril 1884, art. 124.)

26. *Actes conservatoires. Autorisation.* — La commune peut, sans autorisation, faire tous actes conservatoires, tels qu'appel et pourvoi, sauf à se faire autoriser pour leur donner suite. (Loi du 5 avril 1884, art. 122.)

27. *Maire. Autorisation. Aliénation des droits.* — Un maire ne peut, sans l'autorisation du conseil municipal, faire des actes qui entraînent l'aliénation des droits de la commune qu'il représente. (Metz, 9 janvier 1851.)

28. *Action communale. Refus. Contribuable.* — Tout contribuable inscrit au rôle de la commune a le droit d'exercer, à ses frais et risques, avec l'autorisation du conseil de préfecture, les actions qu'il croirait appartenir à la commune et que cette dernière, préalablement appelée à en délibérer, aurait refusé ou négligé d'exercer. La commune sera mise en cause et la décision aura effet à son égard. (Loi du 5 avril 1884, art. 123.)

29. *Contribuable. Autorisation.* — Un contribuable, autorisé par le conseil de préfecture à exercer une action qu'il prétend appartenir à la commune, n'a plus besoin d'autorisation pour les autres juridictions. (Riom, 10 février 1873.)

30. *Procédure. Condition. Mise en cause.*— Le contribuable, autorisé par le conseil de préfecture à exercer les actions d'une commune, est tenu de la mettre en cause à tous les degrés de juridiction.

L'omission de cette formalité crée une fin de non-recevoir péremptoire et d'ordre public, qui peut être proposée, pour la première fois, devant la cour de cassation.

Est, en conséquence, non recevable le pourvoi formé par un contribuable (contre un jugement rendu au possessoire), s'il n'est pas établi devant la chambre civile que l'arrêt d'admission de ce pourvoi ait été notifié à la commune. (Cass. 15 avril 1890.)

31. *Procédure. Action civile.* — Les actions civiles concernant les communes et établissements publics seront communiquées au ministère public, qui donne ses conclusions à l'audience. (Proc. Civ. 83.)

32. *Défaut d'autorisation. Nullité.* — La nullité résultant du défaut ou de l'insuffisance de l'autorisation est absolue et d'ordre public; les communes ne peuvent y renoncer. (Cass. 14 janvier 1840.)

33. *Autorisation. Appel. Nullité.* — Si une commune a été autorisée à appeler d'un jugement, elle ne peut pas invoquer, comme moyen de nullité contre le jugement rendu

sur appel, l'absence d'autorisation pour plaider en première instance. (Cass. 18 février 1835.)

34. *Défaut d'autorisation. Nullité.* — La nullité pour défaut d'autorisation peut être invoquée par la commune en tout état de cause et même, pour la première fois, en cassation. (Cass. 14 janvier 1840.)

L'adversaire de la commune ne peut invoquer cette exception qu'en première instance ou en appel, et elle ne peut plus l'être, si elle a été invoquée, pour la première fois, devant la cour de cassation. (Cass. 7 août 1839.) Ce principe est général et s'applique même à une commune légalement autorisée, qui plaiderait contre une commune non autorisée. (Cass. 15 février 1841.)

35. *Autorisation. Examen. Compétence.* — C'est à l'autorité administrative et non aux tribunaux qu'il appartient de statuer sur la régularité de l'autorisation donnée à une commune par un conseil de préfecture, sans l'avis préalable du conseil municipal. (Cass. 29 juillet 1823.)

36. *Autorisation insuffisante.* — Le tribunal ne peut se prononcer *d'office* sur la question de l'insuffisance de l'autorisation; il faut que l'exception ait été proposée, soit par la commune, soit par son adversaire. (Cass. 16 avril 1834.)

37. *Affouage. Habitants individuels.* — Les habitants ne peuvent pas, individuellement et dans leur intérêt privé, intervenir dans une instance contentieuse, pour appuyer une délibération du conseil municipal. Les habitants, agissant individuellement et sans autorisation de plaider au nom de la commune, sont dépourvus de toute action. (Cons. d'Etat, 29 janvier 1839.)

38. *Régime forestier. Pâturage.* — Une commune ne peut, sans y avoir été autorisée, intervenir dans une instance correctionnelle, pour prendre le fait et cause d'habitants inculpés de délits de pâturage dans ses bois. Dans le cas où elle serait autorisée, son intervention ne serait pas recevable, si la commune, n'ayant à élever aucune question préjudicielle de propriété et n'étant point civilement responsable des faits imputés aux prévenus, se bornait à prétendre que les faits auraient été accomplis avec son autorisation et dans les cantons non soumis au régime forestier. (Grenoble, 20 décembre 1866.)

39. *Exécution de jugement. Hypothèque.* — L'individu qui a obtenu un jugement contre une commune ne peut se faire payer qu'avec le concours de l'autorité administrative.

Il peut néanmoins, et à titre de mesure conservatoire, prendre une hypothèque sur les biens de la commune qui ne sont pas affectés à un usage public. (Alger, 18 juillet 1892.)

SECT. II. — ACTION DOMANIALE.

40. *Mémoire. Formalité.* — Aucune action ou instance sur une question de propriété ne peut être intentée contre l'Etat, sans qu'au préalable le préfet n'ait été saisi d'un mémoire énonciatif de la demande. (Loi du 5 novembre 1790. Circ. A 89. Règl. Min. 5 juillet 1834.)

Ce mémoire doit indiquer avec précision l'objet de la demande, le nom de la forêt et de la commune, les parcelles riveraines, leur situation et enfin les nom, prénoms et demeure du demandeur.

41. *Mémoire. Dépôt.* — Le dépôt du mémoire au préfet, fait conformément à la loi du 5 novembre 1790, est considéré comme introductif d'instance et tient lieu de préliminaire de conciliation. (Cons. d'Etat, 20 octobre 1830. Décis. Min. 16 novembre 1830.)

42. *Mémoire. Avis.* — Le mémoire présenté au préfet est communiqué au directeur des domaines et au conservateur des forêts, qui donnent leurs observations et des renseignements sur l'affaire. (Règl. Min. 3 juillet 1834, art. 2.)

43. *Mémoire. Décision.* — Le préfet statue sur le mémoire, sous forme d'avis.

44. *Mémoire. Délai.* — Un mois après la remise du mémoire, s'il n'y est pas fait droit, le demandeur peut valablement porter son action devant le tribunal compétent. (Loi du 5 novembre 1790, titre III, art. 15.)

45. *Préfet. Représentant.* — Comme représentant de l'Etat, le préfet est, dans chaque département, le fonctionnaire auquel appartient en propre l'action domaniale, sauf à se conformer aux ordres du ministre, pour transiger et acquiescer.

46. *Préfet.* — Les préfets représentent seuls le domaine de l'Etat, soit en demandant, soit en défendant. (Loi du 28 pluviôse an VIII. Circ. N 12, art. 1.)

47. *Etat. Représentant.* — Les préfets représentent l'Etat devant les conseils de préfecture, pour les instances domaniales. (Cons. d'Etat, 18 mai 1837.)

48. *Etat. Représentant.* — Devant les tribunaux inférieurs de l'ordre administratif, l'Etat est représenté par le directeur des domaines du département. (Cabantous.)

49. *Formalités. Mémoire.* — Le préfet ne peut intenter aucune action, dans l'intérêt de l'Etat, sans qu'au préalable le directeur des domaines ne lui ait remis un mémoire; copie de ce mémoire est adressée aux parties intéressées, avec invitation d'y répondre dans le délai d'un mois. S'il s'agit d'une affaire forestière, le conservateur est consulté. Après le délai d'un mois, le préfet statue sous forme d'avis, qu'il transmet au directeur des domaines. (Règl. Min. 3 juillet 1834.)

50. *Directeur des domaines. Avis.* — Lorsqu'il s'agit d'engager ou de soutenir une instance en matière domaniale forestière, le préfet du département où est située la propriété qui fait l'objet du litige prend l'avis du directeur des domaines et du conservateur des forêts. (Règl. Min. 3 juillet 1834, art. 1, 2 et 20. Circ. N 12, art. 4.)

51. *Introduction. Ouverture. Arrêté.* — Si, après avoir consulté ces chefs de service, le préfet juge que les droits de l'Etat sont de nature à prévaloir devant les tribunaux, l'instance est engagée ou soutenue par lui, sans qu'il ait besoin d'attendre l'autorisation du ministre.

Le préfet en informe préalablement les parties, en leur transmettant une copie de son arrêté. (Règl. Min. 3 juillet 1834, art. 5, § 1. Circ. N 12, art. 5.)

52. *Compte rendu à l'administration.* — Le conservateur adresse immédiatement à l'administration une copie des observations et de l'avis qu'il a remis au préfet. (Décis. Min. 16 mai 1821. Circ. A 182 quater.)

Il lui transmet également sans retard une copie de l'arrêté préfectoral. (Circ. N 12, art. 6.).

53. *Avis du préfet. Décision du ministre.* — Dans le cas où le préfet a émis un avis favorable aux adversaires de l'Etat, il ne peut leur en donner connaissance ; mais il en adresse, dans la huitaine, une expédition au ministre de l'agriculture, en y joignant les avis du directeur des domaines et du conservateur.

Le ministre statue, après avoir consulté l'administration des domaines et celle des forêts. (Règl. Min. 3 juillet 1834, art. 5, § 2. Circ. N 12, art. 7.)

54. *Contentieux. Formalités.* — La même marche est suivie, par analogie, pour l'instruction de toutes les affaires contentieuses, lors même que le recours aux voies judiciaires n'apparaît que comme une conséquence purement éventuelle de la décision à intervenir. (Circ. N 12, art. 8.)

55. *Avoué.* — Dans les instances domaniales, le ministère public est le véritable défenseur et fondé de pouvoir de l'Etat, et les préfets n'ont pas besoin de constituer un avoué. (Cass. 27 août 1828. Loi du 17 frimaire an VI.) Mais ils peuvent constituer un avoué, lorsqu'il y a des formalités à remplir, des actes à signifier et une procédure à suivre. (Circ. A 70.)

56. *Défense. Plaidoirie.* — Le ministère public est chargé de présenter la demande ou la défense de l'Etat, d'après les moyens préparés par les agents des domaines. (Règl. Min. 3 juillet 1834. Cass. 27 août 1828.)

57. *Instruction.* — L'administration des domaines est chargée de la suite de toutes les contestations auxquelles la propriété des immeubles acquis par l'administration forestière peut donner lieu. (Décis. Min. du 11 octobre 1824.)

58. *Administration des domaines. Formalités.* — La conduite des instances et l'accomplissement de toutes les formalités et de tous les actes relatifs à la défense et à la conservation des droits du domaine de l'Etat rentrent, à moins de dispositions expresses, dans les attributions exclusives de l'administration de l'enregistrement et des domaines. (Loi, 19 août-12 septembre 1791. Ord. du 6 mai 1838, art. 1, § 1. Circ. N 12, art. 2.)

59. *Défense. Mémoire.* — Lorsque l'instance est engagée, le directeur des domaines rédige tous les mémoires pour la défense des droits de l'Etat, mais le préfet seul les signe. Le directeur des domaines est l'auxiliaire du préfet, mais il ne peut pas le remplacer.

60. *Instruction. Suite.* — L'instruction de toutes les actions ou instances concernant la propriété des forêts domaniales doit être préparée et suivie, jusqu'à l'entière exécution des jugements et arrêts, par les directeurs des domaines, de concert avec les préfets, sous la surveillance du ministre de l'agriculture. (Lois des 19 août-12 septembre 1791, art. 12, 28 octobre-5 novembre 1790, 15-27 mars 1791, 28 pluviôse an VIII. Proc. Civ. art. 69.)

61. *Instruction.* — L'instruction de toutes les affaires qui tiennent à la propriété des forêts (revendication ou défense) est préparée et suivie, jusqu'à l'exécution des jugements, par le directeur des domaines, de concert avec le préfet. Lorsqu'il s'agit de forêts, le rôle de l'administration forestière est purement consultatif. (Ord. 6 mai 1838.)

62. *Titres. Plans. Avis.* — Dans les causes qui concernent les propriétés de l'Etat régies par l'administration des forêts, les conservateurs sont appelés à concourir à la défense des droits de l'Etat, en remettant au préfet tous les titres, plans et documents qu'ils peuvent avoir par devers eux, ainsi que leurs observations et leur avis ; le tout est transmis au directeur des domaines, pour qu'il puisse s'en aider dans la discussion. (Ord. 6 mai 1838, art. 1, § 2. Règl. Min. du 3 juillet 1834, art. 20. Circ. N 12, art. 3.)

63. *Propriété. Prescription. Compétence.* — En matière domaniale, les questions de propriété et de prescription sont de la compétence exclusive de l'autorité judiciaire. (Cons. d'Etat, 30 avril 1852.)

64. *Action civile.* — Les causes civiles concernant l'Etat et le domaine seront communiquées au ministère public, qui donne ses conclusions à l'audience. (Proc. Civ. 83.)

65. *Introduction. Ouverture.* — L'introduction des instances formées au nom de l'Etat a lieu par une assignation donnée à

la requête du préfet, poursuite et diligence du directeur des domaines, et contient l'exposé sommaire des moyens à l'appui de la demande. (Règl. Min. 3 juillet 1834.) Ces instances sont dispensées des préliminaires de conciliation. (Proc. Civ. 49, § 1.)

66. *Assignation.* — Lorsque le préfet reçoit une assignation au nom de l'Etat, il doit l'envoyer sans retard au directeur des domaines. (Règl. Min. 3 juillet 1834, art. 7.)

67. *Remise de cause.* — Dans le cas où une instance est dirigée contre l'Etat, s'il arrive que les moyens de défense ne puissent être réunis assez promptement ou qu'il en ait été référé au ministre avant la production du mémoire en défense, le directeur des domaines, pour éviter qu'il ne soit requis défaut contre l'Etat, lors de l'appel de la cause à l'audience, soumet à l'approbation du préfet un mémoire sommaire, qui est produit sous la réserve de toutes nouvelles conclusions, s'il y a lieu. Ce mémoire sommaire est signifié à la partie et adressé, avant le jour de l'audience, au ministère public, avec invitation de le déposer sur le bureau et de réclamer la remise de la cause au nom de l'Etat. (Règl. Min. du 3 juillet 1834, art. 9.)

Ces dispositions doivent, le cas échéant, être rappelées au préfet par le conservateur. (Circ. N 12, art. 9.)

68. *Assignation.* — L'Etat, lorsqu'il s'agit de domaine ou de droits domaniaux, ne peut être assigné qu'en la personne et au domicile du préfet du département où siège le tribunal qui doit connaître de la demande. (Proc. Civ. 69, § 1. Paris, 7 avril 1868.)

69. *Signification.* — Le préfet doit informer le conservateur des significations de jugements. (Lettre Min. 22 octobre 1823.)

70. *Jugement. Copie au conservateur.* — Une copie des motifs et du dispositif des jugements et arrêts intervenus est transmise au conservateur des forêts par le directeur des domaines, dans le délai de vingt jours, à partir de l'enregistrement de ces actes. (Décis. Min. 20 février 1866. Circ. N 12, art. 10.)

71. *Jugement. Copie à l'administration.* — Le conservateur adresse à l'administration, dans un nouveau délai de huit jours, une copie certifiée desdits jugements et arrêts, ainsi qu'un exemplaire des mémoires imprimés produits dans l'intérêt de l'Etat ou de la partie adverse. (Circ. N 12, art. 11.)

72. *Suite à donner aux jugements.* — Le conservateur doit fournir au préfet ses observations et son avis, sur la suite qu'il convient de donner aux jugements et arrêts intervenus. (Décis. Min. 20 février 1866. Circ. N 12, art. 12.)

73. *Jugements conformes.* — Lorsque les jugements ou arrêts sont conformes aux conclusions prises au nom de l'Etat, ils sont signifiés sur le champ à toutes les parties contre lesquelles ils doivent être exécutés.

En cas d'appel ou de pourvoi en cassation par les parties, il doit y être défendu, sans attendre l'autorisation du ministre. (Règl. Min. 3 juillet 1834, art. 13 et 17. Circ. N 12, art. 13.)

74. *Jugements contraires.* — Si les jugements ou arrêts sont contraires, en tout ou en partie, aux conclusions prises au nom de l'Etat, le préfet en remet immédiatement une copie au ministre de l'agriculture, avec ses propositions et l'avis du directeur des domaines et du conservateur des forêts.

Le ministre, après avoir entendu l'administration des domaines et celle des forêts, décide s'il y a lieu d'acquiescer, de transiger, d'appeler ou de se pourvoir en cassation. (Règl. Min. 3 juillet 1834, art. 14 et 18. Circ. N 12, art. 14.)

75. *Acquiescement.* — La notification, sans réserve, faite par un préfet ne constitue pas, pour l'Etat, acquiescement à la chose jugée.

La notification ainsi opérée d'un arrêté du conseil de préfecture n'a pour effet que de faire courir, contre l'Etat, le délai de recours fixé par l'article 11 du décret du 22 juillet 1866 et ne rend pas le ministre non recevable à se pourvoir utilement contre l'arrêté signifié par le préfet aux parties intéressées. (Cons. d'Etat, 12 juillet 1866.)

76. *Mesure conservatoire. Appel.* — L'appel est interjeté par le préfet, ou le pourvoi est formé par l'administration des domaines, à titre de mesure conservatoire, dans le cas où la décision du ministre ne leur est point parvenue dix jours au moins avant l'expiration du délai de recours. (Règl. Min. 3 juillet 1834, art. 14. Décis. Min. 4 juin 1862. Circ. N 12, art. 15.)

77. *Tierce opposition. Requête civile.* — Lorsqu'il y a lieu d'agir dans l'intérêt de l'Etat par voie de tierce opposition ou de requête civile, il est procédé comme dans le cas d'appel ou de pourvoi en cassation. (Règl. Min. 3 juillet 1834, art. 19. Circ. N 12, art. 16.)

78. *Etat de situation.* — Le conservateur adresse à l'administration, à l'expiration de chaque semestre, un état conforme au modèle inséré dans la circulaire N 12, art. 17, et présentant la situation des instances pendantes dans sa circonscription, en matière domaniale forestière. (Circ. N 12, art. 17.)

79. *Frais. Avance.* — Les receveurs des domaines font l'avance des frais d'instance en matière civile, excepté pour les honoraires d'avocats. (Décis. Min. 2 novembre 1838. Circ. A 436.)

80. *Frais. Avoués. Avocats.* — Lorsque l'administration succombe dans une instance

en matière correctionnelle, elle doit supporter les frais par elle avancés, ainsi que tous ceux faits par la partie adverse pour sa justification, excepté les frais d'avoués et d'avocats. (Décr. du 18 juin 1811, art. 158. Cass. 2 avril 1836.)

Dans une instance en matière civile, les honoraires des avoués paraissent entrer dans les dépens, dont le sort est réglé par le jugement et qui sont payés aux ayants droit sur production de l'état des frais.

INSTITUT NATIONAL AGRONOMIQUE.

Admission, 6.
Année de perfectionnement, 4.
Auditeurs libres, 9.
Bourses, 8.
But, 1.
Certificat d'études, 3.
Concours, 7.
Conditions, 6.
Cours, 3, 11.
Date, 11.
Diplôme, 3, 13.
Durée, 3.
Elèves, 12, 13.
Enseignement, 2.
Etrangers, 10.
Examens, 11.
Missions, 4.
Ouverture, 11.
Régime, 5.
Service militaire, 12, 13.

V. Examen. Programme.

Extrait du dernier programme, approuvé par le ministre de l'agriculture, le 20 février 1892.

1. *But.* — L'institut national agronomique, fondé et entretenu aux frais de l'Etat, rue Claude-Bernard, nº 16, à Paris, a pour but de former :

1º Des agriculteurs et des propriétaires possédant les connaissances scientifiques nécessaires pour la meilleure exploitation du sol;

2º Des professeurs spéciaux pour l'enseignement agricole dans les écoles nationales, les écoles pratiques d'agriculture dans les départements, dans les écoles normales, etc. ;

3º Des administrateurs instruits et capables pour les divers services publics ou privés, dans lesquels les intérêts de l'agriculture sont engagés (inspection de l'agriculture, service des haras, du phylloxéra) ;

4º Des agents pour l'administration des forêts, conformément au décret du 9 janvier 1888 ;

5º Des directeurs de stations agronomiques ;

6º Des chimistes ou directeurs pour les industries agricoles (sucreries, féculeries, distilleries, fabriques d'engrais, etc.) ;

7º Des ingénieurs agricoles (drainages, irrigations, construction de machines).

2. *Enseignement.* — L'enseignement, d'après le dernier programme, comprend les cours désignés ci-après :

Botanique. — Anatomie. — Physiologie. — Botanique descriptive. — Pathologie végétale. — *Anatomie et physiologie générales.* — *Physique et météorologie.* — *Zoologie appliquée à l'agriculture.* — *Chimie générale.* — *Mathématiques.* — *Minéralogie et géologie.* — *Economie politique.* — *Viticulture.* — *Mécanique et hydraulique agricoles.* — *Zootechnie.* — *Agriculture générale et spéciale.* — *Technologie agricole.* — *Arboriculture et horticulture.* — *Chimie agricole.* — *Microbiologie.* — *Economie rurale.* — *Droit administratif et législation rurale.* — *Agriculture comparée.* — *Constructions rurales et machines agricoles.* — *Economie forestière.* — *Hippologie.* — *Hygiène.* — *Comptabilité.*

3. *Cours. Durée. Diplôme. Certificat d'études.* — Les cours se terminent dans la première quinzaine de juillet.

La durée des études est de deux ans, après lesquels l'élève qui en est jugé digne reçoit le *diplôme d'ingénieur agronome.* Ce diplôme est délivré par le ministre de l'agriculture.

Les élèves qui, sans avoir obtenu le diplôme, ont fait preuve cependant de connaissances suffisantes et d'un travail régulier reçoivent un *certificat d'études* délivré par le ministre.

4. *Missions. Année de perfectionnement.* — Tous les ans, les deux élèves classés les premiers sur la liste de sortie peuvent recevoir, aux frais de l'Etat, une mission complémentaire d'études, soit en France, soit à l'étranger ; cette mission a une durée de trois années.

Les élèves diplômés qui en sont jugés dignes sont admis à faire une année complémentaire d'études dans les laboratoires de l'école d'application de l'institut agronomique.

Les mieux classés peuvent recevoir, à cet effet, une allocation de stage de 100 francs par mois.

5. *Régime.* — Le régime de l'école est l'externat.

6. *Admission. Conditions.* — L'admission a lieu, pour tous les candidats indistinctement, à la suite d'un concours.

Les candidats doivent justifier qu'ils sont âgés de dix-sept ans révolus le 1er janvier de l'année où ils se présentent.

Toute demande d'admission doit être faite sur papier timbré et adressée, *avant le 15 juin,* au ministre de l'agriculture ; le candidat doit y faire connaître : 1º ses titres scientifiques ; 2º s'il désire être interrogé sur l'agriculture ; 3º son adresse ; 4º la ville dans laquelle il désire subir les épreuves écrites ; 5º s'il demande une bourse.

Cette demande doit être accompagnée : 1º de l'acte de naissance du candidat ; 2º d'un certificat de vaccine ; 3º d'un certificat de moralité délivré par le chef de l'établissement dans lequel le candidat a accompli sa dernière année d'études ou, à défaut, par le maire de sa dernière résidence ; 4º d'une obligation souscrite sur papier timbré par les parents ou le tuteur du candidat, pour garantir le payement de la rétribution scolaire.

Cette pièce doit être *dûment légalisée.* Elle est exigée de tous les candidats, même de ceux qui demandent une bourse. Les parents qui ne résident pas à Paris sont tenus d'y avoir un correspondant, qui puisse les représenter auprès du directeur de l'école et surveiller la conduite des élèves hors de l'établissement.

La rétribution scolaire pour l'enseignement et les frais d'examen est fixée à 500 francs par an, payables par semestre et d'avance ; les élèves ont à leur charge les livres et les objets qui servent à leur usage personnel ; ils doivent, en outre, verser, au commencement de chaque année et à titre de dépôt, une somme de 60 francs, destinée à faire face aux dépenses occasionnées par les frais d'excursion, par le remplacement des objets détruits ou détériorés et par les visites réglementaires du médecin de l'école, en cas de maladie.

7. *Concours.* — Le concours comprend des épreuves écrites et des épreuves orales. V. Examen.

8. *Bourses.* — Chaque année, six bourses de 1000 francs et quatre de 500 francs, donnant, en outre, les unes et les autres, droit à la gratuité de l'enseignement, et dix bourses consistant dans la remise de la rétribution scolaire, sont mises au concours.

Les bourses sont accordées par le ministre de l'agriculture, en tenant compte à la fois de la situation de fortune et de l'ordre de classement, aux élèves qui ont subi avec succès les examens d'admission et dont les familles ont préalablement justifié de l'insuffisance de leurs ressources.

Ces bourses ne sont attribuées en principe que pour une année scolaire; elles sont maintenues aux élèves qui continuent à s'en rendre dignes par leur conduite et leurs progrès. Elles peuvent être retirées, au cours de l'année scolaire, par mesure disciplinaire. (1)

Les demandes de bourses, écrites sur papier timbré, sont adressées au ministre *par l'intermédiaire du préfet du département dans lequel réside la famille du candidat.* Elles doivent être accompagnées de renseignements détaillés sur les moyens d'existence, le nombre d'enfants et les autres charges des parents, ainsi que d'un relevé du rôle des contributions. Le préfet soumet le dossier de chaque demande au conseil municipal, qui prend une délibération à ce sujet. Ce dossier est ensuite transmis au ministre, avec la délibération motivée du conseil municipal et l'avis du préfet. Les justifications requises, en ce qui concerne la situation de fortune de la famille, sont applicables aux demandes de bourses de toutes les catégories.

Les demandes doivent être parvenues au préfet *avant le 1er août* et être transmises au ministre *avant le 10 septembre.* Ces délais sont de rigueur, et toute demande qui parviendrait au ministre après les dates ci-dessus indiquées serait ajournée, pour examen, à l'année suivante.

II (1) V. Errata.

9. *Auditeurs libres.* — Indépendamment des élèves réguliers, l'institut national agronomique reçoit des *auditeurs libres,* qui ne sont soumis à aucune condition d'âge et sont dispensés de tout examen d'admission ; ils suivent les cours qui sont à leur convenance, mais ils n'ont entrée ni aux salles d'étude, ni aux laboratoires.

Pour être reçu auditeur libre, il faut en faire la demande au directeur de l'institut agronomique, en présentant les pièces suivantes : 1° acte de naissance ; 2° certificat de moralité.

Les auditeurs libres payent une rétribution fixée à 50 francs par an.

10. *Etrangers.* — Les étrangers peuvent être admis à l'institut national agronomique, soit comme élèves, soit comme auditeurs libres ; dans l'un et l'autre cas, ils sont soumis aux mêmes conditions et règles que les nationaux, pour ce qui regarde l'admission, la rétribution scolaire et le séjour à l'école.

11. *Examens. Ouverture des cours. Date.* — Un avis publié au *Journal officiel* fait connaître la date des examens oraux et celle de l'ouverture des cours.

12. *Service militaire. Élèves.* — En temps de paix, après un an de présence sous les drapeaux, sont envoyés en congé dans leurs foyers, sur leur demande, jusqu'à la date de leur passage dans la réserve, les jeunes gens qui ont obtenu ou qui poursuivent leurs études en vue d'obtenir le diplôme supérieur délivré par l'institut agronomique.

Ces jeunes gens seront rappelés pendant quatre semaines, dans l'année qui précédera leur passage dans la réserve de l'armée active. Ils suivront ensuite le sort de la classe à laquelle ils appartiennent. (Loi du 15 juillet 1889, art. 23.)

13. *Service militaire. Diplôme. Elèves.* — Sont considérés comme pourvus du diplôme supérieur, au point de vue de la dispense de service militaire prévue par l'article 23 de la loi du 15 juillet 1889 :

En ce qui concerne l'institut national agronomique, les soixante élèves français classés à la sortie en tête de la liste de mérite, pourvu qu'ils aient obtenu, pour tout le cours de leur scolarité, 70 pour cent au moins du total des points que l'on peut obtenir d'après le règlement (de l'institut); il est fait mention sur les diplômes du rang de classement et du nombre de points obtenus par le titulaire.

Les élèves de l'institut national agronomique justifient de leur admission et de leur présence dans cet établissement par un certificat délivré par le directeur de l'institut et visé par le ministre de l'agriculture. (Décr. du 23 novembre 1889.)

Nota. Voir le programme des conditions d'admission, inséré *in extenso* dans le *Journal officiel*, 2 avril 1892. (1)

INSTITUTEUR.

Affouage. — Les instituteurs ont droit à l'affouage communal, comme chefs de maison, lorsqu'ils remplissent les conditions du domicile.

INSTRUCTION DES AFFAIRES.

1. *Principe.* — L'instruction plus rapide des affaires est un besoin de tous les temps ; hâter la procédure n'est pas la compromettre, et c'est vers ce but que doivent tendre tous les efforts. Les affaires demandant une solution immédiate (simple réponse, mesure d'ordre) devront être traitées d'urgence, et leur solution ne saurait être différée plus de deux jours. D'autres questions, au contraire, exigent une étude approfondie et des recherches spéciales ; un délai d'une semaine sera presque toujours suffisant et ne devra être dépassé qu'en cas d'absolue nécessité. (Circ. du Min. de l'Int. aux préfets, 27 sept. 1873.)

2. *Hiérarchie.* — L'instruction des affaires doit toujours se faire en suivant la voie hiérarchique. Les chefs de service doivent se tenir en rapport constant avec les préfets, afin que ceux-ci soient au courant de toutes les affaires que l'autorité préfectorale a besoin de connaître et de suivre. (Lettre du Min. de l'Int. 21 juin 1873.)

3. *Célérité.* — Les affaires doivent être instruites avec célérité, dans les délais fixés, surtout celles qui paraissent, dès le début ou dans le cours de l'instance, devoir donner lieu à une décision défavorable. (Lettre Min. 15 avril 1873. Circ. N 136.) V. Correspondance.

INSTRUCTION DES DÉLITS.

1. *Tribunal de police.* — Devant les tribunaux de simple police (juge de paix), l'instruction de chaque affaire doit être publique, à peine de nullité. (Instr. Crim. 153 et 190.)

2. *Tribunal correctionnel.* — L'instruction des affaires forestières se fait à l'audience, et il ne peut être fourni que de simples mémoires sans frais, sauf le cas où il s'élève des questions de propriété. (Loi du 29 septembre 1791, titre IX, art. 11. Inspection des finances.)

3. *Instruction écrite.* — L'instruction écrite peut servir d'introduction d'instance, pour les délits forestiers, devant les tribunaux correctionnels. V. Poursuites.

4. *Instruction écrite.* — Le tribunal peut être saisi d'une affaire après une instruction écrite et, dans ce cas, il ne doit avoir connaissance que des faits renvoyés devant lui par l'ordonnance de la chambre du conseil. (Cass. 4 juin 1830.)

5. *Audience correctionnelle.* — En combinant les articles 174 du code forestier et 190 du code d'instruction criminelle, il en résulte que l'instruction des délits forestiers devant les tribunaux de première instance, doit avoir lieu dans l'ordre suivant :

1° L'agent forestier expose l'affaire par une explication très brève des faits.

2° Les procès-verbaux sont lus par les greffiers, ou, à leur défaut, les témoins sont entendus. V. Témoin.

3° Les pièces à conviction ou à décharge sont représentées aux témoins et aux parties.

4° Le prévenu est interrogé, s'il est présent. S'il est absent et représenté par un avoué (Instr. Crim. 185), cette formalité n'a pas lieu. Si le prévenu est présent et qu'il ne demande pas à être interrogé, l'absence d'interrogation n'est pas une cause de nullité. (Cass. 9 juillet 1836 et 18 juillet 1838).

5° Le prévenu et les personnes civilement responsables présentent leurs défenses.

6° L'agent forestier prend et développe ses conclusions verbalement ou par écrit.

7° Le ministère public résume l'affaire et donne ses conclusions ; il peut adhérer tacitement ou par déclarations expresses, discuter et prendre des conclusions différentes.

8° Le prévenu et les personnes civilement responsables peuvent répliquer, attendu que l'accusé doit toujours avoir la parole le dernier.

6. *Appel.* — Devant les tribunaux d'appel, l'instruction se fait comme devant les tribunaux correctionnels, sauf l'obligation d'un rapport sur le point litigieux de la part d'un des juges d'appel. (Instr. Crim. 210 et 211.)

7. *Formalités.* — Quel que soit l'ordre suivi pour l'instruction orale, le jugement est valable, si tous ces actes de l'instruction ont été remplis et s'il n'y a pas eu violation du droit de la défense. (Cass. 21 août 1831.)

8. *Greffier. Dépositions.* — Suivant les articles 155 et 189 du code d'instruction criminelle, les greffiers doivent tenir note des dépositions des témoins, s'il en a été entendu. L'omission de cette formalité n'est pas une cause de nullité du jugement. (Cass. 8 juillet 1837 et 1er juin 1838.)

9. *Agents forestiers supérieurs. Flagrant délit.* — Le directeur, les administrateurs et les conservateurs sont autorisés, en cas de délit forestier commis par des agents et préposés et leurs complices, et en cas de flagrant délit, à délivrer des mandats d'amener et de dépôt, à interroger les prévenus, à entendre les témoins, à faire toutes les recherches, perquisitions ou visites qui seront nécessaires, à saisir les bois de délit et ustensiles des délinquants, à apposer les scellés et généralement à faire, jusqu'au mandat d'arrêt exclusivement, et en se conformant aux lois sur l'instruction criminelle

et correctionnelle, tout ce que les magistrats de sûreté et directeurs du jury pourraient faire.

L'instruction devra être faite sur les lieux ou dans une des communes de l'arrondissement où le délit aura été commis.

Lorsqu'ils procéderont aux opérations ci-dessus, ils pourront se faire assister d'un agent inférieur de l'administration, qui remplira les fonctions de greffier et auquel ils feront, préalablement, prêter serment de les remplir fidèlement.

En cas de concurrence entre les officiers supérieurs des forêts et les fonctionnaires de l'ordre judiciaire, la poursuite du délit demeurera à ceux qui, les premiers, auront délivré un mandat, soit d'amener, soit de dépôt. (Loi du 22 mars 1806, art. 3, 4, 5 et 7.)

Le conservateur doit, avant de commencer ou du moins aussitôt qu'il commencera l'instruction, en prévenir l'administration. (Instr. du 23 mars 1821, art. 80.)

INSTRUCTION GÉNÉRALE.

1. *Décision*. — Les instructions générales sont fixées par le ministre. (Ord. 7.)

2. *Principe*. — Une instruction générale ne sera faite que lorsque les difficultés les plus importantes sur le code forestier auront été résolues. (Lettre de l'Adm. 15 févr. 1828.)

3. *Époque*. — La dernière instruction générale, en date du 23 mars 1821, a été adressée par la circulaire A 25 du 19 mai 1821.

4. *Restauration des terrains en montagne*. — Une instruction générale sur la restauration et la conservation des terrains en montagne a été adressée par l'administration le 2 février 1885. (Circ. N 345.)

INSTRUCTION PARTICULIÈRE SUR LE SERVICE.

Principe. — Les inspecteurs et chefs de service doivent se conformer à toutes les instructions qu'ils reçoivent du conservateur. (Instr. du 23 mars 1821, art. 124.)

INSTRUMENTS D'ARPENTAGE ET DE NIVELLEMENT.

1. *Acquisition*. — Les agents doivent être pourvus, à leurs frais, des instruments ordinaires d'arpentage (chaîne, boussole, équerre d'arpenteur, pantomètre, graphomètre, pied de boussole, équerre, rapporteur, compas, etc.) et des instruments propres aux nivellements de peu d'importance (niveau d'eau, éclimètre, mire). (Circ. A 592 quinquiès. Instr. du 15 octobre 1860, art. 305.)

2. *Vérification*. — Les chefs de service devront vérifier les instruments dont se servent les agents sous leurs ordres, prescrire les réparations dont ces instruments sont reconnus susceptibles et interdire l'usage de ceux qui seraient en mauvais état. (Instr. 15 octobre 1860, art. 308.)

3. *Instruments de précision*. — Lorsque l'utilité en est démontrée, l'administration fournit les instruments de précision, tels que théodolite, niveau de pente, niveau à bulle d'air et à lunette et chaîne ruban. Les instruments de précision sont déposés à la conservation ; les conservateurs veilleront à leur bon entretien et les feront réparer, au compte des agents qui n'en auraient pas eu soin ou dont la négligence aurait causé leur détérioration. (Instr. du 15 octobre 1860, art. 306 et 307.)

4. *Responsabilité*. — Les agents et gardes sont responsables des instruments qui leur sont confiés. (Ord. 17.)

INSTRUMENTS DE CHASSE.

Définition. — On ne doit considérer comme instruments de chasse proprement dits que ceux à l'aide desquels le chasseur est mis en possession du gibier et non ceux, tels qu'appeaux, appelants ou chanterelles, qui ne constituent que des moyens secondaires, servant à appeler le gibier et à le faire tomber dans le piège. (Cass. 7 mars 1868.)

INSTRUMENTS DE DÉLIT.

1. *Saisie. Préposés*. — Tous les gardes, en général, peuvent saisir et mettre en séquestre les instruments des délits. (Cod. For. 161, 189.)

2. *Dépôt*. — Les instruments saisis sur les délinquants doivent être déposés aux greffes des tribunaux. (Circ. du 8 mars 1809.)

3. *Envoi. Transport*. — Les instruments de délit saisis sont envoyés au greffe par les messageries ou les chemins de fer, et le transport est payé sur les frais de correspondance. (Puton.)

4. *Confiscation*. — Les instruments de délit, scie, serpe, cognée ou hache, etc., dont les délinquants et leurs complices seront trouvés munis, seront confisqués. (Cod. For. 198.)

5. *Saisie réelle. Prix*. — Les instruments qui ont servi à commettre un délit doivent être saisis; mais, s'ils n'ont pas été saisis réellement, le tribunal ne peut imposer le paiement d'une somme égale à leur valeur que dans les cas où la loi en a imposé la confiscation. (Cass. 11 juin 1840. Chambéry, 22 août 1861.)

INSTRUMENT TRANCHANT.

1. *Port. Pénalités*. — Le port d'instruments tranchants, scies, haches, serpes, cognées, dans les forêts, hors des routes et chemins ordinaires, est puni, savoir :

Amende : le jour, 10 francs. (Cod. For. 146.)

Le jour avec récidive, la nuit, ou la nuit avec récidive, 20 francs. (Cod. For. 146, 201.)
Confiscation des instruments. (Cod. For. 198.)

2. *Énumération.* — L'énumération de l'article 146 du code forestier est énumérative et non limitative; cette disposition comprend tous les instruments servant à couper le bois. (Nancy, 26 août 1836.)

3. *Double délit. Cumul.* — Le délit de port d'instrument tranchant ne peut jamais être cumulé avec aucun autre délit que ces instruments auraient servi à commettre. (Cass. 21 novembre 1828.)

Il faut cependant distinguer l'intention et savoir si le second délit n'est pas commis pour annuler le premier, car, s'il est certain que, pour couper, il faut un instrument tranchant, il est non moins évident qu'un instrument tranchant peut servir à couper plusieurs choses. V. Cumul.

4. *Instruments impropres à couper le bois.* — Les instruments impropres à couper le bois, tels qu'une faucille, ne rendent pas leurs possesseurs ou porteurs passibles des amendes édictées par l'article 146 du code forestier. (Cass. 2 janvier 1830.)

5. *Habitants. Ouvriers.* — Les habitants de la commune qui, sans être ouvriers de l'adjudicataire ou de l'entrepreneur, s'introduisent dans la coupe affouagère en exploitation avec des scies, serpes ou cognées, peuvent être poursuivis comme délinquants ordinaires pour port d'instruments tranchants. (Cass. 21 février 1839.)

INSULTE. V. Injure.

INTENTION.

1. *Fait.* — L'intention du prévenu ne constitue pas un fait matériel et peut être discutée par la preuve testimoniale. (Cass. 27 février 1812.)

2. *Excuse.* — La non-intention de nuire n'est pas une excuse admise par le code forestier. (Cod. For. 203. Cod. Pén. 463. Cass. 25 février 1847.)

3. *Chasse. Excuse.* — Les infractions aux prohibitions de la loi sur la police de la chasse et aux arrêtés pris pour en assurer l'exécution, dans l'intérêt de la conservation du gibier, participent du caractère de contravention de police et, par suite, ne sauraient être excusées par l'intention. (Cass. 6 décembre 1867.)

4. *Culpabilité.* — L'intention criminelle, constitutrice de culpabilité, est un des éléments caractéristiques des délits forestiers, comme des autres délits. (Paris, 31 août 1871.)

INTERDICTION.

SECT. I — AGENTS FORESTIERS, 1 — 12.

SECT. II. — AGENTS ET PRÉPOSÉS FORESTIERS, 13 — 23.

SECT. III. — PRÉPOSÉS FORESTIERS, 24 — 31.

Acte de domesticité, 6.
Adjudication, 16, 17.
Alliés, 5.
Arrêté, 1.
Auberge, 15.
Beurre, 24.
Bois, 17.
Bois de chauffage, 25.
Boissons, 15.
Bureau, 8.
Chablis, 17.
Changement, 11.
Chasse, 9, 16, 27.
Chien, 28.
Circonscription, 13.
Commerce de bois, 15.
Correspondance, 2.
Cumul, 22.
Emploi, 11, 13.
Expressions, 6.
Fonds, 18.
Fusil, 28.
Gibier, 29.
Graines, 10.
Herbes, 26.
Journaux, 3.
Lait, 24.
Légumes, 24.
Logement, 7, 21.
Mariage, 30.
Menus produits, 17.
Mission, 12.
Opérations, 4.
Parents, 5.
Pétition, 23.
Presse, 3.
Rapport avec les inférieurs, 6.
Règlements, 1.
Rémunération, 19, 20.
Résidence, 14.
Surveillance, 31.
Travaux, 4, 10.

Relevé des principales interdictions concernant les agents et préposés de l'administration forestière.

SECT. I. — AGENTS FORESTIERS.

1. *Règlements. Arrêté.* — Il est interdit aux agents forestiers de faire des règlements, ainsi que de prendre des arrêtés, en aucun cas. (Circ. 25 juillet 1801.)

2. *Correspondance.* — Les agents ne peuvent correspondre qu'avec leur chef hiérarchique. (Ord. 15. Circ. A 131 bis.)

3. *Presse. Journaux.* — Il est interdit aux agents de donner des renseignements aux journaux. (Lettre du 10 janvier 1856.)

4. *Opérations. Travaux.* — Il est interdit aux agents de signer des procès-verbaux d'opérations auxquelles ils n'auraient pu assister, ou la réception de travaux qui n'auraient pas été effectués conformément aux instructions de l'administration. (Circ. A 183. Circ. A 339. Circ. N 28.)

5. *Parents.* — Les agents forestiers ne peuvent avoir sous leurs ordres leurs parents ou alliés en ligne directe, ou leurs frères, beaux-frères, oncles ou neveux. (Ord. 33.) La circulaire A 10 du 16 février 1821 avait compris les cousins germains, mais l'ordonnance réglementaire n'en fait pas mention.

6. *Rapport avec les inférieurs.* — Les agents ne peuvent, sous aucun rapport, employer leurs subordonnés autrement que pour le service dont ceux-ci sont spécialement chargés; il leur est interdit d'exiger des préposés forestiers des actes de domesticité et

d'employer à leur égard des expressions dures et humiliantes. (Circ. du 30 juin 1818. Circ. A 403. Circ. A 562.)

7. *Adjudicataire. Logement.* — Il est défendu de loger chez les adjudicataires ou exploitants. (Instr. 23 mars 1821, art. 13.)

8. *Employés. Bureaux.* — Aucune personne ne peut être employée, à titre gratuit, dans les bureaux des agents forestiers, sans l'autorisation de l'administration. (Circ. A 382.)

9. *Chasse.* — Il est interdit aux agents de chasser dans les bois de leur circonscription, soumis au régime forestier. (Circ. N 72, art. 18.)

10. *Travaux. Coupes. Graines.* — Les agents ne doivent participer ni directement, ni indirectement, à la confection des travaux mis en charge sur les coupes, ni faire la fourniture des graines ou se charger de les faire semer. (Circ. A 341 quater.)

11. *Emplois. Changement.* — Il est interdit aux agents de faire des conventions ayant pour objet des trafics d'emploi ou changements de destination. (Circ. A 106.)

12. *Mission.* — Il est interdit aux agents forestiers d'accepter des particuliers aucune mission ou expertise, même gratuite; ils ne peuvent accepter qu'avec l'autorisation spéciale de l'administration. (Circ. A 388 bis. Circ. A 541.)

SECT. II. — AGENTS ET PRÉPOSÉS FORESTIERS.

13. *Emploi. Circonscription.* — Nul ne peut exercer un emploi forestier dans l'étendue de la conservation où il fera ses approvisionnements de bois, comme propriétaire ou fermier de forges, fourneaux, verrerie et autres usines à feu ou scierie et autre établissement destiné au travail du bois. (Ord. 32.)

14. *Résidence.* — Il est interdit aux agents et préposés forestiers d'établir leur résidence dans un lieu autre que celui qui leur est assigné par leurs commissions. (Circ. A 339.)

15. *Commerce de bois. Industrie. Auberge. Boissons.* — Il est interdit aux agents et gardes de faire le commerce de bois, d'exercer aucune industrie où le bois est employé comme matière principale, de tenir auberge ou de vendre des boissons en détail, sous peine de révocation. (Ord. 31.)

16. *Chasse.* — Les agents et préposés, dans toute l'étendue du territoire pour lequel ils sont assermentés, ne peuvent prendre part aux adjudications de chasse, directement ou indirectement, comme partie principale, associé ou caution. (Circ. N 65.)

17. *Adjudication. Bois.* — Il est interdit aux agents et aux gardes de prendre aucune part aux adjudications de bois et de menus produits, de disposer des bois chablis ou de délits gisant dans les forêts ou d'aucun produit du sol forestier. (Cod. For. 21. Livret des préposés, art. 6.)

18. *Fonds.* — Toute perception et tout maniement de fonds sont interdits aux agents et préposés forestiers, excepté le directeur de l'école forestière. (Circ. A 149.)

19. *Rémunération.* — Il est interdit aux agents et aux gardes forestiers de rien exiger, ni recevoir, sous aucun prétexte, des communes, des établissements publics et des particuliers, pour les opérations qu'ils auront faites à raison de leurs fonctions. (Ord. 35.)

20. *Rémunération.* — Il est interdit aux agents et aux gardes de rien recevoir des adjudicataires ou de toute autre personne, pour objets relatifs à leurs fonctions. (Ord. 35. Livret des préposés, art. 6.)

21. *Logement.* — Il est défendu aux agents et aux préposés de loger ou de manger chez les inférieurs sous leurs ordres. (Instr. 27 février 1818 et 23 mars 1821, art. 13.)

22. *Cumul d'emploi.* — Il est interdit aux agents et préposés forestiers de cumuler des emplois étrangers au service de l'administration. (Cod. For. 4.)

23. *Pétitions.* — Les pétitions collectives sont interdites. (Circ. A 606 bis.)

SECT. III. — PRÉPOSÉS FORESTIERS.

24. *Commerce. Lait. Beurre. Légumes.* — Il est interdit aux préposés de faire le commerce de lait, beurre et légumes. (Circ. A 643.)

25. *Bois de chauffage.* — Il est interdit aux préposés de vendre ou d'échanger le bois qui leur est délivré pour leur chauffage. (Circ. A 395.)

26. *Herbes.* — Il est interdit aux préposés domaniaux d'employer l'herbe qu'ils sont autorisés à récolter à un autre usage qu'à la nourriture de leurs bestiaux et d'en abandonner quelque partie que ce soit, pour prix de la coupe ou de la récolte. (Circ. A 669.)

27. *Chasse.* — Il est absolument interdit aux préposés de chasser. (Loi du 3 mai 1844, art. 7.)

28. *Fusil. Chien.* — Il est défendu aux gardes de porter des fusils de chasse et d'avoir des chiens de chasse. (Circ. N 55. Circ. N 72, art. 19.)

29. *Gibier.* — Les préposés ne doivent pas se permettre d'offrir directement ou indirectement du gibier à leurs supérieurs. (Instr. 27 février 1818.)

30. *Mariage.* — Il est interdit aux préposés domaniaux de se marier sans autorisation. (Circ. A 800.)

31. *Propriétés particulières.* — Il est défendu aux préposés de surveiller des propriétés particulières. (Circ. A 545 bis.)

INTERDIT.

1. *Définition.* — Majeur mis en tutelle, parce qu'il est, soit de son intérêt, soit de celui de la société, qu'il soit placé sous la conduite d'un tuteur, qui prévoie et qui agisse pour lui.

2. *Faculté.* — L'interdit est assimilé au mineur pour ses biens. (Cod. Civ. 509.)

3. *Condamnés.* — Les condamnés aux travaux forcés, à la détention ou à la réclusion seront en état d'interdiction légale, pendant la durée de leur peine. (Cod. Pén. 29.)

4. *Contrat.* — Les interdits ne peuvent pas contracter. (Cod. Civ. 1124.)

5. *Adjudication.* — Les personnes interdites ne peuvent pas prendre part aux adjudications.

6. *Affouage.* — Les interdits n'ont pas droit à l'affouage.

7. *Délimitation.* — Les articles relatifs à des immeubles possédés par des interdits sont signés par le tuteur, avec autorisation du conseil de famille. (Cod. Civ. 457, 467 et 1124. Circ. N 64, art. 71.)

8. *Poursuites. Tuteur.* — Si un adjudicataire interdit est poursuivi pour une action en responsabilité civile, il est indispensable de lui faire nommer un tuteur. Cette formalité n'est pas indispensable, si la poursuite entraine une *peine.* (Poitiers, 24 janvier 1846.)

INTÉRÊT.

1. *Taux.* — L'intérêt légal sera, en matière civile, de 5 pour cent et, en matière de commerce, de 6 pour cent, sans retenue. (Loi du 3 septembre 1807.) Il est de 10 pour cent en Algérie. (Ord. 7 décembre 1835.)

La loi du 3 septembre 1807, dans ses dispositions relatives à l'intérêt conventionnel, est abrogée en matière de commerce; elle reste en vigueur en matière civile. (Loi du 12 janvier 1886.)

2. *Acquéreur. Paiement.* — L'acheteur doit l'intérêt du prix de la vente, jusqu'au paiement du capital, dans les trois cas suivants :

S'il a été ainsi convenu, lors de la vente ;

Si la chose vendue produit des fruits et autres revenus ;

Si l'acheteur a été sommé de payer. Dans ce cas, l'intérêt ne court que depuis la sommation. (Cod. Civ. 1652.)

3. *Adjudicataire. Retard.* — En cas de retard de paiement par les adjudicataires des coupes, les intérêts courent de plein droit à 5 pour cent par an, à partir du jour de l'échéance des traites. (Cah. des ch. 14.)

4. *Date.* — Lorsqu'une indemnité a été réclamée par un propriétaire, les intérêts courent à partir du jour de la demande. (Cons. d'Etat, 29 juin 1832.)

5. *Demande.* — La demande des intérêts d'une somme d'argent ne fait courir ces intérêts qu'autant qu'elle est formée devant la juridiction compétente pour connaître du litige. (Cod. Civ. 1155. Cons. d'Etat, 21 juin 1866.)

6. *Créance.* — L'assignation donnée à l'Etat par une commune, en la personne du préfet, met la créance de la commune à l'abri de la déchéance édictée par l'article 9 de la loi du 29 janvier 1829, en ce qui concerne les intérêts *échus* pendant l'instance, bien que l'instance soit restée pendante durant dix-neuf ans. (Cons. d'Etat, 23 juillet 1857.)

7. *Pension. Arrérage.* — Aucune disposition de loi ne permet d'allouer les intérêts des arrérages d'une pension de retraite. (Cons. d'Etat, 6 juillet 1858.)

8. *Travaux.* — Il ne sera pas dû d'intérêt aux entrepreneurs de travaux, en cas de retard dans les paiements d'acompte; mais, si l'entrepreneur ne pouvait être entièrement payé dans le délai de trois mois, à partir du jour de la signature du procès-verbal de réception définitive, il pourrait prétendre à des intérêts, pour cause de retard dans le payement de la somme qui lui resterait due à partir de cette époque. (Circ. N 22, art. 260. Cah. des ch. 50.)

9. *Prescription.* — Les intérêts se prescrivent par cinq ans. (Cod. Civ. 2277.)

INTÉRIM.

Absence, 10.
Accréditation, 5.
Autorisation, 8.
Circonscription, 13.
Congé, 7, 12.
Conservateur, 2, 3, 4.
Directeur, 1.
Dossiers, 15.
Emolument, 14.
Frais, 16.
Honneurs, 16.
Indemnité, 8, 9, 11, 12, 13.
Inspecteur, 6.
Inspecteur adjoint, 6.
Notes, 15.
Préposés, 10.

1. *Directeur.* — En cas d'absence du directeur, le ministre de l'agriculture désignera celui des administrateurs qui en remplira les fonctions. (Ord. 3.)

2. *Conservateur.* — Si le conservateur quitte sa circonscription avec autorisation, il est remplacé par un inspecteur que désigne l'administration.

3. *Conservateur.* — Si le conservateur quitte sa circonscription, pour un motif urgent et sans autorisation, il est remplacé par l'inspecteur du chef-lieu de la conservation.

4. *Conservateur.* — Quand le conservateur quitte sa résidence sans sortir de sa circonscription, l'agent sédentaire chef de ses bureaux expédie et signe la correspondance.

5. *Accréditation.* — La signature de l'agent chargé de remplacer le conservateur absent est accréditée auprès des trésoriers-payeurs généraux, une fois pour toutes et par le ministre de l'agriculture. (Circ. Min. 25 février 1890, nº 12.) Voir Accréditation. Ordonnateur.

6. *Inspecteur.* — L'inspecteur, en cas d'empêchement, est remplacé de droit par l'inspecteur adjoint. Hors ce cas, aucune des fonctions de l'inspecteur ne peut être confiée à l'inspecteur adjoint qu'en vertu d'une autorisation spéciale de l'administration. (Arr. Min. 27 juillet 1844, art. 3.)

7. *Congé.* — Lorsque le conservateur juge utile de provoquer la désignation d'un agent intérimaire, sa proposition doit être transmise à l'administration, par lettre spéciale, en même temps que la demande de congé. (Circ. N 91, art. 16.)

8. *Indemnité. Autorisation.* — Les agents et préposés ne doivent pas être chargés, sans autorisation préalable de l'administration, de faire des intérims pouvant donner lieu à des indemnités. (Circ. A 461 bis.)

9. *Indemnités.* — L'intérim fait par un agent, dans son arrondissement, ne donne pas droit à une indemnité. (Circ. A 461 bis.)

10. *Frais. Absence.* — Si, pendant l'absence des agents ou préposés, il y a lieu de pourvoir à des frais d'intérim, le montant peut en être précompté, jusqu'à due concurrence, sur la retenue qu'ils doivent subir. (Décr. du 9 novembre 1853, art. 16, § 4. Circ. N 91, art. 17.)

11. *Indemnités.* — En cas d'intérim, les indemnités dues au titulaire du poste et destinées à couvrir les frais extraordinaires de déplacement ne doivent être allouées à l'intérimaire que si celui-ci a eu des frais extraordinaires de déplacement à supporter, pendant sa gestion. (Lettre de l'Admin. 11 juillet 1862, nº 509.)

12. *Congé. Indemnités.* — Les agents ou préposés en congé n'ont pas droit aux indemnités attribuées au poste, lorsque le congé donne lieu à un intérim. (Circ. N 279.)

13. *Indemnités. Circonscription.* — Les agents et préposés chargés d'intérim, en dehors de leur circonscription, ont droit aux indemnités (route et séjour), d'après le tarif fixé pour les missions; mais l'indemnité de séjour ne leur est intégralement payée que pendant la durée d'un mois. A partir du deuxième mois, elle est réduite aux deux tiers. (Décis. Min. 24 décembre 1862. Circ. A 828. Arr. Min. 4 mars 1864. Circ. N 26, art. 8. Circ. N 310, art. 8.) V. Indemnité.

14. *Émolument.* — Lorsqu'un emploi est sans titulaire, la jouissance du traitement et des émoluments attachés à cet emploi peut être accordée, en totalité ou en partie, à toute personne appelée à remplir l'intérim, qui, alors, supporte toutes les charges de l'emploi. (Règl. Min. du 26 décembre 1866, art. 44. Circ. N 104.)

15. *Dossiers. Notes.* — En cas d'intérim, les dossiers relatifs au personnel des agents sont placés sous plis cachetés par l'agent supérieur assistant et remis, en cet état, au titulaire par l'intérimaire qui en a reçu le dépôt. (Circ. N 51, art. 14.)

16. *Honneurs.* — Ceux qui ne sont en fonctions que par intérim ou pendant l'absence du titulaire n'ont droit qu'aux honneurs de leur grade ou de leur emploi. Il est défendu à tout fonctionnaire civil de rendre à qui que ce soit, pour les honneurs, au delà de ce qui est prescrit. (Décr. du 24 messidor an XII.)

INTERLIGNE. V. Ecriture. Rature. Renvoi.

INTERLOCUTOIRE. V. Jugement.

INTERPRÉTATION.

1. *Conventions.* — On doit, dans les conventions, rechercher quelle a été la commune intention des parties contractantes, plutôt que de s'arrêter au sens littéral des termes. (Cod. Civ. 1156.)

2. *Sens.* — Les termes susceptibles de deux sens doivent être pris dans le sens qui convient le plus à la matière du contrat. (Cod. Civ. 1158.)

3. *Contrat. Obscurité.* — Tout pacte obscur s'interprète contre celui qui a stipulé et contre le vendeur. (Cod. Civ. 1162, 1602.)

4. *Conseil d'Etat. Avis.* — Le conseil d'Etat peut être consulté sur l'interprétation des lois, et, si son avis, quoique approuvé par le gouvernement, peut servir de règle à l'administration, il ne peut lier ni les particuliers, ni les tribunaux judiciaires. (Cabantous.)

INTERPRÈTE.

1. *Age. Serment.* — L'interprète doit être âgé de vingt-un ans au moins et, sous la peine de 100 francs d'amende, prêter serment de traduire fidèlement les discours à transmettre entre ceux qui parlent des langues différentes. L'interprète pourra être récusé, en fournissant les motifs; il ne pourra, à peine de nullité, être pris parmi les témoins et les juges. (Instr. Crim. 332.)

2. *Taux.* — Les interprètes appelés aux débats seront, à raison de leurs rapports, payés comme témoins, s'ils requièrent la taxe. (Décr. du 18 juin 1811.)

3. *Liquidation.* — Les honoraires des interprètes sont liquidés par le conservateur. (Circ. A 514.)

4. *Actes. Frais.* — Les interprètes reçoivent, pour chaque vacation et pour chaque

rapport fait par écrit, 4 francs dans les villes de 40000 âmes et au-dessus, et 3 francs pour les villes et communes au-dessous de 40000 âmes. Pour la nuit, moitié en sus. On compte, pour chaque jour, deux vacations, et une seule vacation par nuit.

Pour chaque rôle de trente lignes à la page et de seize à dix-huit syllabes à la ligne de traduction par écrit, 1 franc dans les villes de 40000 âmes et au-dessus, et 0 fr. 75 pour celles au-dessous. (Décr. du 18 juin 1811, art. 22 et 23.)

5. *Déplacement. Frais.* — Pour déplacement au delà de deux kilomètres de leur résidence, il est alloué aux interprètes des frais de voyage, savoir 2 fr. 50 par myriamètre parcouru en allant et en revenant. L'indemnité sera calculée par myriamètres et demi-myriamètres, les fractions de 8 à 9 compteront pour 1 et celles de 3 à 7 pour 1/2.

Pour séjour en voyage, en cas de force majeure constatée, ils reçoivent une indemnité de 2 francs par jour.

En cas de séjour hors de leur résidence, pour l'instruction de la procédure, ils recevront une indemnité de séjour, savoir : à Paris, de 4 francs par jour; dans les villes de 40000 âmes et au-dessus, 2 fr. 50, et dans les autres villes, 2 francs par jour. (Décr. 18 juin 1811, art. 24, 91, 92, 95, 96.)

INTERROGATOIRE.

1. *Principe.* — A l'audience, le prévenu doit être interrogé, s'il est présent. (Instr. Crim. 190.)

2. *Tenue.* — Pendant l'interrogatoire, le prévenu se tiendra debout et découvert.

3. *Défaut. Nullité.* — Si le prévenu est présent à l'audience et qu'il ne demande pas à être interrogé, l'absence d'interrogatoire n'est pas une cause de nullité. (Cass. 18 juillet 1828. Cass. 9 juillet 1836.)

INTERRUPTION. V. Prescription.

INTERVERSION.

1. *Fait.* — L'interversion de possession ou de titre, qui a pour résultat de convertir en possession *animo domini* une simple détention précaire, et notamment une détention à titre d'usage, ne peut résulter que de faits patents, non équivoques et de nature à contredire le droit du propriétaire. (Cass. 28 décembre 1857.) V. Titre.

2. *Fermier. Usufruitier. Détenteur.* — L'interversion de titre des fermiers dépositaires, usufruitiers ou autres détenteurs précaires et leurs héritiers, leur permet de prescrire, si le titre de leur possession est interverti, soit par une cause venant d'un tiers, soit par une contradiction opposée au droit du propriétaire. (Cod. Civ. 2238.)

3. *Revendication.* — La contradiction propre à opérer l'interversion du titre doit être claire, précise, non équivoque et élevée en face du propriétaire, de manière à le mettre en demeure de veiller à ses droits.

L'interversion de titre ne saurait résulter d'un acte par lequel un usager aurait cédé ses droits à un tiers, en les qualifiant de droit de propriété, alors surtout que la jouissance de l'acquéreur a été conforme à celle du vendeur. (Bourges, 27 février 1861.)

4. *Impôt.* — L'interversion de titre ne saurait résulter, au profit d'une commune usagère, de ce que les bois grevés auraient été inscrits et imposés sous son nom, ni de ce qu'ils auraient été surveillés et entretenus à ses frais, ni de ce que l'autorité administrative, dans l'ignorance des droits du domaine de l'Etat, les aurait régis et administrés comme biens communaux. (Bourges, 23 décembre 1861.)

5. *Conditions diverses.* — L'interversion de titre ne saurait résulter :

Ni de ce que, dans les actes administratifs, les bois grevés auraient été dénommés bois communaux (Nancy, 21 janvier 1857) ;

Ni de ce que la commune aurait nommé et payé les gardes forestiers et acquitté tous les frais d'administration. (Nancy, 30 avril 1858) ;

Ni de ce que la commune aurait vendu des coupes dans ces bois, sans la réserve du tiers au profit du prince. (Nancy, 30 avril 1858.)

Les actes fondés sur l'erreur sont insuffisants pour servir de cause et de principe à l'interversion de titre. (Nancy, 30 avril 1858.)

Le paiement de l'impôt par l'usager ne peut être considéré comme un acte interversif. (Cass. 18 juin 1851.)

INTRODUCTION. V. Hors route et Chemin.

INVALIDITÉ.

Chasseurs forestiers. Elimination. — L'élimination du corps des chasseurs forestiers doit être exclusivement la conséquence de l'invalidité. Pour reconnaître si l'invalidité existe, il faut savoir si l'homme est apte à participer aux opérations, travaux, reconnaissances, auxquels l'autorité militaire emploiera désormais, en temps de guerre, sur le terrain d'action du temps de paix, les chasseurs forestiers, l'emploi des agents et préposés forestiers en temps de guerre étant subordonné à leurs emplacements du temps de paix. (Circ. N 302. Circ. N 317.) V. Elimination.

INVASION. V. Guerre.

INVENTAIRE.

SECT. I. — ARCHIVES, 1 — 6.

SECT. II. — MATÉRIEL DES PÉRIMÈTRES DE RESTAURATION DES MONTAGNES, 7 — 9.

SECT. III. — MAISONS FORESTIÈRES, 10 — 11.

Décès, 6.
Dépôt, 5.
Double, 4, 9.
Etablissement, 1, 7.
Logement des agents, 11.
Maison forestière, 10.
Mobilier, 10.
Mutation, 2.
Numéro d'inscription, 8.
Récapitulation, 9.
Revision, 11.
Vérification, 3.

V. Dossier. Installation. Service.

SECT. I. — ARCHIVES.

1. *Etablissement.* — A chaque mutation d'emploi, il sera dressé, des titres, plans, registres, etc., un inventaire en double qui constituera le nouvel agent responsable, en opérant la décharge de son prédécesseur. (Ord. 19. Form. série 12, n° 11.)

2. *Mutation.* — A chaque mutation, la vérification a lieu en présence du conservateur, si l'agent remplacé est un chef de service, et en présence du chef de service, si l'agent remplacé est un chef de cantonnement. L'agent supérieur qui assiste à l'inventaire s'assure du bon état des actes, livres, pièces et instruments, etc. ; il signe le procès-verbal et rend compte de sa mission par un rapport transmis à l'administration, avec ses propositions, s'il y a lieu. Quand il y a un intérimaire, celui-ci signe l'inventaire, pour être accepté, après vérification et rectification, s'il y a lieu, par le titulaire, au moment de son installation. (Circ. N 51, art. 12, 13 et 14.)

3. *Vérification.* — Les conservateurs et les inspecteurs, dans leurs tournées, se font représenter les inventaires. (Circ. A 824. Circ. N 18, art. 6.)

4. *Double.* — Les inventaires doivent être dressés en double minute ; mais il n'est pas nécessaire de les reproduire en entier. On peut se référer aux inventaires anciens. (Circ. N 51, art. 16.)

5. *Dépôt.* — Les doubles des inventaires des chefs de cantonnement sont déposés dans les bureaux des chefs de service ; ceux des chefs de service, à la conservation, et ceux des conservateurs, à l'administration centrale. (Circ. A 824. Circ. N 51, art. 17.)

6. *Décès.* — En cas de décès, l'inventaire est fait entre l'intérimaire et le nouveau titulaire, en présence de l'agent supérieur chargé d'assister à la remise du service. (Circ. N 51, art. 15.)

SECT. II. — MATÉRIEL DES PÉRIMÈTRES DE RESTAURATION DES MONTAGNES.

7. *Etablissement.* — Des inventaires spéciaux (form. série 7, n° 43) sont tenu par chaque agent, pour l'inscription de tous les objets appartenant à l'Etat qui sont à sa disposition. Ces inventaires sont répartis entre quatre catégories, savoir :

La première, concernant les outils et objets employés par les ouvriers dans les périmètres et les pépinières ;

La seconde, concernant les instruments de pesage, mesures de capacité, sacs et objets divers employés dans les sécheries et magasins de graines ;

La troisième, concernant le mobilier des baraques, ustensiles de ménage, etc. ;

La quatrième, concernant le bureau des agents, comprenant le mobilier et tous les objets affectés au service des études et levés, tels que cartes, plans, appareils, instruments et engins de toutes sortes, employés soit aux opérations sur le terrain, soit aux dessins.

A la fin de chaque année, l'agent régisseur adresse au chef de service la récapitulation de chacun des inventaires établis dans la troisième partie du registre. (Instr. Gén. du 2 février 1885, art. 139, 140 et 203. Circ. N 345.)

8. *Numéro d'inscription.* — Sur toute pièce de comptabilité portant mention de l'acquisition d'objets susceptibles d'être inventoriés, l'agent régisseur porte, en regard de cette mention, le numéro d'inscription à l'inventaire. (Règl. sur la comptabilité publique, § 291. Instr. Gén. du 2 février 1885, art. 161. Circ. N 345.)

9. *Récapitulation.* — Le chef de service doit avoir entre les mains un double de chacun des registres d'inventaire (form. série 7, n° 43), qui sont tenus par les agents régisseurs.

Il le tient au courant au moyen des données fournies par les pièces de comptabilité servant au payement des objets susceptibles d'être inventoriés.

A la fin de l'année, il transcrit dans la troisième partie de chaque registre d'inventaire la récapitulation (form. série 7, n° 44 bis) qui lui est adressée par l'agent régisseur, après s'être assuré que ce relevé concorde avec les indications de l'inventaire déposé à son bureau, sous le rapport du nombre des objets de chaque catégorie.

Les doubles de chacun des inventaires des agents régisseurs et la récapitulation de chaque inventaire sont conservés dans les archives du chef de service. (Instr. Gén. 2 février 1885, art. 177 et 182. Circ. N 345.)

SECT. III. — MAISONS FORESTIÈRES.

10. *Mobilier.* — Il sera dressé, pour chaque maison forestière et par le chef de cantonnement, un inventaire détaillé de tous les objets mobiliers appartenant à l'administration. Une copie de cet inventaire sera remise au préposé titulaire de la maison ; une copie sera affichée dans l'appartement

des agents, et une expédition sera adressée à l'administration. A chaque mutation du chef de cantonnement ou du préposé, l'inventaire sera revisé, en mentionnant, avec les numéros, les changements survenus. En cas de perte ou de détérioration, autre que celle résultant de l'usure normale, le conservateur prescrira le remplacement aux frais de qui de droit. (Circ. N 285.)

11. *Revision.* — Toutes les fois que des changements surviendront dans le cours de l'année, tant dans le nombre que dans la composition et l'ameublement des logements réservés aux agents en tournées, on dressera, avant le 31 décembre, un état complémentaire et rectificatif d'inventaire, s'il y a lieu, suivant le modèle qui figure à l'annexe n° 2. (Circ. N 335.)

INVENTION.

Propriété. — Quand un fonctionnaire fait une invention, dans le cours de son mandat, avec les indications et l'argent de l'Etat, l'invention est à l'Etat ; mais quand c'est en dehors de ses heures de travail et par ses ressources que le génie de l'inventeur se fait jour, l'invention appartient alors en propre au fonctionnaire, qui peut, dans ce cas, prendre légitimement un brevet.

INVITÉ.

Chasse. — L'invité à une chasse en assume toutes les conséquences pénales et n'est pas recevable à exciper de sa bonne foi ; c'est à lui à s'assurer que celui qui l'invite a le droit de chasse et s'est mis en règle, pour être à l'abri d'un délit. (Cass. 15 décembre 1870.) V. Ami. Chasse à courre.

IRRIGATION.

1. *Eau courante. Riverain.* — Celui dont la propriété borde une eau courante, autre que celle qui est déclarée dépendance du domaine public, peut s'en servir, à son passage, pour l'irrigation de sa propriété. Celui dont cette eau traverse l'héritage peut même en user dans l'intervalle qu'elle y parcourt, mais à la charge de la rendre, à la sortie de son fonds, à son cours ordinaire. (Cod. Civ. 644.)

2. *Droit. Rivière navigable et flottable.* — En principe, le droit d'irrigation n'existe pas au profit des propriétaires riverains des cours d'eau *navigables* et *flottables*. En cas de concession d'eau, il est statué par décret du chef de l'Etat. (Cabantous.) V. Cours d'eau.

3. *Concession.* — Les concessions d'eau pour irrigation, dans les cours d'eau ni navigables, ni flottables, sont autorisées par les préfets. (Décr. 25 mars 1852 et 13 avril 1861.)

4. *Contestation.* — S'il s'élève une contestation entre les propriétaires auxquels des eaux courantes peuvent être utiles, les tribunaux, en prononçant, doivent concilier l'intérêt de l'agriculture avec le respect dû à la propriété ; dans tous les cas, les règlements particuliers et locaux sur le cours et l'usage des eaux doivent être observés. (Cod. Civ. 645.)

5. *Règlement.* — Les préfets ont le droit de faire des règlements sur l'usage des cours d'eau qui ne sont ni navigables, ni flottables, en ce qui concerne l'irrigation, lorsque ces cours d'eau sont communs à plusieurs riverains.

Ils peuvent fixer les jours et les heures où les riverains de ces cours d'eau pourront en user, pour l'irrigation de leurs propriétés.

Les règlements sur ces objets sont de véritables règlements de police. (Cass. 10 février 1827.)

6. *Passage.* — Tout propriétaire qui voudra se servir, pour l'irrigation de ses propriétés, des eaux naturelles ou artificielles dont il a le droit de disposer, pourra obtenir le passage de ces eaux sur les fonds intermédiaires, à l'exception des maisons, cours, jardins, parcs et enclos attenant aux habitations, à la charge d'une juste et préalable indemnité. (Loi du 29 avril 1845.) V. Barrage.

7. *Irrigation. Passage.* — Le passage pour les eaux peut être demandé par toute personne qui a le droit (propriétaire, usager ou concessionnaire) de se servir des eaux pour son fonds. (Cass. 29 mai 1877.)

8. *Cours d'eau. Irrigation. Riverains.* — Les riverains d'un cours d'eau ont le droit de se servir de l'eau, à son passage, pour l'irrigation de leurs propriétés ; ils ont aussi le droit de conduire cette eau dans leurs propriétés non riveraines, à charge d'indemniser les propriétaires traversés par le canal de conduite. Les tribunaux ordinaires sont compétents pour fixer, par un règlement d'eau, la quantité d'eau dont ces riverains peuvent disposer pour l'irrigation de leurs propriétés. Mais, dans aucun cas, les riverains ne sauraient être contraints à subir un partage des eaux avec les non-riverains. De plus, le droit accordé au riverain de conduire l'eau dans une propriété non riveraine lui est absolument personnel, et il ne pourrait en faire profiter les membres d'un syndicat dont il ferait partie, de manière à conduire les eaux sur des propriétés appartenant à des tiers non riverains. (Victor Lefranc.)

ISSARD. V. Écobuage.

ISSUE.

Principe. — Le propriétaire qui n'a sur la voie publique aucune issue ou qu'une issue insuffisante pour l'exploitation, soit agricole, soit industrielle de sa propriété, peut réclamer un passage sur les fonds de ses voisins, à la charge d'une indemnité proportionnée au dommage qu'il peut occasionner. (Cod. Civ. 682. Loi du 20 août 1881.) V. Enclave. Passage.

ITALIE. V. Frontière.

ITINÉRAIRE.

Tournées. — Les conservateurs arrêtent eux-mêmes l'itinéraire de leurs tournées, de manière à visiter successivement, tous les trois ans, tous les cantonnements de leur circonscription. (Circ. N 18, art. 3.)

On fait ordinairement un itinéraire pour les tournées d'opération de martelage et de récolement des coupes. V. Opération.

IVRESSE.

Excuse. — L'état d'ivresse ne constitue pas un cas d'excuse légale.

J

JARDINAGE.

Abatage, 9.
Age, 2.
Application, 2 bis.
Arbre de marine, 6.
Arpentage, 3.
Définition, 1.
Délit, 9, 10, 11.
Délivrance, 8.
Dimensions, 2.
Dommages, 10.
Essence, 2 bis.
Futaie, 2 bis.
Limites, 4.
Marques, 5, 8, 11.
Réserve, 7, 10.
Sapin, 12.

1. *Définition.* — Le jardinage consiste à enlever çà et là les arbres les plus vieux, dépérissants, viciés ou secs, et d'autres en bon état de croissance, mais qui sont réclamés par le commerce ou les besoins locaux. (Parade.)

2. *Age. Dimension.* — Pour les forêts d'arbres résineux, où les coupes se feront en jardinant, l'ordonnance d'aménagement déterminera l'âge ou la grosseur que les arbres devront atteindre, avant que la coupe puisse en être ordonnée. (Ord. 72, 134.)

2 bis. *Application. Futaie. Essence.* — Le traitement par la méthode du jardinage n'est applicable que dans les forêts peuplées d'essences auxquelles leur tempérament permet de supporter un couvert prolongé; telles sont : les futaies de sapin et de hêtre, soit à l'état pur, soit en mélange.

Le jardinage s'impose : 1° pour les massifs situés aux altitudes extrêmes, sur des versants abrupts, coupés de rochers et battus par les vents violents, ainsi que pour ceux constituant des zones de protection, soit contre les avalanches ou les éboulements, soit contre les vents dangereux, dont l'état de consistance doit être maintenu ou amélioré autant que possible et dont la production ne présente qu'un intérêt tout à fait secondaire; 2° pour les massifs dans lesquels, à raison de la situation et de la rigueur du climat, qui souvent fait obstacle à la réussite des repeuplements, la régénération naturelle est extrêmement lente. (Note de l'Admin. 17 juillet 1883.) V. Aménagement. Possibilité.

3. *Arpentage.* — Les coupes jardinatoires (par pied d'arbre ou par volume) ne sont pas susceptibles d'être arpentées ; ces coupes seront délimitées par un nombre suffisant de pieds corniers ou de parois et par les limites naturelles qui peuvent exister sur le périmètre. (Circ. A 475.)

4. *Limites.* — On mentionnera, dans les procès-verbaux de martelage et d'adjudication, la nature des limites naturelles, ainsi que l'essence et les dimensions des pieds corniers et parois. (Circ. A 475.)

5. *Marque.* — Dans les coupes qui s'exploitent en jardinant ou par pied d'arbre, le marteau de l'Etat sera appliqué aux arbres à abattre (martelage en délivrance), et la marque sera faite au corps et à la racine. (Ord. 80, 134.)

6. *Arbre de marine.* — Lorsqu'il y a des arbres de marine désignés dans les coupes de jardinage marquées en délivrance, deux arbres choisis à proximité de chaque arbre de marine sont frappés, comme témoins, du marteau de l'agent qui dirige l'opération. (Règl. Min. 19 février 1862, art. 4. Circ. N 7, art. 8.)

7. *Réserve.* — Dans les coupes jardinatoires marquées en délivrance, tous les arbres non marqués étant des réserves, l'adjudicataire, pour tous les délits commis dans sa coupe et non constatés par le garde-vente, encourt les pénalités édictées par l'article 34 du code forestier. (Cass. 15 mars 1850.)

8. *Marque. Délivrance.* — Dans les coupes jardinatoires, la représentation de l'empreinte du marteau de l'Etat est la seule preuve autorisée, pour établir que les arbres abattus ont été marqués en délivrance. (Cass. 5 août 1853.)

9. *Abatage. Délit.* — Dans les coupes marquées en délivrance (jardinage), l'absence de la marque du marteau sur la souche constitue la preuve légale de l'abatage illicite

de l'arbre auquel cette souche appartenait et rend l'adjudicataire passible des peines édictées par l'article 34 du code forestier. (Cass. 12 novembre 1841.)

10. *Délit. Dommage. Coupe de réserve.* — Lorsque des arbres ont été coupés en délit, dans une coupe jardinatoire, le tribunal ne peut se dispenser de condamner l'adjudicataire à des dommages-intérêts et aux peines prescrites par l'article 34 du code forestier. (Cass. 24 janvier 1846.)

11. *Délit. Marque.* — Bien que l'adjudicataire d'une coupe jardinatoire n'ait pas représenté l'empreinte du marteau de l'Etat sur la souche d'un arbre exploité par lui, il n'y a pas présomption que cet arbre n'ait pas été marqué et qu'il ait été coupé en délit, lorsqu'il est constaté que l'adjudicataire n'a coupé que le nombre d'arbres auquel il avait droit. Dans ce cas, au lieu des articles 33 et 34, on peut appliquer l'article 37 du code forestier. (Cass. 24 février 1854.)

12. *Sapins. Dimension. Classement.* — Dans les forêts jardinées, les sapins ayant moins de 20 centimètres de diamètre à un mètre du sol ne doivent pas être estimés comme bois, mais réunis au sol comme valeur d'avenir. (Montpellier, 19 juin 1882.)

JET DE TERRE.

Fossé. — Le jet des terres indique le propriétaire du fossé; si le fossé est mitoyen, la terre doit être rejetée des deux côtés également. (Cod. Civ. 666, 667 et 668. Loi du 20 août 1881.)

JOUISSANCE. V. Abus de jouissance. Bois communaux. Juge de paix. Possession.

JOUR. V. Fenêtre.

JOUR CIVIL.

Définition. — Espace de temps de vingt-quatre heures.

JOUR FÉRIÉ.

Abrogation, 3.
Adjudication, 10.
Affirmation, 8.
Enregistrement, 9.
Exécution, 6.
Exploit, 5.
Fêtes, 1.
Fonctionnaire, 4.
Nomenclature, 2.
Procédure, 7.
Repos, 4.
Signification, 6.
Surveillance, 11.

1. *Fête.* — Aucune fête ne pourra être établie sans la permission du gouvernement. (Convention, 26 messidor an IX.)

2. *Nomenclature.* — Les jours fériés sont :

1° Les dimanches (Loi du 18 germinal an X, art. 57) et, par suite, les fêtes de Pâques et de la Pentecôte, tombant toujours un dimanche;

2° Le jour de Noël (25 décembre), l'Ascension (fête mobile), l'Assomption (15 août), la Toussaint (1er novembre) (Arr. 29 germinal an X);

3° Le premier jour de l'an (1er janvier) (Cons. d'État, 20 mars 1810);

4° Le 14 juillet (fête nationale) (Loi du 6 juillet 1886);

5° Le lundi de Pâques et le lundi de la Pentecôte. (Loi du 8 mars 1886.)

3. *Abrogation.* — La loi du 18 novembre 1814, relative à la célébration des fêtes et dimanches, a été abrogée par la loi du 12 juillet 1880, qui ne change rien aux dispositions des lois civiles ou criminelles réglant les vacances des diverses administrations, les délais et l'accomplissement des formalités judiciaires, ainsi que l'exécution des décisions de justice. (Loi du 12 juillet 1880.)

4. *Fonctionnaires. Repos.* — Le repos des fonctionnaires est fixé au dimanche. (Convention, 26 messidor an IX. Loi du 18 germinal an X.)

5. *Exploit.* — Aucun exploit n'est donné un jour de fête légale, si ce n'est en vertu de permission du président du tribunal. (Proc. Civ. 63.)

6. *Signification. Exécution.* — Aucune signification ou exécution ne pourra être faite les jours de fête légale, si ce n'est en vertu de permission du juge. (Proc. Civ. 1037.)

7. *Procédure.* — Les actes de procédure correctionnelle et criminelle peuvent être faits les jours fériés. (Cass. 28 décembre 1832 et 26 avril 1839.) V. Citation.

8. *Affirmation.* — Le délai d'affirmation d'un procès-verbal n'est pas prorogé, si le lendemain de la clôture du procès-verbal est un jour férié. (Loi du 17 thermidor an VI.)

L'affirmation doit se faire le jour férié, à peine de nullité. V. Affirmation.

9. *Enregistrement.* — Le délai d'enregistrement est prorogé d'un jour, si le dernier jour du délai tombe un jour férié, attendu que ce dernier jour n'est pas compris dans le délai d'enregistrement. (Loi du 22 frimaire an VII, art. 25. Cass. 18 février 1820.)

10. *Adjudication.* — On peut valablement procéder aux adjudications le dimanche et les jours fériés. (Cons. d'Etat, 4 novembre 1836.)

11. *Surveillance.* — La surveillance des gardes forestiers n'est pas suspendue le dimanche et les jours fériés. (Block.)

JOUR LÉGAL.

1. *Définition.* — Espace de temps compris entre le lever et le coucher du soleil sur l'horizon; les heures crépusculaires sont comprises dans la nuit.

2. *Chasse.* — En matière de chasse, le jour doit s'entendre du moment où l'aurore com-

mence à poindre, et non de l'instant où se lève le soleil. (Trib. d'Abbeville, 19 septembre 1885.)

3. *Procédure.* — Le jour à partir duquel une action ou une prescription commence ne doit pas compter dans le délai de l'action ou de la prescription. (Cass. 10 janvier 1845.)

4. *Comptabilité.* — Chaque jour est compris comme le trentième du mois, et chaque trentième est indivisible. (Règl. Min. 26 décembre 1866, art 63. Circ. N 104.)

JOURNAL.

1. *Agent. Préposé. Communication.* — Aucun agent ou préposé ne doit avoir, relativement au service, des relations avec les recueils, revues, journaux ou autres organes de la publicité, sans l'autorisation expresse et préalable du ministre. Toute infraction entraînera une répression rigoureuse. (Circ. du 10 janvier 1856.) V. Annales forestières, t. xv, 1856, p. 1.)

2. *Aliénation.* — L'état des bois à vendre sera inséré au *Journal officiel*, un mois au moins avant l'adjudication. A dater du jour de la publication de la vente, il en sera publié un bref extrait dans les journaux du département. (Arr. Min. 21 septembre 1852. Circ. A 700.)

3. *Travaux.* — Le conservateur peut, lorsqu'il le juge utile, faire insérer, pour les entreprises importantes, un extrait de l'affiche dans les journaux du département où les travaux doivent être exécutés et, au besoin, dans ceux des départements voisins. (Circ. A 509. Circ. N 22, art. 182.)

4. *Périmètres de restauration. Expropriations. Jugement. Tableau des offres légales.* — Des extraits du jugement d'expropriation et du tableau des offres légales sont insérés dans l'un des journaux de l'arrondissement ou, s'il n'en existe aucun, dans l'un de ceux du département. (Loi, 3 mai 1841, art. 6 et 15.)

Il est justifié de cette insertion, au moyen de deux exemplaires du numéro du journal qui la contient. Ces exemplaires sont revêtus de la signature de l'imprimeur, dûment légalisée.

Les journaux chargés de recevoir les annonces administratives sont désignés par le préfet. (Instr. Gén. du 2 février 1885, art. 55. Circ. N 345.)

5. *Réponse.* — Le gérant de tout journal ou écrit périodique sera tenu d'y insérer, dans les trois jours de la réception, ou dans le plus prochain numéro, les réponses de toute personne nommée ou désignée dans le journal. Cette insertion sera gratuite, si les réponses ne dépassent pas le double de la longueur de l'article auquel elle sera faite. En cas de refus :

Amende : 50 à 500 francs, sans préjudice des autres peines et dommages-intérêts auxquels l'article pourrait donner lieu. (Loi du 29 juillet 1881, art. 13.)

JOURNAL OFFICIEL.

1. *Désignation.* — Le *Journal officiel* remplace le *Bulletin des lois*, pour la promulgation des lois. (Décr. du 5 novembre 1870.)

2. *Abonnement.* — Les conservateurs sont abonnés d'office et à leurs frais au *Journal officiel*, qui a remplacé *le Moniteur*. (Circ. autogr. 30 juin et 22 juillet 1852.)

JOURNÉES.

1. *Restauration des montagnes. Etats de payement.* — Après chaque payement, l'agent régisseur adresse au chef de service les états justificatifs de payement des journées (série 3, nº 14), qui sont transmis immédiatement au conservateur. (Instr. Gén. du 2 février 1885, art. 171 et 183. Circ. N 345.)

2. *Travaux en régie.* — Pour les travaux exécutés en régie, les préposés doivent tenir, jour par jour, sur leurs livrets, une note exacte des journées employées à chaque opération. (Circ. A 802.) V. Prestation. Ouvrier.

3. *Paiement.* — Les rôles des journées employées aux travaux en régie sont payés au moyen d'avances faites au régisseur comptable. (Circ. N 22, art. 274.) V. Feuilles de journées.

JOURNÉES DE PRESTATION. V. Prestation.

JUGE.

1. *Définition.* — Officier de police judiciaire et fonctionnaire faisant partie d'un tribunal. V. Magistrat.

2. *Adjudication.* — Les juges des tribunaux de première instance ne peuvent prendre part aux ventes, ni directement, ni indirectement, dans toute l'étendue de leur ressort. En cas d'infraction :

Dommages-intérêts facultatifs. Vente déclarée nulle. (Cod. For. 21.)

3. *Pièces. Responsabilité.* — Les juges sont déchargés des pièces cinq ans après le jugement du procès. (Cod. Civ. 2276.)

JUGE D'INSTRUCTION.

Définition. — Officier de police judiciaire, juge d'un tribunal, spécialement chargé de l'instruction des affaires criminelles.

JUGE DE PAIX.

1. *Adjudication.* — Les juges de paix peuvent prendre part aux adjudications des

coupes de bois ; ces fonctionnaires ne sont pas compris dans l'interdiction prononcée par l'article 21 du code forestier. (Circ. N 80, art. 94, nota.)

2. *Perquisition.* — Les juges de paix ou leurs suppléants doivent accompagner les gardes, lorsqu'ils sont requis pour assister à une perquisition ou visite domiciliaire, et doivent signer les procès-verbaux de perquisition et de séquestre. (Cod. For. 162.)

3. *Audience.* — Le juge de paix règle le nombre et les jours des audiences, de manière à ce que les affaires soient jugées dans le délai de quinze jours, après leur instruction. (Loi du 3 brumaire an IV.)

4. *Circonscription.* — Les juges de paix ne peuvent exercer leur action que dans leurs cantons respectifs, à moins d'empêchement. (Loi du 3 brumaire an IV.)

5. *Délimitation partielle. Bois communaux.* — Il ne peut être question d'appeler le juge de paix dans les délimitations partielles des bois communaux, lorsque les parties sont d'accord pour y procéder. (Circ. A 130. Décis. Min. 26 mai 1828.)

6. *Attributions générales.* — Les juges de paix connaîtront exclusivement :

1° Des contraventions de police commises dans l'étendue du canton (Loi du 27 janvier 1873) ;

2° Des contraventions à raison desquelles la partie qui réclame conclut, pour ses dommages-intérêts, à une somme indéterminée ou à une somme excédant 15 francs ;

3° Des contraventions forestières poursuivies à la requête des particuliers. (Instr. Crim. 139.) Amende : 15 francs et au-dessous ; emprisonnement : 5 jours et au-dessous.

7. *Algérie. Attributions. Délits forestiers.* — En Algérie, la connaissance des délits et contraventions commis, même dans les bois soumis au régime forestier, appartient aux juges de paix et non aux tribunaux correctionnels, dans tous les cas où la peine n'excède pas 6 mois d'emprisonnement et 500 francs d'amende. (Décr. des 14 mai 1850 et 19 avril 1854. Alger, 5 mars 1868.)

8. *Attributions spéciales.* — Les juges de paix connaissent de toutes les actions purement personnelles ou mobilières, *en dernier ressort*, jusqu'à la valeur de 100 francs et, *à charge d'appel*, jusqu'à la valeur de 200 francs. (Loi du 25 mai 1838, art. 1.)

Les juges de paix connaissent, *sans appel*, jusqu'à la valeur de 100 francs et, *à charge d'appel*, jusqu'au taux de la compétence en dernier ressort des tribunaux de première instance (1500 fr. ou 60 fr. de revenu) :

1° Des indemnités réclamées par le locataire ou le fermier, pour non-jouissance provenant du fait du propriétaire, lorsque le droit à une indemnité n'est pas contesté ;

2° Des dégradations et pertes pour les baux et choses louées ;

3° Des pertes d'incendie, mais jusqu'à 200 francs seulement. (Loi du 25 mai 1838, art. 4.)

Les juges de paix connaissent, *sans appel*, jusqu'à 100 francs et, *à charge d'appel*, à quelque valeur que la demande puisse s'élever :

1° Des actions pour dommages faits aux champs, fruits et récoltes, soit par l'homme, soit par les animaux, et de celles relatives à l'élagage des arbres ou haies et au curage soit des fossés, soit des canaux servant à l'irrigation des propriétés ;

2° Des réparations locatives ;

3° Des contestations relatives aux engagements respectifs des gens de travail au jour, au mois et à l'année, et de ceux qui les emploient ;

4°... ;

5° Des actions civiles pour diffamation verbale et pour injures publiques ou non, verbales ou par écrit, autrement que par la voie de la presse, et des mêmes actions pour rixes et voies de fait ; le tout, lorsque les parties ne se sont pas pourvues par la voie criminelle. (Loi du 25 mai 1838, art. 5.)

Les juges de paix connaissent, *à charge d'appel :*

1° Des entreprises commises dans l'année sur les cours d'eau servant à l'irrigation et au mouvement des usines, sans préjudice des attributions de l'autorité administrative ; des dénonciations de nouvel œuvre, complaintes, actions en réintégrande et autres actions possessoires fondées sur des faits commis dans l'année ;

2° Des actions en bornage et de celles relatives à la distance prescrite par les lois, les règlements particuliers et l'usage des lieux, pour les plantations d'arbres ou haies, lorsque la propriété ou les titres qui l'établissent ne sont pas contestés. (Loi du 25 mai 1838, art. 6.)

Les juges de paix connaissent de toutes les demandes reconventionnelles ou en compensation qui, par leur nature ou par leur valeur, sont dans les limites de leur compétence et des demandes reconventionnelles en dommages-intérêts, quel qu'en soit le chiffre, exclusivement fondées sur la demande principale. (Loi du 25 mai 1838, art. 7.)

JUGEMENT.

SECT. I. — JUGEMENT EN GÉNÉRAL, 1 — 47.

§ 1. *Principes, Généralités*, 1 — 10.

§ 2. *Formalités*, 11 — 39.

A. *Jugement contradictoire*, 11 — 19.

B. *Jugement par défaut*, 20 — 39.

§ 3. *Qualités*, 40 — 47.

A. *Jugement préparatoire*, 40 — 43.

B. *Jugement interlocutoire*, 44 — 47.

SECT. II. — COMPÉTENCE, JURIDICTION, 48 — 74.

§ 1. *Jugement civil*, 48 — 50.

§ 2. *Jugement correctionnel*, 51 — 72.

§ 3. *Jugement criminel*, 73 — 74.

SECT. III. — RÉFORMATION, APPEL, POURVOI, 75 — 81.

SECT. IV. — EXPROPRIATION DANS LES PÉRIMÈTRES DE RESTAURATION DES MONTAGNES, JURY, 82 — 85.

Affichage, 73, 74.
Annulation, 80.
Appel, 43, 46, 76, 79, 80.
Avertissement, 15.
Avis, 49, 85.
Avocat, 3.
Cassation, 85.
Caution, 67.
Chef de prévention, 2.
Chose jugée, 71, 75.
Citation, 23, 24, 25, 51.
Clôture, 82.
Communication, 69.
Comparution, 51.
Conclusion, 2, 6, 6 bis.
Conditions, 1, 12.
Conséquence, 45.
Contradictoire, 13.
Copie, 17, 48, 56.
Décision, 81.
Définition, 11, 20, 40, 41, 44.
Délai, 27, 30.
Délibération, 82.
Dépens, 17.
Désignation, 21.
Dispositif, 52, 53.
Domicile, 84.
Emolument, 18, 38.
Enregistrement, 57, 58.
Envoi, 37.
Epoque, 37.
Etablissement, 83.
Etat, 33, 37.
Exception, 78, 83.
Exécution, 60, 63, 64, 65, 66.
Expropriation, 83.
Extrait, 14, 26, 36, 68.
Fait, 53, 71.
Formalités, 31, 52.
Frais, 19, 25, 34, 39, 54, 68.
Greffier, 14, 18, 38, 69.
Impression, 73.
Inscription de faux, 22.
Insolvables, 28, 29, 32, 33.
Instance domaniale, 48, 49, 50.
Juge de paix, 6 bis.
Lecture, 8, 9.
Lois, 7, 8, 9, 53.
Minute, 56.
Mise en défens, 65.
Motif, 4, 5, 6 bis.
Notification, 85.
Nullité, 23, 24, 25, 82.
Particulier, 61, 62, 66.
Partie civile, 34.
Peine, 53.
Pourvoi, 43, 46, 77, 85.
Prononciation, 55.
Qualités, 6 bis, 42.
Recouvrement, 34.
Renvoi à fins civiles, 72.
Signature, 10.
Signification, 16, 26, 27, 28, 29, 30, 31, 35, 36, 50, 59, 61, 62, 84.
Sommier, 70.
Texte, 7, 8.
Timbre, 58.
Validité, 47.

SECT. I. — JUGEMENT EN GÉNÉRAL.

§ 1. *Principes. Généralités.*

1. *Conditions.* — Les jugements seront rendus à la pluralité des voix et prononcés sur le champ; néanmoins, les juges pourront se retirer dans la chambre du conseil pour y recueillir les avis; ils pourront aussi continuer la cause à une prochaine audience, pour prononcer le jugement. (Proc. Civ. 116.) V. Chose jugée.

2. *Chefs de prévention. Conclusions.* — Le juge correctionnel est tenu de statuer sur chaque chef de la prévention, mais non sur chacun des moyens de défense et arguments invoqués à l'appui. (Cass. 21 mai 1874.)

3. *Absence de juge. Avocat.* — Le jugement auquel a concouru un avocat doit constater, à peine de nullité, que cet avocat a été appelé dans l'ordre d'inscription du tableau. (Cass. 5 mai 1848.)

4. *Motifs.* — Tout jugement définitif de condamnation sera motivé, et les termes de la loi appliquée y seront insérés, à peine de nullité. Il y sera fait mention s'il est rendu en dernier ressort ou en première instance. (Instr. Crim. 163.)

5. *Motifs.* — Tout jugement doit être motivé, soit qu'il s'agisse d'un acquittement (Cass. 25 messidor an VII), d'une exception (Cass. 9 juillet 1836), d'un renvoi de cause (Cass. 23 septembre 1837) ou d'une offre de preuve. (Cass. 21 juillet 1832.)

6. *Conclusions.* — Les tribunaux ne sont tenus de s'expliquer que sur les chefs de demande formulés devant eux; ils ne sont pas tenus de répondre aux motifs des conclusions. (Cass. 5 juillet 1882.)

6 bis. *Juges de Paix.* — Les décisions rendues par les juges de paix doivent contenir, à peine de nullité, soit dans les qualités, soit dans les motifs, les conclusions des parties et l'exposé sommaire des arguments qu'elles ont employés. (Trib. de la Seine, 12 mai 1893.)

7. *Loi. Texte.* — Le texte de la loi dont on fera l'application sera lu à l'audience par le président; il sera fait mention de cette lecture dans le jugement, et le texte de la loi y sera inséré, à peine de 50 francs d'amende contre le greffier. (Instr. Crim. 195.)

8. *Loi. Lecture. Texte.* — L'obligation de lire la loi et d'en insérer le texte dans le jugement ne peut être imposée que pour les jugements de condamnation, et non en cas d'acquittement du prévenu. (Cass. 1er mai 1829.)

9. *Loi. Lecture.* — On ne doit lire que les dispositions de la loi pénale appliquée et non les dispositions générales qui sont les conséquences et l'exécution des condamnations, telles que solidarité, complicité, contrainte par corps, dommages-intérêts et frais. (Cass. 18 juin 1835.)

10. *Signature.* — Le président et le greffier signeront la minute de chaque jugement, aussitôt qu'il sera rendu. (Proc. Civ. 138.)

§ 2. *Formalités.*

A. *Jugement contradictoire.*

11. *Définition.* — Les jugements contradictoires sont ceux qui ont été rendus sur la défense des parties. (Circ. N 149.)

12. *Conditions* — Pour qu'un jugement soit contradictoire, il ne suffit pas que le prévenu soit présent à l'audience; il est indispensable qu'il ait été interrogé ou qu'il se soit défendu sur le fond de l'affaire. (Cass. 13 mars 1835.)

13. *Contradictoire. Absence de citation.* — Un jugement *contradictoire* qui condamne le prévenu est valable, quand même le prévenu aurait comparu volontairement, sans citation. (Cass. 18 avril 1822 et 25 janvier 1828.)

14. *Extrait.* — Lorsqu'il n'aura été fait par les condamnés aucune déclaration d'appel, les greffiers remettront directement, dix jours après celui où le jugement aura été prononcé, l'extrait au receveur particulier des finances, qui, à son tour, l'adresse aux percepteurs, pour en opérer le recouvrement. (Ord. 189. Loi de finances du 29 décembre 1873, art. 25. Instr. du Min. des Fin. 20 septembre 1875, art. 93.)

15. *Avertissement.* — Les percepteurs adressent aux condamnés un avertissement d'avoir à payer à leur caisse les sommes dont ils sont redevables. (Instr. du Min. des Fin. 20 septembre 1875, art. 27.)

16. *Signification.* — Les jugements contradictoires sont signifiés par simple extrait (Cod. For. 209) et par les percepteurs. (Cod. For. 211. Loi de finances du 29 décembre 1873, art. 25. Circ. N 149.)

Il convient que le commandement prescrit par l'article 211 du code forestier soit signifié à la suite de l'extrait de ces jugements. (Décis. Min. 4 octobre 1828.) V. Annexe nº 1 de la circulaire de la comptabilité publique du 8 mars 1893, § 1er.

Ces formalités ne sont, en général, remplies que dans le cas où le condamné n'obtempère pas à l'avertissement du percepteur.

17. *Copie. Dépens.* — Les agents chefs de service doivent s'abstenir de prendre copie, dans les greffes, soit des jugements contradictoires qu'ils ont fait rendre, soit des dépens liquidés. Les greffiers sont seulement tenus de leur en donner communication, sans déplacement. (Circ. A 675.)

18. *Émolument. Greffiers.* — Les droits dus aux greffiers pour les extraits de jugements sont à la charge du fonds commun. (Lettre du Min. des Fin. 25 juillet 1892. Circ. N 445.)

19. *Frais.* — Les frais spéciaux d'un jugement contradictoire sont :

1º Timbre du jugement....	1f,80	3f,93
2º Enregistrement........	1 88	
3º Coût de l'extrait.......	» 25	
4º Frais spéciaux du procès-verbal.		7 15
Total...........		11f,08

B. *Jugement par défaut.*

20. *Définition.* — Les jugements par défaut sont ceux qui ont été rendus contre une partie qui n'a pas comparu à l'audience, ou qui n'y a pas été valablement représentée, ou qui a refusé de se défendre au fond. (Cass. 13 mars 1824. Instr. Crim. 186.)

21. *Désignation.* — Le jugement par défaut envers la partie civile absente ou non représentée s'appelle : *congé défaut*. Ces jugements ne peuvent jamais être rendus contre l'administration forestière, attendu que le ministère public la remplace de plein droit, tant pour l'action pénale que pour l'action civile.

22. *Inscription en faux.* — Après un jugement par défaut et pendant le délai accordé par la loi pour que le prévenu se présente à l'audience sur l'opposition par lui formée, il peut s'incrire en faux contre le procès-verbal. (Cod. For. 180.)

23. *Citation. Nullité.* — Une citation entachée de nullité a pour effet d'annuler le jugement par défaut rendu sur cette citation.

24. *Citation. Nullité.* — Lorsqu'un jugement par défaut est intervenu sur une citation nulle, le jugement est annulé, et on ne peut pas mettre à la charge du prévenu les frais d'expédition et de signification de ce jugement. (Cass. 15 octobre 1834.)

25. *Frais. Citation nulle.* — Les frais d'un jugement rendu par défaut sur une citation irrégulière ou nulle, sont à la charge de l'administration des forêts, ainsi que ceux d'opposition. (Grenoble, 25 mai 1878.)

26. *Signification. Extrait.* — Le jugement par défaut est signifié, en simple extrait, par les gardes forestiers. (Cod. For. 173, 209.)

27. *Signification. Délai.* — La signification des jugements par défaut, rendus à la requête de l'administration, fera courir les délais d'appel et d'opposition. (Cod. For. 209.)

28. *Signification. Insolvables.* — Dans le cas où plusieurs jugements par défaut devront être signifiés au même insolvable, il n'y aura qu'une seule signification, laquelle comprendra l'extrait de tous les jugements. (Décis. Min. 26 juillet 1831. Circ. A 285.)

29. *Insolvables. Signification.* — Si un jugement comprend plusieurs individus insolvables, il n'y aura qu'un seul original de signification, sauf à en délivrer extrait aux parties. (Décis. Min. du 26 juillet 1831. Circ. A 285.)

30. *Signification. Délai.* — Une signification de jugement par défaut, lorsqu'elle est nulle, ne fait pas courir le délai d'opposition.

31. *Signification. Formalités.* — Pour que la signification d'un jugement par défaut fasse réellement courir les délais d'opposition, il faut que la signification soit faite à la personne même. (Instr. Crim. 187. Chambéry, 19 février 1875.)

32. *Insolvables.* — La signification du jugement par défaut doit être faite aux insolvables, pour faire courir les délais de l'appel ou de l'opposition et empêcher la péremption du jugement. (Décis. Min. du 2 novembre 1829. Instr. des domaines, 8 décembre 1829. Circ. A 203.)

33. *Insolvables. Etat.* — Lorsque plusieurs jugements par défaut auront été rendus contre un insolvable, il ne lui sera signifié que celui portant la peine la plus forte, lequel servira de base pour provoquer l'incarcération et fixer la durée de la détention. Les conservateurs sont autorisés à ne pas faire signifier les autres jugements prononçant des peines moindres contre le même individu; ils rendront compte, tous les trois mois, des jugements de l'espèce signifiés et de ceux non signifiés. (Décis. Min. 26 juillet 1831. Circ. A 285.)

34. *Partie civile. Frais. Recouvrement.* — Lorsqu'un jugement par défaut est intervenu dans une instance où une partie civile est en cause, comme la signification de ce jugement doit être enregistrée au comptant (Loi du 22 frimaire an VII, art. 68, § 1, n° 48. Décr. du 18 juin 1811, art. 157. Décis. Min. de la Just. et des Fin. 11 et 15 février 1862), le greffier doit faire cet enregistrement au moyen des fonds que la partie civile doit consigner. (Décr. du 18 juin 1811, art. 160. Ord. du 22 mai 1816, art. 2.) A défaut, le recouvrement des frais doit être poursuivi contre la partie civile par le receveur de l'enregistrement. (Ord. du 22 mai 1816.) V. Enregistrement.

35. *Signification.* — La signification du jugement, qui fait courir les délais de l'opposition et de l'appel, est indépendante du commandement qui doit précéder la contrainte par corps. (Décis. Min. du 4 octobre 1828.) V. Opposition.

36. *Extraits.* — Les extraits des jugements par défaut seront remis, par les greffiers des cours et tribunaux, aux agents forestiers, dans les dix jours (Ord. du 19 novembre 1841) après celui où les jugements auront été rendus. L'agent forestier supérieur chef du service de l'arrondissement les fera signifier immédiatement aux condamnés.

Quinze jours après la signification des jugements, l'agent forestier remettra les originaux des exploits de signification au receveur des finances de l'arrondissement, et celui-ci les fera parvenir aux percepteurs, qui procéderont alors au recouvrement des sommes dues par les condamnés.

Si, durant ce délai, le condamné interjette appel ou forme opposition, l'agent forestier en donnera avis au receveur des finances, afin de prévenir ou d'arrêter les poursuites. (Ord. 188. Instr. du Min. des Fin. du 20 septembre 1875. Circ. N 149. Form. série 6, n° 10.) V. Extrait.

37. *Etat. Envoi. Epoque.* — Au fur et à mesure des significations des jugements par défaut, il en est dressé, sur l'imprimé série 6, n° 9, des états par arrondissement. Ces états, rédigés par le chef de service, sont adressés au conservateur, qui les envoie au trésorier général. (Circ. N 149.)

38. *Émolument. Greffiers.* — Les droits dus au greffier pour les extraits d'arrêts ou de jugements par défaut sont à la charge du fonds commun, pourvu toutefois qu'ils aient été préalablement signifiés. (Lettre du Min. des Fin. du 25 juillet 1890. Circ. N 445).

39. *Frais.* — Les frais spéciaux à un jugement par défaut sont :

1° Timbre du jugement....	1f,80	3f,93
2° Enregistrement.........	1 88	
3° Extrait................	» 25	
4° Timbre de la signification du jugement (original et copie).	1 20	3 45
5° Enregistrement.........	1 25	
6° Original de l'exploit.....	» 50	
7° Copie..................	» 50	
8° Frais spéciaux du procès-verbal.		7 15
Total........		14f,53

§ 3. *Qualités.*

A. *Jugement préparatoire.*

40. *Définition.* — Un jugement préparatoire est celui qui n'infirme pas le fond de la question et dont on ne peut faire appel, ni pourvoi. V. Appel. Pourvoi.

41. *Définition.* — Les jugements préparatoires sont ceux qui ne préjugent pas le fond. Tels sont ceux ayant pour objet :

1° D'ordonner l'apport d'une pièce prétendue fausse (Cass. 11 août 1826);

2° D'ordonner la jonction de deux procès-verbaux (Cass. 22 janvier 1825);

3° De rejeter l'offre d'une preuve faite par le prévenu. (Cass. 22 juin 1832);

4° De rejeter la récusation contre des experts. (Cass. 26 juin 1834);

5° D'ordonner la remise pure et simple de la cause ;

6° D'ordonner la vérification pour savoir si une scierie fait partie d'une population agglomérée.

42. *Qualités.* — Sont réputés préparatoires les jugements rendus pour l'instruction de la cause et qui tendent à mettre le procès en état de recevoir un jugement définitif. (Proc. Civ. 452, § 1.)

43. *Appel. Pourvoi.* — On ne peut appeler et se pourvoir contre un jugement préparatoire qu'après le jugement définitif et conjointement avec ce jugement.

B. *Jugement interlocutoire.*

44. *Définition.* — Sont réputés interlocutoires, les jugements rendus lorsque le tribunal ordonne, avant dire droit, une preuve, une vérification ou une instruction qui préjuge le fond. (Proc. Civ. 452, § 2.)

45. *Conséquence.* — Les juges du fond ne sont pas liés par une preuve, préjugeant le fond, ordonnée et faite par suite d'un arrêt interlocutoire. (Cass. 28 mai 1836.)

46. *Appel. Pourvoi.* — On peut faire appel et se pourvoir en cassation contre un jugement interlocutoire.

47. *Validité.* — Les jugements interlocutoires deviennent définitifs et passent en force de chose jugée, après le délai d'appel non interjeté.

SECT. II. — COMPÉTENCE. JURIDICTION.

§ 1. *Jugement civil.*

48. *Instance domaniale. Copie.* — Une copie des motifs et du dispositif des arrêts et jugements intervenus, en matière domaniale forestière, est transmise au conservateur des forêts par le directeur des domaines, dans le délai de vingt jours, à partir de l'enregistrement de ces actes. (Décis. Min. 20 février 1866.) Le conservateur adresse, dans un délai de huit jours, une copie certifiée desdits jugements à l'administration. (Circ. N 12, art. 10.)

49. *Instance domaniale. Avis.* — Le conservateur fournit au préfet ses observations et son avis, sur la suite qu'il convient de donner aux jugements et arrêts intervenus dans les instances domaniales. (Décis. Min. 20 février 1866. Circ. N 12, art. 12.)

50. *Signification. Instance domaniale.* — Lorsque les jugements et arrêts sont conformes aux conclusions prises au nom de l'Etat, ils sont signifiés sur le champ à toutes les parties contre lesquelles ils doivent être exécutés. Si les jugements et arrêts sont contraires, en tout ou en partie, aux conclusions de l'Etat, le préfet en transmet immédiatement copie au ministre, avec ses propositions et l'avis du directeur des domaines et du conservateur des forêts. (Règl. Min. 3 juillet 1834, art. 13, 14, 17 et 18. Circ. N 12, art. 13 et 14.)

§ 2. *Jugement correctionnel.*

51. *Comparution. Absence de citation.* — On ne peut condamner un prévenu que pour les faits pour lesquels il est cité ; mais, si le prévenu comparait volontairement et consent à être jugé, le tribunal a toute latitude pour apprécier, qualifier et même changer les faits. Dans ce cas, le consentement du prévenu doit être *formellement exprimé.* (Cass. 23 novembre 1837.)

Si le prévenu refusait de se laisser juger sur certains faits non énoncés ou non spécifiés, soit dans un procès-verbal, soit dans son consentement formel, les juges ne pourraient pas passer outre sans violer le droit de défense. (Cass. 7 décembre 1822.)

Le prévenu devrait alors être régulièrement cité à une autre audience, avec le délai de trois jours.

52. *Formalités.* — L'instruction sera publique, à peine de nullité ; le ministère public, la partie civile ou son défenseur et, à l'égard des délits forestiers, le conservateur, inspecteur, inspecteur adjoint et, à leur défaut, le garde général exposera l'affaire ; les procès-verbaux ou rapports, s'il en a été dressé, seront lus par le greffier ; les témoins, pour et contre, seront entendus, s'il y a lieu, et les reproches proposés et jugés ; les pièces pouvant servir à conviction ou à décharge seront représentées aux témoins et aux parties.

Le prévenu sera interrogé ; le prévenu et les personnes civilement responsables proposeront leur défense ; le ministère public résumera l'affaire et donnera ses conclusions ; le prévenu et les personnes civilement responsables pourront répliquer. Le jugement sera prononcé de suite ou, au plus tard, à l'audience qui suivra celle où l'instruction aura été terminée. (Instr. Crim. 190.)

53. *Dispositif. Faits. Peine. Loi.* — Dans le dispositif des jugements de condamnation, seront énoncés les faits dont les personnes citées seront jugées coupables ou responsables, la peine et les condamnations civiles. Le texte de la loi dont on fera l'application sera lu à l'audience par le président ; il sera fait mention de cette lecture dans le jugement, et le texte de loi y sera inscrit, sous peine, contre le greffier, de :

Amende : 50 francs. (Instr. Crim. 195.)

54. *Frais.* — Tout jugement de condamnation rendu contre le prévenu et contre les personnes civilement responsables, ou contre la partie civile, les condamnera aux frais, même envers la partie publique ; les frais seront liquidés par le même jugement. (Instr. Crim. 194.)

55. *Prononciation.* — La disposition finale de l'article 190 du code d'instruction criminelle, prescrivant de prononcer le jugement de suite ou à l'audience suivante, est une mesure d'ordre, dont l'observation n'est pas prescrite à peine de nullité. (Cass. 3 avril 1841.)

56. *Minute. Copie.* — La minute du jugement sera signée, au plus tard, dans les vingt-quatre heures, par les juges qui l'ont rendu. Les greffiers qui délivreront expédition d'un jugement avant qu'il ait été signé seront poursuivis comme faussaires. (Instr. Crim. 196.)

57. *Enregistrement.* — Les jugements portant condamnation, pour délit ou contravention commis dans les bois soumis au régime forestier, ne donnent lieu à aucun droit pour les peines pécuniaires prononcées au profit de l'Etat ; les mêmes jugements sont passibles du droit de 1 franc, lorsque le droit proportionnel pour les réparations civiles ne s'élève pas à cette somme, ou du droit de 0 fr. 50 par 100 francs, sur les restitutions et les dépens, et de celui de 3 pour cent sur les dommages-intérêts, lorsque le montant de ces droits est supérieur à 1 franc. Il n'y a lieu à plusieurs droits sur les jugements

concernant plusieurs prévenus qu'autant que la solidarité n'est pas prononcée. (Circ. des domaines, n° 2167, 27 février 1860. Loi du 26 janvier 1892, art. 16, § 7.)

58. *Timbre. Enregistrement.* — Les jugements rendus sur la poursuite d'office du ministère public, pour les délits commis dans les bois particuliers, peuvent être visés pour timbre et enregistrés en débet. (Décis. Min. 15 avril 1830.)

59. *Signification.* — Les jugements rendus à la requête de l'administration forestière, ou sur les poursuites du ministère public, seront signifiés par simple extrait, qui contiendra le nom des parties et le dispositif du jugement. (Cod. For. 209.)

60. *Exécution.* — Les agents forestiers ne sont chargés que de la signification des jugements par défaut; l'exécution de ces jugements, ainsi que celle des jugements contradictoires, appartiennent aux percepteurs. (Loi des Fin. 29 décembre 1873. Circ. N 149.)

61. *Particulier. Signification.* — Les jugements contenant des condamnations en faveur des particuliers, pour réparation des délits et contraventions commis dans les bois particuliers, seront, à leur diligence, signifiés et exécutés suivant les mêmes formes et voies de contrainte que les jugements rendus à la requête de l'administration forestière. (Cod. For. 215.)

62. *Particulier. Signification.* — Les jugements prononcés sur la requête des particuliers, pour délit commis dans les bois particuliers, peuvent être signifiés par simple extrait. (Cod. For. 209 et 215.) Ils sont exécutoires par corps, après un simple commandement. (Cod. For. 211.)

63. *Exécution.* — Le jugement sera exécuté à la requête du ministère public et de la partie civile, chacun en ce qui le concerne. (Instr. Crim. 197.)

64. *Exécution.* — Les jugements portant condamnation à des amendes, restitutions, dommages-intérêts et frais, sont exécutoires par voie de contrainte par corps, et l'exécution pourra en être poursuivie cinq jours après un simple commandement fait aux condamnés. En conséquence, et sur la demande du receveur des finances, le ministère public adressera les réquisitions nécessaires aux agents de la force publique chargés de l'exécution des mandements de justice. (Cod. For. 211. Circ. N 149.)

65. *Exécution. Mise en défens.* — L'exécution des jugements pour les délits commis sur les terrains mis en défens est poursuivie conformément aux articles 209, 211, 212 et aux paragraphes 1 et 2 de l'article 210 du code forestier. (Loi du 4 avril 1882, art. 11.)

66. *Particulier. Exécution.* — Les jugements prononcés au profit des particuliers peuvent être exécutés, sur la réquisition du ministère public, par les agents de la force publique. (Cod. For. 211. Paris, 22 mai 1845.)

67. *Caution.* — Les jugements rendus contre les adjudicataires sont exécutoires contre la caution, alors même que celle-ci n'y a pas été partie et lorsqu'elle n'oppose aucune exception qui lui soit personnelle. (Cass. 4 août 1842.)

68. *Extrait. Frais.* — Les frais des extraits de jugements sont prélevés sur le fonds commun ; les mandats de payement sont émis par le préfet, au nom des greffiers, sur la production des mémoires visés par le trésorier général. (Loi de Fin. 27 décembre 1890. Circ. N 430. Circ. N 445.)

69. *Greffier. Communication.* — Les greffiers sont tenus de communiquer aux agents, sans déplacement et sans frais, les jugements rendus dans l'année à la diligence de ceux-ci. (Circ. A 523. Circ. A 675.)

70. *Sommier.* — Les inspecteurs tiennent un sommier où ils relatent les jugements, au fur et à mesure qu'ils sont rendus. (Instr. du 23 mars 1821, art. 111. Circ. A 358.)

71. *Chose jugée. Fait.* — Les jugements correctionnels ont, au profit de tous, l'autorité de la chose jugée, quant aux faits matériels qu'ils constatent et qualifient. (Cass. 3 août 1864.)

72. *Renvoi à fins civiles.* — Le jugement qui renvoie à fins civiles doit, à peine de nullité, fixer le bref délai pendant lequel le prévenu doit saisir le tribunal civil. (Cass. 18 février 1836 et 23 août 1839.)

§ 3. *Jugement criminel.*

73. *Impression. Affichage.* — Lorsque les jugements de condamnation à mort ou aux travaux forcés ont été rendus pour crime ou violences envers les gardes forestiers, l'administration peut les faire imprimer et afficher à ses frais. (Lettre Min. du 15 juin 1819.)

74. *Affichage.* — L'affichage du jugement est considéré comme une véritable peine, qui ne peut être ajoutée aux condamnations qu'autant qu'elle a été prononcée par le jugement. (Décis. Min. du 16 mars 1843.)

SECT. III. — RÉFORMATION. APPEL. POURVOI.

75. *Chose jugée.* — Un jugement passé en force de chose jugée n'est plus susceptible de réformation.

76. *Appel.* — Tous les jugements *définitifs*, rendus en matière correctionnelle et sur les poursuites de l'administration forestière, peuvent être attaqués par voie d'appel. (Instr. Crim. 199.) Le paragraphe 2 de l'article 192 du code d'instruction criminelle n'est pas applicable dans ce cas. (Cass. 12 novembre 1842.)

77. *Pourvoi* — On peut se pourvoir en cassation contre tous les jugements *définitifs*.

78. *Exception.* — Le jugement qui rejette une exception préjudicielle, par les motifs que les titres produits et les faits articulés n'ont rien de sérieux, est *définitif* et peut être attaqué par voie de cassation. (Cass. 31 mai 1844.)

79. *Appel.* — Les formalités des jugements sur appel sont les mêmes que pour les jugements correctionnels, en première instance. (Instr. Crim. 211.)

80. *Annulation. Appel.* — Si, par suite d'appel, un jugement est annulé, parce que le fait ne présente qu'une contravention de police, et si la partie publique et la partie civile n'ont pas demandé le renvoi, la cour ou le tribunal prononcera la peine et statuera également sur les dommages-intérêts. (Instr. Crim. 213.)

81. *Décision.* — Si le jugement est annulé pour violation ou omission non réparée des formes prescrites par la loi, à peine de nullité, la cour ou le tribunal statuera sur le fond. (Instr. Crim. 215.)

SECT. IV. — EXPROPRIATION DANS LES PÉRIMÈTRES DE RESTAURATION DES MONTAGNES. JURY.

82. *Délibération. Jugement. Clôture. Nullité.* — Le jury se réunit pour délibérer après la clôture des opérations. Toute délibération anticipée entraîne la nullité de ses opérations. (Cass. 14 août 1888.)

83. *Etablissement. Exception.* — Le jugement d'expropriation, de même que l'arrêté préfectoral de cessibilité et l'état parcellaire de terrains à céder, doivent comprendre toutes les propriétés comprises dans le périmètre de restauration, sans en excepter celles pour lesquelles les agents forestiers ont déjà recueilli des bulletins de cession amiable.

Toutefois, ne sont pas compris dans le jugement les terrains qui, vu l'urgence et par dérogation à la règle générale, ont été définitivement cédés à l'Etat, avant l'intervention du jugement. (Instr. Gén. du 2 février 1885, art. 50. Circ. N 345.)

84. *Signification. Domicile.* — Un extrait contenant les noms des propriétaires, les motifs et le dispositif du jugement, ainsi que le montant des offres faites à chacun, est notifié, aux divers intéressés, au domicile qu'ils ont élu dans l'arrondissement de la situation des biens par une déclaration faite à la mairie de la commune où les biens sont situés. A défaut d'élection de domicile, la notification est faite par une double copie remise :

1o Au maire de la commune;

2o Au fermier, locataire, gardien ou régisseur de la propriété.

L'extrait à notifier est libellé par les agents forestiers et certifié conforme par l'avoué constitué.

Il ne doit comprendre que les parcelles ou portions de parcelles désignées par le jugement comme appartenant au propriétaire auquel cet extrait est destiné.

Il est essentiel, pour plus de célérité et d'économie, que le jugement et les offres soient publiés, affichés et insérés simultanément et notifiés par le même acte aux expropriés. (Instr. Gén. du 2 février 1885, art. 56. Circ. N 345.)

85. *Cassation. Pourvoi. Avis à l'administration.* — Le jugement d'expropriation ne peut être attaqué que par la voie du recours en cassation, et seulement pour incompétence, excès de pouvoir ou vice de forme. (Loi du 3 mai 1841, art. 20, § 1.)

Si le conservateur estime qu'il y a lieu à pourvoi, il fait surseoir à la notification et en informe aussitôt l'administration, en lui faisant connaître ses motifs.

Si le pourvoi est introduit par l'une des parties expropriées, le conservateur en donne aussi immédiatement avis à l'administration. (Instr. Gén. du 2 février 1885, art. 52. Circ. N 345.) V. Pourvoi.

JUJUBIER.

Définition. — Arbre fruitier et par suite de 1re classe. (Cod. For. 192.)

JURÉ.

Incompatibilité. — Les fonctions de juré sont incompatibles avec celles de fonctionnaire ou préposé du service actif des forêts de l'Etat. (Loi du 21 novembre 1872, art. 3.)

JURIDICTION.

1. *Définition. Principe.* — La juridiction est le pouvoir du juge. (Boncenne.)

De même qu'il y a des contestations juridiques ou judiciaires et des contestations avec les administrations ou administratives, il y a deux juridictions, la juridiction judiciaire et la juridiction administrative.

La juridiction judiciaire est une, par son objet et par son but ; elle ne doit accueillir que les réclamations *des intérêts basés sur des droits*.

La juridiction administrative est double : gracieuse ou contentieuse ; dans le premier cas, elle juge des réclamations fondées sur de *simples intérêts*, et, dans le second cas, elle juge des réclamations ayant pour objet des *droits* et dont la décision est basée sur des lois. (Cabantous.) V. Contentieux.

2. *Principe.* — Les juridictions sont d'ordre public, et aucune ordonnance du conseil d'Etat ne peut acquérir l'autorité de la chose jugée, pour modifier les règles de compétence établies par la loi. (Cass. 1er juin 1830.)

3. *Attribution.* — La juridiction judiciaire est dévolue aux tribunaux judiciaires.

La juridiction administrative est dévolue aux tribunaux administratifs, savoir :

La juridiction administrative gracieuse appartient uniquement aux administrateurs eux-mêmes, et la juridiction administrative contentieuse est attribuée, soit à des conseils spéciaux, soit aux administrateurs. (Cabantous.) V. Compétence.

4. *Principe.* — L'administration forestière ne plaide que devant les tribunaux correctionnels ; elle ne peut pas soutenir une instance devant le conseil de préfecture ou les autres juridictions. Le préfet a seul qualité pour représenter l'Etat et pour soutenir ses intérêts devant toutes les juridictions appelées à connaître des actions civiles.

5. *Administration. Plaidoirie.* — L'administration forestière ne plaide que devant les tribunaux correctionnels, et les agents forestiers sont incompétents pour représenter l'administration devant une autre juridiction. (Cod. For. **159**, **160**, **171**.)

6. *Cantonnement.* — L'action en cantonnement étant au nombre de celles sur lesquelles la loi a établi juridiction (Cod. For. **63**, **121**), l'arrêt qui, en pareille matière, infirme un jugement rendu sur un incident doit renvoyer, pour statuer au fond, devant le tribunal dont la décision a été réformée. (Angers, **20** janvier **1843**.) V. Privilège de juridiction.

JURISPRUDENCE.

Définition. — Science du droit et des lois. Ensemble des principes de droit et des arrêts rendus sur une ou plusieurs questions par les cours souveraines.

JURY D'EXPROPRIATION. V. Expropriation. Jugement.

K

KAOLIN. V. Sable. Enlèvement.

KERMÈS. V. Chêne kermès.

KERMÈS. (INSECTE.)

Définition. Enlèvement. — On appelle kermès de petites coques rondes et rouges que forme la femelle du puceron *(coccus ilicis)* sur les feuilles et les branches du chêne kermès. Comme l'enlèvement de l'insecte ne peut se faire qu'avec la coque elle-même, formée aux dépens du végétal, il s'ensuit que le fait de la récolte ou l'enlèvement des kermès semble passible des pénalités édictées par l'article **144** du code forestier. Cette question n'a jamais été soumise aux tribunaux. V. Œuf de fourmi.

L

LABOUR.

Exécution. — Les labours à exécuter dans les terrains domaniaux peuvent se faire au moyen de journées de prestation, d'après l'autorisation du conservateur. (Circ. N **22**, art. **319** et **320**.) V. Culture en forêt.

LAI. V. Rivage.

LAIE.

Aménagement, 6, 7.
Bois, 14, 15.
Bois particulier, 2.
Bombement, 17.
Bornage, 5.
Coupe, 7, 10, 13.
Délimitation, 2.
Direction, 8.
Division, 6.
Entretien, 16, 18.
Etoc, 12.
Largeur, 6, 7, 9, 10.
Ouverture, 3, 4.
Périmètre, 19.
Piquet, 11.
Prix, 5.
Profil, 8.
Propriété, 1.
Route, 8.
Surface, 13.
Territoire réservé, 4.
Zone frontière, 4.

1. *Propriété.* — Les laies sont considérées comme faisant partie de la forêt. (Nancy, **18** octobre **1828**.)

2. *Bois particuliers. Délimitation.* — Lorsqu'il y aura lieu d'ouvrir des laies dans les bois particuliers, on devra en obtenir préalablement l'autorisation des propriétaires. (Instr. du **15** octobre **1860**, art. **121**.)

3. *Ouverture.* — On ne doit pas procéder à l'ouverture des laies sommières, en partant à la fois des deux extrémités. Le tracé des laies et routes sommières se fera par deux filets parallèles, espacés de la largeur de ces laies et routes. De forts piquets seront plantés à chaque extrémité de ces filets ; il en sera planté d'autres de 50 mètres en 50 mètres. (Instr. du 15 octobre 1860, art. 156 et 157.)

4. *Ouverture. Territoire réservé. Zone frontière.* — Les ouvertures de lignes d'aménagement dans les bois situés en territoire réservé sont, comme pour les forêts comprises dans le rayon des enceintes fortifiées, soumises à l'autorisation militaire. (Circ. N 253.)

5. *Prix. Bornage.* — Il est alloué aux géomètres, pour l'ouverture des lignes périmétrales, 0 fr. 03 par mètre courant. (Circ. N 64, art. 176.)

6. *Aménagement. Division. Largeur.* — Les laies sommières ne devant pas servir à la vidange auront 4 mètres de largeur et devront, autant que possible, recevoir une direction en ligne droite. Celles qui devront servir aux voitures pourront avoir de 4 à 6 mètres de largeur, non compris les fossés ; elles seront tracées en ligne courbe ou en ligne droite, suivant les déclivités du terrain. Lorsqu'elles devront être constamment pratiquées par les voitures, on pourra donner aux laies sommières de 6 à 8 mètres de largeur, non compris les fossés, et 9 à 10 mètres, si le sol est humide. (Instr. du 15 octobre 1860, art. 151.)

7. *Aménagement. Coupe. Largeur.* — Les lignes séparatives des coupes seront ouvertes sur une largeur de 1 mètre à 1m,50 ou 2 mètres, selon la longueur de ces lignes, la nature du sol et la durée de la révolution ; elles seront appuyées sur les laies sommières, et leur point de départ sera établi en chaînant, à partir de l'une des extrémités de la laie sommière.

Lorsque les lignes des coupes aboutissent sur le périmètre, on les rattache à des points du périmètre. (Instr. du 15 octobre 1860, art. 158 et 160.)

8. *Route. Profils.* — Toutes les fois que des lignes sinueuses devront être établies, le plan projet sera accompagné des profils en long et en travers, nécessaires pour justifier la direction proposée. (Instr. du 15 octobre 1860, art. 152.) V. Route.

9. *Largeur.* — Les arpenteurs ne pourront, sous peine de révocation et sans préjudice de toute poursuite en dommages-intérêts, donner aux laies et tranchées qu'ils ouvriront pour le mesurage des coupes, plus d'un mètre de largeur. (Ord. 75 et 134.)

10. *Coupes. Largeur.* — Les lignes ouvertes pour le jalonnage des directrices et les cheminements ne devront pas avoir plus de 0m,50 de largeur, et on ne coupera que le bois strictement nécessaire. (Instr. 15 octobre 1860, art. 50.) V. Bois de ligne.

11. *Piquet.* — Lorsque les lignes des coupes ne seront pas suffisamment indiquées par les parois et les souches des arbres, on y suppléera par de forts piquets, plantés de 50 à 100 mètres de distance. (Instr. 15 octobre 1860, art. 26.)

12. *Etocs.* — Les bois doivent être coupés à 0m,50 de terre, afin de laisser des étocs bien apparents, permettant de reconnaître la ligne en tout temps. (Instr. du 15 octobre 1860, art. 27.)

13. *Surface. Coupes.* — Les tranchées et les laies séparatives des coupes seront comprises, pour moitié, dans la surface des coupes. (Instr. du 15 octobre 1860, art. 155.)

14. *Bois.* — En ouvrant les lignes de deux lots, on doit faire tomber les bois, par égale portion, sur les deux lots. (Instr. 15 octobre 1860, art. 27.)

15. *Bois.* — Les bois provenant des laies feront partie de l'adjudication de chaque coupe, ou seront vendus suivant la forme des menus marchés. (Ord. 75 et 134.)

16. *Entretien.* — Les adjudicataires des coupes doivent entretenir les laies séparatives des coupes, receper les étocs et faire enlever les bois, de manière à ce qu'elles soient toujours libres. (Cah. des ch. 32.)

En cas de non-exécution :

Amende : 50 à 500 francs. (Cod. For. 37. Cass. 20 novembre 1834.)

Récidive : 100 à 1000 fr. (Cod. For. 37 et 201.)

Dommages-intérêts obligatoires; minimum : amende simple. (Cod. For. 37 et 202.)

V. Nettoiement. Vidange.

17. *Bombement.* — Le bombement transversal des laies de coupes sera opéré d'une manière continue, sur toute la longueur de ces laies ; la partie saillante en suivra toujours l'axe. (Instr. du 15 octobre 1860, art. 168.)

18. *Entretien.* — Les laies sommières et les lignes séparatives des coupes doivent être entretenues par les gardes, qui profitent de l'herbe et des produits de l'élagage. (Décis. Min. 10 novembre 1835. Circ. N 22, art. 289.)

19. *Périmètre.* — On peut faire ouvrir des lignes séparatives périmétrales, en se basant sur les prescriptions de l'article 671 du code civil, qui prescrit de planter les arbres de haute tige à 2 mètres de la ligne des héritages, à moins d'usage contraire. V. Arbre de lisière.

LAIT.

Défense. — Il est interdit aux préposés de faire commerce de lait. (Circ. A 341. Circ. A 448.)

LANÇOIR.

1. *Usage.* — Les lançoirs servent surtout à relier deux voies de vidange, interrompues par des accidents de terrain.

2. *Prix.* — Un lançoir en sapin, pour bois de feu et billes de sciage, coûte 2 fr. 80 par mètre courant et peut durer sept ans ; les frais d'entretien, pendant ce temps, sont de 0 fr. 40 par mètre. (Circ. A 845.)

3. *Etablissement.* — A défaut de chemin, on peut établir de simples lançoirs pour la vidange des bois. (Circ. N 22, art. 76.) V. Glissoir.

LANDE.

1. *Régime forestier.* — Les landes appartenant à l'Etat, qui sont contiguës à une forêt de l'Etat, sont soumises au régime forestier. (Cass. 5 mai 1830.) V. Exemption d'impôt. Feu. Plantation. Reboisement. Semis.

2. *Incendie.* — Dans la séance du 18 mai 1893, le Sénat a voté l'urgence sur un projet de loi contre les incendies des landes de Gascogne. V. Rép. For. t. XIX, p. 109.)

LAPIN.

Animal nuisible, 5.
Appréciation, 6.
Bête fauve, 18.
Circonstances, 16.
Classification, 5, 18.
Conditions, 11, 24.
Dégâts, 9, 14.
Destruction, 1, 3, 6, 11, 19, 21, 22, 23, 24.
Dommages, 7, 12, 16.
Faute, 10.
Fermier, 13.
Filet, 21.
Garenne, 15.
Introduction, 3.
Locataire, 8, 9, 12.
Mesures, 6, 14.
Moyens, 22.
Multiplication, 10 bis.
Négligence, 10.
Piège, 23.
Procédés, 11.
Propriétaire, 8.
Qualité, 20.
Quasi-délit, 20.
Responsabilité, 4, 7, 8, 9, 10, 10 bis, 12, 13, 14, 15.
Servitude, 17, 22.
Situation, 17, 22.
Surabondance, 2.
Temps utile, 22.
Voisinage, 17.

1. *Destruction.* — Les conservateurs doivent proposer des clauses spéciales pour pourvoir à la destruction des lapins, en cas de dommages considérables. (Circ. A 838.)

2. *Surabondance.* — Dans le cas où le conservateur reconnaîtra que la surabondance du gibier et notamment du lapin est de nature à porter préjudice aux peuplements forestiers ou aux propriétés riveraines, il devra mettre le fermier de la chasse en demeure, par sommation extrajudiciaire, de détruire, dans un délai déterminé, les animaux dont le nombre et l'espèce lui seront indiqués. (Cah. des ch. 20.)

3. *Destruction. Introduction.* — Le service des forêts se réserve la faculté de poursuivre la destruction des lapins, quand il le jugera convenable, en tout temps et par tous les moyens, sauf par l'emploi du fusil. L'adjudicataire de la chasse n'a aucun droit sur les lapins tués ou pris dans ces conditions.

L'introduction du lapin sur le sol forestier est formellement interdite.

En cas d'infraction à cette clause constatée par un jugement, l'administration aura le droit de résilier le bail du droit de chasse, sans indemnité. (Cah. des ch. 21.)

4. *Responsabilité.* — Les adjudicataires de la chasse sont directement responsables vis-à-vis des propriétaires, possesseurs ou fermiers des héritages riverains ou non des dommages causés à ces héritages par les lapins, les autres animaux nuisibles et toute espèce de gibier. (Cah. des ch. 22.) V. Dommages. Gibier.

5. *Animal nuisible. Classification.* — Les lapins ne sont pas des animaux nuisibles, dans le sens de l'arrêté du 19 pluviôse an V, et les préfets ne peuvent prendre des arrêtés prescrivant des battues pour leur destruction. (Cons. d'Etat, 1er avril 1881.)

6. *Mesures de destruction. Appréciation.* — L'appréciation des juges, sur les mesures prises pour la destruction des lapins et leur efficacité, est souveraine. (Cass. 18 février 1874.)

7. *Responsabilité. Dommages.* — L'adjudicataire d'une chasse, qui a fait soigneusement garder les bois loués et a négligé d'employer des moyens suffisants pour empêcher les lapins existant dans ces bois de causer des dégâts aux récoltes contiguës, est à bon droit déclaré responsable de la faute qu'il a ainsi commise et condamné à la réparation du préjudice qui en a été la suite. (Cass. 21 avril 1879.)

8. *Locataire. Propriétaire. Responsabilité.* — Le locataire de la chasse dans un bois autre qu'une garenne et le propriétaire de ce bois ne sont pas responsables de plein droit des dommages causés aux tiers par les lapins qui y séjournent ; mais ils sont tenus de réparer le dommage, lorsqu'il est prouvé qu'ils n'ont pas employé tous les moyens en leur pouvoir pour parvenir à la destruction de ces animaux et n'ont pas donné aux riverains, en temps opportun, la permission de l'opérer eux-mêmes.

Peu importe qu'ils aient fait de sérieux efforts pour détruire les lapins, si les mesures de destruction auxquelles il a été procédé ont été tardives ou insuffisantes, les propriétés des voisins ayant néanmoins subi des dégâts considérables.

Les voisins ne peuvent être déboutés de leur demande en responsabilité, sous prétexte qu'ils auraient pu suppléer à l'insuffisance des battues, en s'adressant à l'autorité administrative pour en provoquer de plus efficaces. (Cass. 17 août 1880.)

9. *Locataire. Responsabilité. Dégâts.* — Le locataire d'un droit de chasse dans un

bois est à bon droit déclaré responsable des dégâts causés par les lapins à la propriété, lorsqu'il y a faute de sa part.

Et il y a faute suffisamment établie à sa charge, lorsqu'il est constaté que, « s'il a fait la chasse aux lapins au moyen de fréquentes battues et de furets, le nombre de ces animaux n'en est pas moins considérable, soit que le locataire en ait introduit ou fait introduire à dessein dans le bois, soit qu'il ait négligé de les détruire en quantité suffisante ».

Les juges du fond arbitrent souverainement le chiffre des dommages-intérêts. (Cass. 16 mai 1881.)

10. *Négligence. Faute. Responsabilité.* — Le propriétaire d'un bois est à bon droit déclaré responsable des dégâts occasionnés aux récoltes des voisins par les lapins du bois, lorsque ce propriétaire n'a fait que de rares battues, insuffisantes pour la destruction des lapins, et qu'ainsi les dégâts proviennent d'une négligence constituant une faute de la part de ce propriétaire. (Cass. 5 juillet 1882.)

10 bis. *Multiplication. Responsabilité.* — Le propriétaire ou locataire d'un bois ne peut être responsable des dégâts commis par les lapins dans les récoltes voisines, que s'il est établi que c'est par sa faute ou sa négligence que les animaux s'y sont multipliés d'une façon anormale. (Trib. de Versailles, 5 juin 1891.)

11.. *Condition. Procédés. Destruction.* — L'article 90, § 9, de la loi du 5 avril 1884 consacrant une disposition nouvelle et ne spécifiant pas les procédés que le maire peut autoriser pour la destruction des animaux nuisibles, est, par suite, régulière l'autorisation verbale donnée par ce dernier d'avoir recours à l'emploi de panneaux pour rendre plus efficace la destruction des lapins. (Rouen, 22 février 1886.)

12. *Locataire. Dommage. Responsabilité.* — Le locataire de la chasse dans un bois est responsable des dégâts occasionnés par les lapins, s'il n'a pris aucune des mesures nécessaires pour leur destruction, s'il s'est opposé aux battues réclamées par les riverains et n'a coupé, ni permis de couper les broussailles servant de refuge aux lapins.

Le juge de paix, saisi à cet égard d'une demande d'indemnité, peut, après enquête et expertise, tout en ordonnant une nouvelle expertise pour déterminer la totalité du préjudice causé, condamner le locataire de la chasse, dont il a constaté la faute, à des dommages-intérêts à donner par état, après une nouvelle expertise faite au moment de la maturité du blé.

Et, si le demandeur en indemnité a négligé de faire procéder à cette expertise, le juge d'appel peut, néanmoins, condamner le défendeur aux dépens, à titre de dommages-intérêts. (Cass. 19 mars 1883.)

13. *Responsabilité. Fermier.* — Le propriétaire d'un bois est responsable, vis-à-vis du fermier auquel il a loué une pièce de terre contiguë au bois, des dégâts causés aux récoltes de ce fermier par les lapins qui vivent dans le bois, lorsqu'il ne justifie pas de diligences personnelles pour arriver à la destruction de ces animaux et qu'il s'est opposé, dans une certaine mesure, à leur destruction par les tiers. (Cass. 9 avril 1884.)

14. *Dégâts. Responsabilité. Mesures tardives.* — Le propriétaire d'un bois est responsable des dégâts causés aux récoltes du voisin par les lapins de ce bois, lorsque, loin de prendre les mesures nécessaires pour combattre la multiplication de ces animaux, il l'a, au contraire, favorisée, en faisant, depuis plusieurs années, garder sévèrement sa chasse.

Il n'importe qu'il ait fini par organiser quelques battues et fait défoncer quelques terriers, si c'est seulement après que la presque totalité des dégâts constatés sur les terres du voisin avait eu lieu, en telle sorte que les mesures prises ont été tardives et insuffisantes. (Cass. 7 mai 1884.)

15. *Garenne. Responsabilité.* — Les lapins d'une garenne étant, aux termes des articles 524 et 564 du code civil, la propriété du maître du fonds où elle est établie, celui-ci est responsable du dommage causé par ces animaux aux récoltes des propriétés voisines, sans qu'il soit besoin d'articuler contre lui aucune faute, imprudence ou négligence.

Un propriétaire est également responsable des dommages causés par les lapins provenant des terriers établis dans les haies de sa propriété, lorsqu'il n'a pris aucune précaution, ni employé aucun moyen propre à détruire ces animaux, et semble, au contraire, vouloir favoriser leur multiplication. (Cass. 29 octobre 1889.)

16. *Dommage. Circonstances.* — Lorsque le locataire d'un droit de chasse a pris l'engagement, non pas de détruire les lapins, mais de les chasser, de manière à ce que leur nombre ne s'accroisse pas dans une mesure telle qu'ils puissent causer des dégâts trop considérables, le tribunal doit, lorsqu'il s'agit de savoir si le locataire s'est conformé à son bail, prendre en considération l'importance du loyer. Le prix élevé de la location comporte, dans la jouissance du locataire, une latitude dont il est équitable de tenir compte.

Si, par suite de périodes de froid ou de neige, des dommages plus considérables ont été commis à certaines époques, ces circonstances de force majeure ne sauraient avoir pour effet d'aggraver la responsabilité du locataire au regard du propriétaire. (Paris, 20 juillet 1888.)

17. *Situation. Servitude. Voisinage.* — Quelques moyens qu'on emploie pour faire disparaître les lapins d'un bois, il est impossible de les détruire complètement.

Les terrains riverains des forêts sont ainsi grevés d'une servitude de situation dont il convient de tenir compte, lors du règlement de l'indemnité demandée pour réparation des dégâts occasionnés par les lapins.

En conséquence, lorsqu'il est démontré que le propriétaire de la chasse a fait tout son possible pour détruire les lapins, le cultivateur riverain est mal fondé à réclamer une indemnité, alors que le dégât résulte nécessairement de la situation des lieux. (Justice de paix du Neubourg (Eure), 28 novembre 1882.)

18. *Classification. Bêtes fauves.* — Les lapins ne sauraient être considérés comme rentrant dans la catégorie des bêtes fauves que tout propriétaire ou fermier peut détruire en tout temps et même avec des armes à feu, alors surtout que, par arrêté du préfet, ils ont été classés parmi les animaux nuisibles et malfaisants, dont la destruction est soumise à certaines conditions indiquées dans ledit arrêté. (Trib. de Compiègne, 18 mai 1886.)

19. *Destruction.* — Lorsque des animaux ont été déclarés nuisibles par arrêté préfectoral, il n'est pas nécessaire d'avoir un permis de chasse pour les détruire. Le propriétaire, en ce faisant, use du droit de légitime défense. (Cass. 28 octobre 1892.)

20. *Quasi-délit. Qualité.* — En matière de dégâts commis par le gibier, la partie qui se plaint des ravages par des lapins sortis d'un bois peut actionner directement le locataire de la chasse dans ce bois, sans être obligée de mettre en cause le propriétaire.

Il s'agit là, en effet, d'un quasi-délit où la faute de l'une des parties suffit pour constituer un lien de droit entre elles.

C'est pour la conclusion finale d'une demande judiciaire que doit se déterminer le degré de juridiction.

Le fait d'inviter un cultivateur à venir chasser dans des bois voisins de ses terres n'exonère pas le propriétaire de ces mêmes bois de la responsabilité que peuvent lui faire encourir les dommages causés par le gibier, alors surtout que la condition sociale des parties est toute différente. (Trib. de Compiègne, 1er août 1883.)

21. *Destruction. Filet.* — Le propriétaire qui a été autorisé par le préfet à chasser les lapins sur ses terres, en temps prohibé, au fusil seulement, ne contrevient pas à l'arrêté d'autorisation en faisant entourer une clairière d'un filet à mailles serrées, où les lapins ne peuvent se prendre, afin seulement de les empêcher de rentrer dans la forêt et de permettre ainsi de les tuer plus facilement à coups de fusils.

Un filet de cette nature ne constitue pas par lui-même un engin prohibé ; on ne doit considérer comme tel que celui qui, matériellement et directement, saisit ou tue le gibier, sans qu'il soit nécessaire de recourir au fusil. (Trib. de Valenciennes, 26 septembre 1884.)

22. *Moyen de destruction. Temps utile. Servitude de situation.* — Le propriétaire d'une forêt ou le locataire des chasses, pour s'exonérer des actions en réparation intentées par des riverains, au sujet de dommages causés à leurs récoltes par des lapins sortis de cette forêt, doit prouver, non seulement qu'il n'a pas attiré les lapins ou favorisé leur multiplication, mais encore qu'il a employé, en temps utile, tous les moyens possibles pour arriver à leur destruction.

En supposant cette preuve fournie, si néanmoins il est constaté quelques dommages dans la récolte des riverains, ceux-ci ne peuvent s'en prévaloir pour obtenir des indemnités ; ils doivent subir, à cet égard, la conséquence inévitable de la servitude de situation résultant de la proximité de la forêt. (Justice de paix de Montfort-sur-Risle, 18 septembre 1886.)

23. *Piège. Destruction.* — Si les lapins, considérés comme animaux nuisibles, peuvent être détruits, dans la plupart des départements, pendant toute l'année et sans permis de chasse, à l'aide de bourses et de furets, il n'en est pas de même des pièges dits assommoirs, qui doivent être considérés comme des engins prohibés. (Trib. de Rambouillet, 8 décembre 1892.)

24. *Destruction. Conditions.* — Les lapins, comme animaux malfaisants et nuisibles, ne peuvent être détruits par le propriétaire, possesseur ou fermier, en tout temps, sur ses terres, que conformément aux arrêtés préfectoraux. Si donc un arrêté préfectoral ne permet cette destruction qu'avec bourses et furêts, pendant la période d'ouverture de la chasse, et si le propriétaire les fait détruire par ses gardes à l'aide du fusil, sans qu'ils soient munis d'un permis de chasse, ceux-ci commettent un délit. (Orléans, 3 février 1893.)

La prohibition de se servir des engins interdits, même pour arriver à la destruction des lapins, est absolue, et on ne pourrait, par exemple, se servir de collets qu'avec l'autorisation du préfet. (Cass. 1er mai 1868-20 juin 1883.)

LARVES. V. Œufs.

LECTURE. V. Affirmation.

LÉGALISATION.

1. *Définition.* — Moyen de faire attester l'authenticité d'une pièce ou d'une signature et qui est nécessaire lorsque la pièce doit sortir du ressort de celui qui l'a signée.

2. *Compétence.* — Les juges de paix qui ne siègent pas au chef-lieu du ressort sont autorisés à légaliser, concurremment avec le président du tribunal, les signatures des notaires et officiers de l'état civil de leur

canton. Il est alloué aux greffiers une somme de 0 fr. 25 pour chaque légalisation ; cette somme ne sera pas due pour les actes ou extraits dispensés du timbre. (Loi du 2 mai 1861.)

3. *Préfets. Sous-préfets. Maires.* — Les préfets et sous-préfets légalisent les signatures des médecins assermentés ; les maires légalisent les autres signatures, soit des médecins non assermentés, soit de toutes autres personnes sans caractère distinct.

4. *Attributions. Sous-préfets.* — Les sous-préfets statueront, soit directement, soit par délégation du préfet, sur les affaires suivantes :

Légalisation, sans les faire certifier par les préfets, des signatures :

1° Pour les actes de l'état civil ;

2° Pour les certificats d'indigence ;

3° Pour les certificats de bonne vie et mœurs ;

4° Pour les certificats de vie ;

5° Pour les certificats de libération du service militaire. (Décr. du 13 avril 1861, art. 6.)

5. *Consuls. Pays étrangers.* — Pour l'Angleterre et l'Uruguay, les actes expédiés en pays étrangers ne feront foi que s'ils sont légalisés par les consuls nationaux. (Ord. août 1681, livre I, titre IX, art. 23.) Tous les actes passés dans les autres pays étrangers seront considérés comme valables, alors même qu'ils seraient légalisés par les agents consulaires étrangers en France, au lieu de l'être par les agents consulaires français à l'étranger ; cette dernière légalisation suffit, d'ailleurs, dans tous les cas ; mais les actes étrangers doivent être légalisés en outre et en dernier lieu par le ministre des affaires étrangères.

Pour l'Alsace-Lorraine, les actes étrangers doivent être admis, lorsqu'ils sont légalisés par le président du tribunal, un juge de paix ou son suppléant, d'après la convention du 14 juin 1872. (Lettre-circ. du 16 octobre 1876.)

LÉGENDE. V. Plan.

LÉGION D'HONNEUR.

1. *Institution. Principes.* — La Légion d'honneur est instituée pour récompenser les services civils et militaires. La décoration est une étoile à cinq rayons doubles, surmontée d'une couronne de chêne et de laurier ; le centre de l'étoile, entouré de branches de laurier, présente, d'un côté, la tête de la République, avec cet exergue : *République française*, et, de l'autre côté, deux drapeaux tricolores et la devise : *Honneur et Patrie*. L'étoile, émaillée de blanc, est en argent pour les chevaliers, et en or pour les officiers ; son diamètre est de 0m,04. Les chevaliers portent la décoration attachée par un ruban moiré rouge, sur le côté gauche de la poitrine.

En temps de paix, pour être admis dans la Légion d'honneur, il faut avoir exercé pendant vingt ans, avec distinction, des fonctions civiles ou militaires.

Les services extraordinaires dans les fonctions civiles, les sciences et les arts, peuvent dispenser de cette condition ; ces services extraordinares doivent être dûment constatés. Sauf les cas extraordinaires, il n'est fait de nominations que le 1er janvier et le 14 juillet.

Nul ne peut porter la décoration du grade auquel il a été nommé qu'après sa réception, à moins que la décoration ne lui soit remise par le chef de l'Etat. (Décr. 16 mars 1852 et 8 novembre 1870.)

2. *Bases.* — Tous les six mois, le conseil de l'ordre arrête le nombre des extinctions survenues pendant le semestre expiré. Ce tableau sert de base à la fixation du nombre des décorations qui peuvent être accordées dans le cours du semestre suivant. (Loi du 25 juillet 1873, art. 1, § 3.) V. Décoration. Légionnaire.

LÉGIONNAIRE.

1. *Préséance.* — Les membres de la Légion d'honneur qui assisteront à une cérémonie publique, civile ou religieuse, occuperont un banc ou une place qui leur sera assignée, après les autorités constituées. (Décr. du 11 avril 1809.)

2. *Décès.* — Les conservateurs fournissent, en janvier et juillet, l'état des agents légionnaires décédés pendant le semestre précédent. (Notes des 13 août 1879 et 7 décembre 1892.) V. Etats fixes et périodiques.

LÉGITIME DÉFENSE.

1. *Définition.* — Sont compris comme cas de légitime défense ceux qui ont lieu : 1° en repoussant, pendant la nuit, l'escalade ou l'effraction des clôtures, murs ou entrées d'une maison ou d'un appartement habité, ou de leurs dépendances ; 2° en se défendant contre les auteurs de vol ou de pillage, exécutés avec violence. (Cod. Pén. 329.)

2. *Excuse.* — Il n'y a ni crime, ni délit, lorsque l'homicide, les blessures et les coups étaient commandés par la nécessité actuelle de la légitime défense de soi-même ou d'autrui. (Cod. Pén. 328.)

3. *Garde particulier.* — Le garde particulier dans l'exercice de ses fonctions, qui, à la suite de rixes et d'incidents successifs avec un braconnier refusant de lui faire connaître son identité et de se rendre devant le magistrat compétent, tire un coup de feu et blesse grièvement le braconnier au moment où ce dernier introduisait une cartouche dans son

fusil précédemment déchargé, agit, dans ce cas, en état de légitime défense, ne commet aucun délit et n'est passible ni de peine, ni de dommages-intérêts. (Paris, 30 avril 1885.)

LEGS DELAHAYE.

1. *Arrérages. Emploi.* — Les arrérages du legs de 30000 francs, fait par Mme veuve Delahaye à l'administration des forêts, doivent être employés annuellement en recompenses distribuées aux simples gardes les plus nécessiteux ou blessés dans l'exercice de leurs fonctions. (Circ. N 346.)

2. *Distribution. Propositions.* — Les propositions relatives à la distribution des arrérages doivent parvenir à l'administration avant le 15 novembre de chaque année. Elles doivent faire l'objet, pour chaque préposé, d'un rapport détaillé. (Circ. N 346.)

LÉGUME.

Défense. — Il est interdit aux préposés de faire commerce de légumes ; ils ne doivent cultiver dans leur jardin que ce qui est nécessaire à la consommation de leur famille. (Circ. A 341. Circ. A 463.)

LETTES. V. Dune.

LETTRE.

1. *Objet.* — On ne doit traiter qu'une seule affaire dans chaque lettre. (Circ. A 114.)

2. *Numéros.* — On doit rappeler en marge le numéro des lettres auxquelles on répond (case, série, division, bureau, etc.) et y mettre le résumé ou l'indication exacte de l'affaire traitée. (Circ. A 633.)

3. *Affaires.* — Pour les affaires du personnel (serment, installation, cessation de service), il faut une lettre spéciale pour chaque agent ou préposé. (Circ. A 167 bis. Circ. A 187 ter.)

4. *Teneur.* — La teneur de toute lettre doit se rapprocher le plus possible de celle d'un rapport et d'une note. (Circ. N 294. Notes des 17 décembre 1883 et 22 mai 1886.)

5. *Salutations.* — Les lettres adressées par un agent forestier à ses chefs devaient se terminer par la formule suivante :

Je suis, avec respect,
Monsieur (indiquer le grade de celui auquel on écrit),
Votre très humble et très obéissant serviteur.
Le (indiquer le grade de celui qui écrit). (Circ. A 605.)

Mais la formule des salutations a été supprimée pour les correspondances administratives adressées entre agents de l'administration des forêts. (Circ. N 294. Notes des 17 décembre 1883 et 22 mai 1886.)

On peut terminer ainsi qu'il suit les lettres adressées à un fonctionnaire étranger, mais d'un rang plus élevé :

Veuillez agréer, Monsieur..., l'hommage de mon respect, ou bien *l'hommage de mes sentiments respectueux*, ou bien encore *l'hommage de mon respectueux dévouement*.

A un fonctionnaire d'un rang égal :

Agréez, Monsieur..., ou *Monsieur et cher collègue, l'assurance de ma haute considération.*

A un fonctionnaire d'un rang inférieur :

Agréez ou *Recevez, Monsieur..., l'assurance de ma haute considération.*

A un particulier, suivant sa qualité, son rang ou sa profession :

Agréez ou *Recevez, Monsieur, l'assurance de ma considération distinguée*, ou *très-distinguée*, ou *parfaite considération*, ou *Recevez, Monsieur, mes civilités empressées*, ou bien encore *J'ai l'honneur de vous saluer.*

A une dame, suivant sa qualité :

Veuillez agréer, ou *Agréez*, ou *Recevez, Madame, l'hommage* ou *l'assurance de mon respect.* (Extrait du protocole.)

LEVER DU SOLEIL. V. Coucher. Jour légal.

LEVÉE EN TERRE. V. Plan.

LEVRAUT.

Défense. — Il est défendu aux fermiers de la chasse d'enlever ou de détruire les levrauts. (Chasse, Cah. des ch. 21.)

En cas d'infraction, pénalité :

Amende : 16 à 100 francs. (Loi, Chasse, art. 11.)

LÉVRIERS.

1. *Emploi.* — L'emploi des chiens lévriers, pour la destruction des animaux malfaisants ou nuisibles, doit être autorisé par arrêté préfectoral. (Loi, Chasse, art. 9.)

2. *Chasse.* — Le fait d'avoir chassé avec un chien lévrier, en dehors des exceptions où ce genre de chasse est permis, est passible des peines prononcées par l'article 12 de la loi du 3 mai 1844. (Cass. 19 février 1846.)

3. *Race. Croisement.* — Le chien croisé lévrier (né d'un lévrier et d'un chien d'arrêt) est un lévrier. (Douai, 19 janvier 1846.) V. Charnigue.

4. *Saisie.* — Le lévrier ne doit pas être considéré comme un engin de chasse et ne doit pas être saisi et détruit. (Paris, 22 janvier 1846.)

5. *Divagation.* — L'autorité municipale et administrative n'a pas le droit d'interdire la divagation des chiens lévriers d'une façon absolue, dans le temps et les lieux où elle ne peut causer aucun préjudice ; mais elle peut

prendre des mesures pour que cette divagation des chiens ne nuise pas aux récoltes. (Cass. 16 décembre 1826.)

LICENCE.

Attributions. — Des licences ou permissions de chasse dans les forêts domaniales sont accordées, moyennant redevance, par le directeur, sur la proposition du conservateur, lorsque la chasse n'a pas pu être amodiée par adjudication publique. (Décis. Min. 28 novembre 1863. Circ. N 72, art. 2.)

LICHEN. V. Enlèvement. Mousse.

LICITATION.

Définition. — Si une chose commune à plusieurs ne peut être partagée commodément et sans perte, la vente s'en fait aux enchères et le prix en est partagé entre les copropriétaires. (Cod. Civ. 1686.) V. Partage.

LIÈGE.

Algérie, 3, 8, 12, 13.
Autorisation, 1.
Autorité judiciaire, 5.
Bail, 2, 4, 10, 11.
Bois particulier, 12.
Classification, 9.
Compétence, 4, 5, 8
Concessions, 3.
Conditions, 5.
Droit, 10.
Epaisseur, 7.
Exploitation, 1.
Frais, 10.
Mutilation, 6.
Planches, 7.
Produit, 9.
Vente, 5, 13.
Vente mobilière, 10, 11.

V. Cahiers des charges.

1. *Exploitation. Autorisation.* — Les exploitations de l'écorce de chêne-liège sont autorisées par l'administration, dans les bois domaniaux et communaux, lorsqu'elles sont l'objet d'une adjudication annuelle ou de réalisation directe par voie d'entreprise et d'économie. La sanction ministérielle devient nécessaire, dans le cas où l'écorçage donne lieu à une mise en ferme pour plusieurs années. (Lettre de l'Admin. 12 octobre 1874.)

2. *Bail.* — Les baux relatifs à la mise en ferme de l'écorce des chênes-liège sont consentis pour douze années entières et consécutives. (Cah. des ch. 2.) V. Cahier des charges, p. 202.

3. *Concessions en Algérie.* — Le cahier des charges pour les concessions des forêts de chênes-liège en Algérie a été fixé par décret en date du 28 mai 1862. V. Annales forestières, 1862-1864, p. 446.

4. *Bail. Compétence.* — Les tribunaux civils sont seuls compétents pour interpréter un bail à ferme du droit d'écorçage des chênes-liège dans une forêt domaniale et déclarer, par suite, si certains arbres sont ou non compris dans ledit bail. (Cons. d'Etat, 12 mai 1853.)

5. *Autorité judiciaire. Compétence. Vente. Conditions.* — Si l'autorité judiciaire est incompétente pour interpréter les actes administratifs, elle est compétente pour résoudre les questions relatives à l'application des dispositions de ces actes.

Lorsqu'une vente de lièges est faite sans garantie de qualité et de quantité, le vendeur n'est pas obligé de livrer la quantité évaluée approximativement sur l'affiche, alors que cette quantité n'existait pas dans la forêt amodiée, à l'époque où devait être levé le liège.

L'obligation imposée à l'adjudicataire de transporter les lièges, au fur et à mesure de la récolte, dans un entrepôt où ils doivent être pesés, a pour conséquence nécessaire le pesage de ces lièges à leur arrivée à l'entrepôt. (Alger, 1er mars 1890.)

6. *Mutilation.* — Lorsque l'écorçage des chênes-liège a été affermé dans une forêt, sous la condition de respecter l'écorce *mère* des arbres à exploiter, l'infraction à cette disposition rend l'adjudicataire passible des peines édictées par l'article 196 du code forestier (mutilation), comme s'il les avait coupés sur pied. Les articles 34 et 37 du code forestier ne sont pas applicables. (Aix, 23 mai 1867.)

7. *Planches. Epaisseur.* — L'adjudicataire peut lever les planches de liège ayant atteint une épaisseur de 23 millimètres sur les neuf dixièmes au moins de leur largeur. Le mot planche s'entend du cylindre complet d'écorce levée sur la circonférence tout entière de l'arbre, et sa largeur correspond à la circonférence développée. (Cah. des ch. 22.)

8. *Algérie. Compétence.* — Le décret du 28 mai 1862 a investi les conseils de préfecture de l'Algérie du droit de statuer sur les contestations qui pourraient s'élever entre les concessionnaires des forêts de chênes-liège et l'administration. Cette attribution n'est pas susceptible d'application en France ; mais elle peut être considérée comme une simple extension de la compétence conférée aux conseils de préfecture par la loi du 28 pluviôse an VIII, en matière de vente des biens de l'Etat. (Cabantous.)

9. *Produit. Classification.* — L'écorce de chêne-liège constitue un produit principal, qui s'obtient au moyen d'opération ayant le caractère d'exploitation forestière, et susceptible d'entrer en ligne de compte dans l'aménagement des superficies. (Lettre de l'Admin. 12 août 1874.)

10. *Bail. Frais. Droit de vente mobilière.* — Dans le bail ou location d'une forêt de chêne-liège, le droit du 2 pour cent pour vente mobilière est applicable, lorsque le propriétaire se réserve la jouissance du sol, soit pour y habiter, le cultiver ou y faire paître les bestiaux. Mais si l'adjudicataire peut non seulement récolter le produit de

chêne-liège, mais encore jouir du sol et notamment y faire paître ses bestiaux, rien ne s'oppose à ce que la qualification de bail soit reconnue à l'adjudication, et, dans ce cas, le droit de 0 fr. 20 pour cent est seul applicable. (Cass. 25 janvier 1886. Lettre du Dir. Gén. de l'Enregistr. du 26 nov. 1890.)

11. *Vente mobiliere. Bail.* — La convention par laquelle l'une des parties, propriétaire d'une terre plantée de chênes-liège, a déclaré louer à l'autre partie le produit de l'écorce des chênes-liège, avec la stipulation expresse qu'elle se réserve la jouissance du sol, soit pour y habiter, soit pour le cultiver ou y faire paître ses troupeaux, constitue une vente mobilière (droit : 2 pour cent), bien que les parties l'aient qualifiée de louage. (Cass. 25 janvier 1886.)

12. *Algérie. Bois particulier.* — Un arrêté du gouverneur général de l'Algérie, en date du 7 juillet 1886, règle l'exploitation, le colportage, la vente et l'exportation du liège dans les bois particuliers.

13. *Algérie. Vente au quintal.* — Un cahier des charges approuvé le 3 mai 1893 fixe, pour les bois de l'Etat, la vente au quintal des lièges de reproduction récoltés. (Rép. For. t. XIX, p. 97.)

LIERRE. V. Enlèvement.

LIEUTENANT DE LOUVETERIE.

Agent forestier, 12.
Animal blessé, 13.
Assistance, 12.
Battue, 12, 13.
Candidat, 4.
Chasse, 11.
Commission, 7, 8, 9.
Conditions, 3, 11, 12.
Continuation, 10.
Equipage, 3, 14.
Etranger, 5.
Fonctions, 15.
Nombre, 6.
Nomination, 1, 2.
Obligation, 14.
Piège, 3, 14.
Poursuite, 13.
Proposition, 2, 3.
Qualités, 15.
Propriété privée, 11.
Renouvellement, 9.
Retrait, 9.

1. *Nomination.* — Les préfets nommeront directement, sans l'intervention du gouvernement et sur la présentation des chefs de service, les lieutenants de louveterie. (Décr. du 25 mars 1852, art. 5.) V. Louveterie. Loup.

2. *Proposition. Nomination.* — La nomination des lieutenants de louveterie a lieu sur l'avis du conservateur des forêts. (Arr. Min. 3 mai 1852. Circ. A 684.)

3. *Proposition.* — Le conservateur, en proposant la nomination d'un lieutenant de louveterie, doit s'assurer s'il remplit les conditions des articles 6 et 7 du règlement du 20 août 1814 (équipage et pièges). (Circ. A 684.)

4. *Candidat.* — On ne doit nommer que des hommes dignes de confiance et ayant les équipages nécessaires pour la destruction des animaux nuisibles. (Circ. A 287.)

5. *Etranger.* — Les fonctions de lieutenant de louveterie ne peuvent être confiées à un étranger. (Lettre du Min. de la Justice, 27 avril 1877. Circ. N 209.)

6. *Nombre.* — Le nombre des emplois de lieutenants de louveterie est fixé par le préfet, sur la proposition du conservateur. Toutefois, ce nombre ne pourra excéder celui des arrondissements de sous-préfecture, à moins de circonstances exceptionnelles, qui seront soumises à l'appréciation du directeur des forêts. On ne doit pas l'augmenter sans utilité réelle. (Arr. Min. du 3 mai 1852. Circ. A 479 bis. Circ. A 684.)

7. *Commission.* — Le grand veneur (administration forestière) donne des commissions honorifiques de lieutenant de louveterie. (Règl. 20 août 1814, art. 2.)

8. *Commission.* — Les commissions de lieutenant de louveterie sont renouvelées tous les ans. (Règl. 20 août 1814, art. 3.)

9. *Commission. Renouvellement. Retrait.* — Les commissions de lieutenant de louveterie doivent être renouvelées tous les ans, et retirées à ceux qui n'ont pas rempli convenablement leurs fonctions. (Circ. A 684.)

10. *Continuation.* — Les lieutenants de louveterie peuvent, après l'expiration de leur commission annuelle, continuer, jusqu'à leur remplacement, l'exercice de leurs fonctions. (Cass. 3 janvier 1840.)

11. *Chasse. Propriété privée. Conditions.* — Les lieutenants de louveterie n'ont le droit de chasse sur les propriétés privées, pour la destruction des animaux nuisibles, qu'en vertu d'un arrêté préfectoral. (Trib. de Neufchâtel, 27 janvier 1882.)

12. *Battue. Conditions. Agent forestier. Assistance.* — Le lieutenant de louveterie qui procède, en vertu d'un arrêté préfectoral, à une battue aux sangliers, sans se conformer aux conditions de cet arrêté, notamment en ne se faisant pas assister par un agent de l'administration des forêts, est passible des peines prévues par l'article 11 de la loi sur la chasse, si la battue qu'il dirige sort des limites des propriétés où il a le droit de chasser. (Trib. de Caen, 13 novembre 1890.)

13. *Animal blessé. Poursuite. Battue.* — Le lieutenant de louveterie qui poursuit un animal blessé au delà des limites fixées par l'arrêté préfectoral pour la battue ne commet pas le délit de chasse sur le terrain d'autrui, s'il ne sort pas des limites de sa circonscription. (Bourges, 24 mars 1870.)

14. *Pièges. Obligation.* — Les lieutenants de louveterie doivent, à peine de révocation, être pourvus des pièges nécessaires pour la destruction des animaux nuisibles, prouver qu'ils détruisent des loups et avoir un équipage pour la destruction des loups. (Ord. 15 août 1814. Circ. A 261.) V. Equipage. Harnachement. Uniforme.

15. *Fonctions. Qualités.* — Sans être des fonctions publiques, les fonctions de lieutenant de louveterie se rattachent néanmoins à un service public et constituent, par cela même, au profit de ceux qui les exercent, un véritable droit politique. (Circ. N 209.)

LIÈVRE.

1. *Classification. Destruction.* — Le lièvre n'est pas une bête fauve et ne peut, en conséquence, être détruit par un propriétaire, en temps prohibé, sans autorisation préfectorale. (Aix, 26 décembre 1883.)

2. *Dégâts. Responsabilité. Multiplication.* — Un propriétaire de bois ne saurait être responsable des dégâts commis par les lièvres, qu'autant qu'il aurait favorisé outre mesure leur multiplication. (Trib. de Senlis, 23 juin 1870.)

3. *Dommages. Responsabilité. Faute.* — La responsabilité incombant au propriétaire de bois longeant des champs ensemencés est beaucoup moins étendue, quand il s'agit de dommages causés par les lièvres que pour ceux occasionnés par les lapins ; c'est à celui qui réclame une indemnité à prouver que le propriétaire du bois a commis une faute, en protégeant le gibier. (Trib. de Meaux, 14 juin 1882.)

4. *Erreur. Chasse. Excuse.* — Le fait de tirer, en le prenant pour une loutre, sur un lièvre traversant un étang à la nage ne constitue pas un délit de chasse, quand il résulte des circonstances dans lesquelles ce fait s'est produit que le tireur a réellement cru voir une loutre. (Nancy, 18 décembre 1889.)

5. *Lièvre pris au collet. Dommage.* — Il y a délit de chasse de la part de l'individu qui a été surpris, en temps prohibé, tenant à la main un lièvre qu'il venait de détacher d'un collet par lui tendu.

Vainement, le prévenu exciperait-il du dommage causé par le lièvre à sa propriété, si le préfet n'a pas autorisé la destruction de ces animaux, en tant qu'animaux malfaisants et nuisibles. (Cass. 10 juillet 1883.)

6. *Convention. Nombre.* — La convention entre le propriétaire d'un parc et le fermier des récoltes de ce parc sur le nombre de lièvres, fixé à vingt, doit être exécutée en ce sens que, si ce nombre ne doit pas excéder vingt à l'entrée de l'hiver, il peut être dépassé au moment de la reproduction.

Et c'est au fermier à prouver que le nombre de lièvres a été notablement dépassé. (Trib. de Dijon, 7 février 1881.)

LIGNE. V. Laie. Plan.

LIMIER.

Louveterie. — Les lieutenants de louveterie doivent avoir quatre limiers. (Règl. 20 août 1814, art. 6.) V. Equipage.

LIMITE.

1. *Conservation.* — Les chefs de cantonnement doivent veiller à la conservation et au maintien des limites, dans leur intégrité. (Instr. 23 mars 1821, art. 127.)

2. *Conservation.* — Les agents, brigadiers et gardes sont chargés de veiller à la conservation des bornes, fossés, murs, etc. (Circ. N 64, art. 161.)

3. *Conservation.* — Les gardes veilleront avec soin à la conservation des bornes et fossés, murs, ponts, barrières, poteaux et pierrés de leur triage. Ils constateront toutes les violations et les dégâts qui y auraient été faits. (Livret des préposés, art. 27.)

4. *Visite.* — Les préposés font une visite annuelle des bornes, murs, fossés, etc., du 1er août au 1er septembre, pour connaître les accidents ou avaries de nature à compromettre l'existence ou la solidité des signes de limite. Ils rendent compte de leur visite à leur chef immédiat, qui provoque, s'il y a lieu, les réparations nécessaires. (Circ. N 64, art. 161.) V. Borne.

5. *Rectification.* — Les procès-verbaux de délimitation doivent toujours énoncer les motifs des rectifications des limites, lorsqu'il y a abandon du sol forestier. (Ord. 61.) V. Délimitation. Bornage.

6. *Erreur.* — Une erreur de limite n'excuse pas un délit forestier. (Cass. 12 mai 1843.)

7. *Coupes.* — Dans les procès-verbaux de balivage et d'adjudication, on doit indiquer les limites des coupes. (Circ. A 475.)

8. *Possession.* — Lorsque des bois sont séparés par des bornes, la possession en dehors des limites fixées par ces bornes doit être réputée clandestine et ne peut servir de base à la prescription. (Metz, 7 décembre 1859.) V. Confins.

LIMON. V. Enlèvement. Extraction.

LIQUIDATION.

Acquisition, 11.
Arrêté, 9, 15.
Attribution, 2.
Bornage, 10.
Bulletin, 5.
Conservateur, 2.
Décompte, 8.
Délai, 1.
Délimitation, 10.
Demande, 5.
Droits, 3, 4.
Etat, 13.
Expropriation, 12.
Indemnité, 12.
Inspecteur, 15.
Marché, 7.
Matière domaniale, 14.
Mémoire, 9.

Pièces, 5, 6.
Police correctionnelle, 13.
Préparation, 15.
Preuve, 4.
Production, 6.
Retenue, 7.
Titre, 4.
Travaux, 8.

V. Comptabilité.

1. *Délai.* — La période d'exécution des services d'un budget embrasse des délais qui s'étendent pendant la seconde année :

1° Jusqu'au 31 mars, pour la liquidation et l'ordonnancement des sommes dues aux créanciers ; 2° jusqu'au 30 avril, pour le payement des dépenses, la liquidation et le recouvrement des droits acquis à l'Etat, pendant l'année du budget. (Loi du 25 janvier 1889. Circ. N 406.)

2. *Conservateur. Attribution.* — Les conservateurs sont chargés de toutes les liquidations, sans exception. (Arr. Min. 29 février et 20 déc. 1888. Circ. N 402. Circ. N 404.)

3. *Droits.* — La constatation des droits résulte des rapports ou décomptes de liquidation, appuyés des pièces justificatives que les chefs de service établissent par trimestre ou par mois et par créanciers, pour chaque espèce de dépense.

Il est procédé aux liquidations des droits acquis, soit d'office, pour les créances à l'égard desquelles il existe des bases et éléments de liquidation dans les bureaux de l'administration, soit d'après les justifications produites par les créanciers ou, dans leur intérêt, par les agents administratifs et autres intervenants à cet effet. (Règl. Min. 26 décembre 1866, art. 59. Circ. N 104.)

4. *Titres. Droits. Preuve.* — Les titres de chaque liquidation doivent offrir les preuves des droits acquis aux créanciers de l'Etat et être rédigés conformément aux instructions spéciales, qui déterminent le mode de liquidation applicable à chaque espèce de dépense, la nature et la forme des pièces justificatives, les époques de leur production, ainsi que les divers contrôles auxquels elles sont soumises. (Règl. Min. 26 décembre 1866, art. 61. Circ. N 104.)

5. *Bulletin. Demande. Pièces.* — Tout créancier a le droit de se faire délivrer un bulletin annonçant la date de sa demande en liquidation et les pièces produites à l'appui. Ce bulletin est dressé d'après les registres ou documents authentiques, tenus par les liquidateurs et ordonnateurs des dépenses, sur lesquels ces pièces sont enregistrées ; mention de l'enregistrement est faite sur les pièces produites. (Règl. Min. 26 décembre 1866, art. 62. Circ. N 104.)

6. *Pièces. Production.* — La production des pièces ne s'effectue légalement que par l'envoi direct ou le dépôt, au ministère ou entre les mains des ordonnateurs secondaires, des comptes, factures et autres documents exigés par les règlements, marchés ou conventions.

La date de cette production est constatée au moyen de l'inscription qui en est faite sur des registres tenus, à cet effet, au secrétariat général et par les liquidateurs et ordonnateurs des dépenses. Mention de l'enregistrement est faite sur les pièces produites. (Règl. Min. 26 décembre 1866, art. 62. Circ. N. 104.)

7. *Retenues. Marchés.* — Jusqu'à l'époque fixée par les marchés, pour qu'il soit dressé procès-verbal de réception définitive des travaux, les décomptes de liquidation, établis pour constater les droits de l'entrepreneur du service au paiement des acomptes qui lui sont accordés, doivent rappeler la retenue exercée sur le prix des travaux, en garantie de leur qualité et de leur bonne exécution. (Règl. Min. 26 décembre 1866, art. 109. Circ. N 104.)

8. *Travaux. Plusieurs années. Décomptes.* — Quand l'exécution d'un même travail ou d'une même fourniture a eu lieu en plusieurs années, le liquidateur du solde de la dépense exige, pour la justification des droits du créancier, indépendamment du procès-verbal de réception définitive, une copie du décompte général et détaillé de l'entreprise, certifiée par l'agent administratif qui l'a dirigée et surveillée. (Règl. Min. 26 décembre 1866, art. 110. Circ. N 104.)

9. *Mémoires. Arrêtés.* — L'arrêté de liquidation des mémoires et factures d'objets matériels doit contenir :

1° Un certificat de réception des objets, à moins que leur livraison n'ait été constatée par un procès-verbal compris dans les pièces justificatives, ou par la déclaration d'un agent compétent, relatant le numéro d'inscription sur un registre tenu par cet agent, pour les objets qu'il doit prendre en charge ;

2° Mention des numéros d'inscription desdits objets sur l'inventaire ou le catalogue, pour ceux dont la nature comporte cette formalité.

10. *Délimitation. Bornage.* — Le conservateur liquide ces dépenses, en se conformant aux règles de la comptabilité, suivant qu'il s'agit de bois domaniaux ou communaux. Il fait placer, dans le dossier de chaque délimitation, une note sur laquelle sont établis tous les frais constatés et les paiements effectués, ainsi que les droits de timbre et d'enregistrement relevés d'après les actes, avec indication des bureaux où ces droits doivent être acquittés. (Circ. N 64, art. 193.)

11. *Acquisitions.* — Les conservateurs sont chargés de prendre les arrêtés de liquidation du prix des acquisitions des terrains, réalisées en exécution de la loi du 4 avril 1882. (Décis. Min. du 20 décembre 1888. Circ. N 404.)

12. *Expropriations. Indemnités.* — Les indemnités allouées pour ventes amiables sont

liquidées par les soins du conservateur; elles sont payées sur la production des pièces mentionnées dans le règlement de la comptabilité publique. (Instr. Gén. du 2 février 1885, art. 80. Circ. N 345. Circ. N 404.)

13. *Police correctionnelle.* — L'état de liquidation des frais et dépens sera dressé par les greffiers; les copies leur en seront payées à raison de 0 fr. 05 par article. (Décr. 18 juin 1811, art. 51.)

14. *Matière domaniale.* — Les préfets statuent, en conseil de préfecture et sur l'avis du conservateur, sur les liquidations des dépenses en matière domaniale, lorsque les sommes liquidées ne dépassent pas 2000 francs.

En cas de désaccord, il en est référé à l'administration. (Décr. 25 mars 1852. Circ. A 686.)

15. *Arrêtés. Préparation. Inspecteurs.* — Les arrêtés de liquidation sont préparés par les inspecteurs. (Circ. N 402. Form. série 11, nº 43.)

LISIÈRE.

1. *Distance. Arbres.* — Les arbres d'une hauteur de 2 mètres, à défaut de règlements existants et usages courants, ne peuvent être plantés qu'à 2 mètres de la ligne séparative des héritages, et les arbres de moins de 2 mètres de hauteur et les haies à 50 centimètres. (Cod. Civ. 671. Loi du 20 août 1881.) V. Juges de paix. Arbre de lisière.

2. *Distance.* — Les voisins peuvent exiger que les arbres plantés à une moindre distance de 2 mètres soient arrachés. (Cod. Civ. 672. Loi du 20 août 1881.)

3. *Branches. Racines.* — Celui sur lequel avancent les branches des arbres appartenant au voisin peut contraindre celui-ci à couper ces branches. Si ce sont les racines qui avancent sur son héritage, il peut les couper lui-même. (Cod. Civ. 673. Loi du 20 août 1881.)

4. *Élagage. Age.* — Dans toutes forêts, les riverains ne peuvent faire élaguer les arbres de lisière, si ceux-ci avaient plus de trente ans en 1827. (Cod. For. 150.)

5. *Élagage. Plantation.* — Quand les arbres de lisière qui avaient, en 1827, plus de trente ans, auront été abattus, les arbres qui les remplaceront devront être élagués, conformément à l'article 673 du code civil, lorsque l'élagage en sera requis par les riverains. Les plantations ou réserves destinées à remplacer les arbres de lisière seront effectuées en arrière de la ligne de délimitation des forêts, à la distance prescrite par l'article 671 du code civil. (Ord. 176.)

6. *Culture. Distance.* — Lorsqu'un ancien arrêté du conseil a fait défense aux cultivateurs d'approcher de 10 pieds (3 mètres 25 centimètres) de la lisière d'une forêt domaniale, en labourant, et ce, sous certaines peines, cet espace de 10 pieds doit être considéré comme formant une dépendance et une partie intégrante du sol forestier. (Metz, 5 août 1851.)

LISTE CIVILE. V. Bois de la liste civile.

LITIÈRE. V. Enlèvement. Fagots. Herbe.

LIVRAISON.

1. *Conditions. Moyens.* — La livraison des bois vendus est censée avoir été faite à l'acheteur, du moment que la marque de celui-ci a été apposée sur les bois achetés, bien que ces bois soient restés, depuis la vente, sur les chantiers du vendeur. (Rouen, 23 mars 1844.)

2. *Chauffage.* — Si un adjudicataire refuse d'effectuer la livraison des bois mis en charge sur une coupe communale, au profit du garde du triage, le chef de cantonnement rédige les états mentionnés à l'article 154 de la loi du 5 avril 1884. Ils sont visés par le maire et envoyés au receveur municipal, qui les fait viser pour exécution par le préfet. Une fois la somme recouvrée, le maire délivre un mandat au profit du garde ou lui fait acheter les bois attribués sur la coupe vendue.

Pour une coupe domaniale, on procéderait d'une manière analogue, mais en appliquant l'article 4 de la loi du 19 août 1791. (Rép. For. t. XIII, p. 25.)

LIVRE.

Responsabilité. — Les agents et gardes sont responsables des livres qui leur sont confiés ou communiqués.

LIVRE JOURNAL.

1. *Inspecteur. Journal.* — L'inspecteur tient un livre journal pour l'emploi de son temps au service extérieur.

Ce livre journal est coté et paraphé par le conservateur. (Circ. A 584.)

2. *Chef de cantonnement.* — Les chefs de cantonnement tiennent un livre journal sur lequel est inscrite la correspondance et où ils indiquent, jour par jour, l'emploi de leur temps. (Instr. du 23 mars 1821, art. 119. Circ. A 391.)

3. *Indication.* — On doit indiquer, sur le livre journal, d'une manière complète et précise, la nature et le résultat des travaux, tournées et opérations; les conservateurs indiqueront, par *écrit*, sur le livre journal, les observations les plus importantes à adresser aux agents. (Circ. A 534 bis.)

4. *Tournées.* — Les agents doivent indiquer sur le livre journal leur tournées, avec mention des cantons visités, le but et le résultat de leur reconnaissance. (Circ. A 500 ter.)

5. *Extraits.* — A l'expiration de chaque mois, les inspecteurs et les chefs de cantonnement envoient un extrait du livre journal. (Form. série 12, nº 5. Circ. A 584. Circ. N 329.)

6. *Vérification. Journal.* — Les conservateurs s'assurent, dans leurs tournées, si les agents justifient, par les indications de leur livre journal, du bon emploi de leur temps, soit au cabinet, soit sur le terrain. (Circ. N 18, art. 7.)

LIVRE D'ORDRE.

1. *Conservateur.* — Le conservateur tient un livre d'ordre sur lequel sont enregistrées, chaque jour et sommairement, les affaires qui lui sont adressées et sa correspondance; il est ouvert, pour chaque affaire, une case où sont indiquées, succinctement et par ordre de date, la correspondance et les décisions auxquelles elle a donné lieu.

Ce livre est accompagné d'un répertoire alphabétique pour faciliter les recherches. (Instr. du 23 mars 1821, art. 31.)

2. *Inspecteur.* — L'inspecteur tient, comme le conservateur, un livre d'ordre pour l'enregistrement sommaire des affaires. (Instr. du 23 mars 1821, art. 85.)

LIVRET.

1. *Tenue.* — Les gardes tiennent un livret ou registre qu'ils font coter et parapher par le sous-préfet de l'arrondissement. (Ord. 26.)

2. *Port.* — Les gardes doivent toujours être munis de leur livret, en tournée. (Instr. 13 août 1840. Livret des préposés, Nota.)

3. *Fourniture.* — Les livrets dont doivent être munis les gardes leur sont fournis gratuitement par l'administration. (Ord. 26. Règl. sur la comptabilité, art. 514, 515, 516. Circ. A 454. Circ. A 466. Instr. 13 août 1840.) V. Imprimé.

4. *Formule.* — Il n'y a qu'une formule de livret (série 12, nº 8) pour les gardes forestiers et les gardes cantonniers. Ces derniers y inscrivent les ordres et les faits de service, par ordre de date et à la suite, qu'il s'agisse de surveillance ou de travaux. (Circ. N 93.)

5. *Emploi.* — Le livret est destiné à inscrire, jour par jour et sans lacune, les transcriptions des procès-verbaux, la reconnaissance des chablis et volis, les délivrances de toute nature dûment autorisées, les citations et significations, en désignant leur objet et le nom de la personne à qui la copie de l'exploit a été remise, et les opérations auxquelles les gardes concourent; si, dans le cours de leurs tournées journalières, ces préposés n'ont rien remarqué qui intéresse le service, ils le disent sur le livret. (Ord. 26.)

6. *Remise.* — En cessant leurs fonctions, les gardes remettent leur livret au chef de cantonnement. (Livret des préposés, art. 40.)

7. *Visa. Feuilles.* — Le garde général vise les livrets des gardes de son cantonnement, y fait mention des feuilles remises pour la rédaction des procès-verbaux et y joint les annotations qu'il juge convenables. (Instr. 23 mars 1821, art. 127.)

8. *Inspecteur. Visa.* — L'inspecteur, en arrêtant le livret des gardes, mentionnera les observations qu'il jugera convenables sur la conduite de ces préposés et la tenue des triages. (Instr. 23 mars 1821, art. 89.)

9. *Vérification. Visa. Conservateur.* — Les conservateurs s'assurent, dans leurs tournées, si les agents visent fréquemment les livrets des gardes et des brigadiers. (Circ. N 18, art. 7.)

LOCATAIRE.

1. *Usage.* — Le locataire doit user de la chose louée en bon père de famille et suivant la destination qui lui a été donnée par le bail, ou suivant celle présumée des circonstances, et payer le prix du bail aux termes convenus. (Cod. Civ. 1728 et suivants.) V. Bail.

2. *Réparations.* — Le locataire est tenu des dégradations et des pertes qui arrivent par le fait des personnes de sa maison ou de ses sous-locataires. (Cod. Civ. 1735.) V. Fermier.

LOCATION.

Amiable, 3, 4.
Approbation, 6.
Arrêté, 5.
Battues, 14.
Bois communal, 14.
Carrière, 7.
Cession, 12.
Chasse, 12, 13, 14.
Conditions, 5, 11, 14.
Décision, 4.
Droits, 11.
Excuse, 12.
Formalités, 7.
Garantie, 10.
Jouissance, 11.
Mode, 2.
Préfet, 5.
Principe, 1.
Produits, 8.
Propriétaire, 13.
Réserves, 14.
Scierie, 9.
Sommiers, 8.
Trouble, 10.

V. Bail.

1. *Principe.* — Toute location du sol domanial doit être faite par voie d'adjudication publique. (Loi du 5 novembre 1790.)

2. *Mode.* — Les locations amiables doivent être préférées pour empêcher l'introduction en forêt de locataires d'une moralité suspecte. On doit imposer les conditions nécessaires pour sauvegarder les droits et les intérêts de l'Etat. (Circ. A 686.)

3. *Amiable.* — Dans des circonstances exceptionnelles, les locations des terrains domaniaux peuvent se faire à l'*amiable*, mais à la condition expresse que le prix du bail

sera fixé à la suite d'une estimation rigoureuse et contradictoire. (Décis. Min. du 9 floréal an VI.)

4. *Décision.* — Les préfets statuent, en conseil de préfecture et sur la proposition du conservateur, sur les locations amiables, après estimation contradictoire de la valeur locative des biens de l'Etat, lorsque le prix annuel n'excède pas 500 francs. (Décr. du 25 mars 1852.)

5. *Arrêté. Préfet. Conditions.* — Si l'arrêté du préfet autorisant une location n'est pas conforme aux propositions du conservateur, celui-ci doit en référer à l'administration par un rapport spécial, avec pièces à l'appui. (Circ. A 686.)

6. *Approbation.* — Les baux de location sont autorisés par le ministre ou par son délégué spécial. L'autorisation du ministre est nécessaire pour les baux qui ont plus de neuf années de durée. (Règl. de comptabilité, 26 janvier 1846, art. 75. Circ. N 6. Circ. N 104.)

7. *Carrières domaniales. Formalités.* — Les préfets n'ont pas qualité pour louer les carrières domaniales par voie *amiable.* Ces locations sont assimilées à des ventes mobilières et, si elles ont lieu autrement que par voie d'adjudication, elles sont soumises à l'approbation ministérielle. (Lettre du Min. des Fin. 31 mars 1866.)

Lorsque le prix de location de carrières domaniales excède 500 francs, ou si le bail est de trois, six ou neuf ans, il faut l'approbation du ministre des finances, sauf avis préalable du ministre de l'agriculture. (Lettre du Min. des Fin. 16 septembre 1882.)

8. *Sommiers. Produits.* — Les locations pour plusieurs années, moyennant une redevance annuelle, sont reproduites chaque année sur le sommier des menus produits ou celui des produits accessoires. (Arr. Min. 22 juin et 1er septembre 1838.)

9. *Scieries.* — Le prix de location des scieries domaniales est considéré comme menus produits. (Arr. Min. du 22 juin 1838. Circ. A 842.)

10. *Trouble. Garantie.* — Le locataire doit appeler le bailleur en garantie, si quelqu'un élève des prétentions sur les choses louées, ou si le locataire est poursuivi en délaissement de cette chose. (Cod. Civ. 1727.)

11. *Jouissance. Condition. Droit.* — Lorsque la location d'un terrain entraîne l'enlèvement d'un produit ou d'une production quelconque, superficielle ou intérieure du sol forestier (résine, liège, terre, pierres, minerais, etc.), comme il y a, dans ce cas, une véritable aliénation de produit mobilier, ces locations doivent être assimilées à des ventes mobilières et assujetties, comme telles, au droit de 2 pour cent, au lieu du droit de 0 fr. 20 pour cent, applicable aux locations portant sur la seule jouissance des biens amodiés.

12. *Chasse. Cession. Excuse.* — Lorsque la plénitude du droit de chasse a été conférée à un locataire par un bail dûment enregistré, le dr it de ce locataire ne peut être amoindri par une cession ou une permission postérieurement accordée à un tiers par le propriétaire ou ses ayants droit ; et ce tiers ne saurait se prévaloir de cette cession ou permission postérieure, pour se soustraire à l'application de la loi, l'excuse de la bonne foi n'étant pas admise en matière de chasse. (Cass. 10 mai 1884.)

13. *Propriétaire. Chasse.* — Celui qui, après avoir cédé le droit de chasse sur les immeubles dont il est propriétaire, vient cependant à y chasser, commet une infraction pouvant donner lieu, aux termes des articles 1184 et 1782 du code civil, à une action civile, mais il ne tombe pas sous l'application de l'article 11, paragraphe 2, de la loi du 3 mai 1844, qui réprime la chasse sur le terrain d'autrui, sans le consentement du propriétaire. (Rouen, 7 mai 1881.)

14. *Biens communaux. Réserves. Battues. Conditions.* — Lorsqu'une commune afferme le droit de chasse sur ses biens, le cahier des charges de la location ne peut stipuler que le maire se réserve de faire, en tout temps et surtout en temps de neige, avec le concours des habitants de la localité, des battues quand des sangliers seront signalés, sans avoir besoin de prévenir les adjudicataires ; ni qu'en temps de neige les fermiers et cofermiers adjudicataires du droit de chasse ne pourront chasser avant midi pour ne pas détourner les sangliers remis, et si ce n'est pour concourir à des battues.

Ces conditions sont contraires à la disposition d'ordre public de l'article 90, paragraphe 9, de la loi du 5 avril 1884, sur l'administration municipale, et contiennent la condition potestative prohibée par l'article 1174 du code civil. (Trib. de Briey, 2 décembre 1886.)

LOGE.

1. *Autorisation.* — Les conservateurs autorisent les adjudicataires à établir des loges dans l'intérieur des coupes. La désignation des agents est sans appel. (Cod. For. 38.) V. Construction.

2. *Adjudicataire. Construction.* — L'adjudicataire qui établit, dans sa coupe, une loge, sans désignation *écrite* par l'agent forestier du lieu de son emplacement, encourt, savoir :

Amende : 50 francs. (Cod. For. 38.)

En cas de récidive, *amende :* 100 francs. (Cod. For. 38 et 201.)

3. *Vidange.* — Les loges construites dans les coupes sont comprises dans la vidange des coupes. (Cass. 21 février 1828.)

4. *Désignation.* — Les brigadiers sont chargés de désigner les lieux pour l'établissement des loges et le procès-verbal est signé par le préposé ayant opéré. (Circ. A 585. Circ. N 416.)

5. *Désignation.* — La désignation par *écrit* est seule valable. (Cass. 16 mars 1833.) Elle se fait au moyen de la copie du procès-verbal dressé à cet effet. (Circ. A 158.)

LOGEMENT.

1. *Défense.* — Il est interdit aux agents et préposés de loger chez les inférieurs sous leurs ordres, ainsi que chez les adjudicataires et exploitants, sous peine de la privation du quart de leur indemnité de tournée, s'ils en reçoivent. (Instr. 27 février 1818. Instr. 23 mars 1821, art. 13.) V. Maison forestière.

2. *Indemnité.* — Une indemnité annuelle de logement est allouée aux préposés domaniaux et mixtes non logés, savoir : 90 francs pour ceux du service actif; 150 francs pour ceux du service sédentaire. (Arr. Min. 7 avril 1874. Arr. du Direct. Gén. 30 octobre 1875. Arr. du sous-secrétaire d'Etat, 1er août 1879.)

LOI.

Abrogation, 12.
Code pénal, 9.
Convention, 11.
Date, 2 bis.
Décret, 10.
Définition, 1.
Dérogation, 10, 11.
Effet, 2.
Exécution, 3.
Lois d'ordre public, 7.
— de police, 6.
— forestières, 8.
— générales, 4.
— spéciales, 5.
Principe, 1, 2.

1. *Principe. Définition.* — La loi est un acte de l'autorité souveraine; c'est une règle d'action qui ordonne, permet ou défend quelque chose. La sanction est la peine afférente à toute infraction à la loi, que nul n'est censé ignorer.

2. *Effet. Principe.* — La loi ne dispose que pour l'avenir et n'a pas d'effet rétroactif. (Cod. Civ. 2.) V. Guerre.

2 bis. *Date.* — La date officielle des lois est celle de leur adoption par l'Assemblée nationale et non pas celle de leur promulgation. (Lettre du Min. de la Justice du 26 septembre 1871.)

Depuis que les lois sont votées par deux assemblées, il semble que leur date doit être celle de leur promulgation, à moins de leur assigner une double date, attendu l'impossibilité de donner la préférence à la date du vote de l'une des deux assemblées.

3. *Exécution.* — Les lois sont exécutoires du moment que la promulgation en pourra être connue. (Cod. Civ. 1.) V. Promulgation.

4. *Lois générales.* — Les lois générales réglementent d'une manière générale certaines matières du même genre.

La loi générale doit céder à la loi spéciale, et, là où celle-ci présente une disposition, elle doit être appliquée, quelque contraire qu'elle puisse être au droit commun. (Cass. 13 mars 1834.)

5. *Lois spéciales.* — Les lois spéciales statuent sur un objet spécialement déterminé.

Une loi spéciale n'est pas abrogée de plein droit par une loi générale. (Cass. 19 février 1813.)

6. *Lois de police.* — Les lois de police obligent tous ceux qui habitent le territoire. (Cod. Civ. 3.)

7. *Lois d'ordre public.* — Les lois d'ordre public sont celles auxquelles on ne peut déroger par des conventions particulières. (Alglave.)

8. *Lois forestières.* — Les lois spéciales aux forêts ne règlent les instances relatives à des droits d'usage réels, qu'autant que ces lois dérogent formellement aux articles 617 et suivants du code civil, relatifs aux droits d'usufruit, d'usage et d'habitation. (Cass. 27 juillet 1830.) V. Algérie.

9. *Code pénal.* — Les dispositions du code pénal ne sont pas applicables aux délits forestiers. (Cass. 14 mai 1813.) Cependant il y aura lieu à l'application des dispositions du code pénal, dans tous les cas non spécifiés par le code forestier (Cod. For. 208.)

10. *Décret. Dérogation.* — Un décret ne peut déroger à une loi. (Cons. d'Etat, 28 février 1860.)

11. *Convention. Dérogation.* — On ne peut déroger, par des conventions particulières, aux lois qui intéressent l'ordre public. (Cod. Civ. 6.)

12. *Abrogation.* — Sont et demeurent abrogés, pour l'avenir, toutes lois, ordonnances, édits et déclarations, arrêts du conseil, arrêtés et décrets et tous règlements intervenus, à quelque époque que ce soit, sur les matières réglées par le présent code, en tout ce qui concerne les forêts.

Mais tous les droits acquis antérieurement au présent code seront jugés, en cas de contestation, d'après les lois, ordonnances, édits et déclarations, arrêts du conseil, arrêtés, décrets et règlements ci-dessus mentionnés. (Cod. For. 218.)

LONGUEUR.

Tolérances. — Les tolérances qu'il importe de ne pas dépasser dans les mesurages sont de 1 pour cent de la longueur, pour les lignes au dessous de 100 mètres; 1 mètre, pour les lignes de 100 à 500 mètres, et de 2 décimètres par cent pour les longueurs excédant 500 mètres. (Instr. 15 octobre 1860, art. 10.)

LOT. LOTISSEMENT.

1. *Coupe. Valeur.* — On doit éviter de mettre en vente, sans division, des coupes dont l'évaluation se porterait au delà de 10000 francs ou environ. (Circ. A 248. Circ. A 301. Circ. N 431.) V. Coupe.

2. *Adjudication.* — Dans les adjudications, les conservateurs pourront former des lots d'une valeur supérieure à 10000 francs et réunir, séance tenante, plusieurs lots non encore mis en adjudication en un seul. Toutefois, l'éventualité de la réunion devra avoir été annoncée dans les affiches. (Circ. A 751.)

3. *Aliénation.* — Pour chaque forêt à aliéner, on doit dresser un procès-verbal de lotissement, avec plan à l'appui, sur lequel sont indiquées les propositions de division. Ce procès-verbal de lotissement est fait avant de procéder à l'estimation des bois. (Circ. A 693.)

4. *Aliénation.* — Chaque lot donne lieu à un procès-verbal descriptif, avec plan du lot, et à un procès-verbal estimatif. Le plan du lot sera dressé comme le plan des coupes; le procès-verbal descriptif sera dressé en double expédition, dont une sur timbre pour l'acquéreur, et l'autre pour les archives du chef de service. (Circ. A 694.)

LOUAGE.

Condition. — La durée du louage des domestiques et des ouvriers ruraux est, sauf preuve d'une convention contraire, réglée suivant l'usage des lieux. (Loi du 9 juillet 1889, art. 15.)

LOUP. LOUVE. LOUVETEAU.

Blessure, 14.
Chasse, 5.
Chasse à courre, 4.
Conditions, 4.
Constatations, 12.
Contrôle, 15.
Destruction, 1, 2, 3, 4.
Etat, 7.
Formalités, 15.
Mandat, 16.
Neige, 3.
Nombre, 6, 8, 9.
Payement, 11, 16.
Primes, 10, 11, 13, 15, 16.
Secours, 14.

V. Animal nuisible.

1. *Destruction.* — La destruction d'un loup ne constitue pas un délit de chasse, alors même qu'elle a eu lieu, avec une arme à feu, dans le temps où la chasse est prohibée. (Nancy, 27 mars 1852.) V. Battue.

2. *Destruction.* — Tous les habitants sont invités à tuer les loups, sur leurs propriétés, et à en envoyer les certificats aux lieutenants de louveterie de la conservation, qui les transmettent à l'administration, chargée d'en faire rapport au ministre, pour faire obtenir des récompenses. (Ord. du 20 août 1814. Instr. du Min. de l'Int. 9 juillet 1818.)

3. *Neige. Destruction.* — Le maire est chargé, sous le contrôle du conseil municipal et la surveillance de l'autorité supérieure, de faire pendant le temps de neige, à défaut des détenteurs des droits de chasse à ce dûment invités, détourner les loups et sangliers remis sur le territoire, et de requérir, à l'effet de les détruire, les habitants avec armes et chiens propres à la chasse de ces animaux. (Loi du 5 avril 1884, art. 90.)

4. *Condition. Destruction. Chasse à courre.* — La présence de loups dans un canton peut être considérée comme portant un dommage actuel et imminent, qui justifie l'emploi, pour leur destruction, de tous les moyens usités en pareil cas et notamment de la chasse à courre. (Cass. 28 avril 1883.)

5. *Louveteaux. Chasse.* — Le fait d'avoir chassé des louveteaux qui venaient d'être aperçus, près d'un village, dans une forêt particulière, avec le consentement de son propriétaire, ne constitue pas le délit de chasse en temps prohibé. (Rennes, 15 décembre 1880.)

6. *Nombre de loups tués.* — Les lieutenants de louveterie font connaître journellement les loups tués dans leur arrondissement. (Règl. du 20 août 1814, art. 13.)

7. *Etat des loups détruits.* — Tous les ans, au 1er mai, il sera fait, sur le nombre des loups tués dans l'année par les lieutenants de louveterie, un rapport qui sera mis sous les yeux du chef de l'Etat. (Règl. du 20 août 1814, art. 20.)

8. *Nombre présumé.* — Les préfets sont invités à faire connaître à l'administration forestière, tous les trois mois, le nombre de loups présumés fréquenter les forêts, d'après les renseignements qu'ils peuvent avoir. (Règl. du 20 août 1814, art. 15.)

9. *Nombre présumé.* — Tous les trois mois, les lieutenants de louveterie feront parvenir à l'administration un état des loups présumés fréquenter les forêts soumises à leur surveillance. (Règl. du 20 août 1814. art. 14.)

10. *Primes.* — Il est alloué une prime de 100 francs, par tête de loup ou de louve non pleine; 150 francs par tête de louve pleine; 40 francs par tête de louveteau, c'est-à-dire de jeune loup, dont le poids est inférieur à 8 kilogrammes et 200 francs par tête de loups s'étant jetés sur des êtres humains. (Loi du 3 août 1882, art. 1.)

11. *Primes. Payement.* — Le paiement des primes pour la destruction des loups est à la charge de l'Etat et la prime doit être payée au plus tard le quinzième jour qui suivra la constatation de l'abatage. (Loi du 3 août 1882. art. 2 et 4.)

12. *Constatation.* — L'abatage sera constaté par le maire de la commune sur laquelle le loup aura été tué. (Loi du 3 août 1882, art. 3.)

13. *Louveteau. Primes.* — Le lieutenant de louveterie fera connaître ceux qui ont décou-

vert des portées de louveteaux. Il sera accordé par chaque louveteau une gratification, qui sera double si on parvient à tuer la louve. (Règl. du 20 août 1814, art. 10.)

14. *Blessures. Secours.* — Si quelque personne est blessée par des loups, le préfet peut lui faire accorder un secours. (Décis. Min. du 9 juillet 1818.)

15. *Contrôle. Primes. Formalités.* — Quiconque a détruit un loup, une louve ou un louveteau et réclame la prime doit, dans les vingt-quatre heures de la mort de l'animal, en faire la déclaration au maire de la commune sur le territoire de laquelle il a été détruit et présenter sa demande sur timbre. Le réclamant doit représenter le corps entier de l'animal, couvert de sa peau, et le déposer au lieu désigné par le maire, pour la vérification. Le maire en dresse un procès-verbal, mentionnant :

1° La date et le lieu de l'abatage ou, en cas d'empoisonnement, le lieu où l'animal a été trouvé ;

2° Le nom et le domicile de celui qui a tiré ou empoisonné le fauve ;

3° Le poids, lorsqu'il s'agit d'un louveteau ;

4° Le sexe et le nombre de petits, s'il s'agit d'une louve pleine ;

5° Les preuves, s'il y a lieu, que l'animal s'est jeté sur des êtres humains.

Le procès-verbal indique que l'animal a été présenté entier et couvert de sa peau.

Après ces constatations, celui qui a détruit l'animal est tenu de le faire dépouiller et peut réclamer la peau, la tête et les pattes. Par ordre du maire, le corps du fauve dépouillé est ensuite enfoui, aux frais de la commune, dans une fosse de 1m,35 de profondeur, et le procès-verbal mentionne ces diverses circonstances. (Décr. du 28 novembre 1882.)

16. *Prime. Demande. Mandat de paiement.* — Dans les vingt-quatre heures de la présentation du loup, le maire adresse au préfet un procès-verbal, auquel il joint la demande *sur timbre* de la prime, faite par l'intéressé. En outre, il délivre gratuitement à celui-ci un certificat constatant la remise de la demande de prime et l'accomplissement des formalités prescrites.

Sur le vu de ces pièces, le préfet délivre à l'intéressé un mandat du montant de la prime due. (Décr. du 28 novembre 1882.)

LOUTRE.

Qualité. — La loutre doit être considérée comme un gibier, et non pas comme un animal nuisible. (Colmar, 5 juin 1860.)

LOUVETERIE.

Agents, 14.
Animaux blessés, 18.
Animaux forcés, 23.
Animaux nuisibles, 4.
Animaux tués, 34, 35.
Attributions, 1, 3, 16.
Auxiliaire, 15.
Battue, 11.
Bois particuliers, 17, 19.
Certificat, 20.
Chasse, 18, 12, 13, 24.
Chasse à courre, 19.
Chasse voluptuaire, 26.
Chiens, 6.
Commission, 33.
Conditions, 13, 15, 29.
Destruction des loups, 20, 21.
Droit de chasse, 24.
Droit de tirer, 25.
Emploi, 9.
Entretien, 6.
Equipage, 6.
Facultés, 16.
Fermier, 31.
Formalités, 11, 29.
Instructions, 5.
Loup, 4, 8, 20, 21, 22, 34.
Louve, 10.
Louveteau, 10.
Mode, 8.
Obligations, 27.
Ordre, 5.
Permis de chasse, 30.
Pièges, 7, 9.
Police, 2.
Portées, 9, 10.
Poursuite, 18.
Préposés, 14.
Prime, 10.
Réclamation, 32.
Règlement, 17.
Révocation, 33.
Sanglier, 19, 24, 25, 28, 29.
Surveillance, 2, 13, 14.

V. Animal nuisible.

1. *Attribution.* — La louveterie est dans les attributions du grand veneur. (Ord. du 15 août 1814. Règl. du 20 août 1814, art. 1.)

L'administration des forêts remplira les fonctions attribuées au grand veneur. (Ord. 14 septembre 1830.)

Cette disposition a été confirmée par l'article 6 de l'ordonnance du 24 juillet 1832 et par l'article 5 de l'ordonnance du 20 juin 1845. V. Lieutenant de louveterie.

2. *Police. Surveillance.* — Les conservateurs veillent à l'exécution des règlements relatifs à la police de la louveterie. (Instr. 23 mars 1821.)

3. *Attribution.* — Les dispositions qui peuvent être faites, par suite des différents arrêtés concernant les animaux nuisibles, appartiennent à l'administration des forêts. (Règl. du 20 août 1814, art. 4.)

4. *Animal nuisible. Loups.* — Les lieutenants de louveterie n'ont pas le droit absolu de chasser tous les animaux nuisibles ; ce droit est limité aux loups. (Cass. 18 janvier 1879.)

5. *Ordres. Instructions.* — Les lieutenants de louveterie reçoivent les instructions et les ordres de l'administration, pour tout ce qui concerne la chasse des loups. (Règl. du 20 août 1814, art. 5. Ord. 14 septembre 1830.)

6. *Entretien. Equipage. Chiens.* — Les lieutenants de louveterie sont tenus d'entretenir à leurs frais un équipage de chasse composé au moins d'un piqueur, de deux valets de limiers, d'un valet de chiens, de dix chiens courants et de quatre limiers. (Règl. 20 août 1814, art. 6.)

7. *Pièges.* — Les lieutenants de louveterie seront tenus de se procurer les pièges nécessaires pour la destruction des loups, renards et autres animaux nuisibles, dans la proportion des besoins. (Règl. du 20 août 1814, art. 7.)

8. *Chasse. Mode.* — Dans les endroits que fréquentent les loups, le travail principal des équipages des lieutenants de louveterie doit être de les détourner, d'entourer les enceintes avec les gardes forestiers et de les faire tirer au lancé; on découple, si cela est jugé nécessaire, car on ne peut jamais penser à détruire les loups en les forçant. Au surplus, ils doivent présenter toutes leurs idées pour parvenir à la destruction de ces animaux. (Règl. du 20 août 1814, art. 8.)

9. *Piéges. Emploi. Portée.* — Dans le temps où la chasse à courre n'est plus permise, les lieutenants de louveterie doivent particulièrement s'occuper à faire tendre des pièges, avec les précautions d'usage; faire détourner les loups et, après avoir entouré les enceintes de gardes, les attaquer à traits de limier, sans se servir de l'équipage, qu'il est défendu de découpler; enfin, faire rechercher avec grand soin les portées de louves. (Règl. du 20 août 1814, art. 9.)

10. *Louve. Louveteau. Prime.* — Les lieutenants de louveterie feront connaître ceux qui auront découvert des portées de louveteaux. Il sera accordé par chaque louveteau une gratification, qui sera double si l'on parvient à tuer la louve. (Règl. du 20 août 1814, art. 10.)

11. *Battues. Formalités.* — Quand les lieutenants de louveterie ou les conservateurs des forêts jugeront qu'il sera utile de faire des battues, ils en feront la demande au préfet, qui pourra lui-même provoquer cette mesure. Ces chasses seront alors ordonnées par le préfet, commandées et dirigées par les lieutenants de louveterie, qui, de concert avec lui et le conservateur, fixeront le jour, détermineront les lieux et le nombre d'hommes. Le préfet en préviendra le ministre de l'intérieur et le grand veneur. (Arr. du 19 pluviôse an v, art. 2, 3, 4. Règl. du 20 août 1814, art. 11.)

12. *Chasse.* — Les agents forestiers ne doivent pas s'opposer aux chasses particulières, dont l'utilité serait justifiée, ni à l'admission des auxiliaires nécessaires. Ces chasses doivent être fixées de manière que le service n'ait pas à en souffrir. (Circ. A 809.)

13. *Chasse. Conditions.* — Les officiers de louveterie ne peuvent se livrer à la chasse des animaux nuisibles, dans les bois et forêts, que sous l'inspection et la surveillance des agents forestiers. (Cass. 30 juin 1841 et 19 juin 1847.)

14. *Surveillance. Agents. Préposés.* — La surveillance des agents forestiers est nécessaire et ne peut être suppléée par la présence des préposés, à moins que ceux-ci n'aient reçu une délégation spéciale de leurs chefs. (Cass. 18 janvier 1879.)

15. *Conditions. Auxiliaires.* — Les lieutenants de louveterie ne peuvent procéder, dans les bois domaniaux, à des chasses particulières aux loups et autres animaux nuisibles, malgré l'opposition des agents forestiers locaux et à la seule condition d'informer ces agents du jour où les chasses projetées auront lieu. Ils ne peuvent pas appeler à ces chasses, de leur seule autorité, des auxiliaires en tel nombre qu'ils jugent convenable, en sus des piqueurs et des valets compris dans l'équipage qu'ils doivent entretenir. Ils sont obligés d'agir de concert avec les agents forestiers. (Cass. 6 juillet 1861. Circ. A 809.)

16. *Faculté. Attributions.*— Les lieutenants de louveterie qui se livrent à la destruction des animaux nuisibles, dans les bois non clos des particuliers et *sans leur autorisation*, doivent, sous peine de poursuites, se faire assister par les agents forestiers. (Cass. 30 juin 1841.)

17. *Bois particulier. Règlement.* — Le lieutenant de louveterie qui parcourt, avec chiens et fusil, la forêt d'un particulier, sans avoir provoqué la surveillance des agents forestiers, commet un délit. Le règlement du grand veneur du 20 août 1814 n'a aucune force obligatoire. (Cass. 19 juin 1847.)

18. *Poursuite. Animal blessé.* — Le lieutenant de louveterie qui poursuit un animal blessé, au delà des limites fixées pour la battue, ne commet pas le délit de chasse sur le terrain d'autrui, s'il ne sort pas de sa circonscription territoriale. (Bourges, 24 mars 1870.)

19. *Bois particulier. Chasse à courre. Sangliers.* — Les lieutenants de louveterie, autorisés par le préfet à faire une chasse à courre aux sangliers, peuvent pénétrer dans une forêt appartenant à un particulier, pour y continuer la chasse, s'ils se sont conformés à toutes les prescriptions administratives et notamment s'ils sont accompagnés par un agent forestier. (Amiens, 12 février 1878.)

20. *Destruction des loups.* — Les lieutenants de louveterie adressent les certificats de la destruction des loups à la conservation forestière, pour être transmis à l'administration, qui fera un rapport au ministre de l'intérieur, à l'effet de faire accorder des récompenses. (Règl. du 20 août 1814. Décis. Min. 9 juillet 1818. Ord. 14 septembre 1830.)

21. *Loups tués.* — Les lieutenants de louveterie feront connaître journellement les loups tués dans leur arrondissement et, tous les ans, enverront un état général des prises. (Règl. du 20 août 1814, art. 13.) V. Loup.

22. *Loup. Nombre. État.* — Tous les trois mois, les lieutenants de louveterie feront

parvenir à l'administration un état des loups présumés fréquenter les forêts soumises à leur surveillance. (Règl. du 20 août 1814, art. 14. Ord. du 14 septembre 1830.)

23. *Animaux forcés.* — Les lieutenants de louveterie seront tenus de faire connaître, chaque mois, le nombre des animaux qu'ils auront forcés. (Règl. 20 août 1814, art. 18.)

24. *Droit de chasse.* — Attendu que la chasse du loup, qui doit occuper principalement les lieutenants de louveterie, ne fournit pas toujours l'occasion de tenir les chiens en haleine, ils ont le droit de chasser à courre, deux fois par mois, dans les forêts de l'Etat faisant partie de leur arrondissement, le sanglier, lorsque la chasse est ouverte. Sont exceptés les forêts ou les bois du domaine de l'Etat de leur arrondissement, dont la chasse est particulièrement donnée par le roi aux princes ou à toute autre personne. (Règl. du août 1814, art. 16. Loi du 21 avril 1832. Ord. du 24 juillet 1832, art. 7. Ord. 20 juin 1845, art. 5. Circ. A 576 bis.)

25. *Droit de tirer.* — Il est expressément défendu de tirer sur le sanglier, excepté dans le cas seulement où *il tiendrait aux chiens.* (Règl. du 20 août 1814, art. 17.)

26. *Chasse voluptuaire.* — Les lieutenants de louveterie ne peuvent se livrer à une chasse purement voluptuaire. (Metz, 17 février 1842.)

27. *Obligations.* — La loi du 3 mai 1844 n'a apporté aucune modification au règlement sur la louveterie. Les officiers de louveterie devraient être poursuivis, s'ils se servaient de leurs pièges ou de leur droit de chasser au loup, pour se livrer à la chasse du gibier. (Circ. A 563.)

28. *Chasse. Sanglier.* — La faculté qui appartient aux lieutenants de louveterie de chasser à courre le sanglier, deux fois par mois, et même de le tuer, lorsqu'il fait ferme aux chiens, ne peut être exercée que par eux-mêmes; elle ne peut être déléguée à des tiers, pas même à leurs piqueurs. (Nancy, 31 janvier 1844.)

29. *Sangliers. Formalités. Conditions.* — Le lieutenant de louveterie n'a pas le droit absolu de chasser le sanglier; pour chasser légalement cet animal nuisible et avoir le droit de le chasser sur les terrains d'autrui, sans la permission du propriétaire, le louvetier doit être muni d'une autorisation spéciale du préfet, laquelle est limitée au territoire de la commune pour laquelle elle a été accordée. La piste du sanglier levé sur le territoire de la commune autorisée ne saurait, par droit de suite, justifier la chasse conduite sur la propriété d'autrui, située dans une autre commune. (Cass. 18 janvier 1879.)

30. *Permis de chasse.* — Les lieutenants de louveterie et leurs piqueurs sont dispensés de se pourvoir de permis de chasse, lorsqu'ils se livrent exclusivement à la chasse des animaux nuisibles. (Décis. Min. 30 octobre 1823.)

31. *Fermier.* — Les fermiers des chasses ne pourront s'opposer à l'exercice du droit accordé aux lieutenants de louveterie de chasser le sanglier à courre, deux fois par mois, pendant le temps où la chasse est permise. (Règl. du 20 août 1814. Ord. du 20 juin 1845. Cah. des ch. 25.)

32. *Réclamations.* — Les conservateurs statuent sur les réclamations des lieutenants de louveterie, à l'occasion des chasses qui ne seraient pas tolérées par les agents locaux. En cette matière, le recours à l'autorité préfectorale ne serait ouvert que si les louvetiers demandaient à substituer une *battue* à une chasse particulière. (Circ. A 809.)

33. *Commission. Révocation.* — Les commissions de lieutenants de louveterie seront renouvelées tous les ans; elles seront retirées, dans le cas où les lieutenants n'auraient pas justifié de la destruction des loups. (Règl. du 20 août 1814, art. 19.)

34. *Loups tués.* — Tous les ans, au 1er mai, il sera fait, sur le nombre des loups tués dans l'année, un rapport qui sera mis sous les yeux du chef de l'Etat. (Règl. du 20 août 1814, art. 20.)

35. *État des animaux tués.* — L'état des animaux nuisibles détruits par les lieutenants de louveterie n'est plus fourni à l'administration. (Circ. N 416.)

LOYER.

1. *Liquidation. Paiement.* — La liquidation du prix des loyers est opérée sur la production d'un certificat des agents forestiers, rappelant le terme de l'échéance et les principales dispositions du bail relatives au prix et au paiement.

Les conservateurs doivent prendre les mesures nécessaires pour que cette liquidation ait lieu en temps utile et que l'ordonnancement de la dépense soit effectué avant l'échéance. (Circ. N 6, art. 46 et 47.)

2. *Privilège.* — Le loyer des immeubles est une créance privilégiée sur les fruits de la récolte de l'année et tout ce qui garnit la chose louée. (Cod. Civ. 2102.)

3. *Prescription.* — Les loyers et prix des baux se prescrivent par cinq ans. (Cod. Civ. 2277.)

M

MAGASIN.

Travaux. — Les réparations aux magasins de graines sont considérées comme travaux d'entretien. (Circ. N 22, art. 25.) V. Chantier.

MAGISTRAT.

1. *Privilège de juridiction.* — Les magistrats de l'ordre judiciaire jouissent d'un privilège de juridiction, pour les actes commis par eux, en dehors de leurs fonctions. Les procès-verbaux dressés contre eux, pour délit forestier, sont adressés au procureur général, sans citer les magistrats devant les tribunaux correctionnels. (Instr. Crim. 479 à 483.)

2. *Délit. Procédure.* — Lorsqu'un juge de paix, un juge ou un membre du ministère public sera prévenu d'avoir commis, hors de ses fonctions, un délit emportant une peine correctionnelle, le procureur général le fera citer devant la cour d'appel, qui prononcera, sans qu'il puisse y avoir appel. (Instr. Crim. 479.)

3. *Délit. Plainte.* — Si le délit a été commis par un membre d'une cour d'appel, en dehors de ses fonctions, copie de la plainte sera adressée au ministre de la justice. (Instr. Crim. 481.)

MAIN-FORTE.

1. *Définition.* — Prêter main-forte, c'est prêter aide et assistance aux fonctionnaires qui ont le droit d'agir.

2. *Gendarmerie.* — La main-forte est accordée par la gendarmerie, toutes les fois qu'elle est demandée par ceux à qui la loi donne le droit de la requérir. (Décr. du 1er mars 1854, art. 93.) V. Maraudage.

3. *Maires et adjoints.* — Les maires ou adjoints sont obligés de donner main-forte aux gardes, pour l'arrestation des individus surpris en flagrant délit ou dénoncés par la clameur publique. (Instr. Crim. 16.)

4. *Obligation. Pénalités.* — Chacun est tenu de prêter main-forte aux agents de la force publique, qui la requièrent dans les circonstances d'accidents, tumultes, etc., sous peine d'une amende de 6 à 10 francs. (Cod. Pén. 475, § 12.)

MAINLEVÉE.

1. *Définition.* — Autorisation donnée, par le juge de paix, à un propriétaire, de reprendre des objets saisis et mis sous séquestre, moyennant caution de leur valeur, ainsi que du paiement des frais de fourrière et de séquestre. (Décr. du 18 juin 1811, art. 40.)

2. *Décision.* — Les juges de paix pourront donner mainlevée provisoire des objets saisis dans tous les bois en général, à la charge du paiement des frais de séquestre et moyennant une bonne et valable caution. En cas de contestation sur la solvabilité de la caution, il sera statué par le juge de paix. (Cod. For. 168, 189.) V. Saisie. Séquestre.

3. *Travaux.* — Les cautionnements définitifs sont restitués en vertu d'une mainlevée donnée par le conservateur. (Cah. des ch. 4.)

4. *Enregistrement.* — Les mainlevées sont assujetties au droit proportionnel de 20 centimes pour cent, avec maintien du droit fixe maximum de 5 francs, pour les mainlevées partielles d'hypothèques, en cas de simple réduction de l'inscription. (Loi du 28 avril 1893, art. 19 et 20.)

MAINMORTE.

1. *Gens de mainmorte.* — Certains corps ou communautés qui, nonobstant les diverses manières dont les individus s'y succèdent, sont considérés comme perpétuels et formant toujours la même corporation.

2. *Taxe.* — Sont soumis à la taxe de mainmorte, les immeubles passibles de la contribution foncière appartenant, en pleine propriété ou en nue propriété, aux personnes civiles désignées par la loi. Les biens d'usufruit n'y sont pas soumis. (Cabantous.)

3. *Biens.* — Les biens de mainmorte seront passibles d'une contribution annuelle de 0.625 par franc du principal de la contribution foncière, représentant les droits de transmission entre-vifs ou après décès. (Loi du 20 février 1849.) Cette taxe a été élevée à 70 centimes et supporte, de plus, les décimes additionnels au principal des droits d'enregistrement, ce qui la fait ressortir à 0.875. (Loi du 30 mars 1872, art. 5.) Elle est de la moitié seulement pour la nue propriété. (Cabantous. Cons. d'État.)

4. *Centimes additionnels.* — La taxe de mainmorte ne peut pas être grevée de centimes additionnels. (Cabantous.)

MAIRE

Adjudication, 19.
Agents, 6.
Animaux nuisibles, 7, 24.
Attributions, 3.
Battue, 7 bis, 23.
Caution, 13.
Cautionnement, 12.
Chasse, 18.
Commissaire de police, 9.
Conditions, 24.
Contravention, 8.
Coupe, 14, 15.
Définition, 1, 2.
Délit, 23.
Démission, 11 bis.
Destruction, 7, 25.
Enlèvement, 17.
Extraction, 16.
Hiérarchie, 4.
Incompatibilité, 6.
Juridiction, 23.
Légalisation, 10 bis.
Négligence, 11.
Opérations, 15.
Partage de bois, 21.
Permission, 17, 18.
Poursuites, 23.
Produit, 17.
Qualité, 5.
Refus, 11, 11 bis.
Séquestre, 13.
Vente, 20, 22.
Visite domiciliaire, 10.

1. *Définition*. — Fonctionnaire nommé par le conseil municipal et qui est le chef du corps municipal, avec le double caractère de magistrat ou mandataire de la commune et d'agent du pouvoir exécutif.

2. *Définition*. — Un maire est le représentant légal de chaque fraction de la commune, toutes les fois qu'il n'existe pas, entre celle-ci et la fraction, une opposition d'intérêt. (Angers, 20 janvier 1843.)

3. *Attribution. Administration*. — Le maire est seul chargé de l'administration, mais il peut déléguer une partie de ses fonctions à un ou plusieurs de ses adjoints et, en l'absence ou en cas d'empêchement des adjoints, à des conseillers municipaux. (Loi du 5 avril 1884, art. 82.)

4. *Hiérarchie*. — Les maires sont les subordonnés immédiats des sous-préfets et les chefs de l'administration active dans chaque commune. (Cabantous.)

5. *Qualités*. — Les maires sont officiers de police judiciaire et officiers du ministère public.

6. *Agents. Incompatibilité*. — Les agents des forêts ne peuvent être maires ou adjoints, ni en exercer même temporairement les fonctions. (Loi du 5 avril 1884, art. 80.)

7. *Animaux nuisibles. Destruction*. — Le maire est chargé, sous le contrôle du conseil municipal et la surveillance de l'administration supérieure :

..... 9° De prendre, de concert avec les propriétaires ou les détenteurs du droit de chasse dans les buissons, bois et forêts, toutes les mesures nécessaires a la destruction des animaux nuisibles désignés dans l'arrêté du préfet, pris en vertu de l'article 9 de la loi du 3 mai 1844;

De faire, pendant le temps de neige, à défaut des détenteurs du droit de chasse à ce dûment invités, détourner les loups et sangliers remis sur le territoire;

De requérir, à l'effet de les détruire, les habitants avec armes et chiens propres à la chasse de ces animaux ;

De surveiller et d'assurer l'exécution des mesures ci-dessus et d'en dresser procès-verbal. (Loi du 5 avril 1884. Circ. du Min. de l'Int. du 4 décembre 1884.)

7 bis. *Battues*. — Les maires sont autorisés, d'après l'article 90, paragraphe 9 de la loi du 5 avril 1884, à organiser les battues qui ne dépassent pas les limites de la circonscription communale. Quand elles portent sur le territoire de plusieurs communes, elles sont autorisées par le préfet. Les mesures de destruction ordonnées par l'autorité municipale ne sont pas soumises aux conditions prescrites par le décret du 19 pluviôse an v, et l'administration forestière n'a à intervenir que si elles sont exécutées dans les forêts soumises à son régime. (Circ. du Min. de l'Int. du 4 décembre 1884.)

8. *Contraventions*. — Les maires et, à défaut, l'adjoint peuvent constater les *contraventions* commises dans les propriétés rurales et forestières, en général. (Instr. Crim. 11.)

9. *Commissaires de police*. — Les maires remplacent les commissaires de police, en cas d'empêchement. (Instr. Crim. 14, 144. Loi du 27 janvier 1873.)

10. *Visites domiciliaires*. — Les maires ou adjoints doivent accompagner les gardes, lorsqu'ils en sont requis, pour une visite domiciliaire, et signer le procès-verbal de perquisition, de saisie et de séquestre. (Cod. For. 162.)

10 bis. *Légalisation de signature*. — Les maires ne peuvent refuser de légaliser des signatures. En cas de refus, on doit en référer au préfet et, au besoin, faire constater par huissier le refus du maire, que l'on peut citer devant le juge de paix, avec demande de dommages-intérêts pour refus d'accomplissement d'un acte imposé par la loi.

11. *Refus. Négligence*. — Dans le cas où un maire refuserait ou négligerait de faire un des actes qui lui sont prescrits par la loi, le préfet, après l'en avoir requis, pourra y procéder d'office, par lui-même ou par un délégué spécial. (Loi du 5 avril 1884, art. 85.) V. Instance.

11 bis. *Refus. Démission*. — Un maire, étant membre du conseil municipal peut être déclaré démissionnaire, en cas de refus de remplir une fonction dévolue par la loi. Le refus résulte d'une déclaration expresse ou d'une abstention persistante, après avertissement. (Loi du 7 juin 1873, art. 1 et 2.)

12. *Cautionnement*. — Un maire ne peut, en cette qualité, fournir un cautionnement pour obtenir mainlevée du séquestre des bestiaux de la commune, attendu qu'il ne peut pas, dans ce cas, obliger la commune ; il ne peut verser le cautionnement qu'en son nom propre et de ses deniers. (Grenoble, 25 avril 1840.)

13. *Séquestre. Caution.* — Le maire, en qualité de fonctionnaire, ne peut pas être séquestre, ni caution.

14. *Coupes.* — Les maires et administrateurs n'ont pas besoin d'être entendus préalablement aux propositions des coupes à asseoir. (Circ. A 292.)

15. *Opérations des coupes.* — Les maires des communes propriétaires de bois soumis au régime forestier doivent être prévenus vingt-quatre heures d'avance, au moins, des jours auxquels devront avoir lieu les opérations de balivage, martelage et récolement des coupes communales. (Décis. Min. du 25 juillet 1872.)

Les maires n'ont que le droit d'assister sans participation aux opérations des coupes, dont les agents ont toute la responsabilité. (Lettre de l'Admin. 31 octobre 1872.)

16. *Extraction.*—Dans les bois communaux, les maires autorisent, sous l'approbation du conservateur, l'extraction des productions quelconques du sol forestier et proposent au préfet le prix à fixer pour ces extractions. (Ord. du 4 décembre 1844.)

17. *Enlèvement. Produit communal. Permission.* — Si un maire donne une autorisation, sans l'approbation du conservateur, pour enlèvement ou extraction de menus produits dans les bois communaux, quelque irrégulière que soit cette autorisation, on ne peut poursuivre que le maire et non les habitants qui en ont usé. (Cass. 6 mai 1841.)

18. *Permission. Chasse.* — Un maire ne peut pas accorder une permission de chasse dans les bois communaux. (Cass. 5 février 1848.)

19. *Adjudication.* — Une adjudication faite par devant un maire, en vertu de la délégation du préfet, est définitive et ne doit pas être soumise à l'approbation préfectorale. (Cons. d'Adm. 18 décembre 1828. Décis. Min. 10 juin 1848. Circ. A 616. Circ. N 80, art. 88.)

20. *Vente.* — Les maires ne pourront prendre part aux ventes des coupes de bois de leur commune, ni par eux-mêmes, ni par personnes interposées, directement ou indirectement, soit comme partie principale, associé ou caution.

En cas d'infraction :

Amende: maximum, le quart; minimum, le douzième de l'adjudication. (Cod. For. 21, 101.)

Emprisonnement : 6 mois à 2 ans. (Cod. Pén. 175. Cod. For. 21, 101.)

Interdiction des fonctions publiques.(Cod. Pén. 175. Cod. For. 31, 101.)

Dommages-intérêts facultatifs ; minimum : amende simple. (Cod. For. 21, 101.)

Vente nulle. (Cod. For. 21, 101.)

21. *Partage de bois.* — Tout maire, qui permet ou tolère le partage sur pied ou l'abatage par les usagers individuellement des bois de chauffage qui se délivrent par coupe, encourt :

Amende: 50 francs. (Cod. For. 81, 103, 120.)

Responsabilité personnelle et sans aucun recours de la mauvaise exploitation et de tous les délits qui pourraient avoir été commis. (Cod. For. 81, 103, 120.)

En cas de poursuite contre le maire, il faut l'autorisation du conseil d'Etat. (Lettre de l'Admin. du 28 juillet 1829, n° 5908. Cass. 11 mars 1837.)

22. *Vente de coupe.* — Pour vente de coupe ou pour coupe effectuée par l'ordre du maire et sans l'intervention des agents forestiers ou sans les formalités prescrites par les articles 17, 18 et 19 du code forestier, pénalités :

Amende : 300 à 6000 francs. (Cod. For. 100.)

Dommages-intérêts dus aux communes. (Cod. For. 100.)

23. *Juridiction. Battue. Délits. Poursuites.* — Le maire qui assiste à une battue au sanglier, en temps de neige, qu'il a organisée conformément à l'article 90 de la loi du 5 avril 1884, n'exerce pas des fonctions d'officier de police judiciaire ; en cas de délit commis dans le cours de la battue, le maire, ainsi que les chasseurs par lui convoqués, sont justiciables du tribunal correctionnel.

Mais les irrégularités qui pourraient être relevées dans l'organisation de la battue ne tombent pas sous le contrôle de l'autorité judiciaire. (Dijon, 4 janvier 1886.)

24. *Destruction d'animaux nuisibles. Conditions.* — Le maire qui, en dehors des prescriptions d'un arrêté préfectoral autorisant des battues dans un bois particulier, chasse dans ce bois à l'aide de chiens, avec le concours de personnes non munies de permis, sans la présence de la gendarmerie et sans le concours des agents forestiers, commet un acte délictueux, dont il appartient à l'autorité judiciaire d'apprécier la nature et les conséquences. Il ne saurait d'ailleurs alléguer que, négligeant l'arrêté préfectoral, il a agi pour la destruction des animaux nuisibles dans les limites les plus larges de l'article 90 de la loi du 5 avril 1884. (Rouen, 14 août 1886.)

MAISON.

SECT. I. — MAISON EN GÉNÉRAL, 1 — 9.

SECT. II. — MAISON FORESTIÈRE, 10 — 53.

§ 1. *Généralités, Principes,* 10 — 16.

§ 2. *Construction, Dépendances,* 17 — 35.

§ 3. *Entretien, Réparations,* 36.

§ 4. *Etat des lieux,* 37 — 39.

§ 5. *Renseignements statistiques,* 40 — 41.

§ 6. *Assurance contre l'incendie,* 42.

§ 7. *Jouissance des préposés,* 43 — 53.

Abatage, 31.
Acquisition, 16.
Assurance, 9, 42.
Chambre d'agent, 12, 13.
Changement, 38, 50, 51.
Conditions, 11, 14.
Construction, 17, 23, 31, 33.
Contributions, 47, 48.
Copie, 32.

Coupes, 41.
Croquis, 40.
Dépendance, 35.
Destruction, 7.
Droits d'usage, 5, 6, 7.
Durée, 8.
Emolument, 4.
Emplacement, 15.
Engagement, 43.
Entretien, 36, 44.
Envoi, 22, 37.
Etat des lieux, 37.
Fourniture de bois, 7, 25.
Habitation, 2, 3.
Incendie, 42.
Introduction, 1.
Jouissance, 11.
Logement des agents, 13.
Maçonnerie, 20.
Maison habitée, 2, 3.
Maison usagère, 4, 5, 6, 8, 9.
Mobilier, 12, 13.
Modèle, 18, 19, 29, 30.
Obligation, 52.
Plan, 27, 28, 32, 40, 41.
Préposé, 43, 50, 51, 52.
Projets, 21, 22, 26, 29, 30.
Proposition, 21.
Rapport, 23, 26.
Renseignements, 23, 27, 34, 40,
Réparation, 36.
Réparation locative, 45, 46.
Terrain, 49.
Timbre, 39.
Toiture, 35.
Travaux, 24.
Usager, 4.
Utilité, 10.
Visite, 1, 37, 53.

SECT. I. — MAISON EN GÉNÉRAL.

1. *Visite. Introduction.* — La maison de chaque citoyen est un asile inviolable où nul ne peut pénétrer sans se rendre coupable d'abus de pouvoir, sauf les cas déterminés ci-après :

1° Pendant le jour, on peut y entrer pour un motif formellement exprimé par une loi, ou en vertu d'un mandat spécial de perquisition décerné par l'autorité compétente.

2° Pendant la nuit, on peut y pénétrer dans le cas d'incendie, d'inondation ou de réclamation venant de l'intérieur de la maison. (Loi du **22** frimaire an VIII, art. **76**. Décr. du **1**er mars **1854**, art. **291**.) V. Violation de domicile.

2. *Habitation.* — Est réputée *maison habitée*, tout bâtiment, logement, loge, cabane, même mobile, qui, sans être actuellement habité, est destiné à l'habitation, et tout ce qui en dépend, comme cour, basse-cour, granges, écuries, édifices qui y sont enfermés, quel qu'en soit l'usage et quand même ils auraient une clôture particulière dans la clôture ou enceinte générale. (Cod. Pén. 390.) V. Construction.

3. *Habitation.* — On considère comme maison habitée, un lieu où se fait une habitation accidentelle ou temporaire d'une réunion d'hommes rassemblés à des époques déterminées ou indéterminées, soit pour les besoins de la vie, ou certaines affaires, devoirs ou plaisirs. (Cass. **23** août **1821**.)

4. *Emolument.* — L'émolument usager délivré à la commune, *ut universitas*, doit être partagé entre toutes les maisons, tant anciennes que nouvelles, parce que le droit d'usage est un bien communal, au produit duquel chaque habitant de la commune a un droit acquis, aux termes de l'article **542** du code civil.

5. *Droit d'usage.* — Le droit d'usage pour les maisons doit être évalué d'après l'état des lieux, à l'époque de la concession, et seulement pour celles construites avant le **4** août **1789**.

6. *Vente. Usage.*—Un propriétaire ne peut, en vendant sa maison, se réserver valablement l'exercice d'un droit d'usage forestier établi pour l'usage et l'utilité de cette maison. (Besançon, 3 mai **1845**.)

7. *Droit d'usage. Destruction.* — Une maison est censée *détruite*, dès qu'elle arrive à un point de *vétusté* qui la rend inhabitable; par suite, l'usager a droit à une délivrance de bois pour reconstruire sa maison, en fournissant la preuve que l'autorité locale a ordonné la démolition de ladite maison pour cause de vétusté. (Besançon, **26** mars **1846**.)

8. *Maison usagère. Durée.* — La durée moyenne des maisons usagères doit être fixée à cent vingt ans pour les constructions en bois, et à deux cent quatre-vingts ans pour les constructions en pierre. (Cass. **14** juin **1881**.)

9. *Assurance. Délivrance usagère.* — Si, après l'incendie d'une maison, le propriétaire a reçu une indemnité d'une compagnie d'assurance, le propriétaire, s'il est usager, n'a pas droit à une délivrance de bois pour reconstruction. (Nancy, **28** mai **1833**.) L'habitant d'une commune n'a pas non plus droit, dans ce cas, à une délivrance d'urgence.

SECT. II. — MAISON FORESTIÈRE.

§ 1. *Généralités. Principes.*

10. *Utilité.* — Les maisons de gardes sont utiles dans les forêts d'une surveillance difficile et d'une certaine étendue. (Circ. A **139**.)

11. *Conditions.* — Tous les préposés devraient être logés en forêt, avec la jouissance du terrain nécessaire aux besoins d'une famille. En attendant la construction des maisons, on peut en désigner l'emplacement, délimiter le terrain qui doit y être annexé et en donner la jouissance aux gardes qui en feront la demande. (Circ. N **125**.)

12. *Chambre d'agent. Mobilier.* — Quand un logement est concédé pour les besoins du service, on y ajoute tout ce qu'il faut pour l'habitation et particulièrement le mobilier. (Vivien.)

13. *Logement des agents. Mobilier.* — L'administration a reconnu la nécessité de réserver, dans les maisons forestières les plus éloignées de tout centre d'habitation, une ou plusieurs chambres destinées aux agents en tournée. Ces chambres sont pourvues, aux frais de l'Etat, des objets mobiliers les plus essentiels. (Circ. N **285**.) V. Inventaire.

14. *Conditions.* — Les maisons forestières doivent réunir les conditions de *solidité*, par les bons matériaux, bonnes fondations et soutiens suffisants; de *salubrité*, par le choix d'un lieu sain et aéré, à l'abri des vents d'ouest et d'est dans le midi, ainsi que des vents du nord, à une certaine distance des arbres, à cause de l'humidité, et de *commodité*, en mettant la forme, la situation et l'arrangement de toutes les parties de la maison dans un rapport convenable avec sa destination.

15. *Emplacement*. — L'emplacement de la maison à construire doit, autant que possible, être choisi à proximité d'une source, dans les vallées et dans les terrains les plus fertiles. (Circ. N 125.)

16. *Acquisition*. — En cas de proposition, d'acquisition de maisons, on doit fournir, avec les renseignements prescrits pour les acquisitions, un plan, avec coupe et élévation des différentes constructions, et le devis approximatif des travaux de réparation, d'appropriation et d'amélioration qu'il conviendrait d'y exécuter. (Circ. N 6, art. 3.)

§ 2. *Construction*.

17. *Construction*. — La construction des maisons forestières dépend du service spécial, mais on peut en charger les chefs de cantonnement. (Circ. A 575 ter. Circ. A 604.)

18. *Modèle*. — L'administration a fait dresser un projet de maison forestière type. Afin de prévenir l'humidité, l'aire des pièces sera établie à 0m,50 en contre-haut du sol et plus haut même, s'il le faut ; on effectuera un remblai, sur le devant, pour ne mettre que trois marches d'une hauteur totale de 0m,50 ; on pourra établir, par forêt, une chambre d'agent dans le grenier et creuser une cave, si elle est nécessaire. (Circ. A 603.)

19. *Modèle*. — Le nouveau type de maison forestière sera appliqué, excepté pour les hautes montagnes et les dunes. La distribution et les dimensions ne pourront être modifiées, mais on devra proposer l'emploi des matériaux usités dans la localité. On a préparé des feuilles de devis pour chaque corps de métier, afin de faciliter le travail, ainsi que des feuilles pour la construction d'un puits ou d'une citerne. (Circ. autogr. nº 18 du 8 juillet 1875.)

20. *Maçonnerie*. — L'épaisseur des maçonneries, notamment, doit être fixée d'après les dimensions de la construction à établir, la nature et la qualité des matériaux à employer et la nature du terrain environnant. (Circ. N 22, art. 143.)

21. *Projet. Proposition*. — Pour les maisons à construire, on doit adresser, avant le 31 août de l'année qui précéderait l'exécution, un état spécial indiquant les propositions et contenant les renseignements suivants :

1º Département ;

2º Nom et contenance de la forêt ;

3º Nombre des préposés logés et non logés ;

4º Contenance de la brigade ou du triage ;

5º Nature et produits des bois de la brigade ou du triage ;

6º Nombre des délits annuels ;

7º Distance des lieux d'habitation les plus rapprochés ;

8º Evaluation de la maison à construire ;

9º Observations diverses ;

Les projets de maisons ne sont dressés que lorsque les propositions de construction sont approuvées. (Circ. N 112.)

22. *Projets. Envoi*. — Les projets de travaux neufs doivent parvenir au fur et à mesure de leur préparation, pendant les six premiers mois de chaque année, pour l'année suivante (avant le 30 juin). L'état spécial prescrit par la circulaire N 112 pourra continuer à être adressée à l'administration, en vue d'arrêter les prévisions de dépenses pour plusieurs exercices; mais les projets complets de maison à exécuter l'année suivante doivent être adressés, avec le rapport, dans les six premiers mois de l'année. (Lettre aut. nº 3145 du 29 septembre 1873.)

23. *Construction. Rapport. Renseignements*. — La construction des maisons forestières doit être proposée dans l'intérêt exclusif du service. Pour en justifier l'utilité, il convient d'indiquer notamment :

1º L'importance des bois dont se compose le triage et la nature des opérations qui s'y exécutent ;

2º Les exigences de la surveillance ;

3º La distance du triage à la résidence actuelle du garde et aux villages ou hameaux voisins ;

4º Le prix du loyer que paye le garde ou qu'il serait obligé de payer pour se rapprocher de son triage. (Circ. N 22, art. 138.)

24. *Travaux*. — Lorsqu'il s'agit de travaux de construction de maisons forestières, dans les bois domaniaux, les agents dressent un avant-projet que le chef de service soumettra au conservateur. (Circ. N 22, art. 5.)

25. *Fourniture de bois*. — En cas de cherté des transports ou rareté de l'essence pour l'exécution des travaux, les bois peuvent être exploités sous forme de coupe d'extraction et d'éclaircie et employés après dessication suffisante. Le prix de ces bois sera, d'après une mention expresse insérée dans les affiches et le procès-verbal d'adjudication, payé par l'adjudicataire, suivant les indications du devis et sans rabais. (Décis. Min. du 15 février 1875. Circ. N 170.)

26. *Projets. Rapports*. — Les projets de maisons doivent être complets, c'est-à-dire comprendre, outre la maison, les murs de clôture, puits, citernes, etc. (Circ. A 582 bis.) V. Citerne. Devis. Puits.

27. *Renseignements*. — Les agents joignent à chaque projet :

1o Un croquis indiquant le triage du garde, l'emplacement de la maison à construire, l'exposition, l'altitude et la pente du terrain et les sources qui se trouvent à proximité;
2o Un plan du terrain à annexer. (Circ. N 22, art. 139.)

28. *Plans.* — Les plans des maisons forestières doivent être vérifiés par le chef de service et le conservateur. (Circ. A 798.)

29. *Projets. Modèle.* — Les projets de maisons sont établis conformément aux modèles adoptés par l'administration ou d'après des modèles spéciaux présentés par les agents. (Circ. N 22, art. 140.)

30. *Projet-type.* — Il existe depuis 1891 un projet-type de maison forestière, qui se recommande par une très grande réduction dans le montant de la dépense, tout en satisfaisant aux conditions d'une installation suffisante. (Lett. de la Dir. du 13 février 1891.)

31. *Construction. Abatage.* — Les décisions régulières qui autorisent des travaux d'amélioration (maison), dans les bois soumis au régime forestier, autorisent implicitement les abatages d'arbres que ces travaux occasionnent. (Décis. Min. du 15 mai 1862. Circ. A 819.)

32. *Plan. Copies.* — Il est fourni aux entrepreneurs des copies des plans et dessins pour les travaux de construction de maisons. (Circ. N 22, art. 202.)

33. *Construction. Bois communaux.* — Les travaux extraordinaires de construction de loges (maisons pour les gardes) ne pourront être effectués, dans les bois communaux et d'établissements publics, qu'après que les conseils municipaux ou que les administrateurs des établissements propriétaires auront été consultés sur les propositions de travaux et que le préfet aura donné son avis.
Si les communes ou les établissements propriétaires n'élèvent aucune objection contre les travaux projetés, ces travaux pourront être autorisés par le préfet, sur la proposition du conservateur. Dans le cas contraire, il sera statué par le chef de l'Etat, sur le rapport du ministre. (Ord. 135, 136.) V. Travaux.

34. *Feuille de renseignements.* — Aussitôt que des maisons ont été construites ou achetées, les agents dressent une feuille de renseignements indicative du nom et de la contenance de la forêt ou des parties de forêt qui composent le triage ou la brigade du préposé occupant, les superficies attribuées aux bâtiments et à leurs abords, aux clôtures, ainsi qu'aux terrains en jardin et culture. (Form. série 3, no 3. Circ. N 22, art. 144.)

35. *Dépendance. Toiture.* -- Les bâtiments dépendants ou voisins des maisons forestières et construits par les gardes, tels que loges et hangars, doivent être démolis ou recouverts en tuiles, ardoises, ou toute autre matière incombustible. (Circ. A 592 bis.)

§ 3. *Entretien. Réparations.*

36. *Entretien. Réparations.* — Les réparations des bâtiments affectés au logement des gardes et brigadiers du service du reboisement ou des dunes, lorsque ces travaux ne changent rien à la disposition générale des lieux, sont classés comme travaux d'entretien. Il en est de même pour les maisons forestières des gardes du service ordinaire. (Circ. N 22, art. 25.)

§ 4. *Etat des lieux.*

37. *Etat des lieux. Visite. Procès-verbal. Envoi.* — Tous les ans, à l'époque désignée par le conservateur et en même temps que la visite relative *aux grosses réparations*, l'état des lieux sera vérifié et il sera pris des mesures pour faire effectuer les réparations locatives.
On aura soin de comprendre, dans l'état des lieux, la désignation et la valeur estimative des objets mobiliers fournis par l'administration.
La visite aura lieu à chaque mutation ou changement de domicile. (Circ. A 255. Form. série 3, no 21.)
Les procès-verbaux de visites et d'état des lieux sont dressés en double minute, dont l'une reste entre les mains du préposé occupant, qui signe, et dont l'autre est transmise au conservateur. Cet envoi a lieu au 1er août. (Circ. N 416.)

38. *Changement.* — En cas de changement, le chef de cantonnement dresse un état des lieux de la maison forestière. (Circ. N 51, art. 19.)

39. *Timbre.* — L'état des lieux des maisons forestières est exempt de timbre et d'enregistrement. (Loi du 15 mai 1818, art. 80.)

§ 5. *Renseignements statistiques.*

40. *Renseignements. Croquis. Plans.* — La feuille des renseignements sur les maisons forestières présente, en outre, un croquis coté et orienté, contenant le bâtiment principal et ses annexes, les puits ou citernes, la cour et le jardin, les terrains en culture, les clôtures, ainsi que les routes voisines ou les propriétés adjacentes. Un plan, une ou deux coupes et une élévation sont joints au croquis de chaque maison. Ces plans sont dressés, autant que possible, à l'échelle d'un centimètre par mètre. Ces feuilles et plans sont adressés à l'administration; mais le conservateur et les agents en conservent des minutes, sur lesquelles ils inscrivent les réparations et les modifications effectuées. (Circ. N 22, art. 144 et 145.)

41. *Plans. Coupes.* — Les plans et coupes ne sont pas fournis pour les maisons construites sur les devis-types de l'administration ou sur un devis déjà en usage dans la conservation ; il suffit d'en faire l'observation au bas du croquis du terrain. (Circ. N 22, art. 145.)

§ 6. *Assurance contre l'incendie.*

42. *Assurance.* — L'administration a renoncé à faire assurer les maisons forestières, et on ne doit pas renouveler les polices d'assurance. (Circ. N 258.)

§ 7. *Jouissance des préposés.*

43. *Engagement. Garde.* — Tout employé, logé en maison forestière, souscrira, au pied du procès-verbal de son installation, l'engagement, pour lui et ses héritiers, de se conformer aux conditions prescrites par l'administration, en ce qui concerne soit la prise de possession, soit la remise de la maison et du terrain en dépendant. (Circ. A 586.)

44. *Entretien.* — L'engagement souscrit par les employés logés de soigner et entretenir l'immeuble et de faire les réparations locatives doit être rédigé sur timbre et enregistré au droit fixe de 3 francs en principal. (Cet acte n'est sujet à l'enregistrement que si on veut s'en servir en justice.) (Loi, 22 frimaire an VII, art. 25. Loi du 28 février 1872, art. 4.)

45. *Réparations locatives.* — Les gardes qui habitent les maisons forestières sont tenus de toutes les réparations locatives. (Circ. A 255.) L'employé sortant doit les faire exécuter, suivant l'état dressé par le chef de cantonnement. (Circ. A 586.)

46. *Réparations locatives.* — Les réparations locatives, à la charge des gardes, sont celles désignées comme telles par l'*usage des lieux* et, entre autres, les réparations à faire :

1° Aux âtres, contre-cœurs, chambranles et tablettes des cheminées ;

2° Au recrépiment du bas des murailles des appartements et lieux d'habitation, à la hauteur d'un mètre ;

3° Aux pavés et carreaux des chambres, lorsqu'il y en a seulement quelques-uns de cassés ;

4° Aux vitres, à moins qu'elles ne soient cassées par la grêle ou autre accident extraordinaire.

On n'est pas tenu aux réparations réputées locatives, quand elles ne sont occasionnées que par vétusté ou force majeure.

Il est dressé un état des lieux des maisons, signé par le garde occupant. (Cod. Civ. 1754. Circ. A 255.)

47. *Contributions. Portes et fenêtres.* — Les gardes doivent payer la contribution des portes et fenêtres. (Loi du 21 avril 1832.) Elle est payée par chaque garde entrant ou sortant, en proportion de son temps d'occupation. (Circ. A 586.)

48. *Contribution.* — La contribution personnelle et mobilière est payée en entier par le garde sortant. (Circ. A 586.)

49. *Terrain.* — Les gardes logés en maison forestière ont la jouissance d'un terrain dépendant de leur habitation et propre à la culture ; la contenance de ce terrain est fixée à un hectare. (Circ. A 341. Circ. A 747. Décis. Min. 21 janvier 1856. Circ. N 125.)

50. *Garde. Changement.* — L'employé entrant dans une maison forestière reçoit la maison et le terrain dans l'état où ils se trouvent à la sortie de son prédécesseur, sans que celui-ci ou ses héritiers puissent réclamer autre chose que les frais de culture et le prix des semences. En cas de difficulté sur ces chiffres, le conservateur statue, d'après le rapport des agents locaux. (Circ. A 586.)

51. *Garde. Changement.* — A partir de la notification de la décision qui change de résidence ou révoque un garde logé en maison forestière, ce préposé ne peut plus faire acte de propriété sur les récoltes non engrangées; il ne peut enlever que les récoltes engrangées au moment de son changement. Les pailles et fumiers restent, sans indemnité, à la disposition de l'employé entrant et ne peuvent être détournés de leur destination, dans aucun cas et sous aucun prétexte. (Circ. A 586.)

52. *Gardes. Obligations. Décision.* — Les conservateurs décident à l'occasion des obligations imposées aux gardes logés en maison forestière (Arr. Min. 16 avril 1846.)

53. *Conservateur. Visite.* — Les conservateurs, dans leurs tournées, visitent les maisons forestières et s'assurent si les réparations locatives, à la charge des occupants, sont opérées en temps utile. (Circ. N 18, art. 8.)

MAISON SUR PERCHE. V. Baraque. Construction. Hangar. Loge.

MAITRE.

1. *Responsabilité.* — Les maîtres sont responsables des dommages causés par leurs domestiques et préposés, dans les fonctions auxquelles ils les ont employés. (Cod. Civ. 1384.)

2. *Délit. Ordre.* — Lorsqu'un maître donne ordre à son domestique ou fermier de commettre un délit, ce n'est point comme civilement responsable que ce maître doit être cité, mais comme auteur ou complice du délit. (Cass. 11 juin 1808.) V. Responsabilité.

MAITRE PARTICULIER.

Définition. — Ancien officier des eaux et forêts, présidant le tribunal de la maîtrise. V. Grand-Maître.

MAITRISE.

Définition. — Les maîtrises des eaux et forêts étaient des juridictions particulières créées pour veiller à la conservation des bois et réprimer les abus dans les forêts et sur les rivières. Les maîtrises connaissaient, en première instance, tant au civil qu'au criminel, de toutes les matières relatives aux eaux et forêts.

MAJORAT.

Qualités. — Les majorats, avec droit de retour, étaient composés de biens faisant partie du domaine extraordinaire de la Couronne, et il ne faut pas les confondre avec ceux que forme un chef de famille, au moyen de ses biens personnels, pour le soutien d'un titre noble. V. Apanage.

MAJORITÉ.

Définition. — La majorité est fixée à vingt-un ans accomplis. (Cod. Civ. 488.)

MALADIE.

1. *Avis. Délai.* — En cas d'empêchement par maladie, les gardes doivent en donner avis à leur supérieur immédiat, au plus tard dans les trois jours, afin qu'il soit suppléé à leur service. (Inspection des finances. Livret des préposés, art. 12.)

2. *Responsabilité.* — Une simple allégation de maladie et même un certificat de médecin, dont le garde n'aurait pu donner avis à son chef immédiat, ne le met pas à l'abri des poursuites en responsabilité pour les délits non constatés. (Cass. 23 août 1845.)

3. *Congé.* — Les fonctionnaires qui ne peuvent rentrer de congé pour cause de maladie doivent en donner avis à leurs supérieurs, au plus tard dans le délai de trois jours, afin qu'il soit suppléé à leur service, s'il y a lieu.

4. *Traitement.* — En cas de maladie dûment constatée, les agents ou préposés peuvent conserver l'intégralité de leur traitement, pendant trois mois au maximum. Pendant les trois mois suivants, ils peuvent obtenir un congé, avec la retenue de la moitié au moins et de deux tiers au plus de leur traitement.

Si la maladie est déterminée par l'une des causes exceptionnelles prévues par les paragraphes 1 et 2 de l'article 11 de la loi du 9 juin 1853 (Circ. N 81, art. 27, §§ 2 et 3), les agents ou préposés peuvent conserver l'intégralité de leur traitement, jusqu'à leur rétablissement ou jusqu'à leur mise à la retraite. (Circ. N 91, art. 9.)

5. *Congé sans retenue.* — Toute demande de congé sans retenue, pour cause de maladie, doit être appuyée d'un certificat de médecin et accompagnée de l'avis motivé du chef immédiat de l'agent ou préposé qui a produit la demande.

Si la maladie est de nature à entraîner un déplacement, cette nécessité doit être constatée par un certificat du médecin désigné par le préfet et assermenté.

Dans l'un et l'autre cas, le conservateur est tenu de faire connaitre son avis. (Circ. N 91, art. 15.)

MALADIE CONTAGIEUSE. V. Epizootie.

MALVERSATION.

1. *Définition.* — On entend par malversation, non seulement les délits dont le prévenu est personnellement l'auteur, mais encore ceux dont il est responsable, faute de les avoir fait constater. (Cass. 14 août 1852.)

2. *Adjudicataire.* — Les délits commis dans une coupe ou à l'ouïe de la cognée et non constatés par le facteur de l'adjudicataire constituent des malversations, dont l'adjudicataire est responsable. (Cass. 12 septembre 1828.)

3. *Prescription.* — Les malversations commises par les agents et préposés se prescrivent, savoir : les peines correctionnelles, par cinq années révolues, à partir du jugement définitif (Instr. Crim. 636); l'action publique ou l'action civile, pour les crimes, par dix ans, à compter du jour où le crime a été commis ou du dernier acte de poursuite ou d'instruction (Instr. Crim. 637); pour les délits, par trois années révolues (Instr. Crim. 638); les peines pour contraventions de police, par deux années révolues (Instr. Crim. 639); l'action publique et l'action pénale pour les contraventions de police, par un an. (Instr. Crim. 640.)

4. *Soustraction. Agent. Pénalités.* — La soustraction ou le détournement de deniers publics par un dépositaire ou comptable public est puni, savoir :

Au-dessus de 3000 francs :

Travaux forcés à temps. (Cod. Pén. 169.)
Amende : maximum, le quart; minimum, le douzième des restitutions. (Cod. Pén. 172.)

Au-dessous de 3000 francs ou du tiers du dépôt :

Prison : 2 à 5 ans. (Cod. Pén. 171.)
Amende : maximum, le quart; minimum, le douzième des restitutions. (Cod. Pén. 172.)
De plus, incapacité des fonctions publiques. (Cod. Pén. 171.)

5. *Destruction de titres.* — La destruction ou le détournement de titres ou actes, par un fonctionnaire dépositaire ou commis, agent ou préposé, est puni, savoir :

Travaux forcés à temps. (Cod. Pén. 173.)

MANDAT.

1. *Définition.* — Le mandat ou procuration est un acte par lequel une personne donne à une autre le pouvoir de faire quelque chose pour le mandant et en son nom. Le contrat ne se forme que par l'acceptation du mandataire ; il peut être donné par acte public ou privé, par lettre et même verbalement, et il peut être spécial ou général. (Cod. Civ. 1984 à 1989.)

2. *Représentation. Condition.* — Le mandat donné à une personne pour en représenter une autre en justice de paix doit être « écrit ». L'existence de ce mandat ne peut être induite de la simple remise de la citation au mandataire, ni prouvée à l'aide de simples présomptions.

En conséquence, le garde-chasse, qui se présente devant le juge de paix porteur de l'avertissement donné au propriétaire de la chasse, n'a pas qualité pour consentir une expertise amiable, à l'effet de déterminer le dommage causé par le gibier aux propriétaires voisins. (Cass. 21 juillet 1886.)

MANDAT DE JUSTICE.

1. *Mandat d'amener. Définition.* — C'est l'ordre qu'un juge d'instruction délivre, pour contraindre à paraître devant lui toutes les personnes qu'il suppose coupables d'un crime ou d'un délit.

2. *Mandat d'arrêt. Définition.* — C'est l'ordre que le juge d'instruction délivre, sur la réquisition du ministère public et en vertu duquel le prévenu est retenu dans une maison d'arrêt.

3. *Mandat de comparution. Définition.* — Simple ordre donné au prévenu de comparaître devant le juge d'instruction ; en cas de refus, on décerne le mandat d'amener.

4. *Mandat de dépôt. Définition.* — C'est l'ordre sur l'exhibition duquel l'inculpé est reçu et gardé dans une maison d'arrêt.

5. *Justice. Formalités.* — Les mandats de comparution, d'amener et de dépôt seront signés par celui qui les aura décernés et munis de son sceau ; le prévenu sera nommé ou désigné le plus clairement possible. (Instr. Crim. 95.)

Il en sera de même pour le mandat d'arrêt. Ce mandat contiendra, en plus, l'énonciation du fait pour lequel il est décerné et la citation de la loi qui déclare ce fait un crime ou un délit. (Instr. Crim. 96.)

Les mandats de comparution, d'amener, de dépôt ou d'arrêt seront notifiés par un huissier ou par un agent de la force publique, lequel en fera l'exhibition au prévenu et lui en délivrera copie. (Instr. Crim. 97.)

6. *Inobservation.* — En cas d'inobservation des formalités prescrites pour les mandats de comparution, de dépôt, d'arrêt ou d'amener, pénalités :

Au greffier : *amende,* 50 francs au moins.

Ministère public. Juge d'instruction.	Injonction et même prise à partie. (Instr. Crim. 112.)

MANDAT DE PAIEMENT.

SECT. I. — DÉLIVRANCE, PRINCIPES, 1 — 22.

§ 1. *Généralités,* 1 — 17.

§ 2. *Travaux, Avance,* 18 — 22.

SECT. II. — FORMALITÉS, 23 — 30.

§ 1. *Visa,* 23 — 24.

§ 2. *Timbre,* 25 — 30.

SECT. III. — ACQUITTEMENT, 31 — 40.

§ 1. *Paiement,* 31 — 35.

§ 2. *Pièces justificatives,* 36 — 40.

Acompte, 21, 37.
Avance, 19, 20, 29.
Collectif, 4. 8.
Commune, 16.
Contrôle, 24.
Créancier décédé, 15.
Créancier réel, 11.
Délai, 33, 35.
Délivrance, 1, 7, 9.
Dépenses diverses, 13.
Duplicata, 17.
Emargement, 6.
Enregistrement, 14.
Espèce, 2.
Etablissement public, 16.
Etat, 40.
Etat de retenues, 3 bis.
Indication, 12.
Individuel, 4, 5, 6, 7.
Justification, 38.
Mandat collectif, 8.
Mandat individuel, 4, 7.
Mémoire, 25.
Numéro, 23.
Paiement, 31, 32, 33, 34.
Personnel, 4.
Perte, 17.
Pièces justificatives, 36, 39.
Principes, 5.
Quittance, 28.
Rédaction, 1.
Relevé, 40.
Remise, 10, 23.
Répartition, 6.
Restauration des montagnes, 5, 6, 8, 9, 22.
Talon, 22.
Timbre, 25, 26, 27, 30.
Traitement, 3.
Travaux, 19, 29, 37.
Travaux par économie, 18, 20, 22.
Visa, 23.

SECT. I. — DÉLIVRANCE. PRINCIPES.

§ 1. *Généralités.*

1. *Rédaction. Délivrance.* — Les conservateurs rédigent et délivrent tous les mandats, en leur qualité d'ordonnateurs secondaires. V. Comptabilité. Liquidation.

2. *Espèces.* — Il y a trois espèces de mandats :

1° Les mandats de traitement ;
2° Les mandats de dépenses diverses ;
3° Les mandats d'exercice clos, qui se dressent sur des imprimés distincts et spéciaux.

3. *Mandats de traitement.* — Les mandats de traitement comprennent :
1° Le traitement annuel ;

2° Le traitement à payer suivant le temps le service ;

3° Les retenues pour pensions, admission, avancement, congés, peines disciplinaires, masse d'habillement, trop perçu, etc. ;

4° Le total des retenues ;

5° Le restant à payer.

Les mandats sont arrêtés au chiffre du traitement dû.

Les mandats de traitement des agents et des gardes domaniaux ou mixtes sont dressés, tous les mois, par les conservateurs.

Les mandats des gardes communaux et des gardes mixtes, en ce qui concerne la partie communale du traitement, sont rédigés, tous les trimestres, par les inspecteurs.

3 bis. *Etat des retenues.* — Tout envoi de mandats transmis aux trésoriers généraux, pour les gardes domaniaux, et aux préfets, pour les traitements payés sur les cotisations municipales, sera accompagné d'un état des retenues portées sur ces mandats. Cet état devra rester entre les mains des trésoriers payeurs généraux, pour qu'ils puissent se rendre compte des retenues à exercer. (Circ. N 237.)

4. *Personnel. Collectif. Individuel.* — Les mandats collectifs pour le traitement des préposés sont interdits. Il doit être délivré un mandat individuel à chaque ayant droit. (Circ. A 361 bis.)

5. *Restauration des montagnes. Mandat individuel. Principe.* — Les entrepreneurs de travaux, les tâcherons, fournisseurs, voituriers et muletiers sont toujours payés par mandats individuels. Il n'est fait exception à cette règle que pour les fournitures et transports dont le montant ne dépasse pas 10 francs, mais seulement lorsqu'il est nécessaire de les payer au comptant.

Sauf les cas d'urgence, les journaliers sont aussi payés par mandats individuels.

Dans le cas où le mode de paiement par mandats individuels paraît susceptible de présenter des inconvénients graves, les agents chefs de service doivent les signaler par rapports spéciaux, qui sont transmis par le conservateur, avec son avis motivé, à l'administration, qui autorise exceptionnellement la délivrance de mandats collectifs au nom des agents régisseurs, pour des séries déterminées ou des travaux distincts. (Instr. Gén. du 2 février 1885, art. 136. Circ. N 345.)

6. *Restauration des montagnes. Mandat individuel. Répartition. Emargement.* — Si le mode de payement adopté pour les journées d'ouvriers employés aux travaux de restauration des montagnes est celui par mandats individuels, l'agent régisseur reçoit du chef de service, en même temps que la série des mandats, le rôle-minute des journées (Form. série 7, n° 56), à l'aide duquel il opère la répartition des mandats et qu'il retourne au chef de service, aussitôt la distribution terminée.

L'émargement pour récépissé des mandats, n'étant pas possible sur le sommier, en ce qui concerne les ouvriers dont les journées sont portées en bloc, est opéré sur un rôle spécial. (Form. série 3, n° 14. Instr. Gén. du 2 février 1885, art. 164. Circ. N 345.)

7. *Mandat individuel. Délivrance.* — Les conservateurs ont la faculté de délivrer, pour les travaux en régie exécutés dans les forêts domaniales, des mandats individuels aux ayants droit, au lieu de faire des avances aux agents régisseurs. (Circ. N 416.)

8. *Restauration des montagnes. Mandat collectif.* — Si le mode de payement adopté est le payement direct par l'agent régisseur, celui-ci reçoit du chef de service, en même temps que le mandat collectif délivré en son nom, le rôle-minute de journées, à l'aide duquel il prépare les états justificatifs de l'emploi de la somme destinée au payement de ces journées. (Form. série 3, n° 14. Instr. Gén. du 2 février 1885, art. 136 et 165. Circ. N 345.)

9. *Restauration des montagnes. Délivrance.* — Le conservateur délivre :

D'urgence et avant tous autres, les mandats demandés au nom des agents régisseurs ;

Immédiatement après, autant que possible sans délai et au fur et à mesure de la réception des demandes, les mandats individuels. (Instr. Gén. du 2 février 1885, art. 184. Circ. N 345.)

10. *Remise.* — Les ordonnateurs secondaires demeurent chargés, sous leur responsabilité, de la remise aux ayants droit des mandats qu'ils délivrent sur les caisses du Trésor. (Décr. du 31 mai 1862, art. 86.)

Ils ne doivent opérer la remise d'aucun de leurs mandats qu'après avoir reconnu l'individualité des ayants droit, ou la régularité des pouvoirs de leurs représentants. Ils doivent aussi exiger, des uns ou des autres, des récépissés mentionnant leur résidence, afin de pouvoir justifier, au besoin, de la direction donnée aux mandats. (Règl. Min. 26 décembre 1866, art. 92. Circ. N 104.)

11. *Créancier réel.* — La partie prenante, dénommée dans un mandat, doit toujours être le créancier réel, c'est-à-dire celui qui a effectué les travaux ou les fournitures et qui a un droit à exercer contre le Trésor. (Circ. N 104, § 1, n° 9.)

12. *Indication.* — Tout mandat énonce l'exercice, le crédit, ainsi que les chapitres et, s'il y a lieu, les articles auxquels la dépense s'applique. (Décr. du 31 mai 1862, art. 11.)

13. *Dépenses diverses.* — Dans les mandats de dépenses diverses, il faut veiller à ce que les chapitres, articles et paragraphes ne soient pas confondus.

14. *Enregistrement.* — Les mandats s'inscrivent, chacun avec un numéro d'ordre

non interrompu, par chapitres, articles et paragraphes, sur le livre journal des mandats. (Circ. A 361 bis. Règl. Min. du 26 décembre 1866.)

15. *Créancier décédé.* — Les mandats délivrés, après le décès d'un créancier de l'Etat, au profit de ses héritiers, ne désignent pas chacun d'eux, mais portent seulement cette indication générale : *les héritiers.* Le comptable chargé du paiement doit exiger les titres justificatifs des ayants droit. (Circ. N 104, § 1, n° 10.)

16. *Commune. Etablissement public.* — Les mandats délivrés au profit d'une commune ou d'un établissement public doivent être faits au nom des receveurs municipaux ou des trésoriers des établissements publics, qui ont seuls qualité pour donner l'acquit.

17. *Perte. Duplicata.* — Les mandats perdus peuvent être remplacés par un duplicata, en fournissant :

1° Une déclaration motivée, sur timbre, faite par la partie intéressée, affirmant la perte qu'elle a faite, avec obligation de rembourser la somme ordonnancée en cas de double paiement ;

2° Une attestation du comptable, portant que le mandat n'a pas été acquitté dans sa circonscription, par lui ou sur son visa. Ces pièces sont jointes au duplicata délivré par l'ordonnateur, qui garde des copies certifiées de ces pièces. (Règl. Min. du 26 décembre 1866, art. 97. Circ. N 104.) V. Comptabilité. Liquidation. Ordonnateur.

§ 2. *Travaux. Avances.*

18. *Travaux par économie.* — Les mandats délivrés au nom des agents spéciaux, chargés des services régis par économie, s'imputent immédiatement sur les crédits affectés aux dépenses que ces mandats concernent. (Règl. Min. du 26 décembre 1866, art. 137. Circ. N 104.)

19. *Avances. Travaux.* — On ne peut faire des avances, pour travaux par économie, que pour les frais d'abatage et façonnage des bois non adjugés et les travaux d'entretien et d'amélioration, qui ne sont pas de nature à être exécutés par entreprise. (Règl. Min. du 26 décembre 1866, art. 135. Circ. N 104.)

20. *Travaux par économie. Avance. Montant.* — Pour les travaux régis par économie, il peut être fait aux agents spéciaux de ces services, sur ordonnance ou sur mandat, des avances dont le total ne doit pas excéder 20000 francs, à la charge par eux de produire, dans le délai d'*un mois*, au comptable qui en a fait l'avance, les quittances des créanciers réels et autres pièces justificatives.

Aucune nouvelle avance ne peut, dans cette limite de 20000 francs, être faite par un trésorier général, pour un service régi par économie, qu'autant que toutes les pièces justificatives de l'avance précédente lui auraient été fournies ou que la portion de cette avance, dont il resterait à justifier, aurait moins d'un mois de date.

Toutefois, pour les services de l'Algérie ou de l'étranger, ces délais peuvent être prolongés, sans que l'avance puisse excéder 35000 francs, ni que le délai de justification puisse dépasser quarante-cinq jours. (Décr. du 31 mai 1862, art. 94. Règl. Min. du 26 décembre 1866, art. 134. Circ. N 104.)

21. *Acompte. Montant.* — Les mandats d'acompte, à moins de règlements spéciaux, ne doivent pas excéder les cinq sixièmes des droits (service fait) constatés par pièces régulières, présentant le décompte des travaux faits. (Décr. du 31 mai 1862, art. 13. Règl. Min. du 26 décembre 1866, art. 107. Circ. N 104.)

22. *Restauration des montagnes. Travaux en régie. Talon.* — Les mandats au nom des agents régisseurs, pour payement de travaux en régie, sont à talon. (Form. série 7, n° 62.)

Le jour du payement, le comptable qui verse les fonds à l'agent régisseur détache le talon, le date et l'adresse à l'agent chef de service.

Dès la réception du talon, le chef de service inscrit la date de l'encaissement, à la quatrième partie du sommier de comptabilité et sur son carnet de mandats. (Instr. Gén. du 2 février 1885, art. 178. Circ. N 345.)

SECT. III. — FORMALITÉS.

§ 1. *Visa.*

23. *Remise. Visa. Numéro.* — Les mandats ne doivent être remis aux parties prenantes qu'après avoir été visés par le trésorier-payeur général. (Règl. Min. du 26 décembre 1866, art. 93. Circ. N 104.) Ils portent le numéro figurant sur le bordereau d'envoi.

24. *Contrôle.* — Avant de viser les mandats, les agents comptables doivent, sous leur responsabilité, s'assurer que toutes les formalités ont été observées, que toutes les justifications exigées ont été produites et qu'il n'y a pas de saisie-arrêt ou opposition. (Circ. N 104, § 1, n° 5.)

§ 2. *Timbre.*

25. *Mémoire. Timbre.* — Lorsque les mandats de paiement sont joints à un mémoire sur timbre déjà quittancé, le mandat revêtu de l'acquit n'est plus qu'une pièce d'ordre exempte de timbre. (Comptabilité. Circ. 18 juillet 1833.)

26. *Garde communal. Timbre.* — Les mandats de traitement des gardes communaux doivent être timbrés, lorsque leur traitement

annuel excède 300 francs. (Décis. Min. du 28 juillet 1807 et 17 octobre 1809.) Mais on fait rembourser le timbre aux communes, en vertu de l'article 1248 du code civil. V. Paiement.

27. *Garde domanial. Timbre.* — Les mandats de traitement des gardes domaniaux sont exempts du timbre de dimension. (Loi du 13 brumaire an VII, art. 16.)

28. *Quittances.* — Les quittances relatives aux traitements et émoluments des fonctionnaires et employés salariés par l'Etat, les départements, les communes et tous les établissements publics, sont soumises à un droit de 0 fr. 10 par acte.

Le droit de timbre est à la charge du débiteur ; mais le créancier qui donne le reçu non timbré est responsable de l'amende de 50 francs. (Loi, 23 août 1871, art. 20 et 23.)

Avec l'Etat, le timbre est à la charge des particuliers, qui donnent ou reçoivent quittance. (Loi du 13 brumaire an VII.)

29. *Travaux. Avances.* — Les mandats ayant pour objet des avances faites par le Trésor à des régisseurs comptables, pour des services régis par économie, sont exempts de timbre. (Circ. N 104, § 1, n° 16.) Il en est de même pour le timbre de quittance. (Lettre de l'Admin. du 26 décembre 1871, n° 3405.)

30. *Mandat. Timbre.* — Les droits de timbre dont sont chargés les mandats de trésorerie délivrés par les comptables du Trésor, tant en France qu'en Algérie, seront acquittés au moyen de l'apposition de timbres mobiles. (Décr. du 26 janvier 1884.)

SECT. III. — ACQUITTEMENT.

§ 1. *Paiement.*

31. *Paiement.* — Tout mandat de paiement qui n'excède pas la limite du crédit sur lequel il doit être imputé est payable par les agents du Trésor, dans les délais et dans les lieux déterminés par l'ordonnateur. (Décr. du 31 mai 1862, art. 90. Règl. Min. du 26 décembre 1866, art. 124. Circ. N 104.)

32. *Paiement.* — Le paiement des mandats est effectué par un trésorier-payeur général dans chaque département, par le caissier-payeur central du Trésor public à Paris, par les trésoriers-payeurs en Algérie et dans les colonies et, lorsqu'il y a lieu, par les payeurs d'armée. (Décr. du 31 mai 1862, art. 352. Règl. Min. du 26 décembre 1866, art. 126. Circ. N 104.) Tous les mandats sont payés par les receveurs de l'Etat, au nom du trésorier général. V. Paiement.

33. *Paiement. Délai.* — Les mandats peuvent être payés jusqu'au 30 avril de l'année qui suit l'exercice auquel ils se rapportent. (Loi du 25 janvier 1889. Circ. N 406.)

34. *Non acquittés.* — Les mandats non acquittés au 30 avril de la seconde année d'un exercice, faute de réclamation de la part des titulaires, sont annulés, sans préjudice des droits des créanciers et sauf réordonnancement, jusqu'au terme de déchéance. (Décr. du 31 mai 1862, art. 118. Règl. Min. du 26 décembre 1866, art. 150. Loi du 25 janvier 1889. Circ. N 406.)

35. *Exercice clos. Délai.* — Les mandats délivrés sur des crédits de délégation pour dépenses et exercices clos cessent d'être payables au 31 décembre de chaque année. (Règl. Min. du 26 décembre 1866, art. 161.)

§ 2. *Pièces justificatives.*

36. *Pièces justificatives.* — Les mandats doivent toujours énoncer les pièces justificatives qui les accompagnent.

37. *Acompte. Travaux.* — Lorsqu'il est ordonnancé des mandats d'acompte sur une dépense, le premier mandat doit être appuyé des pièces qui constatent le droit des créanciers à ce payement; pour les acomptes suivants, les mandats rappellent les justifications produites et les mandats délivrés. (Circ. N 104, § 1, n° 7.)

38. *Justification.* — Il est justifié des mandats délivrés par les états mensuels de traitements et d'indemnités fixes, fournis en simple expédition à l'administration. (Form. série 11, n°s 20 et 41. Circ. N 49. Circ. N 279. Circ. N 402.)

39. *Pièces à l'appui.* — En même temps que le bordereau d'émission, l'ordonnateur produit un état nominatif, à l'appui des mandats délivrés pour traitements ou pour indemnités périodiques. (Circ. N 49.)

40. *Relevé. État.* — Les ordonnateurs secondaires adressent au trésorier-payeur général un état des traitements mandatés au profit des agents et préposés, pendant le mois précédent. Cet état est envoyé le 1er de chaque mois. (Form. série 11, n° 36. Circ. N 49. Règl. Min. 26 décembre 1866, art. 63. Circ. N 104.)

MANDATAIRE.

1. *Définition.* — Celui qui accepte, par un mandat, la gestion d'une ou de plusieurs affaires à autrui. V. Responsabilité.

2. *Pouvoir.* — Le mandataire ne peut rien faire au delà de ce qui est porté sur son mandat. (Cod. Civ. 1989.) V. Procuration.

3. *Obligation.* — Le mandataire est tenu d'accomplir le mandat, tant qu'il en demeure chargé, et il répond des dommages-intérêts qui pourraient résulter de son inexécution. (Cod. Civ. 1991 et suivants.)

MANŒUVRE. V. Coalition.

MARAIS (MISE EN VALEUR DES).

Principes. Agents forestiers. — La loi concernant la mise en valeur des marais et des terres incultes a principalement pour objet la salubrité publique, l'intérêt agricole et la prospérité des communes propriétaires.

Cette mise en valeur consiste quelquefois dans la culture des végétaux ligneux, tantôt par bouquets isolés, tantôt en massifs pleins, destinés à être soumis au régime forestier; dans ce cas, l'administration des forêts peut être appelée à fournir au service chargé de l'exécution des travaux tous les renseignements propres à éclairer la question et à assurer le succès de l'opération.

On ne saurait trop recommander aux agents de tous grades, lorsqu'ils y sont conviés, de concourir avec empressement et par tous les moyens dont ils disposent, non seulement à l'étude, mais encore à la réalisation des projets de boisement. (Circ. N 37.)

LOI DU 28 JUILLET 1860,

relative à la mise en valeur des marais et des terres incultes appartenant aux communes.

Art. 1er. Seront desséchés, assainis, rendus propres à la culture ou plantés en bois, les marais et les terres incultes appartenant aux communes ou sections de communes, dont la mise en valeur aura été reconnue utile.

Art. 2. Lorsque le préfet estime qu'il y a lieu d'appliquer aux marais ou terres incultes d'une commune les dispositions de l'article 1er, il invite le conseil municipal à délibérer :

1° Sur la partie des biens à laisser à l'état de jouissance commune;

2° Sur le mode de mise en valeur du surplus;

3° Sur la question de savoir si la commune entend pourvoir par elle-même à cette mise en valeur.

S'il s'agit de biens appartenant à une section de commune, une commission syndicale, nommée conformément à l'article 4 de la loi du 5 avril 1884, qui a remplacé l'article 3 de la loi du 18 juillet 1837, est préalablement consultée.

Art. 3. En cas de refus ou d'abstention par le conseil municipal, comme en cas d'inexécution de la délibération par lui prise, un décret rendu en conseil d'Etat, après avis du conseil général, déclare d'utilité les travaux et en règle le mode d'exécution. Ce décret est précédé d'une enquête et d'une délibération du conseil municipal prise avec l'adjonction des plus imposés.

Art. 4. Les travaux sont exécutés aux frais de la commune ou des sections propriétaires.

Si les sommes nécessaires à ces dépenses ne sont pas fournies par les communes, elles sont avancées par l'Etat, qui se rembourse de ses avances, en principal et intérêts, au moyen de la vente publique d'une partie des terrains améliorés, opérée par lots, s'il y a lieu.

Art. 5. Les communes peuvent s'exonérer de toute répétition de la part de l'Etat, en faisant l'abandon de la moitié des terrains mis en valeur.

Cet abandon est fait, sous peine de déchéance, dans l'année qui suit l'achèvement des travaux.

Dans le cas d'abandon, l'Etat vend les terrains à lui délaissés, dans la forme déterminée par l'article précédent.

Art. 6. Le découvert provenant des avances faites par l'Etat, pour l'exécution des travaux prescrits par la présente loi, ne pourra dépasser, en principal, la somme de dix millions.

Art. 7. Dans les cas prévus par l'article 3 ci-dessus, le décret peut ordonner que les marais ou autres terrains communaux soient affermés.

Cette location sera faite aux enchères, à la charge par l'adjudicataire d'opérer la mise en valeur des marais ou terrains affermés.

La durée du bail ne peut excéder vingt-sept ans.

Art. 8. La loi du 10 juin 1854, relative au libre écoulement des eaux provenant du drainage, est applicable aux travaux qui seront exécutés en vertu de la présente loi.

Art. 9. Un règlement d'administration publique déterminera :

1° Les règles à observer pour l'exécution et la conservation des travaux;

2° Le mode de constatation des avances faites par l'Etat, les mesures propres à assurer le remboursement en principal et intérêts et les règles à suivre pour l'abandon des terrains que le premier paragraphe de l'article 5 autorise la commune à faire à l'Etat;

3° Les formalités préalables à la mise en vente des portions de terrain aliénées en vertu des articles qui précèdent;

4° Toutes les autres dispositions nécessaires à l'exécution de la présente loi.

DÉCRET DU 6 FÉVRIER 1861,

portant règlement d'administration publique pour l'exécution de la loi du 28 juillet 1860, relative à la mise en valeur des marais et des terres incultes appartenant aux communes.

TITRE PREMIER.

Mesures tendant à assurer l'exécution des travaux de desséchement et de mise en valeur des marais et des terres incultes appartenant aux communes et sections de communes.

Art. 1er. Lorsque le préfet estime qu'il y a lieu d'appliquer l'article 1er de la loi du 28 juillet 1860 aux marais ou terres incultes appartenant à une commune ou section de commune, il prend un arrêté par lequel le conseil municipal est mis en demeure de délibérer :

1o Sur la partie des biens à laisser à l'état de jouissance commune ;

2o Sur le mode de mise en valeur du surplus ;

3o Sur la question de savoir si la commune entend pourvoir par elle-même à cette mise en valeur.

S'il s'agit de biens appartenant à une section de commune, le préfet, par le même arrêté, fixe le nombre des membres qui doivent composer une commission syndicale chargée de représenter ladite section.

Art. 2. Dans le cas où les terrains à mettre en valeur appartiennent à une commune, la délibération du conseil municipal doit être prise dans le mois de la notification de l'arrêté de mise en demeure.

Dans le cas où lesdits terrains appartiennent à une section de commune, la commission syndicale donne son avis préalable dans le délai d'un mois, à dater de la formation de ladite commission, et, à défaut par elle de le faire, il est passé outre par le conseil municipal.

Faute par le conseil municipal d'avoir délibéré dans le délai d'un mois, à dater de la réception, soit de l'arrêté de mise en demeure, soit de la délibération de la commission syndicale instituée comme il est dit ci-dessus, ou de l'expiration du délai imparti à ladite commission syndicale pour émettre son avis, le conseil municipal est réputé avoir refusé de se charger de l'exécution des travaux d'amélioration.

Art. 3. Si les terrains appartiennent à plusieurs communes et que leur mise en valeur exige des travaux d'ensemble, lorsque tous les conseils municipaux déclarent se charger de l'opération, il est créé, conformément à la loi sur l'organisation municipale, une commission syndicale à l'effet d'en poursuivre l'exécution.

En cas de refus ou d'abstention d'une ou plusieurs des communes intéressées, il sera procédé, s'il y a lieu, conformément aux dispositions de l'article 10 ci-après.

Art. 4. Lorsque le conseil municipal déclare qu'il entend pourvoir à la mise en valeur des parties de marais et de terres incultes qui doivent être distraites de la jouissance commune, il fait connaître les mesures qu'il compte prendre à cet effet, et est tenu de justifier des voies et moyens d'exécution.

La délibération du conseil municipal est soumise à l'approbation du préfet, et il est ensuite pourvu aux voies et moyens conformément aux lois.

TITRE II.

De l'exécution et de la conservation des travaux par les communes ou sections de communes intéressées.

Art. 5. Dans le cas prévu à l'article précédent, les projets des travaux qui peuvent être nécessaires pour l'assainissement et la mise en culture des terrains sont dressés et les travaux sont exécutés à la diligence du maire de la commune ou du président de la commission syndicale des communes intéressées, dans les formes admises pour les travaux publics communaux.

Art. 6. Chaque projet est soumis à une enquête ouverte dans les communes intéressées et suivant les formes prescrites par l'ordonnance du 23 août 1835, ou conformément à l'ordonnance du 18 février 1834, s'il s'agit de travaux intéressant plusieurs communes.

Art. 7. Le préfet approuve les projets et fixe le délai dans lequel les travaux doivent être commencés et terminés.

Art. 8. L'autorité municipale est chargée de la conservation des travaux d'assainissement, de desséchement et de mise en valeur des terrains communaux, sous le contrôle et la vérification de l'administration.

Dans le cas où le conseil municipal n'allouerait pas les fonds nécessaires à l'entretien annuel, il y sera pourvu par le préfet, par l'inscription d'office, au budget de la commune, du crédit nécessaire, conformément à l'article 497 du décret du 31 mai 1862, sur la comptabilité générale.

TITRE III.

De l'exécution et de la conservation des travaux par l'Etat, des mesures propres à constater ses avances et à en assurer le remboursement.

Art. 9. En cas de refus ou d'abstention du conseil municipal, comme en cas d'inexécution de la délibération par lui prise ou d'abandon des travaux commencés, les projets des travaux de desséchement des marais et d'assainissement des terres incultes dont le desséchement ou la mise en culture ont été reconnus nécessaires par le préfet, sont dressés ou vérifiés par les soins du ministre de l'agriculture, du commerce et des travaux publics.

Chaque projet est soumis à une enquête ouverte dans les communes intéressées, conformément à l'article 6 ci-dessus.

Le conseil municipal est appelé à en délibérer avec l'adjonction des plus imposés.

Art. 10. Un décret rendu en conseil d'Etat, après avis du conseil général du département, déclare, s'il y a lieu, l'utilité des travaux, et prescrit, soit leur exécution par l'Etat, soit la location des terrains, à charge de mise en valeur.

Art. 11. Lorsque des marais communaux ne pourront être desséchés qu'au moyen d'une opération d'ensemble comprenant des marais particuliers, en même temps que les mises en demeure sont adressées aux communes, les propriétaires desdits marais sont invités à déclarer s'ils consentent au desséchement, en se soumettant aux dispositions de la loi du 28 juillet 1860.

S'ils donnent ce consentement, le décret

prévu à l'article précédent statue sur l'ensemble de l'opération.

Art. 12. Dans le cas où, conformément à l'article 10 ci-dessus, l'assainissement et la mise en valeur doivent être exécutés par voie de mise en ferme, l'adjudication a lieu en présence des receveurs municipaux des communes intéressées et conformément aux règles applicables aux biens communaux. Le soumissionnaire s'oblige à exécuter les projets approuvés pour la mise en valeur des terrains, conformément aux conditions déterminées par le cahier des charges, qui sera dressé par le préfet, sur l'avis des ingénieurs.

Art. 13. Lorsque les travaux seront exécutés par l'Etat, on suivra les formes usitées en matière de travaux publics.

Les états de dépenses seront dressés conformément aux règles de la comptabilité des travaux publics.

Il en sera de même des états annuels des dépenses d'entretien.

Si les travaux intéressent plusieurs communes, la répartition de la dépense sera faite dans la forme réglée par la loi sur l'organisation municipale.

Art. 14. Chaque année, il est délivré aux communes et sections intéressées une expédition des comptes établissant la situation des dépenses mises à la charge de chacune d'elles.

Après l'achèvement des travaux, un compte général des dépenses est arrêté par le ministre de l'agriculture, du commerce et des travaux publics. Il en est délivré copie au ministre de l'intérieur et aux communes ou sections de communes intéressées.

Les sommes principales formant le montant de ce compte portent, de plein droit, intérêt simple à 5 pour cent, à partir de l'achèvement des travaux.

Art. 15. Les travaux effectués par l'Etat sont entretenus par les soins de l'administration.

Les avances faites pour cet objet, arrêtées chaque année par le ministre de l'agriculture, du commerce et des travaux publics, portent également intérêt simple à 5 pour cent par an.

Copie de ce compte est délivrée au ministre de l'intérieur, aux communes et sections de communes intéressées, avec l'état des dépenses antérieures.

Art. 16. Si, dans les six mois de la notification à elle faite des comptes annuels des dépenses d'établissement ou d'entretien des travaux, la commune ou section de commune ne s'est pas pourvue devant le conseil de préfecture, les comptes ne peuvent plus être attaqués.

Art. 17. Après l'achèvement des travaux, remise des terrains est faite aux communes intéressées, pour être conservés par elles, ainsi qu'il est dit à l'article 8 ci-dessus. Chaque commune est mise en demeure d'avoir à déclarer si elle entend user de la faculté à elle réservée par l'article 5 de la loi du 28 juillet 1860, de se libérer de toute répétition de la part de l'Etat en lui faisant l'abandon de moitié des terrains mis en valeur, ou si elle entend payer en argent les avances de l'Etat.

Art. 18. Lorsque la commune a opté pour l'abandon de moitié des terrains mis en valeur, un expert choisi par le maire, avec le concours d'un délégué de l'administration des domaines, dresse un projet de partage en deux lots égaux en valeur, pour être tirés au sort dans l'année qui suit l'achèvement des travaux. Il est procédé à cette opération devant le sous-préfet de l'arrondissement.

Si une partie des travaux a été exécutée par la commune, il lui en est tenu compte, dans le partage, par une réduction proportionnelle dans le lot de terrains auquel l'Etat a droit.

Art. 19. Si la commune déclare vouloir rembourser à l'Etat le montant de ses avances, elle doit justifier de ses ressources et faire à l'Etat telle délégation que de droit.

TITRE IV.

Formalités préalables à la mise en vente des terrains qui doivent être aliénés.

Art. 20. Faute par la commune d'avoir réalisé l'abandon prévu à l'article 5 de la loi du 28 juillet 1860 dans l'année qui suit l'achèvement des travaux, ou d'avoir, dans le même délai, remboursé à l'Etat le montant de ses avances, l'administration provoque la mise en vente, dans les formes indiquées à l'article 4 de la loi du 28 juillet 1860, de la portion de terrains améliorés, nécessaire pour couvrir l'Etat, en principal et intérêts, des dépenses par lui faites.

A cet effet, un expert, nommé par le préfet, est chargé de préparer le lotissement et le cahier des charges de la mise en vente des lots à aliéner.

Le projet de l'expert est communiqué au conseil municipal, pour avoir ses observations.

Dès que le projet de lotissement est approuvé par le préfet, il est procédé à la vente publique desdits terrains. Ces ventes sont effectuées par les soins de l'administration des domaines, en présence des receveurs municipaux des communes intéressées et jusqu'à concurrence de la créance de l'Etat.

Les prix de vente sont recouvrés par l'administration des domaines ; toutefois, lorsque la vente excède les avances de l'Etat, cet excédant sera perçu par les receveurs municipaux.

TITRE V.

Dispositions diverses.

Art. 21. Avant de procéder à l'assainissement et au dessèchement des marais communaux et des terrains incultes appartenant aux communes, il est procédé à la délimitation et, au besoin, au bornage desdits marais et terrains incultes.

Art. 22. En conséquence, un expert, à ce désigné par le préfet, visite les lieux à l'effet d'appliquer aux marais et terrains incultes dont il s'agit les matrices et plans cadastraux, et les titres produits tant par les communes que par les propriétaires voisins.

Art. 23. La visite des lieux est annoncée, au moins quinze jours à l'avance, dans chaque commune, par affiches placées à la porte des églises et des mairies.

Les résultats de l'expertise sont communiqués, par bulletin particulier, à tous les propriétaires limitrophes des propriétés communales, avec invitation de faire connaître leurs observations.

Art. 24. Le travail de l'expert et les observations des parties intéressées sont soumis aux délibérations des conseils municipaux ou des syndicats représentant les sections de communes et adressés au préfet, avec l'avis desdits conseils ou syndicats.

Art. 25. Lorsque les communes et les propriétaires limitrophes sont d'accord, il est procédé à un bornage par voie amiable.

Dans le cas contraire, s'il y a lieu, la commune est autorisée, conformément aux lois, ou à plaider, ou à transiger avec les propriétaires voisins.

Art. 26. Suivant les besoins, des gardes particuliers, dont le traitement est imputé sur les fonds des travaux, pourront être chargés de veiller à la conservation des travaux exécutés par application de la loi du 28 juillet 1860.

Art. 27. Les ministres secrétaires d'Etat au département de l'intérieur, au département de l'agriculture, du commerce et des travaux publics, et au département des finances, sont chargés, chacun en ce qui le concerne, de l'exécution du présent décret.

Nota. — Si, pour obtenir une plus value ou rendre un terrain productif, il faut exécuter des travaux, le décret du 6 février 1861 est applicable ; mais, s'il faut simplement modifier ou suspendre le mode de jouissance, l'Etat ne peut pas se substituer à la commune. (Décis. des Min. de l'Int. et des Trav. publics.)

MARAUDAGE.

1. *Définition.* — Vol de produits peu importants.

2. *Pénalités.* — Le maraudage ou l'enlèvement de bois fait à dos d'homme, dans les bois taillis ou futaie ou autres plantations d'arbres des particuliers ou communautés, sera puni, savoir :

Amende : double du dédommagement dû au propriétaire. Minimum : valeur de 3 journées de travail, ou *prison*, 3 jours. Maximum : 3 mois.

(Loi des 28 septembre-6 octobre 1791, art. 36. Loi du 23 thermidor an IV, art. 2.)

3. *Gendarmerie. Main-forte.* — La gendarmerie prête main-forte aux agents forestiers, pour la répression du maraudage dans les forêts. (Décr. du 1er mars 1854, art. 459.)

4. *Coupe de branches d'arbres.* — Le maraudage ordinaire, considéré comme contravention de police, lequel ne concerne que l'enlèvement des récoltes et autres produits utiles de la terre assimilables aux récoltes, et qui est puni par les articles 388, paragraphes 3 et suivants, et 475, nº 15, du code pénal, ne comprend pas le fait de couper des branches d'arbres et de se les approprier. (Cass. 1er mars 1872.) V. Branches.

5. *Fermier. Arbre fruitier.* — Le fermier qui abat un certain nombre d'arbres fruitiers, en plein rapport, plantés sur la terre qu'il tient à bail, et les fait enlever, commet le délit de maraudage, avec les circonstances aggravantes prévues par l'article 388, paragraphe 5 du code pénal. (Cass. 11 oct. 1845.)

MARCHAND DE BOIS.

Définition. — Toute personne qui fait acte de commerce de bois et en fait sa profession habituelle, c'est-à-dire qui achète du bois pour le revendre, soit en nature, soit après l'avoir travaillé et mis en œuvre. V. Acte de commerce. Commerçant.

MARCHANDISE. V. Produit des coupes.

MARCHÉ.

Absence, 25.
Adjudication, 8.
Administration, 11.
Algérie, 3, 6.
Approbation, 5, 10, 11, 12, 13, 14, 15.
Avis, 12.
Cession, 17.
Communes, 22.
Compétence, 19.
Condition, 4.
Conservateur, 10.
Contestation, 19.
Décès, 24, 25.
Délai, 14.
Dissolution, 24, 25.
Enregistrement, 20, 21, 22, 23.
Etablissements publics, 22.
Exception, 6.
Faillite, 25.
Formalités, 4, 6.
Frais, 16.
Indemnité, 15, 18, 26.
Indication, 5.
Justification, 7.
Marché de gré à gré, 2, 3, 9.
Notification, 13.
Pièces, 16.
Principes, 1.
Résiliation, 18.
Rupture, 26.
Timbre, 20, 23.
Travaux, 8, 9, 23.

1. *Principe.* — Les marchés de travaux, fournitures ou transports au compte de l'Etat sont faits avec concurrence et publicité, sauf les exceptions prévues. (Décr. du 18 novembre 1882, art. 1er. Circ. N 304.)

2. *Marché de gré à gré.* — Il peut être passé des marchés de gré à gré, savoir :

1º Pour les fournitures, transports et travaux dont la dépense totale n'excède pas 20000 francs ou, s'il s'agit d'un marché passé pour plusieurs années, dont la dépense annuelle n'excède pas 5000 francs ;

. . . .

4° Pour les objets qui n'auraient qu'un possesseur unique ;

5° Pour les ouvrages d'art et de précision, dont l'exécution ne peut être confiée qu'à des artistes éprouvés ;

6° Pour les travaux, exploitations, fabrications et fournitures faites à titre d'essai ;

. . . .

8° Pour les matières et denrées qui, à raison de leur nature particulière, ou de leur emploi spécial, sont achetées et choisies aux lieux de production ;

9° Pour les fournitures, transports ou travaux qui n'ont été l'objet d'aucune offre aux adjudications, ou à l'égard desquels il n'a été proposé que des prix inacceptables ;

10° Pour les fournitures, transports et travaux qui, dans les cas d'urgence amenée par des circonstances imprévues, ne peuvent pas subir les délais des adjudications. (Décr. du 18 novembre 1882, art. 18. Circ. N 304.)

3. *Algérie. Marché de gré à gré.* — Le ministre de l'agriculture pourra autoriser les cessions, par voie de marché de gré à gré, des produits reconnus invendables par voie d'adjudication publique, ou en cas d'urgence absolue provoquée par des circonstances imprévues, et à défaut d'autres moyens de pourvoir aux besoins constatés. (Décr. du 18 août 1886. Circ. N 371.)

4. *Conditions. Formalités.* — Les marchés de gré à gré sont passés par les ministres ou par les fonctionnaires qu'ils délèguent à cet effet. Ils ont lieu, soit sur un engagement souscrit à la suite du cahier des charges, soit sur une soumission souscrite par celui qui propose de traiter, soit sur correspondance suivant les usages du commerce.

Il peut être suppléé aux marchés écrits par des achats sur simple facture, pour les objets qui doivent être livrés immédiatement, quand la valeur de chacun de ces achats n'excède pas 1500 francs.

La dispense de marché s'étend aux travaux ou transports, dont la valeur présumée n'excède pas 1500 francs, et qui peuvent être exécutés sur simple mémoire. (Décr. 18 novembre 1882, art. 19 et 22. Circ. N 304.)

5. *Approbations. Indications.* — Tout marché de gré à gré doit rappeler celui des cas spéciaux en vertu duquel il a été passé. Les marchés passés par les délégués du ministre sont subordonnés à son approbation, si ce n'est en cas de force majeure ou sauf les dispositions particulières à certains services et les exceptions spécialement autorisées.

Les cas de force majeure ou les autorisations spéciales doivent être relatées dans lesdits marchés. (Décr. du 18 novembre 1882, art. 19. Circ. N 304.)

6. *Formalités. Exceptions.* — Ces dispositions ne sont pas applicables aux colonies ou aux marchés passés hors du territoire de la France et de l'Algérie, ni aux travaux que l'administration est dans la nécessité d'exécuter en régie, soit à la journée, soit à la tâche. (Decr. du 18 novembre 1882, art. 23 et 28. Circ. N 304.)

7. *Justifications.* — Les marchés, traités ou conventions pour le service du matériel doivent exprimer l'obligation, pour tout entrepreneur ou fournisseur, de produire les titres justificatifs de ses travaux, fournitures et transports, dans un délai déterminé, sous peine de déchéance. (Décr. du 18 novembre 1882, art. 27. Circ. N 304.)

8. *Travaux. Adjudication.* — Les marchés ne sont définitifs que par l'approbation constatée sur le procès-verbal d'adjudication. (Circ. N 22, art. 197.)

9. *Travaux. Marché de gré à gré.* — Toute soumission directe rappellera celui des paragraphes de l'article 18 du décret du 18 novembre 1882 dont il sera fait application.

Le marché ne sera définitif que par l'approbation du directeur des forêts ou du conservateur, mentionnée sur la soumission. (Cah. des ch. 56.)

10. *Conservateurs. Approbation.* — Les conservateurs approuvent tous les marchés relatifs à des travaux neufs ou d'entretien. Ils font connaître sans retard à l'administration :

1° La date de l'adjudication;

2° Celle de l'approbation;

3° Les nom, prénoms et demeure de l'entrepreneur;

4° Les rabais obtenus;

5° Le prix définitif de l'entreprise.

(Circ. N 22, art. 195.)

11. *Administration. Approbation.* — Lorsque l'administration voudra se réserver l'approbation d'un marché, elle en informera le conservateur, en lui notifiant la décision autorisant les travaux. (Circ. N 261. Circ. N 416.)

Dans ce cas, la minute du procès-verbal lui est adressée, avec la soumission admise et les réclamations contre l'adjudication, s'il en existe. (Circ. N 22, art. 196.)

12. *Approbation. Avis.* — Les conservateurs notifient, par lettre spéciale, aux chefs de service les décisions qui approuvent les marchés. (Circ. N 22, art. 36.)

13. *Approbation. Notification.* — L'approbation du marché est notifiée au soumissionnaire, par les soins du chef de service. La date en est constatée par le récépissé de l'entrepreneur. (Circ. N 22, art. 199.)

14. *Approbation. Délai.* — S'il n'a pas été statué, par l'approbation de l'administration ou du conservateur, dans le délai d'un mois, à partir de l'adjudication, pour les travaux adjugés, le soumissionnaire pourra exiger la résiliation de son marché. (Circ. N 22, art. 198. Cah. des ch. 18.)

15. *Défaut d'approbation. Indemnité.* — L'entrepreneur ne pourra prétendre à aucune indemnité, dans le cas où le marché ne serait pas approuvé. (Cah. des ch. 18.)

16. *Frais.* — Lorsque les marchés sont approuvés, le président de l'adjudication adresse au receveur des domaines un bordereau des frais à la charge de l'entrepreneur. (Circ. N 22, art. 213.)

17. *Cessions.* — L'entrepreneur ne pourra sous-traiter, c'est-à-dire céder tout ou partie de son marché, sans le consentement de l'administration. Dans tous les cas, il demeurera personnellement responsable tant envers l'administration qu'envers les ouvriers et les tiers.

En cas d'infraction à cette clause, l'administration pourra, suivant les cas, soit prononcer la résiliation pure et simple du marché, soit procéder à une nouvelle adjudication à la folle enchère de l'entrepreneur. (Cah. des ch. 21.)

18. *Résiliation. Indemnité.* — L'administration qui rompt un marché ne doit d'indemnité qu'à raison de la perte éprouvée par le traitant. (Vivien.)

19. *Contestations. Compétence.* — La connaissance des contestations sur l'interprétation et l'exécution des marchés appartient à l'autorité judiciaire. (Circ. N 319.)

20. *Timbre. Enregistrement.* — Les actes des marchés amiables doivent être visés pour timbre et enregistrés. (Arr. Min. du 1er décembre 1856. Circ. A 757.)

21. *État. Enregistrement.* — Les marchés pour construction, réparations, entretien, approvisionnements et fournitures, dont le prix doit être payé par le Trésor public, sont soumis à un droit de 0 fr. 20 par 100, en principal. (Loi du 28 avril 1893, art. 19.) (Ces dispositions remplacent celles qui ont fait l'objet des circulaires N 132 et 202.)

22. *Communes. Établissements publics. Enregistrement.* — Les marchés pour travaux des communes et des établissements publics sont enregistrés au droit de 1 franc par 100, en principal. Le droit est établi sur la totalité du prix. (Loi du 28 avril 1816, art. 51.)

23. *Travaux. Exploitation. Amélioration. Timbre. Enregistrement.* — Les actes relatifs aux marchés passés pour les travaux d'*exploitation*, dans les forêts *domaniales*, doivent être visés pour timbre et enregistrés en débet, ainsi que cela a lieu pour les actes concernant les travaux d'*amélioration*. Les droits restés en suspens sont à la charge de l'entrepreneur, qui les acquitte, après approbation des marchés, au vu des bordereaux remis par le chef du service forestier. (Décis. Min. du 24 mars 1864.)

24. *Dissolution. Décès.* — Les marchés passés pour l'exécution des travaux sont dissous par la mort des entrepreneurs. (Circ. N 22, art. 264. Cah. des ch. 42.)

25. *Dissolution. Décès. Faillite. Absence.* — En cas de décès ou de faillite de l'entrepreneur, le contrat sera résilié de plein droit, sauf à l'administration à accepter, s'il y a lieu, les offres qui pourront être faites pour la continuation des travaux, soit par la caution, qui sera tout d'abord mise en demeure de faire connaître sa détermination, soit par les héritiers ou les créanciers.

Il en sera de même lorsque l'entrepreneur aura disparu du pays depuis plus d'un mois, sans avoir rempli les formalités exigées. (Cah. des ch. 42.)

26. *Rupture. Indemnité.* — En cas de suppression des travaux qui font l'objet d'une entreprise, il y a lieu d'examiner si l'entrepreneur aurait réalisé des bénéfices, pour établir le droit de celui-ci à une indemnité. (Cons. d'Etat du 19 juillet 1878.)

MARCOTTE. V. Plant.

MARE.

1. *Distance. Établissement.* — La distance de la propriété voisine à laquelle on peut établir une mare n'est pas fixée; elle est déterminée par les règlements municipaux au point de vue de la salubrité ou par les usages locaux. Les dispositions de l'article 674 du code civil sont applicables à l'établissement des mares.

2. *Suppression. Maires. Police.* — Les dispositions d'un arrêté municipal qui prescrit la suppression d'une mare, comme moyen exclusif de faire disparaître des émanations nuisibles à la salubrité publique, alors qu'il peut en exister d'autres aussi efficaces et moins onéreux pour le propriétaire, constituent une atteinte au droit de propriété et un excès de pouvoirs. — Si les maires, en effet, sont chargés de prévenir par des précautions convenables les maladies épidémiques ou contagieuses, ils ne sont pas autorisés à déterminer eux-mêmes la nature et l'importance des travaux qui doivent être effectués. (Cass. 28 juillet 1893.) V. Etang.

MARI. V. Bien dotal. Futaie. Responsabilité. Usufruit.

MARIAGE.

1. *Préposés. Principe.* — Les gardes forestiers domaniaux et mixtes ne peuvent se marier sans l'autorisation du conservateur. En cas de refus du conservateur, il est statué par l'administration. Seront considérés comme démissionnaires, les gardes qui se marient sans permission, ou contrairement à l'opposition de l'administration. (Arr. Min. 27 février 1861. Circ. A 800.) Cette décision ne s'applique pas aux brigadiers et gardes communaux. (Circ. N 50.)

2. *Renseignements.* — Les gardes, en demandant l'autorisation pour se marier, doivent donner les indications nécessaires pour qu'on puisse prendre des renseignements sur la personne qu'ils se proposent d'épouser. Les agents fournissent les renseignements qu'ils ont recueillis, mais le conservateur peut les compléter, en s'adressant aux juges de paix et aux maires. Les conservateurs ont un pouvoir discrétionnaire pour apprécier s'il n'existe pas de motifs d'opposition; on ne doit recourir à l'administration que si le mariage peut déconsidérer le préposé et nuire au service. (Circ. A 800.)

3. *Instruction.* — Les demandes de mariage sont traitées d'urgence; on ne peut faire opposition que pour des causes de moralité ou de scandale, et non à cause de la position de fortune. (Circ. A 800.)

4. *Décision.* — Les conservateurs ne doivent statuer sur les demandes en autorisation de mariage formulées par les préposés domaniaux ou mixtes non libérés du service, qu'au vu d'une permission émanant de l'autorité militaire. (Circ. N 50.)

5. *Militaires.* — Les militaires qui peuvent contracter mariage sans autorisation préalable de l'autorité militaire sont : 1° les dispensés renvoyés dans leurs foyers; 2° les hommes de la réserve de l'armée active; 3° les hommes de l'armée territoriale et de sa réserve; 4° les hommes envoyés dans la disponibilité; 5° les ajournés; 6° les hommes classés dans les services auxiliaires; 7° les militaires envoyés en congé en attendant leur passage dans la réserve; 8° les exemptés par leurs infirmités. (Loi du 15 juillet 1889, art. 20, 21, 22, 23, 27, 39, 46, 50. Instr. Min. de la Guerre. Block.)

MARIN.

Délits. — Les délits forestiers ou de chasse commis par les marins, au service de l'Etat, sont poursuivis et punis comme ceux commis par les militaires. V. Militaire.

MARINE (ARBRES POUR LA).

SECT. I. — GÉNÉRALITÉS, 1 — 7.

SECT. II. — DÉSIGNATION, 8 — 21.

§ 1. *Ressources, Avis,* 8 — 11.

§ 2. *Martelage,* 12 — 21.

SECT. III. — EXPLOITATION, DÉLIVRANCE, 22 — 50.

§ 1. *Vente, Exploitation,* 22 — 33.

§ 2. *Evaluation, Reconnaissance,* 34 — 41.

§ 3. *Examen, Acceptation, Refus,* 42 — 50.

SECT. IV. — VALEUR, 51 — 58.

SECT. V. — REBUT, VENTE, 59 — 62.

Abatage, 26, 35.
Adjudication, 61.
Arbres, 9.
Bassins, 4, 5.
Bordereau, 39, 40, 41, 48.
Branches, 23.
Calepin, 19, 20.
Certificat, 47.
Choix, 50.
Circonscription, 4, 5.
Circulaires, 3.
Classement, 7.
Compte, 53, 56.
Coupes, 9, 10, 11.
Cubage, 38, 46.
Cube, 57.
Découpe, 44.
Déficit, 30.
Délivrance, 53.
Désignation, 13.
Détérioration, 29.
Dimensions, 21, 34.
Empreinte, 12.
Enregistrement, 49.
Estimation, 37, 56, 58, 59.
Etat, 21, 51, 52.
Etat d'assiette, 10.
Examen, 42.
Exploitation, 24, 27.
Façonnage, 26, 32.
Fourniture, 1.
Houppier, 22.
Ingénieurs de la marine, 6.
Législation, 2.
Livraison, 1, 45.
Longueur, 25.
Marque, 17, 18, 36, 44, 51.
Marteau, 12.
Martelage, 11, 14, 15, 16, 62.
Menus produits, 60.
Nombre, 21.
Numéro, 20.
Ouvrier, 31, 32.
Pénalités, 25.
Période, 54.
Prix, 54, 55.
Procès-verbal, 16, 36.
Rebut, 33, 47, 51, 57, 59, 60, 61.
Réception, 47, 48.
Reconnaissance, 34, 35, 45.
Règlement, 3.
Remanents, 50.
Réserve, 1, 15, 16.
Responsabilité, 28, 33.
Ressources, 8.
Revision, 55.
Série, 20.
Signaux, 7, 11.
Suspension, 2.
Tige, 25.
Timbre, 49.
Transport, 26, 32.
Valeur, 51, 52, 56, 58.
Ventes, 22, 60.
Vérification, 46.
Visite, 43.
Volume, 35, 47, 52.

SECT. I. — GÉNÉRALITÉS.

1. *Fourniture. Livraison.* — Le ministre des finances est autorisé à faire réserver et livrer directement, chaque année, par l'administration des forêts, à la marine de l'Etat, les bois extraits des forêts dépendant du domaine de l'Etat et propres aux constructions navales, en se conformant aux prescriptions ci-après. (Décr. du 16 octobre 1858, art. 1. Circ. A 773. Circ. N 7.)

2. *Législation. Suspension.* — Louis-Philippe, etc. ; — considérant :... que le département de la marine a pu s'approvisionner, depuis quelques années, en bois de chêne, pour les constructions navales, sans le secours du martelage, en laissant aux adjudicataires des fournitures le soin de rechercher eux-mêmes les arbres nécessaires à leurs exploitations, tant dans les bois soumis au régime forestier que dans les bois des particuliers ; — que ce mode paraît pouvoir être continué sans inconvénient pendant la paix ; etc..., ordonne :

Art. 1er Le service de la surveillance des fournitures de bois de marine, institué par notre ordonnance du 7 septembre 1832, sera supprimé à dater du 1er janvier 1839. (Ord. 14 décembre 1838.)

NOTA. Depuis l'ordonnance royale du 14 décembre 1838, les articles ci-dessous du code forestier (articles 122, 123, 124, 125, 126, 127, 128, 129, 130,

131, 132, 133, 134 et 135), relatifs au martelage des bois pour la marine, ne sont plus appliqués.

CODE FORESTIER.

SECT. 1re. — *Des bois destinés au service de la marine.*

Art. 122. Dans tous les bois soumis au régime forestier, lorsque des coupes devront y avoir lieu, le département de la marine pourra faire choisir et marteler par ses agents les arbres propres aux constructions navales, parmi ceux qui n'auront pas été marqués en réserve par les agents forestiers.

Art. 123. Les arbres ainsi marqués seront compris dans les adjudications et livrés par les adjudicataires à la marine, aux conditions qui seront indiquées ci-après.

Art. 124. Pendant dix ans, à compter de la promulgation de la présente loi, le département de la marine exercera le droit de choix et de martelage sur les bois des particuliers, futaies, arbres de réserve, avenues, lisières et arbres épars.

Ce droit ne pourra être exercé que sur les arbres en essence de chêne, qui seront destinés à être coupés et dont la circonférence, mesurée à un mètre du sol, sera de quinze décimètres au moins.

Les arbres qui existeront dans les lieux clos attenant aux habitations, et qui ne sont point aménagés en coupes réglées, ne seront point assujettis au martelage.

Art. 125. Tous les propriétaires seront tenus, sauf l'exception énoncée en l'article précédent et hors le cas de besoins personnels pour réparations et constructions, de faire, six mois d'avance, à la sous-préfecture, la déclaration des arbres qu'ils ont l'intention d'abattre et des lieux où ils sont situés.

Le défaut de déclaration sera puni d'une amende de dix-huit francs par mètre de tour pour chaque arbre susceptible d'être déclaré.

Art. 126. Les particuliers pourront disposer librement des arbres déclarés, si la marine ne les a pas fait marquer pour son service dans les six mois à compter du jour de l'enregistrement de la déclaration à la sous-préfecture.

Les agents de la marine seront tenus, à peine de nullité de leur opération, de dresser des procès-verbaux de martelage des arbres dans les bois de l'Etat, des communes, des établissements publics et des particuliers, de faire viser ces procès-verbaux par le maire, dans la huitaine, et d'en déposer immédiatement une expédition à la mairie de la commune où le martelage aura eu lieu.

Aussitôt après ce dépôt, les adjudicataires, communes, établissements ou propriétaires, pourront disposer des bois qui n'auront pas été marqués.

Art. 127. Les adjudicataires des bois soumis au régime forestier, les maires des communes, ainsi que les administrateurs des établissements publics, pour les exploitations faites sans adjudication, et les particuliers, traiteront de gré à gré du prix de leurs bois avec la marine.

En cas de contestation, le prix sera réglé par experts nommés contradictoirement, et, s'il y a partage entre les experts, il en sera nommé un d'office par le président du tribunal de première instance, à la requête de la partie la plus diligente; les frais de l'expertise seront supportés en commun.

Art. 128. Les adjudicataires des bois soumis au régime forestier, les maires des communes, ainsi que les administrateurs des établissements publics, pour les exploitations faites sans adjudication, et les particuliers, pourront disposer librement des arbres marqués pour la marine, si, dans les trois mois après qu'ils en auront fait notifier à la sous-préfecture l'abatage, la marine n'a pas pris livraison de la totalité des arbres marqués appartenant au même propriétaire et n'en a pas acquitté le prix.

Art. 129. La marine aura, jusqu'à l'abatage des arbres, la faculté d'annuler les martelages opérés pour son service; mais, conformément à l'article précédent, elle devra prendre tous les arbres marqués qui auront été abattus, ou les abandonner en totalité.

Art. 130. Lorsque les propriétaires des bois n'auront pas fait abattre les arbres déclarés dans le délai d'un an, à dater du jour de la déclaration, elle sera considérée comme non avenue, et ils seront tenus d'en faire une nouvelle.

Art. 131. Ceux qui, dans les cas de besoins personnels pour réparations ou constructions, voudront faire abattre des arbres sujets à déclaration, ne pourront procéder à l'abatage qu'après avoir fait préalablement constater ces besoins par le maire de la commune.

Tout propriétaire convaincu d'avoir, sans motifs valables, donné, en tout ou en partie, à ses arbres, une destination autre que celle qui aura été énoncée dans le procès-verbal constatant les besoins personnels, sera passible de l'amende portée par l'article 125 pour défaut de déclaration.

Art. 132. Le Gouvernement déterminera les formalités à remplir, tant pour les déclarations de volonté d'abattre, que pour constater, soit les besoins, dans le cas prévu par l'article précédent, soit les martelages et les abatages. Ces formalités seront remplies sans frais.

Art. 133. Les arbres qui auront été marqués pour le service de la marine dans les bois soumis au régime forestier, comme sur toute propriété privée, ne pourront être distraits de leur destination, sous peine d'une amende de 45 francs par mètre de tour de chaque arbre, sauf néanmoins les cas prévus par les articles 126 et 128. Les arbres marqués pour le service de la marine ne pourront être équarris avant la livraison, ni détériorés par ses agents avec des haches, scies, sondes ou autres instruments, à peine de la même amende.

Art. 134. Les délits et contraventions concernant le service de la marine seront constatés, dans tous les bois, par procès-verbaux, soit des agents et gardes forestiers, soit des maîtres, contre-maîtres et aides contre-maîtres assermentés de la marine; en conséquence, les procès-verbaux de ces maîtres, contre-maîtres et aides contre-maîtres feront foi en justice, comme ceux des gardes forestiers, pourvu qu'ils soient dressés et affirmés dans les mêmes formes et dans les mêmes délais.

Art. 135. Les dispositions du présent titre ne sont applicables qu'aux localités où le droit de martelage sera jugé indispensable pour le service de la marine et pourra être utilement exercé par elle.

Le Gouvernement fera dresser et publier l'état des départements, arrondissements et cantons qui ne seront pas soumis à l'exercice de ce droit.

La même publicité sera donnée au rétablissement de cet exercice dans les localités exceptées, lorsque le Gouvernement jugera cet établissement nécessaire.

3. *Règlement. Circulaires.* — Le règlement ministériel du 19 février 1862. (Circ. A 816) modifie l'instruction ministérielle du 5 février 1859 (Circ. autogr. nº 69 du 28 février 1859), mais rien n'indique que cette instruction soit complétement annulée par ce règlement postérieur.

Les circulaires A 773 et A 780 paraissent annulées en fait par la circulaire A 816, mais rien ne l'indique positivement.

4. *Bassins.* — La France est, quant aux approvisionnements de la marine, partagée en bassins forestiers, et chaque bassin en un certain nombre de circonscriptions.(Circ. N 7.)

5. *Division de la France en bassins forestiers et des bassins en circonscriptions forestières.* — Cette division fait l'objet d'un tableau annexé à la circulaire N 7.

6. *Ingénieurs des constructions navales.* — Il est nommé des ingénieurs des constructions navales pour surveiller les approvisionnements des arsenaux, et les agents forestiers doivent leur fournir tous les renseignements nécessaires sur les ressources des divers départements, en bois propres aux constructions navales. (Circ. A 723.)

7. *Classement des bois. Signaux.* — Les notions pratiques pour le classement et le choix des arbres de marine, l'indication des dimensions et formes des arbres, les formules et le calepin pour le martelage des bois de marine ont été adressés aux agents par la circulaire autographiée nº 69 du 28 févr. 1859.

EXTRAIT
des
NOTIONS PRATIQUES
sur
Le choix et le classement des bois de marine en date du 25 février 1859.

Les agents forestiers chargés du martelage des bois de marine doivent être en état :

1º De reconnaître si un arbre est propre à donner une pièce de marine.

2º De déterminer, l'arbre étant sur pied, la nature de la pièce qu'il pourra fournir. Or, les conditions à remplir pour qu'un arbre soit propre à la marine tiennent à la forme de l'arbre, à ses dimensions et à la qualité du bois.

3º Enfin de constater et d'apprécier, avant et après l'abatage, les défauts qui seraient de nature à faire rejeter les bois comme impropres aux constructions navales.

Catégories.

En ce qui concerne la forme, les pièces de bois de chêne que l'on emploie dans les constructions navales sont définies par l'instruction du ministre de la marine en date du 28 juillet 1852. Elles se divisent en plusieurs catégories, savoir :

A. *Les bois droits.* — Ils comprennent huit signaux (ou pièces de formes différentes), qui sont : la quille, l'étambot, la mèche de gouvernail, la bitte, le plançon, le demi-bau, le bau et le barrot de gaillard.

B. *Les bois courbants.* — Ils se subdivisent en :

Bois à une courbure ;

Bois à deux courbures dans le même plan ;

Bois à deux courbures dans deux plans différents.

Les bois courbants à une courbure comprennent onze signaux, qui sont : le jas d'ancre, la demi-varangue, le bout d'allonge, la varangue plate, la préceinte de tour, l'allonge, l'étrave, la varangue acculée, la pièce de tour, la guirlande et le genou.

Les bois courbants à deux courbures dans le même plan comprennent deux signaux, qui sont : le genou de revers et l'allonge de revers.

Les bois courbants à deux courbures dans deux plans différents ne comprennent qu'un seul signal, que l'on désigne sous le nom de bois à deux bouges.

C. *Les bois courbes.* — Les bois courbes sont formés par l'insertion d'une forte branche dans le corps de l'arbre, sous des angles déterminés. Ils comprennent quatre signaux, qui sont : la courbe d'étambot, la courbe de jottereau, la courbe de brion et la courbe de pont.

On nomme bordages des madriers d'épaisseur variable, qui servent à revêtir intérieurement et extérieurement la carcasse des vaisseaux. Ces pièces sont débitées à la scie, dans les arsenaux, et proviennent ordinairement des signaux qui ont été désignés sous le nom de plançon, préceinte de tour, pièce de tour, bois à deux bouges.

Mesurage.

Les dimensions des pièces équarries s'expriment d'une manière uniforme, en nombre pair de décimètres pour la longueur, et de centimètres pour la largeur. Toute fraction d'un décimètre et au-dessous ou d'un centimètre et au-dessous est négligée dans les mesurages ; celle qui dépasse un décimètre ou un centimètre compte pour deux.

Les côtés d'équarrissage des *bois droits* se mesurent au milieu de la longueur des pièces et au petit bout, excepté pour les mèches de gouvernail, dont les côtés d'équarrissage se prennent à deux mètres du pied et au petit bout.

Pour les bois courbants, le mesurage de la longueur se fait suivant l'arc des pièces. Les côtés d'équarrissage se mesurent au milieu et au petit bout, de la manière suivante : la *largeur tour* se prend sur l'une des faces droites ou planes de l'équarrissage, et l'*épaisseur droit*, sur l'une des faces courbes, de la même manière que pour les bois droits. Quant au degré de courbure, on l'exprime en millimètres, par mètre de la longueur de la pièce, en mesurant la flèche ou la distance au milieu de l'arc à la corde qui passerait par ses extrémités.

Dans les bois courbes, les longueurs du pied et de la branche se mesurent à partir d'un sommet déterminé par la rencontre de deux lignes droites tracées par les milieux des largeurs sur une des faces latérales de la courbe. L'ouverture de la courbe se mesure en centimètres et s'obtient en joignant deux points pris sur ces lignes à la distance d'un mètre du sommet. Les côtés d'équarrissage sont pris au milieu de la longueur de chaque partie.

Classement. Dimensions.

Pour les bois qui doivent être équarris à vive arête et purgés d'aubier, la pratique enseigne que le côté d'équarrissage est à peu près égal au cinquième de la circonférence de l'arbre en grume mesurée à l'endroit indiqué par les tarifs de recette.

Des expériences faites sur des arbres abattus ont prouvé que la circonférence au milieu d'une pièce de chêne dont la longueur ne dépasse pas les dimensions réclamées par la marine est généralement égale au 9/10 de la circonférence mesurée à 1^{m},30 du sol, et, de même, que la circonférence au petit bout est égale au 4/5 de la circonférence de base. On peut donc toujours, en se fondant sur ce fait d'expérience, déterminer approximativement la grosseur et, par suite, les dimensions d'équarrissage au milieu et au petit bout d'un arbre sur pied, sauf à modifier le taux de décroissement, si cela est reconnu nécessaire dans la forêt où l'on opère.

Quant au degré de courbure d'un arbre sur pied, il n'est pas très important de le déterminer exactement; car, pourvu que la courbure soit régulière ou puisse être régularisée par l'équarrissage de la pièce, les différences dans la longueur de la flèche peuvent plutôt avoir pour effet d'occasionner un déplacement dans le classement comme signal qu'une déchéance comme espèce.

Qualité et Défaut.

Le bois de chêne de bonne qualité prend un retrait prononcé par le dessèchement. Ce retrait se manifeste par des fentes plus ou moins nombreuses, que l'on remarque à la surface extérieure de la pièce, quand le bois est écorcé, et sur la section d'abatage. Le grain du bon bois de chêne est fin et serré; les couches annuelles sont larges ou moyennement larges et bien remplies; le bois fraîchement abattu est de couleur jaune paille ou rosée, et les morceaux que l'on en détache avec un instrument tranchant se cassent difficilement et ne se séparent que par déchirures. Les bois de chêne qui présentent ces caractères sont dits *nerveux* ; ce sont les plus estimés pour les constructions et la charpente.

Le bois de chêne que l'on qualifie de *bois gras*, parce qu'il est mou et tendre, prend peu de retrait par le dessèchement. Le bois gras a la fibre lâche, le grain peu serré, l'aspect terne et sec, la couleur brune tirant sur le roux et affectant souvent des teintes différentes, disposées en cercle, sur une section perpendiculaire à l'axe. Les couches annuelles sont ordinairement étroites et percées de vaisseaux comme un crible. Les copeaux se cassent avec facilité, avec netteté et sans éclat ni déchirure.

Les bois gras se chargent facilement d'humidité et sont très accessibles à la fermentation et à la pourriture. Cette disposition à s'altérer promptement les fait considérer comme absolument impropres aux constructions navales.

Les caractères généraux d'après lesquels on détermine la qualité des bois étant établis, il reste encore à désigner les défauts ou vices particuliers qui peuvent affecter tous les bois et faire rebuter ceux-mêmes qui, par leur constitution, seraient de la meilleure qualité. Ces défauts sont la roulure, la gélivure, la cadranure, la torsion des fibres, la lunure ou double aubier, la grisette, la hupe et la pourriture sèche ou rouge.

SECT. II. — DÉSIGNATION.

§ 1. *Ressources. Avis.*

8. *Ressources.* — L'administration des forêts donne d'avance, à la marine, un aperçu des ressources qu'offre chaque coupe en bois de construction. (Décis. Min. des 27 mai et 24 juillet 1865.) Cet aperçu n'est fourni que sur la demande du département intéressé. (Circ. N 7.)

9. *Coupes. Arbres.* — Chaque année, avant le 1er février, l'administration fait connaître au ministère de la marine, par départements et arrondissements, les forêts domaniales renfermant des arbres de marine où les coupes devront avoir lieu. Un mois après, le département de la marine, en accusant réception de cet état, indiquera les coupes dans lesquelles elle désire que les arbres soient réservés, en faisant connaître les espèces et signaux dont elle a besoin et ceux qui lui sont inutiles. (Décr. du 16 octobre 1858, art. 2. Circ. A 773.)

10. *Etat d'assiette.* — Chaque année, sur l'état d'assiette des coupes domaniales, le conservateur fera inscrire à l'encre rouge le mot *marine* dans la colonne d'observation, en regard du nom des forêts qui renfermeront des bois propres aux constructions navales. (Règl. Min. 19 février 1862, art. 1. Circ. A 816.)

On inscrira la lettre M à côté des coupes où s'opèrent des délivrances à la marine. (Form. série 4, nº 1 bis. Circ. N 360.)

11. *Coupes. Martelage. Signaux.* — Avant l'époque des martelages, l'administration fera connaître au conservateur, par départements et arrondissements, les forêts et les coupes dans lesquelles la marine désirera que des arbres lui soient réservés.

Elle lui transmettra, en outre, le détail des espèces et signaux dont les constructions navales auraient plus spécialement besoin et des espèces et signaux qu'il serait, au contraire, inutile de comprendre dans les martelages. (Règl. Min. du 19 février 1862, art. 2. Circ. A 816.)

§ 2. *Martelage.*

12. *Marteau. Empreinte.* — Le marteau spécial pour le martelage des arbres de marine sera confié au chef de service ; l'empreinte en sera déposée aux greffes du tribunal de l'arrondissement et de la cour d'appel du ressort. (Règl. Min. du 19 février 1862, art. 3. Circ. A 816.)

13. *Désignation des arbres par la marine.* — A l'époque du martelage des coupes, les agents de la marine désignent, au moyen d'un ceinturage à l'huile, tous les arbres, situés dans les cantons en tour d'exploitation annuelle ou périodique, qu'ils jugent propres aux constructions navales. Des instructions sont données, par le chef de cantonnement, aux brigadiers et aux gardes forestiers, pour faciliter cette opération, qui peut s'étendre à l'assiette des coupes de plusieurs exercices. (Décis. Min. 27 mai et 24 juillet 1865.)

14. *Martelage.* — Il est procédé au martelage des arbres de marine en même temps qu'à la marque des coupes et par les mêmes agents. (Décr. du 16 octobre 1858. Règl. Min. du 19 février 1862.)

Les agents forestiers ne marquent, pour la marine, que les arbres préalablement désignés par les agents de la marine, alors même qu'il y aurait apparence d'omission. (Circ. N 7.)

15. *Martelage. Mode.* — Il sera procédé au martelage des arbres de marine par deux agents au moins, en même temps qu'à la marque des coupes.

L'empreinte du marteau spécial sera appliquée à $1^m,33$ au-dessus du sol et sur deux faces opposées.

Toutes les coupes renfermant des arbres propres à la marine seront marquées en réserve. Il n'est fait d'exception que pour les coupes dites d'extraction d'arbres ou de jardinage.

Les agents continueront à marquer ces dernières en délivrance ; mais deux arbres choisis à proximité de chaque arbre de marine seront frappés, comme témoins, du marteau de l'agent qui dirigera l'opération. En toute circonstance, un numéro de série sera, en outre, appliqué sur un blanchis à côté de la marque au corps et sur les deux faces. (Règl. Min. du 19 février 1862, art. 4. Circ. A 816.)

16. *Martelage. Mode. Procès-verbal.* — Les arbres réservés pour la marine de l'Etat porteront l'empreinte d'un marteau spécial et d'un numéro de série, appliquée par les agents de l'administration des forêts.

Cette administration fera dresser de ce martelage un procès-verbal, contenant toutes les indications propres à faire juger de l'importance approximative de chaque arbre. Copie de ce procès-verbal, dûment certifiée, sera transmise au ministre de la marine. (Décr. 16 octobre 1858, art. 3. Circ. A 773.)

17. *Marque.* — Les arbres réservés pour la marine porteront au corps, sur deux côtés opposés, l'empreinte d'un marteau spécial, à l'effigie de l'ancre, avec les lettres F. M ; ils porteront, en outre, un numéro de série. (Anc. Cah. des ch.)

18. *Marque. Signal.* — Les arbres de marine sont frappés du marteau spécial, à $1^m,33$ du sol et sur deux faces opposées ; un numéro de série est, en outre, appliqué sur un blanchis à côté de chaque marque au corps. La circonférence du signal est mesurée sur les marques ; sa hauteur est déterminée d'une manière approximative. (Règl. Min. 19 février 1862. Circ. N 7, art. 7.)

19. *Note. Calepin.* — Chaque arbre marqué pour la marine sera inscrit, lors du martelage de la coupe, sur un calepin spécial fourni par l'administration. (Règl. Min. 19 février 1862, art. 5. Circ. A 816.)

20. *Inscription. Numéro. Série.* — Chaque arbre marqué pour la marine est inscrit, lors du martelage, sur un calepin spécial (Form. série 4, n° 55), puis porté sur le procès-verbal de martelage de la coupe, par l'indication du numéro de série de la circonférence à $1^m,33$. Le nombre des arbres de marine est indiqué sur les affiches de vente. (Circ. N 7, art. 9.)

21. *Etat. Nombre. Dimensions.* — Aussitôt après la clôture des opérations de balivage, les conservateurs adressent à l'administration, qui le transmet au ministre de la marine, un état dont le cadre est annexé à la circulaire N 7, indiquant, d'après les procès-verbaux de martelage, le nombre et les dimensions par classe des arbres de marine réservés dans chaque coupe. (Décr. du 16 octobre 1858, art. 2. Circ. N 7, art. 10.)

SECT. III. — EXPLOITATION. DÉLIVRANCE.

§ 1. *Vente. Exploitation.*

22. *Vente des coupes. Houppiers.* — Les arbres réservés pour la marine ne seront compris dans les ventes que pour les houppiers et, en général, pour toutes les parties non réservées, dont le détail sera donné sur les affiches de ventes. (Décr. du 16 octobre 1858, art. 4. Circ. A 773.)

23. *Branches.* — Les branches des arbres feront seules partie de la vente, et l'adjudicataire en effectuera la coupe suivant les indications des agents forestiers. (Anc. Cah. des ch.)

24. *Exploitation.* — Les bois de marine s'exploitent suivant les prescriptions ordinaires, à moins de clauses contraires. (Anc. Cah. des ch.)

25. *Tige. Longueur. Pénalités.* — Les tiges, ainsi que les branches exceptionnellement désignées comme étant propres aux constructions navales, seront laissées dans toute leur longueur. (Anc. Cah. des ch.) En cas d'inexécution, pénalités :

Amende : 50 à 500 francs. (Cod. For. 37.)
Dommages-intérêts facultatifs. (Cod. For. 37.)

26. *Abatage. Façonnage. Transport.* — Les adjudicataires seront chargés de l'abatage, de l'écorçage et du transport des arbres martelés, à un point déterminé de la forêt, dont la distance au centre de chaque vente sera indiquée sur les affiches susdites. (Décr. du 16 octobre 1858, art. 4. Circ. A 778.)

27. *Exploitation.* — Les arbres seront abattus pour le 1er mars après l'adjudication, par extraction de souche, de manière à laisser la culée tout entière. (Anc. Cah. des ch.)

28. *Responsabilité.* — L'adjudicataire est responsable de la détérioration ou du déficit des bois de marine jusqu'à leur transport hors de la coupe, à effectuer par les entrepreneurs de la marine. (Anc. Cah. des ch.)

29. *Détérioration. Indemnité.* — En cas de détérioration survenue aux pièces réservées pour la marine, soit par le fait de l'abatage, ou sur le parterre de la coupe, le dommage sera constaté par un procès-verbal distinct portant évaluation de l'indemnité à payer par l'adjudicataire. Le procès-verbal, signé par l'adjudicataire ou son représentant, sera adressé au conservateur, qui, après l'avoir vérifié et arrêté, le transmettra au directeur des domaines pour opérer le recouvrement de l'indemnité. (Anc. Cah. des ch.)

30. *Déficit.* — En cas de déficit d'arbres ou pièces reservées pour la marine, l'adjudicataire sera tenu d'en payer la valeur, d'après l'estimation qui en sera faite par les agents forestiers, sans préjudice des peines encourues en cas de soustraction frauduleuse. (Anc. Cah. des ch.) V. Vol de bois.

31. *Ouvriers de la marine.* — L'adjudicataire sera tenu de donner accès dans sa coupe aux ouvriers de la marine chargés de procéder au sondage, à l'éboutement, à l'équarrissage et au transport des pièces propres aux constructions navales. (Anc. Cah. des ch.)

32. *Façonnage. Transport.* — L'adjudicataire souffrira également l'introduction des ouvriers employés au façonnage et au transport des tiges ou portions de tiges rebutées, qui seront vendues par forme de menus marchés, avant le récolement de la coupe. (Anc. Cah. des ch.)

33. *Rebut. Responsabilité.* — L'adjudicataire sera responsable des tiges et bois rebutés par la marine, à vendre par forme de menus marchés, pendant un délai de quinze jours après leur adjudication. (Anc. Cah. des ch.)

§ 2. *Evaluation. Reconnaissance.*

34. *Reconnaissance. Dimension.* — Aussitôt après l'abatage, l'agent forestier consignera, dans un procès-verbal de reconnaissance, les dimensions de chaque tige ou branche réservée. Cet acte sera signé par l'adjudicataire ou son représentant, visé pour timbre et enregistré en débet. (Anc. Cah. des ch.)

35. *Abatage. Reconnaissance. Volume.* — Après l'abatage, le chef de cantonnement détermine et inscrit sur le calepin spécial (série 4, n° 55) les dimensions de chaque tige ou branche réservée. Il consigne, pour chaque coupe, le détail de cette opération, ainsi que le volume et la valeur commerciale des bois, dans un procès-verbal de reconnaissance (série 4, n° 57), en se conformant aux prescriptions qui y sont insérées relativement au mode de cubage à employer. Cet acte, signé par l'adjudicataire ou son représentant, est visé pour timbre et enregistré en débet, puis transmis au chef de service, qui, après vérification des cubages et des évaluations, le communique au conservateur, avec ses observations sur les prix attribués aux diverses catégories de produits. (Règl. Min. 19 février 1862, art. 6. Anc. Cah. des ch. Circ. N 7, art. 12.)

36. *Marque. Procès-verbal.* — Lorsque les arbres réservés pour la marine seront abattus, l'agent forestier marquera de son marteau particulier les deux extrémités de chaque portion de tige ou de branches qu'il aura reconnues propres aux constructions navales. Il mesurera la circonférence moyenne, la longueur de la tige et de chacune des branches réservées. Chacune de ces branches recevra, à ce moment, le numéro de série de l'arbre auquel elle appartient, avec un signe particulier (une astérisque ou une lettre). Cette opération sera faite en présence de l'adjudicataire ou de son réprésentant ; l'agent forestier consignera le détail de cette opération dans un procès-verbal conforme au modèle fourni par l'administration. Il sera dressé un procès-verbal distinct pour chaque coupe contenant des arbres de marine. Cet acte, visé pour timbre et enregistré en débet, sera remis en double au chef de service ; une des minutes sera remise à l'adjudicataire. (Règl. Min. du 5 février 1859. Circ. N 241.)

37. *Estimation.* — Il pourra n'être dressé qu'un seul procès-verbal d'estimation pour l'ensemble des forêts d'une même inspection ; les indications de toute nature y seront aussi consignées collectivement par coupe. (Circ. A 816.)

38. *Cubage.* — Les chefs de cantonnement doivent faire le cubage des tiges par des procédés uniformes, afin qu'il puisse y avoir concordance dans la détermination des volumes, quand l'ingénieur en fera la rectification. (Circ. A 816.)

39. *Bordereau.* — Aussitôt après la réception du procès-verbal de reconnaissance des arbres exploités, l'inspecteur transmet à l'ingénieur du bassin ou de la circonscription un bordereau (série 4, nº 58) contenant, par coupe, l'indication sommaire, tant des numéros de série que du volume des tiges et des branches réservées. (Règl. Min. du 19 février 1862, art. 7. Circ. N 7. art. 14.)

40. *Bordereau. Envoi.* — Les bordereaux contenant l'indication des numéros et séries des arbres abattus doivent être transmis chaque année par les inspecteurs aux ingénieurs des bassins de la circonscription, à la fin du mois de mars ou dans les premiers jours du mois d'avril. (Circ. N 128.)

41. *Bordereau.* — Un seul bordereau pourra être établi par forêt et même pour l'ensemble de plusieurs forêts, s'il ne doit point en résulter de retard dans l'envoi de cet acte à l'ingénieur de la marine. (Circ. A 816.)

§ 3. *Examen. Acceptation. Refus.*

42. *Examen.* — Aussitôt que les arbres auront été réunis au point de concentration, l'administration forestière en donnera avis aux ingénieurs de la marine, préposés à la surveillance de la fourniture des bois, qui prendront des mesures pour que l'examen des arbres commence dans un délai qui n'excédera pas un mois.

Ils informeront l'administration forestière du jour fixé pour le début des opérations. (Décr. du 16 octobre 1858, art. 5. Circ. A 773.)

43. *Visite.* — En procédant à la visite des arbres et afin de ne choisir que des pièces propres à la construction des navires, la marine pourra faire ébouter les arbres et en faire sonder les nœuds et autres défauts, à la hache ou à la tarière.

Dans le cas où les pièces rebutées auraient subi une dépréciation, par suite des sondages, il en sera tenu compte au département des finances. (Décr. du 16 octobre 1858, art. 6. Circ. A 773.)

44. *Marque. Découpe.* — Les pièces dont la marine a fait choix, après l'abatage, sont marquées de son marteau, découpées et équarries sur place par ses soins et à ses frais, puis immédiatement transportées à destination, par ses propres entrepreneurs, s'il n'a point été constaté de différence dans le cubage des bois. (Circ. N 7, art. 17.)

45. *Livraison. Reconnaissance.* — Un procès-verbal dressé contradictoirement par l'ingénieur de la marine et l'agent forestier constatera :

1º Le nombre et les dimensions des pièces livrées à la marine, ainsi que l'essence des bois;

2º La valeur de ces pièces estimées isolément;

3º Le montant de l'indemnité qui pourra être due par la marine, pour la dépréciation causée par les sondages aux pièces rebutées.

Ce procès-verbal contiendra l'avis distinct de l'ingénieur de la marine et de l'agent forestier; en cas de désaccord entre eux, sur le montant du prix ou des indemnités, cet acte sera dressé en double minute, dont l'une sera adressée au département de la marine et l'autre à l'administration des forêts. Les bois ne seront enlevés par les agents de la marine qu'après la rédaction de ce procès-verbal. (Décr. 16 octobre 1858, art. 8. Circ. A 773.)

46. *Cubage. Vérification.* — L'ingénieur de la marine détermine le volume cylindrique des portions de tiges reçues, d'après leur circonférence prise au milieu sur écorce, et vérifie l'exactitude des volumes portés au bordereau. En cas de désaccord, le cubage des arbres de marine est fait de nouveau contradictoirement avec l'agent forestier. (Circ. N 7, art. 16.)

47. *Réception. Rebut. Volume. Certificat.* — L'ingénieur renvoie à l'inspecteur les bordereaux, avec un certificat où il indique, par coupe, le nombre et le volume grume, sans réduction, tant des pièces rebutées que des portions de tige reçues. (Circ. N 7, art. 18.)

48. *Bordereau. Réception.* — On doit envoyer à l'administration le bordereau (form. série 4, nº 58) au verso duquel se trouve consignée la réception des bois par l'ingénieur de la marine. Cette pièce devra être adressée en un seul envoi par conservation, aussitôt après la réception des bois et au plus tard le 1er mars de l'année qui suivra la livraison. (Circ. N 128.)

49. *Timbre. Enregistrement.* — Les droits fixes de timbre et d'enregistrement, pour la délivrance des arbres réservés à la marine, sont compris dans la taxe de 1 fr. 60 pour cent payée par les adjudicataires des coupes. (Anc. Cah. des ch.)

50. *Choix. Marque. Rebut. Remanents.* — Les pièces dont la marine aura fait choix seront marquées de son marteau; elles seront ensuite découpées et équarries, par ses soins et à ses frais. La marine ne devra que le prix des pièces équarries, en raison de leur cube et de leur nature par espèces, ce cube étant calculé suivant les procédés de recettes de la marine.

Les pièces rebutées, de même que les remanents, resteront à la charge de l'administration des forêts, qui en opérera la vente suivant les formes ordinaires. (Décr. 16 octobre 1858, art. 7. Circ. A 773.)

SECT. IV. — VALEUR.

51. *Valeur des bois. Etat.* — Le conservateur arrêtera définitivement la valeur commerciale des bois, pour chaque coupe, et résumera le détail de cette estimation dans un

état qui devra être transmis à la direction des forêts avant le 1er juin de chaque année. (Règl. Min. du 19 février 1862, art. 6. Circ. A 816.)

52. *État. Volume. Valeur.* — L'état à fournir à l'administration, avant le 1er juin de chaque année, fera connaître en bloc le volume et la valeur commerciale des tiges réservées dans l'ensemble des forêts de chaque cantonnement, avec mention des évaluations faites par le chef de cantonnement, ainsi que par le chef de service ; on y joindra les explications nécessaires pour justifier les prix adoptés. (Circ. A 816.)

53. *Compte. Délivrance.* — Une commission nommée par le ministre de l'agriculture et le ministre de la marine sera chargée, chaque année, d'arrêter définitivement le compte des sommes dues par le département de la marine.

Ces sommes seront payées au département des finances, selon le mode indiqué par l'article 49 du décret du 31 mai 1862 ; elles figureront en recette au budget de l'administration des forêts pour l'exercice qui suit celui des coupes où les délivrances ont été faites. (Circ. N 7, art. 21.)

54. *Prix. Période.* — A partir de 1864 inclusivement, le prix des bois de marine, ainsi que le montant de l'indemnité due pour dépréciation des bois laissés à la charge de l'administration des forêts, est réglé pour cinq années consécutives. (Décis. Min. des 27 mai et 24 juillet 1865.)

Le montant des recettes ainsi calculé doit être inscrit par les conservateurs sur l'état des produits de l'exercice qui suit celui des coupes. (Circ. N 7, art. 22.)

Les prix par bassins, ainsi que les indemnités pour dépréciation des arbres abandonnés ont fait l'objet des circulaires N 205, 293 et 385.

55. *Prix. Revision.* — Les prix des bois de marine doivent être revisés au début de chaque période quinquennale. A cet effet, tous les cinq ans, en ce qui concerne les délivrances faites pour cette année seulement, et aussitôt après la vente des rebuts, le chef de service transcrira, dans un procès-verbal d'estimation (Form. série 4, nº 57), savoir :

1º La valeur commerciale des tiges et branches réservées, d'après les données arrêtées par le conservateur, pour chaque coupe ;

2º Le prix de vente des rebuts ;

3º La différence entre ces deux valeurs, représentant, d'après l'estimation des agents forestiers, le montant des sommes dues par la marine.

Cet acte, dressé en double, sera transmis à l'ingénieur de marine ; l'une des minutes sera adressée à la direction des forêts par le conservateur, après que l'ingénieur y aura consigné ses propres estimations. (Règl. Min. du 19 février 1862, art. 10. Décis. Min. des 27 mai et 24 juillet 1865. Circ. N 7, art. 23.)

56. *Compte. Estimation. Valeur.* — Immédiatement après la vente des rebuts, le chef de service transcrira, dans un procès-verbal d'estimation conforme au modèle arrêté de concert par l'administration des forêts et par celle de la marine, savoir :

1º La valeur commerciale des tiges et branches réservées, en totalisant, par forêt, les données arrêtées par le conservateur pour chaque coupe ;

2º Le prix de vente des rebuts ;

3º La différence entre ces deux valeurs, représentant, d'après l'estimation des agents forestiers, le montant des sommes dues par le département de la marine à celui de l'agriculture.

Cet acte, dressé en double, sera transmis à l'ingénieur du service des bois de marine.

L'une des minutes sera adressée à la direction générale des forêts, après que les ingénieurs y auront consigné leur propre estimation. (Règl. Min. 19 février 1862, art. 10. Circ. A 816.)

57. *Rebut. Culée.* — Dans l'évaluation des ébouture et remanents, pour lesquels le service de la marine est tenu de payer l'indemnité fixée par la circulaire N 205, on ne doit pas tenir compte de la partie de la culée que le commerce ne pourrait pas utiliser comme bois de service ou d'industrie. (Circ. N 241.)

58. *Estimation. Valeur.* — En envoyant, tous les cinq ans, à l'administration, les procès-verbaux d'estimation, le conservateur y joindra un état récapitulatif des délivrances effectuées dans les coupes des quatre exercices intermédiaires, savoir : par exemple, dans celles des exercices 1865 à 1868 pour la première période quinquennale, et celles de 1870 à 1873 pour la deuxième période, etc.

Cet état, dont l'objet est de faire connaître quelle a été, dans le cours de chaque période, la valeur réelle des bois reçus par la marine, sera établi par forêt, d'après les données des procès-verbaux annuels de reconnaissance, et d'après le résultat des adjudications des bois rebutés ; il sera rédigé sur la formule série 4, nº 60. (Circ. N 7, art. 24.)

SECT. V. — REBUT. VENTE.

59. *Rebut. Estimation.* — Après les diverses opérations effectuées par la marine, pour déterminer le choix des pièces propres à son service, et quand le résultat de ces opérations aura été notifié au chef de service par le renvoi du bordereau, toutes diligences devront être faites pour qu'il soit procédé à la vente des bois rebutés et remanents dans le plus bref délai possible.

A cet effet, l'agent forestier local dressera un procès-verbal de lotissement et d'estimation de ces bois. (Règl. Min. du 19 février 1862, art. 8. Circ. A 816.)

60. *Bois rebutés. Vente. Menus produits.* — Lorsque l'inspecteur connaît les pièces refusées, il prend les dispositions nécessaires pour qu'il soit procédé, dans la forme ordinaire des ventes par menus marchés et en évitant toute confusion avec d'autres produits, à l'adjudication des tiges rebutées, des éboutures et des remanents. Le chef de cantonnement dresse au préalable un procès-verbal de lotissement et d'estimation de ces bois. (Form. série 5, n° 2. Règl. Min. du 19 février 1862, art. 8 et 9. Circ. N 7, art. 19.)

61. *Rebut. Adjudication.* — L'adjudication des bois refusés aura lieu dans la forme ordinaire des ventes par menus marchés.

Il sera rendu compte du résultat à l'administration. (Règl. Min. du 19 février 1862, art. 9. Circ. A 816.)

62. *Martelages. Suppressions.* — Il n'a plus été effectué de martelages de bois de marine, dans les forêts domaniales, depuis 1888. (Circ. N 410. Circ. N 419. Circ. N 431.)

MARNE. V. Enlèvement. Terre.

MARNIÈRE. V. Carrière.

MARONAGE.

Abatage, 14.
Assurance, 13.
Bois équarris, 15.
Charpente, 5.
Concession, 8.
Définition, 1.
Délivrance, 4, 14.
Dimensions, 12.
Domicile, 2.
Droit, 6.
Droit communal, 8.
Edifice communal, 7, 8, 9.
Edifice public, 9, 10.
Epoque, 11.
Façonnage, 13.
Incendie, 12.
Jouissance, 11.
Maisons, 2, 11, 12.
Plancher, 5.
Prescription, 3.
Propriétaire, 2.
Redevance, 6.
Réduction, 6.
Titres, 7.
Vétusté, 12.

1. *Définition.* — Le droit de maronage est celui qui donne à l'usager le droit au bois de service ou de construction et de charpente.

Les droits de maronage sont des servitudes discontinues, qui se prescrivent par le même laps de temps que les autres servitudes. La prescription court à dater du jour de la dernière délivrance faite à l'usager. (Cass. 23 novembre 1846.)

2. *Maison usagère. Propriétaire. Domicile.* — Le bois de construction est dû à la maison usagère, quel que soit le domicile de son propriétaire. (Lyon, 5 décembre 1884. Cass. 11 janvier 1886.)

3. *Prescription.* — La prescription extinctive d'un droit de maronage ne court pas du jour du titre ou de la dernière délivrance, mais du jour où l'usager a eu besoin d'une délivrance, qu'il n'a pas réclamée. La preuve du besoin de l'usager est à la charge du propriétaire. (Pau, 4 avril 1870.)

4. *Délivrance.* — Les délivrances ordinaires sont celles que motive la vétusté des bâtiments ; les délivrances extraordinaires sont celles qu'occasionnent les incendies. (Circ. A 758.)

5. *Bois de charpente. Plancher.* — En Alsace, le droit de maronage comprenait, non seulement les bois de charpente proprement dits, mais aussi les bois nécessaires pour les planchers et cloisonnages. (Colmar, 28 novembre 1857.)

6. *Redevance. Droit. Limite.* — Un droit de maronage concédé à une commune, à charge de prestation et de redevance féodale, doit être limité aux maisons construites antérieurement à la loi du 4 août 1789. (Cass. 28 juillet 1852.)

7. *Titres. Droit. Edifices communaux.* — Un droit de maronage concédé, par un ancien seigneur, aux seuls habitants que ses libéralités avaient attirés dans ses domaines, ne peut être étendu à la construction et à la réparation des édifices communaux. (Colmar, 18 janvier 1844.)

8. *Droit communal. Concession. Edifice.* — Le droit de maronage concédé aux habitants d'une commune est réputé concédé à la commune elle-même et doit être étendu aux édifices communaux, quoiqu'il n'en soit pas fait mention dans les titres. (Nancy, 9 juillet 1835.)

9. *Edifices publics et communaux.* — Le droit de maronage accordé à une communauté attribue à celle-ci le bois nécessaire à la construction ou réparation de son église, comme à celle des maisons particulières. Mais la concession de ce droit ne s'étend pas aux fontaines publiques et privées. (Nancy, 28 mai 1833.)

10. *Edifices publics.* — Lorsque le titre accorde des bois pour la réparation des ponts et des fontaines, on peut déclarer que le droit de maronage doit profiter à d'autres édifices publics. (Cass. 23 mai 1832.)

11. *Maisons. Epoque. Jouissance.* — Lorsqu'un droit de maronage appartenant à une commune ne s'étend qu'à certaines maisons déterminées (celles construites avant le 4 août 1789, par exemple), les propriétaires de ces maisons sont fondés à réclamer, en cas de cantonnement, la jouissance exclusive de la portion de forêt qui a été attribuée à la commune, comme équivalent de ce droit. Les contestations à ce sujet sont du ressort des tribunaux. (Lettre du Min. de l'Int. 13 mars 1858.)

12. *Maisons détruites. Incendie. Cas fortuit. Vétusté. Dimension.* — Le propriétaire d'une forêt grevée d'un droit d'usage restreint au bois de service pour la reconstruction des maisons détruites par incendie, cas fortuits et vétusté, ne doit du bois de construction aux usagers que dans la mesure des besoins réels de ces derniers et d'après les dimensions de leurs maisons, au moment de leur destruc-

tion. Par suite, en cas de cantonnement, il y a lieu de prendre pour base de l'émolument usager les dimensions des maisons à l'époque des sinistres, et non celles qui ont pu leur être données ultérieurement, en les reconstruisant. (Cass. 14 juin 1881.)

13. *Assurance.* — Le droit de maronage pour la reconstruction d'une maison incendiée ne peut être exercé par l'usager, si une indemnité lui a été payée par une compagnie d'assurances contre l'incendie. (Nancy, 28 mai 1833.)

14. *Délivrance. Abatage. Façonnage.* — L'usager, auquel des bois de maronage sont délivrés en grume, doit les faire abattre, façonner et enlever à ses frais, en laissant les houppiers pour le propriétaire de la forêt. (Nancy, 20 juin 1850.)

15. *Bois équarris. Frais.* — Dans le silence du titre, le propriétaire de la forêt grevée peut délivrer aux usagers des bois de maronage *équarris* ; mais, s'il use de cette faculté, il ne peut mettre les frais de façonnage à la charge des usagers. (Metz, 24 novembre 1846.)

MARQUE.

Adjudicataire, 4, 6.
Arbres réservés, 5.
Bestiaux, 2, 6, 7, 12.
Bois, 4.
Bois indivis, 11.
Bois particulier, 12, 13.
Chablis, 3.
Contestation, 13.
Copie, 9.
Coupe, 4.
Définition, 1.
Enregistrement, 8.
Marque, 13.
Mode, 2, 13.
Panage, 6.
Pénalités, 4, 6, 12.
Préposé, 7.
Procès-verbal, 8, 9, 10.
Timbre, 8.
Usagers, 6.

1. *Définition. Bois.* — On appelle marque l'application de l'empreinte d'un marteau sur un arbre ou sur une bille de bois, pour les faire reconnaître.

2. *Bestiaux. Mode.* — La marque des bestiaux doit être faite au fer chaud pour les porcs et en couleur rouge pour les autres bestiaux. (Chambre des députés, 26 mars 1827.)

Elle doit être différente pour chaque commune ou section de commune usagère. (Cod. For. 73.)

3. *Chablis.* — Les chablis doivent être reconnus par le chef de cantonnement, qui les marque de son marteau. (Ord. 101.)

4. *Adjudicataire. Bois coupé. Pénalités.* — Les adjudicataires ou leurs associés, qui marquent de leur marteau des bois ne provenant pas de leur vente, seront punis, savoir :

Amende : 500 francs. (Cod. For. 32.)

En cas de récidive, *amende :* 1000 francs. (Cod. For. 32, 201.)

5. *Arbres réservés.* — Pour enlèvement ou changement de la marque sur les arbres réservés, pénalité :

Réclusion. (Cod. Pén. 439.)

6. *Adjudicataire du panage. Usagers. Bestiaux. Pénalités.* — Les adjudicataires du panage et les usagers sont tenus de faire marquer d'un fer chaud les porcs et bestiaux qu'ils envoient au pâturage ou au panage. Pour chaque porc ou tête de bétail non marquée, ils encourront, savoir :

Amende : 3 francs. (Cod. For. 55, 73.)

En cas de récidive, *amende :* 6 francs. (Cod. For. 55, 73, 201.) Non applicable aux communes. (Cod. For. 112.)

7. *Bestiaux.* — Les brigadiers sans triage sont chargés, lorsque le conservateur en aura donné l'autorisation, de marquer les porcs et les bestiaux admis au parcours dans les cantons défensables. (Circ. A 585.)

8. *Procès-verbal. Timbre. Enregistrement.* — Le procès-verbal de la marque des bestiaux des usagers doit être timbré et enregistré au droit fixe de 2 francs, en principal. Le droit de timbre est recouvré sur les usagers. L'enregistrement a lieu gratis, ou moyennant 2 francs en débet, à recouvrer sur les usagers, selon que ceux-ci sont dispensés ou tenus de payer les vacations forestières. (Décis. 4 juin 1838. Loi du 28 avril 1893, art. 22.)

9. *Procès-verbal. Copie.* — Il ne sera fourni qu'une seule expédition du procès-verbal de la marque des bestiaux par l'agent qui aura procédé à cette opération. (Circ. A 389.)

10. *Procès-verbal. Marque.* — Dans ces actes, on réunira, sous une même accolade, les bestiaux confiés à la garde du même pâtre. (Circ. A 389.)

11. *Bois indivis.* — Dans les bois indivis avec l'Etat, que le copropriétaire soit une commune ou un simple particulier, les troupeaux de ce copropriétaire sont soumis à la marque, en vertu des articles 73 et 113 du code forestier. (Rép. For. t. VI, p. 265.)

12. *Bois particulier. Bestiaux. Pénalités.* — Bien que les troupeaux des usagers en pâturage dans les bois particuliers doivent être marqués, le dépôt de la marque, prescrit par l'article 74, ne leur est pas applicable. Les particuliers peuvent alors faire fabriquer un double fer à marquer, dont l'un serait déposé au greffe, et l'autre remis au maire de la commune usagère, avec sommation de s'en servir pour marquer les troupeaux des usagers destinés à être conduits au pâturage. La marque doit être faite au fer chaud ou en couleur rouge. (Chambre des députés, 26 mai 1827.)

En cas d'inexécution et d'introduction au pâturage de bestiaux ou de porcs non marqués, il sera prononcé par tête de porc ou de bétail non marqué :

Amende : 3 francs. (Cod. For. 73, 120.)

En cas de récidive, *amende :* 6 francs. (Cod. For. 73, 120, 201.)

La marque doit être différente pour chaque commune ou section de commune usagère.

13. *Bois particulier. Mode de Marque. Contestation.* — L'article 74 du code forestier n'étant pas applicable aux bois particuliers, rien n'indique, dans la loi, que le bétail des usagers doive être marqué de la marque du propriétaire plutôt que de celle de la commune usagère. La marque du bétail faite uniquement par la commune, sans le concours du propriétaire, est légale, alors que le propriétaire ne justifie pas d'usages locaux ou d'un consentement exprès ou tacite donné par les usagers à la marque du propriétaire.

Les contestations sur le mode de marque et sur sa réglementation ne sont pas de la compétence des tribunaux correctionnels. (Riom, 26 novembre 1878.)

MARTEAU.

SECT. I. — MARTEAUX DE L'ÉTAT, 1 — 22.

§ 1. *Administration des forêts*, 1 — 19.

§ 2. *Marine*, 20 — 22.

SECT. II. — MARTEAUX PARTICULIERS, 23 — 43.

§ 1. *Principes*, 23 — 24.

§ 2. *Agents forestiers*, 25 — 29.

§ 3. *Préposés forestiers*, 30 — 37.

§ 4. *Adjudicataires*, 38 — 43.

SECT. III. — CONTREFAÇON, ALTÉRATION, FALSIFICATION, 44 — 51.

Achat, 25, 28, 30, 33.
Adjudicataire, 38, 42.
Agent forestier, 23, 24, 25, 45.
Cession, 32.
Clef, 5, 7, 8, 9, 21.
Contrefaçon, 44, 45, 49, 50.
Coupes, 41.
Dépôt, 4, 6, 20, 39.
Emploi, 27, 31.
Empreinte, 23, 27, 34, 39.
Entretien, 7, 14, 19, 28.
Etui, 4, 7, 9, 10, 11, 21.
Fabrication, 3, 17.
Falsification, 44, 45.
Forme, 38, 40.
Fourniture, 2, 19.
Garde, 23.
Indemnité, 26.
Marine, 20, 22.
Marque, 51.
Marteaux neufs de l'Etat, 1, 2, 44.
Modèle, 1.
Nombre, 25, 30, 41, 42.
Numéros, 34, 35.
Opérations, 12.
Ouverture, 11.
Particulier, 23, 45, 49.
Pénalités, 42, 44, 45, 46, 47, 48, 49.
Port, 37.
Poste, 26.
Première campagne, 16.
Préposé, 23, 30.
Prix, 32.
Remplacement, 15.
Réparation, 15, 18.
Représentation, 29.
Responsabilité, 5, 24, 43.
Substitution, 46.
Tournée, 12.
Transport, 10, 13.
Triage, 35, 36.
Usage, 43.
Usage criminel, 47, 48.
Vices, 17.

SECT. I. — MARTEAUX DE L'ÉTAT.

§ 1. *Administration des forêts.*

1. *Modèle.* — Les marteaux de l'Etat, d'un modèle uniforme, sont destinés aux opérations de balivage et de martelage. (Instr. du 23 mars 1821.)

2. *Fourniture.* — Les marteaux de l'Etat sont fournis par l'administration. (Instr. du 23 mars 1821. Circ. N 77, art. 3.)

3. *Fabrication.* — Les agents ne doivent, dans aucun cas, faire fabriquer des marteaux portant la marque de l'Etat, à peine de suspension et autres peines. (Instr. 23 mars 1821. Circ. N 77, art. 10.)

4. *Dépôt. Chef de service.* — Le marteau de l'Etat sera déposé chez l'agent forestier chef de service de chaque inspection et renfermé dans un étui fermant à deux clefs, dont l'une restera entre les mains de cet agent, et l'autre entre les mains de l'agent immédiatement inférieur. (Ord. 36. Circ. A 216. Circ. N 77, art. 3.)

5. *Clef. Responsabilité.* — Le chef de service est responsable du marteau et de la remise de la seconde clef aux agents chefs de cantonnement. (Circ. A 216.)

6. *Dépôt. Chef de cantonnement.* — Lorsqu'il y a impossibilité à ce que les marteaux soient déposés chez l'agent chef de service, les gardes généraux peuvent en devenir les dépositaires, mais sans en avoir les deux clefs. (Lettre de l'Admin. 15 juillet 1829.)

7. *Entretien. Clef.* — L'agent dépositaire des marteaux de l'Etat est chargé d'en entretenir l'étui et la monture en bon état ; il demeure responsable de son dépôt dans l'étui et de la remise de la seconde clef à l'agent à qui elle doit être confiée. (Ord. 36. Circ. A 216.)

8. *Agent. Clef.* — Chaque agent doit avoir une clef des marteaux. S'il n'y a pas assez de clefs, le conservateur doit en faire confectionner. (Circ. A 534 bis.)

9. *Clefs.* — Les deux clefs de l'étui d'un marteau ne doivent jamais être entre les mains du même agent. (Lettre de l'Admin. 15 juillet 1829.)

10. *Transport.* — Lors des opérations de balivage, le marteau de l'Etat est transporté dans son étui fermé sur le lieu des opérations, et il y est replacé aussitôt qu'elles sont terminées. (Instr. 23 mars 1821, art. 10.)

11. *Ouverture.* — La présence de deux agents est indispensable pour l'ouverture ou la fermeture de l'étui contenant le marteau de l'Etat. (Circ. N 77, art. 12.)

12. *Tournées. Opérations.* — Les agents restent constamment nantis du marteau de l'Etat pendant tout le cours de la campagne des opérations de balivage et de martelage. (Circ. N 77, art. 4.)

13. *Transport.* — Lorsque les marteaux de l'Etat doivent être envoyés à une distance trop grande pour que des gardes puissent être chargés de leur transport, les agents sont autorisés à les expédier par les chemins

de fer ou les messageries, en les renfermant dans une caisse ou un ballot ; sauf cette exception, il est absolument interdit de les confier à des personnes étrangères au service des forêts. (Circ. N 77, art. 5.)

14. *Entretien.* — L'administration se charge de l'entretien des marteaux de l'Etat. Les réparations urgentes ou de faible importance sont faites, dans les départements, à la diligence du chef de service et en présence d'un agent ou d'un préposé forestier. (Circ. N 77, art. 6.)

15. *Remplacement. Réparation.* — Chaque année, après la clôture des opérations de balivage et de martelage, les chefs de service adressent, s'il y a lieu, des propositions au conservateur pour le remplacement ou la réparation des marteaux. Le 1er octobre au plus tard, le conservateur transmet ces propositions à l'administration, avec un état collectif, série 4, no 7 ; il prescrit en même temps de transmettre sans retard à l'administration, par la voie des messageries ou des chemins de fer, les marteaux qui doivent être remplacés ou réparés à Paris. (Circ. A 559. Circ. N 77, art. 7, 8 et 9. Lettre de l'Admin. 17 décembre 1867, no 989.)

16. *Marteaux neufs. Première campagne.* — Le fournisseur s'est engagé, dans le cas où des marteaux seraient hors de service dans le cours d'une campagne, par suite de mauvaise qualité, soit à en réduire le prix, soit à les remettre en bon état.

On doit donc renvoyer à l'administration tout marteau neuf qui, dès la première campagne, se trouverait hors de service. On doit y joindre un rapport du chef de service indiquant les circonstances dans lesquelles le marteau a été mis hors d'usage et signaler les défauts de fabrication qui paraissent être la cause de cette détérioration. (Circ. autogr. no 37 du 3 mars 1880.)

17. *Fabrication. Vices.* — Les conservateurs signalent à l'administration les vices de fabrication constatés par l'usage des marteaux neufs. (Circ. N 364.)

18. *Réparations.* — L'administration autorise la réparation des marteaux au fur et à mesure des besoins ; la dépense est acquittée sur la production du mémoire de l'ouvrier, dûment certifié par le conservateur.

19. *Fourniture. Entretien. Mémoire.* — Pour la fourniture et l'entretien des marteaux, les mémoires sont arrêtés par le conservateur, et les objets fournis sont pris en charge par l'agent destinataire. (Règl. Min. 26 décembre 1866.)

§ 2. *Marine.*

20. *Dépôt.* — Un marteau spécial pour le martelage des arbres de marine, à l'effigie de l'ancre, avec les lettres F. M., est confié au chef du service forestier. (Décr. 16 octobre 1858. Règl. Min. du 19 février 1862. Circ. N 7, art. 5.)

21. *Clef.* — Le marteau destiné à la désignation des arbres de marine est renfermé dans un étui fermé avec une seule serrure, dont la clef reste entre les mains du chef de service. (Circ. N 77, art. 13.)

22. *Marine.* — La marine a un marteau particulier, qui sert à marquer, après l'abatage, les pièces dont elle a fait choix. (Circ. N 7, art. 17.)

SECT. II. — MARTEAUX PARTICULIERS.

§ 1. *Principes.*

23. *Marteaux particuliers.* — Les agents forestiers et les gardes seront pourvus chacun d'un marteau particulier, dont la direction des forêts déterminera, sous l'approbation du ministre de l'agriculture, la forme, l'empreinte et l'emploi, et dont chacun d'eux sera chargé d'en déposer l'empreinte au greffe des cours et des tribunaux. (Ord. 37.)

24. *Responsabilité.* — Les agents et gardes sont responsables de la perte, bris ou altération des marteaux qui leur sont confiés.

§ 2. *Agents forestiers.*

25. *Principes. Nombre.* — Les agents sont tenus de se pourvoir, à leurs frais, d'un marteau dont ils ne doivent se dessaisir en aucun cas ; il leur est interdit d'avoir plus d'un marteau correspondant à leur grade. (Circ. N 77, art. 15.)

26. *Poste. Indemnité.* — Les marteaux particuliers des agents de tous grades sont affectés au poste ; le titulaire sortant devra laisser son marteau à son successeur, moyennant indemnité. (Arr. Min. du 6 avril 1887. Circ. N 384.)

27. *Emploi. Empreinte.* — Les agents ont chacun un marteau spécial, servant notamment à marquer les bois de délit et les chablis abattus. Ces marteaux portent des empreintes différentes, suivant le grade des agents. (Instr. du 23 mars 1821. Circ. N 77.)

28. *Entretien.* — L'achat et l'entretien des marteaux particuliers sont à la charge des agents.

29. *Représentation.* — Les conservateurs se font représenter, dans leurs tournées, les marteaux des agents. (Circ. N 18, art. 6.)

§ 3. *Préposés forestiers.*

30. *Nombre.* — Les préposés sont tenus de se pourvoir, à leurs frais, d'un marteau dont ils ne doivent se dessaisir en aucun cas; il leur est interdit d'avoir plus d'un marteau correspondant à leur grade. (Circ. N 77, art. 15.)

31. *Emploi.* — Le marteau des gardes est employé à marquer les chablis, volis, les

souches et bois provenant des délits. (Livret des préposés, art. 16.)

32. *Cession. Prix.* — Les marteaux des préposés sont affectés au poste, et chaque garde le cède à son successeur, moyennant une indemnité réglée, en cas de différend, par le chef de cantonnement. (Décis. Min. du 3 mars 1842. Circ. A 522. Circ. N 51, art. 22. Circ. N 77, art. 17.)

33. *Achat.* — L'achat des marteaux des gardes est à la charge de ces préposés. (Circ. A 522.)

34. *Empreinte. Numéro.* — Les marteaux des préposés sont rectangulaires ; ils portent le numéro du triage et du cantonnement. La distinction des triages domaniaux et communaux est faite par les lettres D et C, et entre les brigadiers et les gardes, par les lettres B et G ; entre les brigadiers à triage et ceux sans triage, la distinction est faite par la disposition des lettres. (Décis. Min. du 3 mars 1842. Circ. A 522. Circ. N 77.) V. Empreinte.

35. *Numéro. Triage.* — Si, par suite d'une modification survenue dans l'organisation des garderies, le triage change de numéro, le marteau passe au triage qu'il désigne. (Décis. Min. du 3 mars 1842. Circ. A 522. Circ. N 77, art. 18.)

36. *Triages.* — Pour les marteaux, les triages mixtes sont réputés domaniaux. (Décis. Min. du 3 mars 1842. Circ. N 77.)

37. *Port.* — Les gardes doivent toujours être munis de leur marteau, en tournée. (Instr. du 13 août 1840. Livret des préposés, art. 15.)

§ 4. *Adjudicataires.*

38. *Adjudicataire.* — Tout adjudicataire de coupes, dans lesquelles il y aura des arbres à abattre, sera tenu d'avoir un marteau dont la forme sera déterminée par l'administration et d'en marquer les arbres et bois de charpente qui sortiront de sa vente. (Ord. 95.)

39. *Dépôt. Empreinte.* — Le dépôt de l'empreinte de ce marteau, au greffe du tribunal et chez l'agent forestier local, devra être effectué dans le délai de dix jours, à dater de la délivrance du permis d'exploiter, sous les peines portées à l'article 32 du code forestier. Il sera donné acte de ce dépôt par l'agent forestier. (Ord. 95, 134.)

Le délai ci-dessus n'est pas dans la loi et l'infraction ne peut donner lieu à aucune pénalité. V. Empreinte.

Les adjudicataires des coupes de bois peuvent n'effectuer qu'un seul dépôt d'empreinte de leur marteau, pour les différentes coupes d'un même exercice dont ils se sont rendus acquéreurs, dans un même arrondissement communal. (Circ. N 330.)

40. *Forme.* — Les marteaux des adjudicataires doivent être de forme triangulaire. (Cah. des ch. 18.)

41. *Nombre. Coupes.* — Les adjudicataires des coupes de bois peuvent ne présenter qu'un seul marteau, pour les différentes coupes d'un même exercice dont ils se sont rendus acquéreurs dans un même arrondissement communal. (Circ. N 330.)

42. *Nombre. Adjudicataire. Acquéreur. Pénalité.* — L'adjudicataire ou ses associés qui ont plus d'un marteau, pour la même vente (l'absence de marque sur les bois de la coupe n'est pas un délit), encourent :

Amende : 500 francs. (Cod. For. 32.)

Mais ils peuvent permettre à ceux qui achètent des bois dans leurs ventes de les marquer d'un marteau spécial, dont l'empreinte sera apposée à côté de celle du marteau de l'adjudicataire. (Cah. des ch. 16.) Dans ce cas, la marque du marteau de l'adjudicataire est obligatoire, et son oubli constitue le délit de double marteau prévu et puni par l'article 32 du code forestier.

43. *Usage. Abus. Responsabilité.* — Les adjudicataires sont responsables de l'abus de leur marteau, commis par leurs préposés ou gardes-vente, et ils sont passibles des peines édictées par l'article 32 du code forestier (*amende* : 500 fr.), si, à leur insu, on a marqué de leur marteau des arbres étrangers à la coupe, quand bien même ils n'auraient participé, ni personnellement, ni intentionnellement, à l'abus. (Cass. 1er août 1844.)

SECT. III. — CONTREFAÇON. ALTÉRATION. FALSIFICATION.

44. *Marteaux de l'Etat. Pénalités.* — La contrefaçon ou falsification des marteaux de l'Etat, ou l'usage des marteaux falsifiés ou contrefaits, est puni, savoir :

Travaux forcés : maximum, 20 ans. (C. P. 140.)

S'il y a des circonstances atténuantes :

Réclusion : 5 ans. (Cod. Pén. 140, 463.)
Amende : 100 à 3000 francs. (Un quart du bénéfice du faux.) (Cod. Pén. 164.)

45. *Marteau particulier. Pénalités.* — La contrefaçon ou falsification des marteaux des agents, ou la tentative, ou l'usage des marteaux falsifiés ou contrefaits (*griffes*) (Nancy, 21 décembre 1842), est puni, savoir :

Prison : 2 à 5 ans. (Cod. Pén. 142.)
Amende : 100 à 3000 francs. (Un quart du bénéfice du faux.) (Cod. Pén. 164.)
Facultatif : privation des droits civils, civiques ou de famille, 5 à 10 ans. (Cod. Pén. 42, 142.)
Facultatif : surveillance de la haute police, 5 à 10 ans. (Cod. Pén. 142.)

D'après l'arrêt de la cour de cassation, en date du 16 mars 1844, la contrefaçon des marteaux particuliers (brigadier) doit être assimilée à la contrefaçon du marteau de l'Etat et punie des mêmes peines. (Cod. Pén. 140 et 164.)

46. *Substitution.* — Pour substitution *frauduleuse* du marteau de l'adjudicataire à celui de l'Etat, pénalité :

Réclusion. (Cod. Pén. 439. Cass. 14 août 1812.)

47. *Usage criminel.* — L'usage criminel des vrais marteaux de l'Etat est puni, savoir :

Réclusion : 5 ans. (Cod. Pén. 141.)

48. *Usage criminel.* — L'usage criminel des vrais marteaux des agents est puni, savoir :

Prison : 6 mois à 3 ans. (Cod. Pén. 143.)
Facultatif ; privation des droits civils, civiques ou de famille, de 5 à 10 ans.)
Surveillance de la haute police, 5 à 10 ans. (Cod. Pén. 143.)

49. *Particulier. Contrefaçon.* — Ceux qui auront contrefait ou falsifié les marteaux des particuliers, servant aux marques forestières, ou qui auront fait usage des marteaux falsifiés ou contrefaits ; ceux qui, s'étant indûment procuré les vrais marteaux, en auront fait une application, ou un usage préjudiciable aux intérêts et aux droits des particuliers, seront punis, savoir :

Prison : 3 mois à 2 ans. (Cod. For. 200. Loi du 18 juin 1859.)
Amende : 100 à 300 francs. (Un quart du bénéfice du faux.) (Cod. Pén. 164.)

50. *Contrefaçon. Définition.* — Il y a contrefaçon ou falsification, dès que, par une empreinte simulée, on veut faire croire qu'un arbre a été marqué du marteau de l'Etat ; tel est l'emploi d'un compas pour faire une fausse marque. (Cass. 21 octobre 1813.) Pénalité : réclusion, 5 ans. (Cod. Pén. 140.)

51. *Marques fausses.* — Le seul fait de l'apposition de marques forestières, à l'aide de quelque instrument que ce soit, avec l'intention de simuler la marque de l'Etat, quel que soit d'ailleurs le plus ou moins d'exactitude dans l'imitation de cette marque, constitue le crime prévu par l'article 140 du code pénal, encore bien qu'il n'ait été contrefait aucun marteau de l'Etat. (Cass. 5 décembre 1844.) V. Empreinte. Marque.

MARTELAGE.

Agent, 3, 4.
Assistance des maires, 12.
Convocations, 12.
Définition, 1.
Délai, 11.
Jardinage, 6, 8.
Marque, 8.
Marque en délivrance, 6, 7, 9.
Marque en réserve, 5.
Moyen, 2.
Préposé, 4.
Présomption, 9.
Preuve, 9.
Principe, 3.
Procès-verbaux, 10.
Rédaction, 11.
Réserve, 9.
Signature, 11.

1. *Définition.* — Le martelage est l'opération qui consiste dans le choix et la désignation des arbres d'une ou de plusieurs révolutions (modernes et anciens), que l'exploitant d'une coupe doit réserver. V. *Balivage. Opération.*

2. *Moyen.* — Le martelage se fait avec le marteau, mais il peut se faire au moyen de griffes.

3. *Principe. Un ou deux agents.* — Il sera procédé annuellement à chaque opération de martelage par l'agent ou les agents qui seront désignés par le directeur des forêts. (Décr. du 30 mars 1886. Circ. N 366.)

4. *Agent et préposé.* — Le martelage des arbres morts et dépérissants se fait avec le marteau de l'Etat par un agent et un préposé. (Décis. du Direct. Gén. 1er novembre 1858. Décis. Min. du 25 juillet 1872.)

5. *Marque en réserve.* — Le martelage en réserve est celui dans lequel les arbres marqués de l'empreinte (baliveau, moderne, ancien) doivent être respectés dans l'exploitation de la coupe. (Coupes par contenance et à tire et aire. Arbres de marine.)

6. *Marque en délivrance.* — Le martelage en délivrance est celui qui s'applique aux arbres destinés à être abattus. (Coupe jardinatoire.)

7. *Marque en délivrance.* — Dans les coupes marquées en délivrance, les arbres doivent être marqués au corps et à la racine, de manière à ce que cette dernière marque subsiste après l'abatage ; les marques doivent être faites du même côté, au nord. (Circ. A 91.)

8. *Marque. Jardinage.* — Dans les coupes qui s'exploitent en jardinant ou par pied d'arbre, le marteau de l'Etat sera appliqué aux arbres à abattre et la marque sera faite au corps et à la racine. (Ord. 80 et 134.)

9. *Marque en délivrance. Réserve. Présomption. Empreinte. Preuve.* — Quand la coupe a été marquée en délivrance, il y a présomption légale qu'aucun arbre non marqué n'en fait partie. En conséquence, est inadmissible l'offre de preuve testimoniale tendant à établir, soit que les chablis vendus n'étaient pas tous frappés de l'empreinte du marteau de l'administration, soit que cette empreinte a disparu. (Cass. 14 janvier 1888.)

10. *Procès-verbaux. Rédaction.* — Les procès-verbaux de martelage sont dressés exclusivement par les chefs de service. (Circ. N 366.)

11. *Procès-verbaux. Délai. Signature.* — Les procès-verbaux de martelage sont établis au fur et à mesure des opérations et, au plus tard, dans un délai de quinze jours. Ils ne comportent d'autre signature obligatoire que celle du chef de service. (Circ. N 366.)

12. *Assistance des maires. Convocations.* — Les agents locaux devront prévenir, par écrit, les maires des communes propriétaires de bois soumis au régime forestier, au moins vingt-quatre heures d'avance, du jour auquel devront

avoir lieu les opérations de martelage des coupes communales. (Décis. Min. 25 juillet 1872.) Les maires n'ont que le droit d'assister sans participation aux martelages, dont les agents ont toute la responsabilité. (Lettre de l'Admin. 31 octobre 1872.)

MASSE GÉNÉRALE D'ENTRETIEN. (HABILLEMENT.)

1. *Institution. Centralisation.* — Les retenues pour les fournitures et l'entretien de l'habillement des gardes sont centralisées à la caisse des dépôts et consignations, par les soins des comptables du Trésor public, et constituent une masse générale d'entretien pour l'uniforme des préposés. (Arr. Min. du 28 octobre 1875. Circ. N 189.)

2. *Retenues. Etat.* — L'Etat des retenues pour la masse d'entretien indiquera le total des sommes encaissées par le trésorier général, au 31 décembre de chaque année. Cette indication sera faite au moyen de bordereaux ou récépissés, que les receveurs doivent remettre pour toutes les sommes dont ils se chargent en recette.

3. *Compte collectif. Situation.* — La situation du compte collectif tenu par la caisse des dépôts et consignations est réglée en capital et intérêts au 31 décembre de chaque année et transmise au ministre, dans le courant du trimestre suivant. (Arr. Min. du 28 octobre 1875. Circ. N 189.)

MASSIF.

1. *Défrichement.* — Au point de vue du massif, il n'y a aucune distinction à faire entre les bois appartenant au même propriétaire et ceux qui appartiennent à des propriétaires différents. La loi atteint chacune des parcelles qui, par leur réunion, forment un massif de 10 hectares au moins. (Cass. 8 janvier 1836.) V. Défrichement.

2. *Ruisseau.* — Il y a contiguïté entre deux bois séparés par un ruisseau seulement. (Cass. 26 août 1846.)

3. *Chemin.* — Un chemin communal séparant une portion des bois d'une forêt n'a pas pour effet de séparer ou isoler le massif, au point de vue du défrichement. (Cass. 28 août 1847. Circ. N 43, art. 2.)

4. *Chemins.* — Une forêt ne peut pas être considérée, au point de vue légal, comme formant autant de massifs distincts qu'elle renferme de portions séparées entre elles par des chemins. (Cass. 28 août 1847.)

5. *Séparation.* — On ne considère pas comme faisant massif deux bois séparés par des terres labourées, sur une distance de 30 mètres. (Décis. Min. du 14 août 1865. Circ. N 43, art. 4.)

MATÉRIAUX.

SECT. I. — TRAVAUX PUBLICS, 1 — 9.

SECT. II. — TRAVAUX FORESTIERS, 10 — 16.

Autorisation, 2.
Clôture, 4, 5.
Conditions, 10.
Détournement, 7, 8, 8 bis.
Emploi, 10, 13, 14.
Indemnité, 6, 14.
Lieux d'extraction, 10, 11
Occupation temporaire, 3, 4.
Poursuites, 8.
Prix, 12.
Qualité, 1.
Réemplois, 16.
Responsabilité, 8 bis.
Terrains forestiers, 15.
Travaux publics, 7.
Vente, 15.

V. Enlèvement. Expert. Extraction. Indemnité. Travaux publics.

SECT. I. — TRAVAUX PUBLICS.

1. *Définition. Qualités.* — Les matériaux non employés sont meubles. (Cod. Civ. 532.)

2. *Autorisation.* — Le conservateur autorise les extractions de matériaux, dans les bois soumis au régime forestier, lorsque ces extractions ont pour objet l'exécution de travaux publics. (Décis. Min. 11 août 1843. Circ. N 59, art. 28.)

3. *Occupation temporaire.* — Lorsqu'il y aura lieu d'occuper un terrain pour en extraire ou ramasser des matériaux destinés à des travaux publics, cette occupation est autorisée par un arrêté du préfet. (Loi du 29 décembre 1892, art. 3.)

4. *Clôture.* — Le droit d'extraire des matériaux pour les travaux publics s'arrête devant la propriété close de murs ou de toute autre clôture équivalente, suivant les usages du pays. (Cons. d'Etat, 27 juin 1834.)

Aucune occupation de terrain ne peut être autorisée à l'intérieur des propriétés attenant aux habitations et closes par des murs ou par des clôtures équivalentes, suivant les usages du pays. (Loi du 29 décembre 1892, art. 2.)

5. *Clôture.* — Le propriétaire a le droit de clore les terrains désignés aux entrepreneurs pour y prendre des matériaux. (Cons. d'Etat, 5 novembre 1828.)

En cas de contestation, le conseil de préfecture est compétent.

6. *Indemnité.* — La valeur des matériaux extraits est estimée d'après les prix courants sur place. Les matériaux n'ayant d'autre valeur que celle qui résulte du ramassage ne donnent lieu à une indemnité que pour le dommage causé à la surface. (Loi du 29 décembre 1892, art. 13.)

Lorsque le propriétaire reçoit le prix des matériaux extraits, il ne peut prétendre à une indemnité pour la privation de culture, qui n'est que la conséquence de l'exploitation de la carrière. (Cons. d'Etat, 12 avril 1889. Circ. N 458.)

7. *Travaux publics. Détournement.* — Les entrepreneurs ne peuvent pas détourner les matériaux de leur destination (Ord. 173), ni les prendre en dehors des limites fixées, sous peine d'être passibles de poursuites correctionnelles, en vertu des articles 144 et 145 du code forestier. V. Extraction.

8. *Détournement. Poursuites.* — Si les entrepreneurs détournent de leur emploi les matériaux extraits, ils ne sont plus protégés par les dispositions de l'article 145 du code forestier, et on peut exercer des poursuites contre eux. (Arr. du Cons. du roi du 4 septembre 1755. Loi du 29 décembre 1892, art. 16.)

8 bis. *Détournement. Responsabilité.* — Les entrepreneurs de travaux publics, autorisés à extraire des matériaux dans les forêts domaniales, moyennant redevance, sont considérés comme des adjudicataires et doivent être déclarés responsables et contraignables par corps, conformément aux articles 45 et 46 du code forestier, relativement aux amendes et restitutions encourues pour les délits et contraventions commis par leurs ouvriers. (Trib. de Mamers, 24 mai 1893.)

9. *Pénalités.* — Les matériaux dont l'extraction est autorisée ne peuvent être employés soit à l'exécution des travaux privés, soit à l'exécution des travaux publics autres que ceux en vue desquels l'autorisation a été accordée.

En cas d'infraction :

Payement de la valeur des matériaux extraits.
Amende : par charretée ou tombereau, de 10 à 30 francs par chaque bête attelée ; par charge de bête de somme, de 5 à 15 francs ; par charge d'homme, de 2 à 6 francs.

Les mêmes peines sont applicables au cas où l'extraction n'aurait pas été précédée de l'autorisation administrative. Il pourra être fait application de l'article 463 du code pénal. (Loi du 29 décembre 1892, art. 16.)

SECT. II. — TRAVAUX FORESTIERS.

10. *Emplois. Conditions.* — Les matériaux proviendront des lieux indiqués au devis ; ils seront de la meilleure qualité, parfaitement travaillés et mis en œuvre suivant les règles de l'art. Ils ne pourront être employés qu'après la visite et la réception qui en sera faite par les agents forestiers. En cas de surprise, de malfaçon ou de mauvaise qualité, ils seront rebutés et remplacés aux frais de l'entrepreneur. Les bois acceptés seront marqués du marteau des agents forestiers. (Cah. des ch. 29.)

11. *Lieux d'extraction. Changement.* — Lorsqu'il sera reconnu indispensable d'extraire des matériaux dans des lieux autres que ceux indiqués au devis, les prix en seront réglés d'après les éléments de ceux de l'adjudication ou par assimilation aux ouvrages les plus analogues. Dans le cas d'une impossibilité absolue d'assimilation, on prendra pour terme de comparaison les prix courants du pays.

Les nouveaux prix, après avoir été débattus par l'agent forestier avec l'entrepreneur, seront soumis à l'approbation de l'administration ; si l'entrepreneur n'accepte pas la décision de l'administration, il sera statué par l'autorité compétente. (Cah. des ch. 34.)

12. *Extraction. Prix.* — Dans le cas où il serait reconnu indispensable d'extraire des matériaux dans des lieux autres que ceux désignés au devis, le conservateur, sur le rapport des agents, établira de nouveaux prix d'extraction et de transport, d'après les éléments de l'adjudication. Si la dépense excède 300 francs, il en donne avis à l'administration par lettre spéciale. (Circ. N 22, art. 220 et 221.)

13. *Emploi.* — Toutes les fois que les agents prescriront l'emploi de matières neuves ou de démolition appartenant à l'Etat, l'entrepreneur ne sera payé que des frais de main-d'œuvre, d'après les éléments des prix du bordereau, rabais déduit, sans pouvoir répéter de dommages pour manque de gain sur les fournitures supprimées. (Cah. des ch. 31.)

14. *Emploi. Indemnité.* — Les entrepreneurs n'ont droit à aucune augmentation de prix, lorsque, de leur propre volonté, ils ont employé des matériaux meilleurs que ceux indiqués au devis. (Circ. N 22, art. 224.)

15. *Terrains forestiers. Vente.* — L'entrepreneur ne pourra, dans aucun cas, livrer au commerce les matériaux qu'il aurait fait extraire pour l'exécution de son marché, dans les bois ou terrains régis par l'administration des forêts. (Cah. des ch. 30.)

16. *Réemplois.* — Les matériaux qui ne peuvent pas être réemployés et qui sont susceptibles d'être vendus sont mis en adjudication, avec le concours des préposés des domaines ; ceux qui peuvent être utilisés sont réemployés, moyennant justification, pour les besoins du service d'où ils proviennent. (Décr. du 31 mai 1862.) Le réemploi des matériaux doit être prévu dans les devis et marchés. (Circ. N 104, § 3, nº 35.)

MATIÈRE SOMMAIRE.

1. *Nomenclature.* — Seront réputés matières sommaires et instruits comme tels : les appels des juges de paix... ; les demandes formées sans titre, lorsqu'elles n'excèdent pas 1500 francs... ; les demandes qui requièrent célérité ; les demandes en payement de loyer, fermage et arrérage de rentes. (Proc. Civ. 404. Loi du 11 avril 1838, art. 1er.)

2. *Procédure.* — Les matières sommaires seront jugées à l'audience, après le délai de

la citation échue, sur un simple acte, sans autres procédures, ni formalités. (Proc. Civ. 405.)

3. *Appels.* — Les appels de jugement rendus en matière sommaire seront portés à l'audience sur simple acte et sans autre procédure. (Proc. Civ. 463.)

4. *Frais. Liquidation.* — La liquidation des dépens et frais sera faite, en matière sommaire, par le jugement qui les adjugera. (Proc. Civ. 543.)

MAURES ET ESTÉREL (RÉGION DES).

Action, 11.
Arrêtés préfectoraux, 3.
Chasse, 16.
Chemins de fer, 12, 13, 14.
Constatation, 6.
Contre-feu, 15.
Débroussaillement, 10.
Degré de foi, 7.
Délit, 6.
Dispositions spéciales, 17.
Etendue, 18.
Exception, 2.
Faculté, 4.
Instruction, 11.
Limites, 1.
Nomenclature des communes, 19.
Pénalités, 5.
Période d'interdiction, 2.
Poursuites, 8.
Prescription, 9.
Procès-verbaux, 7.
Publication, 3.
Réserves, 4.
Responsabilité, 5.
Routes, 17.
Subventions, 17.
Tranchées, 10, 12, 13, 14.

V. Ecobuage. Feu. Incendie. Route. Tranchée.

1. *Limites.* — Est soumise aux dispositions de la présente loi, la région boisée des Maures et de l'Estérel, comprenant les communes et portions de communes situées entre le chemin vicinal de Saint-Nazaire à la gare d'Ollioules (à l'ouest), le chemin de fer vers l'est, à partir de cette gare, jusqu'à la station du Muy, le chemin qui se dirige au sud du Muy, vers Bargemont, jusqu'à la route de Draguignan à Grasse, cette dernière jusqu'à la Siagne, le cours de cette rivière jusqu'à son embouchure et la mer. (Loi du 19 août 1893, art. 1er. Circ. N 461.)

2. *Période d'interdiction. Exception.* — Pendant les mois de juin, juillet, août et septembre, l'emploi du feu est interdit aux propriétaires et aux tiers, même pour les exploitations forestières et agricoles usitées sous les dénominations d'écobuages, taillards, issards et petit feu, dans l'intérieur et à moins de deux cents mètres de tous bois, forêts ou landes peuplées de morts bois.

Toutefois, les préfets pourront, le conservateur des forêts entendu, autoriser, pendant tout ou partie de la période ci-dessus indiquée, sous réserve des dispositions d'ordre à prescrire par leurs arrêtés, les charbonnières, fours à charbon et feux d'atelier, mais sans préjudice, en cas d'incendie, des dommages-intérêts dus aux parties lésées. (Loi du 19 août 1893, art. 2. Circ. N 461.)

3. *Arrêtés. Publication.* — Les arrêtés préfectoraux relatifs au feu seront publiés et affichés dans chaque commune, au moins quinze jours avant l'époque fixée pour l'interdiction des feux. (Loi du 19 août 1893, art. 3. Circ. N 461.)

4. *Faculté. Réserves.* — En dehors de la période d'interdiction, sont autorisés, quelle que soit la distance de la propriété voisine, les charbonnières, fours à charbon, feux d'atelier, écobuages par fourneaux, incinérations de broussailles par tas, ainsi que l'emploi du petit feu, dans toutes les parties des bois, forêts et landes peuplées de morts-bois, qui sont séparées par des tranchées de protection établies et entretenues conformément à l'article 9 de la présente loi. Cette autorisation n'est accordée que sous la réserve, en cas d'incendie, des peines portées à l'article 458 du code pénal et de tous dommages-intérêts, s'il y a lieu.

Les dispositions de l'article 148 du code forestier sont maintenues en tout ce qu'elles n'ont pas de contraire à celles de la présente loi. (Loi du 19 août 1893, art. 4. Circ. N 461.)

5. *Pénalités. Responsabilité.* — Toute infraction aux dispositions de l'article 2 ou aux arrêtés préfectoraux pris en vertu de cet article (emploi du feu non autorisé) donnera lieu contre les contrevenants à un emprisonnement de un à cinq jours et à une amende de 20 à 500 francs, ou à l'une de ces deux peines seulement. Les maris, pères, mères, tuteurs et, en général, tous maîtres et commettants seront civilement responsables des délits et contraventions commis par leurs femmes, enfants, mineurs, pupilles, ouvriers, voituriers et autres subordonnés, dans les conditions prévues par l'article 206 du code forestier. (Loi du 19 août 1893, art. 5. Circ. N 461.)

6. *Délits. Constatation.* — Indépendamment de tous les officiers de police judiciaire chargés de rechercher et de constater les délits ruraux, les agents forestiers et les préposés forestiers, tant domaniaux que communaux, pourront rechercher et constater dans tous les bois et forêts les délits prévus par la présente loi.

Le même pouvoir appartiendra aux gardes particuliers agréés par le préfet, sur l'avis du conservateur des forêts, et assermentés à cet effet. (Loi du 19 août 1893, art. 6. Circ. N 461.)

7. *Procès-verbaux. Degré de foi.* — Les procès-verbaux dressés par les agents et préposés de l'administration des forêts, ainsi que par les gardes particuliers agréés, seront soumis à l'accomplissement des formalités prescrites par le titre XI du code forestier (écriture, signature, affirmation le lendemain de la clôture, enregistrement dans les quatre jours de l'affirmation).

Ils feront foi jusqu'à preuve contraire. (Loi du 19 août 1893, art. 6. Circ. N 461.)

8. *Poursuites.* — L'administration forestière est chargée des poursuites à exercer en exécution de l'article 5 de la présente loi, lorsque les délits constatés auront été commis dans des bois soumis au régime forestier.

Au cas contraire, les procès-verbaux seront transmis par l'inspecteur des forêts, dans le délai de vingt jours, au procureur de la République chargé des poursuites. (Loi du 19 août 1893, art. 7. Circ. N 461.)

9. *Prescription.* — Toute action relative aux délits et contraventions prévus par la présente loi sera prescrite par trois mois, à compter du jour où les délits et contraventions auront été constatés. (Loi du 19 août 1893, art. 8. Circ. N 461.)

10. *Débroussaillement. Tranchées.* — Tout propriétaire d'un terrain en nature de bois, forêt ou lande peuplées de morts-bois, qui ne serait pas entièrement débroussaillé, pourra être contraint par le propriétaire d'un terrain limitrophe de même nature à l'ouverture et à l'entretien, pour sa part, sur la limite des deux fonds contigus, d'une tranchée débarrassée de toutes broussailles, de tous bois d'essence résineuse et maintenue en parfait état de débroussaillement. La largeur de cette tranchée, établie par moitié sur chacun des fonds limitrophes, pourra varier de vingt à cinquante mètres. Dans ces limites, elle sera fixée d'accord entre les propriétaires intéressés et, en cas de désaccord, par le préfet, le conservateur des forêts entendu. (Loi du 19 août 1893, art. 9. Circ. N 461.)

11. *Actions. Instructions.* — Les actions concernant l'ouverture des tranchées de protection seront exercées, instruites et jugées comme les actions en bornage. (Loi du 19 août 1893, art. 10. Circ. N 461.)

12. *Chemins de fer. Etablissement et entretien des tranchées.* — Lorsqu'à moins de vingt mètres des lignes de chemins de fer il existera des terrains en nature de bois, forêt ou lande peuplées de morts-bois, qui ne seraient pas entièrement débroussaillés, il sera établi le long des voies ferrées des tranchées débarrassées de toutes broussailles et de tous bois d'essences résineuses; ces tranchées seront toujours maintenues en parfait état de débroussaillement. Elles auront une largeur de vingt mètres à partir du bord extérieur de la voie; elles devront être terminées dans un délai de six mois, à dater de la promulgation de la présente loi.

Les travaux d'établissement et d'entretien des tranchées seront exécutés par les compagnies concessionnaires de chemins de fer et à leurs frais.

Dans le mois qui suivra l'établissement de la tranchée, les propriétaires pourront enlever tout ou partie des produits, les compagnies restant chargées de faire disparaître le surplus.

A défaut par les compagnies concessionnaires de se conformer aux dispositions ci-dessus, les travaux seront exécutés à leurs frais, à la diligence des agents forestiers et sur l'autorisation du préfet, qui arrêtera le mémoire des frais et le rendra exécutoire. (Loi du 19 août 1893, art. 11. Circ. N 461.)

13. *Chemins de fer. Exceptions. Indemnité.* — Exceptionnellement, les bois d'essences résineuses pourront ne pas être abattus dans les tranchées et il pourra même y avoir dispense pour les compagnies de chemins de fer de l'établissement des tranchées sur les points où ces travaux auront été déclarés inutiles par un arrêté préfectoral, pris sur l'avis conforme d'une commission composée du conseiller général du canton, d'un agent forestier désigné par le conservateur des forêts et d'un ingénieur nommé par l'inspecteur général, directeur du contrôle du chemin de fer.

Les propriétaires pourront seulement réclamer une indemnité à raison de l'abatage des bois d'essences résineuses; auquel cas, ladite indemnité sera fixée suivant la procédure et les formes de la loi du 21 mai 1836. (Loi du 19 août 1893, art. 11. Circ. N 461.)

14. *Chemins de fer. Dispense de tranchées.* — Au cas où l'adoption par les compagnies de chemins de fer de la traction électrique ou de toute autre invention analogue viendrait à faire disparaître tout danger d'inflammation, un arrêté préfectoral, précédé de l'avis de la commission instituée par le présent article, pourrait dispenser lesdites compagnies de l'établissement des tranchées ou de l'entretien des tranchées existantes. (Loi du 19 août 1893, art. 11. Circ. N 461.)

15. *Contre-feu.* — Dans le cas d'incendie, et notamment quand il sera nécessaire d'ordonner le contre-feu, la direction des secours appartiendra au maire de la commune ou à son adjoint et, en l'absence de ces magistrats municipaux, à l'agent ou au préposé forestier le plus élevé en grade présent sur les lieux.

Cette mesure ne pourra donner lieu à aucun recours en indemnité. (Loi du 19 août 1893, art. 12. Circ. N 461.)

16. *Chasse.* — Le préfet pourra fixer, dans ses arrêtés pris en exécution de l'article 3 de la loi sur la police de la chasse, des dates spéciales d'ouverture pour tout ou partie des bois et forêts soumis aux dispositions de la présente loi. (Loi du 19 août 1893, art. 13. Circ. N 461.)

17. *Routes. Subventions. Dispositions spéciales.* — Une subvention de 3000 francs par kilomètre, mais qui ne pourra excéder 600000 francs au total, sera accordée sur le budget de l'agriculture pour la construction d'un réseau de routes de protection à établir dans la région des Maures et de l'Estérel.

La subvention de l'Etat sera acquise à tout chemin régulièrement classé, dont le tracé se trouverait compris dans le réseau préalablement étudié et approuvé par un décret rendu en conseil d'Etat.

Le mode et les termes du payement de chaque subvention seront réglés par le ministère de l'agriculture.

Les dispositions des lois et règlements relatifs aux chemins vicinaux d'intérêt commun seront applicables au réseau de routes mentionné à l'article précédent. (Loi du 19 août 1893, art. 14 et 15. Circ. N 461.)

18. *Etendue.* — La région des Maures et de l'Estérel comprend :

Bois domaniaux........	8107 h.	105187 h.
— communaux.......	20080	
— particuliers........	77000	

19. *Nomenclature des communes.* — Les communes comprises dans le périmètre visé par l'article 1er de la loi du 19 août 1893 sont les suivantes :

Inspection de Brignoles : Gonfaron et Pignans.

Inspection de Draguignan : les Arcs, le Cannet-du-Luc, Draguignan, le Luc, les Mayons-du-Luc, Trans, Vidauban, Bargemont, Montauroux, Callas, Callian, Claviers, Fayence, Figanières, Saint-Paul, Seillans, Tanneron, Tourrette, Cogolin, la Garde-Freinet, Gassin, Grimaud, la Molle, le Muy, Sainte-Maxime, Plan-de-la-Tour, Ramatuelle et Saint-Tropez.

Inspection de Toulon : les Adrets-de-Fréjus, Bormes, Collobrières, la Crau, Hyères, Pierrefeu, Cuers, La Garde près Toulon, Carnoules, Puget-Ville, Bagnols, Fréjus, Puget-sur-Argens, Saint-Raphaël, Roquebrune, la Seyne, Six-Fours et Toulon.

Inspection de Nice-Ouest : Auribeau et Maudelieu.

MAUVAISE FOI.

1. *Principe.* — C'est à celui qui allègue la mauvaise foi à la prouver. (Cod. Civ. 2268.)

2. *Conditions. Exemple.* — Le fait d'avoir acheté des bois, pendant la nuit, d'individus insolvables, et de les avoir immédiatement cachés dans une écurie, constitue la mauvaise foi. (Grenoble, 13 novembre 1874.)

MAYOTTE (ILE DE).

Service forestier. Organisation. — La garde et la conservation des bois et forêts du domaine sont placées dans les attributions du chef du service de l'intérieur. En l'absence d'agents forestiers, elles sont confiées aux agents des ponts et chaussées et de la police. (Décr. du 2 août 1886.)

Ce décret règle, en outre, les attributions des agents, les constatations des délits, la forme des procès-verbaux, les poursuites, la juridiction et le régime auquel sont soumis les bois du domaine et ceux des particuliers, ainsi que les contraventions, les délits et les peines, l'exécution des jugements, le reboisement et le gazonnement.

MÉDAILLE. V. Récompense.

MÉDAILLE D'HONNEUR FORESTIÈRE.

Cessation de fonctions, 6.
Décès, 11.
Diplôme, 4.
Durée, 5.
Epoque, 7, 11.
Etat, 11.
Inscription, 2.
Institution, 1.
Module, 2.
Nombre, 8, 9.
Port, 3.
Préposés sédentaires, 9.
Propositions, 7.
Retrait, 10.
Retraite, 11.
Ruban, 3.
Services, 5.
Suspension, 10.

V. Décoration.

1. *Institution.* — Des médailles d'honneur en argent peuvent être décernées par le ministre de l'agriculture aux préposés forestiers qui se sont signalés par de longs et irréprochables services, ou par des actes de dévouement ou de courage dans l'exercice de leurs fonctions. (Décr. du 15 mai 1883. Circ. N 313.)

2. *Inscriptions. Module.* — La médaille est du module de 30 millimètres ; elle porte sur une face la devise : *Honneur et dévouement*, et les mots *République française*; sur l'autre face, les mots : *Ministère de l'agriculture, Administration des Forêts, le nom et le prénom du titulaire et le millésime.* (Arr. Min. du 23 mai 1883, art. 6. Circ. N 313.)

3. *Port. Ruban.* — Les titulaires des médailles sont autorisés à porter la médaille suspendue à un double ruban rayé vert et jonquille. Le ruban ne peut être porté sans la médaille. (Arr. Min. du 23 mai 1883, art. 4. Circ. N 313.)

4. *Diplôme.* — Le titulaire d'une médaille reçoit un diplôme indiquant les faits qui lui ont valu cette distinction. (Arr. Min. du 23 mai 1883, art. 7. Circ. N 313.)

5. *Services. Durée.* — Une médaille d'honneur peut être accordée aux préposés forestiers domaniaux, mixtes ou communaux, qui comptent vingt ans de services irréprochables. (Arr. Min. du 23 mai 1883, art. 1er. Circ. N 313.)

6. *Cessation de fonctions.* — Les préposés qui ont cessé leurs fonctions ne peuvent prétendre à une médaille d'honneur. (Arr. Min. du 23 mai 1883, art. 2. Circ. N 313.)

7. *Propositions. Epoque. Gardes communaux.* — Les propositions des conservateurs doivent parvenir chaque année à l'administration, le 15 juin au plus tard. Ils y joignent, en ce qui concerne les préposés communaux, une copie entière de leur feuille de notes. (Circ. N 313.)

8. *Nombre.* — Le nombre total des médailles à décerner aux préposés forestiers do-

maniaux, mixtes et communaux en fonctions ne peut être supérieur à deux cent cinquante. (Arr. Min. du 30 juin 1891. Circ. N 437.)

9. *Préposés sédentaires. Nombre.* — Les brigadiers et gardes sédentaires peuvent recevoir, dans les mêmes conditions que leurs collègues du service actif, la médaille forestière, sans toutefois que leur nombre puisse être supérieur à quinze. (Arr. Min. 30 juin 1891. Circ. N 437.)

10. *Suspension. Retraite.* — L'autorisation de porter la médaille peut être suspendue pour motifs graves, par décision du ministre de l'agriculture.

Le retrait de la médaille peut être également prononcé par décision ministérielle.

Ces dispositions sont applicables aux préposés en retraite, comme à ceux en activité de service. (Arr. Min. du 23 mai 1883, art. 5. Circ. N 313.)

11. *Décès. Retraite. État. Époque.* — Les conservateurs adressent, le 15 juin au plus tard, chaque année, l'état nominatif des titulaires de médailles qui, depuis le 15 juin de l'année précédente, auraient été admis à la retraite, seraient décédés ou auraient été privés du droit de porter la médaille.(Circ. N 334.)

MÉDECIN.

1. *Certificat. Timbre.* — Les certificats des médecins assermentés sont exempts de timbre; mais les certificats des médecins particuliers des agents doivent être rédigés sur papier timbré. V. Certificat.

2. *Retraite. Infirmité.* — La délégation du médecin pour la constatation des infirmités, relativement à la mise à la retraite ou demande de congé pour cause de maladie, appartient au préfet. (Décis. Min. du 31 août 1854. Circ. A 741. Circ. N 81, art. 104.)

3. *Invalidité. Serment.* — Le médecin appelé à constater l'invalidité physique du fonctionnaire doit être désigné par l'administration et assermenté. (Décr. du 9 novembre 1853. Circ. N 81, art. 103,)

4. *Délégué. Serment. Enregistrement.* — Les médecins délégués par l'administration seront assermentés pendant tout le temps de leur délégation, et l'acte de la prestation de leur serment sera exempt de la formalité de l'enregistrement. (Circ. A 731.)

5. *Désignation.* — Le médecin appelé à constater l'état de maladie d'un agent, nécessitant son déplacement, est désigné par le conservateur. Il doit être assermenté. (Circ. A 733.)

MÉLÈZE.

Classification. — Arbre de 1re classe. (Cod. For. 192.)

MÉMOIRE.

SECT. I. — COMPTABILITÉ, 1 — 14.

SECT. II. — INSTANCE, 15 — 17.

Collectif, 12.
Condition, 6.
Date, 5.
Délai, 4.
Dépense, 1, 2.
Dépôt, 16, 17.
Établissement public, 17.
Facture, 3.
Fourniture, 5.
Greffier, 14.
Imprimeur, 8.
Instance, 15.
Quittance, 13.
Régie, 2.
Restauration des montagnes, 7.
Timbre, 3, 9, 10, 12, 13.
Travaux, 11.

SECT. I. — COMPTABILITÉ.

1. *Dépense de 10 francs.* — Pour les dépenses qui n'excèdent pas 10 francs dans leur totalité, la production de factures et mémoires de travaux ou fournitures n'est pas exigible, quand le détail des fournitures ou travaux est présenté dans l'ordonnance ou le mandat. (Circ. N 104, § 1, n° 20.)

2. *Dépense en régie.* — S'il s'agit d'une dépense exécutée en régie, il peut être suppléé à la facture ou au mémoire par une quittance de l'ayant droit, contenant le même détail. (Circ. N 104, § 1, n° 20.)

3. *Facture. Timbre.* — Les factures remplaçant le mémoire doivent être revêtues du timbre de dimension. (Circ. N 161.)

4. *Délai.* — Les mémoires des entrepreneurs ou fournisseurs doivent être fournis dans les trois mois qui suivent le trimestre pendant lequel les travaux ont été effectués ou terminés, et même dans un délai plus rapproché, si c'est possible. (Règl. Min. du 26 décembre 1866, art. 51. Circ. N 104.)

Les cahiers des charges, marchés, traités ou conventions à passer pour les services du matériel doivent toujours exprimer l'obligation, pour tout entrepreneur ou fournisseur, de produire les mémoires de ses travaux, fournitures et transports, dans un délai déterminé, sous peine de déchéance. (Décr. du 18 novembre 1882, art. 27. Circ. N 304.)

5. *Fourniture. Date.* — Les mémoires des entrepreneurs et fournisseurs doivent toujours indiquer la date précise, soit de l'exécution du service et des travaux, soit de la livraison des fournitures. (Circ. N 104, § 1, n° 8.)

6. *Condition.* — Les mémoires doivent être totalisés en chiffres et en toutes lettres; ils sont signés et datés par les créanciers, et leur domicile doit y être indiqué. (Circ. N 104, § 3, n° 31.)

7. *Restauration des montagnes.* — Tout fournisseur, commerçant, etc., et en général tout titulaire d'une créance dont le montant est compris entre 10 et 1,500 francs, n'ayant pas le caractère de salaires à la journée ou à la tâche, produit un mémoire (form. série 7, n° 53) en deux exemplaires, dont l'un est tim-

bré et signé. Ces mémoires sont transmis, à la fin de chaque mois, par l'agent régisseur au chef de service, qui adresse les originaux au conservateur et garde les copies dans ses archives. (Instr. Gén. du 2 février 1885, art. 160, 163, 182 et 183. Circ. N 345.)

8. *Imprimeur.* — Les mémoires des imprimeurs sont soumis, avant leur liquidation, au contrôle de l'imprimerie nationale, qui en fait la vérification.

Cette vérification est opérée conformément aux règlements de l'imprimerie nationale, d'après des tarifs en vigueur pour l'année en cours.

Il convient de rappeler, le cas échéant, ces dispositions au commerce, pour éviter des réclamations qui ne sauraient être accueillies. (Circ. A 514. Note de la direction, 14 mai 1892.)

9. *Timbre.* — Lorsque les mémoires sont sur timbre et quittancés, le mandat séparé revêtu de l'acquit n'est qu'une pièce d'ordre exempte de timbre.

10. *Timbre.* — Les mémoires de 10 francs et au-dessous sont exempts de timbre. (Loi du 13 brumaire an VII.)

11. *Travaux.* — Les mémoires ayant pour objet des travaux ou des fournitures d'une valeur supérieure à 10 francs sont assujettis au timbre; les frais de timbre sont à la charge des créanciers. (Loi du 16 brumaire an VII, art. 12, 16 et 29. Règl. sur la comptabilité publique, art. 174.)

12. *Mémoire collectif. Timbre.* — Quand plusieurs fournisseurs se réunissent pour présenter un mémoire collectif de leurs diverses fournitures, les acquits dont ils le revêtent ne sauraient constituer autant d'actes distincts; il n'y a qu'un mémoire acquitté par plusieurs parties prenantes et passible d'un seul droit de timbre, suivant la dimension du papier. (Circ. N 104, § 1, nº 13.)

13. *Quittance. Timbre.* — Lorsque les mémoires portant quittance sont timbrés ou que la quittance est fournie séparément sur papier timbré, l'acquit, donné *pour ordre* sur les mandats, n'entraîne pas la nécessité du timbre de ces pièces. (Circ. N 104, § 1, nº 14.)

14. *Greffiers.* — Les mémoires des indemnités dues aux greffiers doivent être rédigés sur timbre, lorsque le total dépasse 10 francs. (Décr. du 18 juin 1811.) V. Timbre.

SECT. II. — INSTANCE.

15. *Instance.* — Le mémoire à adresser au préfet, pour une instance domaniale ou communale (Loi du 5 novembre 1790), doit indiquer avec précision l'objet de la demande, le nom de la forêt et de la commune, les parcelles riveraines, leur situation et les noms, prénoms et demeures des demandeurs. V. Instance.

16. *Dépôt.* — Le dépôt du mémoire au préfet est considéré comme introductif d'instance et tient lieu de préliminaire de conciliation. (Cons. d'Etat du 20 octobre 1830. Décis. Min. du 16 novembre 1830.)

17. *Dépôt. Etablissement public.* — La remise du mémoire préalable à l'instance n'est pas légalement obligatoire pour les actions à intenter aux établissements publics. (Cabantous.)

MENACE.

Pénalités. — Quiconque aura menacé, par écrit anonyme ou signé, d'assassinat ou de tout autre attentat, si la menace est faite sous condition, sera puni, savoir :

Prison : 2 à 5 ans.
Amende : 150 à 1000 francs.
Facultatif : privation des droits civils ou civiques. Surveillance de la haute police. (Cod. Pén. 305.)

Si la menace n'était accompagnée d'aucun ordre ou condition, la peine sera :

Prison : 1 à 3 ans.
Amende : 100 à 600 francs.
Facultatif : privation des droits civils ou civiques. Surveillance de la haute police. (Cod. Pén. 306.)

Si la menace avec ordre ou sans condition a été verbale, la peine sera :

Prison : 6 mois à 2 ans.
Amende : 25 à 300 francs.
Facultatif : surveillance de la haute police. (Cod. Pén. 307.)

Pour menaces verbales ou écrites, faites avec ordre ou sans condition, de voies de fait ou de violence, autre que d'attentat à la personne, la peine sera :

Prison : 6 jours à 3 mois.
Amende : 16 à 100 francs, ou de l'une des deux peines seulement. (Cod. Pén. 308.)

MENUS MARCHÉS.

Adjudication, 8.
Affiches, 8, 9, 13.
Autorisation, 4.
Bois communaux, 3.
Bois domaniaux, 2, 12.
Chemins vicinaux, 6.
Conditions, 11.
Définition, 1.
Délégation, 14, 15, 16.
Encaissement, 2, 3, 12.
Etudes, 7.
Extraction de matériaux, 6, 7 bis.
Formalités, 8.
Formules, 10.
Prix, 12.
Recouvrement, 2, 3, 12.
Travaux, 7.
Visa, 9.

V. Produits forestiers.

1. *Définition.* — Les ventes dites menus marchés, termes employés par les articles 75, 102 et 174 de l'ordonnance, s'appliquent, pour les bois domaniaux, à tous les produits vendus, après façon ou à l'unité ; ces produits peuvent être ordinaires, extraordinaires ou

accidentels, et comprennent tous les chablis et bois de délits vendus sur pied, qu'ils soient ou non déduits de la possibilité. On vend suivant cette forme les produits accessoires des forêts communales et des établissements publics, tels qu'ils sont définis par l'arrêté ministériel du 1er septembre 1838, et les produits après façon ou à l'unité.

2. *Encaissement. Bois domaniaux.* — Le caractère des menus marchés est le payement à la caisse du receveur des domaines, au comptant ou à terme, mais sans traite. Il n'y a d'exception que pour les bois de délits et chablis déduits de la possibilité ; leur prix est alors versé à la caisse du trésorier-payeur général, au moyen d'une ou de plusieurs traites. (Arr. Min. du 31 mars 1863, art. 2. Circ. A 833. Circ. N 66.)

3. *Encaissement. Bois communaux.* — L'encaissement du prix des menus marchés est fait par le receveur municipal, au comptant ou à terme et sans traite. Il n'y a d'exception que pour les produits façonnés, quand leur estimation est supérieure à 500 francs. (Décis. Min. du 25 août 1865. Circ. N 15.)

4. *Autorisation.* — Les conservateurs autoriseront et feront effectuer les adjudications de tous les menus marchés. (Ord. 102, 134.)

5. *Arbres de marine.* — Les tiges ou portions de tiges des arbres de marine rebutés seront vendues par forme de menus marchés, avant le récolement des coupes.

L'adjudicataire de la coupe est responsable des tiges de bois de marine rebutées et vendues comme menus marchés, pendant un délai de quinze jours, après l'adjudication de ces bois. (Anc. Cah. des ch.)

6. *Chemins vicinaux. Extraction de matériaux.* — Les conservateurs autorisent la vente, comme menus marchés, des arbres abattus pour extraction de matériaux ayant pour objet les travaux des chemins vicinaux. (Ord. du 8 août 1845, art. 6.)

7. *Etudes. Travaux.* — Les conservateurs font vendre par forme de menus marchés les bois provenant des abatages effectués sur tracés de routes, canaux et autres travaux d'utilité publique. (Décis. Min. du 11 août 1843. Circ. A 540.)

7 bis. *Extraction de matériaux.* — Les arbres et portions de bois, qu'il serait indispensable d'abattre pour extraction de matériaux destinés aux travaux publics, seront vendus comme menus marchés, sur l'autorisation du conservateur. (Ord. 174.)

8. *Adjudication. Affiches. Formalités.* — Les ventes de bois façonnés, de produits d'élagages et autres exploitations accidentelles et autres menus produits, sont faites avec toutes les formalités prescrites par les adjudications des coupes. Lorsque l'évaluation des produits est inférieure à 500 francs, l'affichage au chef-lieu n'est pas obligatoire, ainsi que le dépôt au secrétariat de la vente du cahier des charges, et il n'est pas nécessaire que les affiches soient apposées sous l'autorisation du préfet. (Ord. du 23 juin 1830. Circ. N 80, art. 81 et 82.)

9. *Affiches. Visa.* — Les adjudications de menus marchés peuvent être faites aux chefs-lieux de cantons ou dans les communes voisines des forêts. Les affiches annonçant ces ventes sont dispensées de la formalité du visa par les préfets ou sous-préfets. (Circ. N 80, art. 83. Décr. du 25 février 1888. Circ. N 396.)

10. *Formules.* — Les formules d'actes, affiches et procès-verbaux, concernant l'adjudication des menus marchés, sont imprimées par les soins et aux frais de l'administration des forêts; elles se composent : 1° du procès-verbal de reconnaissance des objets à vendre ; 2° de l'affiche; 3° du procès-verbal d'adjudication. Il ne sera point imprimé de cahier des charges ; les clauses et conditions seront insérées dans le procès-verbal d'adjudication. Toutefois, pour les adjudications d'objets estimés plus de 500 francs, lesquelles auront lieu devant le préfet ou le sous-préfet, il pourra être rédigé un cahier des charges, dont le projet sera soumis à l'administration. (Arr. Min. du 9 février 1836.)

11. *Conditions.* — Les clauses et conditions d'exploitation, de vidange et de paiement ne pourront être insérées au procès-verbal d'adjudication qu'après avoir reçu préalablement l'approbation du conservateur. (Circ. N 80, art. 87.)

12. *Prix. Recouvrement. Bois domaniaux.* — Le prix de vente des menus marchés doit être recouvré par le receveur des domaines du lieu de l'adjudication. (Décis. Min. du 26 juin 1863. Circ. A 839.)

13. *Affiche annotée.* — Il est rendu compte des ventes de menus marchés au moyen d'une affiche annotée, adressée immédiatement après l'adjudication.

14. *Délégation.* — Les conservateurs délèguent les brigadiers pour suppléer les agents dans les ventes de produits accessoires des bois appartenant aux communes et aux établissements publics. (Ord. 13 janvier 1847.)

15. *Délégation.* — Lorsque l'estimation des produits accessoires des bois communaux n'excédera pas 100 francs, les agents peuvent se faire remplacer à la séance d'adjudication par un des préposés sous leurs ordres. (Ord. du 3 octobre 1841. Circ. A 519.)

16. *Délégation.* — Les inspecteurs peuvent se faire remplacer ou autoriser les agents sous leurs ordres à se faire remplacer par un chef de brigade dans les adjudications sur les lieux des produits forestiers, dont l'évaluation ne dépasse pas 500 francs. (Décr. du 25 février 1888. Circ. N 396.)

MENUS PRODUITS.

Etat. Bois domaniaux. — L'état récapitulatif des produits accessoires domaniaux prendra le nom d'état récapitulatif des *menus produits* et ne comprendra plus que les produits autres que ceux provenant des ventes de bois. (Circ. A 842.) L'état récapitulatif des menus produits vendus ou délivrés dans les bois domaniaux ne sera produit qu'en fin d'année. (Circ. N 372. Form. série 5, nº 11.) V. Délivrance. Produit et le nom des produits.

MERISIER.

Catégorie. — Arbre fruitier de 1re classe. (Cod. For. 192.)

MÉRITE AGRICOLE.

Institution. Décoration. — L'ordre du mérite agricole est institué pour récompenser les services rendus à l'agriculture. La décoration consiste dans une étoile à cinq rayons doubles surmontés d'une couronne de feuilles d'olivier ; le centre de l'étoile, entouré d'épis, présente, d'un côté, l'effigie de la République, avec la date de la fondation de l'ordre ; de l'autre côté, la devise : *Mérite agricole.* Les chevaliers portent la décoration attachée par un ruban moiré vert, bordé d'un liseré de couleur amarante, sans rosette, sur le côté gauche. Le ruban peut être porté sans la décoration. Les nominations de chevalier sont faites par arrêté du ministre de l'agriculture, et celles d'officier du mérite agricole sont faites, après deux ans de grade, par décret et doivent être publiées par le *Journal officiel.* (Décr. 7 juillet 1883 et 18 juin 1887.) V. Décoration.

MERRAIN.

Définition. — Bois destiné à la fabrication des douves, échalas, lattes, etc., et autres ouvrages de fente.

MESURE.

1. *Emploi.* — Les mesures métriques doivent être seules employées, surtout sur les mémoires, factures, etc., et autres pièces de comptabilité. (Loi du 4 juillet 1837.)

2. *Actes anciens.* — Dans les copies des actes anciens, on peut relater les anciennes mesures, en indiquant que cette relation est une analyse de l'ancien acte. (Instr. Min. 20 août 1842.)

3. *Bois de chauffage.* — Les mesures adoptées pour le bois de chauffage sont : le stère le double stère et le demi-décastère. (Instr. Min. du 15 septembre 1839.)

4. *Conditions. Dimension.* — Les membrures qui représentent les mesures de solidité du demi-décastère, du double stère et du stère, destinées à mesurer le bois de chauffage, seront construites en bon bois.

Les pièces qui les composent devront être bien dressées et assemblées solidement ; chaque membrure sera formée d'une sole, de deux montants et de deux contre-fiches ; elle doit avoir en plus deux sous-traits. La longueur de la sole entre les montants est fixée ainsi qu'il suit :

Demi-décastère, 3 mètres ; double stère, 2 mètres ; stère, 1 mètre ; pour les bois coupés à 1 mètre de longueur, la hauteur des montants sera : demi-décastère, 1m,667 ; double stère et stère, 1 mètre.

Cette hauteur variera suivant la longueur des bois, de manière à produire un solide de 1, 2 ou 5 mètres cubes. (Ord. 16 juin 1839.)

Les différentes hauteurs des montants correspondant aux différentes longueurs des bûches, sont indiquées au tableau ci-dessous. (Instr. Min. du 15 septembre 1839.)

LONGUEUR des bûches.		HAUTEUR DES MONTANTS du stère. — Sole, 1 m.		du double stère. — Sole, 2 m.		du demi décastère. — Sole, 3 m.	
m.	c.	m.	mm.	m.	mm.	m.	mm.
1	»	1	»	1	»	1	667
1	02	0	981	0	981	1	634
1	04	0	962	0	962	1	603
1	06	0	944	0	944	1	573
1	08	0	926	0	926	1	544
1	10	0	910	0	910	1	516
1	12	0	893	0	893	1	489
1	14	0	878	0	878	1	463
1	16	0	863	0	863	1	437
1	18	0	848	0	848	1	413
1	20	0	834	0	834	1	389
1	22	0	820	0	820	1	367
1	24	0	807	0	807	1	345
1	26	0	794	0	794	1	323
1	28	0	782	0	782	1	303
1	30	0	770	0	770	1	283
1	32	0	758	0	758	1	263
1	34	0	747	0	747	1	244
1	36	0	736	0	736	1	226
1	38	0	725	0	725	1	208
1	40	0	715	0	715	1	191

MÉTÉOROLOGIE.

Voir, pour les expériences de météorologie, la circulaire N 60 et la circulaire N 89. V. Observations météorologiques.

MÉTRAGE. MÉTRÉ.

1. *Travaux.* — Le métrage contient l'évaluation des travaux en unités de volume, de superficie, de longueur, de poids ou à la pièce, suivant l'usage adopté. (Circ. N 22, art. 15.)

2. *Erreur.* — Dans les travaux, les erreurs de métrage peuvent donner lieu à des réclamations fondées, soit au profit de l'administration, soit au profit de l'entrepreneur; dans ce cas, on prend pour base les prix du marché. (Cah. des ch. 28.)

3. *Assistance. Attachement. Acceptation.* — Les attachements seront pris par le surveillant au fur et à mesure de l'avancement des travaux, en présence de l'entrepreneur et contradictoirement avec lui; celui-ci devra les signer au moment de la présentation qui lui en sera faite.

Lorsque l'entrepreneur refusera de signer les attachements ou ne les signera qu'avec réserve, il lui sera accordé un délai de dix jours, à dater de la présentation des pièces, pour formuler par écrit ses observations. Passé ce délai, les attachements seront censés acceptés par lui, comme s'ils étaient signés sans réserve. Dans ce cas, il sera dressé procès-verbal de la présentation et des circonstances qui l'auront accompagnée. Ce procès-verbal sera annexé aux pièces non acceptées. Les résultats des attachements inscrits sur les carnets des surveillants ne seront portés en compte qu'autant qu'ils auront été admis par l'agent directeur des travaux. (Cah. des ch. 45.)

4. *Décompte général. Acceptation.* — Le décompte général et définitif de l'entreprise, auquel seront joints les métrés et les pièces à l'appui, sera présenté, sans déplacement, à l'acceptation de l'entrepreneur.

Si l'entrepreneur refuse d'accepter ou s'il ne signe qu'avec réserve, il devra déduire ses motifs par écrit dans les vingt jours qui suivront la présentation des pièces. Dans ce cas, il sera dressé procès-verbal de la présentation et des circonstances qui l'auront accompagnée.

Passé ce délai, le décompte sera censé accepté par lui, quand même il ne l'aurait pas signé ou ne l'aurait signé qu'avec une réserve, dont les motifs ne seraient pas spécifiés.

Le procès-verbal de présentation devra toujours être annexé au décompte non accepté. (Cah. des ch. 46.)

5. *Difficulté.* — S'il survient quelque difficulté au sujet du métrage, il en sera référé au conservateur. (Cah. des ch. 39.)

6. *Avant-métré. Cahier des charges. Contradiction. Application.* — L'avant-métré ne constitue pas un élément du marché. En cas de contradiction entre l'indication de l'avant-métré et le cahier des charges sur la façon dont les ouvrages seront mesurés, il y a lieu d'appliquer le cahier des charges. Lorsque les travaux imprévus sont de même nature que ceux qui font l'objet du marché, par assimilation, les prix du bordereau et le rabais de l'adjudication leur sont applicables. Cons. d'Etat, 15 mars 1889. Circ. N 454.)

7. *Restauration des montagnes. Travaux à l'entreprise. Attachement.* — Pour les travaux à l'entreprise, l'attachement est pris jour par jour; il consiste essentiellement en un croquis coté. A l'appui et en regard de ce croquis, le surveillant porte les données numériques devant servir au métré.

Pour les approvisionnements, les attachements sont pris toutes les fois qu'il y a des variations à constater. L'attachement relatif à chaque espèce de matériaux porte sur la quantité totale, de telle sorte que le dernier attachement annule tous les précédents.

Chaque attachement doit être accepté, signé et daté par l'entrepreneur ou son représentant. Le surveillant appose sa signature à côté de celle de la partie intéressée. (Instr. Gén. du 2 février 1885, art. 190. Circ. N 345.) V. Carnet d'attachement.

8. *Restauration des montagnes. Travaux par entreprise. Métré définitif.* — Lorsque l'entreprise est terminée, l'agent directeur adresse au chef de service le métré définitif. (Form. série 7, nº 70.)

Une copie de cette pièce est adressée au conservateur par le chef de service, à l'appui de la liquidation finale, pour être classée dans les archives de la conservation. (Instr. Gén. 2 février 1885, art. 194. Circ. N 345.)

MEUBLE.

Définition. — Les biens sont meubles par leur nature ou par la détermination de la loi. (Cod. Civ. 527.)

Les grains coupés, les arbres abattus et les fruits détachés sont meubles. (Cod. Civ. 520 et 521.)

MEURTRE.

1. *Définition. Pénalité.* — Le meurtre est l'homicide commis volontairement. S'il y a eu préméditation ou guet-apens, il est qualifié d'assassinat. Tout coupable d'assassinat sera puni de mort. (Cod. Pén. 295, 296 et 302.)

2. *Condition. Pénalité.* — Le meurtre emportera la peine de mort, lorsqu'il aura eu pour objet, soit de préparer, faciliter ou exécuter un délit, soit de favoriser la fuite ou d'assurer l'impunité des auteurs ou complices du délit. (Cod. Pén. 304.)

MICOCOULIER.

Catégorie. — Arbre de 2me classe. (Cod. For. 192.)

MIEL.

Principe. — Le miel, étant fabriqué par les abeilles, ne peut pas être considéré comme un produit intérieur ou superficiel des forêts.

L'enlèvement du miel provenant d'une ruche située dans un arbre, ou dans un rocher, au milieu des forêts, et n'appartenant à personne, n'est pas un délit forestier, par lui-même ; mais les circonstances de l'enlèvement ou ses conséquences peuvent êtredélictueuses et donner droit à de sréparations civiles.

L'enlèvement délictueux du miel doit être constaté par les gardes, sauf à transmettre le procès-verbal à qui de droit ; ce fait pouvant être considéré, soit comme vol, et puni par les articles 401 et 475 du code pénal, soit simplement comme donnant lieu à des dommages-intérêts. V. Produit. Vol.

MILITAIRE.

1. *Définition. Principe.* — La connaissance des délits communs commis par des militaires en congé, ou hors de leurs corps, est de la compétence des tribunaux ordinaires ; ces actes ne doivent pas être considérés comme *délits militaires,* ces derniers ne comprenant que les délits commis par des militaires contre les lois générales, lorsqu'ils se trouvent sous les drapeaux ou à leur corps. (Cons. d'Etat, 7 fructidor an XII.)

2. *Législation.* — Les dispositions du code pénal ne s'appliquent pas aux crimes, délits et contraventions militaires. (Cod. Pén. 5.)

3. *Juridiction militaire ou maritime.* — Ne sont pas soumises à la juridiction des conseils de guerre ou maritimes, les infractions aux lois sur la chasse et les forêts commises par des militaires ou des marins. (Cod. Milit. 9 juin 1857, art. 273. Cod. Marit. 4 juin 1858, art. 372.)

4. *Chasse.* — Les délits de chasse commis par des militaires sont de la compétence des tribunaux ordinaires correctionnels. (Cons. d'Etat, 4 janvier 1806.)

5. *Militaires. Marins.* — Lorsque la poursuite d'un délit ou d'une contravention comprend des militaires ou des marins et des individus non justiciables des tribunaux militaires ou maritimes, tous les prévenus indistinctement sont traduits devant les tribunaux ordinaires. (Cod. Milit. 9 juin 1857, art. 76. Cod. Marit. 4 juin 1858, art. 103.)

6. *Poursuites.* — Les assignations aux militaires prévenus de délits forestiers leur seront remises directement ; mais, en même temps, le chef de corps auquel l'inculpé appartiendra devra recevoir avis de l'assignation. Plus tard, lorsque le jugement sera rendu, le commandant du corps sera de même informé du résultat des poursuites, et un extrait du jugement sera envoyé au ministre de la guerre. Ces formalités seront remplies, que le militaire soit sous les drapeaux ou éloigné de son corps. (Décis. Min. du 17 juin 1853. Circ. A 716.)

7. *Officiers.* — Les officiers militaires en disponibilité ou en congé, prévenus d'un délit commun, doivent être traduits devant les tribunaux ordinaires. (Cons. d'Etat, 12 janvier 1811.)

8. *Candidats gardes.* — Les emplois de garde forestier domanial ou mixte, ainsi que les emplois de garde sédentaire dans les bureaux, sont réservés en France :

1° Jusqu'à concurrence des trois quarts des vacances, aux sous-officiers rengagés, comptant au moins dix ans de services militaires, dont quatre dans le grade de sous-officier, et âgés de moins de 40 ans. Loi du 18 mars 1889, art. 14 et 21) ;

2° A défaut des candidats visés ci-dessus, aux sous-officiers comptant au moins cinq ans de services militaires, dont deux dans le grade de sous-officier, et âgés de moins de 35 ans. (Loi du 15 juillet 1889, art. 84. Décr. du 28 janvier 1892.)

En Algérie, pour la totalité, aux sous-officiers de ces deux catégories, âgés respectivement de moins de 40 et de 37 ans.

Les emplois de garde forestier domanial et sédentaire en Algérie, de garde cantonnier et de garde sédentaire en France, peuvent, en l'absence de candidats sous-officiers rengagés, être attribués aux anciens militaires ayant quitté l'armée avec le grade de sous-officier, et âgés de moins de 35 ans. V. Préposé. Sous-officier.

MINE.

Achat, 10.
Autorisation, 3, 11, 12.
Avis, 14.
Classification, 1.
Compétence, 13.
Concession, 8.
Condition, 8.
Construction, 12.
Danger, 14.
Exploitation, 7.
Enclos, 4.
Fouilles, 2, 4, 6.
Indemnité, 10, 13.
Nomenclature, 1.
Occupation de terrain, 11.
Opposition, 9
Ouverture, 5.
Puits, 4.
Recherches, 2, 4.
Sondage, 4.
Travaux, 4.
Terrain, 10.

1. *Classification. Nomenclature.* — Sont considérées comme mines, les masses de sel marin et les puits d'eau salée. (Loi, 17 juin 1840.)

Seront considérées comme mines, celles connues pour contenir en filons, couches ou amas, de l'or, argent, platine, mercure, plomb, fer, cuivre, étain, zinc, calamine, bismuth, cobalt, arsenic, manganèse, antimoine, molybdène, plombagine, soufre, charbon de terre ou de pierre, bois fossile, bitume, alun ou sulfates métalliques. (Loi du 21 avril 1810, art. 2.) V. Minerai.

2. *Recherches. Fouilles.* — Nul ne peut faire des recherches pour découvrir des mines, enfoncer des sondes ou tarières, sur un terrain qui ne lui appartient pas, que du consentement du propriétaire de la surface, ou avec l'autorisation du gouvernement, donnée après avoir consulté l'administration des mines, à la charge d'une préalable indemnité envers le propriétaire, après qu'il aura été entendu. (Loi du 21 avril 1810, art. 10.)

3. *Autorisation.* — Si un acte du gouvernement autorise les concessionnaires d'une

mine à pratiquer des fouilles dans un rayon déterminé, à charge par eux d'indemniser le propriétaire du préjudice causé, l'autorisation du propriétaire n'est plus nécessaire. Mais, d'après l'article 10 de la loi du 21 avril 1810, le concessionnaire de la mine doit d'abord payer l'indemnité due, et, dans ce cas, l'autorisation résulte du paiement de l'indemnité et de l'acte de concession de la mine.

L'article 144 du code forestier serait applicable, si l'indemnité due au propriétaire n'avait pas été payée.

4. *Fouilles. Recherches. Travaux.* — Nulle permission de recherche, ni concession de mine, ne pourra, sans le consentement du propriétaire de la surface, donner le droit de faire des sondages, d'ouvrir des puits ou galeries, ni d'établir des machines, ateliers ou magasins dans les enclos murés, cours et jardins. Les puits et galeries ne peuvent être ouverts dans un rayon de 50 mètres des habitations et des terrains compris dans les clôtures murées y attenantes, sans le consentement des propriétaires de ces maisons. (Loi du 27 juillet 1880, art. 11.)

5. *Ouverture.* — L'ouverture d'une mine, dans les bois soumis au régime forestier, doit se faire en exécution de la loi du 21 avril 1810 ; sinon, le fait retombe dans la catégorie d'extraction ou enlèvement de produit.

6. *Fouilles.* — Les préfets autorisent les fouilles provisoires. (Loi du 29 décembre 1892, art. 3.) V. Fouille.

7. *Exploitation.* — Si le minerai (la mine) se trouve dans les forêts soumises au régime forestier, la permission de l'exploiter ne pourra être accordée qu'après avoir entendu l'administration forestière. L'acte de permission déterminera l'étendue des terrains dans lesquels les fouilles pourront être faites. Les concessionnaires seront, en outre, tenus de payer les dégâts occasionnés par l'exploitation et de repiquer en glands ou plants les places qu'ils auraient endommagées, ou une autre étendue proportionnelle déterminée par la permission. (Loi du 21 avril 1810, art. 67, qui a été abrogé par l'article 2 de la loi du 9 mai 1866.) Mais il faut toujours l'autorisation de l'administration, en vertu de l'article 144 du code forestier.

8. *Concession. Condition.* — Lorsqu'il s'agit de concession de mine dans les terrains soumis au régime forestier, l'administration doit être consultée, comme tous les autres propriétaires, pour discuter les indemnités offertes et requérir les conditions qui paraissent devoir être imposées.

On doit imposer que les concessionnaires ne pourront pratiquer aucune ouverture de travaux avant qu'un procès-verbal de la situation des lieux n'ait été dressé contradictoirement, afin que l'on puisse constater, chaque année, les indemnités qui seront dues ; que les concessionnaires seront civilement responsables des délits qui seraient commis dans la forêt par leurs ouvriers ou par les animaux employés au transport, dans la limite de l'article 31 du code forestier. (Ouïe de la cognée, 150 mètres de l'ouverture de la mine.)

Lorsque les concessionnaires de mine ont prévenu le propriétaire du sol, pour faire dresser le procès-verbal de reconnaissance des lieux, ils n'ont plus besoin d'aucune permission spéciale pour l'exécution des travaux. (Lettre du directeur général des mines, en date du 10 mai 1839.)

Les agents forestiers ne doivent imposer que les conditions prescrites par les articles 43 et 44 de la loi du 21 avril 1810 (modifiés par la loi du 27 juillet 1880), relatives aux indemnités ou achats des terrains. (Lettre Circ. nº 27 du 11 septembre 1869.)

9. *Oppositions.* — Les oppositions aux concessions de mines seront admises devant le préfet jusqu'au dernier jour du second mois, à compter de la date de l'affiche, et devant le ministre de l'intérieur ou le conseil d'Etat, jusqu'à l'émission du décret. (Loi du 21 avril 1810, art. 26 et 28. Loi du 27 juillet 1880.)

10. *Terrain. Indemnité. Achat.* — Si les travaux entrepris par les explorateurs ou propriétaires de mines ne sont que passagers et si le sol peut être remis en culture au bout d'un an, comme il l'était auparavant, l'indemnité sera réglée au double de ce qu'aurait produit net le terrain endommagé. (Loi du 21 avril 1810, art. 43. Loi du 17 juillet 1880.) Lorsque l'occupation prive le propriétaire de la jouissance du sol pendant plus d'une année, ou lorsque les terrains occupés ne sont plus propres à la culture, le propriétaire peut exiger l'acquisition du terrain. La pièce de terre trop endommagée ou dégradée sur une trop grande partie de sa surface sera achetée en totalité, si le propriétaire l'exige. (Loi du 27 juillet 1880, art. 43.)

11. *Autorisation. Occupation.* — Le droit d'occupation peut être exercé par le concessionnaire, dans toute l'étendue de sa concession, pour les travaux *spéciaux* des mines, mais avec l'autorisation du propriétaire ; à défaut l'occupation constitue une voie de fait que les tribunaux peuvent réprimer.

Le propriétaire ne peut pas refuser l'autorisation d'occupation demandée.

En cas d'occupation irrégulière (fouille, puits), l'article 144 du code forestier devient applicable.

Pour les forêts domaniales, l'autorisation, d'occupation doit être donnée par le ministre, qui règle les conditions et l'indemnité. L'administration des domaines doit être consultée. Pour les forêts communales, l'autorisation d'occupation est donnée par le conseil municipal, dans une délibération approuvée par le préfet. (Rép. For. t. VI, p. 177.)

12. *Constructions. Autorisation.* — Si le concessionnaire des mines veut construire en dehors du sol forestier, l'autorisation doit être donnée par le préfet, en vertu du décret du 25 mars 1852. S'il veut construire dans l'intérieur des forêts, il pourra demander, à titre gracieux, une concession de terrain *en dehors* de son périmètre, laquelle sera accordée suivant la forme ordinaire ; mais, si le terrain est compris dans son périmètre minier, le concessionnaire peut agir sans autorisation pour les *travaux de mines* ; mais, pour les constructions étrangères à ces travaux, il est soumis à une autorisation comme s'il était en dehors de son périmètre. (Rép. For. t. vi, p. 262.)

13. *Indemnité. Compétence.* — Le conseil de préfecture connaît de toutes les questions d'indemnité à payer par les propriétaires des mines, à raison des recherches ou travaux antérieurs à l'acte de concession, ainsi que des indemnités dues au propriétaire de la surface, sur le terrain duquel les propriétaires des mines établissent leurs travaux. (Cabantous.)

14. *Danger. Avis.* — Lorsque l'exploitation d'une mine compromettra la sûreté publique et la conservation du sol, les concessionnaires sont tenus d'en donner immédiatement avis à l'ingénieur des mines et au maire de la commune. (Ord. 26 mars 1843.)

MINERAI.

1. *Extraction.* — L'extraction de minerai ne peut s'effectuer qu'avec l'autorisation prescrite par les lois des 21 avril 1810 et 27 juillet 1880. V. Mine. Minière.

2. *Autorisation. Prix.* — Le minerai n'étant pas un produit du sol, l'article 169 de l'ordonnance réglementaire et l'ordonnance du 4 décembre 1844 sont inapplicables, en ce qui concerne le prix et l'autorisation d'extraction. (Lettre du sous-secrétaire d'Etat des travaux publics, 7 mars 1840.)

3. *Pénalité.* — L'enlèvement de minerai non autorisé, dans les bois et forêts en général, est prohibé et puni suivant les prescriptions de l'article 144 du code forestier ; la pénalité varie suivant le mode et les circonstances de l'enlèvement.

Si le délit a été commis dans une minière ou carrière en exploitation, ce n'est plus un délit forestier, mais un vol. V. Carrière. Enlèvement. Extraction.

4. *Excuse.* — Le prévenu d'un délit d'extraction de minerai, dans une forêt communale, ne peut être relaxé par le motif qu'il aurait reçu d'un ingénieur des mines l'autorisation d'opérer cette extraction. (Cass. 7 avril 1848.)

5. *Echantillon.* — La recherche et l'extraction, ainsi que l'enlèvement des échantillons de minerai, sont tolérés et ne sont pas considérés comme un délit.

6. *Demandes. Formalités. Conditions.* — Le maître de forges qui a besoin d'extraire du minerai dans une forêt de l'Etat présente sa demande au préfet ; elle est communiquée aux agents forestiers, qui proposent les conditions relatives au régime des bois ; le préfet consulte ensuite les ingénieurs des mines et prend un arrêté qu'il transmet à l'administration des mines. Celle-ci communique l'affaire à l'administration des forêts ; puis il est statué par le ministre des travaux publics. Les actes de permission prescrivent les diverses conditions qui ont paru devoir être imposées, tant sous le rapport du régime des bois et de la conservation du sol forestier, qu'en ce qui concerne l'exploitation elle-même.

Relativement à l'indemnité due et à la valeur du minerai, ces permissions stipulent que la reconnaissance et la démarcation du terrain où l'exploitation est accordée seront faites par les agents forestiers, préalablement à l'extraction et contradictoirement avec le permissionnaire ou son délégué, pour servir de base à l'évaluation des dégâts, et qu'il sera payé à l'Etat, pour la valeur du minerai extrait, une indemnité réglée de gré à gré ou à dire d'expert, suivant l'article 66 de la loi du 21 avril 1810. (Lettre du ministre des travaux publics du 7 mars 1840.)

Nota. — L'article 66 de la loi du 21 avril 1810 est abrogé. (Loi du 9 mai 1866, art. 2.)

7. *Classification.* — L'extraction des minerais est considérée comme menus produits dans les forêts domaniales et comme produits accessoires dans les forêts communales et d'établissements publics. (Arr. Min. des 22 juin et 1er septembre 1838. Circ. A 429. Circ. A 842.)

MINEUR.

Adjudication, 3.
Affouage, 4.
Amende, 6, 7.
Chasse, 11.
Capacité, 3.
Codélinquants, 10.
Définition, 1.
Délimitation, 5.
Délit forestier, 13.
Dommages-intérêts, 7.
Emancipation, 2.
Frais, 12.
Moins de seize ans, 9, 10.
Peine, 8, 11.
Prévenu, 9, 10.
Réduction d'amende, 7.

1. *Définition.* — Le mineur est l'individu de l'un ou de l'autre sexe qui n'a point encore l'âge de vingt et un ans accomplis. (Cod. Civ. 388.)

2. *Emancipation.* — Le mineur est émancipé de plein droit par le mariage. (Cod. Civ. 476.)

3. *Adjudication. Capacité.* — Les mineurs sont incapables de contracter et ne peuvent, par conséquent, prendre part aux adjudications. (Cod. Civ. 1124.)

4. *Affouage.* — Les mineurs non émancipés et le mineur orphelin vivant avec son tuteur n'ont pas droit à l'affouage.

5. *Délimitation.* — Les articles relatifs à des immeubles possédés par des mineurs sont signés par les tuteurs, avec autorisation du conseil de famille. (Cod. Civ. 457, 467, 1124. Circ. N 64, art. 71.)

6. *Amende.* — Il ne peut pas être prononcé d'amende contre les mineurs acquittés pour avoir agi sans discernement, et la responsabilité des parents, pour les délits commis par des mineurs, ne doit jamais comprendre l'amende. Elle comprend les dommages-intérêts, frais et confiscation. (Cass. 4 décembre 1845 et 3 janvier 1864.)

7. *Réduction de l'amende. Dommages-intérêts.* — Dans le cas où l'amende est réduite de moitié, par suite de la minorité d'un délinquant ayant agi avec discernement, les dommages-intérêts ne doivent pas être fixés au-dessous de l'amende simple. (Rép. For. t. XIII, p. 46.)

8. *Peine.* — Dans le cas où le mineur de 16 ans, ou au-dessous, n'aura commis qu'un simple délit avec discernement, la peine ne pourra s'élever au-dessus de la moitié de celle à laquelle il aurait pu être condamné, s'il avait eu seize ans. (Cod. Pén. 69.) Applicable aux délits forestiers. (Cass. 21 mars 1846.)

9. *Prévenu. Moins de seize ans.* — Lorsque l'accusé a moins de seize ans, il doit être acquitté, s'il est décidé qu'il a agi sans discernement. Mais il sera, selon les circonstances, remis à ses parents ou conduit dans une maison de correction pour y être élevé. (Cod. Pén. 66.)

10. *Codélinquants.* — Quand un prévenu âgé de moins de 16 ans est condamné solidairement avec un autre prévenu de plus de 16 ans, on peut faire abstraction de l'article 69 du code pénal ou bien ne considérer que le mineur. Il n'existe pas de jurisprudence sur cette matière. (Rép. For. t. XIII, p. 48.)

11. *Chasse. Peine.* — L'article 66 du code pénal, qui permet d'acquitter le mineur de 16 ans qui a agi sans discernement, et l'article 69, qui permet d'abaisser la peine lorsqu'il est décidé qu'il a agi avec discernement, sont applicables en matière de chasse. (Cass. 3 janvier 1844.)

12. *Frais.* — Les tribunaux de répression peuvent décider qu'un prévenu âgé de moins de seize ans a agi sans discernement et ne prononcer aucune peine contre lui ; mais ils doivent le condamner aux frais. Les frais d'instance sont compris dans les réparations civiles. (Cass. 26 mars 1858.)

13. *Délit forestier.* — Les dispositions des articles 66, 67, 68 et 69 du code pénal sont de droit général et applicables à toutes les matières régies par le code forestier. (Cass. 4 et 26 décembre 1845.)

MINIÈRE.

1. *Nomenclature.* — Les minières comprennent les minerais de fer dits d'alluvion, les terres pyriteuses propres à être converties en sulfate de fer, les terres alumineuses et les tourbes. (Loi du 21 avril 1810, art. 3.) V. Mine.

2. *Exploitation. Condition.* — Si l'exploitation des minières doit avoir lieu à ciel ouvert, le propriétaire est tenu, avant de commencer à exploiter, d'en faire la déclaration au préfet, qui en donne acte, et l'exploitation a lieu sans autre formalité.

Si l'exploitation doit être souterraine, elle ne peut avoir lieu qu'avec une permission du préfet, qui détermine les conditions spéciales auxquelles l'exploitant est tenu de se conformer. (Loi du 9 mai 1866.)

3. *Exploitation. Autorisation.* — L'autorisation d'enlever les minerais d'alluvion, dans les minières situées dans les forêts soumises au régime forestier, n'est accordée qu'après que l'administration forestière a donné son avis. Les agents forestiers indiquent les conditions à prescrire pour la conservation du sol et pour son repeuplement après l'extraction.

Ils ne doivent imposer que les conditions prescrites par les articles 43 et 44 de la loi du 21 avril 1810. (Lettre du 11 septembre 1869, n° 27.) Ces articles ont été modifiés par la loi du 27 juillet 1880. V. Mine.

Ils évaluent les indemnités qui peuvent être dues pour les exploitations précédentes et font une reconnaissance de l'état des lieux, pour estimer, plus tard, les indemnités qui résulteront de l'exploitation nouvelle. Ces procès-verbaux sont remis au préfet, pour consulter les ingénieurs des mines et statuer ensuite. (Lettre du directeur général des mines du 10 mai 1839.)

MINIMA.

Conditions. — L'appel à minima est fait par l'administration ou le ministère public contre un jugement, pour application d'une peine trop faible.

MINISTÈRE DE L'AGRICULTURE.

1. *Administration centrale. Organisation.* — L'administration centrale du ministère de l'agriculture comprend, outre le cabinet du ministre, un bureau central placé sous l'autorité du chef de cabinet et quatre directions :

Agriculture, composée	de....	4 bureaux.
Forêts, —	de....	3 —
Hydraulique agricole,	de....	2 —
Haras,	de....	2 —

(Décr. du 12 octobre 1890, art. 1. Circ. N 433.)

2. *Bureaux. Personnel.* — Les bureaux sont composés de quatre directeurs, de trois administrateurs, de huit chefs de bureau, de

seize chefs de section ou sous-chefs de bureau, d'un caissier, d'un agent spécial du matériel, de quarante-trois rédacteurs et de soixante-quatre commis et expéditionnaires de toutes catégories. (Décr. du 12 octobre 1890, art 1. Circ. N 433.)

3. *Cabinet et secrétariat particulier. Organisation.* — Le cabinet et le secrétariat particulier du ministre sont organisés par arrêtés ministériels. (Décr. du 12 octobre 1890, art. 2. Circ. N 433.)

4. *Conseil des directeurs au ministère.* — Il est institué, sous la présidence du ministre ou de son délégué, un conseil de directeurs, composé des directeurs et du chef de cabinet. Le chef du secrétariat et de la comptabilité pourra y être appelé et remplir les fonctions de secrétaire. (Décr. du 12 octobre 1890, art. 7. Circ. N 433.)

5. *Personnel. Admissions. Conditions.* — Nul ne peut être admis dans le personnel de l'administration centrale, s'il n'a été employé dans les bureaux en qualité de stagiaire, pendant un an au moins, sauf les sous-officiers. (Décr. du 12 octobre 1890, art. 8. Circ. N 433.)

MINISTÈRE PUBLIC.

1. *Définition. Etablissement.* — Magistrature établie près de chaque cour ou tribunal, pour requérir l'application et l'exécution de la loi. Près des tribunaux de première instance, il y a un procureur et des substituts; devant le tribunal de police, où siège le juge de paix, il y a les commissaires de police, les maires, leurs adjoints ou, au besoin, un conseiller municipal.

2. *Simple police.* — Les fonctions du ministère public, pour les faits de police, seront remplies par le commissaire du lieu où siégera le tribunal (justice de paix) et, en cas d'empêchement, par le maire ou son adjoint, désigné par le procureur général. (Instr. Crim. 144. Loi du 27 janvier 1873.)

3. *Assimilation.* — Les agents forestiers exerçant l'action publique sont assimilés au ministère public.

4. *Faculté.* — La poursuite de l'administration ne déroge en rien à celle que peut exercer le ministère public. (Cod. For. 159.)

5. *Appel. Cassation.* — Le ministère public a le droit, indépendant de l'administration forestière, de se pourvoir en appel et en cassation contre les jugements, et il peut toujours en user, même lorsque l'administration ou ses agents auraient acquiescé aux jugements et arrêts. (Cod. For. 184.)

Ce droit peut devenir illusoire, à cause du pouvoir qu'a l'administration de transiger sur les procès-verbaux, après jugement.

6. *Vente. Adjudication.* — Les officiers du ministère public des tribunaux de première instance ne peuvent prendre part aux ventes, dans tout l'arrondissement de leur ressort. En cas d'infraction, pénalité :

Vente déclarée nulle et dommages-intérêts, s'il y a lieu. (Cod. For. 21.)

MINISTRE DE L'AGRICULTURE.

1. *Administration forestière. Conseil.* — Dans l'exercice des attributions qui lui sont conférées par les lois et règlements concernant l'administration forestière, le ministre de l'agriculture est assisté du directeur et du conseil des forêts. (Décr. du 14 janvier 1888, art. 1. Circ. N 394.)

2. *Dépenses. Autorisation.* — Le ministre de l'agriculture autorise toutes les dépenses du service des forêts. (Arr. Min. du 18 juillet 1888. Circ. N 402.)

3. *Attributions.* — Le ministre de l'agriculture statue, ou fait statuer par le chef de l'Etat, après avis du conseil d'administration, sur les objets suivants :

1° Budget général de l'administration forestière ;

2° Création et suppression d'emplois supérieurs ;

3° Destitution et révocation des agents ;

4° Liquidation des pensions;

5° Changement des arrondissements forestiers ;

6° Projets d'aménagement, de partage, d'échange de bois, de rachat ou cantonnement de droit d'usage ;

7° Coupes extraordinaires ;

8° Cahier des charges des coupes ordinaires;

9° Pourvoi au conseil d'Etat ;

10° Oppositions aux défrichements ;

11° Instructions générales (Ord. 7) ;

12° Transaction excédant 2000 francs. (Décr. du 29 décembre 1879. Circ. N 262.)

4. *Nominations.* — Le ministre de l'agriculture nomme à tous les emplois ci-après de l'administration forestière, savoir : inspecteur, inspecteur adjoint, garde général, garde général stagiaire, brigadiers des services actif et sédentaire, gardes domaniaux et mixtes, garde cantonnier et garde sédentaire. (Décr. du 14 janvier 1888, art. 7. Circ. N 394.)

5. *Contentieux. Décision. Délai.* — Lorsque les ministres statuent sur des recours contre les décisions d'autorités qui leur sont subordonnées, leur décision doit intervenir dans le délai de quatre mois, à dater de la réception de la réclamation au ministère, ou de la réception des pièces qui auraient été produites ultérieurement par le réclamant. Après l'expiration de ce délai, s'il n'est intervenu aucune décision, les parties peuvent considérer leur réclamation comme rejetée et se pourvoir devant le conseil d'Etat. (Décr. du 2 novembre 1864, art 7.) V. Conseil d'Etat.

MINUTE.

1. *Définition.* — Original d'un acte quelconque.

2. *Correspondance.* — On doit conserver minute des lettres, rapports et actes de toute nature. (Circ. A 391.)

3. *Jugement.* — La minute d'un jugement correctionnel est le texte de la décision du tribunal, prononcée à l'audience par le président; elle est écrite par le greffier, signée de lui, du président et des juges. Si elle ne relate pas les mêmes termes, elle doit rendre cependant fidèlement le sens des expressions sorties de la bouche du président. (Meaume.)

4. *Délimitation. Dépôt.* — La minute du procès-verbal de délimitation déposée à la préfecture ne peut plus être déplacée, sous aucun prétexte. (Loi du 25 ventôse an XI.)

5. *Aménagements. Procès-verbaux. Plans.* — Les minutes des procès-verbaux d'aménagement des forêts communales et d'établissements publics, qui étaient jusqu'à présent conservées dans les archives de l'administration, seront, à l'avenir, déposées dans celles des conservations et seront communiquées à l'administration, à l'appui des projets de règlements d'exploitation ou des propositions tendant à modifier les aménagements.

Les plans joints aux procès-verbaux resteront, comme par le passé, dans les bureaux de l'administration. (Circ. N 453.)

MIROIR.

1. *Arbre. Définition.* — On appelle miroir la portion du corps ligneux d'un arbre mis à découvert pour y appliquer l'empreinte du marteau.

Synonyme de blanchis ou plaquis.

2. *Chasse. Définition.* — Instrument en bois ou en métal, garni de petits fragments de miroir, afin de lui donner un éclat éblouissant dans son mouvement de rotation et servant à attirer et à fasciner les alouettes.

Le miroir à alouettes, ne pouvant servir qu'à attirer le gibier, ne peut être un engin à prendre le gibier, et il n'appartient pas aux préfets d'en prohiber l'emploi comme accessoire de la chasse à tir. (Besançon, 12 janvier 1866.)

3. *Chasse. Autorisation.* — La chasse au miroir peut être autorisée par le préfet. (Instr. Min. 1846.)

4. *Chasse. Exercice.* — La chasse au miroir, n'étant qu'une variété de la chasse à tir, peut être pratiquée tant que la chasse à tir est ouverte. La chasse de l'alouette au miroir ne peut être interdite par un arrêté préfectoral et limitée à une durée moindre que celle de la chasse à tout autre gibier. (Dijon, 17 mars 1875.)

MISE EN CHARGE.

SECT. I. — COUPES, 1 — 16.

SECT. II. — MENUS PRODUITS, 17 — 18.

SECT. III. — ALIÉNATION, 19.

Aliénation, 19.
Argent, 14, 15.
Autorisation, 4.
Calepin, 8.
Coupes, 9, 16.
Coupe extraordinaire, 7.
Dépôt, 14.
Enregistrement, 16.
Evaluation, 15.
Exécution, 6, 12.
Importance, 5.
Journées d'ouvrier, 11, 15 bis.
Maire, 5.
Menus produits, 17.
Paiement, 15 bis.
Principe, 2.
Procès-verbal de réception, 9.
Produits accessoires, 18.
Qualité, 3.
Quotité, 10.
Réception, 9.
Surveillance, 13.
Traitement des gardes, 19.
Travaux, 1, 6, 8.
Travaux urgents, 18.
Vérification, 2.

V. Affectation. Affouage. Bois de Chauffage. Bois de construction. Délivrance. Graine. Récolement. Travaux.

SECT. I. — COUPES.

1. *Travaux. Catégorie.* — Les travaux mis en charge ne doivent s'appliquer qu'à la réparation des dégradations provenant de l'exploitation même de la coupe. (Circ. A 817.)

2. *Principe. Vérification.* — Les inspecteurs des finances doivent vérifier les procès-verbaux d'adjudication des coupes, afin de s'assurer si des travaux ne seraient pas mis en charge, contrairement aux prescriptions de l'article 43 du décret du 31 mai 1862, et ne procureraient pas aux agents de l'administration forestière des ressources non inscrites au budget. Les dossiers des ventes doivent donc être mis à la disposition des inspecteurs des finances, dans le cas où ils en demanderaient communication. (Circ. N 286.)

3. *Qualité.* — On ne doit mettre en charge sur les coupes que les travaux indiqués à l'article 33 du cahier des charges, en spécifiant les détail, exécution et dépense. Les travaux de routes ne doivent, en conséquence, avoir pour objet que la réparation ou le rétablissement des chemins ayant réellement servi à la vidange de la coupe. Quant aux semis et plantations, il n'en sera imposé que pour le repeuplement des places d'atelier. (Circ. A 183. Circ. N 22, art. 328 à 331. Circ. N 80, art. 26. Circ. N 86. Circ. N 373. Cah. des ch. 33.)

4. *Autorisation.* — Aucune autre espèce de travaux ne peut être imposée sur les coupes, sans l'autorisation de l'administration. (Circ. A 183.)

5. *Importance. Maire. Avis.* — Les agents doivent s'entendre avec les maires et administrateurs, pour fixer l'étendue et l'importance des travaux à mettre en charge sur les

coupes des bois des communes et des établissements publics. (Circ. A 225.)

6. *Travaux. Exécution.* — L'exécution des travaux ordinaires peut être mise en charge sur les coupes des forêts des communes et des établissements publics. Ces travaux ont généralement pour objet le curage à vif fond et la réparation des fossés, sangsues, rigoles, glacis et laies, qui se trouvent dans l'intérieur et au pourtour des coupes, le repiquage et l'ensemencement des fosses ou fourneaux, le rétablissement ou la réparation, dans l'intérieur des forêts, des chemins, ponts, ponceaux, bornes, barrières et pierrés endommagés ou détruits par la vidange. (Circ. A 225.)

7. *Coupe extraordinaire* — Lorsque les conditions que l'on se propose d'imposer sur les coupes sont de telle nature que l'adhésion des conseils municipaux ne saurait être douteuse et lorsque ces conditions sont adoptées par le préfet, on peut se dispenser de consulter le conseil municipal; mais, lorsque les conditions consistent soit en suspension des délivrances ordinaires, soit dans le prélèvement, sur le prix de vente, de sommes importantes destinées à des travaux d'amélioration, il est indispensable que les conseils municipaux et le préfet soient consultés. (Ord. 136. Circ. A 830.) V. Travaux d'amélioration.

8. *Travaux à prix d'argent. Calepin.* — Les travaux à prix d'argent imposés sur les coupes, effectués dans les forêts domaniales, communales ou d'établissements publics, doivent être constatés par des calepins d'attachement. (Circ. N 416.)

9. *Coupes. Procès-verbal de réception.* — Les travaux exécutés doivent toujours faire l'objet d'un procès-verbal de réception dressé par le chef de cantonnement, contrôlé et visé par l'inspecteur. (Circ. N 373.)

10. *Quotité.* — Le montant des travaux mis en charge ne doit jamais dépasser trois pour cent de la valeur sur pied de la coupe. (Circ. N 373.)

11. *Journées d'ouvrier.* — Il est interdit d'imposer aux adjudicataires la fourniture d'un certain nombre de journées d'ouvrier, ce qui n'est qu'une charge pécuniaire déguisée. (Circ. A 183.)

12. *Exécution.* — Les travaux mis en charge sur les coupes doivent être exécutés par les adjudicataires, ou par des ouvriers payés par eux. (Circ. A 183.)

13. *Surveillance.* — Les travaux mis en charge sur les coupes ou qui doivent être exécutés par les adjudicataires sont faits conformément aux indications des agents forestiers, qui doivent en surveiller l'exécution. (Circ. A 341 quater. Circ. N 22, art. 331.)

14. *Argent. Dépôt.* — Il est interdit aux agents, sous peine d'être accusés de concussion, de se rendre, sous aucun prétexte, dépositaires de fonds pour les travaux mis en charge sur les coupes. (Circ. A 183.)

15. *Evaluation. Argent.* — On doit faire l'évaluation en argent des travaux mis en charge sur les coupes ou sur les travaux, pour fixer la somme sur laquelle se perçoivent les droits proportionnels d'enregistrement. (Loi du 22 frimaire an VII, art. 16.)

15 bis. *Ouvriers. Paiement.* — Si l'adjudicataire d'une coupe domaniale refuse de payer les ouvriers employés à des travaux mis en charge, le chef de cantonnement établit dans un certificat l'exécution des travaux, conformément au procès-verbal d'adjudication ; cette pièce, timbrée et enregistrée en débet, est transmise par voie hiérarchique au receveur des domaines, qui provoque la contrainte visée pour exécution par le président du tribunal et procède ensuite au recouvrement. Les formalités remplies, le chef de cantonnement conclut, dans un rapport spécial, qu'un mandat égal à la somme recouvrée soit délivré aux ouvriers par le directeur de l'enregistrement, sur la caisse du receveur qui a encaissé. (Rép. For. t. XIII, p. 23.)

16. *Droit d'enregistrement. Coupes.* — La réserve de bois à livrer par les adjudicataires ne constitue pas une charge à ajouter au prix d'adjudication, pour la liquidation des droits ; mais, si les adjudicataires sont tenus d'abattre, de façonner et de transporter ces bois, cette charge doit alors être évaluée et ajoutée au prix. (Instr. des domaines n° 2049, 19 novembre 1855.)

On ne considère pas comme une charge la valeur sur pied des bois à fournir aux préposés et aux usagers. (Cah. des ch. Note.)

SECT. II. — MENUS PRODUITS.

17. *Menus produits.* — Sur les ventes de chablis, bois de délit, élagage, essartement, on peut imposer à l'adjudicataire le paiement des frais de séquestre, transport et façonnage, qui doivent être considérés comme inhérents à l'exploitation. Cette condition sera insérée au procès-verbal d'adjudication, et l'acquéreur sera obligé de fournir la quittance du payement aux ayants droit, avant de disposer des objets vendus. (Circ. A 368.)

18. *Travaux urgents.* — On ne doit mettre en charge sur les adjudications des produits accessoires des bois communaux que des travaux urgents, ayant un rapport direct avec les adjudications de l'espèce et à l'exécution desquels il est difficile de procéder par une autre voie. (Circ. A 368.)

SECT. III. — ALIÉNATION.

19. *Traitement des gardes.* — Il ne pourra être mis en charge sur les bois aliénés que

le salaire des gardes, jusqu'au paiement du prix définitif. (Arr. Min. du 21 septembre 1852. Circ. N 700.)

MISE EN COUPES RÉGLÉES.

Définition. — La mise en coupes réglées d'un terrain boisé en taillis ou en futaie est, en réalité, l'aménagement de ces bois, c'est-à-dire l'assiette de coupes annuelles ou périodiques réglées suivant la possibilité de la forêt. Or, comme la possibilité ne se détermine que par la révolution, il s'ensuit que la fixation de l'âge de la révolution pour l'exploitation des arbres est la base et le principe de tout aménagement; que l'on peut, en réalité, considérer comme véritablement aménagé tout terrain boisé dont l'âge de la révolution est fixé et que les coupes faites conformément à la révolution fixée sont bien des coupes réglées. (R.) V. Accroissement. Aménagement. Possibilité. Révolution.

MISE EN DÉFENS DES TERRAINS ET PATURAGES EN MONTAGNE.

SECT. I. — FORMALITÉS, 1 — 9.

SECT. II. — INDEMNITÉS, 10 — 13.

SECT. III. — TRAVAUX, SURVEILLANCE, PROLONGATION, 14 — 20.

Acquisition, 18.
Amélioration, 14.
Avis, 6.
Circonstances, 1.
Conditions, 1, 14, 16.
Décision, 6.
Décret, 6.
Délai, 9, 20.
Délibération, 6.
Délit, 17.
Désignation des terrains, 2.
Durée, 8.
Emploi, 13.
Enquête, 5, 6.
Envoi de pièces, 5.
Epoque, 12.
Exécution, 16.
Expertise, 11.
Fixation amiable, 10.
Fixation par expert, 11.
Formalités, 5, 6, 19.
Indemnités, 8, 10, 11, 12, 13.
Limites, 8.
Maintien, 19.
Notification, 9, 19.
Paiement, 12.
Parcelles, 9.
Plan, 3.
Poursuites, 17.
Principe, 1.
Proposition, 15.
Prolongation, 16, 18, 20.
Publication, 9.
Reconnaissance, 3, 4.
Renseignements, 4.
Surveillance, 17.
Travaux, 14.
Versement, 13.

V. Conservation des terrains en montagne. Indemnité. Périmètre de mise en défens.

SECT. I. — FORMALITÉS.

1. *Principe. Circonstances.* — L'administration des forêts pourra requérir la mise en défens des terrains et pâturages en montagne appartenant aux communes, aux établissements publics et aux particuliers, toutes les fois que l'état de dégradation du sol ne paraîtra pas encore assez avancé pour nécessiter des travaux de restauration. (Loi du 4 avril 1882, art. 7. Instr. Gén. du 2 février 1885, art. 222. Circ. N 345.)

2. *Désignation des terrains.* — L'administration des forêts procède à la désignation des terrains dont elle estime que la mise en défens est nécessaire, dans l'intérêt public. (Décr. du 11 juillet 1882, art. 17.)

3. *Reconnaissance des terrains. Plan des lieux.* — L'administration des forêts dresse un procès-verbal de reconnaissance des terrains et un plan des lieux, dont la mise en défens est nécessaire. Le procès-verbal de reconnaissance des terrains et le plan des lieux sont établis conformément aux dispositions de l'article 2 du présent décret, c'est-à-dire que le procès-verbal de reconnaissance expose la configuration des lieux, leur altitude moyenne, les conditions dans lesquelles ils se trouvent au point de vue géologique et climatérique, l'état des dégradations du sol, les circonstances qui ont amené cet état, les dommages qui en sont résultés et les dangers qu'ils présentent. Il est accompagné d'un tableau parcellaire, donnant, pour chaque parcelle ou portion de parcelle comprise dans le périmètre, la section et le numéro de la matrice cadastrale, la contenance, le nom du propriétaire, le revenu imposable et le mode de jouissance adopté jusque-là. (Décr. du 11 juillet 1882, art. 2, 17 et 18.)

4. *Reconnaissance des terrains. Renseignements.* — Le procès-verbal de reconnaissance indique, en outre, la nature, la situation et les limites des terrains à interdire au parcours, la durée de la mise en défens, sans qu'elle puisse excéder dix ans, et le délai pendant lequel les parties intéressées peuvent procéder au règlement des indemnités à accorder aux propriétaires, pour privation de jouissance. (Décr. du 11 juillet 1882, art. 18.)

5. *Envoi de pièces. Formalités. Enquête.* — Le procès-verbal de reconnaissance et le plan des lieux sont transmis par l'administration des forêts au préfet, qui fait procéder, dans la forme et les délais prescrits par les articles 3, 4, 5, 6 et 7 du présent décret, à l'accomplissement des formalités mentionnées dans le paragraphe 1er de l'article 8 de la loi du 4 avril 1882, c'est-à-dire que :

Ces pièces sont adressées par l'administration au préfet, qui, dans le délai d'un mois au plus, ouvre dans chacune des communes intéressées l'enquête prescrite par l'article 2 de la loi du 4 avril 1882. L'arrêté prescrivant l'ouverture de l'enquête et la convocation du conseil municipal est signifié au maire de la commune intéressée et, en même temps, porté à la connaissance des habitants par voie d'affiches et de publication. Toutes les pièces restent déposées à la mairie pendant trente jours, à partir de ladite signification. Passé ce délai, un commissaire enquêteur reçoit, au même lieu, pendant trois jours consécutifs, la déclaration des habitants sur l'utilité publique de la mise en défens; il est justifié de l'accomplissement de cette formalité, ainsi que de la publication et de l'affichage de l'arrêté du préfet, par un certificat du maire. Dans la huitaine, le conseil municipal exprime son avis, dans une délibération jointe au dossier, et désigne deux délégués, pour représenter la commune dans la commission spéciale. Après la désignation par le conseil général et le conseil d'arrondissement des membres formant la commission spéciale et la nomination par le préfet d'un ingénieur des ponts et chaussées ou des mines et d'un agent forestier, le préfet convoque la commission spéciale, qui se réunit dans la quinzaine, examine les pièces, l'instruction et la déclaration de l'enquête et donne son avis motivé, sous forme de procès-verbal, dans le délai d'un mois, à partir de l'arrêté de convocation.

Si les travaux projetés intéressent plusieurs départements, il est procédé simultanément dans chaque département à l'accomplissement des formalités ci-dessus.

Le préfet, après avoir pris l'avis du conseil d'arrondissement et du conseil général, renvoie toutes les pièces de l'instruction, avec son avis motivé, au ministre de l'agriculture. (Décr. du 11 juillet 1882, art. 19.)

6. *Décision.* — La mise en défens est prononcée par un décret rendu en conseil d'Etat. (Loi du 4 avril 1882, art 7.)

7. *Formalités. Enquête. Délibération. Avis.* — Le décret de mise en défens est précédé : 1° d'une enquête ouverte dans chacune des communes intéressées ; 2° d'une délibération des conseils municipaux de ces communes ; 3° de l'avis du conseil d'arrondissement et de celui du conseil général ; 4° de l'avis d'une commission composée : du préfet ou de son délégué, avec voix prépondérante ; d'un membre du conseil général et d'un membre du conseil d'arrondissement, autres que ceux des cantons où se trouvent les terrains à mettre en défens, délégués par leurs conseils respectifs et toujours rééligibles et, dans l'intervalle des sessions, par la commission départementale ; de deux délégués de la commune intéressée, désignés dans les mêmes conditions par le conseil municipal ; d'un ingénieur des ponts et chaussées ou des mines ; d'un agent forestier. Ces deux derniers membres sont nommés par le préfet. (Loi du 4 avril 1882, art. 2 et 8.)

8. *Conditions. Limites. Durée. Indemnité.* — Le décret prononçant la mise en défens détermine la nature, la situation et les limites du terrain à interdire. Il fixe, en outre, la durée de la mise en défens, sans qu'elle puisse excéder dix ans, et le délai pendant lequel les parties intéressées pourront procéder au règlement amiable de l'indemnité à accorder aux propriétaires pour privation de jouissance. (Loi du 4 avril 1882, art. 8.)

9. *Publication. Notification. Parcelles. Délai.* — Ampliation du décret prononçant la mise en défens est transmise par l'administration des forêts au préfet, qui le fait publier et afficher dans la commune de la situation des lieux, puis notifier sous forme d'extrait aux propriétaires intéressés. Cet extrait contient les indications spéciales relatives à chaque parcelle ; il fait connaître le jour initial et la durée de la mise en défens, ainsi que le délai pendant lequel il pourra être procédé au règlement amiable de l'indemnité annuelle due pour privation de jouissance. (Décr. du 11 juillet 1882, art. 20. Instr. Gén. du 2 février 1885, art. 231 et 232. Circ. N 345.)

SECT. II. — INDEMNITÉ.

10. *Indemnité. Fixation amiable.* — En cas d'accord avec le propriétaire, le montant de l'indemnité *annuelle* est définitivement fixé par le ministre de l'agriculture. (Décr. du 11 juillet 1882, art. 21. Instr. Gén. du 2 février 1885, art. 235. Circ. N 345.)

11. *Indemnité. Fixation par expertise.* — Si, à l'expiration du délai fixé par le décret prononçant la mise en défens, l'accord ne s'est pas établi, il est procédé alors au règlement de l'indemnité, conformément aux prescriptions de l'article 8 de la loi du 4 avril 1882, c'est-à-dire que, sur le chiffre de l'indemnité, il sera statué par le conseil de préfecture, après expertise contradictoire, s'il y a lieu, sauf recours au conseil d'Etat, devant lequel il sera procédé sans frais, dans les mêmes formes et délais qu'en matière de contributions publiques.

Il pourra n'être nommé qu'un seul expert. (Loi du 4 avril 1882, art. 8. Décr. du 11 juillet 1882, art. 21. Instr. Gén. du 2 février 1885, art. 235. Circ. N 345.)

12. *Indemnité. Paiement. Epoque.* — L'indemnité court à partir du jour initial de la mise en défens et se calcule d'après le montant de l'annuité fixée au prorata du nombre de mois et de jours écoulés. Elle est payée, pour chaque année écoulée, dans le courant du mois de janvier de l'année suivante. (Décr. du 11 juillet 1882, art. 21. Instr. Gén. du 2 février 1885, art. 239. Circ. N 345.)

13. *Indemnité. Versement. Emploi.* — L'indemnité annuelle sera versée à la caisse municipale.

La somme représentant la perte éprouvée par les communes, à raison de la suspension de l'exercice de leur droit d'amodier les pâturages ou de les soumettre à des taxes locales, sera affectée aux besoins communaux, et le surplus et même le tout, s'il y a lieu, sera distribué aux habitants, par les soins du conseil municipal. (Loi du 4 avril 1882, art. 9.)

SECT. III. — TRAVAUX. SURVEILLANCE. PROLONGATION.

14. *Travaux. Conditions. Améliorations.* — Pendant la durée de la mise en défens, l'Etat pourra exécuter sur les terrains inter-

dits tels travaux que bon lui semblera, pour parvenir plus rapidement à la consolidation du sol, pourvu que ces travaux n'en changent pas la nature, et sans qu'une indemnité quelconque puisse être exigée du propriétaire, à raison des améliorations que ces travaux auraient procurées à sa propriété. (Loi du 4 avril 1882, art. 10.)

15. *Propositions.* — Lorsque les agents forestiers jugent nécessaire de faire exécuter certains travaux dans l'étendue des périmètres mis en défens, ils en font la proposition à l'administration, en se conformant aux prescriptions en vigueur. (Instr. Gén. du 2 février 1885, art. 241. Circ. N 345.)

16. *Conditions. Exécution.* — Ces travaux ne doivent pas modifier la nature des terrains ; ils ne seront proposés qu'en cas d'absolue nécessité et seront réduits à ce qui est strictement indispensable pour prévenir des dangers ; leur exécution est soumise aux règles en vigueur. (Instr. Gén. du 2 février 1885, art. 242 et 243. Circ. N 345.)

17. *Délits. Surveillance. Poursuites.* — Les délits commis sur les terrains mis en défens seront constatés et poursuivis comme ceux commis dans les bois soumis au régime forestier. Il sera procédé à l'exécution des jugements, conformément aux articles 209, 211, 212 et aux paragraphes 1 et 2 de l'article 210 du code forestier. (Loi du 4 avril 1882, art. 11. Instr. Gén. du 2 février 1882, art. 244. Circ. N 345.) V. Périmètre.

18. *Prolongation. Acquisition.* — Dans le cas où l'Etat voudrait, à l'expiration du délai de dix ans, maintenir la mise en défens, il sera tenu d'acquérir les terrains à l'amiable ou par voie d'expropriation publique, s'il en est requis par les propriétaires. (Loi du 4 avril 1882, art. 8.)

19. *Maintien. Notification. Formalités.* — Si l'administration des forêts estime qu'il est nécessaire de maintenir les terrains en défens après l'expiration du délai de dix ans, fixé par l'article 8 de la loi du 4 avril 1882, elle notifie sa décision aux propriétaires de ces terrains, avant la fin de la dernière année, et il est alors procédé conformément aux dispositions du chapitre 2 du titre I du présent décret, si le propriétaire le requiert dans le délai d'un mois, à partir de la notification, c'est-à-dire qu'il est alors procédé à l'expropriation du terrain, pour cause d'utilité publique. (Décr. du 11 juillet 1882, art. 22.)

20. *Prolongation. Délai légal maximum.* — Dans le cas où le délai fixé par le décret prononçant la mise en défens serait inférieur à dix ans, si l'administration des forêts croit nécessaire de maintenir les terrains en défens jusqu'à l'expiration du délai de dix ans, elle notifie sa décision aux propriétaires de ces terrains, avant la fin de la dernière année du délai fixé par le premier décret. (Décr. du 11 juillet 1882, art. 22.)

MISE EN DEMEURE.

1. *Définition.* — C'est une interpellation faite au débiteur, avec constatation de son refus ou défaut de satisfaire à son obligation.

2. *Exécution.* — La mise en demeure se fait par sommation signifiée par un garde.

3. *Mode.* — Le débiteur est constitué en demeure soit par une sommation (citation), ou par autre acte équivalent, soit par l'effet de la convention, lorsqu'elle porte que, sans qu'il soit besoin d'acte et par la seule échéance des termes, le débiteur sera en demeure. (Cod. Civ. 1139.)

MISE EN JUGEMENT.

1. *Fonctionnaires.* — Les agents du gouvernement, autres que les ministres, ne peuvent être poursuivis, pour des faits relatifs à leurs fonctions, qu'en vertu d'une décision du conseil d'Etat ; en ce cas, la poursuite a lieu devant un tribunal ordinaire. (Constitution, 22 frimaire an VIII, art. 75.) Cette disposition est abrogée. (Décr. du 19 septembre 1870, art. 1er.)

2. *Tribunaux judiciaires. Compétence.* — Les tribunaux judiciaires sont compétents toutes les fois qu'il s'agit de connaître des actions dirigées contre des fonctionnaires à raison de faits personnels ; mais ces tribunaux sont incompétents, si l'action intentée contre les fonctionnaires implique l'appréciation d'actes administratifs qui feraient corps avec les faits incriminés. (Block.) V. Instruction. Officier de police judiciaire. Prise à partie. Privilège de juridiction.

MISE A PRIX.

1. *Ventes. Coupes.* — Le conservateur ou son délégué fixe la mise à prix pour les adjudications de coupes. (Décis. Min. 15 janvier 1840. Circ. N 80, art. 43.)

2. *Adjudication. Chasse.* — Le conservateur soumet à l'administration la mise à prix des lots d'adjudication de chasse. (Circ. A 838.)

MISE AU REBUT. V. Procès-verbal.

MISE EN TAS.

Principe. — La mise en tas des graines, herbes, feuilles mortes, mousse, etc., non encore enlevées, constitue le délit prévu et puni par l'article 144 du code forestier. (Nancy, inédit, 9 décembre 1826.) V. Enlèvement. Extraction.

MISE EN VALEUR DE TERRAINS INCULTES. V. Exemption d'impôt. Marais.

MISSION.

1. *Particuliers.* — Il est interdit aux agents forestiers d'accepter des particuliers aucune mission ou expertise, même gratuite ; ils ne peuvent accepter qu'avec l'autorisation spéciale de l'administration. (Circ. A 388 bis. Circ. A 541.)

2. *Administrateur.* — Les administrateurs pourront être chargés de missions temporaires, dans les départements, avec l'approbation du ministre. (Ord. 5.)

3. *Agents.* — Les agents peuvent, sur les propositions du conservateur, être envoyés en mission pour étudier, sur les lieux, des procédés particuliers relatifs à la vidange des coupes et des forêts et à d'autres travaux. (Circ. N 22, art. 77.)

4. *Frais.* — Les frais de mission non spécifiés ou fixés par des décisions spéciales sont payés d'après le tarif des indemnités de route et de séjour. (Arr. Min. du 20 avril 1883. Circ. N 310.) V. Indemnité.

MITOYEN. V. Arbre mitoyen. Fossé. Haie. Mur.

MOBILIER.

1. *Inventaire.* — Le mobilier fourni par l'Etat à des fonctionnaires publics est l'objet d'inventaires dressés par les agents de l'administration des domaines, et il est récolé, par les mêmes agents, à la fin de chaque année et à chaque mutation de fonctionnaire, afin de constater les accroissements ou diminutions survenus depuis l'inventaire, ou dans l'intervalle d'un récolement à l'autre. V. Inventaire.

Ces inventaires et ces récolements sont déposés aux archives du ministère des finances et à la cour des comptes. (Décr. du 31 mai 1862, art. 188. Régl. Min. 26 décembre 1866, art. 196. Circ. N 104.)

2. *Vente. Cession.* — Les objets mobiliers appartenant à l'Etat peuvent être vendus, pour cause d'utilité publique, aux communes ou aux départements, sur simple estimation ; mais ils ne peuvent être abandonnés gratuitement. (Décis. Min. 20 janvier 1824.)

3. *Adjudication. Vente.* — Lorsque des objets mobiliers ne sont pas susceptibles d'être réemployés et peuvent être vendus, la vente doit être faite avec le concours des préposés des domaines, dans les formes prescrites ; le produit de ces ventes est porté en recette au budget de l'exercice courant. (Décr. du 31 mai 1862.)

4. *Maisons forestières.* — Les chambres des agents dans les maisons sont pourvues, aux frais de l'Etat, des objets mobiliers les plus essentiels. (Circ. N 285.)

Au 31 décembre de chaque année, il est produit un état du mobilier, mais ne portant que les changements survenus dans le cours de l'année. (Circ. N 335. Form. série 12, nº 21.)

MOBILISATION.

1. *Ordre.* — Dès que l'ordre de mobilisation de l'armée aura été donné, le corps de chasseurs forestiers sera à la disposition du ministère de la guerre, qui fera connaître d'avance les compagnies, sections ou détachements dont les hommes doivent être mis en totalité ou en partie à la disposition de l'autorité militaire, dès la publication de l'ordre de mobilisation.

Ces unités ou détachements peuvent être appelés à l'activité même avant la publication de l'ordre de mobilisation, sur un ordre du ministre de la guerre. (Décr. du 2 avril 1875. Circ. N 173. Décr. du 18 novembre 1890, art. 7 et 8. Circ. N 424.)

2. *Démission.* — A dater de l'ordre de mobilisation, aucune démission donnée par un agent ou préposé forestier n'est valable qu'après avoir été acceptée par le ministre de la guerre. (Décr. du 2 avril 1875. Circ. N 173. Décr. du 18 novembre 1890, art. 1er. Circ. N 424.)

3. *Assimilation.* — Les compagnies, sections ou détachements de chasseurs forestiers appelés à l'activité sont assimilés à l'armée active, pour la solde, les prestations, allocations et indemnités de toute nature. (Décr. du 2 avril 1875. Circ. N 173. Décr. du 18 novembre 1890, art. 9. Circ. N 424.)

4. *Traitement. Délégation.* — En cas de mobilisation des chasseurs forestiers, les agents et préposés continueront à jouir de leur traitement civil. (Décis. Min. du 29 juillet 1876. Circ. N 200.) Ils pourront déléguer à leurs parents le droit de toucher leur traitement civil, pendant la durée de la mobilisation. (Circ. N 204.)

5. *Pensions. Blessures. Infirmités.* — A dater du jour de l'appel à l'activité, les officiers, sous-officiers, caporaux et soldats (chasseurs forestiers) jouiront de tous les droits attribués aux militaires du même grade dans l'armée active, sous le rapport des pensions pour infirmités, blessures et pensions de veuve. (Décr. du 2 avril 1875. Circ. N 173. Décr. du 18 novembre 1890, art. 9. Circ. N 424.) V. Armement.

6. *Ordre de service. Inscription.* — Sur les ordres de service (modèle C ou E) remis aux officiers ou aux chasseurs des unités qui ne sont pas appelées à l'activité dès la publication de l'ordre de mobilisation, les nom, prénoms et qualité du titulaire seront inscrits au crayon, en temps de paix ; son unité d'affectation, sa résidence et le lieu de

rassemblement seront seuls inscrits à l'encre. (Circ. N 401.)

7. *Ordre de service. Mutation.* — En cas de mutations, le chef de poste effacera les indications figurant au crayon sur les ordres de service et les remplacera, également au crayon, par celles concernant le nouveau titulaire. (Circ. N 401.)

8. *Ordre de service. Appel à l'activité.* — En cas d'appel à l'activité, le chef de poste passera à l'encre les inscriptions portées au crayon sur les ordres de service. (Circ. N 401.) V. Chasseurs forestiers. Compagnies. Grades.

MODÉRATION D'AMENDE. V. Remise d'amende.

MODERNE.

1. *Définition.* — Arbre réservé, âgé de deux révolutions. V. Réserve.

2. *Exploitation.* — Lors de l'exploitation des taillis, les modernes ne pourront être abattus qu'autant qu'ils seront dépérissants ou hors d'état de prospérer jusqu'à une nouvelle révolution. (Ord. 70, 134.)

3. *Quart en réserve.* — Lors de la coupe du quart en réserve, le nombre des arbres à conserver sera de soixante au moins et de cent au plus par hectare, y compris les baliveaux, modernes et anciens. (Ord. 137.)

4. *Désignation.* — Les agents doivent désigner eux-mêmes les modernes. (Circ. A 534 bis.)

5. *Marque.* — Les modernes sont marqués du marteau de l'Etat, à la hauteur et de la manière qui sera déterminée par l'administration. (Ord. 79, 134.)

6. *Marques.* — Les modernes sont marqués de deux marques, sur deux miroirs distincts, au bas du tronc et autant que possible sur les pattes des racines extérieures, les deux blanchis rapprochés l'un de l'autre. Les marques seront appliquées d'un seul et même côté, au nord. (Décis. Min. du 10 août 1822. Circ. A 91.)

7. *Procès-verbal.* — Le nombre et l'espèce des modernes marqués en réserve seront relatés dans les procès-verbaux de balivage. (Ord. 81, 134.)

MOINEAU.

1. *Qualité. Classement.* — On ne saurait considérer le menu gibier, et spécialement les oiseaux (dans l'espèce des moineaux), comme des bêtes fauves, au point de vue de l'application de l'article 9, paragraphe 3, de la loi du 3 mai 1844, qui permet au propriétaire ou fermier de repousser ou détruire en tout temps, même avec des armes à feu, les bêtes fauves portant atteinte à ses propriétés. (Cass. 5 janvier 1883.)

2. *Moineau. Destruction. Dommage.* — Aucun délit de chasse n'est commis par le fermier qui, sans être muni d'un permis, tire sur les moineaux au moment où ils causent à ses récoltes un sérieux dommage, alors même que le moineau n'est point classé par le préfet parmi les animaux nuisibles. (Douai, 6 décembre 1882.)

MOINS DE MESURE.

1. *Principes. Adjudicataires.* — Les coupes ne sont plus vendues qu'en bloc et sans garantie ; mais l'administration n'entend pas déroger aux principes de loyauté toujours observés à l'égard des acquéreurs des coupes, au préjudice desquels des erreurs graves de contenance étaient constatées. En pareil cas, les intéressés peuvent compter, comme par le passé, sur une appréciation équitable de leur réclamation. (Circ. N 130.)

Les remboursements pour moins de mesure sont autorisés par le ministre. (Ord. 7.)

2. *Principes.* — En ce qui concerne les coupes vendues sans garantie de contenance, l'adjudicataire n'a aucun droit. S'il s'agit d'une forêt communale, rien ne s'oppose à ce que la commune effectue gracieusement le remboursement, qui, en ce cas, est autorisé par le préfet.

MOIS.

1. *Délai. Prescription.* — Lorsque les délais sont indiqués par *mois*, ils doivent se compter de quantième à quantième, c'est-à-dire par date et non pas par le nombre de jours écoulés ou compris dans chaque mois. (Cass. 27 décembre 1811.)

2. *Comptabilité.* — Chaque mois, quel que soit le nombre de jours dont il se compose, compte pour trente jours. Le mois se divise en trentièmes, et chaque trentième est indivisible. (Règl. Min. du 26 décembre 1866, art. 63. Circ. N 104. Circ. N 268.)

3. *Cassation. Délai.* — Pour les délais de cassation en matière civile, les mois seront comptés suivant le calendrier grégorien. (Loi du 2 juin 1862, art. 9.)

4. *Congés. Retenues.* — Les retenues se calculent comme si le mois avait les trente jours réglementaires. (Circ. N 268.)

MONITEUR. Voir Journal officiel.

MONNAIE.

1. *Fourniture.* — Le débiteur doit faire l'appoint et fournir la monnaie. (Loi du 22 avril 1790, art. 7.) V. Billon. Paiement.

2. *Refus.* — Le refus de recevoir les espèces et monnaies nationales non fausses, ni altérées, selon la valeur pour laquelle elles ont cours, est puni, savoir :

Amende : 6 à 10 francs. (Cod. Pén. 475, § 11.)
En cas de récidive, *prison* ; maximum : 5 jours. (Cod. Pén. 478.)

3. *Billets de banque.* — Les billets de la Banque de France ont cours légal et obligatoire comme monnaie. (Loi du 12 août 1870, art. 1er.)

MONTAGNE.

1. *Définition.* — Au point de vue du défrichement, on doit entendre par *montagne* tout terrain en pente et qui domine une plaine. (Cass. 19 septembre 1840. Résolu incidemment.)

2. *Restauration. Conservation.* — Il est pourvu à la restauration et à la conservation des terrains en montagne, soit au moyen des travaux facultatifs ou obligatoires (reboisement, correction de torrent, gazonnement), exécutés par l'Etat ou par les propriétaires, avec subvention de l'Etat, soit au moyen des mesures de protection, de mise en défens et de réglementation de pâturage, lorsque l'état de dégradation du sol ne paraît pas assez avancé pour nécessiter des travaux de restauration. (Loi du 4 avril 1882. Décr. du 11 juillet 1882.) V. Conservation des terrains en montagne. Mise en défens. Restauration des terrains en montagne.

3. *Amélioration du sol. Mise en valeur des pâturages.* — Dans les pays de montagne, en dehors même des périmètres de restauration des terrains en montagne, des subventions continueront à être accordées aux communes, aux associations pastorales, aux fruitières, aux établissements publics, aux particuliers, à raison des travaux entrepris par eux pour l'amélioration, la consolidation du sol et la mise en valeur des pâturages. (Loi du 4 avril 1882, art. 5.)

MORCEAU.

Délit. — L'enlèvement de morceaux de bois ou débris constitue un vol, si le fait est commis dans une coupe en exploitation ; sinon, il doit être considéré comme un enlèvement de bois sec et gisant. V. Bâton. Charge d'homme.

MORILLE. V. Champignon.

MORT BOIS.

1. *Nomenclature.* — Les morts bois sont : le saule, le marceau (saule), l'épine, le puisne (cornouiller sanguin), le seure (sureau), l'aulne, le genêt, le genévrier et la ronce. (Charte normande, 1315. Ordonnance 1669.) V. Fagot.

2. *Classification.* — Le charme et le tremble ne doivent pas être rangés dans la classe des morts bois. (Cons. d'Etat, 14 juillet 1750.)

Le charme ne doit pas être considéré comme mort bois. (Conseil d'Etat, 11 septembre 1748.) Cependant, la cour de Nancy, par arrêt du 21 mai 1841, et la cour de cassation, par arrêt du 30 décembre 1834, ont décidé que le charme est un mort bois.

D'après la coutume de Metz, on doit considérer comme mort bois toute espèce de bois, excepté le chêne et le hêtre.

3. *Bois blancs. Fruits.* — Suivant la coutume de Lorraine, on peut considérer comme mort bois les essences dites *bois blancs et ne portant fruits*, tels que charme, érable, bouleau et tremble. (Cass. 30 décembre 1844.)

4. *Autorisation. Exploitation.* — Les conservateurs autoriseront les exploitations de morts bois dans les forêts domaniales, communales et d'établissements publics. (Décr. du 17 février 1888. Circ. N 395.)

MORT. V. Décès.

MORT CIVILE.

Définition. — Perte des droits civils. La mort civile est abolie. (Loi du 31 mai 1854.)

MOTIFS.

1. *Principe.* — Les arrêts qui ne contiennent pas les motifs sont déclarés nuls. (Loi du 20 avril 1810, art. 7.)

2. *Jugement.* — La généralité des motifs d'un jugement ou leur brièveté ne peut équivaloir à un défaut de motifs et donner ouverture à cassation qu'autant qu'elle servirait à déguiser quelque violation de la loi. (Cass. 21 janvier 1845.)

3. *Erreur. Complément.* — Un jugement n'est pas nul par cela seul que les motifs y énoncés sont incomplets ou erronés. (Cass. 19 juin 1872.)

4. *Appel.* — Les juges d'appel peuvent motiver leur jugement en déclarant qu'ils adoptent les motifs des premiers juges. (Cass. 1er octobre 1840.)

5. *Audience.* — Les motifs peuvent n'y être donnés qu'en précis, sauf à être développés dans la rédaction du jugement ; mais le fond des motifs doit être prononcé avec le dispositif. (Cass. 23 avril 1829.)

6. *Arrêt. Nullité.* — L'arrêt qui renvoie le prévenu d'un délit forestier, en se bornant à déclarer que la preuve de l'infraction ne résultait pas suffisamment de l'instruction et

des débats, est nul pour défaut de motifs. (Loi du 20 avril 1810, art. 7. Cass. 21 juin 1884.)

MOUSQUETON.

Arme. — Depuis 1890, les préposés forestiers sont munis du fusil modèle 1886. V. Arme. Armement. Fusil.

MOUSSE.

1. *Enlèvement. Pénalité.* — L'enlèvement non autorisé de mousse tombe sous l'application de l'article 144 du code forestier ; on objecterait vainement le caractère nuisible de ce produit. (Cass. 24 novembre 1848.) V. Enlèvement. Extraction. Produit.

2. *Produit. Classification.* — La délivrance des mousses est considérée comme menus produits, dans les bois domaniaux, et comme produits accessoires, dans les bois communaux et d'établissements publics. (Arr. Min. 22 juin et 1er septembre 1838. Circ. A 429. Circ. A 842.)

3. *Délivrance.* — Si les mousses ne peuvent pas être vendues, leur extraction, si elle est reconnue utile, sera autorisée aux conditions que déterminera l'administration des forêts. (Arr. Min. du 22 avril 1840. Circ. A 471 bis.)

MOUTON.

Amende, 9.
Animal de commerce, 17.
Autorisation, 4, 5, 6.
Bois particulier, 8.
Clochette, 15.
Excédant, 13.
Formalités, 5.
Garde séparée, 16.
Habitant, 12.
Indemnité, 3.
Marque, 14.
Nombre, 13.
Ordre public, 7.
Pâtre, 9.
Pâturage, 1, 2, 3, 10, 11, 12.
Pénalités, 9, 10, 11, 12, 13, 14, 15, 16, 17.
Prohibition, 1, 7, 8, 11.
Propriétaire, 9.
Réclamation, 6.
Retrait, 6.
Usager, 3, 11, 12.

1. *Pâturage. Prohibition.* — Le pâturage des moutons est défendu dans les bois soumis au régime forestier et les terrains qui en dépendent, ainsi que dans les bois particuliers. (Cod. For. 78, 110, 120.)

2. *Pâturage.* — Dans aucun cas et sous aucun prétexte, à moins d'autorisation par ordonnance spéciale, les habitants des communes, les administrateurs ou employés des établissements publics ne peuvent introduire, ni faire introduire, dans les bois appartenant aux communes et aux établissements publics, des brebis ou moutons, à moins d'encourir les amendes fixées par l'article 199 du code forestier et, pour les pâtres, les amendes et pénalités fixées par l'article 78 du même code. (Cod. For. 110.)

3. *Usager. Indemnité.* — Les usagers qui prétendent avoir joui du pâturage des moutons, en vertu de titres valables ou d'une possession équivalente, pourront, s'il y a lieu, réclamer une indemnité qui sera réglée de gré à gré ou, en cas de contestation, par les tribunaux. (Cod. For. 78.)

4. *Autorisation.* — Le pâturage des moutons peut, dans certaines localités, être autorisé par des ordonnances du chef de l'Etat, au profit des usagers et des habitants, dans les bois soumis au régime forestier (Cod. For. 110), mais non dans les bois particuliers. (Cod. For. 78, 120.)

5. *Autorisation. Formalités.* — Le pâturage des moutons, dans les bois des communes et établissements publics, ne peut être autorisé que par une ordonnance formelle et spéciale du chef de l'Etat ; l'autorisation d'un préfet, d'un maire ou d'un conseil municipal serait sans valeur. (Cass. 8 mars et 6 juin 1834.)

6. *Autorisation. Retrait. Réclamations.* — L'autorisation du pâturage des moutons, étant une mesure gracieuse, ne peut, en cas de retrait, donner lieu à aucune réclamation de la part des usagers.

7. *Prohibition. Ordre public.* — La défense de conduire les moutons dans les bois constitue une prohibition d'ordre public, qui ne permet pas au propriétaire de s'affranchir de l'obligation d'indemniser les usagers, valablement investis de ce droit de dépaissance, en offrant à ceux-ci de les maintenir dans l'exercice de ce droit. (Cass. 12 juin 1866.) V. Chèvre. Vacant.

8. *Bois particulier. Prohibition.* — Le pâturage des moutons, dans les bois particuliers, est prohibé par les articles 78 et 120 du code forestier. Cette prohibition est d'ordre public, et les usagers ne peuvent introduire des moutons au pâturage, dans les bois particuliers, qu'en vertu d'une simple tolérance. (Cass. 12 juin 1866.)

9. *Pénalités. Amende. Propriétaire. Pâtre.* — Dans le cas de l'article 78 du code forestier, l'amende contre le propriétaire n'exclut pas l'amende contre les pâtres. Chaque délinquant doit subir la pénalité indiquée; mais la responsabilité de la commune ne s'applique qu'aux réparations civiles et frais, et non aux amendes. (Meaume.) V. Responsabilité.

10. *Pâturage. Pénalités.* — Le pâturage des moutons est défendu dans tous les bois soumis au régime forestier et les terrains qui en dépendent, ainsi que dans les bois particuliers.

En cas de contravention, ce fait est puni, savoir :

Pour le propriétaire des animaux, *amende* par bête :

BOIS DE 10 ANS ET AU-DESSUS.

Le jour.	2 fr. (C. F. 110, 120, 199.)
Le jour avec récidive, la nuit ou la nuit avec récidive.	4 fr. (C. F. 110, 120, 199, 201.)

BOIS AU-DESSOUS DE 10 ANS.

Le jour. . . . . . . 4 fr. (C. F. 110, 120, 199.)

Le jour avec récidive, la nuit ou la nuit avec récidive. } 8 fr. (C. F. 110, 120, 199, 201.)

Dommages-intérêts facultatifs ; minimum : amende simple. (C. F. 199, 202.)

Saisie et séquestre, s'il y a lieu. (C. F. 161.)

Pour le pâtre :

Amende : 15 fr. (C. F. 78, 110.)

En cas de récidive. { *Amende :* 15 francs. *Prison* obligatoire, 5 à 15 jours. } (C. F. 78, 110.)

Si le propriétaire est le gardien du troupeau, l'amende du pâtre n'est pas appliquée. (Cass. 2 mai 1845.)

11. *Usagers. Prohibition. Pénalités.* — Le pâturage des moutons des usagers, *sans autorisation*, est puni, savoir :

Pour le propriétaire des animaux, *amende* par bête :

BOIS DE 10 ANS ET AU-DESSUS.

Le jour. . . . . . . 4 fr. (C. F. 78, 120, 199.)

Le jour avec récidive, la nuit ou la nuit avec récidive. } 8 fr. (C. F. 78, 120, 199, 201.)

BOIS AU-DESSOUS DE 10 ANS.

Le jour . . . . 8 fr. (C. F. 78, 110, 120, 199.)

Le jour avec récidive, la nuit ou la nuit avec récidive. } 16 fr. (C. F. 78, 110, 120, 199, 201.)

Dommages-intérêts facultatifs ; minimum : amende simple. (C. F. 110, 199, 202.)

Saisie et séquestre, s'il y a lieu. (C. F. 161.)

Pour le pâtre :

Amende : 15 fr. (C. F. 78, 110.)

En cas de récidive. { *Amende* : 15 francs. *Prison* obligatoire, 5 à 15 jours. } (C. F. 78, 110.)

Responsabilité de la commune pour le pâtre. (C. F. 72.)

Si le propriétaire est le gardien du troupeau, l'amende du pâtre n'est pas appliquée. (Cass. 2 mai 1845.)

12. *Usagers. Habitants. Hors chemin ou canton. Pénalités.* — Le pâturage des moutons des usagers ou habitants, en dehors des cantons déclarés défensables et désignés, ainsi que la divagation ou le passage des moutons en dehors des chemins désignés pour se rendre au pâturage, sont punis, savoir :

Pour le propriétaire (usager ou habitant), *amende* par bête :

BOIS AU-DESSUS DE 10 ANS.

Le jour. . . . . 2 fr. (C. F. 56, 76, 199.)

Le jour avec récidive, la nuit ou la nuit avec récidive. } 4 fr. (C. F. 56, 76, 199, 201.)

BOIS AU-DESSOUS DE 10 ANS.

Le jour. . . . . . . 4 fr. (C. F. 56, 76, 110, 112, 199.)

Le jour avec récidive, la nuit ou la nuit avec récidive. } 8 fr. (C. F. 56, 76, 110, 112, 120, 199, 201.)

Dommages-intérêts facultatifs ; minimum : amende simple. (C. F. 110, 112, 199, 202.)

Saisie et séquestre, s'il y a lieu. (C. F. 161.)

Pénalités pour le pâtre des usagers :

Le jour, *amende :* 3 à 30 fr. (C. F. 56, 76, 110, 112.)

La nuit, *amende :* 6 à 60 fr. (C. F. 56, 76, 110, 112, 201.)

En récidive, *prison* facultative : 5 à 15 jours. (C. F. 56, 76.)

La nuit avec récidive { *Amende :* 6 à 60 fr. *Prison* facultative, 5 à 15 jours. } (C. F. 56, 76, 110, 112, 201.)

Responsabilité de la commune pour les condamnations civiles contre le pâtre. (C. F. 72.)

NOTA. — On peut poursuivre le propriétaire usager ou le pâtre (Cass. 10 mai 1842) ; mais, si le propriétaire est lui-même le gardien du troupeau, la pénalité du pâtre n'est pas applicable. (Cass. 2 mai 1845.)

L'amende contre le pâtre est indépendante de celle du propriétaire.

13. *Nombre. Excédant. Pénalités.* — Le pâturage autorisé des moutons des usagers ou habitants excédant le nombre est puni, pour l'excédant, savoir :

Amende, comme pour les animaux trouvés en délit et suivant les circonstances. (C. F. 77, 110, 112, 199.)

14. *Marque. Pénalités.* — Le pâturage autorisé des moutons (usagers ou habitants), si les animaux ne sont pas marqués, est puni, savoir :

Amende par bête : 3 fr. (C. F. 73.)

En cas de récidive, *amende* par bête : 6 fr. (C. F. 73, 201.)

15. *Clochette. Pénalités.* — Le pâturage autorisé des moutons des usagers ou habitants, lorsque les moutons sont sans clochette, est puni, savoir :

Amende par tête de bétail : 2 fr. (C. F. 75.)

En cas de récidive, *amende* par bête : 4 fr. (C. F. 75, 201.)

16. *Garde séparée. Pénalités.* — Le pâturage autorisé des moutons (usagers ou habitants), à garde séparée, est puni, savoir :

Amende par bête, le jour : 2 fr. (C. F. 72, 112.)

En récidive, ou la nuit et en récidive, *amende :* 4 fr. (C. F. 72, 112, 201.)

17. *Animaux de commerce. Pénalités.* — Le pâturage autorisé des moutons (usagers), dans les cantons désignés, mais s'il s'agit d'animaux servant au commerce, est puni, savoir :

Amende par bête : 4 fr. (C. F, 70, 199.)

En récidive, *amende :* 8 fr. (C. F. 70, 112, 199, 201.)

Dommages-intérêts facultatifs; minimum : amende simple. (C. F. 199.)

Nota. — Si les animaux étaient hors des cantons défensables, le fait rentrerait alors dans le cas de délit ordinaire.

MOUVEMENT INSTINCTIF.

1. *Chasse. Gibier saisi.* — Ne constitue pas un fait de chasse, le fait d'un moissonneur qui, trouvant par hasard un gibier dans des récoltes, l'appréhende par un mouvement plus instinctif que volontaire et le remet, sans même en connaître l'espèce, à des enfants qui l'entouraient. (Douai, 17 novembre 1880.)

2. *Gibier saisi et relâché.* — Celui qui, par un mouvement instinctif, a poursuivi et saisi un gibier passant à sa portée et l'a relâché tout aussitôt, de son propre mouvement, ne commet pas un délit de chasse. (Nancy, 7 août 1871.)

MUE.

1. *Engin. Emploi.* — La mue est, de sa nature, un engin prohibé. L'usage n'en saurait être toléré que comme moyen d'élevage et s'il est démontré que son emploi n'avait pas d'autre but. (Paris, 21 janvier 1890.)

2. *Faisan. Capture. Elevage.* — Le garde-chasse qui, dans le temps où la chasse est ouverte, capture, à l'aide de paniers ou *mues*, de jeunes faisans se trouvant dans les bois de son maître, n'est pas punissable comme ayant chassé au moyen d'engins prohibés. Le fait incriminé doit être considéré plutôt comme se rattachant à l'élevage du gibier que comme un acte de chasse proprement dit. (Paris, 9 décembre 1885.)

MULET. V. Ane. Cheval. Bête de trait ou de monture.

MUNITION.

1. *Tir. Exercices annuels.* — Les corps de troupes qui fournissent le matériel spécial des tirs sont chargés de délivrer les munitions nécessaires et de recueillir les étuis vides.

A cet effet, dès qu'ils auront eu connaissance de leur désignation, les conservateurs adresseront aux généraux commandant l'artillerie des corps d'armée une demande de munitions, donnant notamment le nombre de cartouches alloué qu'il y aura lieu de faire parvenir au corps distributeur. Le nombre des cartouches a été fixé à vingt par tireur. (Lettres du Min. de la guerre des 30 octobre 1890 et 21 avril 1891. Circ. N 451.) V. Arme. Armement. Cartouche. Tir.

2. *Mobilisation. Nombre de cartouches.* — Le nombre de cartouches de mobilisation à emporter en campagne par les chasseurs forestiers est fixé à cent vingt par homme de troupe, à l'exception des sous-officiers et caporaux-fourriers, qui ne porteront que cinquante-six cartouches. (Lettre de l'Admin. 29 octobre 1892.)

3. *Fabrication. Détention.* — La fabrication, débit ou détention illicite de poudre de guerre, ou de plus de 2 kilogrammes de toute autre poudre, sont punis, savoir :

Prison : 1 mois à 2 ans. (Loi du 24 mai 1834, art. 2 et 4.)
Confiscation de la poudre.

4. *Débit. Détention.* — La fabrication, débit ou détention illicite de cartouches ou autres munitions de guerre sont punis, savoir :

Prison : 1 mois à 2 ans.
Amende : 16 à 1000 francs. (Loi du 24 mai 1834, art. 3 et 4.)
Confiscation des cartouches.

MUR.

Acquisition, 11.
Adjudicataire, 5.
Bornage, 6.
Conservation, 3.
Dimensions, 7.
Entretien, 4.
Frais, 6.
Honoraires, 8.
Limites, 14.
Marques, 10.
Mitoyenneté, 9, 11.
Mur mitoyen, 9, 11, 12.
Non mitoyenneté, 10.
Présomption, 9.
Propriété, 1.
Proposition, 2.
Réparation, 12, 14.
Rétablissement, 5.
Route, 13.
Soutènement, 13.
Travaux, 8.
Visite, 3.

1. *Propriété.* — La propriété des murs se détermine habituellement par les chaperons, filets et corbeaux, établis du côté de la propriété à laquelle ces murs appartiennent. Certains usages locaux attribuent au propriétaire des murs une largeur de terrain appelée tour d'échelle. (Cod. Civ. 653 et 654.)

2. *Proposition.* — L'établissement des murs de clôture doit être justifié au point de vue des incursions du bétail. Le dommage causé à la forêt et qu'il importe de prévenir doit être évalué en argent, afin que l'administration puisse en comparer l'importance avec le montant de la dépense proposée. On doit toujours indiquer la date de la délimitation et le degré de certitude qu'offrent, sur le terrain, les signes matériels de cette opération. (Circ. N 22, art. 161.)

3. *Conservation.* — Les agents et préposés sont chargés de veiller à la conservation des murs ; les préposés en font une visite annuelle, du 1er août au 1er septembre, et en rendent compte à leur chef immédiat, qui provoque les réparations nécessaires. (Circ. N 64, art. 161.)

4. *Entretien.* — La réparation des murs de clôture est considérée comme travail d'entretien. On doit indiquer dans le rapport la longueur du mur à réparer. (Circ. N 22, art. 25.)

5. *Rétablissement. Adjudicataire.* — Les adjudicataires des coupes doivent rétablir les murs de clôture endommagés ou détruits par le fait de l'exploitation. En cas d'inexécution, pas de pénalité; l'administration fait exécuter les travaux en régie, aux frais des

adjudicataires. (Cod. For. 41. Circ. N 22, art. 330. Cah. des ch. 33.)

6. *Bornage.* — Lorsque le bornage est fait au moyen de murs, ceux-ci sont établis mitoyens, afin que les frais soient supportés par moitié par les intéressés. Les experts doivent en donner la position exacte. (Décis. Min. du 29 juin 1829. Circ. N 64, art. 149.)

7. *Dimensions.* — Les murs d'angle de périmètre auront 3 mètres de longueur. (Instr. de l'Admin.)

8. *Géomètre. Honoraires.* — Il est alloué aux géomètres, pour direction de travaux de bornage, savoir :

Mur d'angle : 0 fr. 70 par chaque mur.

Mur continu : 0 fr. 06 par mètre courant, pour les 500 premiers mètres.

— 0 fr. 03 par mètre courant, de 501 à 2000 mètres.

— 0 fr. 02 par mètre courant, de 2001 mètres et au-dessus. (Circ. N 64, art.176.)

9. *Mitoyenneté. Présomption.* — Tout mur servant de séparation entre bâtiments jusqu'à l'héberge, ou entre cours et jardins, est présumé mitoyen, sauf titre ou marque contraire. (Cod. Civ. 653.)

10. *Non-mitoyenneté. Marques.* — Il y a marque de non-mitoyenneté, lorsque la sommité du mur est droite et à plomb de son parement, d'un côté, et présente, de l'autre, un plan incliné; ou lorsqu'il n'y a que d'un côté ou un chaperon, ou des filets et corbeaux de pierre qui y auraient été mis en bâtissant le mur. Le mur est, dans ces cas, présumé appartenir exclusivement au propriétaire du côté duquel sont l'égout ou les corbeaux et filets de pierre. (Cod. Civ. 654.)

11. *Mitoyenneté. Acquisition.* — Tout propriétaire joignant un mur peut le rendre mitoyen, en remboursant au voisin la moitié de sa valeur. Dans un mur mitoyen, on ne peut pratiquer aucun enfoncement, ni appliquer aucun ouvrage, sans le consentement du voisin. (Cod. Civ. 661 et 662.)

12. *Réparation. Mur mitoyen.* — La réparation des murs mitoyens est à la charge de tous les ayants droit. Le voisin peut se dispenser d'y contribuer, en abandonnant le droit de mitoyenneté, pourvu que le mur ne soutienne pas un bâtiment qui lui appartienne. (Cod. Civ. 655 et 656.)

13. *Mur de soutènement. Route.* — Lorsque les pierres à affecter aux murs de soutènement ne peuvent être fournies par les déblais ou par des carrières ouvertes à proximité, on ne doit proposer des constructions de ce genre que là où elles sont d'absolue nécessité ; il n'y a lieu de les établir qu'exceptionnellement en maçonnerie de mortier. (Circ. A 845.)

14. *Limite. Réparation.* — Le propriétaire qui a construit un mur à l'extrémité de son terrain ne peut, quand ce mur a besoin de réparations, obliger son voisin à lui accorder un passage, même en lui offrant une indemnité. (Trib. de Saint-Etienne, 24 février 1892.)

MURE. V. Enlèvement. Fruit.

MUSELIÈRE.

1. *Animaux. Adjudicataire. Pénalité.* — L'introduction, par les adjudicataires des coupes, d'animaux de trait, de bât ou de monture, servant à la vidange des produits de la coupe, mais sans être muselés, les rend passibles des amendes encourues pour délits de pâturage, quand même il n'y aurait pas de dommages. (Cass. 16 mai 1834. Cass. 1er octobre 1846.) V. les noms des animaux, âne, bœuf, cheval, mulet.

2. *Animaux attelés.* — Si les animaux non muselés étaient attelés à une voiture, hors des routes et chemins ordinaires, on devrait alors appliquer la pénalité de l'article 147 du code forestier. (Nancy, 4 mars 1840.)

Lorsque la voiture est sur les chemins avec des animaux non muselés, dans ce cas, l'article 199 du code forestier est seul applicable. (Nancy, 22 janvier 1845.)

3. *Responsabilité.* — Si le délit est commis par un domestique, le maître est non seulement civilement responsable, mais il est aussi personnellement passible de l'amende. (Nancy, 18 décembre 1845.)

4. *Mode.* — Les animaux à introduire dans les coupes par les adjudicataires doivent être muselés, de manière à ne pouvoir brouter, ni causer aucun dommage ; rien ne fixe la muselière à employer, ni le moyen. (Metz, inédit, 15 janvier 1835.)

5. *Mors.* — Des chevaux, ayant dans la bouche un mors qui les empêche de manger, ne sont pas considérés comme muselés et leur introduction constitue le délit d'introduction d'animaux non muselés. (Cass. 1er oct. 1846.)

MUTATION.

1. *Inventaire.* — A chaque mutation d'emploi, il sera dressé des titres, plans, actes et registres un inventaire en double, qui constituera le nouvel agent responsable, en déchargeant son prédécesseur. (Ord. 17.)

2. *Livret.* — A chaque mutation, les gardes remettent leur registre à leur successeur. (Ord. 26.)

3. *Armement. Equipement.* — En cas de mutation, les préposés qui ne quittent pas la conservation doivent toujours emporter leur grand équipement et leurs armes. Lorsqu'ils passent du service de la métropole à celui de l'Algérie, le grand équipement et l'arme restent au remplaçant. (Circ. autog. du 13 mai

1875. Note de l'Admin. du 14 octobre 1875.) Lorsqu'ils passent d'une conservation dans une autre, ils emportent leur grand équipement et laissent leur armement. (Circ. N 257. Circ. N 259.)

4. *Bulletin de contrôle.* — A chaque mutation, le conservateur adresse au commandant de recrutement un bulletin, pour tenir au courant le contrôle du personnel des hommes non disponibles. Ce bulletin est adressé chaque mois. (Circ. N 183. Circ. N 219. Circ. N 424.) V. Contrôle.

5. *Chasseurs forestiers. Agent assimilé.* — Les bulletins de mutation des agents assimilés doivent être adressés au commandant de recrutement de la subdivision du tirage au sort, lors du changement de situation des agents et non pas mensuellement. (Circ. N 277.)

MUTATION (DROIT DE).

1. *Chasse.* — Le droit de mutation n'atteint pas l'exercice du droit de chasse, excepté en cas de bail où la valeur du droit de chasse est déterminée. (Cass. 7 avril 1868.)

2. *Droit d'usage.* — Le jugement qui affranchit une propriété d'un droit d'usage, moyennant une indemnité fixée par les experts, est assujetti au droit proportionnel de mutation. (Délib. des Dom. du 21 juin 1832.)

3. *Décès. Estimation.* — En matière de mutation par décès, pour estimer la valeur d'une forêt dans laquelle s'exploite une minière, il faut comprendre, dans son produit à multiplier par vingt, la valeur du minerai de fer d'alluvion en provenant.

L'exploitation de la minière étant limitée dans sa durée, il en résulte un amortissement progressif du capital représenté par le produit de cette minière, et il doit être tenu compte de cet amortissement, pour obtenir le véritable produit annuel de la forêt. (Cass. 6 mars 1867.)

MUTILATION.

Arbres épars, 9, 10.
Arbres non soumis au régime forestier, 11.
Blessure, 5, 8.
Conditions, 1, 2.
Coups de hache, 5.
Ecorçage, 7.
Gemmage, 6.
Pénalités, 4, 7, 8, 9, 10, 11.
Principe, 3.
Voiture, 8.

1. *Condition.* — Le délit de mutilation doit résulter du dommage joint à l'intention de nuire. (Cass. 12 avril 1822.)

S'il n'y avait que dommage sans intention de nuire, comme, par exemple, chute d'arbre dans une exploitation, il n'y aurait lieu qu'à poursuite en dommages-intérêts.

2. *Condition.* — Les faits visés par l'article 196 du code forestier ne tombent sous le coup de la loi pénale qu'autant qu'ils ont été commis avec l'intention de nuire; dans le cas contraire, ils ne peuvent donner lieu qu'à une action civile. (Lyon, 5 juin 1890.)

3. *Principe.* — Toute mutilation faite aux arbres, quel que soit le dommage qui en résulte, doit être punie par l'application des articles 192 et 196 du code forestier. (Cass. 25 juin 1830.)

4. *Pénalités.* — La mutilation des arbres est punie des mêmes peines que si les arbres avaient été coupés par le pied. (Cod. For. 196.) V. Arbre.

5. *Blessure.* — Des coups de hache portés sur un arbre, pour l'abattre, constituent le délit de mutilation. (Cass. 25 juin 1830.)

6. *Gemmage.* — Le gemmage effectué sans autorisation sur des arbres constitue le délit de mutilation. (Cass. 16 février 1839.)

7. *Ecorçage.* — L'écorçage de chênes-liège mal exécuté (enlèvement de l'écorce mère) est passible, comme fait de mutilation, des peines édictées par l'article 196 du code forestier (pénalité comme coupe de l'arbre). (Aix, 23 mai 1867.)

8. *Voiture.* — L'adjudicataire dont les voitures, en passant dans un bois, cassent, écorcent ou mutilent des arbres se rend coupable du délit prévu par l'article 196 du code forestier. Si le fait est commis en passant hors des routes et chemins, il y a double délit, celui de mutilation et celui de passage hors chemin. (Cass. 5 juin 1841.)

9. *Arbres épars.* — La mutilation volontaire des arbres épars, non soumis au régime forestier, est punie, si les arbres sont morts, par l'article 446 du code pénal et, s'ils n'ont pas péri, par l'article 14, titre II, de la loi des 28 septembre-6 octobre 1791. (Besançon, 24 janvier 1857.) V. Arbre.

10. *Arbres épars.* — Le fait d'avoir mutilé (écorcé) un arbre épars, de manière à le faire périr, donne lieu à l'application des peines portées par l'article 446 du code pénal, alors même que, par suite de soins intelligents donnés à l'arbre, celui-ci n'a pas péri. (Orléans, 26 août 1857.)

11. *Arbres non soumis au régime forestier.* — La mutilation d'arbres à autrui, non soumis au régime forestier, est punie, savoir :

Prison : 6 jours à 6 mois par arbre ; maximum : 5 ans. (Cod. Pén. 445, 446.)

Si les arbres sont plantés sur une voie publique, communale, vicinale ou de traverse :

Prison : 6 jours à 6 mois par arbre ; maximum : 5 ans ; minimum : 20 jours. (Cod. Pén. 445, 446, 448.)

Si le délit a été commis la nuit ; si les arbres appartiennent à un fonctionnaire et ont été coupés par haine, à raison de ses fonctions, on appliquera le maximum de la peine. (Cod. Pén. 450.)

Si l'auteur du délit est un garde ou un officier de police judiciaire, le maximum de la prison sera augmenté du tiers, et le minimum sera d'un mois. (Cod. Pén. 462.)

N

NATURALISATION.

Effets. — La naturalisation donne à un étranger tous les droits d'un français. V. Etranger. Français.

NÉCESSITÉ ABSOLUE DU PATURAGE.

1. *Compétence.* — C'est aux conseils de préfecture exclusivement, et non aux tribunaux ordinaires, qu'il appartient de décider si des droits de pâturage exercés par une commune sont indispensables aux habitants et si la commune peut s'opposer à leur rachat.

Il est facultatif au conseil de recourir à une expertise pour s'éclairer sur les besoins de la commune, mais sous la condition de se conformer aux prescriptions des articles 303 et 305, paragraphe 1, du code de procédure civile. (Cons. d'Etat, 18 mai 1854. Cass. 11 novembre 1846.) V. Rachat.

2. *Bois particuliers.* — Les bois particuliers ne sont pas soumis à l'exception du droit de rachat tirée de l'absolue nécessité du pâturage.

3. *Enquête.* — Le conseil de préfecture, avant de se prononcer sur la nécessité absolue du pâturage, procède à une enquête de commodo et incommodo. V. Enquête.

4. *Conditions.* — L'absolue nécessité d'un droit de pâturage résulte suffisamment de ce que la privation de ce droit appauvrirait nécessairement la commune qui en a la jouissance ; spécialement, de ce que la commune est située dans des montagnes dont le sol est aride et sablonneux ; qu'elle ne possède ni forêts, ni pâturages communaux, et que ses habitants, composés en majorité de pauvres, vivent principalement du lait de leurs vaches et du produit de la vente d'une partie de leur bétail. (Colmar, 15 décembre 1841.)

5. *Conditions.* — Pour qu'il y ait nécessité absolue, il n'est pas nécessaire que l'existence matérielle des usagers soit compromise par la suppression de l'usage demandé ; il suffit qu'il résulte de cette suppression la privation des ressources principales d'industrie et de subsistance nécessaires aux habitants. (Colmar, 15 décembre 1841.)

6. *Conditions.* — Il n'y a pas nécessité absolue, si la commune possède des prés en suffisante quantité pour nourrir les bestiaux nécessaires à la culture et des terres susceptibles de produire des fourrages artificiels. (Bourges, 5 juillet 1842.)

7. *Conditions.* — On ne peut pas considérer comme étant d'une nécessité absolue, un droit de pâturage qui ne peut être exercé que pendant sept années sur vingt. (Cons. d'Etat. 18 mars 1858.)

8. *Instance. Pâturage.* — L'usager, qui est en instance pour faire déclarer que son droit de pâturage des bêtes à laine est pour lui d'absolue nécessité, doit cependant s'abstenir du pâturage tant que l'instance n'est pas terminée. (Nîmes, 17 juin 1841.)

9. *Pâturage. Juridiction. Algérie.* — Le rachat des droits de pâturage en Algérie ne pourra être requis par l'administration, dans les lieux où son exercice est devenu d'une absolue nécessité pour les habitants d'une ou de plusieurs communes ou fractions de communes. Si cette nécessité est contestée par l'administration forestière, les parties se pourvoiront devant le conseil de préfecture, qui, après une enquête de commodo et incommodo, statuera, sauf le recours au conseil d'Etat. (Loi du 9 décembre 1885, art. 1. Circ. N 357.)

NEIGE.

Animaux nuisibles, 5, 8.
Chasse, 5, 6, 7, 8, 9, 10.
Conditions, 5, 6.
Confiscation, 9.
Convocation, 5.
Délit, 6.
Enlèvement, 2.
Loup, 4, 5.
Maire, 5.
Pénalités, 3.
Piste, 7.
Route, 1.
Sanglier, 4, 5.

1. *Route.* — Les gardes cantonniers déblayeront la neige sur les routes forestières. (Instr. du 13 août 1840. Livret des préposés, art. 44.)

2. *Enlèvement.* — L'enlèvement de la neige n'est pas un délit forestier, à moins qu'il n'y ait, en même temps, enlèvement de feuilles, terre, etc.

3. *Pénalités.* — L'enlèvement de la neige ne pourrait donner lieu qu'à une action civile en dommages-intérêts, à moins d'introduction d'animaux ou voitures hors des routes et chemins ordinaires ; auquel cas, l'article 147 du code forestier serait applicable. Mais, si la neige était déjà dans une glacière, son enlèvement pourrait alors être poursuivi comme vol par le ministère public, en vertu de l'article 401 du code pénal, édictant les pénalités suivantes:

Prison : 1 à 5 ans.
Amende facultative : 16 à 500 francs.

4. *Loup. Sanglier.* — Le maire est chargé, sous le contrôle du conseil municipal et la surveillance de l'autorité supérieure, de faire pendant le temps de neige, à défaut des détenteurs du droit de chasse, à ce dûment invités, détourner les loups et sangliers remis sur le territoire ; de requérir, à l'effet de les détruire, les habitants avec armes et chiens propres à la chasse de ces animaux. (Loi du 5 avril 1884, art. 90.)

5. *Animaux nuisibles. Convocation. Maires. Condition.* — La chasse en temps de neige, autorisée par la loi du 5 avril 1884, ne peut avoir lieu qu'au refus du détenteur du droit de chasse de concourir à la destruction des loups et des sangliers.

En conséquence, les chasseurs illégalement convoqués par le maire pour chasser, en temps de neige, le loup et le sanglier, dans un bois communal dont la chasse est louée, sont en délit, si les détenteurs du droit de chasse n'ont pas été mis en demeure d'avoir à procéder à la destruction des animaux nuisibles.

Et le maire qui a ordonné la battue est complice des chasseurs, alors même qu'il aurait invité les détenteurs de la chasse à participer à la battue par lui organisée.

En conséquence, il ne peut se prévaloir d'aucun privilège de juridiction tant pour lui que pour ses complices et le tribunal de répression peut examiner la légalité des actes administratifs. (Trib. de Langres, 25 mars 1885.)

6. *Chasse. Délit. Condition.* — Pour qu'il y ait contravention à un arrêté préfectoral interdisant la chasse en temps de neige, il faut qu'il soit constaté que la neige couvrait la terre, qu'on n'apercevait le sol en aucune façon et qu'on pouvait suivre le gibier à la trace. (Trib. de Laon, 27 décembre 1890.)

7. *Chasse. Piste.* — C'est un fait de chasse que de suivre sur la neige les traces d'un lièvre pour le surprendre au gîte et s'en emparer, bien que celui qui se livre à ce genre de chasse n'ait aucune espèce d'arme. (Lyon, 1er mai 1885.)

8. *Animaux nuisibles. Destruction.* — Les préfets peuvent prohiber en temps de neige la destruction des animaux nuisibles. (Cass. 30 juillet 1852.)

9. *Chasse. Confiscation.* — La chasse en temps de neige étant une chasse en temps prohibé, il y a lieu de prononcer la confiscation des armes. (Cass. 4 mai 1848.)

10. *Chasse à courre. Chasse à tir.* — Le préfet peut, en temps de neige, défendre séparément la chasse à tir ou la chasse à courre. (Rouen, 26 février 1880.)

NETTOIEMENT.

SECT. I. — TRAVAUX, 1 — 8.

SECT. II. — COUPES, 9 — 16.

Aménagement, 16.
Amendes, 5.
Autorisation, 13.
Bois communaux, 12, 13, 15.
Bois domaniaux, 13, 14.
Condition, 11.
Coupe, 3, 14, 15.
Définition, 1.
Délai, 3.
Estimation, 12.
Frais, 8.
Non-exécution, 16.
Opération, 1, 2.
Pénalités, 4.
Propositions, 10.
Régie, 6, 7.
Travaux, 6.
Travaux d'entretien, 9.
Vente, 14, 15.

SECT. I. — TRAVAUX.

1. *Opération. Définition.* — L'expression *nettoiement des coupes* embrasse, dans sa généralité, l'ensemble de toutes les opérations qui ont pour objet de rendre, dans un délai déterminé, le parterre d'une coupe entièrement libre et dans un état tel que rien ne puisse s'opposer à la reproduction du bois. (Cass. 20 novembre 1834.)

2. *Opération.* — L'opération du nettoiement consiste dans le ravalement des anciens étocs, le façonnage des ramiers, ainsi que dans l'enlèvement des épines, ronces et arbustes nuisibles existant sur toute l'étendue de la coupe. (Meaume.)

L'extraction des fragons (ruscus aculeatus) est comprise dans le nettoiement des coupes. (Poitiers, 25 avril 1861.)

3. *Coupes. Délai.* — Les coupes doivent être nettoyées, en ce qui concerne le ravalement des anciens étocs et l'enlèvement des épines, ronces et arbustes nuisibles, avant l'époque fixée pour la fin de l'abatage (15 avril, 1er juillet) et pour le façonnage des ramiers, avant le 1er juin suivant.

Pour les ramiers provenant des bois écorcés, le façonnage doit être terminé avant le 15 juillet.

Si des circonstances locales nécessitent d'autres termes, il en sera fait mention dans les clauses spéciales de l'adjudication. (Cah. des ch. 21.)

4. *Pénalités.* — L'infraction, par un adjudicataire, aux clauses et conditions du cahier des charges, relativement au nettoiement des coupes, ou pour retard dans son exécution, est punie, savoir :

Amende : 50 à 500 francs. (Cod. For. 37.)

En cas de récidive, *amende :* 100 à 1000 francs. (Cod. For. 37, 201.)

Dommages-intérêts obligatoires, (Cass. 23 juillet 1842.) Minimum : amende simple. (Cod. For. 37, 202.)

5. *Amendes.* — Il est dû autant d'amendes qu'il y a de procès-verbaux dressés et d'infractions constatées ; mais, généralement, on ne requiert qu'une amende par coupe. (Cass. 28 juin 1845.)

6. *Travaux. Régie.* — Dans le cas où l'administration aurait fait prononcer une amende contre un adjudicataire, pour n'avoir pas suffisamment nettoyé sa coupe, elle a, en outre, le droit, aux termes de l'article 41 du code forestier, de faire exécuter, aux frais

de l'adjudicataire, les travaux auxquels il était tenu.

7. *Régie.* — L'exécution, aux frais des adjudicataires, des travaux de nettoiement en retard a lieu sans préjudice de l'amende prononcée par l'article 37 du code forestier. (Cass. 20 novembre 1834.)

8. *Frais.* — Lorsque les frais de nettoiement (arrachis des épines, bruyères, etc.) sont hors de proportion avec le prix de la coupe, on devra ne pas l'exiger. (Lettre de l'Admin. du 20 juillet 1860.)

SECT. II. — COUPES.

9. *Travaux d'entretien.* — Les nettoiements, soit dans les jeunes repeuplements naturels ou artificiels, soit dans les dunes, les reboisements ou les pépinières, sont classés comme travaux d'entretien. (Circ. N 22, art. 25.)

10. *Propositions.* — L'inspecteur adresse, avec l'état d'assiette, les propositions des coupes de nettoiement à exploiter par entreprise ou par économie. (Circ. N 360.)

11. *Conditions.* — Lorsque le procès-verbal d'une coupe de nettoiement porte que le *massif sera réservé*, l'adjudicataire ou entrepreneur est tenu de respecter tous les arbres de ce massif, alors surtout que ces arbres sont indiqués comme étant réservés, au moyen d'un griffage. (Besançon, 12 mai 1859.)

12. *Bois communaux. Estimation.* — L'estimation des produits des coupes de nettoiement, à délivrer en nature, devra être faite comme sur pied et figurer sur les états fournis le 1er septembre de l'année pendant laquelle l'opération doit commencer. (Lettre de l'Adm. du 20 août 1846, no 498.)

13. *Autorisation.* — Les conservateurs autoriseront les coupes de nettoiement dans les forêts domaniales, communales et d'établissements publics. (Décr. du 17 février 1888. Circ. N 395.)

14. *Bois domaniaux. Coupes. Vente.* — Dans les forêts domaniales, les conservateurs décideront si les coupes de nettoiement seront vendues en bloc sur pied ou par unités de marchandises. Ils pourront aussi en autoriser l'exploitation par les préposés ou par les concessionnaires. Mais, si l'exploitation doit avoir lieu par économie ou par entreprise au compte de l'Etat, l'autorisation et les crédits nécessaires devront être demandés à la direction des forêts. (Décr. du 17 février 1888. Circ. N 395.)

15. *Bois communaux. Coupes. Vente.* — Dans les forêts communales ou d'établissements publics, la vente sur pied des coupes d'éclaircie sera autorisée par les conservateurs des forêts. Quand il y aura lieu d'adopter un autre mode de réalisation, l'autorisation en sera donnée par le préfet, sur la proposition des communes ou établissements publics et après avis du conservateur. (Décr. du 17 février 1888. Circ. N 395.)

16. *Aménagement. Non-exécution.* — Les conservateurs pourront autoriser la non-exécution des coupes de nettoiement prévues par les aménagements, dont l'inopportunité au point de vue cultural serait constatée. (Décr. du 17 février 1888. Circ. N 395.)

NEVEU.

1. *Adjudication.* — Les neveux des agents et gardes forestiers ne peuvent prendre part aux ventes, d'aucune manière, dans toute l'étendue du territoire pour lequel les agents ou gardes sont commissionnés. En cas d'infraction, pénalité :

Amende : du quart au douzième du montant de l'adjudication. Vente déclarée nulle. (Cod. For. 21.)

2. *Hiérarchie.* — Les agents ne peuvent avoir leurs neveux sous leurs ordres. (Ord. 33.)

NICHÉE. NID.

1. *Chasse.* — Il est défendu de détruire les nids et couvées d'oiseaux. (Chasse, Cah. des ch. 19.)

En cas d'infraction, *pénalité :*

Amende : 16 à 100 francs. (Loi Chasse, art. 11.)

2. *Chiens. Divagations.* — Le préfet, en vertu des lois des 3 mai 1844 et 22 janvier 1874, ont le droit de prendre des arrêtés pour interdire de laisser errer les chiens dans le bois et la plaine, pour prévenir la destruction des couvées. (Angers, 28 juillet 1879.)

NIVEAU.

Fourniture. — L'administration fournit, en cas de besoin, les niveaux de pente et les niveaux à bulle d'air et à lunette. (Instr. 15 octobre 1860, art. 306.) V. Instrument d'arpentage et de nivellement.

NIVELLEMENT.

Attributions, 1.	Point de passage, 8.
Cote, 2, 6, 9.	Profil, 3, 5.
Courbe, 10.	Remblai, 7.
Ligne, 4.	Repère, 13.
Plan, 11.	Vérification, 12.

1. *Attributions.* — Les nivellements sont dans les attributions du service spécial ; mais on peut cependant en charger les chefs de cantonnement. (Circ. A 575 ter. Circ. A 604.) V. Instrument d'arpentage et de nivellement. Plan. Route.

2. *Cotes. Routes.* — Les lignes et les cotes du terrain seront tracées et inscrites à l'encre noire, et les lignes et les cotes du projet à l'encre rouge ; les pentes et les rampes, ainsi

que leurs longueurs, seront inscrites en rouge ; les points de station seront numérotés à l'encre noire, en allant de gauche à droite ; les cotes rouges de remblai seront inscrites au-dessus de la ligne du projet, et celles de déblai en dessous. (Instr. 15 octobre 1860, art. 193.)

3. *Profil en long.* — Le profil en long sera rapporté d'après le niveau de la mer. Si on se sert d'un plan de comparaison, on notera, au nº 1, la distance de ce plan au niveau de la mer. On emploiera deux échelles, l'une pour les distances horizontales, l'autre pour les distances verticales ; cette dernière sera quintuple de la précédente. (Instr. 15 octobre 1860, art. 192.)

4. *Lignes.* — Le plan de comparaison sera distingué par un trait interrompu, un peu fort, composé d'un trait allongé et de trois points alternativement. Les lignes verticales seront figurées par un pointillé fin. (Instr. 15 octobre 1860, art. 193.)

5. *Profils en travers.* — Les profils en travers porteront les mêmes numéros que les points correspondants du profil en long. Dans ces profils, le terrain sera rapporté sur une distance de dix mètres de chaque côté de l'axe et suivant un plan horizontal. L'échelle sera, autant que possible, celle des hauteurs du profil en long. (Instr. 15 octobre 1860, art. 194.)

6. *Cotes rouges.* — Les cotes rouges seront calculées jusqu'aux centimètres. Les volumes des cubes seront calculés jusqu'aux décimètres cubes ; on calculera les terrasses par la méthode des sections moyennes. (Instr. 15 octobre 1860, art. 197.)

7. *Remblais.* — Les remblais seront indiqués par une teinte carmin, et les déblais par une teinte gomme-gutte. (Instr. 15 octobre 1860, art. 193 et 296.)

8. *Points de passage.* — Les points de passage, lorsqu'il s'en présentera sur le profil en long, seront calculés, et les distances horizontales cotées. Il sera calculé un profil en travers correspondant à ces points. (Instr. 15 octobre 1860, art. 197.)

9. *Cote de niveau.* — Les cotes de niveau seront calculées par rapport au plan de repère de la carte de France, c'est-à-dire au-dessus du niveau de la mer. (Instr. 15 octobre 1860, art. 177.)

10. *Courbe de niveau.* — Les courbes de niveau seront situées dans des plans horizontaux, dont l'équidistance sera déduite de l'échelle du plan. Cette équidistance, pour les plans d'aménagement, sera de 10 mètres pour l'échelle de 1/10000, de 5 mètres pour l'échelle de 1 à 5000 et, en général, de 1/1000 du dénominateur de l'échelle, mais toujours en nombre rond de mètres. Ces équidistances reviennent à un espacement d'un millimètre sur le dessin, en projection verticale. (Instr. du 15 octobre 1860, art. 179 et 180.)

11. *Plans.* — Pour les plans des bois communaux et d'établissements publics aménagés en futaie, le nivellement n'est pas obligatoire ; on figurera seulement le relief du terrain le plus exactement possible. (Circ. N 120.)

12. *Vérification.* — Les travaux de nivellement doivent être vérifiés par le chef de service et le conservateur. (Circ. A 798.)

13. *Repère.* — Les gardes cantonniers veilleront à la conservation des repères de nivellement. (Instr. 13 août 1840. Livret des préposés, art. 44.)

NOBLESSE. V. Titre.

NOISETTE. V. Enlèvement. Fruit.

NOISETIER. V. Coudrier.

NOIX. V. Enlèvement. Fruit.

NOM.

1. *Nom.* — Aucun citoyen ne pourra porter de nom, ni de prénom autres que ceux exprimés dans son acte de naissance ; ceux qui les auront quittés doivent les reprendre.

Il est expressément défendu à tous les fonctionnaires publics de désigner les citoyens, dans les actes, autrement que par le nom de famille et les prénoms portés dans les actes de naissance, sans y rappeler des qualifications féodales ou nobiliaires. (Loi du 6 fructidor an II.)

2. *Etat civil.* — Les agents ne doivent porter que le nom indiqué dans leur acte de naissance et renoncer aux noms altérés ou modifiés, ou recourir aux tribunaux pour les faire régulariser. (Circ. Min. 14 janvier 1860.)

3. *Différence.* — S'il existe sur les pièces produites, comparées avec l'acte de naissance, des différences, soit dans la désignation, soit dans la manière dont les noms sont écrits, soit dans l'ordre des noms et des prénoms, il doit être fourni un acte de notoriété, constatant l'identité de l'individu et indiquant, autant que possible, les causes de ces différences.

Si l'erreur provient de l'acte de naissance, il doit être procédé, dans ce cas, conformément aux dispositions de l'article 99 du code civil. (Circ. A 473.)

4. *Changement. Pénalité.* — Quiconque, sans droit et en vue de s'attribuer une distinction honorifique, aura publiquement changé, altéré ou modifié le nom que lui

assignent les actes de l'état civil sera puni, savoir :

Amende : 500 à 10000 francs. (Cod. Pén. 259.)

5. *Agent. Actes.* — Dans les actes, les agents forestiers doivent s'abstenir de mettre leur nom et ne déclarer que leurs qualités et leur résidence, afin qu'en cas de changement le nouveau titulaire, revêtu de la même fonction, puisse continuer les mêmes actes.

6. *Procès-verbal.* — Dans un procès-verbal, la désignation du prévenu doit se faire par nom et prénoms; un nom unique n'est pas une désignation suffisante.

7. *Faux noms.* — L'emploi d'un faux nom, en cas de délit de chasse, entraîne le doublement de l'amende. (Loi Chasse, art. 14.)

8. *Faux noms. Frais.* — L'emploi d'un faux nom rend le coupable responsable du surcroît des frais résultant de la poursuite intentée sur le faux nom qu'il a donné. V. Faux nom.

NOMINATION.

1. *Administration centrale.* — Le directeur et les administrateurs sont nommés par décret du président de la République. (Décr. du 12 octobre 1890, art. 6. Circ. N 433.)

2. *Personnel extérieur.* — Les conservateurs sont nommés par décret du président de la République ; les inspecteurs, inspecteurs adjoints, gardes généraux, gardes généraux stagiaires, brigadiers des services actif et sédentaire, gardes domaniaux ou mixtes, gardes sédentaires et gardes cantonniers, par arrêté du ministre de l'agriculture. (Ord. 12. Décr. 23 octobre 1883. Circ. N 322. Décr. 14 janvier 1888, art. 7. Circ. N 394.)

Les brigadiers et gardes communaux sont nommés par le préfet. (Décr. du 25 mars 1852.)

NOTAIRE.

1. *Restauration des montagnes. Cessions amiables. Propositions. Conditions.* — Lorsque, pour faciliter leurs démarches et la conclusion des traités amiables, les agents forestiers jugent utile de recourir à l'intervention des notaires ou autres intermédiaires de la contrée, ils adressent des propositions motivées à l'administration et désignent à son choix les officiers ministériels dont le concours est le plus désirable. Ils font connaître, en outre, les conditions auxquelles ce concours est offert. (Instr. Gén. du 2 février 1885, art. 43. Circ. N 345.)

2. *Restauration des montagnes. Cessions amiables. Désignation.* — Les notaires chargés de recevoir les actes sont désignés par le ministre ou son délégué.

Cette désignation ne met pas obstacle à ce que l'administration accepte ultérieurement le concours d'autres notaires ou intermédiaires choisis par les vendeurs, qui se chargeraient de la conclusion et de la réalisation d'un ou de plusieurs traités amiables. (Instr. Gén. du 2 février 1885, art. 45. Circ. N 345.)

3. *Restauration des montagnes. Cessions amiables. Instructions spéciales. Expéditions.* — Les notaires instrumentant pour l'Etat doivent s'inspirer des conditions insérées dans la formule série 7, n° 14, notamment en ce qui concerne les clauses relatives à l'époque et au mode de payement, l'entrée en jouissance, etc. L'acte, devant être visé pour timbre gratis, est dressé sur papier libre.

Ils délivrent de cet acte, sur papier libre, à viser pour timbre gratis, trois expéditions, savoir :

Une, destinée au secrétariat de la préfecture;

Une, destinée à l'administration des domaines;

Une, pour la liquidation du prix d'acquisition. (Instr. Gén. du 2 février 1885, art. 45. Circ. N 345.)

NOTES.

SECT. I. — AGENTS, 1 — 14.

SECT. II. — PRÉPOSÉS, 15 — 19.

Algérie, 14.
Aptitude, 11.
Blâme, 10.
Candidats, 17.
Changement, 17.
Copie, 6.
Double, 18,
Eloge, 10.
Envoi, 2, 4, 17.
Epoque, 2, 17.
Garde général stagiaire, 3.
Liste de présentation, 17.
Mérite, 9.
Mode, 4.
Mutation, 5, 6.
Position, 9.
Préposés communaux, 16
— domaniaux, 15.
Principe, 1, 7.
Rédaction, 7.
Remise, 5.
Renseignement, 7.
Résidence, 13.
Responsabilité, 1.
Service, 13, 14.
Service sédentaire, 12, 14.
Tableau d'avancement, 2, 17.
Travaux, 10.

SECT. I. — AGENTS.

1. *Principe. Responsabilité.* — L'administration rendra les agents personnellement responsables des punitions ou récompenses non méritées, qui seraient la conséquence des renseignements fournis par eux sur les agents et préposés. (Circ. A 410.)

2. *Envoi. Epoque.* — Les conservateurs adressent, chaque année, à l'administration, le 1er décembre, des feuilles de notes sur les agents placés sous leurs ordres.

Ils y joignent le tableau d'avancement. (Form. série 1, nos 17 et 18. Circ. A 516 bis. Circ. A 642 bis. Circ. N 322. Circ. N 435.)

3. *Garde général stagiaire.* — Il est fourni un rapport semestriel sur les gardes généraux stagiaires. Les feuilles de notes transmises le 1er décembre tiennent lieu de second rapport semestriel. (Circ. N 416.)

4. *Envoi aux conservateurs. Mode.* — Depuis les nouvelles formules des feuilles de notes, les inspecteurs doivent fournir les feuilles de notes des agents aux conservateurs, qui les adressent à l'administration, après y avoir consigné leurs observations. La formation et l'envoi de ces documents suivent ainsi les règles générales de la hiérarchie. (Note sans date de l'administration, transmise aux agents en septembre 1855.)

5. *Mutation. Remise.* — Les feuilles de notes doivent rester constamment sous clef et, en cas de mutation, n'être remises au nouveau titulaire que de la main à la main ou sous pli cacheté. (Circ. A 624.)

6. *Mutation. Copie.* — En cas de changement de conservation, le conservateur sous les ordres duquel se trouvait l'agent doit adresser à son collègue, en même temps que le certificat de cessation de service de cet agent, une copie de sa dernière feuille de note. (Circ. autogr. du 18 novembre 1871.)

7. *Principe. Renseignement.* — Les notes doivent être établies avec une entière indépendance, avec précision et impartialité, d'une manière aussi explicite que possible, en indiquant le degré d'aptitude à l'avancement des agents et leur aptitude pour le service sédentaire, ou celui des travaux d'art, et s'ils conviennent aux postes qu'ils désirent obtenir; on doit indiquer la manière dont ils ont accompli les missions ou intérims dont ils ont été chargés. (Circ. A 564 ter. Circ. A 624.)

8. *Ecriture.* — Les chefs de service doivent, autant que possible, écrire eux-mêmes les notes des agents, ou ne les faire écrire que par des employés de confiance. (Circ. A 624.)

9. *Mérite. Position.* — Les conservateurs doivent, dans les notes, donner tous les renseignements de nature à éclairer l'administration sur le mérite et la position des agents. (Circ. A 580 ter.)

10. *Travaux. Eloges. Blâmes.* — Dans les feuilles de notes, on doit rappeler les actes ou les travaux ayant donné lieu aux éloges ou aux blâmes. (Circ. A 580 ter. Circ. A 796.)

11. *Aptitude.* — Dans les notes, on doit indiquer si les agents conviennent à leur poste et s'ils sont aptes au grade supérieur. (Circ. A 571 bis.)

12. *Service sédentaire.* — Dans les notes, les conservateurs doivent faire connaître les agents qui désirent entrer dans le service sédentaire et s'ils sont propres à ce service. (Circ. A 560.)

13. *Service. Résidence.* — Les agents font connaître sur les feuilles de notes les résidences et le service qu'ils désirent. (Circ. A 796.)

14. *Service.* — Avec les feuilles de notes, on doit fournir un état des agents qui désirent se vouer au professorat, au service spécial, au service sédentaire ou passer en Algérie. (Circ. A 710.)

SECT. II. — PRÉPOSÉS.

15. *Domaniaux.* — Des feuilles de notes individuelles sont établies pour les préposés domaniaux et mixtes. (Circ. A 529.)

16. *Communaux.* — Des notes individuelles sont établies pour les préposés forestiers communaux et d'établissements publics, suivant les règles tracées pour les préposés domaniaux ; mais elles ne sont fournies à l'administration que dans le cas de proposition pour nomination à un poste domanial. (Circ. N 21, art. 19.)

17. *Envoi. Tableau d'avancement. Candidats. Changement.* — Les feuilles de notes pour les préposés domaniaux sont, chaque année, adressées de Paris, pour être remplies par le chef de cantonnement, l'inspecteur et le conservateur, qui, en les renvoyant, pour le 1er décembre, à l'administration, y joint un état séparé pour l'avancement des gardes et brigadiers du service sédentaire et du service actif, les listes de présentation des candidats et un état des préposés qui demandent à être appelés en dehors de la conservation. (Circ. A 776. Circ. autogr. des 29 octobre 1884 et 22 octobre 1891.)

18. *Double.* — Les chefs de cantonnement conservent dans leurs archives un double des feuilles individuelles des notes des préposés. (Circ. A 776.)

19. *Changement.* — En cas de changement du préposé, sa feuille de notes est adressée par le conservateur à son collègue. (Circ. A 529. Circ. A 776.)

NOTIFICATION.

1. *Définition.* — Acte par lequel on donne connaissance d'une chose, dans une forme juridique.

2. *Enregistrement.* — Les notifications sont enregistrées au droit fixe de 2 francs, en principal, comme acte extrajudiciaire. (Loi du 18 mai 1850, art. 8. Loi du 28 avril 1893, art. 22.)

NOTORIÉTÉ PUBLIQUE.

Définition. — Connaissance publique d'une chose quelconque (fait ou usage).

NOURRITURE.

1. *Insolvables. Détention.* — Les frais de nourriture des détenus en matière de délit forestier doivent être compris au nombre des dépenses, pour le service des prisons, qui

sont portées dans le budget du ministère de l'intérieur et acquittées sur les fonds des départements. (Décis. Min. du 16 avril 1829.)

2. *Frais*. — C'est par voie de mesure générale que le préfet, sur la proposition du conservateur, détermine, au commencement de chaque année, le *quantum* de l'allocation pour frais de nourriture des prestataires. Moyenne du tiers à la moitié du prix de la journée. (Circ. A 814.) V. Prestation.

3. *Avance*. — On doit veiller à ce que les allocations de nourriture, à titre d'avance, ne puissent donner lieu à aucun détournement ou abus. (Circ. A 814.)

4. *Insolvables. Prestation*. — Si le nombre des travailleurs était considérable, au lieu de remettre les bons ou l'argent pour la nourriture, on pourrait organiser des cantines pour le service des ateliers. (Circ. A 814.)

NOUVEL ACQUÊT.

Droit. Qualités. — Finance que les gens de main-morte étaient tenus de payer au roi pour la jouissance des biens, de quelque nature qu'ils fussent, féodaux, roturiers ou allodiaux, qu'ils avaient acquis et qui n'étaient pas amortis par le roi. Les biens amortis n'étaient point soumis à ce droit. (Renauldon, *Dictionnaire des fiefs*.)

Le droit de nouvel acquêt s'appliquait aussi bien aux immeubles appartenant en pleine propriété aux communes qu'à ceux envers lesquels elles n'étaient qu'usagères. (Paris, 20 décembre 1867.)

NOVATION.

1. *Définition*. — Substitution d'une obligation nouvelle à une obligation ancienne. (Cod. Civ. 1271 à 1281.)

2. *Principe*. — La novation ne se présume point ; il faut que la volonté de l'opérer résulte clairement de l'acte. (Cod. Civ. 1273.)

3. *Mode*. — La novation s'opère de trois manières :

1° Lorsque le débiteur contracte envers son créancier une nouvelle dette, qui est substituée à l'ancienne, laquelle est éteinte ;

2° Lorsqu'un nouveau débiteur est substitué à l'ancien, qui est déchargé par le créancier ;

3° Lorsque, par l'effet d'un nouvel engagement, un nouveau créancier est substitué à l'ancien, envers lequel le débiteur se trouve déchargé. (Cod. Civ. 1271.)

NOYER.

Classification. — Arbre fruitier de 1re classe. (Cod. For. 192.)

NU-PROPRIÉTAIRE.

1. *Obligation. Principes*. — Le nu-propriétaire ne doit pas gêner la jouissance de l'usufruitier, ni préjudicier à ses droits (Cod. Civ. 599) ; mais il peut prendre toutes les mesures conservatoires.

2. *État de situation. Indications*. — Le nu-propriétaire a le droit de faire dresser un état des immeubles sujets à l'usufruit. (Cod. Civ. 600.) Cet état doit décrire, pour chaque parcelle, son état, sa situation, sa culture, et indiquer la contenance et les confronts ; donner par essence, dimension et nombre, la situation des arbres isolés ; indiquer les arbres d'agrément et ceux de produits, ceux plantés en allée, en avenue ou en massif, les arbres d'émondes et enfin ceux que l'usufruitier peut couper et remplacer et ceux qu'il doit conserver, soit en les émondant et taillant, soit sans y toucher ; s'il y a des bois taillis, mentionner l'âge et la contenance des coupes et le plan ou règlement de balivage ; s'il y a de la futaie, indiquer l'âge de la révolution, la possibilité annuelle par pieds d'arbre et par grosseur pour chaque essence, ainsi que la superficie des coupes annuelles.

3. *Conservation. Gardes*. — Le nu-propriétaire peut instituer des gardes particuliers pour la conservation du fonds grevé d'usufruit. Les frais des gardes sont une des charges de l'usufruitier.

4. *Abus de jouissance. Indemnité*. — En cas d'abus de jouissance, le nu-propriétaire peut réclamer une indemnité, soit du jour où l'abus a été commis (Cass. 16 décembre 1874), soit à la fin de l'usufruit. (Paris, 11 décembre 1811.)

5. *Arbre de futaie*. — En cas d'usufruit, le nu-propriétaire a le droit d'exploiter les arbres de futaie non aménagés, lorsqu'ils sont dépérissants, s'ils ne sont pas arbres d'ornement ou ne donnent aucun produit. (Poitiers, 2 avril 1818. Angers, 8 mars 1866.)

NUE-PROPRIÉTÉ.

Définition. — Propriété d'une chose dont un autre a l'usufruit.

Propriété du fonds, sans en avoir les produits.

NUIT.

1. *Définition*. — Temps pendant lequel le soleil est sous l'horizon, comprenant du coucher au lever du soleil. (Cass. 22 janvier 1829 et 20 mars 1863.)

2. *Visite domiciliaire*. — Le temps de nuit pour les visites domiciliaires est ainsi réglé :

Du 1er octobre au 31 mars : depuis 6 heures du soir jusqu'à 6 heures du matin ;

Du 1er avril au 30 septembre : depuis 9 heures du soir jusqu'à 4 heures du matin. (Décr. du 1er mars 1854, art. 291.)

3. *Pénalité. Délit.* — Les peines seront doublées, lorsque les délits et contraventions auront été commis pendant la nuit. (Cod. For. 201. Loi du 18 juin 1859.) V. Mauvaise foi.

4. *Coupe ou enlèvement.* — Pour coupe ou enlèvement de bois, par un adjudicataire, avant le lever ou après le coucher du soleil :

Amende : 100 francs. (Cod. For. 35.)
Récidive, *amende :* 200 francs. (Cod. For. 35, 201.)

5. *Chargement.* — Le chargement seul d'une voiture pendant la nuit constitue le délit puni et prévu par l'article 35 du code forestier, quoique la voiture ne sorte pas de la coupe. (Cass. 26 mars 1830.)

6. *Chasse. Appréciation.* — Les tribunaux correctionnels ont un pouvoir discrétionnaire pour apprécier si un acte de chasse a eu lieu pendant la nuit. (Douai, 19 février 1866.)

7. *Conditions. Chasse.* — Un fait de chasse n'est pas réputé être commis la nuit, parce qu'il a été accompli après le coucher du soleil, si la nuit n'était pas close, puisqu'on a pu lire le permis de chasse (Douai, 19 février 1866), ou si le crépuscule régnait encore. (Paris, 13 octobre 1864.)

8. *Chasse. Appréciation.* — Le temps de nuit, pendant lequel la chasse est défendue, n'ayant pas été défini par la loi du 3 mai 1844, il appartient aux tribunaux de déclarer, par appréciation des circonstances de fait, si le prévenu a chassé la nuit. (Trib. d'Etampes, 4 mai 1891.)

9. *Chasse. Terrain clos.* — Celui qui a une propriété close attenante à son habitation peut y chasser en tout temps, même la nuit. Les prohibitions édictées par la loi de 1844 ne s'appliquent pas dans ce cas. (Cass. 16 juin 1866.)

NULLITÉ.

SECT. I. — GÉNÉRALITÉS, 1 — 8.

SECT. II. — PROCÈS-VERBAL, 9 — 21.

SECT. III. — EXPLOIT, 22 — 31.

§ 1. *Procédure,* 22 — 23.

§ 2. *Citation,* 24 — 29.

A. *Poursuites,* 24 — 27.

B. *Récolement, Réarpentage,* 28 — 29.

§ 3. *Signification,* 30 — 31.

Abus de pouvoir, 20.
Acte illégal, 21.
Adjudicataire, 28.
Affirmation, 16, 17.
Appel, 27.
Application, 4.
Audience, 22, 23.
Chasse, 17.
Circonscription, 12.
Citation, 24.
Conclusions, 9.
Conditions, 1.
Date, 14, 30.
Défaut, 25.
Défense, 23.
Délai, 19, 29.
Domicile, 31.
Enregistrement, 16, 18, 19.
Exploit, 22.
Formalités, 3.
Instance, 10.
Interdiction, 13.
Interligne, 8.
Jugement, 26.
Loi, 6.
Omission, 19.
Ordre public, 2, 5.
Pourvoi, 29.
Présence, 24, 28.
Principe, 2.
Procédure, 11.
Procès-verbal, 9.
Rature, 8, 14.
Réarpentage, 29.
Récolement, 29.
Responsabilité, 7.
Signature, 15.
Signification, 30.
Surcharge, 8.
Violation, 3.
Violation de domicile, 21

SECT. I. — GÉNÉRALITÉS.

1. *Conditions.* — L'inobservation des formalités essentielles et constitutives des actes et qui tiennent à la substance même de ces actes en entraîne nécessairement la nullité.

2. *Principes. Ordre public.* — Les nullités d'ordre public sont celles résultant de l'inobservation formelle d'une prescription légale ; elles peuvent être invoquées en tout état de cause. (Cass. 27 février 1879.)

3. *Formalités. Violation.* — Tout acte doit être déclaré nul, même dans le silence de la loi, lorsqu'il y a eu violation d'une formalité *essentielle* et *constitutive* de cet acte, c'est-à-dire d'une formalité telle que, sans son observation, l'acte ne peut exister.

4. *Application.* — La nullité est une peine que, dans le silence des dispositions législatives, les tribunaux ne peuvent suppléer. (Cass. 13 février 1834.)

5. *Ordre public.* — Les nullités d'ordre public doivent être admises en tout état de cause et même suppléées d'office. (Cass. 28 janvier 1875. Nîmes, 29 juillet 1875.)

6. *Loi.* — Aucun exploit ou acte de procédure ne pourra être déclaré nul, si la nullité n'en est pas formellement prononcée par la loi. (Proc. Civ. 1030.)

7. *Responsabilité.* — Les actes nuls seront à la charge de ceux qui les ont faits. (Proc. Civ. 71, 1031.)

8. *Ratures.* — Les ratures, surcharges ou interlignes non approuvés ne sont pas une cause de nullité, pour un procès-verbal, s'ils concernent des mots qui ne font pas partie constitutive et essentielle de l'acte.

SECT. II. — PROCÈS-VERBAL.

9. *Conclusions subsidiaires.* — Lorsqu'un procès-verbal est argué de nullité, l'agent forestier, tout en combattant les moyens de nullité, doit prendre des conclusions subsidiaires, tendant à l'admission de la preuve testimoniale, si besoin est. Le tribunal ne peut refuser un délai pour faire citer des témoins. (Cass. 18 mars 1836.)

10. *Instance. Nullité d'office.* — Si un procès-verbal est nul et que la nullité ne soit pas demandée, le tribunal doit la prononcer d'office. (Cass. 10 avril 1823.)

11. *Procédure.* — Les nullités des procès-verbaux, résultant de l'inobservation des formalités prescrites par l'article 165 du code forestier, peuvent être invoquées en tout état de cause. (Cass. 25 octobre 1824.)

12. *Circonscription.* — Est radicalement nul, le procès-verbal dressé en dehors des limites de l'arrondissement du tribunal près duquel le garde est assermenté. (Aix, 25 août 1864.)

13. *Garde interdit.* — Si le garde rédacteur était interdit ou privé de ses droits civiques, cette circonstance entraînerait la nullité absolue d'un procès-verbal.

14. *Ratures. Date.* — Les ratures ou interlignes non approuvés de la date de clôture d'un procès-verbal, ayant pour effet de faire considérer comme non existants les mots raturés, entraînent la nullité du procès-verbal, si la date ne peut pas être rétablie par d'autres énonciations de l'acte.

15. *Signature.* — Tout procès-verbal non signé est nul. (Cod. For. 165.)

16. *Affirmation.* — Un procès-verbal est nul, s'il est enregistré avant que l'affirmation ait été reçue. (Cass. 2 août 1832. Cass. 1er avril 1830.)

17. *Chasse. Affirmation.* — Un procès-verbal de chasse affirmé après les vingt-quatre heures du délit est radicalement nul, à moins de cas de force majeure. Cette nullité est d'ordre public et peut être invoquée pour la première fois en cassation. (Cass. 28 janvier 1875. Cass. 27 février 1879.)

18. *Enregistrement.* — Le défaut de l'enregistrement entraîne la nullité d'un procès-verbal dressé par un garde forestier, parce que la loi en a fait mention expresse.

19. *Enregistrement. Omission. Délai.* — La nullité résultant de l'omission de l'enregistrement, dans les quatre jours qui suivent celui de l'affirmation des procès-verbaux dressés en matière forestière, peut être suppléée par la cour de cassation, si cette nullité, qui a échappé au tribunal de simple police, justifie le relaxe du prévenu, alors qu'aucune offre de preuve testimoniale supplétive n'a été proposée par le ministère public. (Cass. 8 janvier 1887.)

20. *Abus de pouvoir.* — Les délits constatés par suite d'abus de pouvoir (perquisition irrégulière, arrestation, fouille illégale) emportent, par suite de cette circonstance, la nullité absolue des procès-verbaux dressés. (Cass. 17 juillet 1858. Rouen, 17 avril 1859.)

21. *Acte illégal. Violation de domicile.* — La nullité d'un procès-verbal dressé après une visite domiciliaire, faite sans le consentement du propriétaire et en l'absence des fonctionnaires désignés par la loi, est un vice radical, qui entache de nullité le témoignage même du garde rédacteur, lequel ne peut pas alors être entendu comme témoin. (Cass. 21 avril 1864.)

SECT. III. — EXPLOIT.

§ 1. *Procédure.*

22. *Audience.* — Les nullités d'exploits doivent être proposées avant toute défense et exceptions autres que celles d'incompétence. (Proc. Civ. 173.) Les nullités résultant de l'article 172 du code forestier rentrent dans l'application de ce principe. (Cass. 5 mars 1836. Cass. 21 mars 1851.)

23. *Audience. Défense.* — Les nullités résultant de l'article 172 du code forestier et celles résultant de l'inobservation des formalités prescrites par le code d'instruction criminelle ont deux caractères distincts : les premières sont effacées par la défense du prévenu sur l'objet du délit, et les secondes sont couvertes par le seul fait de la présence du prévenu à l'audience. (Cass. 26 mai 1832.)

§ 2. *Citation.*

A. *Poursuite.*

24. *Présence.* — Les nullités des citations sont couvertes par la comparution du prévenu, et, en cas de jugement par défaut, il faut invoquer la nullité de la citation, avant toute défense sur le fond. (Instr. Crim. 184. Cass. 15 février 1821. Cass. 16 juillet 1846.)

25. *Défaut.* — Les nullités de citation ne peuvent être valablement articulées que sur l'opposition au jugement par *défaut*. (Cass. 18 novembre 1813. Cass. 20 décembre 1825. Cass. 25 janvier 1828.)

26. *Jugement.* — La nullité d'une citation a pour effet d'annuler le jugement par défaut rendu sur cette citation.

27. *Appel.* — Une nullité provenant de l'irrégularité de la copie du procès-verbal peut être invoquée pour la première fois en appel, si cette irrégularité n'a pu être auparavant connue du prévenu. (Cass. 17 mai 1844.)

B. *Récolement. Réarpentage.*

28. *Présence. Adjudicataire.* — Toutes les nullités de citation au récolement sont couvertes par la présence de l'adjudicataire.

29. *Pourvoi. Délai.* — Les nullités pour vices de formes ou fausses énonciations des procès-verbaux de récolement ou de réarpentage sont complètement couvertes par le seul fait de ne pas s'être pourvu devant le conseil de préfecture, dans le délai d'un mois, fixé par l'article 50 du code forestier,

et elles ne peuvent plus être proposées devant le tribunal correctionnel. (Cass. 27 juin 1840.)

§ 3. *Signification.*

30. *Date.* — Une signification de jugement est nulle, si le jugement est énoncé sous une fausse date dans la copie. (Paris, 4 mai 1829.)

31. *Domicile.* — Une signification d'un jugement par défaut est nulle, si elle est faite dans une maison que le défaillant a cessé d'habiter, et non à sa personne, ni dans la maison qu'il habite. (Cass. 11 août 1842.)

NUMÉRO DE CONTROLE.

Préposé. — A son entrée dans une conservation, chaque préposé prend un numéro de contrôle, qu'il conserve pendant tout le temps qu'il reste dans la conservation. (Circ. N 179.) V. Contrôle. Registre matricule.

NUMÉRO DES COUPES.

Coupes. — Le numéro des coupes, d'après l'état d'assiette, doit être rappelé dans tous les actes et procès-verbaux relatifs à la vente. (Circ. A 9. Circ. A 164.)

NUMÉRO MATRICULE.

Préposé. — A son entrée dans l'administration, chaque candidat nommé reçoit un numéro matricule, qu'il conserve pendant toute la durée de sa carrière. (Circ. N 179.) V. Registre matricule.

O

OBLIGATION.

1. *Définition.* — Lien de droit par lequel on est astreint à la nécessité de donner, de faire ou de ne pas faire quelque chose. (Cod. Civ. 1101 à 1369.)

2. *Droit.* — Une obligation personnelle, telle que celle de fournir une quantité déterminée d'échalas façonnés, établie en remplacement d'une servitude d'usage, ne grève plus la forêt qu'à titre de gage de la transaction pour la créance nouvelle et ne fait pas obstacle à son défrichement. (Cass. 20 juillet 1857.)

3. *Extinction.* — Les obligations s'éteignent par le paiement, la novation, la remise volontaire, la compensation, la confusion, la perte de la chose, la nullité ou la rescision, la condition résolutoire et la prescription. (Cod. Civ. 1234.)

OBSCURITÉ. V. Incertitude.

OBSERVATIONS MÉTÉOROLOGIQUES.

1. *Feuilles d'observations. Tenue. Envoi. Constatation.* — Les feuilles d'observations sur les phénomènes météorologiques, dont la tenue a été prescrite par les circulaires autographiées des 20 mai et 30 septembre 1880, ne seront plus fournies qu'une fois par an. Elles devront parvenir à l'administration le 15 janvier de l'année qui suivra les observations. Elles se borneront aux constatations relatives aux orages. (Note Circ. du 12 août 1887. Form. série 12, n° 19.)

2. *Feuilles d'observations. Vérification.* — Les agents devront, dans le cours de leurs tournées, se faire présenter fréquemment les feuilles déposées entre les mains des préposés chargés des observations et s'assurer que les phénomènes sont notés au fur et à mesure de leur apparition. (Note Circ. 12 août 1887.)

OCCUPATION TEMPORAIRE.

Arrêté préfectoral, 2, 3, 4.
Autorisation, 1.
Délai, 5.
Durée, 8.
Enregistrement, 9.
Mention, 2.
Notification, 3, 5.
Péremption, 4.
Périmètres de restauration, 10.
Ramassage des matériaux, 6.
Reconnaissance des lieux 7.
Timbre, 9.
Visite des lieux, 5.

1. *Autorisation.* — L'occupation temporaire des terrains, soit pour extraction des matériaux, soit pour tout autre objet relatif à l'exécution des travaux publics, est autorisée par le préfet. (Loi du 29 décembre 1892, art. 3.)

2. *Arrêté. Mentions.* — L'arrêté préfectoral indique le nom de la commune où l'occupation temporaire doit avoir lieu, les numéros des parcelles d'après le plan cadastral, le nom du propriétaire d'après la matrice des rôles, les travaux à raison desquels l'occupation est ordonnée, les surfaces à occuper, la nature et la durée de l'occupation et la voie d'accès. Un plan parcellaire désignant par une teinte les terrains à occuper est annexé à l'arrêté, à moins que l'occupation n'ait pour but exclusif le ramassage des matériaux. (Loi du 29 décembre 1892, art. 3.)

3. *Arrêté. Notification.* — Le préfet envoie ampliation de son arrêté et du plan annexé au chef de service et au maire de la commune, qui le notifie au propriétaire du terrain ou, si celui-ci n'est pas domicilié dans la commune, au fermier, locataire, gardien ou régisseur de la propriété. (Loi du 29 décembre 1892, art. 4.)

4. *Arrêté. Péremption.* — Tout arrêté qui autorise une occupation temporaire est périmé de plein droit, s'il n'est suivi d'exécution dans les six mois de sa date. (Loi du 29 décembre 1892, art. 8.)

5. *Visite des lieux. Notification. Délai.* — Avant toute occupation, le chef de service fait au propriétaire une notification par lettre recommandée, indiquant le jour et l'heure où il compte se rendre sur les lieux ou s'y faire représenter, et en informe par écrit le maire de la commune. Entre cette notification et la visite des lieux, il doit y avoir un intervalle de dix jours au moins. (Loi du 29 décembre 1892, art. 5.)

6. *Ramassage des matériaux.* — Quand il s'agit de ramassage des matériaux, les notifications ont lieu par voie d'affichage et de publication à son de caisse ou de trompe dans la commune. En ce cas, le délai de dix jours court du jour de l'affichage. (Loi du 29 décembre 1892, art. 6.)

7. *Reconnaissance des lieux.* — A défaut par le propriétaire de se faire représenter sur les lieux, le maire lui désigne un représentant, pour opérer contradictoirement avec celui de l'administration ou de la personne déléguée. Il est dressé, en trois expéditions, un procès-verbal de l'opération qui fournit les éléments nécessaires pour évaluer le dommage.

Si les parties sont d'accord, les travaux peuvent être commencés aussitôt. En cas de désaccord sur l'état des lieux, la partie la plus diligente saisit le conseil de préfecture, et les travaux peuvent commencer dès que le conseil a rendu sa décision. (Loi du 29 décembre 1892, art. 7.)

8. *Durée.* — L'occupation ne peut être ordonnée pour un délai supérieur à cinq ans. Si l'occupation doit avoir une plus longue durée et à défaut d'accord amiable, l'administration doit procéder à l'expropriation. (Loi du 29 décembre 1892, art. 9.) V. Indemnité.

9. *Enregistrement. Timbre.* — Les plans, procès-verbaux, significations, jugements, contrats, quittances et autres actes relatifs à l'occupation de terrains sont visés pour timbre et enregistrés gratis, quand il y a lieu à la formalité de l'enregistrement. (Loi du 29 décembre 1892, art. 19.)

10. *Périmètres de restauration.* — Les lois et règlements relatifs à l'occupation temporaire ne s'appliquent pas aux terrains compris dans les périmètres de restauration, tels qu'ils sont déterminés en exécution de la loi du 4 avril 1882. (Lettre du Min. des travaux publics, 7 avril 1891.)

ŒUFS.

1. *Faisans. Perdrix. Cailles.* — L'enlèvement ou la destruction, sur le terrain d'autrui, des œufs de faisans, perdrix ou cailles, sera puni, savoir :

Amende : 16 à 100 fr. (Loi Chasse, art. 16.)

2. *Complicité. Œufs enlevés.* — Le père qui garde, pour les faire couver, des œufs de perdrix enlevés par son fils se rend complice par recel du délit commis par son fils. (Cass. 20 janvier 1877.)

3. *Chiens. Divagation.* — Les préfets peuvent prendre, en vertu des lois des 3 mai 1844 et 22 janvier 1874, des arrêtés interdisant de laisser errer les chiens dans les bois et les plaines, pour prévenir la destruction des œufs d'oiseaux. (Angers, 28 juillet 1879.)

4. *Fourmis.* — L'enlèvement des œufs de fourmis constitue le délit prévu et puni par l'article 144 du code forestier, alors surtout que des débris animaux et des détritus végétaux, pouvant être considérés comme engrais du sol, sont joints aux œufs dont l'enlèvement est opéré. (Paris, 3 janv. 1866.)

S'il n'y avait pas de détritus, il n'y aurait peut-être pas de délit ; mais on pourrait toujours intenter une action civile en dommages-intérêts.

5. *Fourmis.* — L'article 144 du code forestier prohibe formellement l'enlèvement des fourmilières qui contiennent de la terre, du sable, des débris de végétaux, des détritus d'animaux composant le sol et constituant, en outre, des engrais. (Orléans, 17 janv. 1893.)

6. *Terre. Condition.* — L'enlèvement d'œufs de fourmis dans une forêt, lorsqu'il a lieu sans enlèvement de terre, ne constitue pas le délit prévu par l'article 144 du code forestier. (Trib. de Reims, 13 août 1890.)

7. *Fourmis. Œufs. Larves. Chasse.* — Les larves ou œufs de fourmis doivent être, à raison de leur nature et de leur composition, considérés comme engrais ; leur enlèvement constitue le délit prévu par l'article 144 du code forestier.

Le locataire de la chasse a droit à des dommages-intérêts pour l'enlèvement de ces larves pratiqué dans la chasse à lui louée. (Paris, 30 novembre 1872.)

OFFICIER.

SECT. I. — CHASSEURS FORESTIERS, 1 — 5.

SECT. II. — RÉSERVE, ARMÉE TERRITORIALE, 6 — 9.

Activité, 5.
Affectation, 2, 6.
Avis, 8.
Changement de résidence, 2.
Cheval, 3.
Commandement, 4.
Convocation, 7, 8.
Départ, 8.
Fixation, 8.
Nomination, 1.
Pension, 5.
Retour, 8.
Uniforme, 9.

V. Chasseurs forestiers. Honneurs militaires. Mobilisation. Service militaire. Uniforme.

SECT. I. — CHASSEURS FORESTIERS.

1. *Nomination.* — Les agents de l'administration des forêts sont nommés au grade qui leur est attribué, d'après l'assimilation en vigueur, par le président de la République, sur la présentation du ministre de la guerre et d'après les propositions du ministre de l'agriculture. (Décr. du 18 novembre 1890, art. 13. Circ. N 424.)

2. *Changement de résidence. Affectation.* — Le titre de nomination des officiers faisant partie du cadre des unités de chasseurs forestiers mentionne leur affectation à une compagnie, à une section ou à un détachement déterminé.

Dans le cas où on les ferait passer dans une résidence située en dehors de la circonscription de leur compagnie, section ou détachement, leur affectation sera annulée de plein droit et une nouvelle lettre de service leur sera envoyée par le ministre de la guerre. Ils ne pourront être pourvus d'un grade dans une unité de leur nouvelle résidence que si un emploi de ce grade s'y trouve vacant. (Décr. du 18 novembre 1890, art. 13. Circ. N 424.)

3. *Cheval.* — Les commandants de compagnie sont montés, en cas d'appel à l'activité. (Décr. du 2 avril 1875. Circ. N 173. Décr. du 18 novembre 1890, art. 4. Circ. N 424.)

4. *Commandement.* — A grade égal, les officiers, fonctionnaires et agents de l'armée active auront le commandement sur les officiers de réserve, de l'armée territoriale et de chasseurs forestiers. Ceux ayant déjà servi dans l'armée active conserveront leurs droits au commandement. Les officiers de réserve ou de l'armée territoriale ne pourront, dans aucun cas, exercer les fonctions de chef de corps ou de service ou de commandant de dépôt. (Loi du 13 mars 1875, art. 43 à 57. Décr. du 2 avril 1875, art. 5. Circ. N 173. Décr. du 18 novembre 1890, art. 5. Circ. N 424.)

5. *Activité. Pension.* — A dater du jour de l'appel à l'activité, les officiers de chasseurs forestiers jouiront de tous les droits attribués aux militaires du même grade dans l'armée active, sous le rapport des pensions pour infirmités et blessures et des pensions de veuves. (Décr. du 2 avril 1875. Circ. N 173. Décr. du 18 novembre 1890, art. 9. Circ. N 424.)

SECT. II. — RÉSERVE. ARMÉE TERRITORIALE.

6. *Affectation.* — Les agents assimilés aux grades de capitaine, lieutenant ou sous-lieutenant, non compris dans les cadres des unités de chasseurs forestiers, reçoivent un titre de nomination leur donnant une affectation dans les cadres de l'armée, comme officiers de réserve ou de l'armée territoriale, ou les plaçant à la suite des unités forestières dans la circonscription de recrutement dans lesquelles ils ont leur résidence, suivant que le ministre de la guerre le juge utile.

Dans ce dernier cas, ils marchent avec les unités auxquelles ils sont rattachés ou reçoivent des missions spéciales. (Décr. du 18 novembre 1890, art. 13. Circ. N 424.)

7. *Convocation.* — Aucune convocation ne doit être adressée aux agents forestiers, officiers de réserve ou de l'armée territoriale, en dehors des grandes manœuvres, sans que le conservateur des forêts sous les ordres duquel ils sont placés ait été consulté. (Lettre du Min. de la guerre, 22 février 1892. Circ. N 442.)

8. *Convocation. Fixation. Avis de départ et de retour.* — Les conservateurs fixent, d'accord avec les commandants de corps d'armée, l'époque des convocations des agents forestiers, officiers de réserve ou de l'armée territoriale, et avisent l'administration du départ et du retour de ces agents appelés sous les drapeaux. (Form. série 1, n° 14. Circ. N 442.)

9. *Uniforme.* — Les agents forestiers employés dans l'armée comme officiers de réserve ou de l'armée territoriale conservent l'uniforme du corps de chasseurs forestiers. (Décr. du 18 novembre 1890, art. 10. Circ. N 424.)

OFFICIER DE POLICE JUDICIAIRE.

1. *Surveillance.* — Tous les officiers de police judiciaire sont soumis à la surveillance du procureur général. (Instr. Crim. 279.) V. Police judiciaire.

2. *Qualités.* — Les gardes forestiers sont officiers de police judiciaire. (Instr. Crim. 17.) Les agents forestiers ne le sont pas. (Cass. 9 février 1825.)

3. *Agent. Poursuite.* — Un garde général a été cité devant une cour d'appel à la requête du procureur général, qui l'a considéré comme un officier de police judiciaire, sans l'autorisation de l'administration et sans que celle-ci, dûment avertie, ait élevé la moindre protestation contre cette assimilation, que la cour de Grenoble semble avoir sanctionnée par son arrêt du 14 février 1881.

4. *Hiérarchie.* — Les gardes champêtres et forestiers sont, comme officiers de police judiciaire, sous la surveillance du chef du parquet, sans préjudice de leur subordination

à l'égard de leurs supérieurs dans l'administration. (Instr. Crim. 17. Cass. 16 févr. 1821.)

5. *Avertissement.* — En cas de négligence des officiers de police judiciaire, le procureur général les avertira ; cet avertissement sera consigné par lui sur un registre spécial. (Instr. Crim. 280.)

6. *Poursuites.* — En cas de récidive, le procureur général les dénoncera à la cour. Sur l'autorisation de la cour, le procureur général les fera citer à la chambre du conseil ; la cour leur enjoindra d'être plus exacts à l'avenir et les condamnera aux frais, tant de la citation que de l'expédition et de la signification de l'arrêt. (Instr. Crim. 281.)

7. *Poursuites.* — Il n'y a pas besoin d'autorisation préalable pour poursuivre les officiers de police judiciaire devant les tribunaux. (Cons. d'Etat, 21 novembre 1860.)

OFFRE.

SECT. I. — PRINCIPE, 1.

SECT. II. — VENTE, ADJUDICATION, 2.

SECT. III. — CANTONNEMENT, 3 — 4.

SECT. IV. — RESTAURATION DES MONTAGNES, EXPROPRIATION, 5 — 13.

Acceptation, 4, 12, 13.
Acte, 14.
Affichage, 7.
Approbation, 6, 8.
Cessions amiables, 12.
Consentement, 14.
Délai, 12, 13.
Divulgation, 6.
Domicile, 11.
Droit d'usage, 15.
Examen, 3.
Incapable, 13.
Mineur, 13.
Notification, 8, 11, 15.
Original, 15.
Retrait, 1.
Signification, 3.
Tableau, 5, 7, 8, 9, 10.
Terrains domaniaux, 15.
Validité, 2.

V. Affichage. Cession. Droit d'usage. Expropriation. Indemnité. Journal. Jugement.

SECT. I. — PRINCIPE.

1. *Retrait.* — Tant qu'une offre n'a pas été acceptée, elle peut être retirée par celui qui l'a faite. (Cass. 4 avril 1842.)

SECT. II. — VENTE. ADJUDICATION.

2. *Validité.* — Les présidents des ventes doivent consulter les agents forestiers et les receveurs, sur la validité des offres. (Circ. Min. aux préfets, 25 octobre 1828.)

SECT. III. — CANTONNEMENT.

3. *Examen. Signification.* — Les offres sont soumises par l'administration au ministre des finances, qui, après avoir pris l'avis de la direction générale des domaines, prescrit, s'il y a lieu, au préfet, de les signifier à l'usager. (Décr. du 12 avril 1854, art. 2.)

4. *Acceptation.* — Si l'usager accepte les offres, il est passé entre le préfet et lui, en la forme administrative, un acte constatant son engagement, sous réserve de l'homologation du chef de l'Etat. (Décr. du 12 avril 1854, art. 3.)

SECT. IV. — RESTAURATION DES MONTAGNES. EXPROPRIATION.

5. *Tableau des offres. Établissement.* — Aussitôt après la promulgation de la loi qui fixe un nouveau périmètre, les agents forestiers adressent, en conséquence, à l'administration, un état estimatif des parcelles à acquérir.

Le montant des estimations est basé sur la comparaison avec les prix de vente de terrains similaires, ou, à défaut de transactions antérieures, soit sur le revenu réel bien constaté, soit sur le revenu imposable, avec application du taux de rehaussement adopté dans la localité. Les charges et impositions doivent toujours être déduites du revenu brut, et le revenu net capitalisé au taux de placement des biens-fonds dans la localité. Le chiffre de ces estimations est celui qui doit être adopté pour les offres légales.

Cet état est accompagné des renseignements dont la production est prescrite par la circulaire nº 297, pour le contrôle des estimations.

A titre de renseignement complémentaire, on peut interroger les experts du pays.

Si leur avis paraît raisonnable, il est consigné par écrit, pour être placé, au besoin, sous les yeux du jury.

L'état estimatif des parcelles à acquérir indique, avec le plus grand soin, si les propriétaires inscrits à la matrice des rôles existent, ou s'ils sont décédés. Il doit faire connaître aussi les noms et prénoms des fermiers, locataires, etc., s'il y a lieu, et la durée des baux, ainsi que le prix et les conditions de la location. (Instr. Gén. du 2 février 1885, art. 30. Circ. N 345.)

6. *Approbation. Divulgation.* — Le montant des offres légales ou amiables ne doit pas être divulgué avant d'avoir été approuvé par le ministre de l'agriculture. (Instr. Gén. du 2 février 1885, art. 33. Circ. N 345.)

7. *Affichage.* — Le tableau des offres, certifié conforme par l'avoué, est publié à son de trompe ou de caisse et affiché par extrait dans la commune de la situation des biens, à la porte de l'église et à celle de la maison commune. (Instr. Gén. du 2 février 1885, art. 54 et 55. Circ. N 345.)

8. *Notification.* — Un extrait du tableau des offres est notifié à chacun des intéressés, au domicile qu'ils ont élu dans l'arrondissement de la situation des biens. (Instr. Gén. du 2 février 1885, art. 56. Circ. N 345.)

9. *Tableau supplémentaire. Établissement.* — A l'aide des indications contenues dans les déclarations reçues à la préfecture, les agents forestiers dressent, s'il y a lieu, un ta-

bleau supplémentaire des offres à faire aux nouveaux intéressés, fermiers, locataires, etc., qui auraient été omis lors de la confection du tableau général des offres. (Instr. Gén. du 2 février 1885, art. 63. Circ. N 345.)

10. *Tableau supplémentaire. Notification.* — Le tableau supplémentaire des offres, après avoir été soumis à l'homologation du ministre de l'agriculture, est notifié aux divers intéressés. Ces offres n'ont pas besoin d'être publiées, affichées et insérées dans les journaux. (Instr. Gén. du 2 février 1885, art. 64. Circ. N 345.)

11. *Notification. Domicile.* — L'exproprié qui n'a pas fait élection de domicile dans l'arrondissement de la situation des biens reçoit régulièrement la notification des offres à son domicile réel, si ce domicile est situé dans l'arrondissement ou la commune où se trouvent les biens expropriés. (Cass. 17 mars 1885.)

12. *Acceptation. Délai.* — Dans la quinzaine qui suit la notification du tableau supplémentaire des offres, les propriétaires et autres intéressés sont tenus de déclarer leur acceptation, ou, s'ils n'acceptent pas les offres qui leur sont faites, d'indiquer le montant de leurs prétentions. (Loi du 3 mai 1841, art. 24.)

13. *Mineurs. Incapables, etc. Délai. Acceptation.* — Le délai d'acceptation est porté à un mois dans les cas prévus par les articles 25 et 26 de la loi du 3 mai 1841, c'est-à-dire pour les femmes mariées sous le régime dotal, les tuteurs, ceux qui ont été envoyés en possession provisoire des biens d'un absent et autres personnes représentant les incapables, pour le ministre des finances, le préfet, les maires et administrateurs des établissements publics.

Les femmes mariées sous le régime dotal doivent, pour pouvoir accepter les offres, être assistées de leurs maris. L'acceptation des représentants des mineurs, des incapables, etc., de l'Etat, des départements, des établissements publics et des communes a lieu après autorisation du tribunal, du ministre des finances, du conseil général, du conseil d'administration ou du conseil municipal, sur délibération approuvée par le préfet, avec avis du conseil général, pour les terrains soumis ou non soumis au régime forestier. (Instr. Gén. du 2 février 1885, art. 66. Circ. N 345.)

14. *Consentement. Acte.* — Si les offres faites par l'administration sont acceptées, il en est passé acte, sans délai sur la formule série 7, n° 21. Il en est de même pour les bulletins de cessions consenties précédemment à l'amiable. (Instr. Gén. du 2 février 1885, art. 67. Circ. N 345.)

15. *Terrains domaniaux. Droit d'usage. Notification. Originaux.* — Si l'expropriation de servitudes quelconques grevant des biens domaniaux a été prononcée par le jugement d'expropriation, les agents forestiers font donner notification de ce jugement et des offres aux maires des communes ou sections de commune usagères, aux usagers à titre privé, ainsi qu'à tous ceux qui peuvent se prévaloir desdites servitudes.

Les originaux de ces exploits de notification sont transmis sans retard au secrétariat de la préfecture, pour être joints, s'il y a lieu, aux déclarations qui pourront être produites par les intéressés, en exécution de l'article 21 de la loi du 3 mai 1841. (Instr. Gén. du 2 février 1885, art. 61. Circ. N 345.)

OFFRE RÉELLE.

Principe. Condition. — Les offres réelles, suivies de consignation, libèrent le débiteur. Elles tiennent lieu de paiement, quand elles sont valablement faites, c'est-à-dire faites au créancier ayant capacité de recevoir, par une personne capable de payer, comprenant la totalité de la somme exigible, que le terme soit échu, que les conditions fixées pour la dette soient arrivées et que l'offre soit faite au lieu convenu pour le paiement. (Cod. Civ. 1257 et 1258.)

OIE.

Délit. — Le pâturage des oies n'est pas un délit prévu et puni par le code forestier. V. Volaille.

OISEAUX. PETITS OISEAUX.

1. *Arrêtés préfectoraux. Protection.* — Les préfets des départements, sur l'avis des conseils généraux, pourront prendre des arrêtés pour prévenir la destruction des oiseaux ou pour favoriser leur repeuplement. (Loi du 22 janvier 1874.)

2. *Protection. Couvées. Gibier.* — Un préfet agit dans la limite de ses pouvoirs en interdisant de laisser errer les chiens dans les bois ou la plaine pour prévenir la destruction des œufs et couvées d'oiseaux.

Les arrêtés des préfets ayant pour objet de prévenir la destruction des oiseaux ou de favoriser leur repeuplement en vertu de la loi du 22 janvier 1874 s'appliquent à tous les oiseaux, même à ceux qualifiés gibier. (Angers, 28 juillet 1879.)

3. *Chasse. Temps prohibé. Pénalité.* — Lorsqu'un arrêté préfectoral prohibe la destruction des petits oiseaux dits oiseaux du pays, le fait de poursuivre ces oiseaux, alors que la chasse est fermée et qu'on n'est pas muni d'un permis, constitue le double délit de chasse en temps prohibé et de chasse sans permis, en même temps que l'infraction à l'arrêté préfectoral prévue par l'article 11, paragraphe 3, de la loi du 3 mai 1844.

Ladite loi ne contenant aucune dérogation au droit commun en ce qui touche la complicité, il y a lieu d'appliquer au complice d'un fait de chasse les règles ordinaires édictées par les articles 59 et 60 du code pénal. (Trib. de Compiègne, 6 mars 1883.)

4. *Rapport.* — Le rapport annuel sur la protection des petits oiseaux, prescrit par la circulaire autographiée du 10 septembre 1874, ne sera plus adressé. (Circ. N 416.)

OISEAUX DE PASSAGE.

1. *Arrêté. Mode de chasse.* — Les préfets, sur l'avis des conseils généraux, prendront des arrêtés pour déterminer l'époque de la chasse des oiseaux de passage autres que la caille, la nomenclature des oiseaux et les modes et procédés de chaque chasse pour les diverses espèces. (Loi du 22 janvier 1874.)

2. *Gibier d'eau. Oiseau rare.* — Si les oiseaux de passage sont gibier d'eau, ils sont alors compris dans les époques de chasse indiquées pour cette catégorie. Les oiseaux rares et de collection peuvent être classés parmi les oiseaux de passage. (Circ. Min. du 22 juillet 1851.)

OLIVIER.

Classification. — Arbre fruitier et compris comme tel dans la 1re classe. (Cod. For. 192.)

ONCLE.

1. *Adjudication.* — Les oncles des agents et gardes forestiers ne peuvent, en aucune façon, prendre part aux ventes dans toute l'étendue du territoire pour lequel ces agents sont commissionnés. En cas d'infraction, pénalité :

Amende du quart au douzième du montant de l'adjudication. Vente déclarée nulle. (C. F. 21.)

2. *Hiérarchie.* — Les agents ne peuvent avoir leurs oncles sous leurs ordres. (Ord. 33.)

OPÉRATIONS.

SECT. I. — OPÉRATIONS EN GÉNÉRAL, 1 — 4.

SECT. II. — OPÉRATIONS DES COUPES, 5 — 16.

Agent, 9.
Assistance des maires, 15.
Avis, 15.
Chef de cantonnement, 2.
Compte-rendu, 1.
Coupe, 7, 8.
Exécution, 11.
Indemnités, 7, 8, 9.
Inspecteur, 10.
Itinéraire, 16.
Mention, 3, 4.
Procès-verbaux, 14.
Propositions, 5.
Rédaction, 13.
Répartition, 6.
Responsabilité, 12.
Signature, 13.

SECT. I. — OPÉRATIONS EN GÉNÉRAL.

1. *Compte-rendu.* — Les agents rendent compte de leurs opérations aux chefs de service sous les ordres desquels ils sont placés. (Ord. 15.) V. Service.

2. *Chef de cantonnement.* — Les chefs de cantonnement assistent aux opérations des inspecteurs. (Instr. 23 mars 1821.)

3. *Mention.* — Les opérations doivent être consignées sur les registres. (Ord. 16.)

4. *Mention.* — Les gardes noteront sur leur livret toutes les opérations auxquelles ils concourent. (Livret des préposés, art. 17.)

SECT. II. — OPÉRATIONS DES COUPES.

5. *Propositions.* — Les conservateurs doivent adresser à la direction des propositions, pour les opérations des coupes, toutes les fois que, par suite de circonstances exceptionnelles, il y aura lieu soit de confier tout ou partie des opérations d'un cantonnement au chef de ce cantonnement, soit de faire intervenir le chef d'un cantonnement voisin ou tout autre agent. (Circ. A 820. Circ. N 366.)

6. *Répartition.* — Les propositions des conservateurs doivent parvenir à l'administration avant le 15 février de chaque année, quand il s'agit d'établir, pour la campagne à entreprendre, une répartition spéciale de l'ensemble des opérations entre les différents agents d'une même inspection. (Circ. A 820. Circ. N 366.)

7. *Coupes. Indemnités.* — Lorsque les opérations des coupes doivent occasionner des indemnités, les conservateurs soumettent à l'approbation de l'administration, avant le 15 février :

1° Un état de la répartition des travaux de la campagne (formule série 4, 4 bis) ;

2° Un état (à la main) des préposés à déplacer, avec obligation de découcher. (Circ. N 26, art. 10.)

8. *Coupes. Indemnités.* — Les préposés qui participent, en dehors de leur circonscription et avec l'approbation préalable de l'administration, aux opérations relatives aux coupes, ont droit à une indemnité de 3 francs par jour, mais seulement en cas de découcher. (Circ. N 26, art. 3. Circ. N 310, art. 9.)

9. *Agent. Indemnités.* — Les agents appelés par l'administration à concourir, en dehors de leur circonscription, aux opérations des coupes ont droit aux indemnités fixées par le tarif des missions.

Mais il n'est pas alloué d'indemnité aux inspecteurs adjoints, pour leur concours aux opérations des coupes dans l'étendue de l'inspection. Ces tournées sont dans leurs attributions. (Circ. A 532. Circ. N 26, art. 9. Circ. N 310, art. 9.) V. Indemnité.

10. *Inspecteurs.* — Les inspecteurs doivent prendre la plus large part possible aux opérations. Ce n'est que dans des cas excep-

tionnels, que les inspecteurs peuvent se faire suppléer par un chef de cantonnement. (Circ. A 820.)

11. *Exécution.* — L'exécution par deux agents, l'inspecteur et le chef de cantonnement, est la règle générale ; toutefois, dans les chefferies, le chef de service opère, avec l'assistance des brigadiers dans le cantonnement dont la gestion lui est confiée. (Circ. N 366.)

12. *Responsabilité.* — Le chef de service est seul responsable des opérations des coupes. (Circ. N 366.)

13. *Rédaction. Signature.* — Les divers actes relatifs aux coupes sont établis au fur et à mesure des opérations et, au plus tard, dans un délai de quinze jours. Ils ne comporteront d'autre signature que celle du chef de service. (Circ. N 366.)

14. *Procès-verbaux.* — Il est interdit aux agents de signer des procès-verbaux d'opérations auxquelles ils n'auraient pas assisté. (Circ. A 183.)

15. *Assistance des maires. Avis.* — Les agents locaux doivent prévenir par écrit les maires des communes propriétaires de bois soumis au régime forestier, au moins vingt-quatre heures d'avance, du jour auquel devront avoir lieu les opérations de balivage, martelage et récolement des coupes communales. (Décis. Min. du 25 juillet 1872.)

Les maires n'ont que le droit d'assister, sans participation, aux opérations, dont les agents ont toute la responsabilité. (Lettre de l'Admin. du 31 octobre 1872.)

16. *Itinéraire.* — Avant de commencer les opérations, il est ordinairement dressé un itinéraire, pour connaître la marche et la date des récolements, afin de pouvoir donner les citations en temps utile.

Pour dresser cet itinéraire, on peut se baser sur les indications ci-après :

On peut dans une journée baliver de 8 à 13 hectares de taillis sous futaie (avec trois marteaux, on balive de 1 h. 50 à 2 h. par heure) ; on balive et on estime 25 à 30 hectares de taillis simple par jour ; dans les futaies, on marque 250 à 300 mètres cubes par jour, selon la grosseur des arbres.

On récole 15 à 20 hectares de taillis sous futaie par jour (avec quatre gardes, on récole de 3 à 4 hectares en une heure) ; on récole 40 à 50 hectares de taillis simple par jour ; dans les futaies, on récole 5000 souches par jour.

OPINION. V. Politique.

OPPOSITION.

SECT. I — COMPTABILITÉ, 1 — 16.

SECT. II. — DÉFRICHEMENT, 17 — 28.

SECT. III. — DÉLIMITATION, 29 — 41.

SEST. IV. — INSTANCE, POURSUITES, 42 — 64.

§ 1. *Jugement administratif,* 42 — 43.

§ 2. *Jugement judiciaire,* 44 — 64.

Appel, 47.
Autorisation, 38.
Avis, 23, 24, 46.
Cassation, 47.
Cautionnement, 4.
Citation, 53, 54.
Compétence, 34.
Conditions, 7.
Conseil de préfecture, 42.
Conseil d'État, 43.
Conséquence, 48.
Consignation, 36.
Créance, 11.
Débiteur, 15.
Déchéance, 36.
Décision, 23, 25.
Défaut, 43.
Délai, 22, 31, 33, 36, 37, 52, 55, 56, 59, 60.
Dépôt, 8.
Dispositions générales, 64.
Domicile, 60.
Dossier, 24.
Durée, 3.
Effets, 3.
Enregistrement 5, 27.
Entrepreneur, 12.
Exception préjudicielle, 39.
Faculté, 29.
Formalités, 6, 19, 44, 51.
Frais, 28, 41, 54, 61, 62.
Gratifications, 14.
Instance, 36, 37.
Instruction, 26, 30.
Juge d'instruction, 49.
Mémoire, 35.
Motif, 17.
Notification. 28, 50, 58.
Nullité, 2.
Pension, 9.
Police correctionnelle, 45.
Poursuites, 34, 38.
Pourvoi, 47.
Préfet, 23.
Première instance, 45.
Preuve, 32.
Produits forestiers, 16.
Provisoire, 18, 20.
Publication, 32.
Quantité, 10.
Rectification, 40.
Rémunération, 28, 63.
Signification, 21, 23, 28, 51, 52.
Simple police, 44.
Taxe, 13.
Timbre, 27.
Traitement, 1, 9.
Travaux, 12.
Validité, 7, 22.
Versement, 8.

SECT. I. — COMPTABILITÉ.

1. *Traitement.* — Toutes oppositions sur le paiement des sommes dues par l'Etat doivent être faites entre les mains des trésoriers-payeurs généraux, agents ou préposés, sur la caisse desquels les mandats sont délivrés. Néanmoins, à Paris et pour tous les paiements à effectuer à la caisse centrale du Trésor public, elles sont exclusivement faites entre les mains du conservateur des oppositions au ministère des finances. (Loi du 9 juillet 1836. Décr. du 31 mai 1862. Règl. Min. du 26 décembre 1866, art. 147. Circ. N 104.)

2. *Nullité.* — Sont considérées comme nulles et non avenues, toutes oppositions faites à toute autre personne, sauf ce qui concerne les cautionnements. (Loi du 9 juillet 1836, art. 13. Décr. du 31 mai 1862. Règl. Min. du 26 décembre 1866, art. 147. Circ. N 104.)

3. *Effets. Durée.* — Les oppositions n'ont d'effet que pendant cinq années, à compter de leur date, si elles n'ont pas été renouvelées dans ce délai, quels que soient d'ailleurs les actes, traités ou jugements intervenus à leur égard. En conséquence, après ce délai, elles sont rayées d'office des registres dans lesquels elles auraient été inscrites. (Loi du

9 juillet 1836, art. 14. Décr. du 31 mai 1862. Règl. Min. du 26 décembre 1866, art. 147. Circ. N 104.)

4. *Cautionnement.* — Les oppositions sur cautionnement en numéraire peuvent être faites, suivant la qualité des agents, soit aux greffes des tribunaux civils ou de commerce dans le ressort desquels les titulaires exercent ou ont exercé leurs fonctions, soit au Trésor et au bureau des oppositions.

Celles qui sont faites aux greffes doivent être notifiées au Trésor, pour valoir sur les intérêts. Les oppositions à faire sur le cautionnement des titulaires inscrits, sans désignation de résidence, sur les livres du Trésor doivent être signifiées au bureau des oppositions à Paris. (Décr. du 31 mai 1862, art. 150 et 151. Règl. Min. du 26 décembre 1866, art. 147. Circ. N 104.)

5. *Enregistrement.* — Les oppositions sont enregistrées au droit fixe de 2 francs en principal, comme actes extrajudiciaires. (Loi du 28 avril 1816, art. 43. Loi du 28 avril 1893, art. 22.)

6. *Formalités.* — Tout exploit de saisie-arrêt ou opposition, fait en vertu d'un titre, contiendra l'énonciation du titre et de la somme pour laquelle elle est faite; si l'exploit est fait en vertu de la permission du juge, l'ordonnance énoncera la somme pour laquelle l'opposition est faite. (Proc. Civ. 559.)

7. *Validité. Condition.* — La saisie-arrêt ou opposition formée entre les mains des receveurs de deniers publics, en cette qualité, ne sera point valable, si l'exploit n'est fait à la personne préposée pour le recevoir, s'il n'est visé par elle sur l'original et, en cas de refus, par le ministère public. (Proc. Civ. 561). En cas de refus du visa, sans frais, par celui qui doit recevoir l'exploit: *amende* 5 francs. (Proc. Civ. 1039.) L'original de l'exploit doit être laissé vingt-quatre heures entre les mains du comptable auquel on le signifie, pour être par lui visé sans frais. (Arr. du 1er pluviôse an XI.)

8. *Versement. Dépôt.* — Les comptables, agents ou préposés chargés d'effectuer des paiements verseront d'office, à la caisse des dépôts et consignations, les sommes saisies ou arrêtées entre leurs mains par voie d'opposition sur le traitement; s'il s'agit d'autres sommes que celles de traitement, ce dépôt ne pourra être fait que s'il a été autorisé par la loi, par justice ou par convention. Ces dépôts devront être effectués en exécution des dispositions ci-dessus et être accompagnés d'un extrait des oppositions, indiquant les noms et demeures du saisissant et du saisi, le nom et la demeure de l'huissier, la date de l'exploit, la désignation de l'objet saisi et la somme pour laquelle la saisie a été formée. (Ord. 16 septembre 1837.)

9. *Traitement. Pension.* — Les traitements et pensions dus par l'Etat ne pourront être saisis que pour la portion déterminée par les lois ou décrets. (Proc. Civ. 580.)

10. *Quantité.* — Les oppositions ou saisies sur les traitements sont du cinquième sur les premiers 1000 francs et toutes les sommes au-dessous; du quart sur les 5000 francs suivants et du tiers sur la portion excédant 6000 francs, à quelque somme qu'elle s'élève. (Loi du 21 ventôse an IX.)

11. *Créances.* — Les sommes dues à des particuliers sont saisissables en totalité, sauf les exceptions prévues par les articles 581 et 582 du code de procédure civile. (Proc. Civ. 557.)

12. *Travaux. Entrepreneurs.* — On ne peut faire des oppositions ou saisies-arrêts sur les fonds destinés aux entrepreneurs de travaux nationaux (publics), si ce n'est pour le salaire des ouvriers et le paiement des sommes dues pour fournitures. (Loi du 26 pluviôse an II.)

13. *Taxes.* — Les taxes à témoins sont insaisissables. (Décr. du 13 pluviôse an XIII.)

14. *Gratifications.* — Les gratifications ne sont pas saisissables. (Décis. Min. du 13 septembre 1811.)

15. *Débiteur.* — Le tiers saisi qui ne fera pas contestation ou justification sur la signification de la saisie sera déclaré débiteur pur et simple des causes de la saisie. (Proc. Civ. 577.)

16. *Produits forestiers.* — S'il intervient, sur une demande en recouvrement de sommes dues pour produits forestiers, une opposition motivée sur des erreurs ou nullités, les pièces de l'opposition sont communiquées au conservateur, qui renvoie, par écrit et signés, les pièces, moyens de défense et procès-verbaux à produire devant le tribunal. (Décis. Min. du 8 avril 1824.)

SECT. II. — DÉFRICHEMENT.

17. *Motif.* — L'opposition au défrichement ne peut être formée que pour les bois dont la conservation est reconnue nécessaire :

1° Au maintien des terres sur les montagnes ou sur les pentes;

2° A la défense du sol contre les érosions et les envahissements des fleuves et rivières ou torrents ;

3° A l'existence des sources et cours d'eau;

4° A la protection des dunes et des côtes contre les érosions de la mer et l'envahissement des sables;

5° A la défense du territoire dans la zone frontière;

6° A la salubrité publique. (Cod. For. 220.)

18. *Provisoire.* — Les conservateurs forment les oppositions provisoires aux défrichements. (Cod. For. 219. Ord. 196. Décr. du 22 novembre 1859.)

19. *Formalités.* — Avant de former opposition au défrichement, le conservateur fera

notifier copie du procès-verbal de reconnaissance à la partie intéressée, avec invitation de présenter ses observations. (Ord. 195. Décr. du 22 novembre 1859.)

20. *Provisoire.* — Si le conservateur estime que le bois ne doit pas être défriché, il fera signifier au propriétaire une opposition au défrichement et il en référera immédiatement au préfet, en lui transmettant les pièces avec ses observations. (Ord. 196. Décr. du 22 novembre 1859.)

21. *Signification.* — L'opposition provisoire au défrichement doit être signifiée dans les quatre mois de la déclaration. Le préfet donne son avis, en conseil de préfecture, sur cette opposition. (Cod. For. 219.) V. Signification.

22. *Validité. Délai.* — L'opposition n'est valable que pour six mois; passé ce délai, le défrichement peut être effectué. (Cod. For. 219.)

23. *Préfet. Avis. Décision. Signification.* — Dans le délai d'un mois, le préfet, en conseil de préfecture, donnera son avis motivé sur l'opposition. Dans les huit jours qui suivront cet avis, le préfet le fera notifier au propriétaire des bois, ainsi qu'au conservateur et, à défaut du conservateur dans le département, à l'agent forestier supérieur dans la circonscription duquel les bois se trouvent situés. Dans le même délai (huit jours), le préfet transmettra son avis, avec les pièces à l'appui, au ministre de l'agriculture, qui prononcera, la section compétente du conseil d'Etat préalablement entendue. La décision ministérielle sera signifiée au propriétaire dans les six mois, à dater du jour de la signification de l'opposition. (Ord. 197. Décret du 22 novembre 1859.)

24. *Avis. Dossier.* — Les préfets doivent joindre au dossier des oppositions au défrichement une pièce établissant que leur avis a été porté, dans le délai réglementaire de huit jours, à la connaissance du propriétaire. (Circ. N 280.)

25. *Décision.* — L'opposition au défrichement est décidée par le ministre, qui prononce administrativement, la section compétente du conseil d'Etat préalablement entendue. (Cod. For. 219. Ord. 7, § 16.)

26. *Instruction.* — Lorsqu'une opposition à un défrichement a été formée, cette opposition, alors même qu'elle semblerait ne rentrer dans aucun des cas prévus par la loi et ne présenter qu'un caractère dilatoire, doit être l'objet d'une instruction au conseil d'Etat. (Cons. d'Etat, 17 avril 1860.)

27. *Timbre et enregistrement.* — Les actes concernant les oppositions aux défrichements sont visés pour timbre et enregistrés gratis. (Décis. Min. du 28 décembre 1859.)

28. *Notification. Frais.* — Il est alloué aux préposés 30 centimes par chaque opposition notifiée. Maximum : 200 francs par an et par préposé. Ces frais se payent par année, sur des états en simple expédition. (Décis. Min. du 7 mars 1834. Circ. A 405. Circ. N 372. Circ. N 382.)

SECT. III. — DÉLIMITATION.

29. *Faculté.* — Le droit de former opposition n'appartient qu'aux riverains absents, lors de l'opération, ou à ceux qui l'ont contredite; ceux qui ont donné leur adhésion ne peuvent plus former opposition. (Meaume.)

30. *Instruction.* — Les réclamations que les propriétaires pourront former, soit pendant les opérations, soit dans le délai d'un an, devront être adressées au préfet du département, qui les communiquera au conservateur et au directeur des domaines (pour les bois domaniaux), pour avoir leurs observations. (Ord. 64.)

31. *Délai.* — Les oppositions doivent être formées dans le délai d'une année, à dater du jour de la publication du dépôt du procès-verbal de délimitation à la préfecture. (Cod. For. 11.)

32. *Publication. Preuve.* — La preuve de la publication de l'arrêté préfectoral, qui fait courir le délai d'un an, doit être faite par pièces officielles, et non à l'aide de présomption ou de documents sans caractère officiel. (Grenoble, 28 juillet 1873.)

33. *Délai.* — Le délai d'une année ne comprend pas le jour de la publication de l'arrêté, mais il comprend celui de la signification de l'opposition.

Si la publication de l'arrêté a été faite le 1er avril, l'opposition doit être signifiée, au plus tard le 1er avril de l'année suivante, à peine de déchéance. (Meaume.)

34. *Compétence. Poursuite.* — En cas de contestations élevées, soit pendant les opérations, soit par suite d'oppositions formées par les riverains, en vertu de l'article 11 du code forestier, celles-ci seront portées par les parties intéressées devant les tribunaux compétents, et il sera sursis à l'abornement jusqu'après leur décision. (Cod. For. 13.)

35. *Mémoire.* — Le riverain qui a formé opposition au procès-verbal de délimitation d'un bois communal doit adresser au préfet un mémoire exposant les motifs de sa réclamation. Si, dans les deux mois, à partir de la date du récépissé de ce mémoire qui aura dû être donné par le préfet, le conseil de préfecture n'a pas accordé à la commune l'autorisation de plaider, le riverain devra intenter sa demande devant le tribunal. Le délai de deux mois devrait être augmenté, dans le cas où, l'autorisation ayant été refusée à la commune, celle-ci se serait pourvue devant le conseil d'Etat pour l'obtenir. (Loi du 5 avril 1884. art. 124 et 126.)

36. *Consignation au procès-verbal. Délai. Déchéance. Instance.* — Le propriétaire qui a fait consigner sur le procès-verbal de délimitation provisoire son opposition n'a pas à saisir les tribunaux de cette contestation ; c'est à l'administration à intenter le procès. Dans ce cas, il n'y a pas lieu à la déchéance prononcée par l'article 12 du code forestier contre le propriétaire qui n'a point élevé de réclamations. (Pau, 11 juillet 1870.)

37. *Instance. Délai.* — Lorsque les riverains négligent de saisir les tribunaux de leurs contestations élevées par voie d'opposition, les représentants de l'Etat doivent prendre l'initiative. Le préfet instruit l'affaire suivant les règles des instances domaniales (Décis. Min. du 16 mai 1821. Ord. 64), puis fait signifier aux opposants, chacun en ce qui le concerne, un extrait du procès-verbal par un seul exploit qui, pour faire prononcer la main-levée ou l'annulation des oppositions, contiendra, en même temps, assignation de comparaître devant le tribunal, où il sera demandé communication des motifs et des titres des opposants, suivant les articles 77 et 78 du code de procédure civile, pour être statué ensuite, afin de passer outre à l'abornement. Cette signification doit être faite dans le plus bref délai possible. (Cons. d'Etat, 16 février 1831. Décis. Min. du 27 février 1831. Circ. A 271.)

38. *Autorisation. Commune. Poursuite.* — Le propriétaire riverain d'une commune, cité pour opposition à un procès-verbal de délimitation, doit demander que toute audience soit refusée à la commune, jusqu'à ce qu'elle ait produit une autorisation régulière de plaider, et il doit demander en appel la nullité des jugements qui pourraient être intervenus.

39. *Exception préjudicielle.* — En cas de délit constaté, l'opposition formée par un riverain ne le dispense pas d'invoquer l'exception préjudicielle pour la propriété sur laquelle le délit a été constaté. Rien n'empêche, en effet, qu'une erreur de la délimitation n'ait réellement lésé le riverain et ne justifie ainsi son opposition, sans que, pour cela, il soit réellement propriétaire de tout ce qui fait l'objet de cette opposition, ou du terrain sur lequel a été commis le délit. V. Exception préjudicielle.

40. *Rectification.* — Lorsque, après une opposition à une délimitation générale, le propriétaire de la forêt reconnaît les droits du riverain, la nouvelle limite adoptée est fixée par un procès-verbal rectificatif de délimitation partielle, annexé au procès-verbal de délimitation générale. Il en est de même, si les droits sont fixés par les tribunaux dont on applique alors la décision sur le terrain.

41. *Frais.* — Les oppositions au paiement des frais de délimitation seront jugées par les tribunaux. (Ord. 66.)

SECT. IV. — POURSUITES.

§ 1. *Jugement administratif.*

42. *Conseil de préfecture.* — L'opposition à un arrêté du conseil de préfecture, rendu par défaut, doit être portée devant le même conseil de préfecture ; elle est recevable jusqu'à l'exécution et produit un effet suspensif. (Cabantous.)

43. *Conseil d'Etat. Défaut.* — Les oppositions aux décisions rendues par défaut, autorisées par l'article 29 du décret du 22 juillet 1806, doivent être formées dans le délai de deux mois. (Décr. du 2 novembre 1864, art. 4.)

L'opposition n'est pas suspensive, à moins qu'il n'en soit autrement ordonné. (Décr. du 22 juillet 1806, art. 29.)

§ 2. *Jugement judiciaire.*

44. *Simple police. Formalités.* — En simple police, l'opposition peut être faite en réponse au bas de l'acte de signification du jugement, ou par acte notifié dans les trois jours, outre un jour par trois myriamètres.

L'opposition emportera de droit citation à la première audience, après l'expiration des délais, et sera réputée non avenue, si l'opposant ne comparaît pas. (Instr. Crim. 151.)

45. *Police correctionnelle.* — La condamnation par défaut en police correctionnelle sera comme non avenue, si, dans les cinq jours de la signification qui en aura été faite au prévenu ou à son domicile, plus un jour par cinq myriamètres, celui-ci forme opposition à l'exécution du jugement et notifie l'opposition, tant au ministère public qu'à la partie civile. (Instr. Crim. 187. Cod. For. 187.)

46. *Avis.* — Si le condamné forme opposition, l'agent forestier en donne avis au receveur des finances. (Ord. 188. Circ. N 149.)

47. *Appel. Pourvoi. Cassation.* — Si l'opposition a été faite contre un jugement rendu par défaut sur appel et que l'opposant ne se présente pas à l'audience suivante, il ne pourra attaquer le nouveau jugement que devant la cour de cassation. (Instr. Crim. 208.)

48. *Conséquence.* — L'opposition régulièrement formée anéantit le premier jugement.

49. *Ordonnance. Juge d'instruction.* — La partie civile pourra faire, dans les vingt-quatre heures de la signification, opposition aux ordonnances des juges d'instruction faisant grief à ses intérêts civils. (Instr. Crim. 135.)

50. *Notification.* — L'opposition doit, à peine de nullité, être notifiée par voie d'huis-

sier, tant au ministère public qu'à la partie civile (administration forestière). (Cass. 11 mai 1839.)

51. *Formalités.* — Est nulle, l'opposition par défaut qui n'a pas été signifiée au ministère public, bien qu'elle l'ait été à l'administration forestière. (Cass. 11 mai 1839. Aix, 24 juin 1869.)

52. *Délai. Signification.* — L'administration étant partie civile dans les poursuites faites en son nom, il en résulte que l'opposition à un jugement par défaut, signifié à sa requête, doit, à peine de nullité, lui être signifiée dans les délais (cinq jours) prescrits par l'article 187 du code d'instruction criminelle. Il ne suffirait pas que la notification ait été faite en temps utile au ministère public. (Nîmes, 14 juin 1860.)

53. *Citation.* — L'opposition emportera de droit citation à la première audience. Elle sera non avenue, si l'opposant n'y comparaît pas, et le jugement que le tribunal aura rendu sur l'opposition ne pourra plus être attaqué par la partie qui l'aura formée, si ce n'est par voie d'appel. (Instr. Crim. 188.)

54. *Citation. Frais.* — L'opposition à un jugement par défaut emportant de droit citation à la première audience forestière, il y a *lieu* de laisser à la charge de l'administration les frais de la citation donnée au prévenu pour comparaître à ladite audience. (Grenoble, 25 mai 1878.)

55. *Délais.* — Les délais d'opposition courent à partir de la signification des jugements par défaut. (Cod. For. 209.)

56. *Délais.* — Les délais d'opposition ne courent qu'à partir de la signification des jugements par défaut, faite à la *personne* même du prévenu, ou s'il résulte d'actes d'exécution du jugement que le prévenu en a eu connaissance; sinon, le délai d'opposition sera recevable jusqu'à la prescription de la peine. (Instr. Crim. 187. Chambéry, 19 février 1875.)

57. *Nullité.* — Une signification d'un jugement par défaut, lorsqu'elle est nulle, ne fait pas courir le délai d'opposition.

58. *Notification.* — On peut former opposition à un jugement par défaut qui n'a pas été notifié. (Cass. 9 juillet 1813.)

59. *Délai.* — Le délai d'opposition n'est pas un délai franc ; le délai de cinq jours, *dans* lequel l'opposition doit se faire, ne court qu'à partir d'une signification régulière. (Paris, 4 mai 1829.)

60. *Délai. Domicile.* — Le tribunal peut relever de la déchéance du délai de cinq jours le défaillant qui, à raison de ce qu'il n'a pas de domicile fixe, est légalement présumé avoir *ignoré* la signification du jugement par défaut. (Cass. 30 janvier 1834.)

61. *Frais.* — Les frais d'opposition, comprenant ceux d'expédition et signification du jugement, restent à la charge du prévenu qui a fait défaut. (Instr. Crim. 187. Cod. For. 187.)

62. *Frais.* — Les frais peuvent être laissés à la charge du prévenu ; il dépend du tribunal de les mettre à la charge du délinquant ou de l'administration, d'après la loi du 27 juin 1866. (Instr. Crim. 187.)

63. *Rémunération.* — Il est alloué aux préposés 30 centimes par chaque opposition notifiée aux parties. (Décis. Min. 7 mars 1834.)

64. *Dispositions générales.* — Les dispositions du code d'instruction criminelle sur les défauts et oppositions sont applicables à la poursuite des contraventions et délits forestiers. (Cod. For. 187.)

ORDONNANCE (EN GÉNÉRAL).

1. *Définition.* — Acte de l'autorité souveraine.

2. *Principe.* — Une ordonnance emporte avec elle et par elle-même la preuve de sa régularité. En conséquence, l'administration qui l'invoque n'est pas tenue de justifier de l'accomplissement des formalités exigées pour sa validité. (Grenoble, 20 décembre 1866.)

3. *Règlement.* — Le conseil d'Etat est appelé à donner son avis sur les ordonnances portant règlement d'administration publique, (Décr. du 25 janvier 1852.)

4. *Conseil d'État.* — Les ordonnances de *soit communiqué*, rendues sur des pourvois au conseil d'Etat, doivent être notifiées dans le délai de deux mois, à peine de déchéance. (Décr. du 2 novembre 1864, art. 3.)

ORDONNANCE DE COMPTABILITÉ.

1. *Définition.* — Les actes par lesquels le ministre dispose des crédits qui lui sont ouverts reçoivent le titre d'ordonnances ministérielles; elles doivent être signées par le ministre ou son délégué.

Ces ordonnances se divisent en ordonnances de payement et ordonnances de délégation. (Règl. Min. du 26 décembre 1866, art. 76 et 77. Circ. N 104.)

2. *Ordonnance de payement.* — Les ordonnances de payement sont celles que le ministre délivre directement, au profit ou au nom d'un ou de plusieurs créanciers de l'Etat. (Règl. Min. du 26 décembre 1866, art. 77. Circ. N 104.)

3. *Ordonnance de délégation.* — Les ordonnances de délégation sont celles par lesquelles le ministre autorise les ordonnateurs secondaires à disposer d'un crédit, ou d'une portion de crédit, par des mandats de payement, au profit ou au nom d'un ou de plusieurs créan-

ciers. (Décr. du 31 mai 1862, art. 84. Règl. Min. du 26 décembre 1886, art. 77. Circ N 104.)

4. *Créanciers.* — Les lettres d'avis ou extraits des ordonnances de payement sont délivrées aux titulaires, sur la justification de leur individualité, ou à leurs représentants, sur la production des titres ou pouvoirs réguliers et sous la responsabilité des ordonnateurs. (Règl. Min. 26 décembre 1866, art. 83. Circ. N 104.)

5. *Payement.* — Le payement des ordonnances peut être fait jusqu'au 30 avril de l'année qui suit celle de l'exercice auquel elles se rapportent. (Loi de finances du 25 janvier 1889. Circ. N 406.)

6. *Crédit.* — Les ordonnances des crédits délégués doivent être enregistrées sur le livre des crédits délégués, dans le mois pendant lequel elles ont été délivrées. (Règl. Min. du 26 décembre 1866.)

7. *Exercice clos.* — Les ordonnances délivrées sur l'exercice courant, pour rappels de dépenses d'exercice clos, doivent être renfermées dans la limite des crédits par chapitres qui sont à annuler par la loi de réglement, pour les dépenses restées à payer à la clôture de l'exercice. (Décr. du 31 mai 1862. Règl. Min. du 26 décembre 1866, art. 153. Circ. N 104.)

8. *Délai. Paiement. Exercice clos.* — Les ordonnances pour dépenses d'exercice clos ne sont, par exception et à raison de la date d'échéance de prescription quinquennale, valables que jusqu'à la fin de l'année pendant laquelle elles ont été émises. A défaut de payement, l'annulation a lieu d'office et le réordonnancement n'est effectué que sur une nouvelle réclamation des créanciers. (Décr. du 31 mai 1862, art. 130. Règl. Min. du 26 décembre 1866, art. 161. Circ. N 104.) V. Mandat.

ORDONNANCEMENT.

1. *Pièces.* — Les conservateurs doivent conserver les ordonnances de délégation, afin de pouvoir, pendant tout le cours de l'exercice, justifier leurs opérations. (Règl. Min. du 26 décembre 1866.)

2. *Délai.* — L'ordonnancement des dépenses peut être fait, comme dernier délai, jusqu'au 31 mars de l'année qui suit l'exercice sur lequel la dépense a été imputée. (Loi du 25 janvier 1889. Circ. N 406.) V. Exercice.

ORDONNATEUR.

1. *Secondaires.* — Les ordonnateurs secondaires des dépenses sont, pour le service des forêts : le directeur de l'administration, les conservateurs et le directeur de l'école forestière. (Règl. Min. du 26 décembre 1866, art. 85. Circ. N 104.)

2. *Responsabilité.* — Les ordonnateurs demeurent chargés, sous leur responsabilité, de la remise aux ayants droit des lettres d'avis ou extraits des ordonnances de payement.

3. *Remise des mandats.* — Ils demeurent chargés, sous leur responsabilité, de la remise aux ayants droit des mandats qu'ils délivrent sur les caisses du Trésor. (Décr. du 31 mai 1862, art. 86.) Ils ne doivent opérer ou autoriser la remise d'aucun de leurs mandats qu'après avoir reconnu l'individualité des ayants droit ou la régularité des pouvoirs de leurs représentants. Ils doivent aussi exiger, des uns ou des autres, des récépissés mentionnant leur résidence, afin de pouvoir justifier, au besoin, de la direction donnée aux mandats. (Règl. Min. du 26 décembre 1866, art. 92. Circ. N 104.)

4. *Intérim.* — Pour chaque intérim, les conservateurs doivent notifier leur départ aux trésoriers généraux, en leur rappelant le nom de l'agent déjà désigné en vue de cette éventualité; à leur retour, la première signature qu'ils donnent fait cesser les pouvoirs de l'intérimaire. (Circ. Min. du 25 février 1890, nº 12.) V. Accréditation.

5. *Signature.* — En aucun cas, le conservateur et l'intérimaire désigné ne peuvent conserver la signature en même temps. (Circ. Min. du 25 février 1890, nº 12.)

6. *Intérim. Signature. Remplacement.* — Lorsqu'un intérimaire remplaçant un ordonnateur est appelé à disposer des crédits accordés, ou qu'un nouvel ordonnateur vient prendre le service, la signature de l'un et de l'autre fonctionnaire doit être préalablement accréditée par l'administration auprès du trésorier général qui solde les mandats. (Circ. N 217. Circ. N 265. Circ. Min. du 25 février 1890, nº 12.)

7. *Prescriptions.* — Il est prescrit aux ordonnateurs, dans les départements :

1º D'apporter à l'examen des pièces et à leur transmission la plus grande célérité ;

2º De veiller à ce que les dépenses d'un exercice soient liquidées dans les trois mois qui le suivent ;

3º De ne laisser comprendre sur un même mémoire que les opérations de l'année ;

4º D'adresser à l'administration, le 30 de chaque mois, l'état des traitements des agents et gardes ;

5º De conserver une harmonie parfaite entre les crédits délégués et les mandats délivrés ;

6º De délivrer les mandats le jour de la réception des pièces justificatives à joindre ;

7º De relater sur le mandat la date de l'ordonnance, son numéro et son exercice ;

8º D'adopter par exercice une série unique et non interrompue de numéros pour les mandats ;

9° D'adresser, le 1er, aux trésoriers payeurs, le relevé des mandats délivrés le mois précédent ;

10° De ne délivrer pour le traitement du personnel que des mandats individuels ;

11° D'adresser les déclarations de crédit sans emploi, après les avoir fait viser par le trésorier général. (Circ. A 319. Circ. A 361 bis. Circ. A 405 octo. Circ. N 88. Inspection des finances.) V. Comptabilité.

ORDRE DE SERVICE.

1. *Ordres généraux.* — Le directeur donne et signe tous les ordres généraux de service. (Ord. 4.)

2. *Mention.* — Les ordres de service doivent être consignés régulièrement sur les registres. (Ord. 16.)

3. *Transcription.* — Tous les ordres de service des conservateurs doivent être transcrits, dans les bureaux des conservations, sur un registre spécial. (Circ. N 416.)

4. *Responsabilité.* — Le fonctionnaire public, s'il justifie qu'il a agi par ordre de ses supérieurs, pour des objets du ressort de ceux-ci, sur lesquels il leur était dû obéissance hiérarchique, sera exempt de toute peine encourue, laquelle sera, dans ce cas, appliquée seulement aux supérieurs qui ont donné l'ordre. (Cod. Pén. 114.)

5. *Responsabilité. Supérieur. Objet.* — L'article 114 du code pénal ne s'applique qu'aux attentats à la liberté et aux abus d'autorité contre la chose publique et ne peut pas être étendu à d'autres matières. L'ordre de commettre un crime ou un délit n'est pas compris dans les choses pour lesquelles l'obéissance hiérarchique est commandée, et, en droit comme en morale, on ne doit pas obéissance à l'ordre de violer la loi pénale.

En cas d'exécution, l'auteur n'en serait pas excusable par suite de l'ordre reçu, et il serait, en outre, responsable comme complice du supérieur qui aurait donné l'ordre. (Angers, 27 novembre 1871.) V. Administration. Hiérarchie. Responsabilité. Service.

ORGANISATION.

Dispositions. — Les attributions de l'administration forestière sont exercées sous l'autorité du ministre de l'agriculture. (Ord. 1. Décr. du 15 décembre 1877.)

L'organisation du service ordinaire dans les départements a été fixée, pour les conservations, par diverses ordonnances ou décrets, dont le dernier porte la date du 9 avril 1889.

Les résidences des inspecteurs, inspecteurs adjoints et gardes généraux, ne sont connues que par l'annuaire publié par la *Revue des eaux et forêts*.

Le tableau ci-dessous, extrait de l'annuaire de 1893, comprend les résidences des conservateurs, inspecteurs, inspecteurs adjoints, gardes généraux et gardes généraux stagiaires du service extérieur, des services des aménagements, du reboisement et de l'Algérie.

Nota. — L'astérisque (*) désigne les chefferies.

TABLEAU de l'organisation départementale de l'Administration forestière.

RÉSIDENCE DES		
INSPECTEURS.	INSPECTEURS ADJOINTS.	GARDES GÉNÉRAUX OU STAGIAIRES.
I. — SERVICE ORDINAIRE.		
1re Conservation. — Paris.		
(Oise, Seine, Seine-et-Marne, Seine-et-Oise.)		
Beauvais.....	Beauvais .... »	» Senlis.
Compiègne...	Compiègne (S) »	» Compiègne (N).
Paris........	Paris........ »	» Versailles.
Rambouillet..	Rambouillet.. »	» Saint-Léger.
St-Germain*..	»	»
Coulommiers*	»	La Chapelle-Gauthiers.
Fontainebleau	Fontainebleau (N)........ »	» Fontainebleau (S).
2e Conservation. — Rouen.		
(Calvados, Eure, Seine-Inférieure, Eure-et-Loir.)		
»	Bayeux*.....	»
Louviers*....	»	»
Lyons-la-Forêt........	Lyons-la-Forêt........ »	» La Feuillie.

RÉSIDENCE DES		
INSPECTEURS.	INSPECTEURS ADJOINTS.	GARDES GÉNÉRAUX OU STAGIAIRES.
Caudebec* (rive droite)..	»	Caudebec (r. g.)
Dieppe*......	»	Saint-Saens.
Rouen.......	Rouen	»
	»	Elbeuf.
»	Senonches*...	»
3e Conservation. — Dijon. (Côte-d'Or.)		
Beaune......	Beaune......	»
	»	Arnay-le-Duc.
Châtillon-sur-Seine (N)..	Recey (N)...	»
	»	Châtillon......
Châtillon-sur-Seine (S)...	Châtillon-sur-Seine	»
	»	Recey (S).
Dijon (E)....	Dijon (N)....	»
	»	Mirebeau.
	»	Auxonne.
Dijon (O).....	Dijon (O)....	»
	»	Saint-Seine.
	»	Marey-sur-Tille
Dijon (S)....	Dijon (S)....	»
	»	Nuits.
Semur.......	Montbard....	»
	»	Saulieu.
4e Conservation. — Nancy. (Meurthe-et-Moselle.)		
Briey	Briey	»
	»	Longuyon.
Lunéville (N).	Lunéville....	»
	»	Cirey.
Lunéville (S).	Baccarat.....	»
	»	Lunéville.
Nancy (N)...	Nancy (O)...	»
	»	Pont-à-Mousson.
Nancy (S)...	Nancy (E)...	»
	»	Vézelise.
Toul (N)....	Toul........	»
	»	Noviant-sur-Prés.
Toul* (S)....	»	Colombey-les-Belles.

RÉSIDENCE DES		
INSPECTEURS.	INSPECTEURS ADJOINTS.	GARDES GÉNÉRAUX OU STAGIAIRES.
5e Conservation. — Chambéry. (Savoie, Haute-Savoie.)		
Albertville...	Albertville (S)	»
	»	Albertville (N).
Chambéry ...	Chambéry (S).	»
	»	Chambéry (N).
	»	Le Châtelard.
Moutiers.....	Moutiers. (O) .	»
	»	Moutiers (E).
	»	Bourg-St-Maurice.
Saint-Jean-de-Maurienne.	Saint-Jean-de-Maurienne.	»
	»	Aiguebelle.
	»	Modane.
Annecy	Annecy	»
	»	Faverges.
	»	Thônes.
Thonon......	Thonon	»
	»	Evian.
	»	St-Julien.
Bonneville...	Bonneville...	»
	»	Sallanches.
	»	Taninges.
6e Conservation. — Charleville. (Ardennes, Marne.)		
Charleville...	Charleville...	»
	»	Monthermé.
Mézières.....	Vouziers.....	»
	»	»
	»	Signy-l'Abbaye
Rocroy......	Rocroy......	»
	»	Fumay.
Sedan.......	Sedan.......	»
	»	Mouzon.
Epernay.....	Epernay.....	»
	»	Sézanne.
Vitry-le-François.......	Vitry-le-François.......	»
	»	Ste-Menehould.
7e Conservation. — Amiens. (Aisne, Nord, Pas-de-Calais.)		
Laon........	»	Hirson.
	St-Gobain ...	»

RÉSIDENCE DES		
INSPECTEURS.	INSPECTEURS ADJOINTS.	GARDES GÉNÉRAUX OU STAGIAIRES.
Villers-Cotterets	Villers-Cotterets (N.) »	» Villers-Cotterets (S).
Le Quesnoy	Le Quesnoy »	» Landrecies.
Lille*	Valenciennes.	»
Boulogne-sur-Mer* (nº 1).	Boulogne-sur-Mer (nº 2).	»
Abbeville*	»	»

8e Conservation. — Troyes.

(Aube, Yonne.)

INSPECTEURS.	INSPECTEURS ADJOINTS.	GARDES GÉNÉRAUX OU STAGIAIRES.
Bar-sur-Aube* (N)	Bar-sur-Aube (S)	»
Bar-sur-Seine.	Bar-sur-Seine »	» Chaource.
Troyes	Troyes (E) »	» Troyes (O).
Auxerre* (N).	Auxerre (S)	»
Avallon* (S)	Avallon (N)	»
Sens	Sens »	» Joigny.
Tonnerre	Tonnerre »	» Ancy-le-Franc.

9e Conservation. — Épinal.

(Vosges.)

INSPECTEURS.	INSPECTEURS ADJOINTS.	GARDES GÉNÉRAUX OU STAGIAIRES.
Bruyères* (O).	»	Bruyères (E).
Darney* (O.).	»	Darney (E).
Epinal	Epinal (r. dr.) » »	» Epinal (r. g.) Bains.
Mirecourt	Mirecourt »	» Châtel-sur-Moselle.
Neufchâteau* (N)	Neufchâteau (N)	»
Neufchâteau* (S)	Neufchâteau (S) »	» Lamarche.
Rambervillers	Rambervillers (r. dr.) »	» Rambervillers (r. g.).
Remiremont (N)	» Cornimont	Remiremont (r. d.) »
Remiremont (S)	Remiremont (r. g.) »	» Le Thillot.
Saint-Dié (N).	Saint-Dié (O). »	» Saint-Die (E),
Fraize	Gérardmer »	» Fraize.
Senones	Raon-l'Etape. »	» Senones.

10e Conservation. — Gap.

(Hautes-Alpes.)

INSPECTEURS.	INSPECTEURS ADJOINTS.	GARDES GÉNÉRAUX OU STAGIAIRES.
Briançon	» Briançon (Monétier) »	Briançon. » Briançon (l'Argentière).
Embrun (E)	» » Embrun (Montdauph.).	Aiguilles. Guillestre. »
Embrun (S)	Embrun » »	» Rémollon. Embrun (Savines).
Gap	Gap » »	» Serres. Veynes.
»	Saint-Bonnet* »	Saint-Bonnet. Pont-du-Fossé.

11e Conservation. — Valence.

(Ardèche, Drôme, Vaucluse.)

INSPECTEURS.	INSPECTEURS ADJOINTS.	GARDES GÉNÉRAUX OU STAGIAIRES.
Aubenas	Largentière » »	» Aubenas. Montpezat.
Privas	Antraigues »	» Bourg-St-Andéol.
Die	» » » »	Die. Châtillon-en-Diois. Luc. Lus-la-Croix-H.
Montélimar	Montélimar » »	» Malaucène. Nyons.
Valence	Valence »	» La Chapelle-en-Vercors.

RÉSIDENCE DES		
INSPECTEURS.	INSPECTEURS ADJOINTS.	GARDES GÉNÉRAUX OU STAGIAIRES.
Avignon.....	Carpentras...	»
	»	Apt.
	»	Cavaillon.

12e CONSERVATION. — BESANÇON.

(Doubs, Haut-Rhin.)

INSPECTEURS.	INSPECTEURS ADJOINTS.	GARDES GÉNÉRAUX OU STAGIAIRES.
Baume-les-Dames.......	Beaume-les-Dames....	»
	»	L'Isle-sur-le-Doubs.
Besançon (E).	Ornans......	»
	Vercel.......	»
Besançon (O).	Besançon....	»
	»	Saint-Vit.
Montbéliard..	Montbéliard..	»
	»	Maiche.
	»	St-Hipplyte.
Pontarlier...	Mouthe......	»
	»	Levier.
»	Pontarlier*...	Morteau.
Belfort......	Belfort (N)...	»
	»	Belfort (S).

13e CONSERVATION. — LONS-LE-SAUNIER.

(Jura.)

INSPECTEURS.	INSPECTEURS ADJOINTS.	GARDES GÉNÉRAUX OU STAGIAIRES.
Arbois.......	Arbois.......	»
	»	Salins.
Dôle........	Dôle.........	»
	»	Le Deschaud.
	»	Orchamps.
Lons-le-Saunier* (E)...	»	Orgelet.
Lons-le-Saunier (O)....	»	Lons-le-Saun..
	»	Arinthod.
Poligny.....	Poligny.....	»
	»	Champagnole.
Saint-Claude.	Saint-Claude.	»
	»	Saint-Laurent.

14e CONSERVATION. — GRENOBLE.

(Isère, Loire, Rhône.)

INSPECTEURS.	INSPECTEURS ADJOINTS.	GARDES GÉNÉRAUX OU STAGIAIRES.
Grenoble (N).	St-Laurent-du-Pont...	»
	»	Grenoble.
Grenoble (E).	»	Allevard.
	»	Bourg-d'Oisans.
	»	La Mure.
Grenoble (S)..	Mens........	»
	»	Vizille.
Grenoble (O).	»	Monétier-de-Clermont.
	»	SaintMarcellin.
	»	Villard-de-Lans
Lyon (Rhône)	Saint-Etienne (Loire)....	»
	»	Bourgoin (Isère)

15e CONSERVATION. — ALENÇON.

(Finistère, Ille-et-Vilaine, Morbihan, Mayenne, Orne, Sarthe.)

INSPECTEURS.	INSPECTEURS ADJOINTS.	GARDES GÉNÉRAUX OU STAGIAIRES.
Lorient*.....	»	Landerneau.
Rennes*.....	»	Fougères.
Le Mans....	Le Mans.....	»
	»	Mamers.
Alençon....	Alençon.....	»
	»	Couterne.
Mortagne* (S).	»	Mortagne (N).

16e CONSERVATION. — BAR-LE-DUC.

(Meuse.)

INSPECTEURS.	INSPECTEURS ADJOINTS.	GARDES GÉNÉRAUX OU STAGIAIRES.
Bar-le-Duc ...	Bar-le-Duc...	»
	»	Triaucourt.
Commercy...	Commercy...	»
	»	Vaucouleurs.
Ligny.......	Ligny.......	»
	»	Gondrecourt.
Montmédy...	Montmédy...	»
	»	Dun-sur-Meuse.
Saint-Mihiel..	Saint-Mihiel..	»
	»	»
	»	Vigneulles.
Verdun (E)...	Verdun......	»
	»	Etain.
Verdun (O)...	Verdun	»
	»	Clermont.

17e CONSERVATION. — MACON.

(Ain, Saône-et-Loire.)

INSPECTEURS.	INSPECTEURS ADJOINTS.	GARDES GÉNÉRAUX OU STAGIAIRES.
Belley.......	Belley.......	»
	»	Artemare.
Bourg.......	Bourg.......	»
	»	Ambérieu-en-B.
Gex.........	Gex.........	»
	»	Châtillon-de-M.

RÉSIDENCE DES		
INSPECTEURS.	INSPECTEURS ADJOINTS.	GARDES GÉNÉRAUX OU STAGIAIRES.
Nantua......	Nantua......	»
	»	Oyonnax.
Autun* (E.)..	Autun (O)...	»
Châlon-sur-Saône.....	Châlon-sur-Saône (S)..	»
	»	Châlon-sur-Saône (N).
	»	Louhans.
Mâcon.......	Mâcon......	»
	»	Charolles.
	»	Cluny.
18e CONSERVATION. — TOULOUSE.		
(Ariège, Haute-Garonne, Tarn-et-Garonne.)		
Foix (E).....	Ax.........	»
	»	Foix.
	»	Quérigut.
Foix (O).....	Foix........	»
	»	Tarascon.
Saint-Girons.	Saint-Girons..	»
	»	Castillon.
	»	Seix.
Bagnères-de-Luchon (N).	Bagnères-de-Luchon (N).	»
	»	Bagnères-de-Luchon (S).
	»	Saint-Béat.
St-Gaudens..	St-Gaudens..	»
	»	Aspet.
»	Toulouse*....	»
19e CONSERVATION. — TOURS.		
(Indre-et-Loire, Loir-et-Cher, Loire-Inférieure, Loiret, Maine-et-Loire.)		
Tours.......	Tours.......	»
	»	Loches.
Blois........	Blois (O).....	»
	»	Blois (E).
»	Blain*.......	»
Lorris.......	Lorris.......	»
	»	Châteauneuf.
»	Montargis*...	»
Orléans......	Orléans.....	»
	»	Pithiviers.
	»	Vitry-aux-Log.

RÉSIDENCE DES		
INSPECTEURS.	INSPECTEURS ADJOINTS.	GARDES GÉNÉRAUX OU STAGIAIRES.
20e CONSERVATION. — BOURGES.		
(Cher, Indre, Nièvre.)		
Bourges (N)..	Bourges.....	»
	»	Vierzon-Ville.
Bourges* (S.).	Bourges (E)..	»
Châteauroux.	Châteauroux.	»
	»	Issoudun.
Clamecy.....	Clamecy.....	»
	»	Lormes.
Cosne.......	La Charité...	»
	»	Donzy.
Nevers......	Nevers......	»
	»	Decize.
21e CONSERVATION. — MOULINS.		
(Allier, Creuse, Haute-Vienne, Puy-de-Dôme.)		
Montluçon...	Cérilly......	»
	»	Cosne.
Moulins.....	Moulins.....	»
	»	Gannat
»	Guéret*......	»
Clermont-Ferrand (N)...	Clermont-Ferrand......	»
	»	Pontgibaud.
	»	Rochefort.
Clermont-Ferrand (S)...	»	Ambert.
	Issoire......	»
22e CONSERVATION. — PAU.		
(Gers, Basses-Pyrénées, Hautes-Pyrénées.)		
Bayonne.....	Bayonne.....	»
	»	Saint-Palais.
Mauléon.....	Mauléon.....	»
	»	St-Jean-Pied-de-Port.
Oloron......	Oloron......	»
	»	Bedous.
Pau.........	»	Pau.
	Laruns......	»
Argelès......	»	Argelès.
	»	Lourdes.
Arreau......	»	Arreau (N).
	»	Arreau (S).
Bagnères-de-Bigorre....	»	Bagnères-de-B.
	»	Lannemezan.
	»	Loures.

ORGANISATION.

RÉSIDENCE DES		
INSPECTEURS.	INSPECTEURS ADJOINTS.	GARDES GÉNÉRAUX OU STAGIAIRES.
Tarbes......	Tarbes (S).... » »	» Tarbes (N). Auch (Gers).

23e Conservation. — Nice.

(Alpes-Maritimes, Var.)

Nice (E).....	Nice........ » »	» Menton. Saint-Martin-Vésubie.
Nice (O).....	Grasse...... » »	» Puget-Théniers Saint-Sauveur.
Brignoles....	Brignoles.... »	» Barjols.
Draguignan ..	Draguignan (O)....... »	» Draguignan (E)
Toulon......	Toulon...... Fréjus.......	» »

24e Conservation. — Niort.

(Charente, Charente-Inférieure, Deux-Sèvres, Vendée, Vienne.)

Poitiers	Poitiers. ... »	» Angoulême.
»	Royan*......	»
Niort	Niort .... »	» Fontenay.
»	Les Sables-d'Olonne*..	»

25e Conservation. — Carcassonne.

(Aude, Pyrénées-Orientales, Tarn.)

Carcassonne..	Carcassonne.. »	» Lagrasse.
Limoux	» » »	Limoux. Espezel. Quillan.
Perpignan ...	Prades (E)... » »	» Prades (O). Céret.
Prades (Montlouis).....	Montlouis (E). » »	» Formiguères. Montlouis (O).
Castres......	Castres...... » »	» Brassac. Grésigne.

RÉSIDENCE DES		
INSPECTEURS.	INSPECTEURS ADJOINTS.	GARDES GÉNÉRAUX OU STAGIAIRES.

26e Conservation. — Aix.

(Basses-Alpes, Bouches-du-Rhône.)

Digne (Barcelonnette)..	Barcelonnette (O)........ » »	» Barcelonnette (E). Barcelonnette (S).
Digne (N)....	Digne (O).... » »	» Digne (E). Seyne.
Digne (S)....	Saint-André.. » »	» Castellane. Riez.
Sisteron.....	Sisteron..... » »	» Forcalquier. La Motte-du-Caire.
Aix.........	Aix......... »	» Aubagne.

27e Conservation. — Nîmes.

(Gard, Hérault, Lozère.)

Nîmes (O)....	Alais........ »	» Le Vigan.
Nîmes (E)....	Nîmes....... »	» Remoulins.
Uzès........	Uzès........ »	» Pont-St-Esprit.
Montpellier..	Montpellier.. » »	» Bédarieux. Saint-Pons.
Mende (N)...	» Saint-Chély.. »	Langogne. » Marvejols.
Mende (S)...	» » Florac......	Mende (E). Mende (S). »

28e Conservation. — Aurillac.

(Aveyron, Cantal, Corrèze, Haute-Loire, Lot.)

Rodez.......	Rodez....... »	» Saint-Affrique.
Aurillac.....	Murat........ »	» Mauriac.
»	Tulle*.......	»

RÉSIDENCE DES		
INSPECTEURS.	INSPECTEURS ADJOINTS.	GARDES GÉNÉRAUX OU STAGIAIRES.
Le Puy......	Le Puy......	»
	»	Langeac.
	»	Yssingeaux.

29e CONSERVATION. — BORDEAUX.

(Gironde, Landes, Lot-et-Garonne.)

INSPECTEURS.	INSPECTEURS ADJOINTS.	GARDES GÉNÉRAUX OU STAGIAIRES.
Bordeaux....	Bordeaux....	»
	Arès........	»
Bordeaux(Lesparre).....	»	Lesparre.
	»	Montchic.
Dax..........	Dax..........	»
	»	Soustons.
Mont-de-Marsan........	Mont-de-Marsan.......	»
	»	Parentis-en-Born.

30e CONSERVATION. — AJACCIO.

(Corse.)

INSPECTEURS.	INSPECTEURS ADJOINTS.	GARDES GÉNÉRAUX OU STAGIAIRES.
Ajaccio......	»	Ajaccio.
	»	Sainte-Marie-Sicche.
	»	Vico.
Bastia.......	Bastia.......	»
	»	Calvi.
Corte	Corte	»
	»	Ghisoni.
	»	Vivario.
Sartène......	»	Sartène.
	»	Porto-Vecchio.
	»	Solenzara.

31e CONSERVATION. — CHAUMONT.

(Haute-Marne.)

INSPECTEURS.	INSPECTEURS ADJOINTS.	GARDES GÉNÉRAUX OU STAGIAIRES.
Andelot.....	»	Andelot.
	»	Bourmont.
Chaumont (N)	Chaumont ...	»
	»	Doulaincourt.
Chaumont (S)	Chaumont ...	»
	»	Châteauvillain.
Langres (E)..	Langres	»
	»	Bourbonne-les-Bains.
Langres (O)..	Langres	»
	»	Auberive.
Wassy	Wassy	»
	»	Doulevant.

32e CONSERVATION. — VESOUL.

(Haute-Saône.)

INSPECTEURS.	INSPECTEURS ADJOINTS.	GARDES GÉNÉRAUX OU STAGIAIRES.
Gray (N).....	Gray.........	»
	»	Dampierre-sur-Salon.
Gray (S).....	Gray.........	»
	»	Gy.
Lure (N).....	»	Champagney.
	»	Faucogney.
Lure (S).....	Lure.........	»
	»	Héricourt.
Luxeuil	Luxeuil......	»
	»	Saint-Loup.
Vesoul (N)...	Vesoul	»
	»	Jussey.
Vesoul (S)...	Vesoul......	»
	»	Rioz.

II. — SERVICE DES AMÉNAGEMENTS.

1re CONSERVATION.

INSPECTEURS.	INSPECTEURS ADJOINTS.	GARDES GÉNÉRAUX OU STAGIAIRES.
Paris.........	Paris.........	»

4e CONSERVATION.

INSPECTEURS.	INSPECTEURS ADJOINTS.	GARDES GÉNÉRAUX OU STAGIAIRES.
Nancy.......	»	»

5e CONSERVATION.

INSPECTEURS.	INSPECTEURS ADJOINTS.	GARDES GÉNÉRAUX OU STAGIAIRES.
Chambéry ...	Chambéry ...	Chambéry.
	Chambéry ...	Chambéry.
	Chambéry ...	»

9e CONSERVATION.

INSPECTEURS.	INSPECTEURS ADJOINTS.	GARDES GÉNÉRAUX OU STAGIAIRES.
Epinal	Epinal	»

10e CONSERVATION.

INSPECTEURS.	INSPECTEURS ADJOINTS.	GARDES GÉNÉRAUX OU STAGIAIRES.
Gap..........	Gap..........	Gap.
	»	Gap.
	»	Gap.

11e CONSERVATION.

INSPECTEURS.	INSPECTEURS ADJOINTS.	GARDES GÉNÉRAUX OU STAGIAIRES.
Valence.....	Valence.....	»

12e et 13e CONSERVATION.

INSPECTEURS.	INSPECTEURS ADJOINTS.	GARDES GÉNÉRAUX OU STAGIAIRES.
Besançon....	»	»

14e CONSERVATION.

INSPECTEURS.	INSPECTEURS ADJOINTS.	GARDES GÉNÉRAUX OU STAGIAIRES.
Grenoble	Grenoble	»
	Grenoble	»

INSPECTEURS.	INSPECTEURS ADJOINTS.	GARDES GÉNÉRAUX OU STAGIAIRES.
	18e CONSERVATION.	
»	Toulouse....	»
	Toulouse....	»
	22e CONSERVATION.	
Pau.........	»	»
	23e CONSERVATION.	
Nice........	Nice........	»
	25e CONSERVATION.	
»	»	Carcassonne.
	III. — SERVICE DU REBOISEMENT.	
	5e CONSERVATION. — CHAMBÉRY. *(Savoie, Haute-Savoie.)*	
Annecy.....	»	Moutiers.
	»	Saint-Michel.
	»	Annecy.
	»	Chambéry.
	10e CONSERVATION. — GAP. *(Hautes-Alpes.)*	
Gap.........	»	»
	14e CONSERVATION. — GRENOBLE. *(Isère.)*	
Grenoble....	Grenoble...	»
	Grenoble....	»
	22e CONSERVATION. — PAU. *(Hautes-Pyrénées.)*	
Tarbes......	Pau.........	»
	Tarbes......	»
	23e CONSERVATION. — NICE. *(Alpes-Maritimes, Var.)*	
Nice........	Nice........	»
	Nice........	»
	IV. — SERVICE DE L'ALGÉRIE.	
	CONSERVATION D'ALGER. *(Alger.)*	
Alger.......	Blida........	»
	Tizi-Ouzou..	»
	»	Azazga.

INSPECTEURS.	INSPECTEURS ADJOINTS.	GARDES GÉNÉRAUX OU STAGIAIRES.
Aumale.....	Aumale.....	»
	»	Bouira.
	»	Tablat.
Médéa.......	»	Médéa.
	»	Boghar.
	»	Djelfa.
Milianah....	»	Milianah.
	»	Cherchell.
	»	Teniet-el-Haâd.
Orléansville..	Orléansville..	»
	»	Ténès.
	CONSERVATION D'ORAN. *(Oran.)*	
Mostaganem..	Mostaganem..	»
	»	Zemmorah.
	»	Oran.
Mascara.....	Mascara.....	»
	»	Saïda.
	»	Tiaret.
Sidi-bel-Abbès........	Daya........	»
	»	Sidi-Bel-Abbès.
	»	Chanzy.
Tlemcen.....	Tlemcen.....	»
	»	Sebdou.
	CONSERVATION DE CONSTANTINE. *(Constantine.)*	
Constantine..	Tébessa.....	»
	»	Constantine.
	»	Aïn-Beïda.
Batna.......	Batna.......	»
	»	Belezma.
	»	Khenchela.
Bône........	Bône........	»
	»	Souk-Ahras (N).
	»	Souk-Ahras (S).
Bougie......	Bougie (E)...	»
	»	Bougie (O).
»	La Calle*....	»
	»	Blandan.
Djidjelli.....	Djidjelli (O)..	»
	»	Djidjelli (E).
	»	Taher.
Philippeville.	»	Philippeville.
	»	Collo.
	»	El-Miliah.
Sétif........	Sétif........	»
	»	Bordj-bou-Arréridj.
	»	Sétif.

ORGANISATION MILITAIRE.

Principe. — Conformément aux dispositions de l'article 8 de la loi du 24 juillet 1873 et de l'article 8 de la loi du 15 juillet 1889, le personnel de l'administration des forêts entre dans la composition des forces militaires du pays. (Décr. du 18 novembre 1890. Circ. N 424.) V. Armement. Assimilation. Chasseurs forestiers. Compagnie. Contrôle. Ecole forestière. Equipement. Grade. Habillement. Insigne. Mobilisation. Service militaire. Solde. Uniforme.

ORIGINAL.

1. *Définition.* — Ecrit primitif (minute) dont on tire des copies.

2. *Authenticité.* — Les originaux des actes de citation, avis, assignations, procès-verbaux, doivent seuls être consultés, en ce qui concerne l'authenticité. (Nîmes, 25 juin 1835.)

ORME.

Classification. — Arbre de 1re classe. (Cod. For. 192.)

ORNIÈRE.

Réparation. — Les flaches et ornières à recharger par les gardes cantonniers devront être purgées de boue, de terre, et piquées à quatre ou cinq centimètres de profondeur. On répandra les matériaux par couches de quatre à cinq centimètres, en les battant, pour qu'ils fassent corps avec les couches inférieures, et on leur donnera ensuite la forme de la chaussée. (Instr. 13 août 1840. Livret des préposés, art. 45.)

ORONGE. V. Champignon.

ORPHELIN.

1. *Secours annuel ou pension temporaire. Quotité.* — L'orphelin ou les orphelins mineurs d'un fonctionnaire ou employé décédé antérieurement au 31 décembre 1892, ayant obtenu pension, ou remplissant les conditions voulues pour l'obtenir à titre régulier ou exceptionnel, ou ayant perdu la vie par suite d'un combat, dévouement ou accident grave résultant de l'exercice de ses fonctions, ont droit à un secours annuel, lorsque la mère est décédée, inhabile à recueillir la pension, ou déchue de ses droits. (Loi du 9 juin 1853, art. 16. Circ. N 81, art. 90.)

L'orphelin ou les orphelins mineurs du fonctionnaire ou employé décédé postérieurement au 31 décembre 1892, après vingt-cinq ans de service, auront droit à une pension temporaire égale au tiers de la pension produite par la liquidation des services du père, lorsque la mère sera décédée, ou inhabile à recueillir la pension, ou déchue de ses droits. (Loi du 28 avril 1893, art. 50. Circ. N 459.) V. Pension.

2. *Conditions.* — Les enfants orphelins de fonctionnaires décédés pensionnaires ne peuvent obtenir des secours, ou une reversion de pension, qu'autant que le mariage dont ils sont issus a précédé la mise à la retraite de leur père. (Décr. du 9 novembre 1853, art. 34. Circ. N 81, art. 111.) V. Secours.

3. *Liquidation.* — Les orphelins du fonctionnaire dont l'activité s'est prolongée sous le régime de la loi du 9 juin 1853, c'est-à-dire après le 1er janvier 1854, sont justiciables, pour l'exercice de leurs droits de réversibilité, des dispositions spéciales de la loi du 9 juin 1853, alors même que le père avait été liquidé ou liquidable d'après le régime de l'ordonnance du 12 janvier 1825. (Conseil d'Etat, 21 janvier 1855 et 7 août 1856, approuvé le 26 août 1856. Circ. N 81, art. 93.)

4. *Pièces.* — Les orphelins prétendant à pension fournissent, indépendamment des pièces que leur père aurait été tenu de produire, savoir :

1o Leur acte de naissance ;

2o L'acte de décès de leur père ;

3o L'acte de célébration du mariage de leurs père et mère ;

4o Une expédition ou un extrait de l'acte de tutelle ;

5o En cas de prédécès de la mère, son acte de décès ;

En cas de séparation de corps, expédition du jugement qui a prononcé la séparation, ou un certificat du greffier du tribunal qui a rendu le jugement ;

En cas de second mariage, l'acte de célébration. (Décr. du 9 novembre 1853, art. 32. Circ. N 81, art. 109.) V. Pension.

5. *Pièces. Brevet.* — Les orphelins prétendant à pension produisent le brevet délivré à leur père, lorsqu'il est décédé en jouissance de pension, ou une déclaration constatant la perte de ce titre. (Décr. du 9 novembre 1853, art. 32. Circ. N 81, art. 110.)

OSERAIE. OSIER.

1. *Délit.* — L'osier n'est qu'un arbuste ayant rarement 2 décimètres de tour, et la coupe ou enlèvement de ce produit n'est considérée que comme coupe ou enlèvement de bois ayant moins de 2 décimètres de tour. V. Fagot. Enlèvement.

2. *Jouissance.* — L'usufruitier a la jouissance de la coupe ou tonte des osiers, qui s'exploitent en têtard ou rez terre.

OUIE DE LA COGNÉE.

1. *Définition.* — L'espace appelé ouïe de la cognée comprend 250 mètres, à partir des

limites de la coupe ou des arbres faisant partie de la coupe. (Cod. For. 31.)

2. *Délit. Qualification.* — Les arbres réservés ne pouvant exister que dans l'intérieur d'une coupe et l'espace de l'ouïe de la cognée ne pouvant exister qu'en dehors de la coupe, il s'ensuit que les délits commis à l'ouïe de la cognée ne peuvent jamais être considérés comme coupe d'arbres réservés. (Rép. For. t. VI, p. 71.)

Dans une coupe par pied d'arbre ou en jardinant, il pourrait se faire qu'un arbre fût à l'ouïe de la cognée d'un autre arbre et cependant compris dans l'enceinte des limites de la coupe ; le délit, dans ce cas, devrait être considéré comme coupe d'arbre réservé.

3. *Réserve.* — Les arbres indûment coupés dans les limites de l'ouïe de la cognée sont des arbres de réserve, et l'article 34 du code forestier est applicable. (Cass. 14 avril 1888.)

4. *Responsabilité.* — Les adjudicataires sont responsables des délits commis à l'ouïe de la cognée. (Cod. For. 45.)

5. *Souchetage. Délai.* — Dans le mois qui suivra l'ad[illegible]cation, pour tout délai et avant qu[illegible]is d'exploiter soit délivré, [illegible]ourra exiger qu'il soit procéde, co[illegible]oirement avec lui ou son fondé de p[illegible], au souchetage des délits commis [illegible] de la cognée. (Ord. 93, 134.) V. Souchetage.

6. *Coupe par pied d'arbre.* — Dans une coupe par pied d'arbre, l'espace de l'ouïe de la cognée (250 mètres) se calcule en partant de chacun des arbres vendus. (Paris, 19 décembre 1840. Cass. 14 avril 1888.)

7. *Chablis.* — Dans une coupe de chablis, le rayon de l'ouïe de la cognée, dans lequel s'étend la responsabilité de l'adjudicataire, doit être calculé à partir de chacun des arbres vendus. (Cass. 17 juin 1842. Cass. 14 avril 1888.)

8. *Coupe par économie.* — Les entrepreneurs des coupes exploitées par économie, au compte de l'État et dans les bois domaniaux, ne sont pas soumis à la responsabilité de l'ouïe de la cognée. (Puton.)

9. *Distance. Champs.* — L'espace de l'ouïe de la cognée s'étend, à 250 mètres de la coupe, aux bois voisins, et la circonstance qu'il y aurait, dans ce rayon de 250 mètres, des champs, entre la coupe et le bois voisin, ne modifie en rien la responsabilité de l'adjudicataire. (Cass. 25 juillet 1828.)

OUTIL.

Gardes cantonniers. Achat. Entretien. — Les gardes cantonniers se procureront et entretiendront à leurs frais les outils désignés par le conservateur. (Circ. A 466.)

Chaque garde cantonnier devra se pourvoir à ses frais des outils suivants :

1° Brouette ;
2° Pelle en fer ;
3° Tournée (pioche d'un côté, pic de l'autre) ;
4° Pince en fer ;
5° Masse en fer ;
6° Cordeau de 20 mètres.

Ces outils devront être entretenus en bon état et portés à la réparation dans les intervalles des heures de travail. (Instr. du 13 août 1840. Livret des préposés, art. 51 et 52.) V. Instrument.

OUTRAGE.

Conversation. — Le propos outrageant tenu par une personne dans une conversation ne peut être considéré comme une injure publique : il faut l'apostrophe ou l'invective. (Paris, 20 décembre 1892.) V. Injure.

OUTRE-PASSE.

1. *Définition.* — Le délit d'outre-passe est constitué par l'abatage d'arbre au delà des limites fixées pour la coupe. Ce délit ne se commet que dans les coupes par contenance ou les coupes jardinatoires arpentées. Il ne faut pas le confondre avec celui de coupe d'arbres réservés.

2. *Situation. Conditions. Excuse.* — Le délit d'outre-passe se commet toujours sur des bois compris dans l'ouïe de la cognée, à moins qu'il ne s'étendît à plus de 250 mètres des limites de la coupe. Les bois ainsi abattus sont des bois de délits, passibles de la pénalité ordinaire et nullement de celle des arbres réservés, attendu que ceux-là ne se trouvent que dans l'intérieur de la coupe. Le délit d'outre-passe n'est pas excusé parce que des arbres auraient été marqués par erreur, en dehors des limites de la coupe.

3. *Pénalités. Adjudicataire.* — L'adjudicataire qui exploite des bois en dehors des limites de sa coupe et non compris dans l'adjudication sera puni, savoir :

Si les bois sont de valeur égale ou inférieure à ceux de sa coupe :

Amende :

Le jour.....	3 fois	la valeur des bois coupés et non compris dans l'adjudication. (Cod. For. 29, 201.)
La nuit, avec scie ou récidive.	6 fois	

Restitution des bois ou de leur valeur. (Cod. For. 29.)

Dommages-intérêts facultatifs ; minimum : amende simple. (Cod. For. 198, 202. Cass. 6 mars 1834.)

Si les bois sont de meilleure nature ou qualité ou plus âgés que ceux de la coupe :

Amende : comme si les bois avaient été coupés en délit, en tenant compte des circonstances aggravantes (scie, nuit, récidive), s'il y en a. (Cod. For. 29, 192.)

Dommages-intérêts : somme double à celle de l'amende. (Cod. For. 29.)
Restitution des bois ou de leur valeur. (Cod. For. 198. Cass. 6 août 1807.)
Confiscation des instruments du délit. (Cod. For. 198.)

4. *Agent. Pénalités.* — Les agents forestiers qui permettent ou tolèrent des additions ou changements dans les coupes seront punis, savoir :

Amende égale à celle des adjudicataires. (Cod. For. 29.)
S'il y a lieu, application des articles 207 du code forestier et 179 et 180 (concussion) du code pénal.

5. *Amende.* — L'amende fixée par l'article 29 du code forestier est une amende simple. (Cass. 26 décembre 1833.)

6. *Excuse. Autorisation.* — L'autorisation des agents forestiers ne peut pas servir d'excuse pour le délit d'outre-passe, et l'adjudicataire ne pourrait même pas actionner les agents forestiers en garantie. (Cass. 26 février 1807. Cass. 9 avril 1825.)

7. *Valeur des bois. Expertise.* — La valeur des bois, quoique portée dans le procès-verbal, ne lie pas le tribunal, qui peut s'éclairer par une expertise ou descente sur les lieux, car cette désignation n'est pas un fait matériel, mais une appréciation. (Cass. 21 février 1806.)

8. *Scie. Aggravation.* — L'adjudicataire qui a fait usage de la scie, pour commettre le délit d'outre-passe, doit être puni par le doublement de l'amende (triple de la valeur des bois) prévue par l'article 29 du code forestier. Il en serait de même pour la circonstance de la nuit. (Cass. 26 décembre 1833.)

OUVERTURE. V. Fenêtre.

OUVRIER.

Action, 3.
Adjudicataire, 9.
Affouage, 5, 6, 7.
Avis, 4.
Auxiliaires, 16.
Contrat de louage, 2.
Emploi, 18.
Exploitation par entreprise, 13, 17.
Gardes, 19.
Livret, 1.
Maître, 8.
Nombre 14.
Ouvriers de l'administration, 12.
Ouvriers de la marine, 11.
Ordre, 20, 21.
Payement, 4.
Renvoi, 10.
Responsabilité, 8, 9, 20.
Restauration des montagnes, 4.
Salaire, 3, 4.
Travaux, 15.
Unités de produits, 14.

1. *Livret.* — Les ouvriers n'ont plus l'obligation de se munir d'un livret. (Loi du 2 juillet 1890.)

2. *Contrat de louage.* — Le contrat de louage d'ouvriers, entre les chefs ou directeurs des établissements industriels et leurs ouvriers, est soumis aux règles du droit commun et peut être constaté dans les formes qu'il convient aux parties contractantes d'adopter. (Loi du 2 juillet 1890.)

3. *Salaire. Action.* — L'action des ouvriers pour le paiement de leurs journées, fournitures et salaires, se prescrit par six mois. (Cod. Civ. 2271.)

4. *Restauration des montagnes. Salaire. Payement. Avis.* — Le lieu, le jour et l'heure auxquels il doit être procédé au payement des salaires sont portés à la connaissance des intéressés par un avis (form. série 7, nº 58) placardé sur les points désignés à l'avance.

L'agent régisseur paye les ouvriers publiquement, en présence des préposés et des surveillants. (Instr. Gén. du 2 février 1885, art. 168. Circ. N 345.)

5. *Affouage.* — Les ouvriers imposés à la contribution personnelle et mobilière et assujettis aux charges communales ont droit à l'affouage dans les bois de la commune, alors même qu'ils seraient logés dans les dépendances d'une usine. (Besançon, 28 août 1861.) V. Affouage.

6. *Affouage.* — Les ouvriers logés dans les usines, qui n'ont pas de ménage à part, n'ont pas droit à l'affouage ; ils sont comme des domestiques d'une nature particulière.

7. *Affouage.* — Lorsque des ouvriers d'une usine sont en possession de logements distincts, dans des bâtiments aménagés pour cet usage par les propriétaires de l'usine, auxquel ils payent un loyer, ils ont droit à l'affouage.

Peu importe qu'ils ne soient pas imposés au rôle de la contribution foncière. (Trib. de Vesoul, 26 décembre 1881.)

8. *Maître. Responsabilité.* — Les maîtres sont civilement responsables des délits et contraventions commis par leurs ouvriers. (Cod. For. 206.) V. Bûcheron. Responsabilité.

9. *Adjudicataire. Responsabilité.* — L'adjudicataire est responsable de tous les délits commis par ses ouvriers, dans la vente et à l'ouïe de la cognée (Cod. For. 46) ; mais cette responsabilité n'existe qu'autant que le contrat de louage lui-même existe. (Metz, 7 décembre 1845, inédit.)

10. *Renvoi.* — L'ouvrier que l'adjudicataire ou l'entrepreneur veut repousser ou renvoyer peut être poursuivi comme délinquant, en vertu de l'article 146 du code forestier, s'il se présente dans la coupe avec des instruments propres à couper le bois. (Cass. 21 février 1839.)

11. *Bois de marine.* — L'adjudicataire donnera accès dans sa coupe aux ouvriers de la marine chargés du sondage, de l'éboutement, de l'équarrissage et du transport des bois de la marine. (Anc. Cah. des ch.)

12. *Ouvriers de l'administration.* — L'adjudicataire souffrira l'entrée des ouvriers de l'administration employés au façonnage et au transport des bois rebutés par la marine, qui seront vendus par forme de menus marchés, avant le récolement de la coupe. (Anc. Cah. des ch.)

13. *Exploitation par entreprise. Bois domaniaux.* — L'entrepreneur doit remettre au chef de cantonnement, en même temps que le permis d'exploiter, la liste des ouvriers qu'il se propose d'employer, et les agents pourront rayer de cette liste, soit immédiatement, soit dans le cours de l'exploitation, tout ouvrier contre lequel il aurait été verbalisé depuis un an, pour délit forestier, et qui n'aurait pas satisfait aux condamnations prononcées contre lui. Cette formalité n'est plus exigée pour les coupes par unités de produits. (Circ. N 398.) Il en sera de même pour tout individu d'une inaptitude notoire à l'exploitation des bois, ou qui refuserait de se conformer aux prescriptions des employés forestiers. (Cah. des ch. 20.)

14. *Coupes par unités de produits.* — L'adjudicataire fournira, aux jours fixés par le chef de cantonnement, le nombre d'ouvriers qui sera reconnu nécessaire pour opérer, d'après les indications de cet agent ou de son délégué, l'abatage des bois compris dans la vente. (Cah. des ch. 13.)

15. *Travaux.* — L'agent chargé de la direction des travaux pourra exiger le changement ou le renvoi des employés et ouvriers de l'entrepreneur, pour cause d'insubordination, d'improbité ou d'incapacité. (Cah. des ch. 38.)

16. *Auxiliaires.* — Lorsqu'il y a lieu d'adjoindre aux cantonniers des ouvriers auxiliaires, on doit faire connaître dans le rapport le développement des chemins empierrés, le nombre des cantonniers en fonctions et le nombre présumé d'ouvriers à employer. (Circ. N 22, art. 28.)

17. *Exploitation par entreprise. Bois domaniaux.* — Les ouvriers ne pourront se servir, pour leur usage particulier et seulement sur les lieux indiqués, que d'épines, plantes parasites ou remanents désignés par le garde du triage. (Cah. des ch. 28.)

18. *Emploi.* — Les agents ne doivent pas employer des ouvriers sans y être autorisés. (Lettre de l'administration du 16 juin 1864.)

19. *Gardes.* — On peut employer les gardes comme ouvriers dans les travaux de cantonnement (Lettre du 25 juin 1858, n° 1507) et dans les travaux d'aménagement. (Lettre du 16 juin 1864, n° 701. Circ. N 310.)

20. *Ordres. Responsabilité.* — Les ouvriers agissant d'après l'ordre d'un maire, dans un intérêt public, et qui ont extrait des matériaux sans autorisation de l'administration, ne doivent pas être poursuivis. (Cass. 6 mai 1841.)

21. *Ordre du maire.* — Des individus (habitants de la commune) poursuivis pour avoir abattu des arbres dans une forêt domaniale ne peuvent être renvoyés de la plainte, sous prétexte qu'ils auraient agi d'après l'ordre et sous la direction du maire de la commune, qui n'aurait pas été poursuivi. (Cass. 21 juin 1851.)

OYAT.

1. *Définition.* — Nom vulgaire du roseau des sables.

2. *Autorisation.* — Les coupes d'oyat, dans les dunes, sont autorisées par le directeur, sur l'avis du préfet. (Décr. des 14 décembre 1810, art. 6, et 29 avril 1862, art. 2 et 3. Circ. N 43, art. 115.)

3. *Pénalité.* — La coupe ou l'enlèvement non autorisé d'oyats, dans les dunes reboisées, est puni des peines édictées par le code forestier, parce que ces dunes sont soumises au régime forestier et que le décret du 14 décembre 1810 a été abrogé par l'article 218 du code forestier. (Cass. 2 août 1867.) V. Dune. Enlèvement. Extraction.

P

PACAGE.

Définition. — Le pacage s'entend plus spécialement de la dépaissance dans les forêts des bêtes aumailles et chevalines; il ne comprend pas le pâturage des chèvres et des moutons. (Meaume.) V. Cantonnement. Pâturage et le nom des animaux. Rachat. Pâture.

PAIEMENT.

SECT. I. — GÉNÉRALITÉS, 1 — 12.

SECT. II. — COMPTABILITÉ, TRÉSORERIE, 13—30.

SECT. III. — FORMALITÉS, DÉLAIS, 31 — 62.

§ 1. *Adjudication, Vente,* 31 — 43.

A. *Aliénation*, 31.

B. *Chasse*, 32.

C. *Coupes*, 33 — 42.

D. *Produits accidentels*, 43.

§ 2. *Travaux*, 44 — 60.

A. *Travaux en général*, 44 — 48.

B. *Aménagement, Délimitation, Bornage*, 49 — 52.

C. *Restauration et conservation des montagnes*, 53 — 57.

D. *Exploitation par entreprise*, 58.

E. *Ouvriers*, 59 — 60.

§ 3. *Instance, Témoins*, 61 — 62.

Acompte, 44, 45, 46, 47, 51, 52.
Acquisition, 53, 54.
Adjudicataire, 33, 34.
Adjudication, 35.
Aliénation, 31.
Annuité, 32, 53.
Association, 56.
Avis, 57.
Bail, 32.
Billon, 6.
Caisse, 17, 33.
Cas imprévu, 24.
Cautionnement, 19, 42.
Certificat, 25.
Cession, 26.
Chasse, 32.
Clôture, 30.
Comptable, 18.
Comptant, 41, 42.
Condamnation, 10.
Conditions, 43, 46, 50, 51, 55.
Coupe, 33, 40.
Créancier, 16.
Décès, 29.
Délai, 15, 35, 36, 37.
Dénombrement, 58.
Dette, 4, 5.
Dommage, 10.
Domicile, 2.
Droit, 27.
Echéance, 11.
Entrepreneur, 19.
Epoque, 33.
Escompte, 41.
Exécution, 10, 46.
Exercice, 30.
Ficelle, 8.
Fixation, 45.
Fondé de pouvoir, 28.
Formalités, 54, 55.
Frais, 9, 10, 49.
Héritiers, 29.
Immatriculation, 54.
Imputation, 3.
Intérêt, 48.
Jugement, 22.
Lieu, 2.
Location, 32.
Monnaie, 5, 6, 7.
Ouvriers, 59.
Partiel, 3.
Pension de retraite, 14.
Pièces, 18, 20, 27.
Plan, 50.
Président, 56.
Principe, 1.
Privilège, 40.
Procuration, 28.
Ratures, 20.
Récolement, 58.
Reçus, 59.
Renvoi, 20.
Réquisition, 21, 23.
Retard, 31, 39, 48.
Sac, 8.
Saisie, 22.
Signature, 16.
Solde, 52.
Subvention, 55, 56.
Sursis, 10.
Suspension, 21, 23.
Syndicat, 56.
Témoins, 60, 61, 62.
Terme, 12, 35.
Traite, 38, 39.
Traitement, 13.
Unités de produits, 34.
Valeur, 47.

SECT. I. — GÉNÉRALITÉS.

1. *Principe*. — Pour payer valablement, il faut être propriétaire de la chose donnée en paiement et capable de l'aliéner. Néanmoins, le paiement d'une somme en argent ou autre chose qui se consomme par l'usage ne peut être répété contre le créancier qui l'a consommée de bonne foi, quoique le paiement en ait été fait par celui qui n'était pas propriétaire, ou qui n'était pas capable de l'aliéner. (Cod. Civ. 1238.)

2. *Lieu. Domicile*. — Le paiement doit être exécuté dans le lieu désigné par la convention. Si le lieu n'est pas désigné, il doit être fait au domicile du débiteur. (Cod. Civ. 1247.)

3. *Partiel. Imputation*. — Le paiement fait sur le capital et les intérêts, mais qui n'est point intégral, s'impute d'abord sur les intérêts. (Cod. Civ. 1254.)

4. *Dette*. — Le créancier ne peut être contraint de recevoir une autre chose que celle qui lui est due. (Cod. Civ. 1243.) Il ne peut être tenu de changer des pièces ou des billets.

5. *Dette. Monnaie*. — Le débiteur doit faire l'appoint et fournir la monnaie. (Loi du 22 avril 1790, art. 7.)

6. *Monnaie. Billon*. — La monnaie de cuivre et de billon ne peut être reçue, si ce n'est de gré à gré, que pour l'appoint de la pièce de cinq francs. (Décr. du 18 août 1810.)

7. *Monnaie*. — Les monnaies divisionnaires d'argent seront reçues dans les caisses publiques, quelle qu'en soit la quantité. Entre particuliers, elles ne pourront être employées dans les paiements, si ce n'est de gré à gré, que pour vingt francs et au-dessous. (Loi du 25 mai 1864, art. 5.) V. Monnaie.

8. *Sac et ficelle*. — Dans les paiements de sommes d'argent de cinq cents francs et au-dessus, le débiteur est tenu de fournir le sac et la ficelle. Le sac doit pouvoir contenir mille francs. La valeur de ce sac est payée 0 fr. 10 par celui qui reçoit. (Décr. des 1er juillet 1809 et 17 novembre 1852.)

9. *Frais*. — Les frais de paiement sont à la charge du débiteur (Cod. Civ. 1248), excepté pour les créances envers l'Etat, où les frais (timbre) sont à la charge des créanciers. (Loi du 13 brumaire an VII, art. 29.)

10. *Sursis. Exécution. Condamnation. Frais. Dommages*. — Le sursis à l'exécution de la peine que le tribunal peut prononcer en faveur de l'inculpé, pour une première condamnation, ne comprend pas le payement des frais du procès et des dommages-intérêts. (Loi du 26 mars 1891, art. 2.)

11. *Échéance*. — Ce qui n'est dû qu'à terme ne peut être exigé avant l'échéance du terme. (Cod. Civ. 1186.)

12. *Terme*. — Le débiteur ne peut réclamer le bénéfice du terme, lorsqu'il a fait faillite ou lorsque, par son fait, il a diminué les sûretés qu'il avait données par le contrat à son créancier. (Cod. Civ. 1188.)

SECT. II. — COMPTABILITÉ. TRÉSORERIE.

13. *Traitement*. — Le paiement des traitements des agents et préposés domaniaux

sera effectué par mois. (Décis. Min. du 28 octobre 1837. Circ. A 405 octavo.)

14. *Pensions de retraite.* — Le paiement des pensions aura lieu les 1er janvier, 1er avril, 1er juillet et 1er octobre, et sera fait par les comptables du Trésor, sur les justifications fixées. (Décr. du 9 novembre 1853, art, 4.)

Actuellement, ce paiement a lieu les 1er mars, 1er juin, 1er septembre et 1er décembre.

15. *Délai.* — Les extraits des ordonnances et les mandats déterminent le délai avant l'expiration duquel les titulaires ne peuvent se présenter aux caisses des comptables chargés de l'acquittement. (Décr. du 31 mai 1862, art. 90.)

Ce délai, fixé à trente jours (arrêté du gouvernement du 16 fructidor an XI), à partir de la date des ordonnances ou mandats, peut, selon les circonstances et dans l'intérêt du service, être réduit par le ministre et, sur son autorisation, par l'ordonnateur secondaire.

Dans aucun cas, le trésorier-payeur général ne peut être tenu d'acquitter les ordonnances de paiement qui n'auraient pas au moins dix jours de date, ni les mandats délivrés depuis moins de cinq jours. Cette disposition n'est pas applicable au service de la dette publique, ni aux dépenses qui ont un caractère d'urgence évident. (Règl. Min. du 26 décembre 1866, art. 130. Circ. N 104.)

16. *Créancier. Signature.* — Le comptable doit s'assurer que c'est bien au créancier véritable de l'État qu'il va effectuer le paiement. Il est tenu de faire signer la partie en sa présence ; il peut, au besoin, exiger, par la légalisation, la justification des signatures qui ne lui sont pas suffisamment connues. (Circ. 26 janvier 1832, 24 janvier 1839 et 5 mai 1849. Block.) V. Quittance.

17. *Caisses.* — Les caisses du Trésor où les dépenses doivent être payées sont indiquées sur les extraits d'ordonnances et sur les mandats. (Décr. du 31 mai 1862, art. 96.)

A moins de circonstances particulières, les dépenses du matériel doivent toujours être assignées sur une caisse du département où le service a été exécuté. Dans le cas d'une entreprise, ils peuvent être effectués sur le point où est établi le siège principal de cette entreprise. (Règl. Min. du 26 décembre 1866, art. 131. Circ. N 104.)

18. *Comptables. Pièces.* — Les receveurs des finances et les percepteurs sous leurs ordres doivent faire, sur les fonds de leurs recettes, tous les paiements pour lesquels leur concours est jugé nécessaire ; les autres receveurs de revenus publics peuvent être appelés à concourir de la même manière au paiement des dépenses, pour le compte des trésoriers généraux.

Ces paiements ne peuvent être valablement effectués que sur la présentation soit d'extraits d'ordonnance, de lettres d'avis ou de mandats délivrés au nom des créanciers, soit de toute autre pièce en tenant lieu et revêtue du *vu bon à payer* apposé par le trésorier-payeur général. Ce visa ne doit jamais être conditionnel. (Décr. du 31 mai 1862, art. 354 et 355. Règl. Min. du 26 décembre 1866, art. 127. Circ. N 104.)

19. *Entrepreneur. Cautionnement.* — Il ne peut être fait aucun paiement aux entrepreneurs ou fournisseurs assujettis à un cautionnement matériel, avant que ce cautionnement ait été réalisé. (Règl. Min. du 26 décembre 1866, art. 139. Circ. N 104.) V. Cautionnement.

20. *Pièces. Ratures. Renvoi.* — Toute lettre d'avis de l'expédition d'une ordonnance de paiement et tout mandat présentant, dans leur partie manuscrite, des ratures ou renvois non approuvés, doivent être refusés par le comptable et ne peuvent donner lieu au paiement qu'après régularisation par le signataire. (Circ. N 104, § 1, no 23.)

21. *Suspension. Réquisition.* — Un agent comptable ne peut suspendre un paiement assigné sur sa caisse que s'il reconnaît des omissions ou irrégularités matérielles dans les pièces produites. En cas de refus de paiement, il est obligé de remettre immédiatement la déclaration écrite et motivée de son refus au porteur du mandat, et il en adresse copie, le jour même, au ministère des finances. Si, malgré cette déclaration, l'ordonnateur secondaire requiert, par écrit et sous sa responsabilité, qu'il soit passé outre au paiement, le comptable y procède sans aucun délai et il annexe au mandat, avec une copie de sa déclaration, l'original de l'acte de réquisition qu'il a reçu. Il est tenu d'en rendre compte au ministre, immédiatement. L'ordonnateur secondaire informe immédiatement le ministre des causes de sa réquisition. (Règl. Min. du 26 décembre 1866, art. 140. Circ. N 104.)

22. *Jugement. Saisie.* — Il ne sera fait, par la trésorerie nationale et par les caisses des diverses administrations aucun paiement en vertu de jugements qui seront attaqués par voie de cassation, sans qu'au préalable ceux au profit desquels lesdits jugements auraient été rendus n'aient donné bonne et suffisante caution, pour sûreté des sommes à eux adjugées. (Décr. des 16 et 19 juillet 1793.)

23. *Suspension. Réquisition.* — En cas de refus de paiement par un comptable, si un ordonnateur secondaire produisait une réquisition ayant pour effet de faire acquitter une dépense, sans qu'il y eût disponibilité de crédit, ou justification de service fait, ou de faire effectuer un paiement suspendu pour des motifs touchant à la validité de la quittance, le comptable, avant d'y obtempérer, devrait en référer au ministre des

finances. (Décr. du 31 mai 1862, art. 91. Règl. Min. du 26 décembre 1866, art. 140. Circ. N 104.)

24. *Cas imprévus.* — En cas de services non prévus, les comptables doivent, sous leur responsabilité, exiger, à l'appui du paiement, les pièces nécessaires tendant à constater la régularité de la dette et du paiement. (Règl. du 26 décembre 1866. Circ. N 104, § 1, n° 4.)

25. *Certificat.* — Tout certificat de propriété ayant pour objet le paiement de sommes dues par l'Etat, à titre de pension, rémunération ou secours, est exempt d'enregistrement. (Circ. N 104, § 1, n° 10.)

26. *Cessionnaire.* — Le cessionnaire d'une créance sur l'administration des forêts doit fournir une expédition de l'acte de cession ou de délégation. (Instr. Gén. du 1er janvier 1810.)

27. *Droit des créanciers. Pièces.* — En cas de paiement à des ayants droit ou représentants du titulaire, les comptables doivent exiger, sous leur responsabilité et d'après le droit commun, les pièces constatant, selon le cas, les qualités et droits des parties prenantes. (Circ. N 104, § 1, n° 3.)

28. *Fondé de pouvoir. Procuration.* — Lorsqu'un paiement est fait à un fondé de pouvoir, la procuration reste annexée au mandat. Elle peut être générale ou spéciale, notariée ou sous signature privée, sur papier timbré et enregistrée ; dans tous les cas, elle doit être légalisée. (Instr. Gén. du 1er janvier 1810.)

29. *Créancier décédé. Héritiers.* — Lorsque le créancier réel est décédé, le mandat est délivré aux *héritiers* (sans indication de nom), qui fourniront les pièces justificatives établissant leurs droits. Dans ce cas, les sommes de 50 francs et au-dessous pourront être payées sur la production d'un certificat du maire, énonçant que les parties dénommées ont seules le droit de toucher la somme due en qualité d'héritiers. La signature du maire, dans les départements autres que celui de la Seine, devra être légalisée. (Circ. N 104, § 1, n° 10.)

30. *Clôture. Exercice.* — La clôture des paiements est fixée au 30 avril de la seconde année de l'exercice. En conséquence, les mandats sont payables jusqu'au 30 avril par les comptables principaux sur la caisse desquels les mandats ont été délivrés, mais jusqu'au 20 avril seulement par les comptables subordonnés ou par les comptables chargés du paiement pour le compte des trésoriers-payeurs généraux. (Décr. du 31 mai 1862, art. 117. Règl. Min. du 26 décembre 1866, art. 149. Circ. N 104. Loi du 25 janvier 1889. Circ. N 406.)

SECT. III. — FORMALITÉS. DÉLAI.

§ 1. *Adjudication. Vente.*

A. *Aliénation.*

31. *Retard.* — En cas de retard de paiement de la part des acquéreurs des bois aliénés, le directeur des domaines décernera une contrainte, qui sera signifiée à la diligence du receveur des finances. A défaut de paiement dans la quinzaine, le directeur des domaines provoquera un arrêté de déchéance, qui sera notifié, et, à défaut de paiement dans le mois de cette notification, il sera procédé à la reprise des bois vendus. (Décis. Min. 17 août 1832.)

B. *Chasse.*

32. *Annuité. Location.* — Le prix annuel de location sera payé par semestre et d'avance, le 1er juillet et le 1er janvier, dans la caisse du receveur des domaines du lieu de l'adjudication. (Cah. des ch. art. 9.) V. Chasse.

C. *Coupes.*

33. *Epoque. Caisse.* — Les adjudicataires verseront, immédiatement après la réception des cautions :

Pour les bois domaniaux,

Le 1.60 pour cent, les droits proportionnels d'enregistrement et le droit afférent au certificat de caution, lorsqu'il y aura lieu, dans la caisse du receveur soit de l'enregistrement, soit des domaines ;

Pour les bois indivis entre l'Etat et les communes et établissements publics,

Le dixième de la part afférente aux communes et aux établissements publics sur le prix principal d'adjudication, dans la caisse du receveur de la commune ou de l'établissement public ;

Les droits fixes et proportionnels de timbre et d'enregistrement, dans la caisse du receveur soit de l'enregistrement, soit des domaines ;

Pour les bois communaux et d'établissements publics,

Le dixième du prix principal d'adjudication, dans la caisse du receveur de la commune ou de l'établissement propriétaire ;

Les droits fixes et proportionnels de timbre et d'enregistrement, dans la caisse du receveur soit de l'enregistrement, soit des domaines. (Cah. des ch. art. 11.)

34. *Coupes par unités de marchandises.* — Les adjudicataires de coupe dans les bois domaniaux verseront à la caisse du receveur des domaines, savoir : 1° dans les dix jours de la clôture du procès-verbal de dénombrement, 1.60 pour cent du montant de l'adjudication, tant pour les droits fixes de timbre et d'enregistrement des actes relatifs à la vente que pour tous autres frais ; 2° le prix principal d'adjudication, dans les délais

fixés par les clauses spéciales et qui ne pourront excéder six mois.

Pour les coupes de bois communaux, les adjudicataires paieront, savoir : 1° à la caisse du receveur des domaines, dans les dix jours de la clôture du procès-verbal de dénombrement, les droits fixes de timbre et d'enregistrement des actes relatifs à l'adjudication ; 2° à l'époque fixée, le prix principal d'adjudication, à la caisse du receveur municipal.

Tous les adjudicataires payeront de plus les droits proportionnels d'enregistrement et de caution sur le prix principal et les charges accessoires. (Cah. des ch. art. 7 et 8.)

35. *Adjudication. Prix versé au domaine. Termes. Délai.* — Les termes de paiement pour les adjudications dont le prix est versé à la caisse des domaines sont réglés, soit par un cahier des charges spécial approuvé par le ministre ou l'administration, soit par les dispositions arrêtées par le conservateur et insérées au procès-verbal d'adjudication.

Les délais de paiement sont fixés par le conservateur, eu égard à l'importance des produits et aux convenances du commerce. Pour les bois des communes et des établissements publics, les délais de paiement sont réglés de concert avec les autorités intéressées. (Circ. N 80, art. 27.)

36. *Délai.* — Les délais doivent toujours être combinés de manière à ne pas outrepasser la date du 31 juillet de l'année qui suit celle qui donne son nom à l'exercice courant, au moment de l'adjudication. (Circ. N 80, art. 27.)

37. *Délais. Compte.* — Les délais de paiement sont comptés du jour de la vente, lorsque le prix total est réglé par le procès-verbal d'adjudication, et de la date du procès-verbal de dénombrement, pour les produits des coupes vendues par unités de marchandises. (Circ. N 80, art. 28.)

38. *Traites.* — On peut fournir des traites séparées pour chaque coupe ou des traites collectives pour plusieurs lots. (Cah. des ch. 13.)

39. *Traites. Retard.* — En cas de retard de paiement par les adjudicataires des coupes, les intérêts courront de plein droit, à 5 pour cent par an, à partir du jour de l'échéance des traites. (Cah. des ch. 14.)

40. *Coupes. Privilège.* — En cas de nonpaiement du prix des coupes, l'Etat, les communes et les établissements publics exercent le privilège de vendeur sur les bois des coupes. (Cass. 27 juin 1836.)

41. *Bois domaniaux. Paiement au comptant. Escompte.* — Les adjudicataires des coupes des bois domaniaux ont la faculté de se libérer au comptant, dans les cinq jours de l'adjudication, moyennant un escompte dont le taux est arrêté chaque année par le ministre des finances. (Cah. des ch. 12. Décis. Min. du 29 avril 1891. Circ. N 431.)

42. *Payement au comptant. Cautionnement.* — Dans le cas de payement au comptant, les adjudicataires de coupes ne seront dispensés de donner une caution et un certificateur de caution qu'à la condition d'effectuer, dans le délai de cinq jours, à partir de l'adjudication, le dépôt d'un cautionnement égal au vingtième du montant de l'adjudication, et d'acquitter, indépendamment des frais, les droits relatifs à ce cautionnement. Toutefois, le cautionnement fourni par l'adjudicataire lui-même sera affranchi de la perception de tout droit, si l'acte qui le constate fait corps avec le procès-verbal d'adjudication. Il pourra être fait en numéraire, en rentes sur l'Etat et valeurs du Trésor au porteur ou en rentes sur l'Etat nominatives ou mixtes. (Cah. des ch. art. 8.) V. Traite.

D. *Produits accidentels.*

43. *Conditions.* — Les conditions de paiement ne peuvent être insérées au procès-verbal d'adjudication qu'après avoir reçu préalablement l'approbation du conservateur. Le paiement a lieu à terme ou au comptant. (Circ. N 80, art. 87.)

§ 2. *Travaux.*

A. *Travaux en général.*

44. *Acompte.* — Lorsque le cahier des charges n'aura pas imposé l'obligation d'achever la totalité des ouvrages avant tout paiement, il pourra être procédé à des paiements d'acompte, tant pour la fourniture des matériaux que pour les travaux exécutés. (Cah. des ch. 47.)

45. *Fixation. Acompte.* — Les paiements d'acompte sont fixés par l'administration, dans les clauses spéciales.

46. *Acompte. Exécution. Condition.* — Il ne pourra être fait de paiement d'acompte avant que les travaux exécutés ou les approvisionnements apportés à pied-d'œuvre aient atteint le quart au moins du prix total de l'entreprise. (Cah. des ch. 48.)

47. *Acompte. Valeur.* — Les paiements d'acompte ne pourront être effectués que jusqu'à concurrence des cinq sixièmes, au plus, de la valeur des matériaux ou des ouvrages reçus. (Règl. Min. 26 décembre 1866, art. 107.) Le dernier paiement sera effectué après le règlement final de l'entreprise par le conservateur. (Cah. des ch. 49. Circ. N 402.)

48. *Intérêt. Retard.* — Il ne sera pas dû d'intérêts pour retard dans les paiements d'acompte; mais, si l'entrepreneur ne pouvait être entièrement payé dans le délai de trois mois, à partir du jour de la signature du procès-verbal de réception définitive, il

pourrait prétendre à des intérêts, pour cause de retard dans le paiement de la somme qui lui resterait due à partir de cette époque. (Cah. des ch. 50.)

B. *Aménagement. Délimitation. Bornage.*

49. *Droit acquis. Frais.* — Sans attendre l'achèvement des délimitations et bornages, le conservateur doit adresser à l'administration, aussitôt que les droits sont acquis, toutes les propositions de paiement concernant l'impression des arrêtés préfectoraux, les significations de ces arrêtés, les expéditions des plans et procès-verbaux, les plantations de bornes, construction de murs, ouverture de fossés, et enfin les fournitures extraordinaires de bureau. (Décis. Min. 31 mars 1858. Circ. A 768.)

50. *Conditions. Plans.* — Aucun paiement ne sera stipulé avant acceptation, sans réserve, des plans par l'administration. (Circ. N 426.)

51. *Acompte. Conditions.* — Quand il s'agira d'un travail considérable, les géomètres seront admis à présenter séparément à la vérification la triangulation d'abord, et successivement chacune des feuilles de détail. Dans ce cas seulement, des paiements d'acompte pourront être effectués au cours de l'exécution; mais ils ne devront jamais dépasser les deux tiers de la valeur du travail vérifié et accepté. Le dernier tiers ne sera soldé qu'après livraison et acceptation de l'ensemble de l'entreprise. (Circ. N 426.)

52. *Acompte. Solde.* — Avant de proposer un paiement d'acompte ou de solde des travaux exécutés par voie de soumission, le conservateur s'assure si le soumissionnaire a exécuté les travaux dans les délais convenus.

En cas de retard, le conservateur en rend compte à l'administration, pour les bois domaniaux, et au préfet, pour les bois communaux et d'établissements publics, et annexe à la demande de paiement les justifications du géomètre. (Circ. N 64, art. 177, 180.) V. Retard.

C. *Restauration et conservation des terrains en montagne.*

53. *Annuités. Acquisition de terrain.* — L'Etat aura la faculté de payer par annuité le montant des indemnités dues pour acquisition de terrain pour restauration ou mise en défens de terrains en montagne. Chacune des annuités ne pourra être inférieure au dixième de la valeur totale attribuée aux terrains. Les annuités non payées porteront intérêt à 5 pour cent. (Loi du 4 avril 1882, art. 21.)

54. *Acquisition. Numéro d'immatriculation.* — Aucun paiement pour acquisition d'immeubles par l'Etat ne peut avoir lieu, sans que le mandat fasse mention expresse du numéro sous lequel l'immeuble acquis a été immatriculé sur le sommier des domaines. (Loi du 29 décembre 1873, art. 23.) Les agents joignent, en conséquence, à tout envoi de pièce pour la liquidation un certificat du directeur des domaines faisant connaître ce numéro. (Instr. Gén. du 2 février 1885, art. 83. Circ. N 345.)

55. *Subventions. Conditions. Formalités.* — Les subventions en argent sont payées après l'exécution des travaux, au vu d'un procès-verbal de réception dressé par l'agent forestier local et sur l'avis du conservateur. (Décr. du 11 juillet 1882, art. 15.)

56. *Association. Syndicat. Président.* — Toute subvention accordée à une association ou à un syndicat est régulièrement payée entre les mains de son président. (Instr. Gén. du 2 février 1885, art. 219. Circ. N 345.)

57. *Avis.* — Le lieu, le jour et l'heure auxquels il doit être procédé au payement des salaires sont portés à la connaissance des intéressés par un avis (formule série 7, nº 58) placardé sur les points désignés à l'avance. (Instr. Gén. du 2 février 1885, art. 168. Circ. N 345.)

D. *Exploitation par entreprise.*

58. *Dénombrement. Récolement.* — Le prix des travaux sera payé sur la production des procès-verbaux de dénombrement et de récolement, auxquels seront annexés, sur papier visé pour timbre, une expédition ou extrait du procès-verbal d'adjudication et un exemplaire du cahier des charges. Pour les coupes marquées en délivrance, le procès-verbal de récolement ne sera pas nécessaire. Il pourra, dans le cours des travaux, être délivré un ou plusieurs mandats d'acompte sur le prix de l'exploitation, suivant le degré de son avancement. (Cah. des ch. 33.)

E. *Ouvriers.*

59. *Ouvriers. Reçus.* — Les paiements aux ouvriers employés aux travaux en régie ou par économie, lorsqu'ils excèdent 150 francs, doivent se faire sur reçus directs, attendu que la preuve testimoniale est insuffisante pour constater le paiement de cette valeur et au-dessus. (Cod. Civ. 1341.)

60. *Témoin.* — La preuve testimoniale (deux témoins) n'est admise que pour les paiements des sommes inférieures à 150 francs. (Cod. Civ. 1341 et suivants.) Pour les sommes au-dessus de 150 francs, il faut une quittance authentique.

§ 3. *Instance. Témoins.*

61. *Témoins.* — Les taxes à témoins sont payées d'urgence par les receveurs des domaines. (Circ. de la comptabilité générale, 13 août 1836.)

62. *Témoins.* — Les frais de taxe à témoins sont payés sur simple taxe et mandat du juge, mis au bas des réquisitions, citations, états ou mémoires des parties. (Décr. du 18 juin 1811, art. 133 et 134.) V. Frais de justice.

PAISSELIS.

Définition. — Droit au bois pour la fabrication des paisseaux ou échalas.

PAISSON.

Définition. — Synonyme de panage, mais ne comprend pas le droit de glandée, en ce qui consiste dans la faculté de ramasser et d'emporter les glands. (Meaume.)

Ce mot est pris comme synonyme de pâturage dans l'article 139 de l'ordonnance, pour la location du droit de pâturage dans les bois communaux, autorisé par décision ministérielle du 2 novembre 1829. V. Panage. Pâturage et le nom des animaux.

PALISSADE.

Travaux. — Les réparations de palissade sont classées comme travaux d'entretien. (Circ. N 22, art. 25.) V. Clôture. Place forte.

PANAGE.

SECT. I. — BOIS SOUMIS AU RÉGIME FORESTIER, 1 — 28.

§ 1. *Exercice, Usage*, 1 — 21.

§ 2. *Adjudication*, 22 — 28.

SECT. II. — BOIS PARTICULIER, 29 — 31.

Adjudication, 22.
Animaux, 5, 12, 15.
Autorisation, 24, 25.
Bestiaux de commerce, 20.
Bois particulier, 29.
Canton, 4, 10, 11, 12, 30.
Compétence, 8.
Contestation, 8, 13.
Définition, 1.
Droit, 2.
Durée, 7, 9.
Etat des bestiaux, 14.
Forêt, 4.
Formalités, 9.
Garde séparée, 19.
Hors cantons, 16, 28.
Liste, 14.
Marque, 17, 27.
Nombre, 12, 15, 20, 26.
Ouverture, 9, 29.
Pénalités, 16, 17, 18, 19, 20, 21, 26, 27, 28.
Plaine, 4.
Possibilité, 31.
Pourvoi, 13.
Préposés domaniaux, 5.
Proposition, 6, 23.
Rachat, 3.
Troupeau commun, 18.

V. Adjudication. Bois particulier. Chemin. Garde séparée. Porc. Produit. Troupeau commun.

SECT. I. — BOIS SOUMIS AU RÉGIME FORESTIER.

§ 1. *Exercice. Usage.*

1. *Définition.* — Le panage consiste dans le parcours des forêts par les porcs, pour s'y nourrir de glands ou de faînes. V. Pâturage. Porc.

2. *Droit.* — Le panage est un droit indépendant du pâturage proprement dit; le panage (pâturage des porcs) ne peut pas être exercé pendant plus de trois mois, bien que les titres fixent une durée plus longue. (Nancy, 30 juillet 1836. Cass. 23 juillet 1842.)

3. *Rachat.* — Le droit de panage est toujours rachetable, de quelque nécessité qu'il soit. (Colmar, 15 décembre 1841.)

4. *Forêt. Plaine.* — Le panage ne doit être autorisé que dans les forêts en plaine et dans les cantons défensables, en exceptant les coupes à vendre dans l'année. (Circ. 6 vendémiaire an x. Circ. A 331 bis.)

5. *Préposés domaniaux.* — Les préposés domaniaux peuvent introduire deux porcs dans les cantons défensables et sous la surveillance d'un gardien. Le chef de service indique la durée, les époques et les conditions du panage. (Circ. A 711.)

Les gardes sédentaires sont exclus du bénéfice de cette décision. (Circ. A 711.)

6. *Proposition.* — Les chefs de cantonnement doivent, s'il y a lieu, dresser des procès-verbaux de reconnaissance des cantons où le panage peut être autorisé. (Instr. du 23 mars 1821.)

7. *Durée.* — La durée du panage ne pourra excéder trois mois, dans les bois soumis au régime forestier. Le conservateur fixera, chaque année, l'époque de son ouverture. (Cod. For. 66, 112.)

8. *Contestation. Compétence.* — En cas de contestation sur l'ouverture du panage, le conseil de préfecture est compétent pour en juger, sauf recours au conseil d'Etat. (Cons. d'État, 25 mai 1835.)

9. *Formalités.* — Les prescriptions de l'article 66 du code forestier (durée trois mois, et ouverture par l'administration forestière) constituent des dispositions d'ordre public, devant lesquelles doivent fléchir les dispositions contraires établies par actes privés, quelque anciens que soient ces actes. (Cass. 2 décembre 1846.)

10. *Cantons.* — Quels que soient l'âge ou l'essence des bois, le droit de panage ne pourra être exercé par les usagers que dans les cantons reconnus défensables par l'administration forestière, sauf recours au conseil de préfecture, et ce, nonobstant toutes possessions contraires. (Cod. For. 67, 112, 119.)

11. *Procès-verbal des cantons défensables.* — Chaque année, les agents forestiers locaux constateront par des procès-verbaux, d'après la nature, l'âge et la situation des bois, l'état des cantons qui pourront être délivrés pour le panage dans les forêts soumises à ce droit; ils indiqueront le nombre d'animaux qui pourront y être admis et les époques où l'exercice de ce droit d'usage pourra commencer et devra finir.

Les propositions des agents forestiers seront soumises à l'approbation du conservateur, avant le 1er août, pour le panage et la glandée. (Ord. 119 et 146.)

12. *Cantons. Animaux.* — Chaque année, un mois avant l'époque fixée pour l'ouverture de la glandée ou du panage, les agents forestiers font connaître aux communes et aux particuliers jouissant du droit d'usage les cantons déclarés défensables et le nombre de bestiaux admis au panage. Les maires sont tenus d'en faire la publication dans les communes usagères. (Cod. For. 69 et 112.)

13. *Contestation.* — En cas de contestation sur l'état et la possibilité des forêts et sur le refus d'admettre les animaux au panage dans certains cantons déclarés non défensables, le pourvoi contre les décisions rendues par les conseils de préfecture, en exécution des articles 65 et 67 du code forestier, aura effet *suspensif* jusqu'à la décision rendue par le chef de l'État, en conseil d'Etat. (Ord. 117. Cass. 5 juillet 1834.)

14. *Listes.* — Les maires et les particuliers jouissant du droit de panage dans les forêts de l'Etat remettront annuellement à l'agent forestier local, avant le 30 juin, l'état des bestiaux que chaque usager possède, avec la distinction de ceux servant à son usage et de ceux dont il fait commerce. (Ord. 118, 146.) Cette formalité s'applique également aux bois communaux. (Cod. For. 112. Ord. 146.)

15. *Nombre d'animaux.* — L'administration (le conservateur) fixe, d'après les droits des usagers, le nombre de porcs à admettre au panage, sauf recours devant les tribunaux civils, pour faire statuer sur les droits des usagers. (Cod. For. 68, 112.)

16. *Hors cantons. Pénalités.* — Le panage des porcs des usagers ou habitants, hors cantons ou hors chemins désignés pour s'y rendre, est puni, savoir :

Pour le propriétaire, *amende* par bête :

BOIS DE 10 ANS ET AU-DESSUS.

Le jour......... 1 fr. (C. F. 76, 199.)

Le jour avec récidive, la nuit ou la nuit avec récidive. } 2 fr. (C. F. 76, 199, 201.)

BOIS AU-DESSOUS DE 10 ANS.

Le jour........ 2 fr. (C. F. 76, 199.)

Le jour avec récidive, la nuit ou la nuit avec récidive. } 4 fr. (C. F. 76, 199, 201.)

Dommages-intérêts facultatifs; minimum : amende simple. (C. F. 199, 202.)

Saisie et séquestre, s'il y a lieu. (C. F. 161.)

Pour le pâtre des usagers seul, pénalités :

Amende : Le jour, 3 à 30 fr. (C. F. 76.)

La nuit, 6 à 60 fr. (C. F. 76, 201.)

En récidive, outre l'amende, *prison* facultative de 5 à 15 jours. (C. F. 76, 201.)

Responsabilité de la commune pour les condamnations civiles contre le pâtre. (C. F. 72.)

NOTA. On peut poursuivre l'usager propriétaire ou le pâtre. (Cass. 10 mai 1842.)

Si le propriétaire est lui-même le gardien, l'amende du pâtre n'est pas appliquée. (Cass. 2 mai 1845.)

L'amende contre le pâtre est indépendante de celle du propriétaire. (Cass. 10 août 1848.)

17. *Bestiaux sans marque. Pénalités.* — Le panage des bestiaux des usagers ou habitants non marqués est puni, savoir :

Le jour, *amende* par bête : 3 fr. (C. F. 73, 201.)

La nuit ou en récidive, *amende* par bête : 6 fr. (C. F. 73, 201.)

18. *Troupeau commun. Pénalités.* — La réunion en un troupeau commun des animaux de chaque commune ou section de commune est punie, savoir :

Pour le pâtre seul :

Le jour, *amende* : 5 à 10 fr. (C. F. 72.)

En cas de récidive, outre l'amende, *prison* obligatoire : 5 à 10 jours. (C. F. 72, 201.)

La commune est responsable des condamnations civiles. (C. F. 72.)

19. *Garde séparée. Pénalités.* — Le panage à garde séparée, des porcs des usagers ou habitants est puni, savoir :

Le jour, *amende* par bête : 2 fr. (C. F. 72.)

La nuit ou en récidive, *amende* par bête : 4 fr. (C. F. 72, 201.)

20. *Nombre de bestiaux. Pénalités.* — Le nombre des bestiaux à admettre au panage doit être fixé d'après les droits des usagers et d'après l'état et la possibilité de la forêt.

Si les usagers ou habitants en introduisent un nombre supérieur, ils seront passibles, pour chaque animal en sus, savoir :

Amende par porc :

Le jour........ 1 fr. (C. F. 77, 199.)

Le jour avec récidive, la nuit, ou la nuit avec récidive. } 2 fr. (C. F. 77, 199, 201.)

Dommages-intérêts facultatifs ; minimum : amende simple. (C. F. 199, 202.)

Saisie et séquestre, s'il y a lieu. (C. F. 161.)

21. *Bestiaux de commerce. Pénalités.* — Les usagers ne peuvent introduire au panage que les bestiaux à leur propre usage, et non ceux dont ils font commerce, à peine d'une amende double de celle portée par l'article 199 du code forestier. (Cod. For. 70.)

En cas d'infraction (à moins de droit et de titre spécial à cet effet), pénalités :

Amende par porc :

Le jour......... 2 fr. (C. F. 70, 199.)

Le jour avec récidive, la nuit, ou la nuit avec récidive. } 4 fr. (C. F. 70, 199, 201.)

Dommages-intérêts facultatifs; minimum: amende simple. (C. F. 199, 201.)
Saisie et séquestre, s'il y a lieu. (C. F. 161.)

§ 2. *Adjudication.*

22. *Adjudication.* — Le conservateur fera reconnaître, chaque année, par les agents forestiers locaux les cantons de bois ou forêts où des adjudications de panage et de paisson pourront avoir lieu, sans nuire au repeuplement et à la conservation des forêts; il autorisera, en conséquence, ces adjudications. (Ord. 100, 134.)

23. *Rapport. Proposition.* — Lorsque des adjudications de panage et glandée peuvent avoir lieu, les agents chef de service adressent au conservateur, avec l'état des cantons à adjuger pour la glandée, les procès-verbaux de reconnaissance des cantons où le panage peut être autorisé. (Instr. du 23 mars 1821.) V. Glandée.

24. *Autorisation.* — Il ne pourra être fait, dans les bois des communes et établissements publics, aucune adjudication de panage qu'en vertu d'autorisation spéciale du préfet, qui devra consulter, à ce sujet, les communes ou établissements publics et prendre l'avis de l'agent forestier local. (Ord. 139.)

25. *Autorisation.* — Les conservateurs autorisent la mise en adjudication du panage dans les bois domaniaux. (Ord. 100, 119.)

26. *Nombre. Excédant. Pénalités.* — Les adjudicataires du panage ne pourront introduire dans les cantons désignés un plus grand nombre de porcs que celui déterminé par l'acte d'adjudication. En cas d'infraction, ils encourront pour l'excédant, savoir :

Amende par bête :

Le jour......... 2 fr. (C. F. 54, 199.)

Le jour avec récidive, la nuit, ou la nuit avec récidive. } 4 fr. (C. F. 54, 199, 201.)

Dommages-intérêts ; minimum : amende simple. (C. F. 199, 202.)
Saisie et séquestre, s'il y a lieu. (Cod. For. 161.)

27. *Bestiaux non marqués. Pénalités.* — L'introduction au panage de porcs non marqués est punie, pour l'adjudicataire, savoir :

Le jour, *amende* par porc : 3 fr. (C. F. 55.)
La nuit ou en récidive, *amende :* 6 fr. (C. F. 55, 201.)

28. *Hors cantons. Pénalités.* — Si les porcs sont trouvés au panage, hors des cantons désignés, ou hors des chemins indiqués pour s'y rendre, il y aura lieu, savoir :

Pour l'adjudicataire, *amende* par porc :

BOIS DE 10 ANS ET AU-DESSUS.

Le jour....... 1 fr. (C. F. 56, 199.)

Le jour avec récidive, la nuit, ou la nuit avec récidive. } 2 fr. (C. F. 56, 199, 201.)

BOIS AU-DESSOUS DE 10 ANS.

Le jour........ 2 fr. (C. F. 56, 199.)

Le jour avec récidive, la nuit, ou la nuit avec récidive. } 4 fr. (C. F. 56, 199, 201.)

Dommages-intérêts facultatifs; minimum : amende simple. (C. F. 199, 202.)
Saisie et séquestre, s'il y a lieu. (C. F. 161.)

Pour le pâtre :

En cas de récidive. } *Prison* obligatoire: 5 à 15 jours. } (C. F. 56, 201.)

SECT. II. — BOIS PARTICULIERS.

29. *Ouverture.* — L'article 120 du code forestier ayant rendu inapplicable aux bois particuliers l'article 66, paragraphe 2, il s'ensuit que les propriétaires ont le droit de fixer l'ouverture du panage dans leurs bois, sauf recours devant les tribunaux en cas de contestation avec les usagers. Les agents forestiers ne sont pas compétents pour fixer l'époque de cette ouverture.

30. *Cantons défensables.* — Les droits de panage ne pourront être exercés que dans les parties de bois déclarées défensables par l'administration forestière et suivant l'état et la possibilité des forêts, reconnus par la même administration. (Cod. For. 119.)

31. *Possibilité.* — Lorsque le nombre de porcs à admettre au panage n'est pas fixé par les titres, les particuliers peuvent, sous ce rapport, faire régler la possibilité de la forêt par les agents forestiers, suivant l'article 119 du code forestier.

PANIER. V. Charge d'homme. Mue.

PANTOMÈTRE.

Disposition. — Le pantomètre en cuivre doit avoir des fentes très étroites et un diamètre de 0m,075 au moins ; il sera divisé en parties sexagésimales et son vernier devra donner l'angle à cinq minutes près.

On pourra employer le pantomètre toutes les fois que les lignes ne dépasseront pas 400 mètres et pour celles dont on peut voir l'extrémité ou les deux tiers. (Instr. du 15 octobre 1860, art. 13, 20 et 54.) V. Instrument.

PAPIER.

1. *Affiches.* — Le papier blanc est réservé pour les affiches et les actes de l'administration. (Loi du 17 juillet 1791. Loi du 29 juillet 1881, art. 15.)

En cas d'emploi de papier blanc pour des affiches ou actes qui ne sont pas de l'administration, pénalités :

Amende : 5 à 15 francs pour l'imprimeur.

Emprisonnement si, dans les douze mois précédents, il y a eu condamnation pour contravention de même nature. (Loi du 29 juillet 1881, art. 2 et 15.)

2. *Impôt. Suppression.* — L'impôt sur le papier, établi par la loi du 4 septembre 1871, a été supprimé par la loi du 8 août 1885, art. 2. (Loi de finances, budget de 1886.)

3. *Délimitation.* — Le papier pour les délimitations doit être fort, résistant et fabriqué à la main ; il doit avoir 0,m420 de hauteur et 0m,594 de largeur, feuille ouverte. (Circ. N 64, art. 46.)

4. *Plan.* — Pour les plans de forêts, on doit employer le papier grand aigle, ayant en hauteur 0m,70 et en largeur 1m,05. (Instr. du 15 octobre 1860, art. 59.)

PAPIERS ADMINISTRATIFS.

Vente. — Les papiers et registres dont la conservation n'offre plus d'intérêt sont, d'après un inventaire et une décision de l'administration, remis au domaine, pour être vendus. Dans cet inventaire, on ne doit comprendre que les papiers concernant les affaires terminées depuis cinq ans au moins. Les titres, mémoires et plans doivent être conservés. (Circ. A 218.) V. Archive. Bureau.

PAQUET.

1. *Bandes.* — Les paquets sous bandes ne seront pas reçus, ni expédiés en franchise, si la largeur des bandes excède le tiers de la surface des lettres ou paquets. (Circ. N 46, art. 14.)

2. *Fermeture.* — Les paquets ne peuvent être fermés intérieurement, de quelque manière que ce soit. (Circ. N 46, art. 15.)

3. *Ligature. Boite.* — Les paquets peuvent être liés par une ficelle extérieure nouée par une simple boucle. Les paquets doivent être remis au guichet de la poste ; lorsqu'on les jette à la boîte, ils sont taxés, excepté dans les communes rurales où il n'existe pas de bureau de poste. Les paquets peuvent être expédiés chargés, sur la réquisition écrite par l'expéditeur. (Ord. 17 novembre 1844, art. 21, 25, 26 et 28. Circ. N 46, art. 15 et 17.)

4. *Poids.* — Le maximum du poids des paquets est de cinq kilogrammes, pour les lignes desservies par un service de messagerie, chemins de fer, bateau à vapeur, etc. ;

Deux kilogrammes, pour les lignes desservies par un service à cheval ;

Un kilogramme pour les routes desservies par un service à pied. Il n'y a pas de limite de poids pour les fonctionnaires jouissant de la franchise illimité. (Ord. 17 novembre 1844, art. 60 et 61. Circ. N 46, art. 18 et 19.)

5. *Volume.* — Les paquets contresignés, dont la forme, le poids ou le volume, et ceux qui, à raison de la correspondance ordinaire, ne peuvent pas trouver place dans les boîtes ou portefeuilles des facteurs, sont distribués au guichet, et les destinataires sont prévenus d'aller les retirer. (Ord. 17 novembre 1844, art. 64 et 65. Circ. A 752. Circ. N 46, art. 22 et 23.)

6. *Nombre.* — Lorsque plusieurs paquets à l'adresse du même fonctionnaire, revêtus du même contre-seing et pesant plus que le maximum, sont déposés simultanément à un bureau de poste, le receveur peut en répartir l'envoi entre plusieurs courriers et inviter l'expéditeur à faire connaître l'ordre dans lequel ces paquets doivent être expédiés. (Ord. 17 novembre 1844, art. 63. Circ. N 46, art. 21.)

7. *Ville. Condition.* — Les paquets de la ville pour la ville, dûment contresignés, peuvent être distribués par les facteurs, lorsque leur poids ne dépasse pas 100 grammes et s'ils peuvent trouver place dans les boîtes des facteurs ; autrement, ils sont conservés au bureau et il en est donné avis aux destinataires. (Décis. Min. du 9 mai 1856. Circ. N 46, art. 25.)

8. *Guichet.* — Dans les villes où il y a une distribution de lettres au guichet de la poste, les chefs de service peuvent se faire délivrer leur correspondance administrative au guichet de la poste. (Ord. 17 novembre 1844, art. 70. Circ. N 46, art. 26.)

9. *Taxe. Vérification.* — Lorsqu'une dépêche sous bande est taxée (fraude ou omission) et que le destinataire refuse la taxe, le directeur de la poste l'invite à venir procéder à sa vérification, et, s'il est reconnu qu'elle ne contient que des papiers relatifs au service, la dépêche est délivrée franche de taxe. (Ord. 17 novembre 1844, art. 71, 76 et 77.)

En cas de fraude, les préposés des postes dressent un procès-verbal, dont ils envoient le double au directeur général des postes. (Ord. 17 novembre 1844, art. 4 et 5. Circ. N 46, art. 27.)

PARC.

1. *Définition.* — Doit être considéré comme parc, dans le sens de l'article 219 du code forestier, un bois attenant à une maison d'exploitation et enfermé, avec cette maison, dans une même enceinte de fossés de clôture. (Cass. 15 juin 1833.)

2. *Conditions.* — Un bois clos ne peut être réputé *parc* qu'autant qu'il est attenant à l'habitation principale, ce qui ne peut s'entendre que d'une habitation dont le parc soit l'accessoire et non de celles qui n'ont

été établies que pour sa garde, son exploitation et le service des usines qui en dépendent. (Cass. 11 mars 1836.)

3. *Clôture.* — Est réputé *parc* ou *enclos*, tout terrain environné de fossés, de pieux, de claies, de planches, de haies vives ou sèches, de murs de quelque espèce de matériaux que ce soit, quelle que soit la hauteur, la profondeur, la vétusté, la dégradation de ces diverses clôtures, quand il n'y aurait pas de portes fermant à clef ou autrement, ou quand la porte serait à claire-voie et ouverte habituellement. (Cod. Pén. 391.)

4. *Clos. Clôture.* — Doit être considéré comme clos d'une façon continue, dans les termes des articles 2 et 13 de la loi du 3 mai 1844, le parc entouré de murs et percé par endroits de portes gardées, donnant accès à des routes où le public peut circuler librement, alors, du moins, que le sol de ces routes appartient au propriétaire du parc. (Orléans, 15 mars 1892.)

5. *Bétail.* — Les parcs mobiles destinés à contenir du bétail dans les campagnes, de quelque manière qu'ils soient faits, sont réputés enclos. Lorsqu'ils tiennent aux cabanes mobiles ou autres abris destinés aux gardiens, ils sont réputés dépendants de maison habitée. (Cod. Pén. 392.)

PARCELLE.

1. *Plan.* — Sur les plans d'aménagement, les parcelles doivent être désignées par des lettres alphabétiques. (Instr. du 15 octobre 1860, art. 140.)

2. *Expropriation.* — Le propriétaire peut forcer l'État à acquérir la parcelle entière, si on ne lui en laisse que le quart ou une contenance inférieure à dix ares et s'il ne possède pas d'autres parcelles contiguës. (Loi du 3 mai 1841, art. 50.) V. Mines. Périmètres. Plan. Restauration des montagnes.

PARCOURS.

1. *Définition.* — On appelle parcours l'usage établi entre deux communes ou entre les habitants d'une même commune d'envoyer paître leurs bestiaux sur leur territoire respectif. Le parcours proprement dit ne peut exister dans les forêts; il constituerait un droit d'usage, qui devrait être établi par un titre. V. Pâturage. Pâture.

2. *Usage.* — Le droit de servitude réciproque, de paroisse à paroisse, connu sous le nom de *parcours*, continuera provisoirement d'avoir lieu, sauf les restrictions légales, lorsque cette servitude sera fondée sur titre ou sur une possession autorisée par les lois et les coutumes ; à tous autres égards, elle est abolie. (Loi des 28 septembre-6 octobre 1791, sect. IV, art. 2.)

3. *Suppression. Indemnité.* — Le droit de parcours est aboli ; la suppression de ce droit ne donne lieu à indemnité que s'il a été conquis à titre onéreux. Le montant de l'indemnité est réglé par le conseil de préfecture, sauf renvoi aux tribunaux ordinaires, s'il y a contestation sur le titre. (Loi du 9 juillet 1889, art. 1er.)

PARENT.

1. *Service.* — Les agents forestiers ne peuvent avoir sous leurs ordres leurs parents ou alliés en ligne directe, ni leurs frères ou beaux-frères, oncles ou neveux. (Ord. 33.)

2. *Adjudication.* — Les parents en ligne directe des agents et gardes forestiers et des agents forestiers de la marine ne peuvent prendre part aux ventes, dans toute l'étendue du territoire pour lequel les agents sont commissionnés. Cette défense ne s'applique pas aux provisions de bois pour leur usage personnel. En cas d'infraction :

Amende du quart au douzième du montant de l'adjudication.

Vente déclarée nulle. (Cod. For. 21.)

PAROIS. (ARBRES.)

1. *Définition.* — Les parois ou arbres parois sont des arbres marqués en réserve, qui sont situés dans la longueur d'une ligne ou tranchée et qui servent à en fixer la situation. Les parois servent aussi, par ce moyen, à fixer le périmètre d'une coupe. V. Arpentage. Plan. Réserve.

2. *Emplacement.* — Les parois seront, autant que possible, espacées de manière que deux hommes puissent facilement s'apercevoir de l'une à l'autre. Des piquets seront plantés sur les lignes chaînées, au pied des perpendiculaires allant d'une ligne à chacune des parois. (Instr. du 15 octobre 1860, art. 26.)

3. *Marque.* — Les parois seront marquées au pied, le plus près de terre possible, du marteau de l'arpenteur, sur une seule face, du côté et en regard de la coupe.

L'arpenteur fera au-dessus, dans la même direction et à la hauteur d'un mètre, une entaille destinée à recevoir l'empreinte du marteau de l'Etat. (Ord. 76, 134.)

4. *Marque.* — Les parois seront marquées du marteau de l'Etat, à la hauteur d'un mètre. (Ord. 79, 134.) Ce sont des arbres réservés.

5. *Procès-verbal. Nombre. Espèce.* — Le nombre et l'espèce des parois seront relatés dans les procès-verbaux de balivage et aux procès-verbaux d'adjudication. (Ord. 81, 134. Circ. A 475.)

6. *Plan.* — Les parois doivent être figurées sur les plans des coupes. (Ord. 77, 134.)

7. *Enlèvement. Pénalités.* — La coupe, suppression ou changement d'arbres de limite, entre les héritages, est puni, savoir :

Prison : un mois à un an. (Cod. Pén. 456.)
Amende : égale au quart des restitutions et dommages-intérêts; minimum: 50 francs. (C. P. 456.)

8. *Lot contigu. Excuse.* — Un adjudicataire ne peut pas être excusé pour avoir coupé des arbres de limite (réserve) séparant deux lots de coupe, en s'appuyant sur ce fait qu'il était acquéreur des deux lots contigus. (Cass. 20 janvier 1815.) V. Réserve.

PARTAGE.

SECT. I. — GÉNÉRALITÉS, 1 — 26.
§ 1. *Principes,* 1 — 3.
§ 2. *Formalité des partages amiables,* 4 — 7.
§ 3. *Formalité des partages judiciaires,* 8 — 13.
§ 4. *Dispositions communes aux partages amiables et judiciaires,* 14 — 26.
SECT. II. — BOIS DOMANIAUX, 27 — 31.
SECT. III. — BOIS COMMUNAUX, 32 — 52.
SECT. IV. — BOIS DES COUPES, 53.

Affirmation, 6.
Algérie, 31.
Amiable, 38.
Autorisation, 46.
Base, 40, 41, 42, 44.
Biens communaux, 32, 35.
Bois communaux, 32, 33, 47.
Bois indivis, 27, 29, 31, 37, 40.
Bois non soumis au régime forestier, 38.
Bois sur pied, 53.
Commune, 36, 39, 49.
Compétence, 29, 31, 49, 50, 51, 52.
Consentement, 45.
Contentieux, 29.
Coupe, 53.
Créancier, 17.
Décision, 48.
Délai, 1.
Droit d'usage, 2.
Enregistrement, 24, 25.
Estimation, 9, 22.
Eviction, 18.
Expert, 4, 9, 10.
Feux, 42, 44.
Garantie, 15, 18.
Homologation, 47.
Indemnité, 19.
Insolvabilité, 20.
Instance, 8.
Instruction, 26,
Jouissance, 43, 44.
Juridiction, 23.
Lésion, 21, 22.
Licitation, 2.
Liquidation, 30.
Lot, 11, 14.
Lotissement, 13.
Nomination, 4, 10.
Omission, 21.
Pénalités, 53.
Possession, 16.
Principes, 1.
Procédure, 52.
Procès-verbal, 6, 7.
Projet, 28, 46 bis.
Proposition, 27.
Rapport, 5.
Réclamation, 13.
Remise, 7, 14.
Rescision, 21.
Responsabilité, 20.
Sanction, 45.
Section, 36, 37.
Soulte, 11, 30.
Superficiaire, 3.
Tirage au sort, 12.
Titre, 14, 34, 39, 50.
Tréfoncier, 3.

V. Affouage. Bois communaux. Bois de construction. Bois indivis. Dol. Droit de superficie. Echange. Exploitation. Licitation. Lésion. Pâturage. Rescision.

SECT. I. — GÉNÉRALITÉS.

§ 1. *Principes.*

1. *Principes. Délai.* — Nul ne peut être contraint à demeurer dans l'indivision, et le partage peut être toujours provoqué, nonobstant prohibitions et conventions contraires.

On peut cependant convenir de suspendre le partage pendant un temps limité; cette convention ne peut être obligatoire au delà de cinq ans; mais elle peut être renouvelée. (Cod. Civ. 815.)

2. *Droit d'usage. Licitation.* — L'existence d'un droit d'usage sur une forêt dont la propriété est indivise est un obstacle au partage de cette forêt; si l'un des propriétaires veut sortir de l'indivision, il y a lieu d'ordonner la licitation de la forêt, à moins que tous les ayants droit ne s'entendent pour racheter le droit d'usage dont elle est grevée. Cet accord éteint l'instance en licitation portée par l'un des copropriétaires devant les tribunaux. (Metz, 18 juillet 1851.)

3. *Superficiaire. Tréfoncier.* — Le droit de superficie forme une propriété distincte et ne crée pas un état d'indivision, ni quant à la propriété du sol, ni quant à la jouissance. Par suite aucun des intéressés ne peut provoquer le partage. (Cass. 16 décembre 1873.)

§ 2. *Formalités des partages amiables.*

4. *Expert. Nomination.* — Dans le cas de partage amiable, des experts sont nommés, savoir :

L'un, par le préfet, dans l'intérêt de l'Etat, sur la proposition du directeur des domaines, qui doit se concerter, à ce sujet, avec le conservateur, pour désigner un agent forestier;

L'autre, par le copropriétaire intéressé ou par ses représentants légaux.

Lorsqu'il s'agit d'une commune, l'expert est nommé par le maire, sauf l'approbation du conseil municipal; il est nommé, s'il s'agit d'un établissement public, par l'administration de cet établissement. (Ord. 149.)

5. *Rapports. Indications.* — Les procès-verbaux des experts font mention :

1° De la contenance des bois;

2° De l'évaluation du fonds;

3° De l'évaluation de la superficie, en distinguant le taillis d'avec la vieille écorce et mentionnant les claires-voies, s'il y en a;

4° De l'indication des rivières flottables ou navigables qui servent aux débouchés et des villes et usines à la consommation desquelles les bois sont employés. (Décr. du 20 juillet 1808. Circ. N 79, art. 4.)

6. *Procès-verbal. Affirmation.* — Les experts constatent les résultats de leurs opérations dans un procès-verbal affirmé devant le juge de paix du canton de la situa-

tion des biens ou de leur plus forte partie. (Instr. du 4 février 1813. Ord. du 12 décembre 1827. Circ. N 79, art. 5.)

7. *Procès-verbaux. Remise.* — Les procès-verbaux d'expertise sont remis au préfet, qui les communique au directeur des domaines et au conservateur des forêts et les adresse ensuite, avec les observations de ces fonctionnaires et son propre avis, au ministre, à qui il appartient de statuer. (Instr. du 4 février 1813. Ord. du 12 décembre 1827. Circ. N 79, art. 6.)

§ 3. *Formalités des partages judiciaires.*

8. *Instance.* — Dans le cas de partage judiciaire, l'action est intentée et suivie conformément au droit commun et dans les formes indiquées par la circulaire N 12. (Ord. 149. Proc. Civ. 302 et suivants. Circ. N 79, art. 7.) V. Instance.

9. *Expert. Estimation.* — L'estimation des immeubles est faite par experts choisis par les parties intéressées ou, à leur refus, nommés d'office.

Le procès-verbal des experts doit présenter les bases de l'estimation; il doit indiquer si l'objet estimé peut être commodément partagé et de quelle manière; fixer enfin, en cas de division, chacune des parts qu'on peut en former et leur valeur. (Cod. Civ. 824.)

10. *Expert. Nomination.* — La nomination des experts et leurs opérations doivent avoir lieu conformément aux dispositions du code civil et du code de procédure civile. (Décis. Min. du 28 novembre 1828.)

11. *Soulte. Lot.* — L'inégalité des lots en nature se compense par un retour, soit en rente, soit en argent. (Cod. Civ. 833.)

12. *Tirage au sort.* — Les lots sont tirés au sort. (Cod. Civ. 834.)

13. *Réclamations. Lotissement.* — Avant de procéder au tirage des lots, chaque copartageant est admis à proposer ses réclamations contre leur formation. (Cod. Civ. 835.)

§ 4. *Dispositions communes aux partages amiables et aux partages judiciaires.*

14. *Lots. Remise. Titres.* — Après le partage, remise doit être faite à chacun des copartageants des titres particuliers afférents aux objets qui leur sont échus.

Les titres d'une propriété divisée restent à celui qui en a la plus grande part, à la charge d'en aider ceux de ses copartageants qui y auront intérêt, quand il en sera requis. (Cod. Civ. 842.)

15. *Garantie.* — Les copartageants demeurent respectivement garants, les uns envers les autres, des troubles et évictions qui procèdent d'une cause antérieure au partage. (Cod. Civ. 884.)

16. *Possession.* — Chaque copartageant est censé avoir été en possession, seul et immédiatement, de tous les objets compris dans son lot et n'avoir jamais eu la propriété des autres objets de la masse indivise. (Cod. Civ. 883.)

17. *Créanciers.* — Les créanciers d'un copartageant, pour éviter que le partage ne soit fait en fraude de leurs droits, peuvent s'opposer à ce qu'il y soit procédé hors de leur présence; ils ont le droit d'y intervenir, à leurs frais; mais ils ne peuvent attaquer un partage consommé, à moins toutefois qu'il n'y ait été procédé sans eux et au préjudice d'une opposition qu'ils auraient formée. (Cod. Civ. 882.)

18. *Garantie. Eviction.* — La garantie n'a pas lieu, si l'espèce d'éviction soufferte a été exceptée par une clause particulière et expresse de l'acte de partage; elle cesse, si c'est par sa faute que le copartageant souffre l'éviction. (Cod. Civ. 884.)

19. *Indemnité.* — Chacun des copartageants est personnellement obligé, en proportion de sa part, d'indemniser son copartageant de la perte que lui a causée l'éviction. (Cod. Civ. 885.)

20. *Responsabilité. Insolvabilité.* — Si l'un des copartageants se trouve insolvable, la portion dont il est tenu doit être également répartie entre le garanti et tous les copartageants solvables. (Cod. Civ. 885.)

21. *Rescision.* — Les partages peuvent être rescindés pour cause de violence ou de dol.

Il peut aussi y avoir lieu à rescision, lorsque l'un des copartageants établit à son préjudice une lésion de plus du quart. La simple omission d'un objet indivis ne donne pas ouverture à l'action en rescision, mais seulement à un supplément à l'acte de partage. (Cod. Civ. 887.)

22. *Lésion. Estimation.* — Pour juger s'il y a eu lésion, on estime les objets suivant leur valeur à l'époque du partage (Cod. Civ. 890), en tenant compte, pour un immeuble, du mode actuel de culture et du mode plus avantageux qu'on peut actuellement et facilement y substituer. (Paris, 30 juillet 1864.)

23. *Juridiction.* — L'action en partage et les contestations sont soumises au tribunal du lieu de l'ouverture de la succession. (Cod. Civ. 822.)

24. *Enregistrement.* — Les partages des biens meubles et immeubles entre copropriétaires sont passibles du droit proportionnel d'enregistrement de 15 centimes pour cent, en principal. (Loi, 28 avril 1893, art. 19.)

25. *Enregistrement.* — Les partages de bois entre l'Etat et des particuliers et tous actes faits à ce sujet sont enregistrés gratis. (Loi du 22 frimaire an VII, art. 70.)

26. *Instruction. Administration.* — Les articles 23 à 31 de la circulaire N 53, relative aux frais des échanges de forêts, sont entièrement applicables aux partages. V. Echange.

SECT. II. — BOIS DOMANIAUX.

27. *Bois indivis. Etat, commune et particulier.* — L'administration des forêts soumettra incessamment au ministre des finances le relevé de tous les bois indivis entre l'Etat et d'autres propriétaires, en indiquant quels sont ceux dont le partage peut être effectué sans inconvénient. (Cod. Civ. 815.) Le ministre des finances décidera s'il y a lieu de provoquer le partage, et l'action sera, en conséquence, intentée et suivie conformément au droit commun et dans les formes ordinaires. (Proc. Civ. 59 et 69.) Le partage sera amiable ou judiciaire. (Circ. N 79.)

Lorsque les parties auront à nommer des experts, ces experts seront nommés, dans l'intérêt de l'Etat, par le préfet, sur la proposition du directeur des domaines, qui devra se concerter, à ce sujet, avec le conservateur, pour désigner un agent forestier. (Ord. 149.)

28. *Projet.* — Les projets de partage de bois domaniaux sont fixés par le ministre. (Ord. 7.)

29. *Bois indivis. Compétence.* — Le contentieux concernant le partage des biens indivis avec l'Etat et auquel le préfet doit procéder est du ressort, tant dans la forme que dans le fond, du conseil de préfecture. (Loi du 28 pluviôse an VIII, art. 4. Cabantous.)

30. *Soultes. Liquidation. Bois domaniaux et particuliers.* — L'autorité judiciaire est compétente pour statuer sur les actions en partage des bois indivis entre l'Etat et les particuliers ; elle l'est également pour prononcer sur la liquidation des sommes que les copartageants peuvent se devoir réciproquement. (Cons. d'Etat, 14 septembre 1852.)

31. *Compétence. Bois indivis. Algérie.* — Il appartient à l'autorité judiciaire de connaître, en Algérie, des actions en partage d'immeubles indivis entre l'Etat et les particuliers, conformément à l'article 13 de la loi du 16 juin 1851. (Cons. d'Etat, 28 février 1866.)

SECT. III. — BOIS COMMUNAUX.

32. *Biens communaux.* — La loi du 14 août 1792, qui autorisait le partage des terrains communaux, exceptait formellement les bois de ce partage. La même exception était formulée dans la loi du 10 juin 1793.

33. *Bois.* — Le partage d'une forêt communale entre les habitants est interdit. (Cod. For. 92.)

34. *Titre.* — Le partage d'un bois communal entre des habitants d'une commune ne peut constituer en leur faveur aucun titre apparent de propriété, de nature à motiver une exception préjudicielle. (Bourges, 3 août 1854.)

35. *Biens communaux.* — Le partage définitif et sans retour des biens communaux doit être interdit à l'avenir. (Circ. Min. du 10 juillet 1846.)

36. *Communes. Sections.* — Les communes ou sections de communes peuvent partager entre elles les bois indivis. (Cod. Civ. 815. Cod. For. 92.)

37. *Communes. Sections.* — En cas de division de commune en sections, chaque section a le droit de demander le partage des bois indivis et des autres biens communaux. (Cass. 24 avril 1833.) Quant aux biens qui ne sont pas susceptibles de division, il y a lieu de les partager par paiement d'indemnité.

38. *Amiable. Bois non soumis au régime forestier.* — Lorsque les conseils municipaux des communes propriétaires sont d'accord pour procéder à un partage amiable, les délibérations sont exécutoires par elles-mêmes. (Loi du 5 avril 1884, articles 61 et 68.) Le partage ayant été décidé, il y a lieu de former des lots, et, à cet effet, il doit être procédé à une expertise par deux experts désignés par les communes intéressées ; en cas de désaccord, le préfet nomme un tiers expert. (Loi, 10 juin 1793, art. 3 et 4. Block.)

39. *Titres.* — S'il y a des titres, le partage entre les communes et les sections s'effectuera suivant les titres, comme pour un partage entre particuliers.

40. *Bois indivis. Bases.* — Un bois indivis entre deux ou plusieurs communes peut être partagé entre ces communes. Dans ce cas, le partage doit être fait proportionnellement au nombre de feux ou de chefs de famille habitant chaque commune copartageante, sans avoir égard à l'étendue du territoire des communes.

C'est l'administration qui statue sur les partages de bois entre plusieurs communes. (Cons. d'Etat, 4 et 20 avril 1807, 12 et 26 avril 1808.)

41. *Base.* — Le partage des bois indivis entre deux communes doit se faire par feux, à moins que l'une des communes ne soit fondée par titre à demander qu'il soit opéré sur d'autres bases. Une possession constante dans le partage des produits ne saurait, en l'absence de titres, motiver une dérogation à cette règle. (Cass. 1er février 1814. Nancy, 21 mars 1866.)

42. *Base. Feux.* — Les biens indivis entre communes ne doivent être partagés par feux que lorsque les titres produits n'établissent pas, en faveur de l'une des parties, des droits inégaux. Dans ce cas, le partage doit se faire d'après les droits résultant des titres.

Le mode de jouissance ne peut pas remplacer le défaut de titres. (Cass. 26 mai 1869.)

43. *Jouissance.* — Le mode de jouissance ne peut en rien faire modifier les bases du partage, qui doit toujours avoir lieu par feux, entre les communes copropriétaires. (Cass. 28 mai 1838.)

44. *Base. Feux. Jouissance.* — Les biens indivis entre plusieurs communes doivent être partagés par feux, à moins de titre contraire ou de prescription équivalente à un titre. Une attribution différente dans les produits, faite depuis un temps immémorial, ne peut suffire pour faire modifier le partage par feux. (Cass. 17 décembre 1872.)

45. *Consentement. Sanction.* — Un partage de bois ou de biens communaux indivis ne doit être soumis à la sanction de l'autorité supérieure qu'autant qu'il a été préalablement consenti par toutes les parties intéressées, ou prescrit par l'autorité judiciaire. (Bulletin officiel du ministère de l'intérieur, 1856, page 57.)

46. *Autorisation.* — Les préfets n'ont pas qualité pour autoriser le partage des bois communaux soumis au régime forestier. (Bulletin officiel. Lettre du ministre de l'intérieur, 2 février 1856.)

46 bis. *Projet. Fixation.* — Les projets de partage pour les bois communaux sont fixés par le ministre. (Ord. 7.)

47. *Bois soumis au régime forestier. Homologation.* — L'administration forestière est appelée à donner son avis sur le partage d'une forêt soumise au régime forestier. Le dossier est transmis par le préfet au ministre de l'intérieur, et le partage est autorisé, s'il y a lieu, par un décret, la section compétente du conseil d'Etat entendue. (Décis. Min. du 28 novembre 1828. Cons. d'Etat, 11 novembre 1852. Circ. Min. des finances, 20 décembre 1867.)

48. *Décision.* — L'avis du conseil d'Etat du 11 novembre 1852 et la circulaire du 8 décembre suivant doivent être entendus en ce sens, que l'administration centrale s'est réservée de faire statuer, non seulement sur tous les actes qui auraient pour effet de réduire l'étendue du sol forestier, mais encore sur ceux qui, comme les partages, peuvent affecter l'aménagement ou l'exploitation des bois. (Décis. Min. de l'intérieur, 2 février 1856.)

49. *Commune. Particulier. Compétence.* — Lorsqu'un particulier est copropriétaire, avec d'autres communes, d'un bois indivis, les tribunaux ordinaires sont seuls compétents pour statuer sur les droits, le mode ou la convenance du partage. (Loi du 10 juin 1793, sect. v, art. 3. Loi du 9 ventôse an iv.)

50. *Titres. Compétence.* — Les questions relatives à l'existence et à l'étendue des droits de propriété qu'une commune prétend avoir, à raison de titres ou usages anciens, sur les biens indivis dont le partage est demandé, sont de la compétence exclusive des tribunaux civils. (Cons. d'Etat, 28 juin 1844.)

51. *Opportunité. Compétence.* — Les contestations relatives à l'opportunité, au mode, à la forme et à l'exécution des partages sont du ressort des tribunaux administratifs. (Cass. 21 janvier 1852. Cons. d'Etat, 22 juin 1854.)

52. *Compétence. Procédure.* — S'il y a difficulté sur les bases, le mode ou les convenances du partage entre des communes, les contestations seront jugées par le conseil de préfecture, sur simple mémoire, sauf appel au conseil d'Etat. (Loi du 18 juin 1793. Loi du 19 brumaire an ii.)

SECT. IV. — BOIS DES COUPES.

53. *Coupe. Bois sur pied. Pénalités.* — Le partage sur pied des bois d'une coupe usagère ou affouagère, avant son entière exploitation, est puni, savoir :

Confiscation de la portion de bois afférente aux contrevenants. (Cod. For. 81, 103, 112.)

Les agents qui ont permis ou toléré cette contravention encourent :

Amende : 50 francs. (Cod. For. 81, 103, 112.)
Responsabilité personnelle, et sans aucun recours, de tous les dommages provenant de la mauvaise exploitation et de tous les délits commis. (Cod. For. 81, 103, 112.)

PARTERRE.

1. *Revendication.* — Le parterre des coupes n'est pas considéré comme chantier ou magasin des adjudicataires, et, en cas de faillite, les bois qui s'y trouvent déposés peuvent être saisis et revendiqués. (Cod. Civ. 2102. Cod. Com. 576. Circ. N 283.)

2. *Faillite.* — Si, en thèse générale, le parterre d'une coupe est considéré comme le magasin de l'acheteur et si, par conséquent, en cas de faillite de ce dernier, le droit de revendication ou de rétention appartenant au vendeur ne peut plus être effectué après la tradition effectuée sur ce parterre, cette règle cesse d'être applicable lorsque, dans l'acte d'adjudication, il a été expressément stipulé que le parterre de la coupe ne serait pas considéré comme le chantier ou comme le magasin de l'adjudicataire. Une pareille clause, n'ayant rien d'illicite, ni de contraire à l'ordre public, peut être opposée aux tiers, alors surtout qu'elle leur a été révélée par la publicité des enchères. (Cass. 25 janvier 1869 et 2 août 1880. Contra, Orléans, 13 avril 1867.) V. Faillite.

3. *Rétention. Bois. Faillite.* — En cas de faillite, les bois déposés sur le parterre de la coupe peuvent être *retenus*, conformément

aux dispositions de l'article 577 du code de commerce. (Circ. N 283. Cah. des ch. Coupes, 15.)

PARTIE CIVILE.

Administration forestière, 11.
Avoué, 12.
Commune, 10.
Conditions, 3.
Dépens, 11.
Dépôt, 9.
Désistement, 4.
Domicile, 6, 7.
Frais, 9.
Instance, 2.
Opposition, 5.
Représentation, 8, 12.

1. *Définition.* — On appelle ainsi la personne privée qui forme une plainte contre une autre, soit par voie principale, soit par adjonction au ministère public. Plus spécialement, on donne ce nom au plaignant qui réclame des dommages-intérêts. (Block.)

2. *Instance.* — Toute personne qui se prétendra lésée par un crime ou un délit pourra se porter partie civile devant le juge d'instruction, soit du lieu du crime ou du delit, soit du lieu de la résidence du prévenu, soit du lieu où il pourra être trouvé. (Instr. Crim. 63.)

3. *Conditions.* — Les personnes plaignantes ne seront réputées partie civile, si elles ne le déclarent formellement, soit par la plainte, soit par un acte subséquent, et si elles ne prennent, par l'une ou par l'autre, des conclusions en dommages-intérêts; elles pourront se départir dans les vingt-quatre heures. Dans le cas de désistement, elles ne seront pas tenues des frais depuis qu'il aura été signifié, sans préjudice néanmoins des dommages-intérêts, s'il y a lieu. (Instr. Crim. 66.)

4. *Désistement.* — Les plaignants pourront se porter partie civile en tout état de cause, jusqu'à la clôture des debats. Mais, dans aucun cas, le desistement après le jugement ne peut être valable, quoique donné vingt-quatre heures après leur declaration qu'ils se portent partie civile. (Instr. Crim. 67.)

5. *Opposition.* — La partie civile pourra faire opposition, dans un delai de vingt-quatre heures, à toutes les ordonnances du juge d'instruction portant grief à ses droits. (Instr. Crim. 135.)

6. *Domicile.* — La partie civile fera, par l'acte de citation, élection de domicile dans la ville où siège le tribunal. (Instr. Crim. 183.)

7. *Domicile.* — Toute partie civile qui ne demeurera pas dans l'arrondissement communal où se fait l'instruction sera tenue d'y élire domicile, par acte passé au greffe; à défaut d'élection de domicile, elle ne pourra opposer le défaut aux actes qui auraient dû lui être signifiés. (Instr. Crim. 68.)

8. *Représentation.* — Les parties civiles agissantes ou civilement responsables peuvent se faire assister ou représenter par un avoué.

9. *Frais. Dépôt.* — En matière correctionnelle ou de simple police, la partie civile qui n'aura pas justifié de son indigence sera tenue, avant toute poursuite, de déposer au greffe ou entre les mains du receveur de l'enregistrement la somme présumée nécessaire pour les frais de la procédure. (Décr. du 18 juin 1811, art. 160.)

10. *Administration. Commune.* — Sont assimilés aux parties civiles :

1° Toute régie ou administration publique, relativement aux procès suivis, soit à sa requête, soit même d'office et dans son intérêt;

2° Les communes et les établissements publics, dans les procès instruits à leur requête, même d'office, pour crimes ou délits commis contre leurs propriétés. (Décr. du 18 juin 1811, art. 158.)

11. *Administration forestière. Dépens.* — L'administration forestière est assimilée aux parties civiles par le décret du 18 juin 1811, ce qui la rend responsable des dépens dans les poursuites faites en son nom ou à sa requête.

12. *Représentation. Avoué.* — L'administration forestière, quoique partie civile, ne peut pas, en matière correctionnelle, se faire représenter par un avoué; elle est représentée d'office par ses agents ou par le ministère public.

PASSAGE.

SECT. I. — PASSAGE A TITRE DE SERVITUDE D'ENCLAVE OU AUTRE, 1 — 40.

§ 1. *Principes*, 1 — 14.

§ 2. *Instruction, Usage*, 15 — 40.

SECT. II. — CONCESSION A TITRE DE SIMPLE TOLÉRANCE, 41 — 47.

SECT. III. — PÉNALITÉS, 48 — 54.

§ 1. *Terrains soumis au régime forestier*, 48 — 50.

§ 2. *Terrains particuliers*, 51 — 54.

SECT. IV. — CHIEN, CHASSEUR, 55 — 59.

Abreuvoir, 40.
Acte, 37, 45.
Action possessoire, 14.
Animaux, 40, 48.
Autorisation, 43.
Bestiaux, 52, 53.
Causes, 17.
Chasse, 55.
Chien, 55.
Cessation, 28, 29, 30.
Circulation, 49.
Clôture, 11.
Compétence, 39.
Concession, 41, 42.
Conditions, 4, 37, 45, 56, 58.
Contestation, 39.
Côté, 3.
Croquis, 18.
Décision, 24, 41, 42.
Délit, 59.
Désignation, 47.
Domaine de la Couronne, 34.
Droit, 5, 13.
Enclave, 1, 2, 5, 6, 7, 12, 16, 29, 30.
Entrepreneur, 50.
Entretien, 26.
Excuse, 55, 58.
Exécution, 45 bis.
Exonération, 57.
Fixation, 13.
Frais, 25, 26, 37.
Indemnité, 8, 9, 19, 20, 26, 46.
Issue, 1, 2.
Interruption, 35.
Instruction, 15, 44.
Jouissance, 7, 14, 23, 28.

Nouveaux chemins, 32, 33.
Pâturage, 40, 47.
Pénalités, 48, 49, 50, 51, 52, 53, 54.
Poursuite, 12.
Prescription, 6, 7, 8, 9, 21, 22, 23, 24, 30.
Promenade, 49.
Récolte, 52, 53, 54.
Reconnaissance, 36.
Redevance, 20.
Renseignements, 18.
Responsabilité, 57.
Sentier, 38.
Servitude, 10, 14, 31, 36.
Taillis, 53,
Terrain ensemencé, 51.
Tolérance, 41.
Trajet, 3.
Travaux, 27, 45 bis.
Travaux publics, 50.
Troupeaux, 40.
Usage, 31.
Voiture, 48.

SECT. I. — PASSAGE A TITRE DE SERVITUDE D'ENCLAVE OU AUTRE.

§ 1. *Principes.*

1. *Enclave. Issue.* — Le propriétaire dont les fonds sont enclavés et qui n'a aucune issue sur la voie publique peut réclamer un passage sur les fonds de ses voisins, pour l'exploitation, soit agricole, soit industrielle, de son héritage, à la charge d'une indemnité proportionnée au dommage qu'il peut occasionner. (Cod. Civ. 682. Loi du 20 août 1881.)

2. *Enclave. Issue.* — Le propriétaire qui réclame une servitude de passage, pour cause d'enclave, doit prouver que son héritage n'a pas d'issue praticable sur la voie publique. (Paris, 30 août 1853.)

3. *Trajet. Côté.* — Le passage doit régulièrement être pris du côté où le trajet est le plus court du fonds enclavé à la voie publique. (Cod. Civ. 683.)

4. *Conditions.* — Néanmoins, il doit être fixé dans l'endroit le moins dommageable au propriétaire sur le fonds duquel il est accordé. (Cod. Civ. 683. Loi du 20 août 1881.)

5. *Enclave. Droit.* — Lorsque l'état d'enclave est reconnu, l'exercice du passage n'est point présumé avoir eu lieu à titre de tolérance. (Caen, 14 janvier 1861.)

6. *Enclave. Prescription.* — Le droit de passage pour cause d'enclave peut être acquis par prescription, même sur une forêt domaniale imprescriptible de sa nature. (Cass. 19 janvier 1848.)

7. *Enclave. Prescription. Jouissance annale.* — La possession du droit de passage, au profit d'un fonds enclavé, pendant trente ans, suivant un mode et une assiette déterminés, équivaut à un titre acquisitif de la servitude de passage. La servitude ainsi acquise persiste après la cessation de l'état d'enclave.

La jouissance plus qu'annale du droit de passage peut servir de base à une action possessoire. (Cass. 21 avril 1875.)

8. *Indemnité. Prescription.* — L'indemnité due au propriétaire du fonds servant est prescriptible. Le passage doit être continué, quoique l'action en indemnité ne soit plus recevable. (Cod. Civ. 685. Loi du 20 août 1881.)

9. *Indemnité. Prescription.* — Dans le cas d'enclave, la prescription de l'indemnité due pour la servitude de passage court du jour où ce passage s'est exercé d'une manière paisible et publique, et non pas seulement du jour où l'indemnité a été réclamée. (Bastia, 2 août 1854.)

10. *Servitude.* — Même dans le cas où il existe une porte donnant sur la propriété du voisin, c'est-à-dire un signe apparent de servitude, cependant le droit de passage n'est pas acquis par une possession prolongée pendant trente ans. C'est là une servitude discontinue, qui ne peut être constituée que par un titre. (Cass. 26 avril 1837.)

11. *Clôture.* — Celui qui est soumis à une servitude de passage conserve cependant le droit de clore sa propriété. Il peut notamment, en établissant une barrière, remettre la clef au propriétaire de la servitude, de façon à lui maintenir l'usage de son droit. (Amiens, 27 janvier 1892.)

12. *Enclave. Poursuite.* — Lorsque le propriétaire d'un fonds enclavé traverse les héritages voisins, avec ses voitures, pour l'enlèvement de ses récoltes, même avant la fixation du lieu de passage et le règlement de l'indemnité due, il exerce une servitude légale attachée à l'état de son fonds et n'est point passible de peines correctionnelles, quand même il aurait abattu ou elagué des arbres. Il n'y a lieu qu'à une action civile. (Cass. 22 janvier 1857. Orléans, 17 janvier 1859. Cass. 27 décembre 1884.)

13. *Droit. Terrain non enclavé. Fixation.* — S'il n'y a pas enclave, il est défendu d'user d'un droit de passage qu'on pourrait avoir dans un bois, si on n'a pas préalablement demandé et obtenu la désignation du chemin. (Cass. 7 decembre 1810.) Si le passage est intercepté par des fossés, on ne peut se permettre de le rétablir soi-même, en détruisant les fossés ; on doit s'adresser à l'autorité compétente, pour la conservation de ses droits. (Cass. 27 novembre 1823.)

14. *Servitude. Jouissance. Action possessoire.* — En cas de servitude légale de passage pour cause d'enclave, l'action possessoire est recevable de la part du propriétaire enclavé, quoique aucun acte de jouissance n'ait eu lieu dans l'année qui a précédé le trouble. Il suffit que les faits de passage correspondent aux nécessités de l'exploitation, et, bien qu'ils ne soient renouvelés qu'à de certains intervalles, sans périodicité fixe, ils n'en constituent pas moins la possession effective de la servitude, pourvu que cette possession ait été paisible et à titre non précaire. (Cass. 4 janvier 1875.)

§ 2. *Instruction. Usage.*

15. *Mode.* — Il est procédé à l'instruction des demandes en reconnaissance de servitudes de passage, dans les forêts domaniales, d'après les formes tracées par le règlement ministériel du 3 juillet 1834, c'est-à-dire que le préfet statue, en premier ordre, par un avis sous forme d'arrêté, après avoir consulté le conservateur des forêts et le directeur des domaines. (Circ. N 12.)

Cet arrêté doit être soumis à l'approbation du ministre. (Circ. N 45, art. 5.) V. Servitude.

16. *Enclave.* — Quel que soit le propriétaire de la forêt sur laquelle le droit de passage est réclamé, le premier point à établir est l'état d'enclave du fonds en faveur duquel la servitude est revendiquée. (Circ. N 45, art. 6.)

17. *Causes.* — L'état d'enclave constaté ne donnerait aucun droit à une servitude légale de passage, s'il était le résultat d'un fait provenant du propriétaire lui-même ou de ses auteurs, tel que la vente de la partie du fonds qui donnait accès sur la voie publique, ou le partage de ce même fonds entre divers héritiers.

Dans ce cas, la servitude doit nécessairement s'exercer sur les parties du fonds qui en ont été séparées par la vente ou le partage. (Circ. N 45, art. 9.)

18. *Renseignement. Croquis.* — Dans l'instruction des demandes de passage, les agents forestiers locaux doivent indiquer exactement la direction du passage à ouvrir et faire en sorte de concilier, autant que possible, les intérêts respectifs des parties.

Pour mettre, à cet égard, l'autorité supérieure en position de se prononcer en toute connaissance de cause, les agents annexent à leur rapport un croquis visuel indiquant la situation de la propriété enclavée, celle de la voie publique vers laquelle l'issue doit être ouverte, enfin la direction du passage à établir ou à suivre, ainsi que celle des chemins déjà existants. (Circ. N 45, art. 10.)

19. *Indemnité. Calcul.* — Les agents font, en outre, connaître les circonstances qui peuvent concourir à la détermination de l'indemnité, dont le principe est posé dans l'article 682 du code civil, et notamment l'étendue de la propriété enclavée, la nature et l'importance de ses produits, la longueur et la largeur des passages à établir ou à parcourir, le devis des travaux à exécuter pour l'exercice de la servitude, la quantité, l'âge et la valeur des bois à abattre et la perturbation qui pourra être causée à l'aménagement par ces exploitations anticipées. (Circ. N 45, art. 11.)

20. *Indemnité. Redevance.* — Cette indemnité, en ce qui concerne les forêts domaniales, ne doit jamais être établie sous forme de fournitures de matériaux ou d'exécution de travaux d'amélioration imposés aux concessionnaires, les règles générales de la comptabilité s'opposant à ce que des travaux ou fournitures de l'espèce puissent être effectués par atténuation de recettes.

En règle générale, l'indemnité doit être représentée par une redevance annuelle, et non *par une somme une fois payée.* (Circ. N 45, art. 12.)

21. *Prescription.* — Le propriétaire enclavé qui, pendant trente ans, a exercé son droit de passage, sans opposition et sans réclamation, prescrit, contre le propriétaire du fonds servant, non seulement l'action en indemnité, mais l'assiette et la direction même du passage, encore bien que cette direction ne satisfasse pas aux conditions prescrites par les articles 683 et 684 du code civil. (Caen, 14 janvier 1861. Circ. N 45, art. 13.)

22. *Prescription. Règle.* — Pour l'application de ce principe, il y a lieu d'examiner si le fonds enclavé est entouré par une seule et même propriété ou par plusieurs, et, dans le premier cas, si le passage s'est exercé, pendant trente années consécutives, suivant une direction constante.

Si le fonds dominant est enclavé entre plusieurs propriétés et si le passage a été exercé tantôt sur l'une, tantôt sur l'autre, la prescription ne saurait évidemment être invoquée, ni quant à l'action en indemnité, ni quant à la direction du passage.

Si, au contraire, le passage a toujours été pratiqué sur le fonds de l'un des propriétaires voisins et dans une direction constante, la prescription est acquise à l'égard de ce propriétaire, quant à l'indemnité et quant à la direction du passage.

Si l'héritage dominant est enclavé au milieu d'une seule propriété, sans que toutefois le passage se soit exercé suivant une constante et unique direction, la prescription peut être acquise à l'égard de l'indemnité qui n'a jamais été réclamée ; mais le propriétaire du fonds servant demeure libre de faire indiquer le trajet à parcourir, suivant les conditions mentionnées dans l'article 683 du code civil. (Circ. N 45, art. 14.)

23. *Prescription. Jouissance.* — Les agents doivent s'opposer à l'établissement, par voie de prescription, des servitudes de passage dans les forêts soumises au régime forestier, notamment au moyen de procès-verbaux dressés par application de l'article 147 du code forestier. (Circ. N 45, art. 15.)

24. *Prescription. Décision.* — Néanmoins et lors même que, par un usage trentenaire, un propriétaire enclavé aurait acquis la prescription quant à l'action en indemnité et quant à la direction du passage, les agents forestiers devraient encore intervenir pour provoquer une décision ministérielle, à l'effet de fixer régulièrement la situation respective des parties.

Il est procédé, dans ce cas, à l'instruction de l'affaire suivant les formes indiquées à l'article 15 ci-dessus. (Circ. N 45, art. 16.)

25. *Frais.* — Le propriétaire du fonds enclavé est tenu, non seulement de supporter tous les frais d'établissement des voies à ouvrir et des autres travaux à exécuter pour l'exercice de la servitude, mais encore de contribuer, au prorata de sa jouissance, à l'entretien des chemins dont il a l'usage. (Cod. Civ. 697 et 698. Circ. N 45, art. 17.)

26. *Indemnité. Frais. Entretien.* — L'indemnité établie par l'article 682 du code civil est indépendante de l'obligation imposée au propriétaire enclavé, par les articles 697 et 698 du même code, de concourir à la réparation des dégradations causées par sa jouissance aux chemins parcourus.

La première est sujette à la prescription; la seconde est essentiellement imprescriptible, et son accomplissement peut toujours être exigé, encore bien qu'il ne l'ait jamais été précédemment.

Les agents doivent donc, en tout état de cause, veiller à ce que les propriétaires enclavés coopèrent, soit en argent, soit en nature, à la réparation des chemins dont ils ont l'usage. (Circ. N 45, art. 18.) V. Chemin.

27. *Travaux.* — Si le propriétaire de l'enclave refusait d'exécuter les travaux à sa charge, le conservateur devrait se concerter avec le préfet et le directeur des domaines, pour le recours aux voies de contrainte autorisées par la loi. (Circ. N 45, art. 19.)

28. *Jouissance. Cessation.* — L'exercice de la servitude cesse de plein droit, lorsque, par une cause quelconque, l'héritage enclavé est mis en communication immédiate avec la voie publique. (Circ. N 45, art. 20.)

29. *Enclave. Cessation.* — La servitude de passage existant au profit d'un fonds enclavé s'éteint par la cessation de l'enclave. (Rouen, 13 décembre 1862. Contra, Bordeaux, 25 juin 1863. Bourges, 13 janvier 1873.)

30. *Bois domaniaux. Enclave. Cessation.* — Le droit de passage pour enclave acquis par prescription ne cesse pas d'exister, si un événement ultérieur fait cesser l'enclave. (Cass. 19 janvier 1848.)

31. *Usage.* — Le propriétaire du fonds débiteur de la servitude ne peut rien faire qui tende à en diminuer l'usage ou à le rendre plus incommode.

Ainsi, il ne peut changer l'état des lieux, ni transporter l'exercice de la servitude dans un endroit différent de celui où elle a été primitivement assignée.

Mais cependant, si cette assignation primitive était devenue plus onéreuse au propriétaire du fonds assujetti ou si elle l'empêchait d'y faire des réparations avantageuses, il pourrait offrir au propriétaire de l'autre fonds un endroit aussi commode pour l'exercice de ses droits, et celui-ci ne pourrait pas le refuser. (Cod. Civ. 701. Circ. N 45, art. 21.)

32. *Nouveaux chemins.* — Le propriétaire du fonds servant est, en conséquence, fondé à modifier la servitude de passage déjà établie, si les chemins primitivement concédés cessent, par suite d'une circonstance quelconque, d'offrir le trajet le plus direct et le moins dommageable pour accéder à la voie publique. Toutefois, dans ce cas, le nouveau passage concédé, pour être obligatoirement acquis par l'enclavé, doit présenter autant de commodité que le précédent pour l'exercice de la servitude. (Circ. N 45, art. 22.)

33. *Nouveaux chemins.* — Si on ouvre dans une forêt de nouvelles routes pour remplacer d'anciens chemins sur lesquels des tiers avaient un droit de passage, ces derniers peuvent être admis à jouir des nouvelles routes, en remplacement des chemins supprimés, sur lesquels ils n'exercent plus leurs droits. (Cass. 14 juillet 1856.)

34. *Domaine de la Couronne.* — Une servitude de passage reconnue au profit d'un particulier, sur une forêt domaniale, par arrêt de l'ancien conseil du roi, après débat contradictoire et sur l'appel d'une sentence du commissaire de la reformation des forêts, ne peut être déclarée nulle, comme contraire à l'inaliénabilité du domaine de la Couronne. (Cass. 6 décembre 1864.)

35. *Titre. Interruption d'usage.* — Lorsqu'un titre constitutif d'une servitude de passage affecte taxativement une partie du fonds servant à l'exercice d'une servitude, le propriétaire du fonds dominant qui, pendant trente ans, ne jouit pas de son droit conformément au titre est exposé à le perdre par le non-usage, sans pouvoir conquérir par un usage contraire le droit de passer par une autre partie du fonds assujetti. Il en est autrement, lorsque le titre n'implique pas l'exercice de la servitude sur une partie spéciale; dans ce cas, on ne peut pas considérer l'usage comme non conforme au titre et la servitude comme éteinte, à cause des changements opérés selon la possibilité du terrain et à la connaissance des parties intéressées. (Cass. 6 décembre 1864.)

36. *Servitude. Reconnaissance.* — Les reconnaissances de servitude de passage, dans les forêts domaniales, sont constatées par des actes administratifs, passés devant le préfet ou son délégué, à l'intervention du conservateur des forêts et du directeur des domaines. (Circ. N 45, art. 23.)

37. *Acte. Condition. Frais.* — L'acte administratif énonce les conditions mises à la concession de la servitude et l'acceptation de ces conditions par le propriétaire du fonds enclavé. Ce propriétaire supporte, d'ailleurs, les frais de l'acte, ainsi que ceux des deux

expéditions, dont l'une, sur papier libre, pour le service des forêts, et l'autre, sur papier timbré, destinée à servir de titre pour le recouvrement de l'indemnité due à l'Etat. (Circ. N 45, art. 24.)

38. *Sentier*. — Les habitants d'une commune ne sont pas fondés à réclamer le droit de passer sur un sentier, quand bien même ils auraient, en fait, exercé ce passage depuis plus de trente ans. (Paris, 23 août 1861.)

39. *Contestation. Compétence*. — Les tribunaux sont seuls compétents pour statuer sur une contestation relative à l'existence, à l'étendue et au mode d'une servitude de passage, réclamée sur un bien national vendu avec toutes ses servitudes actives et passives, sans aucune réserve, ni distinction. (Cons. d'Etat, 8 mai 1822.)

40. *Troupeaux*. — Le droit de passage des troupeaux dans un bois, pour aller les abreuver à une fontaine, ne donne pas le droit d'entrer dans les coupes ou de les traverser, ni de sortir des chemins tracés. (Cass. 20 mars 1830.)

SECT. II. — CONCESSION DE PASSAGE A TITRE DE SIMPLE TOLÉRANCE.

41. *Bois domaniaux. Concession. Décision*. — Les concessions de passage à titre de simple tolérance, dans les forêts domaniales, sont accordées par les préfets, sur les avis conformes du conservateur des forêts et du directeur des domaines. (Décr. du 25 mars 1852, art. 3. Circ. N 45, art. 25.)

42. *Concession. Décision*. — En cas de désaccord entre le préfet et le conservateur des forêts ou le directeur des domaines, l'affaire est soumise au ministre, à qui il appartient de statuer. (Circ. N 45, art. 26.)

43. *Bois communal. Autorisation*. — Le préfet autorise le passage, à travers une forêt communale, des bois provenant de forêts particulières. (Décr. du 25 mars 1852.)

44. *Instruction*. — Il est procédé à l'instruction des demandes de passage de l'espèce suivant les formes indiquées ci-dessus, aux articles 18 et 19. (Circ. N 45, art. 27.)

45. *Conditions. Acte*. — Indépendamment des conditions particulières qui sont reconnues nécessaires, il doit toujours être stipulé, dans les décisions à intervenir :

1o Que la concession n'est faite qu'à titre de simple tolérance toujours révocable et pour un terme qui ne peut excéder neuf années, sauf renouvellement, s'il y a lieu ;

2o Qu'une redevance annuelle et déterminée est mise à la charge du concessionnaire ;

3o Que ce dernier est tenu d'exécuter, à toute réquisition de l'agent forestier local, les travaux nécessaires pour réparer les dégradations provenant de l'exercice de la tolérance ;

4o Qu'en cas d'extinction de la tolérance sans renouvellement, ou de révocation avant l'échéance du terme fixé, le concessionnaire sera tenu de rétablir les lieux dans leur état primitif et que, faute par lui de satisfaire à cette condition ou à celle relative aux travaux de réparation ci-dessus spécifiés, dans le mois qui suivrait sa mise en demeure, les agents forestiers feront exécuter ces travaux par voie de régie ; enfin, que le recouvrement de la dépense sera poursuivi dans la forme déterminée par l'article 41 du code forestier ;

5o Qu'il sera passé, dans la forme administrative, devant le préfet ou son délégué, à l'intervention du conservateur des forêts et du directeur des domaines, un acte constatant la concession et l'acceptation par le concessionnaire, pour lui et ses héritiers ou ayants droit, des clauses et conditions énoncées. Les frais de cet acte seront à la charge du concessionnaire, ainsi que ceux de deux expéditions, dont l'une, sur papier libre, pour l'inspecteur des forêts, et l'autre sur papier timbré, pour être délivrée au directeur des domaines, comme titre de recouvrement. (Circ. N 45, art. 28.) V. Concession.

45 bis. *Travaux imposés. Exécution*. — Dans le cas où un concessionnaire de passage sur une route forestière domaniale ne satisferait pas à l'engagement de réparer les dégradations, le mémoire des dépenses effectuées en vertu de l'ordre donné par le préfet devra être soumis au ministre des finances, qui délivrera la contrainte contre le particulier, laquelle sera ensuite appliquée par l'agent du Trésor. Le renvoi à l'article 41 du code forestier n'est donc pas obligatoire.

En matière communale, la somme nécessaire au paiement des ouvriers serait avancée par la commune ; le recouvrement en serait assuré sur des états arrêtés par le préfet ou le sous-préfet et par voie de commandement. (Rép. For. t. XVII, pp. 16, 45, 75, 88 et 110.)

46. *Indemnité*. — Les indemnités pour droit de passage sont considérées comme menus produits, dans les forêts domaniales, et comme produits accessoires, dans les forêts communales et d'établissements publics. (Arr. Min. 22 juin et 1er septembre 1838. Circ. A 842.)

47. *Pâturage. Chemins. Désignation*. — Les chemins pour aller au pâturage sont désignés par le propriétaire de la forêt, dans les bois particuliers, et par les agents forestiers, dans les bois soumis au régime forestier. (Cod. For. 71 et 119.) V. Pâturage.

SECT. III. — PÉNALITÉS.

§ 1. *Terrains soumis au régime forestier*.

48. *Voiture. Animaux. Pénalités*. — Le fait de passage non autorisé, sans droit ou

titre, sur un terrain soumis au régime forestier, hors des routes et chemins ordinaires, est puni, savoir :

Amende pour chaque	Le jour.		Le jour avec récidive, la nuit, ou la nuit avec récidive.	
BOIS DE 10 ANS ET AU-DESSUS.				
Voiture.	10 fr.	(C. F. 147, 199.)	20 fr.	(C. F. 147, 199, 201.)
Bœuf ou vache non attelé.	5 fr.		10 fr.	
Cheval ou bête de somme non attelé.	3 fr.		6 fr.	
BOIS AU-DESSOUS DE 10 ANS.				
Voiture	20 fr.	(C. F. 147, 199.)	40 fr.	(C. F. 147, 199, 201.)
Bœuf ou vache non attelé.	10 fr.		20 fr.	
Cheval ou bête de somme non attelé.	6 fr.		12 fr.	

Dommages-intérêts obligatoires; minimum : amende simple. (Cod. For. 147, 202.)
Saisie et séquestre, s'il y a lieu. (Cod. For. 161.)

49. *Promenade. Circulation. Pénalité.* — Le passage à pied, sans circonstances aggravantes, même hors des routes et chemins ordinaires, n'est puni par aucune loi, sauf l'action civile pour réparation du dommage qui aurait pu être causé. (Rouen, 17 avril 1859.)

50. *Entrepreneurs. Travaux publics.* — Le fait de passage, dans les bois soumis au régime forestier, par un entrepreneur de travaux publics, sans que la désignation des chemins ait été faite par les agents forestiers (Ord. 170), constitue le délit prévu par l'article 147 du code forestier, pour lequel les tribunaux correctionnels sont compétents. (Cons. d'Etat, 3 mars 1840.) V. Hors routes. Vidange.

§ 2. *Terrains particuliers.*

51. *Terrain ensemencé. Pénalités.* — Le passage, sans droit, sur un terrain préparé ou ensemencé est puni, savoir :

Amende : 1 à 5 francs. (Cod. Pén. 471.)
En cas de récidive, *amende :* 1 à 5 francs ; *prison :* 5 jours au plus. (Cod. Pén. 471, 474.)

52. *Bestiaux. Terrains avec récolte. Pénalités.* — Le passage des bestiaux sur le terrain d'autrui, avant l'enlèvement de la récolte, est puni, savoir :

Amende : 1 à 5 francs. (Cod. Pén. 471.)
En cas de récidive, *amende :* 1 à 5 francs ; *prison :* 3 jours au plus. (Cod. Pén. 471, 474.)

53. *Bestiaux Terrains avec récolte. Bois taillis. Pénalités.* — Le passage de bestiaux sur le terrain d'autrui ensemencé ou chargé d'une récolte, ou dans un bois taillis, est puni, savoir :

Amende : 6 à 10 francs (Cod. Pén. 475.)
En cas de récidive, *amende :* 6 à 10 francs; *prison :* maximum, 5 jours. (Cod. Pén. 475, 478.)

54. *Récolte. Pénalités.* — Ceux qui, sans droit, auront passé sur un terrain chargé d'une récolte, ou fruits murs, ou voisins de la maturité, seront punis, savoir :

Amende : 6 à 10 francs. (Cod. Pén. 475.)
En cas de récidive : *amende :* 6 à 10 francs; *prison :* maximum, 5 jours. (Cod. Pén. 475, 476.)

SECT. IV. — CHIENS. CHASSEURS.

55. *Chasse. Chiens. Excuse.* — Pourra ne pas être considéré comme un délit de chasse, le fait du passage de chiens courants sur l'héritage d'autrui, lorsque ces chiens seront à la suite d'un gibier lancé sur la propriété de leur maître, sauf l'action civile, s'il y a lieu, en cas de dommage. (Cod. Civ. 1385. Loi Chasse, art. 11.)

56. *Condition.* — Le fait de passage sur le terrain d'autrui non clos, avec des chiens couplés et le fusil désarmé, n'est pas un délit de chasse. (Douai, 11 janvier 1864.)

57. *Responsabilité. Exonération.* — La loi du 3 mai 1844 exonère de toute responsabilité le chasseur dont les chiens courants ne font que passer sur l'héritage d'autrui, à la suite du gibier; mais la preuve de cette excuse est à la charge de celui qui l'allègue. (Cass. 26 juillet 1878.)

58. *Excuse. Condition.* — Le passage des chiens courants sur l'héritage d'autrui est excusable, lorsqu'il est constaté en fait que le gibier poursuivi a été lancé sur la propriété du chasseur, qui a fait tous ses efforts pour rompre les chiens et les rappeler. (Cass. 1er mai 1880.)

59. *Passage délictueux.* — Le passage de chiens courants sur l'héritage d'autrui ne peut être excusé par les tribunaux, quand les chasseurs ont appuyé leurs chiens ou les ont maintenus sur la voie de l'animal poursuivi.

Dès lors, sont en délit, le maître d'une meute et son piqueur qui participent à la chasse sur le terrain d'autrui, l'un en dirigeant sa meute à la suite de la bête, l'autre en suivant la chasse, sans donner l'ordre de rompre les chiens. (Orléans, 27 juillet 1882.)

PASTEUR. V. Bétail. Pâtre.

PATENTE.

1. *Définition.* — Impôt payé par ceux qui exercent une industrie.

2. *Origine.* — La contribution des patentes a été établie par la loi de 2 mars 1791, en

remplacement des droits de maîtrise et de jurande.

3. *Étranger.* — L'adjudicataire qui a revendu et transporté à l'étranger les produits de sa coupe exploitée en France ne peut être imposé à la patente, s'il n'a, en France, aucun établissement ou entrepôt. (Cons. d'Etat, 26 juin 1866.) V. Commerce de bois.

4. *Maître de forges.* — Le maître de forges qui se rend, chaque année, adjudicataire de coupes et revend habituellement une quantité considérable de bois de construction et de chauffage doit être soumis à la patente comme marchand de bois. (Cons. d'Etat, 15 août 1860.) Il ne doit pas y être soumis, s'il revend accidentellement une faible quantité de bois de construction compris dans sa coupe. (Cons. d'Etat, 4 avril 1862.)

5. *Propriétaire.* — Le particulier qui vend uniquement les bois provenant de ses forêts, alors même qu'il les débite dans un chantier, en dehors de son exploitation, ne doit pas être imposé à la patente de marchand de bois. (Cons. d'Etat, 17 janvier 1838.)

PATRE.

Acceptation, 4.
Adjudicataire, 14.
Agrément, 7.
Amende, 16.
Arrestation, 23.
Bestiaux, 11, 12.
Chèvre, 13, 15, 22.
Choix, 3, 4.
Circulation, 24.
Commission, 8.
Déclaration, 18.
Définition, 1.
Fils du propriétaire, 21.
Marque, 17.
Mouton, 13, 15, 22.
Nombre, 6.
Nomination, 5.
Pâtre commun, 2.
Pâturage, 12.
Pénalités, 11, 12, 13, 14, 15, 16, 22.
Porc, 12.
Privilège, 23.
Propriétaire, 19, 20, 21.
Responsabilité, 9.
Route, 24.
Suppléant, 10.
Troupeau commun, 11.
Usager, 12, 13.
Visa, 8.

1. *Définition.* — Le pâtre est celui qui conduit les bestiaux et se trouve préposé à leur surveillance. L'usager qui conduit les troupeaux lui appartenant en est le pâtre. (Chambre des députés, séance du 24 mars 1827.)

2. *Pâtre commun.* — La condition d'avoir un pâtre commun est obligatoire, quelle que soit la distance des habitations. (Cass. 4 avril 1840.) V. Troupeau commun.

3. *Choix.* — Les pâtres, pour conduire les troupeaux des communes ou sections de communes au pâturage, sont choisis par l'autorité municipale. (Cod. For. **72**.)

4. *Acceptation.* — Les pâtres des communes usagères seront choisis par le maire et agréés par le conseil municipal. (Ord. **120**, **146**.)

5. *Nomination.* — Le maire nomme les pâtres communs, sauf l'approbation du conseil municipal. (Loi du 5 avril 1884, art. 88.)

6. *Nombre.* — En cas de difficulté sur le nombre de pâtres nécessaires à la conduite du troupeau des usagers, leur détermination appartient au tribunal civil, d'après les faits et les circonstances, et non pas à l'autorité municipale. (Trib. de Montfort, 13 janvier 1882.)

7. *Agrément.* — L'agrément du conseil municipal n'a pas besoin d'être exprimé sur un acte séparé de la nomination.

8. *Commission. Visa.* — Il n'est pas nécessaire que l'institution ou la commission du pâtre communal soit visée par les agents forestiers.

9. *Responsabilité.* — Les communes sont responsables des condamnations pécuniaires civiles prononcées contre les pâtres ou gardiens, pour tous les délits forestiers commis par eux, pendant le temps de leur service ou dans les limites du parcours. (Cod. For. **72**, **112**. Cod. Pén. **74**. Cod. Civ. **1384**.)

10. *Suppléant.* — Un pâtre communal peut se faire suppléer et confier la garde du troupeau commun à sa femme ou à ses enfants. (Dijon, inédit, 27 novembre 1833.)

11. *Réunion de troupeau. Pénalités.* — Les pâtres qui réunissent en un seul troupeau les porcs ou bestiaux de différentes communes ou sections de communes usagères encourent, savoir :

Amende : Le jour, 5 à 10 francs. (Cod. For. 72, 112, 120.)
— La nuit, 10 à 20 francs. (Cod. For. 72, 112, 120, 201.)
En cas de récidive, outre l'amende, *prison* obligatoire : 5 à 10 jours. (Cod. For. 72, 112, 120.)

Les communes sont responsables des condamnations civiles. (Cod. For. **72**, **112**, **120**.)

12. *Pâturage hors des chemins et cantons. Usagers. Pénalités.* — Les pâtres qui mènent les porcs ou bestiaux des usagers hors des chemins ou cantons désignés pour le pâturage encourent, savoir :

Amende : Le jour, 3 à 30 francs. (Cod. For. 76.)
— La nuit, 6 à 60 francs. (Cod. For. 76, 201.)
En cas de récidive, outre l'amende, *prison* facultative, 5 à 15 jours. (Cod. For. 76, 201.)

Les communes sont responsables des condamnations civiles. (Cod. For. **72**.)

L'article 76 du code forestier ne s'applique qu'au pâtre des usagers. (Cass. 18 septembre 1835.)

13. *Chèvre. Mouton. Usager. Pénalités.* — Le pâtre qui mène au pâturage des chèvres ou moutons des usagers, sans autorisation, est puni, savoir :

Amende : Le jour 15 francs. (Cod. For. 78.)
— La nuit, 30 francs. (Cod. For. 78, 201.)
En récidive, outre l'amende, *prison* obligatoire : 5 à 15 jours. (Cod. For. 78, 201.)

Les communes sont responsables des condamnations civiles. (Cod. For. **72**.)

14. *Adjudicataire. Hors canton. Pénalités.* — Le pâtre d'un adjudicataire du pâturage ou du panage, qui mène les bestiaux hors des

cantons désignés ou des chemins indiqués, sera puni, en cas de récidive, savoir :

Prison obligatoire : 5 à 15 jours. (Cod. For. 56, 201.)

15. *Chèvre. Mouton. Particulier. Habitant. Pénalités.* — Le pâtre des particuliers ou habitants, qui conduit au pâturage des chèvres ou moutons sans autorisation, sera puni, savoir :

Amende : Le jour, 15 francs (Cod. For. 78, 99, 110.)
— La nuit, 30 francs. (Cod. For. 78, 201.)

En récidive, outre l'amende, *prison* obligatoire : 5 à 15 jours. (Cod. For. 78, 201.)

Si le pâtre est un enfant mineur :

Amende : 7 fr. 50 c. (Cod. For. 78, 99, 110. Cod. Pén. 69.)

16. *Pénalités. Amende.* — Les peines prononcées contre le pâtre sont indépendantes de celles prononcées contre le propriétaire des animaux en délit. (Cass. 10 août 1848.)

17. *Marque. Pâtre.* — Lors de la marque des bestiaux, dans le procès-verbal, on réunira dans une même accolade les bestiaux confiés à la garde du même pâtre. (Circ. A 389.)

18. *Déclaration.* — Lorsqu'un pâtre préposé à la garde des bestiaux surpris en délit désigne le nom du propriétaire de ces animaux, sa déclaration fait foi jusqu'à preuve contraire, et les juges ne peuvent d'office en discuter la valeur et la portée. (Cass. 20 juin 1851.)

19. *Propriétaire.* — S'il n'y a pas de pâtre, les propriétaires des animaux trouvés en délit sont passibles des condamnations édictées par l'article 199 du code forestier.

20. *Pâtre. Propriétaire.* — Lorsque le propriétaire du troupeau en est lui-même le pâtre, il n'encourt pas d'amende en cette qualité, et les prescriptions des articles 72, 78 et 110 du code forestier sont, dans ce cas, inapplicables, en ce qui concerne le pâtre. On ne prononce alors qu'une amende, suivant le nombre de têtes de bétail. (Cass. 2 mai 1845.)

21. *Fils du propriétaire.* — Le fils du propriétaire n'est pas considéré comme pâtre ; c'est comme si le propriétaire lui-même gardait ses troupeaux. (Cass. 2 mai 1845.)

22. *Chèvre. Mouton. Pénalités.* — Dans le cas de pâturage de chèvres ou de moutons, les poursuites sont intentées simultanément contre le propriétaire du troupeau et contre le pâtre (ou les pâtres, s'il y en a plusieurs); chaque pâtre est passible de l'*amende* de 15 francs et, en cas de récidive, de 5 à 15 jours de *prison*. (Cod. For. 78, 110.) Dans le cas des articles 78 et 110 du code forestier, on ne doit faire aucune distinction entre le pâtre salarié et le fils conduisant, comme pâtre, le troupeau de son père. Le conducteur du troupeau doit toujours être puni. (Cass. 5 mai 1837.)

23. *Privilège. Arrestation.* — Un pâtre ne peut être arrêté, sinon pour crime, avant qu'il n'ait été pourvu à la sûreté des animaux, et, en cas d'arrestation, il doit y être pourvu, sous la responsabilité de ceux qui l'auront exercée. (Loi des 28 septembre-6 octobre 1791, titre I, sect. III, art. 1.)

24. *Route. Circulation. Règle.* — L'article 25, titre II, de la loi des 28 septembre-6 octobre 1791 règle la pénalité encourue par les pâtres qui laissent divaguer les bestiaux hors des routes et chemins, soit en revenant des marchés, soit en allant d'un point à un autre, savoir :

Amende : 2 journées de travail et dommages-intérêts.
Saisie des bestiaux, à défaut de paiement.

PATURAGE.

SECT. I. — GÉNÉRALITÉS, DROIT, PRINCIPES, 1 — 24.

SECT. II. — JOUISSANCE, 25 — 60.

§ 1. *Canton, Epoque, Possibilité*, 25 — 42.

§ 2. *Liste et état des bestiaux*, 43 — 52.

§ 3. *Adjudication*, 53 — 56.

§ 4. *Concession*, 57 — 60.

SECT. III. — POLICE, 61 — 96.

§ 1. *Surveillance, Contrôle*, 61 — 66.

§ 2. *Poursuites*, 67 — 79.

§ 3. *Amendes, Pénalités*, 80 — 96.

SECT. IV. — TERRAIN REBOISÉ OU GAZONNÉ, CONSERVATION DES MONTAGNES, 97 — 101.

Adjudicataire, 41, 90.
Adjudication, 53, 54, 56.
Age, 9, 33, 95.
Algérie, 24, 95.
Aménagement, 10.
Amende, 81.
Autorisation, 39, 54.
Bail, 65, 69.
Bestiaux de commerce, 3, 49, 50, 85.
Bêtes aumailles, 64.
Bois incendiés, 24.
Bois particulier, 32, 33, 34, 35, 74, 86.
Cantonnement, 3.
Cantons défensables, 28, 30, 32, 36, 37, 51, 61, 62, 67.
Chemins, 52.
Chèvre, 83.
Clochette, 84.
Clôture, 12.
Compétence, 5.
Concession, 57.
Condition, 58, 98.
Conseil municipal, 38.
Constatation, 76.
Contestation, 36, 37.
Contrôle, 61.
Conversion en bois, 6.
Déclaration, 77.
Défens, 99.
Défensabilité, 9, 34, 63.
Définition, 1.
Délibération, 38.
Délit, 40, 80.
Domaine, 19.
Droit, 2, 3, 12, 18, 25, 45, 64.
Droit communal, 7.
Droit d'usage, 14, 16, 17.
Durée, 27, 31.
Enregistrement, 44.
Epoque, 27.
Etat des bestiaux, 44.
Etat de la forêt, 31, 37.
Etat du sol, 26.
Etranger, 3, 22.
Exception préjudicielle, 27.
Exclusion, 26.
Excuse, 68, 69.
Exercice, 7, 35, 66.
Faits matériels, 76, 77.
Fermier, 66.
Forain, 3, 21.
Force majeure, 75.
Français, 18.

Habitant, 18.
Indemnité, 16, 17, 20, 100.
Indication, 98.
Indivisibilité, 15.
Infraction, 99.
Instance, 23.
Interdiction, 87.
Jeunes bestiaux, 48.
Jouissance, 11, 35, 40, 41.
Législation, 1.
Liste, 43, 44, 51.
Location, 55, 56.
Marque, 89.
Mouton, 23, 83.
Muselière, 90.
Nécessité absolue, 23.
Nombre, 46, 47, 57, 86, 87, 101.
Nuit, 29.
Nu-propriétaire, 79.
Pacage, 15.
Pâtre, 70, 71, 72, 73, 82, 91, 92.
Pature vive, 3.
Pénalités, 82, 87, 94, 95, 96, 99.
Pépinière, 93.
Plantation, 93.
Possession, 40.
Possibilité, 31, 37, 42, 101.
Poursuites, 60, 73, 74, 91, 99.
Prairie, 14, 15.
Préposés communaux, 59.
Préposés domaniaux, 57.
Privation, 100.
Produit, 4.
Propriétaire, 19, 70, 71, 72, 73.
Publication, 51.
Qualité, 3, 85.
Rachat, 3.
Réclamation, 55.
Reconnaissance, 53.
Régime forestier, 68, 97.
Réglementation, 98, 99.
Résidence, 19.
Renseignements, 42.
Responsabilité, 73.
Servitudes, 3.
Société, 11.
Suivants, 48.
Superficiaire, 78.
Terrain d'autrui, 94.
Terrain indivis, 78.
Timbre, 44.
Titres anciens, 27.
Tréfoncier, 78.
Usagers, 8, 9, 13, 20, 91.
Vacant, 97.
Vidange, 60.

V. Bétail. Cantonnement. Chemin. Cheptel. Clochette. Défensabilité. Droit d'usage. Garde séparée. Mise en défens. Pâtre et les noms des animaux. Pâture. Près-bois. Rachat. Servitude. Troupeau commun.

SECT. I. — GÉNÉRALITÉS. DROIT. PRINCIPES.

1. *Définition. Législation.* — Le droit de pâturage, dans son acceptation propre, s'entend du droit de faire paître toute espèce de bétail. (Meaume.)

La loi des 28 septembre-6 octobre 1791 n'a aboli que les droits de pâture ou de dépaissance établis par les lois et coutumes et a maintenu, au contraire, les droits de cette nature fondés en titre. (Cass. 28 juillet 1875.)

2. *Droit.* — Le droit de pâturage est un droit réel, existant pour l'utilité des maisons et héritages de la commune. (Cass. 11 mai 1838.)

3. *Droit. Servitude. Pature vive. Cantonnement. Rachat.* — Le droit de pâturage concédé aux habitants d'une commune, à charge par eux de payer une redevance annuelle pour chaque tête de bétail, constitue une servitude réelle, établie au profit des bestiaux des habitants de la commune seulement, et non de ceux appartenant à des tiers étrangers à la commune et qui seraient loués.

D'après la loi du 28 août 1792, ce droit peut être cantonné. (Chambéry, 13 décembre 1867.)

Les droits de pature vive ne sont pas susceptibles d'être rachetés; ils peuvent seulement être soumis au cantonnement. (Trib. de Mayenne, 2 décembre 1875.)

4. *Produit.* — Le pâturage est considéré menus produits, dans les forêts domaniales, et comme produits accessoires, dans les bois communaux et d'établissements publics. (Arr. Min. 22 juin et 1er septembre 1838. Circ. A 842.)

5. *Compétence.* — Les conseils de préfecture sont compétents pour décider si un terrain est en nature de bois ou en nature de pâturage. (Cons. d'Etat, 28 juillet 1852.)

6. *Conversion en bois.* — Les conseils de préfecture sont compétents pour statuer sur la conversion en bois des terrains communaux en nature de pâturage. (Cons. d'Etat, 22 juin 1854.)

Le conseil général donne son avis. (Loi du 10 août 1871, art. 50.)

7. *Droit communal. Exercice.* — Le pâturage des usagers est un droit communal qui doit s'exercer par les habitants collectivement, *ut universi*, et non pas séparément, *ut singuli*. V. Garde séparée. Troupeau commun. Vacant.

8. *Usager.* — L'usager, ne pouvant, en cette qualité, faire pâturer ses troupeaux que dans les cantons reconnus défensables, devient délinquant ordinaire et passible des amendes édictées par l'article 199 du code forestier, s'il sort des cantons désignés. (Cass. 16 janvier 1836.) V. Usager.

9. *Usage. Age. Défensabilité.* — Le titre ancien qui autorise le pâturage dans un bois après la troisième feuille est sans valeur sous le code forestier; l'usager ne peut se prévaloir de ce titre, pour se dispenser de la déclaration de défensabilité prescrite par l'article 119 du code forestier. (Paris, 2 décembre 1875.)

10. *Aménagement.* — Lorsqu'un propriétaire, dont le bois est grevé d'un droit de pâturage au profit d'une commune, fixe la révolution de son bois de manière à ce qu'il ne soit jamais défensable, la commune peut obliger ce propriétaire à racheter le droit d'usage ou à rétablir l'ancien aménagement.

11. *Jouissance commune. Société.* — Le droit prétendu de mener paître du bétail sur un terrain commun à plusieurs personnes, étant de sa nature indivisible, peut être contesté en totalité par l'un seulement des propriétaires, lequel est censé représenter dans l'instance tous ses co-intéressés.

La société par laquelle les habitants d'une localité mettent en commun la jouissance des bois et pâturages, sous certaines conditions de domicile, de résidence, de possession de terre et d'hivernage de bétail, est valable et obligatoire jusqu'à sa dissolution. (Cass. 6 février 1872.)

12. *Clôture. Droit.* — Le propriétaire d'une forêt ne peut jamais s'affranchir, par

la clôture, de l'exercice d'un droit de pâturage, en vertu de la loi des 28 septembre-6 octobre 1791. (Cass. 12 novembre 1828.)

13. *Usagers.* — Le propriétaire d'une forêt grevée d'un droit d'usage en pâturage ne peut y introduire ses troupeaux, ou ceux de ses fermiers, qu'autant qu'il ne nuira pas aux usagers et qu'il restera pour leurs bestiaux des produits suffisants. (Nancy, 20 juillet 1843.)

14. *Droit d'usage. Prairie.* — Un droit d'usage en pâturage, sur une prairie, peut être cantonné, si la prairie ne fait pas partie intégrante de la forêt et si elle n'est pas soumise au régime forestier. (Rouen, 14 août 1845.) V. Cantonnement.

15. *Pacage. Prairie. Indivisibilité.* — Le droit de pacage étant de sa nature indivisible et portant sur la totalité d'une prairie, c'est à ceux qui demandent le cantonnement à mettre en cause tous les ayants droit. Le cantonnement partiel ne peut pas être imposé à l'usager. (Cass. 13 avril 1880.)

16. *Indemnité. Droit d'usage.* — La prohibition du pacage des bêtes à laine dans les bois et forêts, établie par l'article 78 du code forestier, donne lieu à une indemnité, en faveur des usagers qui justifient que, dans la localité où sont situées les forêts soumises à leur droit d'usage, l'ordonnance de 1669, renfermant la même prohibition, n'a jamais été observée et qu'ils ont pu, dès lors, nonobstant cette ordonnance, continuer à y faire paître leurs bêtes à laine, en vertu des titres constitutifs de leur droit d'usage. (Cod. For. 78, § 2. Cass. 26 mai 1852.)

17. *Indemnité. Droit d'usage.* — Une indemnité obtenue à la suite de la suppression des droits de pacage pour les chèvres, brebis et moutons, ne saurait être considérée comme un prix de vente. (Cass. 24 juin 1885.)

18. *Habitant. Droit au pâturage.* — Le droit de pâturage est exercé par tous les habitants (propriétaires ou fermiers) de la commune, sans qu'il soit nécessaire pour eux d'être français de naissance ou naturalisés français. (Cass. 11 mai 1838.)

19. *Propriétaire. Domaine. Résidence.* — Le propriétaire qui, sans habiter personnellement la commune, y possède un domaine pourvu de bâtiments occupés chaque année par des gens à son service, tant que dure la belle saison, a le droit de faire pâturer son bétail dans les communaux, alors que, de temps immémorial, le droit de pâturage est attaché à ce domaine et que ce genre d'exploitation constitue dans la contrée un mode de propriété inhérent au sol. (Cass. 5 août 1872.)

20. *Usager. Privation. Préjudice. Indemnité.* — La suppression du droit de conduire ou faire conduire des chèvres, brebis ou moutons, dans une forêt ou ses dépendances, ne peut donner ouverture, au profit des usagers qui, antérieurement à la promulgation du code forestier, jouissaient de ce droit en vertu de titres valables ou d'une possession équivalente à titre, à l'indemnité prévue par les articles 78, paragraphe 2, et 120 dudit code, qu'autant que lesdits usagers justifient que cette suppression leur a, en fait, réellement causé un préjudice. (Cass. 5 avril 1892.)

21. *Forains.* — Lorsqu'une ordonnance du chef de l'Etat autorise le pâturage des moutons, dans les bois d'une commune, ce droit appartient à tous les propriétaires de la commune, quel que soit leur domicile. (Nîmes, inédit, 26 nov. 1835 et 26 mai 1836.)

22. *Etranger.* — L'étranger établi en France a droit à la jouissance des pâturages communaux, dans la commune où il a son domicile et où il est propriétaire des terres qu'il exploite, alors même qu'il n'aurait été ni naturalisé français, ni autorisé par le gouvernement à établir son domicile en France et à y jouir des droits civils. (Cass. 21 juin 1861.)

23. *Mouton. Besoin. Instance.* — L'usager, qui est en instance pour faire déclarer que son droit de pâturage des bêtes à laine est pour lui d'absolue nécessité, doit cependant s'abstenir du pâturage tant que l'instance n'est pas terminée. (Nîmes, 17 juin 1841.)

24. *Algérie. Bois incendié.* — Tout pâturage est interdit d'une manière absolue, au profit des usagers, pendant six ans au moins, sur toute l'étendue des bois et forêts incendiés, sous les peines portées par l'article 199, paragraphe 2, du code forestier (amende double). (Loi des 17-19 juillet 1874.)

SECT. II. — JOUISSANCE.

§ 1. *Canton. Epoque. Possibilité.*

25. *Limite du droit.* — Quels que soient l'âge ou l'essence des bois, et nonobstant toute possession contraire, les droits d'usage en pâturage, dans les bois en général, ne peuvent s'exercer que suivant l'état et la possibilité des forêts et dans les cantons reconnus défensables par les agents forestiers. (Cod. For. 65, 67, 112, 119.)

26. *Etat du sol. Exclusion des troupeaux.* — La fixation de la possibilité comprend l'exclusion des troupeaux aux époques où leur séjour peut détériorer le sol de la forêt, comme lorsque le bois n'est pas défensable. (Cass. 18 mars 1837.)

27. *Durée. Epoque. Titres anciens. Exception préjudicielle.* — La solution de la question de savoir quelle doit être, d'après les titres, la durée de pâturage en forêt, n'appartient pas à l'administration forestière, appelée à déclarer la défensabilité. Si un usager est poursuivi par le propriétaire de la forêt, pour avoir exercé son droit de pâturage en

dehors du temps fixé par la déclaration de défensabilité, le maire peut intervenir dans l'instance correctionnelle, pour opposer un titre d'après lequel les habitants de la commune usagère auraient le droit de faire pâturer leurs bestiaux toute l'année. Dans ce cas, l'exception préjudicielle soulevée par le maire, intervenant au nom de la commune, peut être admise. (Rennes, 22 décembre 1880.)

28. *Procès-verbaux des cantons défensables.* — Chaque année, les agents forestiers locaux constateront par des procès-verbaux, d'après la nature, l'âge et la situation des bois, l'état des cantons qui pourront être délivrés pour le pâturage, dans les forêts soumises à ce droit. Ils indiqueront le nombre des animaux qui pourront y être admis et les époques où l'exercice de ce droit d'usage pourra commencer et devra finir.

Les propositions des agents forestiers seront soumises à l'approbation du conservateur, avant le 1er février, pour le pâturage. (Ord. 119, 146.)

29. *Nuit.* — Aucune disposition de loi n'interdit le pâturage de nuit dans les forêts. (Cass. 6 juin 1855.) On doit, dès lors, dans les procès-verbaux des cantons défensables, indiquer que le pâturage ne pourra s'exercer que depuis le lever jusqu'au coucher du soleil. (Cod. For. 65. Ord. 119.)

Lorsque le pâturage s'exerce en vertu d'un droit, les tribunaux peuvent juger que l'exercice de ce droit peut s'effectuer de jour et de nuit, attendu le silence de la loi, et alors surtout que la constitution du droit implique ce mode de jouissance. Mais, si le pâturage, exercé sans droit, est déjà délictueux par lui-même et que, en outre, il soit exercé la nuit, l'époque à laquelle le délit est commis devient alors une circonstance aggravante de ce délit, qui est, dans ce cas, passible de l'aggravation de peine (amende double) prononcée par l'article 201 du code forestier. (Cass. 1er février 1834.)

30. *Désignation des cantons.* — Chaque année, avant le 1er mars, les agents forestiers font connaître aux communes et aux particuliers jouissant des droits d'usage les cantons reconnus défensables et le nombre des bestiaux admis au pâturage. Les maires sont tenus d'en faire la publication dans les communes usagères. (Cod. For. 69, 112.)

31. *Durée.* — L'administration fixe la durée du pâturage suivant l'état et la possibilité de la forêt. (Cass. 18 mars 1837.)

32. *Bois particuliers. Cantons défensables.* — Dans les bois particuliers, les agents forestiers sont seuls compétents pour désigner les cantons défensables, fixer la durée du pâturage et constater l'état et la possibilité des bois. (Cod. For. 119. Ord. 151. Rennes, 20 février 1883.) V. Bois particulier. Défensabilité. Possibilité.

33. *Bois particulier. Age.* — Un propriétaire peut mettre ses troupeaux dans ses bois, quel que soit leur âge, c'est-à-dire sans qu'ils soient défensables, et il peut transmettre ce droit à des usagers. (Cons. d'Etat, 18 brumaire an XIV, 7 décembre 1805.)

34. *Bois particuliers. Défensabilité.* — Le propriétaire qui introduit des bestiaux dans ses propres bois, avant qu'ils ne soient défensables, n'exerce ni un usage, ni une servitude ; il use de sa chose. Ce droit doit être respecté, à moins qu'il n'en résulte de graves abus. (Cons. d'État, 18 brumaire an XIV.)

35. *Bois particuliers. Jouissance. Modes.* — Le propriétaire peut, dans ses bois, exercer le pâturage aux époques qui lui conviennent et avec telles espèces d'animaux qu'il lui plaît ; il peut même accorder à d'autres le droit de faire pâturer des chèvres dans ses bois. (Cass. 26 juillet et 18 octobre 1811.)

36. *Contestation des cantons défensables.* — En cas de contestation, s'il s'agit de bois domaniaux ou communaux, la décision des agents forestiers sur la désignation des cantons défensables sera portée devant le conseil de préfecture, sauf recours au conseil d'Etat, et, s'il s'agit de bois particuliers, devant les tribunaux. (Cod. For. 67 et 121.)

37. *Contestation sur les cantons. Etat. Possibilité.* — En cas de contestation sur l'état et la possibilité des forêts et sur le refus d'admettre les animaux au pâturage ou au panage, dans certains cantons declarés non défensables, le pourvoi contre les décisions rendues en conseil de préfecture, en exécution des articles 65 et 67 du code forestier, aura effet *suspensif* jusqu'à la décision rendue par le chef de l'État, en conseil d'Etat. (Ord. 117. Cass. 5 juillet 1834.)

38. *Délibérations du conseil municipal.* — Les délibérations du conseil municipal relatives au pâturage sont sans valeur, si elles ne sont accompagnées de la declaration de défensabilité donnée par les agents forestiers. (Cass. 15 novembre 1833.)

39. *Conseil de préfecture. Autorisation.* — Un conseil de préfecture qui permet le pâturage dans un bois communal, en faveur des habitants d'une commune, en se fondant sur le besoin des habitants ou sur l'usage suivi, sans examiner si le bois est défensable, contrevient aux dispositions de l'article 67 du code forestier. (Cons. d'Etat, 10 octobre 1834 et 15 juillet 1835.)

40. *Délit. Possession.* — L'envoi habituel des bestiaux au pâturage dans une forêt, sans les précautions contradictoires exigées par la loi, ne constitue qu'une suite de délits exclusifs de toute jouissance, et, dès lors, il ne peut servir à l'acquisition d'un droit de vaine pâture par la possession immémoriale. (Lyon, 4 mai 1866.)

41. *Adjudicataire du droit de pâturage. Bois communaux.* — Lorsque, en exécution de la décision ministérielle en date du 2 novembre 1829, le droit de pâturage dans des bois communaux est mis en adjudication, l'adjudicataire semble ne pouvoir user de ce droit qu'en se conformant aux conditions imposées aux adjudicataires du panage par les articles 53 à 57 du code forestier, rendus applicables aux bois communaux par l'article 90 ; mais aucune décision n'est intervenue à ce sujet.

42. *Renseignements. Possibilité.* — Ordinairement, d'après Thaër, on admet en principe qu'il faut pour la nourriture de, savoir :

Une vache du poids vif de 450 kilogrammes....	0h, 76a	de pâture.
Un cheval...........	1 15	—
Un bœuf de travail...	0 92	—
Un poulain..	0 58	—
Une chèvre.........	0 38	—
Une brebis..........	0 07	—
Un cochon..........	0 07	—

Pour le parcours, dix moutons représentent un bœuf d'environ 600 kilogrammes.

Dans les bons pâturages, qui ne sont exposés ni à la dénudation, ni au ravinement, la possibilité pour la saison d'été, de juin au 15 octobre, peut être portée à dix moutons par hectare ; sur les versants où la dénudation est à redouter, cette possibilité est au plus de cinq moutons, souvent moins. La moyenne des pâturages ne dépasse pas, si elle l'atteint, la possibilité de deux moutons par hectare. (A Mathieu.)

D'après M. Marchand, la surface nécessaire pour l'estivage d'une vache dans les pâturages des Alpes est, en moyenne, de 1 h. 20; pour une chèvre il suffit de 0 h. 20 environ ; le nombre de moutons introduits au pâturage dans la vallée de Barcelonnette est, en moyenne, de deux par hectare.

D'après M. Broilliard, un hectare de bon pâturage, dans les Alpes, peut nourrir une vache ou cinq brebis ; dans le premier cas, il donne un revenu de 50 à 60 francs, et de 15 à 20 francs, dans le second.

Dans les Alpes suisses, le *paquier* ou terrain nécessaire à la nourriture des bestiaux comprend pour, savoir :

Une vache ou génisse pleine.....	1h,	80a
Une genisse....................	1	28
Un veau.........................	0	45
Un cheval de 1 an............	1	80
Un cochon......................	0	45
Une chèvre.....................	0	36
Un mouton.....................	0	36

D'après M. Convert, dans les garrigues de Villeneuvette (Hérault), avec deux moutons par hectare, la végétation a le dessous, et, en ne mettant plus qu'une bête par hectare, la végetation reprend le dessus et les broussailles se créent.

Un arrêt du parlement de Bourgogne avait jadis fixé à une brebis et son suivant par arpent (0h, 51a) le nombre d'animaux à introduire au pâturage ; le parlement de Paris n'admettait qu'une bête à laine par arpent (deux par hectare).

§ 2. *Liste et état des bestiaux.*

43. *Liste des bestiaux.* — Les maires des communes et les particuliers jouissant du droit de pâturage dans les forêts de l'Etat remettront annuellement à l'agent forestier local, avant le 31 décembre, l'état des bestiaux que chaque usager possède, avec la distinction de ceux qui servent à son propre usage et de ceux dont il fait commerce. (Ord. 118 et 146.)

La même formalité est obligatoire pour l'usage du pâturage dans les bois communaux. (Cod. For. 112. Ord. 146.)

44. *État des bestiaux. Timbre.* — Les états des bestiaux des usagers sont exempts du timbre et de l'enregistrement. (Loi du 15 mai 1818, art. 80.)

45. *Droit insuffisant. Partage.* — Si le droit de pâturage est insuffisant pour satisfaire tous les besoins des usagers, le conseil municipal établit, d'après l'étendue des cultures de chaque habitant, le nombre proportionnel des animaux à envoyer au pâturage. En cas d'abus, les conseils municipaux pourraient partager le droit par feu ou suivant les prescriptions établies par la loi des 28 septembre-6 octobre 1791, section IV, art. 13, sur la vaine pâture.

46. *Nombre des animaux.* — L'administration (le conservateur) fixe, d'après les droits des usagers, le nombre des animaux à admettre au pâturage, sauf, en cas de discussion, recours devant les tribunaux civils pour faire fixer les droits des usagers. (Cod. For. 68, 112.)

47. *Nombre des animaux.* — Le nombre des animaux à admettre au parcours doit être fixé, non seulement d'après les droits des usagers, mais aussi d'après l'état et la possibilité des forêts.

48. *Jeunes. Suivants.* — A l'égard des jeunes animaux, on doit, dans la pratique, distinguer ceux qui tètent encore de ceux qui peuvent pâturer. Ces derniers doivent seuls compter comme bestiaux au pâturage.

49. *Bois communaux. Bestiaux de commerce.* — L'autorisation pour les communes d'affermer leur pâturage implique que l'article 70 du code forestier ne peut pas être appliqué à la jouissance des communes dans leurs bois et que les habitants peuvent y introduire les bestiaux dont ils font commerce. (Décis. Min. du 2 novembre 1829.)

50. *Bestiaux de commerce.* — Si un titre accordait à l'usager le droit de conduire au pâturage les animaux dont il fait commerce (boucherie), il devrait jouir suivant son titre, nonobstant la prescription de la loi.

51. *Cantons défensables. Liste. Publication.* — La publication, par le maire, des cantons

reconnus défensables et du nombre des bestiaux admis au pâturage, prescrite par l'article 69 du code forestier, est d'ordre public, mais n'a pas d'importance, ni d'influence pour l'administration; son défaut n'excuse pas le délit et n'en constitue pas. (Cass. 29 août 1839.)

52. *Chemins.* — Les chemins pour aller au pâturage sont désignés, pour les bois soumis au regime forestier, par les agents forestiers et, pour les bois particuliers, par le propriétaire. (Cod. For. 71, 112, 119.) V. Chemin.

§ 3. *Adjudication.*

53. *Cantons. Reconnaissance.* — Le conservateur fera reconnaître, par les agents forestiers locaux, les cantons des bois et forêts où des adjudications de paisson (pâturage) pourront avoir lieu sans nuire au repeuplement et à la conservation des forêts; il autorisera, en conséquence, ces adjudications. (Ord. 100, 134.) V. Adjudication.

54. *Adjudication. Bois communaux. Autorisation.* — Il ne pourra être fait, dans les bois des communes et établissements publics, aucune adjudication de paisson (pâturage) qu'en vertu d'autorisation spéciale du préfet, qui devra consulter, à ce sujet, les communes ou établissements publics et prendre l'avis de l'agent forestier local. (Ord. 139.)

55. *Location. Bois communaux. Réclamations.* — Les communes peuvent affermer le pâturage dans leur bois; mais, si ce mode de jouissance excitait des réclamations de la part des habitants qui voudraient envoyer directement leurs troupeaux dans ces forêts, ce serait le cas de faire statuer par l'autorité administrative, comme lorsqu'il s'agit de la mise en ferme d'un parcours communal. (Décis. Min. 2 novembre 1829.)

56. *Location. Bois domaniaux.* — La décision ministérielle du 2 novembre 1829 étant spéciale aux bois communaux, et la section VI du code forestier, articles 53 et 57, ne se rapportant qu'aux adjudications de glandee, panage et paisson, on doit en conclure que le droit de pâturage proprement dit ne peut pas être loué dans les bois domaniaux.

§ 4. *Concession.*

57. *Préposés domaniaux. Animaux.* — Tous les préposés domaniaux sont autorisés à envoyer au pâturage, dans les forêts domaniales, deux vaches et un suivant de six mois au plus. (Décis. Min. du 18 juillet 1839. Circ. A 448.)

58. *Gardes domaniaux. Conditions.* — Le pâturage des vaches, que les gardes peuvent introduire dans les forêts domaniales, doit être exercé, sous la surveillance de gardiens, sur les chemins et routes et dans les cantons tellement défensables qu'il ne puisse en résulter aucun dommage. Ces cantons sont désignés par l'inspecteur et il en est fait mention sur le livret des gardes. En cas d'infraction, révocation ou changement de résidence des gardes. (Circ. A 341. Circ. A 448.)

59. *Bois domanial. Préposés communaux.* — Le droit de faire pâturer deux vaches dans une forêt domaniale peut être accordé à un préposé communal, moyennant indemnité.

60. *Chevaux. Vidange.* — L'ordonnance du 9 février 1825, qui autorisait, dans quelques départements, le pâturage des chevaux employés à la vidange des coupes dans les forêts domaniales, est rapportée. Cette faculté ne peut être accordée qu'en vertu des clauses du cahier des charges et sous la garantie, en cas de délit, des peines prononcées par le code. (Ord. 12 mai 1834.)

SECT. III. — POLICE.

§ 1. *Surveillance. Contrôle.*

61. *État. Contrôle.* — Pour le contrôle du pâturage, le conservateur a la minute de l'état général des cantons défensables et les états de bestiaux produits par les usagers; les chefs de service ont les procès-verbaux des cantons défensables, les originaux de notification et les procès-verbaux de la marque des bestiaux; les chefs de cantonnement conservent, dans leurs archives, la minute des actes constatant les opérations auxquelles ils ont procédé. (Circ. A 389.)

62. *Cantons défensables.* — L'interdiction du pâturage étant de droit commun et l'usager ne pouvant, quel que soit son titre, conduire ses bestiaux que dans les cantons déclarés défensables, il devient un délinquant ordinaire, lorsque ses troupeaux sont hors de ces cantons. (Cass. 16 janvier 1836.)

63. *Procès-verbal de défensabilité.* — La déclaration de défensabilité ne profite qu'aux usagers; tout individu non usager, qui introduit ses troupeaux dans ces cantons, quoique déclarés défensables, est passible des poursuites pour délit de pâturage. (Besançon, 12 mars 1838.)

64. *Droit. Qualité des bestiaux.* — Le droit conféré à un usager de faire pacager ses bestiaux dans une forêt ne peut s'appliquer qu'aux bêtes aumailles et chevalines, et non aux bêtes ovines, dont le pâturage dans les bois était interdit. (Bourges, 1er juin 1836. Cass. 8 novembre 1826.)

65. *Cantons non déclarés. Bail.* — Le fait d'avoir mené pâturer des bestiaux dans des bois communaux, non déclarés défensables, constitue une infraction à l'article 67 du code forestier, lors même qu'il aurait eu lieu en vertu d'un bail authentique. (Cass. 5 avril et 23 août 1845.)

66. *Fermier. Exercice.* — Le fermier, par bail régulier, du pâturage dans un bois communal soumis au régime forestier ne peut exercer son droit qu'après la déclaration des cantons défensables. (Cass. 23 août 1845.)

§ 2. *Poursuites.*

67. *Cantons non défensables.* — Il y a délit, toutes les fois que les usagers introduisent des bestiaux dans un canton non déclaré défensable et non désigné pour le pâturage. (Cass. 14 novembre 1835.)

Ce délit ne peut être excusé par une question préjudicielle tirée soit de la qualité d'usager, soit d'une instance judiciaire ou administrative, pour faire déclarer défensable le canton dans lequel les bestiaux ont été trouvés. (Cass. 8 mai 1830.)

68. *Excuse légale. Régime forestier.* — Une délibération, approuvée par le préfet, par laquelle un conseil municipal autorise le pâturage dans les bois communaux, moyennant une redevance, ne saurait prévaloir contre le décret qui soumet ce bois au régime forestier, ni constituer une excuse légale au profité des habitants qui ont bénéficié de cette autorisation. (Cass. 3 mars 1865. Grenoble, 27 mars 1866.)

69. *Excuse. Bail.* — Un bail authentique, consenti par la commune propriétaire et approuvé par le préfet, ne peut pas excuser un délit de pâturage commis dans un canton non déclaré défensable, ni empêcher contre le délinquant les poursuites de l'administration. (Cass. 5 avril 1845.)

70. *Propriétaire. Pâtre.* — Les propriétaires des animaux trouvés en délit de pâturage, dans les forêts, sont personnellement passibles des peines portées par l'article 199 du code forestier, sans qu'il y ait lieu de distinguer si ces animaux étaient sans gardiens, s'ils étaient gardés par le propriétaire ou s'ils étaient placés sous la surveillance d'un pâtre spécial ou d'un pâtre communal.

Ces peines sont, d'ailleurs, indépendantes de celles qui peuvent être prononcées contre les pâtres. (Cass. 20 juin 1851.)

71. *Poursuites. Propriétaire des animaux en délit sous la conduite du pâtre communal.* — Les propriétaires des animaux trouvés en délit peuvent être poursuivis pour délit de pâturage et condamnés, alors même que ces animaux auraient été trouvés sous la garde du pâtre communal.

Si le délit a été commis dans un bois communal, dans ce cas, la commune n'encourt pour le pâtre aucune responsabilité, ni celle de l'amende, ni celle des réparations civiles qu'elle serait exposée à se payer à elle-même. (Cass. Chambres réunies, 30 avril 1836 et 10 mai 1842.)

72. *Pâtre. Propriétaire.* — Pour les délits de pâturage, on peut poursuivre soit le propriétaire, soit le pâtre, soit les deux ensemble. Dans ce dernier cas, il ne doit être prononcé qu'une seule amende par tête de bétail ; le berger et le propriétaire doivent être condamnés solidairement. (Cass. 3 novembre 1832. Nancy, 8 mars 1833 et 18 décembre 1845.)

73. *Pâtre. Propriétaire. Responsabilité.* — La poursuite d'un délit de pâturage commis dans un bois est régulière et valable, soit qu'elle ait été dirigée contre le propriétaire du troupeau, soit qu'elle l'ait été contre le pâtre au principal et, en même temps, contre le propriétaire, comme civilement responsable. (Cass. 7 octobre 1847.)

74. *Bois particulier. Poursuite.* — En cas de poursuite pour délit de pâturage dans un bois particulier non défensable, le consentement du propriétaire paralyse la poursuite et fait disparaître le délit.

75. *Force majeure.* — La force majeure bien constatée peut être une excuse pour la divagation des troupeaux. (Grenoble, inédit, 7 mars 1833 et 2 juillet 1835.)

76. *Garde. Passage. Fait matériel.* — La constatation que le prévenu *gardait* ses bestiaux dans une forêt et ne se bornait pas à y *passer* constitue un fait matériel. (Cass. 3 décembre 1819.)

77. *Déclaration. Fait non matériel.* — La déclaration d'un garde, qu'un animal trouvé en délit de pâturage appartient à un tel individu, quoique celui-ci le dénie, ne fait foi que jusqu'à preuve contraire. (Cass. 31 décembre 1824.)

78. *Terrain indivis. Tréfoncier. Superficiaire.* — Si un terrain appartient à un tréfoncier et à un superficiaire, ce dernier ne peut intenter qu'une action en dommages-intérêts au tréfoncier pour fait de pâturage, attendu que celui-ci ne commet aucun délit en introduisant des bestiaux sur *son terrain*. V. Rép. for. t. XIII, p. 94.

79. *Nu-propriétaire.* — En cas d'usufruit, le nu-propriétaire ne peut poursuivre l'action en réparation d'un délit de pâturage contre l'auteur du délit qui n'a causé du dommage qu'à la superficie et non pas au fonds. (Bourges, 13 août 1863.)

§ 3. *Amendes. Pénalités.*

80. *Délit. Catégories.* — Les délits de pâturage ont été divisés par la loi en deux catégories bien distinctes, suivant que les bois ont plus ou moins de dix ans, et, dans chacun de ces deux cas, les amendes varient suivant les circonstances aggravantes des délits.

81. *Amende simple.* — L'amende de l'ar-cle 199 du code forestier, doublée pour les ois au-dessous de dix ans, est, dans ce cas, onsidérée comme amende simple, qui doit re encore doublée si le délit est commis de uit. (Cheval, de jour, 3 francs ; bois au-essous de dix ans, 6 francs ; bois au-dessous dix ans et de nuit, 12 francs.) (Cass. er février 1834.)

82. *Pâtres.* — Les pénalités prévues par article 76 du code forestier (pâturage des oupeaux des usagers ou des habitants des ommunes hors des cantons défensables ou es chemins désignés pour s'y rendre, en ce ui concerne le pâtre, 3 à 30 francs et 5 à 5 jours de prison) ne s'appliquent qu'aux âtres des usagers ou des communes, et non as aux pâtres d'autres personnes. (Cass. 8 septembre 1835.)

83. *Chèvre. Mouton.* — Lorsqu'un délit e pâturage de chèvres ou de moutons a té commis dans un bois communal, on oit infliger au pâtre l'amende prononcée ar les articles 78 et 110 du code forestier, ndépendamment de celle de l'article 199 du ıême code, applicable aux propriétaires des nimaux. (Cass. 28 avril 1848.)

84. *Clochettes.* — Les usagers doivent nettre des clochettes au cou des animaux dmis au pâturage, à peine d'une *amende* le 2 francs par tête de bétail. (Cod. For. 75.)

85. *Qualité. Bestiaux de commerce.* — Les sagers ne peuvent jouir des droits de âturage dans les forêts domaniales que pour es bestiaux à leur propre usage et non pour eux dont ils font commerce, à peine d'une *amende* double de celle prononcée par l'ar-ticle 199 du code forestier (Cod. For. 70) à moins de droit spécial à cet effet. V. Bétail.

86. *Bois particuliers. Excédant.* — En cas d'introduction par les usagers d'un nombre d'animaux supérieur à celui fixé, la poursuite doit être dirigée, non contre le berger ou pâtre, mais contre les usagers, pour les animaux introduits en trop. (Cod. For. 77, 199. Cass. 13 juillet 1866.)

87. *Bois particuliers. Interdiction. Pénalités.* — Lorsqu'un usager est poursuivi par le propriétaire d'une forêt particulière, pour avoir exercé son droit durant la période d'interdiction fixée par l'agent forestier en raison de l'état de la forêt, cet usager doit être condamné, comme ayant commis le délit de pâturage prévu et puni par l'article 199 du code forestier. (Rennes, 20 février 1883.)

88. *Bestiaux surabondants.* — Le pâturage, par les usagers ou les habitants, d'un nombre d'animaux supérieur à celui fixé par l'administration est puni, pour l'excédant, par l'*amende* ordinaire pour les animaux en délit, en vertu de l'article 199 du code forestier. (Cod. For. 77, 112.)

89. *Bestiaux non marqués.* — Les usagers ne doivent envoyer au pâturage que des animaux marqués d'une marque spéciale, à peine d'une *amende* de 3 francs par tête de bétail non marquée. (Cod. For. 73.) V. Marque.

90. *Adjudicataire. Muselière. Coupe.* — Il est défendu aux adjudicataires de faire ou laisser paître les animaux de trait ou de bât dans les forêts et même de les conduire dans la vente, sans les museler. (Cah. des ch. 30.) En cas d'infraction, *pénalités* de l'article 199 du code forestier, pour pâturage ordinaire, en tenant compte de l'âge des bois et des autres circonstances.

91. *Usager. Pâtre. Poursuites.* — Lorsque des bestiaux appartenant à des usagers sont trouvés au pâturage, sous la garde d'un pâtre communal, hors des cantons défensables, dans une forêt domaniale grevée, ces usagers encourent les peines portées par l'article 199 du code forestier, comme propriétaires, encore bien que le pâtre, auteur du délit, soit personnellement passible de l'amende édictée par l'article 76 du code forestier. (Cass. Chambres réunies, 26 novembre 1851.)

92. *Pâtre. Ordre. Commune.* — Lorsqu'en exécution des ordres de l'autorité municipale le pâtre d'un troupeau communal a introduit des bestiaux dans un bois âgé de moins de dix ans, non reconnu défensable, et qu'il est directement poursuivi pour cette introduction, il doit être condamné à l'amende édictée par l'article 199 du code forestier, et la commune doit être déclarée civilement responsable des réparations civiles et des frais, et même de l'amende, dans ce cas. (Toulouse, 8 février 1862.)

93. *Plantation. Pépinière.* — Si un délit de pâturage est commis dans une pépinière ou plantation faite dans un but autre que celui du reboisement et si le terrain n'est pas soumis au régime forestier, ce délit est puni par l'article 479, paragraphe 10, du code pénal. (Paris, 13 juin 1845. Cass. 31 janvier 1846.)

94. *Terrain d'autrui.* — Le pâturage des bestiaux sur le terrain d'autrui, de quelque nature qu'il soit, prairie, vignes, oseraies, plants d'arbres fruitiers, pépinière d'arbres faite de main d'homme, est puni, savoir :

Amende : 11 à 15 francs. (Cod. Pén. 479.)
Récidive, *Prison :* 5 jours. (Cod. Pén. 482.)

95. *Algérie. Age. Pénalité.* — En Algérie, tout propriétaire d'animaux trouvés dans les bois et broussailles âgés de moins de six ans sera puni des amendes doubles prévues par le paragraphe 2 de l'article 199 du code forestier. (Loi du 9 décembre 1885, art. 9. Circ. N 357.)

96. — *TABLEAU des pénalités pour délits de pâturage commis dans une forêt soumise au régime forestier.*

DÉLITS DE PATURAGE. — PÉNALITÉS POUR LES PROPRIÉTAIRES.

CIRCONSTANCES aggravantes.	DÉSIGNATION des ANIMAUX.	PAR UN PARTICULIER ou habitant de la commune. — *Amende* par tête de bétail: hors cantons ou chemins. (C. F. 199.)	de commerce. (C.F.70.)	à garde séparée. (C. F. 72.)	sans marque. (C.F.73.)	sans clochette. (C.F.75.)	excédant. (C. F. 77.)	PAR UN USAGER. — *Amende* par tête de bétail: hors cantons ou chemins. (C. F. 199.)	de commerce. (C. F. 7.)	garde séparée. (C. F. 72.)	sans marque. (C. F. 73.)	sans clochette. (C. F. 75.)	excédant. (C. F. 77.)	mouton sans autorisation. (C. F. 78.)	PAR UN ADJUDICATAIRE du pâturage ou panage — *Amende* par tête de bétail: hors cantons ou chemins. (C. F. 56, 199.)	garde séparée. (C. F. 72.)	sans marque. (C. F. 55.)	sans clochette. (C. F. 75.)	excédant. (C. F. 54, 77, 199.)	OBSERVATIONS.
Age des bois. — Bois de 10 ans et au-dessus. (C. F. 199.)																				
		f.		f.	f.	f.	f.	f.	f.	f.	f.	f.	f.	f.	f.	f.	f.	f.	f.	
Le jour. (C. F. 199.)	Porc	1	..	2	3	»	1	1	2	2	3	»	1	»	1	2	3	»	2	(1) Si le pâturage de nuit est prohibé par les procès-verbaux des cantons défensables.
	Bête à laine. (C. F. 110.)	2	..	2	3	2	2	2	4	2	3	2	2	4	2	2	3	2	4	
	Cheval ou bête de somme	3	..	2	3	2	3	3	6	2	3	2	3	»	3	2	3	2	6	
	Chèvre. (C. F. 110.)	4	..	»	»	»	»	8	»	»	»	»	»	»	4	»	»	»	»	
	Bœuf, Vache, Veau	5	..	2	3	2	5	5	10	2	3	2	5	»	5	2	3	2	10	
Le jour avec récidive, la nuit (1) ou la nuit avec récidive. (C.F. 201.)	Porc	2	..	4	6	»	2	2	4	4	6	»	2	»	2	4	6	»	4	
	Bête à laine. (C. F. 110.)	4	..	4	6	4	4	4	8	4	6	4	4	8	4	4	6	4	8	
	Cheval ou bête de somme	6	..	4	6	4	6	6	12	4	6	4	6	»	6	4	6	4	12	
	Chèvre. (C. F. 110.)	8	..	»	»	»	»	16	»	»	»	»	»	»	8	»	»	»	»	
	Bœuf, Vache, Veau	10	..	4	6	4	10	19	20	4	6	4	10	»	10	4	6	4	20	
Age des bois. — Bois au-dessous de 10 ans (C. F. 199), non défensables.																				
Le jour. (C. F. 199.)	Porc	2	..	..	..	..	..	2	..	..	..	..	..	»	2	..	..	..	..	(2) Tous les délits de pâturage commis dans des bois au-dessous de 10 ans et, par conséquent, non défensables sont considérés comme délits de pâturage ordinaire prohibé, ou hors cantons et chemins désignés. (Cass. 16 janv. 1836.)
	Bête à laine. (C. F. 110.)	4	..	..	..	..	..	4	..	..	..	..	..	8	4	..	..	..	..	
	Cheval ou bête de somme	6	..	..	..	..	..	6	..	..	..	..	..	»	6	..	..	..	..	
	Chèvre. (C. F. 110.)	8	..	..	..	..	..	16	..	..	..	..	..	»	8	..	..	..	..	
	Bœuf, Vache, Veau	10	..	..	..	..	..	10	..	..	..	..	..	»	10	..	..	..	..	
Le jour avec récidive, la nuit (2) ou la nuit avec récidive. (C.F. 201.)	Porc	4	..	..	..	..	..	4	..	..	..	..	..	»	4	..	..	..	..	
	Bête à laine. (C. F. 110)	8	..	..	..	..	..	8	..	..	..	..	..	16	8	..	..	..	..	
	Cheval ou bête de somme	12	..	..	..	..	..	12	..	..	..	..	..	»	12	..	..	..	..	
	Chèvre. (C. F. 110.)	16	..	..	..	..	..	32	..	..	..	..	..	»	16	..	..	..	..	
	Bœuf, Vache, Veau	20	..	..	..	..	..	20	..	..	..	..	..	»	20	..	..	..	..	

Dommages-intérêts facultatifs; minimum : amende simple. (C. F. 199. 202.) — Saisie et mise en séquestre, suivant les cas, s'il y a lieu. (C. F. 161.)

PATRES DES

			Pénalités	Observations
Usagers	Troupeau commun	Le jour. La nuit. En récidive.	*Amende* : 5 à 10 francs. (C. F. 72.) — 10 à 20 francs. (C. F. 72, 201.) Outre l'amende, *prison* obligatoire : 5 à 10 jours. (C. F. 72, 201.)	Responsabilité de la commune pour les condamnations civiles prononcées contre le pâtre. (C. F. 72.)
	Pâturage hors cantons désignés	Le jour. La nuit En récidive.	*Amende* : 3 à 30 francs. (C. F. 76.) — 6 à 60 francs. (C. F. 76, 201.) Outre l'amende, *prison* facultative : 5 à 10 jours. (C. F. 76, 201.)	
	Pâturage des chèvres ou moutons non autorisé	Le jour. La nuit En récidive.	*Amende* : 15 francs. (C. F. 78.) — 30 francs. (C. F. 78, 201.) Outre l'amende, *prison* obligatoire : 5 à 15 jours. (C. F. 78, 201.)	
Adjudicataires du pâturage ou panage	Pâturage hors cantons désignés	En récidive.	*Prison* obligatoire : 5 à 15 jours. (C. F. 56, 201.)	
Particuliers ou habitants	Pâturage des chèvres ou moutons	Le jour La nuit En récidive.	*Amende* : 15 francs. (C. F. 78.) — 30 francs. (C. F. 78, 201.) Outre l'amende, *prison* obligatoire : 5 à 15 jours, (C. F. 78, 201.)	

Bois communaux et particuliers. — Ces pénalités, s'appliquent aux bois communaux (C. F. 112) et aux bois particuliers. (C. F. 120. Cass. 10 août 1848.)

NOTA. — Si le propriétaire est le pâtre du troupeau, l'amende contre le pâtre n'est pas appliquée. (Cass. 2 mai 1845.)
On peut poursuivre le pâtre ou l'usager propriétaire des bestiaux. (Cass. 10 mai 1842), ou les deux ensemble et chacun pour la pénalité qui lui incombe. (Cass. 4 janvier 1849.)
Les peines prononcées contre le pâtre sont indépendantes de celles prononcées contre le propriétaire des bestiaux. (Cass. 10 août 1848.)

SECT. IV. — TERRAIN REBOISÉ OU GAZONNÉ. CONSERVATION DES MONTAGNES.

97. *Vacants. Régime forestier.* — Les faits de dépaissance de chèvres ou moutons, accomplis sur des vacants ou pâturages régis par l'administration forestière, tombent sous l'application de l'article 78 du code forestier. (Cass. 5 juillet 1872. Cass. Chambres réunies, 12 mars 1874.)

98. *Réglementation. Indication. Condition.* — Les communes sur le territoire desquelles des périmètres de restauration obligatoire ou de mise en défens auront été établis par des lois ou des décrets seront assujetties à la réglementation du pâturage.

Ce règlement indiquera :

La nature, les limites et la superficie totale des terrains communaux soumis au pâturage ;

Les limites et l'étendue des cantons qu'il y a lieu d'ouvrir aux troupeaux, dans le cours de l'année ;

Les chemins par lesquels les bestiaux doivent passer pour aller au pâturage ou au pacage et en revenir ;

Les diverses espèces de bestiaux et le nombre de têtes qu'il convient d'y introduire ;

L'époque à laquelle commence et finit l'exercice du pâturage, suivant les cantons et la catégorie des bestiaux ;

La désignation du pâtre ou des pâtres communs choisis par l'autorité municipale pour conduire le troupeau de chaque commune ou section de commune ;

Et toutes autres conditions d'ordre et de police relatives à l'exercice du pâturage. (Décr. du 11 juillet 1882, art. 23 et 24.)

99. *Réglementation. Infraction. Poursuites. Pénalités.* — Dans les communes dont les terrains sont soumis à la réglementation du pâturage (périmètres de restauration ou de mise en défens), les contraventions aux règlements seront constatées par les gardes domaniaux et, au besoin, par tous les officiers de police judiciaire et poursuivies dans les formes prescrites par les articles 137 et suivants du code d'instruction criminelle (comme contravention de simple police). Les contrevenants sont punis, savoir :

Amende : 1 à 5 francs. (Cod. Pén. 471.)

En cas de récidive, *prison :* 3 jours au plus. (Cod. Pén. 474. Loi du 4 avril 1882, art. 15 et 22.)

V. Réglementation des pâturages.

100. *Privation. Indemnité.* — Le mode et la fixation de l'indemnité qui est allouée aux communes, en cas de mise en défens, pour privation temporaire de pâturage, sont réglés à l'amiable ou par le conseil de préfecture, après expertise. (Loi du 4 avril 1882, art. 8. Décr. du 11 juillet 1882, art. 21.) V. Indemnité.

101. *Possibilité. Nombre.* — Dans la fixation du nombre d'animaux à admettre au pâturage, on doit éviter d'apporter une trop grande perturbation dans les conditions d'existence des habitants des communes pastorales. (Circ. A 851.)

PATURE.

Affranchissement, 20.
Bétail, 11, 12.
Bois, 7, 8.
Cantonnement, 21, 22.
Cession, 13.
Chef de famille, 12.
Clôture, 16, 20.
Culture, 16.
Décision, 6.
Définition, 1, 2.
Délibération, 5, 6, 18.
Dommages, 15.
Droit, 15.
Etendue, 11.
Exercice, 13.
Fermier, 11, 12.
Jouissance, 10.
Maintien, 5, 6.
Nombre, 11, 12.
Origine, 4.
Parcs, 9.
Pénalités, 19.
Prairies, 14.
Prescription, 3.
Propriétaire, 11, 12.
Rachat, 22.
Récolte, 14.
Réclamation, 5.
Servitude, 3.
Suppression, 5.
Troupeau, 10.

1. *Définition.* — La vive ou grasse pâture comprend le produit qu'on peut percevoir tout l'été, par le moyen du pâturage, sur le fonds destiné à fournir, durant cette saison, la nourriture des bestiaux qu'on y met en dépaissance.

2. *Définition.* — La vaine pâture est une faculté que les habitants d'une commune ont d'envoyer, pêle-mêle, en dépaissance, leurs bestiaux sur les fonds les uns des autres, lorsque ces fonds sont en jachère ou après qu'ils ont été dépouillés de leurs fruits, comme encore lorsque ces fonds ne consistent qu'en friche abandonnée, sans culture.

3. *Servitude. Prescription.* — La vive ou grasse pâture ne constitue pas une servitude discontinue, mais bien une portion, un démembrement de la propriété, et peut, par conséquent, s'acquérir par une possession suffisante pour prescrire. (Lyon, 16 janvier 1857.)

4. *Origine.* — Le droit de vaine pâture dans une paroisse, accompagné ou non de la servitude du parcours, ne pourra exister que dans les lieux où il est fondé sur titre particulier, ou autorisé par la loi et un usage immémorial, et à la charge qu'il ne sera exercé que suivant les règles et usages locaux. (Loi des 28 septembre-6 octobre 1791, titre Ier, sect. IV, art. 3.)

5. *Suppression en principe. Maintien. Réclamation.* — Le droit de vaine pâture appartenant à la généralité des habitants et s'appliquant à la généralité du territoire d'une commune cessera de plein droit en juin 1891, à moins qu'avant ce terme le maintien de ce droit, fondé sur une ancienne loi ou coutume, sur un usage immémorial ou sur un titre, ne soit réclamé par une délibération du conseil municipal ou par une requête d'un ou de plusieurs ayants droit, adressée au préfet. Dans ce cas, la vaine pâture continuera à être exercée jusqu'à ce qu'une décision soit intervenue sur cette demande. (Lois des 9 juillet 1889 et 22 juin 1890.)

6. *Demande de maintien. Décision.* — La demande de maintien sera soumise au conseil général, dont la délibération sera définitive, si elle est conforme à la délibération du conseil municipal. S'il y a divergence, la question sera tranchée par un décret rendu en conseil d'Etat. (Loi du 9 juillet 1889, art. 3.)

7. *Bois.* — Le droit de vaine pâture proprement dite n'existe pas dans les bois. Il ne peut y être établi qu'un droit de vive pâture, par titre. (Lyon, 4 mai 1866.)

8. *Bois.* — La vaine pâture ne peut pas être exercée dans les forêts, sans titre, et les dispositions des lois y relatives ne sont pas applicables aux terrains soumis au régime forestier.

9. *Parcs.* — Les parcs sont exclus du bénéfice de la vaine pâture. (Cass. 27 février 1841.)

10. *Troupeau. Mode de jouissance.* — La vaine pâture s'exercera par troupeau séparé ou par troupeau commun, suivant les usages. L'usage du troupeau commun n'est pas obligatoire et chacun peut faire garder, par troupeau séparé, le nombre de bétail qui lui est attribué. (Loi des 28 septembre-6 octobre 1791, art. 12. Loi du 9 juillet 1889, art. 4, 7.)

11. *Bétail. Nombre. Etendue.* — La quantité de bétail, proportionnée à l'étendue du terrain de chacun, est fixée dans chaque commune ou section de commune entre tous les propriétaires ou fermiers exploitants, domiciliés ou non domiciliés, à tant de têtes par hectare, d'après les règlements et usages locaux. En cas de difficulté, il y est pourvu par délibération du conseil municipal, soumise à l'approbation du préfet. (Loi des 28 septembre-6 octobre 1791, art. 13. Loi du 9 juillet 1889, art. 8.)

12. *Bétail. Nombre. Chef de famille.* — Tout chef de famille domicilié dans la commune, alors même qu'il n'est ni propriétaire, ni fermier d'une parcelle quelconque des terrains soumis à la vaine pâture, peut mettre sur lesdits terrains, soit par troupeau séparé, soit dans le troupeau commun, six bêtes à laine et une vache, avec son veau, sans préjudice des droits plus étendus qui lui seraient accordés par l'usage local ou le titre. (Loi des 28 septembre-6 octobre 1791, art. 14. Loi du 9 juillet 1889, art. 9.)

13. *Exercice. Cession.* — Le droit de vaine pâture doit être exercé directement par les ayants droit et ne peut être cédé à personne. (Loi des 28 septembre-6 octobre 1791, art. 15. Loi du 9 juillet 1889, art. 10.)

14. *Prairies artificielles. Récoltes.* — Dans aucun cas et dans aucun temps, la vaine pâture ne peut s'exercer sur les prairies artificielles. Elle ne peut avoir lieu sur une terre ensemencée ou couverte d'une production quelconque, tant que la récolte n'est pas enlevée. (Loi des 28 septembre-6 octobre 1791, art. 9. Loi du 22 juin 1890.)

15. *Limites du droit. Dommages.* — L'exercice de la vaine pâture ne s'étend pas jusqu'à permettre aux habitants de détruire ou même de détériorer les propriétés qui y sont soumises. (Cass. 10 février 1845.)

16. *Culture. Clôture.* — Le droit de vaine pâture ne fait jamais obstacle à la faculté que conserve un propriétaire d'user d'un mode de culture ou de se clore. (Loi du 9 juillet 1889, art. 6.)

17. *Réglementation.* — L'autorité municipale est compétente pour régler tout ce qui concerne l'usage de la vaine pâture. (Cass. 21 avril 1827.)

18. *Délibération.* — La délibération d'un conseil municipal, qui réglemente l'exercice de la vaine pâture, n'a force exécutoire qu'à partir du jour où elle a été approuvée par le préfet. (Cass. 15 juin 1844.)

La réglementation de la vaine pâture rentre dans les attributions du conseil municipal, sauf approbation du préfet, en conseil de préfecture. (Loi du 5 avril 1884, art. 68 (§ 6) et 69.)

19. *Pénalités.* — Les contraventions aux règlements et usages relatifs à la vaine pâture sont punies par le paragraphe 10 de l'article 471 du code pénal :

Amende : 11 à 15 francs.

Compétence du tribunal de simple police. (Cass. 30 août 1834.)

20. *Affranchissement. Clôture.* — Tout terrain clos est affranchi de la vaine pâture. (Loi du 9 juillet 1889.) V. Clôture.

21. *Cantonnement.* — Les droits de pâture vive ne sont pas susceptibles d'être rachetés; ils peuvent seulement être soumis au cantonnement. (Trib. de Mayenne, 2 décembre 1875.)

22. *Rachat. Cantonnement.* — La vaine pâture fondée sur un titre et établie sur un héritage déterminé, soit au profit d'un ou de plusieurs particuliers, soit au profit de la généralité des habitants d'une commune, est maintenue et continuera à s'exercer conformément aux droits acquis. Mais le propriétaire de l'héritage grevé pourra toujours s'affranchir, soit au moyen d'une indemnité fixée à dire d'experts, soit au moyen d'un cantonnement. (Loi du 22 juin 1890.)

PAYEMENT. V. Paiement.

PÉAGE. V. Bac.

PÊCHE.

1. *Police. Surveillance.* — Un décret, en date du 29 avril 1862, a placé la surveil-

lance et la police de la pêche, dans tous les cours d'eau, dans les attributions et sous la gestion de l'administration des ponts et chaussées.

2. *Délits de pêche.* — Les délits de pêche sur les rivières navigables et flottables et même sur les cours d'eau appartenant aux particuliers sont constatés par les gardes forestiers, en qualité d'officiers de police judiciaire. (Instr. Crim. 16. Cod. pêche, Loi du 15 avril 1829, art. 36.)

3. *Grenouille.* — La grenouille étant un animal aquatique, qui naît et se développe dans l'eau, ne peut être pêchée, dans un cours d'eau, à l'aide d'engins prohibés. (Trib. de Saint-Marcellin, 9 septembre 1893.)

4. *Droit de pêche. Enclave. Riverain.* — Le droit de pêche sur les cours d'eau ni navigables, ni flottables, les étangs, lacs et réservoirs qui sont bordés ou enclavés dans des terrains soumis au régime forestier, doit être considéré comme un produit forestier et loué aux conditions que l'administration veut imposer ; mais l'administration n'a aucun droit spécial pour la poursuite et la constatation des délits qui y sont commis. En cette matière, elle agit comme propriétaire riverain et sous l'empire du droit commun. Les délits constatés par les gardes, comme officiers de police judiciaire, sont adressés au ministère public.

5. *Gratification.* — Les agents verbalisateurs ont droit à des gratifications, à raison de 10 francs par condamnation prononcée. (Loi de finances du 27 décembre 1890, art. 11. Circ. N 430.)

PEINES ADMINISTRATIVES OU DISCIPLINAIRES.

Changement, 9.
Défense, 4.
Descente de grade, 9.
Enquête, 4.
Fonctionnaires, 2.
Gardes cantonniers, 11.
Gardes communaux, 13.
Motifs, 3.
Nomenclature, 5.
Principe, 1.
Remplacement, 10.
Réprimande, 6.
Retenue, 7, 11, 12.
Révocation, 10.
Suspension, 8.

1. *Principe.* — On doit proportionner les peines aux fautes et laisser ouverture au repentir. (Circ. A 154.)

2. *Fonctionnaires.* — L'acquittement ou la condamnation des fonctionnaires n'exclut pas l'application des peines administratives.

3. *Motifs.* — Toute notification de punition en fait connaître les motifs au fonctionnaire qui en est l'objet.

4. *Défense. Enquête.* — Aucune peine, autre que celle de la réprimande, ne peut être prononcée, sans que l'employé ait pu présenter ses moyens de défense, dans un procès-verbal d'enquête.

On rappelle, dans l'enquête, les punitions que le préposé a déjà subies. (Circ. A 154. Circ. A 620.)

5. *Nomenclature.* — Les peines disciplinaires sont : la réprimande, la retenue de traitement, la suspension, le changement, la descente de grade, le remplacement et la révocation. (Circ. A 655.)

6. *Réprimande.* — La réprimande comprend, savoir :

1o Réprimande verbale ou écrite contre les préposés et agents, prononcée par tous leurs chefs. (Circ. A 655.)

2o Réprimande avec publicité dans la brigade, contre les préposés, prononcée par les chefs de cantonnement, inspecteurs et conservateurs. (Circ. A 655.)

3o Réprimande avec publicité dans le cantonnement, contre les préposés, prononcée par les inspecteurs et conservateurs. (Circ. A 655.)

4o Réprimande avec publicité dans l'inspection, contre les préposés, prononcée par le conservateur. (Circ. A 655.)

5o Réprimande avec toute latitude de publicité, contre les agents et préposés, prononcée par le directeur ou le ministre. (Circ. A 655.)

7. *Retenue.* — La retenue comprend, savoir :

1o Retenue de cinq jours au plus de traitement, contre les préposés, prononcée par l'inspecteur, à charge d'en rendre compte au conservateur. (Circ. A 655.)

2o Retenue de traitement de quinze jours au plus, contre les préposés, prononcée par le conservateur, à charge d'en rendre compte à l'administration pour les gardes domaniaux, et au préfet pour les gardes communaux. (Circ. A 655. Circ. N 21, art. 17.)

3o Retenue de traitement. pour plus de quinze jours, contre les préposés domaniaux et contre les agents, prononcée par le directeur ou le ministre, et par le préfet pour les gardes des bois communaux. (Circ. A 655. Circ. N 21, art. 17.)

8. *Suspension.* — La suspension comprend, savoir :

1o Suspension contre tous les préposés, les gardes généraux stagiaires et les gardes généraux, prononcée par le conservateur, à charge d'en rendre compte immédiatement au directeur, ou au préfet pour les préposés communaux. (Circ. A 655.)

2o Suspension contre tous les agents et préposés domaniaux, prononcée par le directeur, à charge d'en rendre compte immédiatement au ministre. (Circ. A 655.)

9. *Changement. Descente de grade.* — Le changement de résidence et la descente de grade et de classe sont prononcés par le ministre pour les agents et les préposés à sa nomination, et par le préfet pour les préposés communaux. (Circ. A 655. Circ. N 21, art. 17.)

10. *Remplacement.* — Le remplacement pur et simple et la révocation sont prononcés par le ministre pour les agents et préposés à sa nomination, après délibération du conseil d'administration, et par le préfet pour les préposés communaux. (Circ. A 655. Circ. N 21, art. 17.)

11. *Gardes cantonniers. Retenue.* — Tout garde cantonnier qui ne sera pas trouvé à son poste pourra subir : la première fois, une retenue de trois jours de solde et, en cas de récidive dans le mois, retenue de six jours de solde ; à la deuxième absence illicite, ou en cas de faute grave, il pourra être suspendu provisoirement par le conservateur. S'il y a lieu à une peine plus forte, il y sera procédé dans la forme ordinaire (enquête). (Instr. 13 août 1840. Livret des préposés, art. 55.)

12. *Retenue.* — Une retenue, qui ne peut excéder deux mois de traitement, peut être infligée, par mesure disciplinaire, dans le cas d'inconduite, de négligence ou de manquement au service.

Cette retenue s'exerce sur toute l'intégralité de l'émolument personnel, passible de la retenue de 5 pour cent. (Décr. du 9 novembre 1853, art. 17, 18. Circ. N 104, art. 66.)

13. *Gardes communaux.* — Les dispositions en vigueur pour les gardes domaniaux sont applicables aux gardes communaux, sauf que le préfet statue dans les cas réservés à l'administration. (Circ. N 21, art. 17.)

Le conservateur avise le préfet des mesures de discipline prises envers les préposés communaux, lorsqu'il s'agit de retenue de traitement ou de suspension. (Circ. N 21, art. 18.)

PEINES JUDICIAIRES.

Afflictive, 11.
Aggravation, 7.
Application, 12.
Correctionnelle, 6.
Durée, 1.
Exécution, 13.
Infamante, 10, 11.
Maximum, 8.
Paiement, 4.
Police, 3, 4.
Prescription, 5, 9.
Prison préventive, 2.
Sursis, 13.

1. *Durée.* — La durée de toute peine privative de la liberté compte du jour où le condamné est détenu en vertu de la condamnation, devenue irrévocable, qui prononce la peine. (Cod. Pén. 23. Loi du 15 nov. 1892.)

2. *Prison préventive.* — Quand il y aura eu détention préventive, cette détention sera intégralement déduite de la durée de la peine qu'aura prononcée le jugement ou l'arrêt de condamnation, à moins que le juge n'ait ordonné, par disposition spéciale et motivée, que cette imputation n'aura pas lieu ou qu'elle n'aura lieu que pour partie.

En ce qui concerne la détention préventive comprise entre la date du jugement ou de l'arrêt et le moment où la condamnation devient irrévocable, elle sera toujours imputée dans les deux cas suivants :

1° Si le condamné n'a pas exercé de recours contre le jugement ou l'arrêt ;

2° Si, ayant exercé un recours, sa peine a été réduite sur son appel ou à la suite de son pourvoi. (Cod. Pén. 24. Loi du 15 nov. 1892.)

3. *Police.* — Les peines de police sont, pour les contraventions de police :

1° L'emprisonnement de 1 à 5 jours ;

2° L'amende de 1 à 15 francs ;

3° La confiscation de certains objets saisis. (Cod. Pén. 464, 465, 466.)

4. *Peine de police. Paiement.* — En cas d'insuffisance des biens, les restitutions et les indemnités dues à la partie lésée sont préférées à l'amende. (Cod. Pén. 468.)

5. *Prescription.* — Les peines portées par les jugements de simple police se prescrivent par deux années, à partir du jugement définitif. (Instr. Crim. 639.)

6. *Peines correctionnelles.* — Les peines correctionnelles sont :

1° L'emprisonnement à temps dans un lieu de correction ;

2° L'interdiction à temps de certains droits civiques, civils ou de famille ;

3° L'amende (Cod. Pén. 9) ;

4° Le renvoi sous la surveillance de la haute police ;

5° La confiscation spéciale soit du corps du délit, soit des choses produites par le délit ou qui ont servi à le commettre. (Cod. Pén. 11.)

7. *Aggravation.* — En cas de récidive, la peine sera toujours doublée. (Cod. For. 201. Loi du 18 juin 1859.)

Les peines seront également doublées lorsque les délits ou contraventions auront été commis la nuit ou que les délinquants auront fait usage de la scie pour couper les arbres sur pied. (Cod. For. 201. Loi du 18 juin 1859.)

8. *Maximum.* — Lorsque les délits forestiers sont commis par des agents ou préposés qui devaient les réprimer ou les surveiller, le maximum de la peine doit être appliqué aux délinquants. (Cod. Pén. 198.)

9. *Prescription.* — Les peines correctionnelles, amende, prison et confiscation, se prescrivent par cinq années révolues, à partir de l'arrêt ou du jugement définitif. (Instr. Crim. 636.)

10. *Peines infamantes.* — Les peines infamantes sont :

1° Le bannissement ;

2° La dégradation civique. (Cod. Pén. 8.)

11. *Peines afflictives et infamantes.* — Les peines afflictives et infamantes sont :

1° La mort ;

2° Les travaux forcés à perpétuité ;

3° La déportation ;

4° Les travaux forcés à temps ;

5° La détention ;
6° La réclusion. (Cod. Pén. 7.)

12. *Application.* — Il n'y a pas lieu à cassation d'un jugement qui prononce, contre une personne responsable, une peine autre que celle qui était applicable, si cette peine n'excède pas celle qui devait être légalement infligée. (Instr. Crim. 411. Cass. 26 décembre 1845.)

13. *Sursis. Exécution.* — En cas de première condamnation, le tribunal peut ordonner le sursis à l'exécution de la peine, qui sera annulée si, dans le délai de cinq ans, l'inculpé n'a encouru aucune autre condamnation. (Loi du 26 mars 1891, art. 1.)

Le sursis ne s'applique pas aux amendes en matière forestière, parce que celles-ci participent du caractère de réparation civile. (Cass. 22 décembre 1892.)

PELARD.

Définition. — Bois dont a enlevé l'écorce sur pied, pour faire du tan ; on l'appelle encore bois *écorcé*. On donne aussi le nom de bois *pelard* aux bûches de bois flotté, qui ont perdu leur écorce par suite de ce mode de transport.

PELER. V. Écorcer.

PENSION DE RETRAITE.

SECT. I. — PRINCIPES, GÉNÉRALITÉS, 1 — 13.

SECT. II. — PENSIONS DES AGENTS ET PRÉPOSÉS, 14 — 56.

§ 1. *Régime de la loi du 9 juin 1853*, 14 — 41.

§ 2. *Régime de la loi du 4 mai 1892*, 42 — 56.

SECT. III. — CUMULS DE SERVICES DIFFÉRENTS, 57 — 65.

SECT. IV. — PENSIONS DES VEUVES ET ORPHELINS, 66 — 91.

§ 1. *Régime de la loi du 9 juin 1853*, 66 — 85.

§ 2. *Régime de la loi du 4 mai 1892*, 86 — 90.

§ 3. *Régime de la loi de finances du 28 avril 1893*, 91.

SECT. V. — DISPOSITIONS GÉNÉRALES A TOUTES LES PENSIONS, 92 — 149.

§ 1. *Demande, Admission, Liquidation*, 92 — 117.

§ 2. *Pièces à fournir*, 118 — 132.

A. *Titulaire*, 118 — 128.

B. *Veuves et Orphelins*, 129 — 132.

§ 3. *Jouissance*, 133 — 149.

Accident, 34, 35, 36, 37, 53, 71, 73, 76, 128.
Acte, 119.
Acte de notoriété, 128.
Activité, 4, 103, 145, 147.
Admission, 92, 93, 97, 116.
Age, 17, 19, 22, 31, 120.
Ancienneté, 41, 45, 53.
Armée, 3, 37.
Arrérages, 133, 136, 137, 138, 139.
Assimilations, 46.
Autorité, 108.
Base, 23, 47, 51, 52.
Bonification, 20, 21.
Brevet, 131.
Calcul, 28, 52, 54.
Certificat, 122, 123, 141.
Chasseurs forestiers, 4.
Combat, 68, 70.
Concession, 109.
Condamnation, 100.
Constatation, 127.
Créance privilégiée, 143.
Crédit, 8, 10, 12, 115, 116, 117.
Cumul, 132, 147, 148, 149.
Décès, 76, 78, 138.
Déchéance, 140.
Décompte, 55.
Décret, 109, 110.
Délai, 98, 112, 135, 137, 140.
Demande, 94, 98, 135.
Démission, 99.
Dévouement, 31, 32, 33, 37, 68, 70.
Disparition, 136.
Dispense, 22.
Disponibilité, 38 bis.
Droits, 1, 5, 12, 17, 60, 66, 80, 85, 86, 91, 106.
Droits acquis, 3.
Durée, 15, 20, 60, 61, 75, 81.
Emploi, 18.
Epoque, 15, 57, 74, 133, 134.
Etat civil, 118, 129, 130.
Etranger, 102.
Evénement, 127.
Exception, 44.
Formalités, 110, 120.
Fraction, 24.
Garde tué, 69.
Grand livre, 7.
Honoraires, 126.
Incendie, 35.
Incapacité, 120.
Indication, 110.
Infirmités, 35, 38, 38 bis, 39, 40, 41, 53, 61, 78, 80, 122.
Inscription, 7, 8, 10, 11, 94.
Jouissance, 134.
Limites, 115, 149.
Liquidation, 24, 25, 29, 37, 43, 47, 51, 58, 59, 65, 82, 83, 85, 89, 96, 97, 103, 104, 105, 106, 107, 108, 111.
Lutte, 68, 70.
Maintien, 103.
Majoration, 47, 48, 49, 50, 56.
Maladie, 72, 79.
Mariage, 74, 75.
Marin, 57.
Marine, 37.
Maximum, 27, 28, 33, 52, 54.
Médecin, 121, 123, 124, 125, 126,
Militaire, 57, 60.
Mineur, 82.
Minimum, 52, 67, 77.
Ministère, 146.
Mois, 24.
Moyenne, 23, 25.
Naufrage, 68, 70.
Nice, 64, 65.
Orphelin, 6, 82, 91, 130, 131.
Paiement, 16, 133, 141.
Pension exceptionnelle, 31, 34, 38.
Perte, 101.
Pièces, 83, 107, 118, 129, 130, 131.
Pourvoi, 111, 113.
Préfet, 95.
Principe, 1, 2, 42.
Professeur à l'école forestière, 29.
Prohibition, 148.
Propositions, 13.
Publicité, 109.
Quotité, 26, 32, 33, 36, 40, 67, 70, 73, 76, 87, 88, 91, 144.
Rappel, 9, 101, 133, 134, 135.
Récépissé, 94.
Réclamation, 114, 139.
Recours, 112.
Refus, 11, 112.
Règlement, 26.
Réintégration, 50.
Remise, 145.
Répartition, 9.
Replacement, 146.
Requête, 113.
Retenue, 144.
Rétribution, 5.
Réversion, 6, 80, 85, 89.
Révocation, 99.
Saisie, 142, 143.
Savoie, 64, 65.
Séparation de corps, 84.
Serment, 124, 125.
Service, 3, 5, 17, 26, 31, 37, 57, 78, 104, 106, 118.

Service actif, 18, 62, 81.
Service communal, 95.
Services différents, 105, 146, 147.
Services hors d'Europe, 19, 20, 21, 63.
Service militaire, 4, 58, 59, 61.
Service sédentaire, 62, 81.
Supplément colonial, 30.
Suppression d'emploi, 38, 40.
Surnuméraire, 16.
Suspension, 101.
Tarif, 53, 62, 63, 86, 90.
Timbre, 119, 123.
Traitement, 132, 148.
Veuve, 6, 66, 67, 69, 72, 79, 91, 129, 131, 132.

SECT. I. — PRINCIPES. GÉNÉRALITÉS.

1. *Droit. Principe.* — Les employés, agents et préposés de l'administration des forêts directement rétribués par l'Etat ont droit, soit à titre régulier, soit à titre exceptionnel, à une pension dont le mode de liquidation varie suivant que les services à récompenser se sont accomplis :

1° Sous le régime de la loi du 9 juin 1853 ;

2° Sous le régime mixte de ladite loi et de l'ordonnance du 12 janvier 1825. (Loi du 9 juin 1853, art. 3. Circ. N 81, art. 1 et 2.)

2. *Principe.* — Les pensions auxquelles ont droit, en vertu et dans les conditions de la loi du 9 juin 1853, les inspecteurs adjoints, gardes généraux, gardes généraux stagiaires, brigadiers et gardes des forêts, soumis aux prescriptions des décrets des 22 septembre 1882 et 18 novembre 1890 sur l'organisation des chasseurs forestiers, sont liquidées en prenant pour base les tarifs applicables à la gendarmerie et les grades correspondants, conformément aux assimilations établies par les décrets précités. (Loi du 4 mai 1892. Circ. N 450.)

3. *Service. Droits acquis. Armée.* — Les droits à pension acquis dans l'armée ou dans toute autre carrière s'ajoutent aux droits acquis dans l'administration des forêts. (Circ. N 81, art. 3.)

4. *Service militaire. Chasseurs forestiers. Activité.* — A partir du jour de l'appel à l'activité, les officiers, sous-officiers, caporaux et soldats de chasseurs forestiers jouiront de tous les droits attribués aux militaires du même grade dans l'armée active, sous le rapport des pensions pour infirmités, blessures et pensions de veuves. (Décr. du 2 avril 1875. Circ. N 173. Décr. du 18 novembre 1890, art. 9. Circ. N 424.)

5. *Droit. Rétribution. Service.* — Les employés, agents et préposés qui, sans cesser d'appartenir aux cadres permanents de l'administration, sont rétribués en tout ou en partie sur les fonds des départements, des communes, sur les fonds de compagnies concessionnaires et même sur les remises et salaires payés par les particuliers, conservent leurs droits à une pension. (Loi du 9 juin 1853, art. 4. Circ. N 81, art. 4.)

6. *Réversion. Veuves. Orphelins.* — Les veuves ou orphelins des employés, agents ou préposés, ont un droit de réversion dont les conditions varient également, selon le régime sous lequel leur mari ou père était placé. (Circ. N 81, art. 5.)

7. *Inscription. Grand-livre.* — Les pensions sont inscrites au grand-livre de la dette publique. (Loi du 9 juin 1853, art. 17.)

8. *Inscription. Crédit.* — Les inscriptions de pensions correspondant à des droits nés, soit par suite d'admissions à la retraite, soit par suite de décès survenus pendant le cours de chaque année, peuvent être effectuées sur les crédits d'inscription de cette année, jusqu'au 31 juillet de l'année suivante et en se conformant aux répartitions arrêtées, ainsi qu'il est dit à l'article 5 du décret du 8 août 1892.

Les portions de crédit qui n'ont pas été employées à ladite époque, par des inscriptions effectives, sont annulées dans la comptabilité. (Décr. du 8 août 1892, art. 1. Circ. N 459.)

9. *Répartition. Rappel.* — Les pensions correspondant à des droits nés pendant le cours de chaque année, qui n'auraient pu être inscrites au 31 juillet de l'année suivante, peuvent l'être, par voie de rappel et en continuant à se conformer aux répartitions arrêtées, ainsi qu'il est dit à l'article 5 du présent décret, sur l'exercice courant, avant le 31 décembre, jusqu'à concurrence des portions de crédits annulées sur l'année de l'admission à la retraite ou du décès. (Décr. du 8 août 1892, art. 2. Circ. N 459.)

10. *Etat des crédits. Inscriptions.* — Le ministre des finances arrête, chaque année, dans les premiers jours de janvier, l'état des extinctions réalisées dans le cours de l'année précédente et dont le montant sert de base pour la fixation du crédit d'inscription de l'année courante.

Un décret rendu sur le rapport du ministre des finances, après avis de la section des finances du conseil d'Etat, détermine :

1° La somme jusqu'à concurrence de laquelle ce crédit est employé ;

2° La portion afférente à chacun des départements ministériels ;

3° La portion qui servira à constituer un fonds commun, affecté à l'inscription des pensions de veuves et des secours annuels d'orphelins des divers ministères.

Ce décret peut être modifié jusqu'au 31 juillet de l'année suivante par des décrets rendus dans la même forme. (Décr. du 8 août 1892, art. 5. Circ. N 459.)

11. *Inscription. Condition. Refus.* — En cas d'insuffisance des crédits, l'agent comptable des pensions doit refuser l'inscription ; il la refuse également, s'il estime qu'il y a irrégularité dans l'imputation.

Dans ce dernier cas, le ministre liquidateur peut, sous sa responsabilité, requérir, par écrit, qu'il soit passé outre à l'inscription.

L'agent comptable des pensions y procède alors, sans autre délai ; la production de la réquisition le libère devant la cour des comptes. (Décr. du 8 août 1892, art. 8. Circ. N 459.)

12. *Expiration des droits. Crédits.* — Les inscriptions qu'il y aurait lieu d'effectuer après l'expiration de la cinquième année qui suit celle de l'ouverture du droit ne peuvent l'être qu'en vertu de crédits législatifs extraordinaires. (Décr. du 8 août 1892, art. 4. Circ. N 459.)

13. *Etat de propositions.* — Les états de propositions de pensions dressés dans chaque ministère font ressortir :

1° Le montant du crédit d'inscription attribué à ce ministère ;

2° Le montant des inscriptions antérieures ;

3° Le solde disponible.

Les rejets de pensions prononcés et les modifications dans la liquidation, opérées après avis de la section des finances du conseil d'Etat, sont immédiatement notifiés au ministre des finances. (Décr. du 8 août 1892, art. 7. Circ. N 459.)

SECT. II. — PENSIONS DES AGENTS ET PRÉPOSÉS.

§ 1. *Régime de la loi du 9 juin 1853.*

14. *Liquidation. Période.* — Les employés, agents et préposés dont les services civils ne remontent pas au delà du 1er janvier 1854 sont placés sous le régime de la loi du 9 juin 1853. (Loi du 9 juin 1853, art. 3. Circ. N 81, art. 15.)

15. *Epoque. Durée.* — Les services civils ne sont comptés que de la date du premier traitement d'activité et à partir de l'âge de vingt ans accomplis ; le surnumérariat n'est compté dans aucun cas. (Loi du 9 juin 1853, art. 23. Circ. N 81, art. 16.)

16. *Surnuméraire. Paiement.* — Les services des surnuméraires et auxiliaires appointés, attachés aux différents services administratifs de l'Algérie, sont admissibles pour le droit à pension et pour la rémunération. (Lettres du ministre de l'Algérie du 15 octobre 1858, et du ministre des finances du 24 du même mois. Circ. N 81, art. 17.)

17. *Droit. Service. Age.* — Le droit à la pension de retraite est acquis, à titre régulier, à soixante ans d'âge et après trente ans accomplis de services.

Il suffit de cinquante-cinq ans d'âge et de vingt-cinq ans de services pour les fonctionnaires qui ont passé quinze ans dans la partie active. (Loi du 9 juin 1853, art. 5. Circ. N 81, art. 18.)

18. *Service actif. Emplois.* — Le service actif comprenait, en 1853, les emplois de gardes généraux adjoints, de gardes à cheval, de brigadiers, de gardes à pied et de gardes forestiers cantonniers.

Aucun autre emploi ne pouvait être compris au service actif, ni assimilé à un emploi de ce service, qu'en vertu d'une loi. (Loi du 9 juin 1853, art. 5. Circ. N 81, art. 18.)

Aujourd'hui, les préposés semblent seuls faire partie du service actif.

19. *Service hors d'Europe. Age.* — Après quinze années de services rendus hors d'Europe, la pension peut être liquidée à cinquante-cinq ans d'âge. (Loi du 9 juin 1853, art. 10. Circ. N 81, art. 19.)

20. *Service hors d'Europe. Durée. Bonification.* — Les services civils rendus, hors d'Europe, par les fonctionnaires et employés envoyés d'Europe par le gouvernement français, sont comptés pour moitié en sus de leur durée effective, sans toutefois que cette bonification puisse réduire de plus d'un cinquième le temps de services effectifs exigé pour constituer le droit à pension. (Loi du 9 juin 1853, art. 10. Circ. N 81, art. 20.)

21. *Bonification. Services.* — La bonification de moitié en sus ne s'applique qu'aux services rendus hors d'Europe, depuis la mise à exécution de la loi du 9 juin 1853. (Décis. Min. du 10 juillet 1854. Circ. N 81, art. 21.)

22. *Age. Dispense.* — Est dispensé de la condition d'âge, le titulaire qui est reconnu, par le ministre, hors d'état de continuer ses fonctions. (Loi du 9 juin 1853, art. 5, § 5. Circ. N 81, art. 22.)

Lorsqu'une demande de retraite est produite avant l'âge réglementaire, il y a lieu de s'assurer de l'existence des infirmités dont excipent les intéressés et de l'impossibilité réelle dans laquelle ils se trouvent de remplir désormais leurs fonctions. (Circ. N 450.)

23. *Base. Moyenne.* — La pension est basée sur la moyenne des traitements et émoluments de toute nature, soumis à retenues, dont l'ayant droit a joui pendant les six dernières années d'exercice. (Loi du 9 juin 1853, art. 6. Circ. N 81, art. 23.)

24. *Liquidation. Fraction.* — La pension est liquidée d'après la durée des services, en négligeant, sur le résultat final du décompte, les fractions de mois et de franc. (Loi du 9 juin 1853, art. 23. Circ. N 81, art. 24.)

25. *Liquidation. Moyenne.* — Dans le cas de traitement non payé par l'Etat, la moyenne ne peut excéder celle des traitements et émoluments dont le fonctionnaire aurait joui s'il eût été rétribué directement par l'Etat. (Loi du 9 juin 1853, art. 6. Circ. N 81, art. 25.)

26. *Règlement. Service. Quotité.* — La pension est réglée, pour chaque année de services civils, à un soixantième du traitement moyen.

Néanmoins, pour vingt-cinq ans de services entièrement rendus dans la partie active, elle est de la moitié du traitement moyen, avec accroissement, pour chaque année de service en sus, d'un cinquantième du traitement. (Loi du 9 juin 1853, art. 7. Circ. N 81, art. 26.)

27. *Maximums.* — En aucun cas, la pension ne peut excéder ni les trois quarts du traitement moyen, ni les maximums déterminés au tableau ci-après. (Loi du 9 juin 1853, art. 7. Circ. N 81, art. 26.)

	QUOTITÉ DES TRAITEMENTS.	MAXIMUM DES PENSIONS.
TRAITEMENTS	de 1000 fr. et au-dessous.	750 fr.
	de 1001 à 2400	2/3 du traitement moyen, sans pouvoir descendre au-dessous de 750 fr.
	De 2401 à 3200	1600.
	de 3201 à 8000	1/2 du traitement moyen.
	de 8001 à 9000	4000
	de 9001 à 10500.	4500
	de 10501 à 12000. . . .	5000
	au-dessus de 12000. . . .	6000

28. *Maximum. Calcul.* — Le maximum est établi d'après le traitement moyen des six dernières années. (Cons. d'Etat, 22 janvier 1863.)

29. *Professeur à l'école forestière. Liquidation.* — Les professeurs de l'école forestière doivent être comptés comme fonctionnaires de l'enseignement, et leur retraite doit être liquidée aux deux tiers du traitement moyen, fixé par la IIe section du tableau III de la loi du 9 juin 1853. (Cons. d'Etat, 22 janvier 1875.)

30. *Supplément colonial.* — Les suppléments accordés à titre de traitement colonial n'entrent pas dans le calcul du traitement moyen. (Loi du 9 juin 1853, art. 10.)

31. *Dévouement. Age. Service.* — Peuvent obtenir pension, à titre exceptionnel, quels que soient leur âge et la durée de leur activité, les fonctionnaires et employés qui ont été mis hors d'état de continuer leur service, soit par suite d'un acte de dévouement dans un intérêt public ou en exposant leurs jours pour sauver la vie de leurs concitoyens, soit par suite de lutte ou combat soutenu dans l'exercice de leurs fonctions. (Loi du 9 juin 1853, art. 11. Circ. N 81, art. 27.)

32. *Dévouement. Quotité.* — Dans le cas d'acte de dévouement, lutte ou combat, la pension est de la moitié du dernier traitement, sans pouvoir excéder les maximums fixés. (Loi du 9 juin 1853, art. 12, § 1. Circ. N 81, art. 29.)

33. *Dévouement. Maximums. Quotité.* — Pour les employés ayant joui d'un traitement de 3201 francs à 8000 francs, qui sont soumis au maximum de moitié de leur traitement moyen, la pension pour acte de dévouement ou pour cause de lutte ou de combat est limitée à ce maximum, lorsque le traitement moyen est inférieur au dernier traitement. (Cons. d'Etat, avis de la section des finances du 5 mai 1858, approuvé par le ministre, le 9 juillet suivant. Circ. N 81, art. 31.)

34. *Accident.* — Peuvent obtenir une pension à titre exceptionnel, quels que soient leur âge et leurs services, ceux qu'un accident grave, résultant notoirement de l'exercice de leurs fonctions, met dans l'impossibilité de les continuer. (Loi du 9 juin 1853, art. 11. Circ. N 81, art. 27.)

35. *Incendie. Infirmité. Accident.* — Un garde qui a été mis hors d'état de continuer son service par suite d'infirmités contractées en ouvrant des tranchées, pour circonscrire un incendie dans une forêt, doit être considéré, pour la liquidation de sa pension, non comme ayant accompli un acte de dévouement dans un intérêt public, mais seulement comme ayant été victime d'un accident résultant de l'exercice de ses fonctions. (Cons. d'Etat, 12 janvier 1877.)

36. *Accident. Quotité.* — Dans le cas d'accident grave, la pension du fonctionnaire est liquidée, suivant que l'ayant droit appartient à la partie sédentaire ou à la partie active, à raison d'un soixantième ou d'un cinquantième du dernier traitement pour chaque année de services civils; elle ne peut être inférieure au sixième dudit traitement. (Loi du 9 juin 1853, art. 12, § 2. Circ. N 81, art. 30.)

37. *Liquidation. Service. Armée. Marine.* — Dans le cas d'acte de dévouement ou d'accident grave, il est tenu compte des services de terre et de mer, et la liquidation s'établit sur le traitement le plus favorable à l'employé. (Décr. du 9 novembre 1853, art. 36.)

38. *Infirmités. Suppression d'emploi.* — Peuvent obtenir pension, s'ils comptent cinquante ans d'âge et vingt ans de services dans la partie sédentaire, ou quarante-cinq ans d'âge et quinze ans de services dans la partie active, ceux que des infirmités graves, résultant de l'exercice de leurs fonctions, mettent dans l'impossibilité de les continuer, et ceux dont l'emploi est supprimé. (Loi du 9 juin 1853, art. 11. Circ. N 81, art. 27.)

38 bis. *Infirmités. Disponibilité.* — Un agent forestier n'ayant pas cinquante ans et comptant plus de vingt ans de service peut, après s'être fait mettre en disponibilité pour cause de mauvaise santé, être admis à la retraite, lorsqu'il aura atteint l'âge de cinquante ans. (Rép. For. t. xv, p. 4.)

39. *Infirmité. Justification.* — Pour qu'un fonctionnaire puisse invoquer la disposition

de l'article 11, paragraphe 2, de la loi du 9 juin 1853, suivant lequel un droit à pension est ouvert aux fonctionnaires qui ont contracté des infirmités graves pendant l'exercice de leur profession, il n'est pas nécessaire qu'il justifie que ses infirmités résultent uniquement et exclusivement de ses fonctions. (Cons. d'Etat, 16 décembre 1881.)

40. *Infirmités. Suppression. Quotité.* — Dans les cas d'infirmités graves ou de suppression d'emploi, la pension est liquidée à raison d'un soixantième ou d'un cinquantième du traitement moyen pour chaque année de services civils. (Loi du 9 juin 1853, art. 12, § 3. Circ. N 81. art. 30.)

41. *Ancienneté. Infirmités.* — Le fonctionnaire admis à faire valoir ses droits à la retraite, pour ancienneté de services, ne peut réclamer une pension à titre exceptionnel, conformément aux articles 11 et 12 de la loi du 9 juin 1853, lors même qu'il aurait contracté, dans l'exercice de ses fonctions, des infirmités le mettant dans l'impossibilité de les continuer. (Cons. d'Etat, 28 mars 1884.)

§ 2. *Régime de la loi du 4 mai 1892.*

42. *Principe.* — Les inspecteurs adjoints, gardes généraux, gardes généraux stagiaires, brigadiers et gardes des forêts continuent à être placés sous le régime de la loi du 9 juin 1853 et du décret du 9 novembre suivant, sauf les modifications qui résultent de la loi du 4 mai 1892 et du présent règlement. (Décr. 17 août 1892, art. 1.)

En d'autres termes, les agents et préposés forestiers appelés à bénéficier des dispositions de la nouvelle loi sur les retraites restent sous l'empire de la loi du 9 juin 1853, quant aux conditions d'âge et de durée des services nécessaires pour obtenir pension (soixante ans d'âge et trente années de service pour les agents; cinquante-cinq ans d'âge et vingt-cinq de service, dont dix au moins dans la partie active, pour les préposés). La rétribution de ces services, seule, est modifiée. (Circ. N 450.)

43. *Application. Liquidation.* — La loi du 4 mai 1892 est applicable aux pensions non inscrites à la date du 4 mai 1892. (Décr. du 17 août 1892, art. 2.)

Il suit de là que tous les agents et préposés dont l'admission à la retraite a été prononcée avant le 4 mai, mais dont la pension n'a pas encore été liquidée, bénéficieront des nouveaux tarifs. (Circ. N 450.)

44. *Exception.* — L'agent qui, déjà titulaire d'une pension concédée par application de la loi du 9 juin 1853 et remis en activité depuis le 4 mai 1892, réclamerait le bénéfice du dernier paragraphe de l'article 28 de ladite loi, ne pourra prétendre au nouveau mode de liquidation. (Décr. du 17 août 1892, art. 2.)

45. *Ancienneté. Conditions.* — Les inspecteurs adjoints, gardes généraux et gardes généraux stagiaires des forêts ne peuvent prétendre à une pension d'ancienneté liquidée d'après les tarifs militaires que s'ils comptent au moins trente années de services entièrement rendus dans l'armée ou dans l'administration des forêts.

Les brigadiers hors classes, brigadiers, gardes, gardes cantonniers des forêts ne peuvent prétendre à une pension d'ancienneté liquidée d'après les tarifs militaires que s'ils comptent au moins vingt-cinq ans de services entièrement rendus dans l'armée ou dans l'administration des forêts, sans toutefois déroger aux prescriptions concernant la durée des services civils de dix ans, exigée par le paragraphe 1er de l'article 8 de la loi du 9 juin 1853. (Décr. du 17 août 1892, art. 8.)

46. *Assimilations.* — Les assimilations que comporte l'application de la loi du 4 mai 1892 sont établies ainsi qu'il suit :

Service des forêts.	Gendarmerie.
Inspecteurs adjoints de toutes classes......	Capitaines.
Gardes généraux de toutes classes.........	Lieutenants.
Gardes généraux stagiaires............	Sous-lieutenants.
Brigadiers hors classe..	Maréch. des logis chefs.
Brigadiers de 1re et 2e classe..........	Maréchaux des logis.
Brigadiers de 3e classe et gardes de 1re classe.	Brigadiers.
Gardes de 2e classe, gardes cantonniers de 1re et 2e classe	Gendarmes.

Sont applicables au personnel des forêts les dispositions de l'article 1er de l'ordonnance du 20 janvier 1841, relatives aux sous-officiers, brigadiers et caporaux admis dans la gendarmerie et portant que leur pension de retraite est réglée sur le dernier grade dont ils avaient été pourvus, avant leur admission dans la gendarmerie, à moins de promotion, dans la gendarmerie, à un grade plus élevé. (Décr. du 17 août 1892, art. 4.)

Cette disposition leur est applicable, alors même qu'ils sont entrés dans la gendarmerie après une interruption de service. Mais ils perdent ce bénéfice par suite de démission ou de congé du service de la gendarmerie, de rétrogradation ou de cassation, de réforme pour inconduite ou pour inaptitude au service de l'arme. (Ord. 20 janvier 1841, art. 2 et 3. Circ. N 450.)

47. *Liquidation. Bases. Années de services. Campagne. Majoration.* — Pour opérer la liquidation de la pension, il est fait un total des années de services effectifs, tant civils que militaires, si ces derniers n'ont pas été rémunérés par une pension. On ajoute à ce total les campagnes calculées de la même

manière que celles des militaires des armées de terre ou de mer.

La majoration accordée aux militaires de la gendarmerie ne s'applique qu'aux années de services effectifs dans la partie active de l'administration des forêts, en sus de quinze ans de services militaires ou civils actifs dans cette administration. (Décr. du 17 août 1892, art. 5.)

48. *Majoration. Fixation.* — La majoration n'est due qu'aux brigadiers, gardes et gardes cantonniers. Elle est de 18 francs par an pour les brigadiers et les gardes domaniaux ou mixtes de 1re classe, de 15 francs pour les gardes de 2e classe et les gardes cantonniers de 1re et de 2e classe et pour les préposés indigènes. Elle sera acquise par chaque année de service au delà de quinze ans accomplis soit dans l'armée de terre ou de mer, soit dans la partie active de l'administration des forêts, sans toutefois que la pension du préposé retraité puisse jamais excéder le maximum fixé par le quatrième paragraphe de la loi du 4 mai 1892. (Circ. N 450.)

49. *Majoration. Taux.* — Le taux de la majoration sera déterminé d'après le dernier grade occupé dans l'administration des forêts par le préposé retraité. (Circ. N 450.)

50. *Majoration. Réintégration. Défalcation.* — Le préposé qui, après avoir quitté les forêts pour une cause quelconque, y sera réadmis ne profitera des annuités de majoration que pour le temps de service accompli après sa réintégration.

Les quinze années à partir desquelles les préposés commencent à avoir droit à la majoration doivent être exclusivement composées de services militaires ou forestiers. Si donc des services civils sédentaires ou actifs accomplis dans n'importe quelle administration de l'Etat devaient être compris dans le décompte des services donnant droit à pension, ils seraient défalqués du total des années de service pour le calcul de la majoration. (Circ. N 450.)

51. *Liquidation. Bases. Grade.* — La liquidation de la pension pour ancienneté ou infirmités est établie d'après le dernier grade dont l'agent est revêtu, s'il en est titulaire depuis deux ans ou s'il a occupé, pendant une partie de ses deux dernières années d'activité, un grade plus élevé que son grade final. Si l'agent ne remplit aucune de ces conditions, la pension est liquidée sur le pied du grade immédiatement inférieur. (Décr. du 17 août 1892, art. 6.)

52. *Minimum. Maximum. Bases de calcul.* — Le minimum et le maximum devant servir de base pour le calcul de la liquidation des pensions des agents et préposés par année de services, tant militaires que civils, sont les suivants (Circ. N 450) :

	Minim.	Maxim.
Pour les inspecteurs adjoints	2300 fr.	3300 fr.
Pour les gardes généraux...	1700	2500
Pour les gardes généraux stagiaires..............	1500	2300
Pour les brigadiers hors classe..................	900	1200
Pour les brigadiers de 1re et de 2e classe............	800	1100
Pour les brigadiers de 3e classe et gardes de 1re classe.	700	900
Pour les gardes de 2e classe, gardes cantonniers de 1re et de 2e classe...........	600	750

53. *Ancienneté. Accidents de service. Infirmités. Tarifs.* — Les pensions des inspecteurs adjoints, gardes généraux stagiaires et gardes des forêts, à titre d'ancienneté, d'accidents de service ou d'infirmités contractées dans l'exercice de leurs fonctions, sont liquidées sur les bases suivantes :

En ce qui concerne les agents assimilés aux officiers, à raison, pour chacune des trente premières années de service, d'un trentième du minimum de la pension militaire d'ancienneté afférente au grade militaire correspondant à leur assimilation, et, pour chacune des années suivantes, à raison d'un vingtième de la différence entre le minimum et le maximum de ladite pension militaire ;

En ce qui concerne les préposés assimilés aux militaires de la gendarmerie, à raison, pour chacune des vingt-cinq premières années de service, d'un vingt-cinquième du minimum de la pension militaire d'ancienneté afférente au grade correspondant à leur assimilation, et à raison, pour chacune des années suivantes, d'un vingtième de la différence entre le minimum et le maximum de la pension militaire afférente audit grade ; les fixations ainsi obtenues sont majorées, pour chaque année de service postérieure à la quinzième, d'une annuité de 18 francs ou de 15 francs, selon que le grade d'assimilation équivaut ou non à celui de brigadier ou de sous-officier de la gendarmerie. (Décr. du 17 août 1892, art. 7.)

54. *Maximums. Calcul.* — Les pensions liquidées en vertu de la nouvelle loi ne pourront, dans aucun cas, dépasser les trois quarts du traitement afférent au grade obtenu depuis deux ans au moins, conformément au tableau ci-après. (Loi du 4 mai 1892, § 4.)

Ce maximum, lorsque la pension devra y être ramenée, sera calculé sur le dernier traitement, si l'agent ou le préposé est en possession de ce traitement depuis deux ans, ou si, pendant une partie de ses dernières années d'activité, il a joui d'un traitement plus élevé que son traitement final. Si l'agent ou le préposé ne remplit ni l'une, ni l'autre de ces conditions, le maximum est calculé sur le traitement immédiatement inférieur. (Circ. N 450.)

Grade.	Quotité des traitements.	Maximums des pensions.
Inspecteurs adjoints. . .	4000 fr.	3000 fr.
—	3800	2850
—	3400	2550
—	3000	2250
Gardes généraux......	2600	1950
—	2300	1725
—	2000	1500
Gardes gén. stagiaires.	1500	1125
Brigadiers.........	1350	1012
—	1300	975
—	1250	937
—	1200	900
—	1150	862
—	1100	825
—	1050	787
—	1000	750
—	950	712
—	900	675
Gardes et g. cantonniers.	850	637
—	800	600
—	750	562
—	700	525
Gardes indigènes.....	650	487
—	600	450
—	550	412
—	500	375

55. *Décompte.* — Le décompte tant des années de services que de la majoration est établi en négligeant sur le résultat final les fractions de mois et de franc, conformément à l'article 23 de la loi du 9 juin 1853. (Décr. du 17 août 1892, art. 10.)

56. *Pensions exceptionnelles. Majoration.* — Les droits à pension exceptionnelle continuent à être réglés par l'article 11 de la loi du 9 juin 1853. Dans le cas prévu par le paragraphe 1er de cet article, la pension ne pourra être inférieure au minimum attribué pour vingt-cinq ans de services au grade militaire correspondant au dernier emploi. Dans le cas prévu par le paragraphe 2 du même article, elle ne pourra être inférieure aux trois quarts de ce minimum. (Loi du 4 mai 1892, §§ 2 et 3.)

Elle s'augmentera de la majoration, s'il y a lieu, jusqu'à concurrence du maximum déterminé par le quatrième paragraphe de ladite loi. (Circ. N 450.)

SECT. III. — CUMUL DE SERVICES DIFFÉRENTS.

57. *Militaires. Marins. Services. Epoque.* — Les services militaires se comptent de l'âge où la loi permet de contracter un engagement volontaire. (Loi du 11 avril 1831, art. 2.)

Dans les armées de mer, les services sont comptés à partir de l'âge de seize ans. (Loi du 18 avril 1832. Circ. N 81, art. 55.)

58. *Services. Liquidation.* — Si les services militaires de terre ou de mer ont déjà été rémunérés par une pension, ils n'entrent pas dans la liquidation, et, s'ils n'ont pas été rémunérés par une pension, la liquidation est opérée d'après le minimum attribué au grade, suivant les tarifs annexés aux lois des 11 et 18 avril 1831, 26 avril 1855 et 21 juin 1856. (Loi du 9 juin 1853, art. 8. Circ. N 81, art. 56.)

59. *Services militaires. Liquidation.* — L'article 8 de la loi du 9 juin 1853 est abrogé en ce qu'il a de contraire aux dispositions de l'article 50 de la loi du 28 avril 1893, disposant qu'à partir de sa promulgation les services militaires compris dans la liquidation des pensions civiles seront calculés d'après le minimum affecté au grade par les lois en vigueur à la date où ils ont été terminés. (Circ. N 459.)

60. *Militaires. Droit. Durée.* — Les services militaires, lorsqu'ils s'adjoignent à douze ans de service dans la partie sédentaire ou à dix ans dans la partie active, sont admissibles pour compléter la période de vingt ans de service dans la partie sédentaire ou de quinze ans dans la partie active exigée pour constituer le droit à pension, à titre exceptionnel, pour cause d'infirmités graves résultant de l'exercice des fonctions. (Lettre du ministre des finances, au président de la section des finances du Cons. d'Etat, du 8 mai 1856. Circ. N 81, art. 57.)

61. *Infirmité. Durée du service militaire.* — Le fonctionnaire qui réclame une pension à titre exceptionnel, à raison des infirmités par lui contractées dans l'exercice des fonctions accomplies dans la partie active, ne peut invoquer ses services militaires, pour compléter les quinze années de service actif exigées pour l'obtention d'une semblable pension. (Cons. d'Etat, 7 janvier 1887.)

62. *Services civils. Tarifs.* — Si des services civils sédentaires ou actifs, accomplis dans d'autres administrations, s'ajoutent à la période d'au moins vingt-cinq ans de services militaires ou actifs des forêts, ils seront liquidés également d'après les tarifs militaires, mais sans entrer dans le calcul de la majoration. (Décr. du 17 août 1892, art. 9.)

63. *Services hors d'Europe. Tarifs.* — Les services rendus hors d'Europe continueront à être régis par l'article 10 de la loi du 9 juin 1853. Ils ne seront comptés comme campagnes que dans le cas de mobilisation et pour la durée de cette mobilisation. Les indemnités et accessoires de solde accordés à titre de traitement colonial n'entrent pas dans le calcul de la pension. (Circ. N 450.)

64. *Savoie. Nice.* — Les services rendus au gouvernement sarde, avant l'annexion, par les fonctionnaires et employés de l'ordre civil qui sont devenus sujets français par le fait de l'annexion et qui sont passés au service de la France, ont été comptés, pour la retraite, suivant la loi française, à l'égal des

services rendus à la France. (Décr. du 24 novembre 1860, art. 1. Circ. N 81, art. 62.)

65. *Savoie. Nice. Liquidation.* — Les pensions des fonctionnaires sardes annexés à la France ont été liquidées exclusivement d'après les règles tracées par la loi du 9 juin 1853. (Décis. Min. du 26 novembre 1860. Circ. N 81, art. 63.)

SECT. IV. — PENSIONS DES VEUVES ET ORPHELINS.

§ 1. *Régime de la loi du 9 juin 1853.*

66. *Veuve. Droit.* — A droit à pension, la veuve du fonctionnaire qui a obtenu une pension de retraite en vertu de la loi du 9 juin 1853, ou qui a accompli la durée des services exigés pour obtenir une pension, pourvu que le mariage ait été contracté six ans avant la cessation des fonctions du mari. (Loi du 9 juin 1853, art. 13. Circ. N 81, art. 64.)

67. *Veuve. Quotité. Minimum.* — La pension de la veuve, accordée à titre régulier, est du tiers de celle que le mari avait obtenue ou à laquelle il aurait eu droit. Elle ne peut être inférieure à 100 francs, sans toutefois excéder celle que le mari aurait obtenue ou pu obtenir. (Loi du 9 juin 1853, art. 13. Circ. N 81, art. 65.)

Nota. L'article 13 de la loi du 9 juin 1853 a été en partie abrogé par l'article 50 de la loi de finances du 28 avril 1893. V. art. 91.

68. *Naufrage. Lutte. Combat. Dévouement. Droit.* — La veuve du fonctionnaire qui, dans l'exercice ou à l'occasion de ses fonctions, a perdu la vie, soit dans un naufrage, soit dans une lutte ou un combat, ou bien par suite d'un acte de dévouement dans un intérêt public, ou en sauvant la vie d'un de ses concitoyens, a droit à une pension. (Loi du 9 juin 1853, art. 14. Circ. N 81, art. 66.)

69. *Veuve. Garde tué.* — La veuve d'un garde forestier tué par des particuliers, qu'il avait surpris en contravention, a droit à la pension fixée, à titre exceptionnel, par les articles 11 et 14 de la loi du 9 juin 1853, lors même qu'il ne se serait élevé aucune rixe entre le garde et les délinquants. (Cons. d'Etat, 18 novembre 1881.)

70. *Naufrage. Lutte. Combat. Dévouement. Quotité.* — Dans le cas de décès du fonctionnaire par naufrage, lutte, combat ou dévouement, la pension de la veuve, à titre de réversion, est des deux tiers de celle que le mari aurait pu obtenir. (Loi du 9 juin 1853, art. 14. Circ. N 81, art. 66 et 67.)

71. *Accident. Droit.* — A droit à pension, la veuve dont le mari a perdu la vie par un accident grave, résultant notoirement de l'exercice de ses fonctions. (Loi du 9 juin 1853, art. 14.)

72. *Veuve. Maladie. Modification.* — La veuve ne peut réclamer le bénéfice de l'article 14, paragraphe 2, de la loi du 9 juin 1853, dans le cas où le mari, atteint d'un rhumatisme dans l'exercice de ses fonctions, n'a succombé que par suite d'une modification essentielle dans le caractère de son mal, alors que cette modification ne peut être attribuée à l'exercice de ses fonctions. (Cons. d'Etat, 12 décembre 1884.)

73. *Accident. Quotité.* — Dans le cas de décès par accident grave résultant de l'exercice de ses fonctions, la pension de la veuve, à titre exceptionnel, est fixée au tiers de celle que le mari aurait obtenue ou pu obtenir. (Loi du 9 juin 1853, art. 14. Circ. N 81, art. 67.)

74. *Mariage. Epoque.* — Pour que la veuve ait droit à pension, il faut que le mariage soit antérieur à l'événement qui a amené la mort ou la mise à la retraite du mari. (Loi du 9 juin 1853, art. 14. Circ. N 81, art. 68.)

75. *Mariage. Durée.* — La veuve qui satisfait à la condition de six années de mariage n'a pas à justifier que son mariage ait été contracté antérieurement à l'événement dont son mari a été victime. (Cons. d'Etat, avis de la section des finances du 15 mars 1855, approuvé par le ministre le 26 du même mois. Circ. N 81, art. 69.)

76. *Décès. Accident. Quotité.* — Lorsque la mort ou la mise hors de service de l'employé n'est pas la conséquence immédiate ou du moins très rapprochée de l'événement dont il a été victime, pour cause de lutte ou par suite d'un acte de dévouement, la veuve ne peut prétendre qu'à la pension du tiers, fixée pour le cas d'accident grave. (Cons. d'Etat, avis de la section des finances du 16 mars 1855, approuvé par le ministre le 22 du même mois. Circ. N 81, art. 70.)

77. *Minimum.* — Le minimum fixé pour les pensions des veuves, à titre régulier, est applicable aux pensions à titre exceptionnel. (Note du ministre de la guerre, dont les conclusions ont été adoptées par avis de la section des finances du 28 novembre 1854. Circ. N 81, art. 71.)

78. *Service. Infirmités. Décès.* — La veuve de l'employé qui meurt en activité, des suites d'infirmités provenant de l'exercice de ses fonctions, mais qui ne sont pas reconnues présenter le caractère d'un accident grave, n'a pas droit à pension à titre exceptionnel. (Cons. d'Etat, avis de la section des finances du 6 mai 1856. Lettre du ministre des finances du 8 décembre 1856. Circ. N 81, art. 72.)

Il en est de même, quoique la maladie soit attribuée à des infirmités résultant de l'exercice de ses fonctions. (Cons. d'Etat, 7 octobre 1857.)

79. *Veuve. Maladie à l'état endémique.* — La veuve n'a pas droit à une pension de retraite, lorsque le mari est décédé par suite d'une maladie qui est la conséquence de son séjour dans une localité où cette maladie règne à l'état endémique. (Cons. d'Etat, 12 décembre 1884.)

80. *Droit. Réversibilité.* — Lorsque l'employé a été admis à faire valoir ses droits à la retraite, pour cause d'infirmités provenant de l'exercice de ses fonctions, il y a lieu de statuer sur ce droit personnel à pension qu'il pouvait avoir, droit qui, s'il est reconnu, devient transmissible, par voie de réversion, sur la tête de la veuve, comme si l'employé était décédé après avoir obtenu pension. (Cons. d'Etat, avis de la section des finances du 7 juillet 1857. Lettre d'adhésion du ministre des finances du 22 juillet de la même année. Circ. N 81, art. 73.)

81. *Service actif et sédentaire. Durée.* — Dans le cas où un employé, ayant servi alternativement dans la partie active et dans la partie sédentaire, décède avant d'avoir accompli les trente années de services exigées pour constituer le droit à pension de sa veuve, un cinquième de son temps de service dans la partie active est ajouté fictivement, en sus du service effectif, pour compléter les trente années nécessaires. La liquidation ne s'opère, néanmoins, que sur la durée effective des services. (Loi du 9 juin 1853, art. 15. Circ. N 81, art. 74.)

82. *Orphelins. Mineurs. Liquidation.* — S'il existe un ou plusieurs orphelins mineurs provenant d'un mariage antérieur du fonctionnaire, il est prélevé, sur la pension de la veuve, et sauf réversibilité en sa faveur, un quart au profit de l'orphelin du premier lit, s'il n'en existe qu'un en âge de minorité, et la moitié, s'il en existe plusieurs. (Loi du 9 juin 1853, art. 16. Circ. N 81, art. 75.)

Nota. L'article 16 de la loi du 9 juin 1853 a été abrogé en ce qu'il renferme de contraire aux dispositions de l'article 50 de la loi de finances du 28 avril 1893. V. art. 91.

83. *Liquidations. Pièces.* — Les agents de tout grade doivent, dès que le décès d'un agent ou préposé en fonctions, en disponibilité ou en retraite leur est signalé, rechercher si le défunt a laissé une veuve ou des orphelins ayant droit à pension ou à secours, et, dans le cas de l'affirmative, inviter les intéressés à produire les pièces nécessaires pour la liquidation de la pension ou du secours auxquels ils ont droit. (Note de la direction, 27 juillet 1887.)

84. *Séparation de corps.* — Le droit à pension n'existe pas pour la veuve, dans le cas de séparation de corps prononcée sur la demande du mari. (Loi du 9 juin 1853, art. 13. Circ. N 81, art. 76.)

85. *Réversion. Droit. Liquidation.* — Les veuves des fonctionnaires dont l'activité s'est prolongée sous le régime de la loi du 9 juin 1853, c'est-à-dire postérieurement au 1er janvier 1854, sont justiciables, pour l'exercice de leur droit de réversibilité, des dispositions de la loi précitée, alors même que le mari avait été liquidé ou était liquidable d'après le régime de l'ordonnance du 12 janvier 1825. (Cons. d'Etat, 21 juin 1855. Circ. N 81, art. 77.)

§ 2. *Régime de la loi du 4 mai 1892.*

86. *Droit. Conditions. Tarif.* — Les pensions des veuves des agents et préposés appelées à bénéficier des dispositions de la loi du 4 mai 1892 restent, quant aux conditions nécessaires pour établir le droit à ces pensions, soumises aux règles tracées par les articles 13 (§§ 1 et 3) et 14 (§§ 1, 2 et 5) de la loi du 9 juin 1853. Leur tarif seul est modifié. (Circ. N 450.)

87. *Quotité à titre régulier.* — Les pensions des veuves et des orphelins seront égales au tiers de la pension maximum afférente au traitement d'après lequel aura été ou aurait pu être retraité le mari ou père. (Loi 4 mai 1892, § 5. Circ. N 450.)

88. *Quotité à titre exceptionnel.* — Les pensions seront de la moitié de la pension maximum, dans les cas de naufrage, lutte, combat ou acte de dévouement, prévus par le paragraphe 1er de l'article 14 de la loi du 9 juin 1853, et des deux cinquièmes, dans le cas d'accident grave résultant de l'exercice de leur fonction, prévu au 2e paragraphe du même article. (Loi, 4 mai 1892, § 5.)

89. *Réversion. Liquidation.* — Les pensions concédées en vertu de la loi du 9 juin 1853 seront reversées conformément aux articles 13, 14 et 16 de cette même loi. (Décr. du 17 août 1892, art. 3.) Les veuves et orphelins d'agents retraités en vertu et dans les conditions de ladite loi de 1853 ne pourront, dès lors, en aucun cas, prétendre au bénéfice des nouveaux tarifs. Leurs pensions seront liquidées conformément à la loi de 1853. (Circ. N 450.)

90. *Application.* — La loi nouvelle est applicable aux pensions non inscrites à la date du 4 mai 1892. (Décr. du 17 août 1892, art. 2.) Il suit de là que les veuves ou orphelins des agents et préposés qui, morts en activité avant le 4 mai 1892, se trouvaient, au moment de leur décès, dans les conditions voulues pour obtenir pension, bénéficieront des nouveaux tarifs. (Circ. N 450.)

§ 3. *Régime de la loi de finances du 28 avril 1893.*

91. *Droit. Conditions. Quotité.* — La veuve de tout fonctionnaire ou employé décédé postérieurement au 31 décembre 1892, après

vingt-cinq ans de service, aura droit, si elle compte six ans de mariage, à une pension égale au tiers de la pension produite par la liquidation des services de son mari. Une pension temporaire de même importance sera accordée à l'orphelin ou aux orphelins mineurs du fonctionnaire, lorsque la mère sera décédée, ou inhabile à recueillir la pension, ou déchue de ses droits.

Les articles 13, 15 et 16 de la loi du 9 juin 1853 sont abrogés, en ce qu'ils ont de contraire à ces dispositions. (Loi du 28 avril 1893, art. 50.)

SECT. V. — DISPOSITIONS GÉNÉRALES A TOUTES LES PENSIONS.

§ 1. *Demande. Admission. Liquidation.*

92. *Admission.* — L'admission du fonctionnaire à faire valoir ses droits à la retraite est prononcée par l'autorité qui a qualité pour prononcer sa révocation. (Décr. 9 novembre 1853, art. 29.)

93. *Admission.* — L'admission à faire valoir les droits à la retraite est prononcée, savoir :

Par le chef de l'Etat, pour les administrateurs et les conservateurs;

Par le ministre, pour les autres agents, employés et préposés. (Décr. du 9 novembre 1853, art. 29. Circ. N 81, art .98. Circ. N 322.)

94. *Demande. Récépissé.* — La date de la présentation de la demande en liquidation de pension est constatée par son inscription sur un registre spécial tenu dans chaque ministère. Un bulletin de cette inscription est délivré à la partie intéressée. Les conservateurs peuvent recevoir ces demandes et en donner un récépissé de l'inscription sur un registre spécial. (Décr. du 9 novembre 1853, art. 42. Circ. A 731.)

95. *Préfet. Service communal.* — Les préfets statuent sur les pensions de retraite à accorder aux employés et agents des communes et établissements publics. (Décr. du 25 mars 1852.)

96. *Liquidation.* — Le directeur des forêts soumet au ministre de l'agriculture, après délibération du conseil d'administration, la liquidation des pensions de retraite. (Ord. 7.)

97. *Liquidation. Admission.* — Aucune pension n'est liquidée qu'autant que le fonctionnaire a été préalablement admis à faire valoir ses droits à la retraite. (Loi du 9 juin 1853, art. 19. Circ. N 81, art. 99.)

98. *Demande. Délai.* — Toute demande de pension doit, à peine de déchéance, être présentée, avec les pièces à l'appui, dans le délai de cinq ans, à partir, savoir : pour le titulaire, du jour où il aura été admis à faire valoir ses droits à la retraite ou du jour de la cessation de ses fonctions, s'il a été autorisé à les continuer après cette admission, et, pour sa veuve, du jour du décès du fonctionnaire. (Loi du 9 juin 1853, art. 22. Circ. N 81, art. 100.)

99. *Décision. Révocation.* — Tout fonctionnaire ou employé démissionnaire, destitué ou révoqué d'emploi, perd ses droits à la pension. S'il est remis en activité, son premier service lui est compté.

Celui qui est constitué en déficit pour détournement de deniers ou de matières, ou convaincu de malversation, perd ses droits à la pension, lors même qu'elle aurait été liquidée ou inscrite.

La même disposition est applicable au fonctionnaire convaincu de s'être démis de son emploi à prix d'argent et à celui qui aura été condamné à une peine afflictive ou infamante.

Dans ce dernier cas, s'il y a réhabilitation, les droits à la pension sont rétablis. (Loi du 9 juin 1853, art. 27. Circ. N 81, art. 119.)

100. *Condamnation.* — Lorsque la condamnation à une peine afflictive ou infamante est prononcée par contumace, la pension n'est pas frappée de suppression définitive, mais seulement de suspension temporaire. Dans ce cas, les droits éventuels de réversion de la femme et des enfants du titulaire sont réservés. (Cons. d'Etat, avis de la section du contentieux du 8 avril 1859, approuvé par le ministre. Circ. N 81, art. 120.)

101. *Suspension. Perte. Rappel.* — Le droit à l'obtention ou à la jouissance d'une pension est suspendu par les circonstances qui font perdre la qualité de français et durant la privation de cette qualité.

La liquidation ou le rétablissement de la pension ne peut donner lieu à aucun rappel pour les arrérages antérieurs. (Loi du 9 juin 1853, art. 29. Circ. N 81, art. 128.)

102. *Étranger.* — Les dispositions relatives aux conditions de perte ou suspension de pension ne mettent pas obstacle à ce que le fonctionnaire né à l'étranger ou d'un père étranger obtienne pension, s'il réunit d'ailleurs les conditions prescrites par la loi. (Cons. d'Etat, avis du 14 mars 1863. Circ. N 81, art. 129.)

103. *Activité. Service. Maintien. Liquidation.* — Lorsque l'intérêt du service l'exige, le fonctionnaire admis à faire valoir ses droits à la retraite peut être maintenu momentanément en activité, sans que la prolongation de ses services puisse donner lieu à un supplément de liquidation. Dans ce cas, la jouissance de la pension part. du jour de la cessation effective du traitement. (Décr. du 9 novembre 1853, art. 47. Circ. N 81, art. 118.)

104. *Liquidation. Services.* — Le pensionnaire qui a été remis en activité de service peut, après la cessation de ses fonctions, ren-

trer en jouissance de son ancienne pension ou obtenir, s'il y a lieu, une nouvelle liquidation basée sur la généralité de ses services. (Loi du 9 juin 1853, art. 28. Circ. N 81, art. 124.)

105. *Liquidation. Services différents.* — Lorsqu'un fonctionnaire aura passé d'un service sujet à retenue dans un service qui en est affranchi, ou réciproquement, la pension est liquidée d'après la loi qui régit son dernier service, à moins qu'il n'ait accompli, dans le premier service, les conditions d'âge et de durée de fonctions exigées ; dans ce cas, le fonctionnaire choisit le mode de liquidation de sa pension. (Décr. du 9 novembre 1853, art. 33. Circ. A 731.)

106. *Liquidation. Services. Droit.* — Il n'y a lieu de procéder à une nouvelle liquidation, basée sur la généralité des services, que lorsque le fonctionnaire s'est créé un nouveau droit à la retraite dans les dernières fonctions qu'il a exercées. (Lettre du ministre des finances du 3 février 1858. Circ. N 81, art. 125.)

107. *Liquidation. Pièces.* — Le ministre compétent réunit les pièces justificatives du droit à pension, arrête la liquidation et, après l'avoir communiquée au ministre des finances, la soumet, avec l'avis de ce ministre, au conseil d'Etat. (Décr. du 9 novembre 1853, art. 40.)

108. *Liquidation. Autorité.* — La liquidation de la pension est faite par le ministre compétent, qui la soumet au conseil d'Etat. (Loi du 9 juin 1853, art. 24.)

109. *Concession. Décret. Publicité.* — Le décret de concession de pension est contresigné par le ministre compétent et par le ministre des finances. Il est inséré au Bulletin des lois. (Loi du 9 juin 1853, art. 24.)

110. *Formalités. Décret. Indication.* — Les décrets de concession de pensions mentionnent les nom, prénoms, grade, date et lieu de naissance, nature et durée des services, dates des lois, décrets et ordonnances réglementaires, quotité du traitement qui a servi de base à la liquidation, part afférente aux services civils et militaires, limitation au maximum, quotité de la pension, date de l'entrée en jouissance, domicile de la partie. (Décr. du 9 novembre 1853, art. 41. Circ. A 731.)

111. *Liquidation. Pourvoi.* — Les pourvois contre la liquidation des pensions doivent être formés dans les trois mois de la réception du brevet. (Décr. du 22 juillet 1806, art. 11. Circ. N 81, art. 134.)

112. *Refus. Recours. Délai.* — Le recours au conseil d'Etat, par voie contentieuse, contre la décision ministérielle portant refus ou contre le décret de concession, pour insuffisance de liquidation, doit être formé, à peine de déchéance, dans le délai de trois mois, à partir du jour où le réclamant a eu connaissance de la décision ministérielle, par la notification qui lui en a été faite, ou du décret, par son insertion au Bulletin des lois. (Lois des 11 et 18 avril 1831 et 9 juin 1853. Cabantous.)

113. *Pourvoi. Requête.* — Les pourvois de recours par voie contentieuse doivent être formés par simple requête au président du conseil d'Etat. (Décr. du 2 novembre 1864. Circ. N 81, art. 135.)

114. *Réclamation.* — On ne doit saisir l'administration des réclamations fréquentes auxquelles donne lieu la quotité des pensions allouées que dans les cas peu probables où ces réclamations seraient basées sur des erreurs de liquidation reconnues et démontrées. (Circ. N 81, art. 138.)

115. *Limite. Crédit.* — Il ne peut être concédé annuellement des pensions, en vertu de la loi du 9 juin 1853, que dans la limite des extinctions réalisées sur les pensions inscrites, à moins que l'augmentation du crédit ne soit autorisée par une loi. (Loi du 9 juin 1853, art. 20. Décr. du 31 mai 1862, art. 260.)

Les crédits d'inscription ouverts au budget de chaque année, soit en vertu des dispositions de la loi de finances, soit par suite de l'extinction des pensions en cours, seront exclusivement affectés à l'inscription des pensions résultant d'admissions à la retraite ou de décès survenus au cours de cette année, mais qui n'auraient pu être liquidées avant le 31 décembre. (Loi de finances du 26 janvier 1892, art. 51. Circ. N 459.)

116. *Admission. Crédit d'exercice.* — Entre le 1er janvier et le jour de la publication du premier décret de répartition, il peut être, dans chaque département ministériel, procédé à des admissions à la retraite, à des liquidations et à des concessions de pensions jusqu'à concurrence du dixième du crédit d'inscription qui aura été, l'année précédente, attribué à ce département ministériel. (Décr. du 8 août 1892, art. 6. Circ. N 459.)

117. *Crédit supplémentaire.* — Au delà du montant des annulations, les pensions appartenant à un exercice clos ne peuvent être inscrites sur l'exercice courant qu'après l'ouverture d'un crédit supplémentaire spécial.

Ce crédit est ouvert en vertu d'un décret, rendu comme il est dit à l'article 5 du présent décret, jusqu'à concurrence des extinctions nouvellement révélées, et en vertu d'une loi au delà de cette limite. (Décr. du 8 août 1892, art. 3. Circ. N 459.)

§ 2. *Pièces à fournir.*

A. *Titulaire.*

118. *Pièces. Etat civil. Service.* — Le fonctionnaire admis à la retraite doit produire,

indépendamment de son acte de naissance (timbré) et d'une déclaration de domicile :

1o Pour la justification des services civils (formule série 1, no 16) :

Un extrait dûment certifié des registres et sommiers de l'administration, énonçant ses nom et prénoms, sa qualité, la date et le lieu de sa naissance, la date de son entrée dans l'emploi avec traitement, la série de ses grades et services, l'époque et les motifs de leur cessation et le montant du traitement dont il a joui pendant chacune des six dernières années de son activité.

Cet extrait est dressé dans la forme du modèle joint à la circulaire N 81. (Annexe B.)

Lorsqu'il n'aura pas existé de registre ou que tous les services administratifs ne se trouveront pas inscrits sur les registres existants, il y sera suppléé soit par un certificat du chef ou des chefs compétents des administrations où l'employé aura servi, relatant les indications ci-dessus énoncées, soit par un extrait des comptes et états d'émargement, certifié par le greffier de la cour des comptes.

Les services civils rendus hors d'Europe sont constatés par un certificat délivré par le ministre compétent ; ce certificat, conforme au modèle joint à la circulaire N 81 (annexe C), énonce, pour chaque mutation d'emploi, le traitement normal du grade et le supplément accordé à titre de traitement colonial.

A défaut de ces justifications et lorsque, pour cause de destruction des archives dont on aurait pu les extraire ou du décès des fonctionnaires supérieurs, l'impossibilité de les produire est prouvée, les services peuvent être constatés par acte de notoriété.

2o Pour la justification des services militaires de terre et de mer :

Un certificat directement émané du ministère de la guerre ou de celui de la marine.

Les actes de notoriété, les congés de réforme et les actes de licenciement ne sont pas admis pour la justification des services militaires. Lorsque les actes de cette nature sont produits, ils sont renvoyés au ministère de la guerre ou à celui de la marine, qui les remplace, s'il y a lieu, par un certificat authentique. (Décr. du 9 novembre 1853, art. 31. Circ. N 81, art. 102.)

119. *Actes. Timbre.* — Les actes de l'état civil produits pour la liquidation de la pension de retraite doivent être timbrés. (Loi du 13 brumaire an VII, art. 12 et 19.)

120. *Formalités. Age. Incapacité.* — Lorsque l'admission à la retraite a lieu avant que la condition d'âge soit accomplie, cette admission est prononcée dans les formes suivantes :

Si l'impossibilité d'être maintenu en activité résulte pour le fonctionnaire d'un état d'invalidité morale inappréciable pour les hommes de l'art, sa situation est constatée par un rapport de ses supérieurs dans l'ordre hiérarchique.

Si l'incapacité de servir est le résultat de l'invalidité physique du fonctionnaire, l'acte prononçant son admission à la retraite doit être appuyé, indépendamment des justifications ci-dessus spécifiées, d'un certificat des médecins qui lui ont donné leurs soins et d'une attestation d'un médecin *désigné* par l'administration et *assermenté*, qui déclare que le fonctionnaire est hors d'état de continuer utilement l'exercice de son emploi. (Décr. du 9 novembre 1853, art. 30. Circ. N 81, art. 103.)

121. *Médecin.* — La délégation du médecin appartient au préfet. (Décis. Min. du 31 août 1858. Circ. N 81, art. 104.)

122. *Infirmités. Certificats.* — Dans le cas d'infirmités, ces infirmités et leurs causes sont constatées par les médecins qui ont donné leurs soins au fonctionnaire et par un médecin désigné par l'administration et assermenté. Ces certificats doivent être corroborés par l'attestation de l'autorité municipale et celle des supérieurs immédiats du fonctionnaire. (Décr. du 9 novembre 1853, art. 35. Circ. N 81, art. 112.)

123. *Médecin. Certificat. Timbre.* — Le certificat du médecin assermenté est exempt de timbre; mais le certificat du médecin particulier du fonctionnaire doit être sur papier timbré.

124. *Médecin. Serment.* — Le serment du médecin délégué doit être prêté entre les mains du préfet pour l'arrondissement chef-lieu, et entre celles du sous-préfet pour chaque arrondissement de sous-préfecture.

Néanmoins, le serment est valable toutes les fois que, pour éviter un déplacement onéreux, il aura été prêté devant le juge de paix du canton. (Décis. Min. du 31 août 1854. Circ. N 81, art. 105.)

125. *Médecin. Serment. Droit.* — Les actes de prestation de serment des médecins délégués sont exempts de tout droit d'enregistrement. (Décis. Min. du 2 février 1854. Circ. N 81, art. 106.)

126. *Médecin. Honoraires.* — Les honoraires du médecin sont payés par l'administration, lorsqu'elle a autorisé la constatation des infirmités d'un agent ou d'un préposé dont l'admission à la retraite doit être prononcée d'office, en dehors des conditions d'âge et de durée de services voulues par les règlements. Ces honoraires sont payés par l'agent ou le préposé, lorsqu'il demande lui-même à être admis exceptionnellement à faire valoir ses droits à pension. (Circ. A 639. Circ. N 81, art. 107.)

127. *Événement. Constatation.* — Lorsque la demande a pour objet une pension à titre exceptionnel, l'événement donnant ouverture au droit à pension doit être constaté par un procès-verbal, en due forme, dressé sur les lieux et au moment où il est survenu. A défaut de procès-verbal, cette constatation peut s'établir par un acte de notoriété rédigé sur la déclaration des témoins de l'événement ou des personnes qui ont été à même d'en connaître et d'en apprécier les conséquences. Cet acte doit être corroboré par les attestations conformes de l'autorité municipale et des supérieurs immédiats du fonctionnaire. (Circ. A 594. Circ. N 81, art. 112.)

128. *Accident. Acte de notoriété.* — Les actes de notoriété pour constater, à défaut d'un procès-verbal régulier, les accidents pouvant donner droit à une pension de retraite sont sujets au timbre et à l'enregistrement.

B. *Veuves et orphelins.*

129. *Veuves. Pièces.* — Les veuves prétendant à une pension fournissent les pièces ci-après :

1° Une demande sur timbre contenant déclaration d'élection de domicile ;

2° L'acte de décès du mari, sur timbre et légalisé ;

3° L'acte de mariage, sur timbre et légalisé ;

4° L'acte de naissance de la veuve, sur timbre et légalisé ;

5° Suivant les cas, un certificat de non-séparation de corps et de non-divorce, ou une expédition sur papier timbré du jugement de séparation de corps ou un certificat du greffier du tribunal justifiant que la séparation a été prononcée sur la demande de la veuve ;

6° Un certificat de non-existence d'enfants mineurs nés d'un précédent mariage du mari, délivré par le maire de la résidence, sur la déclaration de deux témoins.

La veuve dont le mari est décédé en activité de service doit fournir, en outre, toutes les justifications et pièces que son mari aurait été tenu de produire.

Lorsque les noms et prénoms ne sont pas orthographiés d'une manière identique, ou qu'il y a interversion dans l'ordre des prénoms, il est nécessaire de joindre un acte de notoriété. (Décr. du 9 novembre 1853, art. 32. Circ. N 81, art. 108. Note de la direction des forêts, mars 1886.)

130. *Orphelins. Pièces. Etat civil.* — Les orphelins prétendant à pension fournissent, indépendamment des pièces que leur père aurait été tenu de produire :

1° Leur acte de naissance (timbré) ;

2° L'acte de décès de leur père ;

3° L'acte de célébration de mariage de leurs père et mère ;

4° Une expédition ou un extrait de l'acte de tutelle ;

5° En cas de prédécès de la mère, son acte de décès ;

En cas de séparation de corps, expédition du jugement qui a prononcé la séparation ou un certificat du greffier du tribunal qui a rendu le jugement ;

En cas de second mariage, l'acte de célébration. (Décr. du 9 novembre 1853, art. 32. Circ. N 81, art. 109.)

131. *Pièces. Brevet.* — Les veuves ou orphelins prétendant à pension produisent le brevet délivré à leur mari ou père, lorsqu'il est décédé en jouissance de pension, ou une déclaration constatant la perte de ce titre. (Décr. du 9 novembre 1853, art. 32. Circ. N 81, art. 110.)

132. *Cumul. Traitement.* — La veuve qui, étant pensionnée du chef de son mari, reçoit un traitement d'activité payé des fonds de l'Etat, pour l'emploi qu'elle exerce personnellement, peut cumuler sa pension et son traitement jusqu'à concurrence de quinze cents francs. (Cons. d'Etat, avis de la section des finances du 30 octobre 1855, approuvé par le ministre, le 7 novembre 1855. Circ. N 81, art. 126.)

§ 3. *Jouissance.*

133. *Paiement. Epoque. Rappel.* — Les pensions et secours annuels sont payés par trimestre, actuellement les 1er mars, 1er juin, 1er septembre, 1er décembre, dans la forme prescrite. Ils sont rayés des livres du Trésor, après trois ans de non-réclamation, sans que leur rétablissement donne lieu à aucun rappel d'arrérages antérieurs à la réclamation. (Loi du 9 juin 1853, art 30. Circ. N 81, art. 130.)

134. *Jouissance. Epoque. Rappel.* — La jouissance de la pension commence du jour de la cessation du traitement ou du lendemain du décès du fonctionnaire.

Il ne peut, en aucun cas, y avoir lieu au rappel de plus de trois années d'arrérages antérieurs à la date de l'insertion au *Journal officiel* du décret de concession. (Loi du 9 juin 1853, art. 24. Circ. N 81, art. 114.) Cependant il y aura une exception si le retard provient du fait de l'administration et si l'employé a fourni ses pièces en temps opportun. (Cons. d'Etat, 25 février 1864.)

135. *Demande. Délai. Rappel.* — Le prétendant à pension qui a laissé écouler plus de trois ans sans présenter sa demande en liquidation, mais qui a cependant produit ses titres dans le délai de cinq ans, conformément à la loi du 9 juin 1853, art. 22, a droit à un rappel d'arrérages de trois années, sans qu'on ait à rechercher si ce retard de production provient ou ne provient pas de son fait. (Cons. d'Etat, 26 décembre 1856. Circ. N 81, art. 115.)

136. *Disparition. Arrérages.* — Lorsqu'un fonctionnaire a disparu de son domicile et que plus de trois ans se sont écoulés sans qu'il ait réclamé les arrérages de sa pension, sa femme ou les enfants qu'il a laissés peuvent obtenir, à titre provisoire, la liquidation

des droits de réversion qui leur seraient ouverts, en cas de décès dudit pensionnaire. (Décr. du 9 novembre 1853, art. 45. Circ. N 81, art. 113.)

137. *Arrérages. Délai.* — Les pensionnaires qui négligent de toucher leurs arrérages pendant plus d'un an sont radiés des états de paiement (décès présumé), sauf rétablissement, avec rappel d'arrérages, s'ils se présentent avant les trois années fixées comme terme de déchéance. (Décis. Min. du 9 janvier 1847.)

138. *Arrérage. Décès.* — Les décomptes d'arrérages pour les pensionnaires décédés seront liquidés à raison de 360 jours par an, chaque mois étant de 30 jours. Les arrérages devront être calculés depuis l'époque où le pensionnaire a cessé d'en toucher le montant, jusqu'à la veille du jour de son décès inclusivement. (Décis. Min. du 27 novembre 1849.) Pour les pièces à fournir, en cas de décès, voir la circulaire A 647.

139. *Arrérages. Réclamation. Retard.* — Le retard de réclamations de plus de trois ans, qui entraîne la prescription la plus absolue de tous les arrérages échus, peut être opposé à l'ayant droit à pension qui est atteint d'aliénation mentale et qui est légalement représenté, dans tous les actes touchant la gestion de ses intérêts, par le tuteur nommé à son interdiction. (Lettre du ministre des finances du 19 août 1854. Circ. N 81, art. 131.)

140. *Déchéance. Délai.* — La déchéance triennale est applicable aux héritiers ou ayants cause des pensionnaires qui n'ont pas produit la justification de leurs droits, dans les trois ans qui suivent la date du décès de leur auteur. (Loi du 9 juin 1853, art. 30. Circ. N 81, art. 132.)

141. *Paiement. Certificat.* — Tout titulaire d'une pension inscrite au Trésor doit produire, pour le paiement, un certificat de vie délivré par un notaire, conformément à l'ordonnance du 6 juin 1839 ; lequel certificat contient, en exécution des articles 14 et 15 de la loi du 15 mai 1818, la déclaration relative au cumul.

Indépendamment du droit de timbre (0f,60), il est dû au notaire, pour la délivrance des certificats de vie, savoir :

Pour chaque trimestre à percevoir :

De 600 fr. et au-dessus	0f,50
De 600 à 301	0f,35
De 300 à 101	0f,25
De 100 à 50	0f,20
Au-dessous de 50 fr.	» »

(Décr. du 9 novembre 1853, art. 46. Circ. N 81, art. 117.)

142. *Saisie. Principe.* — Les pensions sont incessibles ; aucune saisie ou retenue ne peut être opérée, du vivant du pensionnaire, que jusqu'à concurrence d'un cinquième, pour débet envers l'Etat ou pour des créances privilégiées, aux termes de l'article 2101 du code civil, et d'un tiers dans les circonstances prévues par les articles 203, 205, 206, 207 et 214 du même code. (Loi du 9 juin 1853, art. 26. Circ. N 81, art. 116.)

143. *Saisie. Créance privilégiée.* — Les pensions sont incessibles, excepté pour dette envers l'Etat ou pour créances privilégiées. (Cod. Civ. 203, 205, 206, 207, 214 et 2101. Décr. du 31 mai 1862, art. 267.)

144. *Retenue. Quotité.* — Une retenue du tiers peut être exercée envers le pensionnaire qui ne remplit pas, à l'égard de ses ascendants, de sa femme et de ses enfants, les obligations que lui imposent les chapitres 5 et 6 du livre I du code civil. (Cons. d'Etat, 30 novembre 1819.)

145. *Activité. Remise.* — Lorsqu'un pensionnaire est remis en activité dans le même service, le paiement de sa pension est suspendu. (Loi du 9 juin 1853, art. 28. Circ. N 81, art. 121.)

146. *Replacement. Service différent. Ministère.* — Le replacement dans un service différent doit s'entendre du replacement dans un ministère autre que celui dans lequel l'employé avait été primitivement retraité. Chaque ministère compte comme unité, sans aucune distinction entre les différentes branches de service qui y ressortissent. (Lettres du ministre des finances des 1er octobre 1853 et 5 avril 1855. Circ. N 81, art. 123.)

147. *Activité. Service différent. Cumul.* — Lorsqu'il est remis en activité dans un service différent, l'employé ne peut cumuler sa pension et son traitement que jusqu'à concurrence de quinze cents francs. (Loi, 9 juin 1853, art. 28. Circ. N 81, art. 122.)

148. *Traitement. Cumul. Prohibition.* — Les prohibitions de cumul ne s'appliquent pas aux traitements payés sur les fonds des départements ou des communes ; elles s'appliquent à tous les traitements payés des fonds de l'Etat, sans faire aucune distinction entre les traitements qui donnent droit à pension et ceux qui n'offrent pas cette expectative. (Cons. d'Etat, 27 mai 1826 et 17 avril 1831. Circ. N 81, art. 127.)

149. *Cumul. Limites.* — Le cumul de deux pensions est autorisé dans la limite de 6000 francs, pourvu qu'il n'y ait pas double emploi dans les années de services présentées pour la liquidation.

La disposition qui précède n'est pas applicable aux pensions que des lois spéciales ont affranchies des prohibitions du cumul. (Loi du 9 juin 1853, art. 31. Circ. N 81, art. 133.)

PENTE.

1. *Définition.* — Les pentes douces sont au-dessous de 20 mètres de base sur 1 mètre de hauteur; les pentes moyennes sont de

5 à 20 mètres de base sur 1 mètre de hauteur, et on considère comme pentes raides celles qui ont de 1 à 5 mètres de base pour 1 mètre de hauteur ; au delà de 45 degrés, la pente devient un escarpement. (Instr. du 15 octobre 1860, art. 23.)

2. *Défrichement.* — On doit indiquer les pentes en tant pour cent (centimètres par mètre) des terrains à défricher. (Circ. A 579.)

3. *Pente. Défrichement.* — Les bois situés sur une pente de 45 pour cent ne peuvent pas être défrichés sans autorisation, quand même leur contenance soit inférieure à 10 hectares. (Cass. 13 décembre 1884.)

PÉPINIÈRE.

Abatage, 9.
Autorisation, 9.
Centrale, 8.
Clôture, 3.
Délivrance, 14, 15.
Emplacement, 1, 10.
Entretien, 7, 10.
Etat de situation, 14.
Gratification, 12.
Locataire, 17.
Menus produits, 15.
Plant, 14.
Préposé, 12.
Projet, 5, 6.
Proposition, 4.
Quantité de graines, 11.
Rapport, 8.
Reboisement, 2.
Renseignement, 5, 6.
Ressources, 13.
Semis, 11.
Taux, 15.
Travaux, 6, 7, 11.
Usufruitier, 16.

1. *Emplacement.* — On doit placer les pépinières à proximité des terrains à reboiser, lorsqu'ils ont une certaine importance, afin d'éviter les chances d'insuccès provenant du trop long transport des plants. (Circ. A 795.)

2. *Reboisement. Terrain.* — Pour établir les grandes pépinières, il vaut mieux acheter le terrain que de le louer.

3. *Clôture.* — On doit généralement clore les pépinières. (Fossés, fils de fer, etc.)

4. *Proposition.* — Les projets de travaux neufs, pour création de pépinières, doivent être adressés à l'administration (avec un bulletin d'envoi), avant le 1er septembre de chaque année, s'ils doivent être exécutés dans une forêt domaniale, et avant le 15 novembre, s'ils se rapportent à des périmètres de restauration de montagnes. (Circ. N 22, art. 43. Instr. Gén. du 2 février 1885, art. 114. Circ. N 345.)

5. *Projets. Renseignements.* — Les projets de création de pépinière doivent indiquer :

1o L'étendue, la nature et la situation des terrains ;

2o Le mode à employer pour la préparation du terrain, ainsi que pour le semis et la plantation ;

3o La quantité, par espèces, des semences à employer ;

4o La dépense afférente à chaque opération.

Pour le choix des essences, on doit avoir égard à la nature du sol, aux conditions des aménagements et aux besoins de la consommation. (Circ. N 22, art. 45 et 46.)

6. *Projet. Travaux. Renseignements à l'appui.* — A l'appui des propositions de travaux à exécuter dans les pépinières, les agents doivent faire connaître :

1o Le détail des travaux projetés pour l'année ;

2o La contenance sur laquelle devra s'effectuer chaque nature de travail ;

3o L'évaluation détaillée de la dépense ;

4o Le nombre approximatif, l'essence et l'âge des plants que renferme la pépinière, avec la distinction des plants repiqués et des plants non repiqués et l'indication des contenances occupées par chaque catégorie ;

5o L'indication des besoins que la pépinière est destinée à satisfaire.

Il doit être joint au projet un croquis de la pépinière, accompagné d'une légende indiquant l'aménagement adopté pour son roulement. (Circ. N 296.)

7. *Travaux.* — Les travaux de toute espèce dans les pépinières, autres que ceux de premier établissement, sont classés comme travaux d'entretien. (Circ. N 22, art. 25.)

8. *Pépinières centrales. Rapport.* — Le rapport justificatif (form. série 12, no 28) relatif aux pépinières centrales renfermera un tableau faisant connaître les années et saisons des ensemencements, ainsi que les quantités (par essence) en milliers de plants à utiliser. (Lettre de la direction du 12 août 1891.)

9. *Autorisation. Abatage.* — Les décisions régulières qui autorisent des travaux d'amélioration (pépinière), dans les bois soumis au régime forestier, autorisent implicitement les abatages d'arbres que ces travaux occasionnent. (Décis. Min. du 15 mai 1862. Circ. A 819.)

10. *Emplacement. Entretien.* — Lorsqu'une forêt paraîtra nécessiter une pépinière, celle-ci sera établie à proximité du jardin du garde, s'il existe une maison forestière ; si la maison est pour un seul garde, la pépinière n'aura que 50 ares ; elle aura 1 hectare, s'il y a deux gardes.

Chaque garde sera chargé de l'entretien de la pépinière, dès qu'elle aura été ensemencée ou repiquée ; les gardes devront, autant que possible, récolter les graines. On fera procéder, par voie d'adjudication, à l'exploitation des arbres, avec extraction de souches, afin de labourer le terrain à la charrue, et on fera exécuter ensuite les travaux de semis ou de repiquement. (Circ. A 483.)

11. *Travaux. Semis. Quantité de graines.* — Dans les semis en pépinière, on ne doit jamais dépasser, par are, la quantité de, savoir :

2 hectolitres (en moyenne 1h,5) pour les glands ;

1 hectolitre pour les faînes ;

4 kilogrammes pour les graines désailées

d'épicéa, de pin noir, de pin sylvestre et de pin à crochets ;

8 kilogrammes pour les graines désailées de cèdre et de mélèze.

(*Traite pratique du reboisement.* Lettre de l'Admin. du 28 janvier 1884.) V. Prix. Semis.

12. *Gratification.* — Il peut être accordé des gratifications aux préposés, pour la création de pépinières. (Circ. N 22, art. 291. Circ. N 416.)

13. *Ressources.* — Chaque année, au 15 juin et au 15 décembre, les conservateurs font connaître à l'administration les plants des différentes essences existant dans chaque pépinière et qu'il leur serait possible, déduction faite des quantités nécessaires pour leurs besoins, d'expédier dans d'autres conservations, tant au printemps qu'à l'automne suivant ; on doit indiquer l'âge, la qualité des plans disponibles, s'ils ont été repiqués et l'époque de cette opération. (Circ. N 22, art. 58. Circ. N 246.)

14. *Etat de situation. Plants à délivrer.* — Dans les états de situation des pépinières domaniales à fournir les 15 juin et 15 décembre, on indiquera le nombre, l'espèce et l'âge des plants inutiles ou trop âgés, à délivrer comme menus produits. (Circ. N 246.)

15. *Délivrance comme menus produits. Taux.* — Les conservateurs peuvent délivrer comme menus produits des plants provenant des pépinières domaniales. Les prix devront toutefois être fixés à un taux assez élevé pour que le commerce n'ait pas lieu de prétendre que l'Etat nuit à ses intérêts. (Circ. N 416.)

16. *Usufruitier.* — L'usufruitier a le droit de prendre les plants dans une pépinière, pour les vendre ou les employer à son gré, sans la dégrader et à charge de se conformer à l'usage des lieux pour leur remplacement. (Cod. Civ. 590.)

17. *Locataire.* — Le locataire d'un terrain cultivé en pépinière peut enlever, à la fin du bail, les arbres plantés dans ce terrain.

PERCEPTEUR.

Recouvrement. — Les percepteurs des contributions directes sont substitués aux receveurs de l'enregistrement, pour le recouvrement des amendes et des condamnations pécuniaires. (Loi de finances du 29 décembre 1873, art. 25. Circ. N. 149.)

PERCEPTION. V. Recouvrement.

PERCHE.

1. *Délivrance.* — La délivrance des perches pour le flottage est autorisée par le conservateur, comme les harts. Les perches ont de 20 à 30 centimètres de tour sur 5 à 6 mètres de long. En essence chêne, leur prix varie de 0 fr. 40 à 0 fr. 60 la pièce. (Ord. 4 décembre 1844. Circ. A 568. Décis. Min. du 13 mars 1841.)

2. *Clôture.* — L'enlèvement d'une perche sèche faisant partie de la clôture d'une forêt communale constitue un délit non punissable par la loi forestière. Il faut examiner s'il y a destruction de clôtures, fait puni par l'article 456 du code pénal, ou bien s'il y a simple dégradation ; auquel cas, il convient d'invoquer l'article 17, titre II, de la loi rurale des 28 septembre-6 octobre 1791. (Rép. For. t. XVIII, p. 24.)

PÈRE.

Interdiction. — Les pères des agents, des gardes forestiers et des agents forestiers de la marine ne peuvent prendre part aux ventes, ni directement, ni indirectement, soit comme partie principale, associé ou caution. En cas d'infraction, pénalité :

Amende : du quart au douzième du prix d'adjudication.

Vente nulle. (Cod. For. 21.)

Il en est de même des grands-pères et des beaux-pères. V. Enfant. Responsabilité.

PÈRE DE FAMILLE (BON).

Jouissance. Usufruitier. — La jouissance en *bon père de famille* à laquelle l'usufruitier est soumis, par les dispositions de l'article 601 du code civil, consiste à conserver et à améliorer le fond grevé d'usufruit dont la fertilité ou puissance productive diminue naturellement par la culture et la récolte des fruits.

La jouissance en *bon père de famille,* dont il est question à l'article 601 du code civil, est celle que l'on doit attendre d'un homme doué de cette dose d'intelligence, d'attention et d'activité qui est le partage du plus grand nombre. (Demolombe.)

PÉREMPTION D'INSTANCE.

Appel, 7.
Application, 3, 4.
Chasse, 2.
Chose jugée, 6.
Conséquences, 5.
Délai, 8.
Exécution, 10.
Expertise, 11.
Guerre, 12.
Interruption, 9.
Invasion, 12.
Jugement, 10.
Principe, 1.
Suspension, 10.

1. *Principe.* — La loi commune fixe à trois ans, en matière de délit, et à un an, en matière de contravention, la prescription qui résulte de l'inaction du poursuivant pendant ce délai.

2. *Chasse.* — La péremption (prescription) pour les délits de chasse est acquise à l'expiration du délai de trois mois, à partir des dernières poursuites. (Paris, 26 juin 1880.)

3. *Application.* — La péremption d'instance en matière civile, établie par les articles 397 à 401 du code de procédure civile, n'est pas applicable en matière correctionnelle. (Cass. 23 septembre 1836.)

4. *Application.* — La péremption d'instance est applicable aux délits forestiers. (Cass. 16 août 1844.) V. Poursuite.

5. *Conséquences.* — La péremption d'instance en matière civile anéantit la procédure.

6. *Chose jugée.* — La péremption en cause d'appel aura l'effet de donner au jugement dont est appel la force de chose jugée. (Proc. Civ. 469.)

7. *Appel.* — La péremption de l'instance d'appel a pour effet de donner au jugement attaqué l'autorité de la chose jugée, alors même qu'il n'aurait pas été signifié. (Agen, 5 novembre 1862.)

8. *Délai.* — Lorsque la prescription d'une action forestière aura été interrompue par un acte de poursuite ou d'instruction, la nouvelle prescription qui recommencera, à dater de cet acte, sera de trois ans, s'il s'agit d'un *délit.* (Cass. 19 juin 1840.) Mais, s'il s'agit d'une *contravention,* il n'y a pas de nouveau délai, puisque, en vertu de l'article 640 du code d'instruction criminelle, elle doit être jugée dans l'année où elle a été commise.

9. *Interruption.* — La péremption n'est interrompue que par des actes ayant le caractère d'actes de poursuite, qui tendent à l'instruction et au jugement. Ne sont pas interruptifs, les actes dans lesquels les parties se sont bornées, pendant l'instance restée impoursuivie, à maintenir leurs droits respectifs et leurs prétentions réciproques à la possession d'un immeuble en litige. (Cass. 23 juillet 1860.)

10. *Suspension. Jugement. Exécution.* — La péremption n'est pas applicable aux jugements ou autres actes, par suite de défaut d'inexécution pendant trente ans, si la suspension d'exécution n'a eu lieu qu'en vertu d'une transaction ou d'un arrêt ultérieur. (Cass. 14 août 1872.)

11. *Expertise.* — Lorsqu'un juge de paix a ordonné une expertise dont il a fixé l'époque, la péremption d'instance ne commence à courir que du jour de la clôture du procès-verbal des experts. (Cass. 16 mars 1868.)

12. *Guerre. Invasion.* — La péremption en matière civile est suspendue pendant la durée de la guerre ; un nouveau délai, égal au délai ordinaire restant à courir, courra pour ceux qui seront dans le cas ci-dessus. (Décr. des 9 septembre et 3 octobre 1870.)

Le nouveau délai a commencé à courir à partir du 11 juin 1871. (Loi du 26 mai 1871.)

PÉRIMÈTRE DE MISE EN DÉFENS.

SECT. I. — FIXATION DU PÉRIMÈTRE, FORMALITÉS, INSTRUCTION, 1—10.

SECT. II. — MAINTIEN EN DÉFENS, 11.

SECT. III. — PROLONGATION DE MAINTIEN EN DÉFENS, 12 — 15.

SECT. IV. — TRAVAUX, 16 — 18.

Absolue nécessité, 17.
Affichage, 8.
Approbation, 13.
Bordereau, 6.
Bornage, 10.
Contenance, 2.
Décision, 11.
Décret, 8.
Délimitation, 10.
Délai, 11.
Désignation, 1.
Durée, 9.
Envoi, 6.
État parcellaire, 4.
Exécution, 18.
Expropriation, 14.
Extraits de décrets, 9.
Fixation, 7.
Indemnité, 5.
Notification, 8, 11, 13, 15.
Pièces, 15.
Plan, 2.
Population, 3.
Procès-verbal, 2, 12.
Préparation, 9.
Projet, 2, 6, 12.
Proposition, 1, 11, 12, 16.
Publication, 8.
Rapport, 3.
Reconnaissance, 2, 12.
Renseignements, 12.
Situation des terrains, 2.
Situation financière, 3.
Surveillance, 3.
Travaux, 12, 16, 17, 18.
Usagers, 5.

V. Mise en défens.

SECT. I. — FIXATION DU PÉRIMÈTRE. FORMALITÉS. INSTRUCTION.

1. *Désignation.* — L'administration désigne, sur la proposition des conservateurs, les communes sur les territoires desquelles doivent être entreprises des études, en vue de l'établissement des périmètres à mettre en défens. (Instr. Gén. du 2 février 1885, art. 223. Circ. N 345.)

2. *Projet. Procès-verbal de reconnaissance. Plan. Situation des terrains. Répartitions de la contenance.* — Tout projet de périmètre à mettre en défens comprend :

1° Un procès-verbal de reconnaissance, indiquant :

a. — La configuration des lieux, leur altitude moyenne, les conditions dans lesquelles ils se trouvent au point de vue géologique et climatérique, l'état de dégradation du sol, les circonstances qui ont amené cet état, les dommages qui en sont résultés et les dangers qu'il présente ;

b. — La nature, la situation et les limites des terrains à interdire au parcours, la durée de la mise en défens proposée, sans qu'elle puisse excéder dix ans, avec les motifs à l'appui, et le délai pendant lequel il convient d'admettre les parties intéressées à procéder au règlement des indemnités à accorder aux propriétaires pour privation de pâturage ;

2° Un plan des lieux ;

3° La situation administrative, les limites et la contenance totale du territoire de la commune ;

4° La répartition de la contenance totale par catégories de propriétaires ;

5° La répartition de cette même contenance par natures de terrains, d'après le cadastre ;

6° La répartition, aux deux mêmes points de vue, de la contenance des terrains à comprendre dans le périmètre. (Décr. du 11 juillet 1882, art. 2, 17, 18. Instr. Gén. du 2 février 1885, art. 225. Circ. N 345.)

3. *Rapport supplémentaire. Population. Situation financière. Travaux accessoires. Frais de surveillance.* — Un rapport supplémentaire indique notamment :

1° Le chiffre et le mouvement de la population pendant les années qui ont précédé, avec des renseignements sommaires sur les causes apparentes des augmentations ou des diminutions constatées ;

2° La situation financière de la commune ;

3° La contenance et la nature des terrains communaux, leur mode de jouissance et, s'il s'agit de pâturages, le nombre et l'espèce des bestiaux qui les fréquentent, en distinguant les troupeaux indigènes des troupeaux transhumants, le nombre des propriétaires de bestiaux et la taxe à laquelle ils sont assujettis ;

4° L'indication et l'évaluation approximative des travaux accessoires qu'il pourra y avoir lieu d'effectuer pour parvenir plus rapidement à la consolidation du sol, avec la condition de n'en pas changer la nature ;

5° Les frais de surveillance qui incomberont à l'Etat, par suite de l'établissement du périmètre, en exécution des prescriptions de l'article 22 de la loi du 4 avril 1882. (Instr. Gén. du 2 février 1885, art. 226. Circ. N 345.)

4. *Etats parcellaires.* — Le procès-verbal de reconnaissance est accompagné de deux états parcellaires. Le premier indique, pour chaque catégorie de propriétaires, les parcelles ou parties de parcelles à comprendre dans le périmètre, classées par sections cadastrales suivant l'ordre alphabétique et par ordre numérique dans chacune de celles-ci ; la contenance totale de chaque parcelle et celle exigée pour le périmètre ; le nom du propriétaire et la description de l'état actuel de chacune des parcelles.

Le second donne la nomenclature des mêmes parcelles, groupées par propriétaires actuels, d'après les mutations opérées, et l'indication du revenu imposable de chacune d'elles. (Décr. du 11 juillet 1882, art. 2. Instr. Gén. du 2 février 1885, art. 11 et 227. Circ. N 345.)

5. *Etat des indemnités. Usagers.* — Est annexé au projet, dans une pièce séparée, un état des indemnités que l'Etat aura à payer aux propriétaires pour privation de jouissance, avec l'indication des bases qui ont servi à en déterminer le montant.

Les usagers des terrains domaniaux compris dans le périmètre sont portés sur cet état, avec l'indication de cette qualité. (Instr. Gén. du 2 février 1885, art. 229. Circ. N 345.)

6. *Projet. Envoi. Bordereaux.* — Le projet complet est envoyé à l'administration, accompagné de deux bordereaux. (Instr. Gén. du 2 février 1885, art. 230. Circ. N 345. Form. série 7, n°s 6 et 7.)

7. *Fixation.* — Le périmètre des terrains à mettre en défens est fixé par un décret rendu en conseil d'Etat. (Loi du 4 avril 1882, art. 7.)

8. *Décret. Publication. Affichage. Notification.* — Aussitôt qu'un décret instituant un périmètre à mettre en défens a été rendu, ampliation de ce décret est transmise par l'administration des forêts au préfet, qui le fait publier et afficher dans la commune de la situation des lieux, puis notifier, sous forme d'extraits, aux divers propriétaires intéressés. (Décr. du 11 juillet 1882, art. 20.)

9. *Extraits. Préparation. Durée de la mise en défens.* — Les extraits sont préparés en original et copiés par les soins des agents forestiers, puis transmis par le conservateur au préfet. (Instr. Gén. du 2 février 1885, art. 232. Circ. N 345.)

Ces extraits contiennent les indications spéciales relatives à chaque parcelle ; ils font connaître le jour initial et la durée de la mise en défens, ainsi que le délai pendant lequel il pourra être procédé au règlement amiable de l'indemnité annuelle pour privation de jouissance. (Décr. du 11 juillet 1882, art. 20.)

10. *Délimitation. Bornage.* — Il est procédé immédiatement à une délimitation sommaire et à un bornage économique. (Instr. Gén. du 2 février 1885, art. 233. Circ. N 345.)

SECT. II. — MAINTIEN EN DÉFENS.

11. *Nouveau délai. Proposition. Décision. Notification.* — Dans le cas où le délai fixé par le décret prononçant la mise en défens serait inférieur à dix ans, si les agents forestiers reconnaissent la nécessité de maintenir les terrains en défens jusqu'à l'expiration du délai de dix ans, ils en font la proposition à l'administration, au plus tard le 1er juillet de la dernière année du délai fixé.

Cette proposition est établie dans un rapport sommaire, énonçant les motifs de la mesure ; elle doit être approuvée par l'administration des forêts.

La décision est notifiée aux propriétaires des terrains, avant la fin de la dernière année du délai précédemment fixé. (Décr. du 11 janvier 1885, art. 22, § 2. Instr. Gén. du 2 février 1885, art. 245. Circ. N 345.)

SECT. III. — PROLONGATION DE MAINTIEN EN DÉFENS.

12. *Proposition. Procès-verbal de reconnaissance. Avant-projet des travaux. Renseignements divers.* — Si les agents forestiers

jugent qu'il est nécessaire de maintenir les terrains en défens après l'expiration du délai de dix ans, fixé par l'article 8 de la loi du 4 avril 1882, ils en font la proposition à l'administration, une année au moins avant l'expiration du délai.

Cette proposition est établie dans un procès-verbal de reconnaissance, indiquant :

1° Les motifs de la mesure proposée ;

2° Les travaux de restauration dont l'urgence a été reconnue et qui peuvent être exécutés dans les limites tracées par l'article 10 de la loi du 4 avril 1882 ;

3° Les ressources en plants, en graines, en matériaux et en main-d'œuvre que présente la localité.

Elle est accompagnée d'un avant-projet faisant connaître la nature, l'importance des travaux et l'évaluation de la dépense totale, d'un tableau de la dépense approximative qu'occasionnera à l'Etat l'acquisition des terrains compris dans le périmètre et d'un état des frais de surveillance qui tomberont à la charge de l'administration. (Décr. du 11 juillet 1882, art. 22, § 1. Instr. Gén. du 2 février 1885, art. 246. Circ. N 345.)

13. *Approbation, Notification.* — L'administration des forêts prononce sur l'admission de ces propositions. En cas d'approbation, sa décision est notifiée, par les soins du conservateur, aux propriétaires des terrains, avant la fin de la dixième année.

Les notifications font connaître aux propriétaires qu'ils doivent déclarer, dans le délai d'un mois, s'ils entendent se prévaloir du dernier paragraphe de l'article 8 de la loi du 4 avril 1882 et requérir l'acquisition de leurs terrains par l'Etat. (Instr. Gén. du 2 février 1885, art. 247. Circ. N 345.)

14. *Expropriation. Formalités.* — A l'expiration du délai d'un mois précité, le conservateur informe l'administration des requêtes que les propriétaires lui ont transmises pour mettre l'Etat en demeure d'acquérir leurs terrains ; puis il s'occupe sans retard, le cas échéant, de remplir les formalités prescrites par la loi du 3 mai 1841, pour parvenir à l'expropriation.

A cet effet, il adresse au préfet :

1° Le texte du décret qui a déclaré l'utilité publique de la mise en défens des terrains compris dans le périmètre ;

2° Le texte de la décision de l'administration prononçant le maintien de la mise en défens au delà du terme de dix ans ;

3° Les requêtes des propriétaires qui mettent l'administration en demeure d'acquérir les terrains leur appartenant ;

4° L'état parcellaire des propriétés à acquérir, avec les noms des propriétaires tels qu'ils sont inscrits à la matrice des rôles ;

5° Le plan cadastral des parcelles à acquérir ;

6° Le projet de l'arrêté préfectoral à prendre par application de l'article 11 de la loi du 3 mai 1841. (Instr. Gén. du 2 février 1885, art. 248. Circ. N 345.)

15. *Notifications. Nomenclature des pièces.* — Toutes les formalités ultérieures sont remplies conformément aux prescriptions des articles 25 et suivants de l'instruction du 2 février 1885.

Toutefois, la nomenclature des pièces donnée dans les articles 47 et 48 est remplacée par celle ci-après :

1° Arrêté de cessibilité rendu antérieurement et état parcellaire y annexé ;

2° Plan des parcelles qu'il y a lieu d'exproprier ;

3° Projet de requête à adresser au procureur de la République près le tribunal de l'arrondissement de la situation des biens à exproprier ;

4° Décret qui déclare l'utilité publique de la mise en défens des terrains compris dans le périmètre ;

5° Décision administrative qui proroge la mise en défens au delà du terme de dix ans ;

6° Requêtes des propriétaires qui mettent l'administration en demeure d'acquérir les terrains leur appartenant. (Instr. Gén. du 2 février 1885, art. 249. Circ. N 345.)

SET. IV. — TRAVAUX.

16. *Proposition.* — Lorsque les agents forestiers jugent nécessaire de faire exécuter certains travaux dans l'étendue des périmètres de mise en défens, pour parvenir plus promptement à la consolidation du sol, ils en font la proposition à l'administration, en se conformant aux instructions en vigueur pour les propositions annuelles des travaux. (Instr. Gén. 2 février 1885, art. 241. Circ. N 345.)

17. *Absolue nécessité.* — Ces travaux ne doivent pas modifier la nature des terrains ; ils ne seront proposés qu'en cas d'absolue nécessité et seront réduits à ce qui est strictement indispensable pour prévenir des dangers. (Instr. Gén. du 2 février 1885, art. 242. Circ. N 345.)

18. *Exécution.* — Les travaux exécutés sur les terrains mis en défens sont soumis aux règles communes à tous les travaux de restauration des montagnes. (Instr. Gén. du 2 février 1885, art. 243. Circ. N 345.)

PÉRIMÈTRE DES PLANS. (DESSIN TOPOGRAPHIQUE.)

1. *Coupes.* — Le périmètre des coupes est indiqué par un liseré vert, si le bois est domanial ; orangé, s'il est communal, et terre de Sienne naturelle, s'il appartient à un établissement public. (Instr. du 15 octobre 1860, art. 239.)

2. *Délimitation.* — Dans les plans de délimitation, le périmètre est distingué, quel que soit le propriétaire, par un liseré

carmin de 2 à 3 millimètres de largeur, passé à l'extérieur. Un trait noir un peu fort indique le périmètre. (Instr. du 15 octobre 1860, art. 247. Circ. N 64, art. 56.)

PÉRIMÈTRE DE RESTAURATION DES TERRAINS EN MONTAGNE.

SECT. I. — PRINCIPE, 1.

SECT. II. — FIXATION DU PÉRIMÈTRE, INSTRUCTION, FORMALITÉS, 2 — 25.

§ 1. *Études*, 2 — 6.

§ 2. *Projet définitif*, 7 — 25.

SECT. III. — NOTIFICATION DE LA LOI AUX INTÉRESSÉS, 26.

SECT. IV. — ACQUISITION DES TERRAINS, CONSERVATION DE LA PROPRIÉTÉ, 27 — 30.

SECT. V. — IMPÔT, 31 — 32.

Acquisition, 27.
Association syndicale, 29
Avant-projet, 7, 11, 13, 16.
Avis, 1, 20, 21, 23, 24.
Bassin, 2.
Bordereau, 14.
Centimes additionnels, 32.
Certificat, 19.
Cession amiable, 30.
Commission spéciale, 1, 23.
Communes, 13.
Conseil d'arrondissement, 1, 22.
Conseil général, 1, 22.
Conservation des terrains, 28.
Convocation, 23.
Délégués, 21, 22.
Dépense, 11, 12.
Dépôt de pièces, 16.
Document, 5.
Dossier, 7, 13.
Droits d'usage, 26.
Durée, 18.
Enquête, 1, 2, 15, 16, 17, 18, 20.
Envoi, 14, 15, 20, 24.
Etat parcellaire, 3, 9, 15.
Etude, 2.
Exécution des travaux, 27.
Extrait, 26.
Formalités, 19, 26.
Impôt foncier, 31.
Instruction, 13.
Loi, 1, 25, 26.
Ouverture, 17.
Plan, 4, 7, 10 bis, 13, 15, 26.
Plusieurs communes, 13.
Préparation, 25.
Principe, 1.
Procès-verbal de reconnaissance, 7, 8, 13, 15, 16.
Projet de loi, 25.
Propriétaire, 28.
Rapport supplémentaire, 10.
Renseignements, 5, 8.
Signification, 17, 26.
Surveillance, 12.
Travaux, 11, 27, 28, 29.
Utilité publique, 1, 18.

V. Expropriation. Restauration des terrains en montagne. Utilité publique.

SECT. I. — PRINCIPE.

1. *Loi. Utilité publique.* — Le périmètre des terrains, sur lesquels des travaux de restauration des terrains en montagne doivent être effectués, est fixé par la loi qui déclare l'utilité publique de ces travaux.

Cette loi est précédée d'une enquête ouverte dans chacune des communes intéressées, d'une délibération des conseils municipaux de ces communes, de l'avis du conseil d'arrondissement, de celui du conseil général et de celui d'une commission spéciale. (Loi du 4 avril 1882, art. 1 et 2.) V. Commission spéciale.

SECT. II. — FIXATION DU PÉRIMÈTRE. INSTRUCTION. FORMALITÉS.

§ 1. *Études.*

2. *Bassins.*— A la suite d'études d'ensemble opérées dans chacune des régions montagneuses, l'administration désigne, par bassin de rivières torrentielles, et classe, par ordre d'urgence, les périmètres dont les projets doivent être successivement présentés.

Les études sont poursuivies de proche en proche, commune par commune, de manière à embrasser successivement et sans lacune toute l'étendue de chaque bassin ou portion de bassin.

Les agents procèdent à l'examen détaillé du territoire de chacune des communes de la région en étude, en s'attachant à la recherche des terrains dont la collocation dans le périmètre est absolument indispensable, en vue soit de l'extinction des torrents existants, soit de la restauration des sols dégradés.

Ils s'attachent toutefois à éviter, autant que possible, dans la formation du périmètre, les enclaves ou les limites trop sinueuses, afin de diminuer ou de supprimer les servitudes de passage dont la jouissance pourrait donner lieu à des difficultés.

Les études doivent porter sur l'étendue totale de chaque territoire communal, de manière à éviter de renouveler l'enquête dans une même commune. (Instr. Gén. du 2 février 1885, art. 2, 3 et 4. Circ. N 345.)

3. *Etat parcellaire.* — Les agents établissent, pour chaque commune, un état parcellaire sur lequel ils inscrivent :

Les données cadastrales et la description de l'état actuel de toutes les parcelles communales ou d'établissements publics, en indiquant celles qui leur paraissent susceptibles d'être comprises dans un périmètre d'utilité publique ;

Les parcelles cadastrales appartenant à des particuliers, mais seulement celles dont la collocation dans un périmètre est jugée indispensable.

L'état parcellaire est divisé en chapitres, d'après la nature des propriétaires (Etat, communes, établissements publics et particuliers) ; les parcelles y sont inscrites par section, suivant l'ordre alphabétique et par ordre numérique dans chacune d'elles. (Instr. Gén. du 2 février 1885, art. 5. Circ. N 345.)

4. *Plan.* — A l'état parcellaire est joint un plan des lieux sur toile à calque, établi à l'échelle de 1 à 10000 si les dimensions ne doivent pas dépasser 90 centimètres sur $1^{m},20$, et à celle de 1 à 20000, dans le cas contraire ; il est complété par des plans de détail à l'échelle de 1 à 5000 pour les parties

qui renferment des parcelles de très faible étendue.

Sont rapportées sur ce plan :

1° Toutes les parcelles communales et d'établissements publics, sans exception ;

2° Les parcelles appartenant aux particuliers et jugées indispensables à l'établissement d'un périmètre.

Ces diverses parcelles sont d'abord recouvertes d'une teinte plate pâle, savoir :

Bleue pour les parcelles appartenant à l'Etat ;

Jaune pour celles appartenant à des communes ou à des établissement publics ;

Rose pour celles appartenant à des particuliers.

Les bois faisant partie de ces trois catégories sont indiqués par des hachures vertes, quadrillées s'ils sont soumis au régime forestier et simples dans le cas contraire.

Au fur et à mesure des études, les teintes sont renforcées au moyen d'une teinte plate carminée, passée à nouveau sur les parcelles dont la collocation dans le périmètre doit être proposée.

Après l'achèvement des études et la vérification opérée sur le terrain par le chef de service et le conservateur, les parcelles à comprendre dans un périmètre sont entourées par un liseré carmin foncé, d'un millimètre de largeur. (Instr. Gén. du 2 février 1885, art. 6. Circ. N 345.)

5. *Renseignements. Documents.* — En outre des pièces (rapport, procès-verbal de reconnaissance, plan, etc.) constituant le dossier du projet définitif et dans lequel sont relatés tous les renseignements prescrits par l'article 2 du décret du 11 juillet 1882, les agents fournissent les documents indiquant, savoir :

1° La situation administrative, les limites et la contenance totale du territoire de la commune ;

2° La répartition de la contenance totale par catégories de propriétaires ; la répartition de cette même contenance par nature de terrains d'après le cadastre ; la répartition, aux deux mêmes points de vue, de la contenance des terrains à comprendre dans le périmètre et des terrains laissés en dehors ;

3° Un rapport faisant connaître le chiffre actuel et le mouvement de la population locale ;

4° La situation financière de la commune, le mode de jouissance des terrains communaux, le nombre et l'espèce des bestiaux qui les fréquentent.

Les notes prises sur le terrain, soit au cadastre, soit dans les communes, sont clairement établies et passées à l'encre. Les états descriptifs et les plans sont datés et signés par les agents, au fur et à mesure de leur achèvement. (Instr. Gén. du 2 février 1885, art. 7, 10 et 16. Circ. N 345.)

6. *Envoi.* — Toutes les pièces sur lesquelles sont consignés les résultats des études dans chaque commune sont visées et vérifiées par le chef de service et le conservateur, puis adressées au directeur des forêts, en vue de la désignation ultérieure et du classement définitif des projets de périmètre à établir. (Instr. Gén. du 2 février 1885, art. 8. Circ. N 345.)

§ 2. *Projet définitif.*

7. *Dossier. Composition.* — Le projet définitif destiné à la désignation des terrains dont l'administration estime que la restauration est d'utilité publique et des travaux à exécuter se compose, pour chaque commune, d'un dossier spécial comprenant :

1° Un procès-verbal de reconnaissance ;

2° Un plan des lieux ;

3° Un avant-projet des travaux. (Décr. du 11 juillet 1882, art. 1er. Instr. Gén. du 2 février 1885, art. 9. Circ. N 345.)

8. *Procès-verbal de reconnaissance. Renseignements divers.* — Le procès-verbal de reconnaissance expose la configuration des lieux, leur altitude moyenne, les conditions dans lesquelles ils se trouvent au point de vue géologique et climatérique, l'état de dégradation du sol, les circonstances qui ont amené cet état, les dommages qui en sont résultés et les dangers qu'il présente.

Il indique les résultats à obtenir, le but et la nature des travaux, la nécessité et la justification de leur exécution.

Il fait connaître, en outre :

1° La situation administrative, les limites et la contenance totale du territoire de la commune ;

2° La répartition de la contenance totale par catégories de propriétaires (Etat, communes, établissements publics et particuliers);

3° La répartition de cette même contenance par nature de terrains, d'après le cadastre (cultures diverses, bois, pâturages, vagues, arides) ;

4° La répartition, aux deux mêmes points de vue, de la contenance des terrains à comprendre dans le périmètre et des terrains laissés en dehors. (Décr. du 11 juillet, art. 2, § 1er. Instr. Gén. du 2 février 1885, art. 10. Circ. N 345.)

9. *Etats parcellaires.* — Le procès-verbal de reconnaissance est accompagné de deux états parcellaires.

Le premier indique pour chaque catégorie de propriétaires : les parcelles ou parties de parcelles à comprendre dans le périmètre, classées par sections cadastrales suivant l'ordre alphabétique et par ordre numérique dans chacune de celles-ci ; la contenance totale et celle exigée pour le périmètre ; le nom du propriétaire et la description de l'état actuel de chacune des parcelles.

Le second donne la nomenclature des mêmes parcelles, groupées par propriétaires actuels d'après les mutations opérées et l'indication du revenu imposable de chacune d'elles. (Décr. du 11 janvier 1882, art. 2, § 2. Instr. Gén. du 2 février 1885, art. 11. Circ. N 345.)

10. *Rapport supplémentaire.* — Il est fourni, en outre, pour chaque commune, afin d'éclairer complétement l'administration sur les avantages et les difficultés des opérations à entreprendre, un rapport supplémentaire, qui n'est pas destiné à être joint au dossier de l'enquête et qui donne les renseignements suivants, avec tous les développements nécessaires :

1° Chiffre actuel et mouvement de la population locale depuis un certain nombre d'années ; causes probables des variations constatées ;

2° Situation financière de la commune ;

3° Mode de jouissance des terrains communaux et, s'il s'agit de pâturages, nombre et espèce de bestiaux qui les fréquentent, avec distinction des troupeaux indigènes et des troupeaux transhumants ; nombre des propriétaires de bestiaux ; taxe à laquelle ils sont assujettis. (Instr. Gén. du 2 février 1885, art. 16. Circ. N 345.)

10 bis. *Plan.* — Le plan des lieux est dressé d'après le cadastre et porte l'indication des sections et les numéros des parcelles. Il renferme toutes les parcelles communales ou d'établissements publics, sans exception, ainsi que les seules parcelles appartenant aux particuliers à comprendre dans le périmètre. Il est généralement dressé à l'échelle de 1 à 10000. (Décr. du 11 juillet 1882, art. 2, § 3. Instr. Gén. du 2 février 1885, art. 13. Circ. N 345.) V. Plan.

11. *Avant-projet des travaux.* — L'avant-projet des travaux de restauration fait connaître la nature et l'importance des travaux, ainsi que l'évaluation approximative de la dépense totale.

Il est divisé en quatre chapitres, savoir :

CHAPITRE I. — *Travaux forestiers :* Indication des surfaces à reboiser, des essences à choisir et du mode à employer. — Evaluation de la dépense moyenne à l'hectare, suivant les essences et les modes préférés. — Application des prix aux surfaces correspondantes. — Résumé de la dépense totale pour les parcelles comprises dans le périmètre.

CHAPITRE II. — *Travaux de correction :* Description sommaire des travaux à exécuter dans les lits des divers torrents ou dans les divers ravins. — Evaluation de la dépense dans chacun d'eux, en bloc, par catégories de travaux. — Résumé de la dépense totale afférente aux travaux de correction.

CHAPITRE III. — *Travaux auxiliaires :* Enumération des travaux. — Chemins. — Clôtures. — Transports. — L'évaluation sommaire de la dépense pour chaque catégorie. — Résumé de la dépense totale pour les travaux auxiliaires.

CHAPITRE IV. — *Frais généraux :* Campement. — Surveillance extraordinaire. — Divers. — Evaluation sommaire par chaque catégorie. — Résumé de la dépense totale pour les frais généraux.

L'avant-projet se termine par une récapitulation des dépenses afférentes à chacun des quatre chapitres. (Décr. du 11 juillet 1882, art. 2, § 4. Instr. Gén. du 2 février 1885, art. 14. Circ. N 345.)

12. *Acquisition. Dépense. Surveillance.* — Est annexé au dossier, sans faire partie toutefois de celui qui est à soumettre à l'enquête, un tableau indiquant la dépense approximative qu'occasionnera l'acquisition des terrains compris dans le périmètre et un état des frais de surveillance qui incomberont à l'administration, par suite de l'établissement du périmètre, en exécution de l'article 22 de la loi du 4 avril 1882. (Instr. Gén. du 2 février 1885, art. 15. Circ. N 345.)

13. *Périmètre sur plusieurs communes. Instruction.* — Lorsque le périmètre arrêté par l'administration s'étend sur les territoires de plusieurs communes, il y a lieu de fournir, en outre, pour faciliter au Parlement l'examen de l'ensemble des mesures proposées :

1° Un procès-verbal de reconnaissance général ;

2° Un plan d'ensemble ;

3° Un avant-projet général des travaux.

Le procès-verbal de reconnaissance général indique, à grands traits et avec la plus grande concision, dans l'ordre suivi pour la rédaction des procès-verbaux de reconnaissance spéciaux, les circonstances principales qui caractérisent l'état de la région considérée et notamment celui des terrains englobés dans le périmètre.

Ce procès-verbal de reconnaissance général doit renfermer la synthèse de toutes les données contenues dans les procès-verbaux de reconnaissance spéciaux, y compris les contenances totales de la région embrassée et du périmètre, et la répartition de ces contenances, tant par natures de terrains que par catégories de propriétaires. Le plan d'ensemble est dressé sur les cartes de l'état-major à l'échelle de 1 à 80000. V. Plan.

L'avant-projet général des travaux doit renfermer, comme le procès-verbal de reconnaissance général, la synthèse des avant-projets spéciaux à chaque commune.

Le dossier général, concernant l'ensemble des communes affectées par un même périmètre, est joint aux diverses pièces de l'enquête auprès du conseil d'arrondissement, du conseil général, de la commission spéciale instituée conformément aux dispositions de l'article 2 de la loi du 4 avril 1882 et du Parlement. (Instr. Gén. du 2 février 1885, art. 17, 18, 19, 20 et 21. Circ. N 345.)

14. *Envoi.* — Le projet complet est adressé à l'administration, accompagné de deux bordereaux établis sur les formules série 7, nos 6 et 7, l'un pour les pièces à soumettre à l'enquête et l'autre pour les pièces annexées. L'indication des pièces qu'il n'y a pas lieu de fournir est biffée dans la nomenclature portée sur ces bordereaux. (Instr. Gén. du 2 février 1885, art. 24. Circ. N 345.)

15. *Envoi des pièces. Enquête.* — Le procès-verbal de reconnaissance, le tableau parcellaire et le plan des lieux sont adressés par l'administration des forêts au préfet, qui, dans le délai d'un mois au plus, ouvre dans chacune des communes intéressées l'enquête prescrite par l'article 2 de la loi du 4 avril 1882. (Décr. du 11 juillet 1882, art. 3.) V. Enquête.

16. *Procès-verbal. Plan. Dépôt des pièces.* — Le procès-verbal de reconnaissance des terrains, le plan des lieux et l'avant-projet des travaux proposés par l'administration des forêts restent déposés à la mairie pendant l'enquête, dont la durée est fixée à trente jours. Ce délai court du jour de la signification de l'arrêté préfectoral qui prescrit l'ouverture de l'enquête et la convocation du conseil municipal. (Loi du 4 avril 1882, art. 22. Décr. du 11 juillet 1882, art. 3.)

17. *Enquête. Formalités. Ouverture.* — — L'arrêté prescrivant l'ouverture de l'enquête et la convocation du conseil municipal est signifié au maire de la commune intéressée et, en même temps, porté à la connaissance des habitants, par voie de publication et d'affiches. (Décr. du 11 juillet 1882, art. 3.)

18. *Enquête. Durée.* — Passé le délai de trente jours, un commissaire enquêteur, désigné par le préfet, reçoit, au même lieu, pendant trois jours consécutifs, les déclarations des habitants sur l'utilité publique des travaux projetés. (Décr. du 11 juillet 1882, art. 3.)

19. *Formalités. Certificat.* — Il est justifié de l'accomplissement de cette formalité, ainsi que de la publication et de l'affichage de l'arrêté du préfet, par un certificat du maire. (Décr. du 11 juillet 1882, art. 3.)

20 *Enquête. Envoi.* — Après avoir clos et signé le registre des déclarations, le commissaire enquêteur le transmet immédiatement au préfet, avec son avis motivé et les pièces qui ont servi de base à l'enquête. (Décr. du 11 juillet 1882, art. 3.)

21. *Avis de la commune. Délégués.* — Dans la huitaine après la clôture de l'enquête, le conseil municipal exprime son avis dans une délibération dont le procès-verbal est adressé immédiatement au préfet, pour être joint au dossier. Il désigne, en outre, deux délégués chargés de représenter la commune dans la commission spéciale instituée par l'article 2 de la loi du 4 avril 1882; ces délégués doivent être choisis en dehors des propriétaires de parcelles comprises dans le périmètre. (Décr. du 11 juillet 1882, art. 4.) V. Commission spéciale.

22. *Conseil d'arrondissement. Conseil général. Délégués.* — Dans le cours de la session, le conseil d'arrondissement et le conseil général désignent chacun un de leurs membres, autres que ceux du canton où se trouve le périmètre, pour les représenter dans la commission spéciale.

Dans l'intervalle des sessions, le membre du conseil général et le membre du conseil d'arrondissement sont désignés par la commission départementale. (Décr. du 11 juillet 1882, art. 5.)

23. *Commission spéciale. Convocation. Avis.* — Le préfet désigne, pour faire partie de la même commission, un ingénieur des ponts et chaussées ou des mines et un agent forestier; puis il convoque la commission ainsi complétée.

Celle-ci se réunit au lieu indiqué par un arrêté spécial de convocation et dans la quinzaine de la date de cet arrêté. Elle examine séparément pour chaque commune les pièces de l'instruction, les déclarations consignées au registre de l'enquête, et, après avoir recueilli tous les renseignements nécessaires, elle donne son avis motivé tant sur l'utilité publique de l'entreprise que sur les mesures d'exécution indiquées dans l'avant-projet.

Cet avis doit être formulé sous forme de procès-verbal, dans le délai d'un mois, à partir de l'arrêté de convocation. (Décr. du 11 juillet 1882, art. 6.)

24. *Avis du préfet. Envoi du dossier.* — Le préfet, après avoir pris l'avis du conseil d'arrondissement et du conseil général, adresse au ministre de l'agriculture, avec son avis motivé, toutes les pièces de l'instruction relative à chaque commune, aussitôt que les formalités prescrites ont été complètement remplies. (Décr. du 11 juillet 1882, art. 7.)

25. *Projet de loi. Préparation.* — Le ministre de l'agriculture prépare le projet de loi statuant sur la déclaration d'utilité publique des travaux de restauration; le projet peut comprendre l'ensemble des terrains à restaurer dans un même bassin de rivière torrentielle. (Décr. du 11 juillet 1882, art. 7.)

SECT. III. — NOTIFICATION DE LA LOI AUX INTÉRESSÉS.

26. *Loi. Formalités. Notification.* — Aussitôt après la promulgation de la loi instituant un périmètre, le préfet fait notifier aux communes, aux établissements publics et aux particuliers un extrait du projet et du plan contenant les indications relatives aux terrains qui leur appartiennent. (Loi du 4 avril 1882, art. 3.)

Les plans et extraits nécessaires sont transmis immédiatement au préfet par l'administration des forêts. (Décr. du 11 juillet 1882, art. 8.)

Le conservateur adresse, en conséquence, au préfet :

1° Le texte de la loi (à publier et à afficher dans la commune);

2° Le duplicata du plan cadastral du périmètre (à déposer à la mairie);

3° Les extraits du projet et du plan parcellaire (à notifier aux intéressés);

4° Un état général des noms des propriétaires tels qu'ils sont inscrits à la matrice des rôles, avec l'indication de toutes les parcelles qui leur appartiennent.

Si le périmètre comprend des terrains domaniaux grevés de droits d'usage, les usagers sont portés sur l'état en cette qualité, avec l'indication des parcelles sur lesquelles ils exercent leurs droits. (Instr. Gén. du 2 février 1885, art. 25 et 26. Circ. N 345.)

Les notifications sont signifiées à la diligence du préfet, par le ministère des préposés forestiers ou, à défaut de ceux-ci, par celui des huissiers. (Loi du 3 mai 1841, art. 57. Instr. Gén. du 2 février 1885, art. 27. Circ. N 345.)

SECT. IV. — ACQUISITION DES TERRAINS. CONSERVATION DE LA PROPRIÉTÉ.

27. *Acquisition de terrains. Exécution des travaux.* — Dans le périmètre fixé par la loi, les travaux de restauration seront exécutés par les soins de l'administration et aux frais de l'Etat, qui, à cet effet, devra acquérir, soit à l'amiable, soit par expropriation, les terrains reconnus nécessaires. Dans ce dernier cas, il sera procédé dans les formes prescrites par la loi du 3 mai 1841, à l'exception de celles qu'indiquent les articles 4, 5, 6, 7, 8, 9 et 10 du titre II et qui sont remplacées par celles des articles 2 et 3 de la présente loi, relatives à l'enquête, à la notification et à la publication de la loi. (Loi du 4 avril 1882, art. 4, § 1. Instr. Gén. du 2 février 1885, art. 28. Circ. N 345.)

28. *Propriétaire. Conservation de terrains. Travaux.* — Toutefois, les particuliers, les communes et les établissements publics pourront conserver la propriété de leurs terrains, s'ils parviennent à s'entendre avec l'Etat, avant le jugement d'expropriation, et s'engagent à exécuter, dans le délai à eux imparti, avec ou sans indemnité, aux clauses et conditions stipulées entre eux, les travaux de restauration qui leur seront indiqués et à pourvoir à leur entretien, sous le contrôle et la surveillance de l'administration forestière. (Loi du 4 avril 1882, art. 4, § 2. Instr. Gén. du 2 février 1885, art. 88. Circ. N 345.)

29. *Association syndicale. Travaux.* — Les propriétaires peuvent, à cet effet, constituer des associations syndicales, conformément aux dispositions de la loi du 21 juin 1865. (Loi du 4 avril 1882, art. 4, § 3. Instr. Gén. du 2 février 1885, art. 88. Circ. N 345.)

30. *Cession amiable.* — Les propriétaires qui sont disposés à céder amiablement leurs terrains à l'Etat doivent se concerter sans retard avec les agents forestiers. Si l'accord s'établit, le contrat est passé dans les formes et conditions prévues par les articles 19, 56, 58 et 59 de la loi du 3 mai 1841. (Décr. du 11 juillet 1882, art. 13.)

SECT. V. — IMPÔT.

31. *Principal de l'impôt foncier.* — Si les terrains compris dans le périmètre ne sont pas reboisés et s'ils sont *non productifs*, ils échappent à l'impôt.

Quand ils sont reboisés, ils doivent être exempts de l'impôt, non en vertu de la loi du 3 frimaire an VII, mais à cause de celle du 19 ventôse an IX et de l'article 226 du code forestier. (Rép. For. t. XI, p. 402.)

32. *Centimes additionnels.* — Les terrains non reboisés ne peuvent supporter que les centimes additionnels des chemins vicinaux, s'ils sont productifs de revenus, ce qui arrive rarement dans les périmètres.

Quant aux terrains reboisés, ils sont susceptibles de payer tous les centimes départementaux et communaux ; ils n'en sont exempts que dans les deux cas suivants : 1° totalement, pendant trente ans, à cause de l'article 226 du code forestier ; 2° partiellement, en ce qui concerne les centimes des chemins vicinaux, lorsque le reboisement ne produit de revenus d'aucun genre. (Rép. For. t. XI, p. 405.) V. Impôt.

PERMIS DE CHASSE.

Agent, 10.
Annulation, 19.
Auxiliaire, 12.
Avis, 6.
Bail, 21.
Bois domaniaux, 21.
Date, 5, 14.
Délivrance, 2.
Droit, 1.
Durée, 4.
Erreur, 11.
Faculté, 1.
Femmes, 7.
Fermier, 21.
Interdiction, 8, 19.
Jour, 4.
Permis irrégulier, 15.
Perte, 13.
Port, 16, 17, 18.
Poursuite, 18.
Préposés, 8, 9.
Principe, 1.
Privation, 20.
Représentation, 16, 17, 18.
Retrait, 11, 15, 20.
Validité, 3, 14, 20.

1. *Droit. Faculté. Principe.* — Dans le temps où la chasse est ouverte, le permis donne à celui qui l'a obtenu le droit de chasser de jour, soit à tir, soit à courre, à cor et à cri, suivant les distinctions établies par les arrêtés préfectoraux, sur ses propres terres et sur les terres d'autrui, avec le consentement de celui à qui le droit de chasse appartient. (Loi du 3 mai 1844, art. 9. Loi du 22 janvier 1874. Circ. N 72.)

2. *Délivrance.* — Les sous-préfets sont autorisés à délivrer les permis de chasse. (Décr. du 13 avril 1861, art. 6.)

3. *Validité.* — Le permis n'est valable que du jour de sa signature. (Cass. 4 mars 1848.)

4. *Durée. Jour.* — Le jour de la délivrance du permis n'est pas compris dans le délai de l'année. (Cass. 22 mars 1850. Circ. Min. du 22 juillet 1851. Aix, 16 janvier 1856. Toulouse, 21 janvier 1864. Paris, 12 octobre 1876. Rép. For. t. XVIII, p. 77.)

5. *Date.* — Les permis doivent être datés du jour de leur envoi et en toutes lettres. (Circ. Min. du 22 juillet 1851.)

6. *Avis.* — L'avis de la délivrance du permis de chasse ne le remplace pas. (Circ. Min. du 22 juillet 1851.)

7. *Femmes.* — Les femmes peuvent obtenir un permis de chasse. (Circ. Min. du 22 juillet 1851.)

8. *Interdiction. Préposés.* — Le permis de chasse ne sera pas délivré aux gardes champêtres ou forestiers de l'Etat, des communes et des établissements publics. (Loi du 3 mai 1844, art. 7.)

9. *Délivrance. Agent.* — L'interdiction comprend les simples gardes et les brigadiers, et non pas les agents. Les gardes-vente peuvent obtenir un permis, ainsi que les étrangers. (Circ. Min. du 22 juillet 1851.)

10. *Agent.* — Tous les *agents* forestiers peuvent obtenir des permis de chasse. (Instr. Min. 1846.)

11. *Erreur. Retrait.* — Le permis accordé par erreur ne peut plus être retiré; mais celui accordé contrairement à la loi doit être annulé. (Circ. Min. du 22 juillet 1851.)

12. *Auxiliaire.* — Les auxiliaires de la chasse n'ont pas besoin de permis de chasse. (Cass. 8 mars 1845.)

13. *Perte.* — En cas de perte d'un permis de chasse, on ne peut pas en délivrer un duplicata : il faut un nouveau permis. (Instr. du Min. de l'Int. du 11 février 1846.)

14. *Validité. Date.* — Le permis de chasse couvre tous les faits de chasse exercés le jour de sa délivrance, s'il n'est pas établi que ces faits soient antérieurs à cette délivrance.

La délivrance du permis de chasse est opérée par la signature du fonctionnaire compétent, mise au bas de l'acte à remettre ultérieurement à l'intéressé ; ses effets commencent à ce moment, et non du jour où la remise en est effectuée au destinataire. (Trib. de Saint-Mihiel, 6 mai 1884.)

15. *Permis irrégulier. Retrait.* — Il n'y a pas délit de chasse de la part d'un individu qui a chassé avec un permis obtenu par surprise ou en violation de la loi, sauf le droit du préfet de faire cesser la violation de la loi par le retrait du permis. Dans ce cas, après notification de cette mesure, le permis délivré ne couvrirait plus les actes de chasse commis par le porteur de ce permis retiré. (Cass. 30 mai 1873.)

16. *Port. Représentation.* — Le chasseur pris en état de chasse, sans être nanti de son permis, ne commet aucun délit, s'il est établi d'ailleurs qu'il s'était fait délivrer ce permis antérieurement au procès-verbal dressé contre lui. (Trib. de Lyon, 22 octobre 1885.)

17. *Port.* — Le fait de chasser sans être porteur de son permis n'est pas un délit, et, s'il est prouvé qu'un permis a été délivré antérieurement au fait de chasse, il ne peut être appliqué aucune peine au chasseur, pas même les frais. (Cass. 15 décembre 1855.)

18. *Port. Représentation. Poursuite.* — La condamnation aux frais doit être prononcée contre un prévenu qui, n'ayant pas pu exhiber son permis de chasse et ayant même déclaré ne pas en avoir, a été acquitté sur la représentation du permis faite à l'audience. (Alger, 27 décembre 1876.)

19. *Interdiction. Annulation.* — Le jugement qui, par application de l'article 18 de la loi du 3 mai 1844, prononce contre un individu l'interdiction pendant un certain temps du droit d'obtenir un permis de chasse frappe virtuellement et nécessairement de stérilité, à partir du jour où il est devenu définitif, le permis précédemment délivré à cet individu. (Rouen, 3 décembre 1880.)

20. *Retrait. Privation. Validité.* — La privation du droit d'obtenir un permis de chasse, prononcée contre un individu par un jugement passé en force de chose jugée, n'emporte point contre cet individu déchéance du droit de se prévaloir d'un permis qui lui a été délivré antérieurement à sa condamnation, tant que ce permis n'est point périmé, ou que le retrait n'en a point été prononcé par l'autorité administrative. (Paris, 2 février 1891.)

21. *Bois domaniaux. Bail. Fermier.* — Les fermiers et cofermiers ne pourront se livrer à la chasse qu'après avoir obtenu, indépendamment du permis de chasse de l'autorité compétente, un permis spécial du conservateur ou de l'agent forestier délégué par lui. (Cah. des ch. 16.)

PERMIS D'ENLÈVEMENT.

1. *Bois façonnés.* — Le permis d'enlèvement des bois façonnés vendus est délivré par l'agent forestier local chef de service, sur la présentation du certificat du receveur chargé du recouvrement, constatant que l'adjudicataire a rempli les formalités de l'adjudication. (Cah. des ch. 11.)

2. *Coupes par unités de marchandises.* — Avant de délivrer le permis d'enlever, l'inspecteur apposera son visa sur les pièces ou certificats constatant que l'adjudicataire a satisfait au paiement des frais. (Circ. N 377.)

Le permis d'enlèvement est délivré par l'inspecteur, sur la production du procès-verbal de dénombrement et des certificats constatant qu'il a été satisfait au payement des frais d'adjudication et des droits de timbre et d'enregistrement. (Cah. des ch. 23.)

3. *Menus produits.* — Le permis d'enlèvement de menus produits est une pièce d'ordre, exempte de timbre et d'enregistrement. (Circ. N 271.)

PERMIS D'EXÉCUTION DES TRAVAUX.

Délivrance. — Sur la présentation du certificat du receveur des domaines, constatant le paiement des frais d'adjudication, l'inspecteur délivrera à l'entrepreneur le permis d'exécuter les travaux; ce permis, non soumis au timbre et à l'enregistrement, servira à l'entrepreneur de pièce d'accréditation auprès des agents et préposés locaux. (Cah. des ch. 20. Circ. N 319.)

PERMIS D'EXPLOITER.

Affectataire, 17.
Chemins, 8.
Coupes affouagères, 7, 8, 9, 11, 12.
Définition, 1.
Délai, 13.
Délivrance, 2, 3, 6, 19.
Enregistrement, 10, 12.
Exploitation, 14.
Fermier, 18.
Formalité, 3, 4.
Garde-vente, 5.
Pénalités, 14.
Pièces, 3.
Rédaction, 2 bis.
Refus, 19.
Remise, 16.
Réparation, 8.
Représentation, 15.
Responsabilité, 6.
Rôle de taxe, 9.
Serment, 5.
Timbre, 11.
Zone frontière, 8.

1. *Définition.* — Autorisation écrite donnée par l'agent forestier local à l'adjudicataire ou à l'entrepreneur d'une coupe, à l'effet de commencer son exploitation.

2. *Délivrance.* — Le permis d'exploiter sera délivré par l'agent forestier local chef de service, aussitôt que l'adjudicataire lui aura présenté les pièces justificatives exigées, à cet effet, par le cahier des charges. (Ord. 92 et 134.) V. Souchetage.

2 bis. *Rédaction.* — Les permis d'exploiter sont rédigés par les agents forestiers chefs de service, en minute, avec une seule expédition ou copie. (Circ. A 417.)

3. *Délivrance. Formalité. Pièces.* — Le permis d'exploiter sera délivré par l'agent forestier chef de service, sur la présentation des pièces dont le détail suit :

1° Les certificats constatant que l'adjudicataire a fait admettre ses cautions, fourni ses traites ou payé au comptant, satisfait aux payements exigés par l'article 11 du cahier des charges et rempli, s'il y a lieu, les conditions stipulées dans le dernier paragraphe de l'article 8 dudit cahier ;

2° L'acte de la prestation de serment de son facteur ou garde-vente ;

3° Le registre dudit garde, pour être coté et parafé ;

4° Son marteau, dont la forme sera triangulaire.

L'agent forestier apposera son visa sur les pièces mentionnées aux numéros 1, 2 et 3 du présent article.

Il délivrera, en outre, à l'adjudicataire, s'il le demande :

1° Une expédition du procès-verbal de son adjudication, dès qu'elle aura été établie au secrétariat du lieu de la vente ;

2° Des exemplaires du cahier des charges et des clauses spéciales ;

3° Une expédition du procès-verbal d'arpentage et du plan de la coupe.

Toutes ces pièces seront visées pour timbre. (Lettre du Min. des Fin. du 3 mars 1891. Cah. des ch. 18.)

4. *Formalité.* — Le permis d'exploiter ne peut être donné que par écrit ; toute autorisation verbale est sans valeur. (Cass. 17 mai 1833.)

5. *Serment. Garde-vente.* — La délivrance du permis d'exploiter, avant la prestation de serment du garde-vente, n'est pas une présomption que l'administration affranchisse l'adjudicataire de sa responsabilité. (Cass. 24 décembre 1813.)

6. *Délivrance. Responsabilité.* — L'agent forestier qui délivre le permis, sans se conformer aux prescriptions des articles 92 de l'ordonnance et 18 du cahier des charges, est personnellement et pécuniairement responsable des conséquences de cette irrégularité. (Paiement du prix de la coupe, en cas d'insolvabilité de l'adjudicataire.) (Décis. Min. du 29 novembre 1831. Circ. A 307.)

7. *Coupes affouagères.* — Le permis d'exploiter les coupes affouagères à délivrer en nature contiendra un résumé du procès-verbal de balivage et martelage et un extrait du cahier des charges, relatif aux clauses concernant l'exploitation des coupes. (Circ. A 423. Circ. A 584.)

8. *Coupes affouagères. Zone frontière. Chemins. Réparation.* — Les procès-verbaux de délivrance et le permis d'exploiter (form. série 4, n° 43 bis) des coupes délivrées en nature dans les territoires réservés de la zone frontière doivent renfermer les clauses et conditions concertées entre les services des forêts et du génie, relativement à la réparation des chemins, et notamment celle fixant le délai accordé à l'adjudicataire pour la démolition des ouvrages et le rétablissement des lieux. (Circ. N 388.)

9. *Coupes affouagères. Taxe. Rôle.* — Le permis d'exploiter, pour les coupes affouagères, dont les habitants doivent payer la valeur estimative, ne doit être délivré qu'au vu d'un rôle de taxe affouagère, rendu exécutoire par le préfet et dont le montant

sera égal à celui de l'estimation, non compris le vingtième dû au Trésor.

10. *Enregistrement.* — A l'avenir, il y aura lieu d'admettre à la formalité de l'enregistrement, *pour mémoire* (sans frais), les permis d'exploiter relatifs aux ventes et aux délivrances en nature des coupes de bois de l'Etat, des communes et des établissements publics, lorsqu'elle sera demandée par les agents des forêts, pour donner date certaine à ces actes. (Décis. de l'Admin. des domaines. Instr. nº 1685. Circ. A 537.)

11. *Coupes affouagères. Timbre.* — Le *simple permis d'exploiter* des coupes affouagères, n'étant qu'un acte de police intérieure, n'est pas soumis au timbre. (Décis. de l'enregistrement du 3 mars 1829. Décis. Min. du 18 février 1832.)

12. *Coupes affouagères. Enregistrement.* — Comme acte de police intérieure, le permis d'exploiter des coupes à délivrer en nature est exempt de timbre et d'enregistrement. (Décis. Min. du 3 décembre 1825. Circ. A 135.)

13. *Délai.* — Les adjudicataires peuvent prendre le permis d'exploiter, quand ils veulent; l'essentiel est que les coupes soient exploitées au terme fixé. (Circ. N 140.)

14. *Exploitation. Pénalités.* — Les adjudicataires ou entrepreneurs qui commencent l'exploitation de leurs coupes, avant d'avoir obtenu, par écrit, de l'agent forestier local, le permis d'exploiter, encourent, savoir :

Amende, comme délinquants ordinaires pour tous les bois coupés. (Cod. For. 30, 192.)

15. *Représentation.* — La représentation du permis d'exploiter est de rigueur et ne peut être remplacée par aucune autre formalité. (Cass. 14 avril 1837.)

16. *Remise.* — Le permis d'exploiter est remis par l'adjudicataire au chef de cantonnement, en le prévenant du jour où doit commencer l'exploitation. (Cah. des ch. 19.)

17. *Affectataires.* — Les affectataires ne peuvent exploiter les coupes qui leur sont accordées qu'après qu'il leur en est fait délivrance par écrit, c'est-à-dire après avoir obtenu le permis d'exploiter. V. Affectation.

18. *Fermier.* — Le fermier d'un bois appartenant à un établissement public et, par suite, soumis au régime forestier est tenu de prendre un permis d'exploiter, comme un adjudicataire ordinaire. (Cass. 2 juin 1838.)

19. *Refus. Délivrance.* — En cas de refus des agents forestiers de délivrer le permis d'exploiter, l'adjudicataire devrait intenter une action au préfet, représentant l'autorité administrative dans le département. L'action devrait être portée devant les tribunaux civils.

PERMIS D'EXTRACTION.

Menus produits. — Le permis d'extraction de menus produits est une pièce d'ordre, exempte de timbre et d'enregistrement et délivrée par l'inspecteur. (Circ. N 271.)

PERMISSION DE CHASSE.

1. *Permission. Constatation.* — La loi ne détermine pas la forme dans laquelle doit être constaté le consentement du propriétaire du terrain sur lequel chasse un tiers; il suffit que l'autorisation ait été donnée et que la preuve de cette autorisation soit rapportée, pour que le fait de chasse sur le terrain d'autrui ne puisse être incriminé.

Dès lors, si les fermiers du droit de chasse conviennent entre eux, pour faciliter la surveillance des gardes, que les autorisations seront délivrées sur des cartes signées d'eux, il importe peu que l'autorisation de deux des fermiers seulement soit attestée par leur signature sur une carte de permis et que l'autorisation du troisième, qui, ce jour-là, était absent, ait été purement verbale, lorsqu'il est certain que cette autorisation avait été donnée. (Bordeaux, 10 novembre 1881.)

2. *Autorisation. Preuve.* — Pour être en règle vis-à-vis de l'autorité, en chassant sur le terrain d'autrui, il n'est pas nécessaire d'être porteur d'une permission écrite du propriétaire; il suffit d'avoir le consentement de celui-ci. Ce consentement peut être justifié par toutes les règles de droit commun, même par une déclaration écrite postérieurement au fait incriminé. (Cass. 3 mars 1854.)

3. *Consentement tacite.* — Le consentement d'un propriétaire, relativement à la faculté de chasser sur son terrain, peut être donné tacitement et, une fois revêtu de ce caractère, il continue à produire son effet au profit de la personne autorisée, tant que ledit propriétaire n'a pas manifesté clairement une intention contraire.

En tout cas, la location nouvelle du droit de chasse, consentie sur ce même terrain, ne peut être opposée valablement à ladite personne que le jour où le bail a acquis date certaine par l'enregistrement. (Trib. de Compiègne, 26 décembre 1882.)

4. *Preuve.* — Le chasseur surpris sur le terrain d'autrui, qui invoque le bénéfice d'une permission, doit faire la preuve de cette permission. (Dijon, 15 janvier 1873.)

5. *Colocataire. Droit.* — Le colocataire indivis du droit de chasse ne peut accorder à un tiers des autorisations permanentes de chasser sur le terrain à lui loué, sans le consentement de son colocataire. (Trib. de Troyes, 19 novembre 1880.)

6. *Copropriétaire. Droit.* — Le copropriétaire d'un fonds indivis ne peut autoriser

un tiers à chasser sur ce fonds, concurremment avec lui, sans le consentement de l'autre propriétaire. (Cass. 19 juin 1875.)

PERPENDICULAIRE.

Dimension. — La base sur laquelle on élèvera une perpendiculaire ne devra pas avoir une longueur moindre que celle-ci. (Instr. du 15 octobre 1860, art. 19.) V. Plan.

PERQUISITION.

Abus d'autorité, 6.
Agent étranger, 8.
Bonne foi, 9.
Chasse, 4.
Constatation, 3.
Engins, 4, 5.
Fonctionnaires, 1, 9.
Formalités, 1, 8.
Frontière, 10.
Garde étranger, 10.
Juridiction, 2.
Maire, 2.
Nuit, 6.
Nullité, 8,
Occupation ennemie, 7.
Poursuites, 2.
Qualité, 9.
Rapatronage, 3.
Refus, 2.
Renseignements, 3.

1. *Formalités. Fonctionnaires.* — Les gardes suivent les objets enlevés par les délinquants jusque dans les lieux où ils ont été transportés et les mettent en séquestre.

Il ne peuvent s'introduire dans les maisons, bâtiments, cours et enclos, si ce n'est en présence soit du juge de paix ou de son suppléant, soit du maire du lieu ou de son adjoint, soit du commissaire de police.

Cette assistance n'est pas nécessaire : 1o pour les loges et autres établissements qui ne forment pas un domicile ou des ateliers permanents, dont la loi garantit l'inviolabilité; 2o pour les usines, hangars et autres établissements autorisés en vertu des articles 151, 152, 154 et 155 du code forestier. Toutes perquisitions peuvent y être faites, pourvu que les gardes se présentent au nombre de deux au moins, ou que le garde soit accompagné de deux témoins domiciliés dans la commune. V. Visite domiciliaire.

Les fonctionnaires dénommés ci-dessus ne peuvent se refuser à accompagner sur le champ les gardes, lorsqu'ils en sont requis par eux, pour assister à des perquisitions.

Ils sont tenus, en outre, de signer le procès-verbal de séquestre ou de la perquisition faite en leur présence, sauf au garde, en cas de refus de leur part, à en faire mention au procès-verbal.

Dans le cas où les fonctionnaires ci-dessus désignés refuseraient, après en avoir été légalement requis, soit d'accompagner les gardes dans leurs visites et perquisitions, soit de recevoir l'affirmation des procès-verbaux dans le délai prescrit par la loi, les gardes rédigent procès-verbal du refus et adressent sur le champ ce procès-verbal au chef de cantonnement. (Ord. 182. Livret des préposés, art. 23.) V. Réquisition.

2. *Maire. Refus. Poursuites. Juridiction.* — Le maire, requis par des gardes forestiers d'assister à des perquisitions domiciliaires et qui, sur le refus desdits gardes de lui laisser prendre la direction des perquisitions et de n'y procéder que dans certaines maisons et pendant un temps déterminé, refuse de les accompagner, agit non comme officier de police judiciaire, mais comme fonctionnaire de l'ordre administratif.

Il ne peut être pris à partie, et il ne peut être poursuivi que devant les tribunaux administratifs. (Lois des 16-24 août 1790 et 16 fructidor an III. Bourges, 7 février 1881.)

3. *Constatations. Renseignements. Rapatronage.* — Les gardes qui reconnaissent que des bois ont été coupés et enlevés en délit doivent, avant de se livrer à des perquisitions, constater la dimension exacte de chaque souche, sa qualité, son essence, l'âge du bois, au moins par approximation, la qualité et la couleur de l'écorce, le temps présumé de la coupe, etc. Munis de ces renseignements, ils font alors les perquisitions nécessaires et comparent les signes et indices qu'ils ont ainsi recueillis avec ceux que présentent les bois trouvés.

Le procès-verbal de perquisition doit énoncer toutes ces circonstances.

Le prévenu doit être interpellé d'assister au *rapatronage* ; en cas de refus, le garde en fait mention au procès-verbal.

Le rapatronage doit toujours être opéré, en présence comme en l'absence du prévenu.

Le garde doit avoir soin d'indiquer, dans le procès-verbal, les parties de l'arbre qu'il a marquées de son marteau et le nombre des empreintes qu'il a apposées. (Livret des préposés, art. 23.)

4. *Chasse. Engins.* — Les gardes forestiers qui, sous un faux prétexte de rechercher des bois de délit, pénètrent, assistés du maire, dans le domicile d'un particulier et y saisissent des filets, commettent un acte illégal, qui ne peut servir de base à une condamnation. (Trib. d'Epinal, 31 octobre 1844.)

5. *Engins prohibés.* — Les perquisitions ayant pour objet la recherche d'engins de chasse prohibés ne peuvent être opérées au domicile d'un particulier que par le juge d'instruction lui-même, ou par les officiers de police judiciaire délégués à cet effet. Une perquisition faite en vertu d'une simple réquisition du parquet est illégale et nulle. (Besançon, 3 juillet 1857.)

6. *Abus d'autorité. Nuit.* — La perquisition faite de nuit et par un seul préposé, dans une scierie autorisée à distance prohibée, est un abus d'autorité, qui cependant ne frappe pas de nullité le procès-verbal de délit rédigé dans cette circonstance. (Cass. 7 mai 1841.)

7. *Occupation ennemie.* — Une perquisition empêchée par l'occupation ennemie est valable comme suite d'une opération commencée en forêt, quoique faite longtemps après le délit

et dès que la cessation de l'occupation l'a permise. (Cass. 29 juin 1872.)

8. *Formalités. Agent étranger. Nullité.* — La perquisition faite avec le concours d'agents de la force publique étrangère, pendant l'occupation ennemie, est illégale, et est nul le procès-verbal dressé en suite de cette perquisition irrégulière. (Cass. 29 juin 1872.)

9. *Fonctionnaire incompétent. Qualité. Bonne foi.* — Le procès-verbal dressé à la suite d'une perquisition effectuée avec l'aide d'un fonctionnaire incompétent est valable, si on a dû croire que ce fonctionnaire était revêtu d'une qualité lui donnant le droit d'assister à la perquisition. (Cass. 29 juin 1872.)

10. *Garde étranger. Suisse et France. Frontière.* — Les gardes assermentés dans chaque pays (France, Suisse) ne pourront s'introduire dans les maisons, bâtiments, cours adjacentes et enclos, si ce n'est en présence d'un fonctionnaire public désigné à cet effet par les lois du pays dans lequel la perquisition aura lieu.

Les autorités compétentes chargées de la police locale seront tenues d'assister les gardes dans leurs recherches, sans qu'il soit nécessaire de réclamer la permission d'un fonctionnaire supérieur. (Conventions des 30 juin 1864 et 28 février 1882.)

PERSONNE CIVILE.

Qualité. — On appelle ainsi les communes, les établissements publics, les sociétés, etc., auxquels la loi a donné certains droits, qui leur confèrent en quelque sorte une existence propre et concentrée dans la personne qui a qualité pour les représenter.

PERSONNEL.

1. *Cadres. Agents.* — Les cadres du personnel des agents forestiers, dans les départements et en Algérie, sont fixés, comme maxima, ainsi qu'il suit :

	France.	Algérie.
Conservateurs	32	3
Inspecteurs	200	18
Inspecteurs adjoints	215	18
Gardes généraux et gardes généraux stagiaires	300	36

(Décr. du 29 octobre 1887.)

2. *Cadres. Préposés.* — Les cadres du personnel des préposés comprennent :

En France :

Brigadiers, gardes domaniaux ou mixtes	3300
Brigadiers ou gardes communaux	3750

En Algérie :

Brigadiers, gardes domaniaux et indigènes	1030

V. Traitement.

3. *Armée.* — Tout le personnel de l'administration des forêts entre dans la composition des forces militaires du pays. (Décr. du 2 avril 1875. Circ. N 173. Décr. du 18 novembre 1890. Circ. N 424.)

PETIT FEU.

1. *Définition.* — Le petit feu est une espèce de sartage ou d'essartage à feu courant, employé pour détruire les herbes et les broussailles d'un terrain, soit en vue de sa culture, soit pour le mettre à l'abri des incendies. Cette opération se pratique généralement pendant l'hiver, ou après une petite pluie, par un temps calme, ou en dirigeant le feu contre le vent. V. Ecobuage.

2. *Usage. Responsabilité. Pénalités.* — Dans les régions où l'usage du petit feu n'est pas prohibé ou réglementé, on peut faire usage de ce mode de nettoiement, à condition que le feu allumé soit à plus de 200 mètres des bois et forêts. En cas d'infraction et d'incendie involontaire, on encourt, savoir :

Si le feu a été allumé à moins de 100 mètres des bois incendiés :

Amende: 50 à 500 francs (Cod. Pén. 458) et 20 à 100 francs. (Cod. For. 148.)

Si le feu a été allumé à plus de 100 mètres et à moins de 200 mètres des bois incendiés :

Amende : 20 à 100 francs. (Cod. For. 148.)

Si le feu a été allumé à plus de 200 mètres des bois incendiés :

Action civile en dommages-intérêts.
Dans tous les cas, réparation du dommage causé.

(Meaume t. II, p. 459.) V. Ecobuage. Feu. Incendie.

3. *Région des Maures. Époques d'interdiction. Pénalités.* — Dans la région des Maures et de l'Estérel et pendant les mois de juin, juillet, août et septembre, l'emploi du feu est interdit aux propriétaires et aux tiers, même pour les exploitations forestières et agricoles usitées sous les dénominations d'écobuages, issards et petit feu, dans l'intérieur et à moins de 200 mètres de tous bois, forêts ou landes peuplées de morts-bois. En cas d'infraction, pénalités :

Prison : 1 à 5 jours.
Amende : 20 à 500 francs ou l'une des deux peines seulement.
Responsabilité de l'article 206 du code forestier pour les pères, maris, maîtres, etc. (Loi du 19 août 1893, art. 5. Circ. N 461.)

V. Maures.

4. *Région des Maures. Faculté.* — Dans la région des Maures et en dehors de la période d'interdiction, du mois de juin au mois de septembre inclus, l'emploi du petit feu est autorisé dans toutes les parties des bois, forêts et landes peuplées de morts-bois, qui sont séparées par des tranchées de protection,

mais sous réserve, en cas d'incendie, des peines prévues par l'article 458 du code pénal et de tous dommages-intérêts, s'il y a lieu. (Loi du 19 août 1893, art. 4. Circ. N 461.) V. Tranchée.

5. *Région des Maures. Délit. Constatation.* — Les gardes forestiers et tous officiers de police judiciaire constatent les délits de l'usage illicite du petit feu dans tous les bois en général. Le même pouvoir appartiendra aux gardes particuliers agréés par le préfet, sur l'avis du conservateur des forêts, et assermentés à cet effet. (Loi du 19 août 1893, art. 6. Circ. N 461.)

PÉTITION.

1. *Collective.* — Les pétitions collectives sont interdites. (Circ. A 606 bis.)

2. *Hiérarchie.* — Une pétition en dehors des voies hiérarchiques donnera lieu à une peine disciplinaire. (Circ. autogr. 35, 7 avril 1853.)

3. *Timbre. Exemption.* — Les pétitions adressées au gouvernement, ministres, autorités, administrations et aux établissements publics, sont soumises au timbre, à raison de la dimension du papier, excepté celles adressées à l'Assemblée nationale, au Sénat, les demandes de congé ou de secours et celles présentées par les communes ou établissements publics, relativement aux bois soumis au régime forestier. (Lois du 13 brumaire an VII et 16 juin 1824. Décis. Min. du 12 juin 1850. Circ. A 657. Circ. N 32, art. 1 et 2. Circ. N 361.) V. Timbre.

4. *Non timbrée. Pénalité.* — La pétition non timbrée donne lieu à une amende de 50 francs, outre les décimes et le droit de timbre. (Loi du 13 brumaire an VII, art. 12 et 26. Loi du 16 juin 1824, art. 10.)

5. *Suite.* — Les fonctionnaires ne doivent pas donner suite aux demandes faites sur papier non timbré ; ils doivent les renvoyer à leur auteur et inviter le pétitionnaire à les reproduire, dans un délai déterminé, sur une feuille de papier timbré. Lorsque les pétitions sont fournies en double, il suffit qu'une des expéditions soit sur papier timbré. (Circ. A 657. Circ. N 32, art. 3 et 4. Circ. N 124. Circ. N 361.)

PÉTITOIRE.

1. *Définition.* — Revendication de la propriété d'un immeuble ou d'un droit réel, tels qu'une servitude, un usufruit ou tout autre démembrement du droit de propriété, contre celui qui le possède et qui prétend en être aussi le propriétaire.

2. *Principe.* — Le pétitoire et le possessoire ne seront jamais cumulés. (Proc. Civ. 25.) V. Possessoire.

3. *Demandeur.* — Le demandeur au pétitoire ne sera plus recevable à agir au possessoire. (Proc. Civ. 26.)

4. *Défendeur. Possessoire.* — L'article 26 du code de procédure civile, qui déclare le demandeur au pétitoire non recevable à se pourvoir au possessoire, ne met pas obstacle à ce que le défendeur au pétitoire agisse au possessoire, même pour des troubles de possession antérieurs à la demande pétitoire formée contre lui. (Cass. 16 décembre 1874.)

5. *Exception préjudicielle.* — Lorsque, après l'admission de l'exception préjudicielle, le prévenu intente lui-même l'action pétitoire, on ne peut en conclure qu'il ait reconnu la possession de son adversaire et qu'il ait renoncé à se prévaloir de sa propre possession, comme servant de base à la prescription. (Cass. 9 juin 1852.)

6. *Fin civile. Exception préjudicielle.* — Lorsque, après l'admission de l'exception préjudicielle, le prévenu intente l'action pétitoire, s'il est admis à prouver sa propriété ou sa possession trentenaire, il ne peut plus ensuite abandonner ces errements et prétendre, en excipant de sa possession actuelle, que la preuve de la propriété ou de la possession doit être mise à la charge de son adversaire. (Riom, 1er août 1848.)

7. *Demande.* — En cas de renvoi à fin civile, s'il s'agit d'un droit de propriété, le prévenu doit se pourvoir au pétitoire devant le tribunal civil. V. Exception préjudicielle. Renvoi à fin civile.

8. *Usager. Prescription libératoire. Preuve.* — Dans une action pétitoire, l'usager porteur d'un titre et demandant à l'exécuter doit, si le propriétaire de la forêt oppose la prescription, prouver que ce titre n'est pas prescrit, parce que le propriétaire qui oppose la prescription ne demande pas à acquérir, mais à se libérer ; dans ce cas, l'usager qui demande à exercer son droit doit prouver qu'il est encore valable. (Cass. 11 juin 1834.)

9. *Preuve. Prescription.* — Dans une action pétitoire, fondée sur un titre et ayant pour but la revendication de la propriété, le défendeur, bien qu'ayant la possession, est obligé de prouver que le titre est prescrit, parce qu'il acquiert, par ce moyen, la propriété de l'immeuble.

La preuve servant à acquérir est à sa charge, pour détruire le titre qui a servi à acquérir.

PEUPLIER.

1. *Classification* — Arbre de 2me classe. (Cod. For. 192.)

2. *Jouissance. Qualité. Usufruitier.* — Les peupliers ne peuvent, à aucun titre, être considérés comme des fruits, et il est interdit

à l'usufruitier d'y toucher, même en les remplaçant. Quand ces arbres sont épars sur un domaine, ils ne sont point considérés comme soumis, quant à l'exploitation, à un régime régulier et périodique, qui permette de considérer les produits incertains et variables de leur aliénation comme des fruits auxquels l'usufruitier puisse prétendre. Il importe peu que les propriétaires du domaine aient été de tout temps, ainsi que les autres propriétaires du pays, dans l'usage de faire abattre, chaque année, sur leurs domaines, un plus ou moins grand nombre de peupliers, selon leurs besoins ou quand l'état des arbres exigeait qu'ils fussent abattus. On ne saurait trouver, dans cet exercice du droit de propriétaire, ni la base d'un droit égal pour le simple usufruitier, ni la preuve de l'existence d'une mise en coupes réglées, régulières et périodiques des peupliers complantés sur la propriété. (Angers, 18 novembre 1878.)

3. *Peupliers d'Italie. Qualification. Jouissance. Usufruitier.* — Les peupliers d'Italie ne peuvent être confondus avec les fruits que la loi accorde à l'usufruitier, puisque cet arbre ne se reproduit pas lui-même comme le bois taillis et que, par analogie, il doit être plutôt rangé dans la catégorie des arbres de futaie, que l'usufruitier n'a le droit de couper que quand ils sont aménagés. (Dijon, 22 décembre 1842.)

Nota. — Le peuplier d'Italie repousse de souche, suivant son âge, la nature du terrain et le mode d'exploitation ; l'analogie avec le caractère physiologique des arbres de futaie n'existe pas.

PHOSPHATE.

1. *Extraction. Pénalité.* — L'extraction des phosphates, dans une forêt communale soumise au régime forestier, est prévue et punie par l'article 144 du code forestier. (Nancy, 11 juin 1885.)

2. *Adjudication. Extraction. Exécution.* — Une adjudication de phosphates à extraire d'un bien communal soumis au forestier n'est pas nulle, parce que le cahier des charges n'a pas été approuvé par le conseil municipal, parce que l'adjudication s'est faite sans que les agents forestiers y aient concouru et sans que le préfet l'ait approuvé, alors que l'approbation du service forestier et du préfet résulte implicitement des mesures ultérieures d'exécution du contrat. (Nîmes, 6 février 1888.)

3. *Exploitation. Contrat. Contestation. Compétence.* — Le contrat par lequel une commune concède l'exploitation d'un gisement de phosphates existant dans une forêt communale est un contrat de droit civil, alors même qu'il a été passé en la forme administrative.

L'autorité judiciaire est compétente pour connaître des contestations auxquelles peut donner lieu ce contrat.

Il importe peu que la forêt soit soumise au régime forestier, l'administration forestière n'étant, dans ce cas, investie que du droit de surveillance sur les extractions. (Nîmes, 5 janvier 1887.)

PHOTOGRAPHIE.

Emploi. — En 1886, le service du reboisement a été doté d'appareils photographiques, avec lesquels les agents peuvent produire :

1° Les photographies à joindre aux projets de périmètres de restauration ;

2° Les photographies destinées à fixer la physionomie du torrent avant le commencement des travaux et à joindre aux levés géométriques de la même époque ;

3° Les photographies à annexer aux projets de travaux ;

4° Les photographies à annexer aux dessins d'exécution des travaux. (Instr. n° 42 de l'inspection générale du reboisement, 1er avril 1886.)

PIE.

Destruction. — Lorsqu'un arrêté du préfet indique les animaux nuisibles et autorise les propriétaires à les détruire sur leurs terres, à l'aide de pièges autres que les lacets, celui qui se sert d'un fusil pour détruire les pies, en dehors du temps où la chasse est permise et sans être pourvu d'une autorisation spéciale, commet un délit de chasse. (Cass. 11 juin 1880.)

PIÈCE.

1. *Procédure. Pièces à conviction.* — Les pièces à conviction seront transportées par les gendarmes chargés de la conduite des prévenus ou par tout autre moyen plus économique, d'après un ordre écrit du magistrat qui ordonnera le transport. (Décr. du 18 juin 1811, art. 9.)

2. *Communication. Greffe.* — Les communications des pièces seront prises au greffe, sur les récépissés des avoués, qui en contiendront la date. (Proc. Civ. 106.)

3. *Communication. Note.* — Les parties pourront respectivement demander, par un simple acte, communication des pièces employées contre elles, dans les trois jours où lesdites pièces auront été signifiées ou employées. (Proc. Civ. 188.)

4. *Communication. Avoué.* — La communication sera faite par avoué ou par dépôt au greffe ; les pièces ne pourront être déplacées, si ce n'est qu'il y en ait minute ou que la partie y consente. (Proc. Civ. 189.)

5. *Cour d'assises.* — Le conseil pourra prendre communication de toutes les pièces, sans déplacement et sans retarder l'instruction. (Instr. Crim. 302.)

6. *Pièces détruites.* — Lorsque, par l'effet d'une cause extraordinaire, des pièces de procédure encore indécise auront été détruites, enlevées ou se trouveront égarées, et qu'il n'aura pas été possible de les rétablir, on considérera comme minutes les copies authentiques que l'on pourra se procurer et, à défaut, on recommencera l'instruction à partir du point où les pièces commenceront à manquer en minute ou copie authentique. (Instr. Crim. 521, 522, 524.)

7. *Soustraction.* — Quiconque, après avoir produit, dans une contestation judiciaire, quelque titre, pièce ou mémoire, l'aura soustrait, de quelque manière que ce soit, sera puni d'une *amende* de 25 à 300 francs. (Cod. Pén. 409.)

8. *Juges. Responsabilité.* — Les juges et avoués sont déchargés des pièces cinq ans après le jugement du procès, et les huissiers deux ans après la signification des actes. (Cod. Civ. 2276.)

9. *Communication. Agents.* — Les agents sont responsables des pièces qui leur sont confiées et ils ne doivent pas les communiquer ou en laisser prendre copie, sans autorisation.

PIED CORNIER.

Adjudicataire, 11.
Coupe, 2, 7, 11.
Définition, 1.
Délit, 11.
Entaille, 4.
Lot contigu, 9.
Marque, 3, 5.
Pénalités, 10, 11.
Piquets, 8.
Plan, 7.
Procès-verbaux, 6.
Propriété, 10.

1. *Définition.* — Les pieds corniers sont des arbres réservés qui se trouvent dans les angles des lignes ou tranchées. On appelle quelquefois *tournants* ceux qui sont dans les angles rentrants, par opposition aux *pieds corniers* qui sont alors dans les angles sortants ; ces arbres servent à fixer les angles du périmètre des coupes. V. Paroi. Réserve.

2. *Coupe précédente.* — L'arpenteur sera tenu de faire usage au moins de l'un des pieds corniers de la coupe précédente. (Ord. 76, 134.)

3. *Marque.* — Les pieds corniers seront marqués au pied, le plus près de terre possible, du marteau de l'arpenteur, sur deux faces, l'une dans la direction de la ligne qui sera à droite, l'autre dans celle de la ligne qui sera à gauche. (Ord. 76.)

4. *Entaille.* — L'arpenteur fera, au-dessus de chaque empreinte de son marteau, dans la même direction et à la hauteur d'un mètre, une entaille destinée à recevoir l'empreinte du marteau de l'Etat. (Ord. 76, 134.)

5. *Marque.* — Les pieds corniers seront marqués du marteau de l'Etat, à la hauteur d'un mètre. (Ord. 79, 134.)

6. *Procès-verbaux.* — Le nombre et l'essence des pieds corniers seront relatés dans les procès-verbaux de balivage et d'adjudication. (Ord. 81, 134. Circ. A 475.)

7. *Coupes. Plan.* — Les pieds corniers seront indiqués sur les plans des coupes. (Ord. 77.) V. Arpentage. Plan.

8. *Piquets.* — A défaut de pieds corniers, l'arpenteur y suppléera par des piquets ; il empruntera, au dehors ou au dedans de la coupe, les arbres les plus apparents ou les plus voisins, pour servir de témoins. (Ord. 76.)

9. *Lot contigu.* — Un adjudicataire ne peut pas être excusé pour avoir coupé des arbres de limite réservés séparant deux lots contigus. (Cass. 20 janvier 1815.)

10. *Pénalités.* — La coupe de pieds corniers ou arbres de limites entre divers héritages sera punie, savoir :

Prison : 1 mois à 1 an. (Cod. Pén. 456.)
Amende : égale au quart des restitutions et dommages-intérêts ; minimum : 50 francs. (Cod. Pén. 456.)

Si l'auteur du délit est un garde ou un officier de police, le maximum de la prison sera du tiers en sus. (Cod. Pén. 462.) V. Réserve.

11. *Pénalités. Délit.* — Les pieds corniers des coupes sont des arbres de réserve, dont l'essence et la dimension sont toujours connues par le procès-verbal d'arpentage, et, comme l'adjudicataire est toujours responsable de sa coupe, il s'ensuit que l'enlèvement délictueux de ces arbres, durant l'exploitation, est passible des condamnations édictées par les articles 34 et 192 du code forestier pour coupe d'arbres réservés.

Amende pour l'adjudicataire : un tiers en sus de celle fixée par l'article 192. (Cod. For. 34.)
Restitution des arbres ou paiement de leur valeur, fixée à une somme égale à l'amende encourue. (Cod. For. 34.)
Dommages-intérêts ; minimum : amende simple. (Cod. For. 34, 202.)
En dehors d'une coupe, l'abatage d'un pied cornier devient, selon le cas, un délit ordinaire.

PIÈGE.

1. *Louveterie.* — Les lieutenants de louveterie sont tenus de se procurer les pièges nécessaires pour la destruction des loups, renards et autres animaux nuisibles, dans la proportion des besoins. (Règl. du 20 août 1814, art. 6.) V. Louveterie.

2. *Placement. Avis. Piège à loup.* — Aucun piège à loup ne peut être placé dans une propriété non close, sans l'autorisation du maire, qui doit faire connaître, par voie de publication, les endroits où les pièges sont tendus. (Circ. Min. du 9 juillet 1818.)

3. *Placement irrégulier. Responsabilité. Piège à loup.* — Le propriétaire qui, sans en donner avis au public, place des pièges à loup ou traquenards dans une propriété non close, se rend responsable des accidents occasionnés aux animaux ou aux personnes. (Trib. de Bordeaux 20 octobre 1863.)

4. *Piège à renard. Condition.* — Celui qui tend un piège à renard sur son terrain et à 300 mètres de tout terrier commet un délit de chasse en temps prohibé, alors que le préfet n'a autorisé l'usage des pièges à renard qu'à l'entrée des terriers et que, d'autre part, l'acte imputé au prévenu n'était pas nécessité par le besoin de repousser ou de détruire une bête fauve, au moment où elle commettait un dommage à la propriété. (Cass. 2 décembre 1880.)

PIERRE.

1. *Produit.* — L'extraction de pierres est considérée comme menus produits, dans les forêts domaniales, et comme produits accessoires, dans les forêts communales et d'établissements publics. (Arr. Min. 22 juin et 1er septembre 1838. Circ. A 842.) V. Carrière. Enlèvement. Extraction. Produit.

2. *Préposés.* — Les gardes cantonniers extrairont, casseront et emmétreront les pierres destinées à l'entretien des routes. (Instr. du 13 août 1840. Livret des préposés, art. 44.)

3. *Extraction. Pénalités.* — L'extraction ou enlèvement de pierres est puni, savoir :

Amende.	Le jour.		Le jour avec récidive, la nuit, ou la nuit avec récidive.	
Par bête attelée à une charrette.. .	10 à 30 fr.	(C. F. 144.)	20 à 60 fr.	(C. F. 144, 201.)
Par charge de bête de somme. . . .	5 à 15		10 à 30	
Par charge d'homme.	2 à 6		4 à 12	

En outre : *emprisonnement* facultatif de 3 jours au plus. (Cod. For. 144.)

Restitution des objets enlevés ou de leur valeur. (Cod. For. 198.)

Dommages-intérêts facultatifs ; minimum : amende simple. (Cod. For. 198, 202.)

Confiscation des instruments du délit. (C. F. 198.)

Saisie et séquestre, s'il y a lieu. (Cod. For. 161.)

4. *Jet.* — Le jet de pierres contre les maisons et clôtures ou dans les jardins et enclos est puni, savoir :

Amende : 6 à 10 francs. (Cod. Pén. 475, § 8.)

En cas de récidive :

Outre l'amende, *prison :* maximum, 5 jours. (Cod. Pén. 478.)

5. *Meulière. Usage.* — Le droit d'extraire des pierres meulières dans une forêt doit être rangé dans la catégorie des droits d'usage rachetables à prix d'argent. (Evreux, 22 mars 1858.)

PIÉTINEMENT.

Dommage. — Le dommage résultant du piétinement d'un troupeau ne peut donner lieu qu'à une action civile en dommages-intérêts, si le terrain n'était ni préparé, ni semé ; sinon, on peut appliquer la pénalité de l'article 471, paragraphes 13 et 14, du code pénal. V. Passage. Pâturage.

PIGEON.

1. *Clôture. Gibier.* — Les pigeons seront enfermés aux époques fixées par les communautés, et, durant ce temps, ils seront regardés comme gibier et chacun aura le droit de les tuer sur son terrain. (Loi du 4 août 1789.)

2. *Clôture. Ouverture des colombiers.* — Les préfets, après avis des conseils généraux, déterminent, chaque année, pour tout le département, ou séparément pour chaque commune, s'il y a lieu, l'époque de l'ouverture et de la clôture des colombiers. (Loi du 4 avril 1889, art. 6.)

3. *Fermeture. Pénalité.* — Pour infraction aux arrêtés qui prescrivent la fermeture des colombiers, en exécution de la loi du 4 août 1789, pénalité :

Amende : 1 à 5 francs. (Cod. Pén. 471, § 15. Cass. 5 février 1844.)

4. *Dégât. Destructions. Conditions.* — Pendant le temps de la clôture des colombiers, les propriétaires et les fermiers peuvent tuer et s'approprier les pigeons qui seraient trouvés sur leurs fonds, indépendamment des dommages-intérêts et des peines de police encourues par les propriétaires des pigeons. En tout autre temps, les propriétaires et fermiers peuvent tuer les pigeons sur les lieux et au moment des dégâts, mais sans pouvoir se les approprier. (Loi du 4 avril 1889, art. 4 et 7.)

5. *Dégât.* — Les pigeons peuvent être tués sur les lieux et au moment du dégât ; mais, n'étant pas réputés gibier, ils ne peuvent pas être emportés. (Cass. 9 janvier 1868.)

6. *Preuve.* — C'est à celui qui tue les pigeons, au moment du dégât, à prouver que ces animaux causaient du dommage à ses récoltes. (Cass. 1er août 1829.)

7. *Assimilation.* — Les pigeons peuvent être assimilés aux volailles. (Rouen, 24 août 1854. Contra, Cass. 27 septembre 1821.)

8. *Pigeons voyageurs. Exception.* — L'arrêté préfectoral qui interdit la capture et la destruction des pigeons voyageurs est obligatoire ; il ne saurait être paralysé par les lois

des 4 août 1789, 28 septembre-6 octobre 1791 et 4 avril 1889, autorisant le propriétaire à tuer les pigeons qui causent chez lui du dommage. (Cass. 11 août 1890.)

9. *Pigeons voyageurs. Destruction.* — L'arrêté préfectoral basé sur l'article 9, paragraphe 4, de la loi du 3 mai 1844, modifié par la loi du 22 janvier 1874, et pris en exécution d'une circulaire ministérielle de 1887, qui interdit la chasse des pigeons voyageurs sans permis, est valable et obligatoire.

Dès lors, commet une infraction à cet arrêté, celui qui blesse ou tue un pigeon voyageur d'un coup de fusil, sans être muni d'un permis.

On soutiendrait en vain que la loi du 4 avril 1889 autorise chaque propriétaire à détruire les pigeons qui commettent des dégâts sur ses terres et au moment où ils les commettent. (Trib. de Périgueux, 14 décembre 1892.)

PINS.

Classification. — Arbres de 1re classe. (Cod. For. 197.)

Le mot *pin* est un mot générique et non pas spécifique ; tous les pins, maritime, d'Alep, laricio, cembro, Weymout, d'Autriche, etc., doivent, par suite, être considérés comme des arbres de 1re classe.

PIQUET.

1. *Pied cornier.* — A défaut de pied cornier, l'arpenteur y suppléera par des piquets, et il empruntera, au dehors ou au dedans de la coupe, les arbres les plus propres à servir de témoins. (Ord. 76.)

2. *Déplacement.* — Le déplacement des piquets servant de limite à une vente ne peut pas être assimilé à un enlèvement de pieds corniers. Ce fait ne donne lieu à l'application d'aucune peine particulière.

3. *Délimitation.* — Les piquets pour une délimitation sont plantés dans des trous de 0m,20 de côté, et ces piquets doivent avoir en général de 0m,06 à 0m,08 de diamètre et de 0m,50 à 0m,60 de hauteur. Les piquets doivent être rattachés par deux longueurs à des points fixes, placés dans un rayon de 20 mètres au plus. Ils recevront une série non interrompue de numéros, peints à l'huile, par massif de forêts ou par enclave. (Instr. 15 octobre 1860, art. 119. Circ. N 64, art. 26, 27.) V. Plan.

4. *Artillerie.* — Les piquets pour le service de l'artillerie seront coupés dans les forêts de l'Etat. (Décr. du 10 octobre 1874. Circ. N 167.) V. Artillerie.

PIQUEUR. (CHASSE.)

1. *Lieutenant de louveterie.* — Les lieutenants de louveterie doivent avoir au moins un piqueur. (Règl. du 20 août 1814, art. 6.)

2. *Permis de chasse.* — Les piqueurs, comme auxiliaires pour la chasse, n'ont pas besoin de permis de chasse. (Cass. 8 mars 1845.)

3. *Battue.* — Le piqueur d'un lieutenant de louveterie n'a pas qualité pour procéder à une battue, en l'absence de ce dernier. (Trib. de Dijon, 4 juin 1875.)

4. *Chasse. Délit.* — En cas de contravention de chasse, le piqueur qui appuie les chiens commet le délit de chasse, aussi bien que son maître, sous les ordres duquel il agit. (Angers, 2 mai 1881.)

PIQUEUR. (TRAVAUX.)

Travaux. Préposés. — Les gardes cantonniers peuvent être employés comme piqueurs dans les travaux de toute nature, exécutés en régie ou par entreprise. (Circ. N 22, art. 282.)

PLACE A CHARBON. V. Charbonnière.

PLACE D'ESSAI.

Emplacement. — La position des places d'essai doit être marquée sur le terrain, de manière à pouvoir les reconnaître, et on doit porter leur estimation sur le calepin de balivage, dans la partie consacrée aux observations particulières. (Circ. A 474.) V. Estimation.

PLACE FORTE.

Branches, 6.
Canton, 3.
Coupe, 3.
Délivrance, 1, 4, 10.
Désignation, 3.
Dimension, 2, 7.
Empreinte, 9.
Estimation, 4, 10.
Etat, 10.
Exploitation, 5, 10.
Formalité, 8.
Fourniture, 2.
Instruction, 7.
Marque, 9.
Martelage, 3, 8.
Qualité, 2.
Quantité, 2.
Remanents, 6, 10.
Transport, 5.

1. *Délivrance. Forêt domaniale.* — Les bois destinés à la confection des palissades, liteaux, piquets, fascines, clayons, barrières, blindages, ponts, radeaux et autres ouvrages nécessaires pour la mise en état de défense des places fortes situées sur la frontière, depuis la Manche jusqu'à la Méditerranée, en suivant la ligne du nord et de l'est, et sur la frontière des Pyrénées, seront coupés dans les forêts de l'Etat, à moins qu'à raison des distances à parcourir jusqu'aux lieux de destination et des frais de transport qui en résulteraient, il ne soit dans l'intérêt de l'Etat de se les procurer par la voie du commerce. (Ord. 24 décembre 1830, art. 1.)

2. *Fourniture. Dimensions. Qualités. Quantités.* — Lorsque les fournitures devront être faites dans les forêts de l'Etat, les officiers du génie militaire feront connaître aux

agents forestiers les besoins en bois de toute nature, c'est-à-dire les espèces, qualités, dimensions et quantités de bois applicables à chaque genre d'ouvrage. (Ord. 24 décembre 1830, art. 2.)

3. *Canton. Désignation. Martelage. Coupes.* — Les agents forestiers, de concert avec les officiers du génie, désigneront, dans les forêts les plus rapprochées des places fortes, les cantons où les coupes devront avoir lieu et procéderont immédiatement aux opérations de martelage.

Les arbres à abattre seront pris de préférence dans les coupes usées des trois derniers exercices et dans celles des trois exercices suivants.

Pour ménager les bois de construction, les délivrances se feront, autant que possible, en bois qui auront seulement les dimensions reconnues suffisantes pour les travaux auxquels ils seront destinés. (Ord. 24 décembre 1830, art. 3.)

4. *Délivrance. Estimation.* — Les bois seront délivrés sur pied.

Si les délivrances se font pour le compte direct du ministre de la guerre, les officiers du génie concourront avec les agents forestiers à leur estimation, et, dans le cas où les délivrances seraient faites à un fournisseur, il sera procédé à l'estimation par trois experts : un agent forestier, l'expert du fournisseur et un troisième expert nommé par le président du tribunal de première instance de la situation des bois. (Ord. 24 décembre 1830, art. 4.)

5. *Exploitation. Transport.* — L'abatage, le façonnage et le transport des bois seront à la charge du département de la guerre ou de son fournisseur. (Ord. 24 décembre 1830, art. 5.)

6. *Remanents. Branches. Vente.* — Les remanents et branchages provenant du façonnage des bois destinés à la défense des places seront vendus par adjudication publique, suivant les formes déterminées par les règlements forestiers pour les adjudications de coupes de bois, et le produit de ces ventes sera déduit, sur le budget des dépenses de la guerre, du montant des estimations des bois délivrés sur pied. (Ord. 24 décembre 1830, art. 6.)

7. *Instruction. Dimension.* — Les délivrances se feront, autant que possible, en arbres qui n'auront que la longueur et la circonférence reconnues suffisantes pour les ouvrages auxquels ils sont destinés. Le choix des arbres aura lieu dans les coupes indiquées dans l'article 3 de l'ordonnance du 24 décembre 1830. (Coupes usées des trois derniers exercices et dans celles des trois exercices suivants.)

Il devra porter de préférence sur les sujets dépérissants, situés aux reins des forêts, sur les routes et chemins ; sur les arbres dont le débit offrira le moins de difficultés et dans les forêts les plus près des rivières, canaux, routes et chemins qui seront en même temps les plus rapprochés des places à approvisionner. (Lettre, 15 janvier 1831, nº 10069.)

8. *Martelage. Formalités.* — Les martelages seront faits par deux agents et par le garde du triage. Il sera dressé, séparément pour chaque partie de forêt, des procès-verbaux en triple de ces opérations, indiquant les dimensions des arbres et leur estimation sur pied ; ils seront signés par les deux agents, l'officier du génie et le fournisseur ou son expert. Une expédition de ces actes sera remise à l'officier du génie ; l'autre sera adressée au conservateur, et la troisième restera entre les mains de l'agent forestier rédacteur. (Lettre, 15 janvier 1831, nº 10069.)

9. *Marque. Empreinte.* — Les arbres seront marqués à la racine, avec le marteau de l'Etat, et au corps, à un mètre de terre, du marteau de l'inspecteur. En outre, chaque arbre aura un *témoin*, frappé au corps du marteau de l'inspecteur. (Lettre, 15 janvier 1831, nº 10069.)

10. *Exploitation. Remanent. Estimation. État. Délivrance.* — Après l'abatage et le façonnage des arbres, les débris, branchages, et remanents seront vendus, soit au chef-lieu, soit comme menus marchés, à charge de vider dans le mois et d'en payer le prix avant la vidange, entre les mains du receveur des domaines.

Après la vente, il est adressé à l'administration des forêts un état de ces produits, indiquant le nombre de stères, fagots, etc., vendus, leur prix et la place forte à laquelle sont destinés les arbres dont les dépouilles et remanents ont été vendus, afin d'en déduire le montant de la valeur des arbres. Les conservateurs adresseront un état des procès-verbaux de martelage et d'estimation, par département, indiquant :

1º Le département ;
2º L'inspection ;
3º Le chef-lieu de l'arrondissement communal ;
4º La commune de la situation du bois ;
5º Le nom du bois ;
6º Les désignations des coupes ;
7º Le nombre des arbres marqués ;
8º Leur longueur moyenne en mètres ;
9º Leur circonférence moyenne en centimètres, à 1 mètre du sol ;
10º Leur cubage en stères ;
11º Le montant de leur estimation sur pied ;
12º L'indication de la place pour laquelle la délivrance est faite ;
13º La date de cette délivrance ;
14º Leurs observations.

Les délivrances doivent être faites sans retard. (Lettre, 15 janvier 1831, nº 10069.)

PLACE VIDE. V. Vide.

PLAIDOIRIE. V. Défense.

PLAIE. V. Blessure.

PLAINTE.

1. *Crime. Délit.* — Toute personne qui se prétendra lésée par un crime ou un délit pourra en rendre plainte devant le chef du parquet. (Instr. Crim. 63, 64.) V. Partie civile.

2. *Préposé.* — Le préposé inférieur qui aura à se plaindre de son supérieur doit adresser sa plainte au conservateur, qui en référera à l'administration, pour être statué. (Circ. nº 398 du 8 août 1809.)

PLANÇON.

Définition. — On appelle ainsi de grosses boutures qui sont choisies dans des pousses de quatre à cinq ans. V. Plant.

PLAN.

SECT. I. — PLANS EN GÉNÉRAL, 1 — 9.

§ 1. *Généralités*, 1 — 2.

§ 2. *Contrôle, Vérification*, 3 — 5.

§ 3. *Copies*, 6.

§ 4. *Conservation*, 7 — 9.

SECT. II. — ALIÉNATION, 10.

SECT. III. — AMÉNAGEMENT, 11 — 60.

§ 1. *Établissement, Papier, Conservation*, 11 — 30.

§ 2. *Indication, Dessin, Écriture, Couleur*, 31 — 50.

§ 3. *Division, Série, Coupes*, 51 — 60.

A. *Futaie*, 51 — 56.

B. *Taillis*, 57 — 60.

SECT. IV. — COUPES, 61 — 74.

SECT. V. — DÉLIMITATION, 75 — 109.

SECT. VI. — DÉFRICHEMENT, 110.

SECT. VII. — EXPROPRIATION, 111.

SECT. VIII. — RESTAURATION ET CONSERVATION DES TERRAINS EN MONTAGNE, 112 — 123.

§ 1. *Périmètre de restauration*, 112—122.

§ 2. *Périmètre de mise en défens*, 123.

SECT. IX. — ROUTES, 124 — 125.

SECT. X. — TRAVAUX DIVERS, 126 — 129.

SECT. XI. — CARTES, TEINTES CONVENTIONNELLES, 130 — 146.

Acier, 140.
Acquisition, 136.
Affectation, 31 bis, 55, 132.
Age, 48.
Aliénation, 10.
Aménagement, 132.
Ancien plan, 6, 7.
Angle, 80, 81.
Arbre, 39, 100.
Archives, 8.
Ardoises, 140.
Arpentage, 63, 77.
Assemblage, 15, 31.
Avant-projet, 57.
Axe, 125.
Bâtiment, 40, 102.
Bois, 140.
Borne, 66, 92.
Brique, 140.
Bronze, 140.
Cadre, 26.
Calcul, 25, 72.
Canal, 38.
Carré, 22.
Carte, 130.
Cessions amiables, 144.
Chemin, 31 bis, 37, 66, 69, 89, 103, 137.
Chemin de fer, 137.
Chiffre, 92.
Clôture, 66, 97.
Commission mixte, 146.
Commune, 114, 134, 144.
Conservation, 9, 30.
Contenance, 59, 71.
Contestation, 106, 107.
Contrôle, 3, 5.
Copie, 6, 129.
Cote, 70, 78.
Coupe, 59, 62.
Coupe horizontale, 126.
Courbes, 43, 115, 116, 119.
Cours d'eau, 31 bis, 36, 66.
Croix, 38, 39, 89, 101, 103.
Cuivre, 140.
Cultures, 141.
Déblais, 138.
Déclinaison, 18.
Définitif, 14.
Défrichement, 110.
Département, 134.
Dépôt, 30.
Désignation, 104.
Détail, 33, 66, 75.
Dessin, 6, 35, 75, 118.
Dimension, 14, 112.
Division, 55, 58.
Domaine de l'Etat, 134, 142, 144.
Droits d'usage, 7.
Eau, 41, 139.
Echelles, 10, 19, 20, 82, 83, 112, 113, 114, 115, 116, 117, 123.
Ecriture, 45, 46, 73.
Entrepreneur, 129.
Essence, 47.
Etablissement public, 114, 134, 144.
Etain, 140.
Etang, 139.
Etudes, 112.
Expédition, 63, 64, 127, 128.
Expropriation, 111.
Extrait, 74.
Fer, 140.
Fer blanc, 140.
Feuilles, 13, 15, 20, 61.
Fontaine, 89.
Fonte, 140.
Format, 117, 121.
Fossé, 94.
Futaie, 51, 53, 56, 132.
Grille, 98.
Hachure, 44.
Haie, 96.
Indication, 31, 32, 113.
Inscription, 70.
Laiton, 140.
Lavis, 145.
Légende, 28, 29, 120, 121.
Lettres, 109.
Levée, 99.
Ligne, 77, 78.
Limite, 31 bis, 33, 54, 105, 123.
Liséré, 67, 108, 113.
Lot, 62.
Maçonnerie, 133.
Mare, 41, 103.
Méridienne, 21, 23.
Ministères, 135.
Minute, 12, 13, 64, 65, 118, 119, 120, 128.
Mise en défens, 123.
Mur, 38, 95, 101.
Mutation, 136.
Nom, 32. 103, 104.
Nord, 86.
Numéro, 59, 92.
Objets divers, 101, 133.
Orientation, 18, 85, 86.
Palissade, 97.
Papier, 16, 84.
Parois, 63, 68.
Particulier, 114, 142, 144.
Passage, 90, 91.
Pente, 44.
Pépinière, 31 bis.
Périmètre, 34, 88, 89.
Perpendiculaire, 23, 79.
Peuplement, 47, 131.
Pied cornier, 63, 68.
Plan définitif, 14, 56.
Plan général, 17, 31 bis, 114, 115, 124.
Plan de séries, 116, 117.
Plan provisoire, 11.
Plan terrier, 125.
Plomb, 140.
Pont, 38, 89, 101, 103.
Ponts et chaussées, 135.
Poteau, 39.
Projets, 113, 114, 126, 141, 142.
Propositions, 122.
Propriétaire, 108, 123.
Propriété, 134, 136.
Rapport, 24.
Ravin, 41.
Rectification, 105.
Relief, 42, 87, 115, 116.
Remblais, 138.
Rivière, 139.
Rocher, 93.
Route, 31 bis, 66, 69, 103, 125, 137.

Ruisseau, 37, 38, 41, 89, 103.
Scierie, 31 bis.
Série, 54, 60.
Servitude, 90, 91.
Signature, 2.
Source, 89.
Tableau d'exploitation, 52.
Taillis, 57.
Teinte, 40, 41, 47, 48, 49, 50, 101, 102, 107, 111, 112, 113, 114, 130.
Terrassements, 138.
Titre, 1, 27, 76.
Toile calque, 16.
Tuiles, 140.
Tracé géométrique, 75, 109.
Traitement, 50.
Travaux, 126.
Triangulation, 21, 34.
Usager, 7.
Vérification, 4.
Verre, 140.
Vides, 49.
Zinc, 140.

V. Archive. Cadastre. Copie. Délimitation. Expédition. Honoraire. Inventaire. Nivellement. Titre. Tracé géométrique.

SECT. I. — PLANS EN GÉNÉRAL.

§ 1. *Généralités.*

1. *Titre en général.* — Le titre du plan sera, autant que possible, écrit en haut et à gauche de la feuille, dans le sens de la plus grande dimension du papier. Ce titre indiquera le numéro de la conservation, le nom du département, de l'arrondissement et de l'inspection, celui de la forêt ou l'objet du plan, en caractères apparents; sur le haut, à l'angle gauche et hors cadre, on inscrira : *Administration des forêts.*

Cette disposition n'est pas applicable aux tracés géométriques à joindre aux procès-verbaux de délimitation, ni aux plans d'aménagement, qui devront être reliés en atlas. (Instr. du 15 octobre 1860, art. 225 et 226.)

2. *Signature.* — Les plans destinés à des archives ou portant un caractère d'authenticité doivent être datés et signés par leurs auteurs. La signature doit être très lisible. (Instr. du 15 octobre 1860, art. 229.)

§ 2. *Contrôle. Vérification.*

3. *Contrôle.* — Les plans et levés topographiques doivent être contrôlés par les chefs de service et les conservateurs et rectifiés suivant leurs indications, avant d'être adressés à l'administration. (Circ. A 798.)

4. *Vérification.* — Les chefs de service s'assureront, au cabinet et, au besoin, sur le terrain, que les croquis et plans sont exécutés conformément aux instructions. Le résultat de leur examen sera transmis aux agents opérateurs, pour les coupes, et à l'administration, pour les plans de délimitation ou d'aménagement. (Instr. du 15 octobre 1860, art. 318.)

5. *Contrôle.* — Les minutes des plans de délimitation et d'aménagement seront soumises à l'examen de l'administration centrale. L'envoi comprendra, outre les plans et actes définitifs, les croquis relatifs à l'arpentage et à la triangulation, les calculs et les observations des chefs de service. (Instr. 15 octobre 1860, art. 319.)

§ 3. *Copies.*

6. *Dessins. Plans anciens.* — Dans les copies des plans anciens, on imitera, autant que possible, le dessin, la couleur et les écritures des anciens plans; elles seront certifiées, pour copie conforme. (Instr. du 15 octobre 1860, art. 255.)

§ 4. *Conservation.*

7. *Anciens plans. Usagers.* — Les anciens plans, dressés en présence des usagers et approuvés par leur exécution volontaire et réitérée, peuvent déterminer définitivement la contenance d'une forêt grevée de droit d'usage. (Cass. 7 avril 1840.)

8. *Archives.* — Le chef de cantonnement doit avoir dans ses archives un plan croquis de son cantonnement. (Circ. A 722.)

9. *Conservation.* — Les plans collés sur toile, déposés dans les conservations et les inspections, seront disposés à plat dans des tiroirs ou des casiers, en les préservant de la poussière et de l'humidité. (Instr. 15 octobre 1860, art. 325.)

SECT. II. — ALIÉNATION.

10. *Bois à aliéner. Échelles.* — Les plans des bois à aliéner seront construits à l'échelle de 1 à 10000, pour les bois de 400 à 1000 hectares;

De 1 à 5000, pour les bois de 50 à 399 hectares;

De 1 à 2500, pour les bois au-dessous de 50 hectares;

Les plans devront être cotés de longueurs et d'angles. (Circ. A 328.)

SECT. III. — AMÉNAGEMENT.

§ 1. *Établissement. Papier. Conservation.*

11. *Provisoire.* — Avant de quitter une localité, on devra construire un plan provisoire des directrices intérieures ou extérieures, pour s'assurer qu'il n'y a pas eu d'erreur, dans le levé d'une forêt. (Instr. 15 octobre 1860, art. 58.)

12. *Minute.* — La minute des plans d'aménagement doit être établie d'après les éléments du levé; celle qui aura été piquée ou calquée ne sera pas admise. (Instr. 15 octobre 1860, art. 317.)

13. *Minutes. État. Feuilles.* — Les minutes des plans destinées à l'administration ne seront pas collées sur toile, ni reliées en atlas; si des feuilles étaient en mauvais état, elles seraient remplacées. (Instr. 15 octobre 1860, art. 325.)

14. *Définitif. Dimension.* — Le plan définitif d'une forêt sera rapporté sur papier grand aigle, ayant $0^m,70$ sur $1^m,05$. Orienté plein nord, il sera construit au moyen de

coordonnées rectangulaires, ou au moyen de carrés ayant 500 mètres de côté à l'échelle du plan, en partant de la méridienne et de sa perpendiculaire passant, autant que possible, par le clocher de la commune où se trouve la forêt ou d'une commune voisine. (Instr. 15 octobre 1860, art. 59, 103.)

15. *Feuille. Assemblage.* — Les plans d'assemblage seront construits sur une seule feuille grand aigle, sans addition de bande, à l'une des échelles de 1 à 5000, de 1 à 10000, de 1 à 20000, de 1 à 50000, en employant la plus grande échelle possible, de manière que l'ensemble de la forêt soit contenu dans la feuille. (Instr. 15 octobre 1868, art. 105.)

16. *Papier. Toile à calquer.* — On devra employer le papier grand aigle, ayant 0m,70 sur 1m,05 ; le papier calque ou même la toile à calquer sont interdits pour les plans d'aménagement. (Instr. 15 octobre 1860, art. 59.) La toile à calquer est prescrite pour les copies du plan général (Circ. N 126) ; elle est tolérée pour les avant-projets d'aménagement. V. Expédition.

17. *Général. Mesures.* — Il ne sera porté aucune mesure d'arpentage sur les plans généraux ; les fossés n'y seront figurés que lorsqu'ils serviront à l'écoulement des eaux. (Instr. 15 octobre 1860, art. 266.)

18. *Orientation. Déclinaison.* — Les plans orientés plein nord porteront, hors cadre, l'indication : *nord* ; dans les autres, le nord sera indiqué par une flèche, dont le fer sera tourné vers le nord. Le nord magnétique sera indiqué par une simple ligne fine croisant la ligne du nord vrai et portant ces mots : *nord magnétique* ou N. M. ; le nord vrai portera simplement : *nord* ; l'amplitude de la déclinaison sera inscrite dans l'angle formé par les deux directions. Le nord sera toujours en haut de la feuille, à gauche ou à droite, mais jamais en dessous de la feuille ; lorsque, sur la même feuille, il y aura plusieurs plans, ils devront, autant que possible, avoir la même orientation. (Instr. 15 octobre 1860, art. 220, 221, 222.)

19. *Échelles.* — Les échelles adoptées par l'administration (1 à 1250, 1 à 2500, 1 à 5000, 1 à 10000, 1 à 20000, 1 à 50000) seront simplement désignées au bas des plans ; celles qui se trouveront dans des rapports différents ou inusités seront régulièrement construites sur les plans. (Instr. 15 octobre 1860, art. 223, 224.)

20. *Échelles. Feuille.* — L'échelle des plans sera de 1 à 2500, lorsque la configuration des bois et leur étendue permettront de l'établir sur une seule feuille ; cette échelle sera encore employée, lorsque les coupes auront moins de 3 hectares ; dans les autres cas, l'échelle sera de 1 à 5000. Si le plan général est rapporté sur la même feuille que celle des plans de détail, on emploiera l'échelle de 1 à 10000 ou de 1 à 20000. (Instr. 15 octobre 1860, art. 60, 102.)

21. *Triangulation. Méridienne.* — Pour la construction des plans d'une forêt, on tracera d'abord avec exactitude les méridiennes et leurs perpendiculaires ; les points de la triangulation et ceux des sommets des polygones seront rigoureusement rapportés, et on partira de ces points pour disposer les lignes d'arpentage. (Instr. 15 octobre 1860, art. 103.)

22. *Carrés.* — Les carrés formés par les parallèles à la méridienne et à la perpendiculaire auront 500, 1000 ou 5000 mètres de côté, selon l'échelle du plan, mais jamais au delà de 1 décimètre sur le papier. (Instr. 15 octobre 1860, art. 106, 257.)

23. *Méridienne. Perpendiculaire.* — Lorsque le plan aura été construit au moyen de carrés, la méridienne et sa perpendiculaire, ainsi que leurs parallèles, seront établies en traits fins, à l'encre noire ; les distances des parallèles à leur origine seront inscrites sur le haut et à gauche du plan, aussi près du cadre que possible. (Instr. 15 octobre 1860, art. 216.)

24. *Rapport.* — Les plans pourront être construits en faisant usage du rapporteur, par les tangentes et les sinus naturels ou par la table des cordes. (Instr. 15 octobre 1860, art. 41.)

25. *Lignes de calcul.* — Les plans ne doivent offrir aucune trace, à l'encre noire ou rouge, des lignes établies pour les calculs. (Instr. 15 octobre 1860, art. 47.)

26. *Cadre.* — Les plans d'une certaine importance, tels que ceux d'aménagement, seront entourés d'un cadre rectangulaire, laissant en dehors une marge d'environ 0m,04. Ce cadre se composera d'un trait fort de 0m,002 d'épaisseur et de deux traits fins de chaque côté, espacés de 0,002 environ. (Instr. 15 octobre 1860, art. 230.)

27. *Titre.* — Un titre indiquera, sur la gauche, la conservation, l'inspection et le cantonnement ; sur la droite, le département, l'arrondissement et la justice de paix ; au centre, le nom de la forêt, en gros caractères, la date du décret qui règle l'aménagement, la date de l'achèvement des opérations et le nom de l'agent opérateur. (Instr. du 15 octobre 1860, art. 271.)

28. *Légende.* — Les légendes seront écrites en petits caractères, dans des colonnes à droite ou à gauche du plan. (Instr. 15 octobre 1860, art. 227.)

29. *Légende.* — Sur les plans d'aménagement, il sera établi, à l'un des angles, si cela est possible, un tableau faisant connaître la contenance totale des séries, des massifs et des coupes, ainsi que celle des objets intérieurs non compris dans les coupes, et

enfin les contenances des routes, chemins et ruisseaux qui ne dépendent pas du sol forestier. (Instr. 15 octobre 1860, art. 272.)

30. *Conservation. Dépôt.* — Les plans et autres documents relatifs à l'aménagement doivent être conservés avec soin et remis par les arpenteurs aux chefs de service. (Ord. 23. Circ. A 371 quater.)

Les minutes des plans joints aux procès-verbaux d'aménagement des forêts communales et d'établissements publics restent dans les archives de l'administration. (Circ. N 453.)

§ 2. *Indication. Dessin. Ecriture. Couleur.*

31. *Plan d'assemblage. Indication.* — Le plan d'assemblage doit indiquer la circonscription de la forêt, les cantons, sections, séries, coupes de taillis, divisions et subdivisions, routes, chemins, rivières, ruisseaux, maisons de garde et tous les objets extérieurs, limites des territoires des communes, villages, usines, bois, maisons, chemins, ruisseaux, etc., situés dans un rayon de 500 mètres. Ces renseignements sont recueillis sur le cadastre.

Les accidents de terrain seront figurés le plus exactement que possible. (Instr. 15 octobre 1860, art. 107.)

31 bis. *Plan général.* — Il sera joint au projet d'aménagement un plan général de la forêt, sur toile calque, indiquant les principaux mouvements du terrain, les cours d'eau, les routes, chemins, maisons forestières, scieries et pépinières, les limites des séries, des cantons, des affectations, des parcelles, des coupes. Si l'échelle du plan général ne permet pas d'y figurer tous les détails nécessaires, il sera, en outre, établi un plan par série.

Un plan général et, s'il y a lieu, des plans par série, contenant les mêmes indications que ci-dessus, accompagnent le projet de revision d'un aménagement. (Circ. N 415.)

32. *Indications. Noms.* — Dans les plans d'aménagement, le nom des communes voisines, les numéros des séries limitrophes et les noms des bois attenants seront inscrits, à l'extérieur; dans l'intérieur, tous les détails du terrain, tous les chemins, carrefours, routes, etc., recevront des noms particuliers. (Instr. 15 octobre 1860, art. 264.)

33. *Détails.* — On indiquera sur le plan général ou sur les feuilles de détail les limites des territoires des communes, les villages, habitations, chemins et ruisseaux situés environ à 500 mètres du périmètre; les accidents de terrain seront figurés aussi exactement que possible. (Instr. 15 octobre 1860, art. 107.)

34. *Périmètre. Triangulation.* — Le périmètre sera indiqué par un trait un peu fort et bordé extérieurement par un liséré carmin de 2 à 3 millimètres de largeur. Les points de triangulation seront indiqués à l'encre rouge. (Instr. 15 octobre 1860, art. 247, 260.)

35. *Dessin.* — Tous les détails qui font partie de la planimétrie seront dessinés sur les plans, en projection horizontale, suivant leur forme exacte, lorsque l'échelle pourra le permettre. Les accidents de terrains limités d'une manière déterminée, les limites des propriétés, celles des divisions d'aménagement, les bâtiments, les cours d'eau et flaques d'eau, les routes et les chemins seront dessinés par leurs bords et leurs contours en traits pleins à l'encre de Chine; quand les routes et chemins font partie des propriétés qu'ils traversent, ils sont tracés en traits pointillés, excepté pour les routes et laies d'aménagement et bordant les coupes, qui sont tracées en traits pleins. (Instr. 15 octobre 1860, art. 202, 203.)

36. *Cours d'eau.* — Les deux bords d'un cours d'eau sont tracés en traits pleins, à l'encre noire, lorsqu'ils forment la limite de deux fonds riverains ou de division d'aménagement, et en traits pleins, à l'encre bleue, lorsqu'ils traversent les propriétés. (Instr. 15 octobre 1860, art. 203.)

37. *Chemins. Ruisseaux.* — Lorsque les chemins et les ruisseaux auront plus de $0^m,50$ de largeur, on en déterminera les deux bords. (Instr. 15 octobre 1860, art. 38.)

38. *Mur. Pont. Croix. Canal. Ruisseau, etc.* — Lorsque l'échelle du plan ne permettra pas de rapporter les bords et les contours des murs, des ponts, des croix, des canaux, des ruisseaux, etc., ces objets seront exprimés par un simple trait en carmin pour les constructions en maçonnerie, en bleu de Prusse pour celles en métal et en noir pour celles en bois; les canaux et ruisseaux seront exprimés par un trait bleu cobalt. (Instr. 15 octobre 1860, art. 204.)

39. *Croix. Poteaux et arbres.* — Les croix, poteaux et arbres isolés seront dessinés en élévation. (Instr. 15 octobre 1860, art. 218.)

40. *Teinte. Bâtiments.* — Les bâtiments dépendant de la propriété dont on dressera le plan recevront une teinte carmin; ceux appartenant aux riverains, une teinte à l'encre de Chine. (Instr. 15 octobre 1860, art. 218.)

41. *Teinte. Eau. Ruisseau. Mare. Ravin.* — Les rivières, ruisseaux et étangs recevront sur leur surface une teinte de bleu de Prusse léger, dans laquelle on mêlera un peu de cobalt; les mares seront distinguées par une teinte d'encre de Chine pâle, mêlée avec un peu de brun; les ravins, par une teinte de bistre.

Les eaux salées seront désignées par une teinte verdâtre.

Les fontaines et sources seront dessinées en bleu.

Les carrières, minières et sablières seront désignées par des hachures à l'encre de Chine ou à la sépia.

Le cours des rivières sera désigné par une petite flèche.

Les contours des marais et des parties de terrain couvertes d'eau périodiquement seront indiqués en traits bleus pointillés ; les marais seront lavés en vert, mélangé de bleu. (Instr. 15 octobre 1860, art. 219.)

42. *Relief du terrain.* — Le relief du terrain s'exprimera soit par des courbes horizontales, soit par des hachures, soit par des teintes graduées. (Instr. 15 octobre 1860, art. 231.)

43. *Courbes.* — Les courbes seront tracées à la plume ou au pinceau, soit à la sépia, soit à l'encre de Chine ; les escarpements seront dessinés au moyen de hachures. (Instr. 15 octobre 1860, art. 233, 238.)

44. *Hachures. Pente.* — Les hachures seront dessinées à l'encre de Chine ou à la sépia, suivant la ligne de la plus grande pente et normales aux courbes horizontales ; leur longueur, mesurée en millimètres, entre deux horizontales, donnera la pente par mètre, en divisant un millimètre par la longueur des hachures, lorsque l'équidistance, réduite à l'échelle du plan, sera d'un millimètre ; on prolongera les hachures sur les courbes voisines, pour fondre les teintes. Les pentes *douces* sont au-dessous de 20 mètres de base sur 1 de hauteur ; les pentes *moyennes* sont comprises de 5 à 20 mètres de base pour 1 de hauteur ; les pentes *raides* comprennent de 1 à 5 mètres de base pour 1 de hauteur ; au delà, le terrain est considéré comme escarpement. Dans les pentes raides, le blanc entre les hachures n'aura que la largeur des hachures qui sont renflées plus la pente est forte ; dans les pentes moyennes et douces, les hachures sont espacées du quart de leur hauteur et ont une épaisseur constante, qui diminue avec la pente ; elles sont effilées à la naissance et à la fin des pentes. (Instr. 15 octobre 1860, art. 234, 235 et 236.)

45. *Écritures.* — Sur les plans d'aménagement, on emploiera dans les écritures les caractères suivants :

Capitale droite, à l'extérieur, pour les noms des villes, forêts et départements limitrophes et séries ;

Capitale penchée, à l'extérieur, pour les noms des communes, bourgs, fleuves, canaux et rivières navigables ;

Capitale penchée, à l'intérieur, pour les noms des cantons ;

Romain droit, pour les noms des villages, bois de faible contenance, routes nationales et départementales, chemins de fer, cours d'eau flottables, affectations, maisons forestières, usines, manufactures et carrefours.

On emploiera, pour les noms des hameaux, fermes, chemins de grande communication, carrières, sablières en cours d'exploitation et propriétés limitrophes autres que les bois, le même caractère, mais penché.

Italique, pour toutes les autres indications.

La hauteur des caractères sera choisie d'après l'importance de l'objet et en raison de l'échelle du plan. (Instr. 15 octobre 1860, art. 265.)

On peut écrire en ronde sur les plans d'aménagement de futaie des bois communaux et d'établissements publics. (Circ. N 120.)

46. *Écriture.* — Aucune écriture, sauf la signature, ne pourra être faite à main courante sur les plans. Les écritures de l'intérieur se traceront de gauche à droite, dans le sens de la longueur et parallèlement aux bords de la feuille. Toutefois, les noms des chemins et des cours d'eau suivront les contours de ces objets. On doit toujours avoir le titre en face, sans être obligé de renverser la feuille pour lire ces indications, qui doivent être inscrites en allant de gauche à droite. (Instr. 15 octobre 1860, art. 225, 228.)

47. *Nature du peuplement. Essence.* — On distingue les peuplements par les teintes suivantes :

Essence résineuse : teinte bleue;

Essence feuillue : teinte jaune ;

Essence résineuse et feuillue : teinte mélangée, panachée bleue et jaune. (Instr. 15 octobre 1860, art. 268.)

48. *Age.* — On distinguera les âges des bois par des bandes ou traits de même couleur ; les bandes seront pleines pour les bois les plus âgés et pointillées pour ceux d'âges moyens. (Instr. 15 octobre 1860, art. 268.)

49. *Vides.* — Les vides recevront une teinte légère de bistre. (Instr. 15 octobre 1860, art. 268.)

50. *Mode de traitement.* — Le mode d'aménagement sera désigné par les teintes suivantes :

Futaie pleine : teinte de vert franc ;

Taillis sous futaie : teinte jaune verdâtre ;

Conversion de taillis en futaie : teinte panachée de vert et de jaune verdâtre, avec des touches roses ;

Taillis simple : teinte terre de Sienne naturelle.

Quart en réserve des bois communaux : pas de teinte. (Instr. 15 octobre 1860, art. 269.)

§ 3. *Division. Série. Coupes.*

A. *Futaie.*

51. *Plan-projet. Futaie.* — Le plan-projet sera établi, soit à l'aide du plan général, des plans du cadastre ou de tout autre document. Il indiquera :

1° *A l'encre noire*, les parcelles homogènes et leur contenance ; les routes et chemins publics existant dans la forêt ou à proximité (dans un rayon de 200 à 400 mètres), avec leurs noms, leurs largeurs et leurs numéros de classement; les chemins d'exploitation, en traits pointillés; les routes forestières empierrées (teinte sépia), et celles non empierrées ou dont l'empierrement est proposé (teinte sépia interrompue); les cours d'eau à l'intérieur ou à proximité du périmètre; les carrières, minières, étangs, marais, mares, etc.; la nature des propriétés riveraines; le nom et les limites séparatives des communes contiguës à la forêt; les reliefs du terrain, au moyen des courbes (sépia), ainsi que les pentes de chemins;

2° *A l'encre rouge*, les lignes séparatives des séries et la désignation, en chiffres romains, des affectations projetées; les routes et chemins proposés, avec leurs noms et leurs largeurs cotées et à l'échelle; le redressement des routes et chemins (joindre les profils); la direction, le nom et la distance approximative des lieux de consommation.

Les affectations pourront être distinguées par des teintes. Un titre indiquera la conservation, l'inspection, le département, l'arrondissement, la justice de paix, le nom de la forêt, la date de la rédaction du plan-projet et le nom de l'agent. (Instr. 15 octobre 1860, art. 141, 142, 143.)

52. *Tableau d'exploitation.* — Un tableau d'exploitation sera, autant que possible, établi en marge du plan; il indiquera le numéro et les noms des séries et des cantons, la désignation des affectations, leur contenance et l'âge moyen des bois. Il sera établi une échelle, et le nord sera indiqué. (Instr. 15 octobre 1860, art. 144.)

53. *Futaie. Affectation.* — Dans les séries de futaie, les affectations pourront être distinguées par les teintes suivantes :

1re affectation : bleu de Prusse;
2me — gomme-gutte;
3me — vermillon (carmin et gomme-gutte);
4me — violet;
5me — vert franc;
6me — sépia colorée;
7me — vert de vessie, vert clair;
8me — teinte neutre (gris violacé).

(Instr. 15 octobre 1860, art. 267.)

54. *Séries. Limites.* — Dans les plans d'aménagement, les limites des séries seront désignées par les liserés de couleur verte pour les forêts domaniales, de couleur orange pour les bois communaux et de couleur terre de Sienne naturelle pour les bois des établissements publics.

Le pourtour des parcelles homogènes, dans les séries de futaie, recevra un liseré de même couleur que celui des séries, mais beaucoup plus fin. (Instr. 15 octobre 1860, art. 261.)

55. *Affectation. Division.* — Les parcelles homogènes et les affectations, dans les séries de futaie, seront indiquées à l'encre noire dans les plans d'aménagement. (Instr. 15 octobre 1860, art. 263.)

56. *Futaie. Plan définitif. Bois communal.* — Les plans définitifs des bois communaux et d'établissements publics, aménagés en futaie, seront dressés sans inscription de cote. Le calcul des surfaces sera effectué par des procédés purement graphiques. Toutefois, les directrices ou lignes principales d'opération seront tracées à l'encre rouge; le relief du terrain sera figuré, mais sans qu'il soit nivelé, et les écritures seront remplacées par une ronde correctement écrite. (Circ. N 120.)

B. *Taillis.*

57. *Taillis. Avant-projet.* — L'avant-projet du plan d'aménagement portera un titre indiquant la conservation, l'inspection, le département, l'arrondissement, la justice de paix, le nom de la forêt, la date du décret ou de la décision qui a prescrit l'aménagement et le nom de l'agent ou du géomètre chargé de la confection du plan.

Un tableau d'exploitation, indiquant l'étendue de chaque massif isolé ou des cantons, les numéros des coupes et leurs contenances, l'âge actuel des bois et l'année à laquelle on exploiterait chaque coupe, d'après le projet, à la première révolution et, s'il est nécessaire, à la deuxième révolution, et l'âge des bois à chacune de ces époques, sera établi sur l'avant-projet.

Il sera construit une échelle, et le nord sera indiqué par une méridienne ou une flèche à l'encre noire. (Instr. 15 octobre 1860, art. 147.)

58. *Plan de division.* — Dans les plans-projets de division pour des coupes de taillis, les figures dans lesquelles la forêt doit être décomposée seront déterminées, non seulement par des considérations forestières, mais encore par des considérations de rapport de surface.

Le projet de division sera établi, de concert avec le chef de service, à l'aide soit des plans de la forêt, soit des plans du cadastre, soit des plans d'arpentage des coupes. On emploiera les échelles de 1 à 2500 ou de 1 à 5000 mètres. Lorsque la forêt sera composée de plusieurs massifs qui ne pourront tenir sur une feuille grand aigle, il sera établi, dans un cadre, un plan général des bois indiquant la situation des massifs.

Le plan avant-projet pour l'aménagement de taillis contiendra, aussi exactement que possible, savoir :

1° *A l'encre noire*, les noms des cantons; les routes et chemins publics qui se trouvent dans l'intérieur ou à proximité du périmètre, avec leurs noms, largeurs et numéros de classement; les chemins et sentiers, en traits pointillés, quand ils font partie des propriétés qu'ils traversent; les routes forestières empierrées (teinte sépia) et celles dont l'empierrement est en projet (teinte sépia interrompue); les cours d'eau à l'intérieur ou à proximité du périmètre; les carrières, minières, étangs, marais, mares, etc.; la nature des propriétés riveraines, les noms et les limites séparatives des communes contiguës à la forêt; le relief du terrain, tant dans l'intérieur que sur les rives de la forêt, au moyen des courbes de niveau, et les pentes dans le sens des routes et chemins; la figure exacte, la contenance et l'année de l'exploitation des coupes de la dernière révolution et, à défaut, l'âge approximatif des bois de chaque coupe, avec les vides susceptibles de repeuplement et leurs contenances, mais en traits pointillés;

2° *A l'encre rouge*, les lignes séparatives des séries et des coupes de la division projetée; les routes, chemins et laies sommières proposés, avec deux traits espacés de la largeur à donner à ces routes, et l'indication de leurs noms et leurs cotes de largeur; les laies des coupes sont indiquées par un seul trait; le redressement à opérer aux routes et chemins; les numéros des coupes; la direction, le nom et la distance approximative des lieux principaux de consommation. (Instr. 15 octobre 1860, art. 145, 146.)

59. *Coupes. Numéros. Contenance.* — Les numéros des coupes de taillis seront inscrits dans l'intérieur de chaque coupe, en caractères droits, parallèlement au bord supérieur, et assez gros pour ne pas être confondus avec les cotes d'arpentage; au-dessous de ces numéros, on indiquera la contenance des coupes par hectares, ares et centiares. (Instr. 15 octobre 1860, art. 274.)

60. *Série. Division.* — Les divisions, dans les séries de taillis, seront indiquées à l'encre noire sur les plans d'aménagement. (Instr. 15 octobre 1860, art. 263.)

SECT. IV. — COUPES.

61. *Feuilles.* — Les plans d'arpentage doivent être établis sur les feuilles imprimées fournies par l'administration. (Circ. A 373.)

62. *Lots.* — Les plans des coupes (minutes) seront directement construits sur les feuilles imprimées fournies par l'administration. On pourra ne rédiger qu'une seule minute pour les coupes divisées en lots; dans ce cas, le procès-verbal et le plan feront connaître la contenance de chacun des lots séparément et la contenance totale des lots réunis. (Instr. 15 octobre 1860, art. 316.)

63. *Expédition.* — Les plans des coupes doivent être dressés en double expédition, et ils indiqueront toutes les circonstances (arbres de limite, pieds corniers et parois) nécessaires pour servir à la reconnaissance des limites, lors du récolement. (Ord. 77, 134.)

64. *Expédition.* — Il sera établi par les agents une seule expédition du plan des coupes, laquelle sera remise aux adjudicataires. (Instr. 15 octobre 1860, art. 320.)

Les plans ne sont plus dressés qu'en original. (Circ. N 452.)

65. *Minute.* — La minute des plans des coupes sera remise au chef de service. (Instr. 15 octobre 1860, art. 316.)

66. *Détail.* — Les routes, chemins, cours d'eau, bornes, clôtures, etc., seront figurés sur le plan des coupes. (Instr. 15 octobre 1860, art. 239.)

67. *Liséré.* — Le périmètre des coupes sera indiqué par un liséré vert, si le bois est domanial; orange, s'il est communal, et terre de Sienne naturelle, s'il appartient à un établissement public. Ce liséré suivra le contour intérieur du périmètre. (Instr. 15 octobre 1860, art. 239.)

68. *Pieds corniers. Parois.* — Les pieds corniers et les parois seront toujours dessinés en projection horizontale. (Instr. 15 octobre 1860, art. 239.)

69. *Routes. Chemins.* — Il sera établi un trait pointillé allongé sur l'axe des routes et des chemins qui borderont les coupes, lorsque la moitié de leur surface aura été comprise dans la contenance. (Instr. 15 octobre 1860, art. 240.)

70. *Cotes. Inscription.* — Les mesures d'arpentage seront inscrites sur les plans telles qu'elles auront été recueillies sur le terrain, savoir : les cotes des lignes, dans le sens de leur longueur; les cotes finales. entre parenthèses; les cotes des angles, sur un arc de cercle tracé en rouge ou sur la bissectrice des angles; les cotes des perpendiculaires, dans le sens où elles sont élevées. (Instr. 15 octobre 1860, art. 217, 240.)

71. *Contenance.* — Dans l'intérieur, la contenance de la coupe ou celle du lot y sera mentionnée en chiffres arabes; on y fera connaître également la contenance des enclaves, d'après l'arpentage. (Instr. du 15 octobre 1860, art. 242.)

72. *Calcul.* — Les lignes de calcul peuvent être figurées en bleu très léger sur les plans des coupes. (Instr. 15 octobre 1860, art. 47.)

73. *Écriture.* — Les écritures dans les plans des coupes seront faites en traits ordinaires, très corrects et bien lisibles, en caractères moulés dits *filiformes*, composés de simples traits fins. On indiquera les exercices limitrophes. (Instr. 15 octobre 1860, art. 241.)

74. *Extrait. Plan d'aménagement.* — Lorsque le plan d'une coupe sera extrait d'un plan d'aménagement, il sera certifié conforme par le chef de cantonnement. (Instr. 15 octobre 1860, art. 316.)

SECT. V. — DÉLIMITATION.

75. *Dessin. Détails.* — Les plans ou tracés géométriques doivent reproduire exactement tous les détails des opérations d'arpentage. (Instr. 15 octobre 1860, art. 243. Circ. N 64, art. 51.) V. Tracé géométrique.

76. *Titre.* — Le titre de chaque tracé géométrique portera l'indication du titre du procès-verbal auquel le tracé se rapporte (lorsque cet acte aura été divisé en titre), la lettre alphabétique désignant l'ordre de classement de chacun des plans, la date de l'ouverture du procès-verbal, l'échelle métrique adoptée pour la construction du plan, la date de cette construction et la signature des experts. (Instr. 15 octobre 1860, art. 251.)

77. *Arpentage. Ligne.* — Les lignes d'arpentage sont tracées en rouge, et les mesures sont cotées en noir; le rattachement des lignes d'arpentage à des points fixes est coté en noir. (Instr. 15 octobre 1860, art. 244. Circ. N 64, art. 52.)

78. *Cotes. Lignes.* — Dans les plans de détail, les mesures d'arpentage ne doivent comprendre que la distance d'un point arrêté sur les directrices au point qui le suit immédiatement. Chaque distance est déduite, par soustraction, des cotes du levé; la longueur totale des lignes est inscrite vers le milieu de ces lignes et placée entre parenthèses. (Instr. 15 octobre 1860, art. 273. Circ. N 64, art. 52.)

79. *Perpendiculaires.* — Les perpendiculaires trop courtes pour être cotées dans le sens de leur longueur le sont à leur extrémité du côté du périmètre. (Instr. 15 octobre 1860, art. 273. Circ. N 64, art. 52.)

80. *Angles.* — Les mesures des angles sont inscrites à l'encre noire, sur un arc de cercle tracé en rouge avec le compas, ou sur la bissectrice des angles. (Instr. 15 octobre 1860, art. 217. Circ. N 64, art. 52.)

81. *Angles. Calcul.* — On cote les angles du polygone en les concluant des angles de la boussole, lorsque cet instrument est employé. (Instr. 15 octobre 1860, art. 273. Circ. N 64, art. 52.)

82. *Échelles.* — On emploie les échelles de 1 à 500, de 1 à 1250 et de 1 à 5000 pour les tracés géométriques, selon le développement de la ligne délimitée. (Instr. 15 octobre 1860, art. 117, 125. Circ. N 64, art. 50.)

83. *Échelle double.* — Lorsque les lignes et les angles sont trop multipliés pour être cotés distinctement, on les reproduit en marge, à une échelle double. (Instr. 15 octobre 1860, art. 273. Circ. N 64, art. 52.)

84. *Papier.* — Les plans ou tracés géométriques seront construits sur des feuilles ayant en hauteur 0m,420 et en largeur 0m,297. (Timbre 1.80.) On emploiera, autant que possible, du papier de fil, fabriqué à la main. Les plans généraux seront établis sur du papier grand aigle. (Instr. 15 octobre 1860, art. 115 et 125. Circ. N 64, art. 46.)

85. *Orientation.* — L'orientation plein nord ne sera pas exigible; mais le nord sera placé de préférence dans la partie supérieure de la feuille. (Instr. 15 octobre 1860, art. 115. Circ. N 64, art. 49.)

86. *Orientation. Nord magnétique.* — La direction de la méridienne terrestre est indiquée par une flèche tracée, en marge, à l'encre noire; le *nord* est inscrit, en toutes lettres, à son extrémité. Cette flèche est croisée par une ligne, avec les lettres N. M., indiquant la direction du nord magnétique. On inscrit, en outre, sur les tracés géométriques, l'angle que fait l'une des lignes d'opération avec la méridienne terrestre, au moyen d'un trait en pointillé allongé à l'encre rouge; l'angle est coté en rouge, vers la gauche, sur un arc de cercle tracé au compas. (Instr. 15 octobre 1860, art. 220, 254. Circ. N 64, art. 60.)

87. *Relief.* — Le relief du terrain n'est pas figuré sur les tracés géométriques; mais on y représente, en projection horizontale, les pics, les rochers, les arrachements, les talus en remblais et en déblais et tous les accidents pouvant faciliter la recherche des points de limite ou de la limite. (Instr. 15 octobre 1860, art. 246. Circ. N 64, art. 55.)

88. *Périmètre.* — Le périmètre de la forêt est distingué, quel que soit le propriétaire, par un liséré carmin de 2 à 3 millimètres de largeur, passé à l'extérieur; le trait noir indiquant ce périmètre est plus fort que celui des détails. (Instr. 15 octobre 1860, art. 247. Circ. N 64, art. 56.)

89. *Objet sur le périmètre.* — Les chemins, ruisseaux, fontaines, sources, ponts, croix et tous autres objets, etc., placés sur le périmètre sont reproduits, dans leurs formes, au moyen du dessin, autant qu'il est possible, avec l'indication de leurs noms. (Instr. 15 octobre 1860, art. 218, 245. Circ. N 64, art. 53, 59.)

90. *Servitude. Passage.* — La servitude d'un passage permanent, qui donne lieu à l'existence d'un chemin, est indiquée par le tracé de ce chemin, en traits pleins. Si le passage n'a lieu que par tolérance, les lignes sont en traits fins interrompus. (Instr. 15 octobre 1860, art. 210. Circ. N 64, art. 54.)

91. *Servitudes diverses.* — La dépendance mutuelle de deux propriétés voisines sera indiquée, sur chacune d'elles, par une flèche qui les reliera; une servitude de passage à pied est indiquée par une flèche barrée par un trait à la hampe; on met deux traits, si le passage est dû aux voitures; les servitudes de vue s'expriment par un globe d'où partent

trois rayons divergents; les servitudes d'eau se marquent par un point noir, avec un trait bleu serpentant dans la direction du ruisseau; les servitudes de passage d'eau sont indiquées par des traits pointillés bleus. (Instr. 15 octobre 1860, art. 211 à 214.)

92. *Bornes. Numéros. Chiffres.* — Les bornes séparatives de territoire sont figurées par un petit carré à l'encre noire et dont l'intérieur est blanc; on distingue celles qui servent de limite de royaumes, en forçant les traits du carré, ainsi que les angles à l'extérieur.

Les bornes séparatives de propriété sont représentées par un carré plein et les piquets de limite par une croix à l'encre noire; leurs numéros d'ordre sont inscrits, à côté, en chiffres arabes, et parallèlement au bord supérieur du papier; ces chiffres sont toujours droits et assez gros pour ne pas être confondus avec les cotes d'arpentage. Les numéros ou millésimes des anciennes bornes sont reproduits à l'encre rouge.

Les bornes milliaires sont distinguées par un petit cercle plein, à l'encre noire; la distance est inscrite à côté en chiffres romains.

Les bornes militaires sont indiquées par un petit cercle, dont l'intérieur est conservé blanc; leurs numéros d'ordre sont inscrits en chiffres arabes, en petits caractères et soulignés. (Instr. 15 octobre 1860, art. 205, 244. Circ. N 64, art. 51.)

93. *Rochers.* — Les rochers servant de bornes sont représentés par un petit triangle équilatéral; on inscrit à côté le mot rocher, ainsi que le numéro gravé sur leur surface. (Instr. 15 octobre 1860, art. 205. Circ. N 64, art. 51.)

94. *Fossés.* — Les fossés mitoyens sont représentés par un trait noir, accompagné de chaque côté par un trait bleu parallèle. Si le fossé n'est pas mitoyen, il n'est tracé qu'un trait bleu, du côté de la propriété dont il dépend. Les traits bleus sont pleins, si le fossé sert habituellement à l'écoulement des eaux; ils sont interrompus, si ces fossés sont habituellement à sec. (Instr. 15 octobre 1860, art. 206. Circ. N 64, art. 51.)

95. *Murs.* — Les murs mitoyens sont représentés par un trait noir, accompagné de chaque côté d'un trait plein en carmin d'une certaine épaisseur et tracé aussi près que possible du trait noir. Si le mur n'est pas mitoyen, le trait carmin n'est tracé que du côté de la propriété dont il dépend. (Instr. 15 octobre 1860, art. 206. Circ. N 64, art. 51.)

96. *Haie.* — Les haies mitoyennes sont dessinées légèrement à la plume de chaque côté du trait fixant la limite, ou seulement du côté de la propriété dont elles dépendent, si elles ne sont pas mitoyennes. (Instr. 15 octobre 1860, art. 206. Circ. N 64, art. 51.)

97. *Clôture. Palissade.* — Les clôtures en planches ou en palissades sont représentées comme les haies, en figurant les palissades par de petits redans doubles ou simples. (Instr. 15 octobre 1860, art. 206. Circ. N 64, art. 51.)

98. *Grilles en fer.* — Les grilles en fer sont figurées par un pointillé bleu un peu fort, entre deux traits fins et parallèles, en noir. (Instr. 15 octobre 1860, art. 206. Circ. N 64, art. 51.)

99. *Levées de terre.* — Lorsque des levées de terre forment limite, le dessin porte trois ou cinq traits parallèles, y compris le trait limite, selon que la levée appartient à un seul propriétaire ou qu'elle est mitoyenne. Tous ces traits sont noirs; celui qui marque la limite est le plus fort. (Instr. 15 octobre 1860, art. 208. Circ. N 64, art. 51.)

100. *Arbres.* — Les plantations d'arbres sont également représentées du côté de la propriété sur laquelle elles ont été faites. Les arbres sont dessinés à l'encre de Chine ou à la sépia, sans ombre. (Instr. 15 octobre 1860, art. 207. Circ. N 64, art. 51.)

101. *Objets divers. Teintes conventionnelles.* — Lorsque l'échelle du plan ne permettra pas de rapporter les contours des murs, ponts, croix, etc., ces objets seront exprimés par un trait carmin pour les constructions en maçonnerie, en bleu de Prusse pour celles en métal et en noir pour celles en bois. Les canaux et ruisseaux seront figurés en bleu cobalt. (Instr. 15 octobre 1860, art. 204, 218.)

102. *Bâtiments. Teintes.* — Les bâtiments dépendant de la propriété dont on dressera le plan recevront une teinte carmin; ceux appartenant au riverain, une teinte d'encre de Chine légère. (Instr. 15 octobre 1860, art. 218.)

103. *Noms.* — Les noms des chemins, ruisseaux, routes, rivières, habitations, ponts, croix, poteaux, mares, puits, cols, carrières, etc., seront exactement mentionnés. (Instr. 15 octobre 1860, art. 253.)

104. *Nom. Désignation.* — Sur le pourtour des plans, on indiquera, du côté de la forêt, le nom de cette forêt et celui du canton; du côté du propriétaire riverain, le nom de la commune sur le territoire de laquelle les propriétés sont situées et, dans chacune des parcelles attenantes à la forêt, le numéro des articles correspondant à ceux du procès-verbal, la nature de culture des fonds et les nom, prénoms et demeure des propriétaires.

Si les parcelles sont trop étroites pour recevoir ces indications, on y suppléera par une légende en marge. (Instr. 15 octobre 1860, art. 252.)

105. *Limite. Rectification.* — Lorsque, dans un procès-verbal de délimitation, il y a une rectification de limite, la limite primitive

est figurée en traits pointillés allongés sur le tracé géométrique, et le périmètre adopté par la délimitation est représenté par un trait plein. (Instr. 15 octobre 1860, art. 250. Circ. N 64, art. 67.)

106. *Contestation.* — Si la contestation ne s'applique qu'à la position d'une ligne, les prétentions réciproques seront désignées par des lignes noires pointillées, bordées des couleurs distinctives suivant les propriétaires, ou par de simples traits pleins aux mêmes couleurs, selon que l'échelle sera plus ou moins grande. Les transactions des experts seront distinguées par un liséré couleur rose pâle. (Instr. 15 octobre 1860, art. 249.)

107. *Terrains en constestation. Teinte.* — Les terrains en contestation sont désignés par les couleurs suivantes, savoir :

Vert franc, pour l'Etat ;

Orange, pour les communes ;

Terre de Sienne brûlée, pour les établissements publics ;

Violet, pour les départements ;

Gris d'encre de Chine, pour les particuliers. (Instr. 15 octobre 1860, art. 248. Circ. N 64, art. 125.)

108. *Propriétaire. Liséré.* — Une teinte plate générale indique le propriétaire occupant le fonds ; un liséré intérieur au périmètre indique le propriétaire revendiquant. (Instr. 15 octobre 1860, art. 248.)

109. *Tracé géométrique. Lettres. Suite.* — On indiquera, en les amorçant, le tracé géométrique qui suit et celui qui précède le tracé dont on s'occupe, en plaçant dans les amorces les lettres indicatives des tracés. (Instr. 15 octobre 1860. art. 252.)

SECT. VI. — DÉFRICHEMENT.

110. *Défrichement.* — L'agent forestier, chargé d'instruire une déclaration susceptible d'être frappée d'opposition, sera tenu de joindre à son procès-verbal de reconnaissance un plan ou croquis visuel, sur lequel il indiquera, suivant les circonstances pouvant motiver une opposition, l'altitude ou la hauteur au-dessus du niveau de la mer, les cotes de niveau, les diverses pentes du terrain en centimètres par mètre, la direction de ces pentes, la distance et la position des sources, cours d'eau, torrents et ravins. (Circ. N 43, art. 72, 73. Circ. N 115. Lettre de l'Admin. 15 avril 1893.)

SECT. VII. — EXPROPRIATION.

111. *Expropriation. Teintes.* — Sur les plans terriers, pour les expropriations, les parcelles à acquérir seront indiquées par une teinte générale rose ou par un simple liséré rose, et celles à rétrocéder seront teintées en jaune. (Instr. 15 octobre 1860, art. 283.)

SECT. VIII. — RESTAURATION ET CONSERVATION DES TERRAINS EN MONTAGNE.

§ 1. *Périmètre de restauration.*

112. *Etudes d'ensemble. Plan des communes. Echelles. Teintes. Dimensions.* — Le plan à joindre aux études d'ensemble est établi à l'échelle de 1 à 10000, si les dimensions ne doivent pas dépasser 0m,90 sur 1m,20, et à celle de 1 à 20000, dans le cas contraire ; il est complété par des plans de détail à l'échelle 1 à 5000, pour les parties qui renferment des parcelles de faible étendue.

Sont rapportées sur ce plan :

1° Toutes les parcelles communales ou d'établissements publics, sans exception ;

2° Les parcelles appartenant aux particuliers et jugées indispensables à l'établissement d'un périmètre.

Ces diverses parcelles sont d'abord recouvertes d'une teinte plate pâle, savoir :

Bleue, pour les parcelles appartenant à l'Etat ;

Jaune, pour celles appartenant à des communes ou à des établissements publics ;

Rose, pour celles appartenant à des particuliers.

Les bois faisant partie de ces trois catégories sont indiqués par des hachures vertes, quadrillées s'ils sont soumis au régime forestier, et simples dans le cas contraire.

Au fur et à mesure des études, les teintes sont renforcées au moyen d'une teinte carminée passée à nouveau sur les parcelles dont la collocation dans le périmètre doit être proposée.

Après l'achèvement des études et la vérification opérée sur le terrain par le chef de service et le conservateur, les parcelles à comprendre dans un périmètre sont entourées par un liséré extérieur carmin foncé d'un millimètre de largeur. (Instr. Gén. du 2 février 1885, art. 6. Circ. N 345.)

113. *Projet définitif. Plan par commune. Echelles. Indications. Liserés. Teintes.* — Un plan des lieux, par commune, à joindre au projet définitif, est dressé d'après le cadastre et porte l'indication des sections et les numéros des parcelles. (Décr. du 11 juillet 1882, art. 2, § 3.) Il renferme toutes les parcelles communales ou d'établissements publics, sans exception, ainsi que les seules parcelles appartenant aux particuliers à comprendre dans le périmètre.

Il est généralement établi à l'échelle de 1 à 10000, qui peut être réduite à celle de 1 à 20000, si les dimensions dépassent 0m,90 sur 1m,20, sauf à y annexer, lorsque cela est nécessaire pour la clarté, des plans de détail à l'échelle de 1 à 5000.

Les limites du périmètre y sont marquées par un liséré extérieur carmin foncé de 1 millimètre de largeur.

On y fait figurer les villages, hameaux et constructions diverses, ainsi que les chemins de fer, routes, chemins, sentiers, les cours d'eau et torrents situés soit à l'intérieur, soit à proximité du périmètre.

Les noms sont inscrits en caractères courants, différents pour la forme et la grosseur suivant la nature des objets auxquels ils s'appliquent, mais semblables pour tous les objets de même nature.

Le plan des lieux est fourni en deux exemplaires.

L'un de ces exemplaires est destiné à représenter, par les teintes conventionnelles ci-après, l'état cultural, indiqué par le cadastre, les parcelles à comprendre dans le périmètre, quel que soit leur propriétaire, ainsi que des parcelles communales laissées en dehors :

Culture de toutes sortes : terre de Sienne ;

Bois : vert foncé ;

Bois soumis au régime forestier : vert foncé haché de jaune ;

Pâtures ou pâturages : vert Véronèse ;

Vagues, hermes, garrigues, etc. : terre de Sienne brûlée ;

Arides ou non imposables : neutre.

L'autre exemplaire est destiné à représenter les terrains appartenant aux diverses catégories de propriétaires par les teintes plates ci-après :

Etat : bleu ;

Communes et établissements publics : jaune (gomme gutte) ;

Particuliers : carmin.

Les bois faisant partie de ces trois catégories sont indiqués par des hachures vertes, quadrillées s'ils sont soumis au régime forestier, et simples dans le cas contraire. (Instr. Gén. du 2 février 1885, art. 13. Circ. N 345.)

114. *Projet définitif. Plan d'ensemble. Échelle. Teintes.* — Lorsqu'un périmètre s'étend sur plusieurs communes, on dresse un plan d'ensemble sur les cartes de l'état-major à l'échelle de 1 à 80000.

Les portions du périmètre situées sur les divers territoires communaux y sont indiquées par une teinte plate carminée, appliquée uniformément sur toute la surface de chacune d'elles, sans tenir compte de la nature des cultures et de la qualité des propriétaires.

Les anciens périmètres acquis ou à acquérir par l'Etat y sont indiqués par une teinte plate verte.

Dans le cas où l'administration peut fournir aux agents des cartes de l'état-major à l'échelle de 1 à 40000, le plan d'ensemble est dressé en double exemplaire.

Le premier renferme la synthèse des plans des communes de 1 à 10000, indiquant les diverses natures de culture au moyen des teintes conventionnelles pour les travaux de restauration des terrains en montagne.

Le second exemplaire remplace le plan à l'échelle de 1 à 80000 prévu ci-dessus et renferme les mêmes indications au moyen de teintes identiques. (Instr. Gén. du 2 février 1885, art. 19. Circ. N 345.)

115. *Plan général.* — Avant le commencement des travaux, un plan du périmètre est établi à l'échelle de 1 à 40000, d'après des calques du dépôt de la guerre ou par agrandissement de la carte à l'échelle de 1 à 80000 de l'état-major.

Il indique le relief du terrain par des courbes et les séries par des teintes plates distinctes. (Instr. Gén. du 2 février 1885, art. 109. Circ. N 345.)

116. *Plan de séries.* — Un plan de chaque série est établi à l'échelle de 1 à 10000, après la fixation des limites du périmètre. Les divisions sont figurées sur ce plan par des liserés, et le relief du terrain y est indiqué par des courbes. (Instr. Gén. du 2 février 1885, art. 109. Circ. N 345.)

117. *Plan de séries. Format. Échelle.* — Les plans des séries doivent être établis suivant l'un des formats : un quart, un demi ou grand aigle et à l'échelle de 1 à 10000, à moins que l'adoption d'une échelle plus grande (1 à 5000, 1 à 2000 ou même 1 à 1000) ne présente un avantage. (Lettre de l'Admin. du 25 avril 1891.)

118. *Minutes à reproduire. Dessin.* — Les minutes des plans de séries à reproduire doivent être établies sur papier calque, à l'encre de Chine, avec traits foncés, sans carmin, ni autre couleur. (Instr. de l'Admin. du 24 novembre 1890.)

119. *Minutes à reproduire. Équidistance des courbes.* — L'équidistance des courbes sur les minutes des plans de séries à reproduire sera indiquée au-dessous de l'échelle. (Instr. de l'Admin. du 24 novembre 1890.)

120. *Minutes à reproduire. Légende.* — La légende des minutes des plans de séries à reproduire devra être assez complète pour servir à l'établissement des projets annuels de travaux ; elle sera disposée de façon à ce que les plans, à plier ultérieurement dans le format $0^{m},21$ sur $0^{m},31$, soient reproduits suivant les dimensions 1/4 aigle ($0^{m},53$ sur $0^{m},38$). (Instr. de l'Admin. 24 novembre 1890.)

121. *Légende.* — Tous les plans doivent être pourvus d'une légende, donnant l'explication des teintes, liserés et signes conventionnels employés. (Instr. Gén. du 2 février 1885, art. 23. Circ. N 345.)

122. *Propositions annuelles.* — Les devis sont toujours accompagnés des plans nécessaires pour contrôler les propositions.

Tous les plans sont fournis dans le format $0^{m},21$ sur $0^{m},31$, ou pliés à cette dimension.

Les emplacements des ouvrages de toutes sortes, la situation des terrains sur lesquels il y a lieu d'effectuer des travaux de reboisement ou de réfection, le tracé des chemins à ouvrir, des drainages à opérer, doivent être exactement indiqués sur ces plans, de manière à ne laisser aucun doute aux agents chargés de l'exécution après approbation et à permettre de poursuivre les travaux sans incertitude, dans le cas où les agents auteurs des propositions viendraient à quitter leur service.

Les ouvrages projetés sont toujours figurés en rouge, et cette couleur leur est exclusivement réservée. (Instr. Gén. du 2 février 1885, art. 111. Circ. N 345.)

§ 2. *Périmètre de mise en défens.*

123. *Mise en défens.* — Le plan des lieux est dressé à l'échelle de 1 à 10000, d'après le cadastre; il porte l'indication des sections et les numéros des parcelles.

Il renferme toutes les parcelles communales ou d'établissements publics, sans exception, ainsi que les seules parcelles aux particuliers à comprendre dans le périmètre.

Les limites y sont marquées par un liséré extérieur carmin foncé d'un millimètre de largeur.

Il indique la répartition des terrains entre les diverses catégories de propriétaires. (Instr. Gén. du 2 février 1885, art. 228. Circ. N 345.)

SECT. IX. — ROUTES.

124. *Plan général. Tracé.* — Un plan général, ayant pour but de justifier l'utilité du projet et la convenance du tracé, sera établi à l'un des angles du tracé ou sur une feuille séparée; il indiquera la masse de la forêt, les diverses voies de communication, les déclivités du sol, les villages, cours d'eau, etc. Ce plan sera dressé à l'une des échelles de 1 à 10000, de 1 à 20000 ou de 1 à 50000. (Instr. 15 octobre 1860, art. 201.)

125. *Plan terrier. Route. Axe.* — Le plan du tracé représentera, à l'encre rouge, l'axe du projet, en traits pointillés un peu forts, et les deux bords de la route projetée, ainsi que les lignes extrêmes des déblais et remblais; on y indiquera, suivant leurs formes réduites à l'échelle, les ouvrages d'art à effectuer. Les lignes d'arpentage, ainsi que les points de nivellement, numérotés dans le même ordre que dans le profil en long, y seront rapportés à l'encre noire. Toutes les cotes du levé y seront inscrites; on y figurera les rayons des courbes et les longueurs des tangentes. Les points de repère et les cotes de rattachement pourront être indiqués. Les chemins, ruisseaux, ravins, mines, etc., seront figurés dans un rayon convenable. Les terrains dont l'acquisition est proposée y seront figurés avec la contenance exacte et le nom des propriétaires. On emploiera l'échelle des distances horizontales du profil en long. (Instr. 15 octobre 1860, art 199, 200.)

SECT. X. — TRAVAUX DIVERS.

126. *Travaux. Projets. Coupes horizontales.* — Sur les plans à grande échelle, on pourra, par une ou plusieurs coupes horizontales, montrer séparément les détails intéressants (fondations, voûte, escalier, comble, etc.); les plans coupants pourront être inclinés ou formés des ressauts. Il en sera de même des coupes verticales.

Le dessin du détail s'exécutera en traits pleins à l'encre de Chine. On pourra faire usage des traits de force, en supposant toujours que la lumière vient sous un angle de 45 degrés, de gauche à droite et de haut en bas. On pourra faire connaître la nature des matériaux au moyen des teintes conventionnelles. Les plans et coupes seront cotés; les teintes devront être très légères. (Instr. 15 octobre 1860, art. 289 et suivants.)

127. *Expéditions.* — Les plans des travaux sont fournis en simple expédition. (Circ. N 22, art. 21.)

128. *Expédition. Minute.* — A moins de circonstances exceptionnelles, il n'est pas fourni d'expédition des plans à l'agent chargé de la surveillance des travaux. Les minutes conservées dans les archives du cantonnement doivent suffire à tous les besoins. (Circ. N 22, art. 204.)

129. *Entrepreneur. Copie.* — Il est fourni aux entrepreneurs des copies des plans pour les constructions de ponts, maisons, etc. Il n'en est pas fourni pour les routes; il y est suppléé par le piquetage. (Circ. N 22, art. 202.)

SECT. XI. — CARTE. TEINTES CONVENTIONNELLES.

130. *Instruction. Teintes conventionnelles.* — L'instruction du 15 octobre 1860 a déterminé ainsi qu'il suit les teintes conventionnelles et les couleurs à employer dans la confection des cartes et plans.

131. *Forêts. Peuplement.* —

Essence résineuse : teinte bleue;

Essence feuillue : teinte jaune;

Essence résineuse et feuillue : teinte mélangée, panachée bleue et jaune;

Bois âgés : bandes ou traits pleins de même couleur;

Bois d'âge moyen : bandes ou traits pointillés de même couleur;

Vides : teinte bistre;

Futaie pleine : vert franc;

Taillis sous futaie : teinte jaune verdâtre;

Conversion de taillis en futaie : teinte panachée des deux précédentes;

Taillis simple : terre de Sienne naturelle;

Quart en réserve de bois communaux : blanc. (Art. 268, 269.)

132. *Aménagement en futaie.* —
1° Affectation : bleu de Prusse;
2° — gomme-gutte;
3° — vermillon (carmin et gomme-gutte);
4° — violet;
5° — vert franc;
6° — sépia colorée;
7° — vert de vessie, vert clair;
8° — teinte neutre (gris violacé). (Art. 268.)

133. *Objets divers.* —
Maçonnerie : carmin;
Métal : bleu de Prusse;
Bois : noir. (Art. 218.)

134. *Propriété.* —
Domaines de l'Etat : vert franc;
Bois communaux : orange;
Etablissements publics : terre de Sienne brûlée;
Départements : violet;
Particuliers : gris d'encre de Chine;
Liste civile : bleu cobalt. (Art. 248.)

135. *Ministères.* —
Ministères de l'intérieur, des finances, de la justice et des cultes, de l'instruction publique, de l'agriculture et du commerce : vermillon;
Ponts et chaussées : brun rouge;
Ministère de la guerre : bleu de Prusse;
Ministère de la marine : vert clair, vert pomme. (Art. 281.)

136. *Mutation. Propriété.* —
Surface à acquérir : teinte ou liséré rose;
Parcelle à céder : teinte ou liséré jaune. (Art. 283.)

137. *Voies de communication.* —
Routes nationales : Minium foncé;
Routes départementales : jaune de chrome orangé;
Chemins vicinaux : vert;
Routes forestières : terre de Sienne brûlée;
Chemins communaux : encre de Chine;
Chemins de fer : bleu de Prusse;
Canal : trait bleu cobalt, bordé de deux traits noirs.
Les chemins et travaux en cours d'exécution seront figurés en traits interrompus.
Les numéros de classements sont écrits de la même couleur. (Art. 287.)

138. *Travaux divers.* —
Terrain naturel : blanc;
Terrain façonné ou gazonné : teinte verte;
Terrassement (remblai) : carmin;
Terrassement (déblai) : gomme-gutte;
Talus de rocher : teinte grise veinée;
Maçonnerie existante : gris d'encre de Chine;
Maçonnerie en projet : carmin;
Maçonnerie à démolir : gomme-gutte. (Art. 193, 296.)

139. *Eaux.* —
Eaux douces : bleu tendre, renforcé sur le bord s'il y a un courant;
Eaux salées : vert clair;
Rivière, ruisseau, étang : bleu de Prusse léger et un peu de cobalt;
Mare : encre de Chine pâle et un peu de brun;
Ravin : teinte bistre. (Art. 219.)

140. *Matériaux divers.* —
Briques ordinaires : brun rouge foncé;
Briques réfractaires : ocre jaune;
Tuiles : rouge orange pâle;
Ardoises : bleu noir;
Bois de charpente ou menuiserie : bistre;
Fonte de fer : gros bleu légèrement teinté de carmin;
Fer : bleu de Prusse;
Acier : bleu cobalt clair;
Cuivre : brun rouge pâle;
Bronze, laiton : gomme-gutte;
Étain, plomb, zinc, fer-blanc : gris bleu pâle;
Verre : vert tendre. (Art. 297.)

141. *Projet de périmètre. Cultures.* —
Cultures de toutes sortes : terre de Sienne;
Bois de toutes sortes : vert foncé;
Bois soumis au régime forestier : vert foncé haché de jaune;
Pâtures ou pâturage : vert Véronèse;
Vagues, hermes, garrigues : terre de Sienne brûlée;
Arides ou non imposables : neutre. (Instr. Gén. du 2 février 1885, art. 13. Circ. N 345.)

142. *Projets de périmètre. Propriété.* —
Etat : bleu;
Communes et établissements publics : jaune (gomme-gutte);
Particuliers : carmin. (Instr. Gén. du 2 février 1885, art. 13. Circ. N 345.)

143. *Périmètres de restauration. Projets de travaux annuels.* —
Terrains définitivement boisés : vert foncé;
Terrains dont la réfection est proposée : bleu foncé;
Terrains dont la réfection sera proposée ultérieurement : bleu pâle;
Terrains à reboiser dans l'année : jaune foncé;
Terrains à reboiser ultérieurement : jaune pâle;
Terrains non susceptibles de reboisement : terre de Sienne;
Limites des séries : liséré carmin pâle, de 0m,002 de largeur. (Lettre de l'Admin. du 17 mars 1892.)

144. *Cessions amiables.* — Les plans annexés aux dossiers des offres de cessions amiables recevront les teintes ci-après :
1° Parcelles appartenant déjà à l'Etat : bleu;
2° Parcelles communales à acquérir :
Pour celles dont la vente est offerte : jaune pâle;
Pour celles dont la vente a été offerte précédemment et dont l'acquisition n'a pas été autorisée : jaune avec hachures vertes;

3o Parcelles particulières :

Pour celles dont la vente est offerte : rose ;

Pour celles dont la vente est offerte, mais dont l'acquisition n'a pas été autorisée : rose avec hachures vertes.

Les limites des séries de périmètre dans lesquelles seront englobées les parcelles à acquérir devront toujours être indiquées et seront entourées par un liséré extérieur carmin, de 0m,001 de largeur. (Lettre de l'Admin. du 17 décembre 1892.)

145. *Lavis. Application.* — Les teintes doivent toujours être légères et transparentes ; elles seront appliquées sur les parties coupées, sans lavis préalable à l'encre de Chine. (Instr. 15 octobre 1860, art. 281, 298.)

146. *Commission mixte.* — Dans les plans d'ensemble destinés à faire connaître les dispositions particulières de divers bâtiments, on dessinera chaque corps distinct par son contour. On devra indiquer par les teintes le service public dont dépend le bâtiment. Cette pratique est de rigueur pour les plans à produire à la commission mixte des travaux publics. (Instr. 15 octobre 1860, art. 281, 288.)

PLANT.

Arrachis, 13, 14, 15.
Choix, 9.
Circonstance aggravante, 15.
Délivrance, 1, 2, 3, 6.
Demande, 10.
Dévastation, 16.
Emploi, 7.
Envoi, 9.
Epoque, 10.
Estimation, 5.
Etat de situation, 17.
Exception préjudicielle, 13.
Fourniture, 8.
Pénalités, 14, 16.
Pépinière, 3.
Prix, 3.
Produits, 2.
Propositions, 1.
Remboursement, 6.
Renseignements, 7.
Répétition, 5.
Restauration des montagnes, 4, 5, 6.
Subvention, 5, 7.
Souche, 11.
Travaux obligatoires, 6.
Usagers, 13.
Vente, 12.

1. *Délivrance.* — Le conservateur autorise la délivrance des plants et en fixe la valeur, dans les forêts domaniales ; pour les forêts communales et d'établissements publics, les maires ou administrateurs autorisent la délivrance, le conservateur détermine les conditions de la délivrance et le préfet en fixe le prix, sur les propositions des maires et administrateurs. (Ord. 4 décembre 1844, art. 1, §§ 2 et 6.)

2. *Produits.* — Les délivrances de plants sont considérées comme menus produits, dans les forêts domaniales, et comme produits accessoires, dans les bois communaux et d'établissements publics. (Arr. Min. 22 juin et 1er septembre 1838. Circ. A 842.) V. Délivrance.

3. *Pépinières domaniales. Délivrance. Prix.* Les conservateurs peuvent délivrer comme menus produits des plants provenant des pépinières domaniales.

Les prix devront toutefois être fixés à un taux assez élevé pour que le commerce n'ait pas lieu de prétendre que l'Etat nuit à ses intérêts. (Circ. N 416.)

4. *Restauration des montagnes.* — Il est accordé des délivrances de plants pour les travaux entrepris, dans les pays de montagne et en dehors même des périmètres, aux communes, associations pastorales, fruitières, établissements publics et aux particuliers, en vue de l'amélioration, de la consolidation du sol et de la mise en valeur des pâturages. (Loi du 4 avril 1882, art. 5.) V. Subvention.

5. *Subvention. Estimation. Répétition.* — Les subventions en plants sont estimées en argent ; l'estimation est notifiée et acceptée par les propriétaires avant la délivrance. Le montant des subventions en plants peut être répété par l'Etat, en cas d'inexécution des travaux, de détournement des plants ou de mauvaise exécution constatée. (Décr. du 11 juillet 1882, art. 15.)

6. *Restauration des montagnes. Travaux obligatoires. Délivrance. Remboursement.* — Les plants nécessaires à l'exécution des travaux obligatoires de restauration de montagne peuvent être délivrés aux propriétaires, s'ils en font la demande, à charge par ceux-ci d'en rembourser la valeur à l'Etat. (Instr. Gén. du 2 février 1885, art. 98. Circ. N 345.) V. Restauration des terrains en montagne.

7. *Subvention. Renseignements. Emploi.* — Les particuliers doivent fournir des renseignements statistiques sur l'emploi des plants délivrés à titre de subvention ; en cas de refus de réponse, toute nouvelle délivrance de plants serait suspendue. (Circ. N 193.)

8. *Fourniture.* — Lorsque les pépinières de la conservation ne renferment pas les plants nécessaires aux travaux de repeuplement ou de reboisement, ils sont achetés directement par les agents ou expédiés, sur l'ordre de l'administration, par les soins des conservateurs qui ont des ressources disponibles dans leurs pépinières. (Circ. N 22, art. 49.)

9. *Envoi. Choix.* — Lorsqu'on envoie des plants dans une autre conservation, on doit les choisir avec soin, pour ne faire expédier que ceux qui ont chance de reprise. (Circ. A 851.)

10. *Demandes. Epoque.* — Les demandes de plants pour les travaux à exécuter dans les forêts domaniales doivent être adressées à l'administration avant le 1er septembre de l'année qui précède les travaux, en indiquant la quantité et l'âge des plants nécessaires, ainsi que l'époque à laquelle il convient qu'ils arrivent à destination, et faisant connaître si les plants doivent ou non avoir été repiqués et, en cas où des plants manqueraient, si on peut remplacer les essences désignées par d'autres essences. (Circ. N 22, art. 50.)

11. *Souche.* — Une souche est considérée comme plant. (Montpellier, 24 août 1840.)

12. *Vente.* — Les préfets peuvent obliger ceux qui veulent vendre des plants d'arbres forestiers sur les marchés publics à se munir d'un certificat du maire de leur commune, constatant qu'ils sont fermiers ou propriétaires de pépinière de plants forestiers. (Décis. Min. Circ. 423 du 1er septembre 1810.)

13. *Arrachis. Usagers. Exception préjudicielle.* — Lorsque des particuliers ont arraché des plants mis en terre par l'administration, dans un bois soumis au régime forestier, des usagers ne peuvent, pour justifier l'arrachis de ces plants, invoquer leurs droits, ni demander le renvoi à fins civiles, pour faire décider si le propriétaire avait le droit de planter. (Lyon, 25 juin 1872.)

14. *Arrachis. Pénalités.* — L'arrachis de plants, dans les forêts en général, quels que soient l'âge et la grosseur des plants, est puni, savoir :

Amende : le jour, 10 à 300 francs. (Cod. For. 195.) Le jour avec récidive, la nuit, ou la nuit avec récidive, 20 à 600 francs. (Cod. For. 195, 201.)
Emprisonnement facultatif : 5 jours au plus. (Cod. For. 195. Loi du 18 juin 1859.)

Si le délit a été commis dans un semis ou plantation exécutée de main d'homme :

Outre l'amende, il est prononcé un *emprisonnement* obligatoire de 15 jours à 1 mois. (Cod. For. 195. Loi du 18 juin 1859.)

Dans tous les cas :

Restitution des objets enlevés ou de leur valeur. (Cod. For. 198.)
Dommages-intérêts facultatifs : minimum, *amende* simple. (Cod. For. 198, 202.)

Ce délit est, en général, commis avec l'intention de replanter dans un autre terrain les arbres ainsi arrachés. (Meaume, t. II, p. 916.)

15. *Circonstance aggravante. Arrachis.* — L'aggravation de peine (prison) peut être édictée dans le cas où les plants arrachés doivent, sinon leur ensemencement, du moins leur germination et leur croissance au travail de l'homme. (Amiens, 31 mai 1877.)

16. *Dévastation. Pénalités.* — La dévastation de plants venus naturellement ou faits de main d'homme est punie, savoir :

Prison : 2 à 5 ans. (Cod. Pén. 444.)
Surveillance sous la haute police : 5 à 10 ans (facultatif). (Cod. Pén. 444.)

Le mot dévastation s'entend de la ruine complète ou en grande partie. La destruction partielle ou l'enlèvement de quelques plants ne constitue pas ce délit.

17. *Etats de situation.* — A la date des 15 juin et 15 décembre de chaque année, il est fourni des états de situation des pépinières centrales, dans lesquels on indique le nombre, l'espèce et l'âge des plants. (Circ. N 246. Form. série 7, n° 93.)

PLANTATION.

Amélioration, 15.
Arbres de lisière, 3.
Berge, 14.
Cours d'eau, 14.
Distance, 2, 3, 4, 6.
Droit d'usage, 15.
Dunes, 12, 13.
Exécution, 7.
Garde, 10, 12.
Gratification, 11.
Impôt, 13.
Landes, 13.
Locataire, 17.
Montagne, 13.
Nombre de plants, 8.
Principe, 1.
Reboisement, 10.
Réserve, 4.
Semis, 5.
Surveillance, 10.
Terrains contigus, 2.
Terrains vides, 16.
Travaux, 6.
Travaux particuliers, 9.
Usager, 16.

1. *Principe.* — Les plantations faites sur un terrain sont présumées faites par le propriétaire. (Cod. Civ. 553.)

2. *Terrains contigus.* — Les particuliers sont tenus de se conformer, pour les plantations à exécuter sur leurs terrains contigus des bois et forêts, à l'article 671 du code civil, pour la distance à observer en ce qui concerne les arbres de lisière. (Lettre de l'Admin. 3 mai 1828.)

3. *Arbres de lisière. Distance.* — Les arbres de lisière d'une hauteur de 2 mètres doivent être plantés à 2 mètres de la ligne des héritages, et ceux de moins de 2 mètres de hauteur et les haies vives à 0m,50 de la limite. (Cod. Civ. 671. Loi du 20 août 1881.)

4. *Réserve. Distance.* — Les plantations ou réserves destinées à remplacer les arbres actuels de lisière seront effectuées en arrière de la ligne de délimitation des forêts, à la distance prescrite par l'article 671 du code civil. (Ord. 176.)

5. *Semis. Distance.* — Dans les reboisements et les plantations faites par l'administration, on doit mettre les plants à la distance prescrite de la ligne délimitative des propriétés.

6. *Travaux.* — Les plantations dans les terrains préparés par le fait de l'exploitation de certaines coupes ou par les concessionnaires sont classées comme travaux d'entretien. (Circ. N 22, art. 25.)

7. *Exécution.* — Les plantations peuvent être effectuées au moyen des journées de prestation, après autorisation du conservateur. (Circ. N 22, art. 319, 320.)

8. *Nombre de plants.* — Dans les plantations, on ne doit jamais dépasser le nombre de 7500 plants à l'hectare pour toutes les essences, en général, et de 5000 pour les pins, en particulier. (Lettre autogr. de l'Admin. 28 janvier 1884.)

9. *Travaux particuliers. Reboisement.* — Les plantations faites par les particuliers, dans un but de reboisement, sont protégées par les dispositions du code forestier. (Cass. 31 janvier 1846.)

10. *Reboisement. Gardes. Surveillance.* — Les gardes forestiers de l'Etat sont préposés

à la surveillance des plantations, dans les périmètres pour la restauration des montagnes. (Loi du 4 avril 1882, art. 22.)

11. *Gratification.* — On doit envoyer, avant le 1er novembre, avec les rapports à l'appui, un état des gratifications pour les préposés qui ont fait des plantations. (Circ. N 22, art. 290, 292. Circ. N 416.)

12. *Dunes. Gardes.* — Il pourra être établi des gardes pour la conservation des plantations existant actuellement sur les dunes ou qui y seraient faites à l'avenir. (Décr. du 14 décembre 1810, art. 7.)

13. *Dunes. Landes. Montagnes. Impôt.* — Les plantations sur le sommet et le penchant des montagnes, sur les dunes et dans les landes, sont exemptes d'impôts, pendant les trente premières années de leur plantation. (Cod. For. 226. Rép. For. t. XVIII, p. 89.) V. Dunes. Exemption d'impôt. Impôt. Landes.

14. *Berges. Cours d'eau.* — Les conditions de plantation des berges des cours d'eau sont réglées par le préfet. (Cabantous.)

15. *Bois grevé d'usage. Amélioration.* — Le propriétaire d'une forêt grevée de droit d'usage peut y faire des plantations, bien que l'usager puisse en être gêné momentanément, parce qu'il fait acte de bonne administration et que l'usager en sera plus tard dédommagé par l'amélioration de la forêt.

16. *Terrains vides. Usager.* — L'usager ne peut s'opposer à ce que le propriétaire fasse des plantations dans des terrains vides grevés d'usage, parce que c'est une amélioration réelle du fonds ; il pourrait, toutefois, demander que les plantations fussent faites successivement. (Meaume.)

17. *Locataire.* — Un locataire ne peut enlever les arbres qu'il a plantés dans un terrain qui ne lui appartient pas, excepté s'il s'agit d'une pépinière ; mais le propriétaire doit lui payer la valeur des plants, à l'époque où ils ont été mis en terre.

PLANTE.

Produit. — Les plantes, telles que mousse, bruyères, etc., sont considérées comme menus produits, dans les forêts domaniales, et comme produits accessoires, dans les bois communaux et d'établissements publics. (Arr. Min. 22 juin et 1er septembre 1838. Circ. A 842.) V. Herbe.

PLAQUE.

1. *Forme.* — La plaque des préposés est en cuivre, portant un cor de chasse, avec le mot : *Forêts*.

2. *Port.* — Les gardes doivent toujours, dans leur tournée, être munis de la plaque, qu'ils portent ostensiblement. (Livret des préposés, art. 15.)

3. *Fourniture. Gardes domaniaux et mixtes.* — Les plaques sont fournies par l'administration aux préposés domaniaux ou mixtes, sur la présentation d'un état indiquant le nom, la résidence et le numéro des triages des préposés. Elles font l'objet de marchés spéciaux et figurent, par suite, dans la nomenclature des articles du matériel, visés par la circulaire N 104, sur la comptabilité.

4. *Fourniture.* — L'administration fournit des plaques aux gardes cantonniers. (Instr. 13 août 1840.)

5. *Demande.* — Les demandes de plaques destinées aux préposés forestiers communaux sont adressées à la direction ; le prix en est remboursé au moyen de retenues faites sur le traitement. (Circ. N 76.)

PLATANE.

Classification. — Arbre de 1re classe. (Cod. For. 192.)

PLATRIÈRE. V. Carrière. Four à plâtre.

PLESSÉE.

Définition. — Les plessées ou haies formées aux dépens des bois, avec des brins verts pliés et entrelacés, ne peuvent faire titre, que si elles sont comprises dans la contenance du terrain et si la possession en est plus que trentenaire. (Dupin.)

Ce fait, en cas d'usurpation, pourrait être qualifié de mutilation. V. Haie.

PLUS-VALUE.

1. *Travaux publics.* — Lorsque, par suite de tout travail public, général, départemental ou communal, des propriétés privées auront acquis une notable augmentation de valeur, ces propriétés pourront être chargées de payer une indemnité, qui pourra s'élever jusqu'à la valeur de la moitié des avantages qu'elles auront acquis ; le tout sera réglé par estimation, jugé et homologué par la commission spéciale qui aura été nommée à cet effet. (Loi du 16 septembre 1807. Cabantous.) V. Route. Subvention.

2. *Route. Taux.* — La plus-value résultant, pour la vente des coupes, de l'établissement de routes forestières doit être indiquée par une somme d'argent et non par une quantité de 10, 15, 20 pour cent. (Circ. autogr. 85 du 20 mars 1862.)

3. *Reboisement. Expropriation. Estimation.* — La plus-value résultant des travaux de

reboisement ou gazonnement, exécutés en vertu des lois des 28 juillet 1860, sur le reboisement, et 8 juin 1864, sur le gazonnement, a été prise en considération par les jurés, dans l'évaluation du montant du prix des terrains à exproprier pour la formation des nouveaux périmètres de restauration des terrains en montagne. (Loi du 4 avril 1882, art. 20.)

POIRIER.

Classification. — Arbre fruitier de 1re classe. (Cod. For. 192.)

POIDS ET MESURES.

1. *Nomenclature.* — Les poids et mesures légales sont :

Mesures de longueur.

Myriamètre (10000 m.)
Kilomètre (1000 mètres).
Hectomètre (100 m.)
Décamètre (10 mètres).
Mètre (dix-millionième partie du quart du méridien terrestre).
Décimètre.
Centimètre.
Millimètre.

Mesures de superficie.

Hectare (10000 mètres carrés ou 100 ares).
Are (100 m. carrés).
Centiare (1 m. carré).

Mesures de solidité.

Décastère (10 stères).
Stère (1 mètre cube).
Décistère.

Mesures de capacité.

Kilolitre (1000 litres).
Hectolitre (100 litres).
Décalitre (10 litres).
Litre (1 décimètre cube).
Décilitre.

Mesures de poids.

Kilogramme (1000 grammes, poids d'un litre d'eau distillée à 4°).
Hectogramme (100 gr.).
Décagramme (10 gr.).
Gramme (poids d'un centimètre cube d'eau à 4°).
Décigramme.
Centigramme.
Milligramme.

Monnaies.

Franc (5 grammes d'argent au titre de neuf dixièmes de fin).
Décime.
Centime.

Chaque mesure de poids et de capacité a son double et sa moitié. (Lois des 18 germinal an III et 4 juillet 1837.) V. Mesure.

2. *Emploi. Dénomination. Pénalités.* — Tous poids et mesures autres que ceux du système métrique sont interdits sous les peines portées à l'article 479 du code pénal.
En cas d'infraction :

Amende : 11 à 15 fr. (Loi du 4 juillet 1837, art. 3.)

Les dénominations autres que celles du système métrique sont interdites dans les actes publics, avis ou annonces.
En cas d'infraction :

Amende : 10 fr. (Loi du 4 juillet 1837, art. 5.)

3. *Pièces de comptabilité.* — On ne peut, surtout dans les mémoires, factures et autres pièces de comptabilité, énumérer des quantités en poids autrement qu'en employant les poids métriques. (Loi du 4 juillet 1837.)

4. *Affiches.* — Si des affiches ou annonces contiennent des dénominations de poids ou mesures autres que celles du système métrique, les maires, adjoints, commissaires de police constatent les contraventions, qui sont poursuivies par le receveur des domaines. (Ord. 17 avril 1839.)

POISON.

1. *Conditions.* — Dans les communes où l'on veut empoisonner les animaux nuisibles, le maire doit faire connaître par voie de publication les endroits où il a été placé des drogues ou appâts empoisonnés. (Circ. Min. du 9 juillet 1888.)

2. *Avis. Responsabilité.* — Le propriétaire qui, sans en donner avis au public, fait répandre des drogues empoisonnées dans son bois non clos se rend responsable des accidents occasionnés aux chiens et autres animaux domestiques. (Trib. de Saint-Etienne, 26 décembre 1863.)

POIX. V. Goudron. Résine.

POLICE.

1. *Définition.* — La police est établie pour maintenir l'ordre public, la liberté, la propriété et la sûreté individuelle ; son caractère est la vigilance. (Loi du 3 brumaire an IV.)

2. *Lois.* — Les lois de police obligent tous ceux qui habitent le territoire. (Cod. Civ. 3.)

3. *Police administrative. Objet.* — La police administrative a pour objet le maintien habituel de l'ordre public, dans chaque lieu et dans chaque partie de l'administration générale ; elle tend principalement à prévenir les délits. (Loi du 3 brumaire an IV, art. 19.)

4. *Police judiciaire. But.* — La police judiciaire recherche les crimes, les délits et les contraventions, en rassemble les preuves et en livre les auteurs aux tribunaux chargés de les punir. (Instr. Crim. 8.) V. Officier de police judiciaire.

5. *Exercice.* — La police judiciaire est exercée, sous l'autorité des cours d'appel, par les gardes forestiers..... (Instr. Crim. 9.)

6. *Autorité. Surveillance.* — Tous ceux qui, à raison de leurs fonctions, même administratives, sont appelés par la loi à faire quelques actes de police judiciaire sont, sous ce rapport seulement, soumis à la surveillance du procureur général. (Instr. Crim. 279.)

7. *Police rurale. Exercice.* — La police des campagnes est spécialement sous la juridiction des juges de paix et des officiers municipaux et sous la surveillance des gardes champêtres et de la gendarmerie nationale. (Loi des 28 septembre-6 octobre 1791, art. 1.)

POLITIQUE.

Principe. — Un fonctionnaire ne peut se mettre en hostilité contre le régime politique consacré par la constitution, mais cette doctrine ne s'applique qu'aux manifestations extérieures. Le fonctionnaire n'est l'homme de personne; il est le serviteur de l'Etat. (Vivien.) V. Election.

POMMIER.

Classification. — Arbre fruitier de 1re classe. (Cod. For. 192.)

PONCEAU. PONT.

Adjudicataire, 14.
Agent, 1.
Aqueduc, 3.
Commission mixte, 5, 7.
Conservation, 13.
Copie, 12.
Débit, 3.
Décision, 10.
Délai, 10.
Entretien, 15.
Envoi, 4.
Exécution, 11.
Largeur, 5.
Modèle, 2.
Ouverture, 5.
Projet, 4, 6, 8.
Réparation, 7, 15.
Rétablissement, 14.
Service, 1.
Travaux, 15.
Travaux de défense, 11.
Zone de servitude, 9.
Zone frontière, 5.

1. *Agent. Service.* — La construction des ponts est dans les attributions du service spécial, mais on peut cependant en charger les chefs de cantonnement. (Circ. A 575 ter. Circ. A 604.)

2. *Modèles.* — Des modèles de ponts et de ponceaux sont annexés à l'instruction du 15 octobre 1860, sur les levés topographiques. (Circ. N 22, art. 78.)

3. *Aqueduc. Débit.* — Les ponts à voûte cintrée peuvent être remplacés par des aqueducs à double ouverture et, si la pierre est rare, par des ponceaux en bois ou en fonte. (Circ. N 22, art. 79.) On ne doit leur donner que les dimensions nécessaires pour le débit des cours d'eau ou fossés. (Circ. A 845.)

4. *Projets. Envois.* — Les projets des travaux neufs concernant les ponts doivent être adressés à l'administration, au fur et à mesure de leur préparation, pendant les six premiers mois de chaque année, pour l'année suivante. (Lettre de l'Admin. 29 septembre 1873.)

5. *Ouverture. Zone frontière. Commission mixte.* — Les travaux concernant les ponts établis ou à établir pour les routes forestières, sur les cours d'eau navigables ou flottables, dans toute l'étendue de la zone frontière, sont soumis aux lois et règlements sur les travaux mixtes et sont de la compétence de la commission mixte, lorsque ces ponts ont plus de six mètres d'ouverture entre culées. (Décr. 8 septembre 1878, art. 3. Circ. N 253.) V. Commission mixte.

6. *Projet.* — Tous les projets de ponts qui ne sont pas dans les cas d'exonération prévus doivent être soumis, avant leur approbation et leur exécution, à l'examen de la commission mixte des travaux publics. (Décr. du 16 août 1853. Circ. N 22, art. 94, 97.)

7. *Réparation.* — Les projets d'entretien et de réparation, c'est-à-dire ayant uniquement pour objet de conserver un ouvrage ou de le remettre dans l'état où il était précédemment, ne sont pas de la compétence de la commission mixte. (Décr. du 16 août 1853, art. 8. Circ. N 22, art. 93. Circ. N 253.)

8. *Projet. Communication.* — Les projets de ponts à construire ou à reconstruire, dans la zone frontière, doivent être communiqués au directeur du génie par le conservateur, qui y joint son avis, dès que les travaux sont autorisés et que le projet est approuvé. (Circ. N 22, art. 91.)

9. *Zone de servitude.* — Tous les ponts, quelles que soient leurs dimensions, compris dans l'étendue de la zone de servitude des places de guerre ou des postes militaires sont soumis aux règlements sur les travaux mixtes. (Décr. du 15 mars 1862. Circ. N 22. art. 95. Circ. N 253.)

10. *Décision. Délai.* — Si, dans un délai de trois mois, à dater de la remise du projet au directeur des fortifications, il n'est intervenu aucune décision du ministre de la guerre, l'exécution des travaux peut être autorisée. (Décr. du 15 mars 1862. Circ. N 22, art. 118.)

11. *Travaux de défense. Exécution.* — Le ministre de la guerre a la faculté de faire exécuter, à ses frais, à tous les ponts, soit dans la zone frontière, soit dans la zone de servitude, les travaux qui lui paraissent nécessaires pour la défense.

Les projets sont, à cet effet, communiqués par le conservateur ou le préfet au directeur du génie, avant leur exécution ; ce dernier, dans un délai de deux mois ou immédiatement, en cas d'urgence, fait connaître les travaux à effectuer pour la défense, qui sont alors insérés dans le cahier des charges et exécutés aux frais et sous la surveillance du service militaire. Si, dans les deux mois, le directeur des fortifications n'a pas fait de réserve, il est passé outre à l'exécution des travaux. (Décr. du 15 mars 1862, art. 5. Circ. N 22, art. 85, 86, 87, 89 et 90.)

12. *Copies.* — Pour les travaux de construction de pont, il est délivré aux entrepreneurs des copies du devis et du plan. (Circ. N 22, art. 202.)

13. *Conservation.* — Les gardes cantonniers veilleront à la conservation des ponts. (Instr. 13 août 1840. Livret des préposés, art. 44, § 5.)

14. *Rétablissement. Adjudicataires.* — Les adjudicataires doivent rétablir les ponts et ponceaux endommagés ou détruits par le

fait de l'exploitation. (Circ. N 22, art. 303. Cah. des ch. 33.) En cas d'inexécution, pas de pénalités; l'administration fait exécuter les travaux en régie, aux frais des adjudicataires. (Cod. For. 41.)

15. *Réparations. Travaux.* — Les réparations des ponts et ponceaux sont considérées comme travaux d'entretien. (Circ. N 22, art. 25.)

PONTS ET CHAUSSÉES.

1. *Poursuites.* — Les extractions de matériaux faites dans les bois soumis au régime forestier par les préposés des ponts et chaussées, avant d'avoir rempli les formalités prescrites par l'article 145 du code forestier et 170 de l'ordonnance, ne constituent pas un délit réel, mais seulement une omission qui peut être réparée. Dès lors, si des procès-verbaux constatent des contraventions de cette espèce, on doit surseoir à toute poursuite judiciaire et en rendre compte à l'administration, pour faire remplir les formalités légales.(Lettre de l'Admin. 13 avril 1838.)

2. *Travaux. Procès-verbaux. Poursuites.* — Si, dans l'exécution des travaux publics, des procès-verbaux sont dressés contre les agents de l'administration des ponts et chaussées, ces actes sont transmis à l'administration, qui se réserve le droit d'y donner telle suite qu'elle jugera convenable, ou adressés au conservateur, et, dans ce cas, ils ne sont mis en poursuite que sur son autorisation. (Circ. A 631. Circ. N 59, art. 33.) V. Extraction. Matériaux. Travaux publics.

POPULATION AGGLOMÉRÉE.

1. *Définition.* — Ce mot désigne une population d'une certaine importance, dont les habitations, formant un tout plus ou moins séparé, sont disposées dans un certain ordre, de manière que chaque habitant puisse exercer, à son insu et sans le vouloir, une sorte de surveillance de tous les instants sur les actions de ses voisins. Cette surveillance, résultant de la disposition des habitations ou de leur état d'agglomération, a paru suffisante pour prévenir les délits forestiers d'une certaine importance, et elle a motivé l'exception portée à l'article 156 du code forestier. (Lettre du directeur général du 3 juin 1829, n° 3120.)

2. *Qualité. Déclaration.* — Une déclaration de population agglomérée, pour être suffisante, doit émaner du préfet et doit être produite sous forme régulière, comme une autorisation de construire. L'avis émis par un agent forestier, incompétent pour autoriser à construire, ne peut y suppléer. (Nancy, 3 décembre 1861.)

3. *Fait. Déclaration.* — Une déclaration d'agglomération, même régulière en la forme, cesse de produire effet du moment où le fait d'agglomération a cessé d'exister, et l'administration est toujours recevable à prouver qu'une scierie n'est plus entourée d'une population agglomérée. (Nancy, 3 décembre 1861.)

4. *Circonstances.* — Les tribunaux doivent juger, d'après les circonstances, si l'usine ou la maison fait partie du village ou population agglomérée.

5. *Constructions.* — Peuvent être établis sans autorisation, lorsqu'ils font partie d'une population agglomérée, quand bien même ils soient à distance prohibée, les maisons ou fermes à moins de 500 mètres, les chantiers ou magasins pour faire commerce de bois et les ateliers pour le façonner, à moins de 500 mètres, et les scieries à moins de 2000 mètres des bois soumis au régime forestier. (Cod. For. 156.)

6. *Scierie.* — Une scierie située à 100 mètres du hameau n'en fait pas partie. (Grenoble, inédit, 5 mars 1835.)

7. *Scierie.* — Une scierie établie à 167 mètres du village a été considérée comme en faisant partie, puisque d'autres maisons situées à 200 mètres en faisaient également partie. (Metz, inédit, 22 août 1838.)

8. *Scierie. Maison.* — Une scierie près de laquelle se trouvent deux maisons habitées par le propriétaire ou ses serviteurs et deux autres maisons, l'une à 900 mètres et l'autre à 300 mètres de distance, d'où on ne peut apercevoir l'usine, n'est pas considérée comme faisant partie d'une population agglomérée. (Nancy, 3 décembre 1861.)

9. *Maison.* — Une maison construite à 480 mètres de distance des dernières habitations d'un village ne fait pas partie d'une population agglomérée. (Metz, 8 juin 1864.)

PORC.

1. *Vaine pâture.* — Les porcs sont exclus du bénéfice de la vaine pâture; à moins de titre contraire, ils ne sont admis qu'au panage et à la glandée et ils sont exclus du pâturage et du parcours. (Cass. 27 février 1844.)

2. *Préposés domaniaux.* — Les préposés domaniaux peuvent introduire deux porcs dans les cantons défensables et sous la surveillance d'un gardien. Le chef de service indique, dans un procès-verbal, les cantons, la durée, les époques et les conditions du panage. Ces conditions sont inscrites sur le livret des gardes. Les gardes sédentaires sont exclus du bénéfice de cette décision. (Circ. A 711. Décis. Min. du 15 janvier 1853.)

3. *Temps prohibé. Délit.* — Le panage des porcs, en dehors du temps du panage fixé à trois mois et de l'époque désignée pour l'ouverture, constitue le délit passible des

peines édictées par l'article 199 du code forestier. (Cass. 27 mars 1841.)

4. *Hors cantons et chemins désignés.* — Le panage des porcs, hors des cantons désignés pour le panage ou des chemins désignés pour s'y rendre, est puni, savoir :

Pour le propriétaire, l'usager ou l'adjudicataire,

Amende, par tête de bétail :

BOIS DE 10 ANS ET AU-DESSUS.

Le jour. . . . . . . 1 fr. (C. F. 56, 76, 199.)

Le jour avec récidive, la nuit, ou la nuit avec récidive. } 2 fr. (C. F. 56, 76, 199, 201.)

BOIS AU-DESSOUS DE 10 ANS.

Le jour. . . . . . . 2 fr. (C. F. 56, 76, 199.)

Le jour avec récidive, la nuit, ou la nuit avec récidive. } 4 fr. (C. F. 56, 76, 199, 201.)

Dommages-intérêts facultatifs ; minimum : amende simple. (Cod. For. 199, 202.)

Saisie et séquestre, s'il y a lieu. (Cod. For. 161.)

Pénalités pour le pâtre :

Des usagers { Le jour, *amende :* 3 à 30 fr. La nuit, *amende :* 6 à 60 fr. En récidive : outre l'amende, *prison* facultative, 5 à 15 jours. } (C. F. 76, 201.)

Commune responsable des condamnations civiles. (Cod. For. 72.)

De l'adjudicataire du panage, { En cas de récidive, *prison* obligatoire: 5 à 15 jours. } (C. F. 56, 201.)

On peut poursuivre le propriétaire ou le pâtre. (Cass. 2 mai 1845 et 4 janvier 1849.)

Les peines prononcées contre le pâtre sont indépendantes de celles prononcées contre le propriétaire. (Cass. 10 août 1848.)

Si le propriétaire était le pâtre, l'amende contre le pâtre ne serait pas applicable.

5. *Bestiaux de commerce.* — Le panage, de la part des usagers, de porcs servant au commerce est puni, savoir :

Le jour, *amende* par bête : 2 francs. (Cod. For. 70, 199.)

La nuit ou en récidive, *amende :* 4 francs. (Cod. For. 70, 199, 201.)

Dommages-intérêts facultatifs ; minimum : amende simple. (Cod. For. 198, 202.)

6. *Garde séparée.* — Le panage des porcs à garde séparée est puni, savoir :

Par tête de bétail :

Le jour, *amende :* 2 francs. (Cod. For. 72, 199.)

La nuit ou en récidive, *amende :* 4 francs. (Cod. For. 72, 199, 201.)

7. *Bestiaux non marqués.* — Le panage des porcs non marqués est puni, savoir :

Le jour, *amende* par tête : 3 francs. (Cod. For. 55, 73.)

La nuit ou en récidive, *amende :* 6 francs. (Cod. For. 55, 73, 201.)

8. *Excédant.* — L'introduction au panage, dans les cantons défensables, d'un nombre de porcs excédant celui fixé par l'administration est punie, en ce qui concerne le nombre excédant, pour les usagers ou habitants, savoir :

Amende, par bête :

Le jour. . . . . . 1 fr. (Cod. For. 77, 199.)

Le jour avec récidive, la nuit, ou la nuit avec récidive. } 2 fr. (C. F. 77, 199, 201.)

Dommages-intérêts facultatifs ; minimum : amende simple. (Cod. For. 198, 202.)

Pour le nombre excédant le chiffre fixé au procès-verbal d'adjudication, les adjudicataires du panage encourent, savoir :

Amende, par porc :

Le jour. . . . . . 2 fr. (C. F. 54, 199.)

Le jour avec récidive, la nuit, ou la nuit avec récidive. } 4 fr. (C. F. 54, 199, 201.)

Dommages-intérêts facultatifs ; minimum : amende simple. (Cod. For. 198, 201.)

Saisie et séquestre, s'il y a lieu. (Cod. For. 161.)

Si l'introduction a lieu en dehors des cantons fixés ou dans des bois non défensables, le délit est alors puni comme panage hors des cantons désignés.

PORT D'INSTRUMENT.

1. *Ouvriers.* — Les ouvriers seuls d'un adjudicataire ou d'un entrepreneur, qui sont obligés de traverser les forêts hors des routes et chemins ordinaires, ne sont pas justiciables des pénalités de l'article 146 du code forestier, pour port d'instrument tranchant ; le *cessionnaire d'un affouagiste* ne jouit pas du même privilège. (Cass. 21 février 1839.)

2. *Bois particulier. Compétence.* — Le délit de port d'instrument à couper le bois, hors des routes et chemins ordinaires, commis dans les bois particuliers, est justiciable des tribunaux de simple police (juge de paix), attendu que l'amende est au-dessous de 15 francs. (Cod. For. 146, 190, 191. Instr. Crim. 137, 138, 139. Cod. Pén. 466.)

3. *Présomption.* — La présomption de délit établie par l'article 146 du code forestier s'évanouit toutes les fois qu'un délit positif vient à être prouvé. (Cass. 21 novembre 1828.) V. Hors chemins.

PORT DE LETTRES.

Frais. — Les frais de port de lettres pour la correspondance des affaires correctionnelles forestières ne sont pas susceptibles d'être recouvrés par les receveurs des domaines. (Circ. A 748.)

PORTE-CHAINE. V. Arpentage. Bûcheron.

PORTION AFFOUAGÈRE.

Vente. Echange. — Lorsque les portions affouagères proviennent d'un bois domanial et sont délivrées à titre de droit d'usage, il est interdit aux habitants et aux communes de les vendre, à peine de 10 à 100 francs d'amende, s'il s'agit de bois de chauffage, et, s'il s'agit d'autres bois, d'une amende double de sa valeur, sans qu'elle puisse être inférieure à 50 francs. (Cod. For. 83.) V. Bois d'usage.

Mais, lorsqu'elles proviennent d'un bois appartenant à une commune, les habitants ou usagers peuvent vendre et échanger leur portion, et la commune propriétaire usagère peut vendre elle-même les portions affouagères non réclamées. V. Affouage.

POSSESSION.

SECT. I. — PRINCIPES, GÉNÉRALITÉS, 1 — 20.

SECT. II. — DURÉE, RÉSULTAT, 21 — 28.

SECT. III. — USAGER, JOUISSANCE, 29 — 38.

Acte, 11, 19, 21, 26, 37.
Annale, 23, 25.
Bois particulier, 38.
Bonne foi, 15.
Cadastre, 18.
Civile, 2.
Commune, 20, 30.
Condition, 4, 6, 22, 34.
Défensabilité, 38.
Définition, 4, 5.
Délit, 21, 23, 33.
Droit d'usage, 32.
Durée, 26.
Exception préjudicielle, 24, 25.
Fruit, 14, 15.
Guerre, 28.
Héritiers, 14.
Immémoriale, 27.
Interdiction, 38.
Intervalle, 8.
Marais, 13.
Meuble, 3.
Mode de possession, 20.
Prescription, 7, 28, 31.
Présomption, 16.
Preuve, 36.
Principe, 1, 3.
Promiscuité, 19.
Propriétaire, 6.
Qualité, 9.
Revendication, 20.
Suspension, 28.
Tolérance, 11.
Titre, 17, 29, 35.
Usage, 35, 36, 37.
Usager, 6, 29, 30, 31, 38.
Validité, 4.
Violence, 12.

SECT. I. — PRINCIPES. GÉNÉRALITÉS.

1. *Principe.* — Les actes de possession utile sont les actes principaux auxquels un objet ou une propriété peut donner lieu.

2. *Possession civile.* — On appelle possession civile celle du possesseur de bonne foi.

3. *Meubles. Principe.* — En fait de meuble, possession vaut titre. (Cod. Civ. 2279.)

4. *Définition. Validité. Condition.* — La possession est l'état de celui qui possède et qui se justifie par la possession annale (d'un an et d'un jour). Il faut, pour être valables, que les faits de possession soient personnels, de bonne foi, paisibles, non interrompus, publics, faits à titre de propriétaire et non pas pour le compte d'autrui. (Cod. Civ. 2228 et 2229.)

5. *Définition.* — La possession est la détention ou la jouissance d'une chose ou d'un droit, que nous tenons ou que nous exerçons par nous-mêmes ou par un autre qui la tient ou qui l'exerce en notre nom. (Cod. Civ. 2228.)

6. *Condition. Propriétaire. Usager.* — La possession de l'Etat propriétaire et des communes usagères se manifeste diversement :

1° *Dans les forêts :* pour l'Etat, il y a les coupes ordonnées, les adjudications, les mises en défens ou en réserve et les aménagements; pour les communes, il y a les délivrances obtenues ou les autorisations reçues.

2° *Dans les pâturages :* la jouissance à titre de propriétaire et l'usage se confondent souvent dans les mêmes actes. L'existence des bâtiments conservés ou élevés dans une montagne pastorale par les habitants d'une commune, pour abriter leurs bestiaux, sans opposition ni conteste de la part de l'Etat, contribue à établir et à caractériser la possession de cette montagne par la commune. (Grenoble, 1er juillet 1872.)

7. *Prescription.* — La possession continue, non interrompue, paisible, publique, non équivoque et à titre de propriétaire, amène la prescription. (Cod. Civ. 2229.)

8. *Intervalle.* — Le possesseur actuel qui prouve avoir possédé antérieurement est présumé avoir possédé dans le temps intermédiaire. (Cod. Civ. 2234.)

9. *Qualité.* — On est toujours présumé posséder pour soi et à titre de propriétaire, s'il n'est prouvé qu'on a commencé à posséder pour un autre. (Cod. Civ. 2230.)

10. *Qualité.* — Quand on a possédé pour autrui, on est toujours présumé posséder au même titre, s'il n'y a preuve du contraire. (Cod. Civ. 2231.)

11. *Actes. Tolérance.* — Les actes de pure faculté et de simple tolérance ne peuvent fonder possession. (Cod. Civ. 2232.)

12. *Violence.* — Les actes de violence ne peuvent pas fonder possession ; la possession utile ne commence que lorsque la violence a cessé. (Cod. Civ. 2233.)

13. *Marais.* — Pour un marais, la possession résulte du pâturage et de la coupe des joncs et des herbages. (Cass. 3 janvier 1872.)

14. *Fruit. Héritiers.* — Le possesseur de bonne foi fait les fruits siens, quand même il serait l'héritier du possesseur de mauvaise foi. (Cass. 24 mai 1848.)

15. *Bonne foi. Fruit.* — Le simple possesseur ne fait les fruits siens que dans le cas où il possède de bonne foi (Cod. Civ. 549), c'est-à-dire quand il possède comme propriétaire, en vertu d'un titre translatif de propriété dont il ignore les vices. (Cod. Civ. 550.)

16. *Présomption.* — La possession légale est une présomption de propriété, qui doit produire tous les effets, jusqu'à ce qu'elle

ait été détruite par un jugement rendu au pétitoire. (Montpellier, 18 août 1868.)

17. *Titre.* — La présomption de la possession s'évanouit toujours au moment de la représentation du titre, à moins que le possesseur ne prouve que le titre est prescrit.

18. *Cadastre.* — On peut prendre en considération la délimitation cadastrale comme corroborant la preuve de possession invoquée par une des parties. (Cass. 20 avril 1868.)

19. *Promiscuité. Actes.* — Une possession promiscue et balancée par le concours, sur le même lieu, d'une possession contraire ne peut constituer une possession utile à prescrire, alors même qu'elle se serait manifestée par des actes plus anciens, plus nombreux et mieux caractérisés que ceux de l'autre possesseur. (Cass. 9 décembre 1856.)

20. *Communes. Revendication. Mode de possession.* — Lorsqu'une commune justifie par des titres son droit de propriété sur une forêt par elle revendiquée et que, pour combattre cette revendication, une autre commune invoque la prescription et demande à prouver que, depuis plus de trente ans, elle jouissait paisiblement, publiquement et à titre de propriétaire de la forêt dont il s'agit, il appartient aux juges du fonds de décider souverainement, d'après les résultats de l'enquête par eux ordonnée, que la possession invoquée avait été une possession non exclusive, mais promiscue. (Cass. 1er décembre 1885.)

SECT. II. — DURÉE. RÉSULTAT.

21. *Actes. Délit.* — La possession civile d'une partie d'un bois communal fait disparaître le caractère de délit attribué aux actes de possession. (Cass. 11 avril 1846.)

22. *Condition.* — La possession pendant un an et un jour, sans interruption, paisible, publique et empreinte de l'esprit de propriété, est une présomption légale de propriété. (Cass. 2 octobre 1807 et 18 mai 1848.)

23. *Possession annale. Délit.* — La possession annale, ou *animo domini*, fait disparaître le délit et ne peut être combattue que par une décision au pétitoire. (Cass. 18 mai 1848 et 21 janvier 1854.)

24. *Exception préjudicielle.* — Il n'y a que le fait de la possession annale (un an et un jour) qui puisse constituer un fait de possession équivalente à titre et d'où il puisse résulter une présomption légale de propriété. (Cass. 2 octobre 1807, 18 mai 1848.)

C'est donc cette possession que le prévenu doit demander à établir *animo domini*. (Cass. 18 mai 1848.) Mais, dans ce cas, il serait plus simple, pour celui qui veut invoquer l'exception préjudicielle, d'intenter une action *possessoire* dès la rédaction du procès-verbal, qui serait alors considéré comme trouble. (Proc. Civ. 23.) Cette action doit être antérieure aux poursuites correctionnelles.

Cependant le prévenu peut toujours invoquer, devant le tribunal, la possession annale, avec offre de preuve, et le renvoi à fins civiles doit être prononcé, si les faits de possession sont précis et concluants. V. Exception préjudicielle.

25. *Possession annale. Exception préjudicielle.* — En ce qui concerne les forêts, les faits de possession annale sont assez difficiles à établir et peuvent n'être que des délits non constatés, tels que pâturage, coupe de bois mort, d'herbe, etc. ; les faits à invoquer doivent être des faits de possession irrécusables, effectués en qualité de propriétaire, tels que la vente et l'exploitation de la partie du bois sur laquelle le délit a été constaté. Dans tous les cas, les tribunaux correctionnels étant juges de l'importance des titres et des faits de possession allégués, le jugement de sursis et de renvoi à fins civiles doit mentionner la déclaration *formelle et précise* que l'exception admise est fondée sur un titre apparent ou sur une possession équivalente. (Cass. 23 juillet 1836.)

26. *Durée. Actes.* — La possession de quarante ans, pour établir l'existence d'un droit de pâturage, doit *absolument* être appuyée des actes de délivrances. (Cass. 4 février 1835.)

27. *Possession immémoriale.* — Pour prouver la possession immémoriale, il faut des témoins âgés de cinquante-quatre ans lors de la publication du code et déposant non seulement sur les faits à leur connaissance, mais de tout ce qu'ils ont entendu dire de relatif aux temps antérieurs. (Colmar, 26 novembre 1836.)

28. *Suspension. Guerre.* — La possession ou le délai pour la possession annale a été suspendu pendant la durée de la guerre ; un nouveau délai, égal à celui qui restait à courir, a commencé à courir à dater du 11 juin 1871. (Loi du 26 mai 1871.)

Le délai légal des prescriptions et péremptions, qui ont fait l'objet des décrets des 9 septembre et 3 octobre 1870, ainsi que de la loi du 26 mai 1871, ne sera plus augmenté du temps de suspension prévu par les décrets susvisés. (Loi du 20 décembre 1879.)

SECT. III. — USAGER. JOUISSANCE.

29. *Usagers. Titres.* — Dans les forêts aliénables, les usagers, en vertu de la possession, ne peuvent pas prescrire contre leur titre ; mais ils peuvent prescrire au delà de leur titre, en étendant la jouissance de la servitude.

30. *Usager. Commune.* — Les faits de possession invoqués par une commune usagère

ne peuvent, quelles qu'en soient la durée et l'étendue, changer le caractère de cette possession, qui est toujours entachée de précarité. (Nancy, 3 juillet 1858.)

31. *Usager. Prescription.* — Quelque prolongée qu'ait pu être la possession des usagers, ils ne pourraient jamais prescrire la propriété de la forêt, parce que c'est en qualité d'usagers qu'ils se sont introduits dans la forêt, en vertu du droit que leur conférait leur titre, et que nul ne peut prescrire contre son titre. (Cod. Civ. 2240.)

32. *Droit d'usage.* — La possession d'un droit d'usage, dans les forêts inaliénables, quelque longue qu'elle ait été, ne peut pas créer des droits plus étendus que ceux des titres.

33. *Délit.* — Les actes de possession exercés au grand jour, au vu et au su du propriétaire, par les usagers, constituent des actes de délivrance tacite. Cependant, si chacun de ces actes a été l'objet d'un procès correctionnel, ces délits, quelque répétés qu'ils soient, ne sauraient conférer aucun droit à leurs auteurs.

34. *Condition.* — Les faits de possession articulés par les usagers doivent être des faits de communautés et non des faits particuliers ; ils sont nécessairement rejetés, s'ils n'ont qu'un caractère d'abus, de délits ou de voies de fait. (Cass. 6 février 1833.)

35. *Usage. Titre.* — Les faits de possession d'un droit d'usage fondé en titre peuvent être prouvés par témoins. (Cass. 23 mars 1842, 25 novembre 1851.)

36. *Preuve. Usage.* — Lorsqu'une commune représente des quittances de droit, ou des énonciations de titres et autre commencement de preuve par écrit de ses droits d'usage, elle peut compléter, par témoins, sa preuve de possession immémoriale. (Cass. 20 novembre 1835.)

37. *Usage. Acte.* — La preuve de la possession légale des droits d'usage, c'est-à-dire d'une possession manifestée par des actes équivalents aux procès-verbaux de délivrance et aux déclarations de défensabilité, peut s'établir par témoins, lorsqu'il existe un commencement de preuve par écrit. (Cass. 19 novembre 1845.)

38. *Bois particuliers. Défensabilité. Interdiction. Usagers.* — Les faits de pâturage exercés par les usagers, dans le cours de la période d'interdiction, ne peuvent donner lieu à une possession utile pour prescrire, à cause de leur caractère délictueux. (Cod. Civ. 2232 et 2233. Rennes, 20 février 1883.)

POSSESSOIRE (ACTION).

Action, 1, 16.
Admission, 9.
Affouage, 14.
Chose jugée, 8.
Compétence, 4, 5, 6.
Défendeur, 4 bis.
Définition, 1.
Demandeur, 4 bis.
Droit d'usage, 13.
Examen, 5.
Habitant, 14.
Inaliénabilité, 10.
Instance, 11.
Introduction, 3.
Jouissance, 14.
Jugement, 12.
Juridiction, 2, 11.
Maire, 16.
Pâture, 15.
Pétitoire, 4 bis.
Pourvoi, 7.
Renvoi, 11.
Titres, 5.
Validité, 6.

1. *Action. Définition.* — On appelle action possessoire celle qui a trait à la possession civile d'un immeuble ou d'un droit réel, lorsque la possession a duré pendant un an. V. Action possessoire.

Elle se nomme complainte, lorsque celui qui l'exerce n'a éprouvé qu'un trouble dans sa possession ; elle prend le nom de réintégrante, lorsqu'on a été dépossédé et qu'on demande à être réintégré dans la possession qu'on avait antérieurement. V. Complainte. Réintégrande.

2. *Juridiction.* — Les actions possessoires sont portées devant le juge de paix de la situation. (Proc. Civ. 3.) V. Juge de paix.

3. *Introduction.* — Les actions possessoires ne seront recevables qu'autant qu'elles auront été formées dans l'année du trouble, par ceux qui étaient, depuis une année au moins, en possession paisible par eux ou les leurs et à titre non précaire. (Proc. Civ. 23.)

4. *Compétence.* — Le possessoire et le pétitoire ne seront jamais cumulés. (Proc. Civ. 2.) V. Pétitoire.

4 bis. *Défendeur. Pétitoire.* — L'article 26 du code de procédure civile, qui déclare le demandeur au pétitoire non recevable à se pourvoir au possessoire, ne met pas obstacle à ce que le défendeur au pétitoire agisse au possessoire, même pour des troubles de possession antérieurs à la demande pétitoire formée contre lui. (Cass. 16 décembre 1874.)

5. *Titres. Examen. Compétence.* — Le juge du possessoire peut, sans cumuler le possessoire et le pétitoire, consulter les titres des parties, pour apprécier le caractère de la possession invoquée, pourvu que le dispositif du jugement se renferme dans la limite du possessoire. (Cass. 9 juin 1873.)

6. *Compétence. Titre. Validité.* — Le juge du possessoire est incompétent pour apprécier la validité d'un titre ancien émané de la puissance féodale.

La compétence du juge du possessoire est limitée à la connaissance et à la constatation des faits de possession accomplis dans l'année qui a précédé le trouble ; elle ne saurait aller jusqu'à ordonner la preuve d'une possession immémoriale. (Cass. 14 juin 1869.)

7. *Pourvoi.* — Le défendeur au possessoire ne pourra se pourvoir au pétitoire qu'après que l'instance sur le possessoire aura été terminée ; s'il a succombé, il ne pourra se pourvoir qu'après avoir satisfait aux condamnations. (Proc. Civ. 27.)

8. *Chose jugée.* — La chose jugée au possessoire est sans influence sur le pétitoire et sur un jugement correctionnel. (Cass. 28 décembre 1857, 16 février 1859.)

9. *Admission.* — L'action possessoire n'est admissible qu'à l'égard des immeubles susceptibles de prescription. (Cass. 23 août 1859.)

10. *Bois inaliénable.* — Une action possessoire ne peut pas être admise contre un bien inaliénable (ancienne forêt domaniale de la couronne) et qui ne peut pas être prescrit par la possession; mais le juge peut, sans cumuler le possessoire et le pétitoire, consulter les titres des parties, pour savoir si le terrain litigieux est susceptible d'une action possessoire. (Cass. 21 janvier 1862.)

11. *Renvoi. Instance. Juridiction.* — En cas de renvoi à fins civiles, s'il s'agit d'un fait de possession, l'instance devra être portée devant le juge de paix, qui connaît des actions possessoires. Cette action ne doit être intentée que contre le propriétaire indiqué dans le procès-verbal : particulier, maire, administrateur ou préfet. (Cass. 12 mai 1840.) V. Exception préjudicielle.

12. *Jugement.* — Le jugement rendu au possessoire, qui maintient un individu dans la possession d'un terrain litigieux, établit en sa faveur une présomption de propriété, par suite de laquelle c'est à celui qui agit au pétitoire à fournir la preuve de son droit de propriété. (Cass. 12 août 1851.)

13. *Droit d'usage.* — Les droits d'usage dans les bois, pouvant être acquis par prescription, peuvent donner lieu à une action possessoire. (Cass. 8 novembre 1848.)

14. *Habitants. Affouage. Jouissance.* — L'habitant ou le groupe d'habitants affouagistes qu'un acte de l'autorité municipale aurait privé de leurs droits, en tout ou en partie, doivent se pourvoir au possessoire, pour être maintenus judiciairement dans leur jouissance. (Cass. 24 février 1874. Rép. For. t. VI, p. 241.)

15. *Pâturage.* — Un droit de pâturage exercé par un particulier sur des biens communaux et absorbant, sur les produits, une part proportionnelle à l'étendue de ses propriétés, constitue un droit de vive et grasse pâture, prescriptible de sa nature, et dont la maintenue est, par conséquent, susceptible d'être l'objet d'une complainte possessoire. (Cass. 7 juin 1848.)

16. *Maire. Action.* — Le maire peut, sans autorisation préalable, intenter toute action possessoire ou y défendre et y faire tous actes conservatoires ou interruptifs de déchéance. (Loi du 5 avril 1884, art. 122.)

Cette disposition, reproduite d'après la loi du 18 juillet 1837, art. 55, avait été jugée comme générale et comprenant les actions possessoires actives et passives de toute espèce, exercées ou suivies dans les deux degrés de juridiction. (Cass. 2 février 1841.)

POSSIBILITÉ.

SECT. I. — GÉNÉRALITÉS, DÉTERMINATION, 1 — 12.

SECT. II. — CONTESTATION, 13 — 26.

SECT. III. — REVISION, 27.

Animaux, 4.
Appel, 26.
Bois particulier, 5, 12, 25.
Calcul, 7.
Compétence, 16, 17, 18, 19, 23, 25.
Contestation, 13, 18, 23.
Coupe, 10.
Décision, 4, 21.
Définition, 1, 2.
Délivrance, 3, 26.
Délivrance d'urgence, 11.
Demande, 12.
Droit d'usage, 24.
Etat réel, 20.
Expertise, 22.
Forêt, 2.
Jardinage, 8, 9.
Juridiction, 15, 17.
Nombre, 4.
Pourvoi, 14.
Reconnaissance, 12.
Revision, 27.
Rotation des coupes, 9.
Usage, 3, 5.
Validité, 6, 21.
Volume, 10.

SECT. I. — GÉNÉRALITÉS. DÉTERMINATION.

1. *Définition.* — La possibilité est le revenu de la forêt, ce qu'elle peut produire, ou la quantité de matières qu'il est possible d'en retirer annuellement ou périodiquement, sous la condition d'en maintenir la production constante, autant que possible ; c'est ce résultat qu'on exprime par le terme de *rapport soutenu.*

On détermine la possibilité en divisant la surface boisée, le volume du bois ou le nombre des arbres par le chiffre représentant la durée de la révolution adoptée pour l'exploitation des bois. V. Aménagement.

2. *Forêt. Définition.* — La possibilité d'une forêt n'est autre chose que la somme des charges que la forêt peut supporter et doit s'entendre des inconvénients qui peuvent amener la détérioration du sol lui-même, aussi bien que de ceux qui peuvent affecter le bois que ce sol a produit. Dès lors, il est nécessaire d'écarter les troupeaux de la forêt aux époques où leur séjour peut détériorer le sol, comme avant que le bois soit défensable. (Cass. 18 mars 1837.)

3. *Usage. Délivrance.* — Les délivrances usagères, affouagères, communales, de pâturage, etc., seront réduites par l'administration des forêts suivant l'état et la possibilité des forêts. (Cod. For. 61, 103, 112.)

4. *Animaux. Nombre. Décision.* — Le nombre d'animaux à admettre au pâturage et au panage, suivant la possibilité de la forêt, est fixé par l'administration forestière, sauf recours au conseil de préfecture.

5. *Bois particulier. Usage.* — Dans les bois particuliers, la réduction des droits d'usage en bois, suivant la possibilité de la forêt, n'a pas été fixée par la loi, mais elle

est imposée par la nécessité de la conservation du droit d'usage lui-même. V. Droit d'usage.

6. *Validité.* — Les déclarations de possibilité de l'administration ne font foi que jusqu'à preuve de possibilité supérieure. (Cons. d'Etat, 19 décembre 1848.)

7. *Calcul.* — La circulaire N 415 donne des instructions pour le calcul de la possibilité dans les futaies et les taillis.

8. *Jardinage.* — Parmi les méthodes indiquées jusqu'à présent, pour le calcul de la possibilité dans les forêts jardinées, les unes ne *paraissent* pas garantir assez complétement la réalisation du rapport soutenu, les autres ne tiennent pas un compte suffisant de l'état du peuplement ou des exigences culturales...... Il est à croire qu'on arriverait à une solution satisfaisante, si l'on adoptait une marche analogue à celle suivie pour les forêts aménagées, suivant la méthode du réensemencement naturel et des éclaircies...... Il ne s'agit pas d'arriver à des résultats mathématiquement exacts, mais simplement de calculer la possibilité avec modération, en évitant, d'une part, d'avoir à subir de brusques variations..... Toutefois, l'indication de ce cube (possibilité) ne devra pas lier les agents d'exécution, qui resteront toujours maîtres de recruter la possibilité, suivant les exigences culturales constatées au moment de l'assiette des coupes. (Note de l'Admin. 17 juillet 1883.)

9. *Jardinage. Possibilité par arbres et par dimensions. Rotation des coupes.* — La possibilité par pied d'arbres, c'est-à-dire par nombre d'arbres d'une dimension déterminée, seule applicable aux forêts jardinées et aux coupes jardinatoires, dérive de la possibilité par contenance et se determine pratiquement au moyen des opérations suivantes :

1° Fixer la durée de la révolution, pour établir l'âge des arbres exploitables;

2° Rechercher dans les masssif des arbres types, ayant l'âge de la révolution, afin d'établir la circonférence minimum moyenne des arbres exploitables ;

3° Déterminer exactement la projection horizontale des contours du houppier de ces arbres types, ayant l'âge d'exploitabilité;

4° Calculer les surfaces des projections horizontales des houppiers et en prendre la moyenne; dans ce calcul, la projection du couvert des arbres est considérée, le plus souvent, comme un hexagone régulier; mais on pourrait prendre aussi pour base du calcul le carré du diamètre des houppiers, afin de tenir compte des vides;

5° Cette moyenne, représentant le couvert de l'arbre ayant l'âge de la révolution, c'est-à-dire d'exploitabilité, sert comme le diviseur d'un hectare pour obtenir, au quotient, le nombre des arbres exploitables pouvant normalement exister sur un hectare. Lorsqu'on prend pour base du calcul le carré du diamètre des houppiers, on diminue ainsi le nombre des arbres formant le peuplement de l'hectare et on évite, par suite, toute évaluation exagérée ;

6° Diviser la contenance de la forêt par l'âge de la révolution, pour avoir la contenance de la coupe annuelle ;

7° Multiplier le chiffre de la contenance de la coupe annuelle par le nombre des arbres exploitables que peut renfermer l'hectare, indiqué au paragraphe 5, pour obtenir le chiffre de la possibilité annuelle établie en nombre d'arbres exploitables, c'est-à-dire ayant, comme dimension minimum, la circonférence moyenne indiquée au paragraphe 2.

Cette possibilité par pied d'arbres d'une dimension déterminée devant s'appliquer à une coupe annuellement assise dans le massif, il est, en outre, indispensable, pour assurer la régularité des exploitations et de l'aménagement, de déterminer la superficie de cette coupe annuelle. Etant donc admis que les coupes jardinatoires ne doivent pas revenir sur les mêmes emplacements avant une période de repos de dix, douze, quinze et même dix-huit ans (d'après l'arrêt du conseil du roi du 29 août 1730, les forêts de sapin de Franche-Comté devaient être divisées en *dix* portions égales, qui servaient successivement d'assiette pour les coupes), il faut, pour fixer cette rotation des exploitations, diviser l'âge de la révolution par la durée de la rotation admise pour les coupes ; le quotient trouvé sert à multiplier le chiffre de la contenance de la coupe annuelle du paragraphe 6, et le produit donne la surface dans laquelle on pourra exploiter annuellement le nombre des arbres fixés, ayant la circonférence de l'âge d'exploitabilité.

Telles sont les opérations à effectuer pour déterminer la révolution, la rotation et la surface des coupes composées d'une possibilité d'un certain nombre d'arbres d'une dimension minimum determinée. *(Culture et exploitation des arbres.)*

10. *Coupes. Volume.* — La possibilité des coupes doit toujours être évaluée en mètres cubes et en grume (Circ. A 561. Tarif de cubage.) V. Jardinage.

11. *Délivrance d'urgence.* — En cas de délivrance d'urgence ou d'exploitation accidentelle, on doit faire connaître à l'administration s'il y a lieu de faire subir une réduction à la possibilité. (Circ. A 819.)

12. *Bois particuliers. Demande. Reconnaissance.* — Lorsque le propriétaire ou les usagers seront dans le cas de requérir l'intervention d'un agent forestier pour visiter des bois particuliers, afin d'en constater l'état et la possibilité, ou de déclarer s'ils sont défensables, ils en adresseront la demande au conservateur, qui désignera un agent forestier pour procéder à cette visite.

L'agent forestier ainsi désigné dressera procès-verbal de ses opérations, en énonçant toutes les circonstances sur lesquelles sa déclaration sera fondée.

Il déposera ce procès-verbal à la sous-préfecture, où les parties pourront en réclamer des expéditions. (Ord. 151.)

SECT. II. — CONTESTATION.

13. *Contestation.* — En cas de contestation sur l'état et la possibilité d'une forêt de l'Etat, des communes et des établissements publics, en ce qui concerne l'exercice d'un droit d'usage, ou le refus d'admettre les animaux au pâturage ou au panage, dans certains cantons déclarés non défensables, il y aura lieu à recours devant le conseil de préfecture. (Ord. 117.)

14. *Pourvoi.* — En cas de contestation sur l'état et la possibilité de la forêt, le pourvoi contre les décisions rendues par le conseil de préfecture aura effet *suspensif* jusqu'à la décision rendue par le chef de l'État, en conseil d'Etat. (Ord. 117, 146. Cass. 5 juillet 1834.)

15. *Juridiction.* — Les tribunaux civils sont incompétents pour statuer sur la possibilité des forêts. (Cass. 11 mai 1841 et 30 janvier 1845.) V. Cantonnement. Usage.

16. *Compétence.* — Les conseils de préfecture sont seuls compétents pour prononcer sur l'état et la possibilité des forêts. (Cons. d'Etat, 7 décembre 1847.)

17. *Juridiction. Compétence.* — Le conseil de préfecture est exclusivement compétent sur les questions de possibilité, excepté lorsque les questions de l'espèce ne peuvent être résolues que par l'application des lois et des titres ; auquel cas, elles sont du ressort des tribunaux. (Cons. d'Etat, 6 mai 1836.)

18. *Contestation. Compétence.* — Le conseil de préfecture est compétent pour apprécier, sur la réclamation des usagers, la possibilité des forêts, non seulement en ce qui concerne l'état de la forêt et le nombre de bestiaux qui peuvent y être admis au pâturage, mais encore en ce qui touche l'époque et la durée de l'exercice du droit d'usage. (Cons. d'Etat, 21 juillet 1849.)

19. *Compétence.* — La compétence du conseil de préfecture s'arrête à la question de fait relative à l'état ou à la possibilité des forêts. Les tribunaux civils ont seuls droit de statuer sur les questions de droit d'usage. (Cass. 23 février 1835. Cons. d'Etat, 17 février 1843.)

20. *Etat réel.* — C'est d'après l'état réel et actuel des bois, et non d'après la jouissance des années antérieures, que les conseils de préfecture doivent déterminer la possibilité des forêts. (Cons. d'Etat, 17 février 1843.)

21. *Décision. Validité.* — Les décisions de l'administration sur l'état et la possibilité des forêts sont des actes administratifs, qui ne peuvent être détruits que par la preuve contraire et auxquels, jusqu'à cette preuve, le conseil de préfecture ne peut refuser croyance. (Cons. d'Etat, 5 septembre 1842 et 17 février 1843.)

22. *Expertise.* — Les conseils de préfecture peuvent s'éclairer par des expertises, comme les juges civils, pour apprécier les faits signalés soit par l'administration forestière, soit par les usagers. (Cons. d'Etat, 25 mai 1835.)

23. *Contestation. Compétence.* — En cas de non-possibilité alléguée par le propriétaire (Etat) et non reconnue par l'usager, la connaissance de l'exception n'appartient qu'à l'autorité administrative. (Colmar, 29 décembre 1857.)

24. *Droit d'usage.* — Les tribunaux civils, compétents pour constater l'existence et l'étendue des droits d'usage, empiètent sur les attributions de l'autorité administrative, à laquelle il appartient seule de déclarer la possibilité des forêts, lorsqu'ils règlent l'exercice de ces droits, assignent l'ordre et l'étendue des coupes et désignent les essences d'arbres à abattre ou à conserver. (Cass. 12 avril 1848.)

25. *Bois particuliers. Compétence.* — En cas de contestation entre les particuliers et les usagers, sur l'état et la possibilité des forêts, les tribunaux ordinaires sont seuls compétents. (Cod. For. 120, 121. Cass. 1er juin 1840.)

26. *Délivrance. Défense. Appel.* — Pour les délivrances usagères, l'exception de non-possibilité est un moyen de défense à l'action principale, qui peut être développé pour la première fois en appel. (Colmar, 29 décembre 1857.)

SECT. III. — REVISION.

27. *Procès-verbal de revision.* — Le procès-verbal de revision de la possibilité à faire en cours d'une période comprend quatre parties :

1re Partie. — Renseignements préliminaires : 1. Nom. — 2. Contenance. — 3. Département ; arrondissement. — 4. Conservation ; inspection ; cantonnement. — 5. Altitudes. — 6. Essences par centièmes.

2e Partie. — Aménagement en vigueur : Exposé succinct des bases de l'aménagement pour l'ensemble de la forêt. — Régime. — Méthode d'exploitation. — Section. — Séries.

3e Partie. — Etudes spéciales à chacune des séries : 1. Exposé succinct de l'aménagement de la série. — 2. Application du règlement spécial d'exploitation et de la possibilité, tableau K. — 3. Résultats obtenus. — 4. Détermination de la possibilité. — 5. Etat d'assiette pour la fin de la période. — 6. Application de la possibilité. — 7. Améliorations spéciales à la série, prévues par la période, effectuées ou à effectuer.

4e Partie. — Examen comparé des produits annuels tant principaux qu'accessoires, en matière et en argent, avant et après la revision de la possibilité.

Documents à l'appui et pièces justificatives. — Tableaux des comptages et cubages. (Circ. N 415.

POSTE ADMINISTRATIF. V. Résidence.

POSTE (TRANSPORT).

1. *Franchise.* — La correspondance se fait par la poste en franchise, sous bandes contresignées. V. Franchise. Paquet.

2. *Fonctionnaires publics. Cartes postales.* — Les fonctionnaires publics sont, à titre facultatif, autorisés à faire emploi, pour leur correspondance officielle expédiée en franchise, de cartes simples destinées à circuler à découvert et fournies ou fabriquées par les divers départements ministériels ou par les fonctionnaires eux-mêmes.

Ces cartes doivent avoir au minimum 0m,09 de longueur et 0m,06 de hauteur et au maximum 0m,14 de longueur et 0m,09 de hauteur. Leur poids ne devra pas excéder 5 grammes, ni être inférieur à 1 gramme et demi. Le recto est destiné à l'adresse du destinataire et au contre-seing du fonctionnaire expéditeur. Le verso est destiné à recevoir la correspondance officielle. (Décr. 1er décembre 1888, art. 1, 2, 3.)

POT ET FEU.

Définition. Affouage. — On dit, de quelqu'un qui vit aux dépens d'un autre ou qui est à sa charge, qu'il est à son *pot et feu*; dans ce cas, il n'a pas droit à l'affouage.

POTEAU.

1. *Réparation.* — La réparation des poteaux indicateurs des routes et des chemins est classée comme travail d'entretien. (Circ. N 22, art. 25.)

2. *Entretien.* — Les gardes cantonniers veilleront à la conservation des poteaux indicateurs des chemins. (Instr. 13 août 1840. Livret des préposés, art. 44, § 5.)

3. *Adjudicataires.* — Les adjudicataires devront rétablir les poteaux endommagés ou détruits par le fait de l'exploitation des coupes. (Circ. N 22, art. 330. Cah. des ch. 33.) En cas d'inexécution, pas de pénalités ; l'administration fait effectuer les travaux en régie, aux frais des adjudicataires. (Cod. For. 41.)

POTIER DE TERRE. V. Briqueterie. Etablissement incommode. Tuilerie.

POUDRE. V. Munition.

POUDRERIE. V. Artillerie. Bois de bourdaine. Entrepreneur.

POULAIN.

Suivant. — Le poulain qui tette encore sa mère et qui ne pâture pas ne peut pas être compté au nombre des animaux qui vont au pâturage, quoique légalement il puisse donner lieu à l'application des amendes édictées par l'article 199 du code forestier. V. Cheval.

POULE.

Principe. — L'introduction des poules dans un bois ou une pépinière n'est pas un délit ; en cas de dommages, ce fait ne peut donner lieu qu'à une action en réparations civiles, pour le préjudice causé. V. Volaille.

POURBOIRE.

Paiement. — Dans les frais de correspondance, transport, emballage, etc., payés ou remboursés par l'administration aux agents qui ont fait les avances, il n'est pas tenu compte des pourboires. (Circ. N 100.)

POURSUITE.

SECT. I. — PRINCIPES, GÉNÉRALITÉS, 1 — 14.

SECT. II. — ATTRIBUTIONS, 15 — 50.

§ 1. *Administration forestière*, 15 — 37.

§ 2. *Ministère public*, 38 — 50.

SECT. III. — EXERCICE, 51 — 92.

§ 1. *Formalités*, *Dispositions générales*, 51 — 82.

§ 2. *Preuve. Procès-verbal*, 83 — 89.

§ 3. *Actes*, 90 — 92.

SECT. IV. — DÉLINQUANTS INSOLVABLES, 93 — 100.

SECT. V. — ALGÉRIE, 101 — 102.

SECT. VI. — FONCTIONNAIRES, 103 — 121.

SECT. VII. — FRAIS, 122 — 131.

SECT. VIII. — ÉTATS, 132 — 135.

Abrogation, 103.
Acte, 51, 129.
Acte administratif, 105, 107.
Acte incriminé, 106.
Action civile, 35, 46.
Action publique, 27, 43, 44.
Adjudicataire, 82, 130.
Administration, 122.
Agent forestier, 5, 29, 30, 31, 34, 45, 108, 111, 112, 113.
Algérie, 101, 102.
Amende forestière, 13, 13 bis.

Amnistie, 35.
Annulation, 66, 84.
Appel, 79, 131.
Application, 54.
Attribution, 17.
Auteur, 87.
Autorisation, 121.
Avance, 125.
Avis, 111.
Bois communaux, 38, 123
Bois particuliers, 12, 38 bis, 39, 45, 55, 56, 57, 101, 126, 127.
Cassation, 131.
Cessation de poursuite, 73.
Chasse, 25, 38, 42, 43, 44.
Chose jugée, 85.
Circonscription, 29, 30.
Citation, 28, 44, 122.
Compétence, 55, 56, 107, 116.
Complice, 87, 116.
Conclusion, 16, 52.
Condamnation, 12, 13 bis, 73, 74, 100, 123.
Conditions, 97.
Conservation des montagnes, 19.
Contravention, 20, 50, 65.
Contravention de police, 14, 48.
Contravention forestière, 56.
Crime, 67.
Date, 106.
Décision, 119.
Défrichement, 134.
Délai, 71.
Délégation, 10, 33.
Délit, 1, 42, 62, 63, 64, 72, 112.
Délit commun, 4, 26.
Délinquants, 93.
Demandeur, 32.
Désistement, 8, 44.
Dommage, 2, 41.
Dommages-intérêts, 6, 13 bis, 74.
Dunes, 21.
Ecritures, 92.
Emprisonnement, 100.
Enregistrement, 127, 128, 131.
Etats, 99, 135.
Etranger, 3.
Etudes, 121.
Exception préjudicielle, 74.
Exercice, 7.
Expédition, 130.
Exploit, 90.
Faits non délictueux, 66.
Feu, 40.
Fonctionnaire, 115.
Formalités, 47.
Frais, 13 bis, 122, 124, 125, 127, 131.
Français, 3.
Frontière, 3, 77, 78.
Garde champêtre, 50.
Hors France, 3, 75, 76.
Imprimés, 91.
Incarcération, 97.
Infraction, 52.
Insolvable, 93, 95, 96.
Instruction, 108.
Instruction écrite, 60.
Introduction d'instance, 59.
Irrégularité, 23.
Italie, 77.
Juge de paix, 57.
Jugement, 122.
Juridiction, 53, 112, 118.
Loi Béranger, 13, 14.
Loi générale, 41.
Loi spéciale, 54. 104.
Magistrat, 114.
Mémoire, 125.
Ministère public, 5, 6, 9, 11, 101.
Mise en défens, 19.
Notification, 24.
Nullité, 85, 86.
Officier de police judiciaire, 113, 114, 115.
Paiement, 82.
Pâturage, 20.
Peine, 43, 52.
Peine administrative, 109.
Pénalités, 62, 63, 64.
Péremption, 61.
Plaidoirie, 58.
Plainte, 42.
Poursuite d'office, 38 bis.
Préposés, 90, 108, 111, 116, 118, 119, 120.
Preuve, 83, 86, 87, 89.
Principe, 15, 93, 103.
Prise à partie, 117.
Procédure, 126.
Procès-verbal, 50, 63, 79, 80, 84, 85, 96.
Propriétaire, 47.
Qualification, 69.
Qualités, 32, 34.
Récolement, 81.
Recouvrement, 128.
Régime forestier, 22, 23, 24, 39.
Région des Maures, 40.
Règlement de pâturage, 49.
Remise, 37, 50.
Renvoi à fins civiles, 70, 72, 73.
Répression, 1.
Reprise des poursuites, 70, 71, 74.
Requête, 32.
Résidence, 34.
Responsabilité, 118, 119, 120.
Restauration des montagnes, 18.
Restitution civile, 2.
Saisie, 131,
Séparation des pouvoirs, 105.
Séquestre, 98.
Serment, 88.
Signification, 122,
Solidarité, 95.
Solvable, 93, 94.
Sommier, 132, 133.
Suisse, 78.
Sursis, 13 bis, 68, 72, 73, 74, 76, 80.
Suspension, 61.
Témoins, 85.
Territoire militaire, 102.
Terrain d'autrui, 42.
Timbre, 126, 129, 130, 131.
Traitement, 110.
Transaction, 36, 133.
Travaux publics, 121.
Tribunal, 65.
Usage du feu, 40.
Validité, 51.
Vice de forme, 84.
Visa, 124.

V. Action civile. Appel. Audience. Citation. Compétence. Conclusions. Douaniers. Etat de siège. Exception préjudicielle. Exploit. Insolvable. Instance. Instruction. Juridiction. Magistrat. Maures. Militaire. Officier de police judiciaire. Ponts et chaussées. Privilège de juridiction.

SECT. I. — PRINCIPES. GÉNÉRALITÉS.

1. *Délit. Répression.* — Tout délit portant atteinte à la propriété d'autrui doit être puni, quel que soit le propriétaire; le prévenu d'un delit forestier n'a donc pas, en ce qui concerne la peine, à contester la qualité du propriétaire poursuivant, si la peine ne varie pas.

2. *Dommages. Restitutions civiles.* — Tout fait *dommageable* au sol ou aux produits forestiers doit être poursuivi et réprimé, en vertu de l'article 198 du code forestier; la restitution des objets enlevés, les dommages-intérêts et la confiscation des instruments du délit ne peuvent être demandés que devant les tribunaux correctionnels, seuls compétents pour statuer sur ces faits. (Cass. 30 septembre 1836.)

3. *Français. Étranger. Hors France. Frontière.* — Tout Français qui, hors du territoire de la France, s'est rendu coupable d'un fait qualifié délit par la loi française peut être poursuivi et jugé en France, si le fait est puni par la législation du pays où il a été commis.

Toutefois, qu'il s'agisse d'un crime ou d'un délit, aucune poursuite n'a lieu, si l'inculpé prouve qu'il a été jugé définitivement à l'étranger.

En cas de délit commis contre un particulier français ou étranger, la poursuite ne peut être intentée qu'à la requête du ministère public; elle doit être précédée d'une plainte de la partie offensée ou d'une dénonciation officielle à l'autorité française par l'autorité du pays où il a été commis.

Aucune poursuite n'a lieu avant le retour de l'inculpé en France, si ce n'est pour les crimes énoncés en l'article 7 ci-après. (Instr. Crim. 5.)

La poursuite est intentée à la requête du ministère public du lieu où réside le prévenu ou du lieu où il peut être trouvé.

Néanmoins, la cour de cassation peut, sur la demande du ministère public ou des parties, renvoyer la connaissance de la cause devant une cour ou un tribunal plus voisin du lieu du crime ou du délit. (Instr. Crim. 6.)

Tout étranger qui, hors du territoire de la France, se sera rendu coupable, soit comme auteur, soit comme complice, de contrefaçon du sceau de l'Etat (marteau), pourra être poursuivi et jugé d'après les dispositions des lois françaises, s'il est arrêté en France ou si le gouvernement obtient son extradition. (Instr. Crim. 7.)

La condamnation par défaut sera comme non avenue si, dans les cinq jours de la signification qui en aura été faite au prévenu ou à son domicile, outre un jour par cinq myriamètres, celui-ci forme opposition à l'exécution du jugement et notifie son opposition, tant au ministère public qu'à la partie civile.

Les frais de l'expédition, de la signification du jugement par défaut et de l'opposition pourront être laissés à la charge du prévenu.

Toutefois, si la signification n'a pas été faite à personne, ou s'il ne résulte pas d'actes d'exécution du jugement que le prévenu en a eu connaissance, l'opposition sera recevable jusqu'à l'expiration des délais de la prescription de la peine. (Instr. Crim. 187. Loi du 27 juin 1866.)

Tout français qui s'est rendu coupable de délits et contraventions en matière forestière ou rurale, sur le territoire de l'un des Etats limitrophes, peut être poursuivi et jugé en France, d'après la loi française, si cet Etat autorise la poursuite de ses régnicoles pour les mêmes faits commis en France.

La réciprocité sera légalement constatée par des conventions internationales ou par un décret publié au *Journal officiel*. (Loi du 27 juin 1866, art. 2.) V. Frontière.

4. *Délits autres que ceux du code forestier.* — Les délits commis dans les bois soumis au régime forestier peuvent être poursuivis indistinctement par les agents forestiers et par le ministère public, devant les tribunaux correctionnels, tant en ce qui regarde l'action pénale que l'action civile. Cependant, lorsque le code forestier rappelle une infraction punie par le code pénal ou autre, les agents forestiers sont incompétents et la poursuite appartient au ministère public seul. (Cass. 16 août 1838.)

5. *Agent forestier. Ministère public.* — Les poursuites et actions exercées par les agents forestiers, au nom de *l'administration forestière*, sont sans préjudice du droit qui appartient au ministère public. (Cod. For. 159.)

6. *Délit de droit commun. Ministère public. Administration forestière. Dommages-intérêts.* — Lorsqu'un délit de droit commun, dommageable au sol forestier et commis dans une forêt de l'Etat, a été poursuivi à la requête du ministère public seul et qu'il est intervenu un jugement, l'administration des forêts n'est plus recevable à intenter, devant le tribunal correctionnel, une action en dommages-intérêts. (Trib. de Largentière, 16 mars 1888.)

7. *Exercice.* — Le ministère public exerce, concurremment avec l'administration forestière, l'action en répression des délits, non seulement en ce qui concerne les peines, mais aussi pour la condamnation aux dommages-intérêts et restitutions. (Cass. 8 mai 1835.)

8. *Désistement.* — Après le désistement de l'administration forestière, le ministère public peut reprendre l'affaire abandonnée. De même, si le ministère public ne voulait pas poursuivre, l'administration forestière pourrait toujours suivre une affaire jusqu'au jugement à intervenir.

9. *Ministère public.* — Les faits une fois jugés contradictoirement avec le ministère public le sont à l'égard de tous, et l'administration ne serait pas recevable à demander la répression d'un délit déjà poursuivi par le ministère public.

10. *Délégation.* — Le procureur général près la cour d'appel, soit d'office, soit par les ordres du ministre de la justice, charge le chef du parquet de poursuivre les délits dont il a connaissance. (Instr. Crim. 274.)

11. *Ministère public. Assimilation.* — Lorsqu'un agent public a reçu de la loi mission de poursuivre un délit ou une contravention qui intéresse exclusivement l'ordre public, il devient alors, en quelque sorte, un auxiliaire du ministère public et doit échapper, comme lui, à toute condamnation. (Cass. 4 juillet 1861.)

12. *Bois particuliers. Condamnations.* — Comme les amendes et confiscations prononcées à raison des delits commis dans les bois des particuliers appartiennent à l'Etat, il s'ensuit que, si un particulier, poursuivant un délit commis dans son bois, appelle seul du jugement par lequel le prévenu a été déchargé, celui-ci ne peut, sur cet appel, être condamné à l'amende et encore moins à l'emprisonnement, mais seulement à la restitution et aux dommages-intérêts. (Cass. 23 floréal an x.)

13. *Loi Béranger. Amende forestière. Non-applicabilité.* — La disposition de la loi Béranger du 26 mars 1891, qui autorise les juges à surseoir à l'exécution de la peine, n'est pas applicable en cas de condamnation à l'amende prononcée en matière forestière. (Riom, 18 mai 1892.)

13 bis. *Condamnation. Amende. Sursis.* — La loi Béranger du 26 mars 1891, ne s'appliquant pas aux frais et dommages intérêts, ne s'applique donc pas à l'amende en matière forestière, car, aux termes de l'article 202 du code forestier et de la loi du 18 juin 1859, l'amende forestière participe, dans une certaine mesure, du caractère des réparations civiles, auxquelles elle est étroitement liée. (Cass. 22 décembre 1892.)

14. *Loi Béranger. Simple police. Non-applicabilité.* — La loi Béranger du 26 mars

1891, qui permet de suspendre pendant cinq ans l'application de la peine, n'est pas applicable en matière de contravention de simple police. (Cass. 5 mars 1892.)

SECT. II. — ATTRIBUTIONS.

§ 1. *Administration forestière.*

15. *Principes.* — Les poursuites en matière forestière doivent être complètes, régulières, rapides et économiques. (Inspection des finances.)

16. *Conclusions.* — Dans les poursuites, les agents ne doivent pas s'écarter des règles d'une équitable modération. (Circ. A 623.)

17. *Attributions.* — L'administration des forêts est chargée de la poursuite en réparation de tous délits et contraventions commis dans les bois soumis au régime forestier, ainsi que des délits de défrichement. (Cod. For. 159, 219.)

18. *Restauration des montagnes. Périmètres.* — Les délits et contraventions commis sur les terrains compris dans un périmètre de restauration seront constatés et poursuivis comme ceux commis dans les bois soumis au régime forestier. Il sera procédé comme en matière forestière à l'exécution des jugements. (Loi du 26 janvier 1892, déclarant d'utilité publique des travaux de restauration dans le bassin du Var moyen.)

L'emploi des termes : *un périmètre de restauration* caractérise une disposition applicable à *tout périmètre* de restauration. (Rép. For. t. XIX, p. 108.)

19. *Conservation des montagnes. Mise en défens.* — Les délits commis sur les terrains mis en défens seront constatés et poursuivis comme ceux commis dans les bois soumis au régime forestier. (Loi du 4 avril 1882, art. 11.)

20. *Contraventions. Pâturage.* — Les contraventions aux règlements de pâturage seront constatées et poursuivies dans la forme prescrite par les articles 137 et suivants du code d'instruction criminelle et, au besoin, par tous les officiers de police judiciaire. Les contrevenants seront passibles des peines portées par les articles 471 du code pénal (amende : 1 à 5 francs) et 474, en cas de récidive (prison : 3 jours au plus), modifiées, s'il y a lieu, par l'application de l'article 463 du même code. (Loi du 4 avril 1882, art. 15.)

21. *Dunes.* — Les délits seront poursuivis devant les tribunaux et punis conformément aux dispositions du code pénal. (Décr. du 14 décembre 1810, art. 9.) Cette disposition a été abrogée par l'article 218 du code forestier, et les agents forestiers exercent les poursuites contre les délits commis dans les dunes soumises au régime forestier et d'après les pénalités du code forestier. (Cass. 2 août 1867.)

22. *Régime forestier.* — L'administration ne peut poursuivre les délits forestiers que dans les terrains légalement et régulièrement soumis au régime forestier, ou par rapport à ces terrains, à l'exception des délits de défrichement et de feu à distance prohibée, qui sont partout susceptibles d'être poursuivis.

23. *Soumission irrégulière.* — En cas d'inobservation des formalités de l'article 90 du code forestier, la soumission au régime forestier d'un terrain appartenant à une commune ou à un établissement public est illégale et nulle, et l'administration serait sans qualité pour poursuivre les délits forestiers commis, autres que celui de défrichement. (Cass. 27 avril 1833 et 23 septembre 1837.)

24. *Régime forestier. Notification.* — L'administration ne peut poursuivre les délits commis dans les bois des communes et des établissements publics que lorsque l'ordonnance de soumission a été régulièrement notifiée aux maires et aux administrateurs. (Besançon, inédit, 26 novembre 1839 et 29 novembre 1841.)

25. *Chasse.* — L'administration des forêts a qualité pour poursuivre directement la réparation de tous les délits de chasse commis dans les bois soumis au régime forestier, même lorsque la chasse est louée et que le fermier ne se plaindrait pas. (Cass. 16 août 1844, 9 janvier 1846 et 2 août 1867. Circ. N 72, art. 23.)

26. *Délits communs.* — L'administration des forêts a qualité pour poursuivre correctionnellement la réparation civile des délits communs qui portent atteinte aux intérêts du sol forestier. (Cass. 20 juin 1866.)

27. *Action publique.* — L'administration des forêts ne peut exercer l'action publique que lorsqu'il s'agit de délits purement forestiers, ou de délits assimilés par les lois spéciales aux délits forestiers ; elle n'a pas qualité pour intenter cette action lorsque le délit, bien que constituant exclusivement une atteinte au sol forestier, n'est prévu et puni que par une loi ordinaire. L'administration forestière conserve cependant, à l'égard de ce délit, le droit de poursuivre correctionnellement, en qualité de partie civile, la réparation du préjudice causé à la forêt ; ce droit, elle peut l'exercer en appel, alors même que l'action publique se trouverait éteinte. (Cass. 4 janvier 1855. Nancy, 19 février 1856.)

28. *Citation.* — L'agent chef de service cite, au nom de l'administration et sans délai, les délinquants par-devant le tribunal d'arrondissement et demande au tribunal d'assigner, par mois, le nombre d'audiences qu'exige le jugement de ce genre d'affaires. (Instr. 23 mars 1821.)

29. *Agent. Circonscription.* — Les délits doivent être poursuivis par l'agent de l'arron-

dissement où ils ont été commis et devant le tribunal dans le ressort duquel sont situés les bois. (Circ. 26 mai 1801.)

30. *Agent. Circonscription.* — Les délits sont poursuivis par l'agent forestier chef du service de l'arrondissement. (Circ. N 149, annexe.)

31. *Agent.* — En cas de poursuite, il n'y a aucune distinction à faire entre les agents, inspecteurs, inspecteurs adjoints et gardes généraux, à la diligence desquels la poursuite est exercée. (Cass. 13 août 1807.)

32. *Qualité. Requérant. Demandeur.* — Les poursuites exercées par les agents forestiers, devant le tribunal correctionnel, sont intentées au nom de l'administration des forêts. (Cod. For. 159.)

33. *Délégation.* — Malgré les termes de l'article 159 du code forestier, les poursuites peuvent être exercées au nom du *directeur de l'administration forestière.* (Cass. 21 mars 1840.)

34. *Agent. Qualité. Résidence.* — L'agent forestier qui représente le directeur ne doit, dans les actes, déclarer que sa qualité et sa résidence, afin qu'en cas de changement le nouveau titulaire, revêtu de la même fonction, puisse continuer les poursuites, ce qui ne pourrait pas avoir lieu si les actes de citation contenaient, par exemple, le nom propre de l'agent remplacé. (Dijon, inédit, 5 mars 1834. Cass. 21 mars 1840.)

35. *Amnistie. Action civile.* — Les agents forestiers seuls, à l'exclusion du ministère public, ont le droit de poursuivre, après amnistie et devant les tribunaux correctionnels, les actions civiles accessoires du délit. (Cass. 18 janvier 1828.) V. Action civile.

36. *Transaction.* — L'administration forestière est autorisée à transiger sur les poursuites. (Cod. For. 159.) V. Transaction.

37. *Cessation de poursuites. Remise.* — Pour les délits de droit commun, qui ne sont pas susceptibles de transaction par l'administration, on peut adresser au ministre une demande en cessation de poursuites ou en remise de condamnations, qu'il a le droit d'accorder. (Décis. Min. 31 août 1852.) V. Action pénale. Action publique.

§ 2. *Ministère public.*

38. *Bois communaux. Chasse.* — Le ministère public a qualité pour poursuivre d'office, et en l'absence de la plainte du maire de la commune propriétaire, les délits de chasse commis dans les bois communaux soumis au régime forestier. (Cass. 19 janvier 1846.)

38 bis. *Bois particuliers. Ministère public. Poursuite d'office.* — Le ministère public a qualité pour poursuivre d'office, et en l'absence de plainte des parties intéressées, la répression des contraventions commises dans les bois particuliers. (Cass. 29 juillet 1853.)

39. *Bois particuliers. Bois non soumis au régime forestier.* — Le ministère public a le droit de poursuivre les délits commis dans les bois particuliers et dans ceux non soumis au régime forestier, en vertu de l'article 182 du code d'instruction criminelle.

Si le ministère public s'abstenait de poursuivre d'office les délits commis dans les bois particuliers, on devrait, suivant les circonstances, prévenir l'administration que le défaut de poursuites peut devenir une cause de la destruction des bois ou de leur défrichement.

40. *Région des Maures. Usage du feu.* — L'administration forestière est chargée des poursuites à exercer, en exécution de l'article 5 de la présente loi, lorsque les délits constatés auront été commis dans les bois soumis au régime forestier.

Au cas contraire, les procès-verbaux seront transmis par l'inspecteur des forêts, dans le délai de vingt jours, au procureur de la République, chargé des poursuites. (Loi du 19 août 1893, art. 7. Circ. N 461.)

41. *Loi générale. Atteinte à la propriété.* — C'est au ministère public et non aux agents forestiers à poursuivre les infractions pouvant porter atteinte à la propriété forestière, lorsque ces infractions sont prévues et punies par une autre loi que le code forestier, et qu'elles ne sont pas commises dans les bois soumis au régime forestier. (Cass. 16 août 1838.)

42. *Terrain d'autrui. Délit de chasse. Plainte.* — Les délits de chasse sur le terrain d'autrui ne peuvent être poursuivis d'office par le ministère public, sans une plainte de la partie intéressée, encore que la constatation de ces délits résulte d'un procès-verbal dressé par la gendarmerie. La simple déclaration verbale faite par un garde particulier à ladite gendarmerie ne saurait équivaloir à une plainte du propriétaire lui-même. (Trib. de Compiègne, 24 septembre 1884.)

43. *Chasse. Action publique. Pénalités.* — Le tribunal correctionnel, saisi par voie de citation directe de la connaissance d'un délit de chasse, a compétence pour appliquer au délinquant, sur les réquisitions du ministère public, une peine prononcée par un article du code pénal, alors même que cet article n'est pas visé précisément dans la citation. Il suffit que les faits constitutifs de ce délit connexe soient énoncés dans cette assignation. Le particulier, sur les terres duquel a été commis un délit de chasse, est recevable à se plaindre personnellement de tout délit commis envers son garde. (Paris, 17 mai 1882.)

44. *Citation directe. Désistement. Chasse. Action publique.* — En matière de chasse, lorsqu'un propriétaire a cité directement en

police correctionnelle un individu pour avoir chassé, sans son autorisation, sur son terrain, et qu'avant l'audience il se désiste de son action, ce désistement ne met pas obstacle à ce que le ministère public requière contre le cité l'application de la peine édictée par la loi. (Metz, 2 février 1870. Trib. de Compiègne, 20 novembre 1883.)

45. *Bois particuliers. Agent forestier.* — Les agents forestiers sont incompétents pour la poursuite des délits commis dans les bois particuliers (Dijon, inédit, 17 février 1830), excepté, cependant, en ce qui concerne les délits de défrichement.

46. *Action civile.* — Lorsque les faits constatés ne donnent lieu qu'à une action civile, les agents forestiers ne sont pas compétents pour la poursuite. (Dijon, inédit, 13 février 1833.) V. Action civile.

47. *Propriétaire. Faculté. Formalité.* — Tout propriétaire lésé par un délit peut intenter une action civile ou une action pénale; mais il doit se conformer aux prescriptions des articles 185 du code forestier et 648 du code d'instruction criminelle, c'est-à-dire saisir le tribunal dans le délai de trois ans, s'il n'y a pas eu de procès-verbal, et de trois ou six mois, s'il y a eu procès-verbal. Les deux actions se prescrivent en même temps; cependant, si le dommage provenait de l'inexécution d'un contrat, le propriétaire aurait alors trente ans pour intenter son action en dommages-intérêts. (Cass. 5 juin 1830.)

48. *Contraventions de police.* — Les procès-verbaux dressés par les gardes champêtres des communes, par les gardes champêtres et forestiers des particuliers, ayant pour objet une contravention de police, seront poursuivis par le commissaire de police du chef-lieu de la justice de paix, par le maire ou, à son défaut, par l'adjoint. (Instr. Crim. 21.)

49. *Infraction aux règlements du pâturage. Suite donnée aux procès-verbaux.* — A la fin de chaque mois, l'agent forestier local établit, au greffe de la justice de paix, un relevé ayant pour objet de faire connaître la suite qui a été donnée aux procès-verbaux. Il annote son sommier au moyen de ce relevé, qu'il transmet au chef de service.

A la fin de l'année, le chef de service transmet un état récapitulatif de ces relevés au conservateur, qui en adresse une copie à l'administration, sur un état général établi pour toute l'étendue de sa circonscription. (Instr. Gén. du 2 février 1865, art. 258. Circ. N 345.)

50. *Garde champêtre. Procès-verbal. Remise. Contravention.* — Les procès-verbaux des gardes champêtres des communes, lorsqu'il s'agira de simple contravention, seront remis par eux, dans les trois jours de la constatation du délit, au commissaire de police; lorsqu'il s'agira d'un délit de nature à mériter une peine correctionnelle, la remise en sera faite au chef du parquet. (Cod. For. 190. Instr. Crim. 15, 20.)

SECT. III. — EXERCICE.

§ 1. *Formalités. Dispositions générales.*

51. *Actes. Validité.* — Dans les poursuites, les originaux des actes de citation, assignation, avis, procès-verbaux, doivent seuls être consultés, en ce qui concerne l'authenticité. (Nîmes, inédit, 25 juin 1835.)

52. *Infraction. Peines. Conclusion.* — Les agents forestiers ne peuvent demander que l'application des peines prononcées par le code forestier. Lorsque le code forestier rappelle une infraction punie par le code pénal ou par une loi spéciale, la poursuite appartient, dans ce cas, au ministère public. (Cass. 16 août 1838.)

53. *Juridiction.* — Toutes les poursuites exercées par l'administration forestière ou par ses agents, pour la réparation des délits ou contraventions en matière forestière, sont portées devant les tribunaux correctionnels, seuls compétents pour en connaître (Cod. For. 171. Instr. Crim. 179), excepté en Algérie. V. Algérie.

54. *Loi spéciale. Application.* — Lorsque les délits sont prévus tout à la fois par la loi générale et par la loi spéciale, c'est la loi spéciale qui doit être appliquée, quelque contraire qu'elle puisse être au droit commun. (Cass. 13 mars 1844.)

55. *Bois particuliers. Compétence.* — Il n'est rien changé aux dispositions du code d'instruction criminelle, relativement à la compétence des tribunaux pour statuer sur les délits et contraventions commis dans les bois et forêts qui appartiennent aux particuliers. (Cod. For. 190.)

56. *Bois particuliers. Bois non soumis. Contravention forestière. Compétence.* — La connaissance des délits qui ont le caractère de contraventions de police, c'est-à-dire entraînant un emprisonnement de 5 jours et une amende de 15 francs, commis dans *tous les bois* non soumis au régime forestier et poursuivis soit à la requête des particuliers, soit même à la requête du ministère public, est du ressort des tribunaux de simple police. (Cass. 16 avril 1835, 25 janvier 1838 et 29 juillet 1853.)

57. *Bois particuliers. Juge de paix.* — La connaissance des contraventions de police est attribuée exclusivement au juge de paix du canton dans l'étendue duquel elles ont été commises. (Instr. Crim. 138. Loi du 27 janvier 1873.)

58. *Plaidoirie.* — Les agents forestiers ont le droit d'exposer l'affaire devant le

tribunal et sont entendus à l'appui de leurs conclusions. (Cod. For. 174.)

59. *Introduction d'instance.* — En matière correctionnelle, le tribunal sera saisi de la connaissance des délits de sa compétence par la citation donnée directement au prévenu et aux personnes civilement responsables du délit par les conservateurs, inspecteurs, inspecteurs adjoints, gardes généraux ou par le ministère public. (Instr. Crim. 182.)

60. *Instruction écrite.* — En matière forestière, le tribunal est ordinairement saisi de l'affaire par la citation au prévenu ; il peut l'être aussi par suite d'une instruction écrite. Mais alors il faut une ordonnance de la chambre du conseil, pour que les faits puissent lui être déférés. Dans ce cas, il peut examiner et statuer sur tous les faits compris dans la plainte. (Cass. 4 juin 1830.)

61. *Suspension. Péremption.* — Lorsque les actions forestières formées dans le délai de trois mois, à compter des procès-verbaux, sont suspendues, elles sont atteintes par la péremption, s'il s'est écoulé plus de trois années sans poursuites, depuis le dernier acte d'instruction. (Cass. 16 août 1844.)

62. *Pénalité. Délit.* — Il doit être prononcé autant d'amendes et de condamnations qu'il y a de délits distincts, régulièrement constatés par procès-verbal. (Cass. 28 juin 1845.)

63. *Procès-verbal. Délits divers. Pénalité.* — Lorsque plusieurs délits constatés par un procès-verbal sont déférés à un tribunal, celui-ci se trouve régulièrement saisi de la connaissance de tous ces délits par la citation donnée aux prévenus et fondée sur ce procès-verbal ; il doit alors faire, pour chacun d'eux, l'application de la loi. (Cass. 7 mars 1835.)

64. *Double délit. Pénalité.* — Si deux délits distincts sont constatés sur un seul procès-verbal, le tribunal doit faire l'application de la loi pour les deux délits. (Cass. 7 mars 1835.)

65. *Contravention. Tribunal correctionnel.* — Si le fait n'est qu'une contravention de police et si la partie publique ou la partie civile n'a pas demandé le renvoi, le tribunal appliquera la peine et statuera, s'il y a lieu, sur les dommages-intérêts. Dans ce cas, son jugement sera en dernier ressort. (Instr. Crim. 192.)

66. *Faits non délictueux. Annulation.* — En cas de poursuite, si un fait ne présente ni délit, ni contravention de police, le tribunal annulera la citation et l'instruction et tout ce qui aura suivi, renverra le prévenu et statuera par le même jugement sur les demandes en dommages-intérêts. (Instr. Crim. 159, 191.)

67. *Crime.* — Si le fait est de nature à mériter une peine afflictive ou infamante, le tribunal pourra décerner de suite le mandat de dépôt ou le mandat d'arrêt, et il renverra le prévenu devant le juge d'instruction compétent. (Instr. Crim. 193.)

68. *Double poursuite. Sursis.* — En cas de poursuite pour faux martelage et déficit de réserves, le tribunal correctionnel doit condamner pour déficit de réserves, sans surseoir, pour attendre le jugement de faux martelage, car l'adjudicataire est toujours responsable, quoique n'étant ni auteur, ni complice du délit.

Toutefois, si le procès-verbal était jugé insuffisant, le tribunal pourrait surseoir jusqu'après la poursuite criminelle. (La question est encore indécise.)

Lorsque le tribunal correctionnel découvre dans le cours des débats que le prévenu d'un simple délit forestier peut être inculpé d'avoir contrefait le marteau de l'Etat, il doit surseoir à statuer sur le délit. (Cass. 10 décembre 1842.)

69. *Qualification.* — Un même délit peut avoir plusieurs qualifications légales et être susceptible de plusieurs pénalités. Dès lors, un délinquant acquitté peut, pour le même délit, être poursuivi, mais pour une autre condamnation.

Ainsi, un délinquant a coupé toutes les menues branches d'un jeune bouleau pour en fabriquer des balais; il est poursuivi, en vertu de l'article 196 (mutilation), comme s'il avait coupé ce bouleau sur pied, et acquitté. On peut alors le poursuivre en vertu de l'article 194 (fagot), pour coupe de bois au-dessous de deux décimètres de tour, et réciproquement.

70. *Renvoi à fins civiles. Reprise des poursuites.* — Si le prévenu renvoyé à fins civiles ne saisit pas le tribunal dans le délai fixé, il est passé outre aux poursuites, comme si aucune exception préjudicielle n'avait été élevée. (Cass. 28 mars 1873.)

Mais, pour ramener le prévenu devant le tribunal correctionnel, il faut lui donner une nouvelle citation à ces fins. (Montpellier, inédit, 28 avril 1836.)

71. *Reprise des poursuites. Délai.* — Si, au délai fixé, le prévenu a saisi la juridiction civile, mais si ensuite la péremption de l'instance civile (trois ans après les derniers actes de procédure) anéantit les procédures civiles, la poursuite correctionnelle doit être reprise.

Le prévenu est, en effet, demandeur dans l'instance civile, et si, par sa faute, il ne fait pas statuer sur l'exception préjudicielle qu'il a présentée, le juge doit prononcer sur la contravention, sans avoir égard à ladite exception. (Cass. 28 mars 1873.)

72. *Renvoi à fins civiles. Sursis. Nouveau délit.* — Si, en attendant la solution de l'action civile, le prévenu a continué ou renouvelé les faits incriminés, le tribunal ne doit pas être saisi de ces nouveaux faits,

auxquels s'applique le sursis des faits antérieurs, et il ne peut être prononcé sur ces délits qu'après l'instance civile. (Cass. 15 mars 1839.)

73. *Renvoi à fins civiles. Condamnation. Sursis.* — Bien qu'en cas de retard ou de refus du prévenu de commencer l'action civile dans le délai fixé, le tribunal correctionnel doive continuer sa poursuite, la condamnation n'est pas irrévocable si, avant le jugement correctionnel, le prévenu a engagé l'action civile.

Dans ce cas, il est sursis à l'emprisonnement, et les condamnations pécuniaires sont mises en dépôt, jusqu'à la solution du litige.

74. *Exception préjudicielle. Sursis. Reprise. Dommages-intérêts.* — Lorsque, par suite d'une exception préjudicielle, la poursuite a été suspendue et que le délinquant a été maintenu en possession sur une action en complainte possessoire, si, par suite d'une action pétitoire, le délinquant est débouté de ses prétentions, la poursuite correctionnelle peut être reprise; mais, dans ce cas, comme la possession annale reconnue au délinquant lui donnait tous les droits de propriété, tant qu'il n'avait pas été évincé définitivement, il ne peut être prononcé aucune peine contre lui. On ne peut le poursuivre qu'en dommages-intérêts et en restitution des fruits, au cas où la possession aurait été de mauvaise foi. (Cass. 3 août 1844.)

75. *Hors France.* — Les contraventions commises dans les forêts appartenant à des communes françaises, mais situées hors du territoire français (duché de Bade), doivent être constatées par les gardes et jugées par les tribunaux du lieu de la situation de la forêt. L'exécution du jugement doit avoir lieu d'après le visa du juge du domicile du condamné, s'il n'est pas dans le ressort du tribunal qui a rendu le jugement. (Decis. Min. 18 mars 1830.) V. Frontière.

76. *Hors France. Sursis.* — En cas de poursuite contre un adjudicataire avant le récolement, celui-ci peut demander qu'il soit sursis à statuer jusqu'après le récolement, et c'est au tribunal à statuer si la demande est bien fondée et si elle est recevable.

77. *France et Italie. Frontière.* — Les délits et contraventions qui pourraient avoir lieu sur le Mont-Cenis et sur les territoires compris entre la ligne frontière et la crête des Alpes, depuis Colla-Lunga jusqu'au Mont-Clapier, seront constatés par les gardes champêtres des communes françaises auxquelles ces territoires appartiennent. Ces gardes champêtres devront être assermentés devant un tribunal sarde, et leurs procès-verbaux seront mis en poursuite devant ce même tribunal.

Les bois appartenant à des communes françaises et situés dans le comté de Nice, entre la ligne frontière et la crête des Alpes, seront administrés par les agents du gouvernement français ; toutefois, ces agents ne seront appelés qu'à constater les délits ou contraventions en matière forestière qui seraient commis par les français résidant en France, et leurs procès-verbaux ne pourront être mis en poursuite que devant les tribunaux français. (Convention du 7 mars 1861, art. 7 et 8.)

78. *France. Suisse. Frontière.*—Lorsqu'une forêt appartenant à l'Etat, à une commune ou à un particulier suisse sera située sur le territoire français, ou réciproquement, des gardes pourront être désignés par les propriétaires pour la surveillance desdites forêts. Ces gardes devront remplir les conditions de nationalité et de capacité exigées par les lois et règlements du pays où la forêt sera située ; ils seront commissionnés et assermentés par l'autorité compétente du même pays. Leurs pouvoirs et leurs obligations seront les mêmes que ceux des gardes des forêts dont les propriétaires ne sont pas étrangers.

Les gouvernements suisse et français s'engagent à poursuivre ceux de leurs ressortissants qui auraient commis des infractions forestières sur le territoire étranger, de la même manière et par application des mêmes lois que s'ils s'en étaient rendus coupables dans les forêts de leur pays même.

La poursuite aura lieu sous la condition qu'il n'y ait pas de jugement rendu dans le pays auquel appartient l'inculpé.

L'Etat où la condamnation sera prononcée percevra seul le montant des amendes et des frais ; mais les indemnités seront versées dans les caisses de l'Etat où les infractions auront été commises.

Les procès-verbaux dressés régulièrement feront foi jusqu'à preuve contraire devant les tribunaux étrangers. (Conventions, 30 juin 1864 et 23 février 1882, art. 7 et 8.)

79. *Procès-verbal. Appel.* — Lorsqu'un jugement n'a pas force de chose jugée, on peut, en appel, produire un second procès-verbal destiné à couvrir l'insuffisance d'un premier acte qui aurait servi de base aux poursuites ; mais il faut, pour cela, que le second procès-verbal se rapporte au même delit.

80. *Procès-verbaux. Sursis.* — Si, dans le cours de l'exploitation ou de la vidange, il était dressé des procès-verbaux de délit ou vice d'exploitation, il pourra y être donné suite sans attendre l'époque du récolement.

Néanmoins, en cas d'insuffisance d'un premier procès-verbal sur lequel il ne sera pas intervenu de jugement, les agents forestiers pourront, lors du récolement, constater par un nouveau procès-verbal les délits et contraventions. (Cod. For. 44.)

81. *Récolement.* — On peut, lors du récolement, constater et poursuivre des

délits autres que ceux constatés antérieurement. (Cass. 21 mai 1836.)

82. *Adjudicataire. Paiement.* — En cas de retard de paiement, les poursuites contre les adjudicataires doivent être exercées en vertu du procès-verbal d'adjudication, sans qu'il soit besoin de le faire revêtir de la formule exécutoire, ni du visa du président du tribunal, ce procès-verbal ayant par lui-même toute la force exécutoire des grosses des jugements des tribunaux et des actes notariés; en conséquence, les comptables peuvent faire commandement, saisie et vente des meubles et immeubles des débiteurs, en vertu de ce seul acte; mais ils ne peuvent pas prendre inscription hypothécaire. (Décis. Min. 20 novembre 1833, art. 3. Circ. N 80, art. 112.)

§ 2. *Preuves. Procès-verbal.*

83. *Preuves.* — Les délits ou contraventions en matière forestière sont prouvés, soit par procès-verbaux, soit par témoins, à défaut de procès-verbaux ou en cas d'insuffisance de ces actes. (Cod. For. 175.)

84. *Procès-verbal annulé. Vice de forme. Nouvelle poursuite sur le fond.* — Si un procès-verbal est annulé pour vice de forme, le jugement qui renvoie le prévenu n'ayant pas statué sur le fond, rien ne s'oppose à ce que la poursuite du délit soit reprise par un nouveau procès-verbal régulier, ou sur la preuve testimoniale, afin de faire statuer quant au fait délictueux sur lequel il n'y a pas eu jugement, mais avant que le premier jugement ait acquis force de chose jugée. (Cass. 11 août 1831, 23 juillet 1836 et 5 juin 1847.)

85. *Procès-verbal. Nullité. Chose jugée. Témoins.* — Lorsqu'un prévenu est relaxé à cause de la nullité d'un procès-verbal, si ce jugement acquiert l'autorité de la chose jugée, l'administration ne peut plus être autorisée à prouver le délit par la preuve testimoniale. (Cass. 5 juin 1847.)

86. *Nullité. Preuves.* — Si un procès-verbal est argué de nullité, le tribunal, sans statuer sur cette exception et sans admettre la preuve testimoniale offerte pour suppléer au procès-verbal, peut se décider sur la culpabilité des prévenus, d'après leurs aveux et le résultat des débats. (Cass. 6 juin 1835.)

87. *Auteur. Complice. Preuves.* — Si un procès verbal ne désigne pas les auteurs ou les complices d'un délit, on peut admettre les prévenus à prouver qu'ils ne sont ni auteurs, ni complices de ce délit. (Cass. 23 mars 1806.)

88. *Serment.* — Le tribunal ne peut déférer le serment à un prévenu sur le fait constitutif d'une contravention constatée par procès-verbal. (Cass. 25 mars 1836.)

89. *Preuve supplémentaire.* — Si le tribunal juge un procès-verbal suffisant, il peut rejeter, comme inutiles, les preuves supplémentaires requises par l'administration. (Cass. 21 novembre 1828.) V. Preuve.

§ 3. *Actes.*

90. *Exploit. Préposé.* — Les gardes peuvent faire toutes citations et significations d'exploits dans les poursuites exercées par l'administration forestière et ils sont payés comme les huissiers des juges de paix, mais ils ne peuvent procéder aux saisies-exécutions. (Cod. For. 173.)

91. *Imprimés.* — On ne doit, pour les actes de poursuite, se servir que des imprimés fournis par l'administration. (Circ. A 404 bis. Circ. A 405 bis.)

92. *Ecritures.* — Dans les bureaux autres que ceux auxquels il est attaché des préposés sédentaires, les agents, quel que soit leur grade, n'ont point à s'occuper des écritures concernant la poursuite des delits; elles doivent être faites par les soins des inspecteurs et autres chefs de service. (Circ. A 404.)

SECT. IV. — DÉLINQUANTS INSOLVABLES.

93. *Principes. Délinquants solvables. Insolvables.* — Tous les délinquants solvables doivent être poursuivis; quant aux insolvables, il n'y a lieu de les poursuivre que pour assurer la réparation du délit par l'emprisonnement, à défaut de paiement de toutes les condamnations pécuniaires encourues. (Décis. Min. du 12 avril 1834. Circ. A 348.)

94. *Solvable.* — Tout individu qui ne figurera pas sur l'état des insolvables devra être considéré comme solvable et poursuivi. (Décis. Min. du 12 avril 1834. Circ. A 348.)

95. *Solidarité. Insolvable.* — Lorsque, parmi plusieurs délinquants solidaires, il s'en trouve d'insolvables, il sera donné suite au procès-verbal contre tous les individus y dénommés, lors même qu'il existerait, contre les insolvables compris dans cette poursuite, des jugements obtenus et non exécutés. (Décis. Min. du 12 avril 1834. Circ. A 348.)

96. *Insolvables. Procès-verbaux.* — Lorsque plusieurs procès-verbaux auront été dressés contre un délinquant insolvable déjà condamné, le conservateur pourra en autoriser l'abandon ou la poursuite, selon que le bien du service ou l'intérêt du Trésor l'exigeront. (Décis. Min. du 26 juillet 1831. Circ. A 285.)

97. *Conditions. Incarcération.* — Les poursuites contre les individus portés sur l'état des insolvables n'auront lieu qu'autant qu'il n'existera pas contre eux des jugements de condamnation suffisants pour provoquer l'incarcération; s'il y a plusieurs procès-verbaux, on ne donnera suite qu'à celui qui donnera

lieu à la plus forte condamnation, excepté s'il y a séquestre. (Décis. Min. du 12 avril 1834. Circ. A 348.)

98. *Séquestre.* — Dans le cas de séquestre, le conservateur, sur le rapport spécial qui lui sera adressé, autorisera les poursuites pour faire prononcer la confiscation des bois séquestrés. (Décis. Min. 12 avril 1834. Circ. A 348.)

99. *États.* — L'agent forestier chargé de la poursuite des délits dresse, tous les trois mois, un état des individus insolvables contre lesquels il existe des condamnations susceptibles d'exécution, formule série 6, n° 14. Après avoir recueilli l'avis du procureur de la République, il transmet une expédition de cet état au conservateur, qui adresse au trésorier général l'état des insolvables dont le procureur de la République a reconnu l'incarcération possible. (Circ. N 149.)

100. *Emprisonnement. Condamnation.* — Lorsque plusieurs jugements auront été rendus contre les mêmes individus, la poursuite en incarcération n'aura pas pour base le dernier jugement, mais celui dont les condamnations sont les plus élevées. (Décis. Min. du 26 juillet 1831. Circ. A 285.)

SECT. V. — ALGÉRIE.

101. *Ministère public. Bois particuliers.* — En Algérie, le procureur de la République exerce seul les poursuites pour les délits et contraventions relatifs aux exploitations et aux abus de jouissance dans les bois des particuliers; il traduit les inculpés, suivant le cas, devant le tribunal correctionnel ou devant le juge de paix, dont la compétence est déterminée par les decrets des 14 mai 1850 et 19 août 1854. (Loi du 9 décembre 1885, art. 10. Circ. N 357.) V. Exploitation.

102. *Territoires militaires.* — Dans les territoires de l'Algérie maintenus transitoirement sous l'autorité militaire, le général commandant la division exerce les poursuites devant les juridictions militaires compétentes. (Loi du 9 décembre 1885, art. 10. Circ. N 357.)

SECT. VI. — FONCTIONNAIRES.

103. *Principe. Abrogation.* — Sont abrogées toutes dispositions des lois générales et spéciales ayant pour objet d'entraver les poursuites dirigées contre des fonctionnaires publics de tout ordre. (Décr. du 19 septembre 1870.)

104. *Lois maintenues en vigueur.* — Le décret qui a abrogé l'article 75 de la constitution de l'an VIII n'a pas modifié les articles 479 et 483 du code d'instruction criminelle, ni l'article 10 de la loi du 20 avril 1810. (Amiens, 8 janvier 1874. Cass. 5 novembre, 15 et 24 décembre 1874.)

105. *Séparation des pouvoirs. Actes administratifs.* — L'abrogation de l'article 75 de la constitution de l'an VIII par le décret du 19 septembre 1870 n'a pas eu pour conséquence d'annihiler le principe de la séparation des pouvoirs; elle n'a pas rendu les tribunaux civils juges des actes accomplis par l'administration (les fonctionnaires) dans le cercle de ses attributions légales. (Cons. d'État. Trib. des Conflits, 30 juillet 1873.)

106. *Actes incriminés. Date.* — On peut poursuivre sans autorisation les fonctionnaires devant les tribunaux, que les actes incriminés soient antérieurs ou postérieurs au décret du 19 septembre 1870. (Cons. d'Etat.)

107. *Compétence. Actes administratifs.* — Les tribunaux civils sont competents pour apprécier les faits reprochés aux fonctionnaires, afin de déterminer s'ils constituent réellement des actes administratifs, échappant à leur juridiction. (Dijon, 15 décembre 1876.)

108. *Employé forestier. Instruction.* — En cas de poursuite contre les agents et préposés forestiers et leurs complices, pour délit forestier, le directeur, les administrateurs et les conservateurs sont autorisés à faire l'office de juge d'instruction. (Loi du 22 mars-1er avril 1806.) V. Instruction.

109. *Peines administratives.* — L'acquittement ou la condamnation des fonctionnaires poursuivis n'exclut pas l'application des peines administratives.

110. *Traitement.* — Tout fonctionnaire forestier mis en jugement ne perd son traitement qu'en cas de condamnation et à partir de la décision judiciaire, à moins de décision contraire spéciale et motivée du conseil d'administration. (Délibération du conseil d'administration, 28 août 1819.)

111. *Agents et Préposés. Avis.* — Les conservateurs doivent informer l'administration, aussitôt qu'ils en ont connaissance, des poursuites intentées ou des decisions judiciaires rendues à l'égard des agents et préposés de leur circonscription. (Circ. N 39, art. 23. Circ. N 269.)

112. *Délit. Agent. Juridiction.* — Si un agent forestier commet, dans l'exercice de ses fonctions, un délit de la nature de ceux qu'il est chargé de surveiller et réprimer, il doit être poursuivi devant le tribunal correctionnel, parce qu'il n'est pas officier de police judiciaire et qu'il ne jouit pas du privilège de juridiction.

113. *Officier de police judiciaire. Agent.* — Un arrêt de la cour de Grenoble, en date du 14 fevrier 1881, a reconnu implicitement qu'un garde général, en surveillant la chasse, était dans l'exercice de ses fonctions d'officier de police judiciaire. Cet agent, qui avait été cité devant cette cour d'appel, à la

requête du procureur général, sans protestation de la part de l'administration forestière, a été d'ailleurs renvoyé acquitté.

114. *Magistrat. Officier de police judiciaire.* — Il n'appartient qu'au procureur général de faire citer, devant la cour d'appel, un magistrat ou un officier de police judiciaire. Lorsque des procès-verbaux sont dressés contre un fonctionnaire de cette catégorie, les agents forestiers doivent adresser ces actes au procureur général. V. Privilége de juridiction.

115. *Fonctionnaire. Officier de police judiciaire.* — Un tribunal ne peut être saisi, contre un fonctionnaire ou un magistrat, par la citation directe de la partie civile. Le procureur général peut seul faire donner les citations de l'espèce. (Amiens, 8 janvier 1874.)

116. *Préposés. Compétence. Complices.* — Lorsqu'un garde est poursuivi pour des faits antérieurs et postérieurs à ses fonctions (contrefaçon de marteau), les faits antérieurs doivent être poursuivis devant la cour d'appel, et les faits postérieurs d'après les règles ordinaires de l'instruction. Les complices du garde sont justiciables de la même juridiction que le garde. (Cass. 30 janvier 1845.)

117. *Prise à partie.* — La prise à partie est la seule voie qui soit ouverte au particulier qui se plaint d'avoir été lésé par le procès-verbal d'un garde forestier, ayant agi comme officier de police judiciaire. Mais il faut que le garde ait agi avec l'intention de nuire; une simple erreur ne suffit pas. (Cass. 14 juin 1876, 4 mai 1880. Circ. N 269.) V. Prise à partie.

118. *Préposé. Responsabilité. Juridiction.* — L'action en responsabilité contre les préposés est portée devant les tribunaux correctionnels, en vertu de l'article 171 du code forestier, et, comme il ne s'agit pas d'un délit commis dans l'exercice de ses fonctions, le garde ne peut invoquer aucun privilège de juridiction. (Cass. 30 juillet 1829. Cass. 21 septembre 1837.)

119. *Préposé. Responsabilité. Décision.* — Les agents ne doivent pas intenter de poursuites contre les gardes, en vertu de l'article 6 du code forestier (responsabilité), sans soumettre ces poursuites à l'approbation du conservateur, qui peut décider s'il n'y a pas lieu de punir le garde, sans le traduire en justice.

120. *Préposé. Responsabilité.* — Les procès-verbaux dressés contre les préposés, pour responsabilité des délits, dégâts ou abus commis dans leurs triages, ne devront être mis en poursuite que sur l'autorisation expresse de l'administration. Ces procès-verbaux devront être adressés à l'administration avant tout acte de procédure. (Circ. N 148.)

121. *Travaux publics. Etudes. Autorisation.* — Les poursuites, pour délit commis par des agents employés à l'étude de travaux publics, ne sont faites que sur l'autorisation du conservateur. (Circ. N 59, art. 33.)

SECT. VII. — FRAIS.

122. *Administration. Condamnation. Frais.* — Lorsque l'administration succombe dans une instance en matière correctionnelle, elle doit supporter les frais qu'elle a avancés, ainsi que ceux faits par le prévenu pour sa justification. (Proc. Civ. 130. Décr. du 18 juin 1811, art. 157 et 158.)

Ces frais ne doivent comprendre que ceux d'instruction, expédition et signification des jugements, et nullement les honoraires payés aux avoués ou aux avocats. (Cass. 2 avril 1836.) V. Avoué.

123. *Bois communaux.* — Moyennant le paiement des frais d'administration, les agents forestiers doivent faire, sans aucun autre frais, tous les actes de poursuite, instance, réparation de délit et perception, pour l'administration et la régie des bois des communes et des établissements publics. (Cod. For. 107.)

124. *Frais. Non-valeur. Visa.* — Les frais de poursuite tombés en non-valeur ne sont pas soumis à la taxe du président du tribunal. (Décis. Min. du 9 juin 1855.)

125. *État des frais. Avances. Mémoires.* — Les états des frais de poursuite tombés en non-valeur sont exempts de timbre et d'enregistrement.

Les mémoires des actes et diligences faits par les huissiers ne sont dressés sur papier timbré que lorsque le chiffre s'élève à plus de 10 francs. (Décr. du 18 juin 1811.)

126. *Bois particuliers. Timbre. Procédure.* — Lorsque les poursuites pour délits commis dans les bois particuliers sont exercées d'office par le parquet, les actes de procédure sont visés pour timbre et enregistrés en debet; mais, si les propriétaires se constituent partie civile, les actes sont timbrés et enregistrés au comptant et à leurs frais. (Décr. 18 juin 1811.)

127. *Bois particuliers. Frais.* — Lorsque des délinquants en matière forestière ont été condamnés dans l'intérêt des particuliers, les significations et poursuites doivent avoir lieu à la diligence des particuliers. (Délibération de l'enregistrement, 8 janvier 1830.)

128. *Recouvrement. Enregistrement.* — Les actes de poursuite pour recouvrement des amendes, frais, dommages-intérêts et restitutions (bois des communes et des établissements publics) doivent être enregistrés *gratis*, lorsque les condamnations sont inférieures à 100 francs (Loi du 16 juin 1824, art. 6. Décis. Min. du 7 mars 1828); mais ces actes doivent

toujours être timbrés et non pas visés pour timbre. *(Journal de l'Enregistrement.)*

129. *Actes. Timbre.* — En cas de poursuite pour les coupes et arbres délivrés en nature, les actes relatif à ces délivrances sont passibles des droits de timbre et d'enregistrement. V. Coupe affouagère. Délivrance.

130. *Adjudicataire de coupes. Expédition. Timbre.* — Lorsqu'il y a lieu de poursuivre un adjudicataire, le receveur se fait remettre une expédition du procès-verbal d'adjudication, en ce qui concerne cet adjudicataire, et un exemplaire du cahier des charges, le tout visé pour timbre. Ces frais sont ultérieurement remboursés par qui de droit. (Circ. A 423.) S'il s'agit d'un bois communal, l'expédition du procès-verbal d'adjudication doit être sur papier timbré. (Avis du conseil d'Etat, 15 septembre 1830, approuvé par le ministre.) V. Recouvrement.

131. *Frais de poursuites en matière correctionnelle. Première instance. Appel. Cassation.*

Nota. — Le coût des actes de poursuite et de procédure varie suivant la population des villes. Le tableau ci-après a été établi pour les villes au-dessous de 40000 âmes.

Désignation des pièces ou actes.	Frais divers.	Écriture.	Timbre.	Enregistrement.	Observations.
	fr. c.	fr. c.	fr. c.	fr. c.	
Procès-verbal.					
Procès-verbal de délit. Original	»	»	0.60	2.50	Droit fixe en débet.
Saisie. Séquestre.					
Copie du procès-verbal au gardien	»	»	0.60	»	»
Copie du procès-verbal au juge de paix	»	»	0.60	»	»
Frais de nourriture. Conduite. Fourrière	Mém.	»	»	»	A liquider par le directeur des domaines.
Transaction.					
Frais d'offre de transaction.	0.30	»	»	»	Les frais d'une transaction acceptée sont de 4 francs pour un delinquant.
Citation. Assignation.					
Citation. Original	»	0.50	0.60	1.25	Autant de droits d'enregistrement que de personnes citées ; on ne compte les délinquants solidaires et les personnes civilement responsables que pour une seule personne.
Citation. Copie	»	0.50	0.60	»	»
Citation. Copie du procès-verbal à joindre à la citation	»	»	0.60	»	»
Témoins.					
Citation à témoin. Original.	»	0.50	0.60	1.25	Frais d'enregistrement fixes.
Citation à témoin. Copie	»	0.50	0.60	»	»
Taxe (voyage et séjour)	Mém.	»	»	»	A fixer par le président du tribunal. (Décr. du 18 juin 1811.)
Jugement.					
Jugement	»	»	1.80	1.88	Droit fixe.
Honoraires des interprètes employés	Mém.	»	»	»	A fixer. (Décr. du 18 juin 1811.)
Signification de jugement par défaut.					
Signification. Original	»	0.50	0.60	1.25	La signification est écrite au verso de l'extrait du jugement signé par le greffier et qui doit être préalablement visé pour timbre à 0f,60; le droit d'enregistrement est dû pour chaque intimé ; les condamnés solidaires ne comptent que pour une seule personne

DÉSIGNATION DES PIÈCES ou actes.	FRAIS divers.	ÉCRITURE.	TIMBRE.	ENREGISTREMENT.	OBSERVATIONS.
	fr. c.	fr. c.	fr. c.	fr. c.	
Signification. Copie.......	»	0.50	0.60	»	»
Extrait du jugement	»	0.25	»	»	Au greffier.
Exécution du jugement.					
Commandement. Original..	»	2.00	0.60	»	Enregistrement gratis pour les sommes au-dessous de 100 fr.; et pour les sommes au-dessus, droit : 1 fr. 25.
Copie de l'extrait du jugement..................	»	0.20	»	»	0 fr. 20 par rôle de 20 lignes avec 10 syllabes à la ligne.
Commandement. Copie....	»	0.50	0.60	»	»
Frais de répertoire........	»	0.10	»	»	»
Frais de voyage...........	Mém.	»	»	»	A régler (4 fr. pour le 1er myriamètre).
Appel.					
Déclaration d'appel.......	»	»	»	1.88	Droit fixe.
Citation. Original.........	»	0.50	0.60	1.25	»
Citation. Copie...........	»	0.50	0.60	»	»
Arrêt....................	»	»	»	1.88	»
Cassation.					
Pourvoi	»	»	»	46.88	Droit fixe.
Signification. Original.....	»	0.50	0.60	6.25	»
Signification. Copie.......	»	0.50	0.60	»	»
Arrêt	»	»	»	46.88	»
Signification. Original.....	»	0.50	0.60	6.25	»
Signification. Copie.......	»	0.50	0.60	»	»
Prise d'hypothèque.					
Droit d'hypothèque.......	»	»	»	»	1 p. 1000, plus les décimes.
Timbre du registre.......	»	»	0.03	»	Par ligne de 13 syllabes.
Timbre du dépôt	»	»	0.24	»	»
Salaire du conservateur...	»	1.20	»	»	»
Emprisonnement.					
Bulletin du casier judiciaire	»	0.25	»	»	»
Extrait du jugement......	»	0.25	»	»	»
Registre des condamnés...	»	0.10	»	»	»
Frais de capture..........	3.00	»	»	»	A calculer suivant la population au-dessus de 40000 âmes et la peine.
Frais de transport et nourriture.................	»	»	»	»	A liquider par le conservateur.
Contrainte par corps.					
Frais de capture..........	3.00	»	»	»	A calculer suivant la population au-dessus de 40000 âmes et la peine.
Nourriture...............	»	»	»	»	Acquittés par le département.

SECT. VIII. — ÉTATS.

132. *Sommier.* — Les inspecteurs tiennent un registre des procès-verbaux et des poursuites. (Ord. 16.) V. Registre.

133. *Sommier. Transaction.* — La date, la nature et le chiffre des transactions doivent être inscrits par le chef de cantonnement à la colonne d'observations du sommier des procès-verbaux, et par les inspecteurs dans les colonnes comprises sous le titre : « Montant des condamnations du sommier des poursuites. » (Circ. A 786.)

134. *Défrichement.* — Le conservateur rendra compte à l'administration des condamnations prononcées pour défrichements et donnera son avis sur la nécessité de rétablir les lieux en nature de bois. (Ord. 199. Décr. du 22 novembre 1859.)

135. *Etat des poursuites.* — A la fin de chaque année, les conservateurs fournissent à l'administration un état sommaire et récapitulatif, par inspection et par département, de la suite donnée aux procès-verbaux de délits dressés pendant l'année courante ou provenant d'exercices antérieurs. (Form. série 6, n° 27. Circ. A 814.)

POURVOI.

SECT. I. — CASSATION, 1 — 50.

§ 1. *Matières pénales*, 1 — 35.

A. *Recours, Jugement*, 1 — 13.

B. *Délai, Formalités*, 14 — 35.

§ 2. *Matières civiles*, 36 — 50.

A. *Instance en général*, 36 — 45.

B. *Instance domaniale*, 46 — 47.

C. *Expropriation*, 48 — 50.

SECT. II. — CONSEIL D'ÉTAT, 51 — 68.

SECT. III. — MINISTRE, 69.

Acte notarié, 18.
Action, 53.
Administration, 4.
Agent, 2, 16.
Amende, 19, 21, 22, 23, 41, 42.
Arrêt d'admission, 39.
Avis, 60.
Avocat, 65.
Chose jugée, 62.
Commune, 45.
Comparution, 40.
Compétence, 10.
Confirmation, 61, 63.
Conseil de préfecture, 59, 69.
Conseil d'Etat, 51.
Consignation, 19, 20, 21, 23, 41.
Date, 67.
Décision, 52, 60.
Déclaration, 16, 17.
Défaut, 31.
Défaut de qualité, 35.
Défense, 47.
Définition, 1.
Délai, 11, 12, 14. 15, 28, 33, 34, 37, 38, 39, 40, 48, 58, 59, 60, 67, 69.
Désignation, 49.
Désistement, 2.
Dispense, 21.
Effet, 5.
Enregistrement, 27, 67.
Envoi, 29, 32.
Evaluation cadastrale, 57
Exécution, 63.
Expédition, 44.
Expropriation, 48.
Formalités, 65.
Instance domaniale, 46.
Intérêt de la loi, 6, 54.
Intermédiaire, 65.
Jugement définitif, 7.
Jugement de police, 13.
Jugement interlocutoire, 7.
Jugement par défaut, 11, 12, 38.
Jugement préparatoire, 8, 9.
Juridiction, 15.
Mandataire, 50.
Mesure conservatoire, 46.
Ministère public, 3, 4.
Ministre, 69.
Mode, 16.
Moyens, 25, 66.
Notification, 28, 29, 30, 31, 39, 50. 59.
Nullité, 30.
Oppositions, 11, 12, 31.
Ordonnance, 68.
Original, 29.
Partie, 20.
Pâturage, 56.
Pension, 64.
Pièces, 32, 33, 34, 43.
Possibilité, 56.
Pourvoi dans l'intérêt de la loi, 6.
Principes, 51.
Prison, 24.
Régularité, 49.
Rejet, 62.
Renonciation, 45.
Requête, 26, 65.
Revision, 57.
Signification, 68.
Sursis, 48.
Suspension, 36, 55.

V. Cassation. Recours. Requête.

SECT. I. — CASSATION.

§ 1. *Matières pénales.*

A. *Recours. Jugement.*

1. *Définition.* — Citation par laquelle on attaque devant la cour de cassation, un arrêt ou un jugement en dernier ressort, pour défaut de forme ou pour infraction à la loi.

2. *Agent. Désistement.* — Les agents de l'administration peuvent se pourvoir en cassation contre les arrêts et jugements en dernier ressort, mais ils ne peuvent se désister sans une autorisation spéciale. (Cod. For. 183.)

3. *Ministère public.* — Le ministère public a le droit indépendant de se pourvoir contre les jugements, quand bien même l'administration aurait acquiescé. (Cod. For. 184.)

4. *Ministère public. Administration.* — L'administration peut s'approprier le pourvoi en cassation formé par le ministère public seul. (Cass. 24 décembre 1858.)

5. *Effet.* — Le pourvoi en cassation, en matière criminelle, est suspensif du jugement. (Instr. Crim. 373.)

6. *Pourvoi dans l'intérêt de la loi.* — C'est celui qui est présenté par le procureur général à la cour de cassation, sur l'ordre du ministre de la justice, afin de faire casser, mais dans l'intérêt de la loi seulement, un acte quelconque de l'autorité judiciaire.

7. *Jugement définitif ou interlocutoire.* — On ne peut se pourvoir que contre les jugements *définitifs* et *interlocutoires*, fixant d'une manière définitive un point qui n'est cependant pas le fond de la question.

8. *Jugement préparatoire.* — On ne peut pas se pourvoir contre les jugements *préparatoires*, autrement qu'après le jugement définitif et conjointement avec ce jugement. Les principes de l'appel sont, dans ce cas, applicables aux pourvois.

9. *Jugement préparatoire.* — Le recours en cassation contre les arrêts préparatoires et d'instruction ou les jugements en dernier ressort de cette qualité ne sera ouvert qu'après l'arrêt ou jugement définitif. L'exécution volontaire de tels arrêts ou jugements préparatoires ne pourra, en aucun cas, être opposé comme fin de non-recevoir. (Instr. Crim. 416.)

10. *Compétence.* — On pourra se pourvoir en cassation contre les arrêts ou jugements rendus sur la compétence, sans attendre l'arrêt ou jugement définitif de la cause. (Instr. Crim. 416.)

11. *Jugement par défaut. Délai. Opposition.* — Le pourvoi contre un jugement ou un arrêt par défaut n'est recevable qu'après l'expiration du délai d'opposition, et le délai de pourvoi ne court qu'à partir du jour où l'opposition n'est plus recevable ; c'est après les cinq jours qui suivent la signification du jugement (sauf la distance, un jour par cinq myriamètres) que commence le délai de trois jours pour le pourvoi. (Cass. 23 juillet 1842.)

12. *Jugement par défaut. Délai. Opposition.* — En matière répressive, on ne peut se pourvoir en cassation contre les jugements par défaut qu'après l'expiration du délai d'opposition sans que le prévenu ait usé de son droit d'opposition, à moins de relaxe pour le prévenu ; auquel cas, on peut se pourvoir de suite en cassation. (Cass. 28 juillet 1864. Cass. 7 avril 1865.)

13. *Jugement de police.* — Le ministère public et les parties pourront, s'il y a lieu, se pourvoir contre les jugements rendus en dernier ressort par le tribunal de police, ou contre les jugements rendus par le tribunal correctionnel sur l'appel des jugements de police. (Instr. Crim. 177.)

B. *Délais. Formalités.*

14. *Délai.* — Le pourvoi en cassation doit se faire dans le délai de trois jours après celui de la prononciation du jugement. (Instr. Crim. 373.) Le délai de trois jours est un délai franc. (Cass. 7 décembre 1832.) V. Cassation.

15. *Délai. Juridiction.* — En matière de simple police et en matière correctionnelle, à défaut de dispositions spéciales, le délai de pourvoi en cassation est, comme en matière criminelle, de trois jours francs, à partir du jour où le jugement a été prononcé contradictoirement. (Cass. 20 juillet 1865.)

16. *Mode. Déclaration. Agent.* — Pour le pourvoi en cassation, l'agent poursuivant passe une déclaration au greffe et adresse au conservateur le mémoire concernant les griefs et moyens. (Instr. 23 mars 1821.) Délai : 8 à 10 jours.

17. *Déclaration.* — La déclaration de pourvoi doit être faite au greffe du tribunal ou de la cour qui a rendu le jugement, par la partie condamnée ; elle sera signée par le déclarant et le greffier. Elle pourra être faite par un avoué ou par un fondé de pouvoir ; dans ce cas, le pouvoir restera annexé à la déclaration. Elle sera faite sur un registre public spécial. (Instr. Crim. 417.)

18. *Acte notarié.* — Dans le cas où le greffier serait absent, ou refuserait de recevoir la déclaration, ou en présence d'une autre impossibilité, le pourvoi déclaré à un notaire et notifié par exploit d'huissier serait valable.

19. *Consignation. Amende.* — Tout condamné qui se pourvoit en cassation doit, à peine de déchéance, consigner l'amende de 150 francs (la moitié, si le jugement est par défaut) ou présenter un certificat d'indigence. (Cass. 7 mai 1819. Instr. Crim. 419.)

20. *Parties. Consignation.* — Le pourvo en cassation formé par plusieurs parties ayant le même intérêt est soumis à une seule consignation d'amende. (Cass. 17 août 1880.)

21. *Consignation. Amende. Dispense.* — Sont dispensés de consigner l'amende de 150 francs, les agents publics pour affaires qui concernent directement l'administration et les domaines ou revenus de l'Etat, et ceux dont l'indigence sera constatée. (Instr. Crim. 420.)

22. *Amende. Dispense.* — Sont dispensés de la consignation de l'amende, les condamnés à une peine correctionnelle ou de police emportant privation de la liberté. (Instr. Crim. 420.)

23. *Consignation. Restitution. Amende.* — Lorsqu'on consigne une amende (150 fr.) pour se pourvoir en cassation et qu'on ne s'est point pourvu régulièrement par la remise de la requête, on est fondé à demander la restitution de la somme consignée. (Décis. Min. du 1er décembre 1828.)

24. *Prison.* — Les condamnés à l'emprisonnement pour une durée de plus de six mois ne pourront se pourvoir en cassation que lorsqu'ils seront en état (en prison) ou en liberté sous caution. (Instr. Crim. 421. Loi du 28 juin 1877.)

25. *Moyens.* — Le condamné, ou la partie civile, soit en faisant sa déclaration, soit dans les dix jours suivants, pourra déposer au greffe de la cour ou du tribunal qui a rendu l'arrêt ou le jugement attaqué une requête contenant ses moyens de cassation. Le greffier lui en donnera reconnaissance. (Instr. Crim. 422.)

26. *Requête.* — Les condamnés pourront transmettre directement au greffe de la cour de cassation soit leurs requêtes, soit les expéditions des jugements et de leurs demandes. (Instr. Crim. 424.)

27. *Enregistrement.* — Le pourvoi en cassation est enregistré au droit fixe de 37 fr. 50, soit, avec les décimes, 46 fr. 88. (Loi du 28 avril 1816, art. 47. Loi du 28 février 1872.)

28. *Notification. Délai.* — Lorsque le recours en cassation contre un arrêt ou jugement en dernier ressort sera exercé soit par la partie civile, soit par le ministère public, ce recours sera notifié à la partie contre laquelle il est dirigé, dans le délai de trois jours. La signification sera faite par huissier, soit à la personne, soit au domicile élu, en augmentant le délai d'un jour par trente kilomètres. (Instr. Crim. 418.)

29. *Original. Envoi.* — L'original de la notification du pourvoi à la partie contre laquelle il est dirigé doit être joint au dossier transmis à la cour. (Circ. A 329.)

30. *Notification. Nullité.* — Les agents doivent toujours faire notifier à qui de droit (délai : trois jours) les pourvois en cassation formés par eux, à peine de nullité. (Circ. A 182 quinquiès. Cass. Chambres réunies.)

31. *Notification. Défaut. Opposition.* — L'absence de notification n'entraîne pas de nullité, mais elle ouvre la voie de l'opposition au condamné contre lequel un arrêt par défaut serait intervenu. (Cass. 5 octobre 1819.)

32. *Pièces. Envoi.* — L'envoi des pièces relatives aux pourvois formés par les agents forestiers doit toujours être accompagné de l'avis du conservateur, indiquant si les moyens sont fondés ou non fondés et suppléant à leur insuffisance, s'il y a lieu. (Circ. A 194.)

33. *Pièces. Délai.* — Les dossiers des pourvois doivent être remis par les agents forestiers au ministère public, de manière à ce que ce magistrat puisse les renvoyer au garde des sceaux, immédiatement après les dix jours qui suivent la déclaration du pourvoi. (Instr. Crim. 423. Circ. A 217 bis.)

34. *Pièces. Délai.* — La cour de cassation désire statuer, dans le mois de l'arrivée du dossier au greffe, sur les pourvois remis au nom de l'administration, à qui elle ne communiquera plus les pièces. Les conservateurs doivent donc envoyer à l'administration, dans la première quinzaine au plus tard qui suivra la date du jugement ou de l'arrêt attaqué, les pièces du pourvoi.

Ces pièces sont la copie du procès-verbal servant de base aux poursuites, une expédition du jugement de première instance, celle du jugement d'appel ou de l'arrêt intervenu, un double du mémoire contenant les griefs et moyens de l'agent poursuivant et les renseignements qui seront propres à éclairer l'administration sur le fond de l'affaire et à fixer sa décision. L'original de la notification du pourvoi à la partie doit toujours être joint. (Circ. A 329.)

35. *Défaut de qualité.* — Le pourvoi pour défaut de qualité de la partie qui poursuit n'est pas recevable en cassation, lorsqu'il n'a pas été proposé devant les juges du fond. (Cass. 24 juillet 1863.)

§ 2. *Matières civiles.*

A. *Instance en général.*

36. *Suspension.* — En matière civile, le pourvoi n'est pas suspensif. (Cass. 24 juillet 1863.)

37. *Délai.* — Le délai de pourvoi en cassation, en matière civile, sera de deux mois, à partir du jour où la signification de la décision, objet du pourvoi, aura été faite à personne ou à domicile. (Loi du 2 juin 1862, art. 1.)

38. *Jugement par défaut. Délai.* — A l'égard des arrêts ou jugements par défaut, le délai du pourvoi ne courra qu'à partir du jour où l'opposition ne sera plus recevable. (Loi du 2 juin 1862, art. 1.)

39. *Arrêt d'admission. Notification. Délai.* — Le demandeur en cassation est tenu de notifier l'arrêt d'admission à personne ou à domicile, dans les deux mois après sa date, à peine de déchéance. (Loi du 2 juin 1862, art. 2.)

40. *Comparution. Délai.* — Le délai pour comparaître sera d'un mois, à partir de la notification de l'arrêt d'admission. (Loi du 2 juin 1862, art. 3.)

41. *Consignation. Amende.* — La partie civile qui se pourvoit est tenue, à peine de déchéance, de consigner une amende de 150 francs, ou de 75 francs si l'arrêt est rendu par défaut. (Instr. Crim. 419.)

42. *Amende.* — L'amende de 150 francs consignée sera encourue par la partie qui succombera dans son pourvoi. (Instr. Crim. 420. Loi du 28 juin 1877.)

43. *Pièces.* — La partie civile ne pourra transmettre au greffe de la cour de cassation sa requête et les copies du jugement ou arrêt et de sa demande que par le ministère d'un avocat à la cour de cassation. (Instr. Crim. 424.)

44. *Expédition. Arrêt.* — La partie civile qui se pourvoit en cassation est tenue de joindre aux pièces une expédition authentique de l'arrêt. (Instr. Crim. 419.)

45. *Commune. Renonciation.* — Une commune ne peut, sans l'accomplissement des formalités exigées pour une transaction, renoncer à un pourvoi contre un arrêt qui la condamne. (Cass. 11 mars 1873.)

B. *Instance domaniale.*

46. *Mesure conservatoire.* — Si, dans une instance domaniale, il intervient un arrêt contraire en tout ou en partie aux conclusions prises au nom de l'État, le ministre, après avoir entendu l'administration des domaines et celle des forêts, décide s'il y a lieu d'acquiescer ou de se pourvoir en cassation. Toutefois, le pourvoi est formé par l'administration des domaines, à titre de mesure conservatoire, dans le cas où la décision du ministre ne lui est pas parvenue dix jours au moins avant l'expiration du délai de recours. (Règl. Min. du 3 juillet 1834. Décis. Min. du 4 juin 1862. Circ. N 12, art. 14 et 15.)

47. *Défense.* — En cas de pourvoi en cassation formé par les parties dans une instance domaniale, il doit y être défendu

sans attendre l'autorisation du ministre. (Règl. Min. 3 juillet 1834. Circ. N 12, art. 13.)

c. *Expropriation pour cause d'utilité publique.*

48. *Jugement d'expropriation. Délai. Sursis.* — Un jugement d'expropriation ne peut être attaqué, par voie de recours en cassation, que pour incompétence, excès de pouvoir ou vice de forme. (Loi du 3 mai 1841, art. 20.)

Si le conservateur estime qu'il y a lieu à pourvoi, il fait surseoir à la notification du jugement d'expropriation et en informe aussitôt l'administration, en lui faisant connaître ses motifs.

Si le pourvoi est introduit par l'une des parties expropriées, le conservateur en donne immédiatement avis à l'administration.

Le pourvoi doit être effectué, au plus tard, dans les trois jours à partir de la notification du jugement, par déclaration au greffe du tribunal. (Loi du 3 mai 1841, art. 20, § 2.)

Si le pourvoi est autorisé par l'administration, il est procédé immédiatement à la notification du jugement; le pourvoi est ensuite effectué dans le délai fixé et notifié dans la huitaine, suivant les formes indiquées ci-dessous pour l'extrait du jugement, à chacun des propriétaires intéressés dans le jugement.

Les originaux des notifications faites à chaque intéressé sont adressés à la chambre civile de la cour de cassation, dans la quinzaine de la notification, en même temps que le dossier, par l'intermédiaire de l'administration centrale. (Loi du 3 mai 1841, art. 20.)

L'acte de pourvoi doit indiquer nominativement les personnes contre lesquelles le recours est dirigé. (Instr. Gén. du 2 février 1885, art. 52 et 53. Circ. N 345.)

49. *Désignation. Régularité.* — Est régulier le pourvoi formé contre les décisions rendues « *par tel jury d'expropriation, à telle date, entre l'État et les communes, établissements publics et particuliers possédant des terrains dans tel périmètre de restauration, expropriés par tel jugement d'expropriation* »; les décisions contre lesquelles il y a pourvoi sont ainsi suffisamment indiquées. (Cass. 14 août 1888 et 20 février 1889.)

50. *Mandataire. Rectification.* — Le pourvoi formé par le mandataire de l'exproprié contre toutes les décisions rendues par le jury à une date déterminée, relativement à son mandant, est recevable, bien que le mandat n'ait été donné que pour former un seul pourvoi en cassation, si l'exproprié, en notifiant les pourvois, a ainsi ratifié les déclarations de pourvoi faites par le mandataire. (Cass. 20 février 1889.)

SECT. II. — CONSEIL D'ÉTAT.

51. *Principes.* — Le recours direct au conseil d'Etat a lieu pour : 1° incompétence ou excès de pouvoir; 2° violation des formes ou de la loi; 3° dans l'intérêt de la loi; 4° par voie d'appel.

Les autorités ressortissant au conseil d'Etat sont : 1° les conseils de préfecture; 2° les ministres, pour les décisions contentieuses; 3° les préfets, pour leurs décisions désignées par les lois; 4° les commissions spéciales. (Block.)

52. *Décision.* — Les pourvois en conseil d'Etat sont décidés par le ministre. (Ord. 7.)

53. *Action.* — Le ministre a seul le droit d'exercer les actions de l'Etat devant le conseil d'Etat. Il a le droit de s'approprier les pourvois illégalement formés par les agents (conservateurs) devant le conseil d'Etat. (Cons. d'Etat, 18 juin 1860.)

54. *Intérêt de la loi.* — Les ministres ne peuvent présenter des pourvois dans l'intérêt de la loi qu'autant que les décisions faisant l'objet de ces pourvois n'ont pas été déférées au conseil d'Etat par les parties intéressées, dans les délais réglementaires, ou sont passées en force de chose jugée. (Cons. d'Etat, 29 avril 1872.)

55. *Suspension.* — Les pourvois en conseil d'Etat ne sont pas suspensifs, lorsqu'il n'est pas autrement ordonné. (Décr. du 22 juillet 1806, art. 3.)

56. *Possibilité. Pâturage.* — Les pourvois contre les décisions rendues par les conseils de préfecture, relativement à l'état et à la possibilité des forêts ou au refus d'admettre les animaux dans certains cantons non défensables, en exécution des articles 65 et 67 du code forestier, sont *suspensifs* jusqu'à la décision rendue par le chef de l'État, en conseil d'Etat. (Ord. 117, 146. Cass. 5 juillet 1834.)

57. *Évaluation cadastrale. Revision.* — Une commune peut déférer au conseil d'Etat, pour violation de la loi, la délibération par laquelle la commission départementale modifie le tarif des évaluations cadastrales pour les bois; mais ce pourvoi ne peut être fondé sur l'insuffisance de l'évaluation des prix des coupes annuelles des bois exploitées en coupes réglées, une erreur d'appréciation ne pouvant constituer une violation de l'article 67 de la loi du 3 frimaire an VII. (Cons. d'Etat, 2 décembre 1887.)

58. *Délai.* — Les recours au conseil d'Etat contre les décisions d'une autorité qui y ressort doivent être formés dans les *trois mois* de la signification desdites décisions. (Cons. d'Etat, 4 juillet 1837.)

59. *Conseil de préfecture. Délai. Notification.* — Le pourvoi en conseil d'Etat contre un arrêté du conseil de préfecture doit être fait dans le délai de *trois mois*, à partir de la notification de cet arrêté. (Décr. du 22 juillet 1806, art. 11. Loi du 24 mai 1872, art. 24.)

60. *Délai. Décision. Avis.* — Doit être rejeté comme tardif, un pourvoi formé contre un arrêté du conseil de préfecture, alors qu'il a été formé plus de trois mois après que la partie (le ministre) a eu connaissance officielle dudit arrêté, quoiqu'il ne lui ait pas été notifié. (Cons. d'Etat, 10 décembre 1846.)

61. *Confirmation.* — Lorsque deux arrêtés subséquents ne sont que la confirmation d'un premier arrêté légalement signifié et en partie exécuté, le pourvoi doit être dirigé contre le premier arrêté et non pas contre les arrêtés subséquents. (Cons. d'Etat, 22 janvier 1824.)

62. *Rejet. Chose jugée.* — Un pourvoi en conseil d'Etat est non recevable, lorsqu'il est dirigé contre une décision qui ne fait que confirmer une précédente décision, à l'égard de laquelle les délais du pourvoi sont expirés. (Cons. d'Etat, 21 juillet 1858.)

63. *Exécution. Confirmation.* — Lorsque des arrêtés d'un conseil de préfecture ne sont que la conséquence et l'exécution de précédents arrêtés devenus définitifs, le pourvoi contre ces derniers arrêtés n'est pas recevable. (Cons. d'Etat, 4 juillet 1837.)

64. *Pension.* — Les pourvois contre la liquidation des pensions doivent être formés dans les trois mois de la réception du brevet. (Décr. du 22 juillet 1806, art. 11. Loi du 24 mai 1872, art. 24.)

Ces pourvois peuvent être formés par simple requête au président du conseil d'Etat. (Décr. du 9 novembre 1864, art. 1. Circ. N 81, art. 134 et 135.)

65. *Intermédiaire. Avocat. Requête. Formalités.* — Le pourvoi en conseil d'Etat peut être formé sans l'intervention d'un avocat au conseil d'Etat; il doit être formé par requête, contenant : l'exposé sommaire des faits et moyens, les conclusions, les noms et demeures des parties, l'énonciation des pièces dont on entend se servir et qui y seront jointes. (Décr. du 22 juillet 1806, art. 1. Décr. du 2 novembre 1864, art. 1. Loi du 24 mai 1872, art. 24.)

66. *Moyens.* — Toute requête de pourvoi qui ne contient aucun moyen à l'appui de ce pourvoi doit être rejetée purement et simplement. (Décr. du 22 juillet 1806. Cons. d'Etat, 22 janvier 1824. Loi du 24 mai 1872, art. 24.)

67. *Délai. Date. Enregistrement.* — La date de l'enregistrement du pourvoi au secrétariat de la sous-préfecture fixe la date de l'introduction de ce pourvoi. (Cons. d'Etat, 21 mai 1862.)

68. *Ordonnance. Signification.* — Lorsque, sur un pourvoi fait au conseil d'Etat, il est rendu une ordonnance de *soit communiqué*, cette ordonnance doit être signifiée dans le délai de deux mois, à peine de déchéance. (Décr. du 22 juillet 1806, art. 12. Décr. du 2 novembre 1864, art. 3.)

SECT. III. — MINISTRE.

69. *Conseil de préfecture. Ministre. Délai.* — Lorsque le pourvoi contre un arrêté du conseil de préfecture est porté devant le ministre compétent, il n'est assujetti à aucun délai de rigueur. Prescription : trente ans. (Cabantous.)

POUSSIÈRE DE CHARBON. V. Fraisil.

POUVOIR.

Timbre. — Les pouvoirs d'émarger que donnent, en cas d'éloignement de leur résidence et par forme de lettre, conformément à l'article 1985 du code civil, les employés et préposés des administrations financières, sont exempts du timbre. (Circ. N 104, § 1, n° 19.) V. Mandat.

PRAIRIE. V. Pâturage.

PRÉCOMPTAGE.

1. *Définition.* — Le précomptage consiste à déduire, de l'émolument destiné à satisfaire les besoins des usagers, le produit des bois dont l'usager est propriétaire.

2. *Evaluation. Mode. Bases. Conditions.* — Dans le cas où il y a lieu, lors d'un cantonnement, de précompter les ressources particulières des usagers jusqu'à concurrence de leurs besoins généraux en bois de maronage ou de construction et d'appliquer l'excédant à la satisfaction des droits d'usage, on doit alors : 1° rechercher la possibilité des forêts particulières aux usagers, c'est-à-dire toutes leurs ressources personnelles ; 2° tous les besoins généraux en bois de construction, quels qu'il soient, abstraction faite de l'état et de l'importance des maisons existantes, afin que la différence entre leurs besoins généraux et leurs ressources personnelles soit seule précomptée. (Cass. 14 juin 1881.)

3. *Rachat.* — Le précomptage ne peut être admis dans l'évaluation du rachat d'un droit d'usage. (Cass. 7 mars 1842. Décret du 19 mai 1857.) V. Cantonnement.

4. *Titre.* — Le précomptage peut être admis, lorsqu'il résulte, soit d'un titre spécial, soit de l'ensemble des titres, que l'usage n'a été concédé qu'en cas d'insuffisance des ressources personnelles de l'usager. (Cass. 26 décembre 1865.)

5. *Droit. Titre.* — Les communes usagères sont tenues de précompter les ressources qu'elles tirent des bois qui leur appartenaient déjà à l'époque où les droits d'usage leur ont

été accordés, sans excepter celles provenant des quarts en réserve. (Cass. 21 juin 1848.)

6. *Algérie. Droit d'usage. Affranchissement.* — Dans l'affranchissement du droit d'usage dont sont grevées les forêts en Algérie, le précomptage des ressources des usagers doit toujours être effectué. (Loi du 9 décembre 1885, art. 1. Circ. N 357.) V. Algérie. Cantonnement.

PRÉEMPTION.

Définition. — Droit du propriétaire riverain de la voie publique d'obtenir, par préférence et en en payant la valeur, les portions de terrains de cette voie qui sont en face de son terrain, lorsque cette voie publique est déplacée. (Cabantous. Loi du 21 mai 1836, art. 19. Loi du 24 mai 1842.).

PRÉFET.

Administration, 4.
Affaires communales, 9.
Avis, 9.
Coupes invendues, 8.
Correspondance, 10.
Décentralisation, 6, 7.
Décision, 7, 9.
Définition, 1.
Délivrance, 8.
Pouvoir, 5.
Qualité, 2.
Représentation, 5.
Surveillance, 3.

1. *Définition.* — Fonctionnaire de l'ordre administratif représentant le pouvoir exécutif. (Loi du 10 août 1871, art. 3.)

2. *Qualités.* — Le préfet a deux qualités essentielles et distinctes, celle d'agent du pouvoir central et celle de représentant du département. Comme agent du pouvoir central, il est, dans le département, le représentant judiciaire et civil de l'Etat ; comme représentant légal du département, il figure en justice et dans les actes civils au nom du département et il a l'initiative de toutes les mesures intéressant le département. (Cabantous.)

3. *Surveillance.* — Le préfet est, dans le département, le surveillant de tous les services publics. (Cabantous.)

4. *Administration.* — Le préfet est seul chargé de l'administration dans le département. (Loi du 28 pluviôse an VIII, art. 3.)

5. *Représentation.* — Les préfets ont seuls qualité pour représenter l'Etat et pour soutenir ses intérêts devant toutes les juridictions appelées à connaître des actions civiles qui concernent le domaine de l'Etat.

6. *Pouvoir. Décentralisation.* — Les préfets peuvent modifier les décisions anciennement rendues, soit par le ministre, soit par le chef de l'Etat, sur les objets que le décret du 25 mars 1852 (décentralisation) a placés dans leurs attributions. (Lettre de l'Admin. du 22 décembre 1866.)

7. *Décentralisation. Décision.* — Les préfets continueront de soumettre à la décision du ministre de l'intérieur les affaires départementales et communales qui affectent directement l'intérêt général de l'Etat; mais ils statueront directement sur toutes les autres affaires. (Décr. 25 mars 1852, art. 1.)

8. *Coupe communale invendue. Délivrance.* — Le préfet autorise la délivrance comme affouage des coupes ordinaires et extraordinaires invendues, sauf imposition d'une taxe égale à l'estimation de la coupe. (Communiqué de l'administration du 11 décembre 1867, nº 4965.)

9. *Affaires communales. Avis. Décision.* — Les préfets doivent être consultés sur les affaires de toute nature intéressant les communes. (Lettre de l'Admin. du 21 juillet 1871.)

Les préfets, en approuvant ou en rejetant les délibérations des conseils municipaux, statuent sur toutes les affaires relatives à la jouissance des produits des bois. Comme représentants légaux de l'Etat et, par suite, tuteurs des communes, ils doivent intervenir dans toutes les affaires intéressant la propriété communale.

10. *Correspondance.* — Les préfets peuvent, en ce qui concerne les bois des communes et des établissements publics et pour tous les objets urgents, s'adresser directement à l'agent chef de service. Les renseignements demandés leur sont transmis par l'intermédiaire du conservateur. (Ord. du 10 mars 1831. Circ. A 266.)

PRÉJUDICE. V. Dommage.

PRÉLIMINAIRE DE CONCILIATION.

Définition. — Obligation imposée aux parties, avant de commencer un procès, de comparaître devant le juge de paix, qui a mission de les concilier. V. Mémoire.

PRÉMÉDITATION.

Définition. — La préméditation consiste dans le dessein, formé avant l'action, de faire ou de commettre un crime ou un délit, quand même ce dessein serait dépendant de quelque circonstance ou de quelque condition. (Cod. Pén. 297.)

PREMIÈRE MISE. (HABILLEMENT.)

1. *Délivrance. Gratuité.* — Les effets de première mise sont délivrés aux préposés, à titre gratuit, aux frais du Trésor. (Arr. Min. du 28 octobre 1875, art. 1. Circ. N 189. Arr. Min. 25 octobre 1893, art. 4. Circ. N 465.)

2. *Premier établissement. France. Algérie.* — L'allocation de premier établissement (100 francs) attribuée aux sous-officiers nommés préposés forestiers en France, sur la

présentation du ministre de la guerre, est supprimée. L'allocation en nature des effets d'habillement de première mise, d'une valeur équivalente, la remplace.

Par contre, en Algérie, à cause des frais de monture, l'allocation de premier établissement des préposés forestiers continue à être délivrée, sans aucune réduction. (Arr. Min. 25 octobre 1893, art. 4. Circ. N 465.)

3. *Propriété conditionnelle.* — Les effets de première mise ne sont la propriété du préposé qui les a reçues, à son entrée dans l'administration, qu'après une année écoulée, à dater de leur réception. (Arr. Min. 28 janvier 1878. Circ. N 223. Arr. Min. 25 octobre 1893, art. 6. Circ. N 465.)

4. *Effets sans affectation.* — Si, dans l'intervalle qui s'écoule entre la demande et la distribution, des préposés cessent de faire partie de l'administration pour une cause quelconque, leurs effets sont repris par le soumissionnaire, qui peut les utiliser pour d'autres commandes. (Cah. des ch. art. 32. Instr. du 21 décembre 1893, art. 15. Circ. N 465.)

5. *Préposés passant de France en Algérie, ou inversement.* — Les préposés passant de France en Algérie, ou inversement, reçoivent une première mise nouvelle correspondante, dans les mêmes conditions que les préposés entrant dans l'administration, sauf les képis, les deux cravates et le petit équipement. (Instr. 21 décembre 1893, art. 9. Circ. N 465.)

6. *Fournitures. Crédit. Paiement.* — La fourniture des effets de première mise est assurée par le directeur des forêts, au moyen des crédits annuels, dans les conditions déterminées par les règlements sur la comptabilité publique. (Arr. Min. 25 octobre 1893, art. 7. Circ. N 465.) V. Habillement. Uniforme.

7. *Epoque.* — Le premier de chaque mois, les conservateurs adressent à la direction des forêts l'état des premières mises à délivrer aux préposés installés dans le mois précédent. (Arr. Min. 25 octobre 1893, art. 15. Circ. N 465.)

PRÉNOM. V. Nom.

PRÉPOSÉ.

Calepin, 9.
Catégorie, 1.
Commandes particulières, 13.
Effectif, 3.
Elagage, 7.
Elèves diplômés des Barres, 2.
Emploi, 5.
Epoque, 13.
Fils d'agent ou de préposé, 2.
Garde cantonnier, 1.
Garde communal, 2.
Garde domanial, 1, 2.
Garde sédentaire, 1, 2.
Fonction, 4.
Gratification, 8.
Habillement, 13.
Incompatibilité, 12.
Lois, 7.
Peines, 10.
Qualification, 1.
Recrutement, 2.
Retenues, 13.
Service actif, 1.
Service communal, 1.
Service domanial, 1, 2.
Service militaire, 11.
Service sédentaire, 1.
Sous-officiers, 2.
Travaux, 6, 9.

1. *Qualification. Catégorie.* — La qualification de *préposés forestiers* s'applique indistinctement à tous les gardes et à tous les brigadiers forestiers. Les préposés forestiers forment deux catégories distinctes, suivant que les propriétés qu'ils surveillent appartiennent à l'Etat ou aux communes et établissements publics. On appelle *domaniaux* ceux dont les triages sont composés de bois appartenant à l'Etat, soit exclusivement, soit par indivis avec les communes ou les particuliers. Les gardes cantonniers, les gardes mixtes dont le triage est composé partie de bois de l'Etat, partie de bois communaux ou d'établissements publics, rentrent dans la catégorie des préposés domaniaux. Tous ces préposés font partie du service *actif;* ceux qui sont employés dans les bureaux appartiennent au service *sédentaire.*

Les brigadiers et gardes dont le triage est exclusivement composé de bois appartenant aux communes ou établissements publics sont dits *communaux.* V. Brigadier. Garde.

2. *Recrutement. Service domanial.* — Les gardes forestiers domaniaux et sédentaires sont recrutés :

1° Jusqu'à concurrence des trois quarts des vacances, en France, et pour la totalité, en Algérie, parmi les sous-officiers remplissant, pour l'âge et les années de service militaire, les conditions fixées par les articles 14 et 21 de la loi du 18 mars 1889, ou bien, à défaut de ces candidats, celles prévues par l'article 84 de la loi du 15 juillet 1889. V. Sous-Officier.

2° Pour le surplus des vacances, en France :

A. Parmi les fils d'agents et préposés domaniaux ou mixtes, âgés de moins de 35 ans, ayant satisfait à la loi sur le recrutement et remplissant les conditions d'aptitude prévues par les règlements ;

B. Parmi les gardes cantonniers, les gardes d'Algérie et les gardes communaux, ayant au moins 4 ans de service, qui sont présentés par les conservateurs ;

C. Parmi les élèves diplômés de l'école pratique de sylviculture des Barres, âgés de plus de 25 ans et de moins de 35 ans et ayant satisfait à la loi du recrutement.

3. *Effectif.* — En France, le nombre des préposés domaniaux est de 3300 et, en Algérie, de 1030. V. Traitement.

Celui des préposés communaux, en France, s'élève à 3750 environ.

4. *Fonction.* — Les préposés ne peuvent, sous aucun prétexte, être détournés de leurs fonctions officielles. (Circ. A 695.)

5. *Emploi.* — Les préposés sont employés comme indicateurs, porte-chaînes ou bûche-

rons, chaque fois que l'intérêt du service ne peut en souffrir. (Circ. N 22, art. 9.)

6. *Travaux.* — Les préposés consacrent à des travaux d'amélioration, indiqués par les chefs de cantonnement, tout le temps qui n'est pas absorbé par la surveillance et les autres exigences du service. (Circ. N 22, art. 288.)

7. *Laies. Elagage.* — Les préposés forestiers sont chargés de nettoyer les laies sommières et les lignes séparatives des coupes. Ils enlèvent, à cet effet, les herbes et le recru qui se trouvent sur ces lignes et sur ces laies, et ils élaguent les brindilles des branches latérales des arbres voisins. Le produit de ce nettoiement leur est abandonné, à titre d'indemnité. (Décis. Min. du 10 novembre 1835. Circ. N 22, art. 289.)

8. *Gratifications.* — Des gratifications peuvent être accordées aux préposés, pour les travaux de main-d'œuvre de toute nature qu'ils ont effectués. (Circ. N 22, art. 290.)

9. *Travaux. Calepins.* — Les travaux des préposés, effectués dans les forêts domaniales, communales ou d'établissements publics, doivent toujours être constatés par des calepins d'attachement. (Circ. N 416.)

10. *Peines.* — Les peines prononcées par le code forestier, dans certains cas spéciaux, sont indépendantes des poursuites et peines dont les préposés seraient passibles pour malversation, concussion ou abus de pouvoir. (Cod. For. 207.)

11. *Service militaire.* — Les préposés forestiers entrent dans la composition des forces militaires du pays. (Décr. du 2 avril 1875. Circ. N 173. Décr. du 18 novembre 1890, art. 1er. Circ. N 424.) V. Chasseurs forestiers.

12. *Incompatibilité.* — Les préposés forestiers ne peuvent pas être constitués, à leurs profits, entrepreneurs de travaux, dans une forêt dont la surveillance leur est confiée. (Lettre de l'Admin. du 19 septembre 1861.)

13. *Habillement. Commandes particulières. Epoques. Retenues.* — Les préposés ont la faculté, avec l'assentiment de leurs chefs, de commander, à titre particulier, en dehors des périodes de renouvellement, des effets compris dans la nomenclature du cahier des charges. Les commandes ont lieu par semestre. Le prix de ces effets fait l'objet d'une retenue sur le traitement, après délivrance. (Arr. Min. du 25 octobre 1893, art. 10 et 15. Circ. N 465.) V. Retenue.

PRÉS-BOIS.

1. *Définition.* — Les prés-bois sont :

1° Les terrains qui sont tellement entremêlés de clairières qu'on ne puisse pas dire que ces clairières forment l'exception :

2° Les terrains assez étendus pour que le produit des arbres, espacés et clairsemés, soit très faible et en très grande disproportion avec l'étendue de ces terrains. (Cons. d'Etat, 31 décembre 1838. Cass. 31 mai 1843.)

2. *Terre vague.* — Les prés-bois (rièzes) ne rentrent pas dans la classe de terres vaines ou vagues. (Metz, 12 juin 1856.)

3. *Pâturage. Régime forestier.* — Les dispositions des articles 67 et 119 du code forestier ne sont pas applicables aux prés-bois, qui ne sont pas dans la catégorie des bois pouvant être soumis au régime forestier, dans le sens de l'article 90 de ce code. Les dégâts commis par les troupeaux dans les prés-bois, après la coupe des arbres, tombent sous l'application de la loi des 28 septembre-6 octobre 1791, titre II.

4. *Cantonnement.* — Les droits de pâturage qui s'exercent dans les prés-bois non soumis au régime forestier ne sont pas rachetables ; le cantonnement peut en être demandé par le propriétaire, aussi bien que par l'usager.

5. *Défrichement.* — Les prés-bois peuvent être défrichés, sans que l'administration ait à intervenir. (Nîmes, 20 juin 1833.) Lorsqu'il s'agit de convertir des prés-bois en bois, le conseil de préfecture est compétent, sauf recours au conseil d'Etat. (Cod. For. 90, § 4.)

PRESBYTÈRE.

Délivrance de bois. Curé. — Lorsque le presbytère d'une commune est compris au nombre des maisons usagères auxquelles il est fait distribution, par le propriétaire d'une forêt, d'une quantité de bois d'affouage déterminée, cette délivrance ne peut, en aucun cas, être enlevée à l'immeuble auquel elle a été affectée.

Spécialement, le syndic des affouagistes auquel est faite la délivrance en bloc, à la charge par lui d'opérer la répartition entre les maisons affouagères, ne peut se dispenser de faire au curé la délivrance du bois affecté à l'usage du presbytère. (Trib. de Neufchâtel, 31 août 1882.)

PRESCRIPTION.

SECT. I. — INSTANCE, 1 — 63.

§ 1. *Généralités, Principes, Validité*, 1 — 26.

§ 2. *Renonciation*, 27 — 30.

§ 3. *Preuve*, 31 — 36.

§ 4. *Interruption*, 37 — 63.

SECT. II. — DÉLAIS, 64 — 115.

§ 1. *Point de départ*, 64 — 79.

§ 2. *Durée, Délais*, 80 — 115.

A. *Trente ans*, 80 — 84.

B. *Dix à vingt ans*, 85.

C. *Dix ans*, 86.

D. *Cinq ans*, 87 — 90.

E. *Trois ans*, 91 — 100.

F. *Deux ans*, 101 — 103.

G. *Un an*, 104 — 107.

H. *Six mois*, 108.

I. *Trois mois*, 109 — 115.

Achat, 85.
Achèvement, 4.
Acquisition, 32.
Acte, 38.
Acte interruptif, 39.
Action, 62, 80, 108, 109, 115.
Action civile, 50, 72, 73, 86, 92 bis, 105.
Action intentée, 96.
Action pénale, 71, 72.
Action publique, 73, 86, 105.
Adjudicataire, 44, 63, 77, 84, 94, 111, 112.
Appel, 69, 97, 98.
Auteur, 51.
Bois particuliers, 72, 94.
Budget, 90.
Cause légale, 55.
Caution, 44.
Chasse, 52, 60, 61, 62, 96, 114, 115.
Chemins vicinaux, 103.
Citation, 41, 42, 43, 45, 47.
Commencement, 66, 74.
Commune, 13, 16, 30.
Complice, 51, 52.
Compte, 5.
Compte ouvert, 70.
Conditions, 21, 30.
Contravention, 48, 104.
Créance, 89, 90.
Date, 74.
Définition, 1, 2.
Défrichement, 101.
Délai, 43, 60, 61, 64, 73, 78, 95, 96, 107, 115.
Délinquant, 75, 109, 110.
Délinquant inconnu, 108.
Délit, 22, 23, 26, 62, 78, 92, 93.
Délit commun, 76.
Délit constaté, 109, 110, 111.
Délit forestier, 76.
Délit non constaté, 91.
Délits successifs et permanents, 67.
Désignation, 109, 110.
Droit, 3, 9.
Droit d'usage, 33, 34, 79, 83.
Droit public, 28.
Entrepreneur, 77.
Epoux, 59.
Exception préjudicielle, 56, 68, 107.
Faculté, 29, 30.
Femme, 12, 59.
Frais de justice, 82.
Garde particulier, 100, 106.
Guerre, 58.
Inaliénabilité, 37.
Indemnité, 103.
Instance, 47.
Interdit, 12.
Interruption, 42, 60, 65, 95.
Interversion, 15.
Invasion, 57, 58, 64.
Jouissance, 54.
Jour du délit, 66.
Juge incompétent, 45.
Jugement, 52.
Jugement par défaut, 53.
Législation, 37.
Libération, 32.
Loi de police, 11.
Mandat de citer, 40.
Mari, 59.
Mémoire, 49.
Mineur, 12.
Ministère public, 50.
Objet, 8.
Opposition, 6, 31.
Ordre public, 10.
Particulier, 50.
Pâturage, 23.
Peines, 102.
Peines correctionnelles, 88.
Possession, 14, 24.
Poursuite, 99, 115.
Poursuites correctionnelles, 46.
Préposé, 87, 93.
Preuve testimoniale, 34, 35.
Principes, 2, 27, 38, 92, 104.
Privation, 54.
Procès-verbal, 63, 74, 75.
Procès-verbal nul, 113.
Région des Maures, 109 bis.
Remplacement, 7.
Renvoi, 68.
Réparations civiles, 81, 93.
Responsabilité, 26, 78, 84, 112.
Retard, 56.
Serment, 36.
Servitude, 79.
Sursis, 63, 107.
Suspension, 47, 55, 56, 57, 61, 64, 107.
Terrain, 103.
Tiers, 45.
Titre, 14, 15, 17, 18, 85.
Titre nul, 25.
Usager, 19, 20.

V. Avoué. Contribution. Huissier. Intérêt. Loyer. Ouvrier. Péremption. Possession. Propriété.

SECT. I. — INSTANCE.

§ 1. *Généralités. Principes. Validité.*

1. *Définition.* — La prescription est un moyen d'acquérir ou de se libérer. (Cod. Civ. **2219**.)

2. *Définition. Principes.* — Au civil, la prescription est un moyen d'acquérir une chose ou un droit et de se libérer d'une obligation ; au criminel, elle est un moyen d'acquérir l'immunité d'une infraction réprimée par les lois et de se libérer, tant de l'action principale que de la peine elle-même.

3. *Droit.* — La prescription ne constitue un droit acquis que lorsqu'elle est consommée. (Cass. 25 janvier 1858.)

4. *Achèvement.* — La prescription est acquise lorsque le dernier jour du terme est accompli. (Cod. Civ. **2261**.)

5. *Compte.* — La prescription se compte par jours, et non par heures. (Cod. Civ. **2260**.)

6. *Opposition.* — La prescription peut être opposée, en tout état de cause, en appel et en cassation. (Cod. Civ. **2224**.)

7. *Remplacement.* — La prescription peut être suppléée d'office par le juge. (Cass. 28 janvier 1843.)

8. *Objet.* — On ne peut prescrire le domaine des choses qui ne sont pas dans le commerce. (Cod. Civ. **2226**.)

9. *Droits.* — On ne peut prescrire que les droits que l'on peut acquérir. (Cod. Civ. **2226**.)

10. *Ordre public.* — On ne prescrit pas contre l'ordre public. (Cass. 5 janvier 1856.)

11. *Lois de police.* — Il est de principe que l'on ne prescrit pas contre les lois de police. (Lyon, 10 novembre 1864.)

12. *Mineur. Interdit.* — La prescription ne court pas contre les mineurs et les interdits (Cod. Civ. **2252**), ni contre les femmes dotales et pendant la durée du mariage. (Cod. Civ. 1561.)

13. *Commune.* — Les communes sont soumises aux mêmes prescriptions que les particuliers et peuvent également les opposer. (Cod. Civ. **2227**.)

14. *Possession. Titre.* — Ceux qui possèdent pour autrui ne prescrivent jamais ; tels sont les fermiers, dépositaires, usufruitiers et leurs héritiers. (Cod. Civ. **2236** et **2237**.)

15. *Titre. Interversion.* — Les fermiers, dépositaires, usufruitiers, usagers et leurs héritiers, possédant pour autrui, peuvent prescrire, si le titre de leur possession se trouve interverti, soit par une cause venant d'un tiers, soit par la contradiction qu'ils ont opposée aux droits du propriétaire. (Cod. Civ. 2238.)

16. *Commune. Fraction.* — Quoique une fraction de commune soit usagère dans une forêt, l'autre fraction peut néanmoins prescrire la propriété de cette forêt, dans laquelle elle ne jouit d'aucun droit; en pareil cas, la prescription profite à la commune entière, comme être collectif. (Cass. 19 mars 1845.)

17. *Titre.* — Nul ne peut prescrire contre son titre, en ce sens que l'on ne peut point se changer à soi-même la cause et le principe de sa possession. (Cod. Civ. 2240.)

18. *Titre.* — On peut prescrire contre son titre, en ce sens qu'on peut se libérer de l'obligation qu'on a contractée. (Cod. Civ. 2241.)

19. *Usager.* — L'usager ne peut prescrire, sur la chose qu'il détient en cette qualité, un droit plus étendu que celui que lui confère son titre. (Cass. 8 décembre 1841.)

20. *Usager.* — L'usager, quelque longue qu'ait été sa possession, ne peut prescrire la propriété de la forêt grevée que si son titre a été interverti. (Lyon, 29 janvier 1850. Cass. 18 juin 1851.)

21. *Conditions.* — Pour pouvoir prescrire, il faut posséder. Les actes de pure faculté et de simple tolérance ne peuvent fonder la prescription, non plus que les actes de violence. (Cod. Civ. 2229, 2232 et 2233.)

22. *Délit.* — Les faits délictueux, quelque nombreux qu'ils soient, quelque longue qu'en ait été la durée, constituant une possession vicieuse, ne peuvent servir de base à une prescription acquisitive. (Cass. 18 octobre 1821.)

23. *Pâturage. Délit.* — Les faits de pâturage exercés dans le cours de la période d'interdiction ne peuvent donner lieu à une possession utile pour prescrire, à cause de leur caractère délictueux. (Rennes, 20 février 1883.)

24. *Possession.* — Pour compléter la prescription, on peut joindre à sa possession celle de son auteur, de quelque manière qu'on lui ait succédé. (Cod. Civ. 2235.)

25. *Titre nul.* — Le titre nul par défaut de forme ne peut servir de base à la prescription de dix ou vingt ans. (Cod. Civ. 2267.)

26. *Responsabilité. Délit.* — La responsabilité du garde pour les délits est couverte par la prescription de ces délits.

§ 2. *Renonciation.*

27. *Principe.* — On ne peut, d'avance, renoncer à la prescription ; on peut renoncer à la prescription acquise. (Cod. Civ. 2220.)

28. *Droit public.* — La prescription étant de droit public, le prévenu ne peut pas y renoncer.

29. *Faculté.* — Celui qui ne peut aliéner ne peut renoncer à la prescription acquise. (Cod. Civ. 2222.)

30. *Faculté. Communes. Conditions.* — Celui qui ne peut aliéner ne peut renoncer à une prescription accomplie, et, pour être valable, une semblable renonciation doit être expresse et autorisée suivant les règles qui régissent les communes. (Cod. Civ. 2222. Besançon, 12 décembre 1864.)

§ 3. *Preuve.*

31. *Opposition.* — C'est à celui qui allègue la prescription à la prouver. Demandeur dans l'exception, il doit la justifier.

32. *Acquisition. Libération.* — Celui qui invoque la prescription pour *acquérir* la propriété contre un titre doit prouver la prescription, quoiqu'il soit en possession. Celui qui a un titre et qui demande à exercer une servitude, en vertu de ce titre, doit prouver qu'il n'est pas prescrit, parce que le propriétaire du fonds, qui oppose la prescription, cherche à se *libérer* et n'a, dès lors, rien à prouver.

33. *Droit d'usage.* — On doit admettre la preuve testimoniale contre la prescription des droits d'usage, lorsque les usagers ont été mis par le propriétaire de la forêt dans l'impossibilité de se procurer une preuve écrite de la délivrance. (Cass. 11 mai 1836.)

34. *Droit d'usage. Preuve testimoniale.* — La preuve testimoniale doit être admise lorsqu'il existe un commencement de preuve par écrit. (Cass. 31 décembre 1838.)

35. *Preuve testimoniale.* — L'usager auquel on oppose la prescription peut établir par témoins qu'il possède légalement, c'est-à-dire en vertu de procès-verbaux de délivrance ou d'acte équipollent. (Dijon, 9 février 1881.)

36. *Serment.* — Lorsque les prescriptions de six mois, un an et deux ans sont opposées, on peut déférer le serment à ceux qui les opposent, pour savoir si la chose a été réellement payée. (Cod. Civ. 2275.)

§ 4. *Interruption.*

37. *Législation. Inaliénabilité.* — Une disposition de la loi qui place une chose hors du commerce et la rend imprescriptible interrompt la prescription commencée et ne lui permet pas de se compléter. (Cass. 25 janvier 1858.)

38. *Principes. Actes.* — La prescription peut être interrompue, en matière correctionnelle, par tout acte d'instruction ou de poursuite, pourvu que cet acte soit valable et fait par un magistrat compétent ; l'interruption de la prescription produit, en matière correctionnelle, les mêmes effets qu'en matière civile, c'est-à-dire qu'elle fait considérer comme non avenu tout le temps qui s'est écoulé avant l'acte interruptif et qu'elle soumet la prescription à recommencer un nouveau cours.

39. *Actes interruptifs.* — Sont considérés comme actes d'instruction et de poursuite et, par suite, interruptifs de prescription, ceux qui ont pour objet de rechercher la preuve de la culpabilité du délinquant ou de s'assurer de sa personne, les procès-verbaux de recherches infructueuses (Paris, 2 janvier 1868), le réquisitoire du procureur général aux fins d'informer et la délégation du premier président au juge d'instruction. (Nancy, 12 décembre 1867.)

40. *Mandat de citer.* — Une cédule à prévenu, contenant mandat du ministère public de citer un prévenu, n'est pas un acte de poursuite et n'a pas pour effet d'interrompre la prescription. (Dijon, 13 décembre 1871.)

41. *Citation.* — La prescription est interrompue par la citation en justice. (Cod. Civ. 2244 et suivants.)

42. *Citation. Interruption.* — Au cas où la prescription a été interrompue par une citation, si l'affaire reste toujours pendante devant le tribunal, ce n'est pas la prescription spéciale au délit qui recommence à courir, mais celle de trois ans, établie par le code d'instruction criminelle. (Amiens, 2 janvier 1873.)

43. *Citation. Délai.* — Une citation régulière, donnée dans les trois mois du délit, interrompt la prescription, bien que cette citation ait été ultérieurement abandonnée et remplacée par une autre. (Cass. 1er mars 1832.)

44. *Adjudicataire. Caution.* — La citation donnée à l'adjudicataire ou à son cessionnaire interrompt la prescription, soit pour la caution, soit pour l'adjudicataire lui-même. (Cass. 10 juin 1836.)

45. *Juge incompétent. Citation. Tiers.* — La citation donnée devant un juge incompétent est interruptive de la prescription, même pour les tiers non impliqués. (Cass. 5 mai 1865.)

46. *Poursuites correctionnelles.* — En matière correctionnelle, la prescription est interrompue par des poursuites portées devant un tribunal incompétent, à raison de la qualité dont est revêtu un prévenu, pourvu que ces poursuites aient été dirigées par une autorité ayant attribution pour poursuivre ou instruire sur le délit en lui-même. (Cass. 18 avril 1846.)

47. *Citation. Instance. Suspension.* — Une citation donnée même devant un tribunal incompétent interrompt la prescription, parce que l'acte n'est pas nul par lui-même. (Cod. Civ. 2246.)

Dans ce cas, soit que le juge reconnaisse son incompétence, soit que le jugement intervenu soit cassé pour vice d'incompétence, la prescription a été suspendue pendant l'instance et ne recommence à courir que lorsque la véritable voie légale a été employée. Le délai de la prescription est alors de trois ans. (Instr. Crim. 638, 640.)

48. *Contravention.* — Pour les *contraventions*, la poursuite n'interrompt pas la prescription et ne fait pas courir un nouveau délai, attendu que, d'après l'article 640 du code d'instruction criminelle, le jugement des contraventions doit intervenir dans l'année qui suit le délit, sous peine de prescription. (Cass. 14 décembre 1844.)

49. *Mémoire.* — La remise au préfet du mémoire qui doit précéder l'introduction de toute demande dirigée contre l'Etat est interruptive de prescription, à partir de la date du dépôt de ce mémoire. (Loi du 5 novembre 1790.)

50. *Ministère public. Particulier. Action civile.* — Lorsqu'un particulier a saisi directement le tribunal correctionnel d'un fait délictueux, toutes les actions et poursuites du ministère public relatives au même fait profitent au particulier, pour lui éviter la prescription de son action civile.

51. *Poursuites. Auteur. Complice.* — Les poursuites dirigées contre l'un des auteurs d'une infraction interrompent la prescription à l'égard de ses complices. (Cass. 31 janvier 1839.)

52. *Chasse. Complice. Jugement.* — Le jugement de condamnation prononcé contre l'un des auteurs d'un délit de chasse est interruptif de la prescription à l'égard des co-auteurs du même délit demeurés inconnus. (Dijon, 31 décembre 1872.)

53. *Jugement par défaut.* — Un jugement par défaut non signifié interrompt la prescription. (Paris, 27 août 1836.)

54. *Jouissance. Privation.* — La prescription est interrompue par la privation, pendant plus d'un an, de la jouissance de la chose, soit par l'ancien propriétaire, soit par un tiers. (Cod. Civ. 2243.)

55. *Suspension. Cause légale.* — La prescription est suspendue pendant un temps indéfini lorsque, par une cause légale, la partie poursuivante est dans l'impossibilité d'agir, par exemple, lorsque, en cas d'une exception préjudicielle, il faut attendre la fin de l'instance civile.

Après la solution des questions incidentes, la prescription reprend son cours de plein droit, même sans la signification du jugement. (Cass. 10 avril 1835.)

56. *Exception préjudicielle de propriété. Sursis. Retard. Suspension* — L'exception préjudicielle soulevée devant le tribunal correctionnel par le prévenu est, par elle-même, suspensive de la prescription ; le prévenu ne peut se faire un moyen de prescription des retards apportés au jugement d'un procès correctionnel, lorsque ces retards ont pour cause l'obligation de faire statuer, au préalable, sur l'exception qu'il a lui-même soulevée. (Cass. 20 novembre 1886.)

57. *Suspension. Invasion.* — Le cours de la prescription doit être suspendu dans un cas de force majeure, comme une invasion, lorsque le cours de la justice est radicalement arrêté par la volonté expresse d'une puissance étrangère, qui, occupant le territoire, y substitue son autorité à celle du gouvernement national. (Trib. de Lunéville, 13 juin 1871.)

58. *Guerre. Invasion.* — Les prescriptions en matière civile sont suspendues pendant la durée de la guerre ; un nouveau délai, égal au délai ordinaire, restant à courir au jour de la suspension, commencera à courir pour ceux qui se trouveront dans le cas ci-dessus. (Décr. 9 septembre 1870, 3 octobre 1870.) Le nouveau delai a commencé le 11 juin 1871. (Loi du 26 mai 1871.)

59. *Mari. Femme.* — L'action intentée contre le mari, comme coupable d'un délit forestier, alors que le procès-verbal désigne la f mme comme auteur du délit, n'interrompt pas la prescription de trois mois qui est acquise à la femme, si le premier acte de poursuite dirigé contre elle n'a lieu que postérieurement à l'expiration de ce délai. (Cass. 8 août 1840.)

60. *Interruption. Délai. Chasse.* — La prescription de trois mois, introduite par la loi du 3 mai 1844, peut, comme toutes autres prescriptions, être interrompue par des actes d'instruction ou de poursuite.

Le procès-verbal dressé par des agents chargés par la loi de la recherche et de la constatation de ces sortes de délits est un acte d'instruction, et, dès lors, il a interrompu la prescription commencée.

Dans le silence de la loi spéciale, la prescription ainsi interrompue ne peut plus s'accomplir que conformément aux règles du droit commun, c'est-à-dire par un laps de trois années, à partir du dernier acte d'instruction et de poursuite. (Paris, 6 juillet 1884.)

61. *Suspension. Délai. Chasse.* — Lorsque la poursuite d'un délit de chasse a été suspendue pendant un certain temps, l'action se prescrit, non plus par le délai de trois mois, mais seulement par le délai de trois ans, à compter du dernier acte de poursuite. (Lyon, 22 juillet 1890.)

62. *Délit de chasse. Action.* — Lorsque l'action a été intentée dans le délai, ce n'est pas la prescription de trois mois, mais celle de trois ans qui est applicable. (Bordeaux, 11 juin 1871.)

63. *Adjudicataire. Sursis. Procès-verbal.* — Si, pour les délits commis par les adjudicataires, l'administration fait, en vertu de l'article 44 du code forestier, prononcer un sursis pour constater de nouveau le délit lors du récolement, ou si le procès-verbal de récolement lui-même est, conformément à l'article 50 du code forestier, déféré au conseil de préfecture, alors et dans le dernier cas surtout, la prescription est suspendue pendant toute la durée de l'instance administrative. (Cass. 19 juin 1840.)

SECT. II. — DÉLAI.

§ 1. *Départ.*

64. *Invasion. Suspension.* — Les délais de la prescription pour les délits forestiers, dommages, etc., ne commenceront à courir que du jour de l'évacuation du territoire par les armées ennemies. (Décr. 14 fevrier 1871.)

65. *Interruption. Dies a quo.* — La cour de cassation a décidé que, si un délit est constaté le 15 janvier, la citation donnée le 15 avril est valab.e pour interrompre la prescription. (Cass. 10 janvier 1845.) Antérieurement à cet arrêt, elle décidait que le jour à partir duquel une action ou une prescription est commencée doit compter dans le délai de l'action ou de la prescription.

Le jour du délit compte dans le délai de trois mois pour la prescription. (Grenoble, 13 janvier 1859.) V. Interruption. Péremption d'instance. Suspension.

66. *Commencement. Jour du délit.* — Le jour où le fait délictueux est commencé n'est pas compris dans le délai pour la prescription. (Cass. 2 février 1865.)

67. *Délits successifs et permanents.* — La prescription de l'action pour les délits successifs, tels que construction à distance prohibée ou défrichement, ne commence à courir qu'à partir du jour où leur effet s'est manifesté, c'est-à-dire du jour où la maison est achevée, délai : trente ans; ou bien si le délit a été constaté, délai : trois mois; du jour où le défrichement a été consommé, délai : deux ans ; mais s'il est constaté par procès-verbal, délai : trois mois. (Cass. 24 avril 1841.)

Le délit d'établissement d'un atelier dans une maison à distance prohibée ne peut se prescrire. (Lyon, 9 février 1863.)

68. *Exception préjudicielle. Renvoi.* — Dans le cas où un délai a été imparti au pré-

venu pour justifier l'exception préjudicielle qu'il a invoquée, la prescription court à partir de l'expiration de ce délai, lorsque, dans l'intervalle, aucune citation n'a été donnée à ce prévenu. (Cass. 1er décembre 1848.)

69. *Appel.* — Lorsqu'il y a appel d'un jugement, la prescription (trois ans) court à partir de l'acte d'appel. (Colmar, 29 avril 1840.)

70. *Compte ouvert.* — La prescription de six mois pour les ouvriers (Cod. Civ. 2271), un an pour les huissiers (Cod. Civ. 2272), deux ans pour les avoués (Cod. Civ. 2273), a lieu quoiqu'il y ait eu continuation de services ou travaux. Elle ne cesse de courir que lorsqu'il y a eu compte arrêté. (Cod. Civ. 2274.)

71. *Action pénale.* — Les actions en réparation de délits et contraventions en matière forestière, dans tous les bois en général, se prescrivent par trois mois, à dater du jour où le délit a été constaté, c'est-à-dire de la clôture du procès-verbal, lorsque les prévenus sont désignés dans les procès-verbaux ; dans le cas contraire, le delai de prescription est de six mois, à dater de la clôture des procès-verbaux. (Cod. For. 185.) Ces délais de prescription sont applicables aux délits commis dans les bois particuliers. (Cod. For. 189. Loi du 18 juin 1859.)

72. *Bois particuliers. Action civile ou pénale.* — Les poursuites civiles ou pénales doivent être intentées dans le délai de trois ans, s'il n'y a pas de procès-verbal, et dans le délai de trois ou six mois, s'il y a eu un procès-verbal. Les actions civiles et pénales se prescrivent en même temps.

L'action civile née d'un délit se prescrit par trois ans, même si elle a été exercée séparément. (Aix, 23 décembre 1893.)

73. *Action civile. Action publique. Délai.* — L'action civile résultant d'un délit forestier se prescrit par le même laps de temps que l'action publique, et la prescription court à compter du jour où le délit a été constaté, et non du jour de la clôture du procès-verbal, lorsque cette clôture a été suspendue par des motifs étrangers à la constatation du délit. (Chambéry, 13 juin 1885.)

74. *Procès-verbal. Date. Commencement.* — La prescription ne commence à courir, pour les délits forestiers, que du jour de la *clôture* du procès-verbal. (Cass. 19 mars 1818, 23 juin 1827 et 31 août 1850.)

S'il y avait deux procès-verbaux dressés pour le même fait, la prescription commencerait à courir à partir du premier procès-verbal. (Caen, 24 juin 1824.)

75. *Délinquant. Procès-verbal.* — Lorsque, dans un même procès-verbal, il y a des délinquants nommés et d'autres restés inconnus, la prescription du délit n'est pas la même pour tous les délinquants, malgré l'indivisibilité de la procédure. Elle est de trois mois pour les premiers, et de six mois pour les autres. (Cass. 18 avril 1846.)

76. *Délit forestier. Délit commun.* — La prescription de trois mois et de six mois, indiquée par l'article 184 du code forestier, ne s'applique qu'aux infractions prévues par la loi forestière et qui peuvent être poursuivies soit par les particuliers, soit par les agents forestiers. (Cod. For. 190.)

Mais les faits réprimés par le code pénal, coupe ou mutilation d'arbres en dehors d'une forêt (Cod. Pén. 444), se prescrivent par les délais d'un an ou de trois ans, suivant qu'ils ont le caractère de contravention ou de délit.

77. *Adjudicataire. Entrepreneur.* — Les délais de prescription ordinaire ne sont pas applicables aux délits commis par les entrepreneurs et adjudicataires de coupes, dans toute la période du temps où la loi les rend responsables des délits commis dans les coupes et à l'ouïe de la cognée et jusqu'au récolement et décharge d'exploitation, ni aux agents et gardes, pour délits, contraventions ou malversations commis dans l'exercice de leurs fonctions. (Cod. For. 45, 47, 50, 51, 82, 185 et 186.)

Dans ces cas, les délais de prescription sont ceux (un à dix ans) énoncés par le code d'instruction criminelle, articles 636, 637, 638, 639 et 640.

78. *Responsabilité. Délit. Délai.* — La responsabilité des gardes pour les délits est couverte par la prescription de ces délits (un à trois ans). (Instr. Crim. 637, 638, 640.)

79. *Servitude. Droit d'usage.* — La prescription de trente ans commence à courir du jour où l'on a cessé de jouir des servitudes discontinues, ou du jour où il a été fait un acte contraire à une servitude continue. (Cod. Civ. 707.)

§ 2. *Délais divers. Durée.*

A. *Trente ans.*

80. *Action.* — Toutes les actions réelles et personnelles se prescrivent par trente ans. (Cod. Civ. 2262.)

81. *Réparations civiles. Dommages-intérêts.* — Les réparations civiles (dommages-intérêts et restitution) se prescrivent par trente ans. (Instr. Crim. 642. Cod. Civ. 2262.)

L'action civile pour dommages-intérêts ne se prescrit que par trente ans. (Cass. 5 juin 1830.)

82. *Frais de justice correctionnelle.* — Les frais sont assimilés aux réparations civiles et se prescrivent par trente ans. (Cass. 23 janvier 1828.)

83. *Droit d'usage.* — Les droits d'usage se prescrivent par le défaut de jouissance pendant trente ans ; mais la prescription ne court pas tant que l'usager n'a pas pu entrer

en jouissance, par le fait d'une clause dont il ne pouvait pas effectuer la réalisation, telle qu'un partage. (Grenoble, 19 février 1868.)

84. *Adjudicataire. Responsabilité.* — Si un délit n'a pas été constaté par procès-verbal, l'adjudicataire, dans les bois soumis au régime forestier seulement, est, en vertu de l'article 45 du code forestier, responsable jusqu'à ce qu'il ait obtenu sa décharge d'exploitation, et, dans ce cas, la durée de la prescription n'est pas fixée et le délit ne peut être éteint que par la prescription trentenaire. (Cass. 19 juin 1840.)

B. *Dix à vingt ans.*

85. *Achat. Titre.* — Celui qui achète de bonne foi et par juste titre un immeuble en prescrit la possession par dix ou vingt ans. (Cod. Civ. 2265.)

C. *Dix ans.*

86. *Action publique.* — L'action publique et l'action civile résultant d'un crime de nature à entraîner des peines afflictives perpétuelles, ou d'autres peines afflictives et infamantes, se prescrivent par dix années révolues, à compter du jour où le crime a été commis, ou du dernier acte d'instruction ou de poursuite fait dans cet intervalle. (Instr. Crim. 637.)

D. *Cinq à dix ans.*

87. *Préposés.* — Lorsque les délits ont été commis par un garde, la prescription n'est acquise qu'après le délai de cinq ans. (Cod. For. 186. Instr. Crim. 636.)

88. *Peines correctionnelles.* — Les peines correctionnelles (prison, amende, confiscation) se prescrivent par cinq années, à dater du jugement rendu en dernier ressort ou inattaquable par voie d'appel (Instr. Crim. 636), cinq ans et deux mois après le jugement, à cause de l'appel du procureur général. (Instr. Crim. 205. Nîmes, 15 juin 1843.)

89. *Créance.* — Toutes les créances qui n'ont pas été acquittées avant la clôture des crédits de l'exercice auquel elles appartiennent sont prescrites par un délai de cinq années, à partir de l'ouverture de l'exercice. (Loi du 29 janvier 1831.)

90. *Budget. Créance.* — La prescription pour les créances sur le budget est de cinq ans. (Loi du 29 janvier 1831, art. 9.) Ce délai est de six ans pour les créanciers résidant hors de l'Europe. Cette disposition n'est pas applicable aux créances dont le paiement n'a pu être effectué par le fait de l'administration, par suite d'un pourvoi au conseil d'État. (Décr. du 31 mai 1862. Règl. Min. du 26 décembre 1866, art. 165. Circ. N 104.)

E. *Trois ans.*

91. *Délit non constaté.* — L'action en réparation des délits non constatés se prescrit par trois ans, à compter du jour où ces délits ont été commis. (Instr. Crim. 637 et 638. Cass. 17 mars 1866.)

92. *Délits. Principes.* — Si les délits forestiers n'ont pas été constatés par procès-verbaux, ils retombent sous l'empire du droit commun. Dès lors, s'ils ont le caractère de *délit* proprement dit (Cod. Pén. 9, 40, 42, 52 et 55 ; prison : six jours à cinq ans ; amende : 16 francs et au-dessus ; interdiction des droits civils, civiques ou de famille), ils se prescrivent par trois ans révolus, à partir du délit ou du dernier acte d'instruction ou de poursuite. (Instr. Crim. 638. Cass. 28 août 1851.)

92 bis. *Action civile.* — L'action civile née d'un délit se prescrit par trois années, même si elle a été exercée séparément. (Aix, 23 décembre 1893.)

93. *Préposé. Responsabilité. Délit.* — La responsabilité du garde pour les délits est couverte par la prescription de ce délit.

S'il s'agit d'un délit de nature à être puni correctionnellement, ce délai est réduit à trois années. (Instr. Crim. 638.) V. Responsabilité.

94. *Adjudicataire. Bois particuliers.* — Les propriétaires de bois particuliers ne peuvent pas invoquer, contre leurs adjudicataires, l'article 45 du code forestier, et la prescription des délits est alors de trois ans. (Instr. Crim. 638. Cass. 5 juin 1830.)

95. *Interruption. Nouveau délai.* — Après les actes d'instruction et de poursuite qui interrompent la prescription, la nouvelle prescription est fixée par l'article 638 du code d'instruction criminelle à un délai de trois ans pour les *délits*. (Cass. 19 juin 1840.)

96. *Action intentée. Chasse. Délai.* — Si l'article 29 de la loi du 3 mai 1844 décide que la prescription de trois mois, à compter du jour du délit, s'applique à toute action relative aux délits prévus par la présente loi, cet article ne dispose que pour le cas où l'action n'a pas été intentée dans le délai prescrit et ne s'applique pas à celui où, l'action ayant été exercée, la poursuite a été suspendue pendant un temps plus ou moins long. (Cass. 13 avril 1883.)

97. *Appel.* — Après un jugement frappé d'appel, la prescription de trois ans libère complètement le prévenu, attendu que, dans ce cas, elle atteint l'action elle-même dans tous les points frappés d'appel. Si l'appel avait été défini, la prescription et la disparition de l'action se restreindraient aux parties frappées d'appel ; quant aux autres, elles auraient leur plein et entier effet, et la prescription à intervenir serait de cinq ans, suivant l'article 636 du code d'instruction criminelle. (Cass. 31 août 1827.)

98. *Appel.* — En cas d'appel, il y a prescription si, dans le délai de trois ans après la notification de l'appel, il n'a été fait aucun acte d'instruction ou de poursuite. (Nancy, 22 juillet 1846.)

99. *Poursuite.* — Lorsqu'un délit forestier constaté par procès-verbal a été l'objet d'un acte d'instruction ou de poursuite, avant l'expiration du délai de six mois fixé par l'article 185 du code forestier, l'action en réparation de ce délit ne se prescrit plus que par trois ans, à compter du dernier acte de poursuite. (Instr. Crim. 637 et 638. Cass. 17 mars 1866. Rouen, 19 juillet 1866.)

100. *Garde particulier.* — La prescription pour les délits commis par les gardes particuliers, à l'occasion ou dans l'exercice de leurs fonctions, est de trois ans. (Instr. Crim. 638. Cass. 23 octobre 1812.)

F. *Deux ans.*

101. *Défrichement.* — Les actions ayant pour objet les défrichements se prescrivent par deux ans, à dater de l'époque où le défrichement est consommé. (Cod. For. 225.)

Si le délit a été constaté par procès-verbal, il se prescrit par trois mois. (Cod. For. 185. Grenoble, 13 février 1846.)

102. *Peines.* — Les peines portées par un jugement pour *contravention de police* se prescrivent par deux années révolues, à partir du jugement en dernier ressort et devenu inattaquable. (Instr. Crim. 639.)

103. *Indemnité. Terrain. Chemins vicinaux.* — L'action en indemnité des propriétaires, pour les terrains qui ont servi à la confection des chemins vicinaux, est prescrite par le laps de deux ans. (Loi du 21 mai 1836, art. 18.)

G. *Un an.*

104. *Contraventions. Principes.* — Si le fait n'est qu'une *simple contravention de police* (Cod. Pén. 464, 465, 466 et 470 ; prison : 1 à 5 jours ; amende : 1 à 15 francs ; confiscation des objets saisis), la prescription est acquise par une année révolue, après le jour où le fait a été commis. (Instr. Crim. 640.)

105. *Action publique. Action civile.* — L'action publique et l'action civile pour les contraventions de police se prescrivent par une année révolue, à compter du jour où elles ont été commises, ou à partir du jour d'un jugement définitif intervenu. (Instr. Crim. 640.)

106. *Garde particulier.* — La prescription pour les contraventions commises par les gardes particuliers, à l'occasion et dans l'exercice de leurs fonctions, est d'un an. (Instr. Crim. 640. Cass. 23 octobre 1812.)

La responsabilité du garde est couverte par la prescription de la contravention. (Instr. Crim. 640.)

107. *Exception préjudicielle de propriété. Sursis. Délai. Suspension.* — L'action est prescrite, en matière de contravention forestière, quand une année s'est écoulée depuis le sursis accordé à fins civiles et que, pendant ce délai, il n'est point intervenu de condamnation ou que le prévenu n'a pas introduit l'instance devant le tribunal civil. (Paris, 11 décembre 1884.)

H. *Six mois.*

108. *Action. Délinquant inconnu.* — Les actions en réparation de délits et contraventions en matière forestière, dans tous les bois en général, se prescrivent par six mois, à dater de la clôture du procès-verbal, lorsque le prévenu n'est pas indiqué dans le procès-verbal. (Cod. For. 185, 189.)

I. *Trois mois.*

109. *Action. Délinquant.* — Les actions en réparation de délits et contraventions en matière forestière, dans tous les bois en général, se prescrivent par trois mois, à dater du jour où le délit est constaté, c'est-à-dire de la clôture du procès-verbal, lorsque le prévenu est désigné dans le procès-verbal. (Cod. For. 185, 189.)

109 bis. *Région des Maures et de l'Estérel.* — Toute action relative aux délits et contraventions prévus par la loi concernant les mesures à prendre contre les incendies dans la région des Maures et de l'Estérel (départements du Var et des Alpes-Maritimes) sera prescrite par trois mois, à compter du jour où les délits et contraventions auront été constatés. (Loi du 19 août 1893, art. 8. Circ. N 461.)

110. *Désignation. Délinquant.* — Pour que la prescription de trois mois, après la clôture du procès-verbal, soit valable, il faut que la désignation du délinquant soit suffisante pour appeler une condamnation sur le prévenu. Si ce dernier n'est pas suffisamment désigné dans l'acte qui doit servir aux poursuites, le délai de prescription est alors de six mois. Un surnom ou un nom unique n'est pas une désignation suffisante. (Cass. 28 août 1851.)

111. *Adjudicataires. Délits constatés.* — Les adjudicataires jouissent, pour les délits constatés, des délais de prescription indiqués par l'article 185 du code forestier (trois mois), si le procès-verbal n'est pas poursuivi. (Cass. 10 juin 1836.)

112. *Adjudicataire. Responsabilité.* — La prescription pour les délits commis dans les coupes est toujours de trois mois, parce que l'adjudicataire responsable est toujours connu. (Cass. 17 avril 1807.)

113. *Procès-verbal nul.* — Un procès-verbal nul ne fait pas courir la prescription de trois mois, pour les délits forestiers. (Aix, 25 août 1864.)

114. *Chasse.* — Les actions en matière de délit de chasse se prescrivent par trois mois, à compter du jour du délit. (Loi du 3 mai 1844, art. 29.)

115. *Chasse. Délai. Action. Poursuites.* — Lorsqu'une action correctionnelle, motivée par un délit de chasse, a été introduite dans les trois mois du jour du délit, conformément à l'article 29 de la loi du 3 mai 1844, elle n'est plus prescriptible que par trois ans, conformément à la règle générale des articles 637 et 638 du code d'instruction criminelle (Paris, 23 juillet 1884), excepté si l'affaire a été rayée du rôle. Dans ce cas, le délai de la prescription n'est pas de trois années. (Paris, 26 juin 1880.)

PRÉSÉANCE.

Administrations, 10.
Adjudication, 12.
Audience, 13.
Autorités, 6.
Cérémonies, 10, 11.
Corps administratifs, 9.
Corps constitués, 7.
Corps municipal, 8.
Droite, 5.
Gauche, 5.
Fête, 10.
Honneurs, 1, 2, 3.
Intérim, 3.
Municipalités, 8.
Places, 5.
Principe, 1, 2.
Visites, 4.

1. *Principe.* — Les honneurs de préséance spécialement dus et attachés au grade ne peuvent pas se déléguer, parce que le grade lui-même ne peut jamais se déléguer. Il en est tout autrement pour les honneurs dus aux fonctions, qui sont forcément délégués en même temps et comme les fonctions elles-mêmes.

2. *Principe. Honneurs aux corps.* — Dans aucun cas, les rangs et honneurs accordés à un corps n'appartiendront individuellement aux membres qui le composent. (Décr. 24 messidor an XII, art. 3.)

3. *Intérim. Honneurs.* — Les personnes qui exercent, par intérim ou en l'absence du titulaire, soit un commandement, soit une fonction, n'ont droit qu'aux honneurs de leur grade ou de leur emploi. Il est défendu à tout fonctionnaire civil de rendre, à qui que ce soit, pour les honneurs, au delà de ce qui est prescrit. (Décr. du 24 messidor an XII, titre XXV, art. 6.)

4. *Visites.* — Les fonctionnaires reçoivent les visites des autorités nommées après eux dans l'article des préséances et ils rendent les visites dans les vingt-quatre heures. (Décr. du 24 messidor an XII.)

5. *Place d'honneur. Droite. Gauche.* — La personne à laquelle la préséance sera due doit avoir à sa droite celle qui doit occuper le second rang et à sa gauche celle qui doit occuper le troisième, et ainsi de suite. (Décr. du 24 messidor an XII, sect. III, art. 8.) La droite est la place d'honneur.

6. *Ordre de préséance des autorités.* —

1° Cardinaux (Décr. du 24 messidor an XII) ;
2° Ministres (même décret) ;
3° Maréchaux et amiraux (même décret) ;
4° Grand-chancelier de la Légion d'honneur (4 février 1806 et 26 mars 1816) ;
5° Conseillers d'État chargés de missions extraordinaires en vertu de décrets du Président de la République (Décr. du 24 messidor an XII, rectifié) ;
6° Généraux de division gouverneurs de Paris, de Lyon, commandant les corps d'armée et les régions de corps d'armée ; vice-amiraux commandants en chef, préfets maritimes (Décr. du 28 décembre 1875) ;
7° Grands-croix, grands-officiers de la Légion d'honneur (Décr. du 24 messidor an XII) ;
8° Généraux de division commandant les régions de corps d'armée mobilisé, après le départ du corps d'armée (Décr. du 28 décembre 1875) ;
9° Premiers présidents des cours d'appel (24 messidor an XII) ;
10° Archevêques (même décret) ;
11° Généraux de division commandant un groupe de subdivisions de région (28 décembre 1875) ;
12° Préfets (24 messidor an XII) ;
13° Présidents de cours d'assises (même décret) ;
14° Évêques (même décret) ;
15° Généraux de brigade investis du commandement territorial de subdivisions de région ; Contre-amiraux majors généraux de la marine ; Généraux de brigade commandant les subdivisions de région après le départ du corps d'armée (28 décembre 1875) ;
16° Commissaires généraux de police (24 messidor an XII) ;
17° Sous-préfets (même décret) ;
18° Majors généraux de la marine qui ne sont pas contre-amiraux (28 décembre 1875) ;
19° Présidents des tribunaux de première instance (24 messidor an XII) ;
20° Présidents des tribunaux de commerce (même décret) ;
21° Maires (même décret) ;
22° Commandants de place ou d'armes, à partir du grade d'officier supérieur (même décret, rectifié) ;
23° Présidents de consistoires (même décret) ;
24° Députations de membres de la Légion d'honneur (4 février 1806, 11 avril 1809 et 26 mars 1816).

7. *Ordre de préséance des corps.* —

1° Sénat (Décr. du 19 avril 1852) ;
2° Chambre des députés (même décret) ;
3° Conseil d'État (même décret) ;
4° Cour de cassation (24 messidor an XII) ;
5° Cour des comptes (16 septembre 1807) ;
6° Conseil supérieur de l'instruction publique (17 février 1815) ;
7° Cour d'appel (24 messidor an XII) ;

8° Etat-major des gouverneurs de Paris et de Lyon ; états-majors des corps d'armée (28 décembre 1875) ;

9° Etat-major des préfectures maritimes (même décret) ;

10° Etat-major de la région constitué après le départ du corps d'armée (même décret) ;

11° Etat-major de la division (même décret) ;

12° Cours d'assises (24 messidor an XII) ;

13° Conseils de préfecture (même décret) ;

14° Tribunal de première instance (même décret) ;

15° Etat-major de la majorité générale de la marine (28 décembre 1875) ;

16° Etat-major de la brigade (même décret) ;

17° Corps municipal (24 messidor an XII) ;

18° Corps académique (15 novembre 1811) ;

19° Etat-major de la place (24 messidor an XII) ;

20° Tribunal de commerce (même décret) ;

21° Chambre de commerce (1er septembre 1851) ;

22° Juges de paix (24 messidor an XII) ;

23° Commissaires de police, à partir du commissaire central (même décret, interprété par le conseil d'Etat par avis du 9 mars 1876). V. *Journal officiel*, 31 décembre 1890.

8. *Corps municipal.* — Les administrations de département et de district (arrondissement) et le corps municipal auront, chacun dans leur territoire, en toute cérémonie publique, la préséance sur les officiers et les corps civils et militaires. (Loi de janvier 1790, art. 5.)

9. *Corps administratifs.* — Lorsque les corps administratifs se trouvent ensemble avec les municipalités aux cérémonies publiques, la préséance appartient à l'administration du département sur celle du district, et à celle-ci sur la municipalité. (Instr. du 20 août 1790.)

10. *Administrations diverses. Fêtes. Cérémonies.* — Lorsque des membres des administrations des domaines et forestières, de la direction des contributions, les receveurs généraux et particuliers et autres employés salariés de la République assisteront aux fêtes et cérémonies publiques, ils marcheront après les chefs de la force publique dans les fêtes religieuses, et avant dans les fêtes civiles. (Arrêté du préfet de Vaucluse, 17 nivôse an XI, approuvé par le ministre de l'intérieur le 4 pluviôse an XI.) V. Cérémonie publique.

11. *Cérémonies publiques.* — Les administrations publiques n'ont pas de places *légales* dans les cérémonies publiques. D'après les instructions (Décr. du 17 novembre 1852. Instr. Min. des 14 mai 1853, 30 décembre 1874 et 28 décembre 1875), le ministère des finances occupe le dernier rang dans les cérémonies publiques, et les différents services qui en dépendent se classent, entre eux, par lettres alphabétiques. L'administration des forêts suivait ainsi l'administration des domaines et de l'enregistrement et précédait celle des postes, qui était la dernière.

Mais, depuis que l'administration des forêts est rattachée au ministère de l'agriculture, elle doit prendre rang avec les fonctionnaires de ce ministère et probablement en se classant par lettre alphabétique.

12. *Adjudication.* — Dans les séances d'adjudication, le conservateur ou l'agent qui le remplace doit occuper la droite du fonctionnaire chargé de présider les adjudications. (Décis. Min. du 13 septembre 1854. Lettre de l'Admin. 14 juin 1860.)

13. *Audience.* — A l'audience, les agents forestiers chargés de la poursuite ont une place particulière à la suite du parquet du ministère public. (Décr. du 18 juin 1809.)

PRÉSENCE.

Fait matériel. — La présence d'un garde à une opération constitue un fait matériel. (Cass. 10 avril 1806.)

PRÉSENTATION DE CANDIDAT. V. Candidat. Garde. Militaire. Préposé. Sous-officier.

PRÉSIDENT DES VENTES.

1. *Adjudication.* — Les fonctionnaires chargés de présider aux ventes ne peuvent y prendre part dans toute l'étendue de leur circonscription, ni par eux-mêmes, ni par personnes interposées directement ou indirectement, soit comme parties principales, cautions ou associés. En cas d'infraction :

Amende : un douzième à un quart du montant de l'adjudication. (Cod. For. 21.)

Prison : six mois à deux ans. (Cod. For. 21. Cod. Pén. 175.)

Interdiction des fonctions publiques. (Cod. For. 21.)

Vente déclarée nulle. (Cod. For. 21.)

2. *Délégation.* — Les préfets sont autorisés à déléguer, par une mesure générale, aux sous-préfets, le droit de présider eux-mêmes ou de faire présider par les maires les ventes de chablis, bois de délit et autres menus produits de peu d'importance. (Décis. Min. du 26 mars 1830. Circ. A 236.)

3. *Solvabilité.* — Le président de la vente est juge de la solvabilité des preneurs. (Cah. des ch. 5.) V. Adjudication. Vente.

4. *Enchères. Validité.* — Les présidents des ventes doivent consulter les agents forestiers et les receveurs sur la solvabilité des enchérisseurs. (Circ. Min. aux préfets, 25 octobre 1828.)

5. *Annulation. Erreur.* — Le président peut annuler l'adjudication, lorsqu'il est manifeste qu'elle est le résultat d'une erreur

soit sur le chiffre de la criée, soit sur l'identité de la coupe exposée en vente. (Circ. A 626. Circ. N 80, art. 45.) V. Vente.

6. *Estimation. Rabais. Mise à prix.* — Les agents forestiers ont seuls, et à l'exclusion des présidents des ventes, le droit de déterminer la valeur des coupes ; ils ont, par une conséquence forcée, celui de fixer les mises à prix, de descendre et d'arrêter les rabais. (Ord. 87. Décis. Min. du 15 janvier 1840.) Mais on doit avoir des égards pour les magistrats qui président et leur donner, au moment de la vente, les indications qui leur sont nécessaires pour la diriger eux mêmes. (Circ. A 485.)

PRÉSOMPTION.

Principes. — Les présomptions sont des conséquences que la loi ou le magistrat tire d'un fait connu à un fait inconnu. (Cod. Civ. 1349.)

PRÉSOMPTION LÉGALE.

1. *Définition.* — On appelle présomption légale celle que le législateur a cru devoir attacher par des dispositions spéciales à certains actes ou à certains faits, qui sont alors présumés vrais. (Cod. Civ. 1350.)

2. *Preuve.* — La présomption légale dispense de toute preuve celui au profit duquel elle existe. Nulle preuve n'est admise contre la présomption de la loi. (Cod. Civ. 1352.)

3. *Bois de délit.* — La possession des bois coupés en délit, vendus ou achetés en fraude, constitue une présomption légale que celui en la possession duquel ces bois ont été trouvés est l'auteur du délit. Cette présomption légale, dispensant de toute preuve celui au profit duquel elle existe, peut cependant être combattue et détruite par la preuve contraire, et c'est à celui chez qui les bois ont été trouvés à prouver qu'il les possède légitimement et de bonne foi. (Cass. 26 septembre 1840.)

Toutefois, la preuve ne doit pas être contraire aux énonciations d'un procès-verbal faisant foi jusqu'à inscription de faux.

4. *Recel. Bois de délit.* — Le seul fait de la possession de bois de délit, trouvés au domicile d'un particulier, établit contre lui une présomption légale qu'il connaissait l'origine frauduleuse de ces bois, et cette présomption ne peut être détruite que par la preuve contraire offerte et administrée par le prévenu. (Cod. For. 161, 164 et 165. Cass. 21 juin 1884 et 15 juin 1887.)

5. *Port d'instrument.* — La présomption du délit, établie par l'article 146 du code forestier pour ceux qui sont trouvés hors des routes et chemins avec un instrument tranchant, s'évanouit toutes les fois qu'un délit positif est prouvé. (Cass. 21 novembre. 1828.)

PRESTATION. (CHEMINS VICINAUX.)

1. *Définition.* — La prestation en nature n'est pas une contribution assise sur la propriété, mais une obligation personnelle imposée à l'habitant pour sa personne, pour celles qui composent sa famille et pour les moyens d'exploitation de ses propriétés. (Circ. A 383.)

2. *Préposés.* — Les gardes forestiers sont soumis aux prestations en nature, pour l'entretien des chemins vicinaux, dans la commune où ils ont leur habitation et celle de leur famille. (Cons. d'Etat, 7 décembre 1843 et 8 avril 1863.)

Les préposés forestiers doivent payer leurs prestations en argent, parce que l'obligation de leur service les met dans l'impossibilité de faire directement les journées de travail imposées.

3. *Agent. Cheval.* — Les employés du gouvernement qui sont tenus d'entretenir un cheval pour leur service ne peuvent être assujettis à la prestation en nature, pour les chemins vicinaux, à raison de ce cheval. (Cons. d'Etat, 6 novembre 1839. Circ. A 513.)

4. *Voiture.* — Un fonctionnaire public exempt de la taxe de prestation en nature, à raison du cheval qu'il entretient pour l'exercice de ses fonctions, doit également être affranchi de cette taxe à raison de la voiture à laquelle il attelle ce cheval, quand bien même cette voiture servirait à sa famille. (Cons. d'Etat, 13 février 1856, 6 janvier 1858.)

PRESTATION. (CONCESSION DE MENUS PRODUITS.)

1. *Emploi. Tâche.* — Les conservateurs déterminent, sur la proposition des agents locaux, l'emploi des prestations dues par les concessionnaires de menus produits. Ces prestations consistent en fourniture de graines, en exécution de travaux de culture à la journée ou à la tâche, tels que défoncement, labour, sarclage, plantation, ouverture ou curage de fossés, ragréage ou nivellement de routes, extraction, cassage ou emploi de pierres, exécutions de cassis et de petits aqueducs en pierres sèches. (Circ. N 22, art. 319, 320, 321, 322.) V. Graines. Travaux.

2. *Menus produits. Travaux.* — Dans aucun cas, les journées de prestation obtenues par la concession des menus produits ne peuvent être affectées comme ressources à l'exécution des travaux adjugés. La réunion, dans une même entreprise, des prestations et des ressources provenant du fonds des améliorations est expressément interdite. Les journées de prestation ne pourront être employées que suivant l'affectation qui leur sera donnée par l'administration ou le

conservateur. A la fin de l'année, il sera fourni un état (série 3, nº 8) rendant compte du résultat du travail effectué au moyen des journées de prestation. (Circ. A 548. Circ. N 22, art. 319, 323, 325.) Cet état est supprimé. (Circ. N 372.)

3. *Vérification.* — Le relevé succinct, par forêt, du sommier des délivrances des menus produits à charge de prestations (série 5, nº 21) est supprimé.

L'inspecteur vérifiera désormais l'emploi des prestations dues par les concessionnaires, en se faisant communiquer, tous les trois mois, le registre série 5, nº 20, tenu par le chef de cantonnement. De son côté, le conservateur devra, au cours de ses tournées, s'assurer de la bonne tenue et de la vérification régulière de ce registre. (Circ. N 372.)

4. *Emploi.* — Les conservateurs, dans leurs tournées, contrôlent l'emploi des journées de prestation dues par les concessionnaires des menus produits et par les délinquants insolvables. (Circ. N 18, art. 12. Circ. N 372.)

5. *Liste. Timbre.* — Les listes adressées par les maires ou les communes, pour délivrance de menus produits à charge de journées de prestation, peuvent être considérées comme application d'une mesure de police et de conservation forestière et sont, dès lors, exemptes de timbre et d'enregistrement, d'après la loi du 15 mai 1818. (Circ. A 763.)

6. *Inexécution. Refus.* — L'inexécution des journées de prestation dues pour concession de menus produits ne peut donner lieu qu'à une action civile, parce qu'il s'agit en quelque sorte d'une véritable vente. En cas d'inexécution, on peut, comme sanction, refuser toute nouvelle concession à l'individu ou à la commune, si on a pu obtenir une liste dressée par la municipalité, qui est alors indirectement responsable de l'exécution des journées dues, suivant le rôle ou l'état signé par les permissionnaires.

PRESTATION (DUE POUR TRANSACTION SUR DÉLIT FORESTIER).

SECT. I. — BOIS SOUMIS AU RÉGIME FORESTIER, 1 — 34.

§ 1. *Admission*, 1 — 6.

§ 2. *Avertissement, Travaux*, 7 — 21.

§ 3. *Frais de nourriture*, 22 — 28.

§ 4. *Exécution, Compte rendu*, 29 — 34.

SECT. II. — BOIS PARTICULIERS, 35 — 41.

Abus, 24.
Admission, 2, 3, 6.
Agent voyer, 11.
Allocation, 23, 39.
Avance, 24.
Avertissement, 7, 11.
Avis, 8, 21, 30, 33.
Base, 5.
Bois communaux, 10.
Bois domaniaux, 9.
Bois particuliers, 35.
Chemins vicinaux, 12, 37
Commune, 26.
Compte rendu, 19, 34, 41.
Condamnation, 35.
Condition, 3, 36.
Crédit, 26, 27.
Déchéance, 31, 33, 40.
Décision, 5.
Délai, 29, 30, 38.
Demande, 6, 27, 36.
Etat, 19, 32, 34.
Exécution, 9, 10, 13, 14, 19, 29, 30, 37, 38, 41.
Fixation, 15, 17, 36.
Frais, 22, 23, 25, 26, 28, 39.
Inexécution, 31, 33.
Insolvable, 1.
Journée, 14, 15, 16.
Justification, 30.
Libération, 32.
Mandatement, 28.
Notification, 11.
Nourriture, 22, 23, 25, 26, 28, 39.
Objet, 2.
Paiement, 25.
Poursuites, 8, 31, 40.
Principe, 1.
Propositions, 4, 5.
Réception, 19.
Receveur des finances, 8.
Réduction, 20.
Remise, 21.
Répartition, 10.
Sursis, 8.
Surveillance, 19.
Tâche, 13, 14, 17.
Travail, 7, 9, 10, 12, 18.
Valeur, 15, 16.

SECT. I. — BOIS SOUMIS AU RÉGIME FORESTIER.

§ 1. *Admission.*

1. *Principe. Insolvable.* — Les délinquants insolvables peuvent se libérer des amendes, réparations civiles et frais prononcés pour délits commis dans les bois soumis au régime forestier, au moyen de prestations en nature, consistant en travaux d'entretien et d'amélioration dans les forêts et sur les chemins vicinaux. (Cod. For. 210. Loi, 18 juin 1859.)

2. *Admission. Objet.* — Les conservateurs des forêts peuvent admettre les délinquants insolvables à se libérer, au moyen de prestations en nature, des amendes, réparations civiles et frais résultant soit des condamnations qui auront été prononcées pour délits ou contraventions commis dans les bois soumis au régime forestier, soit des transactions consenties avant signification ou avant jugement. (Décr. du 21 décembre 1859, art. 3. Circ. A 786.)

3. *Admission. Condition.* — Sont seuls admis à se libérer, au moyen de prestations en nature, les délinquants forestiers portés sur l'état des insolvables et ceux dont l'insolvabilité aura été constatée par le receveur des finances, sur l'avis des agents forestiers. (Décr. du 21 décembre 1859, art. 4. Arr. Min. du 27 décembre 1861, art. 1.)

4. *Propositions.* — Le chef de cantonnement, en adressant les propositions de transaction avant signification, propose, s'il y a lieu, quand il s'agit d'un insolvable, d'admettre ce délinquant à se libérer au moyen de prestations. (Arr. Min. du 27 décembre 1861, art. 6. Circ. A 814.)

5. *Propositions. Décision. Bases.* — En adressant les propositions d'admettre les délinquants insolvables à se libérer au moyen de prestations, on remplace les sommes à payer par le nombre de journées de travail à faire. Le montant des condamnations sert cependant à connaître l'autorité (conservateur, directeur, ministre) qui doit statuer sur la transaction. (Circ. A 814.)

6. *Admission. Demande.* — Les délinquants insolvables peuvent aussi, sur leur demande, être admis à se libérer au moyen de prestations, soit après la signification des procès-verbaux et avant jugement, soit après jugement portant condamnation. Dans ces deux cas, les demandes en transaction sont adressées au conservateur, qui statue ou fait statuer le directeur ou le ministre et notifie la décision à l'inspecteur. (Arr. Min. du 27 décembre 1861, art. 7. Circ. A 814.)

§ 2. *Avertissement. Travaux.*

7. *Avertissement. Travail.* — Les délinquants admis à se libérer au moyen de prestations en nature reçoivent, à la diligence des agents forestiers, un avertissement indiquant :

1° Le nombre de journées de prestations ou la tâche à fournir;

2° Le lieu où le travail doit être exécuté;

3° Le délai dans lequel il doit être terminé. (Décr. du 21 déc. 1859, art. 5. Circ. A 786.)

8. *Receveur des finances. Avis. Sursis. Poursuites.* — Lorsqu'un délinquant est autorisé à se libérer à l'aide de prestations, l'inspecteur en donne avis au receveur des finances et les poursuites commencées sont suspendues; elles ne doivent être reprises qu'autant que le délinquant a encouru la déchéance, et, dans ce cas, l'inspecteur fait connaître la réduction proportionnelle que doivent subir les condamnations pour le travail effectué. (Circ. A 814. Circ. N 149.)

9. *Travail. Exécution. Forêt domaniale.* — Si les délits et contraventions ont été commis dans les forêts domaniales, les prestations dues pour l'acquittement des amendes, réparations civiles et frais sont appliquées à ces forêts ou aux chemins vicinaux qui servent à la vidange des coupes. (Décr. du 21 déc. 1859, art. 9. Circ. A 786.)

10. *Travail. Exécution. Répartition. Forêt communale.* — Si les délits ou contraventions ont été commis dans les bois des communes et établissements publics, les prestations peuvent toujours être appliquées aux forêts domaniales et aux chemins vicinaux qui les desservent, en ce qui concerne l'amende et les frais avancés par l'Etat; mais les prestations dues pour l'acquittement des réparations civiles doivent être appliquées aux bois des communes et établissements publics qui auront souffert desdits délits et contraventions, ou aux chemins vicinaux qui servent à la vidange de ces bois. (Décr. 21 décembre 1859, art. 10. Circ. A 786.)

11. *Avertissement. Notification. Agent voyer. Formalités.* — L'inspecteur prépare les avertissements destinés aux délinquants admis à se libérer au moyen des prestations et les adresse au chef de cantonnement, qui les fait notifier sans retard. Cet agent conserve les originaux de notifications qui concernent les travaux à exécuter sur le sol forestier, et transmet à l'agent voyer d'arrondissement ceux qui concernent les chemins vicinaux. A chacun de ces envois est joint un bordereau qui, après avoir été revêtu d'un récépissé, est envoyé à l'inspecteur dans un délai de trois jours, soit par le chef de cantonnement, soit par l'agent voyer d'arrondissement. Les avertissements peuvent être notifiés par les préposés forestiers. (Arr. Min. du 27 décembre 1861, art. 8. Circ. A 814.)

12. *Travaux. Chemins vicinaux.* — Dans les localités où les prestations sont présumées pouvoir être employées sur les chemins vicinaux, l'inspecteur en donne avis à l'agent voyer, qui dresse, chaque année et à l'avance, un état contenant la désignation des chemins sur lesquels les prestataires seront admis à travailler et celle des travaux à y exécuter. (Arr. Min. du 27 décembre 1861, art. 8. Circ. A 814.)

13. *Exécution. Tâche.* — Les prestations peuvent être fournies en tâche. (Cod. For. 210. Loi du 18 juin 1859.)

14. *Exécution. Mode.* — Les prestations sont fournies soit en *journées de travail*, soit en *tâche*. La tâche doit être préférée. (Arr. Min. du 27 décembre 1861, art. 2. Circ. A 814.)

15. *Journée. Valeur. Fixation.* — Le conseil général fixe, par commune, la valeur de la journée de prestation. (Cod. For. 210. Loi du 18 juin 1859.)

16. *Journée. Valeur.* — Quel que soit le domicile du délinquant, le prix de la journée est celui qui a été fixé par le conseil général pour la commune sur le territoire de laquelle le travail est exécuté. (Arr. Min. du 27 décembre 1861, art. 2. Circ. A 814.)

17. *Tâche. Fixation.* — Si les prestations sont fournies en tâche, cette tâche est déterminée par l'inspecteur des forêts, d'après le nombre de journées nécessaires à son achèvement et en tenant compte, s'il y a lieu, de l'allocation due aux délinquants insolvables pour frais de nourriture. (Décr. 21 décembre 1859, art. 7. Arr. Min. du 27 décembre 1861, art. 2.)

18. *Travaux.* — Les prestations à fournir sur le sol forestier par les délinquants insolvables sont acquittées à la journée ou à la tâche. Elles sont plus spécialement appliquées à l'ouverture et au curage des fossés, à l'extraction, à la fourniture et au cassage des matériaux, aux menus travaux d'entretien et de réparation des routes et des chemins, à la préparation du sol pour repeuplements, à la récolte ou à la fourniture de graines forestières, enfin aux semis et aux plantations. (Circ. N 22, art. 326.)

19. *Exécution. Surveillance. Réception. État.* — Ces travaux sont dirigés, surveillés et reçus de la même manière que les travaux faits par les concessionnaires de menus produits. (Circ. N 22, art. 327.)

L'état formule série 3, nº 8 est supprimé. (Circ. N 372.)

20. *Réduction.* — Les conservateurs peuvent accorder aux délinquants remise d'une partie des journées de prestation, ou les décharger de l'exécution d'une partie de la tâche à fournir. (Décr. 21 décembre 1859, art. 5. Circ. A 786.)

21. *Remise. Avis.* — Lorsque les conservateurs accordent aux délinquants la remise d'une partie des journées à faire ou de la tâche à accomplir, il en est donné avis au receveur des finances, par l'intermédiaire des inspecteurs. (Circ. A 814. Circ. N 149.)

§ 3. *Frais de nourriture.*

22. *Frais de nourriture.* — Une allocation pour frais de nourriture est attribuée aux délinquants insolvables qui en font la demande.

Cette allocation ne peut être inférieure au tiers, ni supérieure à la moitié du prix de journée fixé par le conseil général; elle est déterminée par le préfet.

Il n'est tenu compte au délinquant de la valeur de la journée de travail que déduction faite des frais de nourriture. (Décr. 21 décembre 1859, art. 6. Circ. A 786.) V. Nourriture.

23. *Frais de nourriture. Allocation. Mode.* — Les frais de nourriture à attribuer aux délinquants qui en font la demande sont fournis soit en *argent*, soit en *bons d'aliments.*

L'inspecteur détermine la nature de cette allocation.

Chaque année, le conservateur soumet au préfet des propositions motivées, pour déterminer la quotité de ces frais. (Arr. Min. du 27 décembre 1861, art. 3. Circ. A 814.)

24. *Abus. Avance.* — On doit éviter les abus dans les allocations de nourriture, et la remise par avance de ces frais ne peut être faite qu'exceptionnellement. (Circ. A 814.)

25. *Frais de nourriture. Paiement.* — Les frais de nourriture sont supportés par les propriétaires des forêts auxquelles les prestations sont appliquées.

Pour les forêts indivises, les copropriétaires participent à ces frais, chacun dans la proportion de ses droits.

Lorsque les prestations sont appliquées à des chemins vicinaux, les frais de nourriture sont prélevés sur les fonds affectés à la construction et à l'entretien de ces chemins. (Arr. Min. du 27 décembre 1861, art. 4. Circ. A 814.)

26. *Commune. Frais de nourriture. Crédit.* — Les maires des communes et les administrateurs des établissements publics, propriétaires de bois, qui veulent profiter des prestations en nature dues par les délinquants insolvables, font connaître à l'inspecteur des forêts le montant des sommes qui peuvent être affectées, par la commune ou par l'établissement public, au paiement des frais de nourriture des délinquants. (Décr. du 21 déc. 1859, art. 10. Circ. A 786.)

27. *Crédit de prévision. Demande.* — Les conservateurs doivent, au mois de janvier, demander un crédit de prévision pour les frais d'allocation de nourriture pendant l'année entière et faire inscrire par le préfet les crédits nécessaires à cet objet sur les budgets des communes. (Circ. A 814.)

28. *Frais de nourriture. Mandatement.* — Les sommes inscrites au budget des communes ou des établissements publics, propriétaires de bois, et celles mises à la disposition des conservateurs pour frais de nourriture sont mandatées au nom du chef de cantonnement, au fur et à mesure des besoins, par les conservateurs pour les bois domaniaux et par les maires pour les bois des communes. (Arr. Min. du 27 décembre 1861, art. 5. Circ. A 814.)

§ 4. *Exécution. Compte rendu.*

29. *Délai. Exécution.* — Si les prestations ne sont pas fournies dans les délais fixés par les agents forestiers, il sera passé outre aux poursuites. (Cod. For. 210. Loi du 18 juin 1859.)

30. *Délai. Justification. Exécution. Avis.* — A l'expiration du délai fixé dans l'avertissement, pour l'exécution des travaux, l'original de cet acte est annoté par le chef de cantonnement, l'agent-voyer ou, à leur défaut, par le surveillant des travaux, d'une mention indicative de l'exécution ou de l'inexécution du travail. Cette pièce est transmise, dans les cinq jours, par le garde général ou l'agent voyer à l'inspecteur.

En cas d'exécution, l'inspecteur inscrit sur son sommier des procès-verbaux, transactions et jugements, la nature et la valeur des prestations effectuées. (Arr. Min. du 27 décembre 1861, art. 9. Circ. A 814.)

31. *Inexécution. Déchéance. Poursuites.* — En cas d'inexactitude ou de désobéissance du délinquant, comme en cas de négligence et de malfaçon dans l'exécution des travaux, les agents forestiers peuvent déclarer le délinquant déchu du bénéfice de la libération par le travail. En cas d'inexécution dans le délai fixé, il est passé outre aux poursuites. Il est tenu compte du travail utilement accompli. (Décr. du 21 décembre 1859, art. 8. Circ. A 786.)

32. *Etat. Délinquants insolvables libérés.* — Dans les premiers jours de chaque mois, les inspecteurs adresseront au conservateur un état nominatif (série 6, nº 25), par arrondissement du domicile des délinquants, des

insolvables qui se seraient libérés au moyen de journées de prestation en nature, faites dans le mois précédent.

Le conservateur l'adresse immédiatement au trésorier général. (Arr. Min. du 27 décembre 1861, art. 10. Circ. A 814. Circ. N 149, art. 11.)

33. *Déchéance. Inexécution. Avis.* — L'inspecteur informe les percepteurs, par l'intermédiaire de la recette particulière, soit de la déchéance encourue par l'insolvable pour cause d'inexécution du travail, de désobéissance ou malfaçon, soit de la réduction proportionnelle que les condamnations prononcées ou les transactions consenties doivent subir, par suite du travail qui aurait été accompli. (Circ. A 814. Circ. N 149, art. 10, § 6.)

34. *Compte rendu à l'administration.* — Au mois de février de chaque année, le conservateur adresse à l'administration un état sommaire et récapitulatif des transactions sur délits forestiers consenties, acquittées ou exécutées pendant l'année précédente. (Arr. Min. du 27 décembre 1861, art. 11. Circ. A 814. Form. série 6, n° 26.)

SECT. II. — BOIS PARTICULIERS.

35. *Bois particuliers. Condamnations revenant à l'État.* — Pour les délits commis dans les bois particuliers, les délinquants insolvables pourront se libérer, au moyen de prestations, des amendes et frais avancés et dus à l'Etat. (Cod. For. 215. Loi du 18 juin 1859.)

36. *Conditions. Demandes. Fixation.* — Les délinquants dont l'insolvabilité est constatée par le percepteur, qui veulent se libérer, au moyen de prestations en nature, des condamnations à l'amende et aux frais prononcées contre eux au profit de l'Etat, pour délits et contraventions commis dans les bois des particuliers, adressent leur demande au maire de la commune sur le territoire de laquelle les délits ou contraventions ont été commis.

Le maire transmet cette demande, avec son avis, au sous-préfet de l'arrondissement, qui statue et fixe le nombre de journées de prestation dues par les délinquants. (Décr. du 21 décembre 1859, art. 11. Circ. A 786.)

37. *Exécution. Chemins vicinaux.* — Lorsque le délit a été commis dans les bois particuliers, les prestations devront être exécutées sur les chemins vicinaux dépendant de la commune sur le territoire de laquelle le délit aura été commis. (Cod. For. 215. Loi du 18 juin 1859.)

38. *Exécution. Mode.* — Les prestations des délinquants sont appliquées aux chemins vicinaux dépendant de la commune sur le territoire de laquelle le délit a été commis.

Les agents voyers peuvent convertir les prestations en tâche et fixent le délai dans lequel les travaux doivent être exécutés. (Décr. du 21 décembre 1859, art. 12. Circ. A 786.)

39. *Frais de nourriture. Allocation.* — Les délinquants reçoivent, à titre de frais de nourriture, une allocation qui varie du tiers à la moitié de la valeur de la journée de travail fixée par le conseil général.

Cette allocation, déterminée par le préfet, est prélevée sur les fonds affectés à la construction et à l'entretien des chemins vicinaux. (Décr. du 21 déc. 1859, art. 13. Circ. A 786.)

40. *Inexécution. Déchéance. Poursuite.* — En cas d'inexécution du travail, ou en cas de faute grave commise par le délinquant, l'agent voyer en donne avis au maire, et il est passé outre à l'exécution des poursuites.

Il est tenu compte du travail utilement accompli. (Décr. du 21 décembre 1859, art. 14. Circ. A 786.)

41. *Exécution. Compte rendu.* — Après exécution des prestations imposées en échange des condamnations prononcées pour délits commis dans les bois de particuliers, l'agent voyer en informe le maire de la commune sur le territoire de laquelle les travaux ont été exécutés; celui-ci en donne avis au sous-préfet, qui en informe le trésorier-payeur général.

Le percepteur, sur la notification qui lui en est faite par le trésorier général, annule sur son sommier les consignations relatives auxdites condamnations. (Arr. Min. 27 décembre 1861, art. 12. Circ. A 814. Loi de finances de 1874. Circ. N 149.)

PRESTATION DE SERMENT. V. Serment.

PREUVE.

SECT. I. — PREUVE EN GÉNÉRAL, PRINCIPES, 1 — 16.

SECT. II. — PREUVE TESTIMONIALE, 17 — 26.

SECT. III. — PREUVE ÉCRITE, 27 — 30.

Appel, 19.
Appréciation, 24.
Bornage, 24 bis.
Cas fortuit, 4.
Chasse, 6.
Classification, 1 bis.
Commencement, 28, 29.
Conclusions, 11.
Contraventions de police, 5.
Degré de foi, 8, 10, 15.
Délit forestier, 5, 7.
Délivrance, 23.
Demandeur, 2.
Fait, 24.
Fait matériel, 16.
Formalités, 12, 17.
Libération, 3.
Moyen, 27.
Obligation, 2.
Paiement, 25, 26.
Parent, 18.
Possession, 22.
Prescription, 20.
Principe, 1.
Procès-verbal, 8, 9, 10, 13, 21.
Rédacteur, 8, 9.
Registre public, 28.
Rejet, 14.
Serment, 17.
Somme, 25, 26.
Témoin, 6.
Titre, 27, 30.
Transcription, 28.
Usage, 22, 23, 30.

SECT. I. — PREUVE EN GÉNÉRAL. PRINCIPES.

1. *Principe.* — La loi n'admet d'autres preuves en matière pénale, comme en matière civile, que celles qui peuvent être l'objet d'une discussion contradictoire. Un juge ne peut donc fonder sa décision sur un transport qui n'a été ni régulièrement ordonné ni contradictoirement exécuté, ainsi que sur des renseignements recueillis en dehors de l'audience. (Cass. 23 novembre 1893.)

1 bis. *Classification.* — Les preuves légales sont testimoniales ou écrites. (Instr. Crim. 154.)

2. *Demandeur. Obligation.* — Celui qui réclame l'exécution d'une obligation doit la prouver. (Cod. Civ. 1315.)

3. *Libération.* — Celui qui se prétend libéré doit justifier le fait qui a produit l'extinction de son obligation. (Cod. Civ. 1315.)

4. *Cas fortuit.* — Le débiteur est tenu de prouver le cas fortuit qu'il allègue. (Cod. Civ. 1302.)

5. *Contraventions. Délits.* — Les contraventions de police seront prouvées, soit par procès-verbaux ou rapports, soit par témoins à défaut de rapports et de procès-verbaux, ou à leur appui. (Instr. Crim. 154.) Il en sera de même pour les délits correctionnels. (Instr. Crim. 189.)

6. *Chasse. Témoin.* — Les délits de chasse peuvent être prouvés, à défaut de procès-verbaux, par la preuve testimoniale et notamment par la déposition du garde particulier qui, ayant vu commettre le délit, n'en a pas dressé procès-verbal. (Cass. 24 mai 1878.)

7. *Délits forestiers.* — La preuve des délits en matière forestière se fait par procès-verbaux et par témoins, en cas d'insuffisance des procès-verbaux. (Cod. For. 175.)

8. *Procès-verbal. Deux agents ou gardes.* — Les procès-verbaux dressés et signés par deux agents ou gardes, affirmés et enregistrés dans les délais légaux, font preuve jusqu'à inscription de faux des faits matériels relatifs aux délits qu'ils constatent, et il ne peut être admis aucune preuve outre et contre ces procès-verbaux, à moins qu'il n'existe une cause légale de récusation contre l'un des signataires. (Cod. For. 176.) V. Inscription de faux.

9. *Procès-verbal. Un seul rédacteur.* — Un procès-verbal régulier, revêtu de toutes les formalités prescrites, mais qui n'est dressé et signé que par un seul agent ou garde, fait preuve jusqu'à inscription de faux, mais seulement pour les délits et contraventions n'entraînant pas une condamnation de plus de 100 francs, tant pour amende que pour dommages-intérêts.

Si un procès-verbal de l'espèce constate contre divers individus des délits distincts et séparés, il fera foi jusqu'à inscription de faux pour chaque délit n'entraînant pas une condamnation de plus de 100 francs, quel que soit le chiffre auquel puissent s'élever toutes les condamnations réunies. (Cod. For. 177.)

10. *Procès-verbal. Degré de foi.* — Les procès-verbaux qui ne font pas foi jusqu'à inscription de faux peuvent être corroborés et combattus par toutes les preuves légales, conformément à l'article 154 du code d'instruction criminelle. (Cod. For. 178.)

11. *Conclusions.* — Pour combattre les conclusions d'un procès-verbal, il faut que le prévenu produise des preuves légales; sans quoi, le tribunal ne peut se refuser d'ajouter foi au procès-verbal. (Cass. 16 novembre 1844.)

12. *Formalités.* — Les preuves légales ne peuvent être fournies qu'en se conformant à l'article 154 du code d'instruction criminelle.

13. *Procès-verbal. Insuffisance.* — En cas d'insuffisance d'un procès-verbal constatant un délit, les juges correctionnels ne peuvent refuser d'obtempérer aux réquisitions du ministère public tendant à prouver le délit par témoins. (Cass. 26 juin 1841.)

14. *Rejet.* — Si un tribunal juge un procès-verbal suffisant, il peut rejeter comme inutiles les preuves supplémentaires requises par l'administration. (Cass. 21 novembre 1828.)

15. *Degré de foi.* — L'article 154 du code d'instruction criminelle, en prohibant la preuve testimoniale contre les procès-verbaux faisant foi jusqu'à inscription de faux, défend aussi d'admettre toutes autres espèces de preuves qui ne seraient pas produites à l'appui d'une inscription de faux régulière.

16. *Faits matériels.* — Un jugement qui ordonne la preuve de faits déjà constatés par un procès-verbal régulier viole la foi due à ce procès-verbal, si cet acte fait foi jusqu'à inscription de faux. (Cass. 14 avril 1841.)

SECT. II. — PREUVE TESTIMONIALE.

17. *Formalités. Serment.* — Les témoins feront, à l'audience, à peine de nullité, le serment de dire toute la vérité, rien que la vérité. (Instr. Crim. 155.) V. Témoin.

18. *Parents.* — Les ascendants ou descendants du prévenu, ses frères, sœurs ou alliés au pareil degré, la femme ou son mari ne seront ni appelés, ni reçus en témoignage. (Instr. Crim. 156.)

19. *Appel.* — La preuve testimoniale peut être offerte pour la première fois en appel, bien qu'elle n'ait pas été requise en première instance, lorsque la nullité du procès-verbal a été proposée. (Cass. 3 février 1820.)

20. *Prescription.* — La preuve testimoniale est admissible pour les faits interruptifs

de prescription. (Cass. 23 mars 1842.) Les articles 1341 et 1348 du code civil ne sont pas applicables.

21. *Procès-verbaux.* — Les procès-verbaux qui ne réunissent pas les formalités imposées par les articles 176 et 177 du code forestier peuvent être combattus par la preuve testimoniale.

Dans ce cas, il faut que la preuve soit *offerte* et fournie par le prévenu et qu'elle soit de nature à détruire les faits du procès-verbal.

Les juges peuvent se refuser d'admettre les preuves frustratoires et les présomptions.

22. *Usage. Possession.* — Lorsqu'une commune représente des quittances de droit ou des énonciations de titres et autres commencements de preuve par écrit de ses droits d'usage, elle peut compléter, par témoins, la preuve de sa possession immémoriale. (Cass. 20 novembre 1835.)

23. *Droit d'usage. Actes. Délivrance.* — La preuve testimoniale des faits de possession, pratiqués au vu et au su et du consentement du propriétaire, tient lieu de procès-verbaux de délivrance et de défensabilité, alors même que l'usager n'aurait aucun commencement de preuve par écrit. (Cass. 23 mars 1842.)

24. *Fait. Appréciation.*—La déclaration des juges qu'un délit poursuivi n'est pas établi par la preuve testimoniale ou les déclarations des témoins échappe à la censure de la cour de cassation, comme constituant une appréciation de fait. (Cass. 28 août 1868.)

24 bis. *Bornage.* — La preuve testimoniale d'un bornage n'est admissible que dans les conditions prévues par les articles 1341 et suivants du code civil. (Valeur inférieure à 150 francs, perte de titre.) (Trib. de Douai, 17 février 1892.)

25. *Paiement. Somme.* — La preuve testimoniale n'est pas admise pour le paiement de 150 francs et au-dessus. (Cod. Civ. 1341 et suivants.)

26. *Paiement. Somme.* — La preuve testimoniale, pour les sommes inférieures à 150 francs, ne peut être admise, lorsque cette somme est déclarée le restant ou faire partie d'une somme plus forte. (Cod. Civ. 1344.)

SECT. III. — PREUVE ÉCRITE.

27. *Moyen.* — La preuve littérale ou écrite se fait au moyen : 1° du titre ou acte authentique; 2° de l'acte sous seing privé; 3° des copies de titres; 4° des actes récognitifs ou confirmatifs. (Cod. Civ. 1317 à 1340.) V. Acte authentique. Copie.

28. *Registre public.* — La transcription d'un acte sur les registres publics ne pourra servir que de commencement de preuve par écrit, et lorsque toutes les minutes auront été perdues par accident particulier. (Cod. Civ. 1336.)

29. *Commencement.* — On doit considérer comme commencement de la preuve par écrit une citation correctionnelle donnée à quelques usagers, pour avoir fait pâturer des bestiaux dans les cantons non défensables. (Cass. 31 décembre 1838.)

30. *Droit d'usage. Titres étrangers à la cause.* — Les tribunaux peuvent chercher des éléments de preuve de l'existence d'un droit d'usage ou de vaine pâture dans d'anciens jugements ou arrêts étrangers à la partie qui réclame ce droit. (Cass. 7 mars 1854.)

PRÉVARICATION.

Définition. — Manquement à ses devoirs par mauvaise foi.

PRÉVENU.

1. *Audience. Tenue.* — Le prévenu se tiendra debout et découvert pendant son interrogatoire et le prononcé du jugement.

2. *Audience. Plaidoirie.* — Le prévenu et les personnes civilement responsables doivent toujours avoir la parole les derniers, dans l'instruction de l'affaire à l'audience.

PRIMES. V. Allumettes. Arrestation. Boisson. Cartes à jouer. Contrebande. Gratification. Tabac.

PRIME POUR LA DESTRUCTION DES ANIMAUX NUISIBLES.

1. *Paiement. Mode. Formalité.* — Les primes pour la destruction des animaux nuisibles sont ordonnancées par le préfet, au profit des ayants droit, sur la déclaration de la mort de l'animal faite dans la forme voulue et avec la preuve d'usage. (Instr. Min. de l'intérieur du 9 juillet 1818. Décr. du 28 novembre 1882.) V. Animal nuisible.

2. *Destructeur.* — La prime est due à celui qui tue l'animal, quand bien même ce serait dans une battue. (Circ. Min. 22 février 1851.)

3. *Décision.* — Les préfets statuent sur les primes pour la destruction des animaux nuisibles. (Décr. du 25 mars 1852.)

4. *Loup. Taux.* — Les primes accordées pour la destruction des loups sont fixées ainsi qu'il suit, savoir :

Pour un loup s'étant jeté sur des êtres humains, 200 francs; pour une louve pleine, 150 francs; pour un loup ou une louve non pleine, 100 francs; pour un louveteau pesant moins de huit kilogrammes, 40 francs. (Loi du 3 août 1882, art. 1.) V. Loup.

5. *Fixation. Animaux nuisibles.* — Les préfets peuvent fixer des primes pour la destruction de tous les animaux nuisibles. (Circ. Min. 22 février 1851.)

PRISE D'EAU.

Servitude. — La servitude de prise d'eau qui est exercée au moyen d'un barrage permanent est une servitude continue, bien que le fait de l'homme soit nécessaire pour ouvrir ou fermer le canal d'irrigation. Une servitude de ce genre peut donc être acquise par prescription et faire l'objet d'une action possessoire. (Cass. 22 novembre 1892.) V. Eau.

PRISE A PARTIE.

1. *Juge.* — Les juges peuvent être pris à partie, en cas d'inobservation des formalités prescrites pour les mandats de dépôts, de comparution, d'amener ou d'arrêt. (Instr. Crim. 112. Proc. Civ. 505.)

2. *Conseil de préfecture.* — La prise à partie n'est point admise contre un conseil de préfecture ou l'un de ses membres. (Cabantous.)

3. *Maire. Garde champêtre.* — La voie de la prise à partie est ouverte non seulement contre les juges, mais aussi contre les officiers de police judiciaire, notamment contre les maires et les gardes champêtres, en cas de préjudice, dans l'exercice de leurs fonctions de police judiciaire. (Nancy, 25 janvier 1884.)

4. *Garde. Erreur. Intention de nuire.* — La prise à partie est la seule voie ouverte au particulier qui se plaint d'avoir été lésé par le procès-verbal d'un garde forestier, ayant agi comme officier de police judiciaire. Mais, pour que cette voie soit utilement suivie, il faut que le garde ait agi avec l'intention de nuire; une simple erreur ne suffit pas. (Cass. 14 juin 1876. Cass. 4 mai 1880.)

5. *Garde. Principe. Compétence.* — Si une action civile est intentée contre un garde, pour un acte commis dans l'exercice de ses fonctions, on doit le poursuivre suivant la procédure de prise à partie. (Cass. 4 mai 1880.) Les gardes doivent, dans ce cas, récuser la compétence des tribunaux ordinaires et se prévaloir des dispositions de l'article 509 et suivants du code de procédure civile. (Circ. N 269.)

6. *Garde. Procédure.* — Par application du principe général édicté par l'article 505 du code de procédure civile, l'article 383, § 4, du code d'instruction criminelle comprend les officiers de police judiciaire au nombre des autorités contre lesquelles la prise à partie est admise, le cas échéant. En cas d'action civile à intenter contre un garde, pour fait commis dans l'exercice de ses fonctions, la procédure de la prise à partie doit être suivie. (Cass. 14 juin 1876, Cass. 4 mai 1880.)

7. *Maire.* — Le maire requis d'assister à des perquisitions domiciliaires agit comme fonctionnaire de l'ordre administratif et ne peut, dès lors, être pris à partie, au cas où il refuserait d'assister à ces perquisitions. (Bourges, 7 février 1881.)

PRISE DE POSSESSION.

1. *Formalités.* — L'obligation de délivrer les immeubles est remplie de la part du vendeur, lorsqu'il a remis les clefs, s'il s'agit d'un bâtiment, ou lorsqu'il a remis les titres de propriété. (Cod. Civ. 1605.)

2. *Échange. Loi.* — La prise de possession de terrains domaniaux échangés ne peut s'effectuer que lorsque l'échange a été sanctionné par une loi. (Ord. du 12 décembre 1827. Circ. N 62.)

3. *Exploitation des bois.* — En cas de cession de terrains domaniaux, les bois ne doivent être exploités qu'après la prise de possession des terrains. (Circ. N 59, art. 29.)

4. *Immeubles. Conditions.* — La prise de possession des immeubles acquis a lieu à l'époque fixée par le contrat de vente. (Cod. Civ. 1605.) Elle est opérée par les soins et à la diligence de l'administration des domaines, de concert avec l'administration des forêts. (Décis. Min. 11 oct. 1824. Circ. N 6, art. 34.)

5. *Immeubles. Changement.* — Nonobstant la prise de possession, on ne doit faire aucun changement dans les immeubles acquis, jusqu'au paiement définitif du prix d'acquisition, sauf autorisation spéciale. (Circ. N 6, art. 36.)

6. *Expropriations.* — L'administration des forêts entre en possession des immeubles acquis, savoir :

1° En cas de convention amiable, à l'époque fixée par le contrat, qui doit être, autant que possible, le jour de la signature de l'acte;

2° En cas de règlement du prix par le jury, lorsque le premier terme de l'indemnité a été acquitté entre les mains des ayants droit.

Si les indemnitaires refusent de recevoir les sommes qui leur sont allouées, la prise de possession a lieu après offres réelles et consignation. (Loi du 3 mai 1841, art. 53.)

Si des inscriptions, oppositions, etc., mettent obstacle à ce que ces sommes soient versées entre leurs mains, l'entrée en jouissance a lieu aussitôt après la consignation desdites sommes ou du mandat de payement à la caisse des dépôts et consignations. (Loi du 3 mai 1841, art. 54. Instr. Gén. du 2 février 1885, art. 82. Circ. N 345.)

PRISONNIER.

Transport. Frais. — Les frais de transport, de nourriture et de couchage des prisonniers sont liquidés par les conservateurs. (Circ. A 514.)

PRIVATION DE JOUISSANCE. V. Indemnité. Mise en défens.

PRIVILÈGE.

Abolition. — Tous les privilèges pécuniaires ou personnels sont abolis. (Loi du 4 ou du 11 août 1789.)

PRIVILÈGE DE JURIDICTION.

SECT. I. — PRINCIPES, 1 — 8.

SECT. II. — FONCTIONNAIRES, 9 — 23.

§ 1. *Agents et préposés forestiers*, 9 — 18.

§ 2. *Maires*, 19 — 20.

§ 3. *Gardes champêtres et particuliers*, 21 — 23.

Acte, 7.
Adjoint, 19.
Agent, 10.
Chasse, 20, 23.
Citation, 7.
Compétence, 17, 18.
Complice, 8.
Contravention, 15.
Coprévenu, 8.
Définition, 1.
Délit, 14, 16.
Exercice, 17.
Fait, 12.
Faux, 22.
Fonctionnaire, 2, 18.
Fonctions, 16, 17.
Formalités, 7.
Garde champêtre, 22.
Garde particulier, 21, 23.
Grands fonctionnaires, 6.
Instructions, 4.
Juge, 5.
Juridiction, 11.
Magistrat, 2, 5.
Maire, 19, 20.
Officier de police judiciaire, 3, 13.
Poursuites, 9.
Préposé, 9, 11.
Procès-verbal, 7.
Témoignage, 22.

SECT. I. — PRINCIPES.

1. *Définition.* — Droit qu'ont certains fonctionnaires d'être jugés par une juridiction plus élevée que celle à laquelle est attribuée la connaissance de l'infraction qu'ils ont commise.

2. *Fonctionnaires. Magistrats.* — Malgré l'attribution des tribunaux correctionnels pour la connaissance des délits forestiers, certains fonctionnaires jouissent d'un privilège de juridiction, qui modifie, à leur égard, les dispositions de l'article 171 du code forestier. (Instr. Crim. 479, 483. Cod. For. 159.) V. Fonctionnaire. Magistrat.

3. *Officier de police judiciaire. Surveillance.* — Les cours d'appel exercent un droit de surveillance et d'injonction sur les officiers de police judiciaire ; les préposés sont, en cas de délit commis par eux dans l'exercice de leurs fonctions d'officiers de police judiciaire, jugés par la chambre civile de la cour, qui prononce sans appel. (Instr. Crim. 479, 483. Décr. du 6 juillet 1810, art. 4.)

4. *Instruction.* — S'il s'agit d'un crime, l'instruction est faite par le procureur général et le premier président, ou par les magistrats qu'ils délèguent à cet effet. (Instr. Crim. 484.)

5. *Magistrats. Juges.* — Lorsqu'un juge de paix ou de police, un juge faisant partie d'un tribunal de commerce, un officier de police judiciaire, un membre du tribunal correctionnel ou de première instance, ou un officier chargé du ministère public près l'un de ces juges ou tribunaux est prévenu d'avoir commis, dans l'exercice de ses fonctions ou hors de ses fonctions, un délit emportant une peine correctionnelle, le procureur général près la cour d'appel le fait citer devant cette cour, qui prononce sans qu'il puisse y avoir appel. (Instr. Crim. 479, 483.)

6. *Grands fonctionnaires.* — Lorsque de grands officiers de la Légion d'honneur, des généraux commandant une division ou un département, des archevêques, des évêques, des présidents de consistoire, des membres de la cour de cassation ou de la cour des comptes et des préfets seront prévenus de délit de police correctionnelle, les cours d'appel en connaîtront de la manière prescrite par l'article 479 du code d'instruction criminelle. (Loi du 20 avril 1810, art. 10.)

7. *Actes. Procès-verbaux. Citations.* — Les articles 479 et 481 du code d'instruction criminelle établissent un privilège de juridiction pour les magistrats de l'ordre judiciaire, en ce qui concerne les actes commis par eux en dehors de leurs fonctions.

Dans ce cas, les procès-verbaux pour délits forestiers sont adressés au procureur général, sans citer ces magistrats devant le tribunal correctionnel.

Le procureur général a seul, à l'exclusion de l'administration des forêts, le droit de citer devant la cour d'appel un officier de police judiciaire poursuivi pour délit forestier, commis dans l'exercice de ses fonctions. (Montpellier, 12 novembre 1872.)

8. *Complices. Coprévenus.* — Si l'auteur ou le complice d'un délit jouit d'un privilège de juridiction, il attire tous ses coprévenus devant la juridiction privilégiée.

SECT. II. — FONCTIONNAIRES.

§ 1. *Agents et préposés forestiers.*

9. *Préposé. Poursuite.* — En cas de poursuite contre les gardes, ceux-ci, étant officiers de police judiciaire, jouissent du privilège de juridiction des articles 483 et 484 du code d'instruction criminelle.

10. *Agent.* — Les agents forestiers, n'étant pas officiers de police judiciaire, ne jouissent pas du privilège de juridiction. (Cass. 9 février 1825.)

Un agent forestier a été, pour un fait commis en surveillant la chasse, poursuivi directement à la requête du procureur général devant la cour de Grenoble, sans observations de l'administration. V. Poursuite n° 113.

11. *Préposé. Juridiction.* — Les préposés forestiers, comme officiers de police judiciaire, ne sont justiciables que des cours d'appel pour tous les crimes, délits, malversations personnelles et même contraventions de police commis dans l'exercice ou à l'occasion de leurs fonctions. (Instr. Crim. 479, 483, 484. Cass. 9 avril 1842.)

12. *Préposé. Fait.* — Les gardes ne jouissent pas du privilège de juridiction pour un fait non personnel, tel que la responsabilité de délits non constatés. (Cass. 16 juin 1848.)

13. *Garde. Officier de police judiciaire.* — Le privilège de juridiction pour les préposés ne leur est acquis que comme officiers de police judiciaire et non pas comme préposés forestiers; ils n'en jouissent que lorsqu'ils sont prévenus d'avoir commis un crime ou un délit, en recherchant ou en constatant des délits communs ou des délits spéciaux dans les bois soumis au régime forestier. (Circ. N 39, art. 20.)

14. *Circonscription. Délit.* — Les gardes ne jouissent du privilège de juridiction que pour les délits commis dans leur circonscription. (Cass. 9 avril 1842.)

15. *Préposé. Contravention.* — Le privilège de juridiction s'applique aux *contraventions* commises par les gardes. (Cass. 9 avril 1842.)

16. *Préposé. Délit. Fonctions.* — Les délits commis par un garde dans les bois confiés à sa surveillance sont toujours considérés comme commis dans l'exercice de ses fonctions d'officier de police judiciaire. (Cass. 12 mars 1830.)

17. *Compétence. Fonctions. Exercice.* — Il appartient aux tribunaux d'apprécier si le délit imputé à un préposé a été commis par lui dans l'exercice de ses fonctions d'officier de police judiciaire. (Circ. N 39, art. 22.)

18. *Compétence. Fonctionnaire.* — L'incompétence des tribunaux de droit commun, pour connaître des faits imputés à un fonctionnaire de l'ordre judiciaire, est d'ordre public et peut être opposée en tout état de cause et devant toutes les juridictions. (Paris, 10 mai 1872.)

§ 2. *Maires.*

19. *Maire. Adjoint.* — Le privilège de juridiction, établi par l'article 483 du code d'instruction criminelle, n'est applicable aux maires et adjoints qu'autant que le délit dont ils sont prévenus a été commis par eux, dans l'exercice réel de leurs fonctions d'officiers de police judiciaire. (Cass. 8 mai 1862. Cass. 4 décembre 1867.)

20. *Maire. Chasse.* — Un maire trouvé chassant sans permis, sur le territoire de sa commune, ne peut, en dehors de toute autre circonstance, être réputé avoir agi dans l'exercice de ses fonctions d'officier de police judiciaire. (Cass. 8 mai 1862.) V. Chasse.

§ 3. *Gardes champêtres et particuliers.*

21. *Gardes particuliers.* — Les gardes particuliers sont officiers de police judiciaire et jouissent du privilège de juridiction. (Cass. 5 août 1841.).

22. *Garde champêtre. Témoignage. Faux.* — Un garde champêtre, lorsqu'il est appelé à déposer, même sur un délit dont il aurait été témoin, ne fait pas acte de ses fonctions, et c'est à tort que, pour un faux témoignage commis en cette occasion, il a été cité devant la première chambre de la cour. (Paris, 16 décembre 1872.)

23. *Garde particulier. Chasse.* — Le garde particulier qui chasse sur les terres confiées à sa garde doit être traduit devant la cour d'appel, à la requête du procureur général, comme officier de police judiciaire prévenu d'un délit commis dans l'exercice de ses fonctions. (Cass. 30 octobre 1874.)

PRIVILÈGE DU VENDEUR.

1. *Exercice.* — Le privilège du vendeur s'exerce sur l'immeuble vendu pour le paiement du prix. (Cod. Civ. 2103.)

2. *Conservation.* — Le privilège du vendeur se conserve par la transcription du titre sur les registres du conservateur des hypothèques. (Cod. Civ. 2108.)

3. *Coupe. Bois. Saisie.* — Aux termes de l'article 2102 du code civil, l'État, les communes et les établissements publics exercent le privilège du vendeur sur les bois des coupes, en cas de non-paiement, et peuvent faire saisir les bois sur le lieu de l'exploitation, quoique l'adjudicataire les ait revendus à des tiers. (Cass. 27 juin 1836.)

PRIX.

SECT. I. — COUPES, 1 — 15.

§ 1. *Bois domaniaux*, 1 — 5.

§ 2. *Bois indivis*, 6 — 7.

§ 3. *Bois communaux*, 8 — 15.

SECT. II. — MENUS PRODUITS, PRODUITS ACCESSOIRES, 16 — 20.

SECT. III. — TRAVAUX, 21 — 24.

SECT. IV. — PRIX DE REVIENT DE DIVERS TRAVAUX, 25 — 34.

Analyse, 21.
Application, 23.
Augmentation, 22.
Baisse, 24.
Barrages, 32.
Bois de délit, 4.

Bois façonnés, 4, 9, 13.
Bois morts et dépérissants, 4, 15.
Caisse, 1, 4, 5, 6, 8, 9, 12, 13, 15, 18.
Chablis, 4, 15.
Changement, 22.
Chasse, 19.
Clayonnage, 31.
Corse, 3.
Coupes ordinaires, 1, 11.
Coupes extraordinaires, 1, 8, 9, 10.
Coupes par unités de marchandises, 5, 12.
Décision, 16.
Délai, 2, 5, 10, 11.
Difficulté, 23.
Diminution, 22.
Drainage, 34.
Elagage, 4.
Enherbement, 27.
Entrepreneur, 22.
Essartements, 4.
Exploitation par économie, 4.
Fascinage, 30.
Fixation, 16, 17.
Hausse, 24.
Pavage, 33.
Payements, 3.
Pépinières, 26.
Plantations, 28.
Produits du sol, 20.
Recepage, 4.
Receveur des domaines, 4, 5.
Renseignement, 17.
Responsabilité, 14.
Semis, 25.
Sylviculture, 29.
Traites, 2, 7, 10, 11.
Trésorier-payeur général, 1, 8, 9.
Ventilation, 15.

V. Adjudication. Paiement. Produits. Recouvrement. Redevance. Traite.

SECT. I. — COUPES.

§ 1. *Bois domaniaux.*

1. *Trésorier-payeur général. Caisse.* — Le prix des coupes ordinaires ou extraordinaires vendues sur pied et le prix des exploitations accidentelles, qui sont de nature à modifier l'assiette des coupes et qui sont précomptées sur la possibilité, sont versés à la caisse du trésorier-payeur général. (Arr. Min. 31 mars 1863. Circ. A 833. Circ. N 80, art. 65.)

2. *Traites. Délai.* — Dans les dix jours de l'adjudication, l'adjudicataire fournira, pour les coupes ordinaires et extraordinaires des bois domaniaux, au trésorier-payeur général du département, quatre traites payables de trois mois en trois mois. (Cah. des ch. 12.)

3. *Corse. Paiement.* — Le prix principal de vente des coupes de bois domaniaux est payé en une seule année, si la coupe ne se rapporte qu'à un seul exercice; il est payé en deux ou trois années, etc., si la coupe se compose de deux, trois, etc., lots affectés à autant d'exercices différents. (Décis. Min. du 26 avril 1859. Circ. N 80, art. 71.)

4. *Receveur des domaines. Caisse.* — Sont versés directement à la caisse du receveur des domaines du lieu de l'adjudication :

1° Le prix des coupes vendues dans les forêts domaniales par unités de marchandises ou après façonnage ;

2° Le prix de vente des bois provenant des exploitations accidentelles (bois de délit, bois morts et dépérissants, chablis, élagages, essartements, recepages), quand il n'y a pas précomptage sur la possibilité. (Décis. Min. des 31 mars, 26 juin 1863. Circ. A 833. Circ. A 839. Circ. N 80, art. 65. Circ. N 417.)

5. *Coupes par unités de marchandises. Caisse.* — Les adjudicataires des coupes de bois domaniaux verseront à la caisse des receveurs de l'enregistrement et des domaines, dans le délai fixé par les clauses spéciales, lequel ne pourra excéder six mois, le prix principal d'adjudication réglé par le procès-verbal de dénombrement. (Cah. des ch. 7.)

§ 2. *Bois indivis.*

6. *Caisse.* — Le prix des coupes doit être versé intégralement dans les caisses de l'Etat, lorsque le droit du copropriétaire n'a pas été reconnu et déterminé avant la vente. (Décis. Min. du 16 avril 1802.)

7. *Traites.* — Le prix de vente des coupes est acquitté par les adjudicataires, au moyen d'obligations distinctes, souscrites en égales proportions avec ce qui revient à chacun des ayants droit. (Décis. Min. du 16 avril 1802. Circ. N 80, art. 80.)

§ 3. *Bois communaux.*

8. *Coupes extraordinaires. Caisse. Trésorier général.* — Le prix des coupes extraordinaires de quart de réserve des bois des communes et établissements publics sera recouvré en totalité par les trésoriers-payeurs généraux des finances. (Cons. d'État du 22 novembre 1826. Circ. A 150.)

9. *Coupes extraordinaires. Bois façonnés. Caisse.* — Le prix des coupes extraordinaires des bois communaux et d'établissements publics doit être versé à la caisse du receveur général, que ces coupes soient vendues sur pied ou après avoir été façonnées. (Lettre de l'administration du 28 août 1850, n° 796.)

10. *Coupes extraordinaires. Délai. Traites.* — Dans les dix jours de l'adjudication, l'adjudicataire devra fournir au trésorier-payeur général du département quatre traites payables de trois mois en trois mois. (Cah. des ch. 12.)

11. *Coupes ordinaires. Traites. Délai.* — Dans les dix jours de l'adjudication, l'adjudicataire fournira aux receveurs des communes et des établissements publics quatre traites payables de trois mois en trois mois. (Cah. des ch. 12.)

12. *Coupes par unités de marchandises. Caisse.* — Les adjudicataires des coupes de bois communaux et d'établissements publics payeront :

A la caisse du receveur de la commune ou de l'établissement public propriétaire, dans le délai fixé par les clauses spéciales et qui ne pourra excéder six mois, le prix principal réglé par le procès-verbal de dénombrement. (Cah. des ch. 8.)

13. *Produits façonnés. Caisse.* — Le prix principal des produits façonnés provenant des coupes ordinaires communales doit être versé à la caisse du receveur municipal, quel que soit le montant de l'estimation. (Lettre de l'Admin. du 26 août 1850, n° 796.)

14. *Responsabilité.* — Les receveurs généraux peuvent se faire représenter aux adjudications des coupes extraordinaires, et ils demeurent responsables du prix de la vente. (Cons. d'Admin. du 18 décembre 1828.)

15. *Chablis. Bois morts et dépérissants. Ventilation. Caisse.* — Afin de ne pas frustrer le Trésor de la taxe des frais de régie, on doit déterminer, par une ventilation, en cas de réunion dans un même lot de vente de chablis et de morts bois et dépérissants, la portion du prix afférente à ces deux natures de produits.

Le prix en est recouvré par les receveurs municipaux. (Circ. N 417.)

SECT. II. — MENUS PRODUITS. PRODUITS ACCESSOIRES.

16. *Fixation. Décision.* — Le prix des produits quelconques extraits des bois soumis au régime forestier est fixé, pour les bois de l'État, par le conservateur et, pour les bois des communes et des établissements publics, par le préfet, sur la proposition des maires et administrateurs. (Ord. 4 décembre 1844. art. 2.)

17. *Fixation. Renseignement.* — Les agents doivent fournir aux préfets tous les renseignements dont ils pourraient avoir besoin, pour fixer le prix des menus produits délivrés dans les bois communaux. (Circ. A 568.)

18. *Bois domaniaux. Caisse.* — Le prix de tous les menus produits des bois domaniaux est versé à la caisse des receveurs des domaines. (Arr. Min. du 22 juin 1838. Décis. Min. du 31 mars 1863. Circ. A 833.)

Ceux vendus sont payés à la caisse du receveur du lieu de l'adjudication, et ceux délivrés, à la caisse du receveur de la situation des bois. (Décis. Min. du 26 juin 1863. Circ. A 839.)

19. *Chasse. Bois domaniaux.* — Le prix annuel de location de chasse est payé par semestre et d'avance, le 1er juillet et le 1er janvier, dans la caisse du receveur des domaines du lieu de l'adjudication. (Cah. des ch. 9.)

20. *Produits du sol.* — L'article 169 de l'ordonnance et l'ordonnance du 4 décembre 1844 ne sont applicables qu'aux produits du sol, en ce qui concerne le prix. Ces dispositions sont inapplicables aux minerais. (Lettre du sous-secrétaire d'Etat aux travaux publics du 7 mars 1840.)

SECT. III. — TRAVAUX.

21. *Analyse.* — L'analyse des prix contient tous les éléments au moyen desquels on établit le prix de l'unité de chaque nature d'ouvrages et le détail du prix de chacune de ces unités. (Circ. N 22, art. 15.)

22. *Augmentation. Diminution. Changement. Entrepreneur.* — L'entrepreneur ne pourra réclamer aucune augmentation de prix, sous le prétexte que des variations notables seraient survenues dans la valeur des matériaux ou de la main-d'œuvre. L'administration ne pourra, de son côté, pour un semblable motif, faire subir aucune diminution au montant du marché.

L'entrepreneur ne pourra également réclamer aucun changement dans les prix par lui consentis, sous prétexte qu'il y aurait eu erreur ou omission dans la composition des prix du sous-détail du devis; mais il pourra réclamer contre les erreurs de métrage qui auraient été commises à son préjudice.

L'administration se réserve, à cet égard, le même droit.

Dans ce cas, les augmentations ou diminutions seront basées sur les prix du marché. (Cah. des ch. 28.)

23. *Application. Difficultés.* — S'il survient quelque difficulté entre l'agent directeur des travaux et l'entrepreneur, au sujet de l'application des prix ou des métrages, il en sera référé au conservateur. (Cah. des ch. 39.)

24. *Hausse. Baisse.* — Tous ceux qui, par des faits faux ou calomnieux semés à dessein dans le public, par réunion ou coalition ou par des voies ou moyens frauduleux quelconques, auront opéré la hausse ou la baisse du prix des denrées ou marchandises, au-dessus ou au-dessous des prix qu'aurait déterminés la concurrence libre et naturelle du commerce, encourront :

Prison : 1 mois à 1 an. (Cod. Pén. 419.)

Amende : 500 à 10000 francs. (Cod. For. 419.)

Facultatif, surveillance de la haute police : 2 à 5 ans. (Cod. Pén. 419.)

Si l'auteur du délit est un garde ou un officier de police, le maximum de la prison est augmenté du tiers en sus. (Cod. Pén. 462.)

SECT. IV. — PRIX DE REVIENT DE DIVERS TRAVAUX.

25. *Semis.* —

§ 1. *Résineux.* — Par trous, à raison de 4 à 6 mille par hectare :

Mélèze : 10 kilogrammes de graines à l'hectare;

Pin cembro : 25 kilogrammes de graines à l'hectare ;

Epicéa, pin d'Alep, pin à crochets, pin noir d'Autriche, pin sylvestre : 5 kilogrammes de graines à l'hectare.

Main-d'œuvre : 25 à 30 francs par hectare.

§ 2. *Feuillus.* — Par trous, à raison de 4 à 6 mille par hectare :

Glands de chêne rouvre ou vert : 8 hectolitres par hectare;

Main d'œuvre : 50 francs par hectare.

26. *Pépinières. Frais d'ensemencement.*

ESSENCES.	QUANTITÉ DE GRAINES PAR ARE.	PRIX PAR KILOGRAMME.		PRIX PAR ARE.	
		Fourniture.	Main-d'œuvre.	Fourniture.	Main-d'œuvre.
	kilogr.	fr. c.	fr. c.	fr. c.	fr. c.
Mélèze	8	2 »	» 50	16 »	4 »
Pin sylvestre	4	6 »	1 »	24 »	4 »
Pin noir d'Autriche	4	3 »	1 »	12 »	4 »
Pin à crochets	4	7 »	1 »	28 »	4 »
Pin cembro	25	1 »	» 20	25 »	5 »
Erable sycomore	15	» 40	» 20	6 »	3 »
Frêne	15	» 20	» 20	3 »	3 »
Cytise	4	2 »	» 75	8 »	3 »
Sorbier	20	» 25	» 10	5 »	2 »
Prunier de Briançon	20	» 25	» 20	5 »	4 »
Essences diverses buissonnantes	30	» 40	» 10	12 »	3 »

27. *Enherbement.* —

Semis par trous :

Sainfoin et fenasse mélangés (100 kilogr. à l'hectare) :

Prix par 100 kilogr. . . . . 50 fr.
Prix par hectare. . . . . 50 fr.
Main-d'œuvre par hectare. . . . . 30 fr.

28. *Plantations.* —

A. *Résineux.*

1o Par touffes (4 à 6 mille par hectare) :
Main-d'œuvre, le mille de touffes. . . . 15 fr.

2o En motte, (5 mille par hectare) :
Main-d'œuvre, le mille de plants. . . . 30 fr.

B. *Feuillus.*

1o Isolés :

Main-d'œuvre { basses tiges, le mille. . 15 fr. ; moyennes, le cent. . . . 3 fr. ; hautes tiges, la pièce. . 1 fr. }

2o Par cordons :
Main-d'œuvre, par hectomètre. . . . . . . 10 fr.

3o Dans les clayonnages :
Main-d'œuvre, le cent de basses tiges. 0f,50

C. *Boutures.*

1o Isolées :
Main-d'œuvre, le mille. . . . . 10 fr.

2o En corbeilles :
Main-d'œuvre, la pièce. 0f,20

3o Saules en rameaux :
Main-d'œuvre, le rameau. 0f,10

D. *Marcottage.*

Main-d'œuvre, le cent. . . . . 6 fr.

29. *Travaux de sylviculture.* —

1o Recepage de petits brins :
Main-d'œuvre, le mille. 2f,50

2o Eclaircie de gaulis :
Main-d'œuvre, l'hectare. . . . . . . 50 à 60 fr.

30. *Fascinages.* —

1o Secs, à 2 fascines superposées :
Main-d'œuvre, le mètre courant. 1f,10

2o Vifs à 2 fascines superposées :
Main-d'œuvre, le mètre courant 1f,25

3o Vifs à 4 fascines superposées :
Main-d'œuvre, le mètre courant. 2f,75

31. *Clayonnages.* —

1o De premier ordre :

Mètre courant { fourniture, sur place. . . . . . . 3f,50 ; main-d'œuvre. 4f,50 } 8 fr.

2o De deuxième ordre :

Mètre courant { fourniture, sur place. . . . . . . 1f,25 ; main-d'œuvre. 0f,75 } 2 fr.

32. *Barrages.* —

1o Rustiques :
Mètre cube de maçonnerie sèche.. 5 à 6 fr.

2o En mortier :

Mètre cube de maçonnerie (en moyenne) { pleine. . . . . 15 fr. ; sèche. . . . . 5 fr. ; de pierre de taille. . . . 60 fr. }

33. *Pavage des lits des torrents.* —
Mètre carré, pavé rustique. . . . . 1 fr.

34. *Drainage.* —

Mètre courant { canal de drainage. . . . . 3f,50 ; rigole d'entraînement. . 1f,50 }

PROCÉDURE.

1. *Règle générale.* — Les dispositions du code d'instruction criminelle sur la poursuite des délits et contraventions, sur les citations et délais, sur les défauts, oppositions, jugements, appels et recours en cassation, sont et demeurent applicables à la poursuite des délits et contraventions forestiers dans tous les bois en général, sous les modifications des articles 172, 189 et 208 du titre XI du code forestier. (Cod. For. 187, 189. Loi du 18 juin 1859. Instr. Crim. 130, 137, 146, 150, 153, 172, 179, 184, 186, 190, 199, 216 et 413.) V. Action. Appel. Audience. Avocat. Avoué. Cassation. Citation. Comparution. Conseil d'Etat. Défaut. Délai.

Frais. Instance. Instruction. Jugement. Opposition. Pourvoi, etc.

2. *Instance domaniale.* — Les instances domaniales sont dispensées des préliminaires de conciliation (le mémoire présenté au préfet en tient lieu); elles sont suivies par l'administration des domaines; mais les actes de procédure doivent être notifiés au préfet, représentant seul le domaine de l'Etat, en demandant ou en défendant. V. Instance.

3. *Instance communale.* — Si une action est dirigée contre une commune ou un établissement public, on doit suivre les règles de procédure indiquées par la loi du 5 avril 1884, article 124. (Proc. Civ. 1032.)

4. *Inscription de faux.* — La procédure en inscription de faux est celle indiquée par l'article 179 du code forestier, et non pas celle des articles 458 et 459 du code d'instruction criminelle.

Les lois spéciales qui régissent la matière des délits forestiers doivent continuer d'être exécutées. (Cass. 14 mai 1813.)

PROCÈS-VERBAL DE DÉLIT.

SECT. I. — GÉNÉRALITÉS, 1 — 5.

SECT. II. — CONSTITUTION DE L'ACTE, 6 — 32.

§ 1. *Rédaction en général,* 6 — 18.

§ 2. *Ecriture, Signature,* 19 — 23.

§ 3. *Renseignements, Indications,* 24 — 32.

SECTION III. — FORMALITÉS, 33 — 54.

§ 1. *Affirmation,* 33 — 44.

§ 2. *Enregistrement,* 45 — 54.

SECT. IV. — TRANSMISSION, 55 — 76.

§ 1. *Remise, Envoi,* 55 — 70.

§ 2. *Inscription, Registre,* 71 — 76.

SECT. V. — POURSUITES, 77 — 97.

§ 1. *Nullité, Abandon,* 77 — 83.

§ 2. *Audience, Preuves, Conclusions,* 84 — 87.

§ 3. *Degré, Foi,* 88 — 97.

SECT. VI. — FRAIS, 98 — 103.

Abandon, 83.
Abus de jouissance, 44, 46, 69, 94.
Adjoint, 68.
Affirmation, 32, 33, 36, 43, 44.
Agent, 3, 38, 39, 72.
Algérie, 43, 44, 46, 69, 94.
Amende, 47.
Annulation, 70, 81.
Audience, 87.
Authenticité, 17 bis.
Bois aliéné, 5.
Bois non soumis, 16.
Bois particuliers, 16, 44, 46, 69, 94.
Bulletin, 30, 61.
Chasse, 40.
Chef de cantonnement, 71.
Circonscription, 6, 8.
Citation, 101.
Conclusion, 86.
Condamnation, 89.
Conditions, 12, 19, 25, 33, 45.
Conseiller municipal, 31.
Constatation, 32.
Contravention, 11, 66.
Copie, 26, 71, 99.
Crime, 63.
Date, 12 bis.
Débet, 51, 52.
Déclaration verbale, 17, 17 bis.
Défrichement, 68, 68 bis.
Degré de foi, 88, 89, 90, 92, 93, 95, 96 bis.
Délai, 10, 11, 12, 45, 46, 55, 57, 58, 59, 67, 69.
Délinquant, 14, 96, 102.
Délit, 85, 93.
Dictée, 22.
Droit, 50.
Ecriture, 3, 19, 21, 35.
Enregistrement, 45, 46, 49, 53, 54, 100.
Envoi, 48, 55, 58, 60, 61.
Epoque, 60.
Facteur, 4, 59.
Fait matériel, 90.
Feuille, 13.
Feux, 43.
Foi, 88, 89, 90.
Fonctionnaire, 33.
Formalités, 1, 9, 33.
Forme, 22.
Frais, 51, 98, 99, 101, 102, 103.
Frontière, 97.
Garde, 36, 39, 64, 71.
Garde champêtre, 11, 23, 53, 100.
Garde-chasse, 41.
Garde particulier, 54, 67.
Garde-vente, 4, 59.
Incendie, 63.
Indications, 24.
Inscription, 76.
Inscription de faux, 96.
Inspecteur, 73.
Insolvable, 83.
Lieu du délit, 27.
Maire, 68, 68 bis.
Ministère public, 69.
Nullité, 41, 77, 79.
Obligations, 35.
Original, 2.
Parenté, 78.
Perte, 82.
Poste, 48.
Poursuite, 84.
Préposé, 36, 39, 64, 71.
Prescriptions, 24, 25.
Preuve, 85, 86, 95.
Preuve testimoniale, 91, 92.
Principes, 1, 55.
Procès-verbal double, 20, 37.
Qualité, 7.
Rebut, 80.
Réception, 72.
Rédaction, 24.
Refus, 32.
Région des Maures, 62, 96 bis.
Registre, 29, 71, 72, 73, 74, 75.
Règlement de pâturage, 58, 75.
Remise, 55, 56, 87.
Remplacement, 81.
Renseignements, 30.
Renvoi, 42.
Réquisition, 31, 32.
Responsabilité, 64, 79.
Retard, 47.
Retrait, 70.
Rôle, 99.
Saisie, 26.
Serment, 7, 34.
Signature, 19, 20.
Solidarité, 15, 102.
Sommier, 73, 74, 75, 76.
Suisse, 97.
Témoin, 86.
Timbre, 52, 53.
Travaux publics, 65.
Uniforme, 18.

V. Abandon. Action. Agent. Citation. Construction. Délit. Ecriture. Enregistrement. Exploit. Foi due aux procès-verbaux. Formalité. Frais. Instance. Justice. Jugement. Magistrat. Maures. Nullité. Preuve. Privilège de juridiction. Signature. Témoin. Timbre. Visite domiciliaire.

SECT. I. — GÉNÉRALITÉS.

1. *Formalités. Principes.* — Tout procès-verbal doit comporter la preuve que les formalités auxquelles la loi l'a assujetti ont été remplies; dès lors, toute formalité dont il ne certifie pas l'accomplissement est réputée avoir été omise. (Cass. 29 mars 1810.)

Les formalités principales imposées par la loi, pour la rédaction des procès-verbaux de délits forestiers, sont indiquées aux articles 165 et 170 du code forestier, ainsi conçus:

Les gardes écriront eux-mêmes leurs procès-verbaux; ils les signeront et les affirmeront, au plus tard le lendemain de la clôture desdits procès-verbaux, par-devant le juge de paix du canton ou l'un de ses suppléants, ou par-devant le maire ou l'adjoint soit de la commune de leur résidence, soit de celle où le délit a été commis ou constaté ; le tout, à peine de nullité. (Cod. For. 165.)

Les procès-verbaux seront, sous peine de nullité, enregistrés dans les quatre jours qui suivront celui de l'affirmation ou celui de la clôture, si le procès-verbal n'est pas soumis à l'affirmation. (Cod. For. 170.)

2. *Original.* — L'original du procès-verbal doit être seul consulté pour l'authenticité. (Nîmes, inédit, 25 juin 1835.)

3. *Agent. Ecriture.* — Bien que les seules formalités imposées aux agents par la loi, d'une manière claire et précise, soient la signature et l'enregistrement, il est préférable que les agents rédigent et écrivent eux-mêmes les procès-verbaux qu'ils dressent, soit seuls, soit avec le concours des préposés.

4. *Facteurs. Gardes-vente.* — Les procès-verbaux des facteurs ou gardes-vente sont soumis aux mêmes formalités que ceux des gardes forestiers. (Cod. For. 165 et 170.)

5. *Bois aliénés.* — Jusqu'au paiement intégral du prix des bois aliénés et, par conséquent, jusqu'à ce que le nouvel acquéreur soit devenu propriétaire incommutable, la poursuite des délits reste dans les attributions de l'administration forestière et les procès-verbaux dressés sont soumis aux prescriptions du code forestier et visés pour timbre et enregistrés en débet. (Décis. des domaines du 2 août 1832.)

SECT. II. — CONSTITUTION DE L'ACTE.

§ 1. *Rédaction en général.*

6. *Circonscription.* — Les agents et gardes forestiers recherchent et constatent par procès-verbaux les délits et contraventions, savoir : les agents, dans l'étendue du territoire pour lequel ils sont commissionnés, et les gardes, dans l'arrondissement du tribunal près duquel ils sont assermentés. (Cod. For. 160.)

7. *Qualité. Serment.* — C'est le serment qui confère aux fonctionnaires nommés par l'administration forestière le droit de constater par procès-verbaux les infractions à la loi forestière, dans la limite de leur circonscription. (Bordeaux, 20 février 1840.)

8. *Circonscription.* — Le procès-verbal dressé hors des limites de la circonscription de l'arrondissement du tribunal près lequel le garde est assermenté est radicalement nul. (Aix, 25 août 1864.)

9. *Formalités. Délais.* — Les agents et les gardes dresseront, jour par jour, des procès-verbaux des délits et contraventions qu'ils auront reconnus.

Ils se conformeront, pour la rédaction et la remise de ces procès-verbaux, aux articles 16 et 18 du code d'instruction criminelle. (Ord. 181.)

10. *Délai.* — Aucun délai entraînant la nullité de l'acte n'a été fixé pour la rédaction des procès-verbaux des gardes forestiers. L'exécution de l'article 181 de l'ordonnance (procès-verbal rédigé jour par jour) n'est pas obligatoire, à peine de nullité de ces actes. (Cass. 11 janvier 1850. Cass. 17 mai 1861.)

11. *Délai. Contravention. Garde champêtre.* — Aucun délai n'est fixé pour la rédaction d'un procès-verbal dressé par un garde champêtre et constatant une contravention forestière dans un bois particulier. (Cass. 17 mai 1861.)

12. *Condition. Délai.* — L'article 181 de l'ordonnance n'est pas obligatoire à peine de nullité, et les gardes peuvent dresser les procès-verbaux plus de vingt-quatre heures après la reconnaissance du délit, en justifiant des causes du retard. L'inobservation des conditions prescrites par l'article 16 du code d'instruction criminelle, relatives à « la nature, les circonstances, le temps, le lieu des délits et contraventions et les indices qu'ils auraient pu découvrir », n'est pas une cause de nullité, mais diminue seulement la valeur de l'acte. (Mengin.)

12 bis. *Date.* — Le jour de la clôture est la véritable date du procès-verbal. Si cet acte n'est pas clos le jour même de la constatation du délit, on indiquera en toutes lettres la date de la clôture. (Meaume, t. II, p. 680.)

13. *Feuilles.* — Les préposés rédigent leurs procès-verbaux sur les feuilles (série 6, n° 1) qui leur seront remises numérotées et parafées par le chef de cantonnement et dont le nombre est inscrit sur leur livret.

Dans le cas où une de ces feuilles n'aurait pu être employée par l'effet d'un accident quelconque, le garde doit la représenter au chef de cantonnement, dans l'état où elle se trouvera ; s'il ne peut la représenter, il doit en justifier la cause. (Livret des préposés, art. 19.)

14. *Délinquant.* — Un procès-verbal séparé devra être dressé contre chaque individu trouvé en délit. (Décis. Min. du 12 avril 1834. Circ. A 348.)

15. *Solidarité.* — Les procès-verbaux ne devront comprendre plusieurs individus que lorsqu'il s'agira d'un même délit commis par plusieurs et pouvant donner lieu à la question de solidarité. (Décis. Min. 12 avril 1834. Circ. A 348.)

16. *Bois non soumis au régime forestier. Bois particuliers.* — Tous les officiers de police judiciaire, gardes champêtres, gendarmes, etc., ont qualité, comme les gardes particuliers, pour dresser des procès-verbaux des

délits et contraventions commis dans les bois particuliers et dans ceux non soumis au régime forestier. Les procès-verbaux des gardes forestiers particuliers sont soumis aux formalités des articles 165 et 170 du code forestier, et ceux des autres préposés restent régis par la loi de leur institution. (Circ. Min. 5 décembre 1859.)

17. *Déclaration verbale.* — Une déclaration verbale ne peut suppléer le procès-verbal que doit dresser le facteur ou garde-vente. (Cass. 5 février 1848.)

17 bis. *Déclaration. Authenticité.* — Les déclarations recueillies et insérées dans un procès-verbal n'ont pas plus de valeur pour cela que si elles émanaient des particuliers, plaignants ou témoins, puisqu'elles ne sont pas personnellement constatées par les rédacteurs du procès-verbal. (Cass. 20 janvier 1893.)

18. *Uniforme.* — Un procès-verbal n'est pas nul parce qu'il ne constate pas que l'officier de police (garde) était revêtu des insignes de ses fonctions. (Cass. 14 février 1840.)

§ 2. *Écriture. Signature.*

19. *Conditions. Écriture. Signature.* — Les gardes écriront eux-mêmes leurs procès-verbaux et les signeront, à peine de nullité. Les procès-verbaux dressés par les gardes des particuliers sont soumis aux mêmes formalités. (Cod. For. 189. Loi du 18 juin 1859.)

20. *Signature.* — Si deux procès-verbaux sont écrits sur la même feuille, ils doivent être tous les deux signés.

Si un procès-verbal rédigé par deux gardes n'est signé que par un seul, cet acte est considéré comme fait par un seul garde, et il est nul pour celui qui ne l'a pas signé.

21. *Écriture.* — Le procès-verbal d'un garde écrit par le maire de la commune où le délit a été commis est valable, encore bien qu'il soit conçu dans la forme d'une déclaration reçue par le maire, s'il est, d'ailleurs, signé par le garde et dûment affirmé. (Cass. 3 avril 1830.)

22. *Forme. Dictée.* — Un procès-verbal écrit sous la dictée d'un garde est valable, quelle que soit la forme employée (déclaration), s'il est signé par le garde et dûment affirmé. (Cass. 3 avril 1830.)

23. *Garde champêtre.* — Le procès-verbal d'un garde champêtre, écrit par un individu sans qualité, est valable, s'il y est énoncé qu'il n'a été affirmé qu'après lecture de son contenu au garde par le magistrat qui a reçu l'affirmation. (Cass. 9 mars 1866.)

§ 3. *Renseignements. Indications.*

24. *Rédaction. Prescriptions. Indications.* — Les procès-verbaux des gardes doivent indiquer :

Les circonstances, le temps et le lieu des délits et contraventions (Instr. Crim. 16) ;

Les noms, prénoms, professions et demeures des prévenus ;

Si l'auteur du délit est une femme mariée, un enfant mineur ou un domestique, les noms, prénoms, professions et demeures des mari, père, mère ou maître ;

L'âge, l'essence, la grosseur et la quantité des bois objets du délit ; cette quantité est évaluée par charge d'homme, de bête de somme ou de voiture, lorsque les bois auront moins de deux décimètres de tour (Cod. For. 194) ;

La circonférence des arbres coupés en délit doit être mesurée à un mètre du sol ; si les arbres ont été enlevés, la circonférence sera mesurée à la partie supérieure de la souche (Cod. For. 192, 193) ;

Les instruments, voitures et attelages employés pour commettre le délit ;

La nature des autres productions du sol forestier frauduleusement coupées, extraites ou enlevées, et leur quantité évaluée par charge d'homme, de bête de somme ou de voiture, avec mention, dans ce dernier cas, du nombre de bêtes attelées ; l'évaluation par charge d'homme n'a lieu que dans le cas d'insuffisance de matière pour former une charge de bête de somme ; elle n'a lieu par charge de bête de somme qu'en cas d'insuffisance pour former une charge de voiture (Cod. For. 144) ;

La nature des objets saisis et leur description exacte ;

Le nombre, l'espèce et le signalement des animaux trouvés en délit de pâturage ; l'âge des bois où le délit a été commis ; la présence ou l'absence des propriétaires ou gardiens et toutes les circonstances qui peuvent faire apprécier matériellement le dommage causé au sol forestier ;

S'il s'agit d'un délit de chasse : l'espèce d'armes, de pièges, de chiens employés par le délinquant, et l'espèce de gibier pris ou chassé ;

Il est défendu aux gardes de désarmer les chasseurs ; mais ils doivent donner une description exacte des armes, et même leur évaluation approximative ;

Les gardes qui constatent un délit de chasse doivent déclarer verbalement leur procès-verbal au délinquant, toutes les fois qu'ils pourront s'approcher de lui, et mentionner dans ledit procès-verbal que cette déclaration a été faite (Circ. N 400) ;

Pour toute espèce de délit : la circonstance qu'il a été commis de jour ou de nuit. (Cod. For. 201.)

Les gardes écrivent eux-mêmes leurs procès-verbaux ; ils doivent les clore et les signer, autant que possible, le jour de la reconnaissance du délit. (Cod. For. 165. Livret des préposés, art. 18.)

25. *Conditions. Prescriptions.* — Les gardes forestiers dresseront des procès-verbaux

à l'effet de constater la nature, les circonstances, le temps, le lieu des délits et des contraventions, ainsi que les preuves et les indices qu'ils auront pu recueillir.

Ils suivront les choses enlevées dans les lieux où elles auront été transportées et les mettront en séquestre ; ils ne pourront néanmoins s'introduire dans les maisons, ateliers, bâtiments, cours adjacentes et enclos, si ce n'est en présence soit du juge de paix, soit de son suppléant, soit du commissaire de police, soit du maire du lieu, soit de son adjoint, et le procès-verbal qui devra en être dressé sera signé par celui en présence duquel il aura été fait. (Instr. Crim. 16.)

26. *Saisie. Copie.* — Si un procès-verbal porte saisie, il en sera fait, après l'affirmation, une copie qui sera déposée, dans les vingt-quatre heures, au greffe de la justice de paix, pour qu'il puisse en être donné communication à ceux qui réclameraient des objets saisis. (Cod. For. 167.) La copie sera remise et signée par le rédacteur du procès-verbal. (Ord. 183.)

27. *Lieu du délit.* — Le lieu du délit est suffisamment précisé par la désignation du nom de la forêt. (Cass. 18 juillet 1811.)

28. *Heure du délit.* — L'indication de l'heure du délit n'est pas obligatoire. (Cass. 9 janvier 1835.) Cependant, pour les délits de nuit, il faut indiquer s'il faisait nuit, si le soleil était couché, etc.

29. *Registre. Folio. Note.* — Les gardes inscriront en marge du procès-verbal le folio de leur registre, où il se trouvera inscrit. (Ord. 26.)

30. *Renseignements. Bulletin.* — Les gardes doivent accompagner leurs procès-verbaux d'un bulletin (série 6, n° 15 bis) indiquant l'âge, la solvabilité, la position de fortune, de famille, la moralité, etc., du délinquant.

31. *Conseiller municipal. Réquisition.* — Lorsqu'un conseiller municipal est requis pour assister à une visite domiciliaire, le procès-verbal doit constater l'empêchement des maires, adjoints et conseillers municipaux précédant sur le tableau celui qui est requis.

32. *Réquisition. Affirmation. Refus. Constatation.* — Dans le cas où les officiers de police judiciaire désignés dans l'article 161 du code forestier refuseraient, après avoir été légalement requis, d'accompagner les gardes dans leurs visites et perquisitions, les gardes rédigeront procès-verbal du refus et adresseront sur le champ ce procès-verbal à l'agent forestier, qui en rendra compte au chef du parquet près le tribunal de première instance.

Il en sera de même, dans le cas où l'un des fonctionnaires dénommés dans l'article 165 du code forestier aurait négligé ou refusé de recevoir l'affirmation des procès-verbaux dans le délai prescrit par la loi. (Ord. 182.)

SECT. III. — FORMALITÉS.

§ 1. *Affirmation.*

33. *Conditions. Formalités. Fonctionnaires.* — Les gardes affirmeront eux-mêmes leurs procès-verbaux, au plus tard le lendemain de la clôture desdits procès-verbaux, devant le juge de paix du canton ou l'un de ses suppléants, ou par-devant le maire ou l'adjoint soit de la commune de leur résidence, soit de celle où le délit a été commis ou constaté ; le tout, sous peine de nullité. (Cod. For. 165, 189.)

34. *Serment.* — L'affirmation pour les procès-verbaux remplace le serment des témoins entendus en justice.

35. *Obligation.* — Lorsque les procès-verbaux ne sont pas écrits de la main du garde, l'acte d'affirmation doit exprimer que la lecture a été faite au garde lui-même (Nancy, 28 mai 1833) ; que la lecture du procès-verbal a précédé l'affirmation et que cette lecture a été faite par l'officier public qui reçoit l'affirmation. (Cass. 17 juin 1830.)

L'acte doit faire connaître l'accomplissement de ces formalités. (Cass. 27 décembre 1828.)

36. *Deux gardes.* — Un procès-verbal rédigé par deux gardes et affirmé par un seul est considéré comme n'ayant été dressé que par ce seul garde.

37. *Procès-verbal double.* — Deux procès-verbaux rédigés sur une même feuille sont validés par un seul acte d'affirmation, s'il est dressé dans le délai légal par rapport au procès-verbal dont la date est la plus ancienne. (Cass. 19 février 1808.)

38. *Agents.* — Les procès-verbaux dressés par les agents forestiers, soit seuls, soit avec le concours des gardes, ne sont pas soumis à l'affirmation. (Cod. For. 166.)

39. *Agent et préposé.* — Si un procès-verbal d'agent et de préposé était rédigé par ce dernier, il devrait être soumis à l'affirmation en ce qui concerne le garde.

40. *Chasse.* — Les procès-verbaux de chasse, devant être affirmés dans les vingt-quatre heures du délit, doivent, ainsi que l'acte d'affirmation, porter la mention de l'heure du délit et celle de l'accomplissement de la formalité de l'affirmation. V. Chasse.

41. *Garde-chasse. Nullité.* — Est nul, le procès-verbal d'un garde-chasse qui n'a pas été affirmé dans les vingt-quatre heures du délit. Par suite, la preuve du délit ne peut résulter que des dépositions entendues à l'audience. (Paris, 22 février 1892.)

42. *Renvoi.* — Il n'est pas nécessaire que l'officier public qui reçoit l'affirmation d'un procès-verbal signe et approuve les renvois que présentent les procès-verbaux.

43. *Algérie. Feux.* — Les procès-verbaux dressés en Algérie pour avoir allumé ou transporté du feu en temps prohibé et en dehors de la zone prescrite, pour incendie ou pour refus de porter secours, en cas d'incendie, sont dispensés de la formalité de l'affirmation. (Loi des 17-19 juillet 1874.)

44. *Algérie. Abus de jouissance. Bois particuliers.* — Les procès-verbaux dressés en Algérie, pour constater les abus d'exploitation et de jouissance commis par les particuliers dans leurs bois, sont dispensés de l'affirmation. (Loi du 9 décembre 1885, art. 10. Circ. N 357.)

§ 2. *Enregistrement.*

45. *Délai. Condition.* — Les procès-verbaux seront, sous peine de nullité, enregistrés dans les quatre jours qui suivront celui de l'affirmation, ou de la clôture, si le procès-verbal n'est pas sujet à l'affirmation. (Cod. For. 170.)

46. *Algérie. Abus de jouissance. Bois particuliers.* — Les procès-verbaux dressés en Algérie, pour constater les abus d'exploitation et de jouissance commis par les particuliers dans leurs bois, sont enregistrés en débet dans le délai de vingt jours. (Loi du 9 décembre 1885, art. 10. Circ. N 357.)

47. *Retard. Amende.* — En cas de retard et pour chaque procès-verbal non enregistré dans les quatre jours de sa clôture ou de son affirmation, les agents et préposés forestiers sont passibles d'une amende de 10 francs. (Loi du 22 frimaire an VII, art. 34, modifié par la loi du 16 juin 1824, art. 10.)

Comme le retard entraîne la nullité du procès-verbal, les frais de ces actes seraient à la charge de ceux qui en auraient occasionné la nullité. (Proc. Civ. 1031.)

48. *Envoi. Poste.* — Les gardes qui envoient leurs procès-verbaux à l'enregistrement par la voie de la poste sont responsables de tous les retards qui peuvent en résulter, attendu qu'ils devraient aller les porter eux-mêmes au bureau de l'enregistrement.

49. *Défaut.* — Le défaut d'enregistrement entraîne la nullité des procès-verbaux dressés par les gardes forestiers, parce que la loi a imposé cette formalité d'une manière expresse. (Cod. For. 170.)

50. *Droits.* — Les procès-verbaux des gardes forestiers sont enregistrés en débet, au droit de 2 francs, en principal ; avec les décimes, 2 fr. 50. (Loi du 18 mai 1850, art. 8. Loi du 19 février 1874, art. 2. Loi du 28 avril 1893, art. 22.)

51. *Frais. Débet.* — Les procès-verbaux constatant des délits forestiers, excepté ceux dressés par les gardes particuliers, seront enregistrés en débet. (Cod. For. 188. Loi du 18 juin 1859.)

52. *Frais en débet. Timbre.* — Les procès-verbaux des gardes forestiers, autres que ceux des particuliers, concernant la police ordinaire et qui ont pour objet la répression des délits et contraventions aux règlements de police et d'impositions, sont visés pour timbre et enregistrés en débet. (Loi du 25 mars 1817.)

53. *Gardes champêtres. Timbre. Enregistrement.* — Les procès-verbaux des gardes champêtres, à l'occasion d'un délit forestier, doivent être visés pour timbre et enregistrés en débet. (Cass. 24 juin 1842.)

54. *Garde particulier. Enregistrement.* — Les procès-verbaux des gardes particuliers ne peuvent jamais être enregistrés en débet. (Décis. Min. du 2 mai 1828.)

SECT. IV. — TRANSMISSION.

§ 1. *Remise. Envoi.*

55. *Principes.* — Les gardes forestiers de l'administration, des communes et des établissements publics remettront leurs procès-verbaux au conservateur, inspecteur ou inspecteur adjoint des forêts, dans le délai fixé par l'article 15 du code d'instruction criminelle, c'est-à-dire dans les trois jours au plus tard, y compris celui où ils ont reconnu le fait. (Instr. Crim. 18.)

56. *Remise.* — Les gardes remettront à leur chef immédiat leurs procès-verbaux, revêtus de toutes les formalités prescrites. (Ord. 27.)

57. *Délai.* — Le seul délai légal des procès-verbaux est fixé par les articles 15 et 18 du code d'instruction criminelle, en vertu desquels les gardes doivent remettre leurs procès-verbaux dans le délai de trois jours, y compris celui où ils ont reconnu le fait. On peut donc rédiger et remettre le procès-verbal le troisième jour. En excédant ce délai, on doit justifier du retard, pour éviter, sinon une cause de nullité, du moins une diminution dans le degré de foi que l'on doit donner à cet acte.

58. *Règlement de pâturage. Envoi. Délai.* — Les procès-verbaux rédigés par les gardes forestiers, pour constater les infractions aux règlements de pâturage établis, sont remis par eux, dans le délai fixé par l'article 15 du code d'instruction criminelle (trois jours au plus tard, y compris le jour de la constatation), à l'agent forestier local, qui les fait parvenir, par l'intermédiaire du procureur de la République, au commissaire de police de la commune chef-lieu de la justice de paix, ou au maire, dans les communes où il n'y a pas de commissaire. (Instr. Crim. 18. Instr. Gén. du 2 février 1885, art. 257. Circ. N 345.)

59. *Garde-vente. Délai.* — Les procès-verbaux dressés par les gardes-vente doivent

être remis à l'agent local dans le délai de cinq jours, à dater du jour du délit. (Cod. For. 45.)

60. *Envoi. Epoque.* — Les chefs de cantonnement adressent à l'inspecteur, les 1er et 15 de chaque mois, les procès-verbaux dressés pendant la quinzaine précédente, avec les propositions de transactions. (Arr. Min. du 30 janvier 1860. Circ. A 584. Circ. A 786.)

61. *Envoi. Bulletin.* — Les procès-verbaux sont envoyés avec un bulletin formule série 6, nº 3, que l'inspecteur renvoie visé, en accusant réception. (Circ. A 584.)

62. *Région des Maures.* — Les procès-verbaux dressés par les gardes domaniaux et communaux, dans les bois particuliers de la région des Maures et de l'Estérel, pour infraction à l'emploi du feu pendant la période d'interdiction, seront adressés par l'inspecteur au ministère public, dans le délai de vingt jours, à dater de l'affirmation. (Lois des 6 juillet 1870, 8 août 1890, 3 août 1892, 19 août 1893, art. 7.)

63. *Crimes. Incendie.* — Les procès-verbaux constatant des incendies, des dévastations ou d'autres crimes commis dans les forêts, doivent être remis directement et sans délai au ministère public. (Instr. Crim. 29. Circ. A 146.)

64. *Préposés. Responsabilités.* — Les procès-verbaux dressés contre les préposés, en responsabilité pour les abus, délits ou dégâts commis dans leur triage, doivent être transmis à l'administration, avec les observations et avis du conservateur, avant tout acte de procédure. (Circ. N 148.)

65. *Travaux publics.* — Les procès-verbaux dressés contre des agents employés à l'étude des travaux publics sont transmis au conservateur, avant d'être mis en poursuite. (Circ. N 89, art. 33.)

66. *Contraventions.* — Les procès-verbaux des gardes champêtres des communes et ceux des gardes forestiers des particuliers seront, lorsqu'il s'agira de simples contraventions, remis par eux, dans le délai de trois jours, y compris celui où le fait aura été reconnu, au commissaire de police de la commune chef-lieu de la justice de paix, ou au maire, dans les communes où il n'y a pas de commissaire de police; et, lorsqu'il s'agira d'un délit emportant une peine correctionnelle, la remise en sera faite au chef du parquet. (Instr. Crim. 20.)

67. *Garde particulier. Délai.* — Les procès-verbaux dressés par les gardes des bois des particuliers seront, dans le délai d'un mois, à dater de l'affirmation, remis au chef du parquet ou au juge de paix, suivant leur compétence respective. (Cod. For. 191.)

Ce délai est une mesure d'ordre, qui ne change en rien aux règles de la prescription.

68. *Défrichement. Maire. Adjoint.* — Lorsque des maires et adjoints auront dressé des procès-verbaux pour constater des défrichements effectués en contravention du titre XV du code forestier, ils seront tenus, indépendamment de la remise qu'ils doivent en faire au chef du parquet, d'en adresser une copie certifiée à l'agent forestier local. (Ord. 198. Décr. du 22 novembre 1859.)

68 bis. *Défrichement. Maire.* — Si le procureur de la République conserve dans ses archives, sans lui donner suite, un procès-verbal de délit de défrichement dans un bois de particulier, constaté par un maire, l'agent forestier, estimant que la poursuite présente un intérêt suffisant, fait opérer de nouveau la constatation du délit, mais par un de ses gardes, et en saisit le tribunal. (Rép. For. t. XIII, p. 92.)

69. *Algérie. Abus de jouissance. Bois particuliers.* — Les procès-verbaux dressés en Algérie, pour constater les abus d'exploitation et de jouissance commis par les particuliers dans leurs bois, sont transmis dans le délai de vingt jours au procureur de la République. (Loi du 9 décembre 1885, art. 10. Circ. N 357.)

70. *Retrait. Annulation.* — Tout préposé qui a le caractère d'officier de police judiciaire ne peut retirer, ni annuler les procès-verbaux qu'il a dressés, à peine de prévarication. (Cass. 6 vendémiaire an X, ou 28 septembre 1801.)

§ 2. *Inscription. Registre.*

71. *Registre. Gardes. Copie.* — Les gardes transcriront régulièrement et par ordre de date leurs procès-verbaux sur leurs registres; ils signeront cette transcription et inscriront, en marge du procès-verbal, le folio du registre où il se trouve transcrit. (Ord. 26.)

72. *Réception. Agent. Registre.* — Les inspecteurs, inspecteurs adjoints et gardes généraux tiendront un registre spécial, sur lequel ils annoteront sommairement, par ordre de réception, les procès-verbaux qui leur seront remis par les gardes et indiqueront, en regard, le résultat des poursuites et la date des jugements auxquels ces procès-verbaux auront donné lieu. (Ord. 16.)

73. *Sommier. Inspecteur.* — Les inspecteurs tiennent un sommier des procès-verbaux, et ils y inscrivent ces actes, aussitôt qu'ils leur parviennent. (Instr. 23 mars 1821. Circ. 15 décembre 1834.)

74. *Chef de cantonnement. Sommier.* — Les chefs de cantonnement tiennent un sommier des procès-verbaux adressés par les gardes, où ils inscrivent tous les procès-verbaux dressés dans le cantonnement, avec indication, dans la colonne d'observation, si le délinquant est solvable ou insolvable. On doit aussi y inscrire la date, la nature et le chiffre

des transactions accordées. (Circ. A 584. Circ. A 786.)

75. *Règlements de pâturage. Sommier.* — L'agent forestier local enregistre sur son sommier (série 6, n° 4) les procès-verbaux concernant les infractions aux règlements de pâturage. (Instr. Gén. du 2 février 1885, art. 258. Circ. N 345.) V. Poursuite.

76. *Inscription.* — Les procès-verbaux doivent être enregistrés, jour par jour et au fur et à mesure de leur arrivée, sur le sommier des procès-verbaux. (Circ. A 391.)

SECT. V. — POURSUITES.

§ 1. *Nullité. Abandon.*

77. *Illégalité.* — Tout procès-verbal dressé en commettant un acte illégal, tel que, par exemple, une violation de domicile, est radicalement nul. V. Nullité.

78. *Parenté du prévenu.* — La parenté entre un prévenu et celui qui a rédigé un procès-verbal n'est pas une cause de nullité pour le procès-verbal. (Cass. 18 octobre 1822.)

79. *Responsabilité. Nullité.* — L'administration a le droit de faire supporter au garde rédacteur d'un procès-verbal annulé le montant des condamnations encourues. (Loi du 22 frimaire an VII, art. 34. Décis. Min. du 21 avril 1823. Proc. Civ. 1031.) Ordinairement, on se borne à exiger du garde le remboursement des frais.

80. *Mise au rebut.* — Quand les procès-verbaux sont nuls, par défaut de formalité, il est d'usage d'en proposer au conservateur la mise au rebut ou l'abandon.

81. *Annulation. Remplacement.* — On peut remplacer un procès-verbal annulé pour vice de forme par un nouveau procès-verbal régulier. V. Instance.

82. *Perte.* — En cas de perte d'un procès-verbal, il peut en être dressé un second, suivi d'une nouvelle citation, lorsque le délai de trois mois ne s'est pas écoulé depuis le premier procès-verbal. (Cass. 16 août 1849.)

83. *Abandon. Insolvable.* — Dans le but de ne pas multiplier les frais, les conservateurs sont autorisés, après avoir pris tous les renseignements convenables, à poursuivre ou à abandonner les procès-verbaux dressés contre un individu déjà condamné et dont l'insolvabilité a été constatée. (Décis. Min. du 26 juillet 1831. Circ. A 766.) V. Abandon.

§ 2. *Audience. Preuves. Conclusions.*

84. *Poursuites.* — Les procès-verbaux ne sont pas la base nécessaire de toute poursuite correctionnelle, puisque les délits peuvent toujours être prouvés par témoins. (Instr. Crim. 154.)

85. *Délit. Preuve.* — A défaut ou en cas d'insuffisance des procès-verbaux, les délits sont prouvés par témoins. (Cod. For. 175.)

86. *Témoin. Conclusions.* — Quand un procès-verbal est annulé pour vice de forme, l'agent poursuivant demande devant le tribunal qu'il soit suppléé au procès-verbal par l'audition des témoins et fait insérer ses conclusions dans le procès-verbal du jugement, pour justifier de la demande incidente. (Circ. 7 juin 1809.)

87. *Remise. Audience.* — Les procès-verbaux devront être remis au tribunal la veille, au plus tard, du jour où l'affaire doit être appelée. (Décr. du 30 mars 1808, art. 55.) Cette remise se fait au greffe ou au parquet du ministère public.

§ 3. *Degré de foi.*

88. *Degré de foi.* — Les procès-verbaux rédigés par deux agents ou gardes font preuve, jusqu'à inscription de faux, des faits matériels relatifs aux délits qu'ils constatent. (Cod. For. 176.) V. Preuve.

89. *Degré de foi. Condamnation.* — Les procès-verbaux réguliers, rédigés par un seul agent ou garde, font foi, jusqu'à inscription de faux, pour les délits n'entraînant pas une condamnation de plus de 100 francs, tant pour amende que pour dommages-intérêts. (Cod. For. 177.)

90. *Fait matériel. Foi.* — Les procès-verbaux réguliers font foi jusqu'à inscription de faux, non seulement des faits matériels relatifs à des délits accomplis, mais encore des constatations opérées dans le but de *prévenir* des délits. (Cass. 26 avril 1845. Meaume, t. II, p. 777.) V. Constatation.

91. *Preuve testimoniale.* — Les procès-verbaux qui ne font pas foi jusqu'à inscription de faux peuvent être combattus et corroborés par toutes les preuves légales, suivant l'article 154 du code d'instruction criminelle. (Cod. For. 178.)

92. *Deux gardes. Vice. Degré de foi.* — Un procès-verbal qui, bien que rédigé par deux gardes, est entaché d'un vice radical relativement à un des signataires (défaut d'affirmation) est considéré comme n'étant dressé que par un seul garde ; si les condamnations excèdent 100 francs, il peut, dès lors, être combattu par la preuve testimoniale. (Cass. 15 juillet 1836.)

93. *Délit distinct et séparé. Degré de foi.* — Si un procès-verbal dressé par un seul agent ou garde constate, à la fois, contre divers individus, des délits distincts et séparés, il fait foi jusqu'à inscription de faux pour chaque délit qui n'entraîne pas une condamnation de plus de 100 francs, tant pour amende et pour dommages-intérêts, quel que soit le chiffre auquel puissent s'élever

toutes les condamnations réunies. (Cod. For. 177.)

94. *Algérie. Abus de jouissance. Bois particuliers.* — Les procès-verbaux dressés en Algérie, pour contrebande, abus d'exploitation et de jouissance, commis par les particuliers dans leurs bois, font foi en justice jusqu'à inscription de faux, dans les conditions prévues par les articles 177 et suivants du code forestier. (Loi du 9 décembre 1885, art. 10. Circ. N 357.)

95. *Degré de foi. Preuve.* — Les procès-verbaux dressés par les gardes particuliers, les gardes champêtres, les gendarmes et tous officiers de police judiciaire, pour les délits et contraventions forestières commis dans les bois non soumis au régime forestier, feront foi jusqu'à preuve contraire. (Cod. For. 188. Loi du 18 juin 1859.)

96. *Inscription de faux. Délinquants séparés.* — Lorsqu'un procès-verbal sera rédigé contre plusieurs prévenus et que quelques-uns d'entre eux seulement s'inscriront en faux, le procès-verbal continuera à faire foi à l'égard des autres prévenus, à moins que le fait incriminé de faux ne soit indivisible et commun aux autres personnes. (Cod. For. 181.)

96 bis. *Région des Maures et de l'Estérel. Degré de foi.* — Les procès-verbaux dressés par les agents et préposés de l'administration des forêts, ainsi que par les gardes particuliers agréés, seront soumis à l'accomplissement des formalités prescrites par le titre XI du code forestier (écriture, signature, affirmation le lendemain de la clôture, enregistrement dans les quatre jours de l'affirmation). Ils feront foi jusqu'à preuve contraire. (Loi du 19 août 1893, art. 6. Circ. N 461.)

97. *Suisse et France. Frontière.* — Les procès-verbaux dressés régulièrement par les gardes assermentés dans chaque pays (France et Suisse) feront foi, jusqu'à preuve contraire, devant les tribunaux étrangers. (Convention du 23 février 1882, art. 8.) V. Frontière.

SECT. VI. — FRAIS.

98. *Frais.* — Les frais pour un procès-verbal seul, sont :

1° Timbre, feuille double	1f,20	3f,70
2° Enregistrement et décimes	2f,50	

On ne devrait compter, pour les frais du procès-verbal, qu'une seule feuille de timbre ; mais, dans la pratique, ces frais se compensent, puisque on ne compte pas le timbre de l'original de la citation. V. Citation. Frais.

99. *Copie. Rôles. Frais.* — A l'avenir, il ne sera plus admis, dans les frais de justice, des frais de copie de rôle du procès-verbal, à moins que les citations ne comprennent plusieurs procès-verbaux. (Décis. Min. du 26 juillet 1831. Circ. A 285.)

100. *Garde champêtre. Enregistrement.* — Si un procès-verbal rédigé par un garde champêtre d'une commune constate une contravention dans le bois d'un particulier et que cette contravention ait été poursuivie d'office par le ministère public, le timbre et l'enregistrement de ce procès-verbal (qui a pu être rédigé sur papier libre) doivent être compris dans la liquidation des dépens. (Cass. 24 juin 1842.)

101. *Frais. Citation.* — Les frais d'un procès-verbal avec citation, sont :

1° Timbre du procès-verbal (dimension de 0m,60, avec feuille double)	1f,20	3f,70
2° Enregistrement du procès-verbal (droit fixe de 2 fr. et les décimes)	2 50	

Frais de citation :

3° Original de la citation (rédaction)	0f,50	3f,45
4° Copie de la citation	0 50	
5° Timbre de l'original de la citation (compris dans la feuille double du procès-verbal)	» »	
6° Timbre de la copie de la citation (avec copie du procès-verbal)	1 20	
7° Enregistrement de la citation (pour un seul délinquant)	1 25	
TOTAL		7f 15

102. *Frais. Solidarité. Délinquant.* — Les frais pour plusieurs délinquants varient, suivant que ceux-ci sont, ou non, solidaires, parents ou responsables, etc., ainsi qu'il suit, savoir :

Frais pour un seul procès-verbal dressé contre :

	Deux délinquants solidaires.	Deux délinquants non solidaires.
Timbre du procès-verbal	1f,20	1f,20
Enregistrement du procès-verbal	2 50	2 50
Citation. Original. Rédaction.	0 50	0 50
Citation. Copie. Rédaction.	1 00	1 00
Citation. Copie. Timbre	2 40	2 40
Citation. Original. Enregistrement	1 25	2 50
TOTAUX	8f,85	10f,10

Pour chaque délinquant solidaire, l'augmentation des frais n'est que de 1 fr. 70 pour le même procès-verbal, savoir : citation, copie (rédaction), 0 fr. 50 ; copie (timbre), 1 fr. 20, parce que les frais d'enregistrement restent les mêmes, quel que soit le nombre des délinquants solidaires compris dans le même original de citation.

Les frais, s'augmentent pour chaque délinquant non solidaire, de 2 fr. 95 pour le même procès-verbal, savoir : citation, copie (rédaction), 0 fr. 50; copie (timbre), 1 fr. 20 ; original (enregistrement), 1 fr. 25.

103. *Tableau des frais des procès-verbaux.*

NOMBRE de délinquants.	QUALITÉ DES DÉLINQUANTS			
	Solidaires.		Non solidaires.	
	fr.	c	fr.	c.
1........	7	15	7	15
2........	8	85	10	10
3........	10	55	13	05
4........	12	25	16	»
5........	13	95	18	95
6........	15	65	21	90
7........	17	35	24	85
8........	19	05	27	80
9........	20	75	30	75
10........	22	45	33	70

PROCURATION.

1. *Définition.* — La procuration ou mandat est un acte par lequel une personne donne à une autre le pouvoir de faire quelque chose pour le mandant et en son nom. (Cod. Civ. 1984.) V. Mandat.

2. *Classification.* — Le mandat est, ou spécial pour une affaire ou certaines affaires seulement, ou général et pour toutes les affaires du mandant. (Cod. Civ. 1987.)

3. *Qualité.* — Le mandat conçu en termes généraux n'embrasse que les actes d'administration. S'il s'agit d'aliéner ou d'hypothéquer ou de quelque autre acte de propriété, le mandat doit être exprès. (Cod. Civ. 1988.)

4. *Qualités.* — Le pouvoir de transiger ne renferme pas celui de compromettre. (Cod. Civ. 1989.)

5. *Formalité.* — Le mandat peut être donné par acte public ou par écrit sous seing privé, ou même par lettre; il peut être donné verbalement. La preuve testimoniale n'en est reçue que pour des sommes inférieures à 150 fr. (Cod. Civ. 1341, 1985.)

6. *Révocation.* — Le mandant peut révoquer sa procuration, quand bon lui semble, et contraindre le mandataire à lui remettre l'acte d'où il tient ses pouvoirs. (Cod. Civ. 2004 et suivants.)

7. *Enregistrement.* — Les procurations sont enregistrées au droit de 3 francs, en principal. (Lois des 22 frimaire an VII, art. 68, § 1, n° 36; 28 avril 1816, art. 43, n° 17; 28 février 1872, art. 4.)

8. *Délimitation.* — Pour représenter un riverain à une délimitation, le fondé de pouvoir doit être muni d'une procuration authentique ou sous seing privé, légalisée et enregistrée. Le mandat doit être exprès. (Cod. Civ. 1988. Circ. N 64, art. 25.)

PRODUCTION LIGNEUSE.

1. *Définition.* — La production ligneuse ou bois est un produit qui devient capital en s'incorporant annuellement au végétal qui le forme.

2. *Volume. Valeur.* — Sur tous les arbres, la production ligneuse annuelle peut être la même comme volume, mais différer considérablement comme valeur, parce que le prix du mètre cube varie avec le diamètre des arbres; sa valeur vénale peut encore être dépréciée par un défaut du bois, sans que le volume en soit modifié. V. Croissance.

3. *Fruit naturel. Fruit industriel.* — La production ligneuse est un fruit naturel, quand l'arbre qui lui donne naissance a une origine naturelle et spontanée; mais cette production pourrait être considérée comme un fruit industriel, si l'arbre producteur avait été semé ou planté de main d'homme.

PRODUITS ACCESSOIRES ET MENUS PRODUITS.

SECT. I. — GÉNÉRALITÉS, 1 — 2.

SECT. II. — EXPLOITATION, 3 — 17.

§ 1. *Vente, Frais,* 3 — 10.

§ 2. *Concession, Délivrance,* 11 — 17.

SECT. III. — RECOUVREMENT, PRIX, ÉTATS, 18 — 27.

Adjudicataire, 8.
Adjudication, 3.
Affiche, 7.
Assistance, 3.
Autorisation, 1, 11.
Bail, 22.
Caisse, 18, 19.
Concession, 12, 13, 24.
Condition, 2.
Délégation, 4, 5, 6, 11.
Délivrance, 11, 15, 17.
Dénombrement, 15.
Enregistrement, 9, 14, 15
Estimation, 14.
Etat récapitulatif, 27.
Fixation, 2.
Frais d'administration, 10.
Journée de prestation, 13, 17.
Location, 22.
Paiement, 8, 20.
Partage, 16.
Préposés, 4, 5, 6.
Principe, 1, 12.
Prix, 20, 21.
Récapitulation, 27.
Reconnaissance, 14.
Recouvrement, 18, 19, 21.
Redevance annuelle, 22.
Relevé, 25, 26.
Sommier, 23, 25.
Timbre, 9, 14.
Titre de recouvrement, 23.
Travaux, 24.
Vente, 3, 16.
Visa, 7.

V. Produits forestiers en général.

SECT. I. — GÉNÉRALITÉS.

1. *Autorisation. Principe.* — Dans les bois et forêts régis par l'administration des forêts, l'extraction de productions quelconques du sol forestier ne pourra avoir lieu qu'en vertu d'une autorisation formelle délivrée par le conservateur, s'il s'agit de bois de l'Etat, et, s'il s'agit de bois de communes et d'établissements publics, par les maires ou administrateurs, sauf l'approbation du conser-

vateur, qui, dans tous les cas, réglera les conditions et le mode d'extraction. (Ord. 4 décembre 1844.)

2. *Conditions. Fixation.* — Dans les ventes ou concessions de menus produits ou de produits accessoires, il importe de fixer toutes les conditions d'extraction et d'enlèvement : désignation des cantons; limites; désignation des produits; outils et instruments permis ou défendus; jours et heures de travail; chemins de vidange et moyens de transport; délais; charges, etc.

SECT. II. — EXPLOITATION.

§ 1. *Vente. Frais.*

3. *Assistance. Adjudication. Bois communaux.* — Les agents forestiers doivent toujours assister, soit directement, soit par leurs délégués, aux adjudications de produits accessoires des bois communaux, afin de veiller à ce qu'aucun produit principal ne soit compris dans la vente. (Lettre de l'Admin. du 14 février 1842, nº 6905.)

4. *Délégation.* — Les conservateurs délèguent les brigadiers pour suppléer les agents dans les ventes de produits accessoires des bois communaux. (Ord. 13 janvier 1847.)

5. *Délégation.* — Lorsque l'estimation des produits accessoires des bois communaux n'excède pas 100 francs, les chefs de cantonnement peuvent se faire remplacer à la séance d'adjudication par un des préposés sous leurs ordres. (Ord. 3 octobre 1841. Circ. A 519.)

6. *Délégation.* — Les inspecteurs peuvent se faire remplacer, ou autoriser les agents sous leurs ordres à se faire remplacer par un chef de brigade, dans les adjudications, sur les lieux, des produits forestiers dont l'évaluation ne dépasse pas 500 francs. (Décr. du 25 février 1888. Circ. N 396.)

7. *Affiches. Visa.* — Les affiches annonçant des adjudications de produits forestiers, à effectuer dans les chefs-lieux de cantons ou dans les communes, sont dispensées de la formalité du visa par les préfets ou sous-préfets. (Décr. du 25 février 1888. Circ. N 396.)

8. *Paiement. Adjudicataires.* — Les adjudicataires de menus produits ou de produits accessoires n'ont jamais rien à payer qu'à la caisse du receveur des domaines. Les agents ne doivent rien exiger d'eux, à titre de frais d'adjudication. (Circ. A 368.)

9. *Timbre. Enregistrement. Droit. Bois communaux.* — Les adjudicataires de produits accessoires des bois des communes et des établissements publics ne sont tenus qu'au payement des droits fixes de timbre et des droits proportionnels d'enregistrement. (Arr. Min. du 16 octobre 1838. Circ. A 429.)

10. *Frais d'administration.* — Il n'est plus perçu le vingtième, au profit du Trésor, sur les produits accessoires vendus ou délivrés dans les bois des communes et des établissements publics. (Loi du 19 juillet 1845, art. 6.)

§ 2. *Concession. Délivrance.*

11. *Délivrance. Autorisation. Délégation. Bois domaniaux.* — Les conservateurs peuvent déléguer aux chefs de service la faculté d'autoriser, dans les forêts domaniales, la délivrance de certaines catégories de menus produits, moyennant des prix fixés par un tarif, au commencement de chaque année. (Circ. N 416.) V. Délivrance.

12. *Concession. Principe.* — Les produits invendables peuvent seuls être concédés moyennant des journées de travail. (Note de la direction des forêts, 12 octobre 1887.)

13. *Concession. Journée de travail.* — Les produits divers qui ne sont pas susceptibles d'être vendus à prix d'argent, tels que souches, bruyères, morilles, etc., peuvent être concédés, à charge d'exécuter certains travaux dans les forêts. (Décis. Min. du 24 avril 1844. Circ. A 548.) V. Concession.

Ces produits sont concédés pour des prestations consistant en fournitures de graines, exécution de travaux de culture à la journée ou à la tâche, tels que défoncements, labours, sarclages, binages, plantations, etc.; ouverture et curage de fossés; ragréage et nivellement de routes en terre; extraction, cassage et emploi de pierres pour réparation et entretien des chemins de vidange; construction de cassis et petits aqueducs en pierres sèches. Le conservateur détermine l'emploi de ces prestations sur la proposition des agents locaux. (Circ. N 22, art. 319, 320, 321, 322.)

14. *Reconnaissance. Estimation. Procès-verbaux. Timbre. Enregistrement.* — Les procès-verbaux de reconnaissance et d'estimation des menus produits sont exempts de timbre et d'enregistrement, comme actes d'administration. (Circ. A 763. Circ. N 271.)

15. *Délivrance. Dénombrement. Timbre. Enregistrement.* — Les procès-verbaux de dénombrement et de délivrance des menus produits concédés à prix d'argent doivent être timbrés et enregistrés au droit de 2 pour cent en débet, sauf recouvrement des droits, lors du paiement des produits.

16. *Vente. Partage. Bois communaux.* — Les produits accessoires des bois communaux et d'établissements publics peuvent être vendus ou partagés en nature, gratuitement ou à charge de journées de prestation.

17. *Délivrance. Journées de prestation.* — Les listes dressées par les maires ou les communes pour délivrance de menus produits, ou de produits accessoires à charge

de journées de prestation, peuvent être considérées comme l'application d'une mesure de police et de conservation forestière et sont, dès lors, exemptes de timbre et d'enregistrement, d'après la loi du 15 mai 1818. (Circ. A 763.)

SECT. III. — RECOUVREMENT. PRIX. ÉTATS.

18. *Recouvrement. Caisse.* — Le montant de la valeur des menus produits est versé, pour les bois domaniaux, dans les caisses des receveurs des domaines chargés d'en opérer le recouvrement. Pour les bois des communes et des établissements publics, la valeur des produits accessoires est versée dans les caisses des receveurs municipaux des communes et des établissements publics propriétaires, chacun en ce qui le concerne. (Arr. Min. des 22 juin et 1er septembre 1838. Circ. A 429.)

19. *Caisse. Recouvrement. Bois domaniaux.* — Le prix des menus produits des bois domaniaux vendus est versé à la caisse du receveur des domaines du lieu de l'adjudication, et le prix des menus produits délivrés est versé à la caisse du receveur des domaines de la situation de la forêt. (Décis. Min. du 26 juin 1863. Circ. A 839.)

20. *Prix. Paiement. Bois domaniaux.* — Le prix des menus produits cédés sera payable d'avance, sur l'avis de l'autorisation transmise au receveur des domaines par l'agent forestier local, toutes les fois que la somme due au Trésor sera certaine et liquide. Le remboursement des sommes ainsi versées ne pourra être exigé sous aucun prétexte.

Les menus produits dont le prix a été payé d'avance seront délivrés au moyen d'un simple permis, exempt de timbre et d'enregistrement. (Décis. Min. du 25 septembre 1857. Circ. A 763. Circ. N 271.)

21. *Prix. Recouvrement. Bois domaniaux.* — Le prix des menus produits cédés dont le montant n'aura pas été réglé d'avance sera recouvré au vu d'un procès-verbal de délivrance, visé pour timbre et enregistré en débet aux frais du concessionnaire, qui paiera le coût de ces formalités, en même temps que le prix principal. (Décis. Min. du 25 septembre 1857. Circ. A 763.)

22. *Location. Bail. Redevance annuelle.* — Si le titre confère une concession, location ou jouissance pour plusieurs années, moyennant une redevance annuelle, l'article est reproduit chaque année sur le sommier. (Arr. Min. des 22 juin 1838, art. 3, et 1er septembre 1838, art. 2. Circ. A 429.)

23. *Sommier. Titre de recouvrement.* — L'inspecteur tient un sommier des menus produits des forêts domaniales et des produits accessoires des forêts communales, sur lequel il inscrit les délivrances et les titres de recouvrement de ces délivrances, au fur et à mesure de leur réception ; le numéro du sommier est rappelé sur ces pièces. Dans la huitaine de leur réception, il adresse au directeur des domaines les titres de recouvrement concernant les bois domaniaux, avec un bulletin d'envoi, que le directeur retourne avec son reçu. Dans le même délai, il adresse directement au préfet, avec un bulletin d'envoi, les titres de perception concernant les bois des communes et des établissements publics ; le préfet en accuse réception, en renvoyant le bulletin d'envoi, et adresse les pièces au trésorier-payeur général, qui les transmet aux receveurs chargés d'en opérer le recouvrement. (Arr. Min. des 22 juin et 1er septembre 1838. Circ. A 429. Ord. du 31 mai 1840. Décis. Min. du 17 juillet 1851. Circ. A 670. Circ. N 80, art. 108 et 109. Circ. N 210.) V. Recouvrement.

24. *Concession. Travaux.* — Le chef de cantonnement inscrit sur un sommier le détail des concessions des menus produits, les travaux à faire, ceux exécutés, la date de l'exécution et la valeur des ouvrages. (Circ. N 22, art. 324.)

25. *Sommier. Relevé.* — A l'expiration de chaque semestre, les inspecteurs et agents chefs de service fourniront au conservateur un relevé récapitulatif (formule 5, no 11) des menus produits spécifiés par la circulaire A 842, page 6. (Circ. N 210.) Cet état n'est plus fourni qu'en fin d'année. (Circ. N 372.)

26. *Bois domaniaux. Relevé.* — Le quinzième jour après l'expiration de chaque semestre, les inspecteurs ou chefs de service adresseront, par l'intermédiaire du conservateur, sur la formule série 5, no 8 ter, un relevé des articles de leur sommier pour lesquels ils n'auraient pas reçu avis de la consignation au sommier du receveur des domaines. Des relevés négatifs seront fournis, le cas échéant. (Circ. N 210.)

27. *Récapitulation. Envoi.* — Chaque année, avant le 30 janvier, les conservateurs adressent à l'administration la récapitulation, par espèce et par département, de tous les menus produits domaniaux et produits accessoires communaux vendus ou délivrés. (Circ. A 429. Circ. A 536. Circ. N 210. Form. série 5, nos 11 et 12.)

PRODUITS FORESTIERS EN GÉNÉRAL.

SECT. I. — PRODUITS EN GÉNÉRAL, 1 — 24.

SECT. II. — CLASSIFICATION, 25 — 36.

§ 1. *Principe*, 25.

§ 2. *Produit en nature de bois provenant de vente, Bois domaniaux*, 26—30.

§ 3. *Produits principaux, Bois communaux et d'établissements publics*, 31 — 32.

§ 4. *Menus produits ne provenant pas de vente, Bois domaniaux,* 33 — 35.

§ 5. *Produits accessoires, Bois communaux,* 36.

Algérie, 10.
Annotation, 13.
Autorisation, 4.
Catégories, 25.
Cessions, 10.
Classification, 26, 29, 31.
Compte rendu, 12.
Concordance, 19.
Condition, 4.
Constatation annuelle, 14.
Coupe, 15.
Décision, 8.
Définition, 1.
Distinction, 33.
Enlèvement, 4, 21, 22, 23.
Etat comparatif, 16.
Etat général, 17, 18, 19.
Etat signalétique, 13.
Exercice, 11.
Extraction, 4.
Fabrication, 15.
Formalités, 9.
Indication, 5.
Insecte, 24.
Jouissance, 7, 8.
Liège, 30.
Marchandise, 15.
Marché de gré à gré, 10.
Maturité de produits ligneux, 3.
Mode, 23.
Nomenclature, 29, 34, 36.
Pénalités, 21, 22, 23.
Plants de pépinières, 35.
Prix, 4.
Produits accessoires, 36.
Produits accidentels, 29.
Produits adhérents au sol, 21.
Produits annuels, 2.
Produits détachés, 22.
Produits extraordinaires, 28.
Produits ordinaires, 27.
Produits principaux, 25, 32.
Revenu, 2.
Sommier, 20.
Terrain boisé, 6.
Vente, 9.
Vol, 21.

V. Adjudication. Affiche. Produits accessoires et menus produits. Vente.

SECT. I. — PRODUITS EN GÉNÉRAL.

1. *Définition.* — On comprend sous le nom de produits forestiers tous les végétaux, mousses, champignons, morilles, truffes, herbes, gui, arbustes, arbrisseaux, arbres ; leurs racines, tiges, écorces, feuilles, fleurs, fruits, graines, sucs, gommes, résines, la terre, roche, pierre, etc. Leur enlèvement non autorisé est poursuivi correctionnellement et puni d'après les prescriptions du code forestier, s'il s'agit de bois soumis au régime forestier. V. le nom des produits et le mode d'enlèvement.

2. *Produit annuel. Revenu.* — On ne peut trouver un produit annuel moyen permanent, en matière et en argent, que dans les forêts aménagées, c'est-à-dire dans celles dont le matériel reste constant dans la limite des variations normales. Il faut, en outre, que le matériel ligneux soit complet et puisse s'adapter à une exploitation régulière annuelle. (Puton.)

3. *Maturité des produits ligneux.* — Le bois, comme produit, est toujours fruit mûr, parce qu'il est bon à être employé à tout âge et à toute grosseur ; mais un tronc d'arbre ne peut être considéré comme un produit ou un fruit mûr que lorsque l'arbre, arrivé au terme de son accroissement, est exploitable ou bien lorsqu'il a acquis le prix le plus rémunérateur ou qu'on en trouve le meilleur emploi.

4. *Extraction. Enlèvement. Autorisation. Prix. Conditions.* — Dans les bois et forêts qui sont régis par l'administration forestière, l'extraction de produits quelconques du sol forestier ne pourra avoir lieu qu'en vertu d'une autorisation formelle délivrée par le conservateur des forêts, s'il s'agit des bois de l'Etat, et, s'il s'agit de ceux des communes et des établissements publics, par les maires ou administrateurs des communes ou établissements propriétaires, sauf l'approbation du conservateur des forêts, qui, dans tous les cas, réglera les conditions et le mode d'extraction.

Quant au prix, il sera fixé, pour les bois de l'Etat, par le conservateur des forêts et, pour les bois des communes et des établissements publics, par le préfet, sur les propositions des maires et administrateurs. (Ord. du 4 décembre 1844.) V. Etat de gestion. Recette. Recouvrement.

5. *Indications.* — Les indications de l'article 144 du code forestier sont *énonciatives* et non pas *limitatives*. La pénalité édictée s'applique aux enlèvements ou extractions de *produits* ou *productions quelconques* du sol forestier. (Cass. 1er juin 1839 et 4 février 1841.)

6. *Terrains boisés.* — L'article 144 du code forestier s'applique à tous les terrains soumis au régime forestier, boisés ou non boisés. (Cass. 15 mai 1830.)

7. *Jouissance. Bois communal.* — Suivant les délibérations prises par le conseil municipal, les produits des bois communaux sont vendus ou délivrés en nature aux habitants. (Meaume.)

8. *Jouissance. Décision. Bois communaux.* — Le préfet intervient et statue sur la jouissance des produits communaux, en approuvant ou en rejetant les délibérations. Toutes les fois que le mode de jouissance d'un produit est fixé par une délibération du conseil municipal, la décision en appartient par conséquent au préfet.

9. *Vente. Formalités.* — Tous les bois, autres que ceux provenant des résidus ou remanents des coupes affouagères communales délivrées en nature, doivent être vendus avec le concours des agents forestiers. (Ord. 102 à 104. Ord. 23 juin et 3 octobre 1841.)

10. *Algérie. Cessions. Marché de gré à gré.* — Le ministre de l'agriculture pourra autoriser, en Algérie, les cessions, par voie de marché de gré à gré, des produits reconnus invendables par voie d'adjudication publique, ou en cas d'urgence absolue provoquée par des circonstances imprévues et à défaut d'autres moyens de pourvoir aux besoins constatés. (Décr. du 18 août 1886. Circ. N 371.)

11. *Exercice.* — Le montant de l'adjudication des produits de toute nature recouvrés par les receveurs des domaines doit être

rattaché aux produits de l'exercice courant, au moment de l'adjudication. (Circ. N 19.)

12. *Compte rendu.* — Il sera fourni par les inspecteurs, pour les bois communaux et d'établissements publics, un relevé sommaire faisant connaître séparément le produit :

1° Des coupes extraordinaires vendues;

2° Des coupes ordinaires vendues;

3° Des coupes délivrées.

Les conservateurs en rendront compte à l'administration, dans la même forme. (Circ. A 584.)

Le compte rendu du produit des coupes communales vendues et délivrées sera établi sur la nouvelle formule série 4, n° 31. Les résultats seront groupés en bloc, par inspection. (Lettre de l'Admin. 28 février 1875.) Ce relevé est fourni en juin. V. Etats fixes et périodiques.

13. *Etat signalétique. Bois communal. Annotation.* — Les produits en matière et en argent, constituant la statistique de la production de la forêt, seront inscrits à la quatrième page de l'état signalétique des forêts communales. (Circ. N 428.)

14. *Constatation annuelle. Bois domaniaux.* — La constatation annuelle des produits réalisés dans les bois domaniaux est opérée sur l'état série 2, n° 10, qui est transmis par le chef de service, le 1er octobre de chaque année, au conservateur, pour visa et contrôle, et renvoyé, après copie prise, à l'agent rédacteur, avant le 1er janvier suivant. (Circ. N 360.)

15. *Coupes. Fabrication. Marchandise.* — Dans les coupes en exploitation, les gardes doivent, autant que possible, tenir compte de toutes les marchandises façonnées, pour être à même de s'assurer de l'exactitude des évaluations des produits sur pied. (Circ. A 743.)

16. *Etat comparatif des produits. Bois domaniaux.* — L'état comparatif des produits de l'exercice courant avec ceux de l'exercice précédent, visé dans les circulaires N 80, articles 63, 247 (série 4, n° 32 quinquiès), est supprimé. (Circ. N 416.)

17. *Etat général. Bois domaniaux.* — Le conservateur adresse à l'administration, avant le 31 janvier, un état général du produit de toutes les coupes des bois domaniaux vendues du 1er janvier au 31 décembre de chaque année. (Circ. N 80, art. 65. Circ. N 372.)

L'état général du produit des coupes de bois domaniaux vendues du 1er janvier au 31 décembre est établi sur la formule série 4, n° 30, et dressé conformément au modèle de la circulaire N 80, art. 65.

18. *Etat général des ventes.* — A l'avenir, dans l'état général des ventes, les résultats de *chaque adjudication* seront inscrits en bloc, *par forêt*, pour toutes les catégories des produits sans exception. Le total ne doit comprendre que les articles vendus dans une même séance; les colonnes 5 à 12 de l'état sont supprimées; les chiffres de la colonne 8 doivent représenter le volume total des bois, évalué ou converti en mètres cubes, en grume, d'après le tarif des aménagements ou d'après les coefficients adoptés. (Lettre circulaire de l'Admin. du 8 octobre 1874, n° 10.)

19. *Etat des produits. Concordance.* — Dans leurs lettres d'envoi, les conservateurs doivent certifier la concordance des états généraux des produits de coupes avec les écritures du trésorier-payeur général et du directeur des domaines. (Circ. N 86.)

20. *Sommier. Produits divers.* — Seront portés sur le sommier, série 5, n° 9, non seulement les produits forestiers domaniaux désignés dans l'arrêté ministériel du 22 juin 1838 (Circ. A 429), mais encore tous ceux de même origine qui doivent être encaissés par le receveur des domaines, en vertu de l'arrêté ministériel du 31 mars 1863, savoir : produits des coupes vendues par unités de marchandises ou après façonnage et le prix des ventes provenant des exploitations accidentelles, sans précomptage de la possibilité. (Circ. A 833. Circ. N 210.)

21. *Produits adhérents au sol. Vol. Enlèvement. Pénalités.* — Le vol, sans circonstances particulières, de produits utiles de la terre, qui, avant d'être soustraits, n'étaient pas encore détachés du sol, sera puni, savoir :

Amende : 6 à 10 francs. (Cod. Pén. 475, § 15.)
En cas de récidive, *prison*; maximum : 5 jours, (Cod. Pén. 478.)

22. *Produits détachés. Enlèvement. Pénalités.* — Le vol ou la tentative de vol de productions utiles de la terre, déjà détachées du sol, est puni, savoir :

Prison : 15 jours à 2 ans.
Amende : 16 à 500 francs. (Cod. Pén. 388.)

23. *Enlèvement. Mode. Pénalités.* — Le vol ou la tentative de vol de productions utiles de la terre, non encore détachées du sol, avec des paniers, sacs, voitures, animaux, par plusieurs personnes, la nuit, est puni, savoir :

Prison : 15 jours à 2 ans.
Amende : 16 à 200 francs. (Cod. Pén. 388.)

24. *Insectes.* — Pour enlèvement d'insectes sauvages, la loi semble muette, et, dans ce cas, il n'y aurait qu'à poursuivre pour introduction ou passage dans la forêt, à moins qu'avec les insectes on n'enlève quelques débris de produits forestiers quelconques. V. Insecte.

SECT. II. — CLASSIFICATION.

§ 1. *Principe.*

25. *Catégories.* — Jusqu'en 1863, les produits forestiers étaient divisés en deux catégories : les *produits principaux* et les

produits accessoires. Un arrêté ministériel du 22 juin 1838 (Circ. A 429) avait donné la nomenclature des produits accessoires ; par conséquent, on entendait alors par produits principaux tous ceux qui n'étaient pas compris dans cet arrêté. Mais la nomenclature des produits accessoires comprenant des produits en nature de bois et des produits de toute autre origine, cette classification arbitraire a été remplacée par un classement plus rationnel (Circ. A 842), celui des *produits forestiers* en nature de bois et celui des produits autres que ceux provenant des ventes de bois, qui ont reçu le nom de *menus produits*. (Puton.)

§ 2. *Produits en nature de bois provenant de vente. Bois domaniaux.*

26. *Classement.* — Les produits forestiers vendus sont, aujourd'hui, divisés en trois catégories : 1° produits ordinaires ; 2° produits extraordinaires ; 3° produits accidentels.

27. *Produits ordinaires.* — Les produits ordinaires sont les produits des coupes principales et d'amélioration, quand elles sont assises suivant l'aménagement ou d'après l'usage.

28. *Produits extraordinaires.* — Ce sont les produits provenant de coupes qui intervertiraient l'ordre établi par l'aménagement ou l'usage observé dans les forêts dont l'aménagement n'aurait pu encore être régié, toutes les coupes par anticipation et celles des bois ou parties de bois mis en réserve pour croître en futaie et dont le terme d'exploitation n'aurait pas été fixé par l'ordonnance d'aménagement. (Ord. 71.)

Leur caractère est d'être autorisés par décrets.

29. *Produits accidentels. Classification. Nomenclature.* — Sont classés comme produits accidentels, tous ceux provenant d'événements ou de ressources accidentelles, non prévus et non comptés dans l'aménagement ou la possibilité et non susceptibles d'être aménagés, c'est-à-dire non soumis à un mode d'exploitation régulière et permanente.

Sont considérés comme produits accidentels, quel que soit le montant de l'estimation des lots, savoir :

1° Les bois provenant de recepages, d'essartements, d'élagages et d'exploitations d'arbres mitoyens ;

2° Les chablis, volis et chandeliers ;

3° Les bois de délits ;

4° Les arbres endommagés, ébranchés, morts ou dépérissants ;

5° Les bois à abattre d'urgence, par mesure d'utilité générale ;

6° Les bois dont l'abatage est nécessaire pour les études de tracés concernant les routes et chemins, les opérations cadastrales et tous autres travaux publics ;

7° Les bois dont l'extraction est nécessaire pour l'ouverture ou l'élargissement des routes nationales et départementales et des chemins vicinaux ;

8° Les bois à extraire pour l'établissement des routes, maisons et usines forestières, aménagements, délimitations, fossés, pépinières et pour la culture des terrains concédés à charge de repeuplement ;

9° Les bois à abattre pour les exploitations des mines, minières et pour toutes les extractions de matériaux. (Circ. N 80, art. 65. Puton.)

30. *Liège.* — L'écorce du chêne-liège constitue un produit principal, qui s'obtient au moyen d'opérations ayant le caractère d'exploitation forestière et susceptibles d'entrer en ligne de compte dans l'aménagement des superficies. (Lettre de l'Admin. du 12 août 1874.)

§ 3. *Produits principaux. Bois communaux et d'établissements publics.*

31. *Classification.* — L'ancienne classification en produits principaux et accessoires subsiste pour les bois communaux et d'établissements publics, parce qu'elle est fondée sur la loi du 25 juin 1841, qui divise les produits en principaux et accessoires pour la perception du vingtième et sur la loi du 19 juillet 1845, qui affranchit de cette perception les produits accessoires.

32. *Produits principaux.* — Ce sont ceux qui restent en dehors de l'arrêté du 1er septembre 1838 (Circ. A 429), sauf les chablis, essartements, recepages, etc., quand ils sont compris dans la possibilité et qu'ils viennent ainsi en déduction des coupes fixées par l'usage ou par l'aménagement. Ils sont divisés en ordinaires et extraordinaires, dans le sens fixé par l'article 71 de l'ordonnance réglementaire.

§ 4. *Menus produits ne provenant pas de vente. Bois domaniaux.*

33. *Distinction.* — Les menus produits domaniaux ne comprennent que les produits autres que ceux provenant des ventes des coupes de bois. (Circ. A 842.)

34. *Nomenclature.* — Sont considérés, dans *tous les cas*, comme menus produits, savoir :

1° Délivrance de plants, harts, etc. ;

2° Indemnités dues pour prolongation de délais d'exploitation ou de vidange et pour délivrance de chemins de vidange autres que ceux désignés aux procès-verbaux d'adjudication ;

3° Indemnités pour réserves abattues ou endommagées par accident, lors de l'exploitation des coupes ;

4° Redevances pour affectations et droits d'usage ;

5° Glandée, panage ;
6° Récoltes de faînes, fruits et semences;
7° Pâturage;
8° Mousses, bruyères et autres plantes;
9° Extraction de minerais, terres, pierres, sables, etc. ;
10° Locations de scieries;
11° Indemnités pour droit de passage, prises d'eau et autres servitudes foncières;
12° Chasse ;
13° Portions revenant à l'Etat sur les indemnités dues aux agents, pour frais de coopération aux travaux de délimitation et d'aménagement des bois des communes et des établissements publics;
14° Moitié des frais de coopération des agents aux travaux de délimitation et de bornage des bois de l'Etat, dus par les riverains;
15° Pêche dans les étangs et dans les ruisseaux non navigables. (Décis. Min. 22 juin 1838. Circ. A 429. Circ. A 842. Form. série 5, n° 11.)

35. *Plants de pépinières.* — Les plants de pépinières peuvent être délivrés comme menus produits ; les dispositions de la circulaire N 246 sont rapportées. (Circ. N 416.)

§ 5. *Produits accessoires. Bois communaux.*

36. *Nomenclature.* — Sont considérés comme produits accessoires des bois communaux et d'établissements publics, quelle qu'en soit la valeur (Lettre de l'Admin. du 24 décembre 1846), savoir :

1° Bois provenant de recepages et élagages... }
2° Essartements..... } Quand ils ne sont pas déduits de la possibilité;
3° Chablis.......... }
4° Portions d'affouage restant à vendre, après distribution faite entre les habitant des communes;
5° Bois de délits;
6° Délivrances de plants, harts et fascines;
7° Indemnités dues pour prolongation de délais d'exploitation ou de vidange et pour délivrance de chemins de vidange autres que ceux désignés aux procès-verbaux d'adjudication ;
8° Indemnités pour réserves abattues ou endommagées par accident, lors de l'exploitation des coupes;
9° Glandée;
10° Récoltes de faînes, fruits et semences;
11° Pâturage;
12° Mousses, bruyères et autres plantes;
13° Extractions de minerais, terres, pierres, sables, etc. ;
14° Indemnités pour droit de passage, prises d'eau et autres servitudes foncières;
15° Recettes imprévues provenant d'objets appartenant au sol forestier, ou attribuées aux communes et établissements publics à l'occasion de la gestion de leurs bois. (Arr. Min. du 1er septembre 1838. Circ. A 429. Form. série 5, n° 12.)

La chasse n'est pas considérée comme produit accessoire des forêts communales. (Décis. Min. du 31 janvier 1840. Circ. A 477.)

PRODUITS PÉRIODIQUES.

Usufruitier. — L'usufruitier peut prendre sur les arbres les fruits annuels ou périodiques, suivant l'usage du pays ou la coutume des propriétaires. (Cod. Civ. 593.)

Sont considérés comme produits périodiques la coupe des branches de saules têtards, l'émondage des peupliers, ormes, etc. ; la levée de l'écorce des chênes-liège, la récolte de noix, faînes, glands, etc. ; le ramassage des fleurs du tilleul ; la cueillette des feuilles du mûrier.

PRODUITS RÉSINEUX. V. Goudron.

PROFESSEUR.

§ 1. *École forestière de Nancy.*

1. *Nombre. Cours.* — Il y a, à l'école nationale forestière, quatre professeurs titulaires et cinq chargés de cours. (Décr. du 12 octobre 1889, art. 9.) V. Chargé de cours. Ecole forestière.

2. *Nomination.* — Les professeurs titulaires à l'école forestière sont nommés par le ministre de l'agriculture. (Décr. du 12 octobre 1889, art. 10.)

3. *Choix.* — Ils sont choisis parmi les agents forestiers. (Décr. du 12 octobre 1889, art. 10.)

4. *Cadres. Avancement.* — Les agents forestiers nommés professeurs titulaires cessent de figurer dans les cadres du personnel et de concourir pour l'avancement dans le corps. (Décr. du 12 octobre 1889, art. 10.)

5. *Indemnité.* — Le ministre pourra confier temporairement les fonctions de professeur à des agents forestiers maintenus dans les cadres du personnel et qui recevront, à cette occasion, une indemnité fixe et annuelle de 2000 francs, outre le traitement afférent à leur grade administratif. (Décr. du 12 octobre 1889, art. 10.)

§ 2. *École secondaire des Barres.*

6. *Indemnité.* — Des inspecteurs ou inspecteurs adjoints, aidés au besoin par des auxiliaires étrangers, professent les cours à l'école secondaire des Barres et sont, en outre, chargés des interrogations, de la correction des travaux et de l'instruction pratique. Ils reçoivent une allocation annuelle de 1000 francs et le remboursement de leurs frais de déplacement. (Arr. Min. du 5 juin 1884. Circ. N 336.)

PROFIL.

Conditions. — Les profils en long et en travers, pour l'établissement ou l'amélioration des routes, doivent être établis suivant la manière indiquée dans la cinquième partie de l'instruction du 15 octobre 1860. (Circ. N 22, art. 67.) V. Nivellement.

PROGRAMME.

1. *Institut agronomique.* — Le programme des connaissances exigées comprend :

1. Arithmétique. 2. Algèbre (1er et 2e degrés). 3. Géométrie. 4. Trigonométrie plane. 5. Géométrie descriptive. 6. Mécanique (éléments et machines simples). 7. Cosmographie. 8. Physique. 9. Chimie (métalloïdes). 10. Sciences naturelles (anatomie et physiologie animales et végétales). 11. Géographie physique et économique.

A partir de 1893, le programme des connaissances exigées en sciences naturelles sera le suivant :

Zoologie (fonctions de nutrition, fonctions de relations et classifications). Botanique. Géologie (notions sommaires sur les roches, phénomènes actuels d'origine externe et d'origine interne, constitution générale de l'écorce du globe ; ères primaire, secondaire, tertiaire, quaternaire ; géologie de la France). (*Journal officiel* du 2 avril 1892.) V. Examen. Institut agronomique.

2. *Ecole secondaire d'enseignement professionnel.* — Les connaissances exigées sont les suivantes :

Arithmétique. — Numération : les quatre règles. Divisibilité des nombres. Nombres premiers. Fractions ordinaires et décimales. Règles de trois, d'intérêt et d'escompte. Système métrique.

Géométrie élémentaire. — Angles. Triangles. Parallélogrammes. Circonférence et cercle. Polygones réguliers. Sphère. Prismes. Pyramides. Cônes. Evaluation des surfaces et des volumes.

Histoire. — Histoire de France depuis Henri IV jusqu'à nos jours.

Géographie. — Géographie physique, politique et administrative de la France et de ses colonies.

Instruction pratique. — Cubage d'arbres en grume. Assiette sur le terrain d'une coupe d'une contenance donnée. Notions sur le service administratif des préposés. (Arr. Min. du 5 juin 1884, art. 14. Circ. N 336.)

3. *Ecole pratique de sylviculture.* — Les examens d'admission, qui se composent de trois compositions écrites, portent sur les matières ci-après :

Arithmétique. — Les quatre règles, règle de trois, système métrique.

Géométrie élémentaire. — Pratique de l'évaluation des surfaces et des volumes.

Histoire. — Résumé de l'histoire de France depuis 1789 jusqu'à nos jours.

Géographie. — Géographie physique de la France et de ses colonies. (Arr. Min. du 15 janvier 1888, art. 7. Circ. N 394. Arr. Min. du 19 novembre 1888, art. 7.) V. Ecoles forestières. Examen.

PROLONGATION. V. Prorogation.

PROMENADE.

Principe. — La circulation à pied, sans circonstances aggravantes, dans une forêt, même hors des routes et chemins, n'est punie par aucune loi, sauf l'action civile en réparation du dommage qui aurait pu être causé. (Rouen, 17 avril 1859.)

PROMULGATION.

1. *Mode.* — La promulgation des lois résultera de leur insertion au Bulletin officiel ou au Journal officiel. (Loi du 27 novembre 1816. Décr. du 5 novembre 1870.)

2. *Forme.* — Les lois sont promulguées dans la forme indiquée par la loi du 6 avril 1876.

3. *Publication.* — L'insertion d'un décret au Recueil des actes administratifs de la préfecture et sa publication immédiate constatent virtuellement les actes du gouvernement. C'est la publication même qui rend exécutoires les lois, décrets et ordonnances. (Cass. Chambres réunies, 22 juin 1874.)

4. *Délai.* — Le délai de promulgation est d'un jour dans la résidence du chef de l'Etat ; dans les autres villes, d'un jour de plus, et, en outre, un jour par dix myriamètres. (Cod. Civ. 1.)

5. *Délai. Distance.* — Le délai fixé par l'article 1er du code civil, pour que les lois deviennent exécutoires, ne reçoit l'augmentation d'un jour par dix myriamètres de distance, entre la ville où la promulgation a été faite et les chefs-lieux de chaque département, qu'autant que les dix myriamètres sont complets; en d'autres termes, on ne doit pas tenir compte des fractions. (Cass. 9 avril 1856.)

6. *Délai. Journal officiel. Poste.* — Les lois et décrets ne sont exécutoires dans les départements qu'un jour franc après que le Journal officiel contenant la loi est arrivé au chef-lieu du département. (Décr. des 5 et 11 novembre 1870.)

PROPRIÉTAIRE.

Pâturage. Pâtre. — Le propriétaire des animaux trouvés en délit peut être poursuivi et condamné, alors même que ces animaux auraient été trouvés en délit sous la conduite du pâtre communal. (Cass. 10 avril 1836 et 10 mai 1842.)

Dans ce cas, la commune n'encourt aucune responsabilité. V. Défensabilité. Délimitation. Droit d'usage.

PROPRIÉTÉ.

Acquisition, 6.
Acte, 9.
Aliénation, 9.
Algérie, 11.
Cadastre, 5.
Contributions, 5.
Définition, 2.
Droit, 1, 8.
Erreur, 7.
Fonctionnaire, 11.
Preuve, 5.
Qualité, 4.
Sans maître, 3.
Surveillance, 10.

1. *Droit.* — La propriété consiste dans le droit d'user et d'abuser, sauf les intérêts des tiers ; ce droit doit être respecté, à moins qu'il n'en résulte de graves abus. (Cons. d'Etat, 18 brumaire an XIV.)

2. *Définition.* — La propriété est le droit de jouir et de disposer des choses de la manière la plus absolue, pourvu qu'on n'en fasse pas un usage prohibé par les lois et règlements. (Cod. Civ. 544.)

3. *Sans maître.* — Les propriétés qui n'ont pas de maître appartiennent à l'Etat. (Cod. Civ. 713.)

4. *Qualités.* — La propriété du sol emporte la propriété du dessus et du dessous, sauf les servitudes et les mines. (Cod. Civ. 552.)

5. *Cadastre. Contributions. Preuve de propriété.* — En l'absence de possession utile et de tout titre, les juges peuvent considérer les indications du cadastre et le paiement des contributions comme des preuves suffisantes de propriété. (Cass. 13 juin 1838, 27 novembre 1861 et 20 avril 1868.)

6. *Acquisition.* — La propriété s'acquiert par donation, accession ou prescription. (Cod. Civ. 711, 712.)

7. *Erreur.* — Une reconnaissance de propriété, émanée d'un propriétaire ignorant de ses droits et fondée conséquemment sur l'erreur, ne peut servir, pour prescrire, à celui qui profite de cette erreur. (Troplong.)

8. *Droit de propriété.* — La reconnaissance que le propriétaire de la forêt grevée aurait faite du prétendu droit de propriété de l'usager serait inefficace et sans valeur, si elle était fondée sur l'erreur. (Nancy, 24 novembre 1854.)

9. *Acte de propriété. Aliénation.* — L'acquéreur d'un bois aliéné ne pourra faire aucun acte de propriété qu'après en avoir reçu l'autorisation écrite de l'agent forestier chef de service. Cette autorisation sera accordée, s'il produit :

1° L'expédition du procès-verbal d'adjudication ;

2° Les certificats constatant qu'il a fourni ses obligations et satisfait aux paiements. Ces pièces sont visées par l'agent forestier. (Anc. Cah. des ch.)

10. *Surveillance. Particuliers.* — Il est défendu aux gardes domaniaux de l'administration de surveiller les propriétés particulières. (Circ. A 545 bis.)

11. *Algérie. Fonctionnaire.* — En Algérie, nul fonctionnaire salarié ne pourra, pendant son séjour dans cette colonie, y acquérir des propriétés immobilières directement ou indirectement, par lui-même ou par personne interposée, ni devenir preneur ou locataire de ces propriétés par bail excédant neuf années, sans autorisation spéciale du ministre de la guerre, à peine de nullité. (Ord. 1er octobre 1844, art. 16.)

PROROGATION.

Abatage, 6.
Attributions, 1.
Autorisation, 1, 3.
Base, 8.
Classification, 11.
Conditions, 6.
Délai, 5, 7.
Demande, 4, 5.
Durée, 12.
Exploitation, 2.
Indemnité, 9, 10.
Instructions, 8.
Paiement, 9, 10.
Produits accessoires, 11.
Timbre, 5.
Travaux, 12.
Validité, 2.
Vidange, 2, 7.

1. *Attribution. Autorisation.* — La prorogation des délais est une autorisation administrative que les tribunaux ne peuvent pas accorder, même en cas de force majeure.

2. *Exploitation. Vidange. Validité.* — Une prorogation n'est valable que si elle émane de l'autorité compétente (conservateur), et elle commence à courir de l'époque fixée pour le délai. V. Exploitation.

3. *Autorisation.* — Les conservateurs accordent toutes les prorogations de délai de coupe et de vidange et fixent la redevance à payer par les adjudicataires ou entrepreneurs. (Ord. 96. Décr. 31 mai 1850.)

4. *Demande.* — Le fait de la demande en prorogation ne crée aucun droit à l'adjudicataire et ne peut pas le garantir des poursuites, en cas de retard. (Cass. 18 juin 1813.)

5. *Demande. Timbre.* — Les demandes de prorogation de délai d'exploitation et de vidange doivent être rédigées sur papier timbré et adressées au conservateur, vingt jours avant l'expiration du délai fixé, en indiquant la quantité de bois restant à exploiter ou à enlever, la cause du retard et le délai qu'il est nécessaire d'accorder. (Cah. des ch. 22.)

6. *Conditions.* — Les prorogations de délai de coupe ou de vidange ne seront accordées qu'autant que les adjudicataires se soumettront, d'avance, à payer une indemnité calculée d'après le prix de la feuille ou le dom-

mage qui résultera du retard de la coupe ou de la vidange. (Ord. 96, 134.)

7. *Délai. Vidange. Abatage.* — La prorogation du délai de vidange n'entraîne pas celle du délai d'abatage des arbres. (Cass. 17 novembre 1865.) V. Vidange.

8. *Instruction. Bases.* — L'agent forestier doit, au moment où un adjudicataire demande un délai, vérifier l'avancement des travaux de l'exploitation et apprécier, d'après les moyens employés, les travaux qu'il pourra terminer avant le temps fixé. L'indemnité se règle d'après ce qu'il restera à exploiter après ce terme et d'après le dommage qui en résultera. Le montant de l'adjudication doit être pris en considération, puisqu'il fait connaître celui de la coupe et le prix d'une feuille, ou le dommage résultant du retard. Pour un délai de quelques jours, on ne doit pas toujours exiger une indemnité égale au prix d'une feuille ; il ne faut exiger que le dommage réellement causé. (Lettre de l'administration, 25 septembre 1829.)

Le procès-verbal doit contenir en marge les indications suivantes :

1o Contenance de la coupe;

2o Age des bois ;

3o Date de l'adjudication ;

4o Prix principal à l'hectare ;

5o Terme fixé pour l'exploitation ou la vidange. (Circ. A 30. Form. série 4, no 44 ter.)

9. *Indemnités. Paiement.* — Les indemnités dues par les adjudicataires des coupes communales et d'établissements publics, pour prorogation de délai d'abatage et de vidange, seront versées dans les caisses des receveurs des communes ou des établissements propriétaires. (Ord. 138.) V. Indemnité.

10. *Indemnités. Paiement.* — Pour les bois domaniaux, les indemnités pour prorogation de délai d'exploitation ou de vidange seront versées à la caisse du receveur de l'enregistrement du canton de la situation des bois. (Arr. Min. du 22 juin 1838. Circ. A 429. Circ. A 839.) V. Recouvrement.

11. *Classification. Produits accessoires.* — Les indemnités pour prorogation de délai d'exploitation et de vidange sont considérées comme menus produits, dans les forêts domaniales, et comme produits accessoires, dans les bois communaux. (Arr. Min. des 22 juin et 1er septembre 1838. Circ. A 429. Circ. A 842.)

12. *Travaux. Durée.* — Les conservateurs peuvent accorder aux entrepreneurs des prolongations d'une durée totale de trois mois au plus, pour achever les travaux, sans jamais dépasser les limites de l'exercice pour l'exécution ou la garantie des travaux. Ils en rendent compte à l'administration. (Circ. N 22, art. 235.)

PROROGATION DE JURIDICTION.

Définition. — Action de se soumettre, pour le jugement d'une affaire, à la juridiction d'un tribunal dont on n'est pas justiciable.

PROTECTION DES PETITS OISEAUX.

Chiens errants. — Les arrêtés préfectoraux qui, en vue de protéger les petits oiseaux, défendent de laisser errer les chiens sont applicables en tout temps. (Angers, 23 novembre 1893.) V. Chiens. Oiseaux.

PRUNIER.

Classification — Arbre fruitier de première classe. (Cod. For. 192.)

PUBLICATION. V. Adjudication. Affichage. Affiche. Arrêté. Frais. Journal. Vente.

PUBLICITÉ.

Adjudication, 3, 4, 5, 6.
Aliénation, 8.
Arrêté, 1, 10.
Bulletin, 1.
Certificat, 12, 13.
Cession, 17.
Chasse, 9.
Commune, 2.
Délai, 9, 11.
Délimitation, 10, 11, 12, 13.
Enquête, 16.
Feu, 14.
Frais, 4, 5, 6.
Interdiction, 14.
Journal, 8,
Jugement, 15.
Ordonnance, 6.
Paiement, 5.
Région des Maures, 14.
Restauration des montagnes, 16, 17.
Tarif, 7.
Travaux, 4.

1. *Bulletin. Arrêté.* — L'insertion d'un arrêté dans le Bulletin administratif ne constitue pas une publicité suffisante pour donner une connaissance légale. (Cass. 28 novembre 1845.)

2. *Commune. Mode.* — Les publications ont lieu, dans les communes, au son de trompe ou de tambour.

3. *Adjudication. Publicité.* — Il sera fait mention, dans le procès-verbal d'adjudication, des mesures qui auront été prises pour donner aux ventes toute la publicité possible. (Ord. 84.)

4. *Adjudication. Frais. Travaux.* — Les frais de publication, pour les adjudications de travaux, sont à la charge de l'administration ; ils sont réglés et liquidés par le conservateur. (Circ. N 22, art. 214, 216.)

5. *Frais. Adjudication. Paiement.* — Les frais de publication sont payés aux ayants droit, d'après le bordereau dressé par l'agent forestier et le président de la vente. (Règl. du 26 janvier 1846.)

6. *Adjudication. Frais. Ordonnancement.* — Les frais de publication sont ordonnancés par le conservateur. (Circ. A 514.)

7. *Tarif.* — Les frais de publication pour les adjudications ont été fixés, par l'arrêté

ministériel du 29 février 1864, ainsi qu'il suit :

1o Pour les coupes ordinaires et extraordinaires autorisées par l'état d'assiette ou par des décrets spéciaux et dont le prix est versé aux caisses des receveurs généraux ou municipaux...............	Par article. 2f,50 Minimum.. 4 » Maximum.. 50 »
2o Pour tous les autres produits forestiers......	Par article. 1f,50 Minimum.. 2 » Maximum.. 10 »

3o Les frais ne sont dus que pour les articles adjugés; toutefois, si aucun article n'était adjugé, le minimum des frais serait toujours accordé.

4o Les frais relatifs aux adjudications de travaux d'amélioration ou d'exploitation sont réglés par les conservateurs.

Lorsque des produits de natures diverses sont vendus à la même séance, les frais sont établis séparément pour chaque adjudication et sous des titres spéciaux.

Dans le même cas, les frais de publications réunis ne peuvent jamais dépasser le maximum correspondant à la nature des produits adjugés qui comporte le maximum le plus élevé. (Circ. A 846.)(1)

8. *Aliénation. Journal.* — L'état des bois à vendre sera inséré au Journal officiel, un mois au moins avant l'adjudication. (Arr. Min. du 21 septembre 1852. Circ. A 700.)

9. *Chasse. Délai.* — Les arrêtés relatifs à la chasse sont publiés dix jours à l'avance. (Loi du 3 mai 1844, art. 3.)

10. *Délimitation. Arrêté.* — Les maires justifieront par des certificats de la publication des arrêtés préfectoraux relatifs aux délimitations et bornages. (Ord. 60, 65.)

11. *Délimitation. Délai.* — Les arrêtés relatifs aux délimitations et aux bornages sont publiés deux mois à l'avance. (Cod. For. 10 et 12.)

12. *Délimitation. Certificat. Dépôt du procès-verbal.* — Les maires doivent adresser les certificats constatant la publication de l'arrêté préfectoral annonçant le dépôt du procès-verbal de délimitation. (Circ. N 54.)

13. *Délimitation. Certificat. Dépôt du procès-verbal.* — Les maires doivent justifier, par des certificats, de la publication des arrêtés préfectoraux prescrivant le dépôt des procès-verbaux de délimitation et de bornage au secrétariat de la préfecture. (Circ. N 54.) Les certificats sont fournis par les préfets, lors de la proposition pour l'homologation.

14. *Région des Maures. Interdiction. Feu.* — Dans la région des Maures et de l'Estérel, les arrêtés du préfet autorisant pendant la période d'interdiction (juin, juillet, août et septembre) les charbonnières, fours à charbon et feux d'atelier, seront publiés au moins quinze jours avant l'époque fixée pour l'interdiction des feux. (Loi du 19 août 1893, art. 2 et 3. Circ. N 461.)

15. *Jugement.* — Les tribunaux, suivant la gravité des circonstances, ordonnent l'impression et l'affichage de leurs jugements. (Proc. Civ. 1036.)

16. *Restauration de montagnes. Enquête.* — Il est justifié des publications des arrêtés pour l'enquête par un certificat du maire. (Décr. du 11 juillet 1882, art. 3.)

17. *Restauration des montagnes. Cessions amiables.* — Toutes les parcelles à exproprier, sans en excepter celles pour lesquelles on a recueilli des bulletins de cession, sont comprises dans l'arrêté de cessibilité et, par suite, dans le jugement d'expropriation. La publicité donnée à ce jugement et sa transcription dispensent, dès lors, de publier, d'afficher et de transcrire les traités amiables réalisés après le prononcé du jugement et qui résultent des promesses de cession antérieures. (Instr.Gén. 2 février 1885, art. 46. Circ. N 345.)

PUITS.

1. — *Chemin. Distance.* — Aux termes des règlements sur les chemins vicinaux de 1870 et 1874, il est interdit d'établir des puits ou citernes à moins de trois mètres des limites d'un chemin vicinal.

2. *Construction.* — L'épaisseur des maçonneries doit être fixée d'après les dimensions de la construction à établir, la nature et la qualité des matériaux à employer et la nature des terrains environnants. (Circ. N 22, art. 143.) V. Devis.

3. *Curage.* — Le curement des puits est à la charge du bailleur, s'il n'y a clause contraire. (Cod. Civ. 1756.)

PUNITION.

Motifs. — Toute notification de punition en fait connaître les motifs au fonctionnaire qui en est l'objet. V. Peine disciplinaire.

PUPILLE.

Délits. — Les tuteurs sont civilement responsables des délits et contraventions commis par leurs pupilles. (Cod. For. 206.) V. Responsabilité.

(1) V. Errata

Q

QUALIFICATION.

1. *Tribunal.* — Quelle que soit, dans la citation, la qualification des faits incriminés, le tribunal peut la changer; il suffit que les faits spécifiés par le procès-verbal *restent les mêmes.* (Cass. 4 août 1836.)

2. *Appel.* — Il appartient au juge d'appel de changer la qualification donnée aux faits incriminés, pour leur donner leur qualification légale, pourvu qu'il ne modifie pas le fait, base de la poursuite. (Cass. 12 décembre 1856.) V. Poursuite.

3. *Actes officiels. Noms des personnes.* — Dans tous les actes et communications officiels, on ne doit pas employer les mots : le sieur, la dame, le nommé, etc. Quelles que soient les personnes à désigner, leur nom sera précédé de l'abréviation M. ou Mme. On peut, d'ailleurs, le cas échéant, supprimer toute abréviation. (Circ. N 294. Notes de la direction des forêts des 17 décembre 1883 et 22 mai 1886.)

QUALITÉ.

Définition. — Acte fait par les avoués en matière civile, énonçant les noms, professions et demeures des parties, les noms des avoués, les conclusions et les points de fait et de droit. (Proc. Civ. 142.) Cet acte passe dans le jugement et en devient la première partie.

QUANTIÈME.

Principe. — On ne doit compter de quantième à quantième que pour les jours qui se trouvent dans le courant du mois, et non pas pour les fins de mois. Ainsi, le quantième correspondant au 31 janvier est le 28 février, puisque ce dernier mois n'a pas de jour correspondant au 30 et au 31. (Souquet. Circ. N 64, art. 104.)

QUARRE. V. Gemmage.

QUART EN RÉSERVE.

Affouage, 6.
Affranchissement, 12.
Autorisation, 4, 8, 11.
Canton, 2.
Commune étrangère, 3.
Correspondance, 5.
Coupe, 4.
Délivrance d'urgence, 7.
Droit d'usage, 12.
Etablissement, 1.
Forêt du clergé, 13.
Massif, 2.
Partage, 10.
Préfet, 8.
Principes, 1.
Produit, 9, 10.
Renseignement, 5.
Section, 9.
Servitude, 13.

1. *Établissement. Principes.* — Un quart des bois appartenant aux communes et établissements publics sera mis en réserve, lorsque ces communes et établissements publics posséderont au moins dix hectares de bois réunis ou divisés.

Cette disposition n'est pas applicable aux bois peuplés totalement en résineux. (Cod. For. 93.)

2. *Massif. Cantons.* — Il n'est pas nécessaire que les parties à mettre dans le quart en réserve soient d'une seule contenance. On peut, à défaut d'un seul canton, y comprendre plusieurs massifs, sans trop déranger l'ordre des coupes. (Circ. A 163.)

3. *Communes étrangères. Bois en France.* — Les communes étrangères dont les bois sont situés en France ne sont pas soumises à l'obligation de former des quarts en réserve. (Décis. Min. 18 novembre 1818.)

4. *Coupes. Autorisation.* — Hors le cas de dépérissement des quarts en réserve, l'autorisation de les couper ne sera accordée que pour des causes de nécessité bien constatées et à défaut d'autre moyen d'y pourvoir.

Les demandes de cette nature, appuyées de l'avis du préfet, ne seront soumises au chef de l'Etat par le ministre de l'agriculture qu'après avoir été par lui communiquées au ministre de l'intérieur. (Ord. 140.) V. Coupe extraordinaire.

5. *Correspondance. Renseignement.* — Les préfets, en ce qui concerne l'administration des bois communaux, pourront, pour tous les objets urgents, s'adresser directement à l'agent local chef de service, qui transmettra les renseignements par l'intermédiaire du conservateur. Cette marche sera observée principalement à l'égard des demandes des coupes extraordinaires du quart en réserve. (Ord. 10 mars 1831.) V. Correspondance.

6. *Affouage.* — Le quart en réserve, par la nature de sa destination, ne peut jamais entrer dans l'affouage des habitants. Si cependant la commune le demandait, en payant les charges afférentes aux ventes des coupes du quart en réserve, il n'y aurait pas de raison pour refuser de le délivrer comme affouage.

Le préfet peut autoriser cette délivrance, sauf imposition d'une taxe égale à l'estimation de la coupe. (Communiqué de l'Admin. du 11 décembre 1867, no 4965.)

7. *Délivrance. Urgence.* — Les délivrances d'urgence ne peuvent pas avoir lieu dans le quart en réserve. (Décis. Min. du 30 janvier 1828.)

8. *Autorisation. Préfet.* — Aucune coupe d'arbre (recepage), même pour les travaux d'entretien et d'amélioration prévus par l'article 136 de l'ordonnance, ne peut être autorisée par le préfet dans le quart en réserve. (Décis. Min. du 6 novembre 1828. Circ. A 162.)

9. *Produit. Section.* — Les produits des coupes du quart en réserve des bois appartenant à des sections de communes constituant plutôt un capital qu'un revenu, les sections propriétaires sont fondées à soutenir que le produit de leur quart en réserve ne doit être affecté au paiement des dépenses générales de la commune que dans la proportion de leur part contributive dans ces dépenses. (Cons. d'Etat, 25 juin et 10 juillet 1869.)

10. *Produit indivis. Commune. Partage.* — Le partage, entre deux communes, des sommes provenant de la vente d'un quart en réserve indivis doit avoir lieu par feux. (Cons. d'Etat, 18 mars 1841.)

11. *Bois domaniaux. Autorisation.* — Toute vente de coupe de quart de réserve dans les bois de l'État est nulle, si elle n'est autorisée par un décret, sauf recours des adjudicataires contre les fonctionnaires et agents qui ont ordonné ou autorisé ces coupes. (Cod. For. 16.)

12. *Droit d'usage. Affranchissement.* — Dans l'ancienne Lorraine, comme en France, l'apposition d'un quart en réserve, dans une forêt grevée de droits d'usage en bois, avait pour effet d'affranchir de la servitude usagère la portion de forêt sur laquelle le quart en réserve était établi, le surplus étant présumé susceptible de satisfaire tous les besoins. De ce qu'une commune est déclarée usagère dans une forêt, il ne s'ensuit pas, à moins de conclusion expresse, qu'elle peut exercer ses droits d'usage dans le quart en réserve de cette forêt. (Cass. 4 avril 1864.)

13. *Forêts du clergé. Servitude.* — Dans l'ancienne législation française, les quarts en réserve établis dans les forêts du clergé étaient affranchis de toute servitude usagère. (Nancy, 11 août 1853.)

QUASI-CONTRAT.

Définition. — Fait qui produit les effets d'un contrat ; engagement qui se forme sans conventions. Fait purement volontaire, dont il résulte un engagement quelconque envers un tiers, et quelquefois un engagement réciproque des deux parties. (Cod. Civ. 1370, 1371.)

QUASI-DÉLIT.

Définition. — Fait non criminel, qui ne donne lieu à l'application d'aucune peine proprement dite, mais qui, de même qu'un délit, oblige celui par la faute duquel le dommage est arrivé, à indemniser la partie lésée du dommage qu'elle a souffert. (Cod. Civ. 1382.)

QUÉRABLE.

Définition. — Rente ou dette dont on doit aller demander le paiement chez le débiteur.

QUÊTE.

Chasse. Chien. — Celui qui, en temps prohibé, fait quêter ses chiens dans un champ non clos commet le délit de chasse prévu et puni par l'article 12 de la loi du 3 mai 1844, quand bien même il serait constaté que le prévenu était sans armes, qu'il maintenait ses chiens à l'aide d'une corde et que son but unique était de les exercer à la quête du gibier. (Poitiers, 10 novembre 1882.)

QUESTION DE PROPRIÉTÉ.

1. *Limites.* — Les questions de propriété relatives aux limites, entre les bois soumis au régime forestier et les héritages riverains, sont définitivement tranchées par les délimitations générales devenues définitives, à l'égard des riverains qui n'ont pas élevé des contestations ou oppositions sur ces opérations. (Lyon, 23 novembre 1858.) V. Délimitation.

2. *Compétence.* — Les questions de propriétés, pour les bois communaux comme pour les bois domaniaux, sont de la compétence exclusive des tribunaux judiciaires. (Cabantous.) V. Action. Exception préjudicielle. Instance.

QUILLE. V. Chablis. Chandelier.

QUITTANCE.

SECT. I. — PRINCIPES, 1 — 4.

SECT. II. — FORMALITÉS, 5 — 21.

§ 1. *Timbre*, 5 — 14.

§ 2. *Conditions, Signature*, 15 — 21.

Capital, 2.
Date, 17, 18.
Définition, 1.
Droit, 10.
Etat de paiement, 20.
Expropriation, 4.
Facture, 12.
Fondé de pouvoirs, 20.
Fourniture, 17.
Illettré, 19.
Intérêt, 2.
Mandat, 11, 15, 16.
Mandat d'avance, 14.
Mémoire, 11, 12, 16.

Mémoire collectif, 13.
Paiement collectif, 21.
Pénalité, 8.
Pension, 7.
Signature, 15, 18.
Somme, 6, 19.
Témoin, 19.
Timbre, 5, 6, 7, 10, 11, 12, 13, 14.
Timbres spéciaux, 8, 9.
Traitement, 7.
Travaux, 17.
Usager, 3.

SECT. I. — PRINCIPES.

1. *Définition.* — Acte par lequel un créancier déclare son débiteur libéré envers lui.

2. *Capital. Intérêt.* — La quittance du capital donnée sans réserve des intérêts en fait présumer le paiement et en opère la libération. (Cod. Civ. 1908.)

3. *Usager.* — Le propriétaire peut, en délivrant à l'usager l'émolument de son droit, exiger de ce dernier une quittance, en vertu de l'article 1315 du code civil; mais il ne peut exiger des conditions ou une forme plus rigoureuse que celle offerte par le créancier, si celui-ci donne un reçu conforme à l'usage et de nature à concilier les droits des parties. (Cass. 18 février 1845.)

4. *Expropriation.* — En matière d'expropriation pour cause d'utilité publique, les quittances peuvent, comme les contrats, être passées dans la forme des actes administratifs. (Circ. N 104, § 1, nº 11.)

SECT. II. — FORMALITÉS.

§ 1. *Timbre.*

5. *Timbre. Quotité. Recouvrement.* — Le timbre des quittances des produits et revenus de toute nature délivrés par les comptables des deniers publics est fixé à 0 fr. 25; la délivrance de ces quittances est obligatoire. Le prix du timbre, lorsqu'il est exigible, s'ajoute de plein droit au montant de la somme due et est soumis au même mode de recouvrement. (Loi du 8 juillet 1865, art. 4. Loi du 23 août 1871, art. 2.)

6. *Somme. Timbre.* — Sont exemptes du timbre toutes quittances de sommes de 10 francs et au-dessous, quand il ne s'agit pas d'un acompte ou du solde final sur une plus forte somme. (Loi du 13 brumaire an VII. Circ. N 104, § 1, nº 18.)

7. *Traitement. Pension. Timbre.* — Sont exemptes du timbre de *dimension*, les quittances de traitements et émoluments personnels, celles de pensions, secours et actes rémunératoires. (Circ. N 104, § 1, nº 18.)

8. *Timbre spécial de quittance. Pénalité.* — Sont soumis au timbre de 10 centimes, les quittances ou acquits donnés au pied des factures et mémoires; les quittances pures ou simples, reçus emportant libération, reçu ou décharge, lorsqu'elles excèdent 10 francs ou qu'il s'agit d'un acompte ou d'une quittance finale sur une plus forte somme.

Le droit est dû par chaque acte sous signature privée et il peut être acquitté par un timbre mobile; il est dû par le débiteur, mais le créancier qui donne décharge est responsable des amendes encourues. (Loi du 23 août 1871, art. 18 et 23.) V. Emargement. Timbre.

Celui qui donne une quittance ou un reçu sans timbre ou irrégulièrement timbré encourt, savoir :

Amende : 50 francs. (Loi du 23 août 1871, art. 23.)

9. *Timbres spéciaux.* — Les comptables des deniers publics et les agents spéciaux des services administratifs régis par économie peuvent, sur les états d'émargement, se servir, pour l'exécution de l'article 18 de la loi du 23 août 1871, des timbres spéciaux de 0 fr. 10, 0 fr. 50, 1 fr., 2 fr. (Décr. du 29 avril 1881.)

10. *Timbre. Droit.* — Une quittance timbrée de dimension n'est exigible que si elle est donnée isolément et ne se trouve pas au bas d'un mémoire ou autre titre déjà timbré. Dans ce cas, le droit de timbre n'est pas proportionnel à la dimension de la feuille; il est invariablement de 0 fr. 60. (Circ. N 104, § 1, nº 15.)

11. *Mémoires acquittés. Mandat. Timbre.* — Lorsque les titres, factures ou mémoires portant quittance sont timbrés ou que la quittance est fournie séparément sur papier timbré, l'acquit ou quittance donné *pour ordre*, sur les extraits d'ordonnance et de mandat, n'entraîne pas la nécessité du timbre de ces pièces. (Circ. N 104, § 1, nº 14.)

12. *Facture. Mémoire.* — Les factures ou mémoires doivent toujours être revêtus du timbre de dimension, et la quittance donnée au bas de ces factures ou mémoires doit être revêtue du timbre spécial de quittance. (Circ. N 161.)

13. *Mémoire collectif. Timbre.* — Quand plusieurs fournisseurs se réunissent pour présenter un mémoire collectif de leurs fournitures, les acquits ou quittances dont ils le revêtent ne sauraient constituer autant d'actes distincts; il n'y a qu'un mémoire acquitté par plusieurs parties prenantes et passible d'un seul droit de timbre, suivant la dimension du papier. (Circ. N 104, § 1, nº 13.)

14. *Mandat d'avance. Timbre. Quittance des créanciers réels.* — Si le titulaire de l'ordonnance ou du mandat n'est qu'un intermédiaire administratif entre l'État et les créanciers, la quittance qu'il donne en touchant les fonds est une formalité d'ordre, qui ne nécessite pas le timbre; mais il est exigé, lorsqu'il y a lieu, sur les quittances des créanciers réels que l'intermédiaire est tenu de rapporter et de produire au comptable. (Circ. N 104, § 1, nº 16.)

§ 2. *Conditions. Signature.*

15. *Mandat.* — La quittance doit être apposée sur l'extrait de l'ordonnance ou du

mandat; elle doit ne contenir ni restriction, ni réserve. Quand l'extrait d'ordonnance ou le mandat est quittancé par le créancier, il n'est pas nécessaire qu'il soit fourni une quittance isolée et distincte; l'extrait d'ordonnance ou le mandat est, s'il y a lieu, soumis au timbre. (Circ. N 104, § 1, nº 11.)

16. *Mémoire. Mandat.* — Lorsque la quittance est produite séparément, comme il arrive si elle doit être extraite d'un registre à souche ou à talon, ou si elle se trouve au bas des factures, mémoires ou contrats, l'extrait d'ordonnance ou le mandat n'en doit pas moins être quittancé *pour ordre* et *par duplicata*, la décharge du Trésor ne pouvant être séparée de l'ordonnancement qui a ouvert le droit. (Circ. N 104, § 1, nº 11.)

17. *Travaux. Fournitures. Dates.* — Les quittances doivent toujours indiquer la date précise soit de l'exécution des services ou des travaux, soit de la livraison des fournitures. (Circ. N 104, § 1, nº 8.)

18. *Date. Signature.* — Toute quittance doit être datée et signée par la partie prenante, devant l'agent de la dépense, au moment même du paiement. (Circ. N 104, § 1, nº 11.)

19. *Illettré. Témoins. Somme.* — Si la partie prenante est illettrée ou dans l'impossibilité de signer, la déclaration en est faite au comptable chargé du paiement, qui la transcrit sur l'ordonnance ou le mandat, la signe et la fait signer par deux témoins présents au paiement pour toutes les créances qui n'excèdent pas 150 francs. Pour les paiements au-dessus de cette somme, il doit être exigé une quittance authentique, enregistrée gratis. (Circ. N 104, § 1, nº 11. Cod. Civ. 1341 et suivants.)

20. *État de paiement. Fondé de pouvoirs.* — Les états nominatifs de liquidation, quand chaque titulaire ne reçoit pas personnellement du payeur la somme qui lui revient, doivent porter, outre l'émargement des ayants droit, l'acquit de la personne autorisée à recevoir en leur nom le montant de l'ordonnance ou du mandat. (Circ. N 104, § 1, nº 11.)

21. *Paiement collectif.* — Lorsqu'il s'agit d'un paiement collectif, il peut toujours être suppléé aux quittances individuelles par des états d'émargement dûment certifiés. (Circ. N 104, § 1, nº 11.)

QUITTUS.

1. *Aliénation. Délivrance.* — Les directeurs des domaines sont chargés de délivrer aux acquéreurs de bois aliénés le quittus définitif, après avoir dressé le décompte du prix de la vente.

2. *Timbre.* — Le quittus pour les bois aliénés, devant faire titre à l'acquéreur, est soumis au timbre.

R

RABAIS.

Arrêt, 7.
Avis, 9.
Baisse, 3, 8.
Centième, 13.
Communication, 7.
Coupes, 1, 3.
Criées, 11.
Exploitation par entreprise, 12.
Fixation, 6, 7.
Formalités, 3.
Indications, 6.
Instruction, 4.
Mise à prix, 3, 5, 10, 13.
Président, 7.
Prix, 7.
Taux, 3, 7.
Tarif, 2, 3.
Travaux, 13.
Unités de marchandises, 5.
Vente, 6.

1. *Coupes.* — L'adjudication des coupes au rabais est autorisée par ordonnance du 26 novembre 1836. V. Adjudication.

2. *Tarif.* — Un tarif spécial, formule série 4, nº 24, sert aux rabais. Ce tarif peut s'appliquer à toutes les coupes. Il doit être affiché dans la salle d'adjudication. (Circ. N 80, art. 42. Cah. des ch. 3.)

3. *Formalités. Coupes.* — La vente au rabais aura lieu de la manière suivante :

La mise à prix et le taux auquel les rabais devront être arrêtés seront déterminés par le conservateur ou l'agent forestier qui le remplacera.

La mise à prix annoncée par le crieur sera diminuée successivement, d'après un tarif réglé à l'avance et affiché dans la salle d'adjudication, jusqu'à ce qu'une personne prononce les mots : *Je prends.*

L'adjudication sera tranchée au taux du rabais dont le crieur aura énoncé ou commencé à énoncer le chiffre, lorsque les mots : *Je prends*, seront prononcés.

Si plusieurs personnes se portent simultanément adjudicataires, la coupe est tirée au sort, à moins que l'un des preneurs ne réclame les enchères. Le concours est alors ouvert entre les preneurs. (Cah. des ch. 3.)

4. *Instructions pour les ventes au rabais.* — Dans les adjudications au rabais, on doit : 1º fixer la mise à prix de manière que l'on ne puisse en induire l'estimation ; 2º éviter

de faire pressentir, de quelque manière que ce soit, le moment où les rabais doivent être arrêtés ; 3o ne donner qu'une seule lecture de l'affiche ; 4o ne jamais adjuger un lot après que les rabais auront été arrêtés. (Lettre de l'Admin. du 20 juillet 1860.)

5. *Unités de marchandises.* — Pour les coupes par unités de marchandises, les rabais porteront sur l'ensemble des diverses unités de marchandises et seront réglés à tant pour cent des prix de base ou de la mise à prix. (Cah. des ch. 3.)

6. *Fixation. Indications.* — Les agents forestiers ont seuls, à l'exclusion des présidents de la vente, le droit d'arrêter les rabais ; mais on doit avoir des égards pour les magistrats qui président et leur donner, au moment de la vente, les indications qui leur sont nécessaires pour la diriger eux-mêmes. (Ord. 87. Décis. Min. du 15 janvier 1840. Circ. A 485.)

7. *Fixation du prix. Communication. Président.* — Le conservateur ou son délégué fixe le taux auquel les rabais doivent être arrêtés. Le chiffre n'en est plus remis au président de la vente, après la lecture de chaque article de l'affiche. (Décis. Min. du 15 janvier 1840. Cah. des ch. 3. Circ. N 83, art. 43. Circ. N 140.)

8. *Baisse.* — Les conservateurs sont autorisés à laisser descendre les rabais au-dessous de l'estimation arrêtée (10 à 12 pour cent), alors surtout qu'il s'agira de coupes peu recherchées, à raison des difficultés d'exploitation et de transport ou pour toute autre cause, ou de coupes de communes qui ont un besoin pressant d'argent. (Circ. autogr. no 11 du 28 juillet 1852. Circ. A 751.)

9. *Avis des communes et établissements publics.* — Afin d'éviter que les coupes restent invendues, il faut, pour les rabais, prendre en considération les vœux exprimés par les communes et établissements publics propriétaires. (Lettre de l'Admin. du 20 juillet 1860.)

10. *Mise à prix.* — Pour les ventes au rabais, la mise à prix sera au moins le double de l'estimation. (Lettre de l'Admin. du 1er décembre 1836.) Les agents doivent fixer la première criée dans une proportion plus ou moins élevée, mais de manière à dissimuler le chiffre de l'estimation. (Circ. A 307. Circ. A 405 quater.)

11. *Criées.* — L'administration recommande de ne pas adopter, pour la première criée, une règle uniforme. Il faut varier, en doublant ou triplant le prix d'estimation. (Circ. A. 423.)

12. *Exploitation par entreprise. Bois domaniaux. Formalités.* — Les mises à prix seront indiquées par le président de la vente et pour chaque lot. Les rabais ne pourront être moindres du vingtième de la mise à prix, pour chaque espèce de marchandise. L'adjudication sera tranchée lorsque trois bougies auront été allumées successivement et seront éteintes sans qu'il ait été porté aucun rabais. Si, pendant la durée des trois bougies, il survient des rabais, l'adjudication ne pourra être prononcée qu'après l'extinction d'un nouveau feu sans rabais survenu pendant sa durée. (Anc. Cah. des ch. 10 et 11.)

13. *Travaux.* — Les soumissions de travaux doivent stipuler des rabais de centièmes sur le prix total des devis, et non une somme totale de dépense.

Les rabais fractionnaires sont interdits ; toute fraction de centième sera, le cas échéant, comptée pour une unité. (Cah. des ch. 10.)

RABATTEUR.

1. *Permis de chasse.* — Auxiliaire pour les chasses ou battues et qui n'a pas besoin de permis de chasse. (Cass. 8 mars 1845.) V. Auxiliaire. Traqueur.

2. *Terrain d'autrui. Passage. Ordre. Chasse.* — Il n'y a pas de délit de chasse imputable au chasseur dont les rabatteurs ou traqueurs ont passé sur le terrain d'autrui, s'il n'est pas établi que ce soit par ses ordres. (Cass. 30 juin 1870.)

3. *Infractions. Chasse. Responsabilité. Poursuite.* — Lorsqu'une infraction à la loi sur la chasse a été commise par des rabatteurs, le chasseur qui les emploie, civilement responsable de leur fait, ne peut être poursuivi correctionnellement que s'il est établi que l'infraction a été commise par son ordre. (Paris, 11 et 16 mars 1870.)

4. *Chasse.* — Il y a fait de chasse prohibé dans la recherche du gibier sur le terrain d'autrui, quand même cette recherche n'aurait pas pour conséquence la capture immédiate du gibier. Ainsi, le fait de rabattre le gibier sur le terrain d'autrui constitue un délit, alors même qu'aucun chasseur ne se trouverait dans le voisinage prêt à atteindre le gibier rabattu. (Paris, 8 février 1893.)

RACHAT DE DROIT D'USAGE.

SECT. I. — GÉNÉRALITÉS, 1 — 21.

SECT. II. — INSTRUCTION, FORMALITÉS, 22 — 27.

SECT. III. — PROJET, 28 — 49.

§ 1. *Principes*, 28 — 40.

§ 2. *Estimation*, 41 — 47.

§ 3. *Propriétaires différents*, 48 — 49.

Accroissement, 34.
Algérie, 3, 5.
Affranchissement, 3.
Appréciation, 37.
Autorisation, 9.
Bases, 29, 31, 41, 42, 43.
Bois particuliers, 18.

Bois mort, 47.
Calcul, 30, 35, 44, 45.
Cantonnement amiable, 39.
Capital, 40.
Chèvre, 21.
Commune, 15, 24, 25, 26.
Compétence, 4, 16, 18.
Concession, 39.
Contestation, 4.
Définition, 1.
Délivrance, 7.
Demande, 20, 25.
Droit d'usage, 2, 3, 6, 8, 34, 49.
Estimation, 42.
Etablissements publics, 25, 26.
Etude, 23, 26.
Evaluation, 38, 41, 43.
Examen, 22, 32.
Exercice, 19.
Expert, 23, 26, 27.
Faculté, 2, 10.
Formalités, 9, 22, 24, 25, 26.
Indemnités, 27, 30, 44, 45, 46.
Jouissance, 19, 30, 33.
Juridiction, 17.
Législation, 20.
Mode, 43.
Morts bois, 47.
Mouton, 21.
Nécessité absolue, 4, 5, 13, 14, 15, 16, 17, 18.
Offre, 23, 26.
Opportunité, 22.
Pâturage, 5, 8, 14, 15, 34.
Pâture, 11, 12.
Précomptage, 36.
Principes, 1, 2.
Prix, 29, 35.
Projet, 28.
Propriétaire, 48.
Revenu, 38.
Séparation, 49.
Surface, 29, 35.
Taux, 39, 46.
Titre, 31, 32.
Usage, 6.
Valeur, 37.

V. Cantonnement. Droit d'usage. Pâturage.

SECT. I. — GÉNÉRALITÉS.

1. *Définition. Principes.* — Paiement en argent de la valeur d'un droit d'usage forestier, autre qu'un droit d'usage en bois.

Le rachat n'est qu'un mode de paiement pour la libération du fonds; mais le droit de demander cette libération ne doit, comme pour le cantonnement, appartenir qu'au propriétaire du fonds, et non à l'usager, sauf préjudice causé par le propriétaire en empêchant l'usager de jouir de son droit.

2. *Droit d'usage. Principes. Faculté.* — Dans tous les bois en général, les droits d'usage quelconques, autres que ceux en bois (pâturage, panage, glandée, etc.), ne peuvent être cantonnés, mais ils peuvent être rachetés moyennant une indemnité réglée de gré à gré ou par les tribunaux. (Cod. For. 64.)

3. *Algérie. Droit d'usage. Affranchissement.* — Le gouvernement pourra affranchir les forêts de l'Etat, en Algérie, de tout droit d'usage, moyennant une indemnité en argent ou une attribution territoriale équivalente à cette indemnité, mais en précomptant les ressources propres aux usagers. L'action en affranchissement n'appartiendra qu'au gouvernement, et non aux usagers. Tous les propriétaires de forêts jouiront des mêmes droits et sous les mêmes conditions. Les indemnités soit en argent, soit en nature, seront réglées de gré à gré ou, en cas de contestation, par les tribunaux. (Loi, 9 décembre 1885, art. 1. Circ. N 357.)

4. *Nécessité absolue. Contestation. Compétence.* — Le rachat des droits de pâturage ne peut être requis par l'administration forestière dans les lieux où l'exercice de ce droit est devenu d'une nécessité absolue pour les habitants.

Si cette nécessité est contestée par l'administration forestière ou les communes, les parties se pourvoiront devant le conseil de préfecture, qui, après une enquête de *commodo et incommodo*, statuera, sauf recours au conseil d'Etat. (Cod. For. 64, 112, 113, 120. Cons. d'Etat, 18 juillet 1844.)

5. *Algérie. Pâturage. Nécessité.* — En Algérie, le rachat des droits de pâturage ne pourra être requis par l'administration dans les lieux où son exercice est devenu d'une absolue nécessité pour les habitants d'une ou de plusieurs communes ou fractions de communes. Si cette nécessité est contestée par l'administration, les parties se pourvoiront devant le conseil de préfecture, qui, après une enquête de *commodo et incommodo*, statuera, sauf recours au conseil d'Etat. (Loi du 9 décembre 1885, art. 1. Circ. N 357.)

6. *Usages rachetables.* — Tous les droits d'usage, autres que l'usage en bois, sont rachetables, quelle que soit leur dénomination (pâturage de toute espèce) et quels que soient les produits de l'usage, pierre, sable, argile, marne, tourbe, bruyères, feuilles, etc.

7. *Droit non délivrable.* — Un droit d'usage non susceptible de délivrance, n'étant pas susceptible d'être exercé, n'est pas susceptible d'être racheté; il doit être supprimé sans indemnité. (Colmar, 11 juillet 1833.)

8. *Rachat individuel. Droit d'usage.* — Le rachat d'un droit de pâturage peut s'effectuer individuellement, pour chaque usager, par divers propriétaires d'une forêt indivise, en estimant le préjudice que le rachat fait subir aux usagers, et non pas seulement d'après la valeur du droit lui-même. (Rouen, 26 février 1841.)

9. *Autorisation. Formalités.* — Un conseil de préfecture ne peut autoriser le rachat d'un droit de pâturage, dans un bois communal, avant d'avoir fait préalablement procéder à une enquête. (Cons. d'Etat, 18 juillet 1844.)

10. *Faculté.* — La faculté du rachat des servitudes d'usage, autres que celles en bois, ne peut être exercée que dans les forêts; à l'égard des usages qui grèvent les autres propriétés rurales, le cantonnement est seul praticable, à moins que le pâturage n'ait été établi par titre entre particuliers.

11. *Pâture.* — Entre particuliers, tout droit de vaine pâture fondé sur un titre, même dans les bois, sera rachetable à dire d'expert, suivant l'avantage que pourrait en retirer celui qui avait ce droit, s'il n'était pas réciproque, ou eu égard au désavantage qu'aurait un des propriétaires à perdre la réciprocité, si elle existait. (Loi des 28 septembre-6 octobre 1791, art. 8. Abrogé par les articles 118 et 120 du code forestier.)

12. *Pâture vive.* — Le droit de pâture vive n'est pas susceptible de rachat. (Trib. de Mayenne, 2 decembre 1875.)

13. *Nécessité absolue.* — Les droits de panage, glandée, faînée, etc., ne peuvent jamais être d'une absolue nécessité; ils sont donc toujours rachetables. L'exception du deuxième paragraphe de l'article 64 (absolue nécessité) ne s'applique qu'aux droits de *pâturage*.

14. *Nécessité. Condition.* — Pour que l'exception de la nécessité absolue soit admise, il faut que le pâturage soit une condition essentielle de l'existence de la commune et qu'on ne puisse y suppléer par des prairies artificielles ou d'autres cultures.

15. *Absolue nécessité.* — Le rachat des droits de pâturage ne peut pas avoir lieu, lorsque le pâturage est d'absolue nécessité pour les habitants des communes usagères. Ce droit ne peut être invoqué par les particuliers ; il n'a été réservé qu'en faveur des communes pauvres.

16. *Nécessité. Compétence.* — L'autorité administrative est seule compétente pour juger du cas d'absolue nécessité pour les communes, au moyen d'une enquête de *commodo et incommodo,* faite en dehors de la commune intéressée.

17. *Juridiction.* — La nécessité absolue du droit de pâturage est jugée par le conseil de préfecture, sauf appel au conseil d'Etat. (Cod. For. 64.)

18. *Bois particuliers. Nécessité pour l'usager. Compétence.* — Lorsqu'un particulier veut racheter un droit de pâturage exercé par une commune sur son bois, l'autorité administrative (conseil de préfecture) est seule compétente pour apprécier si l'existence de ce droit de pâturage est d'absolue nécessité pour la commune. (Cons. d'Etat, 6 août 1840, 4 septembre 1841, 5 décembre 1842 et 4 juillet 1862.)

19. *Exercice. Jouissance.* — L'instance en rachat ne suspend pas l'exercice des droits de pâturage. (Nancy, 25 février 1860.)

20. *Demande avant le code. Législation.* — Les demandes en cantonnement de droits aujourd'hui rachetables doivent être jugées d'après les lois anciennes, si elles ont été formées avant la promulgation du code forestier. (Cod. For. 218.)

21. *Chèvres. Moutons.* — Bien que la cour de cassation en ait décidé autrement par son arrêt du 11 mars 1844, le propriétaire peut, en vendant un bois, se réserver le droit ou la propriété d'y faire pâturer les chèvres et les moutons, et l'acquéreur ne peut pas le contraindre au rachat de ce droit, en vertu de l'article 78 du code forestier. (Meaume, t. II, p. 336.

SECT. II. — INSTRUCTION. FORMALITÉS.

22. *Opportunité. Examen. Formalités. Bois domaniaux.* — Lorsqu'il y a lieu d'effectuer le rachat d'un droit d'usage quelconque, autre que l'usage en bois, suivant la faculté accordée au gouvernement par l'article 64 du code forestier, il est statué sur l'opportunité de ce rachat par le ministre de l'agriculture, sur la proposition de l'administration des forêts et après avoir pris l'avis de l'administration des domaines.

Si le droit d'usage appartient à une commune, le préfet est préalablement appelé à donner son avis motivé sur l'absolue nécessité de l'usage pour les habitants.

Lorsque le ministre a déclaré l'opportunité, le préfet notifie la décision au maire de la commune usagère, en lui prescrivant de faire délibérer le conseil municipal, pour qu'il exerce, s'il le juge à propos, le pourvoi (devant le conseil de prefecture) qui lui est réservé par le paragraphe 2 de l'article 64 du code forestier. (Décr. du 12 avril 1854, art. 5. Circ. A 736.)

23. *Expert. Etudes. Offres.* — Si l'opportunité du rachat est reconnue, il est procédé par deux agents forestiers aux études nécessaires pour déterminer les offres à faire à l'usager.

Les offres sont soumises par l'administration des forêts au ministre de l'agriculture, qui, après avoir pris l'avis de la direction générale des domaines, prescrit, s'il y a lieu, au préfet de les signifier à l'usager.

Si l'usager déclare accepter les offres, il est passé entre le préfet et lui, en la forme administrative, un acte constatant son engagement, sous réserve de l'homologation du chef de l'Etat.

Si l'usager propose des modifications au projet qui lui a été signifié ou refuse absolument d'y adhérer, il en est référé au ministre de l'agriculture, qui statue et ordonne, s'il y a lieu, au préfet, d'intenter l'action en cantonnement. (Décr. du 12 avril 1854, art. 1, 2, 3, 4. Circ. A 736.)

24. *Commune. Formalités.* — Une commune peut racheter des droits de pâturage exercés dans ses bois par une autre commune.

Lorsqu'une commune veut racheter un droit de pâturage dans ses bois, elle doit agir absolument comme l'Etat dans les bois domaniaux et suivre toutes les formalités fixées par la loi. (Cons. d'Etat, 18 juillet 1844.)

25. *Communes. Etablissements publics. Demandes.* — Les communes ou établissements publics qui veulent affranchir leurs bois de droits d'usage quelconques, par voie de rachat, en adressent la demande au préfet, qui statue sur l'opportunité, après avoir pris l'avis des agents forestiers.

S'il s'agit d'un droit rachetable à prix d'argent, prévu au paragraphe 2 de l'article 64 du code forestier, le préfet donne son avis sur l'absolue nécessité de l'usage pour les habitants, et, si l'opportunité du rachat est déclarée, il fait délibérer le conseil municipal de la commune usagère, pour qu'il exerce, s'il le juge à propos, le pourvoi devant le conseil de préfecture. (Décr. du 12 avril 1854, art. 6. Circ. A 736.)

26. *Communes. Etablissements publics. Offres. Etudes. Expert. Formalités.* — Les études préalables pour déterminer les offres du rachat seront faites par deux agents forestiers.

Toutefois, sur la demande de la commune ou de l'établissement propriétaire, il est adjoint aux deux agents forestiers un troisième expert, dont la désignation appartient à la commune ou à l'établissement public. Ce troisième expert fait, concurremment avec les agents forestiers, les études nécessaires pour la détermination des offres.

La commune ou l'établissement propriétaire est appelé par le préfet à déclarer s'il entend donner suite aux offres de rachat ; sur sa déclaration affirmative, les offres sont soumises au ministre de l'intérieur. En cas d'avis favorable, le ministre statue sur la convenance et l'opportunité des offres.

Si l'usager accepte les offres, il est passé entre le préfet et lui, en la forme administrative, un acte constatant son engagement, sous réserve de l'homologation du chef de l'Etat. Si l'usager refuse ou propose des modifications, il en est référé au ministre de l'agriculture. qui statue et décide s'il y a lieu d'intenter l'action en cantonnement.

Toutefois, les modifications qui seraient proposées par l'usager doivent être acceptées par la commune ou l'établissement propriétaire et approuvées par le ministre de l'intérieur, avant d'être soumises à l'homologation du chef de l'Etat par le ministre de l'agriculture. Si l'usager refuse d'adhérer aux offres, l'action devant les tribunaux ne peut être intentée que par le maire ou les administrateurs, suivant les formes prescrites par les lois. (Décr. du 12 avril 1854, art. 7. Circ. A 736.) V. Commune. Instance.

27. *Expert. Indemnités.* — Les indemnités et frais auxquels les agents forestiers seront reconnus avoir droit et les vacations du troisième expert seront supportés en entier par les communes ou établissements publics. (Décr. du 12 avril 1854, art. 7.) V. Cantonnement.

SECT. III. — PROJET DE RACHAT.

§ 1. *Principes.*

28. *Projet.* — Les projets de rachat de droit d'usage sont arrêtés par le ministre. (Ord. 7.)

29. *Prix. Bases. Surfaces.* — Dans le calcul du prix de rachat, on doit s'attacher, non pas au nombre de têtes de bétail possédées par les usagers, mais à la quantité d'hectares sur lesquels le pâturage peut être exercé. (Nancy, 11 juin 1858.)

30. *Indemnité. Calcul. Jouissance.* — L'indemnité de rachat doit être calculée, non sur le droit absolu des usagers, mais d'après la moyenne du nombre de bestiaux envoyés au parcours. (Cass. 31 mars 1862.)

31. *Base. Titres.* — Le rachat doit se faire, non d'après l'exercice du droit, mais d'après sa constitution, suivant les titres. (Nancy, 20 juillet 1843.)

32. *Titres. Examens.* — L'appréciation des titres des usagers et de l'étendue de leurs droits appartient souverainement aux cours d'appel. (Cass. 24 juin 1840.)

33. *Droits particuliers illégaux. Jouissance légale.* — Lorsqu'un titre de droit de pâturage permet d'introduire les bestiaux à un âge où le bois n'est pas défensable, l'indemnité de rachat doit être calculée, non pas absolument d'après le titre, ni d'après l'âge de défensabilité des bois, mais d'après le mode de jouissance conforme aux prescriptions légales en vigueur, sans se baser sur un droit chimérique ou sur celui dont les lois ne permettraient pas l'exercice. (Meaume.)

34. *Droit d'usage. Pâturage. Accroissement.* — Un droit d'usage en pâturage dans une forêt domaniale, quoique bien communal, ne pouvait pas s'accroître avec la population. On ne pouvait envoyer au pâturage que le nombre des animaux fixé.

35. *Prix. Calcul. Surface.* — Le prix du rachat d'un droit de pâturage exercé dans une forêt par les habitants d'une commune, *pro modo jugerum*, c'est-à-dire proportionnellement aux terres cultivées de chacun d'eux, doit être calculé sans déduction des terres appartenant au propriétaire de la forêt qui réclame le rachat, ce propriétaire jouissant du droit de pâturage, non en vertu de son droit de propriété, mais au même titre que les autres habitants de la commune. (Cass. 4 juin 1862.)

36. *Précomptage.* — Le précomptage ne peut être admis dans l'évaluation du pâturage. (Cass. 7 mars 1842.)

37. *Valeur. Appréciation.* — Le rachat participant de l'expropriation peut ne pas être restreint à la valeur stricte du droit ; il peut être augmenté, eu égard à la dépréciation de la propriété privée de l'exercice de ce droit. (Nancy, 20 juillet 1843.)

38. *Revenu. Evaluation.* — Dans un rachat de droit de pâturage dans une forêt, le revenu usager ne peut être supérieur, ni même égal à celui du taillis. (Nancy, 25 février 1860.)

39. *Cantonnement amiable. Concession. Taux.* — Lorsque la forêt à affranchir de droits d'usage en bois sera, en outre, grevée

de droits de parcours, pour tenir compte à l'usager de ces droits, en tant que grevant la partie de forêt attribuée en cantonnement, il sera ajouté au capital de l'émolument usager une somme égale au produit de la capitalisation au denier vingt (5 pour cent) du revenu annuel qui pourrait être retiré du parcours sur ladite portion de la forêt. (Décr. du 19 mai 1857, art. 11. Circ. A 758.)

40. *Capital.* — Pour le rachat, on n'a qu'à capitaliser le revenu moyen en argent, pour avoir la valeur en capital du droit d'usage.

§ 2. *Estimation.*

41. *Evaluation du droit. Bases.* — Pour évaluer le droit à racheter, on doit considérer l'étendue de l'usage :

1° D'après les titres ;
2° D'après la nature du droit ;
3° D'après les produits qui en sont l'objet ;
4° D'après le nombre des usagers.

On évaluera ainsi la valeur du revenu de l'usage, qui, capitalisée au denier vingt, donne le chiffre en capital de l'indemnité à allouer à l'usager. (Meaume, t. I, p. 765.)

42. *Estimation. Bases.* — L'estimation du droit d'usage à racheter doit s'effectuer en prenant pour base :

1° Le recensement des maisons usagères ;
2° Le recensement des bestiaux appartenant aux propriétaires de ces maisons, à moins que le titre n'en limite la quotité ;
3° La distinction entre les bestiaux servant à la culture des terres et ceux dont les usagers font commerce (Cod. For 70) ;
4° L'indication de la possibilité de la forêt relativement au pâturage (Cod. For. 119);
5° L'indication que les droits de panage, glandée et faînée ne peuvent être exercés que trois mois par an (Cod. For. 66) ;
6° L'indication du produit annuel obtenu, dans ces circonstances, par l'introduction en forêt de chaque tête de bétail d'espèce différente ;
7° La détermination, d'après ces données, du produit total en argent de l'usage pendant une année. La capitalisation de ce produit au denier vingt (5 pour cent) donne le capital à payer.

A déduire de cette somme :

1° Les redevances usagères ;
2° Les frais de conduite et de garde des troupeaux (Cod. For. 72);
3° Les frais de marque (Cod. For. 73);
4° Les frais de clochettes. (Cod. For. 75.)

Ces frais, capitalisés au denier vingt (5 pour cent), sont retranchés de la valeur de l'usage, et la différence constitue le capital réel dû aux usagers. (Meaume, t. I, p. 767.)

43. *Evaluation. Mode. Bases.* — Le rachat d'un droit de pâturage consiste dans le remplacement du droit par une indemnité pécuniaire payée à l'usager ; cette indemnité doit être réglée, eu égard à la valeur, c'est-à-dire à l'estimation du produit du droit d'usage.

Si une forêt est grevée d'un droit de pâturage pour 749 têtes de bétail et que le propriétaire veuille le racheter à l'égard d'un usager qui a un droit de pâturage pour 41 bêtes, on doit évaluer le produit annuel de la forêt en herbes propres au pâturage, diviser ce produit par 749, multiplier le résultat par 41, puis évaluer en argent et en le capitalisant au denier vingt la quantité de fourrage consommée par 41 bêtes. (Nancy, 20 juillet 1843.)

44. *Indemnité. Calcul.* — Dans la fixation de l'indemnité due aux usagers, par suite de la suppression du pâturage des chèvres et des moutons, on doit prendre pour base la moyenne du nombre des bestiaux envoyés au pâturage chaque année. L'indemnité peut être fixée à 1 franc par tête de bétail et capitalisée au denier vingt (5 pour cent). (Aix, 8 août 1867.)

45. *Indemnité. Calcul.* — D'après un rapport d'expert approuvé dans un arrêt de la cour de cassation du 31 mars 1862, les bases de l'indemnité du rachat d'un droit de pâturage (forêt de Breteuil, Eure) ont été fixées ainsi qu'il suit, savoir :

1° Contenance de trois hectares, pour la nourriture d'une vache, en forêt ;
2° Deux bottes de foin de trois kilogrammes chaque, pour chaque jour de paisson, pendant neuf mois de l'année, soit cinq cent quarante bottes (1620 kilogrammes);
3° Valeur des bottes à 7 francs le cent.

D'après ces bases, le produit du pâturage par chaque vache était de 37 fr. 80 ; à déduire pour les charges, 12 fr. 19 ; reste, par vache et pour chaque année de jouissance effective, 25 fr. 61.

46. *Indemnité. Taux.* — Dans la plupart des rachats opérés par l'Etat, la moyenne de l'émolument usager annuel, pour droit de parcours, ne dépasse pas 6 francs par tête de bétail.

47. *Bois mort. Morts bois.* — La valeur de rachat de l'usager au bois mort et aux morts bois peut être fixée au cinquième de la valeur de la forêt. (Nancy, 15 juin 1876.)

§ 3. *Propriétaires différents.*

48. *Propriétaires.* — Lorsqu'il y a lieu au rachat du droit de pâturage existant sur une forêt, dont le taillis appartient à un propriétaire et le sol et la futaie à un autre, le rachat doit être payé par le propriétaire du sol, parce que c'est le sol qui produit le pâturage. (Nancy, 11 juin 1858.)

49. *Deux forêts. Séparation. Droit.* — Lorsque deux forêts, autrefois réunies dans la même main, ont été grevées d'un droit d'usage en pâturage par le même acte de concession, sans restriction ni réserve, le rachat

de ce droit, par le propriétaire de l'une desdites forêts, n'autorise pas le propriétaire de l'autre partie à demander à l'usager une réduction proportionnelle sur le droit de pâturage que ce dernier a conservé sur cette autre partie de la forêt. (Orléans, 26 décembre 1866.)

RACHAT (RENTES ET REDEVANCES).

Conditions. — Pour les conditions de rachat de redevances ou rentes foncières, il faut consulter la loi des 18-29 décembre 1790.

RACINES.

1. *Exploitation. Coupes.* — En exploitant les coupes, les racines des arbres doivent rester entières. (Cah. des ch. 20.) V. Exploitation.

2. *Arbre de lisière.* — Les racines des arbres de lisière qui avancent dans l'héritage du voisin peuvent être coupées par celui-ci. (Cod. Civ. 673. Loi du 20 août 1881.) Ce droit est imprescriptible. (Limoges, 2 avril 1846.)

RAGRÉAGE. V. Route.

RAMAGE.

1. *Définition.* — On désigne sous le nom de ramage le droit de prendre tout ou partie des arbres d'une forêt appartenant à un autre propriétaire, pour maisonner, charruer ou chauffer ; ce droit comprend :

1° Le grand ramage : bois à maisonner, c'est-à-dire le droit de prendre et avoir bois pour bâtir, réparer et entretenir les maisons, pour les combles, planchers, cloisons, fenêtres et portes seulement (Table de marbre, 10 août 1582) ;

2° Le petit ramage : droit de ramasser le menu bois mort, abattu par le vent ou séché sur le tronc, et de couper les morts bois.

2. *Exercice.* — Le droit de ramage aux morts bois peut, dans les bois particuliers, être exercé individuellement par chacun des usagers, lorsque ce mode de jouissance est conforme au titre constitutif du droit d'usage ; mais son exercice est subordonné à une délivrance préalable. (Cass. 26 janvier 1864.)

RAMASSAGE.

1. *Produit.* — Le ramassage de graines, feuilles, etc., constitue le délit prévu et puni par l'article 144 du code forestier. (Metz, inédit, 14 janvier 1835.) V. Enlèvement. Extraction.

2. *Feuilles. Râteau.* — Le ramassage des feuilles avec un râteau et le fait de les mettre dans un sac tombent sous l'application de l'article 144 du code forestier, quoique le délinquant ait été surpris avant d'avoir pu les enlever. (Cass. 8 décembre 1848.) V. Enlèvement.

RAMEAU. V. Branche.

RAME.

Délivrance. — Les conservateurs autorisent la délivrance des rames pour le flottage. (Décis. Min. du 13 mars 1841.) Dimensions : 0 m. 40 de tour sur 2 m. 66 de long. Prix : 0 fr. 40. Essence : aune.

RAMIERS.

1. *Définition.* — On nomme ramiers les perches de taillis et les branchages, immédiatement après l'abatage et lorsqu'ils ne sont pas encore façonnés. (Parade.)

2. *Nettoiement.* — Le relèvement des ramiers fait partie du nettoiement des coupes. En cas de retard, outre l'amende de l'article 37 du code forestier, ces travaux peuvent être faits aux frais de l'adjudicataire. (Cass. 20 novembre 1834.) V. Façonnage. Nettoiement.

3. *Epoque. Retard. Pénalités.* — Le façonnage des ramiers doit être effectué au 1er juin, ou au 15 juillet pour les bois écorcés. (Cah. des ch. 21.)

Ces époques peuvent être modifiées par les clauses spéciales. (Circ. N 140.)

En cas d'inexécution :

Amende : 50 à 500 francs. (Cod. For. 37.)
Dommages-intérêts facultatifs. (Cod. For. 37.)

RAMILLE.

Définition. — Petites branches servant à faire des bourrées. V. Bois mort.

RAPATRONAGE.

1. *Définition.* — Nom de l'opération consistant dans le rapprochement du bois dont le prévenu a été trouvé nanti avec la tige ou la souche fraîchement coupée en forêt.

2. *Fait matériel.* — Le rapatronage, d'où on conclut et constate l'identité des bois, constitue un fait matériel, faisant foi jusqu'à inscription de faux. (Cass. 12 février 1847.)

3. *Opération.* — Le rapatronage doit toujours être opéré, en présence comme en l'absence du prévenu. (Livret des préposés, art. 23.) V. Perquisition.

4. *Invitation. Prévenu.* — Le prévenu doit toujours être interpellé d'assister au rapatronage ; en cas de refus, le garde en fait mention au procès-verbal. (Livret des préposés, art. 23.)

5. *Obligation.* — Le rapatronage n'est pas légalement obligatoire, lorsque les gardes ont des indices suffisants pour constater l'identité des bois. (Cass. 17 juin 1824.)

6. *Preuves.* — Le rapatronage ou ressouchement est inutile, lorsque les arbres coupés portent l'empreinte du marteau ou lorsque les gardes reconnaissent positivement les bois à des signes certains. (Cass. 20 novembre 1835.)

RAPPEL.

1. *Époque.* — A la fin de chaque mois, et plus fréquemment, s'il y a lieu, on peut adresser des bulletins de rappel pour les affaires dont l'expédition ne peut être retardée sans inconvénients pour le service. (Circ. A 391 bis. Form. série 12, n° 6.)

2. *Envoi.* — Les bulletins de rappel pour l'administration sont adressés sans lettre d'envoi. (Circ. A 391 bis.)

RAPPORT.

Affaires, 5.
Enregistrement, 9.
Entretien, 2, 3.
Envoi, 8.
Expédition, 6.
Formules, 1, 2, 10.
Hiérarchie, 7.
Pépinières centrales, 11.
Périmètre de restauration, 10.
Politesse, 4.
Propositions annuelles, 10.
Qualification, 4.
Rédaction, 1.
Repeuplement, 2.
Routes forestières, 3.
Travaux en régie, 10.

1. *Formules. Rédaction.* — Les rapports sont rédigés sur les imprimés série 12, n° 28. Ils doivent se composer de quatre parties distinctes, dans un ordre constamment le même et qu'on doit traiter successivement.

Dans la première, on indique succinctement la nature de l'affaire à traiter. Elle se formule par l'analyse soit de la demande de la partie intéressée, soit de l'ordre de service reçu, soit enfin, dans le cas d'une proposition spontanée, de la question sur laquelle on veut appeler l'attention de l'administration.

Dans la seconde, on expose les faits et renseignements révélés par la reconnaissance des lieux ou l'instruction de l'affaire. Elle forme la partie principale du rapport et doit, avant tout, présenter les circonstances matérielles, qu'elle rapporte avec la plus rigoureuse sincérité et une fidélité pour ainsi dire photographique, permettant aux agents supérieurs d'asseoir leur opinion.

Dans la troisième, on appréciera les faits et on préparera les conclusions.

Dans la quatrième, on donnera les conclusions, qui doivent toujours être formulées sans ambiguïté et d'une manière catégorique.

Ainsi présenté, le rapport offre successivement l'énoncé de l'affaire, l'exposition des faits ou renseignements, les appréciations, enfin les conclusions de l'auteur.

2. *Repeuplement. Formule.* — Les rapports sur les travaux de repeuplement neufs et d'entretien doivent être rédigés sur la formule série 3, n° 28. (Circ. N 168.)

3. *Routes forestières. Entretien.* — Les rapports produits à l'appui des demandes de crédits pour travaux d'entretien de routes forestières doivent être établis sur une formule spéciale, série 3, n° 37. (Circ. N 333.)

4. *Qualifications. Politesse.* — Dans les rapports et actes, on doit cesser d'employer les mots : *le sieur, la dame, le nommé,* et faire précéder le nom de l'abréviation M. ou Mme. Suivant les cas, on pourra supprimer l'abréviation. (Circ. N 294. Notes de l'Admin. des 17 décembre 1883 et 22 mai 1886.) V. Instruction des affaires. Reconnaissance.

5. *Affaires.* — On ne doit pas traiter deux affaires dans le même rapport. (Circ. A 114.)

6. *Expédition.* — Les rapports sont fournis en simple expédition. (Circ. A 584.)

7. *Hiérarchie.* — Tous les rapports sont transmis par la voie hiérarchique. (Ord. 15.)

8. *Envoi.* — Les gardes et les agents doivent adresser leurs rapports à leurs chefs immédiats. (Ord. 15 et 27.)

9. *Enregistrement.* — Les rapports, lorsqu'ils doivent être enregistrés, sont soumis au droit fixe de 3 francs, en principal. (Loi du 22 frimaire an VII, art. 68. Loi du 18 mai 1850, art. 8. Loi du 28 février 1872, art. 4.)

10. *Périmètres de restauration. Travaux en régie. Propositions annuelles.* — Le rapport justificatif est établi sur la formule série 7, n° 37 ; il expose nettement l'opportunité des travaux projetés ; il ne saurait être une reproduction des prescriptions du devis, et il est rédigé en suivant l'ordre adopté dans le détail estimatif.

Les tableaux en tête doivent être remplis, pour chaque série, avec le plus grand soin, en supposant que tous les travaux projetés pour l'exercice en cours seront intégralement exécutés ; la justification des travaux d'entretien des pépinières volantes ou bandes de pépinières devra contenir notamment un état faisant connaître les années et saisons des ensemencements et les quantités par essence en milliers de plants à utiliser ; celle des travaux de réfection indiquera la nature des travaux précédemment effectués, la date de leur exécution et leur degré de réussite. (Lettre de la direction du 12 août 1891.)

11. *Pépinières centrales.* — Le rapport justificatif (Form. série 12, n° 28), relatif aux pépinières centrales, renfermera un tableau faisant connaître, comme pour les pépinières volantes, les années et saisons des ensemencements et les quantités (par essence) en milliers de plants à utiliser. (Lettre de la direction du 12 août 1891.)

RAPPORT SOUTENU.

Définition. — On dit d'une forêt qu'elle est en état de *rapport* ou de *rendement soutenu*, lorsque les exploitations sont réglées de manière à ce que le contingent des coupes annuelles soit égal à la production ligneuse de l'année. V. Possibilité.

RAQUETTE.

Chasse. Délit. — Le fait de tendre des raquettes pour prendre des petits oiseaux, alors qu'un arrêté préfectoral n'autorise la chasse de ces oiseaux qu'au fusil, constitue un délit de chasse avec engin prohibé. Celui qui tend des raquettes posées par un tiers est punissable, comme auteur ou complice du délit. (Dijon, 9 décembre 1874.)

RASSEMBLEMENT.

1. *Nombre.* — On ne doit pas entendre par rassemblement une réunion qui n'excéderait pas le nombre de quatre individus. (Loi du 10 vendémiaire an IV. Cass. 27 août 1813.) V. Réunion.

2. *Armé.* — L'attroupement est armé : 1° quand plusieurs des individus qui le composent sont porteurs d'armes apparentes ou cachées ; 2° lorsqu'un seul de ces individus n'est pas expulsé de l'attroupement par ceux qui le composent. (Loi du 7 juin 1848.)

3. *Dispersion. Sommation.* — Lorqu'un attroupement armé ou non armé sera formé sur la voie publique, le maire ou l'un de ses adjoints, le commissaire de police ou tout autre agent dépositaire de la force publique, portant l'écharpe tricolore, se rendra sur le lieu de l'attroupement et lui fera des sommations au son du tambour, pour le faire dissoudre. (Loi du 7 juin 1848.)

4. *Agent. Préposé.* — Les chefs de cantonnement réunissent au besoin les gardes sous leurs ordres, en tel nombre qu'ils jugent convenable, mais de manière que le service n'en souffre pas, et se mettent à leur tête pour dissiper les rassemblements des délinquants, en arrêter ou reconnaître les auteurs. (Instr. du 16 ventôse an X.)

5. *Délit. Responsabilité.* — Chaque commune est responsable des délits commis à force ouverte ou par violence, sur son territoire, par des rassemblements armés ou non armés, soit envers les personnes, soit contre les propriétés publiques ou privées, ainsi que des dommages-intérêts auxquels ils donneront lieu. (Loi du 5 avril 1884, art. 106.)

Si les rassemblements sont formés d'habitants de plusieurs communes, toutes ces communes seront responsables de la réparation, des dommages-intérêts et de l'amende. (Montpellier, 3 juin 1873. Loi du 5 avril 1884, art. 107.)

Si la commune a pris toutes les mesures qui étaient en son pouvoir, à l'effet de prévenir les rassemblements ou d'en faire connaître les auteurs, elle demeurera déchargée de toute responsabilité. (Loi du 5 avril 1884, art. 108.)

RATIFICATION.

Définition. — Confirmation ou approbation d'un acte.

RATURE.

1. *Comptabilité.* — Les pièces justificatives de dépenses qui présentent des ratures ne peuvent être admises sans l'approbation du nombre, en toutes lettres, des mots rayés *comme nuls*, signée, selon le cas, par ceux qui ont arrêté les mémoires, états ou autres titres, ou par ceux qui ont souscrit les quittances, et par l'agent administratif qui a visé les pièces.

L'approbation d'une rature faite simplement par une interligne au dessus de la signature primitive, sans apposition d'une nouvelle signature, n'est pas valable. (Circ. N 104, § 1, n° 22.) V. Ecriture. Renvoi.

2. *Copies. Procès-verbal* — Les ratures et surcharges non approuvées de la copie du procès-verbal remise au prévenu ne peuvent en rien influer sur la validité de l'original. (Nancy, inédit, 24 avril 1824.)

RAVALEMENT.

Définition. — Coupe à fleur de terre des souches qui, dans les exploitations précédentes, avaient été laissées trop élevées. (Parade.) V. Etoc.

RAVIN.

Définition. — Dépression du terrain produite par les érosions de l'eau, après des orages. Diminutif du torrent. V. Cours d'eau. Torrent.

RÉARPENTAGE.

Abrogation, 21.
Adjudicataire, 2, 4.
Affectataire, 19.
Annulation, 6.
Arpenteur, 4, 9.
Assistance, 2.
Attributions, 10.
Citation, 3.
Convocation, 2.
Copie, 14.
Coupes délivrées, 18.
Délai, 6, 7.
Dépôt, 13.
Enregistrement, 15, 16, 17.
Epoque, 1.
Erreur, 14.
Exécution, 9.
Expédition, 11.
Forme, 12.
Frais, 20.
Jour, 5.
Libération, 8.
Minute, 11, 13.
Mise en demeure, 7.
Opération, 1.
Rédaction, 12.
Renvoi, 5.
Responsabilité, 8.
Timbre, 16.

1. *Opération. Époque.* — Il sera procédé au réarpentage des coupes, dans les trois

mois qui suivront le terme fixé pour la vidange. (Cod. For. 47.)

2. *Adjudicataire. Convocation. Assistance.* — L'adjudicataire ou son cessionnaire sera tenu d'assister au réarpentage, et il lui sera, à cet effet, signifié, au moins dix jours d'avance, un acte contenant l'indication du jour où se fera le réarpentage; faute par lui de se trouver sur les lieux ou de s'y faire représenter, le procès-verbal de réarpentage sera réputé contradictoire. (Cod. For. 48.)

3. *Citation.* — Les citations à réarpentage rédigées en minute par les agents forestiers chefs de service, avec une seule expédition pour l'adjudicataire, sont signifiées par les gardes, soit au domicile réel, soit au domicile élu par l'adjudicataire, soit au secrétariat de la sous-préfecture. (Circ. A 417.)

4. *Arpenteurs. Adjudicataires.* — Les adjudicataires ont le droit d'appeler un arpenteur de leur choix, pour assister au réarpentage auquel ils sont cités, comme pour le récolement, par un acte signifié dix jours à l'avance et indiquant le jour de l'opération, qui, dès lors, est contradictoire, en l'absence comme en la présence de l'adjudicataire. (Cod. For. 48, 49.)

5. *Jour. Renvoi.* — En cas d'empêchement au jour indiqué, on dresse un procès-verbal constatant le transport sur les lieux, les causes qui ont empêché d'opérer et le renvoi à un nouveau jour. (Montpellier, 14 décembre 1835.)

6. *Annulation. Délai.* — Dans le délai d'un mois après la clôture des opérations, l'administration et l'adjudicataire pourront requérir l'annulation du procès-verbal pour défaut de forme ou pour fausse énonciation. Ils se pourvoiront, à cet effet, devant le conseil de préfecture, qui statuera. En cas d'annulation, l'administration pourra, dans le mois qui suivra, y faire suppléer par un nouveau procès-verbal. (Cod. For. 50.) V. Récolement.

7. *Délai. Mise en demeure.* — Trois mois après la vidange, les adjudicataires peuvent mettre l'administration en demeure, par acte extrajudiciaire signifié à l'agent forestier local, d'effectuer le réarpentage, et, s'il n'y est pas procédé dans le mois qui suit la signification de cet acte, l'adjudicataire se trouve libéré par ce seul fait. (Cod. For. 47. Proc. Civ. 1039.)

8. *Libération. Responsabilité.* — L'adjudicataire ne peut être libéré que par les formalités indiquées à l'article 47 du code forestier, et rien ne les remplace. (Cass. 19 juin 1840.)

Si la sommation faite d'après l'article 1039 du code de procédure civile est nulle, l'adjudicataire demeure responsable.

9. *Exécution. Arpenteur.* — Le réarpentage des coupes sera exécuté par un arpenteur autre que celui qui aura fait le premier mesurage, mais en présence de celui-ci ou lui dûment appelé. (Ord. 97, 134.)

10. *Attributions.* — Les réarpentages des coupes étaient placés dans les attributions du service ordinaire. (Circ. A 604.)

11. *Minute. Expédition.* — Les agents conservaient la minute des procès-verbaux de réarpentage; ils en remettaient deux expéditions aux agents chefs de service, et une troisième seulement pour les coupes dans lesquelles des surmesures avaient été reconnues. (Circ. A 417.)

12. *Rédaction. Forme.*—Les procès-verbaux de réarpentage étaient dressés dans la même forme que les procès-verbaux d'arpentage. (Circ. A 604.)

13. *Minute. Dépôt.* — Les minutes des procès-verbaux de réarpentage faits par les agents étaient déposées à l'inspection. (Circ. A 604.)

14. *Copie. Erreur.* — Sauf les cas où le procès-verbal de réarpentage aurait constaté une différence de plus d'un centième de la contenance totale de la coupe, il n'était pas fait de copie du procès-verbal de réarpentage. (Circ. A 604.)

15. *Enregistrement.* — Les procès-verbaux de réarpentage devaient être enregistrés avant les poursuites. (Cass. 1er septembre 1809.)

16. *Timbre. Enregistrement.* — Les procès-verbaux de réarpentage devaient être soumis à la formalité du timbre et de l'enregistrement, dans *les deux mois de leur date* et au bureau de la résidence de l'agent qui les avait rédigés. (Décis. Min. du 12 juillet 1822. Circ. A 65.)

17. *Enregistrement.* — Les procès-verbaux de réarpentage étaient des actes d'administration, exempts d'enregistrement, excepté lorsqu'ils servaient de base à des poursuites. V. Arpentage.

18. *Coupes délivrées.* — Il était inutile de faire le réarpentage des coupes communales délivrées en nature. (Lettre de l'Admin. 13 mai 1830. Circ. A 235 ter.)

19. *Affectataires.* — Les agents forestiers réarpenteront les coupes délivrées aux affectataires. (Ord. 109.) V. Affectation.

20. *Frais.* — Il n'était alloué, à raison des réarpentages, aucun frais de déplacement, d'expédition, de porte-chaîne et de bûcheron. (Circ. A 604.)

21. *Abrogation.* — Depuis que les ventes des coupes ont lieu sans garantie de contenance, les dispositions concernant les réarpentages paraissent virtuellement abrogées.

RÉASSIGNATION.

Formalités. — Les formalités prescrites par l'article 172 du code forestier, pour les citations, ne sont applicables qu'aux exploits introductifs d'instance, et non pas aux réassignations. (Cass. 24 septembre 1835.) Telle est l'obligation de laisser copie du procès-verbal.

RÉBELLION.

1. *Définition.* — Toute attaque, résistance avec violence et voies de fait, envers les gardes champêtres et forestiers agissant pour l'exécution des lois et par ordre de l'autorité, est qualifiée, selon les circonstances, crime ou délit de rébellion. (Cod. Pén. **209.**)

2. *Nombre. Armes. Pénalités.* — Si la rébellion a été commise par une ou deux personnes, pénalités :

Avec des armes :

Prison : 6 mois à 2 ans. (Cod. Pén. 212.)

Sans armes :

Prison : 6 jours à 6 mois. (Cod. Pén. 212.)
Amende : 16 à 200 francs. (Cod. Pén. 218.)

Si la rébellion a été commise par une réunion de trois jusqu'à vingt personnes ;

Avec des armes :

Réclusion. (Cod. Pén. 211.)

Sans armes :

Prison : 6 mois à 2 ans. (Cod. Pén. 211.)
Amende : 16 à 200 francs. (Cod. Pén. 218.)

Si la rébellion a été commise par plus de vingt personnes armées :

Travaux forcés à temps. (Cod. Pén. 210.)

S'il n'y a pas eu port d'armes :

Réclusion. (Cod. Pén. 210.)

3. *Dispersion. Pénalité.* — En cas de rébellion par bandes, les rebelles sans emploi qui se seront retirés au premier avertissement de l'autorité n'encourront aucune peine. (Cod. Pén. 100, **213.**)

4. *Chefs. Pénalité.* — Les chefs d'une rébellion et ceux qui l'ont provoquée pourront être condamnés à rester, après l'expiration de leur peine, sous la surveillance de la haute police de 5 à 10 ans. (Cod. Pén. **221.**)

REBOISEMENT.

SECT. I. — GÉNÉRALITÉS, 1 — 7.

SECT. II. — EXÉCUTION DES TRAVAUX, 8—27.

§ 1. *Travaux obligatoires,* 8 — 20.

A. *Déclaration d'utilité publique,* 8 — 11.

B. *Travaux exécutés par l'État,* 12.

C. *Travaux exécutés par les propriétaires des terrains et par les associations syndicales,* 13 — 20.

§ 2. *Travaux facultatifs,* 21 — 27.

SECT. III. — SURVEILLANCE, GESTION, 28 — 31.

SECT. IV. — ÉTATS, COMPTE RENDU, 32 — 33.

SECT. V. — ANCIENS PÉRIMÈTRES, 34 — 37.

Abandon, 37.
Abrogation des anciennes lois, 34.
Acquisition, 12, 36.
Approbation, 14.
Arrachis de plants, 6.
Communes, 16.
Contenance, 32.
Contrôle, 29.
Créances, 37.
Crédit, 18.
Définition, 1.
Défrichement, 3, 4.
Délai, 35, 36.
Dépôt, 11.
Désignation des parcelles, 10.
Droit d'usage, 2.
Engagement, 13, 14.
Estimation, 24.
Etablissements publics, 16.
Etat d'assiette, 32.
Etats de situation, 33.
Exécution des travaux, 18, 25.
Exemption d'impôts, 5.
Expropriation, 12.
Formalités, 16.
Gardes, 28.
Influence, 7.
Indemnités, 19.
Indications, 23.
Inexécution des travaux, 20.
Jeunes bois, 4.
Journées, 18.
Loi, 8, 11, 34.
Maintien de la propriété, 16.
Mesures de protection, 9.
Moyens d'exécution, 14.
Notification, 24, 35.
Paiement, 19, 26.
Pénalités, 6.
Périmètre, 8, 10, 11.
Plan, 11.
Préfets, 7.
Principe, 1.
Régime forestier, 30, 31.
Renonciation à la propriété, 17.
Renseignements, 27.
Répétition, 25.
Revision, 35.
Situation, 33.
Subvention, 21, 22, 23, 26, 27, 29, 30, 31.
Surveillance, 28, 29.
Suspension des travaux, 6.
Terrain vide, 2.
Travaux, 9.
Utilité publique, 8, 10.

V. Exemption d'impôt. Expropriation. Graines. Périmètre. Plants. Restauration des terrains en montagne. Subvention. Travaux. Utilité publique.

SECT. I. — GÉNÉRALITÉS.

1. *Principe. Définition.* — Le reboisement n'est plus, en réalité, qu'une portion des travaux faits en vue de la restauration des montagnes et comprenant notamment la correction des torrents.

D'autre part, comme le langage usuel lui attribue un sens spécial et que, d'ailleurs, il constitue par lui-même et dans certains cas une opération distincte, il a paru nécessaire de maintenir cet article sous cette rubrique, afin de faciliter les recherches.

On devra se reporter à l'article Restauration des terrains en montagne, pour le surplus et l'ensemble des dispositions se rapportant à cette œuvre.

2. *Terrain vide. Droit d'usage.* — Le propriétaire d'un terrain vague grevé d'une servitude de pâturage peut y faire des plantations et des reboisements, parce qu'il s'agit d'un acte de bonne administration, dont l'usager pourra souffrir momentanément, mais qui n'entraîne pas la privation complète de son droit ; sans cela, le domaine *utile* du terrain serait en entier à l'usager. Toutefois, l'usager aurait peut-être le droit de s'opposer à un reboisement total, qui le priverait temporairement de l'exercice de son droit, mais il ne pourrait s'opposer à un reboisement partiel et successif. (Meaume, t. II, p. 322.)

3. *Défrichement.* — La décision ministérielle qui ordonne le reboisement d'un terrain défriché sans autorisation, et ayant donné lieu à une condamnation, sera signifiée à la partie intéressée par la voie administrative. (Ord. 199. Décr. du 22 novembre 1859.)

4. *Défrichement. Jeunes bois.* — Le paragraphe 1er de l'article 224 du code forestier, qui autorise le défrichement des jeunes bois pendant les vingt premières années après leur semis ou plantation, n'est applicable, dans aucun cas, aux reboisements effectués en exécution de la loi sur le reboisement des montagnes. (Loi du 4 avril 1882, art. 6.)

5. *Exemption d'impôts.* — Mais les bois ainsi créés bénéficient, sans exception, de l'exemption d'impôts établie pendant trente ans par l'article 226 du code forestier. (Loi du 4 avril 1882, art. 6.)

6. *Arrachis de plants. Suspension des travaux. Pénalités.* — Lorsque, le même jour, des femmes excitées par leurs maris ont arraché de jeunes plants dans un périmètre de reboisement et que, au moment de la constatation de ce délit forestier, elles se sont portées contre les préposés forestiers à de telles voies de fait que les travaux de reboisement ont dû être suspendus, il y a lieu de prononcer contre chacune des prévenues les peines d'emprisonnement édictées par l'article 195 du code forestier, sans préjudice de celles prononcées par l'article 438 du code pénal.

Dans ce cas, le tribunal saisi de la double poursuite du ministère public et de l'administration des forêts peut statuer, par deux jugements séparés, sur le délit forestier et sur le délit de droit commun d'opposition à la confection des travaux ordonnés par le gouvernement, sans qu'il y ait lieu de se préoccuper de l'article 365 du code d'instruction criminelle, qui prohibe le cumul des peines. (Trib. d'Embrun, 23 mai 1884.)

7. *Préfet. Influence.* — Les préfets doivent user de leur influence pour provoquer le reboisement des terrains communaux situés en montagne et autrefois boisés. (Circ. A 495.)

SECT. II. — EXÉCUTION DES TRAVAUX.

§ 1. *Travaux obligatoires.*

A. *Déclaration d'utilité publique.*

8. *Utilité publique. Loi. Périmètre.* — L'utilité publique des travaux de restauration, rendus nécessaires par la dégradation du sol et des dangers nés et actuels, ne peut être déclarée que par une loi, précédée d'une enquête et fixant le périmètre des terrains sur lesquels ces travaux doivent être exécutés. (Loi du 4 avril 1882, art. 2. Instr. Gén. du 2 février 1885, art. 1. Circ. N 345.)

9. *Travaux. Mesures de protection.* — Il est pourvu à la restauration et à la conservation des terrains en montagne, soit au moyen de travaux exécutés par l'Etat ou par les propriétaires, avec subvention de l'Etat, soit au moyen de mesures de protection. (Loi du 4 avril 1882, art. 1.)

10. *Périmètre. Désignation des parcelles.* — L'administration des forêts désigne le périmètre des terrains dont elle estime que la restauration est d'utilité publique, en indiquant, dans le tableau parcellaire qui accompagne le procès-verbal de la reconnaissance des lieux, le numéro de la matrice cadastrale, la contenance, le nom du propriétaire, le revenu imposable et le mode de jouissance adopté jusque-là. (Décr. du 11 juillet 1882, art. 1 et 2.)

11. *Loi. Plan du périmètre. Dépôt.* — La loi instituant un périmètre de restauration est publiée et affichée dans les communes intéressées; un duplicata du plan est déposé à la mairie de chacune d'elles. (Loi du 4 avril 1882, art. 3. Instr. Gén. du février 1885, art. 25. Circ. N 345.)

B. *Travaux exécutés par l'Etat.*

12. *Acquisitions amiables. Expropriation.* — Dans le périmètre fixé par la loi, les travaux de restauration sont exécutés par les soins de l'administration et aux frais de l'Etat, qui, à cet effet, devra acquérir, soit à l'amiable, soit par expropriation, les terrains reconnus nécessaires. (Loi du 4 avril 1882, art. 4. Instr. Gén. du 2 février 1885, art. 28. Circ. N 345.) V. Restauration des terrains en montagne.

C. *Travaux exécutés par les propriétaires des terrains et par les associations syndicales.*

13. *Engagement.* — Si les propriétaires des parcelles comprises dans le périmètre des travaux de restauration des montagnes (reboisement) acceptent les conditions notifiées, concernant l'exécution des travaux à effectuer, ils remettent en double minute au conservateur et dans un délai de quinze jours l'engagement, mentionné dans l'article 4 de la loi du 4 avril 1882, d'exécuter dans le délai à eux imparti, avec ou sans indemnité, aux clauses et conditions stipulées entre eux, les travaux de restauration qui leur seront indiqués et à pourvoir à leur entretien, sous le contrôle et la surveillance de l'administration forestière. (Décr. du 11 juillet 1882, art. 9. Instr. Gén. du 2 février 1885, art. 93. Circ. N 345.)

14. *Engagement. Moyen d'exécution. Approbation.* — L'engagement d'exécuter et d'entretenir les travaux de restauration doit

contenir la justification des moyens d'exécution. Il est soumis à l'approbation du ministre de l'agriculture.

En cas d'approbation, mention en est faite sur l'une des minutes, qui est rendue au propriétaire. (Décr. du 11 juillet 1882, art. 9. Instr. Gén. du 2 février 1885, art. 93. Circ. N 345.)

15. *Formalités. Renonciation à la propriété.* — A défaut de déclaration ou d'acceptation dans les délais précités, les propriétaires sont réputés renoncer à conserver la propriété de leur terrain. (Décr. du 11 juillet 1882, art. 9. Instr. Gén. du 2 février 1885, art. 95. Circ. N 345.)

16. *Formalités. Maintien de la propriété. Communes et établissements publics.* — Dans le délai de trente jours, après la publication de la loi déclarant l'utilité publique des travaux et la notification, prescrite par l'article 3 de la loi du 4 avril 1882, de l'extrait du projet et des plans contenant les indications des parcelles leur appartenant et comprises dans le périmètre des travaux de restauration des terrains en montagne, les communes et établissements publics, propriétaires des terrains compris dans les périmètres fixés par la loi déclarative de l'utilité publique, ainsi que les associations syndicales autorisées, font connaître au préfet, par une déclaration motivée, leur intention de bénéficier des dispositions de l'article 4 de la loi du 4 avril 1882, c'est-à-dire de conserver la propriété de leurs terrains.

L'administration des forêts leur notifie, par l'intermédiaire du préfet, les travaux à effectuer sur leurs terrains, les clauses, conditions et délai d'exécution, ainsi que le montant des indemnités qui pourront leur être accordées.

Dans le délai de trente jours, à compter de cette notification, les communes et les établissements publics font connaître au préfet, par une délibération motivée, qu'ils acceptent ces conditions. (Décr. du 11 juillet 1882, art. 10. Instr. Gén. du 2 février 1885, art. 90, 92, 94. Circ. N 345.)

17. *Renonciation à la propriété.* — A défaut, par la commune ou l'établissement public propriétaire, de déclaration ou d'acceptation, dans le délai de trente jours, des conditions qui leur ont été notifiées, les travaux de restauration sont exécutés dans les conditions indiquées par le paragraphe 1er de l'article 4 de la loi du 4 avril 1882, c'est-à-dire par l'Etat, après acquisition du terrain, soit à l'amiable, soit par expropriation. (Décr. du 11 juillet 1882, art. 10. Instr. Gén. du 2 février 1885, art. 95. Circ. N 345.)

18. *Exécution des travaux. Crédit. Journées. Déchéance.* — Le conseil municipal ou la commission administrative alloue, chaque année, les crédits ou les journées de prestation fixés par les conventions comme nécessaires, tant pour l'exécution des travaux neufs sur les terrains appartenant aux communes et établissements publics que pour l'entretien des travaux effectués.

Le refus d'allocation entraîne de plein droit la déchéance de la faculté, accordée par le paragraphe 2 de l'article 4 de la loi du 4 avril 1882, de conserver la propriété de leurs terrains. (Décr. du 11 juillet 1882, art. 11. Instr. Gén. du 2 février 1885, art. 103. Circ. N 345.)

19. *Indemnités. Paiement.* -- L'indemnité accordée n'est payée qu'après exécution des travaux, au vu d'un procès-verbal de réception (form. série 7, nº 33) dressé par l'agent forestier local et sur l'avis du conservateur. (Decr. du 11 juillet 1882, art. 12. Instr. Gén. du 2 février 1885, art. 96. Circ. N 345.)

20. *Inexécution des travaux.* — En cas d'inexécution dans les délais fixés, de mauvaise exécution ou de défaut d'entretien, constatés par le conservateur des forêts ou son délégué, contradictoirement ou en l'absence des propriétaires dûment convoqués, une décision du ministre de l'agriculture ordonne qu'il soit procédé conformément au paragraphe 1er de l'article 4 de la loi du 4 avril 1882, c'est-à-dire que les travaux soient effectués par l'Etat, après acquisition du terrain, soit par voie amiable, soit par expropriation. (Décr. du 11 juillet 1882, art. 12. Instr. Gén. du 2 février 1885, art. 99. Circ. N 345.)

§ 2. *Travaux facultatifs.*

21. *Subventions.* — Dans les pays de montagne, en dehors même des périmètres établis, des subventions continueront à être accordées aux communes, aux associations pastorales, aux fruitières, aux établissements publics, aux particuliers, à raison des travaux entrepris par eux pour l'amélioration, la consolidation du sol et la mise en valeur des pâturages. (Loi du 4 avril 1882, art. 5. Instr. Gén. du 2 février 1885, Circ. N 345.)

22. *Demande de subvention.* — Les propriétaires de terrains en montagne qui désirent prendre part aux subventions à accorder par l'Etat, aux termes de l'article 5 de la loi du 4 avril 1882, doivent en adresser la demande au conservateur des forêts. S'il s'agit d'une commune, d'une association pastorale, d'une fruitière ou d'un établissement public, la demande doit être adressée au préfet, qui la transmet au conservateur, avec son avis motivé. (Décr. du 11 juillet 1882, art. 14. Instr. Gén. du 2 février 1885, art. 208. Circ. N 345.)

23. *Délivrances de subventions. Indications.* — Ces subventions consistent soit en délivrance de graines et de plants, soit en

argent, soit en travaux. (Loi du 4 avril 1882, art. 5.) Elles sont accordées par le ministre de l'agriculture. (Décr. du 11 juillet 1882, art. 14. Instr. Gén. du 2 février 1885, art. 207, 208. Circ. N 345.)

24. *Estimation. Notification.* — Les subventions en graines ou plants allouées aux communes, aux associations pastorales, aux fruitières, aux établissements publics et aux particuliers sont estimées en argent. Avant la délivrance, l'estimation est notifiée aux propriétaires et acceptée par eux. (Décr. du 11 juillet 1882, art. 15. Inst. Gén. du 2 février 1885, art. 213. Circ. N 345.)

25. *Répétition. Mauvaise exécution.* — Le montant des subventions en graines ou plants peut être répété par l'Etat, en cas d'inexécution des travaux, de détournement d'une partie des graines ou des plants ou de mauvaise exécution constatée par les agents forestiers, contradictoirement ou en l'absence des propriétaires dûment convoqués. (Décr. du 11 juillet 1882, art. 15. Instr. Gén. du 2 février 1885, art. 213. Circ. N 345.)

26. *Subvention en argent. Paiement.* — Les subventions en argent sont payées après l'exécution des travaux, au vu d'un procès-verbal de réception dressé par l'agent forestier local et sur l'avis du conservateur. (Décr. du 11 juillet 1882, art. 15. Instr. Gén. du 2 février 1885, art. 212. Circ. N 345.)

27. *Renseignements. Emploi des subventions.* — Les particuliers doivent fournir des bulletins de renseignements statistiques sur l'emploi des subventions. En cas de refus, toute nouvelle délivrance cesserait de plein droit. (Circ. N 193.)

SECT. III. — SURVEILLANCE. GESTION.

28. *Gardes. Surveillance.* — Les gardes domaniaux appelés à veiller à l'exécution et à la conservation des travaux dans les périmètres de reboisement et de gazonnement seront chargés, en même temps, de la constatation des infractions aux mises en défens, aux règlements sur les pâturages, et de la surveillance des bois des communes assujetties à l'application de la loi sur la restauration et la conservation des terrains en montagne. (Loi du 4 avril 1882, art. 22.)

29. *Contrôle. Surveillance.* — Les travaux neufs ou d'entretien effectués sur leurs terrains, avec ou sans indemnité, par les particuliers, les communes ou les établissements publics, sont soumis au contrôle et à la surveillance de l'administration des forêts.

Les travaux entrepris à l'aide de subventions de l'Etat sont exécutés sous le contrôle et la surveillance des agents forestiers. (Décr. du 11 juillet 1882, art. 12 et 15. Instr. Gén. du 2 février 1885, art. 211, 214. Circ. N 345.)

30. *Régime forestier. Soumission.* — Sont soumis de plein droit au régime forestier les terrains appartenant aux communes et aux établissements publics, sur lesquels des travaux de reboisement sont entrepris à l'aide de subventions de l'Etat. (Décr. du 11 juillet 1882, art. 16. Instr. Gén. du 2 février 1885, art. 216. Circ. N 345.)

31. *Distraction du régime forestier. Restitution des subventions.* — La restitution des subventions peut être requise dans le cas où les terrains à restaurer viendraient à être distraits du régime forestier. Cette restitution est ordonnée par un arrêté du préfet, provoqué par le conservateur, après autorisation de l'administration. (Décr. du 11 juillet 1882, art. 16. Instr. Gén. du 2 février 1885, art. 216. Circ. N 345.)

SECT. IV. — ÉTATS. COMPTES RENDUS.

32. *Terrains communaux. Etat d'assiette. Contenance.* — Tous les terrains communaux sur lesquels des travaux de reboisement auront été entrepris à l'aide de subventions en argent ou en nature fournies par l'Etat seront portés sur les états d'assiette, pour la contenance que les conseils municipaux auront déclaré vouloir repeupler en bois. (Circ. N 147.)

33. *Etats de situation.* — Tous les ans, il sera dressé par département un état de situation des reboisements facultatifs (modèle F et F[1]), faisant connaître la nature des travaux neufs et d'entretien effectués et la dépense totale. Cet état donnera la situation au 31 décembre et sera transmis le 31 mars de chaque année. (Circ. N 147.)

SECT. V. — ANCIENS PÉRIMÈTRES.

34. *Lois abrogées.* — Les lois du 28 juillet 1860 (reboisement) et du 8 juin 1864 (gazonnement) sont abrogées, ainsi que le décret du 10 novembre 1864. (Loi du 4 avril 1882, art. 16. Décr. du 11 juillet 1882, art. 32.)

35. *Revision. Délai. Notification.* — Les anciens périmètres décrétés d'utilité publique ont fait l'objet d'une revision qui a été opérée dans le délai de trois ans, à partir du 4 avril 1882, et la liste des parcelles maintenues dans les nouveaux périmètres a été notifiée aux propriétaires intéressés. (Loi du 4 avril 1882, art. 16.)

36. *Acquisition des terrains. Délai.* — Dans les cinq ans, à partir de la promulgation de la présente loi, l'administration a dû traiter avec les communes, les établissements publics et les particuliers pour l'acquisition des parcelles maintenues dans les périmètres de reboisement. (Loi du 4 avril 1882, art. 18.)

37. *Créances. Abandon.* — L'Etat a fait abandon des créances qu'il avait à faire valoir contre les communes et les établissements

publics, en vertu des lois du 28 juillet 1860 et du 8 juin 1864, sur les anciens périmètres reboisés ou gazonnés. (Loi du 4 avril 1882, art. 20.)

RECEL.

1. *Présomption légale. Bois de délit.* — En matière de recel de bois coupés et enlevés en délit et par dérogation aux règles du droit commun, la présomption légale de fraude résulte du seul fait de la détention.

Cette présomption, toutefois, peut être débattue par la preuve contraire.

Est souveraine, l'appréciation de fait d'un arrêt qui déclare expressément que la présomption de fraude existant contre le prévenu a été détruite par les témoignages produits à l'audience. (Cass. 21 juin 1884. Cass. 15 juin 1887.)

2. *Pénalité.* — Ceux qui auront sciemment recelé tout ou partie des bois coupés en délit seront punis comme complices, c'est-à-dire de la même peine que les auteurs du délit. (Cod. Pén. 59, 62.) V. Complice.

RECEPAGE.

1. *Définition.* — Coupe à fleur de terre des jeunes brins, dans le but de leur faire pousser de nouvelles tiges.

2. *Autorisation.* — Les conservateurs des forêts autoriseront les recepages dans les forêts domaniales, communales et d'établissements publics. (Décr. du 17 février 1888. Circ. N 395.)

3. *Bois domaniaux. Coupes. Vente.* — Dans les forêts domaniales, les conservateurs décideront si les recepages seront vendus en bloc sur pied ou par unités de marchandises. Ils pourront aussi en autoriser l'exploitation par les préposés ou par les concessionnaires. Mais, si l'exploitation doit avoir lieu par économie ou par entreprise au compte de l'Etat, l'autorisation et les crédits nécessaires devront être demandés à la direction des forêts. (Décr. du 17 février 1888. Circ. N 395.)

4. *Bois communaux. Coupes. Vente.* — Dans les forêts communales et d'établissements publics, la vente sur pied des recepages sera autorisée par les conservateurs des forêts. Quand il y aura lieu d'adopter un autre mode de réalisation, l'autorisation en sera donnée par le préfet, sur la proposition des communes ou établissements publics et après avis du conservateur. (Décr. du 17 février 1888. Circ. N 395.)

5. *Produits. Classement. Prix de vente.* — Dans les bois domaniaux, les recepages sont des produits accidentels, soit qu'ils aient lieu avec précomptage sur la possibilité, ou sans précomptage.

Le prix de la vente est encaissé par les receveurs des domaines quand il n'y a pas précomptage sur la possibilité, et par les receveurs généraux dans le cas contraire. (Circ. A 833. Circ. N 80, art. 65. Circ. N 210.)

Pour les bois communaux et d'établissements publics, les bois provenant des recepages sont considérés comme produits accessoires, quand ils ne sont pas déduits de la possibilité. (Arr. Min. du 1er septembre 1838. Circ. A 429.)

6. *Adjudication.* — Les conservateurs autoriseront et feront effectuer les adjudications des bois provenant de recepages et qui n'auront pas été vendus sur pied. (Ord. 102, 134.)

7. *Travaux. Classification.* — Les recepages dans les repeuplements naturels ou artificiels, les dunes, les reboisements ou les pépinières sont classés comme travaux d'entretien. (Circ. N 22, art. 25.)

8. *Apanage. Incendie.* — Les recepages à opérer par suite d'incendie, dans les bois possédés à titre d'apanage, peuvent être autorisés par les apanagistes, sauf à en informer l'administration des forêts. (Décis. Min. du 19 novembre 1828.)

RÉCÉPISSÉ.

1. *Date. Réclamation.* — Les ministres font délivrer, aux parties intéressées qui le demandent, un récépissé constatant la date de la réception et l'enregistrement au ministère de leurs réclamations. (Décr. du 2 novembre 1864. Cabantous.)

2. *Timbre. Chemin de fer.* — Le timbre du récépissé délivré par le chemin de fer et fourni par les agents comme pièce justificative, en remboursement des frais extraordinaires de correspondance, est à la charge des chemins de fer. (Loi du 13 brumaire an VII, art. 29. Lettre du 12 février 1864, n° 1660.) V. Transport.

3. *Visa. Titre.* — Les récépissés délivrés par les comptables du Trésor ne forment titre envers l'Etat qu'à la condition d'être soumis, dans les vingt-quatre heures de leur date, au visa du préfet ou sous-préfet. (Loi du 24 avril 1833, art. 1. Instr. Gén. de la comptabilité du 20 juin 1859, art. 558.)

4. *Réparation d'armes.* — Sur les récépissés de versement pour réparation d'armes, le conservateur doit indiquer si la retenue doit faire l'objet d'un virement avec le ministère de la guerre ou si les réparations ont été payées au moyen d'un mandat délivré au chef armurier ou à l'entrepreneur de la manufacture ; indiquer la date et le numéro du mandat. (Circ. N 275.)

RÉCEPTION.

SECT. I. — RÉCEPTIONS DIVERSES, 1 — 4.

SECT. II. — TRAVAUX EXÉCUTÉS PAR ADJUDICATION, 5 — 20.

§ 1. *Généralités*, 5 — 11.

§ 2. *Réception provisoire*, 12 — 14.

§ 3. *Réception définitive*, 15 — 20.

SECT. III. — HABILLEMENT, 21 — 23.

Acceptation, 6, 9.
Achèvement, 7, 12, 15, 16.
Acompte, 13.
Agent, 5.
Ajournement, 14.
Attachement, 6.
Attributions, 21.
Cessation des travaux, 14.
Commissions centrales, 21, 22.
Commissions locales, 23.
Coupes, 4.
Date, 16.
Décomptes, 8, 9, 11, 20.
Délai, 15.
Envoi, 17, 18.
Epoque, 4, 18.
Examen, 22, 23.
Fourniture, 2.
Garantie, 12, 15.
Graines, 2, 3.
Indication, 16.
Liquidation, 17.
Métrage, 11, 20.
Procès-verbal, 3, 22, 23.
Responsabilité, 1.
Timbre, 10, 11, 19, 20.

SECT. I. — RÉCEPTIONS DIVERSES.

1. *Responsabilité.* — On doit apporter le plus grand soin dans la constatation et la réception des travaux, parce que le paiement fait en vertu des procès-verbaux de réception est effectué sous la responsabilité personnelle des agents, envers lesquels il pourrait être intenté des poursuites en remboursement, si les procès-verbaux de réception étaient inexacts. (Circ. A **252**.)

2. *Graines. Fourniture.* — Les procès-verbaux de réception de graines devant servir de pièces justificatives à l'appui du paiement des sommes dues, il est nécessaire de faire un procès-verbal de réception spécial et séparé pour chaque fourniture et chaque fournisseur. (Note de l'Admin. du 6 décembre **1864**.)

3. *Graines. Procès-verbal.* — Le procès-verbal de réception des graines ne sera produit que lorsque l'administration demandera à un marchand d'envoyer directement à un agent des graines qu'elle n'aurait pas pu faire vérifier. (Circ. N **158**.)

4. *Coupes. Travaux. Epoque.* — Les travaux à exécuter par les adjudicataires des coupes sont reçus lors du récolement des coupes. (Circ. N **22**, art. 331.)

SECT. II. — TRAVAUX EXÉCUTÉS PAR ADJUDICATION.

§ 1. *Généralités.*

5. *Agent.* — La réception est faite par l'agent chargé de la surveillance ou, à son défaut, par un agent que désigne le conservateur.

A moins d'autorisation spéciale du conservateur, la réception provisoire des travaux soumis à garantie et la réception générale des travaux non assujettis à garantie est faite par deux agents, lorsque le montant des ouvrages exécutés atteint 5000 francs.

Quel que soit le prix de l'entreprise (inférieur à 5000 francs), le conservateur doit exiger le concours de deux agents, si la réception paraît devoir présenter des difficultés. (Circ. N **22**, art. **238**, **239**, **240**.)

6. *Attachement. Acceptation.* — Les attachements seront pris par le surveillant, au fur et à mesure de l'avancement des travaux, en présence de l'entrepreneur et contradictoirement avec lui; celui-ci devra les signer, au moment de la présentation qui lui en sera faite.

Lorsque l'entrepreneur refusera de signer les attachements ou ne les signera qu'avec réserve, il lui sera accordé un délai de dix jours, à dater de la présentation des pièces, pour formuler par écrit ses observations. Passé ce délai, les attachements seront censés acceptés par lui, comme s'ils étaient signés sans réserve. Dans ce cas, il sera dressé procès-verbal de la présentation et des circonstances qui l'auront accompagnée. Ce procès-verbal sera annexé aux pièces non acceptées. Les résultats des attachements inscrits sur les carnets des surveillants ne seront portés en compte qu'autant qu'ils auront été admis par l'agent directeur des travaux. (Cah. des ch. **45**.)

7. *Achèvement.* — Immédiatement après l'achèvement des travaux, il sera procédé à leur réception. (Cah. des ch. 43.)

8. *Décompte.* — Les agents établissent dans les procès-verbaux de réception (série 3, nº 6) le décompte de l'entrepreneur, suivant l'ordre des matières du devis; ils comprennent dans ce détail le décompte de tous les ouvrages exécutés, appliquent à ces ouvrages les prix du devis et font porter sur le total le rabais qui a été obtenu sur la mise à prix. (Circ. N **22**, art. **245**, **246**.)

9. *Décompte général. Acceptation.* — Le décompte général et définitif de l'entreprise, auquel seront joints les métrés et les pièces à l'appui, sera présenté, sans déplacement, à l'acceptation de l'entrepreneur.

Si l'entrepreneur refuse d'accepter ou s'il ne signe qu'avec réserve, il devra déduire ses motifs par écrit, dans les vingt jours qui suivront la présentation des pièces. Dans ce cas, il sera dressé procès-verbal de la présentation et des circonstances qui l'auront accompagnée.

Passé ce délai, le décompte sera censé accepté par lui, quand même il ne l'aurait pas signé ou ne l'aurait signé qu'avec une réserve dont les motifs ne seraient pas spécifiés.

Le procès-verbal de présentation devra

toujours être annexé au décompte non accepté. (Cah. des ch. 46.)

10. *Timbre.* — Les originaux des procès-verbaux de réception dressés par les agents forestiers sont exempts de timbre. (Circ. N 22, art. 248.)

11. *Décompte. Métrage. Timbre.* — Les décomptes rédigés uniquement par les agents de l'administration sont exempts de timbre, comme documents administratifs; s'ils sont revêtus de la signature de l'entrepreneur, ils doivent être soumis au timbre de dimension. (Circ. N 218.)

§ 2. *Réception provisoire.*

12. *Achèvement.* — La réception est provisoire, si les travaux sont soumis à garantie. (Circ. N 22, art. 242. Cah. des ch. 43.)

13. *Acompte.* — Lorsque le cahier des charges spéciales n'aura pas imposé l'obligation d'achever la totalité des ouvrages avant tout paiement, il pourra être procédé à des réceptions partielles et à des paiements d'acompte, tant pour la fourniture des matériaux que pour les travaux exécutés. (Cah. des ch. 47.)

14. *Cessation. Ajournement.* — En cas de cessation absolue ou d'ajournement des travaux, l'entrepreneur pourra requérir qu'il soit procédé de suite à la réception provisoire des ouvrages exécutés et à leur réception définitive, à l'expiration du délai de garantie. (Cah. des ch. 51.)

§ 3. *Réception définitive.*

15. *Achèvement.* — Si les travaux ne sont pas soumis à garantie, la réception est définitive. Dans le cas contraire, il est procédé, à l'expiration du délai de garantie, à la réception définitive. (Circ. N 22, art. 241, 242. Cah. des ch. 43.)

16. *Achèvement. Date. Indication.* — Les procès-verbaux de réception définitive doivent rappeler l'époque de l'achèvement des travaux et la date des procès-verbaux de réception provisoire, ainsi que le montant et la date des acomptes payés. (Circ. N 22, art. 247.)

17. *Envoi. Pièces. Liquidation.* — Le procès-verbal de la réception définitive, accompagné d'une copie du procès-verbal de la réception provisoire et des autres pièces de l'entreprise (décision, procès-verbal d'adjudication ou marché, cahier des charges, devis, etc.), sera envoyé au conservateur chargé du règlement final. (Circ. N 22, art. 251. Arr. Min. du 29 février 1888. Circ. N 402.)

18. *Envoi. Epoque.* — Le procès-verbal de réception définitive doit parvenir à la conservation avant le 25 juin de l'année qui suit celle de l'imputation du crédit. (Circ. N 22, art. 252. Arr. Min. du 29 février 1888. Circ. N 402.)

Cet envoi paraît être fixé au 25 février depuis la loi du 25 janvier 1889, relative à l'exercice financier.

19. *Timbre.* — Les procès-verbaux de réception définitive, à joindre à l'appui des mandats de paiement, sont dispensés du timbre. (Circ. N 73. Circ. N 104, p. 91.)

20. *Décompte. Métrage. Timbre.* — Les décomptes et métrages administratifs, produits comme pièces justificatives à l'appui du paiement pour solde de travaux exécutés en vertu d'adjudication publique ou de marchés, sont exempts de timbre, quand ils sont rédigés uniquement par les agents de l'administration, sans la participation de l'entrepreneur. Quand ces pièces sont revêtues de la signature de l'entrepreneur, ces documents peuvent alors former titres contre lui et doivent être revêtus du timbre de dimension. (Circ. N 104, pp. 91 à 97. Circ. N 218.)

SECT. III. — HABILLEMENT.

21. *Commissions centrales de Paris et d'Alger. Attributions.* — Les commissions centrales de Paris et d'Alger procèdent à la réception des effets confectionnés, destinés à l'habillement des préposés forestiers. Celle de Paris est seule chargée de recevoir les matières premières (draps, treillis et toiles en pièces pour la France et l'Algérie), ainsi que les coiffures. (Cah. des ch. 15, 16, 25. Instr. Gén. du 21 décembre 1893, art. 32. Circ. N 465.)

22. *Commissions centrales. Examen. Procès-verbal.* — Lorsque les effets et objets sont prêts à être livrés, ils sont soumis à l'examen des commissions centrales, soit à Paris, soit à Alger. Les résultats de la vérification sont constatés par un procès-verbal signé par tous les membres de la commission. (Cah. des ch. 25, 27.)

23. *Commissions locales. Examen. Procès-verbal.* — Immédiatement après l'arrivée des effets et objets, les commissions locales sont convoquées et les résultats de l'essayage sont consignés dans un procès-verbal, formule série 1, n° 29. (Cah. des ch. 29. Instr. Gén. du 21 décembre 1893, art. 45. Circ. N 465.)

RECETTE.

1. *Bois de marine.* — Les sommes dues par la marine, d'après le compte arrêté par la commission chargée de liquider ces frais, pour la livraison d'arbres de marine, figureront en recette au budget de l'administration des forêts. (Décr. du 16 octobre 1858, art. 9.)

2. *Menus produits. Produits accessoires.* — Toutes les recettes imprévues, provenant d'objets appartenant au sol forestier, ou

attribuées au Trésor, à l'occasion de la gestion des forêts domaniales, seront considérées comme menus produits, à l'exception des produits provenant des ventes de bois.

De même, celles attribuées aux communes et aux établissements publics seront considérées comme produits accessoires communaux. (Arr. Min. du 22 juin 1838. Arr. Min. du 1er septembre 1838. Circ. A 842.)

RECEVEUR.

Interdictions. — Les receveurs des produits des coupes (finances, domaines, communes et établissements publics) ne peuvent prendre part, ni par eux-mêmes, ni par personne interposée, directement ou indirectement, ni comme parties principales, associés ou cautions, aux ventes des coupes de bois de l'Etat, des communes ou d'établissements publics dont ils dépendent ou dont ils perçoivent les produits, dans toute l'étendue du territoire où ils exercent leurs fonctions, sous peine, en cas de contravention :

Amende : du douzième au quart du montant de l'adjudication. (Cod. For. 21, 101.)

Emprisonnement : 6 mois à 2 ans. Interdiction des fonctions publiques. } (Cod. For. 21, 101, 175.)

Ventes déclarées nulles. (Cod. For. 21, 101.)

RECEVEUR DES DOMAINES.

Vente des produits communaux. — Les receveurs des domaines sont dispensés d'assister aux ventes des coupes et produits quelconques des bois des communes et des établissements publics. (Circ. A 827.)

RECEVEUR MUNICIPAL ET D'ÉTABLISSEMENT PUBLIC.

1. *Fonctions.* — Les receveurs municipaux sont assimilés, pour tout ce qui concerne la responsabilité de leur gestion, aux comptables des deniers publics. (Décr. du 19 vendémiaire an XII.) Ils sont placés sous la surveillance et la responsabilité des receveurs des finances. (Ord. du 17 septembre 1837.) Ils doivent se conformer, pour la tenue de leurs écritures et de leur comptabilité, aux règles qui leur ont été prescrites. (Décr. du 27 février 1811. Instr. du 24 septembre 1824.)

2. *Adjudication. Assistance.* — Les receveurs municipaux et d'établissements publics sont appelés à toutes les adjudications des produits des bois des communes et établissements publics, même lorsqu'il s'agit de coupes extraordinaires dont le produit est encaissé par le trésorier-payeur général. (Circ. N 80, art. 75. Loi du 5 avril 1884, art. 89.)

RÉCIDIVE.

Aggravation, 14.
Amnistie, 20.
Application, 7.
Bois particuliers, 23.
Chasse, 16, 17, 18.
Compétence, 22, 23.
Conclusion, 12.
Condamnation, 4.
Conditions, 1, 2, 5, 18.
Contravention, 2.
Date, 5.
Définition, 1.
Délai, 3, 15.
Epoque, 15.
Grâce, 21.
Insolvables, 10.
Pâtre, 8.
Peines, 24.
Pénalités, 9.
Preuve, 19.
Prison, 10, 11.
Propriétaire, 8.
Récidive spéciale, 15.
Solidarité, 13.
Sursis, 24.
Transaction, 6.

1. *Définition. Condition. Matière forestière.* — Il y a récidive lorsque, dans les douze mois précédents, il a été rendu contre le délinquant ou le contrevenant un premier jugement pour délit ou contravention en matière forestière. (Cod. For. 201. Loi du 18 juin 1859.)

2. *Condition. Contravention.* — Il y a récidive, en fait de contravention de police, lorsqu'il a été rendu contre le contrevenant, dans les douze mois précédents, un premier jugement pour contravention de police, commise dans le ressort du même tribunal. (Cod. Pén. 483.)

3. *Délai.* — Le délai de la récidive court depuis le premier jugement jusqu'au jour où le second délit a été commis. (Cass. 17 juin 1830.)

4. *Condamnation.* — La condamnation, même comme civilement responsable d'un délit forestier, suffit pour produire la récidive. (Bastia, 18 janvier 1850.)

5. *Condition. Date.* — Pour faire dater la récidive, il faut qu'il y ait eu un jugement régulier et définitif.

6. *Transaction.* — On ne peut pas considérer comme en récidive celui qui, ayant arrêté l'effet d'un premier procès-verbal par une transaction, aurait commis, dans le cours de la même année, un second délit. (Décis. Min. du 26 septembre 1823.)

7. *Application.* — La récidive est spéciale aux délinquants sur qui elle porte ; elle s'applique aux propriétaires des bestiaux trouvés en délit.

8. *Pâtre. Propriétaire.* — Les délits commis par les pâtres font encourir la peine de la récidive aux propriétaires des bestiaux trouvés en délit de pâturage. (Nîmes, inédit, 6 février 1835.)

9. *Pénalités.* — Dans le cas de récidive, la peine sera toujours doublée. (Cod. For. 201.)

10. *Prison. Insolvables.* — En cas de récidive, la durée de l'emprisonnement auquel sont condamnés les délinquants insolvables sera doublée. (Cod. For. 213.) V. Emprisonnement.

11. *Prison.* — Quiconque, ayant été condamné pour délit à une peine supérieure à une année d'emprisonnement, aura, *dans un délai de cinq années* après l'expiration de cette peine ou sa prescription, commis un délit qui devra être puni de la peine d'emprisonnement, sera condamné au maximum de la peine portée par la loi et cette peine pourra être élevée jusqu'au double.

Ceux qui, ayant été antérieurement condamnés à une peine d'emprisonnement de moindre durée, commettraient le même délit dans les mêmes conditions de temps, seront condamnés à une peine d'emprisonnement qui ne pourra être inférieure au double de celle précédemment prononcée, sans toutefois qu'elle puisse dépasser le double du maximum de la peine encourue. (Cod. Pén. 58. Loi du 26 mars 1891, art. 5.)

12. *Conclusion.* — En cas de récidive, le tribunal devrait rectifier les conclusions, si la récidive était omise.

13. *Solidarité.* — Lorsque, parmi plusieurs prévenus, il y en a un en état de récidive, cette aggravation de peine lui reste personnelle; mais, en cas de condamnation solidaire, les autres sont responsables du paiement de l'amende double. (Grenoble, 12 juin 1834.)

14. *Aggravation.* — En cas d'aggravation de peine spéciale, la récidive doit alors s'entendre du délit spécial auquel se rapporte cette aggravation de peine.

15. *Récidive spéciale. Délai. Epoque.* — La récidive de l'article 158 du code forestier (marque de billes aux scieries, déclaration), n'étant pas celle de l'article 201 du même code, doit être considérée au point de vue spécial de la récidive pour défaut de déclaration, quelle que soit l'époque à laquelle le premier délit de l'espèce a été commis. Dès lors, après un premier défaut de déclaration, il y a lieu à appliquer l'amende double pour toutes les omissions de déclarations ultérieures.

16. *Chasse.* — En matière de chasse, il n'y a de récidive punissable qu'autant que la première condamnation a été prononcée pour contravention à la loi sur la chasse. (Cass. 21 avril 1855.)

17. *Chasse. Conditions. Délai.* — Le délai de douze mois dans lequel le prévenu peut être constitué en état de récidive, aux termes de l'article 15 de la loi du 3 mai 1844, doit se calculer par jour et non d'heure à heure.

En conséquence, le délinquant condamné une première fois le 17 avril, dans l'après-midi, n'est pas en récidive lorsqu'il commet un nouveau délit dans la matinée du 17 avril de l'année suivante. (Amiens, 28 juin 1889.)

18. *Condition. Chasse.* — Pour qu'il y ait récidive, il ne suffit pas que le prévenu ait encouru une condamnation, il faut que la condamnation ait été prononcée. (Douai, 9 février 1864.)

19. *Preuve.* — La récidive se prouve par un extrait du jugement ; toutefois, cette formalité n'est pas nécessaire, si le tribunal peut trouver la preuve de la récidive dans son greffe. (Metz, inédit, 17 juillet 1839.)

20. *Amnistie.* — L'amnistie, effaçant la peine et la condamnation, fait disparaître la récidive. (Cass. 4 janvier 1851. Cass. 19 mai 1854.)

21. *Grâce.* — La grâce ne fait pas disparaître la récidive. (Cass. 11 juin 1825.)

22. *Compétence.* — La récidive pour les délits commis dans les bois particuliers change la compétence, eu égard aux poursuites devant les tribunaux de simple police.

23. *Compétence. Bois particuliers.* — Le juge de paix reste compétent pour connaître d'une contravention, malgré l'état de récidive du prévenu, lorsque l'amende encourue, bien que doublée, n'atteint pas le chiffre de 15 francs. (Cass. 4 juillet 1844.)

24. *Sursis. Peines.* — Le condamné à une première condamnation, et ayant obtenu un sursis à l'exécution de la peine, et qui, dans le délai de cinq ans, à dater du jugement, aura encouru une poursuite suivie de condamnation à la prison ou à une peine plus grave, pour crime ou délit de droit commun, encourra la peine de la récidive dans les termes des articles 57 et 58 du code pénal (maximum doublé ou double de la peine encourue la première fois, sans dépasser le maximum). (Loi du 26 mars 1891, art. 3.)

RÉCLUSION.

Durée. — La durée de la réclusion sera de cinq ans au moins et de dix ans au plus. (Cod. Pén. 21.)

RÉCOLEMENT.

SECT. I. — GÉNÉRALITÉS, 1 — 3.

SECT. II. — CONDITIONS, PRINCIPES, 4 — 22.

§ 1. *Délai*, 4 — 12.

§ 2. *Agent, Opération*, 13 — 22.

SECT. III. — FORMALITÉS, 23 — 38.

§ 1. *Citation*, 23 — 26.

§ 2. *Opération. Rédaction du procès-verbal*, 27 — 34.

§ 3. *Enregistrement*, 35 — 38.

SECT. IV. — POURSUITES, 39 — 53.

Actes, 23.
Action, 2.
Adjudicataire, 5.
Affectataire, 21.
Agent, 13, 15, 16.
Annulation, 42, 52.

Arbres réservés, 6.
Assistance des maires, 3.
Bois communaux, 24, 38.
Calepins, 18, 19.
Circonscription, 16.
Citation, 23, 24, 25.
Compensation, 30.
Compétence, 46, 47, 48, 50.
Condition, 27, 49.
Conseil de préfecture, 45, 47.
Constatation, 33.
Contestation, 41.
Contrefaçon du marteau, 53.
Déchéance, 11.
Degré de foi, 39, 41.
Déficit de réserves, 28, 30, 53.
Définition, 1.
Délai, 4, 25, 37, 42.
Délits, 33, 36.
Délivrance, 12.
Empreintes, 6, 31, 53.
Enonciation, 40, 43.
Enregistrement, 23, 35, 36, 37.
Expertise, 51.
Exploitation par entreprise, 12.
Fausse énonciation, 40.
Formalités, 10, 49.
Frais, 24, 38.
Indication, 29.
Inspecteur, 14.
Inspecteur adjoint, 17.
Instruction, 51.
Insuffisance, 32, 41.
Libération, 8.
Mise en demeure, 7.
Notification, 44.
Nullité, 9, 26, 48, 49, 50.
Obligation, 8.
Opération, 9.
Pourvoi, 44.
Prescription, 2.
Préparatoire, 20.
Présence, 5.
Procès-verbal, 15, 26, 27, 29, 32, 52.
Réception, 34.
Recours, 45.
Recouvrement, 24.
Remplacement, 14.
Réserves, 19, 31.
Signification, 26.
Sursis, 45.
Travaux, 34.
Validité, 15.
Vérification, 22.

V. Indemnité. Opération.

SECT. I. — GÉNÉRALITÉS.

1. *Définition.* — Le récolement consiste : 1° dans la vérification des limites de la coupe et des outre-passes; 2° dans le dénombrement des réserves et la comparaison du nombre, de l'essence et de l'âge de celles trouvées, y compris les chablis, avec celles portées au procès-verbal de martelage ; 3° dans l'examen de la confection des travaux imposés ; 4° dans la constatation de la bonne exploitation et du bon état de la coupe usée ; 5° dans la recherche des délits commis dans la coupe ou à l'ouïe de la cognée. (Inspection des finances.)

2. *Action. Prescription.* — L'action correctionnelle, pour les délits existant dans une coupe non récolée en temps utile, se prescrit par trois ans. L'action civile, pour les mêmes délits (responsabilité de l'adjudicataire), peut s'exercer pendant trente ans. (Cass. 5 juin 1830.)

3. *Assistance des maires.* — Les agents locaux seront tenus de prévenir par écrit les maires des communes propriétaires de bois soumis au régime forestier, au moins vingt-quatre heures d'avance, du jour auquel devront avoir lieu les opérations de récolement des coupes communales. (Décis. Min. du 25 juillet 1872.) Les maires n'ont que le droit d'assister, sans y participer, aux opérations, dont les agents ont toute la responsabilité. (Lettre de l'Admin. du 31 octobre 1872.)

SECT. II. — CONDITIONS. PRINCIPES.

§ 1. *Délai.*

4. *Délai.* — Le récolement sera fait dans les trois mois qui suivront le jour de l'expiration du terme fixé pour la vidange. (Cod. For. 47.)

5. *Adjudicataire. Présence.* — L'adjudicataire ou son cessionnaire sera tenu d'assister au récolement, auquel il sera cité par un acte notifié au moins dix jours à l'avance et contenant l'indication du jour où se fera l'opération; faute par lui de s'y trouver ou de s'y faire représenter, les procès-verbaux seront réputés contradictoires. (Cod. For. 48.)

6. *Arbres réservés. Empreintes.* — Sous les peines portées par la loi, tous les bois et arbres réservés et, dans les coupes marquées en délivrance, l'empreinte du marteau de l'Etat sur les souches des arbres exploités devront être représentés par les adjudicataires lors du récolement. (Cah. des ch. 35.)

7. *Mise en demeure.* — Les trois mois écoulés, l'adjudicataire peut, par acte extrajudiciaire signifié à l'agent forestier local, mettre l'administration en demeure d'effectuer le récolement, et si, dans le mois qui suit cette signification, l'administration n'a pas procédé au récolement, l'adjudicataire sera libéré. (Cod. For. 47. Proc. Civ. 1039.)

8. *Obligation. Libération.* — L'adjudicataire ne peut être libéré qu'en se conformant aux formalités indiquées à l'article 47 du code forestier, et rien ne les remplace. (Cass. 19 juin 1840.) Si la sommation faite suivant l'article 1039 du code de procédure civile est nulle, l'adjudicataire demeure responsable.

9. *Opération. Nullité.* — Le récolement effectué suivant les formalités de l'article 48 du code forestier ne peut être recommencé qu'en cas de nullité de la citation ou d'inscription de faux. (Cass. 14 mars 1811.)

10. *Formalités.* — L'exécution de toutes les formalités prescrites par l'article 48 du code forestier peut seule servir à repousser les réclamations faites par l'adjudicataire, en dehors du délai fixé par l'article 50 du même code.

11. *Déchéance.* — La déchéance contre l'adjudicataire ne peut être prononcée qu'autant qu'on a suivi les formalités exigées par l'article 48 du code forestier, pour rendre le récolement contradictoire. (Grenoble, inédit, 5 juillet 1834.)

12. *Exploitation par entreprise.* — A l'expiration du délai d'exploitation ou aussitôt que les travaux seront terminés, il sera, après le dénombrement, procédé contradictoirement avec l'entrepreneur, dûment appelé, au récolement de la coupe, pour opérer sa décharge.

En ce qui concerne les coupes marquées en délivrance du marteau de l'État, le récolement sera fait dans les dix jours après la vidange de la coupe. (Circ. A. 831. Cah. des ch. 32, 33, 34.)

§ 2. *Agent. Opération.*

13. *Agent.* — L'opération du récolement sera faite par l'agent ou les agents qui seront désignés par le directeur des forêts. (Décr. du 30 mars 1886. Circ. N 366.)

14. *Inspecteur. Remplacement.* — L'inspecteur ne peut se faire remplacer aux récolements que dans les cas exceptionnels. (Circ. A 820.)

15. *Un seul agent. Procès-verbal. Validité.* — Un procès-verbal de récolement peut être valablement dressé par un seul agent ; le code n'impose pas la présence de deux agents. (Conseil d'État, 17 mai 1833. Cass. 6 mars 1834.)

Le procès-verbal dressé par un seul agent ne fait pas preuve jusqu'à inscription de faux, et il peut être combattu par la preuve contraire. (Cod. For. 176.)

16. *Circonscription. Agents.* — Les agents, en dehors de leur circonscription administrative, ne peuvent pas constater les délits, à moins de délégation spéciale et dans le même arrondissement : si des opérations de récolement sont effectuées et des procès-verbaux sont rédigés par des agents sans délégation, ces actes sont censés rédigés par un seul agent, parce que l'article 160 du code forestier restreint leur action en constatation de délit au territoire pour lequel ils sont *commissionnés.*

17. *Inspecteur adjoint.* — En dehors de sa circonscription de cantonnement, l'inspecteur adjoint peut valablement signer des procès-verbaux et leur donner foi jusqu'à inscription de faux, parce qu'il agit par délégation et que ses fonctions embrassent toute l'étendue de l'inspection.

18. *Calepins.* — Les calepins de récolement sont tenus en double et portent mention expresse de la constatation ou de la non-constatation des délits, suivant le cas. (Circ. N 366.)

19. *Calepins. Réserves.* — Il est formellement interdit de porter d'avance sur les calepins de récolement le chiffre des réserves indiquées aux procès-verbaux de balivage et martelage. On ne doit se servir que des calepins de l'administration. (Circ. A 474.)

20. *Préparatoire.* — Il est interdit de faire procéder à des récolements préparatoires par les gardes et en dehors de la présence des agents. (Circ. A 401.)

Un comptage de réserve n'est pas un récolement anticipé. (Cass. 18 juin 1842.)

21. *Affectataires.* — Les agents forestiers procèdent au récolement des coupes délivrées aux affectataires. (Ord. 109.) V. Affectation.

22. *Vérification.* — Les conservateurs vérifient, dans leurs tournées, les récolements les plus importants ; ils s'assurent si les opérations ont été précédées de citations. (Circ. N 18, art. 14.)

SECT. III. — FORMALITÉS.

§ 1. *Citation.*

23. — *Actes. Enregistrement. Droit.* — Les citations à récolement constituent des actes de procédure, tendant à faire constater des délits et qui doivent être enregistrés dans les quatre jours de leur date. Ces actes diffèrent des procès-verbaux de récolement, qui sont des actes administratifs et qui paraissent exempts de la formalité de l'enregistrement, bien que l'administration ait prescrit jusqu'à présent de les considérer comme soumis à l'enregistrement. (Lettre du directeur des domaines de Valence du 6 décembre 1852, en suite d'une décision ministérielle du 23 novembre 1852.)

24. *Citation. Frais. Recouvrement. Bois communaux.* — Les citations à récolement, prescrites par l'article 48 du code forestier, doivent être délivrées dans tous les cas. Les droits de timbre et d'enregistrement relatifs à ces actes sont compris dans l'état, série 4, nº 25. (Circ. N 392.)

Droit d'enregistrement : 2 francs, en principal. (Circ. N 460.)

25. *Citation. Délai.* — Les citations à récolement portant : *et jours suivants*, en cas d'empêchement des agents forestiers au jour indiqué, il n'est pas besoin de nouvelle citation ; dans ce cas, il est bon que, sur le procès-verbal, les agents forestiers indiquent le transport sur les lieux, les empêchements, et désignent un nouveau jour ; mais cela n'est pas indispensable. (Montpellier, inédit, 14 décembre 1835.) V. Citation.

26. *Nullité. Signification du procès-verbal.* — La nullité de la citation peut être couverte par la signification du procès-verbal de récolement, pour faire courir le délai prescrit par l'article 50 du code forestier à partir de cette signification. (Grenoble, inédit, 5 juillet 1834 et 20 février 1840.)

§ 2. *Opération. Rédaction du procès-verbal.*

27. *Procès-verbal. Conditions.* — Il ne sera plus établi de procès-verbal de récolement que dans le cas où des délits ou contraventions auraient été reconnus. (Décr. du 30 mars 1886. Circ. N 366.)

28. *Déficit de réserves.* — Lorsqu'un procès-verbal de récolement constate un déficit de réserves dont on ne peut constater l'es-

sence ou la dimension, on doit faire connaître les circonstances qui prouvent que cette impossibilité existe réellement; il ne suffit pas d'alléguer que cette impossibilité résulte de la nature même des choses. (Caen, 21 juin 1855.)

29. *Procès-verbal. Indication.* — Il peut être suppléé, au moyen des explications fournies à l'audience par les agents forestiers, à l'insuffisance du procès-verbal de récolement, qui, en établissant un déficit de réserves à la charge de l'adjudicataire d'une coupe de bois, n'a pas, en même temps, énoncé l'impossibilité où se sont trouvés les rédacteurs du procès-verbal de constater la dimension des arbres manquants. (Nancy, 3 janvier 1876.)

30. *Déficit de réserves. Compensation.* — Dans le récolement, on ne doit pas compenser le déficit qui existe sur une classe de réserves par des excédants trouvés dans une autre classe. (Circ. A 80.)

31. *Réserves. Empreintes.* — La représentation de l'empreinte du marteau est la seule preuve légale, pour ou contre un adjudicataire, en fait d'arbres réservés ou abandonnés. (Cass. 12 novembre 1841.)

32. *Insuffisance. Nouveau procès-verbal.* — En cas d'insuffisance des procès-verbaux antérieurs, sur lesquels il ne serait pas intervenu de jugements, on peut, lors du récolement, constater par un nouveau procès-verbal tous les délits et contraventions commis. (Cod. For. 114.)

33. *Constatation.* — On peut, lors du récolement, dresser des procès-verbaux de délits autres que ceux qui auraient été déjà constatés, et le jugement qui intervient sur les premiers procès-verbaux ne fait pas obstacle à la poursuite des délits qui auraient fait la matière des seconds. (Cass. 21 mai 1836.)

34. *Travaux. Réception.* — Lors du récolement, on fait la réception définitive des travaux exécutés par les adjudicataires des coupes, pour les réparations des dégradations résultant de l'exploitation ou de la vidange. (Circ. N 22, art. 331.)

La réception doit constater d'une manière spéciale et détaillée l'exécution des travaux mis en charge; la mention que *l'adjudicataire a exécuté les charges imposées* n'est pas suffisante. (Circ. A 341 quater.)

§ 3. *Enregistrement.*

35. *Enregistrement.* — Les procès-verbaux de récolement sont des actes administratifs, qui, à ce titre, ne sont assujettis à la formalité de l'enregistrement que lorsque l'une des parties veut en faire usage. (Cass. 26 septembre 1839.)

36. *Enregistrement. Délits.* — Les procès-verbaux de récolement sont des actes administratifs, non assujettis à l'enregistrement (Loi du 15 mai 1818, art. 80), à moins qu'ils ne mentionnent des délits; auquel cas, ils doivent être enregistrés dans les quatre jours de leur clôture, autant que possible, pour servir de base aux poursuites. (Lettre de l'Admin. 25 février 1835.)

37. *Enregistrement. Délai.* — La cour de cassation a décidé, le 26 novembre 1840, que l'enregistrement des procès-verbaux de récolement dans les quatre jours de leur clôture n'était pas obligatoire, à peine de nullité. Il n'y a pas d'autre délai pour l'enregistrement que celui de la prescription de l'action.

Dans tous les cas, les procès-verbaux de l'espèce doivent être enregistrés avant d'être mis en poursuite. (Cass. 1er septembre 1809.) V. Enregistrement.

38. *Frais. Bois communaux.* — Les frais relatifs au procès-verbal de récolement sont supprimés. En cas de poursuites, les droits d'enregistrement dus seront perçus en même temps que le montant des condamnations prononcées. (Décr. du 30 mars 1886. Circ. N 392.)

SECT. IV. — POURSUITES.

39. *Degré de foi.* — Les procès-verbaux de récolement font foi pleine et entière devant les tribunaux correctionnels, lorsque les adjudicataires ne les ont point déférés au conseil de préfecture, dans le délai d'un mois. (Cass. 21 septembre 1850.)

40. *Fausse énonciation.* — Les procès-verbaux de récolement font foi, jusqu'à inscription de faux, des faits matériels qu'ils renferment, en dehors des erreurs de comptage de réserves ou de souches qui doivent porter l'empreinte du marteau.

41. *Foi. Insuffisance. Contestation.* — Les procès-verbaux de récolement ne peuvent pas être prouvés ou combattus par témoins, attendu que leur nullité doit être attaquée en conseil de préfecture et que, suivant la décision, ils doivent être annulés ou bien ils sont irréfutables.

Mais, si un procès-verbal de récolement mis en poursuite est insuffisant, l'administration peut y renoncer et faire prouver par témoins les faits délictueux, qui alors, abstraction faite du procès-verbal, peuvent être combattus par la preuve contraire; dans ce cas, le procès-verbal est censé ne pas exister.

42. *Délai. Annulation.* — Dans le délai d'un mois après le récolement, l'administration et l'adjudicataire peuvent demander l'annulation du procès-verbal devant le conseil de préfecture, pour défaut de forme ou pour fausse énonciation. En cas d'annulation, l'administration pourra, dans le mois qui suivra, y faire suppléer par un nouveau procès-verbal. (Cod. For. 50.)

43. *Énonciation.* — On doit entendre, par *fausses énonciations*, des *énonciations inexactes*, pouvant provenir d'une erreur involontaire et qui sont en dehors des *faits matériels*, pour lesquels le procès-verbal de récolement fait foi jusqu'à inscription de faux.

44. *Pourvoi. Notification.* — Quoique la notification à l'adjudicataire du pourvoi devant le conseil de préfecture ne soit pas obligatoire, il est bon de la faire.

45. *Sursis. Recours. Conseil de préfecture.* — Lorsqu'un délit a été constaté par un procès-verbal de récolement, le tribunal saisi de la poursuite doit surseoir à statuer, pour permettre au prévenu de recourir au conseil de préfecture, seul compétent pour prononcer sur l'annulation du procès-verbal. Le conseil de préfecture a le droit d'ordonner une expertise. (Trib. de Grenoble, 12 août 1886.)

46. *Compétence.* — La jurisprudence administrative est seule compétente en matière de récolement. (Cass. 27 juin 1840.)

47. *Compétence. Conseil de préfecture.* — Les conseils de préfecture sont seuls compétents pour juger de la validité des procès-verbaux de récolement, soit quant au fond, soit quant à la forme. (Cass. 26 sept. 1833.)

48. *Nullité. Compétence.* — Les conseils de préfecture sont seuls compétents pour statuer sur les demandes en nullité des procès-verbaux de récolement. (Besançon, 23 mars 1848.)

49. *Nullité. Formalités. Conditions.* — Les causes de nullité des procès-verbaux de récolement, n'étant pas fixées par la loi, comprennent les formalités constitutives de l'acte, savoir : signature des agents, date, jour autre que celui de la citation, clôture, enregistrement, etc.

50. *Nullité. Compétence.* — Les nullités ne peuvent être invoquées que devant le conseil de préfecture et dans le délai d'un mois, fixé par l'article 50 du code forestier. Passé ce délai, elles ne peuvent plus être présentées devant le tribunal correctionnel, ni devant aucune autre juridiction. (Cass. 22 février 1839. Cass. 27 juin 1840.)

51. *Instruction. Expertise.* — En cas de pourvoi et en cours d'instruction, le conseil de préfecture ne peut pas ordonner un nouveau récolement, ce qui ne peut avoir lieu qu'en cas d'annulation du procès-verbal dressé ; mais il peut recourir à tout autre mode de vérification pour reconnaître l'exactitude ou l'inexactitude du procès-verbal attaqué : expertise ou descente sur les lieux. (Cons. d'Etat, 6 août 1840.)

52. *Annulation. Nouveau procès-verbal.* — En cas d'annulation d'un procès-verbal de récolement, le nouveau procès-verbal dressé pourrait être, comme le précédent, soumis au conseil de préfecture, en vertu de l'article 50 du code forestier. La circulaire A 158 du 11 septembre 1827 decide le contraire, mais sans faire connaître les motifs de cette opinion.

53. *Déficit de réserves. Contrefaçon du marteau.* — L'arrêt d'une cour d'assises, qui acquitte un adjudicataire de coupes de bois poursuivi au criminel sous l'accusation de contrefaçon du marteau de l'Etat, n'a pas pour effet de faire considérer comme inexactes les énonciations des procès-verbaux de récolement. En conséquence, nonobstant son acquittement, l'adjudicataire peut être poursuivi correctionnellement pour le déficit de réserves (réserve refusée pour marque fausse) constaté dans les procès-verbaux de récolement. (Cons. d'Etat, 20 avril 1854.)

RÉCOLTE.

1. *Fruit. Semence.* — La récolte de faînes, fruits et semences est considérée comme menus produits, dans les bois domaniaux, et comme produits accessoires, dans les bois communaux. (Arr. Min. 22 juin et 1er septembre 1838. Circ. A 429.) V. Graine.

2. *Affouage.* — Le bois d'affouage étant une *récolte*, la voiture qui le transporte doit profiter de l'exception pour le transport des récoltes édictée, à cet égard, dans la loi du 30 mai 1851 sur la police du roulage.

3. *Chasse. Délit. Fermier.* — L'autorisation de chasser sur un domaine affermé, donnée à un tiers par le propriétaire, n'empêche pas le chasseur de commettre un délit, s'il passe dans les récoltes ou sur les terrains ensemencés par le fermier. (Cass. 4 juillet 1845.)

4. *Protection. Lapin. Chasse. Jouissance.* — Le bailleur est obligé d'assurer la jouissance du locataire et de n'y porter aucune atteinte.

En matière de location de chasse, si le bailleur a le droit de protéger ses récoltes contre les ravages du gibier et, plus spécialement, des lapins, les mesures par lui prises doivent se concilier avec son obligation de ne pas amoindrir la jouissance du preneur. (Paris, 4 janvier 1884.)

RECOMMANDATION. V. Sollicitation.

RÉCOMPENSE.

1. *Travaux. Propositions. Garde.* — On doit proposer, par un rapport spécial, le garde qui, depuis plusieurs années, exécute des travaux d'amélioration et qui paraît pouvoir concourir aux récompenses de la société nationale d'agriculture. (Circ. A 176.) V. Amélioration.

2. *Incendie.* — Des récompenses peuvent être accordées aux préposés forestiers, ainsi

qu'aux personnes étrangères au service forestier, qui font preuve de dévouement dans les incendies des forêts. (Instr. Gén. Projet nº 415.) V. Legs Delahaye.

RECOMPTAGE DE RÉSERVE. V. Comptage.

RECONNAISSANCE.

Expédition. — Les procès-verbaux de reconnaissance sont fournis en simple expédition par les chefs de cantonnement. (Circ. A 584.) V. Rapport.

RECONSTRUCTION.

Conditions. — L'érection d'un bâtiment nouveau, en dehors de l'emplacement occupé par le bâtiment primitif, ne peut être considéré comme une *reconstruction*, dans le sens du paragraphe 3 de l'article 153 du code forestier. (Cass. 1er mars 1839.) V. Construction.

RECONVENTION.

Définition. — Conclusion par laquelle le défendeur se porte demandeur à son tour. V. Demande reconventionnelle. Juge de paix.

RECOURS.

1. *Définition.* — Action en garantie ou en dommages-intérêts. V. Cassation. Excès de pouvoir.

2. *Conseil d'État. Frais.* — Seront jugés, sans autres frais que ceux de timbre et d'enregistrement, les recours portés devant le conseil d'Etat contre les actes de l'autorité administrative, pour incompétence ou excès de pouvoir, et ceux contre les décisions portant refus de liquidation de pension ou contre les liquidations de pension. (Décr. du 2 novembre 1864, art. 1.) V. Pourvoi.

3. *Conseil d'État. Conseil de préfecture. Formalités. Mémoire.* — Le recours au conseil d'Etat, contre les arrêtés de conseil de préfecture relatifs aux contraventions dont la répression leur est confiée par la loi, peut avoir lieu par simple mémoire déposé au secrétariat général de la préfecture ou à la sous-préfecture et sans l'intervention d'un avocat au conseil d'Etat. Il est délivré aux déposants un récépissé du mémoire, qui doit être immédiatement transmis par le préfet au secrétariat général du conseil d'Etat. (Loi du 21 juin 1865, art. 12.)

4. *Conseil d'Etat. Délai.* — Le recours contre une décision *contradictoire*, si elle a été rendue sur pièces fausses ou si la partie a été condamnée faute d'une pièce décisive retenue par son adversaire, doit être formé dans le délai de deux mois. (Décr. 22 juillet 1806, art. 32. Décr. du 2 novembre 1864, art. 4. Loi du 24 mai 1872, art. 24.) Il en est de même pour les recours contre les décrets au contentieux, rendus sans l'accomplissement des formalités prescrites par les articles 17 à 24 du décret organique du conseil d'Etat du 25 janvier 1852. (Décr. du 30 janvier 1852, art. 20.)

5. *Conseil d'État. Délai.* — Le recours au conseil d'Etat contre la décision d'une autorité qui y ressortit (décision du conseil de préfecture, relativement à la défensabilité ou à la possibilité, etc.) ne sera pas recevable après trois mois, du jour où cette décision aura été notifiée. (Décr. du 22 juillet 1806, art. 11.)

6. *Décision ministérielle. Délai.* — Lorsque les ministres statuent sur des recours contre les décisions d'autorité qui leur sont subordonnées, la décision doit intervenir dans le délai de quatre mois, à dater de la réception de la réclamation au ministère ou de la production des pièces adressées ultérieurement. Si, passé ce délai, il n'est survenu aucune décision, la réclamation peut être considérée comme rejetée, et on peut se pourvoir devant le conseil d'Etat. (Décr. du 2 novembre 1864, art. 7.) V. Décision.

7. *Récépissé. Date.* — Les ministres font délivrer aux parties qui le demandent un récépissé constatant la date de la réception et de l'enregistrement de leur réclamation au ministère. (Décr. 2 novembre 1864, art. 5.)

8. *Expropriation. Cassation. Délai.* — Aussitôt que les opérations du jury sont terminées, le conservateur en informe l'administration, en lui transmettant un état dans lequel sont récapitulées les offres, les demandes et les indemnités allouées.

Le cas échéant, il expose en même temps les faits qui pourraient, en exécution de l'article 42 de la loi du 3 mai 1841, justifier un recours en cassation. Il s'explique sur l'opportunité de ce recours, pour lequel la loi accorde un délai de quinze jours seulement. (Instr. Gén. du 2 février 1885, art. 76 et 77. Circ. N 345.)

RECOUVREMENT.

SECT. I. — GÉNÉRALITÉS, 1 — 7.

SECT. II. — PRODUITS EN NATURE DE BOIS (ORDINAIRES, EXTRAORDINAIRES, ACCIDENTELS), COUPES, VENTE, 8 — 19.

§ 1. *Bois soumis au régime forestier, en général*, 8 — 10.

§ 2. *Bois domaniaux*, 11 — 16.

§ 3. *Bois communaux et d'établissements publics*, 17 — 19.

SECT. III. — MENUS PRODUITS, PRODUITS ACCESSOIRES, VENTE, DÉLIVRANCE, 20 — 36.

§ 1. *Sommier*, 20 — 21.

§ 2. *Formalités, Perception*, 22 — 29.

A. *Bois domaniaux*, 22 — 25.

B. *Bois communaux*, 26 — 29.

§ 3. *Titres de recouvrement*, 30 — 36.

SECT. IV. — FRAIS DE JUSTICE, AMENDES, TRANSACTIONS, 37 — 53.

SECT. V. — OBJETS DIVERS, 54 — 61.

§ 1. *Frais d'administration*, 54.

§ 2. *Aliénation*, 55.

§ 3. *Délimitation, Bornage*, 56 — 59.

§ 4. *Travaux*, 60 — 61.

Acompte, 39.
Acte, 24, 48.
Adjudicataire, 10, 36.
Adjudication, 29, 30.
Administration des domaines, 1.
Affectation, 35.
Aliénation, 55.
Amendes, 37, 38, 41, 42, 45, 46, 55.
Bail, 30.
Bois façonnés, 12.
Bois particuliers, 38.
Bris de réserves, 34.
Bureau, 41.
Caisse, 11, 17, 18, 22, 26.
Certificat, 47.
Cession, 30.
Concession, 21, 31, 35.
Condamnation, 44.
Condamnations pécuniaires, 39.
Conditions, 47.
Confiscation, 42.
Contestation, 58.
Contrôle, 53.
Coopération des agents, 57.
Copie, 29, 49.
Coupes, 8.
Coupes extraordinaires, 11, 17.
Coupes ordinaires, 11, 18, 19.
Débet, 61.
Déchéance, 55.
Décision, 33.
Délai, 25, 27, 32, 33, 53.
Délimitation, 56.
Délivrance, 22, 24, 28.
Dommage, 44.
Dommages-intérêts, 37, 52.
Droit d'usage, 35.
Enregistrement, 48.
Entrepreneur, 60.
Envoi, 7, 27, 33.
Estimation, 31.
Exercice, 15.
Expédition, 16.
Expertise, 31.
Exploitation, 32.
Exploitation accidentelle, 13, 14.
Formalités, 50,
Frais, 24, 37, 44, 56, 57, 59.
Frais d'administration, 52, 54.
Frais de justice, 43.
Héritiers, 46.
Indemnité, 32, 34.
Insolvabilité, 47.
Instance, 4, 50.
Jouissance, 35.
Location, 30.
Mode, 2.
Opposition, 6.
Paiement, 22, 26, 40, 54, 56.
Paiement d'avance, 23.
Parcelle, 58.
Passage, 35.
Pièces, 10.
Poursuites, 10, 42, 43, 48, 50, 59.
Précomptage, 13, 14.
Principes, 1, 4.
Prix, 8, 19, 28.
Prix fixé, 23.
Procès-verbal d'adjudication, 10.
Prorogation de délai, 32, 33.
Protêt, 9.
Quittance, 5.
Recette domaniale, 3.
Recette municipale, 2.
Redevance annuelle, 21.
Régie, 61.
Relevé du sommier, 25.
Remise, 16.
Renseignements, 45.
Restitution, 37, 52.
Retard, 36.
Sommier, 20.
Succession, 46.
Sursis, 44.
Timbre, 5, 10, 48, 49.
Titre, 2, 3, 7, 16, 27, 29.
Traite, 9, 36.
Transaction, 51.
Travaux, 60.
Unités de produits, 12.
Vérification de réserves, 36.
Vidange, 32.

SECT. I. — GÉNÉRALITÉS.

1. *Principe. Administration des domaines.* — L'administration de l'enregistrement et des domaines est chargé du recouvrement de tous les droits acquis au domaine et les agents des domaines doivent poursuivre le paiement de tous les revenus des domaines nationaux, ainsi que le prix des adjudications des coupes de bois, dont les agents forestiers leur remettront les expéditions en forme. (Loi des 19 août-12 septembre 1791.)

2. *Recette municipale. Mode. Titre.* — Toutes les recettes municipales pour lesquelles les lois et règlements n'ont pas prescrit un mode spécial de recouvrement s'effectuent sur les états dressés par le maire. Ces états sont exécutoires après qu'ils ont été visés par le préfet ou le sous-préfet. Les oppositions, lorsque la matière est de la compétence des tribunaux ordinaires, sont jugées comme affaires sommaires et la commune peut y défendre sans autorisation du conseil de préfecture. (Loi du 5 avril 1884, art. 154.)

3. *Recette domaniale. Titres.* — L'Etat peut se créer des titres de recouvrement et, en cas d'opposition, le défendeur est obligé de prouver que sa dette est acquittée. (Puton.)

4. *Principes. Instance.* — L'article 17 de la loi du 27 ventôse an IX, disposant que l'instruction des instances que la régie aura à suivre pour les perceptions qui lui sont confiées se fera par simple mémoire, sans plaidoirie, n'est applicable que lorsqu'il s'agit de revenus domaniaux et non pas à l'interprétation du contrat d'où proviennent ces revenus. (Cass. 20 février 1866.)

Le principe doctrinal est que cette procédure n'est applicable qu'à la *nature de l'affaire* et au *débiteur personnel* d'un droit ou d'un revenu domanial. (Paris, 20 mai 1879. Rép. For. t. IX, p. 24.)

5. *Timbre. Quittance.* — Les comptables de deniers publics doivent donner quittance pour tous les produits et revenus recouvrés ; le prix de cette quittance obligatoire est de 0 fr. 25 (droit de timbre), qui s'ajoute au principal et se perçoit en même temps. Les quittances au-dessous de 10 francs sont exemptes de ce droit. (Loi du 8 juillet 1865, art. 4. Loi du 23 août 1871, art. 2.)

6. *Opposition.* — Lorsque, dans une instance relativement à une demande de somme due pour produits forestiers, il interviendra une opposition motivée sur les erreurs ou nullités qu'on voudrait faire résulter des actes ou circonstances qui ont précédé la liquidation, le directeur des domaines devra

communiquer l'opposition au conservateur ou à l'agent supérieur des forêts du département, qui renverra au directeur des domaines, par écrit et signés de lui, les moyens de défense, avec procès-verbaux et pièces justificatives à l'appui, après avoir fait effectuer les vérifications nécessaires ; le tout, dans les délais fixés pour l'instruction des instances. (Circ. A 94. Décis. Min. du 8 avril 1824.)

7. *Titres. Envoi. Bois domaniaux.* — Tous les titres de recouvrement forestier à opérer par les receveurs des domaines seront remis à l'agent forestier, chef de service, qui les adressera directement au directeur des domaines du département intéressé, au moyen d'un bulletin double (série 5, nº 8), dont la seconde partie lui sera renvoyée, avec le numéro du sommier du receveur. L'inspecteur devra inscrire sur son sommier le numéro du sommier du receveur et la date de la consignation. (Décis. Min. du 5 septembre 1876. Circ. N 210.)

SECT. II. — PRODUITS EN NATURE DE BOIS (ORDINAIRES, EXTRAORDINAIRES, ACCIDENTELS). COUPES. VENTE.

§ 1. *Bois soumis au régime forestier, en général.*

8. *Coupes. Prix.* — Le recouvrement du prix de vente des coupes de bois est poursuivi en vertu du procès-verbal d'adjudication, qui a force d'exécution parée. (Cod. For. 28.)

9. *Traite. Protêt.* — Les trésoriers-payeurs généraux doivent s'abstenir de faire protester les traites non payées à leur échéance ou de poursuivre les adjudicataires devant les tribunaux. Les poursuites doivent être exercées en vertu du procès-verbal d'adjudication, sans qu'il soit besoin de le faire revêtir de la formule exécutoire, ni du visa du président, cet acte ayant par lui-même toute la force exécutoire des grosses de jugement. On peut donc, en vertu de cet acte, faire commandement, saisies et ventes des meubles et immeubles du débiteur, mais on ne peut pas prendre inscription hypothécaire. (Décis. Min. du 20 novembre 1833, art. 3. Circ. N 80, art. 112.)

10. *Poursuites. Adjudicataires. Pièce. Timbre.* — Lorsqu'il y a lieu d'exercer des poursuites contre un adjudicataire, le receveur chargé de l'encaissement se fait remettre une expédition du procès-verbal d'adjudication, en ce qui concerne cet adjudicataire, et un exemplaire du cahier des charges ; le tout, sur papier visé pour timbre. Les frais de cette expédition sont ultérieurement remboursés par qui de droit. (Décis. Min. du 20 novembre 1833, art. 1, et 20 janvier 1839. Circ. N 80, art. 111.)

§ 2. *Bois domaniaux.*

11. *Coupes. Caisse.* — Les receveurs généraux perçoivent le prix de vente des coupes ordinaires et extraordinaires des bois domaniaux, vendues sur pied. (Circ. N 80, art. 65.)

12. *Coupes vendues par unités de marchandises. Façonnage.* — Le produit des coupes vendues par unités de marchandises ou après façonnage doit être versé à la caisse du receveur des domaines du chef-lieu de canton de l'adjudication. (Décis. Min. des 31 mars et 26 juin 1863. Circ. A 839.)

13. *Exploitation accidentelle. Précomptage.* — Lorsqu'une exploitation accidentelle sera, par son importance, de nature à modifier l'assiette des coupes annuelles, elle sera portée sur l'état d'assiette ordinaire ou sur un état d'assiette supplémentaire, et le prix en sera recouvré par le receveur général. (Arr. Min. du 31 mars 1863. Circ. A 833. Circ. N 66.)

14. *Exploitation accidentelle. Sans précomptage.* — Les prix de vente des bois provenant des exploitations accidentelles des bois domaniaux, lorsque le volume de ces exploitations n'est pas précompté sur les coupes annuelles, sont recouvrés par les receveurs des domaines du chef-lieu du canton de l'adjudication. (Arr. Min. du 31 mars 1863. Circ. A 833. Circ. A 839. Circ. N 66. Circ. N 210.)

15. *Exercice.* — Toutes les sommes provenant d'adjudication, de produits forestiers et recouvrées par les receveurs des domaines doivent être rattachées à l'exercice courant, au moment de l'adjudication. (Circ. N 19.)

16. *Expédition. Titre.* — L'expédition du procès-verbal d'adjudication, devant servir de titre de recouvrement, sera remise par le président de la vente à l'inspecteur, qui l'adressera au directeur des domaines. (Décis. Min. du 5 septembre 1876. Circ. N 210.)

§ 3. *Bois communaux et d'établissements publics.*

17. *Coupes extraordinaires. Caisse.* — Les fonds provenant des coupes extraordinaires des bois des communes et établissements publics seront recouvrés, en totalité, par les receveurs généraux des finances. (Ord. 22 novembre 1826. Circ. A 150. Cah. des ch. 12.)

18. *Coupes ordinaires. Caisse.* — Le prix des coupes ordinaires des bois communaux et d'établissements publics est recouvré par les receveurs municipaux et des établissements publics. (Cah. des ch. 12.)

19. *Coupe ordinaire. Prix.* — Le receveur municipal a seul qualité pour recevoir le prix d'une coupe de bois appartenant à une commune et, particulièrement, le montant des traites souscrites par l'adjudicataire. (Cass. 30 novembre 1875.)

SECT. III. — MENUS PRODUITS. PRODUITS ACCESSOIRES. VENTE. DÉLIVRANCE.

§ 1. *Sommier.*

20. *Sommier.* — L'inspecteur tient deux sommiers des menus produits (bois domaniaux, série 5, n° 9) et des produits accessoires (bois communaux, série 5, n° 10), sur lesquels il inscrit les titres de recouvrement, au fur et à mesure de leur réception. (Arr. Min. des 22 juin et 1er sept. 1838. Circ. A 429.)

21. *Concessions. Redevances annuelles.*—Les articles concernant les concessions ou redevances annuelles devront être reproduits sur les sommiers, dans le mois de janvier de chaque année ; il en sera de même des baux ou adjudications à long terme. (Circ. A 429.)

§ 2. *Formalités. Perception.*

A. *Bois domaniaux.*

22. *Délivrance. Caisse. Paiement.* — Le prix des menus produits délivrés est versé à la caisse du receveur du canton de la situation de la forêt. (Décis. Min. du 26 juin 1863. Circ. A 839.)

23. *Paiement d'avance. Prix fixé.* — Le prix des menus produits cédés sera payable d'avance, sur l'avis de l'autorisation transmise au receveur des domaines par l'agent forestier local, toutes les fois que la somme due au Trésor sera certaine et liquide. Cet avis ne sera ni timbré, ni enregistré, non plus que le permis d'enlèvement. (Décis. Min. du 25 septembre 1857. Circ. A 763.)

24. *Délivrance. Acte. Frais.* — Lorsque le montant des menus produits délivrés n'aura pas été réglé d'avance, le recouvrement en aura lieu sur un procès-verbal de délivrance visé pour timbre et enregistré en débet aux frais du concessionnaire, qui paiera ces frais, en même temps que le prix principal. (Décis. Min. du 25 sept. 1857. Circ. A 763.)

25. *Relevé du sommier. Délai.* — Le quinzième jour après l'expiration de chaque semestre, les inspecteurs ou chefs de service adresseront au directeur des domaines, par l'intermédiaire du conservateur, sur la formule spéciale, un relevé des articles de leur sommier pour lesquels ils n'auraient pas reçu avis de la consignation au sommier du receveur des domaines. Des relevés négatifs seront fournis, le cas échéant. (Circ. N 210.)

B. *Bois communaux.*

26. *Paiement. Caisse.* — Le prix de tous les produits accessoires des bois communaux et d'établissements publics sera versé dans les caisses des receveurs des communes et des établissements publics propriétaires. (Arr. Min. du 1er septembre 1838. Circ. A 429.)

27. *Titres. Envoi. Délai.* — Dans la huitaine, au plus tard, de leur réception, l'inspecteur adresse directement au préfet, avec un bulletin d'envoi, les titres de perception concernant les produits accessoires des bois communaux et d'établissements publics. Ces titres sont envoyés par le préfet au trésorier-payeur général, qui les transmet aux receveurs chargés d'en effectuer le recouvrement. (Ord. 31 mai 1840. Décis. Min. du 17 juillet 1851. Circ. N 80, art. 109.)

28. *Délivrance. Prix.* — Pour la délivrance des produits accessoires dans les bois communaux, on doit, autant que possible et lorsque la somme à payer peut être fixée, stipuler le paiement avant tout enlèvement.

29. *Adjudication. Titre. Copie.* — Les agents forestiers (inspecteurs) se feront remettre par les maires deux expéditions des procès-verbaux d'adjudication des produits accessoires ; l'une sera destinée à leur bureau, et l'autre, devant servir de titre de perception, sera, au moyen d'un bulletin d'envoi, transmise au préfet, chargé de la faire parvenir, par l'intermédiaire du receveur général, aux agents comptables chargés d'en opérer le recouvrement. (Décis. Min. du 17 juillet 1851. Circ. A 670.)

§ 3. *Titres de recouvrement.*

30. *Cession. Adjudication. Bail.* — Les prix des produits vendus ou affermés par adjudication, ou concédés temporairement par un bail ou tout autre acte en forme authentique, sont recouvrés au moyen d'une expédition régulière du procès-verbal d'adjudication, du bail ou du titre. (Arr. Min. des 22 juin et 1er septembre 1838. Circ. A 429. Circ. N 80, art. 104.)

31. *Concession. Estimation. Expertise.* — Pour les objets vendus sur estimation ou expertise, les procès-verbaux de délivrance, signés par l'agent forestier qui opérera la délivrance, par le garde du triage et par la partie prenante ou son délégué, serviront de titre de recouvrement. Ces actes doivent être visés pour timbre et enregistrés en débet, et les droits en sont recouvrés sur la partie prenante. (Arr. Min. des 22 juin et 1er septembre 1838. Circ. A 429. Circ. N 80, art. 105.)

32. *Prorogation de délai d'exploitation et de vidange. Indemnité.* — Les indemnités pour prorogation de délai d'exploitation ou de vidange seront recouvrées au vu de la demande sur papier timbré, contenant l'engagement par l'adjudicataire de payer ces indemnités, et de la copie de la lettre d'avis de la décision fixant l'indemnité. (Arr. Min. des 22 juin et 1er septembre 1838. Circ. A 429. Circ. N 80, art. 104.)

Au lieu de la copie, l'arrêté du conservateur est souvent rédigé en minute au verso de la demande de l'adjudicataire.

33. *Prorogation de délai. Décision. Envoi.* — Les décisions de prorogation de délai

d'exploitation ou de vidange devront être adressées par le conservateur, dans le plus bref délai, au directeur des domaines, pour les bois domaniaux, et au préfet, pour les bois communaux. (Circ. A 568.)

34. *Bris de réserves. Indemnités.* — Les indemnités à raison de réserves abattues ou endommagées sont perçues au vu du procès-verbal d'estimation dressé contradictoirement avec l'adjudicataire et approuvé par le conservateur. Les décisions qui fixent ces indemnités pour les bois domaniaux parviennent aux receveurs des domaines par l'intermédiaire de leur directeur. (Arr. Min. des 22 juin et 1er septembre 1838. Circ. A 429.)

35. *Droit d'usage. Affectation. Concession. Passage. Jouissance.* — Les redevances dues par suite de droit d'*affectation* ou d'*usage* et les indemnités imposées en compensation de *droit de passage, prise d'eau, etc.*, seront recouvrées au moyen d'une expédition ou de l'extrait du titre constitutif de la créance, arrêté, décision, etc. (Arr. Min. des 22 juin et 1er septembre 1838. Circ. A 429.)

36. *Adjudicataires. Traites. Retard. Vérification de réserves.* — Les indemnités imposées aux adjudicataires, par suite du retard dans la souscription des traites ou à raison d'une vérification des arbres de réserve, sont recouvrées, la première en vertu du procès-verbal d'adjudication et d'un certificat du trésorier-payeur général ou de l'agent forestier chef de service constatant le retard, et la seconde d'après la demande en vérification formée par l'adjudicataire, contenant l'engagement de payer, à titre d'indemnité et en l'absence du déficit dans le nombre des arbres réservés, le prix fixé pour le nombre de jours de travail employés à l'opération par les agents et les gardes.

SECT. IV. — FRAIS DE JUSTICE. AMENDES. TRANSACTIONS.

37. *Amendes. Restitution. Frais. Dommages-intérêts.* — Le recouvrement de toutes les amendes forestières est confié aux percepteurs des contributions directes, qui sont substitués aux receveurs de l'enregistrement. Ils sont également chargés de recouvrer les restitutions, frais et dommages-intérêts résultant des jugements rendus pour délits et contraventions dans les bois soumis au régime forestier. (Cod. For. 210. Loi de finances du 29 décembre 1873, art. 25. Circ. N 149.)

38. *Amendes. Bois particuliers.* — Les receveurs des finances et les percepteurs recouvrent aussi les amendes prononcées pour délits forestiers commis dans les bois particuliers. (Cod. For. 215. Circ. N 149.)

39. *Acompte.* — Les receveurs des finances et les percepteurs ne doivent pas accepter des acomptes sur le paiement des transactions. (Instr. des domaines, no 2168, du 29 février 1860.)

40. *Paiement partiel.* — Le recouvrement des amendes ou transactions consenties par les deux parties peut se faire par paiement partiel. (Décis. Min. du 4 avril 1851.)

41. *Amendes. Bureau.* — C'est au bureau du domicile du condamné, plutôt qu'à celui de l'arrondissement dans lequel le délit a été commis, que les amendes forestières doivent être recouvrées. (Délibération des domaines du 19 décembre 1826.)

42. *Amendes. Confiscation. Poursuites.* — Les poursuites pour le recouvrement des amendes et confiscations seront faites, au nom du ministère public, par le trésorier-payeur général des finances. (Instr. Crim. 197. Loi du 29 décembre 1873.) V. Bestiaux. Saisie.

43. *Frais de justice. Poursuites.* — Le recouvrement des frais de justice avancés par l'administration des finances et qui ne sont point à la charge de l'Etat, ainsi que les restitutions ordonnées, seront poursuivis par toutes les voies que de droit, à la diligence des préposés des finances. (Décr. du 18 juin 1811, art. 174. Loi du 29 décembre 1873.)

44. *Sursis. Condamnation. Frais. Dommage.* — Le sursis à l'exécution de la peine que le tribunal peut accorder à l'inculpé, pour la première condamnation, ne comprend pas le payement des frais du procès et des dommages. (Loi du 26 mars 1891, art. 2.)

45. *Amendes.* — Les agents chefs de service ne doivent rien négliger pour que le recouvrement des amendes se fasse avec promptitude; ils doivent fournir aux receveurs des finances tous les renseignements nécessaires sur les délinquants d'habitude et sur la solvabilité des condamnés. (Instr. du 23 mars 1821.)

46. *Amendes. Succession. Héritiers.* — Le paiement d'une amende passée en force de chose jugée grève la succession du prévenu et peut être poursuivie contre ses héritiers.

47. *Insolvabilité. Certificat. Condition.* — En cas d'insolvabilité des parties contre lesquelles sont décernés les exécutoires, les receveurs seront déchargés des recouvrements qui concerneront ces parties, en rapportant des certificats d'indigence légalement délivrés, régulièrement dressés et visés par le chef de cantonnement, en ce qui concerne les poursuites forestières. (Décr. du 18 juin 1811. Instr. des Dom. du 30 novembre 1837.)

48. *Poursuites. Acte. Enregistrement. Timbre.* — Les actes de poursuite en recouvrement des amendes, frais, restitutions, dommages-intérêts et dépens, pour condamnation en délit forestier commis dans les bois de l'Etat, des communes et des établissements publics, doivent être enregistrés

gratis, lorsque les condamnations sont inférieures à 100 francs. (Loi du 16 juin 1824, art. 16. Décis. Min. du 7 mars 1828.) Mais ces actes doivent être sur papier *timbré* et non pas visé pour timbre en débet. (Journal de l'enregistrement.)

49. *Copie. Timbre.* — Toutes les copies (excepté celle de l'extrait de jugement) et tous les actes de poursuite pour le recouvrement des condamnations doivent être sur papier timbré. (Décis. Min. du 4 octobre 1828.)

50. *Poursuites. Instance. Formalités.* — Lorsque, sur les poursuites dirigées par un receveur des finances, pour l'exécution d'un jugement ou d'un arrêt rendu en matière forestière, il s'élève des difficultés, l'instruction de l'instance doit avoir lieu devant les tribunaux, non suivant les formes réglées par le code de procédure civile, mais suivant les formes prescrites par l'article 17 de la loi du 27 ventôse an IX, c'est-à-dire sur simple mémoire, sans plaidoirie et sans avoué. (Cass. 11 mars 1828.)

51. *Transaction.* — Les transactions sont recouvrées sur le bulletin d'avis adressé par l'inspecteur au receveur des finances. (Arr. Min. du 30 janvier 1860. Circ. A 786. Circ. N 149.)

52. *Dommages-intérêts. Restitution. Frais de régie.* — Il n'est dû aucun droit de frais de régie pour les dommages-intérêts et restitutions perçus par les receveurs des finances, au profit des communes et établissements publics.

53. *Relevé. Contrôle. Délai.* — Les 15 des mois de mai, août, novembre et février, les receveurs des finances établiront, par tribunal, des relevés comprenant les extraits de jugements rendus en matière forestière et parvenus dans le trimestre précédent, en y indiquant également les transactions recouvrées. Ces relevés, transmis au conservateur, seront vérifiés par les inspecteurs, pour savoir si tous les jugements et les transactions ont été pris en charge par le comptable. Ces relevés, avec les observations de l'inspecteur, seront renvoyés dans un délai de trois mois. (Circ. N 214.)

SECT. V. — OBJETS DIVERS.

§ 1. *Frais d'administration.*

54. *Frais d'administration. Paiement.* — Le montant des frais d'administration des bois communaux est versé à la caisse des receveurs des domaines par les receveurs des communes et des établissements publics. (Loi du 14 juillet 1856. Circ. A 760.)

§ 2. *Aliénation.*

55. *Amende. Déchéance.* — Les amendes de déchéance d'aliénation doivent être recouvrées par les receveurs des domaines. (Décis. Min. du 18 février 1832.)

§ 3. *Délimitation.*

56. *Paiement. Frais.* — Le recouvrement des sommes dues par les riverains, pour frais de délimitation et de bornage, peut être poursuivi aussitôt que l'opération est devenue définitive par l'homologation du gouvernement, ou après l'expiration du délai d'un an pour le dépôt du procès-verbal. (Circ. N 64, art. 204 et 217.)

57. *Coopération des agents. Frais.* — Les états des frais dus pour la coopération des agents, dressés par les conservateurs, sont rendus exécutoires par les préfets et recouvrés, en ce qui concerne les frais dus aux agents, par le receveur des finances, à titre de cotisation municipale, pour être ensuite mandatés par le préfet au profit des agents créanciers; et, pour la part revenant à l'État, par le receveur des domaines, à titre de remboursement d'avance et de menus produits des forêts. (Décr. du 25 août 1861. Circ. N 64, art. 206.)

58. *Parcelle. Contestation.* — Pour les parcelles contestées, le recouvrement des frais dus est suspendu jusqu'au jugement à intervenir. (Circ. N 64, art. 218.)

59. *Frais. Poursuites.* — Les poursuites en recouvrement des frais de délimitation ou de bornage ne peuvent pas être exercées, par suite de l'article 66 de l'ordonnance, en vertu de l'état des frais, qui ne peut pas être considéré comme un titre exécutoire.

En cas de poursuite, le receveur des domaines ou le receveur municipal doit faire reconnaître sa créance par un jugement. S'il s'agit d'une commune, le maire intente l'action judiciaire dans la forme ordinaire, en faisant l'avance des frais. S'il s'agit des bois de l'État, c'est le domaine qui agit. (Décis. Min. du 23 mars 1836. Cons. de préfecture de l'Isère, 1er février 1868.)

§ 4. *Travaux.*

60. *Entrepreneur.* — Le recouvrement de toutes les sommes dont l'entrepreneur sera constitué débiteur, par suite de l'inexécution des conditions de l'adjudication et après application du cautionnement à l'extinction des débets liquidés par les ministres compétents, sera poursuivi contre lui et contre sa caution, par voie de contrainte administrative, à la diligence de l'agent judiciaire du Trésor, comme rétentionnaire de deniers publics. (Cah. des ch. 53.)

61. *Débet. Régie.* — Pour que l'agent judiciaire du Trésor puisse poursuivre le recouvrement des sommes dues par un entrepreneur mis en régie, il faut que cet entrepreneur soit déclaré débiteur de l'État.

RECTIFICATION.

Pièces. — Lorsqu'il y a lieu d'opérer une rectification dans une pièce, la partie à corriger ou à rectifier est biffée au moyen d'un trait de plume et remplacée par l'énonciation exacte qui doit lui être substituée. La substitution par interligne ou par renvoi est approuvée, signée et parafée, en indiquant le nombre de mots rayés et remplacés. (Règl. Min. du 26 décembre 1866, art. 72. Circ. N 104.)

RÉCUSATION.

1. *Formalités.* — La récusation sera proposée par un acte au greffe, qui en contiendra les moyens, et sera signée de la partie ou d'un fondé de pouvoir. (Proc. Civ. 384.)

2. *Expert.* — L'expert pourra être récusé : pour fait de parenté ou alliance avec l'une des parties, jusqu'au degré de cousin issu de germain inclusivement ; s'il est héritier présomptif ou donataire ; s'il a bu et mangé avec la partie ou à ses frais, depuis le prononcé du jugement ; s'il a donné des certificats sur les faits relatifs au procès ; s'il est serviteur et domestique ; s'il est en état d'accusation ; s'il a été condamné à une peine afflictive ou infamante ou à une peine correctionnelle pour vol. (Proc. Civ. 283, 310.)

3. *Expert. Délai.* — La récusation des experts nommés par le tribunal devra être proposée dans les trois jours de la nomination. (Proc. Civ. 309.)

4. *Cause. Témoin.* — Les causes de récusation légale des témoins sont les degrés de parenté, ascendants, descendants, frères, sœurs ou alliés au même degré, femme ou mari. (Instr. Crim. 156.) V. Témoin.

5. *Enquête. Témoin.* — Les témoins dans une enquête pourront être récusés pour les mêmes faits. (Proc. Civ. 283.)

6. *Juge.* — Tout juge peut être récusé : s'il est parent ou allié avec une des parties jusqu'au degré de cousin issu de germain ; si sa femme est parente ou alliée avec une des parties ; si le juge est parent ou allié avec la femme d'une des parties ; si le juge ou ses parents ont un différend sur pareille question ; s'ils sont créanciers ou débiteurs ; s'il y a eu entre eux procès civil ou criminel ou entre leurs parents ; s'il est tuteur, curateur, héritier, maître ou commensal de l'une des parties ; s'il a donné conseil, été témoin, bu ou mangé avec l'une ou l'autre des parties ; s'il y a inimitié, agression, injure ou menace avec une des parties. (Proc. Civ. 378.)

7. *Juge.* — La récusation des juges devra être proposée avant la plaidoirie. (Proc. Civ. 382.)

RÉDACTEUR.

Choix. — Les emplois de rédacteur à la direction des forêts sont confiés : 1° à des inspecteurs adjoints ou à des inspecteurs de 4e classe ; 2° aux commis de la direction des forêts. (Décr. du 12 octobre 1890, art. 12. Circ. N 433.)

REDEVANCE.

1. *Féodalité.* — Toutes les dîmes et redevances féodales sont abolies. (Loi du 4 août 1789.)

2. *Dettes nationales.* — Les redevances établies et perçues par le propriétaire d'une forêt, comme condition de l'exercice des droits d'usage anciennement concédés au profit de l'universalité des habitants d'une commune, ne rentrent pas dans la catégorie des dettes communales nationalisées. (Cons. d'Etat, 2 mai 1861.)

3. *Menus produits.* — Les redevances pour affectation ou droit d'usage dans les forêts domaniales sont considérées comme menus produits. (Arr. Min. du 22 juin 1838. Circ. A 429. Circ. A 842.)

4. *Extraction. Prix. Fixation.* — Le prix des extractions quelconques effectuées dans les bois soumis au régime forestier sera fixé, pour les bois de l'Etat, par le conservateur, et, pour les bois des communes et des établissements publics, par le préfet, sur les propositions des maires et des administrateurs. (Ord. 169. Ord. 4 décembre 1844.)

5. *Action. Poursuite.* — Une action en redevance pour un droit concédé aux habitants d'une ville doit être formée contre la commune et non contre les habitants, alors même que la concession du droit eût été faite à l'agrégation des individus avant l'érection en commune, parce qu'un droit utile, dont la participation s'acquiert par le seul fait de l'habitation dans une commune, constitue un bien communal et que les charges ou redevances auxquelles ce droit est subordonné constituent, dès lors, une charge communale. (Nancy, 11 juin 1844.)

6. *Usager. Possession.* — La preuve suffisante de la possession résulte d'actes établissant le paiement des redevances dues au propriétaire de la forêt ; le paiement fait par quelques usagers individuellement conserve le droit de tous. (Cass. 10 février et 22 juillet 1835.)

RÉDUCTION.

Réclamation. Compétence. — Lorsqu'un adjudicataire réclame, devant le ministre compétent, une réduction du prix de son adjudication et que cette réclamation est rejetée, l'adjudicataire ne peut déférer au conseil d'Etat la décision ministérielle. Il n'y a pas là contentieux ; il y a un simple refus, qui n'empêche pas l'adjudicataire de porter sa réclamation devant les tribunaux civils. (Cons. d'Etat, 2 février 1844.) V. Contribution.

RÉENSEMENCEMENT.

Travaux d'entretien. — Les réensemencements dans les semis manqués, quand ils ne nécessitent pas une nouvelle culture du terrain (repeuplement, dunes, pépinière), sont classés comme travaux d'entretien. (Circ. N **22**, art. **25**.)

RÉFÉRÉ.

1. *Définition. Application.* — Recours devant le président du tribunal, pour obtenir sa décision provisoire sur une question urgente.

Un référé peut statuer sur l'exécution d'un acte administratif. (Cass. 7 novembre **1812**.)

2. *Appel.* — Une ordonnance de référé régulièrement signifiée acquiert l'autorité de la chose jugée, lorsqu'elle n'a pas été frappée d'appel dans la quinzaine de sa signification. (Paris, **18** décembre **1892**.)

RÉFORMATEUR. RÉFORMATION.

Procès-verbaux. Titres. — Les procès-verbaux de réformation et de limitation des forêts de l'Etat, dressés, en exécution de l'ordonnance de **1669**, dans les formes prescrites, sont pour l'Etat un titre légal et peuvent être opposés aux propriétaires riverains. (Riom, 6 avril **1838**.) V. Grand-Maître.

RÉFRACTAIRE. V. Déserteur.

RÉGÉNÉRATION (COUPES DE).

Travaux. — Tous les travaux propres à favoriser le semis naturel, dans les coupes de régénération, sont considérés comme travaux d'entretien. (Circ. N **22**, art. **25**.)

RÉGIE.

SECT. I. — RÉGIE SIMPLE OU ÉCONOMIE, **1** — **12**.

SECT. II. — RÉGIE CONTRE UN ADJUDICATAIRE OU UN ENTREPRENEUR, **13** — **29**.

Adjudicataire, 29.
Adjudication, 26.
Agent, 2.
Arrêté, 17.
Atelier, 3.
Autorisation, 20, 21.
Comptabilité, 12.
Conditions, 13, 14.
Coupe, 29.
Crédit, 7, 22, 23.
Définition, 1, 13.
Délai, 16.
Dépense, 23, 24.
Entrepreneur, 27.
Epoque, 16.
Exécution, 1, 9, 11, 20.
Formalités, 29.
Frais, 20.
Frais exagérés, 25.
Inventaire, 15.
Journée, 9.
Matériel, 15.
Notification, 17, 18.
Opposition, 25.
Paiement, 6, 20, 23.
Préposés, 4.
Principes, 13.
Réception, 18, 19.
Réclamation, 27.
Recouvrement, 24.
Reçu, 17.
Refus d'exécution, 28.
Régisseur, 2.
Régie non justifiée, 28.
Repeuplement, 10.
Rôles de journées, 5.
Situation, 8.
Surveillance, 9.
Tâche, 11.
Tâcheron, 27.

V. Association. Conseil de préfecture. Fourniture. Remise. Travaux.

SECT. I. — RÉGIE SIMPLE OU ÉCONOMIE.

1. *Définition.* — Les travaux *en régie simple* ou *par économie* sont ceux qui sont exécutés directement, pour le compte de l'Etat, par des ouvriers ou fournisseurs choisis, dirigés et payés par les agents forestiers. (Circ. A **661**. Circ. N **22**, art. **269**.)

2. *Agent. Régisseur.* — Le conservateur désigne un agent comme régisseur comptable et charge le même agent ou un autre agent de la surveillance et de la direction des travaux. (Circ. N **22**, art. **270**.)

3. *Atelier.* — Les agents organisent directement les ateliers d'ouvriers et les transports, fixent les conditions des traités pour les fournitures et passent ces traités, sauf l'approbation du conservateur. (Circ. N **22**, art. **271**.)

4. *Préposés.* — Les gardes cantonniers peuvent être employés comme piqueurs dans les travaux exécutés en régie. (Circ. N **22**, art. **282**.)

5. *Rôles de journées.* — Les agents ou préposés chargés de la direction quotidienne des ateliers tiennent les rôles des journées des ouvriers (série 3, nº **26**), ainsi que les états des fournitures, des transports de matériaux, des travaux à la tâche, etc. (Circ. N **22**, art. **273**.)

6. *Paiement.* — Les rôles de journées, les fournitures et les travaux à la tâche de peu d'importance sont payés au moyen d'avances faites au régisseur comptable. (Circ. N **22**, art. **274**.)

7. *Crédit.* — Si les agents reconnaissent que le crédit affecté à l'exécution d'un travail en régie au compte de l'administration est insuffisant, ils en informent le conservateur et font connaître le supplément nécessaire ; le conservateur en réfère à l'administration, qui autorise une nouvelle allocation ou ordonne l'ajournement des travaux. (Circ. N **22**, art. **277**.)

8. *Situation.* — Lorsque les travaux en régie ne se rattachent à aucune entreprise, les conservateurs ne sont pas tenus de rendre compte de leur exécution par lettre spéciale. Les résultats en sont seulement consi-

gnés dans l'état trimestriel de la situation des dépenses. (Form. série 3, nº 16. Circ. N 22, art. 279.) Cet état est supprimé. (Circ. N 372.)

9. *Exécution. Journée. Surveillance.* — On ne doit exécuter par régie que les travaux qui ne peuvent pas être confiés utilement à l'entreprise. Ces travaux doivent être surveillés par les agents forestiers locaux ; les brigadiers et gardes doivent tenir, jour par jour, une note exacte des journées employées à chaque opération. (Circ. A 802.)

10. *Repeuplement.* — Les travaux de repeuplement peuvent s'exécuter par régie, lorsque le personnel offre des moyens de direction et de surveillance suffisants. (Circ. N 22, art. 48.)

11. *Exécution. Tâche.* — Pour l'exécution des travaux en régie, on doit recourir, autant que possible, au mode d'exécution à la tâche. (Instr. Gén. 2 février 1885, art. 112. Circ. N 345.)

12. *Comptabilité.* — Les conservateurs, dans leurs tournées, examinent si la comptabilité des dépenses est régulièrement tenue, pour les travaux en régie. (Circ. N 18, art. 13.) Ils procèdent, comme le chef de service, à la vérification de la comptabilité des agents régisseurs et rendent compte de ces opérations dans un chapitre spécial de leur rapport de tournées. (Instr. Gén. du 2 février 1885, art. 187. Circ. N 345.)

SECT. II. — RÉGIE CONTRE UN ADJUDICATAIRE OU UN ENTREPRENEUR.

13. *Principe. Conditions.* — La régie contre un entrepreneur est l'exécution d'office des travaux qu'un entrepreneur néglige ou refuse de faire ; c'est une mesure administrative et discrétionnaire, contre laquelle l'entrepreneur ne peut réclamer, si la régie a été prononcée avec *droit* et *formes*. Ainsi, il faut d'abord une mise en demeure avec un délai et qu'il ne s'agisse que de travaux prévus au devis.

L'entrepreneur a, d'ailleurs, le droit de surveiller le travail des agents forestiers et de réclamer contre les fautes lourdes qui pourraient être commises. (Rép. For. t. VII, p. 76.)

14. *Conditions.* — Lorsqu'un ouvrage languira faute de matériaux, d'ouvriers, etc., de manière à faire craindre qu'il ne soit pas achevé aux époques prescrites, ou bien si l'entrepreneur était convaincu de fraude quant à la qualité des matériaux, d'incapacité ou de mauvaise foi en ce qui concerne l'accomplissement des conditions de son marché, un arrêté du conservateur mettra en demeure l'entrepreneur et sa caution de prendre, dans un délai déterminé, les mesures nécessaires pour régulariser la situation. Ce délai, sauf les cas d'urgence, ne sera pas de moins de dix jours, à dater de la notification de l'arrêté de mise en demeure.

A l'expiration de ce délai, si l'entrepreneur ou sa caution n'ont pas exécuté les dispositions prescrites, le conservateur, par un second arrêté, ordonnera l'établissement d'une régie aux frais de l'entrepreneur.

Il en sera aussitôt rendu compte au directeur des forêts, qui, selon les circonstances, pourra ordonner la continuation de la régie aux frais de l'entrepreneur, ou prononcer la résiliation du marché, ou ordonner une nouvelle adjudication sur folle enchère.

Pendant la durée de la régie, l'entrepreneur sera autorisé à en suivre les opérations, sans qu'il puisse toutefois entraver l'exécution des ordres des agents forestiers.

Il pourra, d'ailleurs, être relevé de la régie par le directeur des forêts, s'il justifie des moyens nécessaires pour reprendre les travaux et les amener à bonne fin.

Les excédants de dépenses qui résulteront de la régie ou de l'adjudication sur folle enchère seront prélevés sur les sommes qui pourront être dues à l'entrepreneur, sans préjudice des droits à exercer contre lui et sa caution, en cas d'insuffisance.

Si la régie ou l'adjudication sur folle enchère amenait, au contraire, une diminution dans les dépenses, l'entrepreneur et sa caution ne pourraient réclamer aucune part de ce bénéfice, qui resterait acquis à l'administration. (Cah. des ch. 40.)

15. *Matériel. Inventaire.* — Dès que la mise en régie aura été signifiée à l'entrepreneur et à sa caution, il sera dressé un procès-verbal détaillé constatant l'état d'avancement des travaux, ainsi que la situation des ateliers, la nature, la quantité et la qualité du matériel et des matériaux approvisionnés.

Sommation d'assister à l'opération sera faite à l'entrepreneur et à sa caution, qui pourront, d'ailleurs, l'un et l'autre, consigner leurs observations au procès-verbal.

Il pourra être fait usage par l'agent régisseur, avec l'autorisation du conservateur, de tout ou partie du matériel et des approvisionnements de l'entreprise, y compris les chevaux. La valeur du matériel et des approvisionnements ainsi retenus sera indiquée dans le procès-verbal; elle sera calculée d'après les éléments fournis par le devis ou, à défaut, estimée de gré à gré ou à dire d'experts. Le matériel ainsi utilisé par la régie sera entretenu et réparé aux frais de l'entrepreneur, auquel il sera tenu compte, lors du règlement final de l'entreprise, des manquements survenus dans ce matériel ou des détériorations qu'il aurait pu subir en dehors de l'usure ordinaire. (Cah. des ch. 41.)

16. *Époque. Délai.* — La mise en régie ayant pour objet d'assurer l'achèvement des travaux dans un delai fixé, les agents ne doivent pas attendre l'expiration de ce délai

pour provoquer cette mesure. (Circ. A 661. Circ. N 22, art. 232.)

17. *Arrêté. Reçu. Notification.* — L'entrepreneur doit donner un reçu de la notification de l'arrêté du conservateur prescrivant la régie; ce reçu, signé de l'entrepreneur, doit être fourni dans un délai déterminé; à défaut de quoi, l'arrêté du conservateur lui est notifié par ministère d'huissier. (Circ. N 108.)

18. *Réception. Notification.* — Avant la mise en régie, on doit procéder à la réception des travaux faits, en se conformant aux articles 43 et 45 du cahier des charges, c'est-à-dire que l'entrepreneur ou l'adjudicataire sera mis en demeure d'assister aux réceptions; les métrages, états et procès-verbaux devront lui être communiqués pour être acceptés. En cas de refus, il déduira ses motifs par écrit, dans les dix jours qui suivront la présentation des pièces, et, dans ce cas, il sera dressé procès-verbal de l'acte de présentation. Présent ou absent, il ne pourra élever aucune réclamation après le délai de dix jours, passé lequel les pièces seront censées acceptées par lui.

Le décompte final des travaux est ensuite notifié à l'entrepreneur. (Cons. d'Etat, 30 mars 1869. Lettre de l'Admin. 26 avril 1869, nº 1732.)

19. *Réception.* — Avant la régie, il est inutile de faire le décompte et la réception des ouvrages exécutés, car la régie n'est que la continuation du marché, qui n'est ni rompu, ni résilié, mais seulement exécuté par les agents forestiers. On ne doit procéder à la réception provisoire ou définitive qu'après l'achèvement complet des travaux. (Rép. For. t. VII, p. 76.)

20. *Exécution. Autorisation. Coupes. Paiement.* — Les travaux en régie sont exécutés par les agents forestiers, aux frais des entrepreneurs ou des adjudicataires des coupes, sur l'autorisation du préfet, qui rend exécutoire le mémoire des frais contre les adjudicataires ou entrepreneurs, pour le paiement. (Cod. For. 41.)

21. *Autorisation.* — Le directeur des forêts ordonne seul la main-levée ou la continuation de la régie établie. (Cah. des ch. 40.)

22. *Crédit.* — Lorsque l'exécution des travaux en régie pour le compte d'un adjudicataire ou entrepreneur doit occasionner une dépense supérieure au crédit *total* affecté à l'entreprise, les agents font connaître au conservateur et aussi approximativement que possible le montant de l'augmentation. (Circ. N 22, art. 233.)

Le conservateur en informe l'administration. (Circ. N 22, art. 234. Circ. N 402.) V. Travaux.

23. *Dépenses. Crédit. Paiement.* — Les dépenses de la régie sont mandatées au profit des fournisseurs, tâcherons et ouvriers, sur les crédits attribués à l'entreprise, ou bien payées au moyen des avances faites au régisseur comptable. (Circ. N 22, art. 228, 274.)

24. *Dépenses. Recouvrement.* — Pour les travaux exécutés en régie, l'administration des forêts paye directement les ouvriers employés, au moyen des ressources de son budget, et l'administration des domaines recouvre, pour le compte des forêts, les sommes employées, d'après l'arrêté du préfet rendu exécutoire. (Lettre de l'Admin. 16 novembre 1865.)

25. *Opposition. Frais exagérés.* — L'entrepreneur ne peut pas former opposition au paiement du mémoire rendu exécutoire par le préfet; mais il peut intenter une action contre l'Etat, représenté par le préfet, dans le cas où le mémoire serait exagéré ou erroné. (Meaume.)

26. *Adjudication.* — On pourrait mettre les travaux en adjudication, aux frais de l'entrepreneur contre lequel est prescrite la régie. (Curasson.)

27. *Entrepreneur. Tâcheron. Réclamation.* — Le fait qu'un entrepreneur, après la mise en régie des travaux, les a continués, en qualité de tâcheron, n'a pas nécessairement le caractère d'une renonciation à contester la régularité de la régie, ni à réclamer, par suite, une indemnité.

Aucune disposition du cahier des clauses et conditions générales n'oblige l'administration, avant de prononcer la mise en régie, à faire constater contradictoirement avec l'entrepreneur qu'il n'a pas obtempéré à l'arrêté de mise en demeure. (Cons. d'Etat, 6 février 1885.)

28. *Refus d'exécuter des travaux non compris au marché. Régie non justifiée.* — Lorsqu'une entreprise a été à tort mise en régie, à raison du refus de l'entrepreneur d'exécuter des travaux non compris dans son marché, l'entrepreneur doit être déchargé des conséquences de la régie et indemnisé du préjudice qu'elle lui a causé. (Cons. d'Etat, 21 mars 1884.)

29. *Adjudicataire. Coupes. Formalités.* — Pour mettre en régie l'exécution des travaux imposés sur les coupes, on suit la marche suivante (Cod. For. 41) :

1º L'agent forestier, après s'être assuré de la solvabilité de l'adjudicataire (Circ. A 158), lui fait signifier par un garde une sommation d'avoir à effectuer les travaux en retard, dans un délai qu'il indique (V. Mise en demeure);

2º L'agent forestier, en cas de non-exécution, adresse au préfet un rapport, avec l'original de la sommation;

3º Le préfet prend un arrêté, pour autoriser les travaux;

4º L'agent forestier fait exécuter les travaux et adresse ensuite au préfet l'état de la dépense, pour le rendre exécutoire;

5° L'agent fait signifier à l'adjudicataire cet état ainsi rendu exécutoire, et, en cas de refus ou de retard de paiement, l'exécution a lieu suivant la forme ordinaire.

Tout se passe administrativement, sans recours, ni contestation possible de la part de l'adjudicataire. (Meaume, t. I, p. 336.)

RÉGIME FORESTIER.

SECT. I. — GÉNÉRALITÉS, DÉFINITION, 1 — 6.

SECT. II. — TERRAIN BOISÉ, NOMENCLATURE, 7 — 31.

§ 1. *Bois de l'Etat*, 8 — 14.

§ 2. *Bois des communes et des établissements publics*, 15 — 26.

§ 3. *Reboisement*, 27 — 30.

§ 4. *Dunes*, 31.

SECT. III. — TERRAIN NON BOISÉ ATTENANT. ENCLAVES, 32 — 38.

SECT. IV. — SOUMISSION, 39 — 57,

§ 1. *Formalités*, 39 — 47.

§ 2. *Décision*, 48 — 56.

§ 3. *Notification*, 57.

SECT. V. — RÉCLAMATIONS, CONTESTATIONS, 58 — 70.

SECT. VI. — DISTRACTION, 71 — 77.

SECT. VII. — TERRAIN BOISÉ NON SOUMIS, 78 — 81.

Acquisition, 18.
Acte, 17, 64, 65, 66.
Administration, 6.
Aliénation, 18, 72.
Aménagement, 65.
Arbres épars, 80.
Arrêté préfectoral, 26.
Avis, 45.
Bandite, 23.
Bois en litige, 76.
Bois indivis, 9, 14, 19.
Cantonnement, 38.
Cantons, 60.
Chemin rural, 73 bis.
Clairière, 35.
Compétence, 61, 69, 70.
Communication, 43.
Condition, 20.
Conflit, 59.
Conseil de préfecture, 52, 70.
Conseil général, 45.
Conséquence, 5.
Contenance, 55, 63.
Contestation, 48, 49, 54.
Contiguïté, 33, 37.
Décision, 6, 52, 53, 64, 73, 73 bis, 77.
Décret, 61.
Définition, 2.
Délimitation, 12, 24.
Délit, 77.
Distraction, 71, 73 bis.
Domaine public, 80, 81.
Dossier, 43.
Droit des tiers, 48.
Dunes, 31.
Effet rétroactif, 77.
Enclave, 32.
Etat des terrains, 68.
Etat général, 39.
Exploitation, 24.
Formalités, 42, 44, 66, 74.
Gestion, 14.
Instance, 49.
Instruction, 41, 42, 43, 73, 74.
Interprétation, 61.
Maire, 17.
Nice, 56.
Nom, 60.
Notification, 57.
Ordonnance, 62.
Pâturage, 22, 23, 25, 36, 51.
Pente, 21, 22.
Périmètre, 28.
Possession, 10.
Prés-bois, 67, 78, 79.
Présomption, 29.
Principes, 1, 8, 15.
Proposition, 40.
Propriétaire, 75.
Propriété, 29.
Rapport, 47.
Reboisement, 27.
Réclamation, 58.
Reconnaissance, 46.
Remise, 13.
Renseignement, 30, 47.
Résultat, 1.
Savoie, 55, 56.
Section, 16, 17.
Soumission, 4, 7, 39, 50.
Subvention, 30.
Succession vacante, 11.
Surveillance, 24.
Terrain, 21, 73 bis.
Terrain attenant, 37.
Terrain boisé, 3.
Travaux, 29, 30.
Utilité publique, 28.
Vacant, 34.
Vide, 3, 35, 38.
Visite, 46.

SECT. I. — GÉNÉRALITÉS. DÉFINITION.

1. *Principes. Résultat.* — Le régime forestier est un régime d'exception, qui a pour effet : de consacrer des dispositions dérogatoires au droit commun ; de substituer, dans certains cas, la juridiction administrative à celle des tribunaux ordinaires ; de qualifier délits des actes qui, accomplis dans des propriétés privées, n'auraient donné lieu qu'à des réparations civiles et de faire peser, sur les propriétés contiguës ou voisines, des servitudes particulières. (Inspection des finances.)

2. *Définition.* — Le régime forestier est l'ensemble des lois et règlements appliqués par l'administration des forêts à la gestion des bois de l'Etat, des communes et des établissements publics.

3. *Terrains boisés. Vides.* — On ne doit soumettre au régime forestier que les terrains communaux en nature de bois et abandonner aux communes la jouissance de tous les terrains vides et de tous ceux dont le reboisement complet ne pourrait s'opérer par les semis naturels ou par le recepage. (Lettre de l'Admin. du 15 mai 1837.)

4. *Soumission.* — Les préfets doivent user de toute leur influence pour provoquer la soumission au régime forestier des terrains communaux situés en montagne et autrefois boisés. (Circ. A 495.)

5. *Conséquence. Bois communaux.* — La soumission des bois communaux au régime forestier a pour effet d'interdire toute aliénation de ces bois, autrement que par ordonnance du chef de l'Etat. (Cons. d'Etat, 22 août 1839. Circ. A 457. Cons. d'Etat, 11 novembre 1852.)

6. *Administration. Décision.* — Jusqu'à la décision de l'administration, on doit continuer à gérer les bois soumis, quand même ils seraient proposés pour être distraits, et on ne doit pas prendre la gestion des bois non soumis tant que la décision n'est pas rendue. (Circ. A 174.)

SECT. II. — TERRAIN BOISÉ. NOMENCLATURE.

7. *Soumission.* — Sont soumis au régime forestier et administrés suivant le code forestier :

1o Les bois qui font partie du domaine de l'Etat (Cod. For. 1);

2o Les bois du domaine de la Couronne (Cod. For. 1, 86);

3o Les bois possédés à titre d'apanage ou de majorats réversibles à l'Etat. (Cod. For. 1, 89);

4o Les bois des communes et sections de communes (Cod. For. 1, 90);

5o Les bois des établissements publics (Cod. For. 1, 90);

6o Les bois et forêts dans lesquels l'Etat, la Couronne, les communes ou les établissements publics ont des droits de propriété indivis avec les particuliers. (Cod. For. 1, 113.) V. Vacants.

§ 1. *Bois de l'Etat.*

8. *Principe.* — Les bois de l'Etat sont de droit soumis au régime forestier. (Cod. For. 1.)

9. *Bois indivis.* — Les bois dans lesquels l'Etat a des droits de propriété sont soumis au régime forestier, par ce fait seul. (Cod. For. 1.)

10. *Possession.* — Est réputée soumise au régime forestier, la forêt dont la propriété est contestée à l'Etat, mais dont l'Etat est néanmoins en possession, alors surtout que le procès-verbal de délimitation a été homologué par l'autorité compétente. (Cass. 9 juin 1848.)

11. *Succession vacante.* — Les bois provenant d'une succession vacante, pouvant éventuellement accroître le domaine de l'Etat, doivent, par cela même, être soumis au régime forestier. (Meaume.)

12. *Délimitation.* — L'ordonnance ou décret qui homologue le procès-verbal de délimitation d'une forêt que l'Etat possède, *animo domini*, mais dont la propriété lui est contestée, a pour effet de soumettre cette forêt au régime forestier et de donner à l'administration le droit de constater et de poursuivre les délits, tant que les tribunaux civils n'ont pas accueilli les prétentions des adversaires de l'Etat. (Cass. 7 juillet 1849.)

13. *Remise des bois.* — Lorsque des bois faisant partie du domaine de l'Etat ont été exceptionnellement régis et administrés par d'autres administrations et que la remise en est faite à l'administration forestière, elle est l'objet d'un procès-verbal contradictoire, dressé en double et revêtu de la signature des agents désignés par l'administration des forêts et par l'administration qui opère la remise. (Inspection des finances.)

14. *Bois indivis. Gestion.* — En exécution des articles 1 et 113 du code forestier, toutes les dispositions de la présente ordonnance relatives aux forêts de l'Etat sont applicables aux bois dans lesquels l'Etat a des droits de propriété indivis, soit avec des communes ou des établissements publics, soit avec des particuliers.

Ces dispositions sont également applicables aux bois indivis entre le domaine de la Couronne et les particuliers, sauf les modifications qui résultent du titre IV du code forestier et du titre III de la présente ordonnance. (Ord. 147.)

§ 2. *Bois des communes et des établissements publics.*

15. *Principes.* — Les bois des communes et des établissements publics sont soumis au régime forestier, à cause de la substitution indéfinie dont sont grevés ces bois et afin de prévenir les abus de la génération présente.

16. *Sections.* — Avant le code forestier, les bois appartenant à des sections de communes étaient soumis au régime forestier et considérés comme bois communaux. (Décis. Min. du 1er mars 1822.)

17. *Acte. Maire. Section.* — Il suffit qu'il soit constant, en fait, que l'acte portant soumission des bois d'une section de commune au régime forestier ait été connu du maire de cette commune et exécuté par lui, pour que les conséquences de cette soumission soient applicables à tous les habitants de la section. (Nîmes, 23 janvier 1879.)

18. *Aliénation. Acquisition.* — Les bois cédés aux communes par l'Etat, en vertu du décret du 10 août 1861, et achetés par les communes par acte administratif étaient de plein droit soumis au régime forestier. (Décr. du 10 août 1861, art. 10. Circ. A 810.)

19. *Bois indivis.* — Les bois indivis entre des communes ou des établissements publics et les particuliers seront soumis au régime forestier et régis conformément aux dispositions du titre VI du code forestier et du titre V de la présente ordonnance. (Ord. 147.)

20. *Conditions.* — Pour être soumis au régime forestier, les bois communaux et d'établissements publics doivent avoir été reconnus susceptibles d'aménagement et d'une exploitation régulière par l'autorité administrative (arrêté du préfet), sur la proposition de l'administration forestière et d'après l'avis des conseils municipaux ou des administrateurs des établissements publics. (Cod. For. 90.)

21. *Pente. Nature du sol.* — Les terrains communaux couverts de bois et qui ne sont pas nécessaires au pâturage des bestiaux de la commune doivent, à raison de l'inclinaison et de la nature du sol, être soumis au régime forestier. (Cons. d'Etat, 31 août 1847.)

22. *Pâturage. Pente.* — Il n'y a lieu de soumettre au régime forestier un bois servant de pâturage à une commune que dans les parties en pente, pouvant se repeupler d'elles-mêmes, et non dans celles qui, placées hors de l'atteinte des eaux, offrent des

pâturages utiles, dans une localité qui en manque. (Cons. d'Etat, 27 mai 1846.)

23. *Bandite. Pâturage.* — Les bois communaux grevés du droit de bandite (droit spécial de pâturage pour tous les animaux, y compris les chèvres) seront, à l'avenir, laissés en dehors du régime forestier, et ceux qui y seraient soumis devront en être distraits. (Décis. Min. du 30 septembre 1867.) V. Bandite.

24. *Délimitation. Exploitation. Surveillance.* — Doit être considéré comme régulièrement soumis au régime forestier, un bois communal dont la délimitation générale a été homologuée par une ordonnance et qui est géré par l'administration forestière, laquelle y a institué des gardes et y a assis des coupes, dont l'exploitation et la délivrance ont lieu suivant les formes prescrites par le code forestier. (Besançon, 12 mai 1859.)

25. *Pâturage.* — Lorsqu'il s'agit de mettre en défens un pâturage communal boisé et faisant partie du sol forestier, le paragraphe 4 de l'article 90 du code forestier n'est pas applicable. (Cons. d'Etat, 15 décembre 1845.)

26. *Arrêté préfectoral.* — Les bois communaux placés sous le régime forestier par l'arrêté du 9 ventôse an x n'en ont pas été distraits par la promulgation du code forestier, et un simple arrêté préfectoral a suffi pour les maintenir sous la main de l'administration, en attendant l'accomplissement des formalités prescrites par le code forestier, et pour conserver à cette administration le droit de poursuivre les délits qui pourraient y être commis. (Cass. 14 mai 1830.)

La cour de cassation, qui, en 1830, avait reconnu que les bois des communes demeuraient provisoirement maintenus sous le régime forestier, jusqu'à ce que les mesures prescrites par l'article 90 du code forestier eussent reçu leur exécution, paraît, en adoptant ce principe, être d'avis que ces bois ne sont régulièrement soumis au régime forestier qu'autant que les conditions établies par ledit article 90 du code forestier auront été remplies. (Circ. A 331.)

§ 3. *Reboisement.*

27. *Reboisement. Terrains communaux.* — Sont soumis de plein droit au régime forestier, les terrains appartenant aux communes et aux établissements publics, sur lesquels des travaux de reboisement sont entrepris à l'aide de subventions de l'Etat. (Décr. du 11 juillet 1882, art. 16. Instr. Gén. du 2 février 1885, art. 216. Circ. N 345.)

28. *Périmètre.* — Les terrains appartenant aux communes et aux établissements publics, qui avaient été boisés ou partiellement boisés et qui se trouvaient dans les périmètres déclarés d'utilité publique et dans les conditions prévues par l'article 90 du code forestier, ont été maintenus sous le régime forestier. (Décr. du 11 juillet 1882, art. 27.)

29. *Présomption. Propriété. Travaux.* — Un terrain présumé communal, lorsqu'il avait été reboisé en exécution d'un décret déclaratif d'utilité publique, était de plein droit soumis au régime forestier, même à l'égard des tiers qui s'en seraient prétendus propriétaires. (Montpellier, 23 novembre 1868.)

30. *Travaux. Subvention. Renseignement.* — Les terrains communaux reboisés à l'aide de subventions étant de plein droit soumis au régime forestier, il n'est pas nécessaire de procéder à leur reconnaissance préalable; il suffit de fournir à l'administration les indications nécessaires, pour qu'ils puissent être inscrits sur le sommier des bois communaux et d'établissements publics. (Circ. A 806.)

Cette disposition paraît applicable aux terrains communaux et d'établissements publics sur lesquels des travaux de reboisement ont été entrepris à l'aide de subventions de l'Etat et qui sont visés dans l'article 16 du décret du 11 juillet 1882.

§ 4. *Dunes.*

31. *Dunes.* — Bien que les dunes plantées en bois aux frais de l'Etat, en exécution de l'article 5 du décret du 14 décembre 1810, ne cessent pas d'appartenir aux propriétaires du sol, elles se trouvent soumises au régime forestier, à raison du droit de jouissance exclusive dont elles sont grevées par ce décret, au profit de l'Etat. (Cass. 2 août 1867.)

SECT. III. — TERRAIN NON BOISÉ ATTENANT. ENCLAVES.

32. *Terrains enclavés.* — Lorsque des terrains non boisés dépendent ou sont enclavés dans un bois soumis au régime forestier, ils sont, par ce fait, soumis au régime forestier, pourvu que le sol boisé forme le massif important. Ce principe, absolu pour les bois domaniaux, doit être appliqué avec de très grandes restrictions aux bois communaux. (Cod. For. 78, 159.)

33. *Terrain contigu.* — Un terrain dépendant d'une forêt domaniale soumise au régime forestier, contigu à cette forêt ou enclavé dans son enceinte, doit être réputé faire partie de la forêt, quand bien même ce terrain aurait été abandonné momentanément à un garde qui l'aurait planté en pommes de terre. Les délits commis sur ce terrain sont passibles des peines édictées par le code forestier. (Cass. 31 janvier 1846.)

34. *Vacants contigus.* — Des vacants appartenant à l'Etat et soumis, à raison de ce qu'ils confinent immédiatement à une forêt, à la régie de l'administration forestière doivent être considérés comme une dépendance du sol forestier, et l'administration a

qualité pour poursuivre les délits de pâturage commis. (Cass. 5 juillet 1872. Cass. Chambres réunies, 12 mars 1874.)

35. *Clairières. Vides.* — Un terrain en nature de pré, dès lors qu'il fait partie intégrante d'un bois soumis au régime forestier, est, comme le bois lui-même, soumis au régime forestier. Peu importe que ce terrain ne soit pas enclavé dans la forêt et qu'il ait été amodié par un bail pour un temps déterminé. (Cass. 15 mai 1830, 16 mars 1833. Cons. d'Etat, 31 janvier 1846.)

36. *Pâturages.* — Malgré l'opposition d'une commune, il peut être soumis au régime forestier des terrains en nature de pâturage, mais ravagés par les eaux. (Cons. d'Etat, 27 mai 1846.)

37. *Terrains contigus.* — Des terrains non boisés, attenant à une forêt communale, alors que ces deux propriétés contiguës conservent cependant une existence distincte, ne sauraient suivre le sort de la forêt communale et être soumis au régime forestier. (Cass. 13 août 1839.)

38. *Cantonnement. Vides.* — Les portions de forêt échues en cantonnement à une commune et qui doivent représenter la valeur des droits d'usage ne doivent pas être démembrées sans de graves motifs ; les vides qu'elles renferment, provenant des ravages des habitants et faisant toujours partie intégrante du sol forestier, doivent, par conséquent, être soumis au régime forestier. (Lettre de l'Admin. du 11 juillet 1850, n° 403.)

SECT. IV. — SOUMISSION.

§ 1. *Formalités.*

39. *État général. Soumission.* — L'administration forestière dressera incessamment un état général des bois appartenant à des communes ou établissements publics et qui doivent être soumis au régime forestier, aux termes des articles 1 et 90 du code forestier, comme étant susceptibles d'aménagement ou d'une exploitation régulière.

S'il y a contestation à ce sujet de la part des communes ou établissements propriétaires, la vérification de l'état des bois sera faite par les agents forestiers, contradictoirement avec les maires ou administrateurs.

Le procès-verbal de cette vérification sera envoyé par le conservateur au préfet, qui fera délibérer les conseils municipaux des communes ou les administrateurs des établissements propriétaires et transmettra le tout, avec son avis, au ministre, sur le rapport duquel il sera statué par le chef de l'État. (Ord. 128.)

40. *Proposition. Bois communaux et d'établissements publics.* — Les conservateurs devaient adresser aux préfets un état des bois à soumettre au régime forestier. Dans un délai de deux mois, les préfets devaient recueillir les délibérations des conseils municipaux et des administrateurs des établissements publics, sur la proposition des agents forestiers. (Circ. A 174.)

41. *Instruction.* — Les préfets, dans l'instruction des affaires relatives à la soumission des bois communaux au régime forestier, devaient : 1° se faire remettre, dans un délai de deux mois, les avis des conseils municipaux et des administrateurs des établissements publics sur les propositions des conservateurs relatives au maintien des bois soumis au régime forestier ; 2° arrêter et adresser, dans le mois suivant, l'état des bois à l'égard desquels il n'existerait pas de contestations sur la soumission au régime forestier ; 3° presser les délibérations des communes et des établissements publics sur les procès-verbaux de vérification des bois à soumettre au régime forestier ; 4° transmettre le plus promptement possible des rapports spéciaux sur les contestations, à mesure qu'elles étaient étudiées. (Lettre Min. du 20 novembre 1828. Circ. A 198. Circ. A 331.)

C'est ce qui n'a pas eu lieu : les reconnaissances des bois à soumettre se sont faites partiellement et successivement, mais en suivant les mêmes prescriptions.

42. *Instruction. Formalité.* — Les propositions de soumission au régime forestier des bois des communes et établissements publics doivent être communiquées à l'administration, avec toutes les pièces à l'appui, avant d'être transmises aux préfets. (Circ. N 188.)

43. *Dossier. Instruction. Communication.* — Lorsqu'il y aura accord complet entre une commune ou un établissement public et les agents, au sujet de la soumission des bois ou terrains au régime forestier, les conservateurs pourront se dispenser de transmettre le dossier à l'examen préalable de l'administration centrale. (Circ. N 416.)

44. *Formalités.* — Pour la soumission au régime forestier des bois des communes, les formalités de l'article 90 du code forestier (proposition de l'administration et avis des conseils municipaux) sont de rigueur, et un décret intervenant sans l'observation de ces conditions est nul. (Cass. 27 avril 1833 et 23 septembre 1837.)

45. *Conseil général. Avis.* — Le conseil général donne son avis sur la soumission au régime forestier des bois, futaies ou taillis, appartenant aux communes. (Loi du 10 août 1871, art. 50, § 2.)

46. *Visite. Reconnaissance.* — La visite des bois à soumettre au régime forestier et appartenant aux communes ou établissements publics doit être faite par les agents forestiers, contradictoirement avec les maires ou administrateurs. (Ord. 128.)

47. *Renseignement. Rapport.* — Les agents doivent, dans leurs rapports, faire connaître la contenance des bois, leur distance des bois déjà soumis au régime forestier, la situation et la nature du sol, les essences, l'état du peuplement et les circonstances de nature à faire conserver ce bois sous le régime forestier. (Circ. A 174.)

§ 2. *Décision.*

48. *Terrain contesté. Droit des tiers.* — La soumission au régime forestier est un acte de haute tutelle, qui ne peut, dès lors, préjudicier aux droits des tiers, ni constituer une interversion de titre, au profit des communes qui la provoquent. (Cass. 18 juin 1851.)

49. *Terrain contesté. Instance.* — Une ordonnance qui soumet au régime forestier, comme bien communal, un domaine dont la propriété est contestée ne saurait créer aucun titre nouveau au profit de la commune, ni entraver l'introduction d'une instance de la part d'un particulier réclamant la propriété de ce domaine. (Déduit du Décr. rendu en conseil d'Etat du 30 avril 1852.)

50. *Soumission provisoire.* — Un simple arrêté préfectoral suffit pour placer *provisoirement* un bois sous le régime forestier, en attendant l'exécution de toutes les formalités prescrites et la décision de l'autorité supérieure. (Cass. 14 mai et 2 septembre 1830.)

51. *Pâturages.* — Un arrêté du conseil de préfecture peut soumettre au régime forestier les pâturages communaux, après l'accomplissement des formalités prescrites au dernier paragraphe de l'article 90 du code forestier ; mais cela n'est admissible que s'il s'agit de reboiser et d'aménager ces pâturages, et non de les conserver comme pâture.

52. *Décision. Conseil de préfecture.* — Les arrêtés rendus par les conseils de préfecture et soumettant au régime forestier des terrains communaux constituent des décisions contentieuses, qui n'ont pas besoin d'être sanctionnées par l'autorité administrative et contre lesquelles on peut se pourvoir en conseil d'Etat, dans le délai de trois mois, à partir de la notification faite aux maires desdits arrêtés. Les décisions de l'espèce deviennent souveraines, soit par l'acquiescement de la commune (délibération du conseil), soit par l'absence de pourvoi dans le délai fixé. (Lettre de l'Admin. du 8 février 1850, nº 256.)

53. *Décision ministérielle.* — Un bois communal peut être valablement soumis au régime forestier par une simple décision ministérielle, lorsqu'il y a accord entre l'administration des forêts et le conseil municipal sur l'utilité de la mesure. Un décret n'est nécessaire qu'en cas d'opposition de la commune. (Cass. 19 mars 1864.)

54. *Contestations.* — En cas de dissentiment entre l'administration forestière et les conseils municipaux, sur les bois à soumettre au régime forestier, il doit être statué par des ordonnances du chef de l'Etat, rendues sur le rapport du ministre de l'agriculture.

S'il n'y a pas contestation, la décision du ministre est suffisante, pour prononcer la soumission au régime forestier. (Chambre des députés, séance du 28 mars 1827. Circ. A 331.)

55. *Territoires annexés. Contenance.* — Le décret du 17 octobre 1860, rendu en exécution du sénatus-consulte des 12-14 juin précédent, a valablement soumis au régime forestier, sans l'accomplissement des formalités réglementaires, les bois des communes et des établissements publics de l'ancienne province de Savoie. (Cass. 3 mars 1865.)

Lorsque les bois sont soumis en bloc, l'indication des contenances est purement énonciative. (Grenoble, 27 mars 1866.)

56. *Nice et Savoie.* — Le décret du 13 juin 1860, qui applique les lois et règlements forestiers aux bois du comté de Nice et à ceux de la Savoie, a force de loi, en vertu du sénatus-consulte en date des 12-14 juin 1860.

§ 3. *Notification.*

57. *Notification.* — L'ordonnance de soumission d'un bois communal ou d'établissement public doit être régulièrement notifiée aux maires et administrateurs, pour que l'administration puisse poursuivre les délits commis et que le régime forestier soit applicable. (Cass. 23 septembre 1837. Cass. 26 novembre 1839. Cass. 29 novembre 1841.)

SECT. V. — RÉCLAMATIONS. CONTESTATIONS.

58. *Réclamations. Bois communaux.* — Le conseil municipal d'une commune a seul qualité pour réclamer contre la soumission d'un bois au régime forestier. La réclamation faite à ce sujet par un maire est irrégulière. (Décis. Min. du 10 juin 1840. Lettre de l'Admin. du 9 juillet 1840, nº 7630.)

59. *Conflit.* — C'est à l'autorité administrative seule qu'il appartient d'interpréter les termes d'une ordonnance qui soumet un bois au régime forestier. (Cass. 23 septembre 1837.)

60. *Cantons. Noms.* — L'autorité administrative est seule compétente pour décider si les différents cantons d'un bois sont compris dans la désignation générale qui a soumis ce bois au régime forestier. (Cass. 23 septembre 1837.)

61. *Décret. Interprétation. Compétence.* — L'interprétation d'un décret portant soumission d'un bois communal au régime forestier appartient exclusivement à l'autorité dont cet acte émane.

Dès lors, en cas de contestation sur le point de savoir si une parcelle de bois, où un délit a été commis, est soumise au régime forestier, le tribunal correctionnel doit, si le décret n'est pas explicite, surseoir jusqu'à ce que ce décret ait été interprété par l'autorité administrative. (Cass. 3 mars 1865.)

62. *Ordonnance.* — L'ordonnance qui soumet un bois au régime forestier emporte, par elle-même, la preuve de sa régularité ; en conséquence, l'administration qui l'invoque n'est point tenue de justifier de l'accomplissement des formalités exigées par la loi pour sa validité. (Grenoble, 20 décembre 1866.)

63. *Contenance.* — Une ordonnance qui soumet, d'une manière générale, un bois communal au régime forestier, si elle a indiqué la contenance de ce bois, ne l'a fait que comme énonciation et non pour limiter son effet au nombre d'hectares indiqué. (Cass. 25 septembre 1847.)

64. *Décision. Acte.* — Quand la décision soumettant un bois au régime forestier ne peut être produite, ni en original, ni en copie, les juges du fond peuvent tirer des documents officiels et des actes d'exécution invoqués par l'administration forestière la preuve de l'existence de cette décision et de sa notification à la commune. (Cass. 19 mars 1864.)

65. *Acte. Aménagement.* — Un tribunal peut, sans violer aucune loi, déclarer qu'un bois communal n'est pas placé sous le régime forestier, alors qu'on ne produit aucun acte émané de l'autorité compétente, constatant que ce bois a été antérieurement, soit au code forestier, soit au fait objet des poursuites, soumis à un aménagement forestier. (Cass. 16 décembre 1848.)

66. *Acte. Formalités.* — La soumission régulière d'un bois communal au régime forestier peut résulter, non seulement d'un décret spécial, mais aussi d'actes équipollents, comme, par exemple, d'un décret autorisant des coupes extraordinaires sur la demande de la commune. (Grenoble, 31 mars 1876.)

67. *Prés-bois.* — Les conseils de préfecture sont compétents pour statuer sur les contestations élevées au sujet de la conversion des pâturages (prés-bois) en bois. (Cons. d'Etat, 31 décembre 1838.)

68. *Etat des terrains. Bois ou pâturage.* — Le conseil de préfecture a seul le droit de statuer sur la question de savoir si un terrain, dont on propose la soumission au régime forestier, est en nature de *bois* ou de *pâturage*. (Cons. d'Etat, 7 juin 1851, 28 juillet 1852, 17 février 1853, 22 juin 1854.)

69. *Compétence.* — Les conseils de préfecture sont incompétents, lorsqu'il s'agit de soumettre au régime forestier des terrains communaux boisés et susceptibles d'exploitation régulière. (Cons. d'Etat, 22 juin 1854.)

70. *Conseil de préfecture. Compétence.* — Si le conseil de préfecture reconnaît qu'un terrain est en nature de bois, il doit se déclarer incompétent sur la question de la soumission au régime forestier, qui doit être résolue par le ministre. (Cons. d'Etat, 12 décembre 1851, 15 juillet 1852, 17 février 1853.)

SECT. VI. — DISTRACTION.

71. *Distraction.* — Les bois sont déclarés distraits du régime forestier et l'action de l'administration forestière cesse :

1° Dans le cas d'un jugement qui les déclare propriétés privées, aussitôt que ce jugement est devenu définitif, ce dont le conservateur instruit de suite l'administration ;

2° Dans le cas d'aliénation, à partir du jour où la vente est consommée ;

3° Dans le cas de défrichement, lorsque l'opération matérielle est terminée ;

4° Dans le cas d'affranchissement, à partir du jour de la notification de la décision. (Inspection des finances.)

72. *Aliénation.* — La distraction du régime forestier est une conséquence nécessaire de l'autorisation d'aliéner ; mais cette distraction n'est effectuée que lorsque l'aliénation est consommée. (Décis. Min. du 25 janvier 1851.)

73. *Décision. Instruction.* — La distraction du régime forestier peut être prononcée par l'autorité qui a ordonné la soumission, lorsqu'il est établi que les bois ne sont pas susceptibles d'une exploitation régulière.

Dans l'instruction de ces affaires, on doit rappeler la décision qui a prononcé la soumission et les motifs à l'appui. (Inspection des finances.)

73 bis. *Chemin rural. Cession de terrain. Distraction tacite.* — La cession gratuite ou à titre onéreux du terrain nécessaire à la construction d'un chemin rural doit être consentie par le ministre de l'agriculture, dans une forêt domaniale, et par le préfet, en conseil de préfecture, dans une forêt communale soumise au régime forestier.

Ce serait une erreur de recourir aux autorités chargées de prononcer la distraction du régime forestier, lorsqu'il s'agit de valider une cession sur expropriation. La distraction du régime forestier est une conséquence nécessaire de l'aliénation. (Rép. For. t. XIII, p. 96.)

74. *Instruction. Formalités.* — Les propositions de distraction du régime forestier concernant les bois des communes et des établissements publics doivent être communiquées à l'administration, avec toutes les pièces à l'appui, avant d'être transmises au préfet. (Circ. N 188.)

75. *Changement de propriétaire.* — L'ordonnance qui avait soumis un bois commu-

nal au régime forestier est abrogée par cela seul qu'en vertu d'actes définitifs de l'autorité judiciaire ce bois cesse d'appartenir à la commune. (Cons. d'Etat, 8 mars 1844.)

76. *Bois en litige.* — Lorsque des bois considérés comme communaux sont déclarés propriétés privées par les tribunaux, la soumission de ces bois au régime forestier ne doit cesser que du jour où la décision judiciaire a acquis force de chose jugée. (Lettre de l'Admin. du 5 mai 1852, nº 421.)

77. *Décision. Délit. Effet rétroactif.* — L'arrêté prononçant la distraction du régime forestier d'un bois communal n'a pas d'effet rétroactif et ne fait pas disparaître la culpabilité résultant d'un délit commis dans ce bois, avant sa distraction. (Cass. 7 octobre 1847.)

SECT. VII. — TERRAIN BOISÉ NON SOUMIS.

78. *Prés-bois.* — Les prés-bois ont été distraits du régime forestier par la seule promulgation du code. Pour les soumettre de nouveau, il faudrait remplir les formalités prescrites par l'article 90 du code forestier. (Meaume.)

79. *Prés-bois.* — Les prés-bois ne sont pas dans la catégorie des bois pouvant être soumis au régime forestier, dans le sens de l'article 90 du code forestier. (Rapport à la Chambre des députés.)

80. *Arbres épars. Domaine public.* — L'administration forestière n'a pas à s'occuper des arbres épars appartenant aux communes et aux établissements publics, ni des arbres situés sur les terrains dépendant du domaine public. Ces arbres dépendent du ministère de l'intérieur. (Décis. Min. du 15 octobre 1827.)

81. *Domaine public.* — Les bois faisant partie d'un domaine public, tels que places, routes, fortifications, cimetières, etc., ne sont pas soumis au régime forestier. (Cass. 14 mai 1813.)

RÉGION DES MAURES ET DE L'ESTÉREL. V. Maures. Route. Tranchée.

RÉGISSEUR.

1. *Travaux.* — Pour les travaux en régie, le conservateur désigne un agent régisseur comptable. (Circ. N 22, art. 270.)

2. *Paiement.* — Le rôle des journées, les fournitures et les travaux à la tâche de peu d'importance sont payés au moyen d'avances faites au régisseur comptable. (Circ. N 22, art. 274.)

3. *Restauration des montagnes. Rôle.* — Le rôle de l'agent régisseur est indiqué dans les articles 156 à 171 de l'instruction générale du 2 février 1885. (Circ. N 345.)

REGISTRE.

Agent, 8.
Chef de cantonnement, 9.
Chef de service, 10.
Comptabilité, 12.
Conservateur, 11, 12.
Emploi, 3.
Envoi, 4.
Facteur, 5.
Fourniture, 3.
Ordonnateur secondaire, 12.
Préposé, 6.
Responsabilité, 1.
Surveillant, 7.
Transcription, 2.

V. Enregistrement. Imprimés. Inventaire. Mutation.

1. *Responsabilité.* — Les agents sont responsables des registres et sommiers dont ils sont dépositaires. (Ord. 17.)

2. *Transcription.* — On ne doit *signer* que les transcriptions sur les registres des actes de quelque importance, tels qu'ordonnances, ordres de service, procès-verbaux, déclarations, etc. (Lettre de l'Admin. du 23 janvier 1828.)

3. *Fourniture. Emploi.* — Les registres sont fournis par l'administration.

Les conservateurs ne doivent pas imposer la tenue de registres, sans l'avis de l'administration. (Circ. A 391.)

4. *Envoi. Poste.* — Les registres reliés et cartonnés peuvent être expédiés en franchise. (Ord. du 17 novembre 1844. Circ. N 46, art. 3.)

5. *Facteurs.* — Les facteurs ou gardes-vente sont tenus d'avoir un registre sur papier timbré, coté et parafé par l'agent forestier. (Ord. 94 et 134.) V. Facteur. Garde-vente.

6. *Préposés.* — Les gardes tiendront un registre d'ordre, coté et parafé par le sous-préfet de l'arrondissement.

Ils y transcriront leurs procès-verbaux, par ordre de date ; ils signeront chaque enregistrement et inscriront, en marge de chaque procès-verbal, le folio du registre où il se trouvera transcrit. Ils feront mention sur leurs registres et dans le même ordre de toutes les citations et significations dont ils auront été chargés.

Ils feront également mention des chablis et bois de délit qu'ils auront reconnus et en donneront avis à leur supérieur.

A chaque mutation, les gardes seront tenus de remettre ce registre à celui qui leur succédera. (Ord. 26.)

7. *Périmètre de restauration. Surveillant.* — Le surveillant tient, pour les travaux en régie, un registre ou calepin de journées (Form. série 7, nº 45) ; pour les travaux par entreprise, un registre des ouvriers (Form. série 7, nº 66), où il consigne, jour par jour, les détails et observations qui peuvent servir à contrôler les évaluations des devis. (Instr. Gén. du 2 février 1885, art. 141 et 189. Circ. N 345.)

8. *Agent.* — Les agents forestiers sont tenus d'avoir des sommiers ou registres, dont l'administration déterminera le nombre et la destination, et sur lesquels ils inscriront régulièrement et par ordre de date les ordonnances et ordres de service qui leur seront transmis, leurs diverses opérations, leurs procès-verbaux et les déclarations qui leur sont remises.

Ces registres seront cotés et parafés par le préfet ou le sous-préfet du lieu de leur résidence.

Ils signeront chaque enregistrement, en faisant mention, en marge de chaque pièce ou procès-verbal, de l'inscription à laquelle elle a donné lieu sur les registres, avec indication du folio.

Les inspecteurs, inspecteurs adjoints et gardes généraux inscriront sur un registre spécial et par ordre de réception les procès-verbaux qui leur seront remis par les gardes et indiqueront, en regard, le résultat des poursuites et les dates des jugements auxquels ces procès-verbaux auront donné lieu. (Ord. 16.)

9. *Chef de cantonnement.* — Le chef de cantonnement doit avoir les registres suivants, qui doivent être tenus avec la plus grande exactitude et jour par jour (Circ. A 391) :

1° Livre-journal, formule série 12, n° 4 ;

2° Sommier des procès-verbaux, formule série 6, n° 4 ;

3° Répertoire des dossiers par table alphabétique, formule série 12, n° 2 ;

4° Registre des déclarations des propriétaires de scieries (Ord. 180. Circ. A 391. Circ. A 584) ;

5° Sommier des concessions, formule série 5, n° 20 (Circ. N 22, art. 324 et 325) ;

6° Des sommiers de comptabilité pour les travaux de restauration, formule série 7, n°s 52 et 69 (Instr. Gén. du 2 février 1885, art. 157 et 192. Circ. N 345);

7° Un registre d'inventaire des objets du matériel, formule série 7. n° 43 (Instr. Gén. du 2 février 1885, art. 203. Circ. N 345);

8° Un registre du compte permanent, formule série 7, n° 74. (Instr. Gén. du 2 février 1885, art. 204. Circ. N 345.)

10. *Chef de service.* — L'inspecteur ou tout agent faisant fonctions de chef de service doit tenir les registres suivants :

1° Livre-journal de ses opérations sur le terrain, formule série 12, n° 3 (Circ. A 584);

2° Le livre d'ordre, avec table alphabétique, formule série 12, n° 1 (Instr. 23 mars 1821, art. 85);

3° Sommiers de consistance des bois de l'inspection : états récapitulatifs, formule série 4, n° 1 ter, pour les bois domaniaux (Circ. N 360), et états signalétiques, formule série 4, n° 1 C, pour les forêts communales (Circ. N 428. Circ. N 448);

4° Le sommier des procès-verbaux et jugements, formule série 6, n° 7 (Circ. A 742);

5° Le registre des déclarations de défrichement, formule série 10, n° 7 (Instr. du 23 mars 1821, art. 122. Circ. A 358. Circ. A 584. Circ. N 43) ;

6° Le sommier de comptabilité pour les travaux de restauration des montagnes, formule série 7, n° 61 (Instr. Gén. du 2 février 1885, art. 175 et 193. Circ. N 345) ;

7° Le double des registres d'inventaire du matériel, formule série 7, n° 43 (Instr. Gén. du 2 février 1885, art. 177. Circ. N 345) ;

8° Le registre du compte permanent, avec albums, formule série 7, n° 74. (Instr. Gén. 2 février 1885, art. 206. Circ. N 345.)

11. *Conservateur.* — Le conservateur tient les registres suivants :

1° Deux sommiers du personnel, l'un pour les agents, l'autre pour les préposés domaniaux, mixtes ou communaux (Instr. du 23 mars 1821, art. 17);

2° Deux sommiers de consistance, l'un pour les bois domaniaux, l'autre pour les bois des communes et d'établissements publics (Instr. du 23 mars 1821, art. 30);

L'état récapitulatif des forêts, formule série 4, n° 1 ter, qui forme sommier général de la consistance, a remplacé le sommier des bois domaniaux (Circ. N 360), et l'état signalétique, formule série 4, n° 1 C, celui des forêts communales (Circ. N 428);

3° Un livre d'ordre, sur lequel est enregistrée chaque jour la correspondance, formule série 12, n° 1 (Instr. du 23 mars 1821, art. 31);

4° Un registre d'ordre spécial aux dépenses des travaux d'amélioration, formule série 3, n° 15 (Circ. N 22, art. 35);

5° Un registre des décrets d'aménagement (Circ. A 584) ne figure plus sur le catalogue des imprimés ;

6° Un registre des déclarations de défrichement, formule série 10, n° 7 (Instr. du 23 mars 1821, art. 69. Circ. N 43) ;

7° Un tableau statistique, avec un plan de chaque cantonnement (Circ. A 722);

8° Un inventaire général des archives, formule série 12, n° 11 (Circ. A 824);

9° Un sommier des droits d'usage et cantonnements des bois domaniaux (Circ. A 205. Circ. A 672) ;

10° Un sommier pour les coupes vendues par unités de marchandises (Circ. N 377) ;

11° Un registre des décisions prises en vertu du décret du 17 février 1888, relativement aux exploitations des coupes d'amélioration, de bois morts, etc. (Circ. N 395) ;

12° Un registre du compte permanent, avec albums, formule série 7, n° 74. (Instr. Gén. du 2 février 1885, art. 206. Circ. N 345.)

12. *Ordonnateur secondaire. Comptabilité. Conservateur.* — Le conservateur, comme ordonnateur secondaire, tient les registres suivants, par exercice :

1° Livre-journal des crédits délégués;
2° Livre d'enregistrement des droits des créanciers;
3° Livre-journal des mandats délivrés;
4° Livre de compte par nature de dépenses. (Décr. du 31 mai 1862, art. 299 à 301. Règl. Min. du 26 décembre 1866, art. 171.)

REGISTRE MATRICULE.

1. *Etablissement. Nombre d'exemplaires. Feuillet.* — Il est dressé un registre matricule à feuillets mobiles, pour chaque compagnie, section ou détachement de chasseurs forestiers. Ce registre est établi en double exemplaire, dont un est déposé à la conservation et le deuxième entre les mains du commandant de la compagnie, de la section ou du détachement.

Un feuillet matricule est affecté à tout sous-officier, caporal, chasseur ou clairon. (Circ. N 179. Lettre autogr. du 14 août 1883.)

2. *Numéros matricules. Série.* — Chaque homme est désigné par deux numéros, l'un dit matricule, l'autre dit numéro au contrôle de la conservation.

Les numéros matricules forment une seule et unique série pour l'ensemble des conservations, et chaque candidat nommé à un emploi forestier reçoit, au moment de son entrée au corps, un numéro qu'il conserve pendant toute la durée de sa carrière. La répartition des numéros matricules a été réglée pour toutes les conservations par lettre de l'administration du 13 mai 1875. A l'avenir, tout préposé nommé prendra le numéro matricule de celui qu'il remplace numériquement dans le cadre des préposés. En cas de création d'emploi, l'administration désignera, en suivant la série des numéros donnés, le numéro matricule qui devra être attribué au préposé nommé à l'emploi créé. (Circ. N 179.)

3. *Numéros de contrôle. Série.* — Les numéros dits au contrôle de la conservation forment autant de séries qu'il y a de conservations, chaque série commençant au numéro 1 et finissant à celui qui indique le nombre total des préposés de ladite conservation. On donnera, comme numéro au contrôle de la conservation, à chacun des préposés le numéro sous lequel il est porté à l'état de prise en charge prescrit par lettre de l'administration du 13 mai 1875. Le préposé entrant dans une conservation prend, au contrôle de la conservation, le numéro du préposé qu'il remplace numériquement ou le numéro immédiatement à la suite de la série, s'il s'agit d'une création d'emploi; il conserve ce numéro tant qu'il reste dans ladite conservation et en prend un autre, celui du préposé qu'il remplace numériquement, s'il change de conservation. (Circ. N 179.)

4. *Classement. Renseignements.* — Les feuillets sont classés au registre matricule de compagnie dans l'ordre des numéros dits au contrôle de la conservation, sans avoir égard aux grades. Les renseignements qu'ils comportent sont exactement consignés sur les feuillets, qui doivent toujours être tenus au courant. (Circ. N 179.)

5. *Changement de compagnie.* — Lorsqu'un homme, par suite d'un changement de résidence dans la même conservation, change de compagnie, son feuillet mobile est retiré du registre matricule de la compagnie à laquelle il appartenait, pour être porté au registre matricule de la compagnie dans laquelle il entre. (Circ. N 179.)

6. *Changement de conservation et de compagnie.* — Lorsqu'un préposé passe d'une conservation dans une autre, le conservateur qu'il quitte adresse à son collègue de la conservation dans laquelle il entre les deux exemplaires du feuillet mobile afférent à ce préposé. (Circ. N 179.) Le chef de la conservation dans laquelle entre ce préposé ne fait plus connaître à l'administration la compagnie dans laquelle il devra figurer. (Lettre autogr. du 14 août 1883.) V. Compagnie. Grade.

7. *Sortie du corps forestier.* — Lorsqu'un homme sort du corps forestier, les deux exemplaires de son feuillet mobile sont retirés du registre matricule pour être classés à son dossier. (Circ. N 179.)

RÈGLEMENT. V. Arrêté. Ordonnance.

RÈGLEMENT-AMÉNAGEMENT. V. Aménagement-règlement.

RÉGLEMENTATION DES PATURAGES COMMUNAUX.

Avis, 9.
Baux, 8.
But, 1.
Cahier des charges, 8.
Communes assujetties, 3
Communication, 7.
Conditions, 3, 10.
Constatation, 16.
Contestation, 13.
Contravention, 16.
Délai, 2, 9, 13.
Exécution, 13.
Formalités, 8.
Indications, 6.
Minute, 6, 13.
Modifications, 10, 13.
Notifications, 4, 13, 14.
Observations, 9.
Pénalités, 16.
Poursuites, 16.
Principe, 1.
Projet de règlement, 2, 6.
Publication, 12.
Réclamations, 12.
Refus, 11.
Règlement d'office, 10.
Règlements types, 15.
Renseignements, 6.
Retard, 11.
Revision, 5.
Tableau, 3, 4, 5.

V. Pâturage.

1. *Principe. But.* — La réglementation du pâturage a pour but de remedier à la dégradation des montagnes, résultant de l'abus de la dépaissance, en réglementant le nombre et l'espèce de bêtes que les pâturages peuvent nourrir, sans excéder leur possibilité et sans qu'il puisse en résulter de dommage.

2. *Projet de règlement. Délai.* — Avant le 1er janvier de chaque année, les communes des départements des Basses-Alpes, Hautes-Alpes, Alpes-Maritimes, Ardèche, Aude, Drôme, Gard, Hérault, Isère, Loire, Haute-Loire, Lozère, Puy-de-Dôme, Basses-Pyrénées, Hautes-Pyrénées, Pyrénées-Orientales et Var, dont les noms sont inscrits au tableau annexé au règlement d'administration publique, doivent transmettre au préfet du département un règlement indiquant la nature et les limites des terrains communaux soumis au pacage, les diverses espèces de bestiaux et le nombre de têtes à y introduire, l'époque du commencement et de la fin du pâturage, ainsi que les autres conditions relatives à son exercice. (Loi du 4 avril 1882, art. 12.)

3. *Communes assujetties. Conditions. Tableau.* — Sont insérées au tableau prévu par l'article 12 de la loi du 4 avril 1882 et assujetties à la réglementation du pâturage, les communes sur le territoire desquelles des périmètres de restauration obligatoire ou de mise en défens ont été établis par des lois ou des décrets. (Décr. du 11 juillet 1882, art. 23.)

4. *Tableau. Notification.* — La notification du tableau des communes assujetties est préalablement faite par le préfet à chaque commune intéressée, en ce qui la concerne. (Décr. du 11 juillet 1882, art. 23.)

A cet effet, ce tableau est directement porté à la connaissance du préfet par l'administration, en un nombre d'exemplaires suffisant pour l'envoi à toutes les communes intéressées. (Instr. Gén. du 2 février 1885, art. 259. Circ. N 345.)

5. *Tableau. Revision.* — Ce tableau est revisé annuellement et, au plus tard, le 1er octobre de chaque année, sur la proposition de l'administration des forêts. Les modifications qu'il convient d'y apporter sont arrêtées par décret rendu dans la forme des règlements d'administration publique. (Décr. du 11 juillet 1882, art. 23.)

Les modifications introduites au tableau des communes sont portées à la connaissance des préfets, par les soins de l'administration centrale, et notifiées par eux, dans le délai d'un mois, à chaque commune intéressée, en ce qui la concerne. (Instr. Gén. du 2 février 1885, art. 260. Circ. N 345.)

6. *Projet de règlement. Renseignements. Indications.* — Le projet de règlement est produit, en double minute, par le maire de la commune assujettie à la réglementation du pâturage et comprend tous les terrains appartenant à la commune et situés soit sur son territoire, soit sur celui d'une autre commune.

Il indique notamment :

La nature, les limites et la superficie totale des terrains communaux soumis au pâturage;

Les limites et l'étendue des cantons qu'il y a lieu d'ouvrir aux troupeaux dans le cours de l'année ;

Les chemins par lesquels les bestiaux doivent passer pour aller au pâturage ou au pacage et en revenir ;

Les diverses espèces de bestiaux et le nombre de têtes qu'il convient d'y introduire ;

L'époque à laquelle commence et finit l'exercice du pâturage, suivant les cantons et la catégorie des bestiaux :

La désignation du pâtre ou des pâtres communs choisis par l'autorité municipale pour conduire le troupeau de chaque commune ou section de commune ;

Et toutes autres conditions d'ordre et de police relatives à l'exercice du pâturage. (Décr. du 11 juillet 1882, art. 24. Instr. Gén. du 2 février 1885, art. 250. Circ. N 345.)

7. *Communication au service forestier.* — Le préfet communique immédiatement ce projet de règlement au conservateur des forêts. (Décr. du 11 juillet 1882, art. 24. Instr. Gén. du 2 février 1885, art. 250. Circ. N 345.)

8. *Cahier des charges. Baux. Formalités.* — Les projets de cahiers des charges et de baux concernant les pâturages communaux à affermer sont assimilés aux projets de règlement ; ils sont, en conséquence, soumis aux mêmes formalités et communiqués au conservateur des forêts. (Décr. du 11 juillet 1882, art. 24. Instr. Gén. du 2 février 1885, art. 250. Circ. N 345.)

9. *Avis. Observations. Délai.* — Le conservateur, après avoir pris l'avis des agents locaux, présente ses observations au préfet, dans le mois qui suit l'accusé de réception à la préfecture de la délibération du conseil municipal présentant le règlement de pâturage. (Instr. Gén. du 2 février 1885, art. 251. Circ. N 345.)

10. *Projet de règlement d'office. Conditions.* — Si, au 1er janvier de chaque année, les communes n'ont pas soumis à l'approbation du préfet le projet du règlement prescrit, il y sera pourvu d'office par le préfet, après avis d'une commission spéciale composée du secrétaire général ou du sous-préfet, président, d'un conseiller général et du plus âgé des conseillers d'arrondissement du canton, d'un délégué du conseil municipal de la commune et de l'agent forestier.

Il en sera de même, dans le cas où les communes n'auraient pas consenti à modifier le règlement proposé par elles, conformément aux observations du préfet. (Loi du 4 avril 1882, art. 13. Instr. Gén. du 2 février 1885, art. 252. Circ. N 345.)

11. *Refus. Retard.* — Dans le cas où le conservateur n'aurait pas reçu, avant le 15 janvier, tous les projets de règlement des communes assujetties à la réglementation, il doit en faire l'observation au préfet. Il en réfère en même temps à l'administration, qui lui permet, s'il y a lieu, de préparer un projet de règlement destiné à être envoyé au

préfet, pour être soumis à la commission spéciale. (Instr. Gén. du 2 février 1885, art. 253. Circ. N 345.)

12. *Publication. Réclamations.* — Le règlement du pâturage, délibéré par le conseil municipal, conformément à l'article 12 de la loi du 4 avril 1882, est publié et affiché dans la commune.

Les intéressés peuvent adresser leurs réclamations au préfet, dans le mois qui suivra la publication de ce règlement, constatée par un certificat du maire. (Décr. du 11 juillet 1882, art. 25.)

13. *Exécution. Contestation. Délai.* — Les règlements de pâturage, projets de cahiers des charges et de baux sont rendus exécutoires par le préfet. (Loi du 4 avril 1882, art. 14.)

S'ils n'ont donné lieu à aucune contestation dans le mois qui suit l'accusé de réception de la délibération du conseil municipal, les deux minutes transmises par le maire sont visées par le préfet, qui retourne l'une de ces minutes à la commune et remet l'autre au conservateur des forêts.

Les règlements établis ou modifiés par le préfet, dans les conditions indiquées par l'article 13 de la loi du 4 avril 1882, sont exécutoires après notification au maire de la commune intéressée. (Décr. du 11 juillet 1882, art. 26. Instr. Gén. du 2 février 1885, art. 254. Circ. N 345.)

14. *Notification.* — Les actes de notification sont préparés par les agents forestiers, en original et copie, et signifiés par leurs soins, sous l'autorité et à la requête du préfet, par le ministère des préposés forestiers ou des huissiers. (Instr. Gén. du 2 février 1885, art. 254. Circ. N 345.)

15. *Règlements types.* — Lorsque les conservateurs constatent l'opportunité de dresser ou de reviser des règlements types, susceptibles d'être appliqués dans des régions déterminées de leur arrondissement, ils provoquent, dans ce but, auprès des préfets, les nominations de commissions composées principalement de membres des corps électifs d'agriculteurs d'une compétence reconnue en matière pastorale et d'agents forestiers. Une copie des règlements types, établie de cette façon, est transmise à l'administration. (Instr. Gén. du 2 février 1885, art. 255. Circ. N 345.)

16. *Contraventions. Constatation. Poursuites.* — Les contraventions aux règlements de pâturage intervenus dans les conditions fixées par la présente loi seront constatées et poursuivies dans les formes prescrites par les articles 127 et suivants du code d'instruction criminelle et, au besoin, par tous les officiers de police judiciaire.

Les contrevenants seront passibles des peines portées par les articles 471 du code pénal (amende : 1 à 5 francs) et 474 (prison : 3 jours au plus), en cas de récidive, modifiées, s'il y a lieu, par l'application de l'article 463 du code pénal. (Loi du 4 avril 1882, art. 15. Instr. Gén. du 2 février 1885, art. 256. Circ. N 345.)

RÈGLEMENT DE JUGES.

Amende, 10.
Chambre d'accusation, 6.
Compétence, 2.
Condamnation, 10.
Définition, 1.
Délai, 8.
Délit, 4.
Délits connexes, 3.
Identité, 4.
Incompétence, 9.
Instruction, 11.
Ministère public, 12.
Opposition, 8.
Parenté, 7.
Preuve, 5.
Procédure, 11.
Refus, 5.
Renvoi, 6.

1. *Définition.* — Décision par laquelle une autorité supérieure déclare lequel des tribunaux qui lui sont subordonnés doit connaître d'une contestation ou d'une affaire quelconque dont ils se trouvent simultanément saisis. (Block.)

2. *Compétence.* — Il y a lieu à règlement de juges par la cour de cassation, lorsqu'une partie ayant décliné la compétence du tribunal de première instance et demandé son renvoi devant un tribunal d'un autre ressort, son déclinatoire a été rejeté. (Ord. août 1737.)

3. *Délits connexes.* — Il y aura lieu à être réglé de juges par la cour de cassation, en matière correctionnelle ou de police, lorsque des cours et tribunaux ne ressortissant point les uns des autres seront saisis de la connaissance du même délit ou de délits connexes, ou de la même contravention. (Instr. Crim. 526.)

4. *Même délit.* — Il y aura également lieu à être réglé de juges par la cour de cassation, lorsqu'un tribunal d'exception, d'une part, et un tribunal correctionnel ou de police, d'autre part, seront saisis de la connaissance du même délit ou de délits connexes, ou de la même contravention. (Instr. Crim. 527.)

5. *Preuve. Refus.* — Il y a lieu à règlement de juges par la cour de cassation, lorsqu'un tribunal correctionnel a refusé d'accueillir une preuve orale que le tribunal d'appel l'avait chargé de recevoir et que ce dernier tribunal, saisi de l'appel du jugement qui contient ce refus, a déclaré n'y avoir lieu à statuer. (Cass. 25 janvier 1828.)

6. *Chambre d'accusation. Renvoi.* — Il y a lieu à réglement de juges, lorsqu'un tribunal correctionnel a renvoyé un prévenu devant la chambre des mises en accusation et que cette chambre l'a renvoyé de nouveau devant la juridiction correctionnelle. (Cass. 3 août 1833.)

7. *Parenté.* — Il y a lieu à règlement de juges, lorsqu'un tribunal de simple police ne peut se constituer par l'empêchement du juge de paix et de ses suppléants, qui se récusent pour cause de parenté. (Cass. 2 octobre 1828.)

8. *Opposition. Délai.* — Le prévenu et la partie civile pourront former opposition à l'arrêt de règlement, dans le délai de trois jours. L'opposition entraînera le sursis. (Instr. Crim. 533 et 534.)

9. *Incompétence.* — Lorsqu'on aura excipé de l'incompétence d'un tribunal ou proposé un déclinatoire, on ne pourra recourir en cassation pour règlement de juges. (Instr. Crim. 539.)

10. *Condamnation. Amende.* — La partie civile ou le prévenu qui succombera dans la demande en règlement de juges encourra :

Amende facultative, maximum : 300 francs.

La moitié sera pour la partie adverse. (Instr. Crim. 541.)

11. *Instruction. Procédure.* — Les demandes en règlement de juges seront instruites et jugées sommairement et sur simples mémoires. (Instr. Crim. 525.)

12. *Ministère public.* — Les causes sur règlement de juges sont communiquées au ministère public. (Proc. Civ. 83.)

Nota. — Voir code de procédure civile, articles 363 à 367, et code d'instruction criminelle, articles 525 à 541.

RÉIMPUTATION.

Formalité. — Lorsqu'on provoque le déclassement d'une dépense qui a déjà fait l'objet de plusieurs mandats, il suffit de fournir au comptable sur la caisse duquel les mandats ont été acquittés un *seul* certificat de réimputation, en prenant soin, toutefois, d'y consigner le détail des mandats dont l'application doit changer. (Lettre du secrétariat général des finances, 15 juillet 1857.)

RÉINTÉGRANDE. V. Complainte. Possessoire.

RÉINTÉGRATION.

Restauration des montagnes. Périmètre de reboisement et de gazonnement. — Après l'expiration du délai de trois ans, fixé par la loi du 4 avril 1882, pour la revision des périmètres de reboisement et de gazonnement, les communes, les établissements publics et les particuliers sont rentrés dans la pleine propriété et jouissance des parcelles de terrain qui n'ont pas été comprises dans la liste des parcelles que l'administration des forêts s'est proposé d'acquérir, pour en former de nouveaux périmètres.

Après cette réintégration, les propriétaires ne peuvent plus être dépossédés de nouveau qu'après l'accomplissement des formalités prescrites par la présente loi. (Loi du 4 avril 1882, art. 17.)

REJET.

Délit. — Le fait d'avoir coupé des rejets de chêne, en coupant de la fougère, constitue le délit prévu par l'article 194 du code forestier. (Cass. 7 juillet 1836.)

RELAI. V. Rivage.

RELIEF. V. Plan.

REMANENT.

1. *Vente. Formalité.* — Les formalités de l'article 100 du code forestier ne s'appliquent pas aux ventes d'écorces, copeaux et autres remanents des coupes affouagères, dont le produit principal est distribué aux habitants. Ces sortes de vente peuvent être effectuées par les maires et administrateurs, sans le concours des agents forestiers. (Décis. Min. du 28 août 1829. Décis. Min. du 14 juillet 1848. Circ. A 622. Circ. N 80, art. 77.)

2. *Vente. Agent.* — Tous les bois autres que ceux des résidus ou remanents des coupes délivrées en nature doivent être vendus avec le concours des agents forestiers. (Ord. 102 à 104. Ord. 23 juin 1830 et 3 octobre 1841.)

REMBOURSEMENT.

1. *Liquidation.* — Le conservateur liquide les fonds de remboursement à rendre pour les sommes indûment versées dans les caisses du Trésor. (Circ. N 104, pp. 148-151. Circ. N 402.) V. Subvention.

2. *Délivrance de bois. Demande.* — La demande en remboursement de la valeur des délivrances de bois faites à des habitants d'une commune, en leur qualité d'habitants et non de simples particuliers, doit être formée contre le maire de la commune. (Cass. 10 février 1868.)

3. *Fourniture. Avances.* — Les remboursements des avances faites par l'administration, pour fournitures diverses, seront effectués au moyen de retenues faites sur le traitement des agents et préposés ayant reçu ces objets. Ces remboursements seront effectués sur un ordre de reversement délivré par l'ordonnateur secondaire et qui servira de titre de perception. Les conservateurs adresseront à l'administration des récépissés constatant ces remboursements. (Circ. N 284.)

4. *Établissements hospitaliers. Traitement.* — Le remboursement, par les agents forestiers, des frais de traitement dans les hôpitaux militaires s'effectue au moyen d'un ordre de reversement, qui accompagne le

mandat individuel. L'agent intéressé doit, en touchant son traitement, effectuer le versement des frais d'hospitalisation et en réclamer un récépissé, qui est adressé à la direction des forêts. (Circ. N 420.)

RÉMÉRÉ.

Condition. — Vente avec clause de rachat ou de réméré, dans un temps déterminé. Maximum : 5 ans. (Cod. Civ. 1659, 1660.)

REMISE DE CAUSE.

1. *Audience.* — Les inspecteurs peuvent demander ou consentir, même à l'audience, une remise de l'affaire, de nature à faciliter l'exécution des transactions. (Circ. A 786.)

2. *Jugement.* — Le jugement qui porte remise de cause pure et simple est, en général, considéré comme jugement préparatoire ; mais, si la remise de cause est fondée sur la *nécessité* de faire une preuve ou une expertise, si le tribunal fait nécessairement dépendre la décision des opérations ordonnées, le jugement est interlocutoire, attendu qu'il préjuge le fond.

Si la remise était motivée sur la nécessité de donner le temps à l'une des parties de faire une preuve, le jugement peut être considéré, suivant le cas, comme interlocutoire. (Meaume, t. II, § 1302.) V. Renvoi.

REMISE DE CONDAMNATION.

Approbation, 2.
Avis, 7.
Chasse, 12.
Condamnations, 5, 6.
Défrichement, 1, 11.
Délai, 9.
Demande, 3.
Envoi, 8.
Gratification, 12.
Instruction, 1, 2, 5, 9.
Paiement, 5, 6.
Principe, 1.
Rapport, 7, 8.
Rédaction, 7.
Renvoi, 6.
Réparations civiles, 10.
Retard, 9.
Timbre, 3.
Transactions, 2.
Transmission, 4.

V. Cessation de poursuites. Transaction.

1. *Principe.* — Les dispositions de la loi du 18 juin 1859, sur les transactions en matière de délits forestiers, ne peuvent être appliquées aux condamnations prononcées ou encourues pour délits de défrichement commis dans les bois des particuliers. Les demandes en cessation de poursuites et en remise de condamnations, auxquelles ces délits donnent lieu, doivent être instruites suivant les règles tracées par la circulaire A 731 et soumises à la décision du ministre, conformément à l'article 7, paragraphe 11, de l'ordonnance du 1er août 1827. (Circ. A 801.)

2. *Transactions spéciales. Instructions.* — Les transactions supérieures à 1000 francs, qui ne deviennent définitives que par l'approbation du directeur et du ministre, auront lieu sur la demande de la partie, et ces demandes seront instruites comme l'étaient, avant la loi du 18 juin 1859, les demandes en remise ou modération d'amende. (Circ. A 786.) V. Transactions.

3. *Demande. Timbre.* — Les demandes en remise d'amende ou de condamnation doivent être rédigées sur papier timbré, comme pétitions.

4. *Transmission.* — Les demandes en remise d'amendes doivent être adressées au directeur des forêts. Il est défendu aux agents de les recevoir directement. (Circ. A 391 ter.)

5. *Condamnations non payées. Instruction.* — On ne peut instruire les demandes en remise d'amendes que lorsque les condamnations n'ont pas été payées. Dès qu'une demande parvient, on doit envoyer au receveur des finances un bulletin, pour savoir si les condamnations ont été acquittées. Le receveur des finances renvoie le bulletin, avec les renseignements demandés, et suspend les poursuites contre les condamnés qui ont fait des demandes en remise d'amende. (Décis. Min. du 4 avril 1851. Circ. A 666.)

6. *Condamnations acquittées. Renvoi.* — Lorsque les condamnations auront été acquittées, on doit se borner à renvoyer la demande à l'administration, avec le certificat du receveur des finances, mais en attestant qu'on a averti le pétitionnaire que sa demande n'était pas susceptible d'être accueillie. (Circ. A 666. Lettre du 7 novembre 1853. Circ. A 734.)

7. *Rédaction. Rapport. Avis.* — Les rapports sur les demandes en remise de condamnations, exclusivement rédigés par les chefs de service, seront aussi concis que possible et se réduiront à une réponse succincte sur les questions posées dans l'émargement de la formule série 6, nº 16. L'avis du conservateur sera bref, mais *toujours motivé.* (Circ. A 734.)

8. *Envoi. Rapports.* — Les rapports sur remise d'amende sont adressés au directeur, *sans lettre d'envoi.* (Circ. A 461.)

9. *Instruction. Délai. Retard.* — Les demandes en remise de condamnation et cessation de poursuites doivent être instruites et renvoyées à l'administration dans un délai de quarante jours, et, en cas de retard, on doit justifier des motifs. (Circ. A 649.)

10. *Réparations civiles.* — Dans les demandes en remise de condamnations, les agents ne doivent pas s'occuper des sommes revenant aux communes, à titre de réparations civiles, ni consulter les communes. (Circ. A 666. Circ. N 262.)

11. *Défrichement.* — Les délits de défrichement peuvent faire l'objet de demande soit en cessation de poursuites, soit en remise de condamnations. (Circ. N 43,

art. 213. Instr. du 20 septembre 1875, art. 109.) V. Défrichement.

12. *Chasse. Gratification.* — En cas de remise des amendes encourues ou prononcées pour délit de chasse, la gratification due à l'agent verbalisateur est toujours réservée. (Loi de finances du 27 décembre 1890, art. 11. Circ. N 430.)

REMISE DE CONTRIBUTION. V. Contribution.

REMISE DES EXPLOITS.

Préposés. — La remise des actes que les préposés sont chargés de signifier doit être faite par les préposés *eux-mêmes*, soit à la personne, soit au domicile du prévenu.

En cas d'infraction, pénalités :

Suspension : 3 mois.
Amende : 200 à 2000 francs.
Dommages-intérêts. (Décr. du 14 juin 1813, art. 45.)

En cas de fraude :

Travaux forcés à perpétuité. (Cod. Pén. 146.)

Cette contravention ne peut être excusée ni par la bonne foi, ni parce que l'exploit a été remis et que le garde en a surveillé la remise. (Cass. 7 août 1828.)

REMISE DE JOURNÉES DE TRAVAIL. V. Prestation.

REMISE DE PIÈCES. V. Mandat. Ordonnance.

REMISE DE SERVICE. V. Installation. Inventaire. Service.

REMISE DES SOMMES DUES.

Régie. — La remise à titre gracieux des sommes dues par les entrepreneurs, pour travaux mis en régie, ne peut pas se faire d'office, mais seulement sur la demande des parties intéressées elles-mêmes. (Cons. d'Etat, 30 mars 1869. Lettre de l'Admin. 26 avril 1869, n° 1732.)

REMISE DE TERRAIN.

Acte. — Lorsque des terrains boisés faisant partie du domaine de l'Etat, détenus par d'autres administrations, sont remis à l'administration des forêts, la remise en est constatée par un procès-verbal dressé en double et revêtu de la signature des agents délégués par l'administration des forêts et par ceux de l'administration qui opère la remise. (Inspection des finances.)

REMISE EN VENTE.

Coupes. — Les coupes invendues ne sont pas remises en vente, excepté pour les coupes communales et d'établissements publics, mais seulement dans des circonstances exceptionnelles, en cas d'urgence bien constatée et sur la décision du directeur des forêts. (Cah. des ch. 2.)

REMPLACEMENT.

Vente sur les lieux. Préposé. Brigadier. — Quel que soit le montant de l'estimation, les conservateurs pourront autoriser les agents forestiers à se faire remplacer par un brigadier sous leurs ordres, dans les ventes sur les lieux des produits principaux et accessoires des bois appartenant aux communes et aux établissements publics. (Ord. 13 janvier 1847.)

Les inspecteurs des forêts pourront se faire remplacer ou autoriser les agents sous leurs ordres à se faire remplacer par un chef de brigade, dans les adjudications sur les lieux des produits forestiers dont l'évaluation ne dépassera pas 500 francs. (Décr. du 25 février 1888. Circ. N 396.) V. Intérim. Peine disciplinaire. Service.

RÉMUNÉRATION.

1. *Principe.* — Les agents et les gardes forestiers ne pourront, sous aucun prétexte, rien exiger, ni recevoir des communes, des établissements publics, ni des particuliers, adjudicataires ou autre personne, pour les opérations qu'ils auront faites à raison de leurs fonctions. (Ord. 35. Décis. Min. du 20 février 1827. Décis. Min. du 17 octobre 1828. Circ. A 151.)

2. *Service. Rétribution. Communes.* — Il est interdit de la manière la plus absolue aux agents de recevoir directement aucune rétribution des communes et établissements publics, pour les opérations qui rentrent dans leurs attributions. (Ord. 34. Circ. N 103. § 8.) V. Délimitation.

3. *Pénalités.* — Les fonctionnaires qui, ouvertement, directement ou indirectement, prennent quelque intérêt que ce soit dans les actes, adjudications ou entreprises dont ils ont l'administration ou la surveillance, ou dont ils font les paiements, encourront, savoir :

Amende : maximum, le quart; minimum, le douzième des restitutions.
Emprisonnement : 6 mois à 2 ans.
Interdiction des fonctions publiques. (C. P. 175.)

RENARD.

1. *Catégorie. Classement.* — Le renard est une bête fauve dans le sens de l'article 9.

paragraphe 3, de la loi du 3 mai 1844. (Cass. 26 juin 1878. Poitiers, 29 octobre 1886.)

2. *Destruction. Moyens. Auxiliaires.* — Les renards doivent être considérés comme des bêtes fauves, au sens de l'article 9, paragraphe 3, *in fine*, de la loi du 3 mai 1844, et les propriétaires ou fermiers aux terres desquels ils portent dommage ont le droit de les repousser et de les détruire, avec armes à feu, alors même qu'ils n'auraient pas été compris par l'arrêté du préfet au nombre des animaux nuisibles.

En conséquence, le fait, par un propriétaire sur les terres duquel les renards exercent des ravages, d'avoir chassé le renard en temps prohibé, à l'aide de fusils et de chiens, constitue, non un fait illicite de chasse, mais un acte de légitime défense, autorisé par l'article 9, paragraphe 3, de la loi du 3 mai 1844.

Il importe peu que ce propriétaire ait chassé le renard, non pas sur ses terres, mais dans une forêt contiguë, qui leur servait d'abri, et où d'ailleurs il était locataire du droit de chasser les animaux nuisibles.

Il importe peu également que le propriétaire, pour atteindre plus sûrement les renards, se soit fait accompagner par un tiers, locataire comme lui du droit de chasser les animaux nuisibles dans la forêt voisine.

Il n'est pas nécessaire, pour autoriser l'exercice du droit de repousser et détruire les bêtes fauves, reconnu au propriétaire ou fermier par l'article 9, paragraphe 3, de la loi du 3 mai 1844, que le dommage s'accomplisse au moment même où ce droit est exercé; il suffit que le danger soit imminent.

Le propriétaire ou fermier, pour exercer ce droit, n'a besoin d'aucune autorisation préalable; il en est ainsi depuis la loi du 5 avril 1884 sur l'organisation municipale, comme auparavant. (Rennes, 18 juillet 1886.)

3. *Piège à renard. Condition. Distance.* — Le garde qui tend un piège à renard sur un terrain dépendant des propriétés confiées à sa surveillance et à trois cents mètres de tout terrier commet un délit de chasse en temps prohibé, alors que le préfet n'avait autorisé l'usage des pièges contre les renards qu'à l'entrée des terriers et que, d'autre part, l'acte imputé au prévenu n'était pas nécessité par le besoin de repousser ou de détruire une bête fauve au moment où elle causait un dommage à la propriété. (Cass. 2 décembre 1880.)

RENOUVELLEMENT. (HABILLEMENT.)

1. *Propriété.* — Les effets de renouvellement sont la propriété définitive du préposé, aussitôt après leur réception. Si, dans l'intervalle de la commande et de la distribution, le préposé vient à quitter le service, les effets sont remis à lui ou à ses héritiers, sans toutefois qu'ils puissent donner lieu à remplacement, par suite de refus. (Arr. Min. du 28 janvier 1878. Circ. N 223. Arr. Min. du 25 octobre 1893, art. 6. Instr. Gén. du 21 décembre 1893, art. 16. Circ. N 465.)

2. *Service commandé. Charge de l'Etat.* — Les effets renouvelés avant les époques fixées, par suite de détériorations survenues dans un service commandé, sont à la charge du Trésor. (Arr. Min. du 28 octobre 1875, art. 5. Circ. N 189. Arr. Min. du 25 octobre 1893, art. 8. Instr. Gén. du 21 décembre 1893, art. 18. Circ. N 465.)

3. *Négligence. Incurie. Charge des préposés.* — Les effets renouvelés avant les époques fixées, par suite de détériorations dues à la négligence ou à l'incurie, donnent lieu à une retenue spéciale sur le traitement du préposé. Cette retenue est établie d'après la valeur de l'effet remplacé, pour le temps pendant lequel il aurait dû rester au service. (Arr. Min. du 28 octobre 1875, art. 5. Circ. N 189. Arr. Min. du 25 octobre 1893, art. 8. Instr. Gén. du 21 décembre 1893, art. 19. Circ. N 465.)

4. *Commande.* — Dans les cas de renouvellement anticipé, la commande doit nettement spécifier le motif du renouvellement, afin que l'imputation de la dépense correspondante soit faite sur les crédits budgétaires ou sur la masse générale. (Instr. Gén. du 21 décembre 1893, art. 20. Circ. N 465.)

5. *Epoque.* — Le renouvellement des effets d'entretien a lieu par semestre (1er juin et 1er décembre). A cet effet, les conservateurs adressent à la direction des forêts, un mois avant l'expiration de chaque semestre, l'état des préposés dont les effets atteindront la durée réglementaire.

Les renouvellements anticipés, à moins d'urgence, ont lieu par semestre. (Arr. Min. du 28 octobre 1875, art. 5. Circ. N 189. Arr. Min. du 25 octobre 1893, art. 15. Instr. Gén. du 21 décembre 1893, art. 29. Circ. N 465.) V. Habillement. Insigne. Première mise. Retenue. Uniforme.

RENVOI. (ÉCRITURE.)

1. *Approbation.* — Les renvois et ratures doivent être approuvés. (Loi du 25 ventôse an XI, art. 16. Circ. N 64, art. 68.) V. Rature.

2. *Approbation. Nullité.* — Les renvois, ratures ou interlignes non approuvés sont réputés non avenus. (Instr. Crim. 78.)

3. *Approbation. Mode.* — Les renvois, ratures, surcharges ou interlignes sont approuvés par la signature, mise en marge ou au bas du procès-verbal, et même par un simple parafe. (Cass. 23 juillet 1824.)

4. *Enonciation. Approbation.* — Tout renvoi ayant pour objet d'ajouter des énonciations omises doit être approuvé (le nombre

de mots en toutes lettres) et signé. (Circ. N 104, § 1, nº 22.)

5. *Interligne. Validité.* — L'approbation des renvois et ratures n'est pas valable, si la rectification est seulement interlignée au-dessus de la signature primitive, sans apposition d'une nouvelle signature. (Circ. N 104, § 1, nº 22.)

6. *Procès-verbal.* — Tout renvoi, rature ou surcharge doit être approuvé et parafé par le rédacteur du procès-verbal, par l'officier public qui a reçu l'affirmation et par le receveur de l'enregistrement. (Livret des préposés, art. 20.)

7. *Affirmation. Signature.* — L'officier public qui reçoit l'affirmation d'un procès-verbal n'est pas tenu de signer et d'approuver les renvois que présentent ces actes. (Cass. 23 juillet 1824.)

8. *Mentions. Validité.* — Les mentions contenues aux renvois dûment approuvés d'un procès-verbal emportent la même foi que le surplus du procès-verbal, bien que ces renvois n'aient pas été écrits de la même encre et que le receveur de l'enregistrement ne les ait pas parafés. (Cass. 17 décembre 1847.)

RENVOI. (INSTANCE.)

SECT. I. — RENVOI EN GÉNÉRAL, 1 — 7.

§ 1. *Délai*, 1 — 3.

§ 2. *Tribunaux*, 4 — 7.

SECT. II. — RENVOI A FINS CIVILES, 8 — 14.

§ 1. *Délit, Exception préjudicielle*, 8—13.

§ 2. *Adjudicataire, Cahier des charges*, 14.

Action civile, 9.
Adjudicataire, 14.
Cahier des charges, 14.
Compétence, 5.
Concession, 11.
Délai, 1, 8, 13.
Diligence, 12.
Fixation, 8.
Formalités, 10.
Introduction, 9.
Justification, 13.
Mémoire, 12.
Motif, 2.
Parenté, 7.
Procédure, 10.
Refus, 3.
Suspicion, 4, 6.
Témoin, 1, 2.

SECT. I. — RENVOI EN GÉNÉRAL.

§ 1. *Délai.*

1. *Témoins. Délai.* — Le tribunal ne peut se refuser d'accorder un renvoi pour donner le délai de faire citer des témoins destinés à suppléer à l'insuffisance d'un procès-verbal. (Cass. 18 mars 1836.) V. Poursuite. Remise de cause.

2. *Motifs. Témoins.* — Lorsque les agents forestiers demandent la remise de la cause, il faut que cette demande soit motivée sur la nécessité de faire entendre des témoins et non pas pour recueillir des renseignements. Dans ce dernier cas, le tribunal peut se refuser à surseoir ou à renvoyer la cause. (Cass. 10 juin 1836.)

3. *Refus.* — Après une première remise accordée pour l'audition des témoins, le tribunal peut se refuser à un nouveau renvoi de l'affaire. (Cass. 4 novembre 1841.)

§ 2. *Tribunaux.*

4. *Suspicion.* — La partie qui aura procédé volontairement devant un tribunal ne pourra demander son renvoi à un autre tribunal que pour des causes survenues depuis et de nature à faire naître une suspicion légitime. (Instr. Crim. 543.)

5. *Compétence.* — La partie qui aura été appelée devant un tribunal autre que celui qui doit connaître de la contestation pourra demander son renvoi devant les juges compétents. (Procéd. Civ. 168.)

6. *Suspicion.* — Sur la demande du ministère public ou des parties intéressées, la cour de cassation peut renvoyer à un autre tribunal la connaissance d'une affaire, pour cause de suspicion légitime. (Instr. Crim. 542.)

7. *Parenté.* — Lorsqu'une partie aura deux parents ou alliés, jusqu'au degré de cousins issus de germains inclusivement, parmi les juges d'un tribunal de première instance, trois parents ou alliés au même degré dans la cour d'appel, ou lorsqu'elle aura un parent audit degré parmi les juges du tribunal de première instance, deux parents dans la cour d'appel, et qu'elle-même sera membre du tribunal ou de la cour, l'autre partie pourra demander le renvoi à un autre tribunal. (Proc. Civ. 368.)

Le renvoi sera demandé avant les plaidoiries. (Proc. Civ. 369.)

SECT. II. — RENVOI A FINS CIVILES.

§ 1. *Délit. Exception préjudicielle.*

8. *Délai. Fixation.* — En cas de renvoi à fins civiles, le tribunal correctionnel *doit*, en même temps, fixer le *bref délai* pendant lequel le prévenu doit saisir le tribunal civil.

La fixation de ce délai est obligatoire pour le tribunal correctionnel, comme formalité d'ordre public et sous peine de nullité du jugement. (Cass. 18 février 1836 et 23 août 1839.) V. Exception préjudicielle.

9. *Action civile. Introduction.* — Lorsque l'exception préjudicielle a été admise par le tribunal correctionnel et que le renvoi à *fins civiles* a été prononcé, c'est le prévenu qui doit saisir le tribunal civil. (Cass. 23 avril 1824.)

10. *Procédure. Formalités.* — S'il s'agit d'un droit de propriété, le prévenu devra se pourvoir au *pétitoire* devant le tribunal

civil. S'il s'agit d'un fait de possession, l'instance sera portée devant le juge de paix, qui connaît des actions *possessoires*. Cette action ne doit jamais être intentée ni contre le ministère public, ni contre l'administration forestière, mais contre le propriétaire indiqué dans le procès-verbal ; ce sera soit un particulier, si le bois est particulier, soit le maire, si le bois est communal, ou un administrateur, si le bois appartient à un établissement public, ou le préfet, si le bois est domanial. (Cass. 12 mai 1840. Meaume, t. II, p. 820.)

Toutefois, on doit suivre, dans le cas où l'action est dirigée contre une commune ou un établissement public, les règles de procédure indiquées aux lois administratives. (Proc. Civ. 1032. Loi du 5 avril 1884, art. 124.

11. *Possession.* — Le prévenu renvoyé à fins civiles, pour faire statuer sur une exception préjudicielle de propriété, n'est pas tenu de recourir à la voie du pétitoire. Il satisfait à l'obligation imposée en saisissant le juge de paix d'une demande en maintenue possessoire. (Cass. 22 mai 1863.)

12. *Diligence. Mémoire.* — Le prévenu renvoyé à fins civiles est réputé avoir fait toutes les diligences exigées par l'article 182 du code forestier, si, dans le délai fixé, il a présenté au préfet un mémoire à l'effet de faire autoriser la commune, qui est son adversaire, à ester en justice. (Cass. 3 novembre 1842. Cass. 3 avril 1857.) V. Poursuite.

13. *Justification. Délai.* — Le prévenu renvoyé à fins civiles doit non seulement saisir les juges compétents dans le délai fixé par le tribunal correctionnel, mais il doit, en outre, justifier de ses diligences pour arriver au jugement, c'est-à-dire des actes indiqués par le code de procédure. (Cass. 26 novembre 1840.)

Pour justifier de ses diligences, on doit avoir égard, non au jour où la citation a été donnée, mais à celui indiqué pour la comparution. (Cass. 21 mai 1836.)

§ 2. *Adjudicataire. Cahier des charges.*

14. *Cahier des charges. Adjudicataires.* — Un adjudicataire ne peut être renvoyé à fins civiles, en excipant des clauses de son cahier des charges, pour légitimer un fait qui lui est imputé comme délit. En effet, le caractère du délit étant défini par le cahier des charges qui lui est *imposé*, le tribunal ne peut et ne doit pas discuter le cahier des charges, mais examiner si le fait incriminé est prévu et puni par ce cahier des charges.

RÉPARATIONS CIVILES.

1. *Définition.* — Les réparations civiles comprennent seulement les dommages-intérêts, la restitution et les frais. Les amendes n'y sont pas comprises.

2. *Frais.* — Les frais d'instance sont compris dans les réparations civiles. (Cass. 26 mars 1858.)

3. *Libération.* — L'administration forestière pourra admettre les délinquants insolvables à se libérer des réparations civiles au moyen de prestations en nature. (Cod. For. 210. Loi du 18 juin 1859.) V. Prestation.

Dans les bois soumis au régime forestier, la libération comprendra les dommages-intérêts, les restitutions et les frais et, dans les bois particuliers, les frais seulement. (Cod. For. 215. Loi du 18 juin 1859.)

4. *Recouvrement.* — Pour les condamnations en simple police, en cas d'insuffisance de biens, les restitutions et les indemnités dues à la partie lésée sont préférées à l'amende. (Cod. Pén. 468.) V. Dommages-intérêts.

5. *Transaction. Fermier. Chasse.* — Tout fermier d'un droit de chasse, dans une forêt de l'Etat, a le droit, malgré une transaction consentie, de poursuivre, comme partie lésée et directement devant le tribunal correctionnel, la réparation civile des délits commis dans la forêt dont il est locataire. (Angers, 19 juillet 1869.)

6. *Compétence. Délit de droit commun. Incendie. Dommages.* — Lorsqu'il s'agit des conséquences, non d'un délit forestier, mais d'un délit de droit commun poursuivi antérieurement à la requête seule du ministère public, et sur lequel il a été statué, tel qu'un incendie, l'article 171 du code forestier, quelle que soit sa portée, reste sans influence, et c'est alors devant la juridiction civile que l'administration doit poursuivre la réparation du dommage qui lui a été causé. (Cass. 9 mai 1879.)

RÉPARATION D'IMMEUBLES.

SECT. I. — RÉPARATION EN GÉNÉRAL, 1 — 2.

SECT. II. — RÉPARATION LOCATIVE, 3 — 7.

Action, 7.
Compétence, 7.
Créance, 4.
Désignation, 5.
Force majeure, 6.
Frais, 1.
Immeubles, 1.
Locataire, 3.
Mur non mitoyen, 2.
Nomenclature, 5.
Vétusté, 6.

SECT. I. — RÉPARATION EN GÉNÉRAL.

1. *Frais. Immeubles.* — Les frais de réparation des immeubles acquis par l'administration des forêts sont à la charge de cette administration. (Décis. Min. du 11 octobre 1824. Circ. N 6, art. 35.)

2. *Mur non mitoyen.* — Le propriétaire qui a construit un mur à l'extrême limite

de son terrain ne peut, quand ce mur a besoin de réparations, obliger son voisin à lui accorder un passage, même en lui offrant une indemnité. (Trib. de Saint-Etienne, 24 février 1892.)

SECT. II. — RÉPARATION LOCATIVE.

3. *Locataire.* — Le locataire doit souffrir les réparations urgentes à faire à la chose louée. (Cod. Civ. 1724.)

4. *Créance.* — Les réparations locatives sont une créance privilégiée sur les fruits de la récolte de l'année et sur tout ce qui garnit la chose louée. (Cod. Civ. 2102.)

5. *Nomenclature. Désignation.* — Les réparations locatives et de menu entretien, dont le locataire est tenu, s'il n'y a clause contraire, sont celles désignées comme telles par l'usage des lieux et, entre autres, les réparations à faire :

Aux âtres, contre-cœurs, chambranles et tablettes de cheminées ;

Au recrépiment du bas des murailles des appartements et autres lieux d'habitation, à la hauteur d'un mètre ;

Aux pavés et carreaux des chambres, lorsqu'il y en a seulement quelques-uns de cassés ;

Aux vitres, à moins qu'elles ne soient cassées par la grêle ou autres accidents de force majeure ;

Aux portes, croisées, planches de cloison ou de fermeture de boutiques, gonds, targettes et serrures. (Cod. Civ. 1754.)

6. *Vétusté. Force majeure.* — Aucune des réparations locatives n'est à la charge des locataires, quand elles ne sont occasionnées que par vétusté ou par force majeure. (Cod. Civ. 1755.)

7. *Action. Compétence.* — Les actions en réparations locatives sont portées devant le juge de paix de la situation du litige. (Proc. Civ. 3.)

RÉPARE.

1. *Définition.* — On désigne sous le nom de répare la lisière de terrain laissée par le propriétaire au delà de son fossé ; à moins de titre ou preuve contraire, la répare du fossé est présumée appartenir au propriétaire du fossé. (Caen, 14 juillet 1825.)

2. *Acquisition. Prescription.* — La répare d'un fossé peut être acquise par prescription résultant d'un fait de possession bien déterminée et que le voisin a pu connaître. (Caen, 5 novembre 1859.)

3. *Usage. Propriété.* — L'obligation d'observer, entre la berge du fossé et la propriété voisine, une distance suffisante (répare, franc-bord) pour prévenir l'éboulement des terres, continue à subsister sous l'empire du code civil, dans les localités où cette pratique était en usage ; par suite, dans ces localités, il y a présomption de propriété du franc-bord ou répare au profit du propriétaire du fossé. L'ouverture du fossé, sans cette distance, constitue un trouble à la possession du voisin. (Cass. 11 avril 1848.)

RÉPARTITEUR.

Fonctions administratives. Refus. — Les fonctions de répartiteur peuvent être légitimement refusées pour cause d'exercice de fonctions administratives.

Le refus doit être notifié par écrit, dans le délai de dix jours. (Loi du 3 frimaire an VII, art. 3 et 17.)

RÉPERTOIRE ALPHABÉTIQUE. V. Dossier. Registre.

RÉPÉTITEUR. V. Chargé de cours. Professeur.

RÉPÉTITION.

1. *Prescription.* — Les actions réciproques en répétition durent trente ans. (Meaume.)

2. *Subventions en nature. Restauration des montagnes.* — Les subventions en graines ou plants accordées pour reboisement sont estimées en argent. Avant la délivrance, l'estimation est notifiée aux propriétaires et acceptée par eux. Le montant peut en être répété par l'Etat, en cas d'inexécution des travaux, de détournement d'une partie des graines ou des plants ou de mauvaise exécution, constatés par le conservateur ou son délégué, contradictoirement ou en l'absence des propriétaires dûment convoqués. (Décr. du 11 juillet 1882, art. 15.)

Dans ce cas, la répétition est ordonnée par le préfet et poursuivie, comme en matière de débet, par l'agence judiciaire du Trésor. (Instr. Gén. du 2 février 1885, art. 213. Circ. N 345.)

REPEUPLEMENT.

1. *Projet. Renseignements.* — Les projets de repeuplement doivent indiquer :

1° L'étendue, la nature et la situation des terrains ;

2° Le mode à employer pour la préparation du terrain, ainsi que pour le semis et la plantation ;

3° Les quantités, par espèces de semence à employer ou des tiges à planter ;

4° La dépense afférente à chaque opération. (Circ. N 22, art. 45.) V. Repiquement.

2. *Rapport.* — Les propositions des travaux de repeuplement (rapport et devis) doivent être rédigées sur les formules série 3,

nos 28 et 29, excepté pour les travaux de création et d'entretien de pépinières, les binages, sarclages, recepages et nettoiements dans les repeuplements artificiels. (Circ. N 168.)

3. *Choix des essences.* — On doit avoir égard, pour le choix des essences, à la nature du sol, aux conditions des aménagements, ainsi qu'aux besoins de la consommation. (Circ. N 22, art. 46.)

4. *Travaux neufs. Proposition. Bois domaniaux.* — Les projets de travaux neufs de repeuplement de vides, dans les forêts domaniales, à exécuter dans le courant de l'exercice suivant, doivent être adressés avant le 1er septembre de chaque année, avec un bulletin d'envoi. (Circ. N 22, art. 43.)

5. *Autorisation. Bois communaux.* — Les travaux extraordinaires de repeuplement ne seront effectués, dans les bois des communes et des établissements publics, que lorsque les conseils municipaux ou les administrateurs des établissements propriétaires auront été consultés sur ces travaux et que le préfet aura donné son avis.

Si les communes ou les établissements propriétaires n'élèvent aucune objection contre les travaux projetés, ces travaux pourront être autorisés par le préfet, sur la proposition du conservateur. Dans le cas contraire, il sera statué par le chef de l'Etat, sur le rapport du ministre. (Ord. 135, 136.) V. Travaux.

6. *Exécution. Régie.* — Les travaux de repeuplement peuvent s'exécuter en régie, lorsque le personnel offre des moyens de direction et de surveillance suffisants. (Circ. N 22, art. 48.)

7. *Gratifications.* — Des gratifications peuvent être accordées aux préposés, pour les repeuplements effectués.

Ces travaux doivent être récompensés sur le budget même de l'exercice pendant lequel ils auront été exécutés. (Circ. N 416.)

REPIQUEMENT. REPIQUAGE.

1. *Chêne.* — Dans les taillis sous futaie, il faut planter cinquante à cent brins de chêne (haute ou basse tige) par hectare.

Les propositions de ces travaux doivent être adressées le 1er septembre de l'année qui précède le récolement des coupes. (Circ. A 779.) V. Chêne.

2. *Entretien.* — Les repiquements des brins de chêne à opérer dans les coupes de taillis sous futaie peuvent être compris dans les travaux d'entretien concernant les repeuplements. Lorsque les repiquements doivent être faits avant le récolement des coupes, on doit s'entendre préalablement avec les adjudicataires et obtenir leur consentement par écrit. (Circ. N 22, art. 47.)

3. *Travaux. Entretien.* — Les repiquements de plants et de graines, dans les jeunes peuplements incomplets (dunes, reboisement), et spécialement les repiquements des brins de chêne, dans les taillis sous futaie, sont classés comme travaux d'entretien. (Circ. N 22, art. 25.)

On doit indiquer dans les rapports le nombre et l'espèce des plants à repiquer par hectare et la contenance du terrain à repeupler. (Circ. N 22, art. 27.)

RÉPLIQUE. V. Audience.

RÉPONSE. V. Ouïe de la cognée.

RÉPRIMANDE.

Punition. — La mesure disciplinaire désignée sous le nom de réprimande comprend les catégories suivantes :

1o Réprimande verbale ou écrite contre les agents et préposés, prononcée par tous leurs chefs ;

2o Réprimande contre les préposés, avec publicité dans la brigade, prononcée par les chefs de cantonnement, inspecteurs et conservateurs ;

3o Réprimande contre les préposés, avec publicité dans le cantonnement, prononcée par les inspecteurs et conservateurs ;

4o Réprimande contre les préposés, avec publicité dans l'inspection, prononcée par le conservateur ;

5o Réprimande, avec toute latitude de publicité, contre les agents et préposés, prononcée par le directeur ou le ministre. (Circ. A 655.) V. Peine disciplinaire.

REQUÊTE (EN GÉNÉRAL).

SECT. I. — COUR D'APPEL, 1 — 4.

SECT. II. — CONSEIL D'ÉTAT, 5 — 7.

Définition, 1.
Délai, 2, 3.
Dépôt, 6.
Envoi, 2, 4.
Formalités, 3.
Indication, 5.
Nombre, 7.
Pièces, 4.
Remise, 3.

V. Appel. Cassation. Pourvoi.

SECT. I. — COUR D'APPEL.

1. *Définition.* — Exposé détaillé des moyens d'appel, contre un jugement susceptible d'être déféré au second degré de juridiction.

2. *Envoi. Délai* — Les requêtes d'appel doivent être adressées au conservateur, dans la huitaine de la déclaration, et, s'il y a lieu à désistement, les pièces seront adressées à l'administration, dans le plus bref délai. (Circ. A 577.)

3. *Remise. Délai. Formalités.* — La requête contenant les moyens d'appel pourra être

remise, dans le même délai de dix jours après le jugement, au greffe du tribunal qui a rendu le jugement ; elle sera signée de l'appelant ou d'un avoué ou d'un fondé de pouvoir spécial. Dans ce dernier cas, le pouvoir sera annexé à la requête. Cette requête pourra être remise directement au greffe du tribunal de l'appel. (Instr. Crim. 204.)

4. *Pièces. Envoi.* — La requête, si elle a été remise au greffe du tribunal de première instance, et les pièces seront envoyées par le ministère public au greffe de la cour, dans les vingt-quatre heures, après la déclaration ou la remise de la notification de l'appel. (Instr. Crim. 207.)

SECT. II. — CONSEIL D'ÉTAT.

5. *Indication.* — Les requêtes de pourvoi au conseil d'Etat doivent contenir l'exposé sommaire des faits et des moyens, les conclusions, les noms et demeures des parties, l'énonciation des pièces jointes et dont on entend se servir. (Décr. du 22 juillet 1806, art. 1.)

6. *Dépôt.* — Les requêtes doivent être déposées au secrétariat du conseil d'Etat, où elles sont inscrites sur un registre, en suivant leur ordre de date. (Décr. du 22 juillet 1806, art. 2.)

7. *Nombre.* — Devant le conseil d'Etat, il ne peut y avoir plus de deux requêtes de la part de chaque partie, y compris la requête introductive d'instance. (Cabantous.)

REQUÊTE CIVILE.

1. *Formalités.* — Lorsqu'il y a lieu d'agir, dans l'intérêt de l'Etat, par voie de requête civile en instance domaniale, le ministre, après avoir entendu l'administration des domaines et celle des forêts, décide s'il y a lieu d'acquiescer, d'appeler ou de se pourvoir en cassation. Toutefois, l'appel est interjeté par le préfet, ou le pourvoi est formé par l'administration des domaines, à titre de mesure conservatoire, dans le cas où la décision du ministre ne leur est point parvenue dix jours au moins avant l'expiration du délai de recours. (Règl. Min. du 3 juillet 1834. Décis. Min. du 4 juin 1862. Circ. N 12, art. 16.)

2. *Jugements.* — Les jugements contradictoires, rendus en dernier ressort par les tribunaux de première instance ou d'appel, et les jugements par défaut, rendus en dernier ressort et qui ne sont plus susceptibles d'opposition, pourront être rétractés par voie de requête civile présentée par l'Etat, les communes et les établissements publics, s'ils n'ont été défendus ou s'ils ne l'ont été valablement. (Proc. Civ. 480, 481.)

3. *Délai.* — La requête civile devra être présentée, avec assignation, dans le délai de deux mois, à compter du jour de la signification du jugement. (Proc. Civ. 483.)

4. *Tribunal.* — La requête civile sera portée au même tribunal où le jugement attaqué aura été rendu. (Proc. Civ. 490.)

5. *Consignation.* — Aucune requête civile d'aucune partie, autre que celle qui stipule les intérêts de l'Etat, ne sera reçue avant la consignation d'une somme de 300 francs pour amende et 150 francs pour les dommages-intérêts de la partie. (Proc. Civ. 494.)

6. *Pièces à joindre.* — La requête civile devra être accompagnée de la signification de la quittance du receveur et d'une consultation de trois avocats, exerçant depuis dix ans au moins près d'un des tribunaux du ressort, constatant qu'ils sont d'avis de la requête civile. (Proc. Civ. 495.)

7. *Conseil de préfecture.* — La requête civile n'est pas ouverte contre les arrêtés du conseil de préfecture, parce qu'ils ne sont jamais en dernier ressort. (Cabantous.)

RÉQUISITION.

Agent, 4.
Chasse, 17.
Circonstance, 6.
Commissaire de police, 10.
Crime, 12.
Délit, 12.
Destruction des loups, 14.
Destruction des lapins, 17.
Excuse, 17.
Faculté, 4.
Fonctionnaires, 1.
Force publique, 16.
Formule, 7.
Garde particulier, 9.
Gendarmerie, 11.
Maire, 14.
Obéissance, 13.
Pénalités, 8.
Perquisition, 1.
Préposé, 4, 11, 12.
Refus, 2, 3, 8, 15.
Remise, 5.
Secours, 15.
Service, 13.
Service de police, 11.

V. Douane. Force publique. Gendarmerie. Incendie. Saisie. Secours. Séquestre.

1. *Perquisition. Fonctionnaires.* — Les fonctionnaires désignés à l'article 161 du code forestier (juge de paix ou suppléant, commissaire de police, maire ou adjoint du lieu) ne pourront se refuser à accompagner, sur le champ, les gardes de l'Etat, des communes et des particuliers, lorsqu'ils en seront requis par eux, pour assister à des perquisitions. (Cod. For. 162, 189.)

En cas de refus, pas de pénalités ; mais il peut y avoir lieu à des dommages-intérêts. (Cons. d'Etat du 10 avril 1850.)

2. *Refus.* — En cas de refus de la part des fonctionnaires requis (juge de paix, suppléant, maire, adjoint ou commissaire de police), on doit mentionner ce refus sur le procès-verbal dressé pour cet objet et l'envoyer sur le champ à l'agent forestier, qui en rendra compte au ministère public. (Ord. 182.)

3. *Refus.* — Les gardes particuliers doivent donner avis au ministère public du refus du fonctionnaire requis.

4. *Préposé. Agent. Faculté.* — Les gardes et agents de l'administration forestière ont le droit de requérir directement la force publique, pour la répression des délits et pour la recherche et saisie des bois coupés en délit, vendus ou achetés en fraude. (Cod. For. 164. Instr. Crim. 25. Cod. Pén. 234.)

5. *Remise.* — Les réquisitions sont adressées, dans les chefs-lieux de département, au commandant de la compagnie, dans les sous-préfectures, au lieutenant de l'arrondissement et, sur les autres points, aux commandants des brigades de gendarmerie. (Ord. du 29 octobre 1820, art. 188. Décr. du 1er mars 1854.)

6. *Circonstances.* — Les réquisitions doivent se faire lorsque les gardes ne sont pas en force suffisante ; elles se font par écrit et d'après la formule édictée. (Loi du 28 germinal an VI.)

7. *Formule de la réquisition.* —

RÉPUBLIQUE FRANÇAISE.

Au nom du Peuple français.

Conformément à la loi........ en vertu d.... *(loi, arrêté, règlement)*, nous requérons le.... *(grade et lieu de résidence)* de commander, faire......., se transporter...... arrêter, etc. Et qu'il nous fasse part (si c'est un officier), qu'il nous rende compte (si c'est un sous-officier) de l'exécution de ce qui est par nous requis au nom du peuple français.

Fait à , le 18 .

(Décr. du 1er mars 1854, art. 96.)

8. *Pénalités.* — En cas de refus d'obtempérer à une réquisition, le commandant de la force publique est puni, savoir :

Prison : 1 à 3 mois. (Cod. Pén. 234.)
Réparations civiles. (Cod. Pén. 234.)

9. *Garde particulier.* — Les gardes particuliers peuvent requérir la force publique, en vertu de leur qualité d'officiers de police judiciaire ; mais cette réquisition doit être faite par l'intermédiaire des maires et adjoints.

10. *Commissaire de police.* — Les commissaires de police pourront, au besoin, requérir les gardes forestiers de leur canton. (Décr. du 28 mars 1852. Circ. A 727.) V. Commissaire de police.

11. *Préposé. Service de police et de justice. Gendarmerie.* — Les gardes forestiers peuvent être accidentellement requis et employés pour les services de police, ainsi que pour ceux de justice civile et militaire, dans toute l'étendue du *canton* où les gardes ont des fonctions à exercer. Ils peuvent, en outre, être employés comme gendarmes et concurremment avec eux. (Loi du 9 floréal an XII, art. 17 et 18.)

12. *Prime. Délit. Préposé.* — Les préfets pourront requérir les officiers de police judiciaire (gardes forestiers), chacun en ce qui les concerne, de faire tous les actes nécessaires à l'effet de constater les crimes, délits et contraventions, et d'en livrer les auteurs aux tribunaux chargés de les punir. (Instr. Crim. 10.)

13. *Service. Obéissance.* — Les agents doivent obéir aux réquisitions faites pour un service de justice et de police. (Lettre de l'Admin. du 31 mai 1851.)

14. *Maire. Destruction des loups.* — Le maire a le droit de requérir les habitants, avec armes et chiens, pour détruire les loups et sangliers, en temps de neige. (Loi du 5 avril 1884, art. 90.)

15. *Secours. Refus.* — Le refus, en cas de réquisition relativement à un incendie, accident, tumulte, inondation, etc., est puni, savoir :

Amende : 6 à 10 francs. (Cod. Pén. 475.)

16. *Force publique contre la loi.* — Toute personne qui, pouvant disposer de la force publique, en aura requis ou ordonné ou fait requérir l'action ou l'emploi contre la levée des gens de guerre légalement établis sera puni, savoir :

Peine : déportation. (Cod. Pén. 94.)

Si la réquisition ou l'ordre a été suivi d'effet :

Peine : la mort. (Cod. Pén. 94.)

17. *Chasse. Destruction des lapins. Excuse.* — Lorsque, conformément à la réserve insérée dans le cahier des charges d'adjudication du droit de chasse, l'administration forestière a requis des chasseurs de se joindre aux gardes et agents forestiers pour détruire des lapins, faute par l'adjudicataire d'avoir déféré, dans le délai fixé, à la mise en demeure qui lui a été adressée, ces chasseurs, fussent-ils armés de fusils, ne peuvent être considérés comme ayant chassé en violation des privilèges de l'adjudicataire. (Cass. 10 mai 1884.)

RESCISION.

1. *Cause. Lésion. Quantité.* — Il y a lieu à rescision de partage pour cause de violence ou de dol.

Il peut y avoir lieu à rescision de partage, lorsque l'un des copartageants établit à son préjudice une lésion de plus du quart. (Cod. Civ. 887.) V. Cantonnement. Partage.

2. *Action. Acte.* — L'action en rescision est admise contre tout acte qui a pour objet de faire cesser l'indivision, quelle que soit sa qualification. Après un partage, l'action en rescision n'est plus admise contre une transaction faite sur les difficultés que présentait le premier acte. (Cod. Civ. 888.)

3. *Partage.* — Le défendeur à la demande en rescision peut en arrêter le cours et empêcher un nouveau partage, en fournis-

sant au demandeur le supplément de sa portion. (Cod. Civ. 891.)

4. *Lot. Vente.* — Le copartageant qui a aliéné son lot, en tout ou en partie, n'est plus recevable à intenter l'action en rescision pour dol ou violence, si l'aliénation qu'il a faite est postérieure à la découverte de ce dol ou à la cessation de la violence. (Cod. Civ. 892.)

5. *Vente. Lésion.* — Si le vendeur a été lésé de plus des sept douzièmes dans le prix d'un immeuble, il a le droit de demander la rescision de la vente. On estime l'immeuble dans son état et sa valeur, au moment de la vente. La preuve de la lésion ne pourra se faire que par un rapport de trois experts. L'action en rescision n'est plus recevable après un délai de deux années, à compter du jour de la vente. (Cod. Civ. 1674, 1675, 1676 et 1678.)

6. *Acheteur.* — La rescision pour lésion n'a pas lieu au profit de l'acheteur. (Cod. Civ. 1683.)

7. *Prescription.* — L'action en rescision se prescrit par dix ans.

RÉSERVE (ARBRES DÉSIGNÉS EN).

SECT. I. — DÉSIGNATION, MARQUE, 1 — 14.

SECT. II. — NOMBRE, 15 — 32.

§ 1. *Excédant,* 15 — 23.

§ 2. *Déficit,* 24 — 32.

SECT. III. — COUPE, PÉNALITÉS, 33 — 43.

§ 1. *Bois régis par l'administration forestière,* 33 — 41.

§ 2. *Bois particuliers,* 42 — 43.

SECT. IV. — ÉLAGAGE, 44 — 45.

SECT. V. — EXPLOITATION, 46 — 47.

Abatage, 33.
Acte, 18, 30.
Adjudicataire, 37, 43.
Affiches, 19.
Aggravation, 37.
Amende, 9, 26.
Arbre brisé, 20, 21.
Arbre fourchu, 13.
Arbres non marqués, 11.
Arbres réservés, 15.
Bonne foi, 31.
Branches, 21, 22, 44.
Bris, 20, 21.
Chablis, 12.
Charge, 45.
Cimeaux, 21, 22.
Circonférence, 40.
Confusion, 25.
Constatation, 29, 40.
Coupe affouagère, 32.
Coupe d'éclaircie, 14.
Coupe en délivrance, 4, 5, 7.
Coupe extraordinaire, 46
Coupe de réserve, 9, 29, 36, 42.
Coupe jardinatoire, 8, 9.
Déclaration, 25.
Déficit, 24, 28, 33.
Définition, 1.
Délit, 14, 42.
Désignation, 2.
Différence, 30.
Dimension, 29, 39.
Eclaircie, 14.
Elagage, 44, 45.
Empreinte, 5, 6, 10.
Enceinte de la coupe, 11.
Enlèvement, 22.
Entrepreneur, 38.
Erreur, 31.
Essence, 29, 31.
Estimation, 45.
Etat d'assiette, 47.
Excuse, 31.
Explications, 28.
Exploitation, 46.
Exploitation par entreprise, 23.
Faux griffage, 14.
Fausse marque, 24.
Foi, 31.
Indemnités, 16, 17.
Jardinage, 13.
Limite de la coupe, 11.
Marque, 3, 8.
Martelage, 18.
Mode, 3.
Nombre, 15, 30.
Ouïe de la cognée, 12.
Pénalités, 14, 34, 35, 37.
Poursuites, 33, 42.
Préjudice, 36.
Préposé, 41.
Présomption légale, 5.
Preuve, 8, 41.
Preuve testimoniale, 7, 27.
Principe, 1.
Procès-verbal, 29.
Procès-verbal d'adjudication 19,.
Procès-verbal de martelage, 19.
Récolement, 25.
Responsabilité, 43.
Souche, 7, 25, 27.
Témoin, 10, 41.
Validité, 18.

V. Ancien. Assiette. Balivage. Baliveau. Bris de réserve. Comptage. Empreintes. Fruitier. Marteau. Moderne. Outre-passe. Quart en réserve. Récolement. Scie.

SECT. I. — DÉSIGNATION. MARQUE.

1. *Principe.* — Les arbres réservés dans une coupe ne sont pas compris dans la vente; l'adjudicataire doit les respecter et les représenter au récolement.

2. *Désignation.* — Il n'est pas nécessaire de désigner les réserves par un signe matériel; l'indication de respecter les arbres d'une essence déterminée ou d'une certaine dimension suffit pour classer ces arbres parmi ceux réservés. (Cass. 10 mars 1836.)

3. *Marque. Mode.* — Les arbres de réserve, baliveaux, modernes, anciens, pieds corniers et parois seront marqués du marteau de l'Etat, à la hauteur et de la manière qui sera déterminée par l'administration.

Les baliveaux de l'âge du taillis pourront être désignés par un simple griffage ou par toute autre marque autorisée par l'administration, lorsque ces arbres seront trop faibles pour recevoir l'empreinte du marteau.

Il sera fait mention, dans les affiches et dans les procès-verbaux d'adjudication, du mode de martelage et de désignation des arbres de réserve. (Ord. 79.)

4. *Coupe en délivrance.* — Dans les coupes marquées en *délivrance*, les arbres non marqués sont réservés. (Cass. 12 juin 1840. Cass. 12 novembre 1841.)

5. *Coupe en délivrance. Présomption légale. Empreinte.* — Quand une coupe a été marquée en délivrance, il y a présomption légale qu'aucun arbre non marqué n'en fait partie; est inadmissible l'offre de preuve testimoniale tendant à établir soit que les arbres vendus (chablis) n'étaient pas tous frappés de l'empreinte du marteau de l'administration, soit que cette empreinte a disparu. (Cass. 14 janvier 1888.)

6. *Empreinte.* — Dans les coupes marquées en délivrance, la représentation de l'empreinte du marteau est la seule preuve

légale que l'arbre était abandonné à l'adjudicataire. (Cass. 12 novembre 1841.)

7. *Coupe en délivrance. Souche. Preuve testimoniale.* — Dans une coupe marquée en délivrance, la représentation de la souche marquée peut seule libérer l'adjudicataire, qui n'est pas recevable à prouver, par témoins, l'existence de cette souche.

En conséquence et en cas de souches non marquées, il ne doit pas être sursis jusqu'au récolement pour vérifier si le nombre des arbres abattus concorde avec celui qui est indiqué par le procès-verbal de balivage et de martelage. (Cod. For. 44.)

Il en est spécialement ainsi, quand il est constant que l'adjudicataire a caché avec de la mousse et du gazon les emplacements des souches non marquées. (Douai, 30 mars 1885.)

8. *Coupes jardinatoires. Marque. Preuve.* — Dans les coupes jardinatoires, la représentation de l'empreinte du marteau de l'Etat est la seule preuve autorisée pour établir que les arbres abattus ont été marqués en délivrance. (Cass. 5 août 1853.)

9. *Coupes jardinatoires. Amende.* — Dans les coupes jardinatoires, les arbres non marqués étant des réserves, il y a lieu contre l'adjudicataire à l'amende du tiers en sus pour coupe des arbres de l'espèce.

Les pénalités de l'article 34 du code forestier sont également applicables à l'adjudicataire, pour tous les délits commis dans sa coupe et non constatés par le garde-vente. (Cass. 15 mars 1850.)

10. *Empreinte. Témoin.* — L'adjudicataire d'une coupe jardinatoire n'est pas admis à prouver par témoins que l'empreinte du marteau existait sur l'arbre, avant l'abatage, et qu'elle a depuis disparu par une cause quelconque. (Cass. 29 juin 1843. Cass. 5 août 1853.)

11. *Arbres non marqués. Enceinte de la coupe.* — Les arbres non marqués ne sont considérés comme réservés que dans les *limites de la coupe.* Les arbres coupés dans la zone de l'ouïe de la cognée et en dehors, même par un adjudicataire, ne sont passibles que de la pénalité de coupe ordinaire d'arbre. (Rép. For. t. VI, p. 71.) V. Ouïe de la cognée.

12. *Chablis. Ouïe de la cognée.* — Dans une coupe de chablis marquée en délivrance, les arbres indûment coupés à l'ouïe de la cognée de chacun de ces chablis sont des arbres de réserve et l'article 34 du code forestier est applicable. (Cass. 14 janv. 1888.)

13. *Arbre fourchu. Jardinage.* — Lorsque deux arbres appartiennent à deux souches adjacentes ou à une même souche, celui qui porte l'empreinte du marteau doit seul être considéré comme faisant partie de la vente, et l'adjudicataire qui abat l'arbre sur lequel l'empreinte n'était pas apposée commet le délit prévu par l'article 33 du code forestier. (Cass. 29 août 1839.)

14. *Faux griffage. Coupe d'éclaircie. Délit. Pénalités.* — Le bûcheron qui abat dans une coupe d'éclaircie, après les avoir griffés, des brins qui n'ont pas été désignés pour être exploités, commet le délit de coupe de réserves, prévu et puni par les articles 33 et 34 du code forestier. (Trib. de Bar-sur-Aube, 22 septembre 1888.) V. Griffage.

SECT. II. — NOMBRE.

§ 1. *Excédant.*

15. *Arbres réservés. Nombre.* — Les adjudicataires doivent respecter tous les arbres marqués ou désignés pour demeurer en *réserve*, quels que soient leur *qualification* et leur *nombre*, lors même que ce nombre excéderait celui porté au procès-verbal de balivage, et sans que l'on puisse admettre, en compensation des arbres coupés en contravention, d'autres arbres non réservés que l'adjudicataire aurait laissés sur pied. (Cod. For. 33. Cah. des ch. 26.)

16. *Indemnités.* — Les adjudicataires devront respecter tous les arbres marqués, alors même que leur nombre excéderait celui porté au procès-verbal de martelage ; il s'ensuit qu'ils n'ont droit à aucune indemnité pour cet excédant, quelle que soit son importance, alors même que l'adjudication aurait été faite sur la foi de la déclaration erronée du nombre des arbres réservés. (Cass. 12 août 1844.)

17. *Indemnités.* — Si le nombre des réserves excédait celui porté aux procès-verbaux de martelage et d'adjudication, cet excédant ne pourrait donner lieu à aucune indemnité en faveur de l'adjudicataire. (Cah. des ch. 26.)

18. *Acte. Martelage. Validité.* — Les procès-verbaux de martelage font foi du nombre des arbres marqués en réserve. L'autorité de ces actes ne peut céder devant les énonciations contraires de l'acte d'adjudication. (Cass. 28 février 1846.)

19. *Affiches. Procès-verbal d'adjudication. Procès-verbal de martelage.* — Le procès-verbal d'adjudication et les affiches font foi du nombre et de la qualité des réserves. En cas de contestation, le procès-verbal de martelage ne saurait être invoqué seul. (Cass. 6 mars 1852.)

20. *Arbres brisés.* — L'adjudicataire est responsable du déficit des réserves brisées pendant l'exploitation, s'il n'en avertit pas sur le champ l'agent forestier chef de cantonnement. (Cah. des ch. 27.)

21. *Arbres brisés. Cimeaux. Branches.* — L'adjudicataire respectera les arbres de réserve brisés par le vent ou un accident de force majeure, indépendant du fait de l'exploitation, et sera tenu de les représenter,

ainsi que les cimeaux et branchages en provenant. (Cah. des ch. 26.) V. Chablis.

22. *Enlèvement. Branches.* — En cas d'enlèvement de réserve brisée, l'adjudicataire est responsable du déficit. Pour l'enlèvement des cimeaux et branchages, il pourrait y avoir lieu à une action civile en dommages-intérêts, attendu qu'il n'y aurait pas eu de délit commis. Il faudrait excepter le cas où les branches ou cimeaux, tenant encore à l'arbre, en auraient été séparés volontairement, à l'aide d'une hache ou d'une serpe; auquel cas, l'adjudicataire pourrait être poursuivi pour ébranchement ou coupe des branches principales d'un arbre de réserve.

23. *Exploitation par entreprise.* — Si les agents forestiers jugent nécessaire de faire abattre des arbres réservés et d'en marquer d'autres en remplacement, il en sera fait mention dans un procès-verbal. L'entrepreneur sera tenu de couper et de façonner les branches basses des arbres de réserve, que le chef de cantonnement jugera convenable d'enlever. (Cah. des ch. 22, 27.)

§ 2. *Déficit.*

24. *Déficit. Fausse marque.* — Si un procès-verbal de récolement constate un déficit de réserves, en ce sens que les arbres laissés sur pied par l'adjudicataire comme réserve portent une marque fausse ou reconnue telle par les agents forestiers, et que l'adjudicataire, poursuivi en cour d'assises pour contrefaçon du marteau de l'Etat, soit acquitté, cet arrêt déclare simplement que l'adjudicataire n'est pas coupable, mais il ne préjuge en rien sur les marques. Dès lors, cet adjudicataire peut être poursuivi correctionnellement pour déficit de réserves, en vertu du procès-verbal de récolement. (Cons. d'Etat, 20 avril 1854.)

25. *Récolement. Déclaration. Souches. Confusion.* — La déclaration constatant qu'on n'a pas pu, à cause de la confusion résultant de l'exploitation, distinguer parmi les souches de la coupe celles qui appartenaient aux arbres de réserve suffit pour faire admettre l'impossibilité de constater la circonférence et l'essence des réserves abattues. (Cass. 18 mars 1837). Cette déclaration doit être faite dans le procès-verbal de récolement. (Cass. 15 novembre 1833.) Mais un tribunal peut ordonner une expertise, pour arriver à connaître l'essence et les dimensions des réserves abattues. (Besançon, inédit, 2 mars 1840.)

26. *Amende.* — Lorsqu'un procès-verbal de récolement constate un déficit de réserve et l'impossibilité d'en constater la grosseur, on doit appliquer les pénalités de l'article 30 du code forestier, sans que les juges puissent, en vertu de l'article 194, arbitrer, d'après les documents du procès, la grosseur des arbres abattus. (Cass. 27 février 1840.)

27. *Souche. Preuve testimoniale.* — En ce qui concerne l'*impossibilité* de retrouver les souches des arbres coupés en délit, la preuve testimoniale peut être admise. (Cass. 5 janvier 1839.)

28. *Déficit. Explications.* — Il peut être suppléé, au moyen d'explications fournies à l'audience par les agents forestiers, à l'insuffisance du procès-verbal de récolement qui, en établissant un déficit de réserves à la charge de l'adjudicataire, n'a pas en même temps énoncé l'*impossibilité* où se sont trouvés les rédacteurs du procès-verbal de constater les dimensions des arbres manquants. (Nancy, 3 janvier 1876.)

29. *Coupe de réserves. Procès-verbal. Essence. Dimension. Constatation.* — Dans les procès-verbaux constatant la coupe de réserves, on doit faire connaître, lorsqu'elles existent, les raisons pour lesquelles il y a impossibilité de constater l'essence et les dimensions des réserves coupées. (Caen, 21 juin 1855.)

30. *Nombre. Différence. Actes.* — L'adjudicataire ne peut se disculper d'un déficit de réserves, en se prévalant d'une différence existant entre le nombre des réserves indiqué au procès-verbal de martelage et au procès-verbal d'adjudication. (Cass. 28 février 1846.)

31. *Essence. Erreur. Bonne foi.* — L'impossibilité d'abattre les arbres vendus sans abattre les arbres réservés n'est pas une excuse. L'erreur ou la bonne foi ne peut non plus excuser le délit. (Cass. 23 juin 1827. Cass. 1er mai 1829. Cass. 19 septembre 1832.)

32. *Coupe affouagère.* — En cas de déficit de réserves, l'entrepreneur est responsable et passible de toutes les condamnations (amende, restitution et dommages-intérêts), comme un adjudicataire de coupe. (Cod. For. 34. Nancy, inédit, 29 décembre 1841.)

SECT. III. — COUPE. PÉNALITÉS.

§ 1. *Bois soumis au régime forestier.*

33. *Déficit. Abatage. Poursuites.* — Le délit de déficit ou d'abatage de réserves peut être poursuivi sans attendre le récolement de la coupe. (Cass. 18 juin 1842.)

34. *Pénalités.* — La coupe d'arbres de réserve, lorsque l'essence et la circonférence peuvent être constatées, est punie, savoir :

Amende : un tiers en sus de celle fixée pour le même délit, s'il n'avait pas été commis par un adjudicataire de coupe. (Cod. For. 34, 192.) V. Arbre.

Restitution des arbres ou, s'ils ne peuvent pas être représentés, paiement de leur valeur, fixée à une somme égale à l'amende encourue. (Cod. For. 34.)

Dommages-intérêts obligatoires; minimum : amende simple. (Cod. For. 34, 202. Cass. 23 août 1845. Cass. 30 juin 1853.)

On doit tenir compte des circonstances de récidive, scie et nuit, pour doubler les amendes, s'il y a lieu.

35. *Pénalités.* — La coupe d'arbres de réserve dont l'essence et la dimension ne peuvent pas être constatées (on doit faire connaître les causes de l'impossibilité de constater les dimensions des réserves coupées, Caen, 21 juin 1855) est punie, savoir :

Amende : le jour 50 à 200 francs par arbre. (Cod. For. 34. Cass. 4 août 1838.)

Avec circonstance aggravante, nuit, scie ou récidive, *amende :* 100 à 400 francs par arbre. (Cod. For. 34, 201.)

Restitution des arbres ou de leur valeur, estimée à une somme égale à l'amende. (Cod. For. 34.)

Dommages-intérêts obligatoires; minimum : amende simple. (Cod. For. 34, 202. Cass. 23 août 1845. Cass. 30 juin 1853.)

36. *Coupe. Préjudice.* — La coupe d'arbres réservés cause à la forêt un préjudice, dont la réparation pécuniaire doit être ordonnée, sans que les tribunaux puissent admettre en compensation la valeur des arbres laissés sur pied et que l'adjudicataire avait le droit d'abattre. (Cass. 24 mai 1849.)

37. *Adjudicataire. Aggravation. Pénalités.* — L'aggravation de peine prononcée par l'article 34 (un tiers en sus), pour coupe d'arbres réservés, est applicable, dans tous les cas, à l'adjudicataire qui n'a pas légalement fait constater le délit par son garde-vente; il n'y a pas de distinction à faire, que l'adjudicataire soit poursuivi comme *auteur* ou comme responsable du délit. (Cass. 15 juillet 1842.)

38. *Entrepreneur.* — L'amende tiercée, édictée par l'article 34 du code forestier, est applicable aux entrepreneurs des coupes affouagères, alors même qu'ils ne seraient poursuivis que comme civilement responsables des délits commis dans leurs coupes ; ils doivent être condamnés à des dommages-intérêts égaux à l'amende. (Cass. 6 mai 1847. Cass. 28 novembre 1851.)

39. *Dimension.* — La coupe des réserves de moins de deux décimètres de tour rentre dans la catégorie des délits ordinaires prévus par l'article 194 du code forestier. (Grenoble, inédit, 17 avril 1839.)

40. *Circonférence. Constatation.* — Si un procès-verbal dressé contre un adjudicataire, pour déficit de réserves, ne constate pas à quelle hauteur du sol les tiges des arbres manquants ont été mesurées, s'il n'en indique pas l'essence et la dimension, ni *l'impossibilité* de les constater, les juges ne peuvent appliquer les dispositions du deuxième paragraphe de l'article 34 du code forestier ; mais ils doivent, aux termes de l'article 193 du même code, arbitrer la grosseur des arbres d'après les documents du procès. (Cass. 7 mai 1841.)

41. *Préposés. Preuve. Témoins.* — En cas d'insuffisance du procès-verbal, les gardes peuvent être cités comme témoins. (Cod. For. 175.)

§ 2. *Bois particuliers.*

42. *Délit. Poursuites.* — Le délit de coupe de réserves, dans un bois particulier, est puni par l'article 192 du code forestier, comme coupe d'arbres ; une transaction entre les deux parties ne paralyse pas l'action publique. (Cass. 14 mai 1831. Cass. 8 décembre 1843.)

43. *Adjudicataire. Responsabilité.* — Les adjudicataires des coupes de bois particuliers ne sont pas personnellement passibles des amendes, ni responsables des dommages-intérêts dus au propriétaire à raison de l'abatage et de l'enlèvement des arbres de réserve, lorsqu'il n'est pas prouvé qu'ils soient les auteurs du délit ou qu'ils l'aient commandé à leurs ouvriers. Ils ne peuvent être tenus à des dommages-intérêts que comme civilement responsables des fautes de leurs ouvriers, et la poursuite doit avoir lieu devant la juridiction civile. (Cass. 8 décembre 1843.)

SECT. IV. — ÉLAGAGE.

44. *Branches.* — L'article 37 du code forestier (nettoiement) est applicable aux adjudicataires ou entrepreneurs de coupes dans les bois soumis au régime forestier, en cas de contravention aux clauses et conditions du cahier des charges, d'après lesquelles ils sont tenus d'élaguer les arbres de réserve. L'adjudicataire ou entrepreneur, obligé de couper les branches *basses* désignées par les agents forestiers et qui coupe les branches *hautes*, est passible des peines édictées par l'article 37 du code forestier. (Dijon, 6 mars 1861.)

45. *Charge. Estimation.* — L'élagage des réserves mis en charge ne doit pas représenter 3 pour cent de la valeur de la coupe, parce que, dans ce cas, on effectuerait une dépense par atténuation des recettes, ce qui est contraire aux principes de la comptabilité. (Circ. N 373.)

SECT. V. — EXPLOITATION.

46. *Exploitation. Coupe extraordinaire.* — L'exploitation des réserves sur une coupe non arrivée en tour d'exploitation constitue une coupe extraordinaire, qui doit être autorisée par ordonnance spéciale. (Décis. Min. du 6 février 1828. Circ. A 170.)

47. *Etat d'assiette. Coupe.* — Les réserves qui se trouvent sur les coupes arrivées en tour d'exploitation peuvent être portées sur les états d'assiette et être exploitées avec la coupe, sans qu'il soit besoin d'une autorisation spéciale, lorsqu'elles sont reconnues dépérissantes ou hors d'état de prospérer jusqu'à une nouvelle révolution. (Décis. Min. du 6 février 1828. Circ. A 173.)

RÉSERVE (MILITAIRE). V. Chasseurs forestiers.

RÉSERVE SUR LES COUPES.

1. *Communes. Besoins. Délivrance.* — Lors de la vente des coupes ordinaires et extraordinaires des communes, il sera fait réserve, en faveur des établissements du service communal (maison de ville, école, etc.), de la quantité de bois de chauffage nécessaire à leur usage. (Décis. Min. du 27 mars 1830. Circ. A 235.)

L'autorité administrative fixera le mode de cette réserve et de la délivrance de ces bois. V. Délivrance.

2. *Etablissements publics. Besoins.* — Lors des ventes des coupes de bois des établissements publics, il sera fait réserve, en faveur de ces établissements et suivant les formes prescrites par l'autorité administrative, de la quantité de bois de chauffage ou de construction nécessaire à leur usage. Ces bois ne pourront être ni échangés, ni vendus, ni détournés de leur destination, sans l'autorisation du préfet, sous peine, savoir :

Amende égale à la valeur des bois.
Restitution de ces bois ou de leur valeur.
Vente déclarée nulle.
} Cod. For. 102.

RÉSIDENCE.

Absence, 2.
Agents, 7, 8, 9.
Avantages, 3.
Changement, 8.
Choix, 10, 13.
Condition, 4,
Demande, 11, 12.
Fixation, 6, 7.
Gardes cantonniers, 6.
Indication, 5.
Localité, 9, 12.
Obligation, 1.
Pays, 9.
Préposés, 3, 4, 5, 7.

1. *Obligation.* — Il est interdit aux agents et préposés d'établir leur résidence dans un lieu autre que celui qui leur est assigné par leur commission. (Circ. A 260. Circ. A 339.)

2. *Absence.* — Aucun agent ou garde, sous peine d'être réputé démissionnaire, ne peut s'absenter de sa résidence pour une cause étrangère au service, à moins d'avoir obtenu un congé. (Arr. Min. du 25 avril 1854. Circ. N 91, art. 1.)

3. *Avantages. Préposés.* — Les postes et les résidences les plus avantageux doivent être réservés aux anciens préposés, qui auraient mérité par leur conduite une amélioration de position dans leur grade. (Circ. A 464.)

4. *Préposés. Condition.* — Les gardes résideront dans le voisinage des forêts et triages confiés à leur surveillance. (Ord. 25.)

5. *Préposés. Indication.* — Les conservateurs indiqueront la résidence des gardes. (Ord. 25.)

6. *Gardes cantonniers. Fixation.* — La résidence des gardes cantonniers sera fixée par le conservateur, le plus près possible de leurs travaux. (Circ. A 466.)

7. *Agents. Préposés.* — La direction générale déterminera la résidence des gardes généraux, gardes généraux stagiaires et gardes à pied. (Ord. 10.)

8. *Agents. Changement.* — Le ministre peut changer de résidence les agents à sa nomination. (Circ. A 655.)

9. *Agent. Localités. Pays.* — Les agents ne peuvent être placés dans leur pays. (Circ. A 463.)

10. *Choix.* — Les agents font connaître, sur leur feuille de notes, les résidences qu'ils désirent. (Circ. A 796.)

11. *Demande.* — Les agents ne doivent pas adresser des demandes de changement apostillées ; on doit les envoyer avec les notes. (Circ. A 463.)

12. *Demande. Localités.* — Les agents doivent exposer les véritables motifs de leurs demandes de changement de résidence et les localités où il leur convient d'être placés. (Circ. A 704.)

13. *Choix.* — Lorsque les agents ne veulent plus des résidences qu'ils avaient demandées, ils doivent le faire connaître, par l'intermédiaire du conservateur. (Circ. A 463.)

RÉSIDUS DES COUPES. V. Remanent.

RÉSILIATION.

1. *Marché. Délai.* — Le soumissionnaire pourra exiger la résiliation de son marché, s'il n'a pas été statué dans le délai d'un mois, à compter du jour de l'adjudication. (Cah. des ch. 18.)

2. *Marché. Régie.* — En cas de mise en régie des travaux, le directeur pourra prononcer la résiliation du marché. (Cah. des ch. 40.)

3. *Marché. Cession.* — L'entrepreneur ne pourra sous-traiter, c'est-à-dire céder tout ou partie de son marché, sans le consentement de l'administration. Dans tous les cas, il demeurera personnellement responsable, tant envers l'administration qu'envers les ouvriers et les tiers.

En cas d'infraction à cette clause, l'administration pourra, suivant les cas, soit prononcer la résiliation pure et simple du marché, soit procéder à une nouvelle adjudication à la folle enchère de l'entrepreneur. (Cah. des ch. 21.)

4. *Travaux. Cessation.* — Lorsque l'administration ordonnera la cessation absolue ou l'ajournement indéfini des travaux adjugés, l'entreprise sera immédiatement résiliée, sans préjudice de l'indemnité qui pourra être allouée à l'entrepreneur, s'il y a lieu. (Cah. des ch. 51.)

5. *Délimitation. Proposition.* — Lorsqu'il y a lieu de déclarer un géomètre soumissionnaire déchu de son entreprise, le conservateur soumet à l'administration une proposition tendant à faire résilier le marché ; il est statué par le ministre, sur la proposition du directeur. (Circ. N 64, art. 182.)

6. *Délimitation. Géomètre.* — Lorsqu'il y a lieu, dans le cas prévu par la soumission, de déclarer un géomètre soumissionnaire déchu de son entreprise, le conservateur l'en prévient, en le mettant en demeure de faire remise de toutes les pièces relatives à l'affaire ; il soumet ensuite à l'administration une proposition pour faire résilier le marché, et il est statué par le ministre. (Circ. N 64, art. 181 et 182.)

7. *Délimitation. Travaux. Paiement.* — En cas de résiliation, l'administration examine si les travaux des soumissionnaires peuvent être utilisés et s'il y a lieu d'en payer la valeur. (Circ. N 64, art. 183.)

RÉSINAGE. V. Gemmage.

RÉSINE. V. Cahier des charges. Enlèvement. Etablissements dangereux. Extraction. Gemmage. Goudron.

RÉSINEUX.

1. *Exploitation.* — Pour les arbres résineux, dont l'exploitation se fait en jardinant, l'ordonnance d'aménagement déterminera l'âge ou la grosseur que les arbres doivent atteindre avant que la coupe puisse en être ordonnée. (Ord. 72.) V. Futaie. Jardinage.

2. *Multiplication.* — On doit restreindre la multiplication des arbres verts (résineux) aux terrains qui ne peuvent produire du chêne. (Circ. A 646.) V. Sapin.

RÉSOLUTION.

1. *Vente.* — En cas d'inexécution, par le vendeur d'une coupe de bois, de l'engagement pris par lui de marteler, dans un délai fixé, un certain nombre de baliveaux qu'il s'était réservé, l'acquéreur peut demander la résolution de la vente, sans avoir signifié aucune mise en demeure préalable, alors qu'il s'est trouvé placé, par le défaut de martelage, dans l'impossibilité d'exploiter sa coupe en temps convenable. (Cass. 17 février 1869.)

2. *Paiement.* — Si l'acheteur ne paye pas le prix, le vendeur peut demander la résolution de la vente. (Cod. Civ. 1654.)

3. *Perte.* — La résolution de la vente d'immeuble est prononcée de suite, si le vendeur est en danger de perdre la chose et le prix. (Cod. Civ. 1655.)

RESPECT AUX AUTORITÉS.

Délit. Poursuites. — Les officiers de police administrative ou judiciaire, lorsqu'ils rempliront publiquement quelques actes de leur ministère, pourront faire arrêter et emprisonner, en exécution de l'article 504 du code d'instruction criminelle, ceux qui exciteraient du tumulte dans un lieu de réunion ; ils dresseront procès-verbal du délit qu'ils enverront, ainsi que le prévenu, devant les juges compétents. (Instr. Crim. 509.)

RESPONSABILITÉ.

SECT. I. — PRINCIPES, 1 — 10.

SECT. II. — PROPRIÉTAIRE, ANIMAL DOMESTIQUE, 11 — 12.

SECT. III. — PÈRE, MÈRE, TUTEUR, MAÎTRE, 13 — 24.

SECT. IV. — COUPES, 25 — 57.

§ 1. *Adjudicataire*, 25 — 55.

§ 2. *Entrepreneur*, 56 — 57.

SECT. V. — CONSTRUCTION, ARCHITECTE, ENTREPRENEUR, 58 — 62.

SECT. VI. — COMMUNE, 63 — 69.

SECT. VII. — FONCTIONNAIRES, 70 — 101.

§ 1. *Administration*, 70 — 74.

§ 2. *Agent forestier*, 75 — 90.

§ 3. *Préposé*, 91 — 101.

SECT. VIII. — PROPRIÉTAIRE OU FERMIER DE CHASSE, ANIMAUX SAUVAGES, 102 — 112.

SECT. IX. — DIVERS, 113 — 119.

Accident, 17 bis, 114.
Action, 98.
Action civile, 81, 83.
Adjudicataire, 26, 27, 37
Administration, 72 bis, 73.
Agent forestier, 9, 81, 84.
Aménagement, 79.
Amende, 30.
Animal domestique, 11.
Animaux nuisibles, 102, 103, 105.
Annulation, 100.
Appel, 65.
Apprentis, 19.
Architecte, 60.
Archives, 86.
Artisan, 19.
Auteur, 95.
Avis, 96.
Battue, 17 bis.
Bois coupé, 118.
Bois particuliers, 55, 101
Caution, 26, 37, 45.
Cerf, 104.
Cession, 51.
Changement, 80.
Chasse, 16, 23 bis, 48, 104, 111.
Chemin de fer, 116.
Chêne-liège, 47.
Chèvre, 67.
Chien, 12.
Co-auteur, 2.
Commune, 9, 68, 118.
Compétence, 7, 9, 71, 72, 98, 99.
Complice, 2.
Condamnation, 6, 91.
Condition, 22, 35.
Constatation des délits, 36.
Contrat, 29.
Coupe d'arbres, 119.
Coupe affouagère, 56, 57, 63.
Coupe double, 41.
Coupe usagère, 56, 69.
Crime, 52.
Décès, 37, 50.
Déclaration verbale, 38.
Dégâts, 91, 102, 103, 106, 107, 108, 109, 112.
Délai, 60.
Délit, 4, 28, 31, 38, 44, 45, 55, 68, 76, 84, 85, 91, 95, 97, 101.
Délit double, 46.

Délivrance, 89.
Dépense, 78.
Destruction, 105.
Domestique, 23.
Dommage, 7, 104, 111.
Dommages-intérêts, 73.
Durée, 94.
Ecole, 21.
Ecorçage, 47.
Elève, 19.
Enfant, 15.
Entrepreneur, 56, 60, 63.
Erreur, 82, 88.
Etat, 7, 9.
Etat d'assiette, 80.
Etranger, 28.
Exploitation, 39.
Facteur, 27, 35, 36, 39.
Faillite, 50.
Faute, 97.
Femme, 18.
Fermier, 108.
Feu, 115.
Fonctionnaire, 71, 72.
Fonctions, 23.
Force majeure, 96.
Frais, 10, 68, 100.
Garantie, 62, 65.
Garde-vente, 27, 35, 36, 39.
Gestion, 81.
Gibier, 48, 109.
Guerre, 53, 54, 118.
Hiérarchie, 75.
Incendie, 52.
Incurie, 71, 72.
Installation, 93.
Instituteur, 19.
Instrument, 90.
Interdiction, 49.
Invasion, 54, 118.
Juridiction, 9.
Lapin, 107, 108, 110, 111, 112.
Limite, 14, 43.
Locataire, 23 bis, 105.
Maire, 119.
Maison, 58, 59.
Maître, 17 bis, 20.
Maladie, 96.
Mandataire, 4.
Maures, 14 bis, 115.
Mère, 17.
Mineur, 16, 18, 20, 21.
Ministère public, 70.
Multiplication, 107.
Négligence, 3, 101.
Notes, 74.
Obéissance, 76.
Objets divers, 90.
Opération, 88.
Ordonnateur, 78.
Ordre, 75, 76, 77.
Ordre des coupes, 79.
Ouïe de la cognée, 44.
Ouvrier, 28, 29, 61.
Ouvrier étranger, 42.
Paiement, 26.
Pâtre, 66.
Pâturage, 24.
Père, 17.
Permis d'exploiter, 25, 89.
Permission irrégulière, 40.
Pièces, 89.
Poursuites, 8, 55, 56, 64, 72 bis, 83, 98, 99.
Pourvoi, 7 bis.
Préposé, 84, 91, 92.
Présomption, 31.
Preuve, 5, 22.
Prévenu, 6.
Prévision, 5.
Principes, 1, 2, 109.
Principes généraux, 13.
Procédure, 64.
Procès-verbal, 27, 35, 37, 92, 95, 100.
Propriétaire, 113.
Punition, 74.
Quasi-délit, 4.
Rapport, 87.
Réception, 87.
Récolement, 33, 34.
Récompense imméritée, 74.
Recours, 2.
Région des Maures, 14 bis, 115.
Restitution civile, 30.
Résultat, 3.
Ruine, 58.
Sanglier, 104, 106.
Séquestre, 117.
Service, 84.
Souchetage, 32.
Supérieur, 77.
Travaux, 61, 62, 87.
Usager, 69, 113.
Vice de construction, 59.
Visite, 93.
Voisinage, 110.

V. Dévastation. Enfant. Incendie. Maures. Père. Rassemblement. Souchetage.

SECT. 1. — PRINCIPES.

1. *Principes.* — Chacun est responsable du dommage qu'il a causé, non seulement par son fait, mais encore par sa négligence ou son imprudence. (Cod. Civ. 1383.)

2. *Co-auteur. Complice. Recours. Principes.* — Il ne peut y avoir lieu à un recours en garantie entre les co-auteurs ou les complices d'un même délit. (Meaume.)

3. *Résultat. Négligence.* — On est responsable non seulement du dommage que l'on cause par son propre fait, mais encore de celui qui est causé par le fait des personnes dont on doit répondre ou des choses qu'on a sous sa garde. (Cod. Civ. 1384.)

4. *Mandataire. Délit. Quasi-délit.* — Si, en général, le mandataire, représentant son mandant à l'égard des tiers, peut demander sa mise hors de cause, en faisant intervenir ce mandant, il n'en est plus de même en matière de délits ou de quasi-délits ; il est alors tenu personnellement de réparer le dommage causé par sa faute. (Cass. 25 juin 1889.)

5. *Prévision. Preuve.* — On est responsable des faits que l'on aurait pu empêcher; les personnes citées comme civilement responsables peuvent toujours être admises à prouver qu'il leur a été impossible d'empêcher le fait qui donne lieu à leur responsabilité. (Cod. Civ. 1384.)

6. *Prévenus. Condamnation.* — Les individus que la loi déclare responsables ne peuvent être condamnés qu'autant que la personne dont ils doivent répondre a été appelée en cause et reconnue coupable. (Cass. 25 novembre 1836.)

7. *Etat. Dommage. Compétence.* — L'Etat est responsable, comme les particuliers, du dommage causé à autrui par son fait.

Et l'autorité judiciaire est compétente pour connaître de l'action en responsabilité dirigée contre lui, en tant que propriétaire et personne civile. (Cass. 10 avril 1883.)

7 bis. *Pourvoi.* — Le ministère public n'est pas recevable à se pourvoir en cassation, à l'encontre des personnes civilement responsables d'un délit, lorsque le jugement attaqué a acquis l'autorité de la chose jugée, à l'égard de l'auteur du délit. (Cass. 6 décembre 1851.)

8. *Poursuites.* — La responsabilité civile ne pouvant donner lieu à une condamnation devant les tribunaux correctionnels qu'autant que la personne dont ils doivent répondre a été reconnue coupable, il s'ensuit qu'on ne doit pas citer devant les tribunaux une personne civilement responsable, sans y appeler l'auteur du délit. (Cass. 24 décembre 1830.)

9. *Etat. Communes. Agents forestiers. Juridiction. Compétence.* — La responsabilité qui peut incomber à l'Etat, à raison du dommage causé par le fait d'un agent dans l'exécution d'un service public, est régie par des règles spéciales.

Les tribunaux judiciaires ne peuvent être saisis de l'examen de cette responsabilité que dans le cas où une loi leur en a attribué expressément la connaissance.

En ce qui concerne la gestion des bois communaux soumis au régime forestier, les communes propriétaires peuvent être actionnées devant les tribunaux à l'occasion d'actes de leurs municipalités, qui sont la conséquence directe d'erreurs commises par les agents de l'administration des forêts; mais, dans ce cas même, l'autorité judiciaire est incompétente pour connaître des demandes d'indemnité ou des recours en garantie formés contre l'Etat. (Trib. des Conflits, 10 mai 1890.)

10. *Frais.* — Les personnes civilement responsables peuvent être condamnées aux frais, lors même que le tribunal ne prononcerait contre elles aucune condamnation. (Cass. 19 mars 1836.)

SECT. II. — PROPRIÉTAIRE. ANIMAL DOMESTIQUE.

11. *Animal.* — Le propriétaire d'un animal, ou celui qui s'en sert, pendant qu'il est à son usage, est responsable du dommage qu'il a causé, soit qu'il fût sous sa garde, soit qu'il fût égaré ou échappé. (Cod. Civ. 1385.)

Mais il peut se dégager s'il prouve que l'accident provient d'un cas de force majeure. (Cass. 8 janvier 1894.)

12. *Chien.* — Lorsqu'une personne a été mordue par un chien, le propriétaire de l'animal est responsable de plein droit, par application de l'article 1385 du code civil, de toutes les conséquences de l'accident, et non seulement des suites directes de celui-ci, comme s'il s'agissait de l'exécution d'un contrat. Il est donc responsable de la maladie qui est survenue à la suite de l'accident. (Nîmes, 30 octobre 1893.)

SECT. III. — PÈRE. MÈRE. TUTEUR. MAITRE.

13. *Principes généraux.* — Les maris, pères, mères, tuteurs et, en général, tous les maîtres et commettants sont civilement responsables des délits et contraventions commis par leurs femmes, enfants mineurs et pupilles demeurant avec eux et non mariés, ouvriers, voituriers et autres subordonnés, sauf tout recours que de droit.

Cette responsabilité sera réglée suivant le dernier paragraphe de l'article 1384 du code civil et s'étendra aux restitutions, dommages-intérêts et frais, sans pouvoir toutefois donner lieu à la contrainte par corps, si ce n'est, dans le cas de l'article 46 du code forestier, contre les adjudicataires. (Cod. For. 206.)

14. *Limites.* — La responsabilité civile des pères, mères, tuteurs, maîtres et commettants s'étend aux restitutions, dommages-intérêts et frais, sans contrainte par corps. (Cod. For. 206. Cass. 25 mars 1881.)

14 bis. *Région des Maures et de l'Estérel.* — Toute infraction à la loi du 19 août 1893 ou aux arrêtés préfectoraux pris en vertu de l'article 2 (emploi de feu non autorisé) donnera lieu contre les contrevenants à un emprisonnement de 1 à 5 jours et à une amende de 20 à 500 francs, ou à l'une de ces deux peines seulement. Les maris, pères, mères, tuteurs et, en général, tous maîtres et commettants seront civilement responsables des délits et contraventions commis par leurs femmes, enfants, mineurs, pupilles, ouvriers, voituriers et autres subordonnés, dans les conditions prévues par l'article 206 du code forestier. (Loi du 19 août 1893, art. 5. Circ. N 461.)

15. *Enfants.* — Les pères, mères et tuteurs sont civilement responsables des délits et contraventions commis par leurs enfants mineurs ou pupilles demeurant avec eux et non mariés, à moins qu'ils ne prouvent qu'ils n'ont pu empêcher le fait commis. (Cod. Civ. 1384.)

16. *Chasse. Mineurs.* — La responsabilité des parents, pour les délits de chasse commis par les mineurs, ne peut comprendre que les dommages-intérêts, frais et confiscation. (Cass. 4 septembre 1845 et 3 janvier 1846.)

17. *Père. Mère.* — La responsabilité imposée par la loi aux pères et mères, en matière de délit forestier, n'a pas besoin d'être exprimée par le jugement. Elle existe par le seul fait de la condamnation. (Nancy, 27 décembre 1826.)

17 bis. *Maître. Accident. Battue.* — Il suffit, pour engager la responsabilité des maîtres et des commettants, que les actes dommageables du préposé se rattachent à l'exécution de son mandat et qu'ils aient eu lieu à l'occasion de son exécution. Ainsi, le propriétaire d'un bois est responsable de l'homicide par imprudence commis par son garde, au cours d'une battue faite dans sa propriété, en vertu d'une autorisation préfectorale. (Rouen, 1er mars 1893.)

18. *Mineur. Femme.* — La femme dont le mari est absent peut se défendre sans autorisation, lorsqu'elle est poursuivie comme civilement responsable d'un délit commis par son fils mineur. (Nancy, 8 mars 1828.)

19. *Instituteurs. Artisans. Élèves. Apprentis.* — Les instituteurs et artisans sont responsables du dommage causé par leurs élèves et apprentis, pendant le temps qu'ils sont sous leur surveillance, à moins qu'ils ne prouvent qu'ils n'ont pu empêcher le fait commis. (Cod. Civ. 1384.)

20. *Mineur. Maître.* — La responsabilité civile d'un enfant mineur, pendant qu'il travaille chez son maître, pèse sur le maître et non sur le père de l'enfant. (Metz, 19 novembre 1833.)

21. *Mineur. École.* — La responsabilité imposée aux parents s'étend aux délits commis par leurs enfants à une heure où ils les croyaient à l'école. (Nancy, 17 juillet 1832.)

22. *Condition. Preuve.* — En matière forestière, la responsabilité des maîtres, parents et tuteurs ne s'étend pas aux faits

qu'ils n'ont pu empêcher. La preuve de cette assertion leur incombe. (Cass. 9 janvier 1845.)

23. *Domestiques. Fonctions.* — Les maîtres et commettants sont responsables du dommage causé par leurs domestiques et préposés, dans les fonctions auxquelles ils les ont employés, à moins qu'ils ne prouvent qu'ils n'ont pu empêcher le fait commis. (Cod. Civ. 1384.)

23 bis. *Locataire de chasse.* — Les locataires d'une chasse sont civilement et solidairement responsables de l'accident causé par leur garde, dans l'exercice de ses fonctions. (Paris, 19 mai 1874.)

24. *Pâturage.* — Pour un délit de pâturage, le principe de la responsabilité civile du maître, à l'égard de son préposé, n'exclut ni ne supplée la responsabilité pénale inhérente au fait personnel de ce préposé. (Cass. 28 avril 1848.)

SECT. IV. — COUPES.

§ 1. *Adjudicataire.*

25. *Permis d'exploiter.* — A dater de la remise du permis d'exploiter et jusqu'à la décharge d'exploitation, les adjudicataires et leurs cautions sont responsables de tous les délits et contraventions commis dans la coupe et à l'ouïe de la cognée, si les facteurs n'en dressent procès-verbal régulier, qui doit être remis à l'agent forestier, dans les cinq jours du délit. (Cod. For. 45. Cass. 23 avril 1836.) V. Souchetage.

26. *Adjudicataire. Paiement. Caution.* — Les adjudicataires et leurs cautions seront responsables et contraignables par corps au paiement des amendes et restitutions encourues pour délits et contraventions commis, soit dans la vente, soit à l'ouïe de la cognée, par les facteurs, gardes-vente, ouvriers, bûcherons, voituriers et tous autres employés par les adjudicataires. (Cod. For. 46. Cass. 23 avril 1836.)

27. *Adjudicataire. Gardes-vente. Procès-verbal.* — Les dispositions de l'article 45 du code forestier sont d'une rigueur absolue; en conséquence, alors même qu'un garde de l'administration aurait constaté un délit entraînant la responsabilité de l'adjudicataire, cette circonstance ne dispense pas le garde-vente de constater ce délit par un procès-verbal régulier et d'en faire le dépôt dans le délai légal; faute de quoi, l'adjudicataire demeure responsable. (Douai, 21 nov. 1882.)

28. *Délit. Etrangers. Ouvriers.* — La responsabilité de l'adjudicataire est *conditionnelle*, si le délit a été commis par un individu étranger à l'exploitation; elle est *absolue*, si les auteurs du délit sont des employés de l'adjudicataire.

29. *Ouvrier. Contrat.* — L'adjudicataire n'est pas responsable d'un individu qui, à son insu, se dirait son ouvrier. La responsabilité n'existe que si le contrat de louage existe et est consenti par le maître et par l'ouvrier. (Metz, inédit, 7 décembre 1845. Meaume, t. III, p. 375.)

30. *Amende. Restitutions civiles.* — La responsabilité de l'adjudicataire et de ses cautions est absolue et générale; elle s'étend à l'amende, aussi bien qu'aux restitutions civiles. (Cass. 16 novembre 1833.)

31. *Délit. Présomption.* — La prise de possession d'une coupe par un adjudicataire établit une présomption suffisante, jusqu'à preuve contraire, que les délits commis dans la coupe et à l'ouïe de la cognée l'ont été par les ouvriers de cet adjudicataire et le rend ainsi responsable de ces délits. (Cass. 20 septembre 1832.)

32. *Souchetage.* — Pour se couvrir de la responsabilité des délits antérieurs à la délivrance du permis d'exploiter, l'adjudicataire doit demander le souchetage de la coupe; sinon, il en est responsable, sans pouvoir être admis à prouver par témoins que les délits sont antérieurs à la délivrance de la coupe. (Ord. 93. Cass. 18 mai 1838.)

33. *Récolement.* — L'adjudicataire est responsable des délits commis dans sa coupe, tant qu'il n'a pas obtenu sa décharge et quand bien même le récolement aurait été effectué sans réclamations de la part de l'administration. (Nancy, 5 mars 1862.)

34. *Récolement.* — Tant que le récolement de la coupe n'est pas effectué, l'adjudicataire est responsable, à moins qu'il n'ait mis, par acte authentique, l'administration en demeure d'effectuer le récolement. (Cass. 23 juin 1827.)

35. *Procès-verbal. Facteur. Conditions.* — Pour que l'adjudicataire soit déchargé de la responsabilité des délits, il faut :

1o Que le délit soit constaté par le facteur ou garde-vente (Cass. 14 mai 1829);

2o Que le procès-verbal dressé soit régulier et probant (Cass. 4 février 1841);

3o Que le procès-verbal soit remis dans les cinq jours du délit (Cass. 14 août 1840);

4o Que le procès-verbal indique le délinquant ou justifie des diligences faites pour le découvrir. (Cass. 11 avril et 16 mai 1840.)

36. *Constatation des délits. Garde-vente.* — La responsabilité des adjudicataires et entrepreneurs, pour les délits commis dans leurs coupes, ne cesse que si les procès-verbaux des facteurs ou gardes-vente sont réguliers dans la forme, c'est-à-dire revêtus de toutes les formalités exigées par la loi, et probants au fond, c'est-à-dire désignant les auteurs du délit ou justifiant des diligences faites pour les découvrir. (Cass. 28 février 1852.)

37. *Caution. Décès.* — La caution est soumise à la responsabilité, dans le cas où l'ad-

judicataire serait décédé avant toute poursuite et même avant la constatation du délit, découvert seulement lors du récolement. (Dijon, 14 décembre 1836. Colmar, 24 août 1839.)

38. *Délit. Déclaration verbale.* — Une déclaration verbale ne peut suppléer au procès-verbal que doit dresser le garde-vente, pour décharger l'adjudicataire ou l'entrepreneur de la responsabilité des délits commis dans les coupes et à l'ouïe de la cognée. (Cass. 5 février 1848.)

39. *Exploitation. Garde-vente.* — Les adjudicataires ou entrepreneurs qui exploitent des coupes sans garde-vente ne sont pas déchargés de leur responsabilité, quand même ils dresseraient eux-mêmes des procès-verbaux pour les délits commis dans ces coupes et à l'ouïe de la cognée. (Cass. 24 décembre 1813. Cass. 25 novembre 1852.)

40. *Permission irrégulière.* — En cas de délit, l'autorisation ou la permission illégale ou irrégulière des agents forestiers ne décharge pas l'adjudicataire de sa responsabilité. (Cass. 9 avril 1825.)

41. *Coupe. Deux adjudicataires.* — La responsabilité des adjudicataires n'est pas modifiée, même lorsque dans la même coupe il y a deux adjudicataires, l'un pour la futaie et l'autre pour le taillis. (Cass. 2 nov. 1810.)

42. *Ouvriers étrangers.* — La responsabilité des adjudicataires n'est pas interrompue par l'introduction dans une coupe d'ouvriers étrangers à la coupe et à l'adjudicataire, même lorsqu'ils sont au compte de l'administration. (Cass. 20 août 1819.)

43. *Limites.* — La responsabilité de l'adjudicataire s'étend à toutes les coupes jardinatoires (Cass. 10 août 1821) aux coupes des branches basses des pins (Cass. 24 décembre 1813) et aux coupes de chablis. (Cass. 17 juillet 1842.)

44. *Ouïe de la cognée.* — La responsabilité de l'adjudicataire, pour les délits commis à l'ouïe de la cognée et non constatés par le garde-vente, s'étend à tous les délits, même à ceux d'enlèvement de fruits ou de glands. (Besançon, 21 mars 1843.)

45. *Caution. Délit.* — La caution est responsable des délits commis à l'ouïe de la cognée et à raison desquels l'adjudicataire est poursuivi, comme ne les ayant pas fait constater en temps utile par le garde-vente. (Nancy, 5 mars 1845.)

46. *Double délit.* — Lorsqu'un délit commis dans une coupe rentre à la fois dans les prévisions du code forestier et dans celles du code pénal, l'adjudicataire qui ne l'a pas fait constater, dans le délai légal, par son garde-vente, demeure responsable du fait, en tant que constituant un délit forestier. (Cass. 10 janvier 1852.)

47. *Chênes-liége. Écorçage.* — Les adjudicataires de l'écorcement des chênes-liége sont pénalement et civilement responsables, comme les adjudicataires des coupes, des délits et contraventions commis par leurs ouvriers. (Aix, 23 mai 1867.)

48. *Chasse. Gibier.* — Les adjudicataires de la chasse demeurent responsables, vis-à-vis des propriétaires, possesseurs ou fermiers des héritages riverains ou non, des dommages causés à ces héritages par les lapins, les autres animaux nuisibles et toute espèce de gibier. (Cah. des ch. 22.)

49. *Interdiction.* — L'interdiction de l'adjudicataire ne fait pas cesser sa responsabilité. (Besançon, inédit, 23 novembre 1840. Meaume, t. I, p. 360.)

50. *Décès. Faillite.* — Si l'adjudicataire est décédé ou failli, la caution est responsable des amendes et réparations civiles, même pour les délits non constatés à cette époque. (Cass. 23 avril 1836.)

51. *Cession.* — La cession par un adjudicataire de tout ou partie de sa coupe ne modifie en rien sa responsabilité, en ce qui concerne les obligations résultant du procès-verbal d'adjudication. (Cass. 27 juin 1836.)

52. *Crimes. Incendie.* — La responsabilité des adjudicataires s'étend aux crimes et particulièrement à l'incendie qui résulte de la malveillance ou d'accident. (Cass. 10 juillet 1852.)

53. *Guerre. Force majeure.* — La responsabilité des adjudicataires de coupes doit cesser, lorsque les délits commis et découverts dans les coupes proviennent de circonstances extraordinaires et de force majeure, telles que faits de guerre. (Cass. 17 mai 1817.) V. Guerre.

54. *Guerre. Invasion.* — Un adjudicataire qui a acheté une coupe devant l'autorité municipale, pendant l'occupation ou l'invasion du pays, ne peut se soustraire à ses obligations, sous prétexte que la vente n'aurait point été faite dans les formes et devant les autorités ordinaires. (Cass. 7 juin 1821.)

55. *Bois particuliers. Délits. Poursuites.* — La responsabilité des adjudicataires, dans les bois soumis au régime forestier, n'est pas applicable aux adjudicataires dans les bois particuliers. Ils ne peuvent alors être poursuivis directement que pour les délits qui leur sont personnels. Pour les délits commis par leurs ouvriers ou préposés, ils ne sont atteints que par une responsabilité purement civile. (Cass. 8 décembre 1843.)

§ 2. *Entrepreneur.*

56. *Entrepreneurs. Poursuites.* — Les entrepreneurs des coupes usagères et affouagères ou affectataires sont, pour l'usance et la vidange des coupes, soumis à la même res-

ponsabilité, et, en cas de délit et contravention, passibles des mêmes peines que les adjudicataires des coupes. (Cod. For. 82, 112. Cass. 6 mai 1847.)

57. *Coupe affouagère.* — La responsabilité d'un entrepreneur de coupe affouagère est absolue. (Cass. 10 juin 1847.)

SECT. V. — CONSTRUCTION. ARCHITECTE. ENTREPRENEUR.

58. *Maison. Ruine.* — Le propriétaire d'un bâtiment est responsable du dommage causé par sa ruine, lorsqu'elle est arrivée par suite du défaut d'entretien ou par le vice de sa construction. (Cod. Civ. 1386.)

59. *Maison. Vice de construction.* — Si l'édifice construit périt en tout ou partie par le vice de la construction, même par le vice du sol, les architectes et entrepreneurs en sont responsables pendant dix ans. (Cod. Civ. 1792.) V. Architecte.

60. *Architecte. Entrepreneur. Délai.* — Après dix ans, l'architecte et les entrepreneurs sont déchargés de la garantie des gros ouvrages qu'ils ont faits ou dirigés. (Cod. Civ. 2270.)

61. *Travaux. Ouvriers.* — L'adjudicataire se soumet à la responsabilité déterminée par l'article 206 du code forestier (restitutions, dommages-intérêts et frais), à raison des contraventions et délits commis par ses ouvriers et voituriers, pendant toute la durée des travaux. (Cah. des ch. 54.)

62. *Travaux. Garantie.* — L'entrepreneur et sa caution seront responsables, pendant le délai de garantie, de la bonté et de la solidité des ouvrages et obligés de les entretenir. L'administration se réserve la faculté d'invoquer au besoin les dispositions des articles 1792 et 2270 du code civil, qui fixent à dix ans le délai de garantie pour les grosses constructions. (Cah. des ch. 44.)

SECT. VI. — COMMUNE.

63. *Entrepreneur. Coupes affouagères.* — Les communes sont responsables de toutes les condamnations, *amendes comprises*, encourues par les entrepreneurs des coupes affouagères. (Cass. 12 juin 1840.) V. Dommages-intérêts.

64. *Poursuite. Procédure.* — La poursuite contre des communes, en responsabilité d'un délit forestier commis par l'entrepreneur d'une coupe affouagère, peut être exercée *de plano* par l'administration forestière. (Cass. 2 octobre 1847.) Cette poursuite n'est pas soumise aux règles de procédure édictées par l'article 124 de la loi du 5 avril 1884.

65. *Garantie. Appel.* — La garantie solidaire d'une commune ne peut être invoquée pour la première fois en appel, si elle n'a pas été demandée en première instance (Grenoble, inédit, 17 février 1835); mais on peut se dispenser de mettre la commune en cause, parce que le jugement rendu contre l'entrepreneur est exécutoire *de plano* contre la caution et les parties responsables.

66. *Pâtres.* — Les communes sont responsables des condamnations pécuniaires (civiles et non pénales, amendes non comprises) qui pourront être prononcées contre les pâtres ou gardiens, pour *tous les délits* de pâturage et autres commis par eux, pendant le temps de leur service et dans les limites du parcours. (Cod. For. 72, 120. Cod. Civ. 1384.)

67. *Chèvres. Moutons. Bois communaux.* — Dans le cas de l'article 110 du code forestier, la responsabilité de la commune est réglée par l'article 72 du même code, en vertu duquel le propriétaire des bestiaux doit l'amende ; la commune n'est donc responsable que des condamnations civiles. (Meaume, t. I, p. 826.)

68. *Délit. Commune. Frais.* — Lorsqu'il s'agit de délits commis dans les bois communaux et pour lesquels la commune est responsable, cette responsabilité s'entend des frais, des restitutions et des dommages-intérêts. (Circ. N 262.)

69. *Usagers. Coupes usagères.* — Les usagers ou les communes usagères seront garants solidaires des condamnations, amendes et réparations civiles prononcées contre les entrepreneurs des coupes délivrées aux usagers. (Cod. For. 82. Cass. 12 juin 1840. Meaume, t. I, p. 879.)

SECT. VII. — FONCTIONNAIRE.

§ 1. *Administration.*

70. *Ministère public.* — Le ministère public est irresponsable pour la poursuite de l'action publique.

71. *Fonctionnaire. Incurie. Compétence.* — Les tribunaux civils sont incompétents pour connaître d'une demande en dommages-intérêts formée contre une administration publique, comme civilement responsable du fait de l'un de ses employés qui, dans l'exercice de ses fonctions, a porté préjudice à des tiers. (Trib. des conflits, 7 avril 1851.)

72. *Fonctionnaire. Incurie. Compétence.* — Il n'appartient qu'à l'autorité administrative de connaître de l'action formée par un particulier contre le directeur d'une administration publique et tendant à faire condamner l'Etat à payer une indemnité, comme responsable de l'incurie imputée à ce directeur ou à l'un de ses employés, alors surtout que le jugement de cette action est subordonné à l'examen et à l'interprétation des règlements de ladite administration. (Cons. d'Etat, 10 mars 1853.)

72 bis. *Administration. Poursuites.* — Les administrations ne sont responsables des

poursuites, que lorsqu'elles agissent dans un intérêt purement *fiscal*. Mais, dès qu'elles agissent dans l'intérêt de la vindicte et de l'ordre public, elles sont irresponsables comme le ministère public pour l'exercice de l'action publique. (Cass. 17 septembre 1825, 8 mai 1835 et 25 janvier 1837.)

73. *Administration. Dommages-intérêts.* — Les administrations sont responsables des faits de leurs agents et peuvent être condamnées aux dommages-intérêts, lorsqu'elles succombent dans leurs poursuites. (Cass. 7 janvier 1832.)

74. *Notes. Punitions. Récompenses imméritées.* — L'administration rendra les agents chefs de service personnellement responsables des punitions ou récompenses non méritées, qui seraient la conséquence des renseignements fournis par eux. (Circ. A 410.)

§ 2. *Agent forestier.*

75. *Hiérarchie. Ordres.* — Les actes d'un fonctionnaire sont à l'abri de tout reproche, lorsqu'ils sont exécutés en vertu des ordres de ses supérieurs, pour des objets de leur ressort et sur lesquels il leur était dû obéissance hiérarchique. (Cod. Pén. 114, 190.)

76. *Ordre. Délit. Obéissance.* — L'ordre de commettre un crime ou un délit n'est pas compris dans les choses pour lesquelles l'obéissance hiérarchique est commandée. En droit, comme en morale, on ne doit pas obéissance à l'ordre de violer la loi pénale. Si, en exécutant un pareil ordre, un crime ou un délit était commis (excepté s'il s'agit d'attentat à la liberté ou abus d'autorité contre la chose publique), l'auteur n'en serait pas excusable, et, à sa responsabilité comme auteur principal, il faudrait ajouter la responsabilité comme complice du supérieur qui l'aurait ordonné. (Angers, 17 novembre 1871.)

77. *Ordres. Supérieur.* — Lorsque, sur l'imputation portée contre un agent forestier, l'administration déclare qu'il n'a agi que d'après les ordres de ses supérieurs, l'agent est, dès lors, déchargé de toute responsabilité. (Cons. d'Etat, 7 mai 1823.) V. Excuse.

78. *Dépenses. Ordonnateur.* — Les administrateurs et ordonnateurs chargés de la liquidation et de l'ordonnancement des dépenses sont responsables de l'exactitude des certifications qu'ils délivrent. (Décr. du 31 mai 1862. Règl. Min. du 26 décembre 1866, art. 57. Circ. N 104.)

79. *Ordre des coupes. Aménagement.* — Les conservateurs doivent veiller à ce que les propositions et les exploitations des coupes soient faites conformément aux prescriptions des aménagements en vigueur. (Circ. A 340.)

80. *État d'assiette. Changement.* — Les conservateurs et chefs de service sont responsables des changements effectués dans les états d'assiette, sans proposition spéciale et sans décision intervenue sur la proposition. (Circ. A 292. Circ. A 385.)

81. *Action civile. Agent. Gestion.* — Si un acte de gestion d'un agent forestier, en ce qui concerne un bois communal, porte préjudice à un tiers, celui-ci doit diriger son action civile, non contre l'agent forestier, mais contre la commune propriétaire. (Puton.)

82. *Erreurs.* — Aucune loi n'a donné compétence à l'autorité judiciaire pour connaître des demandes formées contre l'Etat, à raison des dommages provenant des erreurs commises par les agents de l'administration des forêts, dans les opérations qu'ils accomplissent, en leur qualité de préposés de l'administration. (Trib. des conflits, 10 mai 1890.).

83. *Action civile. Poursuite.* — Si une action en responsabilité était exercée contre un agent forestier, au bénéfice de l'Etat, cette action civile devrait être intentée par le préfet et l'administration des domaines. (Cons. d'Etat, 22 juin 1831. Circ. A 282.)

84. *Agents. Service des gardes. Délits commis.* — Les agents sont responsables des délits commis dans les triages des gardes, s'ils ont sciemment, par connivence ou faiblesse, toléré et non signalé les négligences ou contraventions commises par leurs subordonnés, dans l'exercice ou à l'occasion de leurs fonctions. (Loi du 29 septembre 1791, titre XIV. Cod. Civ. 1384. Cass. 19 juillet 1826.)

85. *Délits non constatés.* — Les agents ne peuvent pas être responsables des délits non constatés, parce qu'ils n'ont pas de triage et qu'ils ne sont pas chargés de constater les délits. (Puton.)

86. *Archives.* — Les agents sont responsables des actes, titres et plans dont ils sont dépositaires.

87. *Travaux. Réception. Rapports.* — On ne doit délivrer des procès-verbaux de réception que pour les travaux terminés. Les paiements effectués sont faits sous la responsabilité personnelle des agents, et, s'il résultait d'une contre-vérification que les rapports sont inexacts, ces agents seraient poursuivis en remboursement des sommes indûment acquittées, sans préjudice des autres mesures prises à leur égard. (Circ. A 252.)

88. *Opérations. Erreurs.* — Les agents sont pécuniairement responsables des erreurs commises, avec légèreté, dans les travaux préparatoires aux ventes des coupes, tels qu'estimation et désignation des limites ou des réserves. (Décis. Min. Circ. autogr. nº 89, 22 avril 1862.)

89. *Permis d'exploiter. Délivrance. Pièces.* — L'agent qui délivre le permis d'exploiter d'une coupe, sans exiger les justifications

prescrites, est responsable du paiement du prix principal de la coupe, si l'adjudicataire est insolvable. (Décis. Min. des 29 novembre 1831 et 8 mai 1832. Circ. A 307.)

90. *Instruments. Objets divers.*—Les agents et préposés forestiers sont responsables de la perte, bris, oblitération des marteaux, instruments, mesures, livres, etc., confiés à leur garde.

§ 3. *Préposé forestier.*

91. *Délits. Dégâts. Condamnation.* — Les gardes sont responsables des délits, dégâts, abus et abroutissements qui ont lieu dans leurs triages et passibles des amendes et indemnités encourues par les délinquants, lorsqu'ils n'ont pas dûment constaté les délits, c'est-à-dire par procès-verbaux valables et réguliers. (Cod. For. 6. Cod. Civ. 1383.)

C'est une réparation civile dans un sens très étendu. V. Triage.

92. *Procès-verbal contre un préposé.* — Les procès-verbaux dressés contre les gardes, en responsabilité des dégâts, abus ou délits commis dans leurs triages, doivent être, avant tout acte de procédure, adressés à l'administration, avec les observations et avis du conservateur. Ces procès-verbaux ne doivent être mis en poursuite que sur l'autorisation expresse de l'administration. (Circ. N 148.)

93. *Installation. Visite.* — Lorsqu'un garde prend la surveillance d'un triage, sa responsabilité pour les délits anciens non constatés est limitée par le procès-verbal de vérification du triage et la reconnaissance officielle des délits existants. Ce procès-verbal est dressé par le chef de cantonnement et reste déposé aux archives de l'inspection, pour être consulté au besoin. (Circ. A 529.)

94. *Durée.* — La durée de la responsabilité du garde est fixée par la période de la prescription du délit d'un à trois ans, à partir du jour où le délit a été commis, puisque le garde n'a pas dressé de procès-verbal.

95. *Délit. Auteur. Procès-verbal.* — La responsabilité du garde disparaît, s'il a dressé un procès-verbal indiquant les auteurs du délit ou les diligences faites pour arriver à leur connaissance. (Cass. 14 mai 1829.)

96. *Force majeure. Maladie. Avis.* — Les gardes ne sont dégagés de la responsabilité du délit que par la *force majeure.* Un certificat de médecin constatant que le garde est malade ne suffit pas; il faut que le garde informe l'administration de sa maladie, afin qu'il soit pourvu à son remplacement. (Cass. 23 août 1845.)

97. *Délit. Faute.* — Pour que la responsabilité matérielle envers les préposés soit une mesure équitable, il faut que la non-constatation du délit qui y donne lieu puisse être, dans tous les cas et sans injustice, imputée à faute au garde chargé de cette constatation. (Inspection des finances.) V. Triage.

98. *Action. Poursuite. Compétence.* — L'action en responsabilité contre les gardes s'exerce devant les tribunaux correctionnels, en vertu de l'article 171 du code forestier, et il n'y a pas lieu d'invoquer aucun privilège de juridiction. (Cass. 21 septembre 1837. Cass. 4 juillet et 7 août 1834. Cass. 9 avril 1842.)

99. *Poursuites. Compétence.* — Pour défaut de constatation de délit commis dans leurs triages, les préposés forestiers doivent être traduits devant les tribunaux correctionnels, à l'effet d'y être poursuivis à fins civiles. (dommages-intérêts égaux à l'amende du délit et même l'amende). (Cass. 4 mai 1822. Cass. 30 juillet 1829.)

100. *Procès-verbal annulé. Frais.* — L'administration a le droit de faire supporter au garde rédacteur d'un procès-verbal annulé le montant des condamnations encourues. Ordinairement, on se borne à exiger du garde le remboursement des frais. (Proc. Civ. 1031. Décis. Min. du 21 avril 1823.)

101. *Bois particuliers. Négligence. Délit.*— Les gardes des bois de particuliers ne sont pas soumis à la responsabilité des gardes des bois de l'Etat, pour cause de négligence dans la constatation des délits. (Cass. 6 septembre 1806.)

SECT. VIII. — PROPRIÉTAIRE OU FERMIER DE CHASSE. ANIMAUX SAUVAGES.

102. *Animaux nuisibles. Dégâts.* — Le propriétaire d'un bois dans lequel se trouvent des animaux nuisibles est responsable des dégâts causés par ces animaux aux propriétés voisines, si l'on établit à sa charge l'existence d'une faute, d'une imprudence ou d'une négligence ; spécialement, s'il est constaté que, de son propre aveu, il avait usé avec la plus grande rigueur du droit de défendre la chasse dans ses bois et n'avait employé que des moyens insuffisants ou tardifs pour détruire ces animaux (des sangliers, dans l'espèce).

Dans cet état des faits, les juges du fond ont pu refuser, avec raison, de donner acte au propriétaire de ce qu'il déniait avoir défendu la chasse desdits animaux et rejeter, comme non pertinente, une articulation qui ne tendait qu'à prouver l'emploi de moyens déclarés tardifs ou insuffisants.

On doit considérer comme suffisamment motivé le jugement qui, pour repousser une demande de preuve, déclare qu'elle porte sur des faits manquant de pertinence et contredits par les éléments de la cause. (Cass. 7 novembre 1881.)

103. *Animaux sauvages. Dégâts.* — Le propriétaire d'une forêt est responsable des dégâts causés aux propriétés voisines par les

animaux sauvages, lorsque, averti des dommages, il n'a pas procédé à la destruction des bêtes nuisibles. (Cass. 6 mars 1893.)

104. *Chasse. Dommages. Cerfs. Sangliers.* — Les juges du fait peuvent décider, sans encourir la cassation et sans violer l'article 1382 du code civil, que le propriétaire d'une forêt qui y a retenu ou même introduit des sangliers, des cerfs et des biches, qui n'a pas chassé activement, ni laissé chasser ses voisins, n'est responsable que pour la partie du dommage causé par ces animaux aux propriétés voisines, lorsqu'il est constaté en fait que des animaux de même espèce ont toujours habité la forêt et les forêts voisines et qu'à raison de la situation des lieux leur destruction totale en est impossible.

Ce partage de responsabilité est encore mieux fondé, lorsque les juges estiment que le propriétaire, qui se plaint des dommages causés à sa propriété, n'a pas pris toutes les mesures que la prudence exigeait pour protéger des récoltes voisines de la forêt et, par suite, exposées aux dévastations. Cette négligence, sans justifier entièrement le propriétaire de la forêt, peut être prise en considération pour mettre à la charge du cultivateur une portion du dommage, à raison duquel il réclame. (Cass. 14 août 1877.)

105. *Locataire. Animaux nuisibles. Destruction.* — Il y a lieu de reconnaître que la responsabilité d'un adjudicataire de chasse est engagée vis-à-vis d'un propriétaire voisin, dont les récoltes ont été endommagées par les nombreux sangliers retirés dans la forêt, lorsqu'il est constant : 1° que, mis en demeure par le conservateur des forêts de détruire un certain nombre de sangliers dans un délai déterminé, il n'en a détruit que la moitié de ce nombre; 2° qu'il n'a fait dans la forêt que des chasses insuffisantes, s'abstenant, d'ailleurs, de chasser dans les endroits où les agents forestiers lui avaient, à plusieurs reprises, signalé la présence de laies suivies de marcassins; 3° enfin qu'il n'a pas, comme l'y obligeait l'article 4 de l'ordonnance du 20 juin 1845, relative à la chasse dans les forêts domaniales, concouru aux battues ordonnées par l'autorité préfectorale pour la destruction des animaux nuisibles. (Cass. 8 juillet 1890.)

106. *Sangliers. Dégâts.* — Le locataire de la chasse d'une forêt est à bon droit reconnu responsable des dommages causés aux récoltes des propriétés voisines par les sangliers séjournant et s'étant considérablement multipliés dans la forêt, lorsqu'il est constant que, loin d'employer tous les moyens en son pouvoir pour empêcher la multiplication de ces animaux, il les chassait le plus souvent à courre et s'opposait à la destruction des laies. (Cass. 20 novembre 1888.)

107. *Lapins. Multiplication. Dégâts.* — Le propriétaire d'un bois est à bon droit déclaré responsable des dommages causés aux récoltes des propriétés voisines, par les lapins séjournant dans ce bois, lorsqu'il est constant qu'il y a entretenu ces animaux en quantité excessive, en en faisant garder la chasse.

Peu importe qu'il ait ensuite pris des mesures pour leur destruction, si ce n'a été que tardivement et après que les dégâts, dont réparation est demandée, s'étaient déjà produits et avaient même été constatés. (Cass. 10 juillet 1889.)

108. *Fermier de la chasse. Lapins. Dégâts.* — Le fermier de la chasse d'un bois est à bon droit déclaré responsable des dommages causés aux récoltes des propriétés voisines par les lapins sortant de ce bois, lorsqu'il ne justifie d'aucune mesure par lui prise pour prévenir ces dommages et, notamment, n'établit point avoir fait usage de l'autorisation à lui accordée de détruire les lapins dans le bois à lui affermé. (Cass. 3 déc. 1890.)

109. *Gibiers. Dégâts. Principes.* — Il ne suffit pas, pour que le propriétaire d'un bois doive être exonéré de la responsabilité du dommage causé aux récoltes des propriétés voisines, par les lapins séjournant dans ce bois, qu'il soit établi que celui-ci n'a rien fait pour attirer les lapins dans son bois et en favoriser la multiplication; il faut, en outre, qu'il justifie avoir employé tous les moyens nécessaires pour prévenir le dommage pouvant résulter, pour les propriétés voisines, du nombre excessif de ces animaux. (Cass. 7 janvier 1891.)

110. *Voisinage.* — S'il s'agit d'une garenne, le propriétaire est toujours responsable des dommages causés par les lapins qu'il conserve.

Quant aux autres bois où se trouvent des lapins, le propriétaire cesse d'être responsable, s'il établit qu'il les détruit régulièrement, qu'il a défoncé les terriers et organisé des battues auxquelles il a convoqué ses voisins. (Cass. 19 janvier 1885.)

111. *Chasse. Dommages. Lapins.* — Le propriétaire ou le locataire d'un bois, autre qu'une garenne, n'est pas responsable de plein droit des dommages causés aux propriétés voisines par le gibier habitant ce bois ; sa responsabilité n'est engagée qu'autant qu'il est établi que la multiplication du gibier a été favorisée par son fait ou par sa négligence.

Ainsi, le locataire d'une chasse n'est pas responsable, lorsqu'il a pris toutes les mesures nécessaires pour détruire les lapins et que, grâce à ces mesures, il les a réduits à un nombre relativement minime, en telle sorte que les dégâts constatés sont insignifiants et ne dépassent pas la limite de ceux qu'entraîne nécessairement le voisinage de la forêt.

Il importe peu que le tribunal ait, par un motif erroné et surabondant, déclaré que la réparation du dommage ne serait due que si le locataire avait favorisé la multiplication des lapins dans un but voluptuaire et s'il avait été préalablement mis en demeure de les détruire. (Cass. 3 février 1880.)

112. *Lapins. Dégâts.* — Le propriétaire d'un bois autre qu'une garenne, c'est-à-dire d'un bois qui n'est destiné dans aucune de ses parties à servir de réserve pour des lapins et dont l'accès n'est pas interdit au public, n'est pas responsable des dégâts causés par les lapins sortis de ce bois, et il ne peut être recherché que si une faute lui est imputable, soit parce qu'il a favorisé la multiplication de ces animaux, soit parce qu'il a négligé de prendre les moyens efficaces pour les détruire.

Par suite, il n'encourt aucune responsabilité, lorsqu'il est souverainement constaté par les juges du fond que, loin d'avoir cherché à accroître le nombre des lapins ou à les conserver, il a, longtemps avant les dégâts commis, manifestement autorisé le public à chasser dans son bois, sans mettre à cette autorisation aucune restriction. (Cass. 1er mars 1882.)

SECT. IX. — DIVERS.

113. — *Propriétaire. Usager.* — Le propriétaire n'est pas responsable envers l'usager des délits que des tiers pourraient commettre dans la forêt grevée, sans négligence, ni faute de sa part. (Cass. 7 mars 1842.)

114. *Arbre tombé. Accident.* — En cas d'accident, la responsabilité du propriétaire des arbres tombés est engagée, si la chute a été causée par la vétusté de l'arbre ou un vice propre, comme un éclatement du tronc, même si ce vice était non apparent.

Mais si l'arbre était sain et ne menaçait pas, la chute constitue un cas de force majeure, qui ne peut donner naissance à une action en responsabilité quelconque. (Paris, 20 août 1877.)

115. *Région des Maures. Feu.* — Dans la région des Maures, en cas d'incendie par l'emploi du feu pendant la période d'interdiction, la responsabilité de l'article 206 du code forestier est applicable contre les maîtres des ouvriers ou les propriétaires du terrain. (Lois des 6 juillet 1870, 8 août 1890, 3 août 1892 et 19 août 1893, art. 5. Circ. N 461.)

116. *Chemin de fer.* — L'article 1382 du code civil s'applique aux industries autorisées par le gouvernement, comme aux simples particuliers. Ainsi, les chemins de fer sont responsables des incendies causés par des étincelles, quand même il n'y aurait pas infraction des règlements imposés. (Trib. de la Seine, 30 novembre 1859.)

117. *Séquestre.* — Le séquestre est responsable des objets commis à sa garde et qu'il doit représenter et remettre à la personne déclarée propriétaire, après la constatation. (Cod. Civ. 1956, 1962.)

118. *Guerre. Invasion. Bois coupé. Commune responsable.* — Quoique des délits commis pendant la guerre par ordre de l'ennemi et pendant l'occupation soient considérés comme commis sous l'empire de la force majeure, les communes demeurent responsables des bois abattus et, si elles en ont disposé, elles doivent être condamnées à en restituer la valeur. (Amiens, 18 janvier 1873.)

119. *Coupe d'arbres. Maire responsable.* — Le maire est responsable du dommage causé à une propriété par un abatage d'arbres, lors même que, la commune prétendant à la propriété du terrain, le conseil municipal aurait autorisé le maire à faire acte de propriétaire. (Cass. 28 décembre 1875.)

RESSORT.

Définition. — Circonscription territoriale sur laquelle s'étend la juridiction d'un juge, d'un tribunal ou d'une autorité quelconque.

Premier ressort, second ressort indiquent les différents degrés de juridiction des tribunaux.

RESTAURATION DES TERRAINS EN MONTAGNE.

SECT. I. — GÉNÉRALITÉS, 1 — 7.

SECT. II. — TRAVAUX OBLIGATOIRES, 8 — 29.

§ 1. *Déclaration d'utilité publique,* 8 — 14.

§ 2. *Travaux exécutés par l'Etat,* 15.

§ 3. *Travaux exécutés par les communes, établissements publics et particuliers, propriétaires des terrains, et les associations syndicales,* 16 — 29.

SECT. III. — TRAVAUX FACULTATIFS, 30 — 33.

SECT. IV. — ALGÉRIE, 34.

Abrogation, 7.
Absence, 26.
Abus, 27.
Acceptation, 20.
Acquisition amiable, 15, 21.
Affichage, 14.
Algérie, 34.
Approbation, 19, 20.
Associations syndicales, 16, 18, 19, 20.
Avis, 13.
Catégories, 3.
Certificat, 23.
Commission spéciale, 10, 13.
Communes, 20.
Constatation, 6.
Contrôle, 22.
Déchéance, 29.
Déclaration, 16, 17.
Défaut d'entretien, 25.
Délai, 11, 16, 19, 25.
Délit, 6, 22 bis.
Demande, 31.
Dépôt, 11.
Désignation, 8.
Dossier, 11.
Engagement, 19, 28.
Enquête, 10, 11, 12.
Entretien, 27.
Envoi, 17.
Estimation, 32.
Exécution, 22.
Expropriation, 15, 21.
Formalités, 10.

Graines, 24.
Indemnité, 17, 22, 28.
Jouissance, 22 bis.
Inexécution, 25.
Infraction, 5.
Mise en demeure, 26.
Motifs, 26.
Notification, 14, 18.
Particuliers, 19.
Périmètres, 4, 8, 9, 10.
Plan, 11, 14.
Plants, 24.
Poursuites, 6.
Principe, 1, 2, 30.
Procès-verbaux, 23.
Propositions, 17, 18.
Propriétaires, 16, 18.
Publication, 14.
Réception, 23, 32.
Reconnaissance, 11, 27.
Refus, 26.
Régime forestier, 22 bis, 33.
Renonciation, 21.
Restitution, 33.
Service, 5.
Subventions, 30, 31, 33.
Surveillance, 5, 22, 22 bis, 32.
Timbre, 23.
Travaux, 3, 26.
Utilité publique, 9.

V. Commission spéciale. Enquête. Expropriation. Indemnité. Périmètre. Reboisement. Subvention. Utilité publique.

SECT. I. — GÉNÉRALITÉS.

1. *Principe.* — Il est pourvu à la restauration des terrains en montagne au moyen de travaux exécutés par l'Etat ou par les propriétaires des terrains, avec subvention de l'Etat. (Loi du 4 avril 1882, art. 1.)

2. *Principe.* — Les travaux de restauration ne peuvent être exécutés que sur des terrains dégradés et présentant des dangers nés et actuels. (Loi du 4 avril 1882, art. 2.)

3. *Travaux. Catégories.* — Les travaux à effectuer pour la restauration des terrains en montagne se divisent en :

Travaux forestiers : semis, pépinière, enherbement, plantation et opérations de sylviculture ;

Travaux de correction de torrent : fascinage, clayonnage, barrage et autres diverses opérations réunies sous la dénomination collective d'hydrauliques ;

Travaux auxiliaires : chemin, transport et clôture ;

Frais généraux : campement, surveillance extraordinaire et divers.

(Instr. Gén. du 2 février 1885, art. 116. Circ. N 345.)

4. *Anciens périmètres.* — Les anciens périmètres de reboisement ou de gazonnement, décrétés avant 1882, ont été revisés. L'administration des forêts a, dans le délai de trois ans, à partir de la promulgation de la présente loi, désigné et acheté aux propriétaires les parcelles des anciens périmètres destinées à former les nouveaux périmètres. (Loi du 4 avril 1882, art. 16.)

5. *Surveillance. Service. Infraction.* — Dans les communes assujetties à l'application de la loi sur la restauration des terrains en montagne, les gardes domaniaux appelés à veiller à l'exécution et à la conservation des travaux dans les périmètres de reboisement et de gazonnement seront chargés, en même temps, de la constatation des infractions aux mises en défens, aux règlements sur les pâturages, et de la surveillance des bois communaux, de manière que, pour le tout, il n'y ait désormais qu'un seul service commandé et soldé par l'État. (Loi du 4 avril 1882, art. 22.)

6. *Délits. Constatations. Poursuites.* — Les délits et contraventions commis sur les terrains compris dans un périmètre de restauration seront constatés et poursuivis comme ceux commis dans les bois soumis au régime forestier. Il sera procédé comme en matière forestière à l'exécution des jugements. (Loi du 26 janvier 1892, déclarant d'utilité publique des travaux de restauration dans le bassin du Var moyen.)

L'emploi des termes *un périmètre de restauration* caractérise une disposition applicable à *tout* périmètre de restauration. (Rép. For. t. XIX, p. 108.)

7. *Abrogation.* — Les lois des 28 juillet 1860, sur le reboisement, et 8 juin 1864, sur le gazonnement, et le décret du 10 novembre 1864 sont abrogés. (Loi du 4 avril 1882, art. 16. Décr. du 11 juillet 1882, art. 32.)

SECT. II. — TRAVAUX OBLIGATOIRES.

§ 1. *Déclaration d'utilité publique.*

8. *Désignation des périmètres.* — L'administration des forêts procède à la désignation des terrains dont elle estime que la restauration est d'utilité publique. (Décr. du 11 juillet 1882, art. 1.)

9. *Utilité publique. Périmètres.* — L'utilité publique des travaux de restauration des terrains en montagne ne peut être déclarée que par une loi, qui fixe le périmètre des terrains dans lesquels les travaux doivent être exécutés. (Loi du 4 avril 1882, art. 2.)

10. *Formalités.* — La loi qui déclare l'utilité publique des travaux et fixe le périmètre des terrains sur lesquels ces travaux doivent être exécutés est précédée :

1° D'une enquête dans chacune des communes intéressées ;

2° D'une délibération des conseils municipaux de ces communes ;

3° De l'avis du conseil d'arrondissement et de celui du conseil général ;

4° De l'avis d'une commission spéciale.

(Loi du 4 avril 1882, art. 2.)

11. *Dossier. Dépôt. Délai.* — Le procès-verbal de reconnaissance des terrains, le plan des lieux et l'avant-projet des travaux proposés par l'administration des forêts restent déposés à la mairie pendant l'enquête, dont la durée est fixée à trente jours.

Ce délai court du jour de la signification de l'arrêté préfectoral qui prescrit l'ouverture de l'enquête et la convocation du conseil municipal. (Loi du 4 avril 1882, art. 2.)

12. *Enquête.* — Passé ce délai, un commissaire enquêteur, désigné par le préfet, reçoit, au même lieu, pendant trois jours consécutifs, les déclarations des habitants

sur l'utilité publique des travaux projetés. (Décr. du 11 juillet 1882, art. 3.)

13. *Commission spéciale. Avis.* — La commission spéciale se réunit au lieu indiqué par un arrêté spécial de convocation, dans la quinzaine de la date de cet arrêté. Elle donne son avis motivé tant sur l'utilité publique de l'entreprise que sur les mesures d'exécution indiquées dans l'avant-projet. Cet avis est formulé sous forme de procès-verbal, dans le délai d'un mois, à partir de l'arrêté de convocation. (Décr. du 11 juillet 1882, art. 6.)

14. *Publication. Affichage. Notification. Plan.* — La loi déclarant l'utilité publique des travaux est publiée et affichée dans les communes intéressées ; un duplicata du plan du périmètre est déposé à la mairie de chacune d'elles.

Le préfet fait, en outre, notifier aux communes, aux établissements publics et aux particuliers un extrait du projet et du plan contenant les indications relatives aux terrains qui leur appartiennent. (Loi du 4 avril 1882, art. 3.)

§ 2. *Travaux exécutés par l'Etat.*

15. *Acquisitions à l'amiable. Expropriation.* — Dans le périmètre fixé par la loi, les travaux de restauration seront exécutés par les soins de l'administration et aux frais de l'Etat, qui, à cet effet, devra acquérir, soit à l'amiable, soit par expropriation, les terrains reconnus nécessaires. (Loi du 4 avril 1882, art. 4.) V. Expropriation. Périmètre.

§ 3. *Travaux exécutés par les communes, établissements publics et particuliers, propriétaires des terrains, et les associations syndicales.*

16. *Déclaration. Délai.* — Dans le délai de trente jours, après la notification prescrite par l'article 3 de la loi du 4 avril 1882, les propriétaires et les associations syndicales libres, qui désirent bénéficier des dispositions de l'article 4 de la même loi et conserver la propriété de leurs terrains, doivent en informer par écrit le conservateur des forêts. (Décr. du 11 juillet 1882, art. 9.)

Dans le même délai, les communes, les établissements publics et les associations syndicales autorisées qui ont le même désir le font connaître au préfet. (Décr. du 11 juillet 1882, art. 10.) Celui-ci transmet leur déclaration au conservateur. (Instr. Gén. du 2 février 1885, art. 90. Circ. N 345.)

17. *Déclarations. Envoi à l'administration. Propositions.* — Après l'expiration du délai de trente jours, le conservateur adresse à l'administration :

1° Toutes les déclarations qui lui ont été remises ;

2° Des propositions complètes concernant les travaux à mettre à la charge des déclarants (Form. série 7, n° 29), avec l'indication du montant des indemnités qui pourraient leur être accordées par l'Etat et des clauses, conditions et délais d'exécution à leur imposer. (Form. série 7, n° 30. Instr. Gén. du 2 février 1885, art. 91. Circ. N 345.)

18. *Proposition. Notifications.* — Lorsque les propositions ont été approuvées par l'administration, le conservateur les notifie directement aux propriétaires et associations syndicales libres et, par l'intermédiaire du préfet, aux communes, établissements publics et associations syndicales autorisées. (Form. série 7, n° 31. Instr. Gén. du 2 février 1885, art. 92. Circ. N 345.)

19. *Particuliers et associations syndicales libres. Engagement. Délai. Approbation.* — Dans le délai de quinze jours après cette notification, les particuliers et les associations syndicales libres doivent remettre au conservateur, en double minute, l'engagement d'exécuter les travaux sous les conditions fixées. L'engagement doit contenir la justification des moyens d'exécution.

Cet engagement est soumis à l'approbation du ministre de l'agriculture. En cas d'approbation, mention est faite sur l'une des minutes, qui est rendue au propriétaire. (Décr. du 11 juillet 1882, art. 9. Instr. Gén. du 2 février 1885, art. 93. Circ. N 345.)

20. *Communes et associations syndicales autorisées. Acceptation. Approbation.* — Dans le délai de trente jours après la notification de la loi, les communes, les établissements publics et les associations syndicales autorisées font connaître au préfet, par une délibération motivée du conseil municipal ou de la commission administrative, qu'ils acceptent les conditions fixées par le ministre. (Décr. du 11 juillet 1882, art. 10.)

Cette délibération est rendue définitive par l'approbation du préfet, qui la transmet au conservateur. (Instr. Gén. du 2 février 1885, art. 94. Circ. N 345.)

21. *Renonciation. Acquisition amiable. Expropriation.* — A défaut de déclaration ou d'acceptation dans les délais prescrits, les propriétaires sont réputés renoncer au bénéfice des dispositions du deuxième paragraphe de l'article 4 de la loi du 4 avril 1882, qui leur permet de conserver la propriété de leurs terrains sous les conditions d'exécuter les travaux prescrits. (Décr. du 11 juillet 1882, art. 10.)

Les travaux sont alors exécutés par l'Etat, après acquisition amiable ou expropriation des terrains. (Instr. Gén. du 2 février 1885, art. 95. Circ. N 345.)

22. *Exécution. Contrôle. Surveillance. Indemnité.* — Les travaux neufs ou d'entretien, effectués sur leurs terrains, avec ou sans indemnité, par les communes ou les établissements publics, sont soumis au con-

trôle et à la surveillance de l'administration des forêts.

L'indemnité n'est payée qu'après exécution des travaux, au vu d'un procès-verbal de réception dressé par l'agent forestier local et sur l'avis du conservateur. (Décr. du 11 juillet 1882, art. 12. Instr. Gén. du 2 février 1885, art. 96. Circ. N 345.)

22 bis. *Régime forestier. Surveillance. Jouissance. Répression des délits.* — Les terrains appartenant aux communes et aux établissements publics sur lesquels des travaux obligatoires de restauration des terrains ont été effectués par les propriétaires eux-mêmes, en exécution de l'article 9 du décret du 11 juillet 1882, sont soumis au contrôle et à la surveillance de l'administration des forêts, par l'article 12 du même décret, mais ils ne paraissent pas soumis au régime forestier proprement dit.

Quant aux terrains appartenant à des particuliers, sur lesquels ceux-ci ont effectué des travaux obligatoires de restauration, ils ne sont pas soumis au régime forestier, puisque, d'après l'article 102 de l'instruction du 2 février 1885 (Circ. N 345), les propriétaires ne peuvent recevoir d'indemnité que s'ils s'engagent à ne jouir de leurs terrains que dans les limites déterminées par l'administration.

Au surplus, les dispositions de la loi du 26 janvier 1892, relative à l'établissement du périmètre de restauration du Var moyen, assurant la poursuite et la répression des délits commis sur les terrains compris dans un périmètre de restauration, comme dans les bois soumis au régime forestier, on peut alors considérer tous les terrains compris dans un périmètre de travaux obligatoires de restauration de terrains en montagne comme en réalité soumis au régime forestier, puisque, pour le moment, les dispositions protectrices du régime forestier relatives à la réparation des délits et des contraventions leur sont applicables.

23. *Réception. Procès-verbaux. Certificat. Timbre.* — Les procès-verbaux de réception, dont la production est prescrite par l'article 12 du décret du 11 juillet 1882, tiennent lieu des certificats qui, aux termes du règlement sur la comptabilité publique, doivent être annexés aux pièces justificatives de la dépense ; ils sont exempts du timbre. (Instr. Gén. du 2 février 1885, art. 97. Circ. N 345.)

24. *Graines et plants. Délivrance. Remboursement.* — Les graines et les plants nécessaires à l'exécution des travaux peuvent être délivrés aux propriétaires, s'il en font la demande, à charge par ceux-ci d'en rembourser la valeur à l'État. (Instr. Gén. du 2 février 1885, art. 98. Circ. N 345.)

25. *Inexécution. Mauvaise exécution. Défaut d'entretien. Acquisition. Prorogation des délais.* — En cas d'inexécution dans les délais fixés, de mauvaise exécution ou de défaut d'entretien, constatés par le conservateur des forêts ou son délégué, contradictoirement ou en l'absence des propriétaires dûment convoqués, une décision du ministre de l'agriculture ordonne qu'il soit procédé conformément au paragraphe 1er de l'article 4 de la loi du 4 avril 1882, c'est-à-dire que les terrains soient acquis à l'amiable ou par expropriation .(Décr. du 11 juillet 1882, art. 12.)

Sur la demande des propriétaires, il peut être accordé par le ministre des prorogations de délais, soit pour l'achèvement des travaux en retard d'exécution, soit pour la réfection des ouvrages mal exécutés. (Instr. Gén. du 2 février 1885, art. 99. Circ. N 345.)

26. *Travaux non terminés. Mise en demeure. Absence. Refus. Motifs.* — Si les travaux ne sont pas terminés dans le délai imposé ou ne sont pas susceptibles d'être reçus, le propriétaire, maire, administrateur ou président d'association, etc., est mis en demeure, par un avertissement administratif, d'assister à la vérification qui doit en être faite. L'original de l'avertissement est annexé au procès-verbal de l'opération. Ce dernier acte est soumis à la signature du propriétaire et constate sa présence ou son refus. En cas d'absence ou de refus, le propriétaire est invité à déduire par écrit ses motifs, dans les dix jours qui suivent la présentation à lui faite du procès-verbal ; à défaut de quoi, il est réputé en avoir accepté les conclusions.

Cette procédure et les conséquences qui en résultent doivent toujours être stipulées parmi les conditions qui sont imposées pour l'exécution des travaux. (Instr. Gén. du 2 février 1885, art. 100. Circ. N 345.)

27. *Entretien. Abus. Reconnaissance contradictoire.* — Si les travaux ne sont pas convenablement entretenus et, *à fortiori*, s'il se commet des abus de jouissance, de nature à compromettre l'existence de ces travaux après leur achèvement, il est procédé, pour la constatation des faits, par voie de reconnaissance contradictoire, ainsi qu'il est dit à l'article précédent. (Instr. Gén. du 2 février 1885, art. 101. Circ. N 345.)

28. *Indemnité. Engagement.* — Il n'est alloué d'indemnité pour exécution de travaux par les propriétaires, dans les périmètres de restauration, que si lesdits propriétaires s'engagent, à peine de déchéance du droit de conserver leurs terrains, à ne jouir de ceux-ci que dans les limites déterminées par l'administration. (Instr. Gén. du 2 février 1885, art. 102. Circ. N 345.)

29. *Déchéance.* — Il suffit, pour entraîner la déchéance du droit de conserver leurs terrains envers les communes et établissements publics, que le conseil municipal ou la commission administrative ait refusé d'allouer, en temps utile, les crédits ou les journées de prestation fixés par les conventions, tant pour l'exécution des travaux neufs que pour leur entretien. (Décr. du 11 juillet 1882, art. 11. Instr. Gén. du 2 février 1885, art. 103. Circ. N 345.)

SECT. III. — TRAVAUX FACULTATIFS.

30. *Subventions. Principe.* — Dans les pays de montagne, des subventions peuvent être accordées aux communes, aux associations pastorales, aux fruitières, aux établissements publics, aux particuliers, à raison des travaux entrepris par eux pour l'amélioration, la consolidation du sol et la mise en valeur des pâturages. (Loi du 4 avril 1882, art. 5. Instr. Gén. 2 février 1885, art. 207. Circ. N 345.)

31. *Demandes. Subventions.* — Les propriétaires de terrains en montagne qui désirent prendre part aux subventions à accorder par l'Etat, aux termes de l'article 5 de la loi du 4 avril 1882, doivent en adresser la demande sur timbre (Form. série 7, nº 75) au conservateur des forêts. S'il s'agit d'une commune, d'une association pastorale, d'une fruitière ou d'un établissement public, la demande (Form. série 7, nºs 75 et 76) doit être adressée au préfet, qui la transmet au conservateur, avec son avis motivé.

Ces subventions, qui consistent soit en délivrance de graines ou de plants, soit en argent, soit en travaux, sont accordées par le ministre de l'agriculture. (Décr. du 11 juillet 1882, art. 14. Instr. Gén. du 2 février 1885, art. 208. Circ. N 345.)

32. *Estimation. Surveillance. Réception.* — Les subventions en graines ou plants allouées aux communes, aux associations pastorales, aux fruitières, aux établissements publics et aux particuliers sont estimées en argent. Avant la délivrance, l'estimation est notifiée aux propriétaires et acceptée par eux.

Les travaux entrepris à l'aide de subventions de l'Etat sont exécutés sous le contrôle et la surveillance des agents forestiers.

Les subventions en argent sont payées après l'exécution des travaux, au vu d'un procès-verbal de réception dressé par l'agent forestier local et sur l'avis du conservateur. Le montant des subventions en graines ou plants peut être répété par l'Etat, en cas d'inexécution des travaux, de détournement d'une partie des graines ou des plants ou de mauvaise exécution constatés par le conservateur ou son délégué, contradictoirement ou en l'absence des propriétaires dûment convoqués. (Décr. du 11 juillet 1882, art. 15. Instr. Gén. du 2 février 1885, art. 213. Circ. N 345.)

33. *Soumission au régime forestier. Restitution des subventions.* — Sont soumis de plein droit au régime forestier, les terrains appartenant aux communes et aux établissements publics sur lesquels des travaux facultatifs de reboisement sont entrepris à l'aide de subventions de l'Etat.

La restitution des subventions peut être reprise dans le cas où les terrains restaurés viendraient à être distraits du régime forestier. Cette restitution est ordonnée par un arrêté du préfet, provoqué par le conservateur, après autorisation de l'administration. (Décr. du 11 juillet 1882, art. 16. Instr. Gén. du 2 février 1885, art. 216. Circ. N 345.) V. Subventions.

SECT. IV. — ALGÉRIE.

34. *Restauration de terrains.* — Dans le cas où, pour un ou plusieurs des motifs énumérés à l'article 12 (protection des pentes, des dunes, des sources et cours d'eau, contre le sable, salubrité publique), le reboisement ou la restauration de certains terrains seront reconnus nécessaires, leur expropriation pourra être déclarée d'utilité publique. Si la déclaration d'utilité publique est prononcée, l'expropriation des terrains sera poursuivie conformément à la législation de l'Algérie. (Loi du 9 décembre 1885, art. 13. Circ. N 357.)

RESTITUTION.

Arbres réservés, 4.	Libération, 10.
Bois indivis, 6.	Obligation, 2.
Commune, 9.	Prestation, 10.
Condamnation, 11.	Principe, 1.
Coupe, 3.	Propriétaire, 5.
Enlèvement, 1.	Recouvrement, 7, 8, 9.
Etat, 8.	Remboursement, 11.

1. *Enlèvement. Principe.* — En cas d'enlèvement frauduleux des bois ou autres produits quelconques des forêts, il y aura toujours lieu à la restitution des objets enlevés ou de leur valeur. (Cod. For. 198.)

2. *Obligation.* — La restitution est de droit ; elle doit être ordonnée, quand bien même le propriétaire ne serait pas en cause. (Cass. 24 mai 1832.)

3. *Coupe.* — Dès qu'il y a *coupe* de bois et alors même qu'il n'y aurait pas eu *enlèvement*, le tribunal doit prononcer la restitution des bois ou de leur valeur. (Cass. 17 février 1849.)

4. *Arbres réservés.* — L'adjudicataire qui coupe des arbres réservés doit toujours être condamné à en restituer la valeur. (Cass. 7 mai 1841.)

5. *Propriétaire.* — Les restitutions appartiennent au propriétaire de la forêt où a été commis le délit. (Cod. For. 204.)

6. *Bois indivis.* — Les copropriétaires ont, dans les restitutions, une part proportionnelle à leur droit. (Cod. For. 116.)

7. *Recouvrement.* — Le recouvrement des restitutions résultant des jugements sur délits forestiers est confié aux percepteurs. (Cod. For. 210. Loi de finances du 29 décembre 1873. Circ. N 149.)

8. *Etat.* — Les restitutions au profit de l'Etat figurent parmi les produits qui sont encaissés au compte : *Produit des amendes*

et *condamnations pécuniaires* et qui restent définitivement acquis à l'Etat. (Loi de finances du 27 décembre 1890, art. 11. Circ. N 430.)

9. *Communes.* — Le montant des restitutions au profit des communes est encaissé par les percepteurs des contributions directes, en même temps que l'amende, et fait ultérieurement l'objet d'un mandatement au nom des communes intéressées.

10. *Libération. Prestations.* — L'administration forestière pourra admettre les délinquants insolvables à se libérer des restitutions, pour délits commis dans les bois soumis au régime forestier, au moyen des prestations en nature. (Cod. For. 210. Loi du 18 juin 1859.)

11. *Condamnation. Remboursement.* — Les sommes encaissées par suite de condamnations judiciaires prononcées au profit de l'Etat sont définitivement acquises au Trésor, et le pouvoir législatif peut seul en ordonner la restitution. (Circ. A 666.)

RETARD.

Délimitation. Bornage. Exécution. Travaux. — En cas de retard provenant de la faute du géomètre soumissionnaire, il est fait, pour chaque mois de retard, une retenue égale au 1/50 du montant de la somme dont le paiement est demandé.

RÉTENTION.

1. *Délivrance. Conditions.* — La rétention suppose le vendeur encore saisi de la chose vendue. Le droit de rétention cesse par la *délivrance,* qu'il ne faut pas confondre avec la livraison. Il faut que la délivrance soit matérielle ou virtuelle. (Cass. 24 février 1857. Cod. Com. 557.) V. Faillite. Parterre. Revendication.

2. *Caution.* — La caution qui effectue le paiement des sommes dues au vendeur est subrogée *ipso facto* à son droit de rétention; mais elle ne peut pas revendiquer les bois transportés hors de la forêt et qui, livrés au failli sans réserves et passés, dès lors, dans son patrimoine, sont devenus le gage de tous ses créanciers. (Douai, 31 octobre 1888.)

3. *Vente. Condition. Paiement.* — Le vendeur qui stipule que les bois ne seraient enlevés qu'après paiement peut exercer son droit de rétention tant qu'il n'a pas reçu son prix, alors même que les arbres auraient été abattus et exploités sur le parterre de la coupe (Paris, 31 juillet 1880), et à plus forte raison si les arbres ne sont pas coupés. (Orléans, 25 août 1880.)

4. *Caution. Faillite.* — La coupe d'un adjudicataire failli appartient à la faillite, et le syndic a toujours le droit d'opposer, sous l'autorité du juge-commissaire, son option à la prétention de propriété de la caution qui a exercé le droit de rétention. (Rép. For. t. XIII, p. 61.)

5. *Bois dénombré. Faillite. Enlèvement. Détournement.* — Tout bois dénombré d'une coupe par unités de produits sera aux risques et périls de l'adjudicataire, sans préjudice du droit de rétention en cas de faillite ou de retard de payement et du droit de revendication, par voie de saisie, en cas d'enlèvement ou de détournement. (Cah. des ch. 3.)

RETENUE.

SECT. I. — COMPTABILITÉ, MANDAT, 1 — 2.

SECT. II. — CIRCULAIRE, 3.

SECT. III. — CONGÉ, 4 — 8.

SECT. IV. — FOURNITURES DIVERSES, RÉPARATIONS, 9 — 10.

SECT. V. — HABILLEMENT, 11 — 17.

SECT. VI. — INDEMNITÉS, 18.

SECT. VII. — INTÉRIM, 19.

SECT. VIII. — PEINE DISCIPLINAIRE, 20 — 26.

SECT. IX. — RETRAITE, 27 — 60.

§ 1. *Pensions civiles,* 27 — 42.

§ 2. *Caisse nationale des retraites pour la vieillesse,* 43 — 60.

SECT. X. — TRAVAUX, 61.

Abonnement, 3.
Absence, 21, 22.
Admission, 34, 35.
Agent, 30, 53.
Algérie, 11, 15, 36.
Augmentation, 47.
Avancement, 35, 47.
Bois grevé d'usage, 31.
Bois indivis, 31.
Bordereau, 57.
Caisse, 51.
Carnet de versement, 59.
Centralisation de fonds, 14, 16.
Changement, 53.
Changement d'état civil, 55.
Circulaire, 3.
Colonies, 36.
Commandes particulières, 13, 14.
Comptabilité, 16.
Compte collectif, 15.
Congé, 4.
Contrôle, 16, 60.
Décision, 6, 21.
Déclaration, 55.
Démission, 40.
Département, 50.
Dépôt, 58.
Descente de grade, 41.
Détériorations, 12, 14.
Emolument personnel, 5.
Emploi non payé par l'Etat, 38.
Entretien, 11, 14.
Envoi, 56.
Epoque, 3, 45, 48, 56.
Etat des retenues, 16, 17, 55, 56.
Etat des soldes, 60.
Etat de traitement, 49.
Exception, 43.
Fonctionnaire, 19, 27.
Fonctions, 54.
Formalités, 9, 54.
Fourniture, 9, 61.
Fraction, 50.
Garde cantonnier, 22.
Garde communal, 6.
Inconduite, 24.
Indemnité, 18, 26.
Indication, 8, 49.
Intermédiaire, 52, 53, 54.
Livret, 57, 58.
Mandat, 2, 9, 11, 12, 13, 14, 15, 16.
Masse générale d'entretien, 14.

Mode, 4, 39.
Mois, 1.
Montant, 11, 17.
Munitions, 10.
Négligence, 24.
Nomenclature, 20.
Obligation, 29.
Paiement, 51.
Peine disciplinaire, 20.
Période, 11.
Pièces, 57.
Premier douzième, 33.
Première retenue, 11.
Préposés communaux, 23, 43.
Préposés domaniaux, 30.
Préposés mixtes, 31, 32, 33.
Principes, 1, 18, 43.
Quotité, 7, 8, 39, 44.
Réadmission, 40, 42.
Récépissé, 9.
Réduction de traitement, 28.
Remise, 37.
Renouvellement anticipé, 12.
Réparation d'armes, 10.
Répétition, 15.
Retraite, 27.
Révocation, 40.
Salaire, 37.
Services différents, 42.
Services étrangers, 37, 38, 39.
Situation, 17.
Supplément volontaire, 48.
Tarif, 7.
Taux, 8, 44.
Travaux, 61.
Trimestre, 45, 46.
Ventilation, 46.
Versement, 25, 52.

SECT. I. — COMPTABILITÉ. MANDAT.

1. *Mois. Principes.* — Les mois n'étant considérés que comme ayant trente jours, toutes les retenues doivent être basées sur cette règle. Le dernier jour des mois de trente-un jours ne sera pas compté pour les retenues, et le mois de février sera considéré comme ayant trente jours. (Circ. N 268.)

2. *Mandat.* — Les traitements ou allocations passibles de retenues, payés par le Trésor, sont portés *pour le brut* dans les ordonnances ou mandats, et il y est fait mention spéciale des retenues exercées pour pension. (Décr. du 9 novembre 1853, art. 5. Circ. N 81, art. 13.)

SECT. II. — CIRCULAIRE.

3. *Epoque. Abonnement.* — Les retenues pour abonnement aux circulaires seront faites sur le traitement du mois de décembre de chaque année (1 franc par an). (Circ. N 20. Circ. N 47.)

SECT. III. — CONGÉ.

4. *Mode.* — Les retenues pour congé se font sur le traitement, déduction faite de la retenue de 5 pour cent pour la retraite. (Circ. A 496.)

5. *Emolument personnel.* — En cas de congé ou absence, les retenues prescrites s'exercent sur les rétributions de toute nature constituant l'émolument personnel passible de la retenue de 5 pour cent. (Décr. du 9 novembre 1853. Règl. Min. du 26 décembre 1866, art. 65. Circ. N 104.)

6. *Garde communal. Décision.* — Les dispositions, en ce qui concerne les retenues pour congé à l'égard des gardes domaniaux, sont applicables aux gardes communaux, sauf que le préfet statue dans les cas réservés à l'administration. (Circ. N 21, art. 17.)

7. *Quotité. Tarif.* — Dans les congés de moins de trois mois, la retenue est de la moitié au moins et des deux tiers au plus du traitement. Après trois mois de congé, consécutifs ou non, dans la même année, l'intégralité du traitement est retenue. (Décr. du 9 novembre 1853. Règl. Min. 26 décembre 1866, art. 65. Circ. N 104.)

8. *Quotité. Taux. Indication.* — En envoyant la demande de congé, le conservateur doit s'expliquer sur le taux de la retenue. (Circ. N 91, art. 16.)

La quotité des retenues des congés doit être déterminée par le plus ou moins de mérite des services rendus par le postulant et par le plus ou moins de gravité des motifs du congé. On doit prendre en considération la position de fortune, le grade de l'agent, la fréquence des congés, le plus ou moins de sacrifices pécuniaires qu'entraînent ses fonctions et toutes les autres circonstances spéciales de nature à influer sur le taux de la retenue. (Circ. A 731.)

SECT. IV. — FOURNITURES DIVERSES. RÉPARATIONS.

9. *Mandat. Récépissé. Formalités.* — Lorsqu'il y a lieu de soumettre les préposés à des retenues pour remboursement d'avances faites par le Trésor (achat de fournitures diverses, réparations d'armes, etc.), leur traitement est mandaté et inscrit en dépense pour le montant brut. La quotité des retenues est ensuite portée en recettes au compte : *Produits divers du budget, reversement de fonds sur les dépenses des ministères.* Elle donne lieu, de la part du trésorier, à la délivrance d'un récépissé que le conservateur doit réclamer et adresser à l'administration. Au vu de ce récépissé, l'administration obtient la réintégration à ses crédits du montant des avances faites. (Circ. N 76. Circ. N 284.) V. Remboursement.

10. *Munitions. Réparations d'armes.* — Les conservateurs retiendront sur le traitement des préposés le prix des livraisons des munitions faites ou des réparations effectuées aux armes. (Circ. N 83. Circ. N 184.)

SECT. V. — HABILLEMENT.

11. *Entretien. Première retenue.* — Il est pourvu aux dépenses d'entretien de l'habillement au moyen de retenues opérées sur les traitements des préposés. Ces retenues, dont le chiffre est fixé à 15 francs pour la France, à 24 francs pour l'Algérie, ont lieu par douzième ou par quart, sur chaque mandat mensuel ou trimestriel. Elles sont exercées, pour la première fois, à partir du mois qui suit la délivrance du premier habillement. Pour les préposés passant d'Algérie en France, ou inversement, la retenue nouvelle sera effectuée à partir du premier mandat qui sera délivré dans le nouveau poste. (Arr. Min. 28 octobre 1875. Circ. N 189. Arr. Min.

25 octobre 1893, art. 9. Instr. Gén. 21 décembre 1893, art. 21 et 22. Circ. N 465.)

Les retenues de masse d'entretien des uniformes des préposés communaux seront prélevées par douzième. (Circ. N 475.)

12. *Détériorations. Renouvellement anticipé.* — Les effets renouvelés avant les époques fixées, par suite de détériorations dues à la négligence ou à l'incurie, donnent lieu à une retenue spéciale sur le traitement du préposé. Cette retenue est établie d'après la valeur de l'effet remplacé, pour le temps pendant lequel il aurait dû rester encore en service. Elle sera imputée sur le premier mandat qui suivra la délivrance. Si elle dépasse 10 francs, elle pourra être répartie sur quatre mandats successifs, au maximum. (Circ. N 189. Arr. Min. 25 octobre 1893, art. 8, § 2. Instr. Gén. 21 décembre 1893, art. 19 et 24. Circ. N 465.)

13. *Commandes particulières.* — La retenue pour les commandes particulières, égale au prix des effets, est imputée sur le premier mandat qui suit la délivrance. Si cette retenue dépasse 10 francs, elle peut être imputée sur quatre mandats successifs, au maximum. (Arr. Min. 25 octobre 1893, art. 10, § 2. Instr. Gén. 21 décembre 1893, art. 24. Circ. N 465.)

14. *Centralisation. Masse générale d'entretien.* — Les retenues opérées sur les traitements des préposés et faites aux trois titres différents (entretien, détériorations à la charge des préposés, commandes particulières) sont centralisées, par les soins des comptables du Trésor, à la caisse des dépôts et consignations, sous la rubrique : *Masse générale d'entretien pour l'uniforme des préposés forestiers.* (Arr. Min. 28 octobre 1875. Circ. N 189. Circ. N 237 et 237 *bis*. Arr. Min. 25 octobre 1893, art. 11, § 1. Instr. Gén. 21 décembre 1893, art. 25. Circ. N 465.)

15. *Compte collectif. Répétition.* — Les retenues faites sur les mandats de traitement des préposés constituent un compte collectif, commun à la France et à l'Algérie. Les fonds versés ne peuvent donner lieu à répétition de la part des intéressés. (Arr. Min. 25 octobre 1893, art. 11, §§ 2 et 3. Circ. N 465.)

16. *Comptabilité.* — Pour faciliter le contrôle et amener la centralisation des retenues, les conservateurs joignent à tout envoi de mandats transmis soit aux trésoriers-payeurs généraux, soit aux préfets, un état (série 11, n° 40) des retenues portées sur les mandats, dont ils gardent un extrait, en ce qui concerne les totaux des trois colonnes des retenues, avec mention de la date de l'envoi et de la nature communale ou domaniale des retenues. Ils veillent à ce que les différentes retenues soient faites exactement. (Instr. Gén. du 21 décembre 1893, art. 26. Circ. N 465.)

17. *Situation. Montant.* — Au 31 décembre de chaque année, les conservateurs font connaître, sur un état à la main (modèle B), par département, le montant des retenues opérées pendant l'année précédente. (Arr. Min. 28 octobre 1875. Circ. N 189. Arr. Min. 25 octobre 1893, art. 14. Instr. Gén. du 21 décembre 1893, art. 28. Circ. N 465.)

SECT. VI. — INDEMNITÉS.

18. *Principes.* — Sont affranchies de retenue, les indemnités fixes ou variables attachées à l'exercice de divers emplois, en raison soit des circonstances locales, soit de services spéciaux extraordinaires ou temporaires, et qui ne sont pas assimilées au traitement fixe, lors même qu'elles sont payables par imputation sur les crédits affectés au traitement.

Il en est de même des sommes payées à titre d'indemnité pour frais de représentation, de gratification éventuelle, de salaire de travail extraordinaire, d'indemnités pour mission extraordinaire, d'indemnités de perte, de frais de voyage, d'abonnement et d'allocation pour frais de bureau, de régie, de table, de loyer, de supplément de traitement colonial et de remboursement de dépenses qui ne sont pas sujettes à retenue. (Décr. du 9 novembre 1853, art. 21. Circ. N 80, art. 14. Règl. Min. 26 décembre 1866, art. 67. Circ. N 104.)

SECT. VII. — INTÉRIM.

19. *Fonctionnaire.* — Les retenues pour le service des pensions civiles ne sont exercées qu'autant que l'intérimaire fait partie d'une classe d'agents soumis au régime de ces retenues. (Règl. Min. 26 décembre 1866, art. 44. Circ. N 104.)

SECT. VIII. — PEINE DISCIPLINAIRE.

20. *Nomenclature.* — Les retenues comme peines disciplinaires se divisent, savoir :

1° Retenue de cinq jours au plus sur le traitement contre les préposés, prononcée par l'inspecteur, à charge d'en rendre compte au conservateur ;

2° Retenue de quinze jours au plus sur le traitement contre les préposés, prononcée par le conservateur, à charge d'en rendre compte à l'administration, et par le préfet pour les gardes communaux.

3° Retenue sur le traitement contre les préposés, pour plus de quinze jours, et contre les agents, prononcée par le directeur ou le ministre, et par le préfet pour les gardes communaux. (Circ. A 655. Circ. N 21, art. 17.)

21. *Décision. Absence.* — Les retenues pour congé outrepassé ou absence illégale sont prononcées par l'autorité à laquelle il appartient d'accorder le congé. (Circ. A 731.)

22. *Garde cantonnier. Absence.* — Pour tout cantonnier qui ne sera pas trouvé à son poste : la première fois, retenue de trois

jours de solde ; en cas de récidive dans le mois, retenue de six jours de traitement. (Instr. 13 août 1840. Livret des préposés, art. 55.)

23. *Préposés communaux. Avis au préfet.* — Le conservateur avise le préfet des mesures disciplinaires qu'il prend envers les préposés communaux, quand il s'agit de retenues de traitement. (Circ. N 21, art. 18.)

24. *Inconduite. Négligence.* — Une retenue, qui ne peut excéder deux mois de traitement, peut être infligée par mesure disciplinaire, pour inconduite, négligence ou manquement de service.

Cette retenue s'exerce sur l'intégralité de l'émolument personnel passible de la retenue de 5 pour cent. (Décr. du 9 novembre 1853. Régl. Min. du 26 décembre 1866, art. 66. Circ. N 104.)

25. *Versement.* — Les retenues par mesure disciplinaire profitent intégralement aux pensions civiles. Les dispositions de l'article 51 du règlement du 26 janvier 1846, paragraphe 1er, sont abrogées. (Lettre no 2670. Loi du 9 juin 1853, art. 3.)

26. *Indemnité.* — Les retenues de traitement par mesure disciplinaire n'entrainent jamais celles des indemnités d'aucune sorte. (Circ. N 279.)

SECT. IX. — RETRAITE.

§ 1. *Pensions civiles.*

27. *Retraite. Fonctionnaire.* — Les fonctionnaires et employés dépendant du ministère de l'agriculture qui sont rétribués directement par l'Etat supportent indistinctement, pour le service des pensions civiles et sans pouvoir, dans aucun cas, les répéter, les retenues ci-après, sur les sommes qui leur sont payées à titre de traitement fixe ou éventuel, de préciput, de supplément de traitement, de remises proportionnelles, de salaires, ou qui constituent pour eux, à tout autre titre, un émolument personnel, savoir :

1o Une retenue de 5 pour cent sur le montant brut du traitement ou autre rétribution personnelle ;

2o Une retenue du douzième du montant net du traitement ou de la rétribution, lors de la première nomination ou dans le cas de réintégration, et un autre douzième net de toute augmentation ultérieure ;

3o Les retenues prescrites pour cause de congé ou par mesure disciplinaire. (Loi du 9 juin 1853, art. 3. Circ. N 81, art. 6. Régl. Min. du 26 décembre 1866, art. 64. Circ. N 104.)

28. *Réduction de traitement.* — En cas de réduction de traitement, la retenue de 5 pour cent ne s'opère que sur le traitement réduit.

29. *Obligation.* — Les retenues pour le service des pensions civiles sont obligatoires, et nul ne peut prétendre au remboursement des sommes versées, sinon de celles versées irrégulièrement.

30. *Agents. Préposés domaniaux.* — Les employés, agents et préposés de l'administration des forêts directement rétribués par l'Etat sont soumis à des retenues pour le service des pensions civiles. (Loi du 9 juin 1853, art. 3.)

31. *Préposés mixtes. Préposés des forêts indivises ou grevées d'usage.* — Les gardes et brigadiers mixtes subissent les retenues supplémentaires sur l'intégralité de leur traitement, ainsi que les préposés des forêts indivises accensées ou grevées d'usage. La retenue sur le traitement communal se fait sur les états dressés par les conservateurs et transmis aux trésoriers-payeurs, par l'intermédiaire de la direction de la comptabilité. (Décis. Min. des 24 février 1836 et 19 août 1841. Circ. A 515. Décis. Min. du 30 janvier 1855. Circ. N 81, art. 8 et 9.)

32. *Préposés mixtes.* — La partie communale du traitement des gardes mixtes est soumise à la retenue pour les pensions civiles ; cette retenue se fait par trimestre. (Circ. A 742. Circ. N 21, art. 16. Circ. N 475.)

33. *Préposés mixtes. Premier douzième.* — Les préposés domaniaux devenus mixtes sont affranchis de la retenue du premier douzième sur la portion de leur traitement mise à la charge des communes. (Décis. Min. 10 août 1858. Circ. autogr. no 65 du 14 septembre 1858.)

34. *Admission.* — La retenue du premier douzième se fait, à partir de l'installation, sur le traitement du premier mois, sauf à reprendre sur le mois suivant, si cela est nécessaire. (Circ. A 496.)

35. *Admission. Avancement.* — La retenue du premier douzième, pour admission ou avancement, ne doit pas s'exercer par anticipation, mais seulement à partir du jour de l'installation, de la prestation du serment ou de la décision.

36. *Algérie. Colonies.* — Pour les fonctionnaires et employés envoyés d'Europe en Algérie ou dans les colonies, le traitement normal assujetti à la retenue est fixé, dans chaque grade, d'après le traitement de l'emploi correspondant ou de celui qui lui est assimilé en France. (Décr. du 9 novembre 1853, art. 22.)

37. *Service étranger. Salaire. Remise.* — Les fonctionnaires et employés qui, sans cesser d'appartenir au cadre permanent de leur administration et en conservant leurs droits à l'avancement hiérarchique, ainsi qu'à la pension, sont rétribués en tout ou en partie sur les fonds des compagnies

concessionnaires et même sur des remises et salaires payés par des particuliers, supportent les retenues pour pensions civiles sur l'intégralité de leurs rétributions. (Loi du 9 juin 1853, art. 4. Décr. du 9 novembre 1853, art. 13. Règl. Min. du 26 décembre 1866, art. 64. Circ. N 104.)

38. *Employés non payés par l'Etat.* — Les employés qui sont payés, en tout ou en partie, sur des fonds autres que ceux de l'Etat et qui appartiennent toujours à l'administration subissent la retenue de la manière suivante :

S'ils résident en France ou en Algérie, ils doivent effectuer le versement des retenues par trimestre, dans les premiers jours qui suivent le trimestre échu, à une caisse de l'Etat, et transmettre à l'administration la déclaration de ce versement. S'ils résident à l'étranger, ils doivent faire leur versement à une caisse désignée par l'administration ; dans ce cas, ils ne font qu'un versement annuel, dont ils adressent le certificat à l'administration. (Loi du 9 juin 1853, art. 4. Décr. du 9 novembre 1853, art. 13. Circ. N 81, art. 7.)

39. *Traitement étranger. Mode. Quotité.* — La retenue doit porter sur l'intégralité du traitement ; elle est exercée au vu des états nominatifs transmis comme titres de perception par le ministre compétent aux trésoriers-payeurs dans le ressort desquels se font les versements. (Loi du 9 juin 1853, art. 4. Décr. du 9 novembre 1853, art. 13. Circ. N 81, art. 7.)

40. *Démission. Révocation. Réadmission.* — Le fonctionnaire démissionnaire, révoqué ou destitué, réadmis à un emploi sujet à retenue, subit de nouveau la retenue du premier mois de traitement et celle du premier douzième des augmentations ultérieures. (Décr. du 9 novembre 1853, art. 25. Circ. N 81, art. 10. Règl. Min. du 26 décembre 1866, art. 64. Circ. N 104.)

41. *Descente de grade.* — L'employé qui, par mesure disciplinaire ou mutation d'emploi volontaire, est descendu à un traitement inférieur subit la retenue du premier douzième des augmentations ultérieures. (Décr. du 9 novembre 1853, art. 25. Circ. N 81, art. 12. Règl. Min. du 26 décembre 1866, art. 64. Circ. N 104.)

42. *Services différents. Réadmission.* — Le fonctionnaire qui, après avoir exercé un emploi assujetti à retenue et donnant droit à pension, a été nommé à un emploi non assujetti à la retenue et ne donnant pas droit à pension et qui revient ensuite à une fonction assujettie à la retenue et donnant droit à pension, subit la retenue du premier mois et du premier douzième des augmentations ultérieures. (Décis. Min. du 28 mars 1859. Circ. N 81, art. 11.)

§ 2. *Caisse nationale des retraites pour la vieillesse.*

43. *Préposé communal. Principes. Exception.* — Il est fait, sur le traitement des préposés des bois communaux et d'établissements publics soumis au régime forestier, des retenues pour la caisse nationale des retraites pour la vieillesse.

Sont exceptés de cette disposition :

Les préposés mixtes ;

Les préposés auxquels les communes et les établissements publics propriétaires assurent une pension de retraite ;

Les préposés dont le traitement est inférieur à 300 francs ;

Les préposés qui, au 1er janvier 1860, avaient dépassé l'âge de quarante-cinq ans.

Cependant, les préposés de ces deux dernières catégories peuvent se soumettre volontairement auxdites retenues. (Circ. N 4, art. 1.)

44. *Quotité. Taux.* — Les retenues à effectuer sont les suivantes :

1° Une somme annuelle :

De 20 francs	pour les traitements	de 300 à 499 fr.
De 30 —	—	de 500 à 599
De 40 —	—	de 600 et au-d.

2° Lors de l'entrée en fonctions des préposés nouvellement nommés, une somme :

De 20 francs	pour les traitements	de 300 à 499 fr.
De 30 —	—	de 500 à 599
De 40 —	—	de 600 et au-d.

3° Lors d'une augmentation de traitement par avancement, une somme :

De 10 fr.	pour une augmentation	de 50 à 100 fr.
De 20 —	—	de 100 et au-d.

Le livret est délivré gratuitement. (Décr. du 28 décembre 1886.)

Il est loisible aux préposés d'augmenter le taux des retenues ci-dessus déterminées. (Circ. N 4, art. 2.)

45. *Époque. Trimestre.* — Les retenues annuelles sont opérées par moitié sur le montant des mandats délivrés aux préposés forestiers communaux et des établissements publics, pour le deuxième et le quatrième trimestre de chaque année. (Circ. N 23, art. 1. Circ. N 475.)

46. *Ventilation. Trimestre.* — Les retenues annuelles de 30 francs sont opérées, savoir : 16 francs sur le montant du mandat du deuxième trimestre, et 14 francs sur le mandat du quatrième trimestre. (Circ. N 23, art. 2.)

47. *Avancement. Augmentation.* — Les retenues auxquelles donnent lieu les nominations nouvelles ou les augmentations de traitement sont opérées intégralement sur les mandats délivrés pour le deuxième ou le quatrième trimestre, suivant l'époque de la nomination ou de l'augmentation. (Circ. N 4, art. 3. Circ. N 23, art. 1.)

48. *Suppléments volontaires. Époque.* — Les retenues ou suppléments de retenues volontaires s'opèrent aux époques fixées pour les retenues réglementaires. (Circ. N 4, art. 4.)

49. *Indication. État de traitement.* — Le montant des retenues réglementaires ou volontaires est indiqué, par les soins des inspecteurs des forêts, sur les états de traitement et sur les mandats de paiement. (Circ. N 4, art. 5.)

50. *Fractions. Département.* — Lorsque le traitement d'un préposé se compose de plusieurs fractions payées dans divers départements, les retenues à exercer sur la totalité de ce traitement sont effectuées dans le département où se trouve la résidence du préposé. (Circ. N 4, art. 6.)

51. *Caisse. Paiement.* — Les retenues sont opérées par les trésoriers-payeurs généraux, qui sont, aux termes de l'arrêté ministériel du 28 janvier 1863, chargés de payer les traitements des préposés forestiers des communes et des établissements publics. (Circ. N 4, art. 7.)

52. *Versement. Intermédiaire.* — Le montant des retenues réalisées est versé à la caisse nationale des retraites pour la vieillesse, à la diligence d'un intermédiaire nommé par le conservateur pour chaque département. (Circ. N 4, art. 8.)

53. *Intermédiaire. Agent. Changement.* — Le conservateur avise le trésorier-payeur général du choix qu'il a fait, ainsi que des changements qui surviennent dans ses désignations.

Il ne peut confier les fonctions d'intermédiaire qu'à un agent forestier. (Circ. N 4, art. 9.)

54. *Intermédiaire. Fonctions. Formalités.* — L'intermédiaire est simplement chargé de remplir les formalités nécessaires pour assurer le versement du montant des retenues au profit des ayants droit.

Ces formalités consistent dans la production de déclarations de versement et d'un bordereau des sommes à verser au nom de chacun des préposés. (Form. série 13, n°s 4, 5, 6, 7 et 8. Circ. N 4, art. 10.)

55. *État des retenues. Déclaration. Changement d'état civil.* — Les inspecteurs des forêts dressent, chacun pour sa circonscription, un état des retenues à opérer au profit de la caisse nationale des retraites pour la vieillesse.

Ils préparent également les déclarations de versement mentionnées à l'article ci-dessus et transmettent le tout, avec les pièces à l'appui, au conservateur.

Ils lui donnent, en outre, avis, au fur et à mesure qu'ils se produisent, des changements survenus dans l'état civil des préposés communaux soumis aux retenues. (Circ. N 4, art. 11.)

56. *Etat des retenues. Envoi. Epoque.* — Dans les dix premiers jours des mois de janvier et juillet, le conservateur adresse les états de retenues au trésorier-payeur général, qui les lui renvoie le plus tôt possible, après y avoir indiqué, dans les colonnes à ce destinées, le montant des retenues réalisées et de celles qui ne le sont pas encore.

Le conservateur transmet immédiatement ces états aux intermédiaires, à qui il adresse de même, dès qu'ils lui parviennent, les avis de changement et les déclarations de versement que les inspecteurs doivent lui faire parvenir. (Circ. N 4, art. 12. Circ. N 23, art. 3.)

57. *Bordereau. Pièces. Livrets.* — Aussitôt qu'il a reçu les états de retenue dûment annotés et les déclarations de versement, l'intermédiaire prépare, en double expédition, un bordereau de versement dont il remet une expédition au trésorier-payeur général, avec les pièces à l'appui et les livrets. (Circ. N 4, art. 13.)

58. *Livret. Dépôt.* — L'intermédiaire reste dépositaire des livrets. (Circ. N 4, art. 16.)

59. *Carnet de versement.* — L'intermédiaire tient un carnet de versement (Form. série 13, n° 3), sur lequel il inscrit successivement les retenues effectuées sur le traitement de chaque garde, les versements opérés pour le compte du même garde, ainsi que la rente correspondante. (Circ. N 4, art. 17.)

60. *Etat des soldes. Contrôle.* — Un état des soldes existant sur le carnet de versement est remis, chaque année, dans la première quinzaine de janvier, au trésorier-payeur général, pour servir de contrôle a ses écritures. (Circ. N 4, art. 18.) V. Caisse nationale des retraites pour la vieillesse.

SECT. X. — TRAVAUX.

61. *Travaux. Fournitures.* — Les retenues à exercer envers les entrepreneurs, fournisseurs, comptables ou autres créanciers, pour cause de perte, moins-value ou débet, ainsi que pour retard dans l'exécution des travaux ou dans la livraison des fournitures, peuvent être opérées par voie d'imputation à leur débit ; mais des ordonnances simultanées de pareilles sommes sont alors délivrées au profit du Trésor. (Règl. Min. du 26 décembre 1866, art. 70. Circ. N 104.)

RETOUCHES. (HABILLEMENT.)

1. *Habillement. Notes des tailleurs.* — Les effets d'habillement qui nécessitent des retouches susceptibles d'être opérées sur place sont reçus à rectification. Il suffit ensuite de l'acceptation du président, pour en constater la réception définitive. Le président

est autorisé à viser, pour exécution seulement, les notes des retouches exécutées par les tailleurs. (Instr. Gén. du 21 décembre 1893, art. 43. Circ. N 465.)

2. *Tailleurs retoucheurs.* — L'adjudicataire des effets d'habillement destinés aux préposés forestiers est représenté, près de chaque commission locale, en province, par des tailleurs retoucheurs, qui doivent assister aux séances de réception des effets confectionnés et faire, dans le délai de cinq jours, les retouches légères que la commission locale juge nécessaires, lors de l'essayage. (Cah. des ch. 18. Instr. Gén. du 21 décembre 1893, art. 35. Circ. N 465.)

RÉTRACTATION.

Témoignage. — La rétractation d'un faux témoignage résulte de ce que, dans une déposition ultérieure, le témoin n'a pas reproduit l'assertion incriminée comme fausse. Tant que les débats ne sont pas clos, le faux témoignage peut être rétracté. (Chambéry, 9 mars 1872.)

RETRAITE.

Activité, 4.
Admission, 3.
Age, 8.
Caisse, 2.
Caisse nationale de la vieillesse, 15.
Certificat, 5, 15.
Dévouement, 6.
Droit, 1.
Epoque, 8, 11.
Etat, 10, 13.
Fonctionnaire, 1.
Garde communal, 15.
Intérêt public, 6.
Maintien, 4.
Minimum, 6.
Nice (ancien comté de), 7.
Numéro d'ordre, 14.
Principe, 1.
Proposition, 10, 11.
Proposition supplémentaire, 14.
Rapport, 12.
Savoie, 7.
Service civil, 7, 8.
Service militaire, 9.
Timbre, 5.
Traitement, 8.
Urgence, 13.

V. Caisse nationale des retraites pour la vieillesse. Pension de retraite. Retenue.

1. *Fonctionnaire. Droit. Principe.* — Les fonctionnaires et employés directement rétribués par l'Etat et nommés à partir du 1er janvier 1854 auront droit à une pension de retraite. Il en est de même des fonctionnaires et employés qui, sans cesser d'appartenir aux cadres d'une administration, sont rétribués en tout ou en partie sur des fonds étrangers à l'Etat. (Loi du 9 juin 1853.)

Les pensions auxquelles ont droit, en vertu et dans les conditions de la loi du 9 juin 1853, les inspecteurs adjoints, gardes généraux, gardes généraux stagiaires, brigadiers et gardes des forêts soumis aux prescriptions des décrets des 22 septembre 1882 et 18 novembre 1890 sur l'organisation des chasseurs forestiers, sont liquidées en prenant pour base les tarifs applicables à la gendarmerie et les grades correspondants, conformément aux assimilations établies par les décrets précités. (Loi du 4 mai 1892.)

2. *Caisse.* — Les caisses de retraite des différents ministères sont supprimées, et leur actif est acquis à l'Etat. (Loi du 9 juin 1853, art. 1er.)

3. *Admission.* — L'admission du fonctionnaire à faire valoir ses droits à la retraite est prononcée par l'autorité qui, aux termes des règlements, a qualité pour prononcer sa révocation. L'acte d'admission spécifie les circonstances qui donnent ouverture au droit à la pension et indique les articles de loi applicables. (Décr. du 9 novembre 1853, art. 29.)

4. *Activité. Maintien.* — Le fonctionnaire admis à faire valoir ses droits à la retraite peut être maintenu momentanément en activité, lorsque l'intérêt du service l'exige. (Règl. Min. du 26 décembre 1866, art. 45. Circ. N 104.)

5. *Certificat. Services. Timbre.* — Les certificats constatant les services admissibles pour la retraite sont exempts de timbre et d'enregistrement, comme actes d'administration. (Loi du 15 mai 1818, art. 80.)

6. *Dévouement. Intérêt public. Minimum.* — Quels que soient l'âge et le nombre des années de service, les employés mis hors de service par suite d'un acte de dévouement dans un intérêt public, ou en exposant leurs jours pour sauver la vie d'un de leurs concitoyens, peuvent obtenir leur pension de retraite. (Loi du 9 juin 1853, art. 11. Circ. N 81, art. 27.)

Dans ce cas, la pension des agents et préposés soumis aux prescriptions des décrets sur l'organisation des chasseurs forestiers ne pourra être inférieure au minimum attribué, pour vingt-cinq ans de service, au grade correspondant par la loi militaire. (Loi du 4 mai 1892. Circ. N 450.)

7. *Savoie. Ancien comté de Nice. Services civils.* — Les services civils rendus au gouvernement sarde, avant l'annexion, par les fonctionnaires et employés de l'ordre civil qui sont devenus sujets français par l'annexion et qui sont passés au service de la France, sont comptés et liquidés pour la retraite, suivant la loi française et à l'égal des services rendus à la France. (Décr. du 21 novembre 1860.)

8. *Services civils. Époque. Age. Traitement.* — Les services civils admissibles pour la retraite ne peuvent être comptés qu'à partir de l'âge de vingt ans et seulement à partir du premier traitement d'activité. (Conseil d'Etat, 30 septembre 1844. Loi du 9 juin 1853, art. 23.)

9. *Services militaires.* — Les services militaires s'adjoignant à douze ans de service dans la partie sédentaire ou à dix ans dans la partie active sont admissibles pour compléter la période de vingt ans dans la partie sédentaire ou de quinze ans dans la partie active, exigée pour constituer le droit à pension à titre exceptionnel, pour cause

d'infirmité grave résultant de l'exercice de ses fonctions. (Lettre du ministre des finances au président de la section des finances du conseil d'Etat, en date du 8 mai 1856. Avis conforme du conseil d'Etat, 30 juillet 1856.)

10. *Proposition. État.* — On doit envoyer, en même temps que les notes signalétiques, l'état des agents et préposés de tout grade qui paraissent devoir être mis à la retraite. (Circ. autogr. nº 52 du 1er décembre 1853. Lettre du 30 décembre 1861.)

11. *Proposition. Époque.* — Les conservateurs adresseront chaque année à l'administration, dans la première quinzaine du mois d'octobre, des propositions d'admission à la retraite pour l'année suivante. (Circ. N 31, art. 1.)

12. *Rapport.* — Les propositions d'admission à la retraite feront l'objet d'un rapport spécial, pour chaque agent ou préposé. (Circ. N 31, art. 2.)

13. *État. Urgence.* — Les propositions d'admission à la retraite seront accompagnées d'un état (série 1, nº 20), où elles figureront par ordre de numéro d'urgence.

Des états distincts seront fournis pour les agents, d'une part, et pour les préposés, de l'autre. (Circ. N 31, art. 3.)

14. *Proposition. Numéro d'ordre.* — Lorsque, par suite de circonstances fortuites, ils auront, pendant le cours de l'année, à produire de nouvelles propositions, les conservateurs indiqueront sous quel numéro d'ordre *bis* elles doivent être intercalées, dans les états ci-dessus mentionnés. (Circ. autogr. nº 100 du 28 novembre 1864. Circ. N 31, art. 4.)

15. *Gardes communaux. Caisse nationale de la vieillesse. Certificat.* — Lorsqu'un préposé communal ou d'établissement public a atteint l'époque de l'entrée en jouissance de la pension de retraite, son livret est adressé, par les soins de l'intermédiaire, avec un certificat de vie, au directeur général de la caisse des dépôts et consignations, par l'entremise du trésorier-payeur général ou du receveur des finances. L'extrait d'inscription de la rente liquidée définitivement est ensuite transmis au titulaire, par les soins du trésorier-payeur général ou du receveur des finances et de l'intermédiaire. (Circ. N 4, art. 21.)

RÉTRIBUTION. V. Rémunération.

RÉTROACTIVITÉ. V. Effet rétroactif.

RÉTROCESSION.

1. *Terrains. Travaux.* — Lorsque des terrains ont été expropriés pour cause d'utilité publique et que les travaux ne sont pas exécutés ou que les terrains expropriés n'ont pas été compris en totalité dans ces travaux, le propriétaire exproprié a le droit de demander à rentrer dans sa propriété et le prix des terrains est fixé par le jury, sans que ce prix puisse excéder la somme moyennant laquelle les terrains ont été acquis. (Cabantous.)

2. *Travaux. Utilité publique. Changement. Remise. Formalités.* — Si les terrains acquis pour des travaux d'utilité publique ne reçoivent pas cette destination, les anciens propriétaires ou leurs ayants droit peuvent en demander la remise. Le prix en est fixé à l'amiable ou, en en cas de désaccord, par le jury; il ne peut excéder la somme moyennant laquelle les terrains ont été acquis.

Un avis publié, affiché et inséré dans les journaux, fait connaître les terrains à rétrocéder. Dans les trois mois de cette publication, les anciens propriétaires qui veulent réacquérir la propriété desdits terrains sont tenus de le déclarer, et, dans le mois de la fixation du prix, soit amiable, soit judiciaire, ils doivent passer le contrat de rachat et payer le prix, le tout à peine de déchéance.

S'il s'agit de terrains domaniaux, le conservateur adresse les propositions de rachat à l'administration, et au préfet, s'il s'agit de terrains communaux ou d'établissements publics. (Loi, 3 mai 1841, art. 60. Circ. N 59, art. 24.)

3. *Terrains expropriés.* — Quand des terrains expropriés n'ont pas été employés aux travaux d'utilité publique qui avaient motivé l'expropriation, les expropriés peuvent en réclamer la rétrocession, mais il faut que la désaffectation résulte d'un décret exprès de l'autorité publique ou de circonstances de fait décisives et impliquant l'abandon du projet originaire. (Paris, 8 déc. 1893.)

Voici les règles à suivre dans ce cas :

L'article 60 de la loi de 1841 est applicable, soit que l'ensemble du terrain n'ait pas été employé, soit qu'une portion seulement de ce terrain ait reçu l'affectation convenue. (Cass. 2 mars 1868.) Peu importe le temps qui s'est écoulé depuis le décret d'expropriation. Seulement, d'après la jurisprudence, il faut que la désaffectation soit certaine et résulte soit d'un acte administratif, soit des circonstances de fait.

La rétrocession, enfin, peut être exigée toutes les fois que le terrain n'est pas employé au travail auquel il était destiné, tout en étant utilisé pour un autre travail d'utilité publique. (Cons. d'Etat, 6 mars 1872.)

RÉUNION.

1. *Armée.* — Toute réunion d'individus pour un délit est réputée armée, lorsque plus de deux personnes portent des armes ostensibles. (Cod. Pén. 214.) V. Rassemblement.

2. *Rebelles. Pénalités.* — Seront punies comme réunions de rebelles, celles qui auront été formées, avec ou sans armes et accompagnées de violences ou de menaces contre l'autorité administrative, par les ouvriers ou journaliers dans les ateliers publics et par les prisonniers prévenus. (Cod. Pén. 219.) V. Rébellion.

RÉUNION (ILE DE LA).

Chasse. — La police de la chasse à l'Ile de la Réunion a fait l'objet d'un décret en date du 22 octobre 1889.

Ce décret reproduit les dispositions de la loi du 3 mai 1844. Quelques modifications de détail, commandées par la situation spéciale de la Réunion, ont seules été apportées à la législation métropolitaine. (Rép. For. t. XVI, p. 17.)

RÉVÉLATION.

Législation. — Ne sont plus autorisées :

1° Les révélations de biens et ventes provenant du domaine de l'Etat ou des anciens établissements ecclésiastiques ;

2° Les allocations accordées, à titre de récompenses, aux révélateurs, par l'article 3 de l'ordonnance du 21 août 1816. (Décr. du 27 juillet 1864.)

Il ne sera pas donné suite aux demandes de revendication sur lesquelles il n'a pas été statué par des jugements définitifs. (Décis. Min. des finances du 28 juillet 1864.)

REVENDICATION.

1. *Principe. Action.* — L'action en revendication n'existe que s'il y a réclamation d'une portion de terrain déterminée et elle est alors de la compétence des tribunaux civils. Mais lorsque, en cas d'incertitude de limite, un voisin demande qu'il soit procédé à la recherche des limites respectives de deux propriétés, il n'y a là qu'une action en bornage de la compétence du juge de paix. (Trib. de la Seine, 8 décembre 1892.)

2. *Bois communal. Action.* — Lorsque des particuliers revendiquent la propriété de bois communaux et que la commune, reconnaissant l'action fondée, ne veut pas se défendre, le préfet doit, si l'action en revendication lui paraît douteuse, chercher un habitant de la commune pour le décider à en défendre les intérêts et, en cas d'insuccès, adresser un mémoire au ministère public, en vertu de l'article 83 du code de procédure civile, pour que les intérêts de la commune soient défendus. (Lettre du ministre de l'intérieur, 10 octobre 1842.)

3. *Délimitation.* — Lorsqu'une commune revendique la propriété de terrains compris dans la délimitation d'une forêt domaniale, le conseil de préfecture est incompétent pour prononcer sur cette difficulté, qui est du ressort des tribunaux. (Cons. d'Etat 16 mai 1837.)

4. *Bornage.* — L'action tendant à ce qu'il soit procédé par experts, à l'aide de titres, de signes matériels et de tous autres documents, à la recherche et à la fixation des limites respectives des propriétés, constitue une action en bornage et non une action en revendication. L'action en revendication, au contraire, doit avoir pour objet une portion d'immeuble certaine et déterminée, et, si elle peut naître des opérations de bornage, ce n'est qu'au cas où, à la suite de ces opérations, la propriété est contestée.

Particulièrement, si l'action en bornage formée par un voisin qui se plaint d'anticipations commises à son préjudice tend, en définitive à obtenir des restitutions de terrain, elle ne perd pas pour cela son caractère propre et ne dégénère pas en action en revendication. (Trib. de la Seine, 8 déc. 1892.)

5. *Dunes.* — Les prétentions élevées par des communes ou des particuliers à la propriété des dunes ou lettes ensemencées et boisées aux frais de l'Etat ne peuvent être reconnues fondées que lorsqu'elles reposent soit sur des titres d'acquisition, soit sur une possession réunissant les conditions exigées par la loi pour fonder la prescription. (Décis. Min. 6 février et 13 mai 1856.)

6. *Fruits.* — Dans une demande en revendication d'une forêt, la réclamation spéciale relative à la restitution du prix des coupes vendues est un accessoire de la demande principale, et son effet doit remonter au jour de la demande en revendication, sans qu'il soit nécessaire de présenter des conclusions spéciales pour les fruits perçus. (Cons. d'Etat, 24 juillet 1862.)

7. *Principe. Marchandise.* — Pourront être revendiquées, les marchandises expédiées au failli, tant que la tradition n'en aura point été effectuée dans ses magasins. (Cod. Com. 576.) V. Attribution. Faillite. Parterre. Rétention.

REVENU.

1. *Revenu net.* — Le revenu net des terres est ce qui reste au propriétaire, déduction faite, sur le produit brut, des frais de culture, semence, récolte et entretien. (Loi du 3 frimaire an VII, art. 3.)

2. *Revenu imposable moyen.* — Le revenu imposable est le revenu net moyen, calculé sur un nombre d'années déterminé. (Loi du 3 frimaire an VII, art. 4.)

3. *Evaluation.* — Dans l'évaluation du revenu imposable d'une forêt, on doit tenir compte du revenu annuel que rapporte la coupe des baliveaux et des vieilles écorces. (Cons. d'Etat, 4 juillet 1837.)

4. *Revenu imposable. Calcul.* — Pour calculer le revenu imposable des forêts domaniales, il faut prendre le terme moyen du produit des ventes faites dans chaque forêt, au profit de l'Etat, pendant les dix dernières années, et en distraire les frais de garde et de régie. On doit le comparer avec celui des bois communaux ou particuliers voisins, soit dans la même commune, soit dans les communes environnantes.

On doit aussi avoir égard aux droits d'usage et aux affectations dont sont grevées les forêts, pour ne comprendre, dans les évaluations, que la seule partie productive de revenus pour l'Etat.

Les agents forestiers pourraient être appelés à coopérer avec les répartiteurs pour ces évaluations. (Circ. A 379 bis.)

5. *Évaluation. Coupes. Prix.* — L'évaluation du revenu des bois mis en coupes réglées sera faite d'après le prix moyen de leurs coupes annuelles, déduction faite des frais d'entretien, de garde et de repeuplement. L'évaluation des bois taillis, qui ne sont pas en coupes réglées, sera faite d'après leur comparaison avec les autres bois de la commune ou du canton. (Loi du 3 frimaire an VII, art. 67, 68.)

6. *Bois. Estimation. Age.* — Les bois âgés de trente ans au plus et non aménagés en coupes réglées seront estimés à leur valeur au temps de l'estimation et cotisés, jusqu'à leur exploitation, comme s'ils produisaient un revenu égal à 2.50 pour cent de cette valeur. (Loi du 3 frimaire an VII, art. 70.)

REVERSEMENT.

Travaux en régie. — Il y a lieu à reversement, lorsqu'un mandat (travaux par économie) n'a pu être employé en totalité. Le récépissé délivré par le comptable est joint à l'état de journées, comme justification de la dépense et du mandat. Les reversements ont lieu à la caisse centrale du Trésor public, à Paris, ou aux caisses des receveurs des finances, dans les départements; ils sont effectués à la diligence des liquidateurs ou ordonnateurs des dépenses. (Règl. Min. du 26 décembre 1866, art. 141. Circ. N 104.)

REVEUX.

Délivrance. — Les conservateurs autorisent la délivrance des reveux. Brins de charme, dimensions : circonférence, $0^m,20$; longueur, $2^m,33$; prix, 0 fr. 40 la pièce. (Décis. Min. du 13 mai 1841. Ord. 4 décembre 1844. Circ. A 568.)

REVISION.

1. *Droit. Action.* — Le droit de revision appartiendra :

1° Au ministre de la justice ;

2° Au condamné ;

3° A ses héritiers.

L'action devra être intentée dans le délai de deux ans, à partir de la seconde condamnation inconciliable, ou de celle du faux témoin. (Instr. Crim. 444.)

2. *Instance correctionnelle. Demande.* — La révision en matière correctionnelle pourra être demandée :

1° Lorsqu'après une condamnation pour un crime ou un délit, il interviendra une nouvelle condamnation pour les mêmes faits contre un autre prévenu et que, les deux condamnations ne pouvant se concilier, leur contradiction sera la preuve de l'innocence de l'un ou de l'autre des condamnés ;

2° Lorsqu'un des témoins entendus aura été, postérieurement à la condamnation, poursuivi et condamné pour faux témoignage contre le prévenu. (Instr. Crim. 443.)

3. *Peine correctionnelle.* — En matière correctionnelle, la revision ne pourra avoir lieu que pour une condamnation à l'emprisonnement ou pour celle emportant interdiction totale ou partielle des droits civiques, civils et de famille. (Instr. Crim. 444.)

4. *Conseil d'État. Condition.* — Le recours en revision devant le conseil d'Etat ne peut se faire que si la décision a été rendue sur pièces fausses, si la partie a été condamnée faute de représenter une pièce décisive retenue par l'adversaire ou si les formalités d'une bonne justice et dont le procès-verbal doit faire mention n'ont pas été observées. Le recours doit être formé dans le délai de deux mois à dater du jour de la découverte du faux ou de la notification de la décision. (Cabantous.)

RÉVOCATION.

Décision. — Retrait des pouvoirs d'un fonctionnaire ou employé. La révocation est prononcée par le ministre, après délibération du conseil d'administration pour les employés à sa nomination. (Circ. A 655.) V. Destitution. Peine disciplinaire.

RÉVOLUTION.

1. *Définition.* — Nombre d'années pendant lesquelles s'effectue l'exploitation complète d'une forêt.

La fixation de la révolution d'un terrain boisé équivaut à son aménagement, parce qu'on a alors le moyen de déterminer sa possibilité et d'établir un véritable règlement de coupes.

2. *Futaie.* -- La révolution pour les futaies de hêtres et chênes doit être reculée au moins jusqu'à cent vingt ans. (Circ. A 163.)

3. *Taillis.* — La révolution pour les taillis est de vingt-cinq ans au moins, excepté pour les bois peuplés en châtaignier et bois blancs. (Ord. 69. Circ. A 163.)

REVOLVER.

1. *Agents.* — Des revolvers sont délivrés à tous les agents forestiers, au prix de 50 francs. Adresser, avec la demande, un récépissé à souche et une déclaration de versement au trésorier-payeur général. Les demandes sont transmises, pour le 1er octobre de chaque année, au général commandant le corps d'armée. (Circ. N 255.)

2. *Chasseurs forestiers. Officiers.* — Il est délivré, à leurs frais, des revolvers aux officiers de chasseurs forestiers et au prix de 50 francs. (Lettre du ministre de la guerre du 15 juillet 1879.)

3. *Chasseurs forestiers. Sergents-majors.* — Les sergents-majors des compagnies de chasseurs forestiers sont armés d'un revolver. (Décis. Min. du 8 mai 1878. Circ. N 227.)

4. *Versement. Prix. Récépissé.* — Les agents peuvent verser le prix des revolvers dont ils font la demande chez les percepteurs, et les receveurs des finances doivent, en recevant ces sommes, transmettre immédiatement au conservateur le récépissé délivré et la déclaration de versement. (Circ. N 263.)

5. *Préposés.* — Les préposés forestiers, excepté les préposés sédentaires, sont armés de revolvers qui ont été délivrés par l'autorité militaire, à titre de prêt, et qui sont destinés à compléter l'armement des chasseurs forestiers. (Lettres des 18 juin et 31 octobre 1884, 20 mars 1889 et 10 janvier 1894.)

REVUE.

1. *Conservateur.* — Les conservateurs, dans leurs tournées, passent en revue les préposés et examinent leur équipement, habillement et armement. (Circ. N 18, art. 8.)

2. *Inspecteur. Époque.* — Les inspecteurs passent deux revues d'habillement et d'armement par an : la première, du 1er mars au 30 avril, et la deuxième, du 1er septembre au 31 octobre. (Décis. Min. du 12 février 1845. Circ. A 569.)

Ils rendent compte par un rapport spécial du résultat de ces revues, qui ont lieu par brigade. (Circ. A 590.)

REZ-TERRE.

Exploitation. — Les arbres doivent être coupés à la cognée et le plus près de terre que faire se pourra ; les racines doivent rester entières. (Cah. des ch. 20.) V. Exploitation.

RIÈZE.

Définition. — Synonyme de prés-bois. On appelle rièzes des terrains qui, par suite de l'abroutissement des bois bordant les pâturages et les prés, sont devenus ce que l'on appelle prés-bois : mi-partie bois, mi-partie pâturage. V. Prés-bois.

RIGOLE. V. Canal. Fossé.

RIVAGE.

1. *Domaine public.* — Les rivages, lais et relais de la mer sont considérés comme des dépendances du domaine public. (Cod. Civ. 538.)

2. *Condition. Prohibition.* — Est considéré comme rivage de la mer, tout ce qu'elle couvre pendant les nouvelles et pleines lunes et jusqu'où peut aller le grand flot de marée. Il est défendu d'y bâtir et planter des pieux et gêner la navigation, à peine d'une amende arbitraire. (Ord. 1681, livre IV, titre VII, art. 1 et 2.)

3. *Méditerranée.* — Dans la Méditerranée, le rivage de la mer comprend tous les terrains habituellement couverts par le plus grand flot d'hiver. En conséquence, un décret portant délimitation de ce rivage a pu comprendre dans le domaine public tous les terrains remplissant cette condition, sans qu'il y ait lieu de distinguer si ces terrains étaient cultivés ou non ; de même, pour des étangs salés.

Ce décret ne fait, du reste, pas obstacle à ce que les intéressés fassent valoir, devant l'autorité compétente, les droits qui leur auraient été conférés sur le domaine public antérieurement à 1566. (Cons. d'Etat, 27 juin 1884.)

RIVERAIN.

1. *Délimitation. Assistance.* — Le riverain assiste aux opérations de délimitation ou s'y fait représenter par un fondé de pouvoir, muni d'une procuration authentique ou sous-seing privé, légalisée et enregistrée. Cet acte est relaté et annexé au procès-verbal.

2. *Délimitation. Indication.* — Lorsqu'un riverain n'a pas pu se présenter lors du passage de l'expert et qu'il demande qu'il lui soit rendu compte de l'opération, l'expert ne peut refuser de satisfaire à cette demande.

3. *État. Frais.* — Lorsque l'Etat intervient comme riverain pour une délimitation ou un bornage d'un bois communal ou d'établissement public, l'extrait de l'état de répartition visé par le préfet est envoyé à l'administration, qui autorise le paiement des frais au profit de la commune ou de l'établissement public intéressé. (Circ. N 64, art. 199.)

RIVIÈRE. V. Cours d'eau.

ROCHE. V. Carrière. Extraction. Pierre.

ROLE D'ÉCRITURE.

1. *Définition. Instance correctionnelle.* — On entend par rôle les deux pages d'écriture (verso et recto) d'une feuille simple de papier. Les rôles sont de trente lignes à la page et de dix-huit à vingt syllabes à la ligne, pour la copie des exploits. (Décr. du 18 juin 1811.) V. Copie. Expédition. Exploit. Frais. Taxe.

2. *Partie.* — D'après l'usage, tout rôle commencé compte pour un rôle entier.

3. — *Affaires civiles.* — Pour la copie des exploits, les rôles ne peuvent contenir :

Sur petit papier, plus de trente lignes à la page et trente syllabes à la ligne ;

Sur moyen papier, trente-cinq lignes à la page et trente-cinq syllabes à la ligne ;

Sur grand papier, quarante lignes à la page et quarante syllabes à la ligne. (Décr. du 30 juillet 1862.)

4. *Délimitation.* — Les copies des procès-verbaux de délimitation sont réglées à 0 fr. 75 par rôle. (Loi du 25 juin 1794 ou du 7 messidor an II, art. 37. Ord. 63.)

5. *Travaux.* — Les copies sont payées à raison de 0 fr. 50 par rôle contenant vingt-cinq lignes à la page et seize syllabes à la ligne. (Circ. N 22, art. 216. Circ. N 469.)

ROLE D'AFFOUAGE.

1. *Taxe.* — Aucune disposition de loi n'exige que les rôles d'affouage soient dressés avant l'enlèvement des lots. Si les rôles d'affouage portent que la taxe doit être payée avant l'enlèvement des lots, l'inaccomplissement de cette prescription ne leur enlève pas leur caractère obligatoire, si le préfet n'a pas subordonné son approbation à l'exécution de cette clause. (Cons. d'Etat, 13 mai 1865.) V. Affouage. Taxe.

2. *Mari absent.* — La femme, même non séparée judiciairement, a droit à l'affouage du chef de son mari, lorsque ce dernier a quitté le pays sans acquérir ailleurs un domicile certain. Dans ce cas, le mari demeure, en droit, domicilié au lieu de son ancienne résidence et est maintenu sur les rôles d'affouage. La femme, qui a toujours conservé le même domicile, bénéficie alors de l'inscription de son mari sur les rôles. (Rép. For. t. XVI, p. 62.)

ROLE DE JOURNÉES.

1. *Périmètre de restauration. Rôle-minute. Confection. Envoi.* — Au fur et à mesure de la réception des feuilles de journées, le chef de service extrait de celles-ci les données nécessaires pour la confection du rôle-minute de journées (Form. série 7, n° 56), au moyen duquel, en cas de mandats individuels, il dresse le rôle de journées des sommes dues pour le mois, à transmettre au conservateur, avec sa demande de fonds, et d'après lequel l'agent régisseur doit, en cas de payement direct, dresser son état justificatif de payement.

Le rôle-minute est renvoyé, après chaque payement, par l'agent régisseur au chef de service, qui le conserve dans ses archives.

Les rôles de journées sont établis d'après les rôles-minutes et transmis, à la fin de chaque mois, au conservateur, par le chef de service. (Instr. Gén. du 2 février 1885, art. 171, 174, 182 et 183. Circ. N 345.) V. Feuilles de journées.

2. *Forêts domaniales. Etablissement. Paiement.* — Les agents ou préposés chargés de la direction quotidienne des ateliers de travaux dans les forêts domaniales tiennent les rôles des journées des ouvriers (Form. série 3, n° 26), qui sont payés, suivant leur importance, au moyen de mandats individuels ou d'avances faites au régisseur comptable. (Circ. N 22, art. 273 et 274. Circ. N 416.)

RONCE.

1. *Enlèvement. Caractère.* — L'enlèvement des ronces tombe dans le cas prévu par l'article 198 du code forestier, dont il appartient aux tribunaux correctionnels de faire l'application. (Cass. 1er juin 1839.)

2. *Enlèvement. Pénalités.* — L'enlèvement des ronces tombe dans les prévisions de l'article 144 du code forestier combiné avec l'article 198 et doit être puni des peines prononcées par ces articles. (Cass. 4 février 1841.)

3. *Coupes.* — Dans les coupes, les ronces doivent être arrachées. V. Nettoiement. Travaux mis en charge.

4. *Coupes. Nettoiement. Pénalités.* — Les coupes doivent être nettoyées, en ce qui concerne l'enlèvement des ronces, avant le terme fixé pour l'abatage (15 avril ou 1er juillet). (Cah. des ch. 21.)

En cas d'infraction, pénalités, savoir :

Amende : 50 à 500 francs. (Cod. For. 37.)
Dommages-intérêts facultatifs. (Cod. For. 37.)

ROSEAU DES SABLES. V. Dune. Oyat.

ROUANNE. V. Griffe.

ROUETTE.

1. *Autorisation.* — Les conservateurs autorisent la délivrance des rouettes et harts. (Ord. 4 décembre 1844.) V. Hart.

2. *Flottage. Dimension. Prix.* — Les rouettes à coupler en charme ou coudrier, de $0^m,06$ à $0^m,08$ de tour au gros bout et de $2^m,95$ de longueur, coûtent : le millier

de vingt bottes et chaque botte de cinquante brins, 4 francs le mille. Les rouettes à breller en brins de charme ou coudrier, de 0m,03 à 0m,05 de tour au gros bout et d'une longueur de 2m,43, coûtent 2 francs le mille ; le mille est de dix bottes, la botte de cent brins. (Décis. Min. du 13 mars 1841 et 14 octobre 1842.)

ROULAGE.

1. *Essieux. Moyeux. Nombre de chevaux des attelages. Chargement.* — Les essieux des voitures ne pourront avoir plus de 2m,50, ni dépasser à leurs extrémités le moyeu de plus de 0m,06 ; la saillie du moyeu, y compris celle de l'essieu, n'excédera pas 0m,12.

Il ne peut être attelé aux voitures servant au transport des marchandises plus de cinq chevaux, si elles sont à deux roues et plus de huit, si elles sont à quatre roues, sans qu'il puisse y avoir plus de cinq chevaux de file, excepté pour les chevaux de renfort.

Lorsqu'il y aura lieu de transporter des objets d'un poids considérable, l'emploi d'un attelage exceptionnel pourra être autorisé par le préfet.

La largeur du chargement des voitures qui ne servent pas au transport des personnes ne peut excéder 2m,50, excepté les voitures d'agriculture employées au transport des récoltes, de la ferme aux champs et des champs à la ferme ou au marché.

En cas de contravention :

Amende : 5 à 30 francs.
Propriétaire responsable. (Loi du 30 mai 1851, art. 4 et 13.)

2. *Convoi. Nombre de voitures. Conducteur. Mode de conduite. Lanterne. Stationnement.* — Lorsque plusieurs voitures marchent à la suite les unes des autres, elles doivent être distribuées en convoi de quatre voitures au plus, si elles sont à quatre roues et attelées d'un seul cheval, avec un conducteur; de trois voitures au plus, si elles sont à deux roues et attelées d'un seul cheval, avec un conducteur, et de deux voitures au plus, si l'une d'elles est attelée de plus d'un cheval, avec un conducteur. Chaque voiture attelée de plus d'un cheval doit avoir un conducteur ; toutefois, une voiture dont le cheval est attaché derrière une voiture attelée à quatre chevaux ou plus n'a pas besoin de conducteur. L'intervalle d'un convoi à un autre ne peut être moindre de cinquante mètres.

Tout voiturier ou conducteur doit se tenir constamment à portée de ses chevaux ou bêtes de trait et en position de les guider.

On doit se conformer aux règlements de police municipale dans la traversée des villes, bourgs et villages.

Aucune voiture marchant isolément ou en tête d'un convoi ne pourra circuler la nuit, sans être pourvue d'un falot ou lanterne allumée. Cette disposition pourra être appliquée aux voitures d'agriculture par des arrêtés des préfets ou des maires.

Tout roulier ou conducteur de voiture doit se ranger à sa droite, à l'approche de toute autre voiture, de manière à lui laisser libre au moins la moitié de la chaussée.

Il est interdit de laisser stationner, sans nécessité, sur la voie publique, aucune voiture attelée ou non attelée.

En cas d'infraction :

Amende : 6 à 10 francs. *Prison :* 1 à 3 jours. En cas de récidive : *Amende :* maximum, 15 fr. facultatif. *Prison :* maximum, 5 jours, facultatif. Propriétaire responsable.	Loi du 30 mai 1851, art. 5 et 13.

3. *Plaque.* — En avant des roues et au côté gauche de la voiture, il doit être placé une plaque métallique portant, en caractères apparents et lisibles, ayant au moins cinq millimètres de hauteur, les nom, prénoms et profession du propriétaire, les noms de la commune, du canton et du département de son domicile. Sont exceptées de cette disposition : les voitures particulières destinées au transport des personnes et étrangères à un service public ; les voitures employées à la culture des terres, au transport des récoltes, à l'exploitation des fermes, et qui se rendent de la ferme aux champs ou des champs à la ferme, ou qui servent au transport des objets récoltés jusqu'à leur lieu de dépôt.

En cas d'infraction, pénalités :

Pour le propriétaire, *amende :* 6 à 15 francs. Pour le conducteur, *amende :* 1 à 5 francs. Propriétaire responsable. Saisie et séquestre, s'il y a lieu.	Loi, 30 mai 1851, art. 7 et 13.

Si la plaque portait un nom ou un domicile faux ou supposé, si le conducteur d'une voiture sans plaque a déclaré un nom et un domicile autre que le sien ou celui du propriétaire, pénalités :

Amende : 50 à 200 francs. *Prison :* 6 jours à 6 mois. Propriétaire responsable. Saisie et séquestre, s'il y a lieu.	Loi, 30 mai 1851, art. 8 et 13.

Lorsque les voitures employées à la culture des terres ou au transport des récoltes se rendent dans une commune voisine de la ferme, pour y porter des betteraves ou des engrais, la plaque devient obligatoire. (Cass. 7 décembre 1893.) V. Voiture.

4. *Dommage. Responsabilité.* — Lorsque, par la faute, négligence ou imprudence du conducteur, une voiture aura causé un dommage quelconque à une route ou à ses dépendances, il y aura lieu :

Amende, pour le conducteur : 3 à 10 francs.
Frais de la réparation.
Propriétaire responsable.
} Loi, 30 mai 1851, art. 9 et 13.

5. *Visite. Sommation. Refus.* — Le voiturier ou conducteur qui, malgré la sommation à lui faite par les agents ou préposés chargés de constater les contraventions sur le roulage, refuse d'obtempérer et de se soumettre aux vérifications prescrites, encourra, savoir :

Amende : 16 à 100 francs, en sus de celle encourue pour toute autre cause.
Propriétaire responsable. (Loi du 30 mai 1851, art. 10 et 13.)

6. *Prescriptions générales. Code pénal.* — Les rouliers, charretiers, conducteurs de voitures ou de bêtes de somme qui auraient contrevenu aux règlements par lesquels ils sont tenus de se tenir constamment à portée de leurs chevaux ou bêtes de trait et de charge, de leurs voitures, et en état de les guider et conduire, d'occuper un seul côté des rues, chemins ou voies publiques, de se détourner ou ranger devant toute autre voiture et à leur approche, de leur laisser libre au moins la moitié des rues, chemins, routes et chaussées ; ceux qui auraient violé les règlements contre la rapidité des voitures et leur chargement encourront :

Amende : 6 à 10 francs. (Cod. Pén. 475.)
Prison facultative ; maximum : 3 jours. (Cod. Pén. 476.)
En cas de récidive, *prison* : 5 jours au plus. (Cod. Pén. 478.)

7. *Surveillance. Constatation.* — Les agents et gardes forestiers peuvent constater les délits et contraventions sur la police du roulage. Les procès-verbaux doivent être affirmés dans les trois jours devant le juge de paix du canton ou le maire de la commune soit du domicile de l'agent qui a verbalisé, soit du lieu où la contravention a été constatée, à peine de nullité, et enregistrés en débet dans les trois jours de leur date ou de leur affirmation, à peine de nullité. Ces actes sont adressés au sous-préfet de l'arrondissement, dans les deux jours de l'enregistrement. Ces procès-verbaux font foi jusqu'à preuve contraire.

Le tiers des amendes prononcées appartient aux gardes rédacteurs des procès-verbaux, excepté pour les délits prévus par les articles 10 et 11 de la loi. (Loi du 30 mai 1851, art. 18, 19, 22 et 28.)

ROUTE.

SECT. I. — GÉNÉRALITÉS, 1 — 3.

SECT. II. — ROUTE NATIONALE, 4 — 12.

SECT. III. — ROUTE DÉPARTEMENTALE, 13—28.

SECT. IV. — ROUTES DES MAURES, PROTECTION CONTRE L'INCENDIE, 29 — 31.

SECT. V. — ROUTE FORESTIÈRE, 32 — 78.

§ 1. *Généralités, Principes*, 32 — 43.

§ 2. *Projet*, 44 — 58.

§ 3. *Ligne d'aménagement*, 59 — 60.

§ 4. *Travaux*, 61 — 69.

A. *Abatage*, 61 — 63.

B. *Exécution, Entretien*, 64 — 69.

§ 5. *Zone frontière*, 70 — 78.

Abatage, 3, 4, 28, 62.
Acquisition, 9, 52.
Acte administratif, 27.
Affectation, 5.
Aliénation, 10.
Alignement, 6.
Amélioration, 35.
Aménagement, 59.
Ancienne route, 25.
Arbres, 3.
Autorisation, 4, 43, 63, 72, 77.
Avant-projet, 58.
Bois, 28.
Bois communal, 12, 42, 43, 63.
Bombement, 66.
Carte, 77.
Cession, 8, 18, 24, 26, 28.
Classement, 7, 14, 16, 30.
Commission mixte, 47, 70.
Communication, 76.
Compétence, 34.
Concours, 40.
Conditions, 74.
Conservation, 70.
Contrat, 24.
Contravention, 39.
Contribution, 40.
Copie, 64.
Coupe, 3, 42, 61, 63.
Croquis, 45.
Décision, 62, 78.
Déclassement, 16.
Délimitation, 2.
Dépense, 40, 57.
Dimensions, 74.
Direction, 14, 15.
Dispositions spéciales, 31.
Echange, 26.
Elargissement, 19.
Entrepreneur, 64.
Entretien, 37, 56, 66, 69, 70.
Envoi, 55.
Estimation, 20.
Etude, 1, 61.
Exécution, 78.
Expropriation, 53.
Fixation, 48.
Formalités, 26, 43.
Frais, 37.
Garde cantonnier, 69.
Indemnité, 22.
Indication, 45.
Ingénieur, 1.
Instruction, 73.
Laie sommière, 60.
Largeur, 48, 60.
Lot, 57.
Objet, 32.
Ouverture, 13.
Paiement, 30.
Parcelle, 10, 11, 12.
Passage, 38, 39.
Pénalités, 3.
Pente, 49.
Peuplement, 35.
Piquetage, 64.
Plan, 14, 45.
Plantation, 3.
Plusieurs départements, 15.
Plus-value, 23, 35, 37.
Principes, 33.
Profil, 50, 51, 59.
Projet, 44, 46, 50, 55, 57, 71, 73, 76, 77.
Propositions, 54, 56.
Qualification, 34.
Ragrément, 67.
Rampe, 49.
Rapport, 44, 54.
Rectification, 16.
Redressement, 19.
Renseignements, 46, 56, 58.
Réparation, 65, 68.
Responsabilité, 38.
Ressource, 42.
Riverain, 9.
Route de protection, 29.
Route forestière, 21.
Section, 36.
Soulte, 27.
Subvention, 29.
Terrain cédé, 8.
Terrain forestier, 11.
Tracé, 19.
Travaux, 14, 34.
Travaux de défense, 75.
Travaux mixtes, 71, 74.
Utilité, 32.
Zone militaire, 17.

V. Acquisition. Aqueduc. Cession. Chemin. Dalot. Echange. Empierrement. Lançoir. Maures. Mur. Nivellement. Plan. Pont. Schlitte. Subvention. Terrassement. Travaux.

SECT. I. — GÉNÉRALITÉS.

1. *Ingénieurs. Etude.* — Les ingénieurs ne doivent jamais entreprendre dans les forêts des travaux nécessitant l'abatage d'arbres, sans s'être concertés avec les agents forestiers. (Circ. A 280.)

2. *Délimitation.* — Lorsqu'une route nationale ou départementale limite une forêt, on considère cette limite comme déjà fixée et on ne fait que la reproduire, sans formalité, sur les tracés géométriques. (Circ. N 64, art. 31.)

3. *Arbres au bord d'une route. Plantation. Coupe. Pénalité.* — Un décret de 1811 et une loi de 1875 enjoignent aux riverains des routes nationales et départementales de planter des arbres le long de ces routes, à une distance d'un mètre au moins du bord extérieur du fossé. Le préfet détermine par arrêté l'essence des arbres. Ceux qui sont morts doivent être remplacés dans les trois derniers mois de l'année, sinon la plantation est faite aux frais des riverains. Dans la pratique c'est l'administration qui fait les plantations.

L'article 671 du code civil, concernant la distance à observer relativement aux plantations d'arbres, ne s'applique pas aux arbres plantés le long des routes. (Cass. 16 décembre 1881.)

Le propriétaire ne peut, sans autorisation de l'administration, abattre des arbres plantés sur son terrain, lorsqu'ils bordent une route nationale ou départementale. *Amende* égale au triple de la valeur des arbres détruits. (Loi du 16 décembre 1811, art. 101.)

SECT. II. — ROUTE NATIONALE.

4. *Abatage. Autorisation.* — Les conservateurs autorisent les abatages que rendent nécessaires les affectations de terrains domaniaux à des routes nationales, ainsi que les cessions de terrains domaniaux pour l'élargissement ou la rectification des routes nationales. Il en est de même pour la concession des terrains occupés par des routes dans les bois des communes et des établissements publics. (Décis. Min. 11 août 1843. Circ. A 540. Circ. N 59, art. 28.) V. Chemin.

5. *Affectation.* — Les terrains domaniaux compris dans le tracé des routes nationales ne sont pas l'objet d'une cession, puisqu'ils ne changent pas de propriétaire. Ils sont affectés à leur nouvelle destination. Un arrêté du préfet, pris en conseil de préfecture, sur l'avis du conservateur, suffit. (Décr. du 25 mars 1852.) En cas d'erreur ou d'irrégularité, les pièces seront adressées à l'administration, pour la faire statuer. (Circ. A 686. Circ. N 59, art. 35.)

6. *Alignement.* — Sur les routes nationales, partout où il existe un plan d'alignement régulièrement approuvé, le sous-préfet délivre les alignements conformément à ce plan. (Loi du 24 mai 1864, art. 1. Circ. N 59, art. 36.)

7. *Classement.* — Les portions de routes nationales délaissées, par suite de changement de tracé ou d'ouverture d'une nouvelle route, peuvent, sur la demande ou avec l'assentiment des conseils généraux des départements ou des conseils municipaux des communes intéressées, être classées par décrets soit parmi les routes départementales, soit parmi les chemins vicinaux de grande communication, soit parmi les simples chemins vicinaux. (Loi du 24 mai 1842, art. 1. Circ. N 59, art. 37.)

8. *Terrains cédés.* — Lorsque ce classement n'est pas ordonné, les terrains délaissés sont remis à l'administration des domaines, laquelle est autorisée à les aliéner.

Néanmoins, il est réservé, s'il y a lieu, eu égard à la situation des propriétés riveraines et par arrêté du préfet en conseil de préfecture, un chemin d'exploitation dont la largeur ne peut excéder 5 mètres. (Loi du 24 mai 1842, art. 2. Circ. N 59, art. 38.)

9. *Acquisition. Riverain.* — Les propriétaires sont mis en demeure d'acquérir, chacun en droit soi, dans les formes tracées par l'article 61 de la loi du 3 mai 1841, les parcelles attenantes à leurs propriétés.

A l'expiration du délai de trois mois fixé par l'article précité, il peut être procédé à l'aliénation des terrains, selon les règles qui régissent les aliénations du domaine de l'Etat ou par application de l'article 4 de la loi du 20 mai 1836. (Loi du 24 mai 1842, art. 3. Circ. N 59. art. 39.)

10. *Parcelles. Aliénation.* — Lorsque les portions de routes nationales délaissées ont été classées parmi les routes départementales ou les chemins vicinaux, les parcelles de terrain qui ne font pas partie de la nouvelle voie de communication ne peuvent être aliénées qu'à la charge, par le département ou la commune, de se conformer aux dispositions mentionnées au premier paragraphe de l'article précédent. (Loi du 24 mai 1842, art. 4. Circ. N 59, art. 40.)

11. *Parcelles. Terrain forestier.* — Les parcelles de ces terrains à aliéner, qui paraissent susceptibles d'être réunies à une forêt de l'Etat, sont remises par l'administration des domaines à celle des forêts, sur l'autorisation du ministre.

Leur soumission au régime forestier résulte implicitement de cette remise, et il n'y a pas lieu de provoquer une décision spéciale. (Cod. For. 1. Circ. N 59, art. 41.)

12. *Parcelles. Bois communaux.* — S'il s'agit de réunir diverses parcelles à des bois de communes ou d'établissements publics, le conservateur adresse ses propositions au préfet. (Circ. N 59, art 42.)

SECT. III. — ROUTE DÉPARTEMENTALE.

13. *Ouverture.* — L'ouverture des routes départementales est ordonnée par décret, à la suite d'une enquête. (Loi du 3 mai 1841, art. 3.)

14. *Classement. Travaux.* — Les conseils généraux statuent définitivement : 1o sur le classement et la direction des routes départementales ; 2o sur les projets, plans et devis de travaux pour la construction, la rectification ou l'entretien des routes départementales ; 3o sur le déclassement des routes départementales. (Loi du 10 août 1871, art. 46, §§ 6 et 8.)

15. *Plusieurs départements.* — Les conseils généraux statuent définitivement sur le classement et la direction des routes départementales, sans distinguer entre celles qui s'étendent sur plusieurs départements et celles dont le tracé se trouve renfermé dans les limites d'un seul département. (Block.)

16. *Classement. Déclassement. Rectification.* — Si les classements, les déclassements ou les rectifications n'intéressent qu'un département, il doit être procédé à une enquête d'utilité publique, suivant l'ordonnance du 18 février 1834 (expropriation), même pour les projets qui ne nécessitent aucune acquisition de terrain. Dans ce cas, l'enquête sert à constater l'utilité publique et l'opportunité de la mesure. (Circ. Min. du 4 août 1866. Circ. N 59, art. 5 et 6.)

17. *Zone des servitudes militaires.* — Les projets de classement, construction ou rectification de routes départementales situées dans la zone des servitudes militaires sont soumis aux prescriptions des travaux mixtes. (Décr. du 16 août 1853. Circ. Min. du 4 août 1866. Circ. N 59, art. 7. Décr. du 8 septembre 1878. Circ. N 253.)

18. *Cession de terrains.* — Les préfets statuent en conseil de préfecture, sans l'autorisation du ministre, mais sur la proposition conforme du chef de service, en matières domaniales ou forestières, sur la cession des terrains domaniaux compris dans le tracé des routes départementales, ainsi que sur les échanges des terrains provenant du déclassement de ces routes. (Loi du 24 mai 1842. Décr. du 25 mars 1852. Lettre Min. du 29 mai 1852.)

Les décisions sont définitives, même lorsqu'à raison d'une plus-value certaine il y a lieu de renoncer à la totalité de l'indemnité due au Trésor. (Décis. Min. des 30 juillet et 5 août 1863 et 19 février 1864.)

Si les arrêtés du préfet sont contraires aux propositions du chef de service, le conservateur en réfère à l'administration et il est sursis à l'exécution jusqu'à la décision du ministre. (Lettre Min. du 29 mai 1852. Circ. N 59, art. 19 et 20.)

19. *Redressement. Elargissement. Tracé.* — Lorsque le tracé d'élargissement, de redressement ou d'ouverture d'une route départementale est définitivement fixé, le préfet adresse au conservateur un extrait du plan, avec l'arrêté par lequel il détermine l'étendue des terrains dépendant du domaine forestier à céder par l'Etat.

Le conservateur se concerte avec le directeur des domaines, pour désigner au préfet l'agent forestier qui devra concourir, contradictoirement avec un représentant du département, à l'estimation des terrains à occuper. (Circ. N 59, art. 47.) V. Cession.

20. *Estimation.* — L'estimation a lieu d'après la valeur vénale du sol, abstraction faite de la superficie ; mais on doit tenir compte, le cas échéant, de la dépréciation des bois à exploiter avant leur maturité. (Circ. N 59, art. 48.)

21. *Route forestière.* — Lorsqu'une route ou portion de route forestière est comprise dans le tracé de la nouvelle voie, il est indispensable, outre l'évaluation du sol, de déterminer, aussi exactement que possible, la valeur, au moment de l'estimation, des travaux d'empierrement, des ponts, aqueducs et autres ouvrages d'art qui ont été faits pour l'établissement de cette route.

Il n'est tenu compte des dépenses qu'ont occasionnées les réparations et l'entretien que dans le cas, par exemple, où, la construction étant récente, le montant de ces dépenses a notablement dépassé le bénéfice que ladite route a procuré à l'Etat. (Circ. N 59, art. 49.)

22. *Indemnité.* — Le conservateur s'entend avec le directeur des domaines pour proposer au préfet, d'après les résultats de l'estimation, le montant de l'indemnité et les conditions à imposer. (Circ. N 59, art. 50.)

23. *Plus-value.* — Lorsque, à raison d'une augmentation de valeur immédiate et spéciale que l'exécution des travaux projetés doit procurer a la forêt, il convient de faire remise au département de tout ou partie de l'indemnité de dépossession, il doit être stipulé que le terrain cédé fera retour au domaine, de plein droit et gratuitement, dans le cas où la route serait ultérieurement supprimée ou changée de direction.

Les bois existant sur le terrain cédé sont toujours réservés à l'Etat. (Circ. N 59, art. 51.)

24. *Cession. Contrat.* — Le contrat de cession est passé dans la forme des actes administratifs, comme pour les cessions de terrain consenties en faveur des compagnies de chemins de fer. (Circ. N 59, art. 52.)

25. *Ancienne route.* — Les portions de terrain dépendant d'anciennes routes devenues inutiles, par suite de changement de tracé ou d'ouverture de nouvelles routes, peuvent être cédées sur estimation contradictoire, à titre d'échange et par voie de

compensation de prix, aux propriétaires des terrains sur lesquels des parties de route neuve doivent être exécutées. (Loi du 21 mai 1836. Loi, 24 mai 1842. Circ. N 59, art. 17.)

26. *Echange. Cession. Formalité.* — Les cessions, à titre d'échange et par voie de compensation, des portions de routes départementales délaissées sont réalisées dans la même forme que les cessions amiables des terrains nécessaires à l'établissement des nouvelles routes. (Circ. N 59, art. 53.)

27. *Soulte. Acte administratif.* — Lorsque l'Etat est tenu de payer un excédant, l'acte administratif n'est passé qu'après que le ministre a donné son approbation à l'arrêté du préfet, pris en conseil de préfecture, sur le projet d'échange. (Décis. Min. du 29 mai 1852. Circ. N 59, art. 54.)

28. *Bois. Abatage. Cession.* — Les bois existant sur les terrains domaniaux cédés à l'amiable ne doivent être exploités qu'après la passation des contrats de cession et le paiement des indemnités, s'il en est dû à l'Etat. (Circ. A 686. Circ. N 59, art. 29.)

SECT. IV. — ROUTES DES MAURES. PROTECTION CONTRE L'INCENDIE.

29. *Route de protection. Subvention.* — Une subvention de 3000 francs par kilomètre, mais qui ne pourra excéder 600000 francs au total, sera accordée sur le budget de l'agriculture, pour la construction d'un réseau de routes de protection à établir dans la région des Maures et de l'Estérel. (Loi du 19 août 1893, art. 14.) V. Maures. Subvention.

30. *Classement. Paiement.* — La subvention de l'Etat sera acquise à tout chemin régulièrement classé, dont le tracé se trouverait compris dans le réseau préalablement étudié et approuvé par un décret rendu en conseil d'Etat. Le mode et les termes du paiement de chaque subvention seront réglés par le ministre de l'agriculture. (Loi du 19 août 1893, art. 14.)

31. *Dispositions spéciales.* — Les dispositions des lois et règlements relatifs aux chemins vicinaux d'intérêt commun seront applicables au réseau de routes de protection contre les incendies. (Loi du 19 août 1893, art. 15. Circ. N 461.)

SECT. V. — ROUTE FORESTIÈRE.

§ 1. *Principes. Généralités.*

32. *Utilité. Objet.* — Les routes ont une influence considérable sur les exploitations et sur la vidange des coupes, en diminuant les frais de transport. L'absence de routes paralyse le commerce, éloigne les adjudicataires et oblige à façonner en bois de feu les arbres propres à la charpente ou à l'industrie.

Les agents forestiers doivent chercher à convaincre les communes et établissements publics de l'utilité des routes forestières et joindre, à leurs propositions, les renseignements propres à établir l'augmentation annuelle des revenus que procurera l'ouverture des routes projetées ; pour ces propositions, on doit se conformer aux règles tracées par l'article 136 de l'ordonnance. On peut recourir, pour les travaux de l'espèce et lorsque les ressources des communes sont absorbées, à des coupes du quart en réserve et, dans ce cas, stipuler toutes les garanties nécessaires pour que les produits de ces coupes soient employés exclusivement à ces travaux, sans qu'ils puissent être détournés de leur destination spéciale. Les agents doivent chercher à augmenter, par de bonnes routes, le prix de vente annuel des bois des communes et établissements publics. (Circ. N 2. Lettre dans le même sens du ministre des finances aux préfets, en date du 15 septembre 1865.)

33. *Principes.* — Les travaux de routes doivent être établis dans des vues d'ensemble, et on doit rechercher quels seront les travaux les plus productifs. (Circ. autogr. nº 85 du 20 mars 1862. Circ. N 22, note, p. 20.)

34. *Travaux. Qualification. Compétence.* — Les travaux qui ont pour objet la construction d'une route exclusivement destinée à l'exploitation d'une forêt domaniale ne constituent pas des travaux publics, et, dès lors, l'autorité administrative est incompétente pour connaître des contestations auxquelles ils donnent lieu entre l'entrepreneur et l'administration. (Cons. d'Etat, 4 avril 1884.)

35. *Peuplement. Plus-value. Amélioration.* — Il faut s'occuper avant tout des forêts riches en peuplement, dont les produits paraissent susceptibles d'acquérir une plus-value considérable par l'effet de la construction de voies de transport. Quant aux forêts où la vidange n'est pas impraticable, il convient, en général, de se borner à améliorer les chemins qui desservent un grand nombre de coupes et qui, d'après la valeur des produits et les éléments de concurrence de la localité, sont susceptibles d'exercer une influence considérable sur le résultat des adjudications. (Circ. A 845.)

36. *Section.* — Il peut être avantageux de construire divers tronçons d'une même route aux époques successives où ces tronçons peuvent être utilisés pour la vidange des produits. (Circ. N 244, § 9.) Ces prescriptions paraissent devoir être encore observées, quoique cette circulaire ait été abrogée par la circulaire N 402.

37. *Entretien. Frais. Plus-value.* — Les frais d'entretien des chemins à établir seront déduits exactement de la plus-value présumée. Lorsque les combinaisons de l'amé-

nagement ne permettront pas d'espérer un bénéfice annuel permanent et qu'il s'agira seulement d'obtenir une augmentation de revenu temporaire, on ne perdra pas de vue que, pour comparer au capital de la dépense projetée le capital correspondant à la somme des bénéfices partiels, ceux-ci doivent être soigneusement ramenés à leur valeur réelle, eu égard aux époques de leur échéance. (Circ. A 845.)

38. *Passage. Responsabilité.* — Les propriétaires des voitures ou bestiaux que leurs conducteurs ou pâtres ont fait circuler sur les routes ou chemins forestiers, en violation des dispositions des articles **147** et **199** du code forestier, sont personnellement et directement responsables du fait de leurs préposés. (Paris, 9 décembre **1892**.)

39. *Passage. Contravention.* — Le fait de faire circuler des voitures sur une route qui, reliant et traversant des forêts domaniales, est établie pour le service de la forêt et entretenue par le budget de l'administration des forêts, constitue une contravention à l'article **147** du code forestier. La contravention existe, alors même que l'endroit où les procès-verbaux ont été dressés ne serait pas bordé d'arbres et ne traverserait pas, sur ce point, un massif forestier. (Paris, 9 décembre **1892**.)

40. *Dépense. Contribution.* — Lorsqu'il y aura lieu d'ouvrir ou de perfectionner une route dont l'objet sera d'exploiter avec économie des forêts ou bois, toutes les propriétés de cette espèce, générales, communales ou privées, qui devront en profiter, seront appelées à contribuer, pour la totalité de la dépense, dans la proportion variée des avantages qu'elles devront en recueillir. Le gouvernement pourra accorder les secours qu'il croira nécessaires. (Loi du **16** septembre **1807**, art. 38, relative au dessèchement des marais.)

41. *Concours.* — Les agents ne doivent promettre aucune coopération pour la construction des routes départementales, sans l'autorisation de l'administration. (Circ. A **405** quinquiès.)

42. *Bois communaux. Ressources. Coupes.* — On doit encourager la construction des routes dans les bois communaux et accorder, en cas d'insuffisance de ressources, des coupes extraordinaires, dont le produit doit être consacré à ces travaux. (Circ. N **2**.)

43. *Autorisation. Bois communaux. Formalités.* — Les travaux extraordinaires de route ne pourront être effectués, dans les bois des communes et des établissements publics, qu'après que les conseils municipaux ou les administrateurs des établissements propriétaires auront été consultés sur les propositions de ces travaux et que le préfet aura donné son avis.

Si les communes ou établissements propriétaires n'élèvent aucune objection contre les travaux proposés, ces travaux pourront être autorisés par le préfet, sur la proposition du conservateur. Dans le cas contraire, il sera statué par le chef de l'Etat, sur le rapport du ministre. (Ord. **135**, **136**.) V. Travaux.

§ **2**. *Projet.*

44. *Projet. Rapport.* — Les projets d'ouverture et d'amélioration de routes forestières doivent toujours être justifiés par la plus-value annuelle que les travaux procureront au Trésor. A cet effet, on doit indiquer dans les rapports : 1° l'étendue de la forêt dont les produits doivent s'écouler par le chemin projeté; 2° la nature, la quantité et la valeur des produits; 3° la réduction à espérer dans les frais de transport du stère, et l'augmentation probable de prix que cette réduction pourrait procurer sur l'ensemble des produits en matière; 4° le montant des frais présumés de l'entretien annuel; 5° la plus-value (représentée par une somme d'argent et non pas à tant pour cent) ou bénéfice net annuel (permanent, temporaire ou périodique) dont le Trésor pourra profiter. (Circ. N **22**, art. **64** et **65**.)

45. *Croquis. Plan. Indication.* — On doit joindre au projet un croquis indiquant le tracé de la route à ouvrir ou à améliorer, celui des autres routes servant à la vidange et les lieux de consommation ou leur direction et leur distance. On fait connaître, en outre, les cantons à desservir et, si la vidange n'est pas continue, le nombre d'années pendant lesquelles la route sera fréquentée. Le croquis figure, en rouge, le tracé projeté ; en noir, les routes existantes, et par des teintes graduées, les principales déclivités du sol. (Circ. N **22**, art. **64** et **65**.)

46. *Projets. Renseignements.* — Les projets de routes, indépendamment du rapport sur l'utilité de l'entreprise et du cahier des charges générales et spéciales, doivent renfermer : 1° le devis des travaux ; 2° le métrage des travaux ; 3° l'analyse des prix ; 4° le détail estimatif; 5° le plan du tracé de la route; 6° le profil en long; 7° le profil en travers; 8° les dessins des ouvrages accessoires ; 9° un plan général établi conformément à l'article **201** de l'instruction du **15** octobre **1860**. (Circ. N **22**, art. **69**.)

47. *Commission mixte des travaux publics.* — Tous les projets de route qui ne sont pas dans les cas d'exonération prévus sont soumis, avant leur approbation et leur exécution, à l'examen de la commission mixte des travaux publics. (Décr. du **16** août **1853**. Circ. N **22**, art. **94** et **97**.)

48. *Largeur. Fixation. Circonstances.* — La largeur des routes en montagne ne doit pas excéder cinq mètres et au fond des vallées ou sur les versants trois mètres cinquante cen-

timètres, non compris les fossés; toutefois, cette largeur peut être augmentée dans les tournants ou lacets à courts rayons.

Les routes en plaine doivent avoir, selon l'importance des cantons à desservir, de quatre à sept mètres entre fossés, avec essartement au besoin pour l'assainissement du sol.

La chaussée d'empierrement, à moins de circonstances extraordinaires, doit avoir, en montagne, deux mètres cinquante centimètres de largeur sur quinze centimètres d'épaisseur et, en plaine, trois mètres de largeur sur vingt à vingt-cinq centimètres d'épaisseur. (Circ. N 22, art. 66.)

49. *Rampes. Pentes.* — A moins de circonstances exceptionnelles dont il est justifié, les agents ne doivent pas proposer de rectifications pour les routes dont les rampes n'excèdent pas 4 pour cent et les pentes 7 pour cent ; on peut dépasser ces déclivités, en ménageant des paliers pour le repos des attelages. (Circ. N 22, art. 68.)

50. *Lignes du projet. Profil.* — Les lignes du projet, tant sur le profil en long que sur le profil en travers, ne seront arrêtées définitivement qu'après qu'on se sera assuré, par des moyens graphiques ou par des calculs provisoires, qu'il existe une compensation suffisante entre les différentes masses de remblai et de déblai ; il devra être rendu compte des motifs qui auront fait adopter les différentes pentes ou rampes. (Instr. 15 octobre 1860, art. 191 et 196.)

51. *Profil général.* — Pour les projets de route, indépendamment du profil en travers, il sera fourni un profil général de la route à une grande échelle, indiquant les dimensions de la chaussée et des fossés, la largeur et le bombement des accotements, ainsi que l'inclinaison des talus de déblai et de remblai. (Instr. 15 octobre 1860, art. 195.)

52. *Terrain. Acquisition.* — Lorsqu'il s'agit d'acquérir un terrain destiné à l'établissement d'une route forestière, le projet des travaux est préalablement rédigé, et il détermine exactement la superficie nécessaire pour le tracé de la voie et des fossés, ainsi que pour les talus de déblai et de remblai.

Cependant, lorsqu'à raison de la position du vendeur ou de l'établissement de la propriété, la réalisation de l'acquisition paraît devoir rencontrer des difficultés et lorsqu'en même temps le projet définitif doit donner lieu à un travail considérable, les agents peuvent se borner à présenter les pièces suivantes :

1° Le plan de l'axe de la route ;

2° Les profils en long du terrain naturel avec la ligne rouge du projet ;

3° Les profils en travers de la section ou des sections du chemin à établir sur les parcelles de terrain dont l'acquisition est proposée ;

4° Le plan exactement coté de ces parcelles ;

5° Une estimation aussi approximative que possible de la dépense totale des travaux. (Circ. N 6, art. 4 et 5.)

53. *Expropriation.* — La déclaration et l'expropriation pour cause d'utilité publique ne peuvent être accordées à des travaux de route forestière, entrepris pour la vidange d'une forêt domaniale. (Cons. d'Etat, 7 novembre 1872.)

54. *Rapport. Propositions.* — On ne doit transmettre que des propositions complètes, en évitant de confondre, dans les mêmes rapports, les travaux concernant plusieurs forêts et en séparant, dans des rapports distincts, les travaux neufs des travaux d'entretien. (Circ. A 582 bis.)

55. *Envoi. Projet.* — Les projets de travaux neufs concernant les routes doivent être adressés à l'administration, au fur et à mesure de leur préparation, pendant les six premiers mois de l'année, pour l'année suivante. (Lettre de l'Admin. du 29 septembre 1873.)

56. *Entretien. Renseignements.* — On doit indiquer, dans les propositions d'entretien, la largeur, l'épaisseur et la longueur des routes à recharger et les pentes des routes à bomber ou à ensabler. (Circ. N 22, art. 27.)

57. *Projet. Dépense. Lot.* — Lorsqu'un projet de route doit donner lieu à une dépense considérable, le conservateur fait, autant que possible, établir des devis distincts, par lots de 15000 à 20000 francs, et désigne ceux dont la construction offre des avantages immédiats. (Circ. N 22, art. 63.)

58. *Avant-projet. Renseignements.* — Lorsque la rédaction d'un devis (projet) sera de nature à exiger sur le terrain et au cabinet des études de longue durée, on devra adresser à l'administration un avant-projet des travaux, avec une évaluation approximative de la dépense à faire et de la plus-value à espérer. (Circ. A 845.)

§ 3. *Ligne d'aménagement.*

59. *Aménagement. Profil.* — Toutes les fois que des routes sinueuses devront être établies, le plan-projet sera accompagné des profils en long et en travers. (Instr. 15 octobre 1860, art. 152.)

60. *Laies sommières. Largeur.* — Les routes servant de laies sommières pourront avoir de quatre à six mètres de largeur, non compris les fossés ; si elles sont constamment pratiquées, la largeur pourra être portée à six ou huit mètres, et de neuf à dix mètres, si le sol est humide. (Instr. 15 octobre 1860, art. 151.)

§ 4. *Travaux.*

A. *Abatage.*

61. *Coupe.* — Les conservateurs autorisent la coupe et l'abatage des arbres pour études

de tracés, pour établissement, élargissement et rectification des routes nationales et départementales, des canaux et tous autres travaux d'utilité publique (chemin de fer), et la mise en vente de ces bois, dans les forêts domaniales et communales, par forme de menus marchés. (Décis. Min. du 5 juillet 1837. Circ. A 400. Décis. Min. du 11 août 1843. Circ. A 540. Circ. A 631. Circ. N 59, art. 28.)

62. *Abatage. Décision.* — Les décisions régulières qui autorisent des travaux d'amélioration dans les bois soumis au régime forestier autorisent implicitement les abatages d'arbres que ces travaux occasionnent. (Décis. Min. du 15 mai 1862. Circ. A 819.)

63. *Coupe d'arbres. Bois communaux. Autorisation.* — Les préfets ne peuvent, dans les bois des communes et des établissements publics, autoriser les coupes d'arbres pour l'ouverture des routes. (Circ. A 658.)

B. *Exécution. Entretien.*

64. *Entrepreneur. Copie. Piquetage.* — On ne doit pas fournir aux entrepreneurs des copies des tracés, profils et plans de nivellement; il y est suppléé au moyen du piquetage. (Circ. N 22, art. 202.)

65. *Réparation.* — Les réparations des routes en terrain naturel et des routes empierrées ou pavées et les fournitures de matériaux d'approvisionnement sont considérées comme travaux d'entretien. (Circ. N 22, art. 25.)

66. *Bombement. Entretien.* — Le bombement des routes qui n'exigent pas de rectification dans le sens du profil en long est classé comme travail d'entretien. (Circ. N 22, art. 25.)

67. *Ragrément.* — Le ragrément, le nivellement et l'empierrement des routes peuvent être effectués au moyen des journées de prestation, après autorisation du conservateur. (Circ. N 22, art. 319, 320.)

68. *Réparation.* — Les réparations des ouvrages d'art sur les routes sont considérées comme travaux d'entretien. (Circ. N 22, art. 21.)

69. *Entretien. Garde cantonnier.* — Pour les routes à l'état d'entretien, les gardes cantonniers doivent en assurer la viabilité, au moyen du curage des fossés, cassis, gargouilles, et de petites saignées pour l'écoulement des eaux; régaler les accotements au moyen des terres provenant des fossés; extraire, casser et emmétrer les pierres destinées à l'entretien; déblayer la neige et veiller à la conservation des bornes, poteaux indicateurs, repères de nivellement, ponts, fossés et barrières; ils piqueront et rempliront les flaches et ornières et arracheront les pierres trop grosses. (Livret des préposés, art. 44, 45.)

§ 5. *Zone frontière.*

70. *Entretien. Conservation. Commission mixte.* — Les travaux d'entretien ou de réparation, c'est-à-dire ayant uniquement pour objet de conserver un ouvrage ou de le remettre dans l'état où il était précédemment, sans aucune modification, ne sont pas de la compétence de la commission mixte des travaux publics. (Décr. du 16 août 1853, art. 8. Circ. N 22, art. 93. Circ. N 253.)

71. *Projet. Travaux mixtes.* — Les routes forestières, quelles que soient leurs dimensions, sont soumises aux règlements sur les travaux mixtes, lorsqu'elles sont comprises dans la zone de servitude des places de guerre. (Décr. du 15 mars 1862, art. 4. Circ. N 22, art. 95.) V. Zone de servitudes militaires.

72. *Autorisation.* — Il n'est donné aucune autorisation pour l'exécution de travaux, autres que ceux de réparation et d'entretien à entreprendre sur les routes forestières qui sont soumises aux règlements sur les travaux mixtes, avant que le projet de ces travaux ait été l'objet d'une décision approbative du ministre de la guerre. (Décr. du 15 mars 1862, art. 6. Circ. N 22, art. 117.)

73. *Instruction au premier degré. Projet.* — Les inspecteurs, les inspecteurs adjoints et les gardes généraux sont chargés de concourir à l'instruction au premier degré et de présenter les projets de travaux de leur service. (Décr. des 16 août 1853 et 12 décembre 1884. Circ. N 22. Circ. N 348.)

74. *Travaux mixtes. Conditions.* — Dans les territoires réservés de la zone frontière et dans le rayon des enceintes fortifiées, l'ouverture, la rectification et l'empierrement des routes forestières, quelles que soient leurs dimensions, sont soumises aux lois et décrets relatifs aux travaux mixtes et à l'autorisation militaire. (Décr. du 15 mars 1862. Circ. N 22, art. 81. Décr. du 8 septembre 1878. Circ. N 253.)

75. *Travaux de défense.* — Le ministre de la guerre a la faculté de faire exécuter, à ses frais, les travaux de défense reconnus nécessaires sur les routes en territoires réservés et sur les ponts à construire ou à reconstruire pour le service de ces routes dans toute l'étendue de la zone frontière, lorsque, par leurs dimensions, ces ponts cessent d'être soumis aux règlements sur les travaux mixtes. (Décr. du 15 mars 1862, art. 5. Circ. N 22, art. 85. Circ. N 253.)

76. *Projet. Communication. Exécution.* — Les projets se trouvant dans ces dernières conditions doivent, aussitôt que l'exécution a été autorisée et que le projet en a été approuvé, être communiqués, avec renseignements à l'appui, par le conservateur au directeur du génie, qui, dans le délai de deux mois et immédiatement dans les cas d'urgence, doit faire connaître les travaux

nécessaires à la défense. Ces travaux, insérés au cahier des charges, sont exécutés aux frais et sous la surveillance du service militaire. Lorsque, dans le délai de deux mois, le directeur du génie n'a fait aucune réserve, il est passé outre à l'exécution des travaux. (Décr. du 15 mars 1862, art. 5. Circ. N 22, art. 86, 87, 89, 90, 91 et 92.)

77. *Projet. Carte. Autorisation.* — Pour accélérer l'expédition des affaires, le conservateur peut faire dresser, toutes les fois qu'il le juge convenable, avant même qu'il ait été procédé aux études de détail, une carte d'ensemble du tracé de ceux des chemins dont l'ouverture ou l'amélioration est projetée et ne pourrait être exécutée sans l'assentiment du service militaire. Cette carte est transmise, avec une note explicative s'il y a lieu, au directeur du génie, lequel, après avoir pris l'avis du chef du génie compétent, est autorisé à donner immédiatement et sans autres formalités son adhésion à tous ceux de ces tracés qui lui paraissent sans inconvénient pour son service. Les chemins ainsi énoncés peuvent être immédiatement entrepris et librement entretenus, dans les conditions spécifiées à l'article 8 du décret du 16 août 1853. (Décr. du 8 septembre 1878, art. 6. Circ. N 253.)

78. *Décision. Exécution.* — Si, dans un délai de trois mois, à dater de la remise du projet au directeur du génie, il n'est intervenu aucune décision du ministre de la guerre, l'exécution des travaux peut être autorisée. (Décr. du 15 mars 1862, art. 6. Circ. N 22, art. 118.)

RUCHE.

1. *Immeubles.* — Les ruches à miel placées par les propriétaires sont immeubles. (Cod. Civ. 524.)

2. *Distance.* — Le préfet fixe la distance à laquelle les ruches doivent être éloignées des chemins publics et des habitations (en général à cinquante mètres des habitations). (Loi du 4 avril 1889, art. 8.)

3. *Saisie. Déplacement.* — En cas de saisie des abeilles, les ruches ne peuvent être déplacées que pendant les mois de décembre, janvier et février. (Loi du 4 avril 1889, art. 10.)

4. *Autorisation. Concession.* — L'autorisation d'établir des ruches dans une forêt constitue une concession temporaire de terrain. L'autorité administrative devrait être consultée, si les ruches devaient être établies près d'un chemin. (Dupont.) V. Abeille.

RUINE.

Responsabilité. — Le propriétaire d'un bâtiment est responsable du dommage causé par sa ruine, lorsqu'elle est arrivée par suite du défaut d'entretien ou par vice de construction. (Cod. Civ. 1386.)

RUISSEAU.

1. *Contiguïté. Bornage.* — Un ruisseau ou un ravin ne font pas cesser la contiguïté entre deux propriétés et n'empêchent pas un bornage.

2. *Curage.* — Le curage des ruisseaux est considéré comme travail d'entretien. (Circ. N 22, art. 25.)

3. *Règlement.* — Le préfet prend les dispositions pour assurer le curage et le bon entretien des ruisseaux non navigables, ni flottables, de la manière prescrite par les anciens règlements ou les usages locaux. (Décr. du 25 mars 1852.) V. Cours d'eau.

4. *Défrichement.* — Au point de vue du défrichement, il y a contiguïté entre deux bois séparés par un ruisseau seulement. (Cass. 6 août 1846. Circ. N 43, art. 3.)

5. *Lit. Berges.* — D'après la jurisprudence actuelle, le lit des ruisseaux et cours d'eau en général s'étend jusqu'au point couvert par ses eaux quand il coule à plein bord, sans débordement et inondation, et les berges sont considérées comme l'accessoire du lit.

S

SABLE.

1. *Enlèvement.* — L'enlèvement du sable est prohibé dans toutes les forêts. V. Enlèvement. Extraction.

2. *Produit.* — Pour son extraction, le sable est considéré comme un menu produit, dans les forêts domaniales, et comme un produit accessoire, dans les forêts communales. (Arr. Min. des 22 juin et 1er septembre 1883. Circ. A 429. Circ. A 842.)

3. *Pénalité.* — Le délit d'enlèvement de sable est puni par l'article 144 du code forestier, et la pénalité varie selon le mode d'enlèvement et les circonstances.

SABOT.

Atelier de fabrication. — La fabrication des sabots, dans le rayon prohibé, ne constitue pas *nécessairement* une infraction à l'article 154 du code forestier, au point de vue de l'établissement d'un atelier à façonner le bois, lorsque cette fabrication est pour la consommation personnelle du propriétaire. (Cass. 14 mars 1850.) V. Atelier. Chantier.

SAISIE.

Adhésion, 9.
Adjudicataire, 9.
Agents, 6.
Attelages, 13 bis.
Avis, 24.
Bestiaux, 4, 12, 13, 14.
Bois de délit, 5.
Bois délivrés, 26.
Chasse, 3.
Clôture, 17.
Copie, 18.
Définition, 1.
Délit, 4.
Dépôt, 11, 18, 19.
Description, 8.
Destruction, 25.
Enregistrement, 21.
Expédition, 19.
Frais, 14.
Gibier, 3.
Greffe, 19.
Indications, 12.
Insolvable, 15.
Instruments, 4.
Instruments de délit, 10. 11.
Irrégularité, 20.
Mainlevée, 23, 24.
Paiement, 14.
Pénalités, 25.
Préposés, 4, 6, 20.
Procès-verbal, 7, 12, 17, 18.
Prohibition, 2.
Prix, 14.
Recherche, 16.
Remise, 10.
Responsabilité, 20.
Saisie-exécution, 22.
Solvable, 15.
Usager, 26.
Valeur, 9.
Vente, 11, 13, 14.
Voitures, 13 bis.

1. *Définition.* — Acte par lequel un fonctionnaire, investi par la loi d'une autorité spéciale, met sous la main de la justice, dans l'intérêt du saisissant ou de la vindicte publique, certains objets qui sont le gage soit de l'exécution d'un contrat, soit d'une condamnation obtenue ou à obtenir.

La saisie conservatoire n'a pour objet que d'arrêter momentanément, entre les mains des tiers, la remise des objets appartenant au débiteur.

2. *Prohibition.* — Seront insaisissables les choses déclarées insaisissables par l'article 592 du code de procédure civile. (Proc. Civ. 581.)

3. *Gibier. Chasse.* — Les gardes qui constatent un délit de chasse ne doivent pas saisir le gibier, quand même il serait sur le sol, près du chasseur et pendant son sommeil. Cette saisie est illégale et donne ouverture, contre son auteur, à une action en dommages-intérêts devant les tribunaux civils. (Grenoble, 11 mars 1879.)

4. *Préposés. Délit. Bestiaux. Instruments.* — Les gardes de l'administration et ceux des particuliers sont autorisés à saisir les bestiaux trouvés en délit, les instruments, voitures, attelages des délinquants et à les mettre en séquestre ; ils suivent les objets enlevés par les délinquants jusque dans les lieux où ils auront été transportés et ils les mettent également en séquestre. (Cod. For. 161, 189. Livr. des préposés, art. 22 et 23.)

5. *Bois de délit.* — Les gardes saisiront les bois coupés en délit, vendus ou achetés en fraude. (Cod. For. 164.)

6. *Agents et préposés.* — Les agents forestiers et les gardes peuvent procéder à la saisie et au séquestre des objets de délit et faire les saisies conservatoires (en garantie), dans les cas des articles 36 et 40 du code forestier (écorcement de bois sur pied, retard d'exploitation et de vidange, bois coupé en délit).

7. *Procès-verbal.* — Toute saisie de bois, instruments, attelages, etc., doit être constatée par procès-verbal. (Circ. A 349. Livret des préposés, art. 23.)

8. *Description.* — On doit faire connaître la nature des objets saisis et donner leur description exacte. (Livret des préposés, art. 23.)

9. *Adjudicataire. Valeur. Adhésion.* — Lorsqu'un procès-verbal porte saisie contre un adjudicataire dont la solvabilité est bien établie, on peut ne pas procéder à cette formalité, si l'adjudicataire consent à donner, sur le procès-verbal même, son adhésion à la valeur attribuée aux produits de sa coupe et qui font l'objet de la saisie (retard de vidange). (Lettre de l'Admin. du 19 octobre 1848, nº 5341.)

10. *Instruments. Remise.* — Les instruments de délit doivent être saisis ; mais, si le délinquant ne veut pas les remettre, on en constate la saisie dans le procès-verbal, en indiquant que les instruments sont restés entre les mains des délinquants.

11. *Instruments. Dépôt.* — Les instruments de délit et autres objets saisis, qui peuvent être conservés sans frais, sont déposés au greffe du tribunal. Sur la remise qui en est faite par le greffier au receveur des domaines, les objets saisis sont vendus par cet agent, au profit de l'Etat.

12. *Bestiaux. Procès-verbal. Indications.* — En cas de saisie de bestiaux, le procès-verbal qui en sera dressé contiendra : 1º la désignation détaillée des bestiaux ; 2º l'indication de la personne qui en est propriétaire, si elle est connue, ou la mention des recherches faites pour la découvrir ; 3º les nom, profession et demeure de l'individu à la garde duquel les animaux saisis étaient confiés. (Circ. A 349.)

13. *Bestiaux. Vente.* — Si les bestiaux saisis, dans tous les bois en général, ne sont pas réclamés dans les cinq jours qui suivent le séquestre ou s'il n'est pas fourni bonne et valable caution, le juge de paix doit en ordonner la vente aux enchères, au marché le plus voisin. (Cod. For. 169, 189.) V. Vente.

13 *bis*. *Voiture attelée. Voiture sans attelage.* — Quand un procès-verbal de délit pour coupe de bois a donné lieu à la saisie d'une voiture attelée, on peut faire vendre les attelages. Peu importe que les voitures aient été saisies avec ou sans attelages ; elles ne peuvent pas être vendues sur l'ordre du juge de paix. (Rép. For. t. XVII, p. 21.)

14. *Bestiaux saisis et vendus. Prix. Paiement des frais.* — Lorsque le tribunal n'a prononcé ni confiscation, ni attribution à des tiers, le prix de vente des animaux saisis en délit peut être employé au paiement des condamnations pécuniaires prononcées. Lorsqu'il s'agira de bestiaux saisis dans un bois soumis au régime forestier, le percepteur chargé du recouvrement des condamnations demandera au trésorier général de provoquer le paiement près du ministre de l'agriculture. (Lettre du directeur de la comptabilité publique du 30 janvier 1879. Circ. N 242.)

15. *Délinquant. Solvabilité.* — La saisie des bestiaux n'est pas obligatoire ou nécessaire, lorsque les délinquants sont solvables ; mais, pour les délinquants insolvables, les gardes doivent toujours saisir les bois de délit, soit pour en priver le délinquant, qui en fait quelquefois commerce, soit pour en conserver la propriété à l'Etat ou à la commune.

16. *Recherche.* — Les gardes se livreront à toutes les recherches propres à faire découvrir le propriétaire des animaux saisis en délit. (Circ. A 349. Livret des préposés, art. 24.)

17. *Procès-verbaux. Clôture.* — Dans les procès-verbaux portant saisie, il sera bon d'indiquer l'heure, dans la date de la clôture ou dans l'affirmation.

18. *Procès-verbal. Copie. Dépôt.* — Quand le procès-verbal porte saisie, pour tous les bois en général, aussitôt après l'affirmation, il en est fait une expédition, qui sera déposée, dans les vingt-quatre heures, au greffe de la justice de paix du canton, pour qu'il puisse en être donné communication à ceux qui réclameraient les objets saisis. (Cod. For. 167, 189. Loi du 18 juin 1859. Livret des préposés, art. 23.)

Cette copie sera signée par le garde et le séquestre, ou, s'il ne sait signer, il en sera fait mention. (Ord. 183. Circ. A 349. Livret des préposés, art. 24.)

19. *Expédition. Dépôt. Greffe.* — Lorsque les procès-verbaux porteront saisie, l'expédition qui, aux termes de l'article 167 du code forestier, doit en être déposée au greffe de la justice de paix, dans les vingt-quatre heures après l'affirmation, sera signée et remise par l'agent ou le garde qui aura dressé le procès-verbal. (Ord. 183.)

20. *Irrégularité. Garde. Responsabilité.* — L'absence du dépôt au greffe de la justice de paix, dans le délai de vingt-quatre heures, de l'expédition d'un procès-verbal portant saisie n'est pas une cause de nullité pour le procès-verbal ; seulement, elle expose le garde rédacteur à une action civile en dommages-intérêts de la part du propriétaire des objets saisis, pour l'avoir empêché ou retardé d'exercer son droit de réclamation.

21. *Enregistrement.* — Les saisies-arrêts sont enregistrées au droit fixe de 2 francs, en principal. (Loi du 18 mai 1850, art. 8. Loi du 28 avril 1893, art. 22. Instr. des domaines du 15 mai 1893.)

22. *Saisie-exécution.* — Les gardes ne peuvent pas procéder aux saisies-exécutions. (Cod. For. 173.)

23. *Mainlevée.* — Les juges de paix peuvent donner mainlevée provisoire des objets saisis, dans tous les bois en général, à la charge du paiement des frais de séquestre et moyennant bonne et valable caution. En cas de contestation sur la solvabilité de la caution, il est statué par le juge de paix. (Cod. For. 168, 169. Loi du 18 juin 1859.)

Dans ce cas, les agents ont le droit de présenter des observations devant le juge de paix. V. Séquestre.

24. *Mainlevée. Avis.* — Lorsque le juge de paix aura accordé la mainlevée provisoire des objets saisis, il en donnera avis à l'agent forestier local. (Ord. 184.)

25. *Destruction. Pénalités.* — Le saisi qui aura détruit ou détourné ou tenté de détruire ou de détourner les objets saisis sur lui et confiés à sa garde sera puni, savoir :

Prison : 2 mois à 2 ans. (Cod. Pén. 400, 406.)
Amende : maximum, le quart des restitutions et dommages-intérêts ; minimum, 25 fr. (Cod. Pén. 400, 406.)
Facultatif : interdiction des droits civils, civiques et de famille, 5 à 10 ans. (Cod. Pén. 400, 405, § 2.)
Si l'auteur du délit est un garde, le maximum de la prison est augmenté du tiers en sus. (C. P. 400, 462.)

Si la garde des objets avait été confiée à un tiers, le saisi qui les aura détruits ou tenté de détruire sera puni, savoir :

Prison : 1 à 5 ans. (Cod. Pén. 400, 401.)
Amende : 16 à 500 francs. (Cod. Pén. 400, 401.)
Facultatif : interdiction des droits civils, civiques et de famille, 5 à 10 ans. (Cod. Pén. 400, 401.)
Facultatif : surveillance de la haute police, 5 à 10 ans. (Cod. Pén. 400, 401.)
Si l'auteur du délit est un garde ou un officier de police, le maximum de la prison est augmenté du tiers en sus. (Cod. Pén. 400, 462.)

26. *Bois délivrés. Usager.* — Lorsqu'un usager néglige d'employer dans le délai légal les bois délivrés, l'action en validité de la saisie de ces bois doit être portée devant les tribunaux correctionnels par l'administration forestière, quoiqu'il n'y ait aucune peine, et les frais sont à la charge de l'usa-

ger qui a refusé d'obtempérer à la saisie. (Metz, 12 juin 1867.)

SAISIE-ARRÊT.

1. *Ouvrier. Salaire.* — Le salaire d'un ouvrier peut être déclaré insaisissable, comme ayant un caractère alimentaire, lorsqu'il est constant qu'il est nécessaire au saisi pour subvenir aux besoins de sa famille. (Trib. de Limoges, 20 juin 1893. Circ. N 463.) V. Opposition.

2. *Traitement.* — Les saisies que les créanciers peuvent faire opérer sur les traitements fixes des agents et préposés sont du cinquième sur les premiers 1000 francs et sur toutes les sommes au dessous; du quart sur les 5000 francs suivants et du tiers sur la portion excédant 6000. (Loi du 21 ventôse an IX.)

SALADE CHAMPÊTRE.

Tolérance. — L'enlèvement de la salade champêtre n'est généralement pas considéré comme un délit. Cette récolte s'effectue par simple tolérance. V. Enlèvement. Herbe.

SALAIRE.

Préposés communaux. Mandatement. — Les salaires des préposés forestiers communaux qui étaient mandatés par trimestre seront dorénavant payés par mois et à terme échu, à condition que les ressources spéciales centralisées au compte des cotisations municipales seront suffisantes pour y faire face. (Arr. du Min. des finances du 14 mars 1894. Circ. N 475.) V. Dépense communale. Grève. Ouvrier. Saisie-arrêt. Traitement.

SALUT. V. Honneurs militaires.

SALUTATIONS.

Suppression. — Les formules de salutation à la fin des lettres ont été supprimées. (Circ. N 294. Notes des 17 décembre 1883 et 22 mai 1886.)

SALLE.

Frais. — Les frais d'appropriation ou location des salles pour l'adjudication de travaux sont à la charge de l'administration; ils sont liquidés par les conservateurs d'après un prix autant que possible convenu d'avance. (Circ. N 22, art. 214, 216.)

Un nouveau tarif des frais pour appropriation des salles a été fixé par la circulaire N 469. V. Tarif.

SANGLIER.

1. *Dégâts. Responsabilité. Négligence.* — Le propriétaire n'est responsable des dégâts causés par les sangliers sortis de son bois, qu'autant qu'il néglige de procéder à leur destruction, quand il en est requis par les riverains lésés, ou qu'il refuse à ceux-ci l'autorisation de les détruire eux-mêmes. (Cass. 31 mai 1869.)

2. *Fermier. Dommages. Responsabilité.* — Le fermier de la chasse dans les forêts domaniales est responsable des dommages causés par les sangliers, lorsqu'il est constaté qu'ils se sont multipliés par sa faute et qu'il n'a pas usé de son droit de chasse. (Cass. 17 février 1864.)

3. *État. Responsabilité. Compétence.* — L'Etat est responsable, comme les particuliers, du dommage causé à autrui par son fait. L'autorité judiciaire est compétente pour connaître de l'action en responsabilité dirigée contre lui, en tant que propriétaire et personne civile.

Le juge civil, saisi d'une action en dommages aux champs, dirigée contre l'Etat à raison des dégâts causés par les sangliers sortant d'une forêt domaniale, fait une application régulière du principe de la responsabilité de l'État et de l'article 1383 du code civil, lorsqu'il ordonne la preuve des faits constitutifs de la négligence imputée à l'Etat, propriétaire d'une forêt isolée, où il aurait laissé se multiplier des sangliers, en s'opposant à leur destruction par les tiers et en ne faisant pratiquer lui-même aucune battue. (Cass. 10 avril 1883.)

4. *Animaux nuisibles. Battues. Forêts particulières.* — Des battues aux sangliers considérés comme animaux nuisibles peuvent être ordonnées par les préfets, dans les forêts particulières, pour en opérer la destruction, lorsque leur trop grande multiplication dans un pays rend cette mesure nécessaire. (Cons. d'Etat, 1er avril 1881.)

5. *Animaux nuisibles. Destruction. Conditions. Battues. Chasse à courre. Invités.* — La destruction des sangliers, sur le terrain d'autrui et sans le consentement du propriétaire, n'est autorisée, aux termes des articles 2, 3, 4 et 5 de l'arrêté du 19 pluviôse an V, toujours en vigueur, qu'en vertu ou d'un arrêté préfectoral ordonnant une battue, ou d'une permission de chasse individuelle délivrée par le préfet.

Le piqueur qui appuie les chiens commet le délit de chasse aussi bien que son maître, sous les ordres duquel il agit.

Mais il n'en est pas de même des invités suivant à cheval la chasse à courre.

Ils ne sont pas présumés en action de chasse, s'ils ne se sont pas servis de leurs armes ou n'ont pas donné de la trompe, se bornant au rôle de simples spectateurs. (Angers, 2 mai 1881.)

6. *Destruction. Dévastation. Chasse close.* — Le propriétaire d'un terrain ne commet pas de délit en tuant avec une arme à feu,

après la fermeture de la chasse, les animaux malfaisants, spécialement des sangliers, au moment où ils causent des dévastations dans sa propriété, bien qu'il ne soit pas muni préalablement de l'autorisation prescrite par les arrêtés préfectoraux. (Paris, 30 avril 1881.)

7. *Sanglier blessé mortellement. Enlèvement. Terrain d'autrui.* — Le cultivateur qui, ayant blessé mortellement un sanglier au moment où il causait un dommage à sa propriété, va chercher et enlever cet animal sur le terrain d'autrui, où il est tombé mort, ne commet aucun délit. (Rouen, 21 décembre 1879.)

8. *Sanglier blessé. Terrain d'autrui. Destruction.* — Le chasseur qui, un gibier n'étant que blessé, tire sur lui pour l'achever, dans une propriété où il n'a pas le droit de chasser, commet un délit de chasse sur le terrain d'autrui. Ce délit existe quand même le gibier blessé serait un sanglier, achevé alors qu'il était en lutte sanglante avec les chiens. (Cass. 28 août 1868.)

9. *Transport. Vente. Colportage.* — Le transport, la vente et le colportage des sangliers peuvent s'effectuer pendant la fermeture de la chasse, sous la condition que chaque envoi soit accompagné d'un certificat de provenance et d'une autorisation de transport délivrée par le préfet ou le sous-préfet.

Mais cette condition n'est pas exigée pour le transport, la vente et le colportage des sangliers tués comme animaux nuisibles, soit dans une battue, soit isolément..., ni dans le cas où les sangliers proviendraient de l'étranger; nulle difficulté ne doit être opposée à leur introduction en France. (Circ. du ministre de l'intérieur, 16 juin 1881.)

SANGSUE.

Entretien. — Les adjudicataires devront rétablir les sangsues (fossés) endommagées ou détruites par le fait de l'exploitation. (Cah. des ch. 33. Circ. N 22, art. 330.)

En cas d'inexécution, pas de pénalité; l'administration fait effectuer les travaux aux frais des adjudicataires. (Cod. For. 41.)

SAPIN.

1. *Classification.* — Arbre de 1re classe. (Cod. For. 192.)

2. *Futaie.* — Le sapin est un arbre de haute futaie. (Besançon, 12 août 1852.)

3. *Dimension. Classement.* — Dans les forêts résineuses jardinées, les sapins ayant moins de 0m,20 de diamètre, à un mètre du sol, ne doivent pas être estimés comme bois, mais réunis au sol comme valeur d'avenir. (Montpellier, 19 juin 1882.)

SARCLAGE.

1. *Marchés.* — Les conservateurs approuvent les marchés concernant les sarclages. (Circ. A 797. Circ. N 416.)

2. *Entretien.* — Les dépenses pour sarclages dans les jeunes peuplements naturels ou artificiels (repeuplements, dunes, reboisements, pépinières) sont considérées comme travaux d'entretien. (Circ. N 22, art. 25.)

3. *Prestation.* — Les sarclages peuvent s'effectuer au moyen des journées de prestation, après l'autorisation du conservateur. (Circ. N 22, art. 319 et 320.)

SARTAGE.

Définition. — Mode d'exploitation des taillis, qui consiste à cultiver les céréales à chaque coupe, pendant un an ou deux, après avoir brûlé au préalable le menu bois et les broussailles. Les prix des sarts (redevance) doivent être compris dans la valeur des coupes délivrées en nature, pour le paiement du vingtième pour frais d'administration. (Lettre de l'Admin. du 26 juin 1868.) V. Défrichement.

SAULE.

Classification. — Arbre de 2me classe. (Cod. For. 192.)

SAVOIE. V. Annexion. Frontière. Régime forestier.

SCEAU.

1. *Marque. Type.* — Le sceau de l'Etat portera d'un côté, pour type, la figure de la liberté et pour légende : *Au nom du peuple français*, et de l'autre côté, une couronne de chêne et d'olivier, liée par une gerbe de blé; au milieu de la couronne : *République française, démocratique, une et indivisible*, et pour légende : *Liberté, égalité, fraternité.*

Les sceaux, timbres et cachets des magistrats et officiers ministériels porteront pour type la figure de la liberté, comme pour le sceau de l'Etat ; pour exergue : *République française*, et pour légende, le titre des autorités ou officiers ministériels. (Décr. du 25 septembre 1870.)

2. *Administration.* — Il est défendu de mettre sur les cachets ou timbres en usage dans les administrations publiques l'aigle, le triangle ou le bonnet phrygien, avec ou sans pique. On peut mettre les armoiries des villes ou le nom de la commune entouré d'une couronne de chêne ou de laurier, ou adopter le sceau du Bulletin des lois. (Décr. du 15 avril 1872.)

3. *Administration. Type. Marque.* — Les sceaux en usage dans les administrations

doivent porter pour type la marque du sceau de l'Etat, et pour légende, le titre de l'administration ou de l'autorité publique pour laquelle ils sont employés. (Loi du 2 décembre 1852, art. 2.)

4. *Place. Apposition.* — Le sceau doit être apposé près de la signature, pour en faire reconnaître l'authenticité. (Instr. Min. de l'intérieur du 15 mars 1836.)

SCHLITTE.

1. *Définition.* — Traîneau servant à la vidange des bois.

Lorsque la déclivité du sol ne permet pas d'établir des chemins de voiture, on peut proposer des chemins de schlitte, auxquels on donne une largeur de 1m,50 à 1m,80 environ. (Circ. A 845.)

2. *Chemin. Frais.* — Un chemin de schlitte coûte à construire environ, y compris la valeur des bois et à raison de 2 fr. 60 la journée de travail : 0 fr. 65 par mètre courant, sur une largeur de 1m,80, et 0 fr. 45 seulement, si cette largeur est réduite aux dimensions plus ordinaires de 1 mètre à 1m,30. Les frais annuels d'entretien varient de 3 à 5 centimes par mètre, suivant que les traverses sont en sapin ou en hêtre. (Circ. N 22, art. 76.)

3. *Établissement.* — Les chemins de schlitte n'exigent le plus souvent que des terrassements sans importance, et, à cause de leur pente, ils permettent d'abréger le développement du tracé. (Circ. A 845.)

SCHISTE. V. Enlèvement. Extraction. Mine. Pierre.

SCIE.

1. *Port. Pénalités.* — Le port d'une scie hors des routes et chemins ordinaires est puni, savoir :

Amende, le jour....	10 francs. (Cod. For. 146.)
Le jour avec récidive, la nuit ou la nuit avec récidive,	20 francs. (C. F. 146, 201.)

Confiscation de la scie. (Cod. For. 146, 198.)

Les ouvriers des adjudicataires, en allant ou en revenant des coupes, ne sont pas soumis à ces pénalités. V. Instrument tranchant.

2. *Confiscation.* — Les scies trouvées entre les mains des délinquants ou de leurs complices seront confisquées. (Cod. For. 198.)

3. *Usage. Peines.* — Les peines seront doublées, lorsque les délinquants auront fait usage de la scie pour commettre les délits. (Cod. For. 201. Loi du 18 juin 1859.)

4. *Emploi. Fait.* — La constatation de l'emploi de la scie constitue un fait matériel. (Cass. 10 décembre 1869.)

5. *Adjudicataire. Emploi.* — Si l'adjudicataire a fait usage de la scie pour abatage d'arbres réservés, l'amende du tiers en sus, édictée par l'article 34 du code forestier, doit être doublée. (Cass. du 26 décembre 1833.)

6. *Bois de délit.* — Le détenteur d'un arbre coupé en délit à la scie encourt, par ce fait seul, l'application de cette circonstance aggravante. (Cass. 10 décembre 1829.)

SCIERIE.

SECT. I. — ÉTABLISSEMENT, ENTRETIEN, 1 — 17.

SECT. II. — AUTORISATION, FORMALITÉS, 18 — 26.

SECT. III. — JOUISSANCE, INTRODUCTION DE BOIS, 27 — 38.

Abatage, 10.
Acquisition, 12.
Agent, 1.
Arbre, 27, 28.
Autorisation, 7, 19.
Avant-projet, 3, 6.
Barrage, 8.
Bief, 9 bis.
Bille, 27, 28, 38.
Bonne foi, 29.
Chantier, 30, 31.
Concession, 14.
Constatation, 38.
Construction, 1.
Corse, 15.
Coupe, 12.
Décision, 10.
Déclaration, 28, 29.
Délai, 28.
Démolition, 20, 23.
Dépense, 4.
Déversoir, 7.
Emplacement, 4, 38.
Entrepôt, 32.
Envoi, 2 bis.
Etablissement, 7, 18.
Etablissement antérieur au code forestier, 21.
Frais de réparation, 11.
Impôt, 16.
Incendie, 25.
Indications, 3.
Introduction, 27, 28, 35.
Location, 13.
Maintien, 26.
Marque, 27, 28, 33, 34, 35, 36, 37.
Modification, 7.
Moteur, 6.
Patente, 17.
Pénalités, 18, 27, 33.
Plan, 5, 12.
Population agglomérée, 22, 36.
Position, 4.
Prescription, 20.
Projets, 2, 2 bis.
Proposition, 3.
Rapport, 12.
Règlement d'eau, 6, 9.
Reconstruction, 24, 25.
Travaux, 2.
Tronce, 27, 28.
Village, 22.

V. Barrage. Bille. Construction. Cours d'eau. Destruction. Déversoir. Tronce.

SECT. I. — ÉTABLISSEMENT. ENTRETIEN.

1. *Construction. Agent.* — La construction des scieries rentre dans les attributions du service spécial, mais on peut cependant en charger les chefs de cantonnement. (Circ. A 575 ter. Circ. A 604.)

2. *Travaux. Projets.* — Lorsqu'il s'agit de travaux de construction de scieries dans les bois domaniaux, les agents dressent un avant-projet que le chef de service soumet au conservateur. (Circ. N 22, art. 5.)

2 bis. *Projets. Envoi.* — Les projets des travaux neufs concernant les scieries doivent être adressés à l'administration, au fur et à mesure de leur préparation et pendant les

six premiers mois de chaque année pour l'année suivante. (Lettre de l'Admin. 29 septembre 1873.)

3. *Proposition. Avant-projet. Indications.* — Lorsqu'un agent se trouve dans le cas de proposer la construction d'une scierie, il produit un avant-projet où il expose toutes les considérations propres à en faire ressortir l'utilité; il s'explique sur la nature du moteur à employer (machine hydraulique ou à vapeur). Quand il s'agit d'une machine hydraulique, il indique si elle sera exposée à des chômages annuels par manque ou par crues d'eau et si le cours d'eau qui doit en assurer le roulement est ou non libre de toute servitude et de toute concession. (Circ. N 22, art. 146.)

4. *Emplacement. Position. Dépense.* — On désigne la position la plus utile, au double point de vue de la production, de la consommation et de la facilité des transports.

On établit le montant de la dépense de construction et des frais accessoires, les espèces et quantités de marchandises que l'usine sera susceptible de produire dans un temps donné, les besoins et les ressources locales, enfin le bénéfice net qui pourra en résulter pour le Trésor. (Circ. N 22, art. 147.)

5. *Plans.* — Le conservateur fait, après l'approbation de l'avant-projet, dresser les plans et devis définitifs, lesquels forment deux projets distincts, quand le mécanisme ne doit pas être fourni par l'entrepreneur des constructions. (Circ. N 22, art. 149.)

6. *Avant-projet. Moteur. Règlement d'eau.* — Si l'avant-projet est approuvé et si l'usine doit avoir un cours d'eau pour moteur, le conservateur se pourvoit auprès du préfet pour en obtenir le règlement, conformément aux articles 16, titre II, de la loi du 6 octobre 1791 et 640 du code civil et au décret du 25 mars 1852. (Circ. N 22, art. 148.)

7. *Établissement. Autorisation. Déversoir. Modification.* — L'autorisation d'établir une scierie sur un cours d'eau qui n'est ni navigable, ni flottable, est accordée par le préfet, sur l'avis des ingénieurs. Il fixe également la hauteur du déversoir et autorise la construction des barrages. (Décr. du 25 mars 1852.)

Lorsqu'il y a lieu de modifier le déversoir d'une scierie existante, le conservateur s'adresse au préfet. (Circ. N 22, art. 150.)

8. *Barrage.* — Si la scierie autorisée a besoin d'un barrage, on doit en faire fixer la hauteur par le préfet. V. Barrage.

9. *Règlement d'eau.* — Le préfet fixe et modifie le règlement d'eau (niveau) des scieries existantes qui n'ont pas d'autorisation régulière. (Décr. du 25 mars 1852.)

9 bis. *Bief.* — Si le bief artificiel qui conduit à une usine l'eau nécessaire à son fonctionnement industriel est présumé appartenir à ladite usine, cette présomption est inapplicable au cas où le canal d'amenée a le caractère d'un cours d'eau naturel et n'a pas été créé en vue du service de l'usine. (Cass. 7 juin 1893.)

10. *Décisions. Abatage.* — Les décisions régulières qui autorisent des travaux d'amélioration (scierie), dans les bois soumis au régime forestier, autorisent implicitement les abatages que ces travaux occasionnent. (Décis. Min. du 15 mai 1862. Circ. A 819.)

11. *Frais de réparation.* — Les frais de réparation des scieries sont classés comme travaux d'entretien. (Circ. N 22, art. 25.)

12. *Acquisition. Rapport. Plans. Coupes.* — Pour les projets d'acquisition de scieries, il y a lieu de fournir, outre les renseignements ordinaires sur les propositions d'acquisition, des projections, plans, coupes et élévations des différentes constructions et d'établir le devis approximatif des travaux de réparation, d'appropriation ou d'amélioration qu'il conviendrait d'y exécuter. (Circ. N 6, art. 3.)

13. *Location.* — La location des scieries, dans les bois domaniaux, est considérée comme menus produits. (Arr. Min. du 22 juin 1838. Circ. A 429. Circ. A 842.)

14. *Concession.* — Les établissements de scieries, dans les forêts domaniales, peuvent être l'objet de concessions, avec jouissance temporaire au profit des constructeurs, avec ou sans redevance, avec ou sans subvention.

Ces concessions sont faites soit directement, soit par adjudication. Elles sont autorisées par le ministre, lorsque la durée n'en excède pas neuf ans. (Circ. N 22, art. 297 et 299.)

15. *Corse.* — L'administration pourra, à l'expiration de l'exploitation à long terme des forêts de la Corse, reprendre aux adjudicataires, au taux de l'estimation, les scieries construites à la distance de 2000 mètres des forêts. (Loi du 16 juillet 1840.)

16. *Impôt.* — Une scierie établie par l'administration, dans un bois domanial, et mise gratuitement à la disposition des adjudicataires ne peut être considérée ni comme une dépendance de ce bois, ni comme affectée à un service public; en conséquence, l'Etat doit être assujetti, pour cette scierie, à la contribution foncière et à la contribution des portes et fenêtres. (Cons. d'Etat, 18 juin 1860.)

17. *Patente.* — Le propriétaire qui se sert d'une scierie mécanique, pour convertir en planches les bois provenant exclusivement de ses propriétés, ne doit pas être assujetti à la patente comme exploitant une scierie mécanique. (Cons. d'Etat, 25 juin 1857.)

SECT. II. — AUTORISATION. FORMALITÉS.

18. *Établissement. Pénalités.* — L'établissement ou la construction d'une scierie dans

l'enceinte et à moins de deux kilomètres des bois et forêts soumis au régime forestier et sans l'autorisation du préfet (Décr. du 25 mars 1852) est puni, savoir :

Amende : 100 à 500 francs. (Cod. For. 155.)

Démolition dans le mois à dater du jugement qui l'aura ordonnée. (Cod. For. 155.)

Excepté si elle fait partie d'une population agglomérée. (Cod. For. 156.)

Les scieries autorisées sont soumises aux visites des agents et gardes forestiers, qui peuvent y faire toutes perquisitions sans l'assistance d'un officier public, pourvu que les gardes ou agents se présentent au nombre de deux au moins ou que l'agent ou le garde soit accompagné de deux témoins domiciliés dans la commune. (Cod. For. 157.)

19. *Autorisation.* — L'autorisation des scieries doit précéder la construction.

20. *Prescription. Démolition.* — L'article 155 du code forestier est applicable aux scieries établies, avant la promulgation dudit code, à distance prohibée des bois soumis au régime forestier. Cependant, un propriétaire de scierie établie depuis plus de trente ans pourrait invoquer la prescription, pour conserver son usine, mais non pas pour l'agrandir ou en établir une nouvelle. (Cass. 5 février 1841.)

21. *Etablissement antérieur au code forestier.* — L'article 155 du code forestier est applicable aux scieries établies avant ce code et pour la conservation desquelles on ne se prévaut ni de titres, ni de la prescription trentenaire. (Grenoble, inédit, 27 août 1835.)

22. *Village. Population agglomérée.* — Les scieries faisant partie de ville ou village (population agglomérée), quoique à distance prohibée, ne sont point soumises aux visites des agents et préposés forestiers, et les arbres débités ne sont point soumis à la marque des mêmes agents et préposés forestiers. (Cass. 22 février 1834.)

23. *Démolition.* — La démolition de la scierie ne pourrait pas être prononcée, si les propriétaires avaient acquis par prescription le droit de la conserver (prescription : trente ans). Elle ne pourra être prononcée qu'envers les établissements pour lesquels il n'y a pas eu d'autorisation régulière et dans certaines conditions.

24. *Reconstruction.* — Le propriétaire d'une scierie à distance prohibée ne peut pas la reconstruire sans l'autorisation du préfet, alors même que cette usine serait d'une origine antérieure au code forestier et qu'elle aurait été détruite par malveillance, ou qu'elle tomberait en ruine. (Cass. 5 février 1841. Cass. 5 janvier 1856.)

25. *Incendie. Reconstruction.* — Une scierie construite antérieurement au code forestier et incendiée sous l'empire de ce code ne peut être reconstruite sans autorisation. (Chambéry, 16 mai 1874.)

26. *Maintien.* — Le maintien des scieries temporaires, de même que leur établissement, est autorisé par le préfet ; lorsque ces établissements sont dans l'intérieur ou à distance prohibée des forêts soumises au régime forestier, le conservateur fixe les conditions.

SECT. III. — JOUISSANCE. INTRODUCTION DES BOIS.

27. *Introduction. Bille. Arbre. Tronce. Marteau. Pénalités.* — Aucun arbre, bille ou tronce ne pourra être reçu dans les scieries autorisées, sans avoir été préalablement reconnu par le garde forestier du triage et marqué de son marteau, ce qui devra avoir lieu dans les cinq jours de la déclaration qui en aura été faite, sous peine, contre les exploitants de la scierie, savoir :

Amende : 50 à 300 francs (Cod. For. 158.)

En cas de récidive, *amende :* 100 à 600 francs. (Cod. For. 158, 201.)

Fermeture facultative de l'usine, qui pourra être ordonnée par le tribunal. (Cod. For. 158.)

28. *Introduction des bois. Déclaration. Marque. Délai.* — Les possesseurs des scieries dont il est fait mention en l'article 155 du code forestier seront tenus, chaque fois qu'ils voudront faire transporter dans ces scieries ou dans les bâtiments et enclos qui en dépendent des arbres, billes ou tronces, d'en remettre à l'agent forestier local une déclaration détaillée, en indiquant de quelles propriétés ils proviennent.

Ces déclarations énonceront le nombre et le lieu de dépôt des bois ; elles seront faites en double minute, dont une sera visée et remise au déclarant par l'agent forestier, qui en tiendra un registre spécial.

Les arbres, billes ou tronces seront marqués, sans frais, par le garde forestier du triage ou par un des agents forestiers locaux, dans le délai de cinq jours après la déclaration. (Ord. 180.)

29. *Déclaration. Bonne foi.* — On ne peut considérer comme une preuve de l'accomplissement des formalités prescrites par l'article 158 du code forestier et de l'article 180 de l'ordonnance réglementaire la déclaration d'un garde forestier, entendu comme témoin, de laquelle il résulterait qu'il a marqué de son marteau des billes destinées à être sciées, alors que l'exploitant de la scierie n'a pas fait la déclaration prescrite par l'article 180 de l'ordonnance et qu'aucune des formalités réglementaires n'a été accomplie.

La bonne foi du prévenu, fût-elle prouvée, ne peut faire disparaître le délit. (Grenoble, 6 mai 1885.)

30. *Chantier.* — Le chantier attenant à une scierie est considéré comme faisant

partie de l'usine. (Cass. 13 mars 1829 et 14 avril 1837.)

31. *Chantier.* — Le chantier attenant à une scierie en fait partie, quelles que soient les conditions dans lesquelles il se trouve. (Chambéry, 27 avril 1876.)

32. *Entrepôt.* — Doit être réputé chantier d'une scierie, un terrain situé entre une voie publique et cette scierie, alors que les faibles dimensions de l'usine ne permettent pas d'y introduire toutes les billes destinées à y être sciées. (Grenoble, 6 mai 1885.)

33. *Bois non marqués. Pénalités.* — La pénalité de l'article 158 du code forestier s'applique à tous les bois introduits dans une scierie, sans distinguer si les bois ont été abattus en fraude ou légalement exploités. (Cass. 14 avril 1837.)

34. *Marque des bois.* — Les dispositions de l'article 158 du code forestier relatives à la marque des bois ne s'appliquent qu'aux scieries autorisées à moins de 2000 mètres des bois et forêts, et ne faisant pas partie d'une population agglomérée. (Cass. 22 février 1834.)

35. *Bois non marqués. Introduction.* — Le propriétaire d'une scierie autorisée, qui introduit dans son usine et dans son chantier ou dépôt attenant à l'usine des bois non marqués ou reconnus par le garde, se rend coupable du délit prévu et puni par l'article 158 du code forestier, quand bien même il aurait requis, en vertu de l'article 180 de l'ordonnance, le garde de venir marquer lesdits bois déposés dans le chantier de l'usine. (Cass. 14 avril 1837.) V. Bois de délit.

36. *Bois non marqués. Population agglomérée.* — Le propriétaire d'une scierie établie à distance prohibée ne peut échapper à la peine édictée par l'article 158 du code forestier, pour introduction des bois non marqués, qu'en prouvant que son usine fait partie d'une population agglomérée. (Nancy, 3 décembre 1861.)

37. *Marque des bois.* — Les scieries non autorisées, mais qui ont acquis par prescription le droit d'être maintenues dans la zone prohibée, sont soumises à la marque des billons ou tronces. (Cass. 20 octobre 1835.)

38. *Bille. Emplacement. Constatation.* — La constatation que l'emplacement sur lequel se trouvaient des billes non marquées, destinées à l'exploitation d'une scierie, fait partie du chantier de cette scierie, constitue un fait matériel. (Cass. 13 mars 1829.)

SCIURE.

Enlèvement. Travaux. Pénalités. — Les clauses spéciales imposent quelquefois aux adjudicataires l'obligation de brûler ou de répandre la sciure accumulée sur les places d'ateliers, loges ou baraques.

L'article 33 du cahier des charges, prescrivant d'ailleurs de faire niveler et replanter les places d'ateliers, impose, par conséquent, l'obligation de faire disparaître les amas de sciure qui seraient un obstacle à la végétation. En cas d'inexécution, pas de pénalité; l'administration fait effectuer les travaux aux frais des adjudicataires. (Cod. For. 41.)

On pourrait considérer la sciure comme un produit de la coupe et son non-enlèvement constituerait alors un retard de vidange, passible, savoir :

Amende : 50 à 500 francs. (Cod. For. 40.)
Dommages-intérêts : minimum, amende simple ou égale à la valeur des produits. (Cod. For. 40.)

SÉCHERESSE.

Cas fortuit. Bail. — La sécheresse ne peut être considérée comme un événement fortuit et imprévu, motivant une diminution de loyer. (Besançon, 3 janvier 1894.)

SÉCHERIE.

1. *Proposition. Rapport. Renseignements.* — Lorsque les agents reconnaissent la possibilité de construire une sécherie de graines forestières, ils doivent indiquer, dans leurs propositions, la contenance totale des forêts domaniales et communales où les cônes peuvent être récoltés, la distance des lieux de production, le rendement moyen annuel des forêts en hectolitres de cônes, les frais de cueillette et de transport, l'indemnité à payer aux communes pour la récolte dans leurs bois, les frais probables de la manipulation et le prix présumé de revient du kilogramme de graines ailées et désailées, le système de séchoir à adopter, soit à calorifère, soit à étuve, les dimensions principales des bâtiments et la dépense approximative de la construction. (Circ. N 22, art. 62.)

2. *Acquisition.* — Pour les propositions d'acquisition de sécherie, il y a lieu, outre les renseignements ordinaires sur les projets d'acquisition, de fournir des projections, plans, coupes et élévations des différentes constructions et d'établir le devis approximatif des travaux de réparation, d'appropriation ou d'amélioration qu'il conviendrait d'y exécuter. (Circ. N 6, art. 3.)

3. *Concession.* — Les sécheries des graines peuvent faire l'objet de concession avec jouissance temporaire, au profit des constructeurs, avec ou sans redevance, avec ou sans subvention. (Circ. N 22, art. 297.)

4. *Réparations.* — Les réparations des sécheries sont considérées comme travaux d'entretien. (Circ. N 22, art. 25.)

5. *Direction. Etat des travaux. Renseignements.* — Les agents ou préposés qui diri-

gent l'exploitation des sécheries inscrivent sur un registre spécial, au fur et à mesure de chaque opération :

1o Les quantités de cônes ou de graines récoltées ou achetées ;

2o Le prix de récolte ou d'achat et de transport, par unité de mesure ou de poids;

3o Les quantités de graines ailées ou désailées obtenues après la manipulation;

4o Les frais de manipulation;

5o Les quantités de graines livrées sur l'ordre du conservateur. (Circ. N 22, art. 61.)

6. *Ressources en graines. Etat.* — Les conservateurs qui ont des sécheries dans leur circonscription doivent faire connaître à l'administration, avant le 1er novembre de chaque année :

1o Les ressources en graines de chaque espèce qui pourront être disponibles vers le mois de mars suivant;

2o La quantité de graines ailées ou désailées restant disponibles, distraction faite de ce qui est nécessaire pour les besoins de leur service. (Circ. N 22, art. 60.)

SECOURS.

SECT. I. — ASSISTANCE, 1.

SECT. II. — ADMINISTRATION FORESTIÈRE, 2 — 25.

§ 1. *Régime de la loi du 9 juin 1853*, 2 — 7.

§ 2. *Régime de la loi du 4 mai 1892*, 8 — 11.

§ 3. *Secours annuels et éventuels*, 12 — 25.

Age, 21.
Allocation, 22.
Circonstances, 18.
Conditions, 4, 21, 22.
Crédit, 12.
Cumul, 23.
Décision, 14, 15.
Délai, 2.
Demandes, 2, 16.
Désignation, 19.
Distribution, 13.
Droit, 4.
Epoque, 20, 24.
Etat, 24, 25.
Formule, 25.
Grand-livre, 5.
Inscription, 5.
Jouissance, 6.
Liquidation, 7, 11.
Mandatement, 20.
Nombre, 18.
Orphelin, 3, 4, 8, 9, 10, 17.
Paiement, 15, 19.
Partage, 3.
Pénalités, 1.
Pension, 23.
Principe, 8.
Proposition, 24.
Qualité, 21.
Quotité, 3, 10.
Refus, 1.
Renseignements, 24.
Réquisition, 1.
Réserve, 11, 22.
Secours annuels, 2, 3, 4, 5, 6, 8, 17.
Secours temporaires, 15.
Tarif, 9.
Timbre, 16.
Veuve, 8, 17.

V. Guerre. Incendie. Orphelin. Pension de retraite. Veuve.

SECT. I. — ASSISTANCE.

1. *Réquisition. Refus. Pénalités.* — Ceux qui, le pouvant, auront négligé de faire les travaux, le service ou de prêter le secours dont ils auront été requis, dans les circonstances d'accident, tumulte, naufrage, inondation, incendie, ainsi que dans les cas de brigandages, pillages, flagrant délit, clameur publique, seront punis, savoir :

Amende : 6 à 10 francs. (Cod. Pén. 475.)
En cas de récidive, *prison :* 5 jours. (Cod. Pén. 478.)

SECT. II. — ADMINISTRATION FORESTIÈRE.

§ 1. *Régime de la loi du 9 juin 1853.*

2. *Secours annuels. Demandes. Délai.* — Les demandes de secours annuels pour les orphelins doivent être présentées dans le délai de cinq ans, à partir du jour du décès de leur père ou de leur mère. (Loi du 9 juin 1853, art. 22. Circ. N 81, art. 101.)

3. *Secours annuels. Orphelins. Quotité. Partage.* — Le secours annuel auquel ont droit les orphelins mineurs, quel que soit le nombre d'enfants, est égal à la pension que la mère aurait obtenue ou pu obtenir. Il est partagé entre eux par égales portions et payé jusqu'à ce que le plus jeune des enfants ait atteint l'âge de vingt-un ans accomplis, la part de ceux qui décéderaient ou celle des majeurs faisant retour aux mineurs. (Loi du 9 juin 1853, art. 16. Circ. N 81, art. 91.)

4. *Secours annuels. Orphelins. Droit. Conditions.* — Les orphelins mineurs d'un fonctionnaire ou employé ayant obtenu pension, ou remplissant les conditions voulues pour l'obtenir, ou ayant perdu la vie dans un acte de dévouement ou dans l'exercice de ses fonctions, ont droit à un secours annuel, lorsque la veuve est inhabile à recueillir la pension ou déchue de ses droits. (Loi du 9 juin 1853, art. 16. Circ. N 81, art. 90.)

5. *Secours annuels. Grand-livre. Inscription.* — Les secours annuels accordés aux orphelins sont inscrits au grand-livre de la dette publique. (Loi du 9 juin 1853, art. 17.)

6. *Jouissance.* — La jouissance d'un secours annuel commence du jour du décès du fonctionnaire ou du décès de la veuve. (Loi du 9 juin 1853, art. 24. Circ. N 81, art. 114.)

7. *Liquidation. Pièces.* — En cas de décès d'un agent ou préposé laissant une veuve ou des orphelins ayant droit à secours, les agents de tout grade doivent inviter les intéressés à produire les pièces nécessaires pour la liquidation du secours auquel ils ont droit. (Note de l'Admin. 27 juillet 1887.)

§ 2. *Régime de la loi du 4 mai 1892.*

8. *Principe.* — Les secours annuels, non encore liquidés à la date du 4 mai 1892, des veuves ou orphelins des agents et préposés qui, morts en activité avant le 4 mai 1892, se trouvaient, au moment de leur décès, dans les conditions voulues pour obtenir pension, seront liquidés d'après les nouveaux tarifs. (Circ. N 450.)

9. *Orphelins. Tarif.* — Les secours aux orphelins restent, quant aux conditions nécessaires pour établir le droit à ces secours, soumis aux règles tracées par les articles 13 (§§ 1 et 3), 14 (§§ 1, 2 et 5) et 16 de la loi du 9 juin 1853. Leur tarif seul est modifié. (Circ. N 450.)

10. *Orphelins. Quotité.* — Les secours seront, sauf les exceptions ci-après, égaux au tiers de la pension maximum afférente au traitement d'après lequel aura été ou aurait pu être retraité le père. Ils seront de la moitié de ce maximum dans les cas prévus par le paragraphe 1er de l'article 11 de la loi du 9 juin 1853, et des deux cinquièmes dans le cas du deuxième paragraphe du même article. (Loi du 4 mai 1892, § 5. Circ. N 450.)

11. *Réserve. Liquidation.* — Les orphelins d'agents retraités en vertu et dans les conditions de la loi de 1853 ne pourront, en aucun cas, prétendre au bénéfice des nouveaux tarifs. Leurs secours seront liquidés conformément à la loi de 1853. (Circ. N 450.)

§ 3. *Secours annuels et éventuels.*

12. *Crédit.* — Le budget comprend chaque année un crédit pour les secours aux veuves et orphelins d'anciens fonctionnaires de l'administration des forêts, aux employés en fonctions, en cas de blessures, maladies, pertes occasionnées par événements quelconques indépendants de leur volonté, déplacements onéreux par suite de nécessité de service, suppressions d'emplois, etc. (Circ. N 10, art. 1.)

13. *Distribution.* — Le montant du crédit des secours est distribué, partie en secours annuels, partie en secours éventuels. (Circ. N 10, art. 2.)

14. *Décision.* — Tout secours accordé à titre annuel ou éventuel sera l'objet d'une décision spéciale. (Circ. N 10, art. 8.)

15. *Secours temporaires. Décisions. Paiement.* — Les secours temporaires et accidentels sont fixés par les décisions qui les accordent; ils sont personnels. En cas de non-paiement lors du décès du titulaire, ses héritiers ou représentants ne peuvent y avoir droit qu'en vertu d'une nouvelle décision. (Règl. Min. du 26 décembre 1866, art. 36. Circ. N 104.)

16. *Demandes. Timbre.* — Les demandes de secours n'ont pas besoin d'être faites sur papier timbré. (Loi du 13 brumaire an VII, art. 16. Décis. Min. du 7 septembre 1849.)

17. *Veuves. Orphelins. Secours annuels. Conditions.* — Les secours annuels sont exclusivement réservés aux veuves et orphelins d'agents et de préposés domaniaux ou mixtes, ainsi qu'aux employés réformés pour cause d'infirmités ou de suppression d'emploi. (Circ. N 10, art. 3.)

Les gardes communaux, ainsi que leurs veuves et orphelins, n'ont pas droit aux secours annuels ou éventuels. (Circ. N 70, art. 5.)

18. *Nombre. Circonstances.* — A moins de circonstances tout à fait exceptionnelles, les employés réformés, les veuves et les orphelins ne pourront obtenir plus d'un secours par an. (Circ. N 10, art. 7.)

19. *Paiement. Désignation.* — Les secours annuels ou éventuels à concéder aux orphelins le seront au nom des personnes chargées de leur donner des soins.

Ces dernières devront être désignées dans les propositions. (Circ. N 10, art. 9.)

20. *Mandatement. Époque.* — Les secours seront mandatés une seule fois, dans le courant du mois d'avril. (Circ. N 70, art. 2.)

21. *Qualité. Age. Conditions.* — La modicité du crédit dont dispose l'administration ne lui permettant pas d'accueillir toutes les demandes justifiées, elle a décidé que les orphelins parvenus à l'âge de seize ans, ainsi que les personnes dotées d'un bureau de tabac, ne participeraient plus aux secours. (Circ. N 70, art. 4.)

22. *Allocation. Réserve. Conditions.* — Le crédit dont dispose l'administration est relativement restreint. Il importe donc d'en régler l'emploi avec beaucoup de circonspection. Les conservateurs doivent apporter la plus grande réserve dans les avis qu'ils auront à émettre sur les demandes de secours. (Circ. N 10, art. 10.)

23. *Cumul. Pension.* — Les conservateurs ne devront pas perdre de vue qu'à moins de circonstances tout à fait exceptionnelles les secours ne peuvent se cumuler avec une pension sur le grand-livre de la dette publique. (Circ. N 10, art. 7. Circ. N 70, art. 5.)

24. *État. Proposition. Époque. Renseignements.* — Les conservateurs fourniront à l'administration, dans la première quinzaine du mois de mars, pour chacun des départements compris dans leur circonscription, un état des secours annuels précédemment accordés aux employés réformés, aux veuves et orphelins qui y sont domiciliés, et qu'il y aura lieu de comprendre dans la distribution du mois suivant. Ils recueilleront, au préalable, des renseignements sur les changements survenus d'une année à l'autre dans la situation de fortune et de famille des parties intéressées. (Circ. N 10, art. 5. Circ. N 70, art. 3.)

On doit joindre aux propositions de secours aux veuves un certificat du maire constatant l'âge et l'état d'indigence de la pétitionnaire; indiquer le nombre d'enfants, la position de fortune, l'état de santé et le nombre de personnes à sa charge.

25. *État. Formule.* — Les conservateurs dresseront l'état mentionné ci-dessus sur la

formule série 1, n° 21, du catalogue. (Circ. N 10, art. 6.)

SECRÉTAIRE GÉNÉRAL.

Fonctions. — Les secrétaires généraux de préfecture sont des fonctionnaires préposés, dans chaque préfecture, à la garde des papiers et à la signature des expéditions. Ils remplissent les fonctions de commissaire du gouvernement près le conseil de préfecture et sont chargés de donner leurs conclusions dans les affaires contentieuses. (Cabantous.)

SECTION DE CHASSEURS FORESTIERS.

V. Chasseurs forestiers. Compagnie.

SECTION DE COMMUNE.

Action, 11, 12, 13, 14, 16.
Autorisation, 16.
Biens communaux, 7.
Commission syndicale, 11, 14.
Commune, 11.
Commune étrangère, 12.
Commune séparée, 5.
Condition, 3, 4.
Copropriété, 7.
Définition, 1.
Droits particuliers, 4.
Instance, 10 15.
Jouissance, 9.
Maisons isolées, 2.
Particulier, 12.
Propriété, 6, 9.
Quart en réserve, 8.
Réduction à un seul habitant, 17.
Réunion de sections, 6.
Revenu, 8.
Syndic, 15.

1. *Définition.* — On appelle section une partie de commune formant un corps distinct du reste de la même communauté.

Les sections peuvent avoir des intérêts propres et particuliers, des biens communs entre chacun des membres de la section et distincts de la généralité de la commune et des habitants.

Ces propriétés sont régies par les mêmes règles que celles appliquées aux bois communaux.

2. *Maisons isolées.* — Les maisons isolées, mais ayant les mêmes intérêts et les mêmes droits que le restant des habitants, ne peuvent pas être considérées comme formant une section de commune. (Cass. 4 avril 1840.)

3. *Condition.* — Pour constituer une section, il faut qu'une partie des individus qui composent la commune possède sous le nom d'une communauté ou fraction de communauté distincte et ayant un territoire déterminé. Il faut que ces droits de propriété et jouissance communale soient attachés à l'habitation et à la résidence sur ce territoire. (Avis ministériel.)

4. *Conditions. Droits particuliers.* — Il n'est pas nécessaire, pour qu'un groupe d'habitants soit réputé section de commune, que ce groupe ait un caractère administratif spécial et un territoire délimité; il suffit qu'il ait possédé ou acquis, à titre privatif, des immeubles ou des droits immobiliers, à l'exclusion des autres groupes de la commune. (Paris, 8 juin 1874.)

5. *Commune séparée.* — Une section de commune érigée en commune séparée reprend la propriété des biens qui lui appartiennent exclusivement. (Loi du 5 avril 1884, art. 7.)

6. *Réunion de sections. Propriété. Revenu en nature.* — Une section réunie à une autre commune conserve la propriété des biens qui lui appartenaient et la jouissance de ceux de ces mêmes biens dont les fruits sont perçus en nature. (Loi du 5 avril 1884, art. 7.)

7. *Biens communaux. Copropriété.* — Les décisions de l'autorité publique, qui, dans un intérêt administratif, séparent des fractions de commune, ne peuvent exercer aucune influence sur les droits de propriété et de copropriété dont ces fractions étaient précédemment saisies.

Spécialement, une section de commune, distraite de la commune dont elle faisait partie, conserve les droits de propriété ou de copropriété qu'elle avait sur les biens communaux et patrimoniaux indivis de cette commune, antérieurement à la distraction. (Cass. 16 avril 1889.)

8. *Revenus. Quart en réserve.* — Les revenus des biens appartenant aux sections, lorsqu'ils sont perçus en argent, sont versés à la caisse municipale, pour être employés aux dépenses générales de la commune; mais il n'en est pas de même du produit des coupes du quart en réserve de leurs bois. (Cons. d'Etat, 25 juin 1869.)

9. *Propriété. Jouissance.* — En présence d'un droit de propriété exclusif établi par titre et par possession permanente au profit d'une section de commune, une autre section de la même commune ne saurait être admise à faire la preuve d'une jouissance trentenaire promiscue du terrain litigieux, ladite jouissance devant être réputée précaire, à titre de simple tolérance et, en tous cas, inefficace à raison des circonstances de droit et de fait. (Cass. 12 novembre 1878.)

10. *Instance.* — Une section de commune peut avoir à plaider soit contre l'Etat ou un particulier, soit contre une autre commune, ou une autre section de la même commune, ou contre la commune elle-même.

11. *Action. Commune.* — Lorsqu'une section est dans le cas d'intenter ou de soutenir une action judiciaire soit contre la commune, soit contre une autre section de la commune dont elle dépend, il est formé, pour cette section ou chaque section intéressée, une commission syndicale distincte, choisie parmi les éligibles de la commune et nommée par les électeurs de la section qui l'habitent et par les personnes qui, sans être électeurs, y sont propriétaires fonciers. Le préfet convoque les électeurs dans le délai d'un mois après la

demande motivée adressée par un tiers des habitants; le nombre des membres des commissions syndicales est fixé par l'arrêté qui convoque les électeurs. (Loi du 5 avril 1884, art. 128 et 129.)

12. *Action. Particulier. Commune étrangère.* — Lorsqu'une section doit plaider contre un particulier ou une commune étrangère, elle est représentée par le maire de la commune dont elle fait partie. La commission syndicale n'est organisée que si la section doit plaider contre la commune mère ou une section de la même commune. (Cass. 16 février 1841.)

13. *Action.* — Les actions exercées par une section contre une section ou une commune étrangère ne peuvent être exercées que par la commune et en son nom. (Bordeaux, 4 mai 1874.)

14. *Action. Commission syndicale.* — Lorsqu'une section se croit en droit d'exercer une action judiciaire, soit contre la commune, soit contre une autre section, le préfet ne peut, en aucun cas, refuser de nommer préalablement la commission syndicale. (Cons. d'Etat, 15 décembre 1839.)

15. *Instance. Syndic.* — Lorsque des sections de commune plaident contre le domaine ou les unes contre les autres, elles doivent être représentées par des syndics. (Cass. 15 mars 1835.)

16. *Autorisation. Action.* — L'autorisation de plaider n'est nécessaire qu'aux sections de commune proprement dites et reconnues comme telles, depuis un temps immémorial. La simple communauté ne suffit pas pour former la section. Une réunion de propriétaires riverains d'un marais ne peut être assimilée à une section, et ces propriétaires n'ont pas besoin d'autorisation pour intenter ou soutenir collectivement une action. (Cass. 3 décembre 1828.)

17. *Réduction à un seul habitant.* — Une forêt soumise au régime forestier et appartenant à une section de commune qui se trouve réduite à un seul habitant, parce que celui-ci a acquis les immeubles et les droits de tous les autres, doit encore être administrée par le service forestier, le caractère sectionnel persistant même avec un seul habitant. (Rép. For. t. XIII, p. 128.)

SÉDENTAIRE.

SECT. I. — AGENT, 1 — 3.

SECT. II. — PRÉPOSÉ, 4 — 8.

Auxiliaires, 7.
Avancement, 3.
Bureaux, 1.
Conditions, 2.
Emploi, 1.
Nombre, 5.
Préférence, 2, 3.
Qualités, 4.
Supplément de traitement, 7.
Transmission, 8.
Travaux, 4, 6.

V. Brigadier. Garde forestier.

SECT. I. — AGENT.

1. *Emploi.* — Les gardes généraux et les inspecteurs adjoints du service sédentaire dirigent les bureaux des conservateurs près desquels l'administration juge convenable de les placer. (Arr. Min. du 22 février 1843.)

2. *Conditions.* — Seront admis de préférence dans le service sédentaire, les gardes généraux et les inspecteurs adjoints qui ont fait preuve de capacité dans le service actif. (Circ. A 560.)

3. *Avancement. Préférence.* — Lorsque les agents sédentaires ont mis à profit leur séjour dans les bureaux des conservateurs, l'administration les appelle de préférence aux fonctions d'inspecteurs et aux emplois supérieurs de l'administration centrale. (Circ. A 560.)

SECT. II. — PRÉPOSÉ.

4. *Qualités.* — Les gardes et brigadiers sédentaires travaillent dans les bureaux des inspecteurs chefs de service et des conservateurs, en qualité de commis. (Arr. Min. du 14 août 1840.)

5. *Nombre.* — Deux ou trois préposés sédentaires par conservation et un par inspection paraissent devoir suffire, pour assurer la partie principale des travaux d'écriture. (Circ. N 106.)

6. *Travaux.* — Les préposés sédentaires sont chargés principalement de toutes les écritures concernant les poursuites, de la tenue des registres et sommiers et de la transcription de la correspondance.

Dans aucun cas, ils ne peuvent s'absenter du bureau et ne doivent être employés à d'autres travaux qu'à ceux intéressant l'administration. (Circ. A 404.)

7. *Supplément de traitement. Auxiliaires.* — L'administration mettra à la disposition des agents la somme reconnue par elle nécessaire soit pour payer des auxiliaires temporaires, quand le besoin s'en fera sentir, soit pour rémunérer supplémentairement les préposés auxquels des travaux extraordinaires pourraient être distribués, en dehors des heures de bureau réglementaires. (Circ. N 106.)

8. *Transmission.* — Lorsque l'inspecteur est en tournée, les gardes et brigadiers sédentaires peuvent, si l'intérêt du service l'exige, transmettre aux agents les pièces et renseignements dont ils auraient besoin ; mais ils ne doivent, dans aucun cas, leur donner des ordres, et les chefs de service qui le toléreraient mériteraient un blâme sévère. (Circ. A 487.)

SEL.

Mine. — Les lois et règlements généraux sur les mines sont applicables aux mines de sel ou sources et puits d'eau salée. (Loi du 17 juin 1840.) V. Contrebande.

SELLE.

Entretien. — L'état des frais d'entretien concernant les selles des officiers des chasseurs forestiers est adressé, chaque année, au mois de juin. (Note de l'Admin. 16 novembre 1891.) V. Etats fixes et périodiques. Harnachement.

SEMENCE.

1. *Enlèvement.* — L'enlèvement des semences est défendu dans tous les bois en général. Ce délit est puni par l'article 144 du code forestier, et la pénalité varie suivant les moyens d'enlèvement et les circonstances. V. Enlèvement. Fruit.

2. *Produit.* — La récolte des semences est considérée comme menu produit, dans les forêts domaniales, et comme produit accessoire, dans les forêts communales et d'établissements publics. (Arr. Min. des 22 juin et 1er sept. 1838. Circ. A 429. Circ. A 842.)

SEMIS.

1. *Quantité de graines.* — Dans les semis en place, on ne doit pas dépasser les quantités :

Glands, 10 hectol. par hect. semé en plein.
— 8 — semé par bande.
— 5 — semé par trous.
Faînes, 6 — semé en plein.
— 5 — semé par bande.
— 4 — semé par trous.

Pin sylvestre, 5 kilogrammes par hectare semé par trous.

Epicéa, graines désailées, 7 kilogrammes par hectare semé par trous.

(Lettre autogr. de l'Admin. du 28 janvier 1884.) V. Pépinière.

2. *Bois particuliers. Reboisement.* — Les jeunes semis faits dans un but de reboisement, dans les bois particuliers, sont protégés par les dispositions du code forestier. (Cass. 31 janvier 1846.)

3. *Dunes.* — Les semis des dunes seront concertés avec l'administration des forêts. (Arr. 3me jour complémentaire an IX.)

4. *Classement.* — Tous les travaux de nature à faciliter le semis naturel, dans les coupes de régénération, sont classés comme travaux d'entretien. (Circ. 22, art. 25.)

5. *Classement.* — Les semis, dans les terrains préparés par le fait de l'exploitation de certaines coupes ou par les concessionnaires, sont classés comme travaux d'entretien. (Circ. N 22, art. 25.)

6. *Préposés.* — Les brigadiers et gardes consacrent à des travaux d'amélioration (semis), qui leur sont indiqués par les chefs de cantonnement, le temps qui n'est pas absorbé par la surveillance et les autres exigences du service. (Circ. N 22, art. 288.)

7. *Gratification. Propositions.* — On peut proposer des gratifications pour les préposés qui ont fait des semis dans le courant de l'année. Les propositions doivent être envoyées avant le 1er novembre, avec des rapports des agents locaux. (Circ. N 22, art. 290 et 292. Circ. N 416.)

8. *Exemption d'impôt.* — Les semis des bois sur le sommet et le penchant des montagnes, sur les dunes et dans les landes, sont exempts de tout impôt pendant trente ans. (Cod. For. 226.)

SÉNATUS-CONSULTE.

Savoie. Comté de Nice. — Le sénatus-consulte du 12 juin 1860 donne force de loi aux décrets rendus avant le 1er janvier 1861 pour régler l'introduction du régime français dans le comté de Nice et la Savoie. V. Annexion.

SENTIER.

1. *Limite.* — Un sentier dont l'emplacement fait partie du fonds qu'il borde ou traverse ne peut servir de limite qu'autant qu'il est déclaré tel par les titres de l'une ou de l'autre partie. (Pardessus.)

2. *Propriété. Passage.* — Les habitants d'une commune ne sont pas fondés à réclamer la propriété d'un sentier d'exploitation qui n'est pas un chemin rural ou vicinal et qui n'est qu'un simple sentier d'exploitation non public, ni réclamer le droit d'y passer, quand bien même ils auraient exercé le passage depuis plus de trente ans. (Paris, 11 mai et 23 août 1861.) V. Chemin d'exploitation.

SENTINELLE. V. Honneurs militaires.

SÉPARATION DE BIENS OU DE CORPS.

1. *Certificat.* — Le certificat (pour la retraite) de non-séparation de corps ou de non-divorce, délivré par le maire sur timbre, est exempt d'enregistrement ; celui délivré par le greffier est soumis au timbre (0 fr. 60) et au droit fixe de 1 fr. 88 pour enregistrement, plus 2 fr. 33 pour le greffier, se décomposant ainsi : émolument, 1 fr. 50 ; répertoire, 0 fr. 35 ; remise sur le droit principal du greffe, 0 fr. 13 ; état, 0 fr. 10 ; légalisation, 0 fr. 25. Il en résulte que les frais d'un certificat s'élèvent à 4 fr. 81.

2. *Expédition.* — Les expéditions des jugements de séparation délivrées par le greffier sont assujetties au timbre, avec émolument de 0 fr. 45 par rôle. (Loi du 21 ventôse an VII. Loi de finances du 26 janvier 1892.)

SÉQUESTRE.

SECT. I. — GÉNÉRALITÉS, 1 — 4.

SECT. II. — CONDITIONS, 5 — 15.

§ 1. *Choix*, 5 — 9.

§ 2. *Formalités*, 10 — 15.

SECT. III. — DEVOIRS, RESPONSABILITÉ, 16—23.

SECT. IV. — FRAIS, 24 — 28.

Acte, 14.
Agents, 2.
Bestiaux, 4, 24.
Charge, 26.
Choix, 5, 6.
Conditions, 5, 11, 18.
Conservation, 19.
Copie, 10.
Délai, 12.
Détournement, 21, 22, 23.
Enregistrement, 13.
Formalités, 14.
Frais, 24, 25, 26.
Garde, 7, 8.
Irrégularité, 15.
Liquidation, 25.
Mainlevée, 28.
Maire, 9.
Pénalités, 21, 22.
Perquisition, 3.
Poursuites, 23.
Préposés, 1.
Principes, 16.
Procès-verbal, 10, 11.
Rémunération, 17.
Renseignements, 14.
Responsabilité, 6, 7, 20.
Signature, 10.
Taxe, 27.

SECT. I. — GÉNÉRALITÉS.

1. *Préposé*. — Tous les gardes, en général, des bois soumis et non soumis au régime forestier, sont autorisés à suivre, à saisir et à mettre en séquestre les bestiaux, voitures, attelages des délinquants et tous les objets et produits enlevés en délit. (Cod. For. 161 et 189. Instr. Crim. 16.)

2. *Agents*. — Les agents peuvent mettre en séquestre les objets de délit. V. Saisie.

3. *Perquisition*. — Les fonctionnaires (juges de paix ou suppléants, maires, adjoints, commissaires de police) requis par les gardes pour une perquisition ne pourront se refuser à les accompagner, et ils seront tenus de signer le procès-verbal de séquestre, sauf au garde, en cas de refus, d'en faire mention dans le procès-verbal. (Cod. For. 162 et 189.)

4. *Bestiaux*. — Les bestiaux saisis doivent être réclamés dans les cinq jours du séquestre ; passé ce délai et s'il n'est pas fourni une bonne et valable caution, ils seront vendus.

En cas de vente, les frais de séquestre sont taxés par le juge de paix. (Cod. For. 169.) V. Saisie.

SECT. II. — CONDITIONS.

§ 1. *Choix*.

5. *Choix. Conditions*. — Les gardes apporteront une grande circonspection dans le choix des *gardiens séquestres* et devront s'attacher à ce qu'ils soient solvables. (Circ. A 349. Livret des préposés, art. 24.)

6. *Choix. Responsabilité*. — Le séquestre est au choix des gardes, qui ne sont pas responsables, à moins d'un accord frauduleux entre eux. (Circ. A 349.)

7. *Garde. Responsabilité*. — Le garde peut être responsable des faits du gardien qu'il a commis pour la garde des objets saisis et mis sous séquestre. (Paris, 20 août 1825.)

8. *Garde*. — Si le garde ne trouve pas de séquestre, il peut se constituer lui-même séquestre, en indiquant, dans le procès-verbal, les démarches infructueuses faites à cet effet. (Meaume, t. II, p. 613.)

9. *Maire*. — Les maires, en leur qualité, ne peuvent offrir le cautionnement pour obtenir la mainlevée du séquestre. Ils ne peuvent verser ce cautionnement que comme simples particuliers. (Grenoble, 25 avril 1840. Meaume, t. II, p. 617.)

§ 2. *Formalités*.

10. *Procès-verbal. Signature. Copie*. — Le procès-verbal de séquestre n'est soumis à aucune formalité spéciale, sinon la signature du séquestre constatant son acceptation et à qui, en outre, il est laissé une copie du procès-verbal. La copie du procès-verbal remise au greffe de la justice de paix doit également être signée par le séquestre. (Proc. Civ. 599. Cod. For. 167 et 189. Circ. A 349.)

11. *Procès-verbal. Conditions*. — Le procès-verbal est fait sans *déplacer*, c'est-à-dire sur le lieu du séquestre ; il est signé par le garde et par le *gardien ou séquestre* des objets saisis, en l'original et en l'expédition à déposer au greffe de la justice de paix. Si le séquestre ne sait pas signer, il en est fait mention, et il lui est laissé copie du procès-verbal. (Proc. Civ. 599.)

Si la saisie a pour objet des bestiaux, l'original du procès-verbal doit être transmis, par les soins du garde rédacteur, au chef de cantonnement, afin que cet agent puisse se concerter avec le juge de paix et le receveur des domaines pour la vente desdits bestiaux, à l'expiration du délai de cinq jours accordé par l'article 169 du code forestier au propriétaire, pour les réclamer. (Circ. A 349. Livret des préposés, art. 24.)

12. *Délai*. — Le délai de séquestre fixé par l'article 169 du code forestier est de cinq jours.

13. *Enregistrement*. — Les procès-verbaux de séquestre sont enregistrés au droit fixe de 2 francs, en principal. (Loi du 18 mai 1850, art. 8. Loi du 19 février 1874. Loi du 28 avril 1893, art. 22.)

14. *Actes. Formalités. Renseignements*. — Les actes de séquestre de bestiaux doivent contenir :

1° La désignation détaillée des bestiaux ;

2° L'indication du propriétaire, s'il est connu, ou les recherches faites pour le découvrir ;

3° Les nom, prénoms, profession et demeure du séquestre, qui doit être solvable. (Circ. A 349.)

15. *Irrégularité.* — Quelle que soit l'irrégularité de la constitution du séquestre, cette irrégularité peut toujours être réparée par un acte séparé et postérieur à la rédaction du procès-verbal portant saisie. (Cass. 28 novembre 1806.)

SECT. III. — DEVOIRS. RESPONSABILITÉ.

16. *Principes.* — Le séquestre est volontaire, et nul ne peut être, contre son gré, chargé d'une obligation de l'espèce, qui n'est pas imposée par la loi. (Meaume, t. II, p. 613.)

17. *Rémunération.* — Le séquestre peut n'être pas gratuit. (Cod. Civ. 1957.)

18. *Conditions.* — Le séquestre autorisé par l'article 161 du code forestier diffère de ceux énoncés aux articles 1955 à 1963 du code civil. Il est néanmoins soumis aux règles tracées par ces articles.

19. *Conservation.* — Le séquestre doit apporter à la conservation des objets saisis les soins d'un bon père de famille, et on doit lui payer le salaire fixé par la loi. (Cod. Civ. 1962.)

20. *Responsabilité.* — Le séquestre est responsable des objets commis à sa garde, qu'il doit représenter et remettre à la personne déclarée propriétaire, après la contestation. (Cod. Civ. 1956, 1962.)

21. *Détournement. Pénalités.* — Celui qui aura dissipé ou détourné, au préjudice du propriétaire, les objets qui lui auraient été remis à titre de dépôt, sera puni, savoir :

Prison : 2 mois à 2 ans. (Cod. Pén. 406, 408.)
Amende : maximum, le quart des restitutions et dommages-intérêts; minimum, 25 francs. (Cod. Pén. 406, 408.)
Facultatif : privation des droits civils, civiques et de famille. (Cod. Pén. 405, 406, § 2, et 408.)

22. *Détournement. Pénalités.* — Celui qui détourne *ses bestiaux* surpris en délit et mis en fourrière est passible des peines édictées par l'article 406 du code pénal. (Cass. 30 septembre 1841.)

23. *Détournement. Poursuites.* — Dans le cas de détournement, par le séquestre, des objets saisis, il y a lieu de dresser procès-verbal régulier, afin que le domaine puisse poursuivre le séquestre et requérir contre lui le paiement et la contrainte par corps, en vertu de l'article 2060 du code civil. Si le propriétaire des objets était connu, l'administration forestière pourrait le poursuivre directement.

S'il y a détournement de l'objet saisi, le garde le constatera par un procès-verbal régulier, dressé contre le séquestre. (Circ. A 349. Livret des préposés, art. 24.)

SECT. IV. — FRAIS.

24. *Frais.* — On doit éviter que, pour les troupeaux saisis et mis en séquestre, les frais de fourrière (nourriture) absorbent le prix de la vente des bestiaux et se concerter avec le juge de paix et le receveur des domaines, pour que cette vente ait lieu sans retard. (Circ. A 349.) V. Fourrière.

25. *Frais. Liquidation.* — Les frais de transport, de fourrière et de séquestre sont liquidés par le conservateur. (Circ. A 514.)

26. *Frais. Charge.* — Les frais de séquestre des bois de délit peuvent être mis en charge sur les objets vendus, et l'adjudicataire ne pourra en disposer qu'en justifiant du paiement de ces frais aux ayants droit. (Circ. A 368.)

27. *Taxe.* — Les frais de séquestre sont taxés par le juge de paix et prélevés sur le produit de la vente. (Circ. A 349.)

28. *Mainlevée.* — Les juges de paix peuvent donner mainlevée provisoire des objets saisis, à la charge du paiement des frais de séquestre et d'une bonne et valable caution, sur la validité de laquelle le juge de paix statue. (Cod. For. 168, 189.)

SERGENT-MAJOR. V. Armement. Chasseurs forestiers.

SÉRIE.

SECT. I. — PÉRIMÈTRE DE RESTAURATION DE MONTAGNE, 1 — 2.

SECT. II. — AMÉNAGEMENT, 3 — 4.

Aménagement, 3.
Chiffre, 4.
Couleur, 4.
Coupe, 3.
Définition, 1, 3.
Divisions, 2.
Etendue, 2.
Futaie, 4.
Lignes séparatives, 2.
Liserés, 4.
Parcelles, 2.
Plan, 4.
Projet, 4.
Teinte, 4.
Torrent, 2.

SECT. I. — PÉRIMÈTRE DE RESTAURATION DE MONTAGNE.

1. *Définition.* — Lorsqu'un périmètre comprend plusieurs communes, l'ensemble des terrains situés sur le territoire de chacune d'elles constitue une série distincte, qui prend le nom de la commune de la situation. (Instr. Gén. du 2 février 1885, art. 104. Circ. N 345.)

2. *Divisions. Lignes séparatives.* — Les séries jugées d'une étendue trop considérable ou morcelées en plusieurs parcelles isolées peuvent être partagées en divisions distinguées par des numéros d'ordre.

Les lignes séparatives des divisions doivent être des lignes fixes et bien apparentes, soit naturelles, telles que crêtes ou barres de rochers, etc., soit artificielles, telles que chemins, canaux, fossés, etc.

Dans le cas où la limite de deux divisions ne peut être qu'un ravin ou torrent, celui-ci est colloqué dans l'une d'elles, de façon que les travaux de correction du lit principal y soient compris en entier et ne puissent, en aucun cas, être départagés entre deux divisions contiguës.

On applique le même principe dans le cas où deux séries sont séparées par un torrent. (Instr. Gén. du 2 février 1885, art. 104 et 108. Circ. N 345.) V. Périmètre.

SECT. II. — AMÉNAGEMENT.

3. *Définition.* — On entend par série une partie de forêt destinée à être soumise à un plan spécial d'exploitation et à fournir, par conséquent, une suite de coupes annuelles. (Tassy.)

4. *Plan. Projet. Aménagement.* — Dans le plan projet d'aménagement, les lignes séparatives des séries seront indiquées à l'encre rouge, avec la désignation en chiffres romains.

Dans les séries de futaie, les affectations sont distinguées par des teintes différentes.

Dans le plan d'aménagement, les limites des séries seront désignées par des liserés de couleur verte pour les forêts domaniales, de couleur orange pour les bois communaux et de couleur terre de Sienne naturelle pour les bois des établissements publics.

Le pourtour des parcelles homogènes et les affectations dans les séries de futaie seront indiqués à l'encre noire et recevront un liseré de la même couleur que celui des séries, mais beaucoup plus fin. (Instr. 15 octobre 1860, art. 141, 142, 261, 263, 267.) V. Plan.

SERMENT.

SECT. I. — SERMENT PROFESSIONNEL, 1 — 32.

§ 1. *Agent et préposé de l'administration forestière*, 1 — 20.

§ 2. *Garde particulier*, 21 — 27.

§ 3. *Garde-vente*, 28 — 29.

§ 4. *Expert*, 30 — 32.

SECT. II. — SERMENT JUDICIAIRE, 33 — 36.

SECT. III. — SERMENT POLITIQUE, 37.

Abolition, 37.
Acceptation, 26.
Agent, 20.
Arrondissement, 22.
Calcul, 20.
Chambre des requêtes, 26
Changement, 8, 9.
Circonscription, 5, 22.
Date, 7.
Définition, 1.
Délai, 18.
Droits, 19, 20, 25, 27, 29, 31.
Droits du juge, 35 bis.
Emolument, 17.
Enregistrement, 18, 19.
Entrée en fonctions, 2.
Erreur, 15.
Expert, 30, 32.
Faux serment, 36.
Fonctionnaire, 30, 32.
Formalités, 13, 15.
Frais, 16, 20, 25, 29.
Garde général stagiaire, 10.
Grade, 10.
Greffier, 16, 17.
Juge de paix, 28.
Médecin, 30, 31.
Mention sur la commission, 14.
Offre, 33, 34.
Pénalité, 2.
Pouvoir, 4.
Préposé, 20.
Prescription, 35.
Prestation de serment, 3, 11, 21, 26, 28, 30, 31.
Procès-verbal, 33.
Qualité, 9.
Refus, 24, 26.
Réquisition, 12, 23.
Service, 9.
Timbre, 20.
Traitement, 6.
Transcription, 16.
Tribunal, 5, 11, 21.

SECT. I. — SERMENT PROFESSIONNEL.

§ 1. *Agent et préposé de l'administration forestière.*

1. *Définition.* — Le serment est l'acte qui achève de former l'homme public ; c'est le contrat entre le fonctionnaire et la puissance publique, dont il reçoit autorité.

2. *Entrée en fonctions. Pénalité.* — Les employés forestiers ne peuvent entrer en fonctions qu'après avoir prêté le serment professionnel, devant le tribunal de première instance de leur résidence, et fait enregistrer leur commission et l'acte de prestation de serment aux greffes des tribunaux dans le ressort desquels ils doivent exercer leurs fonctions. En cas d'infraction :

Amende : 16 à 150 francs. (Cod. Pén. 196. Cod. For. 5.)

3. *Prestation de serment.* — Les agents et préposés prêtent, devant le tribunal de première instance de leur résidence, le serment professionnel prescrit par l'article 5 du code forestier. (Circ. N 51, art. 1.)

4. *Pouvoir.* — C'est le serment qui confère seul aux employés le droit de constater par procès-verbaux les infractions à la loi. (Cass. 12 janvier 1809.) V. Affirmation. Circonscription.

5. *Circonscription. Tribunaux.* — Si l'emploi conféré par la commission embrasse une étendue de territoire en dehors de la juridiction du tribunal devant lequel le fonctionnaire a prêté serment, ce dernier doit faire enregistrer sa commission, revêtue de l'acte de prestation de serment, au greffe des autres tribunaux dans le ressort desquels il sera appelé à exercer ses fonctions ; cette formalité doit être faite et constatée sur la commission, à peine de nullité des actes faits. (Cass. 28 février 1829.)

6. *Traitement.* — Le traitement des agents et gardes ne commence à être décompté qu'après la prestation de serment, pour ceux à qui le serment est nécessaire pour remplir leurs fonctions (service actif).

7. *Date.* — Dans un délai de dix jours, les conservateurs donnent avis, par lettre spéciale, de la date de prestation de serment et de l'installation des nouveaux titulaires,

agents et gardes. (Circ. A 167 bis. Circ. A 187 ter.)

8. *Changement.* — En cas de changement de résidence seulement, il n'y a pas lieu à une nouvelle prestation de serment. (Cod. For. 5.) On fait enregistrer la commission au greffe du tribunal de la nouvelle résidence.

9. *Changement. Service. Qualités.* — Les agents qui passent du service ordinaire dans le service sédentaire ou spécial et réciproquement, les gardes nommés brigadiers, les cantonniers nommés gardes à triage, les gardes communaux nommés gardes domaniaux ne sont pas considérés comme changeant de qualité, en ce qui concerne le serment. (Circ. N 51, art. 5.)

10. *Changement de grade.* — Lorsqu'il y a changement de grade, il y a lieu à une nouvelle prestation de serment. (Circ. N 51, art. 4.)

Le garde général stagiaire qui devient garde général, changeant de grade, doit prêter à nouveau le serment. (Circ. N 464.)

11. *Prestation de serment. Tribunal.* — Les prestations de serment, qui doivent se faire devant le tribunal de première instance, seront reçues à l'audience de la chambre que tient le président ou à l'audience de vacation, pendant les vacances. (Décr. du 30 mai 1808, art. 65.)

12. *Réquisition.* — C'est au ministère public seul, comme représentant la puissance publique, qu'il appartient de requérir l'admission au serment des fonctionnaires forestiers, après vérification de la régularité de leurs commissions. (Cass. 15 juillet 1836.)

13. *Formalités.* — La commission doit être remise, avant l'audience, au ministère public près le tribunal qui doit recevoir le serment du fonctionnaire. Le serment est prêté après la lecture de la commission; cette formalité est constatée par un procès-verbal revêtu des signatures du président et du greffier et dont mention est faite sur la commission rendue au fonctionnaire. (Meaume.)

14. *Mention de serment sur la commission.* — Les greffiers doivent mentionner, sans rétribution aucune, la prestation du serment sur la commission du fonctionnaire, agent ou préposé, car le serment lui est nécessaire pour exercer ses fonctions. (Circ. Min. de la justice, 11 novembre 1872. Lettre de l'Admin. 12 mai 1874, n° 4714.)

15. *Formalités. Erreur.* — Les erreurs des greffiers sont sans importance pour la validité des actes des agents, pourvu que leur commission constate leur serment et leur enregistrement au greffe. (Cass. 1er avril 1808.)

16. *Transcription. Frais.* — Il est dû aux greffiers une somme de 0 fr. 60 pour la transcription du serment sur les registres timbrés du greffe, ce qui constitue le procès-verbal ou l'acte de la prestation de serment. Ce paiement n'est qu'un remboursement des frais du papier timbré employé à la rédaction de l'acte. (Circ. Min. de la justice, 23 novembre 1864. Rép. For. t. IX, p. 299.)

Il est dû, en outre, une somme de 25 centimes pour timbre du répertoire. (Circ. N 339.) V. Commission.

17. *Emolument. Greffier.* — En dehors des frais de timbre de transcription et de répertoire, il n'est dû aucun émolument aux greffiers pour l'acte de prestation de serment, c'est-à-dire pour son inscription sur les registres, pour la mention sur la commission de l'accomplissement de cette formalité et pour la mention au répertoire. (Circ. N 51, art. 6. Circ. Min. de la justice, 5 juin 1888. Rép. For. t. XV, p. 137.)

18. *Enregistrement. Délai.* — Les actes de prestation de serment sont soumis à l'enregistrement, sur minute, dans les vingt jours, sous peine d'une amende égale au droit d'enregistrement. (Loi du 27 ventôse an IX, art. 14.)

19. *Enregistrement. Droit.* — Les actes de prestation de serment des gardes des particuliers et des agents salariés par l'Etat, les départements, les communes et les établissements publics, dont le traitement et les accessoires n'excèdent pas 4000 francs, ne sont soumis qu'à un droit fixe de 4 fr. 50, en principal. (Loi du 28 avril 1893, art. 26. Circ. N 464.)

Pour les agents dont le traitement et les accessoires excèdent 4000 francs, les actes de prestation de serment restent soumis au droit fixe de 22 fr. 50, en principal. (Loi du 22 frimaire an VII, titre X, art. 68, § 6, 4°. Loi du 28 févr. 1872, art. 4. Loi du 28 avril 1893, art. 26.)

20. *Calcul des droits.* — 1° Serment des gardes, brigadiers et agents dont les traitements et les accessoires sont inférieurs à 4000 francs :

Droit fixe	4f,50	6f,48
Décimes	1 13	
Timbre pour la transcription	0 60	
Timbre du répertoire	0 25	

2° Serment des agents dont les traitements et accessoires sont supérieurs à 4000 francs :

Droit fixe	22f,50	28f,98
Décimes	5 63	
Timbre pour la transcription	0 60	
Timbre du répertoire	0 25	

Avant la prestation de serment, on doit soumettre la commission au timbre de dimension.

Malgré les prescriptions qui précèdent, on perçoit, dans certains greffes, en vertu du décret du 24 mai 1854, 0 fr. 10 pour l'état des frais et 0 fr. 10 pour mention au répertoire, soit 0 fr. 20 en trop.

§ 2. *Garde particulier.*

21. *Prestation de serment. Tribunal.* — Les gardes particuliers doivent prêter serment devant le tribunal de première instance. (Cod. For. 117.)

22. *Arrondissement. Circonscription.* — Si les propriétés à surveiller étaient situées sur deux arrondissements différents, il serait bon de faire prêter serment devant les deux tribunaux compétents.

23. *Réquisition.* — Pour les gardes particuliers (officiers de police judiciaire), le serment est prêté sur la réquisition du ministère public seul; l'intervention d'un avoué n'est pas admissible. (Cass. 20 septembre 1823. Cass. 15 juillet 1836.)

24. *Refus.* — Un tribunal excède ses pouvoirs en refusant d'admettre au serment un garde particulier muni d'une commission régulière visée par le sous-préfet et dont la nomination est, par conséquent, régulière et complète. (Cass. 27 novembre 1865. Cass. 13 juillet 1885.)

25. *Frais. Droit.* — Le droit d'enregistrement pour la prestation de serment d'un garde particulier est de 4 fr. 50, en principal. (Loi du 22 frimaire an VII, art. 68. Loi du 28 février 1872, art 4. Loi du 28 avril 1893, art. 26.)

26. *Prestation de serment. Refus. Annulation. Chambre des requêtes.* — Le refus par un tribunal civil d'admettre, sur la réquisition du ministère public, un garde particulier agréé par le sous-préfet à prêter serment, est un acte d'administration judiciaire et non pas un jugement proprement dit.

Quand, sur la dénonciation du gouvernement et par application de l'article 80 de la loi du 27 ventôse an VIII, cet acte est annulé par la chambre des requêtes, pour excès de pouvoirs, cette annulation, prononcée dans un intérêt général, constitue une mesure d'ordre public, qui en elle-même est définitive et souveraine.

Elle ne comporte pas de renvoi à d'autres juges.

Il ne reste au tribunal, quand la réception du serment lui est de nouveau demandée, qu'à se conformer aux prescriptions de la loi, en procédant à cette formalité. (Cass. 23 décembre 1890.)

27. *Droit.* — Il n'est dû qu'un seul droit fixe pour le serment d'un garde particulier, quel que soit le nombre des propriétaires qui donnent pouvoir au garde par une commission collective. (Décis. Min. 2 septembre 1830.)

§ 3. *Facteur. Garde-vente.*

28. *Prestation de serment. Juge.* — Les juges de paix ne doivent pas recevoir le serment d'un facteur ou garde-vente qui ne justifie pas d'avoir été agréé par l'agent forestier local.

29. *Frais. Droit.* — La prestation du serment d'un garde-vente est soumise à l'enregistrement au droit fixe de 4 fr. 50, en principal. (Décis. Min. du 15 juillet 1872.) V. Facteur.

§ 4. *Expert.*

30. *Expert. Médecin. Prestation de serment. Fonctionnaire.* — Le serment du médecin délégué doit être prêté entre les mains du préfet, pour le chef-lieu, et entre celles du sous-préfet, pour les autres arrondissements.

Néanmoins, le serment sera valable toutes les fois que, pour éviter un déplacement onéreux, il aura été prêté devant le juge de paix du canton. (Décis. Min. du 31 août 1854. Circ. A 741. Circ. N 81, art. 105.)

31. *Médecin. Droit.* — Les actes de prestation de serment des médecins délégués pour examiner l'état d'invalidité des fonctionnaires sont exempts de tout droit d'enregistrement. (Décis. Min. du 2 février 1854. Circ. N 81, art. 106.)

32. *Expert. Fonctionnaire.* — Les sous-préfets ont qualité pour recevoir le serment des experts chargés de constater les dégradations des chemins vicinaux. (Cons. d'État, 19 mai 1835.) V. Expert.

SECT. II. — SERMENT JUDICIAIRE.

33. *Offre. Procès-verbal.* — Un tribunal ne peut déférer le serment à un prévenu, sur le fait constitutif d'une contravention constatée par procès-verbal. (Cass. 25 mars 1836.)

34. *Offre.* — Le serment judiciaire peut être déféré par une partie à l'autre, ou d'office par le juge à l'une ou à l'autre des parties. (Cod. Civ. 1357.)

35. *Prescription.* — A ceux qui opposent la prescription de six mois, un an et deux ans aux ouvriers, huissiers et avoués, on peut déférer le serment, sur la question de savoir si la chose a été réellement payée. (Cod. Civ. 2275.)

35 bis. *Droits du juge.* — Les tribunaux ont toujours le droit de se refuser à ordonner une prestation de serment décisoire requise par l'une des parties, s'ils jugent cette formalité vexatoire ou inutile. (Cass. 27 juillet 1875.)

36. *Faux serment.* — Celui à qui le serment aura été déféré ou référé en matière civile et qui aura fait un faux serment sera puni, savoir :

Prison : 1 an à 5 ans.
Amende : 100 à 3000 francs.
Facultatif : privation des droits civils ou civiques, 5 à 10 ans.
Facultatif : surveillance de la haute police, 5 à 10 ans. (Cod. Pén. 366.)

SECT. III. — SERMENT POLITIQUE.

37. *Abolition.* — Le serment politique a été aboli. (Décr. du 5 septembre 1870.)

SERPE.

Confiscation. — Les serpes trouvées entre les mains des délinquants et de leurs complices seront confisquées. (Cod. For. 198.) V. Hors chemin. Instrument tranchant.

SERVICE COMMANDÉ. V. Habillement.

SERVICE FORESTIER.

SECT. I. — GÉNÉRALITÉS, 1 — 13.

SECT. II. — INSTALLATION, CESSATION, 14 — 18.

SECT. III. — RETRAITE, 19 — 26.

Activité, 26.
Age, 20, 22, 23.
Agent, 15.
Avancement, 16.
Avis, 17.
Calcul, 20.
Certificat, 18.
Cessation, 17, 18.
Changement, 18.
Compte, 21, 22, 23, 24.
Congé, 25.
Conservateur, 10, 14.
Délai de cessation de service, 16.
Devoir, 7.
Expressions, 9.
Hiérarchie, 5.
Hors d'Europe, 21.
Installation, 17.
Instruction, 6.
Maintien, 19.
Mutation, 15, 16.
Ordres, 3 11.
Parole, 9.
Préposés, 4, 7.
Principe, 1.
Prise de possession, 14.
Remise, 15.
Retraite, 19.
Service actif, 12.
Service communal, 10.
Service différent, 2.
Service domanial, 10.
Service extérieur, 13.
Service maritime, 23.
Service militaire, 22.
Service sarde, 24.
Subordonnés, 8.

SECT. I. — GÉNÉRALITÉS.

1. *Principe.* — Il ne s'exécutera rien dans les bois, en ce qui concerne le régime forestier, que par les ordres de l'administration et sous la direction de ses agents. (Instr. 23 mars 1821, art. 1.) V. Administration.

2. *Service différent.* — Un service différent doit s'entendre par ministère différent. Chaque ministère compte comme unité, sans aucune distinction entre les différentes branches de service qui y ressortissent. (Lettre du ministre des finances, 1er octobre 1853 et 5 avril 1855. Circ. N 81, art. 123.)

3. *Ordres.* — Un fonctionnaire ne peut recevoir d'ordres que de son chef hiérarchique et ne doit correspondre qu'avec son administration. (Puton.) V. Fonctionnaire.

4. *Préposés.* — Les préposés, quel que soit leur grade, quelles que soient leurs fonctions, ne doivent leurs services qu'à l'Etat et dans les positions pour lesquelles ils sont commissionnés. Ils ne peuvent en être détournés sous aucun prétexte, soit pour des occupations autres que celles pour lesquelles ils sont commissionnés, soit moins encore pour des services personnels. (Circ. A 695.)

5. *Hiérarchie.* — Chaque agent fera, suivant l'ordre hiérarchique, les opérations, vérifications, tournées, qui lui seront prescrites, en exécution du code forestier et de l'ordonnance réglementaire; il surveillera le service des agents et gardes qui lui sont subordonnés et leur transmettra les ordres et instructions qu'il recevra de ses supérieurs.

Il pourra faire suppléer, en cas d'empêchement, les agents et gardes employés sous ses ordres, à la charge d'en rendre compte, sans délai, à son supérieur immédiat. (Ord. 14.) V. Agent.

6. *Instruction.* — Le chef de cantonnement transmet et explique aux préposés les ordres, instructions et règlements forestiers, en ce qui les concerne. (Instr. 23 mars 1821.)

7. *Préposés. Devoir.* — Les gardes doivent obéissance et soumission à leurs chefs hiérarchiques, pour tous les objets du service. (Livret des préposés, art. 10.)

8. *Subordonnés.* — Les agents ne peuvent, sous aucun rapport, employer leurs subordonnés autrement que pour le service dont ceux-ci sont spécialement chargés. (Circ. A 562.)

9. *Expressions.* — Les agents, dans le service, ne doivent pas employer envers les gardes des expressions dures et humiliantes.

10. *Conservateur. Service communal. Service domanial.* — Les conservateurs, dans leurs tournées, se préoccupent du service communal, comme du service domanial. (Circ. N 18, art. 18.)

11. *Ordres.* — Après la clôture de leurs tournées, les conservateurs font, par écrit, aux agents les recommandations nécessaires pour redresser les irrégularités ou abus constatés et pour en prévenir le retour. (Circ. N 18, art. 19.)

12. *Service actif.* — Le service, partie active, comprend les emplois de garde général adjoint, garde à cheval, brigadier, garde à pied et garde forestier cantonnier. Aucun autre emploi ne peut être compris au service actif qu'en vertu d'une loi. (Loi du 9 juin 1853, art. 5. Circ. N 81, art. 18.)

13. *Service extérieur.* — Les employés du service extérieur sont :

1° Les agents.

Les conservateurs. . .	Nommés par le chef de l'Etat.
Les inspecteurs . . . . Les inspecteurs adjoints. . . . . Les gardes généraux. Les gardes généraux stagiaires.	Nommés par le ministre.

2° Les préposés.

Les brigadiers domaniaux. . . . . Les gardes domaniaux Les gardes cantonniers.	Nommés par le ministre.
Les brigadiers communaux.. . . . . . . Les gardes communaux	Nommés par le préfet.

SECT. II. — INSTALLATION. CESSATION.

14. *Prise de possession. Conservateur.* — Le conservateur prend possession de son service en se faisant remettre par son prédécesseur les registres, papiers et archives de la conservation, au vu de l'inventaire qui s'y trouve déposé. (Circ. N 51, art. 11.)

15. *Mutation. Remise. Agent.* — A chaque mutation d'agent, la remise du service a lieu en présence du conservateur, si l'agent remplacé est un chef de service, et en présence du chef de service, si l'agent remplacé est un chef de cantonnement. (Circ. N 51, art. 12.) V. Inventaire.

16. *Mutation. Avancement. Délai de cessation de service.* — Tout agent appelé à changer de résidence, soit par suite de mutation, soit en raison d'un avancement de grade, doit cesser son service dans un délai maximum de quinze jours, à dater de l'époque où il aura reçu la notification qui le concerne. (Circ. N 234.)

17. *Installation. Cessation. Avis.* — Dans un délai de dix jours, les conservateurs donnent avis, par lettre spéciale, de la date de l'installation et du serment du nouveau titulaire et de la cessation du service de l'ancien. (Circ. A 167 bis. Circ. A 187 ter. Circ. A 216.)

Les avis de cessation de service doivent indiquer, avec la date, que le service a cessé *le soir*. (Note de l'Admin.)

18. *Changement. Certificat. Cessation.* — En cas de changement, les conservateurs adressent un certificat constatant la cessation de service des agents et l'époque à partir de laquelle ils ne sont plus payés dans la conservation qu'ils quittent.

SECT. III. — RETRAITE.

19. *Maintien. Retraite.* — Lorsque l'intérêt du service l'exige, le fonctionnaire admis à faire valoir ses droits à la retraite peut être maintenu momentanément en activité, sans que la prolongation de ses services puisse donner lieu à un supplément de liquidation. (Décr. du 9 novembre 1853, art. 47. Circ. N 81, art. 118.)

20. *Calcul. Age.* — Les services civils admissibles pour la retraite ne peuvent être comptés qu'à partir de l'âge de vingt ans accomplis, et seulement à partir du premier traitement d'activité. (Cons. d'Etat, 30 septembre 1844. Loi du 9 juin 1853, art. 23.)

21. *Hors d'Europe. Compte.* — Les services civils rendus hors d'Europe, par les fonctionnaires ou employés envoyés d'Europe par le gouvernement français, sont comptés pour moitié en sus de leur durée effective. (Loi du 9 juin 1853, art. 10. Circ. N 81, art. 20.)

22. *Service militaire. Compte. Age.* — Les services militaires se comptent à partir de l'âge où la loi permet de contracter un engagement volontaire, c'est-à-dire de l'âge de dix-huit ans. (Loi du 11 avril 1831, art. 2. Loi du 15 juillet 1889, art. 59.)

23. *Service maritime. Compte. Age.* — Dans les armées de mer, le service compte à partir de l'âge de seize ans. (Loi du 18 avril 1831, art. 2. Loi du 15 juillet 1889, art. 59 et 60.)

24. *Services sardes. Compte.* — Les services rendus au gouvernement sarde, avant l'annexion, par les fonctionnaires civils qui sont devenus sujets français par le fait de l'annexion et qui sont passés au service de la France, sont comptés pour la retraite suivant la loi française, à l'égal des services rendus à la France. (Décr. du 21 novembre 1860. Circ. N 81, art. 62.)

25. *Congé.* — Après trois mois de congé consécutifs ou non dans la même année, l'intégralité du traitement est retenu et le temps excédant les trois mois n'est pas compté comme service effectif pour la retraite. (Décr. du 9 novembre 1853, art. 16. Circ. N 91, art. 7.)

26. *Activité.* — Lorsqu'un fonctionnaire est remis en activité, dans le même service, le paiement de sa pension est suspendu. (Loi du 9 juin 1853, art. 28. Circ. N 81, art. 121.)

SERVICE MILITAIRE.

1. *Elèves à l'école forestière.* — Les élèves de l'école forestière admis dans l'administration des forêts sont nommés sous-lieutenants de réserve et accomplissent, en cette qualité, dans un corps de troupe, leur troisième année de service. (Loi du 15 juillet 1889, art. 28.)

2. *Solde. Décompte.* — Les élèves admis dans l'administration des forêts et appelés à accomplir leur troisième année de service, en qualité de sous-lieutenants de réserve, ont droit à la solde à partir du lendemain de leur arrivée au corps, s'ils ont reçu l'indemnité de route pour rejoindre, et à partir du jour de leur arrivée, s'ils n'ont pas eu droit à cette indemnité.

Mais, eu égard au temps qu'ils doivent passer sous les drapeaux, les décomptes de solde s'établissent, comme pour les officiers de l'armée active, non par journée effective de présence, mais à raison de trente jours par mois. (Note du ministre de la guerre du 8 janvier 1892.)

3. *Sortie. Elève non engagé.* — Tout élève non engagé, appelé après sa sortie de l'école devant le conseil de revision et reconnu apte au service militaire, ne sera tenu d'accomplir qu'une seule année de service effectif, dans les conditions auxquelles il aurait été soumis s'il s'était engagé au moment de son admission à l'école, pourvu toutefois qu'il ait satisfait aux examens de sortie de l'école. (Règl. Min. du 1er mars 1890, art. 5.)

4. *Démission.* — Les élèves qui viendraient à quitter le service civil dans lequel ils ont été admis n'en resteront pas moins soumis aux obligations indiquées par la loi.

Ceux qui donneraient leur démission d'officiers de réserve avant l'accomplissement de leur troisième année de service resteront soumis à toutes les conséquences de l'engagement volontaire de trois ans contracté par eux, lors de leur entrée à l'école. (Loi du 15 juillet 1889, art. 28.) V. Chasseurs forestiers. Compagnie.

5. *Agents en disponibilité.* — Les agents forestiers en disponibilité sont soumis aux mêmes obligations militaires que leurs collègues du service actif. Conformément aux dispositions de l'article 13 du décret du 18 novembre 1890, ils reçoivent un titre de nomination leur donnant une affectation dans les cadres de l'armée active, comme officiers de réserve ou de l'armée territoriale, et marchent avec les unités auxquelles ils sont rattachés. (Décr. du 23 janvier 1894, art. 1. Circ. N 467.)

6. *Agents rayés des cadres.* — Les lettres de service militaire qui auraient été délivrées aux agents rayés des cadres leur seront retirées par l'autorité militaire, et ils resteront soumis aux mêmes obligations que les hommes de la classe à laquelle ils appartiennent par leur âge. (Décr. du 23 janvier 1894, art. 7. Circ. N 467.)

SERVICE PASTORAL.

1. *Principe. Institution.* — Par arrêté ministériel du 13 juin 1884, il avait été créé des circonscriptions, dont les agents étaient chargés spécialement de l'étude des améliorations agricoles et pastorales à provoquer dans les terrains en montagne et de la surveillance du bon emploi des subventions allouées aux communes, aux associations syndicales ou aux particuliers, en exécution de l'article 5 de la loi du 4 avril 1882, en dehors des reboisements facultatifs. (Circ. N 343.)

2. *Circonscriptions. Nombre.* — Ces circonscriptions étaient au nombre de trois et comprenaient : la première, la région des Alpes françaises ; la seconde, la région des Cévennes ; la troisième, la région des Pyrénées. (Arr. Min. du 13 juin 1884, art. 2. Circ. N 343.)

3. *Circonscriptions. Chefs. Divisions.* — Chacune des circonscriptions avait pour chef un agent du grade d'inspecteur ou d'inspecteur adjoint ; elle pouvait être divisée, selon les besoins du service, en sections, à raison d'une au plus par conservation intéressée. Le chef de la circonscription remplissait les fonctions de chef de section, dans la conservation de sa résidence. (Arr. Min. du 13 juin 1884, art. 3. Circ. N 343.)

4. *Suppression.* — Le service pastoral paraît supprimé, par suite de la suppression des postes qui y étaient affectés à l'origine.

SERVITUDE.

Acquisition, 3.
Action possessoire, 4 bis.
Bois communal, 23.
Bois domanial, 23.
Chemin, 20.
Commencement, 13.
Concession, 17, 21, 22, 23.
Décision, 21.
Définition, 1, 2.
Délai, 12.
Division, 7.
Droit foncier, 6.
Droit personnel, 6.
Epoque, 13.
Etablissement, 5.
Extinction, 11.
Forêts (anciennes) de la Couronne, 18.
Indemnité, 16.
Indication, 19.
Jouissance, 14.
Modification, 8.
Périmètre de restauration, 19.
Places de guerre, 20.
Ponts, 20.
Prescription, 11, 12, 13.
Preuve, 4.
Procès-verbal de reconnaissance, 19.
Reconnaissance, 23.
Réunion, 10.
Servitudes légales, 22.
Titre, 4 bis.
Usage, 9.
Voie de communication, 20.

V. Commission mixte. Droit d'usage. Route. Travaux mixtes. Zone frontière. Zone de servitudes militaires.

1. *Définition.* — La servitude est une charge imposée sur un héritage, pour l'usage et l'utilité d'un héritage appartenant à un autre propriétaire. (Cod. Civ. 637.)

2. *Définition.* — Les servitudes sont urbaines ou rurales, continues ou discontinues, apparentes ou non apparentes.

Les servitudes discontinues sont celles qui ont besoin du fait de l'homme pour être exercées. Tels sont les droits de passage, puisage, pacage et autres semblables.

Les servitudes continues sont celles dont l'usage est ou peut être continuel sans avoir besoin du fait actuel de l'homme. Telles sont les conduites d'eau, les égouts, les rues et autres de cette espèce. (Cod. Civ. 687, 688 et 689.)

3. *Acquisition.* — Les servitudes continues et apparentes s'acquièrent par titre ou par la possession de trente ans. (Cod. Civ. 690.)

Les servitudes continues non apparentes et les servitudes discontinues ou non apparentes ne peuvent s'établir que par titre. La possession immémoriale ne suffit pas pour les établir, sans qu'on puisse attaquer les servitudes de cette nature acquises par prescription, dans les pays où elles pouvaient s'acquérir. (Cod. Civ. 691.)

4. *Preuve*. — Tout héritage étant présumé libre jusqu'à preuve contraire, c'est à celui qui prétend avoir sur ledit héritage une servitude qu'incombe la charge de prouver qu'il a acquis cette servitude par titre ou par prescription, encore bien qu'il ait en sa faveur la possession annale. (Agen, 30 novembre 1852.)

4 bis. *Action possessoire*. — Lorsqu'une action possessoire est introduite à l'occasion d'une servitude discontinue, comme une servitude de passage, le juge de paix saisi de l'action doit examiner et apprécier le titre constitutif de la servitude. (Cass. 28 novembre 1893.)

5. *Établissement*. — Quand on établit une servitude, on est censé accorder tout ce qui est nécessaire pour en user. (Cod. Civ. 696.)

6. *Droit personnel. Droit foncier*. — Il est permis aux propriétaires d'établir sur leurs propriétés ou en faveur de leurs propriétés telles servitudes que bon leur semble, pourvu que les servitudes établies ne soient imposées ni à la personne, ni en faveur de la personne, mais seulement à un fonds et pour un fonds, et pourvu que ces services n'aient rien de contraire à l'ordre public. (Cod. Civ. 686.) V. Chasse.

7. *Division*. — Si l'héritage sur lequel la servitude est établie vient à être divisé, la servitude reste due pour chaque portion, sans que la condition du fonds assujetti soit aggravée. (Cod. Civ. 700.)

8. *Modification*. — Le propriétaire du fonds débiteur de la servitude ne peut rien faire qui tende à en diminuer l'usage ou à le rendre plus incommode. Il ne peut changer l'état des lieux, ni transporter la servitude dans un endroit différent de celui où elle a été primitivement assignée. (Cod. Civ. 701.)

9. *Usage*. — Les servitudes cessent lorsque les choses se trouvent en tel état qu'on ne peut plus en user. (Cod. Civ. 703.)

10. *Réunion*. — Toute servitude est éteinte lorsque le fonds grevé et celui à qui elle est due sont réunis dans la même main. (Cod. Civ. 705.)

11. *Extinction. Prescription*. — La servitude est éteinte par le non-usage pendant trente ans. (Cod. Civ. 706.)

12. *Prescription. Délai*. — Les droits d'usage et autres servitudes ne se prescrivent que par trente ans ; les prescriptions de dix ans et de vingt ans, établies par l'article 2265 du code civil, leur sont inapplicables. (Cass. 14 novembre 1853.)

13. *Prescription. Époque. Commencement*. — La prescription de trente ans commence à courir du jour où l'on a cessé de jouir des servitudes discontinues, ou du jour où il a été fait un acte contraire à une servitude continue. (Cod. Civ. 707.)

14. *Jouissance*. — Si l'héritage en faveur duquel est établie la servitude appartient à plusieurs par indivis, la jouissance ou l'absence de prescription de l'un profite à tous les autres. (Cod. Civ. 709 et 710.)

15. *Prescription. Jouissance*. — Une servitude consentie au profit de tous les habitants d'une commune constitue un droit tel que l'exercice par un seul habitant conserve le droit de tous. (Nîmes, 22 novembre 1886.)

16. *Indemnité*. — Les indemnités pour servitude foncière sont considérées comme menus produits, dans les forêts domaniales, et comme produits accessoires, dans les forêts communales et d'établissements publics. (Arr. Min. des 22 juin et 1er septembre 1838. Circ. A 429. Circ. A 842.)

17. *Concession*. — Des concessions de servitudes (portes, fenêtres), à titre de tolérance révocable à volonté, peuvent être accordées, moyennant paiement d'une indemnité, sur les forêts faisant partie de l'ancienne dotation de la Couronne. (Arr. Min. du 10 mai 1850.)

18. *Anciennes forêts de la Couronne*. — L'inaliénabilité de l'ancien domaine de la couronne n'est pas un obstacle à ce que ce domaine puisse se trouver valablement grevé de simple servitude, au profit de particulier. (Cass. 6 décembre 1864.) V. Passage.

19. *Périmètres de restauration. Procès-verbal de reconnaissance. Indications*. — Si le périmètre comprend des biens domaniaux grevés de droits d'usage quelconques régulièrement reconnus au profit soit d'une ou plusieurs communes, soit d'un ou plusieurs particuliers, les agents forestiers le mentionnent expressément au procès-verbal de reconnaissance, en indiquant le détail précis et complet de ces droits et en s'expliquant sur la nécessité de leur rachat ou de leur expropriation au point de vue de l'exécution et de la conservation des travaux de restauration des montagnes. (Instr. Gén. du 2 février 1885, art. 12. Circ. N 345.)

20. *Chemins. Ponts. Places de guerre*. — Dans la zone frontière, tous les chemins, ainsi que les ponts qui les desservent, quelles que soient leurs dimensions, sont soumis aux règlements sur les travaux mixtes, lorsque les travaux sont compris dans l'étendue des zones de servitude des places de guerre et des postes militaires. (Décr. du 15 mars 1862. Circ. N 22, art. 95.)

21. *Concession. Décision*. — Les préfets statuent, en conseil de préfecture et sur l'avis du conservateur, sur la concession de servitudes à titre de tolérance temporaire et révocables à volonté. (Décr. du 25 mars 1852, tableau C.) Si l'arrêté du préfet est en désaccord avec la proposition du conser-

vateur, il en est référé à l'administration par un rapport spécial, avec pièces à l'appui. (Circ. A 686.)

22. *Servitudes légales. Concessions de jouissance.* — Le décret du 25 mars 1852 n'ayant pas mentionné les concessions de jouissance en vertu des servitudes légales, il en résulte que les décisions sur ces objets sont soumises au ministre pour les bois domaniaux, et au préfet pour les bois communaux. (Circ. A 686. Circ. N 45. Rép. for. t. VI, p. 260.)

23. *Reconnaissance. Bois domaniaux. Bois communaux.* — La reconnaissance d'une servitude dans les bois de l'Etat, constituant un démembrement de la propriété, ne peut être faite que par une loi. La reconnaissance d'une servitude dans un bois communal soumis au régime forestier ne peut être faite que par le chef de l'Etat ; mais, si le bois n'est pas soumis au régime forestier, une délibération du conseil municipal, approuvée par le préfet, suffit. (Rép. For. t. VI, p. 258.)

SIGNAL.

Triangulation. — Les signaux trigonométriques seront formés de perches droites, au sommet desquelles on attachera de la paille couverte de papier blanc ou un drapeau flottant. Ils seront plantés dans des trous, contre de forts piquets solidement enfoncés ; ces piquets resteront en terre ; ils devront occuper une position bien verticale. Ils seront rattachés aux bornes, aux angles des murs, à des arbres marqués de l'empreinte du marteau de l'agent opérateur, placée dans l'intérieur d'un triangle profondément gravé sur l'arbre, et à tous les points fixes voisins. (Instr. du 15 octobre 1860, art. 71.)

SIGNATURE.

Accréditation, 4.
Affirmation, 9.
Bornage, 15.
Définition, 1.
Délimitation, 15.
Dépôt, 5.
Dessins, 2.
Place, 8.
Procès-verbal, 7, 11.
Procès-verbal d'adjudication, 13, 14.
Procès-verbal double, 10.
Rédacteur, 11.
Surnom, 6.
Visite domiciliaire, 12.

1. *Définition.* — Le mot signer s'entend de la signature réelle, et non du simple parafe. (Lettre de l'Admin. du 23 janvier 1828.)

2. *Dessins.* — Les signatures qui sont apposées sur les dessins destinés à des archives ou offrant un certain caractère d'authenticité doivent être très lisibles. (Instr. du 15 octobre 1860, art. 229.)

3. *Comptabilité.* — Les signatures griffées sont interdites sur les pièces de comptabilité. (Circ. N 104, § 1, nº 24.)

4. *Accréditation.* — L'ordonnateur doit faire accréditer par le ministre sa signature et celle de son intérimaire auprès des trésoriers-payeurs généraux. (Circ. N 51. Circ. N 217. Circ. N 265, art. 5. Circ. Min. nº 12 du 25 février 1890.) V. Accréditation.

5. *Dépôt.* — Tous les fonctionnaires sont obligés de déposer leurs signature et parafe aux bureaux de leurs supérieurs. (Block.)

6. *Surnom.* — La signature habituelle d'un garde, quoique n'étant qu'un surnom ajouté à son nom dans sa commission, est valable pour donner force entière à un procès-verbal. (Cass. 30 janvier 1834.)

7. *Procès-verbal.* — Tous les gardes doivent signer leurs procès-verbaux, à peine de nullité. (Cod. For. 165, 189. Loi du 18 juin 1859.)

8. *Place.* — La signature doit être apposée au bas du procès-verbal.

9. *Affirmation.* — Si l'affirmation suit le procès-verbal de manière à faire corps avec lui, une seule signature suffit pour les deux actes. (Cass. 19 juillet 1828.) V. Affirmation.

10. *Procès-verbal double.* — Si *deux* procès-verbaux sont écrits sur la même feuille, ils doivent être tous les deux signés.

11. *Procès-verbal. Deux rédacteurs.* — Si un procès-verbal rédigé par deux gardes n'est signé que par un seul garde, cet acte est considéré comme fait par un seul garde, et il n'est nul que pour celui qui ne l'a pas signé.

12. *Visite domiciliaire.* — Les fonctionnaires requis pour assister aux visites domiciliaires doivent signer le procès-verbal ; leur refus ne vicie pas cet acte, mais doit y être mentionné. (Cass. 5 mai 1807.)

13. *Procès-verbal d'adjudication.* — Les procès-verbaux des adjudications seront signés sur le champ par tous les fonctionnaires présents et par l'adjudicataire ou son fondé de pouvoirs et, dans le cas d'absence de ces derniers ou s'ils ne veulent ou ne peuvent signer, il en sera fait mention au procès-verbal. (Ord. 91, 134.)

14. *Procès-verbal d'adjudication. Refus.* — Lorsque, dans une adjudication, un amateur a dit : *Je prends*, la vente est effectuée, quand bien même il ne voudrait pas signer le procès-verbal d'adjudication, parce que les procès-verbaux d'adjudication sont des actes probants, authentiques et faisant foi jusqu'à inscription de faux. Le cas échéant, on doit en rendre compte à l'administration. (Circ. Min. du 12 septembre 1833. Circ. A 337 bis.)

15. *Délimitation. Bornage.* — Si les propriétaires riverains ne peuvent pas signer ou refusent de le faire, il en sera fait mention. (Ord. 61.)

SIGNIFICATION.

SECT. I. — GÉNÉRALITÉS, 1 — 21.

§ 1. *Rédaction, Remise*, 1 — 15.

§ 2. *Formalités, Visa*, 16 — 21.

SECT. II. — DÉLIMITATION, BORNAGE, 22 — 35.

SECT. III. — POURSUITES, 36 — 54.

§ 1. *Instance civile*, 36 — 39.

§ 2. *Instance correctionnelle*, 40 — 54.

Acte civil, 20.
Acte correctionnel, 21.
Action domaniale, 36, 37, 38.
Agent, 9, 11, 38.
Allocation, 6.
Appel, 15, 37, 45.
Arrêté du conseil de préfecture, 16.
Arrêté préfectoral, 22.
Bois d'apanage, 2.
Bois particuliers, 54.
Brigadier sans triage, 5.
Commandement, 53, 54.
Contrôle, 51.
Copie, 13, 30, 44.
Convocation, 22.
Défrichement, 17.
Délai, 15, 32, 45.
Délégation, 36.
Délimitation partielle, 35
Dimanche, 14.
Dimension, 28.
Distance, 10.
Domicile, 26, 36, 48.
Droits, 20, 21, 33.
Election, 1 bis.
Enregistrement, 20, 21, 31, 32, 33, 50, 52.
Envoi, 9, 42, 51.
Epoque, 51.
Erreur, 25.
Etat, 51.
Extrait, 41.
Fêtes légales, 24.
Fonctionnaire, 37.
Formalités, 22, 39, 40, 42, 47.
Frais, 8, 34.
Frais de voyage, 7.
Indemnité, 7, 10.
Indication, 4.
Insolvable, 46.
Jugement, 40.
Jugement contradictoire, 52.
Jugement par défaut, 39, 42, 43, 47, 49, 50.
Matière électorale, 1 bis.
Mention, 3.
Montant, 6.
Nullité, 14, 45.
Omission de jour, 45.
Opposition, 43, 47.
Original, 12, 28, 29.
Paiement, 6, 34.
Palais, 18.
Personne étrangère, 27.
Poursuites, 1.
Préfet, 36, 37.
Préposés, 1, 1 bis.
Rédaction, 13.
Registre, 3, 4.
Remise, 24, 25.
Requête, 54.
Riverain, 23, 29.
Timbre, 31.
Visa, 19.

V. Citation. Créance. Domicile. Exploit. Frais. Insolvable. Nullité. Opposition.

SECT. I. — GÉNÉRALITÉS.

§ 1. *Rédaction. Remise.*

1. *Préposés. Poursuites.* — Les gardes, dans les poursuites exercées par l'administration forestière, peuvent faire toutes les significations d'exploit sans pouvoir procéder aux saisies-exécutions; ils sont payés comme les huissiers des juges de paix. (Cod. For. 173.)

1 bis. *Préposés. Matière électorale.* — Les gardes forestiers ne sont pas compris parmi les agents assermentés qui, par les soins de l'administration municipale, peuvent, aux termes de l'article 4 de la loi du 7 juillet 1874, signifier les décisions et actes relatifs aux contestations en matière électorale. Spécialement, la signification par un garde forestier d'un pourvoi en cassation contre une décision du juge de paix rendue en cette matière est nulle, et le pourvoi, par suite, irrecevable. (Cass. 13 avril 1893.)

2. *Bois d'apanage* — Les gardes des bois d'apanage ou de majorat ou les gardes particuliers ne peuvent pas faire les significations d'exploits, comme ceux de l'administration forestière.

3. *Registre. Mention.* — Les gardes feront mention sur leur registre de toutes les significations faites. (Ord. 26.)

4. *Registre. Indication.* — Les gardes inscriront sur leur registre toutes les significations faites, en indiquant leur objet et la personne à qui la copie a été remise. (Livret des préposés, art. 17.)

5. *Brigadier sans triage.* — A moins de circonstances extraordinaires, les brigadiers sans triage sont exclusivement chargés des significations. (Circ. A 467.)

6. *Allocation. Montant. Paiement.* — Il est attribué 0 fr. 30 aux préposés par chaque signification, sur l'état de répartition des frais de justice, sans que l'ensemble de cette allocation puisse s'élever à plus de 200 francs par an, pour chaque préposé. (Décis. Min. du 7 mars 1834. Circ. A 345. Loi de finances de 1838. Circ. A 405. Décis. Min. du 27 février 1886. Circ. N 382.)

Ces frais se paient en fin d'année, sur des états dressés en simple expédition. (Circ. N 372.)

7. *Frais de voyage. Indemnité.* — Les préposés pourront recevoir des indemnités spéciales, calculées d'après les tarifs réglementaires, toutes les fois que les déplacements qui leur seront occasionnés par des actes de signification entraîneront pour eux des dépenses hors de proportion avec l'indemnité fixe qui leur est allouée. (Décis. Min. du 27 février 1886. Circ. N 382.)

8. *Frais.* — Les frais de signification dus aux gardes sont liquidés par le conservateur. (Circ. N 402.)

9. *Agent. Envoi.* — Les chefs de cantonnement reçoivent les exploits de signification et les distribuent aux gardes chargés de les remettre aux prévenus ou condamnés et renvoient les originaux en due forme. (Circ. A 358.)

10. *Distance. Indemnité.* — Les chefs de service doivent confier les significations au préposé qui aura la plus faible distance à parcourir, et ce n'est que dans les cas tout à fait exceptionnels qu'il y aura lieu de recourir à l'application du tarif annexé à l'arrêté ministériel du 20 avril 1883. (Circ. N 382.)

11. *Agents.* — Les agents ne peuvent pas faire de significations.

12. *Originaux.* — Les agents chefs de service dressent les originaux de significations et en font faire les copies. (Circ. A 358.)

13. *Rédaction. Copie.* — Les gardes peuvent rédiger la signification (citation) des actes dont ils délivrent copie à la suite de ces actes. (Loi du 13 brumaire an VII, art. 23. Décis. Min. 25 novembre 1835. Circ. A 367.)

14. *Dimanche. Nullité.* — Si certains actes ne peuvent être faits le dimanche, il n'y a pas de texte qui prononce la nullité d'une signification de jugement faite le dimanche. (Douai, 9 août 1892.)

Cette question est controversée, mais la cour de Bordeaux s'est prononcée dans le même sens, le 28 octobre 1885.

15. *Appel. Délai.* — La signification d'un jugement faite au parquet ne fait pas courir les délais d'appel, lorsqu'il n'est pas établi que l'huissier, avant sa notification au parquet, se soit livré, auprès des personnes susceptibles de lui fournir des renseignements, à des investigations suffisantes sur la résidence de celui auquel il devait signifier le jugement. (Paris, 19 janvier 1893.)

§ 2. *Formalités. Visa.*

16. *Arrêtés du conseil de préfecture.* — La signification des arrêtés du conseil de préfecture doit se faire par huissier, entre parties privées ou d'une partie privée à l'administration; de l'administration aux parties privées, elle peut avoir lieu par le ministère d'un agent administratif et même par simple lettre. (Cabantous.)

17. *Défrichement.* — Les significations portant opposition aux défrichements seront toujours faites par les gardes forestiers, ou par huissiers, à défaut de préposés forestiers. (Circ. A 318. Circ. N 43, art. 49.)

18. *Palais.* — Les significations aux personnes qui ont leur résidence habituelle dans les palais, châteaux et leurs dépendances seront faites aux suisses ou concierges desdits palais, qui ne pourront se refuser d'en recevoir copie et de la remettre. (Ord. du 20 août 1817.)

19. *Visa.* — Toutes significations faites à des personnes publiques préposées pour les recevoir seront visées par elles, sans frais, sur l'original.

En cas de refus :

Amende : 5 francs. (Proc. Civ. 1039.)

L'original sera alors visé par les chefs du parquet. (Proc. Civ. 1039.)

20. *Enregistrement. Acte civil.* — Les significations en matière civile et administrative sont enregistrées au droit fixe de 2 francs, en principal. (Loi du 18 mai 1850, art. 8. Loi du 28 avril 1893, art. 22.)

21. *Enregistrement. Acte correctionnel.* — Les significations des actes en matière de police ordinaire ou correctionnelle sont enregistrées au droit de 1 franc, en principal. (Loi du 22 frimaire an VII, art. 68. Loi du 28 avril 1893, art. 22.)

SECT. II. — DÉLIMITATION. BORNAGE.

22. *Arrêté préfectoral. Convocation. Formalités.* — La signification de l'arrêté pour la convocation des riverains est faite *au nom et à la diligence de l'administration des forêts.* (Décis. Min. du 23 septembre 1830. Circ. N 64, art. 110.)

Elle doit indiquer, conformément aux prescriptions de l'article 1er du code de procédure civile, les date, mois, jour et an, les nom (grade), profession et domicile du demandeur (agent forestier), les nom, demeure et qualité du garde citateur, les nom et demeure du cité, l'objet de la citation et les lieu, jour et heure de la comparution.

23. *Riverains.* — Les significations sont faites :

1° A tous les riverains dont les propriétés touchent à la forêt ;

2° A ceux qui n'en sont séparés que par des sentiers et chemins d'exploitation ou par des cours d'eau non dépendant du domaine public ;

3° Aux maires des communes propriétaires de chemins vicinaux et ruraux classés, riverains et non délimités ;

4° Aux présidents des commissions administratives des établissements publics, pour les bois contigus ;

5° Au maire de la commune propriétaire, s'il s'agit d'un bois domanial contigu à un bois communal. (Circ. N 64, art. 110.)

24. *Remise. Fêtes légales.* — La remise des significations est faite par les gardes. En exécution de l'article 63 du code de procédure civile, aucun exploit ne doit être donné un jour de fête légale. (Circ. N 64, art. 113.)

25. *Remise. Erreur.* — Le garde citateur s'assure, avant de faire la remise de l'acte, que les nom, prénoms et demeure de la personne citée sont exactement écrits et que cette personne est réellement propriétaire d'un immeuble attenant à la forêt. En cas d'erreur, il fait les corrections nécessaires et en prévient sur le champ le chef de service, qui, de son côté, en informe l'expert. (Circ. N 64, art. 115.)

26. *Domicile.* — Les citations ou significations pour une délimitation générale peuvent être faites au *domicile* du propriétaire riverain ou à *celui* de son fermier, garde ou agent, mais toujours au nom du propriétaire, qui doit être seul cité.

27. *Personne étrangère.* — Si la signification est remise à une personne étrangère, les nom, prénoms et demeure de celle-ci seront mentionnés sur la copie et sur l'original par le citateur, qui doit constater, sur les deux pièces, qu'il s'est présenté au domicile du riverain. (Circ. N 64, art. 117.)

28. *Original. Dimension.* — Les originaux de significations, pour les délimitations, sont libellés sur des formules ayant la même dimension que le procès-verbal ($0^m,420$ de hauteur sur $0^m,594$ de largeur, feuille ouverte). (Circ. N 64, art. 111.)

29. *Original. Riverain.* — Sont compris sur le même original, tous les riverains qui, habitant la même commune ou le même lieu, peuvent être cités dans la même journée. (Circ. N 64, art. 112.)

30. *Copie.* — Les copies de significations sont faites sur des feuilles de la dimension du timbre de 0 fr. 60. (Circ. N 64, art. 111.)

31. *Timbre. Enregistrement.* — Les significations des arrêtés des préfets relatifs aux délimitations et aux bornages sont sujettes au timbre et à l'enregistrement. Ces formalités sont données en débet. (Décis. Min. du 8 janvier 1829. Circ. A 220.)

32. *Enregistrement. Délai.* — Les significations pour la convocation des riverains à une délimitation doivent être enregistrées dans les quatre jours de leur date. (Loi du 22 brumaire an VII, art. 20, 29, 34.)

33. *Enregistrement. Droits.* — Les significations faites pour les délimitations sont passibles d'autant de droits d'enregistrement (2 francs et les décimes) qu'il y a de propriétaires riverains dénoncés dans le même exploit. (Décis. Min. du 7 août 1834. Circ. N 64, art. 214. Loi du 28 avril 1893, art. 22.)

34. *Frais. Paiement.* — Les frais de signification de délimitation générale doivent être payés aux ayants droit, sans attendre le règlement général de tous les frais de ces opérations, attendu que les agents ne peuvent pas attendre indéfiniment le paiement des sommes qui leur reviennent. (Lettre de l'Admin.)

35. *Délimitation partielle.* — Pour les délimitations partielles, il n'y a pas de signification à donner aux riverains, avec lesquels l'agent désigné doit s'entendre directement. (Circ. N 64, art. 6.)

SECT. III. — POURSUITES.

§ 1. *Instance civile.*

36. *Action domaniale. Préfet. Domicile. Délégation.* — En matière d'actions domaniales, les significations peuvent être faites non seulement à la personne du préfet, mais encore à son domicile. Ainsi une signification est valablement faite à la personne du secrétaire général de la préfecture, bien que ce fonctionnaire n'ait pas été spécialement délégué par le préfet pour le remplacer ; à cet égard, la délégation doit être présumée. (Proc. Civ. 69. Cass. 25 mai 1852.)

37. *Action domaniale. Appel. Fonctionnaire.* — Est nul, l'exploit d'appel en matière domaniale signifié, non au préfet, mais au directeur des domaines, bien que le jugement frappé d'appel ait été signifié au nom de ce dernier. (Cass. 15 janvier 1856.)

38. *Action domaniale. Agent.* — Les agents de l'administration forestière n'ayant pas capacité suffisante pour exercer les actions du domaine, les significations qui leur sont faites ne font pas courir les délais. (Ord. 12 février et 4 juin 1823 et 22 novembre 1826.)

39. *Jugement par défaut. Formalités.* — La signification d'un jugement par défaut doit être faite à la personne ou à domicile, pour faire courir le délai d'appel. La signification à l'avoué est insuffisante. (Proc. Civ. 147, 443. Cass. 29 novembre 1836.)

§ 2. *Instance correctionnelle.*

40. *Jugement. Formalités.* — Les significations des jugements rendus à la requête de l'administration forestière ou sur la poursuite du ministère public seront faites par simple extrait, qui contiendra le nom des parties et le dispositif. Cette signification fera courir les délais de l'opposition et de l'appel des jugements par défaut. (Cod. For. 209.)

41. *Extrait.* — L'original de la signification pourra être mis à la suite de l'extrait de jugement visé pour timbre, qu'il s'agisse d'un jugement par défaut ou contradictoire. (Décis. Min. 4 octobre 1828.)

42. *Jugement par défaut. Formalités.* — Les extraits des jugements par défaut sont remis par les greffiers des cours et tribunaux aux agents forestiers, dans les dix jours après celui où les jugements ont été prononcés. (Ord. du 19 octobre 1841.) L'agent forestier supérieur chef de service de l'arrondissement les fait immédiatement signifier aux condamnés.

Quinze jours après la signification des jugements par défaut, l'agent forestier remet les originaux des exploits de signification au receveur des finances de l'arrondissement, et celui-ci les fait parvenir aux percepteurs, qui procèdent alors au recouvrement des sommes dues par les condamnés. Si, durant ce délai, le condamné interjette appel ou forme opposition, l'agent forestier en donne avis au receveur des finances. (Ord. 188. Circ. N 149. Form. série 6, nº 10.)

43. *Jugement par défaut. Opposition.* — Une signification d'un jugement par défaut, lorsqu'elle est nulle, ne fait pas courir le délai d'opposition. V. Nullité.

44. *Copie.* — La copie de l'extrait de jugement à remettre aux délinquants condamnés sera sur papier visé pour timbre en débet, lorsqu'il s'agira de jugement par défaut signifié à la diligence des agents forestiers. (Loi du 25 mars 1817, art. 74. Décis. Min. du 4 octobre 1828.)

45. *Omission de jour. Nullité. Appel.* — Est nul et de nul effet, pour faire courir le

délai d'appel, l'exploit de signification d'un jugement, quand la copie ne porte comme date que le mois et l'année, sans indiquer le jour, et que rien dans les autres énonciations de l'acte ne permet de suppléer à cette omission. (Cass. 5 novembre 1890.)

46. *Insolvables.* — Il n'est pas nécessaire de signifier tous les jugements par défaut prononcés contre les insolvables. On ne doit signifier que celui portant la peine la plus forte. (Circ. A 285.)

47. *Jugement par défaut. Opposition. Formalités.* — La signification d'un jugement par défaut ne fait courir le délai d'opposition que si elle est faite à la personne même du prévenu. (Instr. Crim. 187. Chambéry, 19 février 1875.)

48. *Domicile.* — La signification d'un jugement par défaut, en matière correctionnelle, est valablement faite à la dernière habitation du prévenu et remise, s'il n'y est pas trouvé, au maire de la commune, bien que cette habitation ne soit pas le domicile légal ou civil du prévenu. Cette signification fait, dans ce cas, courir contre lui le délai d'opposition. (Cass. 26 septembre 1856.)

49. *Jugement par défaut.* — La signification d'un jugement par défaut, en matière forestière, n'est pas un acte de poursuite. (Délibération des domaines, 12 mai 1830.)

50. *Enregistrement. Jugement par défaut.* — La signification de l'extrait d'un jugement par défaut, en matière forestière, ne doit pas être enregistrée gratis, quoique le montant des condamnations ne s'élève pas à plus de 100 francs, parce que ces significations ne sont pas des actes de poursuite. (Délibération de l'enregistrement, 19 mars 1832.)

51. *Etat. Contrôle.* — Au fur et à mesure des significations de jugements par défaut, les inspecteurs envoient au conservateur des états de ces significations par arrondissement, pour les transmettre au trésorier-payeur général. (Circ. N 149, art. 11. Form. série 6, nº 9.)

52. *Jugement contradictoire. Commandement. Enregistrement.* — La signification d'un jugement contradictoire, avec *commandement* de payer, n'est pas un véritable acte de poursuite, qui, conformément à l'article 6 de la loi du 16 juin 1824, doit être enregistré gratis. (Délibérations de l'enregistrement, 12 mai 1830 et 19 mars 1832.)

53. *Commandement.* — La signification de l'extrait des condamnations prononcées par jugement contradictoire contiendra, en même temps, le commandement prescrit par l'article 211 du code forestier, pour pouvoir exercer la contrainte par corps, si cela est nécessaire, sans autre commandement. (Décis. Min. du 4 octobre 1828.)

54. *Bois particuliers. Requête.* — Lorsque des délinquants ont été condamnés dans l'intérêt des particuliers, les significations des jugements doivent être faites à la diligence des particuliers. (Délibération de l'enregistrement, 8 janvier 1830.)

SOCIÉTÉ CIVILE.

1. *Chasse. Poursuites.* — Une société formée pour l'exploitation de la chasse constitue une véritable société civile, et le comité administratif a qualité pour poursuivre les délits de chasse commis au préjudice de l'association. (Cass. 18 novembre 1865.)

2. *Société. Location. Licitation. Résiliation. Chasse.* — Lorsqu'il y a eu, au profit d'une personne, adjudication administrative du droit de chasse sur des bois communaux, avec admission d'associés présentés par l'adjudicataire, en l'absence de contrat réglant le mode de jouissance entre l'adjudicataire et ses associés, il existe entre ces personnes, pour le temps fixé par l'adjudication, une société de fait régie par les principes du droit commun.

S'il survient un désaccord qui rend impossible l'exercice du droit de chasse pour quelques-uns des associés, par suite d'abus de jouissance de la part de l'adjudicataire, cette situation donne lieu à une dissolution de la société, avec dommages-intérêts au profit des associés; mais ceux-ci ne peuvent exiger la licitation du droit, dont l'adjudicataire est seul attributaire, au regard des communes propriétaires. (Orléans, 19 novembre 1887.)

SOCIÉTÉ COMMERCIALE.

Exploitation de bois. — L'association pour l'exploitation d'une forêt, par abatage et mise en vente des bois, formée entre des acquéreurs étrangers à la propriété du sol, constitue une société commerciale. (Bastia, 4 avril 1843.)

SOCIÉTÉ DE SECOURS ET PRÊTS (ENTRE LES AGENTS FORESTIERS).

1. *But.* — La société de secours et prêts entre les agents forestiers, fondée à Paris en 1867 et reconnue comme établissement d'utilité publique par décret du 16 août 1873, a pour but unique de venir en aide aux agents forestiers qui sont dans le besoin, à leurs veuves et à leurs enfants, sans qu'il soit nécessaire que ces agents fassent ou aient fait partie de l'association. (Statuts, art. 1er.)

2. *Recrutement.* — Elle se recrute parmi les agents en activité de service et les anciens agents, à partir du grade de garde général stagiaire inclusivement, ainsi que parmi les élèves de l'école de Nancy. (Statuts, art. 2.)

3. *Administration.* — Elle est administrée par une commission permanente, siégeant à Paris, et composée de neuf membres, nommés au scrutin secret par les sociétaires, réunis en assemblée générale. Les membres de la commission sont renouvelés par tiers chaque année et par ancienneté ; à l'exception du trésorier, qui est indéfiniment rééligible, les membres sortants ne peuvent être réélus qu'après une interruption d'une année. (Statuts, art. 3 et 4.)

4. *Ressources.* — Les ressources de la société se composent :

1° Des cotisations annuelles, qui sont fixées à 10 francs par sociétaire ;

2° Des dons volontaires ;

3° Des remboursements ;

4° Des donations et legs dont l'acceptation aura été autorisée, conformément aux dispositions de l'article 910 du code civil ;

5° Des subventions qui pourraient lui être accordées. (Statuts, art. 9. Règlement, 1er mars 1890, art. 3.)

5. *Assemblée générale.* — Chaque année, les sociétaires sont convoqués en assemblée générale, pour entendre le rapport sur les opérations de la commission et sur la situation financière de la société, pour reviser les statuts, s'il y a lieu, et élire les nouveaux membres de la commission. (Statuts, art. 14.)

6. *Fondateur. Donateur.* — Tout membre, qui verse un capital de 200 francs, cesse d'avoir à payer la cotisation annuelle. Celui qui, outre ce capital, verse une somme au moins égale reçoit le titre de donateur. Le fondateur et le donateur sont inscrits à perpétuité dans les annuaires. (Règlement, 1er mars 1890, art. 4.)

7. *Secours. Prêts. Préférence. Demande. Secret.* — Dans la distribution des secours et prêts, les sociétaires ont toujours la préférence sur les agents qui ne sont pas membres de la société.

Les enfants âgés de plus de 21 ans ne peuvent être secourus que dans des cas exceptionnels.

Les demandes doivent être adressées au président de la commission. Le nom des personnes secourues est tenu secret. (Règlement, 1er mars 1890, art. 8, 9 et 11.)

SOLDAT. V. Militaire.

SOLDE. V. Assimilation. Service militaire.

SOLIDARITÉ.

Chasse, 15.
Co-auteur, 6.
Complice, 6.
Condamnation, 9, 10.
Conditions, 5.
Débiteur, 14.
Définition, 1, 2, 3.
Époux, 7.
Garantie, 12.
Jugement, 4.
Peine personnelle, 8.
Poursuites, 13.
Réparation civile, 11.

1. *Définition.* — Il y a solidarité de la part des débiteurs, lorsqu'ils sont obligés à une même chose, de manière que chacun puisse être contraint pour la totalité et que le paiement fait par un seul libère les autres envers le créancier. (Cod. Civ. 1200.)

2. *Définition.* — Si le délit est commis par plusieurs personnes en même temps, les délinquants ne peuvent être solidaires des condamnations que lorsque le but ou les résultats du délit doivent profiter en commun à leurs auteurs. (Metz, inédit, 14 novembre 1836.)

3. *Définition.* — S'il y a plusieurs délinquants qui aient concouru au délit (enlèvement par plusieurs avec une seule charrette), il n'y a qu'une amende, mais les délinquants sont tous déclarés solidaires. (Cass. 24 avril 1828.)

Si le mode d'enlèvement n'est pas connu et que les produits extraits forment plusieurs charges d'homme, chaque délinquant doit être condamné séparément, pour sa charge personnelle. (Cass. du 21 octobre 1824.)

4. *Jugement.* — La solidarité n'a pas besoin d'être formulée par jugement ; elle existe par le fait seul de la loi. (Cass. 26 août 1813.)

5. *Conditions.* — Pour que la solidarité existe, il faut que les délinquants aient été poursuivis et condamnés ensemble. (Excepté pour les adjudicataires et les cautions.)

6. *Complices. Co-auteurs.* — La complicité entraîne la solidarité ; il en est de même pour les co-auteurs.

7. *Époux.* — Si un délit est commis par le mari et la femme, ils doivent être condamnés solidairement pour le tout.

8. *Peine personnelle.* — Il ne peut pas y avoir solidarité pour les peines personnelles, comme la prison. V. Emprisonnement.

9. *Condamnation.* — La solidarité s'applique aux amendes, aux réparations civiles et aux frais.

10. *Condamnation.* — Les individus condamnés pour un même délit sont tenus solidairement des amendes, des restitutions, des dommages-intérêts et des frais. (Cod. Pén. 55.)

11. *Réparations civiles.* — Les personnes civilement responsables ne sont solidaires que pour les réparations civiles.

12. *Garantie.* — La garantie solidaire imposée aux communes par les articles 82 et 112 du code forestier, en ce qui touche les condamnations encourues par les entrepreneurs des coupes affouagères, s'étend aux amendes aussi bien qu'aux réparations civiles. (Cass. 13 août 1852.)

13. *Poursuites.* — La poursuite contre un débiteur solidaire n'empêche pas d'exercer

de pareilles poursuites contre les autres débiteurs solidaires. (Cod. Civ. 1204.)

14. *Débiteur.* — Le créancier peut s'adresser à celui des débiteurs solidaires qu'il veut choisir, sans que celui-ci puisse opposer le bénéfice de division. (Cod. Civ. 1203.)

15. *Chasse.* — Le délit de chasse étant essentiellement personnel, il n'y a pas solidarité entre ceux qui se rendent simultanément coupables de ce délit. (Paris, 24 novembre 1867.)

SOLLICITATION.

Agent. — Les agents ne doivent point faire faire des sollicitations en leur faveur. (Circ. A 134 quater.)

SOLVABILITÉ.

1. *Coupes de bois. Vente. Décision.* — Le président de la vente de coupes de bois sera juge de la solvabilité des preneurs. (Cah. des ch. 5.) V. Adjudication.

2. *Avis.* — Avant de prononcer sur la solvabilité des cautions et des certificateurs de cautions, le président de la vente doit consulter le trésorier général. La responsabilité imposée à ce comptable lui donne le droit de les accepter ou de les refuser. Toute latitude lui est laissée à cet égard. (Circ. Min. aux préfets du 25 octobre 1828. Circ. N 80, art. 46.)

3. *Adjudicataire. Doutes. Caution.* — En cas de doute sur la solvabilité des preneurs, le président de la vente pourra exiger la présentation immédiate d'une caution et d'un certificateur de caution solvables. (Coupes, Cah. des ch. 5.)

4. *Contestations. Compétence.* — Les contestations autres que celles qui s'élèvent, pendant l'adjudication, sur la solvabilité des acheteurs, sont de la compétence des tribunaux. (Ord. du 28 février 1828. Circ. N 80, art. 47.)

5. *Etrangers.* — Les personnes non domiciliées en France qui voudront prendre part aux adjudications devront, avant la séance, justifier de leur solvabilité auprès du trésorier-payeur général du département, qui pourra exiger d'elles telles garanties qu'il jugera convenable. (Cah. des ch. 5.)

6. *Caution.* — La solvabilité d'une caution ne s'estime qu'eu égard à ses propriétés foncières, excepté en matière de commerce. (Cod. Civ. 2019.) V. Caution.

7. *Saisie. Caution. Contestation.* — En cas de contestation sur la solvabilité de la caution, pour la mainlevée provisoire, il sera statué par le juge de paix. (Cod. For. 168.) V. Saisie. Séquestre.

SOMMAIRE. V. Matière sommaire.

SOMMATION. V. Citation.

SOMMIER DE COMPTABILITÉ (POUR LES TRAVAUX DE RESTAURATION DES TERRAINS EN MONTAGNE).

1. *Chef de service. Dispositions générales.* — Le chef de service ouvre, pour chaque exercice, un sommier de comptabilité pourvu d'un titre (Form. série 7, n° 61) et divisé en quatre parties, savoir :

1° Tableau d'inscription des crédits (Form. série 7, n° 61 bis) ;

2° Détail mensuel des dépenses, par série ou groupe de séries et par crédit (Form. série 7, n° 61 ter) ;

3° Situation et payement, par série ou groupe de séries et par crédit (Form. série 7, n° 61 quater) ;

4° Journal des demandes de fonds et des mandats (Form. série 7, n° 61 quinquiès).

Ce sommier sert à la fois à la comptabilité des régies et à celle des entreprises.

Les indications à porter dans la deuxième partie du sommier de comptabilité sont obtenues :

En ce qui concerne les journées, en totalisant, pour le mois, les données fournies par le verso des feuilles de journées (récapitulation de la comptabilité) ;

En ce qui concerne les tâches et fournitures, en dépouillant l'extrait du carnet d'attachement (récapitulation).

Dans la troisième partie, la situation est établie, non pour chaque demande de fonds, mais pour l'ensemble des demandes présentées en même temps. Les nombres à inscrire dans les colonnes 3 et 4 sont, en conséquence, portés en regard du montant du dernier mandat à délivrer, et la situation établie est ainsi reportée sur la dernière des demandes de fonds présentées en même temps.

Dans la quatrième partie, toutes les demandes de fonds présentées en même temps, pour un même article, sont inscrites consécutivement.

Aussitôt après la réception des pièces justificatives de paiement fournies par l'agent régisseur, il complète le sommier de comptabilité. (Instr. Gén. du 2 février 1885, art. 175, 176 et 179. Circ. N 345.)

2. *Chef de service. Entreprise.* — Le chef de service porte les éléments du décompte de l'entreprise fournis par l'agent directeur dans la deuxième partie de son sommier de comptabilité (Form. série 7, n° 61), et inscrit dans la troisième partie du même sommier les mandats délivrés à l'entrepreneur. (Instr. Gén. du 2 février 1885, art. 193. Circ. N 345.) V. Imprimé. Registre.

3. *Travaux en régie. Agent régisseur.* — L'agent régisseur tient un sommier de comp-

tabilité (Form. série 7, nº 52), sur lequel il établit un détail spécial de l'emploi de chaque crédit.

Au moment de la réception des feuilles de journées, chacune de celles-ci est l'objet d'un enregistrement qui consiste dans l'inscription au sommier :

Du numéro (col. 1) ;
De la période (col. 3) ;
Du nom du rédacteur (col. 3) ;
Du montant total de la dépense (col. 4).

A l'enregistrement de chaque feuille correspond un numéro du sommier (col. 2).

Lorsque toutes les feuilles sont enregistrées, l'agent régisseur fait le total des dépenses correspondantes et le reporte sur la même ligne, dans la colonne 6.

A la suite de ce total, l'agent régisseur transcrit, dans les colonnes 1, 3 et 5, l'extrait du carnet d'attachement (récapitulation).

A l'enregistrement du compte de chaque partie prenante, correspond un numéro du sommier (col. 2).

L'agent régisseur fait le total des dépenses de cette catégorie et le reporte sur la même ligne, à la colonne 6.

L'addition des deux totaux partiels inscrits dans cette dernière fournit le montant de la dépense effectuée pendant le mois.

Cette somme, reportée dans les colonnes 7 et 8, permet d'obtenir les totaux et les restes successifs, c'est-à-dire les situations périodiques.

L'agent régisseur inscrit dans la colonne 9 le nom de chaque partie prenante, en regard du compte de celle-ci.

Au fur et à mesure de la réception des mandats et de leur remise aux parties prenantes, les mentions utiles sont portées dans les colonnes 10, 11, 12, 16 et 17.

L'encaissement de la somme mandatée fait l'objet d'une mention au sommier (col. 13). (Instr. Gén. du 2 février 1885, art. 157, 158, 159, 168. Circ. N 345.)

4. *Travaux par entreprise. Agent directeur.* — A la fin de chaque mois, l'agent directeur des travaux établit une situation (Form. série 7, nº 68) qu'il adresse au chef de service. La partie de cette situation qui présente la récapitulation fournit à l'agent directeur les éléments du décompte de l'entreprise. Ces données sont transcrites sur le sommier (Form. série 7, nº 69). (Instr. Gén. du 2 février 1885, art. 192. Circ. N 345.)

SONDAGE. V. Marine.

SORBE. V. Enlèvement. Fruit.

SORBIER.

Classification. — Arbre fruitier de première classe. (Cod. For. 192.)

SOUCHE.

Arrachis, 3.
Autorisation, 8.
Bois gras, 10.
Bois particuliers, 9.
Coupe, 1.
Coupe de bois, 4.
Délit, 4.
Enlèvement, 5, 8, 10.
Exploitation, 2, 3.
Extraction, 9.
Plant, 5.
Souches mortes, 7.
Vol, 6.

1. *Coupe.* — Les souches doivent être coupées en talus et non en pivot. (Insp. des Fin.) V. Exploitation.

2. *Exploitation.* — L'exploitation des arbres doit avoir lieu de manière à ce que l'eau ne puisse pas séjourner sur les souches et que les racines restent entières. (Cah. des ch. 20.)

En cas d'infraction :

Amende : 50 à 500 francs. (Cod. For. 37.)
Dommages-intérêts facultatifs. (Cod. For. 37.)

3. *Exploitation. Arrachis.* — L'arrachis des souches est un délit, puisque le cahier des charges prescrit, en coupant les arbres, de laisser les racines entières. (Cass. 25 juin 1825.) Il en serait de même si les souches étaient fendues, sciées ou éclatées (*amende* : 50 francs). Ces délits sont passibles de l'amende fixée par l'article 37 du code forestier.

4. *Délit. Coupe de bois.* — Le fait d'avoir arraché, à l'aide d'une cognée, des souches (mortes ou vives) dans un bois déjà exploité constitue le délit de coupe et enlèvement d'arbres, prévu par les articles 192, 194 et 198 du code forestier. (Cass. 7 mars 1845.)

5. *Enlèvement. Plant.* — L'enlèvement des souches est puni comme arrachis de plants. (Montpellier, 24 août 1840. Meaume, t. II, p. 917.) V. Plant.

6. *Vol.* — L'enlèvement de souches déjà extraites constitue un vol de bois dans une vente, prévu par l'article 388, nº 2, du code pénal. (Dijon, inédit, 27 novembre 1839.)

7. *Souches mortes.* — Les souches mortes ou celles des bois résineux incapables de donner des rejets doivent être considérées comme bois mort.

8. *Autorisation. Enlèvement.* — Les conservateurs autorisent l'extraction des souches mortes et fixent la redevance à payer, s'il s'agit de bois domaniaux. Elle est fixée par les préfets, pour les bois communaux. (Ord. 4 décembre 1844.)

9. *Bois particuliers. Extraction.* — Il est d'un usage constant, dans le commerce des bois, de ne faire l'arrachage des souches que lorsqu'il a été formellement stipulé.

En conséquence, lorsque, dans une vente de bois, les parties n'ont fait aucune stipulation concernant le mode d'abatage des arbres, les acheteurs ne peuvent être contraints à arracher les souches. (Amiens, 8 octobre 1886.)

10. *Bois gras. Enlèvement.* — L'enlèvement du bois gras est toléré ou accordé, moyennant des journées de prestation. L'enlèvement du bois gras se fait sur les arbres morts et sur les vieilles souches. Ce délit n'est jamais poursuivi.

Cependant, en cas de poursuites, la pénalité pour enlèvement de souches pourrait être appliquée, ou bien celle de coupe de bois mort (Cod. For. 80), ou celle d'enlèvement de produits divers. (Cod. For. 144.)

SOUCHETAGE.

1. *Délais. Formalités.* — Dans le mois qui suivra l'adjudication, pour tout délai et avant que le permis d'exploiter soit délivré, l'adjudicataire pourra exiger qu'il soit procédé, contradictoirement avec lui ou son fondé de pouvoirs, au souchetage et à la reconnaissance des délits qui auraient été commis dans la vente ou à l'ouïe de la cognée.

Cette opération sera exécutée, dans l'intérêt de l'Etat et sans frais, par un agent forestier, accompagné du garde du triage.

Le procès-verbal qui en sera dressé constatera le nombre des souches qui auront été trouvées, leur essence et leur grosseur. Il sera signé par l'adjudicataire ou son fondé de pouvoirs, ainsi que par l'agent et le garde forestier présent.

Les souches seront marquées du marteau de l'agent forestier. (Ord. 93 et 134.)

2. *Adjudicataire. Délit. Responsabilité.* — L'adjudicataire qui n'a pas requis le souchetage, avant la délivrance du permis d'exploiter, n'est pas recevable à prouver que le délit à raison duquel il est cité comme responsable a été commis antérieurement à la délivrance du permis d'exploiter, et l'administration n'a pas à établir qu'il a été commis depuis la délivrance du permis d'exploiter. (Cass. 31 mai 1833. Nancy, 22 juillet 1846.)

SOUMISSION.

SECT. I. — ADJUDICATIONS, 1 — 22.

§ 1. *Coupes*, 1.

§ 2. *Travaux d'amélioration dans les forêts domaniales*, 2 — 22.

SECT. II. — MARCHÉS DE GRÉ A GRÉ, 23 — 32.

§ 1. *Travaux d'amélioration dans les forêts domaniales*, 23 — 26.

§ 2. *Délimitation, Bornage*, 27 — 30.

§ 3. *Menus produits dans les bois domaniaux*, 31 — 32.

Adjudicataire, 13.
Adjudication avec concurrence limitée, 4.
Approbation, 20, 26, 27.
Concurrents, 11, 12.
Conditions, 5, 24, 25.
Coupes, 1.
Délai, 21.
Délivrance avec simple permis, 31.
Délivrance avec procès-verbal, 32.
Enregistrement, 29, 30.
Enveloppe, 9.
Envoi, 7.
Etat, 10.
Examen, 11.
Exécution, 24.
Formalités, 10, 27.
Fraction, 17.
Géomètre, 27, 28.
Lettre recommandée, 7.
Maximum, 8.
Minimum, 8.
Minute, 19.
Mode, 3.
Modèle, 16.
Offre, 14.
Paquet, 6, 9, 10.
Pièces, 10, 11.
Principe, 1, 2, 4, 23.
Prix, 8, 15.
Procès-verbal d'adjudication, 18, 19.
Rabais, 8, 14, 17.
Recours, 22.
Remise, 6.
Timbre, 5, 27, 31, 32.

SECT. I. — ADJUDICATIONS.

§ 1. *Coupes.*

1. *Principe.* — Les ventes des coupes ordinaires ou extraordinaires dans les bois soumis au régime forestier peuvent se faire sur soumissions cachetées. (Ord. 26 novembre 1836.)

§ 2. *Travaux d'amélioration dans les forêts domaniales.*

2. *Principe.* — Les travaux peuvent être entrepris par voie d'adjudication publique, au rabais et sur soumissions cachetées. (Cah. des ch. 1.)

3. *Mode.* — Les adjudications auront lieu par voie de soumissions cachetées, sur un seul concours, et seront annoncées par voie d'affiches. (Cah. des ch. 5.)

4. *Adjudication avec concurrence limitée.* — Les adjudications publiques relatives à des fournitures, travaux, transports, exploitations ou fabrications qui ne peuvent être, sans inconvénient, livrés à une concurrence illimitée, sont soumises à des restrictions permettant de n'admettre que les soumissions qui émanent de personnes reconnues capables par l'administration, au vu des titres exigés par le cahier des charges et préalablement à l'ouverture des plis renfermant les soumissions. (Décr. du 18 novembre 1882, art. 3. Circ. N 304.)

5. *Timbre. Conditions.* — Les soumissions doivent être, à peine de nullité, écrites sur papier timbré, ainsi que les certificats de capacité et les offres de caution ou récépissés de cautionnement produits à l'appui. (Circ. A 485. Circ. A 489 ter. Cah. des ch. 10.)

6. *Remise. Paquet.* — Les paquets renfermant les soumissions seront remis cachetés au président de l'adjudication, en séance publique. Ils recevront immédiatement un numéro dans l'ordre de leur présentation. Il n'en sera plus reçu, lorsque le dépouillement sera commencé. (Cah. des ch. 7.)

7. *Envoi par lettre recommandée.* — Les concurrents pourront toutefois faire parvenir leurs soumissions, avec les pièces à l'appui, par lettre recommandée, au président, avant le jour de l'adjudication. Cette lettre recom-

mandée devra porter extérieurement une mention indiquant la nature du contenu et avertissant qu'elle ne doit pas être ouverte avant l'adjudication. Les lettres recommandées, ainsi parvenues au président, seront déposées par lui sur le bureau, après la remise des paquets des autres concurrents en séance publique. (Décr. du 18 novembre 1882, art. 13. Circ. N 304. Cah. des ch. 7.)

8. *Prix. Rabais. Maximum. Minimum.* — Lorsqu'un maximum de prix ou un minimum de rabais a été arrêté d'avance par le ministre ou son délégué, ce maximum ou ce minimum est déposé cacheté sur le bureau, à l'ouverture de la séance d'adjudication. (Décr. du 31 mai 1862, art. 75. Règl. Min. du 26 décembre 1866, art. 50. Circ. N 104. Décr. du 18 novembre 1882, art. 13. Circ. N 304.)

9. *Enveloppes.* — Les paquets renfermant les soumissions seront sous double enveloppe. La première, qui sera cachetée, contiendra : 1° le certificat de capacité; 2° une présentation de caution signée du concurrent et de la caution elle-même, ou un récépissé constatant le versement du cautionnement provisoire; 3° enfin la seconde enveloppe.

Celle-ci, cachetée aussi, contiendra la soumission. (Cah. des ch. 8.)

10. *Formalités. Etat. Pièces.* — A l'instant fixé pour l'ouverture des paquets, la première enveloppe sera ouverte et il sera dressé un état des pièces envoyées par chaque concurrent. (Cah. des ch. 11.)

11. *Pièces. Examen. Concurrents.* — Les concurrents se retireront ensuite de la salle d'adjudication, et le président, après avoir examiné les pièces produites et consulté les membres du bureau, arrêtera la liste des concurrents agréés. (Cah. des ch. 12.)

12. *Concurrents.* — La séance redeviendra immédiatement publique; le président proclamera les noms des concurrents et remettra, sans les ouvrir, les soumissions des concurrents écartés. (Cah. des ch. 13.)

13. *Adjudicataire.* — On ouvrira ensuite les autres soumissions, et le concurrent qui aura présenté le plus fort rabais et dont la soumission aura été reconnue régulière sera déclaré adjudicataire. (Cah. des ch. 14.)

14. *Offres et rabais égaux.* — Si deux ou plusieurs concurrents avaient présenté un rabais égal et exprimant l'offre la plus avantageuse, il sera ouvert, dans la même forme, un débat entre eux, soit séance tenante, si ces soumissionnaires sont tous présents, soit, en cas contraire, à une époque ultérieure déterminée par le bureau. Les rabais de la nouvelle adjudication ne pourront être inférieurs à ceux de la première.

Si les nouvelles offres, quoique supérieures aux précédentes, sont encore égales entre elles, le concours sera continué; mais, si les concurrents s'arrêtent au même chiffre de rabais et le maintiennent, il sera tiré au sort entre eux. (Cah. des ch. 15.)

15. *Prix égal.* — Dans le cas où plusieurs soumissionnaires offriraient le même prix et où ce prix serait le plus bas de ceux portés dans les soumissions, il est procédé à une réadjudication, soit sur de nouvelles soumissions, soit à l'extinction des feux, entre ces soumissionnaires seulement. (Décr. du 18 novembre 1882, art. 14. Circ. N 304.)

16. *Modèle.* — Un modèle de soumission sera annexé à l'affiche. Toute soumission, qui n'y serait pas exactement conforme, pourra être réputée nulle et non avenue. (Circ. N 22, art. 189. Cah. des ch. 9.)

17. *Rabais. Fractions.* — Les soumissions devront stipuler des rabais de centièmes sur le prix du total du devis, et non une somme totale de dépense. Les rabais fractionnaires sont interdits; toute fraction de centième sera, le cas échéant, comptée pour une unité. (Cah. des ch. 10.)

18. *Procès-verbal d'adjudication.* — Les résultats de l'adjudication seront constatés par un procès-verbal relatant toutes les circonstances de l'opération. (Cah. des ch. 16.)

19. *Minute. Procès-verbal d'adjudication.* — La minute du procès-verbal d'adjudication sera adressée immédiatement au conservateur, avec la soumission admise. On y joindra les réclamations écrites qui auraient pu être déposées contre l'adjudication. (Cah. des ch. 17.)

La minute reste ensuite déposée dans les archives du chef de service. (Cah. des ch. 6.)

20. *Approbation.* — Le marché n'est définitif que par l'acceptation du directeur des forêts ou du conservateur, constatée sur le procès-verbal d'adjudication pour les travaux adjugés. (Cah. des ch. 18.)

Les conservateurs approuvent tous les marchés. Quand l'administration veut se réserver l'approbation d'un marché, elle en informe le conservateur, en lui notifiant la décision autorisant les travaux. (Circ. N 416.)

21. *Délai.* — S'il n'a pas été statué par le directeur ou le conservateur dans le délai d'un mois, à compter du jour de l'adjudication, le soumissionnaire peut exiger la résiliation du marché. (Cah. des ch. 18.)

22. *Recours.* — L'entrepreneur ne pourra prétendre à aucune indemnité dans le cas où le marché ne serait pas approuvé. (Cah. des ch. 18.)

SECT. II. — MARCHÉS DE GRÉ A GRÉ.

§ 1. *Travaux d'amélioration dans les forêts domaniales.*

23. *Principe.* — Les travaux peuvent être adjugés par voie de soumission directe. (Cah. des ch. 1.)

24. *Exécution.* — Les travaux consentis par voie de soumission directe doivent être exécutés suivant les clauses et conditions du cahier des charges des travaux. (Cah. des ch. 55.)

25. *Conditions.* — Les marchés passés par voie de soumission directe sont soumis aux mêmes conditions que les travaux exécutés par voie d'adjudication. (Circ. N 22, art. 268.)

26. *Approbation.* — Toute soumission directe rappellera celui des paragraphes de l'article 18 du décret du 18 novembre 1882 dont il sera fait application.

Le marché ne sera définitif que par l'approbation du directeur des forêts ou du conservateur, mentionnée sur la soumission. (Cah. des ch. 56.) V. *supra*, art. 20.

§ 2. *Délimitation. Bornage.*

27. *Formalités.* — Les soumissions sont produites sur papier timbré, en double minute pour les bois domaniaux et en triple minute pour les bois des communes ou des l'établissements publics. Dans ce dernier cas, une minute est destinée à l'administration, une au géomètre et une à la commune ou à l'établissement public. Une expédition est délivrée, par les soins du conservateur, au chef de service chargé de surveiller l'exécution des travaux. (Circ. N 64, art. 175.)

Le modèle des soumissions, annexe F, est joint à la circulaire N 64, article 174. V. Honoraire.

28. *Géomètre. Approbation.* — Les soumissions des géomètres, concernant les délimitations et aménagements des bois communaux et d'établissements publics, sont soumises au conseil municipal ou à la commission administrative.

29. *Enregistrement.* — Lorsque la convention se forme au moyen d'une acceptation de l'autorité administrative écrite à la suite de la soumission, cette dernière doit être enregistrée. (Arr. Min. du 1er décembre 1856. Circ. A 757.)

30. *Enregistrement. Taux.* — Les soumissions sont, comme marchés, enregistrées au droit de 0.20 pour cent. (Loi du 28 avril 1893, art. 19.)

§ 3. *Menus produits dans les bois domaniaux.*

31. *Délivrance avec simple permis.* — Les soumissions pour extraction dans les forêts domaniales de menus produits, qui peuvent être délivrés sur simple permis, sont établies sur des formules spéciales (série 5, n° 6) et sont exemptes de timbre. (Décis. Min. du 25 septembre 1857. Circ. A 763. Circ. N 271.)

32. *Délivrance avec procès-verbal.* — Les soumissions pour extraction de menus produits, dont le prix n'a pas été réglé d'avance et qui exigent un procès-verbal de délivrance, doivent être timbrées, comme pétitions. (Décis. Min. du 25 sept. 1857. Circ. A 763.)

SOUMISSIONNAIRE.

1. *Travaux. Certificat. Capacité.* — Tout soumissionnaire pour l'exécution de travaux pour le service de l'administration des forêts sera tenu de fournir un certificat constatant sa capacité, excepté dans les cas où il s'agira d'exécuter des travaux d'entretien d'une valeur inférieure à 500 francs, de fournir des matériaux, d'ouvrir ou de curer des fossés. (Cah. des ch. 2.)

2. *Délimitation. Résiliation.* — Lorsqu'un soumissionnaire chargé d'exécuter une délimitation est décédé, ou lorsque la résiliation est prononcée, l'administration examine si les travaux exécutés peuvent être utilisés et s'il y a lieu d'en payer la valeur. (Circ. N 64, art. 183.) V. Résiliation.

SOURCE.

1. *Usage. Propriétaire inférieur.* — Celui qui a une source dans son fonds peut en user à sa volonté, sauf le droit que le propriétaire inférieur pourrait avoir acquis par titre ou prescription, laquelle s'établit par trente ans de jouissance, à compter du jour où le propriétaire du fonds inférieur a établi des ouvrages apparents, pour faciliter la chute et le cours de l'eau dans sa propriété. (Cod. Civ. 641 et 642.)

2. *Propriété. Possession. Traitement. Prescription.* — Le droit à la propriété des eaux d'une source peut être prescrit par une possession plus que trentenaire, à compter de l'établissement des travaux apparents sur le fonds supérieur.

En l'absence de toute preuve, ces travaux sont présumés faits par ceux auxquels ils profitent. (Cass. 4 mars 1885.)

3. *Changement. Village.* — Le propriétaire d'une source ne peut en changer le cours, si elle fournit de l'eau à un village; mais, si les habitants n'en ont pas prescrit l'usage, il peut réclamer une indemnité. (Cod. Civ. 643.) V. Eau.

4. *Agglomération de maisons.* — Il appartient aux tribunaux civils de décider si une agglomération de maisons constitue un village ou un hameau, dans le sens de l'article 643 du code civil. (Bordeaux, 4 mai 1874.)

5. *Propriété. Lit.* — Les eaux jaillissant d'une source et le lit où elles coulent ne peuvent être considérés comme choses n'appartenant à personne qu'après leur sortie de l'immeuble où elles jaillissent; jusque là, les eaux et le lit appartiennent au propriétaire de cet immeuble. (Cass. 29 avril 1873.)

SOUS-CHEF DE BUREAU. V. Chef de section.

SOUS-DIRECTEUR DE L'ÉCOLE FORESTIÈRE.

1. *Nomination. Choix. Attributions.* — Le sous-directeur de l'école nationale forestière est nommé par le ministre de l'agriculture. Il est choisi parmi les professeurs titulaires ayant exercé les fonctions actives d'agent forestier pendant quatre ans au moins. En cas d'absence ou de maladie du directeur, il le remplace dans toutes ses attributions. Il remplit cette fonction concurremment avec celle de professeur. (Décr.du 12 octobre 1889, art. 3.)

2. *Fonctions.* — Le sous-directeur surveille toutes les parties du service et rend compte au directeur des faits qui peuvent intéresser l'instruction, l'ordre et la discipline. Il est secrétaire du conseil d'instruction. (Arr. Min. du 12 octobre 1889, art. 3.)

SOUS-FERMIER.

Chasse. Société. — Le sous-fermier du droit de chasse, dans une forêt domaniale, peut former une société par actions, pour l'exploitation de son droit, en se renfermant dans le nombre d'amis qu'il peut amener. (Paris, 26 novembre 1864.)

SOUS-INSPECTEUR.

Suppression. — Le grade ou titre de sous-inspecteur des forêts a été supprimé par décret du 1er août 1882 et remplacé par celui d'inspecteur adjoint. (Circ. N 301.) V. Inspecteur adjoint.

SOUS-OFFICIER.

1. *Chasseurs forestiers.* — Les sous-officiers des compagnies de chasseurs forestiers sont pris parmi les brigadiers forestiers. (Décr. du 2 avril 1875. Circ. N 173. Décr. du 18 novembre 1890, art. 5. Circ. N 424.)

2. *Candidats gardes domaniaux ou mixtes.* — Les emplois de garde forestier domanial ou mixte sont exclusivement réservés, tant en France qu'en Algérie :

Jusqu'à concurrence des trois quarts des vacances en France et pour la totalité en Algérie, aux sous-officiers rengagés présentés par la commission instituée par la loi du 18 mars 1889. Ces sous-officiers doivent être âgés de moins de quarante ans et compter au moins dix ans de services militaires, dont quatre dans le grade de sous-officier. (Loi du 18 mars 1889, art. 14 et 21.)

A défaut de ces candidats, les emplois de gardes forestiers sont réservés aux sous-officiers remplissant les conditions prévues par l'article 84 de la loi du 15 juillet 1889 (cinq ans de services militaires, dont deux dans le grade de sous-officier), admis et classés par la commission spéciale instituée par l'arrêté ministériel du 25 août 1892. Ces sous-officiers doivent être âgés de vingt-cinq ans au moins, de trente-cinq ans au plus, pour les candidats aux différents emplois de garde forestier en France, et de trente-sept ans au plus pour les candidats gardes en Algérie. (Décr. du 28 janvier 1892.)

En Algérie, les emplois de garde forestier domanial peuvent, en l'absence de candidats sous-officiers rengagés, être attribués aux anciens militaires ayant quitté l'armée avec le grade de sous-officier. Ces candidats doivent être âgés de plus de vingt-cinq ans et de moins de trente-cinq ans, savoir lire, écrire, rédiger un procès-verbal, faire les quatre règles de l'arithmétique, connaître les éléments du système métrique, n'avoir aucune infirmité, être d'une constitution robuste, et savoir monter à cheval.

3. *Candidats gardes cantonniers.* — Les emplois de garde cantonnier domanial sont exclusivement réservés aux sous-officiers ayant cinq ans de services militaires, dont deux dans le grade de sous-officier, âgés de vingt-cinq ans et de moins de trente-cinq ans, admis et classés par la commission spéciale.

En l'absence de candidats sous-officiers rengagés, ces emplois peuvent être attribués aux anciens militaires ayant quitté l'armée avec le grade de sous-officier. Ces candidats doivent être âgés de plus de vingt-cinq ans et de moins de trente-cinq ans, savoir lire, écrire, rédiger un procès-verbal, faire les quatre règles de l'arithmétique, connaître les éléments du système métrique, n'avoir aucune infirmité et être d'une constitution assez robuste pour supporter les fatigues d'un service pénible.

4. *Candidats gardes sédentaires.* — Les emplois de garde sédentaire dans les bureaux sont exclusivement réservés, tant en France qu'en Algérie :

Jusqu'à concurrence des trois quarts des vacances en France et pour la totalité en Algérie, aux sous-officiers rengagés présentés par la commission instituée par la loi du 18 mars 1889. Ces sous-officiers doivent être âgés de moins de quarante ans et compter au moins dix ans de services militaires, dont quatre dans le grade de sous-officier. (Loi du 18 mars 1889, art. 14 et 21.)

A défaut de ces candidats, ces emplois de garde sédentaire sont réservés aux sous-officiers remplissant les conditions prévues par l'article 84 de la loi du 15 juillet 1889 (cinq ans de services militaires, dont deux dans le grade de sous-officier), admis et classés par la commission spéciale instituée par l'arrêté ministériel du 25 août 1892. Ces sous-officiers doivent être âgés de vingt-cinq ans au moins, de trente-cinq ans au plus pour les candidats aux différents emplois de garde forestier en France, et de trente-sept ans au plus pour les candidats gardes en Algérie. (Décr. du 28 janvier 1892.)

En l'absence de candidats sous-officiers rengagés, ces emplois sont attribués aux anciens militaires ayant quitté l'armée avec le grade de sous-officier. Ces candidats doivent être âgés de plus de vingt-cinq ans et de moins de trente-cinq ans, avoir une belle écriture courante et une bonne orthographe, savoir rédiger un procès-verbal, faire les quatre règles de l'arithmétique et connaître les éléments du système métrique, n'avoir aucune infirmité.

5. *Commission spéciale. Fonctions. Siège. Classement.* — Une commission centrale a été instituée pour statuer sur l'aptitude morale, physique et professionnelle des sous-officiers remplissant les conditions prévues par l'article 84 de la loi du 15 juillet 1889, candidats aux différents emplois de garde forestier domanial en France et en Algérie.

Elle a son siège à Paris ; elle se réunit au ministère de l'agriculture, quatre fois par an, en janvier, avril, juillet et octobre.

Elle examine les titres des candidats, d'après les renseignements fournis par l'autorité militaire et par les agents forestiers locaux. Elle classe les candidats admis, pour les différents emplois, dans l'ordre déterminé par le grade et, dans chaque grade, par la durée des services, quelle que soit la date à laquelle la demande a été adressée à l'autorité militaire. (Arr. Min. du 25 août 1892.)

SOUS-PRÉFET.

Fonctions. — Les sous-préfets sont les subordonnés immédiats des préfets, leurs intermédiaires officiels avec les maires et les chefs de l'administration active dans chaque arrondissement ; ils sont surtout des agents de transmission entre les préfets et les maires. (Cabantous.)

SOUSTRACTION. V. Détournement. Malversation.

SOUTRAGE.

1. *Définition.* — Le soutrage ou extraction de terre ou gazon, dans un bois communal, non autorisé, constitue la contravention punie par l'article 144 du code forestier. (Cass. 14 mars 1834.)

2. *Autorisation. Terre.* — L'autorisation du soutrage, c'est-à-dire d'enlever les genêts, bruyères, gazons, feuilles mortes et autres menus produits destinés à faire de l'engrais, ne donne pas le droit d'enlever la terre adhérente aux racines du gazon. (Cass. 10 mars 1837.)

3. *Autorisation.* — L'autorisation du soutrage est accordée par le conservateur. (Ord. 4 décembre 1844.)

4. *Droit.* — Un droit d'usage de soutrage ne peut pas être exercé sans autorisation régulière. (Cass. 28 mars 1839.)

STAGE.

1. *Durée. Conditions.* — Les élèves sortant de l'école forestière font leur stage près des inspecteurs. La durée de ce stage est d'au moins un an ; elle pourra, d'ailleurs, varier au delà de cette limite, suivant le travail et les aptitudes des jeunes agents. (Arr. Min. du 31 juillet 1886, art. 3. Circ. N 368.)

Le stage paraît avoir une durée plus courte depuis que les jeunes gens, à leur sortie de l'école forestière, accomplissent comme sous-lieutenants de réserve, leur troisième année de service militaire, en vertu de l'article 28 de la loi du 15 juillet 1889.

2. *Résidence.* — La liste des inspecteurs désignés pour le stage sera arrêtée, chaque année, par le ministre ; les élèves feront, sur cette liste, choix de leur résidence, suivant leur rang de sortie. (Arr. Min. du 31 juillet 1886, art. 6. Circ. N 368.)

3. *Travail.* — Les stagiaires (élèves sortant de l'école forestière) coopèrent, avec les inspecteurs auxquels ils sont attachés, à la gestion d'un cantonnement, dont la résidence est la même que celle de l'inspection ou de la chefferie. (Arr. Min. du 31 juillet 1886, art. 4. Circ. N 368.)

4. *Emploi.* — Après l'accomplissement du stage, les jeunes agents seront pourvus de cantonnements, mais ils ne pourront être nommés titulaires sur place. (Arr. Min. du 31 juillet 1886, art. 7. Circ. N 368.) V. Garde général stagiaire.

STAGIAIRE. V. Garde général stagiaire.

STAGIAIRE AU MINISTÈRE DE L'AGRICULTURE.

1. *Conditions. Concours.* — Les stagiaires sont nommés au concours. Les candidats doivent être français, avoir dix-huit ans au moins et trente ans au plus le 1er janvier de l'année du concours. (Décr. du 12 octobre 1890, art. 9. Circ. N 433.)

2. *Concours. Programme.* — Il y a deux programmes distincts pour les emplois de rédacteurs et d'expéditionnaires.

Pour les emplois de rédacteurs, les candidats doivent justifier soit du diplôme de licencié, soit du diplôme d'ingénieur de l'école centrale, soit du diplôme de l'enseignement supérieur de l'agriculture ou qu'ils ont satisfait aux examens de sortie de l'école forestière. (Décr. du 12 octobre 1890, art. 9. Circ. N 433.)

3. *Nombre. Nomination.* — Le nombre des places mises au concours est limité aux emplois vacants ou présumés devoir vaquer dans l'année du concours. La liste des candidats reçus au concours est dressée par ordre de mérite, et le ministre de l'agriculture pourvoit aux emplois vacants, en suivant l'ordre du classement. (Décr. du 12 octobre 1890, art. 10. Circ. N 433.)

4. *Service.* — Les stagiaires qui, après dix-huit mois de stage, n'ont pas été admis au nombre des agents commissionnés cessent leur service. (Décr. du 12 octobre 1890, art. 11. Circ. N 433.)

5. *Traitement.* — Le traitement des stagiaires est fixé pour les rédacteurs à 2000 francs et pour les expéditionnaires à 1600 francs. (Décr. du 12 octobre 1890, art. 3. Circ. N 433.)

STATION DE RECHERCHES ET D'EXPÉRIENCES FORESTIÈRES.

1. *Création.* — Une station de recherches et d'expériences forestières est établie à l'école forestière de Nancy, avec le concours des professeurs de cette école et sous l'autorité du directeur de l'école. (Arr. Min. du 27 février 1882. Circ. N 299.)

2. *Analyses chimiques.* — Les agents forestiers amenés à faire procéder à l'analyse de terrains ou de produits doivent s'adresser à la direction des forêts, qui se charge de transmettre à l'école forestière l'objet de leur demande, avec les corps expédiés, et de leur communiquer le résultat des expériences auxquelles ils auront été soumis. (Circ. N 367.)

STATISTIQUE.

1. *Feuilles. Cantonnement* — La feuille statistique du cantonnement doit être adressée en double à l'administration. Le plan sera tracé d'après une carte existante, dont l'échelle sera la mieux appropriée à la dimension des imprimés de l'administration; ce plan indiquera la résidence, les lieux principaux d'habitation, les routes principales, les cours d'eau flottables ou navigables (bleu cobalt) et la situation approximative des bois. Bois domaniaux : teinte verte; bois communaux : teinte jaune; bois particuliers : teinte rose. (Circ. A 722.)

2. *Cantonnement. Tableau.* — Le conservateur fournit un tableau statistique, accompagné d'un plan croquis, pour chaque cantonnement; l'une des minutes est conservée à l'administration centrale; l'autre, contrôlée et renvoyée par l'administration, est déposée aux archives de la conservation et sert à rédiger les expéditions destinées aux chefs de service et aux chefs de cantonnement. (Circ. A 722.)

3. *Archives. Copie.* — L'inspecteur doit avoir dans ses archives une copie des tableaux statistiques des cantonnements de son inspection. (Circ. A 722.)

4. *Cantonnement.* — Le garde général doit avoir dans ses archives un tableau statistique de son cantonnement. (Circ. A 722.) V. Compte de gestion. Etat signalétique.

STÈRE. V. Mesure. Poids et mesures.

SUBMERSION.

Eaux. Ecoulement. — Celui à qui est due une servitude doit faire les travaux nécessaires pour que son exercice ne nuise pas au propriétaire du fonds servant, à moins de convention contraire, et il est responsable, vis-à-vis de ce dernier, du dommage causé par une exécution incomplète ou défectueuse de ces travaux. Dès lors, le propriétaire d'un fonds inférieur est tenu de recevoir les eaux qui s'écoulent d'un fonds supérieur où elles ont été amenées pour la submersion d'un terrain (vigne), et il ne lui est dû d'indemnité qu'au cas où il subit un préjudice réel. Or, il n'en est pas ainsi, quand le juge déclare que les filtrations dont il se plaint « ne sont pas de nature à lui nuire sensiblement ». (Cass. 21 février 1894.)

SUBORDINATION.

Principe. — Les agents, dans leurs rapports avec leurs chefs, ne doivent jamais s'écarter des convenances que leur impose la subordination. (Circ. A 451.) V. Hiérarchie. Ordre.

SUBORDONNÉ.

Responsabilité. — Les maîtres sont civilement responsables des délits et contraventions commis par leurs subordonnés. (Cod. For. 206.) V. Responsabilité.

SUBORNATION.

Pénalité. — Le coupable de subornation de témoins sera passible de la même peine que le témoin qui a rendu un faux témoignage et selon les distinctions des cas établis par la loi. (Cod. Pén. 365.) V. Témoin.

SUBROGATION.

Définition. — Substitution d'une tierce personne aux droits du créancier, qui a été payé par elle ou de ses deniers.

SUBSTITUT.

Fonctions. — Les fonctions de ministère public sont indivisibles, et les substituts peuvent exercer, sans mandat spécial, toutes les fonctions de chef du parquet. (Cass. 10 février 1829.)

SUBVENTION.

SECT. I. — CHEMINS, 1 — 48.

§ 1. *Établissement et redressement des chemins en général,* 1 — 18.

§ 2. *Dégradations extraordinaires des chemins vicinaux,* 19 — 48.

SECT. II. — RESTAURATION ET CONSERVATION DES TERRAINS EN MONTAGNE, 49 — 66.

SECT. III. — AMÉLIORATION DES FORÊTS COMMUNALES, 67 — 71.

Abonnement, 42, 47, 47 bis.
Acompte, 57.
Acquéreur, 38.
Acte de société, 64.
Adjudicataire, 39, 40, 41, 42, 44.
Affectation, 23.
Agent, 44.
Agrandissement, 65.
Allocation, 55 bis, 62.
Association pastorale, 64.
Avis du préfet, 51.
Base, 34.
Bois de feu, 21 bis.
Bois domaniaux, 41.
Bois façonnés, 43.
Calcul, 9, 32, 33, 35.
Caractère, 21.
Certificat, 15.
Cession, 12.
Charges, 59.
Chemin de fer, 11.
Chiffre, 13.
Circulation, 32, 33.
Comptes annuels, 66.
Compte rendu, 71.
Conditions, 5, 13, 20, 26, 47 bis, 62.
Construction, 65.
Contributions, 31.
Contrôle, 56.
Coupe, 38, 43.
Crédit, 4, 15.
Croquis, 9.
Décision, 50.
Définition, 19.
Dégradations, 20, 21, 35, 40, 41.
Délivrance, 50, 53, 54, 58.
Demande, 15, 17, 22, 24, 51, 51 bis, 55, 68.
Dépense, 18, 31.
Détournement, 58.
Devis, 52.
Direction, 6.
Droit, 25, 26.
Echange, 12.
Emploi, 17.
Engagement, 7, 65.
Envoi, 55.
Epoque, 45.
Estimation, 54, 58.
Etat de viabilité, 27, 28.
Evaluation, 46.
Exécution, 16, 60.
Expert, 29.
Expertise, 24, 30.
Exploitation, 19, 25, 33, 34, 36, 37.
Extrait, 14.
Formule, 35.
Fruitière, 62, 63.
Graines, 54, 58.
Impositions, 10.
Incident, 16.
Indication, 7, 10.
Inexécution, 58.
Instruction, 48.
Justifications, 59.
Marchés, 14.
Mesure, 5.
Mise en valeur, 62.
Modification, 52.
Nature, 50.
Nomination, 29.
Notification, 70.
Obligation, 5 bis.
Offre, 3.
Paiement, 39, 40, 42, 57, 64.
Partage, 65.
Partie, 37.
Pâturage, 62.
Pièces, 14.
Plus-value, 8.
Principes, 1, 49, 67.
Propositions, 55, 69.
Propriété domaniale, 31.
Quantité, 38.
Quotité, 34.
Rapport, 8, 53.
Réclamation, 45.
Réception, 57.
Reconnaissance, 28.
Rédaction, 53.
Régime forestier, 61.
Région des Maures, 2.
Règlement, 24, 44, 47.
Renseignements, 8, 11.
Répétition, 58.
Restitution, 61.
Situation, 18.
Statuts, 64.
Soulte, 12.
Subventions spéciales, 22, 30.
Surveillance, 56, 60.
Syndicat, 64.
Timbre, 51, 51 bis, 55 bis.
Tracé, 6.
Travaux, 4, 16, 18, 59, 60.
Usagers, 36, 37.
Vente, 65.
Viabilité, 26.

SECT. I. — CHEMINS.

§ 1. *Établissement et redressement des chemins en général.*

1. *Principe.* — Il peut être accordé, sur le budget de l'administration des forêts, des subventions destinées à concourir, avec les fonds des départements et des communes, aux travaux des routes départementales et communales servant à l'exploitation des forêts de l'Etat. (Règl. Min. du 26 janvier 1846, § 530, et du 26 décembre 1866, §§ 294 et 311. Circ. N 59, art. 85.)

2. *Région des Maures et de l'Estérel.* — Dans la région des Maures et de l'Estérel, une subvention de 3000 francs par kilomètre, mais qui ne pourra excéder 600000 francs au total, sera accordée sur le budget de l'agriculture pour la construction d'un réseau de routes de protection. La subvention de l'Etat sera acquise à tout chemin régulièrement classé, dont le tracé se trouverait compris dans le réseau préalablement étudié et approuvé par un décret rendu en conseil d'État. Le mode et les termes du payement de chaque subvention seront réglés par le ministre de l'agriculture. (Loi du 19 août 1893, art. 14. Circ. N 461.)

3. *Offre.* — Il est expressément interdit aux agents de faire des offres de subventions pour l'établissement des chemins. (Circ. A 573.)

4. *Crédit. Travaux.* — Le crédit spécial inscrit au budget de l'administration des forêts pour les routes forestières et les subventions ne s'applique pas aux chemins ruraux, ni aux travaux de réparation ou d'entretien des routes départementales et des chemins vicinaux. (Règl. Min. du 26 décembre 1866, § 311. Circ. N 59, art. 86.)

5. *Conditions. Mesure.* — Les subventions sont accordées exclusivement dans la stricte mesure du bénéfice à espérer par le Trésor, et lorsque les communes ou le département s'imposent des sacrifices sérieux pour mener les travaux à bonne fin, dans un bref délai.

Au besoin, le conservateur réclame au préfet un bordereau officiel de la situation financière des communes intéressées et, si le département concourt à la dépense, un extrait de la délibération par laquelle le conseil général accorde une allocation. (Circ. N 59, art. 87.)

5 bis. *Obligation.* — Les communes ne peuvent exiger du service forestier des subventions pour ouverture ou redressement de chemins ruraux ou vicinaux, prétendus utiles à l'exploitation des forêts domaniales. (Rép. For. t. XVII, p. 6.)

6. *Direction. Tracé.* — Lorsque le tracé de la voie qu'il s'agit d'ouvrir ou de redresser n'est pas définitivement arrêté, le conservateur s'efforce de faire prévaloir auprès du préfet celui qui offrirait le plus d'avantages pour la vidange des coupes domaniales. (Circ. N 59, art. 88.)

7. *Engagement. Indication.* — Les agents, dans leurs relations avec les autorités, doivent éviter soigneusement d'engager l'administration et de donner des indications sur la plus-value à espérer par l'Etat de l'exécution des travaux projetés. (Circ. N 59, art. 89.)

8. *Rapport. Renseignements. Plus-value.* — Les agents doivent faire connaître dans leurs rapports :

1° L'étendue de la forêt ou partie de forêt dont les produits doivent s'écouler par la route à subventionner ; la nature, la quantité approximative et le prix de vente annuel de ces produits ;

2° La dépense totale à effectuer, la durée présumée des travaux, la nature et le montant des ressources locales qui seront réalisées ;

3° La réduction qu'éprouveront les frais de transport du stère et l'augmentation du prix de vente que cette réduction pourra procurer, sur l'ensemble des produits en matière ;

4° L'indemnité qui sera mise à la charge de l'Etat ou des adjudicataires, pour l'entretien de la nouvelle voie, par application de l'article 14 de la loi du 21 mai 1836 ;

5° Enfin la plus-value, c'est-à-dire le *bénéfice net annuel* (permanent, temporaire ou périodique) dont le Trésor pourra profiter. Ce bénéfice doit toujours être représenté par une somme d'argent et non par une proportion à tant pour cent de la valeur des coupes. (Circ. A 478. Circ. N 59, art. 90.)

9. *Calcul. Croquis.* — Les agents, dans leurs calculs, se gardent soigneusement de toute exagération et, s'il y a lieu, tiennent compte notamment de la part qui revient, en général, aux consommateurs et intermédiaires dans l'économie des frais de transport.

Ils joignent à leurs rapports des croquis indiquant les parties de forêts à desservir, les chemins existants, celui à établir, la direction et la distance des lieux de consommation. (Circ. N 59, art. 91.)

10. *Impositions. Indications.* — Les conservateurs font connaître, en outre, la part contributive de l'Etat dans les centimes additionnels ordinaires et extraordinaires applicables aux voies projetées, tant en ce qui concerne les routes départementales que pour les chemins vicinaux. (Loi du 21 mai 1836, art. 13. Loi du 18 juillet 1866, art. 1er, §§ 6 et 7, et art. 2. Circ. N 59, art. 92.)

11. *Chemins de fer. Renseignements.* — Des renseignements, comme pour les routes, sont fournis, en ce qui concerne les chemins de fer départementaux ou vicinaux pour l'établissement desquels une subvention peut être demandée à l'Etat, par application de l'article 3 de la loi du 12 juillet 1865. (Circ. N 59, art. 93.)

12. *Cession. Soulte. Échange.* — Si les chemins à ouvrir ou à redresser traversent une forêt domaniale et si les communes ou le département manifestent l'intention de solliciter la remise de l'indemnité de dépossession du terrain ou de la soulte d'échange qui sera due à l'Etat, les agents indiquent, dans les rapports précités, le montant de la somme dont il y aurait lieu de faire l'abandon ; mais la question de cession ou d'échange de terrains est traitée séparément, selon les formes établies par le décret du 25 mars 1852, concernant la décentralisation administrative. (Circ. N 59, art. 94.)

13. *Chiffre. Conditions.* — Les agents font connaître la subvention qu'il convient d'accorder et les conditions à imposer. (Circ. N 59, art. 95.)

14. *Marchés. Pièces. Extrait.* — Les marchés pour travaux relatifs aux chemins à ouvrir ou à redresser avec subvention de l'Etat sont passés sans l'intervention des agents ; toutefois, le conservateur en adresse à l'administration un extrait certifié, avec les clauses spéciales, en ce qui concerne :

1° Le prix de l'entreprise, déduction faite du rabais ;

2° Le montant des sommes à valoir ;

3° Les délais d'exécution des différentes parties de l'entreprise et l'époque fixée pour son entier achèvement ;

4° La durée du délai de garantie ;

5° Les époques de paiement et la proportion des acomptes ;

6° Le montant ou la proportion de la retenue de garantie. (Circ. N 59, art. 96.)

15. *Certificat. Crédit. Demande.* — Les crédits pour les subventions accordées par l'Etat, pour les routes départementales et chemins vicinaux, sont demandés par le conservateur, sur la production d'un certificat délivré par un agent forestier, concurremment avec l'ingénieur ou l'agent voyer. Ce certificat sera visé par le préfet. (Arr. Min. du 16 avril 1839. Circ. A 445. Circ. A 588.)

16. *Travaux. Exécution.* — Par des informations fréquentes auprès du préfet et des agents voyers, le conservateur se tient au courant de la marche de l'entreprise et de tous les incidents de nature à faire modifier soit le montant des allocations, soit les

délais d'exécution et, par suite, la répartition des crédits par exercice. (Circ. N 59, art. 97.)

17. *Demande. Emploi.* — Les subventions accordées pour les routes et chemins vicinaux ou départementaux doivent être demandées et employées pendant la durée de l'exercice auquel elles se rapportent; à défaut de quoi, les subventions seront annulées de plein droit. (Circ. A 552.)

18. *Situation. Dépense. Travaux.* — La situation des travaux des routes subventionnées doit être mentionnée dans les états trimestriels de la situation des dépenses, et, au besoin, on en rend compte à l'administration, en temps utile, par des rapports spéciaux. (Circ. N 22, art. 37, 38 et 39. Circ. N 59, art. 98.) Les états trimestriels de situation des dépenses ont été supprimés. (Circ. N 372.)

§ 2. *Dégradations extraordinaires des chemins vicinaux.*

19. *Exploitation. Définition.* — On entend par exploitation de forêt, dans le sens de l'article 14 de la loi sur les chemins vicinaux, une exploitation de 20 hectares de haute futaie dans un parc. (Cons. d'Etat, 7 juin 1859.)

20. *Dégradation. Conditions.* — Toutes les fois qu'un chemin vicinal entretenu à l'état de viabilité est, habituellement ou temporairement, dégradé par des exploitations de forêts, de mines, de carrières ou de toute autre entreprise, il peut y avoir lieu à imposer aux propriétaires des subventions spéciales, dont la quotité est proportionnée à la dégradation extraordinaire, qui doit être attribuée aux exploitations. (Loi du 21 mai 1836, art. 14, § 1er. Circ. N 59, art. 99.)

21. *Dégradation. Caractère.* — Pour donner lieu à des subventions spéciales, les dégradations causées aux chemins vicinaux doivent avoir le caractère de dégradation extraordinaire. (Cons. d'Etat, 19 juin 1863.)

21 bis. *Bois de feu.* — Les transports faits pour l'exploitation du commerce de bois à brûler ne peuvent donner lieu à des subventions spéciales, pour dégradations sur les chemins vicinaux. (Cons. d'Etat, 4 avril 1873.)

22. *Subventions spéciales. Demande.* — Les subventions spéciales ne sont réglées que sur la demande des communes. (Cons. d'Etat, 11 février 1864.)

23. *Affectation.* — Les subventions sont exclusivement affectées à ceux des chemins qui ont donné lieu aux dégradations dont il s'agit. (Loi du 21 mai 1836, art. 14, § 2. Circ. N 59, art. 100.)

24. *Règlement. Demande. Expertise.* — Les subventions sont réglées, annuellement, sur la demande des communes, par les conseils de préfecture, après des expertises contradictoires, et recouvrées comme en matière de contributions directes. (Loi du 21 mai 1836, art. 14, § 3. Circ. N 59, art. 101.)

25. *Droit. Exploitation.* — Le droit des communes à une indemnité pour dégradations extraordinaires n'est pas restreint aux exploitations effectuées sur leur territoire. (Circ. N 59, art. 104.)

26. *Droit. Viabilité. Conditions.* — Pour que la commune ait droit à une indemnité, il faut que l'état de viabilité du chemin soit de notoriété publique. Cette condition est établie au procès-verbal d'expertise. (Circ. N 59, art. 105.)

27. *État de viabilité.* — L'état de viabilité du chemin forme la base de l'expertise à faire pour évaluer les dégradations. (Circ. N 59, art. 106.)

28. *Etat de viabilité. Reconnaissance.* — Pour qu'une commune soit fondée à réclamer des subventions spéciales, il n'est pas nécessaire qu'antérieurement aux dégradations la viabilité du chemin ait été reconnue contradictoirement; il suffit de prouver que le chemin était en état de viabilité, à l'époque pour laquelle la subvention est réclamée. (Cons. d'Etat, 22 juin 1858 et 4 avril 1872.)

29. *Expert. Nomination.* — Les experts, chargés de constater l'état de viabilité des chemins, leurs dégradations et les subventions dues, sont nommés, l'un par le sous-préfet, l'autre par le propriétaire ou par l'exploitant, et le tiers expert par le conseil de préfecture, s'il y a lieu. (Loi du 21 mai 1836, art. 14 et 17. Circ. N 59, art. 107.)

30. *Subvention spéciale. Expertise.* — Est entaché d'excès de pouvoir, l'arrêté par lequel un conseil de préfecture décide, préalablement à l'expertise prescrite par l'article 14 de la loi du 21 mai 1836, qu'une subvention spéciale est due par un propriétaire de bois, pour réparation des dégradations extraordinaires causées à un chemin vicinal. (Cons. d'Etat, 5 avril 1862.)

31. *Propriété domaniale. Dépenses. Contributions.* — Les propriétés de l'Etat productives de revenus, contribuant aux dépenses des chemins vicinaux dans les mêmes proportions que les propriétés privées, ont le droit de faire circuler, à contenance égale, le même nombre de colliers que lesdites propriétés; dès lors, les subventions que les forêts domaniales ont à supporter pour les dégradations extraordinaires doivent être strictement basées sur le nombre de colliers qu'elles emploient en excédent. (Loi du 21 mai 1836, art. 13. Circ. N 59, art. 108.)

32. *Calcul de la subvention. Circulation.* — Pour apprécier la subvention due, les experts s'appliquent d'abord à établir le mouvement général de la circulation sur le chemin dégradé. Dans ce but, ils évaluent

le nombre total de colliers nécessités par les exploitations des forêts de l'Etat, des propriétés agricoles, des bois de particuliers, des mines, carrières et usines, par les transports de voyageurs ou d'habitants de la localité, ainsi que par les importations, les exportations, le transit et les autres entreprises de toute nature. (Circ. N 59, art. 109.)

33. *Circulation. Exploitation. Calcul.* — Les experts doivent déterminer quel est, par an et par hectare, le nombre de colliers qu'exige, en moyenne, l'exploitation des propriétés agricoles pour le transport des récoltes et produits divers, des matières fertilisantes, des instruments de culture, etc. Ils en déduisent, à raison de la contenance des forêts de l'Etat, le nombre de colliers afférent : 1o à la circulation ordinaire; 2o à la circulation extraordinaire des produits de ces forêts. (Circ. N 59, art. 110.)

34. *Exploitation. Quotité. Base.* — Les experts doivent établir, d'après l'exploitation, la quotité de la subvention à supporter par l'Etat, c'est-à-dire la part qui lui incombe dans la dépense totale à faire pour réparer le chemin, en prenant exclusivement pour base le rapport numérique qu'ils ont constaté entre la circulation générale et la circulation extraordinaire, calculée conformément aux indications de l'article précédent. (Circ. N 59, art. 111.)

35. *Dégradation. Calcul. Formule.* — Pour déterminer la dégradation extraordinaire occasionnée par le passage des produits forestiers, qui ont circulé en excédent de la production moyenne annuelle des propriétés agricoles, les experts peuvent employer la formule en usage dans le service des ponts et chaussées, faisant connaître la quantité de matériaux nécessaire à la réparation de l'usure causée par le passage d'un nombre donné de colliers. (Cons. d'Etat du 7 janvier 1857. Circ. N 59, art. 112.)

36. *Exploitation. Usagers.* — L'Etat ne peut être tenu de réparer les dégradations qui ont pour cause les exploitations faites au profit des usagers; c'est contre ceux-ci que les communes doivent former leurs demandes en réparation. (Circ. N 59, art. 102.)

37. *Exploitation. Usagers. Partie.* — Si les chemins vicinaux pour lesquels des subventions sont demandées, d'après l'article 14 de la loi du 21 mai 1836, ont servi simultanément aux exploitations des usagers et à celles des coupes vendues au profit de l'Etat, l'administration est passible d'une partie de ces subventions. (Circ. N 59, art. 103.)

38. *Coupes. Quantité. Acquéreur.* — Un propriétaire de forêt qui a vendu sur pied des parties de coupes assez importantes ne peut être soumis à des subventions spéciales pour dégradations extraordinaires; les subventions sont à la charge des acquéreurs. (Cons. d'Etat, 15 avril 1857.)

Il en est tout autrement, lorsque les parties de coupes vendues sont très petites; dans ce cas, c'est le propriétaire qui doit les subventions. (Cons. d'Etat, 10 septembre 1856.)

39. *Adjudicataire. Paiement.* — Lorsque l'exploitation d'une forêt et les transports de bois en provenant ont été effectués par les adjudicataires des coupes, ces adjudicataires, considérés comme entrepreneurs, doivent, à l'exclusion des propriétaires, les subventions spéciales pour les dégradations provenant de ces transports. (Cons. d'Etat, 19 avril 1859.)

40. *Dégradation. Adjudicataire. Paiement.* — Les adjudicataires de coupes assises dans une forêt sont seuls tenus, à l'exclusion des propriétaires, des subventions spéciales auxquelles peuvent donner lieu les dégradations causées aux chemins vicinaux par leur exploitation. (Cons. d'Etat, 20 juillet 1854.)

41. *Bois domaniaux. Adjudicataire. Dégradations.* — Les adjudicataires des coupes de bois domaniaux sont tenus de payer aux communes les subventions spéciales auxquelles celles-ci ont droit pour dégradations de chemins, en vertu de l'article 14 de la loi du 21 mai 1836 et de l'article 11 de la loi du 20 août 1881. (Cah. des ch. 34.)

42. *Adjudicataire. Paiement. Abonnement.* — Les adjudicataires des coupes des forêts de l'Etat sont chargés du paiement des subventions. Ils sont substitués à l'administration, pour l'accomplissement de toutes les formalités relatives à leur règlement. (Décis. Min. du 25 mars 1863.)

Quand les subventions dont il s'agit ont fait l'objet d'abonnement avec les communes, le cahier des clauses spéciales indique la quote-part qui doit être payée par chaque adjudicataire. (Circ. N 59, art. 113. Circ. N 80, art. 24.)

43. *Coupe. Bois façonnés.* — Lorsque les coupes sont façonnées pour le compte de l'Etat et vendues en détail et par petits lots, l'administration reste chargée, en ce qui concerne ces coupes, du paiement des subventions. (Décis. Min. du 25 mars 1863. Circ. N 59, art. 114.)

44. *Adjudicataire. Agent. Règlement.* — Les agents forestiers n'ont pas à intervenir dans le règlement des subventions laissées à la charge des adjudicataires de coupes de bois. (Circ. N 59, art. 115.)

45. *Réclamation. Epoque.* — Les subventions spéciales pour dégradations de chemins vicinaux peuvent être réclamées après l'expiration de l'année à laquelle elles sont applicables. (Cons. d'Etat, 22 janvier 1857.)

46. *Deux années. Evaluation.* — Les subventions dues pour deux années consécutives ne peuvent être comprises dans une seule évaluation. (Cons. d'Etat, 24 avril 1862.)

47. *Abonnement. Règlement.* — Les subventions peuvent être déterminées par abon-

nement; elles sont réglées, dans ce cas, par le préfet, en conseil de préfecture. (Loi du 21 mai 1836, art. 14, § 5. Circ. N 59, art. 101.)

47 bis. *Abonnement. Conditions.* — Les subventions pour dégradations de chemins vicinaux ne peuvent être réglées par abonnement, par le préfet, qu'autant que les parties y consentent. (Cons. d'Etat, 28 février 1843.)

48. *Formalités. Instructions.* — En cas d'abonnement ou de subventions payables par l'Etat, le conservateur doit, s'il s'agit d'abonnement, avant d'adhérer à l'arrêté qui en règle le montant, soumettre ses propositions à la sanction de l'administration.

S'il s'agit de subventions dues au sujet des coupes façonnées, il doit adresser à l'administration les copies des décisions du conseil de préfecture. Il y joint les procès-verbaux d'expertise et ses observations, s'il y a lieu. (Circ. N 59, art. 116.)

SECT. II. — RESTAURATION ET CONSERVATION DES TERRAINS EN MONTAGNE.

49. *Principe.* — Dans les pays de montagne et en dehors même des périmètres établis, des subventions continueront à être accordées aux communes, aux associations pastorales, aux fruitières, aux établissements publics et aux particuliers, à raison des travaux entrepris par eux pour l'amélioration, la consolidation du sol et la mise en valeur des pâturages. (Loi du 4 avril 1882, art. 5.)

50. *Nature. Décision.* — Les subventions consistent soit en délivrance de graines ou de plants, soit en argent, soit en travaux ; elles sont accordées par le ministre. (Loi du 4 avril 1882, art. 5. Décr. du 11 juillet 1882, art. 14.)

51. *Demande. Avis du préfet.* — Les propriétaires qui désirent prendre part aux subventions à accorder par l'Etat doivent en adresser la demande sur timbre (Formule série 7, n° 75) au conservateur des forêts. S'il s'agit d'une commune, d'une association pastorale, d'une fruitière ou d'un établissement public, la demande (Form. série 7, n° 75 ou n° 76) doit être adressée au préfet, qui la transmet au conservateur. (Décr. du 11 juillet 1882, art. 14. Instr. Gén. du 2 février 1885, art. 208. Circ. N 345.)

Le préfet doit toujours donner son avis motivé sur les demandes présentées par les communes et les établissements publics. Il fera notamment connaître le montant des fonds votés par les assemblées départementales et le mode d'emploi de ces fonds. (Lettre du 20 mai 1890.)

51 bis. *Demande. Timbre.* — Les demandes de subventions formées par un particulier sont soumises au timbre ; celles présentées par une commune ou un établissement public en sont exemptées. On peut faire viser pour timbre au comptant les formules pour les demandes. (Décis. Min. 30 mai 1861. Circ. A 806.)

52. *Devis. Modification.* — Toute demande de subvention, soit en graines ou en plants, soit en argent, doit être accompagnée du devis descriptif et estimatif des travaux projetés, dressé par les soins du pétitionnaire, avec plans à l'appui, s'il y a lieu, le tout contrôlé par les agents forestiers.

Dans le cas d'une subvention en travaux, le devis est dressé par les soins des agents forestiers. (Instr. Gén. du 2 février 1885, art. 209. Circ. N 345.)

Les agents ne doivent jamais modifier les devis présentés par les pétitionnaires. Les modifications reconnues utiles sont indiquées au devis sommaire demandé dans le rapport spécial, série 7, n° 77. (Lettre du 20 mai 1890.)

53. *Rapport. Rédaction.* — Les demandes de subvention sont adressées à l'administration, accompagnées d'un rapport spécial (Form. série 7, n° 77) pour les projets relatifs à l'amélioration de terrains ou de pâturages. (Instr. Gén. du 2 février 1885, art. 210. Circ. N 345.)

Lors de l'établissement des rapports, on emploiera des nombres entiers d'hectares, de journées, de kilogrammes de graines, de mille de plants et, par suite, de francs ou des fractions simples.

On indiquera spécialement si les subventions en argent doivent être délivrées après exécution des travaux ou bien si elles sont destinées soit à l'achat de graines dont ne dispose pas l'administration, soit à l'exécution de travaux par les soins des agents forestiers.

On fera connaître, dans le cas où le service local ne pourrait disposer des plants nécessaires, si les pépinières des inspections voisines peuvent les fournir. (Lettre du 20 mai 1890.)

54. *Graines. Estimation.* — L'estimation en argent des graines à délivrer en nature doit être calculée en prenant pour base les prix moyens de revient ci-après (graines désailées) :

Pin sylvestre d'Auvergne et des Alpes..............	6 fr.	le kilogr.
Pin à crochets............	7	—
Pin cembro...............	1	—
Pin d'Alep et noir d'Autriche	3	—
Pin maritime de Bordeaux..	0 50	—
Epicéa, mélèze...........	2	—

(Lettre du 20 mai 1890.)

55. *Demandes. Propositions. Envoi.* — Les demandes doivent parvenir, avec le rapport spécial, à l'administration, avant le 1er juillet pour les travaux d'automne et avant le 1er janvier pour les travaux du printemps ; à défaut de quoi, leur examen sera reporté au semestre suivant. (Instr. Gén. du 2 février 1885, art. 210. Circ. N 345.)

Elles sont accompagnées, en outre :

1° D'un état établi par arrondissement et récapitulé par département, sur l'une des formules série 7, n° 79 ou n° 80, modifiées comme il suit : les en-têtes des colonnes 1, 11 à 14, 17, 21 à 26, 27 seront changées et deviendront respectivement : numéros d'ordre, travaux neufs à exécuter pendant l'année, travaux d'entretien à exécuter pendant l'année, dépense à effectuer pendant l'année et dépense totale qui sera effectuée au 31 décembre 18... Les colonnes 3, 4, 15 et 16 ne seront pas remplies.

2° S'il y a lieu, d'un relevé des graines à fournir par l'administration ; l'état est établi sur l'imprimé série 7, n° 41. (Instr. de l'Insp. Gén. du reboisement, n° 34. Lettre du 20 mai 1890.)

55 bis. *Avis d'allocation. Timbre.* — La minute des avis d'allocation de subvention est exempte de timbre et d'enregistrement ; mais les expéditions qui ne sont pas délivrées à des fonctionnaires publics, pour le service de l'administration et avec mention de cette destination, doivent être fournies sur papier timbré. (Décis. Min. du 30 mars 1861. Circ. A 806.)

56. *Contrôle. Surveillance.* — Les travaux entrepris à l'aide de subventions de l'Etat, consistant soit en graines ou plants, soit en argent, sont exécutés sous le contrôle et la surveillance des agents forestiers. (Décr. du 11 juillet 1882, art. 15. Instr. Gén. du 2 février 1885, art. 211. Circ. N 345.)

57. *Réception. Paiement. Acomptes.* — Les subventions en argent sont payées après l'exécution des travaux, au vu d'un procès-verbal de réception dressé par l'agent forestier désigné par le conservateur et sur l'avis de ce dernier. (Décr. du 11 juillet 1882, art. 15.)

Néanmoins, des acomptes pourront être délivrés à mesure de l'exécution des travaux, dans la proportion du taux de la subvention et de l'estimation totale des travaux. Le procès-verbal de réception (Form. série 7, n° 33) est établi dans les mêmes formes et conditions que ceux relatifs aux travaux exécutés par les propriétaires des terrains dans les périmètres de restauration. (Instr. Gén. du 2 février 1885, art. 212. Circ. N 345.)

58. *Graines. Estimation. Répétition. Inexécution. Détournement.* — Les subventions en graines ou plants sont estimées en argent. Avant la délivrance, l'estimation est notifiée aux propriétaires et acceptée par eux. (Form. série 7, n° 78.) Le montant peut en être répété par l'Etat, en cas d'inexécution des travaux, de détournement d'une partie des graines ou des plants, ou de mauvaise exécution, constatés par le conservateur ou son délégué, contradictoirement ou en l'absence des propriétaires dûment convoqués. (Décr. du 11 juillet 1882, art. 15.)

Dans ce cas, la répétition est ordonnée par le préfet et poursuivie, comme en matière de débet, par l'agence judiciaire du Trésor. (Instr. Gén. du 2 février 1885, art. 213. Circ. N 345.)

59. *Travaux. Charges. Justifications.* — Lorsqu'une subvention en travaux est accordée, il peut être imposé en même temps à l'impétrant de fournir, pour l'exécution de ces travaux, soit des journées d'ouvriers, soit une somme d'argent, qui est alors dépensée par les soins des agents forestiers et dont l'emploi est justifié suivant les règles tracées par le règlement sur la comptabilité publique.

Les justifications, ainsi que toutes pièces comptables relatives à ces dépenses, sont adressées au conservateur. (Instr. Gén. du 2 février 1885, art. 215. Circ. N 345.)

60. *Travaux. Exécution. Surveillance.* — Les subventions en travaux sont exécutées sous la direction des agents forestiers, conformément aux règles tracées pour les travaux des périmètres de restauration. (Instr. Gén. du 2 février 1885, art. 214. Circ. N 345.)

61. *Régime forestier. Restitution.* — Sont soumis de plein droit au régime forestier, les terrains appartenant aux communes et aux établissements publics sur lesquels des travaux de reboisement sont entrepris à l'aide de subventions de l'Etat.

La restitution des subventions peut être requise, dans le cas où les terrains restaurés viendraient à être distraits du régime forestier. Cette restitution est ordonnée par un arrêté du préfet provoqué par le conservateur, après autorisation de l'administration. (Décr. du 11 juillet 1882, art. 16. Instr. Gén. du 2 février 1885, art. 216. Circ. N 345.)

62. *Mise en valeur de pâturages. Allocation. Conditions.* — Il n'est accordé de subventions, pour mise en valeur de pâturages, aux communes, associations pastorales, fruitières, établissements publics et particuliers, que lorsque les pétitionnaires ont justifié de la propriété ou de la libre disposition des pâturages et se sont engagés à les soumettre à la réglementation prescrite par l'article 12 de la loi du 4 avril 1882, sous la surveillance de l'administration forestière.

Les subventions accordées à ce titre peuvent avoir pour but, soit l'amélioration même des pâturages, soit la construction ou l'entretien de fruitières d'été ou autres bâtiments capables de contribuer directement à cette amélioration. (Instr. Gén. du 2 février 1885, art. 217. Circ. N 345.)

63. *Fruitières.* — Lorsqu'il s'agit de favoriser l'amélioration des pâturages par le moyen d'encouragement donné à l'industrie fromagère, on n'exige pas que les fruitières justifient de la propriété ou de la libre disposition des pâturages. Dans ce cas spécial,

des subventions peuvent être accordées à des fruitières modèles ou à des fruitières écoles, répondant au but que l'on se propose, sans qu'il y ait lieu d'exiger de ces établissements la constitution d'un périmètre de pâturages soumis à la réglementation. (Instr. Gén. du 2 février 1885, art. 218. Circ. N 345.)

64. *Association pastorale. Syndicat. Statuts. Acte de société. Paiement.* — Lorsqu'une demande de subvention est présentée par une association pastorale ou fromagère, ou par un syndicat, il est joint à la demande une copie authentique de ses statuts ou de son acte de société.

Toute subvention accordée à une association ou à un syndicat est régulièrement payée entre les mains de son président. (Instr. Gén. du 2 février 1885, art. 219. Circ. N 345.)

65. *Construction. Agrandissement. Engagement. Vente. Partage du prix.* — Préalablement à tout payement de subvention accordée pour la construction ou l'agrandissement des bâtiments d'une fruitière, le président de l'association ou du syndicat doit, dans le cas où la destination des bâtiments serait changée dans une période de dix ans, à partir de la réception des travaux, s'engager par un acte à mettre en vente les bâtiments, si l'administration des forêts l'en requiert, et à partager avec elle le prix de vente au prorata de la subvention qu'elle avait accordée.

Cet acte est dressé en triple original, dont l'un demeure dans les archives du chef de service, le second dans celles du conservateur, et le troisième est adressé à l'administration. (Instr. Gén. du 2 février 1885, art. 220. Circ. N 345.)

66. *Comptes annuels.* — Il est établi pour chaque propriétaire un compte annuel des travaux exécutés ; ce compte est envoyé à l'administration, au plus tard le 31 mars de l'année qui suit celle à laquelle il s'applique, conformément aux prescriptions de la circulaire N 147. Il est dressé sous forme d'état collectif, pour les travaux de repeuplement et de correction, sur la formule série 7, n° 79, en ce qui concerne les communes et les établissements publics, et sur la formule série 7, n° 80, en ce qui concerne les particuliers.

En ce qui concerne les propriétaires de toutes catégories, ce compte est dressé sur les formules série 7, n°s 81 et 82, pour les travaux relatifs à l'amélioration des pâturages, et sur la formule série 7, n° 83, pour les travaux relatifs à l'installation des laiteries et fromageries. (Instr. Gén. du 2 février 1885, art. 221. Circ. N 345.) V. Indemnité.

SECT. III. — AMÉLIORATION DES FORÊTS COMMUNALES.

67. *Principe.* — Des délivrances gratuites de plants et des subventions en graines résineuses ou en argent, destinées à l'acquisition de graines feuillues, peuvent être accordées pour la restauration des bois communaux ruinés ou pour le repeuplement des vides dans les régions montagneuses. (Lettres du 31 juillet 1890, nos 384 et 407.)

68. *Demande.* — Les demandes de subvention seront présentées par les communes sur l'imprimé série 7, n° 76. (Lettres du 31 juillet 1890, nos 384 et 407.)

69. *Propositions.* — Les propositions seront transmises sur un état collectif dressé par inspection sur l'imprimé série 7, n° 79, dans lequel :

A. Les colonnes 7, 8, 9, 10, 13, 15, 16, 17, 18, 19, 20 et 27 ne seront pas remplies.

B. Les colonnes 11 à 14 et 21 à 26 porteront respectivement comme en-têtes : « Travaux à exécuter et dépenses à effectuer. »

C. La dernière page contiendra, avec l'avis du conservateur, les propositions du chef de service. (Lettre du 31 juillet 1890, n° 384.)

A ces propositions, sera annexé, s'il y a lieu, un relevé des graines résineuses à fournir par l'administration, sur l'imprimé série 7, n° 41. (Lettre du 31 juillet 1890, n° 407.)

70. *Notification.* — Avant l'exécution des travaux, l'estimation de la subvention sera notifiée au maire et devra être acceptée par lui. (Lettre du 31 juillet 1890, n° 384. Form. série 7, n° 78.)

71. *Compte rendu.* — Les travaux exécutés seront compris sur les états annuels F, à adresser en fin d'exercice. (Lettre du 31 juillet 1890, n° 384.)

SUCCESSION.

Forêts. Estimation. Fonds et superficie. — L'estimation des forêts dépendant d'une succession doit être faite d'après les procédés usités pour l'estimation, en fonds et superficie, des forêts usagères abandonnées à titre de cantonnement.

Dans les forêts résineuses, exploitées en jardinant, les sapins ayant moins de 20 centimètres de diamètre ne doivent pas être estimés comme bois, mais réunis au sol comme valeur d'avenir.

Lorsque la superficie ayant une valeur commerciale (bois de 20 centimètres et au-dessus) est trop considérable pour que l'exploitation puisse en être faite dans une seule année, il y a lieu de fixer un délai de dix ans et non de vingt ans, pour sa réalisation.

Dans ce cas, le retard de la réalisation ne doit pas être considéré comme une spéculation commerciale ; en conséquence, l'escompte en dedans doit être opéré non au taux de

6 pour cent, mais au taux de 5 pour cent. (Montpellier, 19 juin 1882.)

SUCCESSION VACANTE.

Régime forestier. — Les bois dépendant d'une succession vacante doivent être soumis au régime forestier, parce qu'ils sont destinés à accroître le *domaine de l'Etat*, en cas de non-réclamation.

SUISSE. V. Frontière.

SUITE (DROIT DE).

Chasse. Voisins. Conséquence. — Si, en principe, le droit de suite ne comprend pas le droit de tirer, il est néanmoins loisible aux parties contractantes de lui donner toute l'extension qui leur semble convenable.

Lorsqu'une pareille extension résulte d'une tolérance continue et d'une pratique non contestée entre voisins de chasse, le retrait de cette autorisation tacite ne saurait avoir d'effet rétroactif. (Dijon, 1er juin 1887.)

SUIVANT.

Définition. — Jeune animal (veau, agneau) qui tette encore et ne broute pas ; on en tolère l'introduction en forêt, pour les préposés.

SUPERFICIAIRE.

Définition. — Celui qui jouit de tous les produits de la superficie d'un fonds. V. Tréfoncier.

SUPERFICIE.

1. *Droit. Définition.* — Le droit de superficie constitue une propriété distincte de celle du sol ; ce n'est pas un droit immobilier par la nature de l'objet auquel il s'applique, mais bien un véritable immeuble par nature, dont la possession se conserve, comme la pleine propriété, par le seul fait de l'intention, même sans aucun acte de jouissance, lorsque des tiers ne s'en sont pas emparés et ne l'ont pas possédé légitimement. (Besançon, 12 décembre 1864.)

2. *Indivision. Partage.* — Si le droit de superficie forme une propriété distincte du tréfonds, il n'y a pas alors indivision et l'article 815 du code civil, concernant le partage des biens indivis, ne peut pas être invoqué, pour provoquer une action en partage. (Cass. 16 décembre 1873.)

3. *Droit. Qualité.* — Le droit de prendre à perpétuité dans une forêt, sans délivrance préalable et sans justification de besoins, le quart des coupes annuelles et d'en disposer en maître, ne constitue ni un droit d'usage, ni un droit de copropriété, mais un droit de superficie, qui autorise celui à qui il appartient à demander le partage de la forêt. (Cass. 23 avril 1867.)

4. *Conditions. Copropriété.* — La vente, sous forme de partage, d'un droit absolu et perpétuel sur les produits actuels et futurs d'une forêt, avec liberté entière d'en disposer, sauf réserve pour le fonds et le pâturage au profit du vendeur, est un contrat constitutif non d'un simple droit de servitude, d'usage ou d'usufruit, mais d'un droit de superficie, attribuant à l'acquéreur la copropriété du sol. (Cod. Civ. 578, 636, 638. Cass. 5 novembre 1866.)

SUPPLÉANT. (JUGE DE PAIX.)

Attributions. — Bien que les suppléants n'aient qualité et pouvoir d'agir qu'en l'absence du titulaire, cependant, dans le cas de visite domiciliaire, les gardes peuvent aussi bien s'adresser au suppléant du juge de paix qu'au titulaire. (Cod. For. 161.)

Il en est de même pour l'affirmation des procès-verbaux. (Cass. 31 janvier 1823.)

SURCHARGE. V. Écriture. Renvoi.

SUREAU.

Classification. — Arbrisseau atteignant parfois d'assez fortes dimensions ; il pourrait être considéré comme arbre de deuxième classe.

SURENCHÈRE.

Principe. — Une adjudication est définitive du moment où elle est prononcée, et il ne peut pas y avoir lieu à surenchère. (Cod. For. 25. Loi du 4 mai 1837.)

Voir, pour les formalités des surenchères, les articles 708 et suivants du code de procédure civile.

SURETÉ PUBLIQUE.

Surveillance. — Les gardes informeront leurs chefs de l'apparition de gens suspects dans les forêts et de tout ce qui pourrait s'y passer de contraire à la sûreté publique. (Livret des préposés, art. 34.)

SURMESURE.

Définition. Formalités. — Expression usitée quand les coupes se vendaient à l'hectare. Aux termes de l'article 40 de l'ancien cahier des charges, l'adjudicataire s'engageait, s'il résultait du procès-verbal de réarpentage un excédent de mesure, à en payer le montant en proportion du prix à l'hectare, plus 1.50 pour cent pour les coupes de l'Etat, à moins que la différence ne fût inférieure au vingtième de la contenance totale de la coupe.

Il n'était pas fait de compensation des surmesures et des moins de mesures.

Il n'y avait pas de répétition pour les droits d'enregistrement. S'il y avait une surmesure à réclamer de l'adjudicataire pour les bois domaniaux, les frais du procès-verbal d'adjudication étaient à la charge de l'administration et, pour les bois communaux, à la charge de l'adjudicataire. Cette pièce n'était nécessaire qu'en cas de refus de paiement et de poursuite.

Les coupes étant, d'après l'article 1er du cahier des charges, adjugées en bloc et sans garantie de contenance, les dispositions relatives aux surmesures ne présentent plus aucun intérêt.

SURNOM.

1. *Procès-verbal. Désignation.* — Le surnom d'un délinquant ne constitue pas une désignation suffisante dans un procès-verbal. V. Signature.

2. *Nom patronymique.* — Il est défendu d'ajouter aucun surnom à son nom propre, à moins qu'il n'ait servi jusqu'à présent à distinguer les membres d'une même famille, sans rappeler des qualifications féodales ou nobiliaires. (Loi du 6 fructidor an II.)

SURNUMÉRAIRE.

1. *Pension.* — Le temps du surnumérariat n'est compté, dans aucun cas, pour la retraite. (Loi du 9 juin 1853, art. 23.)

2. *Pension. Algérie.* — Les services des surnuméraires et auxiliaires appointés, attachés aux différents services administratifs de l'Algérie, sont admissibles pour le droit à pension et pour la rémunération. (Lettres Min. des 15 et 24 octobre 1858. Circ. N 81, art. 17.)

SURSIS.

Amende, 7.
Amende en matière forestière, 10, 11.
Appel, 1.
Avertissement, 9.
Bois soumis au régime forestier, 11.
Cassation, 2.
Chasse, 11.
Commune usagère, 6.
Condamnations, 7.
Dommages-intérêts, 8.
Emprisonnement, 7,
Exception préjudicielle, 3, 4, 5.
Exécution des peines, 9.
Frais, 8.
Jugement, 1.
Poursuites, 6.
Prescription, 5.
Preuve, 5.
Récidive, 9.
Renvoi à fins civiles, 3.

V. Annulation. Renvoi à fins civiles.

1. *Jugement. Appel.* — Il est sursis à l'exécution des jugements jusqu'après l'expiration des délais et pendant l'instance de l'appel. (Instr. Crim. 203.)

2. *Cassation.* — Il est sursis à l'exécution des jugements jusqu'après et pendant l'instance du recours en cassation. (Instr. Crim. 373.)

3. *Renvoi à fins civiles.* — Pendant une action civile provenant d'un renvoi pour exception préjudicielle de propriété, il est sursis au jugement et aux poursuites, ainsi qu'à l'exécution des condamnations, jusqu'à la fin de l'instance civile. V. Renvoi à fins civiles.

4. *Exception préjudicielle.* — Le prévenu ayant succombé dans une question préjudicielle de propriété, en première instance et en appel, a droit à un nouveau sursis, s'il justifie d'un pourvoi en cassation contre la décision de la juridiction civile. (Cass. 26 avril 1860.)

5. *Exception préjudicielle. Preuve. Prescription.* — Les jugements de sursis, rendus à la demande du prévenu renvoyé à fins civiles, pour faire statuer sur l'exception préjudicielle de propriété par lui soulevée, font obstacle au cours de la prescription en matérielle correctionnelle.

La preuve de ces sursis est légalement établie par les feuilles d'audience attestant la remise de l'affaire et par les conclusions du prévenu, reconnaissant que des sursis lui ont été accordés. (Cass. 19 et 20 novembre 1886.)

6. *Commume usagère. Poursuite.* — Une commune usagère poursuivie correctionnellement pour introduction de troupeau dans un canton, malgré une déclaration de non-défensabilité qui n'a été ni réformée, ni attaquée, ne peut pas obtenir un sursis fondé sur l'assignation donnée par la commune au propriétaire, devant la justice civile, aux fins de faire régler le mode d'exercice des droits d'usage. (Toulouse, 8 février 1862.)

7. *Condamnations. Emprisonnement. Amende.* — En cas de condamnation à l'emprisonnement ou à l'amende, si l'inculpé n'a pas subi de condamnation antérieure à la prison pour crime et délit de droit commun, les cours ou tribunaux peuvent ordonner, par le même jugement et par décision motivée, qu'il sera sursis à l'exécution de la peine. (Loi du 26 mars 1891, art. 1.)

8. *Frais. Dommages-intérêts.* — La suspension de la peine ne comprend pas le paiement des frais du procès et des dommages-intérêts. Elle ne comprend pas non plus les peines accessoires et les incapacités résultant de la condamnation. (Loi du 26 mars 1891, art. 2.)

9. *Avertissement. Exécution des peines. Récidive.* — Le président de la cour ou du tribunal doit, après avoir prononcé la suspension, avertir le condamné qu'en cas de nouvelle condamnation, dans le délai de cinq ans à dater du jugement, la première peine sera exécutée, sans confusion possible

avec la seconde, et que les peines de la récidive seront encourues dans les termes des articles 57 et 58 du code pénal. (Loi du 26 mars 1891, art. 3.)

10. *Amende en matière forestière.* — Les dispositions de la loi Bérenger du 26 mars 1891, qui autorise les juges à surseoir à l'exécution de la peine, n'est pas applicable en cas de condamnation à l'amende, prononcée en matière forestière. (Riom, 18 mai 1892. Cass. 22 décembre 1892.)

Ce dernier arrêt a réformé un arrêt de la cour d'Angers, en date du 4 décembre 1891, déclarant que le principe de sursis à l'exécution des peines, en vertu de la susdite loi, était applicable aux condamnations en matière forestière.

On peut considérer comme acquis le double principe de la *non-application de la loi Bérenger aux amendes forestières et de son application aux peines corporelles, qu'elles soient ou non prononcées pour délits forestiers.* (Circ. N 456.)

11. *Chasse. Bois soumis au régime forestier.* — Les délits de chasse dans les bois soumis au régime forestier étant des délits forestiers et, comme tels, placés en dehors du droit commun, la disposition de la loi du 26 mars 1891, qui autorise les juges à surseoir à l'exécution de la peine, n'est pas applicable en cas de condamnation à l'amende en matière de délits de l'espèce. (Angers, 27 avril 1893. Circ. N 456. Besançon, 23 novembre 1893. Paris, 30 janvier 1894. Circ. N 473.)

SURVEILLANCE.

Bois communaux, 6.
Chef de cantonnement, 8, 9.
Construction, 3.
Créance, 12, 13.
Exercice, 1.
Frais de garde, 11, 12, 13
Jour, 2.
Limites, 5.
Nuit, 2.
Prescription, 13.
Produits, 10.
Scierie, 4.
Sûreté publique, 7.
Travaux subventionnés, 14.
Usager, 10, 11.
Vagabond, 7.

1. *Exercice.* — Il y a souvent moins de mérite à dresser contre les délinquants de nombreux procès-verbaux qu'à les tenir éloignés des forêts par une surveillance active et forte. C'est ce dernier résultat que les employés doivent, avant tout, avoir en vue. (Circ. A 482.)

2. *Jour. Nuit.* — Les gardes veillent de jour et de nuit à la conservation des forêts qui leur sont confiées. (Livret des préposés, art. 13.)

3. *Constructions à distance prohibée des forêts.* — Les gardes portent leur surveillance au dehors des forêts, dans un rayon de cinq cents mètres à deux kilomètres, afin d'assurer l'exécution des articles 151 à 155 du code forestier, relatifs aux constructions de fours à chaux ou à plâtre, briqueteries, tuileries, maisons sur perches, loges, baraques ou hangars, maisons ou fermes, usines à scier le bois, et à l'établissement non autorisé d'ateliers à façonner le bois, ou de chantiers ou magasins pour faire le commerce de bois, dans les maisons ou fermes actuellement existantes, situées à cinq cents mètres des bois.

Toute contravention aux articles précités du code forestier sera constatée par deux gardes au moins. (Livret des préposés, art. 33.)

4. *Surveillance. Scieries.* — Aucun arbre, bille ou tronce ne peut être reçu dans les scieries situées à moins de deux kilomètres des bois et forêts soumis au régime forestier, sans avoir été préalablement reconnu par le garde forestier et marqué de son marteau.

Cette reconnaissance doit avoir lieu dans les cinq jours de la déclaration faite des bois par l'exploitant de la scierie.

Toute contravention à ces dispositions doit être constatée par deux gardes au moins.

Pour assurer l'exécution de l'article 158 du code forestier, les gardes visitent fréquemment les scieries susmentionnées, dans lesquelles ils ont le droit de faire toutes perquisitions, pourvu qu'ils soient au nombre de deux, ou qu'ils soient accompagnés de deux témoins domiciliés dans la commune de la situation de l'usine. (Livret des préposés, art. 32.)

5. *Circonscription.* — Indépendamment de la surveillance qu'ils exercent spécialement sur les bois qui leur sont confiés, les gardes ont le droit de rechercher et constater, sur le territoire de l'arrondissement du tribunal pour lequel ils sont assermentés, les délits et contraventions qui portent atteinte aux propriétés soumises au régime forestier. (Livret des préposés, art. 2.)

6. *Bois communaux.* — Les bois des communes assujetties à l'application de la loi sur la restauration et la conservation des terrains en montagne sont surveillés par les gardes domaniaux. (Loi du 4 avril 1882, art. 22.) V. Mise en défens. Pâturage.

7. *Sûreté publique. Vagabonds.* — Les gardent informent leur chef immédiat de l'apparition de gens suspects dans les forêts et de tout ce qui peut s'y passer de contraire à la sûreté publique. (Livret des préposés, art. 34.)

8. *Chef de cantonnement.* — Le chef de cantonnement s'assure de la conduite des gardes de son cantonnement. (Instr. du 23 mars 1821.)

9. *Chef de cantonnement.* — Les chefs de cantonnement doivent visiter assidûment les forêts de leur cantonnement. (Instr. du 23 mars 1821.)

10. *Usager. Produits.* — L'usager, lorsqu'il recueille la majeure partie ou une partie considérable des fruits d'une forêt, est tenu

de contribuer, proportionnellement à sa jouissance, aux frais de surveillance. (Cass. 19 janvier 1847.)

11. *Usager. Frais.* — L'usager d'une forêt n'est pas tenu de supporter les frais de garde, ni d'y concourir, alors qu'il n'absorbe pas la totalité des produits de la forêt. (Cass. 20 juillet 1847.)

12. *Frais de garde. Charges. Créance.* — Les frais de garde constituent des charges annuelles, qui se divisent par année de jouissance et forment une créance particulière pour chaque exercice. (Cons. d'Etat, 1er décembre 1853.)

13. *Frais de garde. Créance. Prescription.* — Les frais de garde payés pour le compte de l'Etat constituent des créances annuelles qui se prescrivent par cinq ans. (Loi du 29 janvier 1831, art. 9. Cons. d'Etat, 1er décembre 1853.)

14. *Exécution de travaux subventionnés.* — Les travaux entrepris à l'aide de subventions de l'Etat sont exécutés sous le contrôle et la surveillance des agents forestiers. (Décr. du 11 juillet 1882, art. 15.)

SUSPICION LÉGITIME.

Instances. — Les causes d'alliance ou de récusation peuvent donner lieu à suspicion légitime en matière correctionnelle, eu égard aux juges auxquels ces faits peuvent être reprochés. (Proc. Civ. 383 à 396.) V. Renvoi à fins civiles.

SUSPENSION.

SECT. I. — PERSONNEL, 1 — 9.

SECT. II. — PRESCRIPTION, 10.

SECT. III. — PEINES, 11 — 14.

Action, 10.
Administrateurs, 4.
Agent, 2, 3, 4, 5.
Avertissement, 13.
Conservateurs, 5, 6.
Directeur, 3.
Dommages-intérêts, 12.
Frais, 12.
Garde cantonnier, 6.
Ministre, 2.
Matière forestière, 14.
Motif, 1.
Poursuite, 10.
Préposés, 2, 3, 4, 5.
Préposés communaux, 7, 8.
Principe, 1, 11.
Retenue, 9.

SECT. I. — PERSONNEL.

1. *Principe.* — Tout arrêté de suspension est motivé. (Constitution du 5 fructidor an III, art. 197.)

2. *Ministre.* — Le ministre peut suspendre tous les agents et préposés qu'il nomme. (Ord. 38. Circ. A 655.)

3. *Directeur.* — Le directeur peut, dans les cas d'urgence, suspendre de leurs fonctions tous les agents et préposés domaniaux, mais il doit en rendre compte immédiatement au ministre. (Ord. 38. Ord. 17 décembre 1844, art. 84. Circ. A 655.)

4. *Administrateurs.* — Les administrateurs, en tournée de vérification, c'est-à-dire quand ils remplissent les fonctions des anciens inspecteurs généraux, peuvent, dans le cas d'urgence, suspendre les agents à partir du grade d'inspecteur inclusivement et les préposés de toute catégorie, sauf à en avertir immédiatement le conservateur et à en rendre compte à l'administration. (Arr. Min. du 13 mai 1878. Circ. N 226.)

5. *Conservateurs.* — Les conservateurs pourront, dans les cas d'urgence, suspendre provisoirement de leurs fonctions les inspecteurs adjoints, les gardes généraux, les gardes généraux stagiaires et les préposés sous leurs ordres, mais à charge d'en rendre compte immédiatement à l'administration. (Ord. 38. Ord. 17 décembre 1844, art. 85. Circ. A 655.)

6. *Conservateurs.* — En cas d'absence illicite ou de faute grave, les gardes cantonniers peuvent être suspendus par les conservateurs. (Instr. 13 avril 1840. Livret des préposés, art. 55.)

7. *Préposés communaux.* — L'administration peut suspendre de leurs fonctions les gardes des bois des communes et des établissements publics. (Cod. For. 98.)

8. *Préposés communaux.* — Le conservateur avise le préfet des mesures disciplinaires qu'il prend envers les préposés communaux, quand il s'agit de suspension de fonctions. (Circ. N 21, art. 18.)

9. *Retenue.* — En cas de suspension par mesure disciplinaire, la retenue profite intégralement à la caisse des retraites. (Les dispositions de l'article 51 du règlement du 26 janvier 1846 sont abrogées.) V. Peine disciplinaire.

SECT. II. — PRESCRIPTION.

10. *Poursuite. Action.* — La prescription est suspendue pendant un temps indéfini, lorsque, par une cause légale, la partie poursuivante est dans l'impossibilité d'agir, comme dans le cas suivant : exception préjudicielle (attendre la fin de l'instance civile).

Après la solution des questions incidentes, la prescription reprend son cours de plein droit, même sans la signification du jugement. (Cass. 10 avril 1835.)

SECT. III. — PEINE.

11. *Principe.* — En cas de condamnation à l'emprisonnement ou à l'amende, l'exécution de la peine peut être suspendue pendant cinq ans. (Loi du 26 mars 1891, art. 1.)

12. *Frais. Dommages-intérêts.* — La suspension de la peine ne comprend pas le

paiement des frais du procès et des dommages-intérêts, ni les peines accessoires et les incapacités résultant de la condamnation. (Loi du 26 mars 1891, art. 2.)

13. *Avertissement.* — Le président de la cour ou du tribunal doit, après avoir prononcé la suspension, avertir le condamné qu'en cas de condamnation dans le délai de cinq ans, la premiere peine sera exécutée, sans confusion possible avec la seconde, et que les peines de la récidive seront encourues dans les termes des articles 57 et 58 du code pénal. (Loi du 26 mars 1891, art. 3.)

14. *Matière forestière.* — La loi Bérenger du 26 mars 1891 (suspension de la peine) n'est pas applicable aux amendes en matière forestière, mais elle est applicable aux peines corporelles, qu'elles soient ou non prononcées pour délits forestiers. (Circ. N 456.) V. Condamnation. Contravention. Sursis.

SYNDICAT. V. Association syndicale. Commission syndicale.

SYNDICS.

1. *Action. Usager.* — Des usagers sans communauté entre eux ne peuvent agir en justice, à raison de leurs droits, par ministère de syndics. (Cass. 6 mai 1850.)

2. *Commune. Adversaire.* — L'adversaire d'une commune ne peut être compris parmi les membres d'une commission des plus imposés, qui doit nommer les syndics chargés de représenter la section. (Cons. d'Etat, 25 juillet 1834.)

T

TABAC.

Arrestation, 8.
Bois particuliers, 5.
Constatation, 6.
Délivrance, 10.
Expertise, 9.
Fraude, 6.
Gratification, 7.
Part d'amende, 7.
Plantation, 2, 3, 5.
Préposés, 2, 4, 6, 7, 8, 10.
Prime, 8, 9.
Procès-verbaux, 4.
Saisie, 9.
Surveillance, 1.
Tabac de cantine, 10.

V. Gratification. Prime.

1. *Surveillance.* — Les agents doivent veiller à la répression de la fraude relativement aux plantations, à la manutention et au colportage du tabac. (Circ. A 227.)

2. *Plantations frauduleuses.* — Les gardes doivent constater, par procès-verbal, les plantations frauduleuses de tabacs faites dans les forêts; ils sont responsables des plantations de ce genre qu'ils n'auraient pas constatées. (Circ. A 644. Livret des préposés, art. 37.)

3. *Plantation illicite.* — Nul ne peut planter du tabac, en quelque quantité et pour quelque usage que ce soit, sans être possesseur d'un permis de culture, et toute infraction de l'espèce est passible d'un procès-verbal. (Circ. N 178.)

4. *Procès-verbaux.* — Les procès-verbaux dressés par les gardes, pour la fraude du tabac, sont rédigés dans les mêmes formes que ceux des délits forestiers; ils sont adressés à leurs chefs. Ces actes sont transmis ensuite au directeur des contributions indirectes de l'arrondissement où la contravention a été constatée. (Circ. A 355.)

5. *Plantation. Bois particuliers.* — Les particuliers dans les bois desquels se trouvent des plantations illicites de tabac doivent être condamnés aux peines prévues par la loi, nonobstant l'allégation qu'ils n'en seraient point les auteurs. (Cass. 30 avril 1813.)

6. *Fraude. Constatation.* — Ceux qui seront trouvés vendant en fraude du tabac à leur domicile ou ceux qui en colportent, qu'ils soient ou non surpris à le vendre, seront arrêtés et constitués prisonniers.

Les préposés forestiers et généralement tous les employés assermentés pourront constater la vente du tabac, les contraventions, le colportage, la circulation illégale et généralement les fraudes sur le tabac; procéder à la saisie du tabac, ustensiles et mécaniques prohibés par la présente loi, à celle des chevaux, voitures, bateaux et autres objets servant au transport, et constituer prisonniers les fraudeurs et colporteurs. (Loi du 28 avril 1816, art. 222 et 223.)

7. *Part d'amende. Gratification.* — Les préposés participent à la répartition du montant de l'amende, si les délinquants sont indiqués par eux, et, dans le cas contraire, il est accordé une gratification aux gardes qui ont signalé les semis et plantations. (Circ. A 60. Circ. A 119.)

8. *Prime. Arrestation.* — Les gardes ont droit à une prime de 15 francs par chaque personne arrêtée transportant du tabac en

fraude. Cette prime n'est accordée qu'autant que le fraudeur est constitué prisonnier et elle est indépendante du nombre des gardes saisissants. Ils ont, en outre, droit à 12 francs par chaque colporteur saisi hors du rayon des douanes et ayant trente kilogrammes de tabac, et 3 francs par chaque chien chargé de tabac et tué. Les tabacs saisis doivent être conduits à l'entrepôt du chef-lieu où la saisie à été opérée, pour être expertisés, et le prix en être réparti entre les verbalisants. (Circ. A 355.)

9. *Prime. Saisie. Expertise.* — Indépendamment de la prime, il est alloué une part des tabacs saisis. A cet effet, les tabacs saisis doivent être déposés à l'entrepôt de la circonscription, excepté s'il s'agit de tabac en feuilles vertes, qui doit être détruit et, dans ce cas, dirigé sur le bureau de la régie la plus rapprochée. Les tabacs saisis sont expertisés devant le saisissant et ils sont payés :

Tabac ordinaire, 200 fr. les 100 kilogr. ;

Tabac de cantine, 150 fr. les 100 kilogr. ;

Tabac bon pour fabrication de tabac de cantine, 125 fr. les 100 kilogr. ;

A partager, après déduction d'un tiers réservé aux indicateurs, savoir : un quart au Trésor ; un quart à la caisse des pensions ; la moitié aux saisissants.

Tabac détruit, 50 fr. les 100 kilogr.

Cette dernière prime est attribuée exclusivement aux saisissants, déduction faite du tiers pour les indicateurs. (Décr. du 1er octobre 1872, art. 2 et 3, modifiant les articles 2 et 3 de l'Ord. du 31 décembre 1817.)

10. *Tabac de cantine. Préposé. Délivrance.* — Les préposés forestiers peuvent recevoir du tabac de cantine au prix de 0 fr. 15 l'hectogramme ; le conservateur doit présenter la liste de l'effectif, et il est remis des bons aux conservateurs, inspecteurs et chefs de cantonnement, pour les distribuer, tous les dix jours, aux préposés. A la fin de chaque mois, il est fait mention des mutations dans l'effectif. (Décis. Min. du 23 mars 1876. Circ. N 203.)

TABLE DE MARBRE.

Définition. — Ancienne juridiction supérieure pour les affaires des eaux et forêts.

TABLEAU D'AVANCEMENT.

1. *Établissement.* — Un comité spécial dresse, chaque année, un tableau d'avancement pour les agents forestiers de tous grades.

A cet effet, le directeur des forêts établit, chaque année, au mois de décembre, après l'envoi par les conservateurs des feuilles de notes et des états de présentation, les listes générales d'avancement, qui sont divisées en autant de catégories qu'il y a de grades d'agents.

Ces listes préparatoires, établies suivant l'ancienneté, sont soumises au comité huit jours à l'avance, avec les feuilles de notes et les états de présentation. (Décr. du 15 juin 1891, art. 1. Arr. Min. du 15 juin 1891, art. 6 et 8. Circ. N 435.)

2. *Candidat garde général stagiaire.* — Les conservateurs transmettent, avant le 25 novembre, pour chaque candidat au grade de garde général stagiaire, un rapport détaillé dans lequel ses titres sont constatés et appréciés par les différents chefs et la copie de ses feuilles de notes. Le conservateur doit se prononcer sur les antécédents, la conduite, le caractère, la tenue, l'aptitude professionnelle et le degré d'instruction générale de chacun des candidats.

D'après l'examen de ces documents, le comité d'avancement se prononce pour l'ajournement ou l'inscription des candidats au tableau. (Arr. Min. du 15 juin 1891. Circ. N 435.)

3. *Inscriptions. Conditions.* — Nul brigadier ou agent forestier ne peut être inscrit au tableau d'avancement, s'il n'est en activité de service.

Ne pourront être portés au tableau d'avancement, savoir :

Pour le grade de garde général stagiaire, que les brigadiers qui auront, au 1er janvier de l'année pour laquelle le tableau est arrêté, quinze années de service actif ;

Pour le grade d'inspecteur adjoint, que les gardes généraux, quelle que soit leur origine, ayant, au 1er janvier de l'année de l'établissement du tableau d'avancement, au moins cinq ans de grade ;

Pour le grade d'inspecteur, que les inspecteurs adjoints ayant, à cette même date, au moins cinq ans de grade et trois ans de service dans des fonctions actives ;

Pour le grade de conservateur, que les inspecteurs ayant, à cette même date, au moins cinq ans de grade, dont deux au moins dans le service actif. (Arr. Min. du 15 juin 1891, art. 1 et 3. Circ. N 435.)

4. *Candidats. Nombre.* — Le nombre de candidats à porter sur chacun des tableaux d'avancement est préalablement déterminé par le ministre, sur la proposition du directeur des forêts, d'après les besoins présumés du service. (Arr. Min. du 15 juin 1891, art. 9. Circ. N 435.)

5. *Inscriptions. Bénéfice.* — Les agents et les préposés conservent, sans nouvelle décision, le bénéfice de leur précédente inscription. (Arr. Min. du 15 juin 1891, art. 10. Circ. N 435.)

6. *Vote.* — Le vote pour l'inscription sur le tableau a lieu à la majorité absolue et au scrutin secret, si la demande en est formulée au moins par trois membres. Cinq membres doivent être présents, pour la validité du vote. (Arr. Min. du 15 juin 1891, art. 11. Circ. N 435.)

7. *Nominations. Choix.* — Les nominations des agents portés aux différents tableaux ont

lieu exclusivement au choix. (Arr. Min. du 15 juin 1891, art. 12. Circ. N 435.)

8. *Liste supplémentaire.* — A moins d'épuisement des tableaux d'avancement, il n'est point établi, en cours d'exercice, de listes supplémentaires d'avancement. (Décr. du 15 juin 1891, art. 5. Circ. N 435.)

9. *Radiation.* — Nul ne peut, pendant la durée de l'année, être rayé du tableau d'avancement que pour cause d'indignité ou de faute grave, dûment établie à la suite d'une enquête contradictoire. Cette radiation est prononcée par le ministre, sur le rapport du directeur des forêts, le conseil d'administration entendu. (Arr. Min. du 15 juin 1891, art. 13. Circ. N 435.)

TACHE.

1. *Principe.* — Les agents ne doivent proposer le mode d'exécution par régie à la journée ou à la tâche que pour les travaux qui exigent des connaissances spéciales ou qui présentent des conditions difficiles à prévoir ou à apprécier. (Circ. N 22, art. 13.)

Dans ce cas, en ce qui concerne les périmètres de restauration, les travaux doivent être faits à la tâche, sauf impossibilité dûment constatée. (Instr. Gén. du 2 février 1885, art. 112. Circ. N 345.)

2. *Restauration des montagnes. Travaux.* — Les travaux donnés à la tâche sont l'objet d'un rapport soumis à l'approbation du conservateur.

Néanmoins, en cas d'urgence dûment constatée, le chef de service fixe le prix des tâches et le fait connaître au plus tôt au conservateur.

Les agents régisseurs doivent provoquer, autant que possible, la concurrence entre les divers tâcherons par eux reconnus capables. (Instr. Gén. du 2 février 1885, art. 119. Circ. N 345.)

3. *Restauration des montagnes. Etat.* — L'agent régisseur établit lui-même et adresse en double expédition, à la fin de chaque mois, l'état collectif des tâches à son chef de service, qui transmet l'un au conservateur et garde l'autre dans ses archives. (Instr. Gén. du 2 février 1885, art. 160, 163, 182 et 183. Circ. N 345.)

4. *Cantonnier.* — Les agents locaux peuvent inscrire sur les livrets des gardes cantonniers la tâche que ceux-ci ont à remplir dans un temps donné, et ils en surveillent l'exécution. (Circ. N 22, art. 284.)

5. *Prestations.* — Pour les prestations, le mode de travail à la tâche présente d'incontestables avantages et doit être préféré. (Circ. A 814.) V. Prestation.

6. *Paiement.* — Les travaux à la tâche de peu d'importance sont payés au moyen d'avances faites au régisseur comptable. Ceux qui ont une certaine importance sont mandatés individuellement, au nom des ayants droit, sur les certificats de proposition de paiement délivrés par l'agent directeur des travaux. (Circ. N 22, art. 274 et 275.)

TAILLADE. TAILLARD.

Région des Maures et de l'Estérel. — Pendant les mois de juin, juillet, août et septembre, l'emploi du feu est interdit aux propriétaires et au tiers, même pour les exploitations forestières et agricoles usitées sous les dénominations d'écobuages, taillards, issards et petit feu dans l'intérieur et à moins de deux cents mètres de tous bois, forêts ou landes peuplées de morts bois.

Toutefois, les préfets pourront, le conservateur des forêts entendu, autoriser, pendant tout ou partie de la période ci-dessus indiquée, sous réserve des dispositions d'ordre à prescrire par leurs arrêtés, les charbonnières, fours à charbon et feux d'atelier, mais sans préjudice, en cas d'incendie, des dommages-intérêts dus aux parties lésées. (Loi du 19 août 1893, art. 2. Circ. N 461.)

TAILLIS.

Age, 6.
Anciens, 8.
Baliveaux, 7.
Conversion, 9.
Coupes, 4, 10.
Définition, 1, 2.
Evaluation cadastrale, 3.
Exploitation, 8.
Futaie, 9.
Meubles, 4.
Modernes, 8.
Nombre, 7.
Révolution, 6.
Transformation, 9.
Usufruitier, 10.
Vente, 5.

1. *Définition.* — On appelle taillis une forêt destinée à se reproduire principalement de rejets des souches et des racines. (Parade.)

2. *Définition.* — On doit entendre par bois taillis en général, dans le sens des lois rurales et forestières, tous les bois âgés d'un à trente ans, nouvellement plantés ou provenant du rejet des souches, lorsque rien n'annonce qu'ils sont destinés à croître en futaie et qu'ils n'ont pas reçu par la loi ou la volonté du propriétaire une destination pouvant les faire ranger dans la catégorie des futaies. (Cass. 13 juin 1823.)

3. *Evaluation cadastrale.* — Les bois au-dessous de l'âge de trente ans seront réputés taillis et évalués comme tels. (Loi du 3 frimaire an VII, art. 69.)

4. *Meubles.* — Les coupes ordinaires de bois taillis mis en coupes réglées ne deviennent meubles qu'au fur et à mesure que les arbres sont abattus. (Cod. Civ. 521.)

5. *Vente.* — Les huissiers ont le droit de procéder, concurremment avec les notaires, à la vente publique et volontaire des coupes de bois taillis. (Loi du 5 juin 1851.)

6. *Révolution. Age.* — Dans toutes les forêts qui seront aménagées à l'avenir, l'âge de la coupe des taillis sera fixé à vingt-cinq

ans au moins, et il n'y aura d'exception à cette règle que pour les forêts dont les essences dominantes seront le châtaignier et les bois blancs, ou qui seront situées sur des terrains de la dernière qualité. (Ord. 69, 134.)

7. *Baliveaux. Nombre.* — Lors de l'exploitation des taillis, il sera réservé cinquante baliveaux de l'âge de la coupe par hectare. En cas d'impossibilité, les causes en seront énoncées aux procès-verbaux de balivage et de martelage. (Ord. 70, 134.)

8. *Modernes. Anciens. Exploitation.* — Les baliveaux modernes et anciens ne pourront être abattus qu'autant qu'ils seront dépérissants ou hors d'état de prospérer jusqu'à une nouvelle révolution. (Ord. 70, 134.)

9. *Conversion. Futaie.* — Les conservateurs examinent, dans leurs tournées, les résultats obtenus pour transformer les taillis en futaie. (Circ. N 18, art. 11.) V. Epine. Repiquement.

10. *Coupes. Usufruitier.* — S'il n'y a pas eu de dommage causé au nu-propriétaire, l'usufruitier, dans les bois taillis, peut compenser les coupes où on a dépassé le nombre des arbres à abattre avec les coupes où ce nombre n'a pas été atteint. (Cass. 23 juin 1868.)

TALUS. V. Fossé.

TARIF.

1. *Rabais.* — Le tarif (série 4, nº 24) qui sert de base aux rabais pour les adjudications s'applique aux coupes par contenance et aux coupes par pied d'arbres. Ce tarif doit être affiché dans la salle des adjudications. (Circ. N 80, art. 42.)

2. *Publications. Criées.* — Les frais de publications, appropriation de la salle, bougies et criées, etc., sont fixés, savoir :

1º Pour les produits principaux (bois, liège, résines, etc.) vendus en bloc et sur pied, ainsi que pour les adjudications du droit de chasse, par journée d'adjudication, qu'il y ait une ou plusieurs séances et quelle que soit la durée de ces séances.............	Pour les 10 premiers articles. fr.	1 50
	Pour chaque article en plus..	0 50
	Minimum.........	4 00
	Maximum.........	40 00
2º Pour les coupes vendues sur pied, par unités de produits ; pour les coupes d'éclaircie, chablis, bois de délits, de recepages, d'élagages, d'essartements, vendus en bloc avant façonnage, ainsi que pour les adjudications du droit de pêche, de travaux d'amélioration, d'exploitation et d'entretien........................	Par article....... fr.	1 00
	Minimum..........	2 00
	Maximum	10 00
3º Pour les produits façonnés vendus tant dans les salles d'adjudication que sur le parterre des coupes et pour tous les autres produits forestiers............	Par article...... fr.	0 25
	Minimum.........	2 00
	Maximum........	10 00

4º Les frais ne sont dus que pour les articles adjugés. Toutefois, si aucun article n'est adjugé, le minimum des frais sera toujours accordé. (Arr. Min. du 9 mars 1894. Circ. N 469.)

3. *Expéditions. Extraits.* — Les frais d'expéditions et extraits du procès-verbal d'adjudication, expéditions de devis et copies de plans sont fixés, savoir :

1º Pour les adjudications de produits principaux (bois, liège, résines, etc.), vendus en bloc et sur pied, et pour les amodiations du droit de chasse......................	*Pour les expéditions (série 4, nº 26, et série 8, nº 3).* Par article....... fr.	0 60
	Pour les extraits (série 4, nºs 28 et 29, et série 8, nº 4). Par article........	0 15
	Si les expéditions comprennent seulement un article, il sera alloué un minimum de.......	0 75
2º Pour les adjudications de coupes vendues sur pied, par unités de produits.............	*Pour les expéditions et les extraits (série 4, nº 64).* Par article....... fr.	0 25
3º Pour les ventes de coupes d'éclaircie, de chablis, bois de délits, de recepages, d'élagages, d'essartements vendus en bloc avant façonnage, et pour les adjudications du droit de pêche............................	*Pour les expéditions (série 5, nº 5).* Par article...... fr.	0 50
	Pour les extraits (série 4, nºs 28 et 29). Par article.......	0 15
4º Pour les ventes de produits façonnés........	*Pour les expéditions et les extraits (série 4, nº 40).* Pour les 15 premiers articles : Par article...... fr.	0 05
	Pour chaque article en plus..	0 03
	Si les expéditions comprennent moins de 15 articles, il sera néanmoins alloué par chaque expédition	0 75
5º Pour les adjudications de carrières et autres menus produits.	Pour les expéditions sur papier blanc, par rôle de 25 lignes à la page et de 16 syllabes à la ligne. fr.	0 50

6° Pour les adjudications de travaux d'amélioration, d'exploitation et d'entretien.......	Par article....... fr. 0 50 Par rôle de copies de devis, détails estimatifs, etc......... fr. 0 50

Les frais de copies des plans seront réglés par le conservateur. (Arr. Min. du 9 mars 1894. Circ. N 469.)

4. *Minutes. Maximum. Mots imprimés. Documents divers.* — La minute ne sera jamais comptée dans les frais d'adjudication. Lorsque les produits de natures diverses seront vendus le même jour, au même lieu, les frais seront établis séparément pour chaque adjudication et sous des titres spéciaux ; mais les frais de publications, criées, bougies, etc., ne pourront jamais dépasser le maximum correspondant à la nature des produits qui comportera le maximum le plus élevé.

Les mots imprimés n'entreront pas en compte dans le calcul des rôles.

Il ne sera rien payé pour la délivrance des cahiers des charges, des clauses spéciales et des autres documents entièrement imprimés. (Arr. Min. du 9 mars 1894. Circ. N 469.)

5. *Observation.* — Les tarifs ci-dessus remplacent ceux qui figurent à l'article : Frais d'adjudication, t. II, p. 31.

TAS. (METTRE EN TAS.) V. Enlèvement. Extraction.

TAUREAU. V. Bœuf.

TAXE AFFOUAGÈRE.

Approbation, 4.
Conditions, 13.
Dépenses, 5.
Enlèvement, 15.
Frais, 8.
Lot, 15.
Paiement, 12.
Perception, 1, 10.
Quittance, 11.
Réduction, 6, 9.
Refus, 16.
Règlement, 2.
Remboursement, 17.
Surveillance, 14.
Usager, 7, 8.
Vote, 3.

1. *Perception.* — La loi du 17 août 1828 autorise la perception des taxes d'affouage là où il est utile et d'usage d'en établir. Le deuxième paragraphe de l'article 109 du code forestier (vente d'une partie de la coupe affouagère, pour payer les frais de garde, d'administration et les contributions) est rarement appliqué, par suite de cette disposition. (Circ. A 185.)

2. *Règlement.* — Les taxes d'affouage se règlent en même temps que les rôles de répartition de l'affouage et sont rendues exécutoires par le préfet. (Instr. 15 décembre 1826, art. 658 et 659. Loi du 5 avril 1884, art. 140.)

3. *Vote.* — Il appartient au conseil municipal de voter les taxes affouagères, sous le contrôle de l'autorité supérieure ; les délibérations qu'il prend ne peuvent pas être attaquées par voie contentieuse, alors même que la taxe votée dépasse les frais de garde et d'administration. (Cons. d'Etat, 31 janvier 1867.)

4. *Approbation.* — Les taxes d'affouage réparties par le conseil municipal doivent être approuvées par le préfet. (Loi du 5 avril 1884, art. 140.)

5. *Dépenses.* — La taxe d'affouage communal peut comprendre des dépenses étrangères à l'affouage, mais dont le conseil municipal aurait cru devoir grever la portion affouagère de chaque habitant. (Avis du Cons. d'Etat, 8 août 1838.)

6. *Réduction.* — Les taxes affouagères doivent être réduites au strict nécessaire (frais de la jouissance), s'il s'agit des droits d'usage exercés dans les bois de l'Etat. (Cons. d'Etat, 29 mars 1838.)

7. *Usager.* — Les taxes imposées à un *usager* proprement dit, auquel l'affouage provient d'un droit de servitude exercé dans une forêt domaniale ou autre, ne doivent pas comprendre des dépenses étrangères à cet affouage. (Avis du Cons. d'Etat, 29 mars 1838. Circ. A 421.)

8. *Usager. Frais.* — Les frais à comprendre dans la taxe imposée pour les délivrances des coupes usagères sont :

1° Le salaire des entrepreneurs responsables ;

2° Les frais d'abatage, de façonnage et de lotissement des bois ;

3° Les contributions, si les usagers y sont tenus par leurs titres ;

4° Les redevances, quand il en est dû ;

5° Les semis, repeuplements et autres travaux mis en charge sur les coupes. (Inspection des finances.)

9. *Réduction.* — On ne peut pas réclamer une diminution ou une modération de la taxe d'affouage, puisque rien n'oblige à la payer. (Décis. Min. du 4 mai 1839.)

10. *Perception.* — Les taxes d'affouage sont perçues suivant les formes établies pour le recouvrement des contributions publiques. (Loi du 5 avril 1884, art. 140.)

11. *Quittance.* — Les quittances de taxes d'affouage sont sujettes au timbre, lorsqu'elles excèdent 10 francs. (Cons. d'Etat, 8 avril 1838.)

12. *Paiement.* — Les agents forestiers n'ont pas à s'occuper du paiement des taxes et des sommes revenant à l'Etat ; les préfets seuls prennent les mesures nécessaires à ce sujet. (Décis. Min. du 18 décembre 1827. Circ. A 166.)

13. *Conditions.* — L'habitant ne doit le paiement de la taxe, qu'autant qu'il veut enlever sa portion affouagère.

Les portions non enlevées, faute de paiement, sont vendues jusqu'à concurrence du montant de la taxe et des frais à payer, et le surplus est remis à l'affouagiste qui n'aurait pas payé. (Circ. des ministres des finances et de l'intérieur, 10 janvier 1839.)

14. *Surveillance.* — Les entrepreneurs des coupes affouagères seuls, à l'exclusion des gardes forestiers, doivent veiller, sous leur responsabilité, à ce que les affouagistes n'enlèvent pas leur bois, avant le paiement de la taxe. (Décis. Min. du 10 janvier 1839. Circ. A 441.)

15. *Lot. Enlèvement.* — L'affouagiste qui enlève son lot frauduleusement et à l'insu de l'entrepreneur de la coupe peut être poursuivi en paiement de la taxe par le receveur municipal, en vertu de l'article 140 de la loi du 5 avril 1884, qui a remplacé l'article 44 de la loi du 18 juillet 1837. (Décis. Min. du 10 janvier 1839. Circ. A 441.)

16. *Refus.* — Le refus d'acquitter la taxe d'affouage n'est passible d'aucune peine. (Cass. 25 juin 1841.)

17. *Remboursement.* — Lorsqu'un entrepreneur de coupe affouagère forme contre certains habitants une demande en remboursement de taxe affouagère qu'il a payée à leur décharge, en cas de refus basé sur l'irrégularité du rôle, l'entrepreneur a qualité pour faire statuer le conseil de préfecture sur la validité des rôles d'affouage. (Cons. d'Etat, 13 mai 1865.)

TAXE MILITAIRE.

Exemption. — Les élèves de l'école nationale forestière, ayant contracté un engagement de trois ans dans l'armée active, sont exempts de la taxe militaire, établie par l'article 33 de la loi du 15 juillet 1889. (Cons. de Préfect. de la Seine, 19 juillet 1892.)

TEINTE CONVENTIONNELLE. V. Plan.

TÉLÉGRAPHE.

1. *Franchise. Dépêche.* — Les agents ne doivent se servir du télégraphe, en franchise, que pour les communications qui exigent impérieusement une voie plus expéditive que celle de la poste. On doit rédiger les dépêches en termes très concis. (Lettre du directeur général du 21 mai 1862.)

2. *Préposés. Franchise. Incendie.* — Les préposés jouissent de la franchise télégraphique limitée aux télégrammes adressés, en cas d'incendie seulement, à l'agent sous les ordres duquel ils se trouvent placés. Cette franchise n'est pas réciproque. (Arr. Min. 19 juillet 1882.) V. Franchise télégraphique.

3. *Fonctionnaire. Visa.* — Un fonctionnaire ne peut requérir la transmission gratuite d'une dépêche de service, si elle n'est préalablement revêtue du visa de l'autorité dont il relève (préfet ou sous-préfet). L'ordre de répondre par le télégraphe équivaut au visa.

Nul ne peut viser une dépêche ou donner l'ordre de correspondre, s'il n'est autorisé lui-même à correspondre en franchise.

L'abus de dépêches dans un intérêt privé donnerait lieu à répétition de taxe, d'après le tarif en vigueur. (Arr. Min. du 31 octobre 1854.)

4. *Arbres. Coupe.* — Lorsque, sur une ligne de télégraphie aérienne déjà établie, la transmission des signaux sera gênée ou empêchée par des arbres, un arrêté du préfet prescrira les mesures pour faire disparaître l'obstacle, à charge de payer l'indemnité fixée par le juge de paix. L'indemnité sera consignée préalablement à l'exécution. (Décr. du 27 décembre 1851.)

5. *Surveillance.* — Les crimes, délits et contraventions commis contre les lignes télégraphiques pourront être constatés par les officiers de police judiciaire (gardes). (Décr. du 27 décembre 1851.)

TÉMOIN.

SECT. I. — ARPENTAGE, 1.

SECT. II. — DÉLIT FORESTIER, 2.

SECT. III. — POURSUITE, INSTANCE, 3 — 64.

§ 1. *Généralités,* 3 — 13.

§ 2. *Citation,* 14 — 16.

§ 3. *Comparution,* 17 — 19.

§ 4. *Déposition,* 20 — 43.

A. *Témoins en général, Formalités,* 20 — 33.

B. *Garde rédacteur du procès-verbal,* 34 — 41.

C. *Fonctionnaires, Dignitaires,* 42—43.

§ 5. *Fausse déposition, Pénalités,* 44—48.

§ 6. *Taxe, Indemnité,* 49 — 64.

Acte, 7.
Affaire communale, 9.
Age, 25, 52.
Agent forestier, 14.
Amende, 18.
Appréciation, 4.
Arbre, 1.
Arrestation, 44.
Arrêt, 53.
Audience, 27.
Audition, 22, 29, 33, 62.
Avance, 55.
Citation, 61, 64.
Comparution, 17, 19, 64.
Condition, 21.
Contradiction, 35.
Déclaration, 40.
Défaut, 17.
Définition, 1.
Délai, 16.
Déposition, 7, 23, 24, 26, 30, 31, 39.
Dignitaires, 42.
Discussion, 36.
Distance, 51.
Domestique, 6 bis.
Employé, 6 bis.
Enfant, 52.
Exonération, 18.
Explication, 38.
Facteur, 5.
Faculté, 11.
Faux, 45, 46, 46 bis, 47, 48.
Faux témoignage, 41.
Foi due, 38, 40.
Fonctions, 7, 41.
Fonctionnaire, 57.
Formalités, 26.
Frais, 61, 62, 63, 64.

Frais frustratoires, 63.
Garde, 41.
Garde champêtre, 6, 7, 37.
Garde rédacteur, 8.
Garde-vente, 5.
Greffier, 31.
Habitant, 9, 10.
Illégalité, 39, 51.
Incompatibilité, 3.
Indemnité, 49, 59.
Inscription de faux, 13.
Interpellation, 32.
Interrogatoire, 30.
Italie, 19.
Matière civile, 48.
Matière correctionnelle, 46.
Matière criminelle, 45.
Militaire, 58.
Mineur, 28.
Ministère public, 15.
Ministres, 42, 43.
Nom, 25.
Ordre, 24.
Paiement, 59, 60.
Parenté, 8.
Pénalités, 17, 45, 46, 47, 48.
Possession, 12.
Préposé, 56.
Preuve, 2.
Principe, 20.
Profession, 25.
Récusation, 36.
Reproches, 4.
Rétractation, 41.
Séjour, 54.
Serment, 20, 21, 34.
Simple police, 47.
Taux, 50,
Taxe, 49, 60.
Tenue, 23.
Voyage, 53.

SECT. I. — ARPENTAGE.

1. *Arbre. Définition.* — Les témoins sont des arbres pris en dehors de la ligne séparative de deux coupes; ces arbres sont marqués du marteau de l'arpenteur, et leur position relative est déterminée sur le plan de la coupe.

SECT. II. — DÉLIT FORESTIER.

2. *Preuve.* — Les délits forestiers sont prouvés par témoins, à défaut de procès-verbaux, ou en cas d'insuffisance de ces actes. (Cod. For. 175.) V. Preuve.

SECT. III. — POURSUITE. INSTANCE.

§ 1. *Généralités.*

3. *Incompatibilité.* — Les ascendants ou descendants du prévenu, ses frères, sœurs ou alliés au même degré, la femme ou son mari ne seront ni appelés, ni reçus en témoignage. Il n'y aura cependant pas nullité dans l'audition de ces personnes en témoignage, si le ministère public, la partie civile ou le prévenu ne s'y sont pas opposés. (Instr. Crim. **156, 189.**)

4. *Reproches. Appréciation.* — Les causes de reproches des témoins énumérées dans l'article 283 du code de procédure civile ne sont pas strictement limitatives ; les juges du fond peuvent, en dehors des cas spécifiés par cet article, apprécier la valeur des reproches dirigés contre les témoins et écarter leurs dépositions, s'ils les trouvent suspectes, sans que leur décision sur ce point puisse être revisée par la cour de cassation,

En conséquence, les juges du fond ont pu, sans violer cet article, écarter, par une appréciation souveraine des circonstances, les dépositions de certains témoins qui, avant de déposer dans un procès relatif à un droit d'affouage, auraient exprimé leur avis, comme conseillers municipaux, dans une délibération du conseil municipal. (Cass. 8 mai **1883**.)

5. *Facteur. Garde-vente.* — Les facteurs ou gardes-vente doivent être considérés comme les serviteurs à gages des propriétaires des coupes de bois qui les emploient; à ce titre, ils peuvent être reprochés comme témoins dans les procès dans lesquels ces propriétaires sont engagés. (Paris, **24** avril **1858**.)

6. *Garde champêtre.* — Le garde champêtre d'une commune, n'étant ni un serviteur, ni un domestique, mais un fonctionnaire de la commune, ne saurait être, à ce titre, reproché comme témoin, dans un procès où la commune est intéressée. (Poitiers, 3 juin **1847**.)

6 bis. *Domestique. Employé.* — On ne peut reprocher comme témoins que les domestiques qui sont sous la dépendance de leurs maîtres et attachés à leur personne. Des employés de commerce et des ouvriers à la journée ne sont certainement pas dans ce cas et ne peuvent être reprochés. (Cass. **29** décembre **1880**.)

7. *Garde champêtre. Acte de ses fonctions. Déposition.* — Un garde champêtre, lorsqu'il est appelé à déposer, même sur un délit dont il a été témoin, ne fait pas un acte de ses fonctions. (Paris, **16** décembre **1872**.)

8. *Garde rédacteur. Parenté.* — La parenté entre le garde rédacteur d'un procès-verbal et le prévenu n'est pas une cause de nullité pour le procès-verbal, mais il empêche le garde rédacteur d'être cité comme témoin pour fournir sa déposition à l'appui du procès-verbal. (Instr. Crim. **156**.)

9. *Affaire communale. Habitant.* — Nul ne peut être témoin dans sa propre cause. Dès lors, lorsqu'il s'agit d'un droit d'usage contesté, chaque habitant de la commune ayant un intérêt personnel à ce que ce droit d'usage soit adjugé à la commune dont il fait partie, le témoignage de tous les habitants de la commune et de leur parenté doit être rejeté pour établir les faits de possession. (Cass. **16** novembre **1842**.)

10. ***Habitant.*** — **Les habitants d'une commune peuvent être entendus comme témoins, à l'appui des prétentions de cette commune à la propriété d'une parcelle de forêt, alors que la décision à intervenir ne saurait, en aucun cas, avoir pour résultat de modifier leurs droits, soit relativement à l'affouage, soit en ce qui concerne le pacage, ni même faire craindre d'avoir à supporter personnellement une part des dépens. (Bourges, 6 décembre 1853.)**

11. ***Droit des tribunaux. Faculté.*** — **Les tribunaux jouissent d'un pouvoir discrétionnaire souverain, pour décider si un témoin doit être accepté ou refusé comme reprochable, par suite de parenté, alliance, domesticité, etc. (Cass. 2 janvier 1843.)**

12. *Possession.* — Pour prouver la possession immémoriale, il faut des témoins âgés de cinquante-quatre ans lors de la promulgation du code et déposant, non seulement sur les faits de leur connaissance, mais de tout ce qu'ils ont entendu dire de relatif aux temps antérieurs. (Colmar, 26 novembre 1836.)

13. *Inscription de faux.* — A l'appui d'une inscription de faux, il faut faire connaître les noms, qualités et demeures des témoins à l'aide desquels la fausseté du procès-verbal pourra être reconnue. (Cass. 19 avril 1811.)

§ 2. *Citation.*

14. *Agent forestier.* — Les agents forestiers peuvent citer directement des témoins pour faire constater un point important dont le procès-verbal ne fait pas mention, et ce, sans attendre l'autorisation du tribunal. (Cass. 24 septembre 1831.)

15. *Ministère public.* — Le ministère public peut faire citer les témoins indiqués par le prévenu, s'il juge que leur déclaration peut être nécessaire pour la découverte de la vérité. (Loi du 5 pluviôse an XIII.)

16. *Délai.* — Le tribunal ne peut, sans violer la loi, refuser d'accorder un délai pour faire citer des témoins destinés à suppléer à l'insuffisance du procès-verbal. (Cass. 18 mars 1836.)

§ 3. *Comparution.*

17. *Pénalités.* — Les témoins qui ne satisferont pas à la citation pourront y être contraints par le tribunal, qui, à cet effet et sur la réquisition du ministère public, prononcera, dans la même audience, sur le premier défaut, savoir :

Amende : maximum, 100 fr. (Instr. Crim. 89, 157.)

Et en cas d'un second défaut :

La contrainte par corps. (Instr. Crim. 80, 157.)

Si l'excuse pour la non-comparution est reconnue fausse :

Prison : 6 jours à 2 mois. (Cod. Pén. 236.)

18. *Amende. Exonération.* — Le témoin condamné à l'amende sur le premier défaut et qui produira devant le tribunal des excuses légitimes pourra être déchargé de l'amende. (Instr. Crim. 158, 189.)

19. *Italie. Comparution.* — Si, dans une cause pénale, la comparution personnelle d'un témoin est nécessaire, le gouvernement l'engagera à se rendre à l'invitation qui lui est faite, et il aura droit à une indemnité de séjour et de voyage payée par l'Etat requérant. (Convention, 16 juillet 1873. Décr. du 24 juillet 1873.)

§ 4. *Déposition.*

A. *Témoins en général. Formalités.*

20. *Serment. Principe.* — Les témoins feront, à l'audience et sous peine de nullité, le serment de dire toute la vérité, rien que la vérité. (Instr. Crim. 155, 189.)

21. *Serment. Conditions.* — Il y a nullité, lorsqu'un témoin, au lieu de prêter serment de dire *toute la vérité, rien que la vérité*, a seulement juré de dire *la vérité, rien que la vérité.* (Instr. Crim. 155. Cass. 13 avril 1849.)

22. *Audition.* — Les témoins se retireront dans la chambre qui leur sera destinée ; ils n'en sortiront que pour déposer. Le président pourra prendre des précautions pour empêcher les témoins de conférer entre eux du délit et de l'accusé. (Instr. Crim. 316.)

23. *Déposition. Tenue.* — Les témoins déposeront debout et découverts.

24. *Déposition. Ordre.* — Les témoins déposeront séparément et dans l'ordre établi. (Instr. Crim. 317.)

25. *Nom. Prénoms. Age. Profession. Demeure.* — Chaque témoin, avant d'être entendu, déclarera ses nom, prénoms, profession, âge et demeure ; s'il est parent ou allié de l'une des parties et à quel degré ; s'il est serviteur ou domestique de l'une d'elles. (Proc. Civ. 262. Instr. Crim. 155.)

26. *Dépositions. Formalités.* — Les témoins seront entendus séparément, en présence ou en l'absence des parties ; ils feront leurs dépositions sans lire aucun projet écrit ; les parties n'interrompront point les témoins ; après leur déposition, le juge pourra, sur la réquisition des parties et même d'office, faire aux témoins les interpellations convenables. (Proc. Civ. 36, 37, 262, 271.)

27. *Audience.* — Chaque témoin, après sa déposition, restera dans l'auditoire, si le président n'en a ordonné autrement. (Instr. Crim. 320.)

28. *Mineurs.* — Pourront, les témoins âgés de moins de quinze ans révolus, être entendus, par forme de déclaration et sans prestation de serment, sauf à avoir à leur déposition tel égard que de raison. (Proc. Civ. 285. Instr. Crim. 79.)

29. *Audition nouvelle. Séparée.* — Le prévenu pourra demander, après qu'ils auront déposé, que les témoins qu'il désignera se retirent de l'auditoire et qu'un ou plusieurs d'entre eux soient introduits et entendus de nouveau, soit séparément, soit en présence les uns des autres. Le ministère public aura la même faculté, et le président pourra aussi l'ordonner d'office. (Instr. Crim. 326.)

30. *Déposition. Interrogatoire.* — Après chaque déposition, le président demandera au témoin si c'est de l'accusé présent qu'il a

entendu parler; il demandera ensuite à l'accusé s'il veut répondre à ce qui vient d'être dit contre lui. Le témoin ne pourra être interrompu. L'accusé ou son conseil pourra le questionner par l'organe du président, après sa déposition, et dire, tant contre lui que contre son témoignage, tout ce qui pourra être utile à la défense de l'accusé. Le président pourra également demander au témoin et à l'accusé tous les éclaircissements qu'il croira nécessaires à la manifestation de la vérité. Les juges et le ministère public auront la même faculté, en demandant la parole au président. La partie civile ne pourra faire des questions, soit au témoin, soit à l'accusé, que par l'organe du président. (Instr. Crim. 319.)

31. *Déposition. Greffier.* — Les greffiers doivent tenir note de la déposition des témoins, s'il en a été entendu. (Instr. Crim. 189.)

Mais l'omission de cette formalité n'est pas une cause de nullité pour le jugement. (Cass. 8 juillet 1837. Cass. 1er juin 1838.)

32. *Interpellation.* — Les témoins ne pourront jamais s'interpeller entre eux. (Instr. Crim. 325.)

33. *Audition.* — Le ministère public ne peut être déclaré non recevable à faire entendre des témoins, sous prétexte qu'il n'a pas reçu l'autorisation du tribunal pour les faire citer. Le tribunal peut seulement se refuser d'entendre les témoins cités, s'il se trouve suffisamment éclairé. (Cass. 24 septembre 1831.)

B. *Garde rédacteur du procès-verbal.*

34. *Serment. Insuffisance.* — Le garde rédacteur d'un procès-verbal appelé comme témoin doit prêter le serment prescrit par l'article 155 du code d'instruction criminelle. (Cass. 20 juillet 1865.)

35. *Contradiction.* — On ne peut exiger à l'audience la comparution, comme témoin, du garde rédacteur d'un procès-verbal, lorsque cette audition tendrait à lui faire contredire son procès-verbal, attendu, d'ailleurs, que sa déposition serait impuissante à détruire les faits établis par le procès-verbal. La comparution du garde ne peut être requise que pour suppléer à l'insuffisance ou à l'obscurité du procès-verbal. (Cass. 27 février 1812. Cass. 28 août 1824. Cass. 25 juillet 1846.)

36. *Récusation. Discussion.* — Il n'existe aucune cause de reproche ou de récusation qui puisse empêcher les gardes rédacteurs des procès-verbaux d'être entendus comme témoins. Dans ce cas, leur témoignage n'a pas plus de valeur que celui d'un témoin ordinaire et peut être combattu par des témoignages contraires. (Cass. 21 juillet 1820. Cass. 1er mars 1822.)

37. *Garde champêtre.* — Lorsque, pour corroborer la preuve résultant d'un procès-verbal, la partie poursuivante demande à faire entendre à l'audience le garde rédacteur, le témoignage de ce garde ne saurait être rejeté par le tribunal. (Cass. 22 janvier 1887.)

38. *Explication. Foi due.* — Lorsque les procès-verbaux constatent des faits délictueux, les tribunaux ne peuvent ordonner la comparution à l'audience des gardes rédacteurs, car les explications qu'ils peuvent donner sont illégales, attendu que, soit en confirmant, ou en affaiblissant les constatations des procès-verbaux, ils peuvent altérer la foi due à ces actes. (Cass. 25 juillet 1846.)

39. *Illégalité. Déposition.* — Le vice radical qui entache le procès-verbal dressé dans le cours d'une perquisition irrégulière affecte au même degré le témoignage du garde rédacteur, et s'oppose à ce qu'il puisse servir de base à une condamnation et que le garde soit entendu comme témoin. (Cass. 21 avril 1864.)

40. *Déclaration. Foi due.* — Les déclarations des témoins entendus sans prestation de serment ne peuvent pas infirmer les déclarations ou énonciations des procès-verbaux, faisant foi jusqu'à preuve contraire. (Cass. 14 décembre 1832.)

41. *Garde. Exercice de ses fonctions. Faux témoignage. Rétractation.* — Le tribunal correctionnel est compétent pour juger un garde forestier accusé de faux témoignage, à raison d'une déposition faite sur un délit forestier constaté dans un procès-verbal rédigé par lui. Le garde, en déposant, n'est pas dans l'exercice de ses fonctions, et c'est comme témoin, et non pas comme garde, qu'il est prévenu de faux témoignage.

Tant que les débats ne sont pas clos, le faux témoignage peut être rétracté. La rétractation résulte de ce que l'assertion incriminée comme fausse n'est pas reproduite dans une déposition ultérieure. (Chambéry, 9 mars 1872.)

C. *Fonctionnaires. Dignitaires.*

42. *Ministre.* — Le témoignage des ministres, autres que celui de la justice, conseillers d'Etat, directeurs généraux, généraux en chef ou ambassadeurs, sera reçu dans la forme ordinaire, si leur déposition est requise dans le lieu de leur résidence; il sera reçu par un juge délégué, si l'affaire est poursuivie en dehors de leur résidence. (Instr. Crim. 514.)

43. *Ministre de la justice.* — Le ministre de la justice ne pourra jamais être cité comme témoin, si ce n'est après ordonnance et autorisation spéciale du chef de l'Etat. (Instr. Crim. 510.)

§ 5. *Fausse déposition. Pénalités.*

44. *Arrestation.* — Si, d'après les débats, la déposition d'un témoin paraît fausse, le président pourra, sur la réquisition du ministère public, de la partie civile, de l'accusé et même d'office, faire, sur le champ, mettre le témoin en état d'arrestation. (Instr. Crim. 330.) V. Subornation.

45. *Matière criminelle. Faux. Pénalités.* — Le faux témoignage, en matière criminelle, soit pour ou contre l'accusé, sera puni, savoir :

Réclusion (ou la peine de l'accusé, si elle est plus forte et si le faux témoignage était contre lui). (Cod. Pén. 361.)

Si le témoin a reçu de l'argent, dons ou promesses :

Travaux forcés à temps et confiscation de ce qu'il a reçu. (Cod. Pén. 364.)

46. *Matière correctionnelle. Faux. Pénalités.* — Le faux témoignage, en matière correctionnelle, soit pour ou contre le prévenu, sera puni, savoir :

Prison : 2 ans à 5 ans.
Amende : 50 à 2000 francs. } (Cod. Pén. 362.)

Si le prévenu a été condamné à plus de 5 ans de prison, le faux témoin contre lui subira la même peine. (Cod. Pén. 362.)
Facultatif : Privation des droits civils et civiques pendant 5 à 10 ans. (Cod. Pén. 362.)
Surveillance de la haute police pendant 5 à 10 ans. (Cod. Pén. 362.)

Si le témoin a reçu de l'argent, dons ou promesses :

Réclusion et confiscation de ce qu'il a reçu. (Cod. Pén. 364.)

46 bis. *Faux témoignage.* — Le délit de faux témoignage n'existe, aux termes de l'article 362 du code pénal, que si le fait allégué par le témoin et reconnu faux par les juges est de nature à entraîner leur décision, soit contre le prévenu, soit en sa faveur, dans l'instance principale; autrement, il ne constitue qu'un mensonge pur et simple, contre lequel la loi pénale n'a pas cru devoir prononcer une répression. (Bordeaux, 21 avril 1893.)

47. *Simple police. Faux. Pénalités.* — Le faux témoignage, en matière de simple police, soit pour ou contre le prévenu, sera puni, savoir :

Prison : 1 à 3 ans.
Amende : 16 à 500 francs. } (Cod. Pén. 362.)

Si le témoin a reçu de l'argent, dons ou promesses :

Prison : 2 à 5 ans. (Cod. Pén. 364.)
Amende : 50 à 2000 francs et confiscation de ce qu'il a reçu. (Cod. Pén. 364.)
Facultatif : privation des droits civils et civiques pendant 5 à 10 ans.
Surveillance de la haute police pendant 5 à 10 ans. (Cod. Pén. 362.)

48. *Matière civile. Faux. Pénalités.* — Le faux témoignage, en matière civile, sera puni, savoir :

Prison : 2 à 5 ans.
Amende : 50 à 2000 francs. } (Cod. Pén. 363.)

Si le témoin a reçu de l'argent, dons ou promesses :

Réclusion et confiscation de ce qu'il a reçu. (Cod. Pén. 364.)
Facultatif : privation des droits civils et civiques pendant 5 à 10 ans.
Surveillance de la haute police : 5 à 10 ans. (Cod. Pén. 362, 363.)

§ 6. *Taxe. Indemnité.*

49. *Taxe. Indemnité.* — Chaque témoin qui demandera une indemnité sera taxé par le juge d'instruction. (Instr. Crim. 82.) V. Frais.

50. *Taux.* — Pour chaque jour que le témoin aura été détourné de son travail ou de ses affaires, il pourra être taxé : à Paris, 2 francs; dans les villes de 40000 âmes et au-dessus, 1 franc 50; dans les autres villes, 1 franc.

Les témoins du sexe féminin et les enfants au-dessous de quinze ans, entendus par forme de déclaration, recevront : à Paris, 1 fr. 25; dans les villes de 40000 âmes et au-dessus, 1 franc; dans les autres villes, 0 fr. 75. (Décr. du 18 juin 1811, art. 27, 28.)

51. *Distance. Indemnité.* — Les témoins qui ne sont pas domiciliés à plus d'un myriamètre du lieu où ils seront entendus n'auront droit à aucune indemnité de voyage; ils n'auront droit qu'à la taxe fixée. Ceux domiciliés à plus d'un myriamètre recevront une indemnité de voyage, s'ils ne sortent pas de leur arrondissement, s'élevant à 1 franc par un myriamètre parcouru en allant et revenant; s'ils sont appelés hors de l'arrondissement, cette indemnité sera de 1 fr. 50; dans ces deux derniers cas, ils n'auront pas droit à la taxe fixée par jour, pour dérangement de leurs affaires, mais ils auront droit aux frais de séjour. (Décr. du 7 avril 1813, art. 2.)

52. *Enfant. Age.* — La taxe des indemnités de voyage et séjour sera double pour les enfants mâles au-dessous de quinze ans et pour les filles au-dessous de vingt-un ans, lorsqu'ils seront appelés en témoignage et qu'ils seront accompagnés, dans leur route et séjour, par leurs père, mère, tuteur ou curateur. (Décr. du 18 juin 1811, art. 97.)

53. *Arrêt. Voyage.* — Les témoins qui seront arrêtés dans le cours de leur voyage, par force majeure, recevront une indemnité de 1 fr. 50 par chaque jour de séjour forcé, constaté par le maire ou le juge de paix. (Décr. du 18 juin 1811, art. 95.)

54. *Séjour.* — Si les témoins sont obligés de prolonger leur séjour dans la ville où

se fera l'instruction de la procédure et qui ne sera point celle de leur résidence, il leur sera alloué, pour chaque journée de séjour, une indemnité, savoir : à Paris, 3 francs par jour ; dans les villes de 40000 âmes et au-dessus, 2 francs, et dans les autres villes, 1 fr. 50 par jour. (Décr. du 18 juin 1811, art. 96.)

55. *Avances.* — Lorsqu'un témoin sera hors d'état de fournir aux frais de son déplacement, il lui sera délivré par le président du tribunal de sa résidence ou par le juge de paix un mandat provisoire, à compte de ce qui pourra lui revenir pour son indemnité. (Décr. du 18 juin 1811, art. 135.)

56. *Préposés.* — Lorsque les gardes champêtres ou forestiers sont appelés en justice, soit pour être entendus comme témoins, lorsqu'ils n'auront point dressé de procès-verbaux, soit pour donner des explications sur les faits contenus dans les procès-verbaux qu'ils auront dressés, ils auront droit à la même taxe que les témoins ordinaires. (Décr. du 7 avril 1813, art. 3.)

57. *Fonctionnaires.* — Les témoins qui reçoivent un traitement quelconque, à raison d'un service public, n'ont droit qu'au remboursement des frais de voyage, s'il y a lieu. (Décr. du 18 juin 1811, art. 32.)

58. *Militaires.* — Les témoins militaires en activité de service n'ont pas droit à la taxe de témoin. (Décr. du 18 juin 1811, art. 31.)

59. *Indemnité. Paiement.* — L'indemnité accordée aux témoins ne sera avancée par le Trésor qu'autant qu'ils auront été cités à la requête du ministère public ou d'office. Ceux cités par les parties ou prévenus seront à leur charge. (Loi du 5 pluviôse an XIII. Décr. du 18 juin 1811, art. 33 et 34.)

60. *Taxe. Paiement.* — Lorsque, pour une taxe à témoin, la copie de la citation n'est pas représentée, le paiement peut avoir lieu sur une taxe isolée, dans laquelle le juge indique les motifs qui empêchent la production de la copie. (Régl. Min. du 26 décembre 1866. Circ. N 104, p. 140.)

61. *Frais. Citations.* — Les citations taxées par le président du tribunal sont payées par les receveurs de l'enregistrement. Les pièces justificatives de ces paiements sont comprises dans les versements des receveurs de l'enregistrement à la recette des finances. En fin de mois, le conservateur délivre au trésorier général un mandat de régularisation. (Instr. des finances du 20 septembre 1875, art. 99.)

62. *Audition. Frais.* — Lorsque des témoins sont entendus d'office et par l'ordre du tribunal, les frais de citation sont à la charge de la partie qui succombe. (Cass. 30 novembre 1832.)

63. *Frais frustratoires.* — Si les témoins cités sont reconnus inutiles, les frais de citation peuvent être déclarés frustratoires et rester à la charge de l'administration. (Metz, inédit, 26 février 1840.)

64. *Citation à comparution. Frais.* —

Timbre de la minute de la citation. fr.	0 60
Timbre de la copie de la citation..	0 60
Enregistrement de la minute de la citation....................	1 25
Original de la citation (rédaction)..	0 50
Copie de la citation (rédaction)..	0 50
Taxe des témoins, suivant la ville et la distance..................	Mém.

V. Citation.

TEMPS.

Emploi. — Les agents doivent justifier, par les indications de leur livre-journal, du bon emploi de leur temps, soit au cabinet, soit sur le terrain ; les conservateurs s'assurent, dans leur tournées, si ces prescriptions sont remplies. (Circ. N 18, art. 7.)

TENANT.

1. *Définition.* — Les mots *tenant et aboutissant* sont employés pour désigner les limites des propriétés. (Proc. Civ. 64 et 627.)

2. *Confins.* — A défaut de stipulations contraires, dans un acte de vente nationale, les confins ne sont pas compris dans les objets vendus. (Cons. d'État, 16 juillet 1857.)

TENTATIVE.

1. *Définition.* — On appelle tentative l'acte ou les actes préparatoires d'un crime ou d'un délit non consommé, mais qui n'a manqué son effet que par une circonstance indépendante de la volonté de l'auteur de cet acte ou de ces actes. La tentative du crime est considérée comme crime. (Cod. Pén. 2.)

2. *Délit.* — Les tentatives de délit ne sont considérées comme délits que dans les cas déterminés par une disposition spéciale de la loi. (Cod. Pén. 3.)

3. *Extraction. Enlèvement.* — La tentative d'extraction ou d'enlèvement est punie comme si le délit avait été consommé. (Cass. 28 juin 1811 et 21 octobre 1824.) V. Enlèvement. Extraction.

4. *Concussion.* — La tentative de concussion est punie comme le délit lui-même. (Cod. Pén. 174.)

5. *Corruption.* — La tentative de corruption qui n'est suivie d'aucun effet est punie savoir :

Prison : 3 à 6 mois.
Amende : 100 à 300 francs. (Cod. Pén 179.)

TENUE.

1. *Prescription.* — Les agents et préposés ne doivent pas porter d'autre marque distinctive que celle qui est affectée à leur grade. (Circ. A 590.)

2. *Vérification. Chef de cantonnement.* — Les chefs de cantonnement vérifient la tenue des préposés et signalent les objets dont ils ont à se pourvoir à leurs frais. (Circ. A 590.)

V. Habillement. Uniforme.

TÉRÉBENTHINE. V. Établissement dangereux.

TERME. V. Borne.

TERRAIN CLOS ET ATTENANT A UNE HABITATION.

Chasse, 1, 2, 3, 4, 8.
Circonstances, 1, 9.
Conditions, 5, 7, 11.
Constatation, 10.
Construction, 5.
Coups de fusil hors clôture, 9.
Délit, 10.
Engins prohibés, 3, 4.
Epoque, 3.
Faculté, 1.
Habitation, 5, 6, 7.
Hors clôture, 8, 9.
Introduction, 11.
Moyens, 2, 3, 4.

1. *Faculté. Chasse. Circonstances.* — Le propriétaire ou possesseur peut chasser ou faire chasser, en tout temps, sans permis, dans ses possessions attenant à une habitation et entourées d'une clôture continue, faisant obstacle à toute communication avec les héritages voisins (Loi Chasse, art. 2); mais il ne peut employer à cette chasse que les moyens permis. (Vesoul, 2 avril 1874.) Celui qui, en terrain clos, a chassé avec appeaux, appelants ou chanterelles, est passible des peines portées par l'article 12 de la loi du 3 mai 1844. (Aix, 2 mars 1876.)

2. *Chasse. Moyens.* — Le propriétaire ne peut chasser en tout temps et sans permis, dans ses possessions attenant à une habitation et entourées d'une clôture continue, qui ferait obstacle à toute communication avec les héritages voisins, qu'à l'aide des moyens autorisés par l'article 9 de la loi du 3 mai 1844. (Cass. 10 juillet 1883.)

3. *Chasse. Epoque. Engins.* — La chasse en terrain clos est permise en temps de neige et sans permis, avec les engins, tels qu'appeaux, dont la détention est licite; mais elle est prohibée avec les engins (filet dit nappe) dont la détention, indépendamment de tout usage, est un délit. (Cass. 16 juin 1866.)

4. *Chasse. Engins prohibés.* — Le droit de chasse en terrain clos ne peut être exercé par le propriétaire à l'aide d'engins dont la détention est un délit, ni à l'aide de gluaux et filets et autres engins prohibés. (Cass. 7 mars et 1er mai 1868. Cass. 12 janvier 1894.)

5. *Habitation. Construction. Conditions.* — La disposition de l'article 2 de la loi du 3 mai 1844 n'est applicable qu'au terrain clos, dans lequel se trouve une construction, sinon actuellement habitée, du moins destinée à l'habitation, en sorte que l'enclos qui l'environne puisse être considéré comme une dépendance d'une habitation.

Il ne suffit pas, pour qu'il y ait lieu d'appliquer cette disposition, que la construction puisse servir à l'habitation. (Cass. 20 juillet 1883.)

6. *Habitation temporaire.* — On ne saurait considérer comme attenant à une habitation, un terrain sur lequel se trouve une construction servant, lors de la récolte des olives, de pressoir et d'usine à huile et qui n'est occupée que pendant la mouture par les ouvriers employés à ce genre de travail. (Cass. 20 juillet 1883.)

7. *Habitation. Conditions.* — Pour jouir de l'immunité de chasse dans un enclos, il ne suffit pas qu'il y ait une construction pouvant servir à l'habitation, il faut que, si la maison n'est pas habitée, elle soit destinée à l'habitation. (Cass. 3 mai 1845.)

8. *Chasse. Hors clôture.* — Le propriétaire d'un terrain clos, qui tire sur un animal qui se trouve en dehors de cet enclos, commet un délit de chasse. (Cass. 14 août 1847.)

9. *Coup de fusil hors clôture. Circonstances.* — Le fait de tirer un coup de fusil en dehors d'un enclos dépendant d'une habitation peut être considéré comme un fait de chasse, si le porteur de l'arme ne démontre pas qu'il en a fait usage, soit pour tuer un animal dont la destruction est permise, soit pour se protéger contre les attaques d'un fauve, soit pour repousser par la force un animal nuisible accomplissant ou venant accomplir un dommage. (Poitiers, 29 octobre 1886.)

10. *Délit. Constatation.* — Un délit de chasse, bien que commis dans une propriété close attenante à une habitation, peut, sans atteinte à l'inviolabilité du domicile, être constaté du dehors, si cette constatation a été faite librement à raison du peu d'élévation de la clôture, sans avoir recours à une investigation illégale. (Cass. 7 mars 1868.)

11. *Introduction. Conditions.* — Les gardes et gendarmes ne peuvent, sans l'assistance d'un fonctionnaire désigné à l'article 16 du code d'instruction criminelle, s'introduire dans un terrain clos attenant à une maison d'habitation, pour y constater un fait de chasse. (Cass. 16 juin 1866.)

TERRAIN D'AUTRUI. (CHASSE.)

1. *Faculté. Condition.* — Nul n'aura la faculté de chasser sur le terrain d'autrui sans le consentement du propriétaire ou de ses ayants droit. (Loi Chasse, art. 1.)

2. *Délit. Poursuite.* — Le délit de chasse sur le terrain d'autrui ne peut être poursuivi que par le propriétaire, le fermier ou le cessionnaire du droit de chasse. (Alger, 27 décembre 1876.)

3. *Propriétaire. Dommages-intérêts.* — L'article 11 de la loi du 3 mai 1844, punissant le fait de chasser sur le terrain d'autrui sans le consentement du propriétaire, ne s'applique point au propriétaire qui, après avoir fait cession de la chasse sur ses propriétés, vient ensuite y chasser.

Un pareil fait ne peut donner lieu qu'à une action en dommages-intérêts, qui, faute de délit, ne saurait être poursuivie devant la juridiction pénale. (Paris, 12 février 1884.)

4. *Piqueur. Sonnerie. Chasse.* — Le fait par un piqueur d'avoir, dans le bois d'autrui, sonné de la trompe, non pour rompre les chiens qui chassaient, mais pour les appuyer, constitue le délit de chasse sur le terrain d'autrui sans le consentement du propriétaire. (Cass. 28 janvier 1875.)

5. *Chasse. Poursuite. Gibier. Rabatteur.* — Le fait de parcourir un terrain sans la permission du propriétaire, pour y faire lever le gibier et le rabattre vers un chasseur posté en dehors dudit terrain, constitue un délit de chasse sur le terrain d'autrui, tant à la charge du chasseur que du rabatteur. (Cass. 15 décembre 1870.)

6. *Affût. Gibier. Poursuite. Chien.* — Le chasseur qui, posté sur un terrain où il a le droit de chasser ou sur un chemin public, attend le gibier poursuivi par son chien sur la propriété dont la chasse lui est interdite, commet le délit de chasse sur le terrain d'autrui. (Angers, 27 janvier 1873. Rennes, 27 février 1889.)

7. *Gibier poursuivi. Affût.* — Le chasseur qui se poste aux abords de l'héritage d'autrui, pour tirer à sa sortie une pièce de gibier que ses chiens courants poursuivent sur cet héritage, sans qu'il ait rien fait pour les rompre ou les rappeler, commet le délit de chasse sur le terrain d'autrui. (Grenoble, 31 janvier 1867.)

8. *Chasse au vol.* — Celui qui, sans sortir de sa propriété, tue un faisan au vol au-dessus d'un héritage voisin commet un délit de chasse sur le terrain d'autrui. (Paris, 15 avril 1864.)

9. *Gibier tué. Ramassage.* — Il n'y a pas délit de la part du chasseur qui se borne à aller ramasser sur le terrain d'autrui le gibier qui y est tombé mort ou y est allé mourir, surtout s'il y va sans chien et sans fusil. (Rouen, 19 février 1867.)

TERRAIN EN MONTAGNE. V. Conservation des terrains en montagne. Mise en défens. Restauration des terrains en montagne.

TERRAIN INCULTE. V. Marais. Mise en valeur.

TERRAIN NON DÉPOUILLÉ DE SES FRUITS.

1. *Conditions. Circonstances.* — On ne doit considérer comme terres non dépouillées de leurs fruits que celles chargées de produits propres à être récoltés et auxquels le passage des chasseurs et des chiens peut causer un dommage réel. (Colmar, 29 janvier 1861.)

2. *Appréciation.* — Il appartient aux tribunaux de décider souverainement, d'après la fertilité du sol, les conditions de climat, les variations des saisons et les usages du pays, si un terrain doit être considéré comme non dépouillé de ses fruits. (Cass. 10 juin 1864.)

3. *Chasse.* — Le fait de chasser, sans le consentement du propriétaire, sur un terrain non dépouillé de ses fruits, constitue un délit que ne saurait effacer une permission obtenue postérieurement au délit. (Cass. 2 janvier 1862.)

4. *Propriétaire. Locataire. Terrain ensemencé.* — Le propriétaire ou le locataire d'une chasse ne peut exercer son droit en passant sur les terrains ensemencés, sans le consentement du fermier, à moins que ce droit n'ait été spécialement réservé par le propriétaire dans le bail passé avec le fermier.

En conséquence, celui qui passe sur le terrain du fermier, dans les conditions ci-dessus, commet la contravention prévue et punie par l'article 475, paragraphe 9, du code pénal. (Cass. 2 avril 1881.)

5. *Terrain ensemencé. Propriétaire. Location.* — Le propriétaire d'un bien rural, qui l'a donné à ferme en se réservant le droit de chasse, ne peut passer, à peine de contravention, sur les champs préparés ou ensemencés, qu'autant qu'il a stipulé ce droit dans le bail; le droit de passage n'est pas une conséquence de la réserve du droit de chasse. (Cass. 9 mai 1884.)

6. *Délit. Action civile. Prescription. Rejet. Pourvoi.* — Le fait de causer du dommage aux récoltes d'un propriétaire, en chassant sur son terrain sans son consentement, ne constitue pas l'un des délits ruraux prévus par la loi des 28 septembre-6 octobre 1791, mais bien le délit de chasse sur la propriété d'autrui, sans autorisation, avec la circonstance aggravante que la terre était encore couverte de ses récoltes.

En conséquence, l'action civile en dommages-intérêts intentée par le propriétaire, à raison du préjudice causé à son champ par l'auteur dudit fait, est soumise, non à la prescription d'un mois fixée par la loi des 28 septembre-6 octobre 1791, mais à celle de trois mois, édictée par l'article 29 de la loi du 3 mai 1844.

Le juge de paix qui, saisi de l'action en réparation dont il s'agit, repousse, par un motif erroné, l'exception de prescription, alors que le fait remonte à moins de trois mois, rend une décision légale, contre laquelle un pourvoi fondé sur l'excès de pouvoir est irrecevable. (Cass. 9 décembre 1885.)

TERRAIN VAGUE.

1. *Régime forestier.* — Les terrains non boisés qui dépendent des bois domaniaux et communaux sont considérés comme soumis au régime forestier, d'après les articles 78 et 112 du code forestier.

2. *Concession. Principe.* — Des terrains vagues peuvent être concédés dans les forêts domaniales avec jouissance temporaire et à charge de repeuplement. (Circ. N 22, art. 301.)

3. *Concession. Autorisation.* — Les conservateurs autorisent les concessions pour quatre ans, lorsque la contenance n'excède pas 25 ares pour les gardes, et 5 hectares pour les autres concessionnaires. (Ord. 4 décembre 1844, art. 1er, § 5. Circ. N 22, art. 305.)

Le ministre ou son délégué autorise les autres concessions, dont la durée ne dépasse pas neuf ans. (Ord. 106. Ord. 10 mars 1831. Circ. N 22, art. 311 et 312. Circ. N 289.)

Lorsque la durée de jouissance doit excéder neuf années, les concessions ne peuvent être autorisées que par une loi. (Loi du 22 novembre 1790, art. 29. Circ. N 22, art. 302.) V. Concession.

TERRASSEMENT.

Routes. — Il faut éviter les terrassements dont le but ne serait pas de faire disparaître, dans le sens de l'axe, des rampes impraticables aux voitures chargées. Il faut réduire, autant que possible, les distances des transports de terre pour les remblais et faire en sorte que ces transports aient lieu d'un point supérieur à un point inférieur.

Les transports au tombereau sont une grosse cause de dépenses. Lorsque des remblais sont indispensables, il y a souvent avantage à recourir à des emprunts sur place, sauf, sur d'autres points, à porter des terres en cavalier ou à en jeter à la volée de chaque côté. (Circ. A 845.) V. Route.

TERRE.

1. *Enlèvement.* — L'enlèvement de la terre est prohibé dans toutes les forêts en général. Ce délit est puni par l'article 144 du code forestier, et la pénalité varie suivant les moyens d'enlèvement et les circonstances. V. Enlèvement. Extraction.

2. *Pénalité.* — L'extraction de terres, sans autorisation, est passible des peines édictées par l'article 144 du code forestier, quand même le droit d'extraction serait fondé sur un titre régulier. (Colmar, 10 février 1863.)

3. *Produit.* — L'extraction de terres est considérée comme menus produits, dans les forêts domaniales, et comme produits accessoires, dans les forêts communales. (Arr. Min. des 22 juin et 1er septembre 1838. Circ. A 429. Circ. A 842.)

4. *Fossé.* — Le creusement d'un fossé ne constitue pas un délit d'extraction ou d'enlèvement de terres, dans le sens de l'article 144 du code forestier. (Cass. 3 mars 1838.) Ce fait peut constituer un délit d'usurpation. V. Fossé.

5. *Enlèvement.* — L'enlèvement du gazon autorisé n'implique pas l'autorisation d'enlever la terre adhérente aux racines du gazon. (Cass. 14 mars 1834. Cass. 10 mars 1837. Meaume, t. II, p. 390.)

TERRES GASTES.

Propriété. — En Provence, aucune loi expresse n'attribuait aux seigneurs la propriété des bois et terres gastes, situés dans leurs seigneuries. Par suite, l'Etat, qui représente aujourd'hui les seigneurs, ne peut revendiquer ces propriétés à une commune, s'il ne justifie pas, par titre, de la légitimité de ses prétentions. (Cass. 9 mai 1849.)

TERRE VAINE OU VAGUE.

1. *Définition.* — Une terre ne cesse pas d'être vaine ou vague, dans le sens des lois de 1792 et de 1793, par cela seul que des pins y seraient clairsemés, si les clairières sont tellement espacées que les bois ne gênent pas la culture, et qu'en outre le produit de ces bois soit tellement faible et disproportionné avec l'étendue des terres qu'on puisse le considérer comme négatif. (Cass. 31 mai 1843.)

2. *Aliénation.* — Les terres vaines et vagues, comprises dans les abornements d'une forêt ayant appartenu au domaine de la Couronne, n'ont pu être valablement aliénées, excepté si elles n'en formaient pas la lisière et si elles faisaient partie de ce qu'on appelait le petit domaine. (Cass. 2 avril 1839.)

3. *Concession. Date.* — Les concessions, ventes ou autres actes de transmission, constituant la propriété des terres vaines et vagues, doivent remonter depuis et au delà de quarante ans, jusqu'à l'époque du 4 août 1789, en faveur des possesseurs actuels ou de leurs auteurs, pour être respectés par l'article 9 de la loi du 10 juin 1793. (Cass. 14 août 1861.)

4. *Possession. Durée.* — Les possesseurs de biens communaux qui ne détiennent ces biens que depuis quarante ans, même au titre légitime et de bonne foi, doivent, pour

être maintenus dans leur possession, avoir défriché par leurs mains ou celles de leurs auteurs les terrains par eux acquis et actuellement en valeur. (Cass. 14 août 1861.)

5. *Réclamation.* — Les communes qui n'ont pas réclamé, dans les cinq ans de la promulgation des lois de 1792 et de 1793, les terrains dont ces lois leur ont attribué la pleine propriété sont frappées de déchéance, bien qu'à l'époque de cette promulgation elles se trouvassent en possession de ces terrains, si elles ne les possédaient qu'à *titre d'usagères* et si, dans le délai fixé pour la revendication, elles n'ont pas interverti leur possession. (Cass. 7 février 1852.)

6. *Possession. Revendication.* — Une commune qui, lors de la promulgation des lois des 28 août 1792 et 10 juin 1793, se trouvait en possession de terres vaines et vagues n'a pas besoin, pour s'assurer le bénéfice de ces lois, d'exercer, dans les cinq ans, l'action en revendication qu'elles prescrivent. En supposant qu'elle ne possédât qu'à titre d'usagère, les lois de 1792 et de 1793 ont opéré à son profit une interversion de titre et lui ont permis de posséder dès lors *animo domini.* (Cass. 29 juillet 1872.)

7. *Déchéance.* — Ne sont pas passibles des effets de la déchéance prononcée contre les communes qui n'ont pas revendiqué dans les cinq ans les terres vaines et vagues situées sur leur territoire, celles qui, dans le même délai, en ont pris possession effective et exclusive, *animo domini.* (Cass. 14 août 1861.)

Sont frappées de déchéance, celles qui ne possédaient pas ces terrains ou ne les possédaient qu'à titre d'usagères. (Cass. 3 février 1857.)

8. *Revendication. Vassaux. Seigneurs.* — Les habitants des villages et anciens vassaux ne peuvent, en vertu de la loi du 28 août 1792, revendiquer des terres situées sur le territoire de la commune, lorsqu'il est prouvé que ces terres n'étaient pas vaines et vagues au moment de la promulgation de la loi, mais bien productives et forestables, et que la jouissance en était revenue aux seigneurs, à titre de propriété privée. (Cass. 31 juillet 1873.)

TERRITOIRE RÉSERVÉ. V. Zone frontière.

TERZIER.

Définition. Droit. — La création des terziers, à l'époque de la vente des bandites, a eu pour cause la nécessité d'établir, entre les villages et les diverses bandites, des voies de communication larges et faciles, que les troupeaux des bandiotes doivent suivre pour se rendre chacun dans sa bandite particulière.

Les bandiotes (propriétaires des bandites) ne sont que les cessionnaires d'un droit d'usage sur les terziers, pour le pâturage et le passage de leurs troupeaux. (Nice, 9 août 1869.) V. Bandite.

Le mot terzier semble venir de *trier, triage*; il est synonyme de *quartier*. A Venise, on dit *terciere* pour *quartier*.

TÊTARD.

Définition. Exploitation. — Les têtards sont des arbres dont on coupe périodiquement les branches. Les saules, peupliers, chênes, ormes, platanes, frênes, etc., sont souvent traités et exploités en têtards.

Les têtards doivent être considérés comme des arbres de produits, sur lesquels l'usufruitier, en vertu de l'article 593 du code civil, a le droit de prendre des produits annuels ou périodiques, suivant l'usage du pays ou la coutume des propriétaires.

THÉODOLITE.

1. *Conditions.* — Le théodolite devra avoir 0m,10 au moins de diamètre et porter une ou deux graduations de 0 à 360; il devra donner directement la minute au moins. Il sera muni de deux lunettes plongeantes, garnies de pinces et de vis de rappel; il sera, en outre, surmonté d'un arc de cercle assez étendu pour la mesure des angles verticaux. (Instr. du 15 octobre 1860, art. 64.) V. Instrument.

2. *Fourniture.* — L'administration fournit les théodolites, en cas de besoin. (Instr. du 15 octobre 1860, art. 306.)

THUYA.

Classification. — Arbre de 2me classe. (Cod. For. 192.)

THYM. V. Herbe.

TIERCE OPPOSITION.

1. *Définition.* — Opposition formée à un jugement par un tiers, c'est-à-dire par un individu qui n'a pas été partie à ce jugement.

2. *Principe.* — Une partie peut former tierce opposition à un jugement qui préjudicie à ses droits, et lors duquel ni elle, ni ceux qu'elle représente n'ont été appelés. (Proc. Civ. 474.)

3. *Ouverture.* — La tierce opposition est ouverte contre un arrêté du conseil de préfecture, pendant trente ans, pour celui qui n'a été ni appelé, ni entendu, lorsque l'arrêté a été rendu; elle est portée devant le même conseil de préfecture. (Cabantous.)

4. *Admission. Délai.* — La tierce opposition est admissible contre une décision du conseil d'Etat; il n'y a pas de délai pour la présenter (trente ans). Celui qui succombe

est condamné à 150 francs d'amende, sans préjudice des dommages-intérêts, s'il y a lieu. (Cabantous.)

5. *Conseil d'Etat. Délai.* — La tierce opposition ne peut plus être formée passé le délai de trois mois, après l'exécution de la décision. (Cons. d'État, 31 janvier 1817.)

6. *Partie.* — Une tierce opposition ne peut profiter aux parties qui ont figuré dans le jugement qu'autant que l'objet du litige est tellement indivisible que l'exécution du jugement attaqué est incompatible avec le résultat de la tierce opposition. (Cass. 8 avril 1829.)

7. *Juridiction.* — La tierce opposition sera portée devant le tribunal qui aura rendu le jugement attaqué. (Proc. Civ. 475.)

8. *Amende.* — En matière civile, la partie qui succombe en tierce opposition encourra :

Amende : minimum, 50 francs.
Dommages-intérêts, s'il y a lieu. (Proc. Civ. 479.)

9. *Instance domaniale.* — Lorsqu'il y a lieu d'agir dans l'intérêt de l'Etat, par voie de tierce opposition en instance domaniale, le ministre, après avoir entendu l'administration des domaines et celle des forêts, décide s'il y a lieu d'acquiescer au jugement, d'appeler ou de se pourvoir en cassation. Toutefois, l'appel est interjeté par le préfet ou le pourvoi est formé par l'administration des domaines, à titre de mesure conservatoire, dans le cas où la décision du ministre ne leur est pas parvenue dix jours au moins avant l'expiration du délai de recours. (Règl. Min. du 3 juillet 1834. Décis. Min. du 4 juin 1862. Circ. N 12, art. 16.)

TIERS DENIER.

1. *Définition.* — Droit seigneurial exercé par les seigneurs de Lorraine, Bar et Clermontois, et consistant dans le prélèvement du tiers du produit des coupes.

2. *Abolition.* — Le droit de tiers denier est aboli. (Décr. du 15 mars 1790.)

3. *Ducs de Lorraine.* — Le droit de tiers denier, établi au profit des ducs de Lorraine n'a pas été aboli par la loi du 28 août 1792, et il continue à subsister au profit de l'Etat; ce droit est dû, quels que soient le mode d'aménagement et de jouissance adopté par les communes usagères et l'étendue de leurs besoins. (Cass. 28 mai 1845. Cass. 3 mai 1853.)

4. *Cantonnement.* — Le droit de tiers denier, réservé au propriétaire d'une forêt grevée de droits d'usage, ne fait pas obstacle à l'exercice du cantonnement. (Nancy, 9 mai 1837. Cass. 14 novembre 1838.)

TIERS ET DANGER.

Définition. — Droit royal et domanial exercé en Normandie, aboli par les lois des 25 août et 17 juillet 1793 et comprenant le tiers et le dixième du prix de vente d'une coupe de bois. (Freminville.)

TIGE.

1. *Marine.* — Les tiges ou portions de tiges des arbres de marine rebutés seront vendues comme menus marchés, avant le récolement de la coupe; l'adjudicataire de la coupe souffrira l'introduction dans la coupe des ouvriers employés au façonnage ou au transport de ces tiges. (Ancien cah. des ch.)

2. *Adjudicataire. Responsabilité.* — L'adjudicataire sera responsable de ces tiges jusqu'à l'expiration d'un délai de quinze jours, après leur adjudication. (Ancien cah. des ch.)

TILLEUL.

Classification. — Arbre de 2me classe. (Cod. For. 192.)

TIMBRE.

SECT. I. — PRINCIPES, GÉNÉRALITÉS, 1 — 14.

§ 1. *Timbre en général,* 1 — 7.

§ 2. *Timbre de dimension,* 8 — 10.

§ 3. *Timbre mobile de quittance,* 11—14.

SECT. II. — ACTES SOUMIS AU TIMBRE, 15 — 20.

SECT. III. — ACTES NON SOUMIS AU TIMBRE, 21 — 26.

SECT. IV. — APPLICATIONS DIVERSES, 27 — 57.

§ 1. *Adjudication,* 27 — 32.

§ 2. *Délivrance usagère,* 33 — 35.

§ 3. *Délimitation,* 36 — 39.

§ 4. *Poursuites,* 40 — 41.

§ 5. *Mémoires, Etats justificatifs, Paiements,* 42 — 47.

§ 6. *Pétition,* 48 — 52.

§ 7. *Procès-verbaux de délit,* 53.

§ 8. *Restauration des terrains en montagne,* 54 — 57.

Actes, 3, 5, 13, 34, 36.
Acte administratif, 54.
Administration, 3.
Affiche, 37.
Agent régisseur, 26.
Altération, 4.
Amende, 41.
Annulation, 13.
Arrêté, 37.
Bois communaux, 46.
Bois domaniaux, 39.
Bois façonnés communaux, 32.
Catégories, 7.
Comptabilité municipale, 17.
Comptable, 20, 35, 41.
Copie, 18.
Coupe usagère, 33.
Débet, 6.
Défaut, 50.
Définition, 1.
Délivrance, 33.
Dimension, 7.
Enumération, 24.
Emploi, 10, 11, 12, 13.
Empreinte, 4.
Enonciation, 21.
Etats, 47.
Etat d'émargement, 14
Etat justificatif, 46.
Exception, 49.

Exemption, 21, 23.
Expédition, 17, 22, 30, 52.
Extrait des procès-verbaux d'adjudication, 30.
Extrait de jugement, 40.
Facture, 16, 19, 42, 44.
Formalités, 11, 19.
Forme, 13.
Formule, 43.
Frais, 8, 34, 39.
Gens de guerre, 25.
Lettres, 48.
Mandat, 16, 26.
Mémoire, 16, 19, 42, 44, 56.
Menus marchés, 28, 29.
Minutes, 22, 27, 28.
Nomenclature, 21, 23.
Oblitération, 11.
Paiement, 45.
Papier, 2, 53.
Pénalités, 4, 5, 9, 12, 13, 19, 48.
Pétition, 48.
Pièces, 55.
Principe, 2, 15.
Procès-verbal d'adjudication, 27, 28.
Procès-verbal de délit, 53.
Procès-verbal de réception de travaux, 57.
Produits communaux, 31.
Quittance, 11, 16, 19, 20, 25, 35.
Renvoi, 51.
Signification, 38.
Tarif, 8.
Timbre de dimension, 8, 9, 10, 16.
Timbre mobile de quittance, 11, 12, 13, 16, 19, 20, 24.
Transaction, 41.
Travaux, 46, 57.
Travaux à la tâche, 47.
Usage, 5.
Ventes principales, 27.
Visa, 6, 29, 36, 53.

V. Coupe affouagère. Délivrance. Sceau.

SECT. I. — GÉNÉRALITÉS. PRINCIPES.

§ 1. *Timbre en général.*

1. *Définition.* — Le timbre est une marque imprimée ou apposée par l'Etat ou en son nom, sur les papiers et parchemins destinés à certains actes et écrits déterminés par la loi. (Block.)

2. *Principe. Papiers.* — La contribution du timbre est établie sur tous les papiers destinés aux actes civils et judiciaires, et aux écritures qui peuvent être produites en justice et y faire foi. (Loi du 13 brumaire an VII, art. 1.) Cette loi a posé les bases du système de perception qui régit encore aujourd'hui les droits de timbre.

3. *Actes. Administration publique.* — Il est défendu aux administrations publiques de rendre aucun arrêté sur un acte non écrit sur papier timbré ou visé sur timbre. (Loi du 13 brumaire an VII, art. 24.)

4. *Empreinte. Altération. Pénalités.* — L'empreinte du timbre ne pourra être couverte d'écriture, ni altérée. (Loi du 13 brumaire an VII, art. 21.)

En cas de contravention :

Amende : 5 francs. (Loi du 16 juin 1824, art. 10.)

5. *Acte. Usage. Pénalités.* — Le papier timbré qui a servi à un acte ne pourra plus servir pour un autre acte. Il ne peut être fait deux actes, à la suite l'un de l'autre, sur la même feuille de papier timbré.

En cas d'infraction :

Amende : 5 francs. (Loi du 13 brumaire an VII, art. 22, 23.)

Et pour un fonctionnaire :

Amende : 20 francs. (Loi du 16 juin 1824, art. 10.)

6. *Visa. Débet.* — On peut faire *viser pour timbre en débet* les feuilles destinées aux procès-verbaux des gardes, ainsi que les feuilles destinées aux citations et significations que ces préposés doivent faire ; mais, pour tous les autres actes qu'auraient à faire les agents forestiers et qui, de leur nature, seraient susceptibles d'être produits en justice, ils doivent être faits sur papier timbré. Les frais en seront supportés par ceux que ces actes intéressent ou contre lesquels ils sont dressés. (Décis. Min. du 18 thermidor an IX. Circ. du 18 fructidor an IX.)

7. *Catégories.* — La contribution du timbre se divise en deux grandes catégories :

1° Le droit de timbre tarifé en raison de la dimension du papier dont il est fait usage (timbre de dimension) ;

2° Le droit de timbre créé pour les effets négociables ou de commerce et gradué en raison des sommes exprimées (timbre proportionnel). (Loi du 13 brumaire an VII, art. 2.) Les traites des coupes de bois sont soumises à ces droits de timbre. V. Traite.

A côté de ces deux catégories, se place une troisième espèce de timbre dont le droit est uniforme dans sa quotité. A cette catégorie de timbres dits *spéciaux*, se rattachent les timbres de quittance, celui des chèques, etc. (Loi du 14 juin 1865. Loi du 23 août 1871.)

Pour les trois catégories, le droit est, dans certains cas et sous des conditions déterminées, acquitté au moyen de l'apposition de timbres mobiles. (Loi du 2 juillet 1862. Loi du 23 août 1871. Loi du 19 février 1874.)

§ 2. *Timbre de dimension.*

8. *Tarif. Frais.* — Le tarif des frais de timbres de dimension est fixé, savoir :

INDICATION DU FORMAT.	Hauteur.	Largeur.	Superficie.	Prix.
	m.	m.	m. q.	f. c.
Demi-feuille de petit papier . .	0 2500	0 1768	0 0442	0 60
Feuille de petit papier.	0 2500	0 3536	0 0884	1 20
Feuille de moyen papier.	0 2973	0 4204	0 1250	1 80
Feuille de grand papier.	0 3536	0 5000	0 1768	2 40
Feuille de grand registre. . . .	0 4204	0 5916	0 2500	3 60

(Loi du 13 brumaire an VII, art. 3. Loi du 2 juillet 1862, art. 17. Loi du 23 août 1871, art. 2.) Cette dernière a ajouté deux décimes au principal des droits de timbre de l'espèce.

9. *Pénalités.* — Pour un acte ou écrit sujet au timbre de dimension et fait sur papier non timbré :

Pour chaque acte sous signature privée :

Amende : 50 francs. (Loi du 2 juillet 1862, art. 22.)

Pour chaque acte public :

Amende : 20 francs. (Loi du 16 juin 1824, art. 10.)

Les expéditions d'actes publics ne peuvent être délivrées sur papier timbré inférieur à celui de 1 fr. 80.

En cas d'infraction :

Amende : 10 francs. (Loi du 13 brumaire an VII, art. 19 et 26. Loi du 16 juin 1824, art. 16.)

10. *Timbre mobile de dimension. Emploi.* — Les timbres mobiles de dimension ne peuvent être apposés que par les receveurs de l'enregistrement.

§ 3. *Timbre mobile de quittance.*

11. *Emploi. Oblitération. Formalités.* — Le timbre mobile est collé et immédiatement oblitéré par l'apposition, à l'encre noire, en travers du timbre, de la signature du créancier ou de celui qui donne reçu ou décharge, ainsi que de la date de l'oblitération. Cette signature peut être remplacée par une griffe apposée à l'*encre grasse*, faisant connaître la résidence, le nom ou la raison sociale du créancier et la date de l'oblitération du timbre.

Les ordonnances et généralement tous les mandats payables sur les caisses publiques, les bordereaux, quittances, reçus et autres pièces peuvent être revêtus du timbre de dix centimes par les agents chargés du paiement. Le timbre est oblitéré au moyen d'une griffe par ces agents, qui demeurent responsables des contraventions commises à raison des pièces acquittées à leur caisse.

Les formules d'états de solde dits états d'émargement, pour lesquels il est dû un droit de timbre pour chaque paiement excédant 10 francs, ne peuvent être timbrées à l'extraordinaire qu'autant que le droit à percevoir, pour chaque page, correspondra à l'une des quotités des timbres de dimension en usage. (Décr. du 27 novembre 1871, art. 2, 3 et 5.)

12. *Non-emploi. Pénalité.* — Pour chaque acte portant quittance, reçu et décharge de sommes ou valeurs supérieures à 10 francs et n'ayant pas été revêtu d'un timbre à dix centimes :

Amende : 50 francs, en principal. (Loi du 23 août 1871, art. 18 et 23.)

Sont considérés comme non timbrés :

1° Les actes sur lesquels le timbre mobile aurait été apposé sans l'accomplissement des conditions prescrites ou sur lesquels il aurait été apposé un timbre ayant déjà servi ;

2° Les actes sur lesquels un timbre mobile aurait été apposé, en dehors des cas prévus par l'article 18. (Loi du 23 août 1871, art. 24.)

13. *Forme. Condition d'emploi. Pénalités.* — Toute infraction au règlement d'administration publique du 27 novembre 1871, qui a déterminé la forme et les conditions d'emploi des timbres mobiles, est punie :

Amende : 20 francs.

Ceux qui auront *sciemment* employé, vendu ou tenté de vendre des timbres mobiles ayant déjà servi, encourront les peines correctionnelles ci-après :

Amende : 50 à 1000 francs.

En cas de récidive :

Amende : 100 à 2000 francs.
Prison : 5 jours à 1 mois. (Loi du 11 juin 1859, art. 21. Loi du 23 août 1871, art. 24.)

14. *Etat d'émargement.* — Il est établi des timbres mobiles de quittance de 0 fr. 10, 0 fr. 50, 1 franc, et 2 francs, exclusivement destinés à timbrer les états d'émargement. Ces timbres ne peuvent être employés que par les comptables des deniers publics et par les agents spéciaux des services administratifs régis par économie. (Décr. du 29 avril 1881, art. 1, 3, 4.)

SECT. II. — ACTES SOUMIS AU TIMBRE.

15. *Principe.* — Sont assujettis au droit de timbre établi en raison de la dimension, tous les papiers à employer pour les actes et écritures, soit publics, soit privés, savoir :

A. Les actes des autorités administratives qui sont assujettis à l'enregistrement (procès-verbaux) ou qui se délivrent aux citoyens et toutes les expéditions et extraits des actes, arrêtés et délibérations desdites autorités qui sont délivrés aux citoyens ;

B. Généralement, tous les actes et écritures, extraits, copies et expéditions, soit publics, soit privés, devant ou pouvant faire titre, ou être produits pour obligation, décharge, justification, demande ou défense. (Loi du 13 brumaire an VII, art. 12.)

16. *Mémoire. Timbre de quittance. Mandat.* — Sont assujettis au timbre de dimension, les mémoires et factures excédant 10 francs.

Lorsqu'il y a un mémoire ou une facture acquittés joints à un mandat, ce dernier n'a pas besoin de timbre de quittance, parce que la quittance du mandat est alors considérée comme mesure d'ordre et de pure forme. (Loi du 13 brumaire an VII. Circ. de la comptabilité du 18 juillet 1833. Loi du 23 août 1871.)

17. *Expédition. Comptabilité municipale.* — Les expéditions d'actes de toute nature remises aux receveurs municipaux, soit pour opérer des recouvrements, soit pour faire des justifications prescrites par les règlements de comptabilité, doivent être timbrées. (Loi du 13 brumaire an VII, art. 12. Décis. Min. des 18 avril 1846 et 24 mars 1859.)

18. *Actes. Copie.* — Sont assujettis au timbre, en raison de la dimension du papier, les actes et les procès-verbaux rédigés par les gardes et les copies qui en sont délivrées, ainsi que les copies des actes assujettis à

l'enregistrement. (Loi du 13 brumaire an VII, art. 12.) Ces actes sont timbrés en débet.

19. *Quittance. Formalités. Pénalités.* — Sont soumis à un droit de timbre de dix centimes, les quittances ou acquits donnés au pied des factures et mémoires, les quittances pures et simples, reçus ou décharges, signés ou non, qui emporteraient libération, reçus ou décharges, lorsqu'ils excèdent 10 francs ou qu'il s'agit d'un acompte ou d'une quittance finale sur une plus forte somme. Ce droit est dû pour chaque acte; il peut être acquitté par l'apposition d'un timbre mobile, et il n'est applicable qu'aux actes faits sous signature privée. Le droit est à la charge du débiteur; mais le créancier qui a donné reçu ou décharge est responsable de l'amende de 50 francs due pour défaut ou mauvais emploi (défaut d'annulation) du timbre. (Loi du 23 août 1871, art. 18, 20 et 23.)

20. *Quittance. Produits. Comptable du Trésor.* — Le timbre des quittances des produits et revenus de toute nature, délivrés par les comptables des deniers publics, est fixé à 0 fr. 25; ce prix s'ajoute de plein droit au montant de la somme et est soumis au même mode de recouvrement. Les quittances au-dessous de 10 francs sont exemptes de timbre. (Loi du 8 juillet 1865, art. 4. Loi du 23 août 1871, art. 2.)

SECT. III. — ACTES NON SOUMIS AU TIMBRE.

21. *Exemption. Enonciation. Nomenclature.* — Sont exceptés du droit et de la formalité du timbre de dimension :

A. Les minutes de tous les actes, arrêtés, décisions et délibérations de l'administration publique en général et de tout établissement public, dans tous les cas où aucun de ces actes n'est sujet à l'enregistrement sur la minute, et les extraits, copies et expéditions qui s'expédient ou se délivrent par une administration ou un fonctionnaire public à une autre administration publique ou à un fonctionnaire public, lorsqu'il y est fait mention de cette destination;

B. Tous les comptes rendus par les comptables publics;

C. Les quittances de traitement et émolument des fonctionnaires et employés salariés par l'Etat (ces pièces ont été soumises au timbre de quittance de dix centimes par l'article 20 de la loi du 23 août 1871);

D. Les quittances des secours payés aux indigents;

E. Toutes autres quittances, même celles entre particuliers pour créances de sommes non excédant *dix francs*, quand il ne s'agit pas d'un acompte ou d'une quittance finale sur une plus forte somme;

F. Les registres de toute administration publique, pour ordre et administration générale. (Loi du 13 brumaire an VII, art. 16.)

22. *Minutes. Expédition.* — Tous les actes, arrêtés et décisions des autorités administratives, non dénommés à l'article 78, c'est-à-dire les actes ne portant pas transmission de propriété, usufruit ou jouissance, adjudications, marchés et cautionnements, sont exempts du timbre sur la minute. Toutefois, les expéditions ne seront délivrées aux parties que sur timbre. (Loi du 15 mai 1818, art. 80.)

23. *Exemption. Nomenclature.* — Sont exemptées du timbre de dimension, les pièces relatives au paiement :

1° Des traitements aux agents et gardes domaniaux;

2° Des gratifications aux gardes;

3° Des indemnités aux gardes blessés, secours aux veuves, etc., frais de bureau des conservateurs, frais de tournées et frais extraordinaires de correspondance;

4° Du prix des travaux faits à la journée ou à la tâche par des ouvriers employés en régie, au compte *direct* de l'Etat;

5° Des frais de justice *urgents*;

6° De la portion contributive de l'Etat dans les frais de réparation des chemins vicinaux. (Loi du 13 brumaire an VII, art. 16. Circ. de la comptabilité du 18 juillet 1833.)

24. *Timbre de quittance. Enumération.* — Sont seules exemptées du timbre de dix centimes pour quittance :

1° Les quittances de 10 francs et au-dessous, quand il ne s'agit pas d'un acompte ou d'une quittance finale sur une plus forte somme;

2° Les quittances énumérées en l'article 16 de la loi du 13 brumaire an VII, à l'exception de celles relatives aux traitements et émoluments des fonctionnaires et employés salariés par l'Etat, le département, les communes et tous les établissements publics. (Loi du 23 août 1871, art. 20.)

25. *Quittance. Gens de guerre.* — Les préposés forestiers faisant partie des forces militaires du pays, il s'ensuit que les reçus ou décharges donnés par les brigadiers et gardes forestiers, à l'occasion des distributions d'objets d'habillement, d'équipement et d'armement, sont exempts de timbre, comme donnés par des gens de guerre. (Loi du 13 brumaire an VII, art. 16. Loi du 23 août 1871, art. 20. Instr. de l'Admin. des domaines, n° 2548, § 2.)

Les brigadiers et gardes du service domanial seront, à l'avenir, considérés comme gens de guerre et exemptés du timbre pour tous les actes relatifs au service. (Décis. du Min. des Fin. du 3 avril 1894. Circ. N 474.)

26. *Agents régisseurs. Mandat.* — Les agents auxquels sont délivrés des mandats de paiement en qualité de régisseurs sont de simples intermédiaires, et leur quittance, étant donnée pour ordre, doit être affranchie du droit de timbre. (Lettre de l'Admin. du 26 décembre 1871, n° 3405.)

SECT. IV. — APPLICATIONS DIVERSES.

§ 1. *Adjudication.*

27. *Ventes principales.* — Les formules destinées à la rédaction des minutes des procès-verbaux d'adjudication sont visées pour timbre en débet, au droit de 1 fr. 80 la feuille. (Arr. Min. du 9 février 1836. Loi du 2 juillet 1862, art. 17. Circ. N 80, art. 55. Loi du 23 août 1871, art. 2.)

Le format de la formule actuellement employée comporte le droit de 1 fr. 20 pour la minute et celui de 1 fr. 80 pour l'expédition.

28. *Menus marchés.* — La minute des procès-verbaux d'adjudication des menus marchés doit être visée pour timbre en débet. Cette formalité pourra être remplie au moment de l'enregistrement, et il en sera de même de l'expédition à délivrer à l'adjudicataire, s'il la demande. (Arr. Min. du 9 février 1836. Circ. A 368.)

29. *Visa.* — Les receveurs des domaines sont autorisés à viser pour timbre à l'avance et en débet les formules de procès-verbaux d'adjudication des menus marchés, en nombre suffisant pour les besoins du service. (Circ. A 375.)

30. *Extrait. Expédition.* — Sont exemptés de la formalité du timbre, les extraits des procès-verbaux d'adjudication à délivrer aux agents et au préfet; mais l'expédition à délivrer aux receveurs municipaux, pour les coupes concernant les communes, doit être timbrée. (Décis. Min. du 25 novembre 1829. (Circ. A 230. Cons. d'Etat, 15 septembre 1830.)

31. *Produits communaux.* — Les droits de timbre des expéditions du procès-verbal d'adjudication des produits communaux de toute nature, à délivrer aux receveurs municipaux, sont à la charge de l'adjudicataire. (Décis. Min. du 4 mai 1866. Circ. N 38.)

32. *Bois façonnés communaux.* — Les communes et établissements publics sont chargés d'acquitter les droits de timbre des procès-verbaux et actes relatifs aux adjudications de bois façonnés, opérées pour leur compte. (Décis. Min. du 13 janvier 1865. Circ. N 101.)

Les droits de timbre de l'expédition du procès-verbal d'adjudication, remise comme titre de perception au receveur de la commune ou à celui de l'établissement propriétaire, lesquels étaient à la charge de l'adjudicataire (Circ. N 38. Circ. N 101), sont acquittés par les caisses municipales ou des établissements publics. (Cah. des ch. 3. Circ. N 462.)

Les droits de timbre du procès-verbal d'adjudication sont payés au comptant; les autres actes sont timbrés en débet. (Circ. N 101.)

Pour le recouvrement des droits, l'inspecteur, aussitôt après l'adjudication, adresse au receveur des domaines du lieu de la vente un état, formule série 4, nº 41, des frais à recouvrer. (Circ. N 101.)

§ 2. *Délivrance usagère.*

33. *Coupes. Délivrance.* — Les actes et procès-verbaux relatifs aux coupes et aux arbres délivrés en nature aux usagers, dans les bois de l'Etat, doivent être visés pour timbre en débet, et le recouvrement des droits doit s'opérer sur les usagers. (Décis. Min. du 7 novembre 1834. Instr. des domaines du 10 février 1836. Décis. Min. du 4 juin 1838. Circ. A 422.)

34. *Actes. Frais.* — Les usagers affectataires, qui, d'après leurs titres, ne sont pas tenus d'acquitter les vacations forestières pour les délivrances qui leur sont faites, ne doivent payer que les droits de timbre des actes et procès-verbaux relatifs à ces délivrances. Ces actes sont visés pour timbre en débet et enregistrés gratis. (Décis. Min. du 4 juin 1838. Circ. A 422.)

35. *Quittance.* — Le prix des délivrances payé aux comptables de deniers publics est passible, si la somme excède 10 francs, du droit de timbre de 0 fr. 25, pour la quittance que ces comptables sont obligés de délivrer. (Loi du 8 juillet 1865, art. 4. Loi du 23 août 1871, art. 2.)

§ 3. *Délimitation.*

36. *Actes. Visa.* — Tous les actes concernant la délimitation et le bornage des bois soumis au régime forestier seront visés pour timbre en débet. (Décis. Min. du 12 août 1836. Circ. A 378.)

37. *Arrêtés. Affiches.* — Les arrêtés imprimés en forme d'affiche sont exempts de timbre.

38. *Signification.* — Tous les actes signifiés dans la procédure relative à une délimitation sont soumis au timbre. (Circ. A 220.) Ces actes seront visés pour timbre en débet. (Décis. Min. des 7 novembre 1828, 18 mai 1829 et 12 août 1836. Circ. A 378.)

39. *Frais. Bois domaniaux.* — La portion des droits de timbre qui se trouve à la charge de l'Etat, dans les frais de délimitation des forêts domaniales, n'est pas remboursable par l'administration des forêts à celle des domaines. (Décis. Min. du 12 août 1836. Instr. de l'Admin. des domaines, nº 1528. Circ. N 64, art. 211.)

§ 4. *Poursuites.*

40. *Extrait de jugement.* — Les extraits de jugements et arrêts délivrés par les greffiers aux agents forestiers et destinés à être signifiés, ainsi que les copies, sont délivrés sur papier non timbré, mais ils sont visés

pour timbre en débet, au droit de 1 fr. 80. (Décis. Min. du 4 octobre 1828.)

Les formules imprimées, actuellement employées, comportent le visa pour timbre au droit de soixante centimes.

41. *Amende. Transaction.* — Le prix des amendes, condamnations et transactions excédant 10 francs est soumis au timbre de 0 fr. 25, pour la quittance que les comptables sont obligés de donner. (Loi du 8 juillet 1865, art. 4. Loi du 23 août 1871, art. 2.)

§ 5. *Mémoires. Etats récapitulatifs. Paiements.*

42. *Mémoires. Chiffre.* — Les mémoires ou factures de travaux et fournitures d'une valeur au-dessus de 10 francs sont assujettis au droit de timbre, qui est à la charge du créancier. (Loi du 13 brumaire an VII, art. 12, 16 et 29.)

43. *Formules.* — Lorsqu'on fait usage de formules imprimées pour les mémoires ou factures, elles doivent, avant qu'il en soit fait usage, être soumises au timbre extraordinaire ou timbrées au moyen de l'apposition de timbres mobiles. (Décis. Min. du 7 janvier 1830. Décis. Min. du 12 janvier 1867.)

44. *Mémoires. Factures.* — Toutes les pièces, mémoires, factures, procès-verbaux de réception, constatation de travaux ou de fournitures, sont sujets au timbre de dimension ; lorsque, sur ces pièces, on y donne quittance, cette formalité est encore assujettie au timbre de quittance. Mais, lorsqu'une pièce telle qu'un état d'émargement ne constate que le fait d'un paiement, cette pièce n'est alors soumise qu'au timbre de quittance. (Rép. For. t. VI, p. 230. Circ. N 191.)

45. *Paiement.* — Le timbre des quittances fournies à l'Etat ou délivrées en son nom est à la charge des particuliers qui les donnent ou les reçoivent ; il en est de même pour tous autres actes entre l'Etat et les citoyens. (Loi du 13 brumaire an VII, art. 29. Règl. Min. du 26 décembre 1866, art. 138. Circ. N 104.)

46. *Etats justificatifs. Travaux. Bois communaux.* — Les états justificatifs de l'emploi des sommes avancées aux agents forestiers régisseurs de travaux exécutés dans les forêts de l'Etat, des communes et des établissements publics, sont exempts de timbre de dimension, mais ils donnent lieu à la perception d'un droit de 0 fr. 10, pour chaque quittance d'une somme supérieure à 10 francs. (Circ. N 191.)

47. *Travaux à la tâche. Etats.* — Les états des travaux en régie, à la tâche, produits à l'appui des mandats délivrés aux tâcherons individuellement, constituent de véritables mémoires et sont, à ce titre, soumis au timbre de dimension, toutes les fois que la somme payée est supérieure à 10 francs. (Décis. Min. du 12 mai 1875. Circ. N 349.)(1)

§ 6. *Pétition.*

48. *Pétition. Lettres. Pénalités.* — Sont assujettis au droit de timbre, en raison de la dimension du papier, les pétitions et mémoires, même en forme de lettres, présentés au gouvernement, aux ministres, à toute autorité constituée et aux administrations ou établissements publics. (Loi du 13 brumaire an VII, art. 12. Circ. A 657. Circ. N 32. Circ. N 361.)

En cas d'infraction, pénalités :

Amende : 50 francs.

En outre, paiement du droit de timbre. (Loi du 13 brumaire an VII, art. 26. Loi du 16 juin 1824, art. 10. Loi du 2 juillet 1862, art. 22.)

49. *Exception.* — Sont exemptes de timbre :

1° Les pétitions adressées au Sénat (Loi du 13 brumaire an VII, art. 16. Constitution, art. 45) ;

2° Les demandes de congés absolus ou limités et de secours (Loi du 13 brumaire an VII, art. 16) ;

3° Les réclamations en matière de contributions directes, lorsqu'elles ont pour objet des cotes inférieures à 30 francs (Loi du 21 avril 1832, art. 28) ;

4° Les demandes des communes ou établissements publics, propriétaires de bois soumis au régime forestier, ayant pour objet la jouissance desdits bois et les attributions que la loi confère à l'administration pour la gestion et la surveillance de ces propriétés. (Décis. Min. du 12 juin 1850. Circ. A 657. Circ. N 32, art. 2.)

50. *Défaut.* — Lorsqu'une pétition est formée sur papier libre, en dehors des cas exceptionnels indiqués, l'agent à qui elle est adressée, soit directement, soit en communication, doit prévenir le pétitionnaire qu'il ne sera donné aucune suite à sa demande, si elle n'est pas reproduite sur papier timbré. (Circ. A 657. Circ. N 32, art. 3.)

51. *Chef de service. Renvoi.* — Chaque chef de service doit renvoyer à son auteur toute demande ou pétition qui lui parviendra, *de quelque manière que ce soit*, sur papier non timbré. (Circ. N 124. Circ. N 361.)

52. *Expédition.* — Lorsque des pétitions sont produites en double expédition, il suffit que l'une des expéditions soit sur papier timbré ; l'autre peut être admise sur papier libre. (Circ. N 32, art. 4.)

§ 7. *Procès-verbaux de délits.*

53. *Papier. Visa.* — Les procès-verbaux peuvent, depuis la loi du 25 mars 1817, être rédigés sur papier *libre* et visés pour timbre

(1) V. Errata.

lors de l'enregistrement. (Décis. du conseil d'administration des domaines et forêts du 28 octobre 1818.)

§ 8. *Restauration des terrains en montagne.*

54. *Actes administratifs.* — La minute et les expéditions des actes administratifs, ayant pour objet l'acquisition à l'amiable de terrains situés dans un périmètre de restauration, doivent être visées pour timbre gratis. (Instr. Gén. du 2 février 1885, art. 42. Circ. N 345.)

55. *Expropriations. Pièces.* — Les plans, procès-verbaux, certificats, significations, jugements, contrats, quittances et autres actes faits pour parvenir à l'expropriation sont visés pour timbre gratis, lorsqu'il y a lieu à la formalité de l'enregistrement. (Loi du 3 mai 1841, art. 58.)

56. *Expropriations. Mémoires.* — Les mémoires des officiers ministériels et des conservateurs des hypothèques, pour le paiement des sommes qui leur sont dues, sont visés pour timbre gratis. (Loi du 3 mai 1841, art. 58. Instr. Gén. du 2 février 1885, art. 86. Circ. N 345.)

57. *Procès-verbaux de réception de travaux.* — Les procès-verbaux de réception de travaux exécutés avec ou sans indemnité de l'Etat par les communes, établissements publics ou particuliers sont exempts de timbre. (Instr. Gén. du 2 février 1885, art. 97. Circ. N 345.)

TIR A LA CIBLE.

Chasseurs forestiers, 1.
Compte rendu, 11.
Concours, 2.
Corps de troupes, 2.
Déplacement, 10.
Dommages, 12.
Epoque, 5.
Exercices annuels, 1, 11.
Indemnités, 10, 11, 13.
Logement, 3.
Marchés divers, 13.
Préposés éliminés, 7.
Rapport, 11.
Récompenses, 9, 11.
Séances, 4.
Surveillance, 6.

V. Armement. Cartouches. Munition.

1. *Chasseurs forestiers. Exercices annuels.* — Les tirs annuels des chasseurs forestiers ont lieu sur les champs de tir des garnisons les plus voisines des résidences des chasseurs forestiers. (Circ. N 451.)

2. *Corps de troupes. Concours.* — Le personnel de surveillance et le matériel sont fournis par un corps de la garnison. Un officier de tir de ce corps a la conduite de ces exercices. Les commandants de corps d'armée déterminent les champs de tir à employer, après entente avec les conservateurs des forêts. Ils désignent les corps chargés de fournir le matériel et de diriger les exercices. L'administration des forêts ne participe pas aux dépenses d'entretien du matériel qui lui est prêté. (Circ. N 451.)

3. *Logement.* — Dans le cas où des préposés ne pourraient pas exécuter leur tir et retourner dans leur résidence dans la même journée, ils seront logés par les soins du corps instructeur, autant que les ressources du casernement le permettent ; l'administration des forêts ne sera tenue à aucun remboursement à cet égard. Les agents à la résidence du lieu du tir s'occuperont de la question du logement, soit en ville, soit au casernement. (Circ. N 451.)

4. *Séances.* — Chaque préposé ne se déplace qu'une fois par an pour l'exécution des tirs, c'est-à-dire qu'il brûlera toutes ses cartouches en une seule séance.

En principe, dans chaque cantonnement, le tir sera exécuté le même jour par la moitié de l'effectif, l'autre moitié du personnel restant disponible pour son service spécial.

Des dispositions particulières peuvent être prises par les commandants de corps d'armée, d'accord avec les conservateurs, dans le cas où les circonstances nécessiteraient une répartition en plus de deux séances.

Les conservateurs doivent faire leur possible pour que les cantonnements qui utilisent les mêmes champs de tir y envoient leurs hommes aux mêmes dates. (Circ. N 451.)

5. *Époques.* — La date des séances de tir est réglée par les conservateurs, après entente avec les généraux commandant les divisions ou les brigades dont dépendent les corps directeurs des exercices ; ces corps doivent être informés à l'avance du nombre d'agents convoqués sur leur champ de tir.

Il y a intérêt à ce que ces exercices aient lieu pendant la période des longs jours, précédant celle des fortes chaleurs, c'est-à-dire celle qui s'étend du mois de mai au mois de juillet. (Circ. N 451.)

6. *Surveillance.* — Chaque groupe de tireurs sera placé sous les ordres d'un sous-officier ou caporal désigné par le chef de cantonnement et qui devra être le plus élevé et le plus ancien de grade. A chaque séance assistera un officier, qui devra, en principe, appartenir à la compagnie, section ou détachement dont les tireurs font partie. Toutefois, le conservateur peut, pour des motifs de service et d'économie, désigner un autre agent. (Circ. N 451.)

7. *Préposés éliminés.* — Les préposés éliminés ne doivent pas participer aux exercices de tir. (Circ. N 451.)

8. *Distance de tir. Répartition des cartouches.* — Les cartouches, fixées à vingt par tireur, sont réparties comme il suit :

1° Tir à 200 mètres, sur la cible d'un mètre de diamètre :

Six cartouches dans la position à genou ;
Six cartouches dans la position debout.

2° Tir à répétition à genou, à 350 mètres, limité à une durée de 30 secondes, sur trois silhouettes d'homme debout, séparées par un intervalle de 0m,15 :

Huit cartouches. (Circ. N 451.)

9. *Récompenses.* — Les récompenses de tir consistent en un cor de chasse cousu sur la manche de la tunique, comme dans l'armée. Ces insignes seront mis, par l'administration, à la disposition des conservateurs, sur leur demande, après la clôture des exercices annuels. (Circ. N 451.)

10. *Indemnités.* — Les indemnités aux agents et préposés seront arrêtées sur les bases établies dans la circulaire N 310. Les feuilles de route (quart de place) à délivrer à tous donneront lieu aux indemnités respectives de 0 fr. 0225 et 0 fr. 0175 par kilomètre de chemin de fer. Les indemnités seront de 0 fr. 045 et 0 fr. 035 sur les chemins de fer où les feuilles de route ne donnent droit qu'à la demi-place.

Les indemnités par les routes de terre seront de 0 fr. 25, 0 fr. 15 et 0 fr. 10 ; mais elles ne seront requises que pour les distances au delà de 15 kilomètres, parcourus en un jour. (Circ. N 451.)

11. *Pièces. Envoi.* — Après la clôture des exercices annuels, les conservateurs adressent à l'administration :

1o Un état général, par département, des indemnités à allouer aux agents et préposés déplacés (Form. série 11, no 62) ;

2o Un rapport spécial sur les exercices de tir ;

3o Un compte rendu (Form. série 1, no 32) ;

4o Des propositions relatives aux insignes à distribuer aux bons tireurs, comme récompenses de tir. (Circ. N 451.)

12. *Dommages.* — Les dommages causés par les exercices de tir de l'armée aux forêts domaniales, communales et d'établissements publics donnent lieu à des procès-verbaux d'évaluation, qui doivent parvenir au ministère de la guerre avant le 15 février de chaque année. (Lettre du Min. de la guerre, 7 juin 1893. Lettre de l'Admin. 23 juin 1893.)

13. *Marchés divers. Indemnités.* — Dans les affiches et procès-verbaux d'adjudication, relatifs à l'exploitation des coupes, à l'affermage des chasses, etc., il importe de faire connaître aux intéressés l'existence des champs de tir, de manière qu'ils puissent s'adresser, le cas échéant, au département de la guerre, pour le règlement des indemnités pouvant leur revenir du fait de l'exécution des exercices de tir. (Lettre du Min. de la guerre, 7 juin 1893. Lettre de l'Admin. 23 juin 1893.) V. Chasse.

TIRE ET AIRE.

1. *Définition.* — L'exploitation à tire et aire doit être faite, *de suite, sans intervalle, en allant toujours en avant, sans laisser aucun bois en arrière.* (Cass. 6 juillet 1837.)

2. *Conditions.* — Les bois seront exploités à tire et aire, à moins de clauses contraires. (Cah. des ch. 20.) Cette disposition ne s'applique qu'aux taillis, puisque l'exploitation des futaies est réglée par des clauses spéciales. V. Exploitation.

3. *Pénalités.* — L'exploitation du taillis (en jardinant), sans aller à tire et aire, est passible des peines de l'article 37 du code forestier (Cass. 18 juillet 1836), savoir :

Amende : 50 à 500 francs.

Dommages-intérêts : obligatoires. (Cass. 23 juillet 1842. Minimum, amende simple. (Cod. For. 37 et 202.)

TITRE.

Acte, 13.
Affouage, 12.
Agent, 16.
Ancien registre, 6.
Apparence, 11.
Appréciation, 8.
Arrêté, 3.
Bois aliéné, 18.
Communication, 10, 19.
Conditions, 14.
Définition, 5.
Dépôt, 15.
Destruction, 17.
Division, 19.
Droit d'usage, 3, 4, 5, 6, 7, 8.
Examen, 4.
Exception préjudicielle, 11.
Instance, 10, 12.
Interversion, 13, 14.
Mode de partage, 2.
Nullité, 9.
Pénalité, 17.
Prescription, 9.
Preuve, 13.
Principe, 1.
Propriété, 7, 8, 15, 19.
Responsabilité, 16.
Titre apparent, 12.
Validité, 7.

V. Interversion. Partage. Plan.

1. *Principe.* — Le titre fait la loi des parties. (Cod. Civ. 1134.)

2. *Affouage. Mode de partage.* — On entend par titre, les actes de l'autorité publique qui avaient autrefois le caractère des actes de tutelle administrative ; ils doivent, quant à leur forme, remplir les conditions exigées par les articles 1334 et suivants du code civil, sans cependant, pour les anciens titres, être trop rigoureux pour la forme des copies, lorsqu'elles sont anciennes. (Meaume.)

3. *Droit d'usage. Arrêtés.* — Des arrêtés émanés d'un conseil de préfecture et d'une administration centrale du département ne constituent que de simples avis administratifs, qui ne peuvent suppléer au titre primitif, ni dispenser de sa production. (Dijon, 20 février 1857.)

4. *Examen. Droit d'usage.* — Il ne faut jamais s'arrêter à la lettre des expressions du titre, quelque formelle qu'elle puisse paraître. On doit toujours rechercher quelle est la nature des droits concédés ; ainsi, l'usage concédé, sans autre désignation spéciale, ne s'entend que de l'usage en bois de chauffage. (Meaume.)

5. *Droit d'usage. Définition.* — On doit considérer comme titres, sinon la concession originale du droit, au moins les jugements,

arrêtés de maintenue ou arrêts définitifs, par lesquels les titres primitifs auront été confirmés ou modifiés. (Insp. des Fin.)

Les états de l'ancien conseil, dont les conservateurs ont dû trouver une expédition dans les papiers des maîtrises, remplacent les titres pour les usagers inscrits sur ces états. (Circ. du 13 avril 1803.)

6. *Droit d'usage. Ancien registre.* — Un registre provenant d'une ancienne maîtrise des eaux et forêts, ayant tous les caractères de vétusté et comprenant la copie littérale d'un règlement en matière de droit d'usage, peut suppléer à la production du titre original adiré. (Nancy, 11 août 1853.)

7. *Propriété. Usager. Validité. Tiers.* — Les titres, bien que n'ayant force obligatoire qu'entre les parties ou tiers ayant cause, font cependant foi, à l'égard de tous, des conventions qu'ils renferment. Les titres réguliers de propriétés ne peuvent être rejetés par les tiers, par cela seul qu'ils n'y sont pas intervenus ; il faut qu'ils produisent des titres contraires. (Bordeaux, 19 juillet 1859.)

8. *Propriété. Usage. Appréciation.* — L'appréciation des titres de propriété ou d'usage appartient souverainement aux cours d'appel. (Cass. 24 juin 1840.)

9. *Nullité. Prescription. Instance.* — Le titre nul par défaut de forme ne peut servir de base à la prescription de dix et vingt ans. (Cod. Civ. 2267.)

10. *Communication.* — Une partie a la faculté de demander la communication d'un titre qui lui est commun avec son adversaire, quoique celui-ci n'en fasse aucun emploi. (Metz, 25 février 1869.)

11. *Exception préjudicielle. Apparence.* — Le titre apparent est celui qui paraît le plus légitime et de bonne foi, quoiqu'il ne soit pas valable ou suffisant pour opérer le transfert de la propriété sans la prescription.

12. *Instance. Titre apparent.* — Une instance antérieure pendante ne peut tenir lieu de titre apparent, en cas d'exception préjudicielle de propriété. (Cass. 19 août 1864.)

13. *Interversion. Actes. Preuve.* — L'interversion des titres par voie de contradiction ne peut résulter que d'actes formels et non équivoques ; elle suppose une sorte de lutte engagée entre le propriétaire et l'usager. (Metz, 9 avril 1867.)

14. *Interversion. Conditions.* — Une commune n'est pas fondée à invoquer, comme cause d'interversion de titre pour les bois, les dispositions des lois des 28 août 1792 et 10 juin 1793, concernant la propriété des terres vaines et vagues. L'interversion de titre ne saurait résulter de ce que, dans un certain nombre d'actes, la forêt grevée aurait été qualifiée de communale ou appartenant à la commune ; non plus que du paiement des impôts, de la location de la chasse, de la perception du droit de pâturage, d'abus de jouissance ou vente des bois et autres infractions à la charte constitutive des droits d'usage ; non plus que des actes de gestion ou tutelle administrative accomplis dans l'ignorance des droits du propriétaire. (Metz, 9 avril 1867.)

15. *Propriété. Dépôt.* — Le dépôt de tous les titres de propriété des immeubles actuellement affectés au service des administrations financières, ainsi que de ceux qui seraient acquis par la suite, devra être fait entre les mains de l'administration des domaines, qui est chargée de la suite de toutes les contestations auxquelles la propriété des immeubles acquis par l'administration des forêts peut donner lieu. (Décis. Min. du 11 octobre 1824. Circ. N 6, art. 38.)

16. *Agents. Responsabilité.* — Les agents sont responsables des titres, actes, plans, etc., dont ils se trouvent dépositaires, en vertu de leurs fonctions. (Ord. 17.) V. Archive. Inventaire. Mutation.

17. *Destruction. Pénalité.* — Les soustraction, détournement, suppression ou destruction des titres, par un fonctionnaire qui en était dépositaire ou les avait reçus à raison de ses fonctions, ou par un agent, préposé ou commis du gouvernement ou des dépositaires, seront punis :

Peine : travaux forcés à temps. (Cod. Pén. 173.)

18. *Bois aliénés.* — Les titres, plans, délimitations, bornages, aménagements, etc., des bois aliénés seront remis aux acquéreurs, qui auront justifié de leur entière libération ; il leur sera donné copie, à leurs frais, des actes administratifs collectifs à plusieurs forêts. (Anc. Cah. des ch. 28.)

19. *Propriété. Division. Communication.* — Les titres d'une propriété divisée restent à celui qui a la plus grande part, à la charge d'en aider ceux de ses copartageants qui y auront intérêt, quand il en sera requis. (Cod. Civ. 842.)

TITRE NOBILIAIRE OU HONORIFIQUE.

1. *Armoiries.* — Il est défendu de porter d'autres armoiries ou livrées que celles énoncées dans les lettres patentes de création. (Décr. du 1er mars 1808.)

2. *Titres nobiliaires. Explications.* — Les agents qui prennent des titres nobiliaires devront fournir des explications justificatives ; si elles ne sont pas suffisantes, ils devront abandonner ces titres ou s'adresser au conseil des sceaux pour en faire vérifier la légitimité. (Circ. Min. du 14 janvier 1860.)

3. *Titre étranger.* — Aucun français ne peut porter, en France, un titre conféré par un souverain étranger, sans y avoir été

autorisé par un décret rendu après avis du conseil du sceau des titres. (Décr. du 5 mars 1859.)

4. *Usurpation. Pénalité.* — Quiconque, sans droit et en vue de s'attribuer une distinction honorifique, aura publiquement pris un titre qui ne lui appartient pas sera puni, savoir :

Amende : 500 à 10000 francs. (Cod. Pén. 259.)

TOISÉ DES BATIMENTS.

Affouage. Partage. Futaie. — Le toisé des maisons doit comprendre, avec la surface des couverts, autant de fois la surface des terrains occupés par les bâtiments qu'il y a d'étages.

Les usines, halles, hangars pour usines ou magasins, qui ne font pas partie intégrante de la maison d'habitation, ne doivent pas être compris dans le toisé, pour la distribution de l'affouage.

Les tuileries, fours, etc., ne sont pas compris non plus dans ce toisé. (Circ. Min. du 15 juin 1808.)

TOLÉRANCE.

1. *Titre. Durée.* — Les tolérances pour enlèvement de produits, accordées depuis le code forestier, ne peuvent concéder aucun droit irrévocable à ceux qui les ont obtenues, quelque longue qu'ait été la durée de la tolérance. (Circ. A 411.) V. Concession. Servitude.

2. *Suppression.* — Les tolérances consistant en enlèvement, à titre gratuit, des feuilles mortes, des herbes sèches, des bruyères, des mousses, des genêts, des bois morts, des épines et même du pâturage des bestiaux, doivent être supprimées. (Circ. A 411.)

3. *Possession. Prescription.* — Les actes de simple tolérance ne peuvent fonder ni possession, ni prescription. (Cod. Civ. 2232.)

TOMBEREAU. V. Charrette. Enlèvement. Extraction. Voiture.

TOPOGRAPHIE. V. Plan.

TORRENT.

1. *Définition.* — Cours d'eau ni navigable, ni flottable, à régime d'eau torrentiel et irrégulier.

Les torrents coulent dans des vallées très courtes, parfois même dans de simples dépressions ; leurs crues sont courtes et presque toujours subites ; leur pente excède six centimètres par mètre sur la plus grande longueur de leur cours ; elle varie très vite et ne s'abaisse pas au-dessous de deux centimètres par mètre. Ils affouillent dans la montagne, déposent dans la vallée et divaguent ensuite, par suite de ces dépôts. (Surell.)

2. *Classification.* — Les torrents peuvent se partager, en deux genres : 1° les torrents simples, ne comprenant qu'une gorge à laquelle aboutissent des ravins en plus ou moins grand nombre ; 2° les torrents composés, pourvus de deux ou plusieurs gorges, dont l'une est la principale. (C. de Bastelica. P. Demontzey.) V. Cours d'eau.

TORT.

Définition. — Préjudice causé aux personnes, par exemple : coups et blessures dont les tiers peuvent avoir été atteints par l'imprudence ou la négligence des ouvriers employés par un entrepreneur. (Cabantous.)

TOURBE.

1. *Extraction.* — L'extraction et l'enlèvement de la tourbe sont prohibés dans toutes les forêts en général. Ce délit est puni par l'article 144 du code forestier, et la pénalité varie suivant les moyens d'enlèvement et les circonstances. V. Enlèvement. Extraction.

2. *Autorisation.* — L'extraction de la tourbe ne peut se faire qu'avec l'autorisation prescrite par l'article 84 de loi du 21 avril 1810. V. Mine.

Pour les extractions accidentelles et exceptionnelles de tourbe, il n'y a aucune formalité à remplir. (Féraud-Giraud.)

TOURBIÈRE.

1. *Exploitation industrielle.* — Aucun propriétaire ne peut exploiter une tourbière ou extraire de la tourbe, dans son terrain, sans en avoir fait préalablement la déclaration à la sous-préfecture et obtenu l'autorisation.

En cas de contravention :

Amende : 100 francs. (Loi du 21 avril 1810, art. 84.)

2. *Départements de la Marne et de l'Aube.* — Les demandes de tourbage dans les marais communaux seront faites chaque année, trois mois avant le commencement des travaux, au nom des communes, par les maires, et appuyées d'une délibération faisant connaître l'emploi ou la destination de la tourbe à extraire. Les conditions d'extraction sont fixées par les ingénieurs des mines, qui surveilleront les travaux, avec l'autorité municipale. (Ord. des 5 août et 25 octobre 1844.) V. Mine.

TOUR D'ÉCHELLE.

Dimension. — A défaut d'indication dans les titres sur l'étendue du droit de tour d'échelle, il faut s'en référer aux usages. Ces usages, en général, donnent un mètre pour l'exercice de tour d'échelle, à partir du parement extérieur du mur qui jouit de cette servitude. (Amiens, 18 mai 1866.)

TOURNÉE.

SECT. I. — PRÉPOSÉS, 1 — 2.

SECT. II. — AGENTS, 3 — 40.

§ 1. *Chef de cantonnement*, 3 — 5.

§ 2. *Chef de service*, 6 — 7.

§ 3. *Conservateur*, 8 — 37.

§ 4. *Administrateur*, 38 — 40.

Accompagnement, 5, 7, 40.
Amélioration, 22, 25, 39.
Aménagement, 22, 39.
Autorités locales, 12.
Bureau, 16.
Calepin, 26.
Clauses générales et spéciales, 28.
Concision, 33.
Coupe, 35.
Délai, 32.
Empreinte, 15.
Estimation, 27.
Exploitation, 28.
Exploitation par économie, 29.
Fusil, 2.
Inspecteur, 6, 35.
Inventaire, 15.
Investigation, 13.
Itinéraire, 10.
Livre-journal, 3.
Livret, 17.
Maison forestière, 20.
Marteau, 15.
Mention, 3.
Nombre de jours, 9.
Nomenclature, 14.
Observations, 34.
Opérations, 26.
Plaque, 1.
Poursuites, 19.
Préposés, 1, 20, 21.
Prestation, 24.
Propositions, 36, 38.
Rapport, 32, 33, 34, 39.
Rapports spéciaux, 36.
Recommandations, 31.
Renseignements, 34, 37.
Résultat, 23.
Revue, 20.
Service, 4.
Service communal, 30.
Surveillance, 18.
Temps, 17.
Tournée annuelle, 8.
Tournée générale, 8.
Travaux, 21, 23, 25, 39.
Vérification, 11, 14, 35.
Visa, 17.
Visite, 6.

V. Indemnité.

SECT. I. — PRÉPOSÉS.

1. *Plaque.*—Les préposés doivent toujours, dans leurs tournées, être munis de la plaque, qu'ils portent ostensiblement, de leur marteau, d'une chaîne métrique et de leur livret. (Livret des préposés, art. 15.)

2. *Fusil.* — Les gardes sont autorisés à porter un fusil simple (aujourd'hui fusil de l'armée, modèle 1886), pour leur défense, lorsqu'ils font leurs tournées dans les forêts. (Ord. 30.)

SECT. II. — AGENTS.

§ 1. *Chef de cantonnement.*

3. *Livre-journal.* — Les agents doivent mentionner leurs tournées sur le livre-journal, en indiquant les cantons visités, le but et le résultat de leur reconnaissance. (Circ. A 500 ter.)

4. *Service.* — Les agents doivent faire toutes les tournées nécessaires et utiles. (Lettre du 11 février 1865.)

5. *Accompagnement.* — Les chefs de cantonnement accompagnent les inspecteurs dans leurs tournées. (Instr. du 23 mars 1821.)

§ 2. *Chef de service.*

6. *Visite. Inspecteurs.* — Indépendamment de la tournée des opérations, l'inspecteur doit se rendre en forêt toutes les fois que le service l'exige. (Ord. 14. Inspection des finances. Lettre du 11 février 1865.)

7. *Accompagnement.*—L'inspecteur accompagne, dans son arrondissement seulement, le conservateur, lors de ses tournées, et il est présent aux opérations et vérifications auxquelles celui-ci juge convenable de se livrer. (Instr. du 23 mars 1821.)

§ 3. *Conservateur.*

8. *Tournée générale annuelle.* — Indépendamment des tournées particulières que nécessite le service, les conservateurs font annuellement une tournée. (Instr. du 23 mars 1821. Circ. A 472. Circ. N 18, art. 1.)

9. *Nombre de jours.* — L'administration fixe, à l'ouverture de chaque campagne, le nombre de jours que les conservateurs doivent consacrer à leur tournée annuelle. (Circ. A 630 ter. Circ. N 18, art. 2.)

10. *Itinéraire.*—Les conservateurs arrêtent eux-mêmes leur itinéraire ; mais ils le combinent de manière à visiter successivement, dans une période qui ne doit, en aucun cas, excéder trois ans, tous les cantonnements compris dans leur circonscription. (Circ. N 18, art. 3.)

11. *Vérification.* — Les conservateurs ne doivent pas étendre leurs visites à un nombre d'agents trop considérable, mais consacrer à l'examen du service d'un agent la somme de temps nécessaire pour s'assurer, tant au cabinet qu'au dehors, de tout ce qui se passe dans leur conservation. (Circ. A 369 ter.)

12. *Autorités locales.* — Les conservateurs se mettent en rapport avec les autorités locales et profitent de leurs relations avec elles, pour aplanir les difficultés que peuvent susciter le régime forestier, le reboisement ou le gazonnement des montagnes, le cantonnement des usagers, etc., etc. (Circ. N 18, art. 4.)

13. *Investigation.* — Les conservateurs portent leurs investigations sur tous les points du service qui exigent un examen local. (Circ. N 18, art. 5.)

14. *Vérification. Objet. Nomenclature.* — En tournée, le conservateur doit porter sa vérification sur les objets suivants :

1° Tenue du bureau, livre-journal et écritures (Circ. A 520 bis. Circ. A 534 bis. Circ. A 593 ter);

2° Uniforme (Circ. A 593 ter);

3° Emploi du temps des agents (Circ. A 534 bis);

4° Service communal et tournées (Circ. A 593 ter);

5° Inventaire (Circ. A 520 bis. Circ. A 593 ter);

6° Poursuites et appels (Circ. A 571 bis);

7° Maisons forestières projetées (Circ. A 571 bis);

8° Etat des forêts, peuplements, limites, mode de martelage et d'exploitation, conversion des taillis en futaie (Circ. A 539. Circ. A 593 ter);

9° Vérification des opérations de martelage et rédaction des procès-verbaux (Circ. A 534 bis. Circ. A 593 ter);

10° Estimation des coupes (Circ. A 520);

11° Récolement et calepins (Circ. A 593 ter);

12° Vente par unités de produits; coupes par économie ou par entreprise (Circ. A 571 bis);

13° Clauses spéciales et générales; applications ou modifications (Circ. A 520 bis);

14° Situation du commerce de bois; routes à créer (Circ. A 571 bis);

15° Semis, repeuplements et reboisements (Circ. A 571 bis. Circ. autogr. n° 87 du 7 avril 1862);

16° Bois de marine (Circ. autogr. n° 87 du 7 avril 1862);

17° Aménagements et repeuplements (Circ. A 534 bis);

18° Amélioration des taillis (Circ. autogr. n° 87 du 7 avril 1862);

19° Délits, chemins et routes forestières; arpentage (Circ. A 593 ter);

20° Livrets des gardes (Circ. A 593 ter);

21° Etat des triages (Circ. A 571 bis);

22° Cantonnement des droits d'usage; délivrances usagères (Circ. A 571 bis. Circ. autogr. n° 87 du 7 avril 1862);

23° Travaux (Circ. A 571 bis);

24° Renseignements sur la conduite et la position sociale des agents. (Circ. A 472. Circ. A 498. Circ. A 500 ter. Circ. A 520 bis. Circ. A 534 bis. Circ. A 593 ter. Circ. A 607 bis.)

15. *Marteaux. Empreintes. Inventaire.* — Les conservateurs se font représenter les marteaux et les certificats constatant le dépôt de leur empreinte, ainsi que l'inventaire prescrit, en cas de mutation, par l'article 17 de l'ordonnance du 1er août 1827. (Circ. N 18, art. 6.)

16. *Bureau.* — Les conservateurs vérifient d'une manière approfondie les bureaux des inspecteurs et des chefs de cantonnement. (Circ. N 18, art. 7.)

17. *Temps. Livret. Visa.* — Les conservateurs s'assurent si les agents justifient, par les indications de leur livre-journal, du bon emploi de leur temps, soit au cabinet, soit sur le terrain; enfin, s'ils visent fréquemment les livrets des gardes et brigadiers. (Circ. A 500. Circ. A 520 bis. Circ. A 593 ter. Circ. N 18, art. 7.)

18. *Surveillance.* — Les conservateurs doivent s'assurer que les agents font toutes les tournées nécessaires et utiles. (Lettre du 11 février 1865.)

19. *Poursuites.* — Les conservateurs vérifient la célérité des poursuites. (Circ. A 593 ter.)

20. *Préposés. Revue. Maison forestière.* — Les conservateurs passent en revue les préposés, examinent leur habillement, leur équipement et leur armement; ils visitent les maisons forestières et s'assurent si les réparations locatives, à la charge des occupants, sont opérées en temps utile. (Circ. N 18, art. 8.)

21. *Préposés. Travaux.* — Les conservateurs s'assurent si les gardes consacrent à des travaux d'amélioration tout le temps que n'absorbe pas la surveillance et désignent nominativement, dans leurs rapports de tournée, les gardes qui auront fait preuve d'initiative et de zèle. (Circ. N 18, art. 9. Circ. N 129.)

22. *Aménagement. Amélioration.* — Les conservateurs recherchent, d'une part, si les aménagements sont exactement observés et, de l'autre, s'ils sont conçus de manière à assurer l'amélioration des forêts et à fournir les produits les plus considérables et les plus utiles. (Circ. N 18, art. 10.)

23. *Travaux. Résultats.* — Les conservateurs étudient les résultats obtenus par suite des opérations entreprises dans le but soit de transformer les taillis en futaie, soit de reboiser ou de gazonner les montagnes, ou bien de repeupler les dunes et les vides. (Circ. N 18, art. 11.)

24. *Prestation. Emploi.* — Les conservateurs contrôlent l'emploi des prestations dues par les concessionnaires de menus produits et par les délinquants insolvables. (Circ. N 18, art. 12.)

25. *Travaux. Amélioration.* — Les conservateurs se rendent compte des améliorations de toute nature que comportent les forêts; ils examinent si les projets de travaux sont établis avec une stricte économie, si les travaux exécutés sont conformes aux plans et devis, enfin si la comptabilité des dépenses est régulièrement tenue, en ce qui concerne les travaux en régie. (Circ. N 18, art. 13.)

26. *Opérations. Calepins.* — Les conservateurs vérifient les opérations de balivage, de martelage et de récolement les plus importantes; ils s'assurent si elles ont été exécutées avec le concours de deux agents; si les calepins sont bien tenus et annotés de tous les renseignements nécessaires pour

la rédaction des procès-verbaux et l'estimation des coupes ; si les procès-verbaux sont rédigés au fur et à mesure des opérations et, au plus tard, dans un délai de quinze jours (Circ. N 366) ; si les balivages et martelages sont dirigés avec prudence et discernement ; si les récolements sont précédés des citations prescrites par le code forestier. (Circ. N 18, art. 16.)

27. *Estimation.* — Les conservateurs revisent les estimations de quelques coupes et recherchent la cause des erreurs commises par les agents. (Circ. A 416. Circ. N 18, art. 15.)

28. *Clauses. Exploitation.* — Les conservateurs examinent si les clauses générales et spéciales, concernant les exploitations, sont bien interprétées et bien exécutées. (Circ. N 18, art. 16.)

29. *Exploitation par économie.* — Les conservateurs portent particulièrement leur attention sur les exploitations par économie. (Circ. N 18, art. 17.)

30. *Service communal.* — Les conservateurs se préoccupent du service communal, non moins que du service domanial. (Circ. N 18, art. 18.)

31. *Recommandations.* — Après la clôture de leur tournée, les conservateurs font, par écrit, aux agents les recommandations nécessaires pour redresser les irrégularités ou abus constatés et pour en prévenir le retour. (Circ. N 18, art. 19.)

32. *Rapport. Délai.* — Dans un délai de deux mois, les conservateurs adressent à l'administration un rapport sur le résultat de leur vérification et les motifs qui les ont dirigés dans leur itinéraire. (Circ. A 534 bis. Circ. A 472. Circ. A 607 bis.)

Ce rapport est rédigé sur la formule série 12, nº 7, et, en tête, ils indiquent les cantonnements qu'ils ont visités pendant la tournée dont ils rendent compte, ainsi que pendant le cours des deux tournées précédentes. (Circ. N 18, art. 20.)

33. *Rapport. Concision.* — Les rapports de tournées doivent être aussi concis que possible. (Circ. A 534 bis.)

34. *Rapport. Renseignements. Observations.* — Les conservateurs divisent leur rapport de tournée par inspection, afin que l'administration puisse mieux apprécier l'ensemble du service dans chaque circonscription.

Ils y exposent les résultats de leur tournée.

Ils y consignent les observations que leur ont suggérées les investigations auxquelles ils ont procédé sur les lieux, en s'abstenant néanmoins de toute considération générale et de toute proposition.

Ils y donnent l'assurance qu'ils ont fait aux agents les recommandations nécessaires pour redresser les abus et les irrégularités constatées et désignent nominativement les gardes qui ont exécuté eux-mêmes des travaux d'amélioration.

Ils y joignent les procès-verbaux des vérifications qu'ils ont opérées. (Circ. A 534 bis. Circ. A 593 ter. Circ. A 607 bis. Circ. A 630 ter. Circ. N 18, art. 21. Circ. N 129.)

35. *Inspecteurs. Coupes. Vérification.* — Les conservateurs, dans leur rapport de tournée, doivent rendre compte du nombre de jours annuellement consacré par les inspecteurs aux opérations des coupes et aux tournées de vérification. (Décis. du directeur général du 30 novembre 1875.)

36. *Propositions. Rapports spéciaux.* — Les propositions que peuvent motiver les renseignements recueillis font l'objet de rapports spéciaux ; quant aux considérations générales, elles sont réservées pour le compte de gestion. (Circ. A 472. Circ. N 5. Circ. N 18, art. 22.) Les conservateurs ne fournissent plus de compte de gestion. (Circ. N 380.)

37. *Renseignements.* — Les conservateurs, dans leur rapport de tournée, ne donnent plus des renseignements sur le personnel. Les renseignements recueillis sont portés sur les feuilles de notes. (Circ. A 541 bis.)

§ 4. *Administrateur.*

38. *Proposition.* — Les tournées des administrateurs sont réglées par le ministre, sur la proposition motivée du directeur. (Décr. du 14 janvier 1888, art. 2. Circ. N 394.)

39. *Rapport. Personnel. Améliorations. Travaux.* — Les rapports de tournées sont divisés en deux catégories et établis sur des formules distinctes :

1º *Les rapports constatant la vérification proprement dite du service des agents de tout grade.* Ces rapports doivent contenir la réponse et les explications écrites de l'agent vérifié, ainsi que les observations de ses chefs ; il y est joint, après la réponse des intéressés, une feuille de notes donnant des renseignements circonstanciés sur la capacité de l'agent, son travail, etc. ; un rapport spécial est établi pour chaque agent vérifié.

2º *Les rapports concernant les aménagements, les reboisements des travaux de toute nature*, avec l'indication des améliorations à proposer ou des inconvénients constatés, en dehors des négligences ou des erreurs imputables aux agents. (Arr. Min. du 13 mai 1878, art. 13. Circ. N 226.)

40. *Accompagnement.* — S'il en fait la demande, les agents avec les préposés doivent accompagner l'administrateur dans ses vérifications sur le terrain. (Arr. Min. du 13 mai 1878, art. 18. Circ. N 226.)

TRACÉ GÉOMÉTRIQUE.

Altération, 1.
Arpentage, 4.
Authenticité, 1.
Compensation, 8.
Copies, 12.
Echelles, 6.
Grattages, 1.
Indication, 3.
Légende, 10.
Lettres, 3.
Minute, 2.
Modèle, 11.
Orientation, 5.
Papier, 7.
Rectification, 8.
Titre, 9.

1. *Authenticité. Grattages. Altération.* — Les tracés géométriques font partie intégrante des procès-verbaux de délimitation et en constituent l'un des éléments les plus importants. Il est donc indispensable d'éviter toutes les altérations de nature à en faire suspecter l'exactitude, notamment les grattages, quelque légers qu'ils soient. (Circ. N 57.)

2. *Minute.* — Les minutes des tracés géométriques annexés aux minutes des procès-verbaux de délimitation seront établies correctement, d'après les éléments du levé. Celles qui auront été piquées ou calquées ne seront pas admises. (Instr. du 15 octobre 1860, art. 317.) V. Délimitation. Plan.

3. *Indication. Lettres.* — Les tracés géométriques sont indiqués par des lettres alphabétiques, lorsque le développement des limites exige l'emploi de plusieurs feuilles de papier. (Circ. N 64, art. 50.)

4. *Arpentage.* — Les opérations d'arpentage doivent être reproduites exactement et correctement par les tracés géométriques, qui font partie intégrante du procès-verbal de délimitation. Les mesures linéaires et angulaires doivent être établies clairement et nettement, ainsi que toutes les autres indications. (Circ. N 64. art. 48.) V. Calepin.

5. *Orientation.* — L'orientation plein nord n'est pas indispensable ; mais le nord doit être placé de préférence dans la partie supérieure de la feuille. (Circ. N 64, art. 49.)

6. *Echelles.* — On emploie les échelles de 1 à 500, de 1 à 1250 et de 1 à 2500, selon le développement de la ligne délimitée. (Circ. N 64, art. 50.)

7. *Papier.*— Les tracés géométriques seront construits sur des feuilles ayant les mêmes dimensions que celles du procès-verbal : hauteur, $0^m,420$; largeur, 1/2 feuille, $0^m,297$; feuille ouverte, $0^m,594$. (Instr. du 15 octobre 1860, art. 115.)

8. *Rectification. Compensation.* — Si, lors de la reconnaissance des limites, des compensations sont établies du consentement des riverains, à l'effet de remplacer des sinuosités par des lignes droites, ces sinuosités seront figurées en traits pointillés allongés et le périmètre proposé sera indiqué en traits pleins. (Instr. du 15 octobre 1860, art. 250.)

9. *Titre.* — Le titre de chaque tracé géométrique porte la lettre alphabétique désignant son ordre de classement, le nom de la forêt, l'indication des articles compris dans le tracé, la date de l'ouverture du procès-verbal, l'échelle du plan et les signatures des experts. (Circ. N 64, art. 57.)

10. *Légende.* — Sur le pourtour des tracés géométriques, on indique, du côté de la forêt, le nom de la forêt et celui du canton ; du côté des propriétaires, le nom de la commune sur le territoire de laquelle ces propriétés sont situées et, dans chacune des parcelles attenantes, le numéro des articles du procès-verbal, la nature de culture des fonds riverains et les noms, prénoms et demeures des propriétaires. Si les parcelles sont trop petites, on y supplée par une légende en marge. On indique, en outre, par leurs lettres et en les amorçant, le tracé géométrique qui précède et celui qui suit. (Circ. N 64, art. 58.)

11. *Modèle.* — Le modèle des tracés géométriques, à annexer aux délimitations générales ou partielles, a été approuvé par décision ministérielle du 26 janvier 1867. (Circ. N 57.)

12. *Copies.* — Les expéditions des tracés géométriques se paient au géomètre 3 francs par chaque tracé, quelle que soit l'échelle employée pour sa construction. (Circ. N 64, art. 176.) V. Honoraire.

TRADUCTION. V. Interprète.

TRAHISON.

1. *Fonctionnaire. Agent. Secret. Pénalité.*— Tout fonctionnaire ou agent du gouvernement qui, chargé ou instruit officiellement du secret d'une négociation ou d'une expédition, l'aura livré aux agents d'une puissance étrangère ou de l'ennemi sera puni de la peine de mort. (Cod. Pén. 76, 80.)

2. *Fonctionnaire. Plan. Pénalité.* — Tout fonctionnaire qui aura livré à l'ennemi des plans de fortifications, arsenaux, ports ou rades sera puni de mort. (Cod. Pén. 81.)

TRAINEAU.

Pénalité. — L'enlèvement de produits à l'aide d'un traîneau sans roues et tiré par un homme doit être considéré comme effectué par charge d'homme. (Cass. 1er août 1844.) V. Vidange. Voiture.

TRAITE.

Adjudicataire, 1.
Bois façonnés, 8.
Bois indivis, 7.
Coût, 10.
Délai, 1.
Endossement, 2.
Escompte, 1.
Formule, 10.
Indemnité, 5.
Lots, 6.
Modèle, 3.
Négociation, 11.

Paiement, 12.
Prescription, 13.
Rédaction, 10.
Retard, 4, 5.
Souscription, 2.
Tarif, 9.
Timbre, 9.

1. *Délai. Adjudicataire. Escompte.* — Dans les dix jours de l'adjudication, chaque adjudicataire fournira au trésorier-payeur général du département, pour les coupes de bois domaniaux et les coupes extraordinaires des bois des communes et des établissements publics, et aux receveurs de ces communes et établissements, pour les coupes ordinaires, quatre traites payables au domicile desdits comptables, aux échéances suivantes : la première, au 31 mars qui suivra l'adjudication ; la seconde, au 30 juin ; la troisième, au 30 septembre ; la quatrième, au 31 décembre.

Chacune de ces traites comprendra, pour les coupes de bois de l'Etat, le quart du prix principal et, pour les coupes des bois des communes et des établissements publics, le quart du prix principal, diminué du dixième de ce prix payé comptant ; les fractions, s'il en existe, seront comprises dans la dernière traite.

Les traites n'opéreront ni novation, ni dérogation aux droits résultant du procès-verbal d'adjudication, au profit de l'Etat, des communes et des établissements propriétaires.

Toutefois, les adjudicataires des coupes de bois domaniaux dont le prix est encaissé par les trésoriers-payeurs généraux auront la faculté, à toute époque, de se libérer au comptant, moyennant un escompte dont le taux sera arrêté chaque année par le ministre des finances. Les adjudicataires des coupes ordinaires et extraordinaires dans les bois des communes et des établissements publics jouiront de la même faculté, moyennant un escompte, dont le taux sera fixé chaque année par le préfet. Les affiches indiqueront le taux de l'escompte. (Cah. des ch. 12.)

2. *Souscription. Endossement.* — Les traites sont souscrites par les cautions et endossées par les certificateurs de caution. (Circ. A 769.)

3. *Modèle des traites à souscrire.*

ÉCHÉANCE
d
—
DÉPARTEMENT
d

TRAITE D'ADJUDICATION DE COUPES DE BOIS.

B. P. F. [illegible]

COUPE DE L'EXERCICE 18 .

A *(le nom de la ville)*, ce *(la date à laquelle la traite est souscrite)*.

Au *(le jour et le nom du mois)* prochain fixe, payez par cette seule de change, à l'ordre de M. *(le nom du certificateur de caution qui endossera)*, la somme de [illegible] valeur en paiement, à échoir à la même époque, de la coupe *(le nom de la coupe du bois ou de la forêt)* dont vous êtes adjudicataire, suivant procès-verbal du , la présente traite n'opérant d'ailleurs ni novation, ni dérogation aux droits résultant de ce procès-verbal.

(Ici la signature de la caution qui doit souscrire la traite.)

Accepté pour la somme de *(en toutes lettres)*, que je m'engage à payer, à l'échéance, à la caisse de M. le (*) .

(*) Trésorier général ou Receveur municipal.

Monsieur *(le nom de l'adjudicataire)*, adjudicataire de la coupe de *(la désigner)*, à *(domicile exact de l'adjudicataire)*.

(Ici la signature de l'adjudicataire qui, comme principal obligé, doit accepter.)

4. *Retard.* — Si l'adjudicataire ne fournit pas ses traites dans les dix jours de son adjudication, il y sera contraint par les voies de droit et payera, en outre, à titre de dommages-intérêts, au propriétaire du bois, une somme équivalente au vingtième du prix total de son adjudication. (Cass. 26 juillet 1825. Cah. des ch. 12.)

5. *Retard. Indemnité.* — L'indemnité à payer pour retard dans la fourniture des traites est recouvrée en vertu du procès-verbal d'adjudication et d'un certificat du

trésorier-payeur général, attestant que les traites n'ont pas été fournies dans le délai fixé. (Instr. des domaines.)

6. *Lots.* — L'adjudicataire de plusieurs lots d'une même coupe pourra souscrire des traites pour chaque lot ou des traites collectives pour tous les lots, si les trésoriers ou receveurs jugent cette mesure compatible avec leur responsabilité. (Cah. des ch. 13.)

7. *Bois indivis.* — Pour les bois indivis, il est souscrit des traites séparées pour les sommes revenant à chaque copropriétaire. (Cah. des ch. 13.)

8. *Bois façonnés. Forêts communales.* — Toutes les fois que la vente des coupes communales se fait à terme et que les lots excèdent 500 francs, l'adjudicataire est obligé de fournir des traites en paiement de son adjudication. (Décis. Min. du 25 août 1856. Circ. N 15. Cah. des ch. 9.)

9. *Timbre. Tarif.* — Les receveurs généraux peuvent faire signer sur papier non timbré les traites des adjudicataires des coupes de bois domaniaux, communaux et d'établissements publics, à charge par eux de faire timbrer ces traites à l'extraordinaire, ou au moyen de l'apposition de timbres mobiles, dans le plus court délai possible. (Décis. Min. du 9 juillet 1858. Décis. Min. du 22 décembre 1860.)

Le tarif de ces timbres mobiles est réglé comme il suit (sans décimes), d'après les sommes à y exprimer :

0f,05 pr une somme de 100 fr. et au-dessous ;
0f,10 pour une somme de 100 à 200 francs ;
0f,15 — 200 à 300 francs,

et ainsi de suite, en suivant la même progression de 0 fr. 05 par 100 francs. (Loi du 22 décembre 1878. Loi du 29 juillet 1881.)

10. *Rédaction. Formule. Coût.* — Les adjudicataires qui ne voudraient pas libeller eux-mêmes leurs traites pourront les faire établir par les receveurs des finances ou municipaux. Ils auront, dans ce cas, à leur payer une rétribution qui sera réglée, indépendamment des frais de timbre, à 0 fr. 50 par traite, quel que soit le nombre des lots auxquels cette traite s'applique. Le coût de la formule de la traite est compris dans cette rétribution. (Cah. des ch. 12. Circ. N 283.)

11. *Négociation.* — Les traites souscrites par les adjudicataires ne peuvent être négociées. (Dupont.)

12. *Non-paiement.* — En cas de non-paiement, les traites ne sont pas protestées. (Décis. Min. du 20 novembre 1833.) Le recouvrement se fait en vertu du procès-verbal d'adjudication, qui a force exécutoire.

13. *Prescription.* — Les traites souscrites par les adjudicataires des coupes de bois se prescrivent par cinq ans, comme une lettre de change. (Cass. 15 octobre 1829.)

TRAITEMENT.

SECT. I. — PRINCIPES, GÉNÉRALITÉS, 1 — 25.

SECT. II. — PRÉPOSÉS SPÉCIAUX, 26 — 41.

§ 1. *Bois indivis ou grevés d'usage*, 26 — 29.

§ 2. *Bois communaux*, 30 — 41.

SECT. III. — QUOTITÉ, 42 — 48.

§ 1. *Administration centrale*, 42 — 43.

§ 2. *Départements*, 44 — 46.

A. *École forestière*, 44.

B. *Service extérieur*, 45 — 46.

§ 3. *Algérie*, 47 — 48.

Administrateur, 42.
Administration centrale des forêts, 42, 43.
Agent, 25, 43, 45, 47.
Agent sédentaire, 10.
Algérie, 24, 47.
Aliénation mentale, 25.
Augmentation, 7, 41.
Avancement, 7.
Avis, 34.
Bordereau, 15.
Brigadier, 46, 47.
Centralisation, 36, 37.
Certificat de service, 14.
Cessation, 5.
Changement de résidence, 24.
Chargé de cours, 44.
Chef de section, 42.
Commis, 42.
Conservateur, 45, 47.
Copropriétaire, 28.
Coupe, 38.
Création d'emploi, 41.
Crédit, 13.
Cumul, 17.
Date, 3.
Délégation, 2.
Dépense obligatoire, 30.
Dette, 20.
Directeur de l'école forestière, 44.
Directeur des forêts, 42.
Droit, 5.
Ecole forestière, 44.
Elève, 44.
Etat de traitement, 16, 37.
Etat nominatif, 15.
Fixation, 26, 31, 34.
Fonctionnaire, 23.
Garde cantonnier, 12, 46.
Garde communal, 33.
— domanial, 46, 47.
— général, 45, 47.
— général stagiaire, 45, 47.
— mixte, 27.
— sédentaire, 46, 47.
Imposition, 40.
Indication, 16.
Indemnité, 43, 44.
Inscription d'office, 35.
Inspecteur, 45, 47.
Inspecteur adjoint, 45.
Insuffisance, 39, 40.
Intérim, 4.
Jouissance, 3.
Mandatement, 33.
Mobilisation, 2.
Obligation, 30.
Ordonnancement, 29.
Paiement, 11, 13, 26, 32.
Personne, 9.
Poursuite, 23.
Premier mois, 8.
Préposé, 8, 46, 47.
Principes, 1.
Privation, 22.
Professeur, 44.
Propriétaire, 32.
Quart colonial, 48.
Rappel, 19.
Rédacteur, 42.
Réduction, 35.
Refus, 33.
Reprise, 18.
Retenue, 20, 29.
Ressources, 38.
Saisie, 21.
Serment, 6.
Service extérieur, 43.
Suppression, 35, 48.

SECT. I. — PRINCIPES. GÉNÉRALITÉS.

1. *Principes.* — Les traitements et autres émoluments personnels sont acquis aux agents et employés, en raison de l'accomplissement des fonctions ou services auxquels chaque rétribution est attachée. (Règl. Min. du 26 décembre 1866, art. 44. Circ. N 104.)

2. *Mobilisation. Délégation.* — En cas de mobilisation des chasseurs forestiers, les

agents et préposés continueront à jouir de leur traitement civil. (Décis. Min. du 29 juin 1876. Circ. N 200.)

Ils pourront déléguer à leurs parents le droit de toucher leur traitement civil, pendant la durée de la mobilisation. (Circ. N 204.)

3. *Jouissance. Date.* — La jouissance du traitement et des émoluments du nouveau titulaire d'un emploi court à partir du jour de son installation, à moins que l'époque d'entrée en jouissance ne résulte de l'acte même de la nomination. (Règl. Min. du 26 décembre 1866, art. 44. Circ. N 104.)

4. *Intérim.* — Lorsqu'un emploi est sans titulaire, la jouissance du traitement et des émoluments attachés à cet emploi peut être accordée à toute personne appelée à remplir l'intérim, laquelle supporte alors les charges inhérentes au titre de l'emploi. Néanmoins, les retenues pour le service des pensions civiles ne sont exercées qu'autant que l'intérimaire fait partie d'une classe d'agents soumis au régime de ces retenues. (Règl. Min. du 26 décembre 1866, art. 44. Circ. N 104.)

5. *Droit. Cessation.* — Les droits d'un titulaire d'emploi ou d'un intérimaire à la jouissance du traitement, s'éteignent le lendemain du jour de la cessation du service par suite soit de décès, soit de mise à la retraite, démission, révocation, suspension ou abandon de fonctions. (Règl. Min. du 26 décembre 1866, art. 45. Circ. N 104.)

6. *Serment. Départ.* — Les traitements des agents et préposés forestiers ne courent qu'à compter du jour de la prestation de serment. (Règl. Min. du 26 décembre 1866, § 288. Circ. N 104, p. 66.)

7. *Avancement. Augmentation.* — Les augmentations de traitement, de classe ou de grade, courent soit de la date fixée par l'arrêté,soit, en cas de changement de grade, à dater de l'installation au nouveau poste. (Circ. A 496.)

8. *Gardes. Premier mois.* — La jouissance du traitement et les émoluments du nouveau titulaire d'un emploi courent du jour de son installation, à moins que l'arrêté de nomination n'ait fixé spécialement l'époque de l'entrée en jouissance. Pour faire jouir les gardes nommés dans les vingt premiers jours du mois de leur traitement à partir du premier de ce mois, les arrêtés de nomination aux emplois de garde forestier porteront la date à laquelle les titulaires commenceront à jouir de leurs appointements. (Circ. A 535. Circ. A 815.)

9. *Personnes.* — Les traitements sont attachés aux personnes et non aux résidences. (Circ. A 453. Décis. Min. du 22 février 1843.)

10. *Agents sédentaires.* — Le traitement des agents du service sédentaire est porté au même taux que celui des agents du service actif. (Lettre de l'Admin. du 31 janvier 1850.)

11. *Paiement.* — Les traitements et les émoluments assimilés aux traitements se liquident par mois et sont payables à termes échus. (Circ. N 104, § 2, nº 27.)

12. *Garde cantonnier.* — Les traitements des gardes cantonniers seront établis par mois, comme ceux de tous les employés. (Circ. A 566.)

13. *Crédit. Paiement.* —Les crédits nécessaires aux traitements sont délégués d'office et à l'avance, et les traitements peuvent être payés à la fin du mois. (Circ. A 514.)

14. *Certificat de service.* — Les états de certificat de service sont supprimés. (Circ. N 416.)

15. *Bordereau. Etat nominatif.* — Les ordonnateurs doivent produire, en même temps que le bordereau d'émission, un état nominatif à l'appui des mandats délivrés pour traitements ou pour indemnités périodiques, arrêté, en ce qui concerne le service des forêts, par les conservateurs. (Form. série 11, nº 36. Circ. N 49. Règl. Min. du 26 décembre 1866. Circ. N 104, p. 66.)

16. *Etats de traitement. Indications.* — Les conservateurs doivent adresser à l'administration centrale, avant le 5 de chaque mois, en simple expédition, les états de traitements, formule série 11, nº 20. Ces états seront nominatifs, pour les traitements acquis pendant le mois de janvier de chaque année. Ils comprendront, pour les mois suivants, en première ligne, le montant des traitements dus aux agents et préposés qui n'auront éprouvé, pendant le mois, ni avancement, ni interruption, ni retenue autre que celle de 5 pour cent pour le service des pensions; puis la nomenclature des agents et préposés dont le traitement aura été affecté, pendant le même mois, par l'une ou l'autre de ces circonstances. Ils se termineront par une récapitulation de la dépense pour chaque grade. (Circ. A 435. Circ. N 49. Circ. N 402.)

17. *Cumul.* — Il est interdit de cumuler en entier les traitements de plusieurs places, emplois ou commissions. En cas de cumul de deux traitements, le moindre est réduit à moitié; en cas de cumul de trois traitements, le troisième est, en outre, réduit au quart et ainsi de suite, en observant cette proportion.

Cette réduction n'a pas lieu pour les traitements cumulés qui sont au-dessous de 3000 francs, ni pour les traitements plus élevés qui en ont été exceptés par les lois. (Décr. du 31 mai 1862, art. 65 et 66.)

18. *Reprise.* — Les reprises à opérer pour traitements ou émoluments indûment payés peuvent être précomptées sur les liquidations de droits ultérieurement acquis, lorsque la dépense à annuler et la dépense à

acquitter sont homogènes et concernent le même exercice et le même article du budget; il suffit alors d'expliquer l'opération dans le nouveau décompte, sur lequel il est fait déduction de la somme à répéter aux titulaires.

Ce mode de reprise par compensation s'applique aux retenues. (Règl. Min. du 26 décembre 1866, art. 69. Circ. N 104.)

19. *Rappel.* — Tout rappel de traitement et autre émolument personnel se liquide distinctement à la charge de l'exercice déterminé par l'année pendant laquelle les droits au rappel ont été acquis. Il n'est, dans aucun cas, procédé par voie d'augmentation aux droits susceptibles d'être liquidés pour l'année courante. (Règl. Min. du 26 décembre 1866, art. 68. Circ. N 104.)

20. *Dettes. Retenues.* — Les traitements des agents et préposés sont saisissables jusqu'à concurrence du cinquième sur les premiers 1000 francs et toutes les sommes au-dessous, du quart sur les 5000 francs suivants et du tiers sur la portion excédant 6000 francs, à quelque somme qu'elle s'élève, et ce jusqu'à l'entier acquittement de la créance. (Loi du 21 ventôse an IX.) V. Opposition.

21. *Saisie.* — Les traitements dus par l'Etat ne pourront être saisis que pour les portions déterminées par les lois ou décrets. (Proc. Civ. 580.)

22. *Privation.* — La privation du traitement se fait sur le traitement, déduction faite de la retenue pour le service des pensions. (Circ. A 496.)

23. *Poursuites. Fonctionnaires.* — Tout fonctionnaire forestier mis en jugement ne perd son traitement qu'en cas de condamnation et à partir de la décision judiciaire, à moins de décision contraire, spéciale et motivée du conseil d'administration. (Délibération du conseil d'administration, 28 août 1819.)

24. *Changement de résidence. Algérie. France.* — Lorsque les agents vont d'Algérie en France et réciproquement, ils jouissent de l'intégralité du traitement (non compris les accessoires, tels qu'indemnité de tournée, cheval et logement), lorsqu'ils ne dépassent pas les délais accordés pour leur changement de résidence. Le traitement est imputé sur le budget du service dans lequel entrent les employés déplacés. Les délais pour se rendre à leur résidence sont fixés par les conservateurs, qui, sur le certificat de cessation de service, fixent le délai pour se rendre au port d'embarquement, pour la traversée et pour se rendre du port de débarquement au poste fixé. (Lettre du gouverneur général de l'Algérie du 22 octobre 1868. Circ. N 107.)

25. *Agent. Aliénation mentale.* — Le traitement d'un employé absent pour cause d'altération des facultés mentales et soigné dans un établissement public peut être payé, sauf déduction des retenues prescrites, sur l'acquit du receveur de cet établissement, appuyé d'une quittance à souche, et sur la production d'un certificat de vie du malade, délivré par le directeur de l'établissement, dont la signature doit être légalisée par le maire de la commune. Le mandat de paiement doit, en outre, être visé par celui des membres de la commission administrative qui remplit les fonctions d'administrateur provisoire; à Paris, ces fonctions sont remplies par le directeur de l'assistance publique. (Circ. N 104, § 2, n° 28.)

SECT. II. — PRÉPOSÉS SPÉCIAUX.

§ 1. *Bois indivis ou grevés d'usage.*

26. *Fixation. Paiement.* — L'administration règle le traitement des gardes des bois indivis. Ce traitement est payé par les copropriétaires, chacun dans la proportion de ses droits. (Cod. For. 115.)

27. *Gardes mixtes.* — Le traitement des gardes mixtes est payé proportionnellement par chacune des parties intéressées; il est réglé par le préfet, sur l'avis du conservateur et les propositions des communes ou des établissements publics. (Cod. For. 97 et 98. Arr. Min. du 3 mai 1852. Circ. N 21, art. 8.)

28. *Copropriétaires.* — Les copropriétaires de bois avec l'Etat versent dans la caisse des domaines leur quote-part dans le traitement des gardes. (Circ. A 515.)

29. *Ordonnancement. Retenue.* — Le traitement des gardes de bois grevés d'usage ou indivis est ordonnancé en deux parties distinctes, l'une sur les fonds du personnel, l'autre sur les fonds de restitution, dont le recouvrement sera fait par le receveur des domaines. La retenue pour la caisse de retraite sera faite sur l'intégralité du traitement. (Décis. Min. des 24 février 1836 et 19 août 1841. Circ. A 369 bis. Circ. A 515.)

§ 2. *Bois communaux.*

30. *Commune. Obligation.* — Le traitement des gardes communaux est une dépense obligatoire pour la commune; en cas de refus du conseil, elle est inscrite d'office sur le budget de la commune. (Loi du 5 avril 1884, art. 136, § 6, et 149.)

31. *Fixation.* — Le salaire des gardes et brigadiers communaux et d'établissements publics est réglé par le préfet, sur la proposition du conseil municipal ou de l'établissement propriétaire et l'avis du conservateur, (Cod. For. 93. Arr. Min. du 3 mai 1852. art. 5. Circ. N 21, art. 8.)

32. *Paiement.* — Le traitement des gardes des bois des communes et des établissements publics est à la charge des communes et des

établissements publics propriétaires. (Cod. For. 108.)

33. *Gardes communaux. Mandatement. Refus.* — Le préfet ne peut, en cas de refus du conseil municipal, mandater d'office, sur les fonds précédemment votés pour le salaire des gardes forestiers, le traitement des gardes nouvellement institués par suite de réorganisation, lorsque la commune n'a pas été consultée sur cette nouvelle organisation. (Cons. d'Etat, 24 février 1859.)

34. *Fixation. Avis.* — Les conservateurs fournissent au préfet les renseignements nécessaires pour fixer les traitements des gardes communaux à un taux suffisant pour leur procurer des moyens d'existence, les mettre à l'abri de la séduction et leur éviter l'obligation d'exercer, en même temps, une autre profession. (Circ. A 684.)

35. *Réduction. Suppression. Inscription d'office.* — Le traitement des gardes forestiers communaux étant fixé par le préfet, sur la proposition des conseils municipaux et l'avis du conservateur, il s'ensuit que, si un conseil municipal supprime ou réduit le traitement d'un garde communal, contrairement à l'avis du conservateur, ce traitement étant une dépense obligatoire pour la commune, le préfet doit, par un arrêté préfectoral pris en conseil de préfecture, fixer et inscrire d'office sur le budget de la commune une somme suffisante pour le traitement de ce préposé. (Cod. For. 98, § 2. Décis. Min. du 3 mai 1852. Décis. du ministre de l'intérieur du 6 mai 1872. Loi du 5 avril 1884, art. 136, § 6, et 149.)

36. *Centralisation. Epoque.* — Les fonds nécessaires au salaire des préposés forestiers communaux et d'établissements publics sont centralisés entre les mains du trésorier-payeur général et mandatés par le préfet, au profit des préposés, au dos d'un état de liquidation établi pour chacun d'eux, à l'expiration de chaque mois, par les agents forestiers chefs de service. (Circ. Min. du 28 février 1863, nº 556. Circ. de la comptabilité publique du 16 décembre 1863, nº 777. Circ. N 21, art. 10 et 11. Arr. du Min. des Fin. du 14 mars 1894. Circ. N 475.)

Les états ou mandats de traitement des gardes communaux doivent toujours être dressés par les chefs de service, et non par les chefs de cantonnement. (Circ. N 416.)

37. *Centralisation. État de traitement.* — Afin d'assurer la centralisation des fonds, le conservateur adresse au préfet, le 1er janvier de chaque année, un état (Form. série 1, nº 19), présentant le traitement annuel et mensuel des préposés communaux et d'établissements publics; il y comprend les préposés mixtes, pour la portion de leur traitement payée par les communes. Le préfet fait remettre au trésorier-payeur général l'état des sommes à recouvrer. (Circ Min. du 28 février 1863, nº 556. Circ. N 21, art. 12 et 13.)

38. *Ressources. Coupes.* — Les coupes ordinaires et extraordinaires sont principalement affectées au paiement des frais de garde. Si les coupes sont délivrées en nature et que les communes n'aient pas d'autres ressources, il en sera distrait une portion suffisante pour être vendue aux enchères, avant toute distribution, et le prix en sera affecté au paiement des gardes (Cod. For. 109), excepté si les communes garantissent ce paiement au moyen des taxes d'affouage. (Loi du 17 août 1828. Circ. A 166. Circ. A 185.) V. Comptabilité. Dépense communale.

39. *Insuffisance.* — Lorsque les coupes annuelles sont insuffisantes pour assurer le paiement du garde, la commune peut recourir à une contribution extraordinaire pour faire face à ces frais. (Cod. For. 109. Loi du 5 avril 1884, art. 136, § 6, et 149.)

40. *Insuffisance. Imposition extraordinaire.* — Une commune ne peut recourir à une imposition extraordinaire, pour le paiement des frais de garde des bois communaux, qu'en cas d'insuffisance des ressources affectées à cette dépense par l'article 109 du code forestier. (Cons. d'Etat. 11 juin 1870.)

41. *Création d'emploi. Augmentation.* — Lorsque des créations d'emploi ou des augmentations de traitement se produisent dans le cours d'une année, le conservateur adresse au préfet des états supplémentaires, en le priant de mettre le trésorier-payeur général en mesure de recouvrer les sommes nécessaires. (Circ. N 21, art. 14.)

SECT. III. — QUOTITÉ DES TRAITEMENTS.

§ 1. *Administration centrale des forêts.*

42. *Direction.* — Les traitements du personnel de l'administration centrale sont fixés ainsi qu'il suit :

Un directeur, de 12000 à 15000 fr. ;

Trois administrateurs, de 9000 à 13000 fr.

Six inspecteurs, chefs de section.

1re classe ...	6000 fr. (maximum)	
2e — ...	5000	(indemnité : 500 fr.)
3e — ...	4500	—
4e — ...	4000	—

Trois inspecteurs, rédacteurs.

4e classe ... 4000 fr. (indemnité : 500 fr.)

Huit inspecteurs adjoints, rédacteurs.

1re classe ...	3800 fr.	(indemnité : 500 fr.)
2e — ...	3400	—
e — ...	3000	—

Dix commis d'ordre.

Classe exceptionnelle.	4500 fr.
1re classe...........	4000
2e —	3600
3e —	3200
4e —	2800
5e —	2500
6e —	2200

Les commis d'ordre sont assimilés, au point de vue des traitements seulement, aux rédacteurs.

Sept commis expéditionnaires.

Classe exceptionnelle.	4000 fr.
1re classe...........	3600
2e —	3300
3e —	3000
4e —	2700
5e —	2400
6e —	2100
7e —	1800

(Circ. N 433.)

43. *Agents. Indemnités. Maximum.* — Les agents du service extérieur des forêts qui sont appelés à faire partie de l'administration centrale continuent à recevoir le traitement afférent à leur grade. Ils peuvent toucher une indemnité de résidence à Paris (500 fr.). La somme totale de leurs émoluments ne peut dépasser, en aucun cas, le maximum prévu pour les fonctions qu'ils occupent à l'administration centrale. (Décr. du 12 octobre 1890. Circ. N 433.)

§ 2. *Départements.*

A. *École forestière.*

44. *Directeur. Professeurs. Elèves.* — Directeur : traitement de conservateur suivant la classe, plus une indemnité fixe annuelle de 2000 francs.

Professeur : 1re classe...........	9000 fr.
— 2e classe...........	8000
— 3e classe...........	7000
Chargé de cours : traitement afférent au grade administratif, avec une indemnité fixe de 1000 francs; maximum des émoluments.....	6000
Agent forestier, chargé temporairement des fonctions de professeur : traitement du grade, plus une indemnité fixe de 2000 francs.	
Elèves........................	1200

(Décr. du 12 octobre 1889, art. 10 et 11. Décis. Min. du 12 octobre 1889, art. 34.)

B. *Service extérieur.*

45. *Agents.* — Le traitement des agents est fixé, savoir :

Trente-deux conservateurs.

1re classe..........	12000 fr.
2e —	10000
3e classe...........	9000 fr.
4e —	8000

(Circ. A 799.)

Deux cents inspecteurs.

1re classe...........	6000 fr.
2e —	5000
3e —	4500
4e —	4000

(Circ. A 799. Circ. N 301.)

Deux cent quinze inspecteurs adjoints.

Classe exceptionnelle.	4000 fr.
1re classe...........	3800
2e —	3400
3e —	3000

(Circ. N 354.)

Deux cent soixante gardes généraux.

1re classe...........	2600 fr.
2e —	2300
3e —	2000

(Circ. N 338.)

Quarante gardes généraux stagiaires.

Classe unique.......	1500 fr.

(Circ. N 338.)

46. *Préposés.* — Les classes et traitements des préposés forestiers domaniaux et mixtes sont fixés ainsi qu'il suit :

1o *Service actif.*

Six cent quatre-vingt-quinze brigadiers.

Hors classe (médaillé).	1250 fr.
Hors classe..........	1200
1re classe (médaillé)..	1150
1re —	1100
2e — (médaillé)..	1050
2e —	1000
3e — (médaillé)..	950
3e —	900

Deux mille cinquante gardes et deux cent cinquante-cinq cantonniers logés ou non logés.

1re classe (médaillé)..	850 fr.
1re —	800
2e — (médaillé)..	750
2e —	700

2o *Service sédentaire.*

Deux cent soixante-cinq brigadiers.

Hors classe (médaillé).	1350 fr.
Hors classe..........	1300
1re classe (médaillé)..	1250
1re —	1200
2e — (médaillé)..	1150
2e —	1100
3e — (médaillé)..	1050
3e —	1000

Trente-cinq gardes.

Médaillés............ 950 fr.
Non médaillés........ 900

(Arr. Min. du 26 avril 1889. Circ. N 409.) V. Classe.

§ 3. *Algérie.*

47. *Algérie.* — Le traitement des employés forestiers, en Algérie, a été fixé conformément au tableau ci-après (Arr. Min. du 30 décembre 1885. Circ. N 358) :

GRADES.		CLASSES.	TRAITEMENT. de France par an.	TRAITEMENT. Supplément colonial d'un quart par an.	TOTAL par an.
			fr.	fr.	fr.
Agents......	3 conservateurs......	1re classe......	12000	3000	15000
		2e —	10000	2500	12500
		3e —	9000	2250	11250
		4e —	8000	2000	10000
	18 inspecteurs.......	1re classe......	6000	1500	7500
		2e —	5000	1250	6250
		3e —	4500	1125	5625
		4e —	4000	1000	5000
	18 inspecteurs adjoints.	1re classe......	3800	950	4750
		2e —	3400	850	4250
		3e —	3000	750	3750
	32 gardes généraux...	1re classe......	2600	650	3250
		2e —	2300	575	2875
		3e —	2000	500	2500
	4 gardes gén. stagiaires	....	1500	375	1875
Préposés....	140 brigadiers........	1re classe......	1100	275	1375
		2e —	1000	250	1250
		3e —	900	225	1125
	640 gardes (A)........	1re classe......	800	200	1000
		2e —	700	175	875
	200 gardes indigènes..	1re classe......	600	»	600
		2e —	550	»	550
		3e —	500	»	500
	40 brigadiers sédentres.	Comptables....	1300	325	1625
		1re classe......	1200	300	1500
		2e —	1100	275	1375
		3e —	1000	250	1250
	10 Gardes sédentaires.	....	900	225	1125

(A) Le traitement des gardes domaniaux de 1re classe est de 800 francs pour ceux qui ne sont pas logés, et de 750 francs pour ceux qui le sont ; après dix ans de service, ces derniers peuvent être élevés à la 1re classe exceptionnelle de 800 francs. (Arr. Min. du 30 décembre 1885. Circ. N. 358.)

48. *Quart colonial. Suppression.* — A dater du 1er janvier 1891, il ne sera pas alloué de supplément de traitement, qualifié quart colonial ou indemnité coloniale, aux agents et préposés des divers services civils qui seront nommés en Algérie.

Les agents et préposés qui seront en fonctions en Algérie à cette date continueront à jouir du supplément de traitement attaché actuellement à leurs fonctions, tant qu'ils feront partie des administrations algériennes, sans toutefois que le taux en puisse être élevé, en cas de promotion ou d'augmentation de traitement. (Loi de finances du 26 décembre 1890, art. 51.)

TRANCHÉE.

1. *Région des Maures et de l'Estérel. Débroussaillement.* — Tout propriétaire d'un terrain en nature de bois, forêt ou lande, peuplés de morts bois, qui ne serait pas entièrement débroussaillé, pourra être contraint par le propriétaire d'un terrain limitrophe de même nature à l'ouverture et à l'entretien, pour sa part, sur la limite des deux fonds contigus, d'une tranchée débarrassée de toutes broussailles, de tous bois d'essence résineuse, et maintenue en parfait état de débroussaillement. La largeur de cette tranchée, établie par moitié sur chacun des fonds limitrophes, pourra varier de vingt à cinquante mètres. Dans ces limites, elle sera fixée d'accord entre les propriétaires intéressés, et, en cas de désaccord, par le préfet, le conservateur des forêts entendu. (Loi du 19 août 1893, art. 9. Circ. N 461.)

2. *Région des Maures et de l'Estérel. Actions. Instructions.* — Les actions concernant l'ouverture des tranchées de protection seront exercées, instruites et jugées comme les actions en bornage. (Loi du 19 août 1893, art. 10. Circ. N 461.)

3. *Région des Maures et de l'Estérel. Chemins de fer. Etablissement et entretien.* — Lorsqu'à moins de vingt mètres des lignes de chemins de fer, il existera des terrains en nature de bois, forêt ou lande peuplés de morts bois, qui ne seraient pas entièrement débroussaillés, il sera établi le long des voies ferrées des tranchées débarrassées de toutes broussailles et de tous bois d'essences résineuses ; ces tranchées seront toujours maintenues en parfait état de débroussaillement. Elles auront une largeur de vingt mètres à partir du bord extérieur de la voie ; elles devront être terminées dans un délai de six mois, à dater de la promulgation de la présente loi.

Les travaux d'établissement et d'entretien des tranchées seront exécutés par les compagnies concessionnaires de chemins de fer et à leurs frais.

Dans le mois qui suivra l'établissement de la tranchée, les propriétaires pourront enlever tout ou partie des produits exploités, les compagnies restant chargées de faire disparaître le surplus.

A défaut par les compagnies concessionnaires de se conformer aux dispositions ci-dessus, les travaux seront exécutés à leurs frais, à la diligence des agents forestiers et sur l'autorisation du préfet, qui arrêtera le mémoire des frais et le rendra exécutoire. (Loi du 19 août 1893, art. 11. Circ. N 461.)

4. *Région des Maures et de l'Estérel. Chemins de fer. Exceptions.* — Exceptionnellement, les bois d'essences résineuses pourront ne pas être abattus dans les tranchées et il pourra même y avoir dispense pour les compagnies de chemins de fer de l'établissement des tranchées sur les points où ces travaux auront été déclarés inutiles par un arrêté préfectoral, pris sur l'avis conforme d'une commission composée du conseiller général du canton, d'un agent forestier désigné par le conservateur des forêts et d'un ingénieur nommé par l'inspecteur général, directeur du contrôle du chemin de fer. (Loi du 19 août 1893, art. 11. Circ. N 461.)

5. *Région des Maures et de l'Estérel. Chemins de fer. Dispense.* — Au cas où l'adoption par les compagnies de chemins de fer de la traction électrique ou de toute autre invention analogue viendrait à faire disparaître tout danger d'inflammation, un arrêté préfectoral, précédé de l'avis de la commission instituée par le présent article, pourrait dispenser lesdites compagnies de l'établissement des tranchées ou de l'entretien des tranchées existantes. (Loi du 19 août 1893, art. 11. Circ. N 461.) V. Maures.

6. *Algérie. Chêne-liège.* — En Algérie, le propriétaire d'une forêt de chênes-liège non débroussaillée peut être contraint, par le propriétaire limitrophe, à l'ouverture et à l'entretien sur la limite des deux fonds contigus d'une tranchée débarrassée de toute essence résineuse et maintenue en parfait état de débroussaillement.

La largeur de cette tranchée et la répartition de cette largeur sur chacun des fonds limitrophes seront fixées d'accord entre les parties et, en cas de désaccord, par le préfet, le conservateur entendu. Les actions concernant l'ouverture et l'entretien de ces tranchées de protection seront instruites et jugées comme les actions en bornage. (Loi du 9 décembre 1885, art. 3 et 4. Circ. N 357.) V. Chêne-liège.

TRANSACTION.

SECT. I. — GÉNÉRALITÉS, PRINCIPES, 1 — 10.

SECT. II. — DÉLIT FORESTIER, 11 — 69.

§ 1. *Attributions*, 11 — 14.

§ 2. *Propositions*, 15 — 27.

§ 3. *Formalités, Conditions*, 28 — 60.

§ 4. *Recouvrement, Paiement*, 61 — 67.

§ 5. *États*, 68 — 69.

SECT. III. — DÉLITS DE CHASSE, 70 — 74.

SECT. IV. — DÉLITS COMMUNS, 75.

Acompte, 66.
Adjudicataire, 29, 53.
Administration des forêts, 11, 69.
Amende, 21.
Approbation, 17.
Après jugement, 22, 23, 40, 49, 50, 51, 62.
Après signification, 36.
Arrondissements différents, 64.
Attributions, 2, 57, 70 71, 75.
Autorité, 57.
Avant jugement, 15.
Avant signification, 35.
Avertissement, 27, 41, 48.
Avis, 18, 19.
Base, 12.
Bois communaux, 8, 16.
Braconniers, 72.
Bulletin, 63, 64, 65.
Bureau, 64.
Calcul, 10.
Caution, 51.
Cession de terrain, 9.
Chasse, 21, 65.
Chiffre, 14.
Commission administrative, 18.
Commune, 7, 8, 19.
Conditions, 3, 7, 29, 40.
Conseil municipal, 17, 18, 19.
Contentieux, 2.
Coupe affouagère, 30.
Déchéance, 61, 62.
Décimes, 24, 73.
Décision, 14, 45, 52.
Définition, 1.
Délai, 33, 34, 35, 36, 37, 38, 39, 40, 50.
Délinquant, 5.
Délit, 13, 65.
Délits communs, 75.
Demande, 32, 44, 52, 53, 54, 55.
Départements différents, 64.
Domicile, 64.
Droit des tiers, 74.
Emprisonnement, 22, 56, 57.
Entrepreneur, 30.
Envoi, 34, 68.
Epoque, 68.
Erreur, 10.
Etablissement public, 7, 19.
Etat mensuel, 68.
Etat de proposition, 31.
Etat sommaire, 69.
Exécution, 38.
Frais, 25, 27, 48, 58, 73.
Gratification, 26, 73.
Indication, 13, 20, 42.
Initiative, 28.
Instruction, 32, 52, 53, 60
Jurisconsulte, 8.
Ministre, 2.
Notification, 45, 46, 49, 51.
Offre, 38.
Paiement, 35, 36, 59.
Paiement anticipé, 67.
Pétition, 53.
Poursuites, 59, 60.
Principe, 5.
Projet, 6.
Proportionnalité, 20.
Proposition, 15, 29, 33.
Prorogation, 39.
Quotité, 14.
Rapport, 53, 54.
Receveur des finances, 63, 65.
Récidivistes, 72.
Recouvrement, 64.
Réduction, 61.
Remise, 47.
Renonciation, 19.
Réparation civile, 16.
Réserve, 25, 26.
Résultat, 23.
Saisie, 43.
Séquestre, 43.
Signification, 15, 44.
Sommier, 42.
Suspension, 60.
Timbre, 46, 55.
Validité, 4.

V. Avertissement. Cessation de poursuites. Prestation. Recouvrement. Remise de condamnation.

SECT. I. — GÉNÉRALITÉS. PRINCIPES.

1. *Définition.* — La transaction est un contrat par lequel les parties terminent une contestation née, ou préviennent une contestation à naitre. (Cod. Civ. 2044.)

2. *Contentieux. Attribution. Ministre.* — Le ministre peut, sous sa responsabilité, mais sans que l'Etat se trouve engagé d'une manière irrévocable, trancher par une transaction, d'accord avec les parties, les questions contentieuses en litige. (Cons. d'Etat 27 février 1868.)

3. *Conditions.* — Pour transiger, il faut avoir la capacité de disposer des objets compris dans la transaction. (Cod. Civ. 2045.)

4. *Validité.* — Les transactions ont, entre les parties, l'autorité de la chose jugée en dernier ressort. (Cod. Civ. 2052.)

5. *Principes. Délinquant.* — La transaction est un acte de bienveillance envers le condamné, et l'administration a le droit de la subordonner à telles conditions qu'elle le juge convenable. Il n'y a rien d'absolu quant à la durée du délai de la transaction, sauf pour éviter la prescription. (Circ. N 206.)

On doit assurer au propriétaire de la forêt une juste réparation du préjudice résultant du délit. La somme à payer doit comprendre, d'une part, les restitutions se montant à la valeur des produits enlevés et les dommages-intérêts représentant, aussi exactement que possible, le préjudice d'avenir causé à la forêt. (Circ. N 262.)

6. *Projet.* — S'il est vrai qu'en principe, dès qu'une transaction n'a point été conclue, mais est restée à l'état de projet, les parties ne peuvent s'opposer l'une à l'autre les aveux et déclarations qui s'y trouvent mentionnés, cela n'est vrai qu'autant que les aveux et déclarations n'ont pu avoir lieu qu'en vertu de la transaction. (Nancy, 25 avril 1844.)

7. *Communes. Conditions.* — Les communes et établissements publics ne peuvent transiger qu'avec l'autorisation expresse du chef de l'Etat. (Cod. Civ. 2045.)

8. *Communes. Jurisconsultes. Bois.* — Aux termes de l'arrêté du 21 frimaire an XII, tout projet de transaction devrait être délibéré par le conseil municipal, soumis à l'examen de trois jurisconsultes et approuvé par décret du chef de l'Etat. La loi de 1837 et le décret du 25 mars 1852 ont transféré au préfet le droit d'homologation. Aujourd'hui encore, les délibérations des conseils municipaux doivent être approuvées par arrêté du préfet, rendu en conseil de préfecture. (Loi du 5 avril 1884, art. 68, § 4, et 69.) Mais la consultation préalable de trois jurisconsultes n'est plus obligatoire, par suite de l'abrogation de l'arrêté de l'an XII par la loi municipale. (Block.)

S'il s'agit de bois soumis au régime forestier, il faut un décret du chef de l'Etat pour approuver les transactions.

9. *Cession de terrain.* — L'administration s'est réservé de faire statuer sur tous les actes, tels que transaction sur des terrains,

qui auraient pour effet de réduire l'étendue du sol forestier. (Décis. Min. du 2 février 1856.)

10. *Calcul. Erreur.* — L'erreur de calcul dans une transaction doit être réparée. (Cod. Civ. 2058.)

SECT. II. — DÉLIT FORESTIER.

§ 1. *Attributions.*

11. *Administration forestière. Droit.* — L'administration des forêts est autorisée à transiger, avant jugement définitif, sur la poursuite des délits et contraventions en matière forestière, commis dans les bois soumis au régime forestier. Après jugement définitif, les transactions ne peuvent porter que sur les peines et réparations pécuniaires. (Cod. For. 159. Loi du 18 juin 1859.)

12. *Base.* — Une transaction ne peut intervenir que sur un procès-verbal régulier. (Décr. du 21 décembre 1859. Circ. A 786.)

13. *Délit. Indications.* —Le droit de transaction s'applique, à l'exclusion des délits de pêche, à tous les délits et contraventions en matière forestière et de chasse, dont la *poursuite* appartient à l'administration forestière. (Les délits de droit commun ne sont pas compris dans ce droit de transaction.)

Ce droit ne peut pas être étendu aux délits et contraventions de défrichement prévus par les articles 219 et suivants du code forestier. (Avis du conseil d'Etat du 26 novembre 1860, approuvé par le ministre, le 22 décembre 1860. Cass. 2 août 1867. Circ. N 63.)

14. *Décision. Chiffre. Quotité.* — Les transactions sur poursuites de délits et contraventions commis dans les bois soumis au régime forestier deviennent définitives :

1° Par l'approbation du conservateur, lorsque les condamnations encourues ou prononcées, y compris les réparations civiles, ne s'élèvent pas au-dessus de 1000 francs;

2° Par l'approbation du directeur des forêts, quand les condamnations sont supérieures à 1000 francs, sans dépasser 2000 francs;

3° Par l'approbation du ministre de l'agriculture, quand les condamnations s'élèvent à une somme supérieure à 2000 francs. (Décr. du 22 décembre 1879. Circ. N 262.)

§ 2. *Propositions.*

15. *Avant jugement. Propositions. Signification.* — Quand les propositions de transaction avant jugement doivent être soumises à la décision du directeur ou à celle du ministre, les chefs de service font signifier les procès-verbaux, afin d'éviter la prescription. (Circ. N 318.)

16. *Réparations civiles. Bois communaux.* — Le caractère général et exclusif du droit de transaction s'oppose à ce que les conseils municipaux ou les commissions administratives puissent renoncer, en tout ou partie, aux réparations civiles stipulées au profit des communes ou établissements publics propriétaires. Le paiement doit toujours être exigé, quand même les représentants des corps intéressés auraient émis des délibérations tendant à en faire l'abandon. (Circ. N 149.)

Après *le paiement*, le conseil municipal peut proposer ou voter la restitution des sommes perçues. (*Revue des eaux et forêts*, 1874, pp. 50 et 98.)

17. *Approbation. Conseil municipal.* — Les transactions pour les délits commis dans les bois communaux et d'établissements publics n'ont pas besoin, pour être définitives, d'être soumises à l'approbation des conseils municipaux ou des commissions administratives des établissements publics. (Circ. A 786.)

18. *Conseil municipal. Commission administrative. Avis.* — Pour les délits commis dans les bois communaux et d'établissements publics, il n'est pas nécessaire de consulter les conseils municipaux, ni les commissions administratives, à moins de circonstances spéciales; leur intervention serait une dérogation à l'économie de la loi du 18 juin 1859. Le conservateur et l'administration se réservent le soin de consulter ces assemblées, s'il y a lieu; les chefs de service doivent s'abstenir de toute initiative à cet égard. (Circ. N 262.)

19. *Communes. Etablissements publics. Renonciation. Avis.* — Avant, comme après jugement, les délibérations des conseils municipaux ne sont que des avis auxquels le service forestier n'est pas tenu de se conformer. Le caractère exclusif et général du droit de l'administration s'oppose à ce que les communes modifient les décisions prises, en renonçant en tout ou partie aux sommes stipulées en leur faveur. (Décis. Min. du 7 décembre 1875. Circ. N 262.)

20. *Proportionnalité. Indications.* — Toute transaction dans les bois domaniaux ou communaux doit comprendre la restitution de la valeur des produits enlevés et le paiement des dommages-intérêts, représentant le préjudice causé. On peut, quelquefois, abaisser le chiffre des réparations civiles, pour en obtenir le paiement de la part des délinquants indigents qui ne pourraient pas payer une forte somme. La règle fixée par l'article 202 du code forestier, pour le minimum des dommages-intérêts, n'est pas applicable aux transactions. La restitution et les dommages-intérêts étant fixés, c'est par la suppression ou la modération de l'amende qu'il convient de tenir compte des motifs d'indulgence. (Circ. N 262.)

21. *Amende. Chasse.* — Nonobstant l'attribution qui en a été faite aux communes, les amendes prononcées pour délit de chasse peuvent être remises ou modérées. (Décis. Min. du 30 septembre 1864.)

22. *Après jugement définitif. Peines. Emprisonnement.* — La transaction après jugement définitif ne peut porter que sur les peines et réparations pécuniaires. L'emprisonnement n'est pas compris dans les termes de l'article 159 du code forestier. (Circ. A 786.)

23. *Après jugement. Résultat.* — Lorsque la transaction intervient après un jugement non définitif, c'est-à-dire susceptible d'opposition ou d'appel, elle a pour effet d'éteindre la poursuite et de faire tomber, dans ce cas, toutes les condamnations, y compris l'emprisonnement. (Circ. A 786.)

24. *Décimes.* — On doit toujours ajouter les décimes au chiffre de l'amende fixé pour la transaction. (Circ. A 801.)

25. *Frais. Réserve.* — Le droit de transaction ne s'étend pas aux frais, qui, étant une avance du Trésor, doivent toujours être recouvrés. (Circ. A 786.)

26. *Gratification. Réserve.* — En cas de transaction sur un délit donnant droit à une gratification, la somme due à l'agent verbalisateur est toujours réservée. (Loi de finances du 27 décembre 1890, art. 11. Circ. N 430.)

27. *Frais. Avertissement.* — On doit toujours ajouter aux sommes à payer la somme de 0 fr. 30, pour avertissement de la transaction. (Circ. A 801.)

§ 3. *Formalités. Conditions.*

28. *Initiative.* — Les agents prennent l'initiative pour les transactions, avant la signification des procès verbaux ; pour les autres, l'initiative est laissée aux délinquants. (Circ. A 786.)

29. *Adjudicataire. Propositions. Conditions.* — Dans les poursuites contre les adjudicataires ou entrepreneurs pour retard d'exploitation ou d'exécution de travaux d'exploitation, on doit faire, de l'exécution des travaux ou de la mise en ordre de la coupe pour un terme indiqué, une des conditions de la transaction, afin que l'action du délit ne s'éteigne pas par le seul fait de paiement de la somme fixée. Pour les retards d'exploitation constatés par procès-verbal, la prolongation doit être une des clauses de la transaction qui est accordée, sauf à tenir compte, dans le calcul des réparations civiles, des dommages résultant du retard. (Circ. N 262.)

30. *Entrepreneurs. Coupes affouagères.* — Dans les transactions accordées aux entrepreneurs de coupes affouagères, on doit toujours comprendre les réparations civiles, soit restitutions et dommages-intérêts à payer à la commune. (Circ. N 262.)

31. *Etat de proposition.* — Pour les transactions avant la signification des procès-verbaux, les agents adressent, avec les procès-verbaux dressés pendant la quinzaine, un état de propositions de transaction. (Arr. Min. 30 janvier 1860, art. 1. Circ. A 786. Circ. N 149.)

32. *Demande. Instruction.* — Lorsque les procès-verbaux ont été signifiés et avant le jugement, le délinquant peut demander à transiger. La demande adressée au conservateur est instruite par les agents locaux, comme les demandes de transaction après jugement. (Décis. Min. du 30 janvier 1860, art. 7. Circ. N 149.)

33. *Délai. Propositions.* — Les transactions doivent être proposées, consenties et exécutées avant le délai de trois mois, pour éviter la prescription des procès-verbaux. Le chef de cantonnement a l'initiative des propositions en transaction, suivant la gravité des délits ; l'inspecteur ajoute, le cas échéant, au sujet d'autres procès-verbaux, les propositions qui lui paraîtraient justifiées. (Circ. A 786.)

34. *Envoi. Délai.* — Dans la huitaine au plus tard, après avoir reçu les propositions de transaction du chef de cantonnement, l'inspecteur donne son avis sur ces propositions et les transmet au conservateur. Dans les cinq jours, le conservateur statue et adresse sa décision à l'inspecteur. (Arr. Min. 30 janvier 1860, art. 2. Circ. A 786. Circ. N 149.)

35. *Avant signification.* — Toute transaction doit, à peine de nullité, être payée dans le délai fixé. Dans les cinq jours, après l'expiration de ce délai, le receveur des finances fait connaître à l'inspecteur si le délinquant a payé ou non le montant des sommes mises à sa charge. En cas de paiement, l'inspecteur inscrit sur son sommier des procès-verbaux les sommes recouvrées et, à défaut, passe outre aux poursuites. (Arr. Min. 30 janvier 1860, art. 4, 5 et 6. Circ. A 786.)

36. *Après signification.* — Pour les transactions consenties par le conservateur après signification des procès-verbaux, l'inspecteur fixe le délai dans lequel la transaction doit être exécutée ; à l'expiration de ce délai, le receveur des finances fait savoir si la transaction a été exécutée ; à défaut de quoi, l'inspecteur passe outre aux poursuites. (Arr. Min. 30 janvier 1860, art. 8. Circ. A 786. Circ. N 149.)

37. *Délai.* — Lorsque l'inspecteur fixe le délai dans lequel la transaction doit être exécutée, il peut proroger ce délai et demander ou consentir à l'audience des remises, pour faciliter l'exécution des transactions. (Circ. A 786.)

38. *Offre. Exécution. Délai.* — L'offre de la transaction qui précède la signification du procès-verbal est réputée non avenue, lorsque la transaction n'a pas été exécutée dans le délai de trente jours, à partir de la date de la décision. Tout paiement qui serait

proposé après ce délai devrait être refusé. Le percepteur, dans le délai de trente-cinq jours, après la décision, doit faire connaître, par l'entremise de la recette des finances, si le délinquant a payé ou non, en renvoyant le bulletin. (Circ. A 786. Circ. A 813. Circ. N 149.)

39. *Délai. Prorogation.* — Lorsqu'il s'agit de transaction approuvée après signification du procès-verbal, l'inspecteur des forêts a la faculté de proroger le délai primitivement fixé, et le percepteur doit se conformer aux décisions qui lui sont transmises, sans pouvoir accorder lui-même un délai aux parties. Le percepteur fait connaître, à l'expiration du délai accordé par l'inspecteur, si le délinquant a payé. (Circ. A 786. Circ. A 813. Circ. N 149.)

40. *Après jugement. Délai. Conditions.* — Les décisions après jugement (conservateur, directeur, ministre) devront formellement énoncer à l'avenir que, faute d'avoir payé et rempli les conditions dans le délai imparti, la transaction sera non avenue et le jugement reprendra son effet, sans qu'aucune mise en demeure, ni même un simple avertissement soit nécessaire. (Décis. Min. du 29 novembre 1876. Circ. N 206.)

41. *Avertissement.* — En donnant avis de la transaction, l'inspecteur transmet au chef de cantonnement les avertissements destinés à la partie intéressée. (Arr. Min. du 30 janvier 1860, art. 3. Circ. A 786.)

42. *Sommiers. Indication.* — La date, la nature et le chiffre des transactions doivent être inscrits, par le chef de cantonnement, à la colonne d'observations du sommier des procès-verbaux et, par les inspecteurs, dans les colonnes comprises sous le titre de *Montant des condamnations* du sommier des poursuites. (Circ. A 786.)

43. *Saisie. Séquestre.* — En cas de saisie et séquestre, il semble qu'une transaction est impossible, puisque le séquestre ne peut délivrer le bois qu'à la partie qui en est reconnue propriétaire. Cependant, si le délinquant, par acte spécial, reconnaissait que les bois saisis ne lui appartiennent pas et qu'il en laisse la libre disposition à l'administration, rien n'empêcherait de l'admettre à transaction et de dégager la responsabilité du séquestre, en lui notifiant la renonciation du délinquant.

44. *Signification. Demande.* — Lorsque le procès-verbal est signifié, on peut attendre que le délinquant demande la transaction; cependant, les agents peuvent prendre l'initiative pour la lui proposer, et elle peut être jointe à la signification du procès-verbal. La décision du conservateur ne fait qu'approuver l'offre d'une transaction, sans valeur en cas de refus et qui ne lie l'administration qu'autant que la partie accepte l'offre en payant ; le paiement est la seule acceptation réelle de l'offre de transaction. (Circ. A 786.)

45. *Décision. Notification.* — Les décisions du ministre, du directeur ou du conservateur sont notifiées aux délinquants par les gardes, et l'inspecteur en donne avis au receveur des finances par un bulletin divisé en deux parties: la première donne avis de la décision, avec le détail des sommes à recouvrer, la nature de l'infraction et le lieu où elle a été commise ; la seconde partie est destinée à faire connaître à l'inspecteur si les sommes ont été ou non acquittées. Le receveur n'a aucun avertissement à adresser au délinquant admis à transiger. Il ne doit accepter aucun acompte, la transaction ne pouvant se consommer que par le paiement intégral de la somme fixée. (Circ. A 813.)

46. *Notification. Timbre.* — La notification qui fixe les conditions de la transaction est exempte du timbre et de l'enregistrement. (Loi du 15 mai 1818, art. 80.)

47. *Remise.* — Pour faciliter la transaction, les inspecteurs peuvent, à l'audience, demander ou consentir à des remises d'affaires. (Circ. A 786.)

48. *Frais. Avertissement.* — En cas de refus d'une transaction proposée, le délinquant doit être condamné au paiement des frais faits à ce sujet par l'administration forestière. (Trib. de Verdun, 12 mai 1865.)

49. *Après jugement. Notification.* — Après jugement portant condamnation, la décision du conservateur sur la demande à fin de transaction est notifiée au délinquant et transmise au receveur des finances. (Arr. Min. du 30 janvier 1860, art. 11. Circ. A 786. Circ. N 149.)

50. *Après jugement. Délai.* — Toute latitude est laissée au conservateur, au directeur et au ministre, pour le délai à fixer pour les transactions après jugement, sans que ce délai puisse excéder *trois mois*. Pour fixer ce délai, on doit tenir compte des ressources du débiteur et de la somme à payer.

Après le délai de trois mois, un délai complémentaire *d'un mois au maximum* peut être accordé par le trésorier-payeur général, sous sa responsabilité personnelle ; il fait notifier ce délai au délinquant par le percepteur et en donne avis au conservateur. (Décis. Min. du 29 novembre 1876. Circ. N 206.)

51. *Après jugement. Caution. Notification.* — Lorsqu'il existe des cautions responsables des condamnations pécuniaires (Cod. For. 28), il devra leur être donné avis de la transaction consentie et des délais et conditions auxquels elle a été subordonnée. (Circ. N 206.)

52. *Demande. Décision. Instruction.* — Lorsque les transactions doivent être autorisées par le directeur ou le ministre, elles n'auront lieu que sur la demande des parties

et seront instruites dans la forme ordinaire des remises ou modérations d'amende. Délai pour l'instruction : quarante jours. (Circ. A 649. Circ. A 786. Circ. N 262.) V. Remise d'amende.

53. *Adjudicataire. Pétition. Rapport.* — Les adjudicataires doivent adresser leur demande sur timbre, pour obtenir une transaction. Pour les affaires de l'espèce, on doit fournir un rapport spécial. (Circ. N 262.)

54. *Instruction. Rapport.* — On doit toujours traiter par un rapport spécial les demandes en transaction présentées pour des délits dont les condamnations s'élèvent à 500 francs et au-dessus. (Circ. N 262.)

55. *Demande. Timbre.* — Les demandes en transaction doivent être rédigées sur papier timbré, comme les pétitions.

Pour celles avant jugement, on peut employer du papier non timbré. (Puton.)

56. *Emprisonnement.* — Lorsqu'un délinquant est condamné à l'emprisonnement par jugement définitif, la transaction ne doit être accordée qu'après l'exécution de cette peine. (Circ. A 786.)

57. *Emprisonnement. Autorité. Attribution.* — Si le procès-verbal constate un délit où la peine de l'emprisonnement obligatoire soit encourue, comme la prison est supérieure à toutes les amendes, il est évident que le ministre peut seul autoriser la transaction. Si la prison est facultative et qu'elle soit demandée, le ministre doit statuer ; si elle n'est pas demandée, la compétence de l'autorité est fixée par le chiffre des conclusions.

58. *Frais.* — Les frais d'une transaction s'élèvent, pour un délinquant, à 4 francs, savoir :

1° Timbre du procès-verbal (feuille double)	1f,20
2° Enregistrement du procès-verbal	2 50
3° Signification de la transaction, pour chaque délinquant	0 30
Total	4f,00

59. *Non-paiement. Poursuites.* — A défaut de paiement d'une transaction proposée, l'inspecteur passe outre aux poursuites. (Arr. Min. du 30 janvier 1860. Circ. A 786.)

60. *Instruction. Poursuites. Suspension.* — Pendant l'instruction des transactions après jugement, les poursuites en recouvrement sont suspendues.

§ 4. *Recouvrement. Paiement.*

61. *Déchéance. Réduction.* — Les inspecteurs doivent informer les receveurs des finances des transactions après jugement, des déchéances de transaction pour les insolvables, par suite de leur inexécution de prestations, et des réductions proportionnelles pour les journées effectuées. (Circ. A 814.)

62. *Après jugement. Déchéance.* — Le nonpaiement de la transaction après jugement, dans le délai fixé, n'emporte pas de plein droit la déchéance du bénéfice de la mesure. Pour que le délinquant en soit privé, il faut que la remise partielle des condamnations prononcées ait été subordonnée à la condition de paiement dans ce délai. (Circ. N 206.)

63. *Receveur des finances. Bulletin.* — Les décisions sur les transactions proposées sont portées immédiatement à la connaissance du receveur des finances, par l'inspecteur. Le bulletin (série 6, n° 20) qui lui est adressé à cet effet sert de pièce comptable pour l'encaissement de la transaction. (Arr. Min. du 30 janvier 1860, art. 3. Circ. A 786. Circ. N 149.)

64. *Recouvrement. Bureau. Bulletin. Domicile. Arrondissements ou départements différents.* — C'est au bureau du domicile du condamné, plutôt qu'à celui dans l'arrondissement duquel le délit a été commis, que les amendes forestières doivent être recouvrées. (Délibération des domaines du 19 décembre 1826.) Cette disposition paraît applicable aux transactions.

Lorsqu'un délinquant est domicilié dans un autre arrondissement ou département que celui où le délit a été commis, le bulletin de recouvrement de la transaction doit être adressé au receveur des finances de là circonscription où le délit a été commis, et celui-ci se charge de faire recouvrer la transaction au domicile du délinquant, par le percepteur du domicile du délinquant. (Instr. sur la comptabilité du 20 septembre 1875, § 28.)

L'avertissement donné au délinquant et le coupon ou avis adressé au receveur des finances doivent porter la mention que la transaction doit être recouvrée par le receveur du lieu du domicile.

Dans le relevé mensuel par arrondissement, on doit faire une catégorie spéciale des délits de l'espèce, dont les transactions doivent être recouvrées dans un arrondissement ou département différents.

65. *Receveur des finances. Bulletin. Délit. Chasse.* — Sur les bulletins d'avis destinés aux receveurs des finances, pour les transactions avant jugement, on doit indiquer la nature du délit au sujet duquel intervient la transaction. Si c'est un délit de chasse, on indique le nom de la commune sur le territoire de laquelle il a été commis. (Circ. A 825.)

66. *Acompte.* — Les percepteurs ne doivent pas accepter des acomptes, ni accorder des délais autres que ceux fixés par l'inspecteur. V. Recouvrement.

67. *Paiement anticipé.* — Les comptables sont autorisés à recevoir les sommes qui leur

sont offertes par les débiteurs, avant même qu'ils aient reçu le bulletin série 6, nº 20 ; ils doivent, dans ce cas, mettre une mention sur leur carnet, afin de constater le paiement dès qu'ils auront reçu avis de la transaction. (Circ. N 214.)

§ 5. *Etats. Justification.*

68. *Etat mensuel. Envoi. Epoque.* — Dans les premiers jours de chaque mois, les inspecteurs adresseront au conservateur un état nominatif, par arrondissement du domicile des délinquants, des individus admis à transiger le mois précédent. Le conservateur adressera immédiatement cet état, dans sa forme, au trésorier-payeur général. (Form. série 6, nº 22. Circ. N 149.)

69. *Etat sommaire. Administration.* — Au mois de février de chaque année, le conservateur adresse à l'administration un état sommaire et récapitulatif des transactions sur délit forestier consenties, acquittées ou exécutées pendant l'année précédente. (Décis. Min. du 27 décembre 1861. Circ. A 814. Form. série 6, nº 26.)

SECT. III. — DÉLITS DE CHASSE.

70. *Attributions.* — Les conservateurs transigent sur les délits de chasse. (Cons. d'Etat du 26 novembre 1860. Circ. A 801. Circ. N 63.)

71. *Attributions. Droit.* — Le droit de transaction de l'administration avant jugement s'applique, *sans distinction*, à *tous* les délits de chasse commis dans les bois soumis au régime forestier.

La transaction intervenue éteint l'action publique. (Cons. d'Etat du 26 novembre 1860. Cass. 2 août 1867. Circ. N 63.)

72. *Récidivistes. Braconniers.* — Les récidivistes et les braconniers ne doivent pas être admis à transaction. (Circ. N 63.)

73. *Frais. Décimes. Gratification.* — Dans les transactions pour délit de chasse, on doit toujours réserver, outre les frais et décimes, la somme nécessaire pour le paiement de la gratification à laquelle a droit le rédacteur du procès-verbal. (Circ. A 812. Circ. N 72. Règl. Min. du 26 décembre 1866, § 481. Circ. N 430.)

74. *Droit des tiers.* — La transaction consentie pour un délit de chasse commis dans une forêt domaniale, dont la chasse est louée, n'enlève pas au fermier de cette chasse le droit de poursuivre directement, comme partie lésée et devant les tribunaux correctionnels, la réparation civile du délit commis. (Angers, 19 juillet 1869.)

SECT. IV. — DÉLITS COMMUNS.

75. *Attributions.* — Pour les délits de droit commun qui ne sont pas susceptibles de transaction par l'administration, on peut adresser au ministre une demande gracieuse en cessation de poursuite ou en remise de condamnations, qu'il a le droit d'accorder. (Décis. Min. du 31 août 1852.)

TRANSCRIPTION (HYPOTHÈQUES).

Définition. — La transcription consiste dans la copie intégrale, sur un registre spécial, des actes pour lesquels cette formalité est requise par la loi civile. (Block.)

TRANSLATION.

Prévenus. — Les prévenus seront conduits à pied par la gendarmerie, de brigade en brigade. Ils pourront être transférés en voiture, si les circonstances l'exigent ou à leurs frais, s'ils le demandent. (Décr. du 18 juin 1811, art. 4.)

TRANSPORT.

SECT. I. — TRANSPORT EN GÉNÉRAL, 1 — 54.

SECT. II. — TRANSPORT DU GIBIER, 55 — 66.

Acquit-à-caution, 12, 13, 14, 16, 24, 27, 42, 46, 47, 48.
Agent des transports, 5.
Agent forestier, 28.
Animaux nuisibles, 60.
Animaux tués, 62.
Artillerie, 10, 13, 47.
Avance, 50.
Avarie, 32, 37.
Avis, 9.
Battue, 62.
Bois de bourdaine, 10, 13, 47.
Bois de marine, 54.
Calcul, 18.
Cartouches, 15, 16.
Camionnage, 23, 24.
Certificat, 42.
Cessation, 57.
Chemins de fer, 66.
Clôture, 57.
Co-auteur, 65.
Colis, 12, 27, 66.
Complice, 65.
Compte, 5.
Conditions, 11.
Conservateurs, 7, 45.
Constatation, 35.
Correspondance, 49.
Date, 19.
Délai, 17, 19, 21, 23, 31 bis, 40.
Délai supplémentaire, 22
Délégation, 6, 7.
Département, 65.
Détermination, 21.
Directeur, 44.
Distances, 17, 18.
Enlèvement, 20, 25, 26.
Envoi, 15, 27, 34, 43, 45, 46, 48.
Excuse, 64.
Expertise, 32.
Fermeture momentanée de la chasse, 58.
Force majeure, 39.
Frais, 41.
Frais de correspondance, 49, 50.
Frais de transport, 8.
Gibier d'eau, 59.
Gibier étranger, 56.
Gibier saisi, 55.
Indication, 9, 14, 16, 24.
Instrument de délit, 2.
Lapin de garenne, 61.
Lettre de voiture, 53.
Livraison, 25, 26.
Marchandises, 31, 31 bis.
Matériel, 1.
Mémoire, 8,
Messageries, 49, 64.
Neige, 58.
Objets divers, 27.
Oiseaux de passage, 59.
Opposition, 31 bis.
Ordre, 6, 7, 9, 10, 14, 28, 44.
Paiement, 30.
Parcours, 11, 18.
Perte, 36, 37, 40.
Pièces, 28, 43.
Poids, 14, 16, 32.
Poudreries, 10, 13, 47.
Pourboire, 50.
Prix, 40.
Quantité, 32.
Quittance, 53.
Récépissé, 52, 53.
Réception, 29, 30, 31, 42, 43.
Réclamation, 30, 30 bis.
Registre, 12, 13.

Responsabilité, 37, 38.
Restauration des montagnes, 51.
Retard, 30 bis, 34, 35, 40, 41.
Retenue, 34, 35, 41.
Saisie, 2, 55.
Sanglier, 63.
Taxe majorée, 31.
Timbre, 52.
Tolérance, 57.
Traité, 4.
Valeur, 36.
Vérification, 32, 33, 46.
Vitesse, 3, 11, 21.

SECT. I. — TRANSPORT EN GÉNÉRAL.

1. *Matériel.* — Tous les objets du matériel de l'administration des forêts, autres que ceux dont l'envoi a lieu en franchise par la poste, en conformité des dispositions de l'ordonnance du 17 novembre 1844, sont transportés par les compagnies des chemins de fer ou, à défaut des voies ferrées, par les messageries. (Circ. N 67, art. 1.)

2. *Saisie. Instrument de délit.* — On peut faire transporter par les messageries ou les chemins de fer les instruments de délit saisis par les gardes.

3. *Vitesse.* — On ne doit se servir des chemins de fer que pour le transport des objets du matériel qui ne rentrent pas dans la catégorie de ceux que l'article 8 de l'ordonnance du 17 novembre 1844, sur les franchises, assimile à la correspondance de service, et dont le volume n'est pas exagéré ou dont le poids excède cinq kilogrammes.

On ne doit, dans ce cas, se servir que de la vitesse *accélérée* et n'avoir recours à la grande vitesse que par exception et dans le cas d'absolue nécessité. (Lettres des 25 février 1865, n° 4212, et 12 mai 1884.)

4. *Traité.* — Les transports par les chemins de fer s'effectuent conformément à des traités passés entre l'Etat et les compagnies des lignes du Nord, de l'Est, de Paris à Lyon et à la Méditerranée, de l'Ouest et du Midi. (Circ. N 67, art. 2.)

5. *Compte. Agent des transports.* — Un compte est ouvert à cet effet avec ces compagnies, représentées par leur agent général.

Les compagnies désignent, en outre, dans chaque lieu d'expédition et de destination, un préposé chargé du service des transports. (Circ. N 67, art. 3.)

6. *Ordre. Délégation.* — Les transports sont exécutés en vertu d'ordres délivrés directement par le directeur, ou par les conservateurs qu'il délègue à cet effet.

Cette délégation est également donnée à des chefs de service et même à des chefs de cantonnement, toutes les fois que les intérêts du service l'exigent. (Circ. N 67, art. 4.)

7. *Ordre. Délégation. Conservateurs.* — Les conservateurs sont délégués pour donner directement des ordres pour le transport des objets de matériel sur les chemins de fer. (Lettre du Direct. Gén. du 31 octobre 1862.)

8. *Frais de transport. Mémoire.* — La dispense de marchés écrits s'étend aux transports dont la valeur présumée n'excède pas 1500 francs et qui peuvent être exécutés sur simple mémoire. (Décr. du 18 novembre 1882, art. 22. Circ. N 304.)

9. *Ordre. Avis. Indications.* — Lorsqu'il y a lieu, dans les départements, d'effectuer des transports, les agents délégués en donnent avis au représentant local des compagnies, au moyen d'un ordre de transport. (Form. série 11, n° 29.)

Cet ordre est remis en double expédition au préposé, qui appose son reçu sur celle destinée à rester entre les mains de l'expéditeur.

L'ordre précise la nature, le poids et la destination des objets de toutes sortes à expédier; il indique la vitesse à employer pour chaque mode de transport. (Circ. N 67, art. 5.)

10. *Ordre. Bois de l'artillerie. Bois de bourdaine.* — Sur l'ordre de transport des bois destinés à l'artillerie, les agents expéditeurs auront soin d'inscrire, en gros caractères, la mention suivante dans la colonne d'observation: *Compte du service de la guerre.* Cette règle est applicable au transport des bois de bourdaine pour les poudreries. (Circ. N 167.)

11. *Vitesse. Conditions.* — Le mode de vitesse consiste en petite vitesse, vitesse accélérée et grande vitesse.

Ce dernier mode donne lieu à une dépense excessive, que les tarifs du traité ne prévoient pas et qui est réglée d'après le tarif général de chaque compagnie. Aussi n'est-il employé que par exception et dans des cas d'urgence absolue.

La vitesse accélérée, qui n'est autre que la grande vitesse des trains de voyageurs appliquée aux marchandises, comporte un parcours de 300 kilomètres par vingt-quatre heures; elle répond donc plus que suffisamment aux exigences du service.

Toutes les expéditions du poids de dix kilogrammes et au-dessous sont effectuées en vitesse accélérée. (Circ. N 67, art. 6.)

12. *Colis. Registre. Acquit-à-caution.* — Les colis sont accompagnés d'un acquit-à-caution détaché d'un registre à souche (Form. série 11, n° 30), fourni par l'administration aux conservateurs et aux autres agents délégués et qui est divisé en trois parties ou feuillets distincts : A, B, C, qui ont chacun un objet spécial.

Le feuillet A constitue la souche du registre et reste entre les mains des conservateurs ou des autres agents délégués.

Les feuillets B et C, laissés réunis, représentent l'acquit-à-caution proprement dit. Ils doivent être détachés de la souche A et joints aux colis, après que la partie supérieure en a été remplie par l'agent expéditeur. (Circ. N 67, art. 7.)

13. *Registre. Acquit-à-caution. Bois pour l'artillerie. Bois de bourdaine.* — Les conservateurs tiendront un registre séparé pour les envois et les transports de bois destinés à l'artillerie. Les feuillets B et C des acquits-à-caution de ces envois devront porter en gros caractères, ces mots : *Compte du service de la guerre*. Les directeurs ou chefs de corps destinataires devront renvoyer la feuille B de l'acquit-à-caution au conservateur, pour la vérification des mémoires de chemins de fer. Ces règles sont applicables au transport du bois de bourdaine pour les poudreries. (Circ. N 167.)

14. *Indications. Ordre. Acquit-à-caution.* — De même que l'ordre de transport, l'acquit-à-caution indique le mode de vitesse à employer.

Il fait connaître, en outre :

La nature, l'espèce et la quantité des objets à transporter;

Le nombre des ballots, boucauts, barils ou caisses;

Les marques et les numéros de chacun de ces colis;

Leur poids;

Le lieu de destination;

La distance à parcourir;

Le délai dans lequel le transport doit être effectué. (Circ. N 67, art. 8.)

15. *Cartouches. Envoi.* — Les agents doivent s'abstenir d'expédier dans la même caisse des cartouches et d'autres objets. (Lettre de la direction du 12 mai 1884.)

16. *Cartouches. Indications.* — Les agents doivent indiquer sur les acquits-à-caution le poids des caisses contenant des cartouches qu'ils expédient avec d'autres caisses n'en renfermant pas. (Lettre de la direction du 12 mai 1884.)

17. *Délais. Distances.* — Les délais accordés pour effectuer les transports sont décomptés d'après les distances indiquées au tableau annexé au traité. (Circ. N 67, art. 9.)

18. *Distances. Calcul. Parcours.* — Les distances qui ne sont pas portées audit tableau sont calculées, savoir :

1o Pour les chemins de fer, d'après les distances par rails indiquées dans les tarifs homologués;

2o Pour les routes, d'après les certificats des ingénieurs des ponts et chaussées;

3o Pour les rivières et canaux, d'après les tableaux de distance servant à la perception des droits de navigation ou, à défaut, d'après les certificats des ingénieurs chargés du service de la navigation.

Ces certificats sont légalisés par les préfets ou les sous-préfets.

Dans tous les cas, les parcours dont il s'agit sont déterminés d'après l'itinéraire le plus économique pour l'administration. (Circ. N 67, art. 10.)

19. *Délai. Date.* — Les délais d'exécution de transport courent du lendemain de la date du reçu de l'ordre d'enlèvement et, en ce qui concerne la petite vitesse, ne comprennent pas le jour de la remise à destination. (Circ. N 67, art. 11.)

20. *Enlèvement.* — A défaut par les compagnies d'enlever les objets qui doivent être transportés par la petite vitesse, savoir : pour Paris, dans les deux jours qui suivent la date de l'ordre d'enlèvement, et dans les quatre jours, pour les autres localités, il peut y être procédé par l'expéditeur, aux frais, risques et périls des compagnies. Dans ce cas, comme dans tous les autres, les délais de transport courent du lendemain de la date du reçu de l'ordre d'enlèvement. (Circ. N 67, art. 11.)

21. *Vitesse. Délai. Détermination.* — Les délais pour les transports à effectuer par les différents modes et aux différentes vitesses sont déterminés d'après les bases qui suivent :

Minimum de la distance en kilomètres à parcourir par vingt-quatre heures :

Vitesse accélérée, par chemin de fer	300 kilom.
Vitesse accélérée, par roulage	40
Vitesse accélérée, par eau	50
Petite vitesse, par chemin de fer	125
Petite vitesse, par roulage	20
Petite vitesse, par eau	10
A dos de mulets	20

Pour les transports par chemins de fer, il n'est pas tenu compte, dans la détermination des délais, des fractions supplémentaires de moins de 25 kilomètres pour les deux vitesses.

Pour les autres modes de transport, les fractions donnent droit à un jour de délai. (Circ. N 67, art. 12.)

22. *Délai supplémentaire.* — Il est accordé, en outre, les délais supplémentaires ci-après :

Un jour pour chaque transmission d'une compagnie de chemin de fer à une autre compagnie;

Un jour en vitesse accélérée et deux jours en petite vitesse, pour la transmission, à Paris, d'une compagnie de chemin de fer à une autre compagnie, par le chemin de fer de ceinture;

Un jour pour chaque changement de voie de fer à voie de terre ou d'eau, et de voie de terre à voie d'eau, et réciproquement. (Circ. N 67, art. 13.)

23. *Camionnage. Délai.* — Il est accordé, en ce qui concerne les transports effectués par les voies de fer et d'eau, pour les deux camionnages au départ et à l'arrivée, les délais ci-après :

Vitesse accélérée : un jour;

Petite vitesse : quatre jours.

Ces délais sont les mêmes lorsque les transports sont effectués par le roulage. (Circ. N 67, art. 14.)

24. *Camionnage. Indications.* — Les agents doivent indiquer, sur les acquits relatifs au transport de toute espèce, s'il y a eu ou non camionnage à l'arrivée, comme au départ. (Lettre de la direction du 12 mai 1884.)

25. *Enlèvement. Livraison.* — Les compagnies sont tenues d'enlever, de transporter et de livrer, dans les délais déterminés par les articles 19, 20 et 21 de leur traité, pour chaque jour, pour chacune des voies de fer, de terre ou d'eau, et dans chaque localité, les quantités ci-après fixées :

1° Transports par voie de fer, vitesse accélérée.........	15 tonnes.
Petite vitesse..............	30
2° Transports par terre, roulage accéléré..............	2
Ordinaire.................	10
3° Transports par eau, vitesse accélérée..............	25
Petite vitesse..............	25
4° Transports par mulets...	500 kilogr.

(Circ. N 67, art. 15.)

26. *Enlèvement. Livraison.* — La remise des objets à transporter est faite à la porte des magasins ou rez-de-chaussée. A l'arrivée à destination, la remise au destinataire s'effectue dans les mêmes conditions. Si les voitures ne peuvent accéder à la porte des magasins, la compagnie se charge, moyennant remboursement, d'effectuer, si elle en est requise, l'enlèvement ou la livraison à bras ou à dos d'homme. (Traité du 21 juillet 1877.) On ne peut donc pas exiger des camionneurs le transport à un étage quelconque des colis expédiés ou reçus.

27. *Objets divers. Envoi. Colis. Acquit-à-caution.* — Lorsque plusieurs objets doivent être envoyés le même jour, du même lieu, à une même destination, et que la différence de leur nature ou de leur forme ne permet pas de les réunir en un seul colis, on doit néanmoins ne les accompagner que d'un seul acquit-à-caution, afin de diminuer les frais de transport qui résulteraient de l'emploi de plusieurs acquits-à-caution. (Circ. N 67, art. 16.)

28. *Agent. Ordre. Pièces.* — Lorsqu'un agent non délégué pour délivrer les ordres de transport est accidentellement dans le cas de faire parvenir par la voie ferrée des objets quelconques de service, soit à l'administration centrale, soit au conservateur ou à tout autre agent du même arrondissement forestier ou d'un arrondissement étranger, il doit en informer son conservateur. Ce dernier, sans demander une délégation spéciale au profit de l'agent expéditeur et sans lui adresser le registre à souche de la conservation, lui envoie un ordre de transport donné par lui-même, ainsi qu'un acquit-à-caution préparé dans ses bureaux et revêtu de sa signature.

L'agent expéditeur procède alors comme dans la forme ordinaire prescrite. (Circ. N 67, art. 17.)

29. *Réception.* — Dès qu'un colis est parvenu à destination, l'agent forestier en constate immédiatement l'arrivée et le poids. (Circ. N 67, art. 18.)

30. *Réception. Paiement. Réclamations.* — La réception des objets transportés et le paiement du prix de la voiture éteignent toute action contre le voiturier, pour avarie ou perte partielle, si dans les trois jours, non compris les jours fériés, qui suivent celui de cette réception et de ce payement, le destinataire n'a pas notifié au voiturier, par acte extrajudiciaire ou par lettre recommandée, sa protestation motivée. (Cod. Com. 105. Loi du 11 avril 1888.)

Ces formalités sont obligatoires, et tout recours serait perdu si le destinataire se contentait de réserves purement verbales. (Cass. 8 novembre 1893.)

30 bis. *Retard. Délai de réclamation.* — Le délai de trois jours, établi par la loi du 11 avril 1888 pour les réclamations à faire contre les transporteurs, ne s'applique qu'aux avaries et non au retard. Dans ce cas, le délai est d'une année. (Cass. 27 février 1894.)

31. *Réception. Marchandises. Taxe majorée.* — Il est vrai que l'article 105 du code de commerce stipule que la réception des marchandises et le paiement de la voiture éteignent toute action contre le voiturier ; ces prescriptions visent les pertes et avaries survenues aux marchandises et les fautes du transporteur dans l'exécution de son contrat, mais ne sauraient faire échec à une action en répétition de l'indu à propos d'une fausse application de tarifs. Dans ce cas, ces dispositions ne sont pas applicables, et la réclamation peut être faite. (Trib. de Comm. de la Seine, 1er septembre 1892.)

31 bis. *Marchandises. Opposition.* — L'opposition faite entre les mains du transporteur sur les marchandises qu'il transporte n'est valable qu'autant que cette opposition est spéciale et désigne les marchandises sur lesquelles elle porte. Si elle est générale et ne contient pas d'indications, le transporteur n'a pas à en tenir compte. (Trib. de Comm. de la Seine, 26 octobre 1893.)

32. *Avarie. Poids. Quantité. Vérification. Expertise.* — En cas d'avaries ou de différence dans les quantités indiquées par l'acquit-à-caution, il est procédé, le plus promptement possible, à l'ouverture des colis et à la vérification du matériel, en présence du préposé du chemin de fer ou de son représentant, et en son absence, s'il ne se présente pas au jour indiqué.

Un procès-verbal constatant cette vérification est dressé par le destinataire. Il indique le montant des pertes ou avaries à imputer aux compagnies ou à laisser à la charge de l'Etat.

En cas de désaccord sur la cause, l'importance et l'évaluation des avaries, il est procédé à une expertise.

Le procès-verbal doit rappeler les lieux de départ et de destination, la date et le numéro de l'acquit-à-caution, ainsi que le nombre et le poids des colis au départ et à l'arrivée.

Le récépissé de l'expédition ou certificat d'arrivée donné par le destinataire sur l'acquit-à-caution (feuillet B) et sur le coupon C fait mention des conclusions du procès-verbal. (Circ. N 67, art. 19.)

33. *Vérification.* — En cas de refus ou de contestation pour la réception des objets transportés, leur état est vérifié et constaté par des experts nommés par le président du tribunal de commerce, ou, à son défaut, par le juge de paix et par ordonnance au pied d'une requête. (Cod. Com. 106.)

34. *Retard. Envoi. Retenue.* — Si des colis ne parviennent pas à destination dans les délais prescrits, il peut être fait un nouvel envoi par la vitesse accélérée ou par les messageries, sans que cet envoi puisse dépasser 1000 kilogrammes en vitesse accélérée et 500 kilogrammes par les messageries ; le prix de transport n'est payé que d'après le taux fixé pour la petite vitesse ou le roulage ordinaire, sans préjudice de la retenue à exercer en cas de retard. (Circ. N 67, art. 20.)

35. *Retenues. Retard. Constatation.* — Les retards de remise à destination dans les délais déterminés entraînent des retenues sur le prix du transport.

Les agents destinataires doivent donc constater ces retards, dans le certificat d'arrivée donné à la suite de l'acquit-à-caution, *feuillet B,* et du coupon, *feuillet C.* (Circ. N 67, art. 21.)

36. *Perte. Valeur.* — En cas de perte, l'évaluation du nombre et de la valeur des objets perdus est faite d'après les factures ou tarifs qui sont produits à la diligence de l'administration. (Circ. N 67, art. 22.)

37. *Responsabilité. Perte. Avarie.* — Les compagnies restent responsables de toutes les pertes et avaries éprouvées en cours de transport, à moins qu'elles ne proviennent de force majeure.

Toutefois, dans le cas où les compagnies auraient employé la voie de mer, qui n'est pas prévue au traité, les pertes et avaries qui auraient pu en résulter, même par force majeure, restent entièrement à leur charge. (Circ. N 67, art. 23.)

38. *Responsabilité.* — Les voituriers, par terre et par eau, sont responsables de la perte et des avaries des choses qui leur sont confiées ou qu'ils ont reçues dans leurs voitures et entrepôts, à moins qu'ils ne prouvent qu'elles ont été perdues et avariées par cas fortuit ou de force majeure. (Cod. Civ. 1783 et 1784. Cod. Com. 103.)

39. *Force majeure.* — Si, par effet de la force majeure, le transport n'est pas effectué dans le délai convenu, il n'y a pas lieu à indemnité contre le voiturier, pour cause de retard. (Cod. Com. 104.)

40. *Retard. Perte. Délai. Prix.* — Trois mois après l'expiration du délai fixé pour le transport, il est tenu compte par les compagnies de la valeur des envois non parvenus à destination ou avariés en cours de transport, aux prix portés sur les mémoires des fournisseurs, avec augmentation de 10 pour cent pour frais d'emballage, de manutention et d'administration. (Circ. N 67, art. 24.)

41. *Frais. Retard. Retenue.* — Les frais extraordinaires que nécessiterait, dans le cas d'urgence, le prompt renvoi à destination des objets momentanément égarés ou oubliés dans les gares et partout ailleurs, sont à la charge des compagnies, indépendamment des retenues dont elles se sont rendues passibles, pour retard dans l'arrivée à destination.

Toutefois, quand le service n'a pas souffert des retards dans la livraison à destination des objets transportés, le ministre peut faire remise des retenues encourues. (Circ. N 67, art. 25.)

42. *Réception. Certificat.* — Le destinataire, lorsque l'acquit-à-caution lui est remis avec les colis, en détache le coupon ou feuillet C et le rend au camionneur, après en avoir rempli et signé le certificat d'arrivée. (Circ. A 826. Circ. N 67, art. 26.)

43. *Réception. Pièces. Envoi.* — Quant au feuillet B, le destinataire, après l'avoir dûment complété, l'adresse au conservateur. (Circ. A 826. Circ. N 67, art. 27.)

44. *Ordre. Directeur.* — Lorsque le transport a été effectué en suite d'ordre délivré par le directeur, le conservateur renvoie le feuillet B à l'administration centrale, immédiatement après la réception du colis. (Circ. N 67, art. 28.)

45. *Conservation.* — A l'égard des colis adressés d'une conservation dans une autre, le destinataire envoie le feuillet B au conservateur de qui dépend son service, et cet agent supérieur le transmet à son collègue. (Circ. N 67, art. 29.)

46. *Acquit-à-caution. Envoi. Vérification.* — Chaque conservateur réunit, pour tous les transports effectués en vertu de ses ordres ou des ordres des agents délégués dans son arrondissement, tous les acquits-à-caution qui lui sont retournés ou adressés, et, à l'expiration de chaque trimestre, il les envoie à l'administration, en les accompagnant d'un relevé. (Form. série 11, n° 31.)

Ces pièces servent à vérifier les mémoires

des compagnies et à en arrêter le montant, qui est payé à Paris. (Circ. N 67, art. 30.)

47. *Bois de l'artillerie et des poudreries.* — Tous les trois mois, le conservateur adresse à l'administration les acquits-à-caution du transport des bois destinés au service de l'artillerie et des bois de bourdaine pour le service des poudreries, avec un relevé spécial et distinct (Form. série 11, nº 31), intitulé : *Avances à rembourser par le département de la guerre.* (Circ. N 167.)

48. *Acquit-à-caution. Envoi.* — Dans le but de faciliter la réunion des acquits-à-caution entre les mains du conservateur, les agents délégués l'informent des transports effectués en vertu de leurs ordres, et cet agent supérieur a le soin de réclamer les acquits-à-caution dont l'envoi subit un retard.

Il agit de même en ce qui concerne les expéditions effectuées directement par ses soins. (Circ. N 67, art. 31.)

49. *Messageries. Frais de correspondance.* — Lorsque, à défaut de chemins de fer, les transports ont lieu par la voie des messageries, les frais constatés par les récépissés des facteurs sont portés sur les états de frais de correspondance (Form. série 11, nº 24), et le montant en est remboursé directement aux agents qui en ont fait l'avance. (Circ. N 67, art. 32.)

50. *Frais extraordinaires. Avance. Pourboire.* — Les frais extraordinaires de transports effectués en dehors des chemins de fer, pour le compte de l'administration, sont payés à titre d'avance par les agents expéditeurs. Ces avances sont remboursées au vu des pièces justificatives. Il n'est pas tenu compte du pourboire. (Circ. N 100.) V. Comptabilité. Correspondance.

51. *Restauration des montagnes. Etat.* — L'agent régisseur adresse, à la fin de chaque mois, au chef de service, les états de transport jusqu'à 1500 francs. (Instr. Gén. du 2 février 1885, art. 163. Circ. N 345.)

52. *Récépissé. Timbre.* — Le timbre des récépissés, pour les transports en chemin de fer des objets pour le compte de l'Etat, est à la charge du chemin de fer. (Loi du 13 brumaire an VII.)

Les récépissés sont fournis par les agents, à l'appui des demandes de frais extraordinaires de correspondance au compte de l'Etat. (Circ. autogr. nº 1660 du 12 février 1864.)

53. *Récépissé. Lettre de voiture. Droit de quittance.* — Le droit de décharge (quittance) de 0 fr. 10, constatant la remise des objets, sera réuni à la taxe due pour les récépissés et lettres de voiture, ainsi qu'il suit :

Récépissé délivré par la compagnie, droit de décharge compris, 0 fr. 35.

Lettre de voiture, droit de décharge compris, 0 fr. 70. (Loi du 29 février 1871.)

54. *Bois de marine.* — Les adjudicataires seront chargés du transport des arbres réservés à la marine à un point déterminé de la forêt, dont la distance au centre de chaque vente sera indiquée sur les affiches. (Décr. du 16 octobre 1858, art. 4.)

SECT. II. — TRANSPORT DU GIBIER.

55. *Gibier saisi.* — Les frais de transport du gibier saisi et confisqué sont à la charge des établissements hospitaliers. (Bulletin du ministère de l'intérieur, 1846.)

56. *Gibier étranger.* — On peut transporter en tout temps la grousse d'Ecosse, le coq de bruyères, la gelinotte noire, la gelinotte blanche ou lagopède des saules. (Circ. Min. des 20 novembre 1860 et 22 février 1868.)

57. *Droit. Cessation. Clôture. Tolérance.* — Le droit de transporter le gibier cesse le jour même de la clôture de la chasse. (Aix, 29 mai 1867). Mais on accorde une tolérance d'un jour ou deux pour l'écoulement du gibier tué en temps permis. (Circ. Min. du 22 juillet 1851.)

58. *Neige. Fermeture momentanée de la chasse.* — La prohibition de transporter et de vendre le gibier n'existe pas pendant les jours où la chasse est momentanément fermée, en vertu d'une défense particulière du préfet, comme par exemple en temps de neige. (Cass. 22 mars 1845.)

59. *Oiseau de passage. Gibier d'eau.* — Le transport des oiseaux de passage et du gibier d'eau est licite, pendant tout le temps où il est permis de les tirer. (Circ. Min. du 22 juillet 1851.)

60. *Animaux nuisibles.* — La prohibition de transporter le gibier n'atteint pas les animaux nuisibles, qui ne peuvent servir à l'alimentation. (Cass. 23 juillet 1858. Décis. Min. du 25 avril 1862.)

61. *Lapins de garenne.* — Le transport et la vente des lapins de garenne (animal nuisible) peut se faire dans le temps où la chasse n'est pas permise. (Circ. Min. du 7 mars 1874.)

62. *Animaux tués. Battue.* — Les animaux tués dans une battue régulièrement ordonnée peuvent être transportés au domicile des chasseurs, pour y être consommés. (Circ. Min. du 22 juillet 1851.)

63. *Sangliers.* — Le transport et le colportage des sangliers tués comme animaux nuisibles pourra s'effectuer sans certificat d'origine, ni autorisation de transport. (Circ. Min. du 16 juin 1881.)

64. *Messagerie. Excuse.* — Le facteur des messageries qui, en temps prohibé, transporte du gibier dans une bourriche, dont il n'a pu connaître le contenu, n'est coupable d'aucun délit. (Cass. 9 décembre 1859.)

65. *Département. Co-auteur. Complice.* — Celui qui expédie du gibier d'un département où la chasse est ouverte dans un autre département où elle est fermée est complice du délit de transport de gibier en temps prohibé. (Trib. de la Seine, 30 décembre 1885.) Il est co-auteur du délit. (Rouen, 4 décembre 1873.)

66. *Chemin de fer. Colis.* — Celui qui, au temps où la chasse est fermée, paye, dans une gare de chemin de fer, le port d'un colis à l'adresse d'un commettant, mais dont il ignore le contenu, émarge le livre de sortie et présente ensuite ledit colis à l'octroi qui y constate la présence d'alouettes, ne commet pas le délit de transport de gibier en temps prohibé. (Aix, 17 juillet 1884.)

TRANSPORT MILITAIRE. V. Chasseurs forestiers. Feuille de route.

TRAQUE.

1. *Définition.* — La traque est un acte de chasse ; elle n'est pas un moyen direct et principal de chasse parce qu'elle ne tend pas à la préhension du gibier. (Chambéry, 17 novembre 1881.)

2. *Définition. Conditions.* — La traque est un acte de chasse et, par suite, lorsqu'elle est pratiquée sur le terrain d'autrui, sans l'autorisation du propriétaire, elle constitue le délit de chasse. Le traqueur ne saurait, dans ce cas, être considéré comme un simple instrument entre les mains des chasseurs ; il doit être réputé co-auteur du fait principal, et, comme tel, il est passible des peines portées par la loi. (Cass. Chambres réunies, 16 janvier 1872.)

3. *Destruction des animaux nuisibles.* — Les traques ordonnées par les maires, pour la destruction des animaux nuisibles, ne sont exécutoires sur le terrain d'autrui qu'avec le consentement du propriétaire. Les habitants qui n'obéissent pas à la réquisition du maire sont passibles des peines de simple police. (Loi du 5 avril 1884, art. 90. Circ. du Min. de l'Int. du 4 décembre 1884.)

4. *Bois soumis au régime forestier.* — L'administration forestière n'a à intervenir que si les traques ordonnées par les maires sont exécutées dans les forêts soumises à son régime. (Circ. du Min. de l'Int. du 4 décembre 1884. Rép. For. t. XI, p. 282.)

TRAQUEUR.

1. *Définition.* — Simple auxiliaire pour la chasse ; il n'a pas besoin de permis de chasse. (Cass. 8 mars 1845. Dijon, 27 décembre 1876. Angers, 12 février 1878.)

Lorsque la traque a lieu sur le terrain d'autrui, sans l'autorisation du propriétaire, le traqueur doit être réputé co-auteur du délit de chasse et passible des peines portées par la loi. (Cass. Chambres réunies, 16 janvier 1872.)

2. *Auxiliaires.* — Les traqueurs sont, pour les battues, un accessoire de la chasse à tir et à courre, équivalant à l'aide que les chiens d'arrêt donnent au chasseur. (Cass. 29 novembre 1845.) V. Auxiliaire. Battue. Traque.

3. *Chasseur. Permis. Terrain.* — Ne peut être coupable du délit de chasse, le traqueur qui, par ses cris et ses gestes, amène le gibier vers un chasseur, lorsque ce dernier est muni d'un permis et se trouve sur un terrain sur lequel il est autorisé à chasser. (Chambéry, 17 novembre 1881.)

4. *Permis. Preuve.* — La traque constitue un acte de chasse. Cependant le traqueur n'a pas besoin d'avoir un permis, si le chasseur en a un. Mais c'est au traqueur, poursuivi pour fait de chasse, à prouver que le chasseur avait un permis ; ce n'est pas au ministère public à prouver que le chasseur était dépourvu de permis. (Cass. 2 janvier 1880.)

5. *Battue. Accident. Chasseur. Responsabilité.* — Lorsque, dans une battue organisée en commun, un traqueur a été blessé par suite de l'imprudence des chasseurs, dont la faute a consisté à ne s'entourer d'aucune des précautions nécessaires en pareil cas, chacun de ceux-ci ne peut être tenu que pour sa part et portion des condamnations solidaires prononcées contre eux au profit de la victime de l'accident, si, d'ailleurs, les enquêtes auxquelles il a été procédé ne permettent pas d'imputer avec certitude à l'un des chasseurs, à l'exclusion des autres, le fait dont a souffert la victime. (Paris, 15 juin 1887.)

TRAVAIL (ATTEINTE A LA LIBERTÉ DU).

1. *Coupe de bois. Invasion. Délit.* — Constitue le délit d'entrave à la liberté du travail et de l'industrie, le fait par des ouvriers bûcherons de pénétrer, à la suite de manœuvres concertées et exécutées avec fraude et violence, dans une coupe de bois dans laquelle ils n'avaient pas le droit d'entrer et de se livrer à un travail qu'ils n'avaient pas le droit de faire. (Trib. de Nevers, 21 décembre 1893. Circ. N 472.)

2. *Coupe de bois. Invasion. Ordre de cessation de travail. Délit.* — Constitue le délit d'atteinte au libre exercice de l'industrie et du travail, le fait, par un groupe d'ouvriers bûcherons grévistes, de pénétrer, à la suite de manœuvres concertées dans le but d'empêcher une exploitation, sur une coupe de bois où ils n'ont pas le droit d'entrer et de venir intimer l'ordre à des ouvriers qui travaillent paisiblement d'avoir à cesser leur travail. (Trib. de Nevers, 21 décembre 1893. Circ. N 472.)

TRAVAUX FORCÉS.

Pénalité. — La condamnation aux travaux forcés à temps sera de 5 ans au moins et de 20 ans au plus. (Cod. Pén. 19.)

TRAVAUX FORESTIERS.

SECT. I. — GÉNÉRALITÉS, 1 — 3.

SECT. II. — PRÉPOSÉS, AGENTS, 4 — 10.

SECT. III. — PROJETS, PRESCRIPTIONS, 11 — 79.

§ 1. *Propositions en général*, 11 — 48.

A. *Bois domaniaux*, 11 — 30.

B. *Périmètres de restauration*, 31 — 41.

C. *Bois indivis*, 42 — 43.

D. *Bois communaux*, 44 — 48.

§ 2. *Prestations, Concessionnaires, Insolvables*, 49 — 52.

§ 3. *Travaux mis en charge sur les coupes*, 53 — 56.

§ 4. *Travaux mixtes*, 57 — 76.

§ 5. *Autorisation*, 77 — 79.

SECT. IV. — CRÉDIT, ATTRIBUTION, APPROBATION, 80 — 89.

SECT. V. — EXÉCUTION, 90 — 186.

§ 1. *Dispositions générales*, 90 — 93.

§ 2. *Marchés par adjudications*, 94 — 177.

A. *Indications générales*, 94 — 97.

B. *Frais, Copie des pièces*, 98 — 113.

C. *Conditions spéciales*, 114 — 117.

D. *Entrepreneur, Responsabilité*, 118 — 121.

E. *Surveillance*, 122 — 134.

F. *Modifications*, 135 — 147.

G. *Prix, Métrage*, 148 — 154.

H. *Mise en régie*, 155 — 161.

I. *Achèvement, Réception, Suspension*, 162 — 177.

§ 3. *Marchés sur soumissions directes*, 178.

§ 4. *Régie*, 179 — 187.

Abatage, 79.
Absence, 122.
Achèvement, 162.
Acompte, 115, 117, 167, 168.
Acte de cautionnement, 100, 101.
Adhésion conditionnelle, 67.
Adjudicataire, 155.
Agent, 10, 126, 127, 128, 166.
Allocation, 43, 80, 82.
Amélioration, 4, 6, 8, 29, 42, 44, 46.
Application, 150.
Approbation, 66, 95.
Architecte, 19.
Atelier d'ouvriers, 182.
Augmentation, 84, 85, 135, 137, 142, 149.
Autorisation, 45, 46, 49, 78, 81.
Avant-métré, 150.
Avant-projet, 13, 14.
Avis, 45, 77, 85, 145, 164, 176.
Bénéfice, 161.
Bois, 147.
Bordereau, 109.
Bulletin, 20, 89.
Cahier des charges, 106, 150, 178.
Carrière, 154.
Certificat de caution, 100, 102.
Cessation, 174.
Changement, 73, 136, 138, 139, 140, 141.
Chemin, 57, 58, 59, 61.
Classement, 24.
Classification, 86.
Clauses spéciales, 117.
Commencement, 123.
Commission de banque, 114.
Compétence, 1, 2, 116.
Comptabilité, 87, 105.
Compte, 140.
Concession, 49, 70.
Concessionnaire, 49, 50.
Conditions, 46, 54, 68, 72, 115, 156, 178.
Connaissance des contestations, 1, 2.
Conservateur, 30, 133.
Contestation, 1, 2.
Continuation, 177.
Contradiction, 150.
Copie, 99, 100, 104, 107, 130.
Corrections, 41.
Coupes, 53, 54.
Crédit, 43.
Décès, 97, 175, 176.
Décision, 47, 77, 78.
Défense, 75.
Délai, 66, 75, 117, 153, 163, 170.
Délit, 118.
Démolition, 131, 146.
Dénomination, 86.
Dépense, 71, 76, 79, 81, 82, 135, 142, 159.
Dépôt, 33.
Désignation, 180.
Destruction, 121.
Devis, 27, 84, 85, 136, 138, 141.
Difficultés, 116, 148.
Diminution, 137.
Dimensions, 62.
Direction, 126, 127.
Disparition, 97.
Dissolution, 97.
Domicile, 122.
Dommages-intérêts, 141.
Dossier, 28.
Droit, 102, 103.
Durée, 121.
Elagage, 5.
Empierrement, 58.
Emploi, 50, 83.
Emploi de matériaux, 146
Enceinte fortifiée, 60.
Enregistrement, 98, 101, 102, 103.
Entrepreneur, 97, 99, 108, 122, 175, 176, 177.
Entreprise, 40.
Entretien, 27, 38, 61, 120.
Envoi, 20, 21, 22, 23.
Epoques, 20, 22, 23, 162, 165.
Equipage, 134.
Erreurs, 149.
Estimation, 79.
Etat, 24.
Etat des dépenses et des travaux d'entretien, 23, 35.
Etat de fournitures et transports, 183.
Etat des graines à fournir, 37.
Etat des dépenses et des travaux neufs, 36.
Etat sommaire, 22.
Etude, 29.
Evaluation, 27.
Evénement de force majeure, 153.
Examen, 30.
Exécution, 4, 10, 48, 55, 56, 67, 69, 70, 71, 72, 73, 76, 88, 117, 128, 144, 168.
Exécution par anticipation, 96.
Exercice, 71, 96.
Exonération, 59, 62.
Exploitation, 46, 147.
Extraction de matériaux, 144.
Faillite, 97.
Force majeure, 152, 153.
Formalités, 44, 156, 158, 176.
Formule, 16.
Fourniture, 134, 147, 182, 183, 184.
Frais, 98, 108, 109, 110, 111, 112, 113.
Garantie, 117, 120, 169, 170.
Garde cantonnier, 7, 129, 187.
Gratification, 5, 6.
Héritier, 177.
Honoraires, 19.
Imprimés, 111.
Indemnité, 138, 139, 151, 152, 153, 154.
Indications, 14, 15, 26, 31, 51, 53, 172.
Initiative, 11.
Insolvable, 52.
Instruction, 123.
Intérêts, 114.
Laies, 5.
Limites, 84.
Liquidation, 112.
Liste, 124.
Luxe, 12.
Marché de gré à gré, 92.
Masse des travaux, 137.
Matériaux, 139, 144, 146, 149, 167.
Métrage, 136, 148.
Mévente, 92.
Minute, 34, 130.
Mission, 29.
Mode d'exécution, 55, 80, 94.

Modification, 61, 72, 143, 145.
Nombre, 124.
Nomenclature, 181.
Non-emploi, 89.
Non-recevabilité, 141.
Notification, 157.
Opposition, 3.
Ordre écrit, 140, 143.
Organisation, 158.
Outils, 134.
Ouverture, 58.
Ouvrage non prévu, 144.
Ouvriers, 29, 118, 124, 125, 182.
Ouvrier illettré, 186.
Paiement, 19, 96, 113, 146, 147, 159, 167, 168, 173, 184, 186.
Participation, 10.
Partie, 173.
Pénalités, 3.
Perte, 152.
Pièces, 18 bis, 31, 65, 99, 100, 101, 104, 105, 107, 130.
Piqueur, 129, 187.
Places de guerre, 63.
Pont, 62.
Postes militaires, 63.
Préfet, 47.
Préposés, 4, 5, 6, 8, 9, 126, 132.
Présentation, 31, 64.
Prestation, 50, 52.
Principe, 4, 90, 91, 179.
Prix, 148, 149.
Projets, 15, 17, 18 bis, 27, 31, 32, 33, 38, 64, 65, 72, 80, 82.
Prolongation, 163, 164.
Propositions, 11, 13, 17, 18, 25, 26, 31, 34, 45, 79, 92.
Prorogation, 163, 164.
Publication, 110.
Quotité, 101.
Rabais, 93.
Rapport, 16, 17, 31, 32.
Rayon, 60.
Réception, 100, 165, 166, 169, 170, 171, 172, 175.
Réclamation, 161.
Reconstruction, 131.
Recouvrement, 160.
Rectification, 58.
Refus, 48.
Régie, 56, 155.
Régisseur comptable, 180
Règlement, 57, 111.
Reliquat de crédit, 89.
Remplaçant, 122.
Renseignements, 14, 18, 26, 172.
Renvoi, 88, 125.
Réparation, 61.
Repeuplements, 15.
Réserve, 95.
Résiliation, 175.
Responsabilité, 118, 136.
Responsabilite civile et pénale, 119.
Restriction, 12.
Retard, 56, 155.
Rôle de journée, 183, 184.
Saison, 93.
Salle, 110.
Signature, 171.
Situation, 175.
Somme à valoir, 83.
Sommier, 51, 87.
Soumission directe, 178.
Surveillance, 73, 126, 132, 187.
Suspension, 175.
Tableau indicatif des frais de timbre et d'enregistrement, 113.
Témoins, 186.
Temps, 8.
Territoire réservé, 57, 59.
Timbre, 98, 101, 104, 105, 106, 107, 108, 185.
Transport, 182, 183.
Travaux d'amélioration, 1, 2.
Travaux de défense, 74, 76.
Travaux d'entretien, 23, 24, 25, 26.
Travaux neufs, 20, 21, 22, 25, 39, 84.
Travaux de réfection, 38, 39.
Urgence, 24.
Utilité, 12.
Utilité communale, 47.
Vérification, 131, 133, 173.
Vices de construction, 131.
Zone de servitude, 63.
Zone frontière, 57, 59.

V. Adjudication. Association. Citerne. Commission mixte des travaux publics. Concessions. Délai. Devis. Dunes. Fossé. Garde cantonnier. Graine. Gratification. Grève. Insolvables. Maisons. Marché. Matériaux. Mur. Périmètre. Piqueur. Pont. Préposés. Prestation. Puits. Récolement. Régie. Repeuplement. Repiquement. Restauration des terrains en montagne. Retard. Route. Scierie, etc.

SECT. I. — GÉNÉRALITÉS.

1. *Travaux d'amélioration. Connaissance de contestations. Bois domaniaux.* — D'après un décret rendu en conseil d'Etat, le 17 mai 1855, il avait été admis comme principe que tous les travaux effectués par les agents de l'Etat et à son compte constituaient des travaux publics, et que la connaissance des contestations sur l'interprétation et l'exécution des marchés y relatifs appartenait aux conseils de préfecture. Cette interprétation avait été approuvée par le ministre des finances, à la date du 6 juillet 1867 ; mais la question de savoir si les travaux d'amélioration exécutés dans les forêts domaniales constituent des travaux publics, tombant sous l'application de l'article 4 de la loi du 28 pluviôse an VIII, a été tranchée à propos d'une contestation survenue entre l'administration et un entrepreneur de route. Le conseil d'Etat a statué, le 2 mai 1873, que le conseil de préfecture était incompétent pour juger sur des litiges de l'espèce. Dans l'état actuel de la jurisprudence, l'autorité judiciaire seule est compétente pour statuer, comme elle le fait dans toute interprétation de marchés survenus entre particuliers. (Circ. N 319.)

2. *Travaux d'amélioration. Connaissance des contestations. Bois communaux.* — Les contestations entre un entrepreneur de travaux d'amélioration à exécuter dans une forêt communale soumise au régime forestier et la commune, à l'occasion des modifications apportées, en cours d'exécution, au devis primitif et des dommages-intérêts réclamés à ce sujet par l'entrepreneur, ne sont pas de la compétence du conseil de préfecture, mais bien du tribunal civil. (Cons. de préfecture des Vosges, 8 mars 1890.)

3. *Opposition. Pénalités.* — Quiconque se sera opposé par voie de fait à la confection des travaux autorisés par le gouvernement sera puni, savoir :

Prison : 3 mois à 2 ans. (Cod. Pén. 438.)
Amende : maximum, le quart des dommages-intérêts; minimum, 16 francs. (Cod. Pén. 438.)
Les moteurs subiront le maximum de la peine. (Cod. Pén. 438.)

Si l'auteur du délit est un garde ou un officier de police judiciaire :

Le maximum de la prison s'augmente du tiers en sus. (Cod. Pén. 462.)

SECT. II. — PRÉPOSÉS. AGENTS.

4. *Amélioration. Préposés. Exécution. Principe.* — Le travail personnel des préposés est obligatoire. Les agents doivent assigner aux gardes et brigadiers sous leurs ordres les travaux à exécuter, dans un temps donné, en dehors de la surveillance et des autres exigences de service. (Circ. N 22, art. 288.)

Les gardes doivent utiliser les loisirs de leurs tournées quotidiennes à effectuer, de leurs propres mains, le repeuplement des clairières, le marcottage des taillis, la création et l'entretien de pépinières volantes, l'émondage des branches gourmandes et surtout le dégagement des plants d'élite dans les jeunes coupes. Les conservateurs doivent examiner les résultats obtenus, en désignant nominativement, dans leurs rapports de tournée, les gardes qui auront fait preuve d'initiative et de zèle.

L'administration leur tiendra compte de ces travaux et autorisera l'achat des instruments nécessaires à leur exécution. (Circ. N 129.)

5. *Préposés. Laies. Elagage. Gratification.* — Les préposés forestiers sont chargés de nettoyer les laies sommières et les lignes séparatives des coupes; ils enlèvent l'herbe, le recru et les brindilles des branches latérales. Ces produits leur sont abandonnés, à titre d'indemnité. Des gratifications peuvent être accordées aux préposés pour les travaux de main-d'œuvre de toute nature qu'ils ont effectués. (Décis. Min. du 10 novembre 1855. Circ. N 22, art. 289, 290.)

6. *Amélioration. Préposés. Gratification.* — Les brigadiers et gardes exécutent, autant que le leur permet l'accomplissement de leurs devoirs, des travaux d'amélioration et principalement des semis et plantations. L'administration accorde des gratifications à ceux qui se sont le plus distingués dans ces travaux. (Circ. A 572.)

7. *Garde cantonnier.* — Les gardes forestiers cantonniers sont chargés des travaux de main-d'œuvre de toute sorte que peuvent exiger l'entretien et l'amélioration du sol forestier, des routes, ponts, ponceaux, fossés, semis et plantations, pépinières, palissades et cordons de défense dans les dunes, barrages sur les torrents, etc. Les agents veillent à ce que les gardes cantonniers ne restent jamais inoccupés. Si, en raison des intempéries, les travaux ordinaires ne peuvent être continués, ces préposés doivent être employés soit à des extractions et à des cassages de pierres, soit à tous autres travaux. (Circ. N 22, art. 280 et 283.)

8. *Préposés. Amélioration. Temps.* — Les conservateurs, dans leurs tournées, s'assurent si les gardes consacrent à des travaux d'amélioration tout le temps que n'absorbe pas leur surveillance. (Circ. N 18, art. 9.)

9. *Préposés.* — Les préposés forestiers ne peuvent pas être chargés, comme entrepreneurs, d'exploitations à leur profit, dans une forêt communale dont la surveillance leur est confiée. (Lettre de l'Admin. du 19 septembre 1861.)

10. *Agent. Participation. Exécution.* — Il est absolument interdit aux agents de participer directement ou indirectement à la confection des travaux mis en charge, de faire la fourniture des graines, de se charger de les faire semer ou d'être les intermédiaires entre les adjudicataires et les marchands de graines. (Circ. A 341 quater.)

On ne doit imposer sur les coupes que des semis ou plantations pour le repeuplement des places d'atelier. (Cah. des ch. 33. Circ. N 373.)

SECT. III. — PROJETS. PRESCRIPTIONS.

§ 1. *Proposition en général.*

A. *Bois domaniaux.*

11. *Initiative. Propositions.* — Les agents forestiers de tout grade peuvent prendre l'initiative des propositions de travaux. (Circ. N 22, art. 4.)

12. *Restriction. Utilité. Luxe.* — Les travaux doivent être restreints dans la stricte limite de leur utilité ; toute dépense de luxe doit être soigneusement écartée. (Insp. des Fin. Circ. N 22, art. 7.)

13. *Proposition. Avant-projet.* — Lorsqu'il s'agit de travaux d'une valeur supérieure à 10000 francs ou de construction de maisons et de scieries, les agents dressent un avant-projet que les chefs de service soumettent au conservateur.

Le conservateur en réfère à l'administration, toutes les fois que la valeur présumée des travaux doit excéder 30000 francs. (Circ. N 22, art. 5.)

14. *Avant-projet. Renseignements. Indications.* — L'avant-projet contient tous les renseignements propres à faire apprécier l'utilité des travaux qu'il s'agit d'exécuter et, pour les routes notamment, établit avec précision la plus-value nette à espérer pour le Trésor. (Circ. N 22, art. 6.)

15. *Projets. Repeuplements. Indications.* — Les projets de travaux doivent indiquer, pour les repeuplements : l'étendue, la nature et la situation des terrains à repeupler, les modes à employer pour la préparation des terrains, ainsi que pour les semis et plantations, la quantité de graines, par espèce de semence forestière ou fourragère, à employer et de tiges à planter et la dépense afférente à chaque opération. On doit avoir égard, pour le choix des semences, à la nature du sol et aux conditions d'exploitation des forêts. (Circ. N 22, art. 45 et 46.)

16. *Rapport. Formule.* — Les propositions de travaux de repeuplement doivent être établies sur les formules série 3, nos 28 et 29, à l'exception des travaux de création et d'entretien de pépinières et des binages, sarclages, recepages et nettoiements dans les repeuplements artificiels. (Circ. N 168.)

17. *Proposition. Rapport. Projet.* — Toute proposition comprend : 1° le rapport ou procès-verbal de reconnaissance constatant l'utilité des travaux ; 2° le projet proprement dit. Ces documents sont établis sur des feuilles distinctes. (Circ. N 22, art. 11.)

18. *Proposition. Rapport. Renseignements.* — L'agent rédacteur fait connaître, dans le rapport de proposition de travaux, la situation de la forêt, sa contenance, ainsi que les avantages qui pourraient résulter de la réalisation du projet.

S'il s'agit d'une forêt grevée de droits d'usage, il indique leur étendue et les motifs exceptionnels qui, nonobstant l'existence de ces droits, paraissent justifier l'opportunité des travaux.

Il discute le mode d'exécution à adopter et s'explique sur les clauses spéciales à imposer à l'entrepreneur.

Le rapport est, autant que possible, accompagné d'un croquis des lieux.

Le chef de service donne son avis, à la suite de ce document. (Circ. N 22, art. 12.)

18 bis. *Projet. Pièces à joindre.* — Un projet comprend, selon l'importance des travaux : 1° un devis descriptif; 2° un métrage ; 3° une analyse des prix ; 4° un détail estimatif et l'application des prix portés dans l'analyse aux quantités déterminées dans le métrage ; 5° un plan. (Circ. A 610. Circ. N 22, art. 15.)

19. *Architecte. Honoraires. Paiement.* — Si le conservateur juge indispensable de recourir à un homme spécial, soit pour la rédaction des projets, soit pour la direction des ouvrages, il en fait la proposition motivée à l'administration. Il indique en même temps l'auxiliaire qu'il conviendrait de choisir, les délais nécessaires pour l'exécution du travail, enfin la dépense qui en résulterait.

Les honoraires à allouer sont réglés d'avance, de gré à gré, et généralement à raison de 2 1/2 pour cent du prix d'adjudication, pour la rédaction du devis, et de 2 1/2 pour cent du montant des travaux exécutés, pour la surveillance.

Il doit être, en outre, stipulé qu'en ce qui concerne la rédaction du projet un acompte sera payé aussitôt après la vérification du travail par l'administration centrale ; que cet acompte n'excédera pas les sept dixièmes du montant des honoraires basés provisoirement sur le prix du devis, et que le solde sera acquitté dans le délai de deux ans, à dater de la remise du projet à l'administration, à moins que l'adjudication des travaux ne permette à l'Etat de se libérer plus tôt. (Circ. N 22, art. 8.)

20. *Travaux neufs. Envoi des projets. Epoque.* — Les projets de travaux neufs de toute catégorie sont adressés à l'administration, au fur et à mesure de leur production, avec des bulletins spéciaux. (Form. série 3, n° 13.) A observer scrupuleusement. (Circ. N 296.)

Les devis et plans des travaux sont fournis en simple expédition.

Lorsque des projets doivent être revisés ou abandonnés, les conservateurs en réclament les pièces en temps utile. (Circ. N 22, art. 21 et 43.)

21. *Travaux neufs. Envoi.* — Les projets de travaux neufs concernant les routes, les ponts, maisons, scieries, assainissements et clôtures, doivent être adressés au fur et à mesure de leur préparation, pendant les six premiers mois de chaque année, pour l'année suivante. (Lettre de l'Admin. du 29 septembre 1873.)

22. *Travaux neufs. Etat sommaire. Envoi. Epoque.* — Chaque année et le 31 août au plus tard, les conservateurs fournissent à l'administration un état sommaire des *travaux neufs* à comprendre dans la répartition des crédits de l'exercice suivant, en ce qui concerne les routes, ponts, maisons, scieries, assainissements et clôtures.

Cet état, collectif pour la conservation, est divisé en trois catégories distinctes où sont classés par ordre d'urgence :

1° Les routes et ponts;

2° Les maisons et scieries;

3° Les assainissements et clôtures.

On ne doit y faire figurer que des travaux pour lesquels des propositions ont été préalablement transmises à l'administration, avant le 30 juin. (Lettre de l'Admin. du 29 septembre 1873.)

Cet état général des travaux neufs de routes, ponts, maisons, scieries, assainissements et clôtures à exécuter dans les forêts domaniales, dressé conformément au modèle A de la circulaire N 22, comprend les indications suivantes : 1° numéro d'urgence; 2° noms de la forêt et du département; 3° nature des travaux à exécuter; 4° évaluation de la dépense; 5° plus-value annuelle présumée en ce qui concerne les routes et les scieries; 6° date et numéro du bulletin d'envoi ; 7° observations. (Circ. N 22, art. 22. Circ. N 261.)

23. *Travaux d'entretien. Etat de dépenses. Envoi. Epoque.* — Avant le 1er octobre de chaque année, les conservateurs fournissent les états comprenant les dépenses à effectuer durant l'exercice suivant, pour les travaux d'entretien, classés par ordre d'urgence et concernant :

1° Les repeuplements dans les forêts domaniales;

2° Les dunes.

Il est dressé un état spécial pour les dépenses d'entretien des repeuplements dans les forêts domaniales, et un autre pour les dépenses des dunes.

Ces états des crédits à allouer, dressés conformément au modèle B de la circulaire N 22, comprennent : 1° numéro d'urgence; 2° désignation des lieux où doivent s'exécuter les travaux (sécherie, pépinière, etc.) ; 3° nature des travaux à exécuter ; 4° étendue approximative des terrains ; 5° mode d'exécution; 6° dépense présumée ; 7° nombre de pièces y annexées; 8° observations.

Il est fourni en même temps un état comprenant les dépenses d'entretien, classées par nature d'urgence, à effectuer durant l'exercice suivant et concernant :

Les routes et ponts, les scieries, les maisons, les fossés, les bornes et les murs de clôture.

Cet état des crédits à allouer pour les dépenses d'entretien des routes forestières, des ponts, des maisons de gardes, des scieries, des fossés, des bornes et des murs, dressé conformément au modèle C de la circulaire N 22, comprend : 1° numéro d'urgence; 2° forêt (département); 3° nature des travaux à exécuter; 4° mode d'exécution; 5° dépense présumée; 6° nombre de pièces y annexées; 7° observations. (Circ. N 22, art. 23 et 25. Circ. N 261.)

24. *Travaux d'entretien. Etat. Classement. Urgence.* — Les travaux neufs et d'entretien sont classés par ordre d'urgence, dans les états à produire et les envois faits à l'administration. (Circ. N 22, art. 22, 26.)

25. *Travaux neufs et d'entretien. Propositions.* — Les travaux neufs et d'entretien doivent faire l'objet de propositions distinctes. (Circ. N 296.)

26. *Travaux d'entretien. Propositions. Renseignements. Indications.* — Les conservateurs doivent appuyer leurs propositions de travaux d'entretien de tous les renseignements propres à en faire apprécier l'utilité et l'importance. Ils indiquent, par exemple, le nombre et l'espèce des plants à repiquer par hectare, ainsi que l'étendue des terrains sur lesquels les travaux doivent être exécutés; la largeur, l'épaisseur et la longueur des chaussées à recharger; les plus fortes pentes des chemins à bomber ou à ensabler; les dimensions des fossés à curer, leur développement total, etc. (Circ. N 22, art. 27.)

27. *Entretien. Devis. Projet. Evaluations.* — Les conservateurs joignent aux états des travaux d'entretien les devis qui ont été produits par les agents. Quant aux travaux pour lesquels il n'a pas encore été fourni de devis, ils en indiquent seulement le détail et l'évaluation; mais ils exigent que des projets réguliers leur soient adressés sans retard. (Circ. N 22, art. 29.)

28. *Dossier.* — Il est établi un dossier spécial pour chaque affaire ayant rapport à des travaux d'amélioration. (Form. série 3, n° 22. Circ. N 22, art. 36.)

29. *Amélioration. Etude. Ouvriers. Mission.* — Si des agents, après avoir consulté les principaux adjudicataires des coupes, jugent que des travaux de certaine catégorie (chemins de schlitte ou lançoirs) procureraient au Trésor d'importantes économies et s'ils n'obtiennent pas, par correspondance, des renseignements suffisants pour les faire établir avec succès dans les forêts de leur circonscription, ils peuvent être autorisés à visiter les localités où ces améliorations existent ou à faire venir auprès d'eux des ouvriers aptes à ces sortes de travaux. En transmettant à l'administration les propositions des agents, le conservateur doit s'expliquer sur les avantages présumés de l'amélioration proposée et exprimer la conviction que l'agent qu'il s'agirait d'envoyer en mission a toute l'aptitude désirable et qu'il emploiera son temps de la manière la plus utile. (Circ. N 22, art. 77.)

30. *Conservateur. Examen.* — Les conservateurs, dans leurs tournées, examinent si les projets des travaux sont établis avec une stricte économie. (Circ. N 18, art. 13.)

B. *Périmètre de restauration.*

31. *Projet. Indications.* — Toute proposition annuelle de travaux comprend, conformément aux prescriptions de la circulaire N 22, article 15 :

1° Un devis descriptif;
2° Un avant-métré;
3° Une analyse des prix;
4° Un détail estimatif.

Ces quatre parties sont réunies sur la formule série 7, n° 34 ou 34 bis, pour les travaux à l'entreprise, et sur la formule série 7, n° 35, pour les travaux à exécuter en régie.

Le chef de service adresse au conservateur les pièces du projet, après avoir fait prendre copie de chacune d'elles.

Le conservateur fait établir et garde dans ses bureaux une expédition des rapports et transmet le projet complet à l'administration, en y joignant son avis motivé, avec le bulletin série 7, n° 36.

L'administration retourne ultérieurement au conservateur les devis, qui restent définitivement dans les archives de son bureau.

Si le projet lui revient modifié par l'administration, le conservateur le communique au plus tôt au chef de service, pour faire transcrire, sur la copie qu'il a conservée et sur la minute de l'agent local, les modifications ordonnées. (Instr. Gén. du 2 février 1885, art. 110 et 111. Circ. N 345.)

32. *Rapports.* — Tout projet de travaux, soit par entreprise, soit en régie, est accompagné d'un rapport justificatif, qui doit faire connaître, en outre, toutes les considérations propres à déterminer le choix de l'un ou de l'autre mode d'exécution. (Instr. Gén. du 2 février 1885, art. 113. Circ. N 345.) V. Rapport.

33. *Projets approuvés. Dépôt.* — Tous les projets approuvés doivent demeurer dans les archives de la conservation et faire chacun l'objet d'un dossier spécial. (Instr. n° 5 de l'inspection générale du reboisement du 29 février 1884.)

34. *Propositions annuelles. Epoque. Minute.* — Par dérogation aux prescriptions de la circulaire N 22, les propositions annuelles de travaux neufs ou de réfection à exécuter en régie ou à l'entreprise peuvent n'être transmises à l'administration que le 15 novembre de chaque année, terme de rigueur.

Néanmoins, tous les projets importants doivent avoir été étudiés sur le terrain et préparés en minute, avant le 1er août de chaque année, de façon à permettre leur contrôle et leur examen en temps utile.

Aux termes de l'article 21 de la circulaire N 22, rappelés dans l'article 1er de la circulaire N 296, les projets de travaux doivent, d'ailleurs, être adressés à l'administration le plus tôt possible et au fur et à mesure de leur confection, avec les états annexés prescrits, savoir : l'état général des travaux et dépenses d'entretien, l'état des travaux neufs et des dépenses correspondantes et l'état général des graines à fournir au plus tard pour le 15 novembre de chaque année. (Instr. Gén. du 2 février 1885, art. 114. Circ. N 345.)

Les projets doivent être préparés en minute avant le 1er août de chaque année, et adressés au fur et à mesure de leur établissement. (Lettre de la direction du 12 août 1891.)

35. *Etat général des travaux et dépenses d'entretien.* — On doit dans cet état comprendre seulement, savoir :

§ 2. Les réparations et acquisitions de matériel ou de mobilier.

§ 3. Les travaux d'entretien des magasins, gîtes et campements, en dehors des séries obligatoires.

§ 4. Le montant des locations à l'année en vertu des baux verbaux.

Ces dépenses doivent faire l'objet de propositions spéciales. (Form. série 7, n° 39. Lettre de la direction du 17 mars 1892.)

36. *Etat général des travaux neufs.* — On doit suivre l'ordre adopté dans l'état général des périmètres, en indiquant, en face de chacune des séries qui ne comprennent pas de travaux pour l'année, les motifs qui ont dicté cette mesure, et mentionner, savoir :

Chapitre I : les travaux neufs des différents périmètres obligatoires ;

Chapitre II : d'une part, les études et levés dans chaque cantonnement; d'autre part, les frais de copies et d'acquisitions de fournitures de bureau, accompagnés d'un inventaire (série 7, n° 43 bis);

Chapitre V : en premier lieu, les frais de délimitation et de bornage des séries acquises, proposés par série et groupés par périmètre dans chaque cantonnement; en second lieu, la confection des plans des séries délimitées et bornées, établie par inspection;

Chapitre VI : les frais et fournitures de toutes sortes pour photographie, avec un plan de campagne détaillé et un inventaire, série 7, n° 99, des produits en magasin;

Chapitre VII : les dépenses ne rentrant dans aucune des catégories ci-dessus. (Form. série 7, n° 40. Lettre de la direction du 17 mars 1892.)

37. *Etat général des graines à fournir.* — On doit y indiquer exactement, outre l'adresse des destinataires, la gare de livraison. (Form. série 7, n° 41. Lettre de la direction du 17 mars 1892.)

38. *Entretien.* — Aucun projet de travaux d'entretien ne peut être présenté pour un périmètre de restauration. (Arr. Min. du 28 décembre 1883, art. 8. Circ. N 320. Instr. Gén. du 2 février 1885, art. 115. Circ. N 345.)

39. *Travaux neufs ou de réfection. Régie.* — Tous les travaux neufs ou de réfection à exécuter en régie font l'objet d'un projet unique pour chaque périmètre ou fraction de périmètre appartenant à chacune des sections d'agents régisseurs. (Instr. Gén. du 2 février 1885, art. 115. Circ. N 345.)

40. *Entreprise.* — Il doit être dressé un projet spécial pour chaque entreprise. (Instr. Gén. du 2 février 1885, art. 115. Circ. N 345.)

41. *Corrections.* — Les corrections à l'encre bleue sur les projets de travaux sont réservées à l'administration; les corrections à l'encre rouge, aux conservateurs.

Les corrections des inspecteurs doivent être faites à l'encre noire; mention en est portée à la colonne d'observations du devis, dont le montant total est inscrit à la suite du visa de la vérification de l'inspecteur, à la dernière page. (Note de la direction du 18 décembre 1889.)

C. *Bois indivis.*

42. *Amélioration. Bois indivis.* — Lorsqu'il y aura lieu d'effectuer des travaux extraordinaires pour l'amélioration des bois indivis, le conservateur communiquera aux copropriétaires les propositions et projets de travaux. (Ord. 148.)

43. *Crédit. Allocation.* — Les conservateurs veillent à ce que la portion de dépense à la charge des copropriétaires de l'Etat soit allouée avant l'exécution des travaux. (Circ. N 22, art. 31.)

D. *Bois communaux*

44. *Amélioration. Formalités.* — Lorsqu'il s'agira de faire effectuer, dans les bois des communes ou des établissements publics des travaux extraordinaires, tels que recepages, repeuplements, clôtures, routes, constructions de loges (maisons) pour les gardes et autres travaux d'amélioration, ces travaux ne seront autorisés qu'après que les conseils municipaux ou les administrateurs des établissements publics propriétaires auront été consultés et que le préfet aura donné son avis. (Ord. 135.)

45. *Autorisation. Avis. Proposition.* — Si les communes ou établissements propriétaires n'élèvent aucune objection contre les travaux projetés, ces travaux pourront être autorisés par le préfet, sur la proposition du conservateur. Dans le cas contraire, il sera statué par le chef de l'Etat, sur le rapport du ministre de l'agriculture. (Ord. 136.) V. Clôture. Maison. Recepage. Route.

46. *Exploitation. Amélioration. Autorisation. Conditions.* — Les exploitations à faire dans les bois des communes et des établis-

sements publics, par suite de travaux d'amélioration, ne peuvent être autorisées par le préfet, sur la proposition du conservateur et avec l'adhésion des communes, que lorsque le produit de ces exploitations est inférieur à la dépense des travaux. Dans le cas contraire, ces exploitations constituent des coupes extraordinaires, qui doivent être autorisées par l'autorité supérieure; il en est de même, lorsque les exploitations doivent avoir lieu dans le quart en réserve. (Décis. Min. des 6 novembre et 12 décembre 1828.)

47. *Utilité communale. Décision. Préfet.* — Les préfets statueront en conseil de préfecture, sans l'autorisation du ministère de l'agriculture, mais sur l'avis ou la proposition des chefs de service, en matière forestière, sur les objets déterminés par le tableau C, 10°, relativement aux travaux à exécuter dans les forêts communales ou d'établissements publics, pour la recherche ou la conduite des eaux, la construction des récipients et autres ouvrages analogues, lorsque ces travaux auront un but d'utilité communale. En cas de désaccord avec le conservateur, il en est référé à l'administration par un rapport spécial, avec pièces à l'appui. (Décr. du 25 mars 1852, art. 3. Circ. A 686.)

48. *Exécution. Refus.* — Une commune ne peut se soustraire à l'exécution des travaux d'amélioration ordonnés par un décret ou une ordonnance; il suffit que le préfet fasse procéder à l'adjudication des travaux, aux frais de la commune. (Décis. Min. des 15 octobre 1828 et 19 janvier 1830.)

§ 2. *Prestations. Concessionnaires. Insolvables.*

49. *Autorisation. Concession.* — Les scieries, sécheries de graines, etc., peuvent être construites par des concessionnaires de ces travaux, avec jouissance temporaire au profit des constructeurs, avec ou sans redevance et avec ou sans subvention.

Ces concessions sont faites soit directement, soit par adjudication. (Circ. N 22, art. 297, 299.) V. Concession.

50. *Journées de prestation. Emploi.* — Les conservateurs déterminent, sur la proposition des agents locaux, l'emploi des journées de prestation dues par les concessionnaires de menus produits. Ces prestations peuvent comprendre des travaux de culture à la journée ou à la tâche, tels que défoncements, labours, sarclages, binages, plantations, etc., ou des travaux d'ouverture et de curage de fossés, ragréage et nivellement de route et même extraction et cassage de la pierre pour l'entretien des chemins de vidange; elles ne comprennent point de travaux d'art. (Circ. N 22, art. 319, 321 et 322.)

51. *Sommier. Indication.* — Le chef de cantonnement inscrit, sur un sommier des concessions de menus produits, les travaux à faire, ceux exécutés, la date de l'exécution et la valeur des ouvrages faits. (Circ. N 22, art. 324.)

52. *Insolvables. Journées de prestation. Bois domaniaux.* — Les prestations dues par les délinquants insolvables, dans les forêts domaniales, doivent être principalement employées au curage et à l'ouverture des fossés, à l'extraction et au cassage de matériaux, aux menus travaux d'entretien et de réparation des routes et des chemins, à la préparation du sol pour repeuplements, à la récolte ou à la fourniture de graines forestières, enfin aux semis et plantations. (Circ. A 814. Circ. N 22, art. 326.)

§ 3. *Travaux mis en charge sur les coupes.*

53. *Coupes. Indications.* — On ne doit mettre en charge sur les coupes que les travaux spécifiés à l'article 33 du cahier des charges. Les travaux mis en charge sont indiqués sur les affiches en cahier, détail, exécution et dépense. (Circ. A 817. Cah. des ch. 33. Circ. N 22, art. 329. Circ. N 80, art. 26. Circ. N 86. Circ. N 337.)

54. *Coupes affouagères. Conditions.* — On ne doit mettre en charge sur les coupes affouagères que les travaux acceptés par le conseil municipal ou par le maire.

55. *Exécution. Mode.* — Les travaux mis en charge sur les coupes doivent être exécutés par les adjudicataires ou par des ouvriers payés par eux.

Ces travaux sont faits conformément aux indications des agents forestiers, qui doivent en surveiller ou faire surveiller l'exécution, indépendamment de la réception définitive qui en est opérée, lors du récolement.

Les agents ne doivent jamais se rendre dépositaires des fonds destinés à payer les travaux mis en charge sur les coupes. (Circ. A 183. Circ. N 22, art. 331.)

56. *Exécution. Retard. Régie.* — Tous les travaux des coupes imposés par le cahier des charges, tels que façonnage des ramiers, nettoiement des épines, ronces et arbustes nuisibles, réparation des chemins de vidange, fossés, repiquement de places à charbon, etc., qui ne sont pas effectués aux époques fixées, peuvent être exécutés par voie de régie, aux frais des adjudicataires ou entrepreneurs des coupes. (Cod. For. 41.)

§ 4. *Travaux mixtes.*

57. *Territoires réservés de la zone frontière. Chemins. Principe.* — Dans les territoires réservés de la zone frontière, les chemins vicinaux de toutes classes et les chemins forestiers qui desservent les forêts et les bois de l'Etat, des communes ou des établissements publics, sont soumis aux lois, décrets et règlements relatifs aux travaux mixtes. (Décr. du 8 septembre 1878. Circ. N 253.)

58. *Chemins. Ouverture. Rectification. Empierrement.* — L'ouverture, la rectification, l'empierrement des chemins forestiers situés

en territoires réservés, aussi bien que ceux compris dans le rayon des enceintes fortifiées, sont désormais soumis à l'autorité militaire, quelles que soient les dimensions de ces chemins. (Circ. N 253.)

59. *Zone frontière. Territoires réservés. Chemins. Exonération.* — En dehors des territoires réservés de la zone frontière, tous les chemins vicinaux ou forestiers peuvent s'exécuter librement. (Décr. du 15 mars 1862, art. 2, § 2. Circ. N 22, art. 82.)

60. *Enceintes fortifiées. Rayon.* — Le rayon des enceintes fortifiées, en ce qui concerne les travaux mixtes de toute nature, est étendu à un myriamètre autour des places et postes militaires compris dans la zone frontière. Cette distance est comptée à partir des ouvrages les plus avancés. Le ministre détermine les places où ce rayon peut être réduit. (Décr. du 3 mars 1874. Circ. N 151.)

61. *Chemins. Réparation. Entretien. Modifications.* — Les seuls travaux dont l'exécution soit de plein droit sont ceux de réparation et d'entretien, ayant exclusivement pour objet de maintenir la viabilité, sans apporter de modifications à l'état primitif.

Tous les travaux ayant pour objet les changements dans le tracé, la largeur et la déclivité, ainsi que les empierrements, seront considérés comme soumis aux lois et règlements sur les travaux mixtes. (Circ. N 253.)

62. *Ponts. Dimensions. Exonération.* — Les travaux concernant les ponts établis ou à établir sur les cours d'eau navigables ou flottables, pour le service des chemins vicinaux ou forestiers, dans l'étendue de la zone frontière, cessent d'être de la compétence de la commission mixte, lorsque l'ouverture des ponts entre culées ne dépasse pas 6 mètres. (Décr. du 15 mars 1862, art. 3, § 3. Circ. N 22, art. 84. Décr. du 8 septembre 1878. Circ. N 253.)

63. *Zone de servitude. Places de guerre. Postes militaires.* — Sont soumis aux règlements sur les travaux mixtes, tous les chemins forestiers, ainsi que les ponts qui les desservent, quelles que soient leurs dimensions, lorsque les travaux sont compris dans l'étendue des zones de servitude militaire des places de guerre et des postes militaires. (Décr. du 15 mars 1862. Circ. N 22, art. 95.)

64. *Projet. Présentation.* — L'agent forestier présente les projets relatifs aux ouvrages et aux établissements que les règlements mettent dans les attributions de son service. (Décr. du 16 août 1853, art. 13. Circ. 22, art. 101.)

65. *Projet. Pièces.* — Les projets des travaux mixtes doivent comprendre :

1o Un plan d'ensemble ;

2o Des dessins particuliers donnant, dans le cas de projets de détails, au moyen de plans, coupes, profils, élévations et cotes de nivellement, tous les renseignements nécessaires à la complète intelligence de l'affaire, au point de vue des intérêts en présence. (Décr. du 16 août 1853. Circ. N 22, art. 103.)

66. *Approbation. Délai.* — Si dans un délai de trois mois, à dater de la remise du projet au directeur du génie, il n'est intervenu aucune décision du ministre de la guerre, l'exécution des travaux peut être autorisée. (Décr. du 15 mars 1862. Circ. N 22, art. 118.)

67. *Adhésion conditionnelle. Exécution.* — Les travaux, objets d'une adhésion conditionnelle, ne peuvent être entrepris qu'autant que l'acceptation des obligations stipulées a été notifiée au service qui les a imposées. (Décr. du 16 août 1853. Circ. N 22, art. 116.)

68. *Conditions.* — Tout service chargé de concéder des travaux mixtes est tenu d'insérer textuellement dans les clauses de la concession les stipulations approuvées ou adoptées. (Décr. du 16 août 1853. Circ. N 22, art. 124.)

69. *Exécution.* — Les travaux mixtes sont exécutés par les soins du service qui a rédigé les projets de détail, à moins qu'ils ne soient l'objet d'une concession ou d'une décision spéciale par les ministres compétents. (Décr. du 16 août 1853. Circ. N 22, art. 125.)

70. *Concession. Exécution.* — Les travaux mixtes concédés sont faits par les soins du concessionnaire et à ses risques et périls. Si les ouvrages sont à construire dans la zone des fortifications, le concessionnaire, considéré comme entrepreneur de travaux ordinaires militaires, opère sous la direction des officiers du génie, tout en restant exclusivement chargé de ce qui concerne les moyens d'exécution, tant en personnel qu'en matériel. (Décr. du 16 août 1853, art. 23, § 2. Circ. N 22, art. 126.)

71. *Exécution. Exercice. Dépense autorisée.* — Quel que soit le service qui doit fournir les fonds, les officiers et les agents chargés de la direction des travaux mixtes ne peuvent faire exécuter, chaque année, que les ouvrages ou parties d'ouvrages dont la dépense est autorisée. (Décr. du 16 août 1853, art. 23, § 3. Circ. N 22, art. 127.)

72. *Exécution. Projet. Condition. Modification.* — Les travaux doivent être faits en se conformant exactement aux projets adoptés et suivant les clauses et les conditions stipulées. Nulle modification ne peut être apportée aux dispositions arrêtées qu'autant qu'elle a été admise par la commission mixte, dans les formes ordinaires, ou qu'elle a fait l'objet d'une adhésion directe. (Décr. du 16 août 1853, art. 23, § 4. Circ. N 22, art. 128.)

73. *Exécution. Surveillance. Changement.* — Les officiers et les agents, dont les services sont intéressés à l'exécution des travaux

mixtes confiés à un autre service, ont le droit de s'assurer qu'on ne s'écarte, en aucune manière, des dispositions et conditions adoptées.

S'ils reconnaissent quelques changements, ils les signalent aux officiers, aux agents ou aux autres fonctionnaires chargés de la direction des travaux, et, s'il n'est pas tenu compte de leurs observations, ils constatent ou font constater les faits par un procès-verbal. (Décr. du 16 août 1853, art. 25. Circ. N 22, art. 129.)

74. *Travaux de défense.* — Le ministre de la guerre a la faculté de faire exécuter, aux frais de son département, les travaux qui lui paraissent indispensables à la défense, tant sur les chemins vicinaux ou forestiers à ouvrir ou à rectifier dans les territoires réservés de la zone frontière que sur les ponts à construire ou à reconstruire pour le service de ces chemins, dans toute l'étendue de la zone frontière, lorsque, par leurs dimensions, ces ponts cessent d'être soumis aux règlements sur les travaux mixtes. (Circ. N 22, art. 85. Circ. N 253.)

75. *Défense. Délai.* — Dans les travaux qui, quoique exécutés dans la zone frontière, ne sont pas soumis à la commission mixte, le directeur du génie peut faire exécuter les travaux nécessaires à la défense. Si dans le délai de deux mois, après la communication qui lui est faite du projet, il ne fait pas ses réserves, il est passé outre à l'exécution des travaux. (Décr. du 15 mars 1862. Circ. N 22, art. 87 et 90.)

76. *Travaux de défense. Dépense. Exécution.* — Le détail des dispositions ordonnées par le directeur du génie est inséré dans le cahier des charges relatif à l'adjudication ou à l'entreprise des travaux ; la dépense supplémentaire qu'elles peuvent entraîner est supportée par le budget du département de la guerre, et l'exécution a lieu sous la surveillance du service militaire. (Décr. du 15 mars 1862, art. 5, § 4. Circ. N 22, art. 89.)

§ 5. *Autorisation.*

77. *Décision. Avis.* — Les conservateurs notifient, par lettres spéciales, aux chefs de service les décisions qui autorisent les travaux. (Circ. N 22, art. 36.)

78. *Décision. Autorisation.* — Les décisions régulières autorisant des travaux d'amélioration autorisent implicitement les abatages d'arbres que ces travaux occasionnent. (Décis. Min. du 15 mai 1862. Circ. A 819.)

79. *Abatage. Proposition. Estimation. Dépense.* — Lorsque l'exécution des travaux doit entraîner l'abatage d'arbres ou de bois susceptibles d'être vendus sur pied, les agents joignent à leur rapport un procès-verbal d'estimation de ces produits. Quand les bois ne sont pas susceptibles d'être vendus sur pied, l'abatage et le façonnage, dont les frais doivent être imputés sur le fonds spécial des exploitations, sont l'objet d'une proposition distincte ; toutefois, lorsqu'il s'agit d'arbres épars et de bois rabougris ou de peu de valeur, dont l'exploitation ne peut être séparée du devis, cette dépense est comprise dans l'évaluation générale des travaux. (Circ. N 22, art. 18, 19 et 20.)

SECT. IV. — CRÉDIT. ATTRIBUTION. APPROBATION.

80. *Allocation. Mode d'exécution.* — Les projets de travaux sont l'objet d'allocations spéciales et distinctes. Le mode d'exécution en est déterminé par l'administration. (Circ. N 22, art. 165.)

81. *Autorisation.* — Toutes les dépenses, celles concernant les travaux comme les autres, sont autorisées par le ministre de l'agriculture. (Arr. Min. du 18 juillet 1888. Circ. N 402.)

82. *Dépenses. Pièces. Projet. Allocation.* — Lorsque les dépenses relatives aux travaux ont été autorisées, les devis et les plans de chaque projet sont revêtus de l'approbation du ministre ou de son délégué. (Circ. N 22, art. 33.)

83. *Somme à valoir. Emploi.* — Il ne peut être disposé des sommes à valoir comprises dans les devis approuvés que pour des ouvrages se rattachant aux entreprises pour lesquelles ces sommes ont été allouées.

Les travaux dont la dépense doit être imputée sur une somme à valoir sont exécutés, soit par l'entrepreneur, comme tâcheron et fournisseur, soit au moyen d'une régie organisée directement pour le compte de l'administration. (Circ. N 22, art. 172.)

84. *Travaux neufs. Devis. Augmentation. Limites.* — Pour les travaux neufs de toutes catégories à exécuter par voie de soumission directe ou d'adjudication, les conservateurs peuvent, toutes les fois que les évaluations du devis leur paraissent insuffisantes, les augmenter jusqu'à concurrence d'un dixième, pourvu que cette augmentation ne dépasse pas 500 francs. (Décis. Min. du 26 avril 1838. Circ. N 22, art. 173.)

Cette disposition semble abrogée par l'arrêté ministériel du 18 juillet 1888 (Circ. N. 402), ayant réservé à l'autorisation du ministre de l'agriculture l'allocation de tous les crédits, sans exception.

85. *Devis. Augmentation. Avis.* — Il y a lieu de rendre compte immédiatement à l'administration de l'augmentation des évaluations faites aux devis des travaux neufs. (Circ. N 22, art. 174.)

86. *Dénomination. Classification.* — Il est pourvu aux travaux à exécuter à prix d'argent au moyen des crédits inscrits au budget sous les dénominations suivantes, savoir :

1° Amélioration et entretien des forêts domaniales, comprenant notamment les travaux des routes forestières, les subventions pour la construction des chemins de fer d'intérêt local, des routes départementales et communales et les travaux de repeuplement :

2° Restauration et conservation de terrains en montagne;

3° Fixation des dunes;

4° Aménagements et exploitations;

5. Service des chasses. (Budget de l'exercice 1894.)

87. *Sommier. Comptabilité.* — Il est établi dans chaque conservation, pour les dépenses de toute nature relatives aux travaux d'amélioration, des registres d'ordre spéciaux, conformes au modèle adopté par l'administration. (Form. série 3, n° 15.)

Ces registres sont tenus par département, par exercice et par article du budget, de manière à donner immédiatement la situation des dépenses autorisées, des paiements effectués, des sommes restant à liquider et des reliquats définitifs. (Circ. N 22, art. 35.)

88. *Exécution. Renvoi.* — Lorsque les travaux ne peuvent être exécutés en totalité dans les limites de l'exercice pour lequel ils ont été autorisés, les conservateurs proposent, s'il y a lieu, de les reporter sur l'exercice suivant. (Circ. N 22, art. 41.)

89. *Non-emploi.* — Immédiatement après l'exécution d'un travail en régie, qui n'aura pas absorbé l'intégralité du crédit alloué, le conservateur informera l'administration du montant des fonds restant sans emploi par l'envoi de la nouvelle formule série 3, n° 16, appropriée à tous les cas. (Circ. N 372.)

SECT. V. — EXÉCUTION.

§ 1. *Dispositions générales.*

90. *Principe.* — Les travaux d'amélioration, pour l'exécution desquels des crédits sont inscrits au budget, sont effectués soit par voie d'adjudication, soit par marché de gré à gré, soit enfin par régie ou économie. (Circ. N 22, art. 162.)

91. *Principe. Forêts domaniales. Périmètres de restauration.* — Le mode d'exécution par entreprise est toujours préféré, quand des circonstances locales ou des motifs particuliers n'imposent pas absolument le mode en régie. (Circ. N 22, art. 13 et 14.)

Dans ce dernier cas, en ce qui concerne les périmètres de restauration, les travaux doivent être faits à la tâche, sauf impossibilité dûment constatée ; cependant, s'il s'agit de travaux d'art importants et notamment de grands barrages en pierre, il doit toujours être procédé par voie d'entreprise. (Instr. Gén. du 2 février 1885, art. 112 et 113. Circ. N 345.)

92. *Mévente. Proposition. Marché de gré à gré. Régie.* — Si, après une première tentative d'adjudication et à la séance de renvoi, les travaux ne sont pas adjugés, les conservateurs proposent, s'il y a lieu, de les faire exécuter par marchés de gré à gré ou par régie. (Circ. N 22, art. 201.)

93. *Saison. Rabais.* — Les conservateurs doivent hâter les adjudications et la passation des marchés de gré à gré, afin de procurer du travail pendant l'hiver aux ouvriers inoccupés et de profiter des rabais plus élevés auxquels la concurrence donne lieu, pendant la mauvaise saison. (Circ. N 22, art. 164.)

§ 2. *Marchés par adjudication.*

A. *Indications générales.*

94. *Mode.* — Les travaux seront entrepris soit par voie d'adjudication publique au rabais et sur soumissions cachetées, soit en vertu d'une soumission faite de gré à gré. (Cah. des ch. des travaux, art. 1.)

95. *Approbation. Réserve.* — Les conservateurs approuvent tous les marchés, chaque fois que l'adjudication aura été tranchée avec concurrence et rabais, et font connaître sans retard à l'administration :

La date de l'adjudication ;

Celle de l'approbation ;

Les nom, prénoms et demeure de l'entrepreneur ;

Les rabais obtenus ;

Le prix définitif de l'entreprise.

Quand l'administration voudra se réserver l'approbation d'un marché, elle en informera le conservateur, en lui notifiant la décision autorisant les travaux. (Circ. N 22, art. 195. Circ. N 261. Circ. N 416.)

96. *Exécution par anticipation. Paiement. Exercice.* — Si les entrepreneurs jugent à propos d'exécuter par anticipation des marchés réalisables en plusieurs années successives, les paiements n'en sont pas moins renfermés dans la limite des allocations prévues pour chaque exercice. Sauf une autorisation spéciale de l'administration, les procès-verbaux de réception ne sont dressés qu'aux époques fixées par le cahier des clauses spéciales pour chaque partie des entreprises. (Circ. N 22, art. 225.)

97. *Dissolution. Décès. Faillite. Disparition. Entrepreneur.* — En cas de décès ou de faillite de l'entrepreneur, le contrat sera résilié de plein droit, sauf à l'administration à accepter, s'il y a lieu, les offres qui pourront être faites pour la continuation des travaux, soit par la caution, qui sera tout d'abord mise en demeure de faire connaître sa détermination, soit par les héritiers ou les créanciers.

Il en sera de même lorsque l'entrepreneur aura disparu du pays depuis plus d'un mois, sans avoir rempli les formalités prescrites. (Circ. N 22, art. 264. Cah. des ch. 42.)

B. *Frais. Copie des pièces.*

98. *Tableau indicatif des frais de timbre et d'enregistrement.*

NATURE DES ACTES.	BOIS DOMANIAUX.			BOIS COMMUNAUX.		
	Timbre.	Enregistr.	Observations.	Timbre.	Enregistr.	Observations.
Affiches pour adjudication de travaux d'amélioration..........	Exempt.	Exempt.	Loi du 9 vendémiaire an VI, art. 56.	Timbré.	Exempt.	Décision du 24 novembre 1826.
Offre de caution..............	Timbré.	Id.	Loi du 13 brumaire an VII, art. 12.	Id.	Id.	Comme pour les bois domaniaux.
Récépissé de versement de cautionnement en argent.........	Id.	Id.	Id.	Id.	Id.	Id.
Soumission....................	Id.	Id.	Id.	Id.	Id.	Id.
Procès-verbal d'adjudication ou marché approuvé...........	Id.	0.20 0/0	Loi du 28 avril 1893, art. 19.	Id.	1 p. 0/0	Loi du 28 avril 1816, art. 51.
Pièces à annexer à la minute du procès-verbal d'adjudication.						
Acte de cautionnement ou certificat de caution...............	Id.	0.20 0/0	Le droit proportionnel est liquidé sur le trentième du prix, limite de cautionnement.	Id.	0.50 0/0	Loi du 22 frimaire an VII, art. 69, § 2. — Le droit est dû sur toute la somme cautionnée.
Acte d'acceptation de la caution.	Id.	3 f. fixe.	»	Id.	Id.	»
Inscription hypothécaire........	Id.	1 p. 1000 en suspens.	L'entrepreneur paye de plus le timbre des registres et le salaire du conservateur. Il acquitte le droit d'inscription quand la créance devient réelle.	Id.	1 p. 1000 en suspens.	Comme pour les bois domaniaux.
Cahier des charges rédigé administrativement.................	Exempt.	Exempt.	»	Exempt.	Exempt.	Comme pour les bois domaniaux.
Cahier des charges rédigé par des personnes n'exerçant pas des fonctions administratives.....	Timbré.	3 f. fixe.	Décision du 1er décembre 1856.	Exempt.	3 f. fixe.	Décision du 1er décembre 1856.
Plans et devis rédigés administrativement..................	Exempt.	Exempt.	»	Exempt.	Exempt.	»
Plans et devis rédigés par un étranger....................	Timbré.	3 f. fixe.	Décision du 1er décembre 1856.	Timbré.	3 f. fixe.	Décision du 1er décembre 1856.
Procès-verbal de réception provisoire ou dénombrement... ...	Exempt.	Exempt.	Sujet aux droits de timbre et d'enregistrement, s'il émane de personnes n'exerçant pas des fonctions administratives.	Exempt.	Exempt.	Comme pour les bois domaniaux.
Procès-verbal de réception définitive ou dénombrement, signé par l'entrepreneur..........	Timbré.	Id.	Id.	Timbré.	Id.	Id.
Expéditions à l'entrepreneur.						
Procès-verbal d'adjudication	Id.	Id.	»	Id.	Id.	»
Cahier des charges.............	Id.	Id.	»	Id.	Id.	»
Plans et devis.................	Id.	Id.	»	Id.	Id.	»
Pièces pour les paiements.						
Procès-verbal d'adjudication de travaux (copie)...........	Id.	Id.	Décisions des 29 septembre 1863 et 30 septembre 1864.	Id.	Id.	Comme pour les bois domaniaux.
Cahier des charges ne formant pas une annexe du marché.......	Exempt.	Id.	(Circ. N 73. Circ. N 104).	Exempt.	Id.	Id.
Devis.........................	Id.	Id.	»	Id.	Id.	Id.
Procès-verbal de réception provisoire ou définitive, non signé par l'entrepreneur...........	Id.	Id.	»	Id.	Id.	Id.
MISE EN RÉGIE.						
Notification de l'arrêté de mise en régie... } Minute.	Timbré.	2 f. fixe.	»	Timbré.	2 f. fixe.	»
Notification de l'arrêté de mise en régie... } Copie..	Id.	Exempt.	»	Id.	Exempt.	»
Décompte des trav. avant la régie.	Exempt.	Id.	Dressé par un agent forestier.	Exempt.	Id.	Rédigé par un agent administratif.
Etat d'émargement.............	Timbré.	Id.	Exempt du timbre de dimension, s'il n'est qu'un simple état de quittance, mais soumis au timbre de quittance.	Timbré.	Id.	Comme pour les bois domaniaux.
Mémoires de fournisseur........	Id.	Id.	»	Id.	Id.	»

NOTA. — Les droits d'enregistrement indiqués ci-dessus ne comprennent pas les décimes; ces droits doivent donc être augmentés d'un quart. (Lois des 6 prairial an VII, 23 août 1871 et 30 décembre 1873.)

99. *Entrepreneur. Copie. Pièces.* — Il sera délivré à l'entrepreneur une copie certifiée du devis, du bordereau des prix, du détail estimatif et, s'il le demande, du procès-verbal d'adjudication, du cahier des charges, ainsi que des plans du projet, lorsqu'il s'agira de travaux autres que des travaux de routes ; mais on ne doit pas lui fournir de copie des tracés, profils et plans de nivellement. Il y est suppléé au moyen du piquetage et d'instructions données sur place par l'agent directeur des travaux. (Circ. N 22, art. 202. Cah. des ch. 19. Circ. N 319.)

100. *Procès-verbal de réception. Pièces. Copies.* — Les chefs de service font préparer des copies du procès-verbal d'adjudication et du détail estimatif du devis, pour être jointes ultérieurement, avec un exemplaire ou un extrait du cahier des charges relatant les conditions de paiements, au procès-verbal de réception, comme pièces justificatives de dépense. (Circ. N 22, art. 203.)

101. *Pièces. Timbre. Enregistrement.* — Sont assujettis au timbre et à l'enregistrement, le procès-verbal d'adjudication, l'acte de cautionnement et le certificat de caution. Ces pièces ne doivent être enregistrées qu'après l'approbation du marché. (Décis. Min. des 1er décembre 1856 et 10 juillet 1857. Circ. N 22, art. 205.)

Le certificat concernant le cautionnement en numéraire ou en rentes sur l'Etat n'est pas soumis à l'enregistrement.

102. *Enregistrement. Droit. Quotité.* — Les adjudications et les actes de cautionnement sont soumis au droit proportionnel de 0 fr. 20 pour cent, en principal. (Décis. Min. du 1er décembre 1856. Circ. A 757. Circ. N 22, art. 206. Loi du 28 février 1872, art. 1 et 2. Circ. N 132. Circ. N 202. Loi du 28 avril 1893, art. 19.)

103. *Enregistrement. Droit.* — Le certificat de caution, qui remplace l'acte de cautionnement pour les entreprises au-dessous de 5000 francs et qui emporte également obligation au profit du Trésor, est assujetti à un droit proportionnel de 0 fr. 20 pour cent, en principal, basé sur le trentième de la valeur des travaux à exécuter. (Décis. Min. du 10 juillet 1857. Circ. A 759. Circ. N 22, art. 207. Loi du 28 avril 1893, art. 19.)

104. *Pièces. Copies. Timbre.* — Les copies du cahier des charges et des procès-verbaux d'adjudication, la copie du devis et le certificat de réalisation de cautionnement délivrés aux entrepreneurs sont sujets au timbre. (Décis. Min. du 1er décembre 1856. Circ. A 757. Circ. N 22, art. 208.)

105. *Pièces. Comptabilité. Timbre.* — Est assujettie au timbre, la copie du procès-verbal d'adjudication à fournir aux trésoriers-payeurs généraux à l'appui du mandat de paiement ; ne sont pas soumis au timbre, le détail estimatif et le procès-verbal de réception définitive. (Décis. Min. des 29 décembre et 30 septembre 1864. Circ. N 22, art. 209. Circ. N 73.)

Quand le procès-verbal de réception définitive est revêtu de la signature de l'entrepreneur, il est passible des droits de timbre de dimension. (Circ. N 218.)

106. *Cahier des charges. Timbre.* — L'exemplaire ou la copie du cahier des charges produit en forme administrative est exempt du timbre, s'il ne constitue pas une annexe spéciale du marché. (Circ. A 757. Circ. N 22, art. 210. Circ. N 73.)

107. *Pièces. Copies. Timbre.* — Les plans, dessins, devis, états de métrage et détails estimatifs dressés administrativement sont exempts du timbre ; mais cette exemption n'est pas applicable, si ces actes émanent d'architectes, d'experts ou d'autres personnes étrangères aux fonctions administratives. (Circ. A 757. Circ. N 22, art. 211.)

108. *Entrepreneur. Timbre. Frais.* — Sont à la charge de l'entrepreneur :

1o Les frais de timbre et d'enregistrement du procès-verbal d'adjudication et de l'acte de cautionnement ;

2o Le prix du timbre des copies, des pièces qui lui sont délivrées (cahier des charges, procès-verbaux d'adjudication et de réception, devis, etc.) ;

3o Les frais de timbre de la copie du procès-verbal d'adjudication, qui doit être produite au trésorier-payeur général, à l'appui des mandats de paiement ;

4o Le prix du timbre du procès-verbal de réception définitive, qui devra être signé par lui pour acceptation.

Le montant de ces frais, à payer dans les vingt jours qui suivront l'approbation du procès-verbal, à la caisse du receveur des domaines du lieu de l'adjudication, est indiqué sur les affiches, aussi approximativement que possible. (Circ. A 757. Circ. N 22, art. 212. Circ. N 319. Cah. des ch. 20.)

109. *Frais. Bordereau.* — Lorsque les marchés sont approuvés, le président de l'adjudication adresse au receveur des domaines le bordereau des frais à la charge des entrepreneurs. (Circ. N 22, art. 213.)

110. *Publication. Salle. Frais. Administration.* — Les frais de publication concernant les adjudications de travaux, les frais de copie des pièces et, s'il y a lieu, ceux de location ou d'appropriation d'une salle pour les adjudications sont à la charge de l'administration. (Circ. N 22, art. 214.)

111. *Frais. Imprimés. Règlement.* — Les frais d'impression sont liquidés par le conservateur, après règlement des mémoires par l'imprimerie nationale. (Circ. N 22, art. 215. Circ. N 402.)

112. *Frais. Liquidation.* — Les conservateurs règlent et liquident, avec imputation sur le crédit affecté aux adjudications, les frais, savoir :

Pour l'appropriation des salles, d'après un prix autant que possible convenu d'avance ou le tarif approuvé en vigueur. V. Tarif.

Pour chaque expédition des procès-verbaux d'adjudication, à 0 fr. 50 par article.

Pour les copies des devis, analyses de prix et détails estimatifs, à raison de 0 fr. 50 par rôle, contenant vingt-cinq lignes à la page et seize syllabes à la ligne.

Enfin, pour les copies de plans et pour celles des tableaux ou états que renferment certains devis et qui ne peuvent être comptés comme rôles, d'après un prix préalablement convenu. (Arr. Min. du 29 février 1864. Circ. N 22, art. 216. Arr. Min. du 9 mars 1894. Circ. N 469.)

113. *Timbre. Frais. Paiement.* — Les droits de timbre et d'enregistrement à la charge des adjudicataires de travaux sont payés par eux, au moment des formalités.

c. *Conditions spéciales.*

114. *Intérêts. Commission de banque.* — Aucune stipulation d'intérêts ou de commissions de banque ne peut être consentie au profit d'un entrepreneur, fournisseur ou régisseur, en raison d'emprunts temporaires ou d'avances de fonds, pour l'exécution ou le paiement des services publics. (Décr. du 31 mai 1862, art. 12.)

Cette disposition n'exclut pas, toutefois, les allocations de frais et indemnités qui ne peuvent être prévus dans les devis et ne sont pas susceptibles d'être supportés par les entrepreneurs ou autres créanciers des services. (Règl. Min. du 26 décembre 1866, art. 52. Circ. N 104.)

115. *Acomptes. Conditions.* — Les acomptes déterminés par les conservateurs, dans les clauses spéciales, doivent être aussi nombreux que possible, de manière à favoriser, sans compromettre la garantie de l'Etat, la passation des marchés dans de bonnes conditions, en assurant aux entrepreneurs les moyens de payer en temps utile leurs ouvriers ou fournisseurs. (Circ. N 22, art. 169.)

116. *Difficultés. Compétence.* — Toutes les difficultés qui pourront s'élever entre l'administration et l'entrepreneur, sur le sens et l'exécution des clauses et conditions de l'entreprise, et qui ne pourraient être résolues à l'amiable, seront portées devant l'autorité judiciaire. (Circ. N 319.)

En attendant qu'il soit statué sur ces difficultés par l'autorité compétente, l'entrepreneur sera tenu de poursuivre l'exécution des travaux, et, dans le cas où il s'y refuserait, il y serait pourvu par voie de régie. (Cah. des ch. 52.)

117. *Clauses spéciales. Délai. Exécution. Garantie.* — Les clauses spéciales relatives aux délais d'exécution ou de garantie et au paiement d'acomptes sont réglées par le conservateur. Elles sont inscrites à la suite du devis.

Le délai d'exécution doit être fixé de manière que les travaux soient, sauf en cas de force majeure, terminés dans l'année où ils sont entrepris.

Quant au délai de garantie, s'il y a lieu d'en fixer un, il convient de lui donner une durée suffisante pour que la solidité des travaux soit complétement assurée. (Circ. N 22, art. 17. Circ. N 73.)

D. *Entrepreneur. Responsabilité.*

118. *Délits. Ouvriers.* — L'entrepreneur se soumet à la responsabilité déterminée par l'article 206 du code forestier (§§ 1 et 2), à raison des contraventions et délits commis par ses ouvriers et voituriers, pendant toute la durée des travaux. (Cah. des ch. 54.)

119. *Responsabilités civiles et pénales.* — L'entrepreneur des travaux d'une route stratégique n'est que civilement responsable des dégâts occasionnés aux propriétés riveraines, par la chute des déblais et blocs de rocher ; la responsabilité pénale incombe à l'officier du génie directeur des travaux. (Aix, 23 mai 1888.) Paraît applicable aux forêts.

120. *Garantie. Entretien.* — L'entrepreneur et sa caution seront responsables, pendant le délai de garantie, de la bonté et de la solidité des ouvrages, et obligés de les entretenir.

L'administration ne renonce pas à la faculté d'invoquer, au besoin, les dispositions des articles 1792 et 2270 du code civil, qui fixe à dix ans le délai de garantie pour les grosses constructions. (Cah. des ch. 44.)

121. *Destruction. Durée.* — Si un travail construit à prix fait périt en tout ou en partie par le vice de la construction, même par le vice du sol, les architecte et entrepreneur en sont responsables pendant dix ans. (Cod. Civ. 1792 et 2270.)

E. *Surveillance.*

122. *Entrepreneur. Domicile. Absence. Remplacement.* — L'entrepreneur ne pourra, pendant la durée de l'entreprise, s'éloigner sans autorisation du lieu de ses travaux.

En cas d'absence, il choisira et fera agréer un représentant capable de le remplacer, de manière qu'aucune opération ne puisse être retardée ou suspendue.

Dans tous les cas, toutes les notifications se rattachant à son entreprise seront valables, lorsqu'elles auront été faites soit au domicile qu'il sera tenu, dans les quinze jours de l'approbation de l'adjudication, d'élire à proximité des travaux, soit, à défaut de cette élection de domicile, à la mairie de la commune de la situation des travaux. (Cah. des ch. 22.)

123. *Commencement. Instruction.* — A l'époque fixée par le marché ou indiquée par les agents forestiers, l'entrepreneur mettra la main à l'œuvre ; il exécutera tous les ouvrages, en se conformant strictement aux plans, profils, tracés, instructions et ordres de service qui lui seront donnés. (Cah. des ch. 23.)

124. *Ouvriers. Nombre. Liste.* — Le nombre des ouvriers de chaque profession sera toujours proportionné à la quantité d'ouvrage à faire. Pour mettre l'agent directeur à même d'assurer l'accomplissement de cette condition, il lui sera remis périodiquement, et aux époques par lui fixées, une liste nominative des ouvriers. (Cah. des ch. 24.)

125. *Ouvriers. Renvoi.* — L'agent chargé de la direction des travaux pourra exiger le changement ou le renvoi des employés et ouvriers de l'entrepreneur, pour cause d'insubordination, d'improbité ou d'incapacité. (Cah. des ch. 38.)

126. *Direction. Surveillance. Agent. Préposé.* — A moins de désignation spéciale de la part du conservateur, les agents locaux dirigent et surveillent les travaux.

Les brigadiers et les gardes exercent sur les travaux une surveillance journalière. (Instr. du 15 mars 1845. Circ. A 575 ter. Circ. N 22, art. 217.)

127. *Agent. Direction.* — Les agents du service ordinaire et du service spécial dirigeront les travaux qui sont attribués à leur service. (Instr. du 15 mars 1845. Circ. A 575 ter.)

128. *Exécution. Agent.* — Lorsque l'auteur du devis appartient au service spécial, le conservateur peut le dispenser de surveiller l'exécution des travaux ; dans ce cas, la surveillance est confiée à l'agent local. (Circ. A 604.)

129. *Gardes cantonniers. Piqueurs.* — Les gardes cantonniers peuvent être employés comme piqueurs dans les travaux de toute nature, exécutés par entreprise. (Circ. N 22, art. 282.)

130. *Pièces. Copies. Minutes.* — A moins de circonstances exceptionnelles, il n'est pas fourni d'expéditions des devis et plans à l'agent chargé de la surveillance des travaux. Les minutes conservées dans les archives du cantonnement et rectifiées, s'il y a lieu, doivent suffire à tous les besoins. (Circ. N 22, art. 204.)

131. *Vérification. Vices de construction. Reconstruction.* — Lorsque les agents forestiers présumeront qu'il existe dans les ouvrages des vices de construction, ils ordonneront, soit en cours d'exécution, soit avant la réception définitive, la démolition et la reconstruction des ouvrages présumés vicieux.

Les dépenses résultant de cette vérification seront à la charge de l'entrepreneur, lorsque les vices de construction seront reconnus.

Toute démolition prescrite par les agents et qui n'aura pas pour cause une infraction au devis, un vice de construction ou l'emploi de matériaux prohibés, restera à la charge de l'administration. (Cah. des ch. 32.)

132. *Surveillance. Préposés.* — Les gardes ne font que surveiller les travaux en forêt, sans pouvoir les commander. (Cass. 13 avril 1849.)

133. *Vérification. Conservateur.* — Les conservateurs, dans leurs tournées, examinent si les travaux en cours d'exécution sont effectués et surveillés avec le soin désirable et s'ils sont exécutés conformément aux plans et devis. (Circ. N 18, art. 13.)

134. *Equipage. Outils. Fourniture.* — L'entrepreneur sera tenu de fournir à ses frais les équipages, outils, instruments et autres objets nécessaires à l'exécution des travaux.

S'il y a lieu de faire des travaux dont la dépense soit imputable sur la somme à valoir, l'entrepreneur devra, s'il en est requis, fournir les ouvriers, outils et machines nécessaires pour l'exécution de ces travaux.

Les journées d'ouvriers, le loyer et l'entretien du matériel lui seront payés au prix de l'adjudication, ou, à défaut de prix porté au devis, suivant un prix débattu de gré à gré entre l'entrepreneur et le directeur des travaux, ou fixé à dire d'experts. (Cah. des ch. 25.)

F. *Modifications.*

135. *Dépenses. Augmentation.* — Les agents signalent immédiatement au conservateur les augmentations de dépense qui peuvent résulter soit de la rectification d'erreurs de métrage proprement dites, soit de la détermination exacte de la profondeur de certaines fondations, ou bien encore de différences dans la répartition des terres entre les différentes classes de déblais prévues au devis. De son côté, le conservateur en rend compte à l'administration, par lettre spéciale. (Circ. N 22, art. 222.)

136. *Changement. Responsabilité. Devis. Métrage.* — L'entrepreneur ne pourra de lui-même apporter aucun changement au projet. Tous ouvrages exécutés en infraction à cette clause demeureront à sa charge, sans préjudice de sa responsabilité pour les dommages possibles résultant des changements non autorisés et sans qu'il puisse arguer d'autorisation verbale, ni de tolérance de la part des agents forestiers.

Il sera tenu de faire immédiatement, si les agents forestiers lui en donnent l'ordre, remplacer les matériaux ou reconstruire les ouvrages dont les dimensions ou les dispositions ne seront pas conformes au devis.

Toutefois, si les agents reconnaissent que les changements faits par l'entrepreneur ne sont contraires ni à la solidité, ni au goût, les nouvelles dispositions pourront être maintenues ; mais alors l'entrepreneur n'aura droit à aucune augmentation de prix, à raison des dimensions plus fortes ou de la valeur plus considérable que pourront avoir les matériaux ou les ouvrages. Dans ce cas, les métrages seront basés sur les dimensions prescrites par le devis. Si, au contraire, les dimensions sont plus faibles ou la valeur des matériaux moindre, les prix seront réduits en conséquence. (Cah. des ch. 27. Cod. Civ. 1790.)

137. *Masse des travaux. Augmentation. Diminution.* — En cas d'augmentation dans la masse des travaux, l'entrepreneur sera tenu d'en continuer l'exécution jusqu'à concurrence d'un tiers en sus du montant de l'entreprise. Au delà de cette limite, l'entrepreneur aura droit à la résiliation de son marché. (Cah. des ch. 35.)

En cas de diminution dans la masse des ouvrages, l'entrepreneur ne pourra élever aucune réclamation, tant que la diminution n'excédera pas le tiers du montant de l'entreprise. Si la diminution est de plus du tiers, il recevra, s'il y a lieu, à titre de dédommagement, une indemnité qui, en cas de contestation, sera réglée par l'autorité compétente. (Cah. des ch. 36.)

138. *Devis. Changement. Indemnités.* — Lorsque les changements ordonnés auront pour résultat de modifier l'importance de certaines natures d'ouvrages, de telle sorte que les quantités prescrites diffèrent de plus de moitié, en plus ou en moins, des quantités portées au détail estimatif, l'entrepreneur pourra présenter, en fin de compte, une demande en indemnité, basée sur le préjudice que lui auraient causé les modifications apportées à cet égard dans les prévisions du projet. (Cah. des ch. 37.)

139. *Changement. Matériaux. Indemnités.* — Les entrepreneurs n'ont droit à aucune augmentation de prix, lorsque, de leur propre volonté, ils ont employé des matériaux meilleurs que ceux indiqués aux devis ou exécuté les travaux d'une manière plus utile et plus solide. (Circ. N 22, art. 224.)

140. *Changement. Ordre écrit. Compte.* — L'entrepreneur se conformera, pendant le cours du travail, aux changements qui lui seront ordonnés *par écrit* et sous la responsabilité de l'agent forestier, pour des motifs d'utilité ou d'économie. Il ne lui sera tenu compte de ces changements qu'autant qu'il justifiera de l'ordre écrit de cet agent. (Cah. des ch. 26.)

141. *Changement au devis. Dommages-intérêts. Non-recevabilité.* — Lorsque des changements au devis des travaux ont été apportés en cours d'exécution, sur la demande de l'entrepreneur et sans ordre écrit de l'agent forestier directeur des travaux, l'entrepreneur n'est pas recevable ensuite à se fonder sur ces changements pour réclamer des dommages-intérêts, alors qu'une clause de son cahier des charges stipule *qu'il ne lui sera tenu aucun compte de ces changements, tant qu'il ne justifiera d'un ordre écrit de l'agent forestier*. Dans ces circonstances, le tribunal doit refuser, comme inadmissibles, la preuve offerte et l'expertise sollicitée par l'entrepreneur. (Trib. de Saint-Dié, 30 décembre 1891.)

142. *Dépense. Augmentation.* — Les conservateurs peuvent autoriser définitivement, sauf à en rendre compte sans retard à l'administration, les augmentations de dépense qui n'excèdent pas 500 francs, dans le cas de changement ordonné par écrit ou lorsque certains ouvrages indispensables ont été omis au devis. (Circ. N 22, art. 219.)

Cette disposition semble être abrogée virtuellement par l'arrêté ministériel du 18 juillet 1888, portant que toutes les dépenses sont autorisées par le ministre de l'agriculture. (Circ. N 402.)

143. *Modification en cours d'exécution. Ordre écrit.* — Les modifications que les agents peuvent ordonner *par écrit*, pendant l'exécution des travaux, ne doivent comprendre que des changements de détail, pour assurer la meilleure exécution des projets. Elles doivent être employées pour redresser les conséquences des erreurs de calcul ou de métrage, ou pour parer aux incidents imprévus sur lesquels il y aurait urgence de statuer. (Circ. A 661.)

144. *Ouvrages non prévus. Exécution. Extraction de matériaux.* — Lorsqu'il sera reconnu indispensable d'exécuter des ouvrages non prévus ou d'extraire des matériaux dans des lieux autres que ceux indiqués au devis, les prix en seront réglés d'après les éléments de ceux de l'adjudication ou par assimilation aux ouvrages les plus analogues. Dans le cas d'une impossibilité absolue d'assimilation, on prendra pour terme de comparaison les prix courants du pays.

Les nouveaux prix, après avoir été débattus par l'agent forestier avec l'entrepreneur, seront soumis à l'approbation de l'administration. Si l'entrepreneur n'accepte pas la décision de l'administration, il sera statué par l'autorité compétente. (Cah. des ch. 34.)

145. *Modification. Avis.* — Les agents doivent faire connaître sans retard à l'administration les modifications apportées aux travaux, en vertu de l'article 26 du cahier des charges. (Circ. A 699. Circ. N 22, art. 221 et 222.)

146. *Emploi de matériaux. Démolition. Paiement.* — Toutes les fois que les agents prescriront l'emploi de matières neuves ou de démolition appartenant à l'Etat, l'entre-

preneur ne sera payé que des frais de main-d'œuvre, d'après les éléments des prix du bordereau, rabais déduit, sans pouvoir répéter de dommages, pour manque de gain sur les fournitures supprimées. (Cah. des ch. 31.)

147. *Bois. Fourniture. Exploitation. Paiement.* — Dans les circonstances exceptionnelles, telles que frais excessifs de transport ou rareté sur les marchés, les bois nécessaires aux travaux seront exploités sous forme d'extraction ou d'éclaircie et disposés pour être employés par les entrepreneurs, après dessiccation suffisante. Le prix de ces bois sera versé par l'entrepreneur à la caisse des domaines, d'après les évaluations du devis. En cas d'inexécution des travaux, les bois seront vendus dans la forme de menus marchés (valeur inférieure à 2000 francs).

En cas d'application de cette mesure, il sera inséré dans les affiches et au procès-verbal d'adjudication une clause stipulant le remboursement de la valeur des bois, au prix du devis et sans rabais. Il est adressé au directeur des domaines un extrait du procès-verbal d'adjudication et du devis, comme titre de recouvrement. (Décis. Min. du 15 février 1875. Circ. N 170.)

G. *Prix. Métrage.*

148. *Difficulté. Prix. Métrage.* — S'il survient quelque difficulté entre l'agent chargé de la direction et l'entrepreneur, au sujet de l'application des prix ou des métrages, il en sera référé au conservateur. (Cah. des ch. 39.)

149. *Augmentation. Prix. Matériaux. Erreurs.* — L'entrepreneur ne pourra réclamer aucune augmentation de prix, sous le prétexte que des variations notables seraient survenues dans la valeur des matériaux ou de la main-d'œuvre. L'administration ne pourra, de son côté, pour un semblable motif, faire subir aucune diminution au montant du marché. (Cod. Civ. 1793.)

L'entrepreneur ne pourra également réclamer aucun changement dans les prix par lui consentis, sous prétexte qu'il y aurait eu erreur ou omission dans la composition des prix du sous-détail du devis ; mais il pourra réclamer contre les erreurs de métrage qui auraient été commises à son préjudice.

L'administration se réserve, à cet égard, le même droit.

Dans ce cas, les augmentations ou diminutions seront basées sur les prix du marché. (Cah. des ch. 28.)

150. *Avant-métré. Cahier des charges. Contradiction. Application.* — L'avant-métré ne constitue pas un élément du marché ; en cas de contradiction entre l'indication de l'avant-métré et le cahier des charges, sur la façon dont les ouvrages seront mesurés, il y a lieu d'appliquer le cahier des charges. Lorsque les travaux imprévus sont de même nature que ceux qui font l'objet du marché, par assimilation, les prix du bordereau et le rabais de l'adjudication leur sont applicables. (Cons. d'Etat, 15 mars 1889. Circ. N 454.)

151. *Indemnités.* — Il ne sera alloué à l'entrepreneur aucune indemnité à raison des pertes, avaries ou dommages occasionnés par négligence, imprévoyance, défaut de moyens ou fausses manœuvres. (Cah. des ch. 33.)

152. *Indemnité. Force majeure. Perte.* — Les entrepreneurs n'ont droit à aucune indemnité pour des pertes résultant de force majeure, lorsqu'ils s'y sont exposés par leur fait. (Circ. N 22, art. 223.)

153. *Événement de force majeure.* — Les événements de force majeure qui, dans le délai de dix jours au plus, après l'événement, auront été signalés par l'entrepreneur ne rentrent pas dans les cas où il n'a droit à aucune indemnité ; mais, néanmoins, il ne pourra rien être alloué qu'avec l'approbation de l'administration. Passé le délai de dix jours, l'entrepreneur ne sera plus admis à réclamer. (Cah. des ch. 33.)

154. *Carrières. Épuisement. Indemnité.* — Lorsqu'à raison de l'épuisement des carrières prévues au devis les distances moyennes des transports indiquées au devis ont été augmentées, l'entrepreneur a droit à une indemnité. (Cons. d'Etat, 10 mai 1889. Circ. N 454.)

H. *Mise en régie.*

155. *Adjudicataire. Retard. Régie.* — En cas de retard ou à défaut, par les adjudicataires, d'exécuter dans les délais fixés par le cahier des charges *tous les travaux imposés* ou *ouvrages à leur charge*, ces travaux seront exécutés à leurs frais, par les agents forestiers et sur l'autorisation du préfet, qui rendra exécutoires les mémoires des frais contre l'adjudicataire, pour le paiement. Le préfet arrête ces mémoires. (Cod. For. 41.) V. Régie.

156. *Conditions. Formalités.* — Lorsqu'un ouvrage languira faute de matériaux, d'ouvriers, etc., de manière à faire craindre qu'il ne soit pas achevé aux époques prescrites, ou bien si l'entrepreneur était convaincu de fraude quant à la qualité des matériaux, d'incapacité ou de mauvaise foi en ce qui concerne l'accomplissement des conditions de son marché, un arrêté du conservateur mettra en demeure l'entrepreneur et sa caution de prendre, dans un délai de dix jours, sauf les cas d'urgence, les mesures nécessaires pour régulariser la situation. (Cah. des ch. 40.)

157. *Notification.* — L'arrêté ordonnant la régie est notifié administrativement à l'entrepreneur, qui en donne récépissé; en

cas de refus, la signification lui en est faite par acte extrajudiciaire. (Circ. N 22, art. 227.)

158. *Organisation. Formalités.* — A l'expiration du délai fixé, si l'entrepreneur n'a pas satisfait aux dispositions prescrites, le conservateur, par un second arrêté, ordonnera l'établissement d'une régie aux frais de l'entrepreneur.

Il en sera rendu compte au directeur des forêts, qui, selon les circonstances, pourra ordonner la continuation de la régie aux frais de l'entrepreneur, ou prononcer la résiliation du marché, ou ordonner une nouvelle adjudication sur folle enchère.

Pendant la durée de la régie, l'entrepreneur sera autorisé à en suivre les opérations, sans qu'il puisse, toutefois, entraver l'exécution des ordres des agents forestiers.

Il pourra, d'ailleurs, être relevé de la régie par le directeur des forêts, s'il justifie des moyens nécessaires pour reprendre les travaux et les amener à bonne fin.

Les excédents de dépenses seront prélevés sur les sommes qui pourront être dues à l'entrepreneur, sans préjudice des droits à exercer contre lui et sa caution, en cas d'insuffisance. (Cah. des ch. 40.)

159. *Dépenses. Paiement.* — Les dépenses résultant de la régie sont mandatées au profit des fournisseurs, tâcherons et ouvriers, sur les crédits attribués à l'entreprise. (Circ. N 22, art. 228.)

160. *Recouvrement.* — Le recouvrement de toutes les sommes dont l'entrepreneur sera constitué débiteur, par suite de l'inexécution des conditions du cahier des charges, sera poursuivi contre lui et contre sa caution par voie de contrainte administrative, à la diligence de l'agent judiciaire du Trésor, comme rétentionnaire de deniers publics. (Cah. des ch. 53.)

161. *Bénéfice. Réclamation.* — Si la régie amenait une diminution dans les dépenses, l'entrepreneur ou sa caution ne pourraient réclamer aucune part de ce bénéfice, qui resterait acquis à l'administration. (Cah. des ch. 40.)

I. *Achèvement. Réception. Suspension.*

162. *Achèvement. Epoque.* — L'époque de l'achèvement des travaux est fixée sur le devis des travaux.

163. *Prolongation. Délai.* — Les conservateurs peuvent accorder aux entrepreneurs des prolongations de délais, d'une durée totale de trois mois au plus, et sans jamais dépasser les limites de l'exercice pour l'exécution ou la garantie des travaux. (Circ. N 22, art. 235.)

164. *Prorogation. Avis.* — Les conservateurs rendent compte à l'administration des prorogations de délais d'exécution qu'ils ont autorisées. (Circ. N 22, art. 236.)

165. *Réception. Epoque.* — Immédiatement après l'achèvement des travaux, il est procédé à leur réception. (Circ. N 22, art. 237. Cah. des ch. 43.)

166. *Agents. Réception.* — La réception est faite par l'agent chargé de la surveillance de l'entreprise ou, à son défaut, par un agent que désigne le conservateur. (Circ. N 22, art. 238.)

167. *Paiement d'acompte.* — Lorsque le cahier des charges spéciales n'aura pas imposé l'obligation d'achever la totalité des ouvrages avant tout paiement, il pourra être procédé, au fur et à mesure de l'avancement des travaux et d'après les conditions prévues au marché, à des paiements d'acompte, tant pour la fourniture des matériaux que pour les travaux exécutés. (Cah. des ch. 47.)

168. *Acompte. Paiement. Exécution.* — Aucune somme n'est payée à titre d'acompte à l'entrepreneur, que sur la présentation d'un certificat ou procès-verbal établissant les ouvrages exécutés et les dépenses faites. (Circ. N 22, art. 255.)

169. *Garantie. Réception.* — Si les travaux ne sont pas soumis à garantie, la réception est définitive. (Circ. N 22, art. 241. Cah. des ch. 43.)

170. *Garantie. Réception. Délai.* — Si les travaux sont soumis à garantie, la réception est provisoire. Il est procédé, à l'expiration du délai de garantie, à la réception définitive. (Circ. N 22, art. 242. Cah. des ch. 43.)

171. *Réception effective. Signature.* — Il est interdit aux agents de signer des réceptions de travaux qui n'auraient pas été effectués conformément aux instructions de l'administration. (Circ. A 339.)

172. *Réception. Renseignement. Indication.* — Les procès-verbaux de réception définitive doivent rappeler l'époque de l'achèvement des travaux et la date des procès-verbaux de réception provisoire.

Ils font connaître également la date et le montant des acomptes qui ont été payés. (Circ. N 22, art. 247.)

173. *Vérification. Parties. Paiement.* — S'il s'agit d'un ouvrage à plusieurs pièces où à la mesure, la vérification peut s'en faire par parties; elle est censée faite pour toutes les parties payées, si l'ouvrier est payé au fur et à mesure et en proportion de l'ouvrage fait. (Cod. Civ. 1791.)

174. *Cessation. Suspension. Rectification. Réception.* — Lorsque l'administration ordonnera la cessation absolue ou l'ajournement indéfini des travaux adjugés, l'entreprise sera immédiatement résiliée, sans préjudice de l'indemnité qui pourra être allouée à l'entrepreneur, s'il y a lieu.

Si les travaux ont reçu un commencement d'exécution, l'entrepreneur pourra requérir qu'il soit procédé de suite à la réception provisoire des ouvrages exécutés et à leur réception définitive, après l'expiration du délai de garantie. (Cah. des ch. 51.)

175. *Décès. Entrepreneur. Situation.* — Dans le cas de décès d'un entrepreneur, les agents dressent immédiatement un procès-verbal constatant la situation des travaux, au moment de leur suspension.

Ce procès-verbal établit la valeur, d'après les prix du marché, des ouvrages convenablement exécutés et des matériaux approvisionnés, pourvu que ces matériaux n'excèdent pas les quantités nécessaires à l'achèvement des travaux et qu'ils soient de la nature et de la qualité prévues au devis. (Circ. N 22, art. 265.)

176. *Entrepreneur. Décès. Formalités. Avis.* — Le procès-verbal concernant la situation des travaux à l'époque du décès est notifié sans délai au domicile de l'entrepreneur décédé, ainsi qu'à sa caution.

Le conservateur en adresse une copie à l'administration, avec ses propositions relatives à l'achèvement des travaux par voie de régie, d'adjudication ou de soumission directe. (Circ. N 22, art. 266.)

177. *Entrepreneur. Héritiers. Continuation.* — Lorsque les héritiers de l'entrepreneur ou sa caution ont exprimé le désir de continuer les travaux dans les conditions du marché primitif, le conservateur s'explique sur leur solvabilité et leur capacité. (Circ. N 22, art. 267.)

§ 3. *Marchés sur soumissions directes.*

178. *Conditions. Cahier des charges.* — Sont applicables aux marchés passés par voie de soumission directe, toutes les dispositions concernant les travaux exécutés par adjudication. (Circ. N 22, art. 189 à 191, 195 à 199, 202 à 268.)

Les dispositions du cahier des charges, à l'exception des articles 5 à 8, 11 à 17 et du premier paragraphe de l'article 18, sont applicables aux marchés passés par voie de soumission directe. (Cah. des ch. 55.)

§ 4. *Régie.*

179. *Principe.* — Les agents ne doivent proposer le mode d'exécution par régie, à la journée ou à la tâche, que pour les travaux qui exigent des connaissances spéciales ou qui présentent des conditions difficiles à prévoir ou à apprécier.

Les travaux en régie sont exécutés sous les ordres immédiats des agents. (Circ. N 22, art. 13 et 269.)

180. *Régisseur comptable. Désignation.* — Le conservateur désigne un agent comme régisseur comptable et charge le même agent ou un autre agent de la surveillance et de la direction des travaux. (Circ. N 22, art. 270.)

181. *Nomenclature.* — Les travaux à faire par économie ou en régie sont l'abatage et le façonnage des bois non adjugés et les travaux d'entretien et d'amélioration des forêts, qui ne sont pas de nature à être exécutés par entreprise. (Règl. Min. du 26 décembre 1866, art. 135. Circ. N 104.)

182. *Ateliers d'ouvriers. Transports. Fournitures.* — Les agents organisent directement les ateliers d'ouvriers et les transports, fixent les conditions des traités pour les fournitures et passent ces traités, sauf l'approbation du conservateur.

Les fournitures faites par correspondance et sur simple facture ne sont pas soumises à l'approbation du conservateur. (Circ. N 22, art. 271 et 272.)

183. *Rôle de journées. Etat des fournitures et des transports.* — Les agents ou préposés chargés de la direction quotidienne des ateliers tiennent les rôles des journées des ouvriers (Form. série 3, n° 26), ainsi que les états des fournitures, des transports de matériaux, des travaux à la tâche, etc. (Circ. N 22, art. 273.)

184. *Paiement.* — Les rôles de journées, les fournitures et les travaux à la tâche de peu d'importance sont payés au moyen d'avances faites au régisseur comptable. Le montant des fournitures et des travaux à la tâche, lorsqu'ils ont une certaine importance, doit être mandaté individuellement, au nom des ayants droit, sur les certificats de proposition de paiement de l'agent chargé de la direction des travaux. (Circ. N 22, art. 274 et 275.)

185. *Timbre.* — Les états de travaux en régie, à la tâche, produits à l'appui des mandats délivrés aux tâcherons individuellement, sont affranchis de l'impôt du timbre, quand ils sont dressés par les agents administratifs et qu'ils indiquent le nombre de journées faites ou les travaux à la tâche exécutés par les ouvriers employés au compte de l'administration des forêts.

Les états de l'espèce produits par les ouvriers, au compte des départements, communes ou établissements publics, doivent continuer, comme par le passé, à être rédigés sur papier timbré. (Circ. N 477.)

Les dispositions du premier paragraphe ci-dessus abrogent celles qui sont portées à *Timbre*, t. II, p. 599, art. 47.

186. *Paiement. Ouvrier illettré. Témoins.* — Pour les travaux en régie ou à la journée, on doit éviter de faire aux ouvriers ne sachant pas signer des paiements de 150 francs et au-dessus, sous la signature de deux témoins, parce que la preuve testimoniale n'est pas admise pour les sommes de 150 francs et au-dessus. (Cod. Civ. 1341.)

187. *Gardes cantonniers. Piqueurs. Surveillance.* — Les gardes cantonniers peuvent être employés comme piqueurs, dans les tra-

vaux de toute nature exécutés en régie. (Circ. N 22, art. 282.)

TRAVAUX PUBLICS.

SECT. I. — GÉNÉRALITÉS, 1 — 17.

SECT. II. — TRAVAUX EXÉCUTÉS PAR DES COMPAGNIES, 18 — 19.

Abatage, 9.
Affectation de terrain, 15.
Autorisation, 5, 8, 9, 11, 15.
Bonne foi, 14.
Bois domaniaux, 3.
Cession de terrain, 18.
Chemin de vidange, 3.
Construction, 3.
Contravention, 17.
Décret, 7.
Définition, 1.
Détournement, 13.
Devis, 12.
Enquête, 6, 19.
Entrepreneur, 12, 13, 14.
Etude, 7, 9.
Exécution, 6.
Exploitation, 16.
Extraction, 8, 10, 11.
Lieu d'extraction, 10.
Matériaux, 13.
Ordres de service, 7.
Poursuites, 12, 17.
Procès-verbal, 17.
Propriété particulière, 4.
Propriétaire, 11.
Qualification, 2.
Question préjudicielle, 12.
Route forestière, 2, 3.
Travaux communaux, 4.
Travaux accessoires, 19.
Utilité publique, 1, 2, 4.

V. Travaux forestiers.

SECT. I. — GÉNÉRALITÉS.

1. *Définition.* — On entend par *travaux publics* tous ceux qui sont empreints d'un caractère d'utilité publique, entrepris ou concédés par l'Etat, mais en tant qu'il ne s'agit pas de son domaine privé, les départements, les communes, les établissements publics, les associations syndicales autorisées et les compagnies de chemins de fer. (Block.)

2. *Route forestière. Utilité. Qualification.* — Les travaux qui ont pour objet la construction d'une route exclusivement destinée à l'exploitation d'une forêt domaniale ne constituent pas des travaux publics. (Cons. d'Etat, 4 avril 1884.)

3. *Bois domaniaux. Chemins de vidange.* — Les travaux de construction d'une route de vidange, destinée à l'exploitation d'une forêt domaniale, ne constituent pas un travail public, et les difficultés entre l'administration et l'entrepreneur ne sont pas de la compétence du conseil de préfecture. (Cons. d'Etat, 2 mai 1873. Circ. N 319.)

4. *Travaux communaux. Propriété particulière.* — Les travaux exécutés par les communes, à l'occasion des biens qu'elles possèdent *comme simples particuliers*, ne sont pas de la compétence administrative, celle-ci étant réservée aux travaux concernant l'*utilité générale*. (Cons. d'Etat. Trib. des conflits, 8 novembre 1851.)

5. *Autorisation.* — Tous les travaux d'utilité publique sont autorisés et ordonnés par décret du chef de l'Etat, rendu dans les formes prescrites pour les règlements d'administration publique. (Sénatus-consultes des 25 décembre 1852 et 31 décembre 1861. Circ. N 59, art. 1.)

6. *Exécution. Enquête.* — Aucun grand travail au compte de l'Etat ne doit être entrepris, sans que le projet en ait été préalablement soumis à des enquêtes. (Ord. des 10 mai 1829 et 18 février 1834. Circ. N 59, art. 2.)

7. *Ordres de service.* — A la réception des décrets, décisions ou arrêtés approuvant les projets de travaux et sans attendre que les ingénieurs, agents voyers ou géomètres lui en aient fait la demande, le conservateur donne des ordres aux agents pour faciliter les études ou les travaux autorisés. (Circ. A 631. Circ. N 59, art. 32.)

8. *Extraction. Autorisation.* — Le conservateur autorise les extractions de matériaux, dans les bois soumis au régime forestier, lorsque ces extractions ont pour objet l'exécution de travaux publics. (Décis. Min. du 11 août 1843. Circ. N 59, art. 28.)

9. *Abatage. Autorisation.* — Les conservateurs autorisent, dans les bois soumis au régime forestier et sous la réserve des droits des communes et établissements publics propriétaires, tout abatage de bois reconnu nécessaire pour étude de tracé, établissement, élargissement et rectification de routes nationales et départementales, de chemins vicinaux et de canaux, ainsi que pour tous autres travaux d'utilité publique projetés ou arrêtés par l'autorité compétente. Ils autorisent, en outre, la vente de ces bois par forme de menus marchés. (Décis. Min. du 5 juillet 1837. Circ. A 400. Décis. Min. du 11 août 1843. Circ. A 540. Circ. N 59, art. 28.)

10. *Lieux d'extraction.* — Les ingénieurs des ponts et chaussées ont le droit d'indiquer dans les forêts les lieux où doivent être faites les extractions de matériaux pour travaux publics; les entrepreneurs devront payer les indemnités de droit et observer les formalités prescrites. (Cod. For. 145.) V. Carrière. Indemnité. Matériaux.

11. *Extraction. Autorisation. Propriétaire.* — Dans les bois soumis au régime forestier, il n'est pas besoin de l'autorisation du propriétaire pour les extractions ou enlèvements pratiqués par les ordres de l'administration des ponts et chaussées ou des mines. (Cass. 16 avril 1836.)

12. *Entrepreneur. Poursuite. Question préjudicielle. Devis.* — Si un entrepreneur est poursuivi pour avoir extrait des matériaux en dehors des limites assignées et qu'il excipe de son marché, il élève ainsi une question préjudicielle d'interprétation d'un acte administratif, pour laquelle le conseil de préfecture est seul compétent; si l'allégation de l'entre-

preneur n'est pas reconnue fondée, la poursuite interrompue reprendra son cours devant le tribunal correctionnel. (Nancy, 21 février 1844.)

13. *Matériaux. Détournement.* — Les entrepreneurs ne peuvent pas détourner les matériaux extraits de leur destination, ni les prendre en dehors des limites assignées, sous peine d'être passibles de poursuites correctionnelles.

Les entrepreneurs ne sont couverts par la garantie de l'administration des ponts et chaussées que dans les limites assignées par cette administration, et, en cas de délit, les poursuites sont portées devant les tribunaux correctionnels.

En cas de non-désignation des lieux d'extraction, l'entrepreneur est poursuivi comme délinquant ordinaire. (Cons. d'Etat, 19 décembre 1839. Loi du 29 décembre 1892, art. 16.)

14. *Entrepreneur. Bonne foi.*— Dans aucun cas, la bonne foi de l'entrepreneur ne peut être une excuse. (Grenoble, inédit, 17 avril 1839.)

15. *Affectation de terrain. Autorisation.* — Les conservateurs autorisent les affectations de terrains domaniaux aux travaux entrepris par l'Etat et la cession de ces terrains pour l'exécution des travaux publics entrepris par des compagnies particulières, ainsi que la concession des terrains occupés, dans les bois des communes et des établissements publics, par des travaux d'utilité publique. (Circ. N 59, art. 28.)

16. *Bois. Exploitation.* — Les bois existant sur les terrains domaniaux cédés à l'amiable ne doivent être exploités qu'après la passation des contrats de cession et le paiement des indemnités, s'il en est dû à l'État. (Circ. N 59, art. 29.)

17. *Contravention. Procès-verbal. Poursuite.* — Lorsque des contraventions sont commises par des agents employés à l'étude des travaux, les procès-verbaux qui les constatent sont transmis au conservateur, et ils ne sont mis en poursuite que sur son autorisation. (Circ. N 59, art. 33.)

SECT. II. — TRAVAUX EXÉCUTÉS PAR DES COMPAGNIES.

18. *Cession. Terrain.* — Lorsqu'une compagnie, concessionnaire de travaux publics, sollicite la cession amiable de terrains domaniaux, pour l'expropriation desquels les formalités préliminaires ont été remplies, les agents forestiers procèdent à l'estimation de la valeur de ces terrains, abstraction faite de la superficie (arbres), et ils indiquent, s'il y a lieu, dans leur procès-verbal, les travaux (passages à niveau, ponts, viaducs, raccordements, etc.) qu'il serait nécessaire d'établir aux frais de la compagnie. (Circ. N 59, art. 43.) V. Cession. Chemin de fer. Etude.

19. *Travaux accessoires. Enquête.* — C'est pendant les enquêtes que les agents doivent proposer l'exécution des travaux accessoires, nécessaires pour assurer la surveillance et l'exploitation des bois. Si le projet définitif ne donne pas satisfaction aux intérêts forestiers, ils renouvellent leurs propositions au moment de la cession des terrains. (Circ. N 59, art. 44.)

TRÉFONCIER.

1. *Définition.* — Celui qui est propriétaire d'un fonds, dont un autre a le droit de percevoir les produits superficiels.

2. *Poursuite. Délit.* — Le tréfoncier ne peut exercer une action en réparation de délits que pour ceux qui portent atteinte au fonds même de la propriété ; il est sans qualité pour les délits se rapportant aux produits superficiels. (Bourges, 13 août 1863.) V. Superficiaire.

TREMBLE. (PEUPLIER.)

Catégorie. — Arbre de 2me classe. (Cod. For. 192.)

TRÉSOR.

1. *Propriété. Découverte.* — La propriété d'un trésor appartient à celui qui le trouve dans son propre fonds. S'il est trouvé dans le fonds d'autrui, il appartient par moitié à celui qui l'a découvert et pour l'autre moitié au propriétaire du fonds.

Le trésor est toute chose cachée ou enfouie, sur laquelle personne ne peut justifier sa propriété et qui est découverte par le pur effet du hasard. (Cod. Civ. 716.)

2. *Vol.* — Celui qui découvre un trésor dans le terrain d'autrui a bien droit à la moitié de ce trésor, mais il peut être poursuivi pour vol s'il s'en est attribué la totalité, au préjudice du propriétaire du terrain dans lequel le trésor a été découvert. (Cass. 3 mars 1894.)

3. *Recherche.* — La recherche d'un trésor dans une forêt domaniale est autorisée par le ministre ; on fixe la durée des fouilles, qui doivent avoir lieu en présence d'un agent forestier.

TRIAGE. (CIRCONSCRIPTION.)

Brigade, 5.
Brigadier, 6, 7.
Changement, 9.
Composition, 10.
Définition, 1.
Délit non constaté, 8.
Désignation, 11.
Etendue, 2.
Formation, 3.
Hiérarchie, 4.
Marteau, 12.
Procès-verbal, 8.
Réunion, 10.
Triage mixte, 12.
Vérification, 9.

1. *Définition.* — On désigne sous le nom de triage l'étendue des bois confiés à la surveillance d'un garde.

2. *Étendue.* — Un garde peut aisément surveiller 600 hectares en massif et 250 hectares en bois épars ; la moyenne des triages serait donc de 425 hectares. (Circ. du 22 mars 1801.)

3. *Formation.* — Il faut que les triages des gardes soient combinés dans un rapport tel, eu égard à leur étendue et à la facilité de les parcourir résultant de la configuration du terrain, de la disposition du logement des gardes, etc., que la surveillance de jour et de nuit puisse être exigée et la responsabilité appliquée de fait, comme elles peuvent et doivent l'être de droit. (Inspection des finances.)

4. *Hiérarchie.* — Dans les triages qui ne font pas partie d'une brigade, les gardes restent sous la surveillance immédiate du chef de cantonnement. (Circ. A 470 quater. Livret des préposés, art. 10.)

5. *Brigade.* — Rien ne s'oppose à ce que les triages mixtes soient compris, pour la partie domaniale, dans une brigade domaniale, et, pour la partie communale, dans une brigade communale. (Circ. A 470 quater.) Ces dispositions paraissent être tombées aujourd'hui en désuétude.

6. *Brigadiers à triage.* — On doit assigner à ces brigadiers des triages peu étendus, afin qu'ils puissent surveiller le service des gardes. (Circ. A 403.)

7. *Brigadiers.* — Les brigadiers n'auront pas de triage spécial à surveiller, à moins de nécessité bien établie. (Circ. A 467.)

8. *Délits non constatés. Procès-verbal.* — Si le chef de cantonnement reconnait, dans ses visites, qu'il existe dans le triage des gardes des délits non constatés, il en dressera procès-verbal, qu'il transmettra au chef de service. (Instr. du 23 mars 1821, art. 127.)

9. *Changement. Vérification.* — En cas de changement, le procès-verbal de vérification du triage, fait par le chef de cantonnement, limite la responsabilité du nouveau garde, en ce qui concerne les délits anciens non constatés. Ce procès-verbal reste déposé aux archives de l'inspection. (Circ. A 529. Circ. N 51, § 19.)

10. *Composition. Réunion. Bois communaux.* — Le préfet pourra réunir, dans un même triage et sous la surveillance d'un seul garde, des bois appartenant à plusieurs communes ou établissements publics. Cette décision est prise suivant les circonstances locales, sur l'avis du conservateur et l'assentiment des communes et établissements publics. (Arr. Min. du 3 mai 1852, art. 6. Cons. d'Etat, 6 août 1861. Circ. N 21, art. 7.)

11. *Désignation.* — Tout triage dont le titulaire est nommé par le ministre est réputé domanial. (Circ. A 522.)

12. *Marteau.* — Pour les marteaux, les triages mixtes sont réputés domaniaux. (Décis. Min. du 3 mars 1842. Circ. N 77, art. 19.)

TRIAGE. (DROIT.)

Définition. Droit. — On appelle triage une opération qui consiste à distraire le tiers des biens communaux d'une paroisse, au profit du seigneur de la concession gratuite duquel ils proviennent. (Merlin.)

Ce droit a été aboli, le 15 mars 1790, par l'Assemblée constituante.

TRIANGULATION.

Base, 5, 7.
Cahier, 11.
Calcul, 9, 10, 11.
Calepin, 8.
Canevas, 15.
Canevas provisoire, 12.
Canevas trigonométrique, 14.
Cheminement, 6.
Contrôle, 18.
Distance à la méridienne, 13.
Lieu géométrique, 4.
Longueur, 5.
Méridienne, 13.
Méthode, 2.
Opération, 1.
Ordre, 1.
Perpendiculaire, 13.
Polygones, 2, 6.
Registre, 10.
Table, 9.
Tableau, 17.
Tolérance, 16.
Triangle, 3, 7, 15.

V. Angle. Honoraire. Plan. Signal.

1. *Ordre. Opération.* — La triangulation précédera le levé des forêts de grande étendue, afin d'assurer la régularité des opérations. (Instr. du 15 octobre 1860, art. 63.)

2. *Méthode.* — On pourra faire usage indistinctement de la méthode par réseaux de triangles, lieux géométriques ou polygones. (Instr. du 15 octobre 1860, art. 65.)

3. *Triangles.* — Les points périmétraux des triangles peuvent être espacés de 1500 mètres entre eux ; on évitera les côtés des triangles ayant moins de 500 mètres. Les triangles doivent avoir la forme équilatérale et comprendre les clochers, tours, croix, poteaux, etc. On doit mettre des signaux à l'intérieur, dans les clairières et sur les arbres élevés et isolés. (Instr. du 15 octobre 1860, art. 66.)

4. *Lieux géométriques.* — Les objets doivent être recoupés par le plus grand nombre de rayons et toujours sous des angles compris entre 30 et 150 degrés. Un point doit être déterminé par trois rayons au moins, se coupant au même point sous des angles supérieurs à 30 degrés. (Instr. du 15 octobre 1860, art. 67 et 68.)

5. *Base. Longueur.* — Lorsqu'on part d'une base mesurée, les rayons qui s'y appuyent ne doivent pas avoir plus du double de cette base. (Instr. du 15 octobre 1860, art. 68.)

6. *Polygones ou cheminements.* — La méthode des polygones ou des cheminements sera employée, lorsque la forêt sera assez bien percée pour que l'on puisse former un ou plusieurs polygones, dont les côtés seront aussi proches que possible du périmètre de la forêt. (Instr. du 15 octobre 1860, art. 69.)

7. *Base. Triangles.* — On prendra, autant que possible, pour bases les côtés des triangles établis par les officiers d'état-major, pour la carte de France. A défaut de ces triangles, les bases seront choisies sur un terrain horizontal et commode pour le chaînage et établies au centre et aux extrémités des opérations. Les bases doivent avoir une longueur à peu près égale à celle des côtés des triangles dont elles font partie. Leur longueur sera déduite de trois mesurages au moins, faits en sens inverse et qui ne devront pas offrir entre eux une différence de plus de 1/2000. (Instr. du 15 octobre 1860, art. 72. 73 et 74.)

8. *Calepin.* — On tiendra, pour chaque forêt, un calepin particulier où seront consignées, à l'encre et avec ordre, toutes les données prises sur le terrain. Le nom du signal sera inscrit en tête de la feuille. Sur la page de gauche, on indiquera les rattachements du signal aux objets environnants. (Instr. du 15 octobre 1860, art. 82.)

9. *Table. Calculs.* — On emploiera les tables de Callet pour tous les calculs trigonométriques. Les triangles seront numérotés suivant l'ordre des calculs. (Instr. du 15 octobre 1860, art. 85 et 86.)

10. *Registre des calculs.* — Les calculs de toute espèce seront consignés sur un registre spécial, qui sera réuni au calepin renfermant les mesures du terrain. (Instr. du 15 octobre 1860, art. 92.)

11. *Cahier des calculs. Remise.* — Le cahier des calculs trigonométriques et de surface sera remis au chef de service. (Instr. du 15 octobre 1860, art. 313.)

12. *Canevas provisoire.* — Un canevas provisoire, établi simplement au rapporteur, mentionnera tous les résultats de la triangulation. Les points trigonométriques y seront rapportés de proche en proche, à partir de la base principale. Les angles et les côtés mesurés y seront cotés en noir, et ceux calculés, en rouge. (Instr. du 15 octobre 1860, art. 83.)

13. *Distance à la méridienne et à la perpendiculaire.* — Les distances à la méridienne et à la perpendiculaire seront inscrites à l'encre bleue sur le canevas provisoire. On prendra pour origine des coordonnées l'observatoire de Paris ou un des clochers des communes. (Instr. du 15 octobre 1860, art. 90.)

14. *Canevas trigonométrique.* — Le canevas trigonométrique définitif sera construit par les carrés, au moyen des coordonnées rectangulaires, sur papier grand-aigle, à l'une des échelles de 1 à 5000, 1 à 10000, 1 à 20000, ou de 1 à 50000. Le périmètre y sera indiqué par un trait fort, en pointillé, à l'encre noire. (Instr. du 15 octobre 1860, art. 93 et 257.)

15. *Canevas. Indications. Triangles.* — Les côtés des triangles de la carte de France seront désignés par un trait bleu un peu fort; les bases mesurées, par un trait noir un peu fort. Les côtés calculés des triangles seront tracés à l'encre rouge; les lignes des polygones mesurées, par un trait noir ordinaire. On inscrira en noir les lettres, noms ou numéros des points trigonométriques; ces points seront entourés d'un petit cercle de 1 à 2 millimètres de rayon. L'angle de l'une des bases avec la méridienne sera inscrit en noir sur un arc tracé en rouge. (Instr. du 15 octobre 1860, art. 257, 258 et 259.)

16. *Tolérance.* — Dans l'établissement du canevas, les différences qui pourront résulter sur les côtés d'une suite de triangles quelconques ne pourront dépasser un millième de la longueur du développement. (Instr. du 15 octobre 1860, art. 85.)

17. *Tableau.* — Il sera formé un tableau des résultats définitifs des opérations trigonométriques, qui sera placé soit sur le canevas, soit sur une feuille à part, mais relié cependant avec l'atlas. (Instr. du 15 octobre 1860, art. 94.)

18. *Contrôle.* — Les triangulations doivent être contrôlées par les chefs de service et les conservateurs. (Circ. A 798.)

TRIBUNAL ADMINISTRATIF.

1. *Définition.* — Les tribunaux administratifs sont les autorités collectives ou individuelles que les lois ont chargé de statuer sur le contentieux de l'administration. Parmi ces autorités, les unes, telles que le conseil d'État, les conseils de préfecture, les ministres, les préfets, connaissent de matières très nombreuses et très variées; d'autres, comme les conseils de revision, les conseils d'instruction publique, la cour des comptes, ne connaissent que d'un ordre déterminé de matières. (Cabantous.) V. Compétence. Contentieux. Juridiction.

2. *Gestion des agents forestiers.* — Une commune qui se prétend lésée par les actes du service forestier, relatifs aux coupes assises dans une forêt communale, peut se pourvoir au contentieux devant un tribunal administratif. (Rép. For. t. XII, p. 165.)

TRIBUNAL ORDINAIRE DE PREMIÈRE INSTANCE.

SECT. I. — PRINCIPE, JURIDICTION, 1 — 2.

SECT. II. — TRIBUNAL CIVIL, 3 — 6.

SECT. III. — TRIBUNAL CORRECTIONNEL, 7 — 9.

Compétence, 3, 4, 9.
Délit forestier, 2, 9.
Demande reconventionnelle, 5.
Instance, 7.
Juge, 7.
Juridiction, 4.
Principe, 1.
Question de propriété, 3.
Vacances, 6, 8.

SECT. I. — PRINCIPE. JURIDICTION.

1. *Principe.* — Les tribunaux ordinaires de première instance connaîtront, en premier et dernier ressort, dans les cas déterminés par la loi, des matières civiles; ils connaîtront également des matières de police correctionnelle et ils prononceront sur l'appel des jugements rendus, en premier ressort, par les juges de paix. (Loi du 27 ventôse an VIII, art. 7.)

2. *Délit forestier.* — Les tribunaux de première instance en matière civile connaîtront, en outre, sous le titre de tribunaux correctionnels, de tous les délits forestiers poursuivis à la requête de l'administration forestière et de tous les délits dont la peine excède cinq jours d'emprisonnement et quinze francs d'amende. (Instr. Crim. 179.)

SECT. II. — TRIBUNAL CIVIL.

3. *Compétence. Propriété.* — Les tribunaux civils sont les seuls compétents pour connaître des questions préjudicielles de propriété. V. Exception préjudicielle.

4. *Compétence. Juridiction.* — Les tribunaux civils de première instance connaîtront, en dernier ressort, des actions personnelles et mobilières jusqu'à la valeur de 1500 francs, en principal, et des actions immobilières jusqu'à 60 francs de revenu. Ces actions seront instruites et jugées comme en matière sommaire. (Loi du 11 avril 1838, art. 1.)

5. *Demande reconventionnelle.* — Lorsqu'une demande reconventionnelle aura été formée dans les limites de la compétence des tribunaux civils de première instance, en dernier ressort, il sera statué sur le tout, sans qu'il y ait lieu à appel.

Il sera de même statué, en dernier ressort, sur les demandes en dommages-intérêts, lorsqu'elles seront fondées exclusivement sur la demande principale elle-même. (Loi du 11 avril 1838, art. 2.)

6. *Vacances.* — Les vacances des tribunaux de première instance commenceront le 15 août et se termineront le 15 octobre. (Loi du 4 juillet 1885.)

SECT. III. — TRIBUNAL CORRECTIONNEL.

7. *Juge. Instance.* — Les tribunaux civils pourront, en matière correctionnelle, prononcer au nombre de trois juges. (Instr. Crim. 180.)

8. *Vacances.* — Les chambres de service pour les matières correctionnelles n'auront point de vacances. (Décr. du 18 août 1810, art. 36.)

9. *Délit forestier. Compétence.* — Les tribunaux compétents pour les actions forestières sont :

1° Celui du lieu où le délit a été commis ;
2° Celui de la résidence du prévenu ;
3° Celui où il a pu être trouvé. (Instr. Crim. 23, 63 et 182. Cod. For. 187.) V. Compétence. Poursuite.

TROMPERIE.

1. *Graines.* — Le fait d'ajouter du sable à des graines constitue le délit de tromperie sur la quantité de la chose vendue. Ce délit consiste, en effet, dans l'addition de toutes substances inertes tendant à augmenter le poids de la chose vendue. (Cass. 9 février 1894.)

2. *Vente.* — La tromperie sur la nature de la chose ne constitue un délit que s'il y a vente effectuée. La simple tentative n'est donc pas punissable. Il en est ainsi de la mise en vente d'un bijou faux. (Riom, 3 novembre 1893.) V. Vente.

3. *Pénalités.* — Quiconque aura trompé l'acheteur sur la nature des marchandises ou sur la quantité des choses vendues, au moyen de faux poids et fausses mesures, encourra, savoir :

Prison : 3 mois à 1 an. *Amende :* minimum, 50 francs ; maximum, le quart des restitutions et dommages-intérêts. Facultatif : affichage du jugement.	(Cod. Pén. 423.)

Si l'auteur du délit est un garde ou un officier de police, le maximum de la prison est augmenté du tiers en sus. (Cod. Pén. 462.)

TRONCE. V. Bille. Scierie.

TROUPEAU COMMUN.

1. *Pâtre. Conduite.* — Le troupeau de chaque commune usagère ou section de commune usagère devra être conduit par un ou plusieurs pâtres communs, choisis par l'autorité municipale. (Cod. For. 172.) V. Pâtre.

2. *Garde séparée. Pénalités.* — Le pâturage à garde séparée des bestiaux des usagers est défendu dans tous les bois en général.

En cas de contravention, le propriétaire des bestiaux est puni, savoir :

Amende par tête de bétail : 2 francs. En cas de récidive : 4 francs.	(Cod. For. 72, 112, 120, 201.)

3. *Garde séparée. Hors cantons.* — L'amende de 2 francs par tête de bétail en garde séparée n'est si minime que parce c'est

une contravention des *usagers* à un règlement seulement. Si le délit n'est pas commis par des usagers ou si c'est en dehors des cantons défensables, l'amende à imposer est celle de l'article 199 du code forestier. (Cass. 25 mars 1837.)

4. *Commune. Particulier. Réunion. Pénalités.* — Les bestiaux de chaque commune et section de commune usagère ou propriétaire formeront un troupeau particulier et sans mélange des bestiaux d'une autre commune, section de commune ou particulier. En cas de contravention, le pâtre agréé sera puni, savoir :

Amende : 5 à 10 francs.
En cas de récidive, outre l'amende, *prison* obligatoire : 5 à 10 jours.
Commune responsable des condamnations civiles prononcées contre le pâtre.
(Cod. For. 72, 112, 120.)

5. *Amende. Pâtre.* — L'amende de 5 à 10 francs n'est prononcée que contre le pâtre agréé par l'autorité municipale et dans la limite du parcours des cantons défensables ; sans cette qualité et cette condition, le conducteur du troupeau devient un délinquant ordinaire soumis à l'amende de 2 francs par tête de bétail, s'il est usager. S'il n'est pas usager et s'il est surpris en dehors des cantons défensables, l'article 199 du code forestier est applicable.

6. *Pâtre. Obligation.* — La condition d'avoir un ou plusieurs pâtres communs est obligatoire, quel que soit l'éloignement des habitations. (Cass. du 4 avril 1840.)

7. *Cantons défensables.* — Lorsqu'il y a plusieurs troupeaux séparés, il faut un procès-verbal de cantons défensables pour chacun d'eux, pour qu'ils ne se réunissent pas en un seul troupeau. V. Epizootie. Pâture.

8. *Commune. Section.* — Chaque commune ou section de commune ayant des intérêts ou des droits distincts doit former un troupeau séparé. Tous les usagers appartenant soit à une commune, à une section ou à des maisons isolées, mais jouissant du pâturage en vertu d'un titre particulier, doivent réunir leurs bestiaux en troupeau commun.

9. *Section.* — Les animaux appartenant à une section ou à une commune ne peuvent pas être divisés en plusieurs troupeaux. Tous les animaux doivent être réunis en un seul troupeau, surveillé par un ou plusieurs pâtres, si un seul gardien est insuffisant pour surveiller et conduire tous les animaux.

TRUFFE.

1. *Produit spontané. Forêts.* — L'extraction et l'enlèvement des truffes sont punis par l'article 144 du code forestier. (Cass. 27 novembre 1869.) V. Enlèvement. Extraction.

2. *Truffière cultivée. Pénalités.* — L'extraction et l'enlèvement des truffes opérés dans un semis de chênes truffiers et s'appliquant ainsi à des truffes qui sont le produit d'une culture spéciale sont punis comme *vol* par les pénalités de l'article 388, paragraphe 5, du code pénal :

Amende : 16 à 200 francs.
Prison : maximum, 5 ans. (Nîmes, 9 mai 1878. Cass. 3 août 1878.)

3. *Vol.* — Le vol des truffes dans les cépées ou chênaies truffières opéré la nuit ou le jour à l'aide de paniers, sacs ou autres objets, soit par un seul ou par plusieurs, avec voitures ou animaux de charge, tombe sous l'application de l'article 388, paragraphe 5, du code pénal et non sous l'application de l'article 144 du code forestier. (Trib. de Carpentras, 29 mai 1890.)

TRUISSE.

Définition. — Touffe ou bouquet d'arbres. Vieux mot employé seulement dans l'Anjou, la Vendée et une partie de la Bretagne, du côté de Nantes. C'est dans ce sens qu'on le trouve inséré dans un arrêt de la cour d'Angers en date du 8 mars 1866 : les souches des truisses de chêne.

TUF. V. Enlèvement. Pierre.

TUILERIE.

1. *Etablissement. Pénalités.* — L'établissement, soit temporaire, soit permanent, d'une tuilerie, dans l'intérieur et à moins d'un kilomètre des forêts soumises au régime forestier, sans l'autorisation du préfet, est puni, savoir :

Amende : 100 à 500 francs. (Cod. For. 151.)
Démolition de l'établissement dans le mois du jugement qui l'aura ordonnée. (Cod. For. 151.)

Les tuileries autorisées sont soumises aux visites des agents, sans l'assistance d'un officier public, pourvu que les agents et gardes soient au nombre de deux ou que l'agent ou le garde soit accompagné de deux témoins domiciliés dans la commune. (Cod. For. 157. Décr. du 25 mars 1852.) V. Construction.

2. *Autorisation.* — Pour les tuileries, il sera d'abord statué par le préfet sur la demande d'autorisation, sans préjudice des droits des tiers et des oppositions qui pourraient s'élever. Il sera ensuite procédé suivant les formes prescrites par le décret du 15 octobre 1810, par les ordonnances des 14 janvier 1815 et 29 juillet 1818 et par le décret du 3 mai 1886. (Ord. 177.) V. Etablissements dangereux, insalubres ou incommodes.

TUMULTE. V. Arrestation. Fonction.

TUTELLE.

Actes. Expéditions. — Les expéditions des actes de tutelle, pour la retraite, sont soumises au timbre. (Loi du 21 ventôse an VII.)

TUTEUR.

Désistement. — Le tuteur d'un interdit ou d'un mineur ne peut, seul, ni acquiescer à une demande relative à un droit immobilier de l'incapable, ni se désister d'un appel dans un litige immobilier sans l'autorisation du conseil de famille. (Cass. 10 janvier 1894.) V. Responsabilité.

U

UDOMÉTRIE.

Expériences. — L'école forestière fait des expériences d'udométrie et d'atmidométrie comparées. (Circ. N 60.) V. Station d'expériences.

UNIFORME.

SECT. I. — GÉNÉRALITÉS, 1 — 6.

SECT. II. — AGENTS FORESTIERS, 7 — 11.

SECT. III. — PRÉPOSÉS FORESTIERS, 12 — 31.

§ 1. *En France*, 12 — 26.

§ 2. *En Algérie*, 27 — 31.

SECT. IV. — ÉCOLES FORESTIÈRES, 32 — 34.

SECT. V. — OFFICIERS DE CHASSEURS FORESTIERS, 35 — 36.

SECT. VI. — LOUVETERIE, 37.

Achat, 18, 19, 28.
Audience, 2.
Brigadier, 15.
Capote-manteau, 36.
Cérémonies, 2.
Classe, 16.
Coiffure de grande tenue, 8, 13, 27.
Constatation, 23.
Délit, 23.
Durée, 22, 31.
Ecole secondaire des Barres, 34.
Elèves de l'école forestière de Nancy, 32, 33.
Equipement forestier, 19
Fixation, 8, 10, 13, 14, 27, 28.
Fonctions, 7, 12.
Fourniture, 21.
Gardes, 16.
Grade, 4, 7, 9, 15, 29, 30.
Grande tenue, 2, 8, 13, 27.
Insignes, 4, 7, 9, 12, 15, 16, 35.
Louveterie, 37.
Marques distinctives, 9.
Mobilisation, 26.
Obligation, 18.
Obligations militaires, 11, 25.
Officier, 35, 36.
Petite tenue, 2, 10, 14, 28, 32.
Plaque, 17.
Port, 20, 33, 34.
Port illégal, 6.
Préposé éliminé, 26.
Procès-verbal, 24.
Surveillance, 5.
Tenue de ville, 32.
Tenue de fantaisie, 3.
Tenue des préposés, 5.
Tournées, 2, 17.
Uniforme réglementaire, 1.
Visites officielles, 2.
Voyage, 11.

V. Commission d'habillement. Habillement. Insignes. Préposé. Réception. Renouvellement. Retenue.

SECT. I. — GÉNÉRALITÉS.

1. *Uniforme réglementaire.* — Les agents, en France, ne doivent jamais être vêtus que de l'uniforme strictement réglementaire complet et sans mélange de vêtement civil. (Circ. N 222. Circ. N 236.)

2. *Grande tenue. Petite tenue. Cérémonies. Visites. Audience. Tournées.* — La grande tenue est de rigueur dans les cérémonies publiques, dans les visites de corps et aux audiences des cours et tribunaux; la petite tenue sera portée dans les autres circonstances. Pour leurs tournées ordinaires en forêt, les agents ne porteront ni armes, ni brides d'épaule. (Circ. N 236.)

3. *Tenue de fantaisie.* — Aucune modification de fantaisie ne doit être introduite dans la grande ou la petite tenue; toute irrégularité de ce genre doit être réprimée. (Circ. N 238.)

4. *Insigne. Grade.* — Les agents et préposés ne doivent porter d'autres marques distinctives que celles qui sont affectées à leur grade et se conformer aux prescriptions sur l'habillement, l'armement et l'équipement. (Circ. A 590.)

5. *Surveillance. Tenue des préposés.* — Les chefs de cantonnement sont responsables de la stricte exécution des prescriptions relatives à la tenue des préposés. (Circ. N 238.)

6. *Port illégal.* — Celui qui aura porté publiquement un uniforme ou costume qui ne lui appartient pas sera puni, savoir :

Prison : 6 mois à 2 ans. (Cod. Pén. 259.)

SECT. II. — AGENTS FORESTIERS.

7. *Fonctions. Grade. Insignes.* — Les agents forestiers doivent toujours être revêtus

de leur uniforme ou des marques distinctives de leur grade, dans l'exercice de leurs fonctions. (Ord. 34.)

8. *Grande tenue. Fixation.* — L'uniforme des agents forestiers est fixé comme il suit :

Tunique. — En drap vert foncé, col droit, avec un cor de chasse brodé en cannetille d'argent mat à chaque angle ; boutonnant sur la poitrine au moyen de cinq gros boutons en argent, de forme demi-sphérique ; dos légérement cintré, orné dans le bas de deux pattes à la soubise, marquant la taille et garnies chacune de deux boutons d'uniforme ; sur le devant gauche, vis-à-vis de la hanche, est pratiquée, pour le passage de la bélière du ceinturon ou du porte-épée, une ouverture horizontale parementée en peau et recouverte par une patte à angles arrondis ; manches à parements en pointe en drap du fond. Pour les administrateurs et le directeur, les parements sont coupés carrément. La tunique est ornée de trèfles mobiles sur les épaules et reçoit, sur les manches, des insignes de grade.

Pantalon. — En drap gris bleuté, de forme droite, orné sur chaque côté de deux bandes en drap vert foncé de 0m,03 de largeur, encadrant un passepoil du même drap. Pour les administrateurs et le directeur, le pantalon est orné d'une bande en galon d'argent, broché sur les côtés.

Capote-manteau. — Du modèle des officiers d'infanterie, en drap vert foncé ; boutons d'uniforme en argent, cors de chasse en cannetille d'argent mat brodés au collet ; insignes de grade sur les manches ; rotonde à capuchon, ayant la longueur des manches de la capote.

Coiffure. — 1o Képi semi-rigide, du modèle général de l'armée, en drap vert foncé, insignes de grade en argent, fausse jugulaire en argent, jugulaire dite à coulisse en cuir verni soutaché d'argent ; partie antérieure renforcée, sans tresses verticales sur le devant, sans cor de chasse brodé sur le bandeau. Il reçoit, en outre, les ornements ci-après : 1o cor de chasse en métal argenté ; 2o cocarde tricolore en soie striée ; 3o plumet noir vert en plumes de coq retombantes, forme saule pleureur.

2o Chapeau français du modèle général, en feutre noir, avec cocarde nationale, ganse et torsade d'argent, plume noire frisée (pour les administrateurs et le directeur).

Epée. — Avec porte-épée en tissu vert et argent, du modèle spécial annexé au décret du 20 novembre 1878 (pour les administrateurs et le directeur).

Sabre. — Du modèle général d'infanterie en acier nickelé ; ceinturon à une bélière en cuir verni noir, doublé en maroquin vert et piqué, à boucle argentée, se portant sous la tunique.

Gants. — En peau de chevreau blanc.

Aiguillettes (pour les agents attachés à un service d'état-major). — Du modèle d'état major en argent mat, se portant à droite.

Culotte. — Semblable comme type au pantalon d'uniforme et conforme au modèle adopté dans l'armée (pour les officiers montés).

Bottes et éperons. — Du modèle général de l'armée (pour les officiers montés).

(Arr. Min. du 30 octobre 1891. Circ. N 438.)

9. *Grades. Marques distinctives.* — Les insignes de grade consistent :

Sur la tunique, en un ou plusieurs rangs de soutache d'argent de 0m,003 de largeur, disposée en trèfle, de la forme et des dimensions réglementaires pour les corps d'infanterie. La soutache contourne tout le parement et se perd dans la couture.

Sur la capote, en un ou plusieurs rangs de galon d'argent plat, à trait côtelé de 0m,006 de largeur.

Sur le képi, en un ou plusieurs rangs de soutache d'argent de 0m,003 de largeur :

Les gardes généraux stagiaires portent un rang de soutache ou de galon ;

Les gardes généraux, deux rangs ;

Les inspecteurs adjoints, trois rangs ;

Les inspecteurs, quatre rangs ;

Les conservateurs, cinq rangs.

Pour les conservateurs, le deuxième et le quatrième rang sont en or, tunique, capote et képi.

Broderies. — Les administrateurs et le directeur portent au col, au parement de la tunique et au képi, des broderies d'argent du modèle réglementé par le décret du 20 novembre 1878 ; elles sont encadrées de deux baguettes dentelées, se regardant, avec dents au passé et guipé en cannetille mate.

Echarpe. — Le directeur porte une écharpe en soie tricolore, avec glands à grosses torsades d'argent.

Trèfles mobiles. — En argent :

Pour les gardes généraux stagiaires, les gardes généraux, les inspecteurs adjoints, quatre brins de tresse carrée, trèfle à un brin (argent brillant) ;

Pour les inspecteurs et les conservateurs, six brins de tresse carrée, trèfle à deux brins (argent mat) ;

Pour les administrateurs et le directeur, quatre brins avec bande chevronnée au milieu, trèfle à deux brins (argent mat).

Dragonne. — Cordon en soie noire, coulant et gland en or :

Pour les gardes généraux stagiaires, les gardes généraux et les inspecteurs adjoints, la dragonne est du modèle des officiers subalternes ;

Pour les inspecteurs et les conservateurs, du modèle des officiers supérieurs ;

Pour les administrateurs et le directeur, cordon et coulant en or, gland à grosses torsades, avec tête façonnée à chevrons.

(Arr. Min. du 30 octobre 1891. Circ. N 438.)

10. *Petite tenue. Fixation.* — L'uniforme de petite tenue est réglé ainsi qu'il suit :

Tunique, pantalon et capote-manteau de grande tenue. Sur la tunique, trèfle en poil de chèvre noir.

Coiffure. — Képi souple, du modèle général de l'armée, en drap vert foncé, insignes de grade en argent, cor de chasse en cannetille d'argent mat sur le bandeau; fausse jugulaire en argent, jugulaire dite à coulisse en cuir verni soutaché d'argent.

Gants en peau rouge brun.

En outre, les agents sont autorisés à faire usage, à titre facultatif, des vêtements ci-après désignés :

Pelisse en drap vert foncé, du modèle adopté pour les corps de troupe d'infanterie (officiers montés).

Tunique, vareuse en drap vert foncé, conforme à la description de la vareuse d'infanterie; cor de chasse brodé en cannetille mate à chaque angle du col droit; galons de grade disposés en chevrons comme pour les officiers d'infanterie.

Ces effets ne peuvent être portés qu'en dehors des convocations ou réunions officielles et, pendant les périodes d'instruction militaire, que suivant les règles adoptées dans l'armée. (Circ. N 236. Circ. N 438.)

11. *Obligations militaires. Voyage.* — Les agents doivent toujours être en tenue, lorsqu'ils ont à satisfaire aux obligations militaires de leurs fonctions et, tout spécialement, lorsqu'ils demandent à profiter, pour les voyages en chemins de fer, du tarif réduit. (Circ. N 378.)

SECT. III. — PRÉPOSÉS FORESTIERS.

§ 1. *En France.*

12. *Fonctions. Insignes.* — Les gardes doivent être revêtus de leur uniforme ou des signes distinctifs de leur grade, dans l'exercice de leurs fonctions. (Ord. 34.)

13. *Grande tenue. Fixation.* — L'uniforme de grande tenue des brigadiers et gardes forestiers est réglé ainsi qu'il suit :

1° Jaquette. — Confectionnée en drap vert finance, cintrée à la taille, croisant sur la poitrine et garnie de dix boutons grelots en étain, cinq de chaque côté également espacés; devants d'un seul morceau, avec poches munies d'une patte extérieure rectangulaire; manches larges et parements droits, le tout passepoilé en drap du fond; collet droit passepoilé en drap jonquille, avec deux cors de chasse de même couleur aux angles de devant; pattes d'épaules en drap doublé de basane, également passepoilées de jonquille et munies chacune d'un bouton; patte de ceinturon en drap du fond, passepoilée de même, placée à gauche sur la hanche.

2° Pantalon. — Modèle d'infanterie en drap gris bleuté clair, avec passepoils jonquille.

3° Képi. — Pour les gardes, en drap vert finance, avec passepoils jonquille et cor de chasse sur le bandeau, ventouses sur le côté, visière et jugulaire en cuir verni fixée par deux boutons.

Pour les brigadiers, même képi, mais avec une fausse jugulaire formée d'un trait argent fin, avec deux coulants mobiles, de 0m,006 de largeur, posée à demeure au bas du bandeau, et cor de chasse en cuivre argenté.

4° Collet à capuchon. — En drap gris de fer bleuté, passepoils couleur du fond, quatre boutons sur la poitrine.

5° Cravate. — Longue, en tissu de coton, dit calicot, bleu de ciel foncé, modèle d'infanterie. (Arr. Min. du 5 juin 1891. Circ. N 436. Circ. N 465.)

14. *Petite tenue. Fixation.* — L'habillement de petite tenue des brigadiers et gardes forestiers est réglé ainsi qu'il suit :

1° Blouse bleue en coutil treillis coton, sur le devant de laquelle est pratiquée une ouverture de 0m,40 de longueur, garnie d'une parementure en étoffe pareille de 0m,04 de largeur. Au milieu de cette parementure, est ouverte une boutonnière avec un bouton grelot d'uniforme correspondant. Le collet est rabattant, arrondi aux angles et fermé par une agrafe noire. Au-dessus de l'épaulette est fixée une patte en étoffe semblable à celle de la blouse, doublée et piquée sur les bords; l'extrémité supérieure de cette patte est pourvue d'une boutonnière, à laquelle correspond un bouton grelot d'uniforme. Les parements des manches sont fermés à l'aide d'un bouton noir cousu à plat.

2° Gilet à manches en drap vert foncé, fermant droit sur la poitrine au moyen de onze petits boutons grelots d'uniforme; ce gilet porte un collet rabattant dit à la chevalière, arrondi des bouts, passepoilé de jonquille, et garni de chaque côté d'un cor de chasse brodé en laine jonquille; le dos et les manches sont en croisé noir, doublé en coton écru.

3° Pantalon en drap gris bleuté, passepoilé de jonquille, pareil à celui de la grande tenue, pour l'hiver. En été, pantalon en treillis, coupe de l'infanterie.

4° Képi souple, identique à celui de la grande tenue, mais sans carcasse, ni plumes, ni ventouses. Les insignes de grade du képi souple des brigadiers sont ceux du képi de grande tenue. Le galon d'argent de trois millimètres placé autour du bandeau n'est plus admis.

5° Cravate bleue en coton, modèle d'ordonnance. (Arr. Min. du 25 novembre 1878. Circ. N 238. Arr. Min. du 25 octobre 1893. Circ. N 465.)

15. *Brigadiers. Insignes. Grade.* — Les brigadiers portent un galon de 0m,006 de

largeur, formé de trois traits de soie verte, espacés sur un fond argent composé de quatre traits. Ce galon est placé au-dessus du passepoil des parements des manches et à la suite. (Arr. Min. du 5 juin 1891. Circ. N 436.)

16. *Gardes. Classe. Insignes.* — Les gardes de première classe portent une tresse en laine jaune et noire en mélange, placée comme le galon des brigadiers. (Arr. Min. du 5 juin 1891. Circ. N 436.)

17. *Tournée. Carnier. Plaque.* — En tournée, les gardes doivent toujours être munis de la plaque, qu'ils portent ostensiblement, de leur marteau, d'une chaîne métrique et de leur livret. (Livret des préposés, art. 15.)

Les préposés continueront à porter, avec la petite tenue, le carnier et la plaque; le recouvrement en cuir du carnier et la bandoulière seront noircis. (Circ. N 238.)

18. *Petite tenue. Achat. Obligation.* — L'administration fournit le pantalon de treillis, le képi de petite tenue, les insignes administratifs et militaires, ainsi que la prime de tir, consistant en un cor de chasse argent. (Circ. N 465.) Le reste est à la charge des préposés. La petite tenue est obligatoire. (Circ. N 238.)

19. *Equipement forestier. Achat.* — Les préposés forestiers continueront à se pourvoir à leurs frais, sous la surveillance et le contrôle de leurs chefs hiérarchiques, des objets d'équipement forestier mentionnés à l'article 1er de l'arrêté ministériel du 8 août 1840 et de l'article 1er de l'arrêté ministériel du 3 juin 1854. (Arr. Min. du 28 octobre 1875. Circ. N 189.)

20. *Port. Vêtements. Coiffures de grande tenue.* — Les vêtements de grande tenue ne doivent jamais être portés en petite tenue, tant que ces objets n'ont pas fait le temps de service réglementaire. (Circ. N 238.)

21. *Fourniture.* — Les effets d'habillement de grande tenue sont fournis par l'administration, moyennant une retenue opérée sur le traitement. (Arr. Min. du 28 octobre 1875. Circ. N 189.) V. Habillement. Retenue.

22. *Durée.* — La durée des effets est fixée, savoir :

Pour la grande tenue :	
Jaquette	5 ans.
Pantalon de drap	2 1/2
Képi	5
Manteau (collet à capuchon)	10
Pour la petite tenue :	
Képi et cravate	2 1/2
Pantalon de treillis	2 1/2

(Arr. Min. du 25 octobre 1893, art. 1. Circ. N 465.)

23. *Délit. Constatation.* — Aucune loi n'oblige le garde rédacteur d'un procès-verbal d'y énoncer qu'il est revêtu de ses marques distinctives (uniforme). (Cass. 11 oct. 1821.)

24. *Procès-verbaux.* — Les gardes n'ont pas besoin d'être en uniforme pour constater les délits. (Cass. 14 février 1840.)

25. *Obligations militaires.* — Les préposés doivent toujours être en tenue, lorsqu'ils ont à satisfaire aux obligations militaires de leurs fonctions et, tout spécialement, lorsqu'ils demandent à profiter, pour les voyages en chemins de fer, du tarif réduit. (Circ. N 378.)

26. *Préposés éliminés. Mobilisation.* — Les effets d'uniforme des préposés éliminés, bien qu'ils soient la propriété de l'homme, seront, à partir de l'ordre de mobilisation, versés, contre reçu, dans un magasin de troupe désigné, dans le temps de paix, par le général commandant le corps d'armée. (Circ. N 317.)

§ 2. *En Algérie.*

27. *Grande tenue. Fixation.* — L'habillement de grande tenue des brigadiers et gardes forestiers de l'Algérie est réglé ainsi qu'il suit :

1° Dolman. — Confectionné en drap vert finance, fermant sur la poitrine, au milieu, au moyen de sept boutons grelots en étain ; bord extérieur des devants passepoilé en drap du fond piqué et rabattu ; chaque devant parementé en drap du fond ; collet droit en drap du fond, doublé de même et passepoilé en drap jonquille, avec deux cors de chasse de même couleur aux angles de devant ; pattes d'épaules en drap doublé de basane, également passepoilées en jonquille et munies chacune d'un bouton ; poches munies d'une patte extérieure rectangulaire ; poche de portefeuille, à l'extérieur, et, face à cette poche, patte en drap du fond taillée en pointe avec bouton ; pattes à la soubise, passepoilées en drap du fond et portant chacune deux boutons ; ouverture parementée en drap du fond, sur la gauche, pour laisser passer le crochet et la petite bélière du sabre.

2° Pantalon. — Modèle de cavalerie, en drap gris bleuté clair, avec passepoils jonquille ; sous-pieds.

3° Képi. — En drap vert finance, avec passepoils jonquille et cor de chasse en métal sur le bandeau, ventouses sur le côté, visière et jugulaire en cuir verni fixée par deux boutons.

4° Collet à capuchon. — En drap gris bleuté, passepoils couleur du fond, avec quatre boutons sur la poitrine.

5° Cravate. — Longue, en tissu de coton bleu de ciel foncé, modèle d'infanterie. (Arr. Min. du 3 août 1892. Circ. N 449.)

28. *Petite tenue. Fixation. Achat.* — 1° Veste de treillis. — Fermant sur la poitrine, au milieu, au moyen de sept boutons grelots en étain ; collet droit ; poches de côté ;

poches extérieures de portefeuille, munies chacune d'une patte avec bouton. (Arr. Min. du 3 août 1892. Circ. N 449.)

2o Pantalon de treillis. — Coupe de la cavalerie.

3o Képi de petite tenue.

4o Casque en liège.

Tous ces effets sont fournis par les soins de l'administration. (Circ. N 465.)

29. *Grade administratif.* — Les marques distinctives des grades administratifs, pour les brigadiers et gardes de première classe, sont celles fixées par arrêté ministériel du 5 juin 1891. (Circ. N 436. Arr. Min. du 3 août 1892. Circ. N 449.) V. articles nos 15 et 16.

30. *Grade militaire.* — Les marques distinctives des grades militaires sont celles fixées par décision du ministre de la guerre du 15 octobre 1888. (Circ. N 403. Arr. Min. du 3 août 1892. Circ. N 449.) V. Insignes.

31. *Durée.* — La durée des effets est fixée, savoir :

Pour la grande tenue :	
Dolman	5 ans.
Pantalon de drap avec sous-pieds.	2 —
Képi	5 —
Manteau (collet à capuchon)	10 —
Pour la petite tenue :	
Veste de treillis	2 —
Pantalon sans sous-pieds	2 —
Képi et cravate	2 1/2
Casque en liège	2 1/2

(Arr. Min. du 25 octobre 1893, art. 1. Circ. N 465.)

SECT. IV. — ÉCOLES FORESTIÈRES DE NANCY ET DES BARRES.

32. *Elèves de l'école forestière de Nancy. Tenue.* — La tenue de ville des élèves de l'école forestière de Nancy est réglée ainsi qu'il suit :

1o Tunique-jaquette. — En drap vert foncé, collet droit avec cor de chasse brodé en cannetille d'argent à chaque angle, deux rangées de cinq boutons chacune, sur le devant, en argent uni, de forme sphérique, pattes à la soubise marquant la taille par derrière, attentes en argent sur les épaules.

2o Pantalon. — Drap gris en hiver et de satin de laine de même couleur en été, garni d'une double bande, avec sous-pieds, conforme au modèle prescrit pour l'uniforme des agents forestiers.

3o Képi. — Monté sur carcasse en plume, avec visière carrée et doublée, ou képi souple avec visière rabattue et doublée, cor de chasse brodé sur le bandeau et fausse jugulaire en argent, le haut du bandeau garni d'un galon d'argent en lézarde de 15 millimètres sur les coutures verticales du turban, nœud hongrois d'un seul brin sur le calot.

4o Sabre. — Droit à fourreau et garde d'acier; dragonne en cuir verni ; ceinturon à bélière en cuir verni noir, doublé en maroquin vert et piqué avec boucle argentée, se portant sous la jaquette.

5o Gants de castor.

La tenue de travail est réglée ainsi qu'il suit :

1o Veston demi-ajusté, passepoilé couleur du fond, croisant sur la poitrine et garni de dix boutons demi-grelots en argent, cinq de chaque côté, également espacés ; devants d'un seul morceau avec poche ; manches larges et parements droits ; pattes à crémaillère, dans le dos, à la taille ; collet droit ; pattes d'épaules en drap.

2o Pantalon comme pour la grande tenue.

3o Casquette d'uniforme, avec cor de chasse au bandeau.

4o Col liseré de blanc.

5o Vêtement de dessus. — Capote-manteau en drap vert, collet rabattu, avec cor de chasse brodé en argent (modèle des officiers d'infanterie) ; rotonde à capuchon, ayant la longueur des manches de la capote.

La tenue de travail ne sera jamais portée en dehors de l'école, sauf dans les excursions sur le terrain d'instruction. (Arr. Min. du 12 octobre 1889.)

33. *Port. Ecole forestière.* — Les élèves doivent se montrer constamment revêtus de l'uniforme. (Arr. Min. du 12 octobre 1889, art. 38.)

34. *Port. Ecole secondaire des Barres.* — Les préposés forestiers, élèves à l'école secondaire des Barres, conservent la tenue avec les insignes correspondant à leur grade. (Arr. Min. du 5 juin 1884. Circ. N 336.)

Depuis 1893, ils portent, en tenue de ville, le sabre d'adjudant d'infanterie et, sur la jaquette, le galon de brigadier posé en boucle simple. (Décis. du Direct. des forêts, 27 juin 1893.)

SECT. V. — OFFICIERS DE CHASSEURS FORESTIERS.

35. *Officiers. Insignes.* — L'uniforme du corps des chasseurs forestiers est fixé par le ministre de l'agriculture ; les insignes de grade sont réglés par une décision du ministre de la guerre et du ministre de l'agriculture. Les agents employés dans l'armée comme officiers de réserve ou de l'armée territoriale conservent l'uniforme du corps des chasseurs forestiers. (Décr. du 2 avril 1875. Circ. N 173. Décr. du 18 novembre 1890, art. 10. Circ. N 424.) V. Insignes.

36. *Officiers. Chasseurs forestiers. Capote-manteau.* — Les agents forestiers désignés pour remplir les fonctions d'officiers dans les compagnies de chasseurs forestiers devront être pourvus d'une capote-manteau du modèle des officiers d'infanterie, en drap vert foncé, boutons d'uniforme en argent, cors de chasse en cannetille d'argent mat brodé au collet, insignes de grade sur les manches, rotonde à capuchon ayant la longueur des manches de la capote. (Décis. Min. du 29 avril 1875. Circ. N 175. Circ. N 438.)

SECT. VI. — LOUVETERIE.

37. *Lieutenant de louveterie. Fixation.* — L'uniforme est déterminé comme il suit :

Habit bleu, droit, à la française, avec collet et parement de velours bleu pareil, galonné sur le devant et au collet ; poches à la française et en pointe, également galonnées ; parements en pointe, avec deux chevrons pour les lieutenants. Le galon sera en or et argent. Boutons de métal jaune, sur lequel sera empreint un loup. Veste et culotte chamois. Chapeau retapé à la française avec ganse or et argent. Couteau de chasse en argent, avec un ceinturon en buffle jaune galonné comme l'habit. Bottes à l'écuyère. Éperons plaqués en argent. (Règl. 20 août 1814, art. 21.)

Cet uniforme, quoique non modifié, paraît être abandonné et tombé en désuétude.

UNITÉ DE MARCHANDISES OU DE PRODUITS.

Archives, 7.
Bulletin, 16.
Calepin, 7.
Catégories de marchandises nouvelles, 6.
Chablis, 4.
Conditions, 14.
Délai, 13.
Dénombrement, 7, 8.
Empilage, 3, 4.
Emploi, 1.
Enregistrement, 12.
Envoi, 11.
Façonnage, 3, 4, 5.
Frais, 12, 13.
Lignes d'arpentage, 4.
Paiement, 12.
Permis d'enlèvement, 14, 15.
Prescriptions, 3.
Prix, 6, 12.
Procès-verbal de dénombrement, 9, 10, 11, 16.
Propriété des bois, 17.
Produit, 2.
Rétention, 17.
Revendication, 17.
Signature, 9.
Suppression, 16.
Timbre, 12.
Vérification, 5.
Visa, 10, 15.
Volis, 4.

V. Coupe vendue par unités de produits.

1. *Emploi.* — On ne doit employer le mode de vente par unités de produits que lorsque l'intérêt forestier l'exige et qu'avec la plus grande réserve. (Circ. N 804. Circ. N 395.)

2. *Produit.* — La vente comprend, sans garantie de contenance, de nombre d'arbres ou de quantité : 1° tous les bois désignés dans la coupe, à un moment quelconque de l'exploitation, par les agents et préposés forestiers, à charge par l'adjudicataire de les faire abattre et façonner et d'en payer la valeur, sur procès-verbal de dénombrement, d'après les prix fixés par le procès-verbal d'adjudication ; 2° les produits de l'élagage des arbres réservés, lorsque cette opération sera jugée utile. (Cah. des ch. 2.)

3. *Empilage. Façonnage. Prescriptions.* — L'adjudicataire fera réunir, aux endroits indiqués par les clauses spéciales, les bois, au fur et à mesure du façonnage. Il les fera disposer, pour le dénombrement, conformément aux indications des agents forestiers ou de leurs délégués. (Cah. des ch. 18.)

4. *Chablis. Volis. Lignes d'arpentage.* — L'adjudicataire fera façonner et empiler, pour être compris dans le dénombrement, les bois provenant de chablis, volis et de lignes d'arpentage, situés dans l'intérieur de la coupe. Toutefois, il ne sera pas astreint à cette obligation, si la valeur desdits bois dépasse le dixième du produit total de la coupe. (Cah. des ch. 17.)

5. *Façonnage. Vérification.* — Pendant le cours de l'exploitation, les agents pourront vérifier les bois pour s'assurer de leur nature ; les piles qui auront été défaites seront aussitôt rétablies par l'adjudicataire. (Cah. des ch. 20.)

6. *Catégories de marchandises nouvelles. Prix.* — Si l'adjudicataire désire fabriquer une catégorie de marchandises autre que celles prévues au procès-verbal d'adjudication, il en fera la demande par écrit au conservateur, qui fixera les prix de base de nouvelles unités de produits et les fera notifier administrativement audit adjudicataire. (Cah. des ch. 16.)

7. *Dénombrement. Calepin. Archives.* — Pour les dénombrements des produits des coupes vendues par unités de marchandises, les agents se servent de calepins, série 4, n° 5, qu'ils adaptent à cet usage.

Ces calepins sont conservés dans les archives des cantonnements. (Circ. N 377.)

8. *Dénombrement.* — Le chef de service ou, en cas d'empêchement, un agent désigné par le conservateur doit participer au dénombrement des coupes à vendre par unités de produits, lorsque la valeur estimative des produits façonnés dépassera 1000 francs. Dans le cas contraire, le chef de cantonnement procédera au dénombrement, avec l'assistance d'un brigadier. (Circ. A 804.)

9. *Procès-verbal de dénombrement. Signature.* — Les procès-verbaux de dénombrement seront signés par les agents et préposés forestiers présents et par l'adjudicataire ou son fondé de pouvoir ; s'il ne peut ou ne veut signer, ou s'il est absent, il en sera fait mention. (Cah. des ch. 23.)

10. *Procès-verbal de dénombrement. Visa.* — Dans les huit jours de l'opération, le procès-verbal de dénombrement sera transmis au conservateur, qui, après l'avoir vérifié et visé, en avoir consigné la date et les résultats sur un sommier spécial (fait à la main), le renverra à l'inspecteur, pour être soumis à la formalité de l'enregistrement. (Circ. N 377.) V. Dénombrement.

11. *Procès-verbal de dénombrement. Envoi.* — Dans les quinze jours de la réception du procès-verbal visé par le conservateur, l'inspecteur transmettra ce titre soit au directeur des domaines (Circ. N 210), soit au préfet (Circ. N 80, art. 109), suivant qu'il s'agira de produits domaniaux ou communaux. (Circ. N 377.)

12. *Frais. Bois domaniaux et communaux. Paiement.* — L'adjudicataire de coupes par unités de produits versera : 1° à la caisse du receveur des domaines ou du receveur municipal, le prix d'adjudication réglé par les procès-verbaux de dénombrement, dans un délai qui ne pourra excéder six mois ; 2° pour les bois domaniaux, dans les dix jours de la clôture du procès-verbal de dénombrement, 1.60 pour cent du montant de l'adjudication et, pour les bois communaux et d'établissements publics, les droits fixes de timbre et d'enregistrement des actes relatifs à l'adjudication ; 3° les droits proportionnels d'enregistrement et de caution sur le montant de l'adjudication, augmentés, pour les bois domaniaux, de la taxe de 1.60 pour cent et, pour les bois communaux, des droits fixes des actes antérieurs ou postérieurs à l'adjudication ; 4° le droit fixe de certificateur de caution, qui sera payé après le premier dénombrement. (Cah. des ch. 8 et 9.)

13. *Frais. Délai.* — Le délai de dix jours fixé pour le paiement des frais ne courra qu'à partir de la date du visa du conservateur. (Cah. des ch. 8 et 9. Circ. N 377.)

14. *Permis d'enlèvement. Conditions.* — L'enlèvement des bois avant le dénombrement donnera lieu à l'application de l'article 388 du code pénal. Après le dénombrement, l'adjudicataire ne pourra enlever aucun bois qu'après avoir obtenu le permis de l'inspecteur des forêts. Ce permis lui sera délivré au vu du procès-verbal de dénombrement et des certificats des receveurs, constatant qu'il a payé les frais d'adjudication et les droits de timbre et d'enregistrement. (Cah. des ch. 24.)

15. *Permis d'enlèvement. Visa.* — Avant de délivrer le permis d'enlever, l'inspecteur apposera son visa sur les pièces ou certificats des receveurs, constatant que l'adjudicataire a satisfait au paiement des frais. (Circ. N 377.)

16. *Procès-verbal de dénombrement. Bulletin. Suppression.* — En ce qui concerne les bois domaniaux, les bulletins dont l'envoi était prescrit par la circulaire N 142 et qui avaient remplacé les expéditions à transmettre à l'administration et au directeur des domaines, en exécution des circulaires A 842 et N 80, ne seront plus fournis. (Circ. N 210.)

17. *Propriété des bois. Rétention. Revendication.* — La propriété des bois ne sera transmise à l'adjudicataire que par le fait du dénombrement.

Tout bois dénombré sera à ses risques et périls, sans préjudice du droit de rétention en cas de faillite ou de retard de paiement et du droit de revendication, par voie de saisie, en cas d'enlèvement ou de détournement. (Cah. des ch. 3.)

UNTERHOLZ.

Définition. — L'unterholz (bas bois) embrasse seulement :

1° Le bois mort comprenant celui gisant et le bois sec sur pied, pour autant qu'il serait compris par son essence et sa nature dans le mort bois ;

2° Le mort bois comprenant, savoir : saule marceau, épine, cornouiller sanguin, sureau, aune, genêt, genévrier et ronce ; plus le coudrier sauvage, le fusain, le sanguin, le troène, le houx ; plus le bois blanc ou le bois qui ne porte pas fruits, tel que le tremble, le bouleau, le charme buisson, qui s'entend du charme non susceptible de s'élever en arbre, soit par essence, soit par la disposition du terrain, soit par le classement forestier, mais non le charme taillis.

On ne doit pas entendre par unterholz ou bas bois, tous bois généralement quelconques qui ne peuvent devenir futaie, soit par leur essence, soit par les dispositions du terrain, soit par suite d'arrêtés administratifs. (Colmar, 16 août 1843.)

URGENCE.

1. *Nomenclature.* — Les cas véritablement urgents sont ceux d'inondation, d'incendie, et de réparations de digues ou de chemins. (Décis. Min. du 15 juillet 1845. Circ. A 576 ter.)

2. *Cas d'urgence. Constatation.* — Les cas d'urgence pour délivrance aux usagers de bois de construction dans les bois domaniaux sont ceux d'incendie, d'inondation ou de ruine imminente. Le cas d'urgence doit être constaté par le maire de la commune. (Décis. Min. du 11 décembre 1819. Ord. 123.)

3. *Décision.* — Les préfets sont seuls juges de la question d'urgence, et les énonciations : incendie, inondation, etc., sont indicatives et non pas limitatives. (Lettre de l'Admin. du 26 mai 1852, n° 15061.) V. Coupe extraordinaire. Délivrance d'urgence.

4. *Délivrances.* — Les conservateurs proposent et donnent leur avis sur les délivrances d'urgence et provoquent ensuite un arrêté préfectoral. (Décis. Min. du 15 mai 1862. Circ. A 819.)

5. *Propositions. Arrêtés.* — Dans les cas d'urgence prévus par la décision ministérielle du 15 juillet 1845 (Circ. A 576 ter), tels que ceux d'inondation, incendie, réparations de digues, ponts, chemins et maisons, auxquels se rattachent des circonstances imprévues et de force majeure, les arrêtés préfectoraux relatifs à des délivrances d'urgence, dans tous les bois soumis au régime forestier, sont définitifs, lorsqu'ils sont conformes à l'avis du conservateur. En

cas de désaccord, les arrêtés pris par les préfets ne sont exécutoires qu'après avoir été approuvés par le ministre. (Décis. Min. du 15 mai 1862. Circ. A 819.)

6. *Zone frontière*. — Les cas d'urgence que les conservateurs peuvent invoquer, pour les travaux à faire exécuter sur les territoires réservés, sont la rupture d'un pont existant sur une communication importante ou d'autres circonstances analogues. (Circ. N 22, art. 88.)

USAGE.

Abolition, 14.
Affouage, 12, 13, 14.
Chef de famille, 13.
Concession, 11.
Définition, 2.
Délivrance, 9.
Désignation, 1.
Droit, 5.
Exercice, 6, 7.
Feu croissant, 10.
Formalités, 6.
Jouissance, 8.
Législation, 4.
Partage, 12.
Principe, 3.
Restriction, 7.
Titre, 5.

V. Cantonnement. Délivrance. Droit d'usage. Rachat. Usager.

1. *Désignation*. — De tout temps, le mot usage a été employé pour désigner des biens appartenant en propriété à des communes et affectés à l'usage des membres de la communauté, considérés individuellement. (Paris, 20 décembre 1867.)

2. *Définition*. — L'usage est une participation aux productions du sol forestier, et son caractère de perpétuité implique forcément la conservation du fonds servant, dont la destruction, faisant disparaître l'usage, prouverait d'une façon irréfutable la mauvaise application du droit.

Il en résulte que, malgré l'absence de disposition législative fixant, dans les bois particuliers, la réduction des droits d'usage en bois, suivant l'état et la possibilité des forêts, cette condition, étant nécessaire à l'entretien de la forêt, doit être appliquée, parce que l'usager ne peut pas exiger la destruction du fonds servant grevé et, par suite, de son droit, pour la satisfaction de ses besoins ou de ce droit lui-même.

3. *Principe*. — Un droit d'usage est destiné par son essence à satisfaire un besoin, et il ne peut jamais donner lieu à un bénéfice commercial, à moins de stipulation spéciale.

4. *Législation*. — L'usage dans les forêts est régi par l'article 630 du code civil, aux termes duquel celui qui a l'usage des fruits d'un fonds ne peut en exiger qu'autant qu'il lui en faut pour ses besoins. (Cass. 26 janvier 1864.)

5. *Titre. Droit*. — Un usage concédé dans un titre, sans autre désignation, ne s'entend que de l'usage en bois de chauffage.

6. *Exercice. Formalités*. — Les droits d'usage, pâturage, panage, parcours, glandée, etc., ne peuvent s'exercer que dans les cantons reconnus défensables par les agents forestiers et suivant l'état et la possibilité des forêts. (Cod. For. 119.)

En cas de contestation, les tribunaux statuent pour les bois particuliers (Cod. For. 121), et les conseils de préfecture, pour les bois soumis au régime forestier. (Cod. For. 67.)

7. *Exercice. Restriction*. — Dans les forêts qui ne sont pas affranchies par cantonnement, l'exercice des droits d'usage pourra toujours être réduit suivant l'état et la possibilité des forêts. (Cod. For. 65 et 112.) V. Possibilité.

8. *Jouissance*. — L'usage ne peut s'exercer qu'après la délivrance.

9. *Délivrance*. — Les livraisons de bois d'usage ne peuvent avoir lieu qu'après délivrance faite par les agents forestiers, sous peine, pour les usagers, d'être poursuivis pour délit forestier.

10. *Feu croissant*. — Le droit d'usage constitué sur les bois d'origine seigneuriale a cessé de s'accroître avec les habitants, depuis le 4 août 1789.

11. *Concession*. — Il ne sera plus, à l'avenir, dans les forêts de l'Etat, des communes et des établissements publics, fait aucune concession de droits d'usage, sous quelque prétexte que ce soit. (Cod. For. 62 et 112.)

12. *Affouage*. — L'usage dont il était parlé à l'ancien article 105 du code forestier et qui ne se rapportait qu'au mode de partage de l'affouage, et nullement aux qualités pour être affouagiste (Cass. 9 avril 1838), était une possession immémoriale, équivalente à titre, à l'égard de laquelle les tribunaux jugent souverainement et en fait. Toutefois, cet usage devait exister depuis longtemps déjà en 1793, pour qu'il puisse être accepté, car les usages *créés* depuis cette époque ne peuvent pas être admis.

13. *Affouage. Chef de famille ou de maison*. — L'habitant d'une commune affouagère, qui prépare et prend habituellement ses repas dans une maison qu'il a prise à bail dans cette commune et qu'il habite seul, qui est, en outre, propriétaire de divers immeubles dans ladite commune et y exerce, pour son compte, une profession, doit être considéré comme ayant la qualité de chef de famille ou de maison, lui donnant droit à l'affouage. (Cass. 14 juin 1892.)

Un douanier qui, demeurant depuis quatorze ans dans la commune, y a tous ses intérêts et a, d'ailleurs, manifesté son intention de s'y fixer définitivement, par une déclaration expresse, doit être considéré comme chef de famille ou de maison et a droit, par suite, à une portion de l'affouage communal. (Nancy, 16 décembre 1893.) V. Affouage. Chef de famille.

14. *Affouage. Abolition.* — Les usages contraires au mode de partage des bois d'affouage par feu ou chef de maison et de famille sont abolis. (Cod. For. 105. Loi du 23 novembre 1883. Circ. N 332.)

USAGES LOCAUX.

1. *Définition.* — On désigne sous le nom d'usages locaux, les règles introduites par les mœurs et les traditions, mais non rédigées par écrit, ce qui les distingue des *coutumes* proprement dites.

2. *Valeur légale.* — Les usages anciens, contraires au code civil, ne sont obligatoires pour les parties qu'autant qu'elles s'y sont référées dans leurs conventions et leur ont ainsi donné la valeur d'une stipulation conventionnelle. (Cass. 12 novembre 1856.)

3. *Ambiguïté.* — Ce qui est ambigu s'interprète par ce qui est d'usage dans le pays où le contrat est passé. (Cod. Civ. 1159.)

4. *Antiquité.* — La loi du 14 floréal an XI, donnant aux usages locaux force de loi, à défaut de règlement, entend parler d'usages anciens antérieurs à cette loi, et si anciens qu'ils tiendraient lieu de règlement. (Trib. de Blois, 20 janvier 1886.)

USAGERS.

Acquisition, 24.
Amélioration, 15.
Aménagement, 16.
Besoins, 2.
Bestiaux, 10.
Bornage, 25.
Compétence, 18.
Contestation, 11, 18.
Contribution, 13.
Défrichement, 17.
Délivrance, 4, 6.
Droit, 1.
Enlèvement, 4.
Epoque, 7.
Evaluation, 20.
Exercice, 1.
Fief, 23.
Frais de garde, 13.
Habitant, 21.
Incendie, 12.
Instance, 19.
Jouissance, 5.
Maison, 22.
Métairie, 23.
Obstacle, 17.
Panage, 10.
Police administrative, 3.
Possibilité, 11.
Prescription, 24.
Proposition, 7.
Qualité, 21.
Régime forestier, 3.
Responsabilité, 3.
Secours, 12.
Travaux, 14, 15.

V. Arbre. Bétail. Bois de chauffage. Bois de construction. Cantonnement. Chemin. Contribution foncière. Coupe. Délivrance. Droit d'usage. Enlèvement. Extraction. Pâtre. Pâturage et le nom des animaux. Rachat. Troupeau.

1. *Exercice. Droit.* — Les usagers ne peuvent exercer leurs droits d'usage, dans les *bois de l'Etat*, que si leurs droits ont été reconnus fondés lors de la promulgation du code forestier, ou pour ceux qui seront reconnus tels par des instances administratives ou judiciaires actuellement engagées, ou qui seront intentées, dans le délai de deux ans après la promulgation du code forestier, par des usagers actuellement en jouissance. (Cod. For. 61.)

Cet article ne s'applique pas aux bois communaux et d'établissements publics. (Cod. For. 112.)

2. *Besoins.* — Les usagers dans les bois domaniaux n'ont la faculté de se servir d'un droit d'usage que pour leurs besoins et ne peuvent jamais vendre les bois d'usage, ni introduire au pâturage les animaux dont ils font commerce, ou un nombre d'animaux supérieur à celui fixé par l'administration.

3. *Régime forestier. Police administrative. Responsabilité.* — La soumission d'un bois communal au régime forestier et les déclarations de défensabilité qui en sont la suite constituent des mesures de police administrative, qui ne peuvent engendrer par elles-mêmes, à l'égard des usagers, aucune responsabilité à la charge de la commune.

Et celui qui prétend à l'exercice d'un droit d'usage dans ce bois ne peut opposer ni titre, ni possession contraire à ces mesures, qui n'affectent point le fond de ce droit. (Cass. 20 février 1883.)

4. *Délivrance. Enlèvement.* — Les usagers qui enlèvent les livraisons de bois d'usage auxquelles ils ont droit, avant que la délivrance en ait été faite par les agents forestiers, sont poursuivis comme s'ils avaient coupé et enlevé ces bois en délit. (Cod. For. 79.)

5. *Jouissance.* — L'usager doit jouir de son droit en bon père de famille. (Cod. Civ. 627.)

6. *Délivrance. Autorisation.* — Les conservateurs autorisent les délivrances de bois aux usagers. (Cod. For. 79.)

7. *Propositions. Epoque.* — Il est fourni, au 1er juin, un état exact des délivrances à faire aux usagers, avec les devis et les procès-verbaux de vérification à l'appui. (Circ. A 292.)

8. *Responsabilité.* — Les usagers et communes usagères sont garants solidaires des amendes prononcées contre les entrepreneurs des coupes usagères. (Cod. For. 82.)

9. *Responsabilité.* — La responsabilité des usagers et des communes usagères est complète et s'étend aux amendes, aussi bien qu'aux dommages-intérêts et aux frais. (Cass. 24 septembre 1830.)

10. *Bestiaux. Pâturage. Panage.* — Les usagers dans les bois domaniaux ne pourront jouir de leurs droits de pâturage et de panage que pour les bestiaux à leur propre usage et non pour ceux dont ils font commerce, à peine d'une amende double de celle qui est prononcée par l'article 199 du code forestier. (Cod. For. 70.)

11. *Contestation. Possibilité.* — En cas de contestation sur la possibilité des forêts, le pourvoi contre les décisions rendues par le

conseil de préfecture, en exécution de l'article 65 du code forestier, aura effet suspensif jusqu'à la décision rendue par le chef de l'Etat, en conseil d'Etat. (Ord. 117.)

12. *Incendie. Secours.* — En cas d'incendie, les usagers doivent porter secours.

13. *Bois domaniaux. Contribution. Frais de garde.* — Les usagers, dans les bois de l'Etat, ne sont tenus ni de la contribution, ni des frais de garde. (Décis. Min. du 4 septembre 1827.)

Cependant, aucune loi forestière n'a dérogé à l'article 635 du code civil; les contestations sur ce point sont du ressort des tribunaux ordinaires. V. Impôt.

14. *Travaux. Charge.* — Lorsque les titres des usagers ne s'y opposent pas, l'administration peut imposer auxdits usagers des obligations utiles au repeuplement des forêts soumises au droit d'usage et spécialement les assujettir à faire des semis d'arbres. (Cass. 7 avril 1840.)

15. *Travaux. Amélioration.* — Les particuliers peuvent exécuter, pour l'entretien et la conservation de leurs forêts, tous les travaux qui ne causent pas un trop grave préjudice à l'usager. (Cass. 10 mai 1843.)

Dans tous les cas, l'usager ne peut réclamer que des dommages-intérêts.

16. *Aménagement.* — L'usager lésé par suite d'un changement d'aménagement a le droit de se plaindre devant les tribunaux.

17. *Obstacle. Défrichement.* — Si le propriétaire a mis par son fait (en défrichant) obstacle à l'exercice d'un droit d'usage, l'usager a le droit d'exiger le cantonnement ou une indemnité. (Cass. 2 août 1841.)

18. *Contestation. Compétence.* — En cas de contestation entre les usagers et un particulier propriétaire de bois, il est statué par les tribunaux. (Cod. For. 121.)

19. *Instance.* — Des particuliers individuellement investis de droit d'usage dans un bois, sans communauté entre eux, ne peuvent agir en justice, à raison de ce droit, par le ministère de syndics. (Cass. 6 mai 1850.)

20. *Commune. Evaluation.* — Le droit d'usage concédé à une commune doit être restreint et évalué d'après les maisons existant au 4 août 1789. (Nancy, 26 juin 1828.)

Les nouveaux habitants d'une commune ont droit à l'émolument usager; mais leur portion réduit celle des anciens habitants, sans que l'on puisse demander des délivrances plus considérables, motivées sur l'accroissement de la population.

21. *Qualités. Habitants.* — Bien qu'un droit d'usage appartenant à une commune ne se partage qu'entre tous les chefs de famille, cependant tous les habitants de la commune, bénéficiant de ce droit communal, n'en sont pas moins usagers. (Metz, inédit, 9 janvier 1839.)

22. *Maison. Droit.* — Lorsque l'usage a été concédé à une maison, le droit doit être évalué d'après l'état de l'immeuble à l'époque de la concession du titre primitif, sans avoir égard aux agrandissements postérieurs.

23. *Fief. Métairie.* — Si le droit d'usage a été concédé à une métairie, pour l'exploitation des terres, il s'étend à toutes les constructions nécessaires pour l'exploitation agricole du fief exclusivement.

Si la métairie est partagée, le droit reste attaché au principal manoir. (Bourges, 30 novembre 1830.)

24. *Acquisition. Prescription.* — L'usager ne peut acquérir par prescription la forêt grevée d'un droit d'usage qu'en cas d'interversion de titre. (Cod. Civ. 2238. Cass. 18 juin 1851. Metz, 9 avril 1867.)

25. *Bornage.* — L'usager n'a pas qualité pour intenter l'action en séparation ou en bornage. (Cass. 8 juillet 1819.)

USINE A FEU.

Prohibition. — La défense d'allumer du feu à moins de 200 mètres des forêts s'applique aux usines à feu, et, d'ailleurs, comme elles sont presque toujours jointes à une habitation, on ne peut pas les établir, sans autorisation, à proximité des forêts.

USUFRUITIER.

Affouage, 26.
Aménagement, 11, 18, 19, 20.
Arbres de réserves, 12, 13.
Arbres d'ornement, 7.
Arbres épars, 16.
Baliveaux, 14.
Bornage, 28.
Branches mortes, 17.
Capital, 19.
Chablis, 8, 27.
Chasse, 6.
Compensation, 4, 14.
Coupe, 10, 21, 22.
Coupes réglées, 18, 19.
Définition, 1.
Dispense, 22.
Droit, 2, 3.
Echalas, 9.
Futaie, 15, 16, 17, 18, 19, 20, 21, 26, 27.
Indemnité, 21.
Jouissance, 3, 15, 23, 24, 25.
Location, 6.
Nombre, 14.
Obligation, 3.
Pépinière, 25.
Peuplier d'Italie, 23, 24.
Prescription, 30.
Produits, 5.
Qualification, 24.
Quille, 8.
Remplacement, 25.
Réparation, 27.
Réserve, 12.
Responsabilité, 22.
Taillis, 11, 12, 13, 14.
Usurpation, 29.
Vente, 10.

1. *Définition.* — Celui qui jouit d'une chose comme le propriétaire, à charge d'en conserver la substance, mais qui n'en est pas propriétaire. (Cod. Civ. 578.)

2. *Droit.* — L'usufruitier jouit de tous les droits d'usage et servitudes dont le propriétaire peut jouir et comme le propriétaire

lui-même, excepté pour les mines et carrières non ouvertes. (Cod. Civ. 597 et 598.) V. Bien dotal. Futaie. Mari.

3. *Droit. Jouissance. Obligation.* — L'usufruitier jouit par lui-même, directement, de tous les produits ou fruits mûrs, sous la condition d'agir en bon père de famille et de conserver la substance du fonds. (Cod. Civ. 578 et 601.) V. Arbre fruitier.

4. *Compensation.* — Il ne peut pas s'établir de compensation entre le nu-propriétaire et l'usufruitier, pour des produits enlevés à tort par celui-ci, quand même il en aurait laissé auxquels il aurait eu droit. (Cass. 8 janvier 1845.)

5. *Produits périodiques annuels.* — La récolte des produits annuels ou périodiques que l'usufruitier a droit de faire, conformément à l'usage du pays ou à la coutume du propriétaire, comprend l'émondage des peupliers, ormes, chênes, l'élagage des têtards, saules, osiers, peupliers, et la récolte des feuilles de mûriers, des fleurs de tilleuls et de tous les fruits divers, etc. (Cod. Civ. 593.) L'écorce des chênes-liège rentrerait dans la même catégorie.

6. *Chasse. Location.* — L'usufruitier a le droit de louer la chasse qui dépend des biens dont il a l'usufruit ; ce bail doit être respecté par le propriétaire. (Amiens, 7 mars 1867.)

7. *Arbres d'ornement.* — Les arbres plantés pour ornement et qui ne sont pas destinés à produire un revenu sont réservés, et l'usufruitier ne doit pas y toucher. (Proudhon.)

8. *Chablis. Quille.* — Si les chablis ne sont pas des fruits, ils peuvent au moins être considérés comme des produits annuels. (Cass. 21 août 1871.) La quille du chablis cassé appartient au nu-propriétaire et non pas à l'usufruitier.

9. *Échalas.* — L'usufruitier peut prendre dans les bois des échalas pour les vignes. (Cod. Civ. 593.) Il ne peut pas vendre ces échalas, ni couper d'autres bois que ceux généralement employés pour cet usage.

10. *Coupes de bois. Vente.* — L'usufruitier a le droit de vendre les coupes de bois, et si, à son décès, une partie de bois n'est pas exploitée, cette partie de bois, quoique devenant alors la propriété du nu-propriétaire, reste néanmoins vendue à l'acquéreur. Seulement, ce dernier en verse alors le montant entre les mains du nu-propriétaire. (Cass. 21 juillet 1818.)

11. *Taillis. Aménagement.* — L'usufruitier est tenu d'observer, dans les taillis, l'ordre et la quotité des coupes, conformément à l'aménagement ou à l'usage constant des propriétaires. (Cod. Civ. 590.)

12. *Taillis. Réserve.* — L'usufruitier n'a pas le droit de couper les baliveaux anciens dans les bois taillis, quand même le propriétaire aurait, mais non par coupe réglée, fait abattre de semblables arbres. (Toulouse, 26 décembre 1835.)

13. *Arbres de réserve. Taillis.* — L'usufruitier d'un bois taillis a le droit de couper les arbres de réserve, si le précédent propriétaire les avait mis en coupes réglées, ou s'il était dans l'usage d'en couper une certaine quantité à des époques périodiques. (Orléans, 14 juillet 1849.)

14. *Baliveaux. Nombre. Compensation.* — Si un usufruitier de bois taillis a laissé dans des coupes un nombre de baliveaux insuffisant et s'il en a laissé, dans d'autres coupes, un nombre excédant, la compensation de ces arbres peut être admise, lorsque cette irrégularité ne cause aucun préjudice au nu-propriétaire. (Cass. 23 juin 1868.)

15. *Arbres de haute futaie. Jouissance. Condition.* — L'usufruitier profite, en se conformant aux époques et à l'usage des anciens propriétaires, des parties de bois de haute futaie qui ont été mises en coupes réglées, soit que ces coupes se fassent sur une certaine étendue de terrain, soit qu'elles se fassent d'une certaine quantité d'arbres pris indistinctement sur toute la surface du domaine. (Cod. Civ. 591.) Dans tous les autres cas, il ne peut toucher aux arbres de haute futaie. (Cod. Civ. 592.)

16. *Arbres épars. Futaie.* — L'usufruitier n'a pas le droit d'abattre les arbres de futaie épars sur les biens affectés à l'usufruit. (Orléans, 11 mai 1822.)

17. *Arbres de futaie. Branches mortes.* — L'usufruitier ne peut ébrancher les arbres de futaie, même s'il ne s'agissait que de couper des branches mortes.

18. *Arbres de haute futaie. Coupes réglées.* — L'usufruitier n'a pas le droit de couper des arbres de haute futaie, bien que le précédent propriétaire fût dans l'usage d'abattre chaque année un certain nombre d'arbres, variable suivant ses besoins et l'état des arbres. On ne peut voir dans cet usage un établissement de coupes réglées. (Cass. 14 mars 1838.) V. Aménagement. Coupes réglées.

19. *Futaie. Coupes réglées. Capital.* — Dans un bois de haute futaie mis en coupes réglées, le droit de jouissance de l'usufruitier se réduit à percevoir l'augmentation que reçoit la futaie, par l'effet de la croissance des reserves, parce que la valeur totale des futaies existantes, au moment de l'usufruit, forme un capital qui doit être conservé. (Cod. Civ. 591. Cass. 8 janvier 1845.) V. Superficiaire.

20. *Aménagement. Conditions.* — Il y a aménagement de futaie, dans le sens de l'article 591 du code civil, dans le fait par l'ancien propriétaire, donateur de l'usufruit,

d'avoir marqué et vendu annuellement à des tiers un certain nombre d'arbres, pris indistinctement dans toutes les parties de la forêt, bien qu'il n'y ait ni identité du nombre d'arbres coupés, ni identité de leurs produits. (Riom, 19 juillet 1862.)

21. *Futaie. Coupe. Indemnité.* — L'usufruitier qui a coupé mal à propos une futaie doit l'indemnité au propriétaire, du jour même où il a coupé (Cass. 16 décembre 1874), ou seulement à la fin de l'usufruit. (Paris, 11 décembre 1811.)

22. *Dispense. Responsabilité. Coupes d'arbres.* — Si l'usufruitier avait été déclaré affranchi de toute recherche de la part du nu-propriétaire, à raison des actes de propriétaire qu'il aurait pu faire, il pourrait alors abattre tous les arbres à son gré, arbres de haute futaie, arbres dépérissants, etc., sans encourir aucune responsabilité. (Toulouse, 31 juillet 1838. Bordeaux, 1er décembre 1856.)

23. *Peupliers. Qualités. Jouissance.* — Les peupliers ne peuvent à aucun titre être considérés comme des fruits, et il est interdit à l'usufruitier d'y toucher, même en les remplaçant. Ces arbres épars sur un domaine ne sont point soumis, dans ce cas, quant à l'exploitation, à un régime régulier et périodique, qui permette de considérer les produits variables et incertains de leur aliénation comme des fruits auxquels l'usufruitier puisse prétendre. Il importe peu que les propriétaires du domaine aient été de tout temps, ainsi que les autres propriétaires du pays, dans l'usage de faire abattre chaque année, sur leur domaine, un plus ou moins grand nombre de peupliers, suivant leurs besoins ou quand l'état des arbres exigeait qu'ils fussent abattus ; on ne saurait trouver, dans cet exercice du droit de propriétaire, ni la base d'un droit égal pour le simple usufruitier, ni la preuve de l'existence d'une mise en coupe réglée régulière et périodique des peupliers plantés dans la propriété. (Angers, 28 novembre 1878.)

24. *Peupliers d'Italie. Qualification. Jouissance.* — Les peupliers ne peuvent être confondus avec les fruits que la loi accorde à l'usufruitier. La coupe des peupliers est une véritable détérioration de la substance de la chose soumise à l'usufruit, puisque cet arbre ne se reproduit pas lui-même, comme le bois taillis, et que, par analogie, il doit être plutôt rangé dans la catégorie des arbres de futaie, que l'usufruitier n'a le droit de couper que lorsqu'ils sont aménagés. (Dijon, 22 décembre 1842.)

NOTA. — Le peuplier d'Italie repousse de souche, suivant l'âge, le terrain et le mode d'exploitation; l'analogie susceptible de faire ranger cet arbre dans la catégorie des arbres de futaie n'existe sous aucun rapport des caractères physiologiques. V. Arbre de futaie. Futaie.

25. *Pépinière. Jouissance. Remplacement.* — L'usufruitier a droit aux arbres qu'on peut tirer d'une pépinière sans la dégrader, mais à charge de remplacement. (Cod. Civ. 590.)

26. *Affouage. Futaie.* — L'usufruitier d'une maison a le droit de recevoir l'affouage en futaie pour sa maison, quand il se délivre suivant le toisé du bâtiment, parce qu'il est le plus intéressé à la conservation de cette maison. (Curasson.)

27. *Réparation. Chablis. Arbre de futaie.* — L'usufruitier peut se servir des chablis pour les réparations, ou faire abattre des arbres de futaie, de concert avec le propriétaire. (Cod. Civ. 592.)

28. *Bornage.* — L'usufruitier n'est pas recevable à intenter l'action en séparation ou bornage. (Cass. 8 juillet 1819.) Dans tous les cas, le bornage fait avec lui ne serait que provisoire et seulement pour la durée de l'usufruit.

29. *Usurpation.* — L'usufruitier est responsable des usurpations qu'il laisse commettre. (Cod. Civ. 614.)

30. *Prescription.* — L'usufruit se prescrit par la non-jouissance pendant trente ans. (Cod. Civ. 617.)

USURPATION DE TERRAIN.

1. *Compétence. Juridiction.* — Les actions civiles pour usurpations de terre, commises dans l'année, doivent être portées devant le juge de paix de la situation du litige. (Proc. Civ. 3.)

2. *Compétence.* — Les actions en usurpations de biens communaux entre les communes et l'usurpateur, à l'exception des cas où ce dernier conteste la qualité communale des terrains dont il est en possession et soutient en être propriétaire à tout autre titre qu'en vertu d'un partage communal, sont de la compétence du conseil de préfecture. (Cons. d'Etat, 18 juin 1809.)

3. *Chemins.* — Lorsqu'il est constant qu'un chemin était classé parmi les chemins vicinaux d'une commune, antérieurement au procès-verbal qui a constaté l'envahissement de ce chemin, le conseil de préfecture est compétent pour se prononcer sur le reproche d'usurpation. (Cons. d'Etat, 13 mai 1836.)

4. *Prescription.* — Le procès-verbal dressé par un expert commissionné par l'administration forestière, constatant une usurpation du sol forestier par un particulier, peut être opposé à celui-ci, comme acte interruptif de la prescription. (Riom, 6 avril 1838.)

5. *Responsabilité.* — Le propriétaire d'une forêt grevée d'un droit d'usage est responsable des usurpations qu'il souffre et qui, en diminuant la forêt, amoindrissent l'étendue

des droits des usagers ; s'il en résulte un dommage pour les usagers, il doit les indemniser. (Cass. 30 décembre 1844.)

USURPATION DE TITRES OU DE FONCTIONS.

Pénalités. — Quiconque, sans titre, se sera immiscé dans des fonctions publiques civiles ou militaires, sera puni :

Prison : 2 à 5 ans. (Cod. Pén. 258.)

Toute personne qui aura publiquement porté un costume, uniforme ou décoration qui ne lui appartiendrait pas, sera puni :

Prison : 6 mois à 2 ans. (Cod. Pén. 259.)

Quiconque, sans droit et en vue de s'attribuer une distinction honorifique, aura publiquement pris un titre, changé, altéré ou modifié le nom que lui assignent les actes de l'état civil, sera puni :

Amende : 500 à 10000 francs. (Cod. Pén. 259.)

UTILITÉ PUBLIQUE.

SECT. I. — GÉNÉRALITÉS, 1 — 6.

SECT. II. — RESTAURATION DES TERRAINS EN MONTAGNE, 7 — 14.

§ 1. *En France*, 7 — 13.

§ 2. *En Algérie*, 14.

SECT. III. — ENCLAVES EN ALGÉRIE, 15.

Algérie, 14, 15.
Avis, 8, 9, 11.
Bassin, 13.
Commission spéciale, 9.
Communes, 4.
Contestation, 5.
Décision, 5.
Déclaration, 2, 3, 4, 6, 7.
Décret, 2, 5.
Définition, 1.
Délai, 10.
Départements, 4, 12.
Efficacité, 6.
Enclaves, 15.
Enquête, 8.
Envoi des pièces, 11.
Expropriation, 4, 14, 15.
Formalités, 8.
Jugement d'expropriation, 6.
Loi, 2, 5, 13.
Périmètre, 7.
Procédure, 14, 15.
Procès-verbal, 10.
Recours, 5.
Réunion, 9.
Travaux, 12, 13.
Travaux militaires, 3.
Travaux publics, entrepris par l'Etat, 2.
Urgence, 3.

V. Commission spéciale. Expropriation. Périmètre de restauration. Restauration des terrains en montagne.

SECT. I. — GÉNÉRALITÉS.

1. *Non-définition.* — Aucune loi n'a défini *l'utilité publique*, et l'on comprend qu'une telle définition est à peu près impossible. (Block.)

2. *Travaux publics entrepris par l'Etat. Déclaration.* — L'utilité publique de tous grands travaux publics est déclarée par une loi, rendue après une enquête administrative. Un décret, après enquête, peut autoriser l'exécution des canaux et des chemins de fer d'embranchement de moins de 20 kilomètres de longueur, des lacunes et des rectifications de routes nationales, des ponts et de tous autres travaux de moindre importance. (Loi du 27 juillet 1870.)

Nota. — Cette loi abrogeant implicitement l'article 4 du sénatus-consulte du 25 décembre 1852, on est revenu, en grande partie, au régime de la loi du 3 mai 1841.

3. *Travaux militaires urgents. Déclaration.* — Pour les travaux militaires urgents (fortification), c'est un décret qui déclare, en même temps, l'utilité publique et l'urgence. (Loi du 30 mars 1831, art. 2. Loi du 3 mai 1841, art. 76.)

4. *Travaux des départements et des communes. Déclaration.* — L'utilité publique n'est pas restreinte à l'utilité générale de l'Etat. Les travaux des départements et des communes présentent aussi un caractère d'utilité, qui suffit pour autoriser l'expropriation ; mais c'est à des êtres collectifs qu'est limité le droit de poursuivre l'expropriation, pour cause d'utilité publique. (Block.)

5. *Décision. Contestation. Recours.* — L'utilité publique déclarée ne peut plus être contestée. (Cass. 14 décembre 1842.)

Cela va sans dire pour le cas où l'acte déclarant l'utilité publique est une loi ; mais il n'en est pas de même quand il s'agit d'un décret. Le recours au conseil d'Etat est seulement alors admis pour cause d'incompétence, d'excès de pouvoir ou de violation de formes substantielles. (Cons. d'Etat, 31 mars 1848.)

6. *Déclaration. Jugement d'expropriation. Efficacité.* — La déclaration d'utilité publique n'a ni pour but, ni pour effet, d'enlever aux particuliers la propriété de leurs immeubles ; c'est seulement le jugement d'expropriation qui a cette efficacité. (Cons. d'Etat, 21 novembre 1884.)

SECT. II. — RESTAURATION DES TERRAINS EN MONTAGNE.

§ 1. *En France.*

7. *Déclaration. Périmètre.* — L'utilité publique des travaux de restauration des montagnes, rendus nécessaires par la dégradation du sol et des dangers nés et actuels, ne peut être déclarée que par une loi, qui fixe le périmètre des terrains sur lesquels ces travaux doivent être exécutés. (Loi du 4 avril 1882, art. 2.)

8. *Enquête. Avis. Formalités.* — La loi déclarant l'utilité publique des travaux est précédée :

1° D'une enquête ouverte dans chacune des communes intéressées ;

2° D'une délibération des conseils municipaux de ces communes ;

3° De l'avis du conseil d'arrondissement et de celui du conseil général ;

4° De l'avis d'une commission spéciale, composée : du préfet ou de son délégué, président, avec voix prépondérante ; d'un membre du conseil général et d'un membre du conseil d'arrondissement, autres que ceux du canton où se trouve le périmètre, délégués par leurs conseils respectifs et toujours rééligibles et, dans l'intervalle des sessions, par la commission départementale ; de deux délégués de la commune intéressée, désignés dans les mêmes conditions par le conseil municipal ; d'un ingénieur des ponts et chaussées ou des mines, d'un agent forestier, ces deux derniers membres nommés par le préfet. (Loi du 4 avril 1882, art. 2.)

9. *Commission spéciale. Réunion. Avis.* — La commission spéciale se réunit au lieu indiqué par un arrêté spécial de convocation, dans la quinzaine de la date de cet arrêté. Elle examine séparément pour chaque commune les pièces de l'instruction, les déclarations consignées au registre de l'enquête, et, après avoir recueilli tous les renseignements nécessaires, elle donne son avis motivé tant sur l'utilité publique de l'entreprise que sur les mesures d'exécution indiquées dans l'avant-projet. (Décr. du 11 juillet 1882, art. 6.)

10. *Procès-verbal. Délai.* — Cet avis doit être formulé sous forme de procès-verbal, dans le délai d'un mois, à partir de l'arrêté de convocation. (Décr. du 11 juillet 1882, art. 6.)

11. *Avis. Envoi des pièces.* — Le préfet, après avoir pris l'avis du conseil d'arrondissement et du conseil général, adresse au ministre de l'agriculture, avec son avis motivé, toutes les pièces de l'instruction relative à chaque commune, aussitôt que les formalités prescrites ont été complètement remplies. (Décr. du 11 juillet 1882, art. 7.)

12. *Travaux. Département.* — Si les travaux projetés intéressent plusieurs départements, il est procédé simultanément dans chaque département à l'accomplissement des formalités prescrites. (Décr. du 11 juillet 1882, art. 7.)

13. *Projet de loi. Travaux. Bassin.* — Le ministre de l'agriculture prépare le projet de loi statuant sur la déclaration d'utilité publique des travaux de restauration ; le projet peut comprendre l'ensemble des terrains à restaurer dans un même bassin de rivière torrentielle. (Décr. du 11 juillet 1882, art. 7.)

§ 2. *En Algérie.*

14. *Expropriation. Procédure.* — Dans le cas où le reboisement ou la restauration de certains terrains seront reconnus nécessaires, leur expropriation pourra être déclarée d'utilité publique.

Si la déclaration d'utilité publique est prononcée, l'expropriation des terrains sera poursuivie conformément à la législation de l'Algérie. (Loi du 9 décembre 1885, art. 13. Circ. N 357.)

SECT. III. — ENCLAVES EN ALGÉRIE.

15. *Expropriation. Procédure.* — L'expropriation des enclaves dans les forêts domaniales, communales et d'établissements publics pourra être déclarée d'utilité publique.

Si la déclaration d'utilité publique est prononcée, l'expropriation des enclaves sera poursuivie conformément à la législation de l'Algérie. (Loi du 9 décembre 1885, art. 2. Circ. N 357.)

UT SINGULI.

1. *Définition.* — Cette expression désigne des usagers ou habitants des communes agissant et jouissant individuellement et en leur nom propre, en vertu de droits particuliers et individuels à chacun d'eux.

2. *Droits d'usage. Habitants.* — Lorsque des habitants d'une commune jouissent privativement (ut singuli), et non comme section de commune, de droits d'usage dans une forêt, le maire, quel que soit le nombre de ces usagers, n'a pas qualité pour intenter, contre le propriétaire de la forêt, une action à l'effet de faire reconnaître ou constater l'existence de ces droits d'usage. (Conseil d'Etat, 10 janvier 1845.)

UT UNIVERSI.

Définition. — Cette expression désigne des usagers ou habitants des communes agissant et jouissant individuellement ou en masse, mais en vertu d'un droit collectif spécial à la communauté et non pas à chaque individu.

V

VACANCE.

1. *Emploi.* — Le conservateur fait immédiatement connaître à l'administration les vacances d'emploi survenues. (Circ. A 529.)

2. *Préposés domaniaux.* — Les trois quarts des vacances, en France, dans les emplois de gardes forestiers domaniaux et mixtes, sont attribués aux sous-officiers de terre et de mer, et l'autre quart est réservé aux fils des agents ou des préposés forestiers domaniaux ou mixtes, aux gardes cantonniers et communaux. (Décis. Min. des 27 décembre 1841 et 9 mars 1842. Circ. A 524. Loi du 24 juillet 1873. Circ. N 375. Loi 18 mars 1889. Loi du 15 juillet 1889. Décr. du 28 janvier 1892.) V. Candidat. Garde forestier. Militaire. Préposé. Sous-officier.

VACANT.

1. *Définition.* — On appelle vacants, les espaces gazonnés qui s'étendent sur le sommet des montagnes, entre les parties boisées et les neiges. (Insp. des finances.)

2. *Biens vacants. Classification. Exception préjudicielle.* — L'interdiction faite à tous usagers de faire pacager des chèvres ou moutons dans les forêts et leurs dépendances ne s'applique pas aux vacants des terres incultes, soumis en tout temps à la dépaissance.

Quand, devant le tribunal correctionnel, le prévenu a élevé l'exception préjudicielle et obtenu le renvoi à fins civiles, pour faire juger si le terrain où il faisait paître son troupeau n'est pas compris dans les biens et vacants sur lesquels la commune a un droit de pacage, le juge civil doit uniquement statuer sur cette question et repousser comme irrecevables les conclusions prises en dehors de la question préjudicielle. (Cass. 24 novembre 1885.)

3. *Pâturages. Chèvres et brebis.* — L'article 78 du code forestier, édicté pour les bois de l'Etat, rendu applicable à ceux des particuliers par l'article 120 du même code et qui défend à tous usagers, nonobstant tous titres et possessions contraires, de conduire et faire conduire des chèvres, des brebis ou moutons, dans les forêts ou sur les terrains qui en dépendent, n'est pas applicable aux vacants qui ne constituent ni une forêt, ni une dépendance de forêt. (Cass. 24 novembre 1885.)

4. *Régime forestier. Vacants domaniaux.* — Des vacants appartenant à l'Etat et soumis, à raison de ce qu'ils confinent immédiatement à une forêt, à la régie de l'administration forestière, doivent être considérés comme une dépendance du sol forestier, et l'administration a qualité pour poursuivre les délits de pâturage qui y sont commis. (Cass. Chambres réunies, 12 mars 1874.)

5. *Dépendance. Régime forestier.* — Les terres contiguës à une forêt et non plantées en bois sont soumises au régime forestier, lorsqu'il est reconnu que ces terres sont une dépendance de la forêt et lui forment une zone de protection indispensable. (Cass. 5 avril 1892.)

VACATION.

Définition. Rémunération. — Ce qui se paye à un fonctionnaire ou à un expert pour une opération quelconque. Temps employé à l'opération. V. Expert. Interprète.

VACHE.

Préposés domaniaux. — Tous les préposés domaniaux sont autorisés à envoyer au pâturage, dans les forêts domaniales, deux vaches et un suivant de six mois au plus. (Décis. Min. du 18 juillet 1839. Circ. A 448.) V. Bœuf. Garde forestier. Pâturage.

VACHERIE.

Etablissement. Autorisation. — Les vacheries ne doivent être considérées comme établissements incommodes et insalubres que dans les villes ayant plus de 5000 habitants. Dans les autres lieux, elles n'ont pas besoin d'être autorisées.

VAGABOND.

1. *Définition.* — Les vagabonds ou gens sans aveu sont ceux qui n'ont ni domicile certain, ni moyens de subsistance, et qui n'exercent habituellement ni métier, ni profession. (Cod. Pén. 270.)

2. *Pénalité.* — Le vagabondage est un délit. (Cod. Pén. 269.) Il est puni, savoir :

Prison : 3 à 6 mois. (Cod. Pén. 271.)

VAINE PATURE.

Affranchissement. Clôture. — Tout terrain clos est affranchi de la vaine pâture. Est réputé clos, au point de vue de la vaine pâture, tout terrain entouré soit par une haie vive, soit par un mur, une palissade, un treillage, une haie sèche d'une hauteur de 1 mètre au moins, soit par un fossé de 1m,25 d'ouverture et de 0m,50 de profondeur, soit par des traverses en bois avec des fils métalliques distants entre eux de 0m,33 au plus et s'élevant à 1 mètre de hauteur, soit par toute autre clôture continue et équivalente, faisant obstacle à l'introduction des animaux. (Loi du 9 juillet 1889, art. 6.) V. Pâture.

VALET DE CHIEN.

Auxiliaire. Permis. — Comme le traqueur et à la différence du piqueur, le valet de chiens, simple auxiliaire d'un chasseur muni d'un permis, est dispensé de l'obligation du permis, lorsqu'il remplit un rôle accessoire. (Orléans, 11 août 1885.)

VALEUR DES BOIS.

Amende. — Lorsque les condamnations sont basées sur la valeur des bois, le tribunal n'est pas lié par l'estimation des agents forestiers ; il peut faire procéder à une expertise ou faire une descente sur les lieux. (Cass. 21 février 1806.)

La valeur des bois fixée dans un procès-verbal n'est pas un fait matériel ; elle n'est qu'une simple appréciation ou estimation.

VALEUR VÉNALE.

Aliénation. — La valeur vénale d'un terrain doit être évaluée en tenant compte de tous les frais de garde, impôt, entretien, etc., et défalcation faite de tous ces frais.

La valeur vénale avec les terres similaires doit être ainsi établie, parce que le propriétaire qui vend un immeuble le vend avec toutes les charges résultant du droit de propriété. (Circ. A 721.)

VEAU.

Classement. — Le veau qui tette encore et ne pâture pas ne doit pas être compté parmi les animaux envoyés au pâturage, quoique légalement il puisse donner lieu aux peines édictées par l'article 199 du code forestier. V. Bœuf.

VÉGÉTAUX NUISIBLES.

1. *Destruction.* — Les préfets prescrivent les mesures nécessaires pour arrêter ou prévenir les dommages causés à l'agriculture par des cryptogames ou autres végétaux nuisibles, lorsque ces dommages peuvent prendre un caractère envahissant ou calamiteux. (Loi du 24 décembre 1888, art. 1.)

2. *État. Communes. Établissements publics.* — L'Etat, les communes et les établissements publics et privés sont astreints, sur les propriétés leur appartenant, aux obligations prescrites aux particuliers. (Loi du 24 décembre 1888, art. 2.)

3. *Bois.* — Dans les bois et forêts, les mesures prescrites par l'arrêté préfectoral ne sont applicables qu'à une lisière de trente mètres. (Loi du 24 décembre 1888, art. 2.)

4. *Inexécution. Pénalités.* — En cas d'inexécution des mesures prescrites, procès-verbal est dressé par le maire...., le garde forestier. Pénalités :

Amende : 6 à 15 francs.

En cas de récidive :

Amende : 12 à 30 francs.
Prison facultative : maximum, 5 jours.

A défaut d'exécution dans le délai fixé par le jugement, il y est procédé d'office par les soins du maire ou du commissaire de police, aux frais des contrevenants. (Loi du 24 décembre 1888, art. 3, 4 et 5.)

VÉLOCIPÈDE.

1. *Taxe. Affranchissement. Principe.* — Depuis le 1er juin 1893, il est perçu une taxe annuelle de 10 francs par chaque vélocipède ou appareil analogue.

Sont affranchis de cette taxe, ceux qui sont possédés en conformité de règlements militaires ou administratifs. (Loi de finances, 28 avril 1893, art. 10.)

2. *Service forestier. Dispense.* — Les inspecteurs, inspecteurs adjoints, gardes généraux, gardes généraux stagiaires des forêts, les brigadiers et gardes forestiers peuvent être dispensés de la taxe, s'il est établi par les chefs de service, sous leur responsabilité, que les vélocipèdes qu'ils possèdent sont utilisés dans l'intérêt du service. (Arr. du directeur des forêts du 10 mars 1894, art. 1. Circ. N 468.)

3. *Listes nominatives. Envoi. Établissement. Mutation.* — Les listes nominatives, par département, des agents et préposés à exempter de l'impôt, sur l'attestation des chefs de service, sont adressées de suite, directement, par les conservateurs des forêts, aux directeurs des contributions directes des départements dans lesquels les possesseurs des vélocipèdes séjournent habituellement.

Elles porteront les noms et prénoms des bénéficiaires, leurs grades administratifs, leurs domiciles (arrondissements et communes) et l'attestation que les vélocipèdes sont utilisés dans l'intérêt du service.

Elles n'ont pas besoin d'être renouvelées chaque année. Elles conservent leur effet jusqu'à indication contraire. Les conservateurs doivent, par suite, faire connaître aux directeurs des contributions directes, aussitôt qu'elles se produisent, les mutations survenues dans les listes primitives, soit par suppressions, soit par additions. (Arr. du 10 mars 1894, art. 2, 3 et 4. Circ. N 468.)

4. *Appareils appartenant à l'administration.* — Les vélocipèdes appartenant à l'administration et qui seraient mis à la disposition du personnel forestier feront l'objet, en vue de l'exemption de la taxe, des mêmes justifications que les appareils possédés, à titre individuel, par les agents et préposés forestiers. (Arr. du 10 mars 1894, art. 5. Circ. N 468.)

5. *Exception. Algérie.* — La loi relative à la taxe des vélocipèdes n'ayant pas été rendue applicable à l'Algérie, les dispositions précédentes ne se rapportent qu'à la France. Au cas où l'application en serait faite à la colonie, le présent règlement y deviendrait exécutoire. (Arr. du 10 mars 1894, art. 6. Circ. N 468.)

VENDEUR. V. Privilège du vendeur.

VENTE.

SECT. I. — PRINCIPES, 1 — 17.

SECT. II. — BESTIAUX SAISIS, 18 — 22.

SECT. III. — BIENS COMMUNAUX, 23.

SECT. IV. — BOIS DÉLIVRÉS, 24 — 27.

§ 1. *Coupe affouagère,* 24 — 25.

§ 2. *Bois réservés sur les coupes,* 26.

§ 3. *Bois d'usage,* 27.

SECT. V. — PRODUITS ORDINAIRES ET EXTRAORDINAIRES, 28 — 51.

§ 1. *Principe, Pénalités,* 28 — 37.

§ 2. *Incompatibilité,* 38 — 40.

§ 3. *Annulation,* 41.

§ 4. *Conditions,* 42 — 51.

SECT. VI. — PRODUITS ACCIDENTELS, 52 — 53.

SECT. VII. — GIBIER, 54 — 55.

Adjudication, 8.
Adjudication irrégulière, 32, 35.
Administrateur d'établissement public, 35.
Affiche, 32.
Agent, 34.
Amende, 20.
Annulation, 31, 32, 41.
Approbation, 23.
Bail, 16.
Bois de service, 24.
Bois d'usage, 27.
Bois indivis, 37.
Bois dépérissants, 52, 53.
Bois mort, 52, 53.
Bois réservés, 26.
Cahier des charges, 47.
Capacité, 6.
Caractère, 29.
Chablis, 52, 53.
Clandestinité, 31.
Conditions, 3, 23, 46.
Contenance, 43.
Coupe, 17, 29, 30, 35.
Coupe affouagère, 24, 36.
Définition, 1, 2, 17.
Délai, 19.
Destruction, 10.
Droit, 29.
Enregistrement, 51.
Erreurs, 45.
Exécution, 18.
Explication, 42.
Formalités, 19, 23, 30, 33.
Frais, 22.
Garantie, 12, 43.
Gibier exotique, 55.
Gibier indigène, 54.
Incapacité, 39, 40.
Intervention, 34.
Jour, 32.
Lot, 44.
Maire, 35.
Mandataire, 38.
Mesurage, 3.
Mesure, 4, 45.
Mode, 18.
Mode de réalisation, 28.
Nullité, 7, 36.
Obligation, 11.
Ordre des coupes, 48.
Paiement, 13, 20.
Pénalités, 26, 27, 31, 32, 35, 37, 39, 40.
Portion d'affouage, 25.
Principe, 29.
Prix, 9, 46.
Produits, 12, 21.
Promesse, 5.
Publication, 32.
Qualification, 16.
Qualité, 15.
Quantité, 12.
Rabais, 50.
Réclamation, 19.
Remanent, 25.
Remise, 49.
Renvoi, 49.
Résolution, 14.
Responsabilité du vendeur, 4.
Résultat, 8.
Réunion de lots, 52.
Usager, 9.
Vente mobilière, 15, 16.
Versement, 21.
Vice caché, 4.

V. Adjudicataire. Affouage. Annulation. Arpentage. Bois façonné. Bois indivis. Copropriétaire. Coupe. Echange. Futaie. Garantie. Produit forestier. Quart en réserve. Remanent. Réserve.

SECT. I. — PRINCIPES.

1. *Définition.* — La vente est un contrat consensuel, synallagmatique et commutatif. (Meaume.)

2. *Définition.* — La vente est une convention par laquelle l'un s'oblige à livrer une chose et l'autre à la payer ; elle peut être faite par acte authentique ou sous seing privé. Elle est parfaite entre les parties dès qu'on est convenu de la chose et du prix, quoique la chose n'ait pas été livrée, ni le prix payé. (Cod. Civ. 1582 et 1583.) V. Contrat.

Une coupe en exploitation, quelle qu'elle soit, est comprise dans l'expression du mot vente. (Cass. 7 mars 1828.)

3. *Conditions. Mesurage.* — Lorsque les ventes ne sont pas faites en bloc, mais au compte ou à la mesure, elles ne sont point parfaites tant que les choses ne sont pas comptées ou mesurées. Si, au contraire, les marchandises ont été vendues en bloc, la vente est parfaite. (Cod. Civ. 1585, 1586.)

4. *Vente à la mesure. Vice caché. Responsabilité de vendeur.* — Dans une vente de bois façonnés, constituant une vente à la mesure, les conséquences de la détérioration résultant d'un vice caché, qui s'est produit antérieurement à l'époque de la vente, doivent être supportées par le vendeur.

Spécialement, la congélation des pins maritimes, survenue pendant l'hiver de 1879-1880, constitue le vice caché de l'article 1641 du code civil, alors qu'il en résulte, pour ces bois, une dépréciation notable. (Orléans, 31 août 1880.) V. Bois façonné.

5. *Promesse.* — La promesse de vente vaut vente, lorsqu'il y a consentement réciproque des deux parties sur la chose et sur le prix. (Cod. Civ. 1589.)

6. *Capacité.* — Tout ce qui est dans le commerce peut être vendu, lorsque des lois particulières n'en ont pas prohibé l'aliénation. (Cod. Civ. 1598.)

7. *Nullité.* — La vente de la chose d'autrui est nulle. (Cod. Civ. 1599.)

8. *Adjudication. Résultat.* — L'adjudication ne transmet à l'adjudicataire d'autres droits que ceux appartenant au vendeur. (Proc. Civ. 717.)

9. *Usage. Prix de vente.* — L'usager ne peut pas réclamer, à titre de copropriétaire, l'attribution d'une partie du prix de la vente d'une forêt anciennement grevée de droit de pâturage des chèvres, ce droit s'étant éteint avant la vente et par le seul effet de la promulgation du code forestier. (Cass. 24 juin 1885.)

10. *Destruction.* — Si, au moment de la vente, la chose vendue était périe en totalité, la vente serait nulle ; si une partie seulement est périe, il est au choix de l'acquéreur d'abandonner la vente ou de demander la partie conservée, en faisant déterminer le prix par la ventilation. (Cod. Civ. 1601.)

11. *Obligation.* — Le vendeur a deux obligations principales, celle de délivrer et celle de garantir la chose qu'il vend. (Cod. Civ. 1603.)

12. *Garantie. Produits. Quantité.* — Lorsqu'une vente est faite sans garantie de quantité, le vendeur n'est pas obligé de livrer la quantité de produits évaluée approximativement sur l'affiche, alors que cette quantité de produits n'existe pas dans la forêt. (Alger, 1er mars 1890.)

13. *Paiement.* — La principale obligation de l'acheteur est de payer le prix au jour et au lieu réglés par la vente. (Cod. Civ. 1650.)

14. *Résolution.* — Si l'acheteur ne paye pas le prix, le vendeur peut demander la résolution de la vente. (Cod. Civ. 1654.)

15. *Qualité.* — La vente de bois sur pied destinés à être coupés constitue une vente mobilière. (Cass. 12 décembre 1842.)

16. *Bail. Qualification. Vente mobilière.* — La convention par laquelle l'une des parties, propriétaire d'une terre plantée de chênes-liège, a déclaré louer à l'autre partie le produit de l'écorce des chênes-liège, avec la stipulation expresse qu'elle se réserve la jouissance du sol, soit pour y habiter, soit pour le cultiver ou y faire paître ses troupeaux, constitue une vente mobilière (droit : 2 pour cent), bien que les parties l'aient qualifiée de louage. (Cass. 25 janvier 1886.)

17. *Définition. Coupe.* — Le mot vente sert également à désigner une coupe en exploitation, quelle qu'en soit la nature. (Cass. 7 mars 1828.)

SECT. II. — BESTIAUX SAISIS.

18. *Exécution. Mode.* — La vente des bestiaux saisis doit être faite par un commissaire priseur et, s'il n'en existe pas, par un huissier ou le greffier du juge de paix.

19. *Réclamation. Délai. Formalités.* — Si les bestiaux saisis, dans tous les bois en général, ne sont pas réclamés dans les cinq jours qui suivront le séquestre, ou s'il n'est pas fourni bonne et valable caution, le juge de paix en ordonnera la vente à l'enchère, au marché le plus voisin. Il y sera procédé par le receveur des domaines, qui la fera publier vingt-quatre heures d'avance. Les frais de séquestre et de vente seront taxés par le juge de paix, et prélevés sur le produit de la vente ; le surplus restera déposé entre les mains du receveur des domaines, jusqu'à ce qu'il ait été statué, en dernier ressort, sur le procès-verbal.

Si la réclamation n'a lieu qu'après la vente des bestiaux saisis, le propriétaire n'aura droit qu'à la restitution du produit net de la vente, tous frais déduits, dans le cas où cette restitution serait ordonnée par les tribunaux. (Cod. For. 169, 189.)V. Recouvrement.

20. *Amende. Paiement.* — Le prix des bestiaux saisis ou vendus par le receveur des domaines peut, lorsque le tribunal n'a prononcé ni confiscation, ni attribution au profit des tiers, être employé à la libération du débiteur du Trésor, c'est-à-dire être appliqué au paiement des condamnations pécuniaires prononcées. (Circ. N 242.)

21. *Produit. Versement.* — Si les bestiaux ont été saisis dans un bois non soumis au régime forestier et lorsqu'il y aura lieu à effectuer la vente desdits bestiaux, le produit net en sera versé à la caisse des dépôts et consignations. (Cod. For. 189.)

22. *Frais.* — Les frais de vente des animaux saisis en délit et non réclamés ne sont pas soumis à la taxe du président du tribunal ; il suffit qu'ils soient visés par le directeur des domaines. (Décis. Min. 9 juin 1855.)

SECT. III. — BIENS COMMUNAUX.

23. *Conditions. Formalités. Approbation.* — Une vente de biens communaux opérée aux enchères, en vertu d'une délibération du conseil municipal approuvée par le préfet, constitue un contrat de droit civil, dont l'exécution ne peut être subordonnée à une nouvelle approbation de l'autorité préfectorale, quand bien même une clause du cahier des charges aurait stipulé cette condition. (Conseil d'Etat, 6 juillet 1863.)

SECT. IV. — BOIS DÉLIVRÉS.

§ 1. *Coupe affouagère.*

24. *Bois de service.* — N'est pas nulle la vente, par adjudication publique et sans le concours des agents forestiers, des bois de service d'une coupe affouagère, qui a été délivrée à une commune et dont les produits ont été façonnés, aux frais de cette commune, par un entrepreneur agréé de l'administration forestière.

Le maire qui a opéré cette vente n'a encouru aucune peine. (Rép. For. t. XII, p. 120.)

25. *Portion d'affouage. Remanents.* — Les maires peuvent vendre, sans la participation des agents forestiers, les portions d'affouage non réclamées par les habitants, ainsi que les copeaux, débris et écorces non distribués. (Décis. Min. 14 juillet 1848. Circ. N 80, art. 77.)

§ 2. *Bois réservés sur les coupes.*

26. *Pénalités.* Les administrateurs des établissements publics ne peuvent vendre, sans l'autorisation du préfet, les bois délivrés ou réservés à ces établissements publics et destinés à leur usage. En cas de contravention :

Amende égale à la valeur des bois vendus. (Cod. For. 102.)

Restitution à l'établissement de ces bois ou de leur valeur. (Cod. For. 102.)

Vente déclarée nulle. (Cod. For. 102 et 205.)

En cas de fraude ou collusion, l'adjudicataire paiera, outre les amendes, des dommages-intérêts (minimum: amende simple) et restituera les bois ou en paiera la valeur. (Cod. For. 205.)

Il en est de même pour les maires, en ce qui concerne les bois réservés et délivrés pour les établissements communaux. (Décis. Min. du 27 mars 1830.)

§ 3. *Bois d'usage.*

27. *Vente ou échange. Changement de destination. Pénalités.* — Il est interdit aux usagers, dans les forêts domaniales, de vendre ou d'échanger les bois qui leur sont délivrés et de les employer à aucune autre destination que celle pour laquelle le droit d'usage a été accordé, à moins de titre contraire bien établi. (Nancy, 2 janvier 1844.)

S'il s'agit de bois de chauffage, la contravention sera punie, savoir :

Amende : 10 à 100 francs. (Cod. For. 83.)

En cas de récidive, *amende* double. (Cod. For. 83 et 201.)

S'il s'agit de bois à bâtir ou de tout autre bois non destiné au chauffage, la pénalité sera, savoir :

Amende double de la valeur des bois ; minimum : 50 francs. (Cod. For. 83.)

En cas de récidive, *amende* double. (Cod. For. 83 et 201.)

SECT. V. — PRODUITS ORDINAIRES ET EXTRAORDINAIRES.

§ 1. *Principe. Pénalités.*

28. *Coupes domaniales. Mode de réalisation.* — En ce qui concerne le mode de réalisation des coupes domaniales, la règle générale est la vente en bloc sur pied. (Circ. N 360.)

29. *Coupe. Caractère. Droit. Principe.* — La vente d'une coupe de bois achetée pour être abattue est purement mobilière et ne confère à l'acheteur qu'une action personnelle contre le vendeur. (Dijon, 28 mars 1876.) V. Produits.

30. *Coupes. Formalités. Bois domaniaux.* — Aucune vente ordinaire ou extraordinaire ne pourra avoir lieu dans les bois de l'Etat que par voie d'adjudication publique, laquelle devra être annoncée, au moins quinze jours d'avance, par des affiches apposées dans le chef-lieu du département, dans le lieu de la vente, dans la commune de la situation des bois et dans les communes environnantes. (Cod. For. 17.)

31. *Clandestinité. Annulation. Pénalités.* — Toute vente faite autrement que par adjudication publique sera considérée comme vente clandestine et déclarée nulle. Les fonctionnaires et agents qui auraient ordonné ou effectué la vente seront condamnés solidairement, savoir :

Amende : 3000 à 6000 francs. (Cod. For. 18.)

L'acquéreur sera puni, savoir :

Amende égale à la valeur des bois vendus. (Cod. For. 18.)

32. *Adjudication sans affiches et publications. Jour non fixé. Annulation. Pénalités.* — Sera de même annulée, quoique faite par adjudication publique, toute vente qui n'aura point été précédée des publications et affiches prescrites par l'article 17 du code forestier, ou qui aura été effectuée dans d'autres lieux ou à un autre jour que ceux qui auront été indiqués par les affiches ou les procès-verbaux de remise de vente.

Les fonctionnaires ou agents qui auraient contrevenu à ces dispositions seront condamnés solidairement, savoir :

Amende : 1000 à 3000 francs. (Cod. For. 19.)

Les adjudicataires, en cas de complicité, encourront, savoir :

Amende : 1000 à 3000 francs. (Cod. For. 19.)

33. *Formalités. Bois communaux et d'établissements publics.* — Les ventes des coupes, tant ordinaires qu'extraordinaires, seront faites à la diligence des agents forestiers, dans les mêmes formes que pour les bois de l'Etat, et en présence du maire ou d'un adjoint pour les bois des communes, et d'un des administrateurs pour ceux des établissements publics, sans toutefois que l'absence

des maires ou administrateurs, dûment appelés, entraîne la nullité des opérations. (Cod. For. 100.)

34. *Agents. Intervention. Bois communaux.* — L'intervention des agents n'est nécessaire que pour la vente des bois sur pied et des produits façonnés de quelque importance. Elle cesse d'être nécessaire, lorsque la vente ne comprend que des copeaux, ételles ou autres reliquats des coupes de minime valeur. (Cons. d'État, 30 juillet 1840. Décis. Min. 14 juillet 1848.) V. Adjudication. Produits accessoires.

35. *Adjudication irrégulière. Maires. Administrateurs. Pénalités.* — La vente des coupes ordinaires ou extraordinaires, dans les bois des communes et des établissements publics, effectuée par l'ordre des maires ou des administrateurs des établissements publics, sans l'intervention des agents forestiers et sans adjudication publique régulière, c'est-à-dire sans être précédée d'affiches, l'annonçant quinze jours d'avance, au chef-lieu, au lieu de la vente, dans la commune de la situation des bois et les communes environnantes, est punie, savoir :

Pour le maire ou l'administrateur :

Amende : 300 à 6000 francs. (Cod. For. 100.)

Pour l'adjudicataire, en cas de complicité :

Amende : 1000 à 3000 francs. (Cod. For. 19.)

Dommages-intérêts facultatifs ; minimum : amende simple. (Cod. For. 100, 202.)

Vente déclarée nulle. (Cod. For. 100.)

En cas de fraude ou collusion, les acquéreurs paieront, outre les amendes, des dommages pour la vente annulée. (Cod. For. 202, 205.)

Restitution des bois exploités, ou paiement de leur valeur sur le pied du prix de vente. (Cod. For. 205.)

36. *Coupe affouagère exploitée. Vente de tout le bois. Nullité.* — L'article 100 du code forestier est applicable à un maire qui a vendu, sans le concours d'un agent forestier, la totalité des produits d'une coupe dont les affouagistes ont refusé de prendre livraison, à cause du prix élevé de la taxe.

Il en est ainsi, alors même que les bois ont été abattus par l'entrepreneur responsable et que les lots ont été formés sur le parterre de la coupe.

Peu importe que la vente ait été autorisée ou non par le préfet. (Pau, 20 juillet 1882.)

37. *Bois indivis. Pénalités.* — La vente non autorisée faite par le possesseur copropriétaire d'une coupe de bois indivis est punie, savoir :

Amende égale à la valeur des bois vendus. (Cod. For. 114.)

Vente nulle. (Cod. For. 114.)

Restitution des bois ou de leur valeur. (Cod. For. 205.)

§ 2. *Incompatibilité.*

38. *Mandataires.* — Ne peuvent se rendre adjudicataires, sous peine de nullité, ni par eux-mêmes, ni par personnes interposées : les mandataires, des biens qu'ils sont chargés de vendre ; les administrateurs, des biens des communes ou des établissements publics confiés à leurs soins ; les officiers publics, des biens nationaux dont les ventes se font par leur ministère. (Cod. Civ. 1596).

39. *Incapacité. Pénalités.* — Pour avoir pris part aux ventes, par eux-mêmes ou par personnes interposées, directement ou indirectement, soit comme parties principales, soit comme associés ou cautions, encourent :

A. Dans toute la France, les agents et gardes forestiers et les agents forestiers de la marine ;

B. Dans l'étendue de leur circonscription, les fonctionnaires chargés de présider ou de concourir aux ventes et les receveurs du produit des coupes, savoir :

Amende : du douzième au quart du montant de l'adjudication. (Cod. For. 21.)

Emprisonnement : 6 mois à 2 ans. (Cod. For. 21. Cod. Pén. 175.)

Interdiction des fonctions publiques. (Cod. For. 21.)

Vente déclarée nulle par les tribunaux. (Cod. For. 21. Décis. Min. du 30 mars 1868. Circ. N 87.)

En cas de fraude ou collusion, les adjudicataires ou acquéreurs paieront, outre les amendes, pour la vente annulée, des dommages-intérêts ; minimum : amende simple. (Cod. For. 202, 205.)

Restitution des bois exploités ou de leur valeur sur le pied du prix de vente. (Cod. For. 205.)

C. Dans toute l'étendue du territoire pour lequel les agents ou gardes sont commissionnés, leurs parents et alliés en ligne directe, les frères et beaux-frères, oncles et neveux, savoir :

Amende : du douzième au quart du montant de l'adjudication. (Cod. For. 21.)

Vente déclarée nulle par les tribunaux. (Cod. For. 21. Décis. Min. du 30 mars 1868. Circ. N 87.)

En cas de fraude ou collusion, les adjudicataires ou acquéreurs paieront, pour la vente annulée, des dommages-intérêts ; minimum : amende simple. (Cod. For. 202, 205.)

Restitution des bois exploités ou paiement de leur valeur sur le pied du prix de vente. (Cod. For. 205.)

NOTA. — Le décès des personnes produisant alliance ne fait pas disparaître les incapacités légales pour les ventes. (Cass. 16 juin 1834.)

D. Dans tout l'arrondissement de leur ressort, les conseillers de préfecture, les juges, officiers du ministère public et greffiers des tribunaux de première instance, savoir :

Dommages-intérêts, s'il y a lieu. (Cod. For. 21.)

Vente déclarée nulle par les tribunaux. (Cod. For. 21. Décis. Min. du 30 mars 1868. Circ. N 87.)

En cas de fraude ou collusion, les adjudicataires paieront, outre les amendes, pour la vente annulée, des dommages-intérêts ; minimum : amende simple. (Cod. For. 202, 205.)

Restitution des bois exploités ou paiement de leur valeur sur le pied du prix de vente. (Cod. For. 205.)

40. *Incapacité. Pénalités. Bois communaux et d'établissements publics.* — Pour avoir pris part aux ventes, par eux-mêmes ou par

personnes interposées, directement ou indirectement, soit comme parties principales, soit comme associés ou cautions, les maires, adjoints, receveurs des communes, les administrateurs et receveurs des établissements publics, en ce qui concerne les bois dont l'administration leur est confiée, encourent, savoir :

Amende : du douzième au quart du montant de l'adjudication. (Cod. For. 21, 101.)

Emprisonnement : 6 mois à 2 ans. (Cod. For. 21, 101. Cod. Pén. 175.)

Interdiction des fonctions publiques. (Cod. For. 21, 101. Cod. Pén. 175.)

Dommages-intérêts facultatifs; minimum : amende simple. (Cod. For. 101, 202.)

Vente déclarée nulle par les tribunaux. (Cod. For. 101. Décis. Min. du 30 mars 1868. Circ. N 87.)

En cas de fraude ou collusion, les adjudicataires paieront, pour la vente annulée, en outre des amendes, des dommages-intérêts ; minimum : amende simple. (Cod. For. 202, 205.)

Restitution des bois exploités ou paiement de leur valeur sur le pied du prix de vente. (Cod. For. 205.)

§ 3. *Annulation.*

41. *Annulation.* — Si les ventes sont déclarées nulles pour fraude ou collusion, les adjudicataires, outre les amendes et dommages-intérêts, seront condamnés à restituer les bois exploités ou à en payer la valeur d'après le prix de la vente. (Cod. For. 205.) V. Adjudication.

§ 4. *Conditions.*

42. *Explication.* — Le vendeur est tenu d'expliquer clairement ce à quoi il s'oblige. (Cod. Civ. 1602.) V. Incertitude.

43. *Coupes. Garantie.* — Les coupes sont vendues en bloc et sans garantie de nombre d'arbres, de cubage, de contenance, d'essence, d'âge et de qualité. (Cah. des ch. 1.)

44. *Lots.* — Les agents doivent établir, à moins de circonstances exceptionnelles dont ils auraient à justifier, les lots de vente de telle sorte que leur estimation ne dépasse pas la somme de 10000 francs. (Circ. N 431.)

45. *Mesures. Erreurs. Limite.* — En cas de vente, l'expression de la mesure ne donne lieu à aucun supplément de prix, en faveur du vendeur, pour l'excédent de mesure, ni en faveur de l'acquéreur, à aucune diminution de prix pour moindre mesure, qu'autant que la différence de la mesure réelle à celle exprimée au contrat est d'un vingtième en plus ou en moins, eu égard à la valeur de la totalité de la vente, s'il n'y a stipulation contraire. (Cod. Civ. 1619.)

46. *Conditions. Prix.* — Les conditions de vente, pour les adjudications dont le prix est versé à la caisse des domaines, sont réglées soit par des cahiers des charges spéciaux, approuvés par le ministre ou par l'administration, soit par des dispositions arrêtées par le conservateur et insérées au procès-verbal d'adjudication. (Circ. N 80, art. 27.)

47. *Cahier des charges.* — Les coupes ordinaires et extraordinaires mises en vente après le 1er janvier sont adjugées conformément aux dispositions du cahier des charges de l'exercice de l'année précédente, lorsque l'exploitation peut être achevée à l'époque déterminée par cet acte. (Décis. Min. des 6 février 1843 et 5 mars 1844. Circ. du 14 mars 1844. Circ. N 80, art. 29.) Le cahier des charges a, aujourd'hui, un caractère permanent. (Circ. N 431.)

48. *Ordre des coupes.* — Le conservateur peut intervertir l'ordre des lots et ne pas suivre l'ordre dans lequel les coupes se trouvent placées sur l'affiche en cahier. (Circ. A 423. Circ. N 80, art. 12.)

49. *Remise. Renvoi.* — Les coupes domaniales invendues ne sont pas remises en vente, mais renvoyées à l'année suivante. Les coupes communales invendues peuvent être remises en vente dans des circonstances exceptionnelles, en cas d'urgence bien constatée et après décision du directeur des forêts. (Cah. des ch. 2.)

50. *Rabais.* — Les conservateurs sont autorisés à laisser descendre les rabais (10 à 12 pour cent) au-dessous du chiffre de l'estimation et à prendre en considération les vœux exprimés par les communes et établissements publics propriétaires. Ils sont également autorisés à mettre en vente des lots d'une valeur supérieure à 10000 francs, sauf à faire connaître les motifs de leur détermination dans leur rapport général des ventes. (Circ. manuscr. n° 11 du 28 juillet 1852. Lettre de l'Admin. du 20 juillet 1860. Circ. A 751.) V. Lot.

51. *Enregistrement.* — Les actes de vente sont enregistrés au droit proportionnel de 2 pour cent, en principal. (Loi du 22 frimaire an VII, art. 69.)

SECT. VI. — PRODUITS ACCIDENTELS.

52. *Chablis. Bois morts et dépérissants. Réunion des lots.* — En cas de vente de chablis et de bois morts et dépérissants, on ne doit pas faire des lots spéciaux de vente de ces deux natures de produits, quand ces produits sont naturellement disposés pour être vendus ensemble.

On doit, le cas échéant, les réunir, de manière à éviter une double adjudication et une confusion de responsabilité résultant de la présence simultanée de deux adjudicataires sur le même point de la forêt. (Circ. N 417.)

53. *Bois morts et dépérissants. Chablis. Encaissement du prix.* — Les bois morts et dépérissants et les chablis ne constituant pas des produits extraordinaires, au sens de l'article 71 de l'ordonnance du 18 août 1827, le

prix de vente de ces produits sera encaissé : pour les forêts domaniales, par les receveurs des domaines, quand les produits ne seront pas précomptés ; par les trésoriers généraux, en cas de précomptage, et pour les forêts communales et d'établissements publics, par les receveurs des communes ou des établissements propriétaires. (Circ. N 417.)

SECT. VII. — GIBIER.

54. *Gibier indigène.* — Il est de principe qu'aucun gibier ne peut être vendu que pendant le temps où il peut être chassé, et cela dans chaque département. Cette règle ne comporte d'exception que pour la vente du gibier pendant la suspension momentanée de la chasse en temps de neige, pour celle des sangliers détruits comme animaux nuisibles et des lapins de garenne dans les départements où leur destruction est permise en tout temps. (Circ. du Min. de l'Int. du 22 janvier 1887.)

55. *Gibier exotique.* — Le gibier exotique bénéficie de certaines dispenses que ne règlent ni les lois en vigueur, ni les arrêtés des préfets. Dans l'intérêt de l'alimentation publique, certaines espèces de gibier peuvent être mises en vente en tout temps. (Circ. du Min. de l'Int. du 22 janvier 1887.)

VENTILATION.

Définition. — Evaluation d'une ou de plusieurs parties d'un tout, d'après le prix fixé pour ce tout. V. Prix.

VERGNE ou VERNE. (AUNE.)

Classification. — Arbre de 2me classe. (Cod. For. 192.)

VÉRIFICATEUR GÉNÉRAL.

Attributions. Administrateurs. — L'administrateur, chef du 2e bureau, est vérificateur général des aménagements et celui du 3e bureau, vérificateur général des reboisements. (Décr. du 14 janvier 1888, art. 2. Circ. N 394.) V. Administrateurs.

VÉRIFICATEUR GÉNÉRAL DES ARPENTAGES.

Suppression. — Le poste de vérificateur des arpentages a été supprimé par l'ordonnance du 17 décembre 1844 ; ses fonctions étaient régies par la circulaire A 82 du 28 avril 1823. V. Arpentage.

VÉRIFICATION. V. Service.

VÉRIFICATION DES ARBRES DE RÉSERVE. V. Comptage.

VEUVE.

1. *Pension. Droit.* — La veuve de tout fonctionnaire ou employé décédé postérieurement au 4 décembre 1892, après vingt-cinq ans de service, aura droit, si elle compte six ans de mariage, à une pension égale au tiers de la pension produite par la liquidation des services de son mari. (Loi du 28 avril 1893, art. 50. Circ. N 459.)

2. *Droit. Pension. Accident.* — La veuve de l'employé qui meurt en activité de service, par suite d'infirmités contractées dans l'exercice de ses fonctions, mais qui ne sont pas reconnues comme présentant le caractère d'un accident grave, n'a pas droit, sous le régime de la loi du 9 juin 1853, à pension à titre exceptionnel. (Cons. d'Etat, 6 mai 1856.) V. Pension de retraite. Secours.

3. *Chasseurs forestiers. Mobilisation. Activité.* — A dater du jour de l'appel à l'activité, les femmes des officiers, sous-officiers, caporaux et soldats (chasseurs forestiers) jouiront de tous les droits à une pension de veuve, qui sont attribués aux militaires du même grade dans l'armée active. (Décr. du 2 avril 1875. Circ. N 173. Décr. du 18 novembre 1890, art. 9. Circ. N 424.)

4. *Infirmité. Pension. Demande.* — Lorsque l'employé a été admis à faire valoir ses droits à la retraite, par suite d'infirmités contractées dans l'exercice de ses fonctions et qu'il meurt avant que sa pension soit liquidée, il y a lieu de statuer sur le droit personnel à pension qu'il pouvait avoir, droit qui, s'il est reconnu, devient transmissible par voie de réversion sur la tête de la veuve, comme si l'employé était décédé après avoir obtenu sa pension. (Avis du Cons. d'Etat, 7 juillet 1857, approuvé par le ministre, le 22 juillet 1857.)

5. *Pièces. Brevet.* — Les veuves prétendant à pension produisent le brevet délivré à leur mari, lorsqu'il est décédé en jouissance de pension, ou une déclaration constatant la perte de ce titre. (Décr. du 9 novembre 1853, art. 32. Circ. N 81, art. 110.)

6. *Pension. Pièces.* — Les veuves prétendant à pension fournissent :

1o Une demande sur papier timbré, contenant déclaration d'élection de domicile ;

2o L'acte de décès du mari ; 3o L'acte de mariage ; 4o L'acte de naissance de la veuve ;	Ces extraits doivent être fournis sur papier timbré, et les signatures des officiers de l'état civil qui les ont délivrés doivent être légalisées, soit par le président du tribunal de première instance, soit par le juge de paix du canton.

5o Suivant les cas :

Un certificat de non-séparation de corps et de non-divorce, établi sur papier timbré soit par le maire de la résidence sur la déclaration de deux témoins signataires, soit par le greffier du tribunal de première instance ;

Une expédition sur papier timbré du jugement de séparation de corps, ou un certificat sur papier timbré du greffier du tribunal justifiant que la séparation a été prononcée sur la demande de la veuve ;

6o Un certificat de non-existence d'enfants mineurs nés d'un précédent mariage du mari, délivré sur papier timbré par le maire de la résidence, sur la déclaration de deux témoins signataires. (Ce certificat n'est exigé que lorsque le mariage ne précède pas de plus de vingt et un ans le décès du mari.)

La veuve dont le mari est décédé en activité de service doit fournir, indépendamment des pièces ci-dessus mentionnées, toutes celles que son mari aurait été tenu de produire (acte de naissance, états des services militaires et civils et, le cas échéant, procès-verbal ou acte de notoriété constatant les événements donnant ouverture au droit à pension à titre exceptionnel).

Lorsque, sur toutes les pièces, les noms et prénoms du mari ou de la veuve ne sont pas orthographiés d'une manière complètement identique ou lorsqu'il y a interversion dans l'ordre des prénoms, il est nécessaire de joindre un acte de notoriété, permettant de ne laisser aucun doute sur l'identité des époux. (Décr. du 9 novembre 1853, art. 32. Circ. N 81, art. 108. Note de la direction des forêts, mars 1886.)

7. *Envoi des pièces.* — Les demandes de pension, accompagnées des pièces indiquées ci-dessus, doivent être adressées soit aux conservateurs des forêts, soit au directeur des forêts au ministère de l'agriculture. (Note de la direction des forêts, mars 1886.)

VICE CACHÉ. V. Bois façonnés. Champignon. Vente.

VIDANGE.

Achèvement, 2.
Atelier, 6.
Autorisation, 16, 17, 18, 19.
Bois saisis, 12.
Chemin, 14.
Conditions, 5, 14, 16, 17.
Coupe, 8.
Coupes délivrées, 3.
Coupe par unités de produits, 4.
Définition, 1.
Délai, 2, 3, 4, 9, 13, 17.
Délit, 23.
Dépôt, 21.
Enlèvement, 10, 15.
Etocs, 10.
Exécution, 11, 13.
Flottage, 21.
Force majeure, 12.
Indemnité, 20.
Infraction, 9.
Laies, 10.
Loge, 6.
Négligence, 11.
Nuit, 15.
Paiement, 20.
Pénalités, 9, 10, 14.
Poursuites, 23.
Principes, 8, 18.
Procès-verbal, 7.
Produits accidentels, 22.
Prorogation, 17, 19.
Retard, 7, 11.
Terme, 5.

V. Chemin. Lançoir. Nuit. Prorogation. Route. Schlitte. Voiture.

1. *Définition.* — La vidange consiste à débarrasser le sol forestier des produits d'une exploitation. (Meaume.)

2. *Achèvement. Délai.* — La vidange des coupes ordinaires et extraordinaires doit être terminée le 15 avril de la deuxième année après l'adjudication de la coupe. (Cah. des ch. 21.)

3. *Délai. Coupes délivrées.* — Le délai de la vidange pour les coupes délivrées en nature sera le même que celui fixé pour les coupes adjugées. (Circ. A 155 bis.)

4. *Coupes par unités de produits. Délais.*— Les délais de vidange seront déterminés par les clauses spéciales. (Cah. des ch. 22.)

5. *Terme. Conditions.* — Au terme fixé pour la vidange, les bois doivent être enlevés non seulement de la coupe, mais aussi du sol forestier. (Circ. A 186.) La vidange de la coupe n'est censée effectuée que dans ce cas. (Cass. 27 mai 1834.)

6. *Loge. Atelier.* — Les loges et ateliers construits dans la coupe sont compris dans la vidange des bois de la coupe et peuvent être saisis, en cas de retard. (Cass. 21 février 1828.)

7. *Retard. Procès-verbal.* — Si les coupes ne sont pas vidées dans les délais fixés et si les adjudicataires n'ont pas de prorogation, l'agent chef de service en dresse ou en fait dresser procès-verbal. (Instr. du 23 mars 1821.)

8. *Coupes. Principe.* — Les prescriptions de l'article 40 du code forestier, relatives à la vidange des bois, s'appliquent à toute espèce de coupes, même à l'exploitation des bois sur une tranchée, chemin, etc. (Cass. 18 septembre 1840.)

9. *Infraction. Délai. Pénalités.* — Si la vidange n'est pas terminée au délai fixé par le cahier des charges, l'adjudicataire encourt, savoir :

Amende : 50 à 500 francs. (Cod. For. 40.)

En cas de récidive, *amende :* 100 à 1000 francs. (Cod. For. 40, 201.)

Dommages-intérêts obligatoires, qui ne peuvent être inférieurs à la valeur estimative des bois restés gisants dans la coupe. (Cod. For. 40. Cass. 23 juillet 1842.)

Saisie des bois, à titre de garantie pour les dommages-intérêts. (Cod. For. 40.)

Nota. — Le tribunal peut faire estimer par un expert la valeur des bois restés dans la coupe.

10. *Laies. Étocs. Enlèvement. Pénalités.* — Les laies séparatives des coupes seront entretenues et les étocs recepés. Les bois qui tomberont sur ces laies seront enlevés au fur et à mesure, afin qu'elles soient toujours libres. (Cah. des ch. 32.) Pour infraction à ces conditions :

Amende : 50 à 500 francs. (Cod. For. 37.)

En cas de récidive, *amende :* 100 à 1000 francs. (Cod. For. 37, 201.)

Dommages-intérêts obligatoires; minimum : amende simple. (Cod. For. 37, 201. Cass. 20 novembre 1834.)

11. *Négligence. Retard. Exécution.* — Si, après un premier procès-verbal, l'adjudicataire négligeait d'effectuer la vidange des bois non saisis, on pourrait la faire effectuer par voie de régie et, au besoin, vendre les bois pour payer ce travail.

12. *Bois saisis. Force majeure.* — La saisie des bois appartenant à l'adjudicataire d'une coupe, opérée à la requête d'un de ses créanciers, ne fait pas obstacle à ce que cet adjudicataire soit poursuivi par l'administration et condamné pour n'avoir pas effectué la vidange de sa coupe dans les délais fixés par le cahier des charges. (Cod. For. 40.)

Dans ce cas, l'adjudicataire ne peut invoquer la force majeure ; il doit demander une prorogation de délai et, au besoin, se faire autoriser par justice à faire transporter les bois saisis en dehors de la coupe. (Besançon, 6 mai 1885.)

13. *Délai. Exécution.* — En cas de poursuites, le tribunal peut fixer un délai, passé lequel l'administration peut effectuer la vidange, aux frais de l'adjudicataire et par régie, en vertu de l'article 41 du code forestier.

14. *Conditions. Chemins. Pénalités.* — La vidange des bois se fera par les chemins désignés dans le procès-verbal d'adjudication ou dans l'affiche en cahier. (Cah. des ch. 31.) L'adjudicataire qui pratique un nouveau chemin encourt :

Amende : 50 à 200 francs. (Cod. For. 39.)

En cas de récidive, *amende :* 100 à 400 francs. (Cod. For. 39, 201.)

Dommages-intérêts obligatoires; minimum : amende simple. (Cod. For. 39, 202. Cass. 23 juillet 1844.)

15. *Nuit. Enlèvement.* — L'enlèvement des bois ou le chargement d'une voiture par un adjudicataire, avant le lever ou après le coucher du soleil, est puni, savoir :

Amende : 100 francs. (Cod. For. 35. Cass. 26 mars 1830.)

En cas de récidive, *amende :* 200 francs. (Cod. For. 35, 201.)

16. *Autorisation. Conditions.* — L'autorisation formelle et régulière de prorogation de délai de vidange peut seule mettre un adjudicataire à l'abri des condamnations encourues, en cas de retard.

Une simple demande de l'adjudicataire n'a aucune valeur. (Cass. 24 mai 1840 et 24 décembre 1841.)

17. *Délai. Prorogation. Autorisation. Conditions.* — L'adjudicataire peut obtenir une prorogation de délai de vidange, en la demandant, sur papier timbré, vingt jours au moins avant le terme fixé.

Cette demande doit contenir l'indication de la quantité des bois restant sur le parterre de la coupe, les causes du retard et le délai nécessaire. Les délais courent à partir du *terme* fixé pour la vidange. L'adjudicataire, sur sa demande, s'oblige à payer l'indemnité fixée par l'administration, à moins que, par un procès-verbal dressé le jour même de l'expiration du terme fixé, il ne fasse constater qu'il n'a pas usé du bénéfice de la décision. (Cah. des ch. 22.)

Le conservateur accorde les prorogations de délais de vidange. (Décr. du 31 mai 1850.)

18. *Autorisation. Principe.* — La décision pour les délais de vidange est purement administrative. La bonne foi ou la force majeure n'excuse pas les retards. (Cass. 24 décembre 1841.)

19. *Prorogation. Autorisation.* — Les tribunaux ne peuvent jamais accorder de prorogation de délai de vidange. (Cass. 4 août 1827.)

20. *Indemnité. Paiement.* — Les indemnités dues par les adjudicataires, pour prorogation de délai de vidange, seront versées, en ce qui concerne les coupes communales et d'établissements publics, dans les caisses des receveurs des communes ou des établissements propriétaires et, en ce qui concerne les bois domaniaux, dans la caisse des receveurs des domaines des cantons de la situation des bois. (Ord. 138. Arr. Min. du 22 juin 1838. Arr. Min. 1er septembre 1838. Circ. A 429.) V. Produits accessoires. Prorogation.

21. *Bois pour Paris. Flottage.* — Un adjudicataire de coupes qui, d'après l'ordre d'un garde-port, dépose les bois provenant de sa coupe et destinés à l'approvisionnement de Paris sur une partie du sol forestier contiguë à un canal de flottage et comprise au nombre des terrains que l'ordonnance de 1672 a affectés, moyennant indemnité, à servir d'entrepôt aux marchands de bois, est à l'abri de toute poursuite pour retard de vidange. (Cass. 27 mai 1854.)

22. *Produits accidentels.* — Les conditions de vidange pour les produits accidentels ne peuvent être insérées aux procès-verbaux d'adjudication, qu'après avoir reçu préalablement l'approbation du conservateur. (Circ. N 80, art. 87.)

23. *Délit. Poursuites.* — Si, pendant la vidange, il est dressé des procès-verbaux pour délits de vidange, il peut y être donné suite sans attendre le récolement de la coupe. (Cod. For. 44.)

VIDE.

1. *Définition.* — On ne doit considérer comme *vides* que les parties non boisées d'une importance suffisante pour influer sur les exploitations ordinaires. (Circ. A 292.)

2. *Coupe. Contenance.* — Les vides existant dans les coupes ne doivent pas être distraits de la contenance des coupes, dans le procès-verbal d'arpentage.

3. *Repeuplement.* — Les conservateurs, dans leurs tournées, étudient les résultats obtenus pour opérer le repeuplement des vides. (Circ. N 18, art. 11.)

VIEILLE ÉCORCE.

Définition. — Arbre âgé de plus de trois révolutions.

Dans le sens de l'article 2 du décret du 20 juillet 1808 sur les partages, l'expression de vieille écorce embrasse la totalité des arbres réservés, par opposition avec le peuplement du taillis.

VILLAGE. V. Construction. Population agglomérée. Scierie.

VINGTIÈME. V. Frais d'administration.

VIOLATION DE DOMICILE.

1. *Définition. Pénalités.* — Il y a violation de domicile, lorsqu'un fonctionnaire (un garde) s'introduit, en cette qualité, dans le domicile d'un délinquant, contre sa volonté, en dehors des conditions exigées par la loi et sans les formalités prescrites ; il encourt, dans ce cas, les pénalités suivantes :

Prison : 6 jours à 1 an.
Amende : 16 à 500 francs. } (Cod. Pén. 184.)

S'il agit en vertu des ordres de ses supérieurs, il sera exempt de la peine, qui sera appliquée aux supérieurs. (Cod. Pén. 114, § 2.)

Si le propriétaire consent, le délit disparaît.

2. *Procès-verbal.* — La violation de domicile annule radicalement le procès-verbal dressé. (Cass. 21 avril 1864.)

3. *Flagrant délit.* — Hors le cas de flagrant délit, la gendarmerie ne peut s'introduire dans une maison, malgré la volonté du maître, excepté avec les formalités prescrites par la loi. (Décr. du 1er mars 1854, art. 292.)

VIOLATION DE TERRITOIRE.

Constatation. — Les préposés forestiers doivent, dans le cas d'une violation de territoire, faire remarquer au militaire isolé ou au chef de la troupe appartenant à une armée étrangère, que les limites de la frontière ont été franchies par eux et s'assurer, s'il est possible d'y réussir sans difficulté, du corps et de l'arme auxquels ces militaires appartiennent, afin d'en rendre compte aux autorités supérieures. (Lettre de la direction du 19 juillet 1887.)

VIOLENCE.

1. *Définition.* — La violence est une cause de nullité du consentement. Il y a violence, lorsqu'elle est de nature à faire impression sur une personne raisonnable et qu'elle peut lui inspirer la crainte d'exposer sa personne ou sa fortune à un mal considérable et présent. (Cod. Civ. 1111 et 1112.) V. Blessure. Insulte. Rébellion.

2. *Fonctionnaire.* — Tout fonctionnaire qui, sans motif légitime, aura usé ou fait user de violence envers les personnes, dans l'exercice de ses fonctions, sera puni suivant le degré de violence, mais toujours du maximum de la peine. (Cod. Pén. 186 et 198.)

VIREMENT.

Autorisation. — Des décrets spéciaux, rendus en conseil d'Etat, peuvent autoriser des virements de crédit d'un chapitre à un autre. (Décr. du 31 mai 1862.)

VISA.

Comptabilité. — Les pièces justificatives de dépenses doivent être revêtues du visa de l'ordonnateur ou de son délégué ; s'il y a un bordereau, il suffit qu'il soit visé par l'ordonnateur et les pièces arrêtées par le chef de service que la dépense concerne. (Circ. N 104, § 1, n° 6.) V. Comptabilité.

VISITE.

1. *Agents. Administrateurs.* — Les agents de tout grade doivent, aussitôt l'arrivée des administrateurs, vérificateurs généraux des aménagements ou des reboisements, dans une localité, leur faire une visite de corps, en uniforme (tenue de service). (Arr. Min. du 13 mai 1878, art. 17. Circ. N 226.)

2. *Administrateurs. Préfet. Sous-préfet.* — Les administrateurs, vérificateurs généraux, font visite au préfet, dans le chef-lieu du département où ils séjournent, et informent officiellement le sous-préfet de leur arrivée dans les chefs-lieux d'arrondissement. (Arr. Min. du 13 mai 1878, art. 20. Circ. N 226.)

VISITE DOMICILIAIRE.

Absence, 14.
Agent, 11.
Assistance, 12, 24.
Chasse, 29.
Chef de maison, 14, 16.
Conditions, 1.
Conseiller municipal, 21.
Consentement, 13, 15, 17.
Constatation, 22.
Construction autorisée, 3, 7, 8.
Degré de foi, 17.
Fait matériel, 10, 13.
Fonctionnaire, 12, 20, 22, 23, 24, 25, 28.
Fonctionnaire incompétent, 5.

Frontière, 2.
Heure, 9.
Irrégularité, 4.
Jour, 9, 10.
Nuit, 6, 7, 8, 9, 10.
Nullité, 4, 5.
Ouverture des portes, 26.
Préposé, 1, 11.
Procès-verbal, 4, 5, 13, 27.
Refus, 16, 22, 23, 28.
Réquisition, 18.
Rétribution, 25.
Signature, 27, 28.
Suisse, 2.
Urgence, 24.
Visite de nuit, 8.

V. Construction. Etat de siège. Perquisition. Réquisition.

1. *Préposés. Conditions.* — Les gardes de l'Etat, des communes et des particuliers ne pourront s'introduire dans les maisons et bâtiments, cours adjacentes et enclos, si ce n'est en présence soit du juge paix ou de son suppléant, soit du maire ou de son adjoint, soit du commissaire de police. (Instr. Crim. 16. Cod. For. 161, 189. Loi du 18 juin 1859.)

2. *Frontière. Suisse.* — Les gardes forestiers suisses ou français ne pourront s'introduire dans les maisons, bâtiments, cours adjacentes et enclos, si ce n'est en présence d'un fonctionnaire public, désigné à cet effet par les lois du pays dans lequel la perquisition aura lieu.

Les autorités compétentes, chargées de la police locale, sont tenues d'assister les gardes dans leurs recherches, sans qu'il soit nécessaire de réclamer la permission d'un fonctionnaire supérieur. (Conventions des 30 juin 1864 et 23 février 1882, art. 9.)

3. *Constructions autorisées.* — Les fours à chaux et à plâtre, les briqueteries ou tuileries, les maisons sur perches, loges, baraques ou hangars, les ateliers, chantiers ou magasins pour faire le commerce des bois et les scieries, construits ou établis, avec la permission du préfet, à distance prohibée des bois soumis au régime forestier, sont soumis aux visites des agents et gardes forestiers, qui pourront y faire toute perquisition sans l'assistance d'un officier public, pourvu qu'ils se présentent au nombre de deux au moins ou que l'agent et le garde forestiers soient accompagnés de deux témoins domiciliés dans la commune. (Cod. For. 157.)

4. *Irrégularité. Procès-verbal. Nullité.* — Les visites domiciliaires faites hors de la présence des fonctionnaires désignés par l'article 16 du code d'instruction criminelle et 162 du code forestier sont irrégulières et entachent les procès-verbaux dressés d'une nullité radicale. (Cass. 21 avril 1864.)

5. *Fonctionnaire incompétent. Procès-verbal. Nullité.* — La présence à la visite domiciliaire d'un fonctionnaire incompétent ne couvre en rien l'irrégularité du procès-verbal; la visite domiciliaire est censée faite par le garde seul, avec cette différence que c'est au prévenu qu'incombe la preuve de l'incompétence du fonctionnaire. (Cass. 8 novembre 1845.)

6. *Nuit.* — Les visites domiciliaires sont interdites la nuit. (Loi du 22 frimaire an VIII, art. 76.) V. Maison.

7. *Construction autorisée. Nuit.* — L'interdiction des visites domiciliaires pendant la nuit ne s'applique qu'au véritable domicile des citoyens et non pas aux scieries isolées, chantiers, ateliers, fours, tuileries, briqueteries, autorisés en exécution des articles 151, 152, 154 et 155 du code forestier. (Cass. 7 mai 1841.)

8. *Visites de nuit. Etablissements autorisés.* — Dans les établissements autorisés en exécution des articles 151, 152, 154 et 155 du code forestier, les agents et gardes forestiers peuvent y faire toute perquisition de jour et de nuit, sans l'assistance d'un officier public, pourvu qu'ils se présentent au nombre de deux au moins ou que l'agent ou le garde forestier soit accompagné de deux témoins domiciliés dans la commune, ainsi que le prescrit l'article 157 du code forestier. (Cass. 7 mai 1841.)

9. *Heures. Jour. Nuit.* — Les visites domiciliaires peuvent avoir lieu du 1er octobre au 31 mars, de 6 heures du matin à 6 heures du soir, et du 1er avril au 30 septembre, de 4 heures du matin à 9 heures du soir. (Proc. Civ. 1037.)

10. *Jour et nuit.* — Les perquisitions et visites domiciliaires commencées de jour peuvent être continuées pendant la nuit.

11. *Agent et gardes.* — Les agents, aussi bien que les gardes, ont le droit de faire des visites domiciliaires. (Cod. For. 157, 160 et 164.)

12. *Assistance. Fonctionnaire.* — Les visites domiciliaires faites par les gardes ou agents, sans l'assistance d'un officier public, sont strictement limitées aux établissements autorisés désignés aux articles 151, 152, 154 et 155 du code forestier (fours à chaux et à plâtre, briqueteries, tuileries, maisons sur perches, loges, baraques, hangars, ateliers ou chantiers de bois et scieries). Si une maison était contiguë à l'un de ces établissements, on devrait éviter de s'y introduire sans l'assistance d'un officier public.

Il en est plus spécialement de même pour ceux établis *sans* autorisation, mais en vertu du droit provenant soit d'une possession trentenaire, soit par suite d'une population agglomérée. (Cod. For. 157. Cass. 22 février 1834.)

13. *Consentement. Fait matériel. Procès-verbal.* — Les gardes ne doivent jamais procéder seuls à des visites domiciliaires. Dans tous les cas, ils doivent mentionner dans leurs procès-verbaux si le maître de la maison était présent ou absent, et s'il a donné ou refusé son consentement à la visite domiciliaire. Ces constatations, portant

sur des faits matériels, font foi jusqu'à inscription de faux. (Cass. 12 juin 1829 et 17 mai 1833.)

14. *Absence du chef de la maison.* — Si le maître de la maison est absent, les gardes doivent se retirer et aller requérir l'assistance d'un officier de police judiciaire.

15. *Consentement.* — Une visite domiciliaire faite par un garde, sans être accompagné du juge de paix, suppléant, maire, adjoint, conseiller municipal, commissaire de police, etc., ou accompagné d'un officier public incompétent, n'a pas pour conséquence d'entraîner la nullité du procès-verbal, si le chef de la famille a consenti verbalement ou tacitement à la visite de la maison. (Cass. 1er février 1822 et 22 janvier 1829.)

16. *Refus du chef de la maison.* — Si le chef de la maison s'oppose à la visite domiciliaire faite par un garde seul, ce préposé se rend alors coupable d'abus d'autorité et de violation de domicile, et le procès-verbal rédigé en suite de cette visite domiciliaire serait entaché de nullité. (Cod. Pén. 184. Cass. 1er février 1822 et 21 avril 1864.)

17. *Consentement. Degré de foi.* — Si le procès-verbal constate que la visite domiciliaire a été consentie par le prévenu, sans l'assistance d'un officier public, ce fait rentre dans les faits matériels faisant foi jusqu'à inscription de faux ou preuve testimoniale. (Cass. 17 mai 1833. Grenoble, inédit, 20 décembre 1834.)

18. *Réquisition.* — Les fonctionnaires (juge de paix ou suppléant, maire du lieu ou adjoint et commissaire de police) ne pourront se refuser à accompagner sur le champ les gardes de l'Etat, des communes et des particuliers, lorsqu'ils en seront requis par eux, pour assister à des perquisitions. (Cod. For. 162 et 189.)

19. *Maire. Réquisition. Refus.* — Le maire requis par des gardes forestiers d'assister à des perquisitions domiciliaires et qui, sur le refus desdits gardes de lui laisser prendre la direction des perquisitions et de n'y procéder que dans certaines maisons et pendant un temps déterminé, refuse de les accompagner, ne peut être poursuivi que devant les tribunaux administratifs. (Loi des 16-24 août 1790, titre II, art. 13. Loi du 16 fructidor an III. Bourges, 7 février 1881.) V. Perquisition.

20. *Fonctionnaire.* — Les fonctionnaires désignés au paragraphe 2 de l'article 161 du code forestier (juge de paix ou suppléant, maire du lieu ou adjoint et commissaire de police) ont des pouvoirs égaux pour assister les employés forestiers dans les visites domiciliaires. (Cass. 27 septembre 1828.)

21. *Conseiller municipal.* — Lorsqu'un conseiller municipal est requis pour effectuer une visite domiciliaire, le procès-verbal doit constater l'empêchement des maires, adjoints et conseillers municipaux précédant sur le tableau celui qui a été requis. (Loi du 21 mai 1831, art. 5. Grenoble, inédit, 13 août 1834.)

22. *Fonctionnaire. Refus. Constatation.* — Dans le cas où les officiers de police judiciaire désignés à l'article 161 du code forestier (juge de paix, suppléant, maire du lieu, adjoint, commissaire de police) refuseront, après en avoir été légalement requis, d'accompagner les gardes, ceux-ci rédigeront procès-verbal du refus et adresseront, sur le champ, ce procès-verbal à l'agent forestier, qui en rendra compte au chef du parquet. (Ord. 182.)

23. *Refus des fonctionnaires.* — En cas de refus des fonctionnaires pour assister les gardes dans une visite domiciliaire, ceux-ci doivent passer outre et effectuer la perquisition, si le chef de la maison est présent et ne s'y oppose pas. Si le chef de la maison s'y oppose, le garde doit surseoir, sous peine d'être coupable de violation de domicile.

Le refus du fonctionnaire doit, dans tous les cas, être énoncé au procès-verbal.

24. *Assistance d'un fonctionnaire. Impossibilité. Urgence.* — En cas de refus des fonctionnaires (invasion) et après avoir épuisé tous les moyens pour obtenir leur assistance, s'il y a urgence, le préposé peut passer outre pour faire sa visite domiciliaire, afin de découvrir et saisir les bois coupés en délit. (Nancy, 27 juin 1871.)

25. *Fonctionnaire. Rétribution.* — Il n'est dû aucune rétribution aux commissaires de police ou autres fonctionnaires, pour leur assistance aux visites domiciliaires. (Décis. Min. du 20 août 1823. Décis. Min. du 28 août 1833.)

26. *Ouverture des portes.* — Dans une visite domiciliaire, l'ouverture des portes doit être effectuée par un serrurier requis à cet effet par les fonctionnaires accompagnant le garde. Si le garde ouvrait les portes, en cas de refus ou d'absence du chef de la maison, il se rendrait coupable de violation de domicile.

27. *Procès-verbal. Signature.* — Les fonctionnaires seront tenus, en outre, de signer le procès-verbal de la perquisition faite en leur présence, sauf au garde, en cas de refus de leur part, à en faire mention au procès-verbal. (Cod. For. 162, 189.) V. Signature.

28. *Signature. Fonctionnaire. Refus.* — Le défaut de signature du fonctionnaire requis pour assister à une visite domiciliaire ne vicie pas le procès-verbal du garde, qui doit seulement avoir soin de mentionner le refus. (Cass. 5 mars 1807.)

29. *Chasse. Engins prohibés.* — Les gardes forestiers n'ont pas qualité pour faire

des visites domiciliaires dans le but de constater la détention d'engins prohibés, à moins que ce fait ne se rattache immédiatement à un délit de chasse commis dans les bois confiés à leur surveillance; le procès-verbal dressé en dehors de cette dernière circonstance est radicalement nul. (Cass. 17 juillet 1858.)

VIVE PATURE. V. Pâture.

VOIE DE FAIT.

Pénalités. — Tout individu qui, même sans armes et sans qu'il en soit résulté de blessures, aura frappé un officier ministériel, un agent de la force publique ou un citoyen chargé d'un ministère de service public, dans l'exercice de ses fonctions ou à l'occasion de cet exercice, ou commis toute autre violence ou voie de fait envers lui, sera puni, savoir :

Prison : 1 mois à 3 ans. (Cod. Pén. 228, 230.)
Amende : 16 à 500 francs. (Cod. Pén. 228, 230.)

Si les violences exercées ont été la cause d'effusion de sang, blessures ou maladie, la peine sera, savoir :

La réclusion. (Cod. Pén. 231.)

Si la mort s'en est suivie dans les quarante jours, le coupable encourra :

Les travaux forcés à perpétuité. (Cod. Pén. 231.)

Dans le cas où ces violences n'auraient pas causé d'effusion de sang, blessures ou maladie, si les coups ont été portés avec préméditation ou de guet-à-pens, la peine sera, savoir ;

La réclusion. (Cod. Pén. 232.)

Si les coups ont été portés et la blessure faite avec l'intention de donner la mort, la peine sera :

La mort. (Cod. Pén. 233.)

V. Blessure. Insulte. Rébellion. Violence.

VOIRIE.

1. *Grande voirie.* — La grande voirie embrasse toutes les communications d'un intérêt général et comprend les routes nationales et départementales, les rues faisant suite à ces routes, les chemins de fer, les cours d'eau navigables et flottables, les canaux de navigation, les ports, havres et rades de commerce. (Cabantous.)

2. *Petite voirie.* — La petite voirie embrasse toutes les communications d'un intérêt local et comprend les voies de communication d'utilité communale, les chemins vicinaux de grande communication, les chemins d'intérêt commun, les chemins vicinaux ordinaires, les chemins ruraux, les rues et places des bourgs, villes et villages. (Cabantous.)

3. *Compétence.* — En matière de grande voirie, le conseil de préfecture est compétent, non seulement pour statuer sur les anticipations commises au préjudice de la voie publique, en vue de les faire cesser, mais aussi pour connaître de toutes les contraventions aux règlements de voirie, dans le but d'en punir les auteurs. (Loi du 28 pluviôse an VIII.)

4. *Compétence. Abatage d'arbres.* — Le ministre des travaux publics ne peut, sans excès de pouvoir, décider que, faute par un particulier d'abattre, dans un délai déterminé, des arbres dont, suivant lui, la plantation constitue une contravention de grande voirie, ces arbres seront abattus d'office. Une mesure répressive de ce genre ne peut être prescrite que par l'administration, en vertu des pouvoirs de police qui lui sont conférés. (Cons. d'Etat, 16 mars 1877.)

5. *Juridiction.* — La juridiction répressive en matière de petite voirie appartient aux tribunaux de simple police. (*Amende :* 11 à 15 francs. Cod. Pén. 479.) Mais, en cas d'anticipation, il faut se pourvoir devant la juridiction administrative pour la réintégration du sol, et devant le tribunal de simple police pour l'application de l'amende. L'article 479 du code pénal s'applique à tous les chemins, autres que ceux de la grande voirie. (Cabantous.)

VOITURE.

Adjudicataire, 3, 6.
Animaux dételés, 3.
Bois particulier, 6.
Chemins vicinaux, 12.
Circonstance, 10.
Circulation, 2.
Confiscation, 4.
Convenance personnelle, 11.
Définition, 1.
Exemption, 9, 10.
Impôt, 8.
Lanternes, 13.
Pénalités, 2, 3.
Plaques, 14.
Prestation, 12.
Récoltes, 7, 14.
Roulage, 7.
Taxe, 8, 9, 10, 11.
Transport, 7, 14.
Vidange, 5.

1. *Définition.* — Le mot voiture comprend toute espèce de véhicule, charrette à bras, etc. Une brouette doit être considérée comme voiture. (Cass. 19 décembre 1828.)

2. *Circulation non autorisée. Pénalités.* — Pour une voiture trouvée hors des routes et chemins ordinaires, dans tous les bois en général, le conducteur, propriétaire ou non (Nancy, 4 février 1846), sera puni, savoir :

BOIS DE 10 ANS ET AU-DESSUS, *amende* :

Le jour. . . . . 10 fr. (Cod. For. 147.)

La nuit, en récidive, ou la nuit avec récidive. } 20 fr. (Cod. For. 147, 201.)

BOIS AU-DESSOUS DE 10 ANS, *amende* :

Le jour. . . . . 20 fr. (Cod. For. 147.)

La nuit, en récidive, ou la nuit avec récidive. } 40 fr. (Cod. For. 147, 201.)

Dommages-intérêts facultatifs; minimum: amende simple. (Cod. For. 147, 202.)

Saisie et séquestre, s'il y a lieu. (Cod. For. 161, 189.)

Lorsque les chemins publics sont impraticables, on peut s'en écarter. V. Impraticabilité.

3. *Voiture. Animaux. Pénalités.* — Si on trouve une voiture dételée et les animaux à côté, broutant ou non, il y a lieu d'appliquer deux amendes, l'une pour la voiture (Cod. For. 147), et l'autre pour les animaux. (Cod. For. 199. Meaume, t. II, p. 441.)

Pour les adjudicataires, l'introduction des voitures sur les chemins étant accordée sans condition, il ne peut y avoir, dans ce cas, qu'une amende pour les animaux, s'ils ne sont pas muselés. (Nancy, 22 janvier 1845.)

4. *Confiscation.* — La voiture ayant servi à enlever des plants arrachés en délit ne peut être confisquée. (Paris, 10 avril 1891.)

5. *Chemin de vidange.* — Le passage avec une voiture dans un chemin ouvert pour la vidange d'une coupe, et non pour l'usage public, entraîne la pénalité édictée par l'article 147 du code forestier. (Cass. 29 avril 1830.)

6. *Bois particuliers. Adjudicataire.* — L'article 147 du code forestier est seul applicable aux adjudicataires de coupes dans les bois particuliers, pour introduction de voitures hors des chemins ordinaires. (Cass. 5 juin 1841.)

7. *Roulage. Récoltes. Transport.* — Sont exceptées des dispositions relatives à la largeur du chargement, les voitures employées à la culture des terres, au transport des récoltes et à l'exploitation des fermes. Jouiront de l'exemption ci-dessus, toutes les voitures qui se rendent de la ferme aux champs ou des champs à la ferme, ou qui servent au transport des objets récoltés du lieu où ils ont été recueillis jusqu'à celui où, pour les réserver ou les manipuler, le cultivateur les dépose ou les rassemble. (Règl. d'administration publique du 10 août 1852.) V. Roulage.

8. *Taxe. Impôt.* — Les voitures possédées en conformité des règlements administratifs sont exemptes de la taxe. (Loi du 2 juillet 1862, art. 7.)

9. *Exemption. Taxe.* — L'exemption de taxe accordée à un fonctionnaire public, pour le cheval qu'il possède en conformité des règlements administratifs, doit s'étendre à la voiture à laquelle ce cheval est attelé, lorsque ce fonctionnaire ne peut supporter l'usage du cheval et emploie sa voiture au service public dont il est chargé. (Loi du 2 juillet 1862, art. 7. Cons. d'Etat, 31 mars 1864.)

10. *Taxe. Exemption. Circonstance.* — L'exemption de taxe accordée à un fonctionnaire public, par la loi du 2 juillet 1862, pour le cheval qu'il possède en conformité des règlements administratifs, ne peut s'étendre à la voiture à laquelle il attelle ce cheval, pour l'exercice de ses fonctions, alors qu'aucun règlement ne l'oblige à avoir une voiture (Cons. d'Etat, 1er juin 1864), à moins que l'agent ne justifie de circonstances particulières, qui lui rendent indispensable l'usage d'une voiture pour l'exercice de ses fonctions. (Cons. d'Etat, 15 décembre 1864.)

11. *Convenance personnelle. Taxe.* — L'emploi d'une voiture n'étant imposé aux agents forestiers par aucune instruction, une telle voiture n'étant employée que par convenance personnelle, ne peut être exempte de la taxe, comme le cheval. (Circ. N 135.)

12. *Prestation. Chemins vicinaux.* — On ne peut considérer comme voiture attelée celle à laquelle un agent forestier attelle le cheval qu'il est tenu d'entretenir pour l'exercice de ses fonctions. (Cons. d'Etat, 8 avril 1842.)

NOTA. — L'obligation du cheval n'existant plus en France pour les agents forestiers, les dispositions des articles 10, 11 et 12 ci-dessus ne sont plus applicables qu'à l'Algérie.

13. *Lanternes.* — Les maires peuvent imposer aux voitures d'agriculture (transport de bois) l'obligation d'être éclairées, quand elles circulent la nuit, isolément ou en convoi.

14. *Plaques.* — Les voitures employées à la culture des terres, au transport des récoltes et à l'exploitation des fermes, circulant sur les routes, ne sont dispensées de la plaque réglementaire que lorsqu'elles se rendent de la ferme aux champs et en reviennent. Si elles se rendent dans une commune voisine pour y porter des betteraves ou des engrais, la plaque devient obligatoire. (Cass. 7 décembre 1893.)

VOITURIER.

Responsabilité. — Les maîtres sont civilement responsables des délits et contraventions commis par leurs voituriers. (Cod. For. 206.) V. Adjudicataire. Responsabilité.

VOISIN.

Désignation. — Les mots *voisin* et *circonvoisin*, employés dans des actes portant concession à des communes par leurs anciens seigneurs, désignaient non des individus, mais des corps collectifs, tels que paroisses ou communautés. (Coutume du Béarn. Pau, 7 mars 1864.)

VOL.

1. *Définition.* — Soustraction frauduleuse de la chose d'autrui. (Cod. Pén. 379.)

2. *Bois. Coupe. Conditions.* — L'enlèvement frauduleux de bois, dans une vente, constitue le crime prévu par le code pénal. (Cass. 3 juin 1813.)

3. *Conditions.* — Pour qu'il y ait vol, il faut que le bois soit façonné ou au moins abattu et presque forcément abandonné à la foi publique. Ce délit est limité à l'étendue et à la durée de la coupe. (Rép. For. t. VII, p. 51.)

4. *Bois. Pierres. Pénalités.* — Le vol ou tentative de vol de bois, dans les ventes, et de pierres, dans les carrières, sera puni, savoir :

Prison : 1 an à 5 ans.
Amende : 16 à 500 francs. } (Cod. Pén. 388.)

En outre, interdiction facultative de tout ou partie des droits civiques ou civils, pendant 5 à 10 ans. (Cod. Pén. 388.)

Surveillance facultative de la haute police : 5 à 10 ans. (Cod. Pén. 388.)

Si le délit a été commis par un garde champêtre ou forestier ou un officier de police, *prison :* maximum, un tiers en sus du maximum fixé. (Cod. Pén. 462.)

5. *Produits adhérents au sol.* — Le vol, sans circonstances particulières, de produits utiles de la terre qui, avant d'être soustraits, n'étaient pas encore détachés du sol, sera puni, savoir :

Amende : 6 à 10 francs. (Cod. Pén. 475, § 15.)

En cas de récidive, *prison :* maximum, 5 jours. (Cod. Pén. 478.)

6. *Coupe affouagère. Bois sur pied. Partage.* — On doit considérer comme vol de bois, dans une vente, l'enlèvement ou l'écorçage d'arbres dans une coupe affouagère, quand même les arbres n'auraient pas été détachés du sol, s'ils ont été partagés entre les divers ayants droit. (Dijon, 2 mars 1881.)

VOLAILLE.

1. *Propriété. Fuite. Déclaration.* — Les volailles et autres animaux de basse-cour, qui s'enfuient dans les propriétés voisines, ne cessent pas d'appartenir à leur maître, quoiqu'il les ait perdus de vue.

Néanmoins, celui-ci ne pourra plus les réclamer, un mois après la déclaration qui devra être faite à la mairie par les personnes chez lesquelles ces animaux se seront enfuis. (Loi du 4 avril 1889, art. 5.)

2. *Dommage. Destruction.* — Celui dont les volailles passent sur la propriété voisine et y causent des dommages est tenu de réparer ces dommages. Celui qui les a soufferts peut même tuer les volailles, mais seulement sur le lieu, au moment du dégât, et sans pouvoir se les approprier. (Loi des 28 septembre-6 octobre 1791, titre II, art. 12. Loi du 4 avril 1889, art. 4.)

3. *Abandon. Dommage. Pénalités.* — Celui qui aura laissé des volailles à l'abandon, de manière à causer du dommage au terrain d'autrui, encourra :

Amende ou *prison.*	Minimum :	Valeur de 3 journées de travail. 3 jours de prison.

Loi du 23 thermidor an IV, art. 2. Cass. 16 août 1866.)

4. *Pigeons. Destruction.* — Pendant le temps de la clôture des colombiers, les propriétaires et les fermiers peuvent tuer et s'approprier les pigeons qui seraient trouvés sur leurs fonds.

En tout autre temps, les propriétaires et fermiers peuvent tuer les pigeons sur les lieux et au moment du dégât, mais sans pouvoir se les approprier. (Loi du 4 avril 1889, art. 4 et 7.) V. Pigeon.

VOLIS.

1. *Définition.* — Arbre dont la tige a été cassée par l'action des vents. La partie inférieure du tronc, *quille, tronc, chandelier,* qui tient encore à la terre par ses racines, est considérée comme un arbre, dans le sens de l'article 192 du code forestier.

2. *Coupe. Enlèvement. Pénalités.* — La coupe ou l'enlèvement des volis est punie des mêmes peines que pour les chablis. V. Chablis.

3. *Reconnaissance.* — Les gardes inscriront sur leur registre la reconnaissance des volis et en donneront avis à leur chef immédiat, dans les dix jours, par un procès-verbal de chablis. (Ord. 26, 101. Livret des préposés, art. 17.)

4. *Peines.* — Les dispositions de l'article 197 du code forestier s'appliquent aux volis, aussi bien qu'aux chablis. (Colmar, 14 janvier 1846.)

VOLUME.

Indication. — Le chiffre de la possibilité et le volume des coupes seront indiqués en mètres cubes ou en stères empilés, suivant les bases adoptées par l'aménagement en vigueur. (Circ. A 561.)

Pour l'estimation en matière des arbres sur pied, lors du martelage des coupes ou de la détermination des éléments de la possibilité, on exprime les estimations en mètre cube grume, dans un intérêt d'unité et afin d'éviter toute confusion. (Circ. A 834. Tarifs de cubage.) V. Aménagement. Cubage. Possibilité.

VUE. V. Fenêtre.

Y

YEUSE. (CHÊNE VERT.)

Classification. — Arbre appartenant au genre chêne et qui, par suite, doit être considéré comme arbre de première classe. (Cod. For. 192.)

Z

ZONE FRONTIÈRE.

SECT I. — LIMITES, 1 — 3.

SECT. II. — TRAVAUX (CHEMINS ET PONTS), 4 — 20.

SECT. III. — DÉFRICHEMENTS, 21 — 24.

Algérie, 2.
Autorisation, 15.
Bois communaux, 21.
Bois domaniaux, 21.
Bois d'établissements publics, 21.
Bois particuliers, 22, 23.
Carte, 16, 17, 18, 19.
Chemins forestiers, 10, 12, 13, 14, 15, 16, 18.
Chemins projetés, 19.
Communication, 14.
Compétence, 23.
Contraventions, 5.
Décision, 15.
Délai, 14, 15.
Distance, 11.
Enceintes fortifiées, 10, 11.
Etat descriptif, 3, 7, 24.
Etendue, 4.
Exonération, 13, 20.
Formalités, 14.
Limites, 1, 2, 3, 6, 7, 22, 24.
Place de guerre, 9, 11.
Poste militaire, 9, 11.
Poursuites, 5.
Procès-verbaux, 5.
Projet, 14.
Rayon, 11.
Rivière, 20.
Territoires réservés, 6, 10.
Travaux de défense, 14.
Zone de servitude, 9.

V. Commission mixte. Route. Travaux forestiers.

SECT. I. — LIMITES.

1. *Limites.* — Les limites de la zone frontière sont fixées par le décret du 8 septembre 1878. (Circ. N 253.)

2. *Algérie.* — La zone frontière s'étend sur une largeur de 10 kilomètres, à partir du rivage de la mer ou bien à partir de l'enceinte et des ouvrages avancés des places fortes situées dans la zone. Les territoires réservés sont restreints aux terrains situés dans la zone des fortifications, autour des places de guerre. (Décr. des 24 avril et 22 juin 1876.)

3. *État descriptif n° 1, par département, des limites de la zone frontière.*

(Annexé au décret du 8 septembre 1878, cartes n° 1, 2, 3 et 4.)

La limite extérieure s'étend jusqu'aux Etats voisins ou jusqu'à la mer.
La limite intérieure suit les voies de terre et d'eau ci-dessous indiquées.

NOTA. — Les routes et les chemins servant à cette délimitation sont laissés en dehors de la zone ; les cours d'eau et les canaux en font, au contraire, partie.

DÉPARTEMENTS.	VOIES DE TERRE ET D'EAU servant de limites.	LIEUX PRINCIPAUX par lesquels PASSE LA LIMITE.
SEINE-INFÉRIEURE..	La Seine	Honfleur, Rouen, Elbeuf.
EURE	La Seine	Pont-de-l'Arche, les Andelys, Vernon.

DÉPARTEMENTS.	VOIES DE TERRE ET D'EAU servant de limites.	LIEUX PRINCIPAUX par lesquels PASSE LA LIMITE.
Seine-et-Oise	La Seine jusqu'à l'embouchure de la Mauldre.	La Roche-Guyon, Mantes.
	La Mauldre jusqu'à sa rencontre avec la route nationale n° 191, à Mareil-le-Guyon	La Falaise, Maule, Neauphle-le-Vieux.
	La route nationale n° 191 jusqu'à la route n° 10, de Versailles à Chartres.........	Mareil-le-Guyon, les Menuls.
	Le ruisseau de Cernay aux étangs de Saint-Hubert jusqu'à Cernay................	Auffargis, Cernay.
	Le chemin de grande communication de Cernay à la route nationale n° 188, près Limours.........................	Pecqueuse.
	La route départementale n° 36 jusqu'à la route nationale n° 20, d'Orléans à Paris, près d'Arpajon......................	Forges, Fontenay-les-Briis.
	La route nationale n° 20 jusqu'à Montlhéry.	Arpajon, Montlhéry.
	La route départementale n° 3 jusqu'à Corbeil...........................	Corbeil.
	La Seine.	
Seine-et-Marne ...	La Seine jusqu'à l'embouchure de l'Yonne .	Melun, Montereau.
	L'Yonne.	
Yonne...........	L'Yonne jusqu'au confluent du canal de Bourgogne...........................	Pont-sur-Yonne, Sens, Villeneuve-sur-Yonne, Joigny, la Roche-sur-Yonne.
	Le canal de Bourgogne.................	Brinon, St-Florentin, Tonnerre, Ancy-le-Franc, Ravières.
Côte-d'Or........	Le canal de Bourgogne.................	Montbard, Pouilly-en-Auxois.
	La route nationale n° 77 bis, de Nevers à Dijon.	
	La route départementale n° 1, de Semur à Verdun..........................	Sainte-Sabine, Pâquier, Joigny-sur-Ouche, Lusigny.
	Des chemins vicinaux.................	Lusigny, Montceau, Cussy-la-Colonne, Ivry, Santosse, Aubigny-la-Ronce, Nolay.
Saône-et-Loire ...	Des chemins vicinaux..................	Créot, Saint-Maurice-les-Couches, Couches.
	La route nationale n° 78, de Nevers à Saint-Laurent par Lons-le-Saunier, jusqu'à Chalon-sur-Saône.............	Saint-Léger, Mercurey.
	La Saône..............................	Chalon-sur-Saône, Tournus.
Ain..............	La Saône..............................	Mâcon, Trévoux.
Rhône...........	La limite du rayon des forts de la rive droite de la Saône et du Rhône, à Lyon.	
	Le Rhône.	

DÉPARTEMENTS.	VOIES DE TERRE ET D'EAU servant de limites.	LIEUX PRINCIPAUX par lesquels PASSE LA LIMITE.
ISÈRE	Le Rhône	Vienne.
	La route départementale nº 9, de Vienne à Champier, par Saint-Jean-de-Bournay	Vienne, la Détourbe, Saint-Jean-de-Bournay, Champier.
	La route nationale nº 85, de Lyon à Antibes, par Grenoble et Gap	Champier et Moirans.
	La route nationale nº 75, de Chalon-sur-Saône à Sisteron	Voreppe.
	La limite du rayon des forts de la rive droite de l'Isère.	
	La route nationale nº 85, de Lyon à Antibes.	Vizille, la Mure, Corps.
HAUTES-ALPES	La même route nº 85, de Lyon à Antibes	Saint-Bonnet, Gap.
	La Luye	Gap.
	La Durance	Tallard.
BASSES-ALPES	La Durance	Sisteron, Peyruis.
BOUCHES-DU-RHÔNE	La Durance	Saint-Paul, Mallemort, Orgon.
	Le Rhône	Tarascon, Arles.
	Le petit Rhône	La Trésorerie, le Baron.
GARD	La limite septentrionale du canton d'Aigues-Mortes.	
HÉRAULT	Le Vidourle	Marsillargues.
	La route nationale nº 87, de Lyon à Béziers.	Lunel, Montpellier, Saint-Jean, Fabrègue, Gigean, Mèze, Montagnac, la Grange-des-Prés.
	La route nationale nº 9, de Paris à Perpignan et en Espagne	Pézenas, Saint-Adrien, Béziers.
	La route départementale nº 9, de Béziers à Carcassonne	Montady, le Pont-de-Trézille.
	Le canal du Midi	Le Pont-de-Trézille, Capestang.
AUDE	Le canal du Midi	Argelliers, Argens, Homps, Carcassonne.
	L'Aude	Carcassonne, Limoux, Couiza, Quillan.
	La route nationale nº 117, de Perpignan à Bayonne	Quillan, Nébias, le Pont.
ARIÈGE	La même route nº 117	Belesta, Lavelanet, Celles.
	La route nationale nº 20, de Paris à Toulouse et en Espagne	Montgaillard, Foix.
	La route nationale nº 117	Foix, Cadarcet, la Bastide-de-Sérou, Rimont, Saint-Girons, Caumont, Prat.

DÉPARTEMENTS.	VOIES DE TERRE ET D'EAU servant de limites.	LIEUX PRINCIPAUX par lesquels PASSE LA LIMITE.
HAUTE-GARONNE...	La même route nationale nº 117....	Castagnède, Mane, St-Martory, St-Gaudens, Montréjeau.
HAUTES-PYRÉNÉES..	La même route nationale nº 117.........	Pinas, Lannemezan, Lanespède, Tournay, Tarbes.
BASSES-PYRÉNÉES..	La même route nationale nº 117.........	Ger-sur-Lande, Bordes-d'Espoey, Lée, Pau.
	Le Gave de Pau.......................	Pau, Abidos, Maslacq, Orthez.
	La route départementale nº 1, de Navarrenx à Dax........................	Orthez, Saint Boës.
LANDES..........	La route départementale nº 6, de Dax à Navarrenx.........................	Thil, Estibaux, Saugnac, Dax.
	La route départementale nº 2, de Saint-Paul-lès-Dax à Sordes................	Dax, Saint-Paul-lès-Dax.
	Un chemin vicinal....................	Saint-Paul-lès-Dax, Castets.
	La Palue............................	Castets, Saint-Michel, Léon.
	Des chemins vicinaux passant par les lieux désignés ci-contre....................	Léon, Luixe, St-Girons, Mixe, Lit, St-Julien, Mimizan, St-Paul, Sainte-Eulalie, Gastes, Parentis, Biscarosse, Sanguinet.
GIRONDE..........	Des chemins vicinaux..................	Mios, Lamothe, Audenge, Lanton, le Temple, Saumos, Lacanau, Carcans, Hourtin, Chapelle-de-Naujac, Lesparre.
	L'ancienne route départementale nº 14, de Bordeaux au Verdon (chemin vicinal de grande communication nº 114).........	Lesparre, Feyrère, St-Laurent, Listrac, Castelnau.
	Des chemins vicinaux..................	Castelnau, Margaux.
	L'ancienne route départementale nº 18, de Bordeaux à Lesparre (chemin de grande communication nº 118)................	Margaux, Cantenac.
	Des chemins vicinaux..................	Macau, Bourg.
	L'ancienne route départementale nº 12, de Bourg à Montlieu (chemin vicinal de grande communication nº 112).........	Bourg, Gravier.
	La route nationale nº 137, de Bordeaux à Saint-Malo, par Rochefort, la Rochelle et Nantes.........................	Gravier, la Fosse.
	Des chemins vicinaux..................	Saint-Giron, Générac.
	La route nationale nº 137...............	Etauliers, Saint-Aubin, Plèneselve.

DÉPARTEMENTS.	VOIES DE TERRE ET D'EAU servant de limites.	LIEUX PRINCIPAUX par lesquels PASSE LA LIMITE.
CHARENTE-INFÉRIEURE........	La route nationale n° 137..................	Mirambeau.
	Des chemins vicinaux.........................	Mirambeau, Sémilhac, Saint-Ciers, Lorignac, Brie, Cozes, Saujon.
	La route départementale n° 1, de Rochefort à Royan..............................	Saujon, le Gua, Saint-Fort, Saint-Aignan.
	Le canal de Brouage.	
	La Charente	Tonnay-Charente.
	La route nationale précitée n° 137.......	Tonnay-Charente.
	La route nationale n° 11, de Paris à Rochefort................................	Saint-Louis, Muron.
	Un chemin vicinal........................	Muron, le Cher.
	La route nationale n° 139, de Périgueux à la Rochelle...........................	Le Cher, Puydrouard, Croix-Chapeau.
	Des chemins vicinaux....................	Croix-Chapeau, la Jarrie, Usseau.
	La route nationale précitée n° 137	Usseau, Marans.
VENDÉE..........	La même route nationale n° 137.........	Chaillé-les-Marais, Moreilles.
	La route nationale n° 149, de Fontenay aux Sables-d'Olonne...................	Luçon, Pont-sur-le-Lay.
	Le Lay.................................	Pont-sur-le-Lay, la Claie.
	Des chemins vicinaux....................	La Claie, la Boissière-des-Landes, Sainte-Flaive-des-Loups, la Mothe-Achard.
	La route nationale n° 178, de Caen aux Sables-d'Olonne par Nantes............	La Mothe-Achard, Beaulieu, Aizenay, Palluau.
LOIRE-INFÉRIEURE..	La route nationale n° 178................	Légé, Saint-Étienne-de-Corcoué, Villeneuve.
	La route nationale n° 137, de Bordeaux à Saint-Malo..........................	Pont-Rousseau.
	La route nationale n° 23, de Paris à Nantes et à Paimbœuf.....................	Pont-Rousseau, Nantes.
	La route nationale n° 165, de Nantes à Audierne............................	Nantes, Sautron, le Temple, la Moëre, Pont-Château.
MORBIHAN	La même route nationale n° 165..........	La Roche-Bernard, Muzillac, la Trinité, Theix, Vannes, Auray, Kérudo, Landevant, Branderion, Hennebont.
	La route nationale n° 24, de Paris à Lorient.	Hennebont.
	La route nationale n° 169, de Lorient à Saint-Pol et Roscoff	Pont-Scorff.
	La route départementale n° 1, d'Hennebont à Lanvéoc............................	Pont-Scorff, Lesbein.

DÉPARTEMENTS.	VOIES DE TERRE ET D'EAU servant de limites.	LIEUX PRINCIPAUX par lesquels PASSE LA LIMITE.
Finistère........	La route départementale n° 1, de Lorient à Brest..............................	Quimperlé.
	La route nationale précitée n° 165........	Quimperlé, Bannalec, Rosporden, St-Yvi, Quimper.
	La route nationale n° 170, de Quimper à Lesneven et à la mer, près Plounéour...	Quimper, Kerlégan, Châteaulin, le Faou, l'Hôpital, Daoulas, Landerneau.
	La route nationale n° 12, de Paris à Brest.	Landerneau, Landivisiau, Saint-Thégonnec, Morlaix, le Ponthou.
Côtes-du-Nord.....	La route nationale n° 12..................	Plounerin, Plounevez, Belle-Ile, Louargat, Guingamp, Plouagat, Châtelaudren, Saint-Brieuc, Lamballe.
	La route nationale n° 168, de Quiberon à Saint-Malo, par Pontivy...............	Lamballe, Plancoët.
	La route départementale n° 17, de Dinan à Port-à-la-Duc......................	Plancoët, Corseul.
	La route nationale n° 176, de Caen à Lamballe et à Brest..................	Dinan, les Croix.
Ille-et-Vilaine....	La même route nationale n° 176.........	Vieux-Bourg, Dol, Sains.
Manche..........	La même route nationale n° 176..........	Pontorson, Précey, Pontaubost, Avranches.
	La route départementale n° 8, de Coutances à Avranches..........................	La Haye-Pesnel.
	Des chemins vicinaux..................	La Haye-Pesnel, Cérences, Hyenville.
	La route nationale n° 171, de Granville à Carentan............................	Hyenville, Coutances.
	Des chemins vicinaux..................	Coutances, Montsurvent, Lessay.
	La route départementale n° 13, de Valognes à Coutances.........................	Lessay, Périers.
	La route départementale n° 10, de Périers à Bayeux............................	Périers, le Hommet.
	La Terrette.	
	La Taute..............................	Pont-Saint-Pierre.
	La route nationale n° 13, de Paris à Cherbourg et au fort de Querqueville........	Près de Carentan, Auville.
Calvados.........	La route nationale n° 13	Isigny, Formigny, Bayeux, Bretteville-l'Orgueilleuse, Caen.
	L'ancienne route départementale n° 3, de Rouen à Caen......................	Caen, la Madeleine.

DÉPARTEMENTS.	VOIES DE TERRE ET D'EAU servant de limites.	LIEUX PRINCIPAUX par lesquels PASSE LA LIMITE.
CALVADOS........ (*Suite.*)	Des chemins vicinaux..................	La Madeleine, Sainte-Honorine, Hérouvillette, Varaville, Grangues, Branville, Annebault.
	La même ancienne route départementale nº 3, de Rouen à Caen..........	Annebault, Pont-l'Évêque, Saint-Benoît.
EURE............	La route départementale nº 14, de Rouen à Caen..............................	Beuzeville, St-Maclou.
	La route nationale nº 180, d'Honfleur à Rouen............................	Saint-Maclou, Toutainville, Pont-Audemer.
	Des chemins vicinaux..................	Pont-Audemer, Quillebœuf.
La Corse et les autres îles du littoral de la France font partie de la zone frontière militaire.		

En résumé, la zone frontière intéresse en tout 54 départements, dont 23 y sont compris en entier et 31 en partie seulement, savoir :

En totalité : Seine, Oise, Somme, Pas-de-Calais, Nord, Aisne, Ardennes, Marne, Aube, Meuse, Meurthe-et-Moselle, Haute-Marne, Vosges, Haute-Saône, territoire de Belfort, Doubs, Jura, Haute-Savoie, Savoie, Alpes-Maritimes, Var, Pyrénées-Orientales et Corse ;

En partie : Seine-Inférieure, Eure, Seine-et-Oise, Seine-et-Marne, Yonne, Côte-d'Or, Saône-et-Loire, Ain, Rhône, Isère, Hautes-Alpes, Basses-Alpes, Bouches-du-Rhône, Gard, Hérault, Aude, Ariège, Haute-Garonne, Hautes-Pyrénées, Basses-Pyrénées, Landes, Gironde, Charente-Inférieure, Vendée, Loire-Inférieure, Morbihan, Finistère, Côtes-du-Nord, Ille-et-Vilaine, Manche et Calvados.

SECT. II. — TRAVAUX (CHEMINS ET PONTS).

4. *Étendue.* — La zone frontière, dans laquelle les travaux sont soumis à l'examen de la commission mixte, sera déterminée par un règlement d'administration publique. Cette zone comprendra des portions de territoires réservés dans lesquels les règlements relatifs aux travaux mixtes continueront à être appliqués aux chemins vicinaux. La zone frontière et les territoires réservés pourront être réduits par un décret du chef de l'Etat, mais ils ne pourront être étendus que par un règlement d'administration publique et sur l'avis d'une commission de défense. (Loi du 7 avril 1851. Circ. N 35.)

5. *Contraventions. Procès-verbaux.* — Les contraventions aux lois et ordonnances sur les travaux mixtes seront constatées par procès-verbaux dressés par les gardes du génie.

Dans le cas où, nonobstant la notification, faite par les gardes du génie, des procès-verbaux de contravention, les contrevenants ne rétabliraient pas l'ancien état des lieux dans le délai fixé par l'autorité militaire, le procès-verbal sera transmis au préfet, et le conseil de préfecture statuera. Si les contrevenants poursuivent leur infraction, le conseil de préfecture ordonnera la suspension des travaux et l'autorité militaire sera chargée d'assurer cette suspension.

En cas de refus de rétablir à leurs frais l'ancien état des lieux, il y sera procédé par l'autorité militaire, aux frais des contrevenants, contre lesquels le préfet les fera recouvrer. (Loi du 7 avril 1851. Circ. N 35.)

6. *Territoires réservés. Limites.* — Les limites des territoires réservés de la zone frontière, dans lesquels les lois et règlements relatifs aux travaux mixtes restent applicables aux chemins forestiers, sont déterminées par le décret du 8 septembre 1878. (Circ. N 253.)

7. *État descriptif n° 2, par départements, des limites des portions de la zone frontière dans l'intérieur desquelles les chemins vicinaux, ruraux et forestiers doivent rester soumis à la surveillance militaire.* (Décr. du 8 septembre 1878, cartes n° 1, 2, 3 et 4.)

NOTA. — Les portions de chemins servant de limites à ces territoires sont exonérées de la surveillance militaire. — La zone de terrain, qui s'étend à un myriamètre autour des places et postes classés, est l'objet de prohibitions spéciales. (Art. 3 du décret.)

RÉGION de corps d'armée.	DÉPARTEMENTS.	DÉSIGNATION DES LIMITES des territoires réservés.		LIEUX PRINCIPAUX par lesquels passent ces limites.
1re	NORD...	Le département entier, moins le territoire délimité ci-après :		
		Sont exceptés du territoire réservé :	1° Le polygone compris entre :	
			La frontière de Belgique.	
			Le cours de la Lys.	
			La limite du département du Pas-de-Calais.	
			La mer du Nord.	
			2° Le polygone compris entre :	
			Le chemin de Trescault à Marcoing.	
			Le cours de l'Escaut..........	Crèvecœur.
			Le torrent d'Esnes...........	Hesdin, Esnes.
			Des chemins vicinaux.........	Esnes, Haucourt, Ligny, Caudry.
			La route nationale n° 39, de Montreuil à Mézières........	Le Cateau-Cambrésis.
			La route nationale n° 45, de Marle à Valenciennes.	
			La limite séparant le département du Nord de ceux de l'Aisne et du Pas-de-Calais.	
2e	AISNE...	La limite avec le département du Nord.		
		La route nationale n° 45, de Marle à Valenciennes..................................		Etreux, Guise.
		Le cours de l'Oise jusqu'au confluent du Thon..		Guise, Autreppe, Sorbais, Etréaupont.
		Le cours du Thon jusqu'à la limite du rayon de la place d'Hirson..............................		Etréaupont.
		La route nationale n° 39, de Montreuil à Mézières (1).		
		La limite des départements de l'Aisne et des Ardennes jusqu'à la frontière.		

(1) Voir le décret du 13 janvier 1885.

RÉGION de corps d'armée.	DÉPARTEMENTS.	DÉSIGNATION DES LIMITES des territoires réservés.	LIEUX PRINCIPAUX par lesquels passent ces limites.
6e	ARDENNES	La limite des départements de l'Aisne et des Ardennes depuis la frontière.	
		La route nationale no 39, de Montreuil à Mézières (1)................................	Maubert-Fontaine.
		La route nationale no 51, de Givet à Orléans..	Lonny.
		La limite du rayon des ouvrages avancés de Mézières.	
		La route nationale no 51, de Givet à Orléans..	Yvernaumont, Poix
		La route départementale no 6, des Crêtes de Poix à la route nationale no 46 (2)............	Poix, Charbogne, Attigny.
		Le cours de l'Aisne..........................	Attigny, Vouziers, Mouron, Autry.
		La limite séparant le département des Ardennes de ceux de la Marne et de la Meuse.	
		Est excepté du territoire réservé : Le polygone compris entre :	
		La limite du rayon de la place de Montmédy.	
		Le cours de la Chiers jusqu'à son confluent....................	Carignan, Douzy.
		Le cours de la Meuse............	Rémilly, Mouzon.
		La limite des départements des Ardennes et de la Meuse.	
6e	MARNE..	Le cours de l'Aisne, de la limite du département des Ardennes jusqu'à Sainte-Menehould........	Melzicourt, Vienne-la-Ville, la Neuville-au-Pont.
		La route départementale no 10, de Vitry-le-François à Vouziers..........................	Sainte-Menehould, Daucourt, Neuville-aux-Bois, Saint-Mard.
		La route départementale no 5, de Reims à Bar-le-Duc (3)	
		La limite du département de la Meuse.	
6e	MEUSE..	La limite des départements de la Meuse et des Ardennes, de la Meuse et de la Marne.	
		Un chemin vicinal (4)..........................	Le Val.
		Un chemin vicinal..............................	Brabant-le-Roi, Révigny-aux-Vaches.
		Le cours de l'Ornain jusqu'à Gondrecourt.........	Bar-le-Duc, Ligny, Saint-Jeoire.
		Des chemins vicinaux........................	Gondrecourt, Berthéleville, Dainville-aux-Forges.
		La limite des départements de la Meuse et des Vosges.	

(1, 2) Voir le décret du 13 janvier 1885. — (3) Ancienne voie romaine. — (4) Ancienne voie romaine et ancienne route départementale no 15, déclassée en 1873.

RÉGION de corps d'armée.	DÉPARTEMENTS.	DÉSIGNATION DES LIMITES des territoires réservés.	LIEUX PRINCIPAUX par lesquels passent ces limites.
6e	MEUSE. (*Suite.*)	La limite des départements de la Meuse et de Meurthe-et-Moselle.	
		La limite du rayon des ouvrages de Saint-Mihiel..	Buxières.
		La route départementale n° 10, d'Étain à Joinville.	Vigneulles, Fresnes-en-Woëvre.
		La route nationale n° 3, de Paris à Metz.	
		La limite du rayon des ouvrages avancés de Verdun	Manheulles.
		Le cours de la Meuse jusqu'à la limite du département des Ardennes.	
6e	MEURTHE ET MOSELLE..	1er TERRITOIRE RÉSERVÉ.	
		La limite du rayon de la place de Longwy depuis la frontière.	
		Le cours de la Chiers........................	Longuyon.
		La limite du rayon de la place de Montmédy.	
		La limite des départements de la Meuse et de Meurthe-et-Moselle, jusqu'à la frontière.	
		2e TERRITOIRE RÉSERVÉ.	
		La limite du rayon des ouvrages avancés de la place de Toul, à partir de la limite du département de la Meuse.	
		Un chemin vicinal (1)........................	Rosière-en-Haye, Dieulouard.
		Des chemins vicinaux........................	Dieulouard, Scarponne, Ville-au-Val, Lixières, Jeandelincourt, Moivron, Leyr.
		La route départementale n° 14, de Nancy à Metz.	Agincourt.
		La route nationale n° 74, de Chalon-sur-Saône à Sarreguemines	Essey.
		Le cours de la Meurthe.	
		La route départementale n° 8, de Lunéville à Rambervillers............................	Lunéville, Xermaménil, Magnières.
		Les limites séparant le département de Meurthe-et-Moselle de ceux de la Meuse et des Vosges.	
		3e TERRITOIRE RÉSERVÉ.	
		La limite des départements de Meurthe-et-Moselle et des Vosges, depuis la frontière.	
		La route départementale n° 13, de Mézières à Rambervillers............................	Baccarat, Merviller.
		Le cours de la Verdurette..................	Pexonne, Vacqueville.

(1) Ancienne route départementale de Toul à Metz.

RÉGION de corps d'armée.	DÉPARTEMENTS.	DÉSIGNATION DES LIMITES des territoires réservés.		LIEUX PRINCIPAUX par lesquels passent ces limites.
6e	MEURTHE ET MOSELLE. *(Suite.)*	Des chemins vicinaux........................		Fenneviller, Badonviller, Brémenil, Petit-Mont, Cirey-sur-Vézouze, les Harcholins ou la Vendée.
6e	VOSGES...	Le département entier, moins le territoire délimité comme il suit :		
		Sont exceptés du territoire réservé :	1o Le polygone compris entre :	
			La limite du département de la Meuse.	
			La limite du département de la Haute-Marne.	
			Des chemins vicinaux............	Grand, Bréchainville.
			2o Le polygone compris entre :	
			La limite du département de la Haute-Saône.	
			Le cours de la Saône, depuis cette limite jusqu'à Darney.	
			Le chemin vicinal de grande communication no 2, de Neufchâteau à Plombières..................	Darney, Gruey, Bains.
			Le chemin vicinal de grande communication no 4, de Diarville à Saint-Loup, jusqu'à la limite du département de la Haute-Saône..	Bains.
7e	HAUTE-MARNE..	La limite des départements de la Haute-Marne et des Vosges.		
		Des chemins vicinaux.........................		Allianville, Lafauche, Prez, Chalvraines, Clinchamp, Longchamp-les-Millières, Lanques, Nogent-le-Roi.
		Un chemin de grande communication (1).		
		La limite du rayon des ouvrages avancés de la place de Langres.		
		Le cours de l'Amance jusqu'à la limite de la Haute-Saône............................		La Ferté-sur-Amance.
7e	HAUTE-SAÔNE...	1er TERRITOIRE RÉSERVÉ.		
		Le cours de l'Amance, de la limite du département de la Haute-Marne jusqu'à Jussey.............		Betoncourt, le Vanois, Cemboing, Jussey.
		Le cours de la Saône jusqu'à la limite du département des Vosges..........................		Ormoy, Bourbevelle, Jonvelle.

(1) Ancienne voie romaine.

RÉGION de corps d'armée.	DÉPARTEMENTS.	DÉSIGNATION DES LIMITES des territoires réservés.		LIEUX PRINCIPAUX par lesquels passent ces limites.
		2e TERRITOIRE RÉSERVÉ.		
7e	HAUTE-SAÔNE... *(Suite.)*	La route départementale no 6, de Lure à Bains, depuis la limite des Vosges..................		Saint-Loup, Luxeuil, Lure.
		La route départementale no 4, de Besançon aux Vosges..................................		Lure, Aillevans, Esprels, Montbozon.
		Le chemin vicinal de grande communication no 4......................................		Montbozon, Rioz.
		La route nationale no 57, de Metz à Besançon, depuis Rioz jusqu'à la limite du rayon des ouvrages de la place de Besançon.		
		La limite du rayon des ouvrages de la place de Besançon, jusqu'à la limite des départements de la Haute-Saône et du Doubs.		
7e	DOUBS...	La limite du rayon des ouvrages de la place de Besançon, depuis la limite du département du Doubs.		
		La route nationale no 83, de Lyon à Strasbourg, par Belfort..................................		Quingey.
		La limite du département du Jura jusqu'à la frontière.		
		Sont exceptés du territoire réservé :	1o Le polygone compris entre : La limite du rayon des ouvrages de Besançon.	
			Des chemins vicinaux.............	Nancray, Osse, Champlive, Dammartin, Bretigny, Adam-le-Passavant, Passavant.
			La route départementale no 10, de Besançon à Maiche.............	Passavant, Lanans, Servin, Vellevans.
			Des chemins vicinaux.............	Vellevans, Petit-Crosey, Grand-Crosey, Vellerot, Vyt-lès-Belvoir, Valonne, Vernois.
			La Barbèche jusqu'à la limite du rayon des ouvrages du Lomont.	
			La zone myriamétrique des forts du Lomont.	
			Le cours du Dessoubre.	
			La route départementale no 10, de Besançon à Maiche.............	Belleherbe.
			Des chemins vicinaux............	Belleherbe, Pierrefontaine, la Sommette.
			Le chemin vicinal de Vercel à Loray.	Loray.
			La route départementale no 2, de Besançon à Neufchâtel..........	Flangebouche, Avoudrey.

RÉGION de corps d'armée.	DÉPARTEMENTS.	DÉSIGNATION DES LIMITES des territoires réservés.		LIEUX PRINCIPAUX par lesquels passent ces limites.
7e	DOUBS... (Suite.)	Sont exceptés du territoire réservé : (Suite.)	Des chemins vicinaux d'Avoudrey à Ornans.....................	Avoudrey, Passofontaine, Vauclans, Noïds, Chanans, Lavans, Durnes, Saunes, Ornans.
			La route nationale no 67, de Saint-Dizier à Lausanne, par Langres..	Ornans.
			2o Le polygone compris entre :	
			La limite avec le département du Jura.	
			Des chemins vicinaux............	Boujeailles, Levier, Sept-Fontaines, la Grange-d'Aleine, Évillers, Goux, la Vrine, Bugny, la Chaux, Gilley, Combe-d'Abondance, Colombière.
			La route départementale no 16, de Pontarlier à Morteau...........	Colombière, la Ville-du-Pont, Montbenoît.
			La limite du rayon des forts de Joux et du Larmont.	
			Des chemins vicinaux............	La Rivière, Bouverans, Bonnevaux.
			La route départementale no 12, de Salins vers Lausanne, jusqu'à la limite du Jura................	Bonnevaux.
7e	JURA....	La limite du rayon des ouvrages de la place de Salins depuis la limite du Doubs.		
		La route départementale no 7, de Salins en Suisse.		Andelot.
		Des chemins vicinaux.......................		Supt, Chappois, Larderet, le Latet, Montoux, Saint-Germain-en-Montagne.
		La route départementale no 2, de Chalon-sur-Saône en Suisse............................		Equevillon, Champagnole.
		L'Ain jusqu'à son confluent avec la Bienne......		Pont-du-Navoy, Pont-de-Poitte, Brillat.
		Est excepté du territoire réservé.	Le polygone compris entre :	
			La limite avec le département du Doubs.	
			Le chemin vicinal d'intérêt commun no 20.......................	Cuvier.
			La route départementale no 2, de Champagnole en Suisse.	

RÉGION de corps d'armée.	DÉPARTEMENTS.	DÉSIGNATION DES LIMITES des territoires réservés.		LIEUX PRINCIPAUX par lesquels passent ces limites.
7e	JURA.... *(Suite.)*	Est excepté du territoire réservé : *(Suite.)*	Des chemins vicinaux............	Charrency, Lent, Sirod, Crans, la Perréna, Bief-des-Maisons, Arsure, Fraroz, la Latette, Froide-Fontaine.
			La route départementale nº 7, de Salins en Suisse, jusqu'à la limite avec le département du Doubs.	
7e	AIN.....	La route départementale nº 5, de la Balme à Dortan, depuis la limite du Jura.............		Dortan, Oyonnax, Martignat, Montréal.
		La route nationale nº 84, de Lyon à Genève.....		Saint - Martin - du - Fresne.
		La route départementale nº 5, de la Balme à Dortan..		Abergement - le - Grand, Ruffieu, Yon, Virieu-le-Grand.
		La route départementale nº 4, d'Ambérieu à Belley.		
		La limite du rayon de la place de Fort-les-Bancs.		
		Le cours du Rhône jusqu'à la limite du rayon des ouvrages de Fort-l'Ecluse.		
		Est excepté du territoire réservé :	Le polygone compris entre : La frontière de Suisse. La limite du rayon de la place de Fort-l'Ecluse.	
			Le chemin vicinal d'intérêt commun nº 39........................	Saint-Jean-de-Gonville, Thoiry, Allemogne, Croset, la Pierre, Gex.
			La route départementale nº 15, de Saint-Genis à la frontière........	Vesancy, Divonne, Crassier.
8e	CÔTE-D'OR	La limite du rayon des forts de la place de Dijon.		
		La route nationale nº 74, de Chalon-sur-Saône à Sarreguemines...........................		Nuits, Beaune.
		La limite du rayon des ouvrages de Chagny.		
		La limite des départements de la Côte-d'Or et de Saône-et-Loire.		
		La limite de la zone frontière (voir état nº 1)....		Couches, Pouilly-en-Auxois.
		La route départementale nº 6, d'Avallon à Pontailler..		Près Alise-Sainte-Reine.
		Le cours de l'Oze, en amont du pont de Presles..		Gissey-sous-Flavigny, Thénissey, Blaizy-Bas.
		Des chemins vicinaux jusqu'à la limite du rayon des forts de la place de Dijon...............		Panges, Pasques.

RÉGION de corps d'armée.	DÉPARTEMENTS.	DÉSIGNATION DES LIMITES des territoires réservés.		LIEUX PRINCIPAUX par lesquels passent ces limites.
8e	SAÔNE-ET-LOIRE.	La limite de la zone frontière (voir état no 1), à partir de la limite du département de la Côte-d'Or.		
		La route nationale no 78, de Nevers à Saint-Laurent par Lons-le-Saunier, jusqu'à la limite du rayon des ouvrages de Chagny............		Couches, Saint-Léger, Charrecey.
14e	HAUTE-SAVOIE..	Le département entier, moins le territoire délimité ci-dessous :		
		Est excepté du territoire réservé :	Le polygone compris entre :	
			La frontière de Suisse.	
			La route nationale no 202, de Grenoble à Thonon, jusqu'à Cluses..	Thonon, les Gets, Taninges, Châtillon, Cluses.
			La route départementale no 4, de Genève à Chamonix............	Vougy.
			La route nationale no 203, d'Annecy à Thonon par Bonneville...	Bonneville, la Roche.
			Des chemins vicinaux...........	La Roche, Torrens, le Plot.
			La route nationale no 203, d'Annecy à Thonon.....................	Le Plot, le Grand-Brogny.
			Le cours du Fier, de Grand-Brogny à Thones.....................	
			Le chemin vicinal de grande communication no 6, de Thones à Faverges.....................	Les Clefs, Serraval, Saint-Ferréol, Faverges.
			La limite du rayon des ouvrages d'Albertville jusqu'à la limite des départements de la Haute-Savoie et de la Savoie.	
			Cette limite jusqu'à la rencontre du Fier.	
			Le cours du Fier depuis son confluent jusqu'à Grand-Brogny.....	Saint-André.
			La route nationale no 201, de Chambéry à Genève...............	Cruseilles.
			Des chemins vicinaux............	Présilly, Vers, Chenex, Valleiry.
			La route nationale no 206, de Collonges à Annemasse, jusqu'à la limite du rayon de la place de Fort-l'Ecluse.................	Valleiry.
14e	SAVOIE..	Le département entier, moins le territoire délimité ci-dessous :		
		Est excepté du territoire réservé :	Le polygone compris entre :	
			La limite avec le département de la Haute-Savoie.	
			Le chemin vicinal de Faverges à Villaret.	

RÉGION de corps d'armée.	DÉPARTEMENTS.	DÉSIGNATION DES LIMITES des territoires réservés.		LIEUX PRINCIPAUX par lesquels passent ces limites.
14e	SAVOIE .. (Suite.)	Est excepté du territoire réservé : (Suite.)	Le thalweg du torrent de Saint-Ruph, de Villaret à la pointe d'Ardalot.	
			Des chemins vicinaux ou muletiers de la pointe d'Ardalot à Ecole....	Sappelay, Fréche-rel, Jarsy, Ecole.
			La route départementale no 8, de la gare de Saint-Pierre-d'Albigny à Aix..........................	Granges - du - Coudray, Granges-Gollet.
			Des chemins et sentiers muletiers des Granges-Gollet aux Granges-des-Lances et de là au Mont-Colombier.	
			La ligne des crêtes du Mont-Colombier par le mont Buffa à la pointe de la Galoppaz................	Col de la Cochette.
			Des sentiers muletiers...........	Entrenants, la Glière, Morion, Nicoday, la Maladière.
			La limite du rayon du fort Barrault.	
			Des chemins vicinaux...........	Les Marches, Chambéry.
			La route nationale no 6, de Paris à Chambéry..................	Chambéry.
			Des chemins vicinaux jusqu'à la Plaisse (lac du Bourget).........	Cognin, Bissy, la Motte, Noircay, la Plaisse.
			La rive occidentale du lac du Bourget.	
			Le canal de Savières jusqu'à Chanaz.	
			La limite des départements de l'Ain et de la Savoie jusqu'au confluent du Fier et du Rhône.	
14e	ISÈRE ...	La limite des départements de l'Isère et de la Savoie.		
		La route départementale no 7, de Bourgoin aux Echelles..............................		Les Echelles, Entre-deux-Guiers, St-Laurent-du-Pont, Saint-Joseph-de-Rivière.
		La route départementale no 21, de Voreppe à Saint-Laurent-du-Pont....................		Voreppe.
		La route nationale no 75, de Chalon-sur-Saône à Sisteron............................		Voreppe.
		La limite du rayon des ouvrages avancés de Grenoble..............................		
		La route nationale no 90, de Grenoble à Aoste...		Lumbin, la Terrasse, le Touvet.
		La limite du rayon du fort Barrault.		

RÉGION de corps d'armée.	DÉPARTEMENTS.	DÉSIGNATION DES LIMITES des territoires réservés.	LIEUX PRINCIPAUX par lesquels passent ces limites.
14e	HAUTES-ALPES ...	La limite des départements de la Savoie et des Basses-Alpes depuis la frontière d'Italie.......	Col du Galibier.
		Un chemin vicinal du col du Galibier à celui du Lautaret..............................	
		La route nationale nº 91, de Grenoble à Briançon.	Le Monestier.
		La limite du rayon des ouvrages avancés de la place de Briançon......................	
		Le cours de la Durance.....................	Mont-Dauphin, Embrun, Calignon.
		La route nationale nº 94, de Pont Saint-Esprit à Briançon..................................	Calignon, les Crottes, Savines.
		La route nationale nº 100, de Montpellier à Coni.	
		La route départementale nº 5, des Piles à la Couche.	
		La limite avec le département des Basses-Alpes jusqu'à la frontière.	
15e	BASSES-ALPES ...	1er TERRITOIRE RÉSERVÉ.	
		La limite avec le département des Hautes-Alpes depuis la frontière.	
		La route départementale nº 14, de Seyne à Gap...	Selonnet, Seyne.
		La route nationale nº 100, de Montpellier à Coni, jusqu'au torrent de la Blanche.	
		Le torrent de la Blanche jusqu'au ravin du Faut.	
		Ce ravin jusqu'au Pic de l'Aiguillette.	
		La limite des arrondissements de Barcelonnette et de Digne..................................	Pic de l'Aiguillette, Roche-Close, col Mariaud, puy de la Sèche, crête des Trois-Evêchés, Tête-Noire, Mourre-Gros, Caduc, signal d'Autapié.
		La limite des communes de Colmars et de Villars-Colmars..................................	Signal d'Autapié, signal de la Gardette.
		La route départementale nº 10, de Barcelonnette à Moustiers.	Colmars.
		Le chemin vicinal de Colmars au col des Champs.	
		La limite avec le département des Alpes-Maritimes.	
		2e TERRITOIRE RÉSERVÉ.	
		La boucle du Var entre Daluis et Puget-Théniers.	Entrevaux.
		La limite des départements des Basses-Alpes et des Alpes-Maritimes.	

RÉGION de corps d'armée.	DÉPARTEMENTS.	DÉSIGNATION DES LIMITES des territoires réservés.	LIEUX PRINCIPAUX par lesquels passent ces limites.
15e	ALPES-MARITIMES	La limite avec le département des Basses-Alpes depuis la frontière d'Italie.	
		Le chemin muletier du col des Champs à Entraunes.	
		Le cours du Var, d'Entraunes à Daluis..........	Guillaumes.
		La limite du département des Basses-Alpes.	
		Le cours du Var, de Puget-Théniers à la limite du rayon des ouvrages avancés de Nice-Villefranche....................................	Puget-Théniers, Villars.
		La limite de ce rayon jusqu'à la mer.	
16e	AUDE....	La route nationale no 9, de Paris à Perpignan et en Espagne par Bellegarde, à partir de la limite avec le département des Pyrénées-Orientales.	
		Le chemin vicinal de grande communication no 27.	Treilles, Feuilla, Durban.
		Le chemin vicinal de grande communication no 5.	Durban, Tuchan.
		Le chemin vicinal de grande communication no 4.	Tuchan, Padern, Rouffiac, Bugarach, St-Louis.
		Un chemin vicinal (1)..........................	Laval.
		La route nationale no 118, d'Albi en Espagne, par Carcassonne et Montlouis....................	Quillan.
		La route no 117, de Perpignan à Bayonne.	
		La route départementale no 22, de Quillan à Belcaire, jusqu'à la limite avec le département de l'Ariège....................	Roquefeuil, Belcaire.
		La limite avec le département de l'Ariège.	
		La limite avec le département des Pyrénées-Orientales jusqu'à la route nationale no 9.	
16e	PYRÉNÉES ORIENTALES ...	La limite avec le département de l'Aude, à partir de la route nationale no 9.	
		La limite avec le département de l'Ariège.	
		La frontière jusqu'à la mer.	
		La mer.	
		Des chemins vicinaux.........................	Argelès, Sorède, Laroque, Villelongue, Montesquieu, l'Ecluse-Basse, Maureillas.
		La route départementale no 2, de Céret à l'Ecluse.	Maureillas, Céret.
		Le chemin vicinal de grande communication no 2, de Céret à Thuir....................................	Céret, Llauro, Terrats.
		La route départementale no 4, d'Elne à Estagel...	Thuir.
		Le chemin vicinal de grande communication no 2.	Thuir, Corbère-les-Cabanes, Boule-Ternère, Sainte-Anne.

(1) Ancienne route nationale no 117.

RÉGION de corps d'armée.	DÉPARTEMENTS.	DÉSIGNATION DES LIMITES des territoires réservés.	LIEUX PRINCIPAUX par lesquels passent ces limites.
16e	PYRÉNÉES ORIENTALES.... (*Suite.*)	La route nationale nº 116, de Perpignan à Montlouis et en Espagne..................................	Sainte-Anne, Vinça, Prades.
		Route départementale nº 6, de Prades à Molitg et Mosset..................................	Catllar.
		Le chemin vicinal de grande communication nº 7, de Prades à Caudiès..................................	Catllar, Sournia, Fenouillet, Caudiès.
		La route nationale nº 117, de Perpignan à Bayonne.	Caudiès, St-Paul-de-Fenouillet, Maury
		L'Agly jusqu'à son confluent avec le Verdouble.	
		Le Verdouble.	
		Ligne aussi directe que possible, de Tautavel à Salces..................................	Tautavel, Salces.
		La route nationale nº 9 précitée, jusqu'à la limite avec le département de l'Aude..................................	Salces.
17e	ARIÈGE..	La limite avec le département des Pyrénées-Orientales, à partir de la frontière.	
		La limite avec le département de l'Aude.	
		La route départementale nº 3, de Saint-Girons à Quillan..................................	Montaillou, Caussou.
		La route nationale nº 20, de Paris à Toulouse et en Espagne..................................	Les Cabanes, Tarascon.
		La route départementale nº 3, de Saint-Girons à Quillan..................................	Tarascon, Saurat, Rieuprégan, Massat, le Castet.
		La route départementale nº 4, de Toulouse en Aragon..................................	Saint-Sernin, Seix.
		Des chemins vicinaux..................................	Seix, Castillon.
		La route départementale nº 10, de Saint-Girons à Castillon.	
		Le chemin vicinal de grande communication nº 9.	Audressein, Saint-Lary.
		La limite avec le département de la Haute-Garonne.	
		La frontière jusqu'à la limite avec le département des Pyrénées-Orientales.	
17e	HAUTE-GARONNE.	La limite avec le département de l'Ariège, à partir de la frontière.	
		Le chemin vicinal nº 26..................................	Portet.
		La route départementale nº 11, de Saint-Martory à Saint-Béat..................................	Juzet, Frontignan, Chaum, Saint-Béat.
		La route départementale nº 27, de Cierp en Espagne..................................	Saint-Béat, Cierp.
		La route nationale nº 125, de Toulouse à Bagnères-de-Luchon et en Espagne..................................	Cierp, Burgalais, Salles.
		Le chemin vicinal nº 15, de Bagnères-de-Luchon à la Vallée d'Aure..................................	Garin.

RÉGION de corps d'armée.	DÉPARTEMENTS.	DÉSIGNATION DES LIMITES des territoires réservés.	LIEUX PRINCIPAUX par lesquels passent ces limites.
17e	HAUTE-GARONNE. *(Suite.)*	La limite avec le département des Hautes-Pyrénées.	
		La frontière jusqu'à la limite avec le département de l'Ariège.	
18e	HAUTES-PYRÉNÉES.	La limite avec le département de la Haute-Garonne, à partir de la frontière.	
		La route départementale nº 8, de Bagnères-de-Bigorre à Bagnères-de-Luchon.	Montlor.
		Des chemins vicinaux.	Montlor, Genost, Vieille-Aure.
		Une ligne de démarcation suivant le cours d'un ravin près de Vieille-Aure, passant par la crête des montagnes et descendant par un autre ravin jusqu'au chemin vicinal de grande communication nº 3 (route thermale nº 2), de Barrèges à Sainte-Marie.	
		Le chemin vicinal de grande communication nº 3 (route thermale nº 2).	Barrèges.
		La route nationale nº 21, de Paris à Barrèges et Cauterets par Limoges.	Barrèges, Luz, Pierrefitte, Argelès.
		Le chemin vicinal de grande communication nº 15, d'Arrens à Argelès.	Argelès, Aucun, Arrens.
		La limite avec le département des Basses-Pyrénées jusqu'à la frontière.	
		La frontière jusqu'à la limite avec le département de la Haute-Garonne.	
18e	BASSES-PYRÉNÉES.	La limite avec le département des Hautes-Pyrénées, à partir de la frontière.	
		Le chemin vicinal de grande communication nº 40.	Col de Saucède, col de Torte, les Eaux-Bonnes.
		La route départementale nº 18, des Eaux-Chaudes à Gabas.	Les Eaux-Bonnes.
		La route nationale nº 134 bis, de Pau aux Eaux-Bonnes.	Laruns.
		L'Arruisé jusqu'à sa source.	
		La ligne de démarcation passant par le col de Gée.	
		La Berthe à partir de sa source.	
		Le gave d'Aspe.	
		Le Malugar.	
		Le chemin vicinal d'Osse au pas de Guilhers jusqu'au col d'Irès.	Col d'Irès.
		L'Aydi à partir de sa source.	
		Le chemin vicinal de Lourdios à Montory.	Lourdios, col de Soüs.
		Ligne de démarcation du col de Soüs au col de Nécore.	
		Le chemin vicinal de Lourdios à Montory.	Col de Nécore, col d'Edre, Montory.

RÉGION de corps d'armée.	DÉPARTEMENTS.	DÉSIGNATION DES LIMITES des territoires réservés.	LIEUX PRINCIPAUX par lesquels passent ces limites.
18e	BASSES-PYRÉNÉES. (Suite.)	Le Gaslon....................................	Montory, Tardets.
		Le Saison jusqu'à Saint-Etienne.	
		La ligne de démarcation passant par la crête des montagnes partant de Saint-Etienne et aboutissant à la route nationale nº 133.	
		La route nationale nº 133, de Périgueux en Espagne par Mont-de-Marsan................	Lacarre.
		La route nationale nº 132, de Bordeaux à Saint-Jean-Pied-de-Port par les Grandes-Landes.....	Lacarre, Suhescun, Irissarry, Hasparren.
		Le chemin vicinal de Villeffranque à l'Adour par Lahonce..................................	Lahonce.
		L'Adour jusqu'à la mer.........................	Bayonne, St-Esprit.
		La mer.	
		Le chemin vicinal de la mer à Anglet...........	Anglet.
		La route nationale nº 10, de Paris à Bayonne et en Espagne jusqu'à la frontière...............	Anglet, Bidart, Guetary, Saint-Jean-de-Luz, Sibourre, Urrugne.
		La frontière jusqu'à la limite avec le département des Hautes-Pyrénées.	

NOTA. — Sur les 54 départements faisant partie de la zone frontière en totalité ou en partie, 28 n'ont pour territoires réservés que les zones de servitude des places de guerre et des postes militaires qu'ils comprennent, et 26 ont des territoires réservés spéciaux.

8. *Ponts.* — La compétence de la commission mixte, en ce qui concerne les ponts à établir sur les cours d'eau navigables ou flottables embrasse toute la zone frontière, lorsque ces ponts ont plus de 6 mètres d'ouverture entre culées. (Décr. du 8 septembre 1878, art. 3, § 1. Circ. N 253.) V. Pont.

9. *Ponts. Zone de servitude militaire.* — Dans l'étendue des zones de servitude des places de guerre et des postes militaires, tous les ponts qui desservent les chemins vicinaux et forestiers restent soumis aux règlements sur les travaux mixtes, quelles que soient leurs dimensions. (Décr. du 15 mars 1862, art. 4. Circ. N 22, art. 95.)

10. *Chemins forestiers. Territoires réservés. Enceintes fortifiées.* — Les travaux des chemins forestiers, tant dans les bois de l'Etat que dans ceux des communes ou des établissements publics, sont, dans les territoires réservés de la zone frontière et dans le rayon des enceintes fortifiées, soumis aux lois et règlements sur les travaux mixtes. (Décr. du 8 septembre 1878, art. 2, §§ 2 et 3.)

L'ouverture, la rectification, l'empierrement des chemins forestiers situés en territoire réservé et dans le rayon des enceintes fortifiées sont soumis à l'autorisation militaire, quelles que soient leurs dimensions. (Circ. N 253.)

11. *Rayon. Enceintes fortifiées. Distance.* — Le rayon des enceintes fortifiées est étendu, en ce qui concerne les travaux mixtes de toute nature, à un myriamètre autour des places et postes militaires compris dans la zone frontière. Cette distance est comptée à partir des ouvrages les plus avancés. Des arrêtés du ministre de la guerre déterminent les localités pour lesquelles il est possible, sans nuire à la défense, d'admettre des exceptions à cette disposition. (Décr. du 3 mars 1874, art. 2. Circ. N 151.)

12. *Chemins forestiers. Réparations. Clauses.* — Toutes les fois qu'une coupe doit être assise dans les territoires de la zone frontière,

réservés en ce qui concerne les chemins forestiers, les représentants des forêts et du génie se concertent sur les clauses à insérer relativement à la réparation des chemins. (Circ. N 388.)

13. *Exonération.* — En dehors des territoires réservés de la zone frontière, tous les chemins vicinaux et forestiers peuvent s'exécuter librement. (Circ. N 22, art. 82.)

14. *Travaux de défense. Projet. Communication. Délai. Formalités.* — Le ministre de la guerre a, en outre, la faculté de faire exécuter, aux frais de son département, les travaux qui lui paraissent indispensables à la défense, tant sur les chemins vicinaux ou forestiers à ouvrir ou à rectifier dans les territoires réservés, que sur les ponts à construire ou à reconstruire pour le service de ces chemins, dans toute l'étendue de la zone frontière, lorsque, par leurs dimensions, ces ponts cessent d'être soumis aux règlements sur les travaux mixtes.

A cet effet, avant qu'il soit procédé par les services civils à l'exécution ou à l'adjudication, s'il y a lieu, des travaux relatifs à ces ponts, les projets en sont communiqués au directeur du génie par le préfet du département ou par le conservateur des forêts de la circonscription dans laquelle doivent être exécutés ces travaux.

Dans le délai de deux mois, et immédiatement dans les cas d'urgence signalés par ces fonctionnaires, le directeur du génie leur fait connaître, chacun en ce qui le concerne, les travaux particuliers, tels que dispositifs de mines, coupures, retranchements, etc., qu'il serait nécessaire de faire dans l'intérêt de la défense.

Le détail de ces dispositions est alors inséré dans le cahier des charges relatif à l'adjudication ou à l'entreprise des travaux. La dépense supplémentaire qu'elles peuvent entraîner est supportée par le budget du département de la guerre, et l'exécution a lieu sous la surveillance du service militaire.

Lorsque, dans le délai ci-dessus indiqué, le directeur du génie n'a fait aucune réserve dans l'intérêt de la défense, il est passé outre à l'exécution des travaux. (Décr. du 15 mars 1862, art. 5. Circ. N 22, art. 85, 86, 87, 89 et 90. Circ. N 253.)

15. *Autorisation. Décision. Délai.* — Il n'est donné aucune autorisation pour l'exécution des travaux autres que ceux de réparation ou d'entretien à entreprendre sur les chemins vicinaux ou forestiers, qui restent soumis aux règlements sur les travaux mixtes, avant que le projet de ces travaux ait été l'objet d'une décision approbative du ministre de la guerre.

Si, dans un délai de trois mois, à dater de la remise du projet au directeur du génie, il n'est intervenu aucune décision du ministre de la guerre, l'exécution des travaux peut être autorisée.

Il en est de même à l'égard des ponts à établir pour le service des chemins vicinaux ou forestiers dans toute l'étendue de la zone frontière, lorsque ces ponts ne se trouvent pas dans les conditions d'exonération. (Décr. du 15 mars 1862, art. 6. Circ. N 22, art. 117, 118 et 119.)

16. *Chemins forestiers. Carte d'ensemble.* — Pour accélérer l'expédition des affaires, le conservateur des forêts peut faire dresser, toutes les fois qu'il le juge convenable, avant même qu'il ait été procédé aux études de détail, une carte d'ensemble du tracé des chemins forestiers dont l'ouverture ou l'amélioration est projetée et ne pourrait être exécutée sans l'assentiment du service militaire. Cette carte est transmise, avec une note explicative, s'il y a lieu, au directeur du génie, qui est autorisé à donner son adhésion aux tracés qui lui paraissent sans inconvénient pour son service.

Les chemins ainsi exonérés peuvent être immédiatement entrepris et librement entretenus dans les conditions spécifiées à l'article 8 du décret du 16 août 1853. Les autres ne peuvent être exécutés avant d'avoir été soumis aux formalités prescrites pour l'instruction des affaires mixtes. (Décr. du 8 septembre 1878, art. 6. Circ. N 253.)

17. *Carte.* — Les préfets font dresser, par les soins des ingénieurs et avec l'aide des agents forestiers, la carte des voies de communication existant dans la zone frontière. (Décr. du 16 août 1853, art. 40, § 1. Circ. N 22, art. 131.)

18. *Carte. Chemins.* — La carte que doivent faire dresser les préfets des départements situés en totalité ou en partie dans la zone frontière ne comprend, d'une manière obligatoire, que ceux des chemins vicinaux ou forestiers qui restent soumis aux règlements sur les travaux mixtes.

Ces derniers chemins sont également les seuls qui doivent nécessairement figurer sur la carte et sur l'état des travaux projetés que font dresser les préfets, toutes les fois qu'ils en reconnaissent la nécessité. (Décr. du 15 mars 1862, art. 7. Circ. N 22, art. 136.)

19. *Carte. Chemins projetés.* — Toutes les fois que les préfets en reconnaissent l'utilité, ils font dresser des cartes de la zone frontière avec les voies de communication que l'administration civile est dans l'intention d'ouvrir, et le ministre fait connaître les voies à l'exécution et à l'exonération desquelles il adhère de suite et celles dont les projets doivent être soumis à la commission des travaux mixtes. (Décr. du 16 août 1853, art. 4, § 5. Circ. N 22, art. 135.)

20. *Chemins et rivières. Exonération.* — Le ministre de la guerre fait connaître au préfet les voies de terre et d'eau qui sont exonérées de la surveillance de l'autorité militaire et où les travaux ne sont pas

soumis à la commission des travaux mixtes. (Décr. du 16 août 1853, art. 40, § 4. Circ. N 22, art. 134.)

SECT. III. — DÉFRICHEMENTS.

21. *Bois domaniaux. Bois communaux et d'établissements publics.* — Les lois et règlements sur les travaux mixtes et la compétence de la commission mixte s'appliquent aux défrichements des forêts et des bois appartenant à l'Etat, aux communes ou aux établissements publics, situés dans toute l'étendue de la zone frontière. (Décr. du 8 septembre 1878, art. 3, § 1.)

Tous les bois communaux et d'établissements publics non soumis au régime forestier, compris dans la zone frontière, sont placés, en ce qui concerne le défrichement, sous les mêmes obligations que les bois soumis au régime forestier. (Circ. N 253.)

22. *Bois particuliers. Limites.* — Les parties de la zone frontière dans lesquelles il peut être formé opposition au défrichement des bois des particuliers, dont la conservation est reconnue nécessaire à la défense du territoire, se composent de polygones réservés dont les limites sont fixées par des états descriptifs joints aux décrets des 31 juillet 1861 et 3 mars 1874.

23. *Bois particuliers. Compétence.* — Les défrichements des bois particuliers, qui sont situés dans les territoires spéciaux délimités par les décrets des 31 juillet 1861 et 3 mars 1874, sont seuls de la compétence de la commission mixte. (Décr. du 8 septembre 1878, art. 3, § 2. Circ. N 253.)

24. *État descriptif, par départements, des limites fixées pour les territoires réservés dans l'intérieur de la zone frontière, en ce qui concerne le défrichement des bois des particuliers.*

(Etats annexés aux décrets des 31 juillet 1861 et 3 mars 1874.)

NOTA. — Les zones de servitudes autour des places de guerre et des postes militaires constituent partout des territoires réservés pour les défrichements, bien qu'elles ne soient pas mentionnées spécialement dans le présent état.

DÉPARTEMENTS.	DÉSIGNATION DES LIMITES des territoires réservés.	LIEUX PRINCIPAUX par lesquels passent ces limites.
SOMME......	Néant (1).	
PAS-DE-CALAIS	Néant (1).	
NORD...... (Feuille n° 1, annexée au décret du 31 juillet 1861.)	1er TERRITOIRE RÉSERVÉ.	
	La Scarpe, de son confluent avec l'Escaut jusqu'à Wandignies..................	Mortagne, Saint-Amand, Wandignies.
	Le chemin de Wandignies à Erre entre la Scarpe et le chemin de fer de Douai à Valenciennes..................	Wandignies.
	Le chemin de fer de Douai à Valenciennes entre Erre et l'extrémité est de la station de Wallers.	
	Une ligne de chemins vicinaux jusqu'au chemin de fer des mines d'Anzin.......	Wallers, Bellaing, Hérin.
	Le chemin de fer des mines d'Anzin jusqu'à sa rencontre avec la route de Lille à Valenciennes..................	Anzin.
	La route de Lille à Valenciennes entre Anzin et Valenciennes..............	Anzin, Valenciennes.
	L'Escaut, de Valenciennes au confluent de la Scarpe..................	Valenciennes, Fresnes, Condé, Hergnies, Mortagne.

(1) Voir toutefois le Nota mis en tête du présent état.

DÉPARTEMENTS.	DÉSIGNATION DES LIMITES des territoires réservés.	LIEUX PRINCIPAUX par lesquels passent ces limites.
NORD....... (Feuille n° 1, annexée au décret du 31 juillet 1861.) *(Suite.)*	2e TERRITOIRE RÉSERVÉ.	
	La route de Bavay au Cateau	Bavay, Engle-Fontaine.
	La route nationale n° 45 (de Marle à Valenciennes et à Tournay)	Engle-Fontaine, Landrecies.
	La Sambre............................	Landrecies, Berlaimont, Pont-sur-Sambre.
	Le chemin de Pont-sur-Sambre à la Longueville	Pont-sur-Sambre, Hargnies, la Longueville.
	La route nationale n° 49 (de Pont-sur-Sambre à la Longueville)..............	La Longueville, Bavay.
	3e TERRITOIRE RÉSERVÉ.	
	La route nationale n° 2 (de Paris à Laon et Maubeuge).........................	Avesnes, Étrœungt, Larouillies.
	La limite avec le département de l'Aisne jusqu'à la frontière.	
	La frontière jusqu'à la grande Helpe.	
	La grande Helpe jusqu'à Avesnes	Eppe-Sauvage, Liessies, Avesnes.
AISNE...... (Feuille n° 1, annexée au décret du 31 juillet 1861.)	Le chemin de la Flamengrie à Fontenelle..	La Flamengrie, Papeleux, Fontenelle.
	Le chemin de Fontenelle au Nouvion jusqu'à Marlemperche	Fontenelle, Marlemperche.
	La route nationale n° 39 (de Montreuil-sur-Mer à Mézières, par Arras), de Marlemperche au Nouvion	Marlemperche, le Nouvion.
	Le chemin du Nouvion à Chigny.........	Le Nouvion, le Grand-Wé, Leschelles, Chigny.
	L'Oise, de Chigny à Hirson	Chigny, Erloy, Etréaupont, Hirson.
	La route nationale n° 39, entre Hirson et la limite avec le département des Ardennes.	
	La limite avec le département des Ardennes jusqu'à la frontière.	
	La frontière jusqu'à la limite avec le département du Nord.	
	La limite avec le département du Nord jusqu'à la route nationale n° 2............	Larouillies.
	La route nationale n° 2	Larouillies, la Flamengrie.
ARDENNES. . (Feuille n° 1, annexée au décret du 31 juillet 1861.)	1er TERRITOIRE RÉSERVÉ.	
	La limite avec le département de l'Aisne, à partir de la frontière.	
	La route nationale n° 39 (de Montreuil-sur-Mer à Mézières, par Arras)	Auge, Maubert-Fontaine, Rimogne, Lonny.
	Le chemin vicinal de Charleville..........	Charleville.
	La Meuse jusqu'au moulin Godard.	
	Le chemin vicinal n° 19 jusqu'à Aiglemont.	Moulin Godart, Aiglemont.

DÉPARTEMENTS.	DÉSIGNATION DES LIMITES des territoires réservés.	LIEUX PRINCIPAUX par lesquels passent ces limites.
	Le chemin d'Aiglemont à Cons-la-Granville.	Aiglemont, Cons-la-Granville.
	Le chemin vicinal n° 14 jusqu'à le Mazy...	Cons-la-Granville, Gernelle, le Mazy.
	Le ruisseau la Vrigne jusqu'à Vrigne-aux-Bois..................................	Le Mazy, Vrigne-aux-Bois.
	Le chemin de Vrigne-aux-Bois jusqu'au moulin de Charmoy, près Saint-Menges..	Vrigne-aux-Bois, moulin de Charmoy,
	La Meuse, du moulin de Charmoy à Sedan.	Moulin de Charmoy, Sedan.
	La route nationale n° 64 (de Neufchâteau à Mézières)................................	Sedan, Bazeilles, Douzy.
	La route départementale n° 2, jusqu'au ruisseau d'Escombres....................	Douzy, Pouru-Saint-Remy.
	Le ruisseau d'Escombres jusqu'à Escombres.	Escombres.
	Le chemin d'Escombres à l'angle rentrant ouest de la frontière.	
	La frontière jusqu'à la limite avec le département de l'Aisne.	
	2e TERRITOIRE RÉSERVÉ.	
ARDENNES.. (Feuille n° 1, annexée au décret du 31 juillet 1861.) *(Suite.)*	A partir de Frénois, près Donchery, la route nationale n° 64, de Neufchâteau à Mézières..	Donchery, Dom-le-Mesnil.
	La route départementale n° 7............	Flize, la Halbotine.
	La route nationale n° 51, de Givet à Orléans.	Boulzicourt, Yvernaumont.
	Les routes départementales nos 1 et 9, de Mézières au Chêne....................	Poix, Bouvellemont, Chagny, Louvergny, le Chêne.
	Le canal des Ardennes jusqu'à la rivière d'Aisne..	Le Chêne, Montgon, Neuville-à-Day, Semuy.
	L'Aisne jusqu'à la limite avec le département de la Marne..........................	Semuy, Vrizy, Vouziers, Brecy, Mouron, Autry.
	La limite avec le département de la Marne.	
	La limite avec le département de la Meuse jusqu'à l'Aire.	
	L'Aire jusqu'à son confluent avec l'Agron..	Apremont.
	L'Agron jusqu'au moulin de Thénorgues...	Champigneulle, Verpel.
	Le chemin vicinal du moulin de Thénorgues à Busancy..................................	Thénorgues, Busancy.
	La route nationale n° 47, de Vouziers à Longuyon, jusqu'à la limite avec le département de la Meuse............................	Busancy, Nouart.
	La limite avec le département de la Meuse jusqu'à la route départementale n° 4, de Beaumont à Stenay.	
	Route départementale n° 4 jusqu'à Stonne.	Beaumont, Stonne.
	Le chemin vicinal de Stonne à la Neuville (au nord du bois du Mont-Dieu)........	Stonne, le Vivier.
	La route nationale n° 77, de Nevers à Sedan et Bouillon, jusqu'à la route nationale n° 64..................................	Chémery, Chéhéry, Frénois.

DÉPARTEMENTS.	DÉSIGNATION DES LIMITES des territoires réservés.	LIEUX PRINCIPAUX par lesquels passent ces limites.
MARNE..... (Feuille nº 1, annexée au décret du 31 juillet 1861.)	La limite avec le département des Ardennes.	
	Le chemin de grande communication nº 2, de Sainte-Menehould à Vouziers........	Binarville, Vienne-le-Château, Moiremont, Ste-Menehould.
	L'Aisne jusqu'à Villers-en-Argonne.......	Chatrice, Villers.
	Le chemin vicinal de Villers à Givry......	Bournouville, Givry.
	La route départementale nº 10...........	Givry, Saint-Mard-sur-le-Mont
	La route départementale nº 5, de Reims à Bar-le-Duc.	
	La limite avec le département de la Meuse.	
MEUSE...... (Feuille nº 1, annexée au décret du 31 juillet 1861.)	1er TERRITOIRE RÉSERVÉ.	
	La limite avec le département des Ardennes, depuis l'Aire jusqu'à la limite du département de la Marne.	
	La limite avec le département de la Marne jusqu'à la route départementale nº 5.	
	Le chemin vicinal nº 35 jusqu'à l'Isle-en-Barrois..................................	Sommeille, la Heycourt, l'Isle-en-Barrois.
	Le chemin vicinal nº 2 jusqu'à Triaucourt.	L'Isle-en-Barrois, Vaubecourt, Triaucourt.
	Le chemin vicinal nº 20 jusqu'à Fleury...	Triaucourt, Waly, Fleury.
	L'Aire jusqu'à la limite avec le département des Ardennes..........................	Fleury, Auxeville, Varennes.
	2e TERRITOIRE RÉSERVÉ.	
	La limite avec le département des Ardennes à partir de la Meuse.	
	La route nationale nº 47, de Vouziers à Longuyon, jusqu'à la Meuse...........	Beauclair, la Neuville-sur-Meuse, Stenay.
	La Meuse, depuis Stenay jusqu'à la limite avec le département des Ardennes.....	Stenay, Pouilly.
MEUSE...... (Suite.) (Carte nº 3. Décret du 3 mars 1874.)	3e TERRITOIRE RÉSERVÉ.	
	La Meuse, de Stenay à Verdun...........	Stenay, Dun, Charny, Verdun.
	La route nationale nº 3, de Paris à Verdun.	
	La route départementale nº 6............	Souilly, Mondrécourt, Chaumont-sur-Aire.
	L'Aire, de Chaumont à Saint-Aubin.......	Pierrefitte, Villotte, St-Aubin.
	Le chemin de Saint-Aubin au confluent de la Barbourc avec l'Ornain.............	Vaux, Boviolles.
	L'Ornain jusqu'à Gondrecourt............	Demange, Gondrecourt.
	Le chemin de Gondrecourt à Grand.......	Dainville.
	La limite avec le département des Vosges.	
	La limite avec le département de Meurthe-et-Moselle.	
	La route départementale nº 7 jusqu'à Saint-Benoît..............................	Saint-Benoît.

DÉPARTEMENTS.	DÉSIGNATION DES LIMITES des territoires réservés.	LIEUX PRINCIPAUX par lesquels passent ces limites.
MEUSE...... (Suite.) (Carte n° 3. Décret du 3 mars 1874.)	Le chemin de Saint-Benoît à Vigneulles...	Vigneulles.
	La route départementale n° 10, de Vigneulles à Warcq..........	Hannonville, Fresnes, Ville-en-Wœvre, Braquis, Warcq.
	L'Orne jusqu'à Etain..........	Etain.
	La route nationale n° 18, de Paris à Luxembourg, jusqu'au chemin n° 16, près Spincourt.	
	Le chemin de grande communication n° 16, de Boémont au département de Meurthe-et-Moselle, jusqu'à la route départementale n° 9..........	Vaudoncourt, Billy-sous-Mangiennes, Vittarville.
	La route départementale n° 9..........	Jametz, Louppy-sur-Loison, Baalon.
	La route nationale n° 47 jusqu'à la Meuse.	Stenay.
MEURTHE-ET MOSELLE. (Carte n° 3. Décret du 3 mars 1874.)	Le Rupt de Mad, d'Arnaville à Thiaucourt.	Arnaville, Thiaucourt.
	La route départementale n° 15, de Thiaucourt à la limite ouest du département.	
	La limite avec le département de la Meuse.	
	La limite avec le département des Vosges.	
	Le chemin de grande communication de Vichery à Puxe..........	Tramont-Lassus, Vandéléville, Lalœuf, Puxe.
	Chemins vicinaux de Puxe à Pont-Saint-Vincent..........	Vitrey, Parey, Saint-Césaire, Xeuilley, Pont-St-Vincent.
	La Moselle en amont de Pont-Saint-Vincent.	Bayon.
	La limite avec le département des Vosges.	
	La frontière.	
	Le canal de la Marne au Rhin..........	Xures, Einville-au-Jard, Dombasles.
	La Meurthe..........	Saint-Nicolas-du-Port, Nancy.
	La Moselle..........	Dieulouard, Pont-à-Mousson, Arnaville.
VOSGES..... (Carte n° 3. Décret du 3 mars 1874.)	La Moselle, de la limite du département de Meurthe-et-Moselle à Epinal..........	Charmes, Châtel, Epinal.
	La route nationale n° 66 (de Paris à Epinal), d'Epinal à Chatenois..........	Darnieulles, Dompaire, Mirecourt, Gironcourt, Chatenois.
	Le chemin de grande communication de Chatenois à Vouxey..........	Vouxey.
	Les chemins vicinaux de Removille, Aouze, Pleuvezain, Vichery..........	Removille, Aouze, Pleuvezain, Vichery.
	La limite avec le département de Meurthe-et-Moselle.	
	La limite avec le département de la Meuse.	
	Le chemin de grande communication de Gondrecourt à Grand..........	Grand.
	Le chemin de Grand à Aillianville..........	Bréchainville.

DÉPARTEMENTS.	DÉSIGNATION DES LIMITES des territoires réservés.	LIEUX PRINCIPAUX par lesquels passent ces limites.
VOSGES..... *(Suite.)* (Carte n° 3. Décret du 3 mars 1874.)	La limite avec le département de la Haute-Marne.	
	La route départementale n° 2, du point de bifurcation du chemin de Graffigny à Lamarche	Rozières, Lamarche.
	La route départementale n° 5	Mont-lès-Lamarche.
	La route départementale n° 2	Senaïde.
	La limite avec le département de la Haute-Marne.	
	La limite avec le département de la Haute-Saône.	
	La frontière.	
	La limite avec le département de Meurthe-et-Moselle, de la frontière à la Moselle.	
HAUTE-MARNE. (Carte n° 3. Décret du 3 mars 1874.)	1er TERRITOIRE RÉSERVÉ.	
	Le chemin de Bréchainville à Aillianville	Aillianville.
	Le chemin d'Aillianville à Lafauche	Lafauche.
	Le chemin de Lafauche à Prez	Prez.
	Le chemin de Prez à Semilly	Semilly.
	Le chemin de grande communication de Semilly à la route départementale n° 2 (Vosges)	Chalvraines, Saint-Thiébault, Bourmont, Graffigny.
	La limite avec le département des Vosges, jusqu'au chemin de Bréchainville à Aillianville.	
	2e TERRITOIRE RÉSERVÉ.	
	La route départementale n° 5	Fresnes-sur-Apance.
	La limite avec le département de la Haute-Saône.	
	La limite avec le département des Vosges.	
HAUTE-SAÔNE (Carte n° 3. Décret du 3 mars 1874.)	La route départementale n° 3, des Brosses à Jussey	Blondefontaine, Raincourt, Jussey.
	L'Amance	Montureux-lez-Baulay.
	La Saône jusqu'à Port-sur-Saône	Baulay, Conflandey, Port-sur-Saône.
	La route nationale n° 19, de Paris à Bâle jusqu'à Vesoul	Charmoille, Vesoul.
	La route nationale n° 57, de Vesoul à Besançon	Rioz, Vorey.
	La limite avec le département du Doubs.	
	La frontière.	
	La limite avec le département des Vosges.	

DÉPARTEMENTS.	DÉSIGNATION DES LIMITES des territoires réservés.	LIEUX PRINCIPAUX par lesquels passent ces limites.
DOUBS...... (Carte n° 3. Décret du 3 mars 1874.)	La route nationale n° 57, de Vesoul à Besançon..........................	Besançon.
	Le Doubs et le canal du Rhône au Rhin...	Montbéliard.
	La frontière.	
	La limite avec le département de la Haute-Saône.	
DOUBS...... *(Suite.)* (Feuilles n°s 1 et 2. Décret du 31 juillet 1861.)	La route nationale n° 83, de Lyon à Strasbourg, par Belfort..................	Besançon, Beurre.
	Chemin vicinal..........................	Beurre, Maillot, Fontaine-la-Vèze.
	La route nationale n° 67, de Saint-Dizier à Lausanne, par Langres..............	La Vèze.
	La route départementale n° 4, de Besançon à Pontarlier.	
	La route départementale n° 10, de Besançon à Maiche..........................	Nancray.
	Des chemins vicinaux..................	Nancray, Osse, Champlive, Dammartin, Bretigny, Adam-le-Passavant, Passavant.
	La route départementale n° 10 précitée....	Passavant, Hanans, Servin, Vellevans.
	Des chemins vicinaux..................	Vellevans, Petit-Croisey, Grand-Croisey, Vellerot, Vyt-les-Belvoir, Valonne, Vernois.
	La Barbèche jusqu'à son confluent avec le Doubs..........................	Damjoux.
	Le Doubs..........................	Bief.
	Le Dessoubre..........................	Saint-Hippolyte, Orgeans.
	La route départementale n° 10 précitée....	Saint-Maurice-les-Cours, Belleherbe.
	Des chemins vicinaux d'intérêt commun n°s 32 et 12..........................	Belleherbe, Pierrefontaine, la Sommette.
	Le chemin vicinal n° 8, de Verul à Loray .	Loray.
	La route départementale n° 2, de Besançon en Suisse, vers Neuchâtel............	Flangebouche, Avoudrey.
	Des chemins vicinaux, d'Avoudrey à Ornans..........................	Avoudrey, Passefontaine, Vauclans, Nods, Chanans, Lavans, Durnes, Saules, Ornans.
	La Loue jusqu'à son confluent avec la Lison.	Ornans, Scey, Cleron.
	La Lison, à partir de son confluent avec la Loue jusqu'à Myon.	
	Des chemins vicinaux jusqu'à la limite avec le département du Jura..............	Myon.
	La limite avec le département du Jura jusqu'au chemin de Bougeailles (Doubs) à Cuvier (Jura).	

DÉPARTEMENTS.	DÉSIGNATION DES LIMITES des territoires réservés.		LIEUX PRINCIPAUX par lesquels passent ces limites.
DOUBS...... (Suite.) (Feuilles nos 1 et 2. Décret du 31 juillet 1861.)	Des chemins vicinaux....................		Boujailles, Levier, Sept-Fontaines, la Grande-Rouge, Evillers, Goux, la Vrigne, Bugny, la Chaux, Gilley, Combe-d'Abondance, Colombière.
	La route départementale no 16, de Pontarlier à Morteau........................		Colombière, la Ville-du-Pont, Mont-Benoît, Lièvremont, Maisons-du-Bois, Arçon, Pontarlier.
	Des chemins vicinaux d'intérêt commun...		Pontarlier, Sainte-Colombe, la Rivière, Bouvenans.
	La route départementale no 12, de Salins vers Lausanne.......................		Bonnevaux.
	La limite avec le département du Jura jusqu'à la frontière.		
	La frontière.		
	Est excepté du territoire réservé.	Le polygone compris entre la route départementale no 2, de Besançon en Suisse, à partir de Fuans...........	Fuans, les Lavottes.
		La route départementale no 23, de Morteau à Maiche......	Les Lavottes, la Chelanotte.
		Des chemins vicinaux d'intérêt commun nos 1, 3, 14, 35.	Le Fournet, Creux-de-Charquemont, Combe-Saint-Pierre, Seignotte, Damprichard, Belfays, Ferrières, Fessevillers, Trevillers, Thiebouhans, les Breseux.
		La route départementale no 5, de Saint-Hippolyte à Vesoul.	Les Breseux, Maiche.
		La route départementale no 23, de Morteau à Maiche......	Maiche, Frambouhans.
		Des chemins vicinaux d'intérêt commun..................	Frambouhans, Saint-Julien, Bonnétage, Montbéliardot, Mont-de-Laval, Fuans.
CÔTE-D'OR..	Néant.		
SAÔNE-ET-LOIRE......	Néant.		
JURA....... (Feuilles nos 1 et 2. Décret du 31 juillet 1861.)	La limite avec le département du Doubs, depuis le chemin de Myon à Saisenay jusqu'à celui de By à Ivrey.		
	Des chemins d'intérêt commun...........		Ivrey, Saint-Thiébaud, Marnoz, Pretin, Ivory.
	La route départementale no 24, d'Arbois à Pontarlier..........................		Chilly-sur-Salins.
	La route départementale no 3, de Besançon à Genève.		
	La route départementale no 24, d'Arbois à Pontarlier..........................		Andelot.

DÉPARTEMENTS.	DÉSIGNATION DES LIMITES des territoires réservés.	LIEUX PRINCIPAUX par lesquels passent ces limites.
JURA....... (Suite.) (Feuilles nos 1 et 2. Décret du 31 juillet 1861.)	Des chemins vicinaux d'intérêt commun...	Supt, Chappois, Larderet, le Latet, Montoux, Saint-Germain-en-Montagne, Equevillon.
	La route départementale no 2, de Chalon-sur-Saône en Suisse.....................	Equevillon, Champagnole.
	L'Ain jusqu'à son confluent avec la Bienne.	Pont-de-Navoy, Pont-de-la-Pile, Brillat.
	La limite avec le département de l'Ain jusqu'à la frontière.	
	La frontière.	
	La limite avec le département du Doubs jusqu'à la route départementale no 7, de Salins en Suisse.	
	La route départementale no 7 précitée.....	Communailles.
	Des chemins d'intérêt commun...........	Froide-Fontaine, la Latette, Fraroz, Arsure, Bief-des-Maisons, la Perrena, Crans, Sirod, Hend, Charency, Charbonny.
	La route départementale no 2 précitée, jusqu'à Censeau.	
	Le chemin de Censeau à Boujailles........	Cuvier.
	La limite avec le département du Doubs.	
AIN........ (Feuille no 2. Décret du 31 juillet 1861.)	La limite avec le département du Jura, à partir de la frontière jusqu'à la route départementale no 5, de la Balme à Dortan.	
	La route départementale no 5.............	Dortan, Oyonnax, Martignat.
	La route nationale no 84, de Lyon à Genève.	Nantua, Châtillon-de-Michaille, Pont-de-Bellegarde.
	Le Rhône jusqu'à la frontière suisse.	
	La frontière.	
	La route nationale no 84, de la frontière à Saint-Genis........................	Saint-Genis.
	La route départementale no 15, de Saint-Genis à la frontière.................	Saint-Genis, Gex, Divonne.
	La frontière jusqu'à la limite avec le département du Jura.	
RHÔNE.....	Néant (1).	
ISÈRE......	Néant (1).	
HAUTE-SAVOIE.....	Néant (1).	
SAVOIE.....	Néant (1).	
DRÔME.....	Néant (1).	
HAUTES-ALPES......	Néant (1).	
BASSES-ALPES	Néant (1).	

(1) Voir le nota mis en tête du présent état.

DÉPARTEMENTS.	DÉSIGNATION DES LIMITES des territoires réservés.	LIEUX PRINCIPAUX par lesquels passent ces limites.
ALPES-MARITIMES. .	Néant (1).	
VAR.	Néant (1).	
BOUCHES-DU-RHÔNE.	Néant (1).	
GARD	Néant (1).	
HÉRAULT. . .	Néant (1).	
AUDE.	Néant (1).	
PYRÉNÉES-ORIENTALES.	Néant (1).	
ARIÈGE.	Néant (1).	
HAUTE-GARONNE. . . .	Néant (1).	
HAUTES-PYRÉNÉES. . .	Néant (1).	
BASSES-PYRÉNÉES. . . (Feuille nº 3. Décret du 31 juillet 1861.)	La route nationale nº 133, entre Saint-Jean-Pied-de-Port et Lacarre.	Saint-Jean-Pied-de-Port, Lacarre.
	La route nationale nº 132	Lacarre, Hasparren, Bayonne.
	L'Adour jusqu'à son embouchure.	
	L'Océan jusqu'à la frontière d'Espagne.	
	La frontière depuis la mer jusqu'au mont Yéropil (source de la Nive).	
	La Nive de Béhobie depuis le mont Yéropil jusqu'à Saint-Jean-Pied-de-Port.	
LANDES.	Néant (1).	
GIRONDE. . . .	Néant (1).	
CHARENTE-INFÉRIEURE. .	Néant (1).	
VENDÉE	Néant (1).	
LOIRE-INFÉRIEURE. .	Néant (1).	
MORBIHAN . .	Néant (1).	
FINISTÈRE. . .	Néant (1).	
CÔTES-DU-NORD. . .	Néant (1).	
ILLE-ET-VILAINE. .	Néant (1).	
MANCHE. . . .	Néant (1).	
CALVADOS. . .	Néant (1).	
EURE.	Néant (1).	
SEINE-INFÉRIEURE. .	Néant (1).	
CORSE.	Néant (1).	

(1) Voir le nota mis en tête du présent état.

ZONE DE SERVITUDES DÉFENSIVES MILITAIRES.

SECT. I. — GÉNÉRALITÉS, 1 — 2.

SECT. II. — ENCEINTES FORTIFIÉES, 3 — 12.

§ 1. *En général*, 3 — 9.

§ 2. *Zone frontière*, 10 — 12.

Autorisation générale, 6.
— spéciale, 7.
Chemins forestiers, 10.
Classification, 2.
Compétence, 4.
Contravention, 4.
Déclaration, 6.
Définition, 1.
Défrichement, 11.
Distance, 12.
Engagement, 7.
Etendue, 3.
Indemnité, 7, 8, 9.
Limites, 3.
Opposition, 11.
Pénalités, 3.
Ponts, 10.
Prescription, 5.
Rayon, 12.
Servitudes défensives, 1, 2, 3, 4.
Soumission, 6, 9.

V. Commission mixte. Route. Travaux mixtes. Zone frontière.

SECT. I. — GÉNÉRALITÉS.

1. *Servitudes défensives. Définition.* — On comprend sous cette dénomination certaines restrictions apportées, dans l'intérêt de la défense du territoire national, aux droits de jouissance inhérents à la propriété foncière. (Block.)

2. *Servitudes défensives. Classification.* — Il y a deux espèces de servitudes défensives : 1° celles imposées aux propriétés situées dans le voisinage des places de guerre et des postes militaires ; 2° celles établies dans la zone de défense des frontières.

SECT. II. — ENCEINTES FORTIFIÉES.

§ 1. *En général.*

3. *Limites. Etendue. Pénalités.* — Les servitudes défensives, autour des places et des postes militaires, s'exercent sur les propriétés comprises dans les trois zones commençant toutes aux fortifications et s'étendant respectivement aux distances de 250, 487 et 974 mètres pour les places, et de 250, 487 et 584 mètres pour les postes.

Dans la première zone, il ne peut être fait aucune construction, de quelque nature qu'elle puisse être, à l'exception toutefois des clôtures ou haies sèches ou en planches à claire-voie, sans pans de bois ni maçonnerie, lesquelles peuvent être établies librement. Les haies vives et les plantations d'arbres ou d'arbustes formant haies y sont spécialement interdites.

Au delà de la première zone et jusqu'à la limite de la deuxième zone, il est interdit, autour des places de la première série, d'exécuter aucune construction en maçonnerie ou en pisé ; mais il est permis d'y élever des constructions en bois et en terre, sans y employer de pierres ni de briques, même de chaux ni de plâtre, autrement qu'en crépissage, et à la charge de les démolir immédiatement et d'enlever les décombres et matériaux, sans indemnité. Autour des places de la deuxième série et des postes militaires, il est permis d'élever des constructions quelconques ; mais leur démolition, si elle est nécessaire, ne donnera lieu à aucune indemnité pour les propriétaires.

Dans la troisième zone, il ne peut être fait aucun chemin, aucune levée, ni chaussée, aucun exhaussement de terrain, aucune exploitation de carrière, aucune construction au-dessous du niveau du sol, avec ou sans maçonnerie, enfin aucun dépôt de matériaux, sans que les conditions dans lesquelles ces travaux doivent être faits n'aient été déterminées.

Dans cette zone, il ne peut être fait aucune opération de topographie, excepté pour l'arpentage des propriétés. (Décr. du 10 août 1853, art. 5, 7, 8 et 9.)

En cas de contravention :

Démolition des constructions, aux frais du délinquant.

Amende : 16 à 300 francs. (Loi du 17 juillet 1819, art. 13. Loi du 23 mars 1842. Décr. du 10 août 1853, art. 48.)

4. *Contravention. Compétence.* — Les contraventions aux servitudes de la zone militaire sont de la compétence du conseil de préfecture. (Loi du 29 floréal an x. Décr. du 10 août 1853.)

5. *Prescription.* — L'action publique, en ce qui concerne la peine de l'amende, est prescrite après une année révolue, à compter du jour où la contravention a été commise. Mais l'action principale, à l'effet de faire prononcer la démolition des travaux indûment entrepris, est imprescriptible. (Décr. du 10 août 1853, art. 49.)

6. *Autorisation générale. Déclaration. Soumission.* — Les travaux qui sont l'objet d'une autorisation générale ne peuvent être entrepris qu'après une déclaration faite au chef du génie, accompagnée d'une soumission de démolir, sans indemnité, à la première réquisition de l'autorité militaire, dans le cas où la place, déclarée en état de guerre, serait menacée d'hostilités. (Décr. du 10 août 1853, art. 26.)

7. *Autorisation spéciale. Engagement.* — Les travaux nécessitant une permission spéciale ne peuvent être commencés qu'après une permission du directeur du génie, s'il s'agit de constructions comprises dans un polygone exceptionnel, et, dans les autres cas, qu'après une permission du ministre. Le propriétaire doit s'engager à démolir sans indemnité. (Décr. du 10 août 1853, art. 27 et 28.)

8. *Indemnité. Terrain.* — Il y a lieu à indemnité :

En cas de cession de propriété pour cause de changement, augmentation ou construction nouvelle de place de guerre ;

En cas de démolition de construction, s'il est justifié par titre que la construction existait antérieurement à la fixation du rayon militaire de la zone ;

En cas de privation pour occupation temporaire des terrains, de manière à y porter dommage, par suite de travaux ou d'opérations de défense militaire. (Décr. du 10 août 1853, art. 35 à 38.)

9. *Indemnité. Soumission.* — Il n'y a pas lieu à indemnité pour le seul fait de soumission d'un terrain libre de construction à l'exercice des servitudes militaires. (Cabantous.)

§ 2. *Zone frontière.*

10. *Chemins. Ponts.* — Dans l'étendue des zones de servitudes des places de guerre et des postes militaires, tous les chemins forestiers, ainsi que les ponts qui les desservent, restent soumis aux règlements des travaux mixtes, quelles que soient leurs dimensions. (Décr. du 15 mars 1862, art. 4. Circ. N 22, art. 95.)

11. *Défrichement. Opposition.* — Les terrains compris dans les zones de servitudes des places de guerre et des postes militaires situés dans la zone frontière font partie des polygones réservés, dans lesquels il peut être fait opposition aux défrichements, à cause de la défense du territoire. (Décr. du 31 juillet 1861, art. 2. Circ. N 43, art. 68. Décr. du 8 septembre 1878, art. 3, § 3. Circ. N 253.)

12. *Rayon. Distance.* — Le rayon des enceintes fortifiées est étendu, en ce qui concerne les travaux mixtes de toute nature, à un myriamètre autour des places et postes militaires compris dans la zone frontière. Cette distance est comptée à partir des ouvrages les plus avancés. (Décr. du 3 mars 1874. art. 2. Circ. N 151.)

FIN DU DEUXIÈME VOLUME.

AVERTISSEMENT

Ce Dictionnaire est un ouvrage essentiellement modifiable, par sa nature même, à cause des nouvelles dispositions législatives et administratives qui surviennent incessamment; mais, en même temps, un livre de l'espèce ne rend tous les services que l'on est en droit d'en attendre, que lorsqu'il est toujours au courant. Ce résultat, que l'on pourrait croire hypothétique, est cependant assez facile à réaliser dans la pratique. Il suffit, en effet, d'annoter les mots et les articles modifiés de la manière suivante : s'il s'agit d'un document juridique, on écrira le mot *Cass.*, ou le nom de la ville, siège du tribunal ou de la cour d'appel, suivi de la date de la décision que l'on pourra toujours consulter dans le *Répertoire de législation et de jurisprudence forestières;* si on veut mentionner un arrêté, un décret, une décision, une circulaire ou une lettre, on se servira des abréviations *Arr.*, *Décr.*, *Décis.*, *Circ.*, *Lett.*, suivies de la date ; cette annotation prouvera que la disposition rapportée au Dictionnaire a été modifiée, et, en se reportant au document administratif dont la date est mentionnée, on connaîtra d'une façon certaine les changements survenus sur ce point, depuis la publication de cet ouvrage.

Mais, pour rendre ce résultat possible, il fallait tout d'abord que ce Dictionnaire fût complétement et absolument à jour au moment de sa publication, et c'est pour cela que l'on a joint, à la fin du second volume,

un errata-supplément comprenant toutes les additions et modifications juridiques, législatives et administratives survenues durant l'impression, c'est-à-dire du mois de septembre 1892 au mois de juillet 1894, et que, dans le corps de l'ouvrage, on trouvera les principaux articles modifiés signalés par un chiffre avec le renvoi : *Voir à l'errata.* C'est grâce à cette combinaison que, au jour où l'ouvrage est offert au public, on peut le dire aussi complet que possible. Chacun, avec un peu de soin et d'attention, peut le maintenir en cet état, jusqu'à ce que les changements survenus soient assez importants et assez nombreux pour nécessiter une nouvelle édition.

Malgré tous les soins, on ne peut pas espérer que cet ouvrage soit tout à fait exempt d'erreurs ; néanmoins, en cas de recherches infructueuses, comme il y a, suivant l'adage, *plus de cas que de lois*, il sera peut-être bon de ne pas attribuer, indistinctement et sans preuve, à des oublis, les lacunes qui ne proviennent peut-être que de la non-existence de documents sur des questions restées jusqu'à présent ignorées et dont on pourra chercher les éléments de solution dans des sujets similaires.

Et, relativement aux recherches, il ne faut pas oublier non plus que, partant de ce principe indiscutable qu'en législation comme en administration toute disposition non abrogée est en vigueur, on a été quelquefois embarrassé pour se prononcer sur la valeur de certaines prescriptions, dont l'abrogation, en l'absence d'un texte ou d'une prescription formelle, paraissait ne résulter que d'une interprétation ; alors, dans les cas douteux, au lieu d'imposer une opinion, il a paru préférable de rapprocher les textes contradictoires, afin de mettre sous les yeux du lecteur tous les éléments de la question, dont la solution lui est ainsi réservée.

Pour la même raison, en ce qui concerne les décisions juridiques, à côté des arrêts les plus récents, on a relaté les décisions différentes antérieures, pour bien faire connaître la suite et l'état de la jurisprudence.

L'absence d'indications décisives dans tous les cas semblables et l'exclusion de toute digression ne doivent pas non plus surprendre ; ce Dictionnaire n'a pas, en effet, pour objet de combler les lacunes de l'administration ou de la jurisprudence ; il ne constitue pas un ouvrage *de doctrine* appelé à faire *autorité*, ce n'est qu'un simple répertoire ou recueil

méthodique de documents *existants* et destiné à faciliter le travail, en fournissant les principes et les éléments des solutions à adopter dans chaque affaire.

En ce qui concerne son plan et le classement des matières, quelles que puissent être leurs défectuosités apparentes, on a pu se convaincre, après de multiples essais, que la méthode devant satisfaire à la fois tous les genres de recherches et toutes les idées, en un mot répondant à tout et à tous, est une utopie que chacun peut désirer et croire possible, mais à laquelle on est obligé de renoncer dans la pratique.

On devra donc faire les recherches en se conformant au mode de classement indiqué et ne pas espérer de trouver toujours, et pour tous les cas, une solution précise, qui n'existe peut-être pas, ou qui devra être choisie entre divers textes parfois contradictoires.

Un pareil ouvrage semble enfin exiger une perfection malheureusement irréalisable : or, pas plus qu'aucune autre, cette seconde édition du Dictionnaire des Forêts n'est exempte de fautes, malgré les soins minutieux apportés à sa rédaction et à son impression ; ces fautes sont heureusement peu nombreuses, et c'est pour cela qu'on a cru devoir les signaler dans l'errata-supplément, afin que chacun, en les corrigeant, puisse avoir un livre de travail réunissant toute la précision désirable.

ERRATA ET SUPPLÉMENT

AU

DICTIONNAIRE GÉNÉRAL DES FORÊTS

comprenant les additions et modifications survenues pendant l'impression de l'ouvrage, ainsi que les rectifications des fautes échappées au correcteur

TOME PREMIER.

ABATAGE, pages 2 et 3.

Art. 10. — *Lire :* Cah. des ch. 14, 15 et 22, au lieu de 13, 14 et 21.

ACQUISITION, p. 10.

Art. 33. — *Au dernier paragraphe, lire :* mais ceux de la purge des hypothèques inscrites.....

Art. 41. — *Ajouter à la fin de l'article :* -à-dire par la date du contrat.

TION, pp. 24, 28, 30 et 31.

24. — *Ajouter :* loi du 5 avril

. — *Effacer :* un extrait au etc. (Circ. N 479.)

p. 28. — *Effacer :* un extrait au nd, etc., et un extrait au receveur maines. (Circ. N 479.)

rt. 161, p. 30 — *Au premier paragraphe, remplacer :* à l'exception du, *par* y compris, *et effacer :* qui est payé par l'adjudicataire.

Au deuxième paragraphe, remplacer : une artie *par* 5 pour cent. (Circ. N 462.)

Art. 164, p. 31. — *Au deuxième paragraphe, acer :* par exception, *et mettre :* sont à la arge du propriétaire, *au lieu de :* restent à charge de l'adjudicataire. (Circ. N 462.)

Art. 173, p. 31. — *Modifier les paragraes 2 et 3 ainsi qu'il suit, d'après l'article 19 de la loi du 28 avril 1893 :* Les adjudications et marchés pour constructions, réparations, entretien, approvisionnements et fournitures dont le prix doit être payé directement par le Trésor public et les cautionnements relatifs à ces adjudications et marchés sont soumis au droit de 20 centimes pour cent. V. Circ. N 466.

AFFIRMATION, p. 47.

Art. 36. — *Lire :* Cass. 28 janvier 1875, au lieu de 1876.

AFFOUAGE, p. 53.

Art. 91. — *Ajouter :* Contra, Nancy, 16 décembre 1893.

AMENDE, p. 72.

Art. 6. — *Ajouter :* un arrêt de la cour de cassation en date du 22 décembre 1892 (Circ. N 456) a infirmé l'arrêt de la cour d'Angers du 5 décembre 1891 et décidé que la loi du 26 mars 1891 n'est pas applicable en cas de condamnation à l'amende en matières forestières. V. Poursuites.

ARBRE DE LISIÈRE, p. 94.

Art. 1. — *Ajouter :* L'article 671 du code civil, relatif à la distance à observer pour les plantations d'arbres, ne s'applique qu'aux propriétés privées. A défaut de règlement,

il n'est pas applicable aux arbres plantés le long des voies publiques. (Cass. 16 décembre 1881.)

ARMEMENT, p. 98.

Art. 7. — *Lire :* Lettre du Min. de la guerre du 5 février 1891, *au lieu de* 5 juillet *et ajouter* Circ. N 451.

ARPENTEUR, p. 103.

Art. 47. — *Lire au dernier paragraphe* un douzième, *au lieu de* un demi.

ARTILLERIE, p. 106.

Art. 6. — *Ajouter :* Un arrêté ministériel du 18 juillet 1888 (Circ. N 402) a enlevé aux conservateurs la faculté d'autoriser la dépense de 1000 francs par forêt.

ASSOCIATION SYNDICALE, p. 108.

Art. 10. — *Ajouter :* V. Décret du 9 mars 1894, portant règlement d'administration publique sur les associations syndicales.

BALIVAGE, p. 125.

Art. 39. — *Ajouter :* Circ. N 460.

BARAQUE, p. 127.

Art. 3. — *Ajouter :* L'autorisation de construction de baraques est donnée par le préfet. (Décr. du 13 avril 1861, tableau C, n° 8.)

BATTUE, p. 129.

Art. 2. — *Lire :* Loi du 3 mai 1844, *au lieu de* 1840.

BÉTAIL, p. 134.

Art. 19. — *Ajouter :* Loi du 4 avril 1889.

BOIS DOMANIAUX, p. 146.

Art. 8. — *Ajouter :* Les revenus des bois domaniaux ne sont plus affectés à la caisse d'amortissement.

BOIS FAÇONNÉS, p. 148.

Art. 16. — *Ligne 14, lire :* S'il s'agit de produits de forêts appartenant à des communes ou à des établissements publics, les droits proportionnels seront perçus sur le montant de l'adjudication et acquittés par les caisses municipales ou par celles des établissements publics. Seront de même acquittés par lesdites caisses : les droits fixes de timbre et d'enregistrement des procès-verbaux et actes relatifs à l'adjudication, y compris le timbre de l'expédition du procès-verbal d'adjudication à remettre au receveur municipal, ou à celui de l'établissement propriétaire. Si la commune ou l'établissement propriétaire le demande, l'adjudicataire sera tenu, pour couvrir ces divers frais, de payer comptant, en sus du prix principal, en numéraire, 5 pour cent de ce prix ; il sera fait mention de cette obligation aux affiches et sur le procès-verbal d'adjudication. (Nouveau Cah. des ch. des bois façonnés, art. 3.)

BORNAGE, pp. 162, 164.

Art. 2, p. 162. — *Ajouter :* Il y a action en bornage de la compétence du juge de paix, toutes les fois que l'un des voisins demande qu'il soit procédé à la recherche des limites respectives des deux propriétés contiguës. L'action en revendication, qui est de la compétence du tribunal civil, n'existe, au contraire, que s'il y a réclamation d'une portion de terrain déterminée. (Trib. de la Seine, 8 décembre 1892.)

Art. 45, p. 164. — *Ajouter :* Le lit des cours d'eau ni navigables ni flottables n'appartenant pas aux riverains, il n'y a pas lieu à bornage entre deux propriétés séparées par un cours d'eau naturel de ce genre ; elles ne sont pas contiguës. (Rennes, 10 juin 1893.)

BOURDAINE (BOIS DE), p. 171.

Art. 14. — *Ajouter :* Un arrêté ministér[illegible] du 18 juillet 1888 (Circ. N 402) a enlevé [illegible] conservateurs la faculté d'autoriser la dé[illegible] de 1000 francs par forêt.

BRUYÈRE, p. 178.

Art. 5. — *Ajouter :* Dans [illegible] l'Etat, l'extraction des bruyères est [illegible] par le conservateur et, dans les bo[illegible] munaux et d'établissements publics, [illegible] maires et administrateurs des communes [illegible] établissements publics propriétaires, sauf l'approbation du conservateur, qui, dans tous les cas, règle les conditions et le mode d'extraction. (Ord. 4 décembre 1844, art. 2.)

CADASTRE, p. 183.

Art. 2. — *Ajouter :* Le cadastre ne constitue pas un titre de propriété, mais il fournit une présomption sérieuse de propriété, qui devient une preuve, si elle est appuyée de vraisemblance et de titre. (Cass. 5 mars 1894.)

CAHIER DES CHARGES, pp. 190, 208, 220.

Bois façonnés, p. 190, art. 3. — *Au paragraphe 3, lire :* S'il s'agit de produits de forêts appartenant... (Voir ci-dessus, pour la suite, *bois façonnés*, art. 16.)

Résine, p. 208. — Un nouveau cahier des charges a été approuvé, qui modifie celui inséré.

Travaux d'amélioration, p. 220, art. 35. — *Lire :* résiliation, *au lieu de* réalisation.

Nota. — Le cahier des charges pour les dunes a été omis parce qu'on n'en connaissait pas l'existence, aucun document officiel ne l'ayant signalé.

CAISSE D'AMORTISSEMENT, p. 227.

Art. 1. — La caisse d'amortissement ne reçoit plus le produit des coupes de bois domaniaux.

CANAL, p. 233.

Art. 5. — *Ajouter :* Si le canal qui conduit l'eau à un moulin est présumé appartenir au propriétaire de ce moulin, il n'en est ainsi qu'autant qu'il s'agit d'un canal artificiel. Quand le canal est formé par un cours d'eau naturel, la présomption de propriété n'existe plus. (Cass. 7 juin 1893.)

ARRIÈRES, pp. 249, 257.

rt. 9, p. 249. — *Ajouter :* Modifiés par
i du 27 juillet 1880.

17, p. 257. — *Ajouter :* Le propriétaire
tous les cas, le droit de faire payer la
le ses matériaux, d'après les pres-
de la nouvelle loi du 29 décem-

ES, p. 251.

Lire : 120, *au lieu de* 112, *et*
de l'Admin. du 29 octobre

EMENT, pp. 257, 258.

6, p. 257. — *Ajouter :* Les dispositions
ticle 4 du cahier des charges sont appli-
es aux travaux entrepris par voie d'adjudication et en vertu d'une convention de gré à gré.

Art. 17, p. 258. — *Ajouter :* Ces actes sont aujourd'hui soumis au droit proportionnel de 20 centimes par 100 francs. (Loi du 28 avril 1893, art. 19. Circ. N 466.)

CHANDELIER, p. 267.

Art. 5. — *Supprimer : Bois communaux*, attendu que les dispositions sont applicables aux bois domaniaux comme aux bois communaux. (Arr. Min. du 25 juillet 1872, art. 2, § 6.)

CHEMIN DE FER, p. 296.

Art. 13. — *Ajouter :* Il n'y a pas contravention dans le fait d'avoir laissé des bestiaux s'introduire sur la voie d'un chemin de fer, si cette voie n'est pas protégée par une clôture et si aucun dommage n'a été causé. (Cons. d'Etat, 29 décembre 1893.)

CHEMINS VICINAUX, p. 298.

Table alphabétique. — *Lire :* étude 28, *au lieu de* étude 25.

CHIEN DE CHASSE, p. 309.

Art. 14. *Ajouter :* Paris, 6 février 1894.

CIRCONSCRIPTION, p. 311.

Art. 2. — *Lire :* triage *au lieu de* tirage.

CIRCULAIRES (SÉRIE N), pp. 342, 343.

Table alphabétique. — *Ajouter : à Aménagement (bois communaux)*, 453 ; *à Cahier des charges (bois façonnés)*, 462 ; *à Chasse*, 457 ; *à Concession de carrières*, 458 ; *à Disponibilité*, 467 ; *à Enregistrement*, 460 et 466 ; *à Gardes Généraux stagiaires*, 464 ; *à Habillement des préposés*, 465 ; *à Marchés*, 466 ; *à Pension*, 459 ; *à Poursuite*, 455 et 456 ; *à Prestation de serment*, 464 ; *à Retraite*, 459 ; *à Saisie*, 463 ; *à Serment*, 464 : *à Travaux forestiers*, 454.

CITATION, pp. 361, 362.

Art. 70 p. 361. — *Lire :* Les citations sont enregistrées au droit fixe de 1 franc, en principal. (Loi du 28 avril 1893, art. 22.)

Art. 71, p. 361. — *Lire :* Loi du 18 mai 1850, *au lieu de* 15 mai 1850.

Art. 76, p. 362. — *Lire :* minute, enregistrement et décimes, 1 fr. 25, *au lieu de* 1 fr. 88, *et au total* 4 fr. 05, *au lieu de* 4 fr. 68. (Loi du 28 avril 1893.)

CITATION A RÉCOLEMENT, p. 362.

Art. 2. — *Lire :* Droit de 2 francs, en principal. (Circ. N 460.)

COMMANDEMENT, p. 371.

Art. 3. — *Ajouter après art. 211 :* du code forestier.

COMMUNE, p. 380.

Art. 7. — *Ajouter :* Le créancier d'une commune qui a pris contre elle un jugement ne peut l'exécuter et doit s'adresser à l'administration pour se faire payer, mais il peut prendre hypothèque sur les biens composant le domaine privé de la commune. (Cass. 18 décembre 1893.)

CONGÉ, p. 425.

Art. 4. — *Lire :* 25 avril 1854, *au lieu de* 15 avril 1854.

CONSEIL DE PRÉFECTURE, pp. 433 et 434.

Art. 4, 5, 6, 7, 8, 10, 11, 14 et 17. — *Ajouter :* Circ. N 480.

COUPE VENDUE EN BLOC ET SUR PIED, pp. 469 et 470.

Art. 3. — *Au paragraphe 1, tableau, lire : à procès-verbal d'adjudication (minute),* 1 fr. 20, *au lieu de* 1 fr. 80 ; *à citation à récolement,* 2 fr. 50 *aux deux colonnes* (Loi du 28 avril 1893) ; *au total,* 29 fr. 65 *et* 35 fr. 05 ;
Au paragraphe 2, tableau, lire, à citation à récolement : Enregistrement, 2 francs. (Loi du 28 avril 1893.)

COUPE VENDUE PAR UNITÉS DE PRODUITS, pp. 472, 473 et 474.

Mettre respectivement aux articles 9, 11, 17, 18, 19, 21 et 22, Cah. des ch. 4, 5, 22, 11, 13, 16 et 21.

Art. 21. — *Mettre :* Art. 25 du cahier des charges, *au lieu de :* 24.

COURS D'EAU, p. 476.

Art. 30. — *Ajouter :* Les riverains ne peuvent faire aucun ouvrage de nature à changer la direction des eaux et à nuire aux riverains. (Aix, 10 avril 1876.)

DÉFRICHEMENT, pp. 495, 497, 500 et 505.

Art. 46, p. 495. — *Lire :* (Circ. N 43, art. 13.)

Art. 52, p. 495. — *Lire :* Avis du conseil d'Etat du 28 octobre 1829, approuvé le 2 novembre 1829.

Art. 83, p. 497. — *Ajouter :* Lettre de l'Admin. du 15 avril 1893.

Art. 125, p. 500. — *Lire :* Circ. N 43, art. 55.

Art. 200, p. 505. — *Lire :* Décis. Min. du 10 novembre 1866, *au lieu de* 1862.

DÉLIMITATION, p. 520.

Art. 182. — *Au tableau, lire :* Signification de l'arrêté de convocation des riverains, enregistrement : 2 francs, *au lieu de* 3 francs.

DÉNOMBREMENT, p. 533.

Art. 2. — *Lire :* Cah. des ch. 23.

Art. 3. — *Lire :* Cah. des ch. 17.

Art. 4. — *Lire :* Cah. des ch. 10.

DEVIS, p. 541.

Art. 15. — *Lire :* Loi du 18 mai 1850, *au lieu de* 15 mai 1850.

DISPONIBILITÉ, p. 544.

Art. 1. — *Ajouter :* Ils devront fournir ces éclaircissements chaque année, le 1er décembre au plus tard ; les agents fixés à l'étranger devront adresser directement ces renseignements au directeur des forêts, le 1er novembre. Ceux qui resteront une année sans se conformer à ces prescriptions seront rayés des cadres. (Décr. du 23 janvier 1894, art. 2 et 5. Circ. N 467.)

Art. 2. — *Ajouter :* Les conservateurs fournissent le rapport le 31 décembre. (Décr. du 23 janvier 1894, art. 3. Circ. N 467.)

Art. 3. — *Ajouter :* Le comité d'avancement, dans sa session de janvier, émet so[illegible] avis sur la question. (Décr. du 23 janvi[illegible] 1894, art. 4. Circ. N 467.)

Art. 4. — *Ajouter :* ni pour la re[illegible] (Décr. du 23 janvier 1894, art. 8. Circ [illegible]

Art. 6. *Durée.* — *Ajouter :* La [illegible] la disponibilité ne pourra jamais [illegible] quinze années. (Décr. du 23 ja[illegible] art. 6. Circ. N 467.)

Art. 7. *Service militaire.* — [illegible] agents forestiers en disponibili[illegible] aux mêmes obligations milita[illegible] collègues du service actif. [illegible] aux dispositions de l'article 1[illegible] du 18 novembre 1890, ils reçoive[illegible] de nomination, leur donnant une a[illegible] dans les cadres de l'armée active co[illegible] officiers de réserve ou de l'armée territoria[illegible] et marchent avec les unités auxquelles ils sont rattachés. (Décr. du 23 janvier 1894, art. 1. Circ. N 467.) V. Service militaire.

EAUX, p. 567.

Art. 1. — *Ajouter :* Le propriétaire qui déverse ses eaux pluviales sur la voie publique use de son droit et n'a pas à répondre de la direction que la commune donne ensuite aux eaux déversées sur une voie publique. (Cass. 15 mars 1887.)

ÉCLAIRCIE, p. 574.

Art. 7. — *Ajouter :* Depuis le décret du 17 février 1888, aux termes duquel les conservateurs autorisent les coupes d'éclaircie, ces dernières ne paraissent plus constituer des coupes extraordinaires.

ÉCOBUAGE, p. 575.

Art. 10. — *Ajouter :* Modifié par l'article 5 de la loi du 19 août 1893. V. Maures.

ELAGAGE, p. 582.

Art. 12. — *Ajouter :* Les crédits nécessaires pour cette opération doivent être demandés à l'administration.

EMPRISONNEMENT, p. 593.

Art. 4. — *Ajouter :* Modifié par la loi du 15 novembre 1892. V. Peine judiciaire, art. 2.

ENLÈVEMENT, p. 598.

Art. 23. — *Lire :* Cah. des ch. 24.

ENREGISTREMENT, p. 602.

Art. 33. — *Lire :* Loi du 28 avril 1893, *au lieu de* 28 avril 1872.

ETABLISSEMENTS DANGEREUX, etc., p. 617.

Art. 2. — *Ajouter :* La nomenclature des [illegible]ablissements dangereux, etc., est contenue [illegible]s les tableaux annexés aux décrets [illegible] mai 1866, 5 mai 1888, 15 mars 1890, [illegible]rier 1892 et 13 avril 1894.

[illegible], pp. 635, 636.

[illegible] *Ajouter :* D'après le programme [illegible] lieux des examens sont : Alger, [illegible]ordeaux, Clermont, Dijon, Lyon, [illegible] Nancy, Paris, Rennes, Toulouse [illegible].

[illegible]. 6. — *Ajouter :* Le diplôme de brevet [illegible]périeur de l'enseignement assure quinze points au lieu de vingt et ne peut se cumuler avec les différents diplômes de bachelier. Le cumul des différents titres ne peut dépasser trente points.

EXPÉDITION, pp. 647 et 648.

Art. 17, p. 647. — *Effacer :* Un extrait au préfet quand..... (Circ. N 479.)

Art. 18, p. 647. — *Effacer :* Un extrait au préfet quand..... et un extrait au receveur des domaines. (Circ. N 479.)

Art. 19, p. 647. — *Remplacer cet article par :*

La délivrance des expéditions et extraits concernant les coupes de bois vendues après façonnage est réglée ainsi qu'il suit :

A. Pour les bois domaniaux :

Une expédition, sur papier libre, à l'agent forestier chef de service ; une expédition, sur papier visé pour timbre, au receveur des domaines (elle sera remise à l'agent forestier, qui l'adressera au directeur des domaines) ;

Un extrait, sur papier visé pour timbre, à chaque adjudicataire, pour les articles qui le concernent, mais seulement s'il le demande (il sera remis à l'agent forestier, chef de service).

B. Pour les bois communaux ou des établissements publics :

Une expédition, sur papier libre, à l'agent forestier, chef de service ;

Une expédition, sur papier visé pour timbre, au receveur de la commune ou de l'établissement public ;

Un extrait, sur papier visé pour timbre, à chaque adjudicataire, pour les articles qui le concernent, mais seulement s'il le demande (il sera remis à l'agent forestier, chef de service).

C. Un exemplaire du cahier des charges, avec clauses spéciales, accompagnera toujours les expéditions et extraits ; il sera sur papier visé pour timbre ou sur papier libre, suivant que ces pièces seront elles-mêmes visées pour timbre ou non. (Circ. N 479.)

P. 648. — *Ajouter :* Art. 19 bis : *Coupes par unités de produits.* — La délivrance des expéditions et extraits concernant les coupes de bois vendues sur pied par unités de produits est réglée ainsi qu'il suit :

A. Pour les bois domaniaux :

Une expédition, sur papier libre, au conservateur et à l'agent forestier, chef de service ;

Une expédition, sur papier visé pour timbre, au receveur des domaines (elle sera remise à l'agent forestier, chef de service, qui l'adressera au directeur des domaines) ;

Un extrait, sur papier visé pour timbre, à chaque adjudicataire, pour les articles qui le concernent, mais seulement s'il le demande (il sera remis à l'agent forestier, chef de service).

B. Pour les bois communaux ou d'établissements publics :

Une expédition, sur papier libre, à l'agent forestier, chef de service ;

Une expédition, sur papier visé pour timbre, au receveur de la commune ou de l'établissement public ;

Un extrait, sur papier visé pour timbre, à chaque adjudicataire, pour les articles qui le concernent, mais seulement s'il le demande (il sera remis à l'agent forestier, chef de service).

C. Les expéditions destinées aux adjudicataires, s'ils les demandent, seront accom-

pagnées d'un exemplaire, visé pour timbre, du cahier des charges générales, du cahier des charges des coupes par unités de produits et du cahier des clauses spéciales de ces mêmes coupes.

Les expéditions destinées aux receveurs des domaines, des communes ou établissements publics seront accompagnées d'un extrait, visé pour timbre, du cahier des charges générales, d'un exemplaire visé pour timbre du cahier des charges des coupes par unités et, s'il y a lieu, des clauses spéciales de ces mêmes coupes.

Les expéditions destinées aux agents forestiers ne seront accompagnées ni des cahiers des charges, ni des clauses spéciales. (Circ. N 479.)

EXPERT, p. 651.

Art. 20 bis. — *Lire :* constatées, *au lieu de* contestées.

EXPLOITATION, pp. 661, 662.

Art. 68, p. 661. — *Lire :* L'entrepreneur ne remettra plus au chef de cantonnement la liste de ses ouvriers. (Circ. N 398. Cah. des ch. 11.)

Art. 69, p. 662. — *Lire :* Cah. des ch. 11 et 15.

Art. 70, p. 662. — *Ajouter :* Un arrêté ministériel du 18 juillet 1888 (Circ. N 402) a enlevé aux conservateurs la faculté d'autoriser la dépense de 1000 francs par forêt.

EXPROPRIATION, p. 663.

Art. 7. — *Ajouter :* Quand un propriétaire est exproprié, il est tenu de notifier à ses locataires les offres qu'il leur fait à titre d'indemnité, et ceux-ci ont un délai de quinzaine pour répondre, qu'il s'agisse des offres originaires ou de nouvelles offres faites ensuite. (Cass. 13 novembre 1893.)

EXTRACTION, pp. 669 et 670.

Art. 37 et 52. — *Ajouter :* Circ. N 478.

TOME DEUXIÈME.

FAÇONNAGE, p. 2.

Art. 10. — *Lire :* Cah. des ch. 18, *au lieu de* 17.

FORFAIT, p. 23.

Ajouter : Entrepreneur. Travaux. — Pour un marché à forfait régulier avec un entrepreneur, il faut qu'il existe un devis déterminant d'une façon précise l'objet de la convention ; de plus, ce marché à forfait n'est valable et ne peut obliger les parties, l'une envers l'autre, que s'il est accompagné de plans signés par elles et déterminant les dimensions et mesures des constructions à faire.

FRAIS D'ADJUDICATION, p. 31.

Art. 16 et 17. — *Ajouter :* V. Tarif, pour les nouveaux frais.

GARDE FORESTIER, p. 75.

Art. 130. — *Ajouter :* L'allocation de 100 francs, attribuée aux sous-officiers nommés gardes domaniaux en France est supprimée ; elle est maintenue en Algérie, sans aucune réduction. (Circ. N 449. Arr. Min. du 25 octobre 1893, art. 4. Instr. Gén. du 21 décembre 1893, art. 12. Circ. N 465.)

GARDE PARTICULIER, p. 78.

Art. 12. — *Ajouter :* Cass. 6 décembr[e] 1893. Circ. N 471.

GAZON, p. 82.

Art. 1. — *Lire :* 10 mars 1837, [...] 10 mai 1837.

HABILLEMENT, p. 97.

Art. 4. — *Ajouter :* V. Unifo[rme] pour modification.

Art. 7. — *Ajouter :* Circ. N 465.

Art. 8. — *Ajouter au paragraphe 2* [...] retenue est fixée à 24 francs par an ; elle [...] effectuée par douzième, soit 2 francs par mois. (Circ. N 465.)

INDEMNITÉ, pp. 122 et 125.

Art. 37, p. 122. — *Ajouter :* L'allocation de 100 francs, supprimée en France, est maintenue en Algérie. (Circ. N 449. Circ. N 465.) V. Garde forestier, art. 130.

Art. 62, 63 bis, 64 et 65, p. 145. — *Ajouter :* Circ. N 478.

INSTITUT AGRONOMIQUE.

Art. 8. — *Au paragraphe 2, ajouter :* Ces bourses et dispenses seront accordées aux élèves classés dans la première moitié, aux examens d'admission. Elles ne leur seront conservées pendant la seconde année d'études, que s'ils restent classés dans cette première moitié à la suite des examens de la première année d'études. Elles peuvent être retirées au cours de l'année scolaire par mesure disciplinaire. V. Programme d'admission, approuvé le 12 janvier 1894.

MASSE D'ENTRETIEN D'HABILLEMENT, p. 216.

Art. 1. — *Ajouter :* Arr. Min. du 25 octobre 1893, art. 11. Instr. Gén. du 21 décembre 1893, art. 25. Circ. N 465.

Art. 3. — *Ajouter :* Arr. Min. du 25 octobre 1893, art. 13. Instr. Gén. du 21 décembre 1893, art. 28. Circ. N 465.

MATÉRIAUX, pp. 216 et 217.

Art. 3, 4, 6, 8 et 9. — *Ajouter :* Circ. N 478.

MOBILISATION, p. 236.

Ajouter : Définition. — La mobilisation est l'ensemble des dispositions auxquelles donne lieu le passage du pied de paix au pied de guerre de toutes les forces militaires d'un pays.

C'est un mot relativement nouveau pour ne chose qui a toujours dû s'effectuer au mmencement d'une campagne, aucun corps troupe n'étant, en effet, constamment vu, en temps de paix, de tout ce qui lui essaire pour la guerre.

lan des opérations à prévoir pour e à l'ennemi, au moment d'une n de guerre, comprend trois phases savoir :

ation, qui donne aux corps leur erre et leur matériel ;

ration, qui amène les unités mo- x points où elles doivent être ;

nsports, qui se rapportent à la fois érations de mobilisation et à celles de la centration ; ils comportent, en outre, des ouvements de matériel de chemins de fer à amener aux points d'embarquement.

On appelle *troupes de couverture* celles qui sont destinées à protéger la mobilisation et la concentration du reste de l'armée.

Le télégramme qui les met sur le pied de guerre est dit *de couverture*.

OCCUPATION TEMPORAIRE, pp. 253 et 254.

Art. 1, 2, 3, 4, 5, 6, 7, 8 et 9. — *Ajouter :* Circ. N 478.

OFFRE, p. 256.

Tableau. — Sect. IV, *mettre* 15, *au lieu de* 13.

PAIEMENT, p. 280.

Art. 34. — *Lire :* Cah. des ch. 8 et 9 *au lieu de* 7 et 8.

PENSION DE RETRAITE, p. 324.

Art. 134. — *Lire :* Loi du 9 juin 1853, art. 25, *au lieu de* 24.

PERMIS D'ENLÈVEMENT, pp. 336, 337.

Art. 2. — *Lire :* Cah. des ch. 24, *au lieu de* 23.

PÉTITOIRE, p. 341.

Art. 2. — *Ajouter :* Celui qui a formé une demande au pétitoire, relativement à un immeuble, peut cependant agir au possessoire pour ce même immeuble, si le trouble est postérieur à sa demande. (Cass. 15 janvier 1894.)

POSSESSION, p. 367.

Art. 7. — *Ajouter :* Le fait d'avoir, depuis un temps immémorial, fait pâturer et pacager des bestiaux sur un terrain et d'y avoir pratiqué des coupes de bois mort et des coupes de broussailles renferme les éléments suffisants pour constituer la possession paisible, publique et à titre de propriétaire, exigée par la loi pour prescrire. (Lyon, 19 janvier 1894.)

PROGRAMME, p. 431.

Art. 1. — *Ajouter :* V. Programme de l'institut agronomique, approuvé le 12 janvier 1894.

PUBLICITÉ, pp. 433, 434.

Art. 7. — *Ajouter :* V. au mot Tarif, les nouvelles modifications.

RABAIS, p. 439.

Art. 5. — *Lire :* Cah. des ch. 4, *au lieu de* 3.

RESPONSABILITÉ, p. 506.

Art. 147. — *Lire :* contestation, *au lieu de* constatation.

SYNDICATS, p. 579.

Ajouter : Propagande. Dommages-intérêts. Responsabilité. — Si les ouvriers ont, aux termes de la loi du **21** mars **1884**, le droit de se réunir librement pour la discussion de leurs intérêts et d'user de propagande pour recruter des adhérents à leurs syndicats, cette réunion et cette propagande ne sauraient avoir lieu dans l'usine ou le chantier sans la volonté du maître. En pareil cas, elles constituent un abus dont le maître peut, s'il en est résulté un préjudice, demander la réparation aux termes de l'article **1382** du code civil. Cette réparation peut être demandée à celui qui a organisé et préparé l'intervention des grévistes, encore bien qu'il se soit prudemment tenu à l'écart et n'ait pas fait irruption dans le chantier. (Bourges, **19** juin **1894**.)

TERRAIN D'AUTRUI (CHASSE), p. 590.

Ajouter : Chien courant. Non-délit. — Il n'y a pas délit de la part du maître dont le chien courant a été trouvé chassant sur le terrain d'autrui, lorsqu'il n'est point établi que le prévenu ait concouru, d'une manière quelconque, à la mise en chasse de cet animal. (Paris, 6 février **1894**.)

TIMBRE, p. 599.

Art. **47**. — *Mettre* : Les états des travaux en régie, à la tâche, produits à l'appui des mandats délivrés aux tâcherons individuellement, sont affranchis de l'impôt du timbre, quand ils sont dressés par les agents administratifs et qu'ils indiquent le nombre de journées faites ou les travaux à la tâche exécutés par les ouvriers employés au compte de l'administration des forêts. (Circ. N **477**.) V. Travaux forestiers, art. **185**.